Microsoft Press

Wissen aus erster Hand

Immer gut informiert
News, Service, Updates unter:

www.microsoft-press.de
www.twitter.com/mspress_de

Klaus Fahnenstich, Rainer G. Haselier

Microsoft Office 2013
Das Handbuch

Klaus Fahnenstich, Rainer G. Haselier

Microsoft Office 2013 Das Handbuch

Microsoft Press

Klaus Fahnenstich, Rainer G. Haselier: Microsoft Office 2013 – Das Handbuch

Kommentare und Fragen können Sie gerne an uns richten:
Microsoft Press Deutschland
Konrad-Zuse-Straße 1
85716 Unterschleißheim
E-Mail: *mspressde@oreilly.de*

15 14 13 12 11 10 9 8 7 6 5 4 3 2 1
15 14 13

ISBN 978-3-86645-154-4
EPUB-ISBN 978-3-8483-0181-2
PDF-ISBN 978-3-8483-3046-1
MOBI-ISBN 978-3-8483-1182-8

Satz: Ingenieurbüro Fahnenstich und Haselier IT-Services Aachen
Korrektorat: Ulla Otte-Fahnenstich, Aachen und Frauke Wilkens, München
Umschlaggestaltung: Hommer Design GmbH, Haar (www.HommerDesign.com)
Layout: Gerhard Alfes, mediaService, Siegen (www.media-service.tv)
Gesamtherstellung: Kösel, Krugzell (www.KoeselBuch.de)

Übersicht

Inhaltsverzeichnis

Teil D
Excel 2013

Teil H
Outlook 2013

Teil J Anhänge

Teil A

Office 2013

In diesem Teil:

Kapitel 1

Die neue Office-Generation

In diesem Kapitel:

Office im Wandel

Als Steve Ballmer, CEO von Microsoft, Mitte 2012 Microsoft Office 2013 in San Francisco vorstellte, sprach er nicht von einer neuen Office-Version, sondern betonte, dass es sich um eine neue *Generation* handele. Was auf den ersten Blick als großspurige Marketingstrategie daherkommt, hat auf den zweiten Blick durchaus seine Berechtigung.

In der Vergangenheit lag der Focus bei einem Office-Update stets auf immer mehr und immer ausgefeilteren Funktionen. Dieser Trend passt jedoch nicht mehr in die aktuelle IT-Landschaft. Momentan lauten die Schlagworte soziale Vernetzung, mobiles Arbeiten und natürlich die allgegenwärtige Cloud. Microsoft hat erkannt, dass es allerhöchste Zeit war, diesem Trend Rechnung zu tragen, damit Office nicht über kurz oder lang als Softwaredinosaurier das Schicksal seiner biologischen Vorfahren teilen würde.

Das Ergebnis dieser Erkenntnis ist eine Office-Familie, die eng mit der Cloud verzahnt ist, auf nahezu jedem mobilen Gerät läuft und soziale Netzwerke einbindet. Um dieses Ziel zu erreichen, hat Microsoft sein Portfolio schon früh um interessante Filetstücke wie Skype (8,5 Milliarden Dollar) oder das soziale Netzwerk für Unternehmen Yammer (1,2 Milliarden Doller) aufgestockt.

Wenn wir hier von einer Office-Familie sprechen, meinen wir damit, das es nun nicht mehr lediglich ein Softwarepaket gibt, das alle diese Funktionen und Features enthält, sondern dass es sich vielmehr um eine ganze Gruppe von Softwarelösungen handelt, die jeweils verschiedene Bereiche der neuen Softwarelandschaft abdecken. Geeint werden sie durch eine nahezu identische Bedieneroberfläche, so dass sich ein Anwender immer auf vertrautem Boden bewegt.

In diesem Kapitel stellen wir Ihnen die damit verbundenen Konzepte vor und geben Ihnen einen Überblick über die verschiedenen Office-Editionen.

Office at your fingertips

Auf der Computermesse Comdex, die bis 2003 jährlich in Las Vegas stattfand, stellte Bill Gates im Jahr 1990 in seiner Keynote seine Vision der digitalen Zukunft vor und nannte sie »Information at your fingertips«. Er sah voraus, dass wir schon bald jederzeit auf jede beliebige Information zugreifen können würden. Und das zu einer Zeit, als das Internet noch eher in den Babysöckchen als in den Kinderschuhen steckte.

Eine ähnliche Entwicklung nimmt zurzeit der Vertrieb von Software. Noch vor wenigen Jahren war es absolut normal, dass Softwareprogramme in mehr oder weniger schicken Pappschachteln verkauft wurden. Das schöne daran war, dass man den Gegenwert für sein Geld in die Hand nehmen und die Schachtel nach der Installation des Programms im Regal präsentieren konnte.

Mit der rasanten Entwicklung des Internets hat sich die Art und Weise, wie Software vermarktet und verkauft wird, binnen kurzer Zeit dramatisch verändert. Dass Software online gekauft und sofort heruntergeladen wird, ist mittlerweile absolut üblich und aus dem Bereich der Smartphones nicht mehr wegzudenken.

Microsoft greift diesen Trend mit Office 2013 auf und bietet seine Software auf nahezu allen Plattformen an, mit denen Sie als Anwender in Berührung kommen: »Office at your fingertips«.

- Office lässt sich nicht nur auf PCs und Macs installieren, sondern auch auf Tablets und Smartphones. Natürlich bieten nicht alle Varianten den gleichen Befehlsumfang, doch die grundlegenden Funktionen sind immer enthalten.
- Mit den WebApps können Sie Office auch im Browser nutzen. So können Sie Ihre Officedokumente auch auf einem Linuxrechner bearbeiten.
- Die sicherlich modernste und zukunftsweisende Art mit Office zu arbeiten, nennt sich Streaming. Das Stichwort heißt hier SAS, Software as a Service. Damit ist gemeint, dass Sie Office nicht mehr auf Ihrem Rechner installieren, sondern die Programmfunktionen bei Bedarf aus dem Internet abrufen, genauso wie Sie sich zum Beispiel ein Video auf YouTube ansehen.

Das Ziel ist klar: Office soll fester Bestandteil unseres digitalen Lebens werden und immer und überall verfügbar sein. Das mag man praktisch oder auch beängstigend finden: Es ist die Zukunft.

Roaming: Ihr Office-Profil folgt Ihnen

Microsoft zufolge nutzen bereits 75 Prozent aller Anwender zwei Geräte, über die Hälfte besitzen sogar drei oder mehr Geräte. Kein Wunder, denn viele Anwender haben neben ihrem Desktop-PC ein Notebook und auch Tablet und Smartphone gehören für viele schon zur Grundausstattung des digitalen Lebens.

Wenn auf all diesen Geräten Microsoft Office läuft, macht das in der Praxis natürlich nur dann wirklich Sinn, wenn sich Office auf allen Geräten auch gleich präsentiert. Im Idealfall muss es möglich sein, ein Dokument, das man soeben am Notebook erstellt hat, direkt im Anschluss auf einem Tablet oder zur Not auf einem Smartphone weiterzubearbeiten.

Und mit Office 2013 ist tatsächlich genau das möglich: Sobald Sie sich mit einem Microsoft-Konto bei Office 2013 angemeldet haben, können Sie Ihre Dokumente auf SkyDrive, dem Onlinespeicher von Microsoft, ablegen. Gleichzeitig synchronisiert sich Office 2013 automatisch mit Ihrem Onlineprofil. Wenn Sie sich dann auf einem anderen Gerät, wie z. B. dem gerade erwähnten Tablet, an Ihrem Konto anmelden, »weiß« Office sofort, an welchen Dokumenten Sie zuletzt gearbeitet haben und zeigt diese in der Liste der zuletzt geöffneten Dateien an.

SkyDrive – Der Onlinespeicher von Microsoft

SkyDrive ist der Onlinespeicher von Microsoft, der mit Angeboten wie iCloud, Dropbox, Google Drive usw. konkurriert. Bei der Anmeldung erhalten Sie 7 GB kostenlosen Speicher, den Sie bei Bedarf um bis zu 100 GB aufstocken können. Für den Maximalausbau fallen dann jährliche Kosten von zurzeit 37 Euro an.

Zusammen mit Office 365 ist SkyDrive das Herzstück der neuen Office-Philosophie, denn hier ist die zentrale Anlaufstelle für alle Ihre Daten, die Sie auf Ihren Geräten synchron halten wollen oder anderen zur Verfügung stellen möchten. Auch das Roaming, also das Mitwandern Ihres Office-Profils, läuft über diesen Onlinespeicher.

Bild 1.1 Die Startseite von SkyDrive

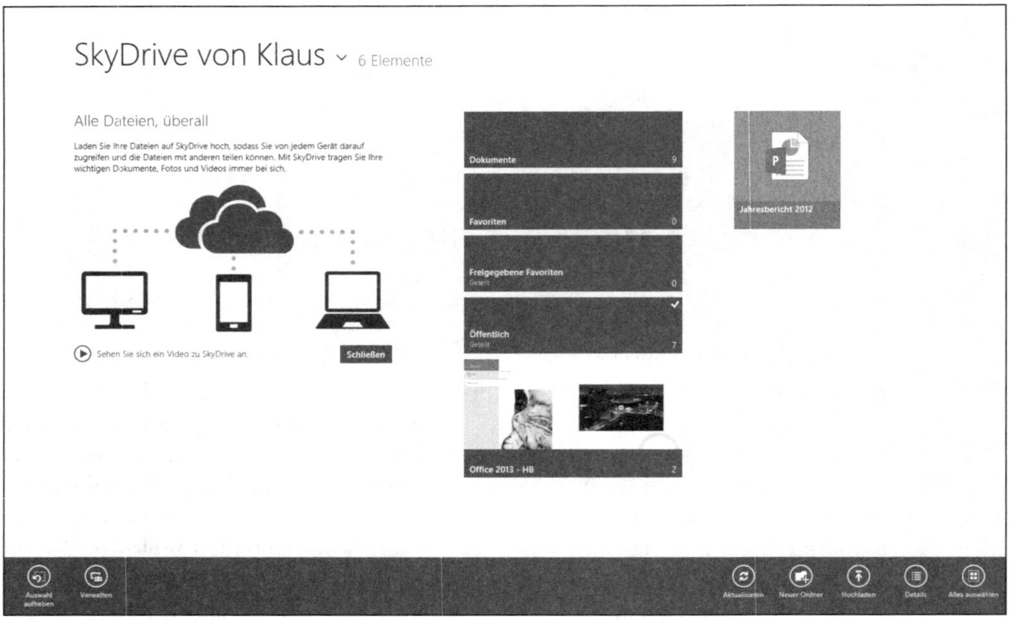

Das wirft natürlich die Frage nach der Sicherheit und dem Schutz der dort gespeicherten Daten auf. Diese Frage ist allerdings schwer zu beantworten. Um die reine Sicherheit Ihrer Daten müssen Sie sich höchstwahrscheinlich wenig Sorgen machen, da Sie davon ausgehen können, dass Microsoft eine höchst professionelle Datensicherung gewährleisten kann. Trotzdem sollten Sie natürlich von wichtigen Daten ein lokales Backup anlegen.

Beim Datenschutz, also dem Zugriff auf Ihre Daten durch Dritte, sieht die Welt schon anders aus. Da Microsoft dem amerikanischen Patriot Act unterliegt, muss die Firma den amerikanischen Behörden auf Anfrage den Zugriff auf die Daten ermöglichen. Das strengere EU-Recht greift lediglich, wenn der Anbieter garantiert, dass die bei ihm gespeicherten Daten den Europäischen Wirtschaftsraum nicht verlassen. Wenn dieses Thema für Sie wichtig ist, sollten Sie die jeweils aktuellen Vertragsbedingungen von SkyDrive daraufhin prüfen.

Office 2013 vs. Office 365

Ob die Marketingabteilung von Microsoft mit der Namensgebung von Office 365 einen Volltreffer gelandet hat, mag mal dahingestellt sein. Sie hätte es uns Kunden vielleicht ein bisschen einfacher machen können. Die Namensähnlichkeit täuscht nämlich leicht darüber hinweg, dass man hier unter Umständen Äpfel mit Birnen vergleicht. Zunächst einmal ist Office 2013 die aktuelle Version des Office-Pakets, wie wir es seit vielen Jahren kennen. Office 365 ist hingegen eine Onlineplattform, auf der man, neben vielen anderen Möglichkeiten, gemeinsam an Dokumenten arbeiten kann. So weit, so klar.

Für beide Produktfamilien, also für Office 2013 und Office 365, bietet Microsoft jeweils eine Fülle von Kauf- und Mietoptionen an. Und hier fängt dann das Verwirrspiel an. Es ist nämlich z. B. möglich, ein Abonnement für Office 365 zu erwerben, das auch Lizenzen für Office 2013 enthält. Das kann den Eindruck erwecken, dass Office 2013 grundsätzlich in Office 365 enthalten ist. Dem ist jedoch nicht so. Im übertragenen Sinne kann man sich Office 365 vielleicht als Haus vorstellen, das Sie mit oder ohne Möbel (Office 2013) mieten können.

Die Editionen von Office 2013

Microsoft Office 2013 ist wie gewohnt in verschiedenen Editionen erhältlich, die jeweils aus den Kernprodukten Word, Excel, PowerPoint und OneNote bestehen. Dazu kommen je nach Edition verschiedene andere Anwendungen wie Outlook, Publisher und Access. So kann jeder, vom Einzelanwender bis zum Großunternehmen, ein auf seine Bedürfnisse maßgeschneidertes Office einsetzen.

Diese Flexibilität wird noch dadurch gesteigert, dass Sie beim Erwerb von Office grundsätzlich die Wahl zwischen Kaufen und Mieten haben. Und je nachdem, für welche Option Sie sich entscheiden, stehen Ihnen noch weitere Varianten von Office zur Verfügung. Wir haben in diesem Buch den Schwerpunkt auf die nichtkommerziellen Lizenzen gelegt. Wenn Sie Office 2013 in einer größren Firma, einer Bildungseinrichtung oder einer Behörde einführen wollen, sollten Sie sich unbedingt an einen Microsoft Partner wenden, der sich auf diese Szenarien spezialisiert hat.

Übrigens wird Office erstmalig ohne Datenträger verkauft. Die Packungen enthalten lediglich eine sogenannte Product Key Card auf der sich eine Seriennummer (Product Key) befindet, die Sie zum Aktivieren von Office 2013 benötigen. Das heißt, im Normalfall müssen Sie die Software herunterladen. In Zeiten schneller Internetverbindungen sollte das für die meisten unter Ihnen kein Problem sein. Bei Bedarf können Sie aber auch gegen Aufpreis einen Datenträger erwerben.

Einzellizenz kaufen

Endanwender haben Office bisher entweder direkt beim Kauf eines neuen Rechners als vorinstalliertes Programm erworben oder eine separate Einzellizenz gekauft. Dies ist auch bei Office 2013 nicht anders und Sie können sich wie gewohnt zwischen drei Editionen entscheiden. Eine Übersicht über die Editionen für Endanwender und die in ihnen enthaltenen Programme finden Sie in der nachfolgenden Tabelle.

Tabelle 1.1 Diese Desktop-Editionen von Microsoft Office 2013 sind als Einzellizenzen erhältlich

Produkt Edition	Word	Excel	Power-Point	OneNote	Outlook	Publisher	Access
Home and Student	✓	✓	✓	✓			
Home and Business	✓	✓	✓	✓	✓		
Professional	✓	✓	✓	✓	✓	✓	✓

Die Editionen der Tabelle 1.1 können Sie im Handel ganz normal als Einzelprodukt beziehen und Office 2013 damit auf einem Gerät installieren. Die Preise beginnen bei 139 Euro für die Edition Home and Student. Die Versionen für den kommerziellen Einsatz kosten 269 Euro (Home and Business) und 539 Euro (Professional). Wenn Sie eines der Programme einzeln erwerben möchten, sind für OneNote 69 Euro, für alle anderen Programme 135 Euro fällig. Bei den Preisen handelt es sich um Listenpreise von Microsoft, die Preise im Handel sind erfahrungsgemäß ca. 10% günstiger.

HINWEIS **Auch Office 2013 Home & Business darf nur auf einem Gerät installiert werden**
Bisher erlaubte die Home & Business-Edition von Office die gleichzeitige Installation auf einem Desktop-PC und einem mobilen Gerät. Wer also am Arbeitsplatz einen Desktop-PC stehen hatte und zusätzlich ein Notebook besaß, konnte Office durch den Kauf einer Lizenz auf beiden Geräten installieren. Dies ist mit Office Home & Business 2013 nicht mehr möglich!

TIPP **Geld sparen durch Office-Upgrade** Microsoft bietet für mehrere Editionen von Office 2010 ein kostenloses Upgrade auf korrespondierende Editionen von Office 2013 an. Um dieses Angebot nutzen zu können, müssen Sie Office 2010 zwischen dem 19. Oktober 2012 und dem 30. April 2013 gekauft und aktiviert(!) haben. Da Office 2010 im Handel deutlich günstiger als Office 2013 ist, können Sie auf diesem Weg viel Geld sparen. Detaillierte Informationen zu diesem Angebot finden Sie unter *http://office.microsoft.com/de-de/offer*.

Für den kommerziellen Gebrauch existieren noch weitere Editionen, die jedoch nur im Rahmen eines Volumenlizenzprogramms vertrieben werden. Diese Lizenzprogramme richten sich vor allem an größere Unternehmen und verfügen zum Beispiel über vereinfachte Methoden der Installation.

Tabelle 1.2 Diese Editionen sind nur über Volumenlizenzprogramme erhältlich

Produkt / Edition	Word	Excel	PowerPoint	OneNote	Outlook	Publisher	Access	InfoPath	SharePoint Workspace
Standard	✓	✓	✓	✓	✓	✓			
Professional Plus	✓	✓	✓	✓	✓	✓	✓	✓	✓

Die Anwendungen Visio 2013 sowie Project 2013 sind in keiner Office-Edition enthalten und müssen daher, falls Sie diese einsetzen wollen, zusätzlich erworben werden.

Office 2013 im Abo erwerben

Sie können Office 2013 auch im Rahmen eines Abonnements von Office 365 erwerben. Die Laufzeit beträgt dabei entweder einen Monat oder ein Jahr. Bei diesem Modell wird die Software nur gemietet, das heißt, sobald Sie das Abo kündigen, erlischt auch Ihre Lizenz.

Für Privatanwender hat Microsoft ein recht interessantes Paket geschnürt. Es nennt sich Office 365 Home Premium und umfasst die Programme Word, Excel, PowerPoint, OneNote, Outlook, Publisher und Access. Für 10 Euro im Monat oder 99 Euro pro Jahr erhalten Sie eine Lizenz für 5 PCs bzw. Macs, die sich in Ihrem Haushalt befinden. Die Anzahl der Benutzer ist dabei nicht beschränkt. Zusätzlich dürfen Sie Office 2013 auf mobilen Geräten nutzen.

Weitere Hinweise finden Sie auf Seite 46 im Abschnitt »Die Editionen von Office 365«.

Systemvoraussetzungen

Die von Microsoft empfohlenen Systemanforderungen für die verschiedenen Office-Editionen finden Sie auf der Website von Microsoft Office *(http://office.microsoft.com)*. Bitte beachten Sie, dass es sich dabei in der Regel um die absoluten Minimalanforderungen handelt.

Die wohl wichtigste Voraussetzung ist das richtige Betriebssystem: Damit Sie Office 2013 installieren können, benötigen Sie mindestens Windows 7. Falls Sie noch mit Windows Vista oder dem immer noch beliebten Windows XP arbeiten, werden Sie um eine Aktualisierung von Windows nicht herumkommen. Kaufen Sie dann am besten gleich einen neuen Rechner. Für die Arbeit mit Windows 8 und Office 2013 genügt bereits ein günstiges Einsteigermodell und diese überschaubare Investition erspart Ihnen unter Umständen viel Ärger beim Aufrüsten Ihres alten PCs.

Office 2013 RT

Office 2013 RT ist eine spezielle Office-Version, die es nur in der Edition Home & Student gibt. Sie ist ausschließlich für den Einsatz auf Geräten entwickelt worden, auf denen Windows RT läuft. Diese Geräte enthalten einen ARM-Prozessor, der überwiegend in Smartphones und Tablets zu finden ist. ARM-Prozessoren sind preiswerter als die traditionell in PCs und Notebooks verbauten x86-Prozessoren und auf geringen Energieverbrauch hin optimiert. Die unter Windows bekannten Desktop-Programme sind auf Windows RT allesamt nicht lauffähig – mit einer Ausnahme: Office 2013 RT. Die Entwicklung von Office 2013 RT dient damit offensichtlich dazu, die Markteinführung der Windows-Tablets zu unterstützen. Denn das Szenario ist durchaus attraktiv: Dokumente, die am Arbeitsplatz oder auch zuhause am Windows-Rechner entstanden sind, lassen sich unterwegs problemlos auf dem Tablet öffnen und weiterbearbeiten. Natürlich müssen die Dokumente dazu auf SkyDrive, dem Onlinespeicher von Microsoft, abgelegt werden, und so ist es nur folgerichtig, dass SkyDrive in Office RT als Standardspeicherort vorgesehen ist.

Einschränkungen von Office RT

Windows RT bringt allerdings auch einige Einschränkungen mit sich, sodass folgende Office-Funktionen in Office RT nicht zur Verfügung stehen:

- Makros, AddIns und VBA sind nicht enthalten
- Windows RT unterstützt keine herkömmlichen E-Mail-Clients wie Outlook oder Thunderbird. Stattdessen kann nur über Apps gemailt werden. Daher fehlen folgende Funktionen:
  - DATEI/Freigeben/E-Mail
  - Seriendruck via E-Mail
  - Einladung für Online-PowerPoint-Präsentationen verschicken
  - E-Mail-Funktionen in OneNote
  - Diverse E-Mail-Funktionen im Menüband
- In Excel können keine Datenmodelle erzeugt werden
- PowerPoint kann keine Flash-Videos abspielen
- In OneNote sind keine Video-/Audio-Aufnahmen möglich. Extern erzeugte Video- und Audiodateien können jedoch eingefügt werden.

Wofür steht die Abkürzung RT?

Jetzt sind wir Ihnen noch eine Erklärung für die Abkürzung RT schuldig. Nun, das ist nicht ganz einfach, denn von Microsoft hat es dazu bislang kein offizielles Statement gegeben. So kann es nur bei Deutungsversuchen bleiben und da lautet die gängigste Vermutung, dass RT für Runtime steht. Dies bezieht sich auf die Windows Runtime Library, eine sogenannte Softwarebibliothek, die Programmierer nutzen können, um Programme für Windows 8 zu schreiben. Das Besondere an der Windows Runtime Library ist, dass sich auf ihrer Basis geschriebener Programmecode sowohl für x86-Prozessoren also auch für ARM-Prozessoren übersetzen lässt. Dabei orientiert sich der Funktionsumfang notwendigerweise an den (schwächeren) ARM-Prozessoren, sodass RT in gewisser Weise ein Synonym für den (eingeschränkten) Leistungsumfang dieser Windows-Variante geworden ist.

Office Web Apps

Auch bei der hohen Verbreitung von Microsoft Office werden Sie gelegentlich an einem Rechner sitzen (z. B. im Internetcafe), auf dem keine bzw. keine aktuelle Version von Office installiert ist. Wenn Sie Ihre Dokumente auf SkyDrive gespeichert haben, stellt das für Sie kein Problem dar. Mit den aktuellen Web Apps von Office, die momentan für die Programme Word, Excel, PowerPoint und OneNote angeboten werden, können Sie Ihre Dokumente nämlich direkt im Browser öffnen und bearbeiten. Die Web Apps bieten zwar (noch) nicht den gleichen Funktionsumfang wie die Desktopversionen, aber die wichtigsten Aufgaben lassen sich mit ihnen problemlos erledigen.

Bild 1.2 Bearbeiten eines Excel-Dokuments im Browser

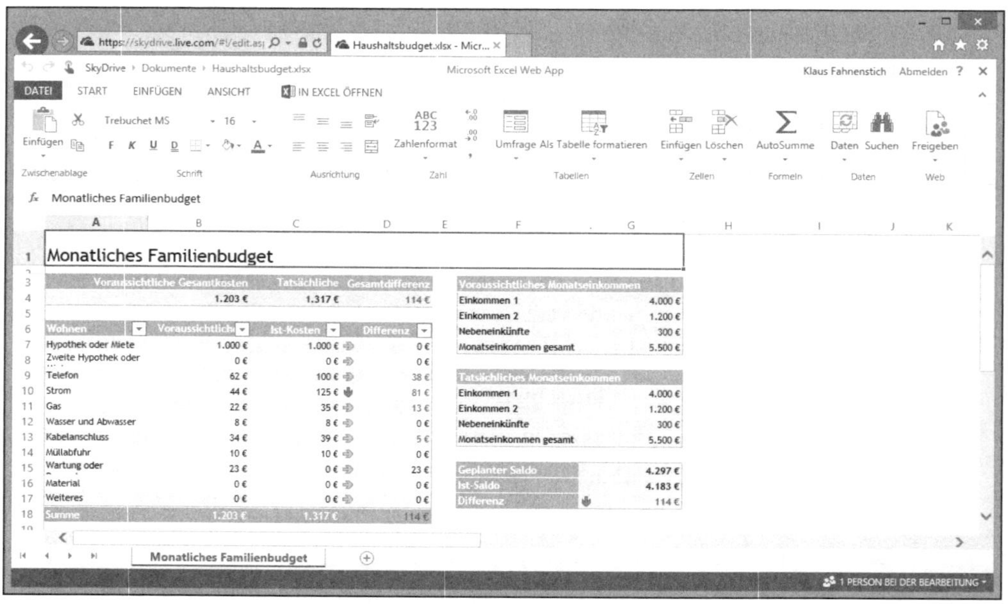

Weitere Informationen zum Einsatz der Web Apps finden Sie in Anhang B.

Office 365 – Ihr Office in der Cloud

Wie eingangs schon erwähnt, ist Office 365 ein eigenständiges Produkt, das zunächst einmal nichts mit Office 2013 zu tun hat. Bei Office 365 handelt es sich um eine internetbasierte Plattform, die viele verschiedene Dienste und Funktionen anbietet. Die Grundidee hinter Office 365 ist es, einer Gruppe von Menschen das gemeinsame Arbeiten so komfortabel wir möglich zu machen. Dazu gehört die Kommunikation über E-Mail und Skype, Terminabsprachen über gemeinsam genutzte Kalender und das gemeinsame (auch gleichzeitige!) Bearbeiten von Dokumenten.

Natürlich gehören in dieses Szenario auch die Programme der Office 2013-Familie; sie sind sogar sehr eng mit ihm verwoben. Aber es handelt sich dennoch um zwei eigenständige Produkte, die jedes für sich ihre Existenzberechtigung haben.

Vielleicht kann man sich Office 365 am ehesten als virtuelles Büro vorstellen, das seine komplette Infrastruktur 365 Tage an jedem Ort der Welt (mit Internetzugang) zur Verfügung stellt. Mit diesem Bild im Hinterkopf kann man auch gut nachvollziehen, dass Office 365 nicht zu einem festen Preis gekauft werden kann, sondern nur als Abonnement. Denn es fallen ja neben den reinen Softwarelizenzen tatsächlich auch laufende Kosten beim Anbieter an. Schließlich müssen für die Computer, auf denen die Dienste von Office 365 laufen, große Rechenzentren gebaut und betrieben werden.

So hat Microsoft zum Beispiel für sein Rechenzentrum in Dublin, das eine Größe von ca. sieben Fußballfeldern hat, bislang ca. 500 Millionen Euro investiert. Auch die laufenden Kosten dürften nicht unerheblich sein, da in Spitzenzeiten eine Gesamtleistung von ca. 30 Megawatt benötigt wird. Die genaue Zahl und Lage seiner Rechenzentren gibt Microsoft übrigens nicht preis. Offiziell wird nur verlautbart, dass es zwischen 10 und 100 sind.

Bild 1.3 Teamwebsite in Office 365

Die Editionen von Office 365

Wie wir weiter oben schon erwähnt haben, wird Office 365 grundsätzlich nur als Abo vertrieben. Microsoft bietet Office 365 hauptsächlich für Unternehmen und Organisationen an und hat dazu eine Fülle von sogenannten »Plänen« entworfen, die die Größe der Unternehmen bzw. die Art der Organisation berücksichtigen. Da zum Zeitpunkt der Drucklegung dieses Buches die kommerziellen Produkte von Office 365 noch nicht veröffentlich waren, werden wir uns an dieser Stelle auf die nichtkommerzielle Edition von Office 365 beschränken, die für Privatanwender durchaus interessant ist.

Office 365 Home Premium

Für 10 Euro im Monat, bzw. 99 Euro im Jahr bietet Office 365 Home Premium folgende Leistungen für Privatanwender an:

- Office 365 Home Premium umfasst folgende Programme: Word, Excel, PowerPoint, OneNote, Outlook, Publisher und Access.
- Sie dürfen Office auf 5 Computern eines Haushalts in der jeweils aktuellen Version installieren. Zurzeit also auf PCs die Version 2013 und auf einem Mac die Version 2011. Beachten Sie, dass es sich um Gerätelizenzen handelt. Wie viele Personen an einem Computer arbeiten spielt dabei keine Rolle. Andere Office-Lizenzen sind hingegen personengebunden.
- Sie erhalten 20 GByte SkyDrive-Speicher. Zusätzlich mit den 7 GByte, die in einem Microsoft-Konto kostenlos enthalten sind, stehen Ihnen dann 27 GByte zur Verfügung.
- Sie erhalten 60 Freiminuten im Monat für Skype.
- Sie können Office 2013 auf jeden beliebigen PC streamen, auf dem mindestens Windows 7 installiert ist. Diese Funktion nennt sich auch *Office on Demand* und erlaubt Ihnen, mit Office 2013 zu arbeiten, ohne Office auf dem PC zu installieren. Die Performance ist dabei bemerkenswert gut. Bereits wenige Sekunden nach dem Start können Sie mit Ihrer Arbeit beginnen. Gelegentlich müssen Sie einen kurzen Moment warten, wenn Office 2013 eine Funktion nachlädt, die Sie gerade zum ersten Mal benutzen. Sobald Sie Office 2013 beenden, werden alle Spuren des Programms auf dem Rechner entfernt.

TIPP **30 Tage kostenlos testen** Sie können Office 365 Home Premium für 30 Tage kostenlos testen. Nähere Hinweise finden Sie auf der Website *www.office.com.*

Office 365 Small Business Premium,
Office 365 Midsize Business und Office 365 Enterprise/Governement

Wenn Sie sich für diese Editionen interessieren, sollten Sie die aktuellen Informationen auf der Website von Microsoft lesen *(http://www.office365.de)*. Die dort angebotenen Lizenzvarianten sind zwar auf den ersten Blick etwas erdrückend, aber laut Microsoft »so einfach wie noch nie«. Nein, Scherz beiseite: Wenn Sie Office für eine größere Organisation lizenzieren wollen, müssen Sie sich intensiv mit dem Thema beschäftigen, damit Sie die für Sie optimale Lösung finden.

TIPP **Office 365 kostenlos testen** Auch für einige kommerzielle Editionen von Office 365 bietet Microsoft Testabonnements an. Die Dauer variiert von 30 bis 90 Tage. Nähere Hinweise finden Sie auf der Website *www.office365.de.*

Kapitel 2

Neue Funktionen in Office 2013

In diesem Kapitel:

In diesem Kapitel werden wir Ihnen zunächst einen Überblick über die wichtigsten Neuerungen in Microsoft Office 2013 geben. Wir gehen dabei bis zu Office 2007 zurück, denn diese Version markiert in der Entwicklung von Microsoft Office einen ganz entscheidenden Punkt. Damals wurden mit der Einführung der neuen Bedieneroberfläche bereits wichtige Weichen für die aktuelle Version gestellt.

Mit der Berücksichtigung von Office 2007 richten wir uns vor allem an die vielen Anwender, die bisher noch mit Office 2003 oder sogar mit noch älteren Versionen gearbeitet haben und die jetzt durch den Wechsel auf Office 2013 vor einer enormen Veränderung stehen.

Die einzelnen Abschnitte sind mit den Programmsymbolen der entsprechenden Version gekennzeichnet. So können Sie die entsprechenden Passagen einfach überspringen, falls Sie bereits mit Office 2007 oder sogar Office 2010 gearbeitet haben.

Neue Funktionen in Office 2013

Wie Sie gleich sehen werden, handelt es sich bei den beschriebenen Änderungen in erster Linie um neue Konzepte, erst in zweiter Linie um neue Funktionen. Das liegt ganz einfach daran, dass das Office-Paket schon seit vielen Versionen derart umfangreich ist, dass schon lange nahezu alle denkbaren Funktionen abdeckt sind.

Neue Bedieneroberfläche (seit 2007)

Wenn Sie eine der Anwendungen aus Office 2013 zum ersten Mal starten und vorher mit Office 2003 gearbeitet haben, ist erst einmal alles anders als gewohnt. Die in allen Office-Versionen bis einschließlich Office 2003 vorhandene Menüleiste und auch die Symbolleisten sind verschwunden. Stattdessen befindet sich am oberen Rand der Programmfenster das neue Menüband (es trug in Office 2007 noch den Namen Multifunktionsleiste), das die Menüleiste und die Symbolleisten ersetzt.

Im Menüband sind die Funktionen der einzelnen Programme zu logischen Gruppen zusammengefasst und über verschiedene Registerkarten erreichbar. Jede Registerkarte enthält die Befehle zu einer bestimmten Aktivität, die Sie beim Erstellen eines Dokuments, einer Arbeitsmappe oder einer Präsentation durchführen.

Bild 2.1 Seit Office 2007 befinden sich die Befehle nicht mehr in Menüs, sondern auf dem Menüband

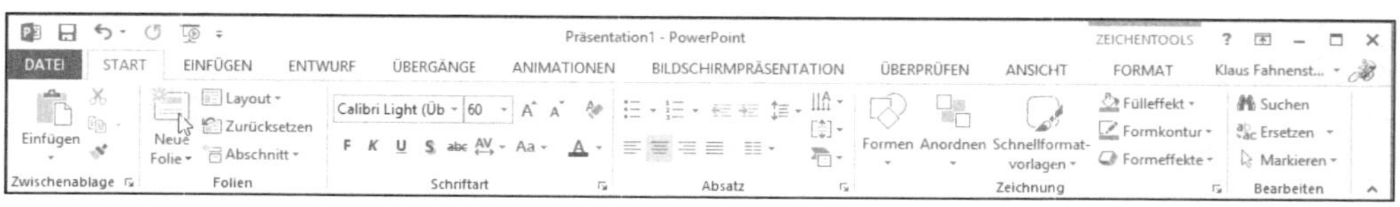

Das Menüband wurde übrigens stufenweise eingeführt. Zunächst wurden in Office 2007 nur Word, Excel, PowerPoint und Access damit ausgestattet. Erst in Office 2010 zogen dann auch die anderen Applikationen wie Outlook und OneNote nach.

Ausführliche Informationen zum Menüband finden Sie im nächsten Kapitel, in dem wir Ihnen die Bedieneroberfläche von Office 2013 vorstellen.

Neues Dateiformat (seit 2007)

Mit Office 2007 hat Microsoft auch ein neues Dateiformat eingeführt. Es basiert auf XML und erleichtert die Weiterverarbeitung mit anderen Programmen. Die Dateien liegen jedoch nicht als normale XML-Dateien vor, sondern werden zusätzlich komprimiert, um ihre Dateigröße zu reduzieren. Laut Aussage von Microsoft ist das Dateiformat dadurch kompakter als seine Vorgängerversionen. Ein weiterer Nebeneffekt der XML-Technologie ist die verbesserte Stabilität des neuen Dateiformats. Während das bis dahin verwendete Dateiformat äußerst anfällig gegenüber Beschädigungen war, verhält sich eine XML-Datei naturgemäß deutlich robuster. Dokumente mit diesem Format erkennen Sie daran, dass ihre Dateinamenserweiterung aus vier statt aus drei Buchstaben besteht (z. B. *.docx* statt *.doc*).

Bei Dokumenten mit Makros endet die Erweiterung auf den Buchstaben *m* (z. B. *.docm* oder *dotm*). Dem Anwender soll so die Möglichkeit gegeben werden, potenziell gefährliche Dokumente direkt beim Öffnen zu erkennen. Durch einfaches Ändern der Dateinamenserweiterung lässt sich dieser Sicherungsmechanismus übrigens nicht überlisten. Die Office-Programme erkennen trotzdem, dass das betreffende Dokument Makros enthält und verhindern deren Ausführung. Dieses Verhalten lässt sich allerdings konfigurieren.

Seit dem Service Pack 2 unterstützt Office 2007 auch das OpenDocument-Format.

Dokumentdesigns (seit 2007)

Mit Office 2007 hat Microsoft auch das Konzept der *Dokumentdesigns* eingeführt. Diese Designs liegen Excel-, Word- und PowerPoint-Dokumenten zugrunde und sollen so die Basis für eine einheitliche Gestaltung von Office-Dokumenten schaffen. Ein Design umfasst dabei folgende Formatierungsmerkmale:

- 10 Designfarben
- 2 Schriftarten (je eine für Überschriften und Textkörper)
- 20 vordefinierte Effekte (Linien und Füll- und Spezialeffekte)
- 12 Hintergrundformate (wird nur von PowerPoint genutzt).

Alle weiteren Formatvorlagen bauen auf diesen Merkmalen auf, d.h. sie verwenden die in ihnen definierten Farben, Schriftarten und Effekte. Auf diese Weise wird es möglich, in allen Office-Dokumenten eine unternehmensweite Layoutvorgabe umzusetzen. Wenn sich dann zum Beispiel die in einer Firma zu verwendende Schrift ändert, muss lediglich das verwendete Design angepasst werden. Wir werden uns mit diesem wichtigen Thema in den Kapiteln 4 und 35 noch ausführlich befassen.

Neue grafische Effekte (seit 2007)

Da viele Dokumente nicht nur aus reinem Text bestehen, sondern auch Grafiken, Diagramme und Ähnliches enthalten, wurden die Grafikfunktionen beginnend mit Office 2007 kontinuierlich verbessert. Auch wenn viele der Funktionen wie Transparenz, Schlagschatten und räumliche Formen bereits in den Vorgängerversionen enthalten waren, so haben sie doch seit Office 2007 eine wesentlich verbesserte Qualität erhalten.

Während die mit Office erstellten Grafiken früher doch immer recht ungelenk daherkamen, lassen sich jetzt mit minimalem Aufwand Grafiken erstellen, die über eine anspruchsvolle Form- und Farbgebung verfügen. Ausgefeilte Licht- und Schatteneffekte lassen sich einfach per Katalog zuweisen – unterstützt durch eine Vorschaufunktion, die die Wirkung nicht in einem Dialogfeld, sondern direkt im Dokument sichtbar macht.

Bild 2.2 Grafische Effekte dieser Güte lassen sich in wenigen Sekunden erstellen

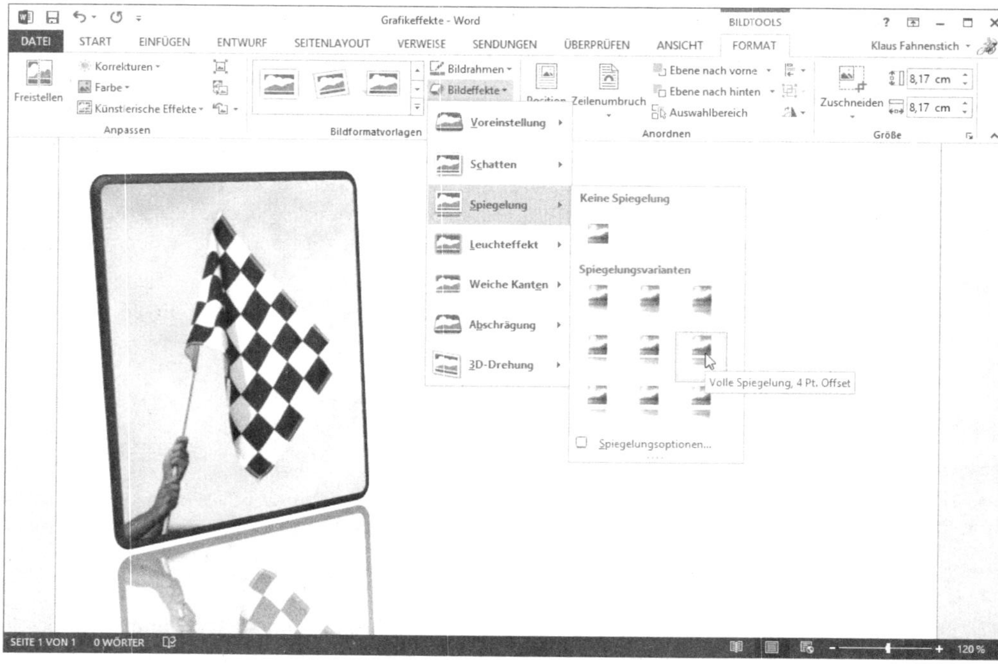

SmartArts (seit 2007)

Wie der Name schon andeutet, handelt es sich bei SmartArts um intelligente Grafiken, mit denen sich zum Beispiel Prozesse, Beziehungen oder Hierarchien visualisieren lassen.

Das Besondere an SmartArts ist das beeindruckende Verhältnis von Aufwand zu Ertrag. Dank SmartArts können Sie sich auf die inhaltlichen Aspekte Ihrer Dokumente konzentrieren und ersparen sich stundenlanges »Gefummel« beim Erstellen von Grafiken, die trotz hohem Aufwand kein professionelles Aussehen annehmen wollen. Mit SmartArts lassen sich innerhalb weniger Minuten Illustrationen von bestechender Qualität erstellen, die sich durch eine ausgewogene und aufeinander abgestimmte Form- und Farbgebung auszeichnen.

Bild 2.3 Form und Farbe von SmartArts lassen sich schnell per Vorlage ändern

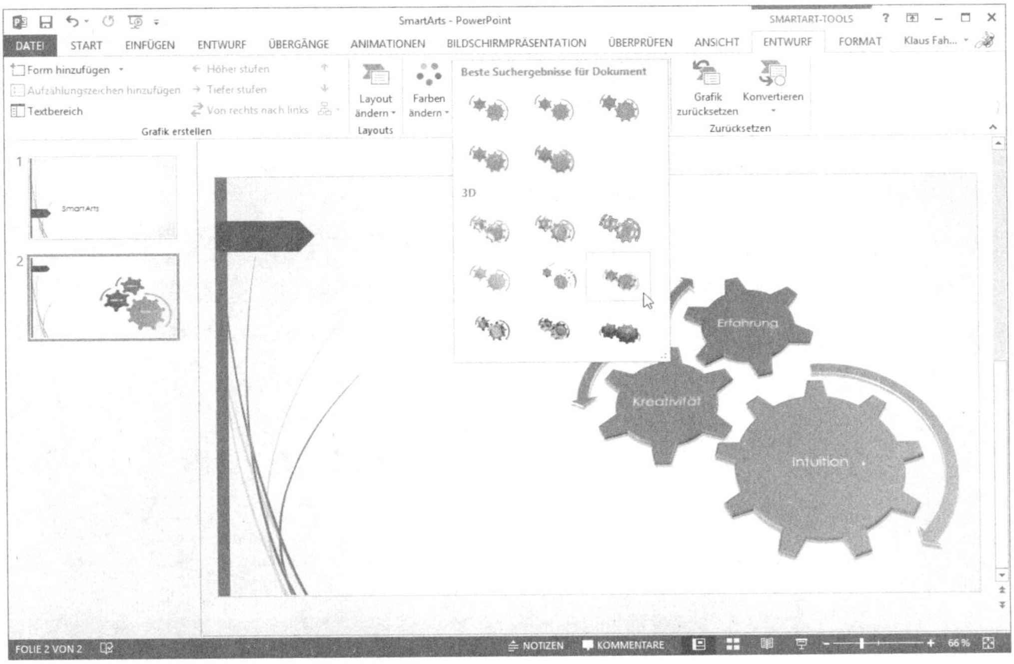

SkyDrive und Web Apps (seit 2010)

Office 2010 bot erstmals die Möglichkeit, Word-, PowerPoint-, Excel- und OneNote-Dokumente auf SkyDrive zu speichern. SkyDrive ist ein kostenloser Microsoft-Dienst, der Ihnen 25 Gigabyte Speicherplatz im Web (der berühmt berüchtigten Cloud) zur Verfügung stellt. Wenn Sie Office-Dokumente dort abspeichern, können Sie diese entweder für andere freigeben oder in einem nicht-öffentlichen Bereich ablegen. In beiden Fällen haben Sie – sofern Sie auf das Internet zugreifen können – von überall Zugriff auf diese Dateien:

- Sie können sich in einem Browser bei SkyDrive anmelden und dann die auf SkyDrive liegenden Dokumente mit den Office Web Apps bearbeiten. Die Office Web Apps stellen zwar im Vergleich zu den normalen Office-Anwendungen nur eine eingeschränkte Funktionalität zur Verfügung, dafür muss aber auch auf dem Computer, von dem aus Sie die Office Web Apps verwenden, keine der Desktop-Anwendungen installiert sein. Weitere Informationen zu den Office Web Apps finden Sie in Anhang B dieses Buches.
- Von der SkyDrive-Website können Sie Ihre Dokumente auch direkt in den Desktop-Versionen der Office-Anwendungen bearbeiten. Ihnen steht dann der volle Funktionsumfang der Programme zur Verfügung. In dieser Variante dient SkyDrive lediglich als Speicherplatz im Web.

In Office 2013 ist die Verzahnung von Office und SkyDrive noch sehr viel enger geworden. Sie als Anwender sollen Ihre Dokumente vorzugsweise in der Cloud speichern, damit Sie jederzeit und überall darauf Zugriff haben – natürlich von beinahe jedem internetfähigen Gerät.

Bild 2.4 Dokumente auf SkyDrive lassen sich mit Hilfe von Web Apps direkt im Browser bearbeiten

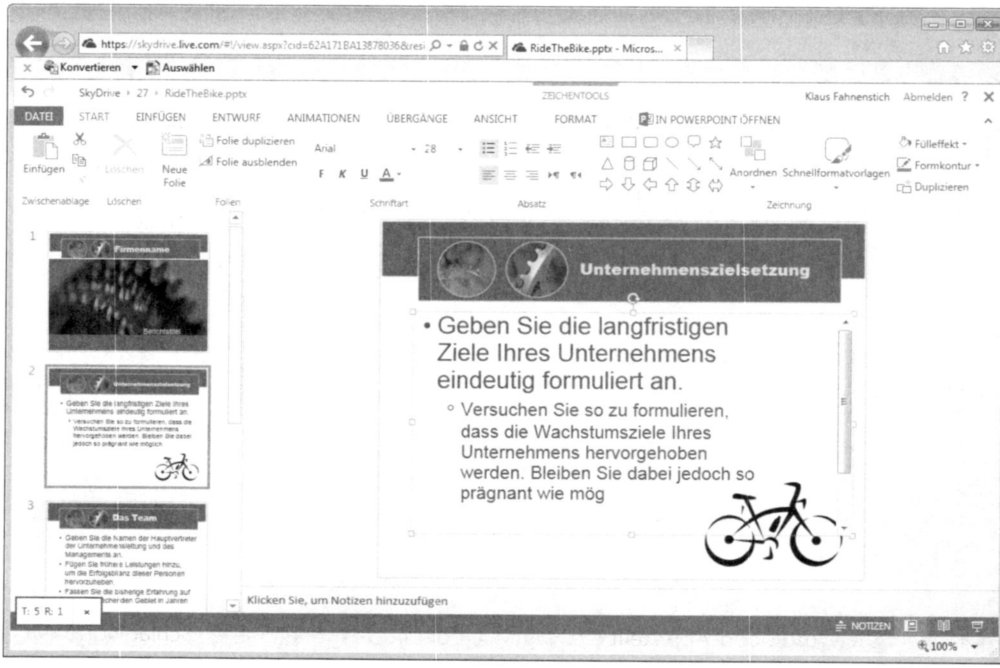

Ausrichtungslinien (neu in 2013)

Auch wenn wir eingangs gesagt haben, dass die Office-Programme seit Jahren mehr als genug Funktionen enthalten: Es gibt doch immer wieder die eine oder andere Kleinigkeit, die man, ohne es wirklich zu wissen, oft vermisst hat. In diese Kategorie gehören die Ausrichtungslinien, mit denen Word und PowerPoint Sie beim Platzieren von Grafiken und Formen unterstützen.

Bild 2.5 Ausrichtungslinien erleichtern das Platzieren von Grafiken und Formen enorm

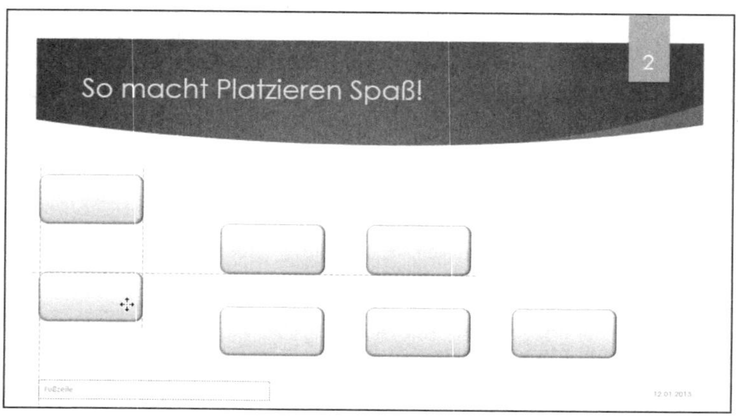

Apps für Office

Apps – Besitzer eines Smartphones kennen sie schon lange, doch jetzt erobern sie mit Windows 8 und Office 2013 auch die Microsoft-Welt. Apps sind, kurz gesagt, kleine Programme mit einem überschaubaren Funktionsumfang. Daher können sie auch mit relativ wenig Aufwand programmiert werden und sind oft kostenlos oder für einen geringen Preis zu haben.

Mit Office 2013 haben Sie Zugriff auf einen Online Store, der Ihnen Apps für Word, Excel, Outlook, Projekt und SharePoint anbietet. Einmal installiert, können Sie diese Apps über die Registerkarte *EINFÜGEN* in Ihren Dokumenten nutzen. Auf den folgenden Bildern sehen Sie, wie Sie mit einer kostenlosen App eine WordCloud erstellen können, wie sie häufig in Blogs zu finden sind. (Beim Schreiben dieses Buches waren leider nur englischsprachige Apps verfügbar.)

Bild 2.6 Mit Office 2013 haben Sie Zugriff auf den Office Store, in dem Sie auch kostenlose Apps finden

Bild 2.7 Die WordCloud-App stellt die Häufigkeit der im Text gefundenen Schlagworte dar

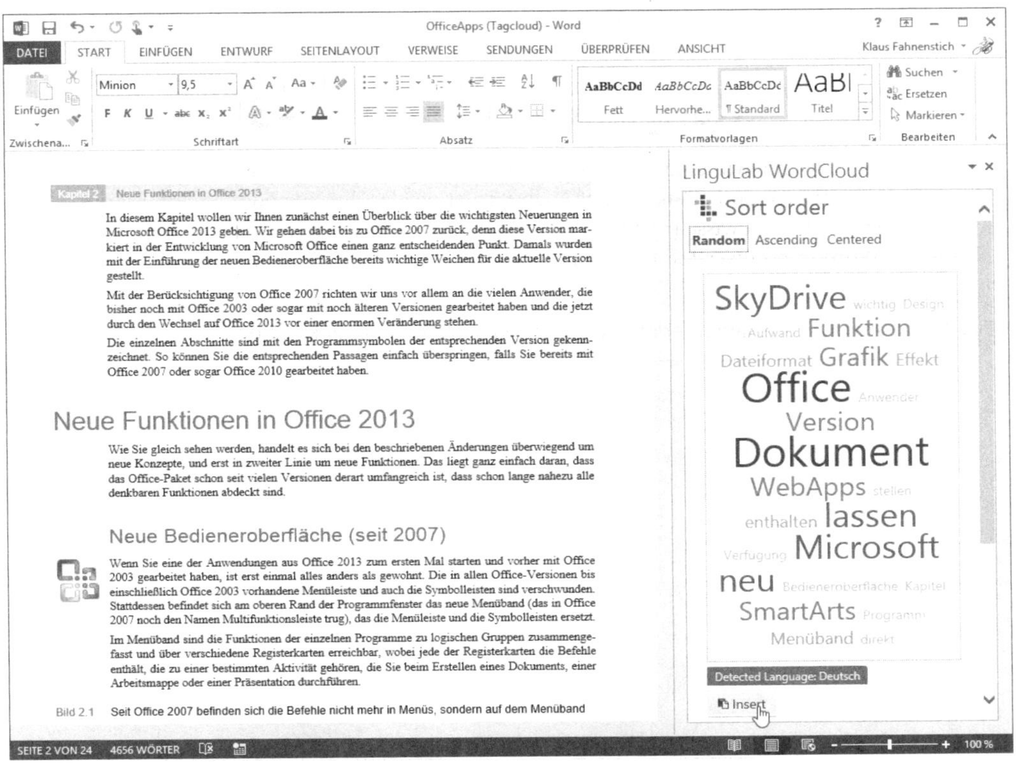

Neue Funktionen in Word 2013

Die meisten Änderungen bzw. Neuerungen von Word sind weniger grundsätzlicher Natur, sondern betreffen vor allem die Layoutfähigkeiten. Noch nie konnten Sie mit so wenig Aufwand so professionell wirkende Dokumente erstellen. Dank einer Vielzahl von Vorlagen und mächtigen Grafikfunktionen lassen sich ausgefeilte und optisch ansprechende Dokumente erstellen, die bei den Vorgängerversionen nur mit einem deutlich höheren Zeitaufwand erstellt werden konnten.

Word-Dokumente im Baukastensystem (seit 2007)

Hinter dem neuen Begriff *Bausteine* verbergen sich alte Bekannte. Unter diesem Oberbegriff sind in Word verschiedene vordefinierte Textelemente zusammengefasst, durch deren Einsatz Sie bei der Texterstellung viel Zeit sparen können. Dazu gehören neben den klassischen AutoTexten auch Kopf- und Fußzeilen, Dokumenteigenschaften, Formeln sowie die neuen Deckblätter.

Am Beispiel der Kopf- und Fußzeilen lässt sich die dahinter stehende Idee gut verdeutlichen. Früher mussten Kopf- bzw. Fußzeilen aus ihren einzelnen Bestandteilen wie Seitenzahl, Datum oder Dokumentname mehr oder weniger mühselig zusammengesetzt und anschließend formatiert werden. Seit Word 2007 werden Kopf- und Fußzeilen eher als eigenständige Textelemente verstanden, die, ähnlich wie eine Grafik, als Ganzes in ein Dokument eingefügt werden.

Die verschiedenen Bausteine werden in einem speziellen Organizer verwaltet, wo sie geordnet nach Katalogen, Kategorien und Vorlagen abgelegt sind.

Bild 2.8 Fertige Deckblätter geben Ihren Dokumenten ein professionelles Outfit

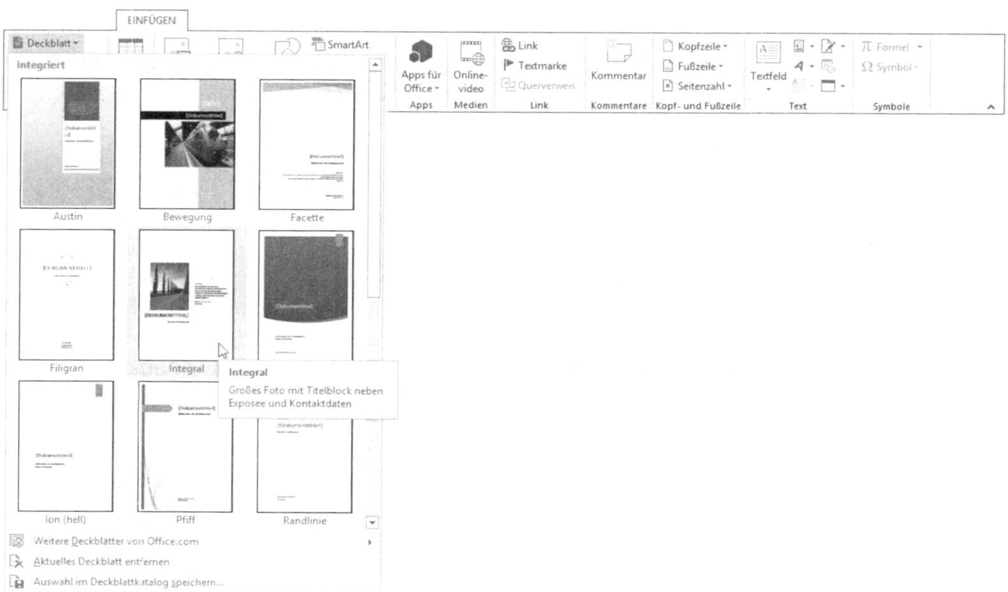

Schnellformatvorlagen (seit 2007)

Formatvorlagen sind seit vielen Versionen ein elementarer Bestandteil von Word. Doch obwohl ihre Verwendung die einheitliche Formatierung eines Dokuments erheblich erleichtert und beschleunigt, gibt es immer noch sehr viele Anwender, denen diese Art der Formatierung zu unhandlich oder zu kompliziert ist. Diesen Anwendern versucht Word seit der Version 2007 mit den so genannten *Schnellformatvorlagen* entgegenzukommen.

Bild 2.9 Katalog mit Schnellformatvorlagen

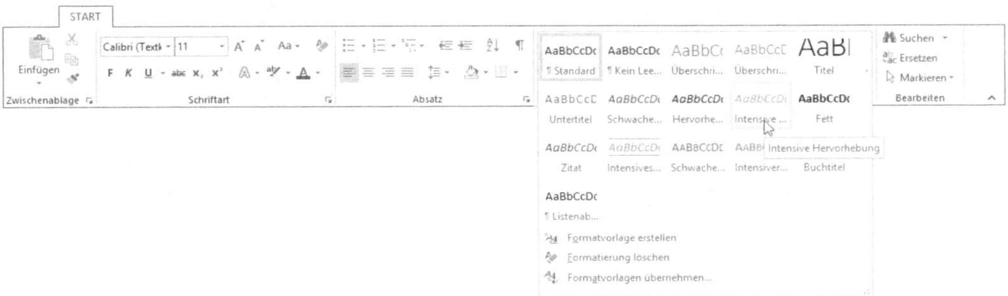

Hinter diesem Begriff verbirgt sich jedoch kein neues Vorlagenkonzept. Es gibt zwar jetzt zusätzlich die Möglichkeit, Zeichen- und Absatzmerkmale in einer Formatvorlage zu kombinieren, doch die auffälligste Neuerung ist die Art und Weise, wie Sie ein Dokument mit Hilfe von Formatvorlagen formatieren können.

Der Clou ist dabei eine Vorschaufunktion, mit der Sie die Wirkung einer Formatvorlage auf Ihren Text anzeigen lassen können, ohne die Formatvorlage wirklich zuzuweisen. Sie müssen lediglich den Katalog der Schnellformatvorlagen öffnen und mit dem Mauszeiger auf die gewünschte Formatvorlage zeigen. Ihre Wirkung wird dann direkt im Dokument angezeigt.

Dokumente im Team bearbeiten (seit 2007)

In vielen Firmen ist es üblich, dass einzelne Dokumente von mehreren Personen bearbeitet werden. In der Regel werden die Dokumente dabei von Person zu Person weitergereicht und von diesen jeweils mit Kommentaren und Ergänzungen versehen. Am Ende dieses Prozesses steht dann der eigentliche Autor des Dokuments vor der Aufgabe, die verschiedenen Anregungen in das endgültige Dokument zu integrieren. Die dazu in Word vorhandenen Funktionen wurden in der neuen Version im Hinblick auf eine bessere Übersichtlichkeit verändert bzw. erweitert.

Zusätzlich erhielt Word 2010 in diesem Zusammenhang eine neue Funktion mit dem sich Kommentare, gelöschte Texte und andere sicherheitsrelevante Informationen zuverlässig aus einem Dokument entfernen lassen. Abgerundet werden die Sicherheitsfunktionen von der neuen Möglichkeit, ein Dokument *abzuschließen*. So geschützte Dokumente können anschließend nur noch gelesen, jedoch nicht mehr bearbeitet werden.

In Word 2013 wurde der Komfort dieser Funktion nochmals erhöht. So werden jetzt die Antworten auf Kommentare im Stil einer E-Mail-Konversation dargestellt. Dadurch ist es deutlich leichter, die zeitliche Reihenfolge der Kommentare nachzuvollziehen.

Formeln erstellen (seit 2007)

Auch für die Bearbeitung von Formeln hat Word seit der Version 2007 eine echte Neuerung zu bieten, denn der aus früheren Versionen bekannte Formel-Editor hat endlich ausgedient. An seine Stelle tritt eine neue XML-basierte Technologie namens MathML, die weltweit standardisiert ist. Word bettet die Formeln in die ebenfalls neu eingeführten Inhaltssteuerelemente ein, in denen sie sich sehr komfortabel bearbeiten lassen.

Bild 2.10 Das Einfügen und Bearbeiten von Formeln ist seit Word 2007 deutlich komfortabler geworden

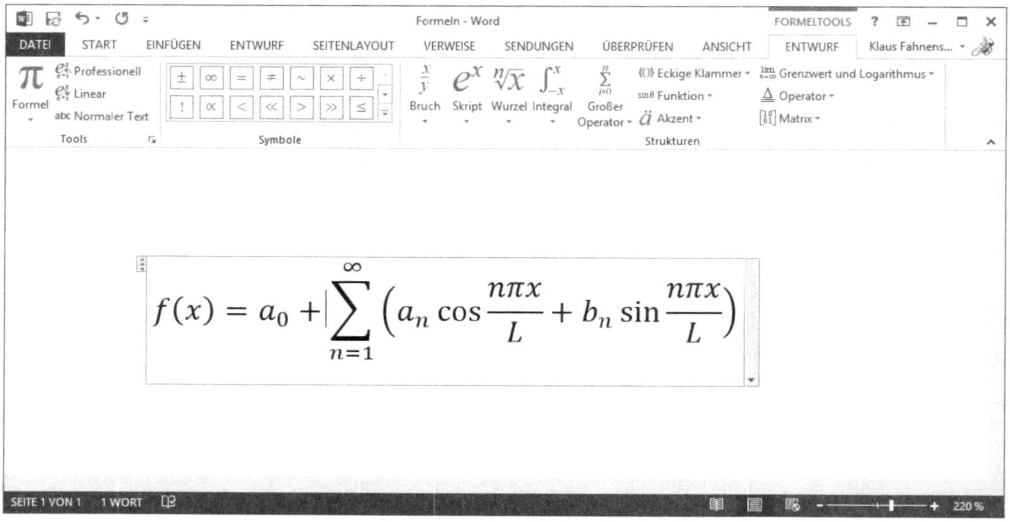

MathML beschreibt dabei nicht nur die Gestaltung einer Formel, sondern auch deren Struktur. Dazu unterscheidet MathML zum Beispiel zwischen Variablen, Operatoren und Zahlen. Durch dieses Konzept lassen sich Formeln problemlos programmgesteuert in MathML erstellen bzw. in anderen Programmen weiterverarbeiten.

PDF erzeugen (seit 2007)

Seit der Office-Version 2007 bietet Microsoft die Möglichkeit, Dokumente im Portable Document Format (PDF) zu speichern. PDF ist ein Format, das von Adobe entwickelt wurde und das das Aussehen des Dokuments beibehält – einschließlich Schriftarten, Grafiken und Formatierung –, sodass das Dokument unabhängig vom Ausgabegerät immer gleich angezeigt wird.

Neben dem PDF-Format unterstützen die Office-Anwendungen auch das Erstellen von XPS-Dateien. Ein XPS-Dokument ist ebenfalls eine plattformunabhängige Datei, die seitenweise die endgültige Darstellung eines Dokuments so speichert, wie es ausgedruckt wird. XPS wurde von Microsoft entwickelt und besitzt Ähnlichkeiten mit PDF, jedoch basiert XPS auf XML. Eine XPS-Datei ist übrigens wie das neue Standarddateiformat von Word eine ZIP-komprimierte Datei, in der sich weitere Dateien und Unterordner befinden, die die eigentlichen Informationen zu den Seiten des Dokuments beinhalten.

Bei Office 2007 musste noch ein Add-In heruntergeladen werden, um PDF- und XPS-Dateien speichern zu können. Ursache dafür waren Lizenzstreitigkeiten zwischen Adobe und Microsoft. Seit Office 2010 ist diese Funktionalität jedoch fest in die Office-Anwendungen integriert.

PDF einfügen und bearbeiten (seit 2013)

Als folgerichtigen Schritt hat Microsoft dem neuen Office-Paket eine Funktion zum Einlesen von PDF-Dokumenten spendiert. Dabei werden die PDF-Dateien automatisch ins Microsoft-Office-Format konvertiert und können anschließend direkt weiterbearbeitet werden. Im folgenden Screenshot sehen Sie z. B. ein PDF-Dokument mit einer Tabelle, die sich nach dem Einlesen in Word sofort mit den Tabellenfunktionen formatieren lässt.

Bild 2.11 PDF-Dokumente lassen sich direkt in Word öffnen und bearbeiten

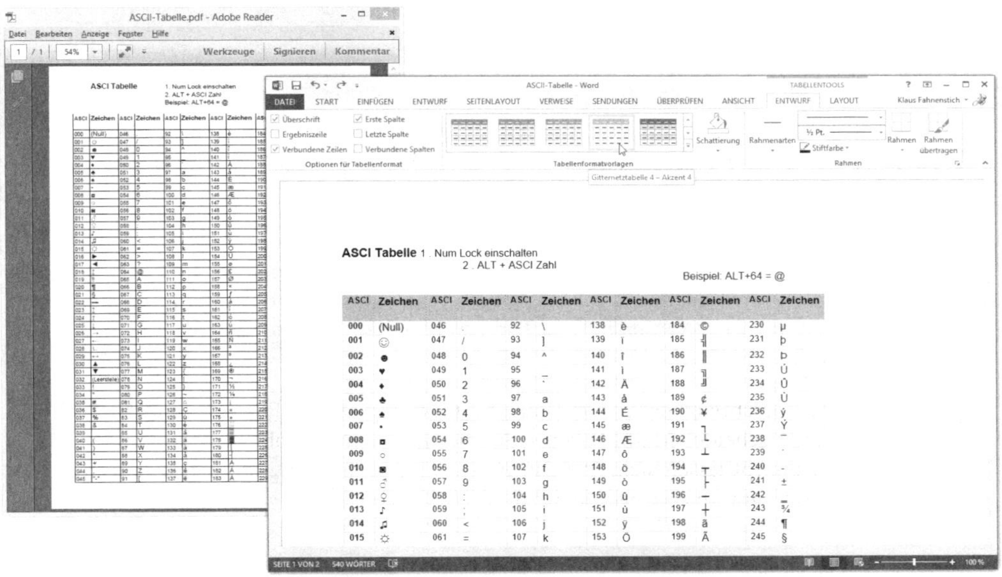

Natürlich hängt das Ergebnis der Konvertierung stark von der Qualität und der Komplexität der PDF-Datei ab. Dass z. B. beim Importieren einer Tabelle keine manuelle Nachbearbeitung mehr notwendig ist, stellt eher die Ausnahme als die Regel dar.

Weiterlesen (neu in 2013)

Wenn Sie ein Dokument, das Sie vor einiger Zeit bereits bearbeitet haben, erneut öffnen, erscheint in Word 2013 ein kleines Hinweisfenster und bietet Ihnen an, zur zuletzt geänderten Textstelle zu springen (siehe Bild 2.12). Wir tun uns allerdings etwas schwer, diese Funktion als neu vorzustellen, denn diesen Service bietet Word schon seit vielen vielen Versionen (definitiv ab Word 95). Man musste lediglich die richtige Tastenkombination [⇧]+[F5] kennen.

Bild 2.12 Nicht wirklich neu, aber trotzdem praktisch: Zur letzten Bearbeitungsposition springen

Objektzoom

Wenn Sie im Lesemodus ein Detail in einem Diagramm oder einer Grafik nicht genau erkennen können, können Sie das Objekt per Klick vergrößern. Die Darstellung des restlichen Dokuments wird dadurch nicht verändert – nach einem erneuten Klick können Sie ganz normal weiterlesen.

Bild 2.13 Im Lesemodus lassen sich Grafiken und Diagramme per Doppelklick vergrößern

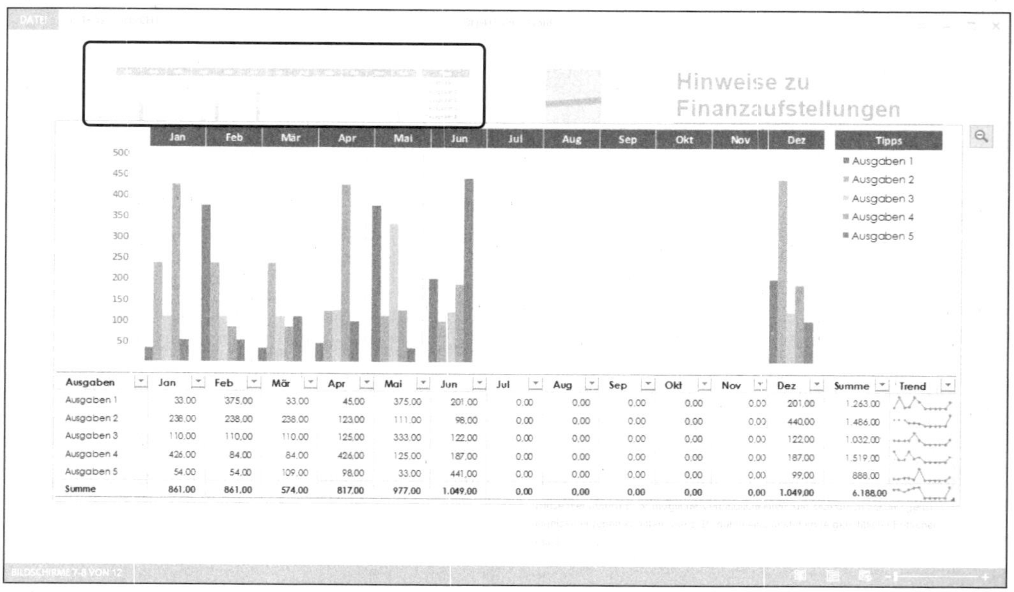

Neue Funktionen in Excel 2013

Die meisten Neuerungen von Excel sind weniger grundsätzlicher Natur, sondern betreffen eher die Möglichkeiten zur Formatierung und Gestaltung von Tabellenblättern. Hier wurde vor allem Wert auf eine höhere Produktivität gelegt. Zum einen konnten Sie noch nie mit so wenig Aufwand so professionell wirkende Dokumente erstellen, zum anderen wurden auch die zentralen Funktionen zur Auswertung der Daten mit einem Komfort versehen, der seinesgleichen sucht.

Excel-Tabellen (seit 2007)

Seit der Version 2007 kennt Excel nun auch *Tabellenformatvorlagen*, mit deren Hilfe die Formatierung einer Tabelle (früher als *Excel-Listen* bezeichnet) zum Kinderspiel wird. Durch einfaches Zuweisen einer Formatvorlage lässt sich die gesamte Gestalt einer Tabelle festlegen. Besonders komfortabel ist dabei die Livevorschau: Während Sie mit der Maus über die verschiedenen Einträge des Auswahlmenüs fahren, zeigt Excel die Wirkung der jeweiligen Formatvorlagen direkt im Tabellenblatt an.

Bild 2.14 Die Formatierung einer Tabelle lässt sich mit drei Mausklicks erledigen

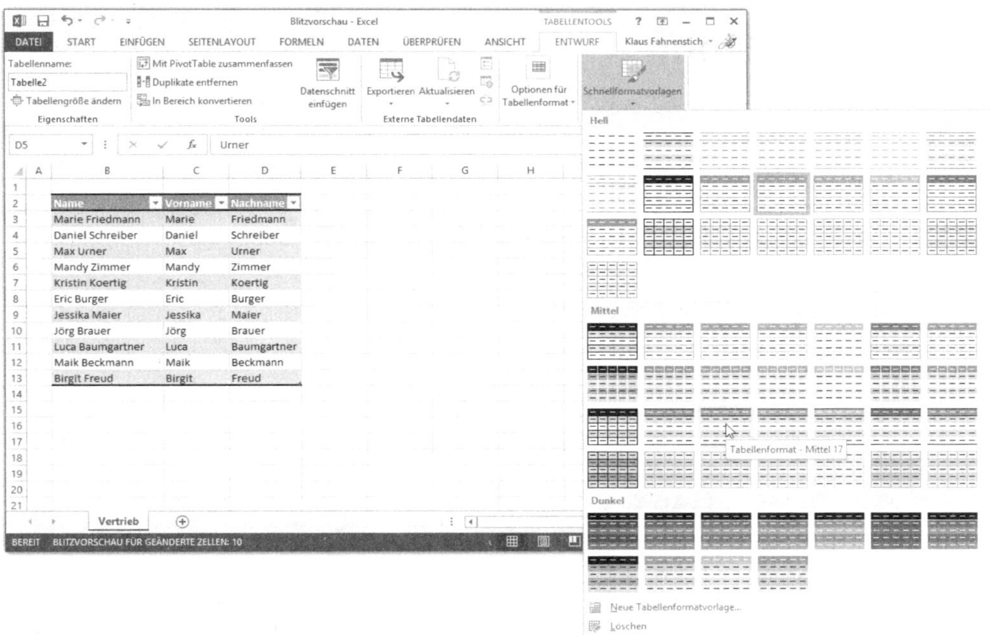

Eine Excel-Tabelle erleichtert Ihre Arbeit zusätzlich durch folgende Features:

- Bei langen Tabellen tauchen ihre Spaltenüberschriften automatisch in der Tabellenblattkopfzeile auf, wenn Sie in der Tabelle nach unten scrollen (also dort, wo normalerweise der Buchstabe der Spalte steht).

- Bei berechneten Spalten müssen Sie die verwendete Formel nur noch einmal eingeben. Das Duplizieren in die anderen Zellen der Spalte übernimmt Excel für Sie.
- In Formeln können Sie mit strukturierten Verweisen arbeiten. Anstelle von Angaben wie *=C5*0,3* können Sie direkt mit dem Tabellennamen und den Spaltenüberschriften arbeiten: *=Fahrtkosten[@Kilometer]*0,3.*
- In der Ergebniszeile einer Tabelle können Sie nun auch eigene Formeln eingeben und sind nicht mehr an eine vorgegebene Liste von Standardfunktionen gebunden.
- Die Spaltenüberschriften einer formatierten Tabelle erhalten automatisch eine Schaltfläche, über die die Daten der Tabelle sortiert und gefiltert werden können. Seit Excel 2013 lässt sich diese Funktion für jede Tabelle ein- und ausschalten.

Bedingte Formatierung (seit 2007)

Bei der *bedingten Formatierung* ändert sich die Darstellung einer Zelle in Abhängigkeit von ihrem Inhalt. Zum Beispiel lassen sich alle Zellen einer Tabelle, die einen bestimmten Grenzwert überschreiten, rot einfärben. Die Kernaussage einer Tabelle lässt sich so vom Betrachter wesentlich schneller erfassen, als wenn er erst alle relevanten Zahlen der Reihe nachlesen und bewerten muss.

Diese Art der Formatierung war zwar bereits in früheren Versionen von Excel möglich, ihre Umsetzung erforderte jedoch einigen Aufwand. Um etwa bei einer Datenreihe mehrere Wertebereiche mit verschiedenen Farben zu hinterlegen, mussten diverse Bedingungen erstellt werden, mit denen die Farbgebung der einzelnen Zellen gesteuert wurde. Seit Excel 2007 ist diese Aufgabe in wenigen Sekunden erledigt, wobei Sie bei der Art der Darstellung noch zwischen Datenbalken, Farbskalen und verschiedenen Symbolsätzen wählen können.

Bild 2.15 Dank der bedingten Formatierungen lassen sich z. B. Extremwerte sehr schnell identifizieren

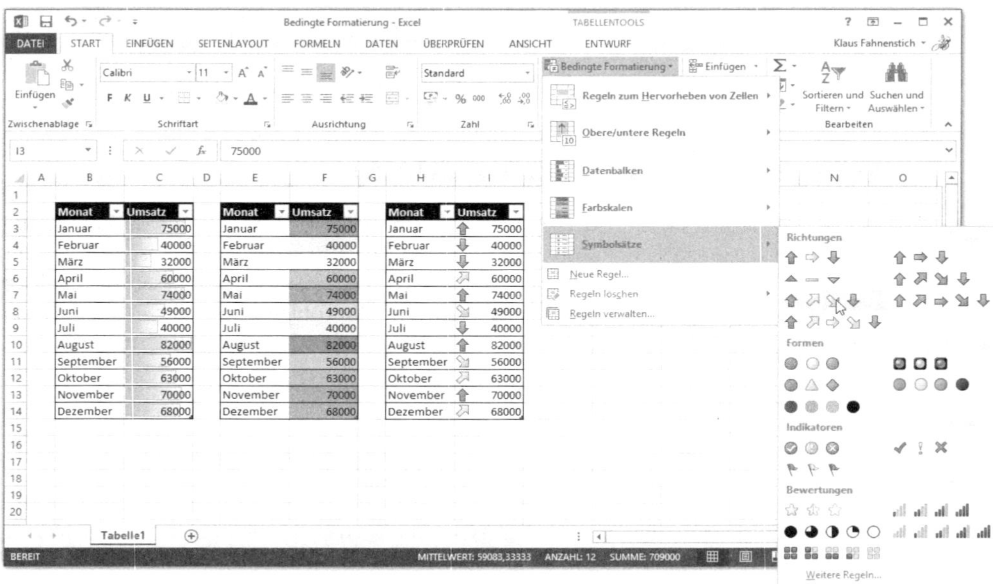

Sparklines (seit 2010)

Mit Excel 2010 hat Microsoft die sogenannten *Sparklines* eingeführt. Dabei handelt es sich um kleine Diagramme, die Sie in eine einzelne Zelle einfügen können. Mit diesen Mini-Diagrammen lassen sich zum Beispiel zeitliche Verläufe sehr schön direkt innerhalb einer Tabelle veranschaulichen.

Bild 2.16 Sparklines sind kleine Diagramme, die sich direkt in einer Zelle befinden

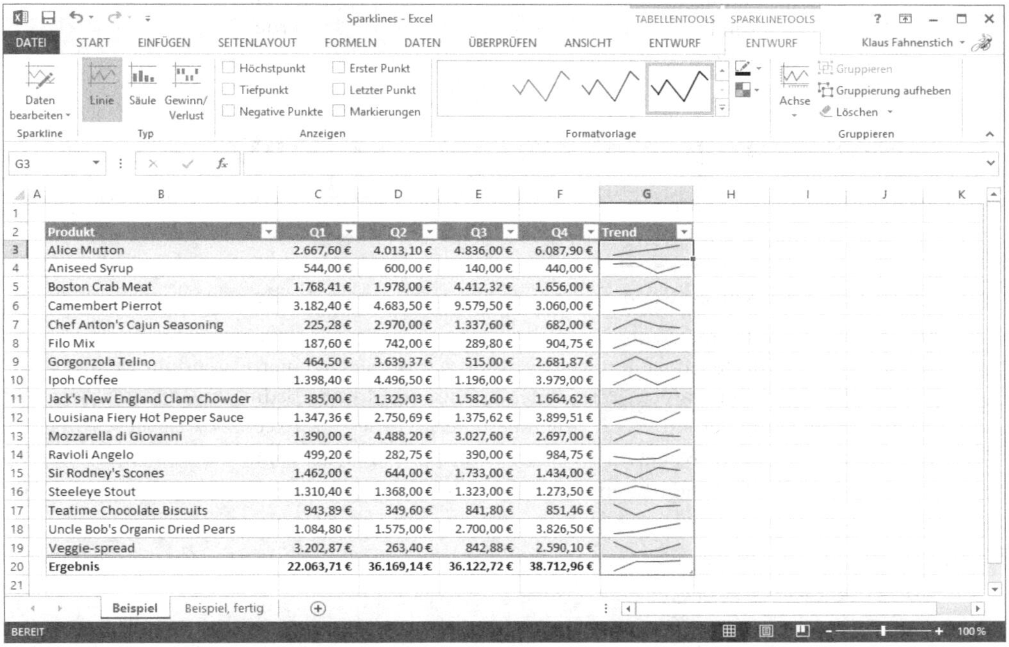

Produkt	Q1	Q2	Q3	Q4	Trend
Alice Mutton	2.667,60 €	4.013,10 €	4.836,00 €	6.087,90 €	
Aniseed Syrup	544,00 €	600,00 €	140,00 €	440,00 €	
Boston Crab Meat	1.768,41 €	1.978,00 €	4.412,32 €	1.656,00 €	
Camembert Pierrot	3.182,40 €	4.683,50 €	9.579,50 €	3.060,00 €	
Chef Anton's Cajun Seasoning	225,28 €	2.970,00 €	1.337,60 €	682,00 €	
Filo Mix	187,60 €	742,00 €	289,80 €	904,75 €	
Gorgonzola Telino	464,50 €	3.639,37 €	515,00 €	2.681,87 €	
Ipoh Coffee	1.398,40 €	4.496,50 €	1.196,00 €	3.979,00 €	
Jack's New England Clam Chowder	385,00 €	1.325,03 €	1.582,60 €	1.664,62 €	
Louisiana Fiery Hot Pepper Sauce	1.347,36 €	2.750,69 €	1.375,62 €	3.899,51 €	
Mozzarella di Giovanni	1.390,00 €	4.488,20 €	3.027,60 €	2.697,00 €	
Ravioli Angelo	499,20 €	282,75 €	390,00 €	984,75 €	
Sir Rodney's Scones	1.462,00 €	644,00 €	1.733,00 €	1.434,00 €	
Steeleye Stout	1.310,40 €	1.368,00 €	1.323,00 €	1.273,50 €	
Teatime Chocolate Biscuits	943,89 €	349,60 €	841,80 €	851,46 €	
Uncle Bob's Organic Dried Pears	1.084,80 €	1.575,00 €	2.700,00 €	3.826,50 €	
Veggie-spread	3.202,87 €	263,40 €	842,88 €	2.590,10 €	
Ergebnis	22.063,71 €	36.169,14 €	36.122,72 €	38.712,96 €	

Blitzvorschau (neu in 2013)

In Excel haben Sie es natürlich fast ausschließlich mit der Verarbeitung von Zahlen zu tun. Es gibt jedoch auch regelmäßig Situationen, in denen Sie zum Beispiel zwei Textspalten zusammenführen oder eine bestimmte Information aus einer Textspalte extrahieren müssen (etwa einen Vor- oder Nachnamen). Das ist mit Excel vom Prinzip her auch problemlos möglich, allerdings sind die dazu benötigten Funktionen nur wenigen Anwendern geläufig.

Mit der neuen *Blitzvorschau* von Excel werden solche Aufgaben zum Kinderspiel: Sie machen Excel die gewünschte Operation einfach einmal vor und Excel wendet sie dann automatisch auf den Rest der Spalte an.

Bild 2.17 Excel hat erkannt, dass Sie die Vornamen aus der Spalte B in die Spalte C eintragen wollen

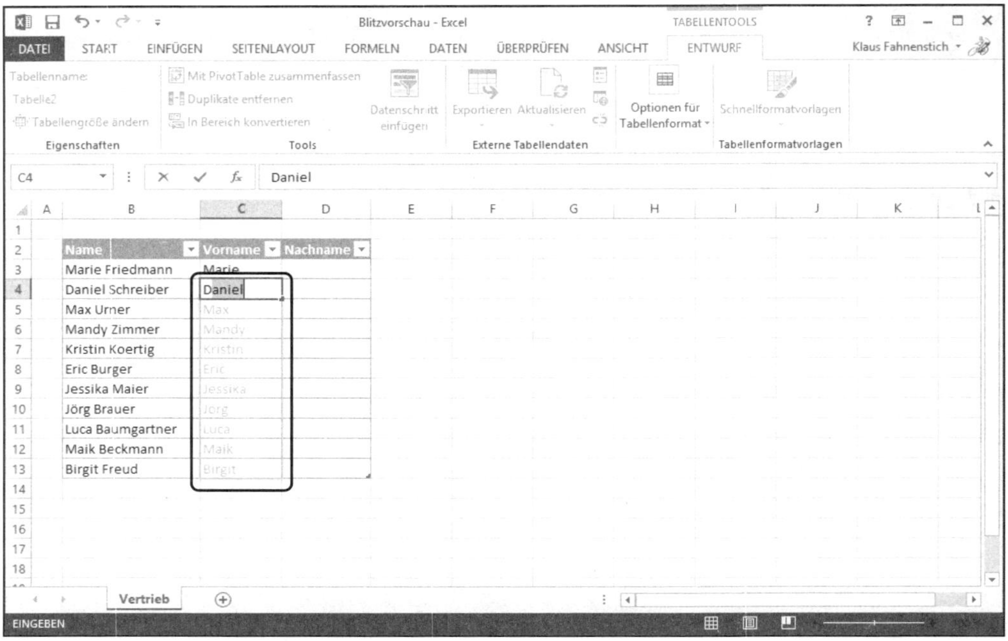

Die Blitzvorschau arbeitet jedoch nicht mit Formeln. Das heißt, wenn Sie im obigen Beispiel in der Spalte B einen Vornamen ändern, wird diese Änderung nicht in die Nachbarspalte übernommen.

Pivot-Tabellen (seit 2007)

Pivot-Tabellen werden zur Auswertung von großen Datenmengen benötigt. Mit ihrer Hilfe lassen sich Daten sehr kompakt darstellen, indem sie sich nach verschiedenen Kriterien gruppieren lassen. Ein klassischer Anwendungsfall für den Einsatz einer Pivot-Tabelle ist zum Beispiel die Auswertung von Umsatzzahlen, die nach Produkt, Kategorie und Verkaufszeitraum aufgeschlüsselt sind.

Der Umgang mit Pivot-Tabellen wurde von vielen Excel-Anwendern allerdings als zu kompliziert und unhandlich empfunden. Microsoft hat deshalb erstmals mit Excel 2007 erfolgreich versucht, die Bedienung dieser Funktion intuitiver zu gestalten. Flankiert wurde dieses Bemühen von einer erweiterten Rückgängig-Funktion, mit der die meisten Änderungen an einer Pivot-Tabelle zurückgenommen werden können.

In Excel 2010 wurde dieser Bereich nochmals optimiert und erweitert. Im Mittelpunkt stand dabei die bessere Unterstützung großer Datenmengen, die sich mit Excel 2010 deutlich schneller als mit der Vorgängerversion verarbeiten lassen.

Mit Excel 2013 wollte Microsoft den Komfort wohl auf die Spitze treiben. Mit der Funktion *Empfohlene Pivot-Tabellen* schlägt Ihnen Excel für die aktuell markierte Tabelle mehrere Varianten vor, wie die Daten als Pivot-Tabelle dargestellt werden können. Auch wenn die Idee hinter diesem Feature sicherlich gut ist – uns hat die Funktion in der Praxis nicht wirklich überzeugen können.

Bild 2.18 Das Erstellen von Pivot-Tabellen ist deutlich bequemer geworden

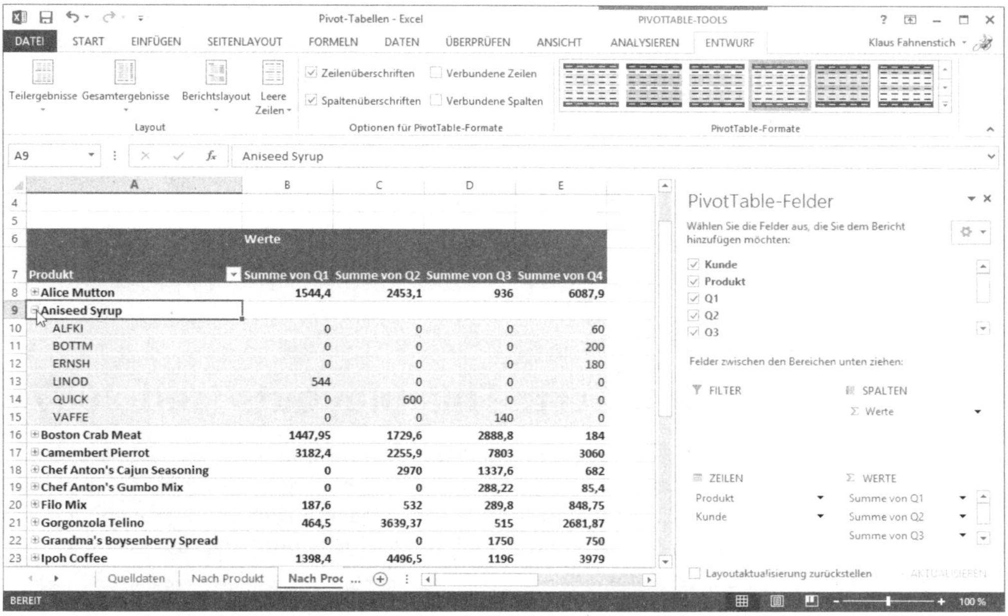

Produkt	Summe von Q1	Summe von Q2	Summe von Q3	Summe von Q4
Alice Mutton	1544,4	2453,1	936	6087,9
Aniseed Syrup				
ALFKI	0	0	0	60
BOTTM	0	0	0	200
ERNSH	0	0	0	180
LINOD	544	0	0	0
QUICK	0	600	0	0
VAFFE	0	0	140	0
Boston Crab Meat	1447,95	1729,6	2888,8	184
Camembert Pierrot	3182,4	2255,9	7803	3060
Chef Anton's Cajun Seasoning	0	2970	1337,6	682
Chef Anton's Gumbo Mix	0	0	288,22	85,4
Filo Mix	187,6	532	289,8	848,75
Gorgonzola Telino	464,5	3639,37	515	2681,87
Grandma's Boysenberry Spread	0	0	1750	750
Ipoh Coffee	1398,4	4496,5	1196	3979

Schnellanalyse (neu in 2013)

Sehr gut gefällt uns hingegen das neue »Schnellanalysetool«. Diese Funktion hilft Ihnen dabei, die Daten einer Tabelle mit minimalem Aufwand auszuwerten. Über ein neuartiges und gut gelöstes Bedienelement können Sie sich mehrere Varianten zur Formatierung und Auswertung Ihrer Daten anzeigen lassen. Sie brauchen dazu lediglich mit der Maus auf die angebotenen Optionen zeigen und können den jeweiligen Effekt via Livevorschau sofort auf dem Arbeitsblatt begutachten.

Bild 2.19 Schneller kann man eine Tabelle nicht formatieren und auswerten

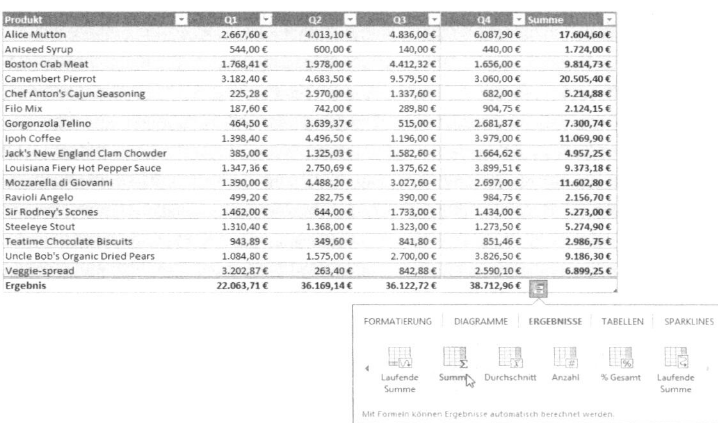

Produkt	Q1	Q2	Q3	Q4	Summe
Alice Mutton	2.667,60 €	4.013,10 €	4.836,00 €	6.087,90 €	17.604,60 €
Aniseed Syrup	544,00 €	600,00 €	140,00 €	440,00 €	1.724,00 €
Boston Crab Meat	1.768,41 €	1.978,00 €	4.412,32 €	1.656,00 €	9.814,73 €
Camembert Pierrot	3.182,40 €	4.683,50 €	9.579,50 €	3.060,00 €	20.505,40 €
Chef Anton's Cajun Seasoning	225,28 €	2.970,00 €	1.337,60 €	682,00 €	5.214,88 €
Filo Mix	187,60 €	742,00 €	289,80 €	904,75 €	2.124,15 €
Gorgonzola Telino	464,50 €	3.639,37 €	515,00 €	2.681,87 €	7.300,74 €
Ipoh Coffee	1.398,40 €	4.496,50 €	1.196,00 €	3.979,00 €	11.069,90 €
Jack's New England Clam Chowder	385,00 €	1.325,03 €	1.582,60 €	1.664,62 €	4.957,25 €
Louisiana Fiery Hot Pepper Sauce	1.347,36 €	2.750,69 €	1.375,62 €	3.899,51 €	9.373,18 €
Mozzarella di Giovanni	1.390,00 €	4.488,20 €	3.027,60 €	2.697,00 €	11.602,80 €
Ravioli Angelo	499,20 €	282,75 €	390,00 €	984,75 €	2.156,70 €
Sir Rodney's Scones	1.462,00 €	644,00 €	1.733,00 €	1.434,00 €	5.273,00 €
Steeleye Stout	1.310,40 €	1.368,00 €	1.323,00 €	1.273,50 €	5.274,90 €
Teatime Chocolate Biscuits	943,89 €	349,60 €	841,80 €	851,46 €	2.986,75 €
Uncle Bob's Organic Dried Pears	1.084,80 €	1.575,00 €	2.700,00 €	3.826,50 €	9.186,30 €
Veggie-spread	3.202,87 €	263,40 €	842,88 €	2.590,10 €	6.899,25 €
Ergebnis	22.063,71 €	36.169,14 €	36.122,72 €	38.712,96 €	

Neue Funktionen in PowerPoint 2013

Wenn wir Ihnen in diesem Abschnitt gleich lediglich zwei neue Funktionen vorstellen, soll damit keineswegs der Eindruck erweckt werden, dass bei PowerPoint in den letzen Jahren keine Weiterentwicklung stattgefunden hat. PowerPoint hat im Gegenteil in besonderer Weise von den vielen verbesserten Grafikfunktionen von Office profitiert, die wir bereits weiter vorne in diesem Kapitel beschrieben haben. Es ist sicherlich nicht übertrieben, wenn wir sagen, dass sich die Qualität einer PowerPoint-Präsentation gegenüber früheren Versionen dramatisch verbessert hat. Die Qualität der Grafikeffekte und die Auswahl an animierten Folienübergängen machen wirklich Spaß.

Nach dieser Lobeshymne wollen wir Ihnen nun zwei Funktionen präsentieren, die unserer Meinung nach eine besondere Erwähnung verdienen.

Benutzerdefinierte Folienlayouts (seit 2007)

Wenn Sie eine neue Folie in eine Präsentation einfügen, müssen Sie nicht mit einer leeren Folie beginnen, sondern können auf so genannte *Folienlayouts* zurückgreifen. Auf diesen Vorlagen befinden sich bereits Platzhalter für die verschiedenen Elemente, aus denen eine Folie aufgebaut sein kann, wie zum Beispiel Hintergrundobjekte, Titel- und Untertitelplatzhalter, Platzhalter für Textkörper oder Kopf- und Fußzeilen. Da diese Platzhalter bereits fertig formatiert sind, beschränkt sich das Erstellen einer Folie im Idealfall auf das Eintippen des Textes und das Einfügen der gewünschten Illustrationen.

Bild 2.20 In PowerPoint lassen sich jetzt auch eigene Layouts erstellen

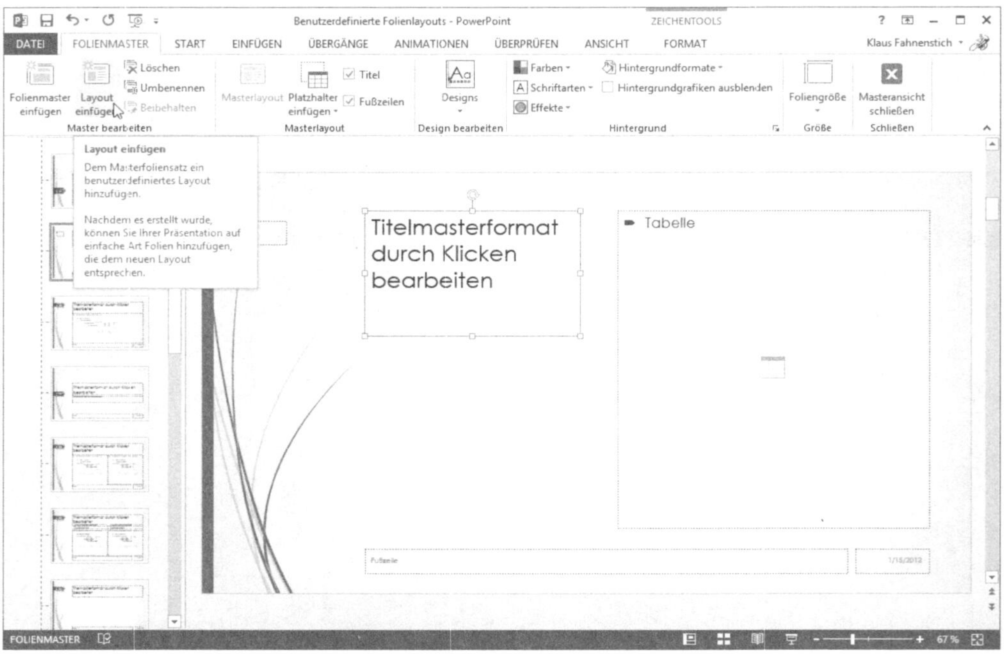

Während Sie in früheren Versionen von PowerPoint (bis PowerPoint 2003) auf die mitgelieferten Standardlayouts beschränkt waren, können Sie seit PowerPoint 2007 auch eigene Layouts entwerfen. Sie können zum Beispiel Vorlagen mit benutzerdefinierten Layouts bereitstellen, die die Vorgaben an Präsentationen in Ihrer Firma exakt erfüllen. Durch den Einsatz solcher Layouts lassen sich Präsentationen deutlich schneller erstellen und die Anwender der Vorlage müssen keine Zeit mehr in das Anpassen von Standardlayouts investieren.

Formen kombinieren (neu in 2013)

Ein schönes Beispiel für die Leistungsstärke von PowerPoint im Grafikbereich ist die neue Möglichkeit, Formen miteinander zu verschmelzen. So können Sie z. B., wie in Bild 2.21 zu sehen, zwei Formen voneinander abziehen. Der benötigte Aufwand spielt sich im Sekundenbereich ab und das Ergebnis sieht absolut professionell aus. Sie fügen einfach die Ausgangsformen ein, bringen sie mithilfe der neuen Ausrichtungslinien in die richtige Position und wählen im Menüband die gewünschte Kombinationsart aus. Sie haben dabei die Wahl zwischen Vereinigen, Kombinieren, Zerlegen, Schnittmenge und Subtraktion. Die Wirkung der einzelnen Operationen können Sie dank Livevorschau direkt beurteilen.

Natürlich müssen Sie sich dabei um Lichteffekte und Kantendarstellung keine großen Gedanken machen – solche Details wählen Sie bei PowerPoint einfach per Katalog aus.

Bild 2.21 Mit PowerPoint 2013 lassen sich neue Formen durch Kombinieren anderer Formen erstellen. Im abgebildeten Beispiel wurde ein Kreis mit einem Quadrat kombiniert.

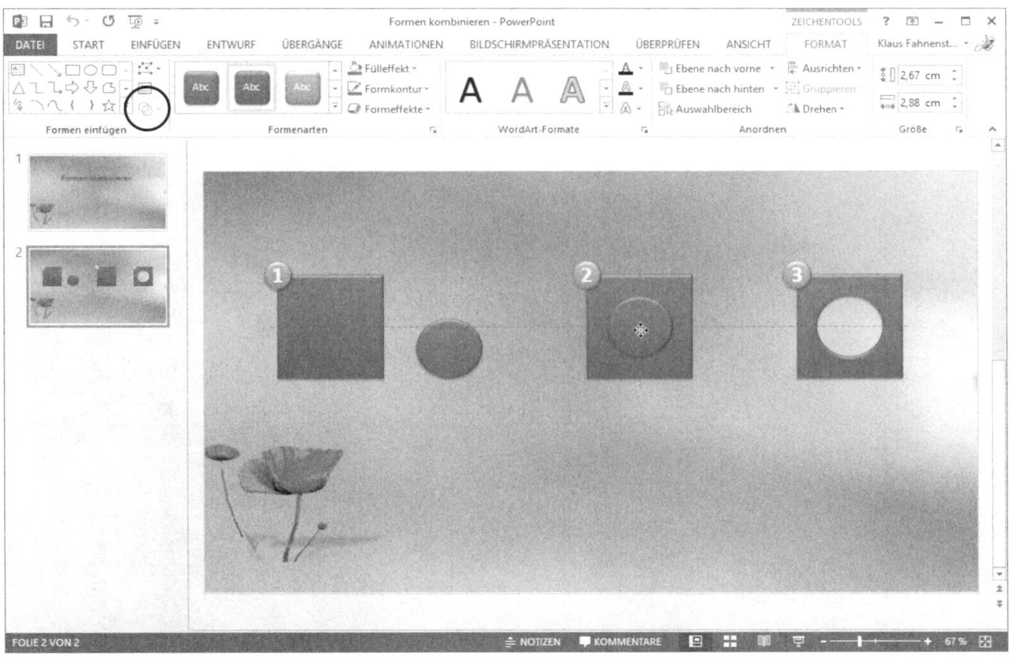

Neue Funktionen in Outlook 2013

Outlook hat sich im Laufe der letzten Jahre von einem einfachen E-Mail-Programm immer mehr zu einer Kommunikationszentrale gemausert. Diese Entwicklung geht mit vielen neuen Funktionen einher, die wir Ihnen im Outlook-Teil dieses Buches in Kapitel 45 ausführlicher vorstellen möchten, als es an dieser Stelle möglich ist.

Neue Funktionen in OneNote 2013

OneNote ist eines der Programme aus dem Office-Paket, die erst in der Version 2010 mit der neuen Bedieneroberfläche (dem Menüband) ausgestattet wurden. Doch getreu dem Motto »Die Letzten werden die Ersten sein« übernimmt OneNote in dieser Office-Version eine wichtige Vorreiterrolle. Denn mit OneNote MX ist OneNote das erste Programm im Office-Paket, das als echte App verfügbar ist. Für Sie bedeutet das: Sie können auf Ihre OneNote-Notizbücher mit jedem internetfähigen Gerät zugreifen. Und ob auf Ihrem Tablet bzw. Smartphone Windows 8, iOS oder Android läuft, spielt dabei keine Rolle.

Wir wollen uns an dieser Stelle bei der Vorstellung der neuen Funktionen auf ein Feature beschränken, das wir für besonders zukunftsweisend halten. Alles Weitere erfahren Sie dann in Teil I des Buches, der sich ausführlich mit OneNote beschäftigt.

Bei dem neuen Feature handelt es sich weniger um eine neue Funktion im herkömmlichen Sinn, sondern um ein völlig neues Bedienelement. OneNote MX lässt sich über sogenannte Radialmenüs bedienen, die speziell für touchfähige Geräte entwickelt wurden. In der folgenden Abbildung sehen Sie zum Beispiel das Radialmenü, das beim Antippen einer Tabelle angezeigt wird.

Bild 2.22 OneNote MX wird mit den neu entwickelten Radialmenüs bedient

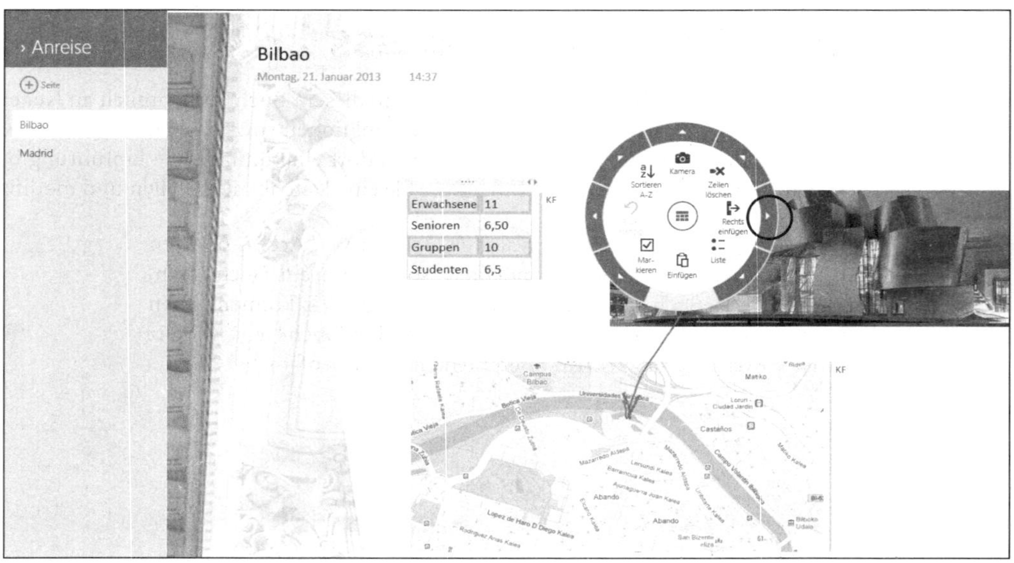

Die Menüs sind in acht Segmente unterteilt, die jeweils einen Befehl enthalten können. Viele Menüs haben am äußeren Rand zusätzlich noch Pfeilschaltflächen, über die Sie ein Untermenü erreichen, wie in der folgenden Abbildung zu sehen.

Die Schaltfläche im Zentrum des Menüs führt Sie jeweils eine Ebene zurück.

Bild 2.23 Das Untermenü zum Einfügen von neuen Spalten und Zeilen in eine Tabelle

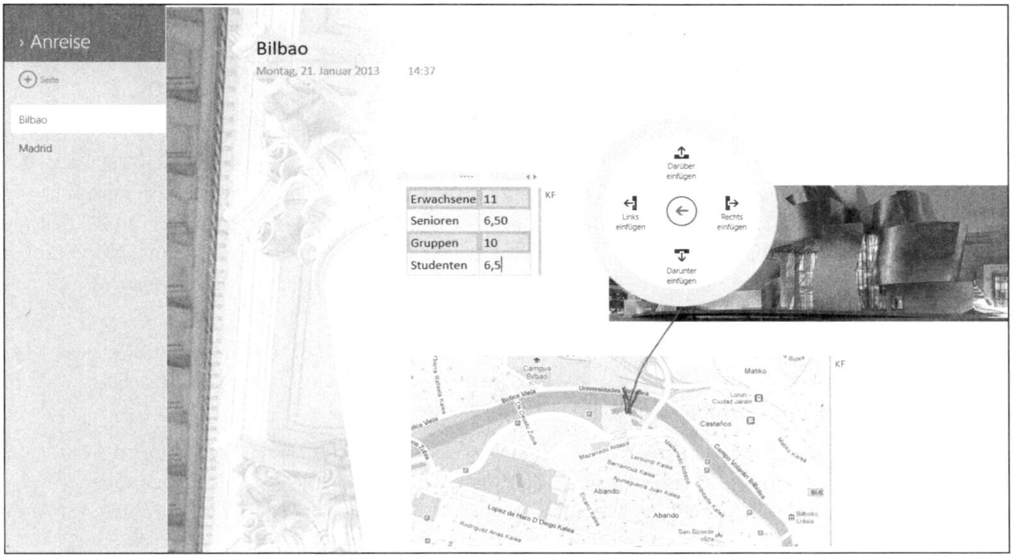

Neue Funktionen in Access 2013

Mit den Kapiteln zu Access 2013 richten wir uns in diesem Buch vornehmlich an Neueinsteiger. Da es für diese Zielgruppe wenig Sinn macht, neue Funktionen vorzustellen, möchten wir Sie an dieser Stelle auf den Teil G verweisen. Wir geben Ihnen dort eine umfassende Einführung in das Thema Datenbankentwicklung und zeigen Ihnen, wie Sie eine Datenbank erstellen und modifizieren.

Fall Sie schon Erfahrung mit einer älteren Version von Access besitzen und auf Access 2013 umsteigen möchten, sollten Sie ein Buch lesen, das sich ausschließlich mit Access 2013 beschäftigt. Wir können Ihnen dazu den Titel »Microsoft Access 2013 – Das Handbuch« von Lorenz Hölscher (ISBN: 978-3866451575) empfehlen, der ebenfalls bei Microsoft Press erschienen ist.

Kapitel 3

Die Benutzeroberfläche von Office 2013

In diesem Kapitel:

Wenn Sie bisher mit Office 2003 gearbeitet haben, werden Sie sich beim ersten Start von Office 2013 vermutlich verwundert die Augen gerieben haben: Die in allen Office-Versionen bis einschließlich Office 2003 vorhandene Menüleiste ist zusammen mit den diversen Symbolleisten verschwunden. Stattdessen befindet sich nun am oberen Rand der Programmfenster das neue Menüband, das in Office 2007 übrigens noch Multifunktionsleiste hieß. Auf ihm sind die Funktionen der einzelnen Programme zu logischen Gruppen zusammengefasst und über verschiedene Registerkarten erreichbar. Die einzelnen Registerkarten enthalten jeweils die Befehle, die zu einer bestimmten Aktivität gehören, die Sie beim Erstellen eines Dokuments, einer Arbeitsmappe oder einer Präsentation durchführen.

Dieses Kapitel stellt Ihnen die wichtigsten Elemente der Benutzeroberfläche von Office 2013 vor. Der Schwerpunkt liegt hierbei darauf, Ihnen die neue Bedienungsphilosophie von Office nahezubringen und Ihnen so den Einstieg in oder den Umstieg auf Office 2013 zu erleichtern.

Falls Sie bereits mit Office 2007 oder Office 2010 gearbeitet haben, können Sie dieses Kapitel überfliegen und sich dabei auf die Abschnitte konzentrieren, die wir mit dem Logo von Office 2013 gekennzeichnet haben.

Sollten Sie Office auf einem Tablet einsetzen oder einen Touchmonitor besitzen, beachten Sie bitte die Abschnitte, die mit einem Tabletsymbol markiert sind.

Das Menüband

Die Versionsgeschichte von Microsoft Office ist unter anderem dadurch geprägt, dass jede neue Version mehr Funktionen enthielt als ihre Vorgängerin. Das führte zwangläufig dazu, dass viele Anwender von der Fülle der Funktionen schlichtweg überfordert waren. Wichtige Funktionen haben sie entweder erst gar nicht in den tief verschachtelten Menüs entdeckt oder sie verstanden ihre Wirkungsweise nicht und konnten so kaum von den Fortschritten profitieren.

Um dieses Problem zu lösen, unternahm Microsoft mit Office 2007 einen neuen, gewagten Anlauf. Getreu dem Sprichwort »Wenn der Berg nicht zum Propheten kommt, muss der Prophet zum Berg gehen.« wurde die Benutzeroberfläche von Word, Excel und PowerPoint komplett umgestaltet. Die übrigen Anwendungen des Office-Pakets mussten sich noch etwas gedulden und wurden erst in der Version 2010 auf die neue Benutzeroberfläche umgestellt.

Zentrales Element der neuen Benutzeroberfläche ist das Menüband, das Sie in Bild 3.1 im oberen Bereich des Word-Fensters sehen. Es besteht z.B. bei Word je nach Konfiguration aus acht bis zehn *Registerkarten*, in der die Word-Features logisch nach den verschiedenen Aktivitäten, die Sie mit dem Programm vornehmen, gruppiert sind. Um eine Registerkarte zu öffnen, klicken Sie einfach auf ihren Namen.

Dieses Konzept hat den unbestreitbaren Vorteil, dass Sie für den jeweiligen Arbeitsschritt immer optimal viele Befehle im direkten Zugriff haben. Wenn Sie zum Beispiel etwas in Ihr Dokument einfügen möchten, wechseln Sie auf die Registerkarte *EINFÜGEN* und finden dort alle benötigten Funktionen. So können Sie ohne langes Suchen die aktuell wichtigsten Befehle komfortabel auswählen und das ständige Aufklappen von Menüs und Untermenüs gehört der Vergangenheit an.

TIPP **Registerkarte mit Scrollrad wechseln** Wenn Sie eine Maus mit einem Scrollrad verwenden, können Sie zwischen den verschiedenen Registerkarten wechseln, indem Sie den Mauszeiger auf das Menüband bewegen und dann am Scrollrad drehen.

Bild 3.1 Die Benutzeroberfläche von Office 2013 (hier als Beispiel Word) verwendet anstelle der früher üblichen Menü- und Symbolleisten das sogenannte Menüband. Dort stehen die meisten Funktionen – nach Aktivitäten gruppiert – auf mehreren Registerkarten zur Verfügung.

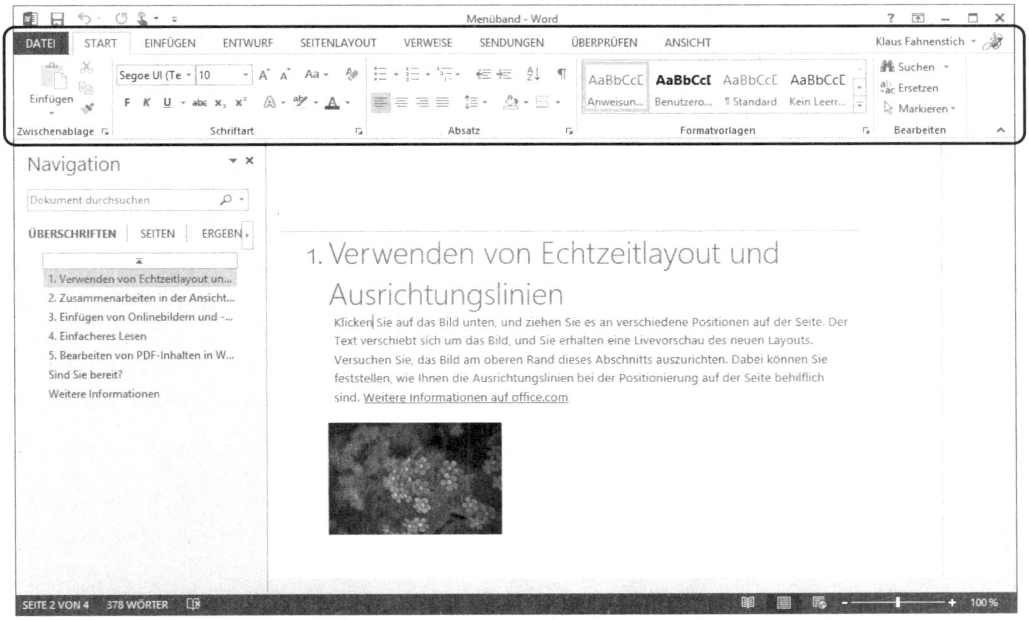

Die Registerkarten enthalten mehrere *Befehlsgruppen*, die eine Aufgabe in Teilaufgaben zerlegen. So finden Sie auf der Registerkarte *START* beispielsweise die Befehlsgruppen *Zwischenablage*, *Schriftart* und *Absatz*. Die Namen der Gruppen werden am unteren Rand des Menübandes angezeigt.

Die Befehlsgruppen wiederum enthalten *Befehlsschaltflächen*, wie Sie sie von den früheren Symbolleisten her kennen. Einige der Befehlsschaltflächen führen einen Befehl sofort aus, wie die Schaltflächen *Ausschneiden* und *Kopieren* der Befehlsgruppe *Zwischenablage*; bei anderen (diese sind mit einem kleinen Pfeil gekennzeichnet) wird zuerst ein Menü geöffnet, in dem weitere Befehle angeboten werden, aus denen Sie dann den gewünschten Befehl auswählen können.

Bild 3.2 Die grundlegenden Elemente des Menübandes

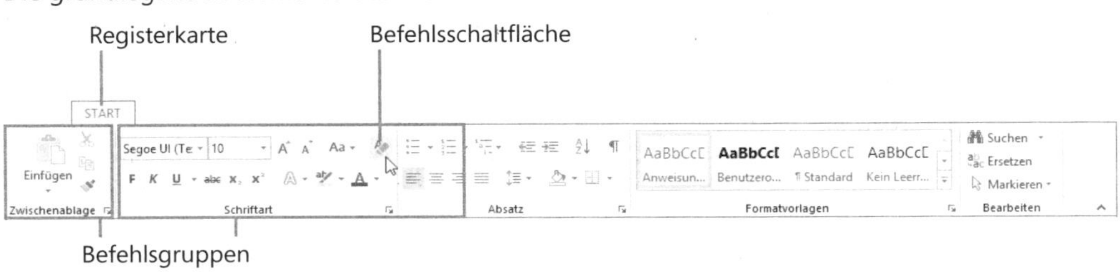

Wenn Sie das Programmfenster vergrößern oder verkleinern, ändert Office automatisch die Größe einzelner Schaltflächen, um möglicht alle Elemente der Registerkarte darstellen zu können. Bei akutem Platzmangel reduziert Office zur Not einzelne Gruppen zu Schaltflächen, in deren Ausklappmenüs Sie dann alle Befehle der Gruppe aufrufen können.

Wenn in einer Gruppe nicht sämtliche relevanten Funktionen in Form von Befehlsschaltflächen enthalten sind, wird neben dem Namen der Befehlsgruppe eine kleine Schaltfläche angezeigt, die von den Office-Machern mit dem Namen *Startprogramm für ein Dialogfeld* getauft wurde. Sobald Sie den Mauszeiger auf eine solche Schaltfläche bewegen, wird in einem kleinen Fenster eine Vorschau des zugehörigen Dialogfeldes angezeigt. In der nachfolgenden Abbildung sehen Sie dies exemplarisch für das Dialogfeld *Schriftart.*

Bild 3.3 Über die kleine Schaltfläche neben einigen Befehlsgruppennamen können Sie ein Dialogfeld oder einen Aufgabenbereich öffnen, in dem Sie weitere Befehle oder Optionen für die Befehlsgruppe finden

TIPP **QuickInfo-Format einstellen** Falls bei Ihnen keine QuickInfo oder nur eine QuickInfo ohne Dialogfeldvorschau angezeigt wird, wenn Sie mit dem Mauszeiger auf eine Schaltfläche *Startprogramm für ein Dialogfeld* zeigen, können Sie die Funktion mit folgenden Schritten aktivieren:

1. Klicken Sie auf die Registerkarte *DATEI.*
2. Klicken Sie auf *Optionen,* um das Optionen-Dialogfeld der Anwendung anzuzeigen.
3. Wählen Sie in der Kategorie *Allgemein* im Listenfeld *QuickInfo-Format* die Einstellung *Featurebeschreibungen in QuickInfos anzeigen.*
4. Schließen Sie das Dialogfeld mit *OK.*

Einige der Startprogramme für ein Dialogfeld rufen kein Dialogfeld auf, sondern öffnen einen Aufgabenbereich, wie Sie ihn von den vorhergehenden Office-Versionen kennen. Dies ist beispielsweise bei der Befehlsgruppe *Zwischenablage* der Fall. Weitere Informationen zu Aufgabenbereichen finden Sie weiter hinten in diesem Kapitel ab Seite 87.

In Office 2013 können Sie das Menüband auch individuell anpassen. Sie können zum Beispiel neue Registerkarten mit eigenen Befehlsgruppen erstellen, in die Sie dann die gewünschten Befehle einfügen. Dieses Thema behandeln wir am Ende dieses Kapitels im Abschnitt »Menüband anpassen« ab Seite 89.

Kontextbezogene Registerkarten

Neben den normalen Registerkarten verfügt jedes Programm auch über spezielle Registerkarten, die sich je nach Situation ein- und ausblenden und als *kontextbezogene* Registerkarten bezeichnet werden.

Sie haben das Ziel, Ihnen immer nur diejenigen Befehle anzuzeigen, die Sie in einem bestimmten Arbeitsschritt konkret benötigen. Wenn Sie beispielsweise über die Registerkarte *EINFÜGEN* eine neue Tabelle in Ihr Dokument eingefügt haben und sich die Einfügemarke in der Tabelle befindet, werden die *TABELLENTOOLS* eingeblendet, die aus den beiden Registerkarten *LAYOUT* und *ENTWURF* bestehen, mit deren Werkzeugen Sie den Aufbau der Tabelle und deren Aussehen bearbeiten können.

Eine andere Kontextregisterkarte mit dem Namen *FORMAT* wird für die *BILDTOOLS* eingeblendet, wenn Sie ein Bild oder eine Grafik markiert haben, wie Sie es in der folgenden Abbildung sehen.

Bild 3.4 Kontextregisterkarten werden eingeblendet, wenn sich die Einfügemarke in einem bestimmten Elementtyp (wie einer Tabelle, einer Abbildung, einer SmartArt usw.) befindet

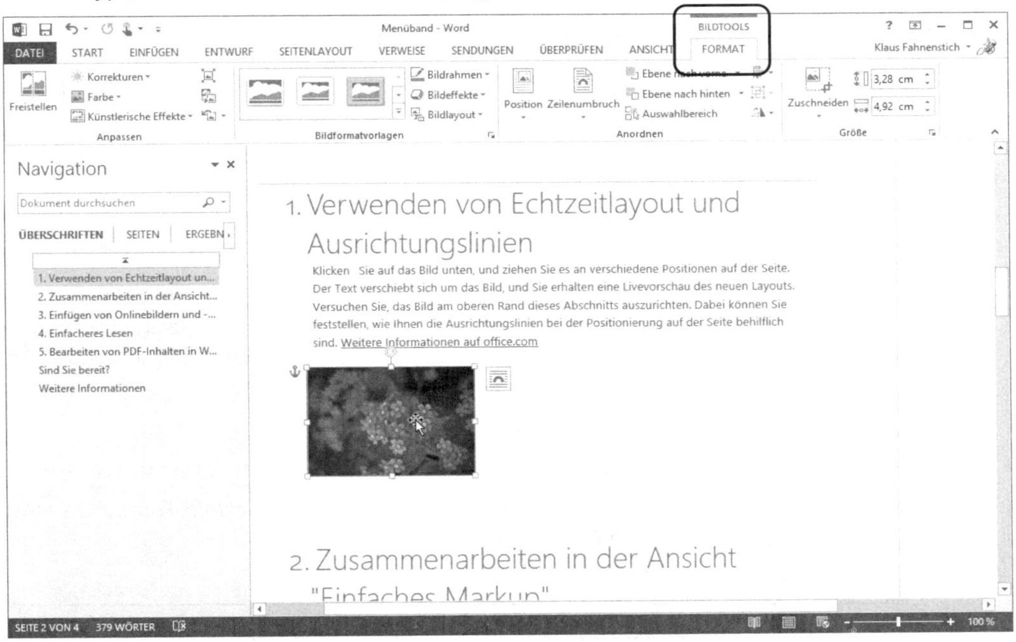

Die Kontextregisterkarten werden automatisch wieder ausgeblendet, sobald Sie die Einfügemarke vom Element wegbewegen, für das sie eingeblendet wurden.

TIPP Normalerweise bleibt beim Einblenden einer Kontextregisterkarte im Menüband zunächst die aktuelle Registerkarte aktiv. Wenn Sie jedoch ein Objekt, also zum Beispiel ein Bild oder eine SmartArt, mit einem Doppelklick markieren, wechselt Office direkt auf die zugehörige Kontextregisterkarte. Dieser Trick funktioniert übrigens auch auf einem Tablet.

Die Registerkarte »ENTWICKLERTOOLS«

Eine weitere Registerkarte mit dem Namen *ENTWICKLERTOOLS* ist standardmäßig nicht eingeblendet. Diese Registerkarte enthält die Werkzeuge, um Makros zu bearbeiten, den Visual Basic-Editor der Office-Anwendung zu starten und dort Code zu erstellen und zu bearbeiten u.v.m. Sie können die Registerkarte einblenden, indem Sie im Menüband auf *DATEI* klicken und dann auf der linken Seite der Backstage-Ansicht auf *Optionen* klicken. Wechseln Sie im Dialogfeld *[Programmname]-Optionen* in die Kategorie *Menüband anpassen* und schalten Sie in der Liste rechts im Fenster das Kontrollkästchen *Entwicklertools* ein.

Bild 3.5 Die Registerkarte *ENTWICKLERTOOLS* von Word 2013 enthält u.a. die Befehle zum Erstellen Makros und Formularen

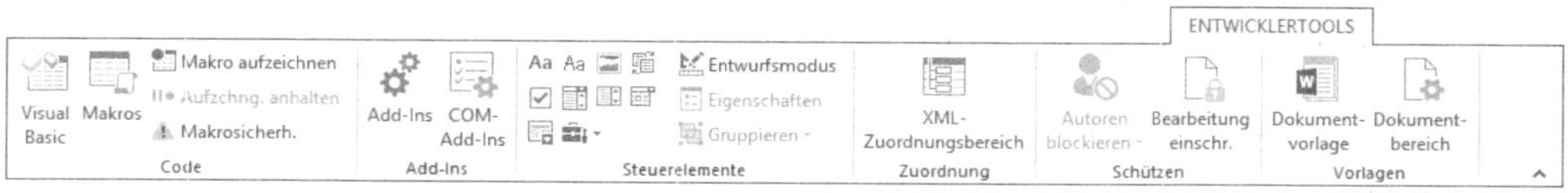

Falls Sie Office auf einem Tablet mit einem ARM-Prozessor nutzen, sieht die Registerkarte etwas anders aus. Auf diesen Geräten läuft eine leicht reduzierte Version von Office 2013, die als Office 2013 RT bezeichnet wird. Bedingt durch den Prozessor können dort keine Makros und Add-Ins genutzt werden, so dass die entsprechenden Schaltflächen auf der Registerkarte fehlen. Weitere Informationen zu Office RT finden Sie in Kapitel 1, im Abschnitt »Wofür steht die Abkürzung RT?« auf der Seite 44.

Bild 3.6 In Word 2013 RT fehlen auf der Registerkarte *ENTWICKLERTOOLS* die beiden Befehlsgruppen *Code* und *Add-Ins*

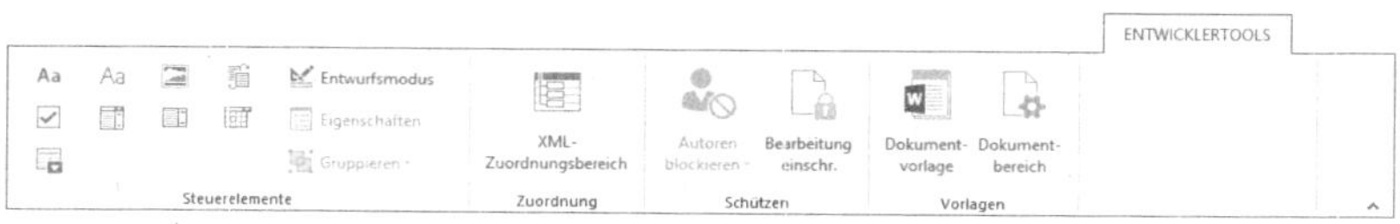

Das Menüband minimieren

Da das Menüband einen relativ großen Teil des Programmfensters beansprucht, können Sie es bei Bedarf minimieren, um mehr Platz auf dem Bildschirm frei zu machen. Im minimierten Modus sind nur noch die Namen der Registerkarten auf dem Bildschirm zu sehen (was dann fast wieder so aussieht wie die Menüleiste in den früheren Versionen).

Zum Minimieren des Menübands haben Sie gleich mehrere Möglichkeiten, wobei sich die Aktionen immer nur auf das aktuelle Programmfenster auswirken:

- Klicken Sie auf den kleinen Pfeil an der rechten Seite des Menübandes.
- Doppelklicken Sie auf den Namen der aktuell angezeigten Registerkarte.
- Drücken Sie Strg+F1.

Wollen Sie das Menüband wieder anzeigen, führen Sie einfach eine der drei Aktionen erneut aus.

Wenn Sie bei minimiertem Menüband eine Registerkarte anzeigen wollen, klicken Sie einfach auf ihren Namen. Die gewünschte Registerkarte wird dann eingeblendet und legt sich dabei über das Dokument. Jetzt können Sie die Schaltflächen der Registerkarte wie gewohnt bedienen. Sobald Sie in Ihr Dokument klicken, zieht sich die Registerkarte wieder vom Bildschirm zurück.

Bild 3.7 Bei minimiertem Menüband legen sich die Registerkarten beim Anzeigen über das Dokument

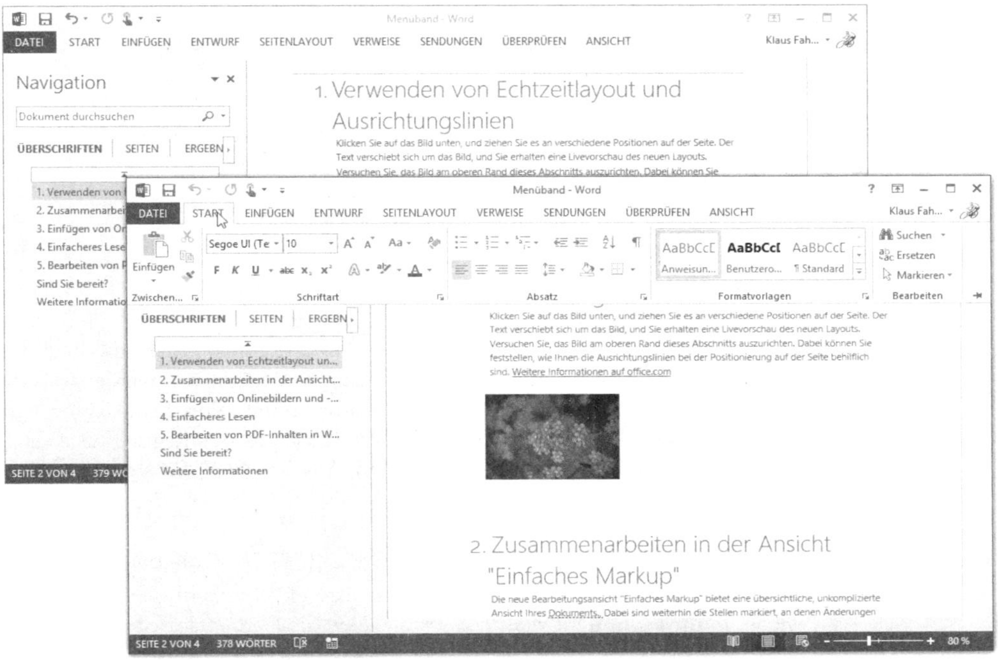

Das Menüband automatisch ausblenden

Wenn Ihnen der Arbeitsbereich trotz minimiertem Menüband immer noch zu klein ist, können Sie das Menüband auch komplett ausblenden. Diese Funktion richtet sich vor allem an die Nutzer von Tablets, mit ihren doch recht kleinen Displays. Aber auch auf einem normalen Monitor kann es durchaus Sinn machen, den Bildschirm vollständig für die Darstellung des Dokuments zu nutzen.

1. Klicken Sie oben rechts im Programmfenster auf die Schaltfläche *Menüband-Anzeigeoptionen.*

Bild 3.8 Über diese Schaltfläche können Sie die Anzeige des Menübands steuern

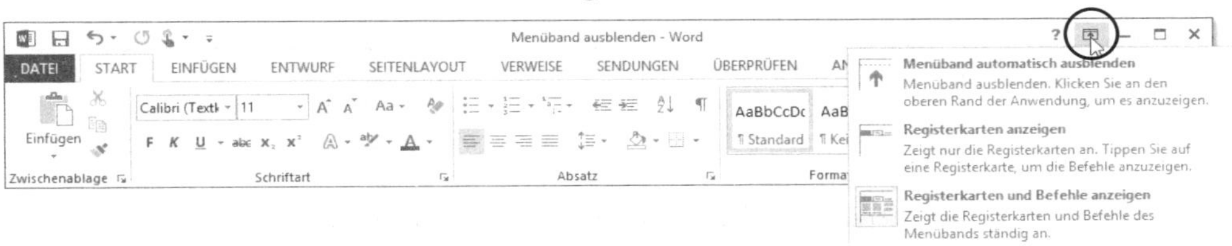

2. Wählen Sie im Auswahlmenü den Befehl *Menüband automatisch ausblenden.* Das Programm schaltet dann in den Vollbildmodus, in dem neben dem Menüband auch die Titelleiste und die Statusleiste ausgeblendet werden.

Bild 3.9 Auch bei ausgeblendetem Menüband können Sie ein Dokument weiterhin bearbeiten

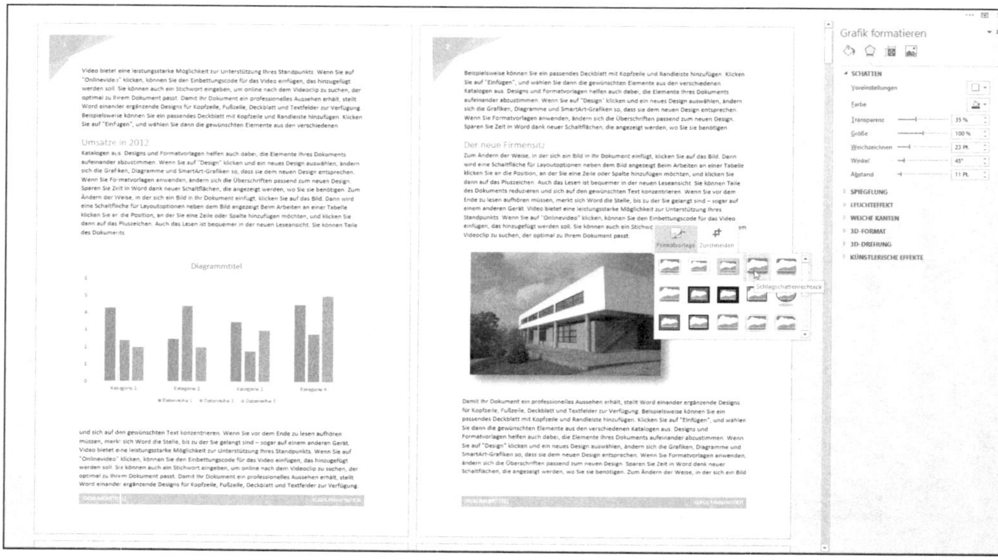

3. Um einen Befehl im Menüband aufzurufen, klicken Sie am oberen Bildschirmrand. Dadurch werden neben dem Menüband auch die Titelleiste und die Statusleiste eingeblendet. Sobald Sie wieder in Ihr Dokument klicken, verschwinden die Elemente wieder.

4. Wenn Sie diesen Anzeigemodus beenden wollen, klicken Sie die Schaltfläche *Menüband-Anzeigeoptionen* erneut an und wählen einen der beiden unteren Befehle.

Das Menüband mit dem Finger bedienen

Auf einem Tablet oder einem Touchmonitor ist die Bedienung des Menübands unter Umständen etwas knifflig. Je nach Größe des Bildschirms und der eigenen Finger ist die Trefferquote beim Antippen doch recht unbefriedigend. In solchen Fällen können Sie das Menüband in den Fingereingabemodus schalten, in dem die Schaltflächen etwas weiter auseinander liegen und dadurch besser zu treffen sind. Klicken Sie dazu oben links im Programmfenster auf die Schaltfläche mit der Hand und wählen Sie dort den Befehl *Fingereingabe* (siehe Bild 3.10 auf der nächsten Seite). Diese Einstellung wirkt sich auf alle Programme von Office 2013 aus.

ACHTUNG Auf einem Desktop-PC funktioniert dies nur bei angezeigtem Menüband. Wenn das Menüband minimiert ist, haben die eingeblendeten Registerkarten auch im Fingereingabemodus ihr normales Aussehen. Nur Office 2013 RT verhält sich in diesem Fall so, wie man es erwarten würde: Die Registerkarten sind im Fingereingabemodus immer für die Touchbedienung optimiert – auch bei minimiertem Menüband.

Bild 3.10 Das Menüband lässt sich in einen Modus schalten, der für die Fingereingabe optimiert ist

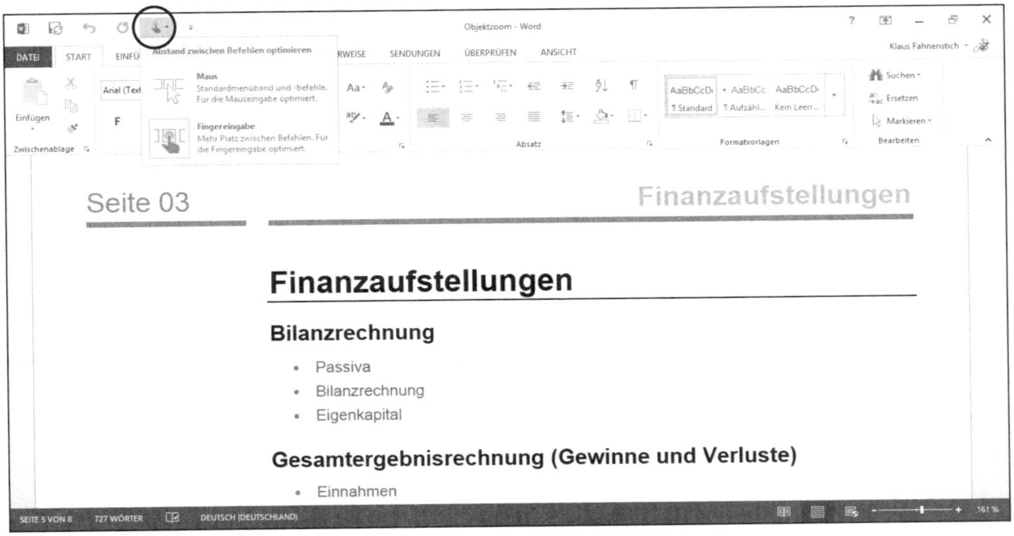

Das Menüband mit der Tastatur bedienen

Auch wenn es sich anbietet, das Menüband mit der Maus zu bedienen, ist es ebenso möglich, alle Befehle des Menübandes mit der Tastatur auszulösen. Sie können sowohl zwischen den verschiedenen Registerkarten wechseln als auch die Schaltflächen und andere Bedienelemente auf den Registerkarten mit der Tastatur aktivieren.

Um Ihnen die Verwendung der Tastenkombinationen zu erleichtern, werden die sogenannten Zugriffstasten in Form von Tastaturtipps auf dem Menüband anzeigt, nachdem Sie die Alt-Taste gedrückt haben:

1. Nach dem ersten Drücken der Alt-Taste werden zunächst die Tasten angezeigt, die Sie drücken müssen, um entweder eine der Schaltflächen in der Symbolleiste für den Schnellzugriff (Diese Symbolleiste stellen wir auf Seite 81 vor.) oder eine der Registerkarten auszuwählen.

Bild 3.11 Tastaturtipps nach dem ersten Drücken der Alt-Taste

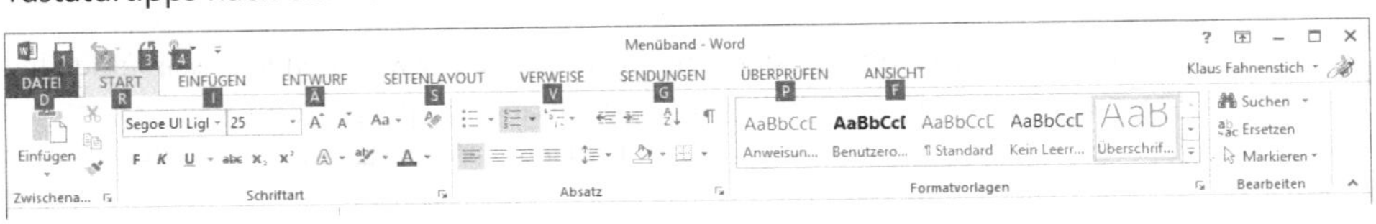

2. Nach Auswahl einer Registerkarte werden dann die Tasten angezeigt, die Sie drücken müssen, um eine der Befehlsschaltflächen auszuwählen. (Für die nächste Bildschirmabbildung wurde die Taste I gedrückt.)

Bild 3.12 Tastaturtipps, nachdem mit [Alt], [I] zur Registerkarte *EINFÜGEN* gewechselt wurde

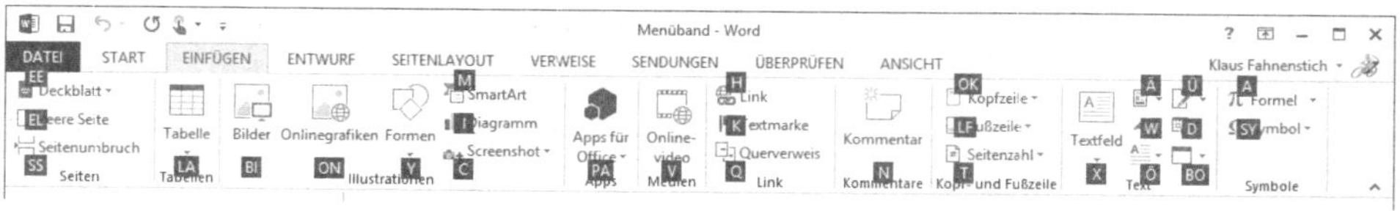

Umsteigen leicht gemacht: Office 2003-Shortcuts verwenden

Falls Sie bisher mit Office 2003 oder einer der Vorgängerversionen gearbeitet haben und dabei vor allem die Tastatur genutzt haben, um in den Menüs einen Befehl auszuwählen, dann haben wir für Sie eine gute Nachricht: Viele Tastenkombinationen aus der Version 2003 können Sie 1:1 auch in Office 2013 verwenden; ein Umlernen ist nicht erforderlich.

Nehmen wir als Beispiel die Tastenkombination [Alt]+[X], [O], mit der Sie in den vorherigen Office-Programmen bis einschließlich Version 2003 das Menü *Extras* öffnen und dann den Befehl *Optionen* auswählen konnten. Wenn Sie jetzt in Word 2013, Excel 2013 oder PowerPoint 2013 die Tastenkombination [Alt]+[X] drücken, wird auf dem Menüband (hier als Beispiel Word 2013) das folgende Fenster eingeblendet:

Bild 3.13 Office 2013 erkennt, wenn Sie eine der Menüzugriffstasten drücken, die in der Version 2003 gültig waren. Sie können dann die 2003er-Zugriffstaste für den Befehl drücken, den Sie auswählen möchten.

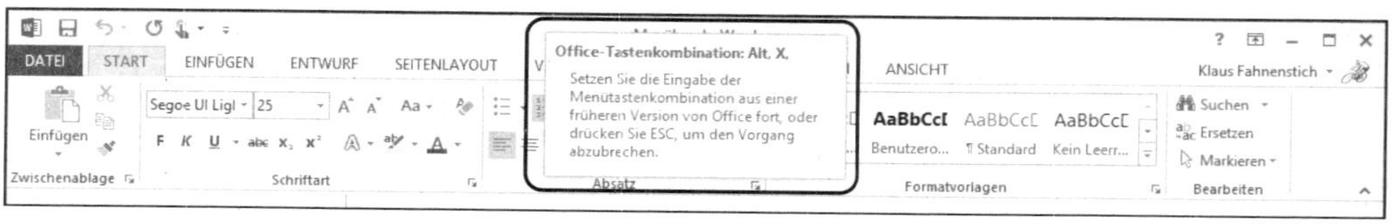

Word 2013 hat also erkannt, dass Sie eine Tastenkombination gedrückt haben, die in der vorherigen Version eine bestimmte Bedeutung hatte (hier das Öffnen des *Extras*-Menüs), und fordert Sie auf, die Befehlssequenz fortzusetzen. Sie können jetzt eine der Menüzugriffstasten aus dem (alten) *Extras*-Menü drücken und der entsprechende Befehl wird ausgelöst. Drücken Sie z. B. die Taste [O], um das Dialogfeld *Word-Optionen* anzuzeigen. Dieses Verfahren funktioniert sogar mit Untermenüs: Die Tastensequenz [Alt]+[E], [E], [N] zeigt genau wie früher das Dialogfeld zum Eingeben einer Fußnote an.

Wenn Sie die Eingabe einer Tastenkombination für das Menü der vorherigen Programmversion abbrechen wollen, drücken Sie die Taste [Esc].

Tastenkombinationen für alle Office-Programme

Sie können jedoch nicht nur die Zugriffstasten für das Menü, sondern auch viele der allgemeinen Tastenkombinationen aus der 2003er-Version von Microsoft Office unverändert in der neuen Version verwenden. Die folgende Tabelle enthält die wichtigsten Tastenkombinationen.

Tabelle 3.1 Wichtige Tastenkombinationen für Office 2013

Bereich	Funktion	Tastenkombination
Datei-Operationen	Öffnen	[Strg]+[O]
	Speichern	[Strg]+[S]
	Drucken	[Strg]+[P]
	Aktuelles Fenster schließen	[Alt]+[F4]
Formatierung	Fett	[⇧]+[Strg]+[F]
	Kursiv	[⇧]+[Strg]+[K]
	Unterstrichen	[⇧]+[Strg]+[U]
	Linksbündig	[Strg]+[L]
	Zentriert	[Strg]+[E]
	Rechtsbündig	[Strg]+[R]
Bearbeiten	Ausschneiden	[Strg]+[X]
	Kopieren	[Strg]+[C]
	Einfügen	[Strg]+[V]
	Suchen	[Strg]+[F]
	Ersetzen	[Strg]+[H]
	Wiederholen	[Strg]+[Y] oder [F4]
	Rückgängig	[Strg]+[Z]
	Alles markieren	[Strg]+[A]
Überprüfen	Rechtschreibprüfung	[F7]
	Thesaurus	[⇧]+[F7]

Die Backstage-Ansicht

Wenn Sie ganz links im Menüband auf *DATEI* klicken, gelangen Sie in die sogenannte Backstage-Ansicht. In diesem Bereich finden Sie alle Befehle, die das Dokument als Ganzes betreffen, also Aufgaben wie Öffnen, Speichern und Drucken. Diese Funktionen waren in früheren Versionen von Office hauptsächlich im Menü *Datei* platziert. In Office 2007 verbarg sich der Zugang zu diesem Bereich hinter dem Office-Logo, das als Schaltfläche fungierte, aber auf den ersten Blick nicht als solche zu erkennen war. Diesen Irrweg hat Microsoft zum Glück bereits in der nächsten Version wieder verlassen.

Die Backstage-Ansicht enthält im linken Bereich ein Navigationsmenü, über dessen Befehle Sie die verschiedenen Seiten der Backstage-Ansicht erreichen. Einige Befehle, wie zum Beispiel *Schließen* oder *Speichern* führen allerdings auch sofort eine Aktion aus.

Wenn Sie zum Beispiel auf *Drucken* klicken, wird eine Seite angezeigt, auf der Sie den Druckvorgang konfigurieren und starten können. Praktischerweise enthält diese Seite auch eine Vorschau auf das Dokument, damit Sie direkt beurteilen können, wie sich Ihre Einstellungen auf den Druck auswirken.

Bild 3.14 Wenn Sie nach dem Anklicken von *DATEI* auf die Seite *Drucken* wechseln, sieht die Backstage-Ansicht folgendermaßen aus

Gleichzeitig enthält die Backstage-Ansicht auch viele neue Befehle, die in Office 2003 nicht vorhanden waren. So ist es beispielsweise in Word 2013 möglich, einen Blogbeitrag zu erstellen und zu veröffentlichen. Der Dokumentinspektor hilft, Informationen aus dem Dokument zu entfernen, von denen Sie nicht möchten, dass sie beispielsweise der Empfänger des Dokuments sehen kann. Auch das Erstellen einer PDF-Datei für den Adobe Reader kann nun direkt aus den Office-Anwendungen heraus erledigt werden.

Weiterführende Informationen zu den verschiedenen Funktionen, die Ihnen in der Backstage-Ansicht zur Verfügung stehen, finden Sie in den folgenden Kapiteln:

- Wie Sie in den verschiedenen Office-Programmen ein neues Dokument erstellen, erfahren Sie in Kapitel 4.
- Die Befehle für das Erstellen, Öffnen und Speichern von Dateien werden in Kapitel 5 vorgestellt. Dort erfahren Sie auch, wie Sie ein PDF-Dokument erstellen können.
- Kapitel 8 beschreibt, wie Sie Dokumente ausdrucken.

Die Symbolleiste für den Schnellzugriff

Die einzige immer sichtbare Symbolleiste, die in den Office 2013-Anwendungen noch übrig geblieben ist, ist die Symbolleiste für den Schnellzugriff, die standardmäßig in der Titelleiste der Anwendungen angeordnet ist. In dieser Symbolleiste befinden sich Tools, die häufig verwendet werden und die nicht direkt einer der Registerkarten zugeordnet werden können, wie beispielsweise der Befehl *Rückgängig* oder der Befehl *Wiederholen.*

Schaltflächen hinzufügen und entfernen

Diese Symbolleiste können Sie nach Bedarf anpassen und dort die Werkzeuge einfügen, die Sie besonders häufig benötigen. Schaltflächen, die Sie in die Symbolleiste für den Schnellzugriff eingefügt haben, brauchen Sie dann nicht mehr in den Befehlsgruppen der Registerkarten zu suchen.

Die Aufnahme einer neuen Schaltfläche in die Symbolleiste ist dabei absolut unkompliziert. Alle Befehlsschaltflächen, die Sie auf den verschiedenen Registerkarten finden, besitzen ein Kontextmenü, in dem sich der Befehl *Zu Symbolleiste für den Schnellzugriff hinzufügen* befindet. Klicken Sie einfach die Schaltfläche, die Sie in die Symbolleiste einfügen wollen, mit der rechten Maustaste an und wählen Sie diesen Befehl aus.

Bild 3.15 Alle Befehlsschaltflächen besitzen in ihrem Kontextmenü den Befehl *Zu Symbolleiste für den Schnellzugriff hinzufügen*

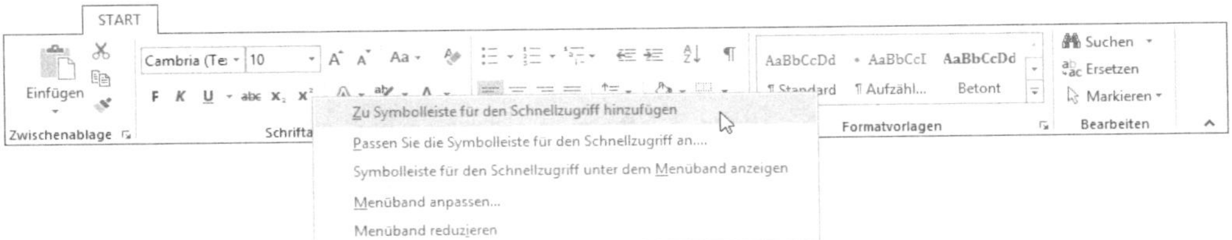

Alternativ können Sie mit der Pfeilschaltfläche am rechten Rand der Symbolleiste ein Auswahlmenü öffnen, in dem Sie einige wichtige Befehle wie *Öffnen* oder *Schnelldruck* finden.

Bild 3.16 Im Ausklappmenü der Symbolleiste finden Sie eine Auswahl häufig benutzter Befehle

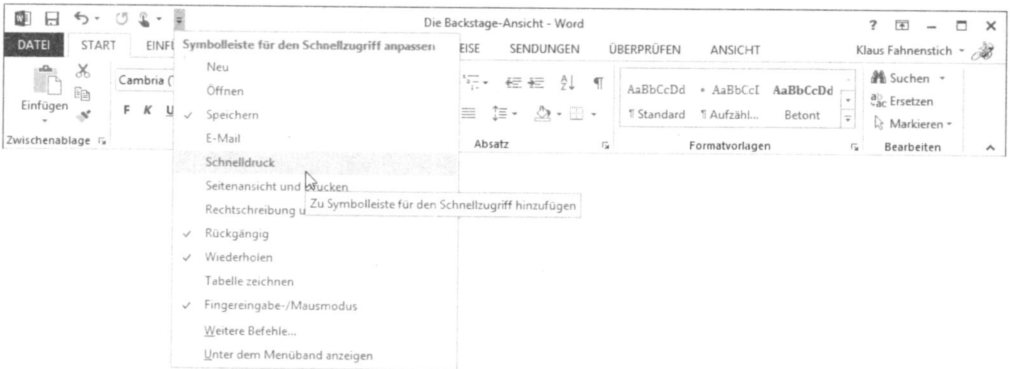

Leider besitzen die Befehle in der Backstage-Ansicht kein Kontextmenü, mit dem Sie sie in die Symbolleiste für den Schnellzugriff aufnehmen könnten. Für solche Fälle müssen Sie daher etwas anders vorgehen:

1. Klicken Sie auf *DATEI,* um in die Backstage-Ansicht zu gelangen und rufen Sie dort den Befehl *Optionen* auf.
2. Wählen Sie im Fenster *Optionen* die Kategorie *Symbolleiste für den Schnellzugriff* aus.
3. Öffnen Sie das Listenfeld *Befehle auswählen* und klicken Sie auf *Registerkarte "Datei".*

TIPP Wenn Sie lediglich die Befehle sehen möchten, die nicht im Menüband enthalten sind, klicken Sie im Listenfeld *Befehle auswählen* auf *Nicht im Menüband enthaltene Befehle.* Die vollständige Liste aller Befehle erhalten Sie über die Auswahl *Alle Befehle.*

4. Öffnen Sie das Listenfeld *Symbolleiste für den Schnellzugriff anpassen* und legen Sie fest, ob die angepasste Symbolleiste für alle Dokumente oder nur für das zurzeit geöffnete Dokument zur Verfügung stehen soll.
5. Scrollen Sie in der linken Liste, bis Sie den Befehl sehen, den Sie in die Symbolleiste für den Schnellzugriff einfügen wollen, markieren Sie ihn und klicken Sie dann auf *Hinzufügen* (siehe Bild 3.17 auf der nächsten Seite). Der Befehl befindet sich anschließend am Ende der rechten Liste. Bei Bedarf können Sie ihn mit den beiden Pfeilschaltflächen verschieben, um die Schaltflächen in eine für Sie praktikable Reihenfolge zu bringen.
6. Wiederholen Sie den letzten Schritt für alle Befehle, die Sie in die Symbolleiste für den Schnellzugriff aufnehmen wollen.
7. Klicken Sie auf *OK,* um das Dialogfeld wieder zu schließen.

Bild 3.17 Auf der Seite *Symbolleiste für den Schnellzugriff* können Sie die Symbolleiste konfigurieren

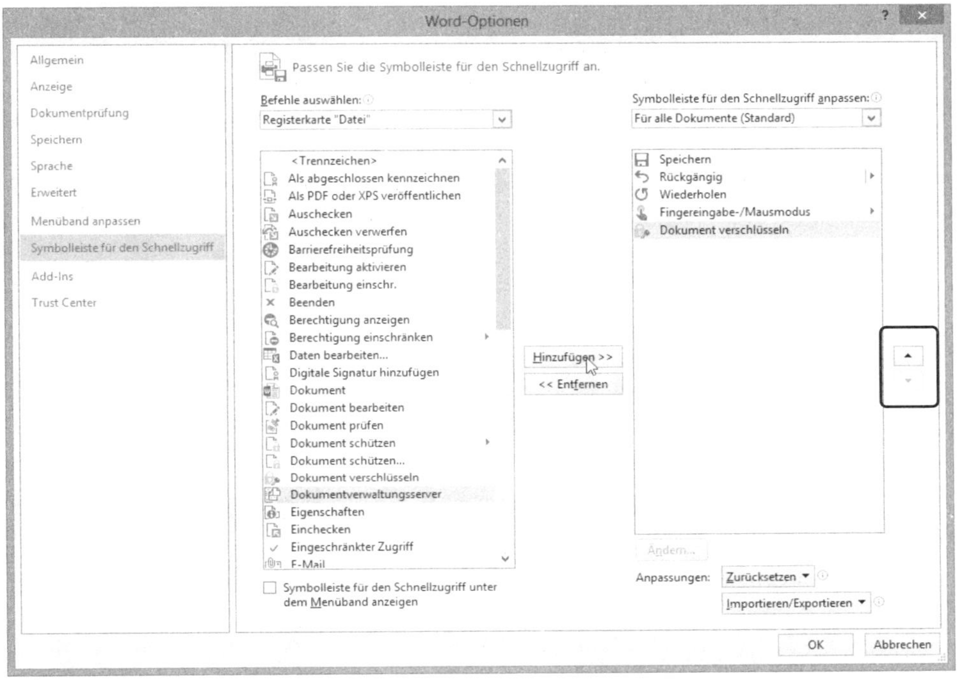

Trennzeichen einfügen

In der Symbolleiste für den Schnellzugriff werden die Schaltflächen in der Reihenfolge angezeigt, in der Sie sie dort eingefügt haben. Wenn Sie ein wenig Struktur in der Symbolleiste bevorzugen, können Sie die Reihenfolge der Schaltflächen verändern, sie zu logischen Gruppen zusammenfassen und die einzelnen Gruppen durch Trennzeichen voneinander abheben.

Gehen Sie dazu wie folgt vor:

1. Klicken Sie die Pfeil-Schaltfläche der Symbolleiste für den Schnellzugriff an und wählen Sie dann in ihrem Menü *Weitere Befehle*. Das Dialogfeld *[Programmname]-Optionen* wird angezeigt, die Seite *Symbolleiste für den Schnellzugriff* ist geöffnet.
2. Wählen Sie zunächst rechts oben in der Liste *Symbolleiste für den Schnellzugriff anpassen*, ob die Änderungen nur für das aktuelle oder für alle Dokumente gelten sollen.
3. Markieren Sie in der Befehlsliste den Eintrag *<Trennzeichen>* (Er befindet sich am Anfang der Liste.) und klicken Sie auf *Hinzufügen*. Wiederholen Sie diesen Schritt, bis die Liste auf der rechten Seite die benötigte Anzahl an Trennzeichen enthält.

TIPP Sie können die Befehle auch mit einem Doppelklick in die Liste übernehmen. Wenn Sie in der rechten Liste auf einen Befehl doppelklicken, wird er aus der Liste entfernt.

4. Markieren Sie in der Liste auf der rechten Seite den Befehl, den Sie an eine neue Position verschieben wollen.
5. Klicken Sie die Schaltfläche *Nach oben* bzw. *Nach unten* an, die Sie rechts neben der Liste sehen, bis der Befehl an der gewünschten Position steht.
6. Wiederholen Sie die beiden letzten Schritte, bis die Symbolleiste nach Ihren Vorstellungen aufgebaut ist. Anschließend können Sie das Dialogfeld mit *OK* schließen.

Bild 3.18 Die Schaltflächen der Symbolleiste lassen sich mit Trennstrichen gruppieren

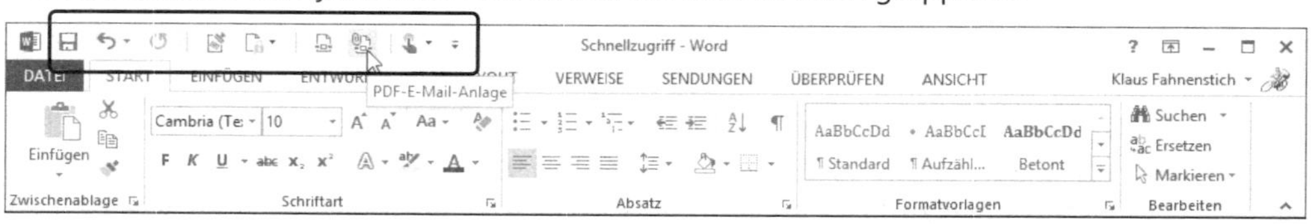

Schaltflächen aus der Symbolleiste entfernen

Um eine Schaltfläche wieder aus der Symbolleiste für den Schnellzugriff zu entfernen, klicken Sie sie in der Symbolleiste mit der rechten Maustaste an und wählen im Kontextmenü den Befehl *Aus Symbolleiste für den Schnellzugriff entfernen*.

Position der Symbolleiste ändern

Die Symbolleiste für den Schnellzugriff lässt sich leider nicht frei auf dem Bildschirm verschieben oder an einem der Fensterränder anheften. Sie besitzt nur zwei mögliche Positionen: entweder links in der Titelleiste (neben dem Symbol der jeweiligen Anwendung) oder unterhalb des Menübandes. Zum Verkürzen der Wege, die Sie mit der Maus vom Dokument aus zurücklegen müssen, um eine der Schaltflächen zu erreichen, öffnen Sie mit einem Rechtsklick das Kontextmenü der Symbolleiste und wählen den Befehl *Symbolleiste für den Schnellzugriff unter dem Menüband anzeigen*. Das Ergebnis sehen Sie in der folgenden Abbildung.

Bild 3.19 Die Symbolleiste für den Schnellzugriff wird unterhalb des Menübandes angezeigt

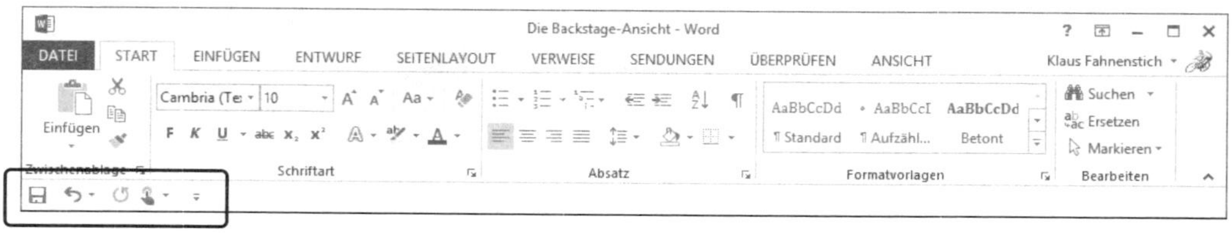

Wenn Sie die Anzeige in den ursprünglichen Zustand zurückversetzen wollen, klicken Sie die Symbolleiste für den Schnellzugriff erneut mit der rechten Maustaste an und wählen diesmal den Befehl *Symbolleiste für den Schnellzugriff über dem Menüband anzeigen*.

Kataloge und die Livevorschau

Um Ihnen das Formatieren Ihrer Dokumente, Arbeitsmappen und Präsentationen zu erleichtern, stehen Ihnen an vielen Stellen des Menübandes sogenannte Kataloge zur Verfügung, in denen die Formatierungsoptionen als kleine Grafiken dargestellt werden. Sie finden die Kataloge beispielsweise bei den Tabellenformatvorlagen, bei den Designs, den Rändern, der Positionierung von grafischen Elementen, bei den SmartArts und natürlich auch bei den WordArt-Objekten.

Wenn ein Katalog nur wenige Einträge enthält, werden diese als Bestandteil der Befehlsgruppe im Menüband angezeigt. Umfangreiche Kataloge werden als Dropdown-Katalog angezeigt, in dem Sie dann Ihre Auswahl treffen können. Sie können damit auf einen Blick sehen, welche Farbkombinationen, Formatierungen, Farbschemata, Übergänge oder Diagrammtypen angeboten werden.

Besonders nützlich sind die Kataloge in Kombination mit der sogenannten Livevorschau. Wenn dieses Feature aktiviert ist, können Sie den Mauszeiger über die Optionen des Katalogs bewegen, und zwar ohne zu klicken. Die Livevorschau zeigt dann die Auswirkung der Option direkt im Dokument an. Der Befehl wird erst definitiv angewendet, wenn Sie eine der Optionen anklicken. So können Sie einfach, bequem und schnell ausprobieren, wie sich eine bestimmte Formatierungsoption auswirken würde. Ein Beispiel für einen Katalog und für die Livevorschau sehen Sie in der folgenden Abbildung, in der eine Grafik mit dem entsprechenden Katalog formatiert wird.

Bild 3.20 Mit den Katalogen können Sie sich einfacher für eine der Formatierungsoptionen entscheiden

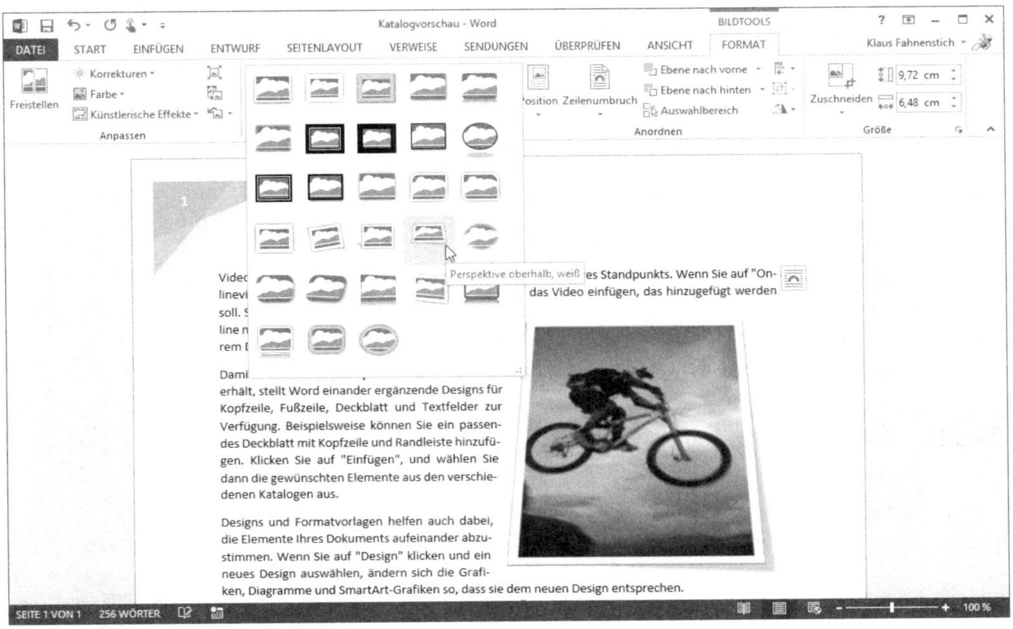

Auch die Livevorschau kann abgeschaltet werden, was Sie wahrscheinlich aber nur dann machen werden, wenn Sie Office 2013 auf einem älteren, langsamen Computer einsetzen. Falls Sie die Livevorschau nicht verwenden möchten, klicken Sie auf die Registerkarte *DATEI* und dann im Menü auf der linken Seite auf *Optionen*. Wechseln Sie im Dialogfeld zur Kategorie *Allgemein* und schalten Sie das Kontrollkästchen *Livevorschau aktivieren* aus.

Die Minisymbolleiste

Wenn Sie in einem Word-Dokument, in einer Excel-Arbeitsmappe oder auf einer PowerPoint-Folie Text markieren, blenden diese Programme automatisch eine kleine Symbolleiste ein, die als Minisymbolleiste bezeichnet wird. In dieser Symbolleiste finden Sie Befehlsschaltflächen, mit denen Sie die Schriftart, die Schriftattribute, Textausrichtung, die Textfarbe, Einzugsebenen sowie Aufzählungen und Nummerierungen festlegen können. Die angebotenen Schaltflächen sind je nach Office-Anwendung etwas unterschiedlich.

Welche Befehle Ihnen die Minisymbolleiste jeweils anbietet, hängt davon ab, was genau Sie im Dokument markiert haben. Wenn Sie zum Beispiel eine Tabellenzelle markiert haben, wird die Minisymbolleiste um zwei Schaltflächen zum Einfügen und Löschen von Tabellenzellen ergänzt.

Bild 3.21 Diese Minisymbolleiste zeigt Word an, wenn Sie einen Text markieren

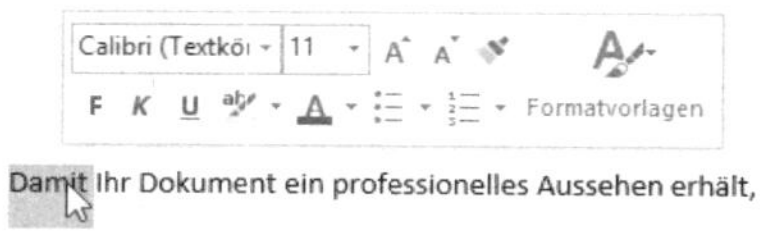

Bild 3.22 Bei Tabellen sieht die Minisymbolleiste etwas anders aus

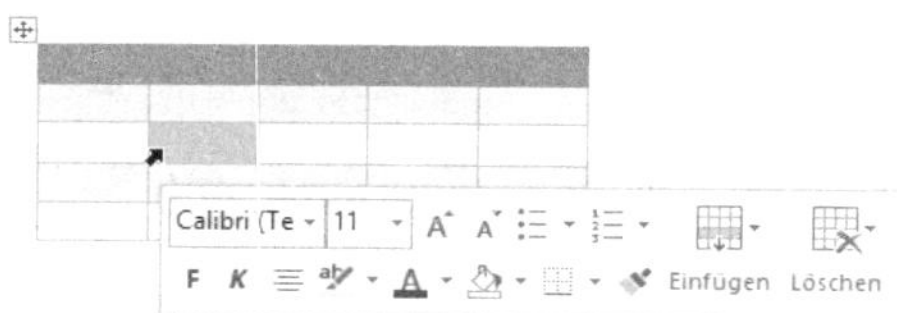

Wenn Sie Office 2013 auf einem Tablet einsetzen, müssen Sie etwas anders vorgehen, um die Minisymbolleiste anzuzeigen. In diesem Fall erscheint die Symbolleiste erst dann, wenn Sie den markierten Bereich noch einmal kurz antippen oder den Finger für einen kurzen Moment auf der Markierung liegen lassen, bis unter Ihrem Finger ein kleiner Rahmen aufzoomt. Wie die nächste Abbildung zeigt, sieht die Minisymbolleiste auf einem Tablet auch etwas anders aus, da sie zusätzlich die Befehle des Kontextmenüs enthält.

Bild 3.23 Auf einem Tablet enthält die Minisymbolleiste auch die Befehle des Kontextmenüs

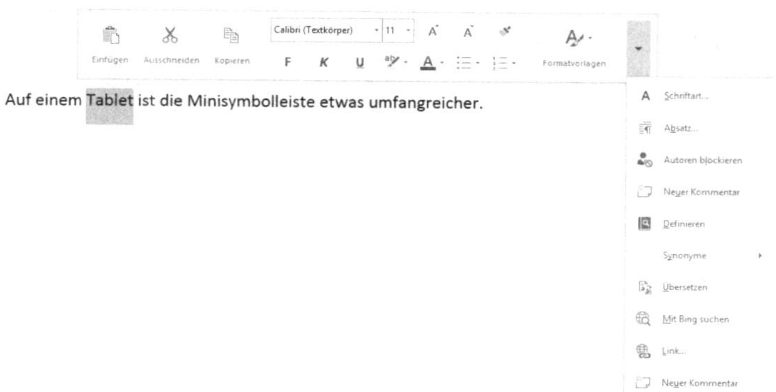

Kontextsymbole

Eine kleine aber feine Neuerung in Office 2013 sind die neuen Symbole bzw. Schaltflächen, die neben einem markierten Objekt (z. B. einem Bild oder einem Diagramm) angezeigt werden. Über diese Symbole erreichen Sie häufig benutzte Funktionen für den jeweiligen Objekttyp und können sich so den Wechsel auf die passende Registerkarte ersparen.

Wenn Sie Office 2013 auf einem Tablet oder einem Touchmonitor mit dem Finger bedienen, werden Sie diese neuen Tools schnell zu schätzen lernen. Wie Sie in der nächsten Abbildung sehen können, ist die Gestaltung der Menüs für die Fingereingabe optimiert. Die einzelnen Befehle haben genügend Abstand, so dass sie gut zu treffen sind und ein schnelles Arbeiten erlauben. Man muss natürlich ehrlicherweise den Begriff »schnell« etwas relativieren. Office 2013 lässt sich nach wie vor mit Maus und Tastatur deutlich schneller bedienen als mit dem Finger.

Bild 3.24 Markierte Objekte erhalten ein oder mehrere Symbole, über die Sie die wichtigsten Funktionen für das markierte Objekt erreichen

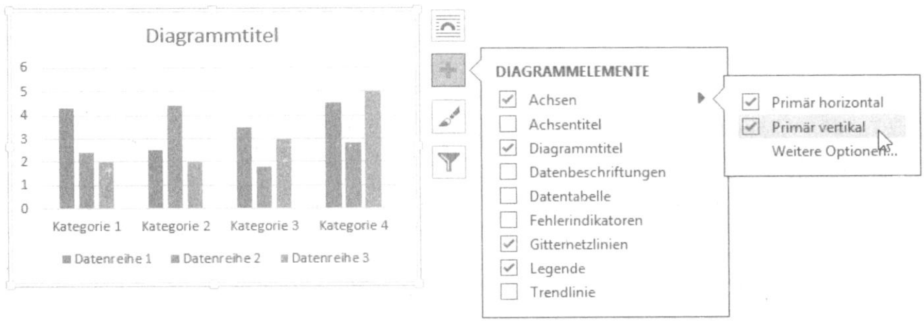

Aufgabenbereiche

Unter einem Aufgabenbereich versteht man in Office 2013 einen Fensterbereich, mit dessen Befehlen sich eine bestimmte Aufgabe erledigen lässt. So gibt es zum Beispiel Aufgabenbereiche zum Erstellen von Texteffekten und zum Formatieren von Diagrammen. Diese Aufgabenbereiche gibt es zwar schon seit mehreren Office-Versionen, doch Office 2013 macht von ihnen deutlich mehr Gebrauch als seine Vorgänger. Auf lange Sicht werden sie wohl die herkömmlichen Dialogfelder ersetzen.

Das Handling der Aufgabenbereiche ist aus unserer Sicht allerdings noch verbesserungswürdig. Für den Anwender ist oft nicht vorhersehbar, ob er beim Aufruf eines Befehls mit einem Dialogfeld oder einem Aufgabenbereich konfrontiert werden wird. Außerdem ist nicht nachvollziehbar, warum sich einige Aufgabenbereiche gezielt ein- und ausblenden lassen (etwa der Arbeitsbereich *Formatvorlagen*), andere hingegen nur dann auftauchen, wenn bereits ein anderer Aufgabenbereich sichtbar ist, dessen Platz sie dann einnehmen. Und um das Ganze auf die Spitze zu treiben, lassen sich manche Arbeitsbereiche auch als Dialogfeld anzeigen (z. B. *Texteffekte formatieren*). Ein konsistentes Konzept sieht anders aus.

Bild 3.25 Aufgabenbereich zum Formatieren eines Diagramms

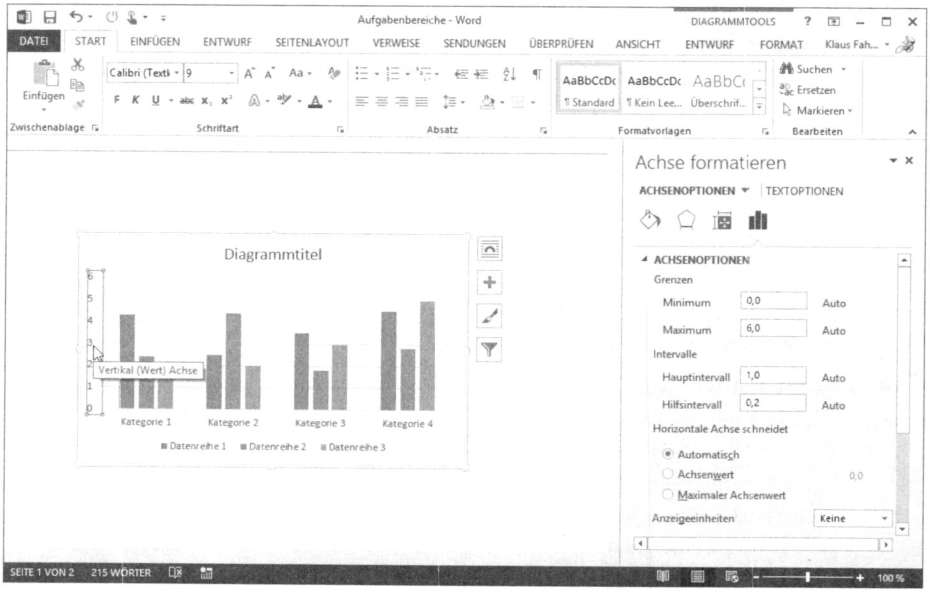

Bild 3.26 Aufgabenbereiche lassen sich frei auf dem Bildschirm bewegen, indem man sie mit ihrer Titelleiste verschiebt. Zum erneuten Andocken bewegt man das Fenster des Aufgabenbereichs in die Nähe des linken oder rechten Programmfensterrandes.

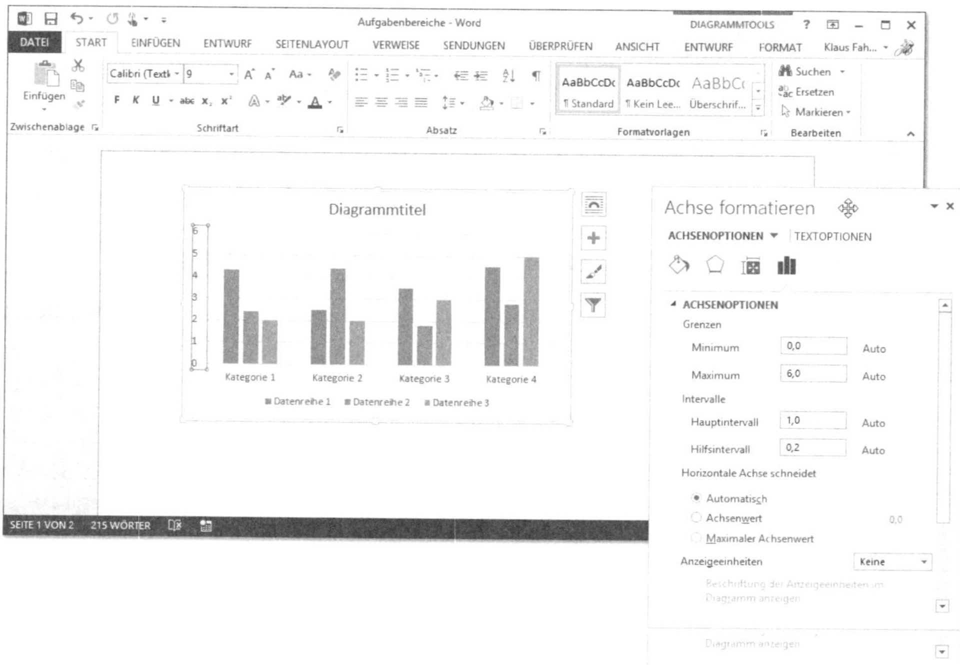

Menüband anpassen

Wenn Sie sich zum ersten Mal mit Microsoft Office beschäftigen, können Sie diesen Abschnitt ruhig überspringen. Er richtet sich eher an fortgeschrittene Anwender, die die Bedieneroberfläche von Office 2013 nach ihren Wünschen gestalten wollen.

In Office 2013 können Sie nicht nur wir vorhin gezeigt, die Symbolleiste für den Schnellzugriff anpassen, sondern auch das Menüband. (Anpassungen der Multifunktionsleiste in Office 2007 waren zwar auch möglich, jedoch waren Sie dort auf Anwendungen von Drittanbietern angewiesen und die Anpassungsmöglichkeiten waren nicht so umfangreich, wie es seit Office 2010 der Fall ist.)

Office 2013 unterscheidet zwischen drei verschiedenen Typen von Registerkarten:

- **Hauptregisterkarten** Dies sind die Registerkarten, die nach dem Öffnen der Anwendung sichtbar sind, also die Registerkarten *START, EINFÜGEN, ANSICHT* usw.
- **Registerkarten 'Tool'** Dies sind die kontextbezogenen Registerkarten, die im Menüband eingeblendet werden, wenn Sie bestimmte Objekte wie eine Tabelle oder eine Grafik ausgewählt haben. Beispiele für diesen Typ Registerkarte sind *TABELLENTOOLS/LAYOUT, DIAGRAMMTOOLS/ENTWURF* oder *BILDTOOLS/FORMAT.*
- **Benutzerdefinierte Registerkarten** Hierbei handelt es sich im Registerkarten, die Sie selbst erstellt und in die Sie benutzerdefinierte Gruppen und Befehle eingefügt haben.

Die vorhandenen Anpassungsmöglichkeiten hängen immer vom Typ der Registerkarte ab:

- **Ein-/ausblenden** Alle Registerkarten können ein- und ausgeblendet werden.
- **Umbenennen** Alle Registerkarten und alle Befehlsgruppen können umbenannt werden.
- **Entfernen** Alle Befehlsgruppen können entfernt werden; es lassen sich jedoch nur benutzerdefinierte Registerkarten entfernen. Befehle können nur aus benutzerdefinierten Gruppen entfernt werden.
- **Einfügen von Registerkarten und Gruppen** Registerkarten können sowohl in das Menüband als auch in die Registerkarten für Tools eingefügt werden. Befehlsgruppen können in alle Arten von Registerkarten eingefügt werden.

Die folgenden Abschnitte erläutern, wie Sie beim Anpassen des Menübandes vorgehen.

Registerkarten und Gruppen einfügen

Um eine benutzerdefinierte Registerkarte oder Gruppe einzufügen, gehen Sie folgendermaßen vor:

1. Klicken Sie auf die Registerkarte *DATEI.*
2. Klicken Sie in der Backstage-Ansicht auf *Optionen.*
3. Wählen Sie im Optionen-Dialogfeld die Seite *Menüband anpassen.*
4. Öffnen Sie die Liste *Menüband anpassen* und wählen Sie aus, welche Registerkarten angezeigt werden sollen.
5. Wenn Sie eine neue Gruppe erstellen wollen, klicken Sie auf das Pluszeichen der betreffenden Registerkarte, damit die vorhandenen Gruppen angezeigt werden.

6. Markieren Sie die Registerkarte, unterhalb derer Sie eine neue Registerkarte einfügen wollen. Wollen Sie eine neue Befehlsgruppe einfügen, markieren Sie die Gruppe unterhalb derer die neue Gruppe eingefügt werden soll.
7. Klicken Sie auf *Neue Registerkarte* bzw. auf *Neue Gruppe.*

Bild 3.27 Wenn Sie eine neue Registerkarte einfügen, erstellt die Anwendung automatisch eine neue Befehlsgruppe in dieser Registerkarte

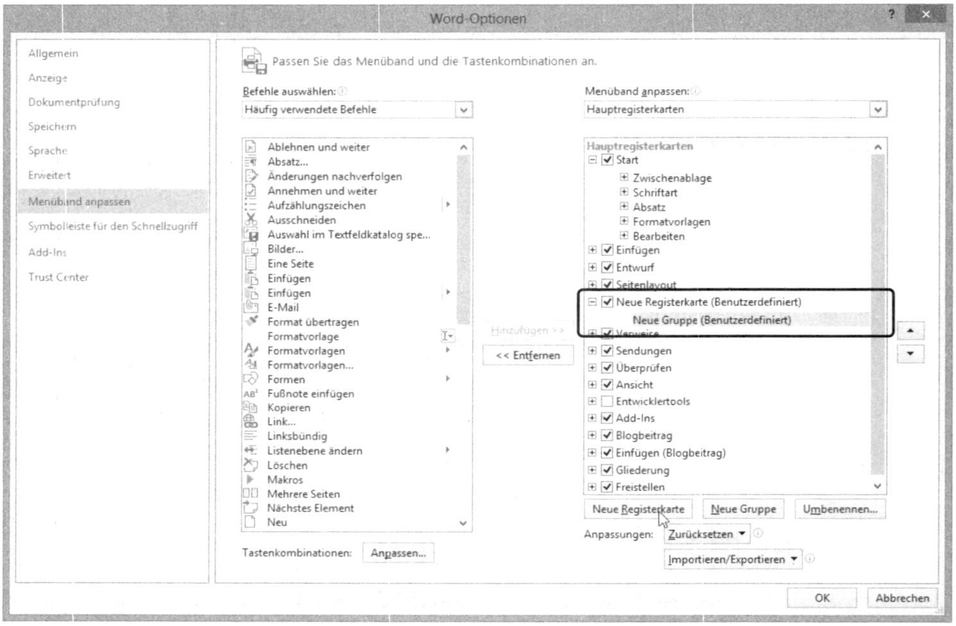

Registerkarte oder Gruppe umbenennen

Gehen Sie wie folgt vor, um den Namen einer Registerkarte oder einer Gruppe zu ändern:

1. Klicken Sie auf die Registerkarte *DATEI* und anschließend auf *Optionen.* Öffnen Sie im Dialogfeld *[Programmname]-Optionen* die Seite *Menüband anpassen.*
2. Markieren Sie die Registerkarte bzw. die Befehlsgruppe, deren Namen Sie ändern möchten.
3. Klicken Sie auf *Umbenennen.*

Bild 3.28 Die Namen von Registerkarten können beliebig geändert werden

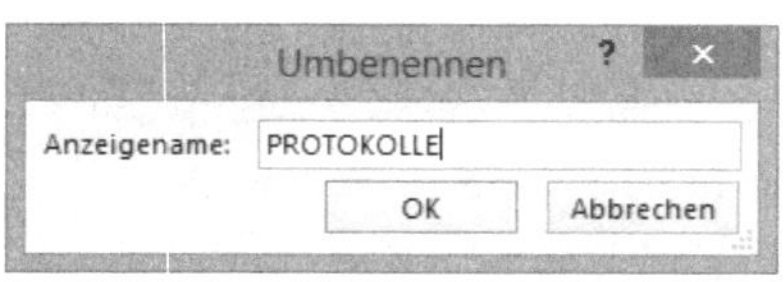

Bild 3.29 Befehlsgruppen muss auch ein Symbol zugewiesen werden

4. Geben Sie im Dialogfeld *Umbenennen* den neuen Namen ein und denken Sie daran, dass die Namen von Registerkarten in Office 2013 groß geschrieben werden. Bei Befehlsgruppen müssen Sie zusätzlich ein Symbol auswählen (siehe Bild 3.29), das angezeigt wird, falls auf der Registerkarte nicht genügend Platz für die Schaltflächen der neuen Gruppe vorhanden ist. Anschließend können Sie das Dialogfeld mit *OK* schließen.
5. Klicken Sie auf *OK,* damit die Änderungen im Menüband angezeigt werden. Hierdurch wird auch das Dialogfeld *[Programmname]-Optionen* geschlossen.

Befehle in eine Gruppe einfügen

Neue Befehle lassen sich nur in benutzerdefinierte Gruppen einfügen, und zwar unabhängig davon, ob sich diese auf Standardregisterkarten oder auf benutzerdefinierten Registerkarten befinden.

Gehen Sie dazu wie folgt vor:

1. Klicken Sie auf die Registerkarte *DATEI* und anschließend auf *Optionen.* Öffnen Sie im Dialogfeld *[Programmname]-Optionen* die Seite *Menüband anpassen.*
2. Markieren Sie in der rechten Liste die Gruppe, in die Sie einen Befehl einfügen möchten.
3. Öffnen Sie links oben das Listenfeld *Befehle auswählen* und wählen Sie aus, welche Befehle in der linken Liste angezeigt werden sollen, z. B. *Alle Befehle* oder *Befehle nicht im Menüband* (siehe Bild 3.30 auf der nächsten Seite).
4. Markieren Sie den gewünschten Befehl und klicken Sie auf *Hinzufügen.* Leider können Sie die Befehle nicht per Doppelklick übertragen; das geht nur bei der Symbolleiste für den Schnellzugriff (siehe Abschnitt »Schaltflächen hinzufügen und entfernen« auf Seite 81).
5. Um die Reihenfolge der Befehle innerhalb der Gruppe zu ändern, können Sie die Befehle einfach mit der Maus an ihre neue Position schieben. Alternativ können Sie auch die beiden Pfeilschaltflächen verwenden, was auf einem Tablet vermutlich einfacher ist.
6. Klicken Sie auf *OK,* damit die Änderungen im Menüband angezeigt werden. Hierdurch wird auch das Dialogfeld *[Programmname]-Optionen* geschlossen.

Bild 3.30 Wählen Sie hier die gewünschte Befehlsliste aus

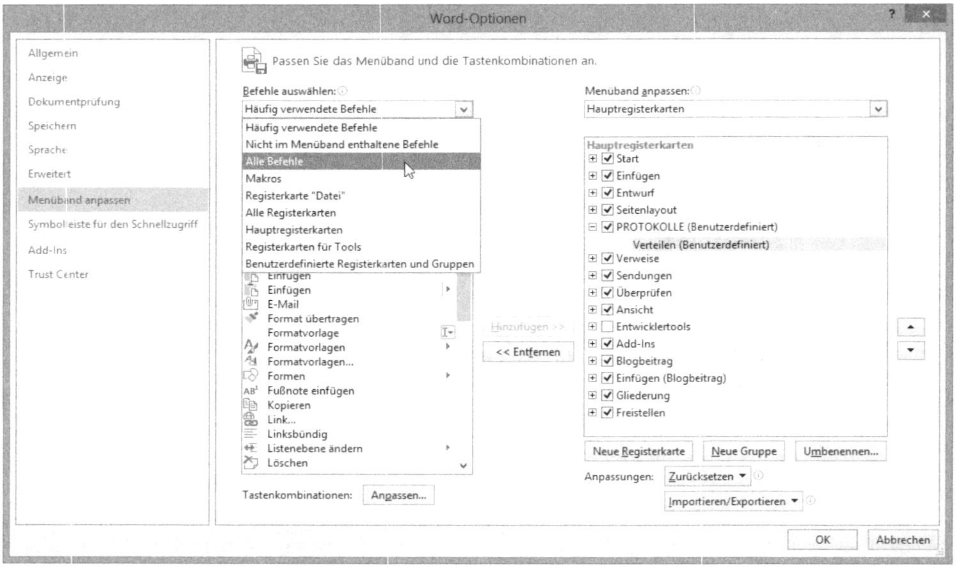

Symbolbeschriftungen anzeigen/verbergen

Neue Befehle, die Sie in eine Gruppe eingefügt haben, werden automatisch angeordnet, ähnlich wie Sie es von den Standardgruppen her gewohnt sind. Sie können jedoch festlegen, ob in der benutzerdefinierten Gruppe nur die Symbole der Befehle oder zusätzlich auch deren Beschriftungen angezeigt werden. Gehen Sie hierzu wie folgt vor:

1. Klicken Sie auf die Registerkarte *DATEI* und anschließend auf Optionen. Öffnen Sie im Dialogfeld *[Programmname]-Optionen* die Seite *Menüband anpassen.*
2. Markieren Sie in der Liste unterhalb von *Menüband anpassen* die benutzerdefinierte Gruppe, die Sie bearbeiten möchten.
3. Klicken Sie den Gruppennamen mit der rechten Maustaste an, um das Kontextmenü zu öffnen.

Bild 3.31 Wählen Sie hier, ob die Befehlsnamen angezeigt werden sollen oder nicht

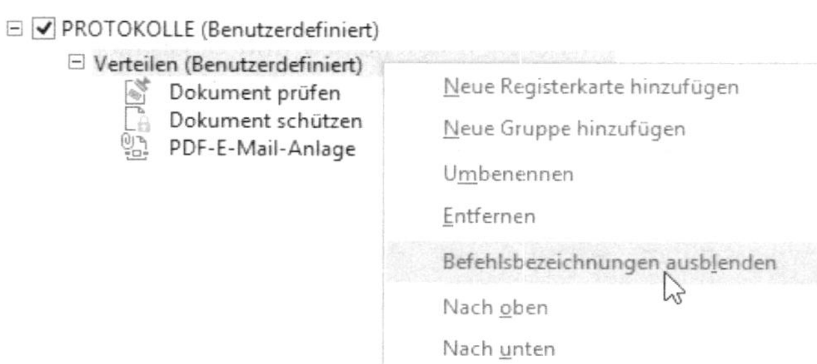

4. Schalten Sie die Option *Befehlsbezeichnungen ausblenden* ein, wenn nur die Symbole angezeigt werden sollen. Anderenfalls schalten Sie diese Option aus.
5. Klicken Sie auf *OK*, damit die Änderungen im Menüband angezeigt werden. Hierdurch wird auch das Dialogfeld *[Programmname]-Optionen* geschlossen.

Name und/oder Symbol eines Befehls ändern

Sie können den Namen eines Befehls, der sich in einer benutzerdefinierten Gruppe befindet, ändern und optional auch ein anderes Symbol für den Befehl auswählen. Gehen Sie hierzu folgendermaßen vor:

1. Klicken Sie auf die Registerkarte *DATEI* und anschließend auf *Optionen*. Öffnen Sie im Dialogfeld *[Programmname]-Optionen* die Seite *Menüband anpassen*.
2. Markieren Sie in einer benutzerdefinierten Gruppe den Befehl, dessen Namen bzw. Symbol Sie ändern möchten.
3. Klicken Sie auf *Umbenennen*.

Bild 3.32 In diesem Dialogfeld können Sie sowohl den Namen als auch das Symbol eines Befehls ändern

4. Geben Sie in das Feld *Anzeigename* den neuen Namen ein.
5. Wenn Sie auch das Symbol ändern wollen, klicken Sie eines der angezeigten Symbole an. Leider ist die Auswahl an Symbolen ziemlich bescheiden und es ist auch nicht möglich, eigene Symboldateien zu öffnen bzw. eigene Symbole zu erstellen. Frühere Office-Versionen waren an dieser Stelle deutlich besser ausgestattet.
6. Klicken Sie auf *OK*, um das Dialogfeld *Umbenennen* zu schließen.
7. Klicken Sie im Dialogfeld *[Programmname]-Optionen* auf *OK*, damit die vorgenommenen Änderungen im Menüband angezeigt werden. Hierdurch wird auch das Dialogfeld *[Programmname]-Optionen* geschlossen.

Registerkarte ausblenden/einblenden

Alle Arten von Registerkarten können ausgeblendet werden; ausgeblendete Registerkarten werden nicht im Menüband angezeigt. Gehen Sie folgendermaßen vor, um eine Registerkarte auszublenden bzw. um eine ausgeblendete Registerkarte wieder einzublenden:

1. Klicken Sie auf die Registerkarte *DATEI* und auf *Optionen*. Öffnen Sie im Dialogfeld *[Programmname]-Optionen* die Seite *Menüband anpassen*.
2. Deaktivieren Sie das Kontrollkästchen neben der Registerkarte, die Sie ausblenden möchten, oder aktivieren Sie das Kontrollkästchen, um eine ausgeblendete Registerkarte wieder einzublenden.

Gesamtes Menüband oder einzelne Standardregisterkarte zurücksetzen

Ihre Änderungen am Menüband können Sie entweder vollständig oder nur für eine einzelne Registerkarte zurücknehmen. Wenn Sie alle Registerkarten im Menüband wiederherstellen lassen, wird auch die Symbolleiste für den Schnellzugriff in ihren ursprünglichen Zustand versetzt.

1. Klicken Sie auf die Registerkarte *DATEI* und anschließend auf *Optionen*. Öffnen Sie im Dialogfeld *[Programmname]-Optionen* die Seite *Menüband anpassen*.
2. Wenn Sie nur eine der Standardregisterkarte zurücksetzen wollen, markieren Sie diese in der rechten Liste.
3. Klicken Sie auf *Zurücksetzen*.

Bild 3.33 Legen Sie in diesem Menü fest, ob alle Anpassungen oder nur die markierte Registerkarte zurückgesetzt werden soll

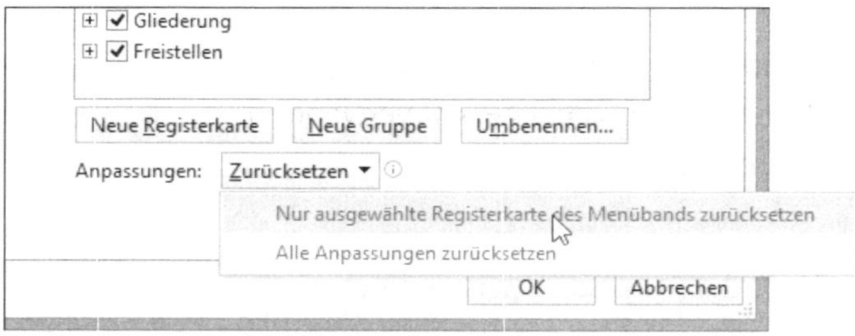

4. Klicken Sie auf *Nur ausgewählte Registerkarte des Menübandes zurücksetzen*, um nur diese eine Registerkarte zurückzusetzen. Oder klicken Sie auf *Alle Anpassungen zurücksetzen*, wenn Sie alle Änderungen am Menüband und auch alle Änderungen an der Symbolleiste für den Schnellzugriff zurücksetzen wollen. Falls der obere Befehl nicht aktiviert ist, haben Sie an der ausgewählten Registerkarte keine Änderung vorgenommen.
5. Klicken Sie im Dialogfeld *[Programmname]-Optionen* auf *OK*, damit die Änderungen im Menüband angezeigt werden. Hierdurch wird auch das Dialogfeld *[Programmname]-Optionen* geschlossen.

Teil B

Office-Dokumente erstellen

In diesem Teil:

Kapitel 4

Neue Office-Dokumente erstellen

In diesem Kapitel:

Die Befehle zum Arbeiten mit Dokumentdateien, die in Office 2003 über das *Datei*-Menü und in Office 2007 über die *Office-Schaltfläche* erreichbar waren, befinden sich bei Office 2013 in der sogenannten Backstage-Ansicht, die Sie durch Anklicken der Registerkarte *DATEI* öffnen. Dieses Kapitel beschreibt, wie Sie über den Startbildschirm der Office-Anwendungen und mit den Befehlen der Backstage-Ansicht neue Dokumente erstellen.

Leere Office-Dokumente erstellen

Um unmittelbar nach dem Programmstart von Word, Excel, PowerPoint und Access ein neues, leeres Office-Dokument zu erstellen, führen Sie die folgenden Schritte durch.

Leeres Dokument über den Startbildschirm erstellen

1. Starten Sie die Office-Anwendung, in der Sie ein neues Dokument erstellen wollen.

   Word, Excel, PowerPoint und Access zeigen standardmäßig den Startbildschirm an. Über den Startbildschirm können Sie neue Dokumente erstellen und schnell eines der zuletzt verwendeten Dokumente öffnen.

Bild 4.1 Nach dem Starten von Word, Excel, PowerPoint und Access wird automatisch der Startbildschirm angezeigt. Die Abbildung zeigt exemplarisch den Startbildschirm von Excel.

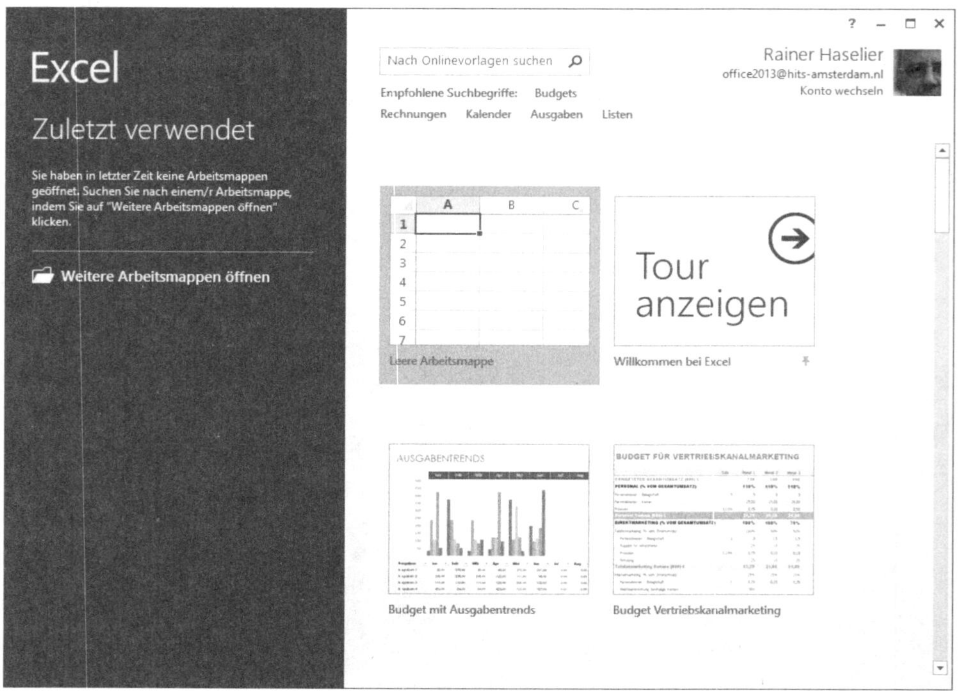

2. Klicken Sie im rechten Bereich des Startbildschirms auf *Leeres Dokument* (Word), *Leere Arbeitsmappe* (Excel), *Leere Präsentation* (PowerPoint) oder auf *Leere Desktopdatenbank* (Access).

   Das neue Dokument wird erstellt und Sie können mit der Bearbeitung beginnen.

Den Startbildschirm deaktivieren

Der neue Startbildschirm stellt zwar ein nettes neues Feature von Office 2013 dar; dennoch kann es sein, dass Sie es bevorzugen, wenn – wie in früheren Versionen – direkt nach dem Start direkt das Fenster der Anwendung mit einem leeren Dokument angezeigt wird, und nicht zuerst der Startbildschirm.

Der Startbildschirm lässt sich in allen Office-Anwendungen deaktivieren. In Word, Excel und PowerPoint können Sie dies in den Programmoptionen einstellen; Sie müssen dies für jede Anwendung einzeln tun. Bei den anderen Office-Anwendungen kann der Startbildschirm nur durch Ändern eines Wertes in der Windows-Registrierungsdatenbank abgeschaltet werden.

Führen Sie folgende Schritte durch, um den Startbildschirm in Word, Excel oder PowerPoint zu deaktivieren:

1. Klicken Sie auf die Registerkarte *DATEI*, um die Backstage-Ansicht zu öffnen.
2. Klicken Sie in der Backstage-Ansicht auf *Optionen*.
3. Öffnen Sie im Dialogfeld *Optionen* die Kategorie *Allgemein*.
4. Schalten Sie im Bereich *Startoptionen* das Kontrollkästchen *Startbildschirm beim Starten dieser Anwendung anzeigen* aus. (Ignorieren Sie das fehlende t im Wort Startbildschirm im Text des Dialogfeldes.)

Bild 4.2 Deaktivieren des Startbildschirms in Word, Excel und PowerPoint

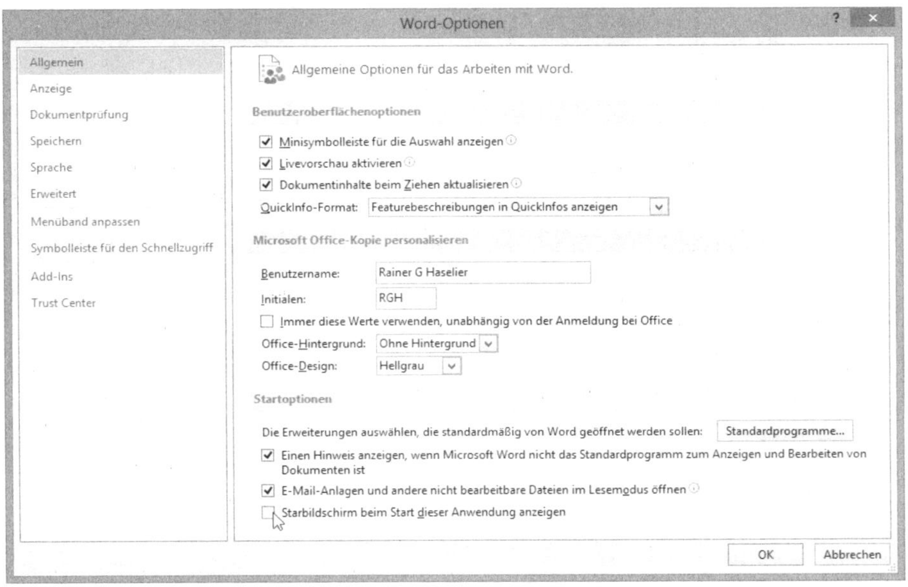

PROFITIPP

Anzeige des Startbildschirms für alle Office 2013-Anwendungen festlegen

Falls Sie den Startbildschirm für alle Office-Anwendungen (also auch für Access 2013, Visio 2013 usw.) abschalten wollen, können Sie dies durch Änderung eines Wertes in der Windows-Registrierungsdatenbank vornehmen. Seien Sie bitte vorsichtig, wenn Sie die folgenden Schritte durchführen, um Probleme mit der Registrierungsdatenbank zu vermeiden.

1. Halten Sie die Windows-Taste gedrückt und drücken Sie [R], um das Dialogfeld *Ausführen* zu öffnen.

2. Geben Sie **regedit** ein und klicken Sie auf *OK*, um den Registrierungs-Editor zu öffnen.

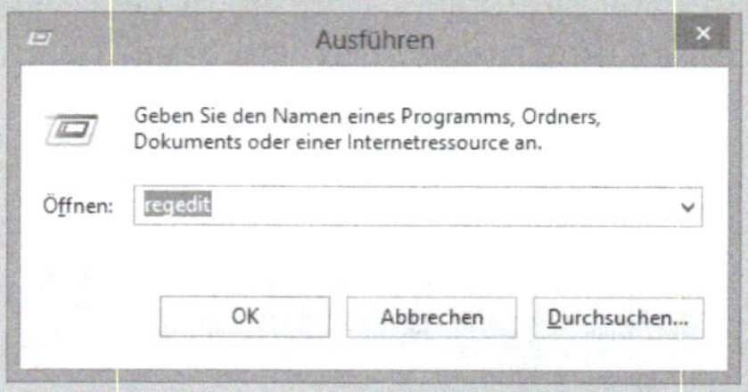

3. Öffnen Sie den Knoten *HKEY_CURRENT_USER\Software\Microsoft\Office\15.0\Common\General* und suchen Sie nach dem Schlüssel *DisableBootToOfficeStart*.

   Falls dieser Schlüssel nicht vorhanden ist, klicken Sie mit der rechten Maustaste in den rechten Bereich des Fensters. Wählen Sie im Kontextmenü *Neu* und dann *DWORD-Wert (32-Bit)*. Geben Sie als Namen für den neuen Schlüssel **DisableBootToOfficeStart** ein.

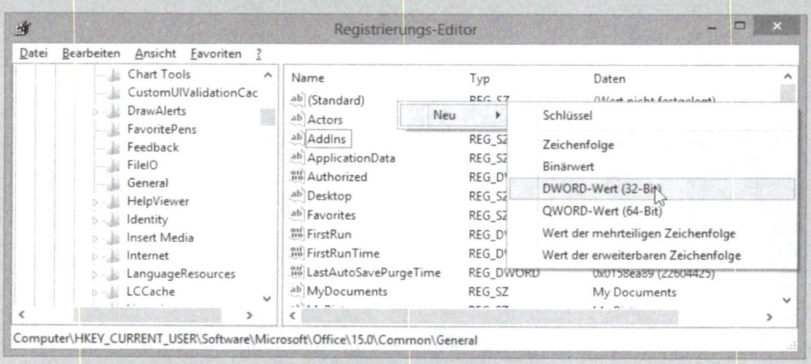

4. Doppelklicken Sie auf den Schlüssel *DisableBootToOfficeStart*, um den Wert zu bearbeiten.

5. Ändern Sie den Wert von 0 auf 1, um den Startbildschirm in allen Office-Anwendungen abzuschalten, oder ändern Sie den Wert von 1 auf 0, um den Startbildschirm wieder anzeigen zu lassen.

Leeres Word-, Excel- und PowerPoint-Dokument in der Backstage-Ansicht erstellen

Wenn die Anwendung, mit der Sie ein neues Dokument erstellen wollen, bereits geöffnet ist, verwenden Sie in der Backstage-Ansicht die Option *Neu.*

1. Klicken Sie im Menüband auf die Registerkarte *DATEI.* Die Backstage-Ansicht wird geöffnet.
2. Klicken Sie in der Backstage-Ansicht auf *Neu.*

Bild 4.3 Über die Registerkarte *DATEI* erreichen Sie die Befehle, die bis zur Office-Version 2003 im Menü *Datei* und bei Office 2007 im Menü der *Office-Schaltfläche* zu finden waren. Klicken Sie die Schaltfläche mit dem Pfeil (oben links in der Backstage-Ansicht) an, um zur Anwendung zurückzukehren.

Die Backstage-Ansicht *Neu* ersetzt das Dialogfeld *Neues Dokument* aus Office 2007 bzw. den gleichnamigen Aufgabenbereich aus Office 2003, sie ist jedoch ähnlich aufgebaut.

3. Klicken Sie im Bereich *Neu* je nach Anwendung auf *Leeres Dokument, Leere Arbeitsmappe* oder *Leere Präsentation.*

   Das neue Dokument wird erstellt und die Backstage-Ansicht geschlossen. Es ist nicht erforderlich, das Dokument zu speichern, bevor Sie mit der Bearbeitung beginnen.

   Die Vorgehensweise bei Access und OneNote ist ein wenig anders; in beiden Programmen müssen Sie einen Speicherort und einen Namen für die neue Datenbank bzw. für das neue Notizbuch eingeben, bevor Sie damit arbeiten können.

Neues OneNote 2013-Notizbuch erstellen

In OneNote können Sie ebenfalls mehrere Dokumente, hier also Notizbücher, verwenden. Das Arbeiten mit mehreren Notizbüchern hat im Wesentlichen zwei Vorteile:

- Sie können Ihre Notizen übersichtlicher organisieren, indem Sie für verschiedene Arbeitsbereiche jeweils eigene Notizbücher anlegen.
- Sie können einzelne Notizbücher mit mehreren Personen benutzen (z.B. mit den Mitgliedern einer Projektgruppe). Auf dieses Thema gehen wir im nächsten Kapitel noch näher ein.

Das Erstellen eines neuen Notizbuchs ist denkbar einfach. Im Unterschied zu Word, PowerPoint und Excel müssen Sie jedoch das neue Notizbuch beim Erstellen sofort speichern.

1. Wechseln Sie in die Backstage-Ansicht und gehen Sie dort auf die Seite *Neu*.

Bild 4.4 Auswahl des Speicherorts für das neue Notizbuch in OneNote 2013

2. Im ersten Schritt müssen Sie zunächst festlegen, wo das neue Notizbuch gespeichert werden soll. Sie haben hier standardmäßig die Wahl zwischen verschiedenen Optionen:

   - **SkyDrive** Wenn Sie sich mit Ihrem Microsoft-Konto angemeldet haben, wird auf der Seite *Neues Notizbuch* der Eintrag *<Ihr Benutzername> SkyDrive* angezeigt. Das Speichern des Notizbuchs auf SkyDrive ermöglicht es, von unterschiedlichen Geräten aus einfach auf das Notizbuch zuzugreifen. Außerdem können Sie ein auf SkyDrive gespeichertes Notizbuch für andere Benutzer freigeben.

     Wenn Sie das neue Notizbuch auf SkyDrive speichern möchten, klicken Sie *SkyDrive* an und machen bei Schritt 3 weiter.

- **Computer, Eigene Dokumente** Wenn das neue Notizbuch ausschließlich für Ihren persönlichen Gebrauch vorgesehen ist, können Sie es direkt auf Ihrem Computer speichern. Der Standardspeicherort für Notizbücher ist der Ordner *OneNote-Notizbücher* unterhalb Ihres Ordners *Eigene Dokumente*.

  Wenn Sie das neue Notizbuch in Ihren eigenen Dokumenten speichern wollen, markieren Sie die Option *Computer* und machen bei Schritt 3 weiter.

- **Computer/Netzwerk, beliebiger Ordner** Sie können das Notizbuch auch in einem anderen als dem Standardordner auf Ihrem Computer oder auch in Ihrem Netzwerk speichern. Wenn Sie das Notizbuch in Ihrem Netzwerk speichern, können Sie es mit anderen nutzen, die ebenfalls auf Ihr Netzwerk zugreifen können.

  Um den Ordner festzulegen, klicken Sie den Link *In einem anderen Ordner erstellen* an. Wechseln Sie dann im Dialogfeld *Neues Notizbuch erstellen* in den gewünschten Ordner, geben Sie den Namen des neuen Notizbuchs ein und klicken Sie auf *Erstellen.* Machen Sie anschließend bei Schritt 5 weiter.

3. Geben Sie einen Namen für das neue Notizbuch ein.
4. Klicken Sie auf *Notizbuch erstellen,* um den Vorgang abzuschließen.
5. Das neue Notizbuch wird direkt geöffnet und taucht links in der Navigationsleiste von OneNote auf.

Weitere Informationen über das Arbeiten mit Notizbüchern und über die Möglichkeiten der gemeinsamen Nutzung finden Sie im Teil zu OneNote 2013 weiter hinten in diesem Buch.

Neues OneNote MX-Notizbuch erstellen

OneNote MX (**MX** ist die Abkürzung für **M**etro e**X**perience) ist eine spezielle OneNote-Version für Windows 8 und Windows 8 RT, die Sie kostenlos im Windows-Store herunterladen können und die für die Touchbedienung optimiert ist. Offiziell heißt diese App einfach OneNote; wir werden sie in diesem Buch weiterhin OneNote MX nennen, damit die App besser von OneNote 2013 unterschieden werden kann.

In OneNote MX werden alle Notizbücher auf SkyDrive oder auf einem SharePoint-Server gespeichert; es ist mit OneNote MX nicht möglich, Notizbücher auf dem PC bzw. Tablet zu speichern.

Wenn Sie OneNote MX zum ersten Mal starten, wird automatisch ein Beispielnotizbuch erstellt. Sie können dieses Notizbuch verwenden und ihm eigene Seiten hinzufügen. Sie können aber auch ein anderes Notizbuch erstellen.

Führen Sie folgende Schritte durch, um in OneNote MX ein neues Notizbuch zu erstellen:

1. Streifen Sie auf einer beliebigen Seite in OneNote MX auf dem Bildschirm von unten nach oben.
2. Tippen Sie auf *Notizbücher* und dann auf *(+) Notizbuch.*

Bild 4.5 Erstellen eines neuen Notizbuchs in OneNote MX

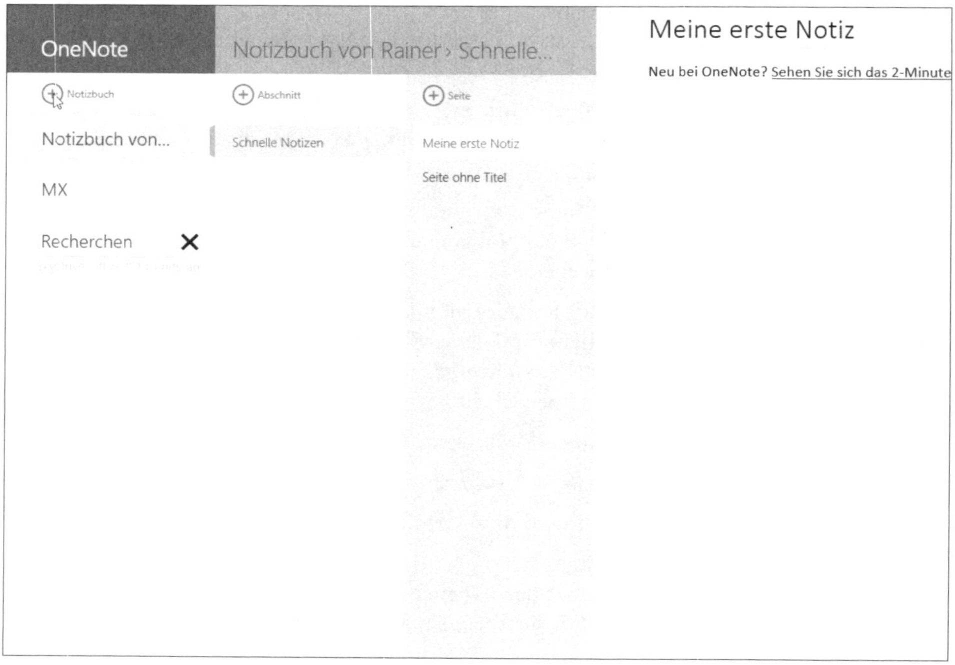

3. Geben Sie einen Namen für Ihr neues Notizbuch ein (beispielsweise **Recherchenotizen**) und tippen Sie dann auf die [↵]-Taste.

OneNote MX-Notizbücher verwenden das gleiche Dateiformat wie Notizbücher von OneNote 2013. Sie können daher ein Notizbuch, das Sie mit OneNote MX auf Ihrem Tablet erstellen und auf SkyDrive/SharePoint speichern, mit der OneNote-Desktopversion (sprich OneNote 2013) bearbeiten.

Optionen für neue Excel-Arbeitsmappen

Eine Besonderheit bei Excel besteht darin, dass Sie in den Excel-Optionen verschiedene Einstellungen vornehmen können, die sich auf neue Arbeitsmappen auswirken. Um diese Möglichkeiten zu nutzen, führen Sie folgende Schritte durch:

1. Klicken Sie im Menüband auf die Registerkarte *DATEI*. Die Backstage-Ansicht wird geöffnet.
2. Klicken Sie auf *Optionen*.
3. Stellen Sie in der Kategorie *Allgemein* im Abschnitt *Beim Erstellen neuer Arbeitsmappen* die gewünschten Optionen ein:
   - **Diese Schriftart als Standardschriftart verwenden/Schriftgrad** Standardmäßig verwendet Excel die Schriftart für Textkörper mit Schriftgrad 11 (wird als Schriftart Calibri mit Schriftgrad 11 angezeigt, wenn Sie Daten in ein Arbeitsblatt, eine Kopf- oder Fußzeile oder ein Textfeld eingeben).

Die Standardschriftart und der Schriftgrad können jedoch für alle von Ihnen neu erstellten Arbeitsmappen geändert werden, indem Sie im Feld *Diese Schriftart als Standardschriftart verwenden* die gewünschte Schriftart und im Feld *Schriftgrad* den gewünschten Schriftgrad auswählen.

Um die neue Standardschriftart und den neuen Schriftgrad zu verwenden, müssen Sie Excel neu starten. Die neue Standardschriftart und der neue Schriftgrad werden nur in neuen Arbeitsmappen verwendet, die Sie nach dem Neustart von Excel erstellen; bereits vorhandene Arbeitsmappen sind nicht betroffen. Um die neue Standardschriftart zu verwenden, können Sie jedoch Arbeitsblätter aus einer vorhandenen Arbeitsmappe in eine neue Arbeitsmappe verschieben.

Bild 4.6 Für neu erstellte Arbeitsmappen können Sie im Dialogfeld *Excel-Optionen* verschiedene Standardeinstellungen vornehmen

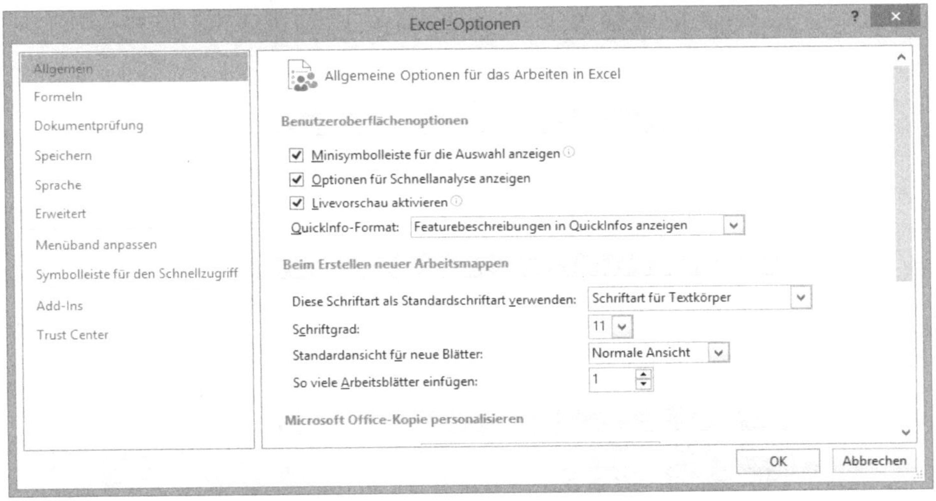

- **Standardansicht für neue Blätter** Excel-Arbeitsblätter können in der normalen Ansicht, der Umbruchvorschau und der Seitenlayoutansicht angezeigt werden. Im Listenfeld *Standardansicht für neue Blätter* legen Sie fest, welche Ansicht die Arbeitsblätter einer neuen Arbeitsmappe haben sollen.
- **So viele Arbeitsblätter einfügen** Standardmäßig enthält eine neue Excel-Arbeitsmappe ein Arbeitsblatt. Sie können die Anzahl der Arbeitsblätter, die standardmäßig in einer neuen Arbeitsmappe angezeigt werden, ändern, indem Sie hier einen anderen Wert eingeben. Die maximale Anzahl von Arbeitsblättern beträgt 255.

4. Klicken Sie auf *OK*, um die Änderungen zu übernehmen.

Neue Dokumente auf Vorlagen basieren

Wie bei den vorhergehenden Office-Versionen können Sie auch in Office 2013 für ein neues Dokument eine der zahlreichen fertigen Vorlagen verwenden. Diese Vorlagen können sich auf Ihrem

Computer befinden oder aber in der Cloud, hier genauer auf Office.com, der Microsoft-Website mit zahlreichen Informationen zu Office.

Außerdem können Sie ein neues Dokument auf der Basis eines Dokuments erstellen, das Sie zu einem früheren Zeitpunkt fertiggestellt und gespeichert haben. Dieser Abschnitt stellt die verschiedenen Möglichkeiten vor.

Word und Excel: Vorinstallierte Vorlagen verwenden

Wenn Word oder Excel bereits gestartet ist, können Sie die folgenden Schritte durchführen, um ein neues Dokument zu erstellen:

1. Klicken Sie im Menüband auf die Registerkarte *DATEI.* Die Backstage-Ansicht wird geöffnet.
2. Klicken Sie auf *Neu.*
3. Klicken Sie die Beispielvorlage an, die Sie als Grundlage für das neue Dokument verwenden wollen.

   Die Vorlagen, die sich im Lieferumfang von Word befinden, sind für die grundlegenden Büro-Dokumente (Brief, Fax, Serienbrief, Bericht) geeignet und unterscheiden sich durch die verschiedenen Designs.

Bild 4.7 Je nach Anwendung finden Sie unterschiedliche Beispielvorlagen, auf denen Sie ein neues Dokument basieren lassen können; hier einige der Vorlagen von Word 2013

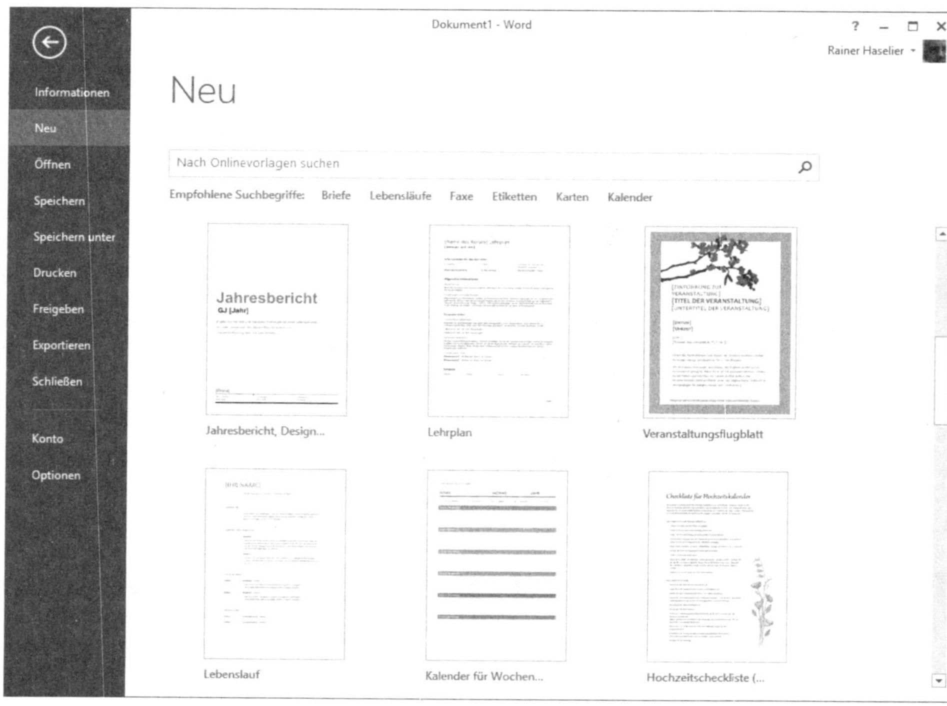

Excel enthält Vorlagen für das Erstellen von allgemeinen Arbeitsmappen (Rechnungsstellung, Spesenabrechnung, Kreditberechnung).

Bild 4.8 Hier sehen Sie einige der vorinstallierten Vorlagen von Excel 2013

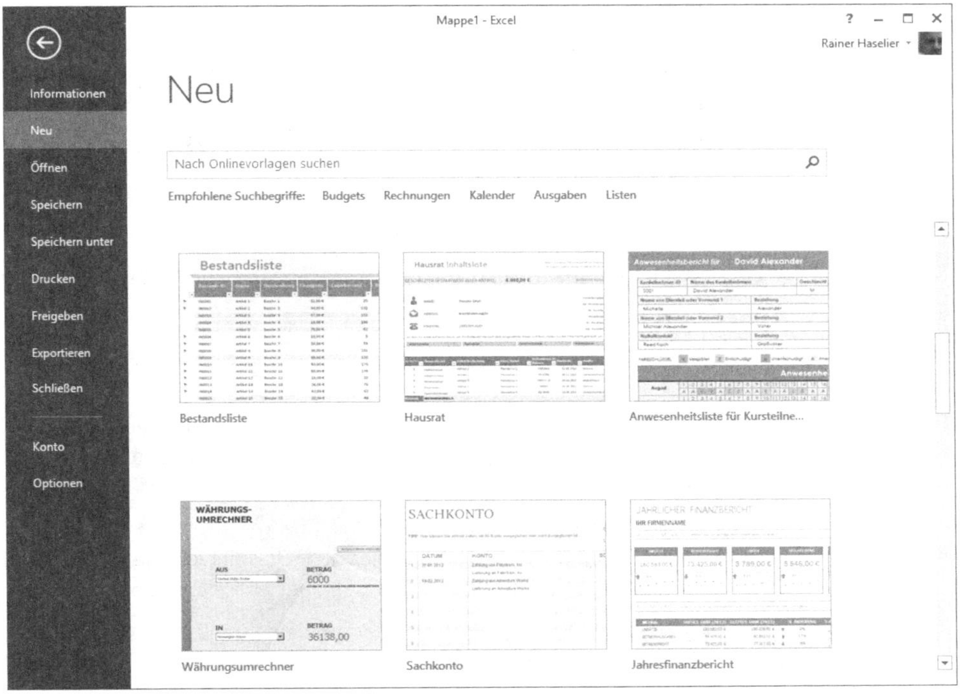

PowerPoint: Präsentation anhand von Designvorlagen erstellen

Wenn Sie eine leere PowerPoint-Präsentation erstellen, beginnen Sie im übertragenen Sinn mit einem weißen Blatt Papier. Sie können jedoch auch von Anfang an Farbe ins Spiel bringen, indem Sie die neue Präsentation auf der Basis eines installierten Designs erstellen. In diesem Fall werden die Folien der neuen Präsentation automatisch mit einem mehr oder wenig aufwendig gestalteten Hintergrund ausgestattet. Außerdem wird durch ein Design die Verwendung bestimmter Schriften und Farben vorgegeben.

1. Klicken Sie auf die Registerkarte *DATEI* und dann auf *Neu*.
2. Klicken Sie auf der Seite *Neu* eines der angezeigten Designs an.

Bild 4.9 Bei PowerPoint wählen Sie beim Erstellen einer neuen Vorlage ein Design aus

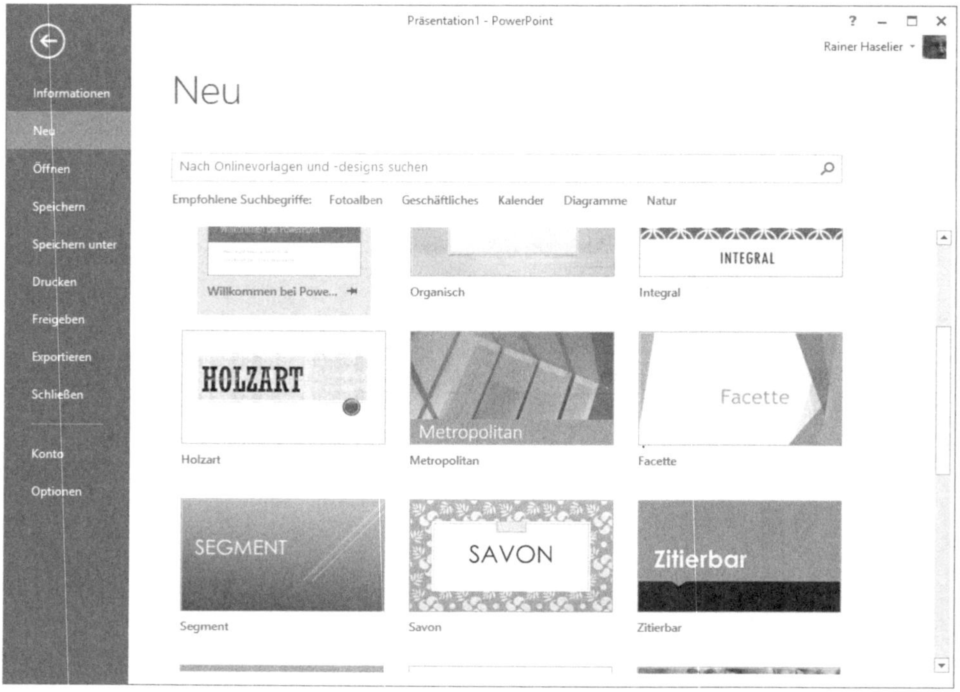

3. Nach der Auswahl eines Designs zeigt PowerPoint das unten abgebildete Fenster an. Hier können Sie sich in der Vorschau verschiedene Folientypen ansehen, indem Sie auf die Pfeile neben *Weitere Bilder* klicken.

   Außerdem stehen für die Designs verschiedene Varianten zur Verfügung, die Sie auf der rechten Seite sehen. Die Designvarianten unterscheiden sich in den verwendeten Farben, Schriftarten, Hintergründen und Effekten. Klicken Sie eine der Varianten an, um links im Fenster eine Vorschau zu sehen.

Bild 4.10 Jedes PowerPoint-Design enthält unterschiedliche Designvarianten

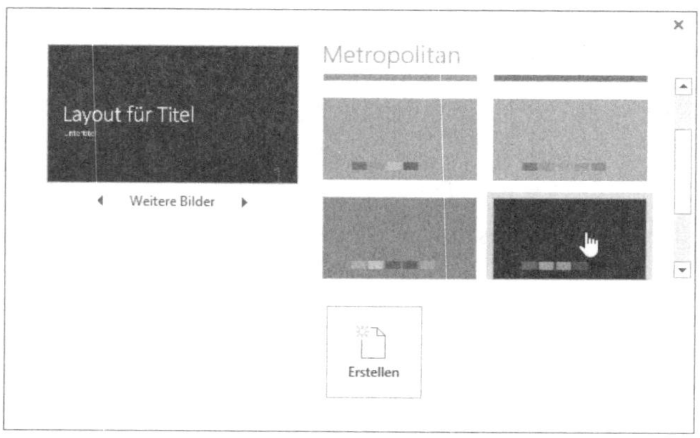

4. Um das ausgewählte Design und die markierte Variante auf die neue Präsentation anzuwenden, klicken Sie auf *Erstellen*.

Die neue Präsentation enthält ebenfalls eine Folie für den Titel bzw. den Untertitel, die jedoch bereits mit einem gestalteten Hintergrund ausgestattet ist. Natürlich können Sie den Hintergrund der Folie auch nachträglich ändern. Wie Sie später noch sehen werden, lässt sich ebenso das Design der Präsentation mit wenigen Mausklicks austauschen. Mit der Entscheidung für ein Design müssen Sie sich also nicht verbindlich festlegen.

Genau genommen ist einer Präsentation sogar immer ein Design zugewiesen. Denn auch eine leere Präsentation besitzt ein Design, und zwar das Design *Larissa*.

WICHTIG Die Trennung von Inhalt und Gestaltung ist ein wichtiges Prinzip einer PowerPoint-Präsentation, das Ihnen immer wieder begegnen wird. Wenn Sie dieses Prinzip konsequent umsetzen, werden Ihre Präsentationen optimal flexibel. Weitere Informationen über die Verwendung von Designs finden Sie in den Kapiteln zu PowerPoint in diesem Buch.

Bild 4.11 PowerPoint zeigt in der Statusleiste den Namen des verwendeten Designs an. Wenn dort das verwendete Design nicht angezeigt wird, klicken Sie die Statusleiste mit der rechten Maustaste an und wählen im Menü den Befehl *Design*.

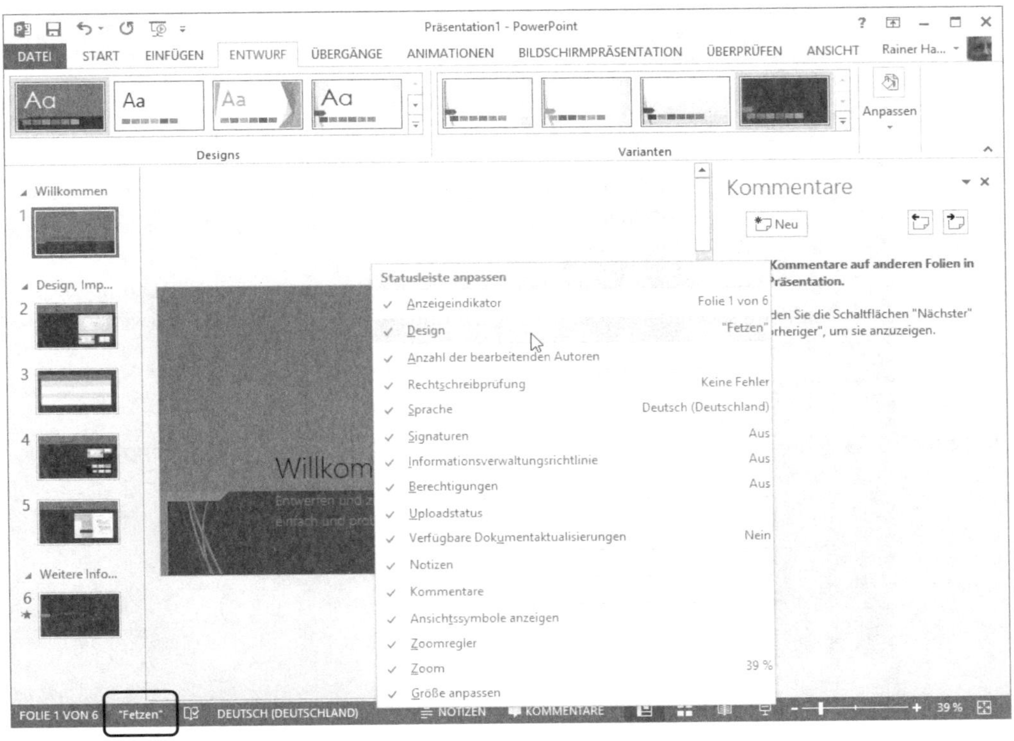

Access: Desktopdatenbank oder Access Web App erstellen

Auch in Access 2013 stehen Ihnen verschiedene Vorlagen für fertige Datenbanken zur Verfügung. Neben dem Einsatzzweck unterscheiden sich die Vorlagen darin, ob sie eine Desktopdatenbank oder eine Access Web App enthalten. Desktopdatenbanken sind für die Nutzung auf Ihrem lokalen Computer vorgesehen. Access Web Apps ist ein Datenbanktyp, den Sie mit Access erstellen und dann als SharePoint-App entweder auf einem SharePoint-Server oder auf der Website Office 365 veröffentlichen und für andere freigeben können.

1. Klicken Sie auf die Registerkarte *DATEI* und dann auf *Neu*.
2. Klicken Sie die gewünschte Vorlage an. Vorlagen für Desktopdatenbanken erkennen Sie an dem Dokumentsymbol ohne Weltkugel; Vorlagen für Access Web Apps hingegen sind mit einer Weltkugel versehen.

Bild 4.12 Access 2013 stellt Vorlagen für Desktopdatenbanken und für Access Web Apps zur Verfügung

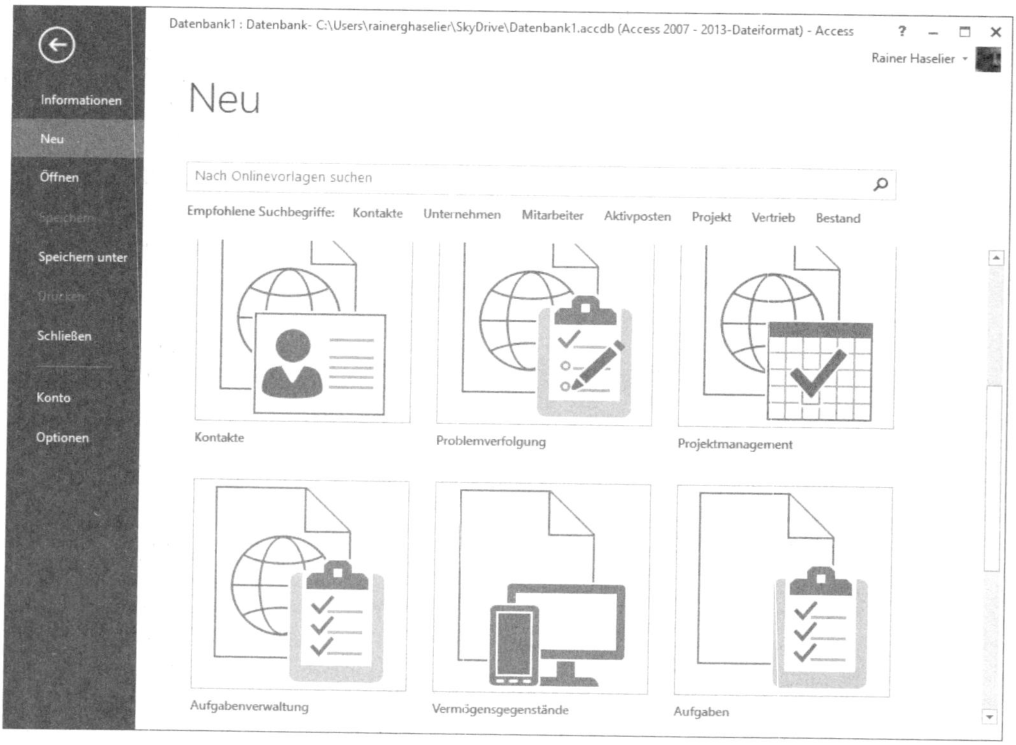

3. Führen Sie je nach Datenbanktyp einen der folgenden Schritte durch:
   - **Desktopdatenbank** Geben Sie den Namen für die neue Datenbank ein und klicken Sie auf *Erstellen*. Falls Sie außerdem den Standardspeicherort ändern wollen (dieser wird unterhalb des Feldes mit dem Dateinamen angezeigt), klicken Sie die Schaltfläche mit dem Ordnersymbol an und wählen den gewünschten Ordner aus.

- **Access Web App** Geben Sie den Namen für die neue Datenbank und den Webspeicherort ein und klicken Sie auf *Erstellen*.

Bild 4.13 Legen Sie den Dateinamen für die Desktopdatenbank (oben) bzw. für die Access Web App (unten) fest

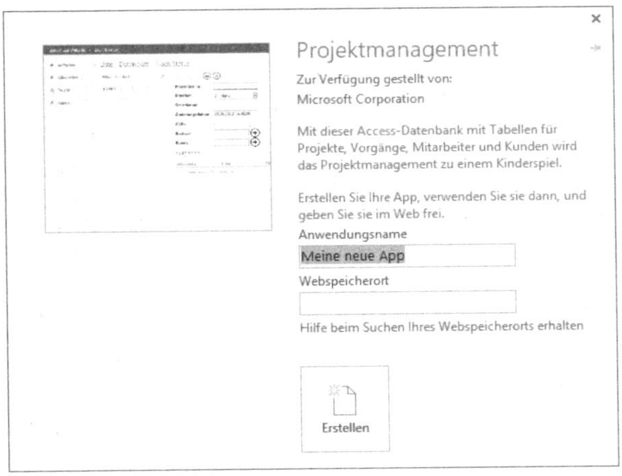

Angeheftete Vorlagen verwenden

Falls Sie bestimmte Vorlagen regelmäßig verwenden, können Sie diese in der Liste *Neu* der Backstage-Ansicht oder an das Programmsymbol in der Windows-Taskleiste anheften. Auf diese Wege lassen sich neue Dokumente anhand dieser Vorlagen schneller erstellen.

Führen Sie folgende Schritte durch, um eine Vorlage an die Seite *Neu* der Backstage-Ansicht anzuheften:

1. Klicken Sie auf die Registerkarte *DATEI* und dann auf *Neu*.
2. Führen Sie auf der Seite *Neu* einen Bildlauf zu der Vorlage durch, die Sie anheften möchten.
3. Klicken Sie auf das Heftzweckensymbol, das unter der Miniaturansicht in der Liste der Vorlagen angezeigt wird.

Bild 4.14 Klicken Sie das Heftzweckensymbol an, um eine Vorlage an die Liste anzuheften

Angeheftete Vorlagen werden immer am Anfang der Liste mit den Vorlagen angezeigt. Für angeheftete Vorlagen wird keine Vorschau angezeigt. Doppelklicken Sie auf die Miniaturansicht der angehefteten Vorlage, um schnell ein neues Dokument basierend auf dieser Vorlage anzulegen.

Ein noch schnelleres Verfahren zum Erstellen eines neuen Dokuments. das auf einer bestimmten Vorlage basiert, besteht darin, die Vorlage an das Menü der Programmschaltfläche in der Windows-Taskleiste anzuheften. Gehen Sie hierzu folgendermaßen vor:

1. Erstellen Sie im betreffenden Programm ein neues Dokument, das auf der Vorlage basiert, die Sie an das Programmsymbol in der Taskleiste anheften wollen.
2. Klicken Sie das Programmsymbol in der Taskleiste mit der rechten Maustaste an. Das Kontextmenü wird geöffnet und die in Schritt 1 verwendete Vorlage wird in der Liste *Zuletzt verwendet* angezeigt (linke Seite in Bild 4.15).

Bild 4.15 Sie können häufig benötigte Vorlagen an das Programmsymbol der Taskleiste anheften

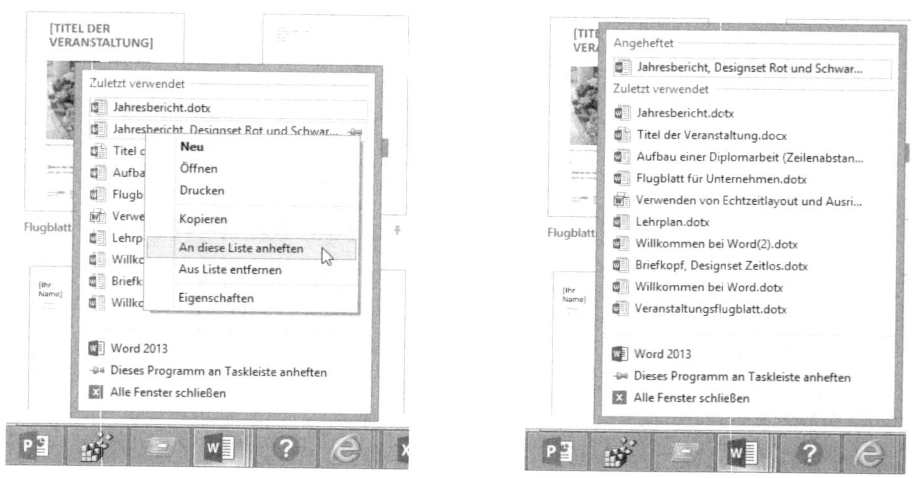

3. Klicken Sie den Namen der Vorlage mit der rechten Maustaste an und wählen Sie im Kontextmenü den Befehl *An diese Liste anheften.* Die ausgewählte Vorlage wird im oberen Bereich des Kontextmenüs des Programmsymbols angeheftet (rechte Seite in Bild 4.15).

Um ein neues Dokument zu erstellen, das auf der angehefteten Vorlage basiert, klicken Sie zuerst das Programmsymbol in der Taskleiste mit der rechten und anschließend den Namen der Vorlage mit der linken Maustaste an.

Vorlagen von Office.com verwenden

Eine Vielzahl weiterer Vorlagen finden Sie auf der Microsoft-Website *Office.com.* Wenn auf der Seite *Neu* das Feld *Nach Onlinevorlagen suchen* angezeigt wird, können Sie nach weiteren Vorlagen suchen. Geben Sie den Suchbegriff in das Suchfeld ein oder klicken Sie zum schnellen Zugriff auf beliebte Vorlagen auf eines der Stichwörter unter dem Suchfeld.

Bild 4.16 Suchen Sie auf *Office.com* nach weiteren Vorlagen

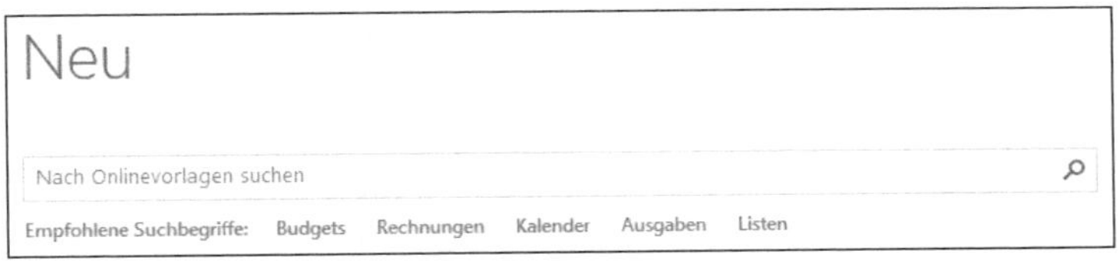

Wenn auf *Office.com* mit Ihrem Suchbegriff übereinstimmende Vorlagen gefunden wurden, sehen Sie eine Liste ähnlich der in der folgenden Abbildung.

Bild 4.17 Mit der Schaltfläche *Start* kehren Sie zur Seite mit den vorinstallierten Vorlagen zurück

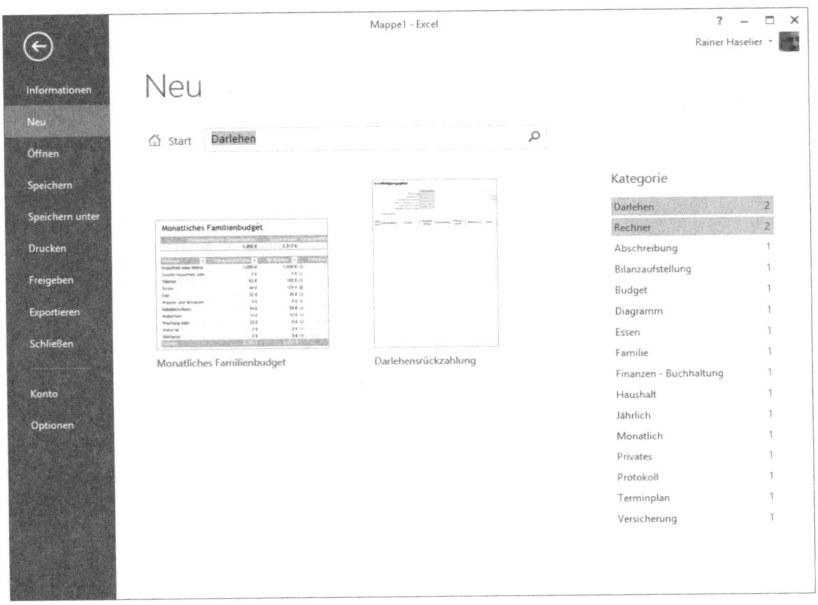

Wenn Sie in der Liste mit den Suchergebnissen eine Vorlage sehen, die geeignet erscheint, klicken Sie die Miniaturansicht an, um eine größere Vorschau und weitere Informationen zur Vorlage zu sehen. Um ein neues Dokument mit dieser Vorlage zu erstellen, klicken Sie auf *Erstellen.*

Bild 4.18 Mit der Schaltfläche *Erstellen* wird die Vorlage heruntergeladen und dann das Dokument erstellt

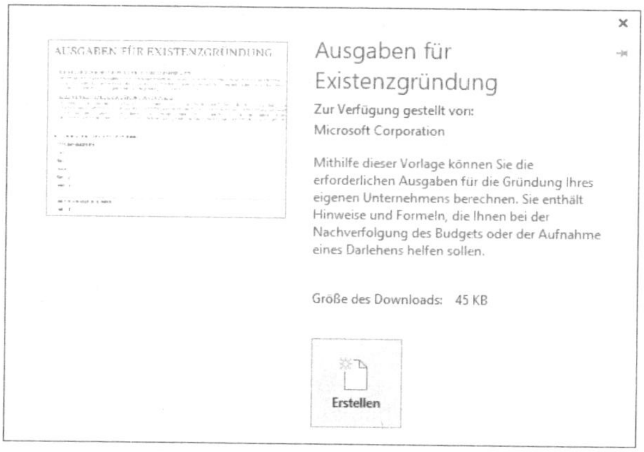

Möglicherweise wird folgende Fehlermeldung angezeigt, nachdem Sie auf *Erstellen* geklickt haben:

Bild 4.19 Lassen Sie sich von dieser Fehlermeldung nicht abschrecken

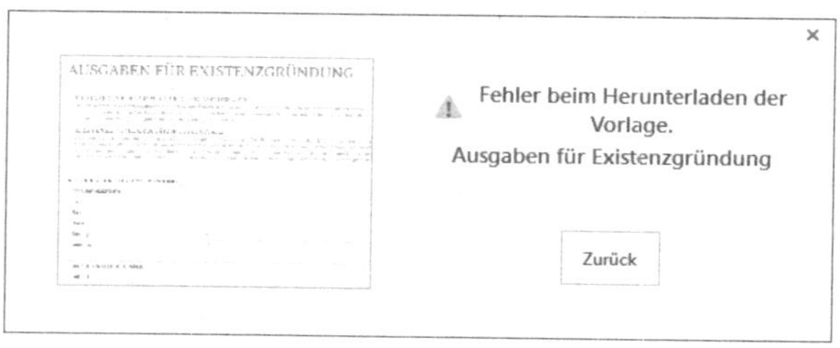

Während der Arbeiten an diesem Buch haben wir diese Fehlermeldung regelmäßig gesehen. Sollten Sie sie ebenfalls erhalten, klicken Sie auf *Zurück* und dann ein weiteres Mal auf *Erstellen.* Dies hat bei uns immer dazu geführt, dass die angeforderte Vorlage heruntergeladen werden konnte.

Eigene Vorlagen verwenden

Wie Sie im weiteren Verlauf dieses Buches noch sehen werden, können Sie in Word, Excel und PowerPoint auch eigene Vorlagen erstellen und speichern und sich so das Erstellen wiederkehrender Dokumenttypen vereinfachen. Eigene, benutzerdefinierte Vorlagen tauchen weder im Startbildschirm noch auf der Seite *Neu* der Backstage-Ansicht automatisch auf, nachdem Sie sie gespeichert haben. Die folgenden Abschnitte verraten Ihnen, wie Sie die Office-Anwendungen konfigurieren, um schnell auf Ihre eigenen Vorlagen zugreifen zu können.

Eigene Vorlagen auf der Seite »Neu« der Backstage-Ansicht anzeigen

Damit Ihre eigenen Vorlagen auf der Seite *Neu* der Backstage-Ansicht angezeigt werden, müssen Sie das betreffende Programm darüber informieren, wo sich die benutzerdefinierten Vorlagen befinden. Der Speicherort der benutzerdefinierten Vorlagen ist eine anwendungsspezifische Einstellung und Sie müssen die folgenden Schritte für jedes der Programme (Word, Excel und PowerPoint) durchführen, in dem Sie über die Seite *Neu* auf Ihre eigenen Vorlagen zugreifen wollen.

1. Starten Sie das betreffende Programm, klicken Sie auf die Registerkarte *DATEI* und dann auf *Optionen*.
2. Wählen Sie im Dialogfeld *<Programmname>-Optionen* die Kategorie *Speichern*.
3. Geben Sie im Feld *Standardspeicherort für persönliche Vorlagen* den kompletten Pfad des Ordners ein, in dem Sie Ihre eigenen Vorlagen abspeichern. Word, Excel und PowerPoint verwenden beim Speichern von Vorlagen standardmäßig den Ordner *C:\Users\<Benutzername>\Documents\Benutzerdefinierte Office-Vorlagen*.

Bild 4.20 Im Feld *Standardspeicherort für persönliche Vorlagen* legen Sie den Ordner fest, in dem Word, Excel und PowerPoint nach Ihren eigenen Vorlagen suchen sollen

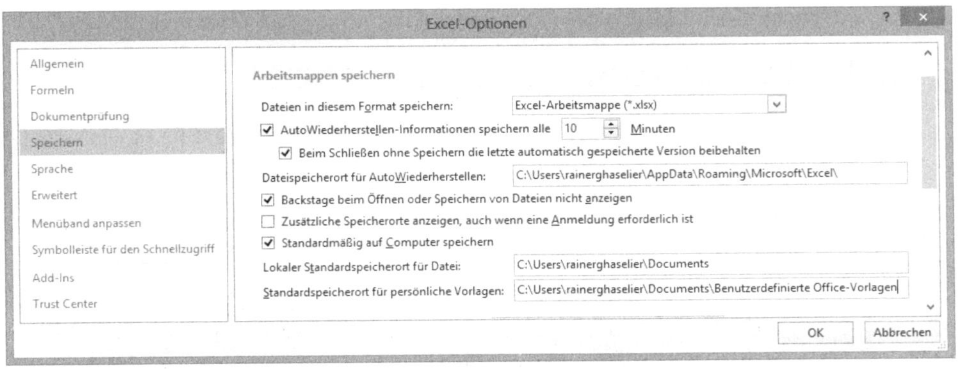

4. Klicken Sie auf *OK*.

Nachdem Sie in den Optionen einen Speicherort für persönliche Vorlagen eingetragen haben, werden in der Backstage-Ansicht *Neu* unterhalb des Suchfeldes die Kategorien *EMPFOHLEN* und *PERSÖNLICH* angezeigt. Klicken Sie auf *PERSÖNLICH*, um eine Liste der persönlichen Vorlagen zu sehen (hierzu gehören auch die Vorlagen, die Sie von Office.com heruntergeladen haben) und klicken Sie auf *EMPFOHLEN*, um die Liste mit den Standardvorlagen anzuzeigen (siehe Bild 4.21).

Bild 4.21 Unter *PERSÖNLICH* auf der Seite *Neu* finden sowohl die heruntergeladenen als auch Ihre selbst erstellten Vorlagen

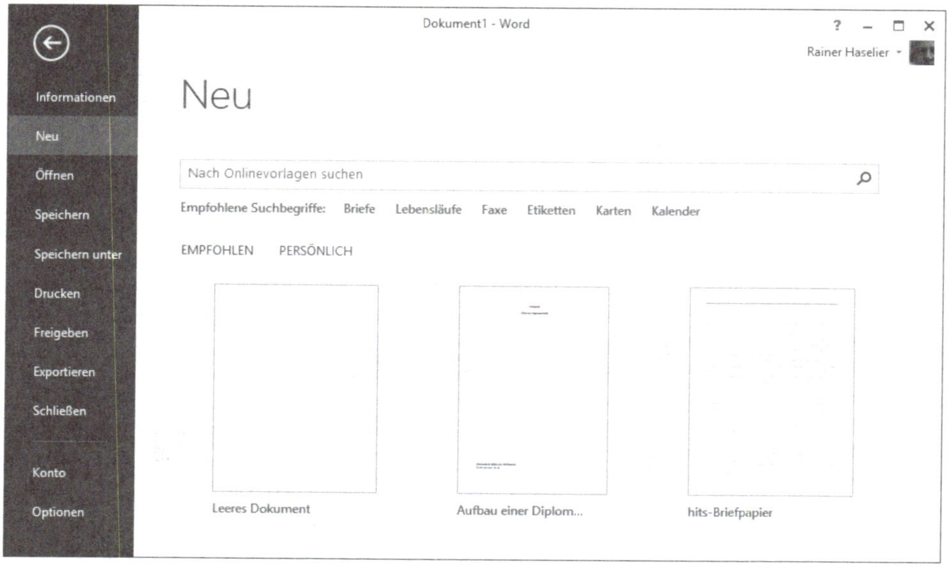

Eigene Vorlagen im Startbildschirm anzeigen

Wenn Sie es bevorzugen, den Startbildschirm von Word, Excel oder PowerPoint zu verwenden, können Sie in der Windows-Registrierungsdatenbank einen Eintrag vornehmen, der bewirkt, dass im Startbildschirm die benutzerdefinierten Vorlagen angezeigt werden.

1. Halten Sie die Windows-Taste gedrückt und drücken Sie [R], um das Dialogfeld *Ausführen* zu öffnen.
2. Geben Sie **regedit** ein und klicken Sie auf *OK*, um den Registrierungs-Editor zu öffnen.
3. Öffnen Sie je nachdem, welche der Office-Anwendungen Sie konfigurieren wollen, einen der folgenden Knoten:

   HKEY_CURRENT_USER\Software\Microsoft\Office\15.0\Word\Options
   HKEY_CURRENT_USER\Software\Microsoft\Office\15.0\Excel\Options
   HKEY_CURRENT_USER\Software\Microsoft\Office\15.0\PowerPoint\Options
4. Suchen Sie nach dem Schlüssel *officestartdefaulttab*. Falls dieser Schlüssel nicht vorhanden ist, klicken Sie mit der rechten Maustaste in den rechten Bereich Fensters. Wählen Sie im Kontextmenü *Neu* und dann *DWORD-Wert (32-Bit)*. Geben Sie als Namen für den neuen Schlüssel **officestartdefaulttab** ein.
5. Doppelklicken Sie auf den Schlüssel *officestartdefaulttab*, um den Wert zu bearbeiten.
6. Ändern Sie den Wert von 0 auf 1, um im Startbildschirm der Anwendung die persönlichen Vorlagen anzeigen zu lassen.

Kapitel 5

Office-Dokumente speichern und öffnen

In diesem Kapitel:

Die Befehle zum Arbeiten mit Dokumentdateien, die in Office 2003 über das *Datei*-Menü und in Office 2007 über die *Office-Schaltfläche* erreichbar waren, befinden sich bei Office 2013 in der sogenannten Backstage-Ansicht, die Sie durch Anklicken der Registerkarte *DATEI* öffnen. Dieses Kapitel beschreibt, wie Sie mit den Befehlen der Backstage-Ansicht Dokumente speichern, öffnen und als PDF-Datei veröffentlichen können.

Wie Sie in den Kapiteln in Teil A dieses Handbuchs bereits erfahren haben, bestand einer der Schwerpunkte bei der Entwicklung von Office 2013 darin, Ihnen von überall aus den Zugriff auf Ihre Office-Dokumente zu ermöglichen. Das Stichwort lautet hier: Speichern in der Cloud. Daher beschreibt ein weiterer Schwerpunkt dieses Kapitels das Speichern auf verschiedenen Webspeicherorten. Neben SkyDrive und SharePoint-Server, die als Webspeicherdienste nach der Installation zur Verfügung stehen, werden Sie sehen, wie Sie Dropbox und Google Drive in Ihre Office-Installation integrieren können.

Ein weiterer Abschnitt dieses Kapitels beschäftigt sich mit dem Dateiformat, das ab der Office-Version 2007 von Word, Excel und PowerPoint verwendet wird. Der Schwerpunkt der Informationen ist dabei die Frage, wie Sie am besten vorgehen, wenn Sie Dokumente öffnen, die in vorhergehenden Office-Versionen erstellt wurden, und welche Vorgehensweisen sich anbieten, wenn Sie mit Office-Anwendern Dokumente austauschen, die keine der neueren Versionen (2007 bis 2013) verwenden.

Speichern auf dem Computer und im Netzwerk

Mit dem Bearbeiten der verschiedenen Office-Dokumente befassen sich die speziell auf die jeweilige Anwendung zugeschnittenen Teile dieses Buches. Für diesen Abschnitt gehen wir einmal davon aus, dass Sie mit der Bearbeitung Ihres Dokuments fertig sind und es nun speichern wollen.

1. Klicken Sie auf die Registerkarte *DATEI* und dann auf *Speichern unter* oder drücken Sie die Tastenkombination `Strg`+`S`. Die Backstage-Ansicht *Speichern unter* wird geöffnet.

Bild 5.1 Nach der Auswahl von *Speichern unter* wird in Office 2013 standardmäßig die gleichnamige Backstage-Ansicht geöffnet

Auf der linken Seite sehen Sie die verschiedenen Speicherorte (hier *SkyDrive* und *Computer)* und rechts daneben die zuletzt verwendeten Ordner, die Sie im jeweiligen Speicherort benutzt haben.

2. Achten Sie darauf, dass in der Liste mit den Orten der Eintrag *Computer* ausgewählt ist.
3. Führen Sie eine der folgenden Aktionen aus:
   - Wenn der gewünschte Ordner im Bereich *Zuletzt verwendete Ordner* angezeigt wird, klicken Sie den betreffenden Eintrag an. Das Dialogfeld *Speichern unter* wird geöffnet. Der gewählte Ordner ist voreingestellt.
   - Wenn der gewünschte Ordner **nicht** im Bereich *Zuletzt verwendete Ordner* angezeigt wird, klicken Sie auf *Durchsuchen*. Das Dialogfeld *Speichern unter* wird geöffnet. Standardmäßig wird die Bibliothek *Dokumente* geöffnet. (Sie können den Standardspeicherort ändern; wie das geht, erfahren Sie ab Seite 139.)

     Wechseln Sie zu dem Ordner, in dem Sie das Dokument speichern wollen. Der Ordner kann sich natürlich auch auf einem Netzlaufwerk befinden.

Bild 5.2 Das eigentliche Speichern erfolgt im Dialogfeld *Speichern unter*

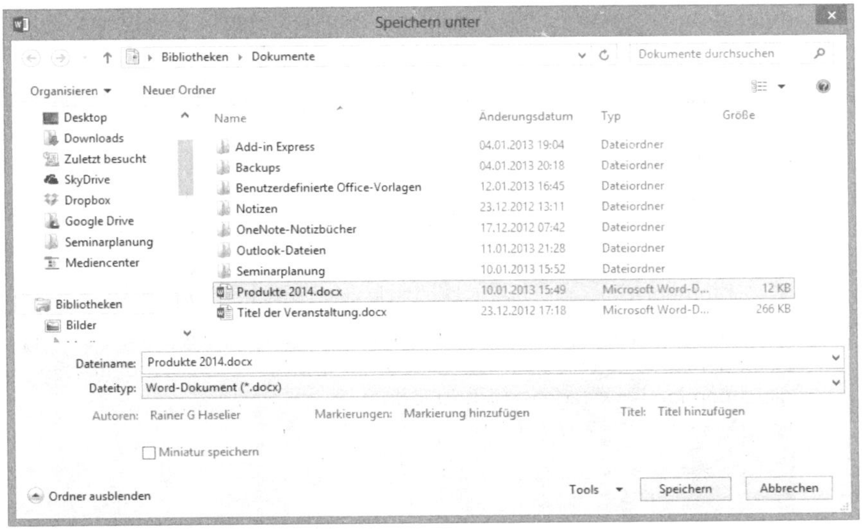

4. Wenn Sie das Dokument gemeinsam mit anderen verwenden, die weder Office 2007 noch Office 2010 noch Office 2013 einsetzen, öffnen Sie die Liste *Dateityp* und wählen eine der folgenden Optionen aus: *Word 97-2003-Dokument, Excel 97-2003-Arbeitsmappe* bzw. *PowerPoint 97-2003-Präsentation.* Hierdurch wird das Dokument im Dateiformat der vorherigen Office-Versionen gespeichert. (Weitere Informationen zum Dateiformat von Office 2007 bis 2013 finden Sie im Abschnitt ab Seite 147.)

Bild 5.3 Legen Sie hier das Dateiformat fest, in dem Ihr Dokument gespeichert werden soll (hier exemplarisch oben Excel 2013 und unten PowerPoint 2013)

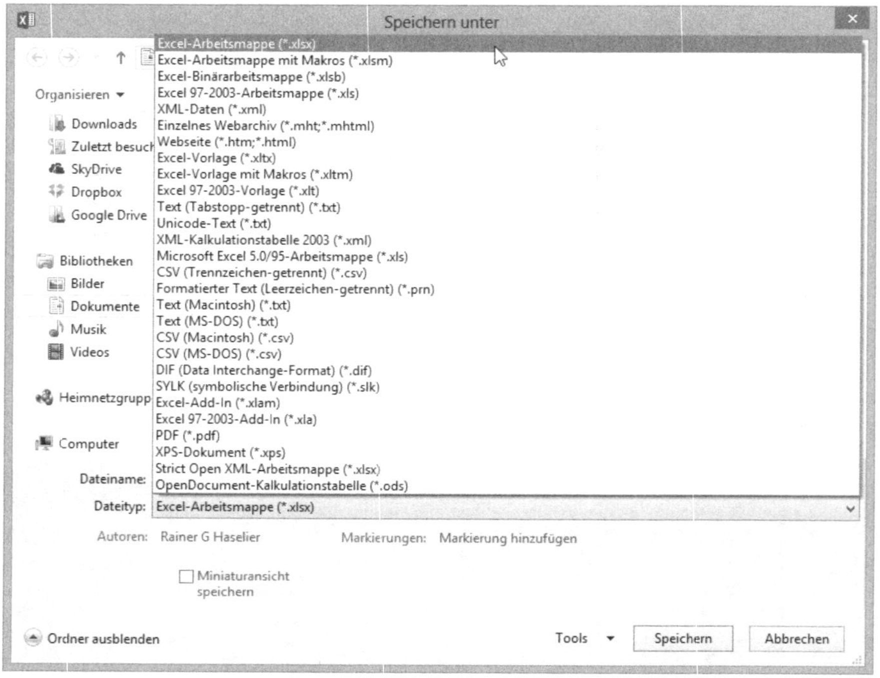

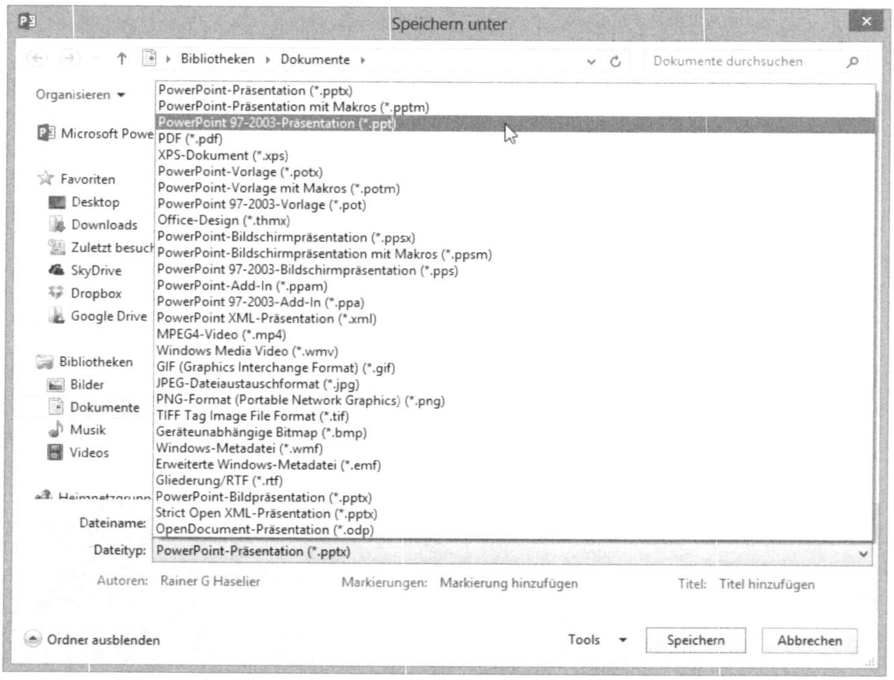

5. Geben Sie in das Feld *Dateiname* den Namen ein, unter dem Sie das Dokument speichern wollen.
6. Klicken Sie auf *Speichern*.

Das Dokument wird gespeichert und in der Titelleiste der Anwendung wird der Dateiname des Dokuments angezeigt.

TIPP **Dateityp ändern** Sie können den Dateityp auch über eine weitere Funktion der Office-Anwendungen ändern. Klicken Sie dazu auf die Registerkarte *DATEI* und dann auf *Exportieren*. Klicken Sie anschließend auf *Dateityp ändern*. Wählen Sie nun in der Liste auf der rechten Seite der Backstage-Ansicht den gewünschten Dateityp aus und klicken Sie dann auf *Speichern unter*. Die Office-Anwendung öffnet das Dialogfeld *Speichern unter*. Geben Sie dort den gewünschten Dateinamen ein und klicken Sie abschließend auf *Speichern*.

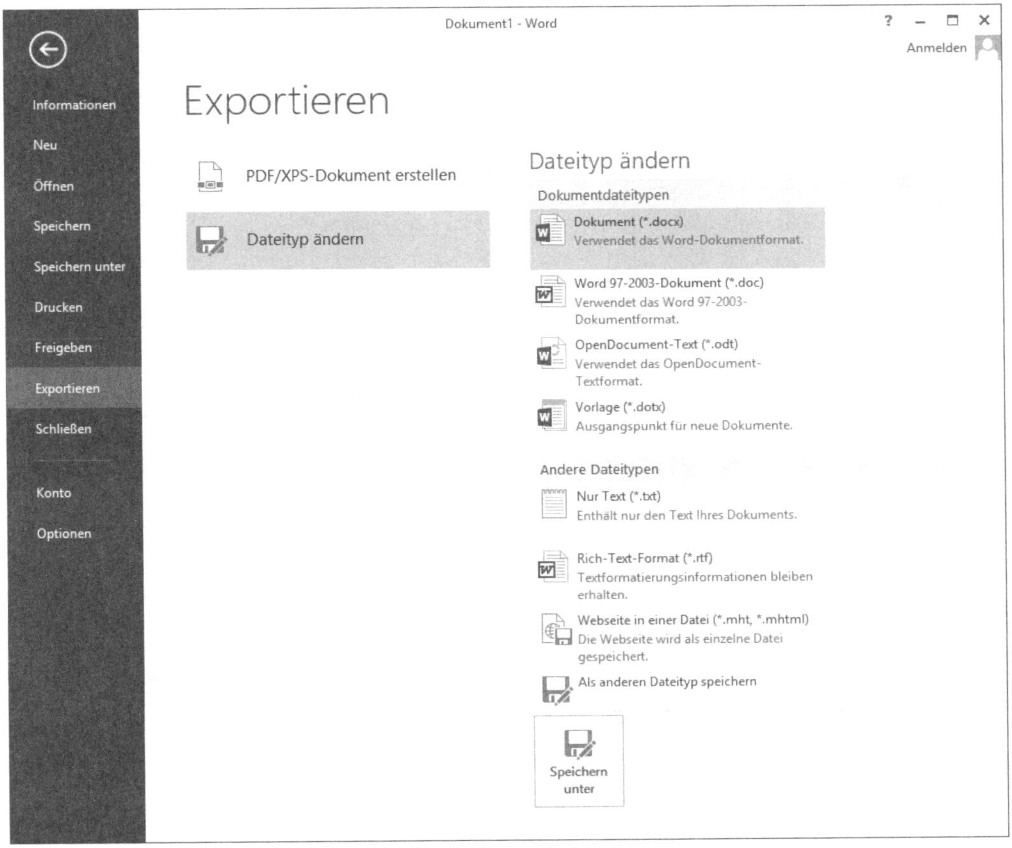

Bitte beachten Sie, dass bei dieser Vorgehensweise ein Duplikat einer bereits vorhandenen Datei erstellt wird.

Office-Dokumente erstellen

Speichern mit System – eigene Unterordner

Wenn Sie sich die Abbildung des Dialogfeldes *Speichern unter* etwas näher anschauen, sehen Sie unterhalb der Titelleiste die Navigationsleiste, in der der Name des aktuellen Ordners angezeigt wird. Die Vorgabe zum Speichern ist bei Windows 7 und Windows 8 die Bibliothek mit Ihren eigenen Dokumenten. Dieser Ordner wird automatisch von Windows für jeden Benutzer bereitgestellt, für den auf dem Computer ein Benutzerkonto erstellt wurde.

Wenn Sie nur wenige Dateien speichern, ist das Speichern im Ordner *Dokumente* kein Problem. Wenn es jedoch mehr Dateien werden, bietet es sich an, im Ordner *Dokumente* weitere Unterordner anzulegen und so z.B. die Dokumente in eigenen Projektordnern abzulegen.

So erstellen Sie einen neuen Ordner und verwenden diesen zum Speichern eines Dokuments:

1. Klicken Sie auf die Registerkarte *DATEI* und dann auf *Speichern unter.*
2. Wählen Sie einen der Speicherorte aus und klicken Sie auf *Durchsuchen.*
3. Klicken Sie im Dialogfeld *Speichern unter* auf die Schaltfläche *Neuer Ordner.* Ein neuer Ordner mit dem Namen *Neuer Ordner* wird erstellt. Die Einfügemarke steht im Namen des Ordners.

Bild 5.4 Erstellen Sie über das Dialogfeld *Speichern unter* neue Ordner, um Ihre Dokumentenablage übersichtlicher zu organisieren

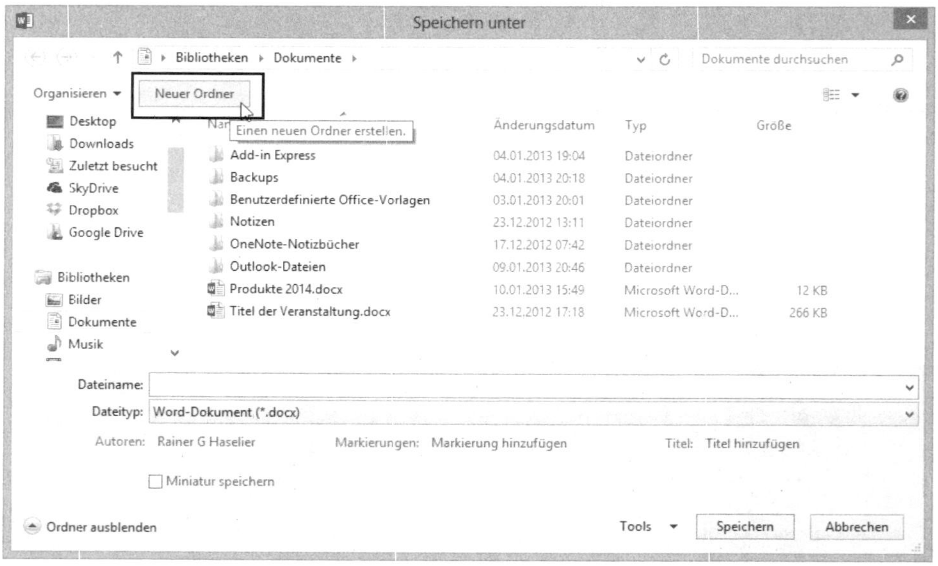

4. Geben Sie den Namen des neuen Ordners ein (z.B. **Privat**, **Beruf**, **Verträge** oder wie auch immer Sie Ihre Dokumente strukturieren) und drücken Sie dann die [↵]-Taste. Der Ordner wird umbenannt und es wird automatisch zu dem neuen Ordner gewechselt.
5. Geben Sie in das Feld *Dateiname* den Namen für das Dokument ein und klicken Sie auf *Speichern.*

Favoriten verwenden

In der Navigationsleiste auf der linken Seite der Dialogfelder *Öffnen* und *Speichern unter* sehen Sie die sogenannten Favoriten und verschiedene Standardspeicherorte. Mit den Links in dieser Leiste können Sie schnell zwischen verschiedenen Speicherorten wechseln.

- **Desktop** Wenn Sie eine Datei auf dem Windows-Desktop speichern wollen, klicken Sie auf diesen Link.
- **Zuletzt besucht** Ein Klick auf diesen Link zeigt die Namen der zuletzt benutzten Ordner und Laufwerke an.
- **Bibliotheken** Ein Klick auf diesen Link führt Sie zu den Bibliotheken. Klicken Sie dort auf Dokumente, um schnell zu Ihrem persönlichen Ordner *Dokumente* zu gelangen.
- **Computer** Klicken Sie auf diesen Link, um schnell eine Liste aller Datenträger in Ihrem Computer zu erhalten. Doppelklicken Sie dann auf den gewünschten Datenträger und navigieren Sie zu dem Ordner, in dem Sie das Dokument speichern bzw. aus dem heraus Sie es öffnen wollen.

Sie können die Linkfavoriten um eigene Ordner, die Sie häufig verwenden, erweitern. Auf diese Weise lassen sich diese Ordner schnell öffnen, und zwar auch dann, wenn Sie für das Speichern und Öffnen die Backstage-Ansicht deaktivieren (siehe hierzu nächster Abschnitt). Gehen Sie dazu folgendermaßen vor:

1. Öffnen Sie mit einem der oben beschriebenen Verfahren das Dialogfeld *Speichern unter.*
2. Wechseln Sie zu dem Ordner, den Sie in Ihre Favoriten einfügen wollen.

Bild 5.5 Die Linkfavoriten können Sie anpassen

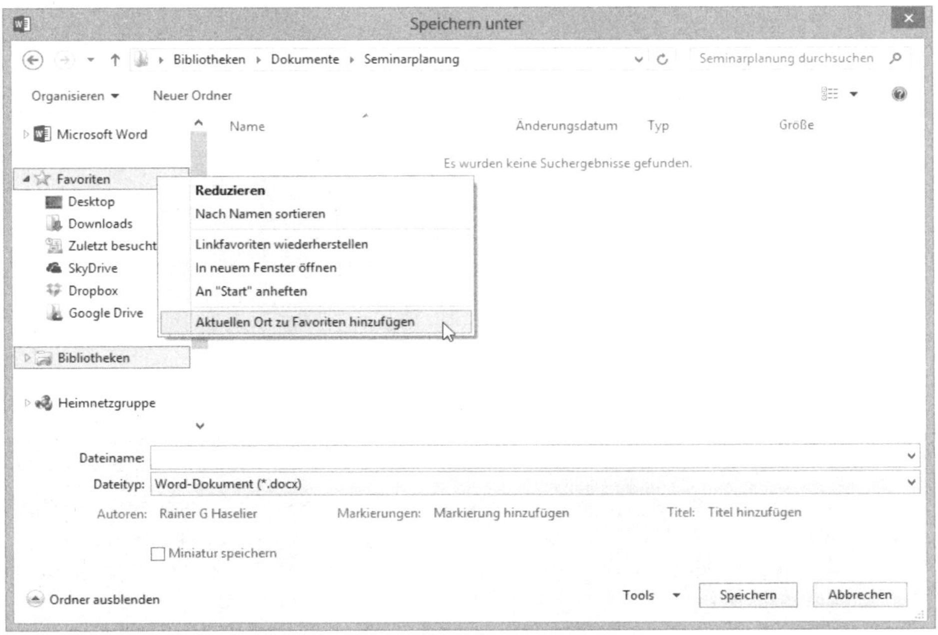

3. Klicken Sie mit der rechten Maustaste auf *Favoriten* und wählen Sie *Aktuellen Ort zu Favoriten hinzufügen.*

Um einen Speicherort wieder aus den Linkfavoriten zu entfernen, klicken Sie dessen Namen mit der rechten Maustaste an und wählen *Entfernen.*

Anzeige der Backstage-Ansicht beim Speichern und Öffnen abschalten

Wenn Sie in Office 2013 *Speichern unter* wählen oder Strg+S drücken wird standardmäßig die Backstage-Ansicht geöffnet, damit Sie festlegen können, ob die Datei auf SkyDrive bzw. einem anderen Webspeicherort oder auf Ihrem Computer/in Ihrem Netzwerk gespeichert werden soll. Falls Sie Ihre Dateien immer auf Ihrem Computer/in Ihrem Netzwerk speichern, können Sie die Office-Anwendungen so konfigurieren, dass die Backstage-Ansicht nicht angezeigt wird, sondern sofort das Dialogfeld *Speichern unter.* Somit können Sie einen überflüssigen Schritt überspringen.

Gehen Sie folgendermaßen vor, um beim Speichern eines neuen Dokuments sofort das Dialogfeld *Speichern unter* zu erhalten:

1. Klicken Sie auf die Registerkarte *DATEI* und dann auf *Optionen.*
2. Klicken Sie links im Dialogfeld auf die Kategorie *Speichern.*

Bild 5.6 Schalten Sie die Anzeige der Backstage-Ansicht ab, wenn Sie standardmäßig auf Ihrem Computer speichern

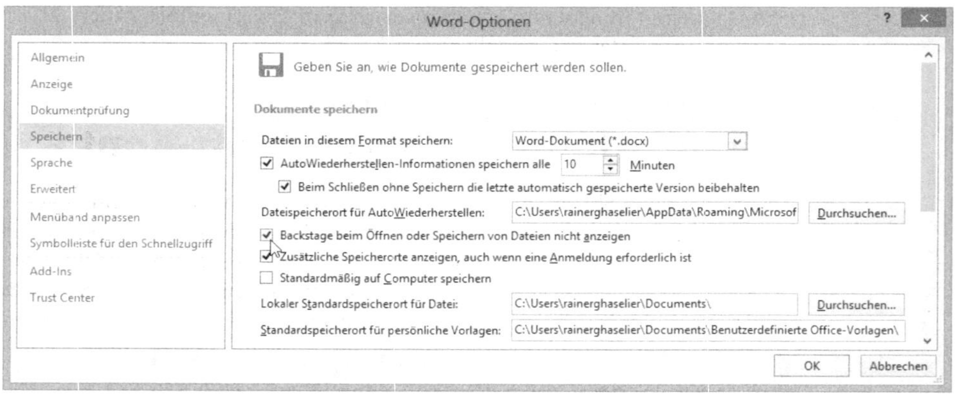

3. Aktivieren Sie das Kontrollkästchen *Backstage beim Öffnen und Speichern von Dateien nicht anzeigen.*
4. Klicken Sie auf *OK.*

Änderungen, die Sie an dieser Option in einer der Office-Anwendungen durchführen, wirken sich automatisch auch auf die anderen Office-Anwendungen aus. Wenn Sie wie hier beschrieben, in den Word-Optionen die Anzeige der Backstage-Ansicht deaktivieren, wird sie auch in Excel und PowerPoint beim Speichern und Öffnen nicht mehr angezeigt.

Speichern auf SkyDrive und SharePoint

Die neue Office-Version hat sich dem Trend der Zeit angepasst. Wir sind es mittlerweile gewohnt, auch mobil und von unterschiedlichen Orten aus auf alle möglichen Daten zugreifen zu können. Dies spiegelt sich in der im Vergleich zu Office 2010 verbesserten Integration der Microsoft-Cloudspeicherdienste SkyDrive und SharePoint wieder.

SkyDrive ist ein kostenloser Microsoft-Dienst, der Ihnen sieben Gigabyte Speicherplatz im Web zur Verfügung stellt. Wenn Sie Office-Dokumente dort abspeichern, können Sie diese entweder für andere freigeben oder in einem nicht öffentlichen Bereich ablegen. In beiden Fällen haben Sie – sofern Sie auf das Internet zugreifen können – von überall Zugriff auf diese Dateien:

- Sie können sich in einem Browser bei SkyDrive anmelden und dann die auf SkyDrive liegenden Dokumente mit den Office Web Apps bearbeiten. Die Office Web Apps stellen zwar im Vergleich zu den normalen Office-Anwendungen nur eine eingeschränkte Funktionalität zur Verfügung, dafür muss aber auch auf dem Computer, von dem aus Sie die Office Web Apps verwenden, keine der Desktop-Anwendungen installiert sein. Weitere Informationen zu den Office Web Apps finden Sie im Anhang dieses Buches.
- Auf der SkyDrive-Website finden Sie Schaltflächen, mit denen Sie die Dokumente auch direkt in den Desktopversionen der Office-Anwendungen bearbeiten können. Ihnen steht dann der volle Funktionsumfang der Programme zur Verfügung. In dieser Variante dient SkyDrive lediglich als Speicherplatz im Web.
- Mit Office RT können Sie Dokumente, die Sie beispielsweise mit Office 2013 auf Ihrem Desktopcomputer erstellt haben, auf Ihrem Windows-Tablet ansehen und bearbeiten.

Microsoft SharePoint wird vor allem in Unternehmen zur Teamzusammenarbeit eingesetzt. In SharePoint können Sie Dokumente beispielsweise in Dokumentbibliotheken abspeichern und sie so Ihren Teammitgliedern bereitstellen.

SkyDrive erfordert ein Microsoft-Konto

Um Dokumente auf SkyDrive speichern zu können, benötigen Sie ein sogenanntes Microsoft-Konto. Hierbei kann es sich um Ihre Windows Live ID, Ihr Microsoft Messenger-Konto, Ihren Zugang zu Outlook.com oder Hotmail oder auch um Ihr Xbox-Konto handeln. Vor dem erstmaligen Speichern auf SkyDrive müssen Sie sich bei Office anmelden; verwenden Sie hierzu Ihr Microsoft-Konto. Falls Sie noch kein Microsoft-Konto besitzen, können Sie sich im Rahmen der Anmeldung registrieren.

1. Führen Sie eine der folgenden Aktionen durch:
   - Klicken Sie in einer beliebigen Office-Anwendung ganz rechts im Menüband auf *Anmelden*. Wenn Sie dort statt *Anmelden* Ihren Benutzernamen für das Microsoft-Konto sehen, sind Sie bereits angemeldet.
   - Klicken Sie auf *DATEI* und dann auf *Konto*. Klicken Sie in der Backstage-Ansicht *Konto* auf *Anmelden*.

   Die Office-Anwendung zeigt das Anmeldefenster an.

Bild 5.7 Anmelden bei Office ist die Voraussetzung für das Speichern auf SkyDrive

2. Führen Sie eine der folgenden Aktionen durch:
   - Wenn Sie von Ihrer Organisation oder der Schule eine Benutzer-ID erhalten haben, klicken Sie auf *Organisationskonto* und melden sich an, um die Microsoft Online-Dienste aufzurufen. Hier finden Sie alle Ihre Office-Programme, Dokumente und persönlichen Einstellungen genau so vor, wie Sie sie zuvor festgelegt haben. Außerdem können Sie dann auf SkyDrive zugreifen.
   - Falls Sie bereits ein Microsoft-Konto besitzen oder Sie sich hierfür registrieren wollen, klicken Sie auf *Microsoft-Konto*. Geben Sie auf der Anmeldeseite entweder die E-Mail-Adresse und das Kennwort Ihres Microsoft-Kontos ein oder klicken Sie auf *Registrieren,* um ein Microsoft-Konto zu erstellen. Im Rahmen der Registrierung werden Sie möglicherweise aufgefordert, Ihre E-Mail-Adresse zu bestätigen.

Nach der erfolgreichen Anmeldung mit einem Microsoft-Konto sieht die Backstage-Ansicht *Konto* so aus wie es die Abbildung auf der folgenden Seite zeigt. Im Abschnitt *Verbundene Dienste* wird automatisch Ihr SkyDrive-Webspeicherort ausgegeben.

Außerdem wird oben rechts im Fenster Ihr Anmeldename und falls vorhanden, Ihr Profilfoto angezeigt. Sie können Ihren Anmeldenamen, der auch im Menüband sichtbar ist, jederzeit anklicken, um die Einstellungen zu Ihrem Microsoft-Konto zu bearbeiten oder um sich mit einem anderen Konto anzumelden.

Bild 5.8 So sieht die Backstage-Ansicht *Konto* aus, wenn Sie sich mit Ihrem Microsoft-Konto bei Office angemeldet haben

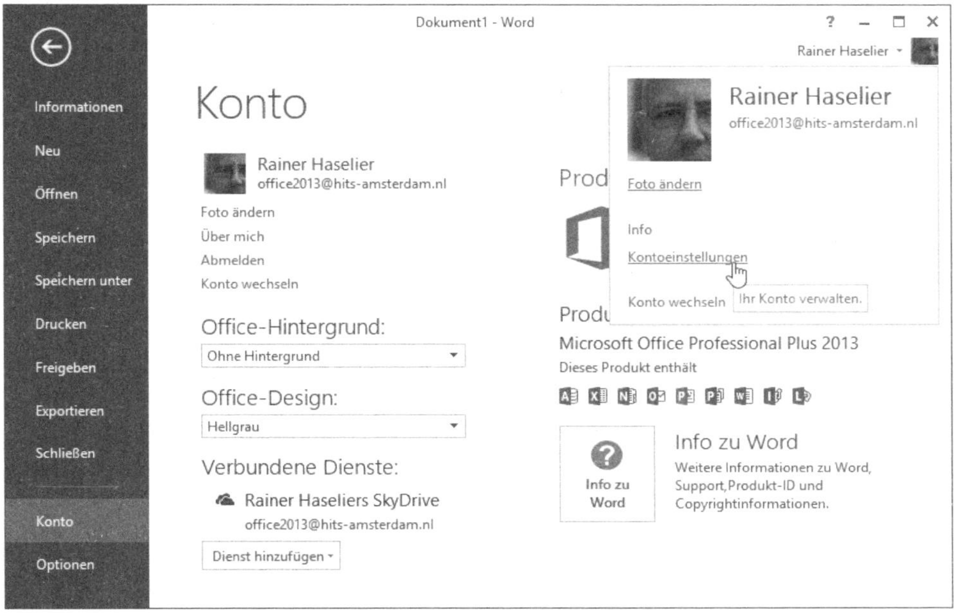

Speichern auf SkyDrive

Nachdem Sie sich bei Office angemeldet haben, können Sie auf SkyDrive speichern.

1. Erstellen Sie ein neues Dokument, klicken Sie auf *DATEI* und dann auf *Speichern* oder drücken Sie [Strg]+[S].

Bild 5.9 Die Backstage-Ansicht *Speichern unter* zeigt Ihr SkyDrive-Laufwerk an

2. Klicken Sie auf *Durchsuchen*. Das Dialogfeld *Speichern unter* wird geöffnet.

Bild 5.10 Im Dialogfeld *Speichern unter* wird Ihr lokaler SkyDrive-Ordner angezeigt

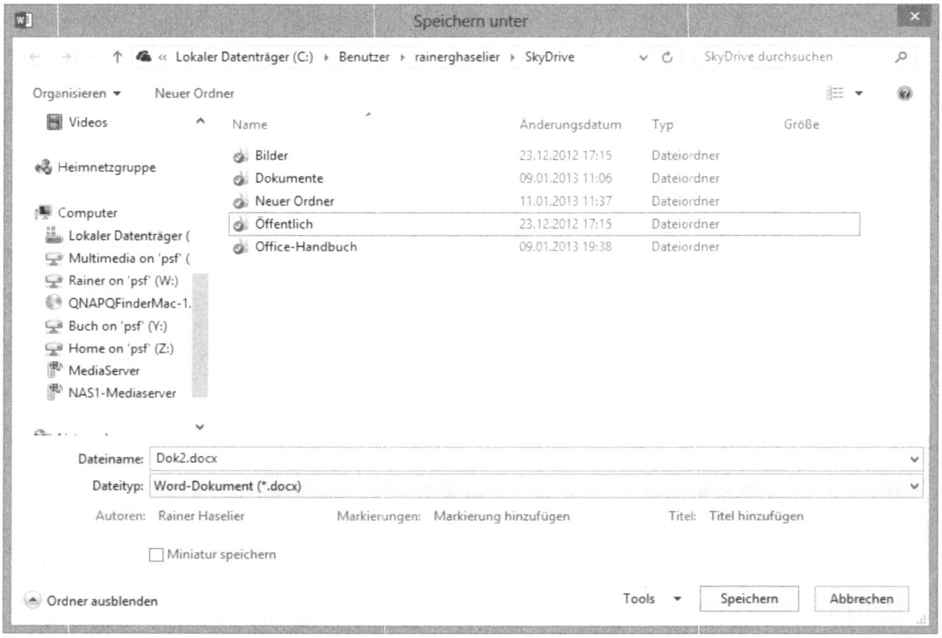

Beachten Sie vor allem die Adressleiste oben im Dialogfeld *Speichern unter*. Wenn Sie auf SkyDrive speichern, wird die Datei zuerst im lokalen Ordner *SkyDrive* gespeichert, der sich in Ihrem persönlichen Ordner befindet. Die Dateien in diesem Ordner werden dann mit Ihrem SkyDrive-Speicherplatz in der Cloud synchronisiert. Auf diese Weise stehen Ihnen Ihre auf SkyDrive gespeicherten Dokumente auch dann zur Verfügung, falls Sie einmal offline, d.h. ohne Internetverbindung, daran arbeiten müssen,

3. Erstellen Sie bei Bedarf einen neuen Ordner oder wechseln Sie zu einem der bereits vorhandenen Ordner. Geben Sie dann im Feld *Dateiname* den Namen für das Dokument ein und klicken Sie auf *Speichern*.

Wenn Sie jetzt in die Statusleiste der Office-Anwendung schauen, sehen Sie dort kurz die Meldung aufblitzen, dass der Upload des Dokuments auf SkyDrive ausgeführt wird (siehe Bild 5.11).

Bild 5.11 In der Statusleiste werden Sie über den Uploadvorgang auf SkyDrive informiert

Außerdem wird, wenn es noch nicht gestartet ist, das Tool *Upload Center* gestartet. Dieses Tool sorgt dafür, dass die lokal (also in dem SkyDrive-Ordner auf Ihrem Computer) gespeicherten Dokumente in die SkyDrive-Cloud hochgeladen werden. Wenn Sie das Upload Center öffnen (das Programmsymbol befindet sich entweder in der Windows-Taskleiste oder im Symbolbereich der Taskleiste, können Sie sich über den aktuellen Status der zu synchronisierenden Office-Dokumente informieren.

Bild 5.12 Das Upload Center kümmert sich darum, dass Ihre auf dem Computer gespeicherten Office-Dokumente in die Cloud hochgeladen werden

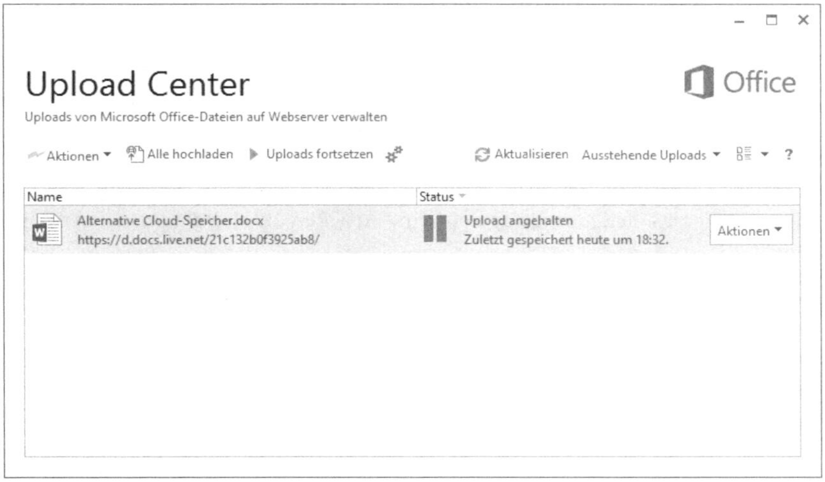

Falls in dem Moment, in dem Sie das Dokument auf SkyDrive speichern, keine Internetverbindung besteht, sehen Sie in der Statusleiste die Meldung *Upload ausstehend*. Sobald die Internetverbindung wieder zur Verfügung steht, kümmert sich das Upload Center darum, dass die Datei hochgeladen wird.

Bild 5.13 Wenn beim Speichern keine Internetverbindung besteht, sehen Sie diese Meldung in der Statusleiste der Office-Anwendung

SkyDrive konfigurieren

Auf SkyDrive können Sie nicht nur Office-Dokumente, sondern beliebige Dokumente speichern. Beispielsweise können Sie von Ihrem Smartphone aus im SkyDrive-Ordner *Bilder* Fotos ablegen. Diese werden dann mit den SkyDrive-Inhalten auf Ihrem Computer synchronisiert und Sie können sie beispielsweise in Word mit dem Befehl *EINFÜGEN/Illustrationen/Onlinegrafiken* in ein Dokument einfügen.

Bei allen Dokumenten, die keine Office-Dokumente sind, kümmert sich das SkyDrive-Synchronisierungstool darum, dass die Inhalte in Ihrem lokalen SkyDrive-Ordner mit denen in der SkyDrive-Cloud synchron sind. Das Synchronisierungstool kopiert bei diesem Vorgang immer die komplette Datei.

Wenn Sie mit Office ein Dokument bearbeiten und es dabei regelmäßig speichern, haben Sie zwischen den Speichervorgängen meistens nur kleine Änderungen am Dokument vorgenommen. Um den Datenverkehr zwischen dem lokalen SkyDrive-Ordner und der Cloud möglichst gering zu halten, ist SkyDrive standardmäßig so konfiguriert, dass die Synchronisation von Office-Dokumenten nicht vom SkyDrive-Synchronisierungstool sondern von Office selbst vorgenommen wird.

Angenommen, Sie arbeiten an einer 20 Megabyte großen Word-Datei mit zahlreichen Grafiken und ändern eine Bildbeschriftung, ändert Office im Dokument auf der SkyDrive-Cloud auch nur diese eine Beschriftung. Diese Art der smarten Synchronisation wird partieller Upload genannt. Dies ist auch der Grund dafür, dass – wie im Abschnitt »Speichern auf SkyDrive« beschrieben –, das Office Upload Center gestartet wird, wenn Sie ein Dokument auf SkyDrive speichern.

Wenn Sie eine lokale SkyDrive-Datei öffnen, erkennt Office, dass die Datei auf SkyDrive gespeichert ist, und stellt sofort eine Verbindung zur Cloud her. Auf diese Weise öffnen Sie immer die aktuellste Version des Dokuments. Wenn das Dokument freigegeben ist, können Sie außerdem sofort sehen, wer sonst noch an dem Dokument arbeitet. Dies ist insbesondere für die Office-Anwendungen, die das gleichzeitige gemeinsame Arbeiten an Dokumenten unterstützen, ein großer Vorteil.

Sie können verschiedene SkyDrive-Optionen konfigurieren, indem Sie im Infobereich der Taskleiste das SkyDrive-Symbol mit der rechten Maustaste anklicken und dann im Kontextmenü *Einstellungen* wählen.

Bild 5.14 Hier können Sie verschiedene SkyDrive-Einstellungen vornehmen

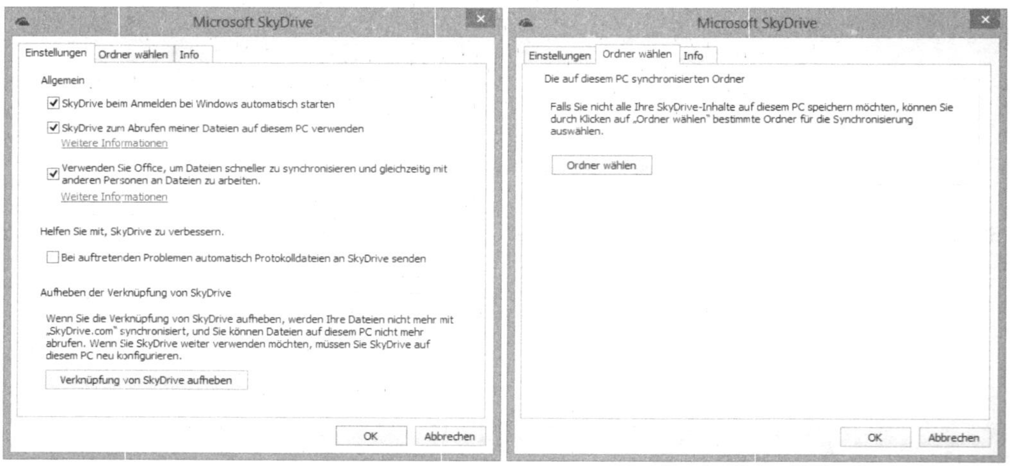

Auf der Registerkarte *Einstellungen* finden Sie das Kontrollkästchen *Verwenden Sie Office, um Dateien schneller zu synchronisieren und gleichzeitig mit anderen Personen an Dateien zu arbeiten.* Dieses Kontrollkästchen steuert, ob die smarte Synchronisierung von Office-Dokumenten aktiv ist oder nicht.

Auf der Registerkarte *Ordner wählen* können Sie einstellen, ob alle Inhalte im lokalen SkyDrive-Ordner und dessen Unterordnern auf SkyDrive synchronisiert werden sollen oder nicht. Standardmäßig werden alle Inhalte synchronisiert. Um diese Voreinstellung zu ändern, klicken Sie auf *Ordner wählen* und markieren Sie dann die Ordner, die synchronisiert werden sollen.

Speichern auf SharePoint

Der zweite Microsoft-Cloudspeicher, der standardmäßig in Office 2013 integriert ist, ist Microsoft SharePoint. Bevor Sie das erste Mal auf SharePoint speichern, sollten Sie Office mit dem SharePoint-Dienst verbinden. Führen Sie dazu folgende Schritte durch:

1. Klicken Sie auf *DATEI*, um die Backstage-Ansicht zu öffnen, und dann auf *Konto*.
2. Klicken Sie im Abschnitt *Verbundene Dienste* auf *Dienst hinzufügen*. Wählen Sie *Speicher* und dann *Office 365 SharePoint*. Das Dialogfeld *Bei Office anmelden* wird angezeigt.
3. Klicken Sie auf *Anmelden*. Die Seite *Anmelden* wird angezeigt.

Bild 5.15 Auf dieser Seite melden Sie sich bei der SharePoint-Website an

4. Geben Sie Ihre Benutzer-ID und Ihr Kennwort für den Zugriff auf SharePoint ein.
5. Lassen Sie das Kontrollkästchen *Angemeldet bleiben* eingeschaltet; Sie brauchen dann das Kennwort nicht erneut einzugeben.
6. Klicken Sie auf *Anmelden*.

   Wenn die Anmeldung erfolgreich war, wird im Bereich *Verbundene Dienste* Ihr SharePoint-Server angezeigt.

Wenn Sie auf mehrere SharePoint-Websites Zugriff haben, wiederholen Sie obige Schritte. Sie können mehr als eine SharePoint-Website als Webspeicherort für Office-Dokumente hinzufügen.

Nachdem Sie Office und die SharePoint-Website verbunden haben, ist das Speichern auf SharePoint ganz einfach:

1. Klicken Sie auf *DATEI* und dann auf *Speichern* oder drücken Sie Strg+S.

Bild 5.16 Die SharePoint-Website wird als Speicherort aufgeführt

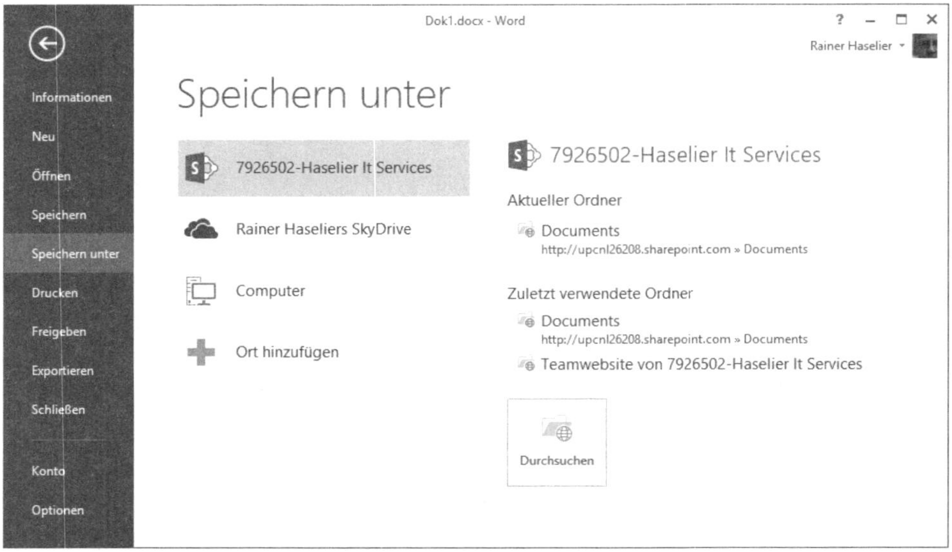

2. Klicken Sie – falls erforderlich – in der Liste der Speicherorte die SharePoint-Website an.
3. Wenn der gewünschte Ordner auf der rechten Seite der Backstage-Ansicht unterhalb von *Aktueller Ordner* oder *Zuletzt verwendete Ordner* angezeigt wird, klicken Sie diesen an. Anderenfalls klicken Sie auf *Durchsuchen*. In beiden Fällen wird das Dialogfeld *Speichern unter* angezeigt. Wenn noch nicht die gewünschte Teamwebsite oder Dokumentbibliothek angezeigt wird, navigieren Sie zum Speicherort, den Sie verwenden wollen.

Bild 5.17 Im Dialogfeld *Speichern unter* können Sie innerhalb der SharePoint-Website navigieren

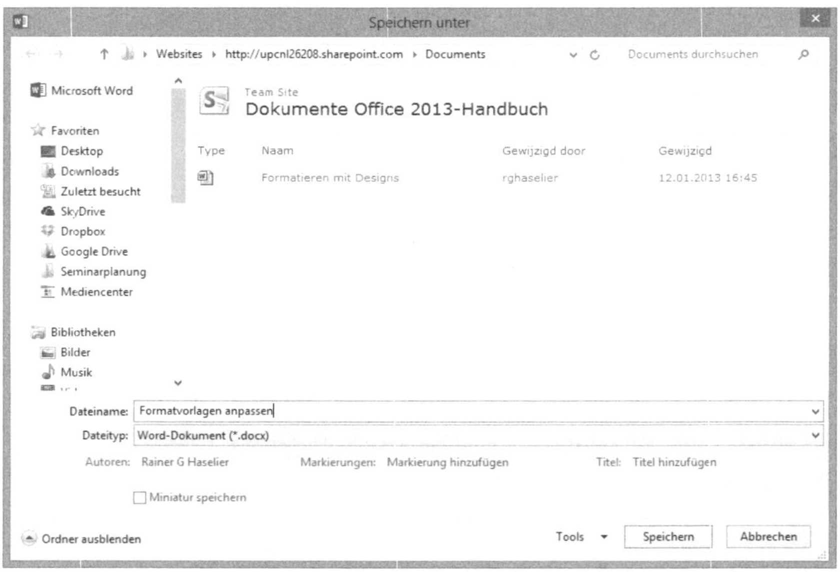

4. Geben Sie in das Feld *Dateiname* den Namen ein, ändern Sie gegebenenfalls den Dateityp und klicken Sie auf *Speichern*.

Speichern in Dropbox, auf Google Drive und im Telekom Mediencenter

Sie können in Office nicht nur die Microsoft-Cloudspeicherdienste nutzen, sondern auch die von anderen Anbietern. Microsoft hat die Nutzung anderer Anbieter bereits bei den Arbeiten an Office 2013 berücksichtigt und einen Mechanismus vorgesehen, mit dem sich andere Anbieter von Webspeicher in Office 2013 integrieren können. Einzige Voraussetzung ist, dass der Anbieter ein Tool bereitstellt, mit dem lokal gespeicherte Inhalte mit der Cloud synchronisiert werden (ähnlich wie es auch SkyDrive macht).

Weitere Clouddienste in Office integrieren

Um Ihnen die Einbindung von Dropbox, Google Drive und des Telekom Mediencenters in Office 2013 zu erleichtern, finden Sie im Ordner *Cloudspeicher* unterhalb des Ordners, in den Sie die Beispieldateien zum Buch installiert haben, drei Skriptdateien, die den betreffenden Dienst in Office 2013 einbinden.

Die folgenden Schritte setzen voraus, dass Sie bei einem (oder mehreren) der oben genannten Anbieter ein Konto besitzen und Sie das Synchronisationstool des betreffenden Anbieters installiert haben. Außerdem sollten Sie sich bereits mit Ihrem Microsoft-Konto bei Office angemeldet haben, da die weiteren Dienste Ihrem Microsoft-Konto hinzugefügt werden.

1. Stellen Sie sicher, dass keine der Office 2013-Anwendungen ausgeführt wird.
2. Stellen Sie sicher, dass Sie mit dem Internet verbunden sind. Die Symbole der Dienste, die in der Backstage-Ansicht angezeigt werden, werden aus dem Internet abgerufen.
3. Öffnen Sie den Ordner *Cloudspeicher* unterhalb des Ordners, in den Sie die Beispieldateien zum Buch installiert haben.
4. Doppelklicken Sie auf eine der Skriptdateien *(Dropbox-Office2013.bat, GoogleDrive-Office2013.bat, Mediencenter-Office2013.bat)*, je nachdem, welchen Dienst Sie in Office integrieren wollen.
5. Beachten Sie den Hinweis, der im Fenster der Eingabeaufforderung angezeigt wird. Drücken Sie die ↵-Taste, um fortzufahren, oder drücken Sie Strg+C, um die Integration des Dienstes zu beenden.

Bild 5.18 Geben Sie den Namen des Ordners an, der mit dem Clouddienst Ihres Anbieters synchronisiert wird

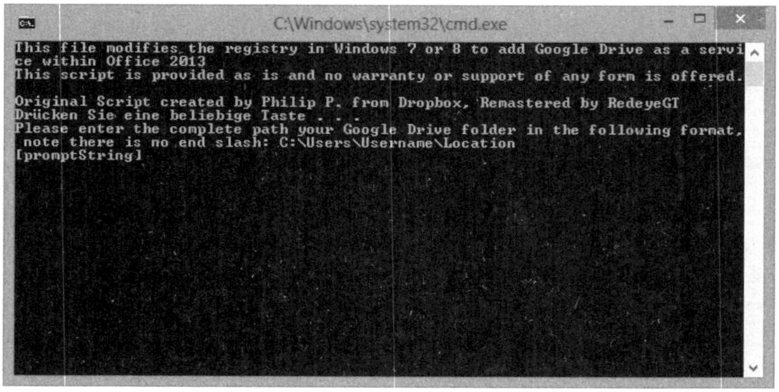

6. Geben Sie nun den Namen des Ordners ein, der mit dem Cloudspeicherort Ihres Anbieters synchronisiert wird. Wenn Sie die Standardeinstellungen übernommen haben, befindet sich der Ordner hier:
   - **Dropbox** C:\Users\<IhrWindowsBenutzername>\Dropbox
   - **Google Drive** C:\Users\<IhrWindowsBenutzername>\Google Drive
   - **Telekom Mediencenter** C:\Users\<IhrWindowsBenutzername>\Mediencenter

   Wenn Sie sich nicht sicher sind, öffnen Sie den Explorer, klicken Sie in den Favoriten den Namen Ihres Cloudspeicheranbieters an und klicken dann in die Adressleiste im Explorerfenster. Dort wird dann der komplette Pfadname des Ordners angezeigt.

Bild 5.19 Im Explorer können Sie den kompletten Pfad des Ordners sehen, der mit dem Cloudspeicher Ihres Anbieters synchronisiert wird

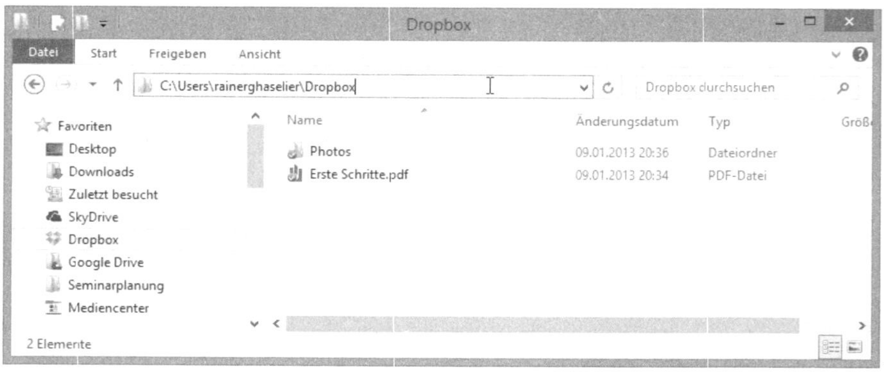

7. Drücken Sie die [↵]-Taste, um den Dienst zu integrieren. Die Skriptdatei sollte ohne Fehlermeldung ausgeführt werden.
8. Beginnen Sie erneut bei Schritt 3, wenn Sie mehr als einen Anbieter für Cloudspeicher nutzen möchten.

Clouddienste mit Office verbinden

Die Schritte aus dem vorigen Abschnitt sind erforderlich, damit Sie Office mit weiteren Cloudspeicherdiensten verbinden können. Verbundene Dienste werden (wie die Microsoft-Dienste SkyDrive und SharePoint) als Webspeicherort in der Backstage-Ansicht *Speichern* (und auch in *Öffnen)* angezeigt. Ein Klick auf den Namen des Webspeicherorts reicht dann aus, um diesen Speicherort zu öffnen.

Führen Sie folgende Schritte aus, um einen Webspeicherort mit Office zu verbinden.

1. Klicken Sie auf *DATEI* und dann auf *Konto.*
2. Klicken Sie im Abschnitt *Verbundene Dienste* auf *Dienst hinzufügen.* Wählen Sie *Speicher* und dann den Dienst, den Sie zu Office hinzufügen wollen.

Bild 5.20 Im Menü der Schaltfläche *Dienst hinzufügen/Speicher* werden alle Webspeicherorte angezeigt, die Sie mit Office verbinden können

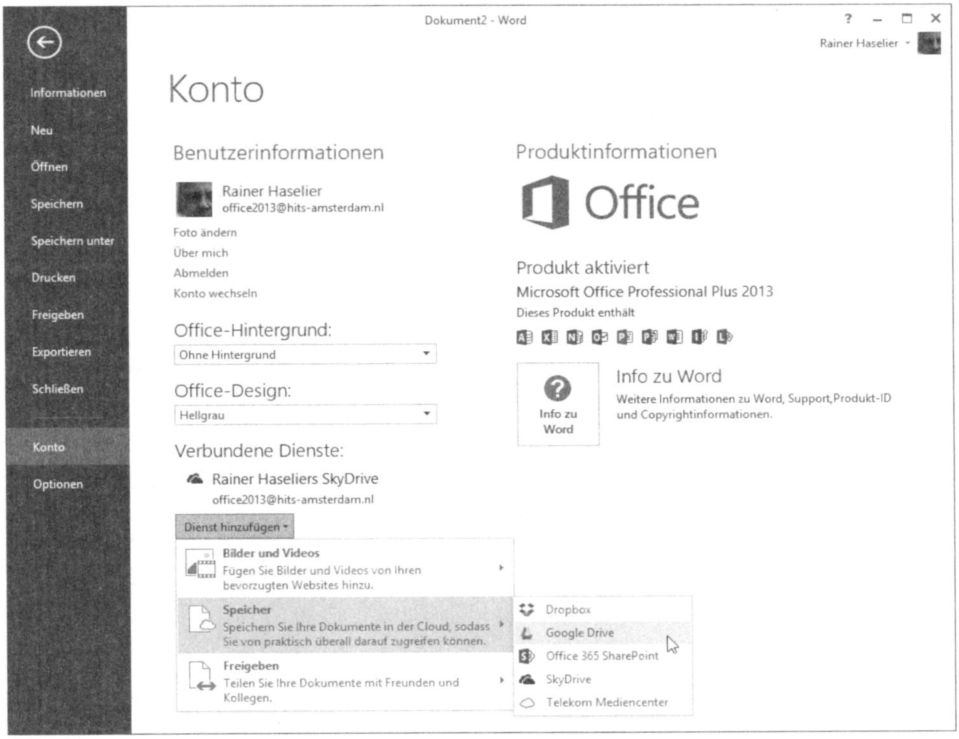

Office zeigt ein Meldungsfenster an, das Sie darüber informiert, dass der Dienst hinzugefügt wird.

Wenn Sie nun zur Backstage-Ansicht *Speichern, Speichern unter* oder *Öffnen* wechseln, sehen Sie, dass der verbundene Dienst links in der Liste der Standardspeicherorte angezeigt wird. Sie können den Dienst nun genauso verwenden, wie es für SkyDrive weiter vorn beschrieben wurde.

Bild 5.21 Alle mit Office verbundenen Speicherorte werden links in der Liste angezeigt

Der Vorteil bei SkyDrive besteht darin, dass Office Ihre Dokumente smart synchronisieren kann, wie es weiter vorn beschrieben wurde. Wenn der kostenlose Speicherplatz bei SkyDrive einmal ausgehen sollte, können Sie ein weiteres Microsoft-Konto erstellen und mit diesem Konto ein weiteres SkyDrive-Laufwerk mit Office verbinden, wie es die obige Abbildung zeigt.

Wenn Sie ein weiteres SkyDrive-Konto hinzufügen und in diesem Webspeicherort eine Datei speichern, landen Sie direkt auf der SkyDrive-Website und nicht in Ihrem lokalen SkyDrive-Ordner, wie es bei Ihrem primären Konto der Fall ist. Im Dialogfeld *Speichern unter* wird daher oben in der Adressleise eine *https://*-Adresse und kein lokaler Ordner angezeigt (siehe folgende Abbildung).

Bild 5.22 Bei Verwendung eines weiteren SkyDrive-Kontos speichern Sie direkt auf der SkyDrive-Website

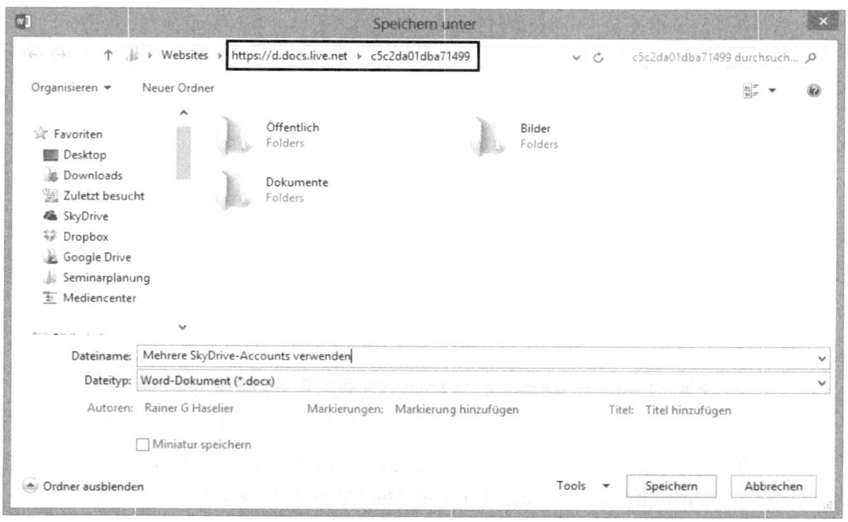

Speicheroptionen einstellen

Word, Excel und PowerPoint stellen Ihnen unterschiedliche Möglichkeiten zur Verfügung, um bei einem versehentlichen Überschreiben einer Datei oder bei einem Programmabsturz die vorherige Version der Datei wiederherstellen zu können. In Word und Excel können Sie dazu das Erstellen einer Sicherungskopie aktivieren; in allen drei Programmen können Sie in einem konfigurierbaren Intervall Informationen zur Dokumentwiederherstellung speichern lassen.

Sicherungskopien in Word erstellen lassen

Word kann automatisch eine Sicherungskopie Ihrer Dokumente erstellen. Wenn diese Option aktiviert ist, wird die letzte Version des Dokuments unter dem Namen *Sicherungskopie von (Originalname)* und die aktuelle Version unter dem von Ihnen vergebenen Namen gespeichert. Sollte einmal mit der aktuellen Version des Dokuments etwas schiefgehen, können Sie auf die Sicherungskopie zurückgreifen.

Gehen Sie so vor, um in Word das automatische Erstellen von Sicherungskopien zu aktivieren:

1. Klicken Sie auf die Registerkarte *DATEI* und dann auf *Optionen.*
2. Klicken Sie in der Liste auf der linken Seite auf *Erweitert.*
3. Scrollen Sie auf der rechten Seite bis zur Gruppe *Speichern.*

Bild 5.23 Aktivieren Sie hier das automatische Erstellen von Sicherungskopien für Word-Dokumente

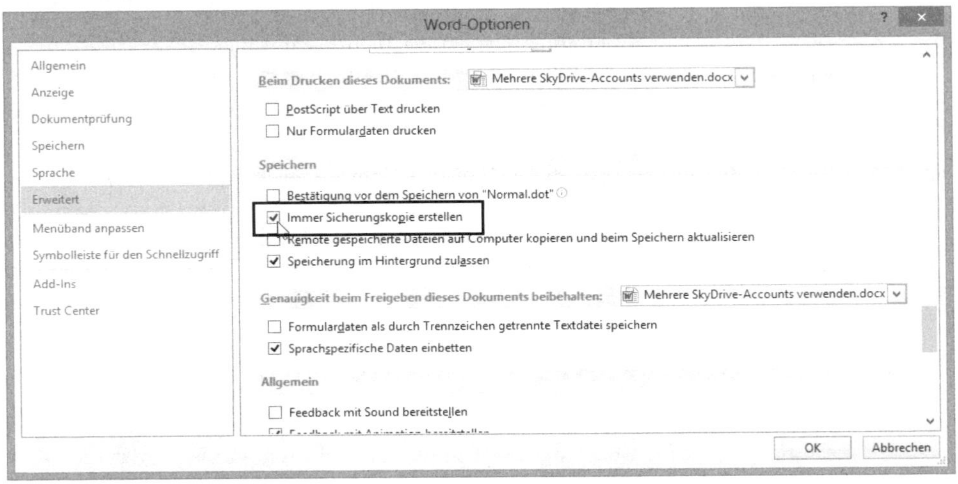

4. Schalten Sie das Kontrollkästchen *Immer Sicherungskopie erstellen* ein.
5. Klicken Sie auf *OK.*

In Zukunft legt Word nun von jeder Datei eine Sicherungskopie an. Diese Dateien besitzen übrigens die Erweiterung *.wbk (Word Backup Document)* und befinden sich im gleichen Ordner wie das Originaldokument. Wenn Sie eine Sicherungsdatei öffnen wollen, müssen Sie im Dialogfeld *Öffnen* die Liste *Dateityp* öffnen und dort den Eintrag *Alle Dateien* auswählen.

Sicherungskopie in Excel erstellen lassen

Auch Excel kann automatisch eine Sicherungskopie von Arbeitsmappen erstellen. Wenn Sie diese Option eingeschaltet haben, wird die letzte Version der Arbeitsmappe unter dem Namen *Sicherungskopie von (Originalname)* und die aktuelle Version unter dem von Ihnen vergebenen Namen gespeichert.

Im Unterschied zu Word ist es in Excel leider nicht möglich, das Erstellen einer Sicherungskopie generell einzuschalten. Sie müssen daher für jede Arbeitsmappe, für die eine Sicherungskopie erstellt werden soll, die folgenden Schritte ausführen:

1. Klicken Sie auf die Registerkarte *DATEI* und dann auf *Speichern unter.*
2. Klicken Sie im Dialogfeld *Speichern unter* auf *Tools* und dann auf *Allgemeine Optionen.*

Bild 5.24 Aktivieren Sie hier das automatische Erstellen von Sicherungskopien für die aktuelle Excel-Arbeitsmappe

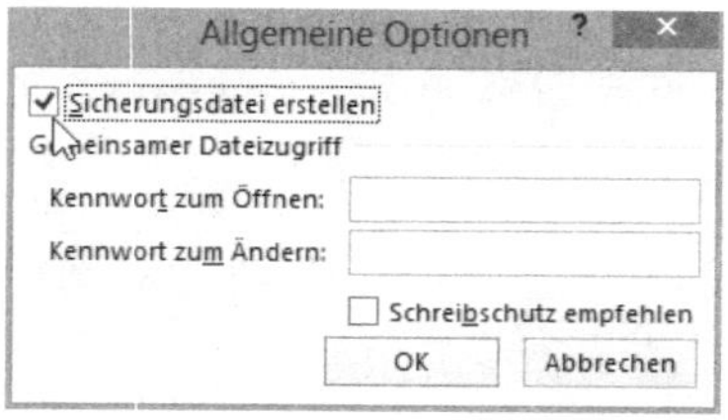

3. Schalten Sie im Dialogfeld *Allgemeine Optionen* das Kontrollkästchen *Sicherungsdatei erstellen* ein.
4. Klicken Sie auf *OK,* um zum Dialogfeld *Speichern unter* zurückzukehren.
5. Geben Sie einen Dateinamen ein und klicken Sie dann auf *Speichern,* um die Arbeitsmappe zu speichern.

In Zukunft legt Excel von dieser Datei eine Sicherungskopie an. Diese Datei besitzt übrigens die Erweiterung *.xlk* und befindet sich im gleichen Ordner wie das Originaldokument. Wenn Sie eine Sicherungsdatei öffnen wollen, können Sie im Dialogfeld *Öffnen* die Liste *Dateityp* öffnen und dort den Eintrag *Sicherungsdateien* auswählen, um die Sicherungskopien schneller zu finden.

Die AutoWiederherstellen-Funktion

Wenn Sie an einem Office-Dokument arbeiten, sollten Sie dieses in regelmäßigen Abständen speichern. Denn selbst wenn moderne Computer und Programme mittlerweile sehr zuverlässig sind, können auch die Office-Programme jederzeit unvermittelt »abstürzen« oder der Rechner kann durch einen Defekt oder einen Stromausfall schlagartig ausfallen. Und wenn dann der letzte Speichervorgang lange zurückliegt, haben Sie unter Umständen viel Zeit verloren.

Um den Datenverlust in solchen Situationen zu minimieren, gibt es in Excel, Word und PowerPoint die sogenannte *AutoWiederherstellen*-Funktion. Wenn diese Funktion aktiviert ist, speichert die betreffende Anwendung in regelmäßigen Abständen die geöffneten Dokumente. Falls es dann zu einem Programmabsturz kommt, kann beim nächsten Start das Dokument wiederhergestellt werden, sodass nur wenige Minuten Arbeit verloren gehen.

So können Sie die AutoWiederherstellen-Funktion konfigurieren:

1. Klicken Sie auf die Registerkarte *DATEI.*
2. Klicken Sie in der Backstage-Ansicht auf *Optionen.*
3. Klicken Sie in der Liste auf der linken Seite des Dialogfeldes *[Programmname]-Optionen* auf *Speichern.*
4. Schalten Sie das Kontrollkästchen *AutoWiederherstellen-Informationen speichern* ein.
5. Geben Sie in das Feld *Minuten* das Intervall ein, in dem die AutoWiederherstellen-Informationen gespeichert werden sollen.
6. Klicken Sie auf *OK.*

Standardspeicherort und Standardformat festlegen

Wenn Sie *Speichern unter* oder *Öffnen* wählen und ein Dokument auf Ihrem Computer speichern wollen, zeigen die Dialogfelder standardmäßig den Ordner *Eigene Dokumente* an. Wenn Sie Ihre Dokumente regelmäßig in einem anderen Ordner speichern oder aus einem anderen Ordner öffnen, können Sie diese Vorgabe ändern. Sie brauchen dann in den Dialogfeldern *Speichern unter* und *Öffnen* nicht mehr manuell zu diesem Ordner zu wechseln.

Außerdem können Sie das Standarddateiformat einstellen, das zum Speichern der Dokumente verwendet werden soll. Das Standarddateiformat wird automatisch im Dialogfeld *Speichern unter* eingestellt, wenn Sie das Speichern über die Taste F12 initiieren.

1. Starten Sie das Office-Programm, für das Sie das Standarddateiformat und den Standardspeicherort festlegen wollen.
2. Klicken Sie auf die Registerkarte *DATEI* und dann auf *Optionen.*
3. Klicken Sie in der Liste auf der linken Seite auf *Speichern.*

Bild 5.25 Legen Sie hier das Standarddateiformat und den Standardspeicherort für Word fest

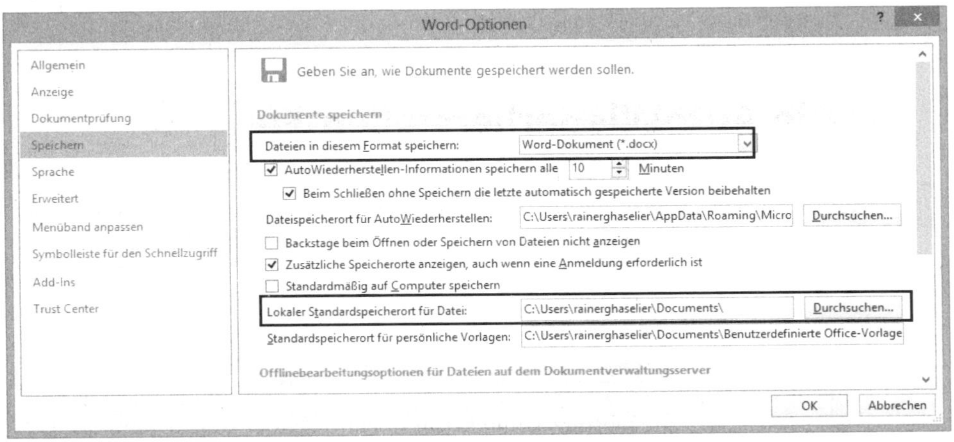

4. Öffnen Sie die Liste *Dateien in diesem Format speichern* und legen Sie dann das Standarddateiformat fest.
5. Klicken Sie bei Excel und PowerPoint in das Feld *Lokaler Standardspeicherort für Datei* und geben Sie den kompletten Pfadnamen des Ordners ein, den Sie als Standardspeicherort verwenden wollen.

   Bei Word können Sie auf *Durchsuchen* klicken, um das Dialogfeld *Speicherort ändern* anzeigen zu lassen und dort den Ordner auszuwählen.
6. Klicken Sie jeweils auf *OK,* um die geöffneten Dialogfelder zu schließen.

Dokumenteigenschaften verwenden

In den Office-Dokumenten können Sie neben dem Dateinamen weitere Informationen aufnehmen, die Ihnen dabei helfen können, ein bestimmtes Dokument wiederzufinden. Diese Informationen, die Dokumenteigenschaften genannt werden, befinden sich in derselben Datei wie das Dokument. Neben Eigenschaften, die Sie selbst definieren und festlegen können, gehören zu den Dokumenteigenschaften statistische Informationen, wie die Anzahl der Seiten im Dokument, das Datum der letzten Speicherung usw., die vom jeweiligen Office-Programm automatisch erstellt werden.

Dokumenteigenschaften erstellen

Es gibt verschiedene Möglichkeiten, die Eigenschaften eines Dokuments zu erstellen und zu verändern. Ein Weg ist die Verwendung der Backstage-Ansicht *Informationen.* Klicken Sie dazu auf die Registerkarte *DATEI* und dann auf *Informationen.*

Die Dokumenteigenschaften werden auf der rechten Seite der Backstage-Ansicht angezeigt. Klicken Sie eines der Felder an, die mit einem Rahmen markiert werden, wenn Sie den Mauszeiger darauf bewegen, und legen Sie die betreffenden Eigenschaften fest.

Bild 5.26 Auf der rechten Seite der Backstage-Ansicht *Informationen* werden die Dokumenteigenschaften angezeigt, die Sie dort auch verändern können

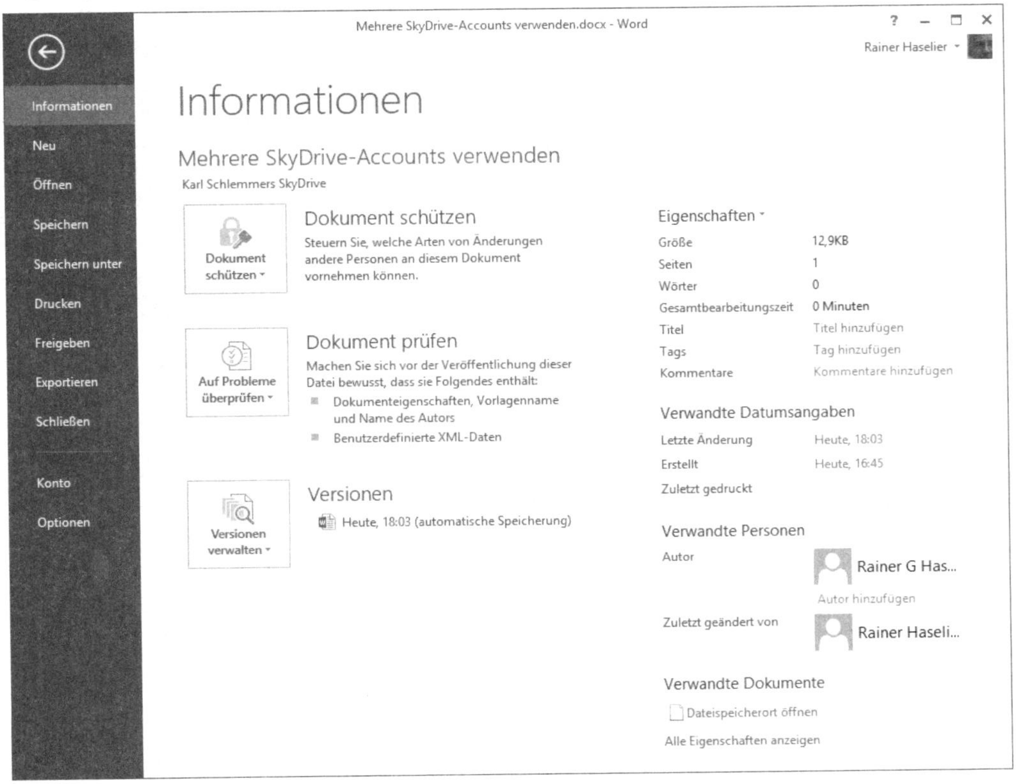

Alternativ können Sie die Dokumenteigenschaften auch während des Speicherns festlegen. Klicken Sie dazu im Dialogfeld *Speichern unter* auf *Ordner ausblenden.*

Bild 5.27 Wenn Sie im Dialogfeld *Speichern unter* auf *Ordner ausblenden* klicken, werden die Dokumenteigenschaften angezeigt, die Sie hier auch bearbeiten können

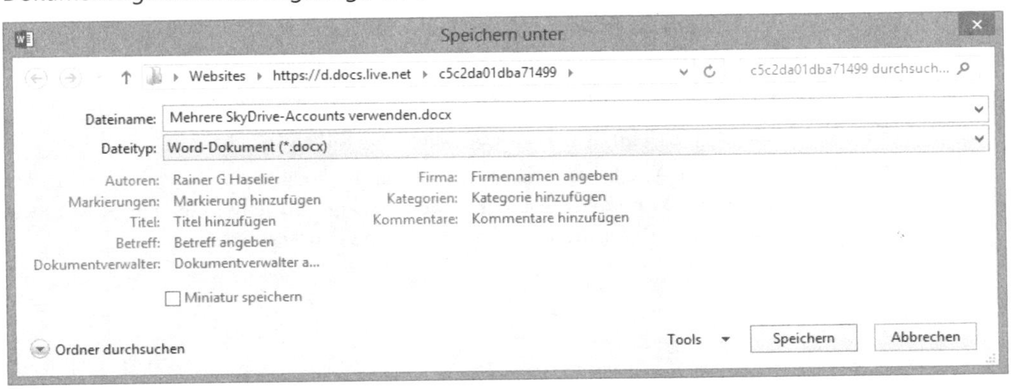

Drucken der Dokumenteigenschaften in Word

Bei Word können Sie die Eigenschaften eines Dokuments auch separat oder gemeinsam mit dem Dokument ausdrucken. Die erforderlichen Einstellungen finden Sie in der Backstage-Ansicht *Drucken.*

Wenn Sie nur die Dokumenteigenschaften drucken wollen, gehen Sie folgendermaßen vor:

1. Klicken Sie auf die Registerkarte *DATEI* und dann auf *Drucken.*
2. Öffnen Sie die Liste *Druckauswahl* im Bereich *Einstellungen* und klicken Sie auf *Dokumentinformationen.*

Bild 5.28 Hier legen Sie fest, dass lediglich die Dokumenteigenschaften ausgedruckt werden sollen

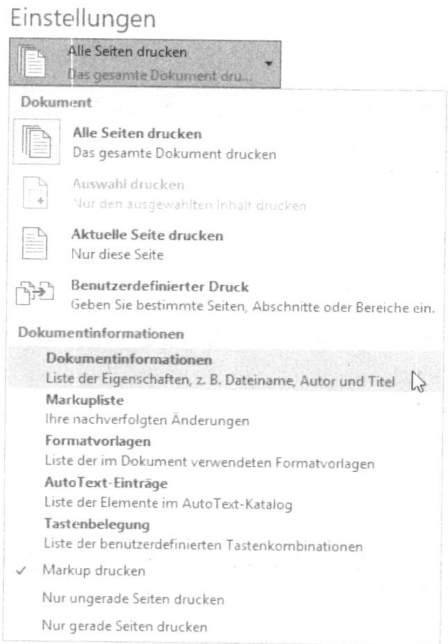

3. Stellen Sie weitere Druckoptionen ein und klicken Sie dann auf *Drucken.*

Wenn Sie das Dokument gemeinsam mit den Dokumenteigenschaften ausdrucken lassen wollen, gehen Sie wie folgt vor:

1. Klicken Sie auf die Registerkarte *DATEI* und dann auf *Optionen.*
2. Wechseln Sie im Dialogfeld *Word-Optionen* zur Kategorie *Anzeige.*
3. Schalten Sie im Abschnitt *Druckoptionen* das Kontrollkästchen *Dokumenteigenschaften drucken* ein. Die Dokumenteigenschaften werden dann auf einer eigenen Seite gedruckt und die aktuellen Werte z.B. für die statistischen Angaben ausgegeben.

Bild 5.29 Wenn Sie diese Option einschalten, werden die Dokumenteigenschaften auf einer eigenen Seite gemeinsam mit dem Dokument ausgedruckt

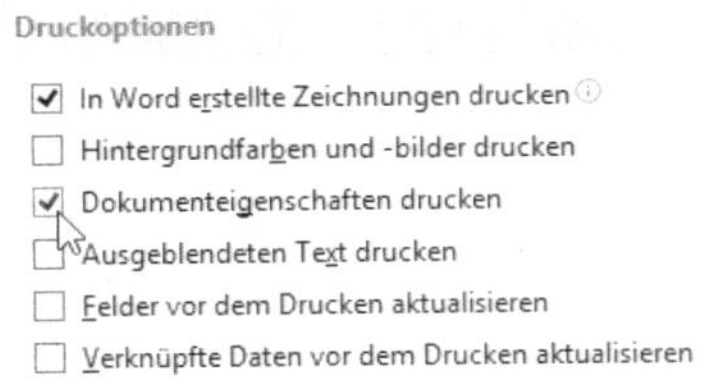

4. Klicken Sie auf *OK*, um das Dialogfeld *Word-Optionen* zu schließen.
5. Klicken Sie auf die Registerkarte *DATEI* und dann auf *Drucken*. Stellen Sie falls gewünscht die Druckoptionen ein und klicken Sie dann auf *Drucken*.

TIPP Beachten Sie, dass das Kontrollkästchen *Dokumenteigenschaften drucken* nur dann aktiviert/deaktiviert werden kann, wenn im Listenfeld *Drucken* der Backstage-Ansicht *Drucken* die Option *Dokument* ausgewählt ist.

Dokument öffnen

Wenn Sie an einem Dokument, einer Arbeitsmappe oder einer Präsentation weiterarbeiten möchten, das/die Sie bereits einmal gespeichert haben, müssen Sie es/sie zuerst wieder auf den Bildschirm holen; dieser Vorgang wird Öffnen genannt.

1. Klicken Sie auf die Registerkarte *DATEI* und dann auf *Öffnen* oder drücken Sie die Tastenkombination `Strg`+`O`.

   Word, PowerPoint und Excel zeigen standardmäßig die Backstage-Ansicht *Öffnen* an. Auf der linken Seite sehen Sie die verschiedenen Speicherorte, die Sie eingerichtet haben. Standardmäßig ist dort die Option *Zuletzt verwendete Dokumente* ausgewählt. Rechts daneben werden die zuletzt verwendeten Dokumente aufgeführt.

2. Führen Sie eine der folgenden Aktionen aus:

   - Wenn das gewünschte Dokument im Bereich *Zuletzt verwendete Dokumente* angezeigt wird, klicken Sie es an. Word, PowerPoint und Excel öffnen das Dokument. Sie können mit der Bearbeitung des Dokuments beginnen und brauchen keine weiteren Schritte durchzuführen.
   - Wenn das gewünschte Dokumente nicht im Bereich *Zuletzt verwendete Dokumente* angezeigt wird, wählen Sie in der Liste auf der rechten Seite den Speicherort aus, in dem Sie das Dokument gespeichert haben. Das Dialogfeld *Öffnen* wird angezeigt. Machen Sie bei Schritt 3 weiter.

Bild 5.30 Wenn Sie *Öffnen* wählen, wird standardmäßig die gleichnamige Backstage-Ansicht angezeigt

3. Auf der rechten Seite der Backstage-Ansicht werden nun, falls vorhanden, die im ausgewählten Speicherort zuletzt verwendeten Ordner angezeigt. Falls dort der Ordner angezeigt wird, in dem sich das gesuchte Dokument befindet, klicken Sie ihn an. Klicken Sie anderenfalls auf *Durchsuchen*.

Bild 5.31 Die Backstage-Ansicht *Öffnen* zeigt die im ausgewählten Speicherort zuletzt verwendeten Ordner an

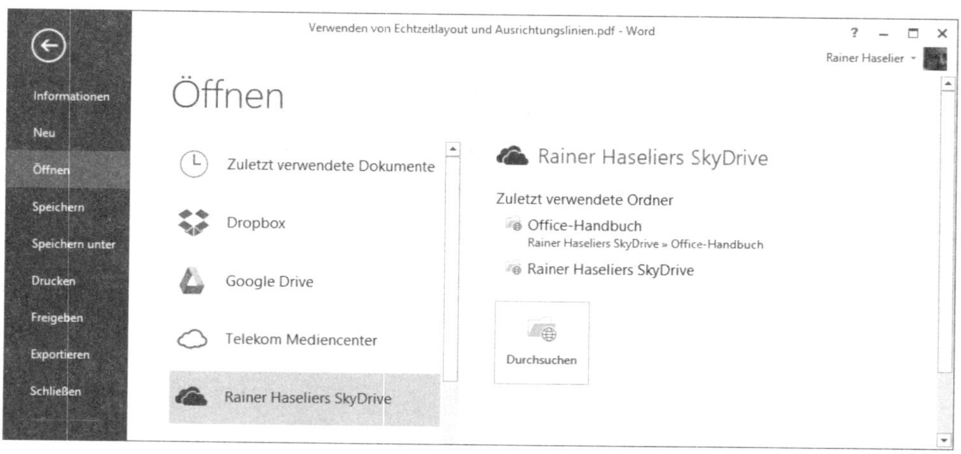

Die Office-Anwendung zeigt das Dialogfeld *Öffnen* an.

Bild 5.32 Im Dialogfeld *Öffnen* wählen Sie die zu öffnende Datei aus

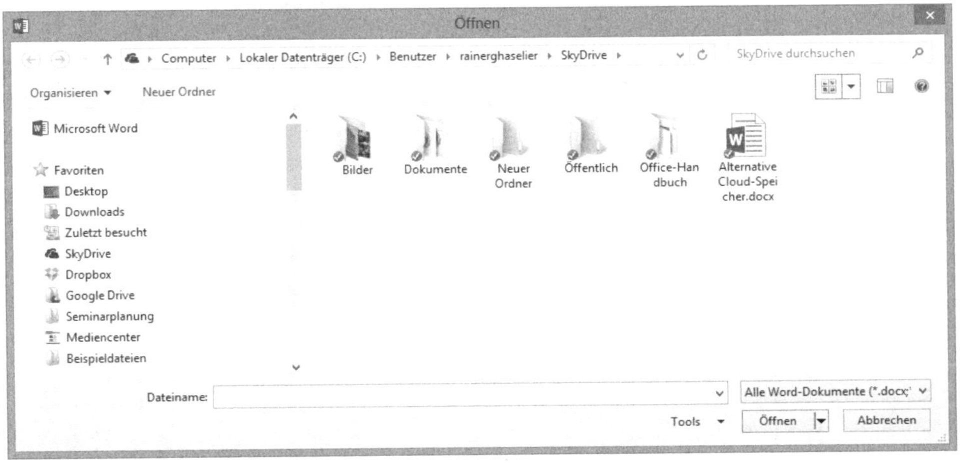

Office-Dokumente erstellen

4. Falls sich das Dokument im angezeigten Ordner befindet, doppelklicken Sie auf den Namen, um es zu öffnen. Ansonsten klicken Sie in der Liste einen der Unterordner an, um diesen zu öffnen. Oder verwenden Sie die Navigationsleiste im oberen Bereich oder die Linkfavoriten, um zu dem Laufwerk/Ordner zu wechseln, in dem sich das Dokument befindet.

TIPP Wenn Ihnen die neue Standardsequenz zum Öffnen von Dateien, die die Backstage-Ansicht verwendet, zu umständlich ist, und Sie lieber sofort das Dialogfeld *Öffnen* sehen wollen, lesen Sie den Abschnitt »Anzeige der Backstage-Ansicht beim Speichern und Öffnen abschalten« ab Seite 124.

Dokument schreibgeschützt oder als Kopie öffnen

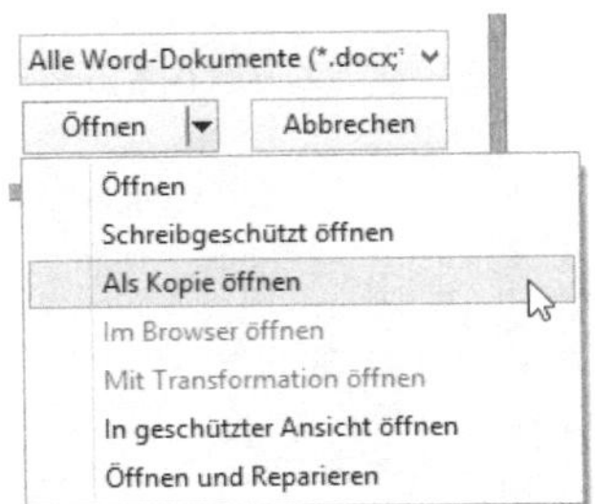

Sie können im Dialogfeld *Öffnen* über die Schaltfläche *Öffnen* weitere Optionen einstellen und beispielsweise festlegen, dass Sie eine Kopie des Dokuments erstellen oder das Dokument mit Schreibschutz öffnen wollen. Markieren Sie zunächst die gewünschte Datei, klicken Sie auf den Pfeil neben *Öffnen* und wählen Sie dann einen der folgenden Befehle aus:

- **Schreibgeschützt öffnen** Wenn Sie nur schnell etwas in dem Dokument nachschauen und sicherstellen wollen, dass Sie keine Änderungen an dem Dokument vornehmen können, wählen Sie diesen Befehl. In der Titelleiste des Fensters wird dann hinter dem Namen der Datei der Text *(Schreibgeschützt)* angezeigt.

- **Als Kopie öffnen** Wenn Sie diesen Befehl wählen, wird ein Duplikat der ursprünglichen Datei erstellt und es wird das Duplikat angezeigt. Wenn Sie an dem Dokument Änderungen vornehmen, werden sie in dieser Kopie gespeichert. Die erstellte Kopie erhält automatisch einen neuen Dateinamen. Standardmäßig wird dem existierenden Namen der Text *Kopie (1) von* vorangestellt.

HINWEIS In Office 2007 und 2010 befand sich in der Backstage-Ansicht *Neu* der Link *Neu aus vorhandenem*. Sie konnten dort diese Option verwenden, um ein neues Dokument zu erstellen, das weitestgehend mit einem bereits vorhandenen übereinstimmt. Diese Option steht in Office 2013 nicht mehr zur Verfügung. Verwenden Sie stattdessen den Befehl *Als Kopie öffnen* und speichern Sie die geöffnete Datei unter einem neuen Namen.

Sie können auch direkt in der Liste *Zuletzt verwendete Dokumente* eine Kopie des Dokuments öffnen. Klicken Sie es dazu mit der rechten Maustaste an und wählen Sie *Kopie öffnen*.

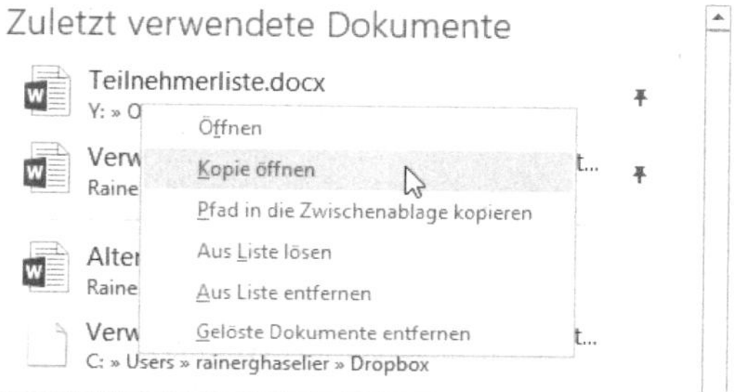

Zuletzt verwendete Dokumente und Ordner

Über die Registerkarte *DATEI* und den Befehl *Zuletzt verwendet* haben Sie direkten Zugriff auf die zuletzt bearbeiteten Dokumente. Um eines dieser Dokumente zu öffnen, reicht es aus, dessen Namen anzuklicken. Sie können ein Dokument auch dauerhaft in dieser Liste belassen, indem Sie es mit der rechten Maustaste anklicken und den Befehl *An Liste anheften* wählen. Alternativ können Sie auch die Heftzwecke an der rechten Seite des Dateinamens anklicken.

Bild 5.33 Dokumente, die Sie häufig benötigen, können Sie an die Liste anheften

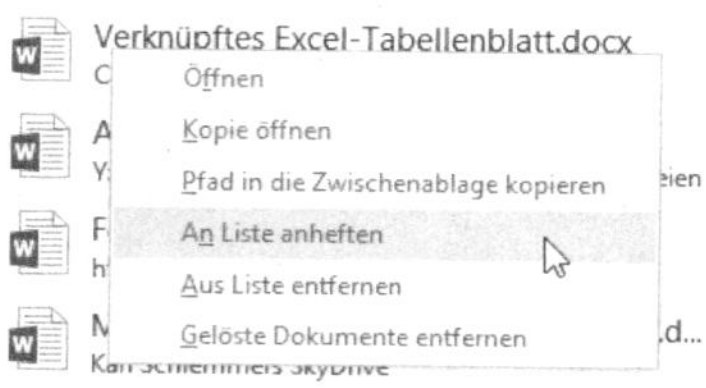

Word, Excel und PowerPoint merken sich standardmäßig die letzten 25 Dokumente sowie die letzten fünf Ordner, die Sie geöffnet haben. Wenn Sie die Anzahl ändern möchten, gehen Sie so vor:

1. Klicken Sie auf die Registerkarte *DATEI* und dann auf *Optionen*.
2. Klicken Sie in der Liste auf der linken Seite auf *Erweitert*.

3. Scrollen Sie in der Liste auf der rechten Seite, bis die Gruppe *Anzeigen* sichtbar ist.

Bild 5.34 Im Abschnitt *Anzeigen* konfigurieren Sie die Zuletzt-verwendet-Listen

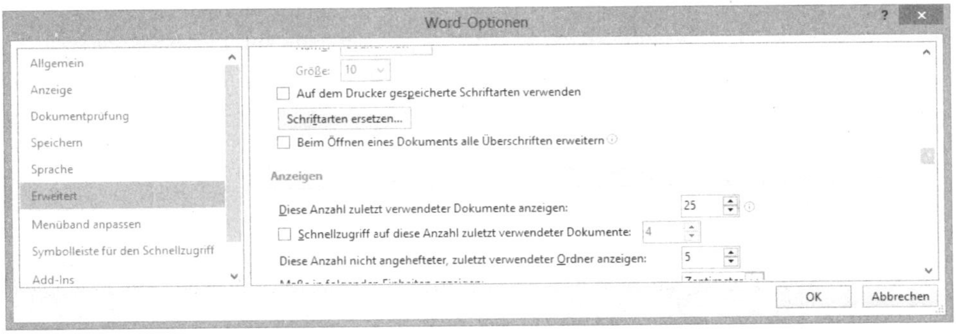

4. Legen Sie im Feld *Diese Anzahl zuletzt geöffneter Dokumente anzeigen* die gewünschte Anzahl fest. Wenn Sie dieses Feature abschalten möchten, geben Sie hier eine 0 ein.
5. Legen Sie im Feld *Diese Anzahl nicht angehefteter, zuletzt verwendeter Ordner anzeigen* die gewünschte Anzahl fest. Wenn Sie dieses Feature abschalten möchten, geben Sie hier eine 0 ein.
6. Klicken Sie auf *OK*.

Das neue Dateiformat von Office

Seit der Office-Version 2007 besitzen Word, Excel und PowerPoint ein neues Dateiformat, das auf XML basiert und der Spezifikation OpenXML entspricht. Das neue Dateiformat ist eigentlich eine ZIP-komprimierte Datei, in deren Struktur sich weitere Dateien und Unterordner befinden, in denen die verschiedenen Elemente abgelegt sind, die den Dokumentinhalt beschreiben, sowie die Dokumenteigenschaften und andere Merkmale. Durch die Komprimierung sind Office-Dokumente, die das neue Dateiformat verwenden, kleiner als in den vorhergehenden Versionen.

Kompatibilitätsmodus

Da sowohl Office 2010 als auch Office 2013 neue Formatierungsmöglichkeiten enthalten, hat sich auch das Dateiformat in den Versionen 2010 und 2013 leicht geändert. Wenn Sie in Word 2013, Excel 2013 und PowerPoint 2013 eine Datei öffnen, die eines der vorherigen Formate (Office 97–2003, Office 2007 oder Office 2010) aufweist, wird die Datei automatisch im sogenannten Kompatibilitätsmodus geöffnet, was auch in der Titelleiste des Fensters angegeben wird. Wenn Sie ein Dokument im alten Format öffnen, stehen Ihnen jedoch nicht alle Formatierungsmerkmale und Funktionen zur Verfügung, die die neue Version des Programms bietet. Durch die Verwendung des Kompatibilitätsmodus wird sichergestellt, dass die Datei nach der Bearbeitung weiterhin von Anwendern geöffnet werden kann, die die ältere Version des jeweiligen Programms verwenden.

Konvertieren in das neue Dateiformat

Wenn Sie ein Dokument in einem der älteren Formate geöffnet haben, können Sie es in das neue Format konvertieren:

1. Klicken Sie auf die Registerkarte *DATEI* und dann auf *Informationen.*

Bild 5.35 In der Backstage-Ansicht *Informationen* können Sie Dateien in das Format von Office 2013 konvertieren

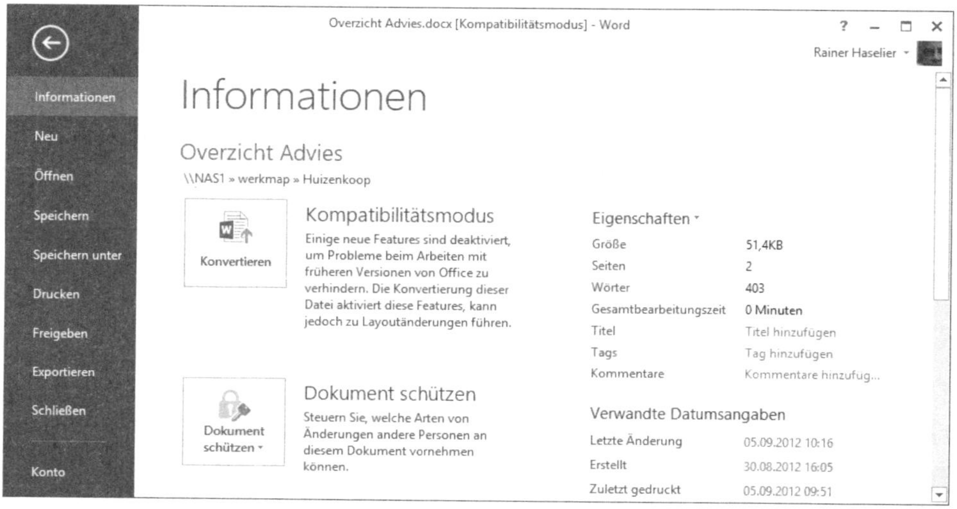

2. Klicken Sie auf *Konvertieren.* Die Office-Anwendung zeigt das folgende Meldungsfeld an:

Bild 5.36 Dieser Warnhinweis wird beim Konvertieren in das neue Dateiformat angezeigt

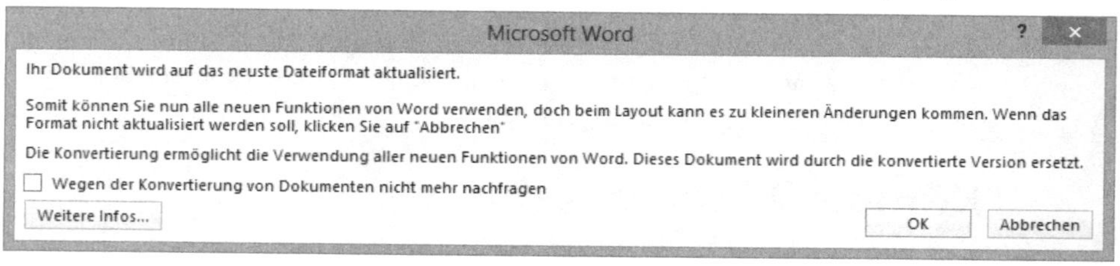

Der entscheidende Satz in diesem Meldungsfeld ist: »... doch beim Layout kann es zu kleinen Änderungen kommen.« Bei einfachen Dokumenten wird die Konvertierung meistens gut über die Bühne gehen, wenn die Dokumente komplexer sind und die fortgeschritteneren Funktionen der alten Versionen verwenden, kann die Konvertierung aber schon mal schiefgehen.

Wenn Sie Dokumente in das neue Format konvertieren, sollten Sie nach der Konvertierung auf die Registerkarte *DATEI* klicken, den Befehl *Speichern unter* wählen und in das Feld *Dateiname* einen neuen Dateinamen eingeben, um so, falls es erforderlich sein sollte, wieder auf die ursprüngliche, intakte Dateiversion im alten Dateiformat zurückgreifen zu können.

Dokument im XPS- oder PDF-Format erstellen

Seit der Office-Version 2007 bietet Microsoft die Möglichkeit, Dokumente im Portable Document Format (PDF) zu speichern. PDF ist ein Format, das von Adobe entwickelt wurde und das das Aussehen des Dokuments beibehält – einschließlich Schriftarten, Grafiken und Formatierung –, sodass das Dokument unabhängig vom Ausgabegerät immer gleich angezeigt wird.

Neben dem PDF-Format unterstützen die Office-Anwendungen auch das Erstellen von XPS-Dateien. Ein XPS-Dokument ist ebenfalls eine plattformunabhängige Datei, die seitenweise die endgültige Darstellung eines Dokuments so speichert, wie es ausgedruckt wird. XPS wurde von Microsoft entwickelt und besitzt Ähnlichkeiten mit PDF, jedoch basiert XPS auf XML. Eine XPS-Datei ist übrigens wie das neue Standarddateiformat von Word eine ZIP-komprimierte Datei, in der sich weitere Dateien und Unterordner befinden, die die eigentlichen Informationen zu den Seiten des Dokuments beinhalten.

Führen Sie folgende Schritte durch, um ein Dokument als PDF- oder XPS-Datei zu speichern:

1. Klicken Sie auf die Registerkarte *DATEI* und dann auf *Exportieren*.
2. Klicken Sie auf der linken Seite auf *PDF/XPS-Dokument erstellen* und dann auf der rechten Seite auf die Schaltfläche *PDF/XPS-Dokument erstellen*.

   Das Dialogfeld *Als PDF oder XPS veröffentlichen* wird geöffnet.

Bild 5.37 Im Dialogfeld *Als PDF oder XPS veröffentlichen* legen Sie den Dateityp, den Dateinamen und weitere Exporteinstellungen fest

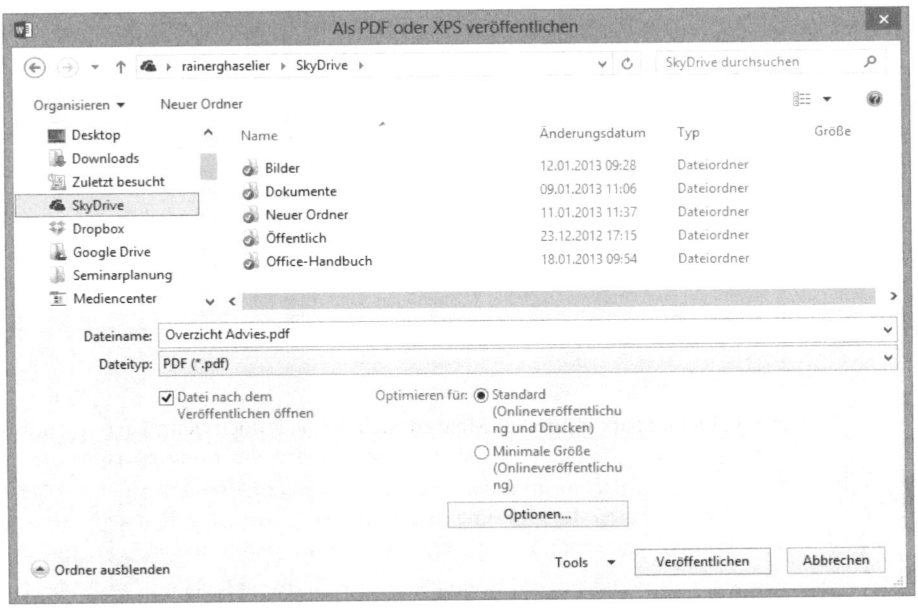

3. Geben Sie in das Feld *Dateiname* den Namen der exportierten Datei ein. Die Office-Programme verwenden standardmäßig den Namen der ursprünglichen Office-Datei.

4. Öffnen Sie die Liste *Dateityp* und legen Sie fest, ob Sie ein PDF- oder ein XPS-Dokument erstellen wollen.
5. Schalten Sie das Kontrollkästchen *Datei nach dem Veröffentlichen öffnen* ein, wenn Sie sich die erzeugte Datei ansehen wollen. (Der Ausdruck *Veröffentlichen* ist hier etwas verwirrend; denken Sie sich an seiner Stelle einfach den Begriff *Erstellen*.)
6. PDF- und XPS-Dateien können entweder für den Druck oder für eine schnelle Bildschirmdarstellung optimiert werden. Wenn Sie bei *Optimieren für* die Option *Minimale Größe (Onlineveröffentlichung)* auswählen, wird die Datei kleiner, jedoch ist die Qualität des Ausdrucks nicht so gut.
7. Klicken Sie die Schaltfläche *Optionen* an, um weitere Optionen für das Erstellen einzustellen.
8. Die Optionen sind bei den beiden Formaten leicht unterschiedlich. Das Dialogfeld für PDF-Dateien zeigt die Grafik auf der linken Seite in Abbildung 5.38, das für XPS-Dateien sehen Sie auf der rechten Seite.

   Nehmen Sie weitere Einstellungen vor:

   - Legen Sie wie beim Drucken unter *Seitenbereich* fest, ob alle, die aktuelle oder ob nur bestimmte Seiten des Dokuments exportiert werden sollen.
   - Legen Sie im Bereich *Was veröffentlichen* fest, ob nur das Dokument oder auch die im Dokument enthaltenen Markups (Kommentare) exportiert werden sollen.

Bild 5.38 Links sehen Sie die Optionen beim Erstellen einer PDF-Datei und rechts diejenigen, die für XPS-Dokumente zur Verfügung stehen

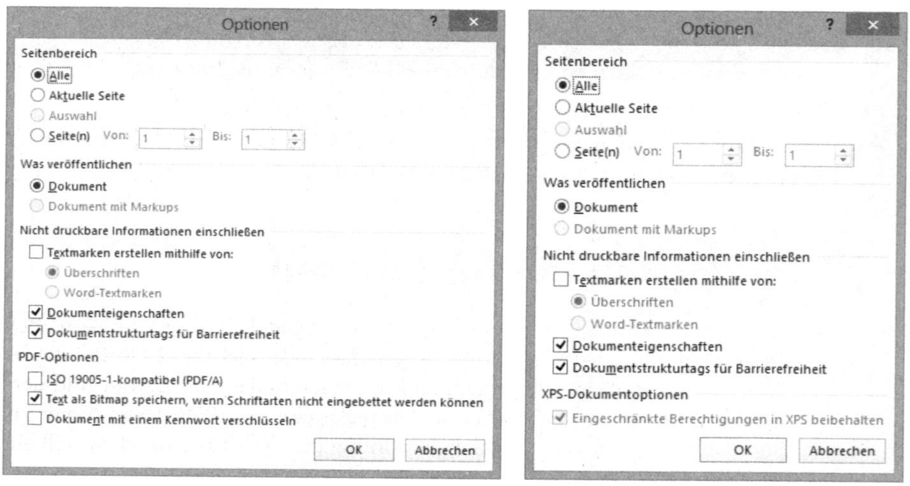

   - Im Bereich *Nicht druckbare Informationen einschließen* können Sie festlegen, ob aus den Überschriften des Dokuments automatisch Textmarken erstellt werden und ob die Dokumenteigenschaften mit eingeschlossen werden sollen.

9. Klicken Sie auf *OK*, um das Dialogfeld *Optionen* zu schließen.
10. Klicken Sie im Dialogfeld *Als PDF oder XPS veröffentlichen* auf die Schaltfläche *Veröffentlichen*.

Nach einer kurzen Wartezeit ist die PDF- bzw. die XPS-Datei erstellt. Wenn Sie das Kontrollkästchen *Datei nach dem Veröffentlichen öffnen* eingeschaltet haben, wird die Datei im entsprechenden Viewer angezeigt.

PDF- und XPS-Dateien ansehen

Ob und wenn ja welche Tools zusätzlich heruntergeladen werden müssen, hängt davon ab, welche Windows-Version zum Ansehen eingesetzt wird und ob es sich um eine PDF- oder um eine XPS-Datei handelt:

- **PDF-Dateien** Um PDF-Dateien ansehen zu können, wird bis einschließlich Windows 7 Adobe Reader benötigt und zwar mindestens die Version 6 (da Office PDF-Dateien in der PDF-Version 1.5 erstellt, die mindestens diese Versionsnummer des Readers benötigt). Adobe Reader kann kostenlos von der Adobe-Website unter *www.adobe.de* heruntergeladen werden. Unter Windows 8 werden PDF-Dateien standardmäßig mit Microsoft Reader geöffnet. Microsoft Reader ist Bestandteil von Windows 8.
- **XPS und Windows 8** Unter Windows 8 werden XPS-Dateien im Microsoft Reader angezeigt.
- **XPS und Windows 7** Unter Windows 7 werden XPS-Dateien im XPS-Viewer angezeigt.
- **XPS und Windows Vista** Unter Windows Vista werden XPS-Dateien standardmäßig im Internet Explorer angezeigt, weitere Downloads sind also nicht erforderlich.
- **XPS und Windows XP** Für Windows XP können Sie die Tools zur Anzeige von XPS-Dateien von der Website des Microsoft Download Center herunterladen. Geben Sie in Ihrem Webbrowser folgende Adresse ein: *www.microsoft.com/downloads/search.aspx?displaylang=de.* Geben Sie anschließend in das Suchfeld **XPS Viewer ein** und klicken Sie auf *Go.* Laden Sie das *XPS Essentials Pack Version 1.1* herunter und installieren Sie es.

Weitere Informationen zu Downloads und zu XPS-Dateien im Allgemeinen finden Sie auf der Microsoft-Website unter *www.microsoft.com/whdc/xps/.*

PDF-Dateien in Word öffnen

Eines der neuen Features von Word 2013 ist die Möglichkeit, direkt in Word PDF-Dateien zu öffnen; diese Funktion wird »PDF Reflow« genannt. Das Ziel von PDF Reflow besteht darin, eine PDF-Datei so in ein Word-Dokument zu konvertieren, dass das Layout und der Textfluss so weit wie möglich erhalten bleiben. Wenn Sie beispielsweise eine PDF-Datei öffnen, die eine Liste enthält, und dann in Word nach dem letzten Eintrag die ↵-Taste drücken, soll ein neues Listenelement erstellt werden.

Das Öffnen von PDF-Dateien in Word funktioniert am besten mit Dokumenten, die wenig komplizierte Formatierungen und vor allem Texte enthalten. Das Ziel hierbei besteht vor allem darin, Inhalte aus PDF-Dateien auf einfache Weise in Word verfügbar zu machen.

Um eine PDF-Datei zu konvertieren, öffnen Sie sie in Word wie jedes andere unterstützte Dateiformat:

1. Klicken Sie auf die Registerkarte *DATEI* und dann auf *Öffnen*.
2. Wählen Sie den Speicherort der PDF-Datei aus und klicken Sie auf *Durchsuchen*.
3. Markieren Sie die PDF-Datei und klicken Sie auf *Öffnen*. Word zeigt das folgende Meldungsfeld an:

Bild 5.39 Dieser Warnhinweis wird beim Konvertieren einer PDF-Datei angezeigt

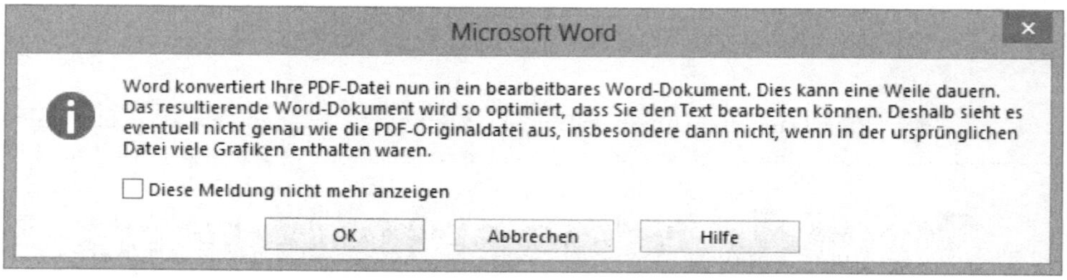

4. Wenn Sie diese Meldung nicht mehr sehen wollen, schalten Sie das Kontrollkästchen *Diese Meldung nicht mehr anzeigen* ein.
5. Klicken Sie auf *OK*.

Kapitel 6

Standardbearbeitungs-aktionen in Office-Dokumenten

In diesem Kapitel:

Einer der Vorteile, die die Office-Suite mit sich bringt, sind die großen Gemeinsamkeiten der einzelnen Programme. Wichtige Standardaktionen funktionieren bei allen Programmen fast identisch. Diesem lobenswerten Konzept wollen wir uns anschließen und stellen Ihnen in diesem Kapitel die wichtigsten programmübergreifenden Bearbeitungsaktionen nur einmal vor und nicht doppelt oder dreifach. Trotz aller Gemeinsamkeiten gibt es bei einigen Befehlen kleine Details, in denen sie sich bei den einzelnen Programmen unterscheiden. Wir werden auf solche Besonderheiten dann beim jeweiligen Programm eingehen.

Kopieren und Einfügen: Der Aufgabenbereich »Zwischenablage«

Ein Aufgabenbereich, der Ihnen in Word, Excel und PowerPoint zur Verfügung steht, ist die *Office-Zwischenablage.* Sie können die Zwischenablage einschalten, indem Sie auf der Registerkarte *START* in der Gruppe *Zwischenablage* auf das *Startprogramm für ein Dialogfeld* klicken.

Bild 6.1 Einschalten der Office-Zwischenablage

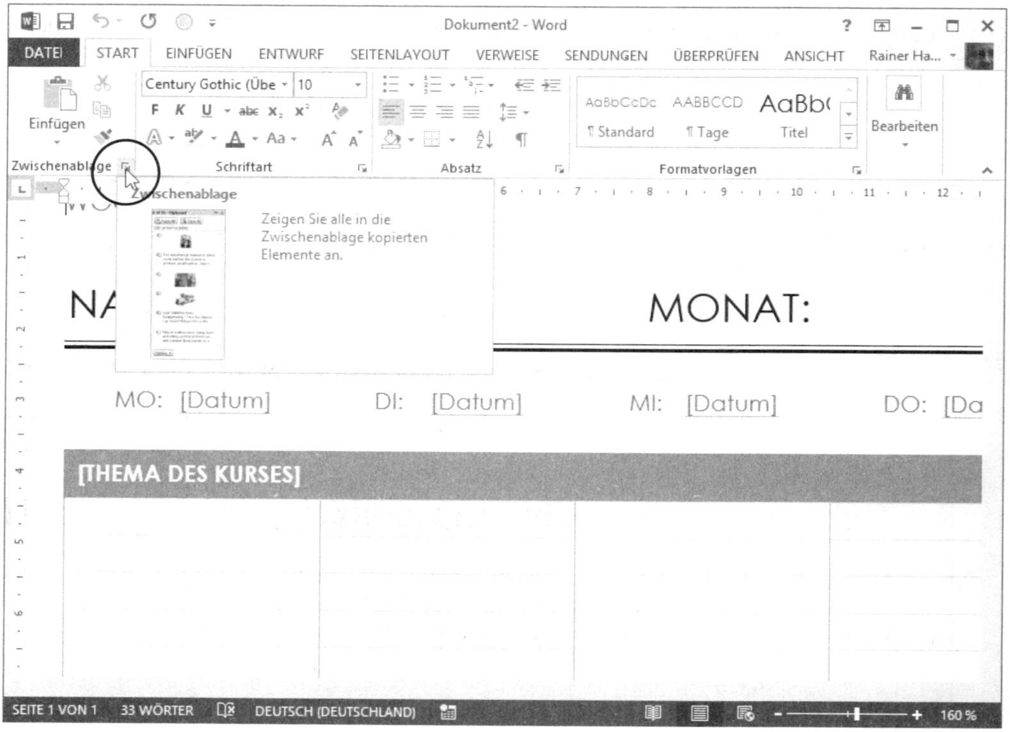

Sie verwenden die Zwischenablage, um markierte Elemente zu verschieben oder zu kopieren. Die Zwischenablage funktioniert dabei so ähnlich wie eine Pinnwand: Sie können dort etwas anheften, um es später wieder zu entnehmen. In der Office-Zwischenablage können bis zu 24 Elemente abgelegt werden.

Die folgenden Abschnitte erläutern, wie Sie mithilfe der Zwischenablage Elemente kopieren und verschieben.

Kopieren in vier Schritten

1. Markieren Sie den Text, die Grafik usw., den/die Sie kopieren wollen.
2. Klicken Sie auf der Registerkarte *START* in der Gruppe *Zwischenablage* auf *Kopieren* (oder drücken Sie Strg+C). Eine Kopie der Markierung wird in der Zwischenablage abgelegt.
3. Setzen Sie den Cursor/die Einfügemarke an die Zielstelle.
4. Klicken Sie auf der Registerkarte *START* in der Gruppe *Zwischenablage* auf *Einfügen* (oder drücken Sie Strg+V).

Verschieben in vier Schritten

1. Markieren Sie den Text, die Grafik usw., den/die Sie verschieben wollen.
2. Klicken Sie auf der Registerkarte *START* in der Gruppe *Zwischenablage* auf *Ausschneiden* (oder drücken Sie Strg+X). Die Markierung wird aus dem Dokument entfernt und in der Zwischenablage abgelegt.
3. Setzen Sie den Cursor/die Einfügemarke an die Zielstelle.
4. Klicken Sie auf der Registerkarte *START* in der Gruppe *Zwischenablage* auf *Einfügen* (oder drücken Sie Strg+V).

HINWEIS Bitte beachten Sie, dass sich die Einfügestelle nicht unbedingt in demselben Dokument befinden muss, in dem Sie die Markierung kopiert bzw. ausgeschnitten haben. Die Einfügestelle kann sich auch in einem anderen Dokument des gleichen Typs (also Kopieren/Verschieben von Word nach Word) befinden oder in einem Dokument, das Sie mit einer anderen Office-Anwendung erstellen. In diesem Fall wechseln Sie vor dem Einfügen zu der anderen Anwendung.

Beliebiges Element aus Zwischenablage einfügen

Die Schritte, die in den beiden vorigen Abschnitten beschrieben wurden, fügen immer das zuletzt ausgeschnittene bzw. kopierte Element ein. Sie können jedoch auch jedes andere Element, das sich in der Zwischenablage befindet, einfügen. Gehen Sie dazu wie folgt vor:

1. Schalten Sie, wenn sie nicht sichtbar ist, die Office-Zwischenablage ein.
2. Klicken Sie auf den Pfeil neben dem Element, das Sie einfügen wollen.
3. Klicken Sie auf *Einfügen*.

Bild 6.2 Der Aufgabenbereich *Zwischenablage* mit Elementen aus verschiedenen Office-Anwendungen

Einfügeoptionen verwenden

Beim Einfügen aus der Zwischenablage können Sie das Format bestimmen, in dem das Element eingefügt werden soll. Sie können das Format entweder direkt beim Einfügen oder nach dem Einfügen festlegen. Um das Format beim Einfügen zu wählen, klicken Sie auf den Pfeil der Schaltfläche *Einfügen*, also den unteren Bereich der Schaltfläche. Klicken Sie dann die gewünschte Option an.

Bild 6.3 Über die *Einfügeoptionen* wählen Sie das Format, in dem das Element eingefügt werden soll

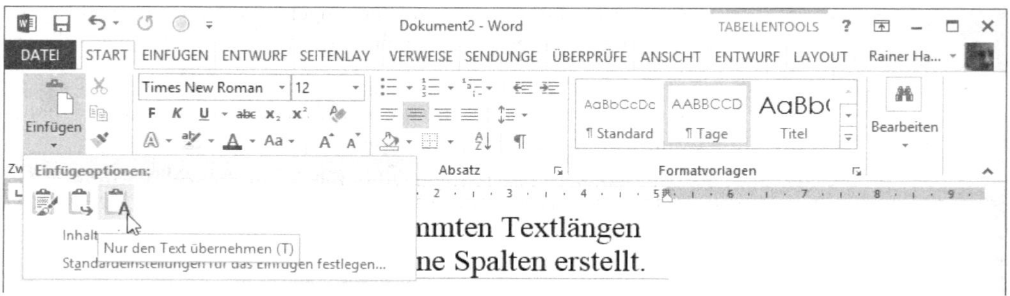

Wenn Sie ein Element eingefügt haben, beispielsweise mit der Tastenkombination Strg+V, wird unterhalb des eingefügten Elements die Schaltfläche *Einfügeoptionen* angezeigt. Sie können diese Schalfläche verwenden, um das Format zu verändern. Dies ist auch mehrfach möglich; Sie können also mit den verschiedenen Optionen experimentieren.

Bild 6.4 Die Schaltfläche *Einfügeoptionen* erlaubt Ihnen ebenfalls, das einzufügende Format auszuwählen

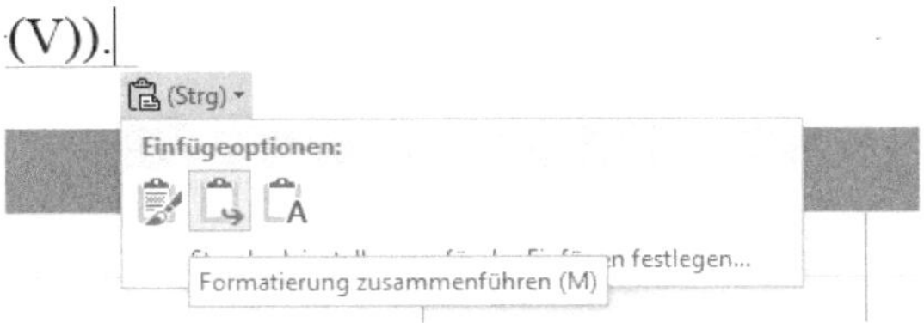

Die Formatoptionen unterscheiden sich leicht nach den verschiedenen Anwendungen und danach, ob Sie Text, Grafiken, Folienelemente (PowerPoint) oder Zellen mit/ohne Formeln (Excel) in die Zwischenablage kopiert haben. Hier eine Übersicht der wichtigsten Optionen und ihrer Bedeutung:

- **Ursprüngliche Formatierung beibehalten** Mit dieser Option wird das Erscheinungsbild des Originaltexts beibehalten.
- **Formatierung zusammenführen** Mit dieser Option wird die Formatierung so geändert, dass sie mit dem Text davor und dahinter übereinstimmt.
- **Nur den Text übernehmen** Mit dieser Option wird die gesamte ursprüngliche Formatierung aus dem Text entfernt.
- **Zieldesign verwenden und Arbeitsmappe einbetten/verknüpfen** Mit dieser Option wird die Formatierung des eingefügten Elements, z. B. eines Diagramms, an das Design angepasst, das im Zieldokument verwendet wird. Das Element kann eingefügt oder verknüpft werden.

HINWEIS Das folgende Kapitel befasst sich ausführlich mit dem Einfügen von Excel-Tabellen in Word-Dokumente und PowerPoint-Präsentationen.

- **Grafik** Fügt das Element aus der Zwischenablage als Grafik ein; bei dem Element kann es sich auch um eine in Excel erstellte Tabelle oder ein Diagramm handeln.

Beim Kopieren und Einfügen zwischen Excel-Arbeitsmappen stehen Ihnen weitere Einfügeoptionen zur Verfügung (siehe Abbildung 6.5). Sie beziehen sich vor allem darauf, ob Formeln oder ob lediglich die Werte kopiert werden sollen. Hier eine Auswahl der Optionen:

- **Werte** Diese Option erscheint nur, wenn die eingefügten Daten Formeln enthalten. Wenn Sie diese Option wählen, werden alle Formeln entfernt und es werden nur die resultierenden Werte eingefügt.
- **Formeln** Diese Option erscheint, wenn die eingefügten Daten Formeln enthalten. Wenn Sie diese Option wählen werden die Formeln kopiert.
- **Werte und Zahlenformate** Die Formatierung der numerischen Werte und der Datumsangaben bleibt erhalten; die Textformatierung wird entfernt. Außerdem werden die Formeln entfernt und nur die Formelergebnisse eingefügt.
- **Werte und Quellformatierung** Diese Option entfernt alle Formeln (es werden nur die Werte eingefügt); alle Formatierungen bleiben jedoch erhalten.

Bild 6.5 Beim Kopieren und Einfügen innerhalb von Excel stehen Ihnen weitere, speziell auf Excel-Tabellen zugeschnittene Einfügeoptionen zur Verfügung

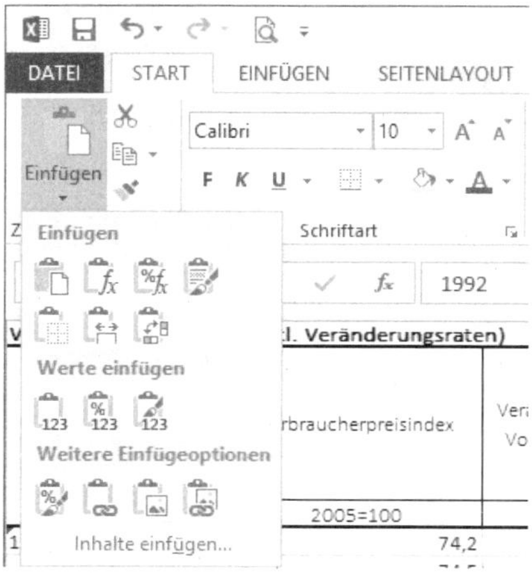

- **Transponieren** Diese Option ist nützlich, wenn Sie die Spalten/Zeilen vertauschen wollen. Wenn Sie *Transponieren* wählen, wird die eingefügte Tabelle um 90° gedreht: aus den kopierten Zeilen werden Spalten und aus den kopierten Spalten die Zeilen des eingefügten Tabellenbereichs.

Einfügeoptionen konfigurieren

Wenn die Schaltfläche *Einfügeoptionen* nicht bei jedem Einfügen von Inhalt angezeigt werden soll oder falls Sie die Schaltfläche *Einfügeoptionen* nicht sehen, können Sie die betreffende Option aus- bzw. einschalten:

1. Klicken Sie auf die Registerkarte *DATEI*.
2. Klicken Sie auf *Optionen* und dann auf *Erweitert*.
3. Aktivieren oder deaktivieren Sie im Abschnitt *Ausschneiden, Kopieren und Einfügen* das Kontrollkästchen *Schaltfläche für Einfügeoptionen anzeigen, wenn Inhalt eingefügt wird*, um die Schaltfläche *Einfügeoptionen* ein- bzw. auszublenden.

Wenn Sie in Word ein Element aus der Zwischenablage einfügen und dabei auf den oberen Teil der Schaltfläche *Einfügen* klicken bzw. die Tastenkombination Strg+V drücken, verwendet Word eine Standardeinfügeoption. Sie können festlegen, wie der jeweilige Inhalt standardmäßig eingefügt werden soll.

1. Klicken Sie auf der Registerkarte *START* auf den Pfeil der Schaltfläche *Einfügen*.
2. Klicken Sie auf *Standardoptionen für das Einfügen festlegen*. Word öffnet das Dialogfeld *Word-Optionen* und zeigt den Abschnitt *Ausschneiden, Kopieren und Einfügen* der Kategorie *Erweitert* an.
3. Wählen Sie in den folgenden Feldern die gewünschte Einstellung aus:
   - Einfügen innerhalb desselben Dokuments

- Einfügen zwischen zwei Dokumenten
- Einfügen zwischen Dokumenten, wenn Formatvorlagendefinitionen nicht übereinstimmen
- Einfügen aus anderen Programmen

Bild 6.6 In Word können Sie das Standardverhalten beim Einfügen konfigurieren

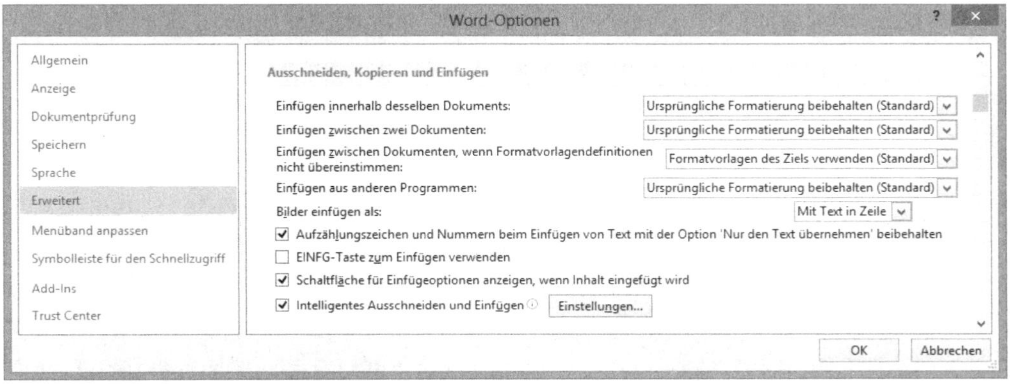

Automatische Rechtschreibprüfung

Die Rechtschreibreform gibt Ihnen bei einigen Wörtern zwar ungeahnte Möglichkeiten (z.B. »Stängel« statt »Stengel«), aber an einige Regeln müssen Sie sich doch noch halten. Hier hilft die automatische Rechtschreibprüfung in Word, PowerPoint und OneNote, die den Text bereits beim Eintippen überprüft und Fehler mit einer roten Wellenlinie kennzeichnet.

Gefundene Fehler korrigieren

Wenn Sie ein Wort, das mit einer roten Wellenlinie gekennzeichnet wurde, korrigieren möchten, gehen Sie folgendermaßen vor:

1. Klicken Sie das Wort mit der rechten Maustaste an. Es öffnet sich ein kleines Menü, in dem oben die Vorschläge der Rechtschreibprüfung stehen (wenn eines der Programme, die die automatische Rechtschreibprüfung unterstützen, welche zu bieten hat).
2. Klicken Sie einfach den richtigen Vorschlag an, um das fehlerhafte Wort durch das korrekte zu ersetzen.

Bild 6.7 Fehler werden mit einer roten Wellenlinie gekennzeichnet. Über das Kontextmenü können Sie Fehler, die die automatische Rechtschreibprüfung gefunden hat, schnell korrigieren.

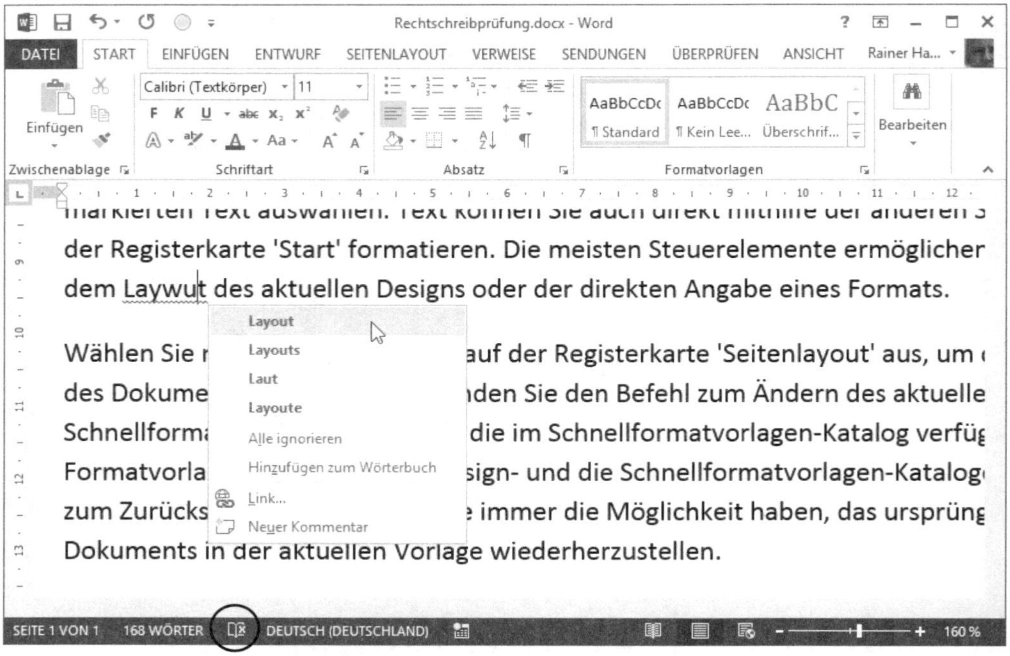

Wenn die automatische Rechtschreibprüfung aktiv ist, wird in der Statusleiste ein kleines Buchsymbol angezeigt, an dem Sie erkennen können, ob derzeit eine Prüfung stattfindet oder nicht und ob im Dokument Fehler gefunden wurden.

Was tun bei korrekten Wörtern, die die Rechtschreibprüfung aber nicht kennt?

In dem Kontextmenü, das Sie in der obigen Abbildung sehen, wird zwar in der Regel die richtige Schreibweise angezeigt, aber es kommt auch häufig vor, dass unbekannte Wörter, wie Eigennamen oder Fachbegriffe, als falsch geschrieben markiert werden. In solchen Fällen können Sie den Befehl *Alle ignorieren* benutzen. Das Programm geht dann für den restlichen Text davon aus, dass das Wort richtig geschrieben ist.

Wollen Sie, dass das Wort generell nicht mehr angemahnt wird, wählen Sie im Kontextmenü den Befehl *Hinzufügen zum Wörterbuch*. Es wird dann in das *Benutzerwörterbuch* aufgenommen und in Zukunft immer akzeptiert.

Einschalten der automatischen Rechtschreibprüfung in Word, PowerPoint und OneNote

Falls die automatische Rechtschreibprüfung nicht eingeschaltet ist, gehen Sie in Word, PowerPoint und OneNote so vor:

1. Klicken Sie auf die Registerkarte *DATEI* und dann auf *Optionen*.
2. Wechseln Sie zur Kategorie *Dokumentprüfung*.

Bild 6.8 In diesem Bereich des Dialogfeldes aktivieren Sie die automatische Rechtschreibprüfung in Word, PowerPoint und OneNote; hier exemplarisch das *Optionen*-Dialogfeld von Word

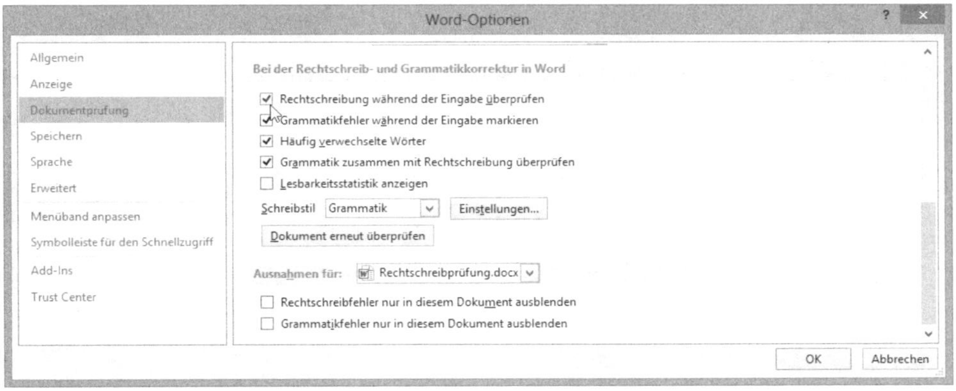

3. Schalten Sie das Kontrollkästchen *Rechtschreibung während der Eingabe überprüfen* ein.
4. Schließen Sie das Dialogfeld mit *OK*.

Rechtschreibprüfung in Excel

Auch Excel besitzt eine Rechtschreibprüfung, jedoch müssen Sie sie manuell aufrufen. Um die manuelle Rechtschreibprüfung zu starten, wechseln Sie zur Registerkarte *ÜBERPRÜFEN* und klicken in der Gruppe *Dokumentprüfung* auf *Rechtschreibung*. (Die manuelle Rechtschreibprüfung können Sie in Word und PowerPoint genauso aufrufen.) Das Dialogfeld *Rechtschreibung* wird angezeigt. Es sieht bei den verschiedenen Office-Programmen etwas unterschiedlich aus. Die wichtigsten Schaltflächen sind jedoch identisch.

Mit *Einmal ignorieren* wird der Fehler an dieser Stelle im Dokument ignoriert, *Alle ignorieren* übergeht ihn für das gesamte Dokument.

Wenn Sie auf *Ändern* klicken, wird der Fehler durch das Wort in der Liste *Vorschläge* korrigiert. Wenn dort mehrere Wörter stehen, markieren Sie das richtige. Durch einen Klick auf *Immer ändern* wird der Fehler im gesamten Dokument entsprechend korrigiert.

Bild 6.9 Das Dialogfeld für die manuelle Rechtschreibprüfung

Mit der Schaltfläche *Zum Wörterbuch hinzufügen* wird das Wort in das Benutzerwörterbuch aufgenommen und in Zukunft immer akzeptiert.

PROFITIPP

Für Standardfehler eignet sich die AutoKorrektur besser

Wenn die Rechtschreibprüfung einen Fehler gefunden hat, der Ihnen häufiger unterläuft – z.B. einen Buchstabendreher –, sollten Sie das Wort der AutoKorrektur übergeben. Wenn Sie das Wort dann beim nächsten Mal wieder falsch schreiben, wird es direkt bei der Eingabe durch die richtige Schreibweise ersetzt.

Korrekturhilfen für weitere Sprachen

Wenn Sie mit Office 2013 Dokumente in unterschiedlichen Sprachen erstellen, können Sie kostenlos die Korrekturhilfen für zusätzliche Sprachen installieren. Sie können die folgenden Schritte in einem beliebigen Office-Programm durchführen. Korrekturhilfen, die Sie in einer Anwendung hinzufügen, stehen automatisch in allen Anwendungen zur Verfügung.

1. Klicken Sie auf die Registerkarte *DATEI* und dann auf *Optionen.*
2. Wechseln Sie zur Kategorie *Sprache.*
3. Öffnen Sie das Listenfeld mit der Beschriftung *Weitere Bearbeitungssprache hinzufügen* und wählen Sie die gewünschte Sprache aus.
4. Klicken Sie auf *Hinzufügen.*
5. Werfen Sie einen Blick auf die Liste der Bearbeitungssprachen. Wenn in der Spalte *Dokumentprüfung* für die hinzugefügte Sprache die Info *Nicht installiert* angezeigt wird, klicken Sie diesen Text an.

   Die Office-Anwendung öffnet daraufhin die Microsoft-Website, von der Sie die Korrekturhilfen herunterladen können. Eventuell müssen Sie auf der Website ein weiteres Mal die gewünschte Sprache auswählen.

Bild 6.10 Sie können Korrekturhilfen für weitere Sprachen kostenlos herunterladen und dann in den Office-Programmen verwenden

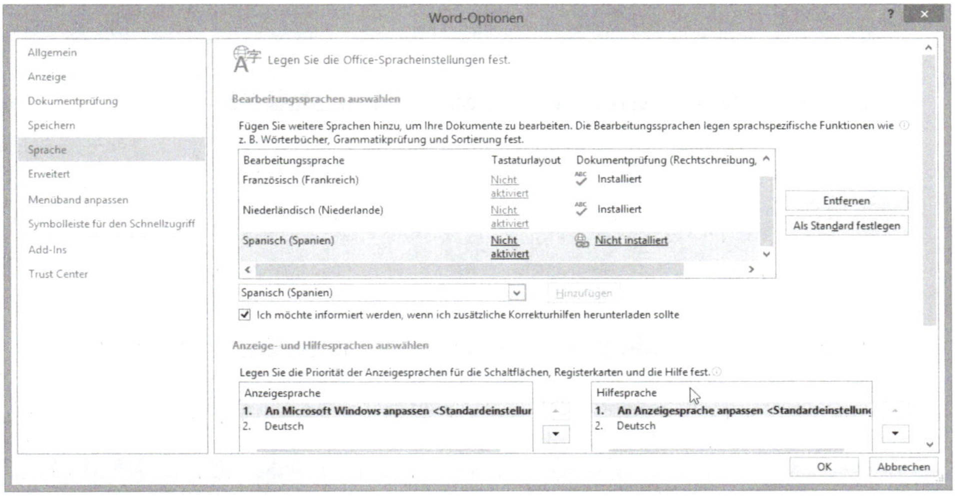

6. Laden Sie das Installationsprogramm für die Korrekturhilfen herunter, starten Sie den Installer und beenden Sie nach Abschluss der Installation die Office-Anwendung. Nach einem Neustart des Programms steht die Sprache zur Verfügung.

Sprache für markierten Text festlegen

Die Rechtschreibprüfung vergleicht den eingegebenen Text mit Wörterbüchern, die für die verschiedensten Sprachen zur Verfügung stehen. Die Sprache des Textes, in dem sich die Einfügemarke befindet, wird in der Statusleiste neben dem Buchsymbol angezeigt.

Word versucht automatisch zu erkennen, welche Sprache der Text in Ihrem Dokument besitzt. Sie können in Word die automatische Spracherkennung komplett abschalten. In Word, PowerPoint und OneNote können Sie manuell festlegen, welche Sprache ein bestimmter Textbereich hat.

Um für eine Textstelle die Sprache festzulegen, gehen Sie so vor:

1. Markieren Sie den Text, dem Sie eine bestimmte Sprache zuweisen wollen.
2. Klicken Sie in der Statusleiste auf die Schaltfläche mit der aktuellen Sprache. (Wenn Sie die Statusleiste so konfiguriert haben, dass dieses Element nicht angezeigt wird, öffnen Sie die Registerkarte *ÜBERPRÜFEN* und klicken in der Gruppe *Dokumentprüfung* auf die Schaltfläche *Sprache* und dann auf *Sprache für die Korrekturhilfen festlegen.)*
3. Wählen Sie in der Liste eine Sprache aus. Für die Sprachen, vor deren Name das Symbol *ABC* erscheint, sind die entsprechenden Wörterbücher installiert.
4. Schalten Sie das Kontrollkästchen *Sprache automatisch erkennen* aus, wenn Sie in Word die automatische Spracherkennung deaktivieren wollen.
5. Schließen Sie das Dialogfeld mit *OK*.

AutoKorrektur

Wenn Sie viel am Computer schreiben, haben Sie wahrscheinlich auch schon bemerkt, dass Ihnen immer wieder die gleichen Tippfehler unterlaufen. Da wird aus »ist« ständig ein »its« und aus »bereits« das weltmännische »bereist«. Sehr beliebt sind auch Wörter mit zwei großen Anfangsbuchstaben – unwiderlegbarer Beweis, dass sich einer Ihrer Finger mal wieder zu lange auf der ⇧-Taste ausgeruht hat.

Solche Fehler können alle Office-Programme mit der AutoKorrektur-Funktion bereits während der Texteingabe beheben. Das heißt, wenn die AutoKorrektur-Funktion eingeschaltet ist, wird aus einem »serh« automatisch ein »sehr«. Probieren Sie es einmal in Word aus:

1. Klicken Sie auf die Registerkarte *DATEI*, dann auf *Neu* und schließlich auf *Leeres Dokument*, um ein Dokument zu erstellen, mit dem Sie die Fähigkeiten der AutoKorrektur testen können.
2. Geben Sie folgenden Text ein: **Geben Sie einen Doppelpunkt (:) ein.**
   Word ändert die Zeichen :) automatisch in ☺.
3. Zeigen Sie mit der Maus auf das Symbol ☺.
   Unter dem Symbol erscheint ein kleiner blauer Rahmen.
4. Zeigen Sie mit der Maus auf den Rahmen. Word zeigt unter dem Wort eine Schaltfläche an.

Bild 6.11 Die automatisch vorgenommenen Änderungen sind an dem kleinen blauen Rahmen zu erkennen

5. Klicken Sie auf die Schaltfläche *AutoKorrektur-Optionen*. Es öffnet sich ein Menü, mit dem Sie das Verhalten der AutoKorrektur steuern können.

Bild 6.12 Das Menü mit den AutoKorrektur-Optionen

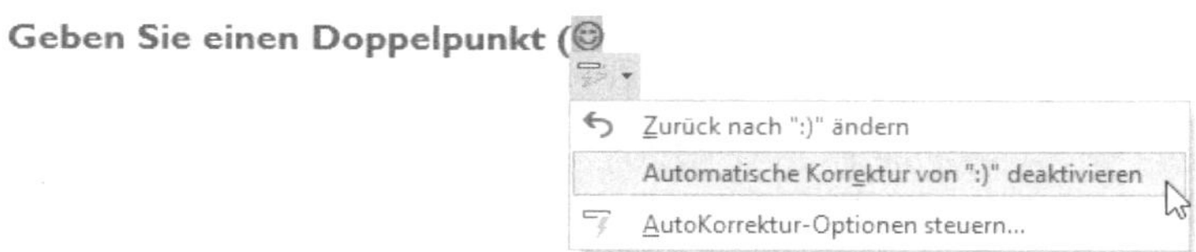

6. Sie können nun die von Word vorgenommene Änderung einmalig rückgängig machen oder festlegen, dass Word diese Schreibweise in Zukunft nicht mehr automatisch korrigiert.

Sonderfälle von der AutoKorrektur ausnehmen

So praktisch die AutoKorrektur-Funktion ist – es gibt auch Fälle, bei denen ihr Eingreifen stört. Dies betrifft vor allem Abkürzungen und Wörter mit unüblichen Groß-/Kleinschreibungen.

1. Geben Sie folgenden Text ein: **Die Abgasuntersuchungen (AUs) werden ...**
   Word korrigiert »AUs« automatisch in »Aus«.

2. Zeigen Sie mit der Maus auf das Wort »Aus«. Unter dem Wort erscheint ein kleiner blauer Rahmen.
3. Bewegen Sie die Maus in die Nähe des Rahmens und klicken Sie auf die dadurch angezeigte Schaltfläche *AutoKorrektur-Optionen*.
4. Wählen Sie im Menü den Befehl *Automatische Korrektur von "Aus" deaktivieren*, damit die Änderung rückgängig gemacht wird.
5. Klicken Sie erneut auf die Schaltfläche *AutoKorrektur-Optionen* und wählen Sie diesmal *AutoKorrektur-Optionen steuern*. Das Dialogfeld *AutoKorrektur* wird angezeigt.
6. Klicken Sie auf die Schaltfläche *Ausnahmen*.
7. Wechseln Sie zur Registerkarte *WOrtanfang GRoß*.

Bild 6.13 Das Wort AUs wurde in die Liste der Ausnahmen aufgenommen

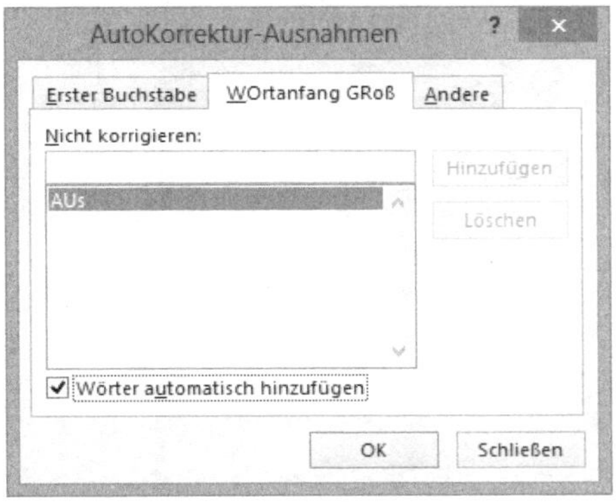

Diese Liste können Sie beliebig erweitern. Wenn Sie in einem Office-Programm einen neuen Eintrag erstellen, wird dieser automatisch auch in den anderen Programmen verwendet.

Neue AutoKorrektur-Einträge erstellen

Im Dialogfeld *AutoKorrektur* können Sie sehen, dass die Office-Programme mit den gängigen Flüchtigkeitsfehlern bereits vertraut sind. Trotzdem werden Sie dieser Liste früher oder später auch eigene Einträge hinzufügen wollen. Sie können die AutoKorrektur auch verwenden, um längere Texte, Namen, Grußformeln in einer Abkürzung unterzubringen. Wenn Sie beispielsweise als Korrektur für *mfg* die Grußformel *Mit freundlichen Grüßen* festlegen, ersetzen die Office-Programme *mfg* automatisch durch den gewünschten Text. Neben dem reinen Text kann ein AutoKorrektur-Eintrag auch Formatierungsmerkmale enthalten.

Angenommen, Sie wollen für Ihren Namen einen AutoKorrektur-Eintrag erstellen und erreichen, dass der Name immer in kursiver Schrift erscheint. Dazu gehen Sie am besten so vor:

1. Geben Sie in das Dokument Ihren Namen ein. Formatieren Sie ihn so, wie er ausgegeben werden soll, und markieren Sie ihn.
2. Klicken Sie auf die Registerkarte *DATEI* und dann auf *Optionen*.

3. Wechseln Sie im Dialogfeld zur Kategorie *Dokumentprüfung* und klicken Sie auf *AutoKorrektur-Optionen*. Das Dialogfeld *AutoKorrektur* wird angezeigt.
4. Geben Sie im Feld *Ersetzen* den Text ein, auf den die AutoKorrektur-Funktion reagieren soll (also die falsche Version bzw. das Kürzel).
5. Im Feld *Durch* wird bereits der Text angezeigt, den Sie in Schritt 1 eingegeben und markiert haben. Wenn Sie einen neuen Eintrag erstellen und vorher keinen Text markiert haben, können Sie in das Feld *Durch* den Text eintragen, den die AutoKorrektur anstelle des falschen Textes einfügen soll.
6. Legen Sie mit den Optionsfeldern *Nur Text* und *Formatierten Text* fest, ob beim automatischen Korrigieren nur der Text oder der Text einschließlich der Formatierungen in das Dokument eingefügt werden soll.

Bild 6.14 In diesem Dialogfeld können Sie die AutoKorrektur um eigene Einträge ergänzen; ein AutoKorrektur-Eintrag kann auch mehrere Zeilen umfassen

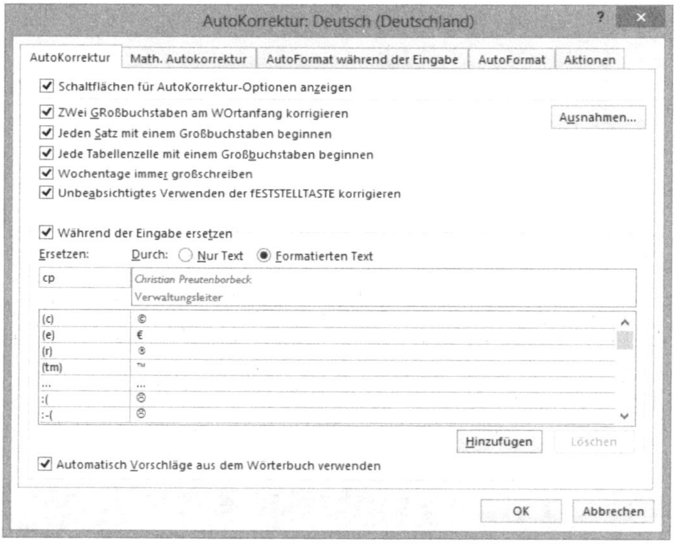

7. Klicken Sie auf *Hinzufügen*, um den neuen Eintrag in die Liste aufzunehmen.
8. Schließen Sie das Dialogfeld mit *OK*.

PROFITIPP

AutoKorrekturregeln für Mathematik

Seit Office 2007 können Sie auch mathematische Symbole von der AutoKorrektur in Ihr Dokument einfügen lassen, indem Sie das entsprechende Kürzel eingeben. So erhalten Sie beispielsweise nach Eingabe von \Pi das Zeichen Π. Die AutoKorrekturregeln für Mathematik sind normalerweise nur beim Erstellen von Formeln und Gleichungen aktiv.

Wenn Sie diese Funktion auch in normalem Text verwenden wollen, wechseln Sie zur Registerkarte *Math. AutoKorrektur* und schalten dort das Kontrollkästchen Mathematische *AutoKorrekturregeln in nicht mathematischen Bereichen verwenden* ein.

Thesaurus verwenden

In Word, Excel, PowerPoint und OneNote steht Ihnen ein Thesaurus zur Verfügung, der Ihnen dabei helfen kann, Ihre Dokumente attraktiv, abwechslungsreich, fesselnd und interessant zu gestalten und Wörter ausfindig zu machen, die einen Sachverhalt anschaulich wiedergeben.

Sie können ein beliebiges Wort im Thesaurus nachschlagen oder aus dem Text, den Sie schreiben, eines an den Thesaurus übergeben. Probieren Sie es aus und schreiben Sie an eine beliebige Stelle in einem Dokument das Wort *Geschehen.*

Öffnen Sie anschließend durch Klicken mit der rechten Maustaste auf das Wort das Kontextmenü und wählen Sie den Befehl *Synonyme.* In einem weiteren Menü werden Ihnen (sofern vorhanden) Vorschläge für ein alternatives Wort unterbreitet. Ist eines dabei, das Sie verwenden wollen, klicken Sie es einfach an.

Bild 6.15 Die Synonyme werden im Kontextmenü angezeigt

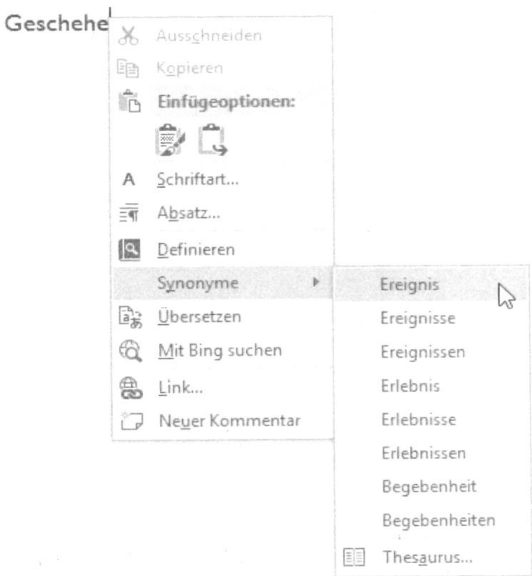

Den Thesaurus im Aufgabenbereich nutzen

Sie können auch den Aufgabenbereich *Thesaurus* verwenden, wenn Sie weitere Auswahlmöglichkeiten haben wollen. Sie öffnen diesen Aufgabenbereich entweder mit dem Befehl *Thesaurus* aus dem Kontextmenü, das Sie in der vorigen Abbildung sehen, oder indem Sie auf der Registerkarte *ÜBERPRÜFEN* in der Gruppe *Dokumentprüfung* auf die Schaltfläche *Thesaurus* klicken. Am schnellsten geht es mit der Tastenkombination [⇧]+[F7].

Wenn Sie kein Wort markiert haben, geht das Programm davon aus, dass Sie das Wort nachschlagen wollen, das die Einfügemarke enthält oder unmittelbar neben ihr steht. Im oberen Bereich des Aufgabenbereichs (siehe folgende Abbildung) sehen Sie das Suchenfeld, in dem immer das Wort steht, das zurzeit nachgeschlagen wird. In unserem Beispiel enthält das Feld den Eintrag *Geschehen.*

Das scheinbar so schlichte Wort »Geschehen« ist in Wirklichkeit sehr vielseitig. Es hat nämlich diverse Bedeutungen und kann als Substantiv oder als Verb verstanden werden. Die Wortart der verschiedenen Begriffe wird dabei in Klammern angegeben.

Bild 6.16 Der Aufgabenbereich *Thesaurus*

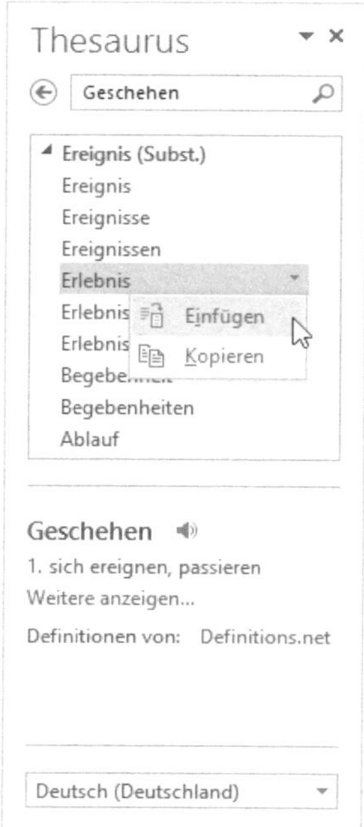

Sie können weitere Synonyme recherchieren, indem Sie im Listenfeld einen der Begriffe anklicken. Das angeklickte Wort wird in das Suchenfeld übernommen und dann werden dessen Synonyme oder Antonyme angezeigt.

Um einen der Begriffe in das Dokument einfügen zu lassen, klicken Sie auf die Pfeil-Schaltfläche, die eingeblendet wird, wenn der Mauszeiger sich auf dem Wort befindet. Klicken Sie anschließend im Dropdownmenü auf *Einfügen.*

Wenn Sie sich beim Nachschlagen eines Wortes in den Untiefen des Thesaurus verirrt haben (und das geht sehr schnell), können Sie die Schaltfläche *Zurück* verwenden, die neben dem Suchenfeld angezeigt wird, um zum vorherigen Wort zu wechseln.

Wenn Sie Synonymwörterbücher für weitere Sprachen benötigen, können Sie diese kostenlos von der Microsoft-Website herunterladen und installieren (siehe Seite 162). Um eines dieser Synonymwörterbücher zu verwenden, weisen Sie dem Text die gewünschte Sprache zu, wie Sie es bei der Rechtschreibprüfung gesehen haben (siehe hierzu Seite 163).

Silbentrennung

Auch wenn es sich für PowerPoint anbieten würde (häufig werden in Aufzählungen Texte verwendet, die länger sind als eine Zeile), so stellt nur Word eine automatische Silbentrennung zur Verfügung. Um in PowerPoint Wörter zu trennen, geben Sie an den betreffenden Stellen mit der Taste [-] einen Trennstrich ein.

In Word können Sie die Silbentrennung automatisch vornehmen lassen; dies ist besonders dann nützlich,

- wenn Sie Absätze im Blocksatz formatieren und dadurch große Lücken zwischen den Wörtern in den einzelnen Zeilen erhalten oder
- bei linksbündigen Absätzen einen zu stark ausgezackten Seitenrand (den sogenannten Flatterrand) erhalten.

Automatische Silbentrennung verwenden

Um die automatische Silbentrennung zu verwenden, gehen Sie folgendermaßen vor:

1. Wechseln Sie zur Registerkarte *SEITENLAYOUT*.

Bild 6.17 Einschalten der automatischen Silbentrennung

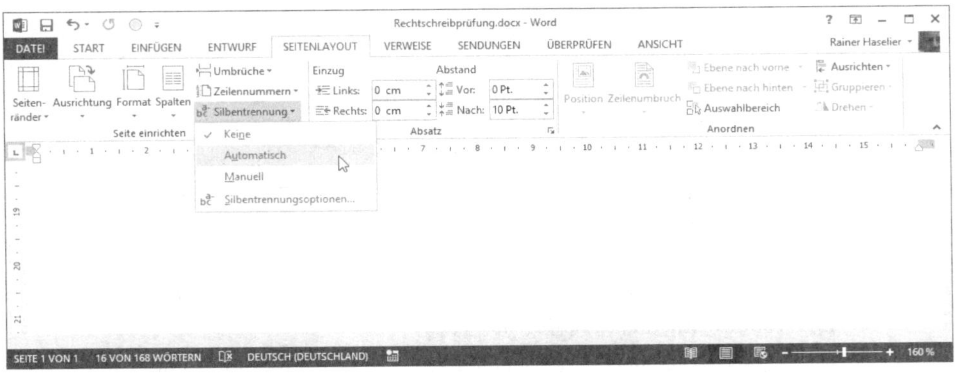

2. Klicken Sie in der Gruppe *Seite einrichten* zuerst auf *Silbentrennung* und dann auf *Automatisch*.

Mit diesem Befehl werden immer sogenannte bedingte Trennzeichen in den Text aufgenommen. Dies hat den Vorteil, dass die Trennstriche auch nur dann gedruckt werden, wenn sie zur Silbentrennung und zur Anpassung des rechten Absatzrandes erforderlich sind. Das Einschalten der automatischen Silbentrennung gilt immer für das gesamte Dokument.

Die automatische Silbentrennung von Word verwendet die sogenannten Korrekturhilfen und zwar für alle Bearbeitungssprachen, die Sie installiert haben. Achten Sie daher darauf, dass der Text des Dokuments mit der richtigen Sprache formatiert ist. Wenn Sie ein Dokument erstellen, in denen mehrsprachiger Text vorkommt, weisen Sie den betreffenden Textbereichen die jeweilige Sprache zu (siehe Seite 163); dann funktioniert die Silbentrennung für das gesamte Dokument.

ACHTUNG Falls Sie für ein Dokument die automatische Silbentrennung eingeschaltet haben und es einen oder mehrere Absätze im Dokument gibt, in denen anscheinend nicht getrennt wird, kann dies daran liegen, dass für diese Absätze die Silbentrennung ausgeschaltet wurde.

Sie können dies überprüfen, indem Sie die Einfügemarke in den nicht getrennten Absatz setzen. Wechseln Sie dann zur Registerkarte *START* und klicken Sie in der Gruppe *Absatz* auf das Startprogramm für ein Dialogfeld. Wechseln Sie im Dialogfeld *Absatz* zur Registerkarte *Zeilen- und Seitenumbruch*.

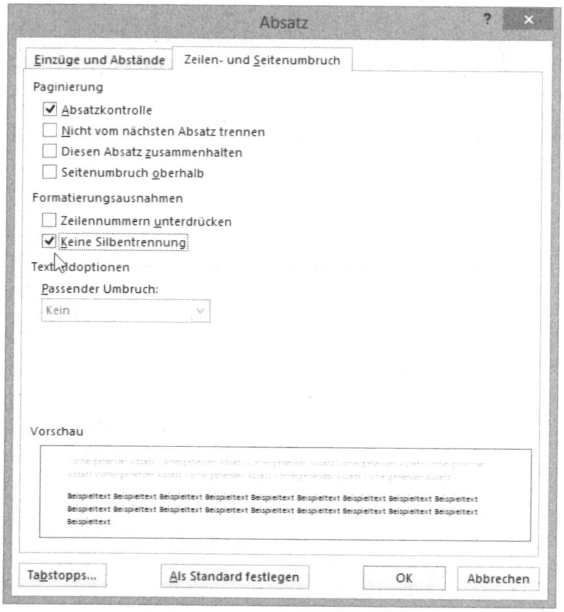

Prüfen Sie, ob das Kontrollkästchen *Keine Silbentrennung* eingeschaltet ist; wenn ja, schalten Sie es aus, damit auch dieser Absatz automatisch von Word getrennt wird.

Manuelle Silbentrennung verwenden

Wenn Sie die automatische Silbentrennung nicht benutzen und die Trennvorschläge bestätigen wollen, können Sie die manuelle Silbentrennung verwenden. Word zeigt Ihnen dann jedes Wort zur Überprüfung an und Sie können entscheiden, ob und wo dieses Wort getrennt werden soll.

1. Wenn Sie die manuelle Silbentrennung im gesamten Dokument vornehmen wollen, achten Sie darauf, dass kein Text markiert ist. Wenn Sie nur einen Teil des Dokuments manuell trennen lassen wollen, markieren Sie die betreffenden Textstellen.
2. Wechseln Sie zur Registerkarte *SEITENLAYOUT.*
3. Klicken Sie in der Gruppe *Seite einrichten* zuerst auf *Silbentrennung* und dann auf *Manuell.*

   Word zeigt das Dialogfeld *Manuelle Silbentrennung* mit möglichen Trennstellen an. Im Textfeld *Trennvorschlag* sieht das am Beispiel des Wortes »manuell« folgendermaßen aus:

Bild 6.18 Anzeige der Trennvorschläge

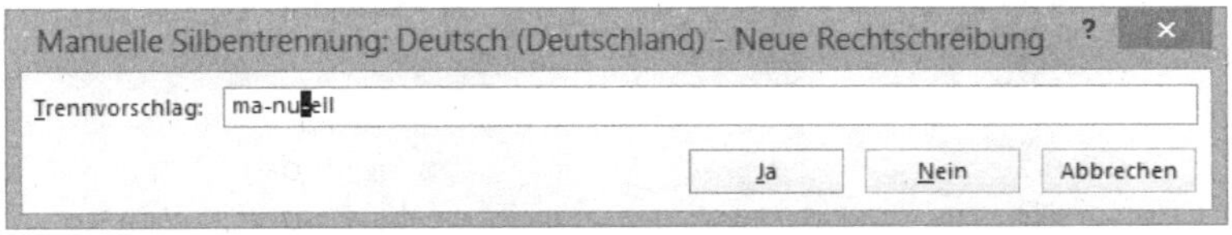

Die Trennhilfe teilt das Wort in einzelne Silben auf und zeigt alle erlaubten Trennstellen mit einem Trennstrich an. Eventuell sehen Sie zwischen zwei Buchstaben einen senkrechten grauen Strich. Damit wird der Teil des Wortes gekennzeichnet, der maximal in die alte Zeile hineinpasst. Der Trennstrich, den Word Ihnen vorschlägt, liegt immer links von dieser Marke und wird dunkel hinterlegt.

4. Sie können den Trennvorschlag übernehmen, indem Sie die Schaltfläche *Ja* auswählen, oder ihn ändern, indem Sie mit den Tasten [←] und [→] die Trennstelle verschieben und dann auf *Ja* klicken.

   Wenn Sie die Trennstelle rechts neben die graue Linie verschieben, wird das Wort zwar nicht getrennt, jedoch fügt Word einen optionalen Trennstrich ein, der automatisch verwendet wird, wenn sich durch Hinzufügen von Text oder Ändern der Einzüge sowie Ränder der Zeilenumbruch verändert.

5. Sie können die Schaltfläche *Abbrechen* verwenden, wenn Sie die Trennhilfe beenden wollen. Trennstriche, die Sie bereits eingegeben haben, werden dadurch nicht entfernt. Sie können jedoch alle eingefügten Trennstriche wieder entfernen, wenn Sie sofort nach dem Beenden der Trennhilfe die Schaltfläche *Rückgängig* in der Symbolleiste für den Schnellzugriff anklicken bzw. die Tastenkombination [Strg]+[Z] drücken.

Optionen für die Silbentrennung einstellen

Sowohl für die automatische als auch für die manuelle Silbentrennung können Sie verschiedene Optionen einstellen. Gehen Sie dazu folgendermaßen vor:

1. Wechseln Sie zur Registerkarte *SEITENLAYOUT.*
2. Klicken Sie in der Gruppe *Seite einrichten* zuerst auf *Silbentrennung* und dann auf *Silbentrennungsoptionen.* Das Dialogfeld *Silbentrennung* wird angezeigt (siehe Abbildung auf der folgenden Seite).

   Mit dem Kontrollkästchen *Automatische Silbentrennung* können Sie die automatische Silbentrennung für das gesamte Dokument (wenn kein Text markiert ist) bzw. für die markierte Textstelle ein- bzw. ausschalten. Dieses Kontrollkästchen hat die gleiche Funktion wie der Befehl *Automatisch* im Menü der Schaltfläche *Silbentrennung* auf der Registerkarte *SEITENLAYOUT.*

   Mit der Schaltfläche *Manuell* können Sie die manuelle Silbentrennung starten. Diese Schaltfläche hat die gleiche Funktion wie der Befehl *Manuell* im Menü der Schaltfläche *Silbentrennung* auf der Registerkarte *SEITENLAYOUT.*

Bild 6.19 Einstellen der Optionen für die Silbentrennung

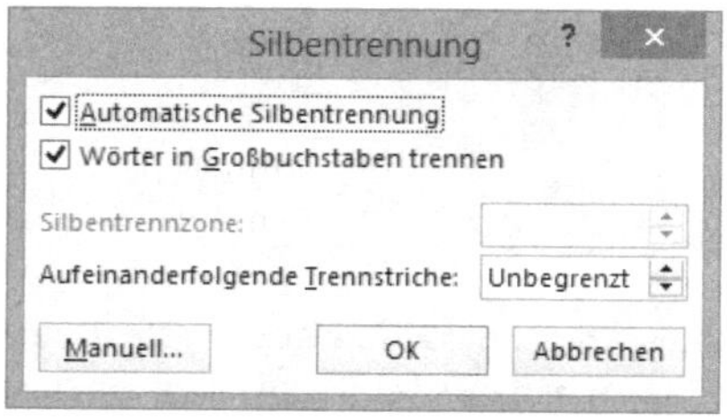

3. Stellen Sie die weiteren Optionen für die Silbentrennung ein.

- **Wörter in Großbuchstaben trennen** Mit dem Kontrollkästchen *Wörter in Großbuchstaben trennen* können Sie festlegen, ob Wörter, die vollständig aus Großbuchstaben bestehen, auch getrennt werden sollen. Standardmäßig ist dieses Kontrollkästchen eingeschaltet. Wenn Sie nicht wollen, dass Abkürzungen, Länder- oder Eigennamen, die ganz aus Großbuchstaben bestehen, getrennt werden, schalten Sie dieses Kontrollkästchen aus.

- **Silbentrennzone** Mit dem Wert, der im Textfeld *Silbentrennzone* eingetragen ist, können Sie steuern, wann in einer Zeile getrennt wird und wann nicht. Der Standardwert in diesem Feld beträgt 0,75 cm. Wenn Word in einer Zeile mit Blocksatz einen Leerraum entdeckt, der größer ist als dieser Wert, oder bei Flattersatz der Leerraum am Ende der Zeile bis zum rechten Einzug größer ist als dieser Wert, versucht Word, das erste Wort der folgenden Zeile mit in die aktuelle Zeile aufzunehmen und es zu trennen.

  Wenn Sie diesen Wert vergrößern, wird die Anzahl der Trennstriche reduziert, jedoch wird der rechte Rand ausgezackter. Wenn Sie den Wert verkleinern, erhöht sich die Anzahl der Trennstellen, jedoch wird der Text am rechten Rand ausgeglichener, wenn die Absätze linksbündig formatiert sind. Haben Sie als Absatzmerkmal den Blocksatz verwendet, werden die Freiräume zwischen den einzelnen Wörtern schmaler.

Bild 6.20 Auswirkung des Wertes für die Silbentrennzone

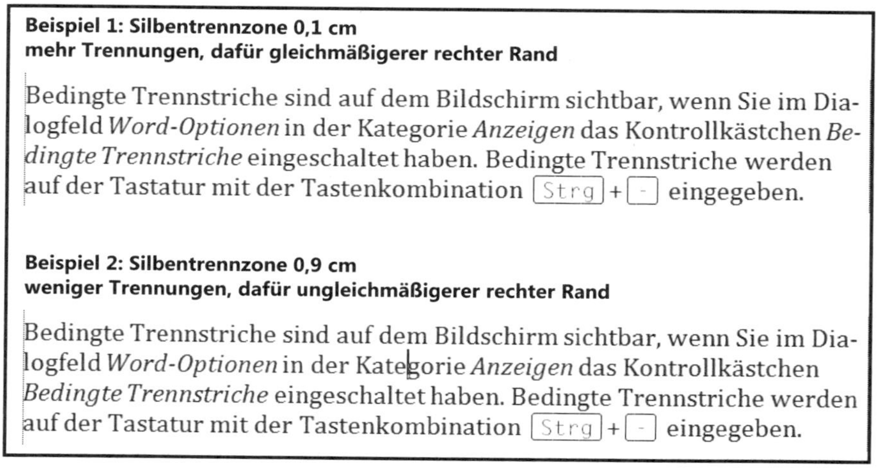

Beispiel 1: Silbentrennzone 0,1 cm
mehr Trennungen, dafür gleichmäßigerer rechter Rand

Bedingte Trennstriche sind auf dem Bildschirm sichtbar, wenn Sie im Dialogfeld *Word-Optionen* in der Kategorie *Anzeigen* das Kontrollkästchen *Bedingte Trennstriche* eingeschaltet haben. Bedingte Trennstriche werden auf der Tastatur mit der Tastenkombination Strg + - eingegeben.

Beispiel 2: Silbentrennzone 0,9 cm
weniger Trennungen, dafür ungleichmäßigerer rechter Rand

Bedingte Trennstriche sind auf dem Bildschirm sichtbar, wenn Sie im Dialogfeld *Word-Optionen* in der Kategorie *Anzeigen* das Kontrollkästchen *Bedingte Trennstriche* eingeschaltet haben. Bedingte Trennstriche werden auf der Tastatur mit der Tastenkombination Strg + - eingegeben.

ACHTUNG Zum Zeitpunkt der Drucklegung dieses Buches ist die Einstellmöglichkeit für die Silbentrennzone in Word 2013 defekt. Möglicherweise verwenden Sie eine neuere Version von Word in der dieser Fehler behoben ist.

- **Aufeinanderfolgende Trennstriche** In diesem Feld können Sie die maximale Anzahl von Textzeilen eingeben, die mit einem Trennstrich enden dürfen.

Ansichten, Zoomen und Fenster

Sie können in Word, PowerPoint und Excel die Datei, die Sie derzeit bearbeiten, in verschiedenen Ansichten darstellen lassen. Die am häufigsten benutzten Ansichten stehen Ihnen direkt über Schaltflächen am rechten Rand der Statusleiste zur Verfügung; sie korrespondieren mit den Befehlen, die Sie auf der Registerkarte *ANSICHT* in der Gruppe *Ansichten*, *Arbeitsmappenansichten* bzw. *Präsentationsansichten* finden.

Eine kleine Besonderheit stellt PowerPoint dar; hier finden Sie in der Statusleiste noch die Schaltfläche *Bildschirmpräsentation*, die Sie im Menüband über die gleichnamige Registerkarte und nicht über die Registerkarte *ANSICHT* starten.

Bild 6.21 Zwischen Ansichten wechseln in Word, Excel und PowerPoint

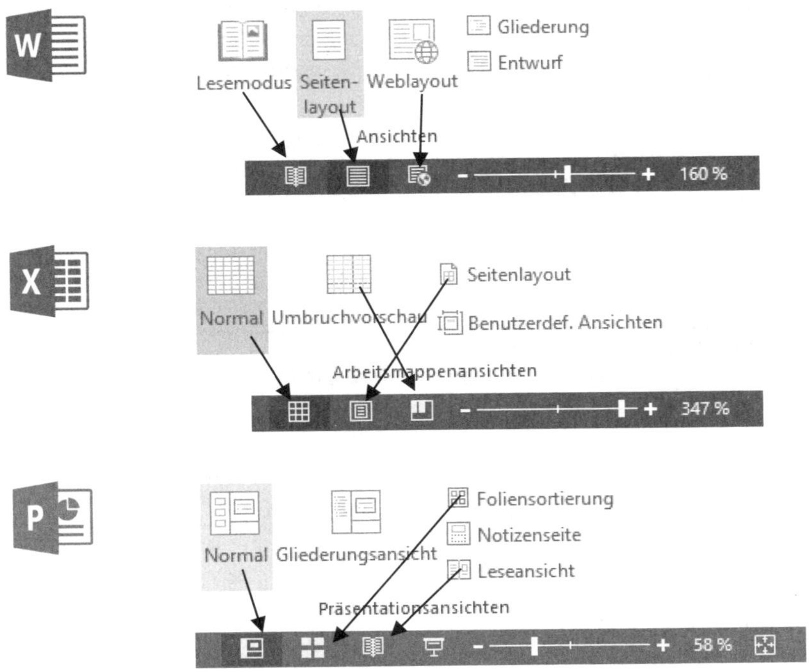

- **Normal** Verwenden Sie in Excel und PowerPoint die Ansicht *Normal*, um die Arbeitsmappe bzw. Präsentation zu bearbeiten.
- **Seitenlayout** Zur Bearbeitung von Word-Dokumenten verwenden Sie die Ansicht *Seitenlayout*: Hier wird das Dokument auf dem Bildschirm so dargestellt, wie es gedruckt wird. In

Excel steht Ihnen ebenfalls die Ansicht *Seitenlayout* zur Verfügung. Verwenden Sie sie in Excel, um komfortabel die Kopf- und Fußzeilen zu bearbeiten und um die Seitenränder zu ändern. In Excel wird das Arbeitsblatt in der Ansicht *Seitenlayout* nicht so angezeigt wie es gedruckt wird, da die definierten Druckbereiche und eine eventuelle Skalierung nicht berücksichtigt werden.

- **Lesemodus/Leseansicht** Der Lesemodus von Word und PowerPoint eignet sich dann, wenn Sie keine Änderungen am Dokument bzw. der Präsentation vornehmen und Sie sich lediglich über deren Inhalt informieren wollen. Speziell in Word wird das Dokument so angezeigt, dass es optimal, und zwar auch auf kleineren Displays wie einem Windows-Tablet, gelesen werden kann.
- **Weblayout** Verwenden Sie die Word-Ansicht *Weblayout,* wenn Sie mit Word HTML-Dokumente erstellen wollen. Der Text wird hierbei immer auf die Breite des Fensters angepasst; außerdem werden, wie bei Webseiten, keine Seitenumbrüche und Druckränder angezeigt.
- **Umbruchvorschau** Diese spezielle Excel-Ansicht dient dazu, die Seitenumbrüche zu kontrollieren und zu verändern. Weitere Informationen hierzu finden Sie in Kapitel 26.
- **Foliensortierung** Diese spezielle PowerPoint-Ansicht dient dazu, die verschiedenen Folien einer Präsentation in die richtige Reihenfolge zu bringen. Weitere Informationen zur Foliensortierung finden Sie in Kapitel 27.

Zoomen

Ganz rechts in der Statusleiste finden Sie in Word, PowerPoint und Excel den Zoom-Schieberegler, mit dem Sie den Zoomfaktor festlegen, in dem der Inhalt Ihres Dokuments angezeigt werden soll. Ziehen Sie den Regler einfach, bis Sie genug von Ihrem Dokument sehen. Der aktuelle Zoomfaktor wird neben dem Schieberegler angezeigt. Klicken Sie den Zoomfaktor an, um das Dialogfeld *Zoom* zu öffnen.

Bild 6.22 Das Dialogfeld *Zoom* in Word, Excel und PowerPoint

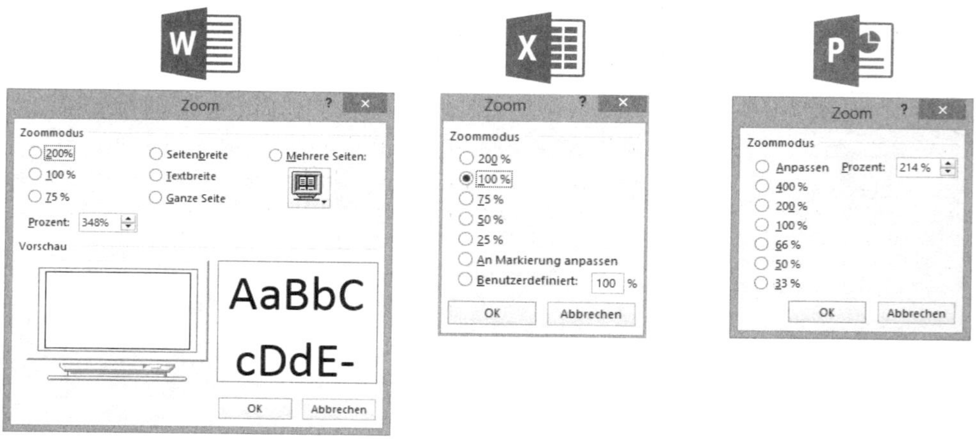

Sie können in allen Dialogfeldern verschiedene vordefinierte Zoomfaktoren auswählen. Nützlich sind jedoch die Optionen, die den Zoomfaktor automatisch an die Größe des Programmfensters anpassen.

- **Word** Verwenden Sie in Word die Optionen *Seitenbreite* (inkl. der Seitenränder), *Textbreite* oder *Ganze Seite*. Für das Schreiben und Bearbeiten des Dokumentinhalts bieten sich *Seitenbreite* und *Textbreite* an. Um einen Überblick über das Layout der Seite zu erhalten, verwenden Sie *Ganze Seite*. Diese drei Optionen funktionieren am besten in der Ansicht *Seitenlayout*.
- **Excel** Markieren Sie den Zellbereich, den Sie gerade bearbeiten, und wählen Sie *An Markierung anpassen*. Excel stellt dann den Zoomfaktor so ein, dass der markierte Bereich den Arbeitsbereich von Excel ausfüllt. Diese Option funktioniert am besten in der Ansicht *Normal*.
- **PowerPoint** Verwenden Sie die Option *Anpassen*, damit PowerPoint den Zoomfaktor so einstellt, dass die gesamte Folie im Arbeitsbereich sichtbar ist.

Wie auch bei der Auswahl der Ansicht stehen Ihnen diese und weitere Optionen in der Gruppe *Zoom* auf der Registerkarte *ANSICHT* der drei Programme zur Verfügung. Die *Zoom*-Schaltfläche in den folgenden Abbildungen öffnet das gleichnamige Dialogfeld.

Bild 6.23 Die Gruppe *Zoom* der Registerkarte *ANSICHT* in Word, Excel und PowerPoint

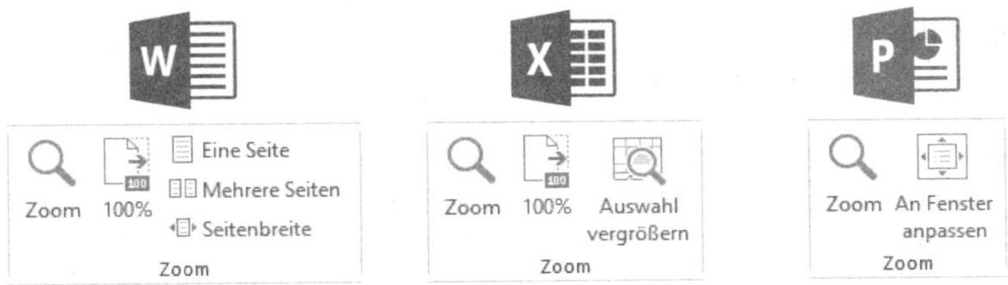

Mit mehreren Fenstern arbeiten

Vermutlich kommen Sie, wenn nicht häufig, dann zumindest ab und zu, in die Lage, mit mehreren Dokumenten gleichzeitig arbeiten zu müssen. Vielleicht wollen Sie in einer Präsentation etwas nachschauen, während Sie an einer neuen arbeiten. Oder Sie benötigen für das aktuelle Word-Dokument eine Textpassage aus einem bereits fertiggestellten. Oder Sie arbeiten an einem sehr langen Dokument und möchten in einem Fenster einen Abschnitt vom Anfang dieses Dokuments sehen und in einem zweiten Fenster einen vom Ende des Dokuments.

Wenn Sie mit zwei (oder mehr) unterschiedlichen Dokumenten arbeiten wollen, öffnen Sie einfach die einzelnen Dokumente mit den Aktionen, die in Kapitel 5 beschrieben sind. Die Steuerung der verschiedenen Fenster nehmen Sie dann mit den Schaltflächen der Gruppe *Fenster* vor, die Sie in leicht abgewandelter Form in allen drei Programmen auf der Registerkarte *ANSICHT* finden.

In der Gruppe *Fenster* findet sich der Befehl *Neues Fenster*. Mit diesem Befehl können Sie ein weiteres Fenster des aktuellen Dokuments öffnen. Wenn Sie das gleiche Dokument in mehreren Fenstern anzeigen, wird dies in der Titelleiste des Fensters vermerkt. Nach dem Dateinamen sehen Sie dann einen Doppelpunkt gefolgt von einer Zahl, die die Nummer des Fensters mit diesem Dokument anzeigt.

Um zwischen den verschiedenen Fenstern zu wechseln, können Sie die Windows-Taskleiste verwenden. Klicken Sie dort auf das Symbol des betreffenden Programms und anschließend auf die Miniaturansicht des Fensters, zu dem Sie wechseln wollen. Oder öffnen Sie die Registerkarte *ANSICHT* und klicken Sie in der Gruppe *Fenster* auf *Fenster wechseln*. Klicken Sie anschließend den Namen des Fensters an, zu dem Sie wechseln möchten.

Bild 6.24 Wechseln zwischen Fenstern in der Windows-Taskleiste und in der Gruppe *Fenster* der Registerkarte *ANSICHT*

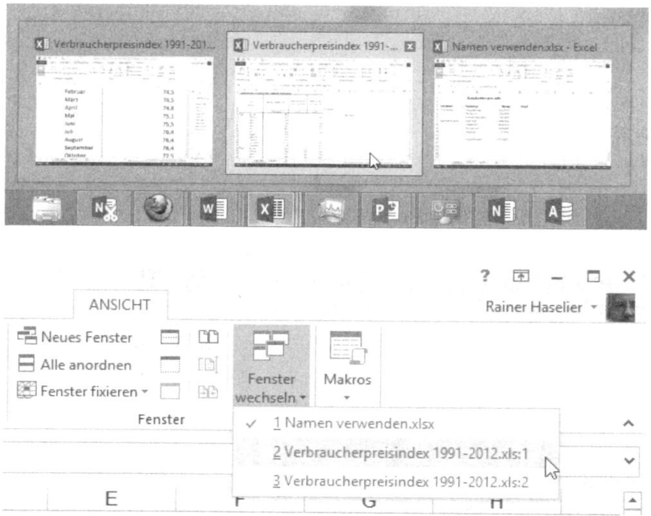

Schnelles Formatieren mit Designs

Seit Office 2007 vereinfachen Designs die Formatierung von Dokumenten, und zwar gleichgültig, ob Sie Word, Excel oder PowerPoint verwenden. Ein Design besteht aus einem Satz von Schriftarten, Farben und Effekten, die so zusammengestellt sind, dass sie gut zueinander passen. Designs werden in eigenen Dateien gespeichert (mit der Endung .thmx), besitzen einen Namen und es stehen Ihnen in Word, Excel und PowerPoint die gleichen Designs zur Verfügung.

Immer wenn Sie ein neues Office-Dokument erstellen, ist dem Dokument automatisch ein Design zugewiesen. Alle Elemente innerhalb des Dokuments (Texte, Tabellen, Diagramme, Folientitel usw.) sind mit dem Design verknüpft. Wenn Sie dem Dokument ein anderes Design zuweisen, passen sich alle Elemente im Dokument automatisch an das neue Design an. Dies macht es sehr einfach, das Aussehen und die Anmutung des Dokuments zu ändern, ohne dass Sie dabei jedes einzelne Dokumentelement getrennt formatieren müssen.

Designs zuweisen

Probieren Sie das Formatieren mit Designs in der folgenden kleinen Übung selbst aus. Das Ziel der Übung besteht nicht darin, alle kleinen Details zu erklären, die beim Einsatz von Designs wichtig sind (Designs werden ausführlicher in Kapitel 35 beschrieben), sondern darum, an einem Beispiel deutlich zu machen, wie Designs prinzipiell funktionieren.

1. Erstellen Sie in Word, Excel oder PowerPoint ein neues Dokument und verwenden Sie dazu eine der fertigen Vorlagen (siehe hierzu auch Kapitel 4). Achten Sie darauf, eine Vorlage zu verwenden, in der sich bereits Platzhalter bzw. Beispieltexte befinden.

HINWEIS In PowerPoint wählen Sie beim Erstellen einer neuen Präsentation immer auch ein Design aus. Die Präsentationsvorlagen auf *Office.com* enthalten meist neue Designs, die nicht zum Standardlieferumfang von Office gehören. Dies stellt kein Problem dar, sondern vergrößert Ihre Formatierungsmöglichkeiten mit Designs: Sie können das in der Präsentation enthaltene Design in einer Datei speichern und dann dieses Design auch in Word oder Excel verwenden. Mehr zu diesem Thema finden Sie in Kapitel 35.

2. Überprüfen Sie zunächst, welches Design das Dokument verwendet. Führen Sie je nach Office-Programm eine der folgenden Aktionen durch:
   - **Word** Öffnen Sie die Registerkarte *ENTWURF*. Diese in Word 2013 neue Registerkarte enthält die wichtigsten Befehle zur Dokumentformatierung, die sich in früheren Office-Versionen auf der Registerkarte *Seitenlayout* befanden.

     Zeigen Sie in der Gruppe *Dokumentformatierung* auf die Schaltfläche *Designs*. In einer QuickInfo wird angezeigt, welches Design das Word-Dokument aktuell verwendet.
   - **Excel** Öffnen Sie die Registerkarte *SEITENLAYOUT*. Zeigen Sie in der Gruppe *Designs* auf die Schaltfläche *Designs*. In einer QuickInfo wird angezeigt, welches Design die Excel-Arbeitsmappe verwendet.
   - **PowerPoint** Werfen Sie einen Blick auf die Statusleiste von PowerPoint. Standardmäßig wird dort der Name des zugewiesenen Designs angezeigt. Falls Sie den Namen dort nicht sehen, klicken Sie die Statusleiste mit der rechten Maustaste an und wählen *Design*, damit der Name des Designs in der Statusleiste erscheint.
3. Weisen Sie dem Dokument nun ein anderes Design zu und beobachten Sie in der Livevorschau, wie sich dabei die Formatierung des gesamten Dokuments ändert. Führen Sie je nach Office-Programm eine der folgenden Aktionen durch:
   - **Word** Klicken Sie auf der Registerkarte *ENTWURF* in der Gruppe *Dokumentformatierung* auf *Designs*. Zeigen Sie mit der Maus auf die verschiedenen Designs, die im Katalog angezeigt werden. Wenn Sie ein Design gefunden haben, das Ihnen gefällt, klicken Sie es an.
   - **Excel** Klicken Sie auf der Registerkarte *SEITENLAYOUT* in der Gruppe *Designs* auf die Schaltfläche *Designs*. Zeigen Sie mit der Maus auf die verschiedenen Designs, die im Katalog angezeigt werden. Klicken Sie ein Design an, um es auszuwählen.
   - **PowerPoint** Klicken Sie auf der Registerkarte *ENTWURF* im Katalog *Design* auf die Schaltfläche *Weitere*. Zeigen Sie mit der Maus auf die verschiedenen Designs, die im erweiterten Katalog angezeigt werden. Wenn Sie ein Design gefunden haben, das Ihnen gefällt, klicken Sie es an.

Bild 6.25 Auswahl eines anderen Designs im Designkatalog, hier am Beispiel von Word 2013

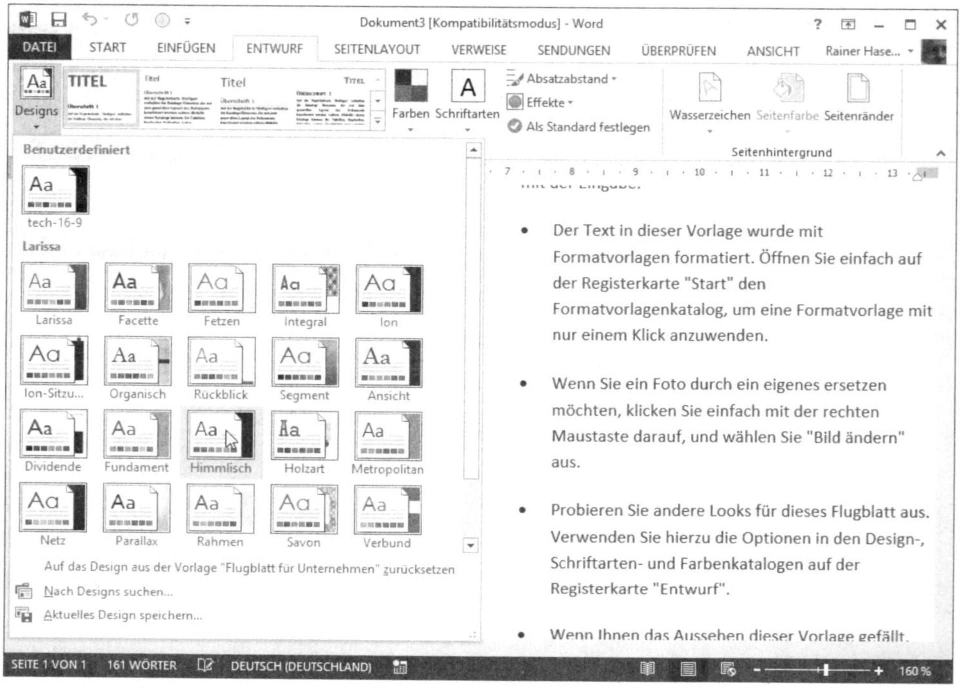

4. In jedem Design sind zwei verschiedene Schriftarten definiert. Eine Schriftart für Überschriften und eine Schriftart für den Textkörper. Welche Schriftart für Überschriften und für den Textkörper verwendet wird, können Sie nachschauen, indem Sie in allen drei Programmen auf der Registerkarte *START* in der Gruppe *Schriftart* die Liste mit den Schriftarten öffnen. Die beiden Designschriftarten stehen oben in der Liste.

Bild 6.26 In jedem Design ist sowohl eine Schriftart für die Überschriften als auch eine für den Textkörper definiert

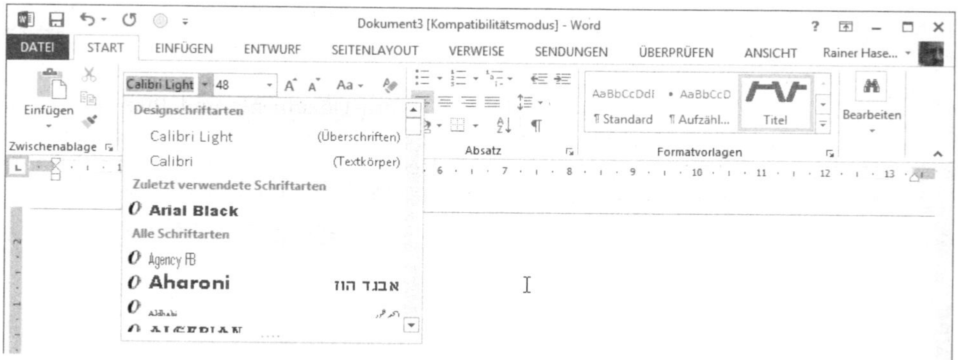

Weisen Sie dem Dokument verschiedene Designs zu und sehen Sie sich an, welche Schriftarten im Design festgelegt sind.

Die Information über die verwendeten Designschriftarten ist wichtig, wenn Sie Ihr Dokument designkonform formatieren wollen. Bei einer designkonformen Formatierung verwenden Sie nur die Designschriftarten. Sie können gleichzeitig beliebige andere Schriftmerkmale der Gruppe *Schriftart* verwenden. Wenn Sie dann das Design des Dokuments ändern, passen sich alle Schriftartformatierungen an die neuen Schriftarten des Designs an und die zusätzlich formatierten Zeichenmerkmale bleiben erhalten.

5. Word-Dokumente und Excel-Arbeitsmappen formatieren Sie am schnellsten und einheitlich, indem Sie Formatvorlagen verwenden. In Word finden Sie die Formatvorlagen auf der Registerkarte *START* in der Gruppe *Formatvorlagen* und die Formatvorlagensätze (eine Gruppe von Formatvorlagen) auf der Registerkarte *ENTWURF* in der Gruppe *Dokumentformatierung*. In Excel klicken Sie auf der Registerkarte *START* in der Gruppe *Formatvorlagen* auf *Zellenformatvorlagen*.

   Probieren Sie auch bei den Formatvorlagen aus, was passiert, wenn Sie das Design ändern. Öffnen Sie dazu nach dem Zuweisen des neuen Designs den Formatvorlagenkatalog. Sie können dann gut erkennen, dass sich die Schriftmerkmale geändert haben. Als Beispiel sehen Sie in der folgenden Abbildung den Formatvorlagenkatalog von Word für zwei verschiedene Designs: auf der linken Seite mit den Merkmalen des Designs *Holzart* und rechts die des Designs *Ion*.

Bild 6.27 Die Formatvorlagen verwenden ebenfalls die grundlegenden Formatierungseigenschaften, die im Design festgelegt sind

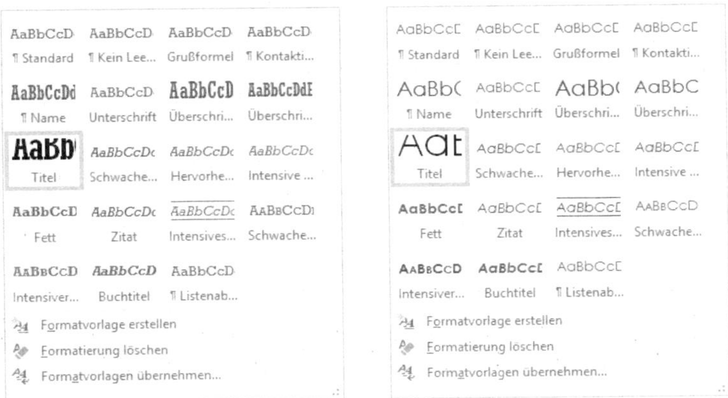

Wenn Sie zur Formatierung Ihres Word-Dokuments und Ihrer Excel-Arbeitsmappen die Formatvorlagen verwenden, können Sie zu jedem Zeitpunkt ein anderes Design auswählen. Die mit den Formatvorlagen formatierten Absätze und Excel-Zellen übernehmen dann automatisch die im Design festgelegten Attribute und Schriften.

Das Gleiche gilt übrigens auch für die zahlreichen Effekte, die Sie den verschiedenen grafischen Elementen (Fotos, Diagramme, WordArt usw.) und den Hintergründen in PowerPoint zuweisen, da die Effektmerkmale (und bei PowerPoint-Designs auch die Hintergründe) ebenfalls im Design gespeichert sind.

Designfarben verwenden

Das Zuweisen eines anderen Designs ist die umfassendste Änderung, die Sie an einem Dokument vornehmen können, da hierdurch sowohl die Schriftarten, die Designfarben und die Designeffekte geändert werden. Sie können jedoch auch lediglich eines der drei Elemente ändern. Angenommen, Sie ändern nur die Designfarben für das Dokument, dann bleiben die Schriftarten, Effekte und in PowerPoint die Hintergründe so erhalten, wie sie im Design definiert sind.

1. Führen Sie eine der folgenden Aktionen durch, um die Designfarben zu ändern:

   - **Word** Klicken Sie auf der Registerkarte *ENTWURF* in der Gruppe *Dokumentformatierung* auf *Farben.*
   - **Excel** Klicken Sie auf der Registerkarte *SEITENLAYOUT* in der Gruppe *Designs* auf *Farben.*
   - **PowerPoint** Klicken Sie auf der Registerkarte *ENTWURF* im Katalog *Varianten* auf die Schaltfläche *Weitere.* Zeigen Sie mit der Maus auf *Farben.*

   Der Katalog mit den Designfarben wird geöffnet.

2. Bewegen Sie die Maus über die verschiedenen Designfarben, um in der Livevorschau die Änderungen zu überprüfen. Klicken Sie den gewünschten Designfarbensatz an, um ihn dem Dokument zuzuweisen.

Bild 6.28 Auswahl eines anderen Designfarbensatzes

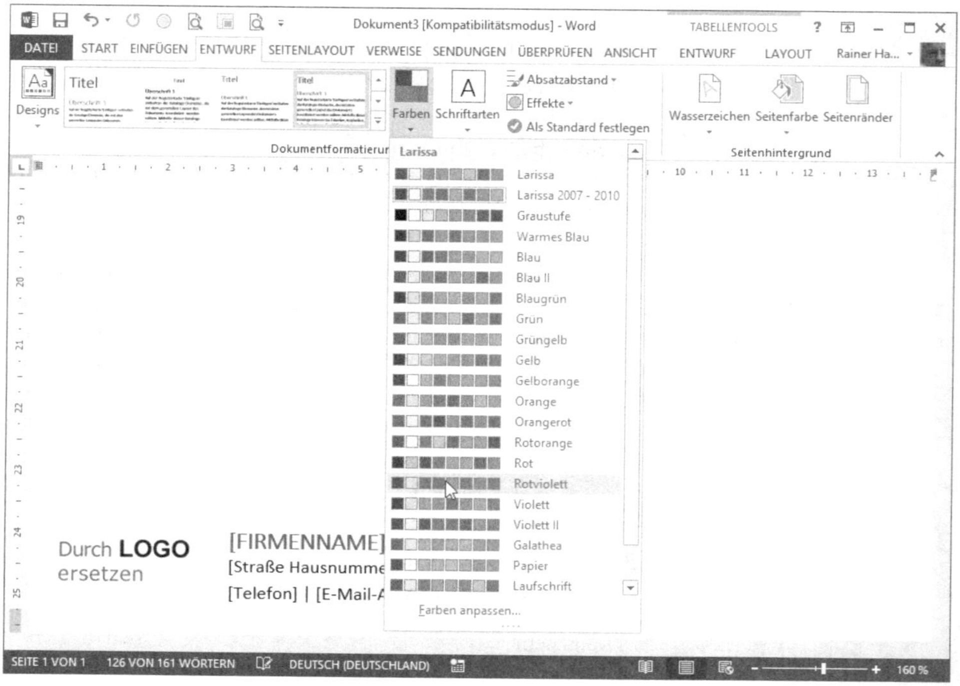

Ein Designfarbensatz besteht aus insgesamt 12 Farbfeldern. Vier Farben werden für den Text und den Hintergrund verwendet. Mit hellen Farben erstellter Text ist auf dunklen Farben immer gut lesbar. Mit dunklen Farben erstellter Text ist immer auf hellen Farben gut zu lesen. Die nächsten sechs Farben sind Akzentfarben, die über den vier potenziellen Hintergrundfarben immer gut erkennbar sind. Die letzten zwei Farben werden für Links und besuchte Links bestimmt.

Die Farbfelder, die Sie in Bild 6.28 neben den Designnamen sehen, stellen die sechs Akzentfarben und die Linkfarben dar.

Nachdem Sie einen neuen Designfarbensatz ausgewählt haben, passen sich die Farbauswahlkataloge, die Sie auf verschiedenen Registerkarten finden, automatisch an den neuen Satz an. Farbauswahlkataloge finden Sie z. B. auf *START/Schriftart/Schriftarbe*, *START/Schriftart/Füllfarbe*, *DIAGRAMMTOOLS/FORMAT/Formenarten/Fülleffekt* und *DIAGRAMMTOOLS/FORMAT/Formenarten/Füllkontur*, um nur einige zu nennen.

Bild 6.29 Die Farbauswahlkataloge zeigen die Farben des aktuellen Designs bzw. des derzeit ausgewählten Designfarbensatzes an

Die obere Zeile zeigt die zehn Grundfarben an. Im ersten und dritten Farbfeld sehen Sie die beiden Farben für den Hintergrund (einmal hell, einmal dunkel) und im zweiten und vierten Farbfeld die Textfarbe (einmal für einen hellen und einmal für einen dunklen Hintergrund) an. In den letzten sechs Feldern sehen Sie die verschiedenen Akzentfarben, die für Hervorhebungen usw. benutzt werden. Die fünf unteren Zeilen sind Schattierungen/Helligkeitsstufen der Grundfarbe aus der ersten Zeile.

Wenn Sie zum Ändern der Farben nur die Designfarben verwenden (und keine der Standardfarben oder der weiteren Farben), formatieren Sie die Farben designkonform. Elemente, deren Farben designkonform formatiert wurden, ändern ihre Farbe automatisch, wenn Sie ein anderes Design oder einen anderen Designfarbensatz zuweisen. Die Office-Programme speichern dazu nicht die tatsächliche Farbe ab, sondern welches der Elemente aus dem Designfarbensatz zur Formatierung verwendet wurde, z. B. Text 2, heller 60%, wie Sie es in der obigen Abbildung sehen.

Designschriftarten verwenden

Lassen Sie uns zum Schluss dieser Einführung in das Formatieren mit Designs noch einen Blick auf die Designschriftarten werfen. Wie bei den Designfarben können Sie Ihrem Dokument auch lediglich einen anderen Designschriftartensatz zuweisen; die Designfarben und Effekte bleiben dann unverändert.

1. Führen Sie eine der folgenden Aktionen durch, um die Designschriftarten zu ändern:
   - **Word** Klicken Sie auf der Registerkarte *ENTWURF* in der Gruppe *Dokumentformatierung* auf *Schriftarten.*
   - **Excel** Klicken Sie auf der Registerkarte *SEITENLAYOUT* in der Gruppe *Designs* auf *Schriftarten.*
   - **PowerPoint** Klicken Sie auf der Registerkarte *ENTWURF* im Katalog *Varianten* auf die Schaltfläche *Weitere* und wählen Sie *Schriftarten.*

   Der Katalog mit den Designschriftarten wird geöffnet.

Bild 6.30 Der Katalog zur Auswahl eines anderen Designschriftartensatzes

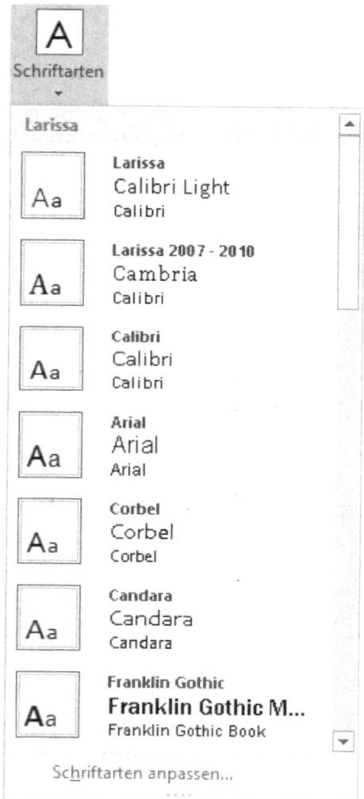

   In der Liste sehen Sie neben jedem Eintrag den Namen (erste Zeile), die Schriftart für die Überschriften (zweite Zeile) und die Schriftart für den Textkörper (dritte Zeile).

2. Bewegen Sie die Maus über die verschiedenen Designschriftarten, um in der Livevorschau die Änderungen zu überprüfen. Klicken Sie den gewünschten Designschriftartensatz an, um ihn dem Dokument zuzuweisen.

Für den Bereich der Schriftartformatierung gilt das Gleiche, was in diesem Abschnitt bereits mehrmals erwähnt wurde: Um die Schriftartformatierung designkonform vorzunehmen, verwenden Sie in der Schriftartenliste, die Sie über *START/Schriftart/Schriftart* öffnen, lediglich die beiden Einträge, die ganz oben in der Liste unter *Designschriftarten* aufgeführt sind. Word, Excel und PowerPoint merken sich dann nur, dass Sie die Überschriften- bzw. die Textkörperschriftart benutzt haben. Wenn Sie dem Dokument, der Arbeitsmappe bzw. Präsentation ein anderes Design zuweisen, übernehmen alle Stellen, die Sie mit den Designschriftarten formatiert haben, automatisch die Schriftarten, die im neu zugewiesenen Design festgelegt sind.

Zeichenformatierung

Mit den Designs und den Designschriftarten (siehe voriger Abschnitt) werden lediglich die Schriftarten und die Schriftfarben festgelegt. Darüber hinaus können Sie noch festlegen, wie groß die Schrift sein soll und Sie können zahlreiche Schriftattribute festlegen. Die am häufigsten verwendeten Optionen für die Zeichenformatierung finden Sie auf der Registerkarte *START* und dort in der Gruppe *Schriftart*.

Zeichenformatierungen beziehen sich immer auf einzelne Buchstaben oder mehrere Buchstaben, die aufeinanderfolgen und denen ein gemeinsames Zeichenattribut zugewiesen werden soll.

Erst formatieren, dann tippen Sie können die Zeichenformatierung vornehmen, während Sie den Text eingeben, und mit den Schaltflächen der Gruppe *Schriftart* oder den entsprechenden Tastenkombinationen die Merkmale festlegen, die der Text erhalten soll, den Sie **nachfolgend** eingeben. Um ein Merkmal wieder aufzuheben, klicken Sie die betreffende Schaltfläche erneut an oder drücken ein weiteres Mal die Tastenkombination.

Erst tippen, dann formatieren Sie können Text auch nachträglich formatieren. Markieren Sie dazu die Textpassage, die formatiert werden soll, und verwenden Sie dann entweder die Tastenkombinationen oder die Schaltflächen, um die Formatierungen vorzunehmen. Wichtig ist, sich zu merken, dass sich die Zeichenformatierung immer nur auf den markierten Text bezieht.

Bild 6.31 Die Gruppe *Schriftart* der Registerkarte *START* in Word, Excel und PowerPoint

In allen drei Programmen können Sie die Schriftart festlegen und mit der Liste rechts davon den Schriftgrad einstellen. Beachten Sie die Hinweise zur designkonformen Schriftartauswahl aus dem vorigen Abschnitt, wenn Sie in der Lage sein wollen, durch Zuweisen eines anderen Designs das Aussehen des gesamten Dokuments zu verändern.

Die folgende Tabelle gibt einen Überblick über die anderen Attribute, die Sie in der Gruppe *Schriftart* einstellen können. In der Spalte *Tastenkombination* ist angegeben, in welchen der drei Programme die Tastenkombination verwendet werden kann.

Tabelle 6.1 Wichtige Schaltflächen und Tastenkombinationen zur Zeichenformatierung

Schaltfläche	Tastenkombination	Beschreibung
A	Strg + < (W, P)	Verkleinern des Schriftgrades um eine Stufe.
A	⇧ + Strg + < (W, P)	Vergrößern des Schriftgrades um eine Stufe
U	⇧ + Strg + U (W, E, P)	Durchgehend unterstreichen (ein/aus)

Tabelle 6.1 Wichtige Schaltflächen und Tastenkombinationen zur Zeichenformatierung *(Fortsetzung)*

Schaltfläche	Tastenkombination	Beschreibung
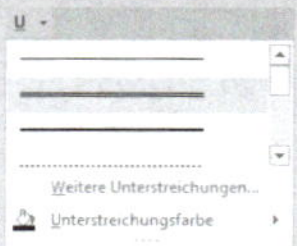	[⇧]+[Strg]+[D] (W)	Doppelt unterstreichen (ein/aus)
	[⇧]+[Strg]+[W] (W)	Wortweise unterstreichen (ein/aus)
F	[⇧]+[Strg]+[F] (W, E, P)	Fett (ein/aus)
K	[⇧]+[Strg]+[K] (W, E, P)	Kursiv (ein/aus)
x_2	[Strg]+[#] (W)	Tieferstellen (ein/aus)
x^2	[Strg]+[+] (W)	Höherstellen (ein/aus)
	[⇧]+[Strg]+[G] (W)	Großbuchstaben (ein/aus)
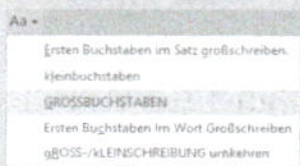	[⇧]+[Strg]+[Q] (W, P)	Groß-/Kleinschreibung ändern
	[⇧]+[Strg]+[Q]	Kapitälchen (ein/aus)
	[⇧]+[Strg]+[H]	Ausgeblendet (ein/aus)
A ▾	–	Schriftfarbe ändern

Viele dieser Schaltflächen finden Sie auch in der Minisymbolleiste, die von Word und PowerPoint immer dann eingeblendet wird, wenn Sie Text markiert haben und den Mauszeiger auf die Markierung bewegen oder wenn Sie in Word, Excel und PowerPoint die Markierung bzw. Zelle mit der rechten Maustaste anklicken (im letzteren Fall zeigen die drei Programme außer der Minisymbolleiste zusätzlich das Kontextmenü an). Die Minisymbolleiste enthält weniger Schaltflächen zur Zeichenformatierung: Sie können hier aber u.a. die Schriftart und die Schriftgröße ändern und die Schriftmerkmale Fett und Kursiv zuweisen.

Bild 6.32 Die Minisymbolleiste

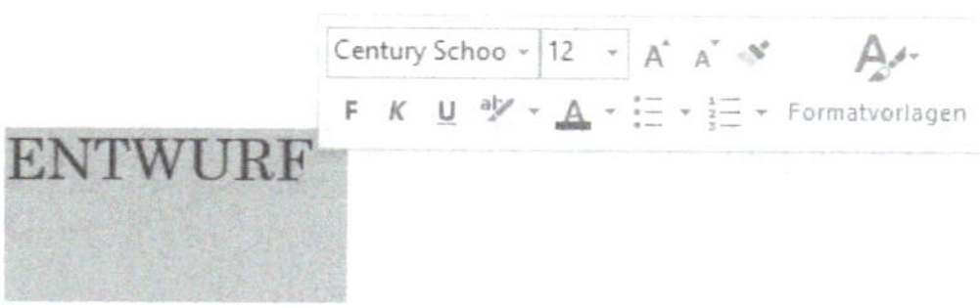

Zahlreiche weitere Optionen, mit denen Sie vor allem weitere Texteffekte und Einstellungen für den Zeichenabstand vornehmen können, finden Sie im Dialogfeld *Schriftart*. Dieses Dialogfeld öffnen Sie, indem Sie auf der Registerkarte *START* in der Gruppe *Schriftart* auf das Startprogramm für ein Dialogfeld klicken oder indem Sie in Word die Tastenkombination [Strg]+[D] drücken.

Bild 6.33 Das Dialogfeld *Schriftart* (Word, PowerPoint) bzw. *Zellen formatieren* (Excel)

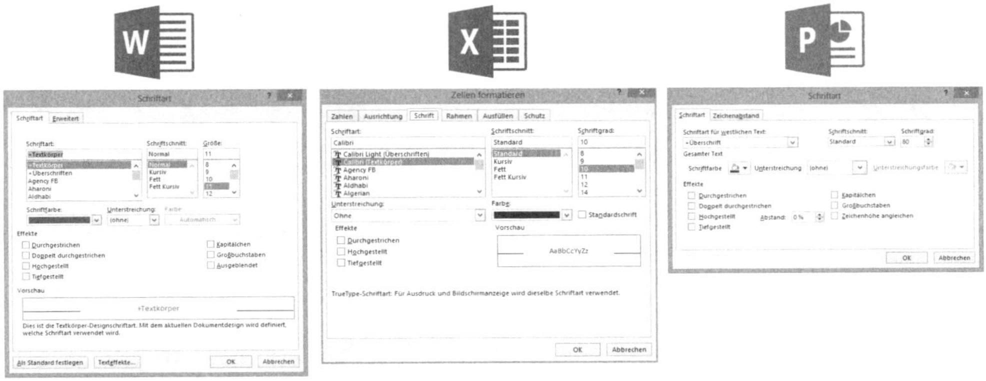

Befehle rückgängig machen und wiederholen

Wenn Sie die letzte Aktion (Texteingabe, Löschen, Formatierung) rückgängig machen wollen, ist das bei den Office-Programmen kein Problem. Die entsprechende Schaltfläche finden Sie in der Symbolleiste für den Schnellzugriff, die standardmäßig rechts neben dem Programmsymbol in der Titelleiste angezeigt wird.

Um den letzten Schritt rückgängig zu machen, klicken Sie auf die Schaltfläche *Rückgängig*. Wenn die Schaltfläche inaktiv ist, kann der letzte Schritt nicht rückgängig gemacht werden. Sie können auch die Tastenkombination Strg+Z verwenden.

Wenn Sie auf den Pfeil an der rechten Seite der Schaltfläche *Rückgängig* klicken, wird eine Liste mit allen Schritten angezeigt, die Sie rückgängig machen können. Markieren Sie mit gedrückter Maustaste die gewünschten Schritte und lassen Sie die Maustaste dann los.

Bild 6.34 Das Menü der Schaltfläche *Rückgängig* enthält eine Liste der letzten Bearbeitungsschritte

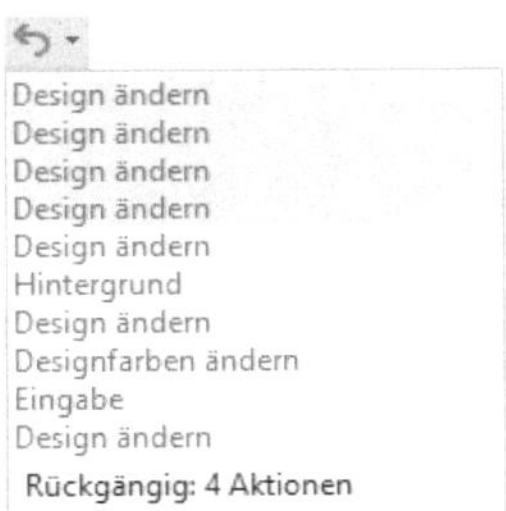

In Word und PowerPoint finden Sie in der Symbolleiste für den Schnellzugriff standardmäßig noch die Schaltfläche *Wiederholen*, mit der Sie die letzte Aktion erneut ausführen lassen können. In Excel können Sie diese Schaltfläche der Symbolleiste für den Schnellzugriff hinzufügen. Wiederholen lässt sich auch mit der Tastenkombination Strg+Y auslösen.

Kapitel 7

Excel-Tabellen in Word/PowerPoint verwenden

In diesem Kapitel:

Der Vorteil bei einem Programmpaket wie Microsoft Office besteht darin, dass Sie für jede Aufgabe das jeweils beste Tool verwenden können. Auch wenn die in Word und PowerPoint integrierten Tabellenfunktionen (siehe Kapitel 37) sehr viele Features bietet, kann es vorkommen, dass Sie in einem Word-Dokument oder einer PowerPoint-Präsentation eine Tabelle benötigen, die die ausgefeilteren Kalkulations- und Rechenmöglichkeiten von Excel erfordert.

Um eine Excel-Tabelle in Word oder PowerPoint zu verwenden, stehen Ihnen verschiedene Möglichkeiten zur Verfügung:

- **Neue Excel-Tabelle als Objekt einfügen** Verwenden Sie diese Option, wenn Sie eine neue Tabelle einfügen wollen. Die eingefügte Excel-Tabelle wird in der gleichen Datei wie das Word-Dokument bzw. die PowerPoint-Präsentation gespeichert. Beim Einfügen und späteren Bearbeiten der Excel-Tabelle stehen Ihnen alle Excel-Features zur Verfügung.
- **Daten aus Excel-Tabelle als Kopie einfügen** Verwenden Sie diese Option, wenn die Excel-Tabelle bereits vorliegt. Nach dem Einfügen als Kopie besteht keine Verbindung/Verknüpfung mehr zur Excel-Arbeitsmappe, aus der die Excel-Daten stammen. Die Excel-Tabelle wird als Text eingefügt und Sie können sie mit den Formatierungswerkzeugen von Word bzw. PowerPoint formatieren und bearbeiten. Falls sich die Daten in der Excel-Quelldatei ändern müssen Sie den Einfügevorgang wiederholen.
- **Daten aus Excel-Tabelle verknüpft einfügen** Wenn Sie Daten aus einer bereits vorhandenen Arbeitsmappe verknüpft einfügen, besteht eine Verbindung zwischen der in Word bzw. PowerPoint eingefügten Excel-Tabelle und der Quelldatei aus der diese Tabelle stammt. Sie können die in Word bzw. PowerPoint eingefügte Tabelle aktualisieren lassen, wenn die Daten in der Quelldatei geändert wurden.
- **Daten aus Excel-Tabelle als Bild einfügen** Das Einfügen einer Excel-Tabelle als Bild bietet sich vor allem bei breiten Excel-Tabellen an, die Sie in ein Word-Dokument einfügen, dessen Seitenorientierung Hochformat ist. Wenn Sie die Excel-Tabelle als Bild einfügen, lässt sich die Tabelle um 90° drehen, sodass sie im Querformat angezeigt wird.

Dieses Kapitel stellt Ihnen alle vier Möglichkeiten vor, mit denen Sie eine Excel-Tabelle in einem Word-Dokument oder in einer PowerPoint-Präsentation verwenden können. Der vorletzte Abschnitt im Kapitel beschreibt außerdem, wie Sie mit einem kleinen Trick in eine PowerPoint-Folie eine Excel-Tabelle einfügen, die Sie während der Präsentation noch verändern können.

Neue Excel-Tabelle als Objekt einfügen

Dieser Abschnitt beschreibt, wie Sie in ein Word-Dokument oder eine PowerPoint-Präsentation eine neue Excel-Tabelle als Objekt einfügen. Bei diesem Verfahren wird die Excel-Tabelle in derselben Datei gespeichert, in der sich auch die anderen Daten des Dokuments/der Präsentation befinden. Dies vereinfacht die Weitergabe des Dokuments. Die Verwendung eines eingefügten Objekts hat außerdem den Vorteil, dass seine Bearbeitung innerhalb von Word bzw. PowerPoint stattfinden kann.

Der Nachteil bei diesem Verfahren ist, dass es keine Verknüpfung zu der ursprünglichen Excel-Datei gibt und somit die Daten innerhalb des Excel-Objekts nicht mehr aktualisiert werden können, wenn die Daten in der ursprünglichen Excel-Datei geändert werden.

So fügen Sie eine Excel-Tabelle als Objekt in ein Word-Dokument bzw. eine PowerPoint-Präsentation ein:

1. Setzen Sie in Word die Einfügemarke an die Stelle im Dokument, an der Sie die Excel-Tabelle einfügen wollen. In PowerPoint wechseln Sie zu der Folie, auf die Sie die Tabelle einfügen wollen,
2. Wechseln Sie zur Registerkarte *EINFÜGEN*, klicken Sie auf die Schaltfläche *Tabelle* und dann auf *Excel-Kalkulationstabelle* (Word) bzw. *Excel-Tabelle einfügen* (PowerPoint).

   In dem Word-Dokument bzw. der PowerPoint-Präsentation ist nun eine Excel-Tabelle mit den vertrauten Zeilen- und Spaltenköpfen sichtbar und Sie können das Excel-Arbeitsblatt innerhalb des Word-Dokuments bearbeiten. Beachten Sie, dass in der Titelleiste »Word« steht und auch die Statusleiste von Word angezeigt wird. Das Menüband jedoch ist das von Excel. Die Registerkarte *DATEI* ist ebenfalls nicht sichtbar, stattdessen sehen Sie unterhalb der Titelleiste das von vorhergehenden Word-Versionen her bekannte *Datei*-Menü.

Bild 7.1 Im Word-Dokument bzw. der PowerPoint-Präsentation (siehe folgende Seite) ist der Arbeitsbereich der Excel-Tabelle sichtbar. Während Sie die Excel-Tabelle bearbeiten, wird innerhalb des Word- bzw. PowerPoint-Fensters das Menüband von Excel eingeblendet.

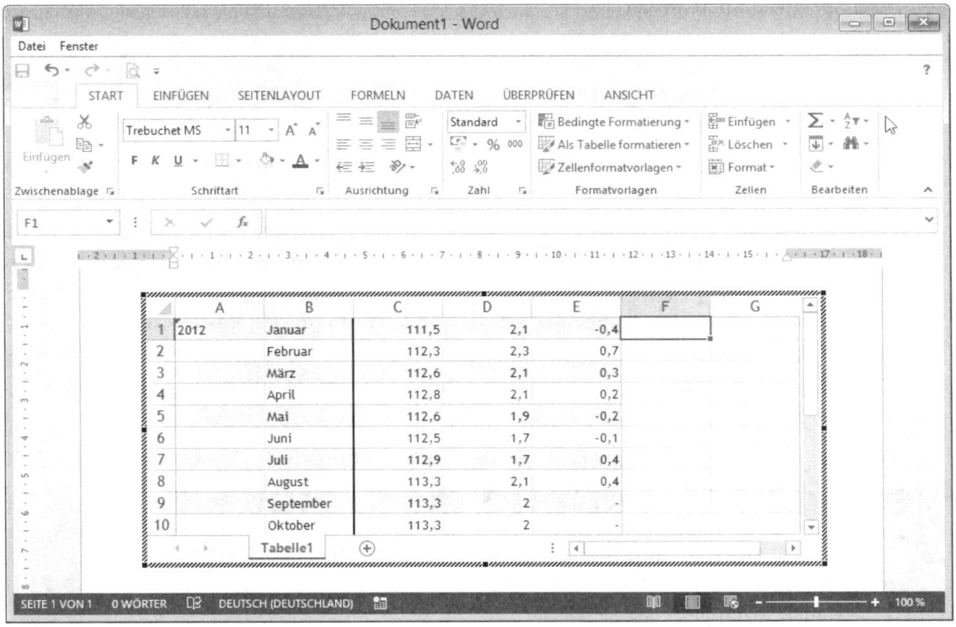

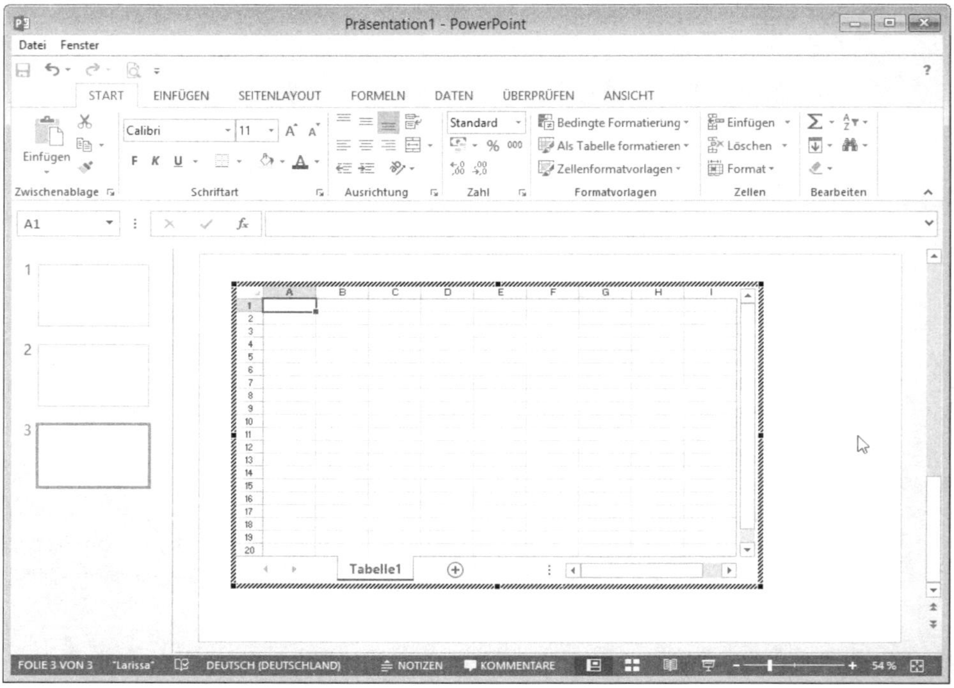

3. Erstellen Sie die Tabelle auf dem Arbeitsblatt, wie Sie es von Excel gewohnt sind. Achten Sie darauf, dass die Tabelle oben links in der Zelle A1 beginnt.

4. Passen Sie die Größe des Arbeitsblattes an die fertige Tabelle an, indem Sie die rechte untere Ecke des schraffierten Rahmens verschieben. Achten Sie darauf, dass im schraffierten Rahmen nur der Teil der Tabelle sichtbar ist, der auch im Word-Dokument bzw. der PowerPoint-Präsentation zu sehen sein soll. Anderenfalls kann es passieren, dass auch leere Tabellenzellen angezeigt werden, was nicht so schön aussieht (siehe Abbildung 7.2 auf der folgenden Seite).

5. Klicken Sie außerhalb des Excel-Objekts, um den Bearbeitungsmodus für Excel-Tabellen zu verlassen.

6. Wenn Sie die Tabelle noch vergrößern oder verkleinern wollen, verwenden Sie dazu die Anfasser an den Ecken des Objekt-Rahmens.

In PowerPoint wird die Excel-Tabelle als frei verschiebbares Objekt eingefügt. Dies macht es einfach die Tabelle an die gewünschte Position zu verschieben.

In Word wird der eingefügten Excel-Tabelle die Umbruchsart *Mit Text in Zeile* zugewiesen. Die Tabelle wandert daher automatisch mit, wenn Sie vor oder nach der Tabelle im Word-Dokument Text ergänzen oder löschen. Um auch in Word die Tabelle frei positionieren zu können, markieren Sie das Tabellenobjekt, wechseln zur Registerkarte *SEITENLAYOUT* und klicken in der Gruppe *Anordnen* auf *Zeilenumbruch* und dann auf *Passend* oder eine der anderen Optionen, die ausführlich in Kapitel 36 beschrieben werden.

Wollen Sie anschließend die Excel-Tabelle erneut bearbeiten, gelangen Sie mit einem Doppelklick in den Bearbeitungsmodus. Alternativ klicken Sie die Excel-Tabelle mit der rechten Maustaste an und zeigen dann im Kontextmenü auf *Arbeitsblatt-Objekt.*

Bild 7.2 Über das Kontextmenü des Arbeitsblatt-Objekts lässt sich die eingefügte Excel-Tabelle bearbeiten

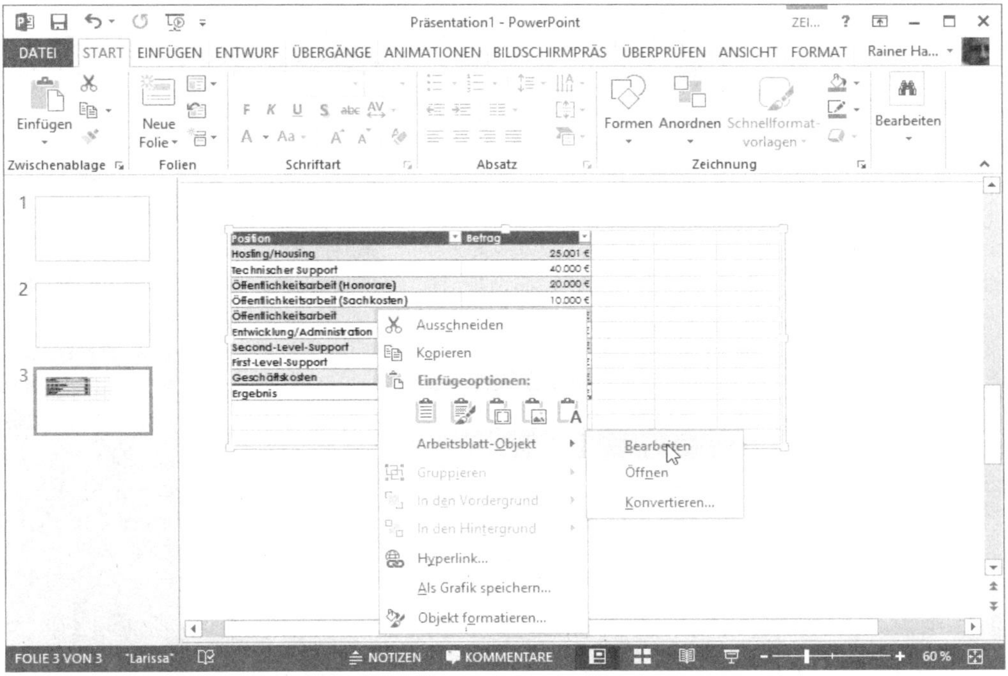

- Klicken Sie auf *Bearbeiten,* wenn Sie die Excel-Tabelle wiederum innerhalb des Word-Dokuments/der PowerPoint-Präsentation bearbeiten wollen. Für diese Aktion können Sie alternativ auch auf die eingefügte Excel-Tabelle doppelklicken. Nachdem Sie die Bearbeitung in Excel abgeschlossen haben, klicken Sie an eine beliebige Stelle außerhalb der Excel-Tabelle; hierdurch wird deren Bearbeitung beendet und Sie kehren zum Word-Dokument/zur PowerPoint-Präsentation zurück.
- Klicken Sie auf *Öffnen,* um das Excel-Objekt im normalen Programmfenster von Excel zu bearbeiten. Solange das eingefügte Tabellenobjekt in Excel geöffnet ist, wird es im Word-Dokument/der PowerPoint-Präsentation schraffiert angezeigt. Wenn Sie mit der Bearbeitung fertig sind, öffnen Sie in Excel die Registerkarte *DATEI* und klicken auf *Schließen.*

  Die Excel-Tabelle im Zieldokument wird aktualisiert und Sie kehren zu Word bzw. PowerPoint zurück.

TIPP Damit die eingefügte Tabelle sich optisch gut an das Word-Dokument bzw. die PowerPoint-Präsentation anpasst, ist es empfehlenswert, zur Formatierung in Word/PowerPoint und Excel das gleiche Office-Design zu verwenden. Sie erreichen so, dass die verwendeten Schriftarten und Farben gut zueinander passen und das gesamte Dokument/die gesamte Präsentation wie aus einem Guss wirkt.

Daten aus vorhandener Excel-Tabelle als Kopie einfügen

Wenn Sie bereits eine Tabelle mit Excel erstellt haben und diese in ein Word-Dokument/eine Präsentation einfügen wollen, gehen Sie folgendermaßen vor:

1. Starten Sie Excel und öffnen Sie dort die Arbeitsmappe, in der sich die betreffende Tabelle befindet (zum Beispiel die Übungsdatei *Businessplan).*
2. Markieren Sie in Excel den Bereich, den Sie in das Word-Dokument bzw. in Ihre Folie einfügen wollen.
3. Klicken Sie auf der Registerkarte *START* in der Gruppe *Zwischenablage* auf *Kopieren.*
4. Wechseln Sie zu Word bzw. PowerPoint. Setzen Sie in Word die Einfügemarke an die Stelle, an der die Excel-Tabelle eingefügt werden soll. In PowerPoint öffnen Sie die Folie, auf der die Excel-Tabelle eingefügt werden soll.
5. Klicken Sie auf der Registerkarte *START* in der Gruppe *Zwischenablage* auf *Einfügen.*

   Im Menü der Schaltfläche können Sie wählen, in welchem Format die Daten eingefügt werden sollen. Bewegen Sie dazu einfach die Maus auf die angebotenen Eingabeoptionen. Im Word-Dokument bzw. der PowerPoint-Präsentation sehen Sie dann eine Vorschau der einzufügenden Daten.

Bild 7.3 Im Menü der Schaltfläche *Einfügen* können Sie das Format der einzufügenden Daten vorgeben

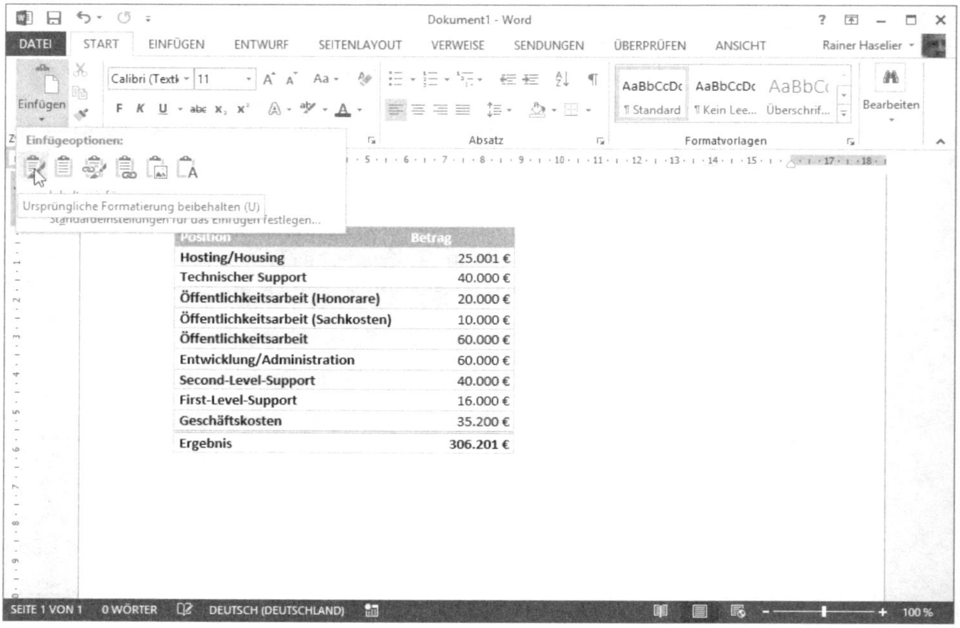

6. Wählen Sie eine der folgenden Optionen, um die Excel-Tabelle nicht verknüpft einzufügen:

   - **Ursprüngliche Formatierung beibehalten** Fügt die Excel-Tabelle statisch ein und übernimmt die Formatierungen, wie sie in Excel vorgenommen wurden. Nach dem Einfügen können Sie die Formatierungsbefehle von Word bzw. PowerPoint verwenden, um die Optik der Tabelle anzupassen.
   - **Zielformatvorlagen verwenden** Fügt die Excel-Tabelle statisch ein. Die Tabelle wird als einfache Tabelle mit Rahmenlinien formatiert; außerdem wird beim Einfügen berücksichtigt, welches Office-Design derzeit für das Dokument bzw. die Präsentation ausgewählt ist. Auch bei dieser Option können Sie nach dem Einfügen die Formatierungsbefehle von Word bzw. PowerPoint verwenden, um die Optik der Tabelle anzupassen.
   - **Grafik** Fügt die Tabelle als Grafik ein, deren Größe verändert werden kann. Bei dieser Option können die Tabellendaten selbst nicht mehr verändert werden.
   - **Nur den Text übernehmen** Wenn Sie diese Option verwenden, werden die Excel-Daten nicht als Tabelle eingefügt, sondern die Inhalte der einzelnen Excel-Zellen durch Tabstopps voneinander getrennt. Sie können anschließend Tabstopps verwenden, um die Tabelle wie gewünscht zu formatieren.
   - **Einbetten** Wenn Sie diese Option verwenden, wird ein Arbeitsblattobjekt in die Folie eingefügt. Dieses Objekt ist eine Kopie der zuvor in Excel markierten Daten. Das eingebettete Objekt können Sie in Excel bearbeiten, indem Sie darauf doppelklicken. (Diese Option steht nur in PowerPoint zur Verfügung.)

Gleichgültig, welche der Optionen Sie verwenden, besteht nach dem Einfügen keine Verbindung mehr zwischen der ursprünglichen und der eingefügten Tabelle. Wenn Sie die Daten der Tabelle im originalen Arbeitsblatt verändern, hat dies auf die Tabelle in Ihrem Dokument bzw. Ihrer Präsentation keinerlei Auswirkung.

Daten aus vorhandener Excel-Tabelle verknüpft einfügen

Wenn Sie möchten, dass die Excel-Tabelle in Ihrem Dokument bzw. Ihrer Präsentation eine Änderung an der zugrunde liegenden Excel-Arbeitsmappe automatisch übernehmen kann, müssen Sie sie verknüpft einfügen. Leider verhalten sich Word und PowerPoint beim Einfügen einer Verknüpfung zu einer Excel-Arbeitsmappe nicht identisch. Daher sind nachfolgend die Schritte für beide Programme getrennt aufgeführt.

ACHTUNG Seit Office 2007 haben viele Office-Anwender Probleme, eine in Word oder PowerPoint als Verknüpfung eingefügte Excel-Tabelle nach dem Einfügen zu öffnen und zu bearbeiten. Außerdem wird häufig das verknüpfte Excel-Objekt nicht automatisch aktualisiert; stattdessen werden die unterschiedlichsten Fehlermeldungen angezeigt. Das gleiche Problem trat auch in Office 2010 auf und ist in Office 2013 nicht behoben. Für die Office-Version 2010 hat Microsoft bestätigt, dass das Problem mit dem neuen Dateiformat zusammenhängt, das mit Office 2007 eingeführt wurde. Damit die in diesem Abschnitt beschriebenen Verfahren zuverlässig funktionieren, müssen Sie die Excel-Arbeitsmappe im Format Excel 97-2003 speichern, bevor Sie die Verknüpfung einfügen. Informationen zum Ändern des Dateityps finden Sie in Kapitel 5.

Excel-Tabelle verknüpft in Word einfügen

1. Starten Sie Excel und öffnen Sie dort die Arbeitsmappe, in der sich die betreffende Tabelle befindet. Stellen Sie sicher, dass die Arbeitsmappe im Format *Excel 97-2003-Arbeitsmappe* gespeichert ist.
2. Markieren Sie in Excel den Bereich, den Sie in das Word-Dokument einfügen wollen.
3. Klicken Sie auf der Registerkarte *START* in der Gruppe *Zwischenablage* auf *Kopieren.*
4. Wechseln Sie zu Word und setzen Sie die Einfügemarke an die Stelle, an der die Excel-Tabelle eingefügt werden soll.
5. Klicken Sie jetzt auf der Registerkarte *START* in der Gruppe *Zwischenablage* auf *Einfügen.*

Bild 7.4 Die beiden Optionen zum verknüpften Einfügen erkennen Sie am Verknüpfungszeichen ∞

6. Wählen Sie im Menü der Schaltfläche *Einfügen* eine der folgenden Optionen aus:
   - **Verknüpfen und ursprüngliche Formatierung beibehalten** Wenn Sie diese Option auswählen, übernimmt die eingefügte Tabelle die Formatierungsmerkmale, wie sie in Excel zugewiesen wurden. Außerdem wird im Word-Dokument bzw. der PowerPoint-Präsentation gespeichert, aus welcher Excel-Datei die Daten stammen. Wenn die Daten in Excel geändert werden, kann die Tabelle in Word bzw. PowerPoint aktualisiert werden.
   - **Verknüpfen und Zielformatvorlagen verwenden** Dieser Befehl entspricht der vorigen Option, nur dass Sie die Formatierung der Tabelle anpassen können. Wenn die Daten in der Excel-Tabelle geändert werden, können sie aufgrund der Verknüpfung aktualisiert werden.

Wenn Sie die Präsentation dann schließen und anschließend erneut öffnen, zeigt Word ein Dialogfeld an, in dem Sie darauf hingewiesen werden, dass das Dokument Verknüpfungen enthält. Mit einem Klick auf die Schaltfläche *Ja* können Sie nun die Aktualisierung der Daten veranlassen.

Bild 7.5 Word weist Sie auf die Verknüpfung hin

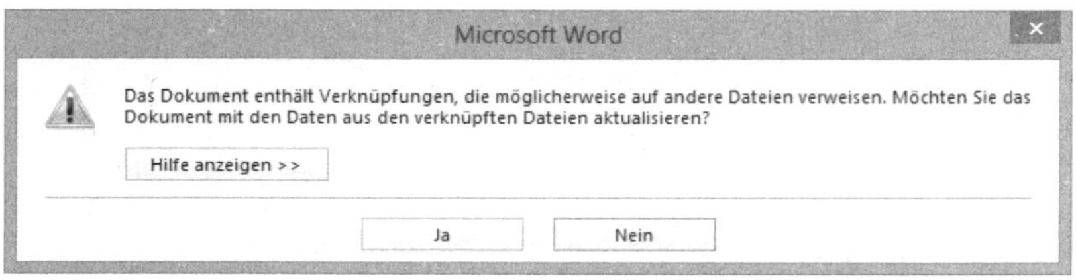

Bitte beachten Sie, dass Word kein Meldungsfenster anzeigt, falls die Datei, auf die verwiesen wird, nicht gefunden werden kann. Stattdessen sehen Sie an der Stelle im Dokument, an der die Verknüpfung eingefügt wurde, eine Fehlermeldung wie es die folgende Abbildung zeigt.

In diesem Fall müssen Sie die Verknüpfung bearbeiten und Word mitteilen, wo sich die Excel-Arbeitsmappe nun befindet. Gehen Sie dazu so vor wie im Abschnitt »Verknüpfung bearbeiten« ab Seite 198 beschrieben.

Bild 7.6 Word kann die Quelldatei, auf die verwiesen wird, nicht mehr finden

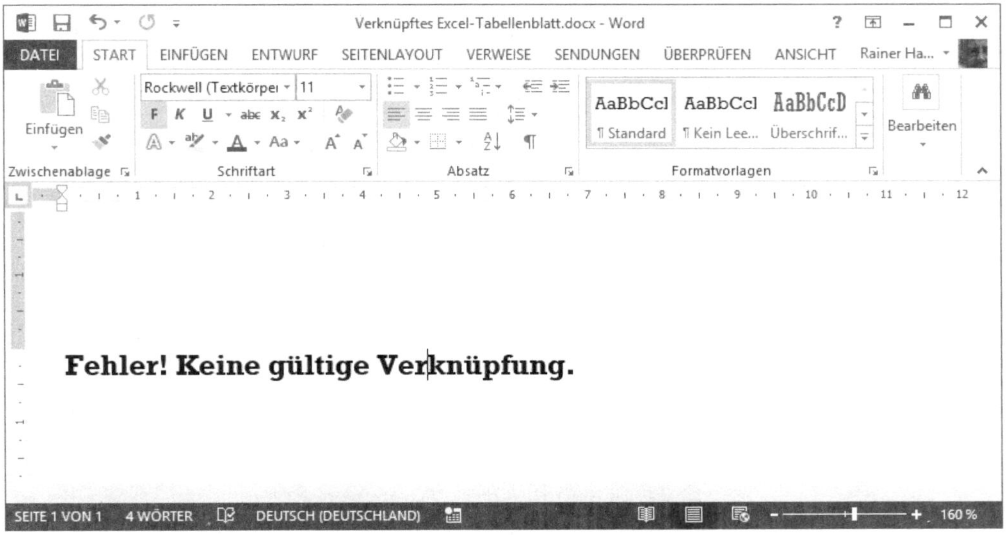

Excel-Tabelle verknüpft in PowerPoint einfügen

Wenn Sie möchten, dass die Excel-Tabelle in Ihrer Präsentation eine Änderung an der zugrunde liegenden Excel-Arbeitsmappe automatisch übernehmen kann, müssen Sie sie verknüpft einfügen:

1. Führen Sie die im letzten Abschnitt beschriebenen Schritte 1 bis 4 aus. Achten Sie vor allem darauf, dass die Arbeitsmappe im Format *Excel 97-2003-Arbeitsmappe* gespeichert ist.
2. Klicken Sie auf der Registerkarte *START* auf den unteren Teil der Schaltfläche *Einfügen,* um das zugehörige Menü anzuzeigen, und wählen Sie im Menü der Schaltfläche den Befehl *Inhalte einfügen.*
3. Schalten Sie im dadurch angezeigten Dialogfeld die Option *Verknüpfung einfügen* ein.

Bild 7.7 In diesem Dialogfeld legen Sie fest, dass die Tabelle verknüpft eingefügt werden soll

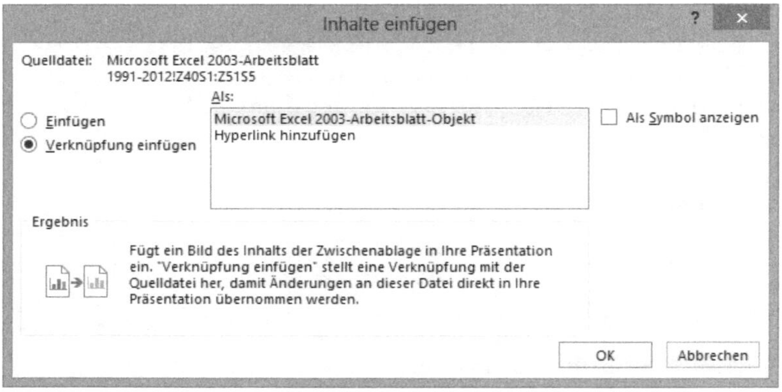

4. Klicken Sie auf *OK*, um den markierten Bereich des Arbeitsblattes auf der Folie einzufügen.

Wenn Sie die Präsentation dann schließen und anschließend erneut öffnen, zeigt PowerPoint ein Dialogfeld an, in dem Sie darauf hingewiesen werden, dass die Präsentation Verknüpfungen enthält. Mit einem Klick auf die Schaltfläche *Verknüpfungen aktualisieren* können Sie nun die Aktualisierung der Daten veranlassen.

Bild 7.8 PowerPoint weist Sie auf die Verknüpfung hin

Falls PowerPoint eine der verknüpften Dateien nicht finden kann, sehen Sie ein Meldungsfenster mit Tipps zum Lösen des Problems. In diesem Fall müssen Sie die Verknüpfung bearbeiten und PowerPoint mitteilen, wo sich die Excel-Arbeitsmappe nun befindet. Gehen Sie dazu vor wie im Abschnitt »Verknüpfung bearbeiten« ab Seite 198 beschrieben.

Bild 7.9 PowerPoint weist Sie darauf hin, dass die verknüpfte Datei nicht gefunden werden kann und gibt Hinweise, wie Sie das Problem lösen können

Verknüpfte Daten bearbeiten und aktualisieren

Wenn Sie eine Excel-Tabelle verknüpft eingefügt haben, stehen Ihnen im Kontextmenü der eingefügten Tabelle Befehle zur Verfügung, um von Word bzw. PowerPoint aus das Bearbeiten der Excel-Tabelle zu initiieren, um die eingefügte Tabelle zu aktualisieren, wenn die Tabelle in Excel geändert wurde, und um die Verknüpfungseigenschaften anzusehen und zu ändern.

1. Klicken Sie die eingefügte Tabelle mit der rechten Maustaste an, um das Kontextmenü zu öffnen, das Sie in der folgenden Abbildung sehen.

Bild 7.10 Im Kontextmenü finden Sie die Befehle zum Aktualisieren und Bearbeiten der verknüpften Tabelle. Die obere Abbildung zeigt das Menü in Word, die untere das Menü in PowerPoint.

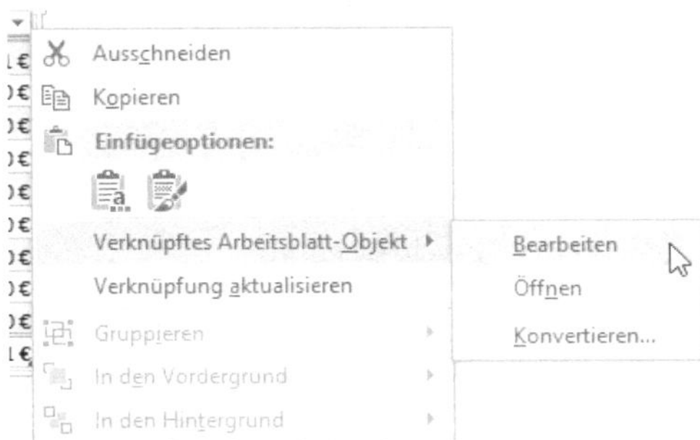

2. Wählen Sie einen der folgenden Befehle:

   - **Verknüpfungen aktualisieren** Klicken Sie diesen Befehl an, wenn Sie wissen, dass die Excel-Tabelle geändert wurde und die in eingefügte Tabelle aktualisiert werden soll. Standardmäßig aktualisieren Word und PowerPoint die Verknüpfungen automatisch, wenn Sie das Dokument öffnen. Sie können die Verknüpfung auch aktualisieren, indem Sie die Tabelle markieren und dann die Taste F9 drücken.
   - **Verknüpftes Arbeitsblatt-Objekt/Bearbeiten, Öffnen** Klicken Sie einen dieser Befehle an, wenn Sie die Excel-Arbeitsmappe, aus der die eingefügte Tabelle stammt, in Excel bearbeiten wollen. Klicken Sie in Excel auf die Registerkarte *DATEI* und dann auf den Befehl *Schließen,* wenn Sie mit der Bearbeitung fertig sind, und lassen Sie anschließend in Word die verknüpfte Tabelle aktualisieren.
   - **Verknüpftes Arbeitsblatt-Objekt/Verknüpfungen** Wählen Sie diesen Befehl, um das Dialogfeld *Verknüpfungen* anzeigen zu lassen. In dem Dialogfeld können Sie unter anderem die Datenquelle der Verknüpfung ansehen und ändern, festlegen, ob die Daten manuell oder automatisch aktualisiert werden sollen, und bestimmen, ob die Formatierung nach der Aktualisierung erhalten bleiben soll oder nicht.

Bitte beachten Sie den Hinweis im ACHTUNG-Kasten auf Seite 193. Das Bearbeiten, Öffnen und Aktualisieren funktioniert nur dann zuverlässig, wenn die Excel-Arbeitsmappe vor dem Einfügen der Verknüpfung im Format *Excel 97-2003-Arbeitsmappe* gespeichert wurde.

Verknüpfung bearbeiten

Wenn das Dokument, auf das sich eine Verknüpfung bezieht, umbenannt oder in ein anderes Verzeichnis verschoben wurde, können Word bzw. PowerPoint natürlich nicht mehr auf die Originaldaten zugreifen. In diesem Fall müssen Sie Word bzw. PowerPoint den neuen Speicherort des Dokuments mitteilen.

1. Öffnen Sie das Dokument/die Präsentation, das/die die defekte Verknüpfung enthält.
2. Klicken Sie auf die Registerkarte *DATEI* und dann auf *Informationen.*
3. Klicken Sie im Bereich *Verwandte Dokumente* auf *Verknüpfungen mit Dateien bearbeiten.*

   Dieser Befehl befindet sich unten rechts und ist nur vorhanden, wenn das aktuelle Dokument bzw. die aktuelle Präsentation mindestens eine Verknüpfung enthält.

Bild 7.11 Der Bereich *Verwandte Dokumente* wird angezeigt, wenn die Datei Verknüpfungen enthält

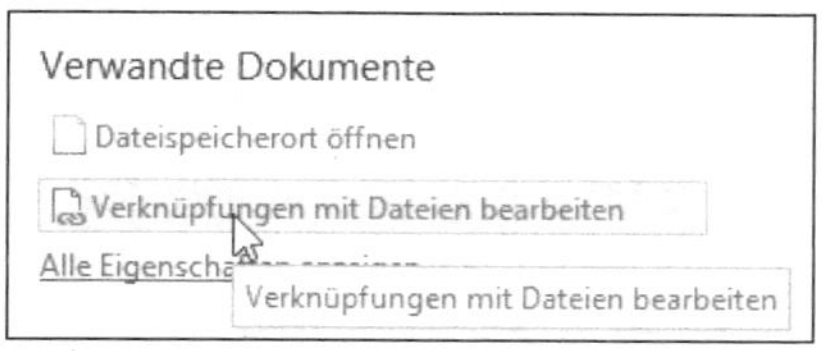

Das Dialogfeld *Links* wird geöffnet; Word und PowerPoint verwenden leicht unterschiedliche Varianten dieses Dialogfeldes.

Bild 7.12 Das Dialogfeld *Links* in Word (oben) und in PowerPoint (unten)

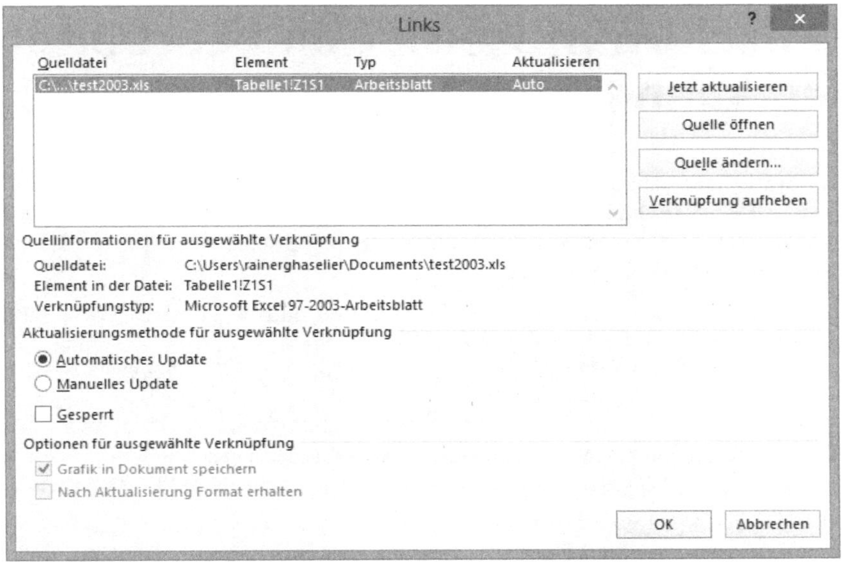

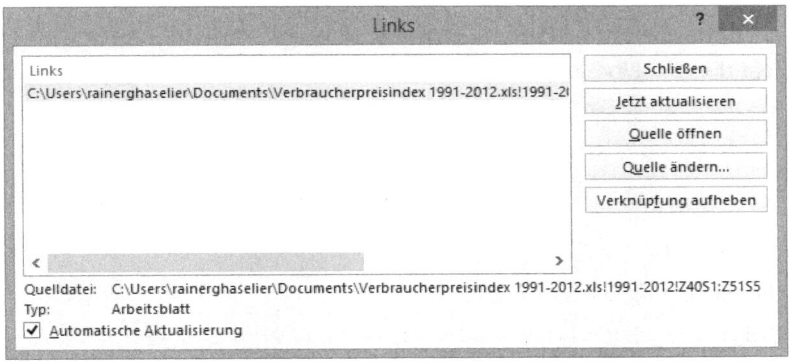

4. Markieren Sie die betreffende Verknüpfung und klicken Sie auf *Quelle ändern.* Das Dialogfeld *Quelle ändern* wird geöffnet.
5. Wechseln Sie zu dem Ordner, in dem sich die Quelldatei befindet, wählen Sie sie aus und klicken Sie auf *OK.*
6. Prüfen Sie im Dialogfeld *Links* mit einem Klick auf die Schaltfläche *Jetzt aktualisieren,* ob die geänderte Verknüpfung funktionsfähig ist.
7. Schließen Sie das Dialogfeld *Links.*

Excel-Tabelle einfügen, die auch während der Bildschirmpräsentation bearbeitet werden kann

Excel-Tabellen, die Sie wie weiter vorn beschrieben in eine PowerPoint-Folie einfügen, lassen sich nur bearbeiten, während Sie die Folien erstellen. Falls Sie eine Excel-Tabelle benötigen, in der Sie auch während der Bildschirmpräsentation Daten ändern können, lässt sich dies mit einem Trick bewerkstelligen. Sie benötigen hierfür die Office-Websteuerelemente, die Sie kostenlos von der Microsoft-Website herunterladen können.

1. Laden Sie die Office 2003-Webkomponenten und das Service Pack 1 für die Office 2003-Webkomponenten herunter und installieren Sie sie in dieser Reihenfolge. Die Downloadlinks finden Sie auf der Website zu diesem Buch unter *http://officehandbuch.de.*
2. Starten Sie PowerPoint, öffnen Sie die Registerkarte *DATEI* und klicken Sie auf *Optionen.*
3. Öffnen Sie die Kategorie *Menüband anpassen* und schalten Sie in der Liste *Hauptregisterkarten* das Kontrollkästchen vor *Entwicklertools* ein. Schließen Sie das Dialogfeld *PowerPoint-Optionen.*
4. Öffnen Sie Registerkarte *Entwicklertools* und klicken Sie in der Gruppe *Steuerelemente* auf *Weitere Steuerelemente.* Das gleichnamige Dialogfeld wird geöffnet.

Bild 7.13 Über dieses Dialogfeld können Sie ein Excel-Spreadsheet-Steuerelement einfügen

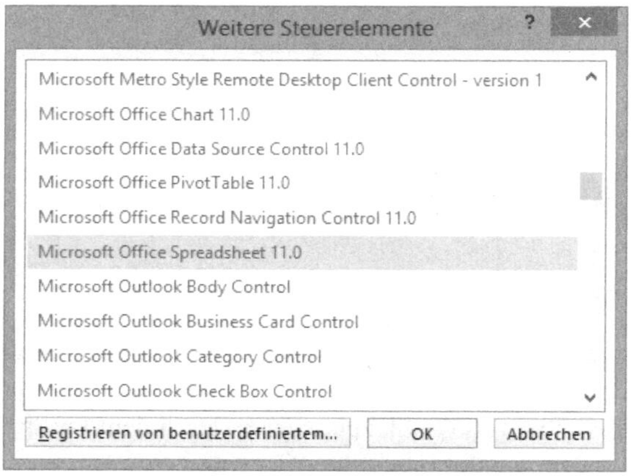

5. Markieren Sie den Eintrag *Microsoft Office Spreadsheet 11.0* und klicken Sie auf *OK.*
6. Ziehen Sie auf der Folie einen Rahmen auf, der die ungefähre Größe des gewünschten Arbeitsblattes hat.
7. Klicken Sie die leere Tabelle mit der rechten Maustaste an und wählen Sie *Microsoft Office Spreadsheet 11.0-Objekt/Bearbeiten.* Sie können die Tabelle nun mit den gewünschten Werten füllen.

Bild 7.14 Dieses Excel-Arbeitsblatt lässt sich auch während der Bildschirmpräsentation bearbeiten

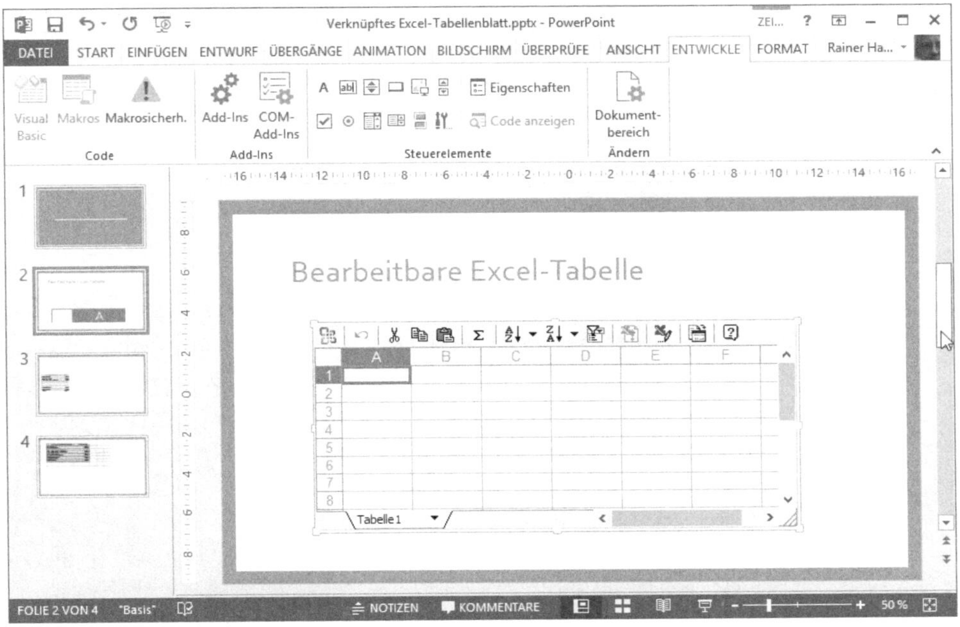

8. Drücken Sie F5, um die Bildschirmpräsentation zu starten, und beachten Sie, dass die Excel-Tabelle automatisch im Bearbeitungsmodus angezeigt wird.

Excel-Tabelle in Word im Querformat einfügen

Excel-Arbeitsmappen enthalten oft Tabellen mit vielen Spalten; hier kann es passieren, dass eine eingefügte Excel-Tabelle in einem Word-Dokument, das das Hochformat verwendet, nicht gut dargestellt wird. Wenn Sie diese Tabelle im Querformat einfügen wollen, besteht der einfachste Weg darin, die Tabelle bereits in Excel als Grafik zu kopieren. Nach dem Einfügen können Sie die Zeichentools von Word verwenden, um die Tabelle um 90° zu drehen.

Wenn Sie eine Excel-Tabelle in Word als Grafik einfügen, handelt es sich um eine statische Verknüpfung; d.h., wenn sich die Excel-Daten ändern, müssen Sie den Einfügevorgang wiederholen. Möglicherweise ist es aber auch gewünscht, dass die Excel-Daten nicht geändert werden können.

Führen Sie folgende Schritte durch, um eine Excel-Tabelle im Querformat in ein Word-Dokument einzufügen:

1. Formatieren Sie in Excel den Bereich, den Sie in Word verwenden wollen so, wie er in Word erscheinen soll.
2. Markieren Sie in Excel den Bereich des Arbeitsblattes, den Sie in Word einfügen wollen.

3. Öffnen Sie die Registerkarte *START* und klicken Sie in der Gruppe *Zwischenablage* auf den Pfeil der Schaltfläche *Kopieren*. Wählen Sie im Menü den Befehl *Als Bild kopieren*.

Bild 7.15 Breite Tabellen lassen sich in Word am besten als Grafik einfügen

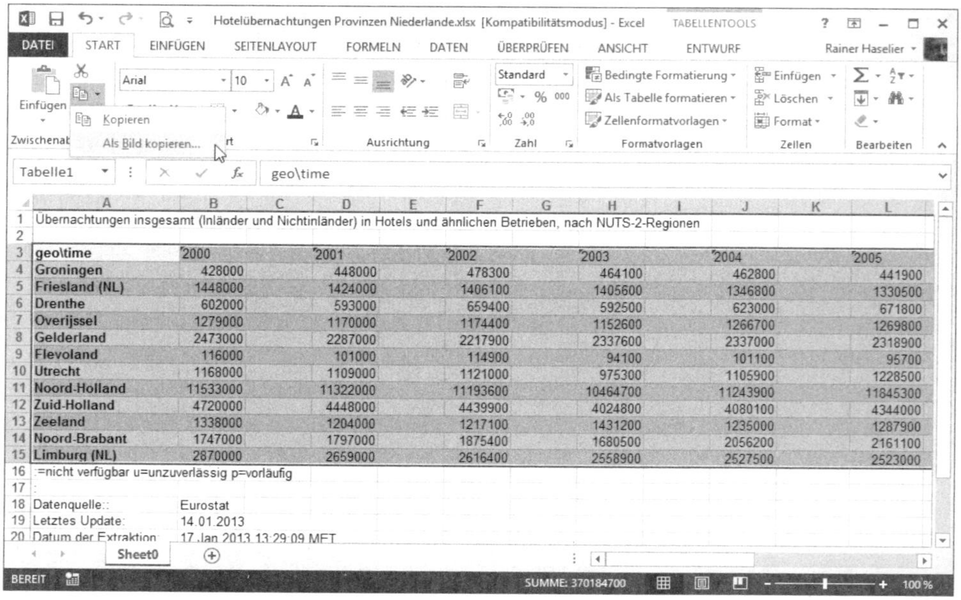

4. Übernehmen Sie die Optionen *Wie angezeigt* und *Bild*. Sie erhalten so die besten Ergebnisse.

Bild 7.16 Wenn Sie die Option *Bild* wählen, wird die Excel-Tabelle als Windows-Metadatei kopiert

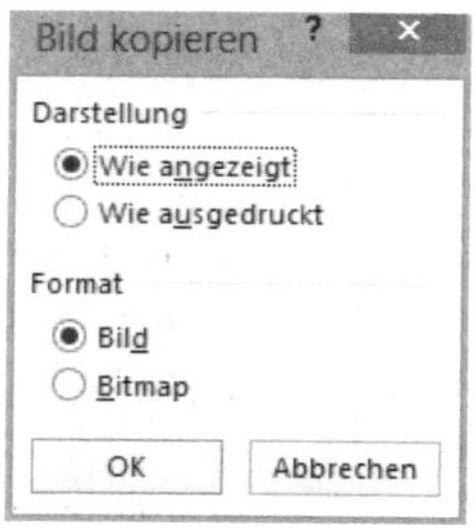

5. Wechseln Sie zu Word, setzen Sie die Einfügemarke an die Stelle, an der die Tabelle eingefügt werden soll und klicken Sie auf der Registerkarte *START* in der Gruppe *Zwischenablage* auf *Einfügen*. Die Excel-Tabelle wird als Grafik eingefügt.
6. Klicken Sie die eingefügte Grafik an und verwenden Sie den Drehpunkt, um die Grafik um 90° zu drehen.

HINWEIS Weitere Informationen zu den zahlreichen Tools für Bilder und Grafiken finden Sie in Kapitel 36 dieses Handbuchs.

Kapitel 8

Office-Dokumente drucken

In diesem Kapitel:

Den Befehl zum Drucken eines Dokuments, der in Office 2003 im Menü *Datei* vorhanden war, finden Sie in Office 2013 in der Backstage-Ansicht *Drucken*, die Sie über die Registerkarte *DATEI* öffnen. In diesem Kapitel finden Sie die programmübergreifenden Informationen zum Drucken von Office-Dokumenten. Außerdem erfahren Sie, wie Sie den Befehl *Schnelldruck* in die Symbolleiste für den Schnellzugriff einfügen und wie Sie weitere Ansichten zur Druckvorschau reaktivieren, die in Office 2013 im Verborgenen auf ihren Einsatz warten.

Dokument drucken

In Office 2010 wurde in allen Office-Anwendungen die Benutzeroberfläche für das Drucken komplett umgestaltet. In Office 2013 wurden diese Änderungen beibehalten. Statt des Dialogfeldes *Drucken*, das bis einschließlich Version 2007 verwendet wurde, sind bei Word, Excel und PowerPoint alle Funktionen, die Sie zum Drucken benötigen, in der Backstage-Ansicht *Drucken* zusammengefasst. Die Backstage-Ansicht *Drucken* ist eine Kombination aus der alten Seitenansicht und dem Dialogfeld *Drucken*, die in früheren Versionen verwendet wurden. In der Backstage-Ansicht *Drucken* können Sie verschiedene Druckparameter einstellen, Änderungen an der Seiteneinrichtung vornehmen und das Dokument in der Seitenansicht prüfen.

Führen Sie folgende Schritte durch, um die Backstage-Ansicht für das Drucken zu verwenden:

1. Klicken Sie auf die Registerkarte *DATEI* und dann auf *Drucken*, oder drücken Sie die Tastenkombination Strg+P.

Bild 8.1 Die Backstage-Ansicht *Drucken* von Word

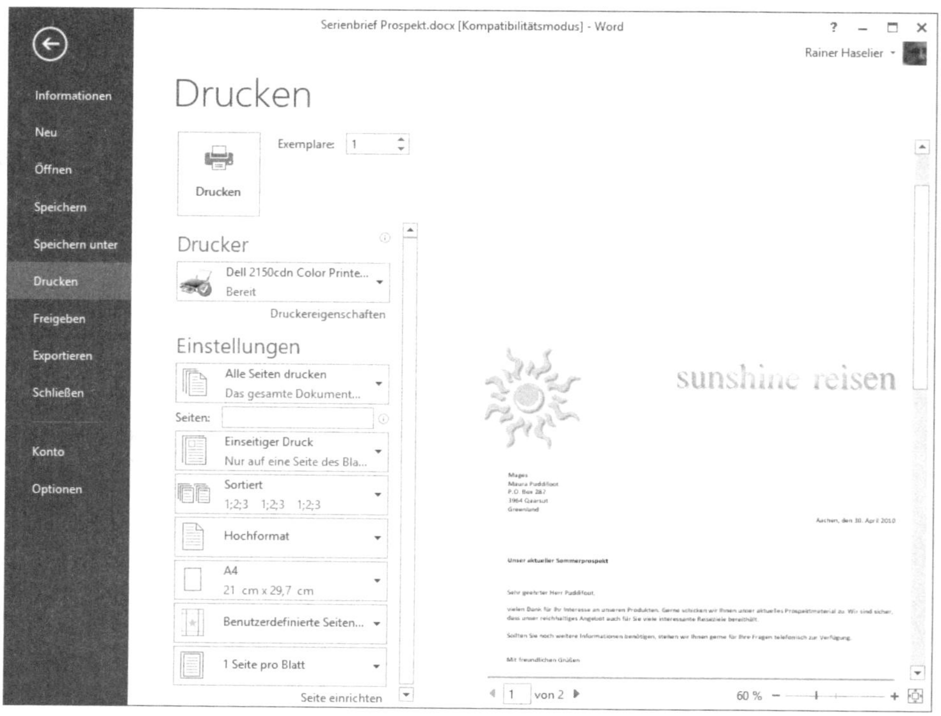

- Auf der rechten Seite des Fensters sehen Sie die Druckvorschau Ihres Dokuments. Sie können die Bildlaufleiste und das Feld mit der Nummer der aktuellen Seite sowie die Pfeilschaltflächen rechts und links davon verwenden, um durch das Dokument zu blättern und so andere Seiten bzw. Folien anzeigen zu lassen.
- In Word und PowerPoint finden Sie unterhalb der Seitenansicht einen Zoomregler, mit dem Sie den Vergrößerungsfaktor des Dokuments stufenlos einstellen können.

42 %

- Der aktuelle Zoomfaktor wird neben dem Zoomregler angezeigt. Wenn Sie den Faktor anklicken, wird das Dialogfeld *Zoom* geöffnet, das Sie aus Kapitel 6 kennen.
- In Word, Excel und PowerPoint können Sie die Schaltfläche *Auf Seite zoomen* verwenden; der Zoomfaktor wird dann so eingestellt, dass Sie das gesamte Dokument (Word) bzw. die gesamte Folie (PowerPoint) oder den Druckbereich der aktuellen Seite (Excel) vollständig sehen.
- Eine Besonderheit weist Excel mit der Schaltfläche *Seitenränder anzeigen* auf. Wenn Sie sie anklicken, werden in der Druckvorschau Linien eingeblendet, die die verschiedenen Seitenrandbereiche darstellen. Sie können diese Linien ziehen, um die Seitenränder zu ändern.

Bild 8.2 Einstellen der Seitenränder in Excel

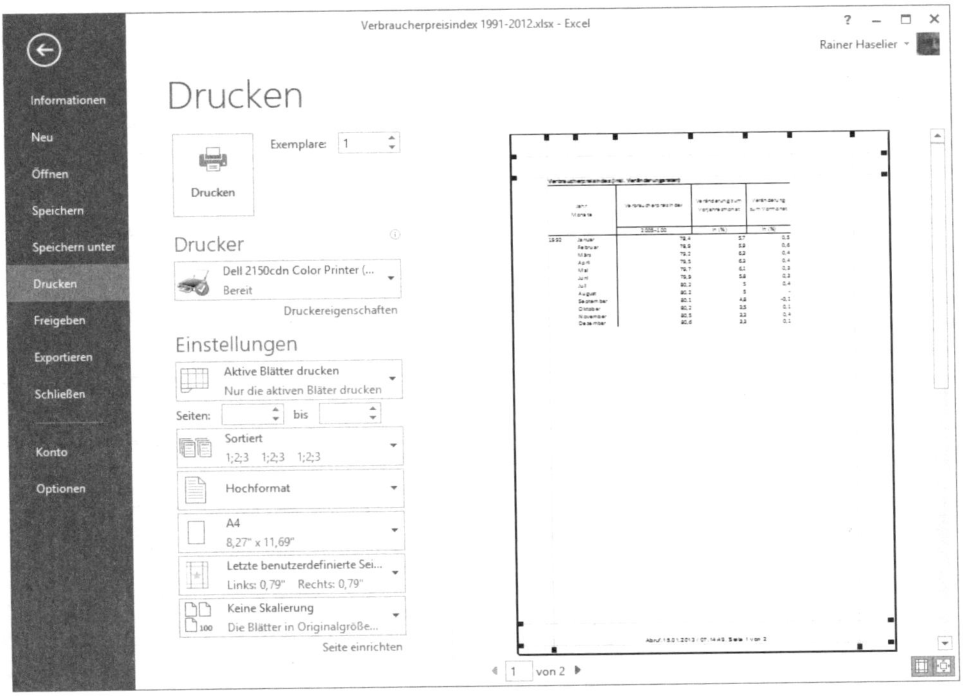

Im Bereich *Drucken* auf der linken Seite können Sie verschiedene Druckparameter einstellen. Ein Teil der Einstellmöglichkeiten ist in allen drei Anwendungen identisch, andere wiederum sind programmspezifisch.

Bild 8.3 Der Bereich *Drucken* in Word, Excel und PowerPoint

2. **Anzahl der Ausdrucke festlegen** Im Feld *Exemplare* legen Sie fest, wie viele Kopien gedruckt und ob diese sortiert ausgedruckt werden sollen. Wenn im Abschnitt *Einstellungen* die Option *Sortiert* ausgewählt ist, werden zunächst alle Seiten des Dokuments gedruckt und erst danach eine weitere Kopie.
3. **Drucker auswählen** In der Liste *Drucker* können Sie, sofern Sie mehr als einen Drucker installiert haben, den Drucker auswählen, auf dem die Ausgabe erfolgen soll. Mit dem Link *Druckereigenschaften* können Sie das *Eigenschaften*-Dialogfeld des ausgewählten Druckers aufrufen und dort weitere Einstellungen vornehmen.
4. **Seiten/Folien/Tabellen festlegen, die gedruckt werden sollen** Im Bereich *Einstellungen* können Sie festlegen, was ausgedruckt werden soll. Bei Word legen Sie die Seiten fest, bei PowerPoint die Folien und bei Excel können Sie einstellen, welche Tabellen oder ob die gesamte Arbeitsmappe gedruckt werden soll.
5. **Weitere Druckoptionen ändern** Mit den weiteren Optionen des Bereichs *Einstellungen* können Sie weitere Druckparameter einstellen. Die Optionen, die Ihnen zur Verfügung stehen, unterscheiden sich je nach Anwendung ein wenig. Bei Word können Sie hier beispielsweise die Seiteneinrichtung ändern, bei Excel legen Sie fest, wie der Ausdruck skaliert werden soll, und bei PowerPoint stellen Sie ein, ob die Ausgabe farbig erfolgen soll oder nicht.
6. Klicken Sie auf *Drucken*, wenn Sie alle Einstellungen wie gewünscht vorgenommen haben.

Schnelldruck aktivieren

Um schnell eine Seite auszudrucken, ist die Verwendung der Backstage-Ansicht vielleicht ein wenig umständlich, da diese Aktion mehrere Mausklicks erfordert. Sie können jedoch in Word, Excel und PowerPoint die Schaltfläche *Schnelldruck* in die Symbolleiste für den Schnellzugriff einfügen. *Schnelldruck* druckt Ihr Dokument mit den eingestellten Standardwerten auf dem Standarddrucker bzw. dem zuletzt im Programm verwendeten Drucker aus.

1. Klicken Sie in der Symbolleiste für den Schnellzugriff auf die Schaltfläche *Symbolleiste für den Schnellzugriff anpassen.*

Bild 8.4 *Schnelldruck*-Schaltfläche in die Symbolleiste für den Schnellzugriff aufnehmen

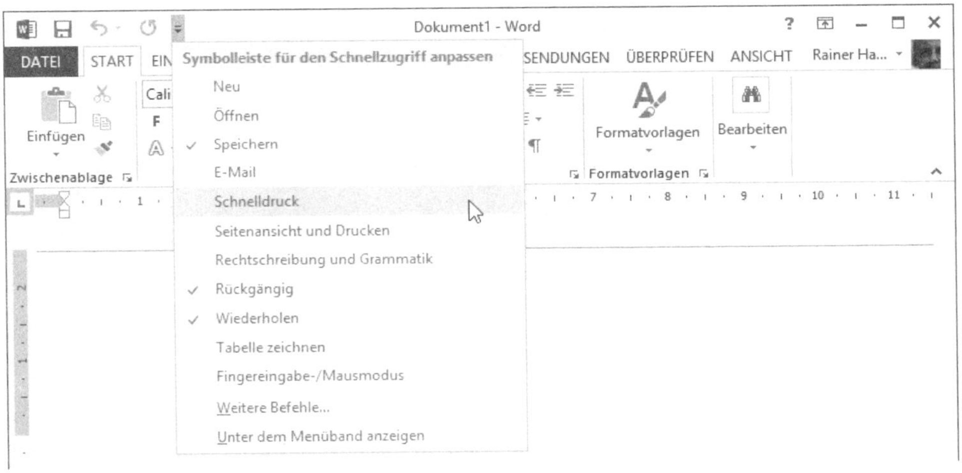

2. Klicken Sie auf *Schnelldruck.*

Bild 8.5 In der QuickInfo der Schaltfläche *Schnelldruck* sehen Sie, welcher Drucker verwendet wird.

TIPP Um die Backstage-Ansicht *Drucken* direkt zu öffnen, können Sie zusätzlich noch die Schaltfläche *Seitenansicht und Drucken* in die Symbolleiste für den Schnellzugriff aufnehmen.

Weitere Ansichten für die Druckvorschau

In alten Office-Versionen (bis zur Version 2003) standen in Word und in Excel weitere Seitenansichten zur Verfügung, die wegen der Backstage-Ansicht nun im Verborgenen schlummern. Sie können diese Seitenansichten aktivieren, indem Sie die betreffenden Befehle z. B. in die Symbolleiste für den Schnellzugriff einfügen.

Führen Sie dazu folgende Schritte durch:

1. Klicken Sie in der Symbolleiste für den Schnellzugriff auf die Schaltfläche *Symbolleiste für den Schnellzugriff anpassen.*
2. Klicken Sie auf *Weitere Befehle.* Das Dialogfeld *Word-Optionen* bzw. *Excel-Optionen* wird angezeigt; die Kategorie *Symbolleiste für den Schnellzugriff* ist bereits geöffnet.
3. Öffnen Sie die Liste *Befehle auswählen* und wählen Sie *Alle Befehle.*
4. Führen Sie eine der folgenden Aktionen durch:
   - **Word** Suchen Sie in der Liste mit den Befehlen nach *Seitenansicht-Bearbeitungsmodus* und markieren Sie ihn.
   - **Excel** Suchen Sie in der Liste mit den Befehlen nach *Seitenansicht im Vollbildmodus* und markieren Sie ihn.

Bild 8.6 Die alte Seitenansicht von Word (und Excel) können Sie auch in Office 2013 verwenden

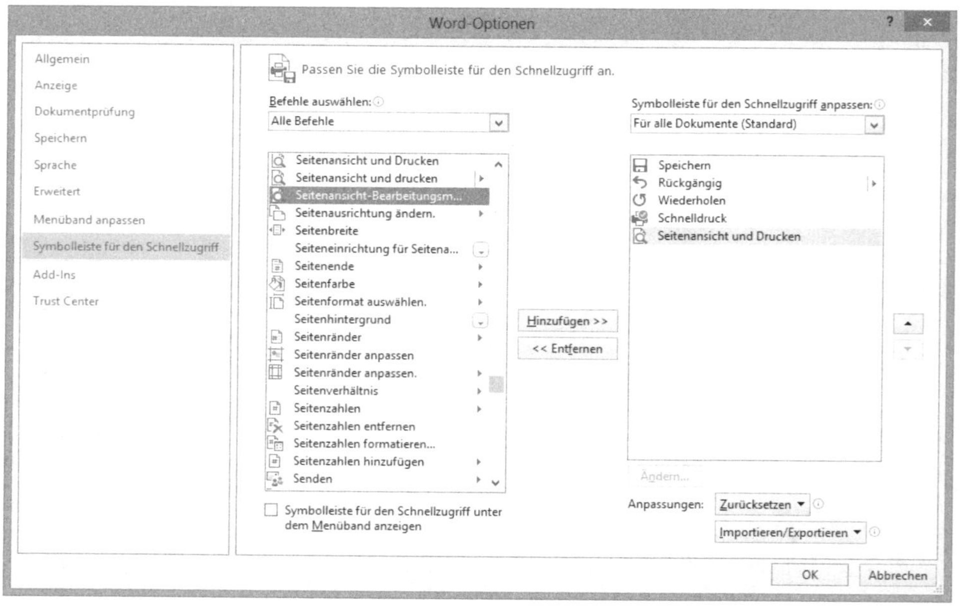

5. Klicken Sie auf *Hinzufügen* und dann auf *OK.*

Mit diesen Schaltflächen können Sie sich in Word und Excel schnell einen Überblick darüber verschaffen, wie das Dokument bzw. die Arbeitsmappe gedruckt aussieht.

Im Seitenansicht-Bearbeitungsmodus von Word finden Sie u.a. die Schaltfläche *Um eine Seite verkleinern*. Wenn Sie beispielsweise ein achtseitiges Dokument erstellt haben, bei dem sich auf der letzten Seite nur wenige Zeilen befinden, können Sie die Schaltfläche *Um eine Seite verkleinern* anklicken. Word versucht dann das Dokument um eine Seite zu kürzen, in dem es die Schriftgröße und die Zeilenabstände leicht verringert.

Bild 8.7 In der Seitenansicht von Word finden Sie den Befehl *Um eine Seite verkleinern*

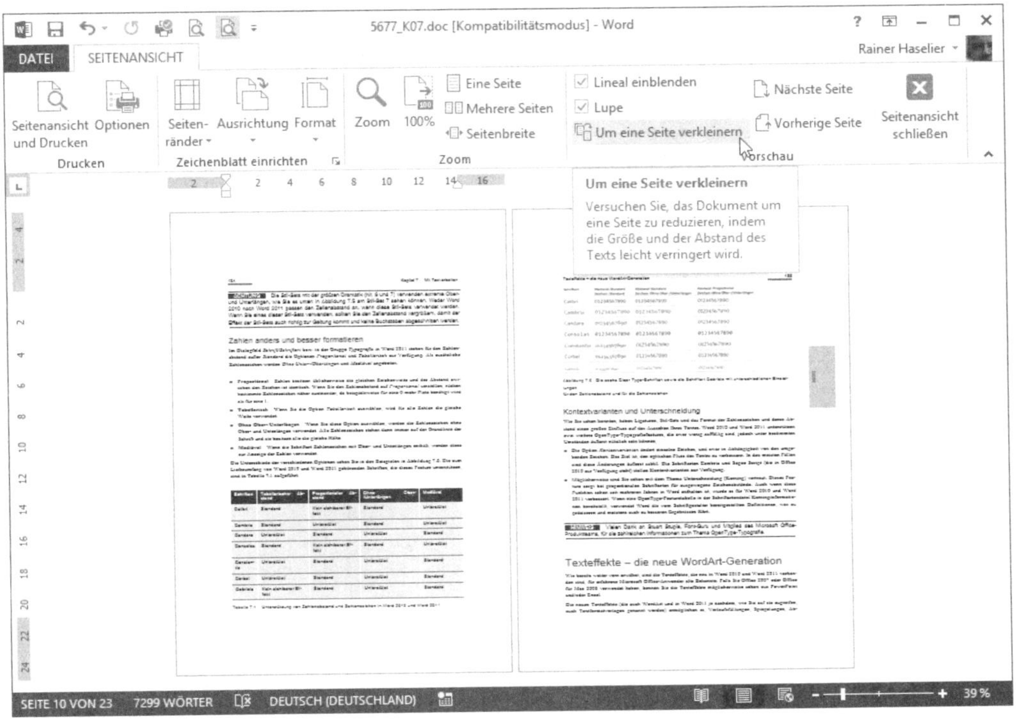

In dieser Seitenansicht hat der Mauszeiger eine doppelte Funktion, die Sie in der Gruppe *Vorschau* mit dem Kontrollkästchen *Lupe* steuern können. Wenn das Kontrollkästchen eingeschaltet ist, können Sie eine beliebige Stelle anklicken, die dann vergrößert dargestellt wird. Ein weiterer Klick verkleinert die Darstellung wieder. Die Form des Mauszeigers zeigt die Funktion an, die ausgelöst wird. Wenn Sie das Kontrollkästchen *Lupe* ausschalten, verhält sich der Mauszeiger wie in den anderen Dokumentansichten und Sie können Text oder andere Elemente markieren oder mit einem Klick die Einfügemarke verschieben.

In Excel ist diese Seitenansicht sehr nützlich, da Sie so mit einem Klick sehen können, wie die Arbeitsmappe gedruckt aussieht. Die Seitenlayoutansicht beispielsweise berücksichtigt bei der Darstellung nicht, ob Sie Druckbereiche definiert haben. Diese werden zwar hervorgehoben dargestellt, jedoch werden die Zellbereiche, die nicht gedruckt werden sollen, nicht ausgeblendet. Dies ist in der Seitenansicht anders; hier sehen Sie schnell, ob die Seiten auch tatsächlich so gedruckt werden, wie Sie es beabsichtigen.

Bild 8.8 In der Seitenansicht von Excel werden immer die definierten Druckbereiche berücksichtigt

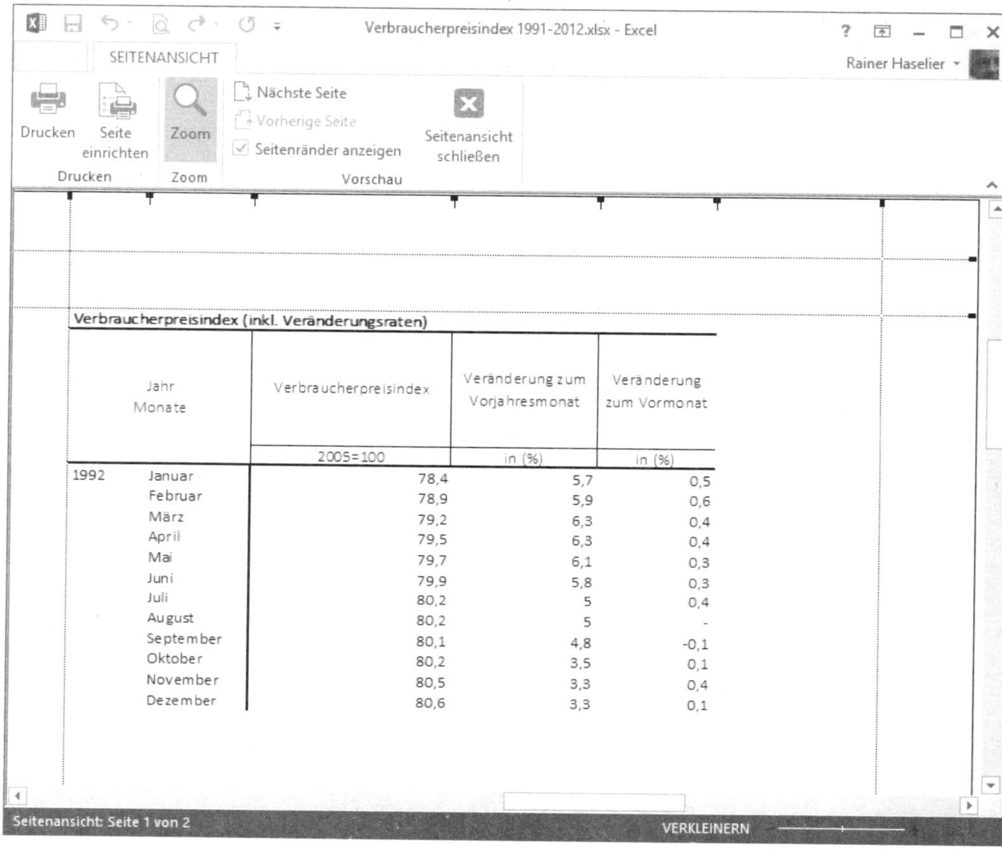

Wie in der Backstage-Ansicht *Drucken* können Sie auch in der Seitenansicht die Seitenränder und Spaltenbreiten einstellen, indem Sie in der Gruppe *Vorschau* das Kontrollkästchen *Seitenränder anzeigen* einschalten. Verschieben Sie dann die Linien, die die Seitenränder bzw. Spaltenbegrenzungen darstellen, mit der Maus.

Um von der Seitenansicht aus direkt zu drucken, klicken Sie in Word auf *Seitenansicht und Drucken* und in Excel auf *Drucken*. In Word wird dann die Backstage-Ansicht *Drucken* und in Excel das Dialogfeld *Drucken* geöffnet.

Um die Seitenansicht zu verlassen und zur normalen Ansicht zurückzukehren, klicken Sie auf *Seitenansicht schließen*.

Teil C

Word 2013

In diesem Teil:

Kapitel 9

Erste Schritte mit Word 2013

In diesem Kapitel:

In diesem Kapitel lernen Sie wichtige Grundlagen für die Arbeit mit Word kennen. Die hier vorgestellten Befehle befinden sich alle auf der Registerkarte *START*. Dazu gehören neben der reinen Texteingabe und dem Umgang mit der Zwischenablage vor allem das Markieren und einfache Formatierungsaufgaben. Abgerundet wird das Kapitel durch das Thema »Suchen und Ersetzen von Text«.

Neues Dokument erstellen und speichern

Da wir uns in Kapitel 4 schon ausführlich damit beschäftigt haben, wie Sie ein neues Office-Dokument erstellen, wollen wir die verschiedenen Möglichkeiten an dieser Stelle nur noch einmal stichpunktartig aufzählen:

- Um in Word ein neues Dokument zu erstellen, klicken Sie auf die Registerkarte *DATEI* und wählen in der Backstage-Ansicht die Seite *Neu*. Sie können dann eine der angebotenen Vorlagen auswählen.
- Ein neues leeres Dokument erhalten Sie am schnellsten mit dem Shortcut [Strg]+[N].
- Anstelle der auf dem PC installierten Vorlagen können Sie auch Vorlagen von *Office.com* verwenden. Sie können diese Vorlagen kostenlos aus dem Internet herunterladen.
- Außerdem ist es möglich, ein bestehendes Dokument als Grundlage zu verwenden. Öffnen Sie dazu das Dokument mit *DATEI/Öffnen* und speichern Sie es dann direkt mit *DATEI/Speichern unter* mit einem anderen Namen ab.

Hinweise zum Öffnen und Speichern eines Dokuments finden Sie in Kapitel 5. Dort erfahren Sie auch, wie Sie Ihre Dokumente auf einem Onlinespeicher wie zum Beispiel SkyDrive ablegen.

Text eingeben

Nachdem Sie ein neues Dokument angelegt und gespeichert haben, geben Sie Ihren Text ein. Das ist ganz einfach und funktioniert fast genau so, wie Sie es von der Schreibmaschine her gewohnt sind.

Es gibt jedoch einen wichtigen und entscheidenden Unterschied: Sie brauchen am Ende einer Zeile *nicht* die Taste für die Zeilenschaltung [↵] zu drücken. Der Grund: Word sorgt automatisch für den Zeilenumbruch. Es prüft, ob das Wort, das Sie gerade eingetippt haben, noch in die aktuelle Zeile passt. Wenn nicht, wird es von Word automatisch in die nächste Zeile verschoben. Drücken Sie die [↵]-Taste also nur dann, wenn Sie einen neuen Absatz erstellen wollen.

Sie fragen sich vielleicht, was dies für Vorteile mit sich bringt. Lassen Sie uns einige aufzählen:

- Wenn Sie den eingegebenen Text später überarbeiten und z.B. in einer Zeile Text ergänzen, kann Word den Zeilenumbruch automatisch anpassen. Wenn Sie stattdessen am Ende einer Zeile immer [↵] drücken würden, müssten Sie den Zeilenumbruch manuell anpassen.
- Das Verwenden des automatischen Zeilenumbruchs erleichtert die Formatierung. In Word können Sie Absätzen Aufzählungszeichen, Nummerierungen usw. zuweisen. Mehr zur Formatierung von Absätzen finden Sie weiter hinten in diesem Kapitel.

Wenn Sie innerhalb eines Absatzes einen Zeilenumbruch erzwingen wollen, drücken Sie die Tastenkombination [⇧]+[↵].

Einzelne Zeichen löschen

Wenn Sie beim Tippen merken, dass Sie sich vertippt haben, können Sie das falsche Zeichen einfach löschen:

- Drücken Sie die Taste [←]. Das Zeichen *links* von der Einfügemarke wird gelöscht. Wenn Sie mehrere Zeichen löschen wollen, dann halten Sie die Taste [←] gedrückt.
- Um das Zeichen *rechts* von der Einfügemarke zu löschen, drücken Sie [Entf].

Löschen größerer Textpassagen

Wenn Sie längere Textabschnitte löschen möchten, ist die Verwendung der Tasten [←] und [Entf] zu umständlich. In diesem Fall gehen Sie besser so vor:

1. Markieren Sie den betreffenden Text. Die unterschiedlichen Techniken zum Markieren beschreiben wir weiter unten in diesem Kapitel ab Seite 219.
2. Drücken Sie die Taste [Entf].

Text im Einfüge- und Überschreibmodus ergänzen

Wenn Sie einen Text nachträglich ändern wollen, setzen Sie einfach die Einfügemarke an die gewünschte Stelle und geben den neuen Text ein. Der bereits vorhandene Text rutscht dann automatisch nach rechts und macht Platz für die neuen Zeichen. Dieses Verhalten wird als *Einfügemodus* bezeichnet.

Word kennt jedoch auch den so genannten *Überschreibmodus.* In dieser Betriebsart werden die bereits vorhandenen Zeichen durch den neuen Text überschrieben, d.h. jedes neue Zeichen, das Sie eintippen, ersetzt ein vorhandenes.

Um zwischen den Betriebsarten hin- und herzuschalten, konfigurieren Sie am besten die Statusleiste so, dass dort der aktuelle Modus angezeigt wird. Klicken Sie dazu die Statuszeile mit der rechten Maustaste an und schalten im Kontextmenü den Befehl *Überschreiben* an. Dadurch erscheint eine Schaltfläche in der Statusleiste, mit der Sie zwischen den beiden Modi wechseln können.

Bild 9.1 Anzeigen und Umschalten zwischen Einfüge- und Überschreibmodus

HINWEIS **Überschreibmodus per [Einfg] umschalten** In älteren Word-Versionen konnten Sie durch Drücken von [Einfg] zwischen dem Überschreib- und dem Einfügemodus umschalten. Da dies bei vielen Anwendern zu Irritationen geführt hat, wurde diese Möglichkeit seit Word 2007 deaktiviert. Wenn Sie diese Funktion auch in Word 2013 nutzen möchten, können Sie in den *Word-Optionen* auf der Seite *Erweitert* in der Gruppe *Bearbeitungsoptionen* die Option *EINFG-Taste zum Steuern des Überschreibmodus verwenden* einschalten.

Bewegen im Dokument

Im Word-Fenster sehen Sie einen blinkenden Strich. Dieser Strich wird Einfügemarke genannt und kennzeichnet die Stelle, an der eingetippter Text erscheint. Um Text an einer anderen Stelle des Dokuments einzugeben, müssen Sie zuerst die Einfügemarke an die gewünschte Position verschieben. Dazu können Sie die gewünschte Stelle entweder mit der Maus anklicken oder Sie benutzen die Pfeil- oder Cursortasten der Tastatur, um die Einfügemarke dorthin zu bewegen.

Tabelle 9.1 Tasten zum Bewegen der Einfügemarke im Dokument

Um die Einfügemarke zu verschieben ...	... verwenden Sie folgende Tasten
Absatz nach oben	Strg + ↑
Absatz nach unten	Strg + ↓
Anfang des Dokuments	Strg + Pos1
Ende des Dokuments	Strg + Ende
Eine Fensterseite nach oben	Bild ↑
Eine Fensterseite nach unten	Bild ↓
Ein Wort nach links	Strg + ←
Ein Wort nach rechts	Strg + →
Ein Zeichen nach links	←
Ein Zeichen nach rechts	→
Eine Zeile nach oben	↑
Eine Zeile nach unten	↓
Anfang der aktuellen Zeile	Pos1
Ende der aktuellen Zeile	Ende

PROFITIPP

Text automatisch scrollen

Eine Funktion, die in ähnlicher Form auch im Internet-Explorer Verwendung findet, ist der automatische Bildlauf. Dabei wird das Dokument mit gleich bleibender Geschwindigkeit nach oben oder unten über den Bildschirm bewegt.

Zum Einschalten der Funktion drücken Sie das Mausrad. Word zeigt dann einen Mauszeiger mit einem Doppelpfeil an. Befindet sich der Zeiger in der oberen Hälfte der Bildschirmseite, bewegt sich das Dokument nach unten, d.h. Sie wandern in Richtung Dokumentanfang. Soll sich der Text nach oben bewegen, schieben Sie das Dreieck in die untere Hälfte der Seite.

Die Geschwindigkeit der Bewegung steuern Sie ebenfalls durch die Position des Mauszeigers: Je weiter Sie den Pfeil vom Mittelpunkt entfernen, desto schneller scrollt Word das Dokument. Zum Beenden des Modus drücken Sie eine beliebige Taste auf der Tastatur oder der Maus.

Überschriften reduzieren und erweitern

Ein sehr schönes neues Feature von Word 2013 ist die Möglichkeit, den Text einer Überschrift ein- und auszublenden. So können Sie beim Bearbeiten langer Dokumente Textbereiche ausblenden, die Sie momentan nicht interessieren. Das erleichtert die Orientierung in komplexen Dokumenten ungemein.

Wenn Sie schon mit Word gearbeitet haben, kennen Sie dieses Prinzip sicher schon aus der Gliederungsansicht. Word 2013 geht jedoch noch einen ganzen Schritt weiter. Zum einen funktioniert das Ein- und Ausklappen auch in der Seitenlayoutansicht, die Sie normalerweise zum Bearbeiten eines Textes verwenden. Zum anderen ist es jetzt sogar möglich, für einzelne Absätze festzulegen, dass sie beim Öffnen des Dokuments zunächst unsichtbar sind. Der Leser kann sich dann zunächst auf die Essenz des Textes konzentrieren und bestimmte Hintergrundinformationen oder detailliertere Ausführungen erst bei Bedarf einblenden.

Die Handhabung der neuen Funktion ist denkbar einfach: Sobald Sie den Mauszeiger auf eine Überschrift bewegen, zeigt Word vor dem Absatz ein kleines Dreieck an, mit dem sich die untergeordneten Texte ein- und ausklappen lassen.

Bild 9.2 Mit Word 2013 können Sie den untergeordneten Text einer Überschrift ein- und ausblenden

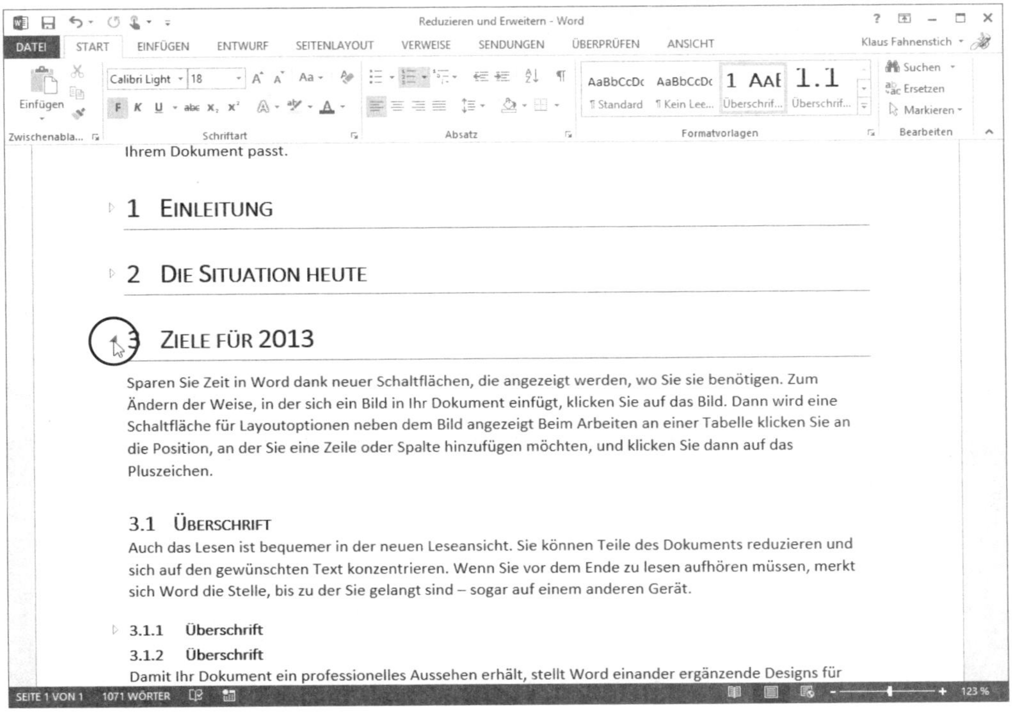

In der obigen Abbildung wurden die Textkörper der beiden Überschriften »Einleitung« und »Die Situation heute« reduziert, um sich ganz auf die Bearbeitung des Abschnitts »Ziele für 2013« konzentrieren zu können.

Formatierungszeichen anzeigen

Vielleicht sehen Sie auf Ihrem Bildschirm »merkwürdige« Zeichen, die Sie niemals bewusst eingetippt haben, und fragen sich, welche Bedeutung sie besitzen. Diese Zeichen werden Formatierungszeichen genannt und mit ihrer Hilfe können Sie u.a. erkennen, wo Sie statt einem zwei Leerzeichen zwischen zwei Wörtern eingetippt oder mit der [↵]-Taste einen neuen Absatz erstellt haben.

Bild 9.3 Die verschiedenen Formatierungszeichen

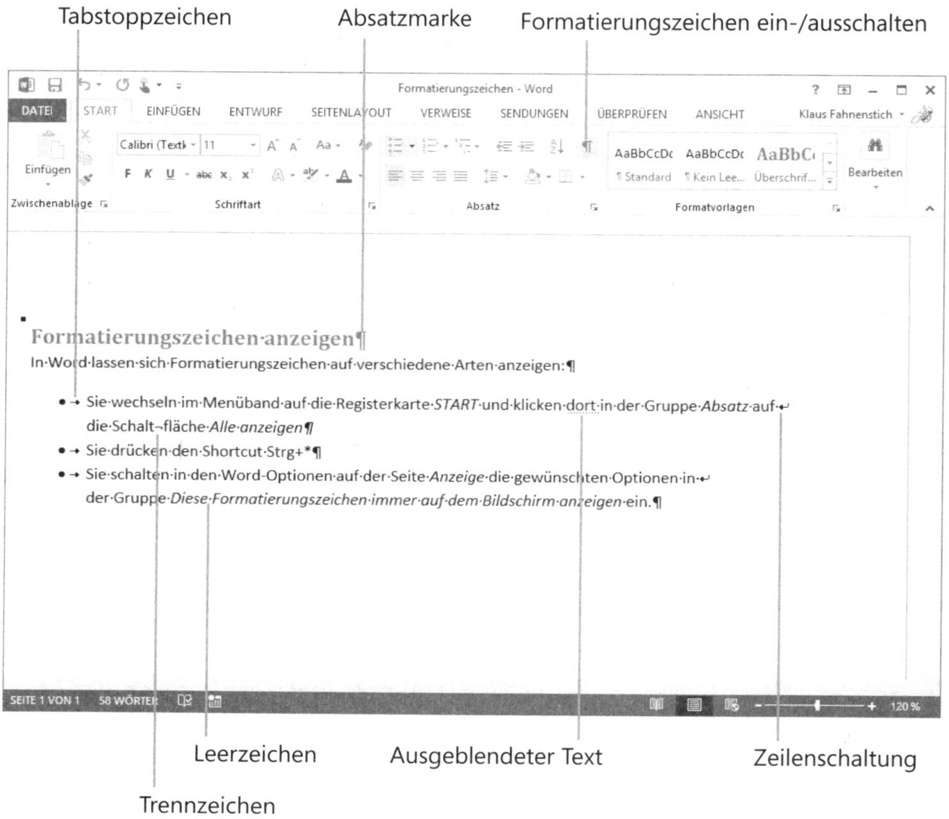

Ob die Formatierungszeichen angezeigt werden oder nicht, können Sie mit der Schaltfläche *Alle Anzeigen* steuern, die sich auf der Registerkarte *START* befindet (siehe Bild 9.3). Wenn Sie nur eine bestimmte Auswahl der Formatierungszeichen sichtbar machten möchten, müssen Sie zuvor im Dialogfeld *Word-Optionen,* die gewünschten Optionsfelder einschalten:

1. Klicken Sie in der Backstage-Ansicht auf die Schaltfläche *Optionen.*
2. Zeigen Sie im Dialogfeld *Word-Optionen* die Seite *Anzeigen* an.
3. Nehmen Sie im Abschnitt *Diese Formatierungszeichen immer auf dem Bildschirm anzeigen* die betreffenden Einstellungen vor. Beachten Sie, dass Sie die Option *Alle Formatierungszeichen anzeigen* ausschalten müssen, wenn Sie nur einen Teil der Formatierungszeichen anzeigen möchten.

Markieren

Wenn Sie eine längere Textpassage formatieren wollen, müssen Sie diesen Bereich zuerst markieren. Dazu können Sie sowohl die Maus als auch die Tastatur verwenden, wobei beide Techniken ihre Vor- und Nachteile haben. Natürlich können Sie auch auf einem Gerät mit Touch-Bedienung einen Text markieren, allerdings sind hier die Möglichkeiten doch recht bescheiden.

Mit der Maus markieren: Die Markierungsleiste

Um eine Textstelle mit der Maus zu markieren, zeigen Sie auf den Anfang des zu markierenden Bereichs und ziehen die Markierung dann mit gedrückter Maustaste auf. Sobald die Markierung mehr als ein Wort umfasst, erweitert Word sie immer um ganze Wörter. Wenn Sie dieses Verhalten stört, können Sie es über die Option *Automatisch ganze Wörter markieren* deaktivieren. Sie finden sie im Dialogfeld *Word-Optionen* auf der Seite *Erweitert* in der Gruppe *Bearbeitungsoptionen.*

Zum Markieren größerer Textbereiche verwenden Sie am besten die Markierungsleiste. Dabei handelt es sich um einen unsichtbaren Bereich links neben dem Text, den Sie daran erkennen, dass der Mauszeiger dort nicht wie gewohnt nach links, sondern nach rechts zeigt.

Tabelle 9.2 Markieren mit der Maus

Um dies zu markieren ...	... gehen Sie so vor
ein Wort	Doppelklicken Sie auf das Wort.
eine Zeile	Klicken Sie vor der gewünschten Zeile in die Markierungsleiste.
mehrere Zeilen	Setzen Sie den Mauszeiger in der Markierungsleiste vor die erste zu markierende Zeile, drücken Sie die Maustaste und ziehen Sie mit gedrückter Maustaste die Markierung entweder nach oben oder nach unten auf.
einen Absatz	Setzen Sie den Mauszeiger in der Markierungsleiste vor den zu markierenden Absatz und *doppelklicken* Sie dann mit der Maustaste. Alternativ können Sie einen Dreifachklick auf dem Absatz ausführen.
mehrere Absätze	Setzen Sie den Mauszeiger in der Markierungsleiste vor den ersten zu markierenden Absatz, *doppelklicken* Sie und ziehen Sie mit gedrückter Maustaste die Markierung entweder nach oben oder nach unten auf.
das gesamte Dokument	Führen Sie einen Dreifachklick in der Markierungsleiste aus.

PROFITIPP

Mehrere Absätze mit der Maus markieren

Wenn Sie mehrere Absätze mit der Maus markieren wollen, kann es schnell passieren, dass Sie über das Ziel »hinausschießen«. Word nimmt dann einen Bildlauf vor und Sie müssen erst wieder umständlich die richtige Textstelle suchen. So kommen Sie schneller zum Ziel:

1. Setzen Sie die Einfügemarke an den Anfang des zu markierenden Bereichs.
2. Drücken Sie [F8] oder halten Sie alternativ die [⇧]-Taste fest.
3. Führen Sie einen Bildlauf zum anderen Ende des Bereichs durch, den Sie markieren wollen.
4. Klicken Sie die Textposition an, um die Markierung bis dort zu erweitern.

Nicht zusammenhängenden Text markieren

Sie können mit der Maus auch Text markieren, der nicht direkt nebeneinander steht. Gehen Sie dazu folgendermaßen vor:

1. Drücken Sie die [Strg]-Taste und halten Sie sie gedrückt.
2. Markieren Sie Wörter, Zeilen und Absätze so, wie es in der obigen Tabelle beschrieben ist.
3. Lassen Sie die [Strg]-Taste wieder los.

Bild 9.4 Beispiel für eine Mehrfachauswahl

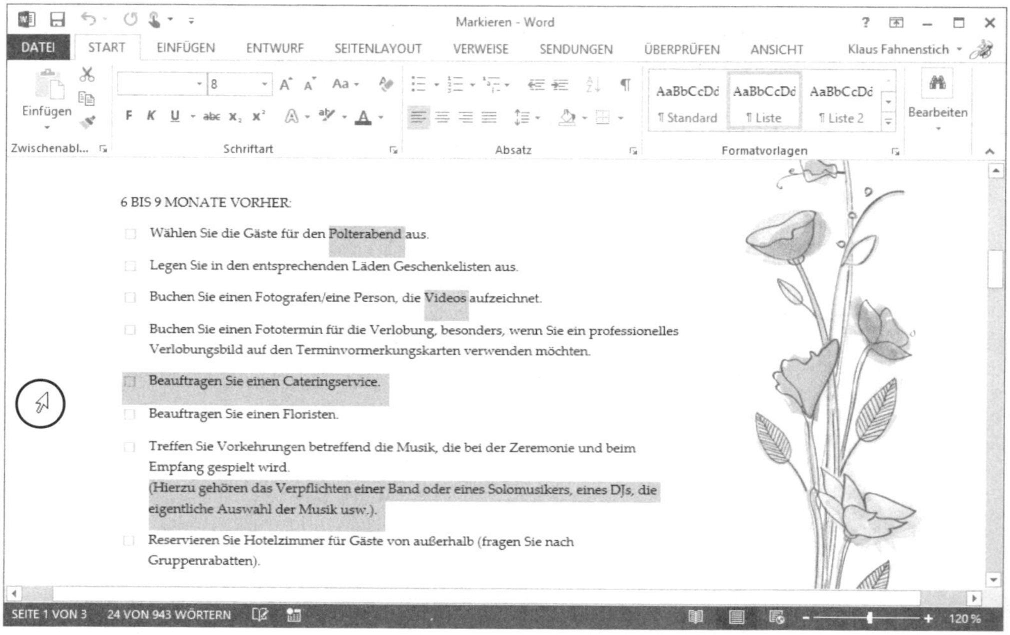

Mit der Tastatur markieren

Einzelne Zeichen und kurze Passagen lassen sich in der Regel schneller per Tastatur markieren, da Sie die Hände beim Schreiben sowieso schon auf der Tastatur liegen haben. Die Vorgehensweise ist dabei immer die gleiche:

1. Drücken Sie die [⇧]-Taste und halten Sie sie gedrückt.
2. Erweitern Sie die Markierung mit den Cursortasten, die Sie auch zum Bewegen der Einfügemarke verwenden (siehe Abschnitt »Bewegen im Dokument« auf Seite 216).

Sie können sich diesen Vorgang bildlich so vorstellen: Durch das Festhalten der [⇧]-Taste wird die Einfügemarke an der aktuellen Position eingefroren. Wenn Sie dann die Cursortasten drücken, wird die Markierung von der Einfügemarke aus erweitert, und zwar in die Richtung, die Sie mit den Tasten angeben. Wenn Sie beispielsweise die [⇧]-Taste gemeinsam mit [Strg]+[→] drücken, dann erweitert Word die Markierung bis zum nächsten Wort.

Per Fingereingabe markieren

Das Markieren per Fingereingabe ist bei weitem nicht so komfortabel wie mit der Maus oder der Tastatur, denn Sie können grundsätzlich nur eine zusammenhängende Textpassage markieren. Gehen Sie dazu folgendermaßen vor:

1. Tippen Sie auf den Anfang der zu markierenden Passage. Word zeigt dann den Auswahlziehpunkt an.
2. Ziehen Sie den Auswahlziehpunkt mit dem Finger, um die Markierung aufzuziehen.

Bild 9.5 Markieren per Fingereingabe

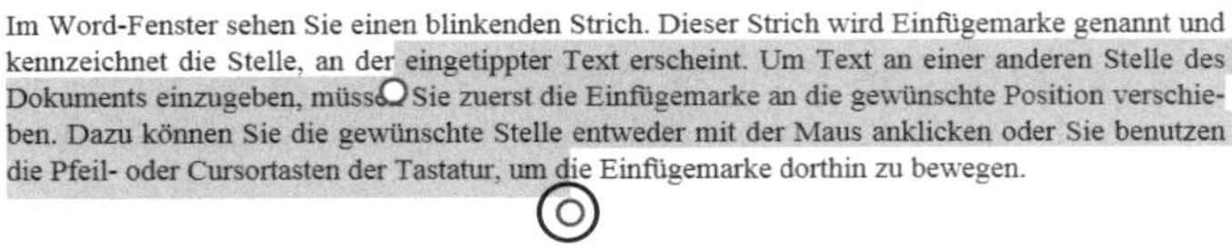

Im Word-Fenster sehen Sie einen blinkenden Strich. Dieser Strich wird Einfügemarke genannt und kennzeichnet die Stelle, an der eingetippter Text erscheint. Um Text an einer anderen Stelle des Dokuments einzugeben, müssen Sie zuerst die Einfügemarke an die gewünschte Position verschieben. Dazu können Sie die gewünschte Stelle entweder mit der Maus anklicken oder Sie benutzen die Pfeil- oder Cursortasten der Tastatur, um die Einfügemarke dorthin zu bewegen.

Um nur ein einzelnes Wort zu markieren, können Sie auch einfach darauf doppeltippen. Und für das Markieren einer einzelnen Zeile gibt es ebenfalls eine schnelle Variante: Doppeltippen Sie dazu in Höhe der gewünschten Zeile links neben (!) das Blatt. Dies entspricht einem Mausklick in die Markierungsleiste, wobei Sie mit der Maus auch auf den Blattrand klicken können.

Text mit ähnlicher Formatierung markieren

Neben den in den letzten Abschnitten beschriebenen Standardtechniken zum Markieren, gibt es in Word noch eine besondere Funktion, die in bestimmten Situationen sehr praktisch sein kann. Und zwar können Sie mit ihrer Hilfe sämtlichen Text markieren, der einer vorgegebenen Formatierung ähnelt. Um zum Beispiel alle kursiven Wörter eines Dokuments in Kapitälchen zu formatieren, gehen Sie so vor:

1. Markieren Sie ein kursiv formatiertes Wort.
2. Wechseln Sie auf die Registerkarte *START* und klicken Sie ganz rechts auf die Schaltfläche *Markieren.* In ihrem Menü wählen Sie den Befehl *Text mit ähnlicher Formatierung markieren.*

Bild 9.6 Text mit ähnlicher Formatierung markieren

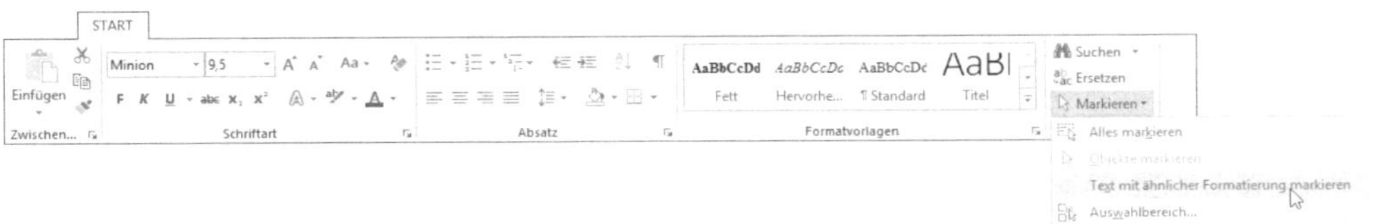

3. Word hat nun automatisch alle Textstellen markiert, die eine ähnliche Formatierung wie der von Ihnen zuvor markierte Text besitzen. Jetzt können Sie diesen Textstellen mit einem einzigen Befehl eine neue Formatierung zuweisen.

Symbole und Sonderzeichen einfügen

Viele der Schriftarten, die auf Ihrem Computer installiert sind, enthalten Sonderzeichen, die auf den Tasten Ihrer Tastatur nicht enthalten sind. Mit den *WingDings*- und *WebDings*-Zeichensätzen, die zu Windows gehören, steht Ihnen zum Beispiel eine ganze Palette von nützlichen Ornamenten, Kreuzen und Pfeilen zur Verfügung.

Diese Symbole lassen sich ganz einfach über ein Ausklappmenü bzw. ein spezielles Dialogfeld in ein Dokument aufnehmen:

1. Positionieren Sie die Einfügemarke an die Stelle, an der Sie das Symbol einfügen wollen und wechseln Sie auf die Registerkarte *EINFÜGEN*.
2. Klicken Sie ganz rechts in der Gruppe *Symbole* auf die Schaltfläche *Symbole*. Dadurch klappt ein kleines Auswahlmenü herunter, in dem sich die zuletzt von Ihnen eingefügten Symbole (bzw. eine Vorauswahl) befinden. Wenn Sie das gesuchte Symbol hier entdecken, können Sie es einfach anklicken und sind bereits am Ziel.

Bild 9.7 Häufig benutzte Symbole können direkt ausgewählt werden

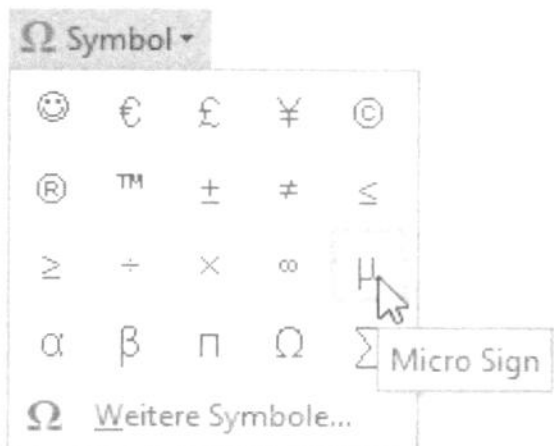

3. Ist das gesuchte Symbol hier nicht aufgeführt, klicken Sie unterhalb der Liste auf *Weitere Symbole*. Das Dialogfeld *Symbol* wird angezeigt.

Bild 9.8 Mit diesem Dialogfeld können Sie Sonderzeichen einfügen

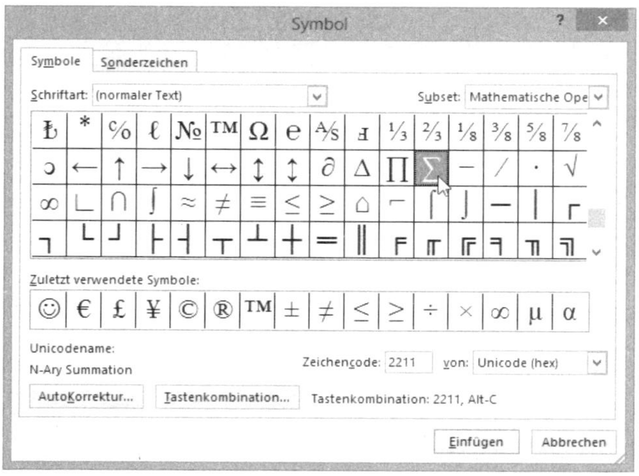

4. Klicken Sie – falls nötig – auf die Registerkarte *Symbole.*
5. Öffnen Sie die Liste *Schriftart* und wählen Sie die Schrift aus, die Sie verwenden wollen.
6. Doppelklicken Sie auf das Zeichen, das Sie einfügen möchten.
7. Wenn Sie alle Sonderzeichen eingefügt haben, klicken Sie auf *Schließen.*

PROFITIPP

Tastenkombinationen für Sonderzeichen

Ein Großteil der Zeichen, die auf der Registerkarte *Sonderzeichen* aufgeführt sind, können auch über eine eigene Tastenkombination eingefügt werden. Interessant sind hier zum Beispiel geschützte Trennstriche oder geschützte Leerzeichen. Die betreffenden Tastenkombinationen sind neben den Sonderzeichen auf der Registerkarte aufgeführt.

Bausteine erstellen und einfügen

Unter Bausteinen können Sie sich kleine »Dokumenthäppchen« vorstellen, die Sie nach Belieben in Ihre Dokumente einfügen können. Im einfachsten Fall besteht ein Baustein aus einem einzelnen Wort, es kann sich aber auch um eine längere Textpassage, eine Tabelle oder sogar um eine aufwendig gestaltete Seite handeln. Bausteine begegnen Ihnen zum Beispiel, wenn Sie auf der Registerkarte *EINFÜGEN* ein Deckblatt einfügen. Und auch die vorgefertigten Kopf- und Fußzeilen sind nichts anderes als Bausteine.

Wenn Sie bereits mit früheren Versionen von Word gearbeitet haben, werden Sie vermutlich denken: »Ach so, das sind die alten AutoTexte«. Damit liegen Sie nicht ganz falsch, denn die Bausteine von Word 2013 sind gewissermaßen eine Weiterentwicklung der AutoTexte. Ein entscheidender Unterschied ist dabei die Art und Weise, wie Bausteine verwaltet und abgespeichert werden. Während AutoTexte in früheren Versionen nur mit Hilfe von Formatvorlagen organisiert werden konnten, lassen sich Bausteine bei Word 2013 in verschiedenen Katalogen speichern, die jeweils in mehrere Kategorien unterteilt werden können.

Am einfachsten lässt sich dieses Prinzip an einem kleinen Beispiel verstehen. Mit den folgenden Schritten werden Sie den Text »Sehr geehrte Damen und Herren,« als Baustein in dem Katalog *Schnellbausteine* ablegen. Anschließend zeigen wir dann, wie Sie den Baustein in Ihr Dokument einfügen können.

1. Erstellen Sie ein neues Dokument.
2. Geben Sie den Text »Sehr geehrte Damen und Herren,« ein und drücken Sie anschließend die ↵-Taste.
3. Markieren Sie den soeben eingegebenen Absatz (zum Beispiel, indem Sie wie auf Seite 219 beschrieben mit der Maus in die Markierungsleiste klicken).

4. Zeigen Sie die Registerkarte *EINFÜGEN* an und klicken Sie in der Gruppe *Text* auf die Schaltfläche *Schnellbausteine durchsuchen.* Dadurch klappt ein Menü auf, in dem Sie den letzten Befehl *Auswahl im Schnellbaustein-Katalog speichern* wählen. Mit diesem Befehl rufen Sie das Dialogfeld *Neuen Baustein erstellen* auf.

Im Dialogfeld sehen Sie, dass der neue Baustein im Katalog *Schnellbausteine* und dort in der Kategorie *Allgemein* erstellt wird. Mit dem Listenfeld *Speichern in* wird festgelegt, in welcher Dokumentvorlage er gespeichert werden soll.

5. Geben Sie dem neuen Baustein einen Namen und fügen Sie eine kurze Beschreibung ein. Alle anderen Felder lassen Sie unverändert.

Bild 9.9 Der markierte Text wird im Katalog *Schnellbausteine* gespeichert

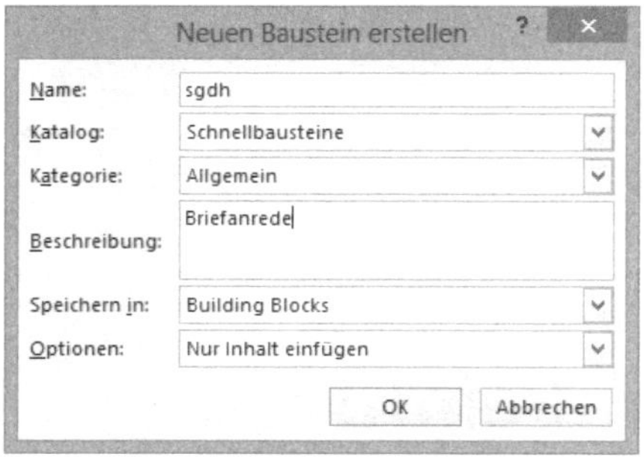

6. Klicken Sie auf *OK*, um den Baustein zu erstellen.

Im letzten Schritt soll der neue Baustein testweise in das Dokument eingefügt werden. Da Sie ihn im Katalog *Schnellbausteine* abgelegt haben, können Sie ihn konsequenterweise über die gleichnamige Schaltfläche erreichen.

7. Klicken Sie also in der Registerkarte *EINFÜGEN* wieder auf die Schaltfläche *Schnellbausteine durchsuchen*. Wie Sie sehen, ist das Menü der Schaltfläche um einen Eintrag für den neuen Baustein erweitert worden.

Bild 9.10 Der neue Schnellbaustein

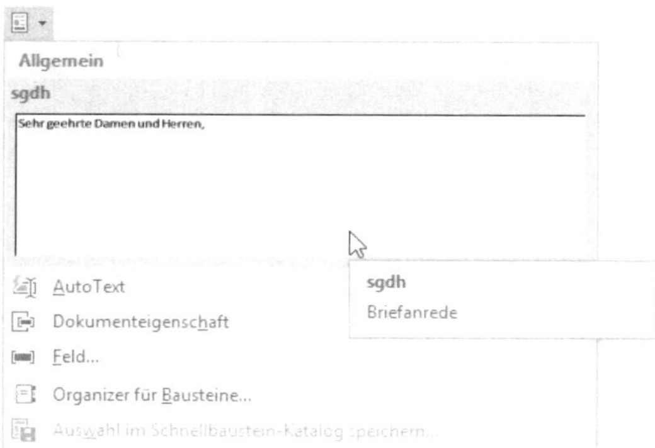

8. Klicken Sie den neuen Eintrag an, um den Schnellbaustein einzufügen.

TIPP **Schnellbausteine per Tastatur einfügen** Wenn Sie den Namen eines Bausteins kennen, können Sie den Baustein einfügen, indem Sie seinen Namen eintippen und direkt danach die Taste F3 drücken.

Der Organizer für Bausteine

Alle Bausteine, die Sie in Ihre Dokumente einfügen können, werden an einer zentralen Stelle, dem so genannten *Organizer für Bausteine* verwaltet. Dort können Sie sich nun davon überzeugen, dass sich der neue Baustein im richtigen Katalog befindet. Zum Aufrufen des Organizers klicken Sie in der Registerkarte *EINFÜGEN* auf *Schnellbausteine durchsuchen* und wählen den Befehl *Organizer für Bausteine.*

Bild 9.11 Im *Organizer für Bausteine* lässt sich erkennen, in welchen Katalogen und Kategorien die verschiedenen Bausteine organisiert sind

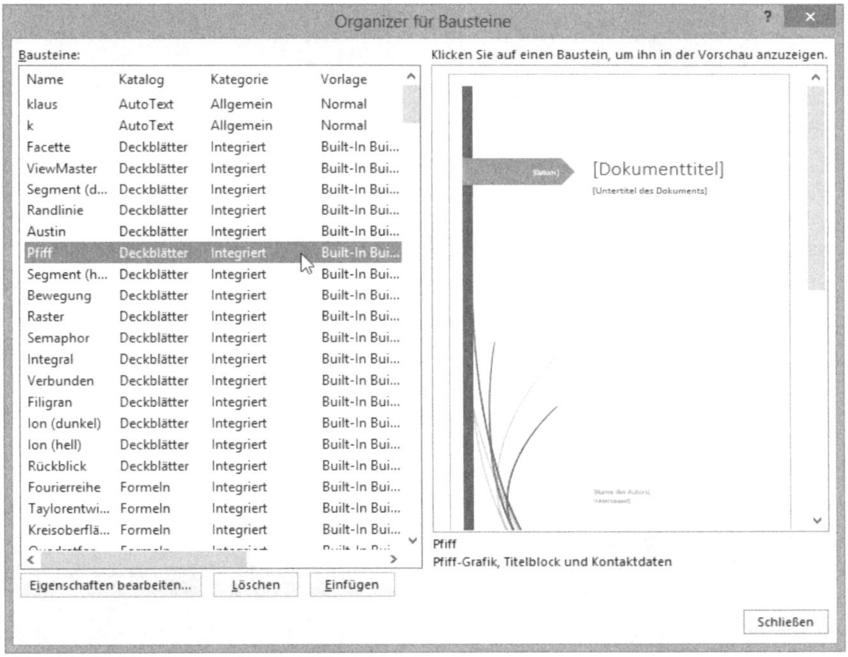

In diesem Dialogfeld können Sie die Bausteine verwalten, um sie zum Beispiel anderen Katalogen oder Kategorien zuzuordnen oder um nicht mehr benötigte Bausteine zu löschen.

Deckblätter einfügen

Wie Sie in Bild 9.11 sehen, enthält Word bereits ein gutes Dutzend Deckblätter, die Sie für Ihre Dokumente verwenden können. Diese Deckblätter sind zum Teil sehr aufwändig gestaltet und lassen sich bei Bedarf leicht anpassen. Das Einfügen eines Deckblatts ist schnell erledigt:

1. Öffnen Sie das Dokument, das ein Deckblatt erhalten soll.
2. Zeigen Sie die Registerkarte *EINFÜGEN* an und klicken Sie in der ersten Gruppe auf *Deckblatt.* Word zeigt dann ein Menü mit den Vorschaubildern der vorhandenen Deckblätter an.
3. Wenn Sie ein Deckblatt auswählen, fügt Word es als erste Seite in Ihr Dokument ein.
4. Klicken Sie die Platzhalter des Deckblatts an und tragen Sie die gewünschten Informationen, wie Datum, Titel des Dokuments usw. ein.

Absätze formatieren

In Kapitel 6 haben Sie bereits die Grundlagen der Zeichenformatierung kennen gelernt (ab Seite 183) . Die nächst größeren Einheiten, die sich mit Word formatieren lassen, sind Absätze. Bevor wir uns jedoch auf die Feinheiten der Absatzformatierung stürzen, ist es wichtig, den Begriff »Absatz« genauer unter die Lupe zu nehmen und Ihnen das Word-Verständnis eines Absatzes zu erläutern.

Die Absatzmarke

Für Word ist ein Absatz alles (sogar eine leere Zeile), was mit einer Absatzmarke endet. Die Absatzmarke wird von Ihnen in den Text eingefügt, wenn Sie die [↵]-Taste drücken. Wie Sie dieses Zeichen sichtbar machen können, haben wir bereits weiter vorne in diesem Kapitel auf Seite 217 beschrieben.

Die Absatzmarke selbst ist Teil des Absatzes. An ihr hängen alle Formatierungsmerkmale, die Sie dem Absatz zugewiesen haben. Das heißt, wenn Sie die Absatzmarke löschen, verliert der Absatz seine Formatierungen. Er wird dann mit dem nachfolgenden Absatz verbunden und übernimmt dessen Formatierung.

Absätze markieren

Bei der Vorstellung der Zeichenformatierung haben wir gesagt, dass Sie *alle Zeichen* markieren müssen, die Sie formatieren wollen. Bei Absätzen verhält es sich etwas anders. Eine Absatzformatierung wirkt sich immer auf den gesamten Absatz aus. Es reicht daher aus, wenn sich die Einfügemarke an einer beliebigen Stelle im Absatz befindet.

Wollen Sie mehrere Absätze gleichzeitig formatieren, müssen Sie lediglich darauf achten, dass alle Absätze einen Teil der Markierung enthalten (Hinweise zum Markieren finden Sie ab Seite 219).

Die Varianten der Absatzformatierung

Ähnlich wie bei der Zeichenformatierung, führen auch bei der Formatierung von Absätzen mehrere, unterschiedliche Wege zum Ziel:

- Die Schaltflächen der Registerkarte *START* aus der Gruppe *Absatz*
- Die Schnellformatvorlagen der Registerkarte *START* aus der Gruppe *Formatvorlagen*
- Das Dialogfeld *Absatz*
- Verschiedene Tastenkombinationen
- Ergänzend können Sie das Lineal verwenden, mit dessen Hilfe die Einzüge eines Absatzes verändert werden und Tabulatoren gesetzt werden können. Das Lineal lässt sich auf der Registerkarte *ANSICHT* mit der Option *Lineal* ein- und ausschalten.
- Absatzformatierungen können genau wie Zeichenformatierungen mit der Pinsel-Schaltfläche übertragen werden. Die Vorgehensweise entspricht dabei dem im Abschnitt »Formatierungen löschen und übertragen« beschriebenen Verfahren (Seite 232).

Absätze mit der Registerkarte »START« formatieren

Auf der Registerkarte *START* befinden sich in der Gruppe *Absatz* ein gutes Dutzend Schaltflächen, mit denen Sie den Großteil der Absatzformatierung vornehmen können.

Bild 9.12 Die Schaltflächen zur Absatzformatierung befinden sich in der Gruppe *Absatz*

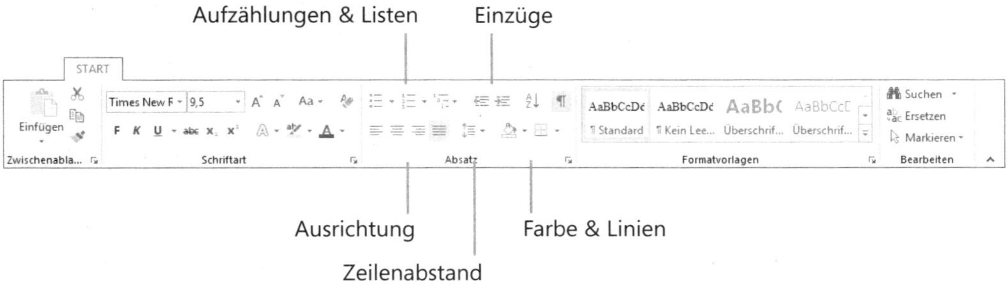

Mit diesen Schaltflächen können Sie folgende Aufgaben erledigen:

- Erstellen von Listen mit Aufzählungen
- Den Einzug eines Absatzes ändern, d.h. ihn ein- oder auszurücken
- Absätze linksbündig, zentriert, rechtsbündig und im Blocksatz ausrichten

Bild 9.13 Beispiele für Ausrichtung und Einzug von Absätzen

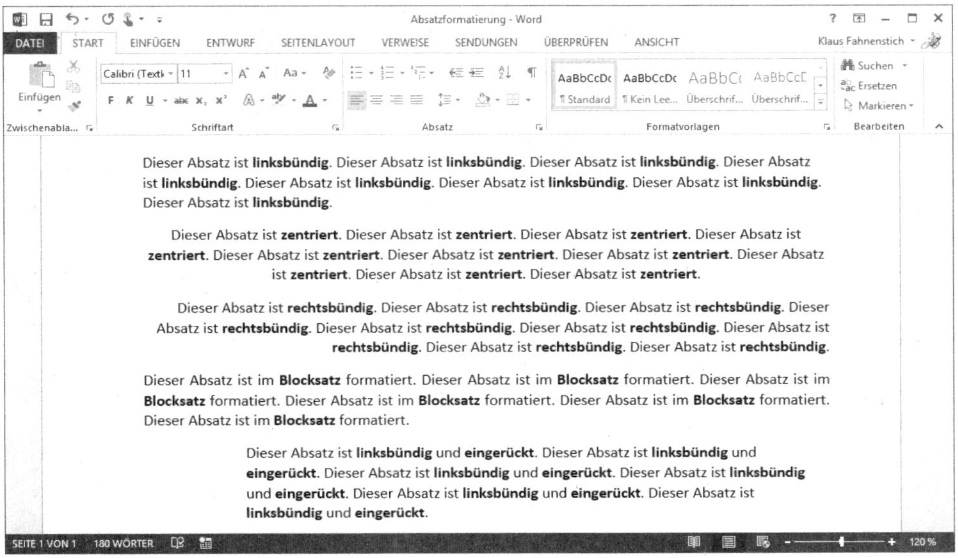

- Den Abstand der Zeilen in einem Absatz ändern
- Absätze farblich hinterlegen
- Absätze mit Linien und Rahmen hervorheben.

Absatzformatierungen mit Shortcuts

Die folgende Tabelle führt die wichtigsten Shortcuts auf, die Sie zur Absatzformatierung einsetzen können.

Tabelle 9.3 Wichtige Tastenkombinationen für die Formatierung von Absätzen

Tastenkombination	Beschreibung
Strg + L	Wechselt zwischen linksbündiger Formatierung und Blocksatz
Strg + R	Wechselt zwischen rechtsbündiger Formatierung und Blocksatz
Strg + E	Wechselt zwischen zentrierter und linksbündiger Formatierung
Strg + B	Wechselt zwischen Blocksatz und linksbündiger Formatierung
Strg + M	Versieht den Absatz mit einem linken Einzug
⇧ + Strg + M	Mit dieser Tastenkombination können Sie den linken Einzug eines Absatzes wieder stufenweise verkleinern
Strg + T	Erzeugt einen hängenden Einzug. Alle Zeilen – mit Ausnahme der ersten – werden von Word bis zum nächsten Tabstopp bewegt
⇧ + Strg + T	Verkleinert den hängenden Einzug wieder
Strg + 1	Einfacher Zeilenabstand (12 pt = 1 ze)
Strg + 2	Doppelter Zeilenabstand (24 pt = 2 ze)
Strg + 5	Eineinhalbfacher Zeilenabstand (18 pt = 1,5 ze)
Strg + 0 (Null)	Öffnet bzw. schließt Leerraum (12 pt = 1 ze) vor dem Absatz

Aufzählungen und Nummerierungen

Ein wichtiges Textelement, das in vielen Dokumenten vorkommt, sind nummerierte Listen und Aufzählungen, die mit einem Sonderzeichen (wie dem kleinen Quadrat, das wir in diesem Buch verwenden) eingeleitet werden. Wie Sie weiter oben in Bild 9.12 sehen können, stehen Ihnen für diese Zwecke in der Registerkarte *START* drei Schaltflächen zur Verfügung, mit denen diese Formatierungen schnell und unkompliziert vorgenommen werden können.

1. Markieren Sie die Absätze, die ein Aufzählungszeichen erhalten sollen.
2. Klicken Sie in der Registerkarte *START* auf den kleinen Pfeil der Schaltfläche *Aufzählungszeichen*, um das Menü der Schaltfläche aufzuklappen.

Wie Sie im folgenden Bild sehen, sind die Aufzählungszeichen in Gruppen unterteilt. In der ersten Gruppe befinden sich die Zeichen, die Sie zuletzt verwendet haben. Diese Gruppe wird natürlich nur angezeigt, falls Sie nach dem Starten von Word bereits mit der Funktion gearbeitet haben. Die Gruppe *Aufzählungsbibliothek* ist immer in diesem Menü vorhanden und enthält die Standardauswahl, die Ihnen von Word zur Verfügung gestellt wird. Wenn das Dokument bereits Aufzählungszeichen enthält, tauchen diese in der Gruppe *Dokumentaufzählungszeichen* in dem Menü auf.

Bild 9.14 Liste mit Aufzählungszeichen versehen

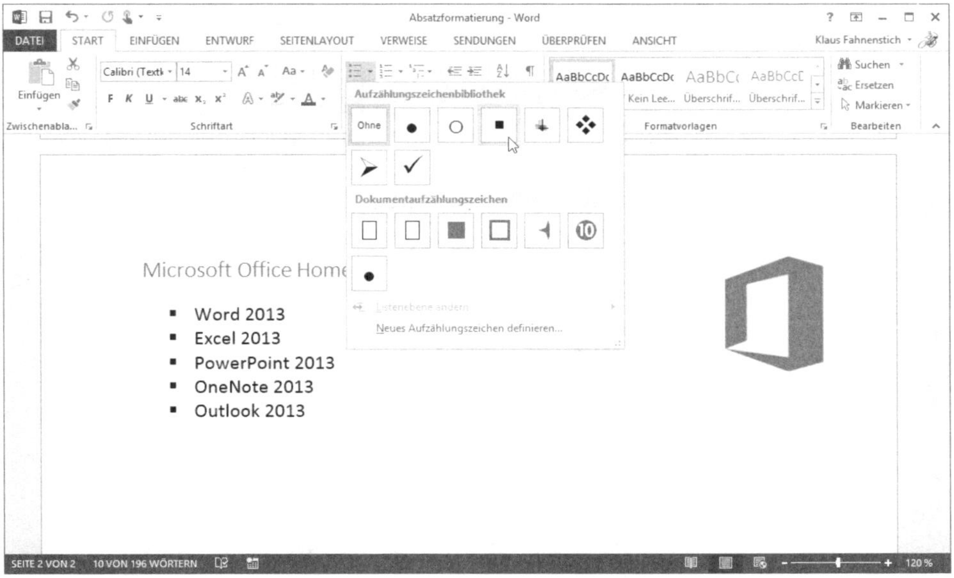

3. Fahren Sie mit der Maus über die angebotenen Zeichen. Sie können die Wirkung der Zeichen direkt im Dokument beobachten.
4. Wenn Sie sich für ein Zeichen entschieden haben, klicken Sie es an.
5. Um einer Liste einen weiteren Eintrag hinzuzufügen, setzen Sie die Einfügemarke an das Ende des letzten Absatzes und drücken dort die [↵]-Taste. Der neue Absatz erhält automatisch das gleiche Aufzählungszeichen.
6. Nachdem Sie den letzten Punkt der Liste eingegeben haben, drücken Sie die [↵]-Taste, um einen neuen Absatz zu erstellen, und dann zweimal die Taste [←] (oberhalb der [↵]-Taste), um so die Aufzählung zu beenden.

Nummerierte Listen erstellen

Das Erstellen von Listen, deren Absätze nummeriert sind, funktioniert vom Prinzip her genau so wie das Erstellen von Absätzen mit Aufzählungszeichen:

1. Geben Sie den ersten Absatz der Liste ein. Drücken Sie am Ende des Absatzes die [↵]-Taste.
2. Setzen Sie die Einfügemarke wieder in den Absatz und öffnen Sie das Menü der Schaltfläche *Nummerierung* (das ist die zweite Schaltfläche der Gruppe).
3. Wählen Sie eine der angebotenen Nummerierungen aus.
4. Setzen Sie die Einfügemarke an das Ende des Absatzes und drücken Sie die [↵]-Taste, wenn Sie die Liste fortsetzen wollen.
5. Zum Beenden der Liste, erstellen Sie wieder mit [↵] einen neuen Absatz und drücken dann direkt zweimal die Taste [←] (oberhalb der [↵]-Taste).

Nummerierung mit einer anderen Zahl beginnen

Wenn die Nummerierung nicht mit 1, sondern mit einer anderen Zahl beginnen soll, gehen Sie folgendermaßen vor:

1. Klicken Sie den Absatz, dessen Nummerierung Sie ändern möchten, mit der rechten Maustaste an und wählen Sie im angezeigten Kontextmenü den Befehl *Nummerierungswert festlegen.*

Bild 9.15 So legen Sie den Startwert einer nummerieren Liste fest

2. Stellen Sie den gewünschten Wert im Dialogfeld ein und klicken Sie auf *OK.*

Aufzählung/Nummerierung entfernen

Um die Aufzählungszeichen zu entfernen, gehen Sie so vor:

1. Markieren Sie alle Absätze der Liste, bei denen Sie das Aufzählungszeichen entfernen wollen.
2. Klicken Sie auf die Schaltfläche *Aufzählungszeichen.*

Rahmen und Linien

Mit Rahmen und Linien können Sie Überschriften oder Kopfzeilen vom Rest des Textes abheben und das Augenmerk des Lesers auf wichtige Stellen lenken. Wenn Sie keine großen Ansprüche an Form und Farbe stellen, lassen sich die Linien am schnellsten über eine Schaltfläche der Registerkarte *START* einfügen:

1. Setzen Sie die Einfügemarke in den Absatz, den Sie mit einer Linie versehen wollen. Möchten Sie mehrere Absätze mit einem gemeinsamen Rahmen versehen, markieren Sie die gewünschten Absätze.
2. Wechseln Sie auf die Registerkarte *START* und klicken Sie in der Gruppe *Absatz* in der unteren Reihe den kleinen Pfeil der letzten Schaltfläche an.
3. Mit den Befehlen des dadurch ausgeklappten Menüs können Sie nun die gewünschte(n) Linie(n) einschalten. Unter Umständen müssen Sie dazu das Menü mehrmals aufrufen.
4. Wenn Sie die Art der Linie oder ihre Farbe verändern möchten, müssen Sie das Dialogfeld *Rahmen und Schattierung* benutzen. Sie erreichen es über den gleichnamigen Befehl, der sich ganz unten im Ausklappmenü der Schaltfläche befindet.

Bild 9.16 Mit diesem Dialogfeld können Sie die Darstellung der Linie ändern

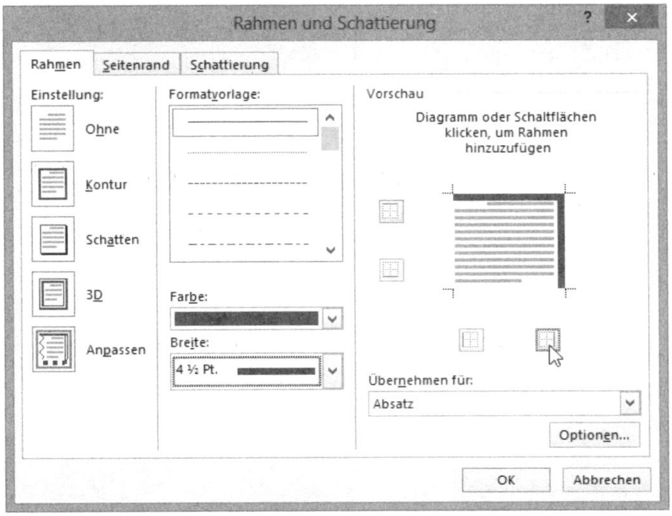

5. Stellen Sie zunächst im mittleren Bereich des Dialogs die Linienart, -farbe und -breite ein und klicken Sie dann rechts auf die Schaltflächen des Vorschaubereichs, um die betreffenden Linien einzuschalten.
6. Mit den Optionen der Registerkarte *Schattierung* können Sie den Rahmen bei Bedarf auch farbig hinterlegen.

Formatieren mit Schnellformatvorlagen

In den letzten Abschnitten haben Sie gelernt, wie Sie einzelne Formatierungsmerkmale Ihrer Texte ändern können. In der Praxis ist diese Art der Formatierung jedoch oft zu mühselig und führt auch häufig dazu, dass Ihre Dokumente nicht einheitlich formatiert sind. Aus diesem Grund verwendet man beim Formatieren so genannte *Formatvorlagen,* die Sie sich im übertragenen Sinne als Schnittmuster oder als Schablonen für die Formatierung vorstellen können. Eine Formatvorlage definiert dazu gleich mehrere Formatierungsmerkmale, die Sie Ihrem Text dann auf einen Rutsch zuweisen können. So könnte zum Beispiel eine Formatvorlage, mit der Sie Ihre Überschriften formatieren, nicht nur Schriftart und -größe bestimmen, sondern auch dafür sorgen, dass die Überschrift mit einer farbigen Linie unterstrichen wird.

Wir haben diesem wichtigen Thema das Kapitel 10 gewidmet und wollen Ihnen hier zunächst nur kurz zeigen, wie Sie Ihre Texte mit Hilfe von Formatvorlagen gestalten können.

1. Erstellen Sie ein neues leeres Dokument.
2. Tippen Sie den Text **Dies ist eine Überschrift** ein.
3. Setzen Sie die Einfügemarke in das Wort »eine«, indem Sie es anklicken.
4. Wechseln Sie auf die Registerkarte *START* und klappen Sie das Auswahlmenü in der Gruppe *Formatvorlagen* auf (siehe nächstes Bild). Diese Formatvorlagen werden als *Schnellformatvorlagen* bezeichnet, da sie über das Auswahlmenü besonders schnell zu erreichen sind.

5. Bewegen Sie den Mauszeiger auf die verschiedenen Vorschaubilder und beobachten Sie im Dokument die Wirkung der jeweiligen Formatvorlage. Beachten Sie, dass einige der Formatvorlagen die Formatierung des gesamten Absatzes beeinflussen, andere hingegen lediglich das Wort »eine«, in dem sich die Einfügemarke befindet. Dies liegt daran, dass es in Word verschiedene Typen von Formatvorlagen gibt, die sich jeweils gezielt auf bestimmte Bestandteile eines Dokuments auswirken (Zeichen, Absätze, Tabellen, Listen).

Bild 9.17 Formatierung per Schnellformatvorlage

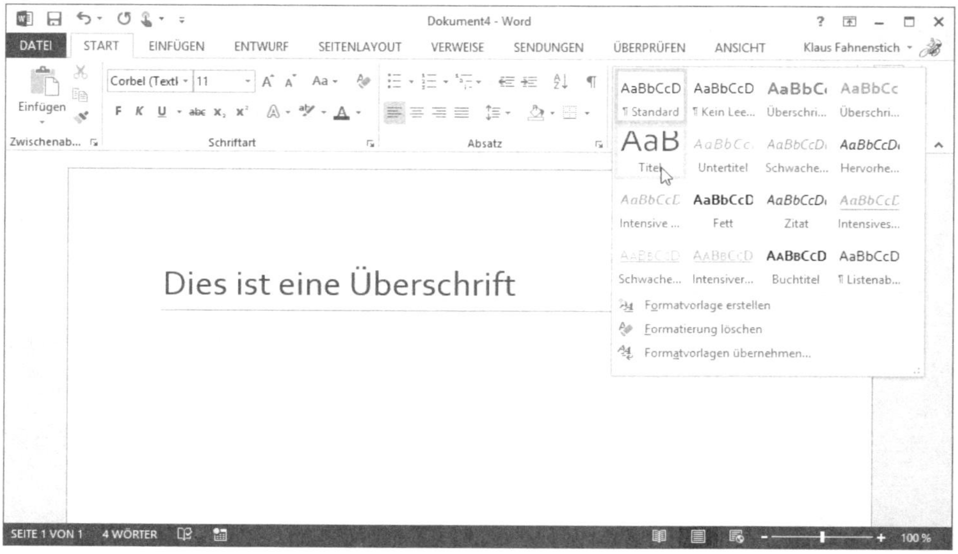

6. Klicken Sie eines der Vorschaubilder an, um die Formatvorlage zuzuweisen.

Formatierungen löschen und übertragen

Wenn Sie eine komplizierte Zeichenformatierung für mehrere Textpassagen verwenden wollen, ist es nicht erforderlich, die gleichen Formatierungsbefehle wieder und wieder zu verwenden. Stattdessen können Sie die Formatierung einfach auf eine andere Textstelle übertragen:

1. Markieren Sie den Text, dessen Formatierung Sie übertragen wollen.
2. Wechseln Sie im Menüband auf die Registerkarte *START*.
3. Klicken Sie in der Gruppe *Zwischenablage* auf die Pinsel-Schaltfläche.

4. Streichen Sie mit dem Mauszeiger über die Textstelle, die die gleiche Formatierung erhalten soll.

Um eine Formatierung auf mehrere Textstellen zu übertragen, doppelklicken Sie auf die Pinsel-Schaltfläche. Dadurch rastet die Schaltfläche gewissermaßen ein und Sie können anschließend beliebig viele Textstellen überstreichen. Um den Modus wieder zu verlassen, klicken Sie die Schaltfläche erneut an oder drücken die Taste [Esc].

Texte suchen und ersetzen

Wenn Sie in einem umfangreichen Dokument nach einer bestimmten Textstelle suchen, hilft Ihnen die Suchfunktion von Word. Mit dieser Funktion können Sie mehrere Aufgaben erledigen:

- Sie können der Reihe nach alle Fundstellen anzeigen, die den gesuchten Begriff enthalten.
- Sie können alle Vorkommen des Begriffs im Dokument markieren.
- Sie können alle Vorkommen des Begriffs im Dokument farbig hervorheben.

Bei allen Methoden lässt sich die Suche durch zusätzliche Kriterien präzisieren, indem Sie zum Beispiel festlegen, dass die Groß-/Kleinschreibung beachtet werden soll.

Die Standardsuche

Die Suchfunktion wurde bereits in Word 2010 erheblich verbessert. Dazu wurde der neue Aufgabenbereich *Navigation* geschaffen, der verschiedene Ansichten auf ein Dokument bietet und so eine schnelle Orientierung in umfangreichen Texten ermöglicht.

1. Wechseln Sie im Menüband auf die Registerkarte *START* und klicken Sie dort in der Gruppe *Bearbeiten* auf die Schaltfläche *Suchen*. Alternativ drücken Sie den Shortcut `Strg`+`F`. Word zeigt dann links neben dem Dokument den Aufgabebereich *Navigation* an.
2. Geben Sie oben im Aufgabenbereich einen Suchbegriff ein. Wenn Sie den Begriff sehr langsam eintippen, werden Sie feststellen, dass Word die Suchergebnisse nach jedem neu eingegebenen Buchstaben aktualisiert. Dieses Feature nennt sich *Inkrementelle Suche*.

Bild 9.18 Gefundene Textstellen werden im Navigationsbereich aufgelistet und im Text markiert

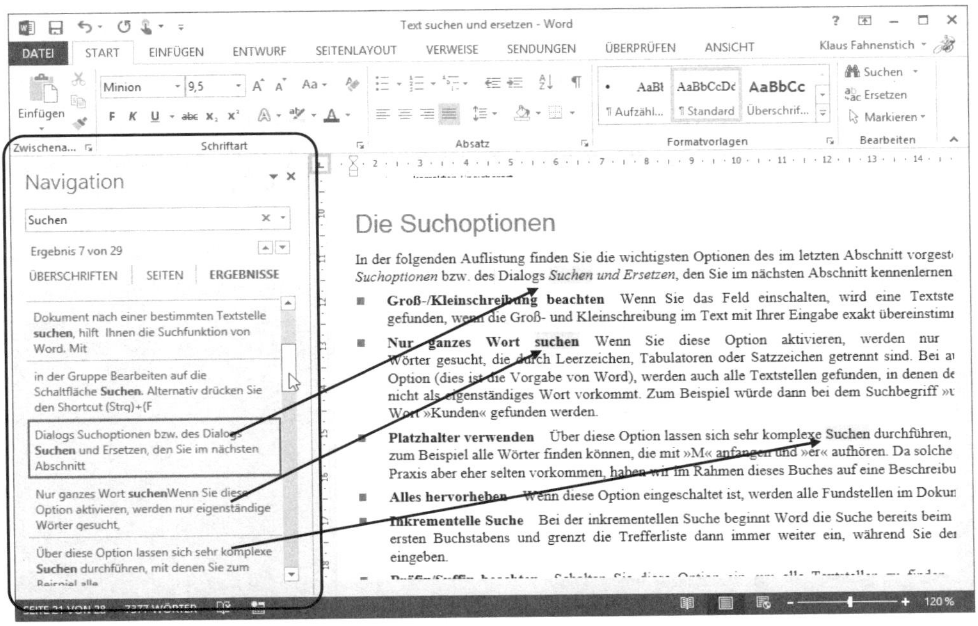

3. Wählen Sie im Navigationsbereich, ob in der Trefferliste *Überschriften, Seiten* oder *Ergebnisse* angezeigt werden sollen. In der Regel empfiehlt sich die Einstellung *Ergebnisse,* bei der Word für jede Fundstelle einen kurzen Textschnippsel anzeigt.
4. Markieren Sie einen der Treffer, damit Word die zugehörige Textstelle im Dokumentenfenster anzeigt. Wie Sie sehen, sind alle Vorkommen des Suchbegriffs im Dokument hervorgehoben.
5. Wenn Sie die gesuchte Textstelle gefunden haben, können Sie die Suche durch einen Klick auf das Kreuzchen rechts neben dem Suchbegriff beenden oder den Navigationsbereich schließen.
6. Falls Ihre Suche jedoch zu viele Übereinstimmungen liefert, können Sie die Suche mithilfe von geeigneten Suchoptionen weiter präzisieren. Klicken Sie dazu rechts oben im Navigationsbereich auf die Pfeilschaltfläche und wählen Sie in ihrem Menü den Befehl *Optionen* (siehe folgende Abbildung).

Bild 9.19 Erweiterte Optionen aufrufen

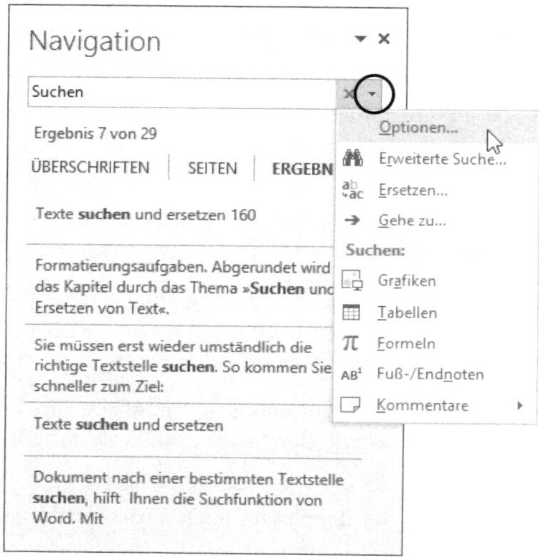

7. Aktivieren Sie im angezeigten Dialogfeld die geeigneten Optionen. Gute Ergebnisse lassen sich oft bereits durch die Beachtung der Groß-/Kleinschreibung oder die Beschränkung auf ganze Wörter erzielen. Eine Beschreibung der einzelnen Optionen finden Sie im nächsten Abschnitt.

Bild 9.20 Hier können Sie Ihre Suche präzisieren

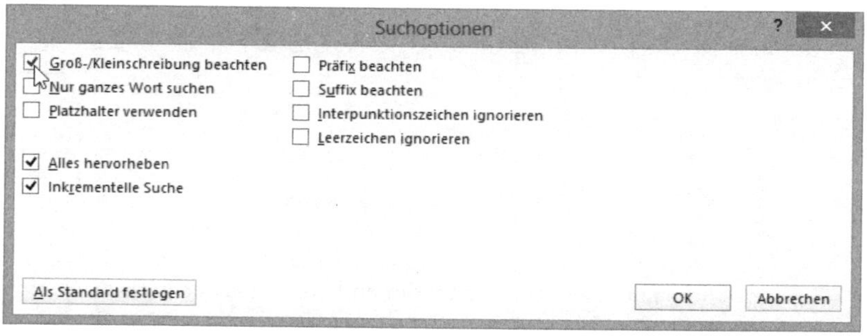

Die Suchoptionen

In der folgenden Auflistung finden Sie die wichtigsten Optionen des im letzten Abschnitt vorgestellten Dialogs *Suchoptionen* bzw. des Dialogs *Suchen und Ersetzen*, den Sie im nächsten Abschnitt kennenlernen werden.

- **Groß-/Kleinschreibung beachten** Wenn Sie das Feld einschalten, wird eine Textstelle nur dann gefunden, wenn die Groß- und Kleinschreibung im Text mit Ihrer Eingabe exakt übereinstimmt.
- **Nur ganzes Wort suchen** Wenn Sie diese Option aktivieren, werden nur eigenständige Wörter gesucht, die durch Leerzeichen, Tabulatoren oder Satzzeichen getrennt sind. Bei ausgeschalteter Option (dies ist die Vorgabe von Word), werden auch alle Textstellen gefunden, in denen der Suchbegriff nicht als eigenständiges Wort vorkommt. Zum Beispiel würde dann bei dem Suchbegriff »und« auch das Wort »Kunden« gefunden werden.
- **Platzhalter verwenden** Über diese Option lassen sich sehr komplexe Suchen durchführen, mit denen Sie zum Beispiel alle Wörter finden können, die mit »M« anfangen und »er« aufhören. Da solche Suchen in der Praxis aber eher selten vorkommen, haben wir im Rahmen dieses Buches auf eine Beschreibung verzichtet.
- **Alles hervorheben** Wenn diese Option eingeschaltet ist, werden alle Fundstellen im Dokument markiert.
- **Inkrementelle Suche** Bei der inkrementellen Suche beginnt Word die Suche bereits beim Eintippen des ersten Buchstabens und grenzt die Trefferliste dann immer weiter ein, während Sie den Suchbegriff eingeben.
- **Präfix/Suffix beachten** Schalten Sie diese Option ein, um alle Textstellen zu finden, an denen der Suchbegriff am Wortanfang bzw. am Wortende steht.
- **Interpunktionszeichen ignorieren** Bei eingeschalteter Option werden Satzzeichen von Word nicht berücksichtigt. In diesem Fall würde der Suchbegriff »Dr Schuhmann« auch die Schreibweise »Dr. Schuhmann« finden.
- **Leerzeichen ignorieren** Diese Option ist bei der Suche nach Wortkombinationen sehr hilfreich. Wenn Sie z.B. nach den beiden Wörtern »unter anderem« suchen, spüren Sie mit dieser Option auch Textstellen auf, bei denen zwischen den Wörtern unbeabsichtigter Weise zwei Leerzeichen stehen.

Die erweiterte Suche

Es gibt in der Praxis durchaus Fälle, in denen Sie mit der Standardsuche nicht zum Ziel kommen. Wenn Sie zum Beispiel in einem Dokument eine Textstelle suchen, in denen das Wort »und« kursiv formatiert wurde, kommen Sie mit der Standardsuche nicht weit. In solchen Fällen müssen Sie zur erweiterten Suche greifen:

1. Zeigen Sie im Menüband die Registerkarte *START* an und öffnen Sie das Menü der Schaltfläche *Suchen.* Wählen Sie dort den Befehl *Erweiterte Suche.*
2. Klicken Sie im erschienenen Dialogfeld gegebenenfalls auf die Schaltfläche *Erweitern,* damit die vollständige Fassung des Dialogfeldes angezeigt wird (wie in der nächsten Abbildung). Wie Sie sehen, kennen Sie viele der Optionen bereits aus der in den letzten Abschnitten vorgestellten Standardsuche.

Bild 9.21 In der erweiterten Suche lässt sich z.B. der Suchbereich festlegen

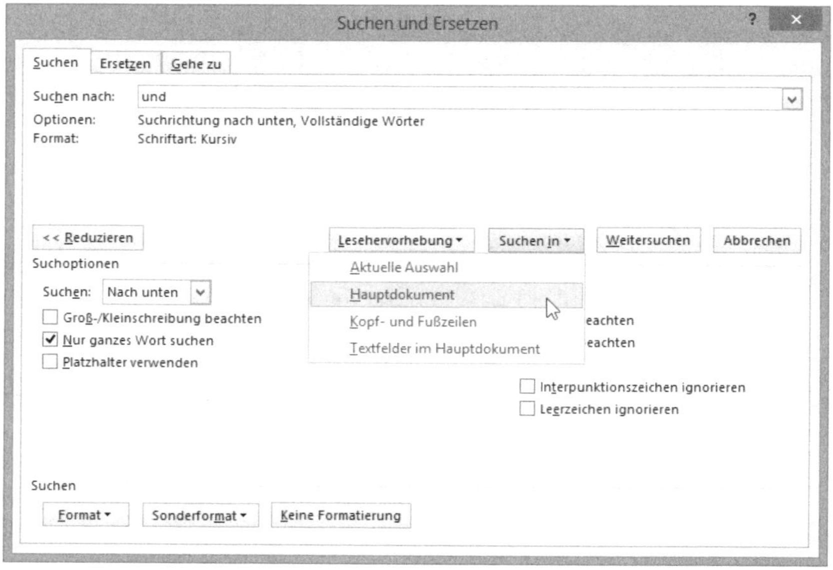

3. Legen Sie die Suchrichtung fest. Word sucht entweder nur in eine Richtung, und zwar ab der aktuellen Position der Einfügemarke nach oben oder unten, oder im gesamten Dokument.

4. Falls Ihr Dokument auch Kopf- und Fußzeilen enthält und/oder wenn Sie zuvor einen Textbereich markiert haben, können Sie nun auswählen, welchen Bereich des Dokuments Sie durchsuchen möchten.

5. Über die Schaltfläche *Format* können Sie angeben, nach welchen Formatierungsmerkmalen Sie suchen. Alternativ können Sie auch die Tastenkombinationen drücken, mit der sich die gesuchte Formatierung zuweisen lässt (also z.B. ⇧+Strg+K für kursive Schrift).

6. Die Schaltfläche *Sonderformat* zeigt eine Auswahl von Sonderzeichen an, nach denen Sie ebenfalls suchen können. Auf diese Weise können Sie zum Beispiel ein Tabstoppzeichen oder eine Absatzmarke in den Suchbegriff einbauen. So findet der Ausdruck »:^p« alle Doppelpunkte, die am Ende eines Absatzes stehen.

7. Klicken Sie auf *Weitersuchen*, um die erste bzw. die nächste Fundstelle anzuzeigen. Um alle Fundstellen auf einmal zu markieren, klicken Sie auf *Suchen*.

8. Um die Fundstellen farblich hervorzuheben, klicken Sie auf *Lesehervorhebung* und dann auf *Alles hervorheben*.

9. Sie können jederzeit zwischen Dialogfeld und Dokument wechseln. Sie können also z.B. die Bildlaufleisten verwenden, um sich die von der Suchfunktion markierten oder hervorgehobenen Textstellen anzusehen. Wenn Sie das Dialogfeld nicht mehr benötigen, beenden Sie es mit *Schließen*.

Text ersetzen

Genauso wie Sie nach Text suchen können, ist es auch möglich, den gefundenen Text durch einen neuen ersetzen zu lassen. Dazu verwenden Sie den Befehl *Ersetzen*, der sich ebenfalls in der Gruppe *Bearbeiten* auf der Registerkarte *START* befindet. Wenn das Dialogfeld *Suchen und Ersetzen* bereits angezeigt wird, können Sie auch einfach im Dialogfeld die Registerkarte *Ersetzen* anklicken.

Bild 9.22 Die Registerkarte *Ersetzen* mit eingeblendeten Suchoptionen

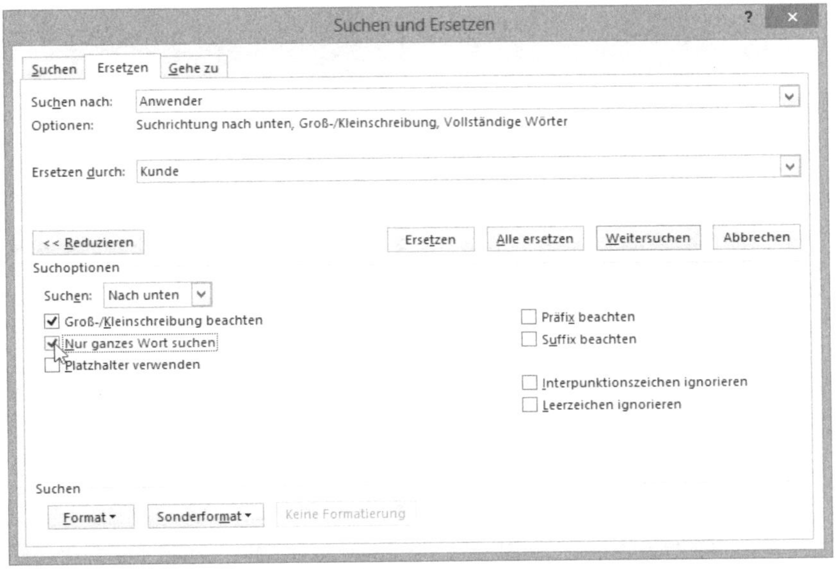

Wie Sie sehen, unterscheidet sich die Registerkarte *Ersetzen* von der Registerkarte *Suchen* im Wesentlichen durch das Feld *Ersetzen durch*. In dieses Feld können Sie den Text eingeben, der anstelle des gefundenen in das Dokument aufgenommen werden soll. Wenn Sie dieses Feld leer lassen, wird der gefundene Text aus Ihrem Dokument entfernt.

Nachdem Sie alle Eingaben vorgenommen und die gewünschten Optionsfelder eingeschaltet haben, können Sie mit den folgenden Schaltflächen das Ersetzen starten:

- **Weitersuchen** Sucht das erste bzw. nächste Vorkommen des Suchtextes im Dokument. War die Suche erfolgreich, wird der Inhalt des Dateifensters so gescrollt, dass Sie die gefundene Textstelle lesen können.
- **Ersetzen** Ersetzt den gefundenen Text durch die neue Eingabe. Nachdem Word den markierten Text ersetzt hat, springt es automatisch zur nächsten Fundstelle. Wird der Suchbegriff nicht mehr gefunden, erscheint ein entsprechender Hinweis.
- **Alles ersetzen** Mit dieser Schaltfläche können Sie alle Vorkommen des Suchtextes im gesamten Dokument ersetzen. Benutzen Sie diese Schaltfläche nur, wenn Sie sich Ihrer Sache sicher sind und auf die individuelle Überprüfung der einzelnen Fundstellen verzichten wollen.

Kapitel 10

Formatvorlagen

In diesem Kapitel:

In diesem Kapitel dreht sich alles um Formatvorlagen. Es gibt in Word wohl kaum eine zweite Funktion, deren Verständnis eine so wichtige Voraussetzung für ein effektives Arbeiten mit Word ist. Gleichzeitig investieren nur wenige Anwender die notwendige Zeit, um das Konzept der Formatvorlagen zu verstehen und es gewinnbringend für sich einzusetzen.

Auch mit der neuen Version von Word wird es wohl leider nicht besser werden. Word signalisiert dem Anwender mehr denn je: »Ein Klick genügt« oder etwas bissiger formuliert: »Nicht denken, klicken!«. Diese Herangehensweise mag auf den ersten Blick verlockend klingen, aber wer je mit Software gearbeitet hat, die versucht, dem Anwender das Denken abzunehmen, kennt das verzweifelte Gefühl, das einen überkommt, wenn sich auf dem Bildschirm Dinge tun, die man weder versteht noch so gewollt hat.

Wir werden das Pferd daher gewissermaßen von hinten aufzäumen und Ihnen zunächst den Sinn und Zweck von Formatvorlagen erklären und erst anschließend auf ihre Anwendung eingehen.

Das Prinzip

Wenn Sie regelmäßig mit Word Dokumente erstellen, werden Sie schnell feststellen, dass Sie die gleichen Formatierungsbefehle immer wieder eingeben, um z.B. alle Überschriften auf die gleiche Art und Weise zu formatieren. Das ist nicht nur mühselig, sondern auch sehr unflexibel.

Formatvorlagen bieten eine Lösung für diese Situation, indem sie viele verschiedene Formatierungsmerkmale (wie Schriftart, Schriftauszeichnungen, Einzüge, Farbeinstellungen usw.) zu einer Art Rezept zusammenfassen. Wenn Sie beispielsweise alle Überschriften fett und zentriert formatieren wollen und außerdem eine Linie sowie Freiräume vor und nach dem Absatz einrichten möchten, können Sie genau *eine* Formatvorlage erstellen, die alle diese Formatierungsmerkmale in sich vereinigt.

Formatvorlagen sind schnell
Wenn Sie einmal eine Formatvorlage erstellt haben, können Sie sie beliebig oft anwenden und einer Textstelle alle in der Formatvorlage gespeicherten Formatierungsmerkmale mit dem berühmten einen Mausklick zuweisen.

Formatvorlagen sind präzise
So ist hundertprozentig garantiert, dass alle Formatierungen konsistent sind. Und falls Sie noch eine Korrektur an der Formatierung vornehmen wollen, können Sie sich auf eine einzige Stelle konzentrieren. Sie ändern einfach die Formatvorlage, die dann die neue Formatierung an die zugehörigen Textstellen »weiterreicht«.

Formatvorlagen sind flexibel
Dieser Mechanismus lässt sich fast beliebig perfektionieren. So können z.B. die Formatvorlagen eines Dokumentes so geschickt aufeinander aufgebaut werden, dass Sie mit einer einzigen Änderung die Schriftart im ganzen Dokument ändern können, und zwar unabhängig davon, in welcher Größe und Auszeichnung (fett, kursiv etc.) Sie die Schrift eingesetzt haben. Wenn Sie das Kapitel 6 gelesen haben, in dem wir Dokumentdesigns und Designschriftarten vorgestellt haben, ahnen Sie vielleicht bereits, welches Komfortpotenzial sich hier verbirgt. Wir werden dieses wichtige Thema im weiteren Verlauf dieses Kapitels noch vertiefen.

Die verschiedenen Typen von Formatvorlagen

In Word gibt es mehrere Typen von Formatvorlagen, die sich darin unterscheiden, welche Formatierungsmerkmale in ihnen gespeichert werden können.

- **Zeichen** Speichern die Einstellungen, die Sie auf der Registerkarte *START* in der Gruppe *Schriftart* finden. Mit Zeichenformatvorlagen können einzelne Wörter im Text durch eine Formatierung hervorgehoben werden (wie die Wörter *START* und *Schriftart* in diesem Absatz).
- **Absatz** Enthält lediglich die Einstellungen, die Sie für Absätze vornehmen können. Hierzu gehören die Ausrichtung, Einzüge, Abstände, Tabulatoren, Umrandungen, Linien sowie Schattierungen und die Sprache. Dieser Formatvorlagentyp kann jedoch (vermutlich aus Kompatibilitätsgründen) ebenfalls Zeichenformatierungen speichern.
- **Verknüpft (Absatz und Zeichen)** kombiniert eine Zeichen- mit einer Absatzformatvorlage.
- **Tabellen-Formatvorlagen** enthalten neben den Zeichenformatierungen auch Merkmale wie Füllfarbe, Rahmenarten und die Ausrichtung des Textes innerhalb einer Tabellenzelle.
- **Listen-Formatvorlagen** dienen zur Formatierung von nummerierten Listen und Aufzählungen. Neben der Einrückung und der Schriftart können Sie auch das Aufzählungszeichen aus den verschiedenen Zeichensätzen definieren oder dafür sogar eine Grafik verwenden.

Verwendung von Designschriftarten

In Kapitel 6 haben Sie gesehen, wie Sie die Darstellung eines Dokuments ändern können, indem Sie ein neues Design für das Dokument auswählen. Damit dieser »Trick« auch wirklich gelingen kann, müssen sämtliche Schriftformatierungen der Formatvorlage die Designschriftarten verwenden. Woran Sie diese Schriften erkennen, werden wir weiter hinten in diesem Kapitel noch erklären.

Schnellformatvorlagen

Schnellformatvorlagen sind im Grunde genommen nichts anderes als die soeben vorgestellten Formatvorlagen. Sie heben sich lediglich dadurch ab, dass sie in der Registerkarte *START* in der Gruppe *Formatvorlagen* auftauchen. Dank ihrer exponierten Lage lassen sich diese Formatvorlagen beim Formatieren schneller erreichen und dieser Tatsache verdanken sie ihren Namenszusatz.

Bild 10.1 Die Schnellformatvorlagen in der Registerkarte *START*

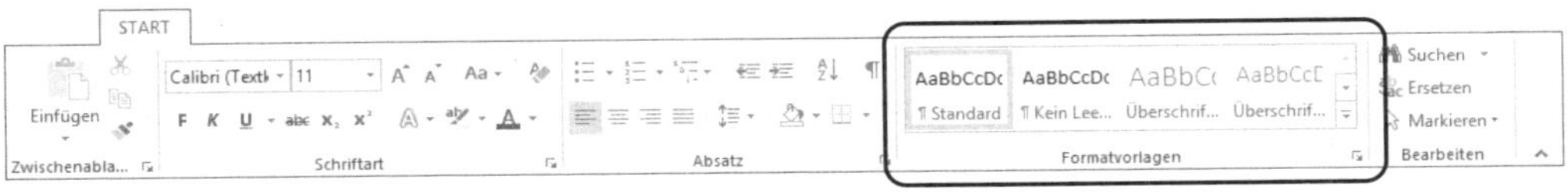

Um diesen Geschwindigkeitsvorsprung zu gewährleisten, verwendet Word zurzeit nur knapp 20 Schnellformatvorlagen. Anderenfalls würden Sie zuviel Zeit damit verlieren, eine gewünschte Formatvorlage auf der Registerkarte zu finden. Bei der Auswahl der Formatvorlagen, die zu Schnellformatvorlagen »befördert« wurden, hat man versucht, ein möglichst breites Spektrum an Formatierungsaufgaben abzudecken.

Formatvorlagensätze

Es gibt noch eine weitere Hierarchieebene im Leben einer Formatvorlage: die so genannten Formatvorlagen*sätze.* Dabei handelt es sich einfach um verschiedene Gruppen von Schnellformatvorlagen, die jeweils einen eigenen Namen besitzen. Ihre besondere Wirkung entfalten die Formatvorlagensätze, wenn die in ihnen enthaltenen Formatvorlagen die gleichen Namen tragen. Dann wird es nämlich möglich, durch einfaches Wechseln des Formatvorlagensatzes einem Dokument ein vollständig anderes Aussehen zu geben.

Bild 10.2 Durch den Wechsel des Formatvorlagensatzes auf der Registerkarte *ENTWURF* erhält ein Dokument augenblicklich ein völlig anderes Aussehen

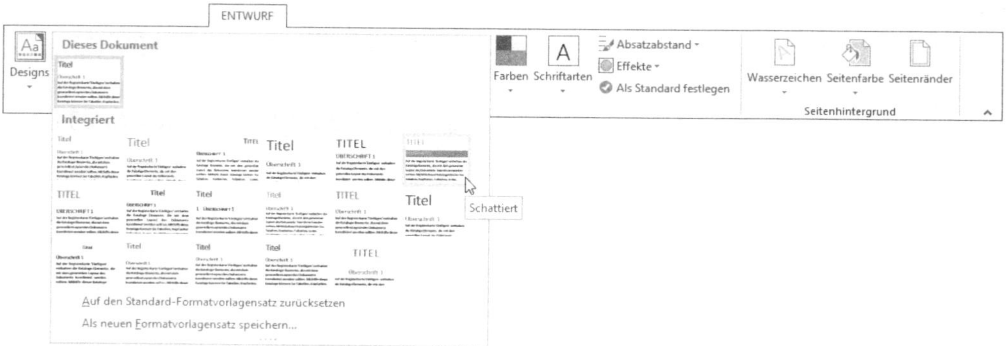

Dokumentdesigns

An oberster Stelle dieser Hierarchie befinden sich die eben schon erwähnten Dokumentdesigns. In ihnen werden unter anderem die *Designschriftarten* und die *Designfarben* festgelegt. Wenn alle in einem Dokument verwendeten Formatvorlagen nur diese Schriftarten und Farben verwenden, wirkt sich eine Änderung bzw. ein Wechsel des Dokumentdesigns automatisch auf das gesamte Dokument aus.

Fluch oder Segen?

Nach dieser kurzen Einführung in das Thema Formatvorlagen verfügen Sie nun über eine erste Vorstellung von der Leistungsfähigkeit dieses Konzepts. Sie haben sicher auch eine Ahnung davon bekommen, dass mit dieser Leistungsfähigkeit auch die Gefahr einhergeht, diesen Automatismus nicht in den Griff zu bekommen.

Unsere Empfehlung lautet daher: Wenden Sie zunächst nur die bereits vorhandenen Formatvorlagen an und beginnen Sie erst später, wenn Sie bereits etwas Erfahrung gesammelt haben, mit dem Erstellen von eigenen Formatvorlagen.

Formatvorlagen anwenden

Das Anwenden von Formatvorlagen ist denkbar unkompliziert. Beginnen wir mit dem einfachsten Fall, dem Anwenden einer Schnellformatvorlage. Mit den folgenden Schritten weisen Sie einem Absatz die Formatvorlage für eine Überschrift zu:

1. Setzen Sie die Einfügemarke in den betreffenden Absatz.
2. Zeigen Sie die Registerkarte *START* an.
3. Öffnen Sie in der Gruppe *Formatvorlagen* den Katalog mit den Schnellformatvorlagen. Word zeigt die wichtigsten Merkmale der Formatvorlagen in kleinen Vorschaubildchen an.

Bild 10.3 Anwenden einer Schnellformatvorlage

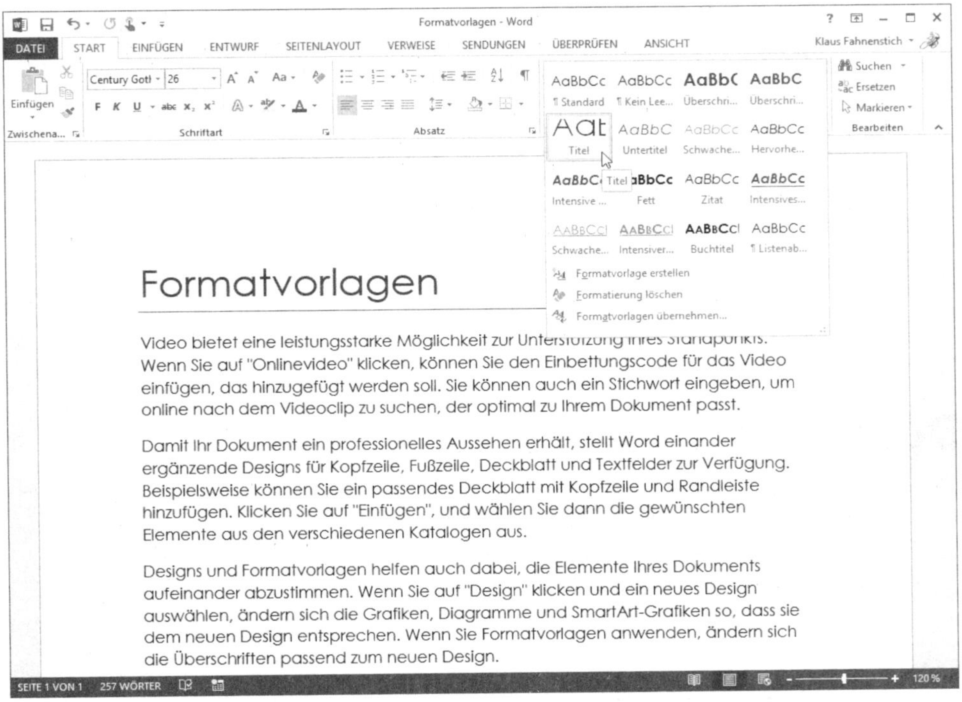

4. Bewegen Sie den Mauszeiger über die verschiedenen Einträge des Katalogs und beobachten Sie, wie sich die Formatierung des vorher ausgewählten Absatzes verändert.
5. Klicken Sie die gewünschte Formatvorlage an, um ihre Formatierungseigenschaften auf den Absatz zu übertragen.

ACHTUNG **Formatvorlagen überschreiben direkte Formatierungen** Wenn ein Absatz bereits direkte Absatzformatierungen besitzt, gehen sie durch das Zuweisen einer Formatvorlage verloren. Sie können jedoch, nachdem Sie dem Absatz die Formatvorlage zugewiesen haben, anschließend noch beliebige Formatierungen vornehmen.

Schnellformatvorlagen mit der Minisymbolleiste zuweisen

Der im letzten Abschnitt beschriebene Weg über die Registerkarte *START* ist in der Regel zu umständlich, da Sie dabei relativ lange Wege mit der Maus zurücklegen müssen. (Das gilt besonders dann, wenn die Registerkarte noch nicht angezeigt ist.) Schnellformatvorlagen lassen sich daher meistens besser über die Minisymbolleiste zuweisen. Zum Anzeigen der Minisymbolleiste klicken Sie entweder einen Absatz mit der rechten Maustaste an oder Sie markieren die gewünschte Textpassage, wodurch automatisch die Minisymbolleiste erscheint.

Bild 10.4 Der Aufruf des Katalogs über die Minisymbolleiste empfiehlt sich vor allem dann, wenn die Registerkarte *START* zurzeit nicht sichtbar ist

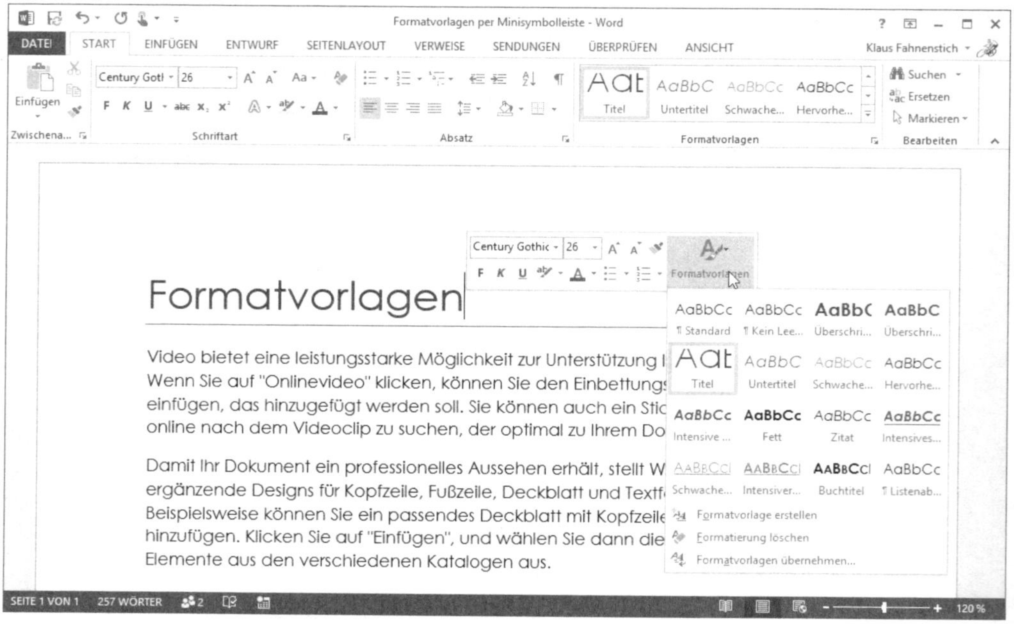

Anzeigen der Minisymbolleiste auf einem Tablet

Wenn Sie Word auf einem Tablet-PC benutzen, ist das Anzeigen der Minisymbolleiste unter Umständen etwas kniffliger. Solange Sie die Formatvorlage einer markierten Textpassage zuweisen wollen, genügt es noch, wenn Sie den markierten Bereich einfach antippen.

Anders sieht es jedoch aus, wenn Sie einem ganzen Absatz eine neue Formatvorlage geben wollen. In diesem Fall muss nämlich entweder der gesamte Absatz markiert sein oder die Einfügemarke muss in dem betreffenden Absatz stehen und blinken. In diesem Fall hilft ein kleiner Trick: Tippen Sie einfach an das Ende des gewünschten Absatzes und lassen Sie den Finger einen kurzen Moment dort ruhen. Beim Loslassen erscheint dann die Minisymbolleiste, ohne dass ein Text markiert ist.

Formatieren mit dem Aufgabenbereich

Wenn sich eine von Ihnen gesuchte Formatvorlage nicht im Katalog der Schnellformatvorlagen befindet, verwenden Sie am besten den Aufgabenbereich *Formatvorlagen.* Um den Aufgabenbereich anzuzeigen, gehen Sie so vor:

1. Markieren Sie den Text, auf den Sie eine Formatvorlage anwenden wollen.
2. Zeigen Sie die Registerkarte *START* an.
3. Klicken Sie in der unteren rechten Ecke der Gruppe *Formatvorlagen* auf die kleine Schaltfläche.

Word blendet den Aufgabenbereich dann entweder rechts neben dem Dokument ein oder zeigt ihn als eigenes Fenster an. Um zwischen den beiden Darstellungsarten umzuschalten, führen Sie einen Doppelklick auf der Titelleiste des Aufgabenbereichs aus bzw. ziehen mit der Maus an seiner Titelleiste, um ihn vom Rand des Wordfensters zu lösen.

Bild 10.5 Im Aufgabenbereich können Sie alle Formatvorlagen erreichen

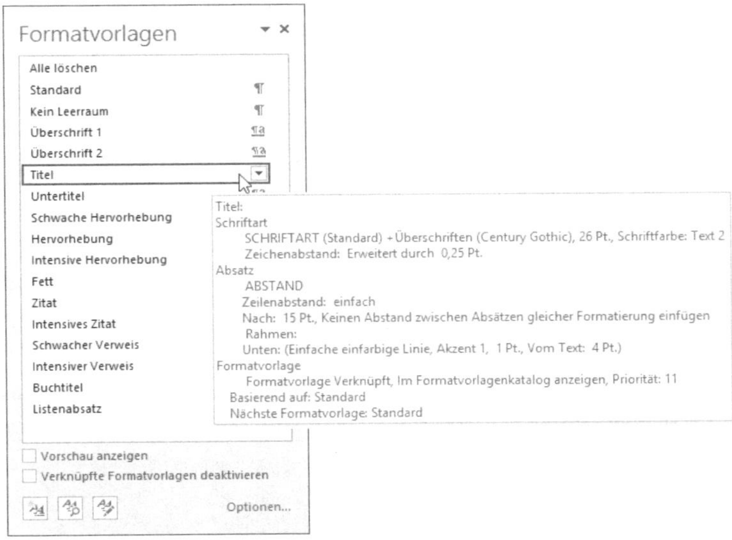

4. Wenn Sie jetzt mit der Maus über die verschiedenen Einträge des Aufgabenbereichs fahren, werden Sie feststellen, dass Word hier keine Livevorschau anbietet.
5. Sie können jedoch unten im Aufgabenbereich die Option *Vorschau anzeigen* einschalten, damit Word zumindest im Aufgabenbereich die Namen der Formatvorlagen in ihrer jeweiligen Formatierung anzeigt.
6. Übernehmen Sie die Formatierung der gewünschte Formatvorlage auf den markierten Text, indem Sie die Formatvorlage in der Liste anklicken.

TIPP **Aufgabenbereich per Shortcut aufrufen** Sie können den Aufgabenbereich auch über einen Shortcut aufrufen. Allerdings bedarf es dazu einer gewissen Fingerfertigkeit, da Sie dabei insgesamt vier Tasten gleichzeitig drücken müssen: Alt+Strg+⇧+S. Schaffen Sie es mit einer Hand? :-)

Optionen des Aufgabenbereichs »Formatvorlagen«

Wenn Sie eine bestimmte Formatvorlage suchen, werden Sie unter Umständen auch im Aufgabenbereich *Formatvorlagen* nicht auf Anhieb fündig. Dies liegt daran, dass Word versucht, Sie mit möglichst wenig Informationen zu konfrontieren und Ihnen deshalb zunächst nur eine Teilauswahl der vorhandenen Formatvorlagen anzeigt.

Um die Auswahl der angezeigten Formatvorlagen zu ändern, gehen Sie so vor:

1. Klicken Sie unten rechts im Aufgabenbereich auf *Optionen.*
2. Wählen Sie im Listenfeld des Dialogs *Optionen für Formatvorlagenbereich* aus, welche Formatvorlagen im Aufgabenbereich angezeigt werden sollen. Zur Auswahl stehen hier: *Empfohlen, Verwendet, Im aktuellen Dokument* und *Alle Formatvorlagen.*

Bild 10.6 Die Optionen des Aufgabenbereichs

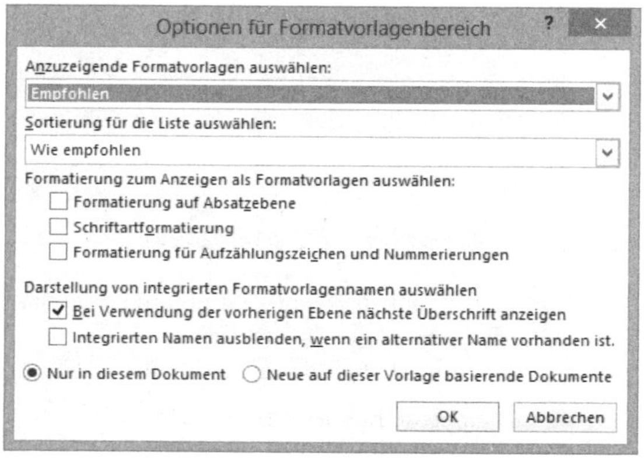

3. Sie können auch Einfluss auf die Sortierung der Formatvorlagen nehmen. Stellen Sie dazu im zweiten Listenfeld eine der Optionen *Alphabetisch, Wie empfohlen, Schriftart, Basierend auf* oder *Nach Typ* ein.
4. Schließen Sie das Dialogfeld mit *OK.*

Der Aufgabenbereich »Formatvorlage übernehmen«

Es gibt noch einen weiteren Aufgabenbereich, der Sie bei der Arbeit mit Formatvorlagen unterstützt. Er nennt sich *Formatvorlagen übernehmen* und lässt sich folgendermaßen aufrufen bzw. verwenden:

1. Klicken Sie mit der rechten Maustaste in den Text, um die Minisymbolleiste anzuzeigen.
2. Öffnen Sie auf der Minisymbolleiste den Katalog der Schnellformatvorlagen (siehe Bild 10.4).
3. Rufen Sie im Ausklappmenü den Befehl *Formatvorlage übernehmen* auf.

Bild 10.7 Klein, aber fein

4. Wählen Sie die gewünschte Formatvorlage aus.

Wenn im Aufgabenbereich die Option *AutoVervollständigen für Formatvorlagennamen* aktiviert ist, können Sie eine bestimmte Formatvorlage unter Umständen schneller finden, indem Sie ihren Namen in das Feld eintippen. Word zeigt die gesuchte Formatvorlage dann automatisch an, sobald Sie anhand Ihrer Eingabe eindeutig zu identifizieren ist. Um eine so ausgewählte Formatvorlage auf den Text anzuwenden, müssen Sie anschließend noch auf die Schaltfläche *Übernehmen* klicken.

Sehr praktisch ist auch die rechte der drei Schaltflächen. Mit ihr können Sie den Aufgabenbereich *Formatvorlagen,* den wir Ihnen im letzten Abschnitt vorgestellt haben, ein- und ausblenden.

Praktische Tipps für Formatvorlagen

- **Zeichenformatvorlagen funktionieren genauso** Wenn Sie einem einzelnen Wort eine Zeichenformatvorlage zuweisen wollen, reicht es aus, wenn sich die Einfügemarkierung in dem Wort befindet. Word formatiert dann automatisch das ganze Wort.
- **Einzelne Buchstaben** Wenn Sie nur einzelne Buchstaben innerhalb eines Wortes oder mehrere aufeinander folgende Wörter in einem Absatz formatieren wollen, müssen Sie sie vorher markieren.
- **Absatz auf Standardwerte der Formatvorlage setzen** Haben Sie einen Absatz, dem eine Formatvorlage zugewiesen ist, nachträglich formatiert, können Sie diese Änderungen jederzeit wieder rückgängig machen (dazu müssen Sie die gewünschten Zeichen vorher markieren):
  - Strg+Q entfernt die zusätzlichen Absatzformatierungen
  - Strg+Leertaste hebt die zusätzlichen Zeichenformatierungen auf.
- **Formatvorlage Standard** Mit dem Shortcut Strg+⇧+N weisen Sie einem Absatz die Formatvorlage *Standard* zu, die normalerweise alle Absätze besitzen, die nicht mit einer anderen Formatvorlage belegt wurden.
- **Überschriften formatieren** Die Formatvorlagen *Überschrift 1, Überschrift 2* und *Überschrift 3* können Sie mit den Shortcuts Alt+1, Alt+2 und Alt+3 zuweisen.
- **Aufzählungen formatieren** Mit der Tastenkombination Strg+⇧+L können Sie die Formatvorlage *Aufzählungszeichen* zuweisen, mit der sich Listen erstellen lassen.
- **Anzeige der Formatvorlagen auf dem Bildschirm** Beim Formatieren eines Textes ist es manchmal nützlich, wenn man sofort sieht, mit welcher Formatvorlage ein Absatz formatiert ist. Wenn Sie den Aufgabenbereich *Formatierung anzeigen* einblenden und mit der Einfügemarke durch den Text wandern, wird die Anzeige im Aufgabenbereich ständig aktualisiert. Wie Sie den Aufgabenbereich anzeigen können, erfahren Sie im nächsten Abschnitt.

Der Formatinspektor

Wenn Sie prüfen möchten, welche Formatierungsmerkmale ein markierter Text oder ein Absatz besitzt, können Sie den *Formatinspektor* aufrufen:

1. Zeigen Sie die Registerkarte *START* an und klicken Sie in der Gruppe *Formatvorlagen* rechts unten auf die kleine Schaltfläche, um den Aufgabenbereich *Formatvorlagen* anzuzeigen.
2. Klicken Sie unten im Aufgabenbereich auf die mittlere Schaltfläche. Der Formatinspektor erscheint auf dem Bildschirm (siehe Bild 10.8 links).

Bild 10.8 Die Aufgabenbereiche *Formatinspektor* und *Formatierung anzeigen*

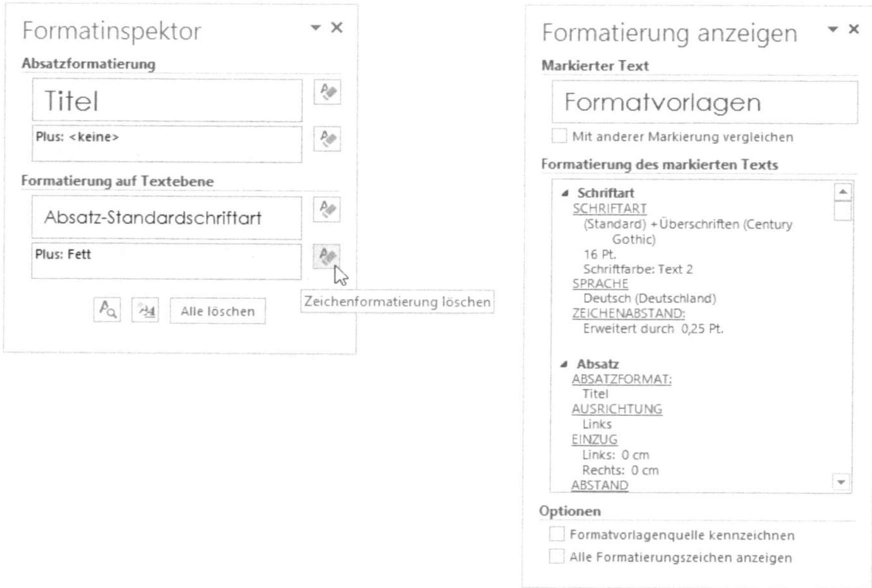

Wie Sie im Bild sehen, liefert der Formatinspektor zum einen die Information, welche Absatz- und welche Zeichenformatvorlage verwendet wurde (im Beispiel *Titel* und *Absatz-Standardschriftart*). Darüber hinaus zeigt er die Formatierungsmerkmale an, mit denen der Absatz bzw. die Zeichen nach dem Zuweisen der Formatvorlage noch formatiert wurden.

3. Mit den vier Schaltflächen, die sich am rechten Fensterrand des Formatinspektors befinden, können Sie die zugehörige Formatierung entfernen. Wenn Sie zum Beispiel die oberste Schaltfläche anklicken, erhält der Text die Absatzformatvorlage *Standard*. Mit der untersten Schaltfläche könnten Sie gezielt die nachträgliche Zeichenformatierung *Fett* entfernen.
4. Über die linke Schaltfläche am unteren Fensterrand des Formatinspektors können Sie den im letzten Abschnitt erwähnten Aufgabenbereich *Formatierung anzeigen* einblenden, der Sie mit detaillierten Informationen über die Formatierung der aktuellen Textposition bzw. des markierten Textes versorgt (siehe Bild 10.8 rechts).

Formatvorlagen ändern

Wenn Sie eine Formatvorlage ändern möchten, weil Ihnen ein bestimmtes Formatierungsdetail nicht zusagt, gehen Sie dazu am einfachsten so vor:

1. Nehmen Sie die Änderungen an einem Absatz oder einem markierten Text vor, dem Sie zuvor die betreffende Formatvorlage zugewiesen haben.
2. Klicken Sie dann den Text bzw. die Markierung mit der rechten Maustaste an und klicken Sie in der dadurch angezeigten Minisymbolleite auf die Schaltfläche *Formatvorlagen,* um deren Auswahlkatalog zu öffnen. Im Katalog ist die betreffende Formatvorlage mit einem Rahmen gekennzeichnet.
3. Zeigen Sie mit einem Rechtsklick das Kontextmenü der Formatvorlage an und wählen Sie wie in der folgenden Abbildung zu sehen, den Befehl *XY aktualisieren, um der Auswahl zu entsprechen,* wobei *XY* der Name der Formatvorlage ist.

Bild 10.9 Übertragen der aktuellen Formatierung in die gewählte Formatvorlage

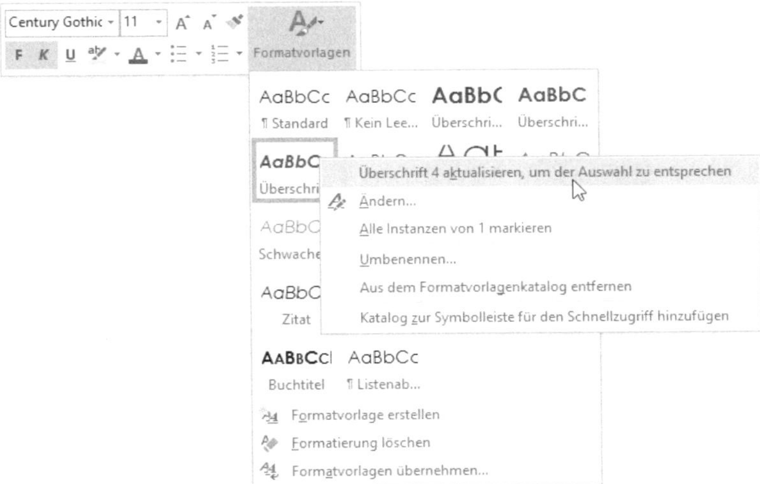

Word übernimmt dadurch die Änderungen in die Formatvorlage, wodurch sich automatisch auch alle Textstellen ändern, die mit dieser Formatvorlage formatiert worden sind.

Formatvorlagen direkt im Dialogfeld bearbeiten

Alternativ zu der im letzten Abschnitt beschriebenen Vorgehensweise können Sie die Eigenschaften einer Formatvorlage auch über ein Dialogfeld ändern. Klicken Sie dazu die gewünschte Formatvorlage entweder im Katalog der Schnellformatvorlagen oder im Aufgabenbereich *Formatvorlagen* mit der rechten Maustaste an und wählen Sie im Kontextmenü den Befehl *Ändern.* Da das Dialogfeld *Formatvorlage ändern* dem Dialogfeld *Neue Formatvorlage von Formatierung erstellen* stark ähnelt, verzichten wir hier auf seine Beschreibung und verweisen Sie auf den nächsten Abschnitt.

Eigene Formatvorlagen erstellen

Wenn Sie die Formatierung eines Absatzes in eine neue Formatvorlage überführen wollen, können Sie mit allen Befehlen, die Sie bisher kennen gelernt haben, die Formatierung des Absatzes festlegen. Da eine Absatzformatvorlage immer die Formatierung des gesamten Absatzes beschreibt, kann pro Formatvorlage nur eine Schriftart, ein Schriftgrad und eine Form der Auszeichnung festgelegt werden. Einzelne Zeichen oder Wörter, die anders formatiert werden sollen, müssen von Hand mit den beschriebenen Verfahren zur Zeichenformatierung erstellt werden.

HINWEIS **Verwenden Sie Designschriftarten und -farben** Beachten Sie bei der Formatierung von Schriftart und Farben, dass Sie nach Möglichkeit die Designschriftarten bzw. -farben verwenden. In den entsprechenden Auswahllisten stehen diese Einträge immer ganz oben.

Hier die einzelnen Schritte, die zum Kopieren einer Absatzformatierung in eine Formatvorlage erforderlich sind:

1. Formatieren Sie den Absatz so, dass er Ihren Vorstellungen von der zu erstellenden Formatvorlage entspricht.
2. Markieren Sie den Absatz.
3. Klicken Sie mit der rechten Maustaste in die Markierung, öffnen Sie auf der Minisymbolleiste das Menü der Schaltfläche *Formatvorlagen* und wählen den Befehl *Formatvorlage erstellen*. Es erscheint folgendes Dialogfeld:

Bild 10.10 Benennen der neuen Formatvorlage

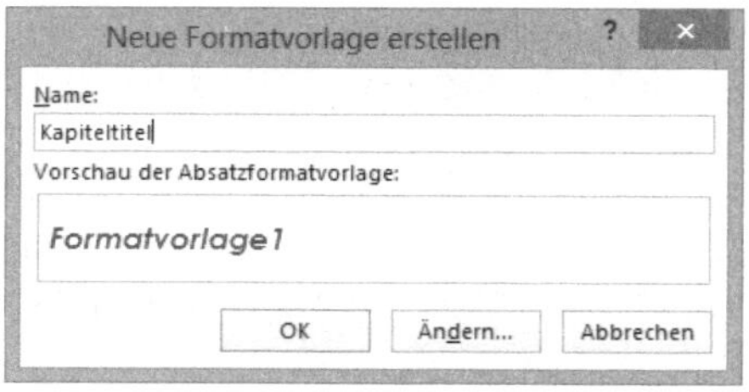

4. Geben Sie einen Namen für die neue Formatvorlage ein und klicken Sie auf *OK*.

Formatvorlage neu definieren

Sie können auch Formatvorlagen definieren, ohne vorher einen Absatz entsprechend formatiert zu haben. In diesem Fall sind folgende Schritte notwendig:

1. Klicken Sie in der Registerkarte *START* auf die kleine Schaltfläche, die sich in der rechten unteren Ecke der Gruppe *Formatvorlagen* befindet. Word zeigt dann den Aufgabenbereich *Formatvorlagen* an.
2. Klicken Sie im Aufgabenbereich unten links auf die Schaltfläche *Neue Formatvorlage*, die folgendes Dialogfeld anzeigt.

Bild 10.11 Hier können Sie alle Einstellungen für eine Formatvorlage vornehmen

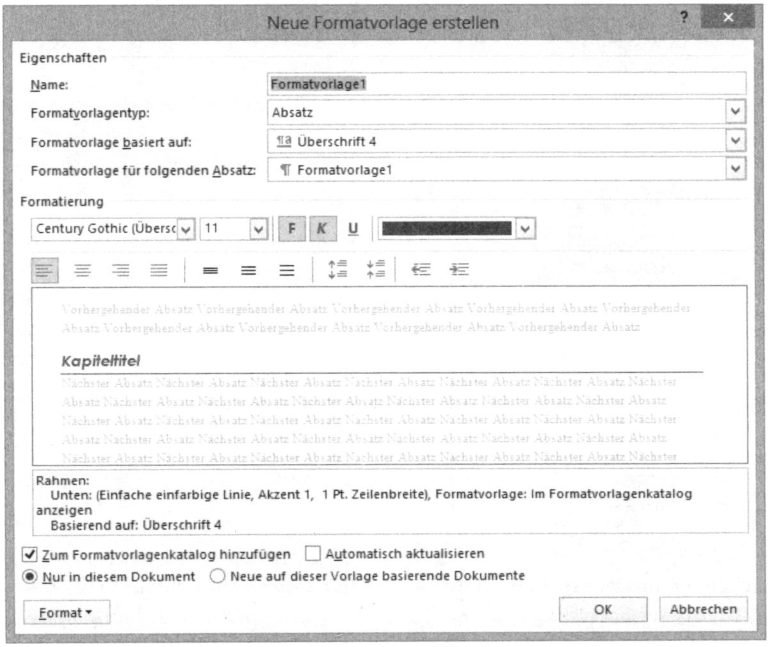

3. Tragen Sie in das Feld *Name* den Namen der neuen Formatvorlage ein.
4. Wählen Sie im nächsten Listenfeld den gewünschten *Formatvorlagentyp* aus. Die verschiedenen Formatvorlagentypen haben wir weiter vorne in diesem Kapitel ab Seite 241 beschrieben.
5. Im mittleren Bereich des Dialogfeldes legen Sie die Merkmale der Formatvorlage fest. Word bietet Ihnen hier in Abhängigkeit vom Typ der Formatvorlage die wichtigsten Formatierungsmöglichkeiten als Schaltflächen und Listen an. Sie können auch im unteren Bereich auf die Schaltfläche *Format* klicken, damit Word ein Menü mit den Merkmalen öffnet, die Sie der neuen Formatvorlage zuweisen können. Der Inhalt des Menüs ändert sich in Abhängigkeit vom gewählten Formatvorlagentyp.
6. Nachdem Sie die gewünschten Formatierungsmerkmale festgelegt haben, können Sie das Dialogfeld mit einem Klick auf *OK* beenden.

Formatvorlage der Dokumentvorlage hinzufügen

Wenn Sie in einem Dokument (keiner Vorlage) arbeiten und eine neue Formatvorlage erstellen, ist die neue Formatvorlage anschließend nur im aktuellen Dokument enthalten, nicht aber in der Dokumentvorlage, die dem Dokument zugrunde liegt. Wenn Sie die neu erstellte Formatvorlage in die Dokumentvorlage übernehmen wollen, müssen Sie im unteren Bereich des Dialogfeldes *Neue Formatvorlage erstellen* das Optionsfeld *Neue auf dieser Vorlage basierende Dokumente* einschalten. Falls sich das Feld bei Ihnen nicht aktivieren lässt, ist die Dokumentvorlage mit einem Schreibschutz versehen.

Formatvorlage auf bereits vorhandener basieren

Wenn Sie eine Formatvorlage definieren wollen, die sich nur in einigen Kleinigkeiten von einer schon bestehenden unterscheidet, können Sie die Formatierung der neuen Formatvorlage auf der vorhandenen aufbauen.

Stellen Sie die betreffende Formatvorlage einfach im Listenfeld *Formatvorlage basiert auf* ein. Word übernimmt dann alle Merkmale dieser Formatvorlage in die neue Formatvorlage und Sie müssen sich nur noch um die Formatierungsmerkmale kümmern, in denen sich die beiden Formatvorlagen unterscheiden.

Nächste Formatvorlage festlegen

Wenn Sie einen Absatz mit einer Formatvorlage formatiert haben und am Ende des Absatzes mit der [↵]-Taste einen neuen Absatz erstellen, erhält dieser normalerweise dieselbe Formatvorlage.

Sie können aber auch mit dem Listenfeld *Formatvorlage für folgenden Absatz* eine andere Formatvorlage festlegen. Diese Möglichkeit ist bei der Formatierung von vielen Dokumenten äußerst praktisch. Nehmen Sie als Beispiel den Text dieses Kapitels, bei dem nach einer Überschrift in der Regel immer die Standard-Formatvorlage verwendet wird.

Formatvorlagen und Shortcuts

Beim Definieren von Formatvorlagen können Sie auch eine Tastenkombination festlegen, die Sie dann zum Zuweisen der Formatvorlage verwenden können. Gehen Sie dazu wie folgt vor:

1. Klicken Sie im Dialogfeld *Neue Formatvorlage erstellen* bzw. im Dialogfeld *Formatvorlage ändern* erst auf die Schaltfläche *Format* und dann auf *Tastenkombination.*
2. Drücken Sie die gewünschte Tastenkombination. Sie wird dann im Feld *Neue Tastenkombination* angezeigt.

Bild 10.12 Tastenkombination für eine Formatvorlage festlegen

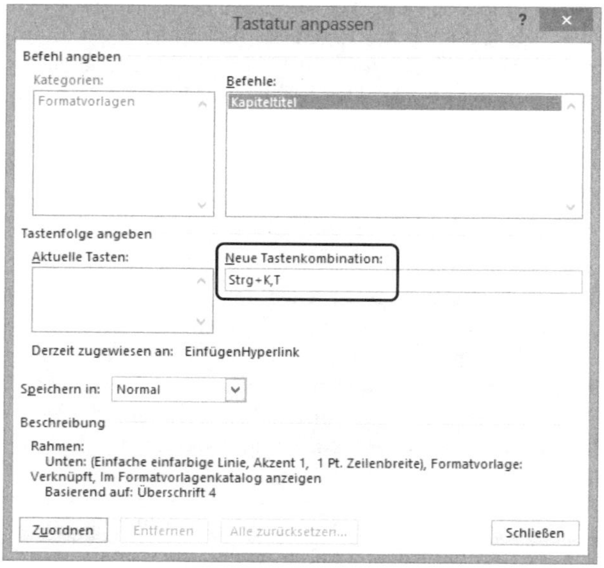

3. Unterhalb des Feldes *Aktuelle Tasten* zeigt Word die Formatvorlage oder den Word-Befehl an, dem die gedrückte Tastenkombination derzeit zugeordnet ist. Wenn Sie die Zuordnung nicht lösen wollen, müssen Sie eine andere Tastenkombination ausprobieren.
4. Klicken Sie auf die Schaltfläche *Zuordnen*, um die Tastenkombination der Formatvorlage dauerhaft zuzuordnen.

Formatvorlage löschen

Wenn Sie eine Formatvorlage nicht mehr benötigen, können Sie sie aus dem Dokument oder der Vorlage entfernen. Das ist jedoch nur mit den von Ihnen erstellten Formatvorlagen möglich; die internen Formatvorlagen von Word (z.B. *Überschrift 1* oder *Standard)* lassen sich nicht löschen.

Beim Löschen einer Formatvorlage wird den Absätzen, die mit dieser Formatvorlage formatiert waren, die Formatvorlage *Standard* zugewiesen.

1. Öffnen Sie das Dokument, das die zu löschende Formatvorlage enthält.
2. Zeigen Sie den Aufgabenbereich *Formatvorlagen* an.
3. Klicken Sie dort auf die Schaltfläche *Formatvorlagen verwalten.*
4. Wechseln Sie im Dialogfeld *Formatvorlagen verwalten* auf die Registerkarte *Bearbeiten,* falls diese nicht bereits angezeigt wird.

Bild 10.13 Löschen einer Formatvorlage

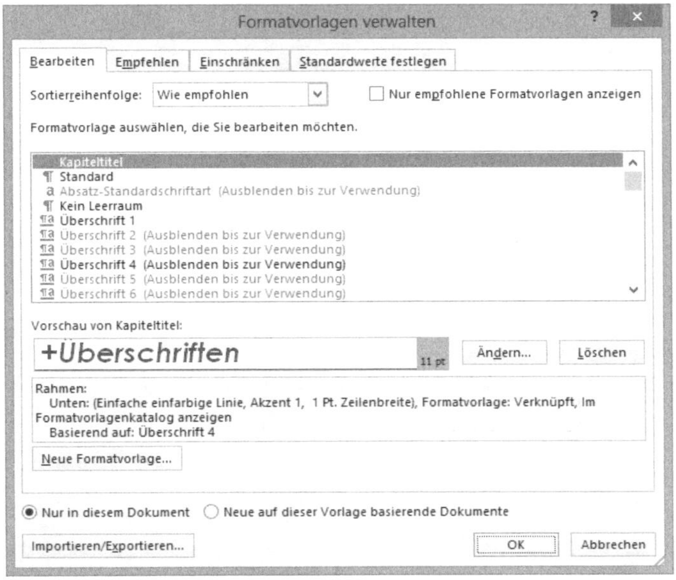

5. Markieren Sie die Formatvorlage in der Liste und ändern Sie dazu eventuell die Sortierreihenfolge der Liste, um die gesuchte Formatvorlage leichter finden zu können.
6. Klicken Sie auf die Schaltfläche *Löschen* und bestätigen Sie die Nachfrage von Word mit *Ja.*

Kapitel 11

Grafische Elemente und Textfelder

In diesem Kapitel:

Auch wenn Word von Haus aus ein Textverarbeitungsprogramm ist, hat es viele interessante Funktionen für die Bildbearbeitung zu bieten. In diesem Kapitel zeigen wir Ihnen, wie Sie die verschiedenen grafischen Elemente, die in Word 2013 als *Illustrationen* bezeichnet werden, in ein Dokument einfügen und in den Text integrieren. Wir konzentrieren uns dabei auf die besondere Problematik beim Platzieren von Abbildungen in ein Textdokument.

Außerdem stellen wir Ihnen noch die Textfelder vor, mit denen Sie Text frei auf einer Seite positionieren können. Wie Sie im Verlauf dieses Kapitels feststellen werden, lassen sich mit Hilfe von Textfeldern sehr anspruchsvolle Seitenlayouts realisieren.

Weitere Funktionen und Techniken zum Thema »Illustrationen«, die auch für Excel und PowerPoint gelten, finden Sie in Kapitel 36.

Grafische Elemente einfügen

Die Befehle zum Einfügen der verschiedenen grafischen Elemente finden Sie auf der Registerkarte *EINFÜGEN* in der Gruppe *Illustrationen.*

Bild 11.1 Über die Schaltflächen der Gruppe *Illustrationen* können Sie die verschiedenen grafischen Elemente in Ihre Dokumente einfügen

ClipArt einfügen

Um z.B. eine ClipArt, das sind kleine Grafiken, in Ihr Dokument einzufügen, gehen Sie so vor:

1. Setzen Sie die Einfügemarke an die Stelle, an der Sie die ClipArt einfügen wollen.
2. Klicken Sie in der Registerkarte *EINFÜGEN* auf die Schaltfläche *Onlinegrafiken.* Word zeigt dann das Fenster *Bilder einfügen* an.
3. Geben Sie im Feld *ClipArt von Office.com* einen Suchbegriff ein, z. B. **Hammer**.
4. Haben Sie eine ClipArt gefunden, die Ihnen zusagt, doppelklicken Sie auf ihr Vorschaubild, um sie in das Dokument einzufügen.

Wie Sie sehen, hat die eingefügte ClipArt den Text des Dokuments ziemlich rücksichtslos verdrängt. Haben Sie noch ein klein wenig Geduld. Im Abschnitt »Zeilenumbruch einstellen« zeigen wir Ihnen, wie sich das Zusammenspiel von Text und Grafik optimieren lässt.

Bilder einfügen

Unter einem Bild versteht Word eine Illustration, die als eigenständige Datei gespeichert ist (z.B. auf der Festplatte Ihres Rechners). Dabei kann es sich um ein digitales Foto, eine Bildschirmabbildung oder um eine Grafik handeln, die mit einem Bildverarbeitungsprogramm erstellt wurde.

Die Vorgehensweise beim Einfügen eines Bildes ähnelt dem im letzten Abschnitt beschriebenen Verfahren.

1. Setzen Sie den Cursor an die Stelle des Dokuments, an der das Bild eingefügt werden soll.
2. Klicken Sie in der Registerkarte *EINFÜGEN* die Schaltfläche *Bild* an. Word zeigt das Fenster *Grafik einfügen* an.
3. Falls Sie nach Bildern eines bestimmten Typs suchen (z.B. TIF, BMP, GIF etc.), können Sie den gewünschten Typ über die Schaltfläche *Dateityp* voreinstellen (siehe Markierung in der folgenden Abbildung). Das erleichtert die Suche, weil dann im Dialogfeld nur diese Dateien aufgelistet werden.
4. Lassen Sie bei Bedarf mit Hilfe der Schaltfläche *Ansicht ändern* Vorschaubilder (Miniaturansichten) der Bilder im Dialogfeld anzeigen.
5. Wechseln Sie in den Ordner, in dem sich die gesuchte Datei befindet, und markieren Sie sie.

Bild 11.2 Auswahl des einzufügenden Bildes

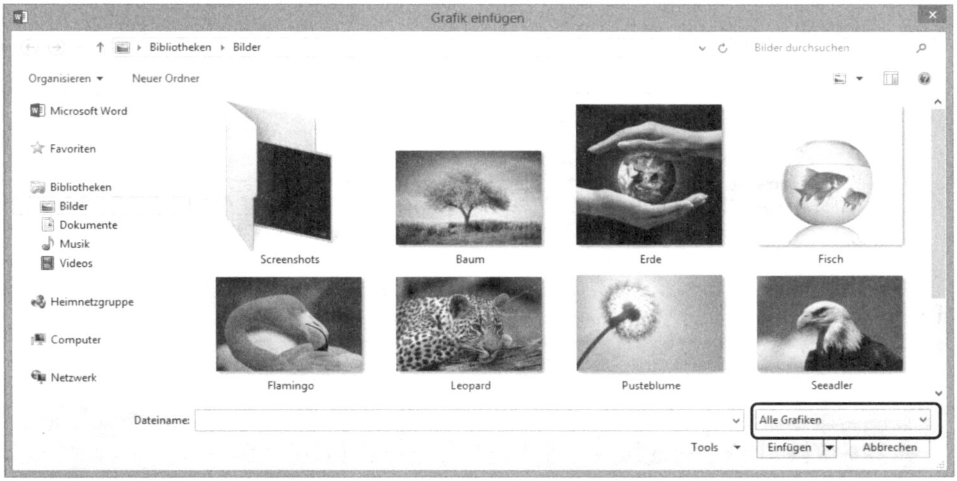

6. Klicken Sie auf *Einfügen,* um das Bild in Ihr Dokument aufzunehmen.

Bilder verknüpft einfügen

Wenn Sie möchten, dass sich spätere Änderungen an der Grafik automatisch auf das Dokument auswirken (z.B. bei einem Firmenlogo), müssen Sie die Grafik *verknüpft* einfügen. Gehen Sie dazu folgendermaßen vor:

1. Führen Sie die Schritte 1 bis 5 des vorigen Beispiels aus, um das Dialogfeld *Grafik einfügen* zu öffnen und die gesuchte Grafik auszuwählen.
2. Klicken Sie jetzt auf das kleine Dreieck der Schaltfläche *Einfügen,* um das Menü der Schaltfläche aufzuklappen.

Bild 11.3 Grafiken verknüpft einfügen

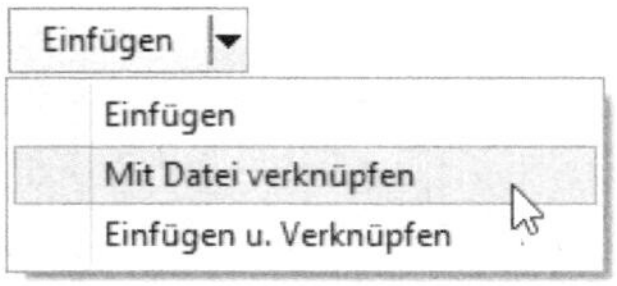

Das Ausklappmenü enthält zwei Befehle zum verknüpften Einfügen von Grafiken:

- **Mit Datei verknüpfen** Wenn Sie die Grafik mit diesem Befehl einfügen, wird im Dokument lediglich eine Verknüpfung zu der Datei gespeichert, also die Information, wo sich die Datei der Grafik befindet. Das heißt, die Grafik wird zwar ganz normal im Dokument angezeigt, ist jedoch kein fester Bestandteil des Dokuments. Diese Variante hat den Vorteil, dass die Größe des Dokuments durch das Einfügen der Grafik kaum ansteigt. Allerdings ist damit der Nachteil verbunden, dass Sie zum Anzeigen und Bearbeiten des Dokuments Zugriff auf die Grafikdatei benötigen.
- **Einfügen u. Verknüpfen** Mit diesem Befehl wird zusätzlich zur Verknüpfung auch noch eine Kopie der Grafik im Dokument gespeichert. Das Dokument kann dadurch unabhängig von der Grafikdatei geöffnet und bearbeitet werden. Allerdings erkaufen Sie diesen Komfort durch eine unter Umständen deutlich höhere Dateigröße.

3. Wählen Sie im Menü den gewünschten Befehl, um die Grafik einzufügen.

HINWEIS **Verknüpfungen zu Grafiken werden immer aktualisiert** Wenn Sie ein Dokument öffnen, in dem sich eine verknüpfte Grafik befindet, greift Word unabhängig von der Art der Verknüpfung immer auf die Originaldatei der Grafik zu. Das heißt, eine Änderung der Originaldatei wirkt sich auf jeden Fall auf das Dokument aus. Dieses Verhalten kann – im Gegensatz zu früheren Word-Versionen – nicht nachträglich beeinflusst werden.

Zeilenumbruch einstellen

Mit dem reinen Einfügen einer Grafik ist die Arbeit in den seltensten Fällen getan. In aller Regel müssen Sie die Grafik anschließend noch skalieren und verschieben. Und auch das Zusammenspiel zwischen Grafik und Text kann sehr vielseitig gestaltet werden: Die Grafik kann vor oder hinter dem Text stehen oder sie kann auf verschiedene Arten vom Text umflossen werden.

Beim Zusammenspiel zwischen Text und Grafik unterscheidet man in Word grundsätzlich zwischen zwei Varianten:

- **Mit Text in Zeile** Die Grafik verhält sich in diesem Fall wie ein normales Zeichen. Diese Art der Positionierung eignet sich vor allem für kleine Grafiken, die in den Fließtext aufgenommen werden sollen.
- **Mit Textumbruch** Bei dieser Form der Positionierung fließt der Text um die Grafik herum. Die Grafik kann frei auf der Seite positioniert werden.

Im nächsten Beispiel werden Sie die beiden Verfahren kennen lernen. Dazu fügen wir eine ClipArt in ein Dokument ein und werden die Position und den Textfluss Schritt für Schritt optimieren.

1. Öffnen bzw. erstellen Sie ein Dokument, in das Sie eine Grafik einfügen können.
2. Setzen Sie die Einfügemarke an den Beginn des Dokuments und fügen Sie, wie im letzten Abschnitt beschrieben, eine ClipArt ein. Das Ergebnis sollte ungefähr so aussehen:

Bild 11.4 Die eingefügte ClipArt steht mit dem Text in einer Zeile

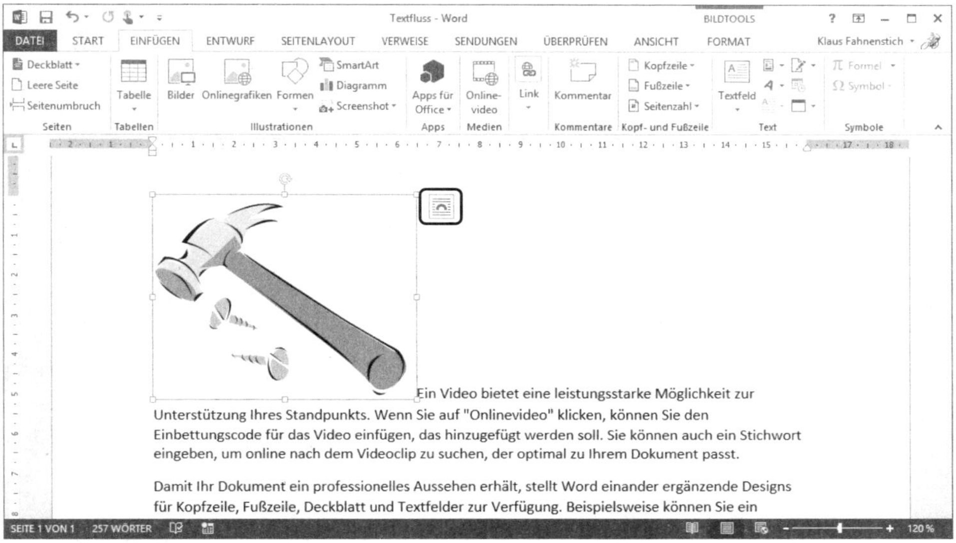

Wie Sie in Bild 11.4 sehen können, hat die eingefügte ClipArt den Text der ersten Zeile nach rechts geschoben; sie verhält sich also in etwa so, wie es ein sehr großer Buchstabe tun würde. Aus diesem Grund nennt man diese Art der Formatierung *Mit Text in Zeile.*

3. Markieren Sie die ClipArt und klicken Sie dann auf das Symbol, das rechts neben der ClipArt angezeigt wird (im Bild oben mit einem blauen Rahmen gekennzeichnet).

Bild 11.5 Auswahl der Umbruchart

4. Wählen Sie die Option *Quadrat.* Wie Sie sehen, steht die Grafik nun in der linken oberen Ecke der Seite. Der vorhandene Text spart diesen Bereich aus und fließt um ihn herum.

Bild 11.6 Die Grafik wird jetzt – mit einem kleinen Abstand – vom Text umflossen

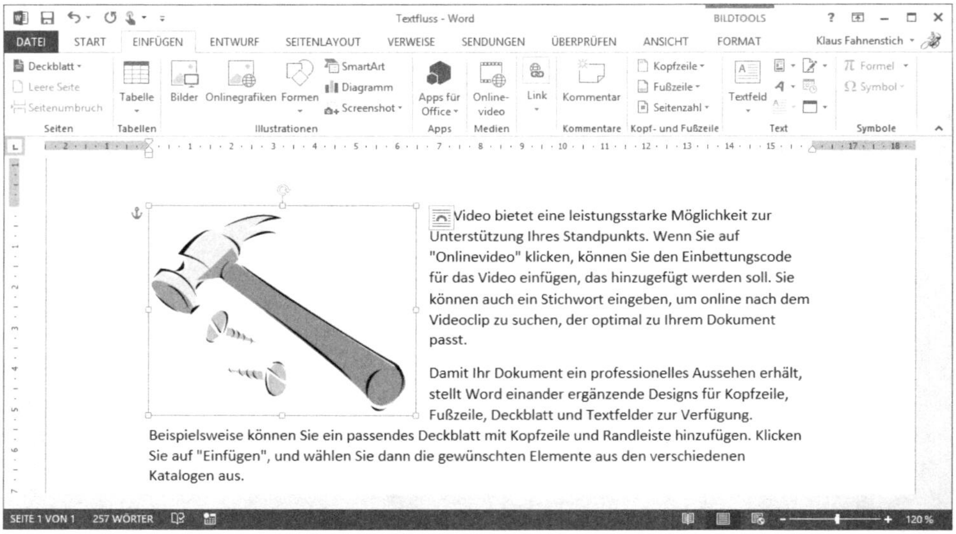

5. Um den Textfluss an die Kontur der ClipArt anzupassen, klicken Sie erneut auf das Symbol neben der ClipArt und wählen diesmal die Option *Passend.*
6. Falls Sie den Textfluss jetzt noch optimieren wollen, können Sie auf der Registerkarte *BILDTOOLS/FORMAT* im Menü der Schaltfläche *Zeilenumbruch* den Befehl *Rahmenpunkte bearbeiten* aufrufen. Dadurch wird die Grenzlinie sichtbar, die der Text nicht überschreiten kann. Durch Verschieben einzelner Punkte können Sie dann den Textfluss beliebig steuern.

Bild 11.7 Durch Anpassen der Rahmenlinie lässt sich der Textfluss perfektionieren

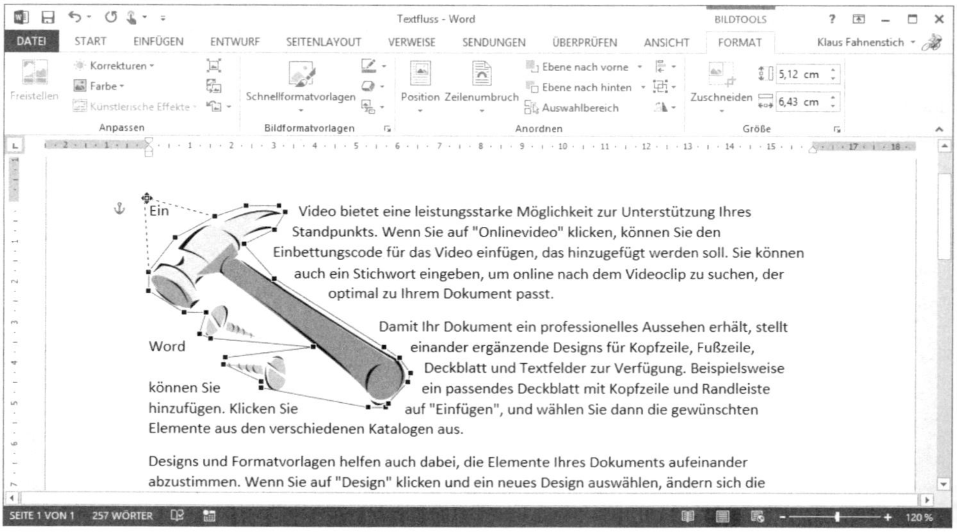

7. Um einen störenden Rahmenpunkt zu löschen, klicken Sie ihn bei gedrückter Strg-Taste an.

8. Wenn Sie der Rahmenlinie noch weitere Punkte hinzufügen möchten, drücken Sie ebenfalls die Taste [Strg] und klicken die betreffenden Stellen dann an.

Bild 11.8 Links neben der Grafik steht nun kein Text mehr

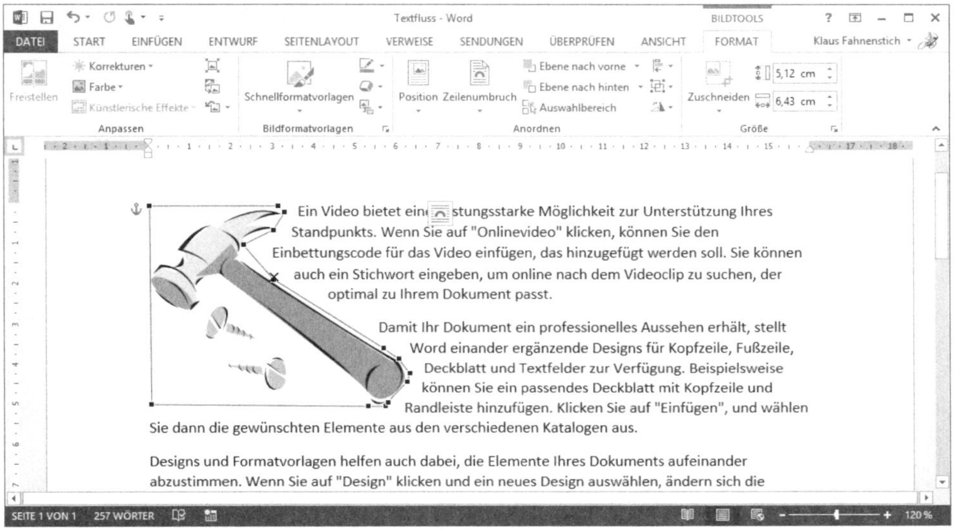

Bild auf der Seite verschieben

Bilder, deren Umbruchart nicht auf *Mit Text in Zeile* eingestellt ist, lassen sich einfach positionieren, indem Sie sie mit der Maus anklicken und an die gewünschte Position schieben. Da Bilder in der Praxis häufig am Rand einer Seite oder zentriert positioniert werden, hält Word eine Funktion bereit, mit der Sie Grafiken sehr leicht auf diese Standardpositionen verschieben können.

Bild 11.9 Die Standardpositionen einer Grafik lassen sich bequem per Menü zuweisen

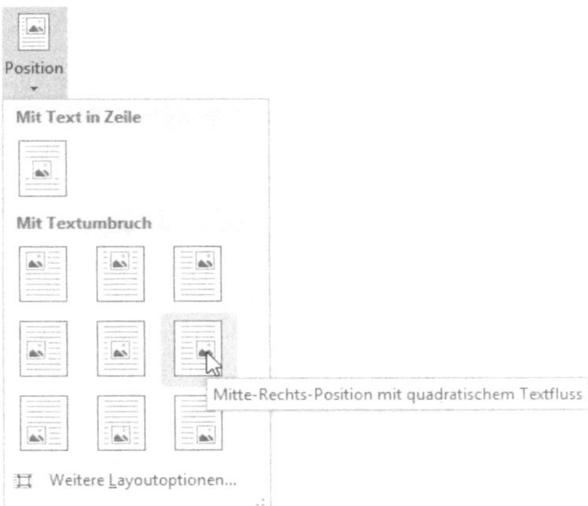

Um die Funktion zu nutzen, müssen Sie das Bild zunächst markieren. Anschließend wechseln Sie auf die Registerkarte *BILDTOOLS/FORMAT* und klicken dort auf die Schaltfläche *Position*. Im Ausklappmenü der Schaltfläche können Sie dann die gewünschte Position auswählen, wobei Sie die angebotenen Varianten dank der Live-Vorschau ohne großen Aufwand ausprobieren können.

Über den Befehl *Weitere Layoutoptionen* der Schaltfläche *Position* können Sie das Dialogfeld *Layout* aufrufen. Interessant ist hier vor allem die Möglichkeit der absoluten Positionierung. Auf der Registerkarte *Position* können Sie exakt angeben, wo genau die Grafik auf der Seite stehen soll.

Bild 11.10 Sie können die Position einer Grafik auch mit absoluten Werten angeben

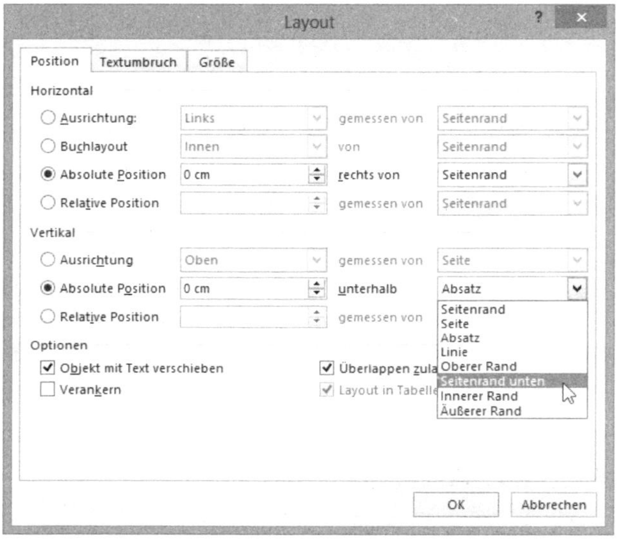

Beim Bezugspunkt Ihrer Maßangaben haben Sie unter anderem die Wahl zwischen:

- **Seite** die Papierkante
- **Seitenrand** der im Seitenlayout eingestellte Seitenrand
- **Spalte** bei mehrspaltigen Texten der linke Rand der aktuellen Spalte
- **Zeichen** die Position des Zeichens, an dem die Grafik eingefügt wurde.

Die Begriffe *Innerer Rand* und *Äußerer Rand* beziehen sich auf ein gespiegeltes Layout (Bundsteg), da dort eine Angabe wie »Links« oder »Rechts« keinen Sinn machen würde.

TIPP **Grafiken hinter dem Text anklicken** Wenn Sie eine Grafik hinter den Text gestellt haben, können Sie sie nicht mehr mit dem normalen Mauszeiger anklicken. Um eine solche Grafik markieren zu können, müssen Sie daher zuerst auf der Registerkarte *START* die Schaltfläche *Markieren* anklicken und aus ihrem Menü den Befehl *Objekte markieren* auswählen. Anschließend lässt sich die Grafik wie gewohnt anklicken. Um diesen Markierungsmodus wieder zu verlassen, können Sie entweder den Befehl erneut aufrufen oder die Esc-Taste drücken.

Alternativ können Sie im Menü der Schaltfläche *Markieren* auch den Aufgabenbereich *Auswahlbereich* anzeigen, der sich ebenfalls zum Markieren von Grafiken eignet. Nähere Hinweise zu diesem Aufgabenbereich finden Sie in Kapitel 36.

Textfelder einfügen

Vereinfacht gesagt, handelt es sich bei Textfeldern um sogenannte *Formen,* die mit Text gefüllt werden können. Formen stehen in Word 2013 bzw. in Office 2013 in zahllosen Variationen zur Verfügung. Die Palette reicht dabei vom einfachen Rechteck bis hin zu Pfeilen, Sternen und Sprechblasen. Das Einfügen und Positionieren von Formen erklären wir ausführlich in Kapitel 36. Die dort beschriebenen Verfahren können Sie 1:1 auf Textfelder übertragen.

Falls Sie bisher noch nicht mit Word gearbeitet haben, sollten Sie diesen Abschnitt nur kurz überfliegen und dann direkt beim nächsten Kapitel weiterlesen. Sobald Sie eine gewisse Routine mit Word besitzen, können Sie immer noch auf dieses Thema zurückkommen.

Textfelder besitzen folgende wichtige Fähigkeiten bzw. Eigenschaften:

- sie können eine nahezu beliebige Gestalt annehmen (da sie Formen sind)
- sie können frei auf der Seite verschoben werden
- sie können vor bzw. hinter dem Haupttext des Dokuments stehen
- der Text kann von oben nach unten bzw. umgekehrt verlaufen
- sie können miteinander verkettet werden.

In diesem Abschnitt wollen wir Ihnen zunächst zeigen, wie Sie ein einfaches rechteckiges Textfeld erstellen. Anschließend werden wir auf die enge Verwandtschaft zu Formen eingehen und zeigen Ihnen dazu, wie Sie eine Form in ein Textfeld umwandeln. Zum Schluss werden wir Ihnen die fertigen Textfelder vorstellen, die Word in seinem Baustein-Katalog für Sie bereit hält.

Eigene Textfelder erstellen

Im folgenden Beispiel werden wir ein Textfeld erstellen, das Sie zum Beispiel in einer Briefvorlage für Fensterumschläge als Anschriftenfeld verwenden könnten. Indem Sie das Textfeld auf der Seite einmal richtig positionieren und es dann anschließend verankern, können Sie gewährleisten, dass die Anschrift des Empfängers unabhängig von dem eigentlichen Brieftext immer korrekt auf der Seite steht.

1. Erstellen Sie ein neues leeres Dokument.
2. Wenn Sie möchten, können Sie einen Blindtext erzeugen, indem Sie =**rand**() eintippen und dann [↵] drücken.
3. Wechseln Sie auf die Registerkarte *EINFÜGEN* und klappen Sie das Menü der Schaltfläche *Textfeld* auf (in der Gruppe *Text).*
4. Wählen Sie unten im Menü den Befehl *Textfeld erstellen.* Das Menü verschwindet wieder und der Mauszeiger verändert sich zu einem Fadenkreuz.
5. Ziehen Sie mit der Maus einen Rahmen in der gewünschten Größe auf. Sobald Sie die Maustaste wieder loslassen, erscheint das Textfeld auf dem Bildschirm, der anschließend etwa so wie in der folgenden Abbildung aussehen sollte.

   Beachten Sie auch das Ankersymbol in Bild 11.11. Dieses Zeichen signalisiert, mit welchem Absatz das Textfeld verankert ist. Sollte bei Ihnen kein Anker zu sehen sein, müssen Sie auf der Registerkarte *START* die Schaltfläche *Alle anzeigen* betätigen bzw. die Tastenkombination [⇧]+[Strg]+[+] drücken.

Bild 11.11 Das eingefügte Textfeld hat sich über den Haupttext des Dokuments gelegt

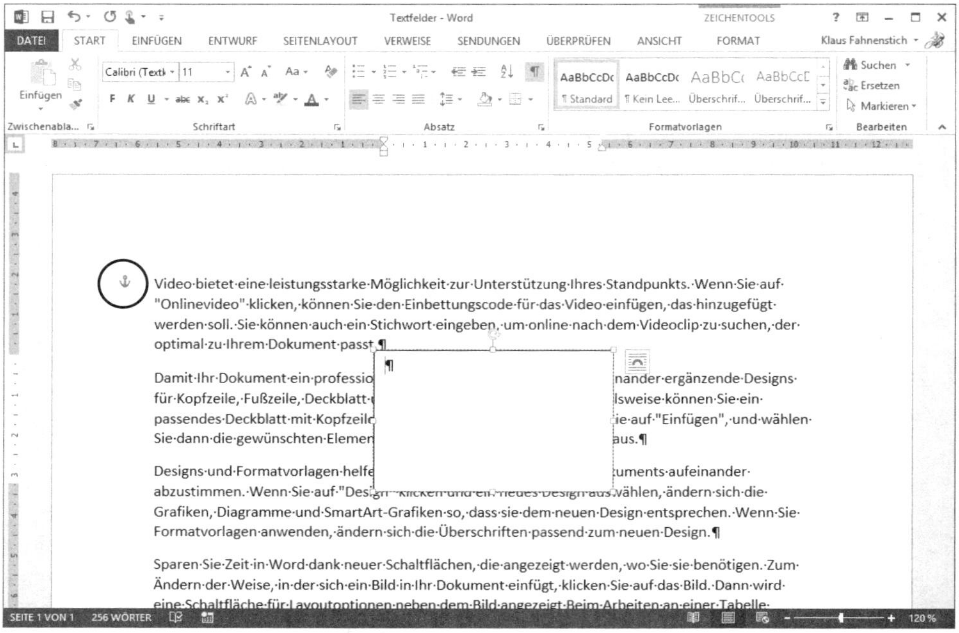

6. Tippen Sie einen beliebigen Text in das Textfeld ein. Beobachten Sie, wie Word reagiert, wenn Sie zuviel Text eingeben. Sie werden feststellen, dass überschüssiger Text unten herausläuft.

Bild 11.12 Überschüssiger Text verschwindet am unteren Rand des Textfeldes

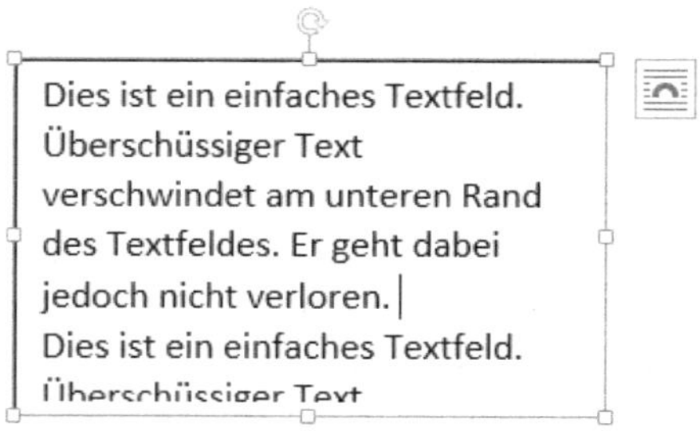

7. Innerhalb des Textfeldes können Sie zum Formatieren des Textes die gleichen Befehle verwenden wie im Haupttext des Dokuments. Das bezieht sich sowohl auf die Zeichen- als auch auf die Absatzformatierung.

8. Sie können dem Textfeld auch nachträglich eine andere Form geben. Wechseln Sie dazu auf die Registerkarte *ZEICHENTOOLS/FORMAT* und klicken Sie dort auf die Schaltfläche *Form bearbeiten* (in der Gruppe *Formen einfügen).* Deren Menü enthält den Befehl *Form ändern* über dessen Formenkatalog Sie die neue Form auswählen können.

9. Falls die neue Form den Text nicht vollständig aufnehmen kann, können Sie die Größe des Textfeldes entweder manuell ändern oder Sie klicken in der Registerkarte *ZEICHENTOOLS/FORMAT* auf die kleine Schaltfläche in der rechten unteren Ecke der Gruppe *Formenarten* und schalten in dem so angezeigten Aufgabenbereich in der Rubrik *FORMOPTIONEN/Layout und Eigenschaften* die Option *Größe der Form dem Text anpassen* ein.

Bild 11.13 Ein Textfeld kann seine Größe auch automatisch an den enthaltenen Text anpassen

Formen in Textfelder umwandeln

Im letzten Abschnitt haben Sie gesehen, wie sich die äußere Form eines Textfelds im Nachhinein verändern lässt. Sie können aber auch auf direkterem Weg ans Ziel gelangen:

1. Erstellen Sie eine Form in der gewünschten Größe. Wechseln Sie dazu auf die Registerkarte *EINFÜGEN* und verwenden Sie den Auswahlkatalog der Schaltfläche *Formen*.
2. Um die Form jetzt in ein Textfeld umzuwandeln, klicken Sie die Form mit der rechten Maustaste an und wählen im Kontextmenü der Form den Befehl *Text hinzufügen*. Word zeigt dann innerhalb der Form eine blinkende Einfügemarke an und rahmt die Form mit einer gestrichelten Linie ein.

Bild 11.14 Textfelder werden im Gegensatz zu Formen von einer gestrichelten Linie eingerahmt

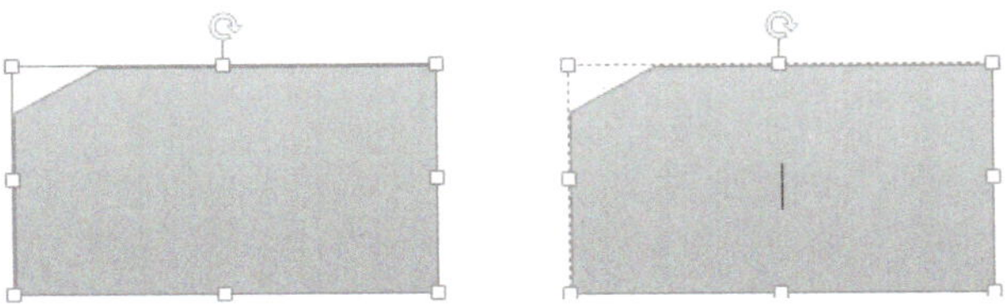

Vorgefertigte Textfelder verwenden

Was Sie bisher von Textfeldern gesehen haben, war vielleicht noch nicht unbedingt dazu angetan, Sie zu beeindrucken. Das wird sich gleich ändern, denn nun werden Sie fertig formatierte Textfelder kennenlernen, mit denen Sie Ihre Dokumente ohne großen Aufwand aufwerten können. Und um die Wahrheit zu sagen: Wir waren selbst ehrlich davon beeindruckt, was sich mit etwas Raffinesse aus einem Textfeld alles machen lässt.

Die hier behandelten Textfelder gehören zu den Bausteinen aus dem Lieferumfang von Word.

1. Erstellen Sie ein neues leeres Dokument.
2. Wechseln Sie auf die Registerkarte *EINFÜGEN* und öffnen Sie den Auswahlkatalog der Schaltfläche *Textfeld* (in der Gruppe *Text*).

Bild 11.15 Der Auswahlkatalog für Textfelder enthält einige sehr trickreiche Textfelder

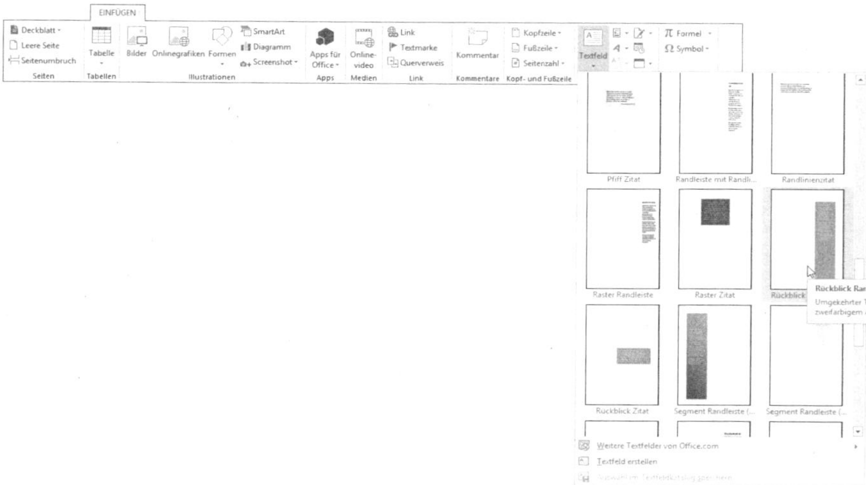

3. Wählen Sie das Textfeld *Rückblick Randleiste* aus, das in der obigen Abbildung markiert ist. Dieses Textfeld eignet sich gut, um das gestalterische Potential von Textfeldern zu zeigen.
4. Stellen Sie den Zoomfaktor des Word-Fensters so ein, dass Sie die Seite mit dem Textfeld, vollständig sehen können. Im nächsten Abschnitt gehen wir auf einzelne Aspekte dieses Textfeldes ein, um Ihnen an einem konkreten Beispiel einige der angewandten Kniffe vorzustellen.

HINWEIS **Eigene Textfelder in den Textfeldkatalog aufnehmen** Natürlich können Sie den Textfeldkatalog, wie alle anderen Kataloge auch, um eigene Einträge erweitern. Markieren Sie dazu das Textfeld, das Sie der Auswahl hinzufügen möchten (auf den Rahmen klicken!) und wählen Sie im Menü der Schaltfläche *Textfeld* den Befehl *Auswahl im Textfeldkatalog speichern*.

Kleine Ursache, große Wirkung

Lassen Sie uns zunächst die Frage klären, wie der farbige linke Rand des Textfeldes entsteht, Denn wie sich anhand der Anfasser erkennen lässt, gehört diese Fläche offensichtlich nicht zum Textfeld. Doch der Schein trügt: Denn diese Fläche ist nichts anderes als der Schatten des Textfeldes!

Bild 11.16 Gewusst wie: Die dicke Rahmenlinie ist eigentlich ein Schatten

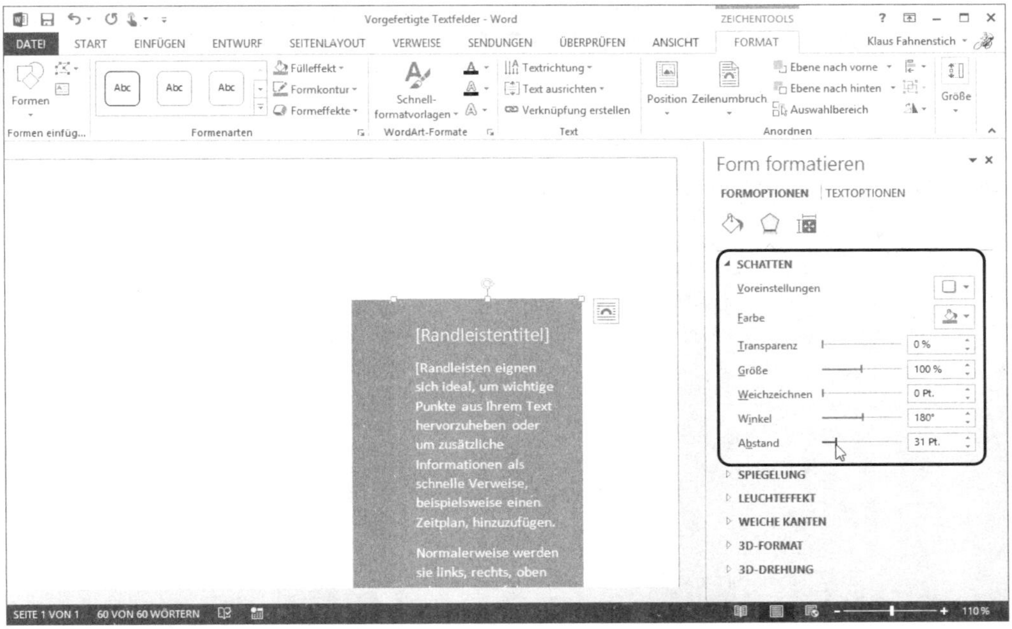

Und was glauben Sie, was passiert, wenn Sie die Seitenorientierung auf *Querformat* ändern? Nun, probieren Sie es aus (Registerkarte *SEITENLAYOUT*). Sie werden feststellen, dass sich das Textfeld problemlos an das neue Seitenformat anpasst. Dahinter verbirgt sich die Möglichkeit, die Größe eines Objekts relativ zur Seitengröße angeben zu können. Das Textfeld ist in diesem Fall so eingestellt, dass es immer 37% der Seitenbreite und 90% der Seitenhöhe einnimmt (s. a. Bild 11.18).

Bild 11.17 Die Größe des Textfeld passt sich automatisch an die Seitenorientierung an

Textfelder formatieren

Textfelder lassen sich im Großen und Ganzen genau wie Formen formatieren. Das betrifft vor allem die farbliche Gestaltung, aber auch andere Einstellungen wie zum Beispiel den Textumbruch. Wir werden daher in diesem Kapitel nur auf die Besonderheiten von Textfeldern eingehen und möchten Sie ansonsten auf die entsprechenden Abschnitte des Kapitels 36 verweisen.

Textfelder positionieren

Um Textfelder auf einer Seite zu positionieren, können Sie zwischen folgenden Varianten wählen:

- Sie fassen das Textfeld mit der Maus an seiner gestrichelten Begrenzungslinie an und schieben es auf die gewünschte Position. Damit dieses Verfahren funktioniert, darf die Umbruchart für das Textfeld nicht auf der Option *Mit Text in Zeile* stehen.
- Auf der Registerkarte *ZEICHENTOOLS/FORMAT* befindet sich die Schaltfläche *Position*, mit der Sie das Textfeld auf eine der angebotenen Standardpositionen setzen können.
- Im Dialogfeld *Layout* sind alle Möglichkeiten zur Positionierung von Textfeldern vereint. Um dieses Dialogfeld aufzurufen, markieren Sie das Textfeld und wählen dann im Menü der Schaltfläche *Position* den Befehl *Weitere Layoutoptionen*.

Bild 11.18 Das Dialogfeld *Layout*

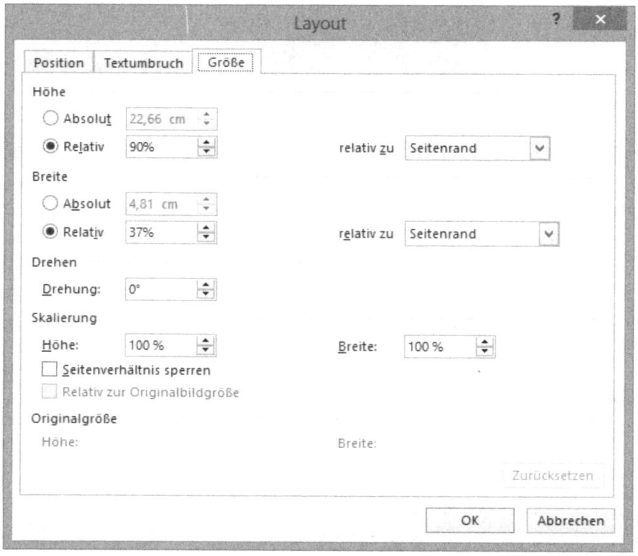

Auf der Registerkarte *Größe* können Sie sowohl für die Höhe als auch für die Breite des Textfeldes festlegen, ob Sie einen absoluten Wert angeben möchten oder einen der angebotenen Bezugspunkte verwenden wollen. Wie Sie im letzten Abschnitt bei der Besprechung des eingefügten Textfeldes gesehen haben, ist vor allem die Angabe eines prozentualen Wertes interessant, da Sie dadurch unabhängig von der aktuellen Seitengröße sind.

Textrichtung und Ausrichtung

Wie bereits weiter oben erwähnt, kann der Text in einem Textfeld auch von oben nach unten und von unten nach oben laufen. Um die aktuelle Textrichtung für ein Textfeld zu ändern, gehen Sie folgendermaßen vor:

1. Markieren Sie das Textfeld und zeigen Sie die Registerkarte *ZEICHENTOOLS/FORMAT* an.
2. Wählen Sie im Ausklappmenü der Schaltfläche *Textrichtung* die gewünschte Textrichtung.
3. Neben der Richtung des Textes können Sie auch die vertikale bzw. horizontale (bei senkrecht stehendem Text) Ausrichtung ändern. Die entsprechenden Befehle finden Sie im Menü der Schaltfläche *Text ausrichten*, die sich ebenfalls auf der Registerkarte *ZEICHENTOOLS/FORMAT* befindet.

Zusammen mit den drei Textrichtungen, die in Textfeldern möglich sind, ergeben sich insgesamt neun verschiedene Variationen, die wir in der folgenden Abbildung gegenübergestellt haben.

Bild 11.19 Der Text eines Textfeldes kann auf neun verschiedene Arten angeordnet werden

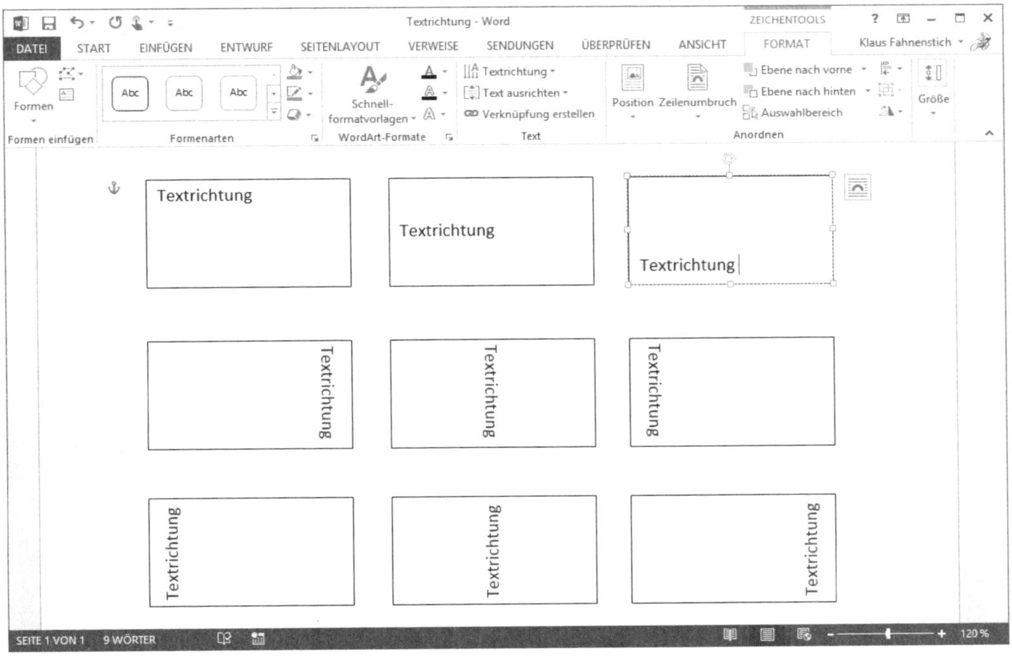

TIPP **Richtig zentrieren** Damit der Text korrekt im Textfeld platziert wird, sollten Sie unbedingt die Abstände vor dem ersten und nach dem letzten Absatz auf 0 setzen. Klicken Sie dazu die betreffenden Absätze mit der rechten Maustaste an und wählen Sie im Kontextmenü den Befehl *Absatz*. Anschließend stellen Sie im Dialogfeld *Absatz* die Felder *Vor* bzw. *Nach* auf den Wert 0.

Innerer Seitenrand

Bei einem Textfeld können Sie auch den Abstand zwischen dem Rahmen und dem von ihm eingeschlossenen Text einstellen. Zeigen Sie dazu den Aufgabenbereich *Form formatieren* an, indem Sie den Rahmen des Textfeldes mit der rechten Maustaste anklicken und im Kontextmenü den Befehl *Form formatieren* aufrufen. Dort finden Sie die benötigten Optionen unter *TEXTOPTIONEN/ Layout und Eigenschaften.*

Legenden

Legenden sind eine spezielle Form der Textfelder, mit denen Sie zum Beispiel Grafiken beschriften können. Vereinfacht gesagt, handelt es sich bei einer Legende um ein Textfeld, das mit einer Linie versehen ist. Für die Formatierungen von Legenden gelten daher bis auf wenige Ausnahmen die gleichen Regeln wie für Textfelder.

Um eine Legende einzufügen, gehen Sie folgendermaßen vor:

1. Zeigen Sie die Stelle im Dokument, die Sie mit einer Legende versehen wollen, auf dem Bildschirm an.
2. Wechseln Sie auf die Registerkarte *EINFÜGEN.*
3. Öffnen Sie den Auswahlkatalog der Schaltfläche *Formen* (in der Gruppe *Illustrationen)* und wählen Sie eine der angebotenen Form-Varianten aus der Kategorie *Legenden.* Der Mauszeiger verändert sich dann zu einem Fadenkreuz.
4. Klicken Sie in dem Dokument an die Stelle, an der Sie die Legende platzieren wollen und ziehen Sie mit gedrückter Maustaste eine Form in der gewünschten Größe auf. Word verankert die Textform dann automatisch mit dem an dieser Position befindlichen Absatz.

   Wie wir weiter oben schon gesagt haben, passen sich Textfelder nicht automatisch an ihren Inhalt an; Sie müssen also entweder selbst für die richtige Größe sorgen oder die automatische Größenanpassung aktivieren (Bild 11.13).
5. Die Gestalt der Linie können Sie mit Hilfe ihrer Anfasser (der gelben Rauten) beliebig verändern. Ziehen Sie sie einfach mit der Maus an die gewünschte Position.
6. Geben Sie jetzt noch einen passenden Text ein, um die Legende fertig zu stellen.

Bild 11.20 Die fertige Legende

TIPP **Legende mit Pfeilspitze versehen** Um die Linie einer Legende zu formatieren, wechseln Sie bei markierter Legende im Menüband auf die Registerkarte *ZEICHENTOOLS/FORMAT* und klicken dort auf die Schaltfläche *Formkontur* (in der Gruppe *Formenarten).* In ihrem Menü finden Sie den Befehl *Pfeile,* über den Sie die verschiedenen Pfeiltypen einstellen können.

Kapitel 12

Seitenlayout

Word 2013

In diesem Kapitel:

In diesem Kapitel beschäftigen wir uns mit dem Seitenlayout. Sie erfahren, wie Sie die Ränder einer Seite einstellen, welche Möglichkeiten die Verwendung von Abschnitten bietet und wie Sie Kopf- und Fußzeilen einrichten. Im letzten Abschnitt zeigen wir Ihnen dann, wie Sie die Seiten Ihrer Dokumente mit einem Wasserzeichen versehen.

Diese Funktionen befinden sich hauptsächlich auf der Registerkarte *SEITENLAYOUT*. Wenn Sie bisher mit Word 2007 oder Word 2010 gearbeitet haben, werden Sie auf dieser Registerkarte einige Befehle vermissen. Aber keine Sorge: sie sind nicht verschwunden, sondern wurden lediglich auf die neue Registerkarte *ENTWURF* verschoben. Diese Änderung macht auch durchaus Sinn, denn die betroffenen Befehle dienen eher der Formatierung, also der Gestaltung des Textes, und nicht dem Layout der Seite, bei dem es im Wesentlichen darum geht, wo die verschiedenen Textelemente auf einer Seite platziert werden.

Bild 12.1 Die Registerkarte *SEITENLAYOUT* wurde in Word 2013 etwas abgespeckt

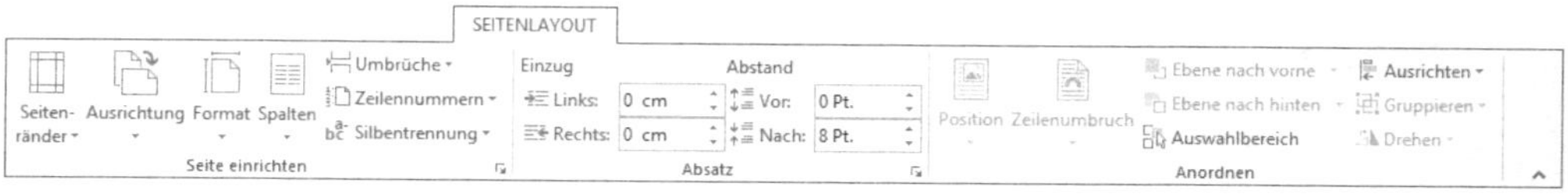

Seiteneinrichtung

Unter dem Begriff *Seiteneinrichtung* versteht man in Word alle Einstellungen, die das Layout der einzelnen Seiten betreffen. Dazu gehören in erster Linie die Papiergröße, seine Orientierung (Hoch- oder Querformat) und die Breite der Seitenränder. Dazu kommen noch weitere Gestaltungsmerkmale wie zum Beispiel die Anzahl der Textspalten.

Zusätzlich wird das Seitenlayout auch von Funktionen wie der Silbentrennung beeinflusst, da es einen großen Unterschied beim Auffüllen der Textzeilen macht, ob Word in Ihrem Text automatische Trennungen vornimmt oder nicht.

Seitenränder einstellen

Durch das Einstellen der Seitenränder legen Sie den Bereich auf der Seite fest, der für den »normalen« Text zur Verfügung steht und auch als *Satzspiegel* bezeichnet wird. Unabhängig davon kann Word immer die gesamte Seite bedrucken.

Die einzige Einschränkung ist der Drucker, der einen schmalen Streifen am Rand der Seite aus technischen Gründen nicht bedrucken kann. Die Größe dieses Bereichs ist von Drucker zu Drucker verschieden und liegt in der Regel zwischen drei und zehn Millimetern. Word kann die Grenzwerte des von Ihnen verwendeten Druckers vom Druckertreiber erfragen und akzeptiert keine Seitenränder die unterhalb dieser Werte liegen.

Im einfachsten Fall stellen Sie die Seitenränder über die Schaltfläche *Seitenränder* ein, die sich auf der Registerkarte *SEITENLAYOUT* in der Gruppe *Seite einrichten* befindet. In ihrem Auswahlmenü finden Sie fünf verschiedene Standardeinstellungen, mit denen Sie in den allermeisten Fällen auskommen werden.

Bild 12.2 Die fünf vordefinierten Standardeinstellungen für die Seitenränder

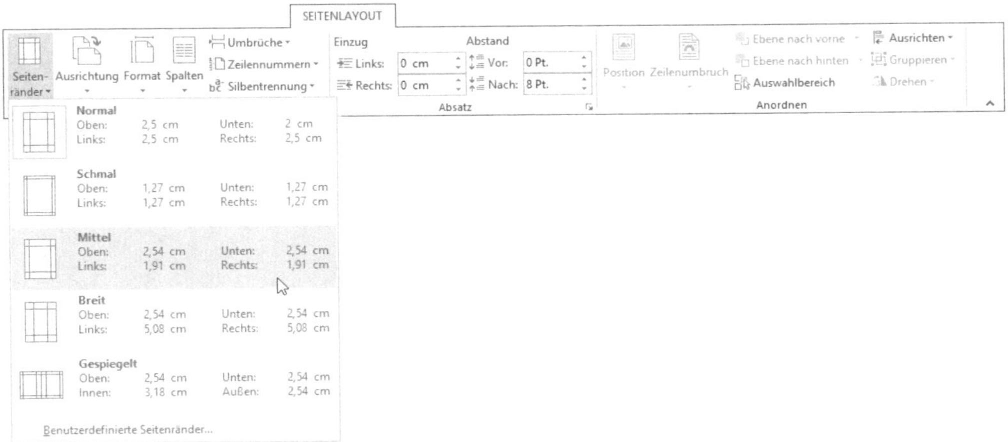

Während sich die ersten vier Varianten nur durch die Breite der Ränder unterscheiden, erzeugt der letzte Eintrag ein Layout mit gespiegelten Seiten. In diesem Fall spricht man nicht mehr von einem *linken* und *rechten* Seitenrand, sondern von *Innen* und *Außen*. Diese Form der Seitenränder wird oft in Büchern verwendet.

Benutzerdefinierte Seitenränder

Wenn Sie die Seitenränder eines Dokuments auf andere Werte einstellen möchten, benötigen Sie dazu den Dialog *Seite einrichten* (siehe Bild 12.3 auf der folgenden Seite). Sie erreichen ihn am schnellsten über die kleine quadratische Schaltfläche, die sich auf der Registerkarte *SEITEN-LAYOUT* in der unteren rechten Ecke der Gruppe *Seite einrichten* befindet.

Negative Seitenränder

Eine Besonderheit weisen die beiden Felder *Oben* und *Unten* auf: Sie können hier sowohl einen positiven als auch einen negativen Wert eingeben. Bei positiven Werten passt Word den Seitenrand bei Kopf- und Fußzeilen automatisch so an, dass sich der Text und die Kopf- bzw. Fußzeile nicht überlappen können. Wenn Sie ein negatives Maß eingeben, wird der Seitenrand fest verankert und überschneidet sich ggf. mit der Kopf- oder Fußzeile. Oder anders ausgedrückt: positive Werte beziehen sich auf die Kopf-/Fußzeile, negative auf die Papierkante.

Bundsteg

Wenn Sie ein mehrseitiges Dokument heften oder binden wollen, können Sie am linken Rand einen speziellen Bereich definieren, der für die Bindung reserviert werden soll. Normalerweise liegt dieser Bereich an der linken Blattkante. Haben Sie jedoch ein Layout mit gespiegelten Seiten gewählt, wandert der Bundsteg an den inneren Rand (der dunkel schraffierte Bereich in Bild 12.3).

Bild 12.3 Das exakte Einstellen der Seitenränder ist nur im Dialogfeld möglich

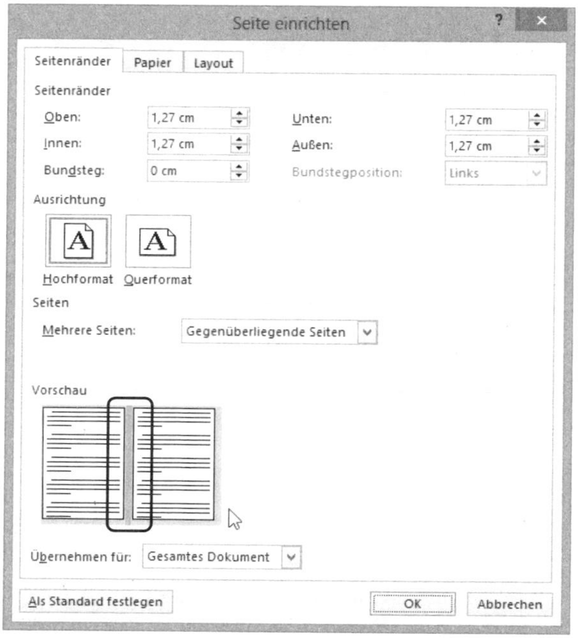

Hoch- und Querformat

Wenn Sie die Orientierung des Papiers ändern, also zwischen Hoch- und Querformat wechseln, müssen Sie beachten, dass Word dabei die Seitenränder »mitdreht«. So wird z.B. der obere Seitenrand zum rechten Seitenrand und der linke zum oberen.

TIPP **Standardeinstellungen ändern** Wenn Sie die Schaltfläche *Als Standard festlegen* wählen, werden die eingestellten Werte zu Vorgabewerten für alle neuen Dokumente, die auf der gleichen Dokumentvorlage basieren wie das aktive Dokument.

Seitenumbruch

In Abhängigkeit von den Papiermaßen und den eingestellten Seitenrändern berechnet Word beim Anzeigen und Drucken des Dokuments, wie viel Text auf eine Seite passt. Der Vorgang, in dem festgelegt wird, an welcher Stelle eine neue Seite beginnt, wird Paginierung genannt.

Beachten Sie, dass die Anzeige der Seitenwechsel in der Ansicht Seitenlayout von verschiedenen Faktoren beeinflusst wird: Falls das Dokument zum Beispiel Indexeinträge enthält und die Anzeige von ausgeblendetem Text aktiviert ist, stimmen die auf dem Bildschirm angezeigten Umbrüche unter Umständen nicht mit dem späteren Druckergebnis überein.

Wenn Sie ganz sicher sein wollen, wo Word einen automatischen Seitenwechsel vornimmt, sollten Sie das Dokument in der Druckvorschau kontrollieren, die auch als Seitenansicht bezeichnet wird:

1. Klicken Sie auf *DATEI*, um in die Backstage-Ansicht zu gelangen, und gehen Sie dort auf die Seite *Drucken*. Diesen Befehl können Sie übrigens auch in die Symbolleiste für den Schnellzugriff aufnehmen, indem Sie rechts neben der Symbolleiste auf den kleinen Pfeil klicken und im Ausklappmenü den Befehl *Seitenansicht und Drucken* auswählen.
2. Um in dem Dokument zu blättern, können Sie entweder die Bildlaufleisten oder die kleinen Navigationsschaltflächen verwenden, die sich links unten im Vorschaubereich befinden.
3. Zum Verlassen der Backstage-Ansicht klicken Sie links oben auf die Pfeilschaltfläche.

Umbruch bei der Texteingabe festlegen

Sie können bereits bei der Texteingabe festlegen, an welchen Stellen beim Ausdruck eine neue Seite anfangen soll. Sie geben dazu die Tastenkombination [Strg]+[↵] ein, um einen erzwungenen Seitenumbruch einzufügen. Unabhängig davon, ob auf der aktuellen Seite noch Platz für weiteren Text oder Grafiken ist, fängt an der Stelle des erzwungenen Seitenumbruchs eine neue Seite an.

Alternativ wechseln Sie im Menüband auf die Registerkarte *SEITENLAYOUT* und klicken dort auf die Schaltfläche *Umbrüche*. Die Befehle ihres Menüs sind mit aussagekräftigen Symbolen und erläuterndem Text ausgestattet, sodass wir uns hier weitere Erklärungen sparen können.

Bild 12.4 Menü zum Einfügen von manuellen Umbrüchen

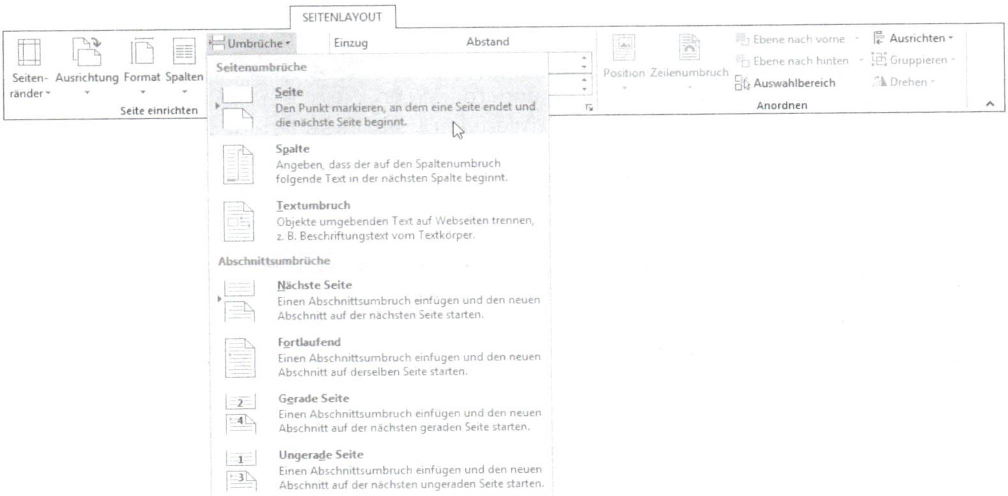

Abschnitte

Jedes Word-Dokument besteht aus mindestens einem Abschnitt. Unter einem Abschnitt versteht man in Word einen zusammenhängenden Textbereich, der über ein gemeinsames Seitenlayout verfügt. Durch die Unterteilung eines Dokuments in mehrere Abschnitte wird es zum Beispiel möglich, einzelne Seiten im Querformat zu bedrucken (etwa für breite Tabellen), während für den restlichen Text das Hochformat benutzt wird. Ein anderes Beispiel, bei dem man mit Abschnitten arbeiten sollte, sind mehrspaltige Dokumente, die wir Ihnen nun vorstellen möchten.

Beispiel: Mehrspaltige Dokumente erstellen

Im folgenden Beispiel erstellen Sie zunächst ein Dokument, das eine Überschrift und einige Absätze mit normalem Text enthält. Anschließend werden die Textabsätze dreispaltig formatiert, wobei die Überschrift weiterhin die volle Breite des Satzspiegels nutzen soll.

1. Erstellen Sie ein neues leeres Dokument.
2. Geben Sie eine Überschrift ein. Drücken Sie die Tastenkombination Alt+1, um ihr das Format *Überschrift 1* zuzuweisen (alternativ über *START/Formatvorlagen)*.
3. Anschließend geben Sie mehrere Absätze mit Text ein. Am schnellsten geht das, wenn Sie in einen leeren Absatz =**rand**() eingeben und die ↵-Taste drücken. Word fügt dann einen so genannten Blindtext ein.
4. Schalten Sie jetzt noch die Anzeige der Formatierungszeichen ein (auf der Registerkarte *START* in der Gruppe *Absatz)*. Das Dokument sollte anschließend ungefähr so aussehen:

Bild 12.5 Die Ausgangssituation: Noch ist der Text einspaltig

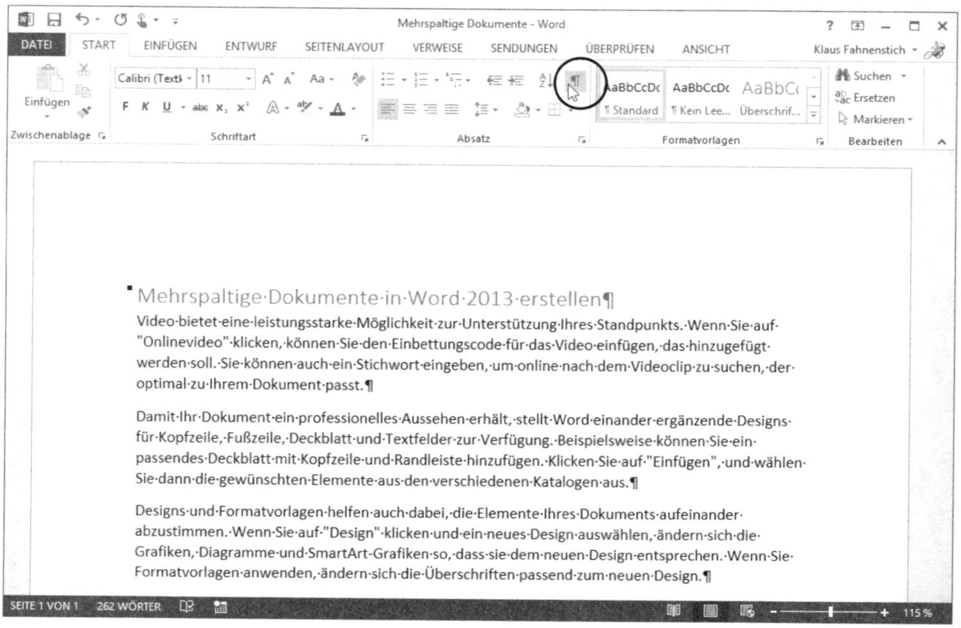

5. Setzen Sie die Einfügemarke an den Anfang des ersten Textabsatzes.
6. Wechseln Sie im Menüband auf die Registerkarte *SEITENLAYOUT* und klicken Sie dort in der Gruppe *Seite einrichten* auf die Schaltfläche *Spalten*. Es öffnet sich folgendes Menü:

Bild 12.6 Halt, so einfach geht es nicht!

7. Wenn Sie jetzt der Versuchung erliegen würden und einfach die Option *Drei* anklicken, wären Sie mit dem Ergebnis nicht zufrieden. In diesem Fall würde Word nämlich das *gesamte* Dokument dreispaltig formatieren – also auch die Überschrift, die gemäß unserer Vorgabe einspaltig bleiben soll.
8. Rufen Sie stattdessen im Menü den Befehl *Weitere Spalten* auf.

Bild 12.7 Mit diesem Dialogfeld haben Sie die Spalten unter Kontrolle

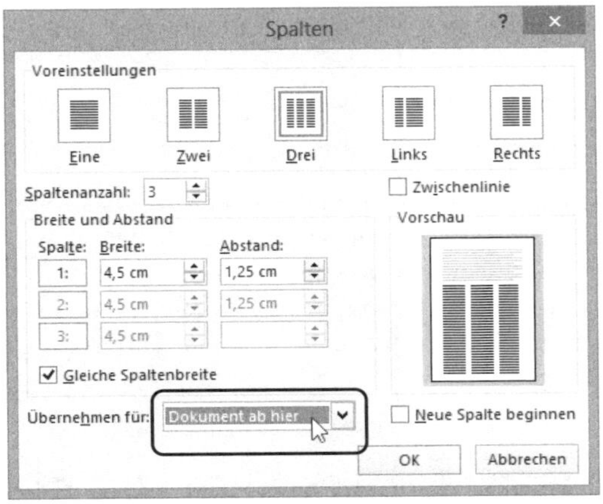

9. Wählen Sie in der Gruppe *Voreinstellungen* die Option *Drei.*
10. Und jetzt kommt der entscheidende Punkt: Da die neue Spaltenanzahl nicht für das gesamte Dokument gelten soll, sondern erst ab der Position der Einfügemarke, wählen Sie im Listenfeld *Übernehmen für* die Option *Dokument ab hier* aus. (Der Standardwert des Listenfeldes lautet *Gesamtes Dokument.)*
11. Beenden Sie das Dialogfeld mit der *OK*-Schaltfläche.

Bild 12.8 Das gewünschte Ergebnis: einspaltige Überschrift, dreispaltiger Text

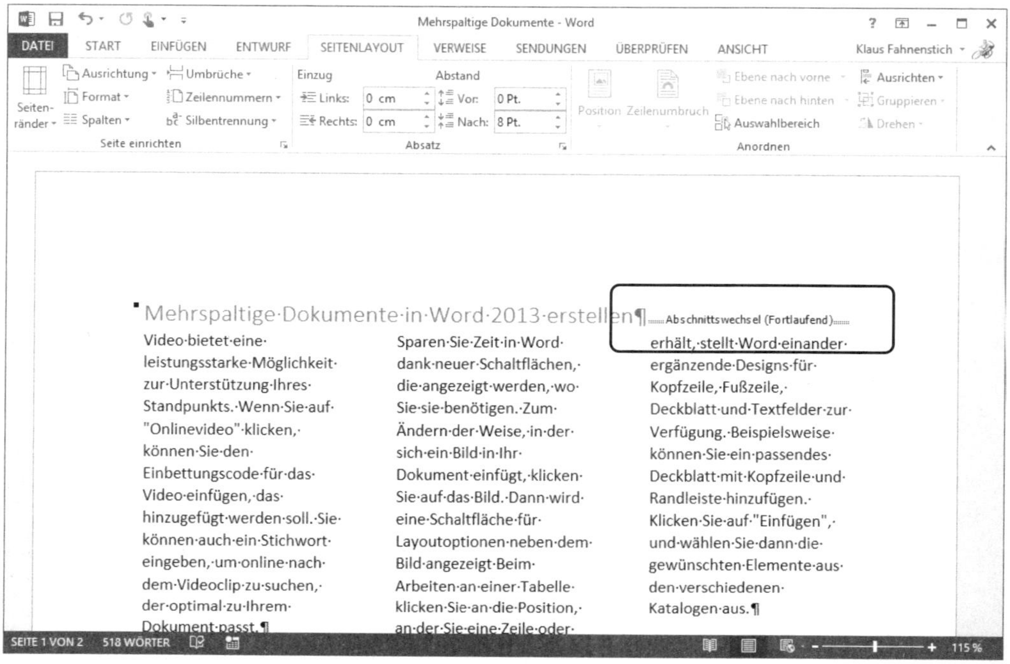

Wie Sie in Bild 12.8 sehen, hat Word an der Position der Einfügemarke einen *Abschnittswechsel* eingefügt, der auf dem Bildschirm als gepunktete Doppellinie dargestellt wird (deshalb sollten Sie in Schritt 4 die Anzeige der Formatierungszeichen einschalten). Das Dokument besteht nun aus zwei Abschnitten:

- Abschnitt 1 enthält die Überschrift und ist einspaltig.
- Abschnitt 2 enthält den restlichen Text und ist dreispaltig.

Nach diesem Prinzip können Sie Dokumente erstellen, bei denen sich das Seitenlayout mehrmals ändert. Zu erwähnen sind in diesem Zusammenhang auch die Seitenzahlen, die ebenfalls ein Abschnittsmerkmal sind. Durch Verwenden von Abschnitten können Sie zum Beispiel die ersten Seiten eines Dokuments, wie etwa ein Inhaltsverzeichnis, mit römischer und die übrigen mit arabischer Seitennummerierung versehen. Nähere Informationen zum Thema Seitenzahlen finden Sie weiter hinten in diesem Kapitel ab Seite 280.

Anzeige der Abschnittsnummer in der Statusleiste

Dass ein Dokument aus mehreren Abschnitten besteht, lässt sich ohne die angezeigten Formatierungszeichen zunächst nicht erkennen. Sie können Word jedoch dazu bringen, dass es die Nummer des aktuellen Abschnitts – also des Abschnitts, in dem sich momentan die Einfügemarke befindet – in der Statusleiste anzeigt. Klicken Sie dazu die Statusleiste mit der rechten Maustaste an und wählen Sie im Kontextmenü den Befehl *Abschnitt.* Wenn Sie dann mit der Einfügemarke durch das Dokument wandern, sehen Sie, wie Word die Abschnittsnummer in der Statusleiste aktualisiert.

Spaltenumbrüche einfügen

Normalerweise füllt Word eine Spalte erst vollständig auf, bevor es die nächste Spalte beginnt. Dieses Verhalten können Sie durch das Einfügen von *Spaltenumbrüchen* beeinflussen. Setzen Sie dazu die Einfügemarke an die gewünschte Position und wählen Sie dann auf der Registerkarte *SEITENLAYOUT* den Befehl *Umbrüche/Spalte.*

Spaltenausgleich

Am Ende eines mehrspaltigen Dokuments, zum Beispiel bei einem Stichwortverzeichnis, sollen die Spalten in der Regel gleichmäßig aufgefüllt werden. Bei einer halbvollen zweispaltigen Seite soll also die zweite Spalte nicht leer bleiben, sondern beide Spalten sollen zur Hälfte gefüllt werden. Diesen Effekt erreichen Sie mit den folgenden Schritten:

1. Setzen Sie die Einfügemarke an das Textende.
2. Wechseln Sie zur Registerkarte *SEITENLAYOUT* und fügen Sie mit *Umbrüche/Fortlaufend* einen fortlaufenden Abschnittsumbruch ein. Fortlaufend bedeutet in diesem Zusammenhang, dass dabei kein Seitenwechsel stattfindet.

Word verteilt den vorhandenen Text nun so auf die vorhandenen Spalten, dass sie die gleiche Höhe erhalten (siehe Bild 12.9).

Bild 12.9 Auf der rechten Seite wurden die Spalten durch einen angehängten Abschnittsumbruch gleichmäßig gefüllt

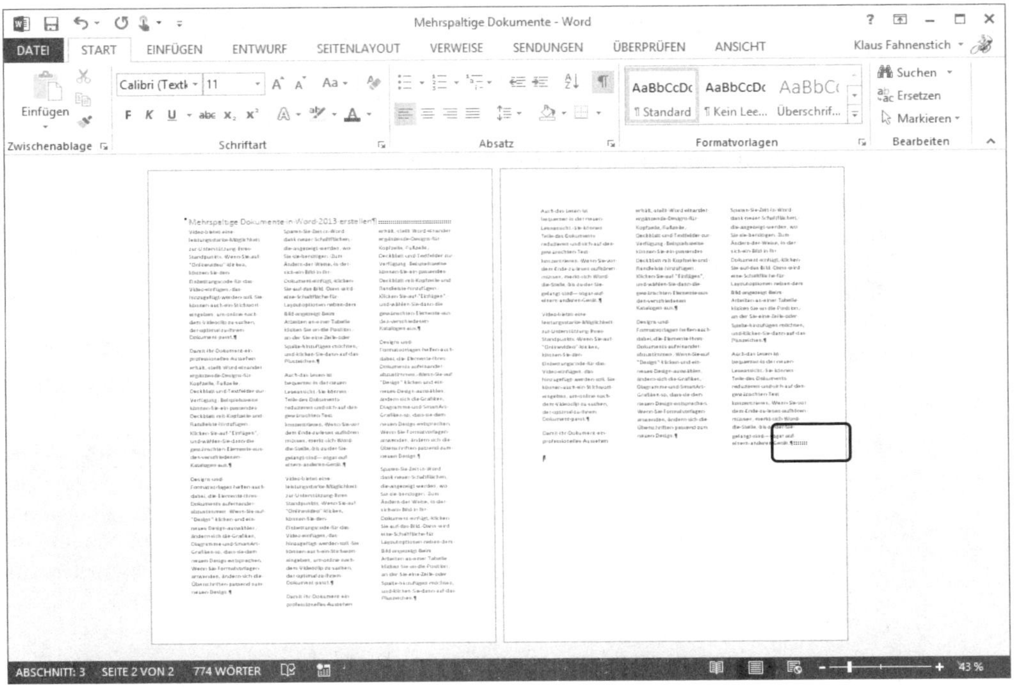

Ob die Spalten dabei tatsächlich exakt gleich hoch werden, hängt von ihrem konkreten Inhalt ab. Eventuell müssen Sie noch etwas nachhelfen, um ein optimales Ergebnis zu erhalten (z.B. mit einem leeren Absatz, einer Zeilenschaltung oder einer kleinen Textkorrektur).

Zwischenlinien einfügen

Um zwischen den Spalten eine Trennlinie anzuzeigen, müssen Sie lediglich im Dialogfeld *Spalten* (siehe Bild 12.7) die Option *Zwischenlinie* einschalten. Die Länge der Linie passt sich automatisch an die Spalten an, das heißt, auch bei dem im letzten Abschnitt beschriebenen Spaltenausgleich stellen sich die Linien auf die passende Länge ein. Die Linie selbst, also Farbe, Strichart und Strichstärke, können Sie nicht verändern. Hier besteht bei Word leider immer noch Nachholbedarf.

Kopf- und Fußzeilen von der Stange

Unter Kopf- und Fußzeilen versteht man Bereiche am oberen und unteren Rand einer Seite, welche alle Informationen aufnehmen, die auf jeder Seite wiederholt werden sollen. Am häufigsten werden Kopf- und Fußzeilen natürlich für die Ausgabe der Seitenzahl benutzt. Wie Sie gleich sehen werden, können Sie mit Kopf- und Fußzeilen jedoch noch viel mehr anstellen.

Da sich der Inhalt einer Kopf- bzw. Fußzeile im Gegensatz zum restlichen Dokument auf jeder Seite wiederholen soll, wird er von Word separat verwaltet. Für Sie als Anwender hat das die Konsequenz, dass Sie in einen speziellen Modus umschalten müssen, wenn Sie Kopf- und Fußzeilen einfügen oder bearbeiten wollen.

Der damit verbundene Aufwand und auch das dahinterliegende Konzept wurden von vielen Benutzern als zu kompliziert empfunden. Aus diesem Grund haben die Entwickler von Microsoft diesen Bereich mit der Einführung von Word 2007 verbessert. Ihr Ziel war es, die Komplexität des Kopf- und Fußzeilenmechanismus vor dem Anwender zu verbergen und den Zeitaufwand für das Einfügen von Kopf- und Fußzeilen deutlich zu minimieren. Und wie Sie gleich sehen werden, hat Word an dieser Stelle tatsächlich enorm an Komfort gewonnen.

Kopf- und Fußzeilen einfügen

Das Einfügen einer Kopf- oder einer Fußzeile ist mit Word 2013 mit zwei, drei Mausklicks erledigt:

1. Wechseln Sie auf die Registerkarte *EINFÜGEN* und klicken Sie auf die Schaltfläche *Kopfzeile* bzw. auf die Schaltfläche *Fußzeile.*
2. Wählen Sie eine der angebotenen Varianten aus. Beachten Sie, dass es von einigen Kopf- und Fußzeilen auch unterschiedliche Versionen für gerade und ungerade Seiten gibt. In diesem Buch enthalten zum Beispiel die Kopfzeilen der geraden Seiten (das sind immer die linken Seiten eines Buchs) die Nummer des jeweiligen Kapitels und seinen Namen, die Kopfzeilen der ungeraden (also der rechten) Seiten hingegen den Namen der aktuellen Überschrift der zweiten Ebene.

Bild 12.10 Das Einfügen von Kopf- und Fußzeilen kann kaum einfacher sein

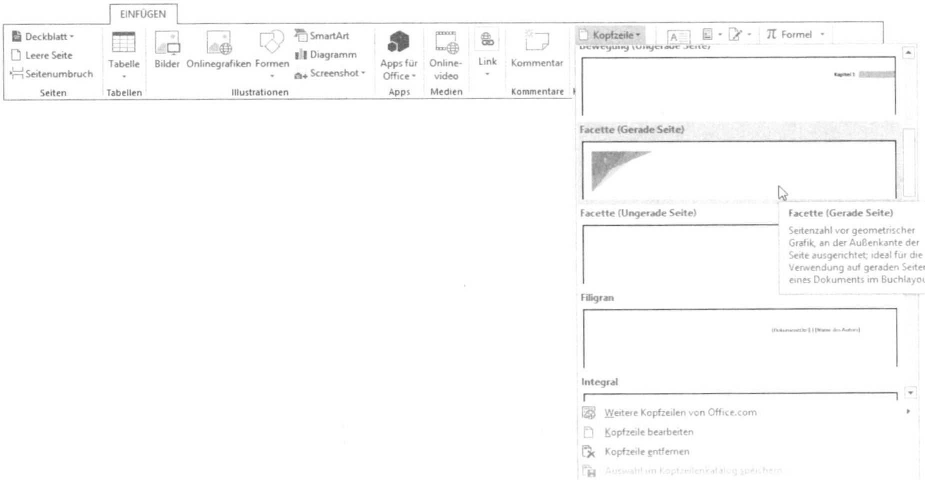

3. Wenn die Kopf- bzw. Fußzeile variable Elemente enthält, wie zum Beispiel den Titel des Dokuments oder eine Datumsanzeige, zeigt Word die eingefügte Kopf-/Fußzeile im Bearbeitungsmodus an. Klicken Sie dann die entsprechenden Platzhalter an und geben Sie den gewünschten Text ein.
4. Besonders elegant ist in Word die Eingabe eines Datums gelöst. In diesem Fall enthält die Kopf- bzw. Fußzeile ein spezielles Steuerelement, mit dem Sie das Datum auf einem kleinen Kalender auswählen können.

Bild 12.11 Datumswerte lassen sich über einen kleinen Kalender eingeben

5. Wenn Sie einzelne Elemente der Kopf- bzw. Fußzeile nicht benötigen, können Sie sie einfach löschen.
6. Um wieder zum normalen Dokumenttext zurückzukehren, klicken Sie in der Registerkarte *ENTWURF* ganz rechts auf die Schaltfläche *Kopf- und Fußzeile schließen*. Alternativ können Sie auch in den normalen Dokumentbereich doppelklicken.

Word zeigt den Inhalt der Fuß- bzw. Kopfzeile dann etwas blasser an und verhindert ein direktes Anklicken. Wie Sie diese Bereiche bei Bedarf ändern können, zeigen wir weiter hinten in diesem Kapitel im Abschnitt »Kopf- und Fußzeilen bearbeiten« (ab Seite 284).

Seitenzahlen pur

Wenn Sie in Ihr Dokument keine aufwändigen Kopf- und Fußzeilen einfügen möchten, sondern lediglich die Seitenzahl ausgeben lassen wollen, gehen Sie besser folgendermaßen vor:

1. Klicken Sie in der Registerkarte *EINFÜGEN* auf die Schaltfläche *Seitenzahl.*

Bild 12.12 Einfügen der reinen Seitenzahl

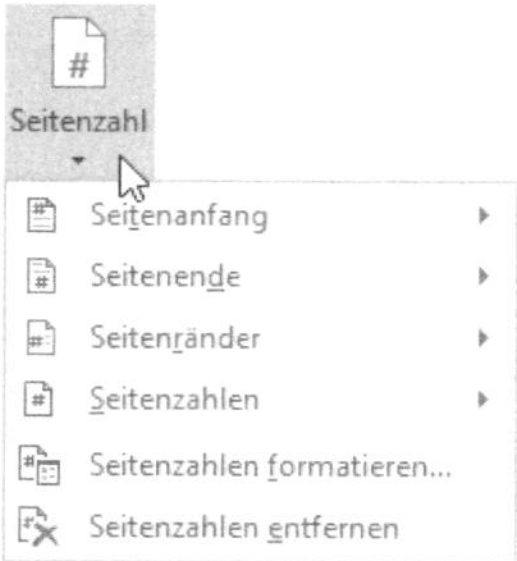

2. Sie sehen nun ein kleines Auswahlmenü, in dem Sie sich zunächst entscheiden müssen, wo die Seitenzahl positioniert werden soll:
   - **Seitenanfang** Die Seitenzahl erscheint oben auf der Seite.
   - **Seitenende** Die Seitenzahl erscheint unten auf der Seite.
   - **Seitenränder** Die Seitenzahl erscheint am linken bzw. rechten Rand.
   - **Seitenzahlen** Die Seitenzahl wird an der aktuellen Position der Einfügemarke in den Text eingefügt.

   Wenn Sie sich für eine der ersten drei Varianten entscheiden, fügt Word die Seitenzahl in eine Kopf- bzw. Fußzeile ein, da nur so erreicht werden kann, dass die Seitenzahl auf jeder Seite ausgegeben wird.
3. Zeigen Sie mit der Maus auf einen der Befehle, damit das zugehörige Untermenü ausklappt. Im Menü sehen Sie dann verschiedene Variationen von Vorschaubildern des gewählten Bereichs (Seitenanfang, Seitenende etc.). Allerdings ist die Seitenzahl dort meistens nur als winzige graue Zahl zu erkennen, sodass Sie hier nicht viel mehr als eine grobe Vorstellung vom späteren Ergebnis bekommen.
4. Wählen Sie die gewünschte Variante aus.
5. Bei den Varianten *Seitenanfang, Seitenende* und *Seitenränder* wechselt Word in den Bearbeitungsmodus für Kopf- bzw. Fußzeilen. Nehmen Sie bei Bedarf noch Änderungen an der Formatierung der Seitenzahl vor und klicken Sie dann auf *Kopf- und Fußzeile schließen*, um zum normalen Dokumenttext zurückzukehren.

ACHTUNG Durch Einfügen einer Seitenzahl an den Seitenanfang, das Seitenende oder in die Seitenränder werden bereits vorhandene Kopf- bzw. Fußzeilen aus dem Dokument entfernt.

Seitenzahlen formatieren

Normalerweise beginnt Word die Seitenzählung mit »1«. Bei umfangreichen Werken (wie zum Beispiel bei einem Buch oder einer Broschüre) kommt es allerdings häufig vor, dass der Text auf mehrere Dokumente aufgeteilt wird. In diesen Fällen müssen Sie in den einzelnen Dokumenten eine individuelle Startnummer für die Seitenzählung festlegen, damit das fertige Werk eine fortlaufende Nummerierung erhält.

Außerdem bietet Word verschiedene Formate für die Seitenzahl an. Sie können zwischen arabischen Ziffern (1, 2, 3), Kleinbuchstaben (a, b, c), Großbuchstaben (A, B, C), römischen Ziffern in Kleinschrift (i, ii, iii) und römischen Ziffern in Großschrift (I, II, III) wählen.

1. Wechseln Sie auf die Registerkarte *EINFÜGEN*.
2. Klicken Sie dort auf die Schaltfläche *Seitenzahl* und wählen Sie in ihrem Menü den Befehl *Seitenzahlen formatieren*. Word zeigt dann das Dialogfeld *Seitenzahlenformat* an.

Bild 12.13 Formatieren der Seitenzahl

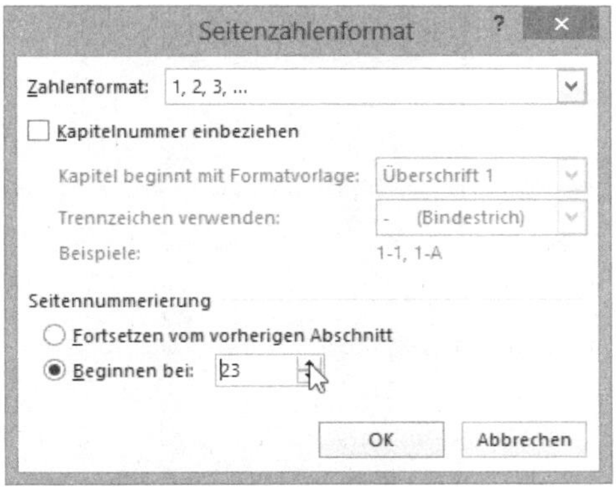

3. Wählen Sie das gewünschte Format aus der Liste *Zahlenformat* aus.
4. Wenn Sie die Überschriften mit den Formatvorlagen *Überschrift* ... formatiert und dann die Gliederungsnummerierungen verwendet haben, können Sie die Kapitelnummer in die Seitenzahl einbeziehen. Wählen Sie dann im Listenfeld *Kapitel beginnt mit Formatvorlage* die Überschriften-Formatvorlage. Das Listenfeld *Trennzeichen verwenden* enthält diverse Zeichen, die zwischen der Kapitelnummer und der Seitenzahl eingefügt werden können.
5. Legen Sie im Feld *Beginnen bei* die Startnummer für die Seitenzählung fest.
6. Schließen Sie das Dialogfeld mit *OK*.

Das Ändern des Startwertes für die Seitenzahl beeinflusst zunächst nicht die Ausgabe der Seitenzahl in der Statuszeile. Das heißt, die Seitenzählung in der Statusleiste beginnt nach wie vor bei 1. Sie können aber auch die tatsächliche Seitenzahl, also die Zahl, die auf der Seite gedruckt wird, in der Statuszeile ausgeben lassen. Klicken Sie dazu die Statuszeile mit der rechten Maustaste an und wählen Sie im Kontextmenü den Befehl *Formatierte Seitenzahl*.

Bild 12.14 Ausgabe der formatierten Seitenzahl in der Statusleiste

Kopf- und Fußzeilen bearbeiten

In den bisherigen Abschnitten dieses Kapitels haben Sie gesehen, wie einfach es mit Word 2013 ist, eine Seitenzahl oder sogar eine komplette Kopf- bzw. Fußzeile in ein Word-Dokument aufzunehmen. In vielen Fällen werden Sie mit den Ergebnissen dieser »Fertiglösungen« zufrieden sein, aber es wird auch Situationen geben, in denen Sie eigene Kopf- und Fußzeilen erstellen müssen oder bereits vorhandene Kopf- und Fußzeilen ändern wollen.

Kopf-/Fußzeilenmodus aktivieren

Kopf- und Fußzeilen werden bei Word immer in der Ansicht *Seitenlayout* eingegeben und bearbeitet. Am einfachsten gelangen Sie in diesen Modus, wenn Sie mit der Maus auf der gewünschten Kopf- bzw. Fußzeile doppelklicken. Alternativ klicken Sie auf der Registerkarte *EINFÜGEN* die Schaltfläche *Kopfzeile* bzw. *Fußzeile* an und wählen in ihrem Menü den Befehl *Kopfzeile bearbeiten* bzw. *Fußzeile bearbeiten.* Falls Sie sich nicht in der Seitenlayoutansicht befinden, wenn Sie den Befehl aufrufen, wird sie von Word automatisch aktiviert.

Bild 12.15 Der Bereich der Fußzeile liegt unterhalb der blauen gestrichelten Linie

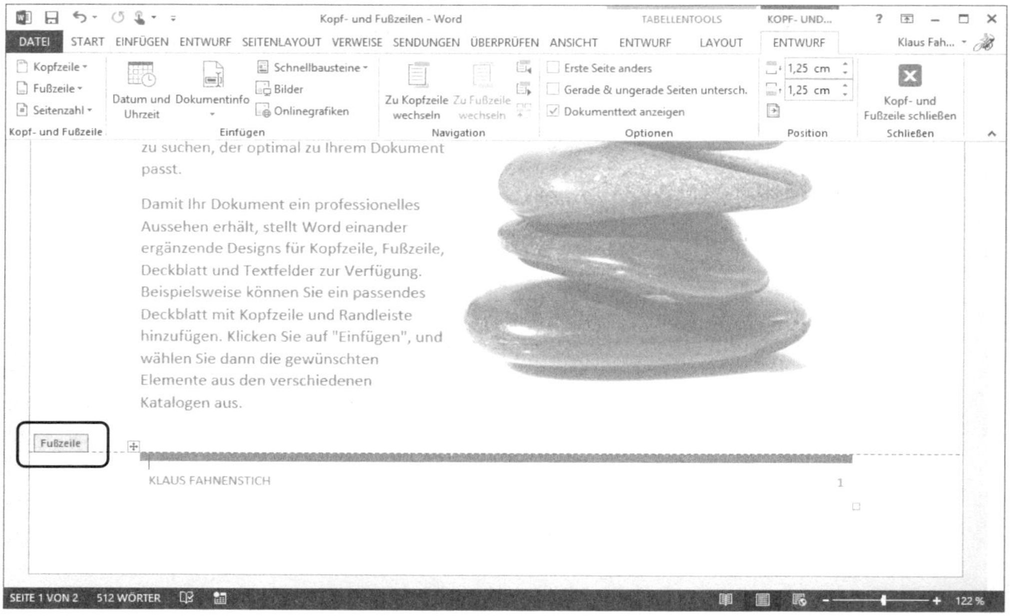

Im Kopf-/Fußzeilenmodus wird das Menüband um die Registerkarte *KOPF- UND FUßZEILEN-TOOLS/ENTWURF* ergänzt, mit der Sie alle wichtigen Befehle zur Bearbeitung von Kopf- und Fußzeilen im direkten Zugriff haben. Außerdem wird in diesem Modus der normale Dokumenttext abgeblendet und kann nicht bearbeitet werden. Sie können den Dokumenttext sogar ganz ausblenden. Das kann zum Beispiel sinnvoll sein, wenn er sich mit Teilen der Kopf- oder Fußzeile überlappt. Schalten Sie dazu auf der Registerkarte die Option *Dokumenttext anzeigen* aus.

Die verschiedenen Arten von Kopf- und Fußzeilen

An der gestrichelten Linie, die den Bereich der Kopf- bzw. der Fußzeile kennzeichnet, informiert Sie ein kleines Schildchen, um welche Kopf- oder Fußzeile es sich handelt. Word 2013 stellt Ihnen nämlich sechs verschiedene Arten von Kopf- und Fußzeilen zur Verfügung, die Sie nach Bedarf ein- und ausschalten können. Sie sollten daher im Vorfeld ein wenig planen, mit welchen Kopf- oder Fußzeilen Sie arbeiten wollen, bevor Sie mit dem Einfügen beginnen.

Welche und wieviele Kopf-/Fußzeilen in einem Dokument enthalten sind, steuern Sie über die beiden Optionen *Erste Seite anders* und *Gerade & ungerade Seiten untersch.*, die sich auf der Registerkarte *KOPF- UND FUßZEILENTOOLS/ENTWURF* in der Gruppe *Optionen* befinden:

- **Erste Seite anders** Bei vielen Arten von Dokumenten, beispielsweise bei Briefen, ist es so, dass die erste Kopf- oder Fußzeile anders aussehen muss. Ein typisches Beispiel dafür sind Briefe, bei denen die erste Seite meist keine Kopfzeile enthält.
- **Gerade & ungerade Seiten untersch.** Bei vielen gebundenen Publikationen unterscheiden sich die Kopf- und Fußzeilen auf geraden (linken) und ungeraden (rechten) Seiten. Selbst wenn sich in der Fußzeile nur eine Seitenzahl befindet, wird sie in der Regel auf geraden Seiten am linken Seitenrand stehen und bei ungeraden am rechten.

Insgesamt können Sie mit Word also folgende sechs Kopf-/Fußzeilen für ein Dokument definieren:

- Eine Kopfzeile für die erste Seite eines Dokuments.
- Eine Kopfzeile für alle geraden Seiten eines Dokuments.
- Eine Kopfzeile für alle ungeraden Seiten eines Dokuments.
- Eine Fußzeile für die erste Seite eines Dokuments.
- Eine Fußzeile für alle geraden Seiten eines Dokuments.
- Eine Fußzeile für alle ungeraden Seiten eines Dokuments.

Position von Kopf- und Fußzeile

Mit den beiden Textfeldern der Gruppe *Position* können Sie die Kopf- und Fußzeile auf der Seite positionieren. Mit diesem Wert wird der Abstand zwischen der Papierkante bis zur Oberkante der Kopfzeile bzw. der Unterkante der Fußzeile festgelegt. Diese Einstellungen korrespondieren mit den Angaben auf dem Dialogfeld *Seite einrichten*, das Sie zum Beispiel mit einem Doppelklick auf den Kopf-/Fußzeilenbereich aufrufen können (siehe Bild 12.3 auf der Seite 274).

Sie können stattdessen auch das vertikale Lineal verwenden. Zeigen Sie mit dem Mauszeiger auf die obere Markierung des weißen Bereichs, der den Kopf- bzw. Fußzeilenbereich angibt. Ziehen Sie dann mit gedrückter Maustaste den Bereich auf oder zu. Wenn Sie beim Ziehen die [Alt]-Taste gedrückt halten, werden die Maßangaben im Lineal angezeigt. So können Sie den Abstand der Kopf- bzw. Fußzeile unter Sichtbedingungen einstellen. Beachten Sie, dass der Kopf- und Fußzeilenrahmen nur innerhalb des Bereichs bewegt werden kann, der aufgrund der eingestellten Seitenränder für die Kopf- bzw. Fußzeile freigestellt wird (siehe auch Seite 272).

TIPP **Lineal automatisch einblenden** Wenn Sie den Mauszeiger in die Nähe des linken bzw. des oberen Fensterrandes schieben, erscheint das zugehörige Lineal automatisch.

Bild 12.16 Einstellen der Kopf-/Fußzeilenposition mit dem vertikalen Lineal

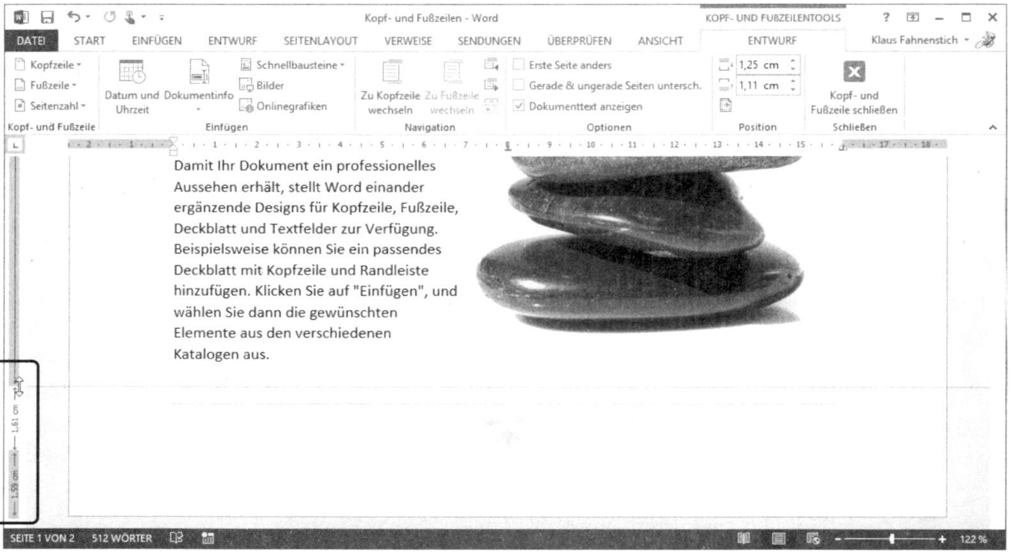

Zwischen Kopf- und Fußzeilen navigieren

Wenn Sie sich im Bearbeitungsmodus für Kopf- und Fußzeilen befinden, können Sie sehr komfortabel zwischen den verschiedenen Kopf- und Fußzeilen hin- und herspringen, indem Sie auf der Registerkarte *KOPF- UND FUßZEILENTOOLS/ENTWURF* die Schaltflächen der Gruppe *Navigation* verwenden.

Bild 12.17 Mit den Schaltflächen der Gruppe *Navigation* wechseln Sie zwischen den verschiedenen Kopf- und Fußzeilen eines Dokuments

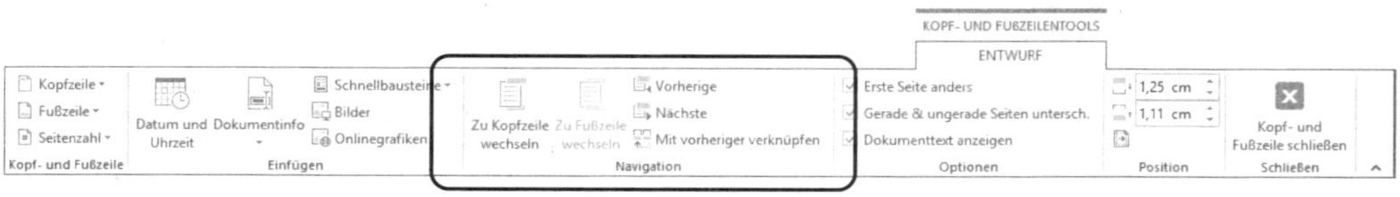

Die ersten beiden Schaltflächen dienen dazu, innerhalb der gleichen Seite zwischen der Kopf- und Fußzeile zu wechseln. Mit den beiden Schaltflächen *Vorherige* und *Nächste* springen Sie zur vorigen bzw. nächsten Kopf-/Fußzeile.

HINWEIS **Hat Ihr Dokument genug Seiten?** Damit Sie überhaupt zwischen den verschiedenen Kopf- und Fußzeilen springen können, müssen sich in Ihrem Dokument auch genügend Seiten befinden. Wenn Sie zum Beispiel ein neues Dokument erstellen und festlegen, dass gerade und ungerade Seiten unterschiedlich behandelt werden sollen, können Sie erst dann in die zweite Kopfzeile gelangen, wenn Ihr Dokument mindestens zwei Seiten enthält.

Abschnitte

Weiter vorne in diesem Kapitel haben Sie erfahren, dass Dokumente in mehrere Abschnitte unterteilt werden können (siehe Seite 276). Dies ist z. B. erforderlich, wenn Sie die Seitenorientierung (Hoch- und Querformat) in einem Dokument wechseln wollen oder einzelne Textabschnitte mehrspaltig gestaltet werden sollen. Auch die Formatierungen von Kopf- und Fußzeilen beziehen sich nicht direkt auf das Dokument, sondern auf den Abschnitt, in dem sich die jeweilige Kopf- oder Fußzeile befindet.

Wenn Sie also ein Dokument mit mehreren Abschnitten erstellen, hat das für die Kopf- und Fußzeilen folgende Konsequenzen:

- Jeder Abschnitt kann rein theoretisch sechs verschiedene Kopf- bzw. Fußzeilen enthalten. Damit Sie in diesem Wust nicht die Übersicht verlieren, zeigt Word neben dem Namen der Kopf- und Fußzeilen auch die Nummer des zugehörigen Abschnitts an (Beispiel: »Ungerade Kopfzeile -Abschnitt 2-«).
- Sie müssen entscheiden, ob die einzelnen Abschnitte die Kopf- und Fußzeilen von ihren Vorgängern übernehmen oder nicht. Diese Eigenschaft steuern Sie über die Schaltfläche *Mit vorheriger verknüpfen,* die sich auf der Registerkarte *KOPF- UND FUßZEILENTOOLS/ENTWURF* in der Gruppe *Navigation* befindet.

Datum und Uhrzeit einfügen

Da für Kopf- und Fußzeilen häufig Zeitangaben benötigt werden, wurde die Funktion zum Einfügen von Datum und Uhrzeit entsprechend komfortabel gestaltet. Klicken Sie dazu nach dem Positionieren der Einfügemarke in der Registerkarte *Entwurf* einfach auf die Schaltfläche *Datum und Uhrzeit.* Word zeigt dann folgendes Dialogfeld an, in dem Sie das gewünschte Zeitformat aus einer Liste wählen können.

Bild 12.18 Word kann Zeitangaben in verschiedenen Formaten ausgeben

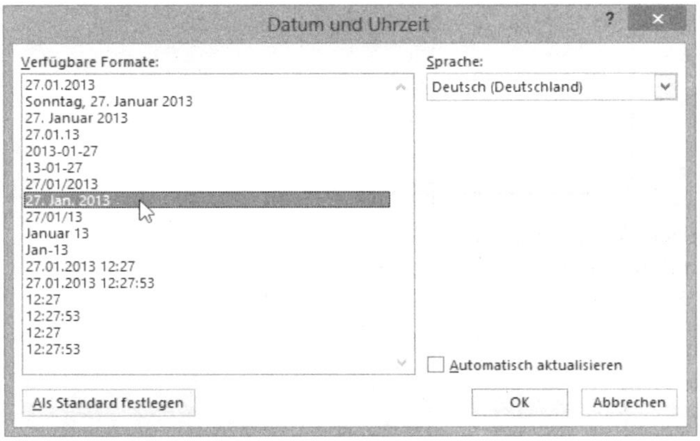

Mit der Option *Automatisch aktualisieren* können Sie festlegen, ob Word die aktuelle Zeitangabe als normalen Text einfügt (Option ausgeschaltet) oder ob stattdessen ein Feld verwendet werden soll, das automatisch das jeweils aktuelle Datum anzeigt (Option eingeschaltet).

HINWEIS **Feldfunktion anzeigen** Mit Feldern weisen Sie Word an, eine bestimmte Aktion auszuführen. Normalerweise zeigt Word das Ergebnis eines Feldes an (zum Beispiel das aktuelle Datum), sodass sich das Feld scheinbar nicht vom normalen Text unterscheidet. Sie können aber die dahinterliegende Feldfunktion anzeigen, indem Sie die Einfügemarke auf das Feldergebnis stellen und ⇧+F9 drücken. Im Falle des Datum-Feldes könnte die zugehörige Feldfunktion zum Beispiel so aussehen: { TIME \@ "d. MMMM yyyy" }

Um wieder das Ergebnis des Feldes anzuzeigen, drücken Sie erneut ⇧+F9.

Dateiname einfügen

In Kopf- und Fußzeilen wird neben der Seitenzahl und einem Datum häufig auch der Name der Datei ausgegeben. Das ist zum Beispiel sinnvoll, um das Dokument bei einer späteren Änderung auf dem Computer leichter wiederzufinden.

In früheren Version von Word war das noch ein ziemlich kompliziertes Unterfangen, da die dazu benötigen Felder noch manuell (bzw. über ein Dialogfeld) erstellt werden mussten. Word 2013 verhält sich an dieser Stelle zum Glück etwas komfortabler und hält auf der Registerkarte *KOPF- UND FUẞZEILENTOOLS/ENTWURF* die Schaltfläche *Dokumentinfo* bereit.

Bild 12.19 Sie können nicht nur den Dateinamen, sondern auch diverse Dokumenteigenschaften einfügen

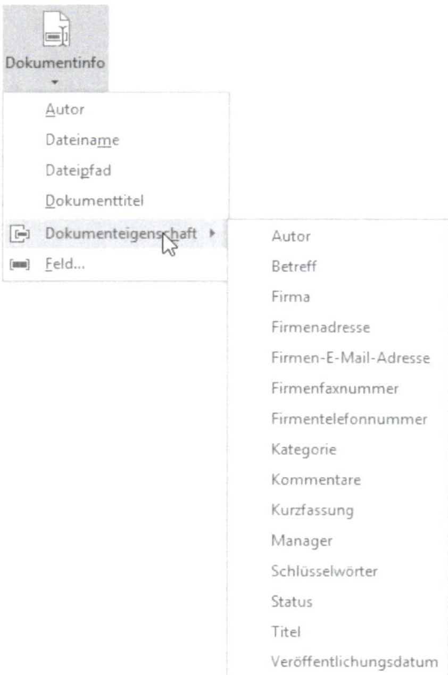

Überschriften in Kopfzeilen wiederholen

In diesem Buch enthält die Kopfzeile der rechten Seiten die jeweils aktuelle Überschrift der zweiten Gliederungsebene. Das heißt, die Kopfzeile sieht nicht auf allen Seiten gleich aus, sondern passt sich dem Inhalt des Dokuments an. Um eine solche Kopfzeile zu realisieren, müssen Sie in Word mit Feldern arbeiten, die Sie im vorletzten Abschnitt schon kurz kennengelernt haben (beim Einfügen eines Datums). In diesem konkreten Fall benötigen Sie das Feld *STYLEREF:*

1. Positionieren Sie die Einfügemarke.
2. Öffnen Sie auf der Registerkarte *KOPF- UND FUßZEILENTOOLS/ENTWURF* das Menü der Schaltfläche *Dokumentinfo* und wählen Sie den Befehl *Feld.*
3. Stellen Sie die Kategorie *Verknüpfungen und Verweise* ein.
4. Markieren Sie in der Liste der Feldnamen den Eintrag *StyleRef.*
5. Wählen Sie den Namen der gewünschten Formatvorlage. In der Regel wird es sich dabei um eine der Überschriften-Formatvorlagen handeln.
6. Schalten Sie die Feldoption *Seite von unten nach oben durchsuchen* ein.

Bild 12.20 Einfügen eines Feldes, das die aktuelle Überschrift anzeigt

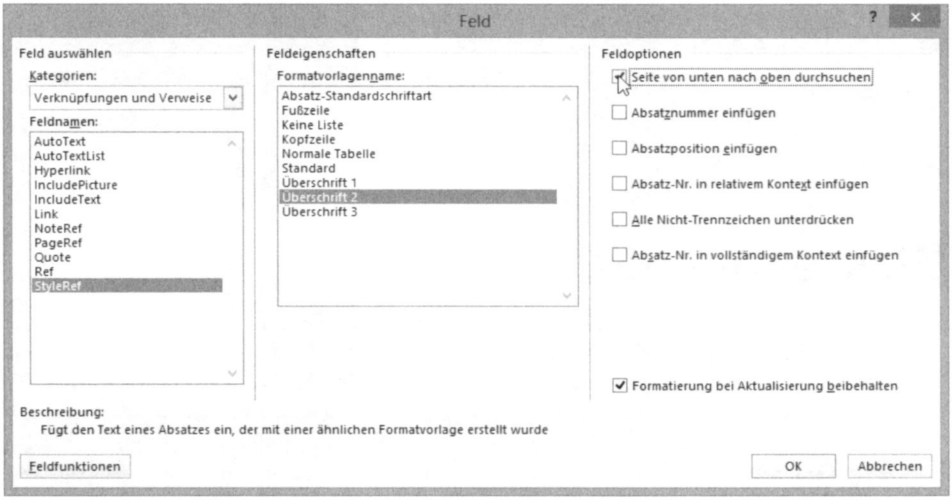

7. Klicken Sie auf *OK,* um das Feld einzufügen.

Inhalte von Kopf- und Fußzeilen positionieren

Wenn Sie ein Element in eine Kopf- oder Fußzeile eingefügt haben, zum Beispiel eine Seitenzahl, werden Sie den neuen Inhalt in der Regel noch innerhalb der Kopf-/Fußzeile positionieren wollen. Üblicherweise verwendet man für diese Aufgabe Tabulatoren und setzt die dazu benötigten Tabstopps mit Hilfe des Lineals. Es gibt jedoch noch eine etwas einfachere Möglichkeit, die mit einem kleinen Dialogfeld arbeitet:

1. Setzen Sie die Einfügemarke links neben das Element, das Sie positionieren möchten.
2. Klicken Sie in der Registerkarte *KOPF- UND FUßZEILENTOOLS/ENTWURF* in der Gruppe *Position* auf die Schaltfläche *Ausrichtungstabstopp einfügen*. Es erscheint folgendes Dialogfeld:

Bild 12.21 Positionieren von Elementen in Kopf- und Fußzeilen

3. Wählen Sie mit den Optionen der Gruppe *Ausrichtung*, ob das Element links, zentriert oder rechts in der Kopf-/Fußzeile stehen soll.
4. Mit dem Listenfeld *Ausrichten relativ zu* legen Sie fest, ob sich die Angabe zur Ausrichtung auf den eingestellten Seitenrand oder den Einzug des Absatzes bezieht, in dem sich das Element befindet.
5. In der Gruppe *Füllzeichen* können Sie bestimmen, wie der Platz, um den das Element verschoben wird, gefüllt werden soll.
6. Klicken Sie auf *OK* und prüfen Sie, ob das Ergebnis Ihren Erwartungen entspricht.

Wasserzeichen

Als Wasserzeichen bezeichnet man einen hellen Text oder eine blasse Grafik, die auf jeder Seite eines Dokuments hinter dem Text liegt. Um diesen Effekt in früheren Word-Versionen zu erzeugen, wurden üblicherweise entsprechende Texte bzw. Grafiken in die Kopf- oder Fußzeile eingefügt. Der Kopf- und Fußzeilentrick hat in der Vergangenheit vor allem bei kurzen Dokumenten wunderbar funktioniert. Wenn allerdings ein Dokument mehrere Abschnitte besitzt, steigen Aufwand und Komplikationen für diese Art von Wasserzeichen stark an, da jeder Abschnitt eine eigene Kopfzeile hat.

Wasserzeichen einfügen

Seit Word 2007 brauchen Sie auf eventuell vorhandene Abschnitte keine Rücksicht mehr zu nehmen. Um ein Dokument mit einem Wasserzeichen zu versehen, nehmen Sie einfach folgende Schritte vor:

1. Öffnen Sie das betreffende Dokument.
2. Gehen Sie auf die Registerkarte *ENTWURF* und klicken Sie in der Gruppe *Seitenhintergrund* auf die Schaltfläche *Wasserzeichen*. (Die Schaltfläche befand sich in Word 2007 und Word 2010 noch auf der Registerkarte *SEITENLAYOUT*.)

Bild 12.22 Der Katalog enthält die wichtigsten Standard-Wasserzeichen

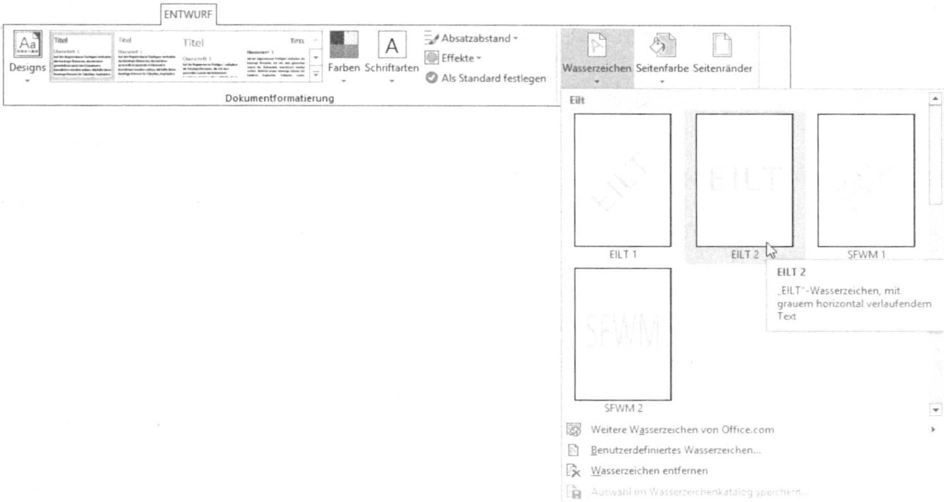

3. Wenn Sie in dem angebotenen Katalog nicht fündig werden, rufen Sie den Befehl *Benutzerdefiniertes Wasserzeichen* auf. Hier können Sie sowohl ein Bild als auch einen beliebigen Text als Wasserzeichen hinterlegen.

Bild 12.23 Mit diesem Dialogfeld können Sie eigene Wasserzeichen erstellen

4. Wenn Sie das Wasserzeichen noch individueller gestalten möchten, wechseln Sie nach dem Einfügen des Wasserzeichens in den Fußzeilenmodus. Jetzt können Sie das Wasserzeichen, das in Word als WordArt realisiert ist, nach Belieben verändern.

Bild 12.24 Wasserzeichen sind nichts anderes als WordArt-Objekte

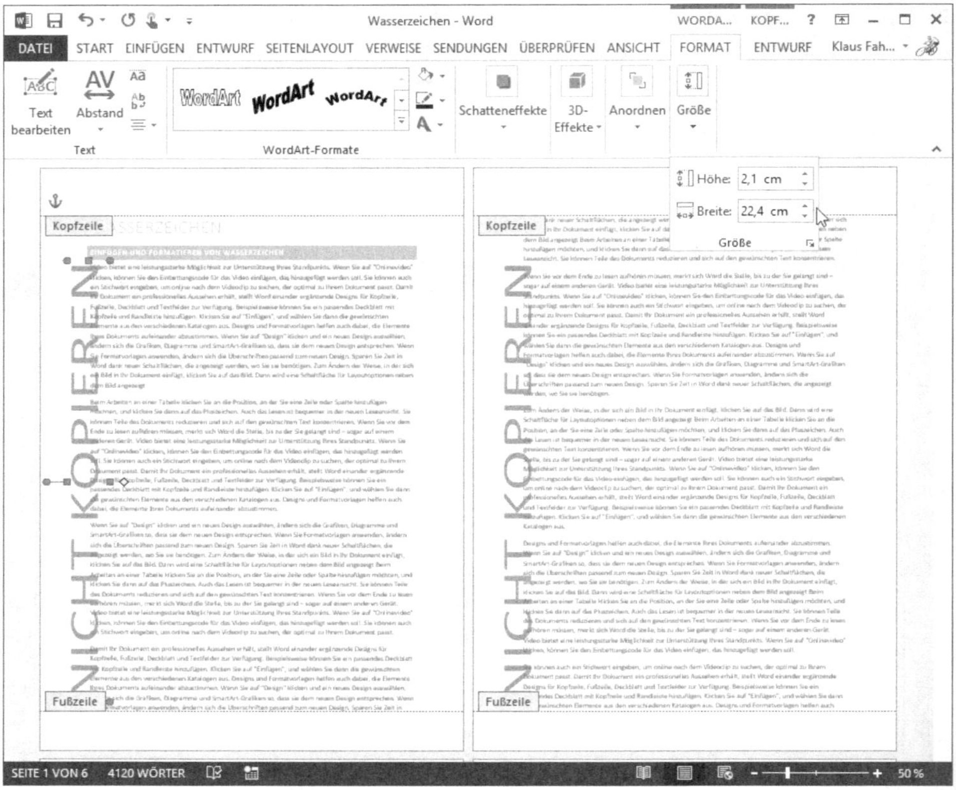

Die vorgenommenen Änderungen werden automatisch auf allen Seiten übernommen.

Kapitel 13

Word-Dokumente drucken, vorführen und versenden

In diesem Kapitel:

In Kapitel 6 dieses Handbuchs haben Sie gesehen, wie Sie Office-Dokumente drucken können; hierbei wurden die allgemeinen Schritte zum Drucken beschrieben, die in den verschiedenen Office-Anwendungen identisch sind. Im ersten Abschnitt dieses Kapitels lernen Sie weitere, Word-spezifische Möglichkeiten und Optionen für das Drucken kennen.

Eine Möglichkeit der Veröffentlichung eines Word-Dokuments besteht darin, es im PDF- oder XPS-Format zu speichern. Diese Vorgehensweise ist in Kapitel 5 dieses Buches beschrieben. In diesem Kapitel lernen Sie weitere Möglichkeiten der Veröffentlichung kennen (Dokument per E-Mail senden, Dokument online vorführen). Außerdem erfahren Sie, wie Sie das Dokument vor der Weitergabe auf persönliche Informationen prüfen, diese entfernen und wie Sie das Dokument per Kennwort schützen können.

Weitere Word-Druckoptionen

Wie in Kapitel 6 erläutert, verwenden alle Office-Anwendungen zum Drucken die Backstage-Ansicht *Drucken* und nicht mehr das Dialogfeld *Drucken*, das in Word bis einschließlich Version 2007 verwendet wurde. Um die Backstage-Ansicht für das Drucken zu öffnen, klicken Sie auf die Registerkarte *DATEI* und dann auf *Drucken*, oder drücken Sie die Tastenkombination Strg+P.

Bild 13.1 Die Backstage-Ansicht *Drucken* in Word 2013

Im Bereich *Einstellungen* auf der linken Seite legen Sie in allen Office-Programmen die Anzahl der Exemplare fest und Sie wählen den Drucker aus. Außerdem können Sie hier verschiedene Seiteneinstellungen (Seitenmaße, Seitenränder, Ausrichtung) festlegen.

Einige Einstellungen sind Word-spezifisch. Diese stellen wir Ihnen nachfolgend vor.

- **Festlegen, was gedruckt werden soll** Mit dem obersten Listenfeld in der Gruppe *Einstellungen* können Sie festlegen, was gedruckt werden soll. Die Option *Alle Seiten drucken* druckt das gesamte Dokument, die Option *Aktuelle Seite drucken* druckt die Seite aus, in der sich die Einfügemarke befindet (was nicht unbedingt die Seite sein muss, die derzeit im Word-Fenster angezeigt wird).

  Wenn Sie nur bestimmte Seiten ausdrucken wollen, geben Sie die Seitenzahlen in das Feld *Seiten* ein; mehrere Seitenangaben trennen Sie durch Kommas. Wenn Sie bestimmte fortlaufende Seiten ausdrucken wollen, setzen Sie zwischen die Start- und die Endseitenzahl einen Bindestrich, wie z.B. **9-13**. Word stellt nach der Eingabe der Seitenzahlen diese Option automatisch auf *Benutzerdefinierter Druck* um.

Bild 13.2 In diesem Menü legen Sie fest, was Word ausdrucken soll

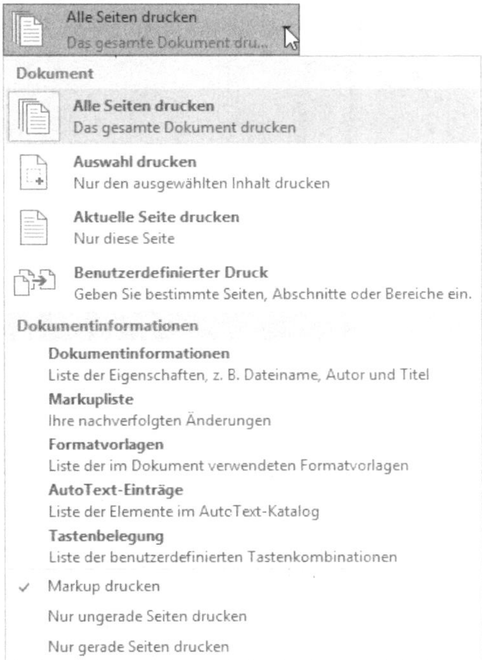

Die Option *Auswahl drucken* ist nur dann aktiv, wenn Sie vor dem Öffnen der Backstage-Ansicht im Dokument Text markiert haben. Verwenden Sie *Auswahl drucken,* wenn nur der markierte Teil des Dokuments gedruckt werden soll.

Ganz unten im Menü finden Sie noch die Optionen *Nur ungerade Seiten drucken* und *Nur gerade Seiten drucken.* Verwenden Sie diese Optionen, wenn Sie das Dokument doppelseitig ausdrucken wollen, Sie aber keinen Drucker besitzen, der mit einer Duplexeinheit ausgestattet ist. Drucken Sie zuerst die ungeraden Seiten, drehen Sie den Papierstapel um und drucken Sie dann die geraden Seiten. Dieses Verfahren ähnelt dem manuellen beidseitigen Druck.

- **Vorder- und Rückseite bedrucken** Manche Laserdrucker unterstützen den Duplexmodus, bei dem ohne Ihr Zutun sowohl die Vorder- als auch die Rückseite des Papiers bedruckt werden. Falls Sie solch einen Drucker verwenden und den beidseitigen Druck nutzen wollen, klicken Sie die Schaltfläche *Einseitiger Druck* an und wählen *Beidseitiger Druck* aus.

  Wenn Sie einen Drucker verwenden, der den beidseitigen Druck von Hause aus nicht unterstützt, wählen Sie die Option *Beidseitiger manueller Druck* aus. Word druckt dann zuerst auf die Vorderseiten die Seiten mit ungerader Seitenanzahl und fordert Sie anschließend auf, das Papier wieder in den Drucker einzulegen, damit auf die Rückseiten die Seiten mit geraden Seitenzahlen gedruckt werden können. Achten Sie darauf, dass Ihnen dann die Option *Mehrere Seiten pro Blatt* (siehe nächster Punkt) nicht zur Verfügung steht.

- **Mehrere Seiten pro Blatt** Um Papier zu sparen, wenn Sie beispielsweise ein Dokument in der Konzeptversion ausdrucken, können Sie den Ausdruck von Word skalieren lassen, damit mehrere Word-Seiten auf ein Blatt passen. Öffnen Sie dazu das Menü *Seiten pro Blatt* und legen Sie die Anzahl der Seiten pro Blatt fest.

Bild 13.3 In diesem Menü legen Sie fest, wie viele Seiten pro Blatt gedruckt werden sollen

Zwei weitere nützliche Einstellungen für das Drucken finden Sie im Dialogfeld *Word-Optionen*, und zwar im Abschnitt *Drucken* der Kategorie *Erweitert*.

- **Drucken im Hintergrund** Diese Option ist standardmäßig eingeschaltet. In dieser Einstellung können Sie nach dem Starten des Druckvorgangs Ihre Arbeit in Word fortsetzen und Sie brauchen nicht zu warten, bis der Druckvorgang abgeschlossen ist. Ist diese Option ausgeschaltet, druckt Word zuerst das Dokument aus; erst wenn dieser Vorgang abgeschlossen ist, können Sie das aktuelle oder ein anderes Word-Dokument bearbeiten. Das Drucken im Hintergrund dauert etwas länger als das Drucken im Vordergrund.
- **Seiten in umgekehrter Reihenfolge drucken** Standardmäßig druckt Word die erste Seite eines Dokuments zuerst und dann die nachfolgenden Seiten. Sie können die Druckreihenfolge umkehren, indem Sie das Kontrollkästchen *Seiten in umgekehrter Reihenfolge drucken* einschalten. Diese Option ist nützlich, wenn bei Ihrem Drucker beim Drucken von mehreren Seiten die letzte Seite ganz oben liegt. Schalten Sie dann diese Option ein, damit die letzte Sei-

te zuerst gedruckt wird; nach dem Druckvorgang liegen die Seiten in der richtigen Reihenfolge im Ausgabefach Ihres Druckers.

Bild 13.4 Im Dialogfeld *Word-Optionen* stellen Sie weitere Druckoptionen ein

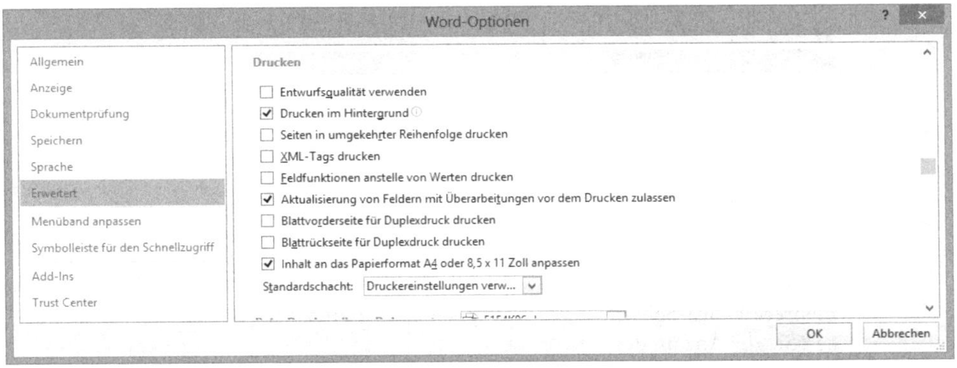

Bitte beachten Sie, dass die Druckeinstellungen des Dialogfeldes *Word-Optionen* nicht nur für das aktuelle Dokument, sondern allgemein gelten. Falls Sie beispielsweise das Drucken im Hintergrund nur zeitweise abschalten möchten, müssen Sie die Option wieder aktivieren.

Persönliche Informationen entfernen

Ein Aspekt, der von vielen Anwendern allerdings häufig übersehen wird, sind die vielen versteckten Informationen, die man durch das Versenden eines Office-Dokuments ungewollt aus der Hand gibt. Zu diesen – als Metadaten – bezeichneten Informationen, gehören z. B. die Namen aller Personen, die das Dokument bearbeitet haben. Häufig lassen sich sogar mit geeigneten Programmen noch gelöschte Texte finden.

Die Lösung des Problems ist der sogenannte *Dokumentinspektor*. Dieses Tool durchsucht ein Dokument nach Metadaten sowie nach persönlichen Informationen und kann sie auf Wunsch entfernen. Wenn Sie planen, ein Dokument weiterzugeben, sollten Sie dieses Tool auf jeden Fall anwenden.

1. Klicken Sie auf die Registerkarte *DATEI* und dann auf *Informationen.*

   Im Bereich *Dokument prüfen* werden nach einem kurzen Moment Hinweise zu Informationen angezeigt, die sich in dem Dokument befinden.

Bild 13.5 Bereits in der Backstage-Ansicht *Informationen* sehen Sie, welche Informationen sich neben den Dokumentinhalten noch im Dokument befinden

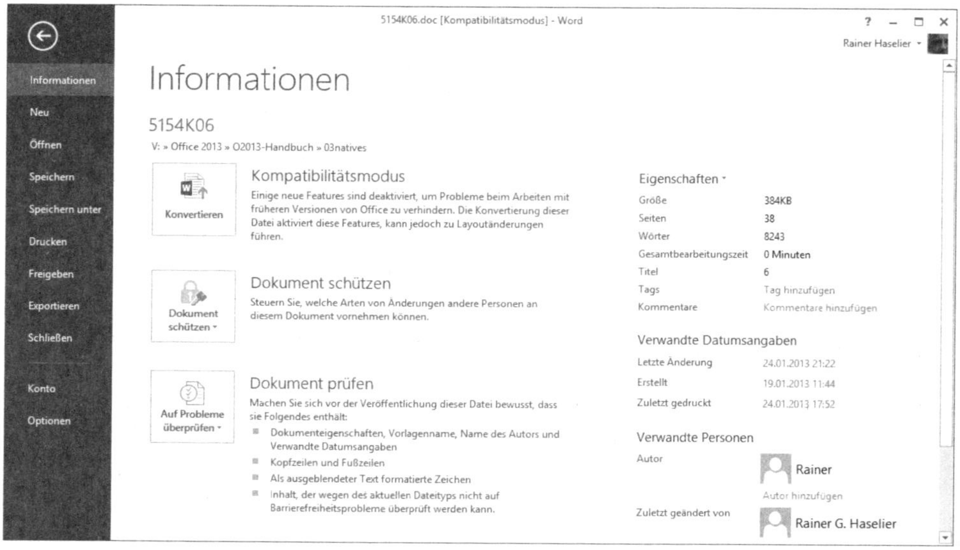

2. Klicken Sie auf die Schaltfläche *Auf Probleme überprüfen* und dann auf *Dokument prüfen*.

Bild 13.6 Das Menü der Schaltfläche *Auf Probleme prüfen*

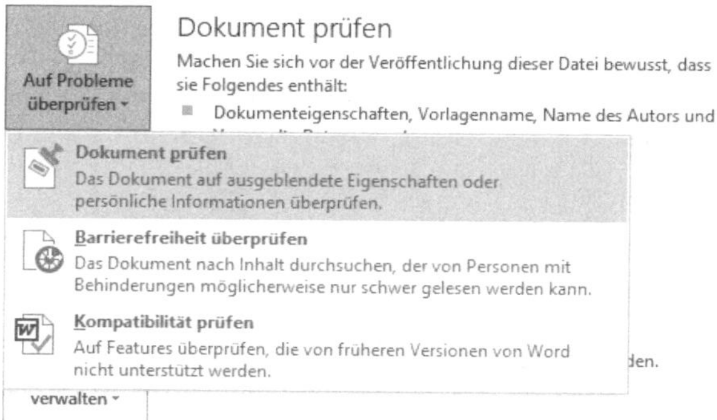

Word zeigt das Dialogfeld *Dokumentprüfung* an.

Wie Sie in der Abbildung auf der folgenden Seite sehen, lässt sich der Umfang der Prüfung detailliert konfigurieren. Wie hoch Ihr Sicherheitsbedürfnis ist, müssen Sie letztendlich selbst einschätzen. Vielen Anwendern genügt es vielleicht schon, wenn ihre persönlichen Daten wie Name und Adresse aus den Dokumenten entfernt werden. Andere hingegen achten mit Argusaugen darauf, dass Dritte keinerlei persönliche Daten (wie z.B. Kommentare) erhalten.

Bild 13.7 Der Dokumentinspektor

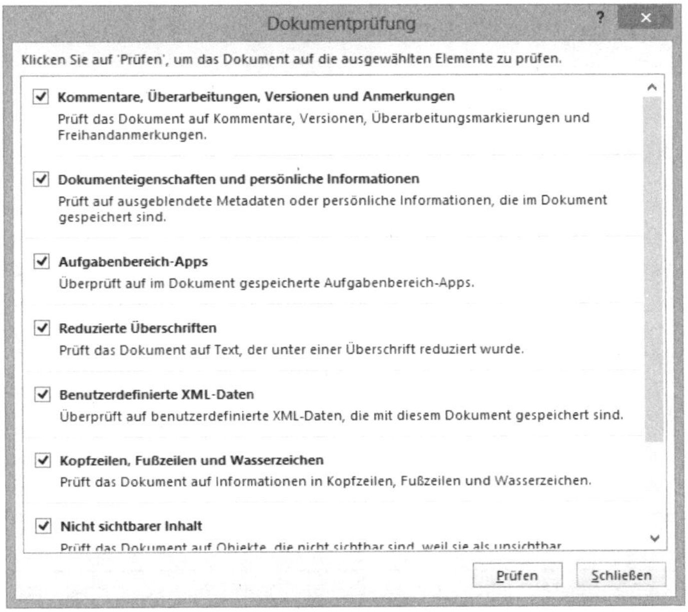

3. Wählen Sie die zu untersuchenden Bereiche des Dokuments aus und klicken Sie auf *Prüfen*, damit der Dokumentinspektor Ihr Word-Dokument analysiert.

Bild 13.8 Bei der Prüfung wurden kritische Bereiche entdeckt

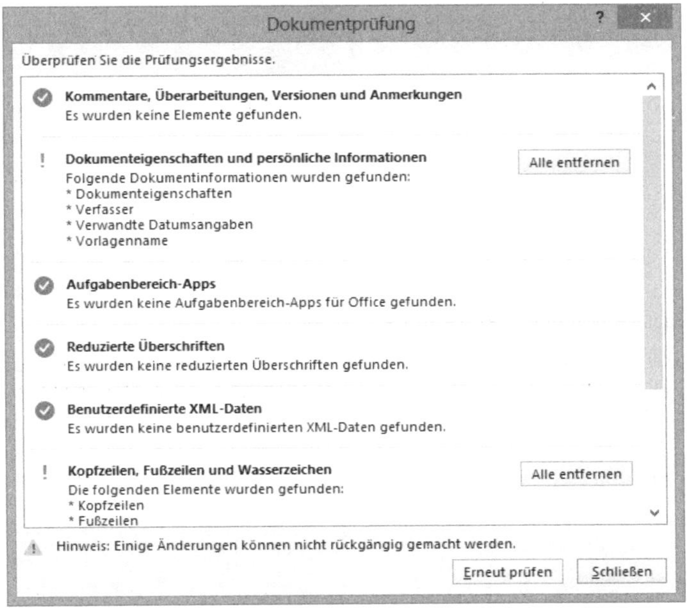

4. Klicken Sie neben den Prüfungsergebnissen für alle gewünschten Bereiche auf *Alle entfernen*, um die kritischen Informationen zu löschen. Vorsicht: Der Löschvorgang erfolgt ohne vorherige Nachfrage!

Dokument online vorführen

Bereits in PowerPoint 2010 war es möglich, eine Präsentation online vorzuführen. Diese Möglichkeit steht Ihnen nun auch in Word 2013 zur Verfügung. Dies kann beispielsweise nützlich sein, wenn Sie während einer Telefonkonferenz anderen Teilnehmern ein Word-Dokument zeigen wollen. Die Betrachter der Bildschirmpräsentation brauchen keine Software zu installieren; das Word-Dokument wird von Word Web App in einem beliebigen Browser angezeigt. Ein Vorteil bei diesem Verfahren besteht darin, dass das Dokument nur so lange angezeigt wird, wie die Übertragung läuft. Außerdem können Sie während der Übertragung Änderungen am Dokument vornehmen und die Änderungen sind auch bei Ihren Zuschauern sichtbar.

Wenn Sie den Zuschauern während der Übertragung den Download des Dokuments erlauben wollen ist es sinnvoll, das Dokument vorher auf persönliche und verborgene Informationen hin zu prüfen und diese zu entfernen (siehe hierzu den betreffenden Abschnitt ab Seite 297).

HINWEIS Sie benötigen ein Microsoft-Konto, um dieses Feature nutzen zu können. Weitere allgemeine Hinweise über das Microsoft-Konto finden Sie in Kapitel 5. Dort ist auch beschrieben, wie Sie sich bei Office anmelden.

Führen Sie folgende Schritte durch, um ein Dokument online vorzuführen:

1. Öffnen Sie das Dokument, das Sie vorführen möchten.
2. Klicken Sie auf *DATEI* und dann auf *Freigeben*.
3. Klicken Sie auf *Online vorführen*.
4. Wenn Sie den Teilnehmern der Präsentation das Herunterladen des Dokuments erlauben wollen, schalten Sie auf der rechten Seite der Backstage-Ansicht das *Kontrollkästchen Remotebetrachtern das Herunterladen des Dokuments ermöglichen* ein.

Bild 13.9 Auf der Seite *Online vorführen* starten Sie die Präsentation eines Word-Dokuments

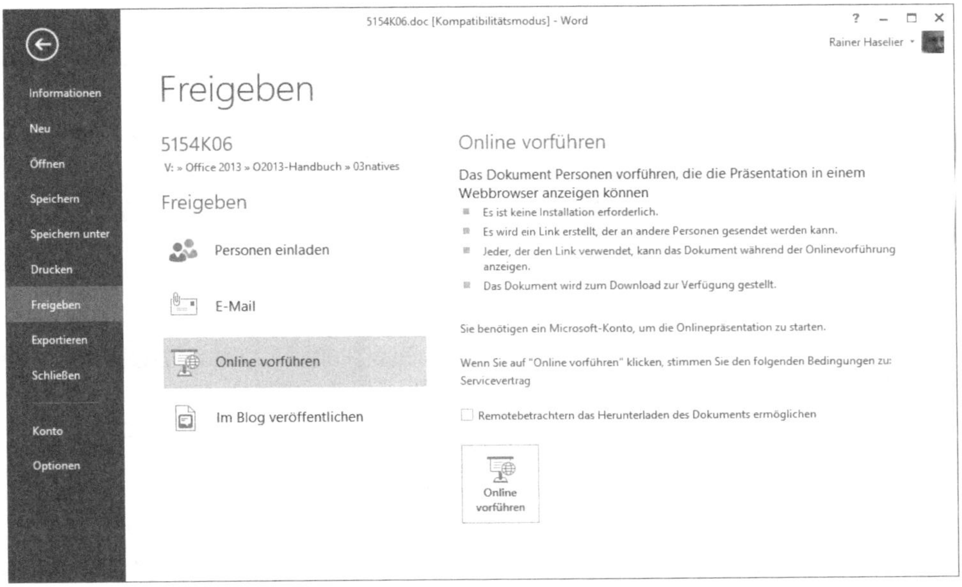

5. Klicken Sie auf *Online vorführen.*

   Word bereitet das Dokument für die Präsentation vor. Sobald dieser Vorgang abgeschlossen ist, sehen Sie folgendes Fenster:

Bild 13.10 In diesem Fenster wird der Link angezeigt, über den auf Ihre Präsentation zugegriffen werden kann

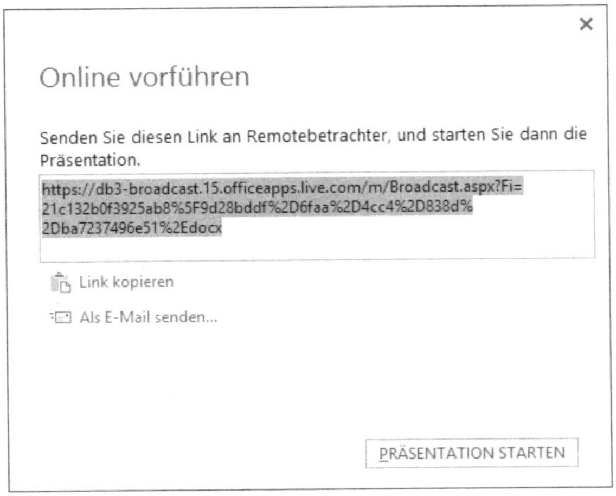

6. Verwenden Sie *Link kopieren*, um den Link in die Zwischenablage einzufügen und ihn dann beispielsweise über ein Chatprogramm anderen verfügbar zu machen. Oder klicken Sie auf *Als E-Mail senden*, wenn Sie den Link in einer Mail versenden wollen.

7. Klicken Sie auf *Präsentation starten*. Word zeigt das Dokument in der Präsentationsansicht an.

Bild 13.11 Während der Präsentation sind die Bearbeitungsfunktionen von Word ausgeblendet

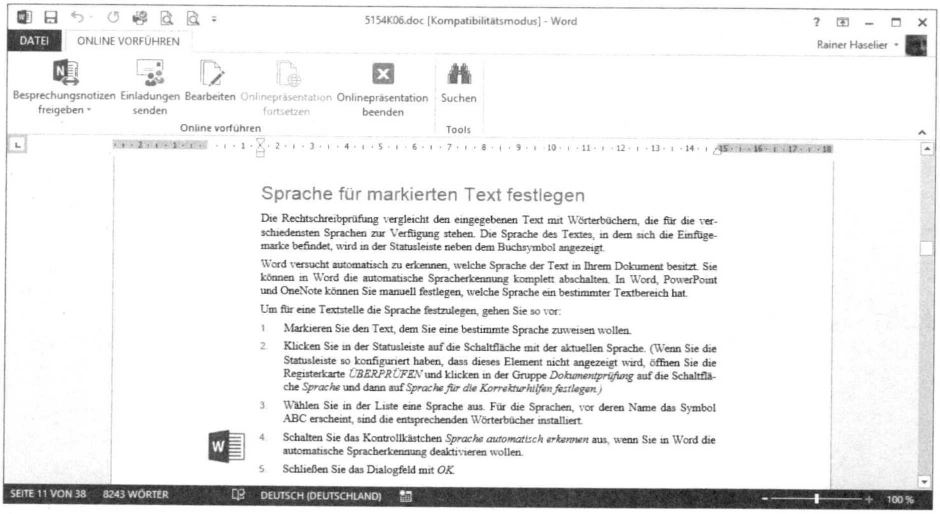

8. Klicken Sie auf *Bearbeiten*, wenn Sie während der Onlinepräsentation Änderungen am Dokument vornehmen wollen. Word blendet dann die weiteren Registerkarten ein. Klicken Sie auf *Onlinepräsentation fortsetzen*, wenn Sie mit der Bearbeitung fertig sind. Die Ansicht des Dokuments wird dann bei Ihren Zuschauern aktualisiert.

Bild 13.12 So sehen Ihre Zuschauer die Onlinevorführung des Word-Dokuments

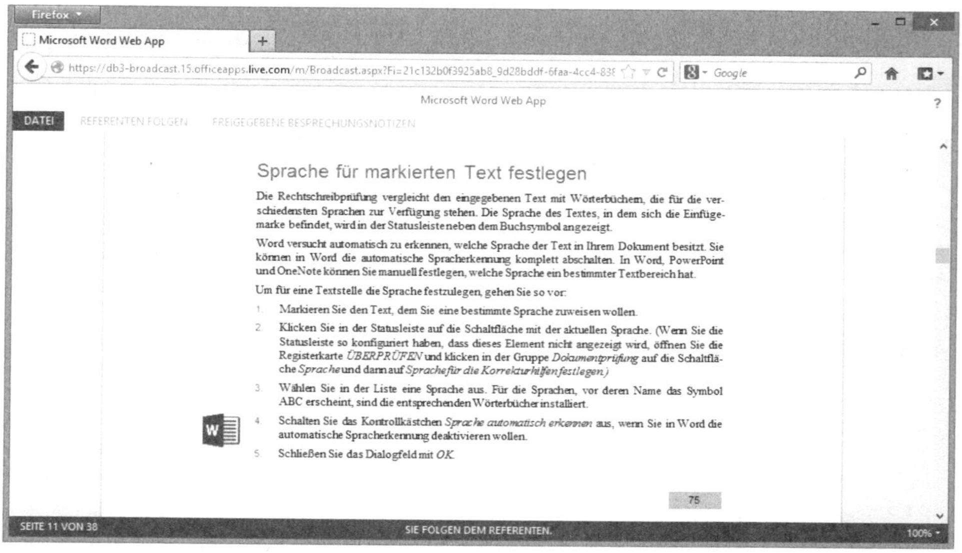

9. Klicken Sie auf *Onlinepräsentation beenden*, wenn Sie die Präsentation beenden wollen.

Dokument mit Kennwort schützen

Wenn Sie sichergehen wollen, dass ein Dokument nur von autorisierten Personen geöffnet werden kann, können Sie es verschlüsseln. Zum Öffnen des Dokuments muss dann ein Kennwort eingegeben werden.

1. Klicken Sie auf die Registerkarte *DATEI* und dann auf *Informationen.*
2. Klicken Sie in der Backstage-Ansicht auf *Dokument schützen* und dann auf *Mit Kennwort verschlüsseln.*
3. Das Dialogfeld *Dokument verschlüsseln* wird angezeigt und Sie werden zur Eingabe eines Kennworts aufgefordert. Dieses Kennwort wird benötigt, um das Dokument öffnen zu können.

Bild 13.13 Kennworteingabe

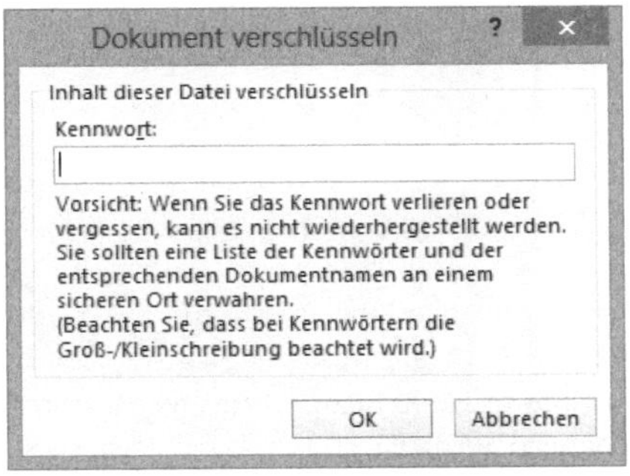

4. Geben Sie ein Kennwort ein und klicken Sie auf *OK.* Es erscheint ein weiteres Dialogfeld, in dem Sie das soeben eingegebene Kennwort bestätigen müssen.
5. Geben Sie das Kennwort erneut ein. Damit wird kontrolliert, ob Sie sich beim ersten Eingeben des Kennworts nicht vertan haben. Klicken Sie abschließend auf *OK.*

Ein so gesichertes Dokument kann nur noch von jemand geöffnet werden, der im Besitz des richtigen Kennworts ist. (Das gilt auch für Sie selbst – vergessen Sie das Kennwort also nicht.) Zusätzlich bietet die Verschlüsselung einen weiteren Schutz gegen Datenspionage, da auch jemand, der die Datei mit einem Hex-Editor öffnet, keine lesbaren Inhalte vorfindet.

Bild 13.14 Öffnen eines verschlüsselten Dokuments

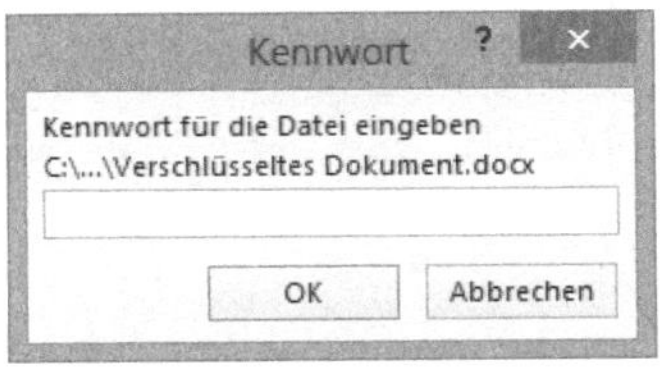

Wenn Sie die Verschlüsselung wieder aufheben möchten, rufen Sie den Befehl *Mit Kennwort verschlüsseln* erneut auf und löschen den Inhalt des Kennwortfeldes.

Dokument per E-Mail versenden

Zum Abschluss dieses Kapitels wollen wir noch zeigen, wie Sie ein Word-Dokument per E-Mail versenden können. Bitte beachten Sie die Hinweise zur Dokumentprüfung (siehe Seite 297), mit der Sie vor dem Versenden persönliche Informationen aus dem Dokument entfernen können. Wenn Sie sichergehen wollen, dass nur berechtigte Personen den Inhalt des Dokuments einsehen können, sollten Sie es mit einem Kennwort verschlüsseln (siehe Seite 303).

Führen Sie folgende Schritte durch, um ein Dokument per E-Mail zu senden:

1. Klicken Sie auf die Registerkarte *DATEI* und dann auf *Freigeben.*
2. Klicken Sie in der Backstage-Ansicht *Freigeben* auf *E-Mail.*

Bild 13.15 Sie können das Word-Dokument in drei Dateiformaten als E-Mail-Anlage versenden

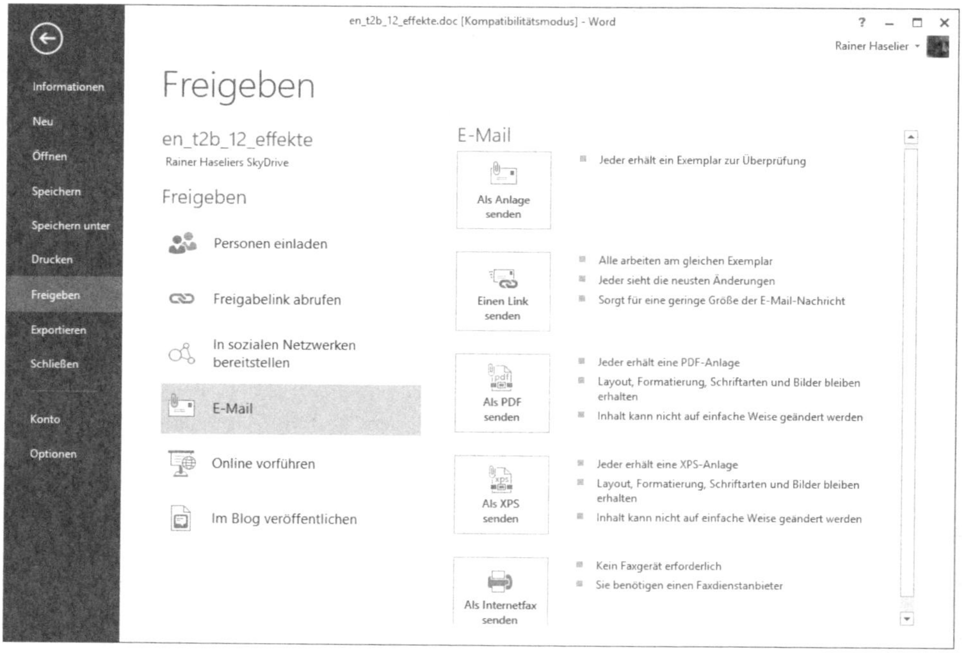

3. Klicken Sie eine der rechts angezeigten Schaltflächen an, je nachdem, ob Sie das Dokument im Word-Format *(Als Anlage senden)*, im PDF-Format *(Als PDF senden)* oder im XPS-Format *(Als XPS senden)* verschicken wollen.
4. Word startet Ihr Standard-E-Mail-Programm. Das Dokument ist der E-Mail bereits als Anlage beigefügt. Legen Sie den/die Empfänger fest, schreiben Sie den Text der E-Mail und versenden Sie sie.

Kapitel 14

Tabellen mit Tabstopps erstellen

In diesem Kapitel:

Sie können in Word auf verschiedene Arten Tabellen erstellen. Kapitel 7 in Teil B dieses Handbuchs beschreibt, wie Sie eine Excel-Tabelle in Word einfügen. Außerdem können Sie, wie Sie es vielleicht von einer Schreibmaschine her gewohnt sind, Tabulatoren verwenden; diese Möglichkeit beschreibt das aktuelle Kapitel. Als dritte Option steht Ihnen ein komfortables Tabellenfeature zur Verfügung, das einen ähnlichen Funktionsumfang hat wie das Tabellenfeature von PowerPoint und das in Kapitel 37 ausführlich vorgestellt wird.

Wann eignet sich welche Option am besten?

- **Tabellen mit Tabstopps erstellen** Verwenden Sie Tabellen mit Tabstopps für Tabellen mit wenig Zeilen, bei denen jeder Eintrag nur aus einer Zeile besteht, wie Preislisten, Teilnehmerlisten o.Ä.
- **Eingebundene Excel-Tabellen verwenden** Verwenden Sie eingebundene Excel-Tabellen, wenn Sie in der Tabelle Berechnungen durchführen wollen (z. B. Summenspalten), wenn die Tabelle vor allem Zahlen enthält oder wenn die zu verwendende Tabelle bereits in Excel vorliegt. Sie können zwar auch in Word-Tabellen Berechnungen durchführen; dies ist jedoch nicht so komfortabel wie in Excel und es stehen weniger Rechenfunktionen zur Verfügung als in Excel.
- **Tabellen mit dem Word-Tabellenfeature erstellen** Verwenden Sie das Word-Tabellenfeature für umfangreiche und komplizierte Tabellen, die vor allem Text enthalten. Diese Art von Word-Tabellen ist ähnlich wie Tabellen in Excel aus einzelnen Tabellenzellen aufgebaut. Längere Texte in einer Zelle stellen wegen des automatischen Zellenumbruchs kein Problem dar. Dank der Tabellenformatvorlagen, die Bestandteil des Dokumentdesigns sind, lassen sich Word-Tabellen einfach und ansprechend formatieren.

Schnellkurs: Tabstopps verwenden

Bevor wir auf die Einzelheiten eingehen, die es beim Einsatz von Tabstopps zu beachten gilt, wollen wir dieses Kapitel mit einem kleinen Schnellkurs beginnen und Ihnen die Grundlagen für den Einsatz von Tabstopps an einem Beispiel vorstellen.

Die vorbereitete Übungsdatei enthält in einer Tabelle eine Artikelliste, die vierspaltig organisiert ist. In den ersten beiden Spalten stehen die Artikelnummer und die Beschreibung. Die Spalten 3 und 4 enthalten den Umsatz für die Jahre 2011 und 2012. Zwischen den einzelnen Einträgen jeder Zeile wurde jeweils ein Tabstopp eingegeben. Da den einzelnen Absätzen noch keine individuellen Tabstopps zugeordnet wurden, verwendet Word die Standardtabstopps.

Bild 14.1 Die Beispieldatei mit der Artikelliste

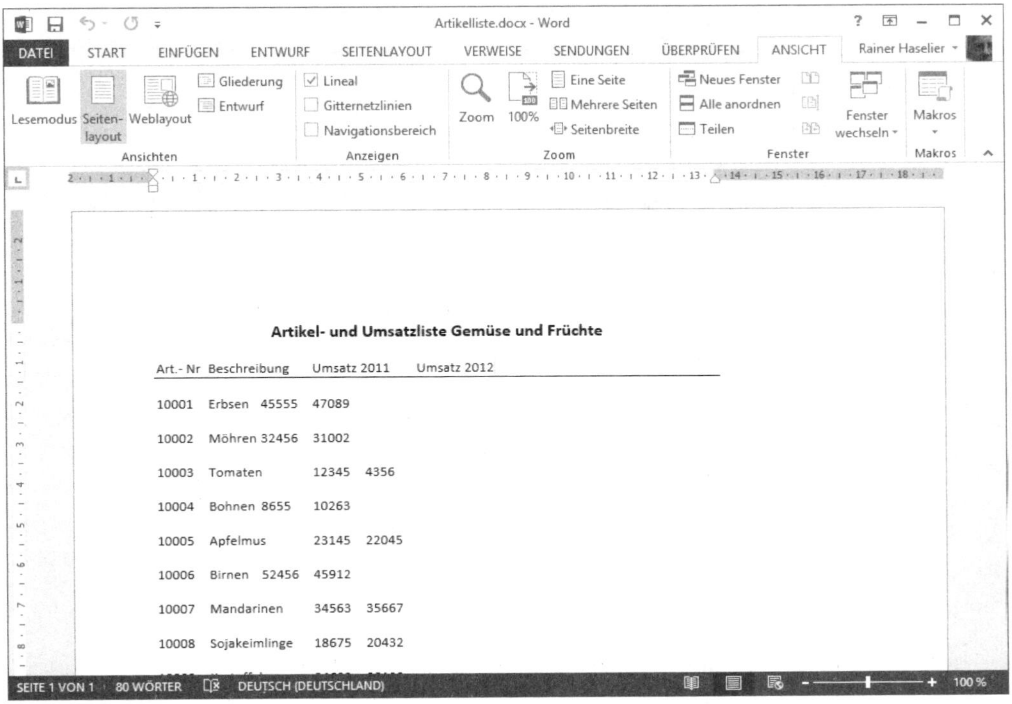

Die ersten beiden Spalten *(Art.-Nr.* und *Beschreibung)* sollen linksbündig ausgerichtet werden. Die Zahlen in den letzten beiden Spalten *(Umsatz 2011* und *Umsatz 2012)* hingegen rechtsbündig, da dann die Einer, Zehner usw. untereinander stehen.

1. Laden Sie das Dokument *Artikelliste,* das sich im Ordner mit den Beispieldateien befindet.
2. Wechseln Sie zur Registerkarte *ANSICHT* und schalten Sie in der Gruppe *Anzeigen* das Kontrollkästchen *Lineal* ein, falls das Lineal nicht sichtbar ist.
3. Markieren Sie die komplette Artikelliste (bis auf die Überschrift).
4. Links im Lineal sehen Sie ein kleines Quadrat mit einem Symbol. Diese Schaltfläche können Sie verwenden, um den Typ des Tabstopps festzulegen. Klicken Sie, falls erforderlich, auf dieses Quadrat, bis Sie dort das Zeichen für linksbündige Tabstopps sehen.
5. Klicken Sie im Lineal bei 2 cm. Die zweite Spalte steht dadurch an der richtigen Position. Im Lineal sehen Sie das Symbol für den gesetzten Tabstopp.
6. Klicken Sie wieder auf das Quadrat, bis das Symbol für rechtsbündig ausgerichtete Tabstopps erscheint.
7. Klicken Sie im Lineal bei 8 cm und bei 12 cm. Dadurch werden auch die beiden letzten Spalten richtig angeordnet.

Falls Sie einen Tabstopp versehentlich an eine falsche Position gesetzt haben, können Sie ihn löschen, indem Sie ihn aus dem Lineal herausziehen. Um die Position eines gesetzten Tabstopps zu verändern, klicken Sie im Lineal das Tabstoppsymbol an und ziehen es mit gedrückter Maustaste an die neue Position.

Tabstopps setzen

Wenn Sie Tabstopps formatieren, können Sie drei verschiedene Merkmale mit dem Tabstopp verbinden: seine Position, die Ausrichtung und das Füllzeichen, das ausgegeben werden soll. Sie können Tabstopps entweder im Dialogfeld *Tabstopps* oder mit der Maus im Lineal setzen. Schalten Sie beim Setzen von Tabstopps am besten die Ansicht *Seitenlayout* ein, damit Word den Text so zeigt, wie er später gedruckt wird. Sie können mit dem Kontrollkästchen *Tabstoppzeichen* in der Kategorie *Anzeigen* des Dialogfeldes *Word-Optionen* gleichzeitig die Anzeige der Tabstoppzeichen einschalten, die dann auf dem Bildschirm mit dem Sonderzeichen → dargestellt werden.

Standardtabstopps und individuelle Tabstopps

Neben den Tabstopps, die Sie individuell festlegen können, besitzt das gesamte Dokument von vornherein Standardtabstopps, die in einem Abstand von 1,25 cm angeordnet sind. Die Standardtabstopps werden an der unteren Kante des Lineals durch kleine graue Striche symbolisiert. So können Sie den Wert für die Standardtabstopps ändern:

1. Wechseln Sie zur Registerkarte *START*.
2. Klicken Sie in der Gruppe *Absatz* auf das Startprogramm für ein Dialogfeld und dann im Dialogfeld *Absatz* auf die Schaltfläche *Tabstopps*.
3. Geben Sie in das Textfeld *Standardtabstopps* den gewünschten Wert ein.
4. Klicken Sie auf *OK*.

Tabstoppmerkmale bestimmen

Um einzelne Tabstopps zu setzen und alle vorhandenen Optionen einstellen zu können, lassen Sie das Dialogfeld *Tabstopps* anzeigen.

1. Markieren Sie die Absätze, für die Sie Tabstopps festlegen wollen. Wenn Sie die Tabstopps nur für einen Absatz einstellen wollen, reicht es aus, wenn sich die Einfügemarke im betreffenden Absatz befindet.
2. Wechseln Sie zur Registerkarte *START* und klicken Sie in der Gruppe *Absatz* auf das Startprogramm für ein Dialogfeld und dann im Dialogfeld *Absatz* auf die Schaltfläche *Tabstopps*.
3. Geben Sie in das Feld *Tabstoppposition* die gewünschte Position des Tabstopps ein. Der Wert, den Sie hier eingeben, ist der Abstand von der linken Absatzbegrenzung bis zum Tabstopp.
4. Nachdem Sie die Position festgelegt haben, können Sie die Ausrichtung des Tabstopps bestimmen. Word bietet Ihnen in der gleichnamigen Gruppe fünf verschiedene Optionen an:
   - **Links** Wenn Sie einen links ausrichtenden Tabstopp verwenden, wird der linke Rand am Tabstopp ausgerichtet.
   - **Zentriert** Wenn Sie einen zentriert ausrichtenden Tabstopp verwenden, wird der Spaltentext am Tabstopp zentriert.
   - **Rechts** Wenn Sie einen rechts ausrichtenden Tabstopp verwenden, wird der rechte Rand des Spaltentextes am Tabstopp ausgerichtet.

- **Dezimal** Wenn Sie einen dezimalen Tabstopp verwenden, wird das Dezimaltrennzeichen am Tabstopp ausgerichtet. Enthält der Text kein Dezimaltrennzeichen, wird der Spaltentext rechtsbündig ausgerichtet.
- **Vertikale Linie** Wenn Sie einen vertikalen Tabstopp verwenden, zeichnet Word eine vertikale Linie an der Stelle, die der Position des Tabstopps entspricht.

Bild 14.2 In diesem Dialogfeld können Sie alle Merkmale von Tabstopps einstellen

Klicken Sie die gewünschte Ausrichtung an. Die folgende Abbildung zeigt Beispiele für die verschiedenen Ausrichtungen von Tabstopps.

Bild 14.3 Tabstopps und deren Ausrichtung

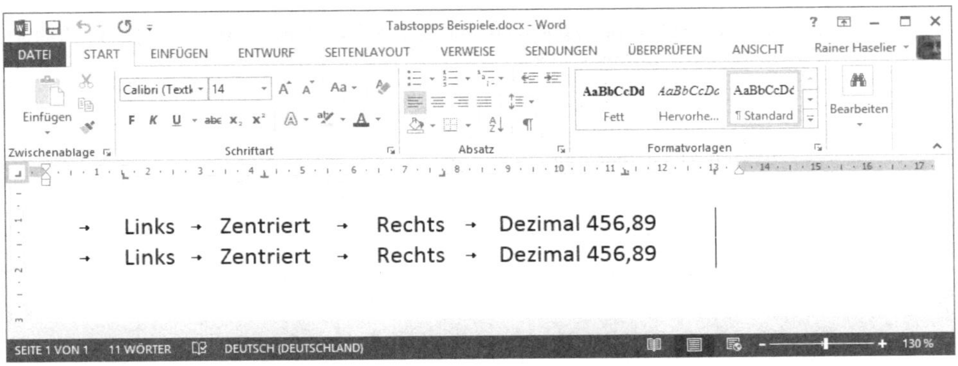

5. Legen Sie nun fest, welches Füllzeichen verwendet werden soll.

Der Raum, den das Tabstoppzeichen einnimmt, bleibt normalerweise leer. In der Gruppe *Füllzeichen* können Sie jedoch ein anderes Zeichen bestimmen, das diesen Raum einnehmen soll. Word stellt Ihnen den Punkt (.), den Trennstrich (-) und den Unterstrich (_) zur Verfügung. Wählen Sie das gewünschte Zeichen aus. Beispiele für die Verwendung von Füllzeichen sehen Sie in der folgenden Abbildung.

Bild 14.4 Tabstopps und ihre Füllzeichen

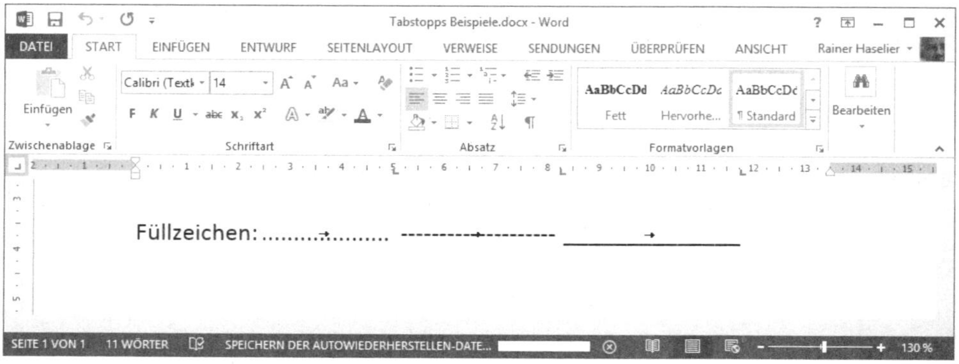

6. Um die für den Tabstopp festgelegten Merkmale zu aktivieren, klicken Sie auf *Festlegen.*
7. Wiederholen Sie die Schritte 3 bis 6 für alle weiteren Tabstopps, die Sie festlegen wollen.
8. Klicken Sie auf *OK,* um das Dialogfeld *Tabstopps* zu schließen.

PROFITIPP

Anzahl der Punkte als Füllzeichen bei Tabulatoren

Wenn Sie die Punkte als Füllzeichen verwenden (wie wir es auch im Inhaltsverzeichnis dieses Buches gemacht haben), können Sie die Anzahl der Punkte und deren Abstand nicht direkt, sondern nur indirekt über die Zeichenformatierung ändern. Gehen Sie dazu wie folgt vor:

1. Markieren Sie im Dokument das Tabstoppzeichen, damit die Punktlinie markiert wird.
2. Wechseln Sie zur Registerkarte *START* und klicken Sie in der Gruppe *Schriftart* auf das Startprogramm für ein Dialogfeld.
3. Wechseln Sie im Dialogfeld *Schriftart* zur Registerkarte *Erweitert.*
4. Wählen Sie im Listenfeld *Abstand* den Eintrag *Erweitert,* wenn Sie den Abstand vergrößern und die Anzahl der Punkte verkleinern wollen, bzw. den Eintrag *Schmal,* wenn Sie den Abstand verkleinern und die Anzahl der Punkte erhöhen wollen.
5. Tragen Sie in das Feld *Von* (das besser mit *Um* beschriftet wäre) den Wert ein, um den der Zeichenabstand verkleinert bzw. vergrößert werden soll. Eventuell müssen Sie hier ein wenig probieren, bis Sie das gewünschte Ergebnis erhalten.

Tabstopps mit der Maus setzen

Sie können Tabstopps auch mit der Maus setzen, indem Sie im Lineal die Position anklicken, an der der Tabstopp gesetzt werden soll.

1. Schalten Sie das Lineal ein, sofern es nicht bereits sichtbar ist. Wechseln Sie dazu zur Registerkarte *ANSICHT* und schalten Sie in der Gruppe *Anzeigen* das Kontrollkästchen *Lineal* ein.
2. Setzen Sie die Einfügemarke in den Absatz, für den Sie Tabstopps setzen wollen. Wenn Sie Tabstopps für mehrere Absätze bestimmen wollen, erweitern Sie die Markierung, damit alle gewünschten Absätze einen Teil der Markierung enthalten.

3. Klicken Sie mit der Maus auf das kleine Quadrat links neben dem Lineal, bis das Symbol für die gewünschte Ausrichtung erscheint.
4. Klicken Sie auf die Stelle im Lineal, an der Sie einen Tabstopp einfügen wollen.

Bild 14.5 Ausrichtung der Tabstopps mit der Maus festlegen

Klicken, um Tabstoppausrichtung zu ändern

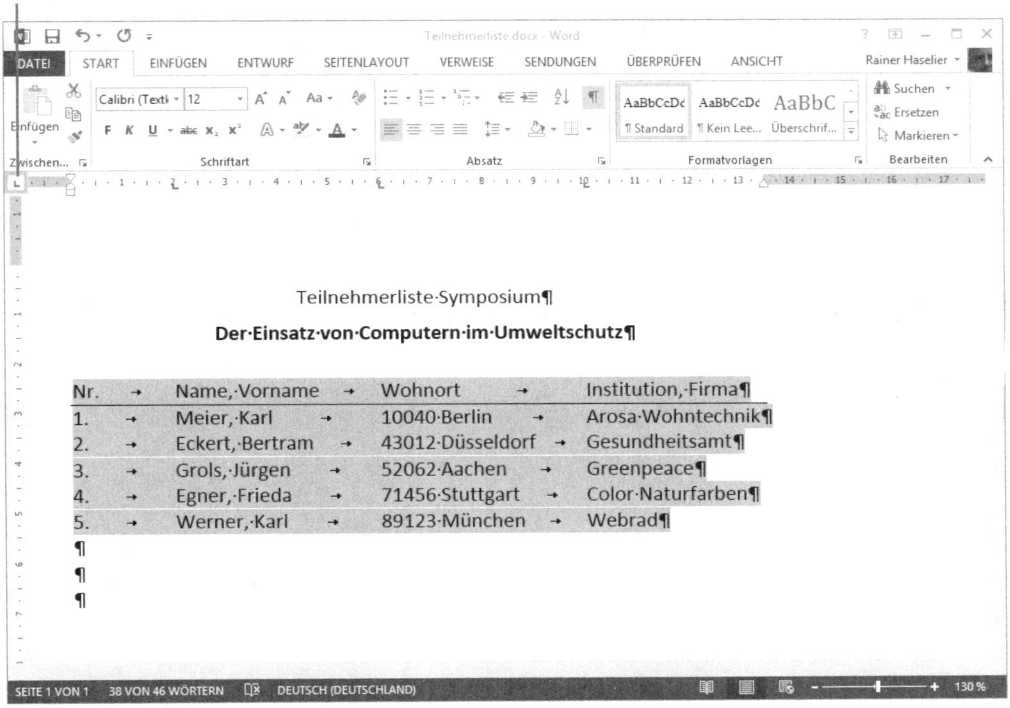

Das Füllzeichen kann nicht mit der Maus im Lineal festgelegt werden. Um das Füllzeichen zu bestimmen, müssen Sie in einem zweiten Schritt das Dialogfeld *Tabstopps* verwenden:

1. Wechseln Sie zur Registerkarte *START* und klicken Sie in der Gruppe *Absatz* auf das Startprogramm für ein Dialogfeld und dann im Dialogfeld *Absatz* auf die Schaltfläche *Tabstopps.*
2. Wählen Sie im Feld *Tabstoppposition* den gewünschten Tabstopp aus. (In dieser Liste sehen Sie alle Tabstopps, die für den markierten Absatz bereits festgelegt wurden.)
3. Klicken Sie auf eines der Optionsfelder in der Gruppe *Füllzeichen.*
4. Klicken Sie auf *Festlegen.*
5. Schließen Sie das Dialogfeld mit *OK.*

Übung: Tabstopps setzen

Probieren Sie es selbst einmal aus und laden Sie die Beispieldatei *Teilnehmerliste.docx*, die wir für Sie vorbereitet haben. Das Dokument enthält eine Teilnehmerliste, in der zwischen den einzelnen Elementen jeder Zeile bereits ein Tabulator eingegeben wurde. Da den einzelnen Absätzen noch keine individuellen Tabstopps zugeordnet wurden, verwendet Word die Standardtabstopps.

Formatieren Sie diese Tabelle um und verwenden Sie je nach Lust und Laune das Maus- oder das Tastaturverfahren. Wir empfehlen Ihnen folgende Tabstopppositionen: 1,5 cm, 5 cm und 9 cm. Verwenden Sie für die Tabelle links ausgerichtete Tabstopps.

Bild 14.6 Die Teilnehmerliste mit den Standardtabstopps

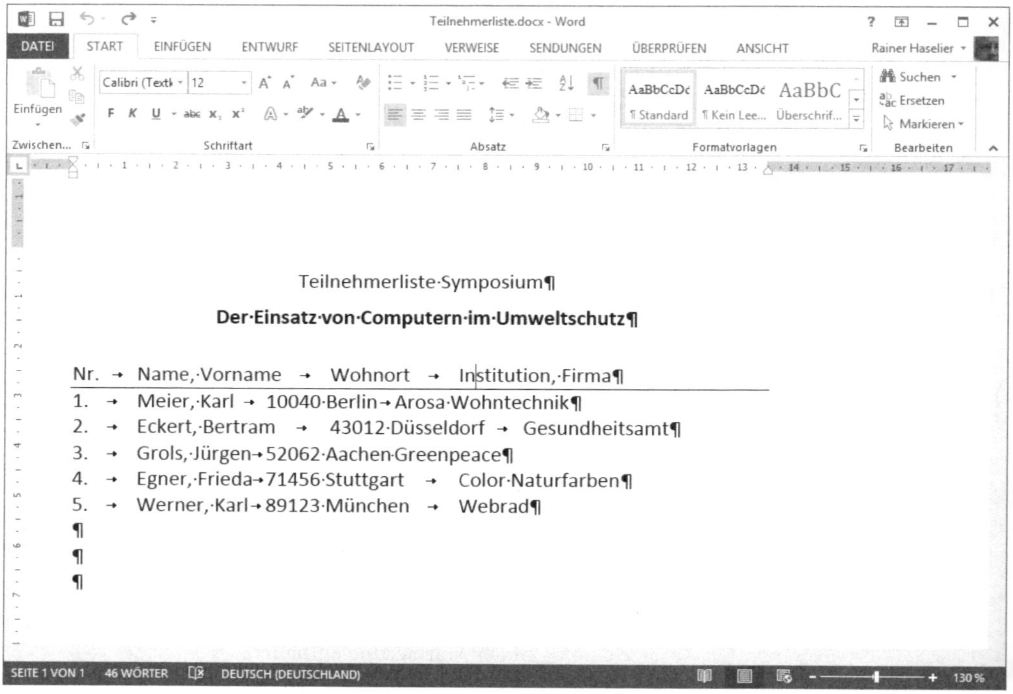

Wichtig ist, dass Sie vor dem Formatieren sowohl die Tabellenüberschrift als auch die Zeilen mit den einzelnen Teilnehmern markieren.

Tabstopps löschen

Sie können Tabstopps, die Sie gesetzt haben, auch wieder entfernen. Hierbei können Sie einzelne Tabstopps oder alle Tabstopps in den markierten Absätzen löschen. Den Absätzen wird dann wieder der Standardtabstopp zugewiesen, der im Dialogfeld *Tabstopps* eingestellt werden kann.

Einzelne Tabstopps im Dialogfeld löschen

Führen Sie folgende Schritte durch, um einzelne Tabstopps zu löschen:

1. Setzen Sie die Einfügemarke in den Absatz, in dem Sie den Tabstopp löschen wollen. Wenn Sie Tabstopps in mehreren Absätzen löschen wollen, erweitern Sie die Markierung, damit alle gewünschten Absätze einen Teil der Markierung enthalten.
2. Wechseln Sie zur Registerkarte *START* und klicken Sie in der Gruppe *Absatz* auf das Startprogramm für ein Dialogfeld und dann im Dialogfeld *Absatz* auf die Schaltfläche *Tabstopps.*
3. Markieren Sie im Listenfeld *Tabstoppposition* den Tabstopp, den Sie löschen wollen.
4. Klicken Sie auf *Löschen.* Der Tabstopp wird daraufhin in die Liste *Zu löschende Tabstopps* aufgenommen.
5. Wiederholen Sie die beiden letzten Schritte für alle zu löschenden Tabstopps.
6. Drücken Sie die [↵]-Taste oder klicken Sie auf *OK.*

Alle Tabstopps löschen

Sie können auch alle Tabstopps im Absatz oder den markierten Absätzen löschen:

1. Setzen Sie dazu die Einfügemarke wie gewohnt in den Absatz oder markieren Sie die Absätze, deren Tabstopps gelöscht werden sollen.
2. Wechseln Sie zur Registerkarte *START* und klicken Sie in der Gruppe *Absatz* auf das Startprogramm für ein Dialogfeld und dann im Dialogfeld *Absatz* auf die Schaltfläche *Tabstopps.*
3. Klicken Sie im Dialogfeld auf die Schaltfläche *Alle löschen.*

Einzelne Tabstopps mit der Maus löschen

Einzelne Tabstopps können Sie mithilfe des Lineals und der Maus löschen:

1. Setzen Sie die Einfügemarke in den Absatz, in dem Sie einen Tabstopp löschen wollen. Wenn Sie Tabstopps in mehreren Absätzen löschen wollen, erweitern Sie die Markierung, damit alle gewünschten Absätze einen Teil der Markierung enthalten.
2. Schalten Sie das Lineal ein, sofern es nicht bereits sichtbar ist. Wechseln Sie dazu zur Registerkarte *ANSICHT* und schalten Sie in der Gruppe *Anzeigen* das Kontrollkästchen *Lineal* ein.
3. Zeigen Sie mit der Maus auf das Tabstoppsymbol im Lineal und ziehen Sie es nach unten weg.

Tabstopps verschieben

Wenn Sie eine Tabelle mit Tabstopps eingerichtet haben und später weitere Einträge aufnehmen müssen, die länger sind als die bisherigen Einträge, kommt es oft vor, dass Sie einzelne Tabstopps an eine neue Position verschieben müssen, um den vielleicht in Unordnung geratenen Gesamteindruck der Tabelle zu restaurieren.

Tabstopps verschieben ohne Maus

Setzen Sie die Einfügemarke in den Absatz, in dem Sie einen Tabstopp neu positionieren wollen. Wenn Sie Tabstopps für mehrere Absätze verschieben wollen, erweitern Sie die Markierung, damit alle gewünschten Absätze einen Teil der Markierung enthalten. Sie müssen nun zuerst den alten Tabstopp löschen und dann einen neuen an der gewünschten Position setzen:

1. Wechseln Sie zur Registerkarte *START* und klicken Sie in der Gruppe *Absatz* auf das Startprogramm für ein Dialogfeld und dann im Dialogfeld *Absatz* auf die Schaltfläche *Tabstopps*.
2. Markieren Sie im Feld *Tabstoppposition* den zu löschenden Tabstopp.
3. Klicken Sie auf *Löschen*.
4. Wenn das Textfeld *Tabstoppposition* nicht leer ist, drücken Sie [Entf] und geben dann die neue Tabstoppposition ein.
5. Klicken Sie auf *Festlegen* und schließen Sie das Dialogfeld mit *OK*.

Mit der Maus funktioniert das Verschieben eines Tabstopps jedoch weitaus komfortabler.

Tabstopps mit der Maus verschieben

1. Schalten Sie das Lineal ein, sofern es nicht bereits sichtbar ist. Wechseln Sie dazu zur Registerkarte *ANSICHT* und schalten Sie in der Gruppe *Anzeigen* das Kontrollkästchen *Lineal* ein.
2. Verschieben Sie die Einfügemarke in den Absatz, für den Sie Tabstopps neu positionieren wollen. Wenn Sie Tabstopps für mehrere Absätze verschieben wollen, erweitern Sie die Markierung, damit alle gewünschten Absätze einen Teil der Markierung enthalten. Beachten Sie, dass im Lineal Tabstopps, die nicht für alle markierten Absätze gelten, grau angezeigt werden.
3. Zeigen Sie mit dem Mauszeiger auf das Tabstoppsymbol, das Sie neu positionieren wollen, und ziehen Sie es mit gedrückter Maustaste an die neue Position.

HINWEIS Die Formatierung von Tabstopps erfolgt über das Dialogfeld *Tabstopps,* das Sie über das Dialogfeld *Absatz* aufrufen. Dieser Umstand weist bereits darauf hin, dass Tabstopps immer absatzweise zugeordnet und mit der Absatzmarke verbunden sind. Wenn Sie also die Absatzmarke hinter einem Absatz löschen, werden dabei gleichzeitig auch die Tabstoppeinstellungen für diesen Absatz gelöscht.

Kapitel 15

Serienbriefe erstellen

In diesem Kapitel:

Die Seriendruckfunktionalität befindet sich bei Word 2013 auf einer eigenen Registerkarte mit dem Namen *SENDUNGEN*. Dort finden Sie die Befehle, die bei Word 2003 über den Menübefehl *Extras/Briefe und Sendungen* und dessen Untermenü und über die *Seriendruck*-Symbolleiste verfügbar waren. Die Befehlsgruppe *Erstellen* der Registerkarte *SENDUNGEN* können Sie verwenden, um Etiketten und Umschläge zu erstellen.

Dieses Kapitel stellt Ihnen exemplarisch anhand eines Rundbriefs das Erstellen eines Serienbriefs vor. Der erste Abschnitt macht Sie zunächst mit einigen der Begriffe bekannt, die im Zusammenhang mit dem Seriendruck von Bedeutung sind, und beschreibt die prinzipiellen Schritte beim Erstellen eines Serienbriefes, die von der Reihenfolge der Befehlsgruppen auf der Registerkarte *SENDUNGEN* gut abgebildet werden. Die nachfolgenden Abschnitte stellen dann die einzelnen Schritte ausführlich vor.

Wenn Sie bereits in einer früheren Version mit der Seriendruckfunktion gearbeitet haben, reicht es aus, dieses Kapitel zu überfliegen (seit Word 2007 hat sich an dieser Funktion nichts geändert). Sollten Sie zum ersten Mal einen Serienbrief erstellen, gelangen Sie mit den Schritt-für-Schritt-Anleitungen dieses Kapitels schnell ans Ziel.

Grundlagenwissen für den Seriendruck

Beim Seriendruck, der im Englischen »mail merge« heißt, was so viel wie »Briefe zusammenführen« bedeutet, arbeiten Sie mit zwei verschiedenen Elementen: einem Hauptdokument und einer Datenquelle.

- Beim *Hauptdokument* handelt es sich um ein Word-Dokument, das neben dem Text, der in allen zu erstellenden Briefen enthalten sein soll, Platzhalter für variable Elemente enthält, die sich je nach Empfänger des Briefes ändern können. Sie können ein Hauptdokument komplett neu erstellen oder auch ein bestehendes Word-Dokument in ein Hauptdokument für den Seriendruck umwandeln lassen.
- Die variablen Elemente jedes einzelnen Briefes befinden sich in einer *Datenquelle,* bei der es sich in den meisten Anwendungsfällen des Seriendrucks um eine Adressenliste handelt. Sie können in Word beispielsweise die Outlook-Kontakte verwenden, damit Sie die Adressen, die in Outlook bereits vorliegen, nicht erneut eingeben müssen. Auch die Verwendung von anderen Datenformaten ist möglich.

Auf der Registerkarte *SENDUNGEN* stehen Ihnen alle Werkzeuge zur Verfügung, die Sie zum Erstellen eines Serienbriefs benötigen. Die Anordnung der Befehlsgruppen und Befehle entspricht den einzelnen Schritten, die Sie beim Seriendruck erledigen müssen und die nachfolgend beschrieben werden.

Bild 15.1 Die Registerkarte *SENDUNGEN* fasst alle Werkzeuge zusammen, die Sie zum Erstellen eines Serienbriefs benötigen

1. **Erstellen des Hauptdokuments** Im ersten Schritt erstellen Sie das Seriendruck-Hauptdokument. Das Hauptdokument enthält den Text und die Grafiken, die in allen Versionen des zusammengeführten Dokuments identisch sein sollen, wie beispielsweise die Absenderadresse, den eigentlichen Text des Briefes und die Grußformel.
2. **Verbinden des Hauptdokuments mit einer Datenquelle** Im nächsten Schritt legen Sie die Datenquelle fest, in der sich die variablen Elemente befinden, die beim Zusammenfügen in das Hauptdokument eingefügt werden sollen.
3. **Bearbeiten der Empfängerliste** Wenn Sie als Datenquelle beispielsweise die Outlook-Kontakte verwenden, erstellt Word eine Kopie der gesamten Daten des Kontakte-Ordners. Wenn Sie den Serienbrief nicht an alle Personen der Adressliste senden wollen, können Sie die Liste in Word sortieren und filtern und so die tatsächlichen Empfänger des Serienbriefs festlegen.
4. **Einfügen der Platzhalter in das Hauptdokument** Damit Word weiß, an welchen Stellen im Hauptdokument beispielsweise die Adresse stehen soll, fügen Sie in das Hauptdokument Platzhalter ein, die festlegen, wo beim Zusammenführen welche Daten aus der Datenquelle eingefügt werden sollen. Diese Platzhalter werden auch Seriendruckfelder genannt.
5. **Prüfen in der Seriendruckvorschau** Lassen Sie sich anschließend in der Seriendruckvorschau anzeigen, wie die Ergebnisse des Zusammenführens aussehen. Dies entspricht in etwa der Druckvorschau, wie Sie sie bei normalen Word-Dokumenten verwenden; der Unterschied besteht darin, dass bei der Seriendruckvorschau zusätzlich die Platzhalter durch die tatsächlichen Daten der Datenquelle ersetzt werden.
6. **Zusammenführen und fertigstellen** Wenn Sie mit den Ergebnissen der Seriendruckvorschau zufrieden sind, können Sie die Briefe zusammenführen und ausdrucken lassen.

Hauptdokument einrichten

In der ersten Phase der Serienbrieferstellung erstellen Sie das Hauptdokument. Sie können hierfür ein neues Dokument erstellen oder ein bereits vorhandenes öffnen.

1. Wechseln Sie zur Registerkarte *DATEI* und verwenden Sie dort den Befehl *Neu* oder *Öffnen*, um das Dokument zu erstellen bzw. zu laden, das Sie als Hauptdokument für den Seriendruck verwenden wollen.
2. Wenn Sie ein neues Dokument erstellen, geben Sie in das Dokument den Text ein, der in allen Versionen des zusammengeführten Dokuments enthalten sein soll. Sie können wie bei anderen Word-Dokumenten auch die Registerkarte *EINFÜGEN* verwenden, um Tabellen, Abbildungen, SmartArts und weitere Elemente in das Dokument einzufügen.
3. Öffnen Sie die Registerkarte *SENDUNGEN* und klicken Sie in der Gruppe *Seriendruck starten* auf die Schaltfläche *Seriendruck starten.*
4. Wählen Sie im Menü den Dokumenttyp aus, den Sie erstellen möchten. Um einen Brief zu erstellen, klicken Sie hier auf *Briefe.*

Bild 15.2 Klicken Sie auf die Schaltfläche *Seriendruck starten*, um den Dokumenttyp festzulegen, den Sie erstellen wollen

Sie können mit der Seriendruckfunktion die folgenden Dokumenttypen erstellen:

- **Briefe** und **E-Mail-Nachrichten** Bei diesen beiden Optionen ist der Inhalt in allen Briefen oder E-Mails im Wesentlichen derselbe, aber Name, Adresse oder andere spezifische Daten hängen vom jeweiligen Empfänger ab.
- **Etiketten** Klicken Sie diesen Befehl an, damit Word das Dialogfeld *Etiketten einrichten* anzeigt. Dort können Sie den Hersteller und den Typ der Etiketten auswählen, die Sie bedrucken wollen. Word fügt hierfür dann eine Tabelle in das Dokument ein.

Bild 15.3 Wählen Sie für den Dokumenttyp *Etiketten* in diesem Dialogfeld den Hersteller und den Typ der Etiketten aus

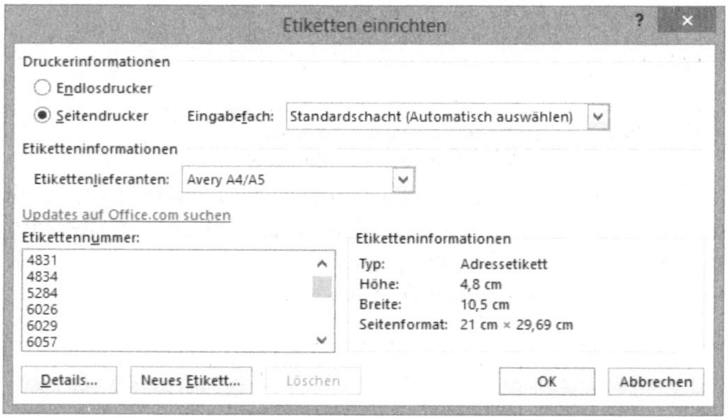

- **Umschläge** Wenn Sie den Befehl *Umschläge* anklicken, wird das Dialogfeld *Umschlagoptionen* angezeigt. Dort können Sie auf der Registerkarte *Umschlagoptionen* das *Umschlagformat* (beispielsweise DIN lang) auswählen und die Zeichenformatierungen festlegen. Bei den mit der Option *Umschläge* erstellten Seriendruckdokumenten ist die Absenderadresse auf allen Umschlägen identisch, die Empfängeradresse ist jedoch unterschiedlich. Die Absenderadresse geben Sie direkt in das Dokument ein, für die Empfängeradresse verwenden Sie Seriendruckfelder.

Bild 15.4 Im Dialogfeld *Umschlagoptionen* wählen Sie das Format der Umschläge aus. Sie können auch die Position der Empfänger- und Absenderadresse ändern und die Zeichenformatierung für beide Elemente einstellen.

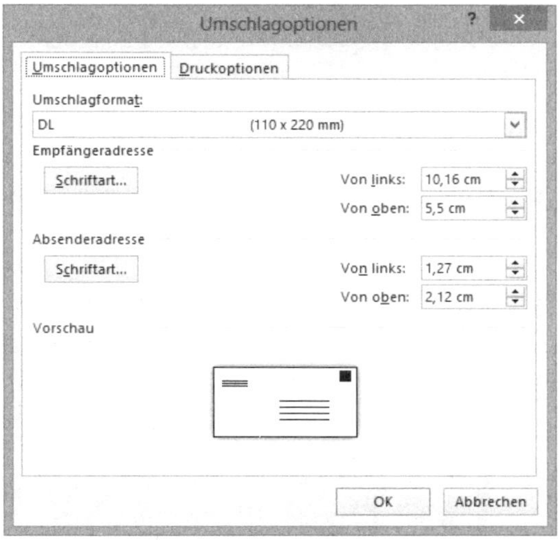

- **Normales Word-Dokument** Wenn Sie die Option *Normales Word-Dokument* anklicken (die ausgewählt ist, bevor Sie den Dokumenttyp festlegen), können Sie aus einem Seriendruck-Hauptdokument wieder ein normales Word-Dokument machen. Die speziell für den Seriendruck erforderlichen Informationen (wie der Name der Datenquelle), werden dann aus dem Dokument entfernt.

HINWEIS **Den Aufgabenbereich *Seriendruck* verwenden** Sie können für das Durchführen eines Seriendruckprojekts auch den Aufgabenbereich *Seriendruck* verwenden, der bereits in Word 2003 vorhanden war. Dieser Aufgabenbereich führt Sie Schritt für Schritt durch den Vorgang. Klicken Sie zum Verwenden des Aufgabenbereichs auf der Registerkarte *SENDUNGEN* in der Gruppe *Seriendruck starten* auf *Seriendruck starten* und anschließend auf *Seriendruck-Assistent mit Schritt-für-Schritt-Anweisungen.* Dieses Kapitel beschreibt die Serienbrieferstellung anhand der Registerkarte *SENDUNGEN.*

Fortsetzen eines Seriendruckprojekts

Wenn Sie die Arbeit an einem Seriendruckprojekt vorübergehend unterbrechen müssen, können Sie das Hauptdokument speichern und den Seriendruck zu einem späteren Zeitpunkt fortsetzen. Word speichert alle Informationen zum Seriendruck (wie den Namen der Datenquelle) gemeinsam mit dem Dokument, sodass Sie diese Informationen nicht erneut eingeben müssen. Um den Seriendruck fortzusetzen, öffnen Sie das Dokument wieder.

Während des Öffnens wird eine Meldung angezeigt, in der Sie aufgefordert werden, das Öffnen des Dokuments zu bestätigen. Daraufhin wird ein SQL-Befehl ausgeführt, durch den das Hauptdokument erneut mit der Datenquelle verbunden wird. Sie können dann die Registerkarte *SENDUNGEN* anklicken und Ihre Arbeit fortsetzen.

Hauptdokument mit der Datenquelle verbinden

Im nächsten Schritt legen Sie fest, welche Datenquelle für das Hauptdokument verwendet werden soll.

1. Klicken Sie in der Gruppe *Seriendruck starten* auf die Schaltfläche *Empfänger auswählen.*

Bild 15.5 Klicken Sie in der Gruppe *Seriendruck starten* auf *Empfänger auswählen* und legen Sie dann fest, woher die Daten kommen, die in dem Seriendruckprojekt verwendet werden

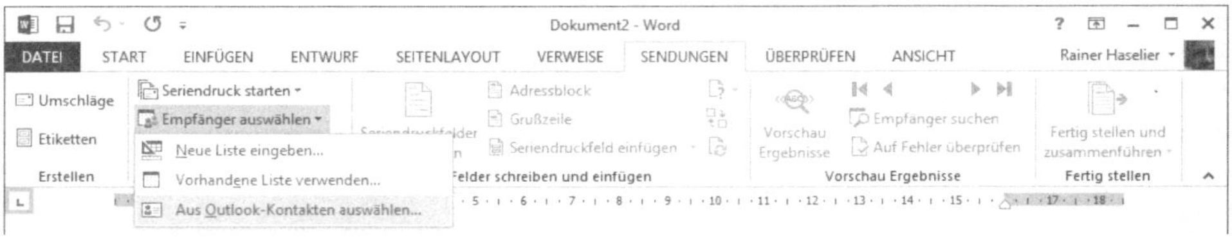

2. Wählen Sie eine der folgenden Optionen aus:

- **Neue Liste eingeben** Wenn Sie bisher noch keine Datendatei erstellt haben, die Sie für den Seriendruck verwenden wollen, oder nur Microsoft Word 2013 und nicht eine der Office-Suiten installiert haben, in denen auch Outlook enthalten ist, wählen Sie den Befehl *Neue Liste eingeben* aus. Word zeigt daraufhin ein Formular an, in dem Sie die Adressdaten eingeben können (siehe folgende Abbildung). Um einen weiteren Listeneintrag zu erstellen, klicken Sie die Schaltfläche *Neuer Eintrag* an.

Bild 15.6 Geben Sie in dieses Formular die Adressdaten ein, die Sie für das Seriendruckprojekt benötigen

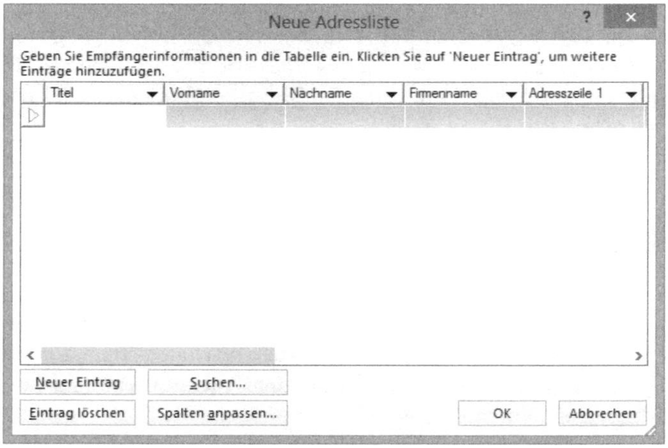

Wenn Sie im Formular auf *OK* klicken, wird das Dialogfeld *Adressliste speichern* angezeigt. Geben Sie dort einen aussagekräftigen Namen für die Liste ein und klicken Sie dann auf *Speichern.* Die Adressliste wird im MDB-Format gespeichert, dem Dateiformat, das von Microsoft Access genutzt wird. Sie können diese Liste dann in anderen Seriendruckprojekten wiederverwenden.

- **Vorhandene Liste verwenden** Den Befehl *Vorhandene Liste verwenden* können Sie auswählen, wenn Sie bereits früher eine Office-Adressliste erstellt und gespeichert haben oder wenn die Daten in einem anderen Format vorliegen. Sie können in Word die unterschiedlichsten Formate (Word-Tabelle, Excel-Arbeitsblatt, Tabelle oder Abfrage in Access-Datenbank und viele weitere mehr) importieren und beim Seriendruck verwenden. Leider reicht in diesem Buch der Platz nicht aus, um all die verschiedenen Optionen vorzustellen.
- **Aus Outlook-Kontakten auswählen** Wenn Sie Ihre Adressen im Kontakte-Ordner von Outlook verwalten, klicken Sie die Option *Aus Outlook-Kontakten auswählen* an.

  Word zeigt daraufhin das Dialogfeld *Kontakte auswählen* an, in dem alle Kontakte-Ordner aufgeführt werden, die in Ihrem Outlook-Profil enthalten sind. Klicken Sie in der Liste zuerst die Kontakte an, die Sie verwenden wollen, und dann auf *OK.*

Bild 15.7 Wählen Sie in diesem Dialogfeld den Kontakte-Ordner aus, den Sie im aktuellen Seriendruckprojekt verwenden wollen

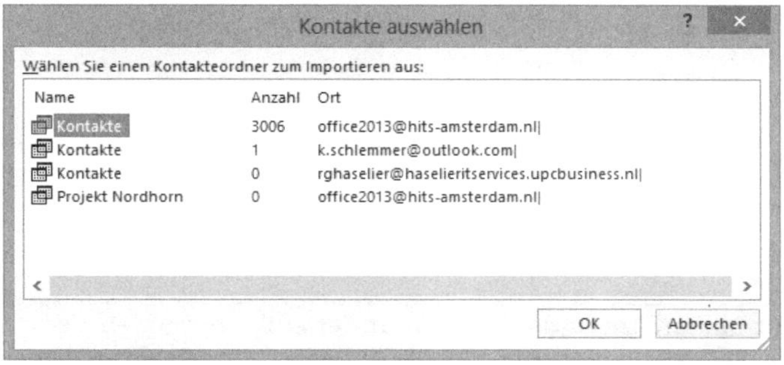

3. Nachdem Sie den gewünschten Kontakte-Ordner ausgewählt haben, wird das Dialogfeld *Seriendruckempfänger* angezeigt. Dort können Sie die Empfängerliste bearbeiten und auswählen, wer den Serienbrief erhalten soll. Mehr hierzu finden Sie im folgenden Abschnitt.

Empfängerliste filtern und sortieren

Sie möchten nicht immer alle Datensätze, die in der Datenquelle vorhanden sind, auch tatsächlich mit dem Hauptdokument zusammenführen. Um festzulegen, wer das zusammengeführte Dokument erhalten soll, verwenden Sie das Dialogfeld *Seriendruckempfänger.*

1. Wenn nach der Auswahl der Datenquelle das Dialogfeld *Seriendruckempfänger* nicht automatisch angezeigt wird, klicken Sie in der Gruppe *Seriendruck starten* auf die Schaltfläche *Empfängerliste bearbeiten.*

Bild 15.8 Im Dialogfeld *Seriendruckempfänger* legen Sie fest, für welche Datensätze ein zusammengeführtes Dokument erstellt werden soll

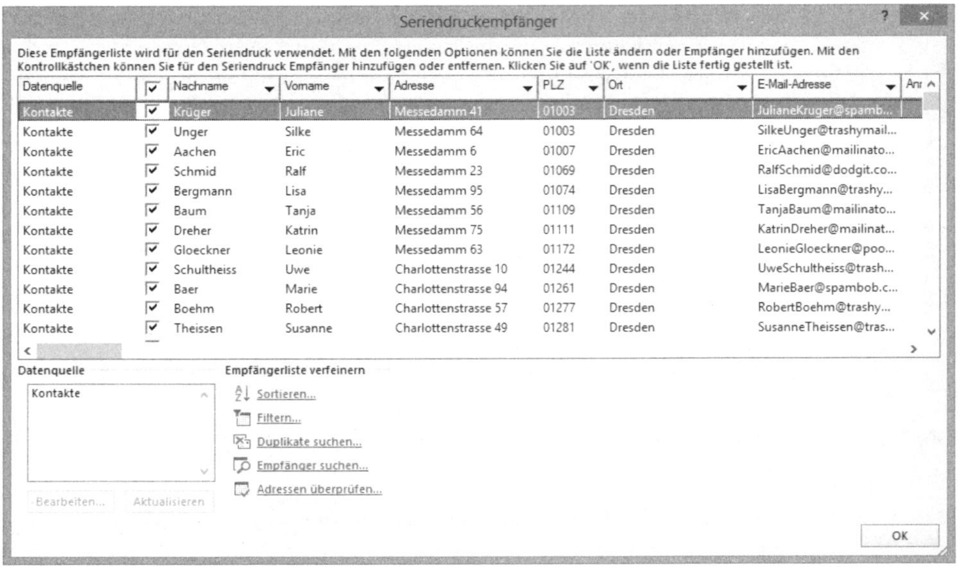

2. Wenn Sie lediglich mit einer kurzen Adressliste arbeiten, können Sie die Empfänger auswählen, indem Sie die Kontrollkästchen neben den gewünschten Empfängern einschalten und die Kontrollkästchen neben den Einträgen deaktivieren, die Sie nicht in die Empfängerliste aufnehmen möchten.

TIPP **Das Kontrollkästchen in der Überschrift der Liste verwenden** Wenn Sie bereits wissen, dass Sie nur einige Datensätze in den Seriendruck aufnehmen möchten, können Sie das Kontrollkästchen in der Überschrift deaktivieren und dann gezielt die gewünschten Datensätze auswählen. Wenn Sie dagegen fast alle Datensätze aufnehmen möchten, aktivieren Sie das Kontrollkästchen in der Überschrift und deaktivieren dann die Kontrollkästchen für die Datensätze, die Sie ausschließen möchten.

3. Um die Liste nach einer bestimmten Spalte zu sortieren, klicken Sie auf die Spaltenüberschrift des Elements, nach dem Sie die Sortierung vornehmen möchten. Die Liste wird in aufsteigender alphabetischer Reihenfolge (A bis Z) sortiert. Klicken Sie erneut auf die Spaltenüberschrift, um die Liste in absteigender alphabetischer Reihenfolge zu sortieren (Z bis A).

   Sie können auch die Filterfunktionen verwenden, wenn die Liste Datensätze enthält, die nicht angezeigt werden bzw. nicht im Seriendruck enthalten sein sollen:

4. Klicken Sie unterhalb von *Empfängerliste verfeinern* auf *Filtern.*

5. Legen Sie auf der Registerkarte *Datensätze filtern* des Dialogfeldes *Filtern und sortieren* die Kriterien fest, die für den Filter verwendet werden sollen.

   Die Liste in Abbildung 15.8 enthält sowohl Adressen aus Deutschland als auch aus den Niederlanden. Wenn Sie das Hauptdokument beispielsweise mit Adressen zusammenführen möchten, in denen Deutschland als Land/Region festgelegt ist, klicken Sie in der Liste *Feld* auf

Land/Region, in der Liste *Vergleich* auf *Gleich* und geben dann in das Feld *Vergleichen mit* den Text **Deutschland** ein. Das sieht dann so aus, wie es die folgende Abbildung zeigt.

Bild 15.9 Auf der Registerkarte *Datensätze filtern* können Sie Filterregeln festlegen und so bestimmte Personen aus der Empfängerliste ausschließen

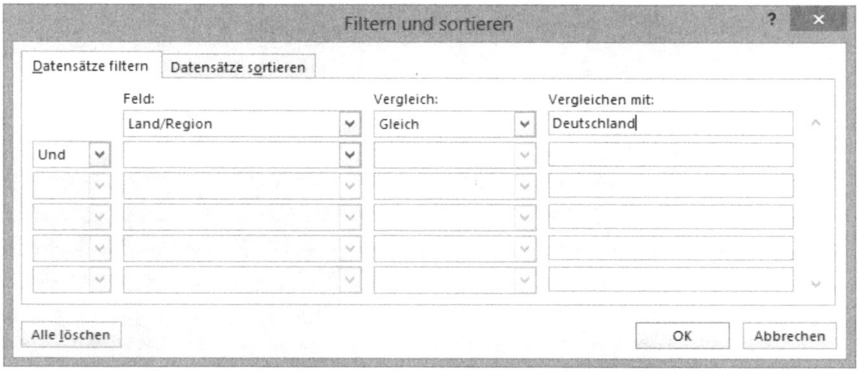

6. Sie können den Filter weiter anpassen, indem Sie auf *Und* bzw. *Oder* klicken und dann weitere Kriterien angeben.
7. Schließen Sie das Dialogfeld *Seriendruckempfänger* mit einem Klick auf *OK.*

Sie können das Dialogfeld *Seriendruckempfänger* jederzeit erneut aufrufen, indem Sie die Schaltfläche *Empfängerliste bearbeiten* anklicken, falls Sie Änderungen an der Auswahl der Empfänger vornehmen möchten.

Platzhalter einfügen

Nachdem Sie das Gerüst des Hauptdokuments erstellt und die Seriendruckempfänger ausgewählt haben, können Sie sich nun an das Fertigstellen des Hauptdokuments machen und die Platzhalter einfügen. Dieser Abschnitt zeigt, wie Sie die Adresse in das Hauptdokument einfügen und wie Sie mit einer Regel eine geschlechtsabhängige Briefanrede (Sehr geehrter Herr, Sehr geehrte Frau) erstellen.

1. Setzen Sie die Einfügemarke im Hauptdokument an die Stelle, an der die Empfängeradresse stehen soll.
2. Klicken Sie auf der Registerkarte *SENDUNGEN* in der Gruppe *Felder schreiben und einfügen* auf *Adressblock.* Word zeigt das Dialogfeld *Adressblock einfügen* an (siehe Abbildung auf der nächsten Seite).

   Das Seriendruckfeld *Adressblock* ist ein zusammengesetzter Platzhalter, in dem mehrere Felder der Datenquelle miteinander kombiniert und zu einem Seriendruckfeld gruppiert werden. Das Seriendruckfeld *Adressblock* kombiniert unter anderem die Felder *Vorname, Nachname, Adresse, Postleitzahl* und *Stadt.*

   Über das Dialogfeld *Adressblock einfügen* können Sie festlegen, welche Adresselemente im Adressblock enthalten sein sollen, und weitere Formatierungsmerkmale bestimmen.

Bild 15.10 Im Dialogfeld *Adressblock einfügen* können Sie die Adresselemente auswählen, die in der Adresse enthalten sein sollen, und einige Formateinstellungen vornehmen

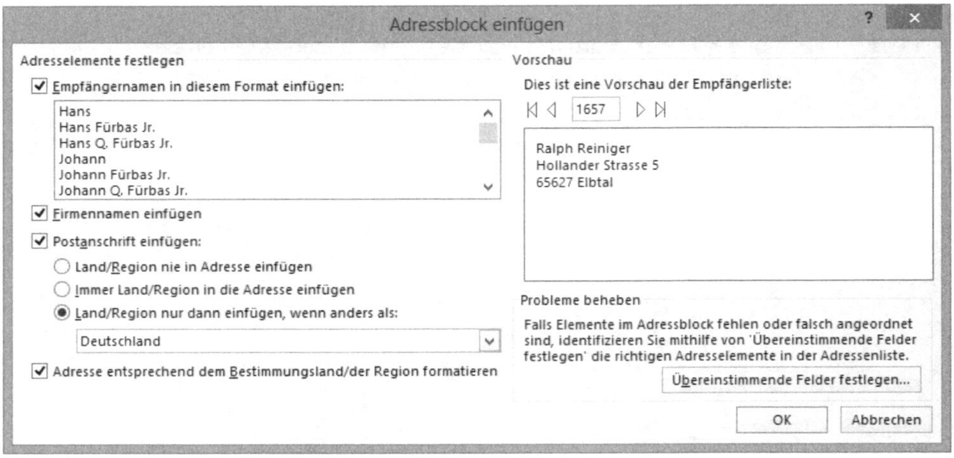

3. Klicken Sie in der Liste *Empfängernamen in diesem Format einfügen* die Option an, die Sie verwenden wollen. Bei manchen der Formate werden der Vor- und der Nachname verwendet; andere wiederum verwenden nur den Nachnamen und ergänzen diesen dann mit *Herrn und Frau* oder *Familie*. Das Feld *Vorschau* zeigt eine Vorschau des ausgewählten Formats an.

TIPP **Andere Adresse im Vorschaufeld anzeigen lassen** Das Feld *Vorschau* verwendet keine fiktiven, sondern die realen Adressen, die in der Datenquelle des aktuellen Seriendruckprojekts enthalten sind. Auch die Filter- und Sortieroptionen, die Sie eingestellt haben, werden berücksichtigt. Daher können Sie die Pfeilschaltflächen oberhalb des Vorschaufeldes verwenden, um eine andere Adresse der aktuellen Empfängerliste anzeigen zu lassen.

4. Wenn der Firmenname nicht in der Anschrift enthalten sein soll, schalten Sie das Kontrollkästchen *Firmennamen einfügen* aus. Anderenfalls lassen Sie es eingeschaltet.
5. Mit den Optionsfeldern unterhalb von *Postanschrift einfügen* können Sie festlegen, ob und wann das Empfängerland in die Adresse eingefügt werden soll.
6. Die Postanschrift besitzt in den verschiedenen Ländern ein anderes Format. Wenn Sie möchten, dass die Adresse so formatiert wird, wie es im Land des Empfängers Standard ist, lassen Sie das Kontrollkäschen *Adresse entsprechend dem Bestimmungsland/der Region formatieren* eingeschaltet.
7. Klicken Sie auf *OK*.

Bild 15.11 Der Platzhalter *«Adresse»* wurde in das Hauptdokument eingefügt

In das Dokument wird der Platzhalter «**Adresse**» eingefügt. Die Platzhalter werden immer von den Zeichen «» eingeschlossen.

8. Klicken Sie in der Gruppe *Felder schreiben und einfügen* auf *Seriendruckfelder hervorheben.* Das Seriendruckfeld «**Adresse**» wird nun grau unterlegt. So können Sie die Seriendruckfelder besser von dem normalen Text des Hauptdokuments unterscheiden.

Verwenden einer Regel

Neben dem kombinierten Seriendruckfeld *Adressblock* können Sie auch einzelne Felder der Datenquelle in das Hauptdokument einfügen. Außerdem ist es möglich, Regeln festzulegen und so den Vorgang des Zusammenführens genauer einzustellen. Dieser Abschnitt zeigt exemplarisch, wie das geht. Hierzu soll zwischen der Betreffzeile im Brief und dem eigentlichen Text eine persönliche Anrede (Sehr geehrte ...) eingefügt werden, die berücksichtigt, ob der Empfänger eine Frau oder ein Mann ist.

1. Setzen Sie die Einfügemarke im Hauptdokument an die Stelle, an der die Grußformel stehen soll.

2. Klicken Sie in der Gruppe *Felder schreiben und einfügen* auf die Schaltfläche *Regeln* und dann auf *Wenn...Dann...Sonst.*

Bild 15.12 Über die Schaltfläche *Regeln* können Sie beispielsweise Bedingungen festlegen, die das Zusammenführen beeinflussen

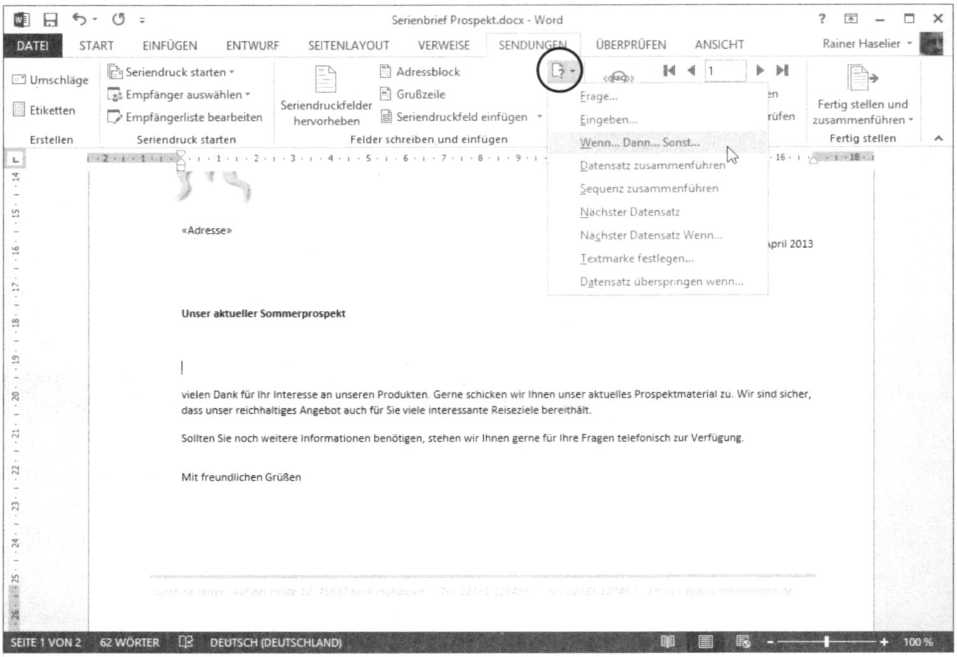

Im Dialogfeld *Bedingungsfeld einfügen: WENN* können Sie nun die Regel festlegen, die je nach Geschlecht des Empfängers entweder den Text *Sehr geehrte Frau* oder *Sehr geehrter Herr* beim Zusammenführen einfügt.

3. Wählen Sie in der Liste *Feldname* den Eintrag *Geschlecht* und im Feld *Vergleich* den Eintrag *Gleich* aus.

4. Geben Sie in das Feld *Vergleichen mit* eine 1 ein, wenn Sie als Empfängerliste die Outlook-Kontakte verwenden. (Wenn Sie in Outlook als Geschlecht weiblich eintragen, speichert Outlook hierfür intern eine 1 ab, für männlich eine 2. Wenn Sie eine andere Datenquelle verwenden, müssen Sie hier den Text eingeben, anhand dessen weibliche Empfänger identifiziert werden können.)

Bild 15.13 Legen Sie hier die Bedingung und die Texte fest, die in Abhängigkeit von der Auswertung der Bedingung eingefügt werden sollen

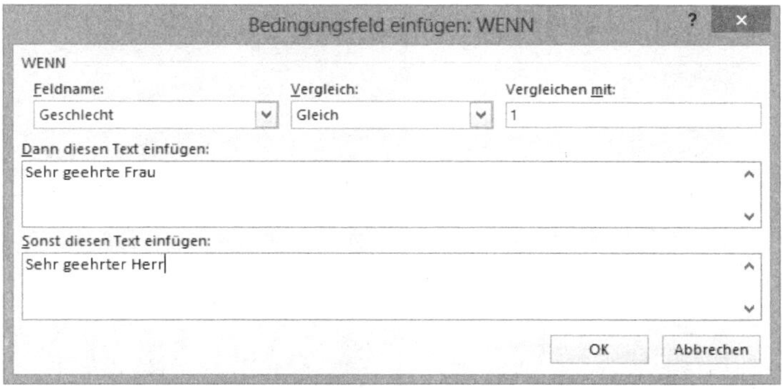

PROFITIPP

Geschlecht für Outlook 2013-Kontakt eintragen

Damit die Bedingung wie oben beschrieben ausgewertet werden kann, muss in der Datenquelle das Feld *Geschlecht* enthalten sein. Um das Geschlecht für einen Outlook-Kontakt festzulegen, öffnen Sie den Kontakt, klicken auf der Registerkarte *Kontakt* auf *Alle Felder* und wählen dann in der Liste *Auswählen aus* den Eintrag *Persönliche Felder* aus. Das Feld *Geschlecht* befindet sich im oberen Bereich der Eingabemaske.

5. Geben Sie in das Feld *Dann diesen Text einfügen* **Sehr geehrte Frau** und in das Feld *Sonst diesen Text einfügen* **Sehr geehrter Herr** ein. Schließen Sie das Dialogfeld mit *OK*. Word fügt die Regel in das Hauptdokument ein.

HINWEIS **Hervorheben der Regelfelder** Standardmäßig werden die Regeln nicht hervorgehoben dargestellt, auch dann nicht, wenn Sie die Schaltfläche *Seriendruckfelder hervorheben* eingeschaltet haben. Damit die Regelfelder auf dem Bildschirm mit einer Schattierung angezeigt werden, klicken Sie auf die Registerkarte *DATEI* und dann auf *Optionen*. Wechseln Sie im Dialogfeld *Word-Optionen* zur Seite *Erweitert* und scrollen Sie zur Gruppe *Dokumentinhalt anzeigen*. Öffnen Sie die Liste *Feldschattierung* und wählen Sie dort den Eintrag *Immer* aus.

6. Jetzt fehlt in der Grußzeile lediglich noch der Nachname. Setzen Sie die Einfügemarke hinter die soeben eingefügte Regel, geben Sie ein Leerzeichen ein und klicken Sie dann in der Gruppe *Felder schreiben und einfügen* auf *Seriendruckfeld einfügen*.

Bild 15.14 Mit dieser Liste können Sie alle Seriendruckfelder auswählen und in das Hauptdokument einfügen, die in der Datenquelle enthalten sind

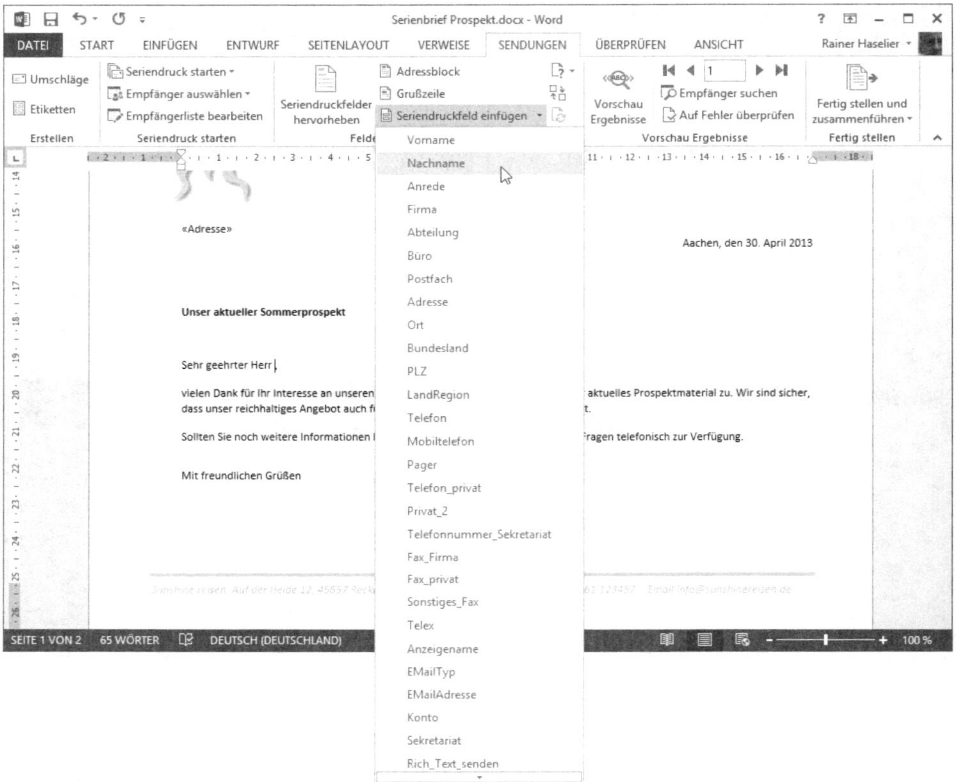

7. Klicken Sie auf *Nachname.*
8. Ergänzen Sie hinter dem Seriendruckfeld «Nachname» ein Komma.

Damit sind die Arbeiten am Hauptdokument für das Beispiel-Seriendruckprojekt abgeschlossen.

Seriendruckvorschau verwenden

Um sich vor dem tatsächlichen Zusammenführen von Hauptdokument und Datenquelle die Ergebnisse auf dem Bildschirm anzusehen und so eventuelle Fehler erkennen und beheben zu können, verwenden Sie die Seriendruckvorschau.

Bild 15.15 Die Seriendruckvorschau zeigt die Dokumente so an, wie sie beim Zusammenführen ausgedruckt würden

Klicken Sie dazu in der Gruppe *Vorschau Ergebnisse* auf die gleichnamige Schaltfläche. Word zeigt dann das Dokument so an, wie es nach dem Zusammenführen ausgedruckt würde. Mit den Navigationsschaltflächen in der Gruppe *Vorschau Ergebnisse* können Sie sich alle Empfänger anzeigen lassen, die in der Adressliste enthalten sind.

Um zur Bearbeitung des Hauptdokuments zurückzukehren, klicken Sie die Schaltfläche *Vorschau Ergebnisse* ein weiteres Mal an.

Zusammenführen und Drucken

Wenn die Seriendruckvorschau keine Probleme ergeben hat, können Sie im letzten Schritt das Hauptdokument mit der Datenquelle zusammenführen lassen.

1. Klicken Sie in der Gruppe *Fertig stellen* die Schaltfläche *Fertig stellen und zusammenführen* an. Ein kleines Menü wird geöffnet.
2. Wählen Sie eine der folgenden Optionen:
   - **Einzelne Dokumente bearbeiten** Klicken Sie diese Option an, wenn Word aus den zusammengeführten Daten ein neues Dokument erstellen soll. Sie können so die Dokumente einzeln bearbeiten und verwenden dann den normalen *Drucken*-Befehl, um die Dokumente auszudrucken.

- **Dokumente drucken** Wählen Sie diesen Befehl, wenn die zusammengeführten Dokumente direkt ausgedruckt werden sollen.
- **E-Mail-Nachrichten senden** Mit dieser Option können Sie das Seriendruckprojekt zusammenführen und als E-Mail versenden lassen.

Bild 15.16 In dem kleinen Menü legen Sie fest, was als Nächstes getan werden soll

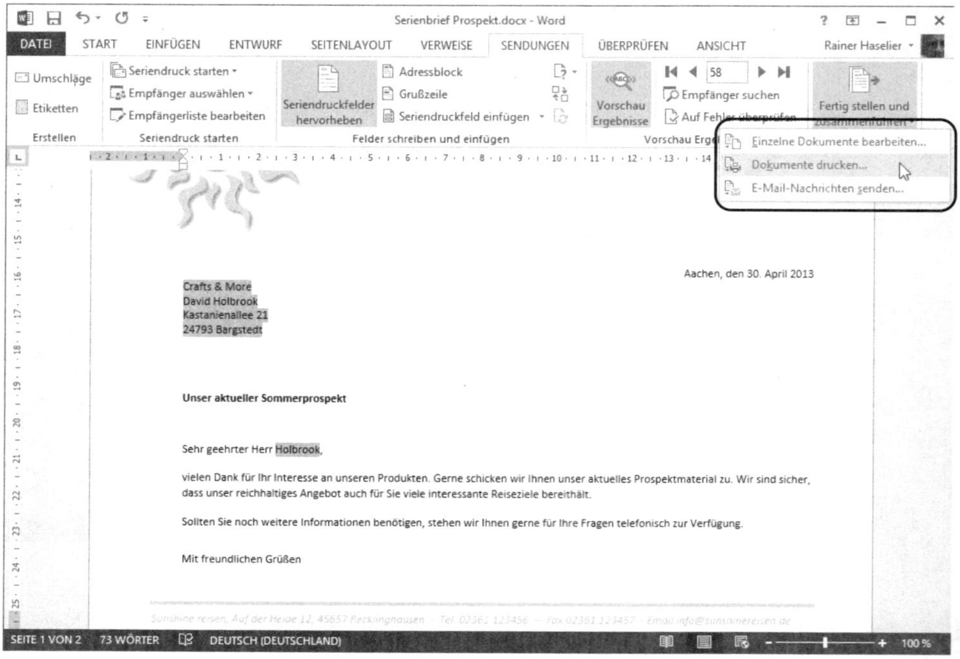

3. Wenn Sie eine der ersten beiden Optionen ausgewählt haben, wird das Dialogfeld *Seriendruck in neues Dokument* angezeigt, indem Sie die Datensätze auswählen können, die zusammengeführt werden sollen (siehe folgende Abbildung). Bei einem E-Mail-Seriendruckprojekt können Sie zusätzlich noch die Betreffzeile und das E-Mail-Format festlegen.

Bild 15.17 Hier können Sie die Datensätze auswählen, die zusammengeführt werden sollen

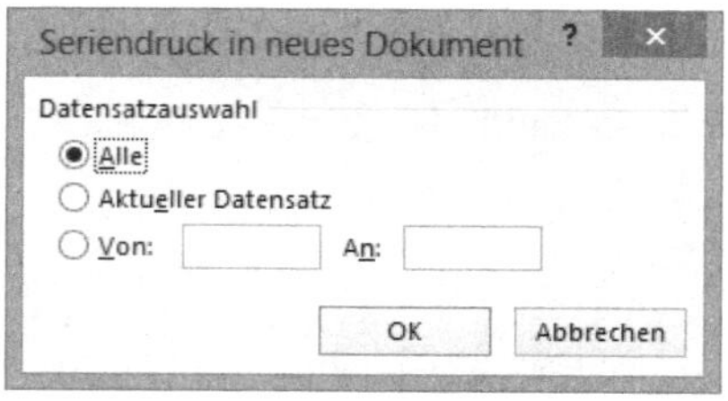

4. Klicken Sie auf *OK*.

Kapitel 16

Eigene Vorlagen erstellen

Word 2013

In diesem Kapitel:

Für alle, die projekt- oder firmenbezogene Dokumentvorlagen erstellen wollen, ist das Verständnis des dahinter stehenden Konzepts ein absolutes Muss. Leider schrecken immer noch zu viele Word-Anwender davor zurück, sich in das Konzept der Dokumentvorlagen einzuarbeiten. Dass sie Word mit angezogener Handbremse benutzen, ist ihnen dabei oft gar nicht bewusst.

Dieses Kapitel beschreibt daher an einem Beispiel Schritt für Schritt, wie Sie eine Dokumentvorlage erstellen und vermittelt im zweiten Teil das notwendige Wissen, das für die Planung und den optimalen Einsatz von Dokumentvorlagen erforderlich ist.

Eigene Vorlage erstellen

Das Erstellen einer Vorlage gleicht im Wesentlichen dem Erstellen eines »normalen« Dokuments. Sie können eine Vorlage formatieren wie ein Dokument, Grafiken einfügen, Bausteine erstellen, Seitenabmessungen eintragen, Kopf- und Fußzeilen definieren usw. Somit können Sie beim Erstellen einer Vorlage auch eine der drei folgenden Methoden verwenden:

- Erstellen Sie ein neues leeres Dokument.
- Verwenden Sie eine der Vorlagen, die zum Lieferumfang von Word gehören, als Grundlage für Ihre angepasste Vorlage.
- Basieren Sie Ihre Vorlage auf einem bestehenden Dokument.

Wir wollen in diesem Kapitel die dritte Variante wählen und haben dafür ein Dokument vorbereitet, das ein Anschreiben für den Prospektversand eines Reisebüros enthält.

Bild 16.1 Das vorbereitete Dokument mit dem Anschreiben für einen Prospektversand

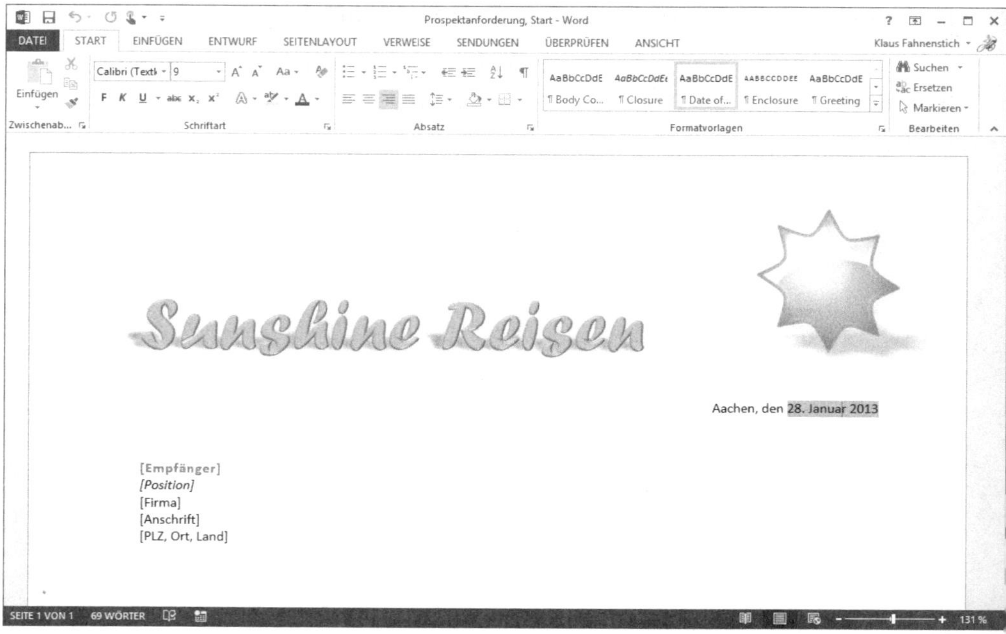

Im Laufe dieses Kapitels werden Sie das Dokument laden, einige Änderungen daran vornehmen, es als Vorlage speichern und abschließend diese Vorlage für ein neues Dokument verwenden.

1. Wechseln Sie in die Backstage-Ansicht und gehen Sie auf die Seite *Öffnen.*
2. Wechseln Sie in den Ordner, in den die Beispieldateien für dieses Buch installiert wurden.
3. Markieren Sie die Datei mit dem Namen *Prospektanforderung, Start* und klicken Sie auf die Schaltfläche *Öffnen.*

Oben auf der Seite sehen Sie den auffällig formatierten Firmennamen und das Firmenlogo, für das wir eine ClipArt aus *Office.com* genutzt haben. Unterhalb des Logos wird ein Datum angezeigt, das später automatisch aktualisiert werden soll. Damit das funktioniert, haben wir die Feldfunktion *CREATEDATE* mit den entsprechenden Schaltern eingefügt. Die graue Schattierung zeigt an, dass es sich hierbei um ein Feld und nicht um normalen Text handelt; damit Felder so angezeigt werden, muss die Option *Erweitert/Dokumentinhalt anzeigen/Feldschattierung* auf *Immer* oder auf *Wenn ausgewählt* eingestellt sein.

Die Eingabefelder für die Empfängeranschrift sind *Inhaltssteuerelemente.* Zum Eingeben der Anschrift klicken Sie die Felder einfach der Reihe nach an und geben die jeweiligen Daten ein. Hinter dem Feld für den Empfängernamen verbirgt sich übrigens die Dokumenteigenschaft *Betreff.* Durch diesen kleinen Griff in die Trickkiste haben wir erreicht, dass eine Eingabe in dieses Feld automatisch in seinen Doppelgänger in der Anredezeile übernommen wird. Dieser Mechanismus funktioniert nämlich nur mit Dokumenteigenschaften.

Um die Vorlage noch etwas zu vervollständigen, wollen wir sie in den nächsten Schritten noch um ein weiteres Feld ergänzen. Mit ihm soll später beim Erstellen eines neuen Dokuments, das auf dieser Vorlage basiert, der Name des Benutzers aufgenommen werden, der in den Word-Optionen in der Rubrik *Allgemein* im Feld *Benutzername* eingetragen ist. Dadurch wird die Vorlage personalisiert, das heißt, sie kann von verschiedenen Benutzern verwendet werden, wobei jeder Benutzer ein individuelles Dokument erstellt, das seinen Namen enthält.

Bild 16.2 Einfügen des Benutzernamens

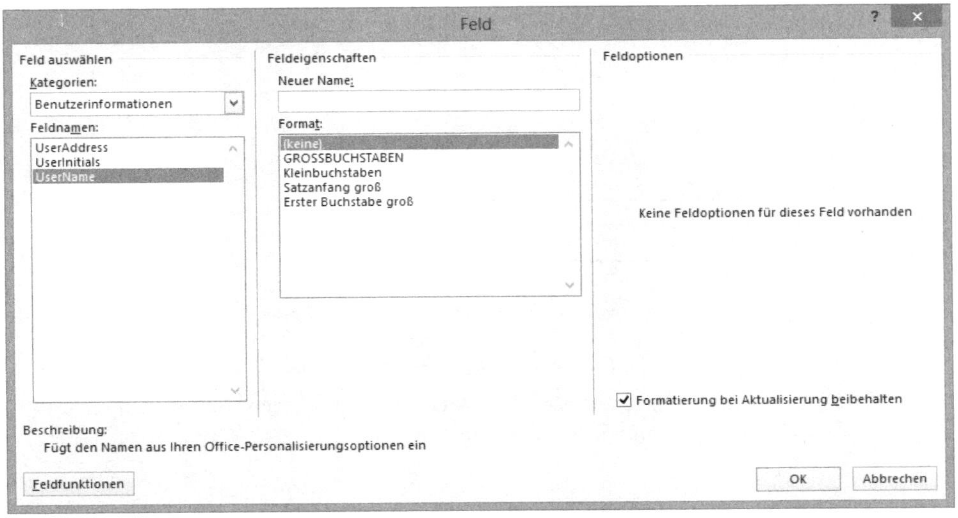

4. Scrollen Sie an das Ende des Dokuments und setzen Sie die Einfügemarke in den leeren Absatz unterhalb der Zeile »Mit freundlichen Grüßen«. Am besten schalten Sie dazu die Anzeige der Formatierungszeichen ein (entweder mit dem Shortcut Strg+* oder via Registerkarte *START*/Gruppe *Absatz*/Schaltfläche *Alle anzeigen*).
5. Wechseln Sie auf die Registerkarte *EINFÜGEN*.
6. Öffnen Sie das Menü der Schaltfläche *Schnellbausteine* und wählen Sie den Befehl *Feld*.
7. Wählen Sie in der Liste *Kategorien* den Eintrag *Benutzerinformationen*, markieren Sie dann in der Liste *Feldnamen* die Option *UserName* und klicken anschließend auf *OK* (siehe Bild 16.2 auf der vorherigen Seite).

   Damit hat die Vorlage ihre endgültige Fassung erreicht und kann jetzt gespeichert werden.
8. Wechseln Sie dazu in die Backstage-Ansicht und klicken Sie auf der Seite *Speichern unter* erst auf *Computer* und dann auf *Durchsuchen*. Word zeigt das Dialogfeld *Speichern unter* an.
9. Stellen Sie im Dialogfeld als Dateityp *Word-Vorlage* ein. Word springt dann automatisch in den Ordner, der für das Speichern von benutzerdefinierten Vorlagen vorgesehen ist. Wenn Sie möchten, können Sie den Ordner jetzt wechseln, aber für einen ersten Test belassen wir es bei der Voreinstellung. Auf jeden Fall müssen Sie sich den Ordner merken, damit Sie ihn gleich wiederfinden.
10. Geben Sie einen Dateinamen für die Vorlage ein.
11. Schalten Sie das Kontrollkästchen *Miniatur speichern* ein, falls es nicht aktiviert sein sollte.

Bild 16.3 Speichern des Dokuments als Vorlage

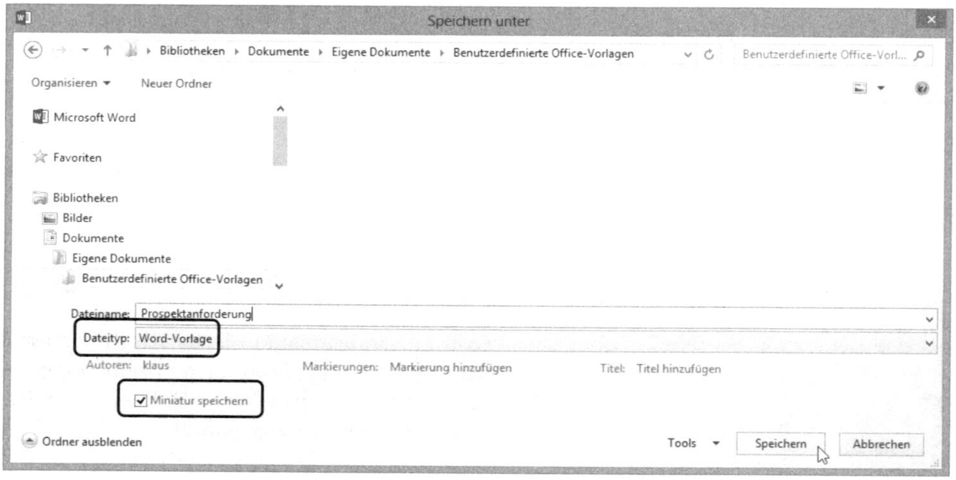

12. Klicken Sie auf *Speichern*, um den Vorgang zu beenden und schließen Sie die Vorlage.

Damit ist die Vorlage fertig. Im nächsten Abschnitt zeigen wir Ihnen, wie Sie auf Basis dieser Vorlage ein neues Dokumen erstellen können.

Eigene Vorlagen anwenden

Bevor wir gleich versuchen, ein neues Dokument zu erstellen, wollen wir uns zunächst ansehen, wie die neue Vorlage in einem Ordnerfenster dargestellt wird:

1. Öffnen Sie ein Ordnerfenster und wechseln Sie in den Ordner mit der neuen Vorlage.
2. Zeigen Sie mit dem Mauszeiger auf das Symbol der Vorlagendatei.

Bild 16.4 Darstellung von Vorlagen im Ordnerfenster

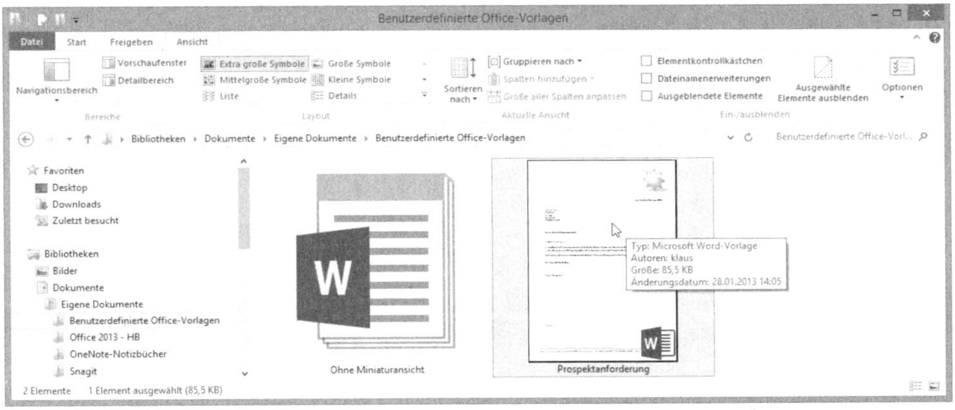

Durch das Speichern der Miniaturansicht kann man der Datei nicht immer direkt ansehen, dass es sich bei ihr um eine Word-Vorlage handelt. Erst wenn Sie mit der Maus auf das Symbol zeigen, können Sie anhand des Tooltipps den Dateityp erkennen. Wenn Sie eine Vorlage ohne Miniaturansicht speichern, erhält sie ein Symbol, das einen Abreißblock darstellt (wie oben im Bild bei der Datei *Ohne Miniaturansicht*).

Falls Sie im Ordnerfenster für die Ansicht der Symbole eine der Einstellungen *Kleine Symbole, Liste* oder *Details* verwenden, tritt das Problem nicht auf, da in diesem Fall keine Miniaturansichten für die Dateien angezeigt werden.

3. Klicken Sie das Symbol der Vorlage *Projektanforderung* mit der rechten Maustaste an, um das Kontextmenü der Datei anzuzeigen.

   Wie Sie sehen, ist der Befehl *Neu* im Kontextmenü in fetter Schrift dargestellt. Das bedeutet, dass genau dieser Befehl ausgeführt wird, wenn Sie auf dem Symbol doppelklicken. Wenn Sie interessehalber das Kontextmenü eines normalen Word-Dokuments aufrufen, werden Sie feststellen, dass dort der Befehl *Öffnen* hervorgehoben wird.
4. Doppelklicken Sie auf dem Symbol der Vorlage.
5. Überprüfen Sie, ob im oberen Bereich das aktuelle Datum angezeigt wird.
6. Scrollen Sie nach unten und sehen Sie nach, ob unter der Grußformel Ihr Name erscheint.
7. Füllen Sie nun auch die Felder für die Adressangabe aus und überzeugen Sie sich davon, dass der Name des Empfängers wie versprochen automatisch in der Anredeformel übernommen wird. Nicht benötigte Adressfelder können Sie wie normalen Text löschen.
8. Speichern Sie das fertige Dokument.

Bild 16.5 Die fertige Vorlage im Einsatz

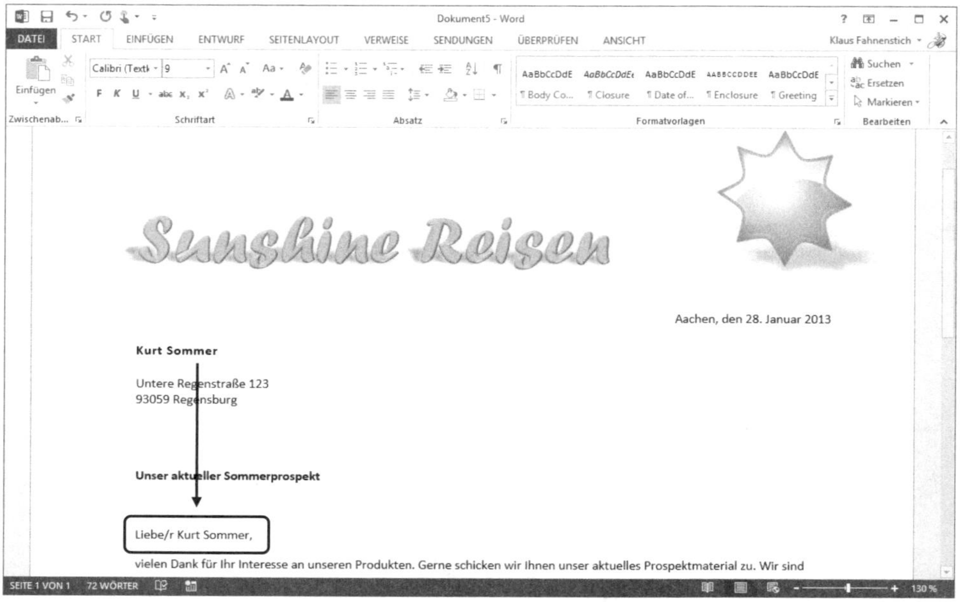

Vorlage in den Vorlagenordner kopieren

Die gerade vorgestellte Methode, um aus einer Vorlage ein neues Dokument zu erstellen, ist natürlich noch nicht der Weisheit letzter Schluss. Ein Anwender würde selbstverständlich erwarten, dass er die Vorlage in der Backstage-Ansicht auf der Seite *Neu* vorfindet.

Damit das funktioniert, müssen Sie Word explizit mitteilen, in welchem Ordner sich Ihre Vorlagen befinden. Am besten wählen Sie dazu den Ordner, den Word beim Speichern einer Vorlage von sich aus vorschlägt, Sie können aber auch jeden anderen Ordner auf Ihrem Computer nutzen.

Der Standardordner für Vorlagen ist allerdings gut versteckt und wird sogar – je nach aktueller Konfiguration Ihres Rechners – noch nicht einmal im Ordnerfenster angezeigt. Mit dem folgenden kleinen Trick kommen Sie dem Ordner jedoch schnell auf die Spur:

1. Erstellen Sie ein neues leeres Dokument und rufen Sie das Dialogfeld *Speichern unter* auf.
2. Wählen Sie den Dateityp *Word Vorlage*. Word wechselt automatisch in den richtigen Ordner.
3. Markieren Sie den Pfad des Ordners in der Adressleiste des Dialogfeldess und kopieren Sie ihn in die Zwischenablage (z. B. mit Rechtsklick und Kopieren).
4. Schließen Sie das Dialogfeld mit *Abbrechen*.
5. Öffnen Sie die Word-Optionen (Backstage-Ansicht/*Optionen*) und fügen Sie den kopierten Pfad auf der Seite *Speichern* in das Feld *Standardspeicherort für persönliche Vorlagen* ein.
6. Wenn Sie jetzt in der Backstage-Ansicht auf die Seite *Neu* gehen, tauchen dort die beiden neuen Einträge *EMPFOHLEN* und *PERSÖNLICH* auf. Klicken Sie auf *PERSÖHNLICH*, um Ihre neue Vorlage anzuzeigen.

Bild 16.6 Die Vorlage lässt sich nun auf dem gewohnten Weg nutzen

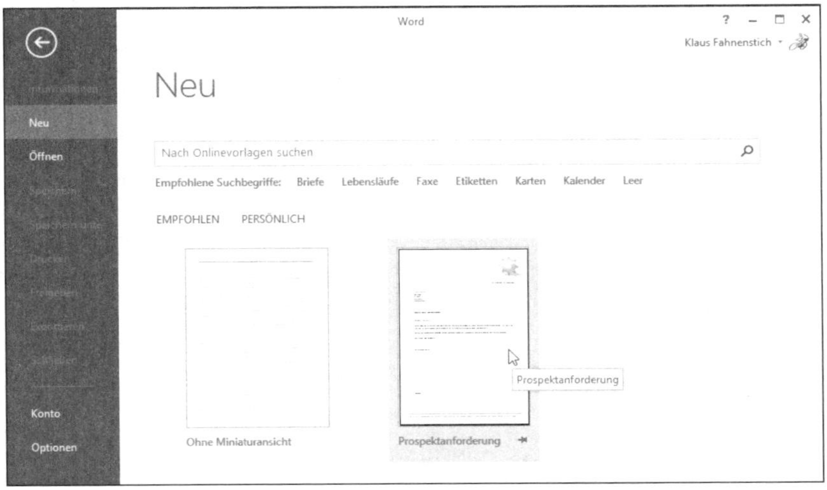

Vorlagen organisieren

Wenn Sie viele Vorlagen erstellt haben, kann es im Laufe der Zeit im Vorlagenordner etwas unübersichtlich werden. Doch auch hierfür gibt es eine Lösung: Wenn sich in den Vorlagenordnern weitere Ordner befinden, tauchen sie automatisch auf der Seite *Neu* auf. Das gilt sowohl für den Vorlagenordner auf Ihrem Computer als auch für den Ordner mit den Arbeitsgruppenvorlagen, den wir Ihnen im nächsten Abschnitt vorstellen.

Bild 16.7 Unterordner werden nur angezeigt, wenn sie mindestens eine Vorlage enthalten

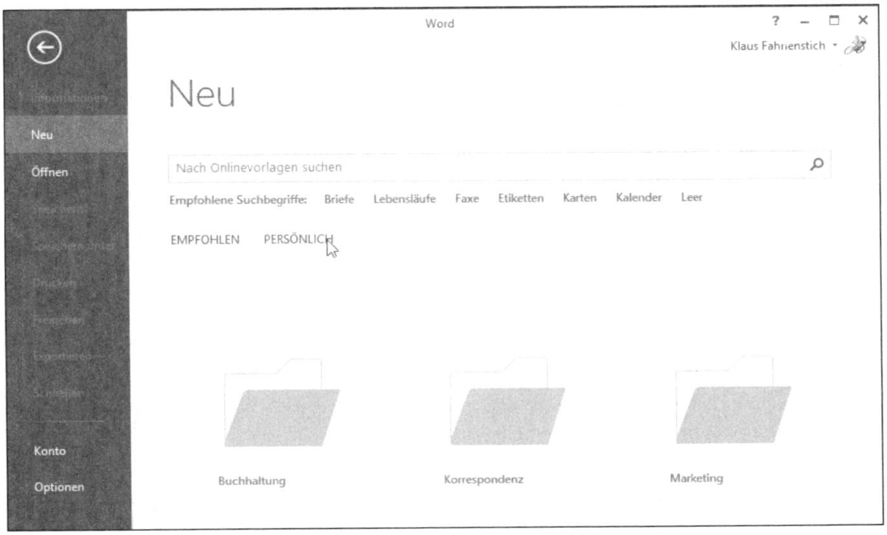

Vorlagen mit mehreren Anwendern nutzen

Word kennt zwei spezielle Ordner, in denen Sie Ihre Vorlagen ablegen können: den Ordner für Benutzervorlagen und den Ordner für die Arbeitsgruppenvorlagen. Der *Benutzer*-Ordner ist für Vorlagen gedacht, mit denen nur Sie allein arbeiten und befindet sich normalerweise auf dem eigenen PC. Diesen Ordner haben Sie im letzten Abschnitt kennengelernt.

Ist ein PC in einem Netzwerk eingebunden, existiert in der Regel auf dem Server ein Verzeichnis, in dem die Vorlagen abgelegt sind, die von allen Mitarbeitern benutzt werden sollen. Dieses Verzeichnis wird in Word als *Arbeitsgruppen*-Ordner bezeichnet. Die gemeinsame Nutzung der Vorlagen hat den Vorteil, dass zum einen alle Mitarbeiter von den Komfortmerkmalen der Vorlagen profitieren können und dass alle Dokumente ein einheitliches Layout erhalten.

Damit Word den Arbeitsgruppen-Ordner verwendet, müssen Sie zunächst angeben, wo sich dieser Ordner befindet. Das erledigen Sie mit folgenden Schritten:

1. Öffnen Sie ein beliebiges Dokument oder erstellen Sie ein leeres Dokument.
2. Wählen Sie in der Backstage-Ansicht *Optionen* und wechseln Sie in die Kategorie *Erweitert.*
3. Dort finden Sie ganz unten, in der Gruppe *Allgemein,* die Schaltfläche *Dateispeicherorte.* Klicken Sie diese Schaltfläche an, um das folgende Dialogfeld anzuzeigen. Diese Schaltfläche ist nur aktiv, wenn ein Dokument geladen ist!

Bild 16.8 In diesem Dialogfeld können Sie den Ordner für die Arbeitsgruppenvorlagen festlegen

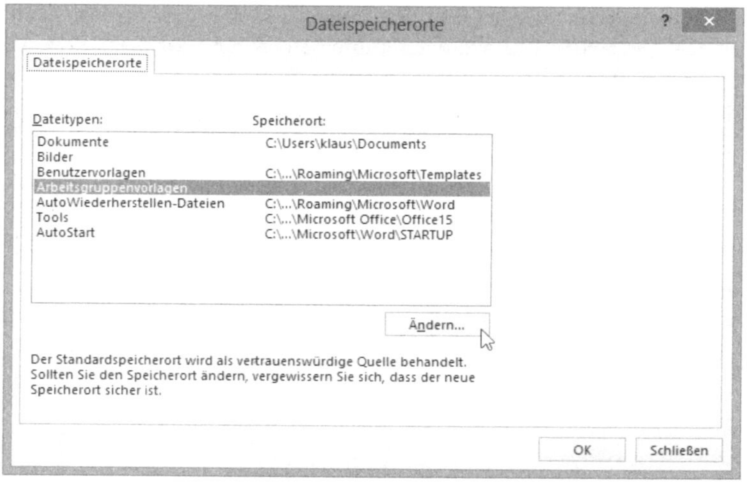

4. Markieren Sie den Eintrag *Arbeitsgruppenvorlagen* und klicken Sie auf *Ändern.*
5. Zeigen Sie den gewünschten Ordner im Dialogfeld *Speicherort ändern* an, markieren ihn und klicken dann auf *OK.* Schließen Sie auch die anderen Dialogfelder.
6. Wenn Sie eine neue Vorlage erstellt haben, die Sie Ihren Kollegen zur Verfügung stellen wollen, verschieben Sie die Dokumentvorlage in diesen Ordner.
7. Rufen Sie in der Backstage-Ansicht die Seite *Neu* auf, um zu prüfen, ob die Ordner dort auftauchen. Hinweis: Word zeigt einen Ordner nur dann an, wenn sich darin auch tatsächlich eine Vorlage befindet.

Bild 16.9 Die Seite *Neu,* nachdem ein Verzeichnis für die Arbeitsgruppenvorlagen angegeben wurde

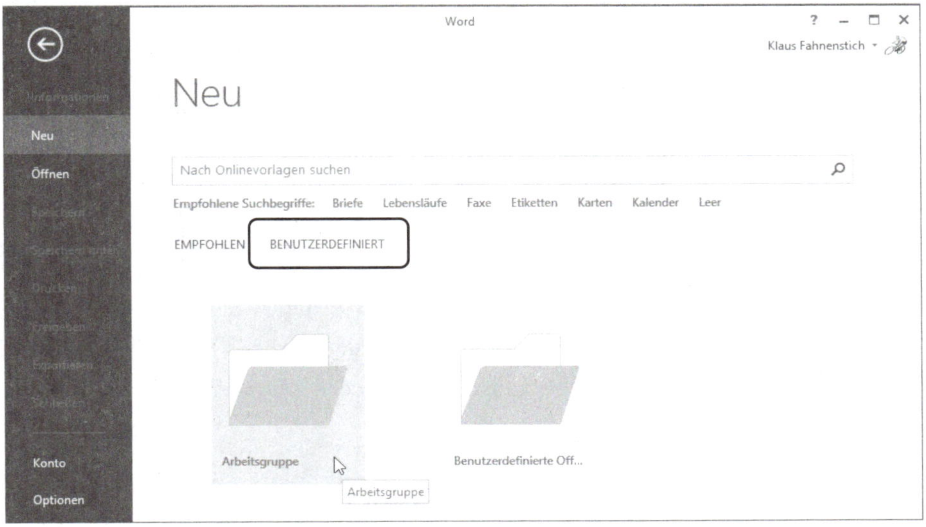

Beachten Sie, dass in der Backstage-Ansicht auf der Seite *Neu* der Link *PERSÖHNLICH* durch *BENUTZERDEFINIERT* ersetzt wurde. Ein Klick auf den neuen Link zeigt zunächst zwei Ordner an: einen für die Arbeitsgruppenvorlagen und einen für die benutzerdefinierten Vorlagen. Um ihren Anwendern an dieser Stelle die Orientierung zu erleichtern, sollten Sie dem Arbeitsgruppenordner einen entsprechend aussagekräftigen Namen geben.

PROFITIPP

Arbeitsgruppenvorlagen-Verzeichnis entfernen

Falls Sie die Verzeichnisangabe für die Arbeitsgruppenvorlagen wieder löschen wollen, haben wir eine schlechte Nachricht für Sie: Uns ist keine Methode bekannt, wie sich das direkt in Word erledigen lässt. Tricks von Vorgängerversionen funktionieren leider nicht mehr, so dass als einziger Ausweg nur die Windows-Registrierungsdatenbank, kurz Registry, bleibt.

1. Halten Sie die Windows-Taste gedrückt und drücken Sie [R], um das Dialogfeld *Ausführen* anzuzeigen.
2. Geben Sie **regedit** ein und starten Sie den Registrierungs-Editor mit *OK.*
3. Navigieren Sie zum Schlüssel *HKEY_CURRENT_USER\Software\Microsoft\Office\15.0\Common\General.*
4. Doppelklicken Sie dort auf dem Wert *SharedTemplates.*

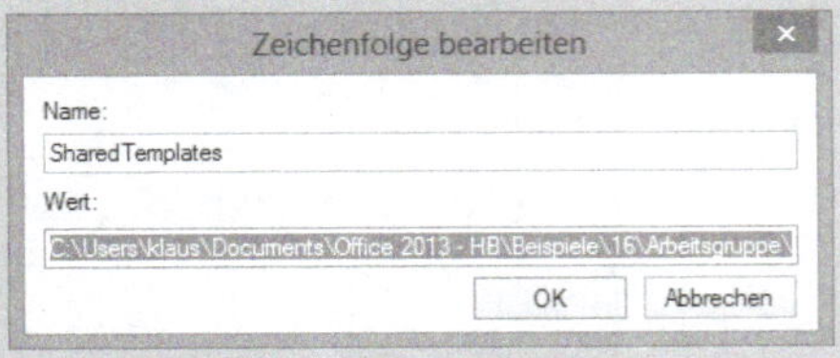

5. Löschen Sie den Eintrag, klicken Sie auf *OK* und schließen Sie den Editor wieder.

Vorlage für alle Dokumente nutzbar machen

Jedes Dokument ist mit genau einer Vorlage verbunden. Sie können aber auch Vorlagen erstellen, die sich dann in allen Dokumenten verwenden lassen. Diese Art der Vorlagen nennt man globale Vorlagen. (Mehr über die konzeptionellen Hintergründe zu diesem Thema finden Sie am Ende dieses Kapitels.)

Als Beispiel für eine Dokumentvorlage, die sich als globale Vorlage einsetzen lässt, haben wir die Datei *Sunshine Logos* vorbereitet. Diese Vorlage enthält drei Schnellbausteine mit dem Firmenschriftzug des fiktiven Reisebüros *Sunshine* in verschiedenen Größen. Sie befindet sich in dem Ordner, in dem die Beispieldateien für dieses Buch installiert wurden.

Und so stellen Sie diese Dokumentvorlage allen Dokumenten zur Verfügung:

1. Öffnen Sie das Dialogfeld *Word-Optionen* und wechseln Sie in die Kategorie *Add-Ins.*
2. Wählen Sie unten im Listenfeld *Verwalten* den Eintrag *Vorlagen* und klicken Sie dann auf die Schaltfläche *Gehe zu.*
3. Klicken Sie auf die Schaltfläche *Hinzufügen.*
4. Wechseln Sie in den Ordner, in dem sich die Beispieldateien zu diesem Buch befinden, markieren die Datei *Sunshine Logos* und klicken auf *OK.* Die Datei taucht jetzt in der Liste *Globale Dokumentvorlagen und Add-Ins* auf.

Bild 16.10 Mit diesem Dialogfeld können Sie globale Dokumentvorlagen laden

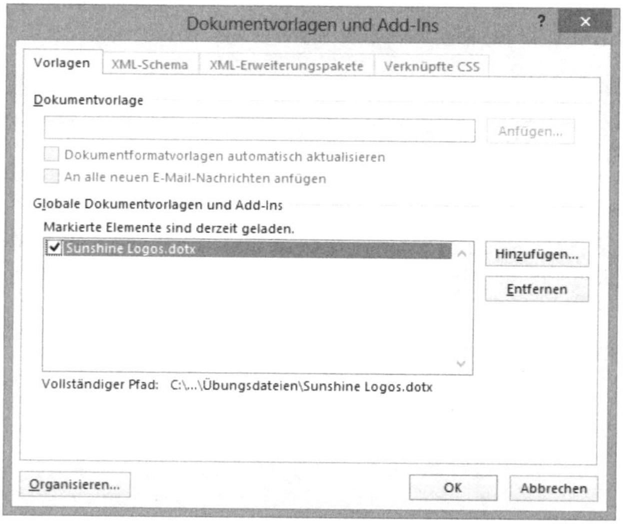

5. Schließen Sie das Dialogfeld *Dokumentvorlagen und Add-Ins.*
6. Wechseln Sie auf die Registerkarte *Einfügen* und klicken Sie auf die Schaltfläche *Schnellbausteine.* Wie angekündigt, tauchen die drei Logos im Menü der Schaltfläche auf.
7. Beenden Sie Word und starten Sie es erneut.
8. Klicken Sie erneut auf die Schaltfläche *Schnellbausteine.* Und siehe da: Die Logos tauchen im Untermenü nicht mehr auf. Was ist passiert?

9. Rufen Sie das Dialogfeld *Dokumentvorlagen und Add-Ins* auf (wie in den Schritten 1 und 2 beschrieben). Aha: Das Kontrollkästchen vor *Sunshine Logos.dotx* ist ausgeschaltet!

10. Schalten Sie es erneut ein und überzeugen sich davon, dass die Schnellbausteine der Vorlage jetzt wieder im Menü der Schaltfläche *Schnellbausteine* auftauchen.

Wie Sie sehen, merkt Word sich zwar, welche Vorlagen Sie global geladen haben. Die globalen Vorlagen bleiben jedoch nur während der aktuellen Word-Sitzung geladen. Nach einem Word-Neustart müssen Sie das Laden wieder manuell einschalten.

Vorlagen automatisch laden

Es gibt aber noch eine andere Lösung, die Sie verwenden können, wenn Sie möchten, dass Word eine Dokumentvorlage bei jedem Starten automatisch lädt. Kopieren Sie dann die Vorlagen in den Autostart-Ordner von Word.

Den für Ihren Rechner gültigen AutoStart-Ordner können Sie im Dialogfeld *Speicherort für Dateien* ablesen. Wie Sie das Dialogfeld aufrufen, haben wir im Abschnitt »Vorlagen mit mehreren Anwendern nutzen« auf Seite 338 beschrieben.

Ein wenig Vorlagentheorie

Nachdem wir bisher vor allem die praktischen Dinge beim Einsatz von Vorlagen beschrieben haben, befasst sich dieser Abschnitt ein wenig mit der Theorie. Aber keine Angst: Auch hier finden Sie zahlreiche praktische Informationen, die den Einsatz der Dokumentvorlagen einfacher und komfortabler machen.

Word arbeitet mit zwei Arten von Dateien:

- Dokumente, die die Endungen *.docx* (ohne Makros) bzw. *.docm* (mit Makros) besitzen, wobei die Buchstaben »doc« als Kürzel für das englische ***document*** stehen.
- Dokumentvorlagen, die Sie an der Dateinamenserweiterung *.dotx* (ohne Makros) und *.dotm* (mit Makros) erkennen; die Buchstaben »dot« stehen für das englische ***document template*** (Dokumentschablone).

Grundsätzlich basiert jedes Word-Dokument auf einer Dokumentvorlage. Wenn Sie ein neues, leeres Dokument erstellen, benutzt Word automatisch die Vorlage *Normal.dotx*. Entscheiden Sie sich auf der Seite *Neu* hingegen für eine der anderen dort angebotenen Vorlagen, basiert das neue Dokument anschließend auf der von Ihnen ausgewählten Vorlagendatei.

Der Inhalt einer Dokumentvorlage

Dokumentvorlagen bilden quasi das Fundament neuer Dokumente und liefern im Idealfall sowohl das »Baumaterial« als auch die »Werkzeuge« frei Haus.

- **Standardtext und Grafiken** Wenn Sie ein neues Dokument beginnen, das auf einer Vorlage basiert, übernimmt Word alle Texte und Grafiken der Vorlage in das neue Dokument. Formatierungen, die Sie vorgenommen haben, bleiben dabei ebenfalls erhalten.

- **Standardformatierungen des Dokuments** Hierzu gehören benutzerdefinierte oder Standardformatvorlagen, die Sie selbst erstellt oder angepasst haben. Auch die Seitenabmessungen, Randeinstellungen und die Ausrichtung können in jeder Dokumentvorlage nach Bedarf eingestellt werden. Beim Erstellen eines Dokuments werden diese Formatierungseigenschaften von der Vorlage an das Dokument »vererbt« (dazu gleich mehr).
- **Bausteine** Beim Anlegen eines neuen Bausteins können Sie festlegen, ob der Baustein in der Vorlage gespeichert wird, auf der das aktuelle Dokument basiert, in der globalen Dokumentvorlage *Normal.dotx* oder in der speziellen Bausteinvorlage *Buildung Blocks.dotx*.
- **Anpassungen der Symbolleiste für den Schnellzugriff** Dokumentvorlagen können auch Einfluss auf die Symbolleiste für den Schnellzugriff nehmen. Dazu öffnen Sie die Vorlage, wechseln im Dialogfeld *Word-Optionen* in die Kategorie *Symbolleiste für den Schnellzugriff* und wählen zuerst im Listenfeld *Symbolleiste für den Schnellzugriff anpassen* den Namen der Vorlage aus. Anschließend können Sie die gewünschten Änderungen an der Symbolleiste vornehmen. Wenn Sie dann ein neues Dokument auf Basis dieser Vorlage erstellen, tauchen die zuvor in der Vorlage hinzugefügten Schaltflächen in der Symbolleiste für den Schnellzugriff auf.
- **Tastenkombinationen** Die in Word enthaltenen Tastenkombinationen, die so genannten *Shortcuts*, lassen sich ergänzen bzw. ändern. Im Dialogfeld *Tastatur anpassen (EINFÜGEN/Symbol/Weitere Symbole/Tastenkombination…)* legen Sie mit dem Listenfeld *Speichern in* die Vorlage fest, in der die vorgenommenen Änderungen gespeichert werden sollen.
- **Makros** Mit Makros kann die Funktionalität einer Dokumentvorlage nahezu beliebig erweitert werden. Eine Sonderstellung kommt dem Makro *AutoNew()* zu, das beim Erstellen eines neuen Dokuments automatisch aufgerufen wird. Dieses Makro eignet sich zum Beispiel zum Aufruf benutzerdefinierter Dialogfelder, in die Anwender zentrale Daten eingeben können.

Zusammenspiel von Word und Dokumentvorlagen

Um zu verstehen, wie sich Word, Dokumentvorlagen und Dokumente gegenseitig beeinflussen, muss man das Konzept kennen, das diese drei Elemente zu einer gemeinsamen Architektur verbindet. Dieses Zusammenspiel lässt sich am besten an einem dreischichtigen Modell erläutern.

Bild 16.11 Dokumentvorlagen sind die Schnittstelle zwischen Word und Dokument

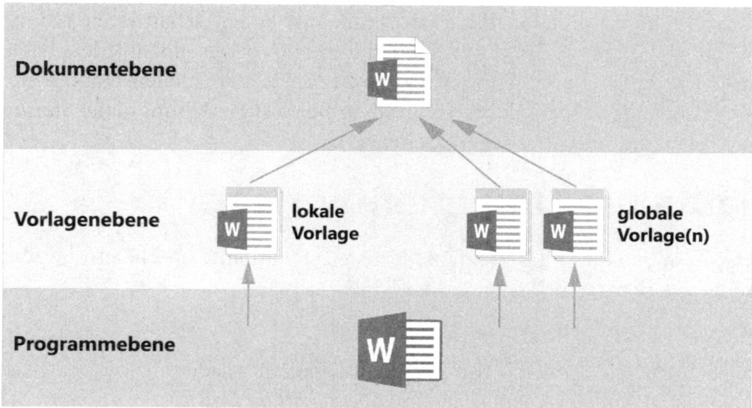

Auf der untersten Ebene befindet sich Word selbst. Das Programm enthält die verschiedenen Funktionen, die Sie nicht verändern können, die aber allen Vorlagen und Dokumenten zur Verfügung stehen.

Auf der mittleren Ebene sind die Dokumentvorlagen angesiedelt, wobei man hier zwischen der lokalen Vorlage und den globalen Vorlagen unterscheiden muss. Diese Zwischenebene ist die Schnittstelle zwischen Word und dem eigentlichen Dokument, in der bestimmt werden kann, wie sich Word dem Anwender bei der Bearbeitung eines Dokuments präsentiert. Auf der obersten Ebene liegt dann das eigentliche Dokument.

Lokale Dokumentvorlagen

Word unterscheidet zwischen lokalen und globalen Dokumentvorlagen. Die lokale Dokumentvorlage ist die Vorlage, die mit einem Dokument direkt verbunden ist. Diese Verbindung wird beim Erstellen des Dokuments festgelegt, sie kann aber jederzeit über das Dialogfeld *Dokumentvorlagen und Add-Ins* geändert werden (siehe Abschnitt »Dokumente mit anderen Vorlagen verbinden« auf Seite 344).

Die Einstellungen in der lokalen Dokumentvorlage werden von Word vorrangig behandelt. Wenn Sie zum Beispiel einem Word-Befehl in der lokalen Vorlage den Shortcut Strg+A und in einer globalen Vorlage dem gleichen Befehl den Shortcut Strg+B zugewiesen haben, müssen Sie in allen Dokumenten, die auf dieser lokalen Vorlage basieren, den Shortcut Strg+A benutzen, um den Befehl aufzurufen.

Wenn Sie zwischen zwei Dokumenten wechseln, die auf unterschiedlichen Vorlagen basieren, verwendet Word immer die Einstellungen (Shortcuts, Makros etc.) aus der jeweiligen lokalen Vorlage. Dadurch ist es möglich, das Verhalten von Word auf das gerade bearbeitete Dokument anzupassen.

So sucht Word nach der Normal.dotx

Die Reihenfolge, in der Word verschiedene Ordner nach der *Normal.dotx* durchsucht, lautet: Word-Programmordner, Ordner mit Benutzervorlagen, Ordner mit Arbeitsgruppenvorlagen. Word bricht die Suche ab, sobald es eine Version der Datei gefunden hat. Konnte die Datei nicht gefunden werden, wird automatisch eine neue, leere *Normal.dotx* mit Standardwerten angelegt.

Globale Dokumentvorlagen

Im Gegensatz zu den lokalen Vorlagen, die sich immer auf ein bestimmtes Dokument beziehen, stehen globale Vorlagen allen Dokumenten zur Verfügung. So können Sie zum Beispiel eine Vorlage erstellen, die ein Makro enthält, das eine Grafik mit einem schattierten Rahmen versieht. Wenn Sie für dieses Makro einen Shortcut vergeben und die Vorlage global laden, haben Sie Word – aus Sicht des Anwenders – um einen neuen Befehl ergänzt, der in allen Dokumenten zur Verfügung steht. Sie kennen diese Technik bereits aus dem Beispiel der Übungsdatei *Sunshine Logos*, in der einige Schnellbausteine enthalten waren (Seite 340).

Erstellen einer globalen Dokumentvorlage

Um aus einer *normalen* Vorlage eine globale Vorlage zu machen, braucht die Datei nicht verändert zu werden. Sie müssen Word lediglich mitteilen, dass es diese Vorlage als globale Vorlage behandeln soll. Das lässt sich auf zwei Wegen erreichen.

Kopieren Sie die Vorlage in den *AutoStart*-Ordner von Word. Alle Vorlagen, die sich in diesem Ordner befinden, werden beim Starten von Word automatisch geladen. Welchen Ordner Word als *AutoStart*-Ordner benutzt, können Sie im Dialogfeld *Speicherort für Dateien* einstellen (siehe Seite 338).

Dokumentvorlagen, die nur gelegentlich als globale Vorlage benötigt werden, sollten nur bei Bedarf geladen werden. Rufen Sie dazu das Dialogfeld *Dokumentvorlagen und Add-Ins* auf (siehe Seite 340), klicken Sie auf *Hinzufügen* und wechseln Sie in den Ordner, in dem sich die gewünschte Vorlage befindet. Dort können Sie sie mit einem Doppelklick in die Liste *Globale Dokumentvorlagen und Add-Ins* des Dialogfeldes übernehmen.

Die Vorlage wird jedoch nur während der aktuellen Word-Sitzung geladen. Wenn Sie das Dialogfeld beim nächsten Starten von Word erneut aufrufen, werden Sie feststellen, dass die Vorlage zwar noch in der Liste auftaucht, jedoch nicht mehr aktiv ist. Um sie erneut zu laden, schalten Sie einfach das Optionsfeld vor dem Namen der Vorlage ein.

Dokumente mit anderen Vorlagen verbinden

Sie können einem Dokument auch jederzeit eine andere Vorlage zuweisen:

1. Öffnen Sie das betreffende Dokument.
2. Zeigen Sie das Dialogfeld *Word-Optionen* an und wechseln Sie zur Kategorie *Add-Ins.*
3. Wählen Sie im Listenfeld *Verwalten* den Eintrag *Vorlagen* und klicken Sie auf *Gehe zu.*
4. Klicken Sie im Dialogfeld *Dokumentvorlagen und Add-Ins* auf *Anfügen.*
5. Wählen Sie die gewünschte Vorlage und klicken Sie auf *Öffnen.*
6. Wenn Sie die Option *Dokumentformatvorlagen automatisch aktualisieren* einschalten, kopiert Word bei jedem Öffnen des Dokuments die Formatvorlagen aus der Vorlage in das Dokument. Das heißt, jede Änderung an den Formatvorlagen der Vorlage wirkt sich automatisch auf das Dokument aus. Vorsicht: Dieser Effekt kann auch unerwünscht sein, zum Beispiel bei Nummerierungen, deren Startwert manuell geändert wurde.

Bild 16.12 Änderungen an den Formatvorlagen der Dokumentvorlage können automatisch übernommen werden

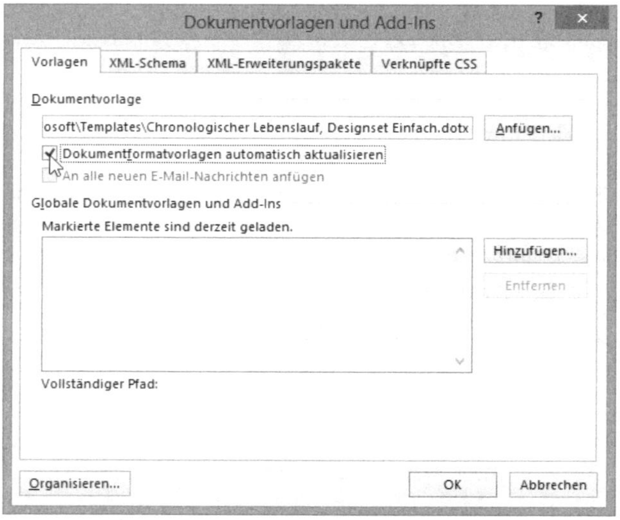

Vorlagen organisieren

Beim Erstellen einer neuen Dokumentvorlage bietet es sich oft an, bereits in anderen Vorlagen vorhandene Formatvorlagen und Makros zu übernehmen. Zu diesem Zweck existiert in Word ein eigenes Dialogfeld, mit dem sich diese Elemente zwischen Dokumentvorlagen verschieben und kopieren lassen.

Das Kopieren funktioniert bei allen Elementen gleich:

1. Zeigen Sie das Dialogfeld *Word-Optionen* an *(DATEI/Neu).*
2. Wechseln Sie in die Kategorie *Add-Ins.*
3. Wählen Sie im Listenfeld *Verwalten* den Eintrag *Vorlagen* und klicken Sie auf *Gehe zu.*
4. Klicken Sie im Dialogfeld *Dokumentvorlagen und Add-Ins* auf *Organisieren.*
5. Wechseln Sie auf die Registerkarte, deren Elemente Sie bearbeiten wollen.

Bild 16.13 Mit diesem Dialogfeld lassen sich Formatvorlagen und Makros verwalten

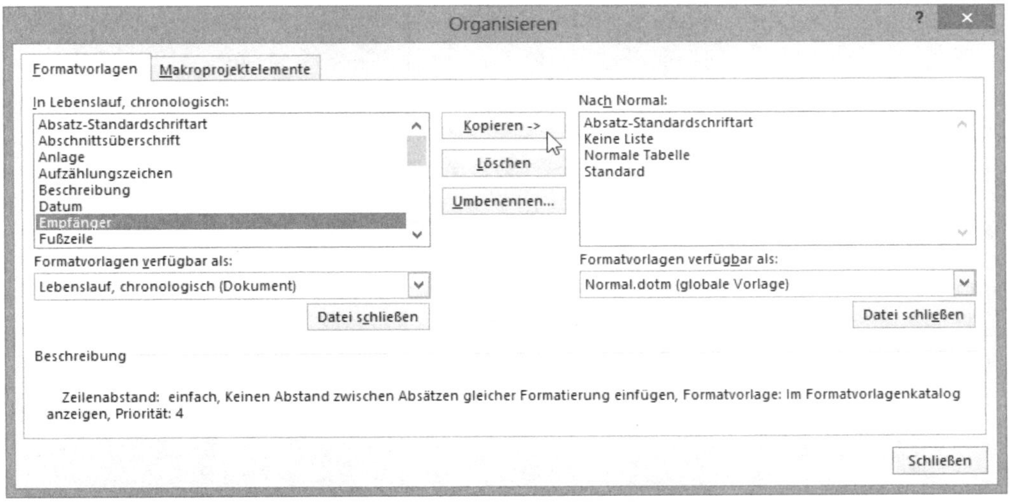

6. Öffnen Sie in der linken Liste (mit *Datei schließen* und anschließendem *Datei öffnen*) die Vorlage, aus der Sie kopieren wollen. Ist die Datei bereits in Word geöffnet, können Sie sie direkt aus dem Listenfeld ... *verfügbar als* wählen.
7. In der rechten Liste öffnen Sie die Zielvorlage.
8. Markieren Sie in der linken Liste die gewünschten Elemente und klicken Sie auf *Kopieren.*

Das Umbenennen und Löschen von Elementen funktioniert nach dem gleichen Prinzip. Zu beachten ist lediglich, dass die internen Formatvorlagen von Word nicht gelöscht werden können.

Kapitel 17

Word-Optionen

In diesem Kapitel:

In diesem Kapitel stellen wir Ihnen die zahlreichen Einstellungsmöglichkeiten von Word 2013 vor, mit denen Sie das Verhalten von Word und die Bildschirmdarstellung der Dokumente an Ihre Wünsche und Bedürfnisse anpassen können. Wir beschränken uns dabei auf die Beschreibung der wichtigsten Optionen.

Die Palette reicht vom Ein- und Ausschalten des Warntons bis hin zur Wahl der verwendeten Maßeinheit. Schauen Sie sich die Optionen der Reihe nach an, da sich neben vielen banalen auch etliche wichtige Funktionen dahinter verstecken.

Um das Dialogfeld aufzurufen, mit dem Sie die Word-Optionen einsehen und bearbeiten können, wechseln Sie durch einen Klick auf *DATEI* in die Backstage-Ansicht und wählen dort den Befehl *Optionen.* Word zeigt dann das Dialogfeld *Word-Optionen* an, in dem die verschiedenen Optionen thematisch in Gruppen zusammengefasst sind, sodass Sie sich relativ schnell darin orientieren können.

Bild 17.1 Die zahlreichen Optionen sind thematisch gegliedert. Wenn Sie mit dem Mauszeiger auf ein Info-Symbol zeigen, erscheint ein kurzer erklärender Text.

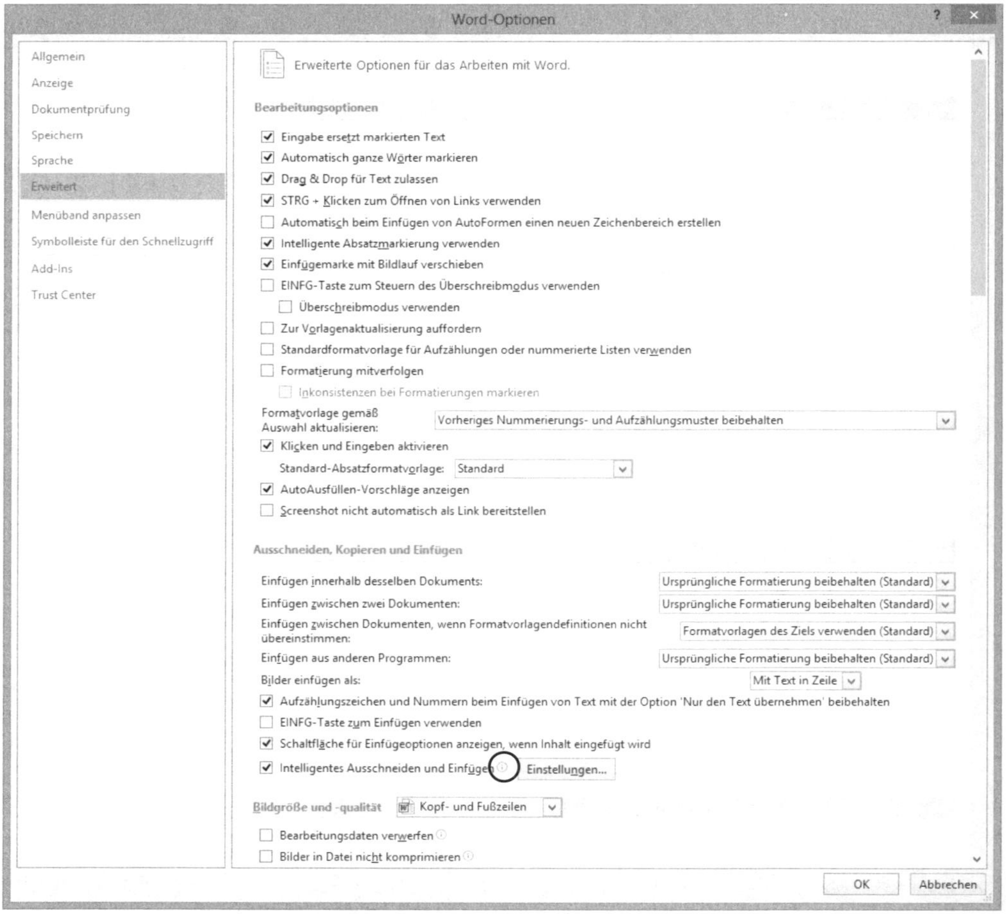

Allgemein

Minisymbolleiste Wenn Sie es als störend empfinden, dass Word jedes Mal die Minisymbolleiste einblendet, sobald Sie einen Text markieren, können Sie die Symbolleiste durch Ausschalten der Option vom Bildschirm verbannen. Da die Minisymbolleiste jedoch das Formatieren erheblich beschleunigt, macht das wohl in den seltensten Fällen wirklich Sinn.

Livevorschau Auch die Livevorschau lässt sich bei Bedarf deaktivieren. Da diese Funktion das Arbeiten mit Word erheblich erleichtert, sollten Sie dieses Feature nur dann ausschalten, wenn es Sie beim flüssigen Arbeiten mit Word behindert. Moderne Rechner sind mittlerweile allerdings so leistungsstark, dass die Performance durch die Livevorschau nicht spürbar beeinträchtigt wird. Anders sieht es auf Tablet-PCs aus, da deren Prozessoren deutlich schwächer sind.

Dokumentinhalte Diese Option korrespondiert mit dem in Word 2013 neu eingeführten Feature, dass der Umbruch des Textes beim Verschieben eines Objektes, z. B. einer Grafik, permanent aktualisiert wird. So können Sie sehr schnell die beste Position für ein Objekt ermitteln. Bei langsamen Tablet-Rechnern oder wenn Ihnen der Bildschirm dadurch zu unruhig wird, können Sie diese Funktion ausschalten.

QuickInfo-Format QuickInfos sind die kleinen Fenster, die Word automatisch anzeigt, wenn Sie den Mauszeiger über eine Schaltfläche halten. Mit dieser Option können Sie festlegen, ob überhaupt und wenn ja, in welcher Form Word diese QuickInfos anzeigen soll:

- **QuickInfos nicht anzeigen** Die automatische Anzeige wird unterbunden.
- **Featurebeschreibungen in QuickInfos nicht anzeigen** Wenn Sie diese Einstellung auswählen, zeigt Word lediglich den Namen der Schaltfläche an.
- **Featurebeschreibungen in QuickInfos anzeigen** Im QuickInfo erscheint zusätzlich zum Namen der Schaltfläche ein kurzer erläuternder Text. Falls zu diesem Thema in der Online-Hilfe eine eigene Seite existiert, wird zusätzlich der Text »Weitere Infos« angezeigt. Um die Hilfeseite aufzurufen, können Sie den Hinweis einfach anklicken. Zum Zeitpunkt der Drucklegung dieses Buches, führten diese Links jedoch noch oft ins Leere.

Bild 17.2 QuickInfo mit Featurebeschreibung

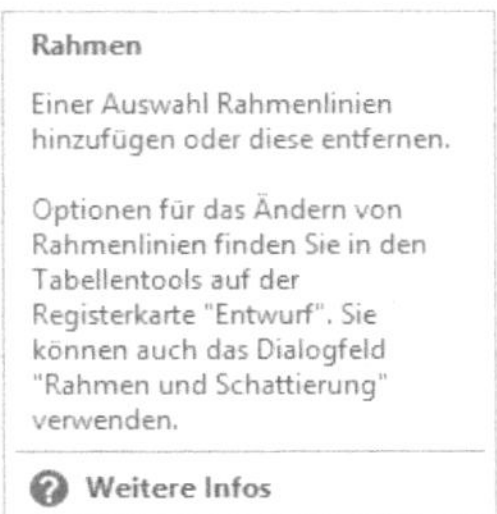

Office-Hintergrund Hier können Sie eine Verzierung für die Fenster der Office-Programme wählen. Probieren Sie es einfach mal aus – vielleicht gefällt Ihnen so etwas ja.

Office-Design Mit dieser Option können Sie die Hintergrundfarbe des Menübandes und anderer Elemente der Programmfenster steuern. Groß ist die Auswahl gerade nicht und von Farbe kann man auch nicht wirklich sprechen, aber wem der weiße Hintergrund zu kahl ist, kann hier zumindest auf zwei Grautöne ausweichen.

Anzeige

Leerraum zwischen Seiten in der Drucklayoutansicht anzeigen Diese Option ist normalerweise eingeschaltet und bewirkt, dass Word in der Seitenlayout-Ansicht die Seiten vollständig anzeigt. Mit vollständig ist hier gemeint, dass auch die oberen und unteren Seitenränder auf dem Bildschirm sichtbar sind. Da diese Bereiche aber in aller Regel leer sind, wird wertvoller Platz auf dem Bildschirm verschwendet.

Wenn Sie die Option ausschalten, »schneidet« Word die weißen Ränder ab, sodass die Textbereiche der Seiten direkt aneinander stoßen.

Bild 17.3 Word zeigt die leeren Randbereiche der beiden Seiten nicht mehr an

Um zwischen den beiden Darstellungsarten hin- und herzuschalten, können Sie den Mauszeiger zwischen zwei Seiten positionieren, bis er die Form aus Bild 17.3 annimmt, und dort doppelklicken.

Diese Formatierungszeichen immer auf dem Bildschirm anzeigen Mit den Optionen dieser Gruppe können Sie festlegen, ob bestimmte Formatierungszeichen, unabhängig vom Status der Schaltfläche *Alle anzeigen* (sie befindet sich auf der Registerkarte *START* in der Gruppe *Absatz)*, immer auf dem Bildschirm angezeigt werden sollen.

In Word erstellte Zeichnungen drucken Wenn Sie diese Option ausschalten, werden in Word erstellte Zeichnungen (z.B. SmartArts) nicht ausgedruckt. Die Einstellung bietet sich an, wenn Sie einen schnellen Konzeptausdruck Ihres Dokuments benötigen.

Dokumentprüfung

In dieser Rubrik können Sie das Verhalten der Rechtschreib- und Grammatikprüfung steuern. Dieses Thema wird ausführlich in Kapitel 6 behandelt.

Speichern

AutoWiederherstellen-Informationen speichern Diese Option sollten Sie unbedingt eingeschaltet lassen. Word speichert dann in dem von Ihnen vorgegebenen Rhythmus nicht nur die gerade von Ihnen bearbeiteten Dokumente, sondern darüber hinaus auch Informationen über den aktuellen Zustand von Word selbst.

Wenn Word oder Ihr Rechner aus irgendeinem Grund abstürzen, lädt Word beim nächsten Programmstart nicht nur die zuletzt geöffneten Dateien, sondern versucht zusätzlich, die Bearbeitungssituation kurz vor dem Absturz zu rekonstruieren (wie z. B. die Anordnung der Fenster).

Schriftarten in der Datei einbetten Wenn Sie ein Dokument verschicken, werden Sie in aller Regel wünschen, dass es beim Empfänger genauso aussieht wie bei Ihnen. Damit dies gelingt, müssen auf dem Computer des Empfängers die im Dokument verwendeten Schriften installiert sein.

Wenn Sie die Option *Schriftarten in der Datei einbetten* einschalten, speichert Word die vom Dokument benötigten Schriften mit im Dokument ab. Beim Anzeigen des Dokuments werden die Schriften dann bei Bedarf automatisch installiert.

Da sich dadurch der Umfang des Dokuments zum Teil deutlich erhöht, können Sie mit der Option *Nur im Dokument verwendete Zeichen einbetten* das Speichern unbenutzter Zeichen vermeiden. Außerdem lässt sich über die Option *Allgemeine Systemschriftarten nicht einbetten* das unnötige Verschicken von Schriften, die mit hoher Wahrscheinlichkeit auf jedem Rechner zu finden sind, vermeiden.

HINWEIS **Beachten Sie die Urheberrechte der Schriften** Seit Jahr und Tag herrscht bei vielen Anwendern die Meinung vor, dass Schriften beliebig kopiert und weitergegeben werden dürfen. Diese Annahme ist jedoch falsch. Auch Schriften unterliegen dem Urheberrecht und der Hersteller einer Schrift kann somit genau festlegen, ob bzw. in welcher Art und Weise seine Schrift weitergegeben werden darf.

Sprache

Auf dieser Seite können Sie fremdsprachige Wörterbücher für die Rechtschreib- und Grammatikprüfung einrichten.

Außerdem lässt sich hier auch die Sprache der Bedieneroberfläche von Word ändern. In der Standardeinstellung übernimmt Word die für Windows eingestellte Sprache. Wenn Sie also einmal in die Verlegenheit kommen, auf einem fremdsprachlichen PC mit Word arbeiten zu müssen, wissen Sie nun, wie Sie sich helfen können.

TIPP **QuickInfo-Sprache ändern** Falls Sie Ihre Dokumente gemeinsam mit mehreren Kollegen bearbeiten und Sie untereinander in einer anderen Sprache kommunizieren, können Sie auch einfach nur die Sprache der QuickInfos umschalten. Auf diese Weise können Sie normal mit Office arbeiten und haben im Bedarfsfall über die QuickInfos sofort den fremdsprachlichen Befehlsnamen zur Hand.

Erweitert

In diesem Bereich finden Sie eine Fülle von Optionen, mit denen Sie die verschiedensten Bereiche von Word beeinflussen können.

Eingabe ersetzt markierten Text Wenn diese Option eingeschaltet ist, wird ein markierter Text durch die Eingabe des nächsten Zeichens überschrieben. Dieses Verhalten löst bei Word-Neulingen oft einen kleinen Schock aus, da sie den Zusammenhang zwischen Tastendruck und Löschen des markierten Textes nicht unmittelbar erkennen. Natürlich sind die gelöschten Daten nicht verloren und können über den Befehl *Rückgängig* wiederhergestellt werden.

Automatisch ganze Wörter markieren Bei aktivierter Option erleichtert Word das wortweise Markieren mit der Maus. Zum Markieren mehrerer Wörter brauchen Sie nur noch in das erste Wort zu klicken und können die Markierung dann wortweise aufziehen. Für das Markieren eines einzelnen Wortes hat diese Option keine Bedeutung, da Sie das am schnellsten über einen Doppelklick erledigen.

Drag und Drop für Text zulassen Mit diesem Optionsfeld können Sie das Umstellen von Text via Drag & Drop ein- bzw. ausschalten. Der Sinn dieser Flexibilität will nicht unbedingt einleuchten. Es mag einen triftigen Grund geben, wir kennen ihn leider nicht.

Automatisch beim Einfügen von AutoFormen einen neuen Zeichenbereich erstellen Zeichenbereiche sollen Sie beim Erstellen von Grafiken unterstützen, die aus mehreren Formen bestehen. Dieses Feature hat sich in der Praxis jedoch nie richtig durchsetzen können. Außerdem gibt es seit der Einführung der SmartArts in Word 2007 noch weniger Gründe als früher, aufwändige Grafiken mühselig mit Hilfe von Formen zu erstellen.

EINFG-Taste zum Steuern des Überschreibmodus verwenden Mit dieser Option können Sie ein altes Relikt aus der Mottenkiste von Word herausholen: den Überschreibmodus. In diesem Modus ersetzen neu eingegebene Zeichen den bereits vorhandenen Text.

Es mag zwar Situationen geben, in denen diese Funktion einen gewissen Nutzwert hat. In aller Regel führt es jedoch eher zu Irritationen, wenn Word scheinbar unvermittelt Text überschreibt, nur weil Sie als Anwender möglicherweise unbeabsichtigt die `Einfg`-Taste gedrückt haben.

Klicken und Eingeben aktivieren Wenn Sie den Mauszeiger bei eingeschalteter Option über die Seite bewegen, sehen Sie, dass an dem Mauszeiger das Symbol für die Textausrichtung (linksbündig, zentriert, rechtsbündig) klebt. Wenn Sie dann eine beliebige Stelle doppelt anklicken, setzt Word die Einfügemarke an diese Stelle und Sie können dort Ihren Text eingeben.

Diese Funktion eignet sich besonders für das Erstellen von zentrierten Überschriften, rechtsbündigen Datumsangaben in einem Brief oder um ein einzelnes Wort an einer bestimmten Stelle in das Dokument aufzunehmen. Die notwendigen Formatierungen (Einzüge, Tabulatoren, Textumbruch usw.) werden von Word eigenständig vorgenommen.

Intelligentes Ausschneiden Mit dieser Option können Sie eine der praktischsten Funktionen von Word ein- bzw. ausschalten. Bei aktivierter Option sorgt Word dafür, dass beim Umstellen von Text die Leerzeichen anschließend richtig gesetzt werden. Wenn Sie zum Beispiel ein Wort an das Satzende stellen, ist automatisch gewährleistet, dass vor dem Punkt kein Leerzeichen steht.

Da sich das Verhalten von Word im Laufe der verschiedenen Programmversionen etwas geändert hat, haben Sie hier zusätzlich noch die Möglichkeit, die genaue Wirkungsweise dieser Funktion zu steuern. Klicken Sie dazu auf die Schaltfläche *Einstellungen* und wählen Sie in dem angezeigten Dialogfeld Ihre bevorzugte Konfiguration.

Bild 17.4 Konfiguration des Leerstellenausgleichs

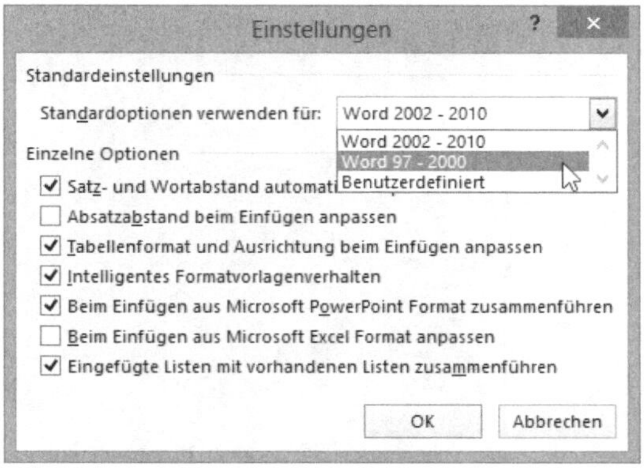

Platzhalter für Grafiken anzeigen Wenn Sie diese Option einschalten, zeigt Word anstelle einer Grafik einen leeren Rahmen an. Diese Option ist sinnvoll, um zum Beispiel einen schnelleren Bildlauf durchzuführen oder um bei einem Testausdruck Zeit und Tinte zu sparen.

Textanimationen anzeigen Diese Option werden Sie in Word 2013 vergeblich suchen. In früheren Versionen von Word (bis einschließlich Word 2003) war es noch möglich, Text mit Effekten zu versehen. So ließen sich z. B. funkelnde Buchstaben *(funkelnder Text)* oder wild blinkende Rahmen *(Las Vegas)* erzeugen. Diese Effekte werden seit Word 2007 nicht mehr unterstützt, ließen sich aber bis einschließlich Word 2010 noch anzeigen. Word 2013 setzt jetzt den endgültigen Schlussstrich.

Textbegrenzungen anzeigen Bei aktivierter Option macht Word die eingestellten Seitenränder durch eine dünne punktierte Linie auf dem Bildschirm sichtbar. Auf diese Weise können Sie zum Beispiel besser abschätzen, wie weit der Text eine Seite bereits gefüllt hat beziehungsweise wie viel Platz auf der Seite noch frei ist.

Beim Öffnen eines Dokuments alle Überschriften erweitern Seit Word 2013 können Sie den untergeordneten Text einer Überschrift nicht nur in der Gliederungsansicht, sondern auch im Lesemodus und in der Seitenlayoutansicht ein- und ausblenden. Ob ein Text beim Öffnen eines Dokuments angezeigt wird oder nicht, lässt sich über das Absatzformatmerkmal *Standardmäßig reduziert* steuern. So können Sie z. B. Hintergrundinformationen ausblenden, um den Leser nicht von vorneherein mit zu vielen Informationen zu überfluten. Wollen Sie jedoch, dass Word beim Öffnen eines Dokuments den Text generell vollständig anzeigt, schalten Sie diese Option ein.

Diese Anzahl zuletzt verwendeter Dokumente anzeigen Hier stellen Sie ein, wie viele Einträge die Seite *Zuletzt verwendet* im Backstage-Bereich maximal enthalten soll. Standardmäßig merkt sich Word die letzten 25 Dateien; Sie können diese Liste aber auf bis zu 50 Dateien ausbauen. Wenn Sie nicht möchten, dass jemand feststellen kann, an welchen Dokumenten Sie zuletzt gearbeitet haben, geben Sie hier eine Null ein.

Schnellzugriff auf diese Anzahl zuletzt verwendeter Dokumente Wenn Sie sich beim erneuten Öffnen eines Dokuments einen Mausklick sparen möchten, können Sie diese Option einschalten und einen Wert zwischen 1 und 25 einstellen. Word zeigt dann die zuletzt bearbeiteten Dokumente in der Menüleiste der Backstage-Ansicht an (siehe Bild 17.5 auf der nächsten Seite).

Bild 17.5 Schnellzugriff auf die zuletzt geöffneten Dokumente in der Backstage-Ansicht

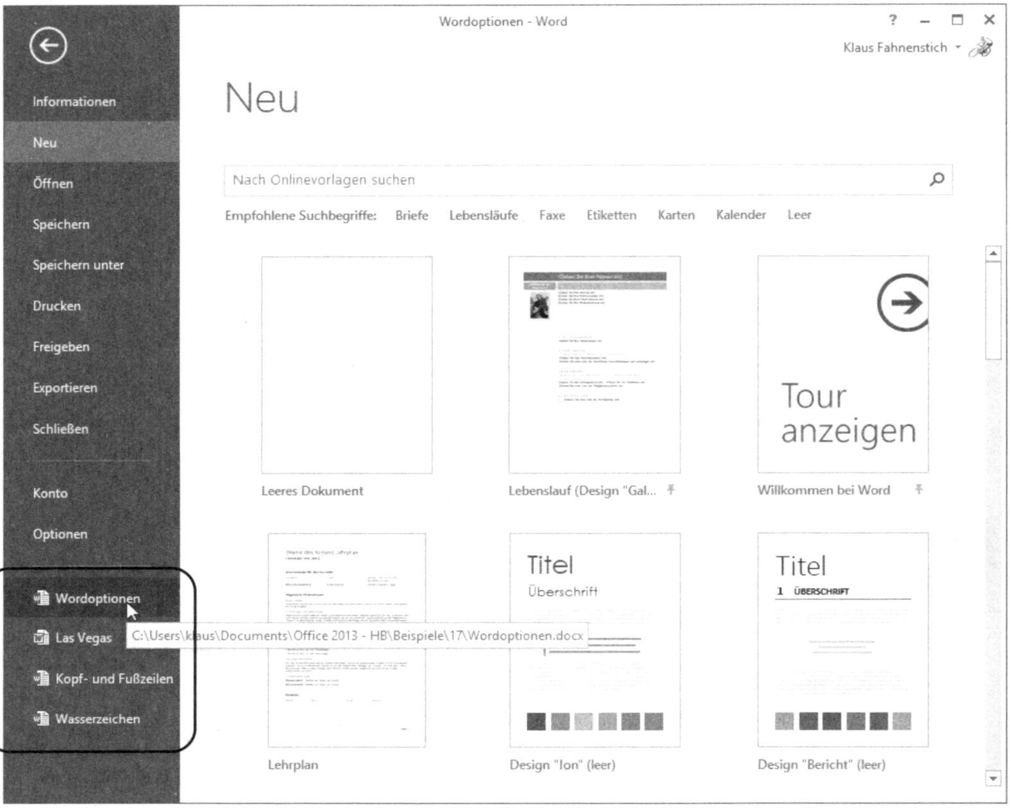

Maße in folgenden Einheiten anzeigen Die im Listenfeld gewählte Maßeinheit wird von Word für das horizontale und das vertikale Lineal und für die meisten Maßangaben in Dialogfeldern verwendet. Einige Maßangaben, wie zum Beispiel die Abstände vor und nach einem Absatz, sind von der Einstellung unabhängig.

Feedback mit Sound bereitstellen Wenn Sie bei der Eingabe eines ungültigen Befehls bzw. einer ungültigen Tastenkombination von Word mit einem akustischen Signal gewarnt werden möchten, dann schalten Sie die Option ein. Das hat u.a. den Vorteil, dass Sie bei falschen Eingaben eine Reaktion von Word bekommen und Fehler so schneller bemerken.

Feedback mit Animation Mit dieser Einstellung können Sie verschiedene animierte Mauszeiger und kleine Animationen in der Statuszeile aktivieren, die erscheinen, wenn Word z.B. ein Dokument druckt oder speichert.

Dateiformatkonvertierung beim Öffnen bestätigen Sie können mit Word auch Texte bearbeiten, die mit anderen Programmen erstellt worden sind. Hinter dieser sich vielleicht banal anhörenden Aussage steckt ein Problem: Jeder Anbieter von Textverarbeitungsprogrammen verwendet in den Dateien, in denen die Texte abgespeichert werden, ein anderes Format. Damit Word z.B. ein mit OpenOffice erstelltes Dokument lesen und Sie das Dokument in Word bearbeiten können, muss das OpenOffice-Format zuerst in das Word-Format umgewandelt werden.

Word versucht beim Öffnen eines Fremdformates dessen Dateityp zu erkennen. Bei eingeschalteter Option haben Sie die Möglichkeit, Words Annahme über das Format zu überprüfen und evtl. korrigierend einzugreifen. Ist das Feld ausgeschaltet, findet die Konvertierung ohne Rückfrage statt.

Automatische Verknüpfungen beim Öffnen aktualisieren Diese Option wird für Sie wichtig, wenn Sie Objekte mit Ihren Dokumenten verknüpft haben. Bei eingeschaltetem Feld aktualisiert Word die Objekte automatisch beim Öffnen des Dokuments. Schalten Sie die Option aus, müssen Sie die Objekte manuell auf den neuesten Stand bringen.

Beide Varianten haben ihre Vor- und Nachteile: Aktivieren Sie das Optionsfeld, so ist zwar garantiert, dass sich die angezeigten Daten immer auf dem neuesten Stand befinden; das Öffnen der Dokumente dauert dann aber u.U. länger.

Seitenumbruch im Hintergrund Bei eingeschalteter Option hält Word die Seitenwechsel Ihres Dokuments immer auf dem aktuellen Stand und nimmt dazu in bestimmten Zeitabständen selbstständig einen Seitenumbruch vor. Besonders bei langen Dokumenten kann Word dadurch spürbar langsamer werden.

Wenn Sie sich beim Aufruf des Dialogfeldes in der Seitenlayoutansicht befunden haben, können Sie die Option nicht verändern. Das würde allerdings auch keinen Sinn machen, da diese Ansicht ja den Zweck hat, das Dokument möglichst so darzustellen, wie es später auf dem Papier aussieht.

Dokument so gestalten, als ob es erstellt wurde in Die Kompatibilitätsoptionen von Word steuern die Art und Weise, wie Word ein Dokument auf dem Bildschirm darstellt bzw. ausdruckt. Das heißt, durch das Ein- oder Ausschalten bestimmter Optionen wird ein Word-Dokument nicht geändert. Es wird lediglich die Art der Darstellung beeinflusst.

Die meisten Optionen haben die Aufgabe, ein spezielles Verhalten älterer Word-Versionen nachzuahmen. Dadurch ist es in aller Regel möglich, dass ein Dokument, das mit einer früheren Version von Word erstellt wurde, in der aktuellen Programmversion korrekt dargestellt werden kann.

Ohne Kompatibilitätsoptionen würde sich bei älteren Dokumenten häufig der Seitenumbruch ändern, da neue Word-Versionen auf ein- und dieselbe Formatierung unterschiedlich reagieren. Ein gutes Beispiel ist die Behandlung des Anfangs- und des Endeabstandes von Absätzen, die sich mit Word 2000 deutlich geändert hat.

Um ein Gefühl für die vielen kleinen Unterschiede im Verhalten der einzelnen Word-Versionen zu bekommen, können Sie interessehalber eine ältere Word-Version im Listenfeld einstellen und dann auf *Layoutoptionen* klicken. Im Dialogfeld taucht dann eine schier endlose Liste von Optionen auf. Aktivierte Optionen deuten darauf hin, dass Word 2010 sich in dem betreffenden Punkt anders verhält, als die im Listenfeld gewählte Word-Version.

Diese Optionen sind in Word 2013 allerdings nur dann sichtbar, wenn Sie ein Dokument geöffnet haben, das mit einer früheren Word-Version erstellt wurde. Word 2013 verhält sich an dieser Stelle deutlich anders als seine Vorgängerversionen, bei denen die Optionen generell aktiviert waren. Man mag es kaum glauben, aber Microsoft bricht – erfreulicherweise – immer häufiger sein altes Dogma der unbedingten Abwärtskompatibilität.

Menüband anpassen

In dieser Rubrik können Sie die Registerkarten des Menübands konfigurieren. Ausführliche Informationen zu diesem Thema finden Sie in Kapitel 3.

Symbolleiste für den Schnellzugriff

Hier können Sie weitere Befehle in die Symbolleiste für den Schnellzugriff aufnehmen bzw. nicht benötigte Befehle aus ihr entfernen. Außerdem lässt sich hier die Reihenfolge der Schaltflächen auf der Symbolleiste verändern. Weitere Informationen zu diesem Thema finden Sie in Kapitel 3.

Add-Ins

In dieser Rubrik können Sie die Verwaltung der Add-Ins vornehmen, mit denen die Funktionalität von Word erweitert werden kann. Dieses Thema wird in diesem Buch nicht näher behandelt.

Trust Center

Im Sicherheitscenter, das in Word 2007 noch Vertrauensstellungscenter hieß und in Word 2010 als Sicherheitscenter firmierte, können Sie diverse Einstellungen vornehmen, die u.a. das Verhalten von Word gegenüber Dokumenten aus unbekannten Quellen beeinflussen. So können Sie zum Beispiel bestimmte Herausgeber und Speicherorte als vertrauenswürdig einstufen, damit Word Dokumente aus diesen Quellen ohne Nachfrage öffnet.

Von besonderem Interesse sind auch die *Datenschutzoptionen,* mit denen Sie zum Beispiel steuern können, in welchem Umfang Office auf das Internet zugreift, um nach Aktualisierungen zu suchen.

Bild 17.6 Die Datenschutzoptionen erreichen Sie über die Schaltfläche *Einstellungen für das Trust Center* in der Rubrik *Trust Center*

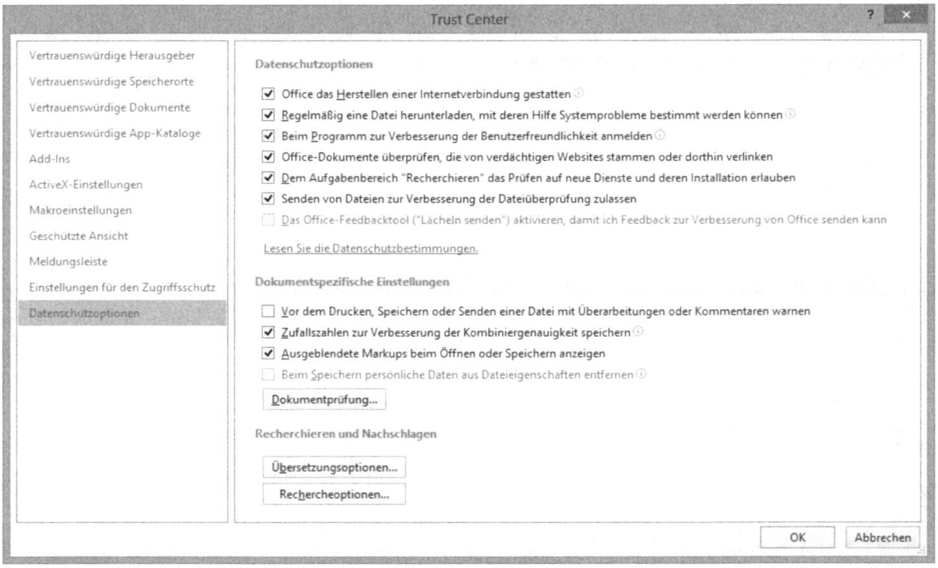

Teil D

Excel 2013

In diesem Teil:

Kapitel 18

Erste Schritte mit Excel 2013

In diesem Kapitel:

In diesem Kapitel lernen Sie wichtige Grundlagen für die Arbeit mit Excel kennen. Wir zeigen Ihnen, wie Sie eine kleine Kalkulationstabelle anlegen und stellen Ihnen einige Tipps und Tricks vor, mit denen Sie sich die Dateneingabe erleichtern können.

Neue Arbeitsmappe erstellen

In der Regel werden Sie Ihre Arbeit in Excel mit einer leeren Arbeitsmappe beginnen. Sie können aber auch eine der installierten oder online verfügbaren Vorlagen nutzen, die eine breite Themenpalette anbieten und Ihnen viel Arbeit ersparen können. Wie Sie dazu vorgehen müssen, haben Sie bereits in Kapitel 4 gesehen. Falls Sie dieses Kapitel übersprungen haben und Excel das erste Office-Programm ist, mit dem Sie arbeiten, sollten Sie jetzt zurückblättern und sich die entsprechenden Abschnitte in Kapitel 4 kurz durchlesen. Wenn Sie bereits Erfahrungen mit anderen Programmen der Office-Familie besitzen, etwa mit Word oder PowerPoint, können Sie gleich durchstarten. Nichtsdestotrotz sollten Sie sich auch in diesem Fall die Kapitel 4 bis 8 bei nächster Gelegenheit »vornehmen«, da dort wichtige Themen besprochen werden, die alle Office-Programme betreffen.

Wichtige Eckdaten

In Excel 2013 können Arbeitsblätter deutlich größer werden als das in älteren Versionen der Fall war. Die wichtigsten Eckdaten haben wir an dieser Stelle aufgelistet:

- Ein Arbeitsblatt kann aus maximal 1.048.576 Zeilen (2^{20}) und 16.384 Spalten (2^{14}) bestehen. Das bedeutet gegenüber Excel 2003 (65.536 Spalten, 260 Zeilen) eine mehr als deutliche Steigerung.
- Gleichzeitig wurden die Beschränkungen bei der maximalen Anzahl von Formatierungen und Zellbezügen innerhalb einer Arbeitsmappe aufgehoben. Sie ist jetzt nur noch vom verfügbaren Arbeitsspeicher abhängig.
- In der 32-Bit-Version kann Excel 2013 maximal 2 GB Arbeitsspeicher verwalten (gegenüber 1 GB bei Excel 2003). In der 64-Bit-Version gilt diese Beschränkung nicht.
- Excel unterstützt nun auch Dualprozessorsysteme und Multithreading-Chipsätze und erlaubt so eine beschleunigte Berechnung der Arbeitsblätter.

Daten eingeben und verändern

In diesem Abschnitt wollen wir zunächst eine einfache Tabelle erstellen, mit der sich die Betriebskosten eines Autos erfassen lassen. Die fertige Tabelle soll so aussehen wie in Bild 18.3.

1. Legen Sie eine neue, leere Arbeitsmappe an. Das geht am schnellsten mit `Strg`+`N`.
2. Speichern Sie die neue Arbeitsmappe und geben Sie ihr den Namen *Auto*.
3. Klicken Sie die Zelle an, in der Sie eine Eingabe vornehmen wollen (hier B2). Die angeklickte Zelle wird mit einem Rahmen, die als *Zellmarkierung* bezeichnet wird, hervorgehoben. Außerdem wird im *Namensfeld*, das sich links oben im Excel-Fenster befindet, die Adresse der Zelle bzw. ihr Name angezeigt.

Bild 18.1 Die Koordinaten der angeklickten Zelle erscheinen im Namensfeld

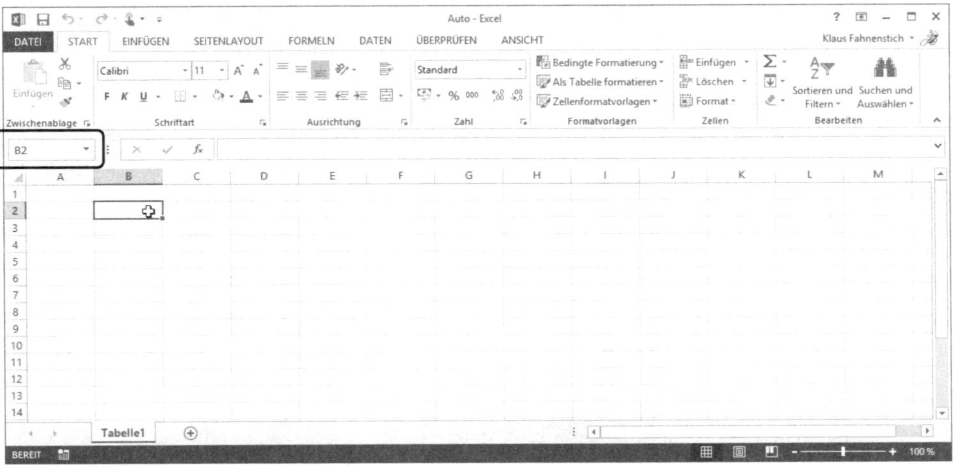

4. Tippen Sie nun den Text **Autokosten** ein, den wir später als Titel des Tabellenblatts verwenden wollen. Ihre Eingabe wird sowohl in der Zelle selbst als auch in der *Bearbeitungsleiste* sichtbar. Die Bearbeitungsleiste ist das lange weiße Feld rechts neben dem Namensfeld.

Bild 18.2 Der Inhalt der Zelle wird in der Bearbeitungsleiste angezeigt

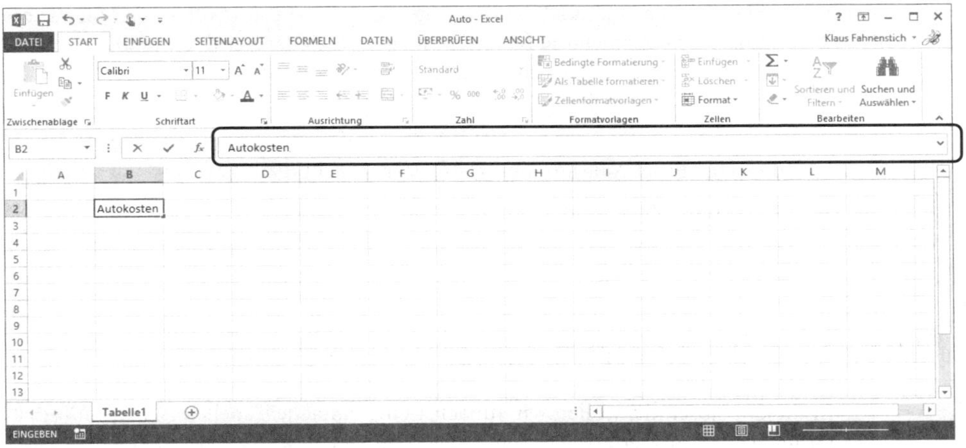

5. Schließen Sie die Eingabe mit der [↵]-Taste ab. Dadurch springt die Markierung automatisch eine Zelle nach unten.

PROFITIPP

Reaktion der Markierung auf die Eingabetaste

Wie die Markierung nach dem Drücken der Taste [↵] verschoben wird, können Sie im Dialogfeld *Excel-Optionen* steuern, das Sie in der Backstage-Ansicht über den Befehl *Optionen* erreichen. Die Option nennt sich *Markierung nach Drücken der Eingabetaste verschieben* und befindet sich ganz oben auf der Seite *Erweitert*.

6. Geben Sie den Rest der Tabelle nach dem gleichen Muster ein, indem Sie erst die gewünschte Zelle anklicken, dann den Text oder die Zahlen eingeben und zum Bestätigen [↵] drücken.

Bild 18.3 Die fertige Tabelle

Bewegen der Zellmarkierung mit der Tastatur

Wenn Sie Daten in ein Tabellenblatt eingeben, legen Sie am besten die Maus zur Seite und bewegen die Zellmarkierung mit den Pfeiltasten. Das geht in aller Regel deutlich schneller, da Sie dann nicht ständig zwischen Maus und Tastatur wechseln müssen.

Beim Bewegen der Zellmarkierung mit der Tastatur kommt der [Strg]-Taste eine ganz besondere Bedeutung zu. Mit ihr können Sie die Wirkung der Pfeiltasten sowie der Tasten [Pos1] und [End] folgendermaßen verändern:

- Wenn Sie [Strg] zusammen mit den Pfeiltasten drücken, springt die Markierung an den Anfang bzw. das Ende des aktuellen Bereichs, wobei mit Bereich eine zusammenhängende Gruppe ausgefüllter Zellen gemeint ist. Die folgende Abbildung soll das Verhalten verdeutlichen:

Bild 18.4 Bewegen der Zellmarkierung mit [Strg]+Pfeiltaste

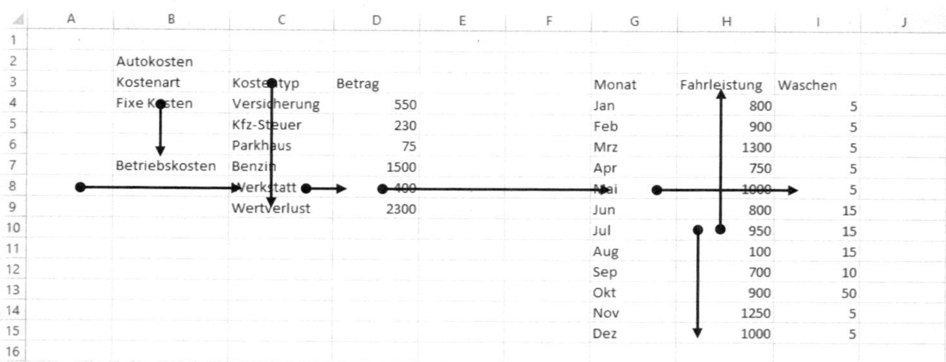

- Strg+Pos1 springt zur Zelle A1.
- Strg+End springt in die rechte untere Ecke des vom Tabellenblatt momentan verwendeten Bereichs. Im Falle des Tabellenblatts aus dem obigen Bild würden Sie mit Strg+End also zur Zelle I15 springen. Würden Sie dann noch eine Zahl in die Zelle J2 eingeben, spränge die Zellmarkierung anschließend beim Drücken von Strg+End zur Zelle J15.

In der folgenden Tabelle finden Sie eine Übersicht der wichtigsten Tasten, mit denen Sie die Zellmarkierung bewegen können.

Tabelle 18.1 Bewegen der Zellmarkierung mit der Tastatur

Taste	Bewegen der Zellmarkierung
↵	eine Zelle nach unten (konfigurierbar über den Dialog *Excel-Optionen*)
⭾	eine Zelle nach rechts
←	eine Zelle nach links
→	eine Zelle nach rechts
↓	eine Zelle nach unten
↑	eine Zelle nach oben
Pos1	Springt zur ersten Zelle der aktuellen Zeile.
End	Aktiviert/beendet einen speziellen Modus, mit dem die Zellmarkierung über größere Strecken bewegt werden kann. Zu diesem Zweck setzen Sie jedoch besser die Strg-Taste ein (siehe folgender Abschnitt).

Eingabefehler korrigieren

Wenn sich in einer Zelle ein Tippfehler eingeschlichen hat und Sie ihn korrigieren möchten oder wenn Sie einen Wert verändern wollen, gehen Sie so vor:

1. Doppelklicken Sie auf die Zelle, die Sie bearbeiten wollen, oder bewegen Sie die Zellmarkierung mit den Pfeiltasten auf die Zelle und drücken Sie dann die Taste F2.

   Excel befindet sich jetzt im Bearbeitungsmodus und zeigt den Inhalt der Zelle in der Bearbeitungsleiste an. In der Zelle selbst ist die blinkende Einfügemarke sichtbar.

2. Verschieben Sie die Einfügemarke mit den Pfeiltasten an die Position, die Sie bearbeiten möchten.
3. Drücken Sie die Taste Entf, um das Zeichen *rechts* von der Einfügemarke zu löschen, oder die ←-Taste (oberhalb der ↵-Taste), um das Zeichen *links* von der Einfügemarke zu löschen.
4. Wenn Sie Zahlen oder Text ergänzen wollen, bewegen Sie die Einfügemarke mit den Pfeiltasten an die gewünschte Position und tippen den neuen Text direkt ein.
5. Wenn Sie die Bearbeitung der Zelle abgeschlossen haben, drücken Sie ↵ oder klicken Sie auf die Schaltfläche *Eingeben* (das Häkchen in der Bearbeitungsleiste).

HINWEIS Beachten Sie, dass die Pfeiltasten eine doppelte Bedeutung haben:

- Wenn der Bearbeitungsmodus für eine Zelle aktiv ist, bewegen Sie mit den Pfeiltasten die Einfügemarke innerhalb der Zelle.
- Ist der Bearbeitungsmodus nicht aktiv, dann bewegen Sie mit den Pfeiltasten die Zellmarkierung auf dem Tabellenblatt.

Erleichterungen bei der Eingabe

Nachdem Sie nun die Grundlagen für das Eingeben von Daten kennen gelernt haben, wollen wir Ihnen noch einige nützliche Merkmale von Excel vorstellen, die Ihnen die Dateneingabe erleichtern. Wir beginnen mit der Funktion *AutoVervollständigen*, die Ihnen vielleicht sogar schon bei Ihren ersten Eingabeversuchen in Excel begegnet ist.

AutoVervollständigen verwenden

Die AutoVervollständigen-Funktion hilft Ihnen, wenn in einer Spalte die gleichen Inhalte mehrmals vorkommen. Wenn Sie einen Begriff eintippen, der in der Spalte bereits vorhanden ist, trägt Excel für Sie die restlichen Zeichen in die Zelle ein, sobald es den Begriff anhand Ihrer Eingabe erkannt hat. Sie können den Eingabevorschlag dann übernehmen, indem Sie die ↵-Taste drücken.

1. Geben Sie in untereinander liegenden Zellen einige Begriffe ein, etwa so wie im folgenden Bild:

Mitarbeiter
Hubert
Schmitz
Müller
Koch

2. Geben Sie nun in die darunter liegende Zelle den Anfangsbuchstaben eines dieser Begriffe ein. Excel vervollständigt die Zeile automatisch mit einem passenden Eintrag:

Mitarbeiter
Hubert
Schmitz
Müller
Koch
Schmitz

TIPP **AutoVervollständigen funktioniert nicht** Wenn das AutoVervollständigen nicht zu funktionieren scheint, ist die Funktion vermutlich deaktiviert. Klicken Sie dann in der Backstage-Ansicht auf *Optionen* und schalten Sie auf der Seite *Erweitert* die Option *AutoVervollständigen für Zellwerte aktivieren* ein.

3. Um den Vorschlag zu übernehmen, drücken Sie [↵], ansonsten schreiben Sie einfach weiter:

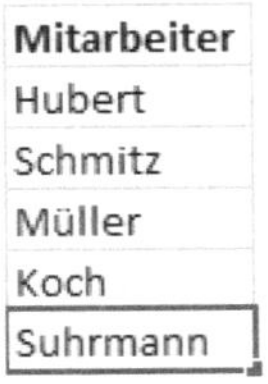

Sie können sich auch eine Auswahlliste anzeigen lassen, die alle Begriffe aufführt, die in der aktuellen Spalte bereits eingegeben wurden. Um die Auswahlliste zu verwenden, gehen Sie folgendermaßen vor:

1. Markieren Sie die Zelle, in der Sie eine Eingabe machen wollen, und drücken Sie die Tastenkombination [Alt]+[↓]. Alternativ klicken Sie die Zelle mit der rechten Maustaste an und wählen im so angezeigten Kontextmenü den Befehl *Dropdown-Auswahlliste:*

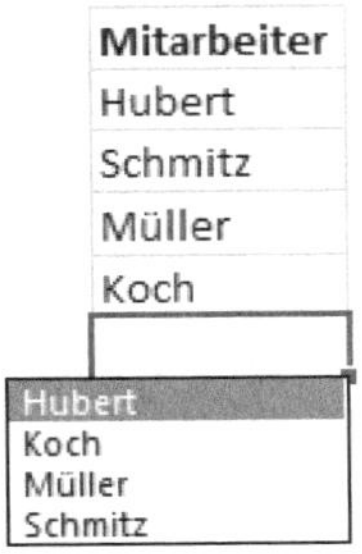

2. Wählen Sie den gewünschten Begriff mit den Pfeiltasten aus und übernehmen Sie ihn mit [↵] bzw. klicken Sie ihn einfach an, falls Sie die Liste mit der Maus geöffnet haben.

Listen verwenden – AutoAusfüllen

Eine Fähigkeit von Excel, die Ihnen viel Tipparbeit ersparen kann, ist das automatische Ausfüllen von Listen. Hierzu existieren verschiedene Varianten:

- Excel erkennt die Listen anhand von Daten, die sich bereits auf dem Tabellenblatt befinden.
- Excel kennt Listen für das Eingeben von Wochentagen und Monatsnamen; Jahreszahlen werden automatisch erweitert.
- Sie erstellen benutzerdefinierte Listen und können diese dann in Zellen automatisch ausfüllen lassen.

Die drei Varianten wollen wir in den folgenden Beispielen erläutern.

Textreihen

1. Legen Sie eine neue Arbeitsmappe an und füllen Sie sie so aus, wie auf dem nächsten Bild. Alternativ können Sie die Übungsdatei *AutoAusfüllen* öffnen, wenn Sie sich diese Tipparbeit ersparen möchten.

Bild 18.5 Die für das Beispiel benötigten Testdaten

2. Markieren Sie die Städtenamen, indem Sie die oberste der Zellen anklicken und die Markierung dann mit gedrückter Maustaste nach unten aufziehen.

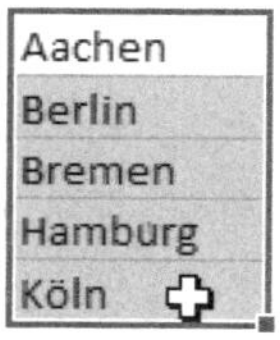

3. Zeigen Sie mit dem Mauszeiger auf das kleine Quadrat unten rechts an der Markierung. Der Mauszeiger wird dort zu einem Plus-Zeichen.
4. Ziehen Sie dann die Markierung mit gedrückter Maustaste um fünf Zellen nach unten. Während Sie die Markierung ziehen, sehen Sie in einem kleinen Popup-Fenster, welchen Wert Excel in die Zelle einfügt. In der folgenden Abbildung ist dieser Vorgang dargestellt.

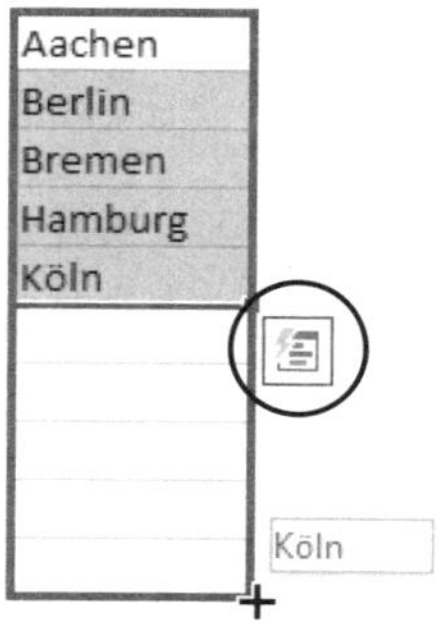

Das Symbol mit dem Blitz nennt sich übrigens *Schnellanalyse*. Dahinter verbirgt sich eine neue, sehr interessante Funktion von Excel 2013, die wir Ihnen in Kapitel 25 ab Seite 502 noch näher vorstellen werden.

5. Lassen Sie die Maustaste los. In den fünf neu markierten Zellen stehen nun die gleichen Städtenamen wie in den anfänglich markierten Zellen.

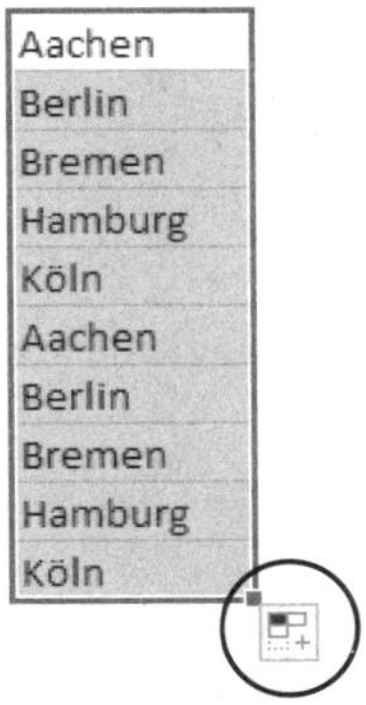

Auf die Schaltfläche, die Sie an der rechten unteren Ecke der Markierung sehen, gehen wir im weiteren Verlauf des Beispiels noch näher ein.

Zahlenfolgen

Mit dem gleichen Verfahren können Sie zum Beispiel auch fortlaufende Jahreszahlen eingeben:

1. Markieren Sie die beiden Zellen, die die Jahreszahlen enthalten.

2. Zeigen Sie mit dem Mauszeiger auf das Quadrat unten rechts an der Markierung und ziehen Sie die Markierung mit gedrückter Maustaste nach rechts auf. Während Sie die Markierung ziehen, sehen Sie in einem kleinen Popup-Fenster, welchen Wert Excel in die Zelle einfügt.

3. Sobald Sie die Maustaste loslassen, füllt Excel die Jahreszahlen richtig aus.

4. Klicken Sie nun auf die Schaltfläche *Auto-Ausfülloptionen*, die am Ende der Zahlenreihe erschienen ist. Dadurch öffnet sich das Menü der Schaltfläche.

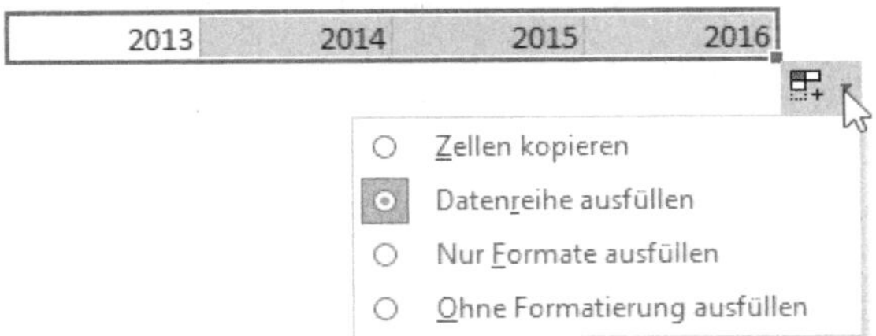

Wie Sie sehen, ist im Menü die Option *Datenreihe ausfüllen* eingeschaltet. Dies ist die Standardaktion, die Excel beim Aufziehen einer Markierung vornimmt, in der sich eine Datenreihe befindet. In unserem Fall bestand die Datenreihe aus den beiden Zahlen 2013 und 2014.

5. Klicken Sie im Menü auf *Zellen kopieren*.

Jetzt hat Excel die aufgezogene Markierung gefüllt, indem es die ursprüngliche Markierung kopiert hat (wie vorhin bei den Städtenamen).

Monatsfolgen

Lassen Sie uns nun testen, wie Excel sich beim Ausfüllen von Monaten verhält:

1. Markieren Sie die beiden Zellen, in denen »Januar« bzw. »Jan« steht.

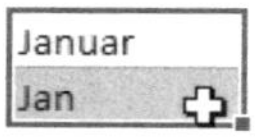

2. Ziehen Sie die Markierung in gewohnter Weise nach rechts auf.

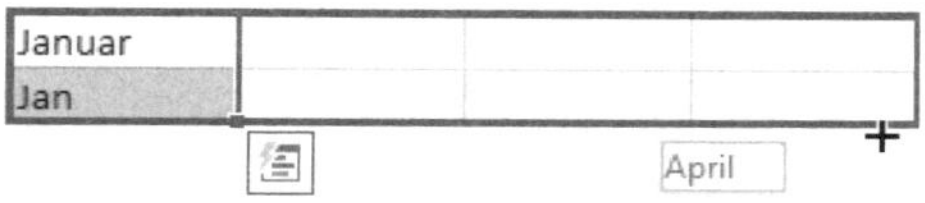

3. Lassen Sie die Maustaste los, wenn der gewünschte Monat erreicht ist. Excel füllt nun die Nachbarzellen mit den Monatsnamen auf und beachtet dabei sogar die abkürzende Schreibweise in der unteren Zeile.

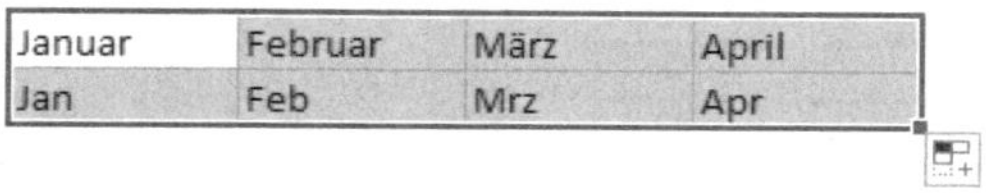

Excel holt sich die Daten offensichtlich aus einer Liste, in der alle Monatsnamen enthalten sind.

Datumsfolgen

Zum Schluss wollen wir Excel noch etwas auf die Probe stellen und eine Zelle erweitern, die sowohl eine Monats- als auch eine Jahresangabe enthält:

1. Geben Sie in eine Zelle *Jan 2013* ein und ziehen Sie die Markierung anschließend nach rechts auf. Excel füllt die Zellen dann folgendermaßen aus:

2. Klicken Sie auf die Schaltfläche *Auto-Ausfülloptionen*.

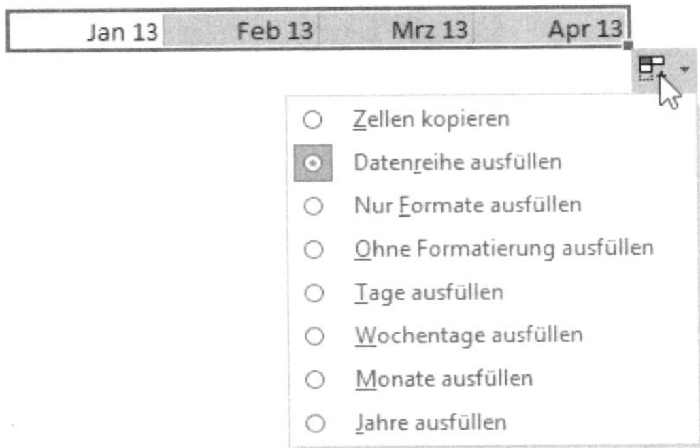

3. Wählen Sie in dem Auswahlmenü die Option *Jahre ausfüllen.* Excel ändert den Inhalt der markierten Zelle dann wie folgt ab:

Beim Ausfüllen wurde also nicht mehr der Monat, sondern das Jahr fortgesetzt.

Eigene Listen zum AutoAusfüllen erstellen

Angenommen, Sie erstellen regelmäßig Arbeitsblätter, in denen die Namen der Abteilungen Ihrer Firma als Spaltenüberschrift verwendet werden. Wäre es in diesem Fall nicht außerordentlich praktisch, wenn Sie diese Abteilungsnamen mittels AutoAusfüllen in das Tabellenblatt eingeben könnten? Mit Excel ist das tatsächlich möglich, Sie müssen lediglich mit den folgenden Schritten eine benutzerdefinierte Liste anlegen:

1. Wechseln Sie in die Backstage-Ansicht und klicken Sie auf *Optionen.*
2. Klicken Sie in der Kategorie *Erweitert* auf die Schaltfläche *Benutzerdefinierte Liste bearbeiten* (sie ist relativ weit unten), um das folgende Dialogfeld anzuzeigen.

Bild 18.6 Excel kennt bereits Listen mit Monaten und Wochentagen

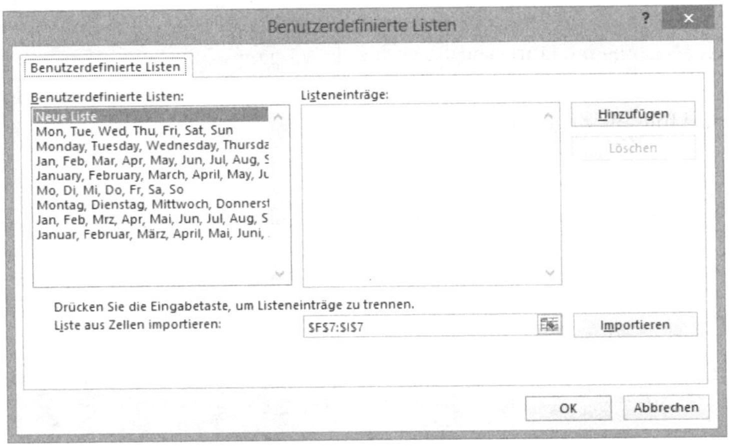

Auf der linken Seite des Dialogfeldes sehen Sie u.a. die Liste für die Monatsnamen, die Sie im letzten Beispiel verwendet haben.

3. Klicken Sie in das Feld *Listeneinträge* und geben Sie dort die folgende Liste ein: **Einkauf, Personal, Verkauf, Forschung, Lager.**
4. Klicken Sie auf *Hinzufügen.* Die Liste erscheint daraufhin im Feld *Benutzerdefinierte Listen.*
5. Schließen Sie beide Dialogfelder mit *OK.*
6. Testen Sie die von Ihnen erstellte Liste, indem Sie in eine Zelle das Wort »Einkauf« eintippen und anschließend die vier Nachbarzellen per AutoAusfüllen füllen.

Einkauf	Personal	Verkauf	Forschung	Lager

Die Schaltfläche »Füllbereich«

Um das Thema Ausfüllen abzurunden, wollen wir Ihnen noch die Schaltfläche *Füllbereich* vorstellen, die sich auf der Registerkarte *START* in der Gruppe *Bearbeiten* befindet.

Bild 18.7 Das Menü der Schaltfläche *Füllbereich*

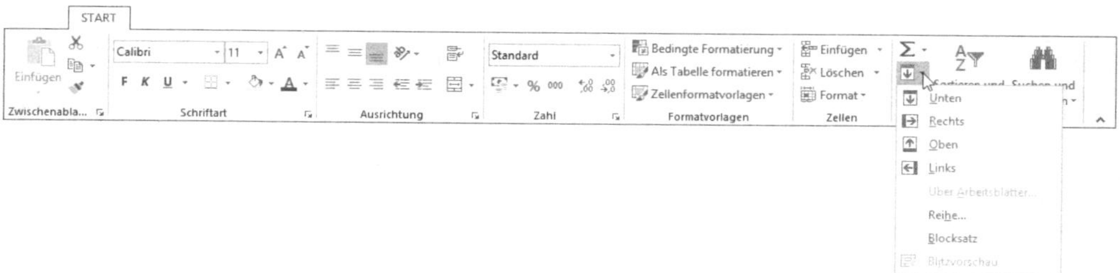

Mit den ersten vier Befehlen der Schaltfläche können Sie den Inhalt einer Nachbarzelle in eine leere Zelle kopieren. Der Name des Befehls gibt dabei die Richtung an, *in* die kopiert wird (nicht die Richtung, in der sich die gewünschte Nachbarzelle befindet). Am besten lässt sich das anhand eines Beispiels verstehen:

1. Erstellen Sie auf einem Tabellenblatt folgende Ausgangssituation:

	1500
Januar	

2. Klicken Sie die Schaltfläche *Füllbereich* an und wählen Sie die Option *Unten.*

	1500
Januar	1500

Die Befehle *Unten* und *Rechts* können Sie übrigens auch mit den Tastenkombinationen Strg+U und Strg+R aufrufen, was natürlich deutlich schneller ist.

Datenreihen erstellen

Der Befehl *Reihe,* der sich ebenfalls im Ausklappmenü der Schaltfläche *Füllbereich* befindet, unterstützt Sie besonders flexibel beim Eingeben von Datenreihen. Um zum Beispiel eine Spalte zu erstellen, die die Zweierpotenzen von 1 bis 1024 enthält, nehmen Sie diese Schritte vor:

1. Geben Sie die erste Zahl der Reihe ein und klicken Sie in der Bearbeitungsleiste auf die Schaltfläche *Eingeben* (das Häkchen). Damit Sie gleich im nächsten Schritt die Schaltfläche *Füllbereich* betätigen können, darf sich Excel nämlich nicht im Bearbeitungsmodus befinden, d.h. die Einfügemarke darf nicht in der Zelle blinken, in die Sie gerade die erste Zahl eingetragen haben.
2. Klicken Sie die Schaltfläche *Füllbereich* an und wählen Sie den Befehl *Reihe.* Excel zeigt dann das Dialogfeld *Reihe* an (siehe nächstes Bild).
3. Schalten Sie in der Gruppe *Reihe* die Option *Spalten* ein.
4. Aktivieren Sie in der Gruppe *Typ* die Option *Geometrisch.* Dadurch erreichen Sie, dass die Datenreihe nicht durch eine Addition erzeugt wird, sondern durch Multiplikation. Der Wert, mit dem die einzelnen Zahlen multipliziert werden, um die jeweils nächste Zahl der Reihe zu finden, entnimmt Excel dem Feld *Inkrement.*
5. Geben Sie in das Textfeld *Inkrement* eine **2** ein.
6. Zum Schluss tragen Sie noch in das Textfeld *Endwert* die Zahl **1024** ein.

Bild 18.8 Mit dem Dialogfeld *Reihe* lassen sich auch geometrische Folgen erstellen

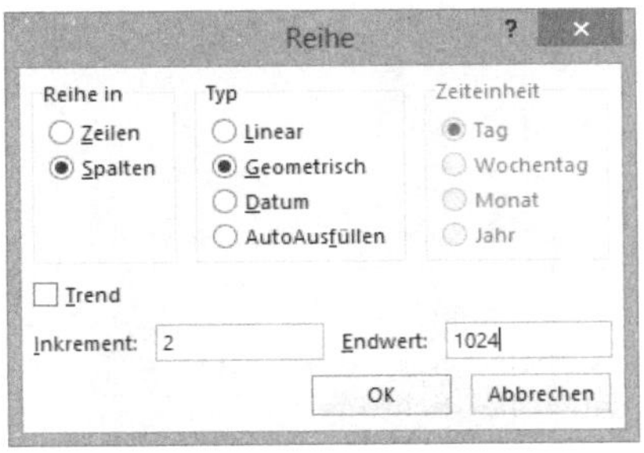

7. Klicken Sie auf *OK,* damit Excel die gewünschte Datenreihe einträgt.

Einfache Berechnungen

Neben Text und Zahlen können die Zellen eines Excel-Tabellenblatts auch Formeln enthalten, was nicht wirklich verwundert, da Excel schließlich ein Tabellenkalkulationsprogramm ist. In diesem Abschnitt werden wir uns nun dem Eingeben von Formeln und dem Rechnen mit Excel widmen.

Die Vorgehensweise wollen wir anhand der Beispieltabelle *Autokosten* erläutern, die wir zu Beginn des Kapitels gemeinsam erstellt haben. Wir haben die Tabelle dazu noch ein wenig erweitert und im unteren Bereich den Text eingetragen, neben dem die Gesamtkosten pro Jahr und pro Monat ausgegeben werden sollen. Sie finden die Tabelle auch in der Übungsdatei *Einfache Berechnungen* auf dem Tabellenblatt *Start.* Lassen Sie uns mit der Berechnung der Gesamtkosten beginnen.

Bild 18.9 Dieses Tabellenblatt soll um zwei Formeln ergänzt werden

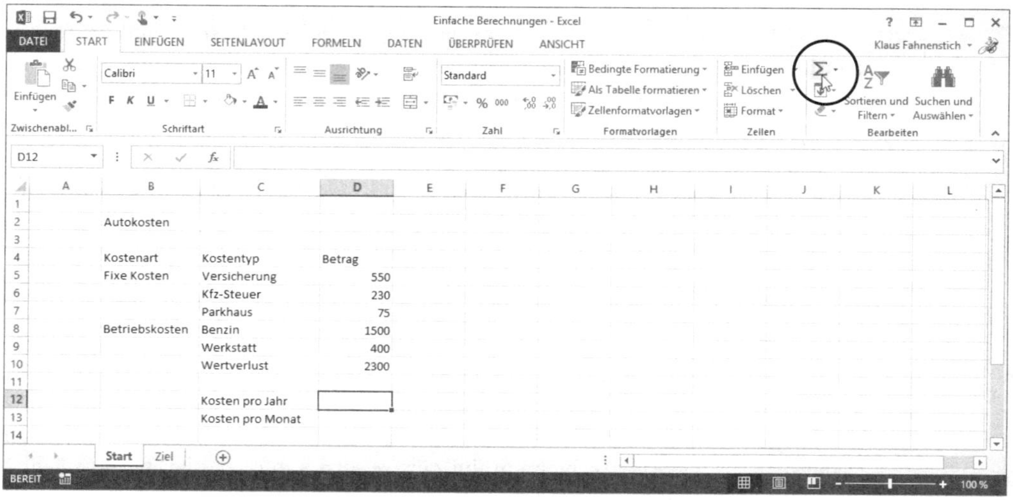

1. Markieren Sie die Zelle D12, in der die errechneten Gesamtkosten erscheinen sollen.
2. Klicken Sie in der Registerkarte *Start* auf die Schaltfläche *Summe* (siehe Bild oben).

   In der Zelle D12 wird jetzt die Formel `=Summe(D5:D11)` angezeigt (siehe nächstes Bild). Die Zellen, die mit dieser Formel addiert werden, sind mit einem gestrichelten Rahmen versehen. Excel hat also eigenständig erkannt, welche Zahlen des Tabellenblatts Sie addieren wollen.

Bild 18.10 Excel erkennt automatisch, welche Zahlen Sie addieren wollen

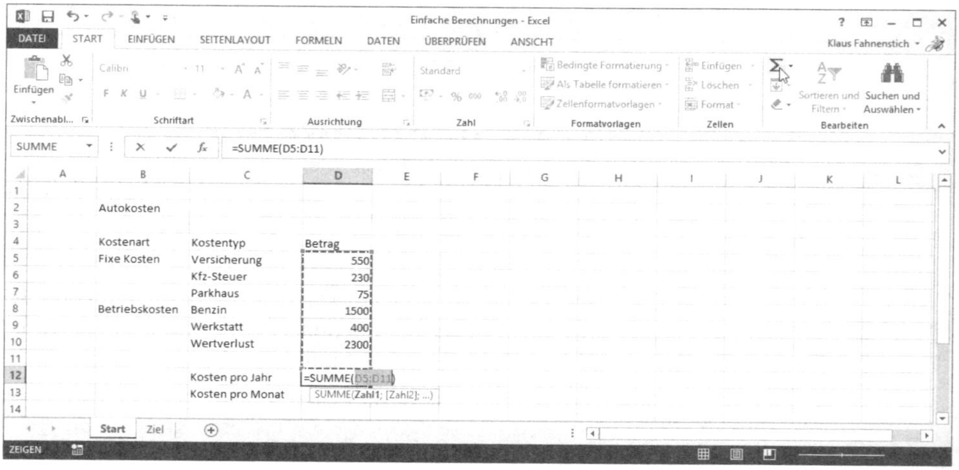

3. Drücken Sie die [↵]-Taste, um die Formel wie angezeigt zu übernehmen. In der Zelle D12 werden nun wie gewünscht, die errechneten Gesamtkosten angezeigt.

Bild 18.11 Excel hat die Summe korrekt berechnet

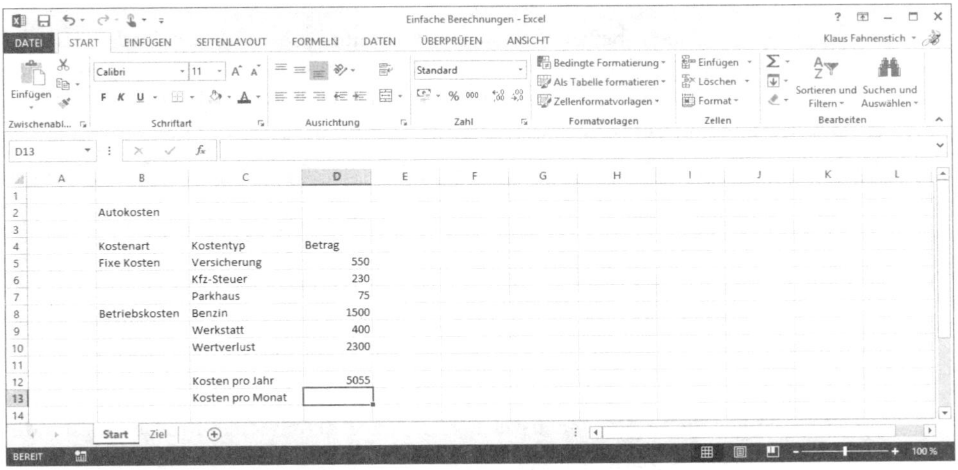

HINWEIS Der »Trick« mit der AutoSumme funktioniert so: Wenn Sie Excel durch Anklicken der Schaltfläche *Summe* mitteilen, dass Sie eine Summe bilden wollen, prüft Excel zuerst, ob sich oberhalb der markierten Zelle Zahlen befinden. Wird Excel fündig, werden die betreffenden Zahlen für die Summenbildung berücksichtigt. Sobald Excel bei der Zahlensuche auf eine Zelle trifft, die einen Text enthält oder leer ist, wird die Suche beendet. In dem hier vorgestellten Beispiel stoppt Excel also an der Spaltenüberschrift.

Falls sich oberhalb einer Zelle keine Zahlen befinden, untersucht Excel die linken Nachbarzellen. Sollten auch hier keine Zahlen enthalten sein, streicht Excel die Segel und überlässt Ihnen das Ausfüllen der Summenformel.

Bestandteile der Summenformel

Formeln in Excel beginnen immer mit einem Gleichheitszeichen. Anhand des Gleichheitszeichens kann Excel Formeln von Text und Zahlen unterscheiden.

```
=SUMME(D5:D11)
```

Im obigen Beispiel wird bei der Berechnung der Gesamtkosten die Funktion SUMME verwendet. Diese Funktion gehört zu den zahlreichen Funktionen, mit denen Sie in Excel rechnen können. Die meisten Funktionen benötigen Parameter, die hinter dem Funktionsnamen in runden Klammern eingeschlossen werden. Die Funktion SUMME erwartet als Parameter den Zellbereich, für den die Summe gebildet werden soll. In unserem Beispiel lautet die Bereichsangabe `D5:D11`. Der Doppelpunkt bedeutet *bis*.

Automatische Neuberechnung

Der Vorteil eines Tabellenkalkulationsprogramms wie Excel besteht darin, dass die Summe automatisch neu berechnet wird, wenn Sie z.B. den Betrag für einen Kostenpunkt ändern. Probieren Sie es einmal aus, indem Sie einige der Werte ändern und beobachten, wie sich das Ergebnis in der Zelle mit der Summe anpasst.

Einfache Formeln ohne Funktionen

Sie können auch Formeln erstellen, die keine Funktion verwenden, sondern stattdessen z.B. eine der vier Grundrechenarten. Um dies zu verdeutlichen, sollen in Zelle D13 die Kosten je Monat berechnet werden. Excel soll also die in der Zelle D12 berechneten Gesamtkosten durch 12 teilen:

1. Klicken Sie Zelle D13 an. Die Zelle wird mit der Zellmarkierung versehen.
2. Tippen Sie ein Gleichheitszeichen ein. Excel aktiviert den Bearbeitungsmodus für die Zelle.
3. Klicken Sie Zelle D12 an, in der sich die Gesamtkosten befinden. Dadurch wird hinter dem Gleichheitszeichen die Adresse der angeklickten Zelle eingetragen. Sie hätten die Adresse auch eintippen können, aber das Anklicken ist nicht nur schneller, sondern auch zuverlässiger.
4. Tippen Sie jetzt das Zeichen / ein. Der Schrägstrich ist der Divisionsoperator (nicht der Doppelpunkt, wie man berechtigterweise meinen könnte).
5. Geben Sie nun die 12 ein und drücken dann [↵], um die Eingabe der Formel abzuschließen.

Bild 18.12 Dem Ergebnis liegt nach wie vor die eingegebene Formel zugrunde

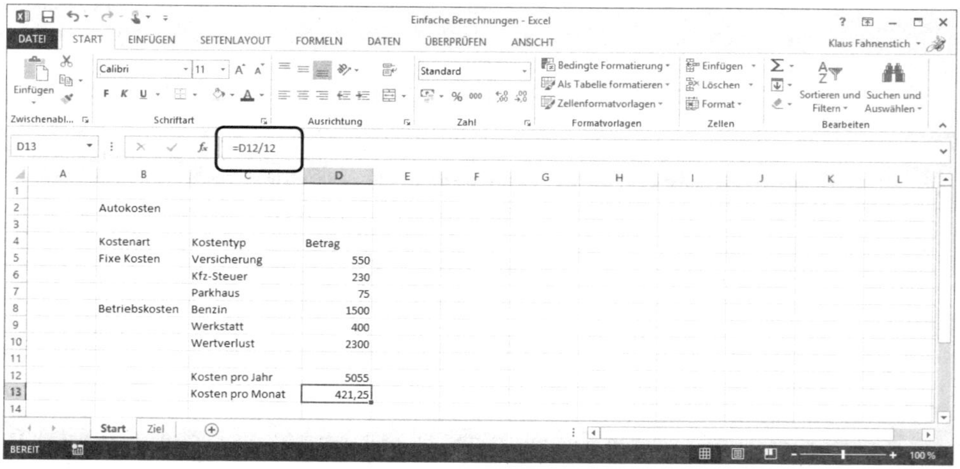

Excel führt die Berechnung durch und gibt das Ergebnis in Zelle D13 aus. Wenn Sie die Zelle D13 erneut anklicken und dann in die Bearbeitungsleiste schauen, sehen Sie, dass dort noch immer die eingegebene Formel angezeigt wird. Das Gleiche gilt natürlich auch für die Zelle mit der Summe.

Die hier vorgestellten Möglichkeiten zum Rechnen mit Excel können natürlich nur einen ersten Eindruck vermitteln. Mehr Informationen zu diesem Thema finden Sie in den Kapiteln 20 und 21.

Zeilen bzw. Spalten einfügen und löschen

Wenn Sie eine Tabelle nachträglich erweitern wollen, können Sie einzelne Zellen oder auch ganze Zeilen bzw. Spalten einfügen. Dadurch wird jedoch nicht die Größe des Arbeitsblattes geändert, sondern Excel schiebt beim Einfügen die »störenden« Zellen einfach entsprechend zur Seite.

Im folgenden Beispiel zeigen wir Ihnen, wie Sie eine Tabelle um eine weitere Zeile ergänzen können. Und zwar soll zwischen den beiden Zeilen, in denen die Benzin- und Werkstattkosten eingetragen sind, eine neue Zeile zur Erfassung der Kosten für Motoröl eingeschoben werden.

1. Erstellen Sie eine kleine Tabelle, die dem hier abgebildeten Beispiel ähnelt oder öffnen Sie die Übungsdatei *Einfache Berechnungen*, die Sie im letzten Abschnitt kennen gelernt haben.

Bild 18.13 Zwischen Zeile 8 und Zeile 9 soll eine neue Zeile eingefügt werden

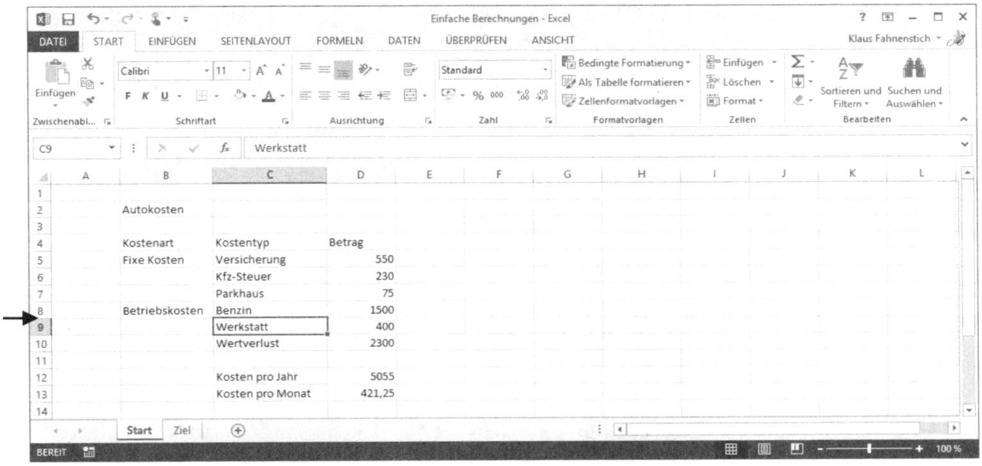

2. Markieren Sie eine beliebige Zelle in der Zeile, die den neuen Eintrag aufnehmen soll. In diesem Beispiel ist dies die Zeile 9.
3. Öffnen Sie das Ausklappmenü der Schaltfläche *Einfügen*, die sich auf der Registerkarte *START* befindet.

Bild 18.14 Neue Zeile einfügen

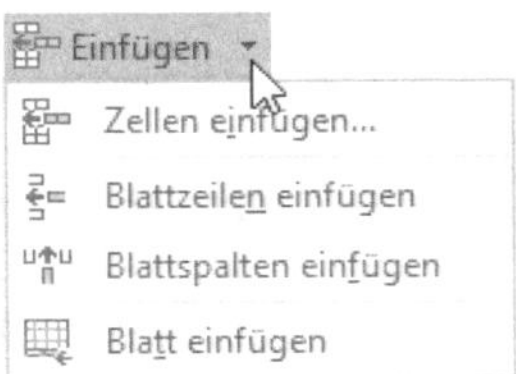

4. Wählen Sie den Befehl *Blattzeilen einfügen.*

Excel 2013

Excel schiebt nun den Inhalt aller Zellen, die sich in Zeile 9 oder darunter befinden, um eine Zeile nach unten. Bei diesem Vorgang werden alle Formeln, die sich auf die verschobenen Zellen beziehen, angepasst.

In unserem Fall trifft das zum Beispiel auf die Formel zur Berechnung der Gesamtsumme zu. Wie Sie in Bild 18.13 sehen können, lautete die Formel vor dem Einfügen der leeren Zeile `SUMME(D5:D11)`. Das nächste Bild zeigt, dass sich die Bereichsangabe der Funktion SUMME verändert hat. Die geänderte Formel lautet nun `SUMME(D5:D12)`.

Bild 18.15 Zellbezüge werden beim Einfügen von Zellen automatisch angepasst

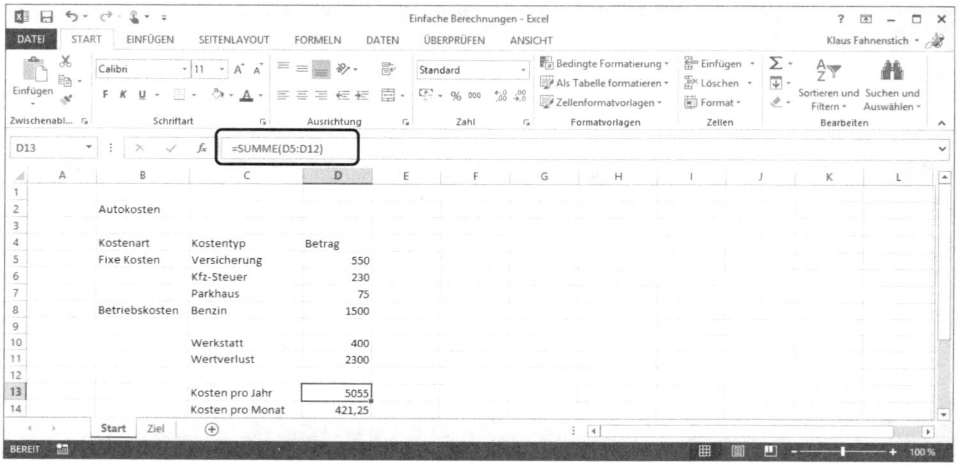

5. Jetzt können Sie die Beschriftung **Motoröl** in die Zelle C9 und die zugehörigen Kosten in ihre Nachbarzelle eintragen.

Mehrere Zeilen/Spalten einfügen

Wenn Sie auf einen Rutsch gleich mehrere Zeilen oder Spalten einfügen wollen, müssen Sie lediglich vor dem Aufruf des Befehls *Einfügen/Blattzeilen* bzw. *Einfügen/Blattspalten* entsprechend viele Zellen markieren. Wenn Sie zum Beispiel in der letzten Übung nicht nur eine neue Zeile für »Motoröl«, sondern noch eine weitere für »Waschen« einfügen wollten, hätten Sie dazu zwei Zellen der Zeilen 9 und 10 markieren müssen.

Einzelne Zellen und Zellbereiche einfügen

Bis jetzt haben Sie immer nur ganze Zeilen oder Spalten in das Tabellenblatt eingefügt. Dies funktioniert in der Regel aber nur dann reibungslos, wenn das Arbeitsblatt lediglich eine einzelne Tabelle enthält. Ansonsten würden Sie durch das Einfügen einer vollständigen Zeile oder Spalte höchstwahrscheinlich andere Tabellen auf dem Blatt beschädigen.

In solchen Fällen können Sie auch einzelne Zellen oder einen bestimmten Zellbereich in ein Blatt einfügen. Im nächsten Beispiel sehen Sie wieder die bekannte Autokosten-Tabelle. Auf dem Tabellenblatt befindet sich jetzt aber noch eine zweite Tabelle, in der die Fahrleistung in den einzelnen Monaten eingetragen ist.

Bild 18.16 Dieses Tabellenblatt enthält zwei Tabellen

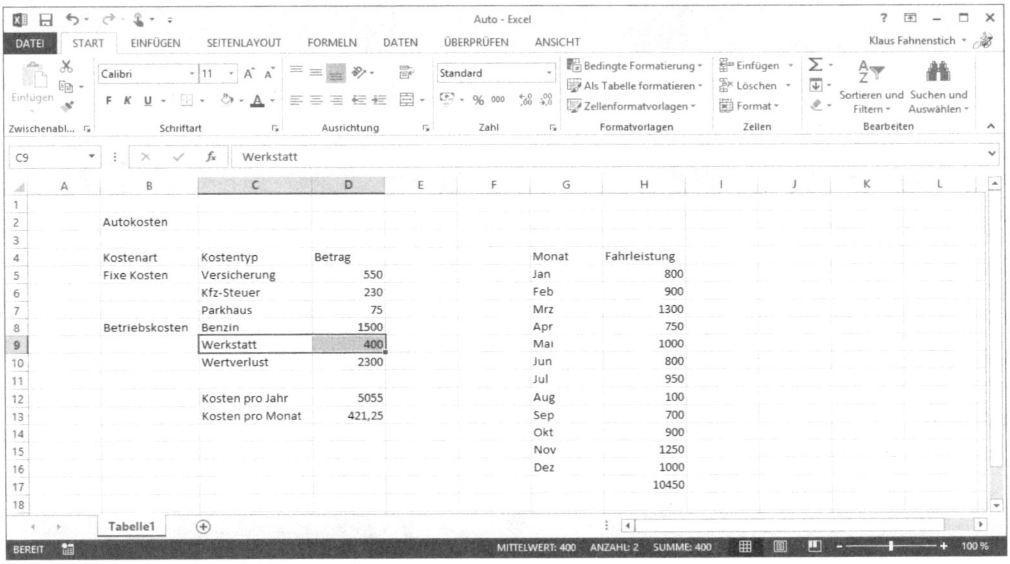

1. Markieren Sie die beiden Zellen C9 und D9 (wie im obigen Bild).
2. Öffnen Sie das Ausklappmenü der Schaltfläche *Einfügen* und wählen Sie den Befehl *Zellen einfügen.*

Bild 18.17 Einfügen von Zellbereichen

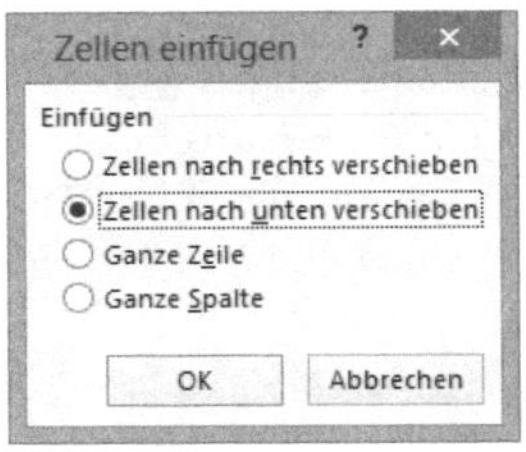

In diesem Dialogfeld können Sie festlegen, wie Excel die markierten Zeilen verschieben soll, um Platz für die neuen Zellen zu schaffen. Wie Sie sehen, haben Sie die Wahl zwischen vier verschiedenen Optionen, deren Wirkungsweise die folgenden Bilder veranschaulichen sollen:

Bild 18.18 Varianten beim Einfügen von Zellen in der Reihenfolge ihres Auftretens im Dialogfeld *Zellen einfügen*

Benzin	1500			Apr	750	
		Werkstatt	400			Mai
Wertverlust	2300			Jun	800	

Benzin	1500			Apr	750
				Mai	1000
Werkstatt	400			Jun	800

Benzin	1500			Apr	750
Werkstatt	400			Mai	1000

		Benzin	1500	Apr	750
		Werkstatt	400	Mai	1000
		Wertverlust	2300	Jun	800

3. Offensichtlich benötigen Sie in diesem Fall die zweite Variante. Schalten Sie also die Option *Zellen nach unten verschieben* ein und klicken Sie auf *OK*.

Bild 18.19 Das Einfügen der Zellen hat sich nur auf die linke Tabelle ausgewirkt

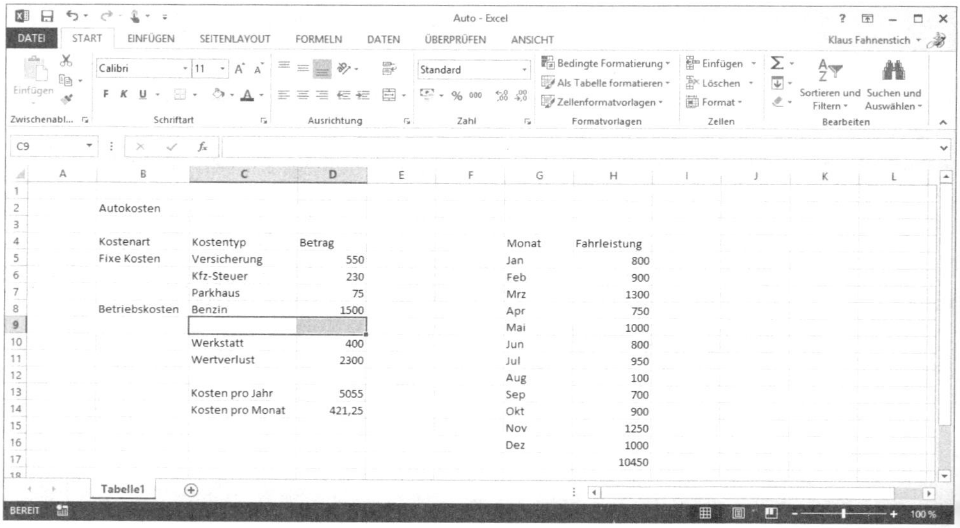

Zellen löschen

Das Löschen von Zellen funktioniert im Prinzip genauso wie das Einfügen. Sie finden die dazu benötigte Schaltfläche *Löschen* auf der Registerkarte *START* direkt unterhalb der Schaltfläche *Einfügen*. Die Schaltfläche ist ebenfalls mit einem Ausklappmenü versehen, dessen Befehle sich analog zu den soeben beschriebenen Befehlen der Schaltfläche *Einfügen* verhalten.

Blitzvorschau

Eine der neuen Funktionen von Excel 2013 ist die sogenannte *Blitzvorschau*. Wir haben sie bereits in Kapitel 2, in dem wir wichtige neue Funktionen von Office 2013 vorgestellt haben, erwähnt. Wie Sie gleich sehen werden, ist diese Funktion sehr leistungsfähig, aber gelegentlich auch etwas unberechenbar. Denn beim Versuch, Ihre wahren Absichten zu erkennen, »denkt« sie manchmal nicht weit genug. ;)

Das folgende Beispiel geht davon aus, dass Sie eine Adressliste in Excel geöffnet haben, in der die Postleitzahlen und Ortsnamen zusammen in einer Zelle stehen. Ihre Aufgabe ist es nun, die beiden Angaben in separaten Zellen unterzubringen. Ein geübter Excel-Anwender würde dieses Problem mit Hilfe von Funktion lösen, aber dank Blitzvorschau können Sie sich diesen Aufwand ersparen.

Bild 18.20 Die Aufgabenstellung: Postleitzahl und Ortsname sollen in eigenen Spalten stehen

	A	B	C	D	E	F	G
1							
2		**PLZ_ORT**	**Plz**	**Ort**			
3		45657 Recklinghausen					
4		52076 Aachen					
5		50667 Köln					
6		20099 Hamburg					
7		10115 Berlin					
8		80999 München					
9		70173 Stuttgart					
10		60599 Frankfurt					
11		01076 Dresden					
12		44135 Dortmund					
13		45045 Essen					
14							

1. Tragen Sie die erste Postleitzahl manuell in die dafür vorgesehene Spalte ein. In unserem Beispiel ist das die Zelle C3.
2. In der nächsten Zeile tippen Sie nur die erste Ziffer der Postleitzahl ein, hier also eine »5«. Nur Sekundenbruchteile später hat Excel erkannt, dass Sie die Postleitzahl extrahieren wollen, und füllt den Rest der Spalte für Sie aus. Nicht schlecht, oder?!

Bild 18.21 Excel hat Ihre Absicht erkannt!

	A	B	C	D	E	F	G
1							
2		**PLZ_ORT**	**Plz**	**Ort**			
3		45657 Recklinghausen	45657				
4		52076 Aachen	52076				
5		50667 Köln	50667				
6		20099 Hamburg	20099				
7		10115 Berlin	10115				
8		80999 München	80999				
9		70173 Stuttgart	70173				
10		60599 Frankfurt	60599				
11		01076 Dresden	1076				
12		44135 Dortmund	44135				
13		45045 Essen	45045				
14							

3. Um den Vorschlag zu übernehmen, müssten Sie jetzt nur noch [↵] drücken. Doch bevor Sie das tun, sollten Sie sich die automatisch ausgefüllten Zellen noch einmal etwas genauer ansehen. Richtig, die Postleitzahl von Dresden bereitet Excel mit ihrer führenden Null kleinere Schwierigkeiten. Hier müssen Sie noch etwas nachhelfen.
4. Machen Sie alle Änderungen, also auch Ihre erste Eingabe rückgängig.
5. Markieren Sie den Zellbereich, der für die Postleitzahlen vorgesehen ist.
6. Wechseln Sie auf die Registerkarte *START* und wählen Sie in der Gruppe *Zahl* das Zahlenformat *Text* aus, das Sie ganz unten in der Auswahlliste finden. Damit weiß Excel, dass der Inhalt dieser Zellen nicht als Zahlen interpretiert werden soll, sondern als Text.
7. Wenn Sie nun die ersten beiden Schritte wiederholen, ist das Ergebnis perfekt:

Bild 18.22 Jetzt stimmt auch die Postleitzahl von Dresden

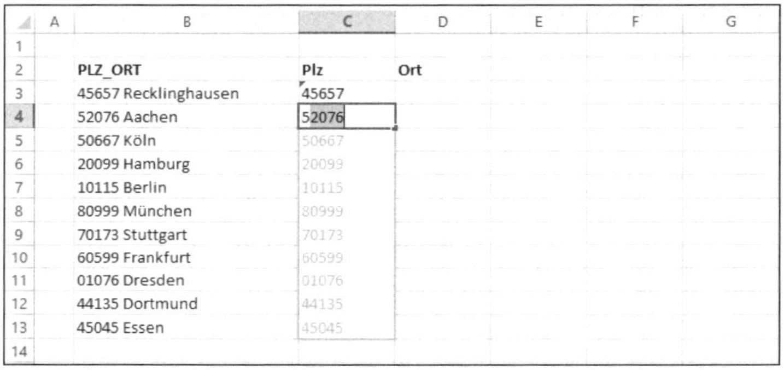

	A	B	C	D	E	F	G
1							
2		PLZ_ORT	Plz	Ort			
3		45657 Recklinghausen	45657				
4		52076 Aachen	52076				
5		50667 Köln	50667				
6		20099 Hamburg	20099				
7		10115 Berlin	10115				
8		80999 München	80999				
9		70173 Stuttgart	70173				
10		60599 Frankfurt	60599				
11		01076 Dresden	01076				
12		44135 Dortmund	44135				
13		45045 Essen	45045				
14							

8. Zum guten Schluss füllen Sie noch nach dem gleichen Prinzip die Spalte mit den Ortsnamen.

Bild 18.23 Mission erfüllt!

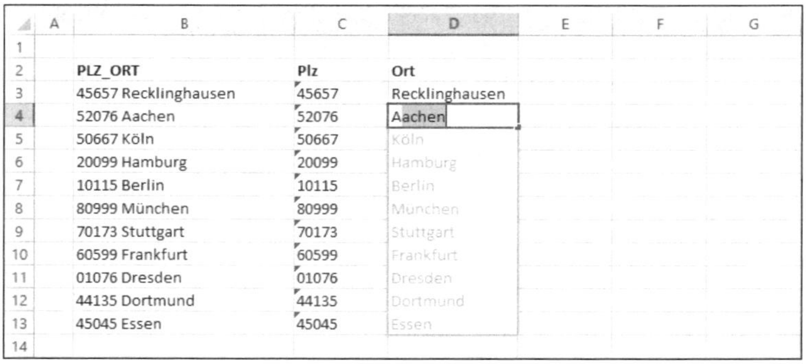

	A	B	C	D	E	F	G
1							
2		PLZ_ORT	Plz	Ort			
3		45657 Recklinghausen	45657	Recklinghausen			
4		52076 Aachen	52076	Aachen			
5		50667 Köln	50667	Köln			
6		20099 Hamburg	20099	Hamburg			
7		10115 Berlin	10115	Berlin			
8		80999 München	80999	München			
9		70173 Stuttgart	70173	Stuttgart			
10		60599 Frankfurt	60599	Frankfurt			
11		01076 Dresden	01076	Dresden			
12		44135 Dortmund	44135	Dortmund			
13		45045 Essen	45045	Essen			
14							

Sie erreichen diese Funktion übrigens auch noch auf einem anderen Weg. Und zwar können Sie, statt wie in Schritt 2 mit der Eingabe der zweiten Zelle zu beginnen, auf der Registerkarte *START* in der Gruppe *Bearbeiten* auf die Schaltfläche *Füllbereich* klicken. In deren Menü finden Sie dann ganz unten den Befehl *Blitzvorschau*.

Und natürlich darf für die Tastaturfans unter Ihnen auch der Shortcut nicht fehlen: [Strg]+[E].

Illustrationen einfügen

Auch wenn Sie Excel in erster Linie dafür einsetzen werden, mit Zahlen und Formeln zu arbeiten, werden Sie gelegentlich eine Grafik in ein Arbeitsblatt einfügen wollen. Und Excel hat auch auf diesem Gebiet erstaunlich viel zu bieten. Das dürfte jedoch in erster Linie daran liegen, dass Excel an dieser Stelle von seinen beiden »Schwesterprogrammen« Word und PowerPoint profitiert, bei denen der Einsatz von Grafiken naturgemäß mehr im Mittelpunkt steht. Es war daher von Seiten der Entwickler kein spezieller Aufwand erforderlich, um Excel mit leistungsfähigen Grafikfunktionen auszustatten.

Die Befehle zum Einfügen der verschiedenen grafischen Elemente finden Sie auf der Registerkarte *EINFÜGEN* in der Gruppe *Illustrationen.*

Bild 18.24 Über die Schaltflächen der Gruppe *Illustrationen* können Sie die verschiedenen grafischen Elemente in Ihre Arbeitsmappen einfügen

Stellvertretend für die vielen Möglichkeiten, die sich Ihnen hier bieten, wollen wir Ihnen das Einfügen von ClipArts vorstellen.

ClipArt einfügen

ClipArts sind kleine Zeichnungen, die Microsoft in seinem Onlinebereich kostenlos zur Verfügung stellt.

1. Zeigen Sie das Arbeitsblatt an, auf dem die ClipArt eingefügt werden soll und klicken Sie auf der Registerkarte *EINFÜGEN* auf die Schaltfläche *Onlinegrafiken.*
2. Geben Sie im angezeigten Fenster einen Suchbegriff bei *Clipart von Office.com* ein.

Bild 18.25 Die Grafiken auf *Office.com* sind kostenlos

3. Sie können eine vergrößerte Darstellung der ClipArts anzeigen, indem Sie auf ihr Lupensymbol klicken.

Bild 18.26 Zum Schließen der Vorschau klicken Sie oben rechts auf das X

4. Um eines der Bilder in Ihr Arbeitsblatt einzufügen, können Sie darauf doppelklicken.

Bild 18.27 Um die Größe der ClipArt zu ändern, ziehen Sie mit der Maus an einem ihrer Anfasser

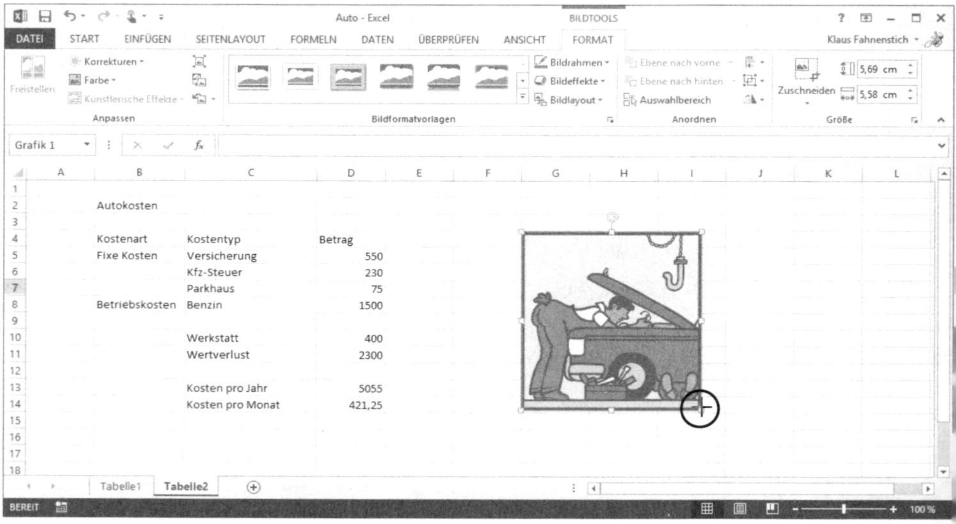

5. Ändern Sie bei Bedarf die Größe der ClipArt und schieben Sie sie dann mit der Maus an die gewünschte Position auf dem Arbeitsblatt.

Weitere Informationen zum Einfügen und Bearbeiten von Illustrationen finden Sie in Kapitel 36.

Kapitel 19

Tabellenblätter formatieren

In diesem Kapitel:

In den Beispielen des letzten Kapitels haben wir uns ausschließlich auf das Einfügen von Texten und Zahlen konzentriert und uns nicht weiter um die Darstellung der Daten gekümmert. Aber natürlich gehört zu einer fertigen Tabelle auch eine ansprechende Optik, die zum Beispiel die Zeilen- und Spaltenbeschriftungen sowie die Ergebniszeilen hervorhebt.

Wie Sie gleich sehen werden, gibt es in Excel zahlreiche Möglichkeiten, das Layout einer Tabelle zu verbessern. Sie können Schriften formatieren, Rahmen zuweisen, Farben und Muster benutzen und die Ausrichtung der Zellinhalte auf vielfältige Weise ändern. Viele dieser Formatierungen müssen Sie nicht mühsam Stück für Stück von Hand erstellen, sondern können sie sehr komfortabel mit einem Mausklick aus Formatkatalogen zuweisen.

Aber auch, wenn Sie in Excel nahezu jedes Detail einer Tabelle individuell gestalten können, sollten Sie nicht vergessen, dass bei einer Tabellenkalkulation die Daten im Mittelpunkt des Interesses stehen und nicht die Farbe und Stärke einer Linie, mit der das Ergebnis einer Summe unterstrichen wird.

Wir werden uns daher auf die Funktionen konzentrieren, mit denen Sie Ihren Tabellen ohne großen Aufwand eine professionelle Optik verleihen können. Auf Standardaufgaben der Zeichenformatierung, wie sie in jeder Textverarbeitung anfallen – z.B. Schriftart wählen, Schriftgröße ändern etc. – gehen wir hier nicht näher ein, da wir mit guten Gewissen davon ausgehen können, dass sie mittlerweile zum Grundrepertoire eines jeden Office-Anwenders gehören.

Formatieren mit Zellenformatvorlagen

Wenn Sie »mal eben« eine kleine Tabelle erstellen wollen, können Sie sie am einfachsten mit Hilfe der so genannten *Zellenformatvorlagen* gestalten. In diesen Vorlagen werden mehrere Formatierungseigenschaften zusammengefasst – zum Beispiel Schriftart, -größe und -farbe –, die dann einer gewünschten Zelle mit einem einzigen Befehl zugewiesen werden können.

Um Ihnen den Gebrauch und die Effektivität der Zellenformatvorlagen zu demonstrieren, wollen wir nun die Autokosten-Tabelle, die wir im letzten Kapitel erstellt haben, in eine ansprechende Form bringen.

1. Öffnen Sie die Übungsdatei *Zellenformatvorlagen* und zeigen Sie das Blatt *Autokosten* an.

Bild 19.1 Die unformatierte Autokosten-Tabelle

	A	B	C	D	E	F	G	H	I
1									
2		Autokosten							
3									
4		Kostenart	Betrag						
5		Versicherung	550						
6		Kfz-Steuer	230						
7		Parkhaus	75						
8		Benzin	1500						
9		Motoröl	80						
10		Werkstatt	400						
11		Wertverlust	2300						
12									
13		Kosten pro Jahr	5135						
14									

2. Markieren Sie die Zelle, die den Titel der Tabelle enthält (hier B2).

3. Zeigen Sie die Registerkarte *START* an und klicken Sie in der Gruppe *Formatvorlagen* auf die Schaltfläche *Zellenformatvorlagen*. Excel zeigt dann folgendes Ausklappmenü an, in dem verschiedene Formatierungsvarianten angeboten werden.

Bild 19.2 Der Auswahlkatalog der Zellenformatvorlagen

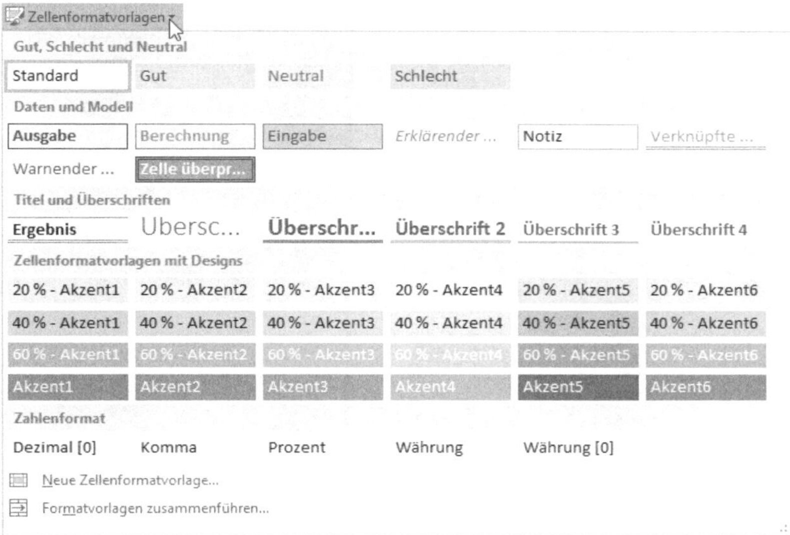

Wie Sie sehen, sind die Zellenformatvorlagen in verschiedene Gruppen eingeteilt:

- *Gut, Schlecht und Neutral*
- *Daten und Modell*
- *Titel und Überschriften*
- *Zellformatvorlagen mit Designs*
- *Zahlenformat*

HINWEIS **Designs** Die in den Zellenformatvorlagen verwendeten Farben und Schriftarten hängen vom jeweiligen Design ab, das der aktuellen Arbeitsmappe zugewiesen wurde. Designs spielen bei der Formatierung von Office-Dokumenten eine zentrale Rolle. Es ist daher wichtig, dass Sie das dahinter stehende Konzept verstehen, damit Sie später keine bösen Überraschungen erleben. Da auch die anderen Office-Programme mit Designs arbeiten, behandeln wir dieses Thema in Teil F des Buches in Kapitel 35.

4. Zeigen Sie mit der Maus auf eine der Vorlagen aus der Gruppe *Titel und Überschriften*. Excel zeigt die Wirkung der verschiedenen Vorlagen direkt im Tabellenblatt an. Wenn Sie sich für eine der Vorlagen entschieden haben, übernehmen Sie diese durch Anklicken.

   In einem zweiten Schritt sollen die Spaltenüberschriften formatiert werden:

5. Markieren Sie die beiden Spaltenüberschriften und klicken Sie erneut auf die Schaltfläche *Zellenformatierung*, um den Auswahlkatalog anzuzeigen.

6. Wählen Sie einen Eintrag der Gruppe *Zellenformatvorlagen mit Designs.*

   Nun kommen die Geldbeträge an die Reihe:

7. Markieren Sie die Geldbeträge und weisen Sie ihnen die Zellenformatvorlage *Währung* zu. Die Zahlen werden dann mit zwei Nachkommastellen und einem Eurozeichen dargestellt.

   Zum Schluss soll noch das Ergebnis (also die Zelle C13) hervorgehoben werden.

8. Markieren Sie das Endergebnis und weisen Sie ihm die Zellenformatvorlage *Ergebnis* zu (aus der Gruppe *Titel und Überschriften*). Ihre Tabelle sollte dann in etwa so aussehen:

Bild 19.3 Die Tabelle wurde ausschließlich mit Zellenformatvorlagen formatiert

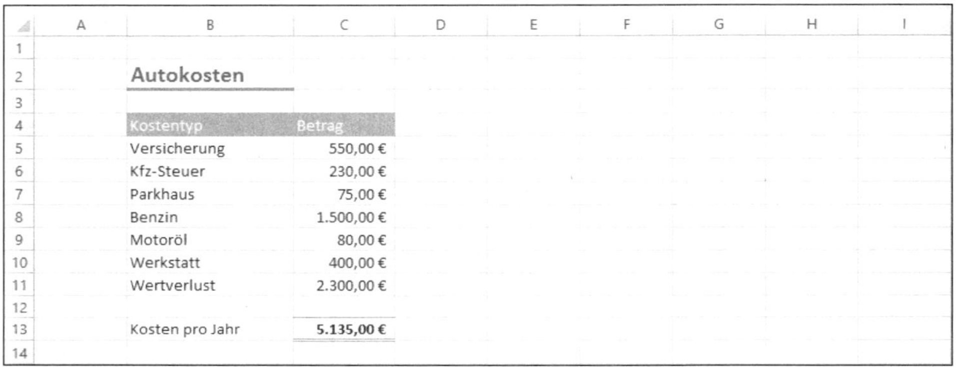

	A	B	C	D	E	F	G	H	I
1									
2		Autokosten							
3									
4		Kostentyp	Betrag						
5		Versicherung	550,00 €						
6		Kfz-Steuer	230,00 €						
7		Parkhaus	75,00 €						
8		Benzin	1.500,00 €						
9		Motoröl	80,00 €						
10		Werkstatt	400,00 €						
11		Wertverlust	2.300,00 €						
12									
13		Kosten pro Jahr	**5.135,00 €**						
14									

Die gemäß der obigen Abbildung formatierte Tabelle finden Sie in der Übungsdatei auf dem Tabellenblatt *Autokosten, fertig.*

Excel-Tabellen

Die Tabelle aus dem letzten Beispiel ist aus Sicht von Excel einfach ein beliebiger Bereich des Tabellenblatts, in dem etwas Text und einige Zahlen stehen. Das heißt, Excel weiß nichts über die Struktur der Daten und kann zum Beispiel die Spaltenüberschriften nicht als solche erkennen.

Bereich in eine Excel-Tabelle umwandeln

Das lässt sich jedoch leicht ändern und anschließend stehen Ihnen weitaus komfortablere Funktionen für die Formatierung Ihrer Tabellen zur Verfügung als die im letzten Abschnitt vorgestellten Zellenformatvorlagen.

1. Markieren Sie den Bereich des Tabellenblatts, der Ihre Tabelle enthält.

2. Zeigen Sie die Registerkarte *START* an und klicken Sie in der Gruppe *Formatvorlagen* auf die Schaltfläche *Als Tabelle formatieren.* Dadurch öffnet sich ein Auswahlkatalog mit diversen Tabellenformatvorlagen, die sich in ihrer Helligkeit und in der Art und Weise, wie die Spalten und Zeilen der Tabelle betont werden, unterscheiden.

Bild 19.4 Der ausgewählte Bereich soll zu einer Excel-Tabelle werden

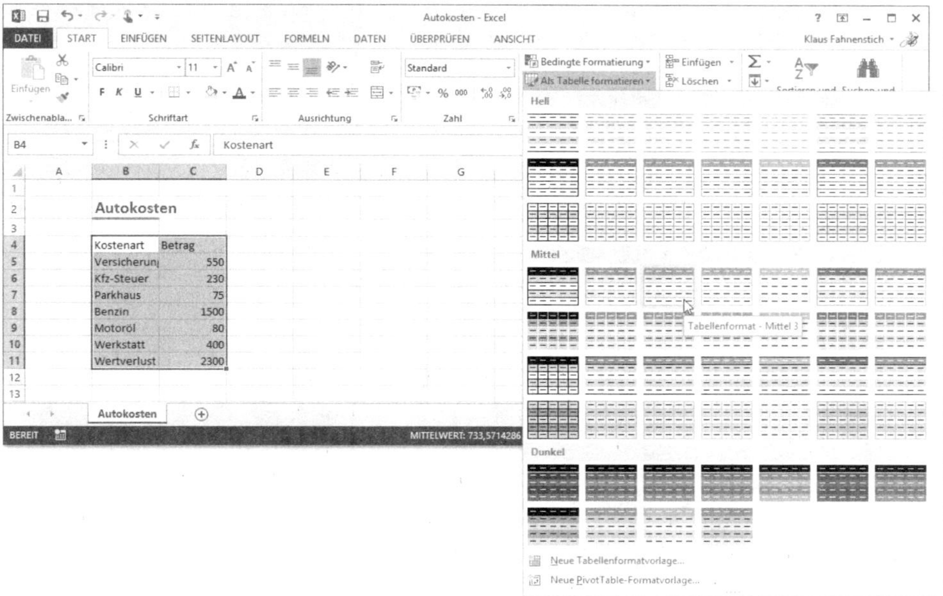

3. Wählen Sie aus dem angezeigten Katalog eine der angebotenen Tabellenformatvorlagen aus. Excel zeigt dann folgendes Dialogfeld an:

Bild 19.5 Bestätigung des zu formatierenden Bereichs

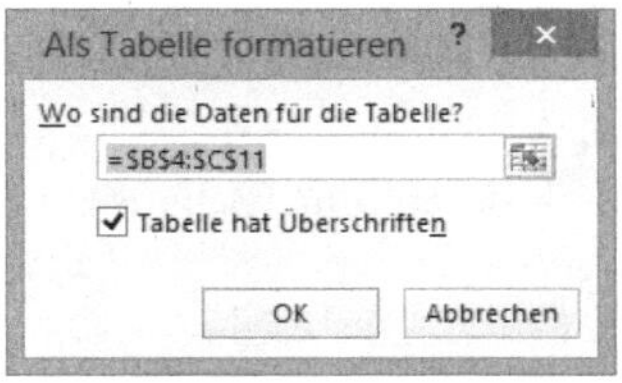

4. In diesem Dialogfeld können Sie zum einen den Bereich festlegen, der als Tabelle formatiert werden soll, und zum anderen angeben, ob die Tabelle Überschriften enthält oder nicht.
5. In unserem Fall können Sie die Vorgabe übernehmen und das Dialogfeld mit *OK* bestätigen.

   Den besonderen Status der neu erstellten Excel-Tabelle erkennen Sie unter anderem daran, dass im Menüband eine neue Registerkarte aufgetaucht ist, mit deren Befehlen Sie weitere Formatierungsaufgaben vornehmen können. Diese Registerkarte wird nur dann eingeblendet, wenn eine Zelle der Excel-Tabelle markiert ist (siehe Bild 19.6).
6. Schalten Sie auf der Registerkarte *TABELLENTOOLS/ENTWURF* in der Gruppe *Optionen für Tabellenformat* die Option *Ergebniszeile* ein. Die Excel-Tabelle wird dann automatisch um eine Zeile erweitert, in der die Zahlen der Tabelle addiert und geeignet formatiert werden.
7. Schalten Sie auch die Option *Erste Spalte* ein, um die Texte der ersten Spalte in fetter Schrift anzuzeigen.

Bild 19.6 Die fertige Tabelle und die neue Registerkarte *TABELLENTOOLS/ENTWURF*

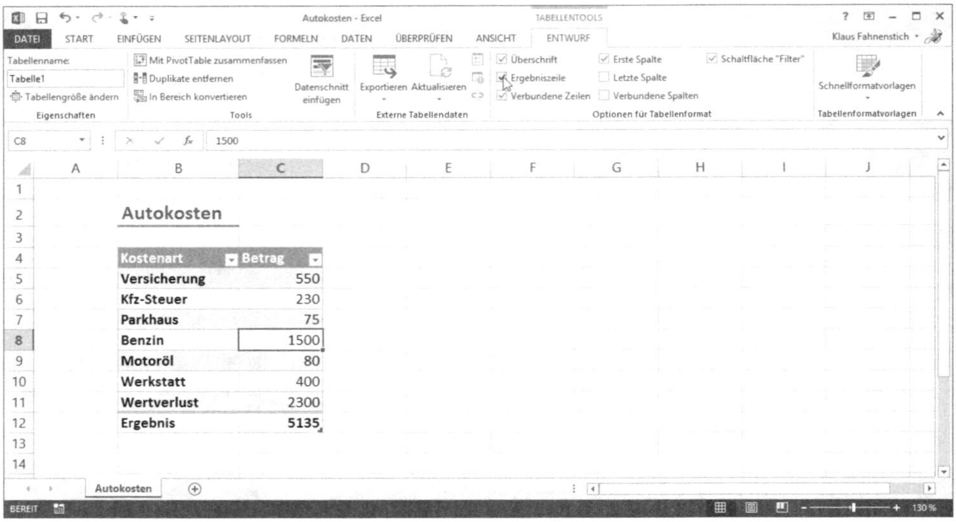

Wenn Sie anschließend den Auswahlkatalog für die Tabellenformatvorlagen anzeigen, werden Sie feststellen, dass bei den angebotenen Vorlagen auch die hervorgehobene Darstellung der ersten Spalte berücksichtigt wird. Außerdem kommen Sie nun auch in den Genuss der Livevorschau.

Excel-Tabellen erweitern

Wenn Sie eine Excel-Tabelle erweitern oder verkleinern werden Sie merken, dass deren Formatierung nicht fest mit den einzelnen Zellen verbunden ist, sondern dynamisch angepasst wird.

Im folgenden Bild wurde die linke Excel-Tabelle zweimal dupliziert und anschließend eine Zeile gelöscht bzw. eingefügt. Wie Sie sehen, wurde dadurch der automatische Farbwechsel der Tabellenzeilen nicht zerstört!

Bild 19.7 Auch beim Löschen (mittlere Tabelle) oder beim Einfügen (rechte Tabelle) einer Zeile bleibt die alternierende Farbgebung in der Excel-Tabelle erhalten

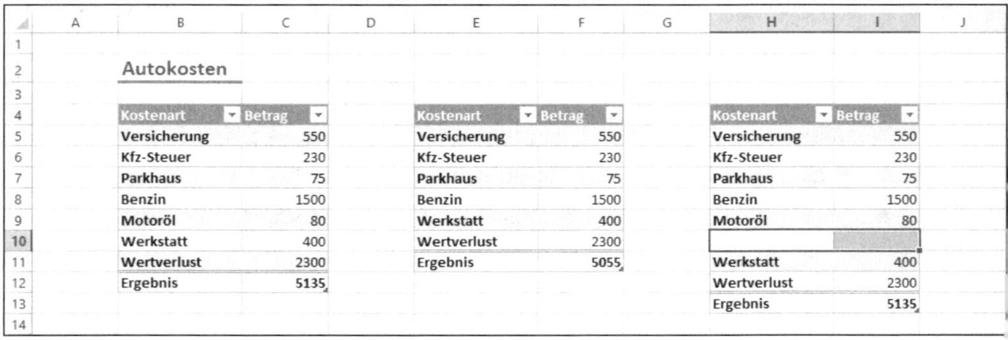

Die dazu benötigten Befehle erreichen Sie über das Kontextmenü der Excel-Tabelle:

- *Zeile/Spalte einfügen*
- *Zeile/Spalte löschen*

Beide Befehle besitzen ein kleines Untermenü mit dessen Befehlen Sie steuern können, wie sich die umgebenden Zellen beim Einfügen bzw. Löschen verhalten sollen.

Zeilenhöhe und Spaltenbreite ändern

Wenn Sie ein leeres Tabellenblatt vor sich haben, verwendet Excel Standardwerte für die Höhe der Zeilen und die Breite der Spalten. Doch vor allem die Spaltenbreiten werden in den seltensten Fällen für Ihre konkreten Tabellen geeignet sein. Nehmen Sie dann einfach mit der Maus die notwendigen Anpassungen vor.

Ändern der Zeilenhöhe

1. Bewegen Sie den Mauszeiger in den Zeilenkopf – das ist der Bereich am linken Fensterrand, in dem die Nummern der Zeilen stehen – und zeigen Sie auf die untere Linie der Zeile, deren Höhe Sie verändern möchten. Der Mauszeiger verändert sich dort in einen kleinen Doppelpfeil.
2. Drücken Sie die linke Maustaste und ziehen Sie die Maus nach oben bzw. unten, bis die Zeile die gewünschte Höhe besitzt. Die aktuelle Höhe der Zeile wird dabei in einem kleinen Fenster angezeigt.

PROFITIPP

Höhe mehrerer Zeilen verändern

Um die Höhe mehrerer Zeilen mit der Maus zu verändern, markieren Sie zuerst alle gewünschten Zeilen. Die Zeilen müssen dabei nicht zwingend direkt untereinander stehen. Sie können auch nicht zusammenhängende Bereiche markieren, indem Sie während des Markierens die [Strg]-Taste gedrückt halten. (Weitere Hinweise zum Markieren in Tabellen finden Sie im Abschnitt »Markieren auf Tabellenblättern« auf Seite 391.) Wenn Sie dann die Zeilenhöhe einer der markierten Zeilen ändern, übernimmt Excel die vorgenommene Einstellung für sämtliche Zeilen, die Sie zuvor markiert haben.

Das Einstellen der Zeilenhöhe mit der Maus eignet sich allerdings nur, wenn Sie lediglich einige wenige Zeilen ändern möchten und es Ihnen dabei nicht auf absolute Genauigkeit ankommt. Wenn Ihnen an einer exakten Einstellung der Zeilenhöhe gelegen ist, gehen Sie besser so vor:

1. Markieren Sie die betreffenden Zeilen.
2. Klicken Sie in der Registerkarte *START* auf die Schaltfläche *Format* und wählen Sie in deren Menü den Befehl *Zeilenhöhe*.

Bild 19.8 Festlegen der Zeilenhöhe per Dialogfeld

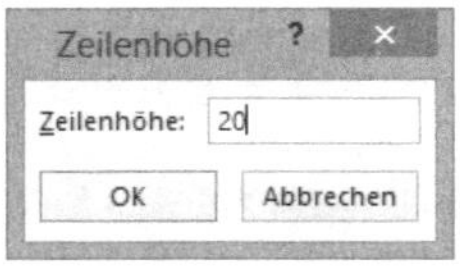

3. Tragen Sie die gewünschte Zeilenhöhe ein. Der Maximalwert ist 409 Punkt, was im Ausdruck einer Höhe von ca. 14 cm entspricht.

Eine weitere Möglichkeit ist das Einstellen der so genannten *Optimalen Zeilenhöhe*. Dabei stellt Excel die Höhe der Zeile selbstständig so ein, dass der aktuelle Zeileninhalt exakt in die Zeile hineinpasst. Gehen Sie dazu so vor:

1. Markieren Sie die betreffenden Zeilen.
2. Klicken Sie in der Registerkarte *START* auf die Schaltfläche *Format* und wählen Sie in deren Menü den Befehl *Zeilenhöhe automatisch anpassen*.

Ändern der Spaltenbreite

Um die Breite einer Tabellenspalte zu ändern, können Sie die im letzten Abschnitt beschriebenen Verfahren analog benutzen. Das heißt, Sie können

- die Breite mit der Maus verändern, indem Sie den rechten Rand der Spaltenbeschriftung verschieben
- exakte Werte in ein Dialogfeld eintragen, das Sie über den Befehl *Format/Spaltenbreite* erreichen oder
- den Befehl *Format/Spaltenbreite automatisch anpassen* wählen, damit Excel die Spaltenbreite selbstständig so einstellt, dass der breiteste Eintrag in dieser Spalte vollständig angezeigt werden kann.

Spalten oder Zeilen ein- und ausblenden

Sie können auch einzelne Zeilen und Spalten (in denen sich beispielsweise Berechnungen befinden) »unsichtbar« machen. Dazu müssen Sie die betreffenden Zeilen bzw. Spalten mit den folgenden Schritten ausblenden:

1. Klicken Sie die Überschrift der Spalte oder der Zeile, die Sie ausblenden wollen, mit der rechten Maustaste an.
2. Wählen Sie im Kontextmenü den Befehl *Ausblenden*.

Bild 19.9 In diesem Tabellenblatt wurde die Spalte D ausgeblendet

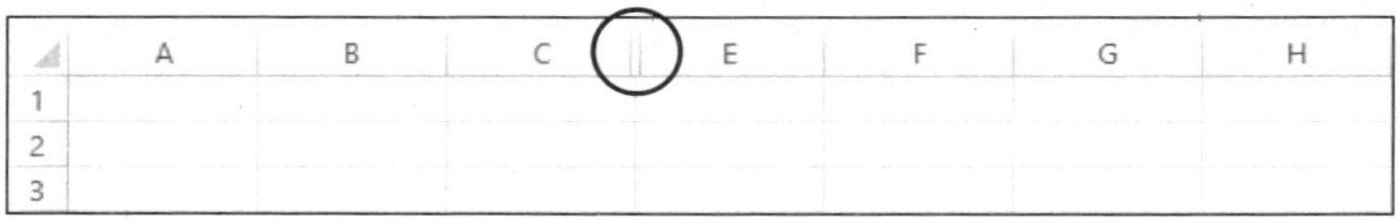

Sie erkennen die ausgeblendete Spalte zum einen an der fehlenden Spaltenbeschriftung und zum anderen an der doppelten Trennlinie im Spaltenkopf der beiden Nachbarspalten.

Um eine ausgeblendete Zeile oder Spalte wieder einzublenden, gibt es zwei Möglichkeiten. Wenn Sie mit der Maus gut zielen können und eine ruhige Hand haben, geht es mit diesem Verfahren am schnellsten:

1. Um eine Zeile wieder einzublenden, bewegen Sie den Mauszeiger im Zeilenkopf knapp unterhalb der gewünschten Zeile. Der Zeiger verändert sich zu einem Doppelpfeil. Bei Spalten zeigen Sie im Spaltenkopf analog knapp rechts neben die ausgeblendete Spalte.
2. Jetzt können Sie die Zeile/Spalte entweder mit der Maus auf ihre alte Höhe/Breite aufziehen oder Sie klicken mit der rechten Maustaste und wählen im Kontextmenü *Einblenden*.

Wenn Ihnen dieses Verfahren zu »fummelig« ist, gehen Sie besser so vor:

1. Markieren Sie im Zeilenkopf die beiden Zeilen, die sich ober- und unterhalb der ausgeblendeten Zeile befinden bzw. im Spaltenkopf die beiden Spalten, die sich rechts und links neben der ausgeblendeten Spalte befinden.
2. Klicken Sie die Markierung rechts an und wählen Sie den Befehl *Einblenden*.

Markieren auf Tabellenblättern

Wie bei allen Office-Programmen gilt auch für Excel, dass Sie den Bereich, den Sie formatieren wollen, zuerst markieren müssen. Die nachfolgende Tabelle beschreibt, wie Sie die Maus zum Markieren verwenden:

Tabelle 19.1 Markieren mit der Maus in Excel

Bereich	Vorgehensweise
Eine Zelle	Klicken Sie die Zelle an.
Eine Zeile	Klicken Sie auf die Zeilenüberschrift.
Eine Spalte	Klicken Sie auf die Spaltenüberschrift.
Gesamte Tabelle	Klicken Sie auf die Schaltfläche *Alles markieren*. Sie befindet sich in der linken oberen Ecke des Tabellenblatts am Schnittpunkt der Zeilen- und der Spaltenüberschrift.
Einen rechteckigen Bereich	Klicken Sie die erste Zelle des Bereichs an und ziehen Sie die Markierung mit gedrückter Taste bis zur letzten Zelle auf.
Mehrere Zellen, die nicht nebeneinander stehen	Klicken Sie die erste Zelle an. Drücken Sie die Strg-Taste und halten Sie sie gedrückt. Klicken Sie die weiteren Zellen an. Lassen Sie Strg los, wenn alle Zellen markiert sind.
Mehrere Spalten oder Zeilen, die nicht nebeneinander stehen	Klicken Sie auf die erste Spalten- bzw. Zeilenüberschrift. Drücken Sie die Strg-Taste und halten Sie sie gedrückt. Klicken Sie nacheinander die Zeilen- bzw. Spaltenüberschriften der anderen Zeilen/Spalten an. Lassen Sie die Strg-Taste los, wenn alle Zeilen/Spalten markiert sind.

Zahlenformatierung im Detail

In Excel kann die Darstellung von Zahlenwerten auf verschiedene Arten geändert werden:

- Mit den Schaltflächen der Gruppe *Zahl* auf der Registerkarte *START*, die sich auch auf der Minisymbolleiste befinden.
- Über die Zuweisung von vordefinierten Zahlenformaten wie *Standard*, *Währung*, *Buchhaltung*, *Bruch*, *Wissenschaft* usw.
- Durch das Erstellen von eigenen Zahlenformaten, deren Möglichkeiten weit über die vordefinierten Formate hinausgehen.

Diese Varianten werden in den folgenden Abschnitten ausführlich beschrieben.

Verwendung der Schaltflächen

Auf der Registerkarte *START* befinden sich in der Gruppe *Zahl* einige Schaltflächen, mit denen Sie häufig benötigte Formatänderungen durch einen einzigen Mausklick vornehmen können. Dazu gehören zum Beispiel das Ein- oder Ausschalten von Tausenderpunkten und das Ändern der Nachkommastellen.

Eine kurze Beschreibung der Schaltflächen finden Sie in der folgenden Tabelle.

Tabelle 19.2 Schaltfläche zum Ändern des Zahlenformats

Schaltfläche	Name	Wirkung
	Buchhaltungszahlenformat	Stellt die Zahl als Geldbetrag dar und verwendet dazu das in Windows eingestellte Währungssymbol. Andere Währungssymbole sind über das Ausklappmenü der Schaltfläche erreichbar. Zusätzliche Informationen zu diesem Zahlenformat finden Sie im Abschnitt »Buchhaltungs- vs. Währungsformat« auf der Seite 395.
%	Prozentformat	Stellt die Zahl als Prozentzahl dar. Beispiel: 0,1 wird zu 10%
000	1.000er-Trennzeichen	Gibt Tausenderpunkte aus, wodurch die Lesbarkeit von großen Zahlen verbessert wird. Zusätzlich erhält die Zahl auch noch zwei Nachkommastellen. So wird z.B. die Zahl 2500000 als 2.500.000,00 dargestellt.
←,0 ,00	Dezimalstelle hinzufügen	Fügt der Zahl eine weitere Dezimalstelle hinzu. Aus 23,5 wird also 23,50.
,00 →,0	Dezimalstelle löschen	Entfernt eine Nachkommastelle und rundet dabei automatisch auf oder ab. Aus 23,5 wird also 24 und nicht 23!

Die in der Tabelle aufgeführten Schaltflächen sind auch auf der Minisymbolleiste erreichbar. Sie erscheint, wenn Sie eine einzelne Zelle oder einen markierten Zellbereich mit der rechten Maustaste anklicken.

Bild 19.10 Die Minisymbolleiste lässt sich über einen Rechtsklick anzeigen

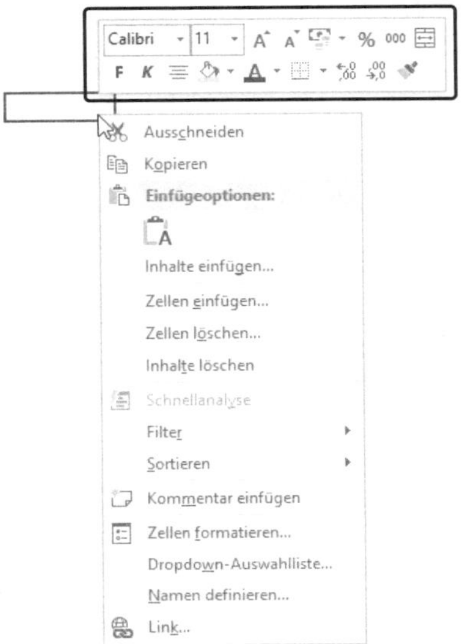

Zahlenformate verwenden

Die Anzeige von Zellen, in denen Zahlen enthalten sind, wird bei Excel über so genannte Zahlenformate gesteuert. Auch die Schaltflächen, die wir im letzten Abschnitt vorgestellt haben, weisen den Zellen letztendlich solche Zahlenformate zu. Das Zahlenformat der aktuellen Zelle wird auf der Registerkarte *START* in der Gruppe *Zahl* angezeigt. Falls gerade mehrere Zellen markiert sind, erscheint dort nur das Format der ersten Zelle innerhalb der Markierung.

Bild 19.11 Hier wird das Zahlenformat der aktuellen Zelle angezeigt

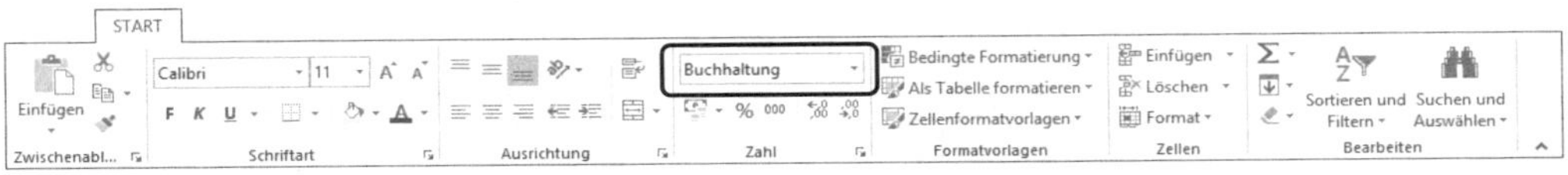

Excel enthält eine große Anzahl vordefinierter Zahlenformate und sollten diese nicht ausreichen, können Sie sogar eigene Formate, die so genannten *benutzerdefinierten Zahlenformate* definieren.

Um einer Zelle oder einem Bereich eines dieser Zahlenformate zuzuweisen, gehen Sie so vor:

1. Markieren Sie die Zelle oder den Zellbereich, die/den Sie formatieren wollen. Hinweise zum Markieren von Tabellenbereichen finden Sie weiter vorne in diesem Kapitel auf Seite 391.
2. Zeigen Sie die Registerkarte *START* an.
3. Öffnen Sie das Listenfeld *Zahlenformat* in der Gruppe *Zahl*. In der ausgeklappten Liste zeigt Excel eine Auswahl der gebräuchlichsten Zahlenformate an. Anstelle einer Livevorschau wird der Inhalt der markierten Zelle direkt im Menü in den jeweiligen Zahlenformaten dargestellt.

Bild 19.12 Die Auswahlliste für Zahlenformate enthält sogar eine Vorschau

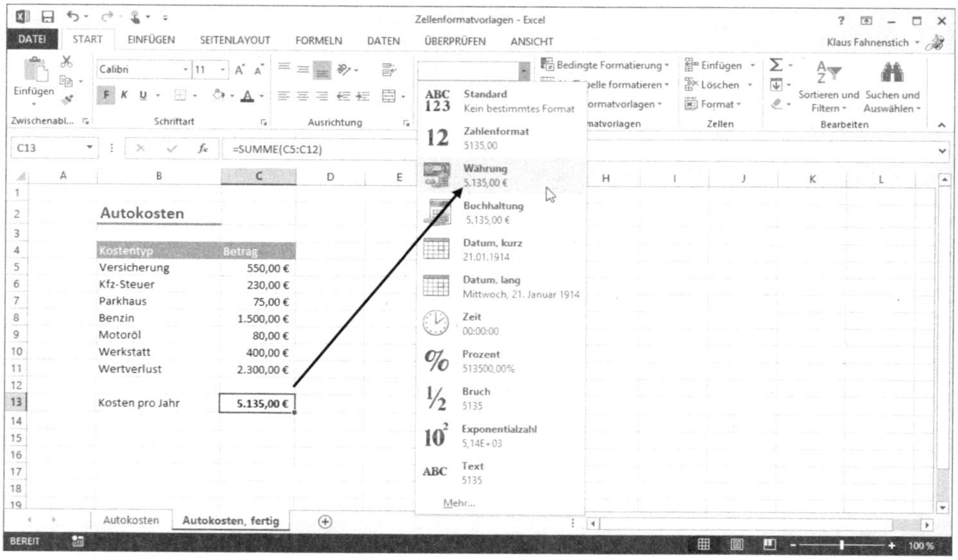

4. Wenn Sie in der Liste kein geeignetes Zahlenformat finden, wählen Sie den Befehl *Mehr*. Dadurch wird das Dialogfeld *Zellen formatieren* angezeigt (siehe Bild 19.13).
5. Wechseln Sie zur Registerkarte *Zahlen* und wählen Sie dort auf der linken Seite des Dialogfeldes die gewünschte *Kategorie* aus. (Eine Übersicht finden Sie in der folgenden Tabelle.)

   Je nach gewählter Kategorie erscheinen auf der rechten Seite des Dialogfeldes die verfügbaren Formate bzw. Einstellungsmöglichkeiten.

Bild 19.13 Die vordefinierten Zahlenformate von Excel

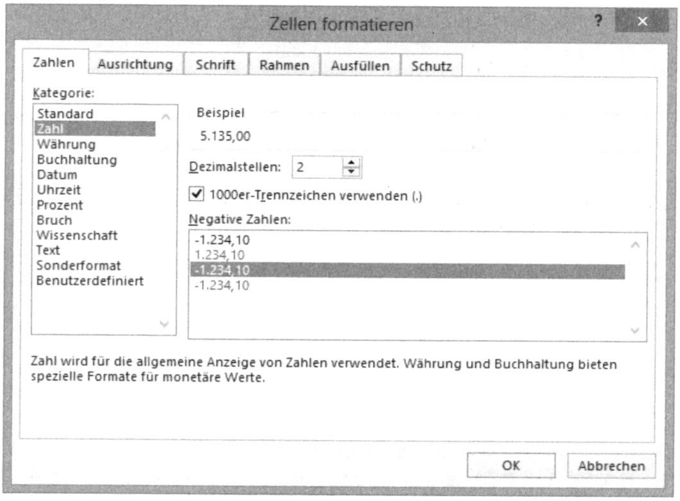

6. Ändern Sie bei Bedarf die Voreinstellungen des gewählten Formats und klicken Sie auf *OK*.

Tabelle 19.3 Kategorien für die Zahlenformatierung

Kategorie	Beschreibung
Standard	Gibt den Inhalt der Zelle so aus, wie er eingegeben wurde.
Zahl	In dieser Kategorie können Sie festlegen, wie viele Dezimalstellen benutzt werden, ob Tausendertrennzeichen angezeigt werden und wie mögliche negative Werte aussehen sollen.
Währung	Formatiert die Zahl als Währung, wobei Sie das Währungssymbol auswählen und die Anzahl der Dezimalstellen festlegen können.
Buchhaltung	Ähnlich wie *Währung*. Weitere Hinweise finden Sie im Abschnitt »Buchhaltungs- vs. Währungsformat« im Anschluss an diese Tabelle.
Datum	Stellt diverse Anzeigeformate für Datumsangaben zur Verfügung.
Uhrzeit	Stellt verschiedene Anzeigeformate für Zeitangaben zur Verfügung.
Prozent	Multipliziert die Zahl mit 100 und gibt dahinter das Zeichen % aus.
Bruch	Stellt Dezimalzahlen als Bruch dar. Belegen Sie zum Beispiel die Zahl 1,5 mit dem Format *Als Achtel (4/8)*, steht in der Zelle anschließend *1 4/8*. Bei *Als Zehntel (3/10)* erhalten Sie die Ausgabe *1 5/10*.
Wissenschaft	Die Zahlen werden in der Exponentialschreibweise ausgegeben, wodurch große Zahlen verkürzt dargestellt werden. Zum Beispiel wird aus dem Wert 3.000.000,00 der Wert 3,00E+06.
Text	Zahlen werden als Text behandelt und standardmäßig linksbündig ausgerichtet.
Sonderformat	In dieser Kategorie stehen Ihnen u.a. Postleitzahlenformate, Sozialversicherungsnummern und ISBN-Nummern zur Verfügung.

Buchhaltungs- vs. Währungsformat

Auch wenn es auf den ersten Blick so aussieht, als ob die beiden Zahlenformate *Buchhaltung* und *Währung* identisch sind, gibt es doch einige Unterschiede zwischen den beiden Darstellungsarten:

- Das Minuszeichen wird im Buchhaltungsformat am linken Rand der Zelle angezeigt, beim Währungsformat steht es hingegen direkt vor der Zahl.
- Die Null wird beim Buchhaltungsformat als waagerechter Strich dargestellt.
- Beim Buchhaltungsformat wird nach dem Währungssymbol noch ein Leerzeichen angezeigt, d.h. der Inhalt der Zelle ist am rechten Rand etwas eingerückt.

In der folgenden Abbildung sind diese Besonderheiten gut zu erkennen:

Bild 19.14 Die Unterschiede zwischen Buchhaltungs- und Währungsformat

	A	B	C	D	E	F
1						
2		**Standard**	-10,5	0	10,5	
3		**Buchhaltung**	- 10,50 €	- €	10,50 €	
4		**Währúng**	-10,50 €	0,00 €	10,50 €	
5						

Eigene Zahlenformate erstellen

Wenn keines der vordefinierten Zahlenformate Ihren Anforderungen entspricht, können Sie auch ein eigenes Zahlenformat definieren. Als Beispiel soll hier das Format der Kontonummern bei niederländischen Banken (es gilt nicht für Konten bei der niederländischen Postbank) dienen, die aus neun Ziffern bestehen, wobei die ersten sechs jeweils 2er-Gruppen bilden und die Ziffern 7 bis 9 eine 3er-Gruppe. Die einzelnen Gruppen werden durch Punkte verbunden. Ein Beispiel dafür ist die Kontonummer 33.44.96.231.

Um ein maßgeschneidertes Format für niederländische Bankkontonummern zu erstellen, nehmen Sie folgende Schritte vor:

1. Markieren Sie die Zelle oder den Zellbereich, die/den Sie mit dem neuen Zahlenformat formatieren wollen.
2. Klicken Sie auf der Registerkarte *START* in der Gruppe *Zahl* auf das kleine quadratische Kästchen, um das Dialogfeld *Zellen formatieren* anzuzeigen. Eindeutig schneller geht das mit der Tastenkombination Strg+1.
3. Wählen Sie in der Liste *Kategorie* den Eintrag *Benutzerdefiniert.*
4. Nehmen Sie im Feld *Typ* folgende Eingabe vor:
   00"."00"."00"."000
   Eine ausführliche Erläuterung dieser Schreibweise folgt weiter unten im Abschnitt »Platzhalter in benutzerdefinierten Zahlenformaten« auf der Seite 397.

Bild 19.15 Erstellen eines benutzerdefinierten Zahlenformats für niederländische Kontonummern

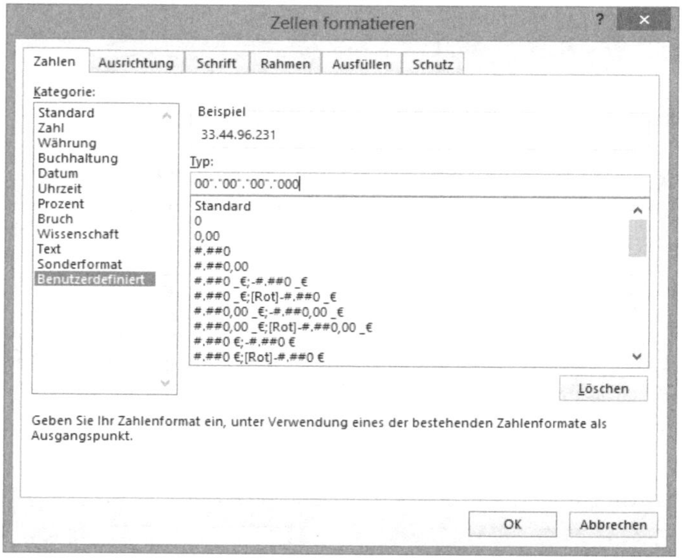

Im Vorschaubereich des Dialogfeldes (der mit *Beispiel* beschriftete Rahmen) sehen Sie, dass die Zelle, in die wir zuvor die Zahl 334496231 eingegeben haben, in der gewünschten Art und Weise dargestellt wird.

5. Klicken Sie auf *OK,* um das Format zuzuweisen.

Benutzerdefinierte Zahlenformate verwenden

Wenn Sie das neue Zahlenformat einer anderen Tabellenzelle zuweisen wollen, gehen Sie so vor:

1. Markieren Sie die betreffenden Zellen.
2. Drücken Sie [Strg]+[1], um das Dialogfeld *Zellen formatieren* aufzurufen.
3. Wählen Sie in der linken Liste die Kategorie *Benutzerdefiniert*.
4. Jetzt können Sie in der Liste *Typ* das gewünschte Zahlenformat wählen.

Bild 19.16 Excel merkt sich alle benutzerdefinierten Zahlenformate

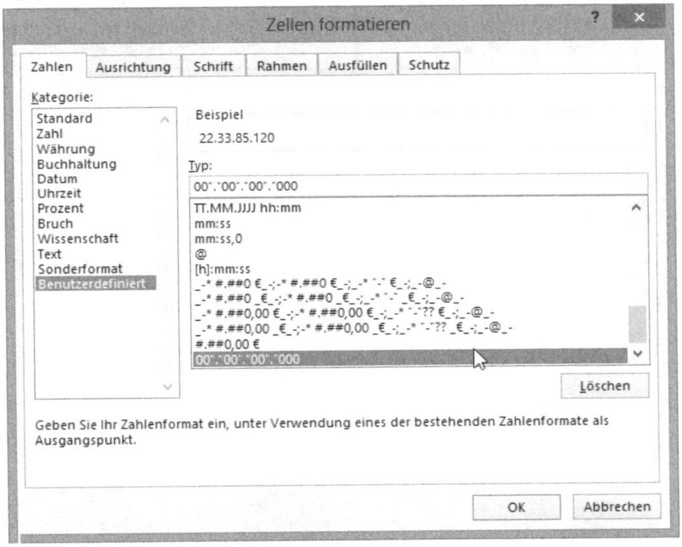

TIPP Wenn Sie das betreffende Zahlenformat an anderer Stelle Ihres Tabellenblatts bereits verwendet haben, gibt es noch ein schnelleres Verfahren:

1. Klicken Sie die Zelle an, die das gewünschte Format besitzt.
2. Klicken Sie auf der Registerkarte *START* auf die Schaltfläche *Format übertragen*. (Sie befindet sich in der Gruppe *Zwischenablage*.) Der Mauszeiger verändert sich zu einem Pinsel.
3. Übertragen Sie die Formatierung auf eine andere Zelle, indem Sie diese einfach mit dem Mauspinsel anklicken.

Platzhalter in benutzerdefinierten Zahlenformaten

Beim Festlegen eines benutzerdefinierten Zahlenformats geben Sie Platzhalter an, um das Aussehen der formatierten Zelle zu bestimmen. Im Beispiel mit der niederländischen Kontonummer aus dem letzten Abschnitt haben wir den Platzhalter 0 verwendet, mit dem festgelegt wird, dass an dieser Position auf jeden Fall eine Zahl ausgegeben werden soll.

Die Punkte zwischen den Zahlengruppen wurden in Anführungszeichen eingeschlossen, da Excel die Punkte ansonsten als Tausendertrennzeichen interpretiert hätte. Weitere wichtige Platzhalter, die auch *Formatcodes* genannt werden, finden Sie in der folgenden Tabelle:

Tabelle 19.4 Formatcodes für benutzerdefinierte Zahlenformate

Formatcode	Beschreibung
0 (Null)	Zeigt nichtsignifikante Nullen an, wenn eine Zahl weniger Stellen aufweist als Nullen im Format vorhanden sind.
#	Zeigt nur signifikante Ziffern an, nichtsignifikante Nullen werden ignoriert.
" "	Um Text zusammen mit Zahlen in einer Zelle anzuzeigen, setzen Sie den Text in Anführungszeichen (" ") oder setzen Sie vor ein einzelnes Zeichen einen umgekehrten Schrägstrich (\).
_ (Unterstrich)	Erzeugt ein Leerzeichen in der Breite eines Zeichens.
.	Um einen Punkt als 1.000er-Trennzeichen anzuzeigen oder Zahlen als Vielfache von Tausend anzugeben, fügen Sie einen Punkt ein.
*	Soll das auf eine Zahl folgende Zeichen zum Ausfüllen der Spalte wiederholt werden, nehmen Sie ein Sternchen (*) in das Zahlenformat auf.
[Schwarz], [Blau], [Zyan], [Grün], [Magenta], [Rot], [Weiß], [Gelb]	Mit diesen Codes wird die Farbe für einen Abschnitt des Formats festgelegt. Die Farbnamen müssen in eckigen Klammern eingegeben werden. Der Farbcode muss das erste Element im Abschnitt darstellen.
T	Tage als 1–31
TT	Tage als 01–31 (immer zweistellig)
TTT	Tage als So–Sa
TTTT	Tage als Sonntag–Samstag
M	Monate als 1–12
MM	Monate als 01–12 (immer zweistellig)
MMM	Monate als Jan–Dez
MMMM	Monate als Januar–Dezember
MMMMM	Monate mit dem ersten Buchstaben des Monats
JJ	Jahre als 00–99
JJJJ	Jahre als 1900–9999
h	Stunden als 0–23
hh	Stunden als 00–23 (immer zweistellig)
m	Minuten als 0–59
mm	Minuten als 00–59 (immer zweistellig)
s	Sekunden als 0–59
ss	Sekunden als 00–59 (immer zweistellig)

Zahlenformate mit Bedingungen

Die Formatierung einer Zelle kann auch von ihrem Inhalt abhängig gemacht werden. Sie können z.B. ein Zahlenformat definieren, das zwischen Singular und Plural unterscheidet. Nehmen wir an, Sie haben in eine Zelle Stunden eingegeben. Wenn die Zelle den Wert 1 erhält, soll *1 Stunde* angezeigt werden, ist die Zahl größer als 1, dann der Plural *Stunden*. Sie erreichen dies, indem Sie folgendes Format erstellen:

[=1] "1 Stunde"; 0 "Stunden"

Die Bedingung, die erfüllt sein muss, damit das Format vor dem Semikolon verwendet wird, ist in eckigen Klammern eingefasst. Wenn die Bedingung nicht zutrifft, wird das Format hinter dem Semikolon benutzt.

Bedingte Formatierung

Sinn und Zweck der bedingten Formatierung ist die optische Hervorhebung von Zahlen, die eine bestimmte Bedingung erfüllen. Auf diese Weise können Sie zum Beispiel Umsatzzahlen kennzeichnen, die eine vorgegebene Schwelle über- oder unterschreiten. Wichtige bzw. kritische Daten einer Tabelle lassen sich so auf einen Blick erfassen.

Im letzten Abschnitt haben wir schon kurz erwähnt, dass Zahlenformate mit einer Bedingung kombiniert werden können. Excel hat in diesem Bereich aber noch erheblich mehr zu bieten. Einen ersten Eindruck von den vielen Möglichkeiten der bedingten Formatierung haben Sie bereits in Kapitel 2 bei der Vorstellung der neuen Funktionen erhalten. In diesem Abschnitt werden wir uns nun eingehender mit diesem leistungsfähigen Feature beschäftigen.

Die Befehle für die bedingte Formatierung erreichen Sie zentral über die Schaltfläche *Bedingte Formatierung*, die sich auf der Registerkarte *START* befindet.

Bild 19.17 Das Auswahlmenü der Schaltfläche *Bedingte Formatierung*

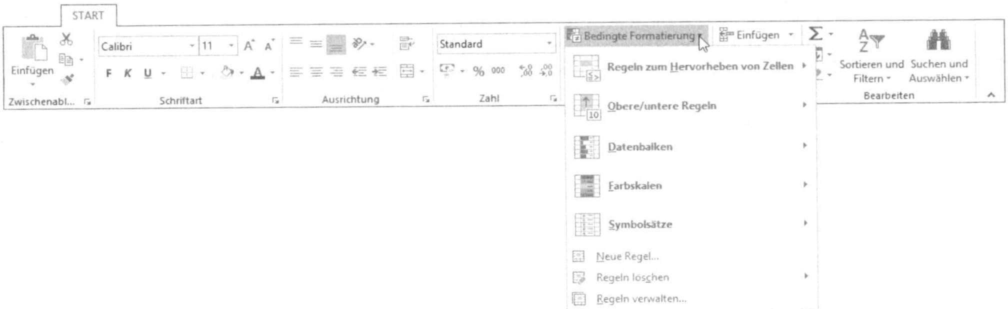

Mit den Befehlen dieses Menüs können Sie den Zellen eines Tabellenblatts Regeln zuweisen, mit denen die Formatierung der Zellen gesteuert wird. Im Gegensatz zu früheren Versionen ist es seit Excel 2007 auch möglich, mehrere Regeln für eine Zelle zu definieren. Über die ersten fünf Befehle können Sie vorgefertigte Regeln aufrufen, die nur noch minimal angepasst werden müssen. Wir stellen Ihnen die dazu notwendigen Schritte exemplarisch an drei Beispielen vor.

Beispiel 1: Regeln zum Hervorheben von Zellen

Im ersten Beispiel sollen in einer Umsatztabelle alle Umsatzzahlen, deren Wert unterhalb eines frei wählbaren Grenzwertes liegen, rot hinterlegt werden. Der Grenzwert soll dabei nicht fest in der Regel eingegeben werden, sondern aus einer bestimmten Zelle des Tabellenblatts ausgelesen werden können. Auf diese Weise lässt sich der Grenzwert bei Bedarf schnell ändern, indem man einfach eine andere Zahl in die betreffende Zelle eintippt.

Ausgangspunkt für dieses und die beiden folgenden Beispiele ist das Tabellenblatt *Start*, das Sie in der Übungsdatei *Bedingte Formatierung* finden:

Bild 19.18 Alle Umsatzzahlen, die unterhalb des vorgegebenen Grenzwertes liegen, sollen rot hinterlegt werden. Der Grenzwert befindet sich in der Zelle C2

	A	B	C	D	E	F	G	H	I
1									
2		Grenzwert	60000						
3									
4		**Monat**	**Umsatz**						
5		Januar	75000						
6		Februar	40000						
7		März	32000						
8		April	60000						
9		Mai	74000						
10		Juni	49000						
11		Juli	40000						
12		August	82000						
13		September	56000						
14		Oktober	63000						
15		November	68000						
16		Dezember	70000						
17									

1. Markieren Sie den gewünschten Zellbereich (siehe Bild oben).
2. Klicken Sie in der Registerkarte *START* auf die Schaltfläche *Bedingte Formatierung.*

Bild 19.19 Das Zuweisen der Standardregeln ist sehr komfortabel gelöst

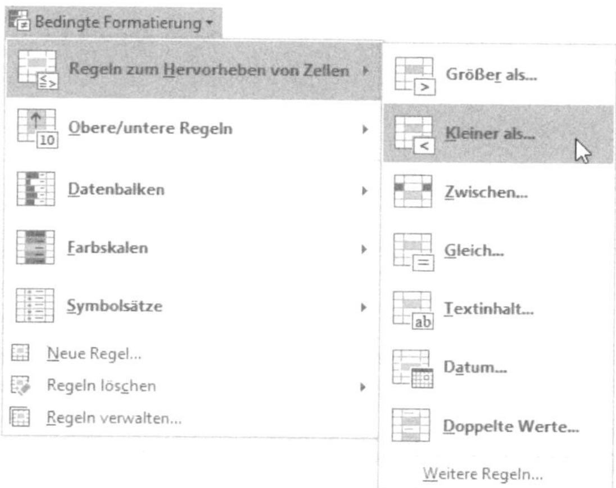

3. Zeigen Sie im Menü der Schaltfläche auf den Befehl *Regeln zum Hervorheben von Zellen* und klicken Sie im Untermenü auf *Kleiner als.* Excel zeigt dann folgendes Dialogfeld an:

Bild 19.20 Dialogfeld zum Anpassen der neuen Regel

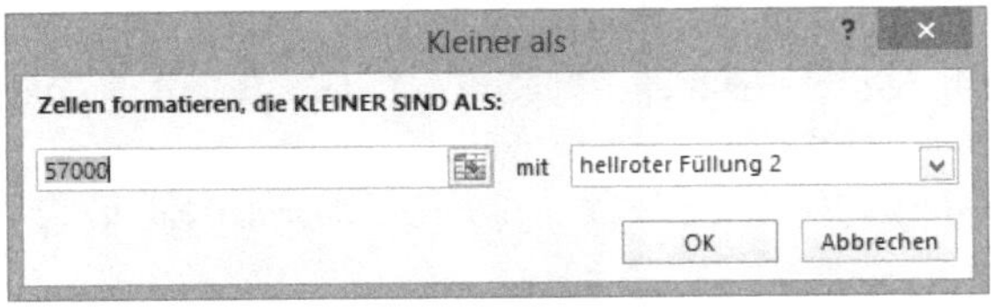

In diesem Dialogfeld geben Sie an, mit welchem Wert die Zahlen verglichen werden sollen und mit welcher Farbe die Zellen gefüllt werden sollen, deren Inhalt die Regel erfüllt, d.h. deren Inhalt kleiner als der angegebene Grenzwert ist.

4. Klicken Sie im Tabellenblatt auf die Zelle, in die Sie den Grenzwert eingeben wollen. In unserem Beispiel ist das die Zelle C2.
5. Wählen Sie im Listenfeld den Eintrag *hellroter Füllung.*

Bild 19.21 Das fertig ausgefüllte Dialogfeld

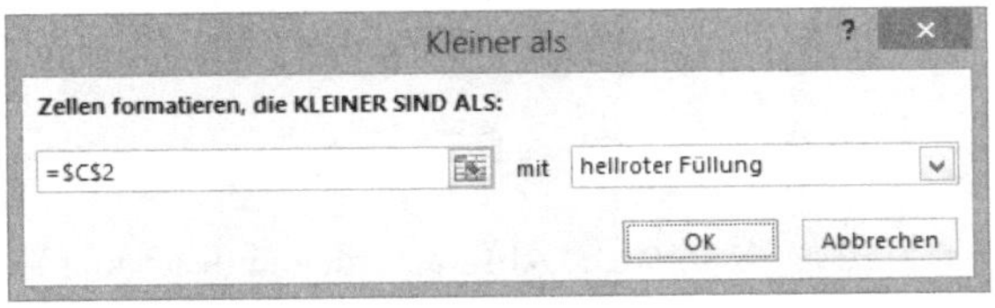

6. Klicken Sie auf *OK,* um die neue Regel zu erstellen.

Bild 19.22 Die Zahlen der Umsatztabelle werden gemäß der Regel markiert

	A	B	C	D	E	F	G	H	I
1									
2		Grenzwert	60000						
3									
4		**Monat**	**Umsatz**						
5		Januar	75000						
6		Februar	40000						
7		März	32000						
8		April	60000						
9		Mai	74000						
10		Juni	49000						
11		Juli	40000						
12		August	82000						
13		September	56000						
14		Oktober	63000						
15		November	68000						
16		Dezember	70000						
17									

7. Geben Sie einen anderen Grenzwert ein und prüfen Sie, ob die Formatierung der Umsatztabelle entsprechend angepasst wird.

Excel 2013

Beispiel 2: Obere/untere Regeln

Im nächsten Beispiel sollen in einer Tabellenspalte alle Zellen hervorgehoben werden, deren Werte über dem Durchschnittswert aller Zahlen liegt.

1. Markieren Sie wieder zuerst den gewünschten Zellbereich.
2. Löschen Sie eventuell bereits vorhandene Regeln mit dem Befehl *Bedingte Formatierung/Regeln löschen/Regeln in ausgewählten Zellen löschen.*
3. Rufen Sie den Befehl *Bedingte Formatierung/Obere/untere Regeln/Über dem Durchschnitt* auf.

Bild 19.23 Hier brauchen Sie nur noch die Art der Füllung auszuwählen

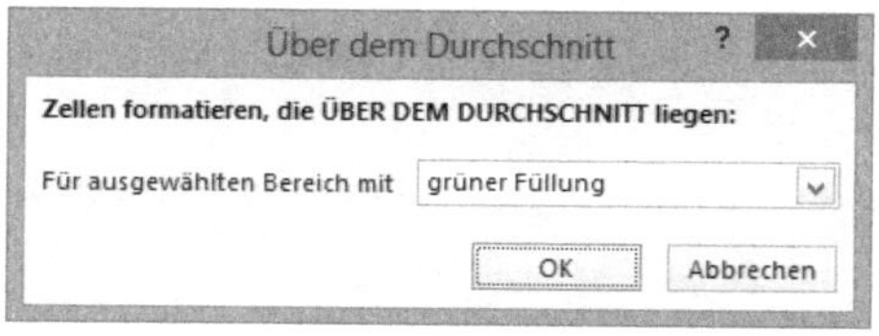

4. Wählen Sie die gewünschte Form der Hervorhebung und klicken Sie auf *OK.*
5. Ändern Sie einige Tabellenwerte und prüfen Sie, ob sich die Darstellung der Zellen anpasst.

Beispiel 3: Datenbalken, Farbskalen, Symbolsätze

Im letzten Beispiel werden wir eine der Standardregeln nachträglich bearbeiten, um in einer Umsatztabelle Datenbalken anstelle der Zahlen anzuzeigen.

1. Markieren Sie die gewünschten Zellen und löschen Sie gegebenenfalls bereits vorhandene Regeln (wie in Schritt 2 des letzten Beispiels).
2. Klicken Sie auf *Bedingte Formatierung* und zeigen Sie mit der Maus im ausgeklappten Menü auf den Befehl *Datenbalken.*

Bild 19.24 Hervorheben durch Datenbalken

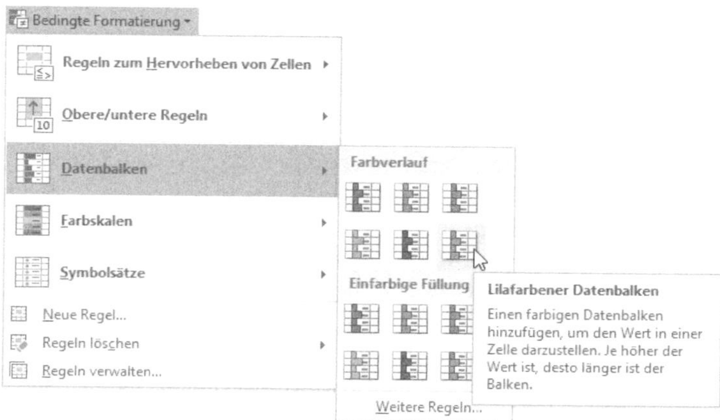

3. Bewegen Sie den Mauszeiger über die Symbole des Untermenüs. Excel zeigt die Wirkung der Befehle als Livevorschau in der Tabelle an. Klicken Sie dann eine der Varianten an, um die Formatierung zuzuweisen.

Bild 19.25 Visualisierung der Umsatzdaten mit Hilfe von Datenbalken

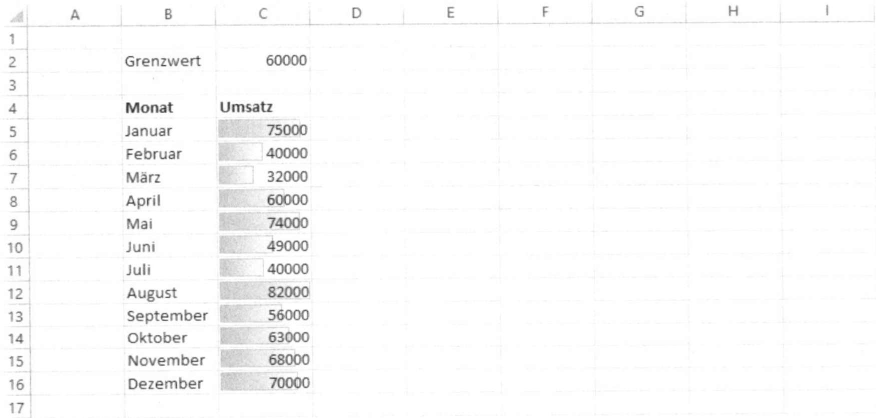

Die Zellen werden nun mit einem Verlaufsbalken hinterlegt, dessen Länge proportional zum Wert der jeweiligen Zelle ist. Jetzt wollen wir die neue Regel noch nachbearbeiten, um die Anzeige der Zahlen zu unterdrücken.

4. Markieren Sie die Zellen wieder.
5. Klicken Sie in der Registerkarte *START* auf *Bedingte Formatierung* und wählen Sie den Befehl *Regeln verwalten.*

Bild 19.26 Manager zum Verwalten der Formatierungsregeln

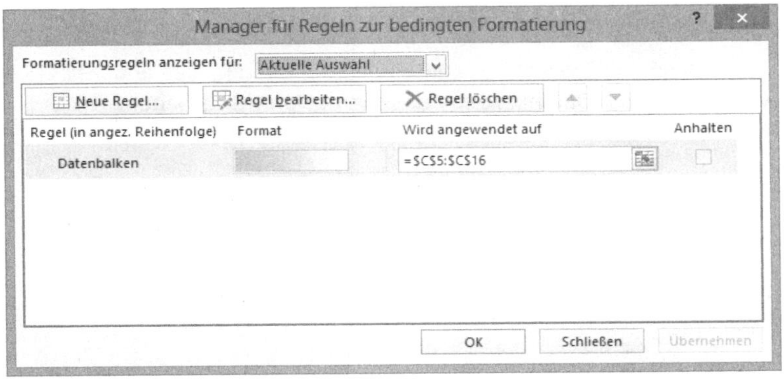

In diesem Dialogfeld können Sie die Regeln eines Arbeitsblatts bzw. der aktuellen Auswahl verwalten. Wie Sie oben im Bild sehen, wurde der aktuellen Auswahl bisher erst eine Regel zugewiesen. Falls Sie mehrere Regeln kombinieren, können Sie in diesem Dialogfeld zum Beispiel die Reihenfolge ändern, in der die einzelnen Regeln angewendet werden. (Excel wendet die Regeln von unten nach oben an.)

6. Wählen Sie die Regel aus und klicken Sie dann auf *Regel bearbeiten.*

Bild 19.27 Bearbeiten einer Regel

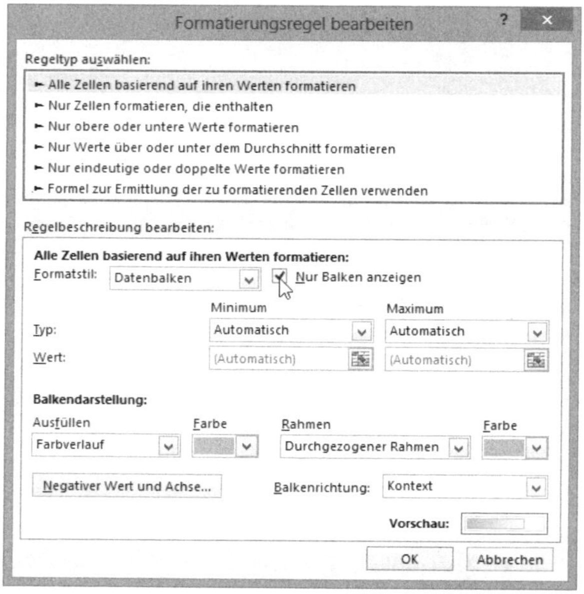

Die vielen Einstellungsmöglichkeiten des Dialogfeldes *Formatierungsregel bearbeiten* lassen erahnen, wie viel Zeit und Mühe Sie durch den Gebrauch der vorgegebenen Regeln sparen können. Wir wollen diese Thematik im Rahmen dieses Buches auch gar nicht weiter vertiefen, sondern nur einen kurzen Einblick in das Konzept der bedingten Formatierung geben.

7. Schalten Sie die Option *Nur Balken anzeigen* ein und schließen Sie die beiden Dialogfelder mit *OK*. Die fertige Umsatztabelle hat nun folgende Form:

Bild 19.28 In der Umsatztabelle werden jetzt nur noch die Datenbalken angezeigt. Sie können die dahinterliegenden Zahlen jedoch noch wie gewohnt bearbeiten.

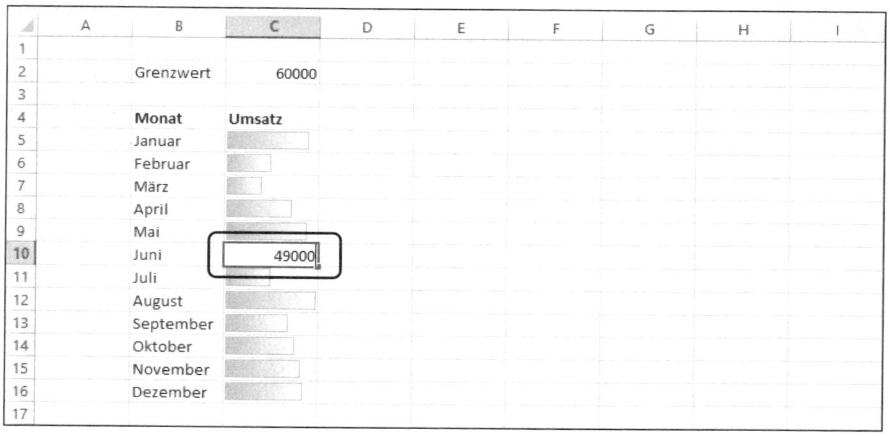

Formatieren per Schnellanalyse

Nachdem Sie nun verschiedene Möglichkeiten kennen gelernt haben, wie Sie Ihre Daten in Excel formatieren können, wollen wir Ihnen in diesem Abschnitt zeigen, was die neue Schnellanalyse in diesem Bereich zu bieten hat. Mit dieser Funktion kommen Sie nämlich in der Regel wesentlich schneller zum Ziel, allerdings mit dem Nachteil, dass das Ergebnis wenig individuell und unflexibel ist. Die Vorgehensweise ist dabei denkbar einfach:

1. Markieren Sie einen Zellbereich, der einige Daten enthält, zum Beispiel die Umsatztabelle aus unserem letzten Beispiel (Übungsdatei *Bedingte Formatierung*).
2. Klicken Sie auf das Symbol der Schnellanalyse, das automatisch an der unteren rechten Ecke der Markierung auftaucht.

Bild 19.29 Aufruf der Schnellanalyse zur Formatierung

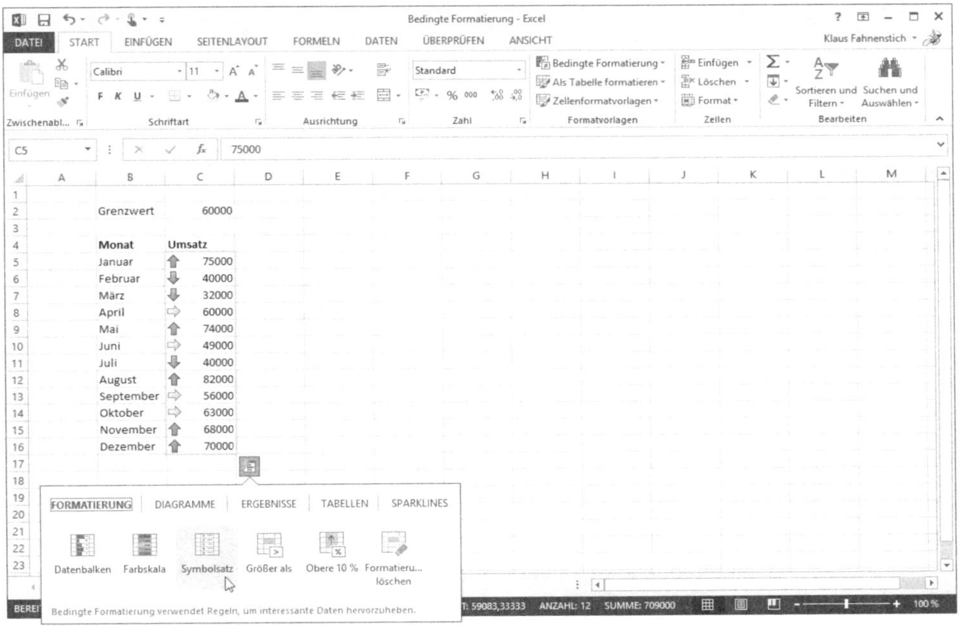

3. Wählen Sie im Fenster der Schnellanalyse den Bereich *Formatierung*, falls er nicht schon angezeigt wird und fahren Sie dann mit der Maus über die Vorschläge der Schnellanalyse. Das Ergebnis können Sie dank Livevorschau direkt auf dem Tabellenblatt begutachten. Dadurch eignet sich die Schnellanalyse auch hervorragend dafür, sich »mal eben« einen Überblick über eine Tabelle zu verschaffen, ohne sie dazu tatsächlich zu formatieren.
4. Wenn Ihnen eine der Varianten zusagt, können Sie sie durch einfaches Anklicken auf Ihre markierten Zellen anwenden.

Falls Sie möchten, können Sie einem Zellbereich auch zwei Formatierungen zuweisen, indem Sie sie einfach nacheinander anwenden. Denn wie Sie nach dem Lesen des letzten Abschnitts wissen, handelt es sich hier um eine bedingte Formatierung, bei der genau das möglich ist.

Kapitel 20

Rechnen mit Excel

In diesem Kapitel:

Bis jetzt haben Sie lediglich mit der Summenfunktion von Excel Bekanntschaft gemacht. Da Excel natürlich einiges mehr zu bieten hat, steigen wir in diesem Kapitel etwas tiefer in die rechnerischen Fähigkeiten des Programms ein. Dabei geht es unter anderem um die Operatoren, ohne die man in Excel nicht viel berechnen kann, und um das Ausfüllen von Formeln und Reihen. Die fortgeschrittenen Funktionen von Excel behandeln wir in Kapitel 21.

Die grundlegenden Operatoren

Excel enthält eine Fülle von Operatoren, die in vier Gruppen unterteilt sind:

- arithmetische Operatoren (+, -, *, /, %, ^)
- Vergleichsoperatoren (=, <, >, > =, < =, < >) vergleichen zwei Werte und liefern als Ergebnis den Wahrheitswert *WAHR* oder *FALSCH*
- Bezugsoperatoren (:, ; und Leerzeichen) dienen zur Verknüpfung von Zellbereichen für die Durchführung von Berechnungen
- der Textoperator & verknüpft Texte aus verschiedenen Zellen

Die folgende Tabelle enthält alle Operatoren mit kurzen Beschreibungen.

Tabelle 20.1 Grundlegende Operatoren in Excel

Kategorie	Operator	Beschreibung
Arithmetisch	+	Addition
	–	Subtraktion
	/	Division
	*	Multiplikation
	%	Umrechnung Prozentwert in Dezimalbruch, also Division durch 100, z.B. ergibt = 4% den Dezimalwert 0,04
	^	potenzieren
Vergleich	<	kleiner als
	>	größer als
	=	gleich
	< =	kleiner gleich
	> =	größer gleich
	< >	ungleich
Text	&	verkettet Texte miteinander

Tabelle 20.1 Grundlegende Operatoren in Excel *(Fortsetzung)*

Kategorie	Operator	Beschreibung
Bezug	:	Bereichsoperator (B5:B15)
	;	Verbindungsoperator; mit ihm können mehrere Bezüge zu einem Bezug verbunden werden: =(SUMME(B5:B10;D5:D10))
	(Leerzeichen)	bildet eine Schnittmenge von Bereichen (A1:B3 A2:B4)

Formeln einfügen und bearbeiten

Die Schritte beim Eingeben einer Formel sind vom Prinzip her immer gleich:

1. Klicken Sie die Zelle an, in die Sie die Formel eingeben möchten. Alternativ bewegen Sie die Markierung mit den Pfeiltasten.
2. Geben Sie ein Gleichheitszeichen ein (=). Hierdurch weiß Excel, dass Sie eine Formel eingeben möchten.
3. Fügen Sie dann die Formel in gewohnter Schreibweise ein.

HINWEIS Wenn Sie den Inhalt einer anderen Zelle in Ihre Formel »einbauen« wollen, geben Sie entweder den Namen der Zelle manuell in die Formel ein oder Sie klicken die gewünschte Zelle mit der Maus an. Excel trägt den Namen dann automatisch für Sie ein. Um die Formel fortzusetzen, geben Sie einfach den nächsten Operator ein.

4. Zum Abschließen der Formeleingabe drücken Sie die [↵]-Taste. Excel zeigt das Ergebnis der Formel sofort im Arbeitsblatt an.

TIPP Um die Formel nachträglich zu verändern, doppelklicken Sie entweder auf die Zelle oder Sie drücken bei markierter Zelle die Taste [F2]. Sie können dann die Formel entweder direkt in der Zelle oder in der Bearbeitungsleiste editieren.

Eingabewerte überprüfen

Wollen Sie sicherstellen, dass in einer Tabelle nur gültige Daten eingegeben werden, können Sie festlegen, welche Eingaben für die einzelnen Zellen oder Zellbereiche zulässig sind. Das ist z.B. für Zellen sinnvoll, die in Formeln bei einer Division als Divisor benutzt werden, um so zu verhindern, dass durch null dividiert wird.

1. Markieren Sie die Zelle(n), für die Sie eine Prüfung vornehmen wollen.
2. Wechseln Sie zur Registerkarte *DATEN* und klicken Sie in der Gruppe *Datentools* auf die Schaltfläche *Datenüberprüfung*. Excel öffnet das gleichnamige Dialogfeld.

Bild 20.1 Für Eingaben, die in einer Zelle vorgenommen werden, können Sie in diesem Dialogfeld Gültigkeitsregeln definieren

Auf der Registerkarte *Einstellungen* können Sie die geforderten Bedingungen eintragen. Um z.B. nur Werte zwischen 1 und 1000 zuzulassen, nehmen Sie diese Einstellungen vor:

3. Wählen Sie im Listenfeld *Zulassen* die Option *Ganze Zahl.*
4. Im zweiten Listenfeld *Daten* übernehmen Sie die Vorgabe *zwischen.*
5. Tragen Sie in die Felder *Minimum* und *Maximum* die Grenzwerte 1 und 1000 ein.

Bild 20.2 Die Grenzwerte wurden eingetragen

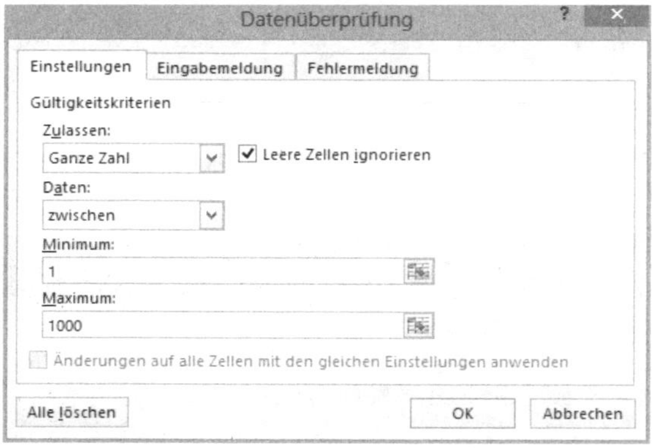

6. Auf den Registerkarten *Eingabemeldung* und *Fehlermeldung* können Sie jetzt noch die Meldungstexte eintragen, die Excel anzeigen soll, wenn die Zelle angewählt wird bzw. wenn jemand versucht, eine ungültige Zahl in die Zelle einzugeben.

Bild 20.3 Auf der Registerkarte *Fehlermeldung* legen Sie den Text fest, der angezeigt wird, wenn ungültige Daten eingegeben wurden

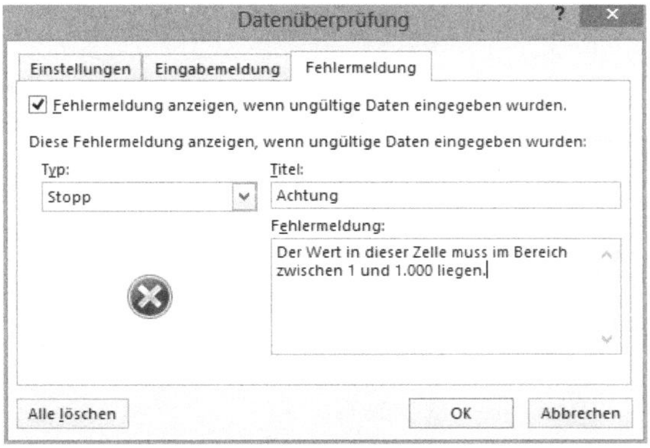

TIPP Über das Listenfeld *Typ* können Sie als Symbol des Meldungsfensters auch ein »i« (Information) oder ein Ausrufezeichen (Warnung) einstellen.

7. Schließen Sie das Dialogfeld mit *OK* und geben Sie probeweise eine ungültige Zahl in die Zelle ein, um die Reaktion von Excel zu testen.

Bild 20.4 Dieses Meldungsfenster zeigt Excel an, wenn in dem Beispiel eine ungültige Eingabe erfolgte

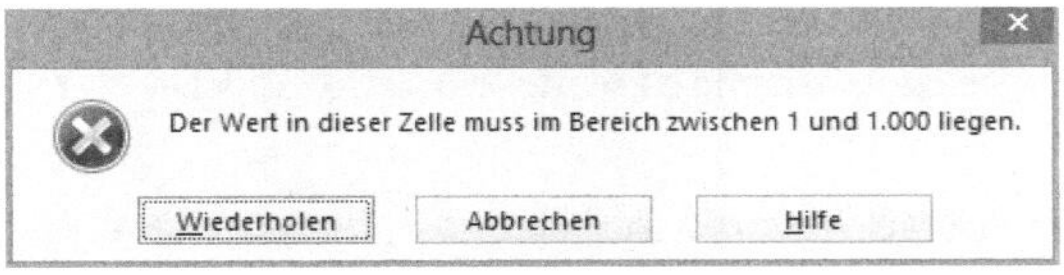

PROFITIPP

Dynamische Überprüfung: Wertebereiche aus dem Arbeitsblatt übernehmen

Wenn sich der Wertebereich der erlaubten Eingaben ändern kann und sich der Minimum- oder Maximumwert in einer Tabellenzelle befindet, können Sie im Dialogfeld *Datenüberprüfung* die Adresse des entsprechenden Feldes in die Zelle übernehmen.

Formeln auf andere Zellen übertragen

Excel bietet die Möglichkeit, eine einmal eingegebene Formel *auszufüllen*, d.h. diese Formel auf andere Zellen zu übertragen, ohne sie neu einzugeben. Um diese Funktion zu demonstrieren, verwenden wir eine einfache Arbeitsmappe, mit der sich der Benzinverbrauch berechnen lässt.

Bild 20.5 In dieser Tabelle soll in Spalte E der Benzinverbrauch pro 100 km berechnet werden

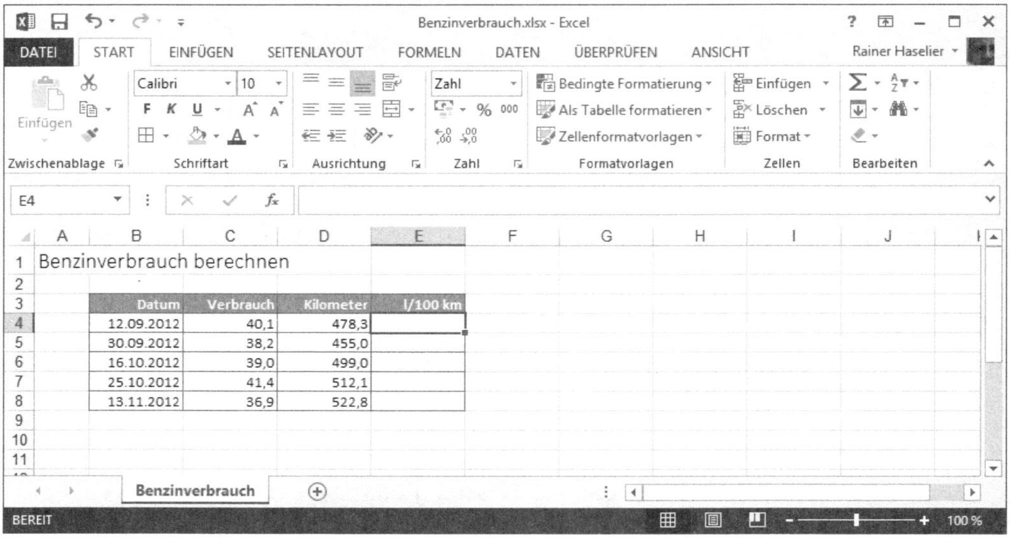

Um den Verbrauch für die verschiedenen Zeiträume, in denen getankt wurde, zu berechnen, würden Sie in diesem Beispiel so vorgehen:

1. Öffnen Sie die Übungsdatei *Benzinverbrauch*.
2. Markieren Sie Zelle E4, also die erste Zelle, in der der Verbrauch stehen soll.
3. Berechnen Sie den Benzinverbrauch des Wagens mit der Formel »getankte Menge * 100 / gefahrene Kilometer«. Geben Sie dazu folgende Formel ein: **=C4*100/D4**.

Bild 20.6 Die Formel für den Benzinverbrauch wurde in die erste Tabellenzelle eingegeben

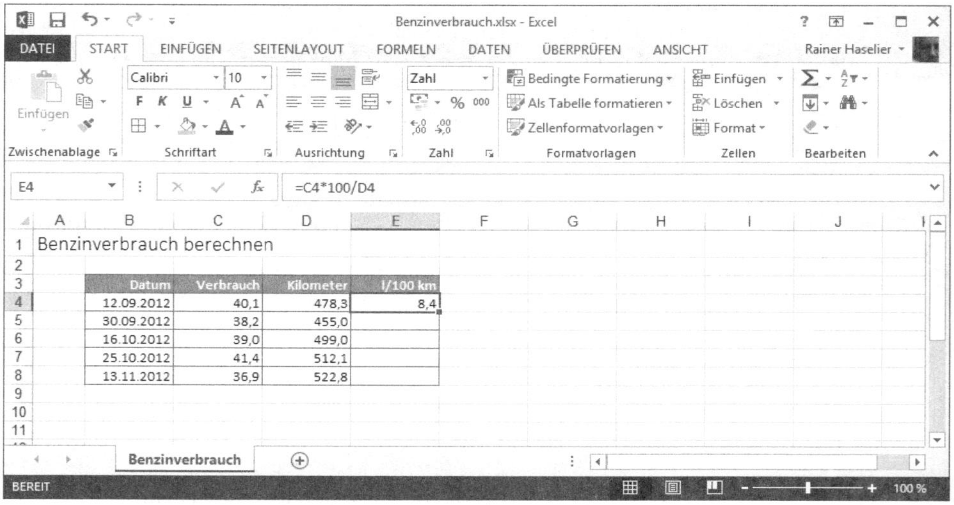

4. Setzen Sie den Mauszeiger auf das kleine Quadrat – das sogenannte Ausfüllkästchen – unten rechts an der Zelle E4 (die Zelle mit der Formel) und ziehen Sie mit gedrückter Maustaste nach unten bis in die Zeile 8.
5. Wenn Sie die Maustaste loslassen, zeigt Excel eine Schaltfläche an.

Bild 20.7 Excel zeigt die Schaltfläche *Auto-Ausfülloptionen* an

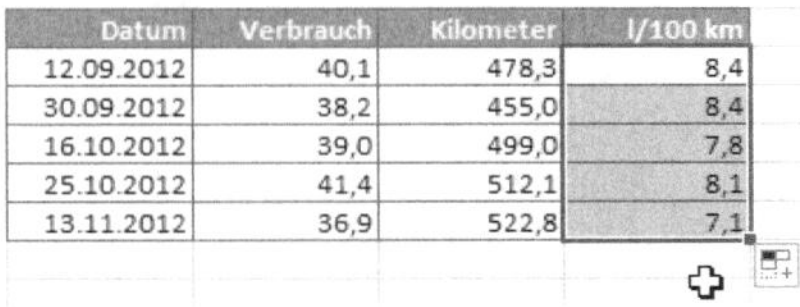

Datum	Verbrauch	Kilometer	l/100 km
12.09.2012	40,1	478,3	8,4
30.09.2012	38,2	455,0	8,4
16.10.2012	39,0	499,0	7,8
25.10.2012	41,4	512,1	8,1
13.11.2012	36,9	522,8	7,1

Über die Schaltfläche können Sie die soeben vorgenommene Aktion modifizieren.

6. Klicken Sie auf die Schaltfläche, um das zugehörige Menü zu öffnen.

Bild 20.8 Im Menü der Schaltfläche stehen Ihnen mehrere Varianten zum Ausfüllen zur Verfügung

Datum	Verbrauch	Kilometer	l/100 km
12.09.2012	40,1	478,3	8,4
30.09.2012	38,2	455,0	8,4
16.10.2012	39,0	499,0	7,8
25.10.2012	41,4	512,1	8,1
13.11.2012	36,9	522,8	7,1

Die Befehle des Menüs haben folgende Bedeutung:

- **Zellen kopieren** Dies ist die Aktion, die Excel durch das Aufziehen der Markierung vorgenommen hat. In unserem Beispiel hat Excel also die Formel der Zelle E4 in alle Zellen der aufgezogenen Markierung kopiert. Das ist natürlich auch die Aktion, die wir beabsichtigt hatten.
- **Nur Formate ausfüllen** Wenn Sie diesen Befehl wählen, macht Excel das Kopieren der Formel wieder rückgängig und überträgt nur das Format der Ausgangszelle.
- **Ohne Formatierung ausfüllen** Mit dieser Option erreichen Sie, dass Excel zwar den Inhalt der Ausgangszelle kopiert, dabei jedoch nicht ihre Formatierung übernimmt.
- **Blitzvorschau** Hierbei handelt es sich um ein neues Feature von Excel 2013 das anhand bereites eingegebener Daten versucht, ein Muster zu erkennen, und dann automatisch die restlichen Daten eingibt. Für unser Beispiel ist die Blitzvorschau keine sinnvolle Option.

Da Excel bereits exakt das erledigt hat, was wir erwartet haben – nämlich das Kopieren der Formel –, können Sie die Schaltfläche *Auto-Ausfülloptionen* ignorieren.

Für die Abbildung auf der folgenden Seite haben wir auf der Registerkarte *FORMELN* in der Gruppe *Formelüberwachung* die Schaltfläche *Formeln anzeigen* angeklickt, damit Excel alle Formeln des Arbeitsblatts anzeigt, und nicht mehr die Ergebnisse der Formeln. Wie Sie beispielsweise in Zelle E8 sehen können, wurde aus C4 die Zellangabe C8 und aus D4 wurde D8.

Dass Excel die Formel beim Kopieren problemlos anpassen konnte, liegt daran, dass die in ihr enthaltenen Bezüge relativ sind. Denn die Formeln beziehen sich ja bei allen Zellen auf die gleichen Nachbarzellen. Dass dies nicht immer funktioniert, zeigt das Beispiel im nächsten Abschnitt.

Bild 20.9 Excel hat die Formel beim Kopieren korrekt angepasst

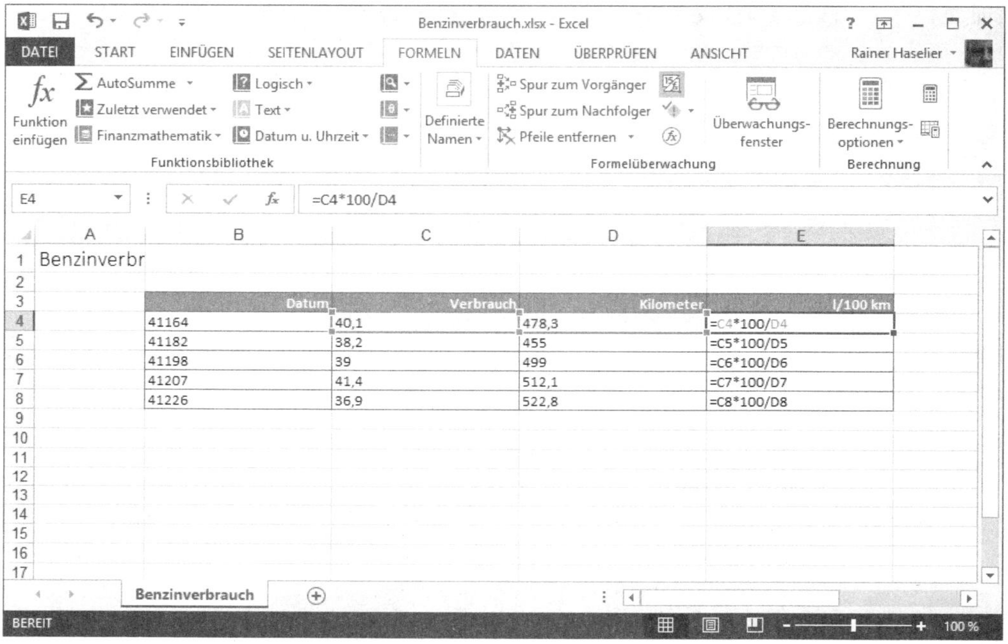

Relative und absolute Bezüge

Ein Bezug bezeichnet eine Zelle in einem Arbeitsblatt und teilt Excel mit, wo sich die in einer Formel zu verwendenden Daten befinden. Mithilfe von Bezügen können Sie Daten aus unterschiedlichen Teilen eines Arbeitsblatts in einer einzigen Formel verwenden.

Das Besondere an solchen Bezügen ist, dass sie von Excel automatisch angepasst werden, wenn sich die Lage der betreffenden Zellen verändert. Dieser Fall kann z.B. eintreten, wenn Sie in eine Tabelle neue Zeilen bzw. Spalten einfügen oder löschen.

Im letzten Abschnitt haben Sie bereits gesehen, dass Excel die Zellbezüge beim automatischen Ausfüllen anpasst. Und auch wenn Sie den Inhalt einer Zelle manuell kopieren, findet diese Anpassung statt.

In manchen Fällen kann es aber notwendig werden, dass immer auf ein und dieselbe Zelle zugegriffen werden soll. In diesem Fall brauchen Sie einen *absoluten* Bezug.

Wir wollen diesen Unterschied an einem kleinen Beispiel verdeutlichen: Nehmen Sie an, Sie wollen wissen, welchen prozentualen Anteil die einzelnen Kostenarten an der Gesamtsumme der Autokosten pro Jahr ausmachen. Hierfür haben wir für Sie eine Tabelle vorbereitet, die Sie in der folgenden Abbildung sehen.

Bild 20.10 In dieser Tabelle soll in Spalte D der prozentuale Anteil der jeweiligen Kosten an den Gesamtkosten berechnet werden

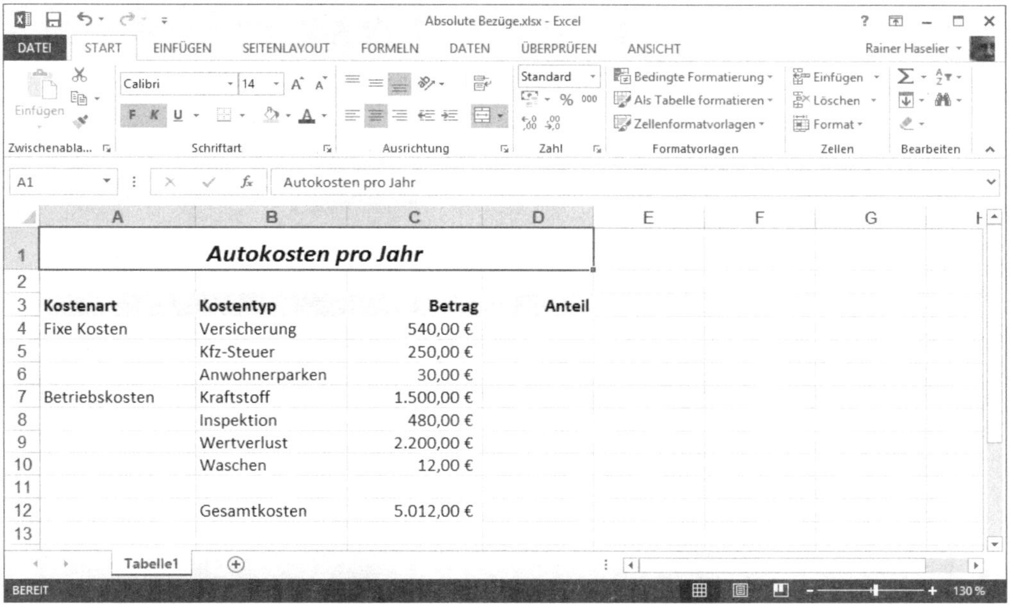

Um die prozentualen Anteile zu berechnen, gehen Sie folgendermaßen vor:

1. Öffnen Sie die Arbeitsmappe *Absolute Bezüge.*
2. Die prozentualen Anteile an den Gesamtkosten sollen in der Spalte D erscheinen. Markieren Sie daher die Zelle D4.
3. Geben Sie ein Gleichheitszeichen ein, um die Eingabe einer Formel einzuleiten.
4. Klicken Sie dann zuerst die linke Nachbarzelle (C4) an, geben Sie anschließend den Divisionsoperator / ein und klicken Sie zum Schluss auf die Zelle C12. In Zelle D4 steht nun *=C4/C12.*
5. Schließen Sie die Formel mit der [↵]-Taste ab.
6. Wechseln Sie zur Registerkarte *START* und klicken Sie in der Befehlsgruppe *Format* auf die Schaltfläche *Prozentformat*, um das Ergebnis der Formel als Prozentzahl darzustellen.
7. Wenn Sie jetzt die Formel durch Ziehen auf die darunter stehende Zelle kopieren, erhalten Sie jedoch eine Fehlermeldung, wie es die Abbildung auf der folgenden Seite zeigt.

   Die Ursache dieser Fehlermeldung erkennen Sie, wenn Sie die Zelle mit der Fehlermeldung markieren: In der Bearbeitungsleiste sehen Sie, dass die Formel hinter dieser Zelle *=C5/C13* lautet. Excel hat also beim Übertragen der Formel C4 in C5 und C12 in C13 verändert. Die Gesamtkosten stehen aber nach wie vor in Zelle C12. In Zelle C13 dagegen befindet sich kein Wert. Dies ist der Grund für die Fehlermeldung.

Bild 20.11 Beim Kopieren der Formel ist ein Fehler aufgetreten

Um hier Abhilfe zu schaffen, müssen Sie in der Formel in Zelle D4 die Zelle C12 als absoluten Bezug definieren, damit Excel beim Kopieren diesen Bezug nicht anpasst, sondern übernimmt. Gehen Sie dazu wie folgt vor:

8. Löschen Sie die fehlerhaft kopierte Formel in Zelle D5.
9. Markieren Sie die Ursprungsformel in Zelle D4 und drücken Sie [F2]. Sie können die Formel jetzt direkt in der Zelle bearbeiten.
10. Setzen Sie den Cursor innerhalb der Formel auf den Wert *C12*.
11. Drücken Sie [F4]. Die Formel verändert sich von *C4/C12* zu *=C4/$C$12*. Das bedeutet, dass dieser Ausdruck nun einen absoluten Bezug auf die Zelle C12 enthält.

Bild 20.12 Die Formel enthält nun einen absoluten Bezug auf die Zelle C12

12. Schließen Sie die Formel mit der [↵]-Taste ab.
13. Markieren Sie Zelle D4 erneut und ziehen Sie die Markierung mit dem Ausfüllkästchen bis zur Zelle D10 auf.

Wie Sie sehen, erscheint jetzt keine Fehlermeldung mehr. Die Formel in der Zelle D5 bezieht sich nun wie beabsichtigt auf die Zellen C12 und C5. Durch das Einfügen der $-Zeichen wurden aus den relativen Bezügen absolute Bezüge.

Lassen Sie uns zum Schluss noch eine kleine Schönheitsoperation vornehmen, damit die »scheinbaren« Nullwerte richtig angezeigt werden.

14. Markieren Sie den Zellbereich D4 bis D10.

15. Wechseln Sie zur Registerkarte *START* und klicken Sie in der Befehlsgruppe *Zahl* zweimal auf die Schaltfläche *Dezimalstelle hinzufügen.*

Die fertige Tabelle sollte nun wie folgt aussehen:

Bild 20.13 Die fertige Tabelle mit den prozentualen Angaben

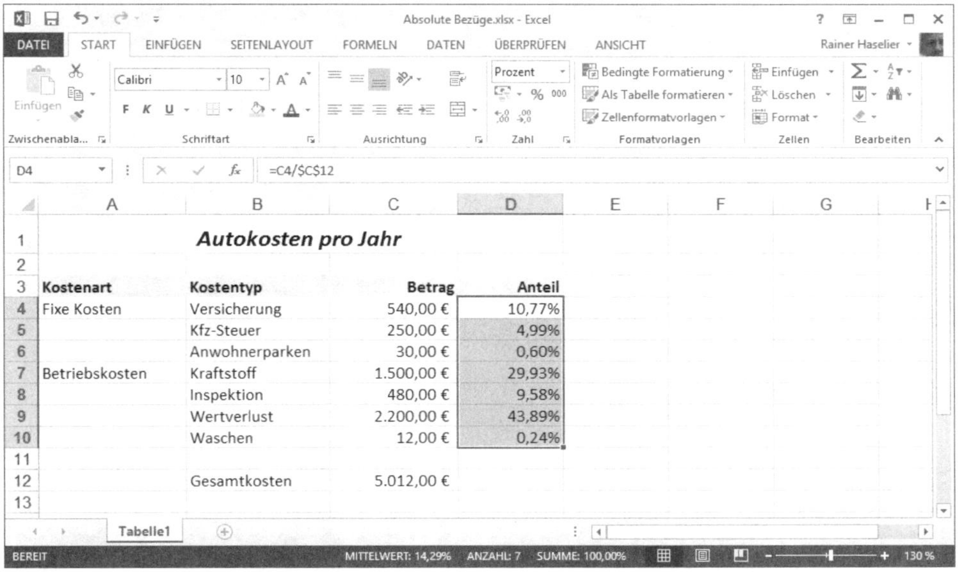

PROFITIPP

Variation für absolute Bezüge

Möchten Sie unter Umständen nur die Spalte variieren, nicht aber die Zeile, können Sie auch nur ein $-Zeichen in die Formel einsetzen, z.B. *C$12*. Die Zeile bleibt dann erhalten, und die Spalte wird angepasst. Sie erreichen dies, indem Sie entweder die Taste F4 mehrmals drücken oder das Dollarzeichen manuell löschen bzw. eingeben.

Namen für Zellen/Zellbereiche verwenden

Sie können einzelne Zellen, Zellbereiche, Zeilen oder Spalten auch mit einem Namen versehen und dann diesen Namen statt des Zellbezugs in Formeln verwenden. Die Vorteile bei der Verwendung von definierten Namen werden an einem Beispiel unmittelbar deutlich. Auch in dieser Beispielarbeitsmappe sollen die prozentualen Anteile der verschiedenen Kostenarten für einen Pkw berechnet werden.

1. Öffnen Sie die Übungsdatei *Namen verwenden.*
2. Markieren Sie die Zelle, der Sie einen Namen zuweisen wollen. In unserem Beispiel ist dies die Zelle C12, in der sich die Gesamtkosten befinden.
3. Klicken Sie in der Bearbeitungsleiste in das Namenfeld (dort steht die Zelladresse C12) und geben Sie dort **Gesamtkosten** ein.
4. Beenden Sie die Eingabe mit der [↵]-Taste.

Bild 20.14 Die Namen von Zellen werden automatisch in einer Auswahlliste angeboten

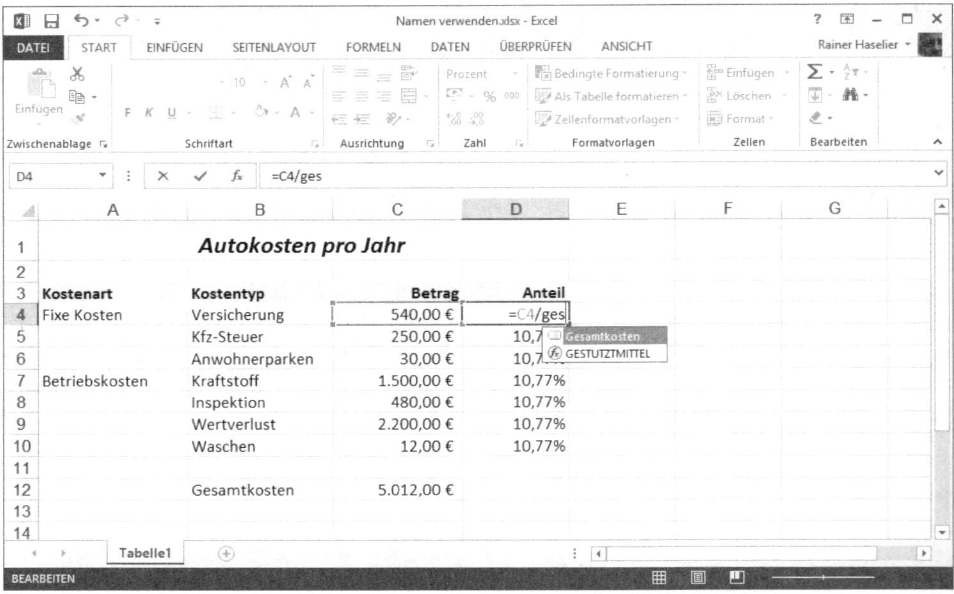

5. Geben Sie in die Zelle D4 folgende Formel ein: **=C4/Gesamtkosten**

   Während Sie die Formel eintippen, öffnet sich ein Auswahlmenü, in dem auch die Namen von benannten Zellen angezeigt werden. Klicken Sie den Eintrag *Gesamtkosten* an, um diesen Namen in die Formel zu übernehmen.
6. Füllen Sie die Zellen D5 bis D10 auf, indem Sie das Ausfüllkästchen von Zelle D4 nach unten aufziehen.

Excel verwendet direkt den richtigen Zellbezug für die Gesamtkosten; der Name der Zelle C12 wirkt sich also genauso aus wie ein absoluter Bezug.

Der Einsatz von Namen für Zellen hat zwei entscheidende Vorteile: Das umständliche Eingeben von absoluten Bezügen entfällt und die Formeln werden durch die Verwendung von Namen deutlich verständlicher – natürlich vorausgesetzt, dass Sie auch »sprechende« Namen einsetzen und keine kryptischen Kürzel, die für Außenstehende nicht nachvollziehbar sind.

Zu benannten Zellen springen

In Excel haben Sie zwei Möglichkeiten, schnell zu den Zellen zu gelangen, denen Sie vorher einen Namen zugewiesen haben:

- Mit dem Namenfeld oben links in der Bearbeitungsleiste: Klappen Sie mit dem kleinen Pfeil ganz einfach das Namenfeld auf und wählen Sie einen der vordefinierten Namen aus, dann springt der Zellcursor sofort auf die entsprechende Zelle.

Bild 20.15 Benannte Zellen lassen sich über das Namenfeld ansteuern

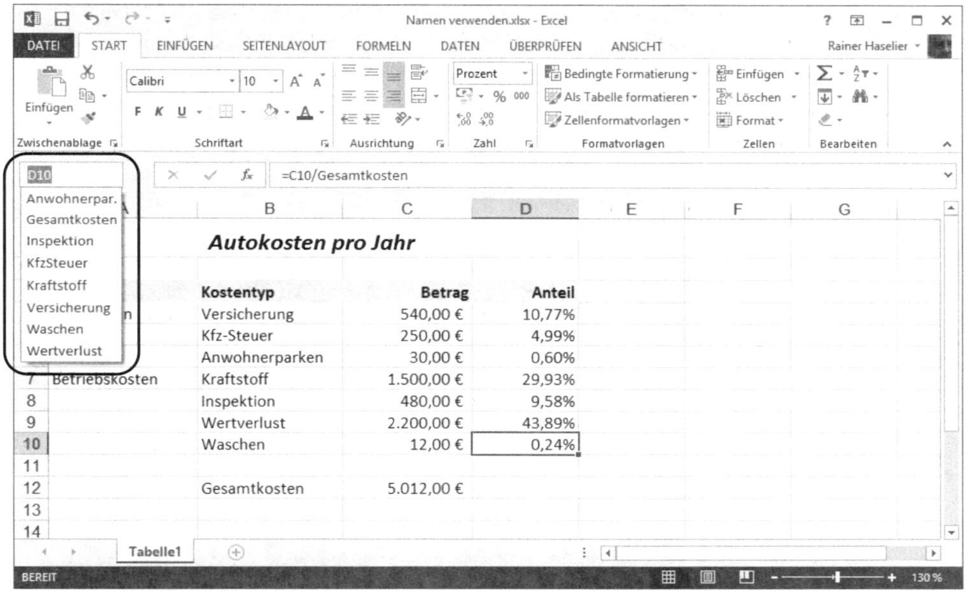

- Indem Sie auf der Registerkarte *START* in der Gruppe *Bearbeiten* auf *Suchen und Auswählen* und dann auf *Gehe zu* klicken. In einem Dialogfeld wird Ihnen eine Auswahl von Namen angezeigt. Per Doppelklick springen Sie zur entsprechenden Zelle. Unter *Verweis* können Sie dort auch eine Zelladresse angeben.

Bild 20.16 Über das Dialogfeld *Gehe zu* können Sie ebenfalls zu benannten Zellen springen

Den Namens-Manager verwenden

Um sich einen Überblick über alle in einer Arbeitsmappe enthaltenen Namen zu verschaffen, können Sie den Namens-Manager verwenden. Im Namens-Manager können Sie außerdem einen Namen löschen, einen definierten Namen umbenennen oder einem bereits definierten Namen eine andere Zelle bzw. einen anderen Zellbereich zuordnen.

1. Wechseln Sie zur Registerkarte *FORMELN*.

Namens-Manager

2. Klicken Sie in der Gruppe *Definierte Namen* auf *Namens-Manager*.

Im Dialogfeld *Namens-Manager* werden standardmäßig alle in der aktuellen Arbeitsmappe definierten Namen angezeigt. Wenn Sie auf die Schaltfläche *Filter* klicken, können Sie die angezeigten Namen auf die aktuelle Arbeitsmappe, auf Namen mit oder ohne Fehler oder auf die Namen der Datentabellen einschränken.

Bild 20.17 Im Dialogfeld *Namens-Manager* können Sie die definierten Namen verwalten

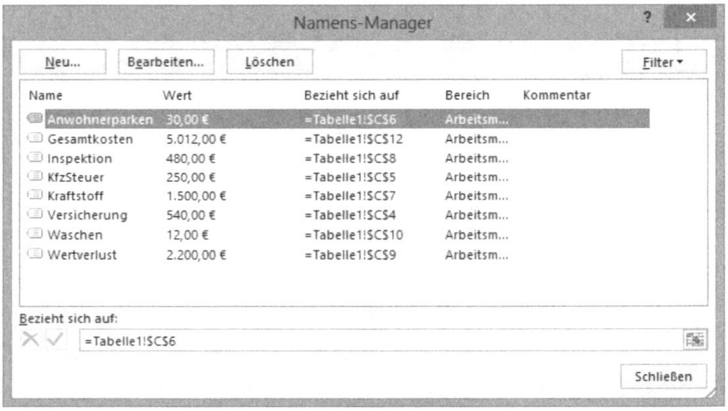

3. Führen Sie, in Abhängigkeit davon, was Sie tun möchten, einen der folgenden Schritte durch:

- **Definierten Namen löschen** Markieren Sie in der Liste den Namen, den Sie löschen möchten, und klicken Sie auf die Schaltfläche *Löschen*.
- **Namen ändern** Markieren Sie in der Liste den Namen, den Sie umbenennen möchten, und klicken Sie auf die Schaltfläche *Bearbeiten*. Geben Sie in das Feld *Name* den neuen Namen ein und klicken Sie auf *OK*.

Bild 20.18 Im Dialogfeld *Name bearbeiten* können Sie einen definierten Namen umbenennen

- **Ändern des dem Namen zugeordneten Zellbereichs** Markieren Sie in der Liste den Namen, den Sie mit einer anderen Zelle bzw. einem anderen Zellbereich verknüpfen möchten. Klicken Sie auf die Schaltfläche *Dialogfeld reduzieren* und wählen Sie im Arbeitsblatt die Zelle bzw. den Zellbereich aus, die/den Sie mit dem Namen verknüpfen wollen. Klicken Sie abschließend auf die Schaltfläche *Dialogfeld erweitern.*

4. Klicken Sie auf *OK,* um das Dialogfeld *Namens-Manager* zu schließen.

Die Formelüberwachung

Je größer Arbeitsblätter werden, desto unübersichtlicher werden sie auch. Damit Sie später noch die Möglichkeit haben, die Zusammenhänge zwischen einzelnen Zellen nachzuvollziehen, gibt es in Excel die sogenannte *Formelüberwachung.* Gehen Sie z.B. folgendermaßen vor, um mit der Formelüberwachung festzustellen, welche Zellen für die Berechnungen in einer Formel verwendet wurden:

1. Markieren Sie zuerst die Zelle, deren Formel Sie untersuchen möchten.

2. Klicken Sie auf der Registerkarte *FORMELN* in der Gruppe *Formelüberwachung* auf *Spur zum Vorgänger.*

Auf dem Arbeitsblatt zeigt Excel nun mit blauen Markierungen an, welche Zellen in der Formel der markierten Zelle verwendet werden. In unserem Beispiel handelt es sich um alle Werte in Spalte G, da aus diesen in Zelle B3 der Mittelwert berechnet wird.

Bild 20.19 Mit der Schaltfläche *Spur zum Vorgänger* können Sie sich anzeigen lassen, welche Zellen sich auf den Wert in der aktuell ausgewählten Zelle auswirken

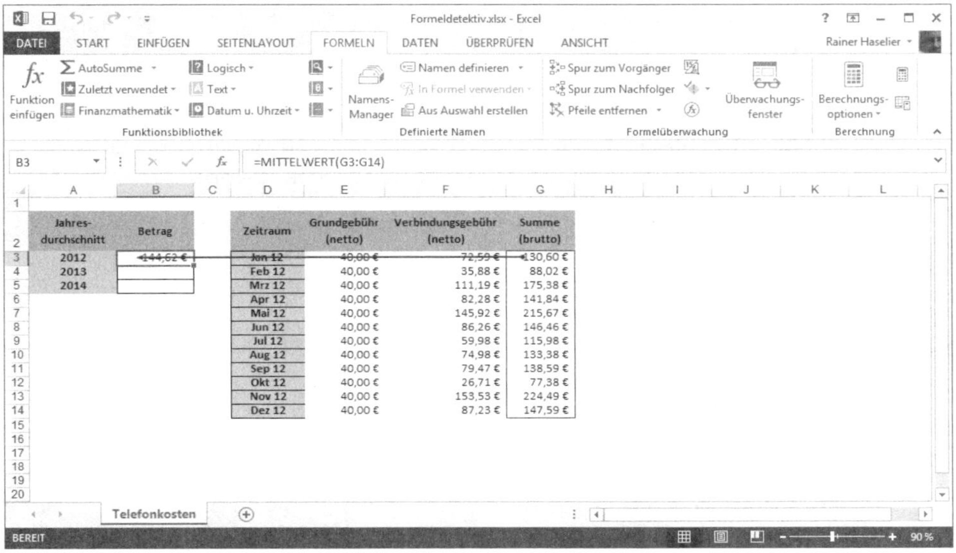

Wollen Sie wissen, ob eine bestimmte Zelle in anderen Formeln der Tabelle benutzt wird, gehen Sie folgendermaßen vor:

1. Markieren Sie die betreffende Zelle.
2. Klicken Sie auf der Registerkarte *FORMELN* in der Gruppe *Formelüberwachung* auf *Spur zum Nachfolger*.
3. Wiederholen Sie den Befehl, um zu prüfen, ob noch Verknüpfungen mit anderen Zellen bestehen. Excel trägt dann gegebenenfalls weitere Pfeile ein.

Bild 20.20 Mit der Formelüberwachung lässt sich schnell feststellen, welche Zellen in eine Formel einfließen

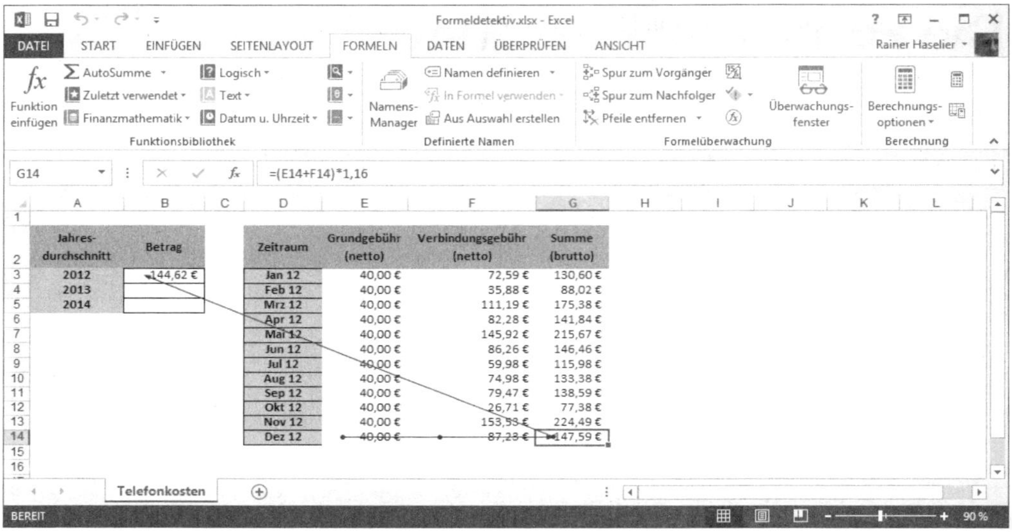

In der obigen Abbildung erkennen Sie, dass die Zelle E14 zur Berechnung der Zelle G14 benötigt wird. Die Zelle G14 wiederum fließt in die Berechnung der Zelle B3 ein, sodass die Zelle E14 indirekt auch in der Formel der Zelle B3 enthalten ist.

TIPP Durch einen Doppelklick auf die Verbindungspfeile können Sie zwischen den Zellen hin und her springen. Dieser Trick ist besonders bei umfangreichen Arbeitsblättern nützlich.

Ein weiteres hilfreiches Feature der Formelüberwachung ist das Aufspüren von Fehlerursachen. Erhalten Sie in einer Zelle eine Fehlermeldung, können Sie auf den Pfeil der Schaltfläche *Fehlerüberprüfung* und dann im Menü auf *Spur zum Fehler* klicken, um dem Fehler auf die Schliche zu kommen.

Spurpfeile entfernen

Mit der Schaltfläche *Pfeile entfernen* in der Gruppe *Formelüberwachung* können Sie sämtliche Pfeile der Formelüberwachung wieder ausschalten. Wollen Sie hingegen nur die Pfeile einer bestimmten Zelle entfernen, klicken Sie auf den Pfeil der Schaltfläche *Pfeile entfernen* und benutzen dann den Befehl *Spur zum Vorgänger entfernen* bzw. *Spur zum Nachfolger entfernen*.

Der Formelüberwachungsmodus

Normalerweise zeigt Excel die Formel einer Zelle nur an, wenn Sie die Zelle markieren bzw. ihren Inhalt bearbeiten. Manchmal wäre es aber hilfreich, wenn man alle Formeln eines Arbeitsblatts sehen könnte. Zum Beispiel wenn Sie versuchen, den Aufbau eines Arbeitsblatts nachzuvollziehen, weil Sie es ergänzen oder korrigieren müssen.

Zum Glück hält Excel auch für solche Situationen eine Lösung bereit: Klicken Sie auf der Registerkarte *FORMELN* in der Gruppe *Formelüberwachung* auf *Formeln anzeigen* (schneller geht es mit der Tastenkombination Strg+#).

Excel zeigt dann alle Formeln auf dem Arbeitsblatt an und verbreitert dazu die Spalten der Tabelle, damit Sie die Formeln vollständig sehen können.

Bild 20.21 Im Formelüberwachungsmodus zeigt Excel die Formeln aller Zellen an

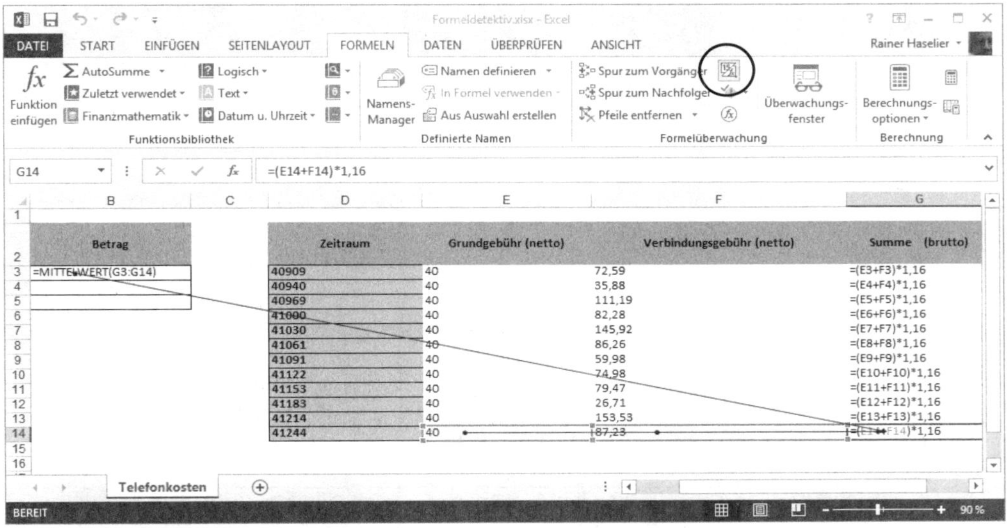

Um den Modus wieder zu verlassen, drücken Sie erneut Strg+#. Excel zeigt das Arbeitsblatt dann wieder in seiner gewohnten Form an.

Das Überwachungsfenster

Eine sehr gute Möglichkeit, um den Inhalt einer Zelle im Blick zu behalten, ist das *Überwachungsfenster*. Zum Anzeigen des Fensters öffnen Sie die Registerkarte *FORMELN* und klicken in der Gruppe *Formelüberwachung* auf *Überwachungsfenster*.

Excel blendet ein Fenster ein, in dem Name, Herkunft, Wert und Formel der Zelle angezeigt werden (siehe Abbildung auf der folgenden Seite). Mit den Schaltflächen *Überwachung hinzufügen* und *Überwachung löschen* können Sie weitere Zellen in das Fenster aufnehmen bzw. wieder daraus entfernen.

TIPP Wenn Sie im Überwachungsfenster auf einen Eintrag doppelklicken, springt Excel direkt zu der betreffenden Zelle.

Bild 20.22 Mit dem Überwachungsfenster haben Sie den Wert wichtiger Zellen immer im Blick. Sie können im Überwachungsfenster auch den Wert von Zellen ablesen, die sich auf unterschiedlichen Arbeitsblättern befinden.

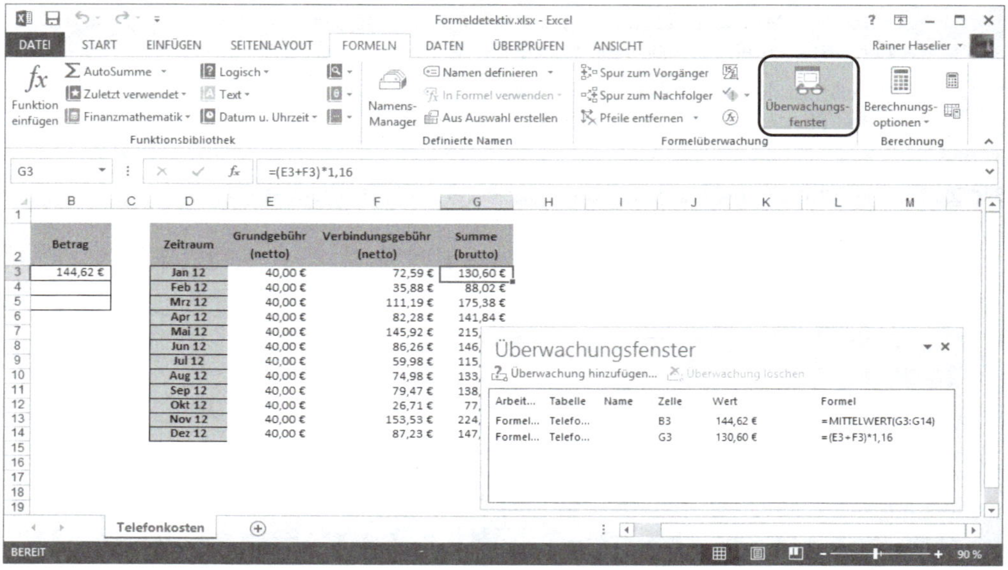

Fehlerüberprüfung

Auch wenn Excel jede Formel bereits bei ihrer Eingabe überprüft und nur formal richtige Eingaben zulässt, heißt das noch lange nicht, dass die Formel auch korrekt ausgewertet werden kann und das richtige Ergebnis liefert.

So ist z.B. die Formel = *B4* Mehrwertsteuer* zwar formal korrekt – wird also von Excel bei der Eingabe auf jeden Fall akzeptiert –, doch wenn keine Zelle mit dem Namen *Mehrwertsteuer* existiert, kann Excel die Formel nicht berechnen und gibt in der Zelle den Fehlerwert *#WERT!* aus. Eine Liste aller Fehlerwerte finden Sie in der folgenden Tabelle.

Tabelle 20.2 Fehlerwerte, mit denen Excel Hinweise bei fehlerhaften Formeln liefert

Fehlerwert	Ursache
#NULL!	Tritt auf, wenn Sie den Schnittpunktoperator (Leerzeichen) auf zwei Bereiche anwenden, die keine Schnittmenge besitzen. Beispiel: =Summe(A1:C1 A3:C3)
#DIV/0!	In der Formel wird durch null dividiert. Dieser Fehler tritt häufig auf, wenn eine Zelle, auf die in der Formel Bezug genommen wird, noch keinen Wert enthält.

Tabelle 20.2 Fehlerwerte, mit denen Excel Hinweise bei fehlerhaften Formeln liefert *(Fortsetzung)*

Fehlerwert	Ursache
#WERT!	In der Formel wird ein falscher Datentyp verwendet. Beispiel: =2 + "drei"
#BEZUG!	Die Formel nimmt Bezug auf eine nicht existierende Zelle. Tritt z.B. auf, wenn sich die Formel auf eine Zelle bezieht, die sich in einem inzwischen gelöschten Arbeitsblatt befand.
#NAME?	In der Formel ist der Name einer Zelle enthalten, den Excel nicht kennt. Tritt auch auf, wenn Sie vergessen, dass Texte in Anführungszeichen eingefasst werden müssen. Beispiel: Falsch = A1 & mal , Richtig=A1 & " mal"
#ZAHL!	Ein Zahlenwert innerhalb der Formel hat entweder den falschen Typ oder er ist zu groß bzw. zu klein.
#NV	Der Wert #NV kann in eine Zelle eingegeben werden, um zu signalisieren, dass für die Zelle noch keine gültigen Daten vorliegen. Excel zeigt dann bei allen Formeln, in denen diese Zelle verwendet wird, ebenfalls den Wert #NV an. Damit vermeiden Sie, dass leere Zellen von Excel als 0 interpretiert und in Formeln akzeptiert werden, ohne eine Fehlermeldung anzuzeigen.
#####	Kennzeichnet, dass die Spalte zu schmal ist, um den Inhalt komplett darzustellen.

Um Sie bei der Fehlersuche zu unterstützen, zeigt Excel neben der betreffenden Zelle ein Smarttag an, dessen Menü verschiedene Hilfsangebote enthält.

Bild 20.23 Smarttags unterstützen Sie bei der Fehlersuche

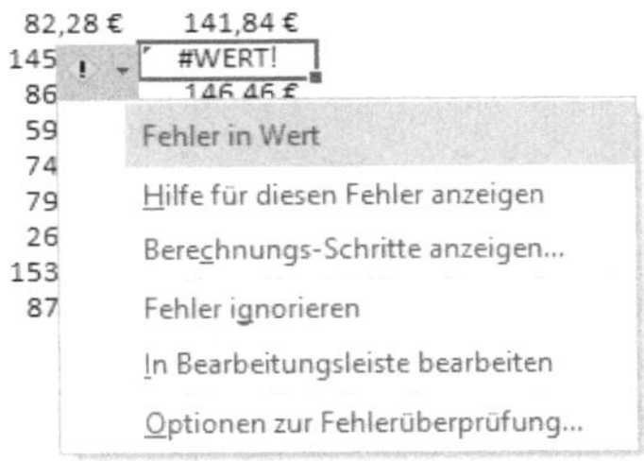

Sie haben nun mehrere Möglichkeiten:

- Mit *Hilfe für diesen Fehler anzeigen* können Sie die Onlinehilfe aufrufen, in der zu jedem Fehlertyp Tipps für die Fehlersuche enthalten sind. Diese Informationen beziehen sich natürlich nicht konkret auf die von Ihnen eingegebene Formel, sondern nur allgemein auf den aufgetretenen Fehlertyp.
- Mit dem Befehl *Berechnungs-Schritte anzeigen* können Sie ein Fenster aufrufen, mit dem Sie die Formel schrittweise durchlaufen können. Dieses Fenster wird im nächsten Abschnitt »Formeln auswerten« ausführlich vorgestellt.
- Mit der Auswahl von *Fehler ignorieren* teilen Sie Excel mit, dass es den Fehler in Zukunft ignorieren soll. Dadurch verschwindet auch der Smarttag neben der Zelle. Damit Excel den Fehler wieder als solchen erkennt, klicken Sie zuerst auf die Registerkarte *DATEI* und dann auf *Optionen*. Wählen Sie in der Liste auf der rechten Seite die Kategorie *Formeln* aus und scrollen Sie dann auf der rechten Seite des Fensters nach unten, bis Sie den Abschnitt *Fehlerüberprüfung* sehen. Klicken Sie abschließend die Schaltfläche *Ignorierte Fehler zurücksetzen* an.

- Die Option *In Bearbeitungsleiste bearbeiten* erklärt sich von selbst.
- Der Befehl *Optionen zur Fehlerüberprüfung* zeigt die Kategorie *Formeln* des Dialogfeldes *Excel-Optionen* an, in dem Sie die Regeln einstellen können, nach denen Excel die Formeln Ihres Arbeitsblatts untersucht.

Bild 20.24 Hier wird die Fehlerüberprüfung konfiguriert

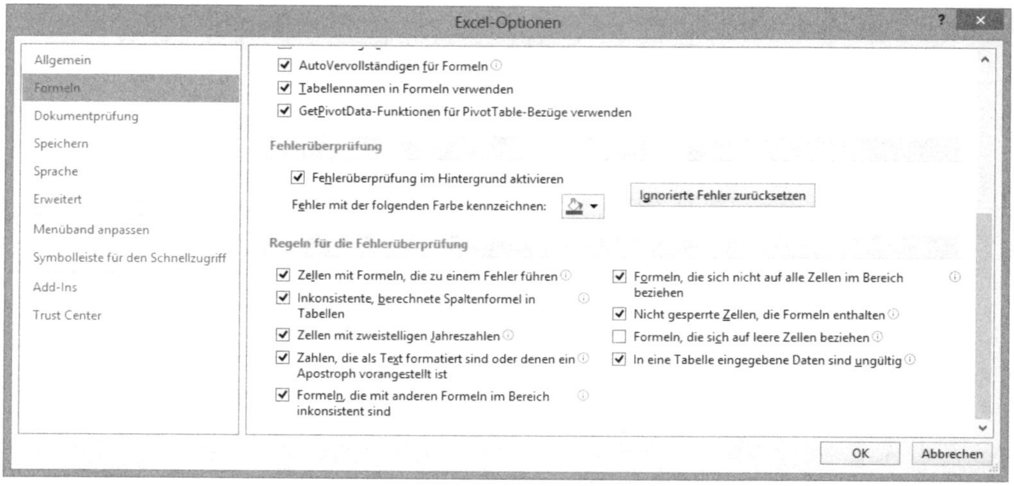

Formeln auswerten

In der Praxis kommt es naturgemäß häufiger vor, dass man beim Eingeben einer Formel einen Fehler macht. Solange Excel darauf mit einer Fehlermeldung reagiert, ist die Gefahr schon halb gebannt. Viel kritischer sind jedoch Fehler in Zellen, die von Excel nicht mit einem Fehlerwert gekennzeichnet werden, sondern nach außen hin völlig »normal« wirken.

Wenn Sie beim Prüfen einer Tabelle bemerken, dass die berechneten Ergebnisse nicht schlüssig sind, haben Sie im Prinzip zwei Möglichkeiten, um dem Fehler auf die Schliche zu kommen:

- In einfachen Fällen reicht es aus, wenn Sie sich über die Schaltflächen der Gruppe *Formelüberwachung* auf der Registerkarte *FORMELN* die Spuren zu den Vorgängerzellen anzeigen lassen. Auf diese Weise lassen sich z.B. falsche Bezüge sehr gut erkennen.
- In hartnäckigen Fällen kann es aber auch notwendig werden, die Formel Schritt für Schritt auszuwerten, um die fehlerhafte Stelle in der Formel zu finden. Diese Möglichkeit wollen wir Ihnen jetzt an einem einfachen Beispiel vorstellen.

Das Beispiel, das wir in diesem Abschnitt verwenden, enthält eine Aufstellung über den Kauf einiger Gläser. Darin werden die Einzelpreise mit den Stückzahlen multipliziert, die Ergebnisse zu einer Zwischensumme aufaddiert und für diese die Mehrwertsteuer errechnet. Sie finden das Beispiel in der Übungsdatei *Formeln auswerten.*

Bild 20.25 Die Formel zur Berechnung der Gesamtsumme soll überprüft werden

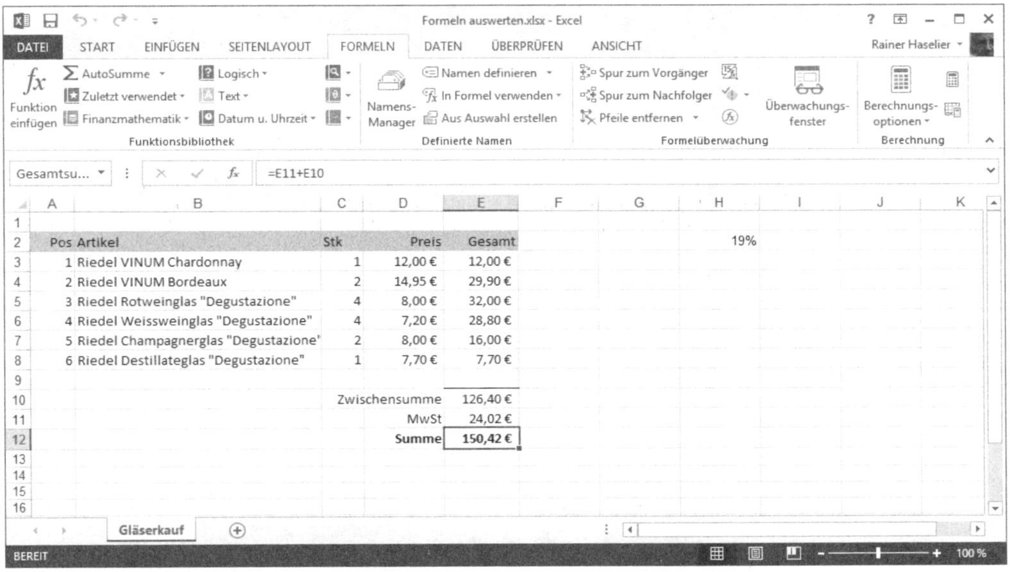

Um die Formel für die Gesamtsumme zu kontrollieren, gehen Sie folgendermaßen vor:

1. Klicken Sie die Zelle an, die die Formel enthält (hier E12).
2. Klicken Sie auf der Registerkarte *FORMELN* in der Befehlsgruppe *Formelüberwachung* auf die Schaltfläche *Formelauswertung.* Excel zeigt das Dialogfeld *Formel auswerten* an.

Bild 20.26 Excel zeigt die zu prüfende Formel an, die sich in der vorher im Arbeitsblatt ausgewählten Zelle befindet

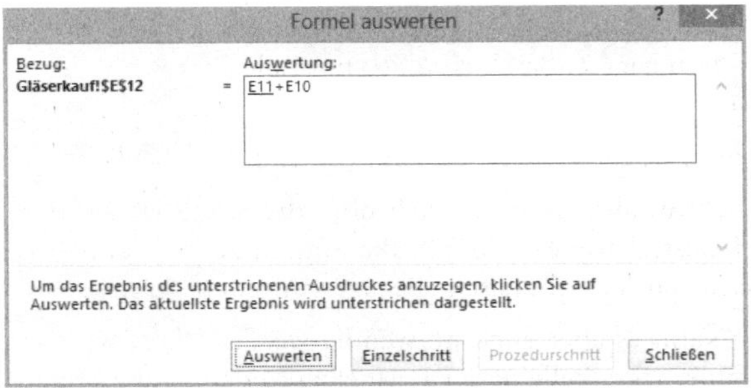

Im Dialogfeld *Formel auswerten* sehen Sie nun die Formel, die der markierten Zelle zugrunde liegt. Der erste Summand E11 ist dabei unterstrichen. Das bedeutet, dass Excel diesen Teil der Formel zuerst auswerten wird.

3. Klicken Sie auf *Auswerten.* Excel berechnet nun den Inhalt der Zelle E11 und trägt ihn in das Fenster ein. Außerdem ist nun der zweite Summand E10 unterstrichen.

Bild 20.27 Der erste Summand (die Zelle E11) ist bereits ausgewertet

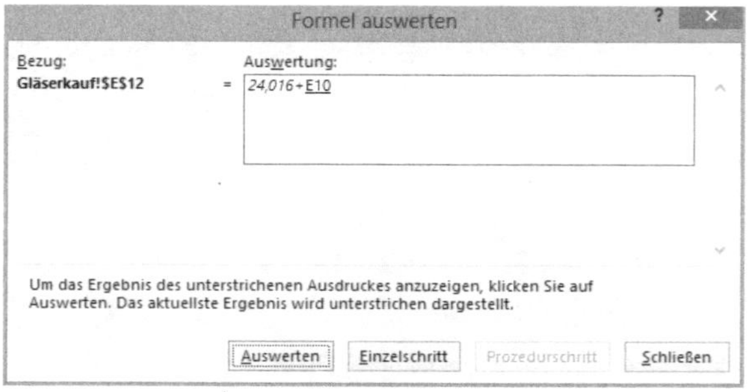

4. Lassen Sie jetzt den zweiten Summanden berechnen, indem Sie erneut auf *Auswerten* klicken.
5. Ein dritter Klick auf *Auswerten* führt dann zum endgültigen Ergebnis.

Formeln vollständig auswerten

Die Formel *E11+E10* ist jedoch eigentlich komplexer, da die Zellen E11 und E10 ja ebenfalls Formeln enthalten. Dieser Tatsache wollen wir nun Rechnung tragen und der Formel bis in ihre letzte Verästelung folgen.

1. Klicken Sie im Dialogfeld *Formel auswerten* auf *Neu starten* oder rufen Sie das Fenster erneut auf, wenn Sie es zwischenzeitlich geschlossen haben.
2. Starten Sie die Auswertung dieses Mal mit der Schaltfläche *Einzelschritt.* Die Schaltfläche ist nur dann aktiv, wenn der auszuwertende Ausdruck aus einer Formel besteht. Im Fenster erscheint jetzt ein neues Feld, in dem die Formel der Zelle E11 angezeigt wird.

Bild 20.28 Excel zeigt den Aufbau der untergeordneten Formel in E11 an

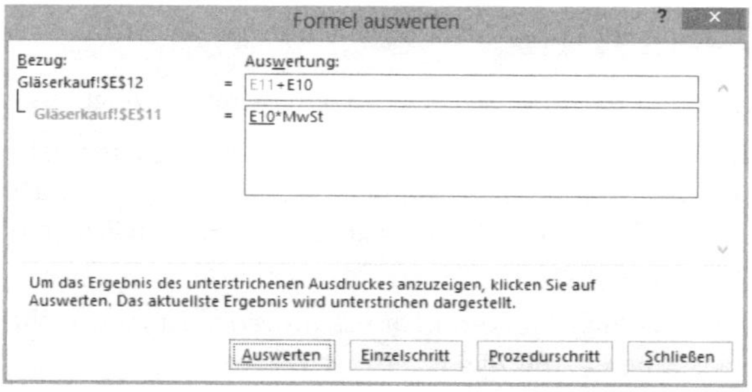

3. An der Tatsache, dass die Schaltfläche *Einzelschritt* immer noch aktiv ist, erkennen Sie, dass die Zelle E10 ebenfalls eine Formel enthält. Klicken Sie daher erneut auf *Einzelschritt,* um auch diesen Teil der Formel untersuchen zu können.

Bild 20.29 Die Zelle E10 enthält eine Summenberechnung

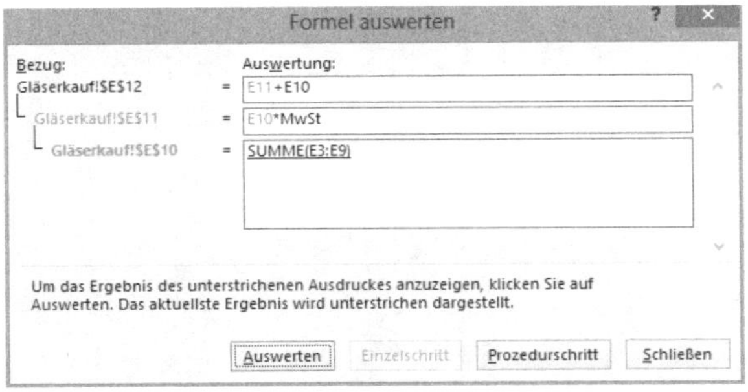

4. Sie sind nun am »Ende« der Formeln angekommen. Klicken Sie jetzt entweder auf *Auswerten,* damit Excel das Ergebnis der Summe anzeigt, oder überspringen Sie diesen Schritt, indem Sie auf *Prozedurschritt* klicken. Excel fügt dann das Ergebnis der Summe direkt in die Formel *E10*MwSt* ein.
5. Wenn Excel den Ausdruck *MwSt* auswerten will, können Sie sich mit *Einzelschritt* anzeigen lassen, auf welche Zelle sich der Name *MwSt* bezieht.

Bild 20.30 Der Name *MwSt* bezieht sich auf die Zelle H2

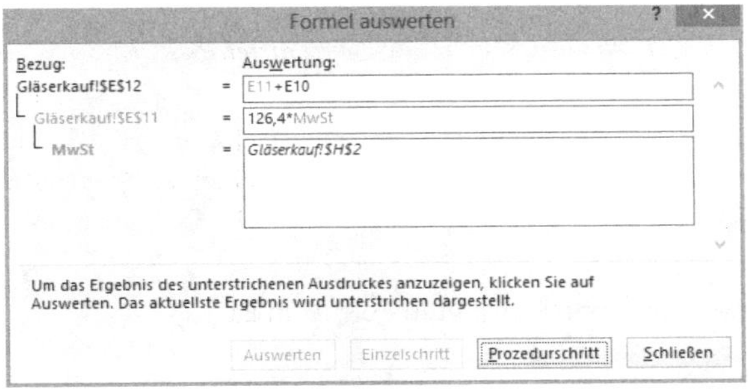

6. Durchlaufen Sie nun die Formel, bis Excel das Gesamtergebnis anzeigt.

An diesem kleinen Beispiel haben Sie vermutlich schon gemerkt, dass das Auswerten einer Formel hohe Konzentration erfordert. Im Grunde genommen entspricht diese Art der Fehlersuche dem Debuggen eines Programms, bei dem ebenfalls versucht wird, einen Fehler durch schrittweises Ausführen des Programms aufzuspüren.

Als Fazit lässt sich vielleicht sagen: Die Funktion *Formel auswerten* ist zwar recht unhandlich, führt aber in schwierigen Fällen fast immer zum Ziel.

Kapitel 21

Arbeiten mit Funktionen

In diesem Kapitel:

Excel kennt eine Vielzahl von nützlichen Funktionen, die Sie in Ihren Tabellen verwenden können. So gibt es neben den mathematischen Funktionen auch statistische und logische Funktionen, Datums- und Zeitfunktionen etc. Diese Funktionen scheinen oft sehr kompliziert zu sein, aber wie Sie gleich sehen werden, ist ihr Einsatz meistens recht einfach. Natürlich gibt es auch Funktionen, die für fachfremde Anwender undurchschaubar sind, wenn man etwa an die statistischen oder finanzmathematischen Funktionen denkt.

Funktionsergebnisse in der Statusleiste anzeigen

Wenn Sie für einige Zellen in Ihrem Tabellenblatt schnell das Ergebnis einer Funktion sehen wollen, können Sie das Funktionsergebnis der am häufigsten verwendeten Standardfunktionen (Summe, Mittelwertberechnung, Anzahl der Zellen usw.) direkt in der Statusleiste des Excel-Fensters anzeigen lassen. Dies spart Zeit, da Sie hierfür dann nicht mehr eine Formel eingeben, sich das Ergebnis, das Sie nur kurzzeitig benötigen, ansehen und dann die Formel wieder löschen müssen.

So konfigurieren Sie, welche Funktionsergebnisse in der Statusleiste angezeigt werden:

1. Klicken Sie die Statusleiste mit der rechten Maustaste an, um das Kontextmenü zu öffnen.

Bild 21.1 Legen Sie hier fest, welche Funktionsergebnisse in der Statusleiste angezeigt werden sollen

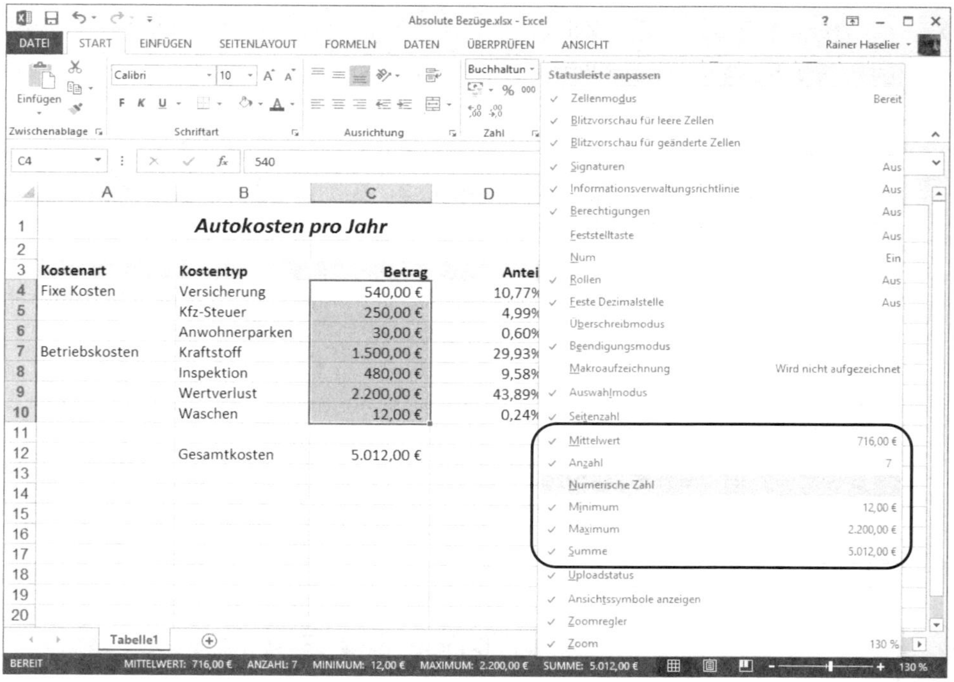

2. Klicken Sie die Namen der Funktionen an. Ist das Funktionsergebnis derzeit sichtbar, wird es ausgeschaltet und umgekehrt. Den aktuellen Status können Sie am Häkchen vor dem Funktionsnamen ablesen.

Folgende Funktionsergebnisse können Sie in der Statusleiste anzeigen lassen:

- **Mittelwert** Berechnet das arithmetische Mittel der markierten Zellen.
- **Anzahl** Zeigt die Anzahl der markierten Zellen an.
- **Numerische Zahl** Zeigt die Anzahl der markierten Zellen an, in denen sich numerische Werte befinden.
- **Minimum** Gibt den kleinsten Wert im markierten Zellbereich aus.
- **Maximum** Gibt den größten Wert im markierten Zellbereich aus.
- **Summe** Berechnet die Summe aller markierten Zellen, in denen sich numerische Werte befinden.

Der Funktions-Assistent

Excel bietet für fast alle Aufgaben die passende Funktion. Da es aber bei der Fülle der angebotenen Funktionen oft schwierig ist, die richtige Funktion zu finden, stellt Ihnen Excel mit dem Funktions-Assistenten eine wertvolle Hilfe zur Verfügung. Um ihn aufzurufen, gehen Sie folgendermaßen vor:

1. Markieren Sie die Zelle, in der Sie eine Funktion eingeben wollen.

2. Klicken Sie in der Bearbeitungsleiste auf die kleine Schaltfläche *Funktion einfügen* oder klicken Sie auf der Registerkarte *FORMELN* in der Gruppe *Funktionsbibliothek* die Schaltfläche *Funktion einfügen* an.

   Es öffnet sich das Dialogfeld *Funktion einfügen*, das Sie bei der Suche nach einer passenden Funktion unterstützt. Die angebotenen Funktionen sind in verschiedene Kategorien eingeteilt, die Sie über eine Liste auswählen können.

Bild 21.2 In diesem Dialogfeld können Sie aus den angebotenen Funktionen auswählen

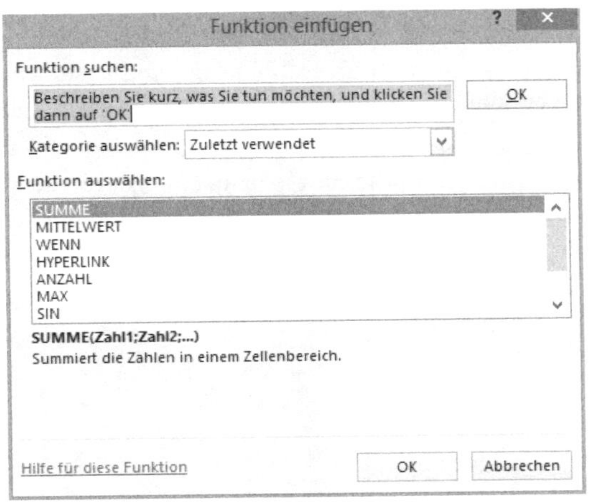

Der Clou des Assistenten verbirgt sich im Feld *Funktion suchen,* in dem Sie Ihre Wünsche umgangssprachlich formulieren können. Excel versucht dann zu erkennen, welche Funktion Sie benötigen, und macht entsprechende Vorschläge. Um die Fähigkeiten des Assistenten auszuloten, wollen wir eine Funktion suchen, die den Durchschnitt mehrerer Zahlen berechnen kann.

3. Geben Sie in das Feld *Funktion suchen* folgenden Text ein: **berechnen des durchschnitts**
4. Klicken Sie auf *OK,* damit Excel nach einer passenden Funktion sucht.

Bild 21.3 Excel führt einige Funktionen auf, die zu der gestellten Aufgabe passen

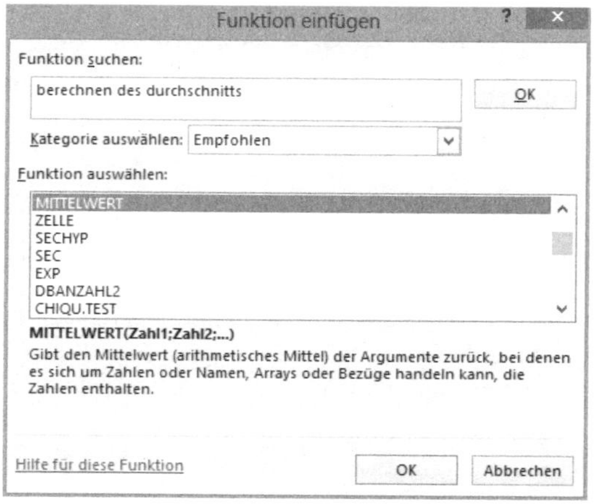

In der Liste *Kategorie auswählen* erscheint nun der neue Eintrag *Empfohlen* und im Listenfeld sehen Sie alle Funktionen, die mit der eingegebenen Suchanfrage in Zusammenhang stehen.

5. Klicken Sie die Listeneinträge mit der Maus an und suchen Sie mithilfe der angezeigten Beschreibung die passende Funktion.
6. Wird die gewünschte Funktion nicht aufgeführt, können Sie mit einer weiteren Eingabe die Suche spezifizieren. Excel zeigt dann neue Funktionen in der Kategorie *Empfohlen* an.
7. Wenn Sie die geeignete Funktion gefunden haben, markieren Sie sie und klicken Sie auf *OK.* In unserem Beispiel benötigen Sie die Funktion *MITTELWERT.*

   Excel zeigt das Fenster *Funktionsargumente* an, in dem Sie eine ausführliche Hilfestellung beim Eingeben der Funktion erhalten.

   In Bild 21.4 auf der folgenden Seite sehen Sie, dass die Funktion *MITTELWERT* bis zu 255 numerische Argumente verarbeiten kann, die durch Semikola getrennt werden müssen. Das Fenster *Funktionsargumente* stellt zunächst zwei Felder bereit *(Zahl1* und *Zahl2).* Sobald Sie im unteren Feld eine Eingabe vornehmen, fügt Excel dem Fenster ein weiteres Feld hinzu.

   Im konkreten Fall hat Excel sogar schon bei *Zahl1* eine Bereichsangabe eingetragen, da es in diesen Zellen geeignete Daten vorgefunden hat.

Bild 21.4 Dieses Fenster macht das Eingeben von Formeln fast zum Kinderspiel

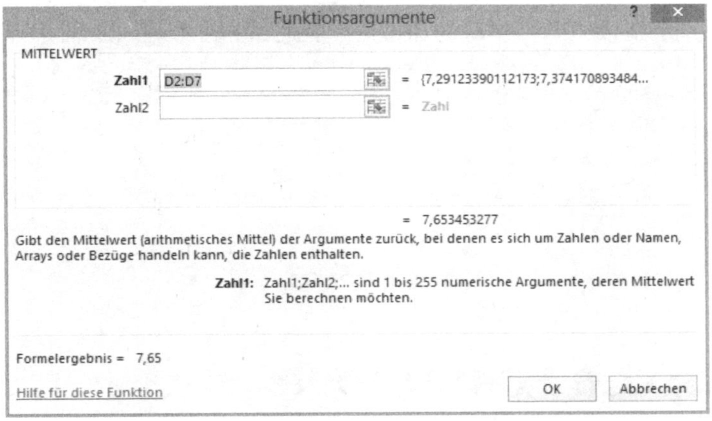

8. Wenn Sie die Vorgaben von Excel nicht übernehmen wollen, benutzen Sie die Schaltfläche *Dialogfeld reduzieren*, um das Fenster zu einer Leiste zu verkleinern. Markieren Sie dann auf dem Tabellenblatt einen anderen Bereich und klappen Sie anschließend das Fenster *Funktionsargumente* mit der Schaltfläche *Dialogfeld wiederherstellen* wieder auf.

9. Nachdem die Argumente der Funktion ausgefüllt sind, klicken Sie auf *OK*.

Bild 21.5 Excel hat die fertig ausgefüllte Funktion in die Bearbeitungsleiste eingetragen

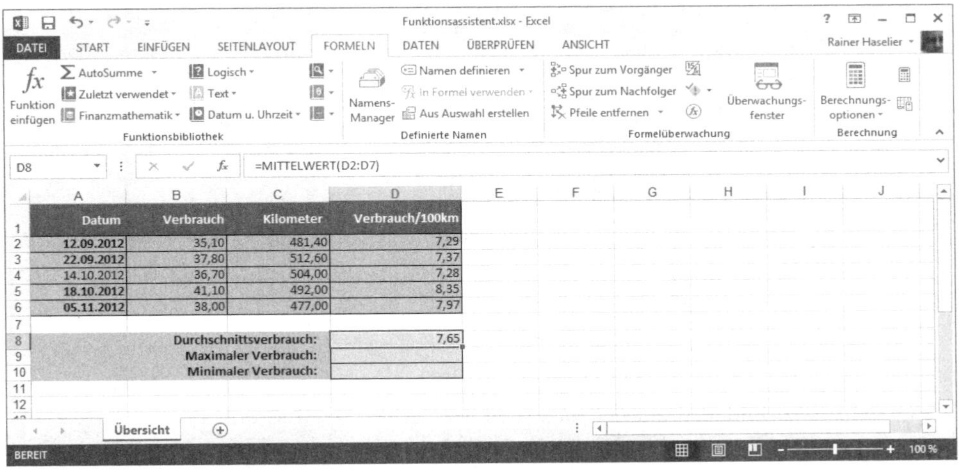

PROFITIPP

Auswahlliste für Funktionsnamen

Wenn Sie in einer Zelle das Gleichheitszeichen eingeben und dann anfangen, einen Funktionsnamen einzutippen, zeigt Ihnen Excel eine Auswahlliste an, wie sie die folgende Abbildung zeigt. Wählen Sie dann in der Liste den Namen der Funktion aus, die Sie verwenden möchten.

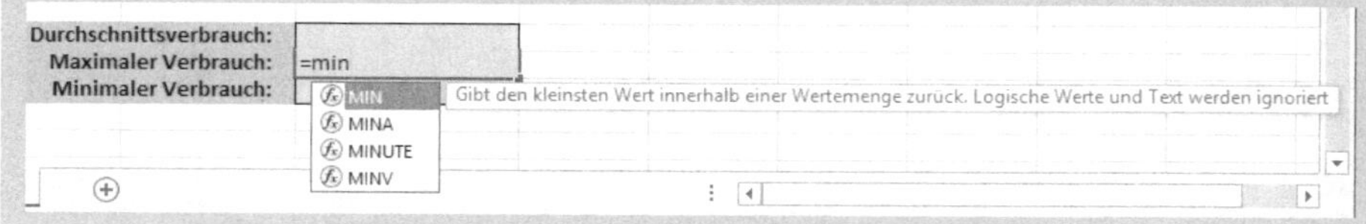

Mathematische Funktionen

Excel bietet eine Vielzahl von Funktionen aus dem mathematischen Bereich an, mit deren Hilfe Sie nahezu alle Aufgaben lösen können. Wie Sie eine solche mathematische Funktion verwenden, werden wir Ihnen an einem Beispiel verdeutlichen, in dem die Funktion *RUNDEN* benutzt wird. Diese Funktion rundet einen Wert auf eine festgelegte Anzahl von Dezimalstellen. In dem Beispiel soll der Benzinverbrauch pro 100 Kilometer auf zwei Dezimalstellen gerundet werden. Außerdem werden Sie hier sehen, wie Sie eine Funktion in eine bereits vorhandene Formel einsetzen. Wie die folgende Abbildung zeigt, enthalten die Zellen B5 bis F5 bereits Formeln.

Bild 21.6 Die Verbrauchswerte in dieser Tabelle sollen auf zwei Dezimalstellen gerundet werden

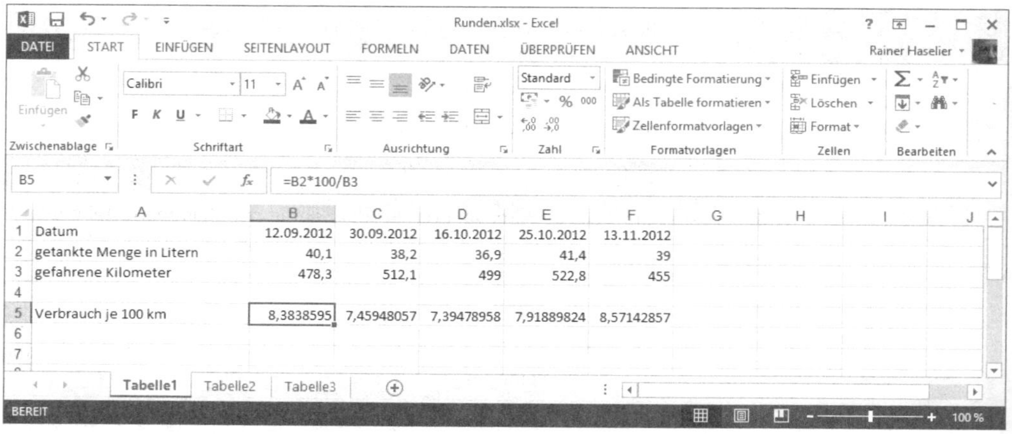

Um die Funktion *RUNDEN* einzufügen, gehen Sie folgendermaßen vor:

1. Öffnen Sie die Übungsdatei *Runden.*
2. Markieren Sie die Zelle B5 und drücken Sie F2, um in den Bearbeitungsmodus zu wechseln.
3. Verschieben Sie die Einfügemarke mit den Pfeiltasten, sodass sie rechts neben dem Gleichheitszeichen steht. Dies ist erforderlich, weil Sie an dieser Stelle die Funktion einfügen wollen.
4. Tippen Sie **RUNDEN(** ein und geben Sie dabei auch die öffnende runde Klammer ein.

Unterhalb der Zelle wird ein kleines Fenster eingeblendet, das Informationen zur Funktion *RUNDEN* enthält. Sie können dort den Funktionsnamen anklicken und Excel öffnet die zugehörige Seite in der Excel-Hilfe.

Bild 21.7 In einer QuickInfo zeigt Excel Informationen über die Funktionsargumente an

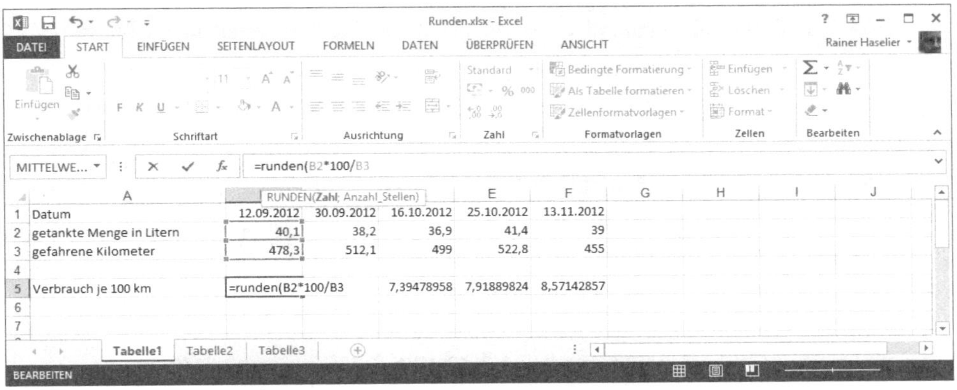

5. Setzen Sie die Einfügemarke an das Ende der Zelle, geben Sie dort ein Semikolon, anschließend die Zahl 2 und dann eine schließende runde Klammer ein.
6. Drücken Sie die [↵]-Taste, um die Eingabe zu beenden. Das Ergebnis der Formel wird in Zelle B5 ausgegeben.
7. Übernehmen Sie die Formel aus Zelle B5 in die Zellen C5 bis F5.

In der folgenden Tabelle sind die wichtigsten mathematischen Funktionen, die Excel bietet, aufgeführt:

Tabelle 21.1 Wichtige mathematische Funktionen

Funktion	Beschreibung
PRODUKT(Zahl1;Zahl2;...)	Berechnet das Produkt der in den Klammern stehenden Argumente (max. 14); als Argumente sind Zelladressen und Zahlen möglich.
WURZEL(Zahl)	Berechnet die Quadratwurzel einer Zahl; das Argument muss eine positive Zahl sein.
ABS(Zahl)	Bildet den Absolutwert einer Zahl, d.h., diese Funktion macht aus einer negativen eine positive Zahl.
SIN(Winkel) COS(Winkel) TAN(Winkel)	Berechnet den Sinus, Cosinus oder Tangens eines im Bogenmaß angegebenen Winkels (Bogenmaß: Winkelangabe in Grad mit Pi/180 multiplizieren); Excel bietet auch die Funktionen ARCSIN(Zahl), ARCCOS(Zahl) sowie ARCTAN(Zahl) an.
LN(Zahl)	Berechnet den natürlichen Logarithmus einer Zahl.
EXP(Zahl)	Umkehrfunktion zum natürlichen Logarithmus

Funktionen und Ergebnisse mit dem Schnellanalysetool einfügen

Eines der neuen Features von Excel ist die sogenannte Schnellanalyse, die Sie u.a. verwenden können, um schnell Summenformeln oder andere Berechnungen für Datentabellen vorzunehmen. Ein kleines Beispiel zeigt einige der Möglichkeiten, die die Schnellanalyse bietet.

1. Öffnen Sie die Arbeitsmappe *Übernachtungen 2011 in NL*, die Sie in den Beispieldateien finden. Das Arbeitsblatt enthält die Anzahl der Übernachtungen von Touristen in den einzelnen Monaten des Jahres 2011. Eine Spalte enthält die Anzahl der Übernachtungen der ausländischen Gäste, eine weitere Spalte die Anzahl der Touristen, die aus den Niederlanden stammen.

   Sie werden die Schnellanalyse verwenden, um die Summen der einzelnen Monate und die Gesamtsummen zu berechnen. Außerdem werden Sie die prozentuale Verteilung der Übernachtungen nach Monat ermitteln.

2. Markieren Sie die Zellen mit der Anzahl der Übernachtungen, und zwar sowohl in der Spalte *Aus dem Ausland* als auch in der Spalte *Aus den Niederlanden.*

   Excel blendet die Schaltfläche *Schnellanalyse* ein.

3. Klicken Sie die Schaltfläche *Schnellanalyse* an und wechseln Sie im Schnellanalysetool zur Registerkarte *ERGEBNISSE.*

Bild 21.8 Mit der *Summe*-Schaltfläche im Schnellanalysetool können Sie schnell die Summe der markierten Zellen berechnen und die betreffende Formel einfügen lassen

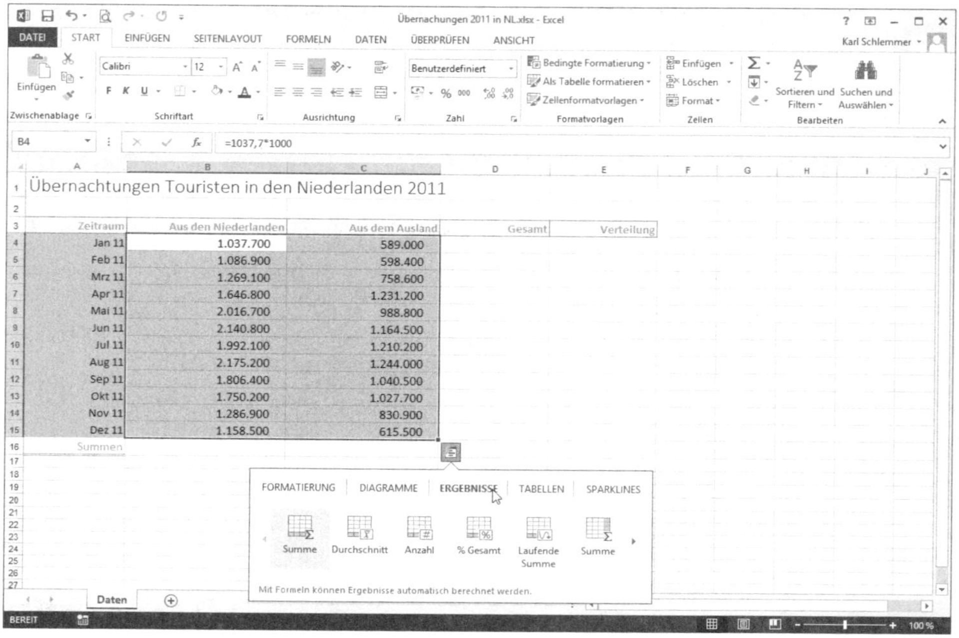

Mit den Schaltflächen der Registerkarte *ERGEBNISSE* können Sie verschiedene Berechnungen an den markierten Zellen durchführen lassen.

4. Zeigen Sie auf die Schaltfläche *Summe unterhalb*. Excel blendet die Summe der beiden Spalten in den beiden Zellen unterhalb der Markierung in der Livevorschau ein.
5. Klicken Sie auf *Summe unterhalb*. Excel fügt in die beiden Zellen unterhalb der Markierung die Summenformeln ein.

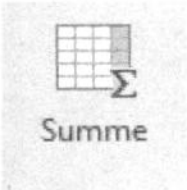

6. Klicken Sie erneut auf die Schaltfläche *Schnellanalyse*, öffnen Sie die Registerkarte *ERGEBNISSE* und zeigen Sie auf die Schaltfläche *Summe rechts*. Excel blendet die Summe der zwölf markierten Zeilen in der Spalte neben der Markierung in der Livevorschau ein.
7. Klicken Sie auf *Summe rechts*. Excel fügt in die Spalte *Gesamt* die Summen für die einzelnen Monate ein.

   In der letzten Aktion werden Sie die Spalte *Verteilung* füllen, und dort die prozentuale Verteilung der Übernachtungen der einzelnen Monate eintragen lassen. So lässt sich schnell erkennen, welcher Monat der beliebteste bei den Touristen ist.

8. Markieren Sie die zwölf Zellen in der Spalte *Gesamt*.
9. Klicken Sie auf die Schaltfläche *Schnellanalyse*, öffnen Sie die Registerkarte *ERGEBNISSE* und klicken Sie auf die Pfeilschaltfläche an der rechten Seite der Schaltflächen, um weitere Features der Schnellanalyse zu sehen.

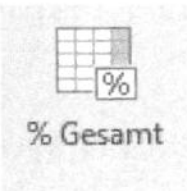

10. Klicken Sie auf die Schaltfläche *% Gesamt*. Excel fügt die prozentuale Verteilung in die Spalte *Verteilung* ein. Markieren Sie danach eine beliebige Zelle in der Spalte *Verteilung*, um sich die Formel anzusehen, die Excel eingefügt hat.

Bild 21.9 Excel fügt die prozentuale Verteilung in der Spalte neben den markierten Zelle ein

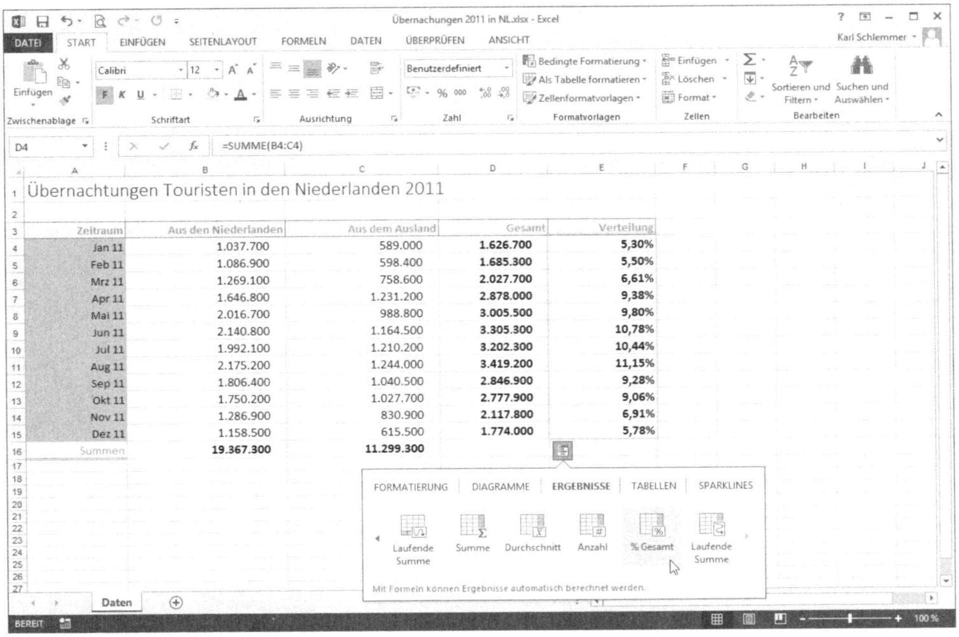

Datums- und Zeitfunktionen

Mithilfe der Datums- und Zeitfunktionen können Sie beispielsweise in einem Tabellenblatt automatisch das aktuelle Datum und die Uhrzeit eintragen lassen. Wir werden dies einmal an einem Beispiel zeigen, in dem wir die Funktion *JETZT* verwenden.

1. Erstellen Sie eine leere Arbeitsmappe.
2. Geben Sie in Zelle A1 die Funktion **=JETZT()** ein. Excel zeigt dann in der Zelle das aktuelle Datum und die aktuelle Uhrzeit.
3. Speichern Sie die Arbeitsmappe und schließen Sie sie.
4. Öffnen Sie die Arbeitsmappe erneut.

Datum und Uhrzeit werden aktualisiert, da die Funktion *JETZT* nicht das Erstelldatum und die Erstelluhrzeit, sondern immer das aktuelle Datum und die aktuelle Uhrzeit angibt.

Die Funktion DATUM

Excel bietet die Möglichkeit zu einer anderen, sehr interessanten Berechnung mithilfe der Datums- und Zeitfunktionen: Sie können auf ganz einfache Weise den Wochentag bestimmen, an dem Sie geboren wurden oder an dem Sie Ihren Freund/Ihre Freundin kennengelernt haben. Dazu benötigen Sie die Funktionen *DATUM* und *WOCHENTAG.*

Die Funktionen von Excel können Sie auch über die Gruppe *Funktionsbibliothek* der Registerkarte *FORMELN* einfügen. Dort sind die Funktionen über Schaltflächen, die die Kategorie angeben, aufgeführt.

Gehen Sie folgendermaßen vor:

1. Setzen Sie die Zellmarkierung in eine freie Zelle.
2. Wechseln Sie zur Registerkarte *FORMELN* und klicken Sie in der Gruppe *Funktionsbibliothek* auf die Schaltfläche *Datum und Uhrzeit.*

   Excel zeigt die Datums- und Zeitfunktionen in einem Menü an (siehe Abbildung auf der folgenden Seite).

Bild 21.10 Die Funktionen für die Datums- und Zeitberechnung werden in einem Menü angezeigt

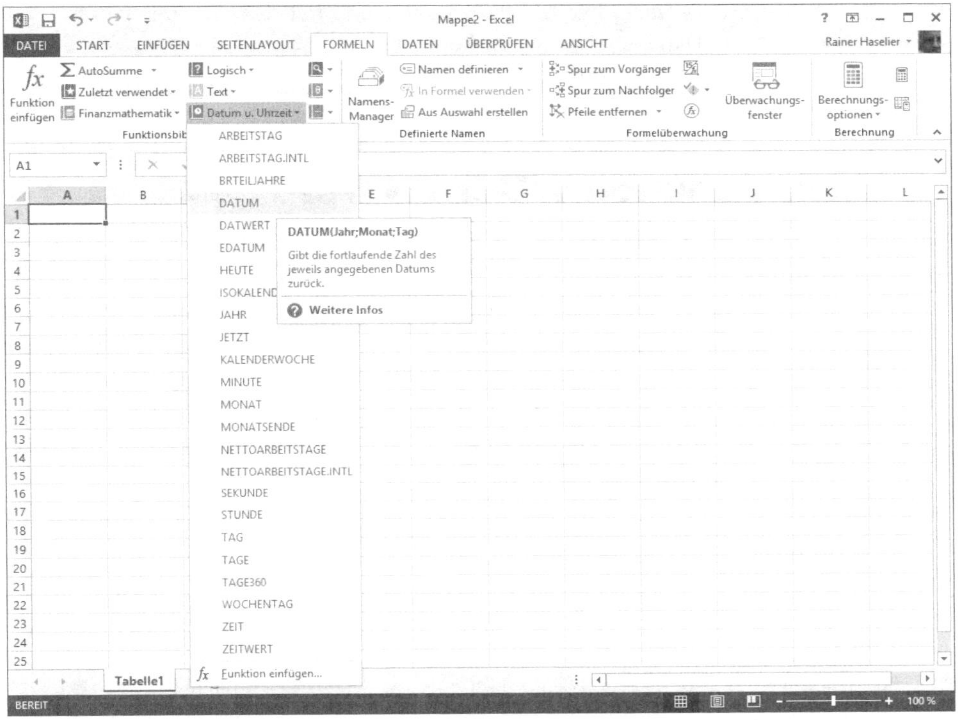

3. Klicken Sie auf *DATUM*. Das Dialogfeld *Funktionsargumente* wird angezeigt.
4. Geben Sie in die drei Felder das Datum ein, für das Sie den Wochentag berechnen wollen. Excel wandelt dieses Datum in eine sogenannte *serielle Zahl* um. Diese Zahl wird unten im Dialogfeld angezeigt.

Bild 21.11 In dieses Dialogfeld geben Sie die Argumente für die Funktion *DATUM* ein

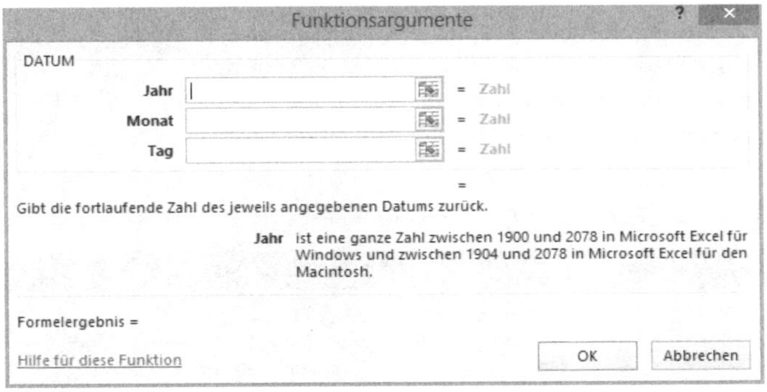

5. Klicken Sie auf *OK*, um die Eingabe der Funktion zu beenden.

HINWEIS **Datumswerte in Excel** In Excel werden Datumswerte intern durch natürliche Zahlen dargestellt. Dabei beginnt die Zeitrechnung mit dem 1.1. des Jahres 1900. Dies entspricht der Zahl 1. Die Zeitrechnung endet mit dem 31.12. des Jahres 9999, was durch die Zahl 2.958.465 dargestellt wird.

Die Funktion WOCHENTAG

Als Nächstes benötigen Sie nun die Funktion *WOCHENTAG*, die die gerade berechnete Zahl in einen Wochentag umwandelt. Sie können diese Funktion mit der Funktion *DATUM* verschachteln.

1. Klicken Sie in die Bearbeitungsleiste und geben Sie zwischen dem Gleichheitszeichen und der *DATUM*-Funktion **WOCHENTAG(** ein. Bitte vergessen Sie nicht die öffnende runde Klammer.

Bild 21.12 Auch die Funktionen für Datums- und Zeitberechnungen können ineinander verschachtelt aufgerufen werden

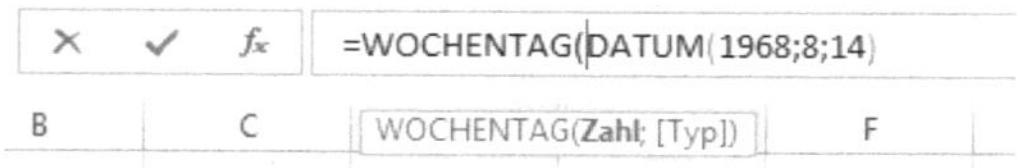

2. Geben Sie am Ende der Bearbeitungsleiste eine schließende Klammer ein und drücken Sie die ↵-Taste.
3. Um den Wochentag als Text lesen zu können, weisen Sie abschließend der Zelle noch das benutzerdefinierte Format *TTTT* zu. (Ausführliche Informationen zu benutzerdefinierten Zahlenformaten finden Sie in Kapitel 23 im Abschnitt »Eigene Zahlenformate erstellen« ab Seite 390.)

Logische Funktionen

Wenn Sie eine Berechnung von einer bestimmten Bedingung abhängig machen wollen oder den Wahrheitsgehalt einer Bedingung ausgeben möchten, benötigen Sie eine Logikfunktion. Diese Funktionen liefern als Ergebnis entweder den Wert WAHR oder den Wert FALSCH. Eine Übersicht aller logischen Funktionen finden Sie in der folgenden Tabelle:

Tabelle 21.2 Die wichtigsten logischen Funktionen von Excel

Funktion	Beschreibung
FALSCH()	Liefert immer den Wert FALSCH.
NICHT(Wert)	Negiert den aktuellen Wahrheitswert; aus WAHR wird FALSCH und umgekehrt.

Tabelle 21.2 Die wichtigsten logischen Funktionen von Excel *(Fortsetzung)*

Funktion	Beschreibung
ODER(Wert1, Wert2, ...)	Liefert WAHR, wenn eines der Argumente WAHR ist; nur wenn alle Argumente den Wahrheitswert FALSCH haben, liefert die ODER-Funktion den Wert FALSCH.
UND(Wert1, Wert2, ...)	Gewissermaßen das Gegenstück zu ODER; liefert nur dann WAHR, wenn alle Argumente WAHR sind, in allen anderen Fällen ist das Ergebnis FALSCH.
WAHR()	Liefert immer den Wert WAHR.
WENN(Prüfung; Dann; Sonst)	Wertet die im Argument *Prüfung* angegebene Bedingung aus. Liefert die Bedingung den Wert WAHR, wird als Ergebnis der Wert des Arguments *Dann* zurückgegeben, anderenfalls der Wert des Arguments *Sonst*.

Als Beispiel für die Verwendung der logischen Funktionen wollen wir in die Tabelle mit dem Benzinverbrauch pro 100 Kilometer vom Anfang des Kapitels einen Kommentar einfügen.

Dazu soll die Funktion *WENN(Prüfung; Dann_Wert; Sonst_Wert)* verwendet werden. Das Argument *Prüfung* enthält eine Bedingung. Ist sie erfüllt, wird der *Dann_Wert* ausgegeben, sonst der *Sonst_Wert*.

1. Öffnen Sie die Übungsdatei *Logische Funktionen.*
2. Setzen Sie die Einfügemarke in Zelle B7.
3. Klicken Sie auf der Registerkarte *FORMELN* in der Befehlsgruppe *Funktionsbibliothek* auf die Schaltfläche *Logisch* und dann in deren Menü auf *WENN.*

Bild 21.13 Auswahl einer logischen Funktion auf der Registerkarte *FORMELN*

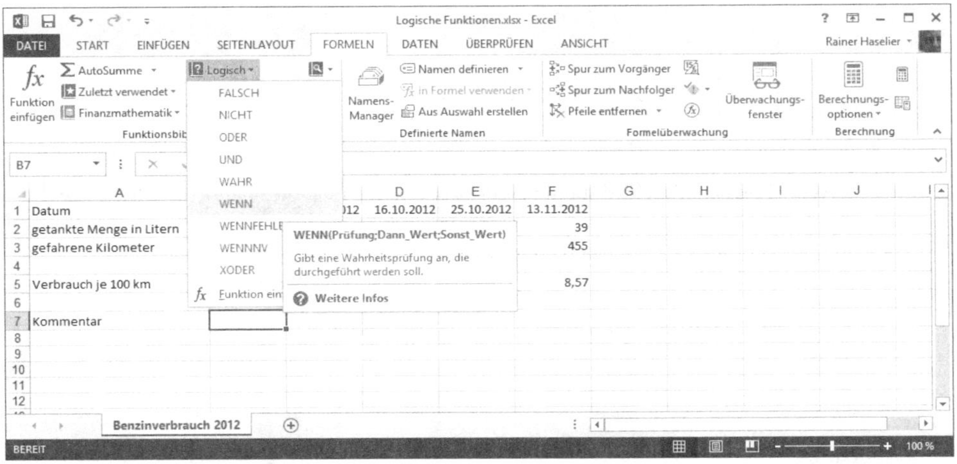

Nun erscheint, wie gewohnt, das Dialogfeld *Funktionsargumente.* Sie wollen hier nun prüfen, ob der Wert in Zelle B5, also der Verbrauch des Wagens auf 100 Kilometern, größer oder kleiner als 8 Liter ist.

4. Geben Sie im Feld *Prüfung* die Bedingung **B5<8** ein. Damit prüfen Sie, ob der Inhalt der Zelle B5 kleiner als der Wert 8 ist.
5. Im Feld *Dann_Wert* geben Sie den Text **OK** ein, der in B7 erscheinen soll, wenn die Bedingung der *WENN*-Funktion erfüllt ist, also der Wert in Zelle B5 kleiner als 8 ist.
6. Im Feld *Sonst_Wert* geben Sie ein, was erscheinen soll, wenn die Bedingung nicht erfüllt wurde, nämlich **zu viel**.

Bild 21.14 Alle Parameter für die *WENN*-Funktion wurden eingetragen

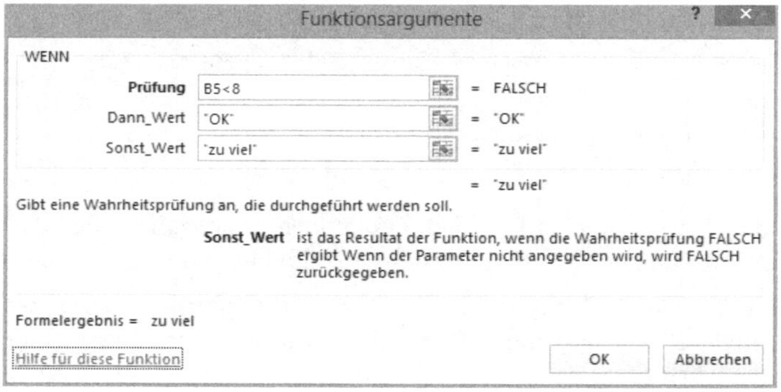

7. Schließen Sie das Dialogfeld mit *OK*.
8. Nun können Sie die Formel aus B7 noch nach rechts ausfüllen, indem Sie den Cursor auf das Ausfüllkästchen unten rechts in der Zelle setzen und mit gedrückter Maustaste nach rechts ziehen.

Bild 21.15 Zum Schluss wird die Funktion in die Nachbarspalten übertragen

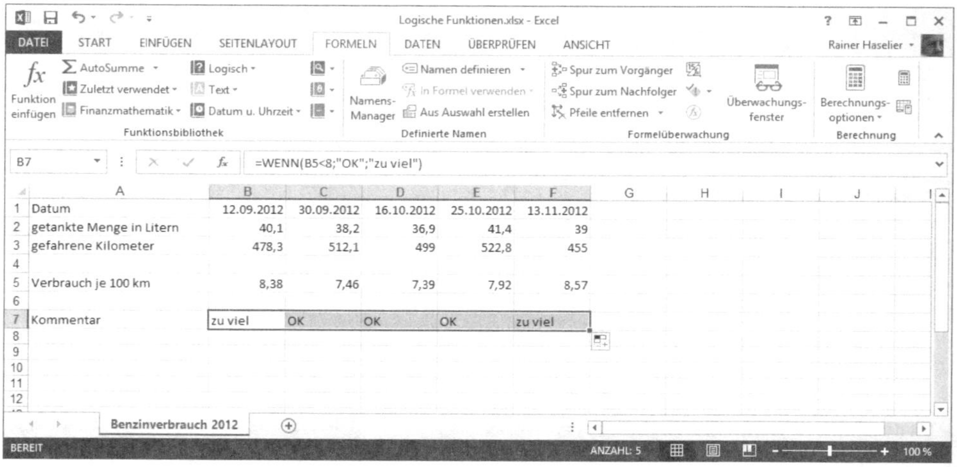

TIPP Wenn Sie im Dialogfeld *Funktionsargumente* reinen Text eingeben, setzt Excel diesen automatisch in Anführungszeichen. Dies können Sie auch in der Bearbeitungsleiste erkennen.

```
=WENN(B5<8;"OK";"zu viel")
```

Statistische Funktionen

Auch bezüglich statistischer Funktionen hat Excel einiges zu bieten, wobei ein großer Teil der angebotenen Funktionen für den Nichtstatistiker wohl eher unverständlich ist.

Zu Beginn dieses Kapitels, bei der Vorstellung des Funktions-Assistenten, haben Sie mit der Funktion *MITTELWERT* bereits eine Statistikfunktion kennengelernt, mit der wir den durchschnittlichen Benzinverbrauch eines Autos berechnet haben.

Als weiteres einfaches Beispiel stellen wir Ihnen die Funktionen *MIN* und *MAX* vor, mit denen wir ermitteln wollen, was der größte und was der geringste Benzinverbrauch des Autos war. In der kleinen Tabelle der Übungsdatei ließe sich dieser Wert natürlich auch einfach ablesen; bei Tabellen mit vielen Werten wird das jedoch schnell unpraktikabel und fehleranfällig.

1. Öffnen Sie die Übungsdatei *Statistische Funktionen.*
2. Setzen Sie den Cursor in die Zelle D9 und klicken Sie auf der Registerkarte *FORMELN* in der Gruppe *Funktionsbibliothek* auf den Pfeil der Schaltfläche *AutoSumme* und dann auf *Max.*

Bild 21.16 Im Menü der Schaltfläche *AutoSumme* stehen Ihnen weitere Funktionen zur Verfügung

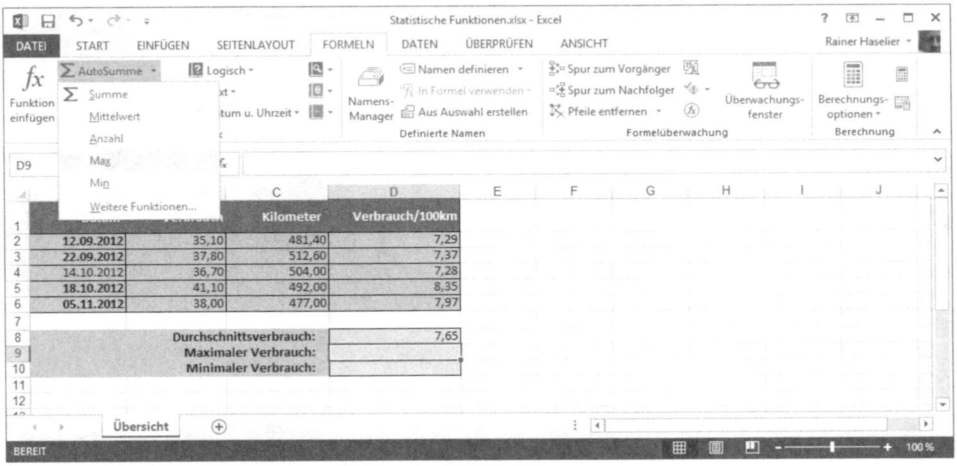

3. Markieren Sie den Zellbereich D2:D6, damit dieser als Parameter für die Funktion *MAX* verwendet wird.
4. Drücken Sie die [↵]-Taste, um die Eingabe zu beenden. Das Ergebnis der *MAX*-Funktion wird in Zelle D9 angezeigt.
5. Setzen Sie den Cursor in die Zelle D10 und klicken Sie auf der Registerkarte *FORMELN* in der Gruppe *Funktionsbibliothek* auf den Pfeil der Schaltfläche *AutoSumme* und dann auf *Min.*

Excel 2013

6. Markieren Sie den Zellbereich D2:D6, damit dieser ebenfalls als Parameter für die Funktion *MIN* verwendet wird.

   In der Tabelle können Sie jetzt einfach erkennen, dass der geringste Verbrauch 7,28 Liter und der höchste Verbrauch 8,35 Liter betrug.

Bild 21.17 Die Funktionen *MIN* und *MAX* im Einsatz

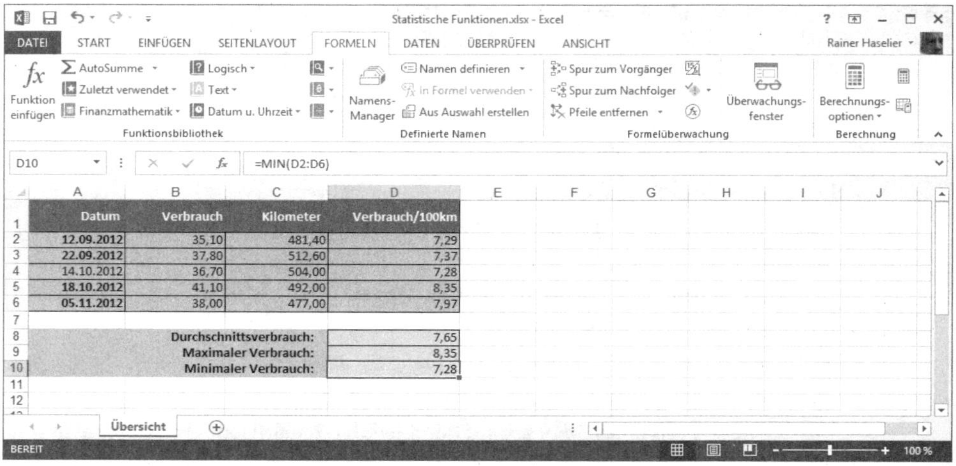

Kapitel 22

Tabellenblätter organisieren

In diesem Kapitel:

Dieses Kapitel stellt Ihnen die grundlegenden Techniken für das Arbeiten mit mehreren Tabellenblättern wie Einfügen, Löschen, Verschieben und Kopieren von Tabellenblättern vor.

Außerdem erfahren Sie, wie Sie Tabellenblätter miteinander verknüpfen, um z. B. die Ergebnisse mehrerer Blätter auf einem separaten Tabellenblatt zusammenzufassen. Natürlich lernen Sie dabei auch einige nützliche Tricks kennen, mit denen die Verwendung von Arbeitsmappen für Sie noch effizienter wird.

Zum Schluss beschäftigen wir uns mit dem Sicherheitskonzept von Excel. Hier erfahren Sie, wie Sie Ihre Arbeitsmappen vor unberechtigten Zugriffen bzw. Veränderungen schützen können.

Zwischen Tabellenblättern wechseln

Am unteren Rand des Excel-Fensters befinden sich die so genannten Blattregisterkarten, in denen die Namen der einzelnen Tabellenblätter aufgeführt sind.

- Um mit der Maus auf ein anderes Tabellenblatt zu wechseln, klicken Sie die Registerkarte des Blatts im Blattregister an.
- Wenn die Arbeitsmappe mehr Tabellenblätter enthält als gleichzeitig im Blattregister angezeigt werden können, verwenden Sie die Registerlaufpfeile, mit denen Sie den Inhalt des Blattregisters rollen können.

Tabelle 22.1 Die Schaltflächen im Blattregister

Schaltfläche	Wirkung
◄	Rollt den Inhalt des Blattregisters blattweise nach vorne
►	Rollt den Inhalt des Blattregisters blattweise nach hinten
...	Rollt den Anfang/das Ende des Blattregisters in den Fensterausschnitt. Alternativ können Sie die Pfeilschaltflächen mit gedrückter [Strg]-Taste anklicken.

- Alternativ können Sie eine der beiden Pfeilschaltflächen mit der rechten Maustaste anklicken und das gewünschte Tabellenblatt aus einem Dialogfeld auswählen (siehe Bild 22.1). Diese Methode eignet sich vor allem bei Arbeitsmappen mit sehr vielen Tabellenblättern.

Bild 22.1 Anzuzeigendes Tabellenblatt auswählen

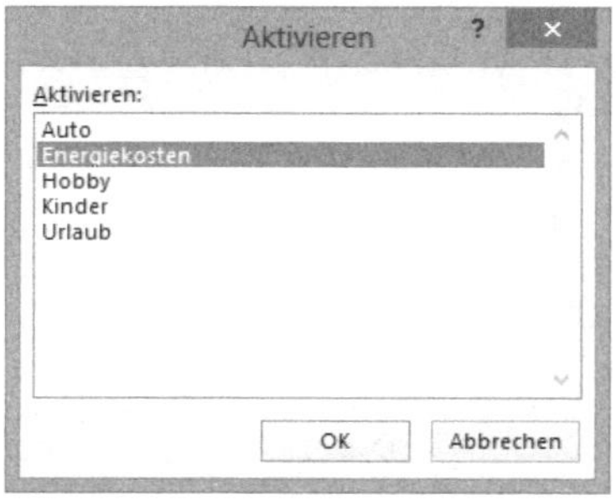

TIPP **Nicht alle Blattregister sind sichtbar** Wenn nicht alle Blattregister sichtbar sind oder die Schrift abgeschnitten ist, zeigen Sie auf den Registerteiler (eine punktierte senkrechte Linie neben der waagerechten Bildlaufleiste). Der Mauszeiger wird dort zu einem Doppelpfeil. Ziehen Sie den Registerteiler nach rechts.

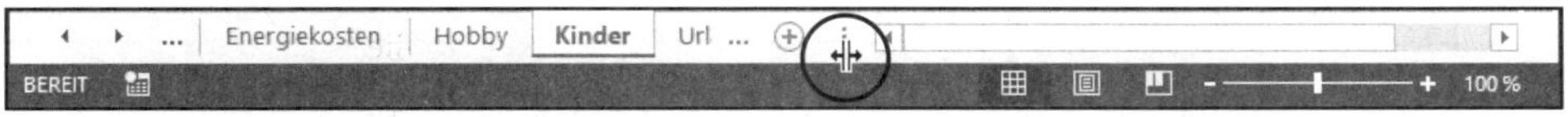

TIPP **Blattanzahl für neue Mappen festlegen** Im Gegensatz zu früheren Versionen von Excel besteht eine neue leere Arbeitsmappe in Excel 2013 zunächst nur aus einem Tabellenblatt. Diese Voreinstellung können Sie jedoch in den Excel-Optionen ändern. Geben Sie dazu einfach die gewünschte Blattanzahl in der Kategorie *Allgemein* unter der Option *So viele Arbeitsblätter einfügen* an.

Blätter einfügen und löschen

Wenn Sie lediglich ein neues Tabellenblatt einfügen wollen, klicken Sie einfach im Blattregister auf das links abgebildete Pluszeichen. Das neue Tabellenblatt wird dann rechts neben dem gerade angezeigten Blatt eingefügt. Falls Sie jedoch nicht nur ein einfaches leeres Tabellenblatt benötigen, müssen Sie etwas anders vorgehen:

1. Klicken Sie das Tabellenblattregister mit der rechten Maustaste an.
2. Wählen Sie im Kontextmenü den Befehl *Einfügen*. Excel zeigt das Dialogfeld *Einfügen* an.

Bild 22.2 Neues Blatt in eine Arbeitsmappe einfügen

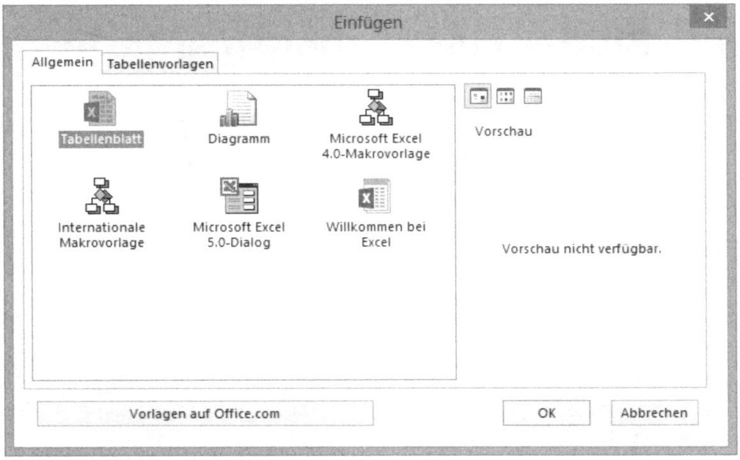

3. Klicken Sie auf *Tabellenblatt*, wenn das neue Blatt eine Tabelle sein soll, oder auf *Diagramm*, wenn es ein Diagramm erhalten soll. Auf der Registerkarte *Tabellenvorlagen* finden Sie einige vorbereitete Tabellenblätter. Gut gefallen hat uns z. B. die Vorlage *Persönliches Monatsbudget*.

HINWEIS Alternativ können Sie auch über die Schaltfläche *Vorlagen auf Office.com* eine Internetseite von Microsoft aufrufen, auf der eine Fülle von Vorlagen zu den verschiedenen Office-Produkten angeboten wird. Die Vorlagen sind thematisch sortiert und mit Benutzerbewertungen versehen. Vor dem (kostenlosen) Download können Sie sich eine Vorschau der Vorlagen ansehen.

4. Bestätigen Sie die Wahl mit *OK*, damit Excel das neue Blatt in die Arbeitsmappe einfügt.

Blätter einer Arbeitsmappe löschen

Das Löschen eines Blattes aus einer Arbeitsmappe ist denkbar einfach:

1. Klicken Sie im Blattregister die Registerkarte des zu löschenden Tabellenblattes mit der rechten Maustaste an.
2. Wählen Sie im Kontextmenü den Befehl *Löschen*. Excel zeigt dann das Dialogfeld aus dem nächsten Bild an – es erscheint allerdings nur, wenn auf dem Tabellenblatt mindestens eine Zelle Daten enthält; ein leeres Tabellenblatt wird also kommentarlos gelöscht:

Bild 22.3 Falls das Blatt Daten enthält, müssen Sie den Löschvorgang bestätigen

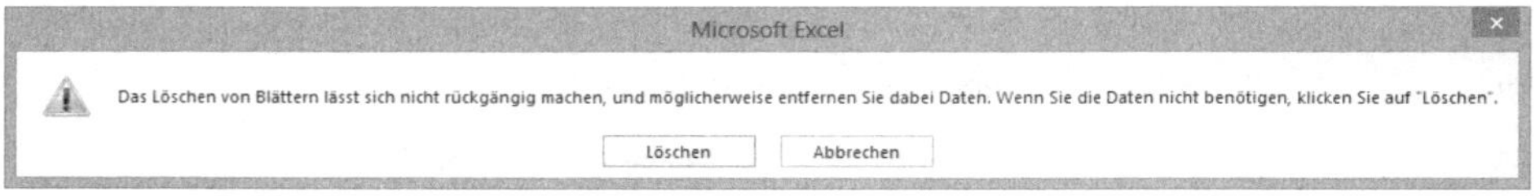

3. Klicken Sie auf *Löschen*.

Mehrere Blätter einer Arbeitsmappe löschen

Wenn Sie mehrere Tabellenblätter auf einmal löschen wollen, markieren Sie sie im Tabellenblattregister:

1. Klicken Sie die Registerkarte des ersten Tabellenblattes an.
2. Drücken Sie die Taste [Strg] und halten Sie sie gedrückt.
3. Klicken Sie die weiteren Registerkarten an und lassen Sie anschließend die [Strg]-Taste wieder los.
4. Wählen Sie dann wie oben beschrieben, den Befehl *Löschen* aus dem Kontextmenü.

TIPP Wollen Sie mehrere, direkt hintereinander liegende Tabellenblätter markieren, klicken Sie das erste dieser Blätter an, drücken dann die Taste [⇧] und klicken anschließend mit weiterhin gedrückter Taste das letzte Blatt an.

Blätter verschieben oder kopieren

Die Reihenfolge der Tabellenblätter in der Arbeitsmappe können Sie nach Belieben ändern. Außerdem können Sie eine Kopie eines Arbeitsblattes erstellen:

1. Wenn Sie ein Tabellenblatt kopieren wollen, drücken Sie die Taste Strg und halten sie gedrückt.
2. Klicken Sie die Registerkarte des Blattes an, das Sie kopieren oder verschieben möchten, und ziehen Sie es mit gedrückter Maustaste an seine neue Position.

   Während des Ziehens wird die neue Position des Tabellenblatts durch ein kleines schwarzes Dreieck angezeigt.

Bild 22.4 Das kleine Dreieck zeigt die neue Position an

Wenn Sie das Tabellenblatt kopieren wollen, also die Strg-Taste gedrückt halten, erscheint zusätzlich ein Plus-Zeichen.

Bild 22.5 Beim Kopieren erscheint ein Pluszeichen

3. Wenn sich das Dreieck an der gewünschten Position befindet, lassen Sie die Maustaste und die Strg-Taste wieder los.

Um mehrere Blätter zu kopieren oder zu verschieben, markieren Sie diese vorher, wie wir es im letzten Abschnitt beschrieben haben.

Namen und Registerfarbe ändern

Excel verwendet als Namen für Tabellenblätter standardmäßig die Bezeichnung *Tabelle,* gefolgt von einer Nummer. Sie können (und sollten) diese Namen ändern, damit sie den Inhalt des Tabellenblattes besser wiedergeben.

1. Klicken Sie im Blattregister die Registerkarte des Tabellenblattes, das Sie umbenennen wollen, mit der rechten Maustaste an und wählen Sie im Kontextmenü den Befehl *Umbenennen.* Der Text der Registerkarte wird dann invertiert ausgegeben. Die gleiche Wirkung hat ein Doppelklick auf den Namen des Tabellenblatts.
2. Tippen Sie den neuen Namen ein.

Bild 22.6 Der neue Name wird direkt auf der Registerkarte eingegeben

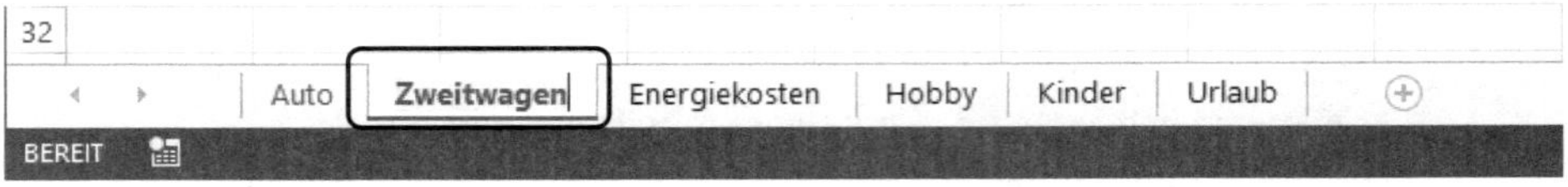

3. Beenden Sie die Eingabe durch Drücken der [↵]-Taste.

Ändern der Registerfarbe

Eine weitere Möglichkeit, um eine Arbeitsmappe übersichtlicher zu gestalten, besteht darin, die Farbe der Registerkarte zu ändern:

1. Klicken Sie im Blattregister die Registerkarte des Tabellenblattes, dessen Farbe Sie ändern wollen, mit der rechten Maustaste an.
2. Zeigen Sie im Kontextmenü auf den Befehl *Registerfarbe.*

Bild 22.7 Wählen Sie nach Möglichkeit eine der Designfarben aus

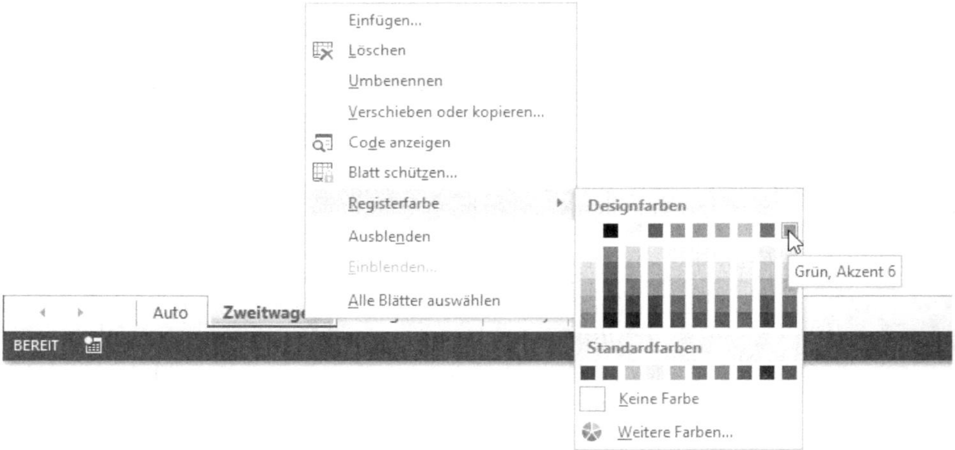

3. Wählen Sie aus dem Untermenü die gewünschte Farbe aus. Falls Sie sich für eine der Designfarben entscheiden, kann sich die Registerfarbe nachträglich durch Zuweisen eines anderen Dokumentendesigns ändern. Wenn Sie das vermeiden wollen, müssen Sie eine der vorgegebenen Standardfarben wählen oder den Befehl *Weitere Farben* verwenden.

Die Farbmarkierung erscheint zunächst nur an der unteren Kante der Registerkarte, da das Blatt aktiv ist. Sobald Sie auf ein anderes Blatt wechseln, wird die Registerkarte vollständig eingefärbt.

Tabellenblätter miteinander verknüpfen

Interessant ist der Einsatz von Arbeitsmappen dann, wenn Sie Daten eines Tabellenblattes mit Daten von anderen Tabellenblättern verknüpfen. Die Arbeitsmappe des folgenden Beispiels enthält eine einfache Einnahmen-/Ausgaben-Rechnung. Auf einem Tabellenblatt soll der Gewinn bzw. der Verlust berechnet werden, ein weiteres enthält die Aufstellung der Ausgaben und auf einem dritten Blatt sind die Einnahmen aufgeführt.

Die Summen der Ein- und Ausgaben sollen nun auf das Übersichtsblatt übertragen werden, um dort addiert werden zu können. Das fertige Tabellenblatt sehen Sie in der folgenden Abbildung.

Bild 22.8 Im Tabellenblatt **Übersicht** werden die ermittelten Einnahmen und Ausgaben addiert

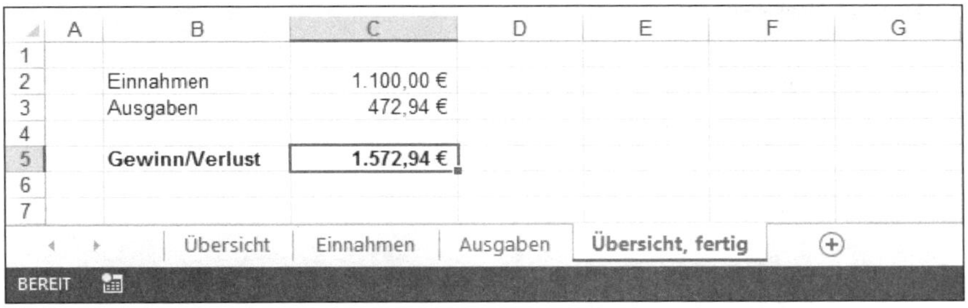

1. Öffnen Sie die Übungsdatei *Einnahmen Ausgaben* und zeigen Sie das Blatt *Übersicht* an.
2. Markieren Sie die Zelle (hier C2), in die Sie die Summe der Einnahmen übernehmen wollen, die auf dem Tabellenblatt *Einnahmen* berechnet wurde.
3. Tippen Sie ein Gleichheitszeichen ein. Damit ist der Bearbeitungsmodus für die Zelle aktiviert.
4. Wechseln Sie auf das Blatt *Einnahmen* und klicken Sie dort die Zelle an, in der sich die Summe der Einnahmen befindet. In der Bearbeitungsleiste sehen Sie nun einen Eintrag der Form: *Tabelle1[[#Ergebnisse];[Betrag]]*

   Falls die Zahlen auf dem Tabellenblatt *Einnahmen* nicht als Tabelle formatiert wären, sähe der Inhalt der Bearbeitungsleiste etwas anders aus:
   Einnahmen!D6.
5. Klicken Sie in der Bearbeitungsleiste auf die Schaltfläche *Eingeben* (das ist das Häkchen) oder drücken Sie die [↵]-Taste.

   Excel zeigt jetzt wieder das Tabellenblatt *Übersicht* an. In der Zelle C2 steht nun die Summe der Einnahmen. In der Bearbeitungsleiste sehen Sie, dass es sich dabei nicht um einen einfachen Wert handelt, sondern dass diese Zahl von einer andern Tabellenzelle übernommen wurde.
6. Tragen Sie auf dem Tabellenblatt *Übersicht* mit dem gleichen Verfahren die Summe der Ausgaben ein.
7. Berechnen Sie auf dem Tabellenblatt *Übersicht* den Gewinn bzw. Verlust. Das fertige Tabellenblatt *Übersicht* sollte nun so aussehen wie es Bild 22.8 zeigt.

Zwischen verknüpften Zellen hin und her springen

Bei verknüpften Zellen kommt es relativ häufig vor, dass Sie »mal eben« nachsehen möchten, wie die Zahl, auf die Sie in der aktuellen Zelle verweisen, zustande gekommen ist. Gehen Sie dann am besten so vor:

1. Doppelklicken Sie auf die Zelle, deren Formel einen Bezug auf eine andere Zelle enthält.
2. Markieren Sie den gewünschten Zellbezug innerhalb der Zelle.
3. Drücken Sie die Taste F5. Das Dialogfeld *Gehe zu* erscheint.

Bild 22.9 Mit diesem Dialogfeld können Sie beliebige Zellen direkt anspringen

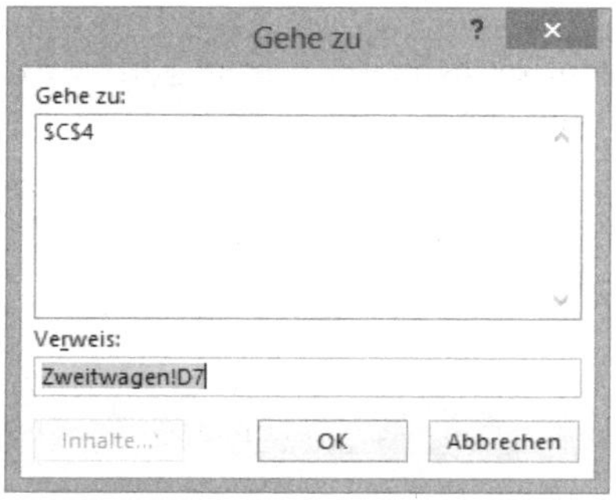

Da Sie vor dem Aufruf des Dialogfeldes den Namen der Zielzelle markiert haben, ist diese Angabe bereits im Feld *Verweis* eingetragen.

4. Klicken Sie auf *OK*, damit Excel die gewünschte Zelle anzeigt. Excel wechselt auf das entsprechende Tabellenblatt und umgibt die Zelle mit einem gestrichelten Rahmen.
5. Jetzt können Sie die Zelle begutachten. Sie müssen jedoch daran denken, dass sich die Ausgangszelle zurzeit im Bearbeitungsmodus befindet.
6. Um zur Startzelle zurückzukehren, drücken Sie einfach Esc. Dadurch beenden Sie den Bearbeitungsmodus der Zelle und gelangen automatisch an den Anfangspunkt Ihrer Reise.

Das Sicherheitskonzept von Excel

Dem Wunsch, eine Excel-Datei vor dem Zugriff durch andere Benutzer zu schützen, liegen in aller Regel zwei Motive zugrunde: Entweder sollen unberechtigte Benutzer erst gar keinen Zugriff auf die Daten einer Arbeitsmappe erhalten oder die Arbeitmappe soll vor bestimmten Veränderungen durch autorisierte Benutzer geschützt werden. Dazu kommen verschiedene Mischformen, in denen mehrere Zugriffsbeschränkungen kombiniert werden sollen.

Excel hält für diese Bedürfnisse eine breite Palette an Schutzmechanismen bereit, auf die wir in diesem Abschnitt näher eingehen wollen. Das Sicherheitskonzept von Excel unterscheidet dabei generell zwischen dem Schutz der Arbeitsmappe und der in ihr enthaltenen Arbeitsblätter.

Damit Sie bei aller Vielfalt nicht die Übersicht verlieren, stellen wir Ihnen erst das Konzept als Ganzes vor und gehen anschließend im Detail auf die einzelnen Teilbereiche ein.

Sicherheit auf Arbeitsmappenebene

Für eine Arbeitsmappe können Sie folgende Bereiche schützen bzw. einschränken:

- Das Öffnen und Bearbeiten einer Arbeitsmappe. Es stehen drei Varianten zur Verfügung:
  - Das Öffnen ist nur mit einem Kennwort möglich. Zusätzlich wird die Arbeitsmappe verschlüsselt.
  - Zum Bearbeiten bzw. Speichern ist ein Kennwort erforderlich.
  - Beim Öffnen wird das Aktivieren des Schreibschutzes lediglich empfohlen. Der Benutzer kann die Arbeitsmappe aber auch ohne Schreibschutz öffnen.
- Die Struktur und die Anordnung der Fenster. Durch das Schützen der Struktur wird z.B. verhindert, dass Anwender einzelne Arbeitsblätter der Arbeitsmappe verschieben, löschen oder umbenennen können. Die Fensteranordnung bezieht sich auf die Größe und die Position der Arbeitsblatt-Fenster innerhalb des Excel-Fensters.
- Zusätzlich können Sie eine Arbeitsmappe noch als *abgeschlossen* kennzeichnen. Die Arbeitsmappe kann dann nicht mehr bearbeitet werden. Da diese Eigenschaft jedoch nicht durch ein Kennwort abgesichert werden kann, handelt es sich dabei nicht um eine Schutzfunktion, sondern eher um eine Statusinformation.

Falls die Arbeitsmappe zur Bearbeitung durch mehrere Benutzer freigegeben ist, kann verhindert werden, dass ein Benutzer das Änderungsprotokoll löscht, in dem alle vorgenommenen Änderungen gespeichert werden.

Sicherheit auf Arbeitsblattebene

Unabhängig von den Schutzeinstellungen der Arbeitsmappen (außer bei freigegebenen Arbeitsmappen!) kann der Zugriff auf die einzelnen Zellen bzw. Objekte der Arbeitsblätter eingeschränkt werden. Dieser Schutzmechanismus arbeitet zweistufig:

- Der Schutz wird auf der Ebene des Arbeitsblattes ein- und ausgeschaltet. Das heißt, in einer Arbeitsmappe können einzelne Arbeitsblätter geschützt, andere ungeschützt sein. Außerdem wird dabei auch festgelegt, welche Einschränkungen für das Arbeitsblatt gelten sollen. Möglich sind zum Beispiel ein Schreibschutz oder ein Schutz vor dem Löschen von Zeilen und Spalten.
- Auf der untersten Ebene wird bestimmt, auf welche Zellen der gewählte Blattschutz wirken soll. Das heißt, damit sich der Blattschutz überhaupt auf eine Zelle auswirken kann, muss die Zelle entsprechend formatiert sein. Um es gleich vorwegzunehmen: Das ist bei den Zellen eines neuen Tabellenblatts zum Glück die Voreinstellung.

Die Wahl eines guten Kennworts

Einige Schutzfunktionen müssen, andere können optional mit einem Kennwort gesichert werden. Bei der Wahl eines Kennworts sollten Sie folgende Punkte bedenken:

- Excel berücksichtigt bei Kennwörtern die Groß- und Kleinschreibung. Das heißt, die Kennwörter *Geheim* und *geheim* sind verschieden.

- Apropos geheim: Vermeiden Sie Kennwörter, die leicht zu erraten sind. Dazu gehören zum Beispiel Namen und Begriffe aus Ihrem privaten bzw. beruflichen Umfeld, Reiseziele oder Kennwörter wie *12345, Geheim, Password* etc. Ein gutes Kennwort sollte sich in keinem Lexikon finden lassen. Wie wäre es zum Beispiel mit *DirdGwinnl* (»Die ich rief, die Geister, werd ich nun nicht los« aus dem Zauberlehrling) oder *DsiniaTUbskawz* (»Da steh ich nun, ich armer Tor! Und bin so klug als wie zuvor« aus Faust)?
- Verwenden Sie in Ihren Kennwörtern keine Umlaute oder Buchstaben mit Akzent, wenn es notwendig sein könnte, das Dokument auch auf einem Macintosh oder einem Computer mit einem fremdsprachlichen Tastaturlayout zu öffnen (z. B. im Urlaub).
- Notieren Sie Ihre Kennwörter nach Möglichkeit nicht. Falls Sie es doch machen, dann legen Sie den Zettel bitte nicht unter die Tastatur und hängen Sie ihn auch nicht an die nächste Pinnwand! Nutzen Sie besser einen elektronischen »Password-Safe«.
- Gehen Sie nicht davon aus, dass Ihre Daten durch Vergeben eines Kennwortes hundertprozentig sicher sind. Bis jetzt ist noch jeder Kopierschutz früher oder später geknackt worden. Bereits mit einem Verbund aus 25 Grafikkarten, die dafür besonders geeignet sind, lassen sich aktuell ca. 100 Milliarden Kennwörter pro Sekunde berechnen!
- Auch wenn wir gerade gesagt haben, dass sich jeder Kopierschutz aushebeln lässt: Verlassen Sie sich nicht darauf! Wenn Sie wirklich einmal das Kennwort für eine Arbeitsmappe mit wichtigen Daten vergessen, würde es Sie mit Sicherheit Zeit und Geld kosten, um das Kennwort zu rekonstruieren (falls es dann im konkreten Einzelfall überhaupt möglich ist).

Arbeitsmappen schützen

In diesem Abschnitt stellen wir Ihnen nun die Verfahren vor, mit denen Sie Ihre Arbeitsmappen vor ungewollten Änderungen schützen können:

- Arbeitsmappe abschließen
- Arbeitsmappe verschlüsseln
- Arbeitsmappe mit einem Schreibschutz versehen.

Arbeitsmappen abschließen

Wenn Sie den Anwendern einer Arbeitsmappe signalisieren möchten, dass es sich um die endgültige Version der Mappe handelt, an der keine Änderungen mehr vorgenommen werden sollen, können Sie die Arbeitsmappe *abschließen*:

1. Wechseln Sie in die Backstage-Ansicht und gehen Sie dort auf die Seite *Informationen.*
2. Klicken Sie hier auf die Schaltfläche *Arbeitsmappe schützen* und wählen Sie in ihrem Menü den Befehl *Als abgeschlossen kennzeichnen.* Falls dieser Befehl nicht aktiv ist, prüfen Sie bitte, ob auf dem Tabellenblatt z. B. ein Diagramm markiert ist.
3. Bestätigen Sie die nächste Meldung mit *OK.* Die Arbeitsmappe wird gespeichert und als abgeschlossen gekennzeichnet. Anschließend erscheint eine weitere Meldung mit Informationen über den neuen Status der Mappe.

4. Klicken Sie auf *OK*, um die Meldung zu schließen.

Bild 22.10 Abgeschlossene Arbeitsmappen können nicht mehr bearbeitet werden

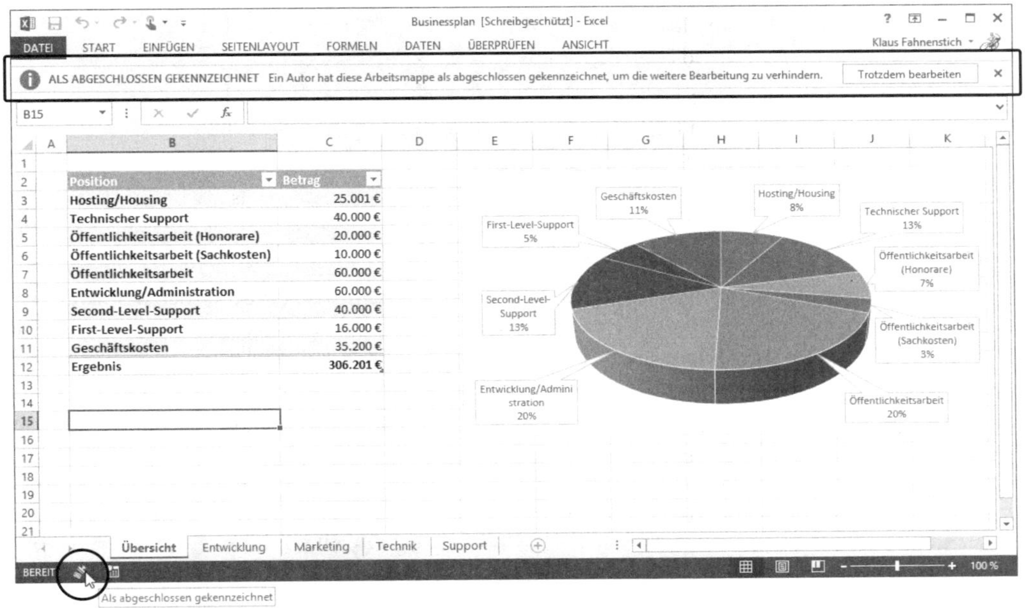

Dass eine Arbeitsmappe abgeschlossen ist, erkennen Sie gleich an mehreren Merkmalen:

- Das Menüband ist minimiert und nahezu alle Befehle des Menübandes sind deaktiviert.
- Unterhalb des Menübands wird eine entsprechende Meldung angezeigt.
- In der Statusleiste taucht ein kleines Symbol auf.

Um die Arbeitsmappe wieder bearbeiten zu können, klicken Sie entweder in der Meldung auf *Trotzdem bearbeiten* oder Sie rufen den Befehl zum Abschließen der Präsentation erneut auf.

Arbeitsmappen verschlüsseln

Wie bereits im Abschnitt »Sicherheit auf Arbeitsmappenebene« kurz erwähnt, erhalten Sie die größtmögliche Sicherheit für Ihre Daten, wenn Sie die komplette Arbeitsmappe schützen. Um diesen Schutzmechanismus zu aktivieren, nehmen Sie folgende Schritte vor:

1. Wechseln Sie in der Backstage-Ansicht auf die Seite *Informationen,* klicken Sie dort auf *Arbeitsmappe schützen* und wählen Sie im Menü der Schaltfläche den Befehl *Mit Kennwort verschlüsseln.*
2. Es erscheint ein Dialogfeld, das Sie zur Eingabe eines Kennworts auffordert. Dieses Kennwort benötigen Sie, um die Arbeitsmappe später öffnen zu können.

Bild 22.11 Kennwort für die verschlüsselte Arbeitsmappe vergeben

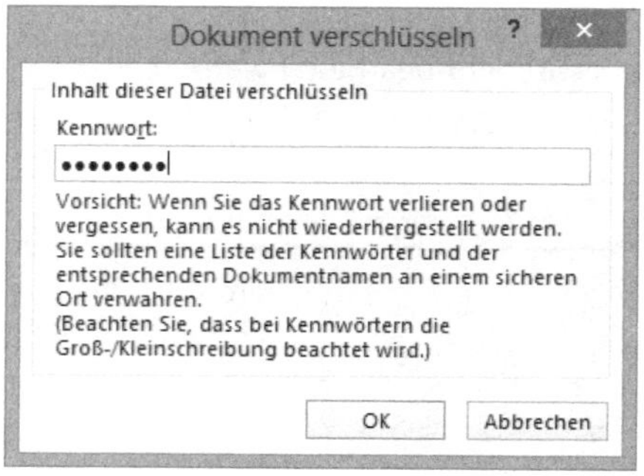

3. Geben Sie ein Kennwort ein und klicken Sie auf *OK*. (Beachten Sie bei der Wahl des Kennworts unsere Hinweise aus dem Abschnitt »Die Wahl eines guten Kennworts« auf Seite 455.) Es erscheint ein weiteres Dialogfeld, in dem Sie das soeben eingegebene Kennwort bestätigen müssen.

4. Tippen Sie das Kennwort erneut ein. Damit wird kontrolliert, ob Sie sich beim ersten Eingeben des Kennwortes unbemerkt vertippt haben.

Eine so gesicherte Arbeitsmappe kann nur noch von jemand geöffnet werden, der im Besitz des richtigen Kennwortes ist. (Das gilt auch für Sie persönlich – vergessen Sie Ihr Kennwort also nicht.) Zusätzlich bietet die Verschlüsselung einen weiteren Schutz gegen Datenspionage, da auch jemand, der die Datei mit einem Hex-Editor öffnet, keine lesbaren Inhalte vorfindet.

Wenn Sie die Verschlüsselung wieder ausschalten möchten, rufen Sie einfach den Befehl *Mit Kennwort verschlüsseln* erneut auf und löschen den Inhalt des Kennwortfeldes.

Arbeitsmappe mit einem Schreibschutz versehen

Wenn Sie zwar das Öffnen einer Arbeitsmappe ohne Kennwort zulassen wollen, jedoch andererseits verhindern möchten, dass jemand an der Arbeitsmappe Änderungen vornimmt, müssen Sie sie mit einem Schreibschutz versehen.

Um diesen Schutzmechanismus zu aktivieren, ist es erforderlich, dass Sie das Dokument speichern:

1. Wählen Sie in der Backstage-Ansicht den Befehl *Speichern unter*. Excel zeigt das gleichnamige Dialogfeld an.

2. Klicken Sie unten im Dialogfeld auf die Schaltfläche *Tools* und wählen Sie in deren Ausklappmenü den Befehl *Allgemeine Optionen*. Dadurch erscheint ein weiteres Dialogfeld (siehe Bild 22.12 auf der nächsten Seite).

Die Felder im Dialogfeld *Allgemeine Optionen* haben folgende Bedeutung:

- **Kennwort zum Öffnen** Wenn Sie in diesem Feld eine Eingabe vornehmen, hat das die gleiche Wirkung wie der im letzten Abschnitt vorgestellte Befehl *Mit Kennwort verschlüsseln*.

- **Kennwort zum Ändern** Geben Sie hier ein Kennwort ein, um die Arbeitsmappe mit einem Schreibschutz zu versehen. Die Arbeitsmappe kann dann anschließend zwar ohne Kennwort geöffnet werden, jedoch nur im Schreibschutz-Modus. Benutzer, die an der Arbeitsmappe Änderungen vornehmen wollen, benötigen dazu das richtige Kennwort.

- **Schreibschutz empfehlen** Bei Arbeitsmappen, für die kein erhöhtes Sicherheitsbedürfnis besteht, kann es auch ausreichend sein, wenn Sie nur die Option *Schreibschutz empfehlen* einschalten. Ein Benutzer wird dann beim Öffnen der Arbeitsmappe in einer Meldung darauf hingewiesen, dass er diese Datei nach Möglichkeit schreibgeschützt öffnen sollte. Er kann den Schreibschutz aber bei Bedarf deaktivieren. Wir empfehlen Ihnen, die Arbeitsmappe stattdessen als abgeschlossen zu kennzeichnen (siehe Seite 456).

Bild 22.12 Arbeitsmappen können mit einem Schreibschutz versehen werden

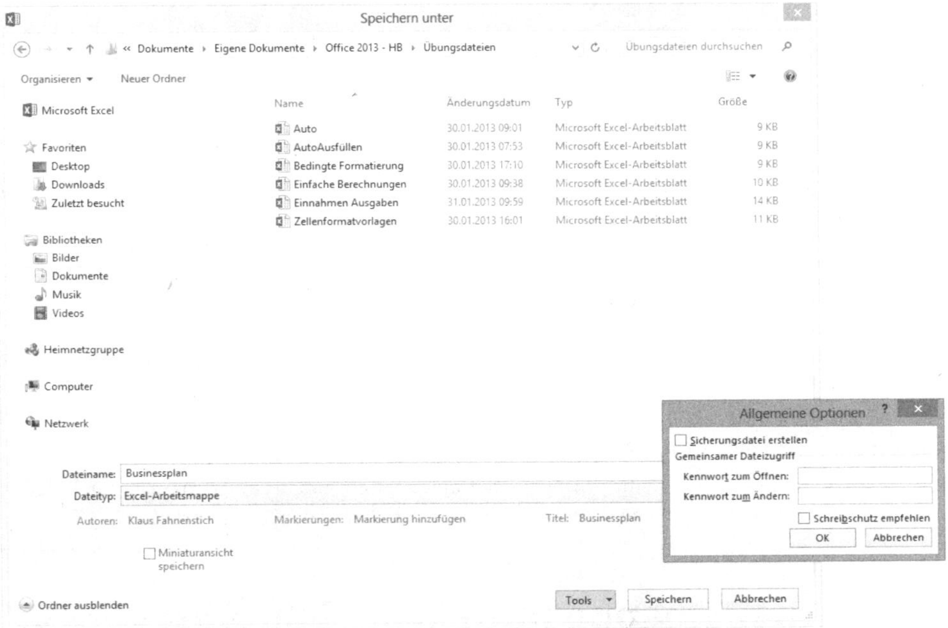

3. Nehmen Sie im Feld *Kennwort zum Ändern* eine Eingabe vor, um die Arbeitsmappe mit einem Schreibschutz zu versehen und klicken Sie auf *OK*.
4. Bestätigen Sie das Kennwort im nächsten Dialogfeld und klicken Sie dann auf *Speichern*.

Wenn Sie den Schreibschutz zu einem späteren Zeitpunkt wieder entfernen wollen, müssen Sie das Dialogfeld *Allgemeine Optionen* erneut aufrufen und das Kennwort löschen. Anschließend müssen Sie das Dokument speichern.

Öffnen einer geschützten Arbeitsmappe

Beim Öffnen einer geschützten Arbeitsmappe werden Sie, je nach benutzten Sicherheitsmerkmalen, mit folgenden Dialogfeldern konfrontiert:

- Falls Sie die Arbeitsmappe verschlüsselt bzw. ein Kennwort zum Öffnen der Arbeitsmappe vergeben haben, taucht das folgende kleine Fenster auf dem Bildschirm auf, in dem Sie das geforderte Kennwort eingeben müssen.

Bild 22.13 Die Arbeitsmappe lässt sich nur mit Kennwort öffnen

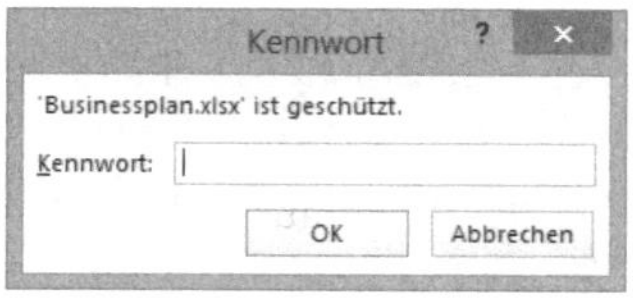

- Wurde die Arbeitsmappe mit einem kennwortgeschützten Schreibschutz versehen, erscheint ein Fenster, mit dem Sie entweder den Schreibschutz per Kennworteingabe aufheben oder die Arbeitsmappe mit der Schaltfläche *Schreibschutz* im schreibgeschützten Modus öffnen können.

Bild 22.14 Der Schreibschutz kann per Kennwort aufgehoben werden

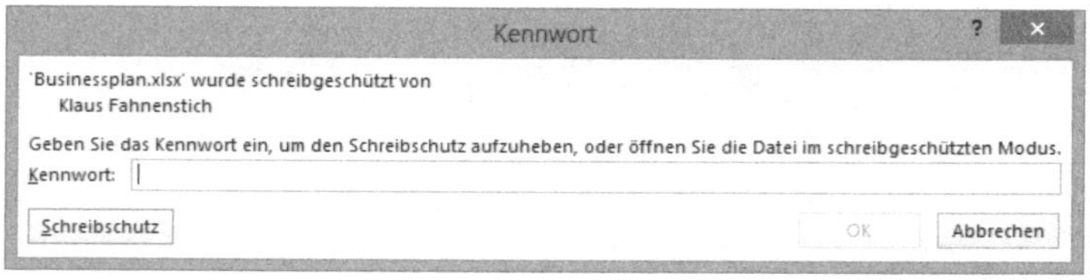

- Ist die Arbeitsmappe nur mit einer Schreibschutz-Empfehlung versehen, zeigt Excel eine Meldung an, dass die Arbeitsmappe wahlweise mit oder ohne Schreibschutz geöffnet werden kann.

Bild 22.15 Hier haben Sie die freie Wahl

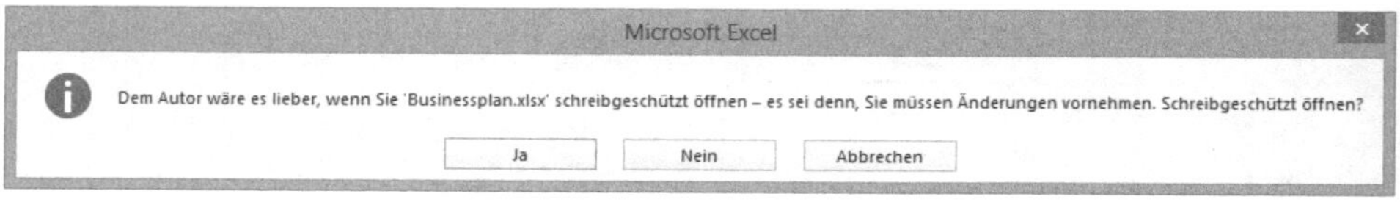

Struktur einer Arbeitsmappe schützen

Indem Sie den Aufbau einer Arbeitsmappe schützen, können Sie z.B. verhindern, dass ein Benutzer ein Tabellenblatt löschen oder einfügen kann.

1. Zeigen Sie die Registerkarte *ÜBERPRÜFEN* an.
2. Klicken Sie in der Gruppe *Änderungen* auf *Arbeitsmappe schützen.*

Bild 22.16 Struktur der Arbeitsmappe schützen

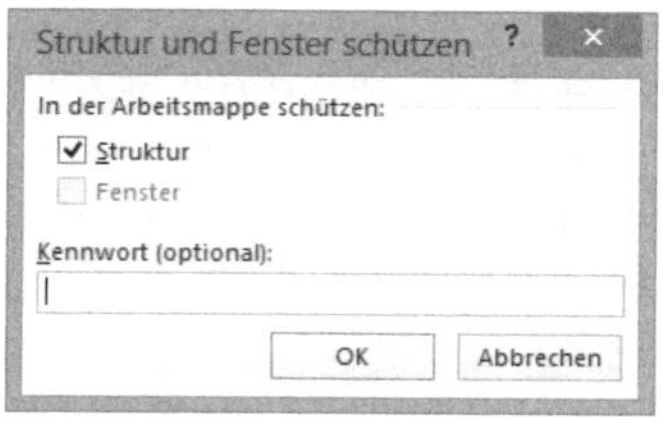

3. Schalten Sie die Option *Struktur* ein, wenn Sie verhindern wollen, dass Blätter verschoben, gelöscht, ausgeblendet, eingeblendet, umbenannt oder eingefügt werden können.

   Die Option *Fenster* ist generell deaktiviert, da es mit Excel 2013 nicht mehr möglich ist, die einzelnen Blätter einer Arbeitsmappe als separate Fenster innerhalb des Programmfensters anzuzeigen. Warum diese Option dann überhaupt im Dialogfeld auftaucht, wissen wir leider auch nicht.

4. Um zu verhindern, dass unberechtigte Benutzer den Schutz der Arbeitsmappe wieder aufheben können, vergeben Sie noch ein Kennwort.

Wenn Sie eine derart geschützte Mappe öffnen, erkennen Sie die eingeschränkten Bearbeitungsmöglichkeiten an den inaktiven Befehlen im Kontextmenü der Blattregister.

Bild 22.17 Die Struktur dieser Arbeitsmappe ist geschützt

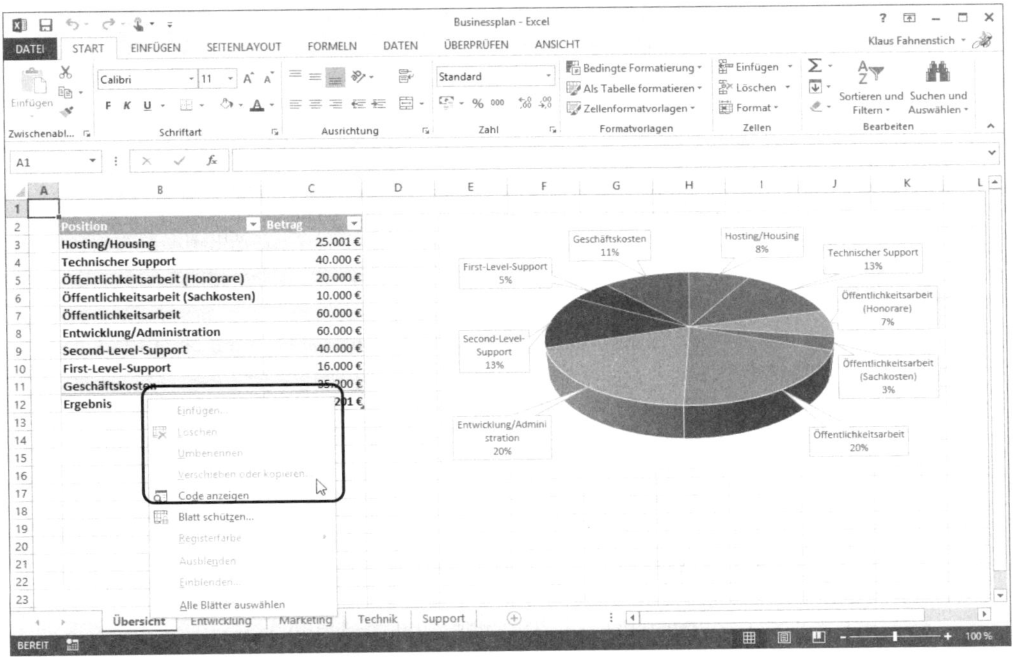

Arbeitsmappen schützen und freigeben

Mit Excel ist es auch möglich, Arbeitsmappen für die gemeinsame Bearbeitung durch mehrere Benutzer freizugeben. Auch solche Arbeitsmappen lassen sich gegen unbefugte Bearbeitung sichern.

Mit dem Befehl *Arbeitsmappe schützen und freigeben*, der sich auf der Registerkarte *ÜBERPRÜFEN* in der Gruppe *Änderungen* befindet, können Sie verhindern, dass ein Benutzer das Änderungsprotokoll löscht, in dem alle Veränderungen an der freigegebenen Arbeitsmappe gespeichert werden.

Diese Sperre können Sie zusätzlich noch mit einem Kennwort absichern. Dazu darf allerdings die Arbeitsmappe noch nicht mit dem Befehl *Arbeitsmappe freigeben* (ebenfalls auf der Registerkarte *ÜBERPRÜFEN)* freigegeben worden sein.

Bild 22.18 Schützen des Änderungsprotokolls mit einem Kennwort

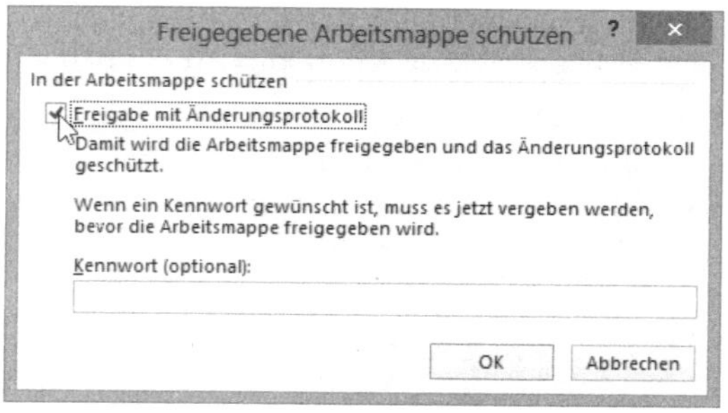

Arbeitsblätter schützen

Wenn Sie nicht möchten, dass die Inhalte eines der Arbeitsblätter einer Arbeitsmappe geändert werden können, können Sie das Blatt mit einem Kennwort vor unbefugtem Zugriff sichern. Dieser Schutz erfolgt unabhängig von den Schutzfunktionen der Arbeitsmappe, die wir in den vorangegangenen Abschnitten behandelt haben.

Wie wir bereits im Abschnitt »Sicherheit auf Arbeitsblattebene« auf Seite 455 kurz erwähnt haben, müssen Sie den Blattschutz in zwei Schritten konfigurieren bzw. aktivieren. Zuerst legen Sie fest, welche Zellen des Blattes überhaupt geschützt werden sollen. Erst danach aktivieren Sie den Blattschutz.

Zellen für den Blattschutz vorbereiten

Standardmäßig sind alle Zellen eines Arbeitsblattes so eingestellt, dass sie bei aktiviertem Blattschutz gesperrt sind. Diese Voreinstellung macht auch Sinn, da Sie dadurch mit wenig Aufwand die größtmögliche Sicherheit erhalten.

Normalerweise wird der Blattschutz für Tabellenblätter verwendet, auf denen einige Zellen für die Dateneingabe freigegeben sind und der Rest des Blattes für den Benutzer gesperrt ist. So lässt sich zum einen vermeiden, dass ein Anwender versehentlich Formeln verändert oder löscht, und zum anderen lassen sich wichtige Formeln vor dem Anwender verbergen.

Da Excel, wie gesagt, alle Zellen standardmäßig so einstellt, dass sie bei aktiviertem Blattschutz gesperrt sind, geht es im Regelfall darum, dass Sie vor dem Einschalten des Blattschutzes festlegen müssen, in welchen Zellen anschließend noch Eingaben gestattet sind und bei welchen Zellen Excel die hinterlegten Formeln ausblenden soll.

1. Markieren Sie die Zelle(n), deren Schutzeinstellung Sie ändern möchten.
2. Klicken Sie die Markierung mit der rechten Maustaste an und wählen Sie im Kontextmenü den Befehl *Zellen formatieren*. Alternativ drücken Sie den Shortcut `Strg`+`1`.
3. Wechseln Sie im angezeigten Dialogfeld auf die Registerkarte *Schutz*.

Bild 22.19 Zellen können gesperrt und ausgeblendet werden

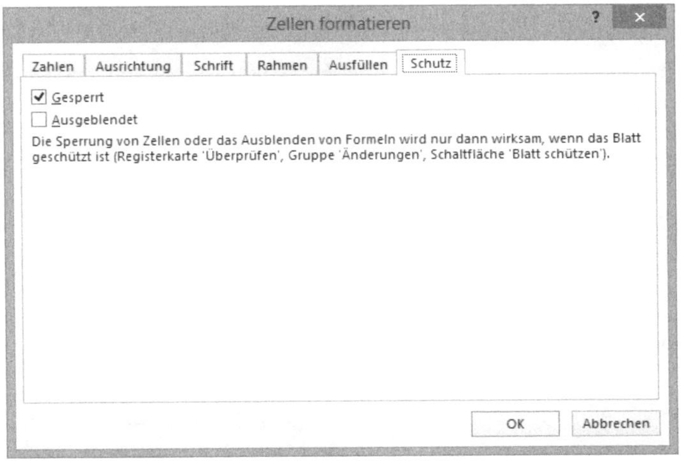

4. Schalten Sie die Option *Gesperrt* ein, wenn die markierte(n) Zelle(n) bei aktiviertem Blattschutz gesperrt sein soll(en). Wenn der Anwender in der Zelle Eingaben vornehmen soll, müssen Sie die Option also ausschalten.
5. Schalten Sie die Option *Ausgeblendet* ein, wenn die hinterlegten Formeln der Zelle(n) in einem geschützten Blatt nicht angezeigt werden sollen. Der Benutzer sieht dann nur noch das Ergebnis der Zelle, kann aber nicht erkennen, wie es berechnet wurde.
6. Schließen Sie das Dialogfeld mit *OK*.

Blattschutz aktivieren

Wenn alle Zellen des zu schützenden Arbeitsblattes mit den richtigen Schutz-Eigenschaften formatiert sind, können Sie den Blattschutz aktivieren.

1. Markieren Sie im Blattregister das Tabellenblatt, das Sie schützen wollen.
2. Wechseln Sie auf die Registerkarte *ÜBERPRÜFEN* und klicken Sie in der Gruppe *Änderungen* auf die Schaltfläche *Blatt schützen*.

Bild 22.20 Der Blattschutz kann sehr detailliert eingestellt werden

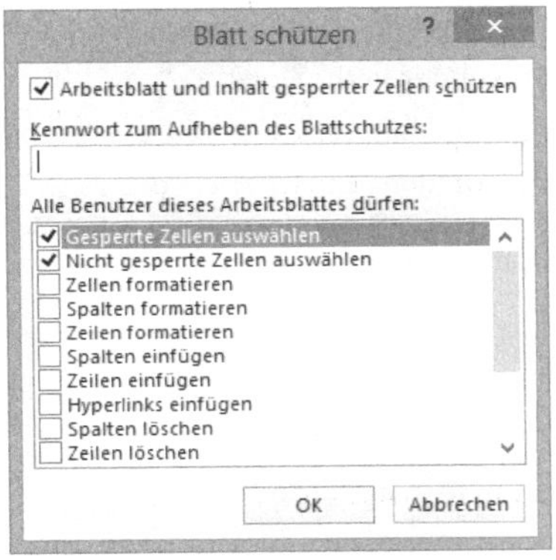

Im Dialogfeld *Blatt schützen* können Sie sehr feinkörnig einstellen, welche Operationen Sie auf dem Blatt zulassen bzw. verhindern wollen. In der Voreinstellung lassen sich gesperrte Zellen zwar auswählen, aber nicht ändern.

3. Geben Sie in das Feld *Kennwort zum Aufheben des Blattschutzes* ein Kennwort ein, denn ohne die Eingabe eines Kennwortes kann jeder Benutzer den Blattschutz problemlos wieder deaktivieren (was in der Regel wohl nicht gewollt ist).
4. Nehmen Sie die gewünschten Einstellungen vor und klicken Sie auf *OK*.
5. Geben Sie das Kennwort erneut ein, um zu gewährleisten, dass Sie sich bei der ersten Eingabe nicht vertippt haben. Nachdem Sie das Fenster mit *OK* geschlossen haben, ist der Blattschutz aktiv.
6. Prüfen Sie den Blattschutz, indem Sie versuchen, eine gesperrte Zelle zu verändern. Excel sollte dann mit folgender Meldung reagieren:

Bild 22.21 Fehlermeldung beim Versuch, ein geschütztes Blatt zu bearbeiten

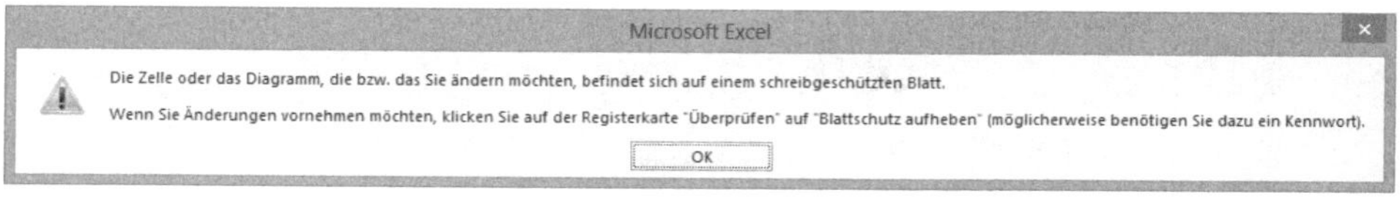

Schutz wieder aufheben
Wenn Sie den Blattschutz aufheben möchten, klicken Sie auf der Registerkarte *ÜBERPRÜFEN* auf die Schaltfläche *Blattschutz aufheben* und geben das dazu notwendige Kennwort ein.

PROFITIPP

Gleichzeitige Eingabe in Tabellenblätter

Wenn Sie eine Arbeitsmappe erstellen, deren einzelne Tabellenblätter die gleiche Struktur aufweisen sollen, können Sie die Struktur und Daten auch in mehrere Tabellenblätter gleichzeitig eingeben. Als Beispiel haben wir eine Übungsdatei vorbereitet, die die PKW-Kosten über mehrere Jahre verfolgen soll.

1. Öffnen Sie die Übungsdatei *Gleichzeitige Eingabe in mehrere Arbeitsblätter*.
2. Markieren Sie alle Tabellenblätter der Arbeitsmappe, indem Sie die Strg-Taste drücken und alle Registerkarten nacheinander anklicken.
3. Klicken Sie in Zelle B4 und geben Sie dort den Text **Versicherung** ein. Beachten Sie den Hinweis von Excel in der Titelzeile des Fensters, dass zurzeit eine Gruppe von mehreren Arbeitsblättern bearbeitet wird.
4. Wechseln Sie auf die Blätter *2013* und *2014* und prüfen Sie, ob dort die Eingabe, die Sie auf Blatt *2012* vorgenommen haben, angekommen ist.

Auf diese Weise können nicht nur Texte, sondern auch Zahlen und Formeln gleichzeitig in die markierten Tabellenblätter eingegeben werden. Auch eine gemeinsame Formatierung von mehreren Blättern ist so möglich.

Kapitel 23

Daten gliedern, sortieren und filtern

In diesem Kapitel:

Viele größere Tabellen wirken unübersichtlich, weil sie zu viele Informationen gleichzeitig auf dem Bildschirm präsentieren. Für solche Fälle bietet Ihnen Excel die Gliederungsfunktion an, mit der Sie die eher unwichtigen Bereiche einer Tabelle zunächst vor dem Benutzer verbergen können. Ist der Benutzer dann doch an detaillierteren Daten interessiert, kann er die entsprechenden Zellen jederzeit einblenden lassen.

Dieses Kapitel stellt einige der Möglichkeiten vor, wie Sie Tabellen übersichtlich gliedern können. Außerdem zeigen wir, wie Sie mit der Funktion zum Anzeigen von Teilergebnissen schnell eine Tabelle analysieren können. Abschließend lernen Sie die AutoFilter-Funktion kennen, mit der Sie Tabellen auf einfache Weise nach bestimmten Kriterien filtern können.

Gliederungsfunktion konfigurieren

In den meisten Tabellen werden Daten in separaten Zeilen oder Spalten zusammengefasst bzw. summiert. Die Position dieser Summen innerhalb der Tabelle kann dabei variieren:

- Spaltensummen können links oder rechts neben den summierten Spalten (den sogenannten *Detaildaten)* stehen und
- Zeilensummen entsprechend über oder unter den zugehörigen Detaildaten.

Damit die Gliederungsfunktion von Excel die Struktur Ihrer Tabellen zuverlässig erkennen kann, müssen Sie daher zunächst einstellen, wie die verschiedenen Summenspalten bzw. Summenzeilen in Ihrer Tabelle angeordnet sind:

1. Wechseln Sie zur Registerkarte *DATEN* und klicken Sie in der Befehlsgruppe *Gliederung* das Startprogramm für ein Dialogfeld an. Excel zeigt das Dialogfeld *Einstellungen* an.

Bild 23.1 In diesem Dialogfeld konfigurieren Sie die Gliederungsfunktion

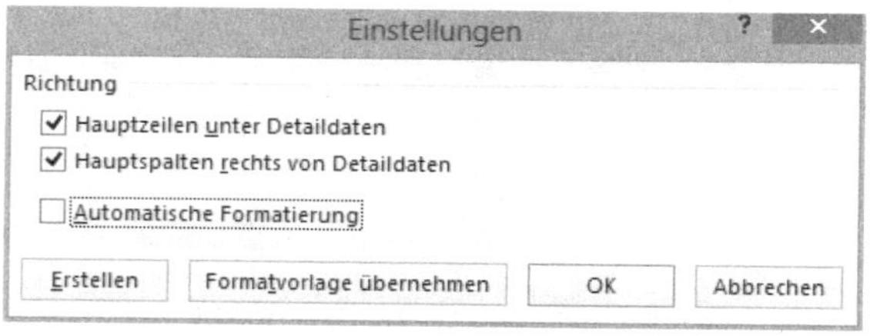

2. Wenn die Summenzeilen unterhalb der addierten Zahlen stehen, schalten Sie die Option *Hauptzeilen unter Detaildaten* ein. Befinden sie sich über den Zahlen, muss die Option ausgeschaltet werden.
3. Stehen die Summen rechts neben den addierten Zahlen, schalten Sie die Option *Hauptspalten rechts von Detaildaten* ein; stehen sie links, muss die Option ausgeschaltet werden.
4. Schließen Sie das Dialogfeld mit *OK.*

HINWEIS Die Hauptzeilen und -spalten müssen unmittelbar neben den zugehörigen Detaildaten liegen. Es dürfen also keine weiteren Zeilen bzw. Spalten dazwischenliegen.

Tabellen manuell gliedern

Um die Möglichkeiten vorzustellen, mit denen Sie eine Tabelle gliedern und gruppieren können, verwenden wir eine kleine Tabelle, in der die Weißwurst-Umsätze einer Firma für verschiedene Verkaufsgebiete und verschiedene Verkaufszeiträume eines Jahres enthalten sind. Die Ausgangslage sehen Sie in der folgenden Abbildung.

Die Spalten, die mit *H1* und *H2* beschriftet sind, enthalten die Summen der verkauften Stückzahlen für das erste und zweite bzw. das dritte und vierte Quartal des Verkaufszeitraums. Die Aufgabe besteht darin, die Tabelle so zu gruppieren, dass die Quartals- und Halbjahresumsätze zusammengefasst und mit der Gruppierungsfunktion ausgeblendet werden können. Um mehrere Spalten oder Zeilen zu gruppieren, gehen Sie wie folgt vor:

1. Öffnen Sie die Datei, die Sie gruppieren wollen. (Wenn Sie die nachfolgenden Schritte nachvollziehen wollen, können Sie die Übungsdatei *Gruppieren* verwenden.)
2. Markieren Sie die Zeilen bzw. Spalten, die gruppiert werden sollen. In unserem Beispiel markieren Sie die Spalten C bis H.

Bild 23.2 Die markierten Spalten C bis H sollen gruppiert werden

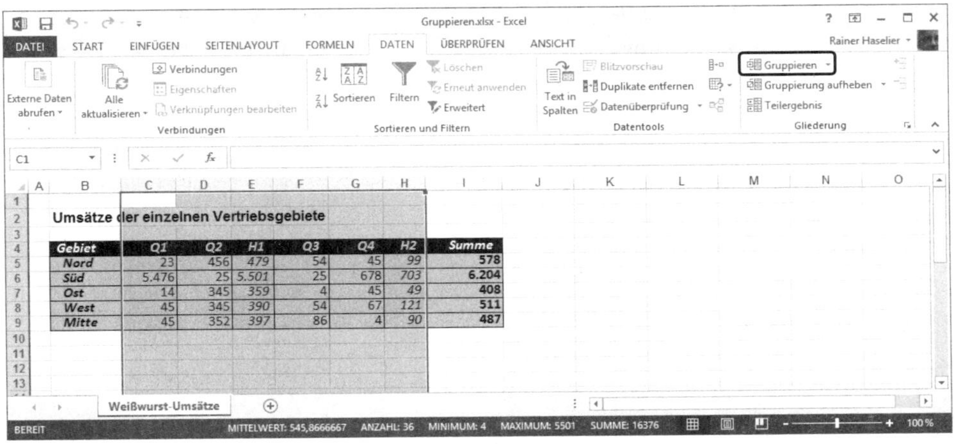

3. Öffnen Sie die Registerkarte *DATEN*. Klicken Sie in der Befehlsgruppe *Gliederung* auf die Schaltfläche *Gruppieren*. Im Excel-Fenster erscheint daraufhin links bzw. oberhalb der Tabelle ein neuer Bereich, mit dem Sie die gruppierten Zeilen/Spalten ein- und ausblenden können (siehe Abbildung auf der nächsten Seite).

Bild 23.3 Oberhalb des Arbeitsblatts erscheint ein neuer Bereich, in dem verschiedene Gliederungssymbole angezeigt werden

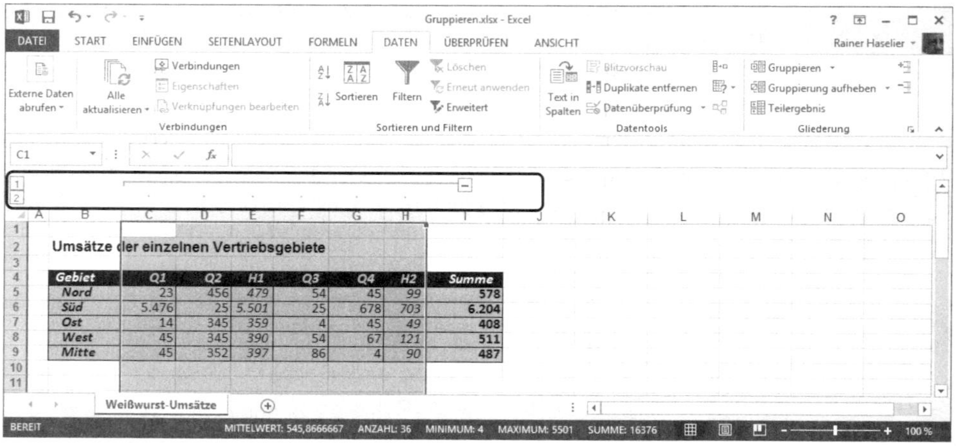

4. Klicken Sie oberhalb der Spalte I auf die Schaltfläche mit dem Minuszeichen. Hierdurch werden die gruppierten Spalten C bis H ausgeblendet (ein Klick auf die Linie führt zum gleichen Ergebnis). Zum erneuten Anzeigen der Spalten klicken Sie das beim Ausblenden erschienene Pluszeichen an.

Bild 23.4 Nach dem Ausblenden der gruppierten Spalten lassen sich die zentralen Daten mit einem Blick erfassen

HINWEIS Die verschiedenen Gliederungsebenen lassen sich auch durch Anklicken der kleinen Zahlen ein- und ausblenden, die sich links im Excel-Fenster unterhalb des Namenfeldes befinden.

Weitere Gliederungsebenen einfügen

Sie können die Gruppierung eines Arbeitsblatts auch noch weiter untergliedern. Für das Beispiel aus dem letzten Abschnitt wäre es natürlich sinnvoll, auch die Halbjahreszahlen zu gruppieren:

1. Zeigen Sie alle Spalten der Tabelle an, indem Sie auf die Gliederungsebene 2 klicken.
2. Markieren Sie die Spalten der beiden ersten Quartale (C und D) und gruppieren Sie sie, indem Sie auf der Registerkarte *DATEN* in der Gruppe *Gliederung* auf *Gruppieren* klicken.
3. Gruppieren Sie auch die Spalten der Quartale Q3 und Q4.

Das Arbeitsblatt enthält jetzt drei Gliederungsebenen:

- In der Ebene 1 wird nur die Gesamtsumme angezeigt.
- In der Ebene 2 sind zusätzlich die Halbjahressummen sichtbar.
- In der Ebene 3 sind alle Daten eingeblendet.

Bild 23.5 Das Arbeitsblatt wurde um eine dritte Gliederungsebene erweitert

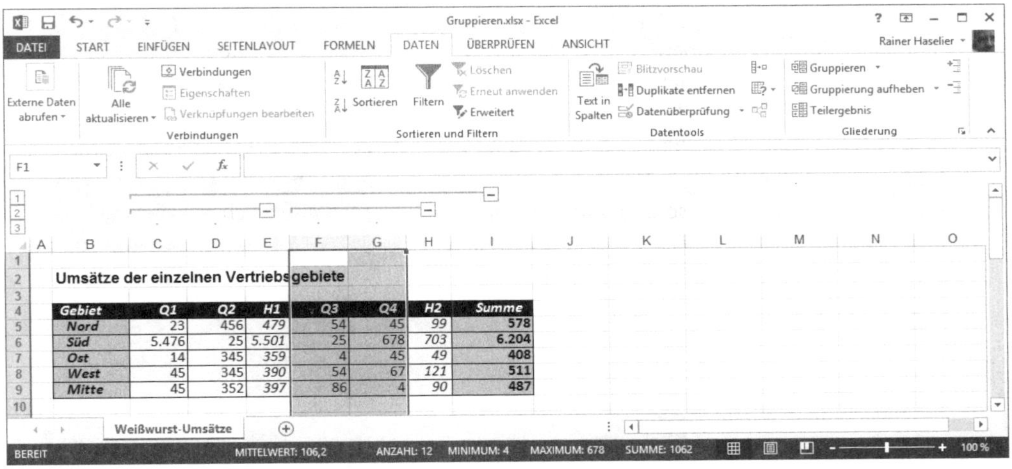

Gruppierungen aufheben

Um die Gruppierung bestimmter Spalten wieder aufzuheben, markieren Sie zuerst die betreffenden Spalten und klicken anschließend auf der Registerkarte *DATEN* in der Befehlsgruppe *Gliederung* auf *Gruppierung aufheben.* Je nach Art der vorgenommenen Markierung löscht Excel die Markierung direkt oder zeigt zunächst noch ein kleines Dialogfeld an, in dem Sie angeben können, ob Sie eine Zeilen- oder eine Spaltengruppierung aufheben möchten.

Bild 23.6 Der Befehl, um die gesamte Gliederung zu entfernen, ist im Menü der Schaltfläche *Gliederung aufheben* versteckt

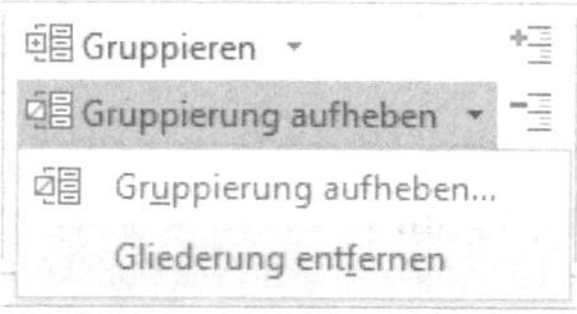

Um alle Gruppierungen auf einen Schlag aufzuheben, klicken Sie auf der Registerkarte *DATEN* in der Gruppe *Gliederung* auf den Pfeil der Schaltfläche *Gruppierung aufheben* und anschließend auf *Gliederung entfernen*.

PROFITIPP

Gliederungssymbole ein- und ausblenden

Sie können die Anzeige der Gliederungssymbole (die Plus- und Minuszeichen sowie die Zahlen zur Darstellung der Gliederungsebene) ein- oder ausschalten, wenn Sie z.B. vermeiden wollen, dass unerfahrene Anwender von einer komplexen Gliederung irritiert werden:

1. Klicken Sie auf die Registerkarte *DATEI* und anschließend in der Backstage-Ansicht auf *Optionen*.
2. Klicken Sie in der Kategorienliste auf der linken Seite auf *Erweitert*.
3. Scrollen Sie auf der rechten Seite des Dialogfeldes zum Abschnitt *Optionen für dieses Arbeitsblatt anzeigen*.

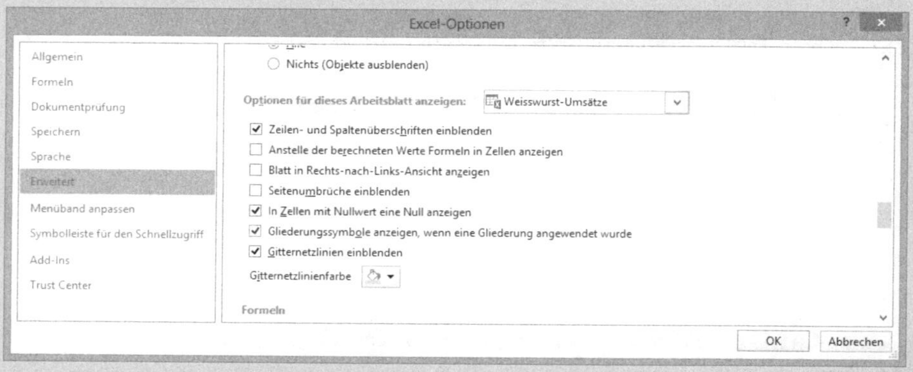

4. Schalten Sie das Kontrollkästchen *Gliederungssymbole anzeigen, wenn eine Gliederung angewendet wurde* aus.
5. Klicken Sie auf *OK*.

Wenn diese Option ausgeschaltet ist, kann ein Anwender dem Arbeitsblatt nicht mehr ansehen, dass ihm eine Gliederung zugrunde liegt.

Tabellen automatisch gliedern

Das manuelle Gliedern einer Tabelle ist recht mühselig. Bei sauber konstruierten Tabellen, d.h. bei Tabellen, die in sich konsistent sind, können Sie diese Arbeit auch unbesorgt von Excel erledigen lassen:

1. Konfigurieren Sie die Gliederungsfunktion, wie zu Beginn des Kapitels im Abschnitt »Gliederungsfunktion konfigurieren« beschrieben.
2. Markieren Sie den Bereich des Arbeitsblatts, den Sie gruppieren möchten. Wenn Excel das ganze Arbeitsblatt gliedern soll, klicken Sie eine beliebige Zelle an.
3. Klicken Sie auf der Registerkarte *DATEN* in der Befehlsgruppe *Gliederung* auf den Pfeil der Schaltfläche *Gruppieren* und dann auf *AutoGliederung*. Excel fügt daraufhin gemäß der erkannten Tabellenstruktur eine oder mehrere Gliederungsebenen ein.
4. Wenn Sie mit dem Ergebnis nicht zufrieden sind, müssen Sie die Gliederung auf der Registerkarte *DATEN* in der Gruppe *Gliederung* mit einem Klick auf *Gliederung aufheben* wieder rückgängig machen und die Tabelle manuell gliedern.

Tabellen sortieren

Mithilfe der Sortierfunktion von Excel können Sie eine Tabelle nach bestimmten Kriterien sortieren lassen. Für das folgende Beispiel verwenden wir eine Umsatztabelle, in der die Spalten *Produkt*, *Verkäufer*, *Stück* und *Umsatz* vorhanden sind.

Bild 23.7 Diese Tabelle ist derzeit nach der Spalte *Produkt* sortiert

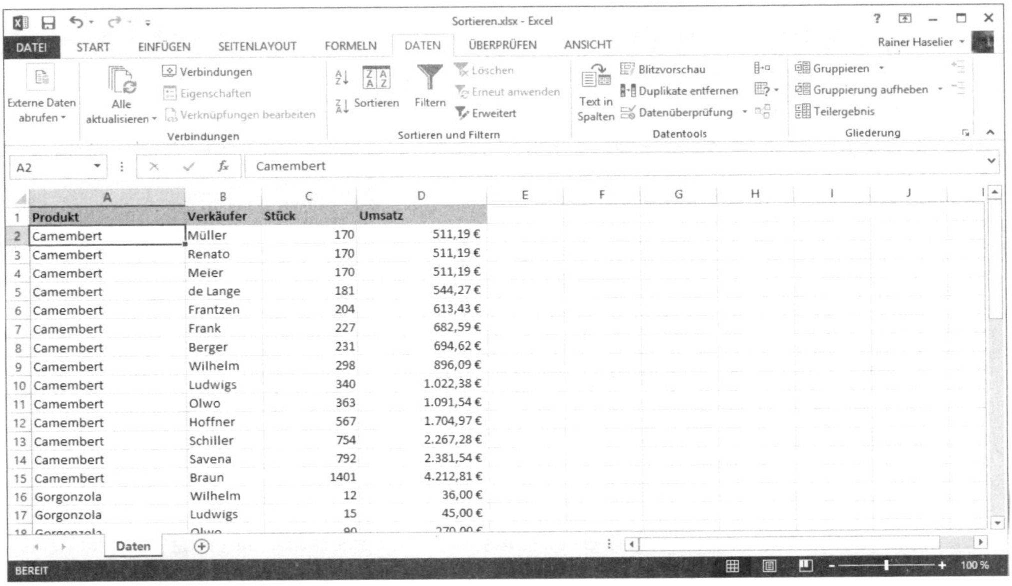

Die Sortierfunktion von Excel finden Sie auf der Registerkarte *DATEN* in der Befehlsgruppe *Sortieren und Filtern.* Mit den Schaltflächen *Von A bis Z sortieren* und *Von Z bis A sortieren* können Sie eine Tabelle nach den Werten einer Spalte sortieren lassen. Über die Schaltfläche *Sortieren* öffnen Sie ein Dialogfeld, in dem Sie weitere Sortierkriterien festlegen können.

Um eine Tabelle nach einer Spalte sortieren zu lassen, gehen Sie so vor:

1. Klicken Sie eine beliebige Zelle in der Spalte an, nach der Sie sortieren wollen.
2. Klicken Sie auf der Registerkarte *DATEN* in der Befehlsgruppe *Sortieren und Filtern* auf *Von A bis Z sortieren,* wenn Sie aufsteigend sortieren wollen, oder auf *Von Z bis A sortieren,* wenn Sie absteigend sortieren wollen. (Dies funktioniert nicht nur mit Textwerten, sondern auch mit numerischen und Datumswerten.)

Bild 23.8 Die Tabelle wurde nach der Spalte *Stück* neu sortiert

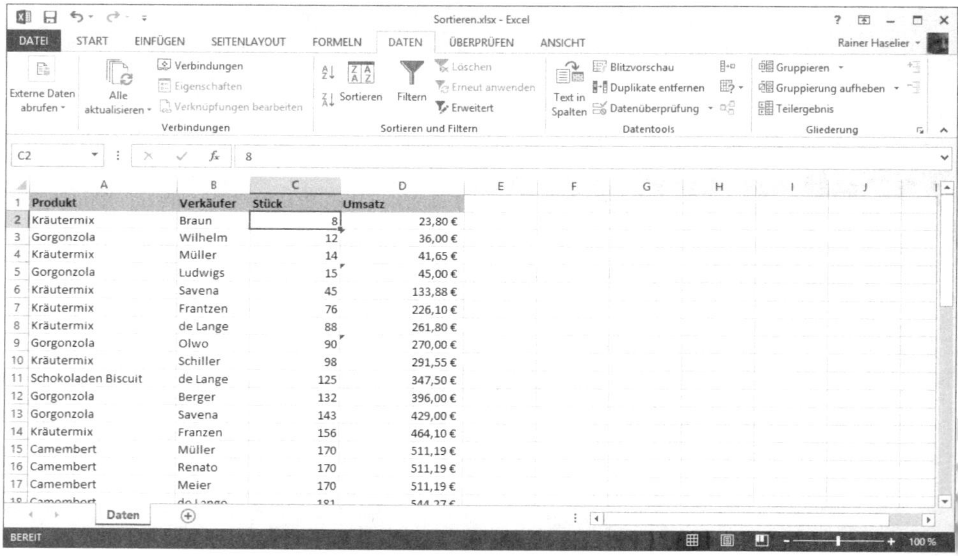

Daten nach mehr als einer Spalte sortieren

Sie können eine Tabelle auch nach mehr als einer Spalte sortieren lassen und dabei die Sortierreihenfolge für die einzelnen Spalten getrennt festlegen. Stellen Sie sich vor, Sie wollen die Tabelle in der obigen Abbildung zuerst nach der Spalte *Produkt* aufsteigend und dann nach der Spalte *Stück* aufsteigend sortieren lassen, um so ablesen zu können, welcher Verkäufer von welchem Produkt die meisten Stückzahlen verkauft hat. Dazu gehen Sie folgendermaßen vor:

1. Markieren Sie eine beliebige Zelle der Tabelle.
2. Klicken Sie auf der Registerkarte *DATEN* in der Befehlsgruppe *Sortieren und Filtern* auf die Schaltfläche *Sortieren.* Das gleichnamige Dialogfeld wird angezeigt.

3. Öffnen Sie die Dropdownliste *Sortieren nach* und wählen Sie dort den Eintrag *Produkt* aus. Lassen Sie die Einstellungen in den Dropdownlisten *Sortieren nach* und *Reihenfolge* unverändert, wie es die folgende Abbildung zeigt.

Bild 23.9 Das erste Sortierkriterium wurde festgelegt

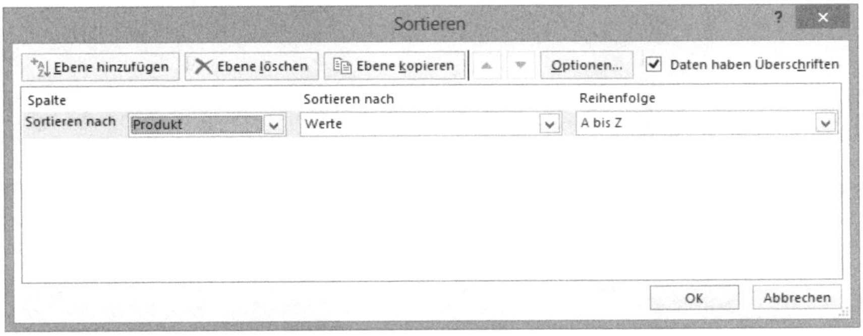

4. Klicken Sie auf *Ebene hinzufügen.* Im unteren Bereich des Dialogfeldes wird eine weitere Zeile eingefügt.
5. Öffnen Sie die Dropdownliste *Dann nach* und wählen Sie dort den Eintrag *Stück* aus.
6. Öffnen Sie in der Zeile *Stück* die Liste *Reihenfolge* und wählen Sie dort den Eintrag *Nach Größe (aufsteigend)* aus.

Bild 23.10 Die zweite Sortierebene verwendet eine andere Spalte und eine andere Reihenfolge

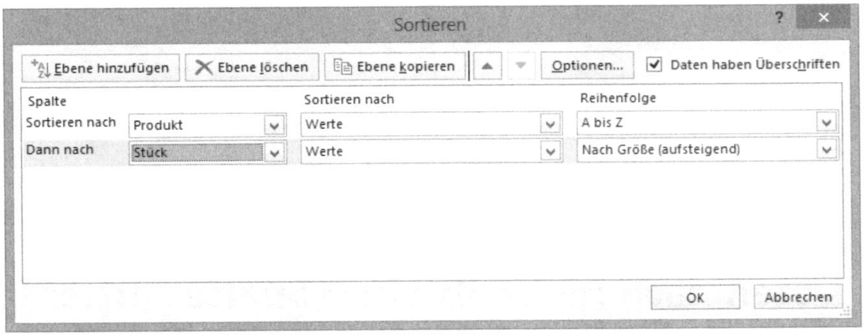

Bei Bedarf können Sie ein weiteres Mal auf *Ebene hinzufügen* klicken, um weitere Kriterien zu bestimmen.

7. Mit der Schaltfläche *Optionen* öffnen Sie das Dialogfeld *Sortieroptionen,* in dem Sie weitere Einstellungen vornehmen können.

Bild 23.11 In diesem Dialogfeld legen Sie weitere Sortieroptionen fest

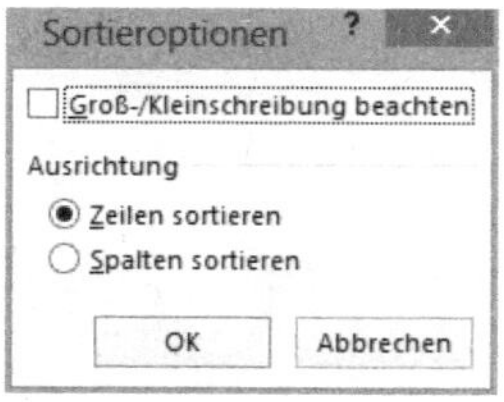

Hier können Sie z.B. angeben, dass Excel nicht die Zeilen, sondern die Spalten sortieren soll, und festlegen, ob die Groß-/Kleinschreibung berücksichtigt werden soll.

8. Bestätigen Sie die Dialogfelder mit *OK*, damit Excel die gewünschte Sortierung durchführt.

Bild 23.12 Die Tabelle wurde nach zwei verschiedenen Spalten sortiert

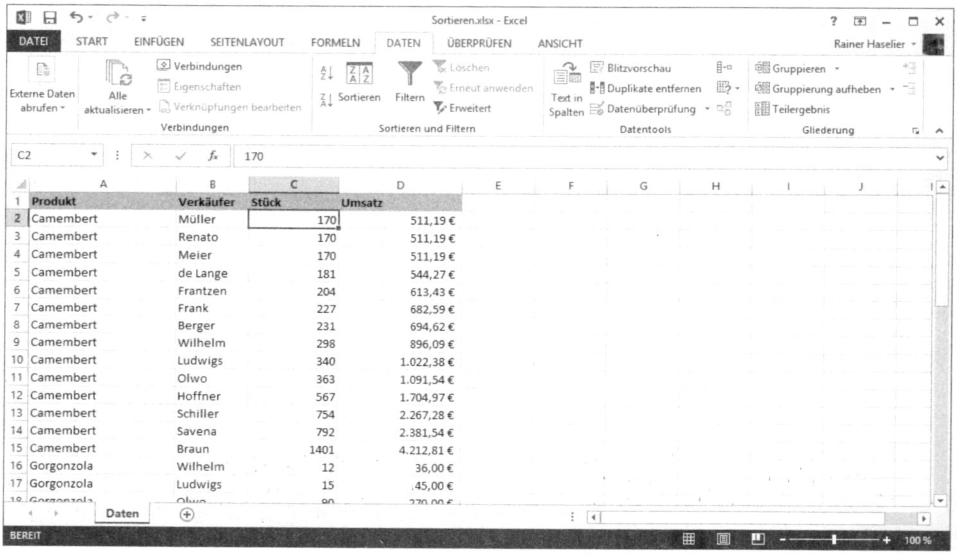

Benutzerdefinierte Listen zum Sortieren verwenden

Die alphabetische Sortierung oder die Sortierung nach dem Wert numerischer Zellen ist nicht immer die Sortierreihenfolge, die Sie benötigen. Schauen Sie sich das folgende Arbeitsblatt an, in dem Umsätze verschiedener Produkte für die verschiedenen Monate eines Jahres aufgeführt sind.

Bild 23.13 In dieser Tabelle sollen die Daten auch nach dem Monat sortiert werden

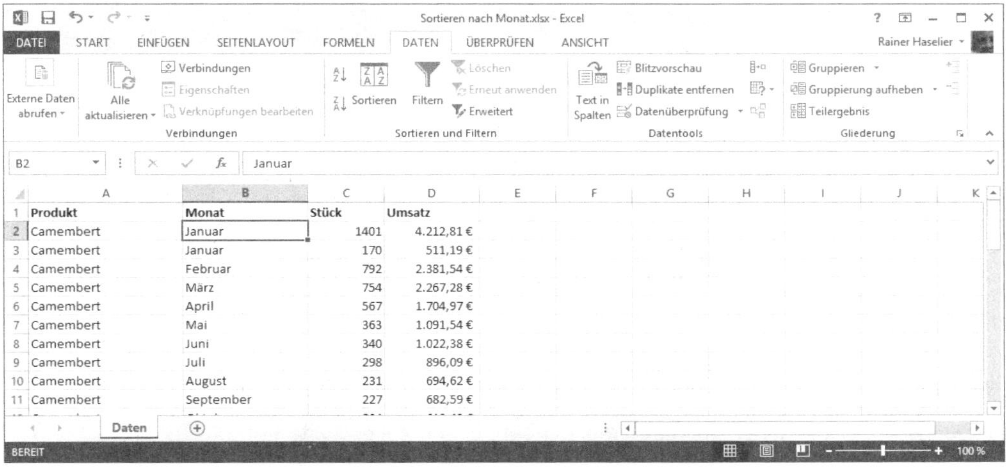

Diese Daten sollen so sortiert werden (beispielsweise um sie gruppieren zu können), dass die Umsätze aller Produkte untereinander stehen, und für jedes Produkt dann die Umsätze in aufsteigender Reihenfolge der Monate. Die alphabetische Reihenfolge können Sie für die Monate nicht verwenden, da dann z.B. der Februar vor dem Januar stehen würde.

Um diese Art von Sortierungen vorzunehmen, können Sie Daten nach einer sogenannten benutzerdefinierten Liste sortieren lassen. Excel enthält bereits vordefinierte benutzerdefinierte Listen, mit denen Sie z.B. nach Monatsnamen oder den Namen der Wochentage sortieren können.

Um die Sortierung in diesem Beispiel vorzunehmen, gehen Sie so vor:

1. Markieren Sie eine eine beliebige Zelle der Tabelle.
2. Klicken Sie auf der Registerkarte *DATEN* in der Befehlsgruppe *Sortieren und Filtern* auf die Schaltfläche *Sortieren.*
3. Öffnen Sie die Dropdownliste *Sortieren nach* und wählen Sie dort den Eintrag *Produkt* aus. Lassen Sie die Einstellungen in den Dropdownlisten *Sortieren nach* und *Reihenfolge* unverändert.
4. Klicken Sie auf *Ebene hinzufügen.*
5. Wählen Sie bei der zweiten Ebene die Spalte *Monat* aus, öffnen Sie die Dropdownliste *Reihenfolge* und klicken Sie auf *Benutzerdefinierte Liste* (siehe Abbildung auf der nächsten Seite).

Bild 23.14 Zum Sortieren Ihrer Daten können Sie auch eine benutzerdefinierte Liste verwenden

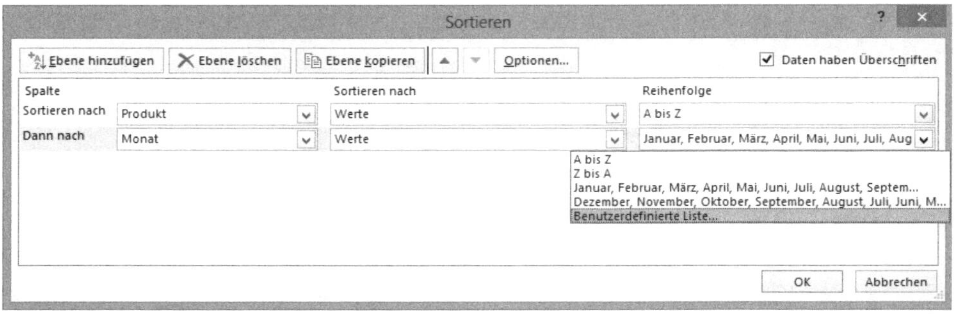

Excel zeigt das Dialogfeld *Benutzerdefinierte Listen* an.

Bild 23.15 Hier sehen Sie die Listen, die bereits in Excel enthalten sind

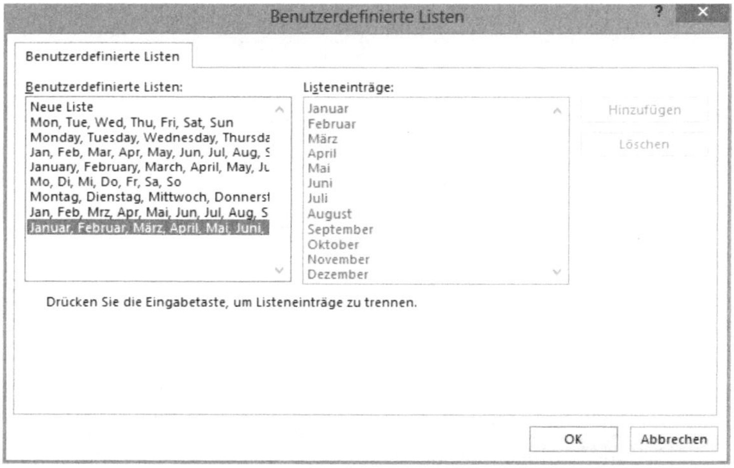

6. Klicken Sie bei *Benutzerdefinierte Listen* auf den Eintrag *Januar, Februar ...* und dann auf *OK*.
7. Klicken Sie im Dialogfeld *Sortieren* ebenfalls auf *OK*, um die Sortierung vornehmen zu lassen.

Bild 23.16 Diese Tabelle wurde nach den Produktnamen und den Monaten sortiert

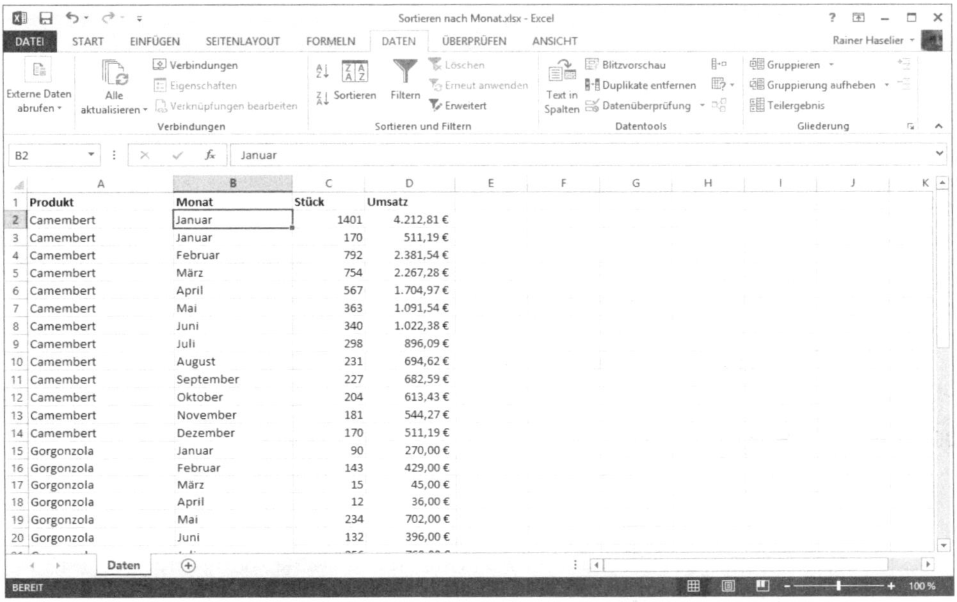

Eigene benutzerdefinierte Liste erstellen

Auch wenn diese Listen »benutzerdefinierte Listen« heißen, wurden die Listen, die Sie bisher gesehen haben, von den Leuten im Excel-Team und nicht von Ihnen, dem Benutzer, definiert. Sie können jedoch auch eigene Listen erstellen und mit diesen Listen dann die Sortierreihenfolge für Elemente festlegen, die sich weder alphabetisch noch nach ihrem Wert korrekt sortieren lassen. Als Beispiel soll eine Tabelle dienen, in denen die Umsätze nach Jahreszeiten sortiert werden sollen.

1. Markieren Sie eine beliebige Zelle der Tabelle.
2. Klicken Sie auf der Registerkarte *DATEN* in der Befehlsgruppe *Sortieren und Filtern* auf die Schaltfläche *Sortieren.*
3. Wählen Sie die Spalte aus, in der die Jahreszeit enthalten ist, öffnen Sie die Dropdownliste *Reihenfolge* und klicken Sie auf *Benutzerdefinierte Liste.*
4. Markieren Sie im Listenfeld *Benutzerdefinierte Listen* den Eintrag *Neue Liste.*
5. Geben Sie in das Feld *Listeneinträge* die einzelnen Elemente der Liste ein. Trennen Sie die einzelnen Listeneinträge durch Drücken der [↵]-Taste.
6. Klicken Sie auf die Schaltfläche *Hinzufügen.* Die neue Liste wird im Feld *Benutzerdefinierte Listen* angezeigt (siehe Abbildung auf der folgenden Seite).

Bild 23.17 Mit dieser neuen benutzerdefinierten Liste können Sie Tabellendaten nach den Jahreszeiten sortieren

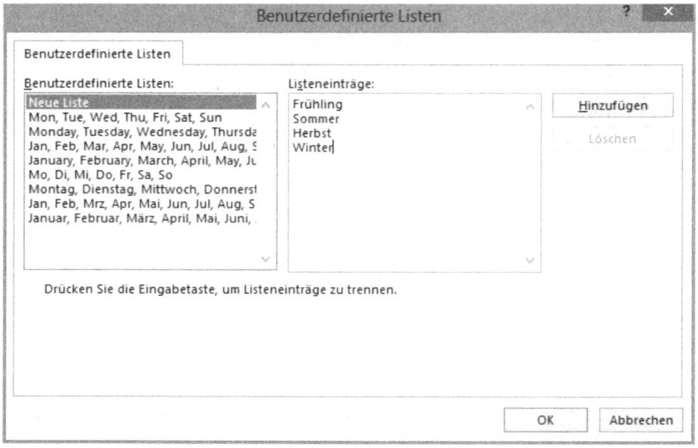

7. Klicken Sie auf *OK*, um nach dieser Liste zu sortieren.
8. Legen Sie bei Bedarf im Dialogfeld *Sortieren* weitere Sortierkriterien fest.
9. Klicken Sie auf *OK*, um die Sortierung vorzunehmen.

PROFITIPP

AutoAusfüllen und benutzerdefinierte Listen

Benutzerdefinierte Listen können in Excel nicht nur zum Sortieren verwendet werden, sie stehen Ihnen auch beim AutoAusfüllen automatisch zur Verfügung. Wenn Sie z.B. die oben beschriebene Liste mit den Jahreszeiten erstellt haben, reicht es aus, in eine Zelle **Frühling** einzugeben und dann das AutoAusfüllen-Kästchen zu ziehen, um Reihen auszufüllen.

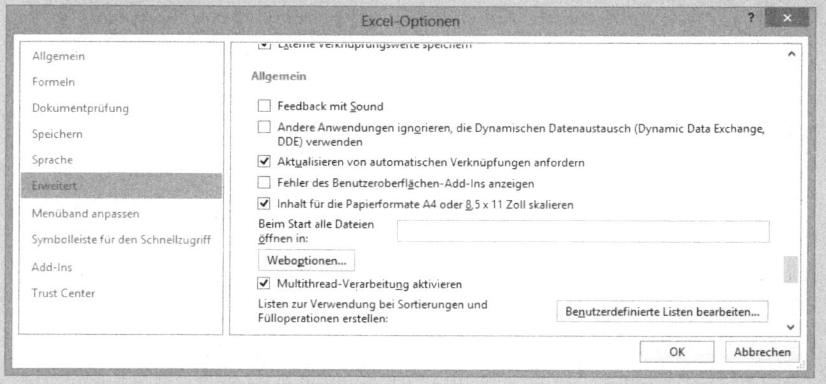

Sie können Ihre benutzerdefinierten Listen bearbeiten und erstellen – ohne den Umweg über das Dialogfeld *Sortieren* gehen zu müssen –, indem Sie auf die Registerkarte *DATEI* und dann auf *Optionen* klicken. Lassen Sie im Dialogfeld *Excel-Optionen* die Kategorie *Erweitert* anzeigen und klicken Sie anschließend im Abschnitt *Allgemein* auf die Schaltfläche *Benutzerdefinierte Listen bearbeiten.*

Teilergebnisse anzeigen lassen

Eine interessante Möglichkeit der Gruppierung stellt Ihnen Excel mit der Funktion Teilergebnisse zur Verfügung. Mit ihr können Sie eine Tabelle gruppieren und dabei von Excel automatisch Zeilen mit Ergebnissen der Gruppierung einfügen lassen.

Nehmen Sie als Beispiel eine Tabelle mit Umsatzzahlen für unterschiedliche Produkte, die von unterschiedlichen Verkäufern erzielt wurden. Mithilfe von Teilergebnissen können Sie beispielsweise die Stückzahlen und den Gesamtumsatz jedes Verkäufers einfach anzeigen lassen. Gehen Sie dazu wie folgt vor:

1. Öffnen Sie das Arbeitsblatt, in dem Sie Teilergebnisse anzeigen lassen wollen.
2. Sortieren Sie die Tabelle mit den Schritten, wie sie im vorigen Abschnitt beschrieben wurden, nach der Spalte, für die die Teilergebnisse angezeigt werden sollen. Da wir in diesem Beispiel am Umsatz der verschiedenen Verkäufer interessiert sind, lassen wir die Tabelle nach der Spalte *Verkäufer* sortieren.
3. Klicken Sie auf der Registerkarte *DATEN* in der Befehlsgruppe *Gliederung* auf die Schaltfläche *Teilergebnis.* Das Dialogfeld *Teilergebnisse* wird angezeigt.
4. Öffnen Sie die Dropdownliste *Gruppieren nach* und wählen Sie dort den Eintrag *Verkäufer* aus, da die Teilergebnisse für diese Spaltenwerte berechnet werden sollen. Es sollte sich dabei um die Spalte handeln, nach der in Schritt 2 sortiert wurde.

Bild 23.18 Hier legen Sie fest, wie Excel die Teilergebnisse erstellen und anzeigen soll

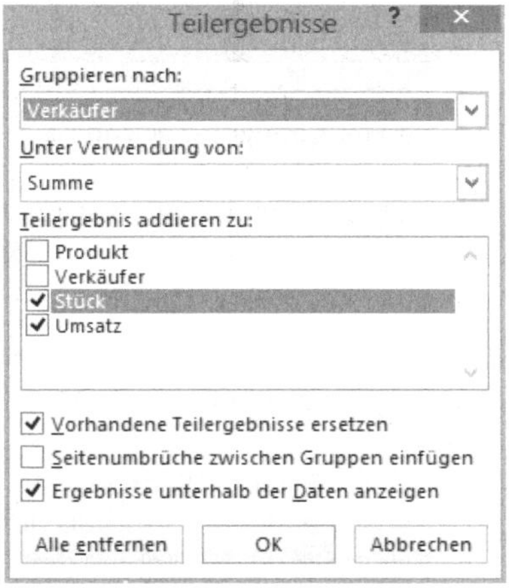

5. Wählen Sie in der Dropdownliste *Unter Verwendung von* die Funktion *Summe* aus, da diese zur Berechnung der Teilergebnisse verwendet werden soll.
6. Schalten Sie im Bereich *Teilergebnis addieren zu* die Kontrollkästchen der Spalten ein, für die Teilergebnisse berechnet werden sollen. Aktivieren Sie für dieses Beispiel die Kontrollkästchen *Stück* und *Umsatz.*
7. Aktivieren Sie die Kontrollkästchen *Vorhandene Teilergebnisse ersetzen* und *Ergebnisse unterhalb der Daten anzeigen.*

8. Klicken Sie auf *OK*, um das Dialogfeld zu schließen.

   Excel hat die Tabelle nach der festgelegten Spalte *(Verkäufer)* gruppiert und nach jedem Zellbereich mit den Daten eines Verkäufers eine weitere Zeile eingefügt, in der die Teilergebnisse angezeigt werden.

9. Klicken Sie links neben den Spaltenköpfen auf die Gliederungsebene 2. Excel zeigt dann nur die Teilergebnisse und das Gesamtergebnis an, wie es die folgende Abbildung zeigt.

Bild 23.19 Excel hat die Tabelle gruppiert und weitere Zeilen eingefügt, in der die Teilergebnisse angezeigt werden

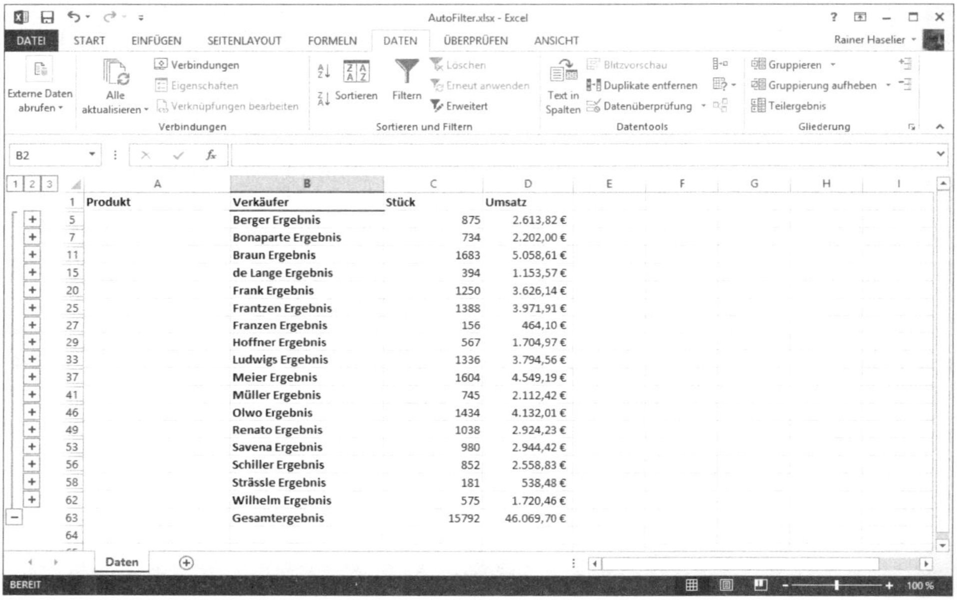

HINWEIS **Argumente der Funktion *TEILERGEBNIS*** Wenn Sie eine der Zellen markieren, in der die Ergebnisse angezeigt werden, können Sie in der Bearbeitungsleiste sehen, dass Excel zur Berechnung die Funktion *TEILERGEBNIS* verwendet.

Das erste Argument ist eine Zahl im Bereich von 1 bis 11, die festlegt, welche Funktion bei der Berechnung des Teilergebnisses innerhalb der Liste verwendet werden soll. Die Zahl 1 steht dabei für Mittelwert, die Zahl 2 für die Anzahl, die Zahl 3 für die Funktion Anzahl2 und die Zahl 9 für die Summe der Zellen. Die weiteren Argumente von *TEILERGEBNIS* sind 1 bis 254 Bereiche oder Bezüge, für die Sie ein Teilergebnis berechnen möchten.

Anzeige der Teilergebnisse erweitern

Sie können die angezeigten Teilergebnisse auch erweitern lassen. Nehmen wir an, Sie wollen in dem bisher vorgestellten Beispiel zusätzlich noch anzeigen lassen, wie viel unterschiedliche Produkte jeder Verkäufer verkauft hat. Hierzu gehen Sie folgendermaßen vor:

1. Klicken Sie auf der Registerkarte *DATEN* in der Befehlsgruppe *Gliederung* auf die Schaltfläche *Teilergebnis*. Das Dialogfeld *Teilergebnisse* wird angezeigt.
2. Öffnen Sie die Dropdownliste *Gruppieren nach* und wählen Sie dort den Eintrag *Verkäufer* aus, da die Teilergebnisse für diese Spaltenwerte berechnet werden sollen.
3. Wählen Sie in der Dropdownliste *Unter Verwendung von* die Funktion *Anzahl* aus, da diese zur Berechnung der Teilergebnisse verwendet werden soll.
4. Schalten Sie im Bereich *Teilergebnis addieren zu* das Kontrollkästchen der Spalte ein, für die zusätzlich ein Teilergebnis angezeigt werden soll. Aktivieren Sie für dieses Beispiel das Kontrollkästchen *Produkt*.
5. Schalten Sie das Kontrollkästchen *Vorhandene Teilergebnisse ersetzen* aus, damit die neuen Teilergebnisse zusätzlich angezeigt werden.
6. Klicken Sie auf *OK*.

Bild 23.20 Excel hat weitere Zeilen mit dem neuen Teilergebnis (Anzahl der verkauften Produkte je Verkäufer) eingefügt

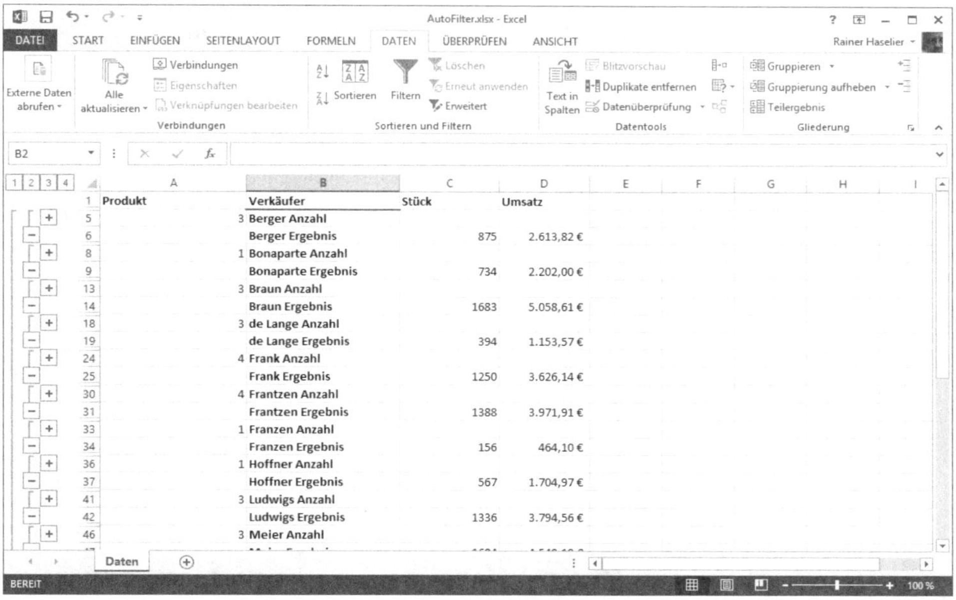

Um die Gruppierung und die Teilergebnisse wieder zu entfernen, klicken Sie auf der Registerkarte *DATEN* in der Gruppe *Gliederung* die Schaltfläche *Teilergebnis* an und klicken dann im Dialogfeld *Teilergebnisse* auf die Schaltfläche *Alle entfernen*.

AutoFilter verwenden

Zum Abschluss dieses Kapitels wollen wir noch einen kurzen Blick auf die AutoFilter-Funktion werfen, mit der Sie in einer größeren Tabelle lediglich die Daten anzeigen lassen können, die Sie in einem bestimmten Moment interessieren.

1. Klicken Sie auf der Registerkarte *DATEN* in der Befehlsgruppe *Sortieren und Filtern* auf die Schaltfläche *Filtern.*

   Neben den Spaltenüberschriften der Tabelle blendet Excel Pfeilschaltflächen ein.

2. Klicken Sie die Schaltfläche der Spalte an, nach der Sie filtern wollen. Ein Fenster wird geöffnet, in dem im unteren Bereich die Werte aller Einträge, die in dieser Spalte enthalten sind, angezeigt werden.

3. Schalten Sie das Kontrollkästchen *(Alles auswählen)* aus. Schalten Sie vor den Werten, die angezeigt werden sollen, die Kontrollkästchen ein.

Bild 23.21 Legen Sie in diesem Fenster das Filterkriterium für diese Spalte fest

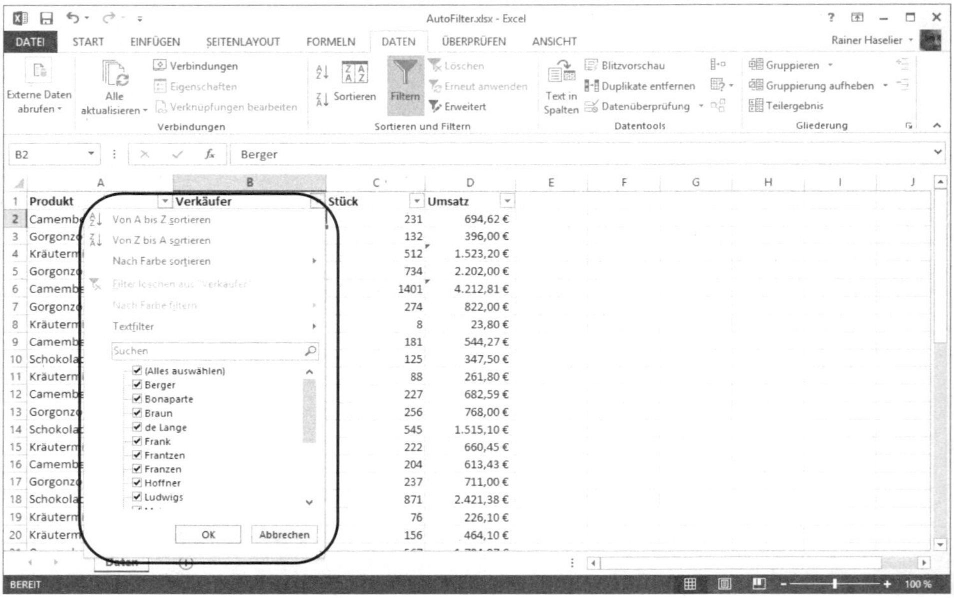

4. Klicken Sie auf *OK*.

   In der Tabelle werden nur noch die Zeilen angezeigt, die mit den festgelegten Kriterien übereinstimmen. In der Statusleiste können Sie sehen, wie viele der Zeilen den Kriterien entsprechen.

Bild 23.22 Die Tabelle zeigt nur noch die Zeilen an, die den gewählten Kriterien entsprechen. Die Spalte, nach der gefiltert wurde, können Sie an dem Filtersymbol (dem kleinen Trichter) erkennen.

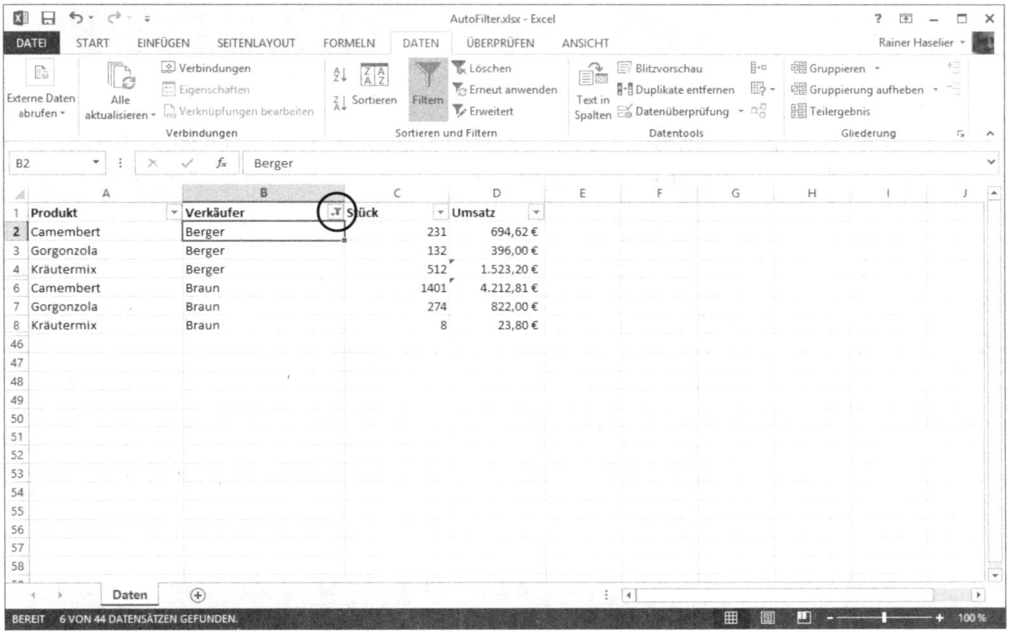

Sie können auch Filterkriterien für mehrere Spalten festlegen. Für die folgende Abbildung haben wir das Filterfenster für die Spalte *Produkt* geöffnet und dort lediglich das Kontrollkästchen für *Camembert* eingeschaltet. Somit erhalten Sie die Umsätze für die beiden zuerst ausgewählten Verkäufer, aber hier lediglich für das eine ausgewählte Produkt.

Bild 23.23 Sie können auch für mehrere Spalten Filterkriterien festlegen

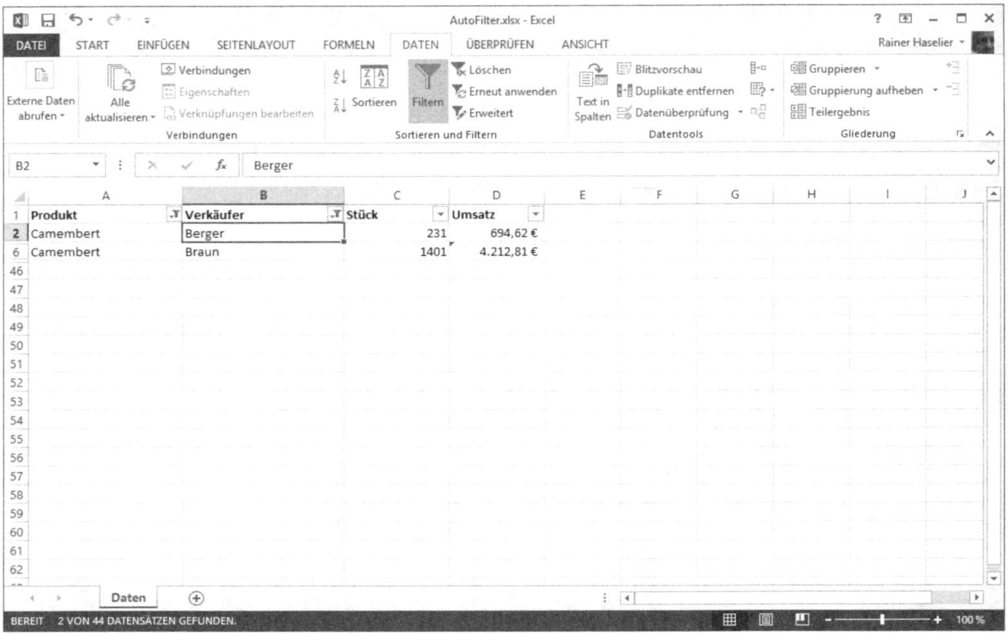

Um den Filter aufzuheben, klicken Sie auf der Registerkarte *DATEN* in der Gruppe *Sortieren und Filtern* auf die Schaltfläche *Löschen*. Es werden dann wieder alle Daten angezeigt. Die Pfeilschaltflächen in den Spaltenüberschriften bleiben so weiterhin sichtbar.

Wenn Sie die Pfeilschaltflächen in den Spaltenüberschriften entfernen wollen, klicken Sie auf der Registerkarte *DATEN* in der Gruppe *Sortieren und Filtern* auf die Schaltfläche *Filtern*.

Kapitel 24

Arbeitsblätter verknüpfen und konsolidieren

In diesem Kapitel:

Häufig ergibt sich das Problem, Daten auszuwerten, die sich in unterschiedlichen Arbeitsblättern befinden. Wie Sie Werte in verschiedenen Arbeitsblättern oder in unterschiedlichen Arbeitsmappen miteinander verknüpfen können, ist Thema dieses Kapitels. Wie Sie eine einfache Verknüpfung erstellen, wird in Kapitel 22, »Arbeitsblätter organisieren« beschrieben. In diesem Kapitel soll das Thema vertieft werden. Außerdem erfahren Sie hier, wie sich Daten konsolidieren, d.h. verdichten lassen.

Arbeitsblätter verknüpfen

Zu Anfang ein einfaches Beispiel für die Verknüpfung von Daten, die sich in unterschiedlichen Arbeitsblättern in der gleichen Arbeitsmappe befinden.

Wir haben dazu die Arbeitsmappe *Preise*, die sich in den Beispieldateien befindet, in zwei Fenstern geöffnet. Hierzu haben wir auf der Registerkarte *ANSICHT* in der Gruppe *Fenster* zuerst die Schaltfläche *Neues Fenster* angeklickt. Excel öffnet daraufhin ein weiteres Fenster, in dem die derzeit geöffnete Arbeitsmappe geladen ist. Anschließend haben wir auf der Registerkarte *ANSICHT* in der Gruppe *Fenster* die Schaltfläche *Alle anordnen* angeklickt. Excel zeigt dann das Dialogfeld *Fenster anordnen* an. Dort können Sie festlegen, ob die Fenster beispielsweise unter- oder nebeneinander positioniert werden sollen. Die verschiedenen Fenster, in denen die gleiche Arbeitsmappe geöffnet ist, sind mit *Preise:1* und *Preise:2* überschrieben.

Bild 24.1 Zwei Arbeitsblätter, die sich in der gleichen Arbeitsmappe befinden, sind miteinander verknüpft

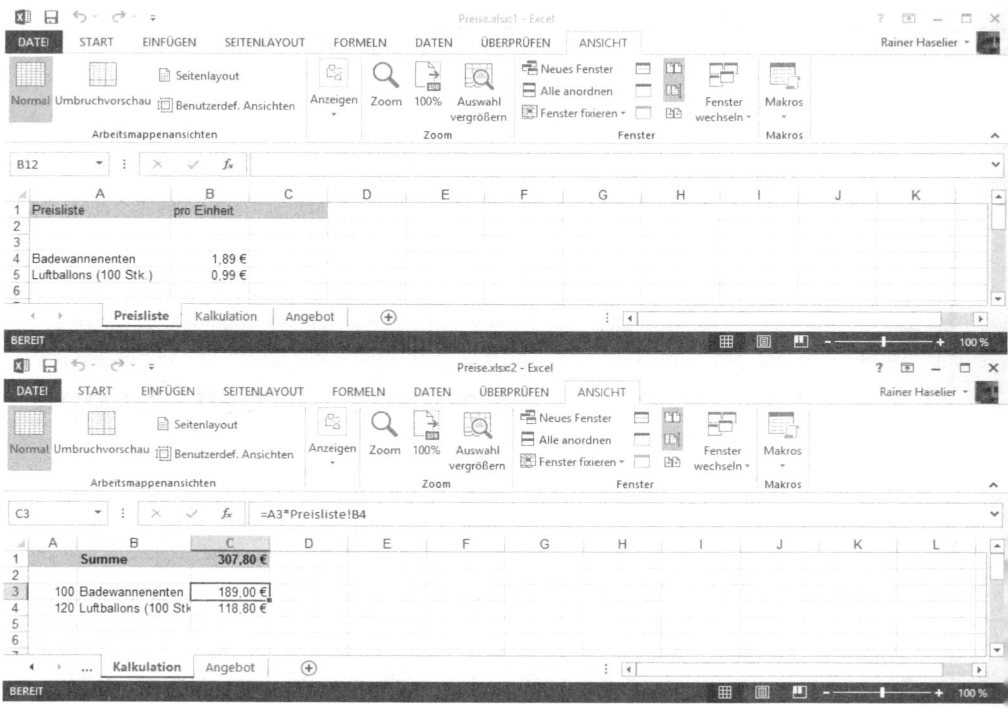

Im oberen Fenster sehen Sie im Arbeitsblatt *Preisliste* eine kleine Preisliste. In der unteren Tabelle wurde eine Kalkulation erstellt, die den Text und die Preise aus der Preisliste verwendet. In Zelle C3 der Kalkulation steht die Formel*: =A3*Preisliste!B4*

A3 bezeichnet die Stückzahl der Kalkulation, während die Referenz *Preisliste!B4* auf den Stückpreis im Arbeitsblatt *Preisliste* verweist. Der Name des Arbeitsblatts und die Zelladresse werden durch ein Ausrufezeichen getrennt.

Das dritte Arbeitsblatt mit dem Namen *Angebot* enthält den Entwurf für ein Angebotsschreiben. In das Angebotsschreiben wurde ein Verweis auf die Gesamtsumme der Kalkulation eingearbeitet: *=Kalkulation!C1*

Bild 24.2 Das dritte Arbeitsblatt enthält ein Angebot mit einem Verweis auf die Kalkulation

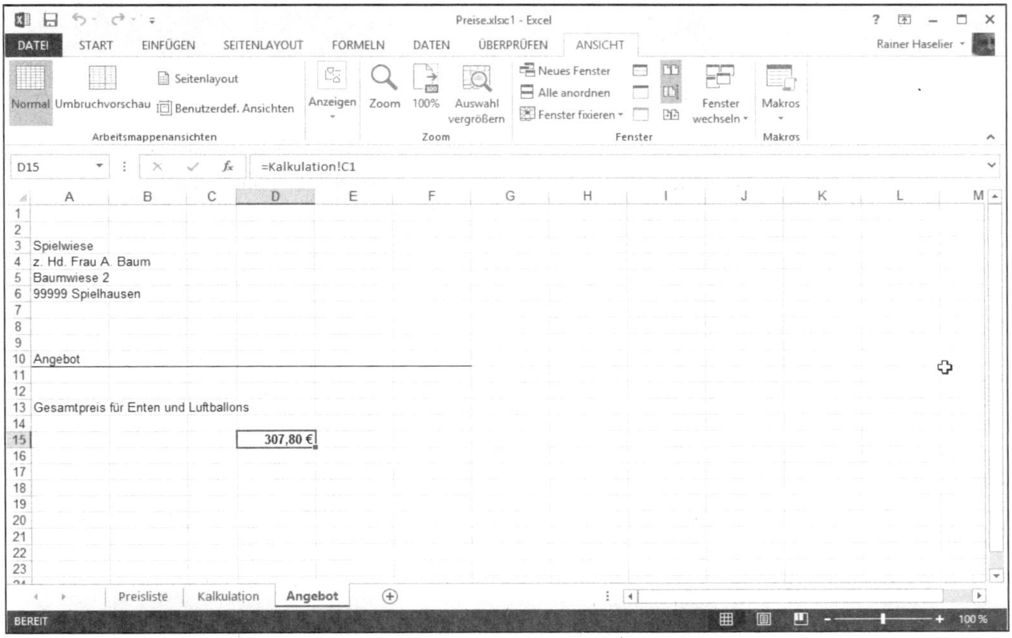

Verweis auf Zelle in anderer Arbeitsmappe

Angenommen, das Arbeitsblatt mit dem Angebot befindet sich in einer anderen Arbeitsmappe. Dann müsste der Verweis auf Zelle C1 des Arbeitsblatts *Kalkulation* der Arbeitsmappe *Preise* folgendermaßen heißen:

```
=[Preise.xlsx]Kalkulation!$C$1
```

Möchten Sie den Verweis nicht mit der Hand eintragen, weil Sie Tippfehler befürchten oder eventuell auch nicht mehr so genau wissen, wie die Angabe richtig heißen muss, gehen Sie am besten folgendermaßen vor:

1. Klicken Sie die Zelle in der Arbeitsmappe an, auf die verwiesen werden soll (hier: C1 im Arbeitsblatt *Kalkulation* in der Arbeitsmappe *Preise*).
2. Kopieren Sie sie mit Strg+C in die Zwischenablage.
3. Wechseln Sie zu der Arbeitsmappe, in die der Verweis eingefügt werden soll. Verwenden Sie hierzu auf der Registerkarte *ANSICHT* in der Befehlsgruppe *Fenster* die Schaltfläche *Fenster wechseln.*
4. Markieren Sie die Zelle, in die der Verweis eingefügt werden soll.
5. Klicken Sie auf der Registerkarte *START* in der Gruppe *Zwischenablage* auf den Pfeil der Schaltfläche *Einfügen* und wählen Sie im Menü den Befehl *Inhalte einfügen.* Das gleichnamige Dialogfeld wird angezeigt.

Bild 24.3 In diesem Dialogfeld können Sie genau festlegen, was eingefügt werden und ob eine Verknüpfung zu den Quelldateien erhalten bleiben soll

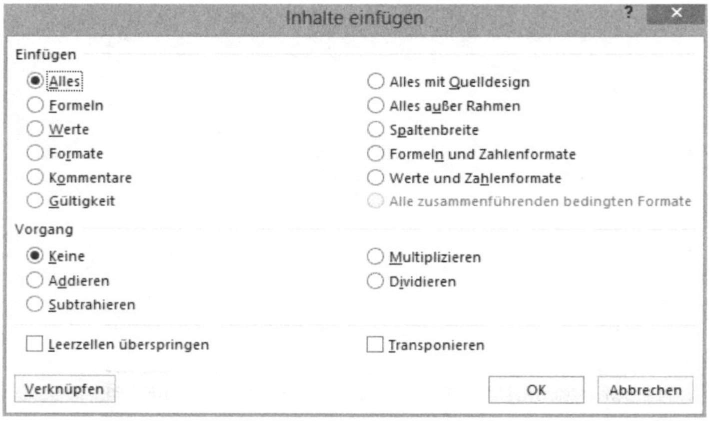

6. Wählen Sie im Dialogfeld *Inhalte einfügen* die Option *Alles* oder *Alles außer Rahmen* (wenn Sie die Formatierung der Zelle nicht mit einfügen möchten).
7. Klicken Sie dann auf die Schaltfläche *Verknüpfen.*

Der Verweis wird nun von Excel eingefügt und sieht erwartungsgemäß folgendermaßen aus:

Bild 24.4 Die Arbeitsmappe *Angebote* (unten) enthält einen Verweis auf Zelle C1 des Arbeitsblatts *Kalkulation* der Arbeitsmappe *Preise.xlsx*

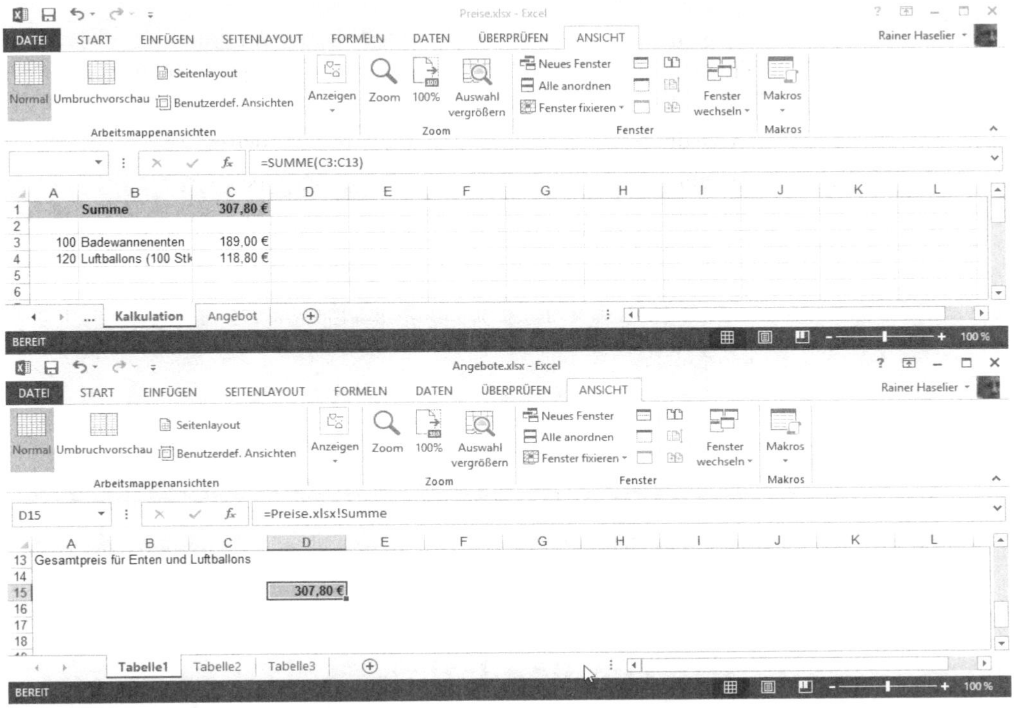

TIPP **Verweise auf benannte Zellen** In der Regel werden Sie bei Verknüpfungen auf absolute Adressen verweisen. Deshalb ist es durchaus sinnvoll, Zellen mit Namen zu versehen, um dann auf Namen verweisen zu können. Wurde beispielsweise Zelle C1 des Arbeitsblatts *Kalkulation* mit *Summe* benannt (Registerkarte *FORMELN,* Befehlsgruppe *Definierte Namen,* Schaltfläche *Namen definieren*), können Sie einfacher mit `=Preise.xlsx!Summe` auf diese Zelle verweisen. Die Benennung des Arbeitsblatts ist hierbei nicht notwendig, da Namen in einer Arbeitsmappe eindeutig sein müssen, d.h., es darf keine zwei Zellen mit gleichem Namen geben.

Verweise auf nicht geladene Arbeitsmappen

Die Verweise zwischen Arbeitsmappen können sich auch auf nicht geladene Blätter beziehen. Dazu muss allerdings der volle Pfadname der Datei angegeben werden. In der Formel wird der Dateiname dann in einfachen Anführungszeichen eingeschlossen, wie z.B.:

```
='C:\Users\Rainer G. Haselier\Documents\Excel-Beispiele\[Preise.xlsx]'!Summe
```

Haben Sie Zelle C1 nicht mit dem Namen *Summe* benannt, so finden Sie in der Bearbeitungsleiste:

```
='C:\Users\Rainer G. Haselier\Documents\Excel-Beispiele\[Preise.xlsx]'!$C$1
```

Wenn Sie eine Arbeitsmappe laden, in der sich Verweise auf andere Arbeitsmappen befinden, zeigt Excel unterhalb des Menübands eine Sicherheitswarnung an, die Sie darauf aufmerksam macht, dass die automatische Aktualisierung deaktiviert wurde.

Bild 24.5 Beim Öffnen einer Datei, die Verknüpfungen zu anderen Arbeitsmappen enthält, zeigt Excel diese Sicherheitswarnung an

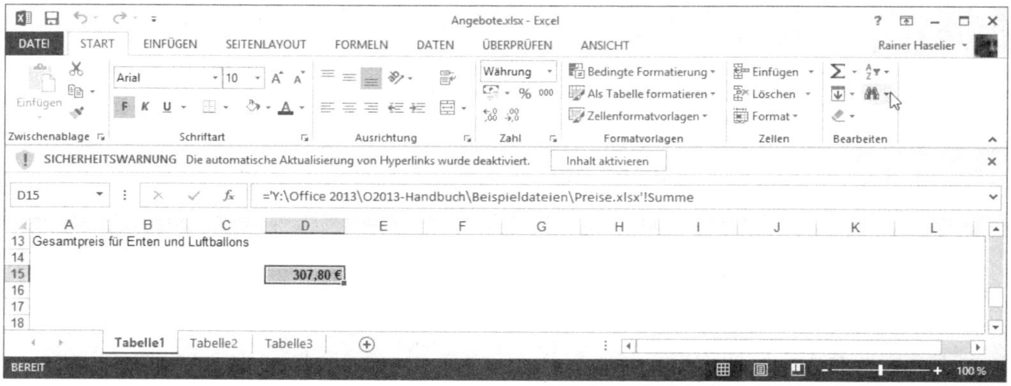

Klicken Sie auf die Schaltfläche *Inhalt aktivieren*, damit die aktuellen Werte aus den im Verweis bezeichneten Dateien verwendet werden.

Verknüpfte Dateien laden

In einem eigenen Dialogfeld können Sie sich alle Verknüpfungen ansehen, verknüpfte Dateien laden und eine andere Datei als Quelle der Verknüpfung festlegen. Klicken Sie auf die Registerkarte *DATEI* und dann auf *Informationen*. Klicken Sie anschließend im rechten Bereich der Backstage-Ansicht auf *Verknüpfungen mit Dateien bearbeiten*. Excel zeigt das Dialogfeld *Verknüpfungen bearbeiten* an (siehe Bild 24.6).

Bild 24.6 Dieses Dialogfeld zeigt alle Verknüpfungen an, die in der geöffneten Arbeitsmappe enthalten sind

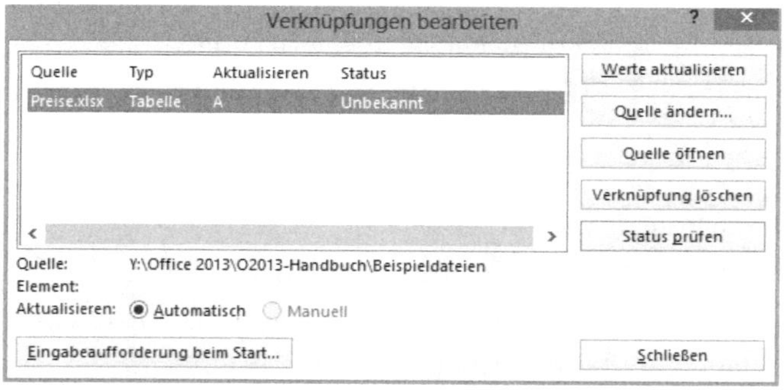

- **Quelle öffnen** Mithilfe der Schaltfläche *Quelle öffnen* können Sie eine ausgewählte Datei laden. *Werte aktualisieren* bringt die Werte der Verknüpfung auf den neuesten Stand, ohne die verknüpfte Datei zu öffnen. Hierbei ist allerdings zu beachten, dass Verbindungen in eine nicht geöffnete Datei etwas mehr Zeit beim Neuberechnen und Aktualisieren benötigen.
- **Quelle ändern** Die Schaltfläche *Quelle ändern* ermöglicht Ihnen, die Bezugsdatei auszutauschen. Als Beispiel könnten wir annehmen, es gelte ab heute eine neue Preisliste und Sie müssen daher alle Verweise auf die alte Preisliste *Preise* in Verweise auf die neue Liste, *Preise_10*, ändern. Klicken Sie dazu einfach die Schaltfläche *Quelle ändern* an. Excel zeigt dann ein Dialogfeld an, in dem Sie die neue Tabelle auswählen können. In der gesamten Ausgangstabelle werden die Verknüpfungen entsprechend geändert.
- **Eingabeaufforderung beim Start** Sie können außerdem festlegen, wie Excel reagieren soll, wenn eine Datei mit externen Verknüpfungen geladen wird. Klicken Sie dazu auf die Schaltfläche *Eingabeaufforderung beim Start*. Hier können Sie entscheiden, ob eine Warnung angezeigt werden soll oder ob keine Warnung aktiviert wird, ob automatisch aktualisiert werden soll oder nicht.

Bild 24.7 Hier legen Sie fest, was mit externen Verknüpfungen geschehen soll

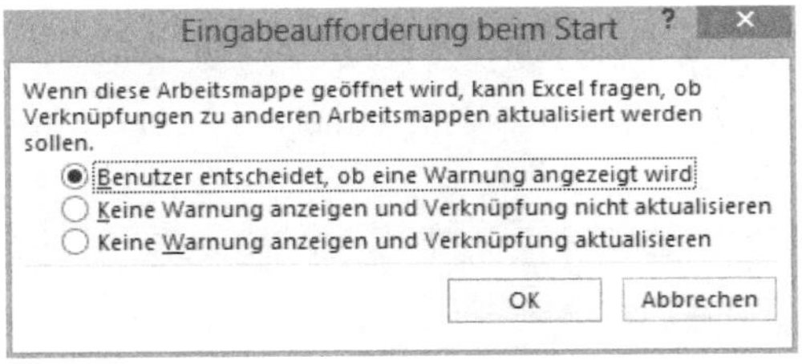

Verknüpfungen in Funktionen

Angenommen, Sie haben die Umsatzzahlen von verschiedenen Filialen für die Monate Januar bis März monatsweise in drei Arbeitblättern in einer Arbeitsmappe eingetragen und möchten nun eine Übersicht der einzelnen Monate erstellen.

Dann könnten Sie entweder in jedem Arbeitsblatt die Umsätze addieren und auf der Übersicht einen Verweis auf die Zelle mit der Summe einfügen. Oder Sie errechnen die Summe direkt auf dem Übersichtsblatt. Das können Sie im Prinzip mit der folgenden Formel:

```
=Januar!B5+Januar!B6+Januar!B7+Januar!B8+Januar!B9
```

Bild 24.8 Anhand der Monatszahlen der einzelnen Filialen soll der Gesamtumsatz pro Monat berechnet und in einem Übersichtsblatt eingetragen werden

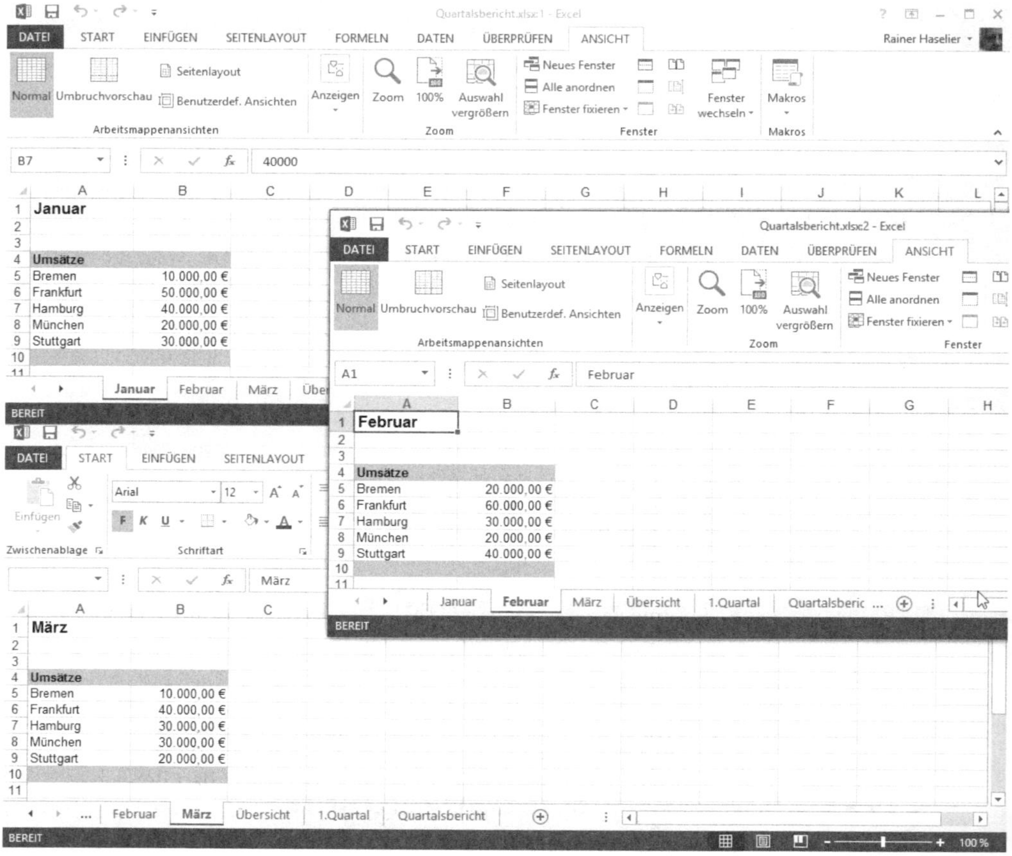

Je mehr Zellen addiert werden sollen, umso mühsamer ist es aber, diese Formel zu erstellen. Einfacher ist es, die Summenfunktion zu verwenden, und das geht so:

1. Fügen Sie in dem Arbeitsblatt, auf dem die Umsatzübersicht stehen soll, in die gewünschte Zelle die Summenfunktion ein, indem Sie auf der Registerkarte *FORMELN* in der Gruppe *Funktionsbibliothek* die Schaltfläche *AutoSumme* anklicken.
2. Wechseln Sie zum Arbeitsblatt *Januar* und markieren Sie die entsprechenden Zellen (nämlich B5 bis B9).
3. Bestätigen Sie die Formel durch Drücken der [↵]-Taste.

Bild 24.9 Die Summenfunktion enthält einen Verweis auf ein anderes Arbeitsblatt

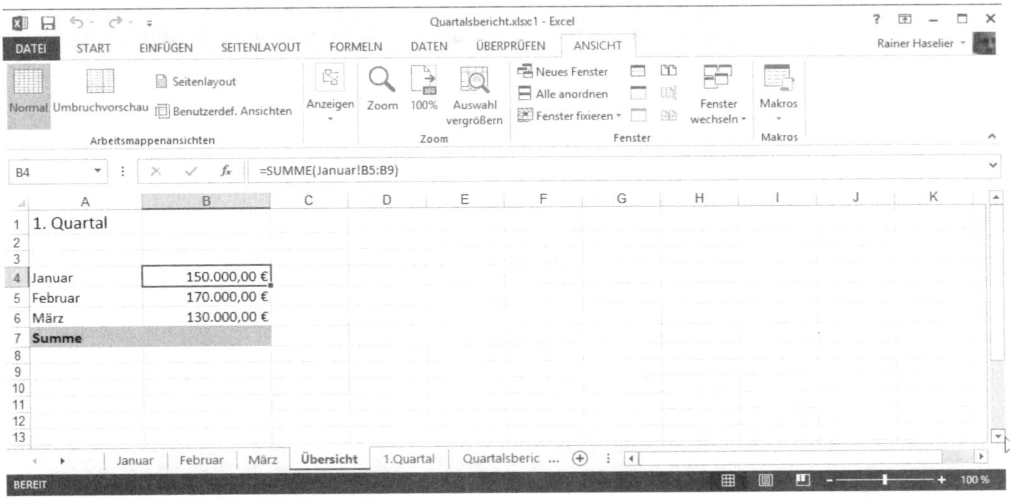

In die Summenfunktion wurde so der Verweis auf das Arbeitsblatt *Januar* aufgenommen. Summiert werden soll über die Zellen B5 bis B9:

```
=SUMME(Januar!B5:B9)
```

Möchten Sie die Summe in einer anderen Arbeitsmappe erstellen, wird zusätzlich in der Summenfunktion der Name der Arbeitsmappe eingefügt, wie in:

```
=SUMME([Quartalsbericht.xlsx]Januar!B5:B9)
```

TIPP **Benannte Bereiche** Auch hierbei ist das Arbeiten mit benannten Bereichen eine gute Alternative. So können Sie beispielsweise im Arbeitsblatt *März* den Bereich, der addiert werden soll – also B5 bis B9 –, mit einem Namen versehen, wie *WerteMärz*. Im Arbeitsblatt *Übersicht* wird dann in die entsprechende Zelle nur `=SUMME(WerteMärz)` eingetragen, um die Summe über alle Werte im Bereich *WerteMärz* zu berechnen.

3D-Bezüge

Mithilfe der in den vorangegangenen Abschnitten beschriebenen Verknüpfungsmethoden können Sie Formeln erstellen, deren Bezüge sich auch auf andere Arbeitsblätter erstrecken. Eine spezielle Art der Verknüpfung über eine Reihe von Arbeitsblättern hinweg ist der 3D-Bezug.

Als Beispiel verwenden wir wieder die Arbeitsmappe *Quartalsbericht.xlsx* (siehe Bild 24.10), in der die Umsatzzahlen der Monate Januar bis März für verschiedene Filialen enthalten sind. In einem neuen Arbeitsblatt mit dem Namen *1.Quartal* soll nun für jede Stadt über alle drei Arbeitsblätter *Januar* bis *März* die Summe berechnet werden.

Das funktioniert im Prinzip mit der Formel

```
=Januar!B5+Februar!B5+März!B5
```

Diese Art der Schreibweise ist ebenso mühsam wie fehlerträchtig. Einfacher lässt sich die Problemstellung mit einem 3D-Bezug lösen. Hierbei wird die dritte Dimension genutzt, nämlich die hintereinander liegenden Arbeitsblätter. Die Formel für die Summe kann so einfach als

```
=SUMME(Januar:März!B5)
```

geschrieben werden. Durch den Doppelpunkt werden alle Arbeitsblätter, die zwischen *Januar* und *März* liegen, in die Berechnung mit eingeschlossen.

Bild 24.10 Die Summenformel verwendet einen 3D-Bezug

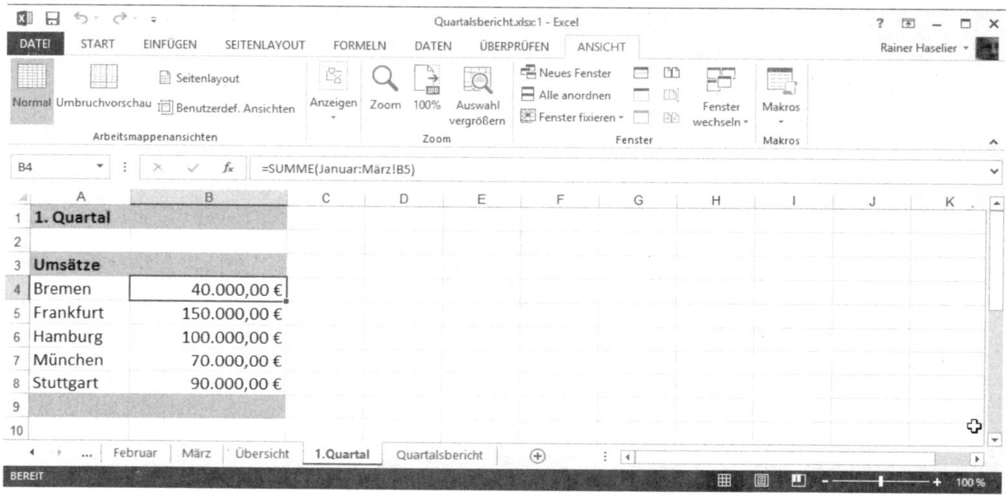

Daten konsolidieren

Eine weitere Methode für die Auswertung und Verdichtung von Daten ist die Konsolidierung. Sie können damit auch über mehrere Arbeitsblätter hinweg schnell Summen-, Mittelwert- und statistische Berechnungen durchführen.

Excel unterscheidet die Konsolidierung nach Position oder nach Rubrik. Daten nach Position zu konsolidieren setzt voraus, dass die zusammenzufassenden Daten zwar in mehreren Arbeitsblättern verteilt sein können, aber immer in der gleichen Reihenfolge und immer an der gleichen Position angeordnet sein müssen. Verwenden Sie Daten mit identischen Zeilen- und Spaltenbeschriftungen, lassen sich diese Daten mit übereinstimmenden Beschriftungen nach Rubriken zusammenfassen.

Im Folgenden stellen wir Ihnen in jeweils einem Beispiel eine Konsolidierung nach Position und eine nach Rubriken vor.

Konsolidieren nach Position

Ihnen liegen drei Arbeitsblätter mit den Umsatzerlösen der Monate Januar, Februar und März in der Arbeitsmappe *Quartalsbericht.xlsx* vor, die alle drei gleich aufgebaut sind. In einer vierten Tabelle möchten Sie als Quartalsbericht die Umsatzsummen der Monate addieren. (Ebenso könnten Sie den Mittelwert oder den Maximalwert bestimmen.)

Sie könnten dieses Problem, wie in den vorangegangenen Abschnitten gezeigt, durch eine Verknüpfung lösen. Tragen Sie dazu in die Additionsformel die entsprechenden Verweise ein. Bei drei verknüpften Blättern ist dieser Vorgang noch überschaubar, aber bei sechs, sieben oder mehr Verknüpfungen werden die Formeln lang und unhandlich. Insbesondere sind die Rechenanweisungen nicht änderungsfreundlich, denn Sie müssen z.B. bei der Hinzunahme einer weiteren Verknüpfung alle Formeln anpassen. Mit der Konsolidierungsfunktion bietet Excel Ihnen eine elegante und bequeme Möglichkeit, Anwendungen wie Quartalsberichte zu erstellen.

Fügen Sie für den Bericht ein neues Arbeitsblatt ein. Positionieren Sie den Cursor an der Stelle, an der Sie die konsolidierten Werte einfügen möchten. Rufen Sie das Konsolidierungsdialogfeld auf, indem Sie auf der Registerkarte *DATEN* in der Befehlsgruppe *Datentools* die Schaltfläche *Konsolidieren* anklicken.

Links oben im Dialogfeld sehen Sie die möglichen mathematischen Funktionen, die Sie beim Konsolidieren von Daten verwenden können. Für unser Beispiel sollte dort *Summe* selektiert sein.

Bild 24.11 In der Liste *Funktion* sehen Sie die Funktionen, die Sie beim Konsolidieren der Daten verwenden können

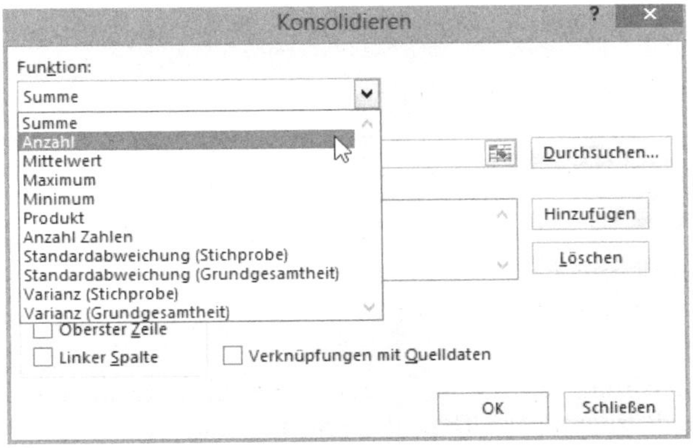

Im Feld *Verweis* (siehe Bild 24.12) werden die Verweise auf die zu konsolidierende Tabelle aufgenommen. Über die Schaltfläche *Hinzufügen* werden diese Bezüge dann nacheinander in die Liste, die mit *Vorhandene Verweise* betitelt ist, eingetragen.

Im Beispiel werden in den Bereich *Vorhandene Verweise* die Umsatzzahlen der einzelnen Monate aufgenommen. Die einzelnen Ursprungsbezugsbereiche werden, bildlich gesprochen, übereinandergelegt und addiert. Zusätzlich ist ausgewählt, dass die Beschriftung aus der *Linken Spalte* stammen soll.

Bild 24.12 Die Daten, die zur Konsolidierung verwendet werden sollen, werden hier festgelegt

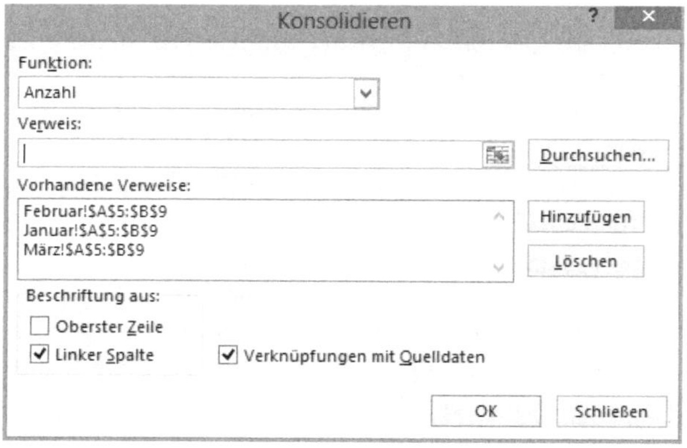

Im obigen Dialogfeld wurde zudem festgelegt, dass die konsolidierten Daten mit den ursprünglichen verknüpft werden sollen. Mithilfe von verknüpften Konsolidierungen ist es möglich, eine Verbindung zwischen der Ausgangs- und der Konsolidierungstabelle herzustellen, sodass bei Änderungen der Werte in den Quellbereichen automatisch die konsolidierten Daten aktualisiert werden. Gleichzeitig mit den Verknüpfungen wird Ihr Konsolidierungsarbeitsblatt gegliedert. Durch die Gliederung werden die Zwischenergebnisse versteckt. Zu jedem Ergebnis fügt Excel den Namen der Ursprungsdatei hinzu. In der folgenden Abbildung ist ein so verknüpftes und gegliedertes Blatt zu sehen, wobei für eine Zeile auch die Gliederungsdetails zu sehen sind.

Bild 24.13 Der konsolidierte Quartalsbericht ist fertig

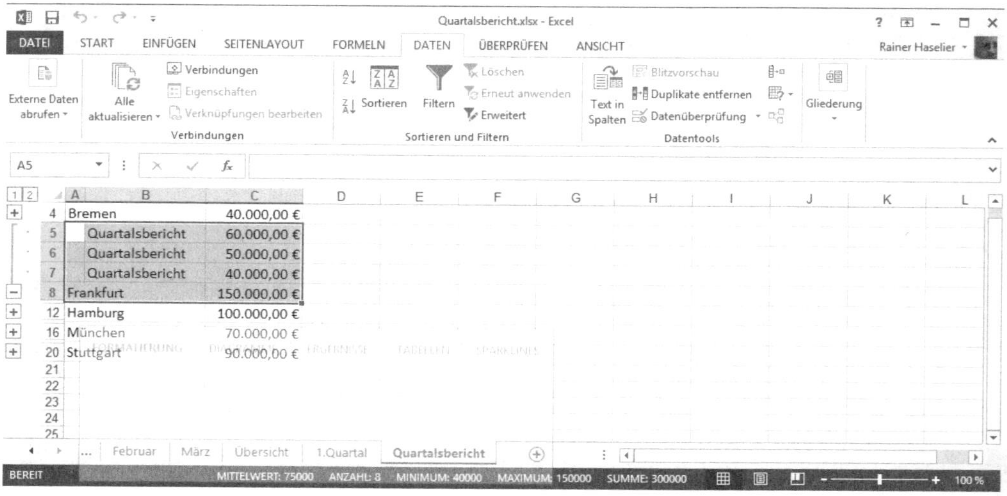

TIPP **Verknüpfung mit Quelldaten** Wenn Sie die Quelldaten nicht verknüpfen, erhalten Sie im Arbeitsblatt mit den konsolidierten Daten nur die Ergebnisse der Konsolidierung. Möchten Sie eine Änderung der Ursprungsdaten in die Konsolidierung einbeziehen, müssen Sie erneut konsolidieren.

Konsolidieren nach Rubriken

Als Beispiel für die Konsolidierung nach Rubriken verwenden wir eine Arbeitsmappe mit dem Namen *Verkauf.xlsx* (siehe Bild 24.14). Wie Sie links im Fenster in der Spalte *Artikelnummer* erkennen können, ist eine Reihe der Artikel mehrfach aufgeführt. Mithilfe der Konsolidierungsfunktion ist es möglich, die Summen für die einzelnen Artikelnummern zu berechnen. Übrigens kann Excel eine Konsolidierung auch innerhalb ein- und desselben Arbeitsblatts durchführen.

Um diese Liste zu konsolidieren, gehen Sie folgendermaßen vor: Wechseln Sie zum Arbeitsblatt *Konsolidierung nach Rubriken*, setzen Sie die Einfügemarke in Zelle A1 und klicken Sie auf der Registerkarte *DATEN* in der Gruppe *Datentools* auf *Konsolidieren*. Das Dialogfeld *Konsolidieren* wird geöffnet (siehe Bild 24.15).

Bild 24.14 Diese Artikelliste soll konsolidiert werden

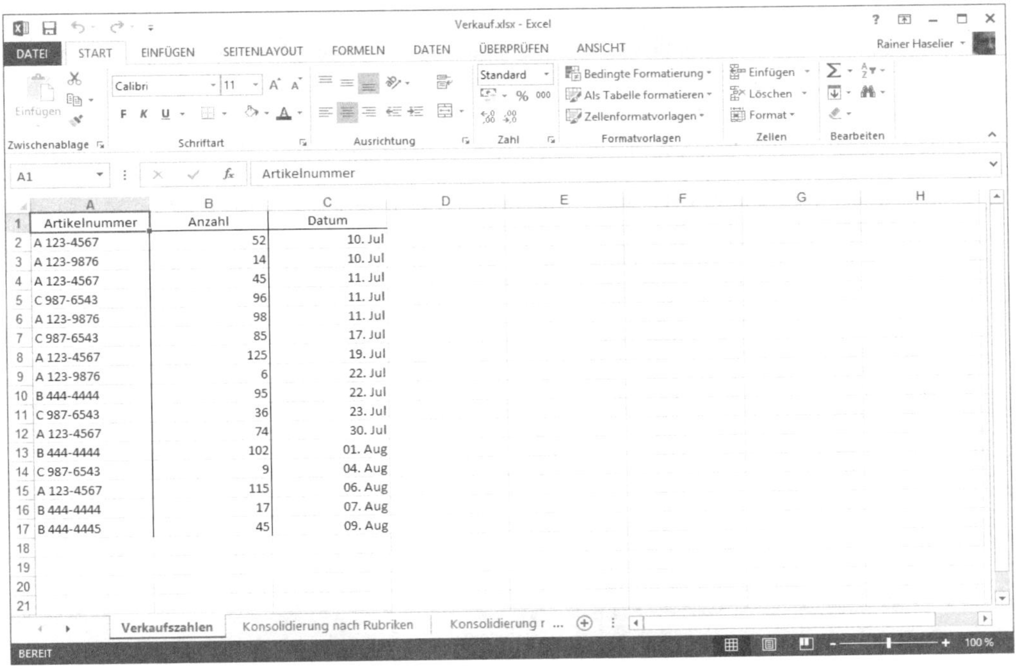

Als Verweis legen Sie dann den Tabellenbereich A2:B17 des Arbeitsblatts *Verkaufszahlen* fest. Klicken Sie zusätzlich in der Gruppe *Beschriftung aus* das Kontrollkästchen *Linker Spalte* an. Dadurch wird Excel angewiesen, die Werte anhand der Beschriftungen in der linken Spalte des Bezugsbereichs zu unterscheiden. Ansonsten werden nur Werte konsolidiert, die relativ die gleichen Adressen innerhalb der Bereiche haben.

Bild 24.15 Mit diesen Einstellungen wird die Artikelliste nach Rubriken konsolidiert

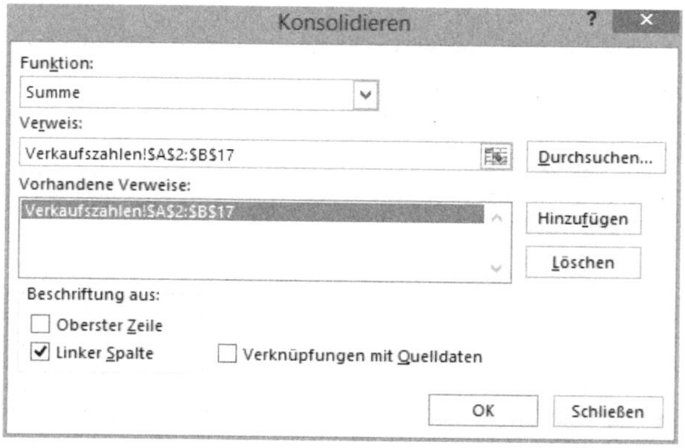

Excel konsolidiert die Ausgangsdaten und summiert über die Artikelnummern. Das Ergebnis ist in der folgenden Abbildung dargestellt.

Bild 24.16 Die Verkaufszahlen wurden nach Artikelnummern konsolidiert

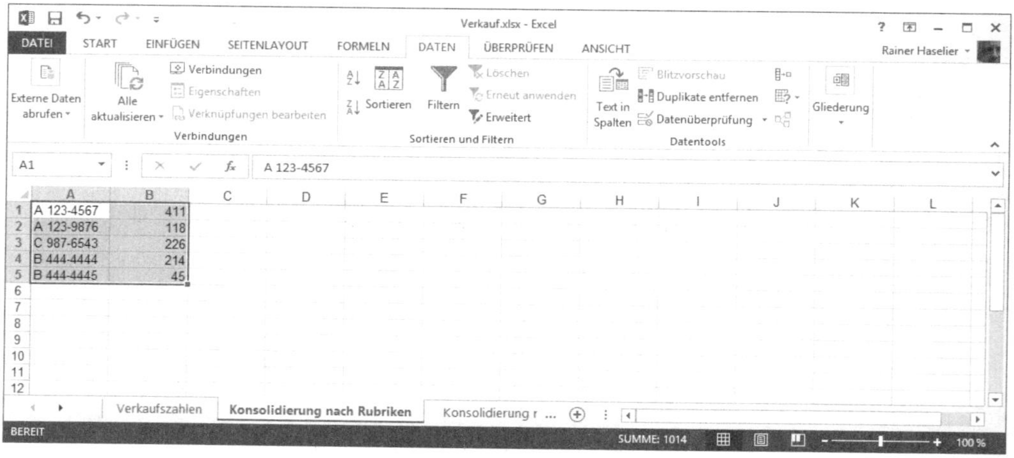

Platzhalter verwenden

Bei der Angabe der Rubriken gibt es noch weitere Möglichkeiten. Sie können mehrere Rubrikenarten durch die Angabe von Platzhaltersymbolen, wie * und ?, zusammenfassen. Ein Sternchen steht für beliebig viele Zeichen, ein Fragezeichen für ein beliebiges Zeichen.

In der folgenden Abbildung ist wieder die Verkaufstabelle zu sehen, jedoch wurden die Rubriken für die Konsolidierung geändert. Die Zeilen sind jetzt mit `A*`, `B*` und `C*` vorbesetzt. Der Stern als Platzhaltersymbol steht für beliebig viele Zeichen. In unserem Fall werden alle Rubriken, deren erstes Zeichen mit dem ersten Zeichen der Zeilenbeschriftung übereinstimmt, konsolidiert.

Bild 24.17 Beispiel für die Konsolidierung mit Platzhaltersymbolen

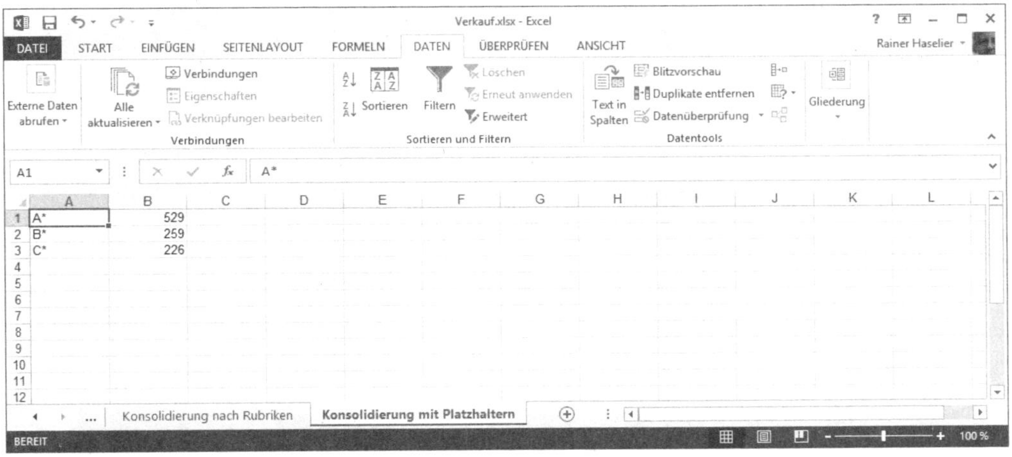

Markieren Sie vor der Konsolidierung die drei Zellen und rufen Sie dann erst das Dialogfeld zur Konsolidierung auf.

Kapitel 25

Diagramme erstellen

In diesem Kapitel:

Die Präsentation von Daten als Diagramme gehört ganz klar zu den Kernkompetenzen von Excel und das Angebot an Funktionen ist entsprechend umfangreich. Schon in der vorletzten Version von Excel, also in Excel 2007, ließen sich Excel Diagramme in absolut professioneller Qualität erzeugen. Seitdem haben sich die Entwickler von Microsoft darauf konzentriert, das Erstellen von Diagrammen möglichst zu vereinfachen. Denn gerade im Hinblick auf die Unterstützung von Geräten mit touchfähigen Displays bestand hier noch einiger Nachholbedarf. Zu viele Aufgaben beim Formatieren eines Diagramms waren wenig intuitiv und über zu viele Registerkarten verteilt. In Excel 2013 sollte das Erstellen von Diagrammen nochmals deutlich unkomplizierter werden und wie Sie im Verlaufe des Kapitels sehen werden, sind die Programmierer von Excel diesem Ziel ein großes Stück näher gekommen.

In diesem Kapitel werden wir Ihnen zunächst zeigen, wie Sie »mal eben« ein Diagramm erzeugen und es anschließend nach Ihren Wünschen verändern. Dabei werden Sie nicht ein einziges Mal das Menüband nutzen. Diese Vorgehensweise ist daher vor allem für Nutzer eines Tablets interessant, denn so können Sie das Menüband (siehe Kapitel 3) ausblenden und das Display optimal ausnutzen.

Im zweiten Teil des Kapitels stellen wir Ihnen die Registerkarten der *DIAGRAMMTOOLS* vor und gehen dabei auch auf einige Spezialthemen ein.

Schnellanalyse

Die sogenannte Schnellanalyse ist eine der neuen Funktionen von Excel 2013. Ihr Symbol ist Ihnen vermutlich schon des Öfteren begegnet und vielleicht haben Sie auch schon ein wenig mit diesem Feature experimentiert, zum Beispiel beim Formatieren einer Tabelle. In diesem Abschnitt zeigen wir Ihnen nun, wie Sie mit Hilfe der Schnellanalyse aus den Daten einer Tabelle mit minimalem Zeitaufwand ein Diagramm erstellen. Wir haben dazu eine Arbeitsmappe mit einer kleinen dreispaltigen Tabelle vorbereitet.

1. Öffnen Sie die Übungsdatei *Schnellanalyse.*
2. Markieren Sie die beiden ersten Spalten der Tabelle (also den Bereich B2:C6). Dadurch erscheint unten rechts an der Markierung das Symbol der Schnellanalyse.
3. Klicken Sie das Symbol an und wechseln Sie auf die Seite *DIAGRAMME.*

Bild 25.1 Excel hat die markierten Daten analysiert und macht dazu passende Diagrammvorschläge

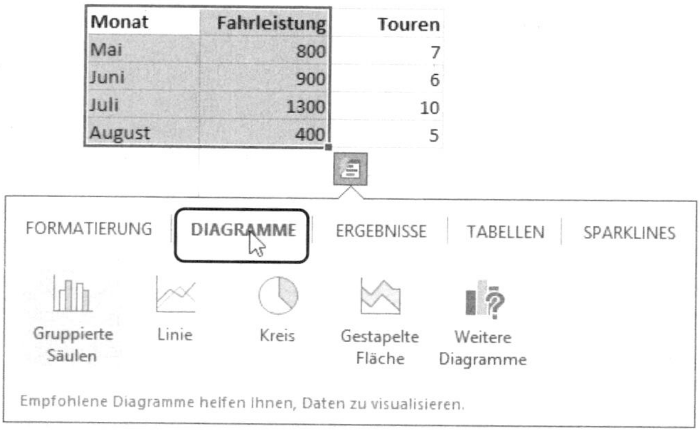

Bei den Vorschlägen der Schnellanalyse handelt es sich übrigens nicht um ein Standardrepertoire. Wenn Sie zum Beispiel auch die rechte Spalte der Tabelle markiert hätten, würde die Schnellanalyse kein Kreisdiagramm mehr vorschlagen, da sich mit dieser Diagrammart nur eine Tabellenspalte (Datenreihe) darstellen lässt.

4. Fahren Sie mit der Maus über die verschiedenen Symbole, damit Excel eine Livevorschau des Diagramms anzeigt.

Falls Sie Office per Fingereingabe steuern, legen Sie Ihren Finger zum Anzeigen der Vorschau auf das gewünschte Symbol und bewegen ihn dann ruckartig ein kleines Stück in beliebiger Richtung, ohne dass er dabei das Symbol verlässt. Wenn Sie anschließend den Finger einfach anheben, haben Sie den Diagrammtyp ausgewählt. Wollen Sie das nicht, müssen Sie Ihren Finger vor dem Anheben erst von dem Symbol wegziehen.

Bild 25.2 Livevorschau für den Diagrammtyp *Gruppierte Säulen*

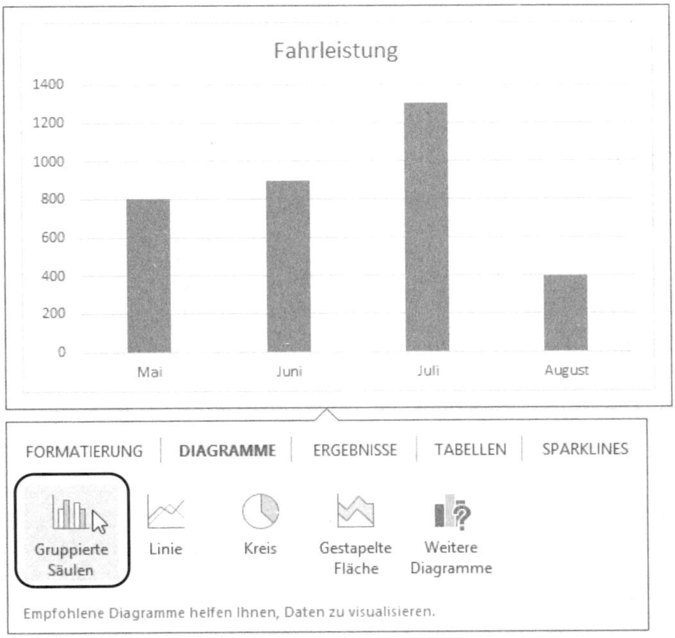

5. Wählen Sie einen der angebotenen Diagrammtypen aus. Excel fügt das neue Diagramm dann direkt auf dem aktuellen Arbeitsblatt ein (siehe Bild 25.3 auf der folgenden Seite).

Beachten Sie auch die drei Symbole rechts neben dem Diagramm. Sie wurden in Excel 2013 neu eingeführt und erlauben eine sehr komfortable Bearbeitung der Diagramme. Wir werden Ihnen diese wichtigen Funktionen gleich im nächsten Abschnitt vorstellen.

6. Schieben Sie das Diagramm an eine geeignete Position auf dem Blatt. Am besten fassen Sie dazu den Rahmen des Diagramms an. Mit dessen Anfassern lässt sich das Diagramm natürlich auch vergrößern oder verkleinern. Sie können das Diagramm auch auf ein anderes Arbeitsblatt verschieben. Wie das funktioniert beschreiben wir auf der Seite 510.

Bild 25.3 Das neue Diagramm in der von Excel gelieferten Rohfassung. Beachten Sie die beiden neuen Registerkarten und vor allem die drei Schaltflächen rechts neben dem Diagramm.

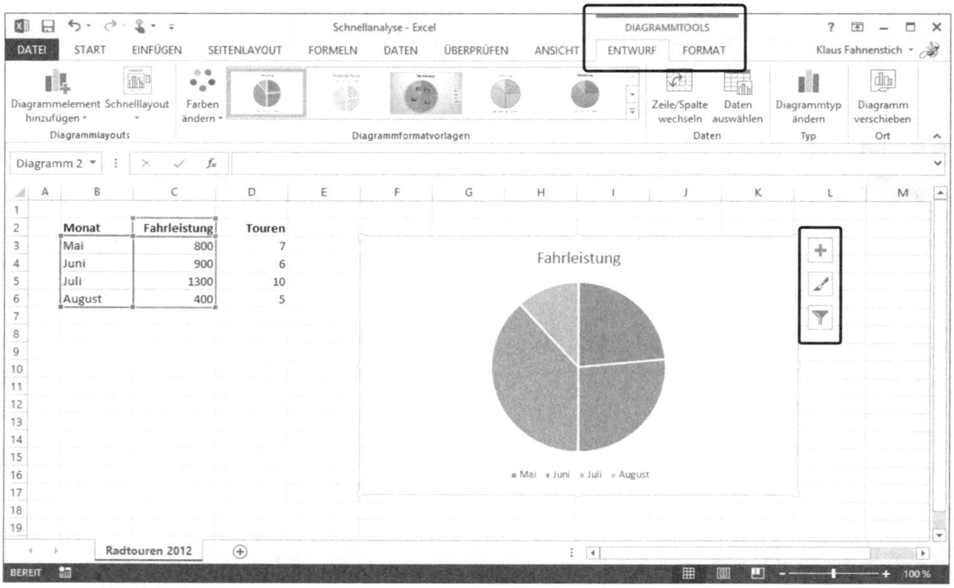

Damit ist das neue Diagramm im Grunde genommen schon fertig. Wir wollen trotzdem noch etwas an seinem Layout und seinem Aussehen feilen, denn Excel enthält sehr effektive Funktionen, mit denen Sie ein Diagramm in wenigen Augenblicken optisch enorm aufwerten können. Und die Gelegenheit sollten Sie sich nicht entgehen lassen.

HINWEIS **Diagrammtyp** Sie können den Diagrammtyp auch im Nachhinein noch ändern, falls Sie sich später für eine andere Form der Darstellung entscheiden. Die dazu notwendigen Schritte beschreiben wir im Abschnitt »Diagrammtyp ändern« ab Seite 509.

HINWEIS Zwischen dem Diagramm und den Daten, auf denen es basiert, besteht eine dauerhafte Verbindung. Wenn Sie die Daten ändern, wird das Diagramm automatisch angepasst.

Diagrammformatvorlagen zuweisen

Nachdem Sie den Typ des Diagramms festgelegt haben, können Sie jetzt seine farbliche Gestaltung ändern. Dies lässt sich am einfachsten und schnellsten über das Symbol *Diagrammformatvorlagen* erledigen, das automatisch neben einem markierten Diagramm angezeigt wird.

Wenn Sie das Symbol anklicken, erscheint ein Fenster mit einer Liste von Formatierungsvarianten für das gewählte Diagramm. Die einzelnen Varianten unterscheiden sich dabei nicht nur durch die benutzten grafischen Effekte, sondern auch durch die Anzahl und Position von Beschriftungsfeldern und Legenden. Hier unterscheidet sich Excel 2013 von seinem Vorgänger, bei dem Dokumentvorlagen nur Auswirkungen auf die farbliche Gestaltung eines Diagramms hatten.

Bild 25.4 In Excel 2013 haben Diagrammformatvorlagen nicht nur Einfluss auf Farben und Effekte, sondern auch auf Legenden und Beschriftungsfelder. Excel 2010 verhielt sich hier anders.

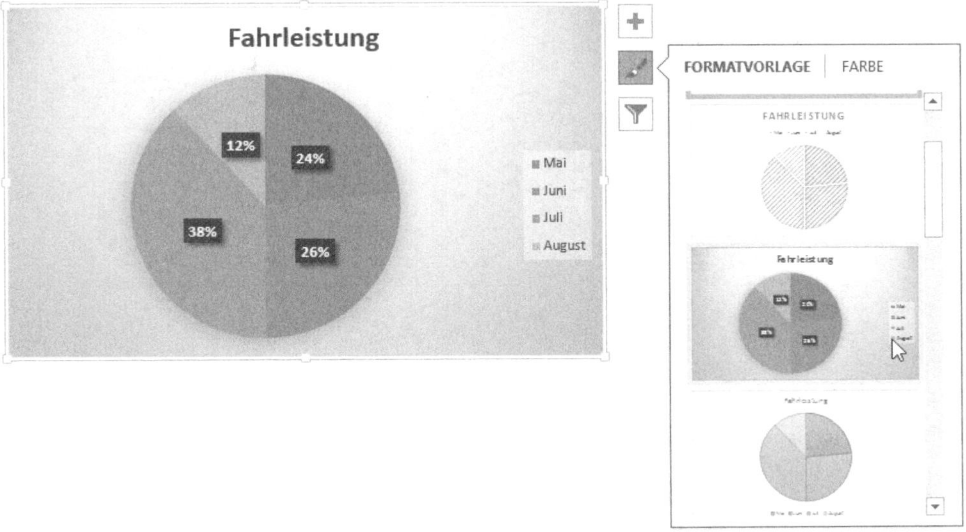

Auf der Seite *Farbe* haben Sie die Auswahl zwischen mehreren Farbpaletten. Dabei wird grundsätzlich unterschieden, ob die einzelnen Daten durch verschiedene Farben dargestellt werden (farbige Paletten) oder nur durch die Intensität des gewählten Farbtons (monochrome Paletten).

HINWEIS **Diagrammformatvorlagen mit dem Menüband zuweisen** Die Funktionen des Symbols *Diagrammformatvorlagen* finden Sie 1:1 auf der Registerkarte *DIAGRAMMTOOLS/ENTWURF* in der Gruppe *Diagrammformatvorlagen*.

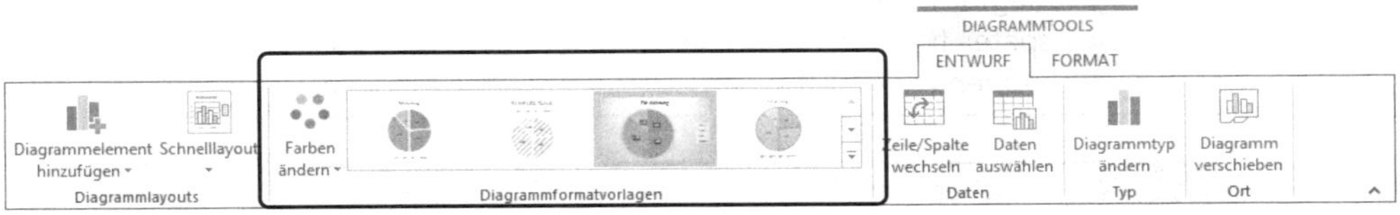

Diagrammelemente ein- und ausblenden

Ein Diagramm besteht je nach Typ aus verschiedenen Elementen. So können zum Beispiel alle Diagramme einen Titel und eine Legende besitzen. Andere Elemente, wie Achsen oder Trendlinien machen jedoch nur bei bestimmten Diagrammtypen Sinn und werden von Excel auch nur dort angeboten.

Zum Ein- und Ausblenden solcher Elemente verwenden Sie das oberste der drei Symbole, die neben einem markierten Diagramm erscheinen (das Pluszeichen). Sein Fenster enthält eine Liste aller für den jeweiligen Diagrammtyp erlaubten Elemente. Bei einigen Elementen können Sie über ein Untermenü noch weitere Optionen auswählen (siehe Bild 25.5 auf der nächsten Seite). Der kleine Pfeil erscheint übrigens erst, wenn Sie mit dem Mauszeiger auf den Befehl zeigen.

Bild 25.5 Diagrammelemente wie Titel oder Legenden lassen sich über das Symbol *Diagrammelemente* nicht nur ein- und ausschalten, sondern auch positionieren

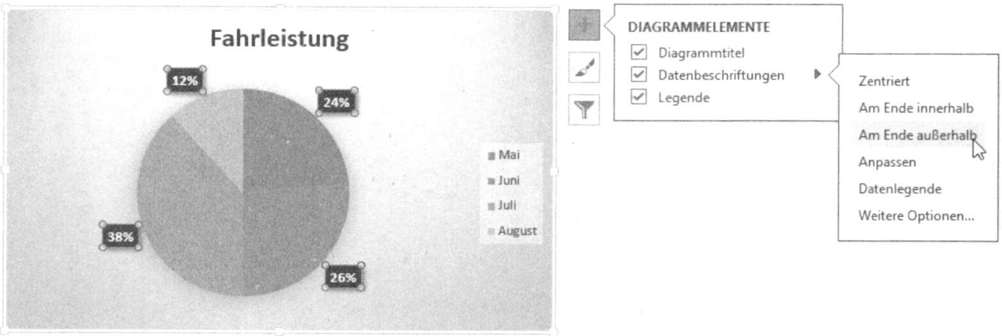

HINWEIS **Diagrammelemente mit dem Menüband zuweisen** Auch diese Funktion finden Sie auf der Registerkarte *DIAGRAMMTOOLS/ENTWURF*. Dort sind die einzelnen Optionen mit kleinen Grafiken bebildert.

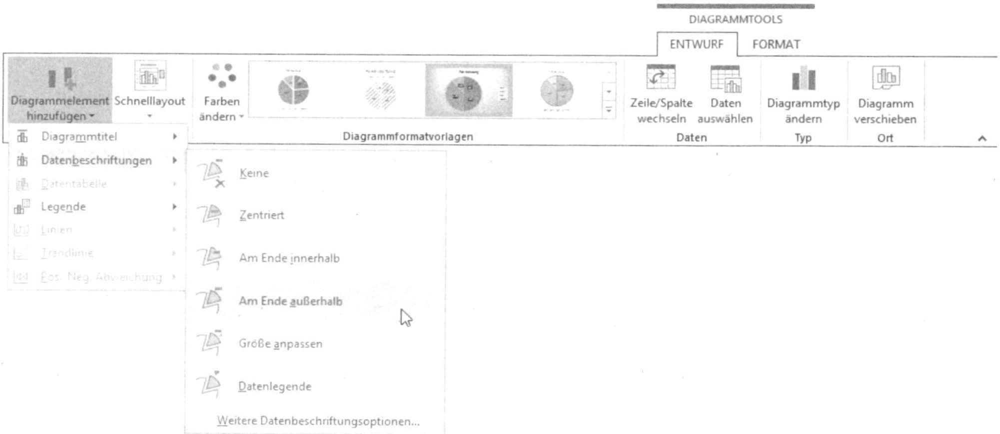

Weitergehende Informationen finden Sie im Abschnitt »Beschriftung ändern« ab Seite 512.

Diagrammfilter anwenden

Mit der Schaltfläche *Diagrammfilter* (dem Trichtersymbol) können Sie steuern, welche Daten aus der zugrunde liegenden Tabelle in das Diagramm aufgenommen werden sollen. Mit dieser Funktion können Sie zum Beispiel einzelne Datenwerte aus dem Diagramm entfernen oder eine andere Datenreihe (Tabellenspalte) darstellen.

Für das nächste Beispiel verwenden wir wieder die Tabelle aus der Übungsdatei *Schnellanalyse*.

1. Öffnen Sie die Datei *Schnellanalyse* und zeigen Sie das Blatt *Rennrad – Mountainbike* an.
2. Markieren Sie alle Spalten der Tabelle (also den Bereich B2:D6).

3. Erstellen Sie mit Hilfe der Schnellanalyse ein Diagramm aus gestapelten Säulen. Das Ergebnis sollte in etwa so aussehen, wie in der nächsten Abbildung. Zum Ändern des Titels klicken Sie diesen einfach an und überschreiben den Vorgabetext von Excel.

4. Klicken Sie auf die Schaltfläche *Diagrammfilter* und bewegen Sie den Mauszeiger im dadurch angezeigten Fenster über die einzelnen Einträge. Sie sehen dann, dass Excel den entsprechenden Bereich des Diagramms hervorhebt, indem alle anderen Bereiche aufgehellt werden.

Bild 25.6 Diagramm aus gestapelten Säulen, in dem einzelne Daten ausgeblendet werden sollen

5. Jetzt können Sie durch Ein- bzw. Ausschalten der entsprechenden Optionen einzelne Spalten und Zeilen der Tabelle aus dem Diagramm entfernen. Schalten Sie z. B. die Kategorie *Juli* aus und klicken Sie unten im Fenster auf *Übernehmen,* damit Excel das Diagramm aktualisiert.

Bild 25.7 Die Daten für den Monat Juli wurden aus dem Diagramm entfernt

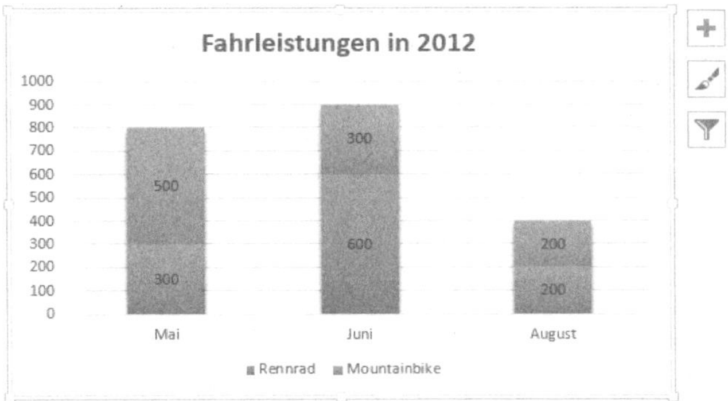

Excel 2013

Diagramme über das Menüband einfügen

Der traditionelle Weg beim Erstellen eines Diagramms führt natürlich über das Menüband. Ähnlich wie beim Einsatz der weiter vorne beschriebenen Schnellanalyse beschränkt sich Ihre Aufgabe auch hier im Wesentlichen auf das Markieren der zugrunde liegenden Daten und der Wahl eines geeigneten Diagrammtyps. In einem zweiten Schritt können Sie dann das Diagramm optimieren, indem Sie zum Beispiel Formatierungsmerkmale ändern, Achsen hinzufügen oder entfernen usw.

1. Öffnen Sie die Übungsdatei *Kreisdiagramm* und zeigen Sie das erste Arbeitsblatt an.
2. Markieren Sie den Zellbereich, in dem sich die Daten befinden, aus denen Sie ein Diagramm erstellen wollen. Beachten Sie, dass Sie dabei nicht nur die Zahlenwerte, sondern auch die zugehörigen Beschriftungen auswählen. Falls die Daten in Form einer Excel-Tabelle vorliegen (wie in unserer Übungsdatei), genügt es, eine beliebige Zelle der Tabelle anzuklicken.
3. Wechseln Sie auf die Registerkarte *EINFÜGEN*. Hier finden Sie in der Gruppe *Diagramme* mehrere Schaltflächen, mit denen Sie die verschiedenen Diagrammtypen einfügen können. In den Ausklappmenüs der Schaltflächen werden die möglichen Varianten des jeweiligen Typs angezeigt. Dort können Sie z.B. zwischen einer zwei- oder einer dreidimensionalen Darstellung wählen. Für jeden Diagrammtyp wird zudem ein Hilfetext eingeblendet, der Ihnen Hinweise gibt, für welchen Einsatzzweck der jeweilige Typ besonders geeignet ist.

Bild 25.8 Für jeden Diagrammtyp existieren mehrere Varianten

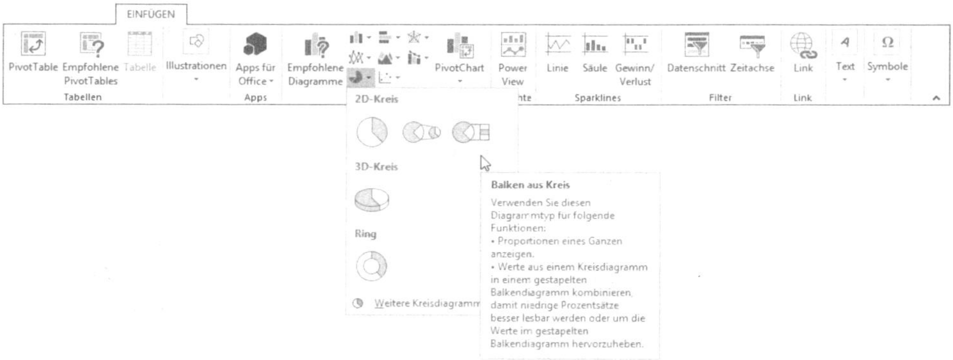

4. Falls Sie sich nicht sicher sind, welcher Diagrammtyp für Ihre Daten am besten geeignet ist, können Sie auf die Schalfläche *Empfohlene Diagramme* klicken. Excel zeigt dann das Dialogfeld *Diagramm einfügen* an und schlägt Ihnen die gleichen Diagramme vor, die auch die Schnellanalyse anbieten würde.
5. Wenn Sie lieber eine Liste mit sämtlichen Diagrammtypen sehen wollen, klicken Sie auf die kleine quadratische Schaltfläche rechts unten in der Gruppe *Diagramme*. Dadurch wird ebenfalls das Dialogfeld *Diagramm einfügen* aufgerufen, allerdings ist jetzt die Registerkarte *Alle Diagramme* aktiv (siehe Bild 25.9).

HINWEIS **Diagrammtyp** Sie können den Diagrammtyp auch im Nachhinein noch ändern, falls Sie sich später für eine andere Form der Darstellung entscheiden. Die dazu notwendigen Schritte beschreiben wir im Abschnitt »Diagrammtyp ändern« ab Seite 509.

Bild 25.9 In diesem Dialog werden alle Diagrammtypen angezeigt

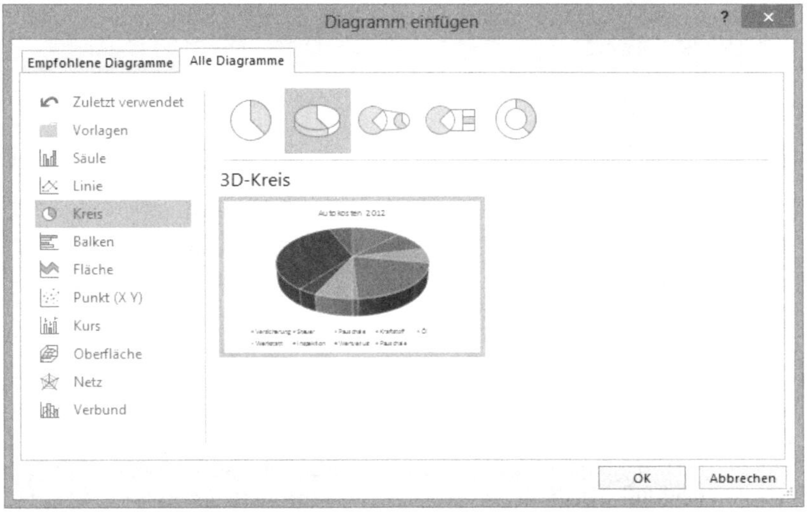

6. Um die Vorschaubilder zu vergrößern, zeigen Sie einfach mit der Maus darauf.
7. Wählen Sie einen Diagrammtyp aus und klicken Sie dann auf *OK*, damit Excel das Diagramm auf dem aktuellen Arbeitsblatt einfügt. Wie Sie ein Diagramm auf ein separates Blatt verschieben können, zeigen wir weiter unten im Abschnitt »Diagramm auf anderes Arbeitsblatt verschieben« auf Seite 510.

Diagrammtyp ändern

Der Typ eines Diagramms lässt sich jederzeit ändern. So können Sie zum Beispiel problemlos aus einem Kreisdiagramm ein Balkendiagramm machen. Die Vorgehensweise ist denkbar einfach: Markieren Sie das Diagramm, klicken Sie auf der Registerkarte *DIAGRAMMTOOLS/ENTWURF* in der Gruppe *Typ* auf die Schaltfläche *Diagrammtyp ändern* und wählen Sie im angezeigten Dialog einen neuen Diagrammtyp aus.

HINWEIS **Minibug: Diagrammformatvorlagen werden nicht aktualisiert** Wenn Sie die Änderung des Diagrammtyps direkt wieder rückgängig machen, werden die Diagrammformatvorlagen auf der Registerkarte *DIAGRAMMTOOLS/ENTWURF* nicht aktualisiert. Klicken Sie dann einfach ein anderes Diagramm an oder schließen Sie die Datei und öffnen sie erneut.

Schnelllayout

Jedes Excel-Diagramm besteht aus verschiedenen Elementen wie z.B. einem Titel, einer Legende, Beschriftungen usw. Wie Sie im weiteren Verlauf des Kapitels noch sehen werden, können Sie jedes dieser Elemente separat verändern. Oft ist dies jedoch gar nicht nötig, denn Excel bietet Ihnen mit den so genannten *Schnelllayouts* (früher *Diagrammlayouts*), eine ganze Palette fertiger Alternativdarstellungen an.

Um ein Schnelllayout anzuwenden, gehen Sie folgendermaßen vor:

1. Markieren Sie das Diagramm und wechseln Sie auf die Registerkarte *DIAGRAMMTOOLS/ ENTWURF*.
2. Klicken Sie auf die Schaltfläche *Schnelllayout*.

Bild 25.10 Art und Umfang der Layoutvorschläge hängen vom aktuellen Diagrammtyp ab

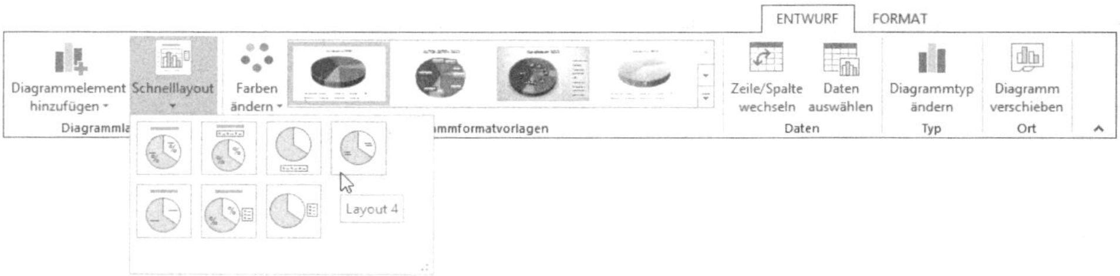

3. Wählen Sie eines der angebotenen Layouts aus. Excel unterstützt Sie bei der Auswahl wie gewohnt durch eine Livevorschau, sodass Sie die Wirkung der einzelnen Layouts schnell und komfortabel begutachten können.

Diagramm auf anderes Arbeitsblatt verschieben

Wenn Sie möchten, können Sie ein Diagramm auch auf ein anderes bzw. auf ein neues Arbeitsblatt verschieben. Gehen Sie dazu folgendermaßen vor:

1. Markieren Sie das Diagramm und klicken Sie in der Registerkarte *DIAGRAMMTOOLS/ ENTWURF* auf die Schaltfläche *Diagramm verschieben*. Excel zeigt dann das gleichnamige Dialogfeld an, in dem Sie auswählen können, ob für das Diagramm ein neues Blatt angelegt werden soll oder ob es auf ein anderes Blatt der Arbeitsmappe verschoben werden soll.

Bild 25.11 Verschieben eines Diagramms auf ein anderes/neues Arbeitsblatt

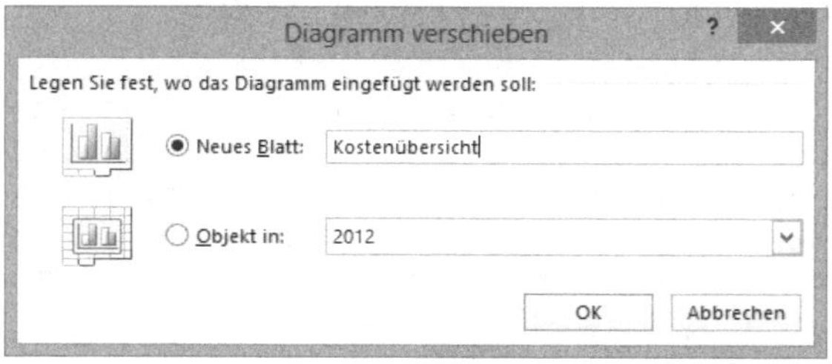

2. Nehmen Sie die gewünschten Einstellungen vor und bestätigen sie mit *OK*.

TIPP **Diagramme mit Hilfe der Zwischenablage verschieben** Um ein Diagramm auf ein anderes bzw. neues Arbeitsblatt zu verschieben, können Sie es auch alternativ mit Strg+X ausschneiden und auf dem neuen Blatt wieder mit Strg+V einfügen. Die Verbindung zu den Daten bleibt bei diesem Vorgang erhalten.

Diagrammelemente auswählen

Wie wir bereits weiter oben gesagt haben, können Sie viele der Komponenten, aus denen ein Diagramm zusammengesetzt ist, nachträglich ändern oder ihre Formatierung auf andere Merkmale einstellen. Vor dem Formatieren müssen Sie natürlich zuerst das entsprechende Diagrammelement markieren. Dazu haben Sie zwei Möglichkeiten:

- Sie klicken das gewünschte Element direkt im Diagramm an. Dieses Verfahren eignet sich jedoch nicht für alle Teile eines Diagramms, da einige Elemente nur schwer mit der Maus zu treffen sind (ganz zu schweigen von der Fingereingabe).
- Alternativ verwenden Sie die Registerkarte *DIAGRAMMTOOLS/FORMAT,* deren Gruppe *Aktuelle Auswahl* ein Listenfeld enthält, mit dem Sie die Elemente auswählen können.
- Auch die verschiedenen Aufgabenbereiche bieten entsprechende Auswahllisten an.

Wenn ein Element im Diagramm mehrfach auftritt, werden in der Regel zunächst alle Vorkommen markiert. Das ist zum Beispiel bei Datenbeschriftungen oder auch bei Datenreihen der Fall. Wollen Sie nur ein bestimmtes Element markieren, müssen Sie es anschließend noch einmal explizit anklicken.

Beispiel: Tortenstück herausziehen

Ein typischer Anwendungsfall, bei dem Sie ein einzelnes Element aus einer Gruppe markieren müssen, ist das Herausziehen eines Segments aus einem Kreisdiagramm:

1. Klicken Sie das gewünschte Diagramm an und wählen Sie auf der Registerkarte *DIAGRAMMTOOLS/FORMAT* in der Gruppe *Aktuelle Auswahl* den Eintrag *Reihen "xy"*. Danach sind alle Segmente des Kreises markiert.
2. Klicken Sie das gewünschte Segment direkt im Diagramm an und achten Sie dabei darauf, dass Sie nicht in der Nähe einer eventuell vorhandenen Datenbeschriftung klicken. Anschließend ist nur noch das eine Segment markiert.
3. Ziehen Sie das markierte Segment mit der Maus ein Stück aus dem Kreis.

Bild 25.12 Einzelne Elemente können nur im Diagramm markiert werden

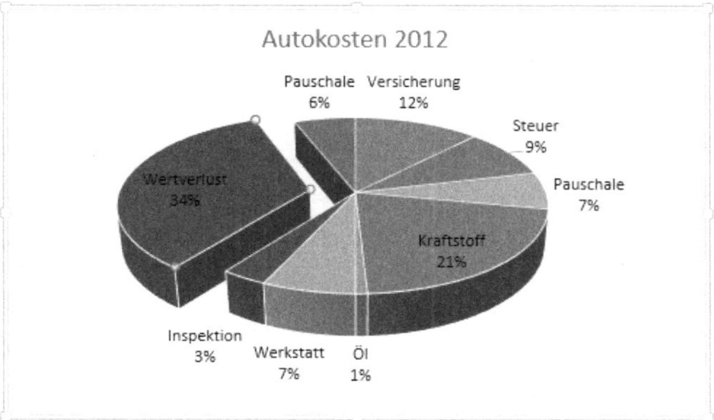

Beschriftung ändern

In jedem Diagramm sind diverse Beschriftungen enthalten, die Sie individuell positionieren und formatieren können. Weiter vorne in diesem Kapitel (in Abschnitt »Diagrammelemente ein- und ausblenden« auf Seite 505) haben Sie bereits erfahren, wie Sie diese Elemente hinzufügen und entfernen können. Auf den folgenden Seiten gehen wir noch etwas näher auf dieses Thema ein und zeigen Ihnen, wie Sie die verschiedenen Beschriftungselemente manuell nachbearbeiten können.

Position des Diagrammtitels ändern

Wenn das Diagramm bereits einen Titel enthält, können Sie ihn jederzeit mit der Maus verschieben oder ihn mit der Entf-Taste löschen. Wie sich der Rest des Diagramms beim Verschieben bzw. Löschen des Titels verhält, hängt davon ab, ob der Titel das Diagramm überlagert oder ob er sich den Diagrammbereich, also den Rahmen, in dem das Diagramm eingefasst ist, teilt.

Über das Auswahlmenü der Schaltfläche *Diagrammelemente* (das Pluszeichen neben dem Diagramm) können Sie zwischen den beiden Darstellungsarten wechseln:

- **Über Diagramm** Titel und Diagramm können sich nicht überlappen, sondern müssen den Platz innerhalb des Rahmens aufteilen. Wenn Sie den Titel vergrößern (z.B. indem Sie Text ergänzen oder die Schrift vergrößern), wird das Diagramm automatisch verkleinert.
- **Zentrierter Überlagerungstitel** Der Titel kann das Diagramm überlappen. Die Größe des Diagramms ist dadurch unabhängig von der Größe des Titels.

Achsentitel bearbeiten

Mit Ausnahme der Kreis-, Ring- und Netzdiagrammtypen haben in Excel alle Diagramme Achsen. Excel bezeichnet die horizontale (waagerechte) Achse eines Diagramms auch als *Kategorienachse* (früher: Rubrikenachse) und die vertikale (senkrechte) Achse als *Wertachse* (früher: Größenachse). Jede Achse kann neben ihrer Beschriftung auch einen Titel besitzen, dessen Sichtbarkeit und Positionierung mit der Schaltfläche *Diagrammelemente* gesteuert wird.

Bild 25.13 Einstellen eines Titels für eine horizontale (waagerechte) Achse

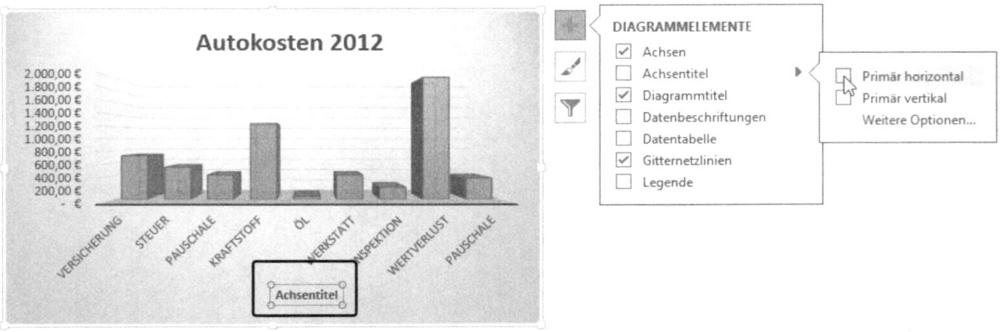

PROFITIPP

Primär- und Sekundärachse

In mehreren Ausklappmenüs der Schaltfläche *Diagrammelemente* taucht der Begriff der Primärachse auf. Die Verwendung dieses Begriffs ist unserer Meinung nach bei Standarddiagrammen überflüssig. Denn von einer Primärachse zu sprechen macht eigentlich erst dann Sinn, wenn das Diagramm auch eine Sekundärachse besitzt. Bei einer Sekundärachse handelt es sich um eine zusätzliche Achse, auf der die Werte einer Datenreihe angezeigt werden können, die einen abweichenden Datentyp oder einen anderen Maßstab als die übrigen Datenreihen besitzen.

Legende

Häufig sind die Daten eines Diagramms nicht direkt beschriftet, sondern es gibt eine Legende, in der die Bedeutung der verschiedenen Farben erläutert ist. Ihre Position steuern Sie über das Untermenü des Befehls *Legende*, der sich ganz unten im Fenster der Schaltfläche *Diagrammelemente* befindet. Ähnlich wie beim Diagrammtitel können Sie auch bei der Legende entscheiden, ob sie das Diagramm überlagern darf oder nicht.

Neben der Position können Sie aber auch die Größe der Legende beeinflussen. Ziehen Sie dazu einfach den Rahmen der Legende auf das gewünschte Format. Excel passt dann die Anordnung der einzelnen Elemente an den neuen Rahmen an und ändert dabei sowohl die Schriftgröße als auch die Zeilen- und Spaltenanzahl. Vorsicht: Wenn Sie den Rahmen zu klein machen, zeigt Excel die Elemente der Legende nicht mehr vollständig an. Sie erhalten dabei keinen Warnhinweis!

Bild 25.14 Vorsicht: Wenn Sie die Legende zu klein machen, werden nicht mehr alle Kategorien angezeigt

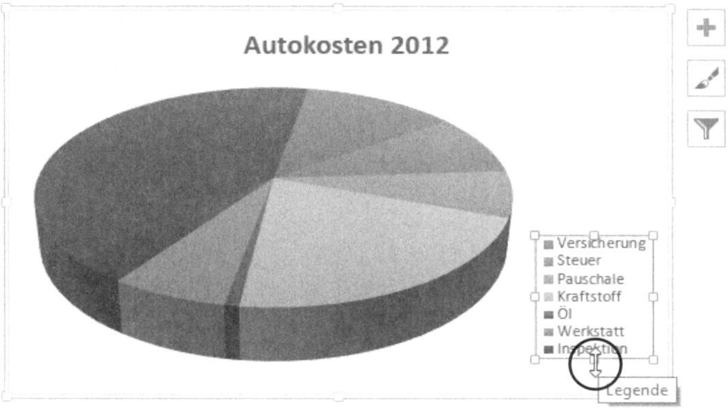

Datenbeschriftungen

Wenn in einem Diagramm die einzelnen Werte einer Datenreihe angezeigt werden, wird dies als *Datenbeschriftung* bezeichnet. Die optimale Positionierung dieser Beschriftungen hängt nicht nur vom Typ des Diagramms ab, sondern auch von seiner farblichen Darstellung. Wenn Sie zum Beispiel beim Tortendiagramm aus dem obigen Bild die Beschriftung auf den einzelnen Segmenten anzeigen lassen würden, wären sie – besonders auf den dunklen Flächen – nur schwer lesbar. In diesem Fall wäre es sicher sinnvoller, die Werte außerhalb der Grafik zu positionieren.

1. Markieren Sie das Diagramm und klicken Sie auf die Schaltfläche *Diagrammelemente.*
2. Wählen Sie im Untermenü des Befehls *Datenbeschriftungen* die Variante *Am Ende außerhalb.*
3. Falls Excel nicht alle Elemente optimal positionieren konnte, klicken Sie die Elemente an und ziehen sie dann mit der Maus an die gewünschte Stelle.

Bild 25.15 Eventuell müssen Sie einzelne Beschriftungen etwas verschieben

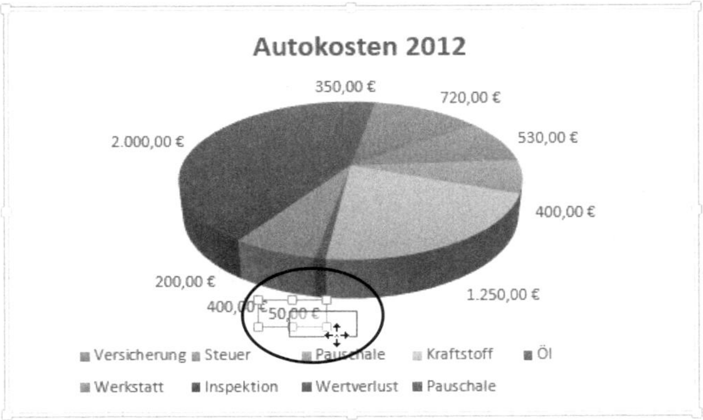

Sie können aber nicht nur die Position einer Datenbeschriftung steuern, sondern auch den Inhalt:

1. Wählen Sie das gewünschte Diagramm aus und achten Sie darauf, dass entweder kein Datenbeschriftungselement markiert ist oder aber alle.
2. Klicken Sie auf die Schaltfläche *Diagrammelemente* und wählen Sie im Untermenü des Befehls *Datenbeschriftungen* den Befehl *Weitere Optionen.* Excel zeigt einen Aufgabenbereich an.

Bild 25.16 Hier können Sie den Inhalt der Datenbeschriftung steuern

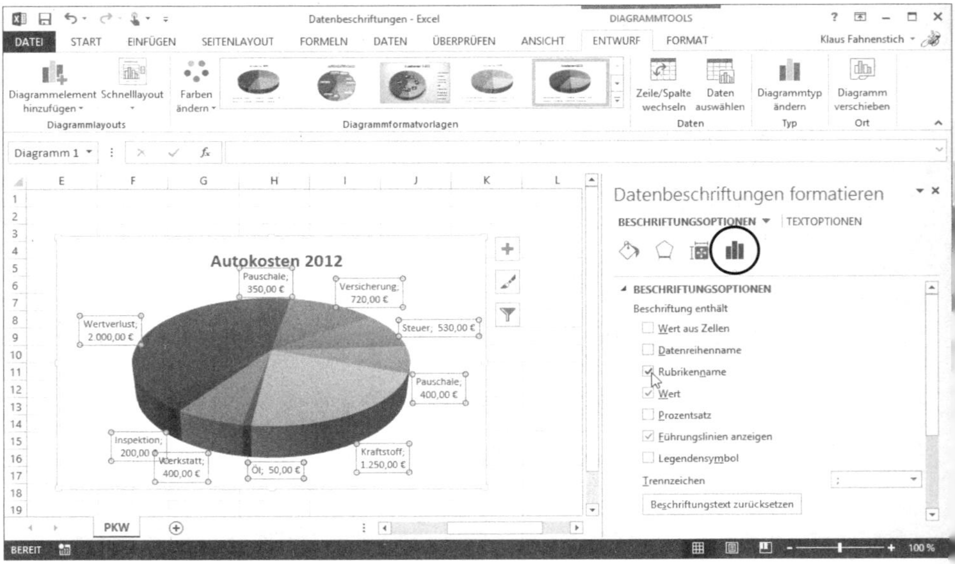

3. Mit den Einstellungen der Gruppe *Beschriftungsoptionen* können Sie bestimmen, welche Informationen in die Beschriftung aufgenommen werden. Im abgebildeten Beispiel soll nicht nur der Wert, sondern auch der Name der Rubrik (früher: Kategorie) angezeigt werden.
4. Bei Bedarf können Sie auch das Legendensymbol mit in die Beschriftung aufnehmen. Ob dies der Übersichtlichkeit zugute kommt, lässt sich nicht allgemein sagen, sondern hängt vom konkreten Diagramm ab.
5. Wenn Sie für die Beschriftung mehrere Elemente ausgewählt haben, können Sie mit dem Listenfeld *Trennzeichen* festlegen, wie die einzelnen Elemente voneinander getrennt werden sollen. Sie sind dabei nicht auf das Angebot des Listenfeldes beschränkt, sondern können auch eigene Zeichen (auch mehrere) in das Feld eintragen. Hinweis: Sie müssen Ihre Eingabe mit [↵] bestätigen, damit sie von Excel erkannt und übernommen wird.
6. Die nächste Gruppe ist für die Positionierung der Beschriftungen verantwortlich und korrespondiert mit den Befehlen der Schaltfläche *Diagrammelemente*.
7. Falls Ihre Beschriftung zuviel Raum im Diagramm beansprucht, können Sie unter Umständen etwas Platz schaffen, indem Sie das Zahlenformat ändern und zum Beispiel auf die Anzeige von Nachkommastellen verzichten. Öffnen Sie dazu im Aufgabenbereich die Rubrik *Zahl*.
8. Wählen Sie die Rubrik *Währung* und geben Sie im Feld *Dezimalstellen* eine Null ein.

Bild 25.17 Entfernen der Nachkommastellen

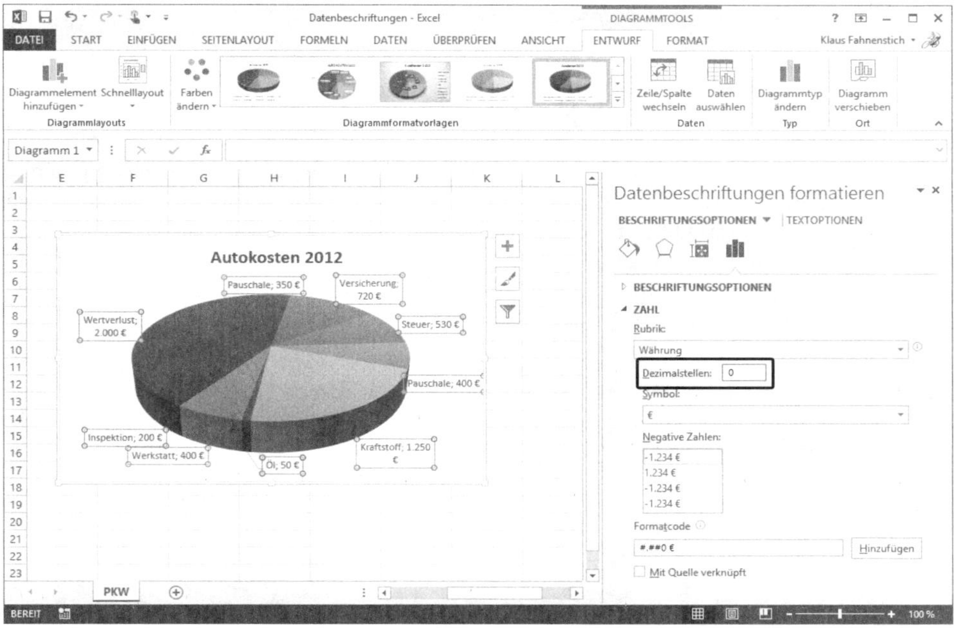

9. Eventuell müssen Sie in einzelnen Beschriftungsrahmen noch manuelle Zeilenumbrüche einfügen. Dazu klicken Sie ein bereits markiertes Beschriftungsfeld erneut an, bis der Rahmen zu einer gestrichelten Linie wird. Jetzt können Sie die Beschriftung wie einen normalen Text bearbeiten (und sogar formatieren).

Bild 25.18 Der Text der Datenbeschriftung lässt sich auch direkt editieren

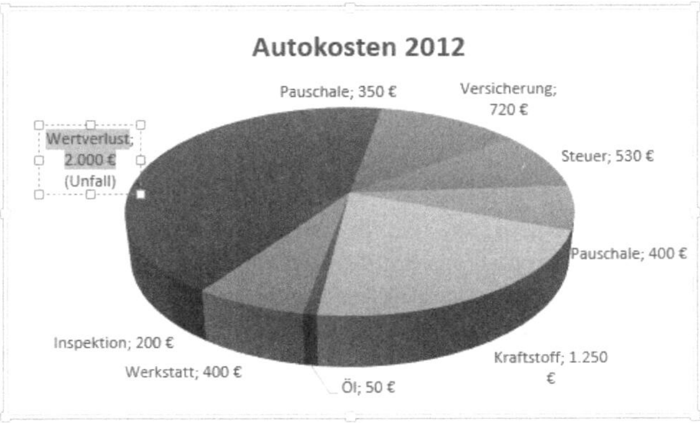

Achsen bearbeiten

Seit Excel 2007 ist die Bezeichnung der Diagrammachsen endlich auch für Anwender nachvollziehbar, die sich nicht tagtäglich mit Excel beschäftigen. Sie werden nun schlicht *horizontale Achse, vertikale Achse* und *Tiefenachse* genannt.

Primär- und Sekundärachsen

Für leichte Verwirrung sorgt höchstens noch der Begriff *Primärachsen,* mit dem die normalen Diagrammachsen gemeint sind. Wie wir weiter vorne auf Seite 513 schon kurz erwähnt haben, lassen sich Diagramme mit zusätzlichen Achsen – den so genannten *Sekundärachsen* – ausstatten, auf denen für einzelne Datenreihen eine separate Skalierung vorgenommen werden kann. Das folgende Diagramm enthält z.B. neben den beiden Datenreihen *Hardware* und *Software,* deren Werte Geldbeträge darstellen, noch die Datenreihe *Stunden.*

Bild 25.19 Die Werte der Datenreihen besitzen unterschiedliche Einheiten (Euro und Stunden)

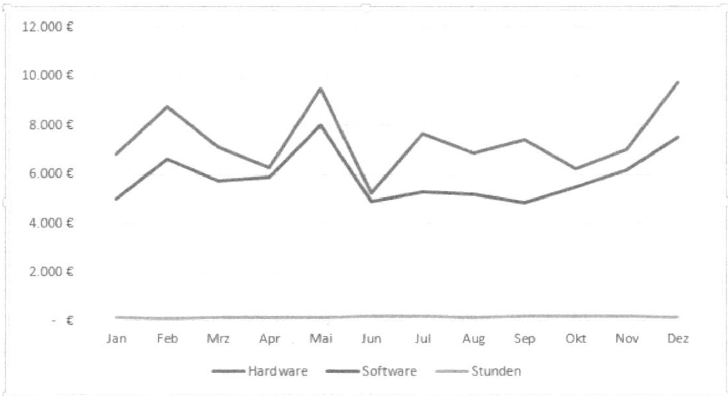

In dieser Form ist das Diagramm natürlich noch nicht zu gebrauchen. Um das Diagramm mit einer Sekundärachse auszustatten, gehen Sie wie folgt vor:

1. Öffnen Sie die Übungsdatei *Sekundärachse* und zeigen Sie das Arbeitsblatt *Start* an.
2. Markieren Sie das Diagramm und zeigen Sie die Registerkarte *DIAGRAMMTOOLS/FORMAT* an.
3. Wählen Sie in der Gruppe *Aktuelle Auswahl* den Eintrag *Reihe "Stunden"*.

Bild 25.20 Auswählen der gewünschten Datenreihe des Diagramms

4. Klicken Sie dann in der Gruppe *Aktuelle Auswahl* auf *Auswahl formatieren.* Excel zeigt den Aufgabenbereich *Datenreihen formatieren* an.
5. Schalten Sie in der Rubrik *Reihenoptionen* die Option *Sekundärachse* ein.
6. Klicken Sie im Aufgabenbereich auf das Eimer-Symbol und wechseln Sie dann auf die Seite *MARKIERUNG.* Jetzt können Sie bei den *MARKIERUNGSOPTIONEN* eine Einstellung wählen, die sich von denen der anderen Datenreihen unterscheidet.

Bild 25.21 Darstellung der Datenpunkte wählen

7. Versehen Sie die Sekundärachse mit einem Titel, indem Sie die Schaltfläche *Diagrammelemente* (das Plus-Symbol neben dem Diagramm) anklicken und die Option *Achsentitel/ Sekundär vertikal* einschalten.
8. Klicken Sie den neuen Achsentitel an und ändern Sie seinen Text sinnvoll ab.

Bild 25.22 Die Stunden werden auf der neuen Sekundärachse ausgegeben

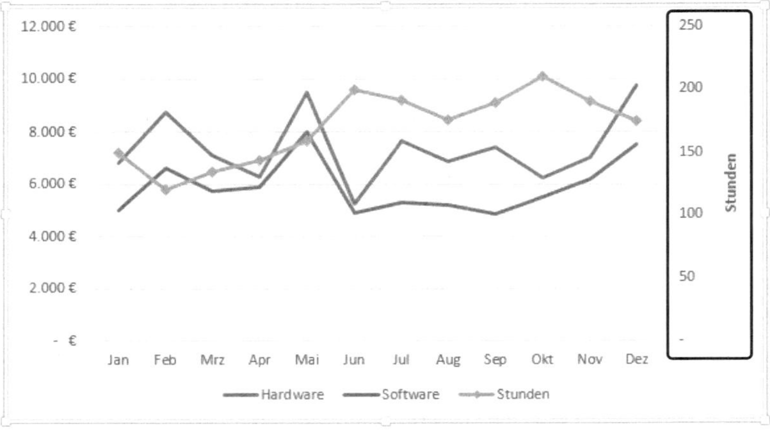

Skalierung der Achsen ändern

Die automatische Skalierung der Diagrammachsen lässt sich nachträglich ändern, wobei Sie nahezu alle Aspekte beeinflussen können. Egal ob Sie den Maximalwert ändern, ob Sie den Nullpunkt verschieben oder eine logarithmische Skalierung wünschen – Excel macht's möglich.

1. Markieren Sie das Diagramm, klicken Sie auf die Schaltfläche *Diagrammelemente* (das Pluszeichen) und wählen Sie im angezeigten Fenster den Befehl *Achsen/Weitere Optionen.* Excel zeigt dann den Aufgabenbereich *Achse formatieren* an.
2. Klicken Sie oben im Aufgabenbereich auf den Pfeil neben *ACHSENOPTIONEN* und wählen Sie im Ausklappmenü die gewünschte Achse aus (hier *Sekundär Vertikal (Wert) Achse).*
3. Jetzt müssen Sie gegebenenfalls noch auf die Seite *Achsenoptionen* wechseln, indem Sie das Symbol mit den drei Balken anklicken. Der Aufgabenbereich sieht nun folgendermaßen aus:

Bild 25.23 Ändern der automatischen Skalierung

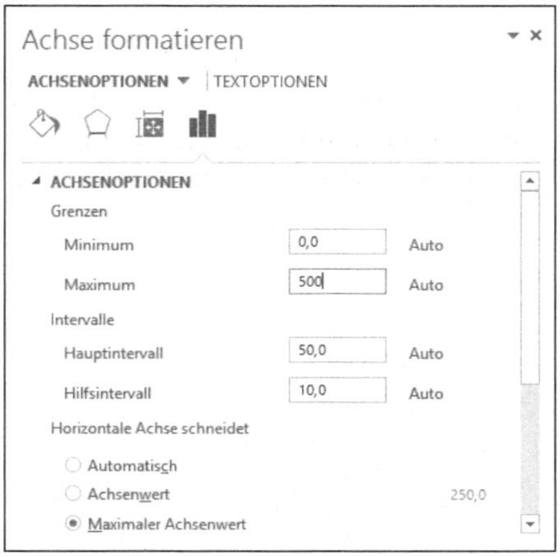

4. Nehmen Sie die gewünschten Änderungen im Dialogfeld vor. Ihre Einstellungen wirken sich direkt auf das Diagramm aus!

5. Schließen Sie den Aufgabenbereich wieder.

Im nächsten Bild sehen Sie das Diagramm aus Bild 25.22, bei dem wir die Skalierung der Sekundärachse geändert haben, damit die Linie der Datenreihe *Stunden* etwas nach unten rutscht. Diese Fassung des Diagramms finden Sie in der Übungsdatei *Sekundärachse* auf dem Arbeitsblatt *Skalierung*.

Bild 25.24 Die Sekundärachse besitzt nun die vorgegebene Skalierung

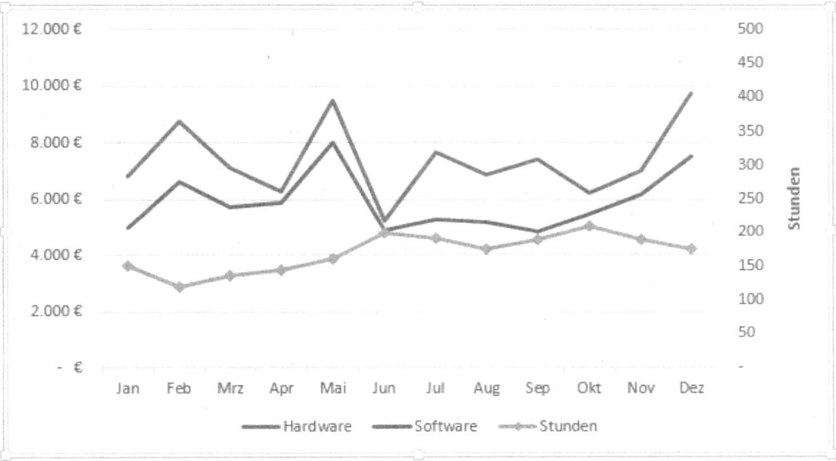

TIPP Den Aufgabenbereich *Achse formatieren* können Sie auch aufrufen, indem Sie die gewünschte Achse mit der rechten Maustaste anklicken und in ihrem Kontextmenü den Befehl *Achse formatieren* wählen. Falls der Aufgabenbereich bereits angezeigt wird, wechseln Sie am schnellsten auf die passende Seite, indem Sie das gewünschte Element im Diagramm anklicken.

Excel 2013

Gitternetzlinien

Gitternetzlinien können nicht nur Tabellen, sondern auch Diagramme übersichtlicher machen, denn mit ihrer Hilfe lassen sich die Werte der Datenpunkte leichter ablesen. Excel unterscheidet dabei für jede Achse zwischen dem *Hauptgitter* und dem feiner unterteilten *Hilfsgitter*.

Um für ein Diagramm festzulegen, ob und wie viele senkrechte und/oder waagerechte Gitternetzlinien angezeigt werden, gehen Sie folgendermaßen vor:

1. Markieren Sie das betreffende Diagramm.

2. Klicken Sie auf die Schaltfläche *Diagrammelemente* und schalten Sie im Untermenü des Befehls *Gitternetzlinien* die gewünschten Gitternetzlinien ein bzw. aus (siehe Bild 25.25 auf der nächsten Seite).

Bild 25.25 Gitternetzlinien können für jede Achse separat konfiguriert werden

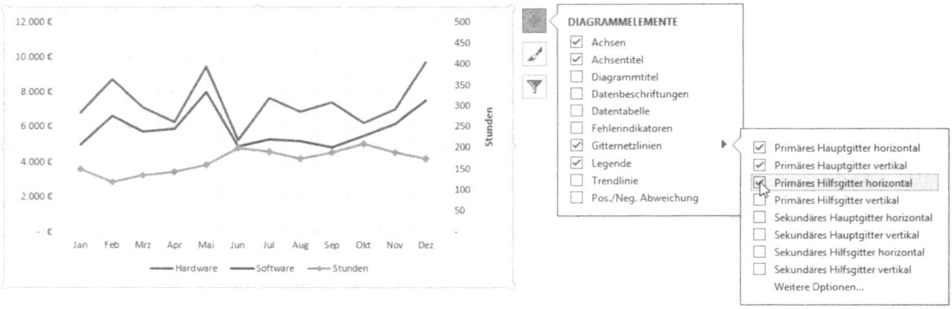

3. Wollen Sie auch die Darstellung der Linien ändern, wählen Sie im Untermenü den Befehl *Weitere Optionen*. Excel zeigt dann den Aufgabenbereich *Hauptgitternetz formatieren* an.
4. Klicken Sie oben im Aufgabenbereich neben *HAUPTGITTERNETZ-OPTIONEN* auf den Pfeil und wählen Sie die gewünschte Gitternetzlinie aus. Beachten Sie dabei, dass die horizontalen (waagerechten) Linien zu den vertikalen (senkrechten) Achsen gehören und umgekehrt. In der nachfolgenden Abbildung werden also die senkrechten Hauptgitternetzlinien gewählt.

Bild 25.26 Auswahl des gewünschten Gitternetzes

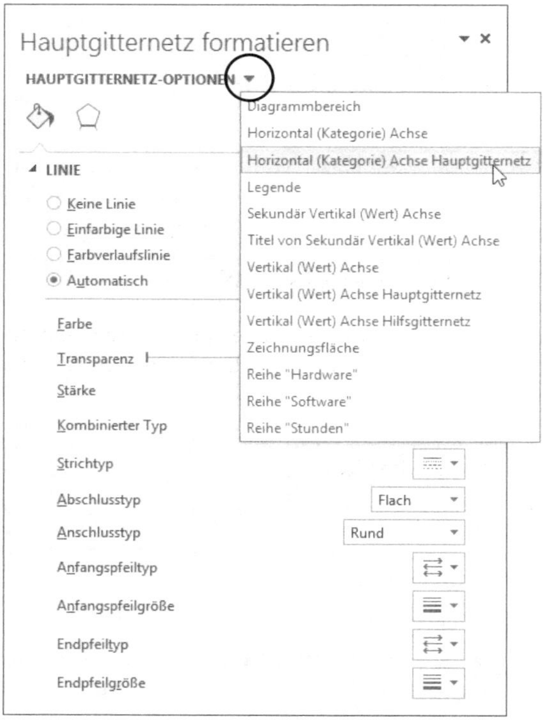

5. Nun können Sie im Aufgabenbereich diverse Einstellungen für die Linien des Gitternetzes vornehmen. Die Änderungen werden wie gewohnt direkt umgesetzt.
6. Wenn Sie noch das Gitternetz anderer Achsen bearbeiten möchten, können Sie die betreffenden Linien auch direkt im Diagramm anklicken. Im Aufgabenbereich werden dann die Optionen des ausgewählten Gitternetzes angezeigt.
7. Schließen Sie den Aufgabenbereich, wenn Sie mit dem Ergebnis zufrieden sind.

   Die im folgenden Bild dargestellte Endfassung des Diagramms finden Sie in der Übungsdatei *Sekundärachse* auf dem Arbeitsblatt *Ziel.*

Bild 25.27 Das Diagramm wurde um ein Gitternetz für die horizontale Achse ergänzt. Um dieses Gitternetz nicht zu sehr in den Vordergrund treten zu lassen, sind seine Linien gestrichelt.

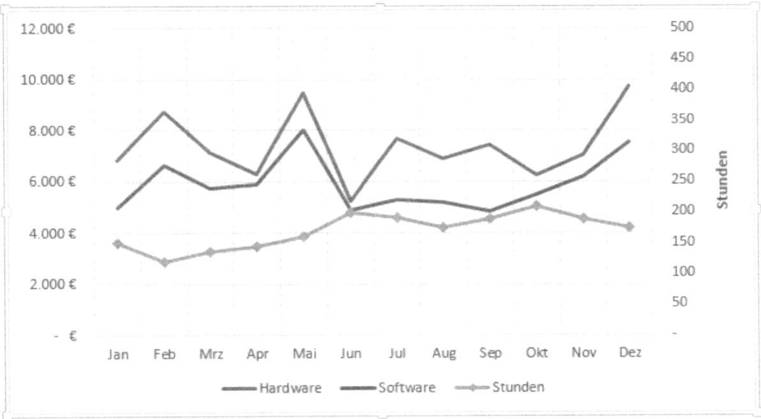

Die Registerkarte »FORMAT«

Auf der Registerkarte *DIAGRAMMTOOLS/FORMAT* finden Sie diverse Funktionen, mit denen Sie die Form und Farbgebung aller Diagrammelemente aufpolieren können: Farbverläufe, 3D-Effekte, Schatten, Beleuchtung, Kantengestaltung etc.

Bild 25.28 Die Registerkarte *FORMAT* der *DIAGRAMMTOOLS*

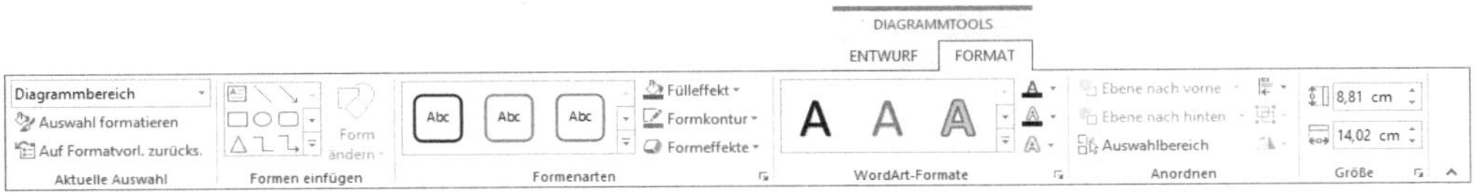

Diese Vielfalt birgt natürlich auch die Gefahr, sich zu verzetteln. Ob sich die Zeit, die Sie benötigen, um Ihr Diagramm mit optischen Finessen auszustatten, am Ende des Tages wirklich lohnt, müssen Sie letztendlich selbst entscheiden.

Am Beispiel eines Diagramms, das mit einem ansprechenden Rahmen versehen werden soll, wollen wir die Vorgehensweise beim Formatieren eines Diagrammelements kurz skizzieren:

1. Öffnen Sie die Übungsdatei *Diagramme formatieren* und zeigen Sie das Arbeitsblatt *Start* an.
2. Markieren Sie das Diagramm und holen Sie die Registerkarte *FORMAT* nach vorne.
3. Wählen Sie den Diagrammbereich aus, indem Sie ihn direkt im Diagramm anklicken (das ist der Hintergrund des Diagramms) oder auf der Registerkarte im Listenfeld der Gruppe *Aktuelle Auswahl* einstellen.
4. Öffnen Sie den Auswahlkatalog der Gruppe *Formenarten* und wählen Sie eine Variante aus der ersten Reihe, die mit Ihrem Diagramm harmoniert.

Bild 25.29 Die Formen der ersten Zeile besitzen keine Füllung

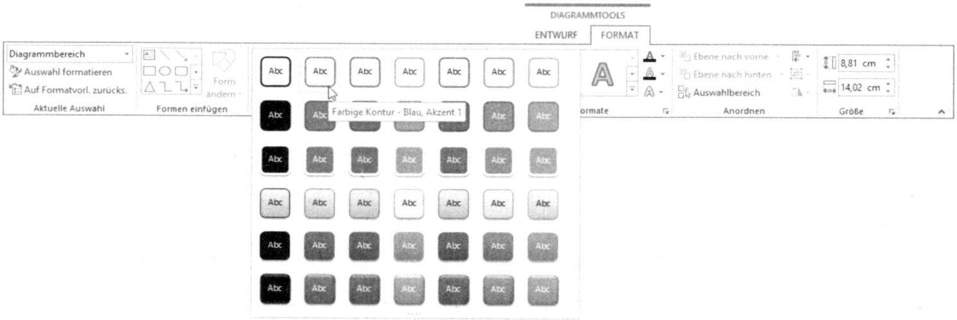

5. Klicken Sie anschließend noch auf die Schaltfläche *Formeffekte* und ändern Sie die Art der Abschrägung für den Rahmen.

Bild 25.30 Ändern der Abschrägung

6. Wenn Sie den Rahmen noch etwas dicker machen wollen, klicken Sie auf *Formkontur* und wählen dort die gewünschte Strichstärke aus.

Bild 25.31 Der fertige Rahmen des Diagramms

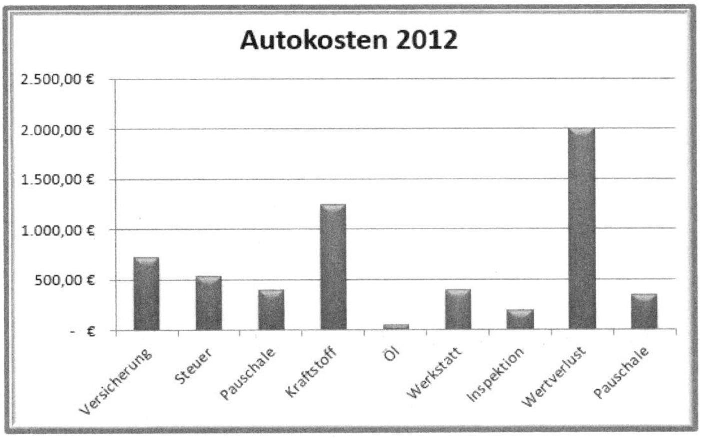

Sparklines einfügen

Zum Abschluss dieses Kapitels wollen wir Ihnen noch ein sehr interessantes Feature von Excel vorstellen, die sogenannten *Sparklines*. Dabei handelt es sich um kleine Trendlinien oder auch Säulendiagramme, die sich innerhalb einer einzigen Zelle befinden und in der Praxis auch als Microcharts bezeichnet werden. Diese Funktion gibt es seit Excel 2010.

Das folgende Beispiel zeigt, wie Sie eine Tabelle mit solchen Sparklines ausstatten:

1. Öffnen Sie die Übungsdatei *Sparklines*.
2. Markieren Sie in der Tabelle die vier Datenspalten inklusive ihrer Ergebniszeile (also den Bereich C3:F20).
3. Wechseln Sie im Menüband auf die Registerkarte *EINFÜGEN* und klicken Sie in der Gruppe *Sparklines* auf die Schaltfläche *Linie*. Excel zeigt dann das Dialogfeld *Sparklines erstellen* an.
4. Markieren Sie den Zellbereich, der für die Sparklines vorgesehen ist. In unserem Beispiel ist das die rechte Tabellenspalte, also der Bereich G3:G20. Excel trägt die Bereichsangabe automatisch in das Dialogfeld ein.

Bild 25.32 Festlegen des Datenbereichs und der Position für die Sparklines

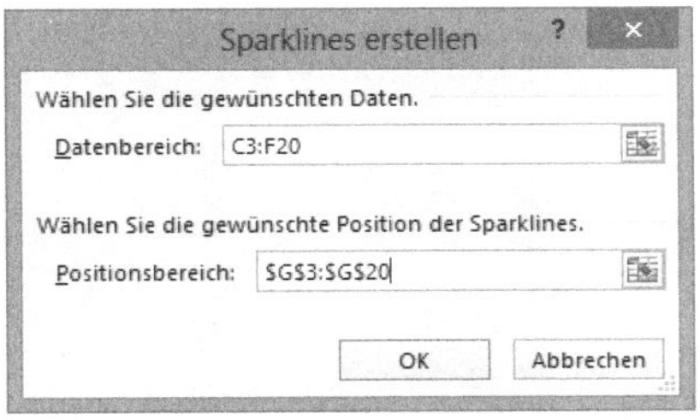

5. Klicken Sie auf *OK*, damit Excel die gewünschten Sparklines erzeugt. Zusätzlich blendet Excel die Registerkarte *SPARKLINETOOLS/ENTWURF* ein, mit deren Funktionen Sie den Aufbau und die Darstellung der Sparklines modifizieren können.
6. Schalten Sie zum Beispiel auf der Registerkarte in der Gruppe *Anzeigen* die Option *Höchstpunkt* ein und nehmen Sie bei Bedarf weitere Formatierungen vor. Das Ergebnis sollte anschließend so aussehen, wie im nächsten Bild.

Bild 25.33 Mit Sparklines lassen sich zum Beispiel Tabellenzeilen mit Trendlinien ausstatten

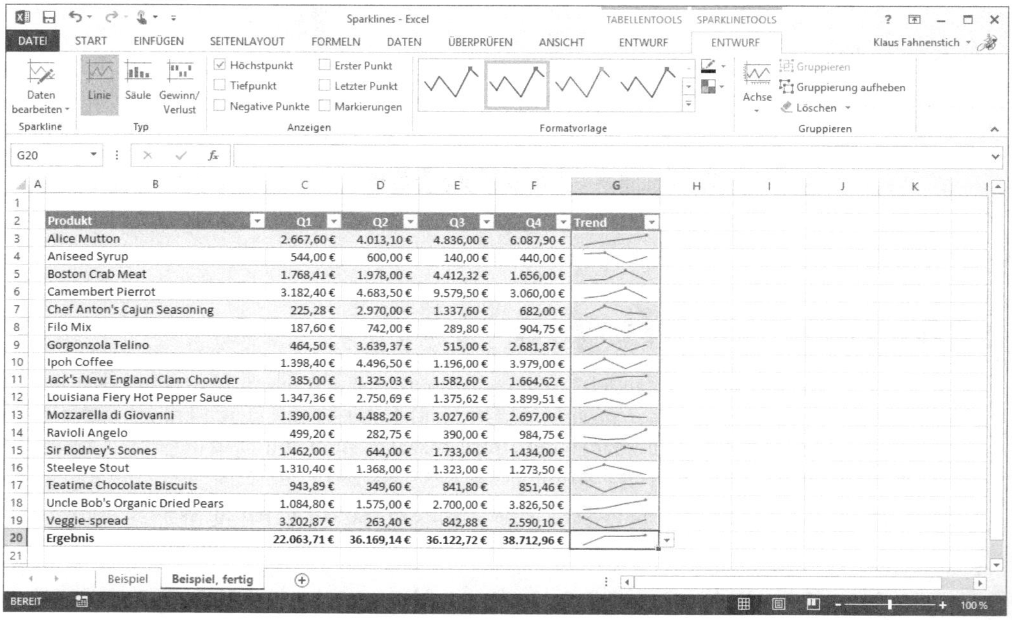

Wenn Sie einige oder alle Sparklines wieder entfernen wollen, markieren Sie die betreffenden Zellen, klicken die Markierung dann mit der rechten Maustaste an und wählen im Kontextmenü den Befehl *Sparklines/Ausgewählte Sparklines löschen.*

Kapitel 26

Arbeitsmappen drucken und veröffentlichen

In diesem Kapitel:

Nachdem Sie die Bearbeitung einer Excel-Arbeitsmappe abgeschlossen haben, besteht der letzte Schritt oft darin, sie anderen verfügbar zu machen. In vielen Fällen werden Sie die gewünschten Arbeitsblätter und Daten ausdrucken. Dieses Kapitel zeigt, wie Sie festlegen, welche Bereiche eines Arbeitsblatts ausgedruckt werden sollen, wie Sie eine Kopf- und/oder Fußzeile definieren und wie Sie die verschiedenen Druckoptionen konfigurieren.

Sie können Ihre Arbeitsblätter auch in eine PDF-Datei »drucken«, die mit Adobe Reader gelesen werden kann. Dies eignet sich besonders gut für das Weiterleiten einer Arbeitsmappe als E-Mail-Anlage oder für die Veröffentlichung auf einer Website. Das Erstellen von PDF-Dateien ist bei allen Office-Anwendungen gleich; wie Sie dabei vorgehen, ist ausführlich in Kapitel 8 dieses Buches beschrieben.

Druckbereich festlegen

Wenn Sie die Registerkarte *DATEI* anklicken und dann den Befehl *Drucken* auswählen, druckt Excel standardmäßig das gesamte Arbeitsblatt aus. Bei kleinen Kalkulationstabellen, die bequem auf einer Seite Platz finden, ist das auch nicht weiter störend. Anders sieht es jedoch bei umfangreichen Kalkulationen aus oder wenn Sie ganz gezielt nur einen bestimmten Teil einer Tabelle ausdrucken möchten.

In diesen Fällen können Sie einen sogenannten *Druckbereich* festlegen, mit dem Sie Excel mitteilen, welcher Bereich des Arbeitsblatts ausgedruckt werden soll:

1. Markieren Sie im Arbeitsblatt den zu druckenden Bereich.
2. Wechseln Sie zur Registerkarte *SEITENLAYOUT.*
3. Klicken Sie in der Befehlsgruppe *Seite einrichten* auf *Druckbereich* und dann auf *Druckbereich festlegen.*

Der Druckbereich wird im Arbeitsblatt mit einem gestrichelten Rahmen versehen.

Wenn Sie mehr als einen Zellbereich drucken möchten, können Sie einen bereits vorhandenen Druckbereich erweitern. Angenommen, Sie wollen vom Arbeitsblatt in Bild 26.1, das Daten zur Entwicklung der Verbraucherpreise in den Jahren 1991 bis 2012 enthält, lediglich die Indizes der Jahre 2000 und 2010 ausdrucken:

1. Markieren Sie im Arbeitsblatt zuerst den Zellbereich mit den Daten des Jahres 2000 und legen Sie diesen als Druckbereich fest.
2. Markieren Sie anschließend den Zellbereich mit den Daten des Jahres 2010.
3. Wechseln Sie zur Registerkarte *SEITENLAYOUT.*
4. Klicken Sie in der Befehlsgruppe *Seite einrichten* auf *Druckbereich* und dann auf *Zum Druckbereich hinzufügen.*

TIPP **Mehrfachauswahl als Druckbereich definieren** Sie können beim Markieren des Druckbereichs auch die Strg-Taste gedrückt halten, wenn Sie einen Druckbereich definieren wollen, der aus mehreren Zellbereichen besteht. Excel druckt dann die markierten Zellbereiche jeweils auf einer eigenen Seite aus.

Bild 26.1 Die dünne Linie kennzeichnet den Druckbereich

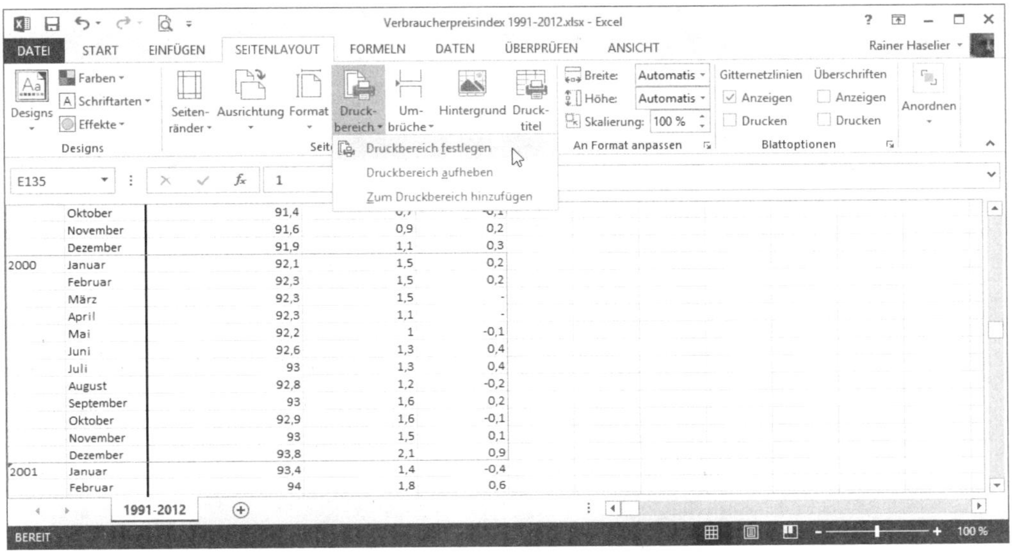

Um den Druckbereich wieder zu entfernen, legen Sie entweder einen neuen Druckbereich fest oder Sie klicken auf der Registerkarte *SEITENLAYOUT* in der Gruppe *Seite einrichten* zuerst auf *Druckbereich* und dann *Druckbereich aufheben.*

Seitenabmessungen und Ränder einstellen

Wenn Sie Ihre Excel-Tabelle auf A4-Papier im Hochformat mit den Standardwerten ausdrucken wollen, können Sie das Ausdrucken direkt nach dem Festlegen des Druckbereichs starten. Falls Sie jedoch eine genauere Kontrolle darüber haben wollen, wie das Arbeitsblatt auf dem Papier erscheint, können Sie alle Einstellungen wie das Papierformat, die Seitenränder und die Ausrichtung in der Gruppe *Seite einrichten* der Registerkarte *SEITENLAYOUT* vornehmen:

- **Seitenränder** Wenn Sie auf der Registerkarte *SEITENLAYOUT* in der Befehlsgruppe *Seite einrichten* auf *Seitenränder* klicken, zeigt Excel ein kleines Auswahlmenü an, in dem drei verschiedene Randeinstellungen zur Auswahl stehen. Sie können dort zwischen normalen, breiten und schmalen Seitenrändern wählen (siehe Abbildung auf der folgenden Seite). Die Werte der Randeinstellungen für die drei Standardoptionen werden im Menü ebenfalls angezeigt.

Bild 26.2 Die drei Standardeinstellungen für die Ränder finden Sie im Menü der Schaltfläche *Seitenränder*

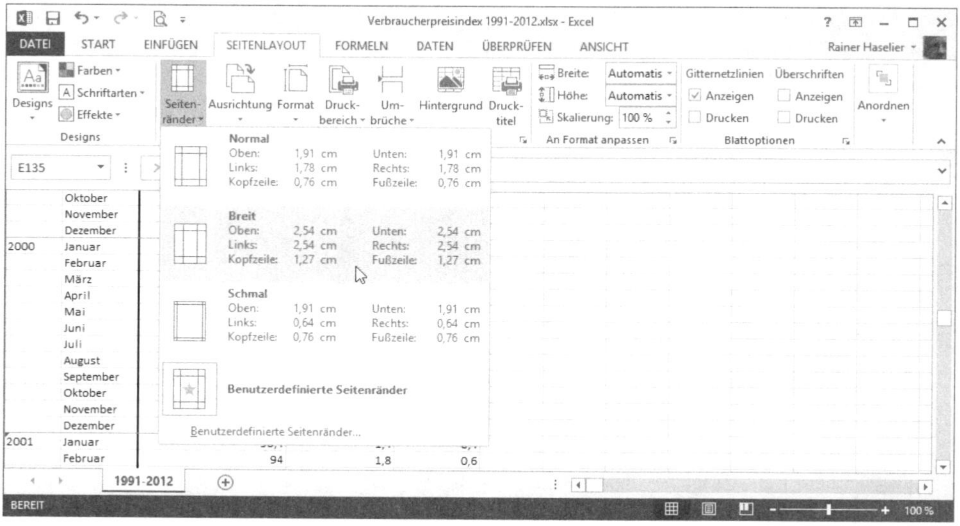

Sollte keine der Einstellungen Ihren Anforderungen entsprechen, klicken Sie im unteren Bereich des Menüs auf *Benutzerdefinierte Seitenränder*. Excel zeigt dann die Registerkarte *Seitenränder* des Dialogfeldes *Seite einrichten* an; dort können Sie die gewünschten Werte eintragen.

Bild 26.3 Auf der Registerkarte *Seitenränder* des Dialogfeldes *Seite einrichten* können Sie jeden der Ränder exakt einstellen

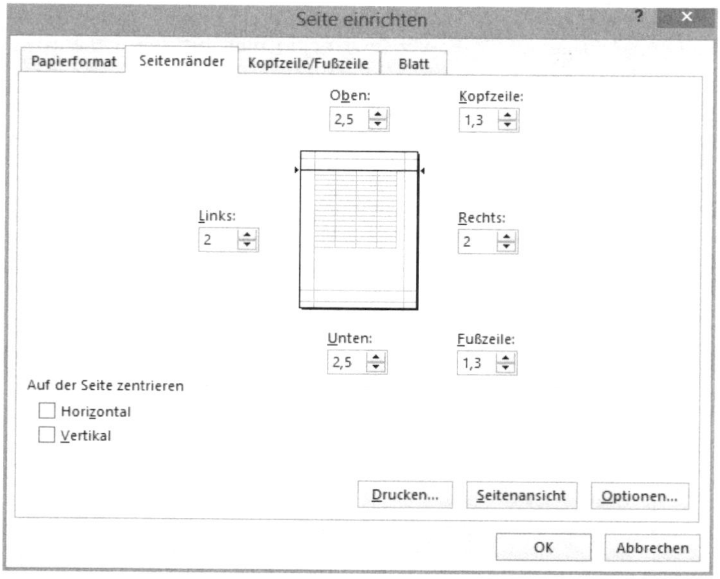

Die beiden Kontrollkästchen *Horizontal* und *Vertikal* im unteren Bereich des Dialogfeldes ermöglichen es, das Arbeitsblatt innerhalb der eingestellten Ränder zu zentrieren. Das kleine Vorschaubild spiegelt die aktivierten Einstellungen wider. Ist beim Aufruf dieser Registerkarte ein Diagramm markiert, sehen Sie anstelle des Tabellenblatts ein Diagramm in der Mitte des Dialogfeldes.

- **Ausrichtung** Hinter der Schaltfläche *Ausrichtung* (Registerkarte *SEITENLAYOUT*, Gruppe *Seite einrichten)* verbirgt sich ein kleines Menü, über das Sie einfach zwischen Hoch- und Querformat wechseln können, indem Sie den betreffenden Befehl anklicken.
- **Format** Wenn Sie die Schaltfläche *Format* (Registerkarte *SEITENLAYOUT*, Gruppe *Seite einrichten)* anklicken, zeigt Excel ein Menü an, in dem verschiedene Standardpapierformate aufgeführt sind. Wählen Sie dort die Papiergröße aus, die Sie verwenden.

HINWEIS **Krumme Werte bei Standardseitenrändern** Vielleicht wundern Sie sich über die krummen Werte für die Seitenränder, die im Menü der Schaltfläche *SEITENLAYOUT/Seitenränder* angezeigt werden. Hier kann man erkennen, dass Office von einem amerikanischen Unternehmen entwickelt wurde. Bei der Option *Breit* beispielsweise sind alle vier Seitenränder genau 1 Zoll (entspricht 2,54 cm) und die Kopf- und Fußzeile 0,5 Zoll (= 1,27 cm) breit. Diese US-Standardwerte werden in der deutschen Version von Excel umgerechnet und nicht angepasst.

Tabelleninhalt an Seitengröße anpassen

Mit den Befehlen der Gruppe *An Format anpassen* auf der Registerkarte *SEITENLAYOUT* können Sie festlegen, ob das Arbeitsblatt beim Ausdrucken verkleinert oder vergrößert wird. Im Feld *Skalierung* können Sie einen Prozentwert eintragen: Ist er größer als 100%, wird die Ausgabe vergrößert, ist er kleiner als 100%, wird die Ausgabe verkleinert. Alternativ können Sie in den Listenfeldern *Breite* und *Höhe* eintragen, auf wie vielen Seiten Ihre Tabelle angeordnet werden soll. Excel kümmert sich dann automatisch um die Berechnung der passenden Skalierung.

Drucktitel festlegen und weitere Optionen einstellen

Für den Ausdruck können Sie Zeilen oder Spalten Ihres Arbeitsblatts festlegen, die auf jeder Seite oben (= Wiederholungszeilen) bzw. links (= Wiederholungsspalten) wiederholt werden. Für die Beispieltabelle mit der Entwicklung des Verbraucherpreisindex bietet es sich an, die Zeilen 2 und 3 als Drucktitel oben in der Tabelle zu verwenden. (Den Text, der derzeit in Zeile 1 steht, werden wir weiter hinten im Kapitel in die Kopfzeile einfügen.) Um einen Drucktitel festzulegen, geben Sie ihn entweder manuell ein oder wählen ihn im Arbeitsblatt aus:

1. Klicken Sie auf der Registerkarte *SEITENLAYOUT* in der Gruppe *Seite einrichten* auf *Drucktitel*. Excel öffnet die Registerkarte *Blatt* des Dialogfeldes *Seite einrichten.*

2. Klicken Sie auf die kleine Schaltfläche neben dem Feld *Wiederholungszeilen oben*. Das Dialogfeld verkleinert sich zu einer Zeile.
3. Wählen Sie mit der Maus den gewünschten Bereich aus.

Bild 26.4 Sie können den Drucktitel für Ihr Arbeitsblatt interaktiv festlegen

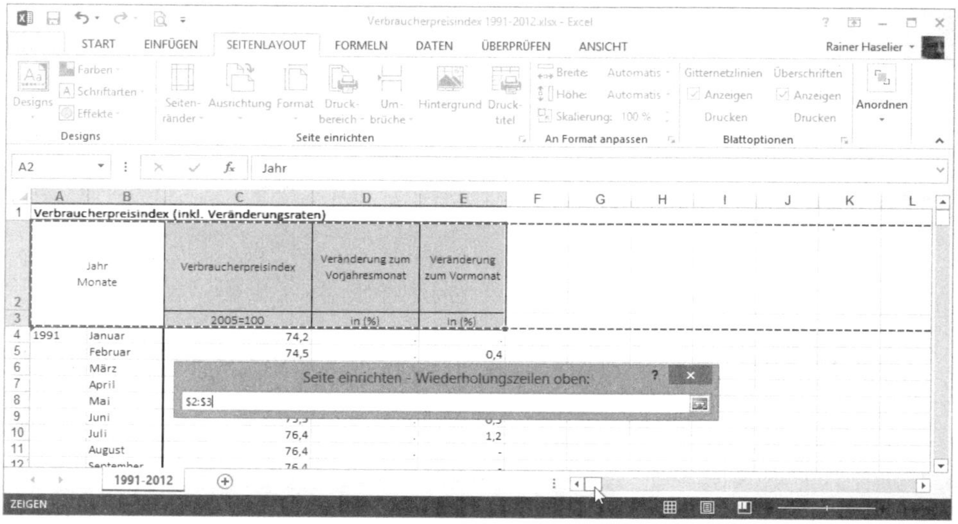

4. Klappen Sie das Dialogfeld durch erneutes Anklicken der Schaltfläche wieder auf. Nun sehen Sie die gewählten Zeilen oder Spalten in den Eingabefeldern *Wiederholungszeilen* bzw. *Wiederholungsspalten.*

Bild 26.5 Der ausgewählte Drucktitel wurde übernommen. Im Bereich *Drucken* der Registerkarte *Blatt* können Sie weitere Druckoptionen einstellen.

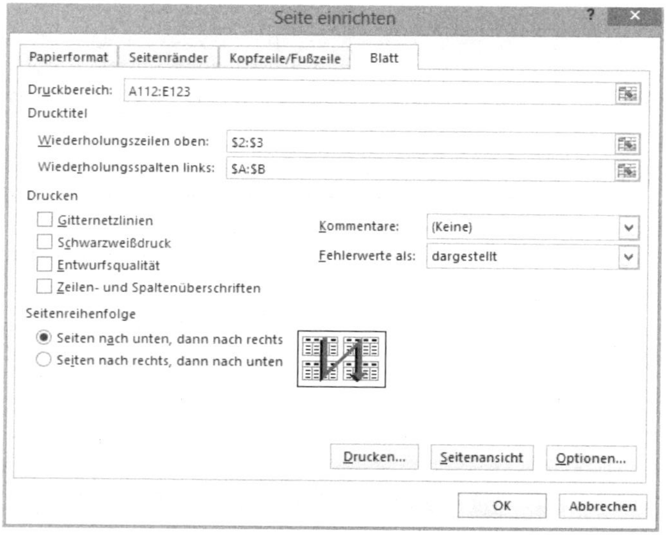

TIPP Sie können für den Drucktitel mehrere Zellen markieren, die nicht nebeneinander liegen. Halten Sie dazu beim Markieren die Strg-Taste gedrückt.

Auf der Registerkarte *Blatt* des Dialogfeldes *Seite einrichten* können Sie noch die folgenden Einstellungen vornehmen:

- Das Kontrollkästchen *Gitternetzlinien* steuert, ob die Linien der Tabelle beim Drucken mit ausgegeben werden sollen oder nicht.
- Mit der Option *Zeilen- und Spaltenüberschriften* können Sie die jeweiligen Überschriften bei Bedarf ein- oder ausschalten.
- Um eine farbige Tabelle im Schwarz-Weiß-Modus auszudrucken, schalten Sie die Option *Schwarzweißdruck* ein.
- Wenn Sie einzelne Zellen mit Kommentaren versehen haben und diese mit ausdrucken wollen, können Sie in der Liste *Kommentare* festlegen, ob sie an der Originalstelle oder am Ende des Blattes gedruckt werden sollen.
- Wenn Sie die Option *Entwurfsqualität* einschalten, geht der Ausdruck schneller vonstatten, die Qualität ist dafür aber nicht so gut.
- Im Listenfeld *Fehlerwerte als* können Sie zwischen verschiedenen Darstellungsarten wählen, die Excel für Zellen verwendet, die Fehler enthalten.
- Wenn Ihr Arbeitsblatt so umfangreich ist, dass Sie es auf mehreren Seiten ausdrucken müssen, können Sie mit den Optionen der Gruppe *Seitenreihenfolge* festlegen, ob Excel das Arbeitsblatt spalten- oder zeilenweise abarbeiten soll. Die gewählte Einstellung wird durch eine kleine Grafik veranschaulicht.

Inhalt von Kopfzeile/Fußzeile festlegen

Die Inhalte, die in der Kopf- bzw. Fußzeile ausgegeben werden sollen, legen Sie am schnellsten und einfachsten in der Ansicht *Seitenlayout* fest. Um diese zu aktivieren, klicken Sie in der Statusleiste von Excel auf die Schaltfläche *Seitenlayout* oder Sie wechseln zur Registerkarte *ANSICHT* und klicken dort in der Befehlsgruppe *Arbeitsmappenansichten* auf die Schaltfläche *Seitenlayout*. Excel zeigt die Tabelle dann so an, wie sie auch ausgedruckt würde.

Wenn Sie noch keine Kopf- oder Fußzeile festgelegt haben, sehen Sie auf der Seite im Bereich der Kopf- bzw. Fußzeile die Meldung *Hier klicken, um eine Kopfzeile/Fußzeile hinzuzufügen.* Wenn Sie diese Meldung anklicken, blendet Excel die kontextbezogene Registerkarte *KOPF- UND FUSSZEILENTOOLS/ENTWURF* ein, die Sie in der Abbildung auf der folgenden Seite sehen.

Wenn Sie die Schaltfläche *Kopfzeile* oder die Schaltfläche *Fußzeile* in der Gruppe *Kopf- und Fußzeile* anklicken, zeigt Excel eine Auswahlliste mit einer Fülle verschiedener Beschriftungsmöglichkeiten an, mit denen Sie den bedruckten Seiten verschiedene Standardkopf- und/oder -fußzeilen hinzufügen können.

Wenn keine dieser Optionen dem entspricht, was Sie benötigen, verwenden Sie die Schaltflächen in der Gruppe *Kopf- und Fußzeilenelemente,* um die verschiedenen Platzhalter (für die Nummer der aktuellen Seite, die Gesamtanzahl der Seiten usw.) einzufügen. Weiteren Text, den Sie in die Kopf- oder Fußzeile einfügen wollen, geben Sie einfach in den Kopfzeilen- oder Fußzeilenbereich der Seite ein.

Bild 26.6 Über die Registerkarte *KOPF- UND FUSSZEILENTOOLS/ENTWURF* lassen sich individuelle Kopf- und Fußzeilen erstellen

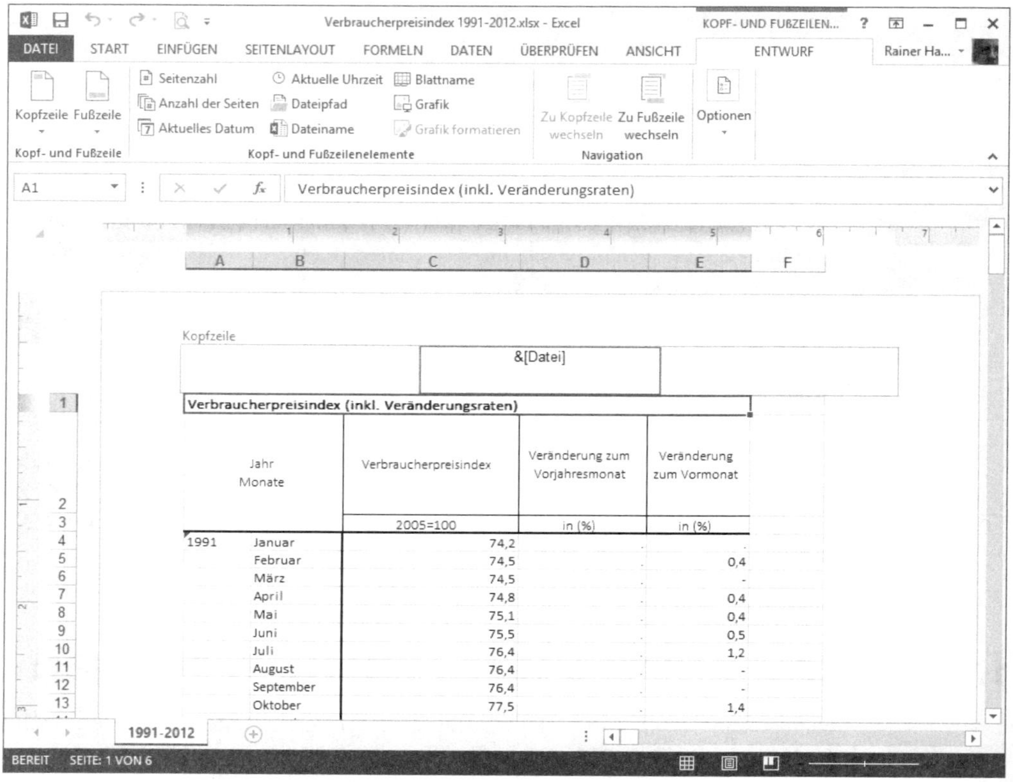

Seitenumbrüche ansehen und verändern

Wollen Sie ein größeres Arbeitsblatt ausdrucken, kann es wichtig sein, vorher zu wissen, an welchen Stellen Excel einen Seitenumbruch einfügt, und die eingefügten Seitenumbrüche auch verändern zu können. Dies erledigen Sie am besten in der *Umbruchvorschau*, die Sie entweder mit der gleichnamigen Schaltfläche in der Statusleiste aktivieren oder indem Sie auf der Registerkarte *ANSICHT* in der Gruppe *Arbeitsmappenansichten* auf *Umbruchvorschau* klicken.

Sie sehen dann eine Ansicht Ihres Tabellenblatts, auf dem die Umbrüche als blau gestrichelte Linien angezeigt werden. In grauer Schrift wird eingeblendet, um welche Seite es sich jeweils handelt. Eventuell müssen Sie die Darstellung noch mit dem Zoomregler in der Statusleiste verkleinern, damit die einzelnen Seiten vollständig angezeigt werden können. Anschließend können Sie mit der Maus sowohl die Seitenumbrüche als auch die Ränder verschieben. Während des Ziehens können Sie den aktuellen Wert für den Rand in der Statusleiste ablesen.

Wenn Sie die Seitenumbrüche nach Ihren Vorstellungen geändert haben, können Sie durch Anklicken der Schaltfläche *Normal* in der Statusleiste wieder zur Normalansicht zurückkehren.

Bild 26.7 In dieser Ansicht lassen sich die Seitenumbrüche bei Bedarf optimal korrigieren

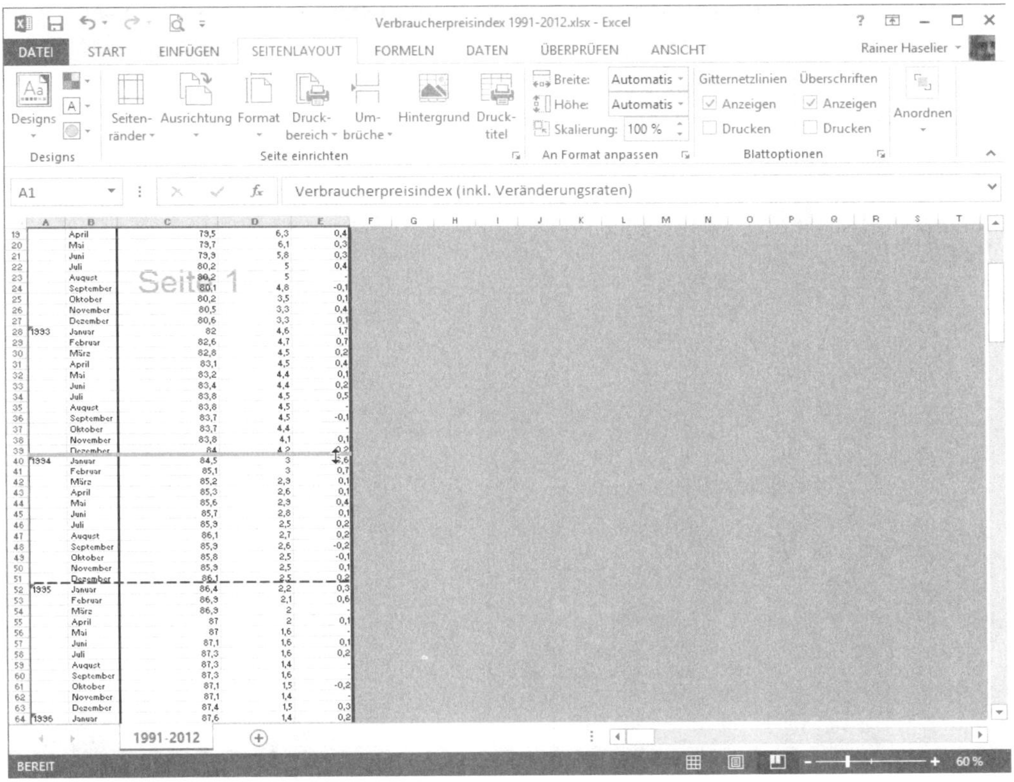

TIPP **Seitenumbruch manuell festlegen** Sie können einen Seitenumbruch manuell festlegen, indem Sie den Cursor in die Zelle unterhalb bzw. neben dem gewünschten Umbruch setzen und auf der Registerkarte *SEITENLAYOUT* in der Gruppe *Seite einrichten* auf *Umbrüche* und dann auf *Seitenumbruch einfügen* klicken. Die Linie eines manuellen Seitenumbruchs ist etwas dicker als die eines automatischen. Zum Löschen eines manuellen Umbruchs setzen Sie den Cursor in eine Zelle unter bzw. rechts neben dem Umbruch und klicken auf *Umbrüche/Seitenumbrüche entfernen.*

Arbeitsmappe drucken

Um eine Arbeitsmappe auszudrucken, klicken Sie auf die Registerkarte *DATEI* und dann auf *Drucken*. Excel öffnet die Backstage-Ansicht *Drucken*. (Alternativ können Sie auch die Tastenkombination Strg+P drücken.) In der Backstage-Ansicht *Drucken* sind mehrere Funktionen miteinander kombiniert, die sich in vorherigen Excel-Versionen im Dialogfeld *Drucken*, der Seitenansicht und im Dialogfeld *Seite einrichten* befanden.

Bild 26.8 In der Backstage-Ansicht *Drucken* finden Sie die Seitenansicht, zahlreiche Einstellmöglichkeiten für das Drucken und die wichtigsten Optionen für die Seiteneinrichtung

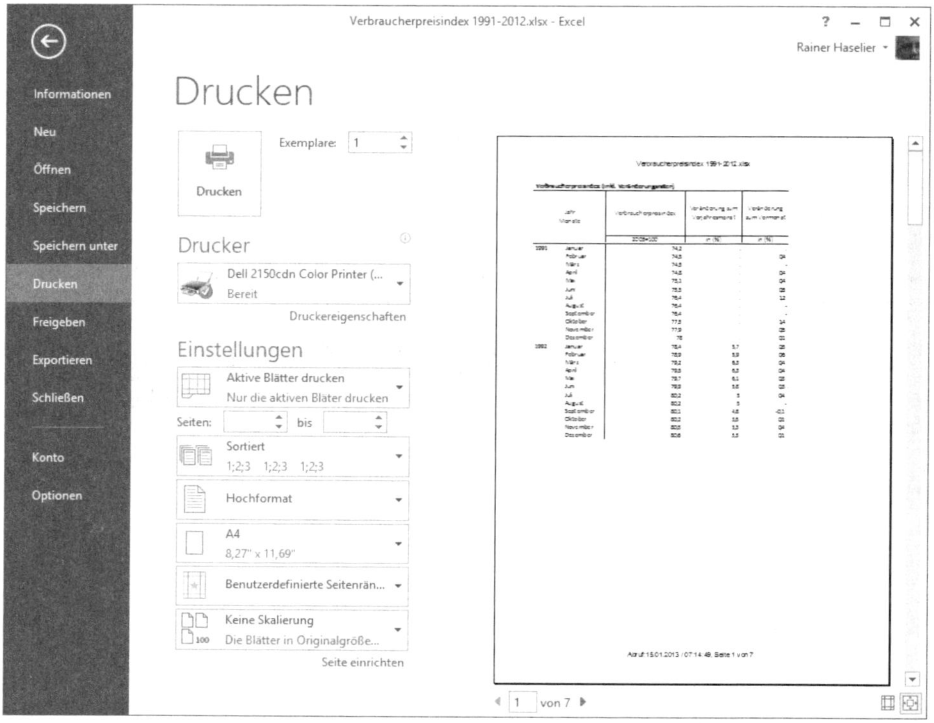

In der Backstage-Ansicht können Sie eine oder mehrere der folgenden Aktionen durchführen:

- **Drucker auswählen** Klicken Sie im Bereich *Drucker* auf die Schaltfläche mit dem aktuellen Drucker, um den Drucker auszuwählen, auf dem die Ausgabe erfolgen soll.
- **Anzahl der Druckexemplare festlegen** Im Bereich *Exemplare* legen Sie fest, wie viele Kopien gedruckt und ob diese sortiert ausgedruckt werden sollen. Wenn die Option *Sortiert* eingeschaltet ist, werden zunächst alle Seiten der Mappe gedruckt und danach eine weitere Kopie.
- **Seiten festlegen, die gedruckt werden sollen** Im Bereich *Einstellungen* legen Sie fest, ob die aktiven Tabellen, die gesamte Arbeitsmappe oder nur die markierte Auswahl gedruckt werden soll. Wenn Sie nur bestimmte Seiten ausdrucken wollen, geben Sie die gewünschten Seitenzahlen in die Felder *Seiten* und *bis* ein.
- **Seiteneinrichtung** Mit den weiteren Dropdownmenüs haben Sie Zugriff auf einige der Optionen, die Ihnen auch auf der Registerkarte *Seitenlayout* zur Verfügung stehen. Sie können hier die Seitenausrichtung, das Seitenformat, die Seitenränder und die Skalierung einstellen.
- **Seitenansicht** Auf der rechten Seite der Backstage-Ansicht sehen Sie die Seitenansicht, die Ihnen die Arbeitsmappe so zeigt, wie sie mit den aktuellen Einstellungen ausgedruckt wird. Sie können mit den Pfeilschaltflächen am unteren Rand zwischen den verschiedenen Seiten blättern.

Klicken Sie auf die Schaltfläche *Drucken*, wenn alle Einstellungen wie gewünscht vorgenommen wurden und Sie die Tabelle/Arbeitsmappe wie in der Seitenansicht gezeigt, ausdrucken wollen.

Teil E

PowerPoint 2013

In diesem Teil:

Kapitel 27

Erste Schritte mit PowerPoint 2013

In diesem Kapitel:

In diesem Kapitel geben wir Ihnen einen kurzen Überblick über Microsoft PowerPoint 2013. Sie erfahren, wie Sie eine neue Präsentation anlegen und lernen die verschiedenen Ansichten kennen, in denen Sie eine Präsentation bearbeiten bzw. präsentieren können. Anschließend zeigen wir Ihnen, wie Sie eine Präsentation um weitere Folien ergänzen, und wie Sie Folien kopieren oder verschieben können.

Im letzten Abschnitt stellen wir Ihnen dann die so genannten *Platzhalter* vor, die Ihnen dabei helfen, den Folien Ihrer Präsentation ein einheitliches Layout zu geben.

Neue Präsentation erstellen

In Kapitel 4 haben wir Sie bereits mit den wichtigsten Grundlagen vertraut gemacht, wie in Office 2013 neue Dokumente erstellt werden. Dabei verhält sich jedes Programm naturgemäß etwas anders. Im konkreten Fall von PowerPoint stehen Ihnen folgende Möglichkeiten offen:

- Sie können vollkommen leere Präsentationen erstellen (ohne Folien und ohne Designs).
- Sie können von Anfang an Farbe ins Spiel bringen, indem Sie die neue Präsentation auf der Basis eines Designs erstellen. In diesem Fall werden die Folien der neuen Präsentation automatisch mit einem mehr oder wenig aufwändig gestalteten Hintergrund ausgestattet. Außerdem wird durch ein Design die Verwendung bestimmter Schriften und Farben vorgegeben.
- Sie können online nach Vorlagen suchen, die in der Regel bereits einige Folien enthalten. Diese weisen in vielen Fällen sogar bereits themenbezogene Inhalte auf.
- Sie können eine vorhandene Präsentation als Ausgangspunkt nutzen. Das bietet sich vor allem dann an, wenn Sie häufig Präsentationen erstellen müssen, die sich nur leicht unterscheiden (z. B. Quartalsberichte, Jahresrückschauen usw.).

Je nachdem, ob Sie PowerPoint bereits gestartet haben oder nicht, führen all diese Wege entweder über den Startbildschirm oder die Backstage-Ansicht von PowerPoint.

In diesem Kapitel wollen wir uns auf die Vorlagen-Variante beschränken und Ihnen dabei kurz zeigen, wie sich die Suchergebnisse filtern lassen. Eine ausführliche Beschreibung der übrigen Varianten und interessante Hintergrundinformationen zur Konfiguration des Startbildschirms und der Backstage-Ansicht finden Sie in Kapitel 4.

Beispielvorlagen verwenden

Microsoft bietet online einen Pool mit mehreren Tausend Vorlagen an, die Sie als Ausgangspunkt für Ihre Präsentation benutzen dürfen. Diese Vorlagen enthalten bereits etliche Folien, so dass sich ein Großteil Ihrer Arbeit auf das Bearbeiten der reinen Inhalte, also vor allem der Texte und Grafiken, beschränkt.

Während in früheren Versionen von PowerPoint ein Teil dieser Vorlage bei der Installation auf Ihren Rechner kopiert wurde, benötigen Sie mittlerweile auf jeden Fall einen Internetzugang, um auf die Vorlagen zugreifen zu können. Dies dürfen Sie ruhig als dezenten Hinweis auf das Ende der PC-Ära verstehen. Die Cloud soll jetzt im Mittelpunkt Ihres Schaffens stehen und nicht mehr Ihr PC. Er ist nur noch ein Werkzeug von vielen, mit denen Sie Ihre Office-Dokumente erstellen und bearbeiten können.

Die Verwendung dieser Vorlagen ist denkbar einfach:

1. Starten Sie PowerPoint 2013. Falls Sie PowerPoint bereits gestartet haben, wechseln Sie mit einem Klick auf *Datei* in die Backstage-Ansicht und gehen dort auf die Seite *Neu*.
2. Geben Sie oben im Suchfeld einen Begriff ein, der Ihre zu erstellende Präsentation am treffendsten beschreibt und drücken Sie dann die Eingabetaste. Alternativ können Sie auch einen der empfohlenen Suchbegriffe anklicken.

Bild 27.1 Beispielvorlagen zum Thema Marketing

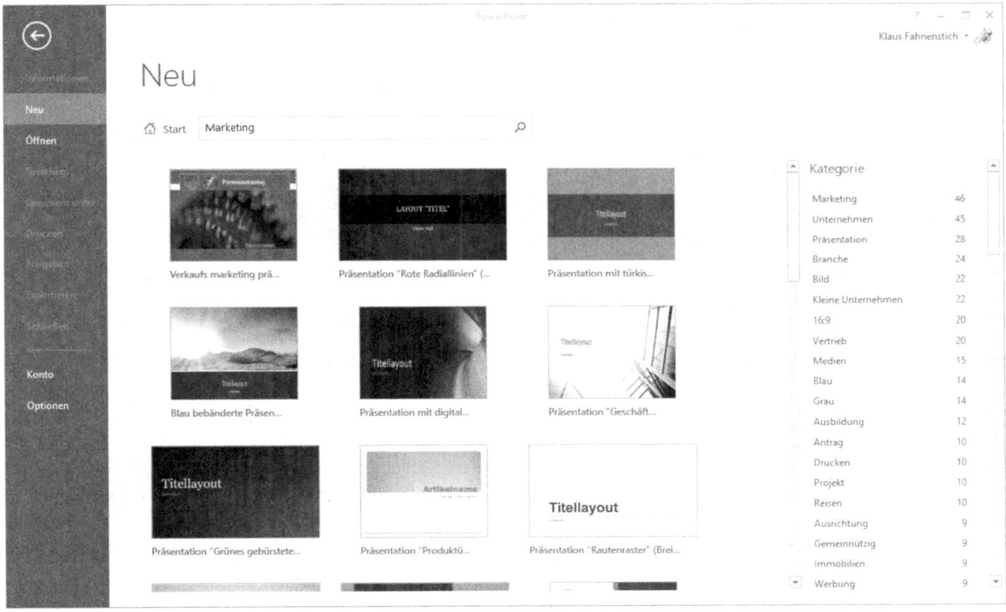

Sie sehen nun die Vorschaubilder aller Vorlagen, die zu dem von Ihnen eingegebenen Suchbegriff gefunden wurden. Rechts davon zeigt PowerPoint eine Liste von Kategorien an, denen die gefundenen Präsentationen jeweils zugeordnet sind. Durch die Auswahl einer dieser Kategorien können Sie die Treffermenge einschränken.

3. Wählen Sie eine der rechts angezeigten Kategorien aus, um Ihre Suche weiter einzugrenzen.
4. Um einen Filter wieder zu entfernen, markieren Sie ihn und klicken dann auf seine *Schließen*-Schaltfläche.

Bild 27.2 Abwählen eines Filters

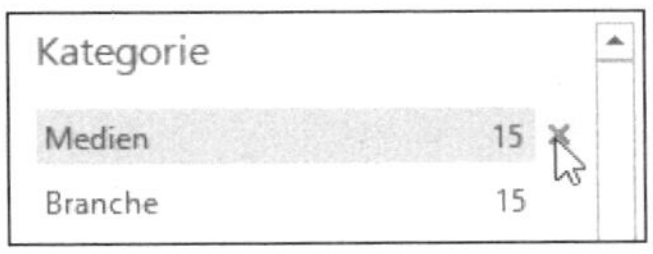

5. Klicken Sie dann eine der Miniaturgrafiken an, um eine Vorschau zu sehen. Die Vorschau liefert Ihnen nicht nur einen ersten Eindruck über die Qualität und Eignung der Folien, sondern zeigt Ihnen auch, wer die Präsentation zur Verfügung gestellt hat.

Bild 27.3 In der Vorschauanzeige können Sie die Folien der Vorlage durchblättern

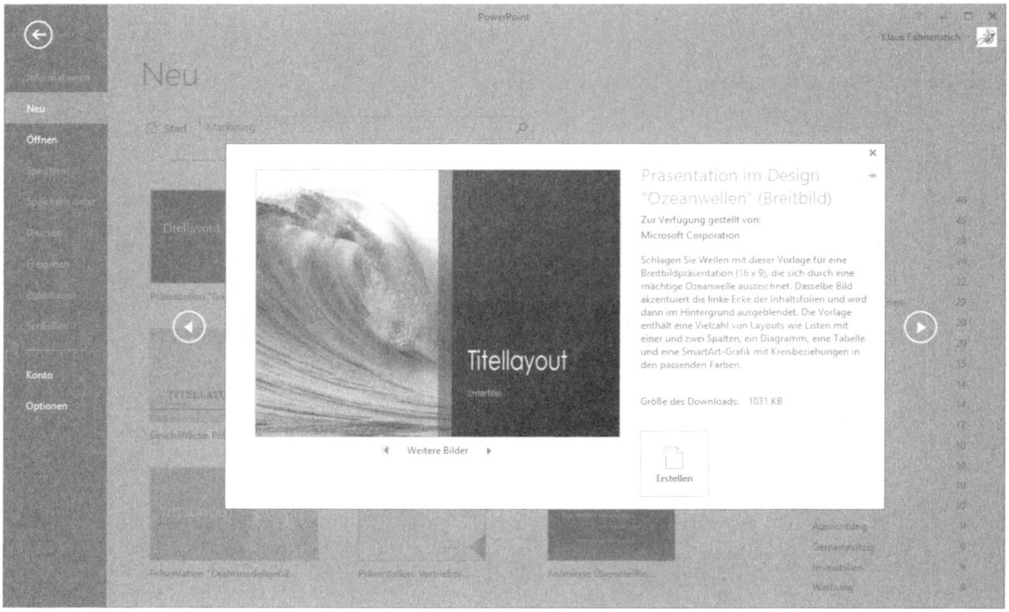

6. Haben Sie sich für eine Vorlage entschieden, klicken Sie im Vorschaubereich auf *Erstellen*, damit PowerPoint den Downloadvorgang beginnt.

Bild 27.4 Herunterladen der ausgewählten Vorlage

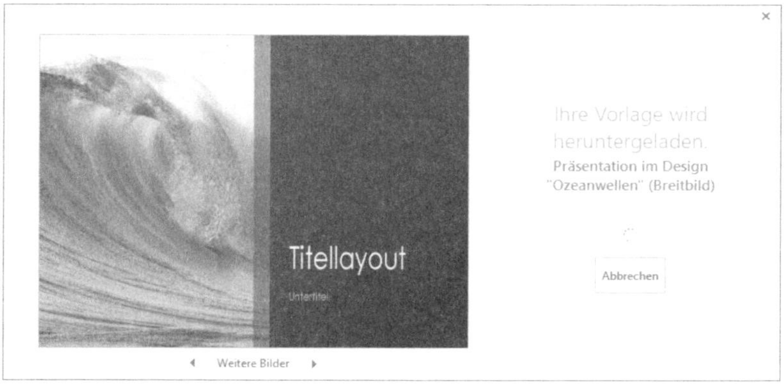

7. Speichern Sie die neue Präsentation.

Bild 27.5 Die Folien der neuen Präsentation enthalten häufig Beispiele für Diagramme und Grafiken

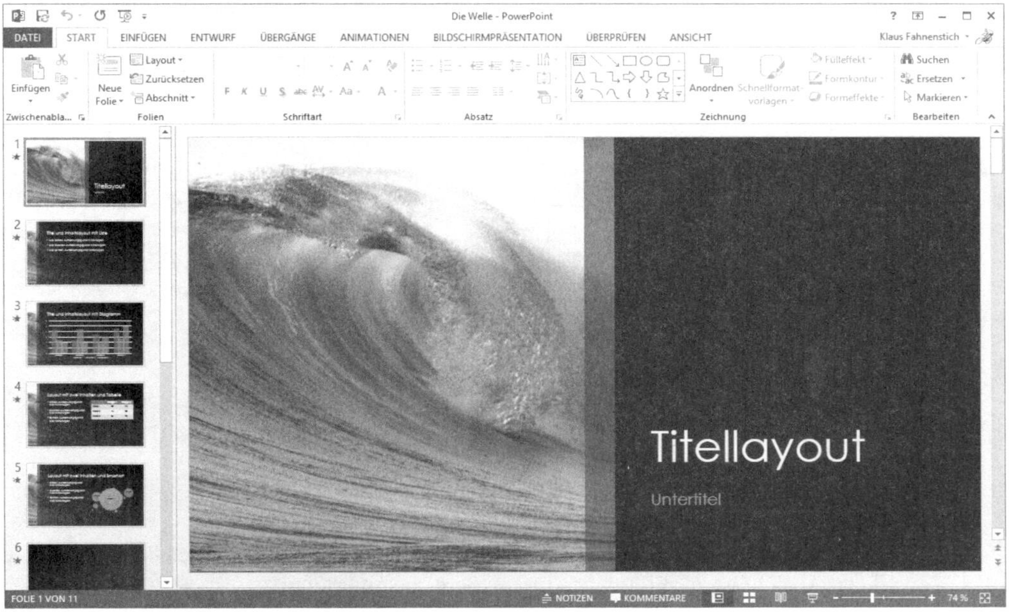

Natürlich sollten Sie im Zeitalter der Plagiatsjäger vor allem bei beruflichen Präsentationen darauf achten, dass Sie die Beispielvorlagen nicht eins zu eins übernehmen. Oft reicht schon das Zuweisen eines anderen Designs oder das Hinzufügen oder Entfernen einzelner grafischer Elemente, um der Präsentation eine individuelle Gestaltung zu geben.

HINWEIS Es lohnt sich, die Beispielvorlagen der Reihe nach zu erstellen und in der Leseansicht zu betrachten. Auf diese Weise können Sie die vielen optischen Effekte, Animationen und Folienübergänge ohne großen Aufwand entdecken.

Die Ansichten einer Präsentation

PowerPoint 2013 kann eine Präsentation in verschiedenen Ansichten anzeigen, die jeweils für bestimmte Arbeitsschritte vorgesehen sind:

- Normalansicht
- Gliederungsansicht
- Foliensortierungsansicht
- Notizenseitenansicht
- Leseansicht
- Bildschirmpräsentationsansicht

Am schnellsten schalten Sie zwischen den Ansichten hin und her, indem Sie die Schaltflächen in der Statusleiste verwenden, die sich links neben dem Zoomregler befinden. Sollten diese Schaltflächen nicht sichtbar sein, können Sie sie über das Kontextmenü der Statusleiste mit dem Befehl *Ansichtssymbole anzeigen* einblenden. Alternativ können Sie auf der Registerkarte *ANSICHT* die Schaltflächen der Gruppe *Präsentationsansichten* verwenden.

Bild 27.6 PowerPoint 2013 kann eine Präsentation in verschiedenen Ansichten darstellen

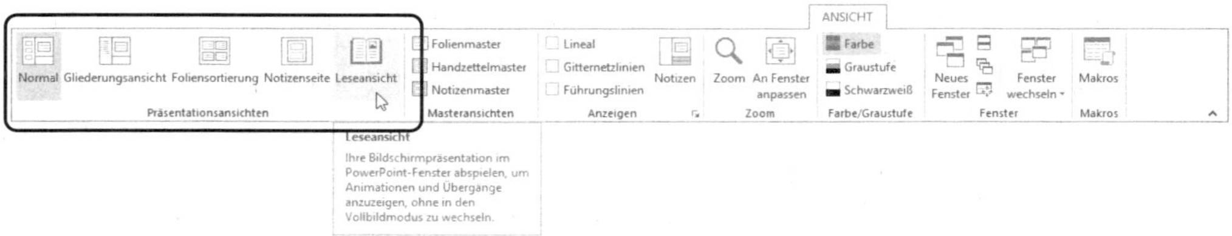

Die Ansicht »Normal«

Die Normalansicht ist die Standardansicht, in der Sie die Folien Ihrer Präsentation bearbeiten. In dieser Ansicht ist der Bildschirm in drei Bereiche unterteilt:

- Folienbereich
- Miniaturansichten
- Notizenfeld

Bild 27.7 Normalerweise arbeiten Sie in der Normalansicht. Die Größe der Bereiche ist dabei einstellbar.

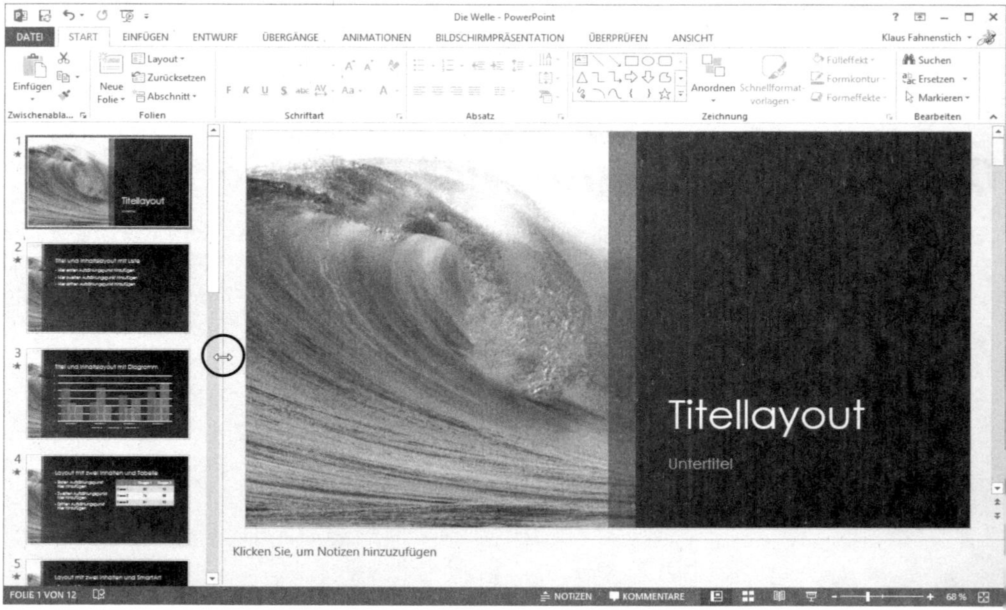

Den größten Raum nimmt der Folienbereich ein, in dem Sie die Folien Ihrer Präsentation erstellen bzw. gestalten und zum Beispiel Texte, Bilder oder Diagramme einfügen. Sie können die Größe der Bereiche je nach Bedarf einstellen, indem Sie deren Begrenzungslinien mit der Maus verschieben. Bewegen Sie dazu den Mauszeiger über die Begrenzungslinien zwischen den Bereichen, bis sich die Pfeilspitze in einen Doppelpfeil verwandelt und verschieben Sie die Linie dann mit gedrückter Maustaste, bis die Bereiche die gewünschte Größe besitzen (siehe Bild 27.7).

Links neben dem Folienbereich sehen Sie die Miniaturansichten der Folien. Wenn Sie eine der Miniaturansichten anklicken, wird die zugehörige Folie im Folienbereich angezeigt. Sie können diesen Bereich aber auch nutzen, um die Reihenfolge der Folien umzustellen.

Unterhalb des Folienbereichs erscheint ein kleines Fenster mit der Aufforderung »Klicken Sie, um Notizen hinzuzufügen«. Mit dieser grammatikalisch ausgefeilten Formulierung ist gemeint, dass Sie in diesem Fenster Anmerkungen bzw. Notizen eingeben können, die auf der Folie nicht erscheinen sollen, die Sie jedoch beim Vortragen als Gedankenstütze parat haben möchten.

Die Gliederungsansicht

Die Gliederungsansicht unterscheidet sich von der Normalansicht im Wesentlichen dadurch, dass im linken Bereich anstelle der Miniaturansichten, eine Übersicht über den auf den Folien enthaltenen Text der Präsentation angezeigt wird. Durch einen Doppelklick auf ein Foliensymbol können Sie den gesamten Text einer Folie ein- oder ausblenden. In diesem Modus können Sie sich ganz auf den Text der Präsentation konzentrieren und werden nicht durch die graphische Gestaltung der Folien abgelenkt.

Bild 27.8 Die Textstruktur Ihrer Präsentation können Sie am besten in der Gliederungsansicht erfassen

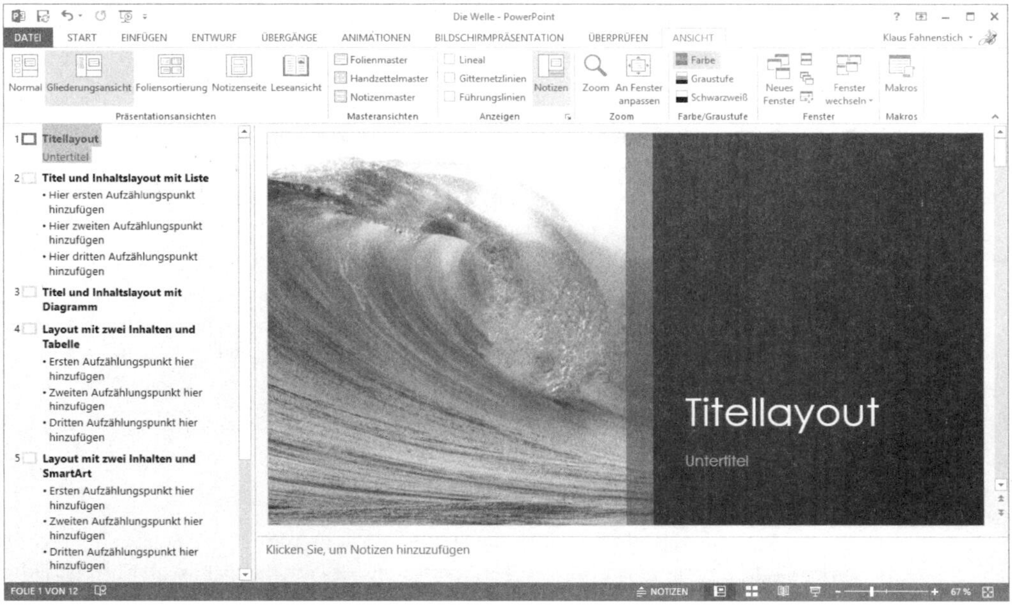

Die Ansicht »Foliensortierung«

In der Foliensortierungsansicht werden die Folien der Präsentation als kleine Vorschaubilder im Arbeitsbereich angezeigt. Auf diese Weise können Sie sich sehr schnell einen Überblick über eine Präsentation verschaffen und einzelne Folien bequem mit der Maus umstellen oder aus der Präsentation löschen. Außerdem können Sie sich in dieser Ansicht auch die Animationen anzeigen lassen, die Sie für die einzelnen Folienübergänge definiert haben.

Bild 27.9 Die Foliensortierungsansicht eignet sich zum Umstellen von Folien. Darüber hinaus bietet sie auch eine Vorschaufunktion auf die eingerichteten Folienübergänge (siehe Markierung).

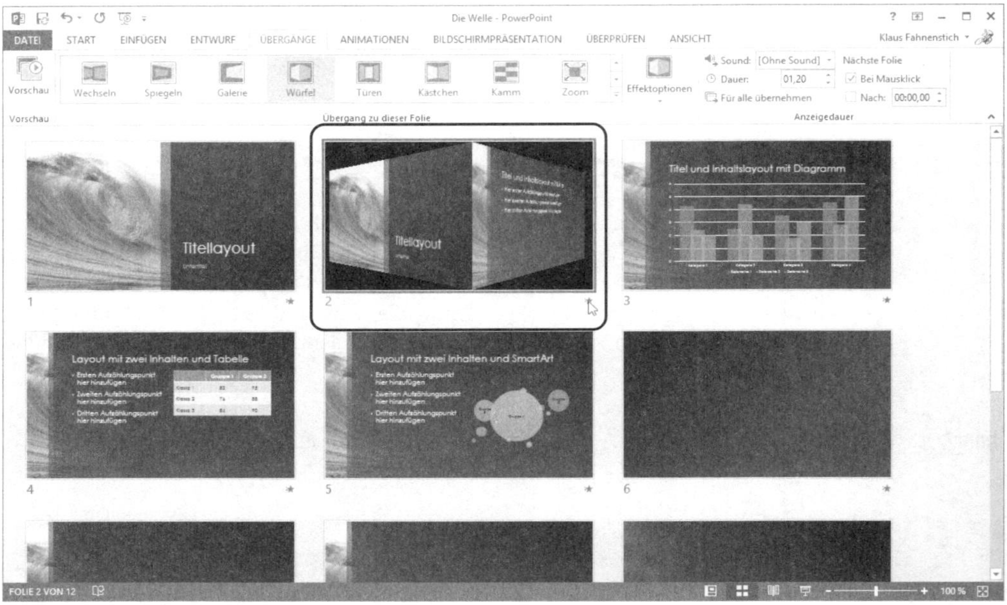

Die Ansicht »Notizenseite«

Wenn Sie für eine Folie Anmerkungen in das Notizenfeld eingegeben haben, können Sie diese gemeinsam auf einer Seite ausdrucken. Wie diese Seite im Ausdruck aussehen wird, zeigt PowerPoint 2013 in der Notizenansicht auf dem Bildschirm an. Diese Ansicht ist jedoch keine reine Vorschaufunktion, sondern erlaubt auch eine Bearbeitung der Notizen.

Die Ansicht »Leseansicht«

In der Leseansicht zeigt PowerPoint die Präsentation im aktuellen Fenster an, also nicht auf dem gesamten Bildschirm. Das hört sich zunächst nicht besonders spektakulär an, ist jedoch im Alltag enorm praktisch. Sie können so zum Beispiel eine Präsentation, die Sie als Vorlage verwenden, in der Leseansicht anzeigen, während Sie gleichzeitig an einer anderen Präsentation arbeiten.

Bild 27.10 In der Leseansicht spielt PowerPoint die Präsentation in einem eigenen Fenster ab (oben links). Parallel dazu können auch noch andere Präsentationen geöffnet und bearbeitet werden.

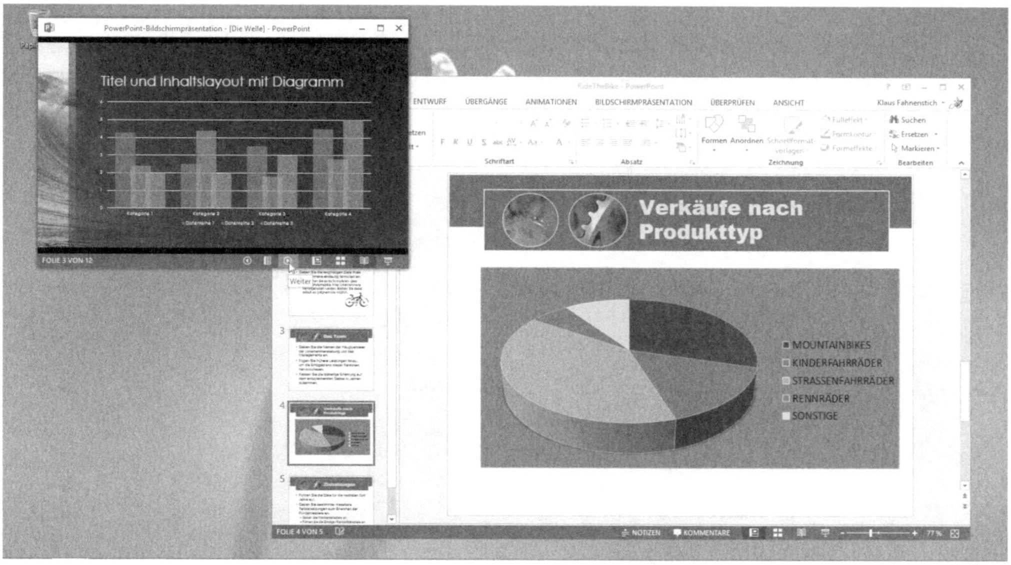

Die Ansicht »Bildschirmpräsentation«

Die Bildschirmpräsentation ist der Modus, in dem eine Präsentation direkt am Computer vorgeführt, also zum Beispiel mit einem Beamer auf eine Leinwand projiziert wird. In dieser Ansicht nehmen die Folien – im Gegensatz zur eben vorgestellten Leseansicht – den gesamten Bildschirm ein, das heißt, Windows tritt in diesem Modus optisch vollständig in den Hintergrund.

In der Bildschirmpräsentation wechseln Sie mit einfachem Mausklick – oder etwas zeitgemäßer und eleganter mit einem Knopfdruck auf Ihrer drahtlosen Fernbedienung – zur nächsten Folie. Um zurückzublättern oder um eine bestimmte Folie der Präsentation anzuzeigen, können Sie ein Kontextmenü aufrufen, in dem noch verschiedene andere Befehle enthalten sind, die Sie beim Vortragen Ihrer Präsentation einsetzen können. Wir gehen auf diese Möglichkeiten in Kapitel 33 noch ausführlich ein.

Die Statusleiste

Auch die Statusleiste, die sich am unteren Rand des PowerPoint-Fensters befindet, kann mit einigen interessanten Funktionen aufwarten. Außerdem können Sie die Statusleiste über ein Kontextmenü konfigurieren, das sich öffnet, wenn Sie die Leiste mit der rechten Maustaste anklicken. Standardmäßig sind jedoch, bis auf die Anzeige des in der Präsentation verwendeten Designs, alle Informationsfelder bzw. Schaltflächen aktiviert, sodass hier zunächst kein Handlungsbedarf für Sie besteht.

Neue Folien einfügen

Eine PowerPoint-Präsentation setzt sich aus einzelnen Folien zusammen, die vergleichbar den Seiten eines Dokuments nach und nach ergänzt werden. Wie Sie weiter hinten in diesem Kapitel noch sehen werden, können Sie dazu auch Folien aus bereits vorhandenen Präsentationen übernehmen oder sogar eine Gliederung als Ausgangsbasis verwenden. Im einfachsten Fall haben Sie, wie im letzten Abschnitt beschrieben, eine neue leere Präsentation begonnen und wollen die Präsentation um eine weitere, leere Folie ergänzen.

Dazu gehen Sie folgendermaßen vor:

1. Wechseln Sie auf dem Menüband zur Registerkarte *START*.
2. Zeigen Sie mit der Maus in der Gruppe *Folien* auf die Schaltfläche *Neue Folie*. Dadurch wird erkennbar, dass die Schaltfläche aus zwei Bereichen besteht.

Bild 27.11 Die Schaltfläche *Neue Folie* ist zweigeteilt

3. Klicken Sie auf den oberen Bereich der Schaltfläche. PowerPoint 2013 fügt dann direkt eine leere Folie in Ihre Präsentation ein.

Bild 27.12 Die Folie wurde durch Anklicken der oberen Hälfte der Schaltfläche *Neue Folie* eingefügt

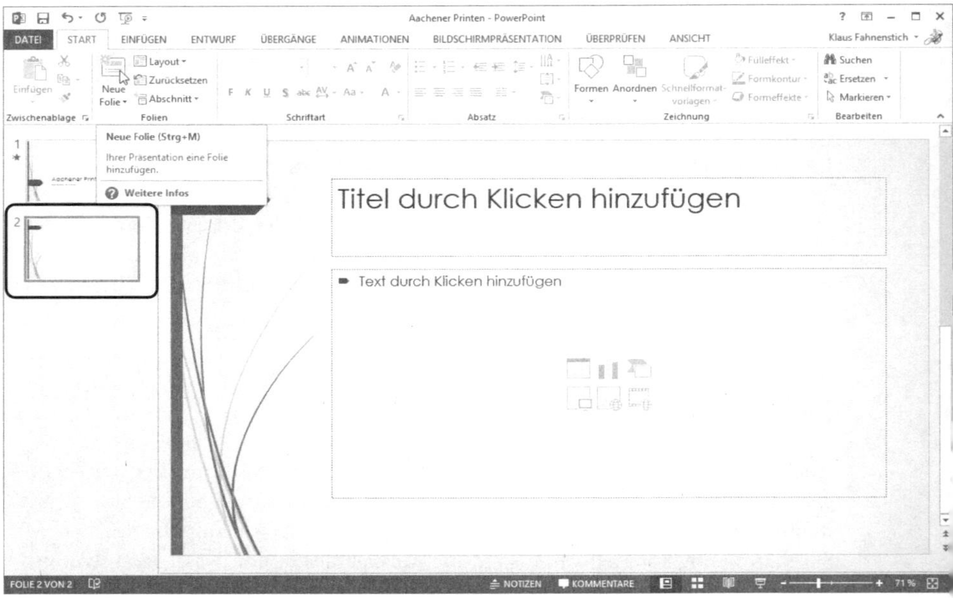

Wenn Sie nun am linken Fensterrand die Miniaturansicht der neuen Folie betrachten, sehen Sie, dass dort eine leere Folie dargestellt wird. Im Folienbereich besitzt die Folie hingegen zwei Rahmen, die den Text »*Titel durch Klicken hinzufügen*« bzw. »*Text durch Klicken hinzufügen*« sowie sechs kleine Symbole enthalten. Bei diesen beiden Rahmen handelt es sich um sogenannte *Platzhalter,* die erst noch mit Inhalt gefüllt werden müssen.

Die Aufgabe dieser Platzhalter ist es, den Folien einer Präsentation eine einheitliche Struktur zu geben. Dadurch wird gewährleistet, dass sich die Zuschauer beim Vorführen der Präsentation ganz auf die inhaltlichen Aspekte der Folien konzentrieren können und nicht bei jeder Folie mit einer neuen Anordnung von Texten und Bildern konfrontiert sind. Wir werden auf Platzhalter weiter hinten in diesem Kapitel noch näher eingehen. Für das aktuelle Beispiel benötigen Sie keine weiteren Hintergrundinformationen zu diesem Thema.

4. Klicken Sie den oberen Platzhalter mit der Maus an und geben Sie den Titel der neuen Folie ein. Der Vorgabetext »*Titel durch Klicken hinzufügen*« verschwindet automatisch, sobald Sie den Platzhalter anklicken.

5. Füllen Sie auf die gleiche Art und Weise auch den zweiten Platzhalter mit etwas Text. Wie Sie sehen, wird dieser Text automatisch als Aufzählung formatiert, ohne dass Sie dazu einen einzigen Mausklick investieren müssen.

Bild 27.13 Der eingegebene Text wird automatisch formatiert

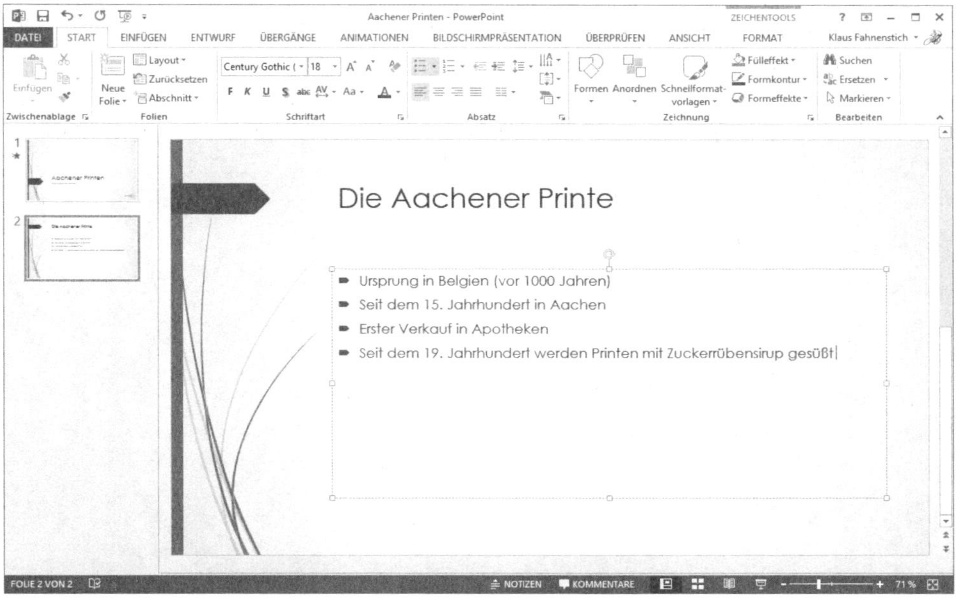

HINWEIS Wie Sie den Text einer Folie formatieren, beschreiben wir detailliert in Kapitel 28.

Auswahl eines Layouts

Dieser Formatierungsservice ist ein Verdienst des *Layouts*, das dieser Folie zugrunde liegt. Layouts sind ein zentraler Bestandteil einer Präsentation und wir werden dieses Thema in Kapitel 31 »Arbeiten mit Vorlagen« noch ausführlich behandeln. Für den Moment genügt es zu wissen, dass allen Folien einer Präsentation ein Layout zugrunde liegt, das den Typ und die Anordnung der Platzhalter vorgibt.

Lassen Sie uns nun einen Blick auf die verschiedenen Layouts werfen, die Sie für die Folien Ihrer Präsentation verwenden können.

1. Klicken Sie erneut auf die Schaltfläche *Neue Folie*, dieses Mal jedoch auf den unteren Teil der Schaltfläche (also auf die Beschriftung).

Bild 27.14 Im Menü der Schaltfläche *Neue Folie* können Sie zwischen verschiedenen Layouts wählen

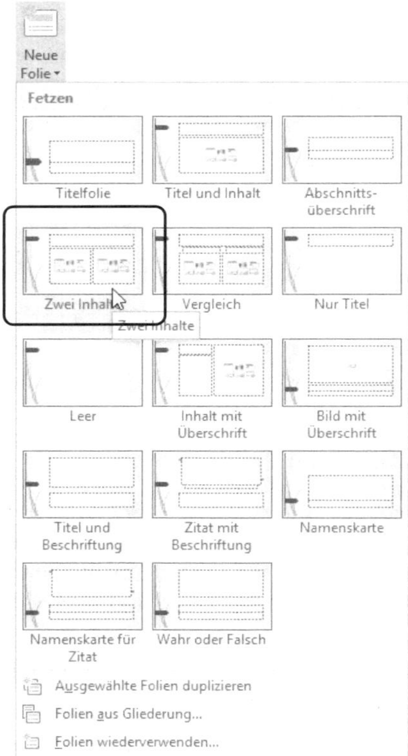

In dem dadurch ausgeklappten Menü der Schaltfläche *Neue Folie* bietet Ihnen PowerPoint 2013 verschiedene Layouts an, die sich in Anzahl und Art der verwendeten Platzhalter unterscheiden. Im obigen Bild sehen Sie zum Beispiel in der ersten Reihe das Layout *Titel und Inhalt*, das beim Einfügen der ersten Folie (in Schritt 3 des letzten Abschnitts) automatisch verwendet wurde. Wie viele Layouts in diesem Menü enthalten sind und wie diese aufgebaut sind, hängt von der verwendeten Vorlage bzw. dem verwendeten Design ab.

2. Prüfen Sie, welches Layout sich für den Inhalt der neuen Folie am besten eignet und klicken Sie sein Vorschaubild an.
3. Ersetzen Sie die Platzhalter der neuen Folie durch die gewünschten Inhalte.

Bild 27.15 Für die dritte Folie wurde das Layout *Zwei Inhalte* gewählt

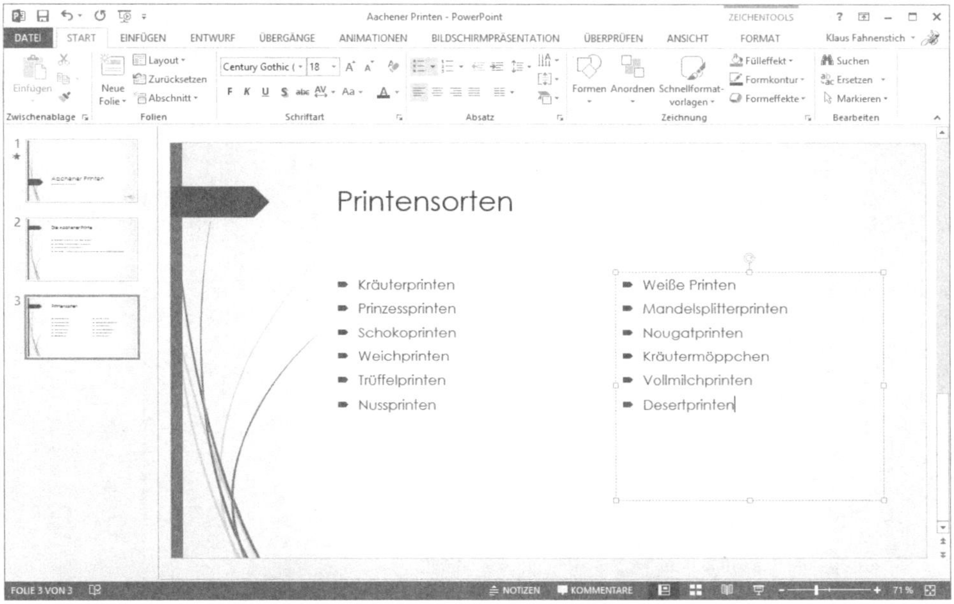

Layout nachträglich austauschen

Wenn sich das für eine Folie ausgewählte Layout im Nachhinein als ungeeignet erweist, ist das weiter kein Problem, denn Sie können das Layout einer Folie jederzeit austauschen. Der bereits auf der Folie vorhandene Inhalt wird dabei automatisch auf die Platzhalter verteilt, die im neuen Folienlayout enthalten sind, oder als frei platzierbares Objekt eingefügt, falls es keine passenden Platzhalter gibt.

1. Zeigen Sie die gewünschte Folie an, indem Sie links ihre Miniaturvorschau anklicken.
2. Wechseln Sie auf die Registerkarte *START*.
3. Klicken Sie in der Gruppe *Folien* auf die Schaltfläche *Layout*. Im Menü der Schaltfläche finden Sie die gleiche Auswahl an Layouts, wie Sie sie bereits von der Schaltfläche *Neue Folie* her kennen (siehe Bild 27.14).
4. Wählen Sie ein neues Layout für die Folie aus.

Im Bild auf der nächsten Seite können Sie erkennen, dass PowerPoint den vorhandenen Inhalt der Folie an das neue Layout anpasst.

Bild 27.16 Die Folie unten erscheint mit dem neuen Layout, die vorhandenen Inhalte bleiben erhalten

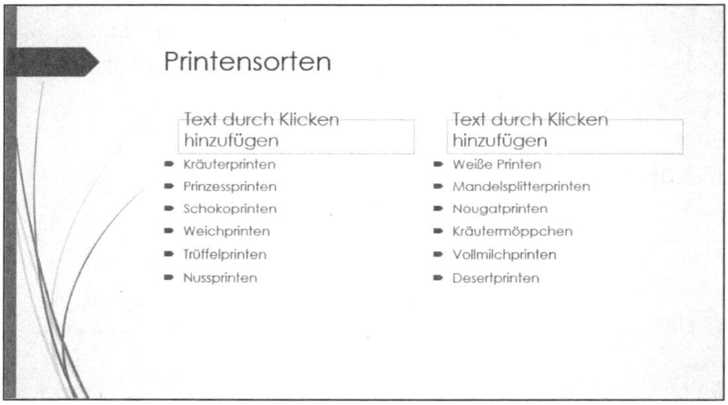

Folien aus Präsentationen übernehmen

Wenn Sie häufiger Präsentationen zu ähnlichen Themen erstellen, werden Sie besonders aussagekräftige Folien mehrfach verwenden wollen. PowerPoint bietet eine sehr komfortable Methode, Folien aus existierenden Präsentationen einzubauen.

1. Zeigen Sie zuerst die Folie an, hinter der Sie die Folie einfügen wollen.
2. Öffnen Sie dann auf der Registerkarte *START* das Menü der Schaltfläche *Neue Folie* und wählen Sie dort den Befehl *Folien wiederverwenden.* PowerPoint zeigt dann den gleichnamigen Aufgabenbereich an.

   In diesem Aufgabenbereich (siehe Bild 27.17 auf der folgenden Seite) können Sie entweder die Folien einer sogenannten *Folienbibliothek* oder einer normalen PowerPoint-Datei anzeigen. Da zum Aufbau einer Folienbibliothek der Microsoft Office SharePoint-Server benötigt wird, beschränken wir uns hier auf das Wiederverwenden von Folien aus Präsentationsdateien.

Bild 27.17 Der Aufgabenbereich *Folien wiederverwenden*

3. Klicken Sie im Aufgabenbereich auf den Link *PowerPoint-Datei öffnen.* Alternativ klicken Sie auf die Schaltfläche *Durchsuchen* und wählen in ihrem Menü den Befehl *Datei durchsuchen.*
4. Wechseln Sie im Dialogfeld *Durchsuchen* in den Ordner, in dem sich die gewünschte Präsentation befindet, und öffnen Sie sie durch Doppelklick. Die Folien der geöffneten Präsentation werden als Miniaturbilder im Aufgabenbereich angezeigt.

Bild 27.18 Die Folien der geöffneten Präsentation im Aufgabenbereich

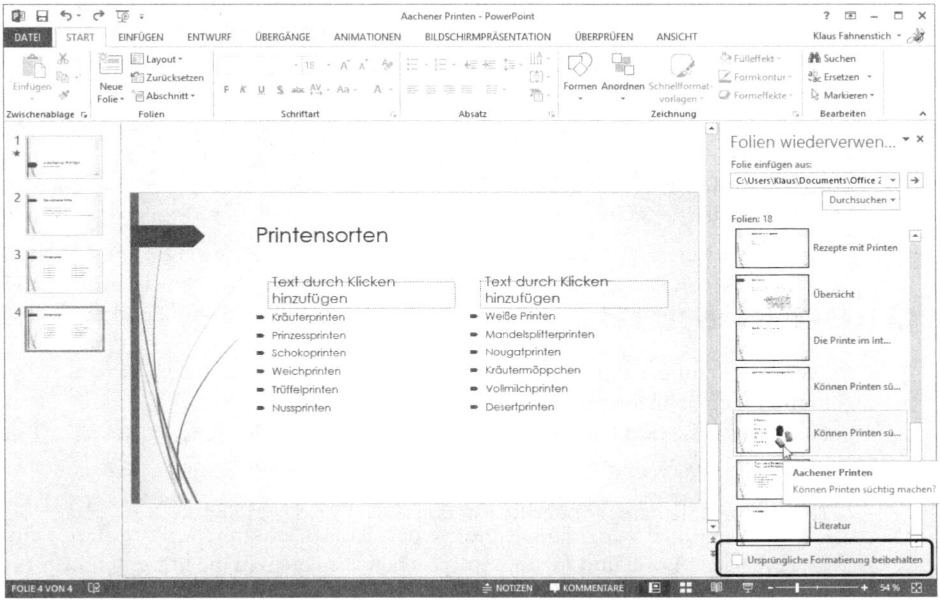

5. Normalerweise werden eingefügte Folien an das Design der aktuellen Präsentation angepasst. Soll die Folie unverändert in die aktuelle Präsentation übernommen werden, schalten Sie unten im Aufgabenbereich die Option *Ursprüngliche Formatierung beibehalten* ein.
6. Klicken Sie die Folie(n) an, die Sie in Ihre Präsentation einfügen wollen.

Das Kontextmenü des Aufgabenbereichs

Wenn Sie im Aufgabenbereich *Folien wiederverwenden* eines der Miniaturbilder mit der rechten Maustaste anklicken, erscheint ein Kontextmenü, mit dessen Befehlen Sie folgende Aktionen ausführen können:

- **Folie einfügen** Fügt die Folie, die Sie mit der rechten Maustaste angeklickt haben, in die Präsentation ein. Dieser Befehl ist in diesem Kontextmenü eigentlich überflüssig, da Sie die Folie schneller durch einfaches Anklicken der Miniaturansicht einfügen können.
- **Alle Folien einfügen** Fügt alle im Aufgabenbereich angezeigten Folien ein.
- **Design für alle Folien übernehmen** Wendet das Design (nicht das Layout) der im Aufgabenbereich geöffneten Präsentation auf alle Folien Ihrer Präsentation an.
- **Design für ausgewählte Folien übernehmen** Wendet das Design der im Aufgabenbereich geöffneten Präsentation nur auf die zuvor im Folienbereich markierten Folien an. Wie Sie mehrere Folien einer Präsentation markieren können, erfahren Sie gleich im Abschnitt »Folien markieren« auf Seite 553.

Folien aus Gliederungen erstellen

Mit PowerPoint 2013 können Sie sogar ein Textdokument als Grundlage für Ihre Präsentationen verwenden. Diese Möglichkeit bietet sich zum Beispiel an, wenn Sie den Inhalt einer technischen Dokumentation als PowerPoint-Präsentation aufbereiten wollen.

Die Gliederung kann als unformatierte Textdatei, im RTF-Format, als Webseite oder als Word-Dokument vorliegen. Die besten Ergebnisse erhalten Sie, wenn Sie mit einem Word-Dokument arbeiten, das die Formatvorlagen *Überschrift 1, Überschrift 2* usw. verwendet. PowerPoint erstellt in diesem Fall für jede Überschrift der obersten Ebene eine eigene Folie und übernimmt den Text der untergeordneten Überschriften als Folientext. Der restliche Text des Dokuments wird von PowerPoint nicht berücksichtigt.

Wir wollen Ihnen das Verfahren an einem Beispiel demonstrieren und haben dazu die Übungsdatei *Überschrift.docx* benutzt, die Sie in Bild 27.19 sehen. Die für die einzelnen Überschriften verwendeten Formatvorlagen haben wir mit den Abkürzungen *Ü1, Ü2* und *Ü3* kenntlich gemacht.

1. Erstellen Sie eine neue leere Präsentation.
2. Wechseln Sie auf die Registerkarte *START.*
3. Klicken Sie in der Gruppe *Folien* die untere Hälfte der Schaltfläche *Neue Folie* an und wählen Sie im Ausklappmenü den Befehl *Folien aus Gliederung.*
4. Navigieren Sie im Dialogfeld *Gliederung einfügen* zu dem Ordner, der das Word-Dokument mit der Gliederung enthält und öffnen Sie das Dokument. PowerPoint analysiert dann den Inhalt der Datei und fügt die entsprechenden Folien in die Präsentation ein (siehe Bild 27.20).

Bild 27.19 Aus diesem Word-Dokument sollen PowerPoint-Folien erstellt werden

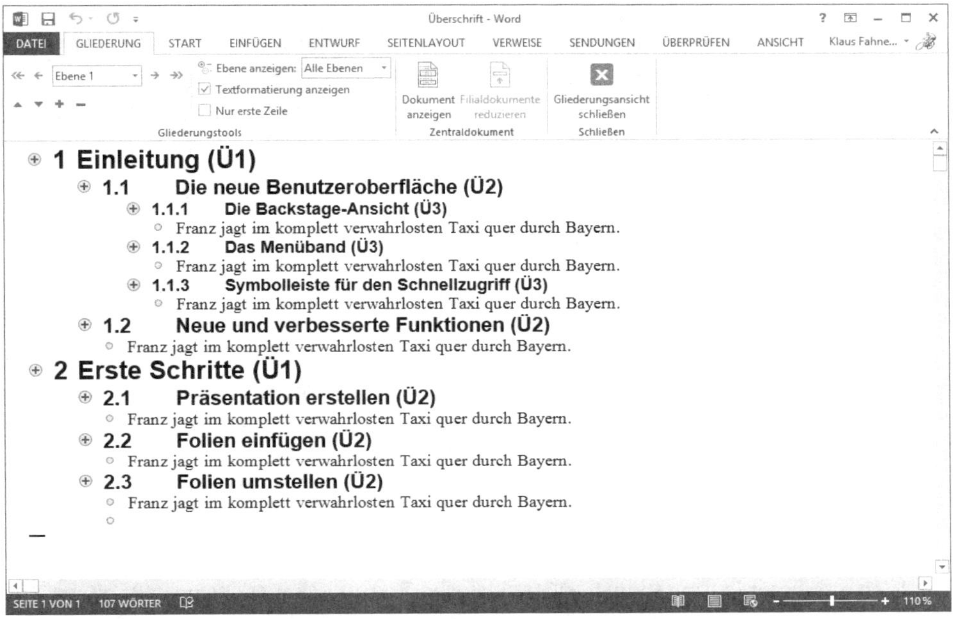

Bild 27.20 Diese Folien wurden aus der Gliederung erzeugt

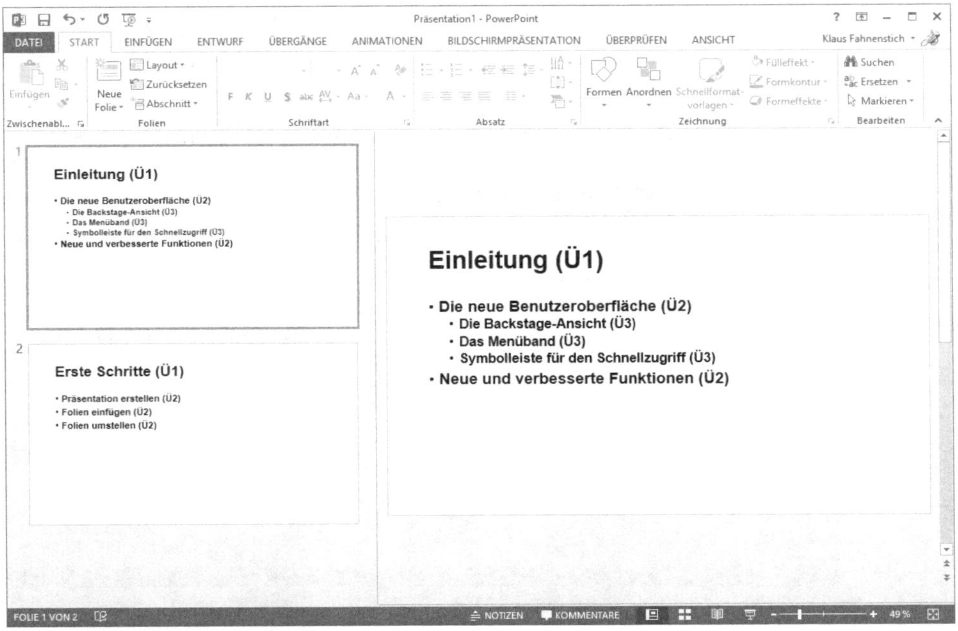

Folien kopieren, verschieben und löschen

Zu den wichtigsten Vorgängen in PowerPoint gehört es, Folien zu kopieren, um sie an anderer Stelle, eventuell leicht abgewandelt, wiederzuverwenden, Folien zu verschieben, um die Reihenfolge in einer Präsentation zu verändern, oder Folien zu löschen, wenn sie nicht mehr gebraucht werden. Für all diese Vorgänge werden Folien zunächst markiert.

Folien markieren

Folien werden markiert, um sie kopieren, löschen oder verschieben zu können. Sie können dazu den Gliederungsbereich der Normalansicht oder die Foliensortierungsansicht verwenden. Das Verfahren ist in beiden Fällen dasselbe.

1. Wenn Ihre Präsentation nur wenige Folien enthält, können Sie in der Normalansicht bleiben und die Folien links im Folienbereich markieren. Bei umfangreichen Präsentationen sollten Sie besser in die Foliensortierungsansicht wechseln.
2. Markieren Sie eine Folie, die Sie kopieren möchten, durch Anklicken. PowerPoint hebt die Folie dann mit einem Rahmen hervor.

Bild 27.21 In dieser Präsentation wurden die Folien 7, 8 und 14 markiert, indem die Folien bei gedrückter Strg-Taste einzeln angeklickt wurden

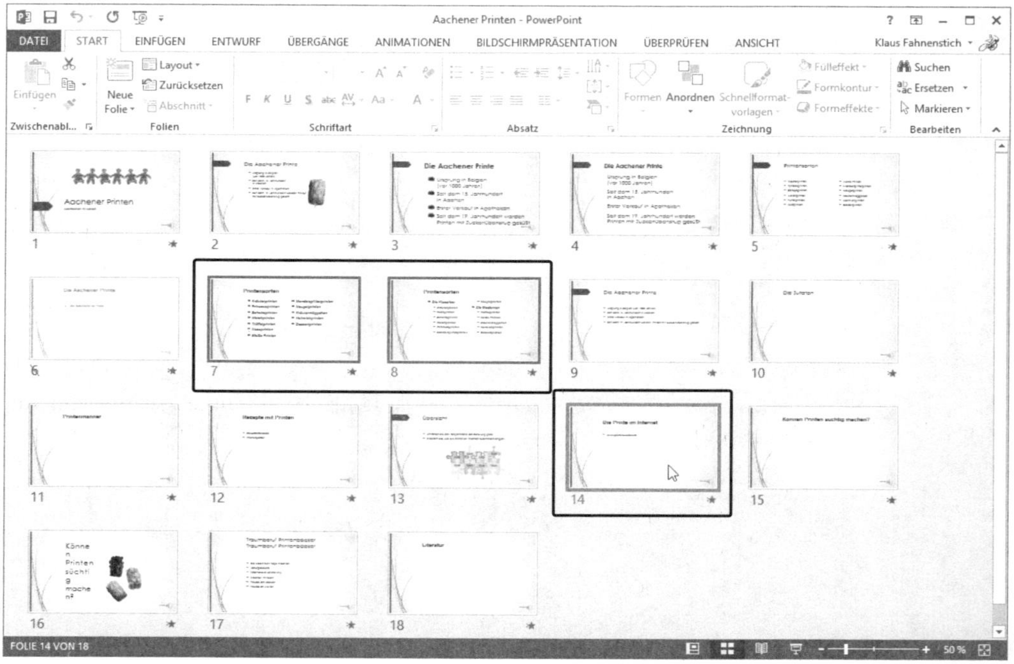

TIPP **Mehrere Folien markieren** Und so markieren Sie mehrere Folien:

- Bei mehreren aufeinander folgenden Folien klicken Sie die erste Folie an, halten die [⇧]-Taste gedrückt und klicken dann auf die letzte Folie, die markiert werden soll.
- Liegen die Folien nicht nebeneinander, halten Sie die [Strg]-Taste gedrückt und klicken dann alle Folien an, die Sie auswählen möchten.

Wenn Sie die Markierung einer Folie wieder aufheben wollen, klicken Sie die Folie einfach ein zweites Mal an.

Folien kopieren und duplizieren

Folien, die Sie mit geringen Änderungen mehrmals verwenden möchten, können Sie einfach kopieren bzw. duplizieren. Am einfachsten geht das in der Foliensortierungsansicht, da Sie dort die beste Übersicht über Ihre Präsentation haben.

1. Klicken Sie rechts unten in der Statusleiste auf die Schaltfläche *Foliensortierung*, um zur Foliensortierungsansicht zu wechseln.
2. Markieren Sie mit dem im letzten Abschnitt beschriebenen Verfahren eine oder mehrere Folien, die Sie kopieren möchten.
3. Wechseln Sie zur Registerkarte *START* und öffnen Sie das Menü der Schaltfläche *Folie einfügen*.
4. Wählen Sie im Menü den Befehl *Ausgewählte Folien duplizieren*. PowerPoint fügt dann eine Kopie aller markierten Folien unmittelbar hinter der letzten markierten Folie ein.

Wenn Sie die Kopie bzw. die Kopien gezielter positionieren möchten – an eine andere Stelle oder in eine andere Präsentation – können Sie so vorgehen:

1. Markieren Sie die zu kopierenden Folien wie oben beschrieben.
2. Klicken Sie auf der Registerkarte *START* auf die Schaltfläche *Kopieren*. Alternativ können Sie eine der markierten Folien mit der rechten Maustaste anklicken und im angezeigten Kontextmenü den Befehl *Kopieren* wählen. Und selbstverständlich funktioniert auch hier der gewohnte Shortcut [Strg]+[C].
3. Klicken Sie auf die Folie, hinter der Sie die Kopie einfügen möchten, und klicken Sie in der Registerkarte *START* auf *Einfügen*. Auch hier können Sie das Kontextmenü verwenden bzw. den Shortcut [Strg]+[V]. PowerPoint fügt die Kopien dann an der gewünschten Stelle ein.

Es gibt auch noch eine weitere schnellere Methode, die Sie eventuell schon vom Kopieren von Dateien oder Ordnern kennen:

1. Wechseln Sie in die Foliensortierungsansicht.
2. Markieren Sie die gewünschten Folien.
3. Drücken Sie die [Strg]-Taste und bewegen Sie den Mauszeiger zu der Stelle, an der Sie die duplizierten Folien einfügen möchten. Durch das Drücken der [Strg]-Taste wird der Mauszeiger mit einem kleinen Pluszeichen versehen. Außerdem zeigt PowerPoint auf der Folie, die Sie verschieben, an, wie viele Folien Sie zuvor markiert haben.
4. Das Treffen der richtigen Position ist bei diesem Verfahren nicht ganz einfach, da PowerPoint während der Mausbewegung die Folien ständig in Echtzeit verschiebt – behalten Sie Ihr Ziel also gut im Auge. Sobald Sie die Maustaste loslassen, werden die neuen Folien platziert.

Bild 27.22 Drücken Sie beim Verschieben von Folien [Strg], fügt PowerPoint Kopien der Folien ein

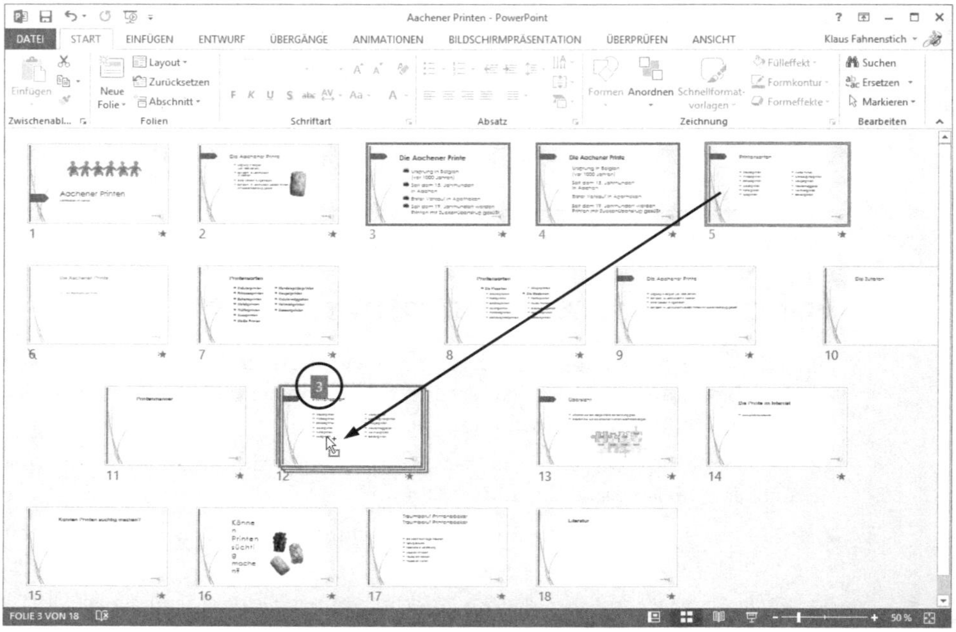

Die Zwischenablage

Wenn Sie bereits mit Windows-Programmen gearbeitet haben, wissen Sie wahrscheinlich, dass es eine sogenannte *Zwischenablage* gibt, die ähnlich wie eine Pinnwand funktioniert. Sie können dort etwas anheften, um es später wieder abzunehmen. In den Schrittfolgen des letzten Abschnitts haben Sie die Zwischenablage sogar schon verwendet, nämlich durch die Befehle *Kopieren* (= anheften) und *Einfügen* (= abnehmen).

In der Office-Zwischenablage können bis zu 24 Elemente abgelegt werden. Mit dem Befehl *Einfügen* wird jedoch immer das Element in Ihre Präsentation eingefügt, das Sie als letztes in die Zwischenablage aufgenommen haben. Wenn Sie ein anderes Element aus der Zwischenablage einfügen möchten, müssen Sie den Aufgabenbereich *Zwischenablage* verwenden:

1. Wechseln Sie auf die Registerkarte *START* und klicken Sie dort in der Gruppe *Zwischenablage* auf das kleine Kästchen in der rechten unteren Ecke der Gruppe. PowerPoint blendet dann den Aufgabenbereich *Zwischenablage* ein (siehe nächstes Bild).
2. Markieren Sie die Folie, hinter der Sie eine Folie aus der Zwischenablage einfügen wollen.
3. Klicken Sie das Vorschaubild der einzufügenden Folie im Aufgabenbereich *Zwischenablage* an. PowerPoint fügt die Folie an der gewünschten Position in Ihre Präsentation ein.

Bild 27.23 Im Aufgabenbereich *Zwischenablage* sind mehrere Folien enthalten, die auch aus verschiedenen Präsentationen stammen können

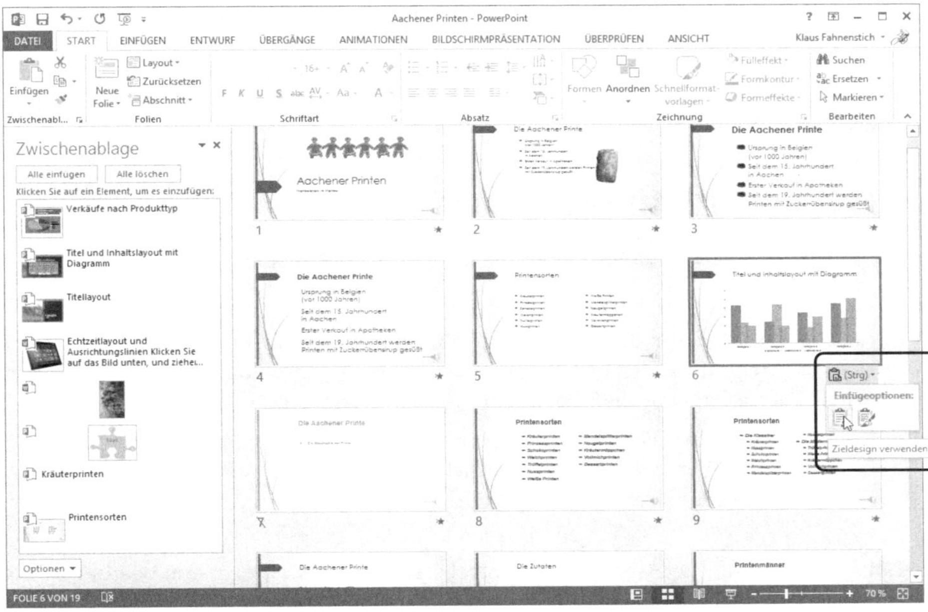

Falls das Design der eingefügten Folie nicht mit dem Design der aktuellen Präsentation identisch ist, wird die neue Folie mit einem kleinen Symbol versehen. Wenn Sie das Symbol anklicken, erscheint ein Menü, mit dem Sie steuern können, ob PowerPoint das originale Design der Folie beibehalten soll oder ob die Folie an das Design der Präsentation angepasst werden soll.

Folien verschieben

Wenn sich die Gliederung einer Präsentation ändert, ist es wichtig, Folien problemlos an eine andere Stelle bewegen zu können. Dies ist sowohl in der Normalansicht als auch in der Foliensortierungsansicht möglich. In der Normalansicht gehen Sie so vor:

1. Markieren Sie die Miniaturansicht einer oder mehrerer Folien, die Sie verschieben möchten.
2. Klicken Sie erneut auf die markierte(n) Folie(n), halten Sie die Maustaste gedrückt und ziehen Sie die Folie(n) an die gewünschte Stelle.

Bei sehr umfangreichen Präsentationen, ist das Verschieben von Folien in der Foliensortierungsansicht vorzuziehen, denn hier können wesentlich mehr Folien auf einmal angezeigt werden.

Folien löschen

Folien, die Sie nicht mehr benötigen, löschen Sie einfach aus der Präsentation. Markieren Sie dazu die betreffenden Folien und drücken dann `Entf`.

Folien durch Abschnitte organisieren

In PowerPoint 2013 können Sie die Folien einer umfangreichen Präsentation in Abschnitte unterteilen. Dadurch wird die Orientierung in der Präsentation sowohl bei der Bearbeitung als auch später während der Bildschirmpräsentation enorm erleichtert. Und auch, um sich einen schnellen Überblick über eine Präsentation zu verschaffen, sind Abschnitte eine große Hilfe.

Abschnitte einfügen

Um einen Abschnitt einzufügen, gehen Sie folgendermaßen vor:

1. Zeigen Sie in der Normalansicht diejenige Folie an, mit der der Abschnitt beginnen soll.
2. Klicken Sie in der Registerkarte *START* auf die Schaltfläche *Abschnitt* und wählen Sie dann in ihrem Menü den Befehl *Abschnitt hinzufügen*. Links in der Folienübersicht taucht nun vor der aktuellen Folie die Überschrift *Abschnitt ohne Titel* auf.
3. Klicken Sie diese Zeile mit der rechten Maustaste an und wählen Sie im Kontextmenü den Befehl *Abschnitt umbenennen* (siehe Abbildung). PowerPoint zeigt dann ein kleines Dialogfeld an, in dem Sie einen aussagekräftigen Namen für den Abschnitt eingeben können.

Bild 27.24 Abschnitte lassen sich am einfachsten über ihr Kontextmenü bearbeiten. Ein Rechtsklick auf einen leeren Folien-Zwischenraum erlaubt das Einfügen eines neuen Abschnitts.

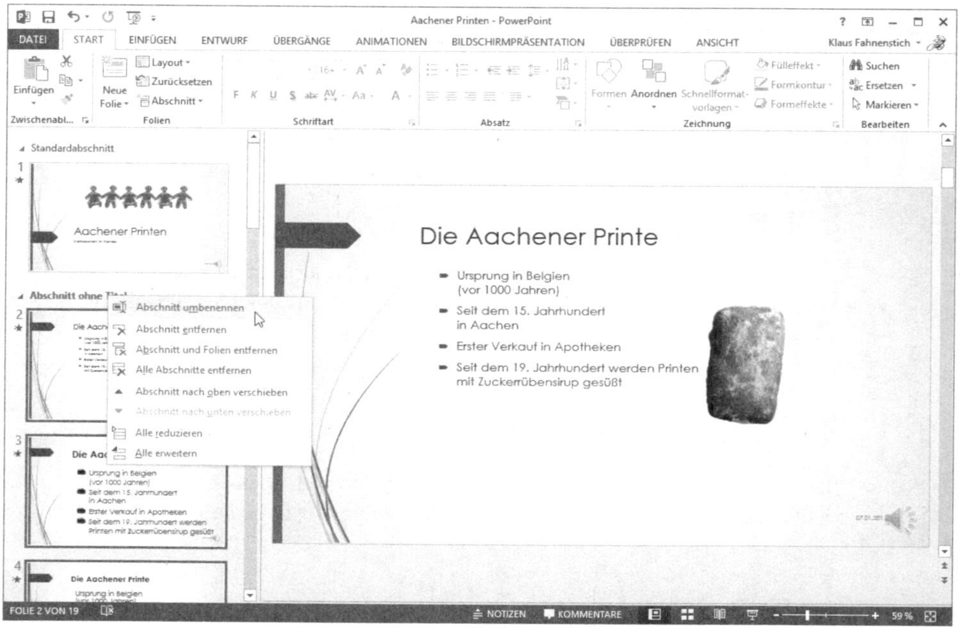

4. Fügen Sie nun auf die gleiche Art und Weise weitere Abschnitte ein, um die Folien Ihrer Präsentation in inhaltlich zusammenhängenden Gruppen zu organisieren.

Folien organisieren

Wenn Sie die Folien Ihrer Präsentation in mehreren Abschnitten organisiert haben, können Sie sich nicht nur sehr schnell einen Überblick über Ihre Präsentation verschaffen, sondern auch die Anordnung der Folien sehr komfortabel ändern.

1. Zeigen Sie die Präsentation in der Normal- oder in der Foliensortierungsansicht an.
2. Klicken Sie in der Titelleiste eines Abschnitts auf das kleine Dreieck, um die zugehörigen Folien ein- bzw. auszublenden.
3. Um alle Folien der Präsentation ein- oder auszublenden, klicken Sie einen der Abschnitte mit der rechten Maustaste an und wählen im Kontextmenü *Alle erweitern* bzw. *Alle reduzieren.*
4. Das Umstellen von Folien ist nun denkbar einfach: Ziehen Sie den entsprechenden Abschnitt einfach mit der Maus an die gewünschte neue Position (siehe Abbildung).

Bild 27.25 Die Folien eines Abschnitts lassen sich bequem als Einheit verschieben

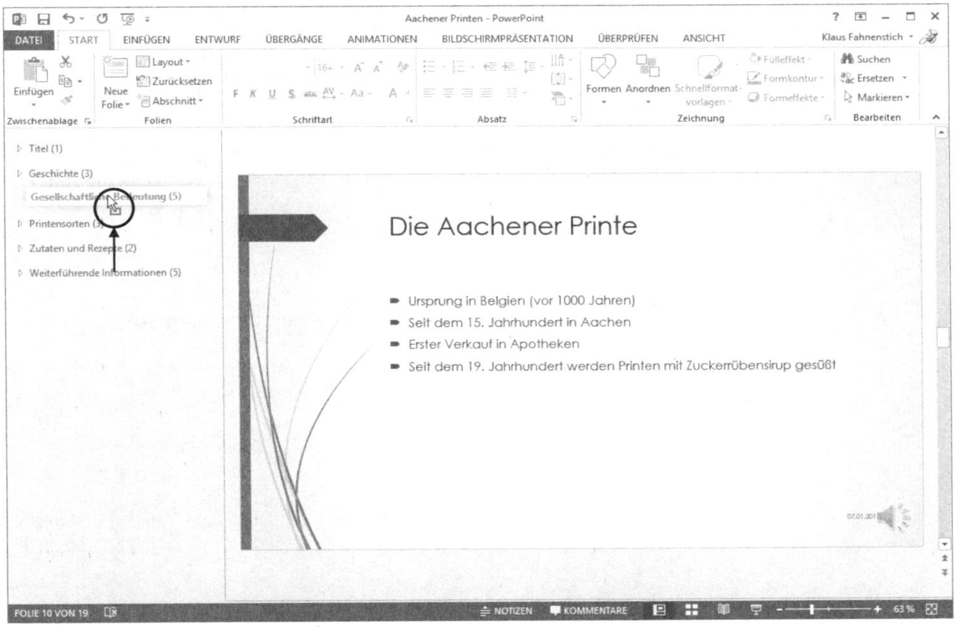

Abschnitte entfernen

Die Befehle zum Löschen eines Abschnitts finden Sie in dessen Kontextmenü. Sie können dabei wählen, ob Sie lediglich den Abschnitt selbst oder zusätzlich auch seine Folien entfernen möchten.

HINWEIS Die Abschnitte einer Präsentation besitzen – anders als die Abschnitte eines Word-Dokuments – keine Formatierungsdaten. Das Entfernen eines Abschnitts hat daher keinerlei Einfluss auf den Inhalt und die Formatierung der zugehörigen Folien.

Arbeiten mit Platzhaltern

Die meisten Folien enthalten Textblöcke mit einer Aufzählung von Argumenten. Wie Sie im Abschnitt »Auswahl eines Layouts« auf Seite 548 bereits erfahren haben, arbeitet PowerPoint mit Folienlayouts, die Platzhalter für ganzseitigen oder zweispaltigen Text oder für Text kombiniert mit anderen Objekten – wie Diagrammen oder Bildern – enthalten. Sie brauchen in einem Textplatzhalter lediglich mit der Maus zu klicken und können den vorgegebenen Text durch Ihren eigenen ersetzen.

Platzhalter auswählen und markieren

Die Platzhalter, die PowerPoint in seinen Folienlayouts anbietet, können ganz nach Wunsch vergrößert, verkleinert oder verschoben werden. Dazu ist es hilfreich zu wissen, in welchem Zustand sich ein Platzhalter befindet:

- Solange noch kein Text in den Platzhalter eingegeben ist und er nicht aktiviert ist, erscheint sein Rand als einfache gestrichelte Linie (siehe nächstes Bild, Fall 1).
- Ein nicht ausgewählter Platzhalter, der bereits Text enthält, besitzt keine erkennbare Randlinie (siehe nächstes Bild, Fall 2).
- Wenn Sie in einen Platzhalter klicken, tauchen an seinen Ecken und Seiten mehrere Anfasser in Form von kleinen Kreisen und Quadraten auf (siehe nächstes Bild, Fall 3).
- Wenn Sie auf den Rand des Platzhalters klicken, wird der Rand zu einer durchgezogenen Linie. Nun ist der ganze Platzhalter ausgewählt.

Bild 27.26 Der Rand eines Platzhalters gibt Aufschluss über seinen aktuellen Status

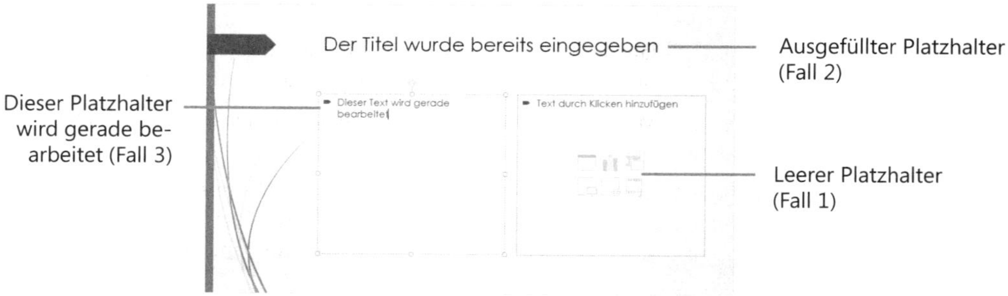

Ist der Platzhalter ausgewählt, sehen Sie außerdem an allen Ecken und Seiten kleine weiße Kreise bzw. Quadrate – das sind Anfasspunkte, an denen der Platzhalter vergrößert oder verkleinert werden kann. Dies gilt übrigens auch für alle anderen PowerPoint-Objekte, die Sie in späteren Kapiteln kennen lernen werden.

Platzhalter verschieben

Befindet sich der Platzhalter nicht an der gewünschten Position, können Sie ihn mit den folgenden Schritten verschieben:

1. Klicken Sie in den Platzhalter, damit Sie seine Randlinie erkennen.
2. Bewegen Sie die Maus über den Rand des Platzhalters. An der Spitze des Mauszeigers erscheint dann ein kleiner vierfacher Pfeil.
3. Drücken Sie die linke Maustaste und halten Sie sie gedrückt, um den Platzhalter zu verschieben. Weitere Hinweise zum Verschieben und Ausrichten von Objekten finden Sie weiter hinten in diesem Buch in Kapitel 36.

PROFITIPP

Automatische Ausrichtung am Raster verhindern

Beim Verschieben des Platzhalters werden Sie feststellen, dass sich sein Rahmen nicht stufenlos bewegen lässt, sondern nur in kleinen Sprüngen. Dies liegt daran, dass PowerPoint den Platzhalter beim Verschieben an den Linien eines unsichtbaren Rasters ausrichtet, die als *Gitternetzlinien* bezeichnet werden (nicht zu verwechseln mit den Gitternetzlinien in einem Diagramm!).

Sie können diese Funktion jedoch temporär deaktivieren, indem Sie beim Verschieben des Platzhalters die Taste `Alt` drücken. Der Platzhalter lässt sich dann stufenlos bewegen.

Weitere Informationen zu diesem Thema finden Sie in Kapitel 36.

Größe eines Platzhalters ändern

Ist der Platzhalter zu groß oder zu klein, verwenden Sie die Anfasspunkte, um seine Größe zu verändern:

1. Wählen Sie den Platzhalter aus, indem Sie auf den Rand klicken. Dadurch erscheinen an den vier Eckpunkten sowie an den Längsseiten insgesamt acht Anfasspunkte.
2. Bewegen Sie die Maus über einen der acht Anfasspunkte. Der Mauszeiger verwandelt sich dort in einen Doppelpfeil.
3. Halten Sie die Maustaste gedrückt und ziehen Sie die Maus in die gewünschte Richtung, bis der Platzhalter die gewünschte Größe besitzt. Während dieses Vorgangs zeigt PowerPoint die geänderte Größe durch eine halbtransparente Darstellung an. Auch hier können Sie die Taste `Alt` drücken, damit sich die Linie stufenlos bewegen lässt.

Platzhalter drehen

Wenn Sie einen Platzhalter anklicken, erhält er neben seinen acht Anfassern noch einen grünen Punkt, der knapp oberhalb seines Rahmens angezeigt wird. An diesem Punkt können Sie den Platzhalter auf der Folie drehen. Für Platzhalter, die Text enthalten, ist dies vielleicht nicht unbedingt sinnvoll, aber eine leicht gekippte Grafik kann einer Folie durchaus das »gewisse Etwas« verleihen.

1. Klicken Sie den gewünschten Platzhalter an.
2. Ziehen Sie den grünen Punkt mit der Maus und führen Sie dabei eine kreisförmige Bewegung aus, um dem Platzhalter zu drehen. Wenn Sie zusätzlich die [⇧]-Taste drücken, dreht sich die Form in 15°-Schritten.

Bild 27.27 Mit dem grünen Punkt können Sie einen Platzhalter drehen

Platzhalter und Illustrationen

Wie Sie in Bild 27.27 sehen, können Platzhalter nicht nur Texte, sondern auch grafische Elemente, wie Bilder, Formen, SmartArts oder Diagramme aufnehmen. Diese Objekte werden in Microsoft Office 2013 allgemein als *Illustrationen* bezeichnet. Da sich der Umgang mit Illustrationen in den verschiedenen Programmen des Office-Pakets sehr stark ähnelt, haben wir die entsprechenden Funktionen in einem eigenen Buchteil beschrieben (Teil F, Kapitel 35 und 36). Natürlich gehen wir dort auch auf die spezifischen Besonderheiten der einzelnen Programme ein.

Originalzustand des Platzhalters wiederherstellen

Manchmal wurde ein Platzhalter vergrößert, verkleinert oder verschoben und später stellt sich heraus, dass der ursprüngliche Ort doch passender gewesen wäre. Sie können den Originalzustand aller Platzhalter der betreffenden Folie dann mit folgenden Schritten wiederherstellen:

1. Wechseln Sie auf die Registerkarte *START*.
2. Klicken Sie in der Befehlsgruppe *Folien* auf die Schaltfläche *Zurücksetzen*.

Alle Platzhalter und alle anderen Elemente, die Teil des Layouts sind, werden auf die ursprüngliche Größe und Position zurückgesetzt.

Kapitel 28

Text eingeben und formatieren

In diesem Kapitel:

In diesem Kapitel erfahren Sie, wie Sie Text eingeben und so formatieren, dass er mit dem Erscheinungsbild der Präsentation harmoniert. Entdecken Sie hier außerdem, wie Sie Ihren Vortrag durch Aufzählungen und nummerierte Listen strukturieren und wie Sie den Text durch Anpassung der Zeilenabstände optimal auf einer Folie verteilen.

Text eingeben

Im letzten Kapitel haben Sie gesehen, dass eine neue Folie in PowerPoint nicht gänzlich leer ist, sondern bereits verschiedene Platzhalter enthält. Diese Platzhalter sind u.a. für die Aufnahme von Text vorgesehen und besitzen bereits bestimmte Formatierungseigenschaften. So wird zum Beispiel die Schrift in einem Platzhalter, der für den Folientitel vorgesehen ist, automatisch größer dargestellt als in den Platzhaltern für den übrigen Folientext. Das Praktische an diesem Prinzip ist, dass Sie sich in aller Regel nicht mit der Formatierung des Textes beschäftigen müssen, sondern sich ganz auf die inhaltlichen Aspekte konzentrieren können.

Wir wollen die Vorgehensweise an einem Beispiel kurz durchspielen und dabei auf einige Besonderheiten hinweisen:

1. Erstellen Sie eine neue Präsentation auf Basis eines der installierten Designs. Hier noch einmal zur Erinnerung die erforderlichen Schritte in Kurzform: *Datei, Neu,* Design auswählen, *Erstellen.*
2. Klicken Sie den oberen Platzhalter an, der den Titel der Präsentation aufnehmen soll. Der Vorgabetext verschwindet und in dem Platzhalter blinkt erwartungsvoll die Einfügemarke.
3. Geben Sie nun einen Titel ein, der sich über mehr als zwei Zeilen erstreckt. PowerPoint wird dann automatisch die Schriftgröße reduzieren, damit der Text den durch den Platzhalter vorgegebenen Bereich nicht überschreitet.

Bild 28.1 PowerPoint passt die Schriftgröße im Platzhalter bei Bedarf automatisch an. Dieses Verhalten lässt sich über ein Smarttag (siehe Markierung) steuern.

In dem Moment, in dem PowerPoint die Schriftgröße ändert, erscheint links neben dem Platzhalter ein kleines Symbol, das *Smarttag* genannt wird. Mit ihm können Sie die automatische Anpassung der Schriftgröße kontrollieren.

4. Klicken Sie das Symbol an. Es erscheint ein kleines Menü, mit dem Sie die Änderung der Schriftgröße rückgängig machen können.

Bild 28.2 Menü der Smarttag-Schaltfläche

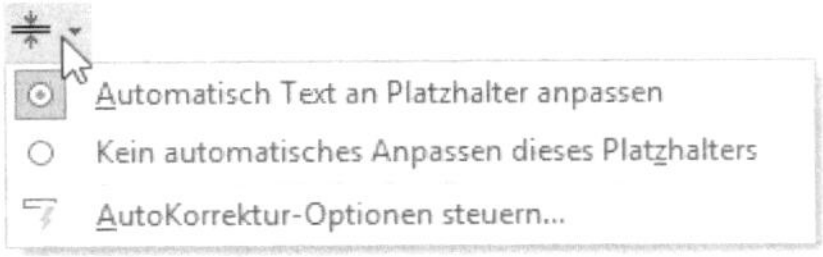

5. Schalten Sie die Option *Kein automatisches Anpassen dieses Platzhalters* ein. Die Schrift erhält dadurch ihre ursprüngliche Größe, sie füllt aber den Platzhalter nicht mehr optimal aus.

Bild 28.3 Der Titel belegt in der ursprünglichen Schriftgröße drei Zeilen

6. Klicken Sie die Smarttag-Schaltfläche erneut an und aktivieren Sie wieder die Option *Automatisch Text an Platzhalter anpassen.*
7. Geben Sie anschließend in den zweiten Platzhalter einen Untertitel ein.

Listenebenen

Die Folien einer PowerPoint-Präsentation bestehen in der Regel aus einem Titel und einer Liste von mehreren Schlagworten oder kurzen Statements. Da Listen so häufig benötigt werden, lassen sie sich sehr komfortabel erstellen:

1. Fügen Sie Ihrer Präsentation eine neue Folie hinzu, indem Sie auf der Registerkarte *START* auf den oberen Teil der Schaltfläche *Neue Folie* klicken.
2. Geben Sie einen Titel für die Folie ein.
3. Klicken Sie den zweiten Platzhalter an und geben Sie dort mehrere Begriffe ein. Drücken Sie nach jedem Begriff die [↵]-Taste, um einen neuen Spiegelpunkt zu beginnen. Das Ergebnis sollte dann ungefähr so aussehen:

Bild 28.4 Die meisten Folien enthalten eine Liste

Bisher hat die Liste erst eine einzige Ebene, d.h. alle Spiegelpunkte stehen gleichberechtigt untereinander. Wenn Sie jedoch zu den einzelnen Begriffen noch weitere Detailinformationen einfügen wollen, benötigen Sie eine zweite Ebene.

4. Zeigen Sie mit der Maus hinter den zweiten Listeneintrag und klicken Sie die Folie dort an. Dadurch erscheint die Einfügemarke.
5. Drücken Sie die [↵]-Taste, um einen neuen Listeneintrag zu erstellen. Der neue Eintrag hat zunächst die gleiche Ebene wie der erste Eintrag.
6. Klicken Sie in der Registerkarte *START* auf die Schaltfläche *Listenebene erhöhen.* PowerPoint stuft den neuen Listeneintrag dann um eine Ebene nach oben, was Sie unschwer an der Einrückung der Zeile erkennen können.
7. Geben Sie den gewünschten Text für den neuen Listeneintrag ein. Wenn Sie anschließend die [↵]-Taste drücken, können Sie einen weiteren Eintrag auf der gleichen Ebene erstellen.

Bild 28.5 Liste mit zwei Ebenen

8. Um einen Eintrag wieder um eine Ebene zurückzustufen, klicken Sie auf *Listenebene verringern.*

TIPP Mit [⭾] stufen Sie einen Absatz eine Ebene nach oben und [⇧]+[⭾] eine Ebene nach unten. Die Einfügemarke muss sich dazu am Anfang des Absatzes befinden.

Mehrspaltige Texte

Wenn eine Liste aus vielen kurzen Einträgen besteht, bietet es sich in der Regel an, die Liste mehrspaltig zu formatieren. Der Platz auf der Folie wird dadurch besser ausgenutzt, sodass der Schriftgrad größer werden kann und die Folie einen ausgewogeneren Eindruck macht.

1. Erstellen Sie eine Folie mit einer umfangreichen Liste, ähnlich wie in folgender Abbildung.

Bild 28.6 Mit einer einspaltigen Liste ist diese Folie unbrauchbar

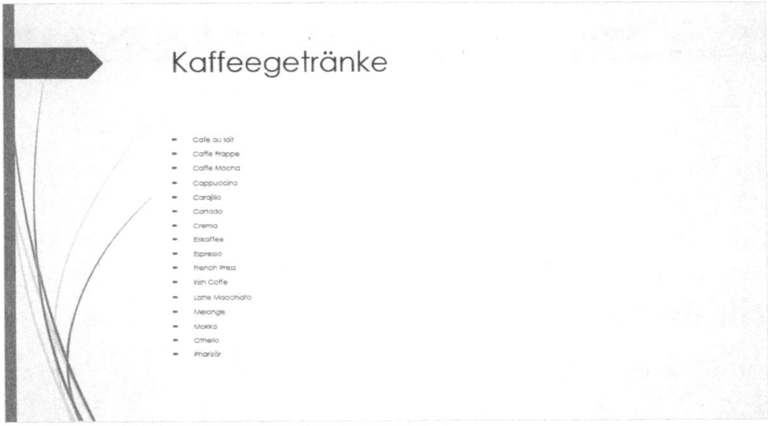

2. Klicken Sie die Liste an, um den zugehörigen Platzhalter zu markieren.
3. Klicken Sie in der Registerkarte *START* auf die Schaltfläche *Spalten* und wählen Sie im Auswahlmenü die Option *Zwei Spalten.* PowerPoint verteilt den Inhalt der Liste dann wie gewünscht auf zwei Spalten und verwendet dazu eine deutlich größere Schriftart.

Bild 28.7 In der zweispaltigen Darstellung ist der Text gut lesbar

Text ausrichten

Ein Text kann innerhalb seines Platzhalters auf verschiedene Arten ausgerichtet werden. Zunächst lässt sich der Text, wie Sie es auch von der Textverarbeitung her gewohnt sind, linksbündig, zentriert, rechtsbündig oder im Blocksatz formatieren. Die entsprechenden Schaltflächen finden Sie auf der Registerkarte *START* in der Gruppe *Absatz.* Falls Sie lieber mit Tastenkombinationen arbeiten, werden Sie in der nächsten Tabelle fündig.

Tabelle 28.1 Tastenkombinationen für die horizontale Ausrichtung von Absätzen

Tastenkombination	Beschreibung
Strg + L	Formatiert den Absatz linksbündig.
Strg + R	Formatiert den Absatz rechtsbündig.
Strg + E	Zentriert den Absatz horizontal auf der Seite.

Vertikale Ausrichtung von Text

Neben der horizontalen Ausrichtung können Sie in PowerPoint auch die vertikale Ausrichtung festlegen. Wenn Sie mit Word arbeiten, kennen Sie diese Art der Formatierung vielleicht bereits aus der Arbeit mit Tabellen oder Textfeldern.

Um die vertikale Ausrichtung eines Textes in seinem Platzhalter zu ändern, gehen Sie folgendermaßen vor:

1. Klicken Sie in den Text des Platzhalters, um den Platzhalter zu markieren.
2. Wechseln Sie auf die Registerkarte *START* und klicken Sie in der Gruppe *Absatz* auf die Schaltfläche *Text ausrichten.*

Bild 28.8 Hier ändern Sie die vertikale Ausrichtung des Textes im Platzhalter

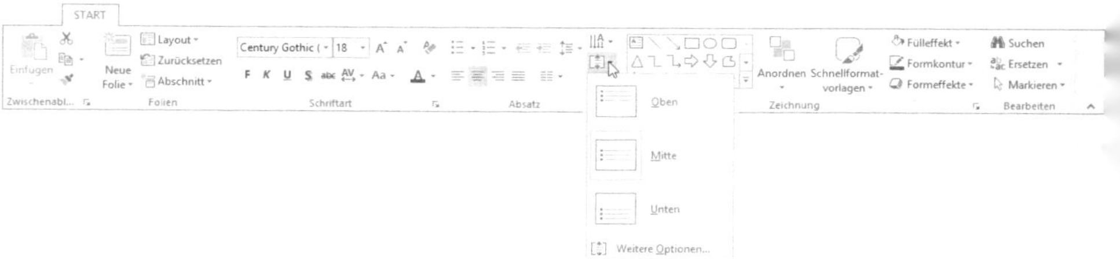

3. Wählen Sie eine der drei Optionen *Oben, Mitte* und *Unten* aus.

Zeilenabstand ändern

Zu manchen Themen einer Präsentation fällt Ihnen mehr ein als zu anderen – damit bei Letzteren die Folien nicht zu leer wirken, hilft PowerPoint dabei, die Argumente auf der Seite zu verteilen:

1. Markieren Sie den gesamten Textplatzhalter, damit alle Zeilenabstände gleichmäßig angepasst werden. Dazu klicken Sie zuerst auf den Text, sodass der Platzhalter angezeigt wird, und dann auf die gestrichelte Linie des Platzhalters. Der Platzhalter ist richtig markiert, wenn die Linie durchgezogen ist.
2. Wechseln Sie auf die Registerkarte *START* und klicken Sie in der Gruppe *Absatz* auf die Schaltfläche *Zeilenabstand*.

Bild 28.9 Auswahl eines vordefinierten Zeilenabstandes

3. Wählen Sie im Menü der Schaltfläche den gewünschten Zeilenabstand aus. Wenn Sie den Zeilenabstand auf einen Wert einstellen wollen, der nicht im Menü angeboten wird, rufen Sie den Befehl *Zeilenabstandsoptionen* auf.

Bild 28.10 Eingabe eines individuellen Zeilenabstandes

4. Stellen Sie dann im Listenfeld *Zeilenabstand* die Option *Mehrere* ein und geben Sie den gewünschten Wert für den Zeilenabstand rechts daneben im Feld *Maß* ein.

Textrichtung ändern

Standardmäßig folgt der Text in einem Platzhalter der normalen Leserichtung, also von links nach rechts. Mit PowerPoint 2013 ist es aber auch möglich, den Text innerhalb des Platzhalters so zu drehen, dass er anschließend von oben nach unten bzw. von unten nach oben verläuft.

1. Passen Sie zunächst die Form und Größe des betreffenden Platzhalters an, damit er den Text in der gewünschten Textrichtung aufnehmen kann.
2. Öffnen Sie auf der Registerkarte *START* das Ausklappmenü der Schaltfläche *Textrichtung*.

Bild 28.11 Texte in Platzhaltern können um 90° gedreht oder gestapelt werden

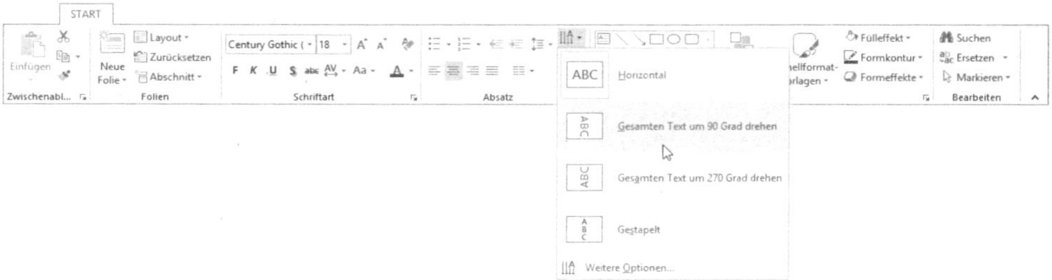

3. Wählen Sie die gewünschte Textrichtung.
4. Passen Sie bei Bedarf die Größe und/oder die Position des Platzhalters an.

Bild 28.12 Beispiele für die möglichen Textrichtungen

Beachten Sie in diesem Zusammenhang auch die Möglichkeit, die Textrichtung über das Drehen des Platzhalters zu beeinflussen.

Text markieren

Die Textbearbeitung und -formatierung funktioniert in PowerPoint ganz ähnlich, wie Sie es vielleicht aus Word kennen. Der größte Unterschied ist, dass es in PowerPoint keine längeren Texte über mehrere Seiten bzw. Folien gibt, sondern nur kurze Abschnitte, die in den Platzhaltern einzelner Folien Platz finden.

Um einen Text formatieren zu können, müssen Sie zunächst wissen, wie er markiert wird. Die folgende Tabelle zeigt, wie Sie dabei am schnellsten zum Ziel kommen.

Tabelle 28.2 Markieren von Text

Markieren Sie ...	Gehen Sie so vor ...
ein Wort	Doppelklicken Sie auf das Wort.
einen Absatz	Führen Sie einen Dreifachklick auf dem Absatz aus.
einen Absatz einer Aufzählung	Klicken Sie mit der Maus auf das Aufzählungszeichen.
mehrere hintereinander stehende Wörter oder Zeilen	Klicken Sie an den Beginn der Markierung, halten Sie die Maustaste gedrückt und ziehen Sie den Mauszeiger bis zum Ende des zu markierenden Bereichs. Lassen Sie dort die Maustaste los.
den gesamten Text innerhalb eines Platzhalters	Drücken Sie [Strg]+[A] oder klicken Sie in der Registerkarte *START* auf *Markieren* und dann auf *Alles markieren.*

Sie erkennen markierten Text jeweils daran, dass er invers dargestellt wird. Änderungen, die Sie z.B. an der Zeichenformatierung vornehmen, beziehen sich dann immer nur auf diesen ausgewählten Text.

Wenn Sie einen gesamten Textplatzhalter durch Klicken auf den Rand auswählen, werden ebenfalls alle Formatierungen, die Sie jetzt zuweisen, auf den gesamten Text innerhalb des Platzhalters angewendet. In diesem Fall wird der ausgewählte Text nicht invers dargestellt.

Mit der Tastatur markieren

Einzelne Zeichen und kurze Passagen lassen sich in der Regel am schnellsten mit der Tastatur markieren, da Sie die Hände beim Schreiben sowieso schon auf der Tastatur liegen haben. Die Vorgehensweise ist dabei immer die gleiche:

1. Drücken Sie die [⇧]-Taste und halten Sie sie gedrückt.
2. Erweitern Sie die Markierung mit den Cursortasten, die Sie auch zum Bewegen der Einfügemarke verwenden.

Sie können sich diesen Vorgang bildlich so vorstellen: Durch das Festhalten der [⇧]-Taste wird die Einfügemarke an der aktuellen Position eingefroren. Wenn Sie dann die Cursortasten drücken, wird die Markierung von der Einfügemarke aus erweitert, und zwar in die Richtung, die Sie mit den Tasten angeben. Wenn Sie beispielsweise die [⇧]-Taste gemeinsam mit [Strg]+[→] drücken, dann erweitert PowerPoint die Markierung bis zum nächsten Wort.

Nicht zusammenhängenden Text markieren

Sie können mit der Maus auch mehrere Textstellen markieren, die nicht direkt nebeneinander stehen. Gehen Sie dazu folgendermaßen vor:

1. Drücken Sie die Strg-Taste und halten Sie sie gedrückt.
2. Markieren Sie Wörter, Zeilen und Absätze mit den Techniken, die wir in den beiden vorigen Abschnitten beschrieben haben.
3. Lassen Sie die Strg-Taste wieder los.

Bild 28.13 Beispiel für eine Mehrfachauswahl (durch Drücken der Strg-Taste)

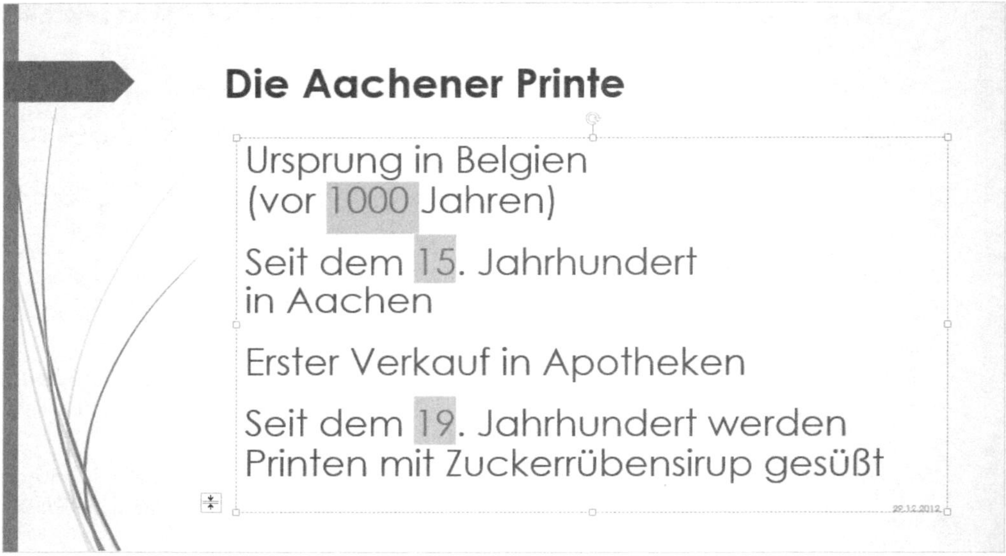

Zeichen formatieren

Die Veränderungen, die Sie an der Schrift vornehmen, werden als *Zeichenformatierung* bezeichnet. Dazu gehören z.B. die Größe der Schrift oder ihre Auszeichnung (fett, kursiv, unterstrichen etc.). Das Zuweisen von Formaten kann auf verschiedene Weisen erfolgen:

- Mit den Schaltflächen der Registerkarte *START*
- Mit den Schaltflächen der Minisymbolleiste
- Über das Dialogfeld *Schriftart*
- Mit den korrespondierenden Tastenkombinationen

Alle diese Varianten haben ihre Vor- und Nachteile:

- Die Verwendung der Schaltflächen ist sehr intuitiv, nachdem Sie einmal ihre Bedeutung kennen. Der Nachteil besteht darin, dass Sie auf diese Weise nicht alle Zeichenmerkmale zuweisen können. Außerdem müssen Sie bei dieser Variante mit der Maus lange Wege zurücklegen.
- Die Minisymbolleiste verkürzt zwar die Wege mit der Maus, aber sie taucht leider nicht zuverlässig auf dem Bildschirm auf.
- Das Dialogfeld *Schriftart* enthält alle Optionen für die Zeichenformatierung. Allerdings erfordert sein Einsatz ebenfalls etwas mehr »Mausarbeit«.
- Besonders schnell ist die Formatierung mit Hilfe der Tastenkombinationen, da Sie hierfür die Hände nicht von der Tastatur nehmen müssen. Der Nachteil ist natürlich, dass Sie die Tastenkombinationen zuerst erlernen müssen.

Für alle Varianten gilt die Regel: *Zuerst markieren, dann formatieren* (siehe auch Seite 571).

Formatieren mit der Registerkarte »START«

In den allermeisten Fällen beschränkt sich die Formatierung von Text auf das Wählen einer geeigneten Schriftart und -größe sowie auf einige wenige Attribute wie fett, kursiv oder unterstrichen. Die dazu benötigten Schaltflächen finden Sie auf der Registerkarte *START* in der Gruppe *Schriftart*.

Bild 28.14 Die Gruppe *Schriftart* enthält die Schaltflächen zur Zeichenformatierung

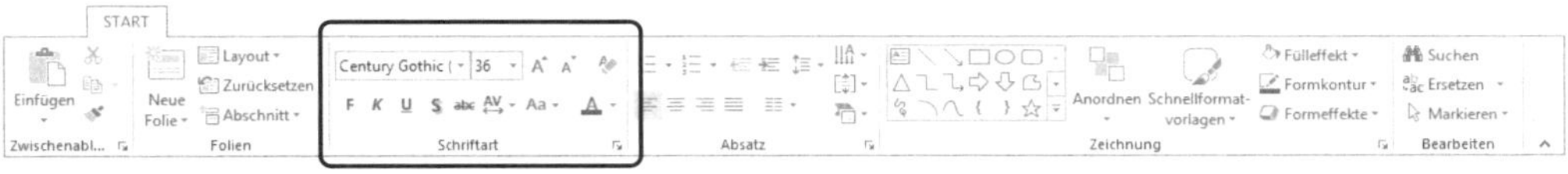

Die Bedeutung der verschiedenen Schaltflächen können Sie der nachfolgenden Tabelle entnehmen.

Tabelle 28.3 Die Schaltflächen zur Zeichenformatierung

Schaltfläche	Beschreibung
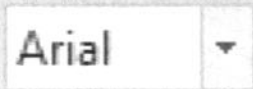	In der Liste sind alle Schriftarten aufgeführt, die auf Ihrem Rechner installiert sind. Die Schriften sind dabei in drei Gruppen aufgeteilt: ■ *Designschriftarten* Die beiden Schriften, die durch das Design definiert sind, das der Präsentation zugrunde liegt (je eine Schriftart für die Überschriften und die Textkörper). ■ *Zuletzt verwendete Schriftarten* Schriftarten, die Sie zuletzt mit diesem Listenfeld zugewiesen haben. ■ *Alle Schriftarten* Sämtliche installierte Schriftarten. Zum Auswählen einer Schriftart klicken Sie den Namen einfach in der Liste an. Sie können auch – wie bei Kombinationsfeldern üblich – die Anfangsbuchstaben der gewünschten Schriftart in das Feld eingeben. PowerPoint springt dann automatisch zum ersten passenden Eintrag in der Liste.
	Mit diesem Kombinationsfeld können Sie die Größe der Zeichen, den so genannten Schriftgrad, einstellen. Auch hier können Sie einen Wert aus der Liste wählen oder ihn ins Textfeld eintippen und dann [↵] drücken.

Tabelle 28.4 Die Schaltflächen zur Zeichenformatierung *(Fortsetzung)*

Schaltfläche	Beschreibung
A A	Mit den Schaltflächen *Schriftgrad vergrößern* bzw. *Schriftgrad verkleinern* können Sie markierten Text schrittweise vergrößern bzw. verkleinern.
	Macht alle Formatierungen rückgängig.
F	Formatiert den markierten Text in fetter Schrift.
K	Formatiert den markierten Text in kursiver Schrift.
U	Unterstreicht den markierten Text.
S	Hinterlegt den markierten Text mit einem Schatten.
abc	Streicht den markierten Text durch.
AV	Ändert den Abstand der einzelnen Zeichen voneinander. Diese Funktion können Sie zum Beispiel verwenden, um die Breite einer Überschrift etwas zu verringern, damit sie vollständig in eine Zeile passt.
Aa	Ändert die Groß-/Kleinschreibung des markierten Textes.
A	Die Schaltfläche weist bei einfachem Klick die Schriftfarbe zu, mit der das darauf abgebildete »A« unterstrichen ist. Klicken Sie auf den Pfeil, um ein Menü mit weiteren Farben zu öffnen, aus denen Sie auswählen können.

Formatieren mit der Minisymbolleiste

Sicher ist Ihnen beim Markieren schon einmal aufgefallen, dass neben einer Markierung ein blasses Fenster auftaucht, dessen Farben immer kräftiger werden, wenn Sie mit dem Mauszeiger in seine Nähe kommen. Bei diesem Fenster handelt es sich um eine *Minisymbolleiste.* Auf ihr bietet Ihnen PowerPoint eine Auswahl von Funktionen an, die Sie im aktuellen Kontext am häufigsten benötigen werden. Die Bedeutung der Schaltflächen ist mit denen auf der Registerkarte *START* identisch.

Bild 28.15 Die Minisymbolleiste bietet die gängigsten Formatierungen an (hier: Textfarbe ändern)

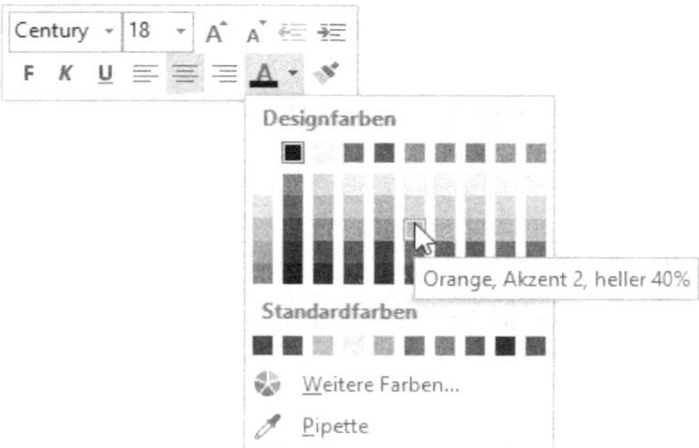

PROFITIPP

Minisymbolleiste anzeigen

Falls die Minisymbolleiste nicht automatisch auf dem Bildschirm erscheint, können Sie sie anzeigen, indem Sie mit der rechten Maustaste in eine Markierung klicken. Allerdings erscheint dadurch auch ein Kontextmenü, das Sie jedoch ignorieren können.

Das Dialogfeld »Schriftart«

Wenn Sie alle in PowerPoint 2013 vorhandenen Möglichkeiten für die Zeichenformatierung übersichtlich anzeigen oder bearbeiten möchten, rufen Sie am besten das Dialogfeld *Schriftart* auf. Sie erreichen das Dialogfeld auf folgenden Wegen:

- Klicken Sie in der Registerkarte *START* auf die kleine quadratische Schaltfläche, die sich rechts unten in der Befehlsgruppe *Schriftart* befindet.
- Drücken Sie die Tastenkombination [⇧]+[Strg]+[A].

Bild 28.16 Das Dialogfeld *Schriftart*

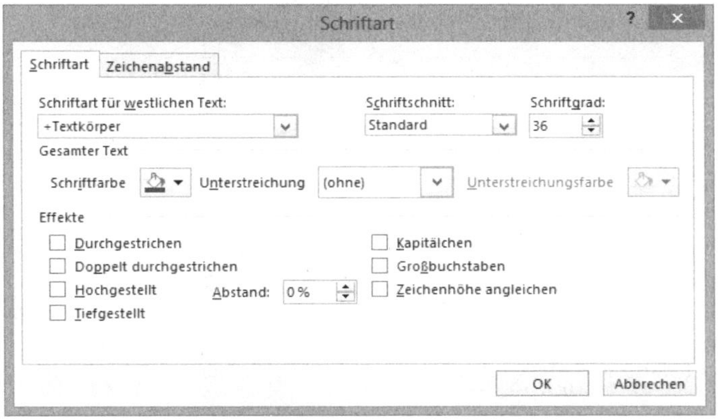

Mit diesem Dialogfeld können Sie folgende erweiterte Zeichenformatierungen durchführen:

- Linienart und Farbe einer Unterstreichung wählen
- Doppelte Durchstreichungen
- Hoch- und Tiefstellungen (z.B. wie in »$E = mc^2$« oder »H_2O«)
- Kapitälchen (BEISPIEL)
- Zeichenhöhe anpassen; alle Buchstaben erhalten die gleiche Höhe und stehen auf einer Linie (BeiSPiel)
- Einstellen des Zeichenabstandes (siehe nächster Abschnitt).

Zeichenabstand einstellen

Das Dialogfeld *Schriftart* enthält zudem die Registerkarte *Zeichenabstand*, mit der Sie den Abstand zwischen einzelnen Buchstaben verkleinern oder vergrößern können. Mit dieser Funktion können Sie zwei Wörter, die eigentlich eine verschiedene Breite besitzen, auf die gleiche Breite bringen:

1. Öffnen Sie die Übungsdatei *Zeichenabstand* und zeigen Sie die zweite Folie an.

Bild 28.17 Die Wörter der Folie sollen auf eine einheitliche Breite gebracht werden

2. Markieren Sie den Text, für den Sie den Zeichenabstand ändern möchten.
3. Klicken Sie in der Registerkarte *START* auf die Schaltfläche *Zeichenabstand* und wählen Sie in ihrem Menü einen der vordefinierten Abstände aus (z.B. *Sehr Weit*).
4. Da der Text anschließend höchstwahrscheinlich noch nicht exakt die gewünschte Breite besitzt, müssen Sie jetzt noch eine Korrektur vornehmen. Klicken Sie daher erneut auf die Schaltfläche *Zeichenabstand* und wählen Sie diesmal den Befehl *Weitere Abstände*. PowerPoint zeigt das Dialogfeld *Schriftart* mit der Registerkarte *Zeichenabstand* an.
5. Ändern Sie den Wert im Feld *Innerhalb von*, um den Abstand der einzelnen Zeichen etwas zu vergrößern bzw. zu verkleinern.

Bild 28.18 Justieren des Zeichenabstandes

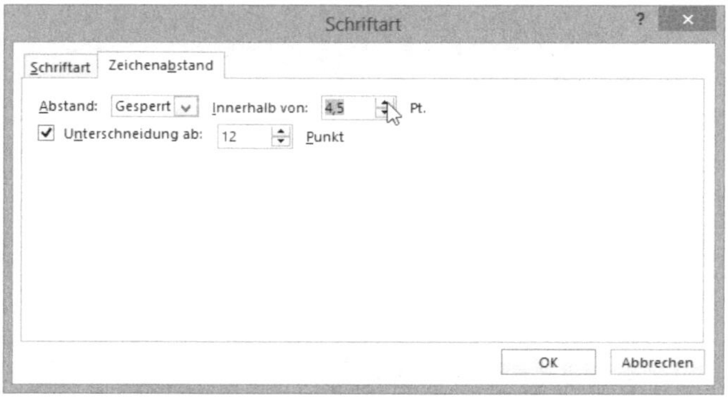

6. Klicken Sie auf *OK*, um die Änderung zuzuweisen. Prüfen Sie die Wirkung Ihrer Einstellung und nehmen Sie, falls nötig, eine weitere Justierung vor.
7. Wiederholen Sie die Schritte 2 bis 6, um auch die übrigen Wörter auf die gleiche Breite zu bringen. Das Ergebnis sollte anschließend ungefähr wie in der folgenden Abbildung aussehen.

Bild 28.19 Jetzt besitzen alle vier Wörter die gleiche Breite

Unterschneidung

Der typographische Begriff *Unterschneidung*, auch *Kerning* genannt, meint, dass der Abstand zwischen bestimmten Buchstabenpaaren individuell angepasst wird. Diese Technik hängt mit der besonderen Form einzelner Buchstaben zusammen. Zum Beispiel besitzt der Buchstabe T eine relativ große Weite, obwohl sie nur für den oberen Strich des Buchstabens benötigt wird. Die vertikale Linie, der Stamm des T ist schmal. Um ein ausgewogeneres Schriftbild zu erreichen, das nicht durch einen zu großen weißen Raum zwischen den Buchstaben gestört wird, verringert man in solchen Fällen den Abstand zum nächsten Buchstaben. Dieser Eingriff ist jedoch nur bei großen Schriftgraden sinnvoll; bei einer normalen Lesegröße ist eine Unterschneidung nicht erforderlich.

HINWEIS Der Begriff Unterschneidung stammt aus der Zeit vor dem elektronischen Satz, als zum Setzen noch Bleibuchstaben verwendet wurden, bei denen jeder Buchstabe auf einer eigenen Letter vorhanden war. Bemerkte der Setzer, vor allem beim Setzen von Überschriften in großen Punktgrößen, dass zwei aufeinander folgende Buchstaben zur Gruppe der kritischen Buchstabenpaare gehörten, wurde(n) die Letter(n) zurechtgeschnitten, um so den Buchstabenabstand optimal zu gestalten.

PowerPoint 2013 nimmt standardmäßig ab einer Schriftgröße von 12 Punkt eine Unterschneidung vor. Diesen Schwellenwert können Sie im Dialogfeld *Schriftart* auf der Registerkarte *Zeichenabstand* ändern oder die Automatik durch Ausschalten der Option *Unterschneidung* komplett deaktivieren.

Auf der nächsten Beispielfolie haben wir für die zweite Version der Titelzeile die automatische Unterschneidung ausgeschaltet. Der Effekt ist beim Buchstabenpaar »Tr« deutlich zu erkennen.

Bild 28.20 Titel mit (oben) und ohne (unten) Unterschneidung

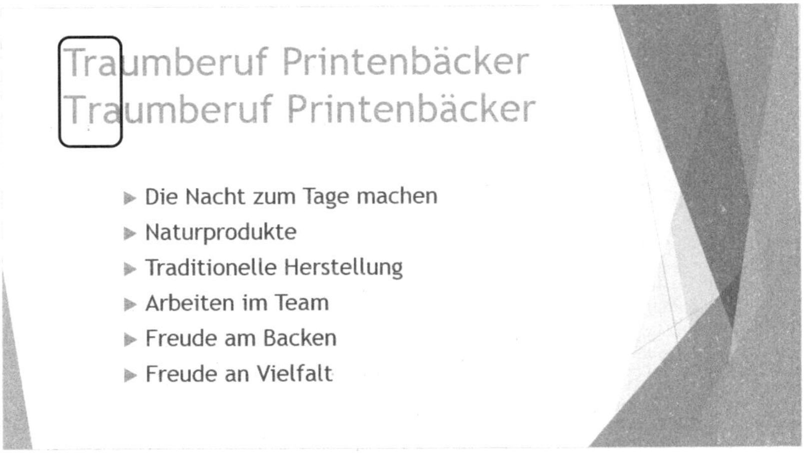

Wenn Sie das Beispiel nachvollziehen möchten, können Sie dazu die zweite Folie der Übungsdatei *Unterschneidung* verwenden.

Zeichenformatierungen mit Shortcuts

Am schnellsten geht die Zeichenformatierung mit Hilfe von Shortcuts von der Hand. Die folgende Tabelle führt die wichtigsten Shortcuts auf, die Sie zur Zeichenformatierung benutzen können.

Tabelle 28.5 Tastenkombinationen für die Zeichenformatierung

Tastenkombination	Beschreibung
⇧+Strg+A	Das Dialogfeld *Schriftart* anzeigen.
⇧+Strg+U	durchgehend unterstreichen (ein/aus)
⇧+Strg+F	fett (ein/aus)
⇧+Strg+K	kursiv (ein/aus)
Strg++	tieferstellen (ein/aus)
⇧+Strg++	höherstellen (ein/aus)
⇧+Strg+Z	auf Standardformat zurücksetzen

Formatierungen löschen und übertragen

Wenn Sie eine Zeichenformatierung für mehrere Textstellen verwenden wollen, ist es nicht erforderlich, die gleichen Formatierungsbefehle wieder und wieder zu verwenden. Stattdessen können Sie eine bereits vorhandene Formatierung einfach auf eine andere Stelle übertragen:

1. Markieren Sie den Text, dessen Formatierung Sie übertragen wollen.
2. Klicken Sie auf der Registerkarte *START* in der Gruppe *Zwischenablage* auf die Pinsel-Schaltfläche. Falls Sie die Formatierung für mehrere Textstellen übernehmen wollen, führen Sie einen Doppelklick auf der Schaltfläche aus.
3. Streichen Sie mit dem Mauszeiger über die Textstelle(n), die die gleiche Formatierung erhalten soll(en).
4. Falls Sie in Schritt 3 die Pinsel-Schaltfläche mit einem Doppelklick aktiviert haben, müssen Sie zum Schluss entweder die Schaltfläche erneut anklicken oder Esc drücken, um den Übertragungsmodus zu beenden.

Aufzählungen und nummerierte Listen

Da die meisten Folien Aufzählungen von Argumenten o.ä. enthalten, ist dies die Standardeinstellung für Textplatzhalter in PowerPoint. Dazu haben Sie die Qual der Wahl aus einer Fülle von Aufzählungszeichen und Nummerierungsvarianten.

Aufzählungen

Wenn Ihnen die Aufzählungszeichen einer Liste nicht gefallen, können Sie sie mit folgenden Schritten gegen andere Zeichen bzw. Symbole austauschen:

1. Öffnen Sie die Übungsdatei *Aufzählungen* und zeigen Sie die zweite Folie an.
2. Markieren Sie den Text, den Sie mit Aufzählungszeichen versehen möchten – in diesem Fall also den gesamten Textplatzhalter. Hinweise zum Markieren von Text finden Sie weiter vorne in diesem Kapitel ab Seite 571.
3. Klicken Sie auf der Registerkarte *START* in der Gruppe *Absatz* auf den kleinen Pfeil der Schaltfläche *Aufzählungszeichen.*

Bild 28.21 Auswahlkatalog mit Aufzählungszeichen (Beachten Sie, dass PowerPoint bei diesem Katalog eine Livevorschau vornimmt. Zeigen Sie dazu einfach mit dem Mauszeiger auf die verschiedenen Symbole.)

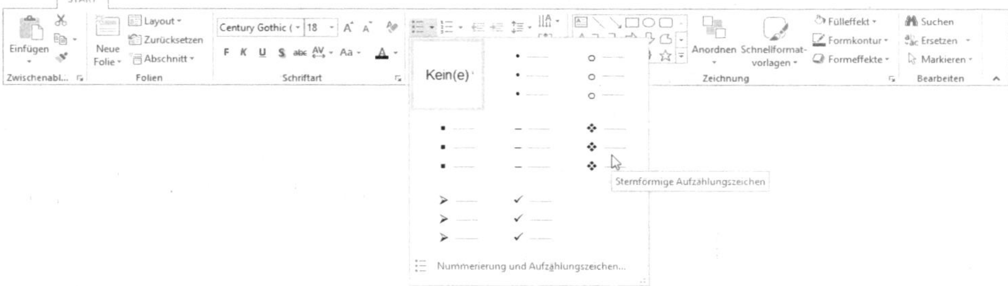

4. Wenn Ihnen keines der angebotenen Zeichen gefällt, klicken Sie unterhalb des Katalogs auf den Befehl *Nummerierung und Aufzählungszeichen*.

Bild 28.22 Über dieses Dialogfeld erreichen Sie weitere Aufzählungszeichen

5. In diesem Dialogfeld können Sie nicht nur die Größe und die Farbe der Aufzählungszeichen ändern, sondern auch beliebige andere Symbole auswählen.
6. Klicken Sie dazu auf die Schaltfläche *Bild*. Dadurch erscheint das Dialogfeld *Bilder einfügen*, mit dem Sie nicht nur eine Datei von Ihrem Computer oder Ihrem SkyDrive-Speicherplatz als Aufzählungszeichen wählen können, sondern auch die ClipArt-Bibliothek von *Office.com* durchstöbern oder das komplette Web per Bing-Bildersuche nach geeigneten Bildern durchforsten können.

Bild 28.23 In der umfangreichen ClipArt-Bibliothek von *Office.com* werden Sie sicher fündig

PROFITIPP

Lizenzrechte

Die Bilder von Office.com haben den großen Vorteil, dass Sie dafür keine Lizenzgebühren zahlen müssen. Das gilt für die per Bing-Suche gefundenen Bilder nicht! Hier müssen Sie im Einzelfall prüfen, ob Sie ein Bild kostenlos nutzen dürfen oder nicht.

Im Verzeichnis mit den Übungsdateien zu diesem Kapitel finden Sie eine kleine Grafik, mit der Sie dieses Beispiel nachvollziehen können.

7. Wenn Sie ein geeignetes Bild gefunden haben, markieren Sie es und klicken auf *Einfügen.* Anschließend befindet sich das Bild als neues Aufzählungszeichen im Auswahlmenü der Schaltfläche *Aufzählungszeichen.*
8. Wählen Sie das neue Aufzählungszeichen und klicken Sie auf *OK.*

Bild 28.24 Für diese Folie wurde eine Grafik als Aufzählungszeichen verwendet

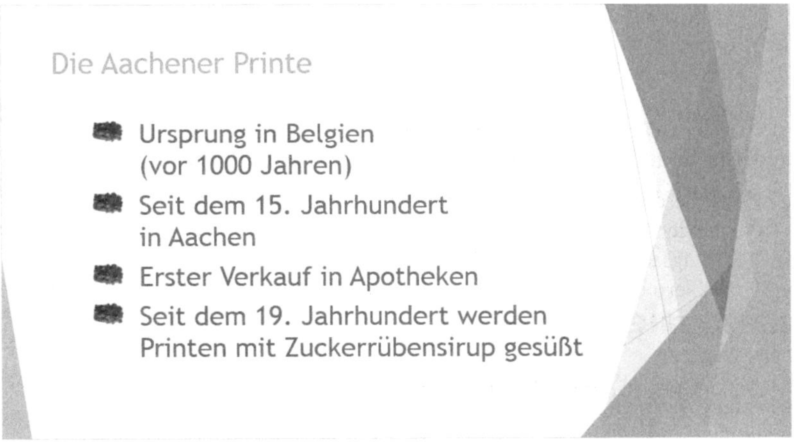

Symbole als Aufzählungszeichen verwenden

Falls Sie anstelle eines Bildes ein Zeichen verwenden möchten, von dem Sie wissen, dass es in einer der installierten Schriften enthalten ist, gehen Sie so vor:

1. Öffnen Sie das Dialogfeld *Nummerierung und Aufzählungszeichen* wie im letzten Abschnitt beschrieben.
2. Klicken Sie auf die Schaltfläche *Anpassen.*
3. Wählen Sie in der Liste *Schriftart* die Schriftart aus, in der das gewünschte Zeichen enthalten ist.

Bild 28.25 Sie können auch ein beliebiges Zeichen einer Schriftart wählen

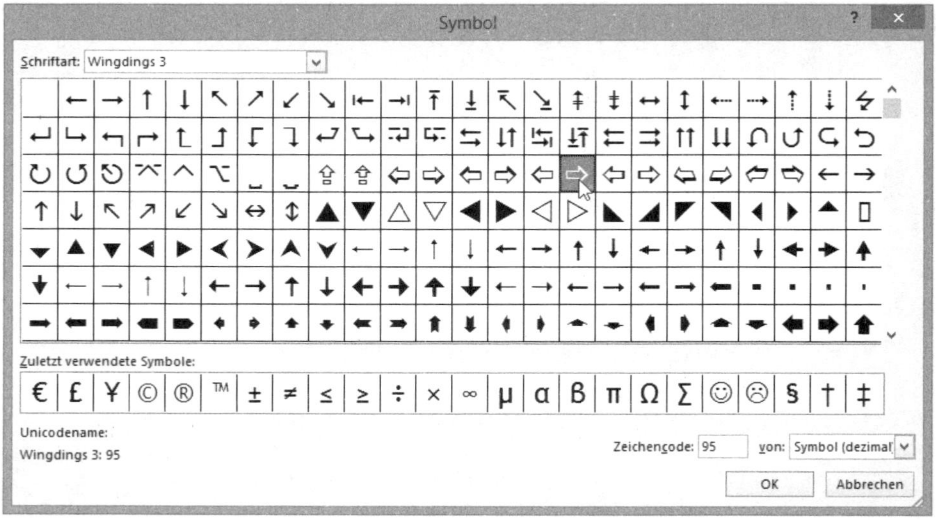

4. Wählen Sie das Zeichen, das Sie als Aufzählungszeichen verwenden möchten, durch Anklicken aus. Sie gelangen dann wieder in das Dialogfeld *Nummerierung und Aufzählungszeichen.*
5. Schließen Sie das Dialogfeld mit *OK*, um die Aufzählung durch das gewählte Aufzählungszeichen zu gliedern.

Nummerierte Listen

Neben Listen, die Argumente nur optisch voneinander abtrennen, werden häufig auch nummerierte Listen verwendet. Diese setzen Sie so ein:

1. Markieren Sie den Text, der durch Zahlen gegliedert werden soll. Hinweise zum Markieren finden Sie weiter vorne in diesem Kapitel ab Seite 571.
2. Klicken Sie auf der Registerkarte *START* in der Gruppe *Absatz* auf den kleinen Pfeil der Schaltfläche *Nummerierung.*

Bild 28.26 Auswahlkatalog zum Erstellen von nummerierten Listen

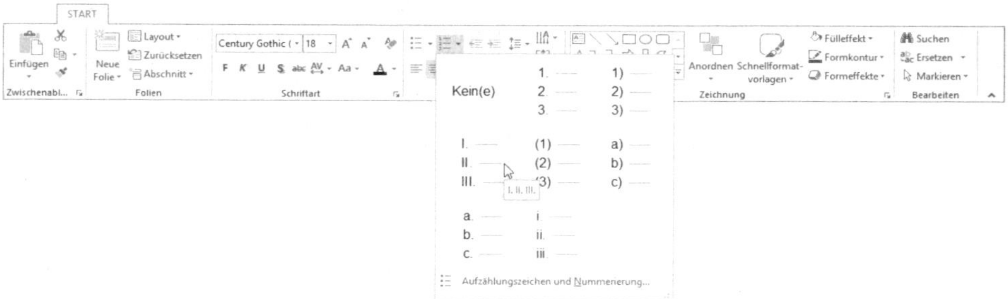

3. Bewegen Sie den Mauszeiger auf die verschiedenen Vorschaubilder des Auswahlkatalogs. PowerPoint zeigt dann die Wirkung der jeweiligen Option in einer Livevorschau direkt auf Ihrer Folie an.
4. Falls eine der vorgeschlagenen Nummerierungen Ihren Vorstellungen entspricht, wählen Sie diese durch Anklicken aus.
5. Wollen Sie jedoch die Größe oder die Farbe der Zeichen ändern oder soll die Nummerierung mit einer anderen Zahl als 1 beginnen, klicken Sie stattdessen unterhalb des Auswahlkatalogs auf den Befehl *Aufzählungszeichen und Nummerierung*, wodurch das gleichnamige Dialogfeld auf dem Bildschirm erscheint.

Bild 28.27 Hier können Sie weitere Einstellungen für eine nummerierte Liste vornehmen

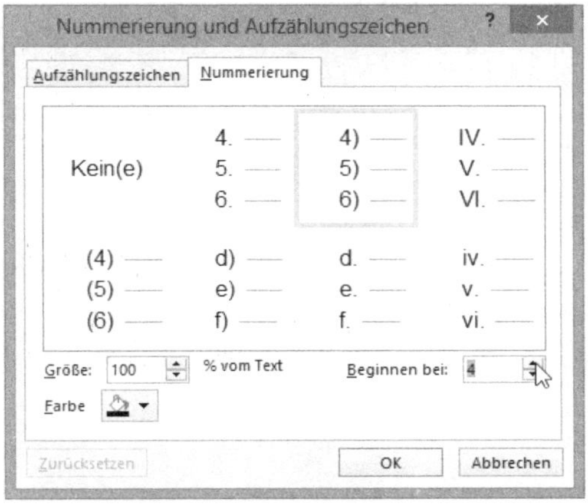

6. Wählen Sie das gewünschte Format für die Nummerierung aus.
7. Soll die Nummerierung mit einer anderen Zahl als 1 beginnen, geben Sie diese im Feld *Beginnen bei* ein.
8. Schließen Sie das Dialogfeld mit *OK*, um die Einstellungen zu übernehmen.

Suchen und Ersetzen

Wenn Sie in einer umfangreichen Präsentation nach einer bestimmten Textstelle suchen, hilft Ihnen die Suchfunktion von PowerPoint 2013, mit der Sie der Reihe nach alle Fundstellen anzeigen können, die den gesuchten Begriff enthalten. Die Suche lässt sich durch zusätzliche Kriterien präzisieren, indem Sie zum Beispiel festlegen, dass die Groß-/Kleinschreibung beachtet werden soll.

1. Wechseln Sie im Menüband auf die Registerkarte *START*.
2. Klicken Sie in der Gruppe *Bearbeiten* auf die Schaltfläche *Suchen*. PowerPoint zeigt dann das Dialogfeld *Suchen* an.
3. Geben Sie den Suchbegriff in das Feld *Suchen nach* ein.

Bild 28.28 Das Dialogfeld *Suchen*

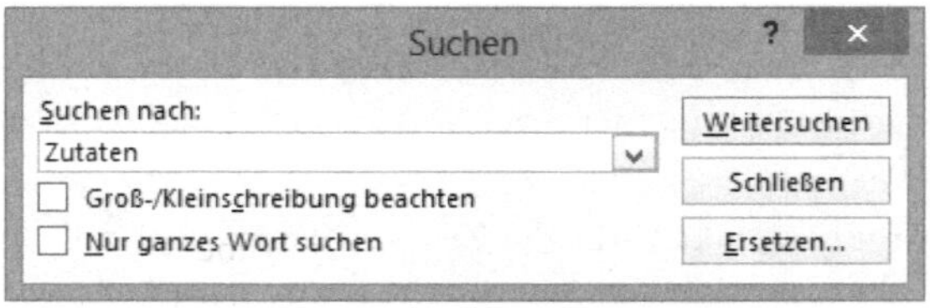

4. Stellen Sie bei Bedarf weitere Suchoptionen ein, um die Suche zu verfeinern:
   - **Groß-/Kleinschreibung beachten** Wenn Sie das Feld einschalten, wird eine Textstelle nur dann gefunden, wenn die Groß- und Kleinschreibung im Text mit Ihrer Eingabe im Textfeld *Suchen nach* exakt übereinstimmt.
   - **Nur ganzes Wort suchen** Wenn Sie diese Option aktivieren, werden nur eigenständige Wörter gesucht, die durch Leerzeichen, Tabulatoren oder Satzzeichen getrennt sind. Bei ausgeschalteter Option (dies ist die Vorgabe von PowerPoint) werden auch alle Textstellen gefunden, in denen der Suchbegriff nicht als eigenständiges Wort vorkommt. Zum Beispiel würde dann bei dem Suchbegriff »und« auch das Wort »Kunden« gefunden werden.
5. Klicken Sie auf *Weitersuchen,* um die erste bzw. die nächste Fundstelle anzuzeigen.
6. Sie können jederzeit zwischen dem Dialogfeld und den Folien wechseln.
7. Wenn Sie das Dialogfeld nicht mehr benötigen, beenden Sie es mit *Schließen.*

Text ersetzen

Genauso wie Sie nach Text suchen können, ist es auch möglich, den gefundenen Text durch einen neuen ersetzen zu lassen. Dazu verwenden Sie den Befehl *Ersetzen,* der sich ebenfalls in der Gruppe *Bearbeiten* auf der Registerkarte *START* befindet. Wenn das Dialogfeld *Suchen* bereits angezeigt wird, können Sie auch einfach im Dialogfeld die Schaltfläche *Ersetzen* anklicken.

Bild 28.29 Das Dialogfeld *Ersetzen*

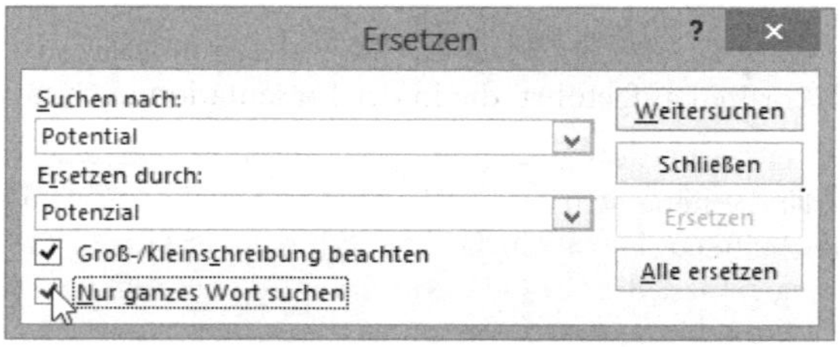

Wie Sie sehen, unterscheidet sich das Dialogfeld *Ersetzen* von dem Dialogfeld *Suchen* im Wesentlichen durch das Feld *Ersetzen durch.* In dieses Feld können Sie den Text eingeben, der anstelle des gefundenen in die Folie aufgenommen werden soll. Wenn Sie dieses Feld leer lassen, wird der gefundene Text aus der Präsentation entfernt.

Nachdem Sie alle Eingaben vorgenommen und die gewünschten Optionsfelder eingeschaltet haben, können Sie mit den folgenden Schaltflächen das Ersetzen starten:

- **Weitersuchen** Sucht das erste bzw. nächste Vorkommen des Suchtextes in der Präsentation. War die Suche erfolgreich, zeigt PowerPoint die entsprechende Folie im Arbeitsbereich an, sodass Sie die gefundene Textstelle lesen können.
- **Ersetzen** Ersetzt den gefundenen Text durch die neue Eingabe. Nachdem PowerPoint den markierten Text ersetzt hat, springt es automatisch zur nächsten Fundstelle. Wird der Suchbegriff nicht mehr gefunden, erscheint ein entsprechender Hinweis.
- **Alle ersetzen** Mit dieser Schaltfläche können Sie alle Vorkommen des Suchtextes in der gesamten Präsentation ersetzen. Benutzen Sie diese Schaltfläche nur, wenn Sie sich Ihrer Sache sicher sind und auf die individuelle Überprüfung der einzelnen Fundstellen verzichten wollen.

Schriftarten ersetzen

Genau wie in Word können Sie auch in PowerPoint 2013 Textformatierungen ersetzen. Allerdings sind die Möglichkeiten in PowerPoint recht bescheiden. Das einzige Schriftmerkmal, das Sie per Suchen und Ersetzen austauschen können, ist die Schriftart:

1. Wechseln Sie im Menüband auf die Registerkarte *START*.
2. Klicken Sie in der Gruppe *Bearbeiten* auf den kleinen Pfeil der Schaltfläche *Ersetzen* und wählen Sie im Menü der Schaltfläche den Befehl *Schriftarten ersetzen*. PowerPoint zeigt dann das Dialogfeld *Schriftart ersetzen* an.

Bild 28.30 Das Dialogfeld *Schriftart ersetzen*

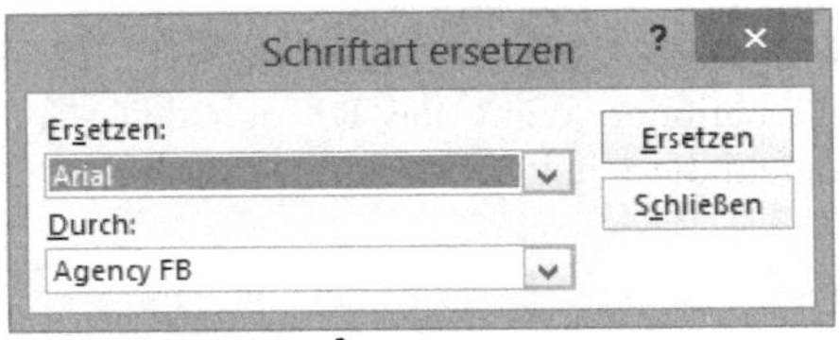

3. Wählen Sie im Listenfeld *Ersetzen* die Schriftart aus, die Sie ersetzen möchten. In dem Listenfeld werden nur diejenigen Schriften aufgeführt, die in der Präsentation auch tatsächlich verwendet werden.
4. Stellen Sie im Listenfeld *Durch* die neue Schrift ein. Hier haben Sie die Auswahl aus allen auf Ihrem Rechner installierten Schriften.
5. Klicken Sie auf *Ersetzen*, um die gewünschte Schrift auszutauschen. Achtung: Der Ersetzungsvorgang betrifft die gesamte Präsentation und lässt sich nicht auf einen markierten Textbereich beschränken.

Kapitel 29

Die Gliederungsansicht

In diesem Kapitel:

Wenn Sie eine neue Präsentation erstellen, werden Sie den Text für Ihre Folien in den seltensten Fällen fertig im Kopf haben. Vielmehr wird es in aller Regel so sein, dass Sie zunächst ein grobes Konzept für die Präsentation entwerfen, das Sie dann nach und nach mit Inhalten füllen. Da es in dieser Phase regelmäßig vorkommt, dass Sie Folien umstellen oder neue Folien einfügen, ist die normale Folienansicht für diese Zwecke zu unhandlich. Solche Aufgaben erledigen Sie besser in der Gliederungsansicht, in der Sie sich voll auf den Text und seine Struktur konzentrieren können.

Arbeiten in der Gliederungsansicht

Um in die Gliederungsansicht zu gelangen, wechseln Sie entweder auf die Registerkarte *ANSICHT* und klicken dort in der Gruppe *Präsentationsansichten* auf die Schaltfläche *Gliederungsansicht* oder Sie klicken unten rechts in der Statusleiste auf die Schaltfläche *Normal*. Diese Schaltfläche schaltet zwischen der Normal- und der Gliederungsansicht hin und her.

Bild 29.1 Wenn Sie den Text Ihrer Präsentation in der Gliederungsansicht bearbeiten wollen, sollten Sie den Gliederungsbereich verbreitern

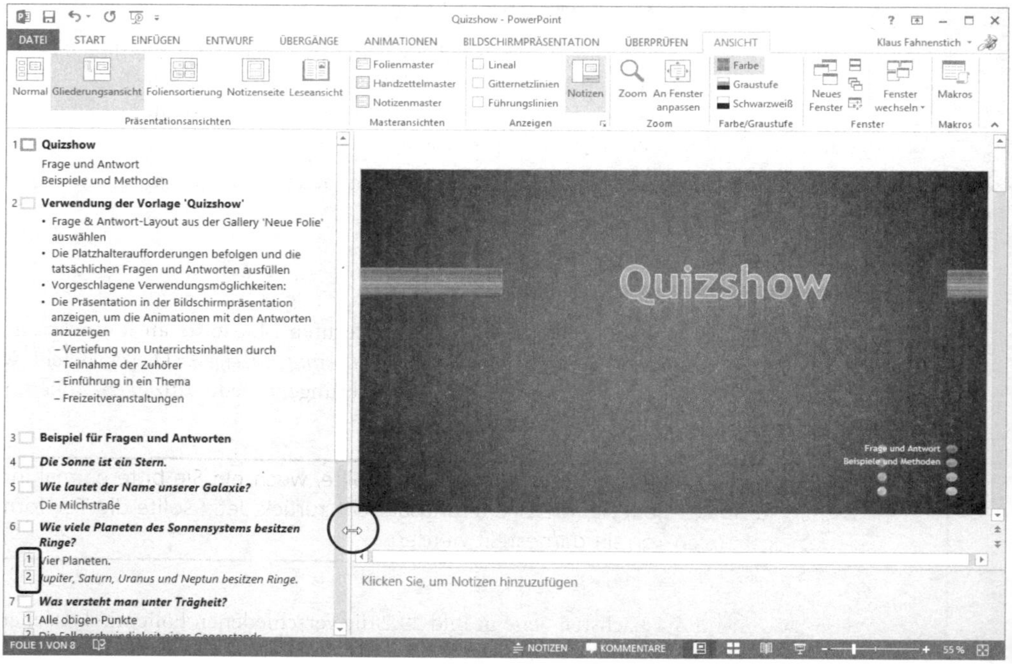

Wenn Ihre Präsentation bereits einige Folien enthält, erkennen Sie, dass die Titel der einzelnen Folien in der Gliederungsansicht mit einem kleinen Symbol gekennzeichnet sind. Die Symbole sind fortlaufend nummeriert und stellen die einzelnen Folien Ihrer Präsentation dar. Mit ihnen können Sie zum Beispiel eine Folie ganz einfach mit der Maus innerhalb der Präsentation verschieben.

Falls eine Folie zusätzlich zum Titel noch mehrere Textplatzhalter besitzt, werden diese in der Gliederungsansicht mit einem kleinen Zahlensymbol gekennzeichnet.

Leider ist es in PowerPoint nicht möglich, die Anzeige im Gliederungsausschnitt zu vergrößern, denn der Zoomregler der Statusleiste wirkt ausschließlich auf den Folienbereich. Daher sind vor allem Texte, die sich in der zweiten oder dritten Ebene einer Aufzählung befinden, nur schlecht zu erkennen. Wir werden Ihnen aber gleich im nächsten Abschnitt noch eine Möglichkeit vorstellen, wie Sie die Lesbarkeit des Textes in der Gliederungsansicht verbessern können.

Text bearbeiten und formatieren

Um den Text einer Folie zu bearbeiten, klicken Sie die entsprechende Textstelle im Gliederungsbereich an und nehmen dort die gewünschte Änderung vor. PowerPoint zeigt die Folie automatisch im Folienbereich an, sodass Sie direkt sehen, wie sich die Folie verändert.

In der Gliederungsansicht können Sie auch die üblichen Textformatierungen durchführen. Einfache Formatierungen wie fette oder kursive Darstellung werden im Gliederungsbereich angezeigt. Andere Merkmale, wie zum Beispiel Farbe und Schatten, bleiben hingegen unberücksichtigt.

Textformatierung anzeigen

PowerPoint verwendet normalerweise in der Gliederungsansicht für alle Folientitel eine einheitliche Darstellung. Auch für den restlichen Folientext wird nur eine Schrift und eine feste Schriftgröße verwendet. So können Sie die Titel und Texte der Folien eindeutig voneinander unterscheiden und die Struktur der Präsentation lässt sich gut erfassen.

Sie können aber auch die tatsächliche Formatierung der Folientexte im Gliederungsbereich sichtbar machen:

1. Öffnen Sie die Übungsdatei *Quizshow*.
2. Wechseln Sie in die Gliederungsansicht.
3. Klicken Sie den Gliederungsbereich mit der rechten Maustaste an und wählen Sie im angezeigten Kontextmenü den Befehl *Textformatierung anzeigen*. Dieser Befehl wirkt wie ein Schalter, das heißt, wenn Sie die Textformatierungen wieder anzeigen wollen, rufen Sie ihn einfach erneut auf.

TIPP Falls der Befehl keine Wirkung zeigen sollte, wechseln Sie bitte einmal in die Normalansicht und direkt wieder in die Gliederungsansicht zurück. Jetzt sollte die Textformatierung im Gliederungsbereich korrekt dargestellt werden.

Wenn Sie sich auf der nächsten Seite in Bild 29.2 die verschiedenen Folientitel ansehen, werden Sie feststellen, dass sie sehr unterschiedlich formatiert sind. Auf einigen Folien ist sogar der Folientext in einem größeren Schriftgrad formatiert als der zugehörige Folientitel (wie zum Beispiel auf den Folien 5 und 6). Da sich das Auge unwillkürlich an den Schriftgrößen orientiert, ist es daher in dieser Ansicht relativ schwierig, die tatsächliche Struktur der Präsentation zu erfassen.

Bild 29.2 Die Darstellung der Textformatierungen wirkt schnell unübersichtlich

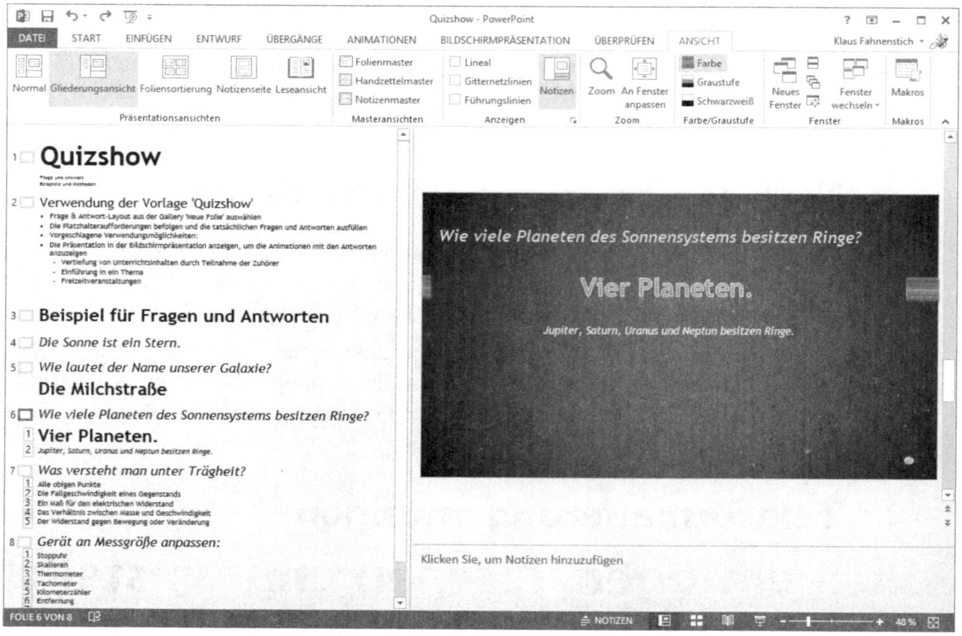

Gliederung erweitern und reduzieren

Wenn Sie schon einmal mit der Gliederungsfunktion von Microsoft Word gearbeitet haben, wissen Sie, dass man dort die Anzahl der angezeigten Gliederungsebenen einstellen kann. Auf diese Weise können Sie exakt festlegen, wie detailliert die Gliederung des Dokuments angezeigt werden soll.

Auch PowerPoint kann in der Gliederungsansicht mit einem ähnlichen Feature aufwarten. Allerdings haben Sie hier lediglich die Wahl zwischen der reduzierten Anzeige, in der nur die Folientitel angezeigt werden, und der erweiterten Darstellung, in der der vollständige Folientext erscheint.

1. Klicken Sie den Text der gewünschten Folie mit der rechten Maustaste an.
2. Zeigen Sie im Kontextmenü auf den Befehl *Gliederung reduzieren* bzw. *Gliederung erweitern.* Im dadurch ausgeklappten Untermenü können Sie wählen, ob sich der Befehl lediglich auf die aktuelle Folie oder auf die gesamte Präsentation auswirken soll (siehe Bild 29.3).

Tabelle 29.1 Tastenkombinationen zum Ein- und Ausblenden von untergeordnetem Text

Tastenkombination	Wirkung
Alt + ⇧ + 1	Zeigt nur die oberste Überschriftenebene an (die Titel).
Alt + ⇧ + +	Zeigt den untergeordneten Text einer Überschrift an.
Alt + ⇧ + -	Blendet den untergeordneten Text einer Überschrift aus.

Bild 29.3 Alle untergeordneten Texte einblenden

Folien einfügen, löschen und umstellen

Zum Einfügen und Löschen von Folien können Sie in der Gliederungsansicht die gleichen Techniken verwenden, die wir in Kapitel 27 für den Folienbereich vorgestellt haben:

- Mit der Schaltfläche *Neue Folie* auf der Registerkarte *START*
- Über die Zwischenablage
- Über die Befehle *Neue Folie* und *Folie löschen* aus dem Kontextmenü, das erscheint, wenn Sie den Text in der Gliederungsansicht rechts anklicken.

Wesentlich interessanter ist jedoch das Verschieben einzelner Absätze und ganzer Folien, das sich in der Gliederungsansicht sehr effektiv und komfortabel erledigen lässt.

Vollständige Folien verschieben

Wir hatten weiter oben in diesem Kapitel bereits erwähnt, dass die kleinen Symbole mit denen die Folientitel im Gliederungsbereich gekennzeichnet sind, zum Verschieben der Folien benötigt werden. Die Vorgehensweise ist dabei denkbar einfach:

1. Reduzieren Sie die Gliederung, sodass nur noch die Titel der Folien angezeigt werden. Verwenden Sie dazu entweder den Befehl *Gliederung reduzieren/Alle Ebenen reduzieren* aus dem Kontextmenü oder drücken Sie den Shortcut `Alt`+`⇧`+`1`.
2. Zeigen Sie mit der Maus auf das Symbol der Folie, die Sie verschieben wollen. Der Mauszeiger verändert sich dort zu einem Vierfachpfeil.
3. Ziehen Sie das Symbol nun mit gedrückter Maustaste nach oben oder unten. Beachten Sie die blaue waagerechte Linie. Diese Linie kennzeichnet die Position, an der die Folie eingeordnet wird, sobald Sie die Maustaste loslassen. Falls die blaue Linie bei Ihnen nicht angezeigt wird, bewegen Sie den Mauszeiger etwas nach rechts auf den Text (siehe Abbildung 29.4).

Bild 29.4 Folie innerhalb der Präsentation verschieben

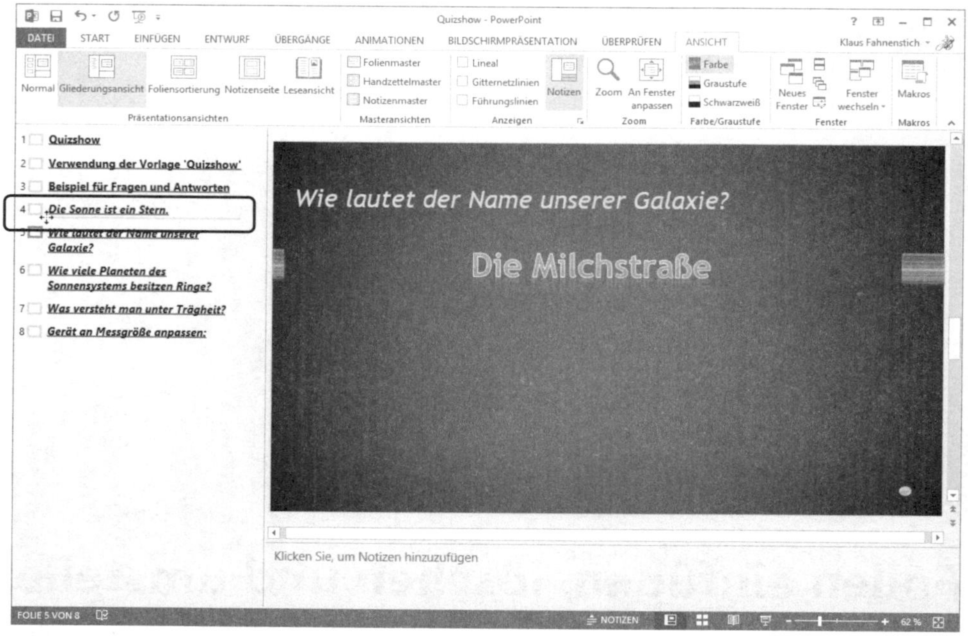

Einzelne Absätze verschieben

Etwas kniffliger, aber in bestimmten Situationen auch außerordentlich praktisch, ist das Umstellen einzelner Absätze. Dazu können Sie im einfachsten Fall den gewünschten Absatz markieren und mit den Tastenkombinationen der folgenden Tabelle nach oben oder unten verschieben.

Tabelle 29.2 Tastenkombinationen zum Verschieben von Absätzen

Tastenkombination	Wirkung
Alt + ⇧ + ↑	Verschiebt die markierten Absätze nach oben.
Alt + ⇧ + ↓	Verschiebt die markierten Absätze nach unten.

Natürlich lassen sich Absätze auch mit der Maus verschieben. Im nächsten Beispiel soll ein Spiegelpunkt einer Aufzählung unter Verwendung der Maus auf die nächste Folie geschoben werden. Die Ausgangssituation sehen Sie in Bild 29.5. Wie gut das hier beschriebene Verfahren funktioniert, hängt wesentlich vom Layout der beteiligten Folien ab.

1. Öffnen Sie die Beispieldatei *Absatz verschieben* und wechseln Sie in die Gliederungsansicht.
2. Erweitern Sie die Gliederung so, dass alle Texte angezeigt werden. Rufen Sie dazu im Kontextmenü *Gliederung erweitern/Alle Ebenen erweitern* auf.

Bild 29.5 Der Absatz »Schritt 5« soll auf die nächste Folie verschoben werden

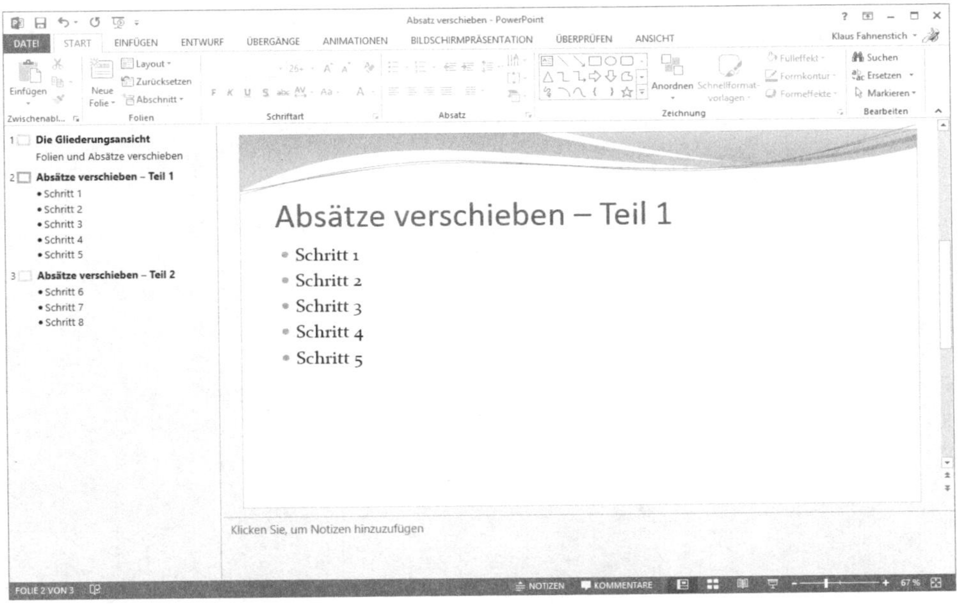

3. Zeigen Sie im Gliederungsbereich mit dem Mauszeiger auf den Spiegelpunkt des Absatzes, den Sie verschieben wollen. Der Zeiger wird dort zu einem Vierfachpfeil.
4. Drücken Sie die Maustaste und ziehen Sie die Maus nach unten. PowerPoint zeigt dann eine waagerechte Linie an. Erscheint eine senkrechte Linie, haben Sie die Maus zuerst nach links oder rechts bewegt. Drücken Sie dann Esc und starten Sie einen neuen Versuch.

Bild 29.6 Absatz auf eine andere Folie schieben

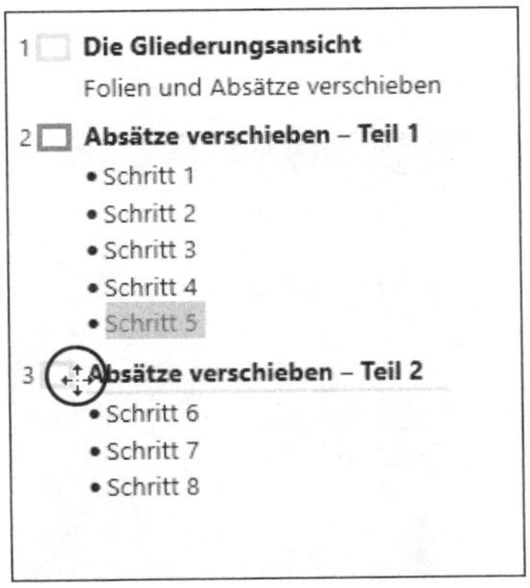

5. Lassen Sie die Maustaste los, sobald die Linie die gewünschte Einfügeposition erreicht hat.

Bild 29.7 Der Absatz »Schritt 5« befindet sich nun auf der nächsten Folie

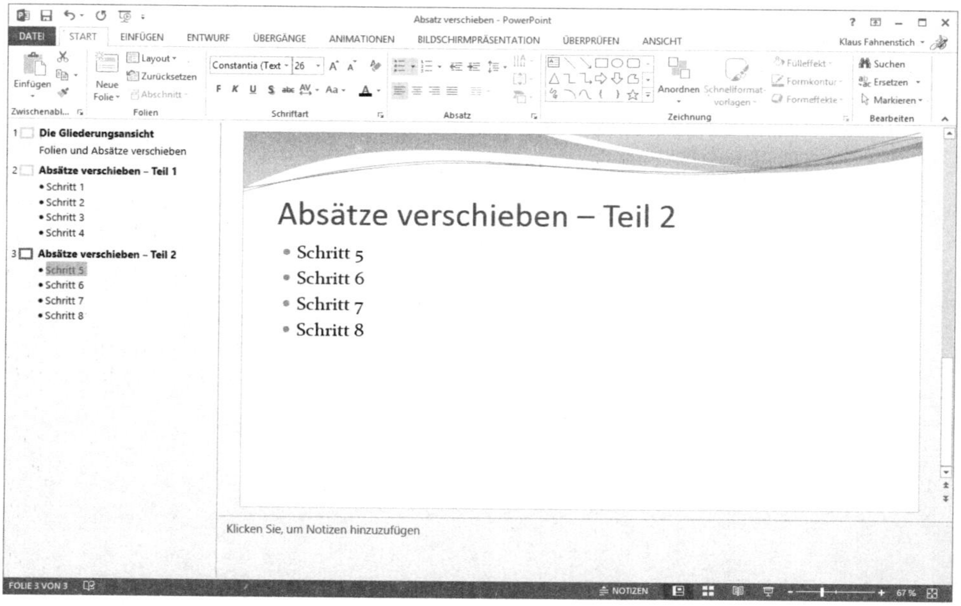

Wenn Sie das Beispiel nachvollzogen haben, werden Sie gemerkt haben, dass man dafür eine ruhige Maushand braucht. Erschwerend kommt noch die Minisymbolleiste hinzu, die beim Verschieben eines Absatzes nach oben die Sicht auf den Text und die waagerechte Linie versperrt. Wem dies zu lästig ist, der kann auch auf die Befehle *Nach oben* und *Nach unten* des Kontextmenüs oder auf die Tastenkombinationen aus Tabelle 29.2 zurückgreifen.

Bild 29.8 Folie oder Absatz nach oben schieben

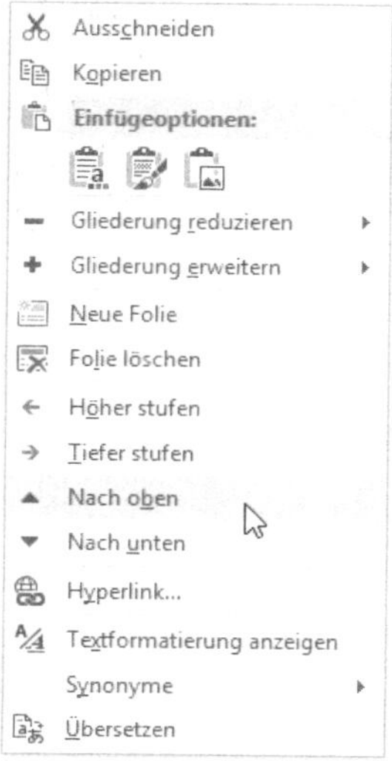

Absätze höher- und tieferstufen

In Kapitel 28 haben Sie erfahren, dass bei Aufzählungen die Einrückung der einzelnen Spiegelpunkte durch ihre Listenebene gesteuert wird. Die Ebene können Sie in der Gliederungsansicht nachträglich ändern, indem Sie die Spiegelpunkte mit der Maus nach links oder rechts schieben. Dabei ist es auch möglich, lange Aufzählungen auf mehrere Folien zu verteilen, wie es das nächste Beispiel zeigt:

1. Öffnen Sie die Übungsdatei *Höher- und Tieferstufen* und wechseln Sie in die Gliederungsansicht.
2. Klicken Sie den Text im Gliederungsbereich mit der rechten Maustaste an und wählen Sie im Kontextmenü den Befehl *Gliederung erweitern/Alle Ebenen erweitern.*
3. Klicken Sie mit der Maus auf den gewünschten Spiegelpunkt und halten Sie die Maustaste gedrückt. PowerPoint markiert den zugehörigen Text und alle untergeordneten Absätze des Punktes.

Bild 29.9 Der Spiegelpunkt »Entsorgung« soll höhergestuft werden

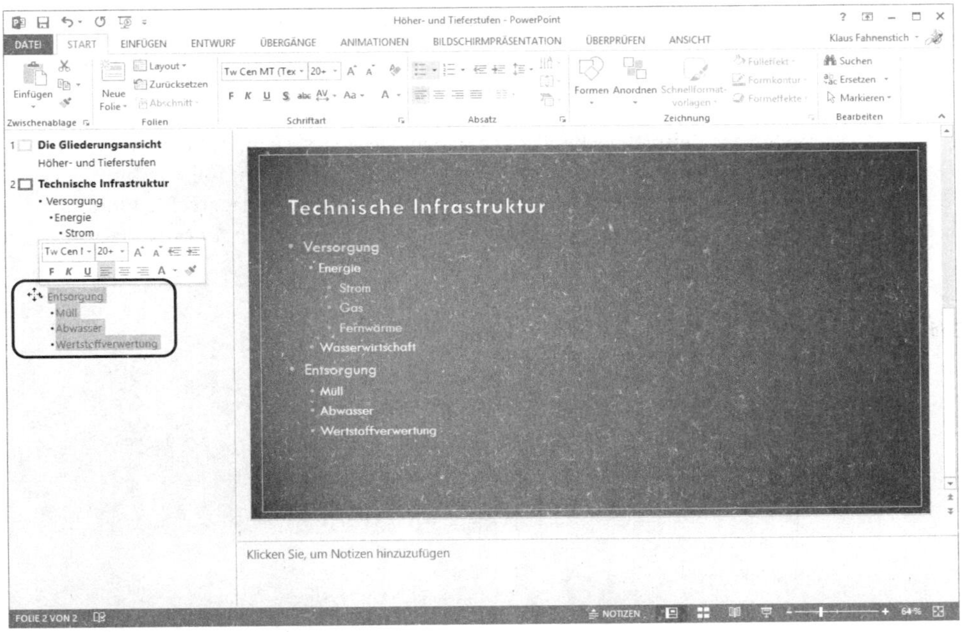

4. Bewegen Sie die Maus soweit nach links, dass die senkrechte Linie zwischen der Foliennummerierung und den Foliensymbolen steht.

Bild 29.10 Höherstufen eines Absatzes

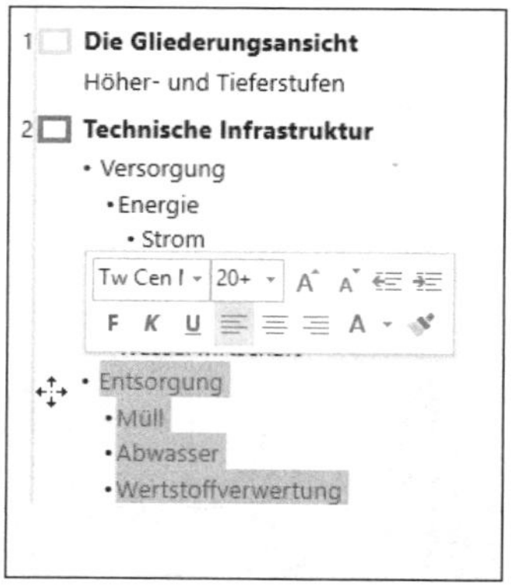

5. Lassen Sie die Maustaste los.

Bild 29.11 Der Aufzählungspunkt wurde zum Folientitel hochgestuft

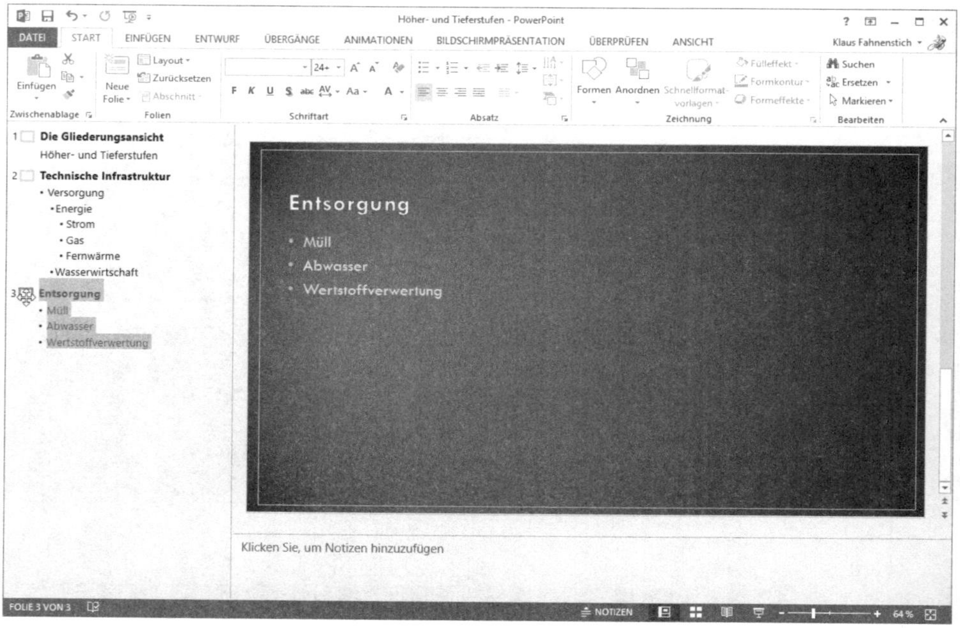

Natürlich können Sie auch auf das Kontextmenü oder auf Shortcuts zurückgreifen.

Tabelle 29.3 Tastenkombinationen zum Höher- und Tieferstufen eines Absatzes

Tastenkombination	Wirkung
Alt + ⇧ + ←	Stuft einen Absatz eine Ebene nach oben.
Alt + ⇧ + →	Stuft einen Absatz eine Ebene nach unten.

Kapitel 30

Präsentationen drucken

In diesem Kapitel:

In diesem Kapitel dreht sich alles ums Drucken, denn hier hat PowerPoint viel zu bieten: Sie können Folien einfach, wie sie sind, auf Papier oder Folie drucken; Sie können Notizenseiten als Vortragsmanuskript oder Handzettel zum Verteilen an das Publikum drucken. Bei den Handzetteln ist vor allem die Möglichkeit interessant, mehrere Folien auf ein Blatt zu drucken.

Folien drucken

Nicht immer werden Sie Ihre Präsentationen nur als Bildschirmpräsentation vorführen – vielleicht sollen sie auf transparente Overhead-Folien oder einfach auf Papier ausgedruckt werden. Wie wir in Kapitel 8 bereits kurz erwähnt haben, gibt es in PowerPoint zwei Möglichkeiten, den Druckvorgang zu starten:

- Über die Backstage-Ansicht *Drucken* (die Sie auch mit dem Shortcut Strg+P erreichen)
- und über den Befehl *Schnelldruck*.

Im Normalfall werden Sie die erste Variante verwenden, weil Sie nur hier den Drucker auswählen und verschiedene Druckoptionen einstellen können:

Bild 30.1 Einstellen der Druckoptionen in der Backstage-Ansicht *Drucken*

- **Exemplare** Geben Sie hier an, wie viele Kopien gedruckt werden sollen. Wie die Ausdrucke dabei sortiert werden, beschreiben wir weiter unten auf dieser Seite.
- **Drucker** Hier geben Sie an, an welchen Drucker die Druckdaten geschickt werden. Wenn Sie diese Einstellung ändern möchten, wählen Sie den gewünschten Drucker aus dem Listenfeld aus.

  Über den Link *Druckereigenschaften* erreichen Sie ein Dialogfeld, in dem Sie spezielle Einstellungen für den gewählten Drucker vornehmen können. Welche Möglichkeiten Ihr Drucker hier anbietet, entnehmen Sie bitte der Druckerdokumentation.
- **Einstellungen** Mit den Auswahllisten dieser Gruppe legen Sie u.a. fest, welche Bereiche der Präsentation Sie drucken möchten und welches Papierformat dazu verwendet werden soll.
  - Im ersten Menü bestimmen Sie, welche Folien der Präsentation gedruckt werden:
    - Alle Folien
    - Nur die markierten Folien
    - Nur die aktuelle (also die momentan angezeigte) Folie
    - Nur bestimmte Folien, deren Nummern Sie in das Feld unterhalb der Auswahlliste eintippen können
    - Nur die Folien eines bestimmten Abschnitts (siehe Kapitel 27, ab Seite 558)
    - Nur die Folien einer bestimmten zielgruppenorientierten Präsentation
    - Folien, die während der Präsentation ausgeblendet bleiben, können auf Wunsch dennoch mit ausgedruckt werden, indem Sie den Befehl *Ausgeblendete Folien drucken* einschalten.
  - Im zweiten Menü geben Sie an, was gedruckt wird:
    - Folien, Notizenseiten, Gliederung
    - Verschiedene Formen von Handzetteln
    - Den Befehl *Folienrahmen* sollten Sie vor allem dann einschalten, wenn Ihre Folien einen hellen oder sogar einen weißen Hintergrund besitzen.
    - Mit dem Befehl *Auf Seitenformat skalieren* können Sie den Platz auf dem Papier optimal nutzen.
  - Im dritten Menü steuern Sie die Druckreihenfolge, falls Sie mehrere Exemplare drucken. Bei der ersten Option druckt PowerPoint alle Seiten eines Exemplars, bevor es mit dem nächsten Exemplar beginnt. Dadurch sind die ausgedruckten Seiten zwar direkt sortiert, der Druckvorgang dauert jedoch länger, da PowerPoint jede Seite mehrmals an den Drucker schicken muss. Bei der zweiten Variante werden zunächst alle Kopien der ersten Seite gedruckt, dann die der zweiten usw. Dieses Verfahren ist bei vielen Druckern deutlich schneller.
  - Im vorletzten Menü können Sie entscheiden, ob PowerPoint den Ausdruck im Hoch- oder im Querformat vornimmt. Dank der Vorschaufunktion der Backstage-Ansicht können Sie sofort beurteilen, welche Einstellung für Ihren konkreten Druckauftrag am sinnvollsten ist. Dieses Menü erscheint nur beim Drucken von Handzetteln und Gliederungen.
  - Wenn Sie einen Schwarzweiß-Drucker benutzen, können Sie im letzten Menü noch zwischen *Farbe, Graustufen* oder *Reines Schwarzweiß* wählen.

So drucken Sie eine Präsentation

1. Wechseln Sie mit *Datei/Drucken* oder mit Strg+P in die Backstage-Ansicht.
2. Nehmen Sie alle notwendigen Einstellungen vor.
3. Starten Sie den Druckvorgang mit einem Klick auf *Drucken*.

Schnelldruck

Beim Schnelldruck gibt PowerPoint die Folien ohne Nachfrage kommentarlos auf dem Standard-Drucker aus. Das heißt, Sie können den Druckvorgang hier nicht beeinflussen. Die Funktion ist vor allem dafür gedacht, einen Druckvorgang ohne großen Aufwand erneut auszulösen, wenn Sie zum Beispiel beim ersten Ausdruck feststellen, dass Sie noch eine Kleinigkeit an der Folie ändern müssen. Da Sie in diesem Fall bereits alle notwendigen Druckeinstellungen vorgenommen haben, können Sie sich den erneuten Aufruf der Backstage-Ansicht *Drucken* ersparen.

Bevor Sie den Befehl *Schnelldruck* nutzen können, müssen Sie ihn erst in die Symbolleiste für den Schnellzugriff aufnehmen. Klicken Sie dazu auf den kleinen Pfeil am Ende der Symbolleiste und wählen dann den Befehl *Schnelldruck* aus dem Aufklappmenü.

Bild 30.2 Befehl *Schnelldruck* in die Symbolleiste aufnehmen

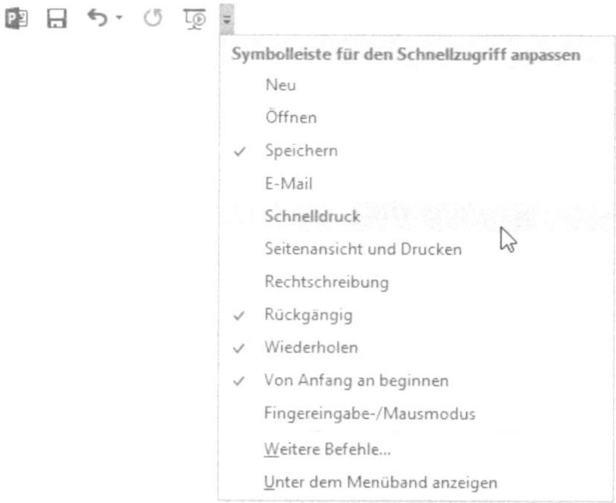

Notizenseiten erstellen

In Ihrer Präsentation möchten Sie möglichst knapp auf den Punkt kommen und nur die wichtigsten Informationen übersichtlich und verständlich darstellen. Was also tun Sie, wenn Sie während des Vortrags zusätzliche Informationen zur Hand haben möchten?

Ganz einfach: Fügen Sie zu Ihren Folien Notizenseiten hinzu, auf denen Sie Erläuterungen zu jeder Folie eingeben. Dazu können zum Beispiel detailliertes Zahlenmaterial und ergänzende Informationen gehören, die Sie in Ihrem Vortrag nicht erwähnen wollen, die Sie aber für eventuelle Nachfragen gerne parat haben. Diese Notizenseiten können Sie ausdrucken und zum Beispiel für Ihre Vorbereitung auf Ihren Vortrag nutzen.

Kurze Notizen geben Sie direkt im Notizenfeld der Normalansicht ein. Falls dieser Bereich auf Ihrem Bildschirm nicht sichtbar ist, ziehen Sie einfach die waagerechte Begrenzungslinie, die direkt oberhalb der Statusleiste liegt, ein Stück nach oben.

Den Inhalt des Notizenfeldes können Sie mit den üblichen Funktionen formatieren, um zum Beispiel wichtige Stichwörter optisch hervorzuheben.

Bild 30.3 Kurze Notizen geben Sie direkt im Notizenfeld der Normalansicht ein. Um die Größe des Notizenfeldes zu ändern, verschieben Sie die Begrenzungslinie.

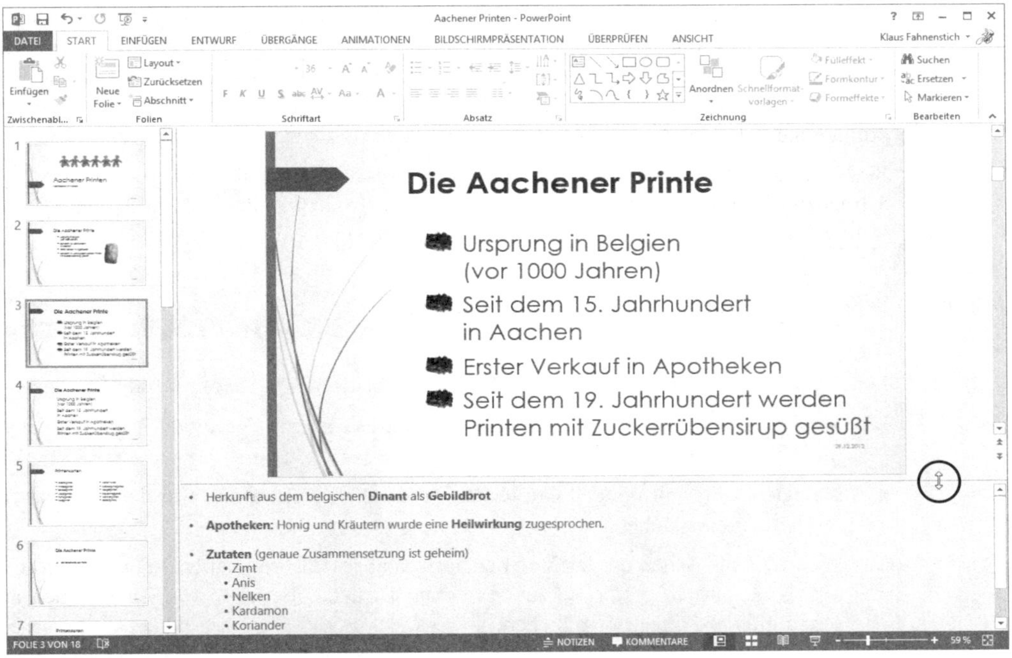

Soll der Notizenbereich den gesamten Vortragstext zu jeder Folie aufnehmen, ist der Platz im Notizenfeld zu knapp und zu unübersichtlich. In diesem Fall wechseln Sie besser in die Notizenansicht. Dort finden Sie auch alle Funktionen, die Ihnen bereits aus der Arbeit mit Textfolien bekannt sind.

1. Wechseln Sie auf die Registerkarte *ANSICHT* und klicken Sie dort in der Gruppe *Präsentationsansichten* auf die Schaltfläche *Notizenseite*. Das Standardlayout einer Notizenseite besteht aus einer Vorschau auf die Folie, die den oberen Bereich einnimmt, und dem Raum für Notizen in einem darunter positionierten Textfeld.

2. Klicken Sie das Vorschaubild der Folie an und richten Sie Position oder Größe mithilfe der Anfasser aus – zum Beispiel, wenn Sie mehr Platz für Text benötigen.

Am Anfang ist es verwirrend, dass es nicht möglich ist, den Folieninhalt an dieser Stelle zu bearbeiten; es geht aber tatsächlich nicht – Sie müssen dazu zunächst in die Normalansicht zurückkehren.

Bild 30.4 Das Vorschaubild der Folie auf der Notizenseite können Sie verkleinern und verschieben

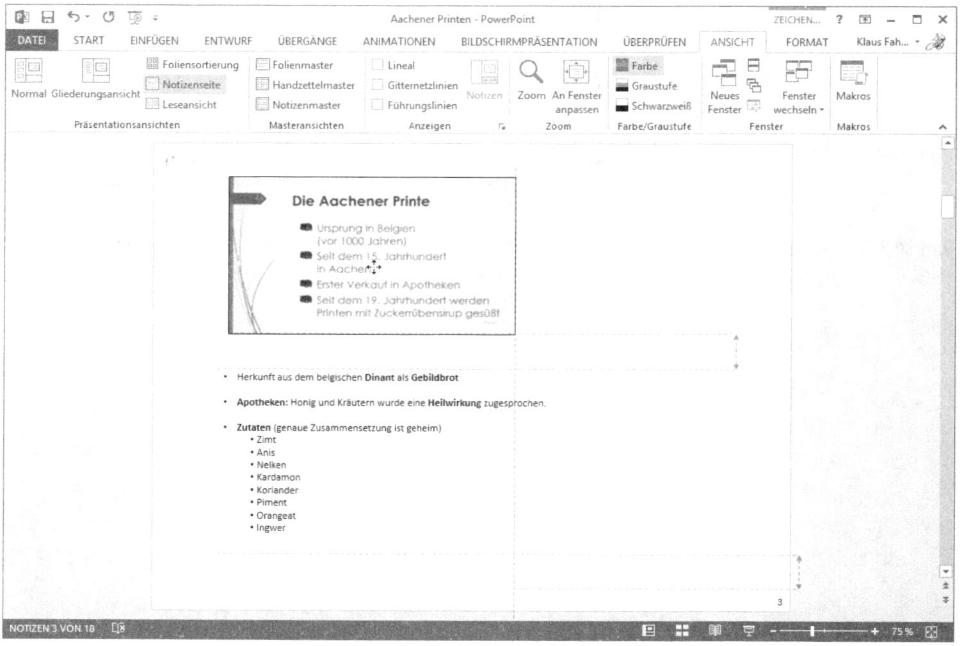

3. Klicken Sie auf den Rand des Textfelds und positionieren Sie es mithilfe der Anfasser.
4. Stellen Sie mit den Bedienelementen der Statusleiste eine geeignete Vergrößerung ein, damit Sie den Text vernünftig bearbeiten können.
5. Navigieren Sie mit den Bildlaufleisten durch die Präsentation, um den Vortragstext für weitere Folien einzugeben.
6. Wenn Sie die Arbeit an den Vortragsnotizen abgeschlossen haben, kehren Sie mit einem Klick auf die Schaltfläche *Normal* zu den Folien zurück. Alternativ können Sie auch auf das Vorschaubild der Folie doppelklicken.

PROFITIPP

Einstellungen für alle Notizenseiten

Wenn Sie die Aufteilung von Folienvorschau und Textfeld für alle Notizenseiten ändern möchten, brauchen Sie das nicht auf jeder Folie einzeln zu tun. Lesen Sie dann in Kapitel 31, wie Sie die Masteransichten verwenden, um Änderungen an der gesamten Präsentation vorzunehmen.

Notizen drucken

Um Notizenseiten auszudrucken, gehen Sie folgendermaßen vor:

1. Wechseln Sie mit *Datei/Drucken* oder mit Strg+P in die Backstage-Ansicht *Drucken*.
2. Legen Sie den Drucker fest, auf dem die Notizenseiten ausgedruckt werden sollen.
3. Geben Sie den Druckbereich an. Standardmäßig ist hier *Alle Folien drucken* ausgewählt.

4. In der zweiten Auswahlliste der Gruppe *Einstellungen* wählen Sie *Notizenseiten*.
5. Geben Sie außerdem an, ob das Bild der Folien oben auf der Notizenseite einen Rahmen erhalten soll.
6. Klicken Sie auf *OK*, um den Druckvorgang zu starten.

Bild 30.5 Mit PowerPoint ausgedruckte Notizseite

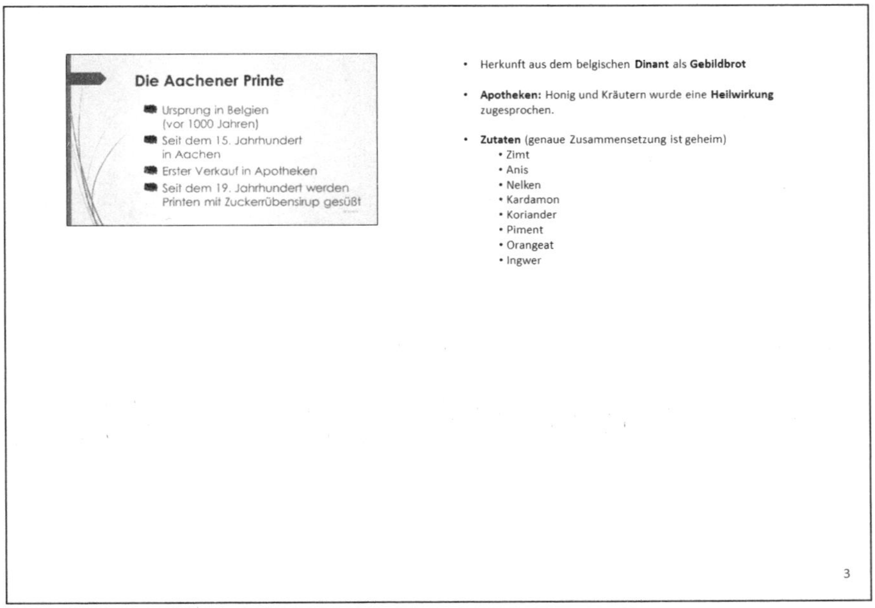

Handzettel drucken

Handzettel sind Ausdrucke der Folien einer Präsentation, die ans Publikum verteilt werden. Dabei können Sie entscheiden, ob Sie nur eine oder mehrere Folien auf einer Seite ausdrucken möchten.

Als besonders vorteilhaft hat sich der Ausdruck von je zwei Folien auf ein Blatt erwiesen: Für eine Bildschirmpräsentation ist in der Regel eine Schriftgröße sinnvoll, die auf Papier in halber Größe noch gut lesbar ist; außerdem ergeben zwei Folien im Querformat ein Blatt Papier im Hochformat, das so bequem betrachtet oder auch abgeheftet werden kann.

So drucken Sie Handzettel:

1. Wechseln Sie mit *Datei/Drucken* oder mit Strg+P in die Backstage-Ansicht *Drucken*.
2. Geben Sie an, wie viele Exemplare der Präsentation Sie ausdrucken möchten.
3. Legen Sie gegebenenfalls den Drucker fest, auf dem die Handzettel ausgedruckt werden sollen.
4. Geben Sie den Druckbereich an, d.h. den Bereich der Präsentation, der gedruckt werden soll.
5. In der zweiten Auswahlliste wählen Sie eines der angebotenen Handzettel-Layouts. Beachten Sie, dass PowerPoint zwischen vertikaler und horizontaler Reihenfolge unterscheiden kann.

Bild 30.6 Layout-Varianten für Handzettel

6. Stellen Sie die gewünschte Sortierreihenfolge ein. Wenn Sie sich nicht die Mühe machen möchten, später von Hand eine größere Anzahl Handzettel in die richtige Reihenfolge zu bringen, wählen Sie hier die erste Option.

Bild 30.7 Einstellungen für das Drucken von Handzetteln

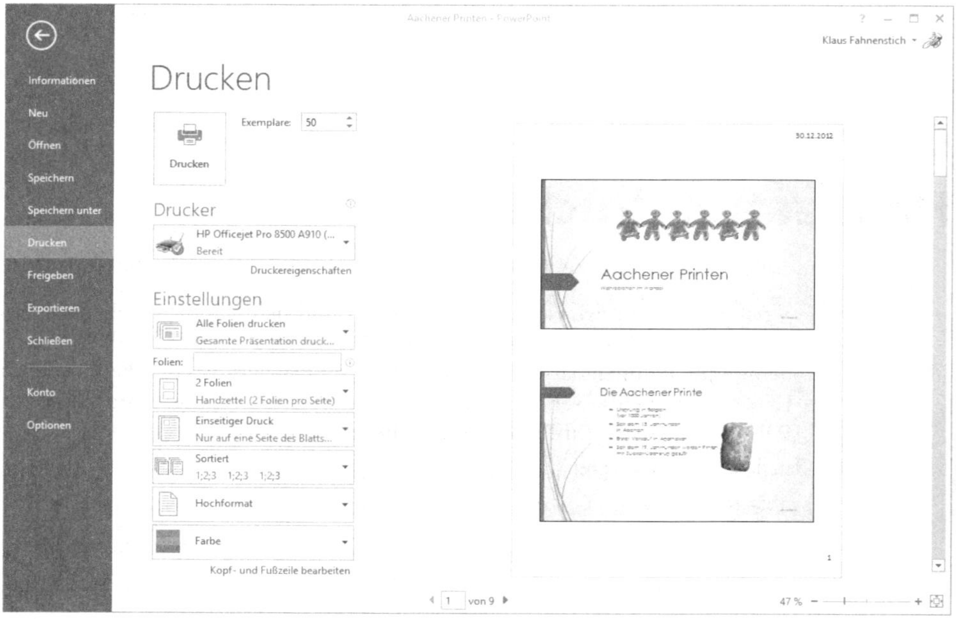

7. Klicken Sie auf *Drucken*, um den Druckvorgang zu starten.

Kopf- und Fußzeilen

Wenn Sie auf den ausgedruckten Seiten eine Seitennummer, einen Copyright-Hinweis oder Ähnliches aufnehmen wollen, können Sie in der Backstage-Ansicht *Drucken* eine entsprechende Kopf- bzw. Fußzeile konfigurieren. Gehen Sie dazu folgendermaßen vor:

1. Wechseln Sie mit *Datei/Drucken* oder mit Strg+P in die Backstage-Ansicht *Drucken*.
2. Klicken Sie in der Gruppe *Einstellungen* ganz unten auf den Link *Kopf- und Fußzeile bearbeiten*. PowerPoint zeigt dann das Dialogfeld aus Bild 30.8 an.

HINWEIS Dieses Dialogfeld erreichen Sie auch, indem Sie auf der Registerkarte *EINFÜGEN* in der Gruppe *Text* auf die Schaltfläche *Kopf- und Fußzeile* klicken.

3. Wechseln Sie auf eine der beiden Registerkarten *Folie* und *Notizenblätter und Handzettel*, je nachdem, wofür Sie die Kopf- und Fußzeilen erstellen wollen.

Bild 30.8 Dialogfeld zum Einrichten von Kopf- und Fußzeile

4. Schalten Sie die gewünschten Optionen ein und nehmen Sie gegebenenfalls weitere Feineinstellungen vor. Im Vorschaubereich des Dialogfeldes werden die aktivierten Elemente mit einem fetten Rahmen dargestellt, sodass Sie ihre Platzierung gut erkennen können. Falls Sie das Datum ausgeben lassen, achten Sie darauf, dass die richtige Sprache ausgewählt ist, damit PowerPoint ein für Ihr Publikum geeignetes Datumsformat verwendet.
5. Falls Sie Sonderzeichen in ein Textfeld aufnehmen wollen (wie das Copyright-Zeichen in der obigen Abbildung), können Sie diese vorher mit einem anderen Programm (z.B. Word) in die Zwischenablage kopieren und dann mit Strg+V in das Dialogfeld einfügen.
6. Klicken Sie auf *Für alle übernehmen* bzw. *Übernehmen,* um die vorgenommenen Einstellungen auf alle Folien bzw. auf die aktuelle Folie anzuwenden.

Kapitel 31

Arbeiten mit Vorlagen

In diesem Kapitel:

Dieses Kapitel beschäftigt sich mit Funktionen und Formatierungsmerkmalen, die sich auf alle Folien einer Präsentation auswirken. Denn ein konsistentes Erscheinungsbild ist eines der wichtigsten Kriterien für die professionelle Wirkung Ihrer Präsentationen.

Zunächst zeigen wir Ihnen, wie Sie den Hintergrund der Folien einheitlich gestalten können. Anschließend lernen Sie, wie Sie mithilfe so genannter *Mastereinstellungen* Text und andere Elemente homogen formatieren und positionieren.

Aufbauend auf diesen Grundlagen können Sie leicht eigene Vorlagen erstellen, die Sie immer wieder als Ausgangsposition für neue Präsentationen verwenden können.

Zum Schluss dieses Kapitels erfahren Sie noch, wie Sie das Layout der Notizenseiten und Handzettel festlegen und wie Sie die Folien einer Präsentation mit Kopf- und Fußzeilen ausstatten.

Bitte beachten Sie in diesem Zusammenhang auch Kapitel 35, in dem wir das neue Konzept der Dokument-Designs vorstellen, das sowohl PowerPoint-, Word- und Excel-Dokumente betrifft.

Folienhintergrund bearbeiten

Unabhängig vom aktuellen Design einer Präsentation können Sie für einzelne oder für alle Folien die Hintergrundfarbe bearbeiten. Dieses Verfahren wird hier an einem Beispiel demonstriert, in dem der Folienhintergrund der gesamten Präsentation einen Farbverlauf erhält.

1. Klicken Sie in der Registerkarte *ENTWURF* auf *Hintergrundformate*.
2. Zeigen Sie mit der Maus auf die Vorschaubilder des Auswahlmenüs, damit PowerPoint den jeweiligen Hintergrund für die aktuelle Folie anzeigt.

Bild 31.1 Zuweisen eines neuen Folienhintergrundes

3. Klicken Sie das gewünschte Hintergrundformat an, um es zu übernehmen. PowerPoint 2013 wendet das ausgewählte Hintergrundformat dann auf alle Folien der Präsentation an.

Falls Sie den Hintergrund lediglich für eine einzelne Folie ändern wollen oder wenn Ihnen die angebotene Auswahl an Hintergrundformaten nicht zusagt, müssen Sie den Weg über den Befehl *Hintergrund formatieren* gehen.

Nehmen Sie in diesem Fall folgende Schritte vor:

1. Zeigen Sie die gewünschte Folie an.
2. Klicken Sie die Folie mit der rechten Maustaste an und wählen Sie in ihrem Kontextmenü den Befehl *Hintergrund formatieren.* (Alternativ finden Sie den Befehl auch auf der Registerkarte *ENTWURF* in der Gruppe *Anpassen.*) Dadurch wird rechts im Fenster der Aufgabenbereich *Hintergrund formatieren* eingeblendet, auf dem Sie diverse Einstellungen vornehmen können.

Bild 31.2 Auswahl eines voreingestellten Farbverlaufs

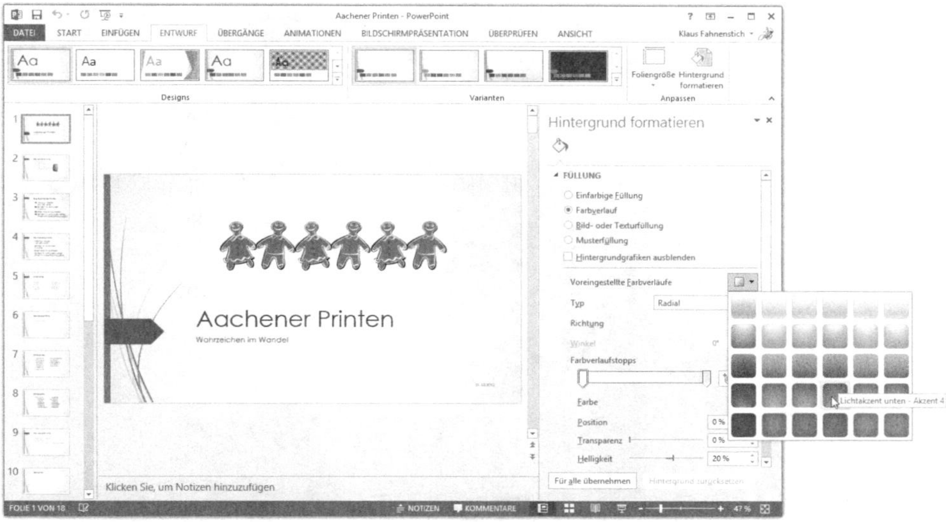

Die Varianten, die PowerPoint für die Gestaltung der Folienhintergründe anbietet, erstrecken sich von einfarbigen Hintergründen über graduierte Verläufe bis hin zu Texturen, hinterlegten Grafiken und diversen künstlerischen Effekten. Am besten experimentieren Sie in einer ruhigen Stunde mit diesem Aufgabenbereich, um seine Möglichkeiten auszuloten. Weitere Hinweise finden Sie in Kapitel 376, in dem wir uns mit dem Bearbeiten von Illustrationen beschäftigen.

3. Nehmen Sie die gewünschten Einstellungen für den Folienhintergrund vor.
4. Wenn alle Folien der Präsentation den neuen Hintergrund erhalten sollen, klicken Sie unten im Aufgabenbereich auf die Schaltfläche *Für alle übernehmen.*
5. Anschließend können Sie den Aufgabenbereich wieder ausblenden, indem Sie oben rechts auf seine Schließen-Schaltfläche klicken.

Der Folienmaster

Wie gehen Sie vor, wenn Sie zum Beispiel auf allen Folien der Präsentation Ihr Firmenlogo platzieren möchten? Versuchen Sie nicht, jede einzelne Folie zu bearbeiten, das wäre viel zu umständlich.

In PowerPoint gibt es den so genannten *Folienmaster*, auf dem alle Formatierungen, Hintergrundgrafiken und sämtliche Elemente, die auf allen Folien übereinstimmen sollen, eingerichtet werden. Um den Folienmaster bearbeiten zu können, müssen Sie in eine spezielle Ansicht wechseln:

1. Wechseln Sie auf die Registerkarte *ANSICHT* und klicken Sie in der Gruppe *Masteransichten* auf die Schaltfläche *Folienmaster*. PowerPoint wechselt in die Folienmasteransicht und blendet im Menüband die zugehörige Registerkarte ein.

Bild 31.3 Die Folienmasteransicht

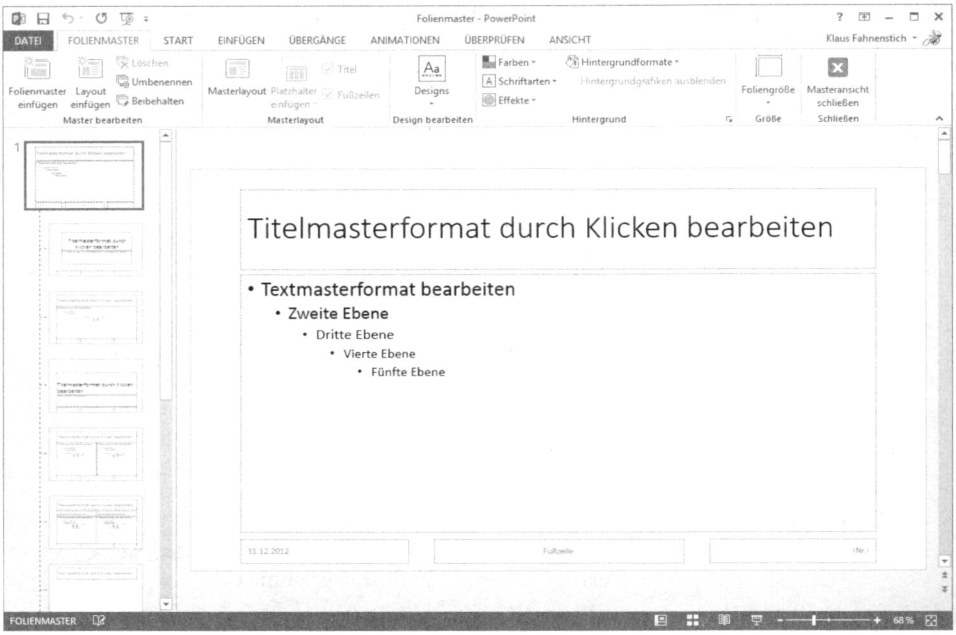

Wie Sie in der obigen Abbildung erkennen können, enthält der Folienmaster einen Platzhalter für den Folientitel und für weiteren Text, sowie einige optionale Elemente in der Fußzeile, die zwar in dieser Ansicht angezeigt, aber standardmäßig nicht auf den Folien ausgeben werden: Datum und Uhrzeit, Fußzeilentext sowie die Foliennummer. Wie diese Elemente aktiviert werden, erfahren Sie im Abschnitt »Kopf- und Fußzeilen« ab Seite 617.

2. Halten Sie die [⇧]-Taste gedrückt und klicken Sie nacheinander sämtliche Textplatzhalter an, die dieselbe Schriftart bzw. Formatierung erhalten sollen, und weisen diese in einem Arbeitsgang zu.

3. Verändern Sie Position, Ausrichtung und Absatzformate der Überschrift- und Textplatzhalter, wie Sie es bereits während der Arbeit mit Textfolien kennen gelernt haben.

PROFITIPP

Schriftgröße im Textplatzhalter bearbeiten

Vielleicht haben Sie bemerkt, dass die Schriftgrößen für Absätze nachgeordneter Ebenen immer kleiner werden. Um dieses Phänomen beizubehalten, markieren Sie den Textplatzhalter und verändern die Schriftgröße mithilfe der Schaltflächen *Schriftart verkleinern* bzw. *Schriftart vergrößern* (sie befinden sich auf der Registerkarte *START* in der Gruppe *Schriftart).*

4. Fügen Sie ClipArts oder eigene Bilder als Hintergrundgrafiken ein.
5. Klicken Sie auf der Registerkarte *FOLIENMASTER* auf die Schaltfläche *Masteransicht schließen*, um in die Präsentation zurückzukehren.

PROFITIPP

Textplatzhalter auf dem Folienmaster

Beachten Sie, dass die Textplatzhalter des Folienmasters lediglich der Formatierung dienen und etwa eingegebener Text nicht auf den Folien angezeigt wird. Wenn Sie Text verwenden möchten, der auf jeder Folie erscheint, verwenden Sie Textfelder oder benutzen Sie das Dialogfeld Kopf- und Fußzeilen, das im Abschnitt »Kopf- und Fußzeilen« ab Seite 617 vorgestellt wird.

Eigene Layouts erstellen

In Kapitel 27 haben Sie bereits erfahren, dass Sie beim Einfügen einer neuen Folie zwischen verschiedenen Layouts wählen können, um der Folie eine geeignete Struktur zu geben (siehe Seite 548). Ein solches Layout besteht aus einer Kombination folgender Elemente bzw. Formatierungen:

- Hintergrundobjekt
- Hintergrundfüllbereich
- Titelplatzhalter
- Untertitelplatzhalter
- Platzhalter für Textkörper (inkl. Grafik, Diagramme etc.)
- Kopf- und Fußzeilen
- Platzhalterformatierung

Innerhalb einer Präsentation sind Layouts dem Folienmaster zugeordnet, was Sie in Bild 31.3 gut erkennen können. Die verschiedenen Layouts tauchen dort im linken Fensterbereich unterhalb des Folienmasters auf und sind durch eine dünne gestrichelte Linie mit ihm verbunden. Standardmäßig besitzt ein Folienmaster elf Layouts, die das gängige Spektrum bei der Gestaltung von Folien abdecken.

Sie können einem Folienmaster aber auch eigene Layouts zuweisen, um so Ihre individuellen Anforderungen an die Gestaltung von Folien zu berücksichtigen. Im folgenden Beispiel erstellen wir ein Layout, auf dem sich ein Bild-Platzhalter befindet, der bereits mit einer bestimmten Formatierung versehen ist.

1. Öffnen Sie die gewünschte Präsentation und zeigen Sie den Folienmaster an, indem Sie auf der Registerkarte *ANSICHT* auf die Schaltfläche *Folienmaster* klicken.
2. Markieren Sie im linken Fensterbereich das unterste Layout und klicken Sie dann auf der Registerkarte *FOLIENMASTER* in der Gruppe *Master bearbeiten* auf die Schaltfläche *Layout einfügen*. PowerPoint fügt dann ein neues, leeres Layout ein.
3. Klicken Sie in der Gruppe *Masterlayout* auf die untere Hälfte der Schaltfläche *Platzhalter einfügen* und wählen Sie einen Platzhaltertyp aus.

Bild 31.4 Einfügen eines Platzhalters in das neue, noch leere Layout

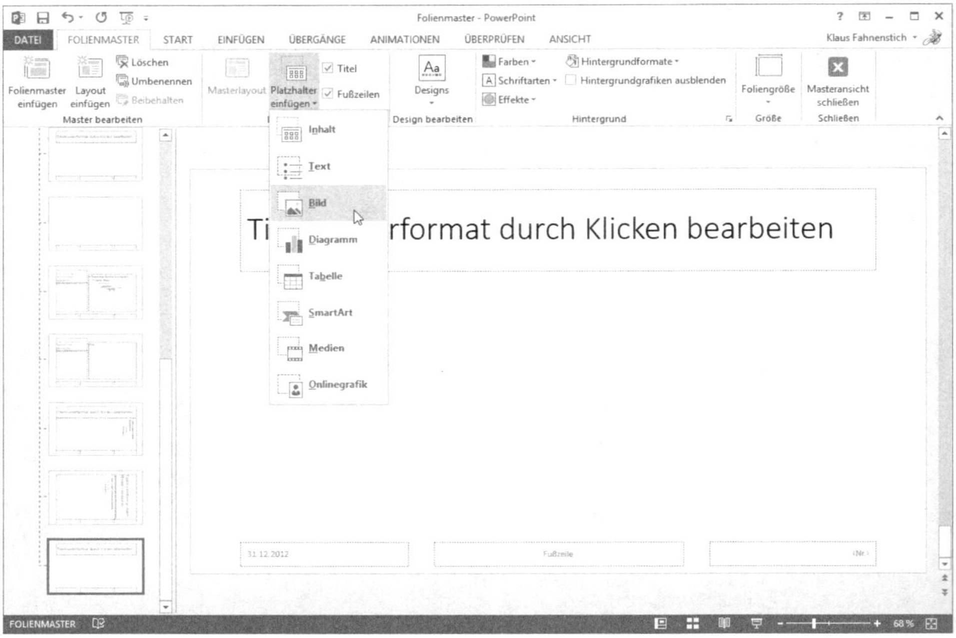

4. Ziehen Sie auf der Folie einen Rahmen in der gewünschten Form und Größe auf. Positionieren Sie den Rahmen und versehen Sie ihn mit einigen Formatierungen.
5. Klicken Sie den Platzhalter mit der rechten Maustaste an und wählen Sie im Kontextmenü den Befehl *Text bearbeiten.* Jetzt können Sie den Vorgabetext des Platzhalters verändern.
6. Ändern Sie gegebenenfalls auch den Platzhalter für den Folientitel. Das Ergebnis könnte anschließend so aussehen wie in der nächsten Abbildung.
7. Klicken Sie das Vorschaubild des neuen Layouts mit der rechten Maustaste an und wählen Sie im Kontextmenü den Befehl *Layout umbenennen.*
8. Tragen Sie einen sinnvollen Namen für das Layout ein und klicken Sie auf *Umbenennen.*

Bild 31.5 Das Layout enthält nun einen Bild-Platzhalter mit einem Spiegelungseffekt

9. Schließen Sie die Folienmasteransicht und öffnen Sie auf der Registerkarte *START* das Menü der Schaltfläche *Neue Folie*. Sie sehen, dass das neue Layout im Ausklappmenü angeboten wird.

Bild 31.6 Das neue Layout kann zum Erstellen von Folien benutzt werden

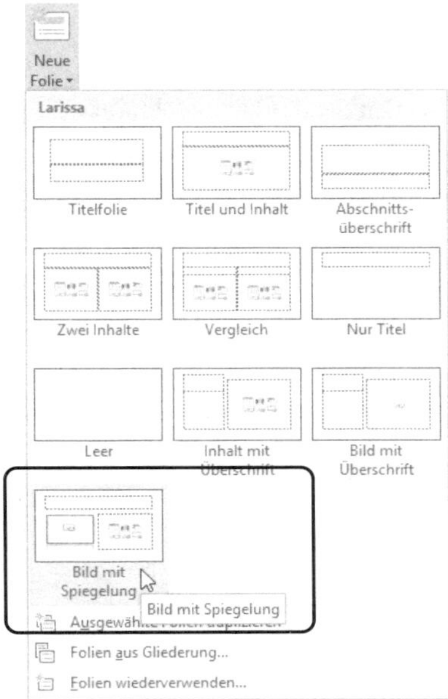

PowerPoint 2013

Eigene Vorlagen erstellen

Wenn Sie viel Zeit und Mühe auf das Design und die Layouts einer Präsentation verwendet haben, können Sie sie als Vorlage speichern. Eine solche Vorlage steht dann als Muster für weitere Präsentationen zur Verfügung.

1. Öffnen Sie die Präsentation, die Sie als neue Vorlage speichern möchten.
2. Löschen Sie alle Folien, denn die Vorlage soll nur als Muster dienen, jedoch keine Folien enthalten. Dazu wechseln Sie am besten in die Gliederungs- oder die Foliensortierungsansicht.
3. Wechseln Sie in die Backstage-Ansicht und rufen Sie dort den Befehl *Speichern unter* auf.
4. Entscheiden Sie, ob Sie die Vorlage in Ihrem SkyDrive-Bereich oder auf Ihrem Computer speichern möchten.
5. Wählen Sie im Dialogfeld *Speichern unter* als Dateityp *PowerPoint-Vorlage.* PowerPoint wechselt dann in das Verzeichnis, in dem Vorlagen gespeichert werden.
6. Tragen Sie einen Dateinamen ein und klicken Sie auf *Speichern.*

Eigene Vorlagen verwenden

Normalerweise schlägt Ihnen PowerPoint beim Erstellen einer neuen Präsentation nur die Vorlagen von Office.com vor. Damit Sie auch Ihre eigenen Vorlagen angeboten bekommen, müssen Sie PowerPoint zunächst etwas unter die Arme greifen:

1. Notieren Sie sich den Pfad des Ordners, in dem Sie Ihre Vorlage gespeichert haben. Das geht am schnellsten, wenn Sie den Ordner öffnen, und dann die Pfadangabe aus der Adressleiste in die Zwischenablage kopieren.
2. Wechseln Sie in die Backstage-Ansicht und klicken Sie auf *Optionen.*
3. Zeigen Sie im Dialogfeld *PowerPoint-Optionen* die Kategorie *Speichern* an.
4. Tragen Sie den in Schritt 1 gespeicherten Pfad des Vorlagenordners in das Feld *Standardspeicherort für persönliche Vorlagen* ein und schließen Sie das Dialogfeld mit *OK.*

Bild 31.7 Verwenden von selbst erstellten Vorlagen

Nach diesen Vorbereitungen können Sie Ihre Vorlage als Basis für neue Präsentationen nutzen:

1. Öffnen Sie die Backstage-Ansicht und gehen Sie auf die Seite *Neu*.
2. Auf der Seite befindet sich nun eine neue Zeile mit den beiden Links *Empfohlen* und *Persönlich*. Über den Link *Empfohlen* erreichen Sie die Vorlagen von Office.com, der Link *Persönlich* blendet Ihre eigenen Vorlagen ein. Klicken Sie also auf *Persönlich,* damit PowerPoint Ihre neue Vorlage anzeigt.
3. Wählen Sie die Vorlage und klicken Sie wie gewohnt im Vorschaufenster auf *Erstellen.*

Den Notizenmaster bearbeiten

Neben dem Folienmaster gibt es in PowerPoint noch den Notizenmaster. Er dient dazu, das Layout Ihrer Notizenseiten zu gestalten und die Größe der Folie sowie des Textplatzhalters für den Vortragstext zu gestalten.

1. Wählen Sie auf der Registerkarte *ANSICHT* den Befehl *Notizenmaster.*

Bild 31.8 Der Notizenmaster (die Seitenorientierung wurde auf Querformat umgestellt)

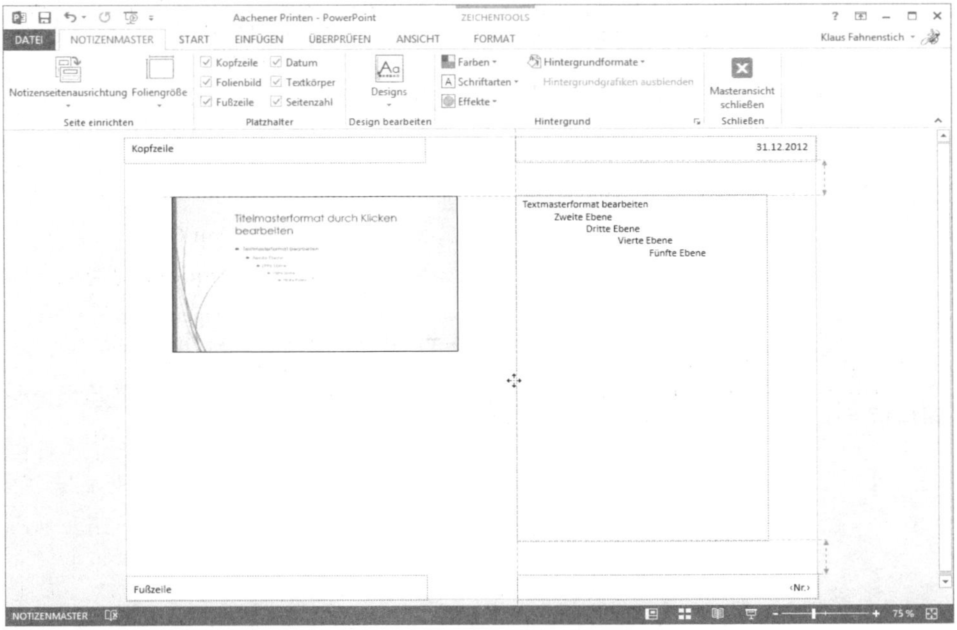

2. Klicken Sie das Bild der Folie an und skalieren oder verschieben Sie es nach Bedarf.
3. Formatieren Sie Schriftart, Schriftgröße und Ausrichtung der Textplatzhalter. Auch für Kopf- und Fußzeilen werden hier nur die Formatierungen festgelegt. Um ihren Inhalt kümmern wir uns im Abschnitt »Kopf- und Fußzeilen« auf Seite 617.
4. Schließen Sie die Ansicht durch Anklicken der Schaltfläche *Masteransicht schließen.*

Den Handzettelmaster bearbeiten

Im Handzettelmaster bestimmen Sie, wie Handzettel aussehen, für die mehrere Folien auf ein Blatt gedruckt werden. Wie viele Folien in der Masteransicht auf einem Blatt zu sehen sind, hängt von der aktuellen Druckeinstellung ab (siehe Kapitel 30). Für die Einrichtung in der Masteransicht spielt dies jedoch keine Rolle.

Die Gestaltungsmöglichkeiten im Handzettelmaster beschränken sich auf die Formatierung der Textplatzhalter für Kopf- und Fußzeilen. Gehen Sie dazu folgendermaßen vor:

1. Klicken Sie auf der Registerkarte *ANSICHT* auf *Handzettelmaster*.

Bild 31.9 Der Handzettelmaster

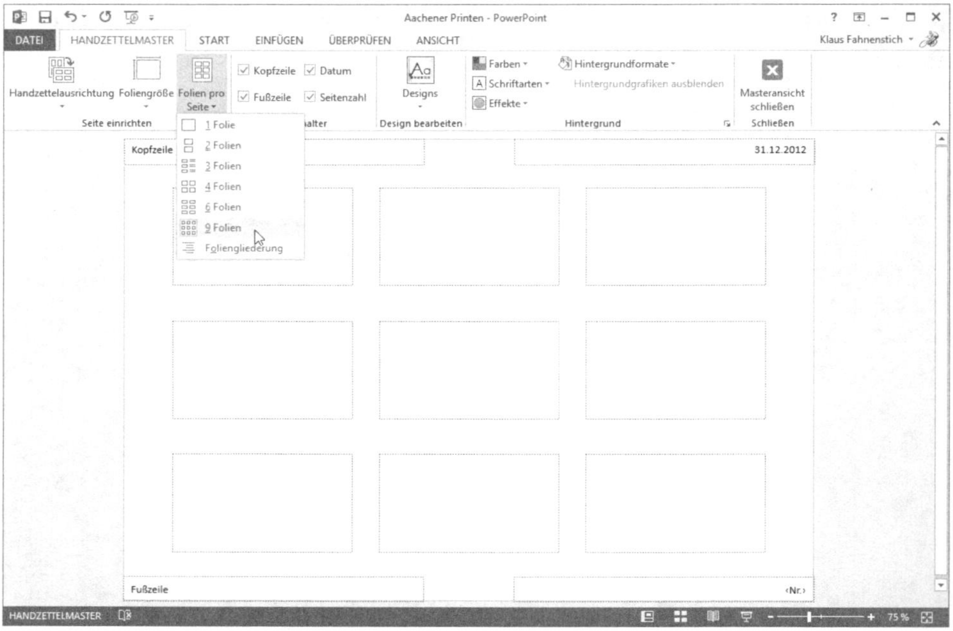

2. Stellen Sie im Menü der Schaltfläche *Folien pro Seite* ein, wie viele Folien auf eine Seite gedruckt werden sollen.
3. Falls Sie Kopf- und Fußzeilen benutzen möchten, bearbeiten Sie deren Format und Position nach Wunsch. Wie Sie ihren Inhalt verändern, zeigen wir Ihnen im nächsten Abschnitt »Kopf- und Fußzeilen«.
4. Mit einem Klick auf die Schaltfläche *Masteransicht schließen* kehren Sie zur Präsentation zurück.

Kopf- und Fußzeilen

PowerPoint bietet die Möglichkeit, auf jeder Folie sowie auf Notizenseiten und Handzetteln Seitenzahlen, das Datum oder eine benutzerdefinierte Fußzeile anzuzeigen.

Fußzeilen auf Folien

Auf allen Folien wiederkehrende Elemente wie die Angabe des Datums, die Foliennummer oder eine Fußzeile können folgendermaßen integriert werden:

1. Klicken Sie auf der Registerkarte *EINFÜGEN* in der Gruppe *Text* auf die Schaltfläche *Kopf- und Fußzeile.*

Bild 31.10 Konfigurieren der Kopf- und Fußzeile

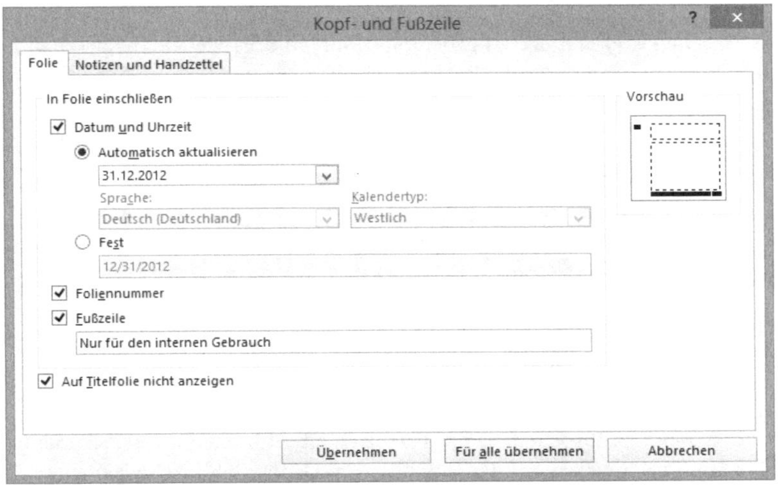

Auf der Registerkarte *FOLIE* können drei Standardelemente in den Folienmaster eingefügt werden, indem Sie die entsprechenden Kontrollkästchen aktivieren:

- Datum und Uhrzeit
- Foliennummer
- Fußzeile

2. Wenn gewünscht, aktivieren Sie die Option *Datum und Uhrzeit.*
   - Wählen Sie *Automatisch aktualisieren*, wird immer das aktuelle Datum angezeigt und zwar in einem Format, das Sie aus dem Listenfeld auswählen. Achten Sie auch auf die korrekte Einstellung für die Sprache.
   - Die Option *Fest* bezeichnet ein festes Datum, beispielsweise den Präsentationstermin, den Sie von Hand eingeben.

3. Bei Bedarf aktivieren Sie die Option *Foliennummer*; diese wird standardmäßig rechts unten auf der Folie eingeblendet.
4. Soll eine benutzerdefinierte *Fußzeile*, zum Beispiel der Präsentationstitel oder eine Copyright-Meldung, erscheinen, aktivieren Sie das Kontrollkästchen und geben Sie den gewünschten Text in das Textfeld ein.
5. Wenn diese Standardelemente auf der Titelfolie nicht zu sehen sein sollen, aktivieren Sie das Kontrollkästchen *Auf Titelfolie nicht anzeigen.*
6. Klicken Sie auf die Schaltfläche *Für alle übernehmen*, um die ausgewählten Elemente in der gesamten Präsentation anzuzeigen, oder auf *Übernehmen*, um die Elemente nur in die aktuelle Folie einzufügen.

Kopf- und Fußzeilen bei Notizenseiten oder Handzetteln

Für Notizenseiten und Handzettel geben Sie Kopf- und Fußzeilen entsprechend an. Holen Sie im Dialogfeld *Kopf- und Fußzeilen* die Registerkarte *Notizen und Handzettel* nach vorne.

Hier gibt es ein zusätzliches Element, die Kopfzeile. Aktivieren Sie sämtliche Kontrollkästchen, die Sie benötigen, tragen Sie die entsprechenden Texte in die Textfelder ein und verlassen Sie das Dialogfeld dann mit einem Klick auf die Schaltfläche *Für alle übernehmen.*

Kopf- und Fußzeilen auf Folien ändern

In der Regel werden die beschriebenen Elemente alle unten auf der Folie als Fußzeile eingefügt. Diese Position können Sie natürlich ändern.

1. Aktivieren Sie die Folienmasteransicht.

   In der Masteransicht sehen Sie die Textplatzhalter für die Fußzeilenelemente. Alle drei sind im Folienmaster immer vorhanden, unabhängig davon, ob Sie sie, wie oben beschrieben, aktiviert haben oder nicht. In der Präsentation werden später nur die aktivierten Elemente angezeigt. Sie können nun alle Arten der Textformatierung und die Position der Elemente ändern.
2. Falls sich die nachfolgenden Änderungen nur auf ein bestimmtes Layout auswirken sollen, markieren Sie dies im linken Fensterbereich.
3. Wählen Sie die Platzhalter aus und weisen Sie ihnen die gewünschten Formate zu.
4. Verschieben Sie die Platzhalter oder vergrößern oder verkleinern Sie sie an ihren Anfassern.
5. Wenn es besser zum Folienlayout passt, können Sie sie auch am oberen Folienrand als Kopfzeile positionieren.
6. Klicken Sie danach auf der Registerkarte *FOLIENMASTER* auf *Masteransicht schließen*, um zur Präsentation zurückzukehren.

Bild 31.11 In der Folienmasteransicht können Sie die Position und die Formatierung der Kopf- und Fußzeilen bearbeiten

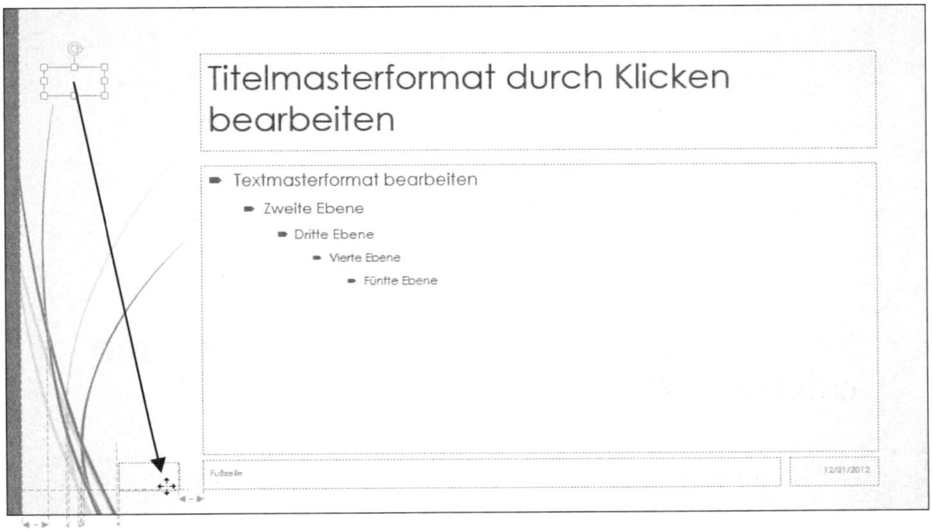

Kapitel 32

Folienübergänge und Animationen

In diesem Kapitel:

Wenn Sie Ihre Präsentation vorführen, sorgen animierte Übergänge und sich schrittweise aufbauende Folien mit Text- und Objektanimationen für Spannung. Lernen Sie in diesem Kapitel, wie Sie damit Ihren Präsentationen den letzten professionellen Schliff verleihen.

Folienübergänge festlegen

Wenn Sie Ihre Folien als Bildschirmpräsentation vorführen, sorgen animierte Übergänge für einen optisch angenehmen Wechsel zwischen den Folien. PowerPoint enthält eine große Zahl animierter Folienübergänge, die bequem auf der Registerkarte *ÜBERGÄNGE* konfiguriert werden können.

Bild 32.1 Die Registerkarte *ÜBERGÄNGE*

Um einen animierten Folienübergang zu erzeugen, gehen Sie folgendermaßen vor:

1. Zeigen Sie die einzublendende Folie an und wechseln Sie auf die Registerkarte *ÜBERGÄNGE.*
2. Öffnen Sie den Auswahlkatalog der Gruppe *Übergang zu dieser Folie.*

Bild 32.2 Auswahl eines animierten Folienübergangs

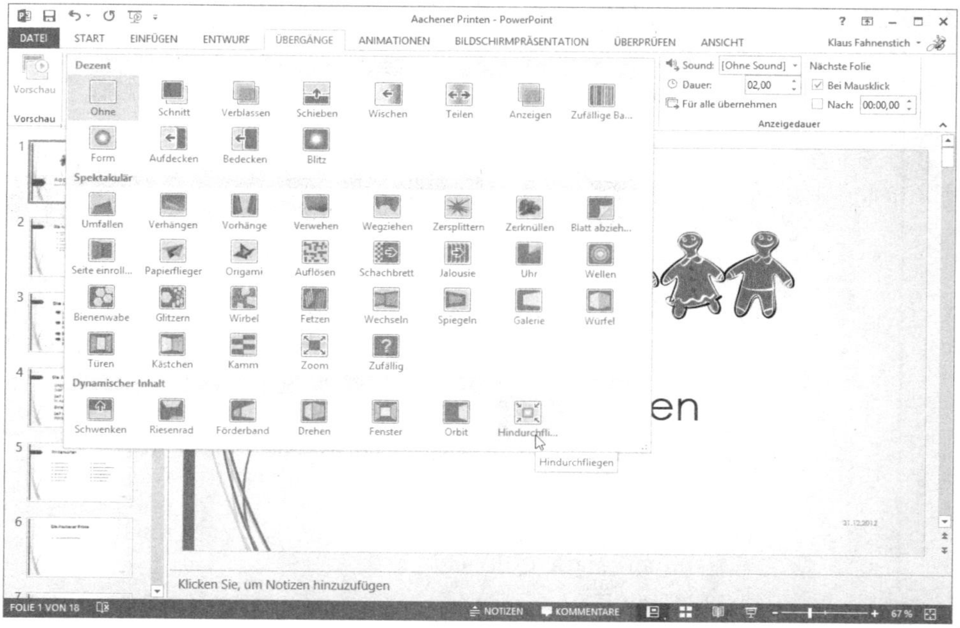

3. Wählen Sie einen der zahlreichen Folienübergänge aus.

HINWEIS Der Folienübergang wird stets für die aktuelle bzw. für die im Gliederungsbereich ausgewählte(n) Folie(n) übernommen.

4. Im Listenfeld *Sound* können Sie ein Begleitgeräusch bestimmen. Wählen Sie entweder einen der angebotenen Sounds aus der Liste aus oder klicken Sie auf den Befehl *Anderer Sound,* um eine beliebige Klangdatei zu verwenden. PowerPoint unterstützt allerdings auch in der neuen Version lediglich das WAV-Format!

Bild 32.3 Auswahl eines begleitenden Sounds

PROFITIPP

Sound wiederholen

Wenn der Sound nur relativ kurz ist, können Sie im Menü der Schaltfläche *Sound* den Befehl *Wiederholen bis zum nächsten Sound* aktivieren. PowerPoint wiederholt den Sound dann für die Dauer des Folienübergangs. Die Qualität des Ergebnisses hängt natürlich von der Art des gewählten Sounds ab. Bei einfachen Geräuschen empfiehlt sich das in der Regel nicht, da die Wiederholung zu stark auffällt.

5. Im Feld *Dauer* können Sie die Geschwindigkeit des Folienübergangs exakt vorgeben. Während ältere PowerPoint-Versionen nur die drei Varianten *Langsam, Mittel* oder *Schnell* kannten, können Sie nun einen Wert zwischen 0,01 und 59 Sekunden vorgeben. Damit lassen sich zum Beispiel sehr schöne Zeitlupeneffekte erzeugen.

6. Bestimmen Sie, wann eine Folie gewechselt werden soll, indem Sie die Kontrollkästchen *Bei Mausklick* und/oder *Nach* einschalten. Wenn Sie beide Möglichkeiten aktivieren, erfolgt der Wechsel automatisch, falls Sie nicht innerhalb der vorgegebenen Zeit manuell mit der Maus weitergeschaltet haben.

7. Klicken Sie ganz links in der Registerkarte auf *Vorschau*, damit PowerPoint den gewählten Übergang abspielt. Wollen Sie den Effekt im Vollbildmodus testen, klicken Sie in der Statusleiste auf *Bildschirmpräsentation*. Die Präsentation wird dann mit der aktuellen Folie gestartet.

8. Gefällt Ihnen ein Effekt so gut, dass Sie ihn auf die gesamte Präsentation anwenden möchten, klicken Sie in der Registerkarte *ÜBERGÄNGE* auf die Schaltfläche *Für alle übernehmen*.

Bild 32.4 Vorschau eines Folienübergangs

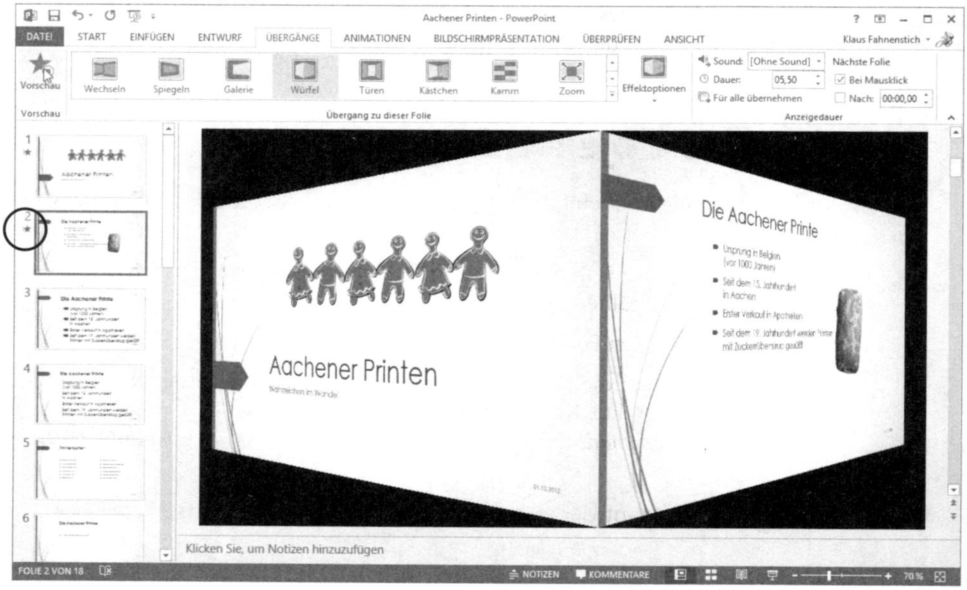

Links im Gliederungsbereich sehen Sie, dass Folien, für die ein animierter Übergang definiert wurde, mit einem Sternchen markiert sind. Ein Klick darauf zeigt eine Vorschau des Effekts.

Animationen

Mit PowerPoint können Sie jedoch nicht nur die Art und Weise beeinflussen, wie eine Folie als Ganzes eingeblendet wird. Es ist auch möglich, den Inhalten der Folie, also zum Beispiel den einzelnen Texten und Grafiken, individuelle Effekte zuzuweisen. Sie haben sicher schon einmal eine PowerPoint-Präsentation gesehen, bei der die Spiegelpunkte einer Aufzählung vom Vortragenden per Mausklick »eingeflogen« wurden.

Animationen sind jedoch nicht auf das Erscheinen eines Objekts beschränkt, sondern können auch zu anderen Gelegenheiten ausgelöst werden. PowerPoint kennt insgesamt vier Animationsarten:

- Die Eingangsanimation, mit der ein Objekt auf der Folie erscheint
- Die Hervorhebung eines Objekts zu einem späteren Zeitpunkt (z.B. wenn der Punkt im Vortrag konkret angesprochen wird)
- Das animierte Entfernen eines Objekts von einer Folie
- Das Bewegen eines Objekts entlang eines vordefinierten Animationspfades.

Anspruchsvolle animierte Bildschirmpräsentationen zu erstellen, gehört zu den fortgeschritteneren Techniken in PowerPoint. Um dieses Vorhaben zu erleichtern, unterscheidet PowerPoint zwischen »normalen« und »erweiterten« Animationen:

- Normale Animationen bestehen aus einem einzigen Effekt und werden durch einige wenige Grundeinstellungen konfiguriert.
- Erweiterte Animationen bestehen in der Regel aus mehreren Effekten, deren Zusammenspiel Sie bis ins kleinste Detail steuern können.

Im weiteren Verlauf dieses Kapitel werden wir Sie Schritt für Schritt in die Thematik einführen und dabei die Komplexität der Beispiele nach und nach steigern.

Einzelne Objekte animieren

Wir beginnen mit einer einfachen Eingangsanimation, bei der der Folientitel von oben eingeflogen werden soll.

1. Zeigen Sie die gewünschte Folie an. Die Folie sollte einen Titel und einen mit mehreren Absätzen ausgefüllten Textplatzhalter besitzen.
2. Markieren Sie den Folientitel.
3. Wechseln Sie auf die Registerkarte *ANIMATIONEN* und öffnen Sie in der Gruppe *Animation* die Liste der Effekte. Die Effekte dieser Liste sind in die vier Gruppen *Eingang, Betont, Beenden* und *Animationspfade* unterteilt, die wir weiter oben bereits erwähnt haben.

Bild 32.5 PowerPoint kennt vier verschiedene Typen von Animationseffekten

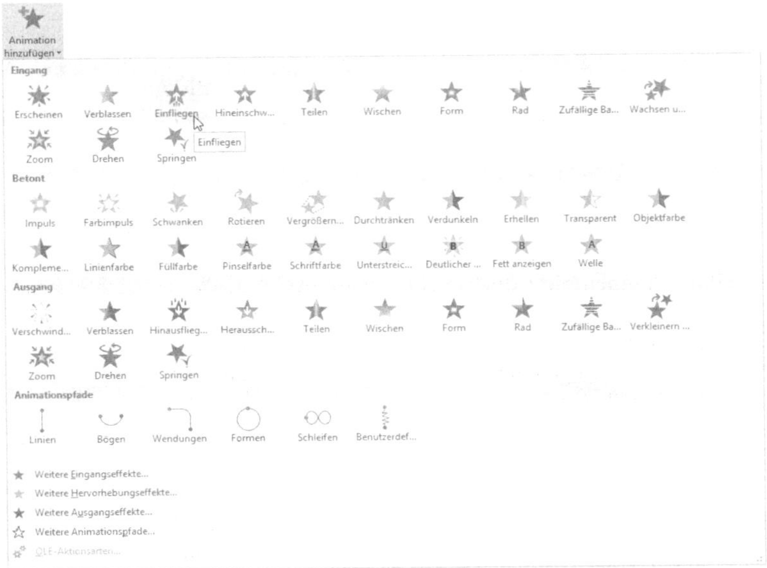

4. Bei diesen Effekten handelt es sich jedoch lediglich um eine Vorauswahl! Um alle Effekte einer Gruppe zu sehen, müssen Sie unten im Menü den entsprechenden *Weitere*-Befehl aufrufen.

Bild 32.6 Die vollständige Liste der Eingangseffekte

5. Wählen Sie den Effekt *Einfliegen.* (Sie finden ihn oben in der Liste.)
6. Öffnen Sie nun die Liste Effektoptionen (siehe nächste Abbildung) und legen Sie fest, dass der Titel von oben nach unten bewegt werden soll.

Bild 32.7 Einstellen von Effektoptionen, Dauer und Startverhalten

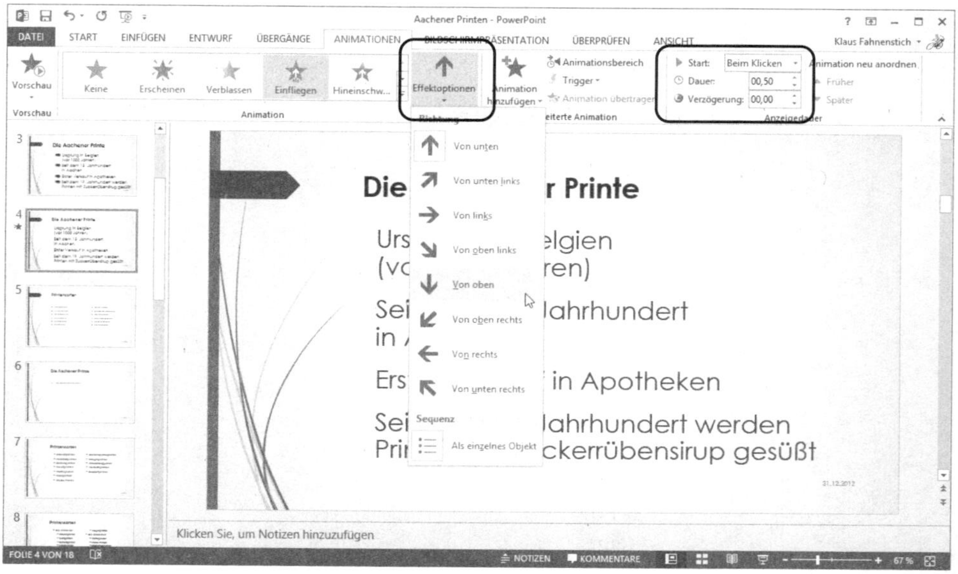

7. Wenn Sie die Geschwindigkeit der Bewegung ändern möchten, ändern Sie auf der Registerkarte *ANIMATIONEN* den Wert des Feldes *Dauer*.
8. Jetzt muss nur noch die Frage geklärt werden, wann bzw. wodurch der Effekt ausgelöst werden soll. Normalerweise werden Effekte durch einen Mausklick gestartet. In unserem Fall ist es jedoch sinnvoller, dass der Effekt zeitgleich mit dem Anzeigen der Folie beginnt. Dies erreichen Sie, indem Sie im Feld *Start* den Eintrag *Mit Vorherigen* auswählen.
9. Testen Sie die Effekte auf jeden Fall, indem Sie die Bildschirmpräsentation starten, da bei der Vorschaufunktion (die erste Schaltfläche der Registerkarte *ANIMATIONEN)* nicht berücksichtigt wird, dass die einzelnen Animationen per Mausklick ausgelöst werden müssen.

Mehrere Objekte auf einer Folie animieren

Im nächsten Schritt soll nun ein zweites Objekt auf der Folie animiert werden. In diesem Beispiel werden Sie weitere Effektoptionen kennenlernen und erfahren, wie Sie die Ablauffolge der einzelnen Animationen erkennen können.

1. Markieren Sie den Textplatzhalter auf der Folie.
2. Weisen Sie ihm den Eingangseffekt *Zoom* zu.
3. Wenn Sie das Menü der Schaltfläche *Effektoptionen* öffnen, werden Sie feststellen, dass die Liste nun völlig anders aussieht als beim ersten Beispiel. Dies liegt nicht nur an dem unterschiedlichen Effekt, sondern hängt auch damit zusammen, dass der Textplatzhalter mehrere Absätze enthält.

Bild 32.8 Einstellen der Sequenz bei mehreren Absätzen

4. Leider gibt es in PowerPoint 2013 keine Livevorschau für diesen Befehl mehr, sodass Sie die Optionen der Reihe nach zuweisen müssen, um ihre Wirkung auf der Folie beobachten zu können. Beachten Sie vor allem die drei verschiedenen Sequenztypen. Wählen Sie anschließend die Option *Nach Absatz.*

Bild 32.9 Anhand der Nummern lässt sich die Ablauffolge ablesen

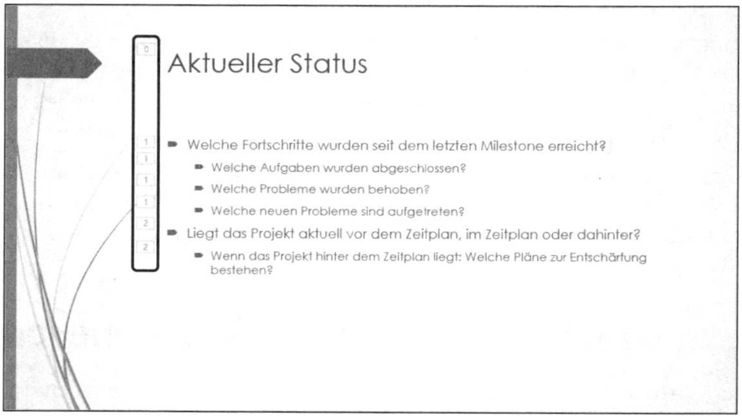

Sie sehen nun, dass die einzelnen Absätze der Folie mit Nummern versehen sind. Anhand dieser Zahlen lässt sich erkennen, dass der Titel sofort (also ohne extra Mausklick) erscheint und die anderen Absätze nach dem ersten bzw. zweiten Mausklick auftauchen werden.

Der Aufgabenbereich für Animationen

Die volle Kontrolle über den Ablauf der verschiedenen Effekte erhalten Sie in einem speziellen Aufgabenbereich, in dem Sie die Verkettung der Effekte analysieren und ändern können. Um ihn einzublenden, klicken Sie in der Registerkarte *ANIMATIONEN* auf *Animationsbereich.*

Bild 32.10 Im Animationsbereich lassen sich die zeitlichen Abläufe der Effekte manipulieren

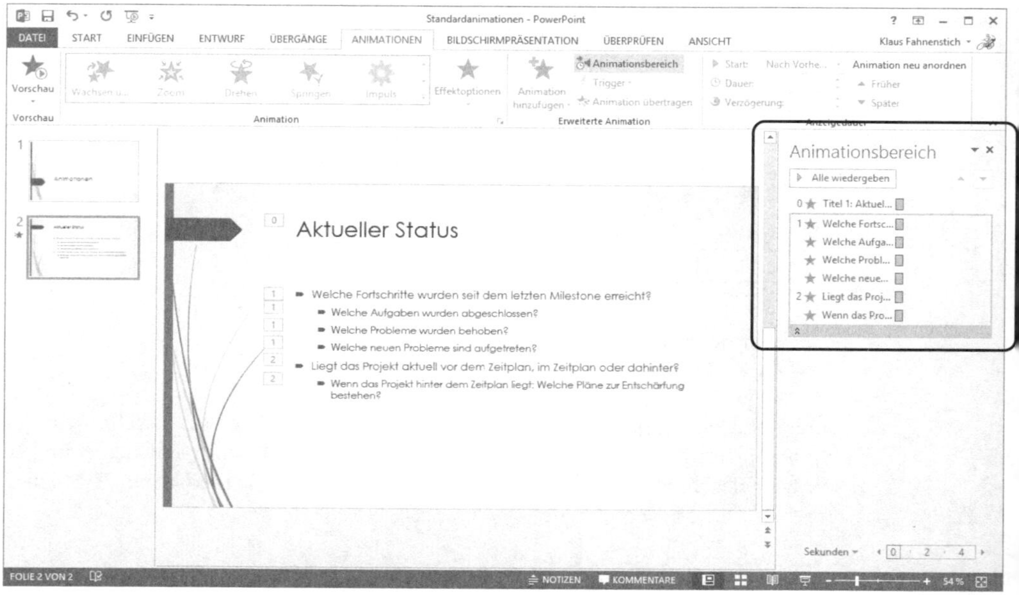

Wir wollen nun das letzte Beispiel dahingehend erweitern, dass die Spiegelpunkte automatisch eingeblendet werden und zusätzlich die eingerückten Absätze mit einer kleinen Verzögerung starten.

1. Klicken Sie im Aufgabenbereich den mit 1 nummerierten Eintrag mit der rechten Maustaste an. Dadurch erscheint ein kleines Kontextmenü.

Bild 32.11 Über das Kontextmenü lassen sich die Effekte konfigurieren

2. Wählen Sie im Kontextmenü den Befehl *Nach vorherigem beginnen.*
3. Verfahren Sie mit dem zweiten Spiegelpunkt genauso. Anschließend können Sie im Aufgabenbereich die zeitliche Abfolge der Effekte gut erkennen.

Bild 32.12 Mit der Schaltfläche *Sekunden* können Sie die Zeitachse skalieren

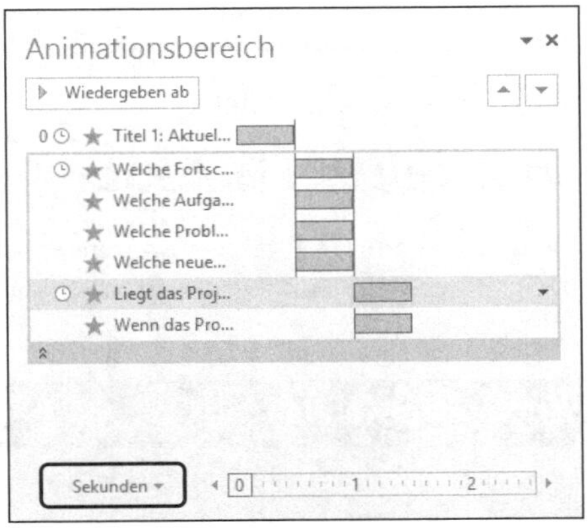

4. Um nun noch die eingerückten Spiegelpunkte mit einer kleinen Verzögerung einzublenden, klicken Sie die Einträge der Reihe nach an und stellen auf der Registerkarte *ANIMATIONEN* die gewünschte Zeitverzögerung ein. Dabei können Sie im Aufgabenbereich sehen, wie sich dadurch die betreffenden Zeitrahmen verschieben.

Bild 32.13 Die Effekte der untergeordneten Ebenen starten mit einer kurzen Verzögerung

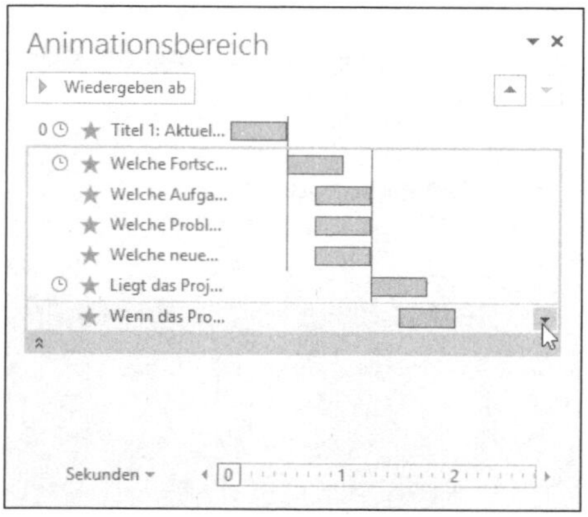

5. Wenn Sie einen Effekt mit einem Sound unterlegen wollen, wählen Sie im Menü des Effekts den Befehl *Effektoptionen*. Dieser Befehl ruft ein Dialogfeld auf, in dem Sie die entsprechende Einstellung auf der Registerkarte *EFFEKT* vornehmen können.
6. Dort finden Sie auch die Option *Nach Animation*, mit der Sie steuern können, was mit dem animierten Objekt nach dem Ablauf der Animation geschehen soll. Sie haben hier folgende Möglichkeiten:
   - Sie können dem Objekt eine Farbe zuweisen.
   - Mit der Voreinstellung *Nicht abblenden* bleibt das Objekt unverändert.
   - Sie können das Objekt nach der Animation ausblenden lassen.
   - Sie können das Objekt durch den nächsten Mausklick ausblenden lassen.

Objekte mit mehreren Effekten belegen

Bei Bedarf können Sie einem Folienelement auch mehrere Effekte zuweisen. Auf diese Weise lässt sich zum Beispiel ein Element beim Anzeigen der Folie einfliegen und anschließend noch durch einen zweiten Effekt betonen.

PROFITIPP

Nicht zu viele verschiedene Animationen verwenden

Im Allgemeinen empfiehlt es sich, Animationen lieber sparsam einzusetzen. Wenn eine Präsentation überall zappelt, hüpft und blinkt, lenkt dies vom Inhalt eher ab, als dass es die Wirkung des Gesagten unterstützt, wie es doch eigentlich sein sollte.

Im folgenden Beispiel soll der Folientitel nach dem Einfliegen noch eine Wellenbewegung ausführen. Der Ausgangspunkt ist dabei das Beispiel aus dem letzten Absatz.

1. Markieren Sie den Folientitel.
2. Klicken Sie in der Registerkarte *ANIMATIONEN* auf die Schaltfläche *Animation hinzufügen* und wählen Sie aus der Gruppe *Betont* den Effekt *Welle* aus. Der Aufgabenbereich *Animationsbereich* sollte anschließend wie in der folgenden Abbildung aussehen.

Bild 32.14 Der Folientitel besitzt nun zwei Effekte (siehe Markierung)

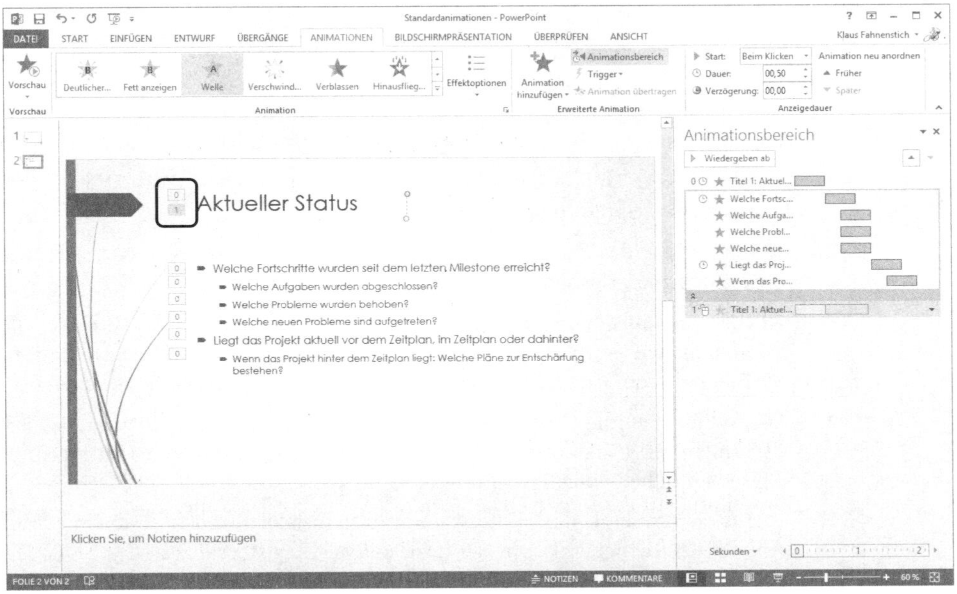

3. Jetzt muss der neue Effekt noch in die richtige zeitliche Reihenfolge gebracht werden. Ziehen Sie dazu im Aufgabenbereich den untersten Eintrag mit der Maus nach oben an die zweite Position.
4. Anschließend öffnen Sie das Menü des Eintrags und wählen dort den Befehl *Nach vorherigem beginnen.* Damit erreichen Sie, dass die Animation erst abgespielt wird, wenn die Eingangsanimation des Titels abgeschlossen ist.

Bild 32.15 Die beiden Titelanimationen laufen direkt nacheinander ab

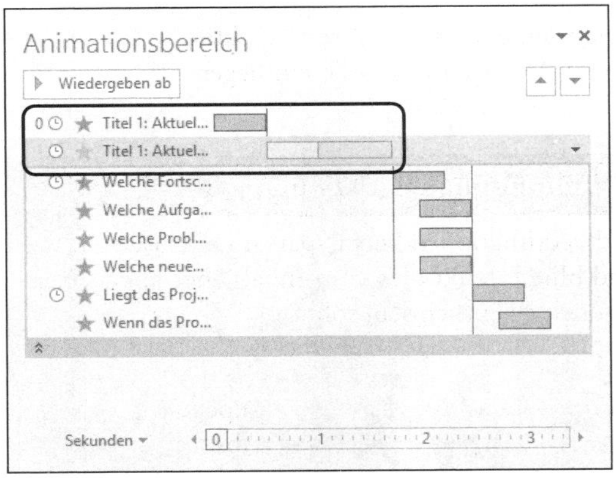

Diagramme animieren

Für das Animieren von Diagrammen stehen zusätzliche Optionen zur Verfügung. Sie können ganz nach Wunsch Datenserien oder Kategorien nacheinander einblenden, sodass z.B. Säulendiagramme von unten nach oben wachsen oder Linien sich von links nach rechts entwickeln. So können Sie die Aussage Ihrer Diagramme durch die passende Animation noch verstärken.

1. Öffnen Sie die Übungsdatei *Diagramme animieren*. Die Präsentation enthält eine Folie, auf der sich ein Diagramm befindet.
2. Markieren Sie das Diagramm und weisen Sie ihm einen geeigneten Effekt zu. In diesem Fall eignet sich zum Beispiel der Eingangseffekt *Einfliegen*.
3. Klicken Sie auf der Registerkarte *ANIMATIONEN* auf die Schaltfläche *Effektoptionen*. Hier können Sie wie gewohnt die »Flugrichtung« und die Sequenz der Animation einstellen. Wählen Sie in diesem Fall die Richtung *Von unten* und die Sequenz *Nach Serien*.
4. Wenn Sie jetzt eine Vorschau der Animation anzeigen, werden Sie feststellen, dass nicht nur die Säulen des Diagramms animiert werden, sondern auch der Hintergrund des Diagramms. Dieses Verhalten wollen wir nun noch ändern.
5. Um das Animieren des Hintergrunds zu verhindern, müssen Sie einfach die entsprechende Animation löschen. Klicken Sie dazu auf der Registerkarte *ANIMATIONEN* auf die Schaltfläche *Animationsbereich*, um den gleichnamigen Aufgabenbereich anzuzeigen. In diesem Bereich sind alle Animationen der aktuellen Folie aufgeführt. Eventuell müssen Sie die Liste noch durch einen Klick auf den kleinen Doppelpfeil ausklappen. Wenn Sie nun mit der Maus langsam über die Einträge fahren, zeigt PowerPoint in einem kleinen Fenster den Namen des zugehörigen Objekts an. Haben Sie den richtigen Eintrag gefunden (in diesem Fall ist es natürlich der erste) löschen Sie ihn, indem Sie ihn anklicken und die Taste `Entf` drücken.

Bild 32.16 Am Diagramm ist die Nummerierung für die Animationsschritte erkennbar (die Datenbalken werden gebietsweise eingeblendet)

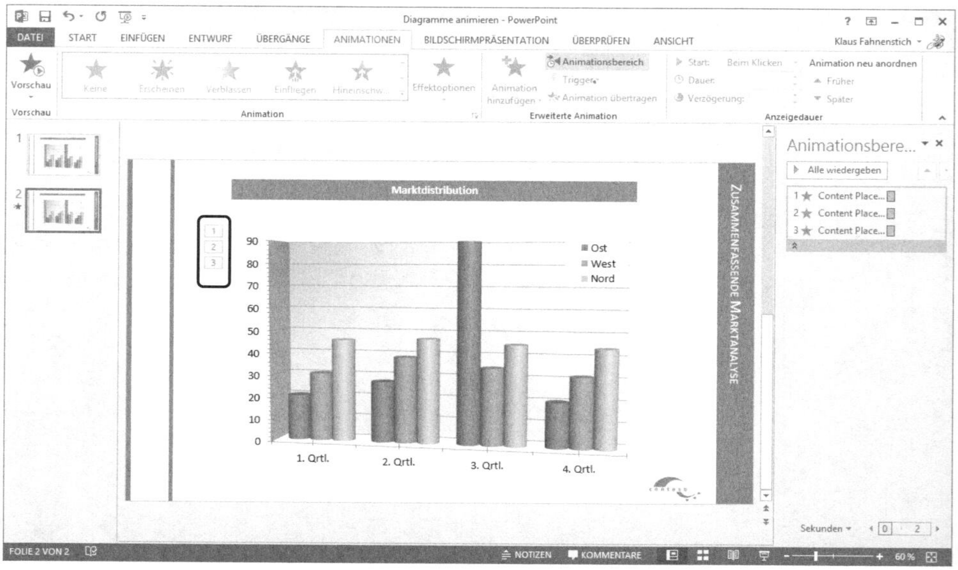

Animationspfade verwenden

Eine Besonderheit stellen Animationen entlang eines vorher definierten Pfads dar. Sie sind besonders geeignet, um Objekte die Position wechseln zu lassen, während eine Folie angezeigt wird.

1. Markieren Sie das zu animierende Objekt auf der Folie.
2. Wechseln Sie im Menüband auf die Registerkarte *ANIMATIONEN* und öffnen Sie dort den Auswahlkatalog der Gruppe *Animationen.* Dort haben Sie in der Kategorie *Animationspfade* die Wahl zwischen einer Reihe vordefinierter Pfadrichtungen. Bei Bedarf erreichen Sie über den Befehl *Weitere Animationspfade* ein Dialogfeld, in dem Sie diverse Pfade vom einfachen Kreis oder Herz bis hin zu komplizierten Pfaden wie Spiralen oder einem Neutron vorfinden. In diesem Beispiel wollen wir uns mit einer einfachen Linie begnügen.
3. Der Verlauf des eingefügten Animationspfads wird zwischen einem grünen Dreieck für den Beginn und einem roten Dreieck für das Ende angezeigt (siehe folgende Abbildung).
4. Fassen Sie den Pfad mit der Maus, um ihn zu bewegen, oder ziehen Sie an den Anfassern, um seine Anfangs- und Endpunkte zu verschieben.
5. Testen Sie das Ergebnis mit einem Klick auf *Wiedergabe.*

Das Ergebnis dieses Beispiels finden Sie in der Übungsdatei *Benutzerdefinierte Animationen* auf der ersten (und einzigen) Folie. Beachten Sie, dass Sie den Animationspfad nur dann sehen können, wenn die Registerkarte *ANIMATIONEN* oder der Aufgabenbereich *Animationsbereich* sichtbar ist.

Bild 32.17 Verlaufspfad der Animation ändern

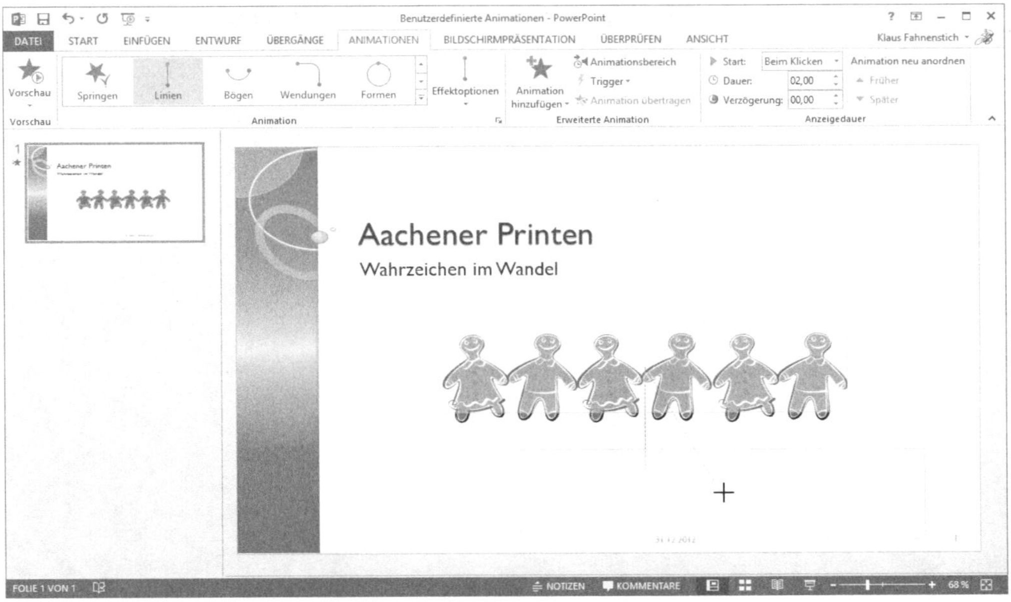

Kapitel 33

Präsentationen halten

In diesem Kapitel:

In diesem Kapitel erfahren Sie, wie Sie Ihre fertige Präsentation vorführen. Wir zeigen Ihnen, welche Möglichkeiten Sie während der Präsentation haben, um zwischen den einzelnen Folien zu wechseln und wie Sie mit einem virtuellen Stift auf den Folien schreiben können.

Anschließend stellen wir Ihnen die so genannten *benutzerdefinierten* oder auch *zielgruppenorientierten* Präsentationen vor. Dabei handelt es sich um maßgeschneiderte Präsentationen, bei denen nur ein bestimmter Teil der Folien gezeigt wird. Auf diese Weise können Sie mehrere Fassungen einer Präsentation vorbereiten, die Sie dann passend zur aktuellen Situation bzw. dem anwesenden Publikum auswählen können.

Wenn Ihre Präsentation hingegen unbeaufsichtigt auf einem Rechner ablaufen soll – zum Beispiel auf einer Messe –, können Sie Ihre Folien mit interaktiven Schaltflächen ausstatten, die es dem Benutzer erlauben, sich innerhalb der Präsentation auf vorgegebenen Bahnen zu bewegen.

Vortragstechniken

Mit PowerPoint 2013 können Sie eine Präsentation auf sehr unterschiedliche Arten vorführen. Je nachdem, welches technische Equipment Ihnen zur Verfügung steht und in welchem Rahmen die Präsentation stattfindet, bieten sich folgende Varianten an:

- Im einfachsten Fall führen Sie die Präsentation direkt auf Ihrem Computer vor, zum Beispiel, um sie mit ein oder zwei Kollegen kurz durchzusprechen. In diesem Fall sieht Ihr Publikum logischerweise exakt das Gleiche wie Sie.
- Wenn Sie Ihre Präsentation einem größeren Publikum vorführen, bietet sich die neue Referentenansicht von PowerPoint an. In diesem Modus werden die Folien auf einem zweiten Monitor oder über einen Beamer angezeigt, während auf Ihrem Bildschirm eine Art Kontrollzentrum läuft, das Ihnen zum Beispiel die Notizen zur aktuellen Folie zeigt und eine Vorschau auf die nächste Folie liefert. Diese Funktion erleichtert das Vortragen einer Präsentation enorm.
- Alternativ können Sie Ihre Präsentation auch online vorführen, zum Beispiel im Rahmen einer Telefonkonferenz.

Wir werden Ihnen diese Techniken der Reihe nach vorstellen und anschließend auf die weiterführenden Themen wie zielgruppenorientierte Präsentationen und interaktive Schaltflächen eingehen.

Präsentation am eigenen Monitor

Beim Erstellen Ihrer Folien haben Sie bestimmt schon gelegentlich eine Bildschirmpräsentation gestartet, um zum Beispiel einen Folienübergang zu begutachten. Im einfachsten Fall klicken Sie dazu in der Statusleiste auf die Schaltfläche *Bildschirmpräsentation*, die die Präsentation mit der aktuellen Folie startet. Um die Präsentation von Anfang an zu betrachten, müssen Sie bei diesem Verfahren also zunächst die erste Folie anzeigen.

Alternativ können Sie die Präsentation auch von der Registerkarte *BILDSCHIRMPRÄSENTATION* starten. Dort finden Sie ganz links die beiden Schaltflächen *Von Beginn an* und *Ab aktueller Folie.*

Am schnellsten lässt sich eine Bildschirmpräsentation über die Tastatur starten:

- Drücken Sie [F5], um die Präsentation mit der ersten Folie zu starten, oder
- drücken Sie [⇧]+[F5], damit die Präsentation mit der aktuellen Folie beginnt.

Zwischen den Folien wechseln

Um während einer Präsentation zur nächsten Folie zu wechseln, können Sie einfach die linke Maustaste drücken. Falls Ihre Folien Animationen enthalten (siehe Kapitel 32), löst das Drücken der Maustaste nicht zwangsweise einen Folienwechsel aus, sondern – falls vorhanden – die nächste Animation der Folie. Auf diese Weise können Sie sich ganz leicht Schritt für Schritt durch Ihre Präsentation bewegen.

Doch was machen Sie, wenn Sie auf die Frage eines Zuhörers reagieren und dazu eine Folie zurückblättern möchten? Nun in diesem Fall können Sie die integrierten Schaltflächen der Präsentation verwenden, die PowerPoint unten links auf den Folien einblendet.

Bild 33.1 Unten links auf dem Bildschirm blendet PowerPoint einige Navigationsschaltflächen ein, mit denen Sie die Präsentation steuern können

In ihrer Normaldarstellung sind die Schaltflächen so blass, dass sie kaum wahrnehmbar sind. Erst wenn Sie mit dem Mauszeiger über die Schaltflächen fahren, treten sie etwas deutlicher hervor.

Die Bedeutung der einzelnen Schaltflächen können Sie der folgenden Tabelle entnehmen.

Tabelle 33.1 Integrierte Navigationsschaltflächen für die Bildschirmpräsentation

Schaltfläche	Wirkung
	Geht eine Folie bzw. ein Schritt (bei Animationen) zurück.
	Geht eine Folie bzw. einen Schritt (bei Animationen) weiter.
	Zeigt das Menü zur Auswahl der Stiftfunktion an.
	Zeigt eine Übersicht aller Folien an.
	Schaltet die Lupenfunktion ein und aus.
	Zeigt ein Menü mit Befehlen zur Steuerung der Präsentation an.

Wollen Sie während einer Präsentation zu einer bestimmten Folie wechseln, gehen Sie so vor:

1. Klicken Sie unten links auf die vierte Schaltfläche. PowerPoint zeigt dann eine Vorschauliste aller Folien an, aus der Sie bequem die gewünschte Folie auswählen können.

Bild 33.2 Liste mit Vorschaubildern aller Folien

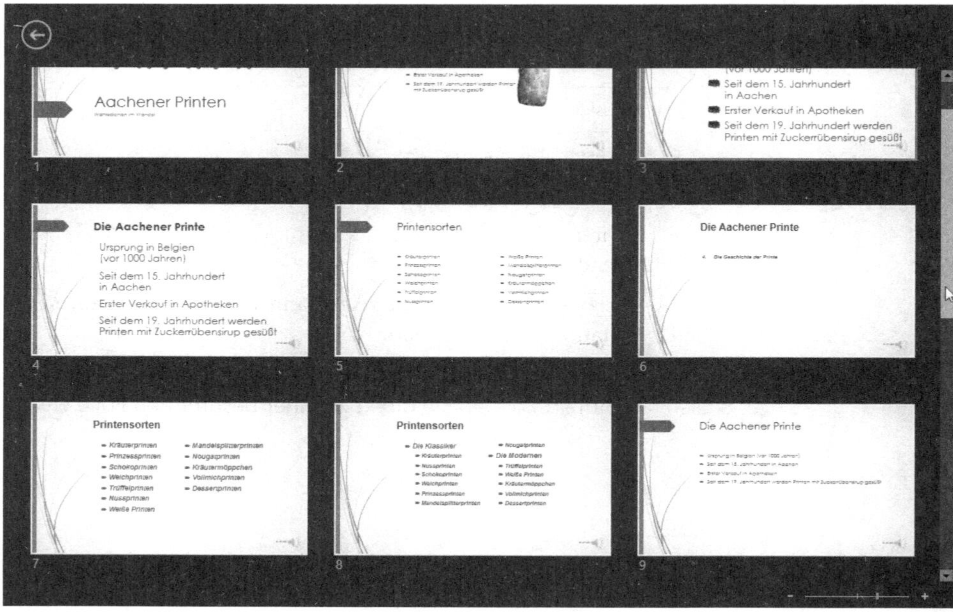

2. Bei Bedarf können Sie die Größe der Vorschaubilder mit dem Regler unten rechts verändern, um die Anzahl der angezeigten Folien zu beeinflussen.
3. Falls Sie anschließend wieder zu der Folie zurückkehren möchten, die vor dem Wechsel zu sehen war, klicken Sie auf die rechte Navigationsschaltfläche und wählen im angezeigten Bildschirmmenü den Befehl *Zuletzt angesehen.*

Präsentation mit der Tastatur steuern

Die Bedienung der Präsentation mit der Maus ist in der Praxis oft unpraktisch. Denn in der Regel werden Sie für Ihre Präsentation einen Laptop einsetzen und müssen dann stehend versuchen, mit dem Touchpad die Menübefehle anzusteuern. Wenn Sie dann etwas aufgeregt sind, kann es schnell passieren, dass Sie die falschen Befehle erwischen oder sogar versehentlich eine Folie weiterschalten.

Solche Missgeschicke können Sie vermeiden, wenn Sie die Shortcuts kennen, mit denen sich eine PowerPoint-Präsentation steuern lässt. Die wichtigsten Shortcuts haben wir für Sie in der folgenden Tabelle zusammengestellt; eine vollständige Liste erhalten Sie, wenn Sie während einer Bildschirmpräsentation [F1] drücken oder im Popup-Menü den Befehl *Hilfe* aufrufen.

Tabelle 33.2 Wichtige Shortcuts zur Steuerung einer Bildschirmpräsentation

Schaltfläche	Wirkung
[→]	zur nächsten Folie/Animation
[←]	zur vorherigen Folie/Animation
Nummer + [↵]	zur Folie mit der eingegebenen Nummer springen
[B]	Bildschirm schwarz schalten (ein/aus)
[W]	Bildschirm weiß schalten (ein/aus)
[Strg]+[S]	Dialogfeld zur Auswahl einer Folie anzeigen
[Strg]+[T]	Taskleiste einblenden
[Esc]	Präsentation abbrechen

Um zum Beispiel während des Vortrags eine bestimmte Folie ohne Verwendung der Maus anzuzeigen, gehen Sie folgendermaßen vor:

1. Drücken Sie [Strg]+[S]. PowerPoint zeigt dann ein Dialogfeld an, in dem alle Folien der aktuellen Präsentation aufgeführt sind.

Bild 33.3 Mit diesem Dialogfeld können Sie direkt zu einer bestimmten Folie wechseln

2. Falls Sie gerade eine zielgruppenorientierte Präsentation vorführen (nähere Hinweise dazu finden Sie ab Seite 647), können Sie oben im Dialogfeld wählen, ob nur die Folien der zielgruppenorientierten Präsentation oder alle in der Präsentation verfügbaren Folien angezeigt werden sollen. Auf diese Weise können Sie zu Folien wechseln, die Sie ursprünglich nicht zeigen wollten.
3. Wählen Sie die gewünschte Folie aus und drücken Sie die [↵]-Taste.

Die Referentenansicht

Um eine Präsentation im Referentenmodus anzuzeigen, muss Ihr Computer in der Lage sein, einen externen Monitor anzusteuern. Dies ist jedoch insbesondere bei Notebooks inzwischen eher die Regel als die Ausnahme. In der folgenden Beschreibung gehen wir davon aus, dass Sie die Präsentation mit einem entsprechend ausgestatteten Notebook vorführen.

1. Schließen Sie den Monitor bzw. Beamer an Ihr Notebook an.
2. Aktivieren Sie den externen Monitor, indem Sie die dafür vorgesehene Tastenkombination auf Ihrem Gerät drücken. Häufig finden Sie dazu auf der Tastatur eine spezielle Taste (z. B. [Fn]), die Sie in Kombination mit einer Funktionstaste drücken müssen. Stellen Sie den externen Monitor so ein, dass er Ihren Desktop erweitert (also nicht verdoppelt).
3. Öffnen Sie die Präsentation, zeigen Sie die Registerkarte *BILDSCHIRMPRÄSENTATION* an und klicken Sie dort in der Gruppe *Einrichten* auf *Bildschirmpräsentation einrichten.*

Bild 33.4 Bildschirmpräsentation für die Referentenansicht einrichten

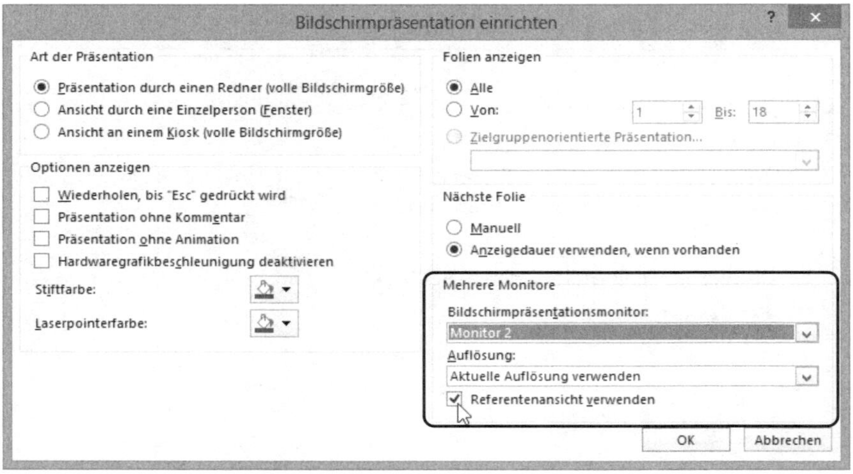

4. Auf dem angezeigten Dialogfeld können Sie unten rechts in der Gruppe *Mehrere Monitore* einstellen, auf welchem der Monitore die Präsentation angezeigt werden soll und welche Auflösung dazu benutzt wird. Außerdem muss dort die Option *Referentenansicht* eingeschaltet werden.
5. Schließen Sie dann das Dialogfeld mit einem Klick auf *OK.*

6. Wenn Sie jetzt die Präsentation starten, erscheint auf dem externen Monitor die erste Folie der Präsentation im Vollbildmodus, ganz wie Sie es auch von früheren PowerPoint-Versionen gewohnt sind. Der Zuschauer bemerkt also keinen Unterschied. Sie als Vortragender genießen hingegen einen vollständig anderen Blick auf die Präsentation:

Bild 33.5 Das Kontrollzentrum der Referentenansicht

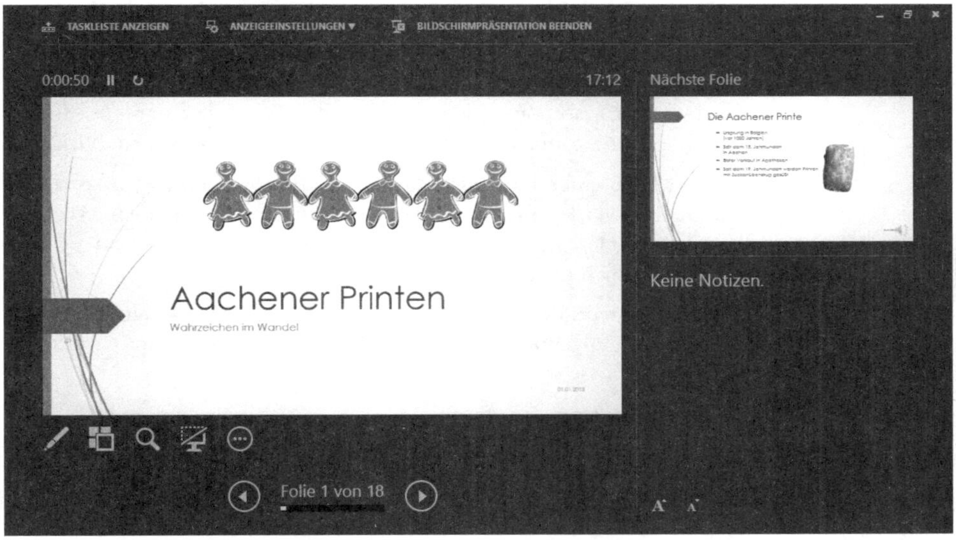

In dieser Ansicht stellt Ihnen PowerPoint diverse Funktionen und Informationen zur Verfügung, die Ihnen die Orientierung während Ihrer Präsentation enorm erleichtern:

- Eine Uhr, mit der Sie die Dauer Ihres Vortrags im Blick haben.
- Die aktuelle Folie, die Ihr Publikum momentan sieht.
- Eine Vorschau auf die nächste Folie. Wenn sich auf der aktuellen Folie Animationen befinden, z. B. wenn die Absätze einer Aufzählung einzeln per Mausklick angezeigt werden, sehen Sie hier den Zustand der Folie nach dem nächsten Mausklick. Sie können hier also gewissermaßen immer einen Klick weit in die Zukunft schauen.
- Die Notizen zur aktuellen Folie (sofern vorhanden).
- Wenn Sie in dieser Ansicht auf die Schaltfläche zur Anzeige der Folienübersicht klicken (das ist die zweite Schaltfläche unterhalb der aktuellen Folie) bemerkt der Zuschauer davon nichts. Sie können also bei Bedarf ohne Wissen des Zuschauers einzelne Folien überspringen oder bequem zu einer bereits gezeigten Folie zurückgehen.
- Auch das Menü der rechten Navigationsschaltfläche (der Kreis mit den drei Punkten) wird nur auf Ihrem Bildschirm angezeigt. Der Zuschauer wird also nicht unnötig von der Präsentation abgelenkt und kann sich durchgehend auf die angezeigten Folien konzentrieren.
- Eine Fortschrittsanzeige, mit der Sie auf einen Blick sehen können, wie viele Folien Sie noch präsentieren müssen.

Freihandlinien

Mit PowerPoint ist es auch möglich, während des Vortrags auf den Folien zu »schreiben«. Zur Auswahl stehen Ihnen dabei zwei Stifttypen:

- Stift
- Textmarker
- Außerdem können Sie noch einen »Laserpointer« nutzen, mit dem Sie Ihre Zuschauer auf eine bestimmte Stelle der Folie aufmerksam machen können. Dieses Werkzeug bietet sich zum Beispiel an, wenn Ihre Präsentation Diagramme oder Tabellen enthält. In der Praxis dürfte ein echter Laserpointer jedoch sinnvoller sein, da Sie dann mit Ihrem Publikum besser in Kontakt bleiben können und nicht ständig auf Ihren Bildschirm blicken.

Natürlich gibt es auch einen Radierer, mit dem Sie Ihre Anmerkungen korrigieren bzw. entfernen können. Damit Ihre Markierungen bzw. Beschriftungen einigermaßen lesbar sind, sollten Sie auf jeden Fall ein Tablet oder ein Digitalisiertablett verwenden. Eine Maus oder gar das Touchpad Ihres Notebooks, sind gänzlich ungeeignet.

1. Klicken Sie während der Präsentation unten links auf die Schaltfläche mit dem Stift. PowerPoint zeigt dann folgendes Popup-Menü auf dem Bildschirm an:

Bild 33.6 Einstellen von Stifttyp und -farbe

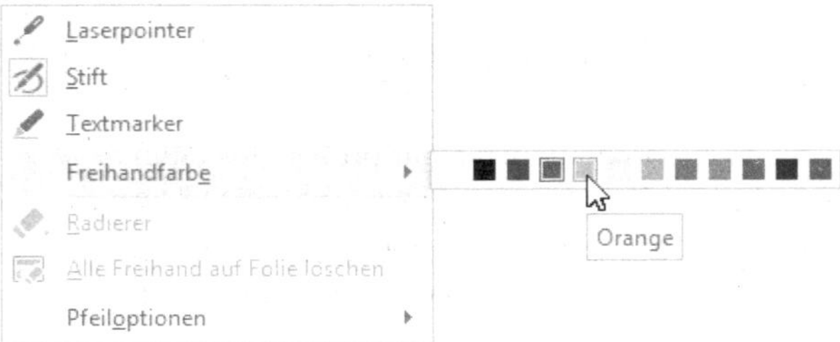

2. Wählen Sie den Stifttyp aus, den Sie verwenden möchten. Über den Befehl *Freihandfarbe* können Sie zusätzlich die gewünschte Farbe einstellen.
3. Nehmen Sie die gewünschte Beschriftung vor.
4. Wenn Sie den Radierer benötigen, drücken Sie den Shortcut [Strg]+[E]. Alternativ können Sie die Linien auch temporär mit [Strg]+[M] aus- und wieder einblenden.
5. Wenn Sie die Präsentation beenden, können Sie entscheiden, ob die Freihandlinien erhalten oder verworfen werden sollen.

PROFITIPP

Einschalten des Laserpointers per Shortcut

Wenn Sie den Laserpointer von PowerPoint nutzen wollen, ist seine Aktivierung über das Bildschirmmenü viel zu umständlich. Halten Sie stattdessen einfach [Strg] gedrückt, bevor (!) Sie die Maustaste drücken.

Bild 33.7 Folie mit Freihandlinien

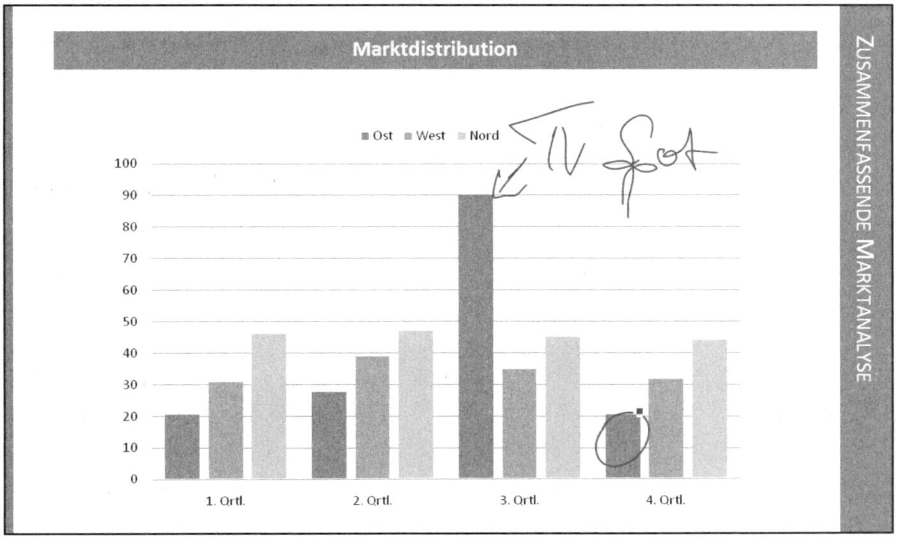

Präsentationen online vorführen

Mit PowerPoint können Sie Ihre Präsentationen sogar problemlos online vorführen. Sie benötigen dazu lediglich ein Microsoft-Konto, Ihre Zuschauer sogar nur einen Internetzugang.

1. Sie starten den Vorgang auf der Registerkarte *BILDSCHIRMPRÄSENTATION* durch einen Klick auf die Schaltfläche *Online vorführen.* PowerPoint zeigt dann folgendes Fenster an:

Bild 33.8 Start einer Online-Präsentation

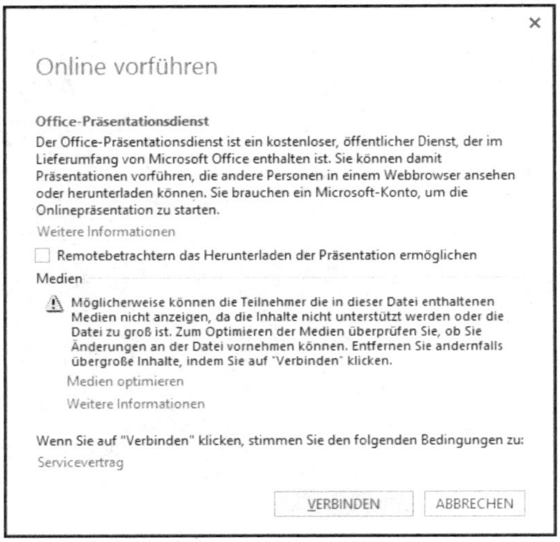

PowerPoint 2013

2. Hier müssen Sie sich zunächst entscheiden, ob Ihre Zuschauer die Präsentation herunterladen dürfen oder nicht. Schalten Sie dazu das entsprechende Kontrollkästchen ein oder aus.
3. Anschließend klicken Sie auf *Verbinden*, damit Ihre Präsentation in den dafür vorgesehenen Onlinebereich hochgeladen wird. Dazu müssen Sie sich mit Ihrem Microsoft-Konto anmelden. Sie erhalten dann einen Link, über den Ihre Zuschauer die Vorführung aufrufen können.

Bild 33.9 Link, mit dem Sie Ihre Zuschauer zur Präsentation einladen können

4. Versenden Sie den Link per E-Mail oder stellen Sie ihn Ihren Zuschauern auf anderem Wege zur Verfügung. Denken Sie daran, eine Uhrzeit für den Beginn der Präsentation mitzuteilen.
5. Wird dieser Link in einem Browser geöffnet, sieht der betreffende Anwender zunächst folgendes Bild:

Bild 33.10 Die Präsentation ist noch nicht gestartet

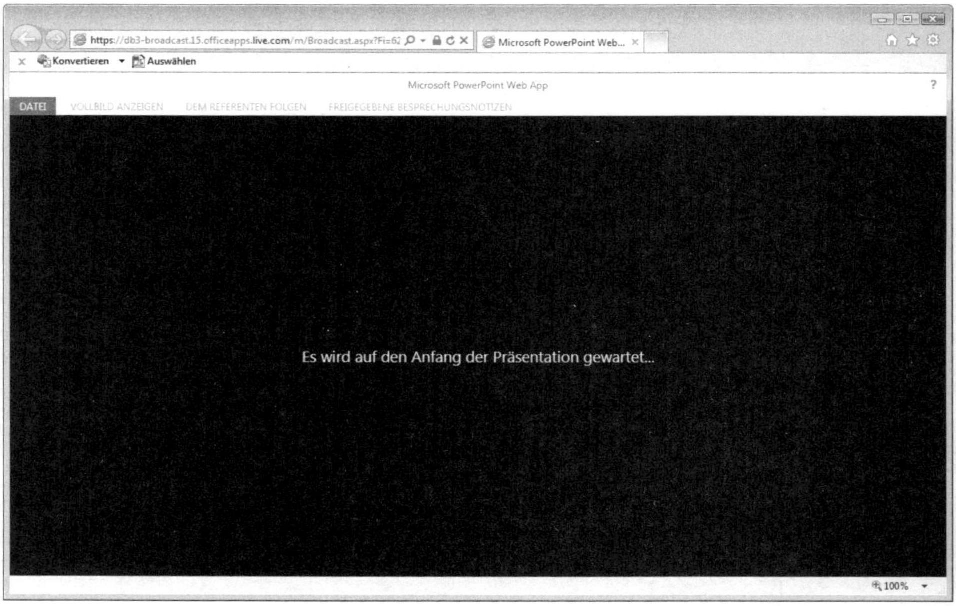

6. Starten Sie die Präsentation mit einem Klick auf *Präsentation starten* (siehe Bild 33.9). Ihre Zuschauer sehen nun mit minimaler Zeitverzögerung die erste Folie. Aufwendige Animationen werden dabei allerdings nicht dargestellt, sondern durch einfache Überblendungen ersetzt.

Bild 33.11 Die Präsentation wurde gestartet

7. Sie können die Präsentation nun wie gewohnt in der Referentenansicht vorführen. Allerdings funktionieren in diesem Modus weder der Laserpointer, noch die Stiftfunktionen. Auch auf die Lupenfunktion müssen Sie bei einer Online-Vorführung verzichten. Leider erhalten Sie auch kein Feedback, wie viele Personen Ihre Präsentation beobachten. Doch dabei handelt es sich wohl mehr um Schönheitsfehler, insgesamt überwiegt der positive Eindruck. Viel einfacher lässt sich so etwas kaum lösen.

8. Wenn Ihre Zuschauer ebenfalls über ein Microsoft-Konto verfügen, können Sie während der Onlinepräsentation auch ein gemeinsames OneNote-Notizbuch verwenden. Das bietet sich zum Beispiel an, um ein kurzes Feedback Ihrer Zuschauer einzuholen. Klicken Sie dazu in der Referentenansicht oben am Bildschirm auf *Besprechungsnotizen freigeben* und wählen dann im angezeigten Dialogfeld das Notizbuch aus, das Sie zur gemeinsamen Bearbeitung nutzen wollen. Anschließend können Sie an die gewünschten Personen eine Einladung verschicken, damit diese Zugriff auf Ihr Notizbuch erhalten. In den beiden Abbildungen auf der nächsten Seite sehen Sie, wie diese Form der Zusammenarbeit aus Sicht des Referenten und des Zuschauers aussieht.

Bild 33.12 Besprechungsnotizen in der Referentenansicht

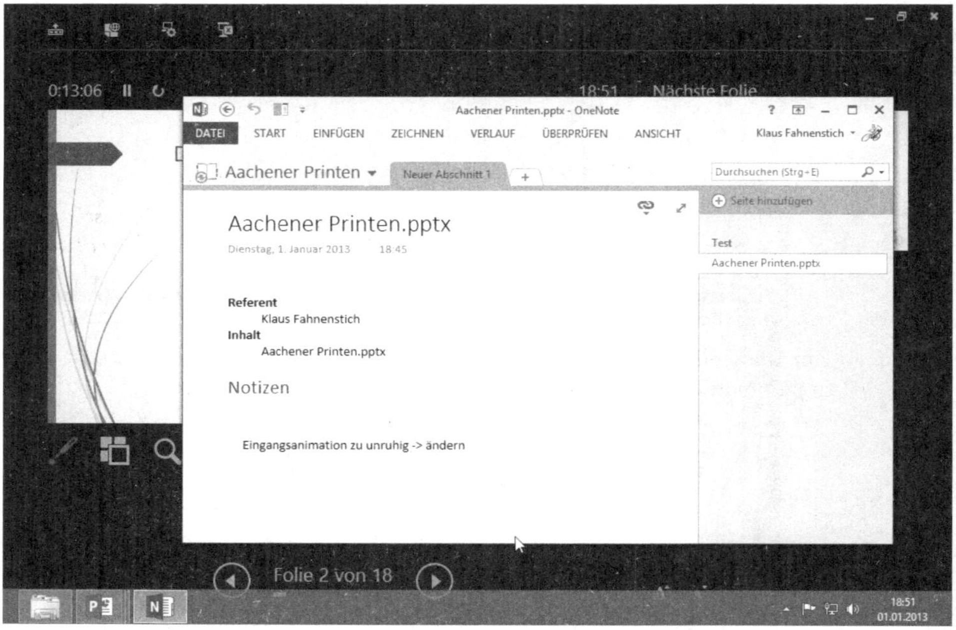

Bild 33.13 Besprechungsnotizen aus Sicht des Zuschauers

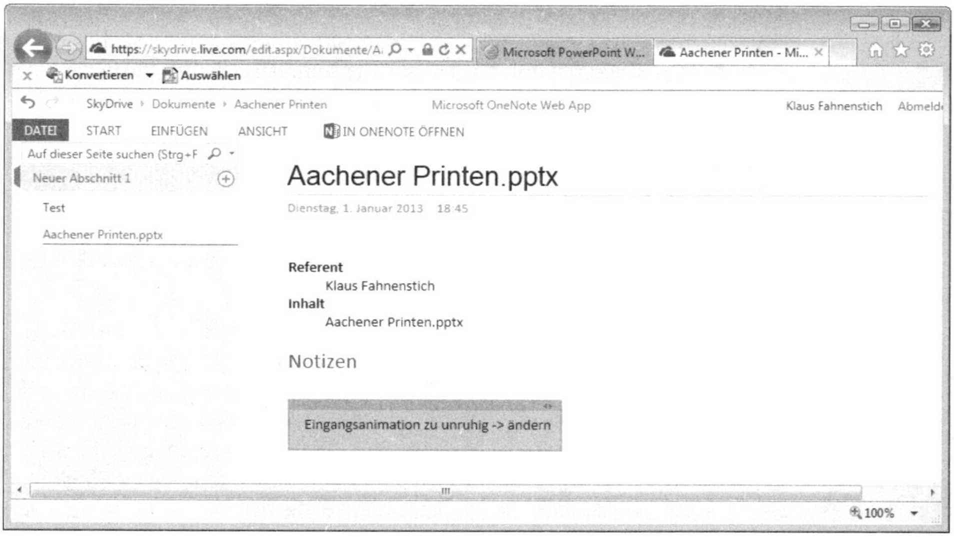

9. Um die Präsentation zu beenden, klicken Sie in der Referentenansicht oben am Bildschirm auf *Bildschirmpräsentation beenden*. Anschließend müssen Sie noch in der Registerkarte *ONLINE VORFÜHREN* auf die Schaltfläche *Onlinepräsentation beenden* klicken. Ihre Zuschauer werden dann mit einem entsprechenden Hinweis über das Ende der Präsentation informiert.

Folien ausblenden

Eine Folie, die während der Vorführung nicht gezeigt werden soll, die Sie jedoch auch nicht aus der Präsentation entfernen möchten, können Sie während der Bildschirmpräsentation ausblenden. Dazu stehen Ihnen mehrere Möglichkeiten zur Verfügung:

- Klicken Sie auf der Registerkarte *BILDSCHIRMPRÄSENTATION* auf die Schaltfläche *Folie ausblenden*. Dies blendet die aktuelle Folie aus.
- Klicken Sie im Gliederungsbereich oder in der Foliensortierungsansicht die Folie mit der rechten Maustaste an und wählen im Kontextmenü den Befehl *Folie ausblenden*.

Eine ausgeblendete Folie erkennen Sie daran, dass im Gliederungsbereich bzw. in der Foliensortierungsansicht die Foliennummer durchgestrichen ist.

Um eine Folie wieder einzublenden, rufen Sie den Befehl *Folie ausblenden* erneut auf. Der Befehl funktioniert also wie ein Schalter.

Zielgruppenorientierte Präsentationen

Wenn Sie eine umfassende Präsentation erstellt haben, kommt es vielleicht vor, dass nicht alle Folien für jedes Publikum gleich interessant bzw. geeignet sind. Für solche Gelegenheiten bietet PowerPoint die Funktion an, aus einer Präsentation sogenannte *zielgruppenorientierte* Präsentationen zusammenzustellen, auf die Sie später bei verschiedenen Gelegenheiten zurückgreifen können.

Um eine zielgruppenorientierte Präsentation zu erstellen, gehen Sie folgendermaßen vor:

1. Öffnen Sie die Präsentation und zeigen Sie die Registerkarte *BILDSCHIRMPRÄSENTATION* an.
2. Klicken Sie in der Gruppe *Bildschirmpräsentation starten* auf die Schaltfläche *Benutzerdefinierte Bildschirmpräsentation* und wählen Sie im Menü der Schaltfläche den Befehl *Zielgruppenorientierte Präsentationen*. PowerPoint zeigt dann folgendes Dialogfeld an:

Bild 33.14 Es existiert noch keine benutzerdefinierte Präsentation

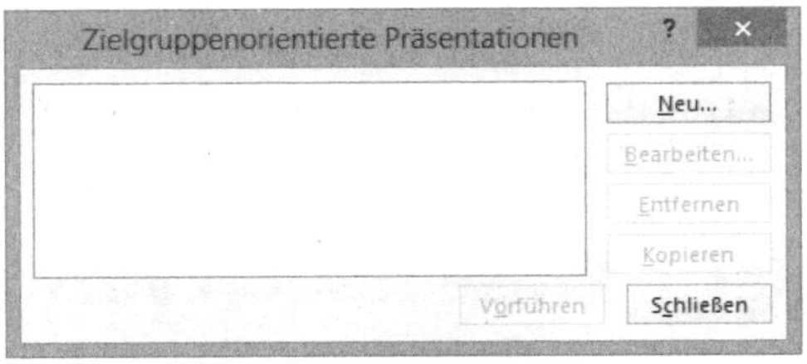

3. Klicken Sie auf die Schaltfläche *Neu*. Es erscheint ein weiteres Dialogfeld auf dem Bildschirm, in dem Sie die Folien zusammenstellen können, aus denen die zielgruppenorientierte Präsentation bestehen soll.
4. Geben Sie in dem neuen Dialogfeld einen Namen für die Zielgruppe ein.

Bild 33.15 Hier legen Sie fest, welche Folien in die Präsentation aufgenommen werden sollen

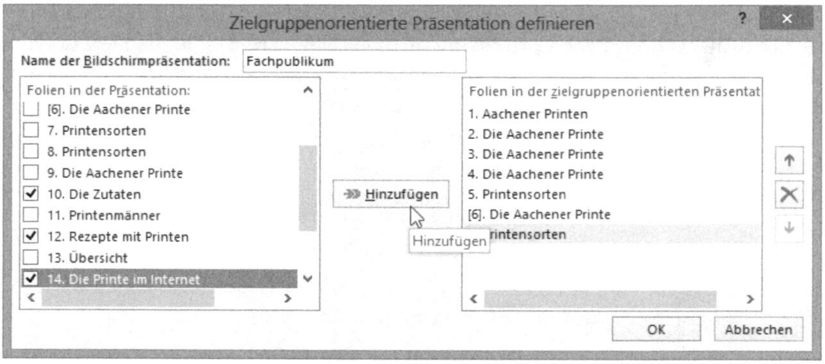

5. Markieren Sie links in der Liste eine oder mehrere Folien, die in der zielgruppenorientierten Präsentation enthalten sein sollen, und befördern Sie sie mit der Schaltfläche *Hinzufügen* in die rechte Liste.
6. Um die Reihenfolge der Folien in der Präsentation zu ändern, markieren Sie die gewünschten Folien und verschieben Sie mit den beiden Pfeilschaltflächen nach oben oder unten.
7. Wenn Sie fertig sind, schließen Sie das Dialogfeld mit *OK*. Sie gelangen wieder in das Dialogfeld *Zielgruppenorientierte Präsentationen,* in dem Sie weitere zielgruppenorientierte Präsentationen mit *Neu* hinzufügen oder vorhandene bearbeiten können.

Bild 33.16 Sie können auch mehrere zielgruppenorientierte Präsentationen anlegen

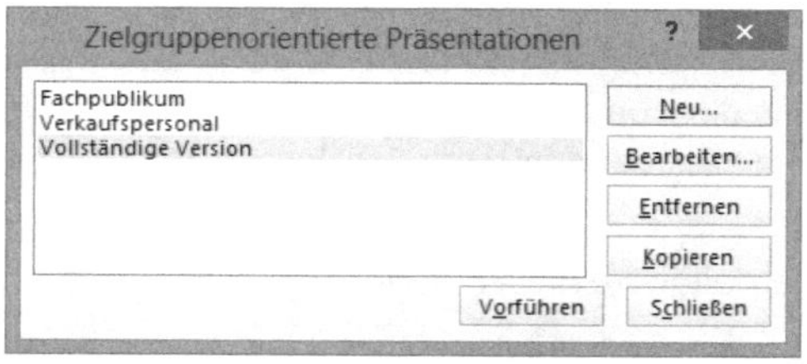

8. Mit *Schließen* kehren Sie in die Präsentation zurück.

Zielgruppenorientierte Präsentation vorführen

1. Klicken Sie auf der Registerkarte *BILDSCHIRMPRÄSENTATION* auf die Schaltfläche *Benutzerdefinierte Bildschirmpräsentation.*
2. Wählen Sie die gewünschte Präsentation aus dem Menü der Schaltfläche aus.

Bild 33.17 Auswahl einer benutzerdefinierten Präsentation

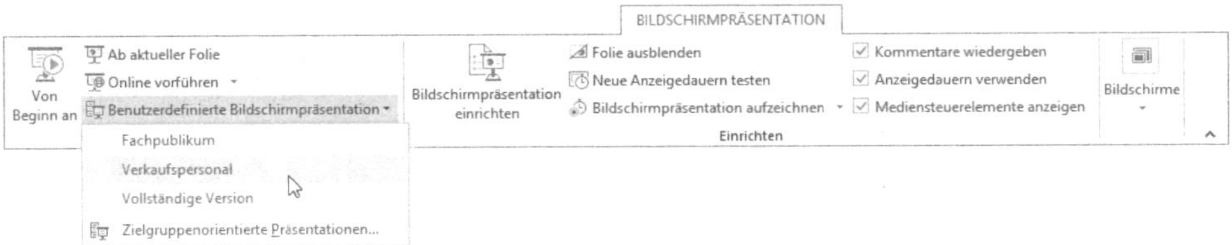

Bildschirmpräsentation einrichten

Für eine Bildschirmpräsentation, die durch eine Person vorgetragen wird, die dazu auch selbst den Beamer bedient, sind in der Regel keine besonderen Einstellungen notwendig. Es genügt, die Präsentation mit einem der Verfahren, die wir auf Seite 636 beschrieben haben, zu starten.

PowerPoint bietet aber noch weitere Möglichkeiten, Präsentationen vorzuführen; beispielsweise auf allein stehenden Rechnern auf Messen oder Veranstaltungen. Diese Präsentationen können entweder völlig eigenständig ablaufen oder über eingeschränkte Navigationsmöglichkeiten verfügen, mit denen sich ein Betrachter innerhalb der Präsentation bewegen kann.

Das Festlegen der gewünschten Rahmenbedingungen wird in PowerPoint als *Einrichten* der Bildschirmpräsentation bezeichnet. Dazu gehen Sie folgendermaßen vor:

1. Wechseln Sie auf die Registerkarte *BILDSCHIRMPRÄSENTATION* und klicken Sie dort auf *Bildschirmpräsentation einrichten.* Es öffnet sich das Dialogfeld *Bildschirmpräsentation einrichten.*

Bild 33.18 Konfigurieren der Bildschirmpräsentation

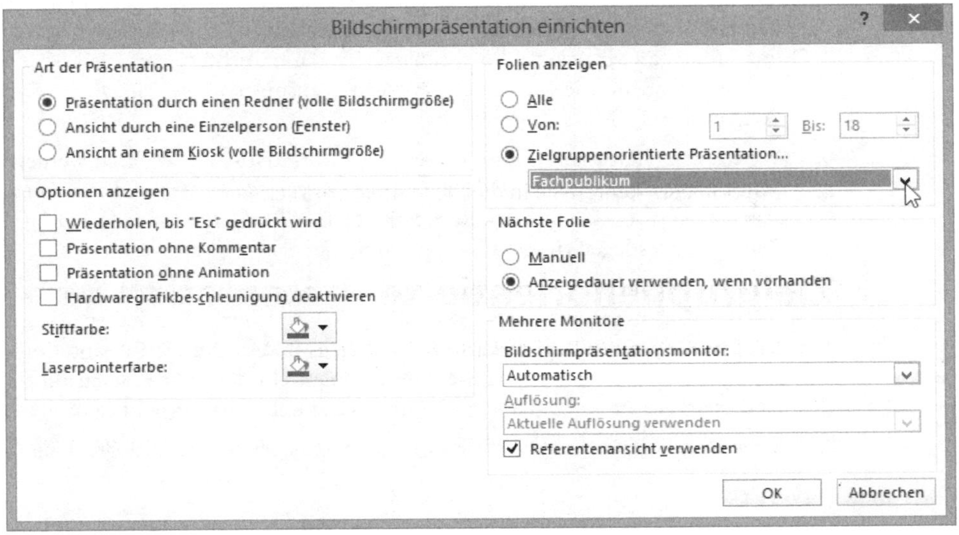

Sie können hier zwischen verschiedenen Arten der Präsentation auswählen:

- **Präsentation durch einen Redner (volle Bildschirmgröße)** Dies ist die häufigste Art, eine Präsentation vorzuführen. Bei dieser Option werden keine weiteren Einstellungen benötigt, optional kann eine Auswahl an Folien oder eine zielgruppenorientierte Präsentation voreingestellt werden.
- **Ansicht durch eine Einzelperson (Fenster)** Die Präsentation wird nicht unbedingt im Vollbildmodus abgespielt, sondern in dem Fenster, in dem zuvor PowerPoint angezeigt wurde. Die Steuerung erfolgt über das mit der rechten Maustaste zugängliche Kontextmenü oder die Tasten [Bild ↑] und [Bild ↓].
- **Ansicht an einem Kiosk (volle Bildschirmgröße)** Damit ist ein allein stehender Rechner gemeint, der z. B. auf Messen oder anderen Veranstaltungen frei zugänglich ist, sodass Besucher sich selbstständig informieren können. Oft sind hier weder Maus noch Tastatur vorhanden, sodass der Ablauf automatisiert werden muss. Achten Sie daher darauf, dass alle Animationen und Folienübergänge zeitgesteuert sind, sonst gibt es keine Möglichkeit, in der Präsentation weiterzublättern. Ausnahme: Wenn ein Touch-Monitor vorhanden ist, können damit interaktive Schaltflächen benutzt werden (siehe Abschnitt »Interaktive Schaltflächen« ab Seite 651).

2. Wählen Sie eine der drei Vorführungsarten aus.
3. In der Gruppe *Folien anzeigen* können Sie entscheiden, ob alle Folien der Präsentation angezeigt werden sollen oder nur eine bestimmte Gruppe. Falls Sie nur einen Teil der Folien anzeigen wollen, definieren Sie am besten eine zielgruppenorientierte Präsentation (siehe Abschnitt »Zielgruppenorientierte Präsentationen« ab Seite 647).
4. Legen Sie in der Gruppe *Optionen anzeigen* fest, ob während der Präsentation eventuell vorhandene Kommentare oder Animationen abgespielt werden.
5. Auch die Farbe des Stiftes (siehe Abschnitt »Freihandlinien« auf Seite 642) und des sogenannten Laserpointers können Sie hier voreinstellen. Der Laserpointer ist ein kleiner »Lichtfleck«, den Sie anstelle des Mauszeigers anzeigen können, indem Sie bei gedrückter [Strg]-Taste die linke Maustaste drücken. Dabei müssen Sie darauf achten, dass Sie erst [Strg] drücken und erst anschließend die Maustaste betätigen – ansonsten lösen Sie eine Animation oder einen Folienwechsel aus.
6. Wenn die Folien während der Präsentation automatisch gewechselt werden sollen, aktivieren Sie in der Gruppe *Nächste Folie* die Option *Anzeigedauer verwenden, wenn vorhanden.* In diesem Fall müssen Sie auf der Registerkarte *ÜBERGÄNGE* für jede Folie eine entsprechende Zeitangabe festlegen (in der Gruppe *Anzeigedauer).*
7. Falls Ihr Rechner die Verwendung von zwei (voneinander unabhängigen) Monitoren unterstützt, können Sie mit der so genannten *Referentenansicht* arbeiten. Legen Sie dann in der Gruppe *Mehrere Bildschirme* fest, auf welchem Bildschirm die Präsentation für das Publikum abläuft und welcher Monitor die Referentenansicht darstellt. Eine ausführliche Beschreibung zu diesem Feature finden Sie in Abschnitt »Die Referentenansicht« ab Seite 635.
8. Stellen Sie die gewünschte Auflösung ein und schließen Sie das Dialogfeld mit *OK.*

Interaktive Schaltflächen

Bei einer normalen Bildschirmpräsentation können Sie die Präsentation entweder über einfache Mausklicks, mit Hilfe der integrierten Navigationsschaltflächen oder über das Kontextmenü steuern. Wenn Ihre Präsentation jedoch selbstständig ablaufen soll, sollten Sie die Navigationsmöglichkeiten beschränken, damit sich ein Betrachter zwar noch innerhalb der Präsentation bewegen, aber keinen störenden Einfluss auf sie nehmen kann.

Zu diesem Zweck verwenden Sie interaktive Schaltflächen, die Sie mit den gewünschten Funktionen versehen. Im nächsten Beispiel statten wir eine leere Präsentation mit drei Schaltflächen aus, die folgende Navigation erlauben:

- Wechsel zur vorherigen Folie
- Wechsel zur ersten Folie
- Wechsel zur nächsten Folie.

Das Ergebnis dieses Beispiels finden Sie in der Übungsdatei *Schaltflächen.*

1. Erstellen Sie eine neue leere Präsentation und zeigen Sie den Folienmaster an (Registerkarte *ANSICHT,* Schaltfläche *Folienmaster).* Indem wir die Schaltflächen auf dem Folienmaster platzieren, stehen sie später automatisch auf allen Folien der Präsentation zur Verfügung.
2. Wechseln Sie auf die Registerkarte *EINFÜGEN* und klicken Sie in der Gruppe *Illustrationen* auf die Schaltfläche *Formen.* Die Formen für die interaktiven Schaltflächen befinden sich ganz unten im Ausklappmenü der Schaltfläche.

Bild 33.19 Die interaktiven Schaltflächen befinden sich ganz unten im Menü der Schaltfläche *Formen*

3. Klicken Sie die erste der Schaltflächen an und ziehen Sie dann ein Rechteck in der gewünschten Größe auf dem Folienmaster auf.

Bild 33.20 Aufziehen einer interaktiven Schaltfläche

4. Sobald Sie die Maustaste loslassen, erscheint das Dialogfeld *Aktionseinstellungen* auf dem Bildschirm. In ihm können Sie festlegen, welche Aktion ausgeführt werden soll, wenn der Benutzer die Schaltfläche anklickt.

Bild 33.21 Auswahl der gewünschten Aktion

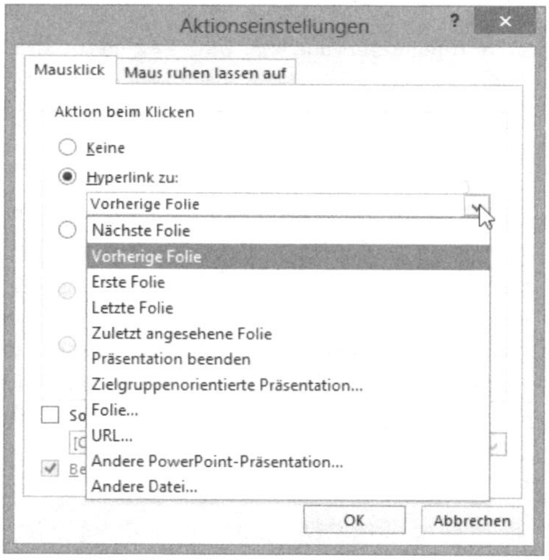

Die meisten der interaktiven Schaltflächen sind mit voreingestellten Aktionen verknüpft, die aus den Symbolen deutlich hervorgehen – so setzt z. B. die Schaltfläche mit dem kleinen Haus erwartungsgemäß einen Hyperlink auf die erste Folie. Im Dialogfeld *Aktionseinstellungen* ist die voreingestellte Aktion bereits ausgewählt – Sie können sie aber jederzeit ändern.

5. Wählen Sie aus der Auswahlliste *Hyperlink zu*, wohin bei einem Klick auf die Schaltfläche gewechselt werden soll. Zur Auswahl stehen die Folien der aktuellen Präsentation, andere Präsentationen oder auch beliebige Hyperlinks, die mit einer URL angegeben werden.

   Weitere Aktionen neben dem Setzen von Hyperlinks sind:

   - das Ausführen von Programmen
   - das Ausführen von Makros
   - Objektaktionen für eingefügte Objekte – z.B. erlaubt diese Funktion es, ein Excel-Objekt zu öffnen, um es zu bearbeiten
   - das Abspielen von Sound.

6. Falls eine Aktion nicht durch Mausklick, sondern bereits durch Mausberührung ausgelöst werden soll, wechseln Sie auf die Registerkarte *Maus ruhen lassen auf* (früher *Mouseover*) und wählen die Aktion dort aus.

7. Fügen Sie auf die gleiche Art und Weise noch zwei Schaltflächen ein, mit denen Sie zur ersten bzw. zur nächsten Folie wechseln können. Anschließend sollte Ihr Folienmaster in etwa so aussehen, wie in Bild 33.22.

Bild 33.22 Der Folienmaster enthält nun drei Schaltflächen

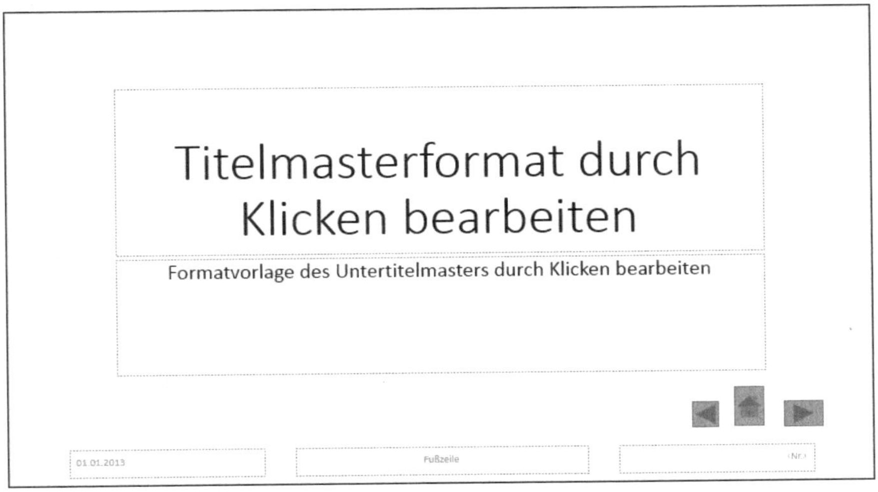

Damit haben wir die gewünschte Funktionalität realisiert. Allerdings lässt das Aussehen der Schaltflächen noch etwas zu wünschen übrig. Wir werden daher in den nächsten Schritten zunächst die Größe der Schaltflächen vereinheitlichen und anschließend für eine ansprechende Optik sorgen.

8. Markieren Sie die drei Schaltflächen, indem Sie einen Rahmen um sie herum aufziehen oder sie bei gedrückter [Strg]-Taste einzeln anklicken. Achten Sie darauf, dass Sie wirklich nur die Schaltflächen und keinen der Platzhalter markieren.

9. Wechseln Sie auf die Registerkarte *FORMAT* der *ZEICHENTOOLS* und geben Sie dort in der Gruppe *Größe* die gewünschten Werte für die Höhe und die Breite der Schaltflächen ein.

10. Klicken Sie in der Gruppe *Anordnen* auf *Ausrichten* und wählen Sie im Menü den Befehl *Oben ausrichten*. Die Schaltflächen befinden sich nun alle auf gleicher Höhe.

11. Öffnen Sie erneut das Menü der Schaltfläche *Ausrichten* und wählen Sie diesmal den Befehl *Horizontal verteilen.* Dadurch bekommen die Schaltflächen einen gleichmäßigen Abstand.

12. Wenn Ihnen die Größe und Positionierung der Schaltflächen zusagt, sollten Sie sie zu einer Gruppe zusammenfassen, die Sie als Einheit auf der Folie bewegen können. Klicken Sie dazu in der Gruppe *Anordnen* auf *Gruppieren* und wählen Sie im Menü den Befehl *Gruppieren.*

Bild 33.23 Die Schaltflächen sind jetzt präzise ausgerichtet und zu einer Gruppe zusammengefasst

13. Zum Schluss sollen die Schaltflächen noch etwas ansprechender gestaltet werden. Öffnen Sie dazu den Auswahlkatalog der Gruppe *Formenarten.*

14. Suchen Sie mit Hilfe der Livevorschau ein geeignetes Format aus und weisen es den drei Schaltflächen zu.

Eigene interaktive Schaltflächen verwenden

Falls die vordefinierten Schaltflächen nicht zu Ihrer Präsentation passen, können Sie auch eigene Schaltflächen erstellen. Sie können dazu jeder beliebigen Form oder auch einer eingefügten Grafik eine Aktion zuweisen.

Um z.B. ein ClipArt-Objekt als Navigations-Schaltfläche zu verwenden, gehen Sie wie folgt vor:

1. Fügen Sie das gewünschte ClipArt-Objekt auf der Folie bzw. auf dem Folienmaster ein.
2. Markieren Sie es und klicken Sie auf der Registerkarte *EINFÜGEN* auf die Schaltfläche *Aktion.* Es erscheint das Dialogfeld aus Bild 33.21.
3. Wählen Sie die gewünschte Aktion aus und klicken Sie auf *OK.*
4. Wechseln Sie auf die Registerkarte *FORMAT* und gestalten Sie das Objekt.

Kapitel 34

Präsentationen veröffentlichen

In diesem Kapitel:

In diesem Kapitel erfahren Sie zunächst, wie Sie Ihre Präsentationen vor unberechtigten Zugriffen bzw. Veränderungen schützen können. Anschließend zeigen wir Ihnen, wie Sie gewährleisten, dass Präsentationen, die Sie an Dritte weitergeben, keine versteckten privaten Informationen mehr enthalten. Im letzten Abschnitt dieses Kapitels lernen Sie dann, wie Sie eine fertige Präsentation zur Weitergabe vorbereiten.

Präsentationen schützen

Dem Wunsch, eine PowerPoint-Präsentation vor dem Zugriff durch andere Benutzer zu schützen, liegen in aller Regel zwei Motive zugrunde: Entweder sollen unberechtigte Benutzer erst gar keinen Zugriff auf die Daten der Präsentation erhalten oder die Präsentation soll vor Veränderungen durch nicht autorisierte Benutzer geschützt werden.

In diesem Abschnitt stellen wir Ihnen drei Verfahren zum Schutz Ihrer Präsentationen vor:

- Präsentation abschließen
- Präsentation verschlüsseln
- Präsentation mit einem Schreibschutz versehen.

Präsentation abschließen

Wenn Sie eine Präsentation *abschließen,* deaktiviert PowerPoint alle Funktionen, mit denen eine Präsentation bearbeitet werden kann. Die Präsentation lässt sich dann also nicht mehr verändern.

Da diese Eigenschaft jedoch nicht durch ein Kennwort abgesichert werden kann, handelt es sich dabei nicht um eine Schutzfunktion, sondern eher um eine Statusinformation. Sie dient also dazu, einem Anwender zu signalisieren, dass es sich um die endgültige Version der Präsentation handelt.

Um eine Präsentation abzuschließen, nehmen Sie folgende Schritte vor:

1. Wechseln Sie in die Backstage-Ansicht und gehen Sie dort auf die Seite *Informationen.*
2. Klicken Sie hier auf die Schaltfläche *Präsentation schützen* und wählen Sie in ihrem Menü den Befehl *Als abgeschlossen kennzeichnen.*
3. Bestätigen Sie die nächste Meldung mit *OK.* Die Präsentation wird gespeichert und als abgeschlossen gekennzeichnet. Anschließend erscheint eine weitere Meldung mit Informationen über den neuen Status der Präsentation.

Bild 34.1 Die Präsentation ist als abgeschlossen gekennzeichnet

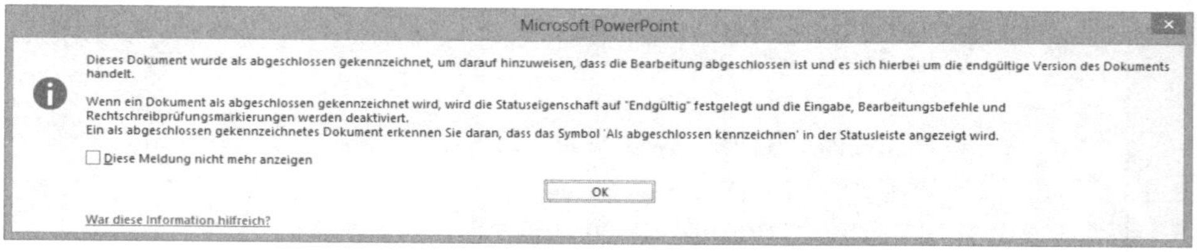

4. Klicken Sie auf *OK*, um die Meldung zu schließen. Wenn Sie nicht möchten, dass diese Meldung in Zukunft erneut erscheint, schalten Sie vorher noch die Option *Diese Meldung nicht mehr anzeigen* ein.

Dass eine Präsentation abgeschlossen ist, erkennen Sie gleich an mehreren Merkmalen:

- Das Menüband ist minimiert und nahezu alle Befehle des Menübandes sind deaktiviert.
- Unterhalb des Menübands wird eine entsprechende Meldung angezeigt.
- In der Statusleiste taucht ein kleines Symbol auf.

Bild 34.2 Abgeschlossene Präsentationen können nicht mehr bearbeitet werden

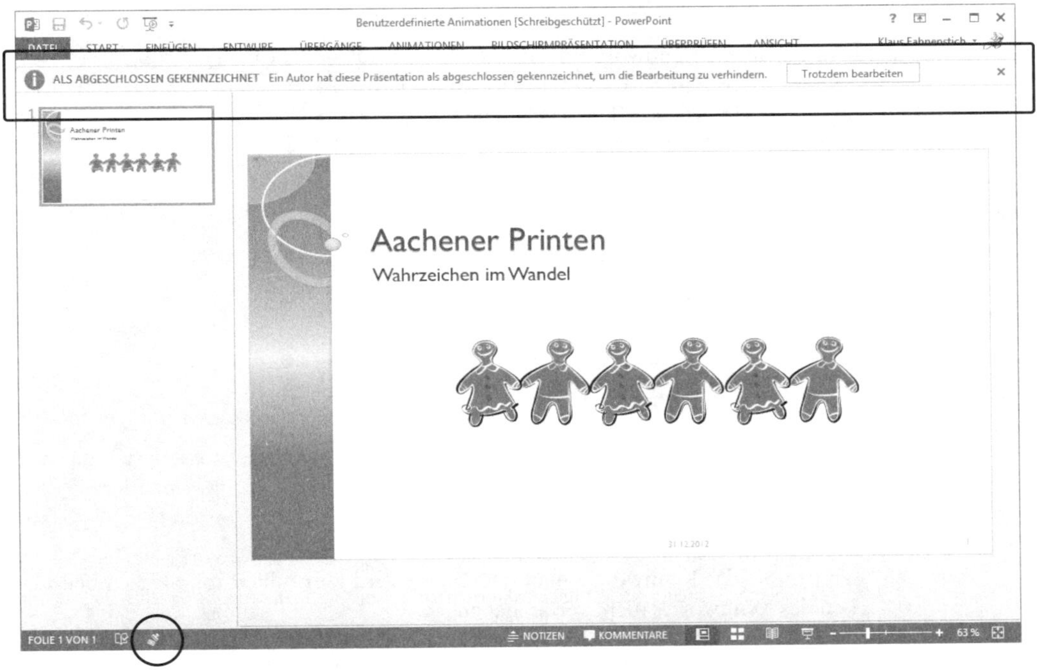

Um die Präsentation wieder bearbeiten zu können, klicken Sie entweder in der Meldung auf *Trotzdem bearbeiten* oder Sie rufen den Befehl zum Abschließen der Präsentation erneut auf.

Präsentation verschlüsseln

Die größtmögliche Sicherheit für Ihre Daten erhalten Sie, wenn Sie die Präsentation verschlüsseln. Um diesen Schutzmechanismus zu aktivieren, nehmen Sie folgende Schritte vor:

1. Wechseln Sie in der Backstage-Ansicht auf die Seite *Informationen*, klicken Sie auf *Präsentation schützen* und wählen Sie im Menü der Schaltfläche den Befehl *Mit Kennwort verschlüsseln.*
2. Es erscheint ein Dialogfeld, das Sie zur Eingabe eines Kennworts auffordert. Dieses Kennwort benötigen Sie, um die Präsentation öffnen zu können.

Bild 34.3 Kennworteingabe

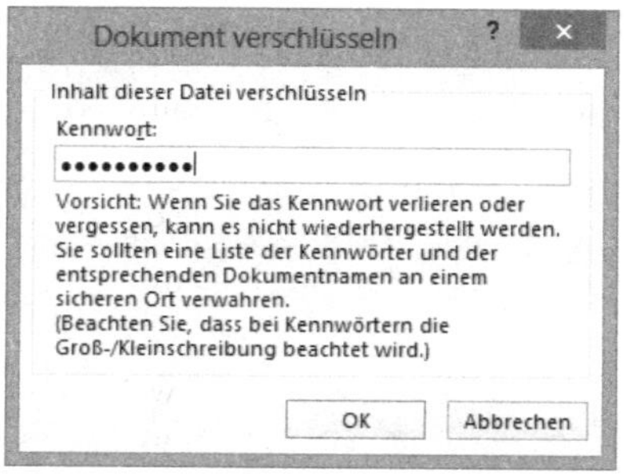

3. Geben Sie ein Kennwort ein und klicken Sie auf *OK*. Beachten Sie bei der Wahl des Kennworts unsere Hinweise in dem Abschnitt »Hinweise zur Kennwortwahl« (auf Seite 660). Es erscheint ein weiteres Dialogfeld, in dem Sie das soeben eingegebene Kennwort bestätigen müssen.

Bild 34.4 Kennwort bestätigen

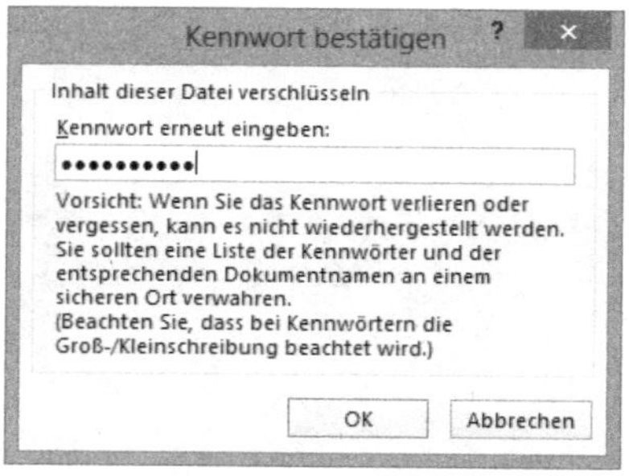

4. Tippen Sie das Kennwort erneut ein. Damit wird kontrolliert, ob Sie sich beim ersten Eingeben des Kennwortes nicht vertan haben.

Eine so gesicherte Präsentation kann nur noch von jemand geöffnet werden, der im Besitz des richtigen Kennwortes ist. (Das gilt auch für Sie persönlich – vergessen Sie Ihr Kennwort also nicht.) Zusätzlich bietet die Verschlüsselung einen weiteren Schutz gegen Datenspionage, da auch jemand, der die Datei mit einem Hex-Editor öffnet, keine lesbaren Inhalte vorfindet.

Bild 34.5 Öffnen einer verschlüsselten Präsentation

Wenn Sie die Verschlüsselung wieder aufheben möchten, rufen Sie den Befehl *Mit Kennwort verschlüsseln* erneut auf und löschen den Inhalt des Kennwortfeldes.

Präsentation mit einem Schreibschutz versehen

Wenn Sie zwar das Öffnen einer Präsentation ohne Kennwort zulassen wollen, jedoch andererseits verhindern möchten, dass jemand an der Präsentation Änderungen vornimmt, können Sie sie mit einem Schreibschutz versehen.

Um diesen Schutzmechanismus zu aktivieren, ist es erforderlich, dass Sie das Dokument speichern:

1. Wählen Sie in der Backstage-Ansicht den Befehl *Speichern unter.* PowerPoint zeigt das gleichnamige Dialogfeld an.
2. Klicken Sie unten im Dialogfeld auf die Schaltfläche *Tools* und wählen Sie in deren Ausklappmenü den Befehl *Allgemeine Optionen.* Dadurch erscheint ein weiteres Dialogfeld.

Bild 34.6 Präsentationen können mit einem Schreibschutz versehen werden

Die Felder im Dialogfeld *Allgemeine Optionen* haben folgende Bedeutung:

- **Kennwort zum Öffnen** Eine Eingabe in diesem Feld hat die gleiche Wirkung wie der im letzten Abschnitt vorgestellte Befehl *Mit Kennwort verschlüsseln.*
- **Kennwort zum Ändern** Wenn Sie hier ein Kennwort eingeben, wird die Präsentation mit einem Schreibschutz versehen. Die Präsentation kann anschließend zwar ohne Kennwort geöffnet werden, jedoch nur im Schreibschutz-Modus. Benutzer, die an der Präsentation Änderungen vornehmen wollen, benötigen dazu das richtige Kennwort.
- **Datenschutzoptionen** Schalten Sie diese Option ein, wenn PowerPoint beim Speichern der Präsentation automatisch eventuell vorhandene persönliche Daten aus der Präsentation entfernen soll (siehe auch Abschnitt »Präsentation prüfen« auf Seite 661).

3. Nehmen Sie im Feld *Kennwort zum Ändern* eine Eingabe vor, um die Präsentation mit einem Schreibschutz zu versehen und klicken Sie auf *OK.*
4. Bestätigen Sie das Kennwort im nächsten Dialogfeld.
5. Klicken Sie auf *Speichern*, um den Vorgang abzuschließen.

Wenn Sie eine Präsentation öffnen wollen, die mit einem kennwortgeschützten Schreibschutz versehen ist, erscheint ein Fenster, mit dem Sie entweder den Schreibschutz per Kennworteingabe aufheben oder die Präsentation im schreibgeschützten Modus öffnen können.

Bild 34.7 Der Schreibschutz kann per Kennwort aufgehoben werden

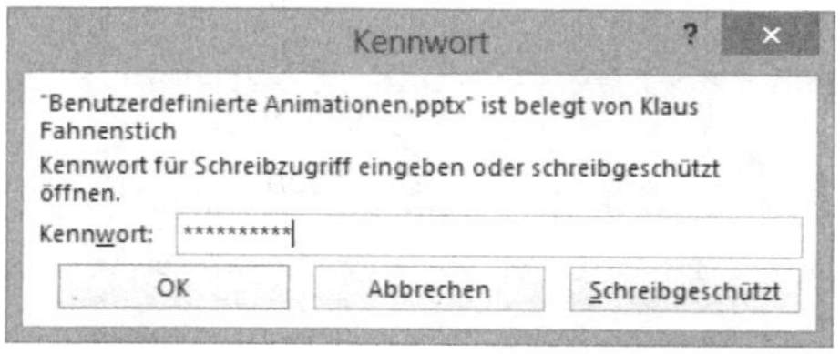

Um den Schreibschutz wieder zu entfernen, rufen Sie das Dialogfeld *Allgemeine Optionen* erneut auf, löschen das Kennwort und speichern die Präsentation anschließend wieder.

Hinweise zur Kennwortwahl

Einige Schutzfunktionen müssen, andere können optional mit einem Kennwort gesichert werden. Bei der Wahl eines Kennworts sollten Sie folgende Punkte bedenken:

- PowerPoint berücksichtigt bei Kennwörtern die Groß- und Kleinschreibung. Die Kennwörter *Geheim* und *geheim* sind also verschieden.
- Apropos geheim: Vermeiden Sie Kennwörter, die leicht zu erraten sind. Dazu gehören zum Beispiel Namen und Begriffe aus Ihrem privaten bzw. beruflichen Umfeld, Reiseziele oder Kennwörter wie *12345, Geheim, Password* etc. Die zehn beliebtesten Kennwörter des Jahres 2012 lauten übrigens: password, 123456, 12345678, abc123, qwerty, monkey, letmein, dragon, 111111, baseball. Kein Wunder, dass so häufig E-Mail-Konten o.ä. »geknackt« werden.
- Ein gutes Kennwort sollte sich in keinem Lexikon finden lassen. Wie wäre es zum Beispiel mit *DirdGwinnl* (»Die ich rief, die Geister, werd ich nun nicht los« aus dem Zauberlehrling) oder *DsiniaTUbskawz* (»Da steh ich nun, ich armer Tor! Und bin so klug als wie zuvor« aus Faust)?
- Verwenden Sie in Ihren Kennwörtern keine Umlaute oder Buchstaben mit Akzent, wenn es notwendig sein könnte, das Dokument auch auf einem Macintosh oder auf einem PC mit fremdländischer Tastatur (z. B. während eines Urlaubs) zu öffnen.
- Notieren Sie Ihre Kennwörter nach Möglichkeit nicht. Falls Sie es doch machen, dann legen Sie den Zettel bitte nicht unter die Tastatur und hängen Sie ihn auch nicht an die nächste Pinnwand! Verwenden Sie besser einen elektronischen »Password-Safe«.
- Gehen Sie nicht davon aus, dass Ihre Daten durch Vergeben eines Kennwortes hundertprozentig sicher sind. Bis jetzt ist noch jeder Kopierschutz früher oder später geknackt worden. Allerdings muss man zur Ehrenrettung von Microsoft sagen, dass der Kennwortschutz gegenüber früheren Versionen von Office erheblich verbessert wurde.
- Auch wenn wir gerade gesagt haben, dass sich jeder Kopierschutz aushebeln lässt: Verlassen Sie sich nicht darauf! Wenn Sie wirklich einmal das Kennwort für eine Präsentation mit wichtigen Daten vergessen, würde es Sie mit Sicherheit Zeit und Geld kosten, um das Kennwort zu rekonstruieren (falls es dann im konkreten Einzelfall überhaupt möglich ist).

Präsentation prüfen

Durch die ständige Präsenz immer neuer Viren hat das Thema Sicherheit in den letzten Jahren zunehmend an Bedeutung gewonnen. Ein Aspekt, der von vielen Anwendern allerdings häufig übersehen wird, sind die vielen versteckten Informationen, die man durch das Versenden eines Office-Dokumentes ungewollt aus der Hand gibt. Zu diesen – als Metadaten – bezeichneten Informationen, gehören zum Beispiel die Namen aller Personen, die das Dokument bearbeitet haben. Häufig lassen sich sogar mit geeigneten Programmen noch gelöschte Texte finden.

Microsoft hat auf diese Problematik reagiert und in Office 2007 den sogenannten *Dokumentinspektor* eingeführt. In Office 2013 nennt sich diese Funktion etwas schlichter *Dokumentprüfung*. Dieses Tool durchsucht ein Dokument nach Metadaten sowie nach persönlichen Informationen und kann sie auf Wunsch entfernen. Wenn Sie planen, eine Präsentation weiterzugeben, sollten Sie dieses Tool auf jeden Fall anwenden.

1. Klicken Sie auf *Datei*, um in die Backstage-Ansicht zu gelangen und zeigen Sie dort die Seite *Informationen* an.
2. Betätigen Sie die Schaltfläche *Auf Probleme überprüfen* und wählen Sie in ihrem Menü den Befehl *Dokument prüfen*. PowerPoint zeigt das folgende Dialogfeld an.

Bild 34.8 Die Dokumentprüfung

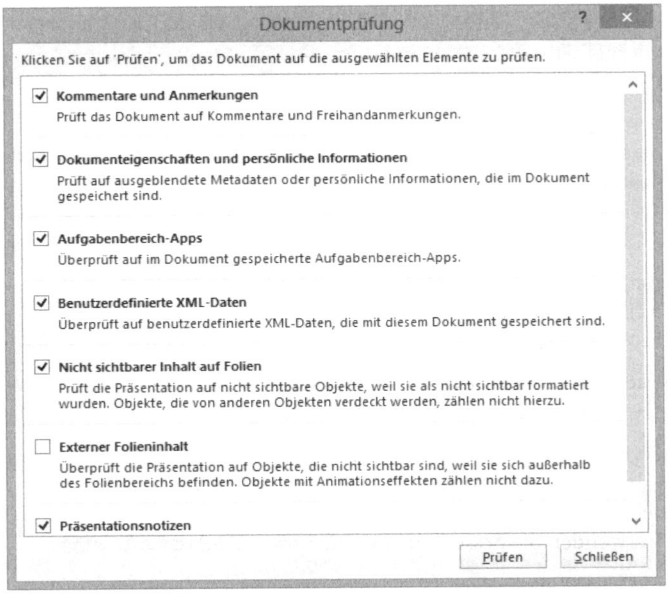

Wie Sie sehen, lässt sich der Umfang der Prüfung detailliert konfigurieren. Wie hoch Ihr Sicherheitsbedürfnis ist, müssen Sie letztendlich selbst einschätzen. Vielen Anwendern genügt es vielleicht schon, wenn ihre persönlichen Daten wie Name und Adresse aus den Dokumenten entfernt werden. Andere hingegen achten mit Argusaugen darauf, dass Dritte keinerlei persönliche Daten (wie z.B. Foliennotizen) erhalten.

3. Wählen Sie die zu untersuchenden Bereiche der Präsentation aus und klicken Sie auf *Prüfen,* damit PowerPoint Ihre Präsentation analysiert.

Bild 34.9 Bei der Prüfung wurden kritische Informationen entdeckt

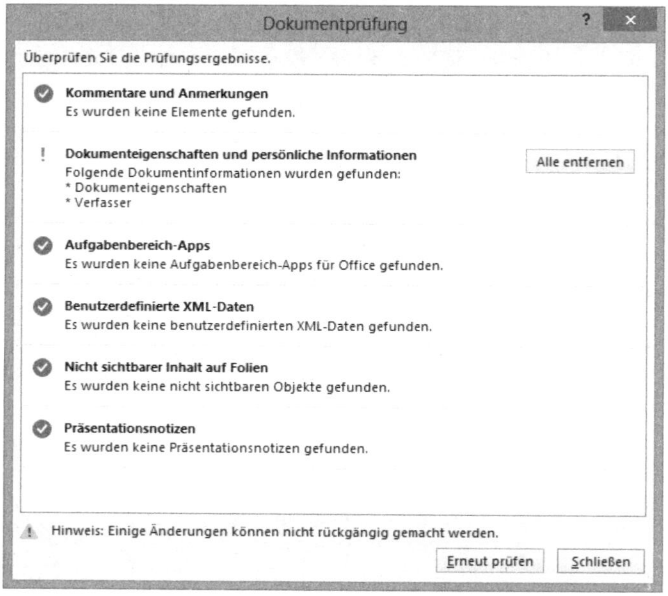

4. Klicken Sie auf *Alle entfernen*, um die kritischen Informationen zu löschen. Vorsicht: Der Löschvorgang erfolgt ohne vorherige Nachfrage!

Präsentationen für CD verpacken

Häufig wird eine Präsentation zwar am eigenen Rechner konzipiert, später jedoch mithilfe von Notebook und Beamer präsentiert. Für die Weitergabe mittels CD bietet PowerPoint ein praktisches Verfahren an: Verpacken für CD.

So gehen Sie vor, wenn Sie eine Präsentation für die Weitergabe per CD vorbereiten wollen:

1. Öffnen Sie die gewünschte Präsentation.
2. Prüfen Sie, ob die Präsentation vertrauliche Daten enthält, die Sie nicht an Dritte weitergeben wollen (Abschnitt »Präsentation prüfen« auf Seite 661).
3. Wechseln Sie in der Backstage-Ansicht auf die Seite *Exportieren.*
4. Klicken Sie dort auf *Bildschirmpräsentation für CD verpacken.*
5. Jetzt erscheint im rechten Bereich die Schaltfläche *Verpacken für CD.* Starten Sie den Vorgang, indem Sie diese Schaltfläche anklicken.
6. Eventuell taucht nun noch ein Dialogfeld mit einem Hinweis auf, dass für einige Dateien das Dateiformat aktualisiert werden muss. Bestätigen Sie diesen Hinweis mit *OK.*

Bild 34.10 Geben Sie einen Namen für die CD ein

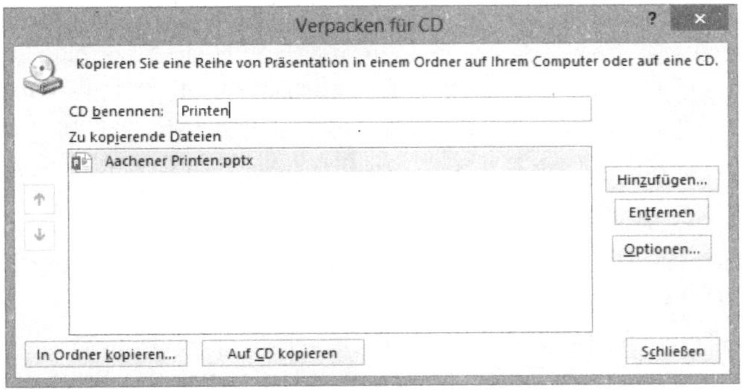

7. Tragen Sie im Dialogfeld den Namen ein, den die CD erhalten soll.
8. Wenn auf der CD noch weitere Dateien oder Präsentationen verpackt werden sollen, klicken Sie auf *Hinzufügen* und wählen Sie die gewünschte(n) Datei(en) im gewohnten Dateidialogfeld aus. Im Dialogfeld *Verpacken für CD* erscheint dann eine Liste der ausgewählten Dateien.

Bild 34.11 Es wurden zwei Präsentationen ausgewählt

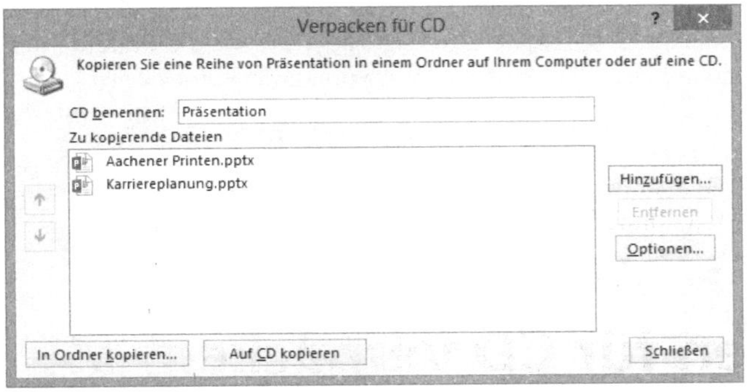

9. Als Nächstes klicken Sie auf *Optionen*, um noch weitere Einstellungen vorzunehmen.

Bild 34.12 Einstellen weiterer Optionen

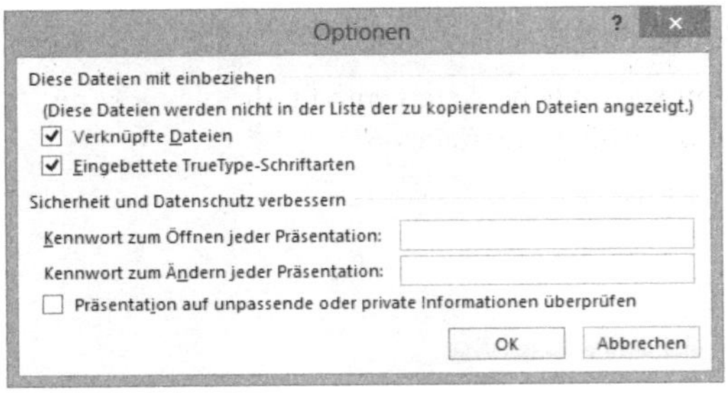

10. Wenn die Präsentationen mit externen Dateien, z.B. Grafiken, verknüpft sind, schalten Sie das Kontrollkästchen *Verknüpfte Dateien* ein.

11. Haben Sie Schriften eingebettet, aktivieren Sie die Option *Eingebettete TrueType-Schriftarten.*
12. Sollen die Präsentationen vor dem Zugriff durch Unbefugte geschützt werden, können Sie ein Passwort angeben – geben Sie es zweimal ein, um Tippfehler auszuschließen. Dadurch werden eventuell bereits vorhandene Kennwörter überschrieben! Das gilt natürlich nur für die Kopien auf der CD; die Kennwörter der Originaldateien bleiben unverändert.
13. Schließen Sie das Dialogfeld mit *OK*. Sie gelangen wieder ins Dialogfeld *Verpacken für CD.*
14. Hier haben Sie zwei Möglichkeiten:
    - Wenn Sie einen CD-Brenner besitzen, der das direkte Schreiben auf CD unter Windows unterstützt, klicken Sie auf die Schaltfläche *Auf CD kopieren.*
    - Anderenfalls wählen Sie *In Ordner kopieren*, geben einen Ordnernamen und Speicherort an und brennen den Inhalt des Ordners mit Ihrem gewohnten Brennprogramm auf CD.
15. Schließen Sie das Dialogfeld. Auf der CD bzw. im gewählten Ordner finden Sie nun die ausgewählten Präsentationen sowie einige weitere Dateien, die eine kleine Bedieneroberfläche auf HTML-Basis erzeugen.

Gepackte Präsentation einsetzen

Die Verwendung einer CD mit gepackten Präsentationen ist denkbar einfach. Nach dem Einlegen der CD wird eine einfache HTML-Seite angezeigt, über die Sie die Präsentationen aufrufen können. Falls der Empfänger der CD keine Version von PowerPoint besitzt, kann er sich über die Schaltfläche *Viewer herunterladen* den kostenlosen PowerPoint-Viewer herunterladen.

Bild 34.13 Bedieneroberfläche zur Auswahl der Präsentation

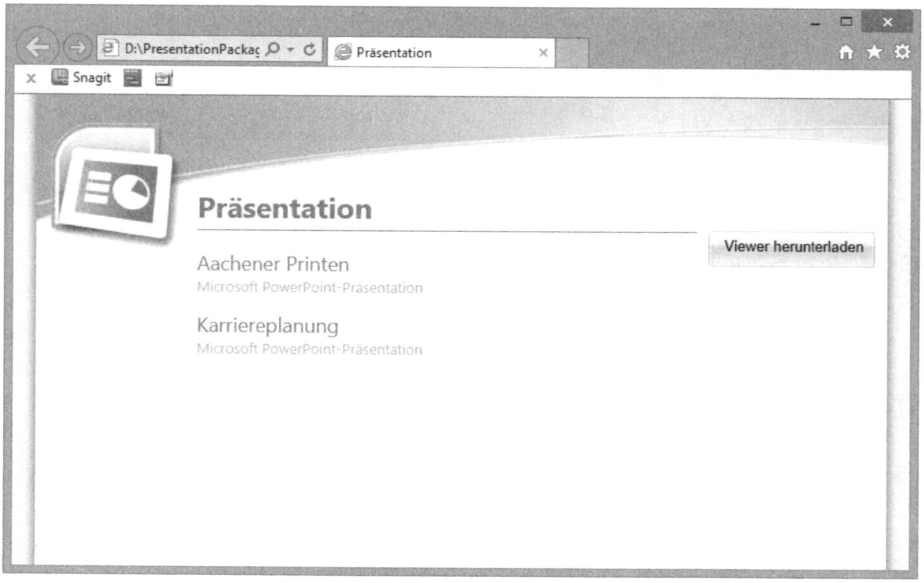

Präsentationen als Video abspeichern

Mit PowerPoint 2013 können Sie eine Präsentation auch in ein Video konvertieren. Die so erzeugte Datei lässt sich dann auf jedem Rechner problemlos abspielen. Die Bildqualität der Videos lässt sich kaum von einer Live-Präsentation unterscheiden. Lediglich aufwändige Folienübergänge und Animationen laufen im Video nicht ganz so flüssig wie bei einer Live-Präsentation.

Zum Konvertieren einer Präsentation nehmen Sie folgende Schritte vor:

1. Wechseln Sie in die Backstage-Ansicht und gehen Sie dort auf die Seite *Exportieren.*
2. Klicken Sie auf *Video erstellen.*
3. Wählen Sie nun auf der rechten Seite die gewünschte Bildschirmauflösung.
4. Zusätzlich müssen Sie noch entscheiden, ob die Folien nach einer festen Zeitspanne gewechselt werden oder ob PowerPoint die in der Präsentation gespeicherten Zeitabläufe verwenden soll. Diese Zeitvorgaben werden mit der Funktion *Bildschirmpräsentation aufzeichnen* erstellt, die Sie auf der Registerkarte *BILDSCHIRMPRÄSENTATION* finden.

Bild 34.14 Einstellen der Video-Eigenschaften

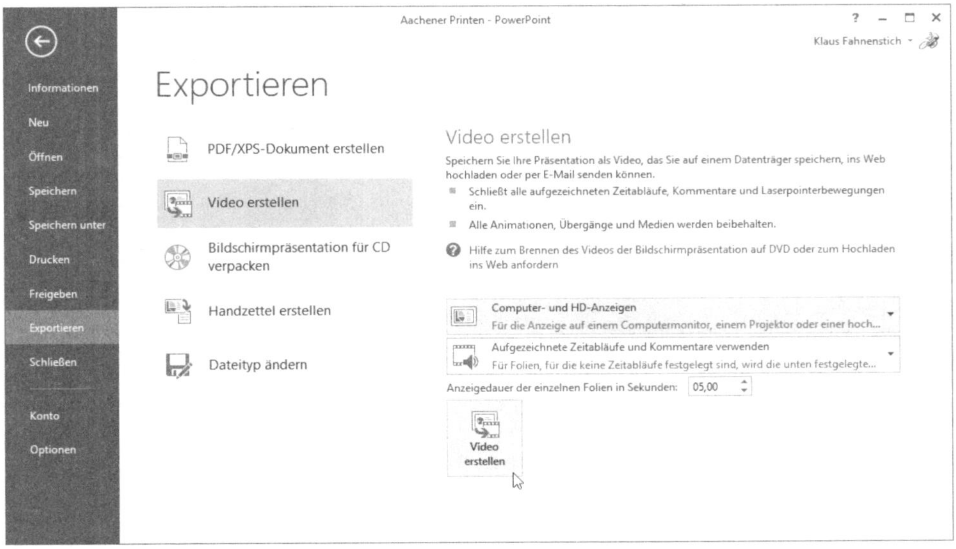

5. Klicken Sie auf *Video erstellen,* um den Vorgang zu starten. Den aktuellen Status zeigt PowerPoint unten in der Statusleiste an. Seien Sie dabei nicht zu ungeduldig, die Konvertierung langer Präsentation kann durchaus mehrere Minuten in Anspruch nehmen.

Teil F

Programmübergreifende Funktionen

In diesem Teil:

Kapitel 35

Arbeiten mit Designs

In diesem Kapitel:

Als die Entwickler bzw. Softwaredesigner von Microsoft das Konzept für Office 2007 entwickelt haben, floss in ihre Überlegungen unter anderem auch die Erkenntnis ein, dass die Wirkung eines Dokuments auf einen Betrachter entscheidend von der Qualität seiner grafischen Elemente abhängt. Und genau hier haben die Entwickler bei älteren Office-Versionen ein deutliches Manko entdeckt. Es waren zwar bereits leistungsfähige Grafikfunktionen vorhanden, doch ihre Bedienung war für normale Nutzer zu kompliziert, als dass sie damit ansprechende Grafiken hätten erzeugen können. Der richtige Einsatz von Licht und Schatten und die Wahl geeigneter Farben erfordern ein Maß an fachlichem Knowhow, über das ein Laie schlichtweg nicht verfügt.

Ähnliches gilt für die Wahl geeigneter Schriftarten, die enormen Einfluss auf die Wirkung eines Dokuments haben. Die Wahrnehmung von Schriften erfolgt jedoch normalerweise unbewusst. Man empfindet eine Schrift als angenehm und harmonisch, kann aber nicht genau sagen, warum. Und da nur wenige Anwender mit den elementaren Regeln der Schriftkunde vertraut sind, ist ihre Schriftwahl häufig eine Frage des Zufalls.

Microsoft hat deshalb ein Konzept entworfen, das das Erstellen von professionellen Dokumenten dramatisch vereinfacht und eine programmübergreifende Gestaltung von Office-Dokumenten erlaubt.

Das Konzept der Designs

Wenn Sie schon Erfahrungen mit einer älteren Version von PowerPoint (bis einschließlich 2003) besitzen, haben Sie vermutlich bereits mit Farbschemata gearbeitet, mit denen es möglich war, allen Folien einer Präsentation eine neue Farbgebung zuzuweisen. Die neuen Designs setzen auf dieses Konzept auf und erweitern es um neue Formatierungsmerkmale. Außerdem sind Designs nicht allein auf PowerPoint beschränkt, sondern liegen auch Word- und Excel-Dokumenten und sogar Datenbankformularen und -berichten zugrunde. Selbst Ihren mit Outlook erstellten E-Mails können Sie ein Design zuweisen. Designs schaffen so die Basis für eine einheitliche Gestaltung von Office-Dokumenten.

Damit Designs von so verschiedenen Programmen gemeinsam genutzt werden können, muss die in einem Design enthaltene Formatierungsinformation möglichst abstrakt und einfach gehalten werden. Zum Beispiel schreibt ein Design lediglich zwei Schriftarten vor: eine für die Überschriften und eine für den normalen Textkörper. Und auch die räumlichen Effekte werden in einem Design lediglich in die drei Kategorien »schwach«, »mittel« und »stark« unterteilt. Wie die Effekte im Einzelnen aussehen, ist Sache des jeweiligen Designs. Für Sie als Anwender hat das den Vorteil, dass Sie durch die Auswahl eines Designs einmalig die Stilrichtung für die grafische Gestaltung Ihres Dokuments festlegen und anschließend aus einer überschaubaren Menge von aufeinander abgestimmten Farben und Effekten auswählen können.

Ein Design beeinflusst folgende Formatierungsmerkmale:

- Farben
- Schriftarten
- Effekte (Linien und Füll- und Spezialeffekte; in PowerPoint auch Hintergrundeffekte).

Konkret handelt es sich dabei um zehn sogenannte *Designfarben*, zwei verschiedene Schriftarten (je eine für Überschriften und Textkörper) sowie 12 vordefinierte Effektkombinationen.

Designfarben

Ein Design enthält zehn verschiedene Farben. Sie sind als Gruppe zusammengefasst und lassen sich sehr leicht durch andere Gruppen austauschen. Auf diese Weise können Sie die komplette Farbgebung eines Designs ändern, ohne die anderen Gestaltungsmerkmale zu beeinflussen.

Bei der Wahl der Farben musste u.a. berücksichtigt werden, dass in Word-Dokumenten in aller Regel ein heller (weißer) Untergrund verwendet wird, in PowerPoint-Präsentationen jedoch oft ein dunkler Folienhintergrund zum Einsatz kommt. Ein Design enthält daher vier Hintergrundfarben (die auch für den Text verwendet werden) und sechs Vordergrundfarben, die sich auf allen vier Hintergrundfarben abheben. Zusätzlich gibt es noch zwei Farben zur Darstellung von Hyperlinks bzw. besuchten Hyperlinks.

Bild 35.1 Prinzipieller Aufbau eines Farbschemas aus vier Hintergrund- und sechs Vordergrundfarben

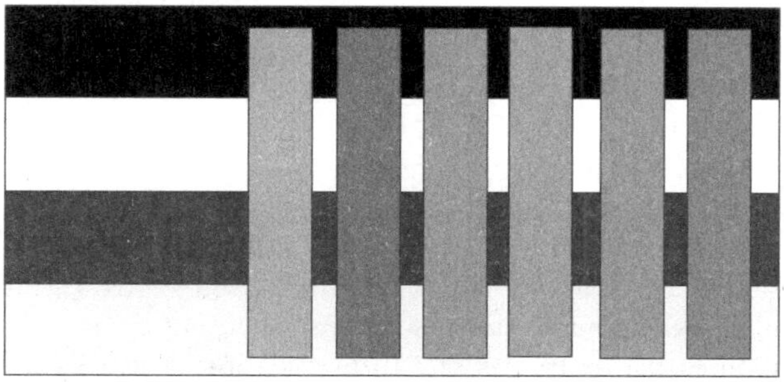

Designfarben erstellen

Wie Sie die Designfarben eines Dokuments wechseln, haben Sie bereits in Kapitel 6 erfahren. Falls Sie jedoch in der angebotenen Auswahl keine Farbkomposition vorfinden, die Ihren Vorstellungen entspricht, können Sie auch eigene Designfarben definieren.

1. Öffnen Sie die Liste der Designfarben.
   - In Word wechseln Sie dazu auf die Registerkarte *ENTWURF* und klicken in der Gruppe *Dokumentformatierung* auf die Schaltfläche *Farben.*
   - In Excel wechseln Sie auf die Registerkarte *SEITENLAYOUT* und klicken in der Gruppe *Designs* auf die Schaltfläche *Farben.*
   - In PowerPoint wechseln Sie auf die Registerkarte *ENTWURF* und öffnen den Auswahlkatalog der Gruppe *Varianten.* Dort klappen Sie das Untermenü des Befehls *Farben* auf.
2. Wählen Sie unten im Menü den Befehl *Farben anpassen.* Es erscheint das Dialogfeld aus Bild 35.2, in dem Sie gut erkennen können, welche Bedeutung die verschiedenen Farben in einem Design besitzen. Beachten Sie auch die Beispieldarstellung oben rechts im Dialog, die die aktuelle Farbeinstellung reflektiert.

Bild 35.2 Wahl einer neuen Designfarbe

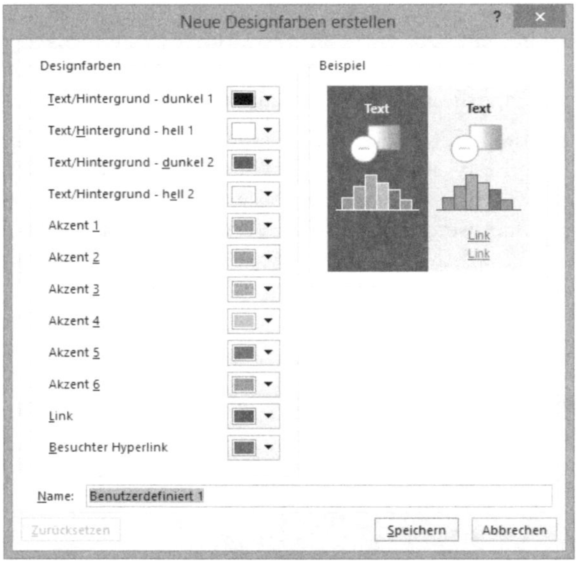

3. Klicken Sie nun die Schaltflächen der Farben an, die Sie ändern möchten, und weisen Sie ihnen neue Werte zu.
4. Geben Sie anschließend einen Namen für das neue Farbset ein und klicken Sie auf *Speichern.*
5. Wenn Sie jetzt erneut die Liste der Designfarben öffnen, werden Sie feststellen, dass das von Ihnen erstellte Farbset ganz oben im Menü in der Gruppe *Benutzerdefiniert* auftaucht.

Bild 35.3 Das neue Farbset taucht bei der Farbauswahl ganz oben in der Liste auf

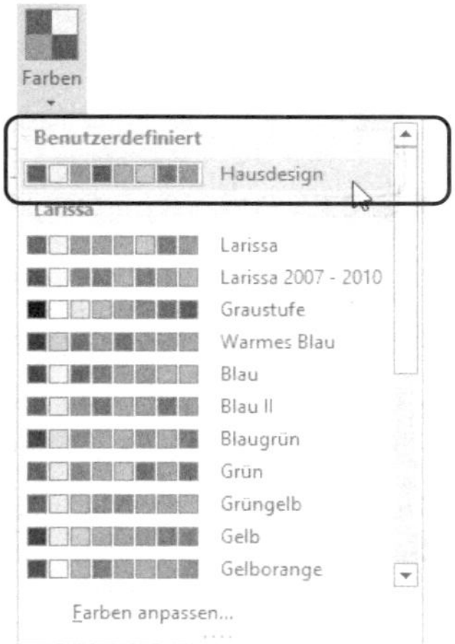

6. Um weitere Änderungen an dem neuen Farbsatz vorzunehmen, klicken Sie ihn im Menü an und wählen im Kontextmenü den Befehl *Bearbeiten.*

Designschriftarten

Sie wissen bereits, dass ein Design lediglich zwei Schriftarten enthält: eine für die Überschriften und eine für den Textkörper. Und genau wie Sie benutzerdefinierte Designfarben erstellen können, können Sie auch eigene Designschriftarten definieren. Dieser Fall ist für die Praxis wesentlich relevanter, denn die konsequente Verwendung einer »Hausschrift« ist heute in vielen Firmen Standard.

Um eine neue Designschriftart anzulegen, gehen Sie folgendermaßen vor:

1. Öffnen Sie die Liste der Designschriftarten.
   - In Word wechseln Sie dazu auf die Registerkarte *ENTWURF* und klicken in der Gruppe *Dokumentformatierung* auf die Schaltfläche *Schriftarten.*
   - In Excel wechseln Sie auf die Registerkarte *SEITENLAYOUT* und klicken in der Gruppe *Designs* auf die Schaltfläche *Schriftarten.*
   - In PowerPoint wechseln Sie auf die Registerkarte *ENTWURF* und öffnen den Auswahlkatalog der Gruppe *Varianten.* Dort öffnen Sie das Untermenü des Befehls *Schriftarten.*
2. Wählen Sie unten im Menü den Befehl *Schriftarten anpassen.*
3. Stellen Sie die Schriftarten für die Überschriften und den Textkörper ein.

Bild 35.4 Einstellen einer neuen Designschriftart

4. Vergeben Sie einen Namen und klicken Sie auf *Speichern.*
5. Wenn Sie anschließend das Menü der Schaltfläche *Designschriftarten* öffnen, sehen Sie, dass im Menü die neue Gruppe *Benutzerdefiniert* auftaucht, die die neue Designschriftart enthält.

Bild 35.5 Die benutzerdefinierten Schriftarten erscheinen oben im Menü

Designeffekte

Der dritte Bereich eines Designs sind die Designeffekte, mit denen u.a. die Darstellung von Formen, Diagrammen und SmartArts gesteuert wird. Im Gegensatz zu Designfarben und -schriftarten lassen sich die Effekte jedoch nicht individuell bearbeiten, sondern Sie müssen sich für eine der im aktuellen Design angebotenen Effekteinstellungen entscheiden.

Den Effekten liegt eine einfache Matrix zugrunde, die für die drei Eigenschaften Linienart, Füllung und räumliche Tiefe jeweils drei unterschiedliche Formatierungen definiert.

Bild 35.6 Matrix der Designeffekte

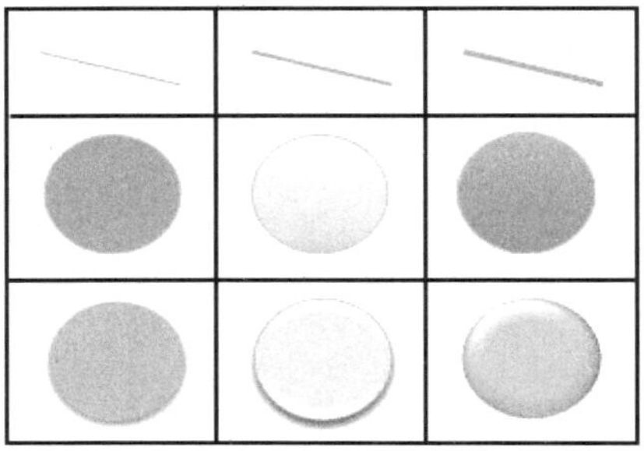

Um einem grafischen Element einen Effekt aus dem aktuellen Design zuzuweisen, gehen Sie so vor:

1. Öffnen Sie die Liste der Designeffekte.
   - In Word wechseln Sie dazu auf die Registerkarte *ENTWURF* und klicken in der Gruppe *Dokumentformatierung* auf die Schaltfläche *Effekte.*
   - In Excel wechseln Sie auf die Registerkarte *SEITENLAYOUT* und klicken in der Gruppe *Designs* auf die Schaltfläche *Effekte.*
   - In PowerPoint wechseln Sie auf die Registerkarte *ENTWURF* und öffnen den Auswahlkatalog der Gruppe *Varianten.* Dort öffnen Sie das Untermenü des Befehls *Effekte.*

Bild 35.7 Designeffekte lassen sich leider nicht bearbeiten

2. Zeigen Sie mit dem Mauszeiger auf die verschiedenen Vorschaugrafiken. Die Wirkung des gewählten Effekts wird dann live im Dokument angezeigt (natürlich nur, wenn es mindestens ein grafisches Element mit Effekten enthält).
3. Klicken Sie den gewünschten Designeffekt an, um ihn zu übernehmen.

Hintergrundformate

Neben den bisher vorgestellten Elementen enthält ein Design noch drei weitere Fülleffekte, die als Basis für die so genannten *Hintergrundformate* dienen. Ein Blick in die dem Design zugrunde liegende XML-Datei (siehe Bild 35.8) zeigt, dass diese Elemente (*bgFillStyleList*) den Design-Effekten (*fmtSchema*) untergeordnet sind.

Bild 35.8 Blick in den XML-Code eines Designs

Die Formate werden jedoch lediglich von PowerPoint genutzt. Wenn Sie auf der Registerkarte *ENTWURF* das Auswahlmenü der Gruppe *Varianten* öffnen und dort auf den Befehl *Hintergrundformate* zeigen, werden Sie feststellen, dass PowerPoint insgesamt 12 Hintergrundformate anbietet.

Bild 35.9 In PowerPoint sind zusätzlich 12 verschiedene Hintergrundformate definiert

Diese Varianten entstehen aus der Kombination der drei Hintergrundeffekte mit den vier Hintergrundfarben des Designs. Während die Hintergründe der oberen Reihe immer aus einer einfarbigen Füllung bestehen, besitzen die unteren beiden Reihen Verläufe und/oder Strukturen.

Designs speichern und öffnen

Sie können die aktuellen Einstellungen eines Designs in einer neuen Datei abspeichern. Die so erzeugte Datei hat die Erweiterung *.thmx* und besitzt – genau wie ein Office 2013-Dokument – ein komprimiertes Dateiformat.

1. Öffnen Sie die Liste der Designs.
   - In Word wechseln Sie dazu auf die Registerkarte *ENTWURF* und klicken in der Gruppe *Dokumentformatierung* auf die Schaltfläche *Designs.*
   - In Excel wechseln Sie auf die Registerkarte *SEITENLAYOUT* und klicken in der Gruppe *Designs* auf die Schaltfläche *Designs.*
   - In PowerPoint wechseln Sie auf die Registerkarte *ENTWURF* und öffnen den Auswahlkatalog der Gruppe *Designs.*
2. Wählen Sie den Befehl *Aktuelles Design speichern.*

Bild 35.10 Speichern des aktuellen Designs

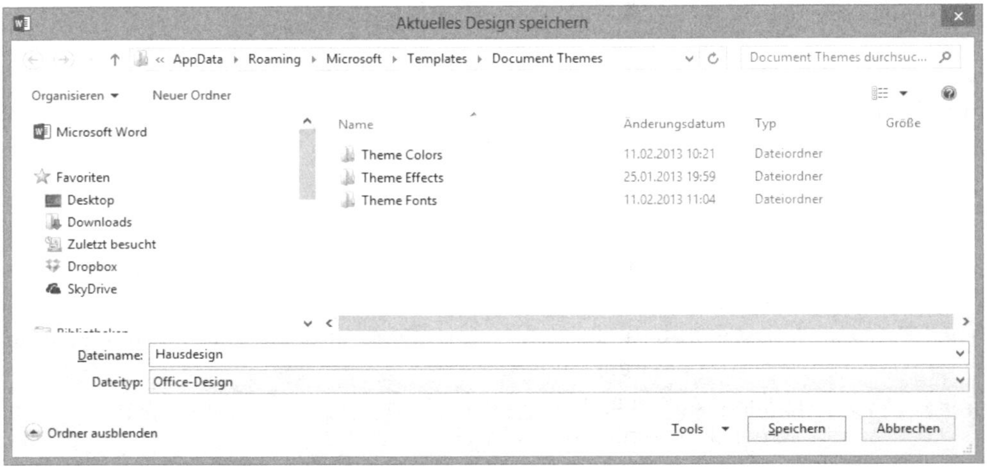

3. Vergeben Sie einen Namen und klicken Sie auf *Speichern.*

Umgekehrt ist es natürlich auch möglich, ein zuvor gespeichertes Design zu laden. Wählen Sie dazu im gleichen Menü den Befehl *Nach Designs suchen* und öffnen Sie das gewünschte Design über das angezeigten Dialogfeld.

Kapitel 36

Illustrationen einfügen und bearbeiten

In diesem Kapitel:

Die Funktionen, die Ihnen in Office 2013 für die Bildbearbeitung zur Verfügung stehen, kann man ruhigen Gewissens als üppig bezeichnen. Wir geben Ihnen in diesem Kapitel zunächst einen Überblick, wie Sie die verschiedenen grafischen Elemente, die in Office 2013 als *Bilder* bzw. als *Illustrationen* bezeichnet werden, in ein Dokument einfügen. Im zweiten Teil des Kapitels lernen Sie dann die Verfahren kennen, mit denen Sie eine Illustration nachträglich bearbeiten können.

Zum Glück ist der Umgang mit Illustrationen in den verschiedenen Programmen der Office-Familie sehr einheitlich gelöst, sodass Sie die hier beschriebenen Verfahren in der Regel eins zu eins auf die Programme Word, Excel und PowerPoint übertragen können. Auf etwaige Besonderheiten weisen wir Sie explizit hin.

Überblick

Die Befehle zum Einfügen der verschiedenen grafischen Elemente finden Sie in allen Programmen auf der Registerkarte *EINFÜGEN*. Während die dazu benötigten Schaltflächen bei Word, Excel und Outlook in der gemeinsamen Gruppe *Illustrationen* zusammengefasst sind, teilt PowerPoint die Symbole in die beiden Gruppen *Bilder* und *Illustrationen* ein.

Bild 36.1 Über die Schaltflächen der Gruppe *Illustrationen* können Sie die verschiedenen grafischen Elemente in Ihre Dokumente einfügen (hier: Word)

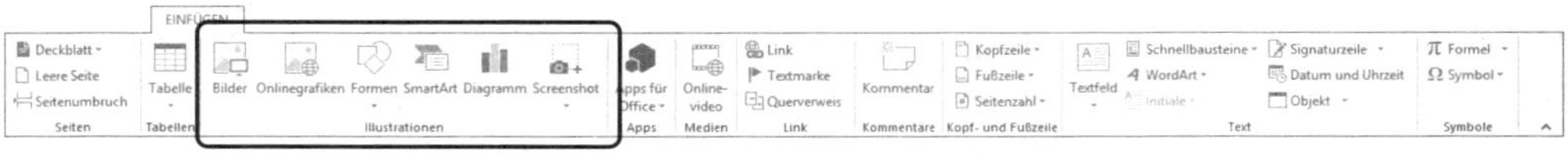

PowerPoint: Einfügen in Platzhalter

In PowerPoint korrespondieren die Schaltflächen der Gruppen *Bilder* und *Illustrationen* mit den Symbolen, die sich in den Platzhaltern der Folien befinden.

Bild 36.2 In PowerPoint können Sie durch Anklicken eines der Symbole die entsprechende Illustration in den Platzhalter einfügen

Ob Sie die Schaltflächen der Registerkarte oder die eines Platzhalters verwenden, hängt davon ab, ob Sie die Illustration als eigenes Objekt (über die Registerkarte) oder als Inhalt eines Platzhalters (der die Größe und die Position der Illustration vorgibt) einfügen wollen.

Einfügeposition bestimmen

Bevor Sie eine neue Illustration in ein Dokument einfügen, müssen Sie zunächst festlegen, an welcher Position des Dokuments Sie sie aufnehmen wollen:

- **Word 2013, Outlook 2013** Setzen Sie die Einfügemarke an die gewünschte Position.
- **Excel 2013** Zeigen Sie das Arbeitsblatt an, auf dem Sie die Illustration einfügen wollen.
- **PowerPoint 2013** Zeigen Sie die Folie an, auf der Sie die Illustration einfügen wollen.

Wie Sie im weiteren Verlauf des Kapitels noch sehen werden, können Sie die Position der eingefügten Illustration in allen Programmen nachträglich verändern.

Bilder einfügen

Im einfachsten Fall liegt das Bild, das Sie einfügen wollen, bereits als Datei auf Ihrem Rechner vor. Dabei ist es völlig egal, ob Sie das Bild mit einem Zeichenprogramm selbst erstellt haben oder ob es fertig von einem Programm, z.B. auf CD-ROM, mitgeliefert wurde. Sie müssen nur wissen, in welchem Ordner es sich befindet.

1. Legen Sie die Position fest, an der Sie das Bild einfügen möchten.
2. Wechseln Sie auf die Registerkarte *EINFÜGEN* und klicken Sie auf die Schaltfläche *Bilder*. Das Dialogfeld *Grafik einfügen* wird angezeigt.

Bild 36.3 Auswahl der einzufügenden Grafik

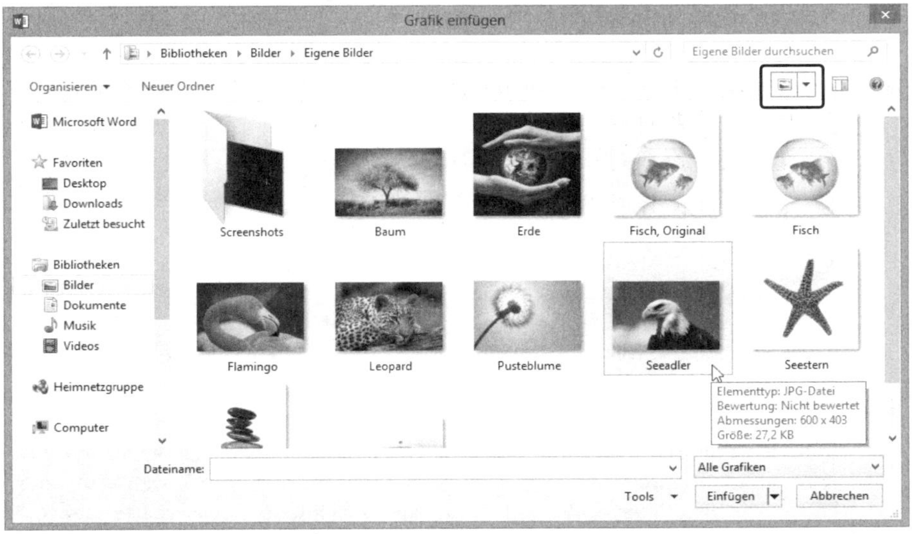

3. Falls Sie nach Bildern eines bestimmten Typs suchen (z.B. TIF, BMP, GIF etc.), können Sie ihn im Dialogfeld als Dateityp voreinstellen. Das erleichtert die Suche, weil dann im Dialogfeld nur diese Dateien aufgelistet werden.
4. Lassen Sie bei Bedarf mit Hilfe der Schaltfläche *Ansicht ändern* Vorschaubilder (Miniaturansichten) der Grafiken im Dialogfeld anzeigen.
5. Wechseln Sie in den Ordner, in dem sich die gesuchte Datei befindet, und markieren Sie das gewünschte Bild.
6. Klicken Sie auf *Einfügen,* um das Bild im Dokument zu platzieren.

PROFITIPP

Grafiken verknüpft einfügen

Wenn Sie möchten, dass sich spätere Änderungen an der Grafik automatisch auf das Dokument auswirken (z.B. bei einem Firmenlogo), müssen Sie die Grafik verknüpft einfügen. Klicken Sie dazu auf das kleine Dreieck der Schaltfläche *Einfügen* und wählen Sie dann im ausgeklappten Menü den Befehl *Mit Datei verknüpfen.*

Größe einer Grafik ändern

Beim Einfügen einer Grafik versucht Office, die Originalgröße des Bildes beizubehalten. Da das aber in den seltensten Fällen die richtige Größe sein wird, müssen Sie die Grafik in der Regel anschließend noch vergrößern oder verkleinern. Am schnellsten können Sie das mit der Maus erledigen. Dazu benutzen Sie die acht Anfasser der Grafik, die erscheinen, sobald Sie die Grafik mit der Maus anklicken.

- Mit den Anfassern an den vier Ecken des Rahmens können Sie die Größe der Grafik verändern, ohne die Grafik dabei zu verzerren. Das heißt, das Höhen-/Breitenverhältnis der Grafik bleibt erhalten.
- Wenn Sie einen der seitlichen Anfasser ziehen, können Sie die Grafik nur in der Breite bzw. der Höhe verändern. Dabei wird die Grafik verzerrt.

Zusätzlich können Sie die Größenänderung der Grafik noch durch das Drücken zweier Tasten beeinflussen:

- Wenn Sie beim Bewegen der Maus die Taste `Strg` festhalten, erfolgt die Größenänderung bezogen auf den Mittelpunkt der Grafik (das heißt, der Mittelpunkt der Grafik wird nicht verschoben). In Word funktioniert dies jedoch nur, wenn der Zeilenumbruch der Grafik nicht auf *Mit Text in Zeile* steht.
- Wenn Sie `Alt` drücken, schalten Sie die Wirkung des Rasters um. Das Raster erleichtert das Ausrichten von grafischen Elementen, indem es dafür sorgt, dass sich Objekte nicht stufenlos, sondern nur in einer voreingestellten Schrittweite bewegen lassen. Durch das Drücken von `Alt` schalten Sie ein aktiviertes Raster aus bzw. ein deaktiviertes Raster ein. Weitere Informationen zu diesem Thema finden Sie weiter hinten in diesem Kapitel ab Seite 690.

Wenn Sie die Größe einer Grafik exakt einstellen wollen, kommen Sie mit der Maus nicht weiter. In diesem Fall tragen Sie die gewünschte Größe besser auf der Registerkarte *BILDTOOLS/FORMAT* ein, die automatisch angezeigt wird, sobald Sie die Grafik mit der Maus angeklickt (markiert) haben. Die benötigten Eingabefelder befinden sich auf der Registerkarte ganz rechts.

Onlinegrafiken einfügen

Mit Onlinegrafiken sind in Office ganz allgemein Bilder gemeint, die Sie aus dem Internet herunterladen. Das können sowohl normale Fotos oder auch ClipArts (kleine Zeichnungen) sein. Für Sie ist zunächst entscheidend, wo genau Sie nach den Bildern suchen. Wenn Sie sich auf den Onlinebereich von *Office.com* beschränken, sind die Bilder auf jeden Fall lizenzgebührenfrei, also kostenlos. Bei allen anderen Bildern, die Sie im Internet finden, müssen Sie zunächst prüfen, ob Sie sie in Ihren Dokumenten bzw. Publikationen nutzen dürfen. Denken Sie daran: Das Heer der Abmahnanwälte ist groß und Abmahngebühren bis knapp 2000 Euro durchaus üblich.

1. Legen Sie die Position fest, an der Sie die Grafik einfügen möchten.
2. Klicken Sie auf der Registerkarte *EINFÜGEN* auf die Schaltfläche *Onlinegrafiken.* Dadurch wird das Fenster *Bilder einfügen* angezeigt.

Bild 36.4 Hier können Sie entscheiden, wo Sie nach Bildern suchen wollen

In diesem Fenster geben Sie an, wo Office nach Bildern suchen soll. Die ersten beiden Einträge sind immer vorhanden, alle weiteren Einträge der Liste sind Bilderdienste, die Sie mit Ihrem Office-Konto verbunden haben *(DATEI/Konto/Dienst hinzufügen).*

- **ClipArt von Office.com** Alle Bilder, die Sie hier finden, dürfen Sie kostenlos herunterladen und in Ihren Dokumenten nutzen.
- **Bing-Bildersuchen** Mit dieser Option durchsuchen Sie das komplette Internet. Bilder, die Sie hier finden, sind in der Regel nicht frei verfügbar. Beachten Sie in Ihrem eigenen Interesse auch die im Suchfenster angezeigten Hinweise zum Urheberrecht.
- **Flickr** Sie können sogar ein Account des Bilderdienstes flickr mit Office verbinden. Auf diese Weise können Sie direkt von Office aus auf Ihre Fotos und Videos bei flickr.com zugreifen.
- **SkyDrive** Selbstverständlich kann Office auch Ihren Speicherbereich auf SkyDrive nach Bildern durchsuchen.

3. Geben Sie einen Suchbegriff ein.

Bild 36.5 Ergebnis einer Bildersuche bei *Office.com*

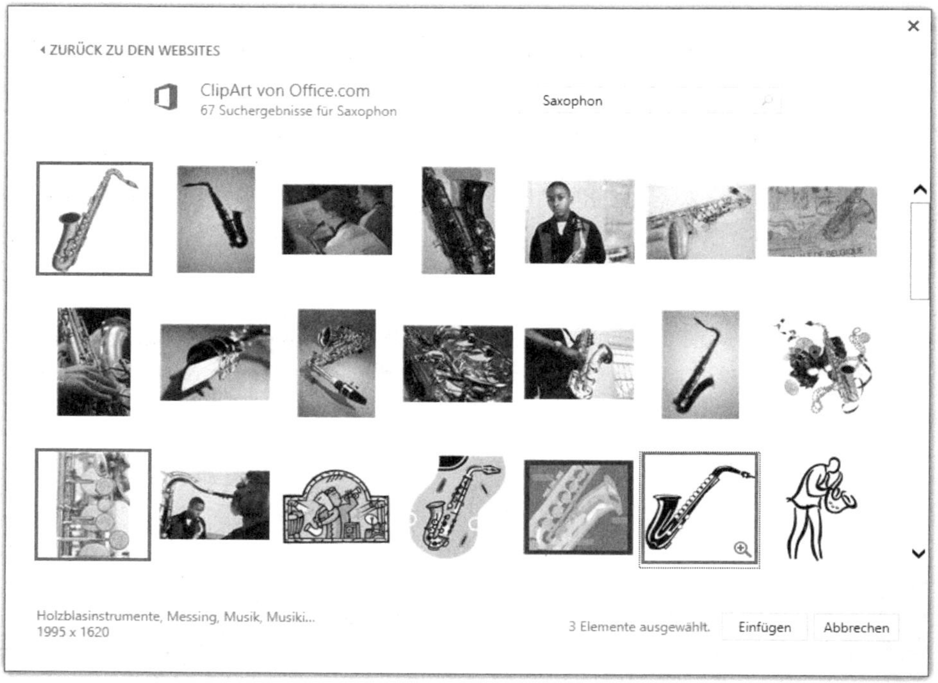

4. Sie können eine vergrößerte Darstellung der Bilder anzeigen, indem Sie mit der Maus auf das Bild zeigen und dann auf das kleine Lupensymbol klicken.
5. Wenn Sie den Mauszeiger auf ein Bild bewegen, wird ein Hinweisfenster mit Stichworten zum Bild angezeigt. Mit ihrer Hilfe können Sie versuchen, weitere geeignete Bilder zu finden.

Bild 36.6 Über die Stichwörter lassen sich passende Bilder finden

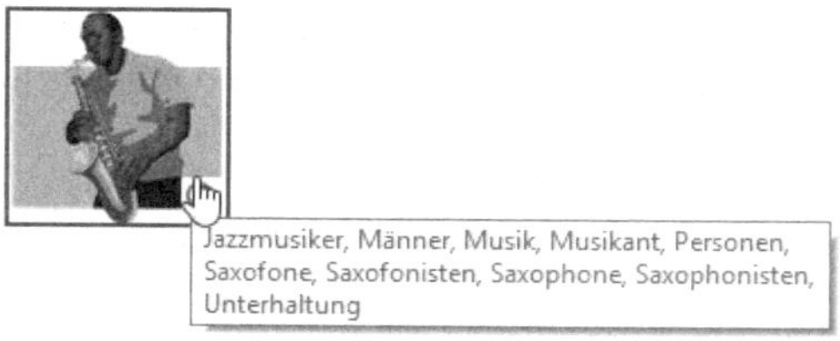

6. Markieren Sie das gewünschte Bild. Falls Sie mehrere Bilder gleichzeitig einfügen wollen, ziehen Sie entweder einen Rahmen um die betreffenden Bilder auf oder Sie klicken sie einzeln bei gedrückter Strg-Taste an.
7. Klicken Sie auf *Einfügen,* um das gewählte Bild bzw. die gewählten Bilder herunterzuladen und in Ihr Dokument einzufügen.

Screenshots einfügen

Seit Office 2010 können Sie nun auch Bildschirmabbildungen direkt aus den Programmen heraus erstellen. Dabei kann es sich z.B. um eine im Browser angezeigte Webseite oder ein Dialogfeld handeln, das Sie in eine Präsentation oder eine technische Dokumentation einfügen möchten. Außerdem lassen sich auch beliebige, rechteckige Bildschirmbereiche »abfotografieren«.

Grundsätzlich können Sie von allen Fenstern, die aktuell auf dem Bildschirm zu sehen sind, einen Screenshot erstellen. Auch wenn ein Fenster nur zum Teil sichtbar ist, wird es anschließend vollständig in Ihr Dokument übernommen. Minimierte Fenster lassen sich hingegen nicht aufnehmen.

Die Vorgehensweise beim Einfügen eines Screenshots ist denkbar einfach:

1. Legen Sie die Position fest, an der Sie den Screenshot einfügen möchten.
2. Klicken Sie auf der Registerkarte *EINFÜGEN* auf die Schaltfläche *Screenshot*. Dadurch klappt eine Liste mit Vorschaubildern aller momentan geöffneten Fenster auf – allerdings mit Ausnahme des Programms, in dem Sie sich gerade befinden. Auch Fenster, die sich regelmäßig aktualisieren, wie zum Beispiel der Taskmanager, werden nicht korrekt angezeigt. Selbst mit Browserfenstern hat die Funktion gelegentlich Schwierigkeiten.

Bild 36.7 Zeigen Sie mit der Maus auf eines der Vorschaubilder, um den Fenstertitel anzuzeigen

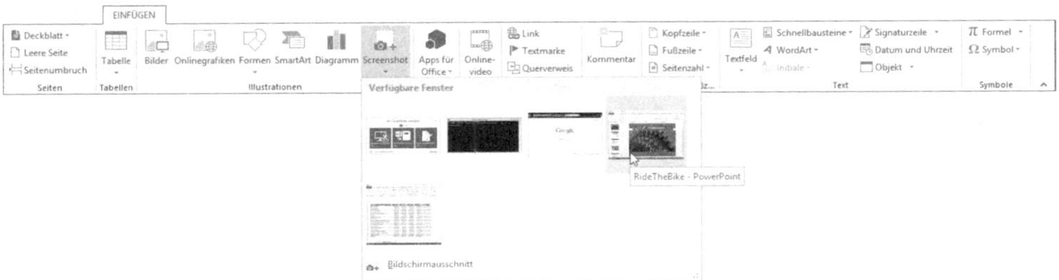

3. Wenn Sie ein Fenster nicht eindeutig identifizieren können, lassen Sie sich seinen Titel anzeigen, indem Sie mit der Maus auf das Vorschaubild zeigen.
4. Fügen Sie den Screenshot des gewünschten Fensters ein, indem Sie seine Vorschau anklicken.

Falls Sie nicht das gesamte Fenster eines Programms, sondern nur einen bestimmten Ausschnitt abbilden möchten, wählen Sie im Menü der Schaltfläche *Screenshot* den Befehl *Bildschirmausschnitt*. Dadurch verschwindet das Programm, in dem Sie sich gerade befinden, vom Bildschirm, der nun eine blasse Darstellung bekommen hat. Jetzt können Sie den gewünschten (rechteckigen) Bereich mit der Maus markieren. Sie haben dabei leider keine Möglichkeit, Ihre Auswahl zu korrigieren: Sobald Sie die Maustaste loslassen, wird der Ausschnitt in Ihr Dokument eingefügt.

TIPP Wie Sie in der obigen Abbildung sehen, taucht das Programmfenster von PowerPoint nicht in der Screenshot-Liste auf. Ein Office-Programm kann sich also nicht selbst aufnehmen. Wenn Sie zum Beispiel einen Screenshot von Word erstellen möchten, müssen Sie daher den Umweg über ein anderes Programm der Office-Familie gehen.

Alternativ können Sie natürlich auch das Snipping-Tool von Windows oder ein anderes Programm Ihrer Wahl verwenden.

Formen einfügen

Wenn Sie eine kleine Skizze oder auch ein Flussdiagramm in Ihrem Dokument verwenden wollen, brauchen Sie nicht gleich zu einem Grafikprogramm zu greifen. Arbeiten Sie einfach mit *Formen*, die in einer verschwenderischen Fülle vorhanden sind. Formen gehören bereits seit langem zum Portfolio von Office. Sie hießen früher *AutoFormen,* da sie aus einer Ära stammen, in der das Präfix »Auto« inflationär benutzt wurde.

Formen werden, genau wie Bilder und ClipArts, über die Registerkarte *EINFÜGEN* erstellt. Klicken Sie dazu in der Gruppe *Illustrationen* auf das Symbol *Formen*, um eine Liste der angebotenen Formen anzuzeigen.

Bild 36.8 Die Auswahl an Formen ist überaus reichhaltig

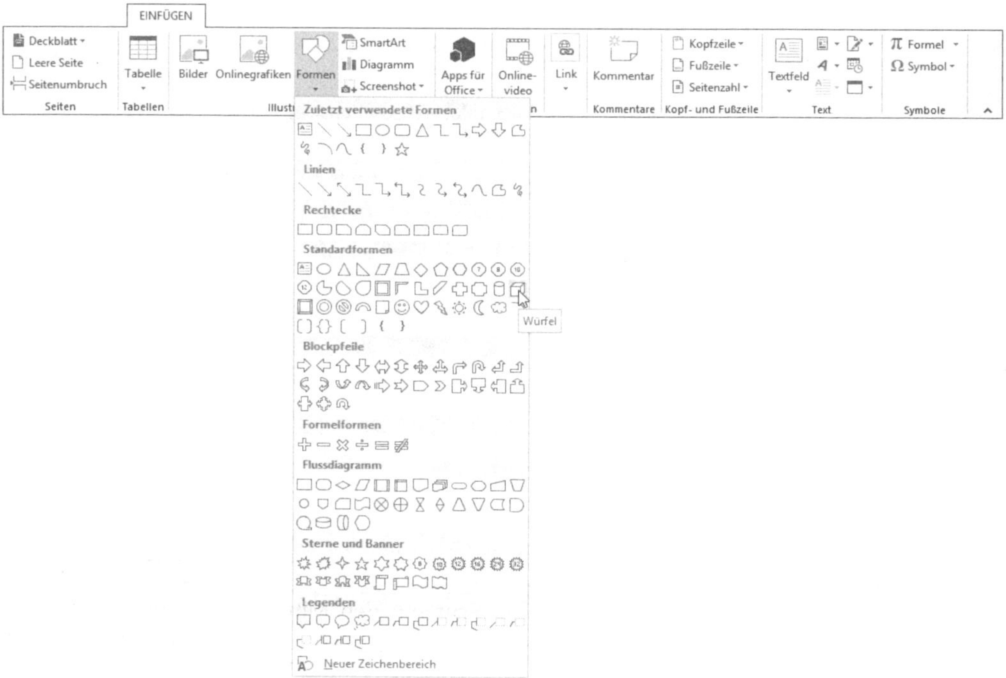

Um eine Form einzufügen, wählen Sie das gewünschte Symbol aus der Liste aus, klicken mit der Maus in Ihr Dokument und ziehen dann mit gedrückter Maustaste einen Rahmen in der gewünschten Größe auf.

Die Bedeutung der gelben Rauten

Viele Formen verfügen neben den normalen Anfassern noch über eine oder mehrere gelbe Rauten. Mit ihnen können Sie die Proportionen einer Form nachträglich modifizieren, indem Sie sie mit der Maus verschieben.

Bild 36.9 Mit Hilfe der gelben Rauten lassen sich die Formen verändern

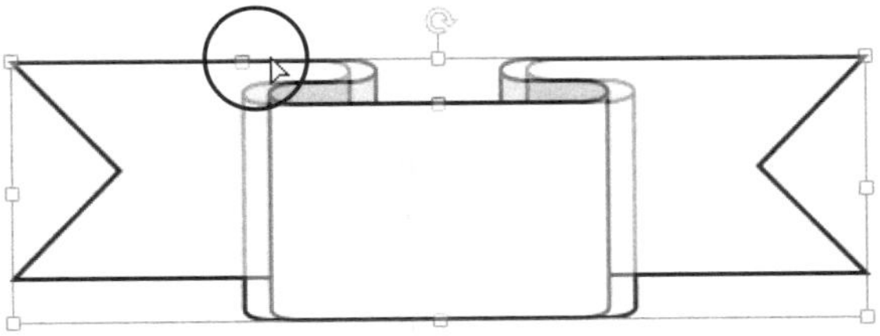

Drehen einer Form

Mit dem kreisförmigen Pfeil können Sie eine Form um ihren Mittelpunkt drehen. Durch gleichzeitiges Drücken der ⇧-Taste erreichen Sie, dass die Drehung in 15°-Schritten erfolgt.

Bild 36.10 Mit Hilfe der grünen Punkte können Sie eine Form drehen

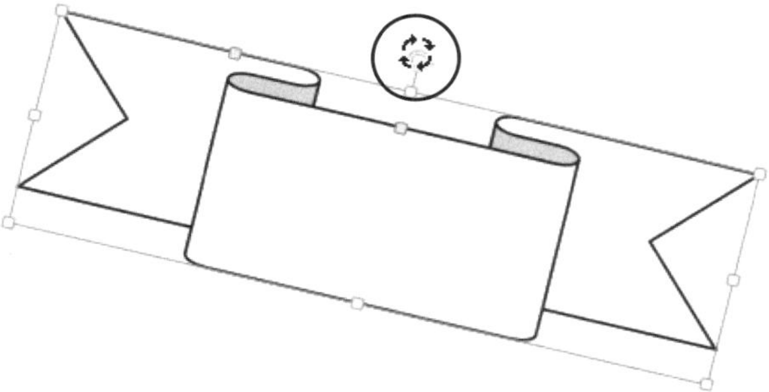

HINWEIS In älteren Versionen von Microsoft Word konnte man durch Drücken der Taste Strg erreichen, dass die Drehung nicht um den Mittelpunkt, sondern um den gegenüberliegenden Anfasser ausgeführt wurde. Dieser »Trick« funktioniert seit Word 2010 nicht mehr.

Formen mit Text füllen

Wenn Sie eine Form beschriften wollen, können Sie den betreffenden Text direkt der Form zuweisen. Dies funktioniert bei allen geschlossenen Formen (und zusätzlich bei Kurven):

1. Markieren Sie die Form und tippen Sie den gewünschten Text einfach ein. Dabei erscheint innerhalb der Form ein blinkender Cursor.
2. Anschließend können Sie den Text mit den gewohnten Werkzeugen formatieren und zum Beispiel die Größe und Auszeichnung der Schrift ändern.

Bild 36.11 Eine beschriftete Form

Schnellformatvorlagen zuweisen

In der Regel werden Sie bei einer neuen Form die vorgegebene Darstellung noch verändern wollen. Dazu verwenden Sie am besten eine der Schnellformatvorlagen, mit deren Hilfe sich diese Aufgabe in wenigen Sekunden erledigen lässt:

1. Markieren Sie die gewünschte Form.
2. Zeigen Sie die Registerkarte *ZEICHENTOOLS/FORMAT* an und öffnen Sie den Auswahlkatalog der Gruppe *Formenarten*.

Bild 36.12 Zuweisen einer Schnellformatvorlage

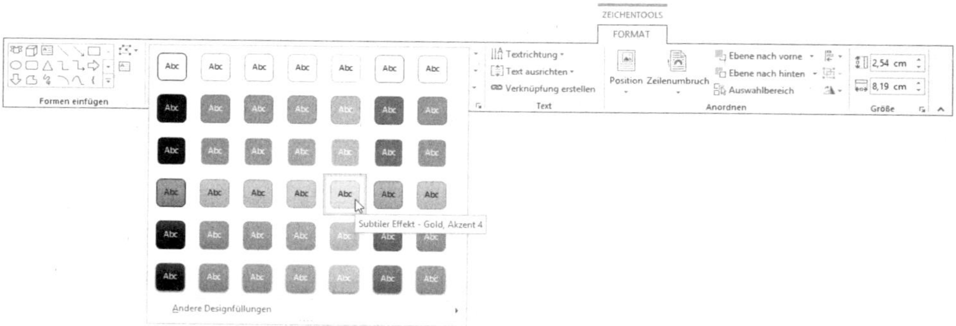

3. Wandern Sie mit dem Mauszeiger über die Einträge des Auswahlkatalogs und begutachten Sie die Wirkung der Formatvorlagen direkt im Dokument. Übernehmen Sie die gewünschte Vorlage durch Anklicken.

TIPP Die in der Liste angebotene Auswahl hängt von dem jeweiligen Design ab, das Sie dem aktuellen Dokument zugewiesen haben. Ausführliche Informationen über das Design-Konzept finden Sie in Kapitel 35.

SmartArts einfügen

SmartArts sollen Ihnen helfen, Sachverhalte grafisch umzusetzen – frei nach dem Motto: »Ein Bild sagt mehr als tausend Worte«. Wie Sie gleich noch sehen werden, liegt die besondere Stärke von SmartArts in ihrer enormen Effektivität. Es ist in der Tat mit erstaunlich wenig Aufwand möglich, professionelle Illustrationen zu erstellen, die Ihre Dokumente deutlich aufwerten können.

In diesem Abschnitt werden wir mit Hilfe von SmartArts ein Diagramm anfertigen, das den Kreislauf der Software-Entwicklung nach dem Modell des *Extreme Programming (XP)* verdeutlichen soll. Die dazu erforderliche Vorgehensweise zeigt die folgende Grafik, die selbst eine SmartArt ist.

Bild 36.13 Entstehungsprozess einer SmartArt-Grafik

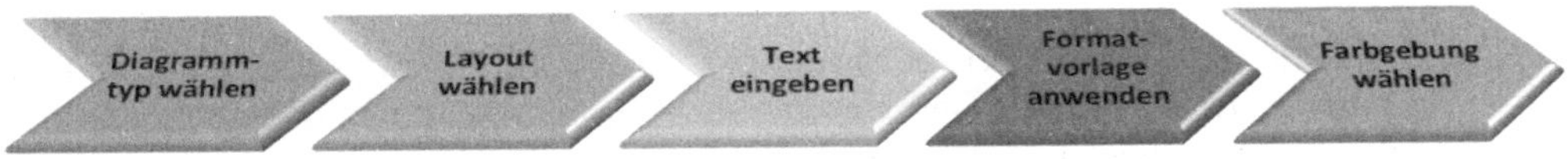

1. Legen Sie die Position fest, an der Sie die SmartArt einfügen möchten.
2. Wechseln Sie auf die Registerkarte *EINFÜGEN* und klicken Sie dort in der Gruppe *Illustrationen* auf die Schaltfläche *SmartArt*. Es erscheint der SmartArt-Katalog, in dem die verschiedenen Layouts nach Typen geordnet aufgeführt sind (siehe Bild 36.14).
3. Wählen Sie einen Typ aus, mit dem sich die Zusammenhänge, die Sie darstellen möchten, am besten visualisieren lassen. In unserem Fall ist dies sicherlich der Typ *Zyklus*. Im Katalog werden dann nur noch die Layouts des gewählten Typs angezeigt.
4. Wenn Sie die einzelnen SmartArt-Layouts anklicken, erscheint rechts im Fenster eine kurze Erläuterung, die Hinweise zum sinnvollen Einsatz der jeweiligen Layouts liefert.

Bild 36.14 Der SmartArt-Katalog enthält eine reichhaltige Auswahl

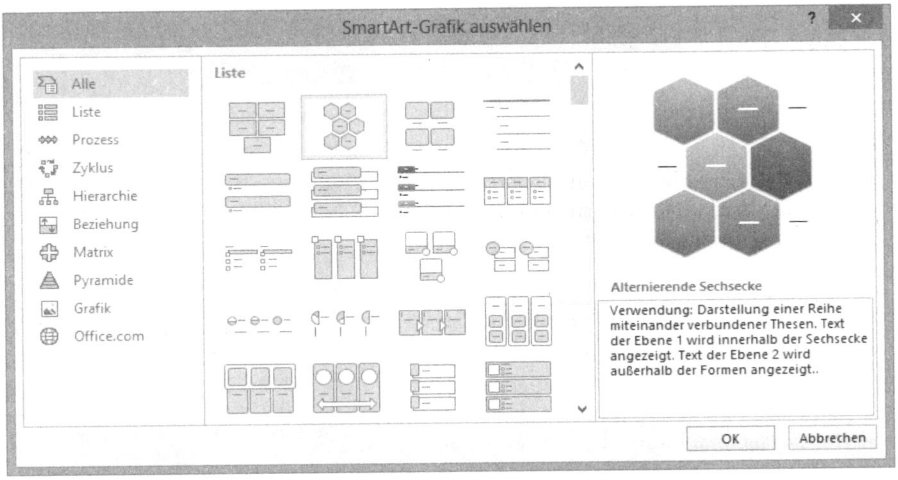

5. Übernehmen Sie das gewählte Layout mit *OK*. Dadurch wird die Rohfassung der SmartArt in das Dokument eingefügt. Außerdem tauchen im Menüband zwei Registerkarten auf, auf die wir gleich noch eingehen werden.

6. Sie könnten nun die Textplatzhalter bereits im Diagramm durch eigene Texte ersetzen. Das lässt sich jedoch komfortabler in einem speziellen Textbereich vornehmen, den Sie durch einen Klick auf den kleinen Griff am linken Rand des SmartArt-Rahmens ein- und ausschalten können.

Bild 36.15 Im Textbereich lassen sich die Texte der SmartArt bequem editieren

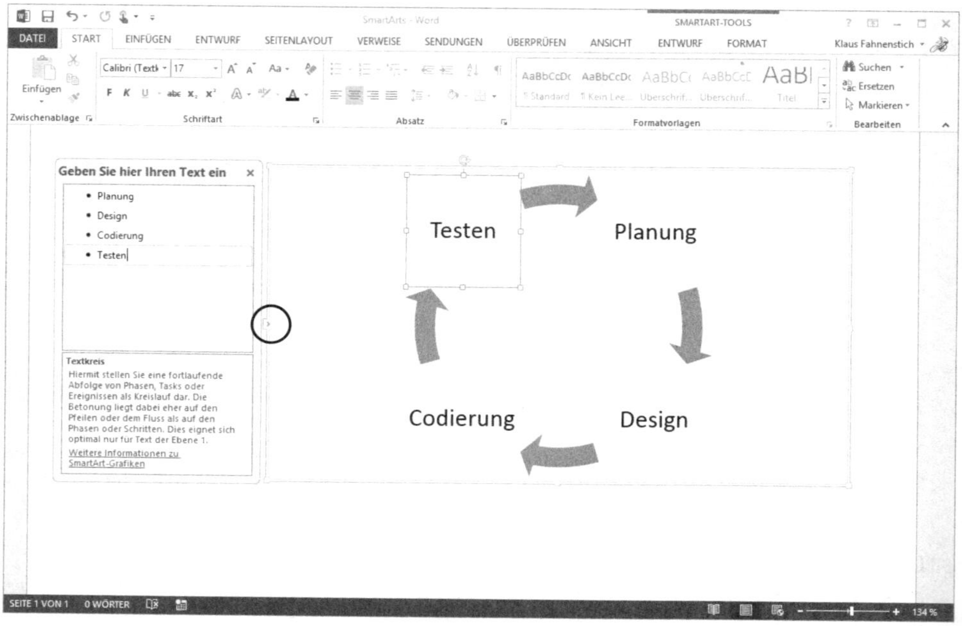

7. Geben Sie die Texte in den Textbereich ein. Beachten Sie, dass sich die Schriftgröße an die eingegebene Textmenge anpasst. Bei Bedarf können Sie nicht benötigte Listeneinträge löschen oder neue Einträge ergänzen.

8. Wenn Sie alle Textplatzhalter ausgefüllt haben, können Sie den Textbereich über seine *Schließen*-Schaltfläche wieder ausblenden.

Damit liegt die Grundstruktur der SmartArt fest und Sie können im nächsten Schritt ihre optische Gestaltung ändern. Dazu verwenden Sie am besten eine der angebotenen Formatvorlagen, auch wenn es prinzipiell möglich ist, die einzelnen Bestandteile einer SmartArt individuell zu bearbeiten.

9. Öffnen Sie in der Registerkarte *SMARTART-TOOLS/ENTWURF* die Auswahlliste für die *SmartArt-Formatvorlagen*. Zeigen Sie dann mit der Maus auf die verschiedenen Vorlagen, um ihre Wirkung direkt im Dokument anzuzeigen. Beachten Sie auch, dass einige Formatvorlagen einen räumlichen Effekt haben.

Bild 36.16 Zeigen Sie mit der Maus auf die verschiedenen Formatvorlagen, um ihre Wirkung direkt im Dokument beurteilen zu können

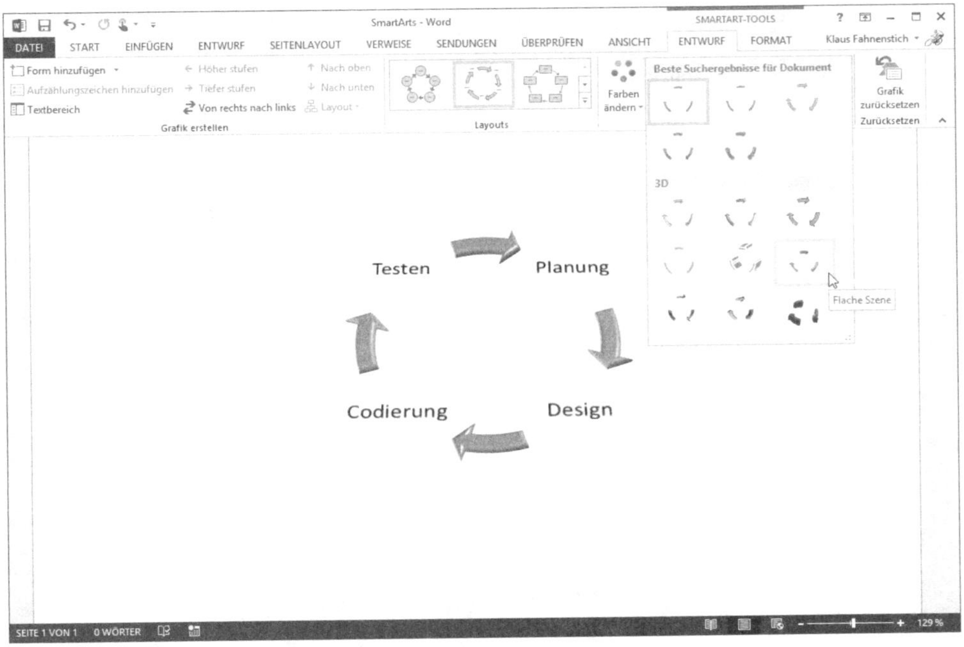

10. Nachdem Sie eine geeignete Formatvorlage ausgewählt haben, können Sie noch die Farbgebung der SmartArt ändern. Klicken Sie dazu auf die Schaltfläche *Farben ändern* und übernehmen Sie eine der angebotenen Varianten.

Wenn Sie sich das letzte Bild noch einmal ansehen, werden Sie bemerken, dass der Text noch nicht optimal mit den Pfeilen harmoniert. Der Text ist zwar, genau wie die Pfeile, optisch nach hinten gekippt, aber der fehlende Schatten stört den Gesamteindruck. Dieses Manko soll nun noch mit möglichst wenig Aufwand behoben werden.

11. Klicken Sie die SmartArt an und schalten Sie den Textbereich ein.

12. Markieren Sie im Textbereich den gesamten Text.

13. Wechseln Sie auf die Registerkarte *SMARTART-TOOLS/FORMAT*, öffnen Sie das Menü der Schaltfläche *Texteffekte* und klappen Sie das Untermenü *Schatten* auf.

14. Suchen Sie für die Texte einen passenden Effekt aus. Dank der Live-Vorschau brauchen Sie dazu nur mit dem Mauszeiger auf die verschiedenen Vorschaubilder des Katalogs zeigen (siehe Bild 36.17 auf der folgenden Seite).

An dieser Stelle wollen wir die Vorstellung der SmartArts beenden – auch wenn auf den Registerkarten *ENTWURF* und *FORMAT* der *SMARTART-TOOLS* noch eine Fülle von interessanten Funktionen schlummert. Am besten probieren Sie in einer ruhigen Stunde die verschiedenen Effekte der Reihe nach aus.

Bild 36.17 Der markierte Text lässt sich mit diversen Spezialeffekten versehen

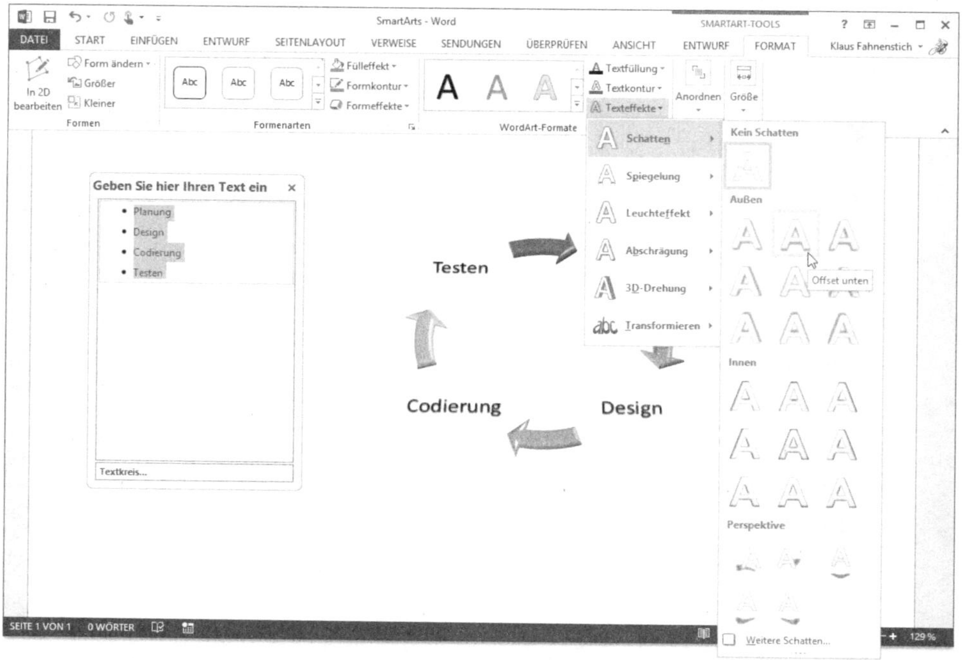

Ausrichtungslinien

Office 2013 unterstützt die Positionierung von Grafiken jetzt auch mit Hilfe der neuen Ausrichtungslinien. Diese praktischen Linien tauchen beim Verschieben eines Objekts automatisch auf, wenn sich das Objekt einem anderen Objekt oder einer Textbegrenzung nähert.

Leider verhalten sich die einzelnen Programme nicht gleich: PowerPoint berücksichtigt zum Beispiel beim Verschieben einer Form auch andere Objekte, die sich auf der Folie befinden, während Word diese ignoriert und sich ausschließlich an Textbegrenzungen orientiert. Diese Inkonsistenz ist aus unserer Sicht zwar bedauerlich, lässt sich aber verschmerzen, da Formen auch auf andere Weise ausgerichtet werden können. Wir werden Ihnen diese Funktionen weiter unten im Abschnitt »Objekte aneinander ausrichten« auf Seite 696 vorstellen.

Die Handhabung der Ausrichtungslinien müssen wir Ihnen nicht großartig erklären, sie ist absolut intuitiv. Auf der rechten Seite sehen Sie jeweils ein Beispiel für Word und PowerPoint. In Word haben wir dazu das Lineal eingeblendet, damit Sie die Seitenränder gut erkennen können. Alternativ können Sie auch die Anzeige der Textbegrenzungen einschalten. Sie finden diese Einstellung in den Word-Optionen unter *Erweitert/Dokumentinhalt anzeigen.*

Beachten Sie, wie leicht es in PowerPoint ist, mehrere Objekte exakt zueinander zu positionieren. Im abgebildeten Beispiel zeigen die Ausrichtungslinien, dass der vertikale Abstand zwischen der Form 2 und 3 genauso groß ist wie der Abstand der Form 2 zum oberen Rand des Textplatzhalters.

Weitere Hinweise zur Konfiguration der Ausrichtungslinien in Word finden Sie auf Seite 693.

Bild 36.18 Ausrichtungslinien in Word orientieren sich nur an den Textbegrenzungen

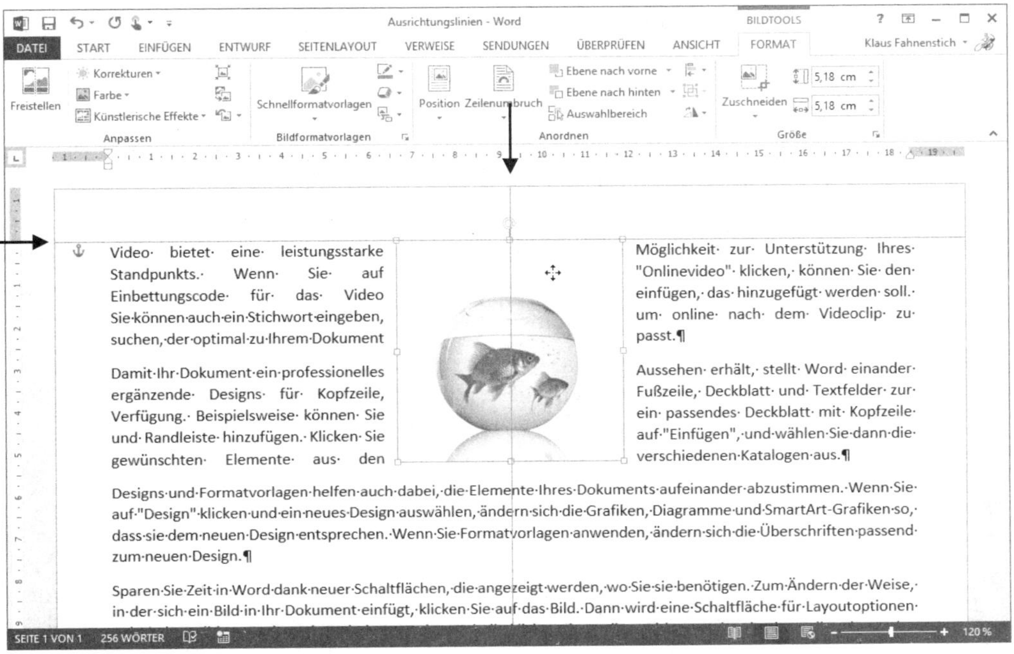

Bild 36.19 In PowerPoint berücksichtigen Ausrichtungslinien auch andere Objekte

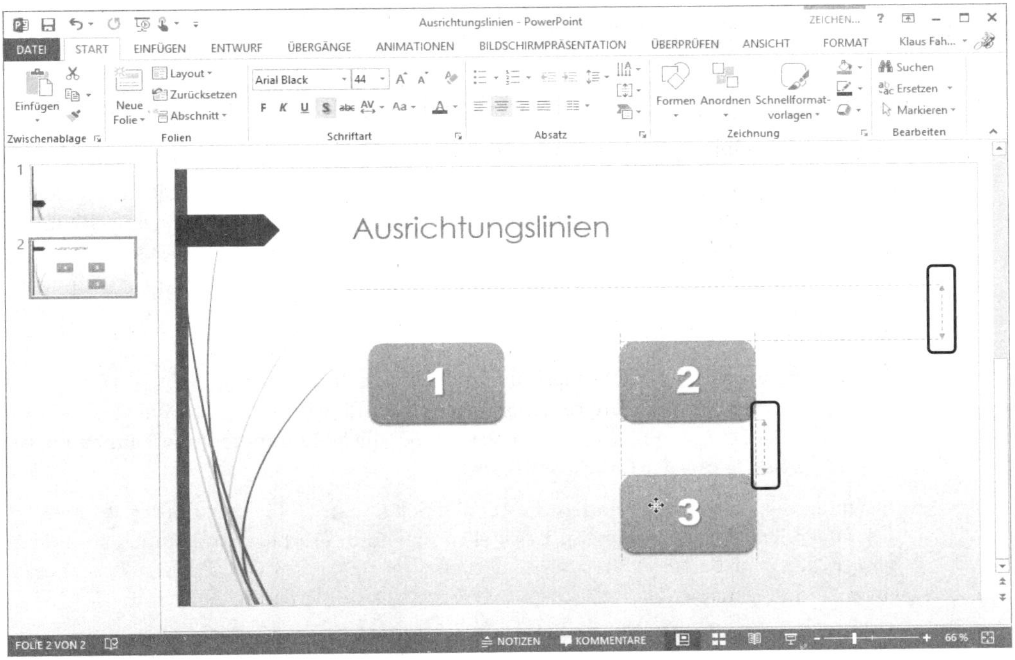

Das Zeichnungsraster

Wenn Sie eine Grafik oder eine Form verschieben, bewegt sie sich nicht gleichmäßig, sondern in kleinen kaum wahrnehmbaren Sprüngen. Die Ursache für dieses Verhalten ist das so genannte Zeichnungsraster, mit dem Office das exakte Positionieren von Grafiken und das Zeichnen von Formen unterstützt. Dieser Abschnitt beschreibt, wie Sie dieses Raster auf dem Bildschirm sichtbar machen und wie Sie seine Einstellungen verändern können.

Leider verhalten sich Excel, Word und PowerPoint in diesem Punkt etwas unterschiedlich:

- **Excel 2013** verwendet kein spezielles Raster, sondern die Gitternetzlinien des Arbeitsblattes.
- **Word 2013** nutzt ein Zeichnungsraster, bei dem Sie die horizontalen und vertikalen Linien unabhängig voneinander konfigurieren können.
- **PowerPoint 2013** arbeitet mit einem quadratischen Zeichnungsraster, bei dem sich die Größe der Kästchen einstellen lässt. Zusätzlich können aber auch Führungslinien eingeblendet werden, an denen sich Objekte ebenfalls ausrichten lassen.

In allen Programmen werden die Rasterlinien zusätzlich auch als Gitternetzlinien bezeichnet (nicht zu verwechseln mit den Gitternetzlinien in Diagrammen).

Das automatische Einrasten beim Zeichnen bzw. beim Verschieben von Objekten können Sie beeinflussen, indem Sie die automatische Ausrichtung von Objekten ein- bzw. ausschalten. Sie haben dabei die Wahl zwischen einer kurzzeitigen Deaktivierung und einem dauerhaften Ausschalten.

Wenn Sie die automatische Ausrichtung nur für das Verschieben eines einzelnen Objektes umschalten wollen, drücken Sie beim Verschieben die `Alt`-Taste. Dadurch wird die Wirkung der Funktion umgekehrt: Ist die automatische Ausrichtung zurzeit aktiv, wird sie durch Drücken von `Alt` temporär deaktiviert und Sie können das Objekt frei verschieben. Im anderen Fall, also wenn die Funktion ausgeschaltet war, wird sie durch das Drücken der Taste wieder wirksam.

Konfiguration des Rasters in Excel 2013

In Excel kann man eigentlich nicht von einem echten Zeichnungsraster sprechen. Das Raster wird hier durch die Begrenzungslinien der Zeilen und Spalten gebildet. Die Sichtbarkeit der Trennlinien steuern Sie, indem Sie auf der Registerkarte *ANSICHT* in der Gruppe *Anzeigen* die Option *Gitternetzlinien* ein- bzw. ausschalten.

Um das Standardverhalten des Rasters einzustellen, gehen Sie folgendermaßen vor:

1. Markieren Sie eine Grafik, ClipArt oder Form.
2. Wechseln Sie auf die Registerkarte *BILDTOOLS/FORMAT.*
3. Klicken Sie in der Gruppe *Anordnen* auf die Schaltfläche *Ausrichten* und wählen Sie den Befehl *Am Raster ausrichten.* Der Befehl wirkt wie ein Schalter, d.h. jeder Aufruf wechselt den aktuellen Status der Einrast-Funktion.

Beachten Sie, dass bei aktiviertem Raster alle Seiten eines Objekts einrasten können. Die Grafik in der folgenden Abbildung ist zum Beispiel einmal an ihrer linken und einmal an ihrer rechten Seite eingerastet.

Bild 36.20 In Excel wirken die Rahmenlinien der Zellen als Raster

Konfiguration des Rasters in Word 2013

In Word ist das Zeichnungsraster normalerweise ausgeschaltet. Um es auf dem Bildschirm sichtbar zu machen, müssen Sie auf der Registerkarte *ANSICHT* in der Gruppe *Anzeigen* die Option *Gitternetzlinien* einschalten. Für die eigentliche Konfiguration des Rasters existiert ein eigenes Dialogfeld:

1. Wechseln Sie auf die Registerkarte *SEITENLAYOUT*.
2. Klicken Sie in der Gruppe *Anordnen* auf die Schaltfläche *Ausrichten* und wählen Sie in ihrem Menü den Befehl *Rastereinstellungen*.

Bild 36.21 Konfiguration des Zeichnungsrasters und der Ausrichtungslinien in Word

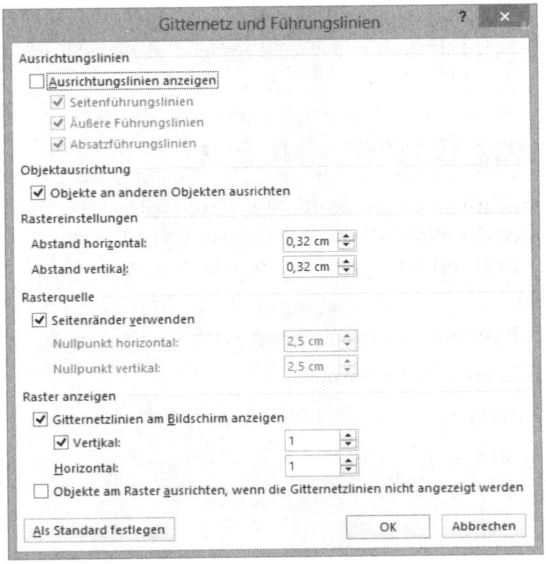

HINWEIS **Ausrichtungslinien** Beim Einschalten der Gitternetzlinien werden die Ausrichtungslinien automatisch ausgeschaltet. Wenn Sie die Ausrichtungslinien erneut nutzen möchten, müssen Sie sie explizit wieder einschalten *(SEITENLAYOUT/Ausrichten/Ausrichtungslinien verwenden)*.

Dieses Dialogfeld ist sowohl für die Konfiguration der Gitternetzlinien wie auch der Ausrichtungslinien verantwortlich. Dabei ist es wichtig zu wissen, dass immer nur eines der beiden Hilfsmittel genutzt werden kann: entweder die Ausrichtungslinien oder das Gitternetz.

3. In der Gruppe *Ausrichtungslinien* können Sie steuern, welche der verschiedenen Führungslinien angezeigt werden sollen. Der Sinn dieser Flexibilität erschließt sich uns auf Anhieb nicht, aber es mag durchaus Anwendungsfälle geben, in denen es praktisch ist, einzelne Linien auszuschalten.
4. Mit den beiden Eingabefeldern *Abstand horizontal* und *Abstand vertikal* können Sie die Weite des Rasters einstellen. Der etwas merkwürdig anmutende Vorgabewert von 0,32 cm kommt dadurch zustande, dass Word nicht in Zentimetern rechnet, sondern in der typographischen Maßeinheit *Punkt.* (Diese ist intern sogar noch in *Twips* unterteilt, wobei in einem Punkt 20 Twips enthalten sind.) Der Wert 0,32 cm entspricht dabei exakt 9 Punkt.
5. Normalerweise beginnt das Zeichnungsraster in der linken oberen Ecke des Textbereichs, also des Bereichs, der durch die festgelegten Seitenränder definiert ist. Sie können aber auch die Papierränder als Referenzpunkte benutzen. Schalten Sie dann im Dialogfeld die Option *Seitenränder verwenden* aus und tragen Sie die gewünschten Maßangaben in die Felder *Nullpunkt horizontal* und *Nullpunkt vertikal* ein.
6. Um die Rasterlinien anzuzeigen, schalten Sie die Option *Gitternetzlinien am Bildschirm anzeigen* ein. Zusätzlich können Sie mit der Option *Vertikal* steuern, ob zusätzlich zu den waagerechten auch die senkrechten Linien angezeigt werden sollen. Mit den beiden Zahlenangaben der Optionen *Vertikal* und *Horizontal* legen Sie fest, ob alle Linien des Rasters angezeigt werden sollen – das entspricht der Eingabe einer 1 – oder nur jede zweite, dritte usw.
7. Normalerweise rasten die Objekte beim Verschieben nur dann im Zeichnungsraster ein, wenn die Rasterlinien auf dem Bildschirm angezeigt werden. Wenn Sie das Raster jedoch dauerhaft aktivieren wollen, schalten Sie unten im Dialogfeld die Option *Objekte am Raster ausrichten, wenn die Gitternetzlinien nicht angezeigt werden* ein.
8. Wenn Sie möchten, dass die im Dialogfeld vorgenommenen Einstellungen nicht nur für das aktuelle, sondern für alle Dokumente gelten, klicken Sie auf die Schaltfläche *Als Standard festlegen* und bestätigen die anschließende Nachfrage mit *Ja.* Dieser Schritt wirkt sich jedoch nur auf die Konfiguration des Rasters aus (also auf den Rasterabstand, die Rasterquelle und die Anzahl der Rasterlinien). Die Sichtbarkeit der Rasterlinien betrifft immer alle Dokumente.

Bild 36.22 Word mit eingeschaltetem Zeichnungsraster. Beachten Sie, dass nicht die Ecken der Formen, sondern ihre Anfasser auf den Kreuzungspunkten der Gitternetzlinien einrasten

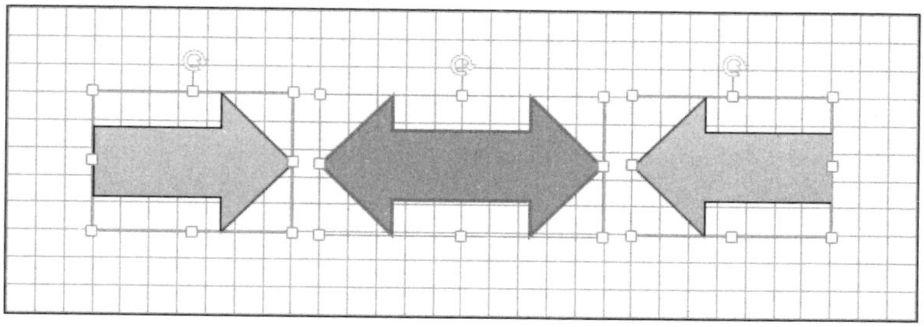

Konfiguration des Rasters in PowerPoint 2013

Das Zeichnungsraster von PowerPoint ist etwas einfacher organisiert als das von Word. Allerdings unterscheidet PowerPoint zwischen normalen und intelligenten Führungslinien. Die normalen Führungslinien sind frei verschiebbare Linien, an denen Sie die Objekte einer Folie ausrichten können (ähnlich den Hilfslinien in Adobe Photoshop und Adobe Illustrator). Bei ihren intelligenten Gegenstücken handelt es sich um die automatischen Ausrichtungslinien, die wir Ihnen bereits weiter vorne im Abschnitt »Ausrichtungslinien« (Seite 690) vorgestellt haben.

Um das Raster auf dem Bildschirm anzuzeigen, schalten Sie auf der Registerkarte *ANSICHT* in der Gruppe *Anzeigen* die Option *Gitternetzlinien* ein. Alternativ können Sie auch den Shortcut ⇧+F9 verwenden.

Die Konfiguration des Rasters erfolgt über ein Dialogfeld, das Sie am einfachsten über das Kontextmenü der angezeigten Folie aufrufen. Der Befehl heißt dort *Raster und Führungslinien.*

Bild 36.23 Konfiguration des Zeichnungsrasters in PowerPoint

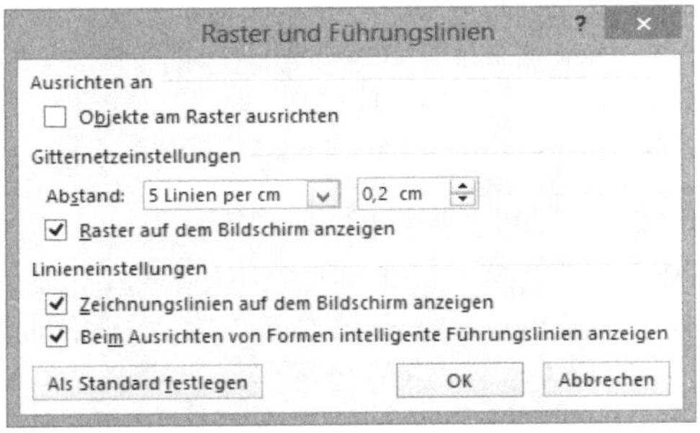

Mit der ersten Option legen Sie fest, ob Objekte standardmäßig am Raster ausgerichtet werden sollen oder nicht. Im Gegensatz zu Word gibt es bei PowerPoint keine Kopplung zwischen der Einrastfunktion und der Sichtbarkeit des Rasters.

Die Rasterweite stellen Sie im Kombinationsfeld *Abstand* ein, indem Sie entweder einen Wert aus der Liste auswählen oder eine eigene Angabe eintragen. Beachten Sie, dass hier nicht zwischen dem vertikalen und horizontalen Abstand unterschieden wird.

Führungslinien

Hinter der Option *Zeichnungslinien auf dem Bildschirm anzeigen* verbergen sich die eingangs erwähnten normalen Führungslinien. Diese Linien können frei auf der Folie verschoben werden und wirken auf die Objekte »magnetisch«. Wenn Sie Ihre Objekte mithilfe dieser Linien ausrichten wollen, empfehlen wir Ihnen, dass Sie die Funktion des Rasters deaktivieren.

Standardmäßig zeigt PowerPoint nur eine senkrechte und eine waagerechte Führungslinie an. Sie können jedoch weitere Linien erzeugen, indem Sie mit der Maus auf eine bestehende Linie zeigen, die Taste Strg drücken und dann das so erzeugte Duplikat zur Seite wegziehen (siehe Bild 36.24 auf der nächsten Seite). Alternativ können Sie auch das Kontextmenü der Folie aufrufen und dort den Befehl *Raster und Führungslinien/...Führungslinie hinzufügen* nuten. Um eine Linie zu entfernen, ziehen Sie sie einfach aus der Folie hinaus.

Bild 36.24 Bei PowerPoint wird das Raster nicht durch Linien, sondern durch Punkte dargestellt. Bei den gestrichelten Linien handelt es sich um Führungslinien (im Dialogfeld Zeichnungslinien genannt)

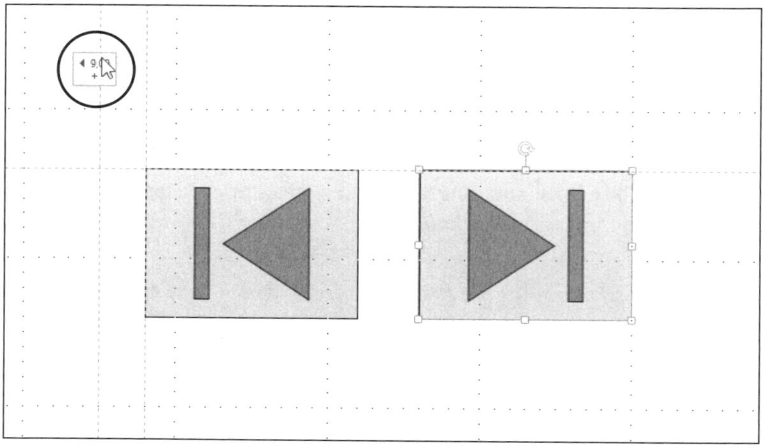

Objekte aneinander ausrichten

So praktisch die automatischen Führungslinien auch sein mögen: In einigen Situationen gehen Sie beim Ausrichten von Objekten besser anders vor. Im folgenden Beispiel sollen sechs Formen auf einer Linie positioniert werden und dabei exakt den gleichen Abstand voneinander haben. Diese Aufgabe lösen Sie am einfachsten über die Befehle der Schaltfläche *Ausrichten*, die Sie auf der Registerkarte *ZEICHENTOOLS/FORMAT finden.*

Bild 36.25 Die Aufgabe: Alle Kugeln sollen mit gleichmäßigen Abständen auf der Linie stehen

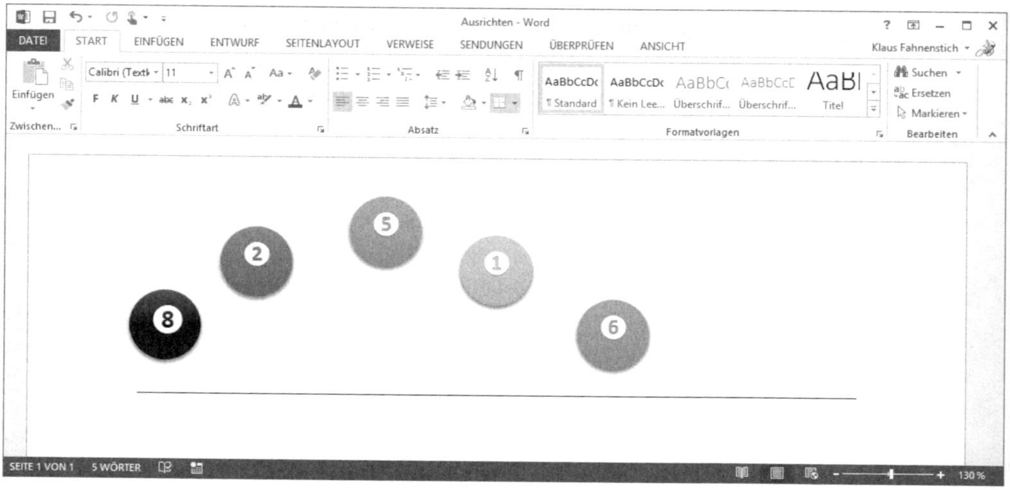

1. Öffnen Sie die Übungsdatei *Ausrichten* in Word.
2. Schieben Sie die linke Kugel nach unten, bis sie die Linie berührt.
3. Markieren Sie alle Kugeln. Klicken Sie dazu entweder die Kugeln nacheinander mit gedrückter [Strg]-Taste an (am Rand!) oder wählen Sie auf der Registerkarte *START* ganz rechts den Befehl *Markieren/Objekte markieren* und ziehen dann einen Rahmen um alle Kugeln auf.
4. Wechseln Sie auf die Registerkarte *ZEICHENTOOLS/FORMAT,* klicken dort auf die Schaltfläche *Objekte ausrichten* und wählen in ihrem Menü den Befehl *Unten ausrichten.* Das Ergebnis sollte dann ungefähr so aussehen, wie im folgenden Bild.

Bild 36.26 Sämtliche Kugeln stehen jetzt in einer Höhe auf der Linie

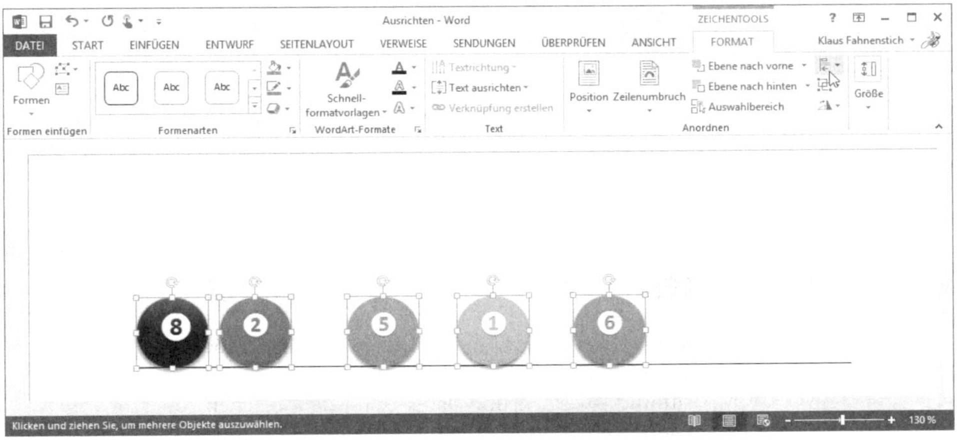

5. Jetzt müssen die Kugeln nur noch gleichmäßig verteilt werden. Nichts leichter als das: Wählen Sie diesmal den Befehl *Ausrichten/Horizontal verteilen.*
6. Drücken Sie [Esc], um die Markierung der Kugeln aufzuheben. Dadurch verlassen Sie auch den Markierungsmodus, falls Sie ihn in Schritt 3 eingeschaltet haben.

Bild 36.27 Die Kugeln stehen jetzt in gleichmäßigen Abständen auf der Linie

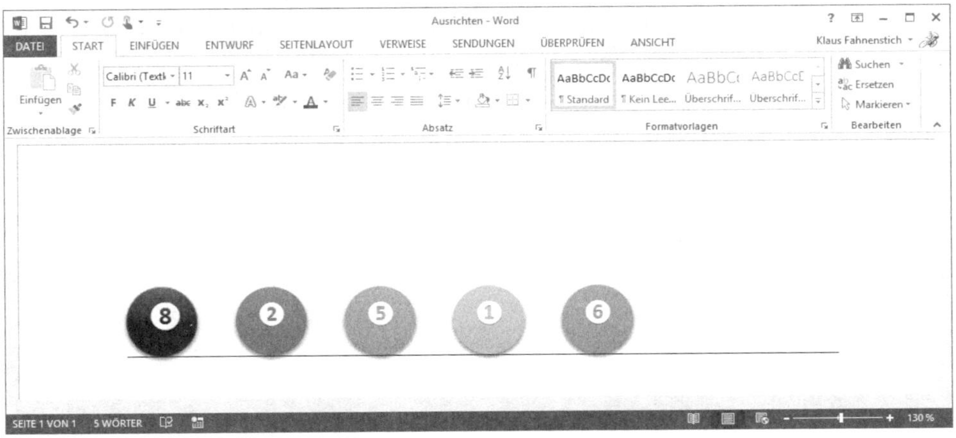

Objekte überlappen

Wenn ein Dokument mehrere, sich überlappende Grafiken enthält, können Sie die Art und Weise, wie sich die einzelnen Grafiken abdecken, genau einstellen:

1. Fügen Sie mehrere Formen ein und verschieben Sie sie anschließend so, dass sich die Formen teilweise überdecken.

Bild 36.28 Die Formen wurden in der Reihenfolge ihrer Nummern eingefügt

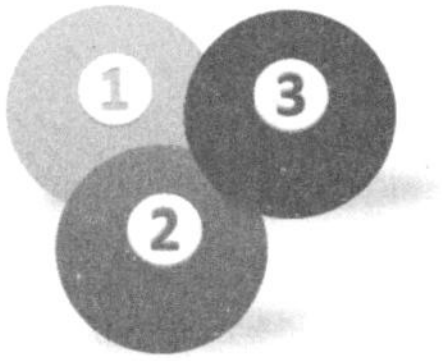

2. In einem ersten Schritt soll nun die Form mit der Ziffer 3 ganz nach hinten gestellt werden. Klicken Sie dazu die betreffende Form an.
3. Wechseln Sie auf die Registerkarte *ZEICHENTOOLS/FORMAT*, öffnen Sie in der Gruppe *Anordnen* das Menü der Schaltfläche *Ebene nach hinten* und wählen Sie dort *In den Hintergrund*. Die Form liegt jetzt zuunterst, das heißt, sie wird von den beiden anderen Formen überdeckt.

Bild 36.29 Die dritte Form befindet sich nun ganz hinten

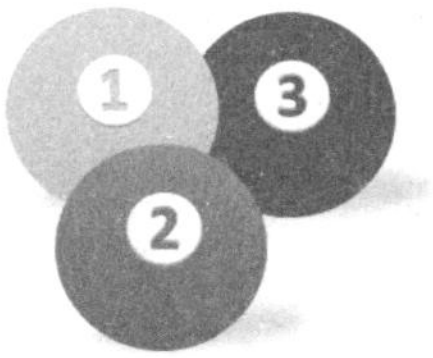

4. Im zweiten und letzten Schritt soll nun noch die zweite Form zwischen die beiden anderen Formen gestellt werden. Markieren Sie dazu die Form mit der Ziffer 2.
5. Wählen Sie nun auf der Registerkarte *ZEICHENTOOLS/FORMAT* den Befehl *Ebene nach hinten*. Dadurch rutscht die Form wie gewünscht zwischen die beiden anderen Formen.

Bild 36.30 Die drei Formen in umgekehrter Reihenfolge

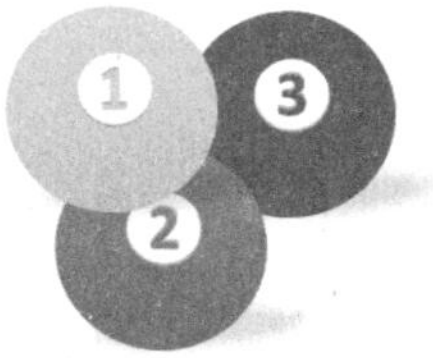

Wenn Ihnen der Weg über die Registerkarte zu umständlich ist, können Sie zum Umstellen der Ebenen auch auf das Kontextmenü der Formen zurückgreifen. Durch die verkürzten Mauswege ist dies in der Praxis das schnellere Verfahren.

Bild 36.31 Die Befehle des Kontextmenüs erlauben ein schnelleres Arbeiten

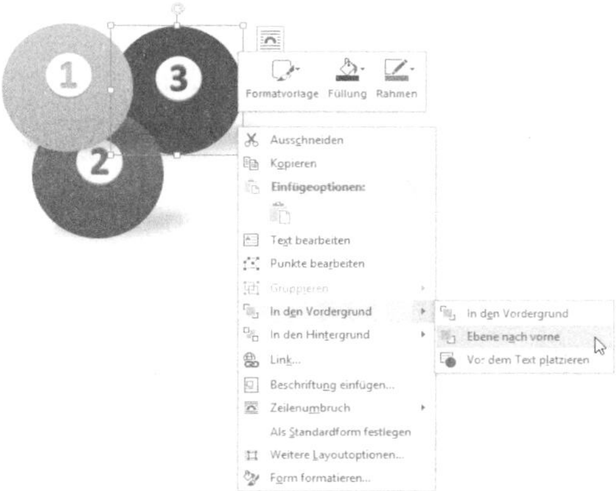

Der Aufgabenbereich »Auswahl«

Seit Word 2010 gibt es einen neuen Aufgabenbereich, mit dem sich Objekte besonders komfortabel auswählen und anordnen lassen. Es ist sogar möglich, die Sichtbarkeit der einzelnen Objekte zu steuern. Zum Anzeigen des Bereichs wählen Sie den Befehl *START/Markieren/Auswahlbereich.*

Bild 36.32 Der Aufgabenbereich *Auswahl* zeigt die Reihenfolge der Objekte als Liste an

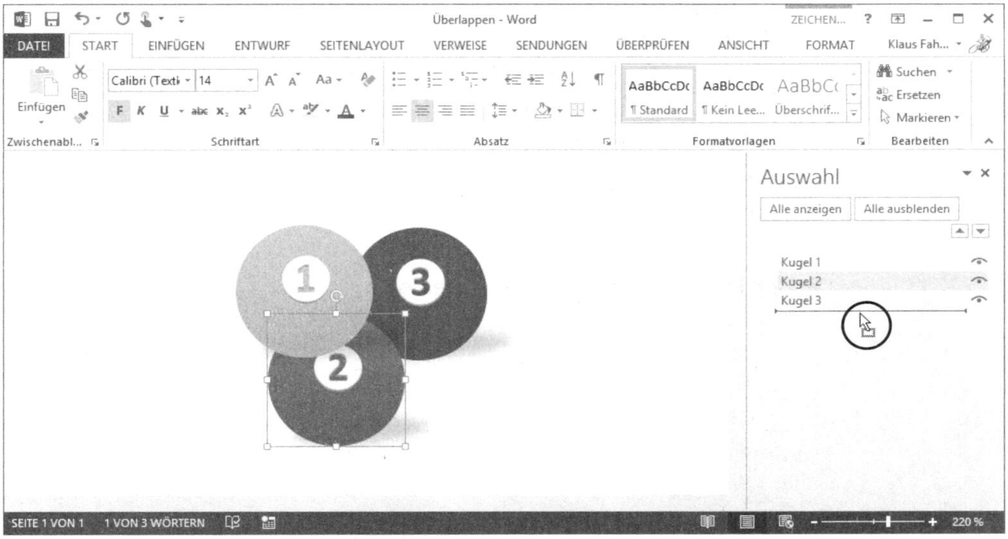

In diesem Aufgabenbereich können Sie folgende Aktionen vornehmen:

- **Markieren** Um ein Objekt auszuwählen, klicken Sie einfach seinen Namen in der Liste an. Falls ein Dokument sehr viele Objekte enthält, kann es allerdings manchmal schwierig sein, das gesuchte Objekt auf Anhieb anhand seines Namens zu identifizieren. Wenn Sie einen bereits markierten Namen in der Liste anklicken, können Sie den Eintrag ändern. Auf diese Weise haben wir im obigen Bild die Namen der Objekte von *Ellipse…* in *Kugel…* umbenannt.
- **Anordnen** Wenn Sie ein Objekt nach vorne oder nach hinten schieben möchten, markieren Sie es in der Liste und bewegen den Eintrag dann mithilfe der beiden Pfeilschaltflächen nach oben bzw. nach unten. Alternativ ziehen Sie den Eintrag, wie im Bild zu sehen, mit der Maus an seine gewünschte Position.
- **Ein-/Ausblenden** Indem Sie das Augensymbol eines Listeneintrags anklicken, können Sie das zugehörige Objekt ausblenden. Das betreffende Objekt wird dann nicht mehr auf dem Bildschirm angezeigt und auch nicht mit ausgedruckt. Um das Objekt wieder sichtbar zu machen, klicken Sie das Symbol, das sich dann zu einem waagerechten Strich (der wohl ein geschlossenes Auge darstellen soll) erneut an.

Objekte gruppieren

Wenn eine Figur, die Sie aus mehreren Formen zusammengestellt haben, vollendet ist, können Sie ihre Einzelteile zu einer Gruppe zusammenfassen. Die Gruppe verhält sich dann wie eine einzelne Illustration und kann dadurch leichter verschoben oder kopiert werden.

Das folgende Beispiel beschreibt, wie Sie beim Gruppieren vorgehen müssen:

1. Fügen Sie mehrere Formen in ein Dokument ein oder öffnen Sie die Übungsdatei *Gruppieren*.
2. Markieren Sie die gewünschten Formen, indem Sie sie bei gedrückter Strg-Taste anklicken.

Bild 36.33 Die zu gruppierenden Formen wurden einzeln mit der Maus markiert

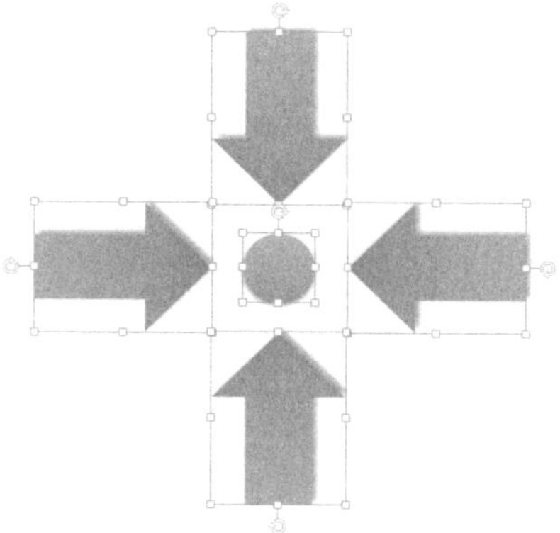

3. Wechseln Sie auf die Registerkarte *ZEICHENTOOLS/FORMAT*, klicken Sie in der Gruppe *Anordnen* auf die Schaltfläche *Objekte gruppieren* und wählen Sie in deren Ausklappmenü den Befehl *Gruppieren*. Die Formen erhalten dadurch eine gemeinsame Markierung – sie sind gruppiert.

Bild 36.34 Die Formen sind zu einer Gruppe zusammengefasst

Sie können die Gruppe nun als Ganzes im Dokument verschieben. Auch eine Bearbeitung der Formen ist in gewissen Grenzen möglich. Sie können z. B. der Gruppe neue Farben und Effekte zuweisen oder sie insgesamt vergrößern bzw. verkleinern. Die einzelnen Formen lassen sich ebenfalls noch separat anklicken und können so auch individuell formatiert werden.

4. Um die Gruppierung anschließend wieder zu lösen, rufen Sie den Befehl *Gruppierung aufheben* auf. Sie finden ihn sowohl in dem Ausklappmenü der Schaltfläche *Gruppieren*, als auch im Kontextmenü der gruppierten Formen.

Bild 36.35 Die Gruppierung kann jederzeit wieder gelöst werden

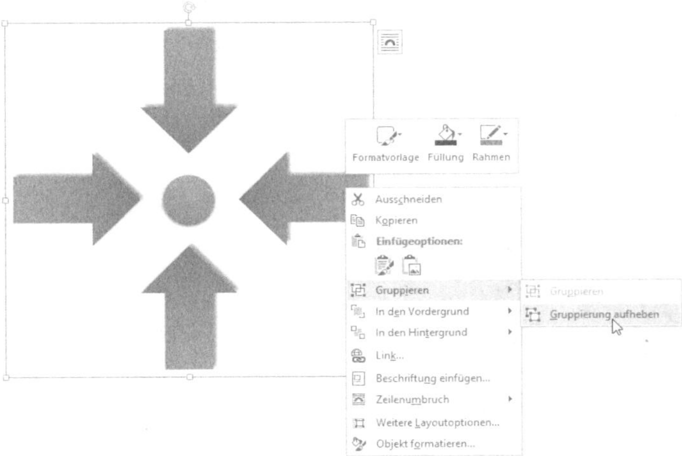

HINWEIS **Gruppierung wiederherstellen** Bis zur Version von Office 2007 ließ sich eine aufgehobene Gruppierung mit Hilfe des Befehls *Gruppierung wiederherstellen* rekonstruieren. Die einzelnen Objekte »wussten«, mit welchen Objekten sie zuvor eine Gruppe gebildet hatten. Dieser Befehl steht leider seit Office 2010 nicht mehr zur Verfügung.

Grafiken zuschneiden

Manchmal will man eine Grafik nicht komplett verwenden, sondern nur einen bestimmten Teil davon. Den notwendigen Zuschnitt müssen Sie jedoch nicht in einem Grafikprogramm vornehmen, sondern Sie können die nicht benötigten Teile der Grafik direkt im Dokument abschneiden. So können Sie sich z. B. von überflüssigen Rändern trennen oder einem Bild andere Proportionen geben.

1. Fügen Sie eine Grafik ein bzw. markieren Sie eine Grafik.
2. Wechseln Sie auf die Registerkarte *BILDTOOLS/FORMAT* und klicken Sie in der Gruppe *Größe* auf die Schaltfläche *Zuschneiden*. Das Programm befindet sich nun im Zuschneidemodus, was Sie an dem geänderten Mauszeiger und der geänderten Bildmarkierung erkennen.

Bild 36.36 Grafik im Zuschneidemodus

3. Ziehen Sie an den Anfassern der Grafik, um die unerwünschten Bildränder wegzuschneiden.

Bild 36.37 Der gewünschte Ausschnitt ist festgelegt

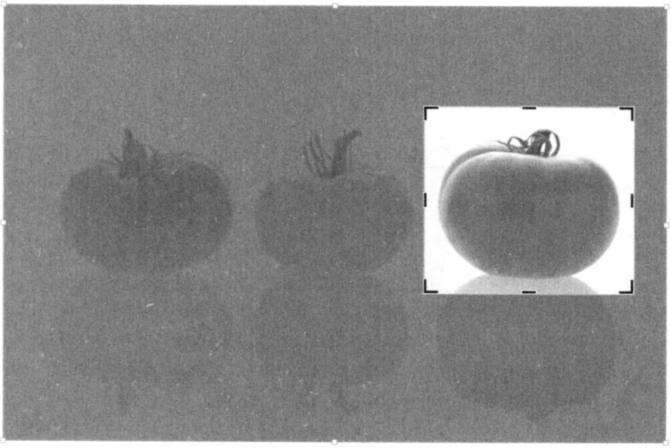

4. Um den Zuschneidemodus zu beenden, betätigen Sie entweder erneut die Schaltfläche *Zuschneiden* oder Sie klicken außerhalb der Grafik in das Dokument.
5. Passen Sie zum Schluss noch die Größe und die Position der Grafik an.

Bild 36.38 Der fertige Bildausschnitt

HINWEIS **Es geht nichts verloren** Beim Zuschneiden wird nur der sichtbare Bereich der Grafik geändert, die Grafik selbst bleibt unverändert. Sie können also den Zuschnitt nachträglich korrigieren oder sogar ganz rückgängig machen (dazu klicken Sie das Bild mit der rechten Maustaste an, wählen den Befehl *Größe und Position* und klicken im Dialogfeld auf *Zurücksetzen*).

Motive freistellen

Dass Office sich vor einem echten Bildbearbeitungsprogramm nicht verstecken muss, merken Sie spätestens, wenn Sie das erste Mal ein Bildmotiv mit Office freistellen. Diese Funktion ist in Office 2010 eingeführt worden und kann sich wirklich sehen lassen. Auch wenn ihre Handhabung auf den ersten Blick etwas sperrig wirken mag: Die Ergebnisse sind absolut überzeugend!

Bild 36.39 Die Person im Vordergrund soll freigestellt werden

1. Fügen Sie eine Grafik ein bzw. markieren Sie eine Grafik.
2. Wechseln Sie auf die Registerkarte *FORMAT* und klicken Sie ganz links auf *Freistellen.* Office analysiert das Bild und stellt im ersten Schritt automatisch einen Bereich des Bildes frei. Die Teile des Bildes, die Office entfernen möchte, erhalten eine violette Farbgebung.

Bild 36.40 Office stellt automatisch die Person in der Mitte frei, da sie den größten Kontrast hat

3. O.K., die automatische Erkennung hat in diesem Fall nicht funktioniert. Passen Sie also den Rahmen mithilfe seiner Anfasser so an, dass er den freizustellenden Bereich umfasst.

Bild 36.41 Nach dem Anpassen des Rahmens ist die Person bereits nahezu vollständig freigestellt

4. Um die jetzt noch fehlenden bzw. überschüssigen Bildbereiche (z.B. die Hand der Frau) freizustellen, müssen Sie noch etwas nacharbeiten. Dazu benötigen Sie die Schaltflächen der Registerkarte *FREISTELLEN*, die Sie in der nächsten Abbildung sehen.

Bild 36.42 Mit den ersten drei Schaltflächen können Sie den freigestellten Bereich beeinflussen.

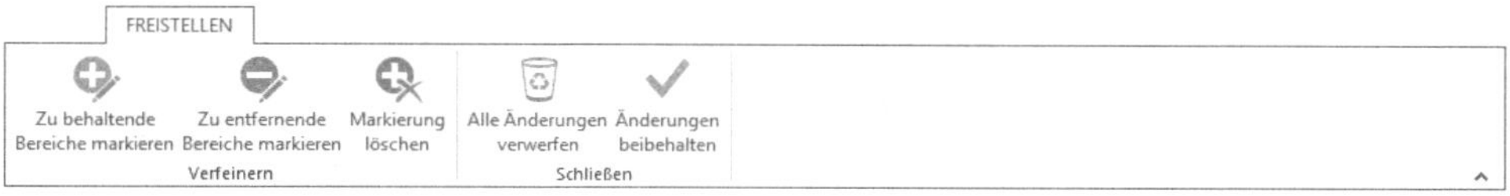

5. Klicken Sie die erste Schaltfläche an und ziehen Sie mit dem Stift-Werkzeug kurze Linien in die Bereiche des Bildes, die zusätzlich freigestellt werden sollen. Sobald Sie die Maustaste loslassen, können Sie die Wirkung der Linien beurteilen.
6. Leider lassen sich die Linien nicht nachträglich bearbeiten. Sie müssen die Linien daher bei Bedarf löschen und einen neuen Versuch starten. Verwenden Sie dazu entweder die normale Rückgängig-Funktion aus der Symbolleiste für den Schnellzugriff oder benutzen Sie das Werkzeug *Markierung löschen* aus der Registerkarte *FREISTELLEN.*
7. Um einen freigestellten Bereich zu entfernen, fügen Sie mit der Schaltfläche *Zu entfernende Bereiche markieren* nach dem gleichen Prinzip »negative« Linien ein. Wie Sie in der folgenden Abbildung erkennen, müssen die Linien nicht unbedingt exakt den Konturen der Figur folgen, sondern können auch etwas Abstand dazu einhalten.

Bild 36.43 Der freizustellende Bereich lässt sich durch Markierungslinien vergrößern und verkleinern

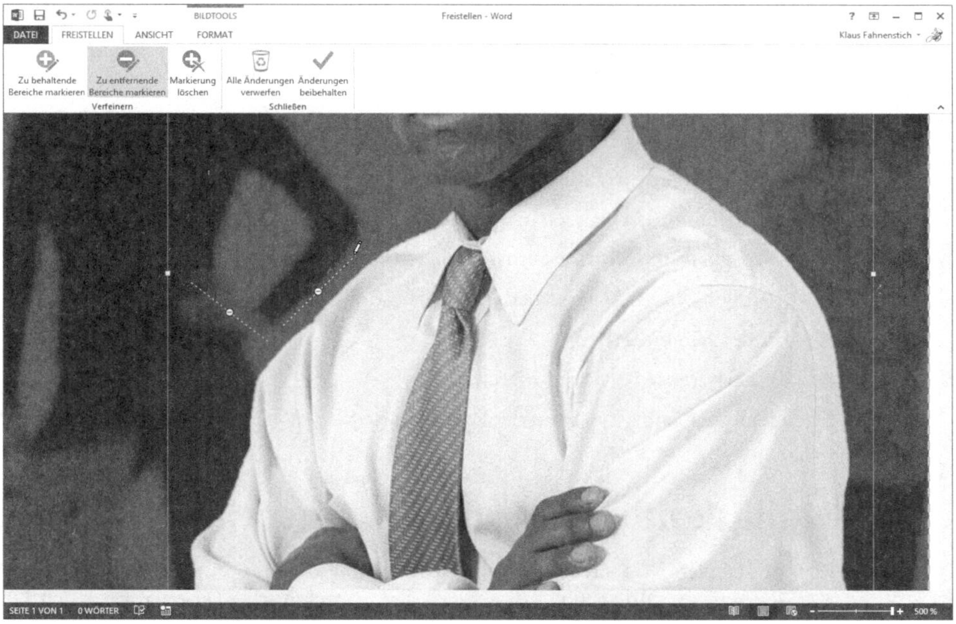

8. Wenn Sie mit dem Ergebnis zufrieden sind, klicken Sie auf *Änderungen beibehalten.*

Bild 36.44 Das Ergebnis ist trotz minimalem Aufwand beeindruckend

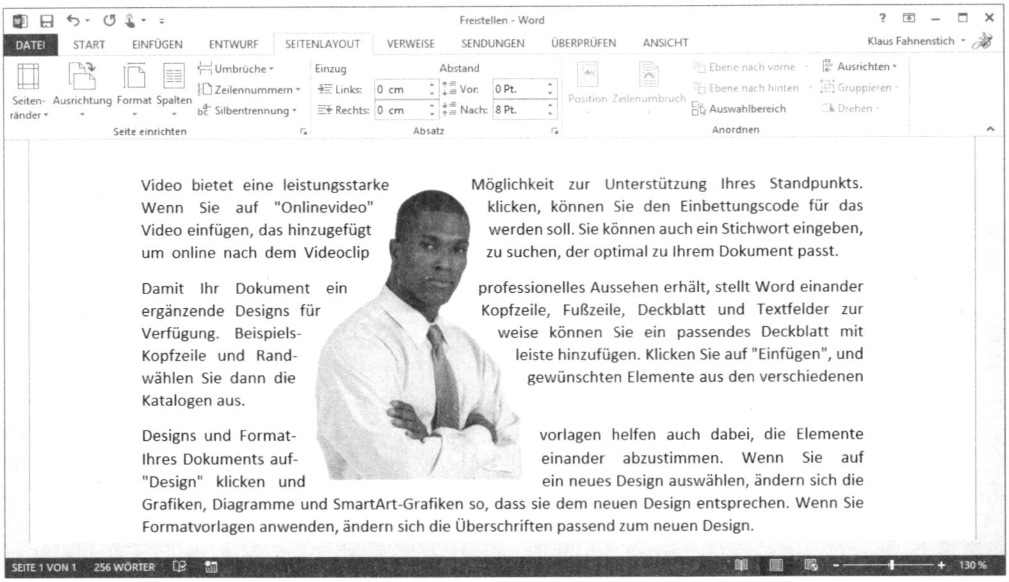

Wenn Sie das hier gezeigte Beispiel nachvollziehen möchten, öffnen Sie die Übungsdatei *Freistellen* in Word. Markieren Sie das Bild und klicken Sie dann vorne auf der Registerkarte *BILDTOOLS/FORMAT* auf die Schaltfläche *Freistellen.*

Farben einer Grafik bearbeiten

In Office können Sie auch verschiedene Farbeinstellungen einer Grafik ändern. Diese Funktionen sind zum Beispiel hilfreich, um mehrere Grafiken aufeinander abzustimmen und so einen einheitlichen Gesamteindruck zu erzeugen. Ihnen stehen dabei folgende Möglichkeiten zur Verfügung:

- Schärfen und Weichzeichnen
- Helligkeit und Kontrast einstellen
- Wählen zwischen verschiedenen Farbmodi
- Bilder neu einfärben
- Transparente Farbe definieren.

Sie finden diese Funktionen auf der Registerkarte *BILDTOOLS/FORMAT* in der Gruppe *Anpassen.*

Helligkeit und Kontrast einstellen

Zum Einstellen von Helligkeit und Kontrast finden Sie auf der Registerkarte die Schaltfläche *Korrekturen.* (In Office 2007 gab es zu diesem Zweck noch zwei separate Schaltflächen.) Die Schaltfläche besitzt ein einfaches Auswahlmenü mit Vorschaubildern, über das Sie die entsprechenden Werte in 20%-Schritten vergrößern oder verkleinern können. Diese Abstufung ist zwar relativ grob, aber in den meisten Fällen durchaus ausreichend.

Bild 36.45 Über das Auswahlmenü lassen sich Helligkeit und Kontrast einer Grafik in 20%-Schritten ändern

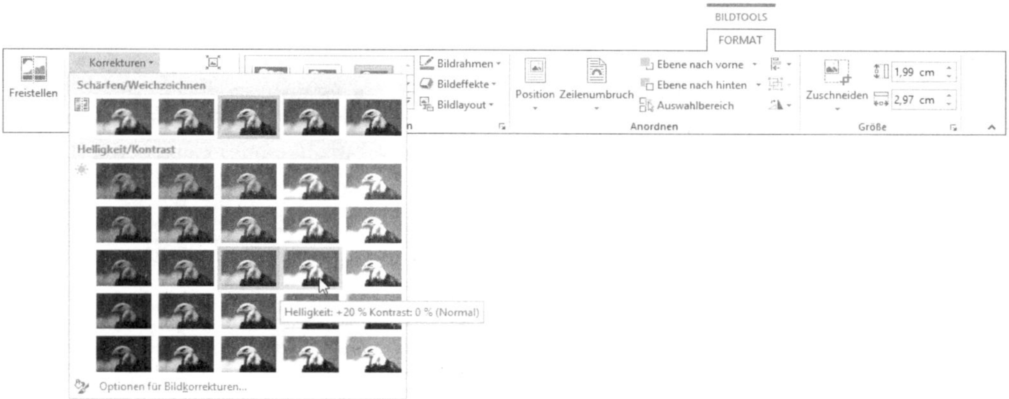

Wenn Sie die Helligkeit oder den Kontrast einer Grafik in feineren Abstufungen verändern wollen, müssen Sie auf den Aufgabenbereich *Grafik formatieren* zurückgreifen. Dazu wählen Sie entweder den Befehl *Optionen für Bildkorrekturen*, der sich ganz unten im Ausklappmenü der Schaltfläche *Korrekturen* befindet, oder Sie klicken die Grafik mit der rechten Maustaste an und rufen aus ihrem Kontextmenü den Befehl *Grafik formatieren* auf.

Bild 36.46 In diesem Aufgabenbereich können Sie die Helligkeit und den Kontrast stufenlos einstellen. Benutzen Sie dazu entweder die jeweiligen Regler oder geben Sie die gewünschten Werte ein.

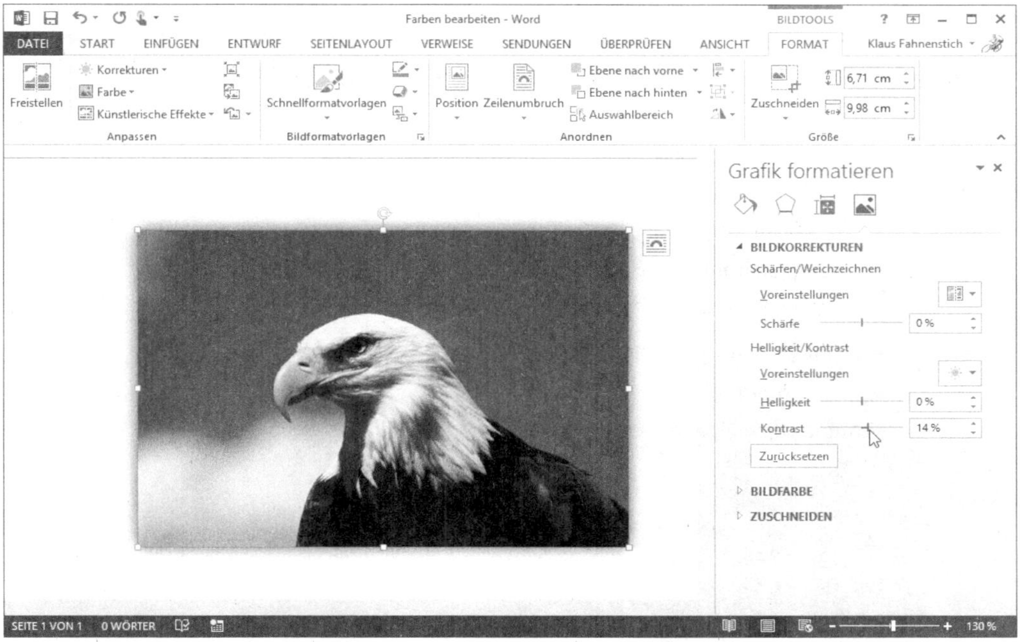

Neu einfärben

Über die Schaltfläche *Farbe* lässt sich die Farbgebung eines Bildes beeinflussen. Sie können nicht nur die Sättigung und den Farbton einer Grafik ändern, sondern ihr auch eine neue Farbe geben. Bei diesem Vorgang wird das Bild zunächst in ein Graustufenbild umgewandelt und dann die Graustufen gegen eine andere Farbe ausgetauscht. Zudem können Sie eine Farbe des Bildes transparent machen. Dadurch kann z.B. ein hinter der Grafik liegendes Element durchscheinen.

Bild 36.47 Über dieses Menü können Sie die Farbgebung einer Grafik modifizieren

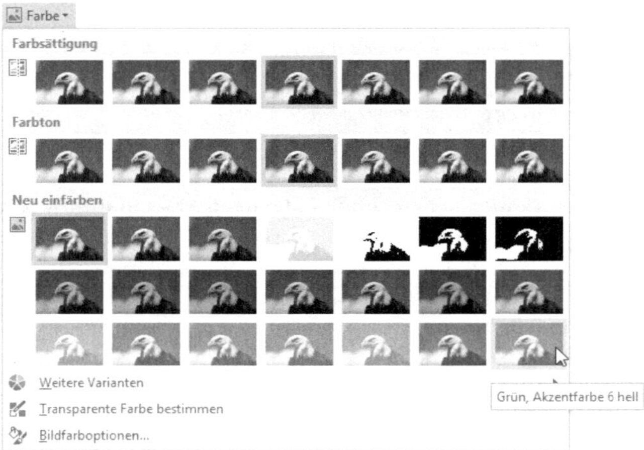

Auch hier gilt wieder, dass Sie für eine Feineinstellung der Werte den Aufgabenbereich *Grafik formatieren* verwenden können bzw. müssen. Sie erreichen ihn über den Menübefehl *Bildfarboptionen* oder wie gewohnt über den Befehl *Grafik formatieren* aus dem Kontextmenü der Grafik.

Bilder verfremden

Seit der Version 2010 kann Office mit einer Funktion aufwarten, die sonst nur bei »echten« Bildbearbeitungsprogramme anzutreffen ist: Über die Schaltfläche *Künstlerische Effekte* haben Sie Zugriff auf über 20 Effekte, mit denen Sie Ihre Bilder auf interessante Weise verfremden können.

Bild 36.48 Office kann jetzt sogar Filtereffekte auf Bilder anwenden

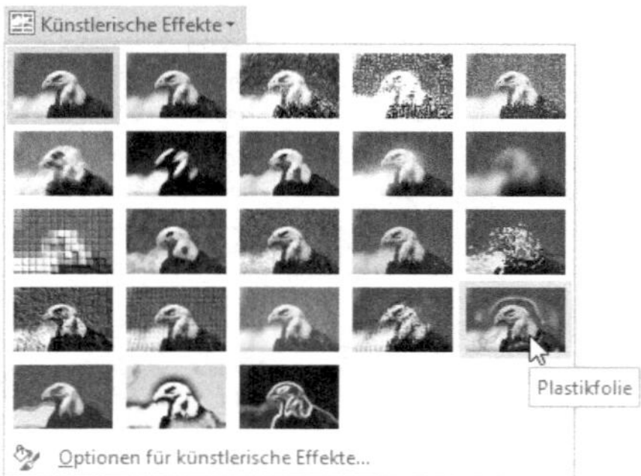

Bildformatvorlagen

Neben der bereits erwähnten Einstellung von Helligkeit, Kontrast und Farbe können Sie einer Grafik auch noch Schatten-, Licht- und 3D-Effekte zuweisen oder sie mit einem Rahmen versehen, der natürlich ebenfalls in Linienart, -stärke und -farbe veränderbar ist. Diese Vielzahl an Grafikeffekten ist zwar durchaus beeindruckend, sie kann aber auch erschlagend wirken. Es stehen Ihnen damit zwar alle Möglichkeiten bei der Bildgestaltung offen, aber Sie laufen gleichzeitig Gefahr, sich beim Erstellen Ihrer Grafiken zu verzetteln und zu viel Zeit zu investieren, die Sie lieber für andere Aufgaben eingesetzt hätten.

Dieser Problematik versucht Office mit den sogenannten *Bildformatvorlagen* entgegenzutreten. Dabei handelt es sich um vorgefertigte Schablonen, mit denen Sie eine festgelegte Kombination von grafischen Effekten per Mausklick auf eine Grafik übertragen können. Dieses Konzept ist konkurrenzlos schnell und ermöglicht Ihnen zudem reproduzierbare Ergebnisse, d.h. Sie können mehrere Grafiken mit exakt den gleichen Effekten versehen.

Natürlich lassen sich Bildformatvorlagen auch als Ausgangspunkt für eigene Kreationen verwenden, die Sie dann mit einigen zusätzlichen Effekten »individualisieren« können. Genau diesen Ansatz werden wir auf den folgenden Seiten verwenden, um ein Foto ins rechte Licht zu setzen.

1. Erstellen Sie ein neues leeres Dokument und fügen Sie eine Grafik Ihrer Wahl ein.
2. Klicken Sie die Grafik an, wechseln Sie auf die Registerkarte *BILDTOOLS/FORMAT* und öffnen Sie dort den Katalog der Bildformatvorlagen. Bewegen Sie den Mauszeiger über die verschiedenen Symbole. Die jeweilige Bildformatvorlage wird der markierten Grafik direkt zugewiesen.

Bild 36.49 Die Wirkung der Bildformatvorlagen können Sie direkt im Dokument begutachten

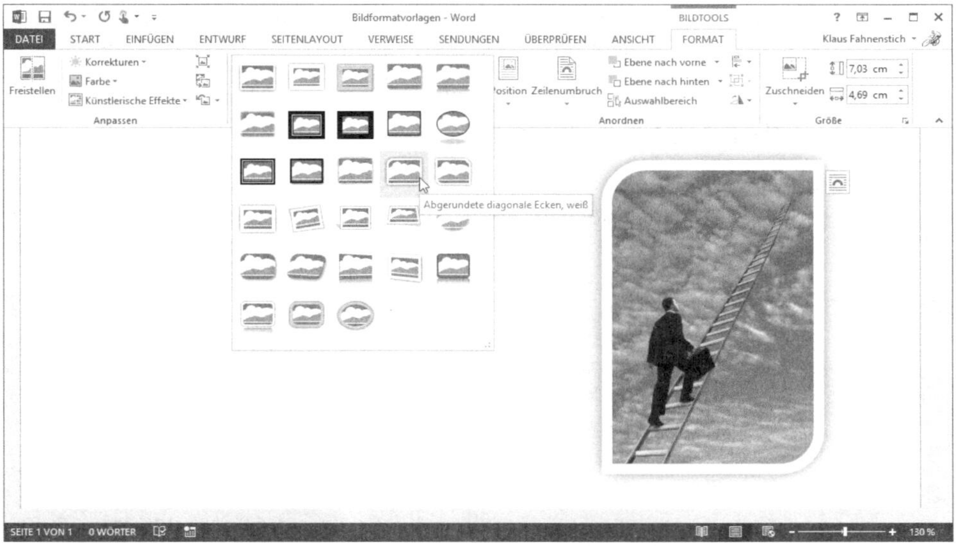

3. Wenn Sie sich für eine Vorlagen entschieden haben, klicken Sie ihr Symbol an und sind fertig.

Bildform

Die im letzten Abschnitt vorgestellte Bildformatvorlage hat das Bild nicht nur mit einem Rahmen und einem Schattenwurf versehen, sondern ihm darüber hinaus auch eine spezielle Form gegeben (die beiden abgerundeten Ecken). Von dieser Vorgabe können Sie sich jedoch ohne Schwierigkeiten lösen und der Grafik eine vollkommen andere Gestalt geben.

1. Markieren Sie die Grafik, deren Form Sie verändern möchten.
2. Wechseln Sie auf die Registerkarte *BILDTOOLS/FORMAT* und klappen Sie das Auswahlfenster der Schaltfläche *Zuschneiden* auf. Dort finden Sie den Befehl *Auf Form zuschneiden*, der ebenfalls mit einem Auswahlmenü aufwarten kann.

Bild 36.50 Die Auswahl der Formen ist sehr reichhaltig

Wenn Ihnen diese Auswahl bekannt vorkommt, so hat das seinen guten Grund. Es handelt sich nämlich exakt um dieselbe Auswahl an Formen, die Sie bereits weiter vorne in diesem Kapitel bei der Einführung des Befehls *EINFÜGEN/Formen* kennen gelernt haben. In PowerPoint ist die Liste der Formen noch um die Gruppe *Interaktive Schaltflächen* erweitert, die sich aber nicht für eine Formgebung eignen.

3. Wählen Sie eine der Formen aus (leider müssen Sie hier ohne Live-Vorschau zurechtkommen). Natürlich sind nicht alle Formen gleichermaßen brauchbar, aber seien Sie ruhig etwas experimentierfreudig und probieren Sie auch Formen aus, die auf den ersten Blick weniger geeignet erscheinen.

Bild 36.51 Bildformatvorlage kombiniert mit einer Form

Bildeffekte

Hinter dem schlichten Begriff *Bildeffekte* verbirgt sich ein halbes Dutzend grafischer Effekte, die jeweils über diverse Varianten verfügen:

- **Schatten** können in drei verschiedenen Varianten dargestellt werden: innerhalb oder außerhalb des Rahmens sowie in einer perspektivischen Form, die den Eindruck erweckt, als würde die Grafik über dem Dokument schweben. Die Farbe des Schattens kann dabei frei gewählt werden.
- **Spiegelung** erweckt den Eindruck, als würde die Grafik auf einem spiegelnden Untergrund bzw. knapp darüber in der Luft stehen.
- **Leuchteffekt** versieht den Rahmen einer Grafik mit fluoreszierendem Licht. Auch hier gilt, dass Sie die Leuchtfarbe und deren Transparenz frei einstellen können.
- **Weiche Kanten** hellt die Ränder einer Grafik auf, um so einen fließenden Übergang zur Umgebung zu schaffen.
- **Abschrägung** Versieht den Rand (bzw. den Rahmen) einer Grafik mit einem eingeprägten Profil.
- **3D-Drehung** dreht und kippt die Grafik, sodass eine räumliche Wirkung erzielt wird.
- **Allgemeine Effekte** Bei allen oben genannten Effekten können Sie zusätzlich einstellen, welche Beschaffenheit die Oberfläche des Bildes haben soll (zum Beispiel matt oder metallisch). Und auch bei der Art der Beleuchtung haben Sie die Qual der Wahl: Soll das Licht hart oder weich sein? Warm oder kalt? Und wenn Sie sich für warmes Licht entscheiden: Soll es wie am frühen Morgen, wie beim Sonnenaufgang oder eher wie beim Sonnenuntergang scheinen?

Wie Sie sehen, können Sie Ihre Kreativität hier voll entfalten.

Wir wollen uns jedoch beschränken und zeigen Ihnen die Anwendung dieser Funktionen beispielhaft an einem 3D-Effekt:

1. Markieren Sie die Grafik, die Sie mit einem Bildeffekt belegen wollen.
2. Wechseln Sie auf die Registerkarte *BILDTOOLS/Format* und klicken Sie in der Gruppe *Bildformatvorlagen* auf die Schaltfläche *Bildeffekte*.
3. Zeigen Sie mit der Maus auf den gewünschten Effekt, hier also *3D-Drehung*.
4. Bewegen Sie die Maus über die angebotenen Varianten und prüfen Sie ihre Wirkung in der Live-Vorschau.

Bild 36.52 Auch 3D-Effekte lassen sich mit wenigen Mausklicks realisieren

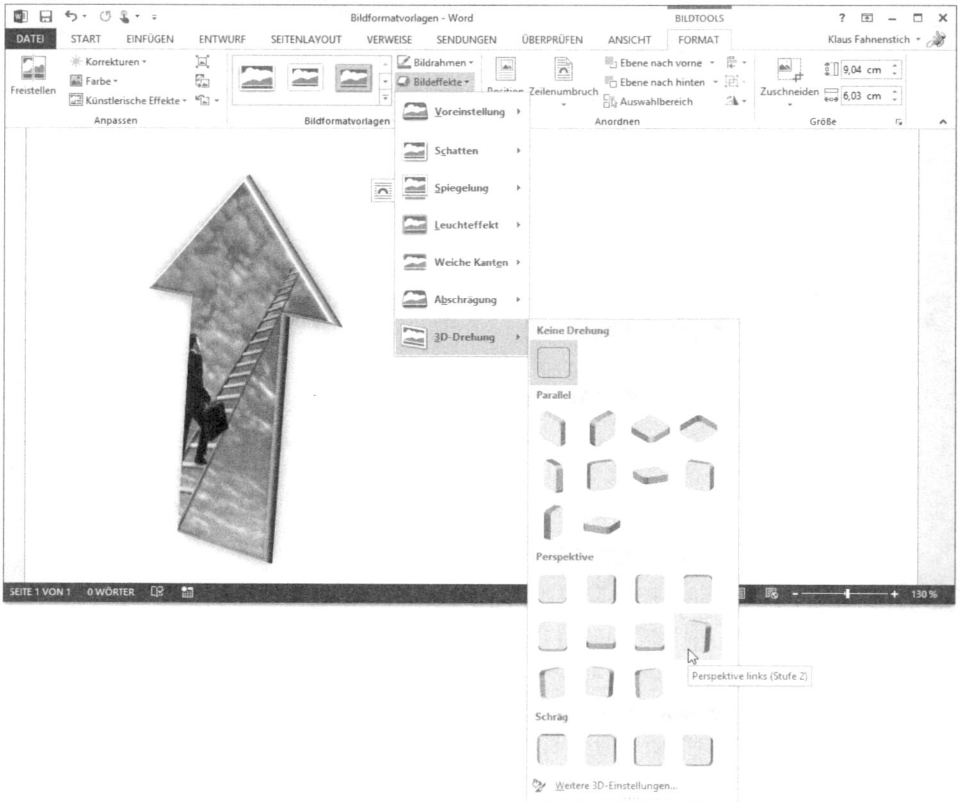

5. Haben Sie eine Voreinstellung übernommen, klicken Sie die Grafik mit der rechten Maustaste an und wählen im Kontextmenü den Befehl *Grafik formatieren*. Dadurch wird der Aufgabenbereich *Grafik formatieren* eingeblendet, den Sie in Bild 36.53 sehen können.
6. Hier können Sie die Grafik mit Hilfe der verschiedenen Regler in allen drei Richtungen des Raumes drehen sowie die Perspektive verändern. Beachten Sie, dass Ihre Einstellungen direkt übernommen werden, da es keine Schaltfläche *Abbrechen* gibt. Bei Bedarf verwenden Sie den Befehl *Rückgängig*.

Bild 36.53 Für die Feineinstellung eignet sich der Aufgabenbereich *Grafik formatieren/Effekte*

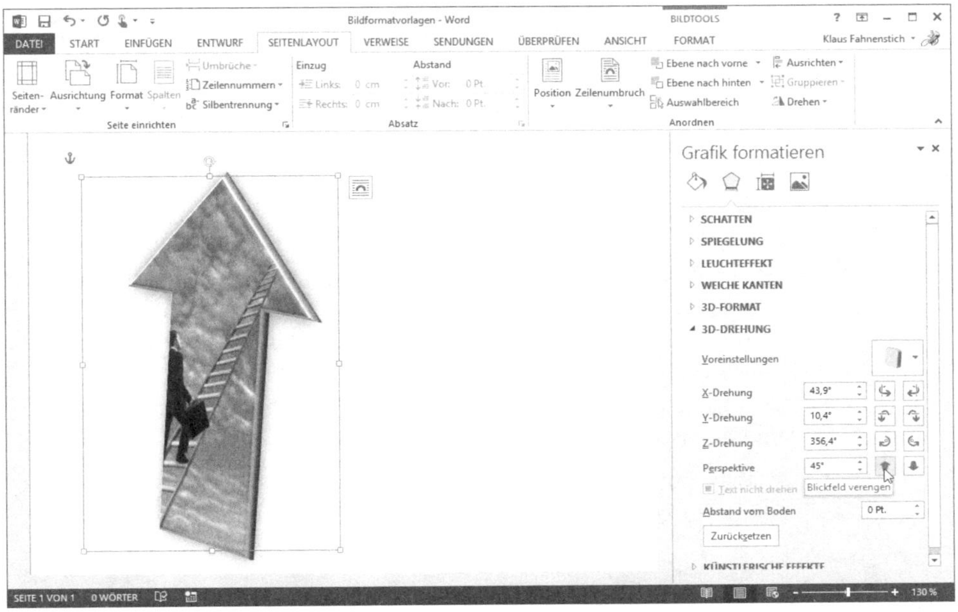

7. Wenn Sie Einstellungen an der Art der Beleuchtung oder der Oberflächenbeschaffenheit der Grafik vornehmen möchten, wechseln Sie im Aufgabenbereich zur Rubrik *3D-Format*.

Bild 36.54 Einstellen der Lichteffekte (hier: Sonnenuntergang)

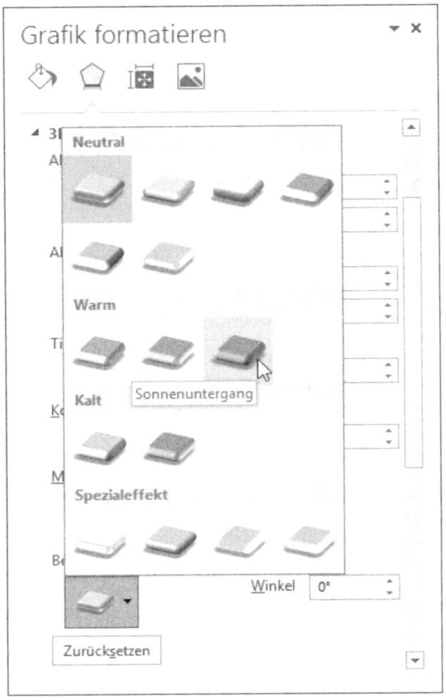

Bildeffekte übertragen

In aller Regel enthält ein Dokument mehrere Grafiken, sodass Sie häufig vor der Aufgabe stehen werden, mehrere Grafiken auf die gleiche Art und Weise zu bearbeiten. Wenn Sie sich dabei nur auf die Verwendung der Bildformatvorlagen beschränken, ist das kein großes Problem. Wie aber gehen Sie vor, wenn Sie individuelle Bildeffekte wünschen, deren Erzeugung mit einigem Aufwand verbunden ist?

Die Lösung ist mit Office 2013 verblüffend einfach:

1. Markieren Sie die Grafik, deren Bildeffekte Sie übernehmen möchten.
2. Wechseln Sie auf die Registerkarte *START* und klicken Sie dort auf den Pinsel (er befindet sich vorne in der Gruppe *Zwischenablage).* Wenn Sie ein Format auf mehrere Grafiken anwenden wollen, doppelklicken Sie auf den Pinsel. Die Funktion »rastet« dann ein und schaltet sich nicht mehr automatisch ab, sobald Sie die erste Grafik angeklickt haben.
3. Jetzt brauchen Sie nur noch mit dem Pinsel-Cursor die gewünschte(n) Grafik(en) anklicken und sind fertig!
4. Falls Sie im 2. Schritt die Pinsel-Schaltfläche doppelt angeklickt haben, drücken Sie jetzt noch die Taste [Esc], um den Modus wieder zu beenden.

Grafikrahmen

Auch wenn 3D-Effekte auf den ersten Blick sehr spektakulär aussehen, sollte man sie in der Praxis möglichst sparsam einsetzen. Gerade in technisch orientierten Präsentationen empfiehlt sich häufig eine etwas zurückhaltendere Form der Darstellung. Hierzu eignen sich einfache Rahmen, die mit Office 2013 durchaus ansprechend formatiert werden können.

Folgende Eigenschaften eines Rahmens können Sie beeinflussen:

- Linienstärke (Linienbreite)
- Strichtyp (durchgezogen, punktiert etc.)
- Die Ausformung der Ecken (abgerundet, abgeschrägt etc.)
- Linienfarbe (hier sind auch Farbverläufe und Transparenz möglich).

Im einfachsten Fall erstellen Sie einen Grafikrahmen mit folgenden Schritten:

1. Markieren Sie die gewünschte Grafik.
2. Wechseln Sie auf die Registerkarte *BILDTOOLS/FORMAT* und klicken Sie dort in der Gruppe *Bildformatvorlagen* auf die Schaltfläche *Bildrahmen.*
3. Mit den Befehlen dieses Menüs können Sie die Farbe, die Stärke und die Strichart der Linien einstellen.

Bild 36.55 Zuweisen eines einfachen Grafikrahmens

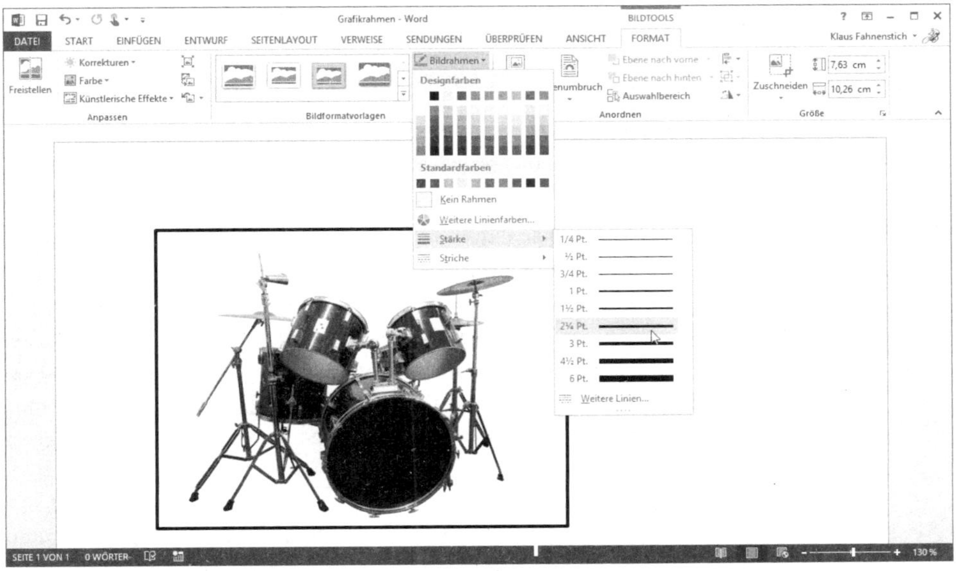

4. Für weitergehende Formatierungen klicken Sie die Grafik mit der rechten Maustaste an und wählen im Kontextmenü den Befehl *Grafik formatieren.*
5. Zum Einstellen von Linienart und -stärke wechseln Sie im Aufgabenbereich durch einen Klick auf das Eimer-Symbol auf die Seite *Füllung und Linie/LINIE.*

Bild 36.56 Rahmen mit abgerundeten Ecken erstellen

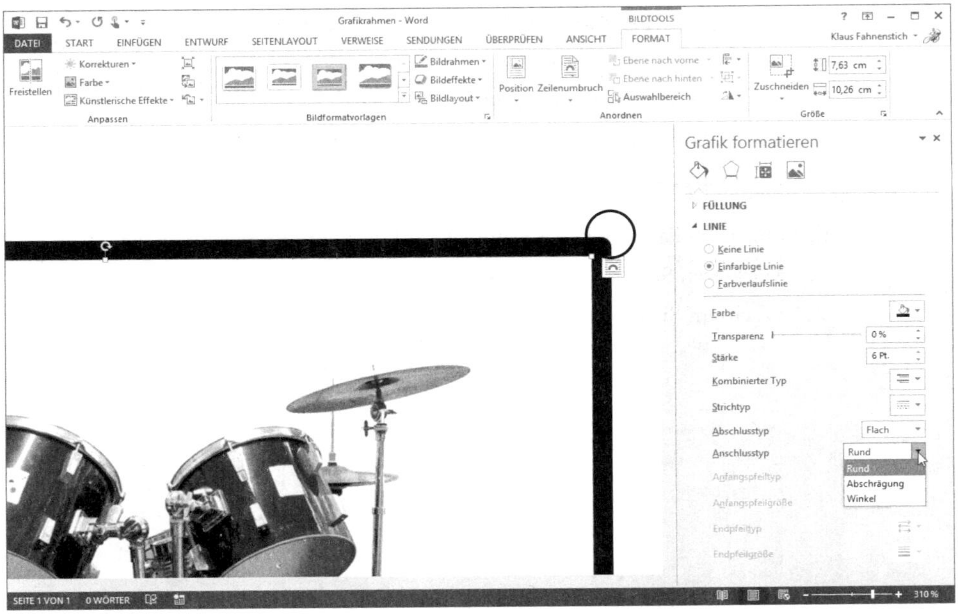

HINWEIS Den Aufgabenbereich *Grafik formatieren* erreichen Sie übrigens auch über die Schaltfläche *Form formatieren,* die sich in der Gruppe *Bildformatvorlagen* in der rechten unteren Ecke befindet. Der Weg über das Kontextmenü ist jedoch deutlich bequemer.

6. Falls die Grafik momentan noch keinen Rahmen besitzt, müssen Sie zunächst die Breite der Linie einstellen.
7. Wenn der Grafikrahmen aus einer doppelten oder dreifachen Linie bestehen soll, können Sie im Listenfeld *Kombinierter Typ* die entsprechende Einstellung vornehmen.
8. Anschließend können Sie dann den gewünschten Strichtyp (also punktiert, gestrichelt, usw.) auswählen.
9. Um die Ecken eines Rahmens abzurunden, stellen Sie die Option *Anschlusstyp* auf *Rund* (siehe Bild 36.56).
10. Linien sind in Office standardmäßig einfarbig. Für optisch anspruchsvollere Rahmen sollten Sie die Option *Farbverlaufslinie* aktivieren. Der Aufgabenbereich wird dann durch einen ganzen Schwung weiterer Eingabefelder und Schaltflächen ergänzt, mit denen Sie die diversen Farbeinstellungen vornehmen können.
11. Wenn Sie nicht einen der angebotenen Farbverläufe verwenden wollen, können Sie auch eigene Verläufe erzeugen. Dazu müssen Sie so genannte *Stopppositionen* anlegen, mit denen Sie den Farbwert und die Transparenz an einer bestimmten Stelle des Rahmens festlegen. Am besten sehen Sie sich die Stopppositionen der vordefinierten Farbverläufe einmal an, um das Prinzip zu verstehen.

Bild 36.57 Farbverläufe werden durch so genannte *Stopppositionen* definiert

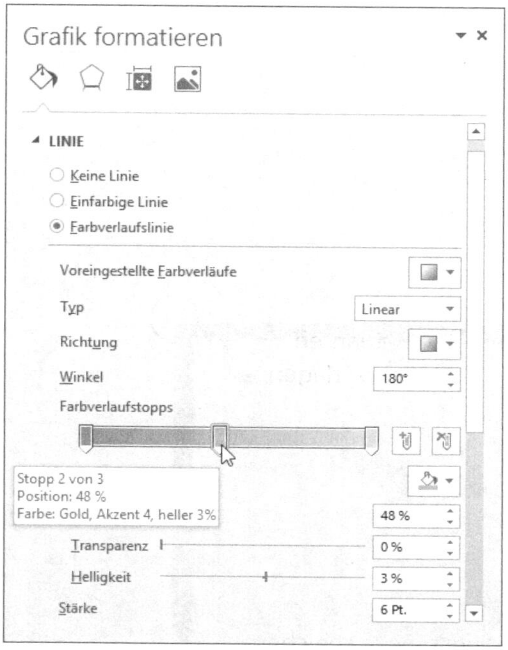

Kapitel 37

Word- und PowerPoint-Tabellen mit dem Tabellen-Editor erstellen

In diesem Kapitel:

Mit der Tabellenfunktion von Word und PowerPoint können Sie einfache Zahlenkolonnen genauso einfach und schnell erstellen wie eine aufwendige Preisliste oder auch Tabellen, in denen andere Informationen wie z. B. Abbildungen übersichtlich dargestellt werden sollen.

Wir stellen Ihnen zunächst die verschiedenen Verfahren vor, mit denen Sie eine leere Tabelle einfügen können und gehen anschließend auf die diversen Gestaltungs- und Formatierungsmöglichkeiten ein. Hierbei erfahren Sie u. a., wie Sie die Anzahl der Spalten und Zeilen verändern und wie Sie die Tabelle mit den Tabellenformatvorlagen formatieren.

Viele Verfahren beim Arbeiten mit Tabellen sind in Word und PowerPoint identisch. Vorgehensweisen, die nur für eines der beiden Programme gelten, sind durch das Word- bzw. PowerPoint-Symbol gekennzeichnet.

Leere Tabelle einfügen – die Varianten

Um in ein Word-Dokument oder in eine PowerPoint-Präsentation eine leere Tabelle einzufügen, stehen Ihnen verschiedene Vorgehensweisen zur Verfügung. Sie können

- in PowerPoint die Tabelle in einen Platzhalter einfügen,
- in Word und PowerPoint die Tabelle als neues Objekt einfügen,
- in Word und PowerPoint die Tabelle mit einem »Stift« zeichnen.

Während sich die beiden ersten Varianten durch ihre Geschwindigkeit auszeichnen, liegt der Vorteil beim Zeichnen einer Tabelle bei der nahezu uneingeschränkten Flexibilität.

Tabelle in PowerPoint-Platzhalter einfügen

Die meisten Folienlayouts einer Präsentation enthalten Platzhalter, die neben Texten, Diagrammen, SmartArts und Grafiken auch Tabellen aufnehmen können. Der Vorteil bei der Verwendung von Platzhaltern besteht darin, dass PowerPoint Größe und Position der auf der Folie enthaltenen Platzhalter anpasst, wenn Sie der Folie ein neues Layout zuweisen. Bei Textplatzhaltern ist dies noch relativ unkritisch. Bei Platzhaltern, die eine Tabelle enthalten, kann es passieren, dass das Layout der Tabelle in Mitleidenschaft gezogen wird. Achten Sie daher darauf, vor dem Einfügen einer Tabelle in einen Platzhalter das gewünschte Folienlayout einzustellen, oder fügen Sie die Tabelle als neues Objekt ein, was im folgenden Abschnitt beschrieben ist.

Zurück zum Einfügen einer Tabelle in einen Platzhalter. Die Vorgehensweise ist denkbar einfach:

1. Erstellen Sie eine neue Folie mit einem Inhalts- oder Tabellenplatzhalter.

Bild 37.1 Platzhalter zur Aufnahme der neuen Tabelle

2. Klicken Sie im Platzhalter das Tabellensymbol an. PowerPoint zeigt ein kleines Dialogfeld an, in dem Sie die Spalten- und Zeilenanzahl für die neue Tabelle eingeben können.

Bild 37.2 Größe der Tabelle festlegen

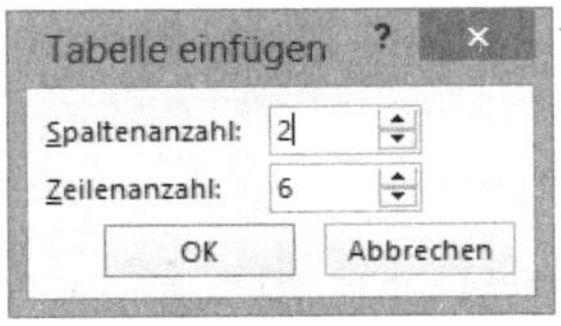

3. Nehmen Sie die gewünschten Eingaben vor und klicken Sie auf *OK*. PowerPoint fügt dann eine leere Tabelle mit der entsprechenden Spalten- und Zeilenanzahl ein und weist ihr die durch das Design der Folie vorgegebene Formatierung zu.

Bild 37.3 Die neue, noch leere Tabelle

4. Füllen Sie die Tabelle mit Inhalt. Um ins nächste Feld zu gelangen, drücken Sie einfach die [Tab]-Taste. Mit der Tastenkombination [⇧]+[Tab] können Sie sich in die andere Richtung bewegen.

Bild 37.4 Die ausgefüllte Tabelle

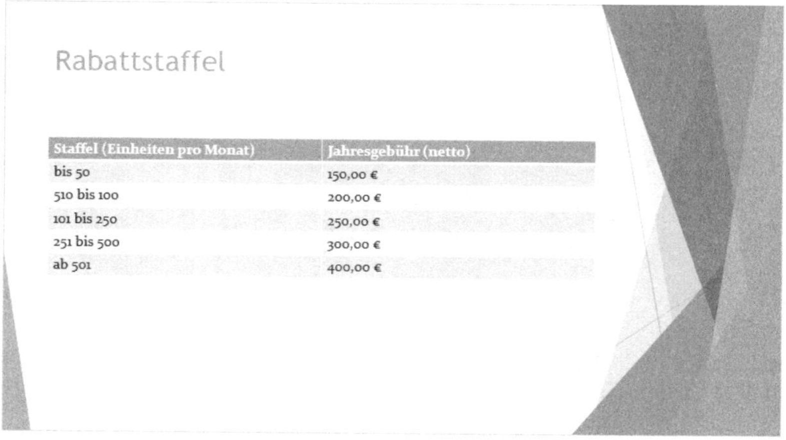

Natürlich ist die Größe der Tabelle noch nicht optimal an ihren Inhalt angepasst. Und auch die Formatierung werden Sie vermutlich noch etwas ändern wollen. Bevor wir auf diese Themen eingehen, wollen wir Ihnen jedoch noch die beiden anderen Varianten vorstellen, mit denen Sie in Word und in PowerPoint eine Tabelle erstellen.

Leeres Tabellenobjekt einfügen

In Word und PowerPoint können Sie die Schaltfläche *Tabelle* auf der Registerkarte *EINFÜGEN* verwenden, um ein leeres Tabellenobjekt einzufügen. In Word befindet sich die Tabelle standardmäßig in einem leeren Absatz; in PowerPoint ist die Tabelle ein frei schwebendes Objekt wie z. B. eine Grafik, die Sie beliebig auf der Folie hin- und herschieben können.

1. Führen Sie eine der folgenden Aktionen durch:
   - **Word** Setzen Sie die Einfügemarke an die Stelle, an der die Tabelle eingefügt werden soll. Am besten setzen Sie die Einfügemarke in einen leeren Absatz.

     Wenn sich die Einfügemarke innerhalb eines Absatzes befindet, fügt Word nach dem Erstellen der Tabelle an der Position der Einfügemarke einen Absatzumbruch ein. Hierdurch wird der Text, der sich nach der Einfügemarke befindet, beim Einfügen der Tabelle hinter die Tabelle verschoben.

     Sie können in Word Tabellen auch verschachtelt einfügen; d.h., in einer Zelle einer bereits vorhandenen Tabelle können Sie eine weitere Tabelle erstellen lassen.
   - **PowerPoint** Zeigen Sie die gewünschte Folie in der Normalansicht an.
2. Öffnen Sie die Registerkarte *EINFÜGEN* und klicken Sie in der Gruppe *Tabellen* auf die Schaltfläche *Tabelle.*

Bild 37.5 Eine in Word eingefügte Tabelle besitzt standardmäßig schwarze Rahmenlinien

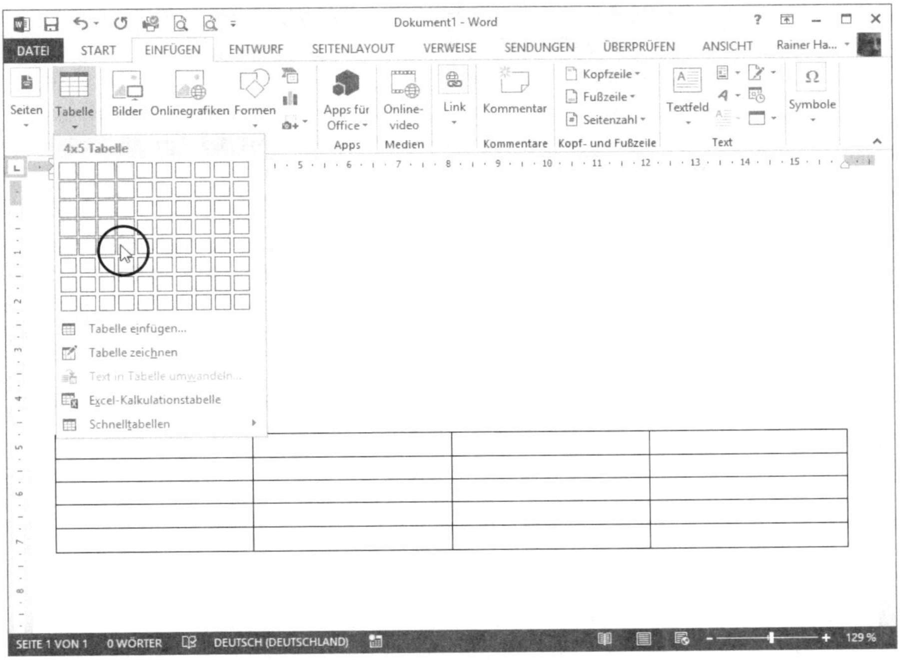

Bild 37.6 Die in PowerPoint eingefügte Tabelle übernimmt die Formatierung des Designs, das in der Präsentation verwendet wird

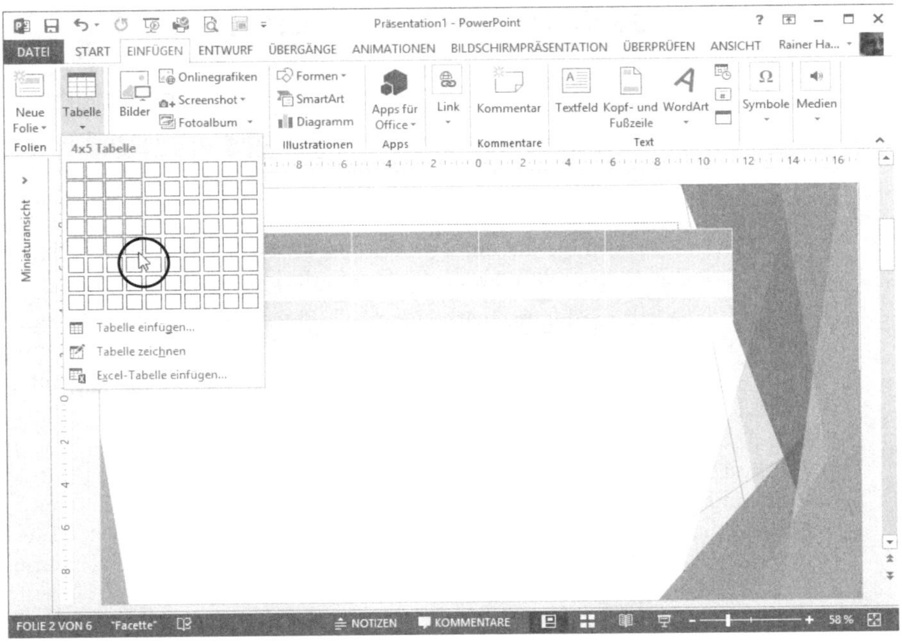

3. Bewegen Sie den Mauszeiger auf die Stelle, die der gewünschten Anzahl der Zeilen und Spalten entspricht. Wenn die Livevorschau aktiviert ist, wird im Dokument bzw. auf der Folie eine Vorschau der Tabelle angezeigt.
4. Klicken Sie im Menü in der kleinen Tabelle auf die Stelle, die der Anzahl der Zeilen und Spalten entspricht, die die neue Tabelle haben soll. (Während Sie den Mauszeiger über die kleine Tabelle bewegen, wird im oberen Bereich des Menüs die aktuelle Zeilen- und Spaltenanzahl angezeigt.)

In Word werden alle Felder/Zellen der neuen Tabelle automatisch mit einem Rahmen versehen. Um die Tabelle zu formatieren, ist es am einfachsten, Tabellenformatvorlagen zu verwenden. Die PowerPoint-Tabelle wird nach dem Einfügen automatisch mit einer Tabellenformatvorlage formatiert, die dem Design entnommen wird, die der Präsentation zugrunde liegt. Weitere Informationen zur Verwendung von Tabellenformatvorlagen finden Sie im Abschnitt ab Seite 727.

Bei der PowerPoint-Tabelle handelt es sich um ein frei auf der Folie schwebendes Objekt, das Sie an jede beliebige Stelle der Folie verschieben können. Klicken Sie dazu auf den Rahmen des Tabellenobjekts und ziehen Sie die Tabelle an die gewünschte Position.

Wenn die Tabelle noch nicht die gewünschte Größe besitzt, können Sie ihre Größe ändern, indem Sie einen der Größenziehpunkte ziehen, die auf dem Rahmen der Tabelle angezeigt werden. Die Größenänderung findet immer so statt, dass alle Zeilen die gleiche Höhe und alle Spalten die gleiche Breite behalten.

Bild 37.7 Ändern Sie die Größe der PowerPoint-Tabelle, indem Sie einen der Größenziehpunkte ziehen

Die Word-Tabelle befindet sich standardmäßig in einem eigenen Absatz, was den Vorteil hat, dass die Tabelle »mitwandert«, wenn Sie vor der Tabelle Text einfügen oder löschen. Sie können auch in Word die Umbruchseigenschaften der Tabelle so ändern, dass sie frei auf der Seite verschoben werden kann. Verwenden Sie zuerst den Ziehpunkt, der an der rechten, unteren Ecke der eingefügten Tabelle angezeigt wird. Mit diesem Ziehpunkt können Sie die Breite der Tabelle ändern. Word passt dabei die einzelnen Spalten so an, dass deren Breite nach der Größenänderung gleich bleibt.

Um die Tabelle in Word frei auf der Seite zu verschieben, verwenden Sie den Tabellenanfasser an der oberen linken Ecke der Tabelle. Der Tabellenanfasser wird automatisch eingeblendet, wenn sich die Einfügemarke irgendwo innerhalb der Tabelle befindet. Ziehen Sie den Anfasser, um die Tabelle zu verschieben. Word zeigt während des Ziehens die neue Position in Form eines gestrichelten Rahmens an.

Bild 37.8 Verschieben Sie die Word-Tabelle an die gewünschte Position, indem Sie den Tabellenanfasser ziehen

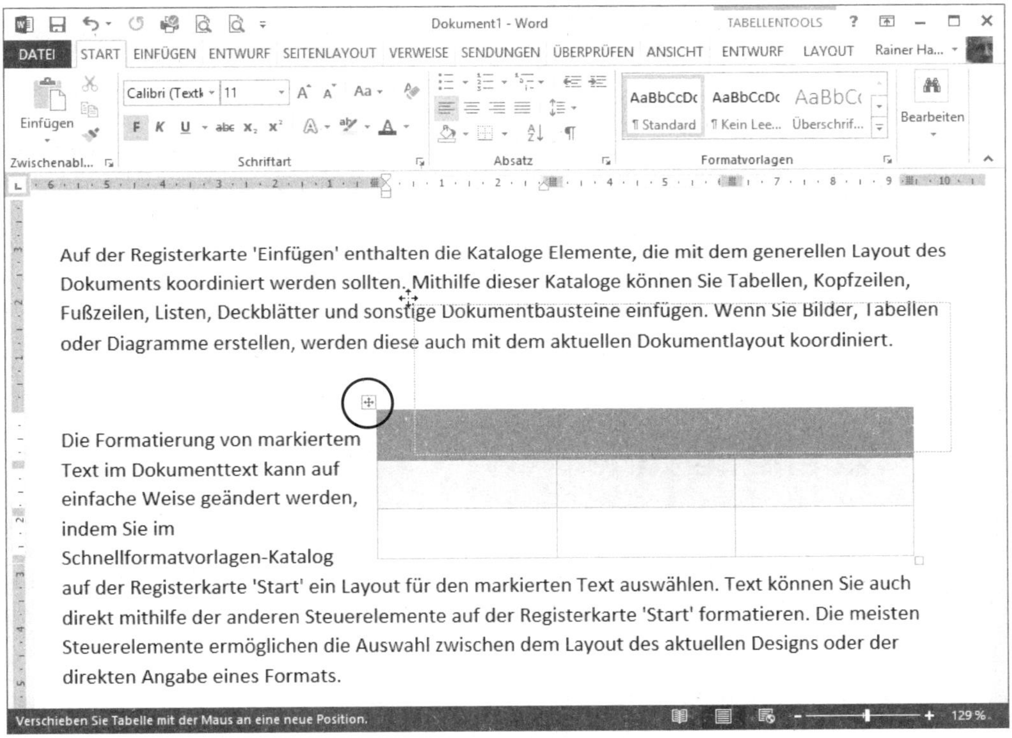

Durch das Ziehen des Tabellenanfassers wird automatisch die Umbruchsart der Tabelle von *Ohne* auf *Umgebend* geändert: Der Text umfließt dann die Tabelle. Falls Sie die Umbruchsart versehentlich geändert haben, können Sie dies einfach korrigieren:

1. Klicken Sie die Tabelle mit der rechten Maustaste an und wählen Sie *Tabelleneigenschaften*.
2. Wechseln Sie, falls erforderlich, im Dialogfeld *Tabelleneigenschaften* zur Registerkarte *Tabelle*.
3. Klicken Sie im Bereich *Textumbruch* auf *Ohne*.
4. Klicken Sie auf *OK*.

Bild 37.9 Im Word-Dialogfeld *Tabelleneigenschaften* legen Sie u.a. die Art des Textumbruchs fest

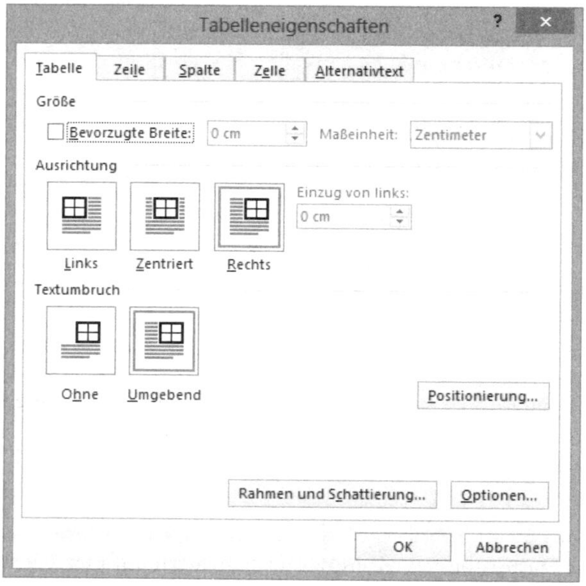

Tabelle zeichnen

Tabellen, deren Spalten und Zeilen nicht regelmäßig wie bei den Standardtabellen angeordnet sind, können Sie in Word und PowerPoint sehr flexibel per Hand erstellen. Mit diesem Verfahren können Sie die Zellen einer Tabelle nicht nur nahezu beliebig anordnen, sondern Sie können auch die Stärke und die Farbe der Linien komfortabel formatieren. Außerdem ist es beim Zeichnen einer Tabelle sogar möglich, Tabellenzellen diagonal zu unterteilen.

TIPP Sie können die Zeichenfunktion jederzeit für eine bestehende Tabelle aufrufen, um Korrekturen oder Änderungen an ihr vorzunehmen.

Das Prinzip der Zeichenfunktion ist denkbar einfach:

1. Öffnen Sie die Registerkarte *EINFÜGEN* und klicken Sie in der Gruppe *Tabellen* auf die Schaltfläche *Tabelle.*
2. Klicken Sie auf *Tabelle zeichnen.* Word bzw. PowerPoint wechselt in den Zeichenmodus für Tabellen. Sie erkennen dies daran, dass der Mauszeiger die Form eines Stiftes erhält.
3. Ziehen Sie mit dem Stiftmauszeiger einen Rahmen in der gewünschten Tabellengröße auf. Sobald Sie die Maustaste loslassen, wird die Tabelle eingefügt.

Bild 37.10 Von der neuen Tabelle ist zunächst nur ein leerer Rahmen zu sehen

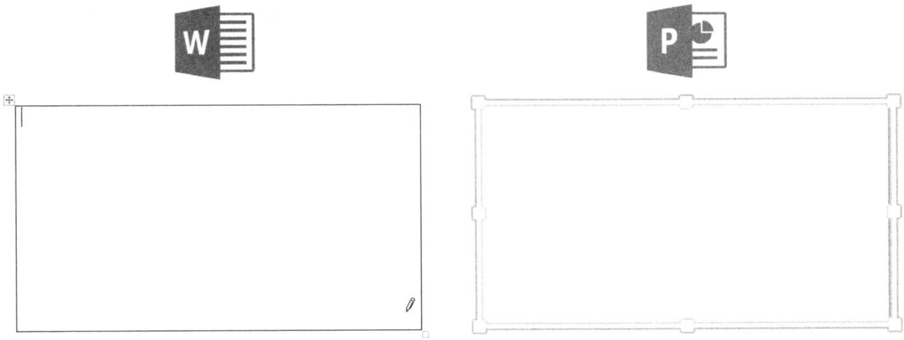

4. Nehmen Sie mit dem Stift weitere Unterteilungen vor, indem Sie die gewünschten Linien einfach einzeichnen. In PowerPoint müssen Sie dazu vorher auf der Registerkarte *TABELLENTOOLS/ENTWURF* in der Gruppe *Rahmenlinien zeichnen* auf *Tabelle zeichnen* klicken, um den Zeichenmodus zu aktivieren. PowerPoint beendet den Zeichenmodus, nachdem Sie den ersten, äußeren Rahmen gezeichnet haben.

   Die Linienart, -stärke und -farbe können Sie in den Listenfeldern auf der Registerkarte *TABELLENTOOLS/ENTWURF* in der Gruppe *Rahmen* (Word) bzw. *Rahmenlinien zeichnen* (PowerPoint) festlegen. Word und PowerPoint sorgen dabei automatisch dafür, dass die Linien richtig aneinander ansetzen.

Bild 37.11 Weitere Linien in eine bestehende Tabelle einfügen. Die Linienart und Linienstärke können Sie in Word mit den Listenfeldern der Gruppe *Rahmen* festlegen.

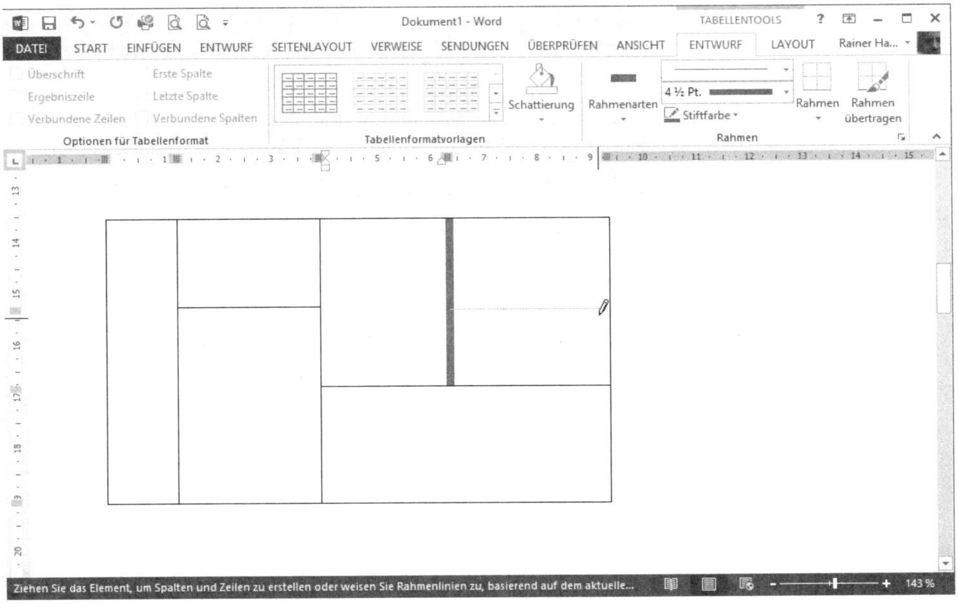

Bild 37.12 Weitere Linien in eine bestehende PowerPoint-Tabelle einfügen. Die Linienart und Linienstärke stellen Sie hier mit den Listenfeldern der Gruppe *Rahmenlinien zeichnen* ein.

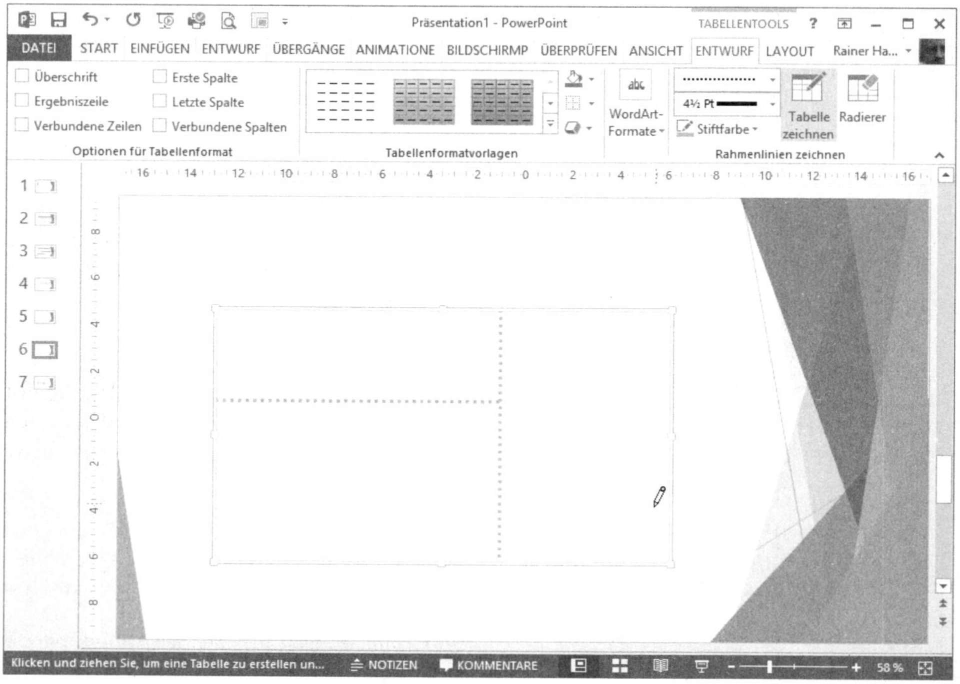

5. Falsche oder nicht mehr benötigte Linien entfernen Sie mit dem Radiergummi.

   - **Word** Klicken Sie zuerst auf der Registerkarte *TABELLENTOOLS/LAYOUT* in der Gruppe *Zeichnen* die Schaltfläche *Radierer* an und dann die Linie, die Sie entfernen wollen.
   - **PowerPoint** Klicken Sie zuerst auf der Registerkarte *TABELLENTOOLS/ENTWURF* in der Gruppe *Rahmenlinien zeichnen* die Schaltfläche *Radierer* an und dann die Linie, die Sie entfernen wollen.

   Der Radierermodus bleibt so lange aktiv, bis Sie die Schaltfläche *Radierer* ein weiteres Mal anklicken.

6. Beenden Sie den Zeichenmodus mit der Taste Esc oder indem Sie die Schaltfläche *Tabelle zeichnen* anklicken. Sie finden diese hier:

   - **Word** *TABELLENTOOLS/LAYOUT*, Gruppe *Zeichnen*
   - **PowerPoint** *TABELLENTOOLS/ENTWURF*, Gruppe *Rahmenlinien zeichnen*

Formatieren mit Tabellenformatvorlagen

Nachdem Sie die Tabelle erstellt und in die einzelnen Tabellenzellen die gewünschten Informationen eingegeben haben, können Sie die Tabelle formatieren, um ihr eine ansprechende Optik zuzuweisen. Verwenden Sie hierfür am besten die Tabellenformatvorlagen, die Ihnen in Word und PowerPoint zur Verfügung stehen und mit denen das Formatieren einer Tabelle nur wenige Sekunden dauert.

Tabellenformatvorlagen sind, wie auch die anderen Formatvorlagen, Bestandteil eines Designs. Wie in den Kapiteln 6 und 35 ausführlicher erläutert, ist jedes Word-Dokument und jede PowerPoint-Präsentation mit einem Design verknüpft, in dem u.a. die Designschriften und die Designfarben definiert sind. Die Tabellenformatvorlagen von Word und PowerPoint verwenden für den Text die Designschriftart für den Textkörper und die verschiedenen Farben eines Designfarbensatzes werden zur farblichen Formatierung des Textes, der Rahmenlinien und des Tabellenhintergrunds verwendet.

Solange Sie zur Formatierung von Tabellen in Word und PowerPoint Tabellenformatvorlagen, die für den Textkörper definierte Schriftart und die verschiedenen Farben des Designfarbensatzes verwenden, passen sich die Tabellen automatisch an, wenn Sie dem Dokument bzw. der Präsentation ein anderes Design zuweisen.

Das Zuweisen einer Tabellenformatvorlage ist, wie gesagt, sehr einfach.

1. Setzen Sie die Einfügemarke in die Tabelle.
2. Öffnen Sie die Registerkarte *TABELLENTOOLS/ENTWURF*.
3. Klicken Sie in der Gruppe *Tabellenformatvorlagen* auf eine der Abbildungen mit den Tabellenformaten. Word bzw. PowerPoint weisen der Tabelle die Tabellenformatvorlage zu.

Bild 37.13 Mit den Tabellenformatvorlagen lässt sich eine komplette Tabelle in Sekunden formatieren

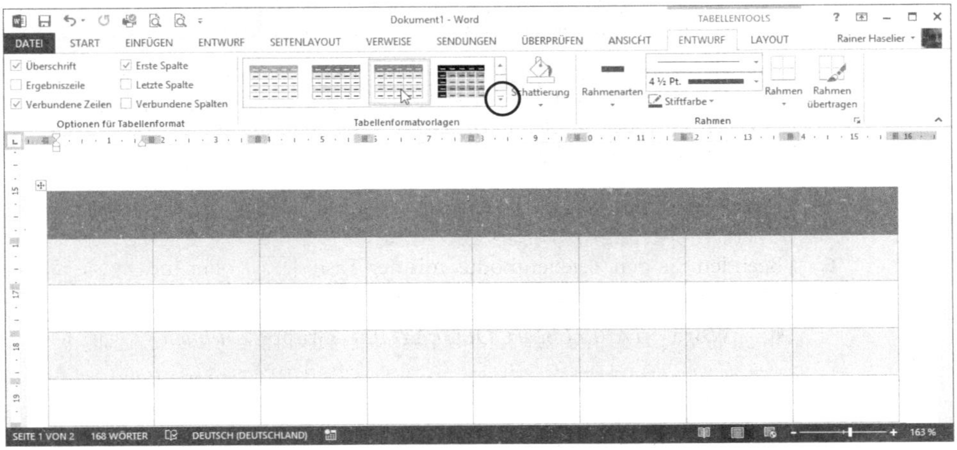

4. Falls in der Gruppe *Tabellenformatvorlagen* keine Formatierung sichtbar ist, die Ihnen geeignet erscheint, klicken Sie auf die Schaltfläche *Weitere* (in der obigen Abbildung mit einem Kreis markiert), um den Formatvorlagenkatalog zu öffnen.

Bild 37.14 Im Formatvorlagenkatalog, den Sie über die Schaltfläche *Weitere* öffnen, finden Sie zahlreiche weitere Tabellenformatvorlagen

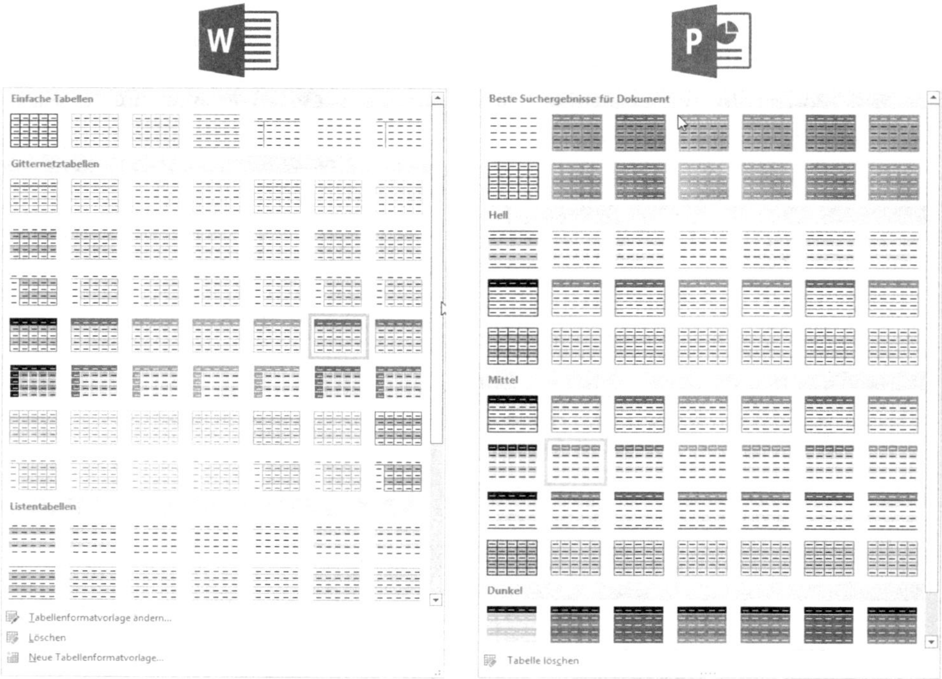

Die Tabellenformatvorlagen in Word sind nach Funktionsgruppen geordnet (*Einfache Tabellen, Gitternetztabellen* und *Listentabellen)* und in PowerPoint nach verschiedenen Helligkeitsstufen.

5. Scrollen Sie eventuell im Katalog, bis Sie eine geeignete Formatvorlage gefunden haben, und klicken Sie diese dann an, um sie der Tabelle zuzuweisen.

6. Auf der Registerkarte *TABELLENTOOLS/ENTWURF* können Sie in der Gruppe *Optionen für Tabellenformat* festlegen, ob bestimmte Elemente der Tabelle besonders formatiert werden sollen.

   Die Informationen zur Formatierung dieser Elemente, wie z. B. der Überschrift, sind ebenfalls in der Tabellenformatvorlage gespeichert.

Bild 37.15 Mit den Kontrollkästchen der Gruppe *Optionen für Tabellenformat* legen Sie fest, ob bestimmte Elemente der Tabelle besonders formatiert werden sollen

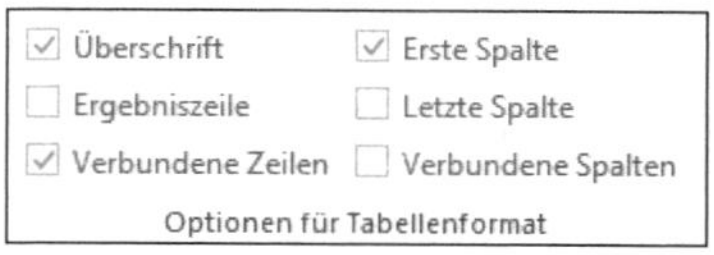

Welche der Kontrollkästchen Sie einschalten, hängt davon ab, welche Informationen sich in der Tabelle befinden. Wenn Sie beispielsweise eine Tabelle erstellt haben, in der sich in der ersten Zeile die Spaltenüberschriften befinden, schalten Sie das Kontrollkästchen *Überschrif-*

ten ein. Bei Tabellenarten, bei denen in der letzten Spalte die Summe der einzelnen Zeilen angezeigt wird, bietet es sich an, das Kontrollkästchen *Letzte Spalte* einzuschalten.

Die Bedeutung der Kontrollkästchen *Verbundene Zeilen* und *Verbundene Spalten* ist auf den ersten Blick nicht so leicht ersichtlich. Hiermit erreichen Sie, dass jede zweite Zeile/Spalte anders formatiert wird, was die Lesbarkeit von Tabellen verbessert.

TIPP Sie können die Kontrollkästchen der Gruppe *Optionen für Tabellenformat* auch ein- und ausschalten, nachdem Sie das Grundformat mittels einer Tabellenformatvorlage zugewiesen haben. Falls die Option doch nicht geeignet ist, schalten Sie das entsprechende Kontrollkästchen einfach wieder aus.

Wenn Sie eine Tabelle mit einer Formatierung versehen wollen, die so in keiner der Tabellenformatvorlagen vorhanden ist, können Sie die gesamte Tabelle oder auch einzelne Zeilen, Spalten oder Zellen manuell formatieren. Wie das geht, beschreiben die Abschnitte weiter hinten in diesem Kapitel.

In Tabellen navigieren

Für Tabellen gelten fast die gleichen Regeln wie für normalen Text – aber eben nur fast. Im Folgenden haben wir für Sie die wichtigsten Ausnahmen und Besonderheiten zusammengestellt.

Tabellenfelder und Gitternetzlinien

Jede Tabelle besteht aus einer beliebigen Anzahl von Tabellenfeldern. Um die einzelnen Felder auch dann besser erkennen zu können, wenn Sie in der Tabelle keine Rahmenlinien verwenden, schalten Sie am besten immer die Gitternetzlinien ein:

1. Setzen Sie den Mauszeiger an eine beliebige Stelle in der Tabelle. Die Registerkarten *ENTWURF* und *LAYOUT* der *TABELLENTOOLS* werden eingeblendet.
2. Öffnen Sie die Registerkarte *TABELLENTOOLS/LAYOUT*.
3. Klicken Sie in der Gruppe *Tabelle* auf *Gitternetzlinien anzeigen*.

Diese Linien zeigen Ihnen die Ausmaße der einzelnen Tabellenfelder und erleichtern Ihnen beim Bewegen der Einfügemarke die Orientierung.

Das Zellenendezeichen

In jedem Tabellenfeld einer Word-Tabelle gibt es ein *Zellenendezeichen* ¤, mit dem das Ende der Tabellenzelle gekennzeichnet wird. Das gleiche Zeichen steht auch am Ende der Zeile. Dort heißt es *Zeilenendezeichen*. Ob es angezeigt wird, hängt davon ab, ob im Dialogfeld *Word-Optionen* in der Kategorie *Anzeigen* die Option *Absatzmarken* eingeschaltet ist oder nicht. (Weitere Informationen zu den Word-Optionen finden Sie in Kapitel 17.)

Bewegen der Einfügemarke

Wenn Sie die Einfügemarke in einer Tabelle bewegen, haben einige Pfeiltasten und die [Tab]-Taste eine andere Bedeutung als im normalen Text. Die folgende Tabelle informiert Sie über die Unterschiede.

Tabelle 37.1 Bewegen der Einfügemarke in Tabellen

Dahin wollen Sie ...	Diese Tasten müssen Sie drücken ...
Anfang der aktuellen Zelle	[Pos1]
Ende der aktuellen Zelle	[Ende]
Nächste Zelle	[Tab], [Alt]+[↑]
Vorherige Zelle	[⇧]+[Tab], [Alt]+[↓]
Erste Zelle in aktueller Zeile	[Alt]+[Pos1]
Letzte Zelle in aktueller Zeile	[Alt]+[Ende]

HINWEIS **Tabulatoren in Tabellen eingeben** Um in normalem Text einen Tabulator einzufügen, verwenden Sie die Taste [Tab]. Da diese Taste innerhalb einer Tabelle eine besondere Bedeutung hat, müssen Sie die Tastenkombination [Strg]+[Tab] verwenden, wenn Sie innerhalb einer Tabelle Tabulatoren setzen wollen.

In Tabellen markieren

Auch das Markieren funktioniert in Tabellen etwas anders als in normalem Text und ist daher etwas gewöhnungsbedürftig.

Markieren mit der Tastatur

Sie können die Kombination von [⇧]+Pfeiltasten verwenden, um einzelne Zeichen zu markieren.

- Wenn Sie dabei das Ende eines Tabellenfeldes (in Word genauer das Zellenendezeichen) mit markieren, wird automatisch die gesamte Zelle markiert.
- Wenn Sie, nachdem eine Zelle ganz markiert wurde, die Markierung erweitern, wird die Markierung zellenweise, und nicht zeichenweise, vergrößert.

Markieren mit der Maus

Innerhalb einer Zelle gelten für das Markieren mit der Maus die gleichen Regeln wie in normalem Text. Darüber hinaus gibt es einige Besonderheiten, um bequem Zellen, Zeilen oder Spalten einer Tabelle zu markieren.

Ganze Spalte markieren

1. Setzen Sie den Mauszeiger auf die oberste Gitternetzlinie einer Spalte, bis er zu einem schwarzen Pfeil wird, der nach unten weist.

Bild 37.16 Der Mauszeiger wird oberhalb der obersten Zeile zum Markierungspfeil

Staffel (Einheiten pro Monat)	Jahresgebühr (netto)
bis 50	150,00 €
510 bis 100	200,00 €
101 bis 250	250,00 €
251 bis 500	300,00 €
ab 501	400,00 €

2. Klicken Sie, um die Spalte zu markieren.

Ganze Zeile markieren

Um einzelne oder mehrere Zeilen einer Tabelle zu markieren, benutzen Sie, genau wie beim Markieren von normalen Textzeilen, die Markierungsleiste (das ist der leere Bereich links neben dem Text).

Einzelne Zelle markieren

1. Verschieben Sie den Mauszeiger an den Anfang eines Feldes, bis der Zeiger die Form eines diagonal nach oben zeigenden Pfeils annimmt.

Bild 37.17 Die Form des Mauszeigers ändert sich beim Markieren einer einzelnen Zelle

Staffel (Einheiten pro Monat)	Jahresgebühr (netto)
bis 50	150,00 €
510 bis 100	200,00 €
101 bis 250	250,00 €
251 bis 500	300,00 €
ab 501	400,00 €

2. Klicken Sie, um die Zelle zu markieren.

Markieren mit Befehlen im Menüband

Wenn Ihnen das Markieren mit der Maus oder der Tastatur zu umständlich ist, können Sie auch die Befehle des Menüs *Auswählen* verwenden, das Sie auf der Registerkarte *TABELLENTOOLS/LAYOUT* in der Gruppe *Tabelle* finden. Mit den Unterpunkten des Menüs können Sie zumindest die rudimentären Markierungsaufgaben erledigen.

Bild 37.18 Über das Menü *Auswählen* können Sie eine Zelle, Spalte, Zeile oder die gesamte Tabelle markieren

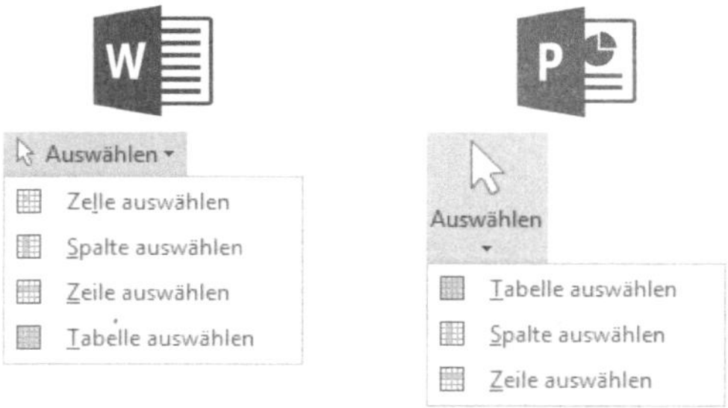

Tabellenstruktur ändern

Die erste Einteilung der Zeilen und Spalten wird nicht immer der endgültigen Version der Tabelle entsprechen. Früher oder später werden Sie vor der Aufgabe stehen, die Aufteilung einer Tabelle ändern zu müssen. Dabei können Sie

- neue Zeilen und Spalten einfügen,
- nicht mehr benötigte Zeilen und Spalten löschen,
- einzelne Zellen teilen oder verbinden.

Zeilen und Spalten einfügen

Die erste Einteilung der Zeilen und Spalten wird selten der endgültigen Version der Tabelle entsprechen. Früher oder später werden Sie also vor der Aufgabe stehen, die Aufteilung der Tabelle ändern zu müssen. Besonders in Word ist es in der Version 2013 viel einfacher geworden, neue Zeilen und Spalten einzufügen.

Im einfachsten Fall werden Sie der Tabelle eine neue Zeile hinzufügen wollen. Dazu setzen Sie die Einfügemarke einfach in die letzte Zelle der Tabelle und drücken dort die [Tab]-Taste.

Wenn Sie innerhalb der Tabelle eine neue Zeile einfügen wollen, gehen Sie folgendermaßen vor:

1. Klicken Sie in die Zeile, über oder unter der Sie eine neue Zeile einfügen wollen.
2. Öffnen Sie die Registerkarte *TABELLENTOOLS/LAYOUT.*
3. Klicken Sie in der Gruppe *Zeilen und Spalten* auf *Darüber einfügen* bzw. auf *Darunter einfügen.*

Bild 37.19 Die Schaltflächen zum Einfügen von Spalten und Zeilen befinden sich auf der Registerkarte *TABELLENTOOLS/LAYOUT*

Zum Einfügen neuer Spalten gehen Sie analog vor und verwenden entsprechend die Schaltflächen *Links einfügen* bzw. *Rechts einfügen.*

PROFITIPP

Mehrere Zeilen/Spalten einfügen

Wollen Sie mehrere Zeilen oder Spalten gleichzeitig einfügen, können Sie vorher entsprechend viele Zeilen bzw. Spalten in der Tabelle markieren und müssen den Befehl dann nicht mehrfach aufrufen.

TIPP **Zeilen, Spalten und Zellen mit dem Kontextmenü oder der Minisymbolleiste einfügen** Im Kontextmenü für Word-Tabellen und in der Minisymbolleiste von Word und PowerPoint finden Sie den Befehl *Einfügen,* den Sie ebenfalls verwenden können, um in eine vorhandene Tabelle weitere Spalten oder Zeilen einzufügen. Die Verwendung des Kontextmenüs oder der Minisymbolleiste erspart Ihnen die Navigation zur richtigen Registerkarte im Menüband.

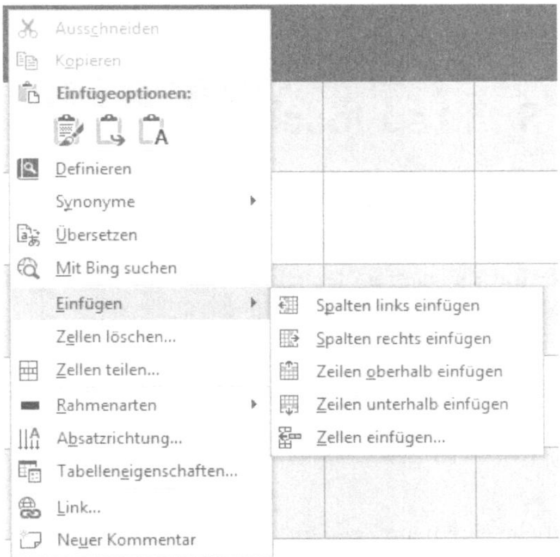

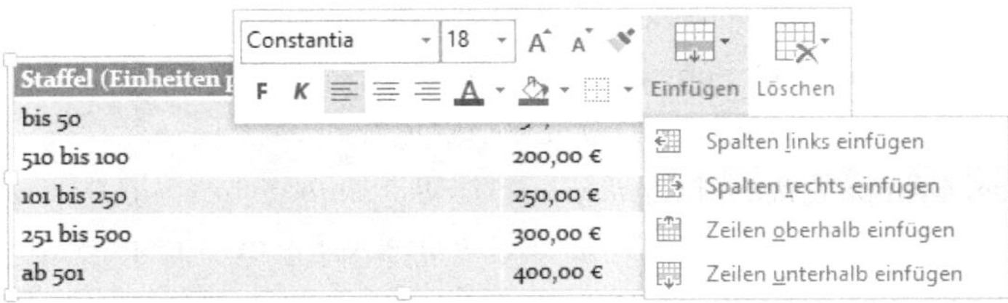

Zeilen und Spalten in Word einfügen

In Word 2013 ist das Einfügen von Zeilen und Spalten in eine Tabelle noch einfacher geworden: Wenn Sie mit der Maus links an der Tabelle auf die Trennlinie zwischen zwei Zeilen oder oben an der Tabelle auf die Trennlinie zwischen zwei Spalten zeigen, blendet Word eine Einfügemarkierung mit einer Plusschaltfläche ein. Klicken Sie auf diese Schaltfläche, um eine Zeile oder eine Spalte einzufügen.

Bild 37.20 Die neuen Einfügemarkierungen in Word 2013 erleichtern das Erweitern von Tabellen

Leider steht dieses nützliche neue Feature in PowerPoint 2013 nicht zur Verfügung.

Tabelle, Zeilen und Spalten löschen

Wenn Sie überflüssige Zeilen und Spalten aus einer Tabelle entfernen wollen, können Sie diese Zellen am schnellsten mit den Befehlen der Schaltfläche *Löschen* der Minisymbolleiste entfernen. Diese Schaltfläche wird in der Minisymbolleiste angezeigt, wenn sich die Einfügemarke in einer Tabelle befindet. Die Befehle der Schaltfläche sind mit denen identisch, die Sie auf der Registerkarte *TABELLENTOOLS/LAYOUT* in der Gruppe *Zeilen und Spalten* finden.

Bild 37.21 Löschen von Spalten und Zeilen mit den Schaltflächen in der Minisymbolleiste

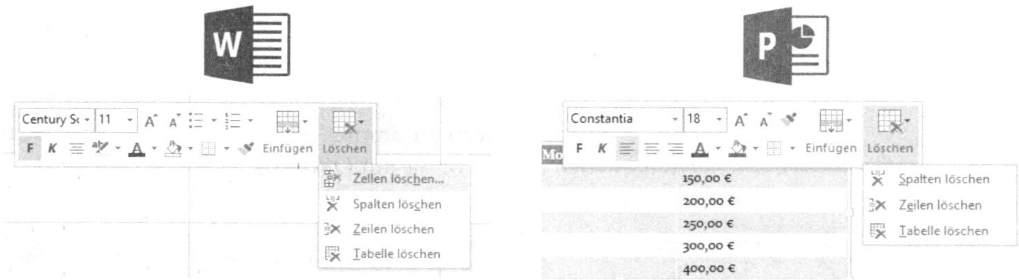

Um mehrere Zeilen oder Spalten zu löschen, müssen Sie diese vor dem Aufruf des entsprechenden Befehls markieren.

Mit dem Befehl *Tabelle löschen*, den Sie jeweils ganz unten im Menü der Schaltfläche *Löschen* finden, löschen Sie die gesamte Tabelle.

Tabellenzellen verbinden und teilen

Wenn Sie beispielsweise eine Tabelle erstellen, bei der sich eine Überschrift über mehrere Spalten erstrecken soll, können Sie zwei oder mehr Tabellenzellen zu einer einzigen zusammenführen.

1. Markieren Sie die Zellen, die Sie zusammenführen wollen; dies können sowohl nebeneinander als auch untereinander stehende Zellen sein.
2. Öffnen Sie die Registerkarte *TABELLENTOOLS/LAYOUT*.
3. Klicken Sie in der Gruppe *Zusammenführen* auf *Zellen verbinden*.

Zellen verbinden

Wenn sich bereits Text in den markierten Zellen befand, wird der Text in den einzelnen Zellen in einen eigenen Absatz in der zusammengeführten Zelle übernommen.

Auch der umgekehrte Weg ist möglich, nämlich dass Sie aus einer Zelle mehrere machen:

1. Klicken Sie die Zelle an, die Sie teilen wollen. Wenn Sie mehr als eine Zelle teilen wollen, markieren Sie die betreffenden Zellen.
2. Öffnen Sie die Registerkarte *TABELLENTOOLS/LAYOUT*.
3. Klicken Sie in der Gruppe *Zusammenführen* auf *Zellen teilen*. Das gleichnamige Dialogfeld wird angezeigt.

Zellen teilen

Bild 37.22 Hier legen Sie fest, in wie viele Spalten und Zeilen die markierte(n) Zelle(n) aufgeteilt werden soll(en)

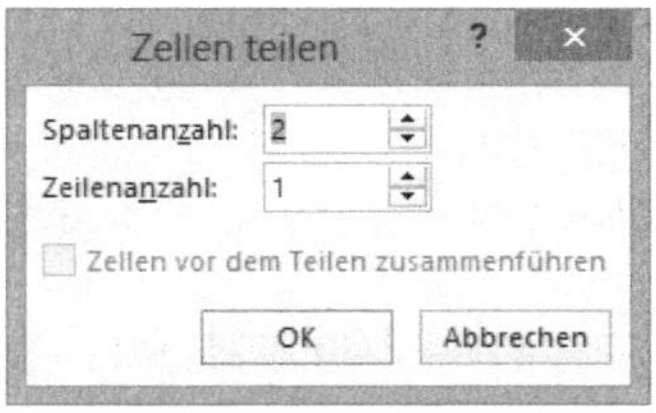

4. Geben Sie im Dialogfeld die Anzahl der Zeilen und Spalten an, in die die markierte(n) Zelle(n) aufgeteilt werden soll(en).
5. Wenn die Zellen vor dem Teilen zuerst zusammengeführt werden sollen, schalten Sie das entsprechende Kontrollkästchen ein, bevor Sie auf *OK* klicken.

Linien formatieren

Einzelne Linien in einer Tabelle formatieren Sie am einfachsten mit der Zeichenfunktion. Auf der Registerkarte *TABELLENTOOLS/ENTWURF* finden Sie in der Gruppe *Rahmen* (Word) bzw. *Rahmenlinien zeichnen* (PowerPoint) drei Elemente, mit denen Sie die Linienart, die Linienstärke und die Linienfarbe einstellen können.

1. Setzen Sie die Einfügemarke in die Tabelle.
2. Führen Sie eine der folgenden Aktionen durch:
   - **Word** Öffnen Sie die Registerkarte *TABELLENTOOLS/LAYOUT*. Klicken Sie in der Gruppe *Zeichnen* auf die *Tabelle zeichnen*, um den Zeichenmodus zu aktivieren.

- **PowerPoint** Öffnen Sie die Registerkarte *TABELLENTOOLS/ENTWURF*. Klicken Sie in der Gruppe *Rahmenlinien zeichnen* auf die *Tabelle zeichnen*, um den Zeichenmodus zu aktivieren.

3. Klicken Sie auf den Pfeil neben dem Feld *Stiftart*, um die Auswahlliste zu öffnen.

Bild 37.23 Mit den Schaltflächen der Gruppe *Rahmen* bzw. *Rahmenlinien zeichnen* können Sie die Linienarten, Stiftstärken und Stiftfarben auswählen

4. Wählen Sie in der Liste eine Linienart aus.
5. Klicken Sie auf den Pfeil der Schaltfläche *Stiftfarbe* und wählen Sie die Farbe aus, die die Linie haben soll.
6. Klicken Sie auf den Pfeil neben dem Feld *Stiftstärke* und stellen Sie im Dropdownmenü die Linienstärke ein. Je nachdem, welchen Linienstil Sie ausgewählt haben, stehen Ihnen unterschiedliche Linienstärken zur Verfügung.
7. Klicken Sie nun mit dem Stift die Linien an, die Sie wie eingestellt formatieren wollen. Ändern Sie die Linieneigenschaften wie oben beschrieben, wenn Sie andere Linien der Tabelle anders formatieren möchten.
8. Klicken Sie auf die Schaltfläche *Tabelle zeichnen*, um den Zeichenmodus zu beenden.

Gesamte Tabelle mit Linien versehen

Wenn Sie die gesamte Tabelle mit Linien versehen und Sie keine Tabellenformatvorlagen verwenden wollen, wäre es etwas mühselig, jede einzelne Linie von Hand zu zeichnen. Eine weitere Schaltfläche auf der Registerkarte *TABELLENTOOLS/ENTWURF* erleichtert Ihnen hier die Arbeit.

1. Setzen Sie die Einfügemarke in die Tabelle und drücken Sie die Tastenkombination [Alt]+[5] auf der Zehnertastatur (die [Num]-Taste muss dabei deaktiviert sein), um die gesamte Tabelle zu markieren. (Sie können auch auf der Registerkarte *TABELLENTOOLS/LAYOUT* in der Gruppe *Tabelle* auf *Auswählen* und dann auf *Tabelle auswählen* klicken.)
2. Öffnen Sie die Registerkarte *TABELLENTOOLS/ENTWURF*.
3. Legen Sie die Linienmerkmale fest, wie in den Schritten 4 bis 7 im vorigen Abschnitt beschrieben.
4. Führen Sie eine der folgenden Aktionen durch:
   - **Word** Klicken Sie in der Gruppe *Rahmen* auf den Pfeil neben der Schaltfläche *Rahmen*, um das Dropdownmenü zu öffnen.

- **PowerPoint** Klicken Sie in der Gruppe *Tabellenformatvorlagen* auf den Pfeil neben der Schaltfläche *Rahmen*, um das Dropdownmenü zu öffnen.

Bild 37.24 Das Dropdownmenü *Rahmen*

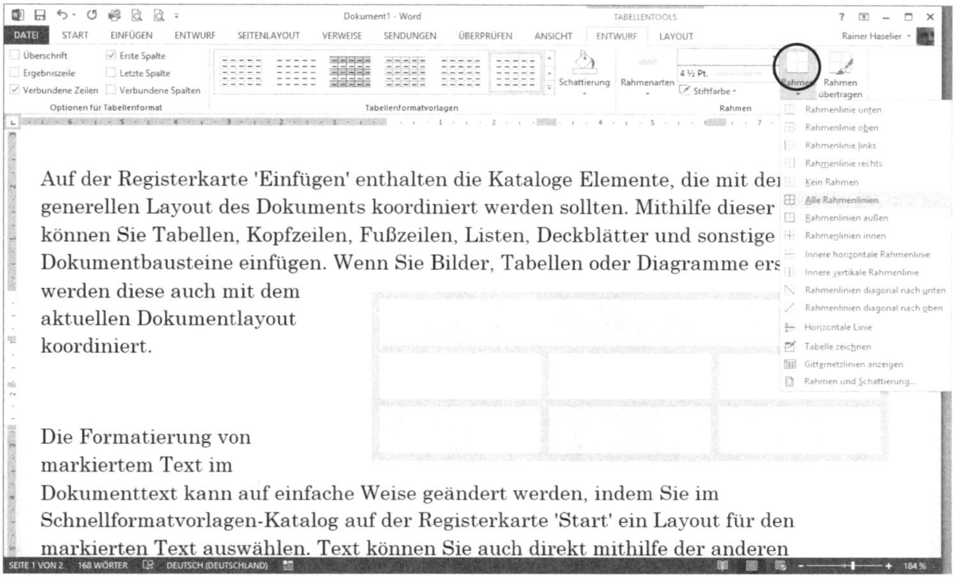

5. Klicken Sie auf *Alle Rahmenlinien*, um das eingestellte Format allen Rahmenlinien zuzuweisen.

In dem Dropdownmenü *Rahmen* können Sie nicht nur alle Rahmenlinien der Tabelle formatieren, sondern auch nur die inneren, die äußeren oder Linien an einer bestimmten Seite der Tabelle. Was genau formatiert wird, hängt (Sie ahnen es schon) davon ab, was vorher markiert wurde.

Hintergrund der Tabellenzellen ändern

Eine weitere Schaltfläche auf der Registerkarte *TABELLENTOOLS/ENTWURF* ist dafür vorgesehen, die Farbe festzulegen, mit der die Tabellenzellen gefüllt werden sollen.

1. Markieren Sie die gewünschte(n) Zelle(n).
2. Öffnen Sie die Registerkarte *TABELLENTOOLS/ENTWURF*.
3. Klicken Sie in der Gruppe *Tabellenformatvorlagen* auf die Schaltfläche *Schattierung*.
4. Wählen Sie eine der angebotenen Farben aus.

Muster für den Hintergrund verwenden

Neben der Farbe können Sie noch ein Muster festlegen, mit dem die Zelle versehen werden soll. Die Einstellungen für das Hintergrundmuster erreichen Sie über die Schaltfläche *Rahmen* in der Gruppe *Tabellenformatvorlagen:*

1. Markieren Sie die Zelle(n), die Sie formatieren wollen.
2. Öffnen Sie die Registerkarte *TABELLENTOOLS/ENTWURF.*
3. Klicken Sie auf die Schaltfläche *Rahmen* und dann im Dropdownmenü auf *Rahmen und Schattierung.*
4. Wechseln Sie – falls erforderlich – im Dialogfeld *Rahmen und Schattierung* zur Registerkarte *Schattierung.*
5. Öffnen Sie die Liste *Linienart.* Die Muster befinden sich am unteren Ende der Liste.

Bild 37.25 Auf dieser Registerkarte können Sie ein Muster für einzelne Zellen oder die gesamte Tabelle festlegen

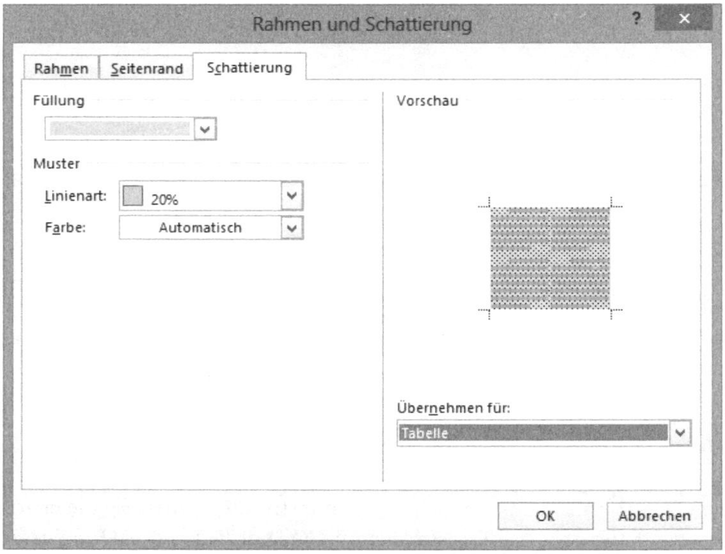

6. Wenn Sie die Formatierung statt für die markierte(n) Zelle(n) doch für die gesamte Tabelle verwenden wollen, öffnen Sie die Liste *Übernehmen für* und wählen den Eintrag *Tabelle* aus.
7. Wählen Sie anschließend noch eine Farbe aus und klicken Sie dann auf *OK.*

Spaltenbreite und Zeilenhöhe ändern

Die Breite einer Spalte bzw. die Höhe einer Tabellenzeile verändern Sie am einfachsten mit der Maus:

1. Schalten Sie das Lineal ein, wenn es nicht sichtbar ist. Schalten Sie dazu auf der Registerkarte *ANSICHT* in der Gruppe *Anzeigen* das Kontrollkästchen *Lineal* ein.
2. Setzen Sie den Mauszeiger auf die Trennlinie an der Zelle, die Sie verändern wollen. Der Mauszeiger verändert sich dort in einen Doppelpfeil.

Bild 37.26 Mit der Maus lassen sich Breite und Höhe der Tabellenspalten und -zeilen einfach ändern

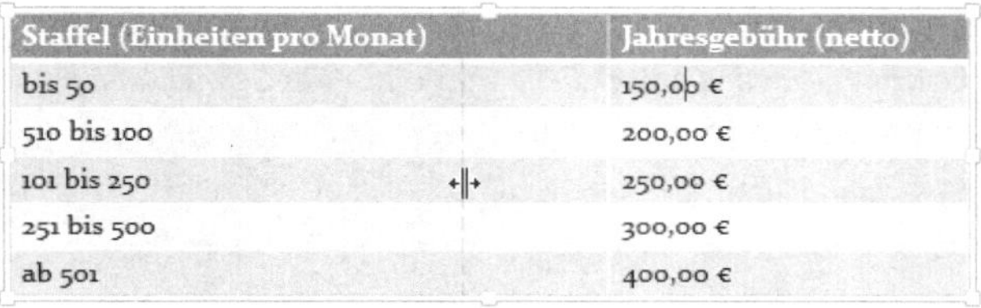

Staffel (Einheiten pro Monat)	Jahresgebühr (netto)
bis 50	150,00 €
510 bis 100	200,00 €
101 bis 250	250,00 €
251 bis 500	300,00 €
ab 501	400,00 €

3. Verschieben Sie die Trennlinie, bis die Spalte/Zeile die gewünschte Größe hat, und lassen Sie dann die Maustaste wieder los.

TIPP **Gleichzeitig die Breite der Tabelle ändern** Wenn Sie in Word die [⇧]-Taste drücken, bevor Sie auf eine Linie klicken und diese mit gedrückter Maustaste ziehen, können Sie gleichzeitig auch die Breite der Tabelle ändern. Die Breite der Spalte rechts von der Linie, die Sie ziehen, bleibt unverändert, die Spalte links davon wird breiter/schmaler (je nachdem, in welche Richtung Sie mit der Maus ziehen) und die Tabelle wird entsprechend breiter/schmaler.

Überschriften für mehrseitige Tabellen

Wenn sich eine Word-Tabelle über mehrere Seiten erstreckt, können Sie die erste Zeile der Tabelle als Überschrift formatieren. Diese Zeile wird dann von Word auf jeder der Folgeseiten wiederholt.

1. Setzen Sie die Einfügemarke in die erste Zeile der Tabelle. Sie können auch mehrere Zeilen als Überschrift definieren. Allerdings muss auch dann die erste Zeile Bestandteil der Überschrift sein.
2. Wechseln Sie zur Registerkarte *TABELLENTOOLS/LAYOUT*, klicken Sie auf die Schaltfläche *Daten* und dann auf *Überschriften wiederholen.*

Zum Bearbeiten der Tabellenüberschrift ändern Sie nur die Version am Tabellenanfang. Die Änderungen werden von Word automatisch auf den nachfolgenden Seiten übernommen.

Fertige Tabelle als Schnelltabelle speichern

Wenn Sie häufig ähnlich aufgebaute Tabellen verwenden, können Sie eine mit Sorgfalt erstellte Tabelle als sogenannte Schnelltabelle speichern. Eine Schnelltabelle ist so etwas wie ein Textbaustein, der aber nicht nur ein Wort enthält, sondern eben eine komplette Tabelle. Word speichert die Schnelltabellen im Schnelltabellenkatalog, und Sie können eine einmal erstellte Schnelltabelle einfach in anderen Dokumenten wiederverwenden.

Gehen Sie folgendermaßen vor, um eine Tabelle in den Schnelltabellenkatalog aufzunehmen:

1. Setzen Sie die Einfügemarke an eine beliebige Stelle in der Tabelle.
2. Nach einem kurzen Moment blendet Word in der linken oberen Ecke den Tabellenanfasser ein. Klicken Sie diesen an. Dadurch wird die gesamte Tabelle markiert.
3. Öffnen Sie die Registerkarte *EINFÜGEN.*
4. Klicken Sie in der Gruppe *Tabellen* auf *Tabelle* und dann auf *Schnelltabellen.*

Bild 37.27 Das Menü *Schnelltabellen*

5. Klicken Sie im Untermenü ganz unten auf *Auswahl im Schnelltabellenkatalog speichern.* Das Dialogfeld *Neuen Baustein erstellen* wird angezeigt.

Bild 37.28 Hier legen Sie fest, unter welchem Namen, wo und mit welchen Optionen die Schnelltabelle gespeichert werden soll

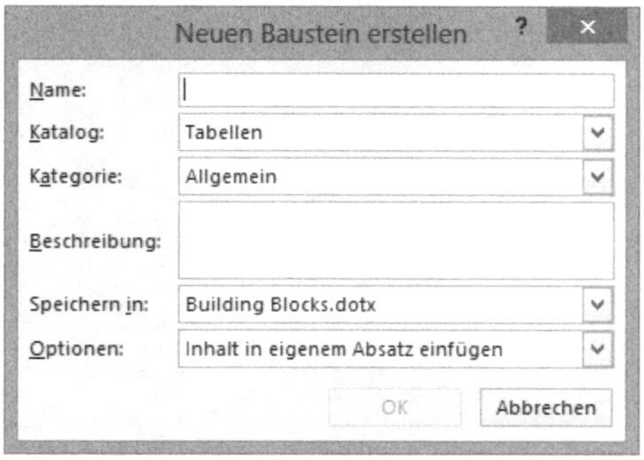

6. Geben Sie in das Feld *Name* den Namen ein, unter dem die Schnelltabelle gespeichert werden soll. Den Eintrag in der Liste *Katalog* können Sie unverändert lassen.
7. Sie können Schnelltabellen jeweils einer Kategorie zuordnen. Wenn Sie nur wenige Schnelltabellen erstellen, können Sie die Kategorie *Allgemein* verwenden. Bei vielen Schnelltabellen empfiehlt es sich, neue Kategorien anzulegen. Klicken Sie dazu auf den Pfeil neben dem Feld *Kategorie* und dann auf *Neue Kategorie erstellen.* Geben Sie den Namen der Kategorie ein und klicken Sie auf *OK.* Wählen Sie dann die Kategorie aus, der Sie die Schnelltabelle zuweisen wollen.
8. Wenn der Name nicht aussagekräftig genug ist, können Sie im Feld *Beschreibung* einen ausführlicheren erklärenden Text eingeben.
9. Im Listenfeld *Speichern in* legen Sie fest, in welcher Dokumentvorlage die Schnelltabelle gespeichert werden soll. Als eine Option wird Ihnen hier die Standarddokumentvorlage *Normal* angeboten; wenn das Dokument auf Basis einer anderen Dokumentvorlage erstellt wurde, wird deren Name hier ebenfalls angezeigt. Schnelltabellen, die Sie in unterschiedlichen Dokumenten verwenden wollen, speichern Sie am besten in der Dokumentvorlage *Normal* oder in den *Building Blocks.*
10. Im Listenfeld *Optionen* legen Sie fest, wie die Schnelltabelle später in ein Dokument eingefügt werden soll. Übernehmen Sie hier die Option *Inhalt in eigenem Absatz einfügen.*
11. Klicken Sie abschließend auf *OK.*

Schnelltabelle in einem anderen Dokument verwenden

Das Einfügen einer einmal definierten Schnelltabelle ist ein einfacher Vorgang. Setzen Sie die Einfügemarke im Dokument an die Stelle, an der die Tabelle eingefügt werden soll. Wechseln Sie zur Registerkarte *EINFÜGEN,* klicken Sie auf *Tabellen* und dann auf *Schnelltabellen.* Word zeigt alle vorhandenen Schnelltabellen in einer Liste an, die auch eine Vorschau der Tabelle enthält. Klicken Sie die Schnelltabelle an, die Sie einfügen wollen.

Kapitel 38

Links, Textmarken und Querverweise

In diesem Kapitel:

Links, auch Hyperlinks genannt, kennen Sie aus dem Web. Wenn Sie auf einer Webseite einen Link anklicken, zeigt der Browser entweder eine andere Stelle auf der gleichen Webseite an, oder er öffnet eine neue Seite. Genauso können Sie Links in die verschiedenen Office-Dokumente einfügen, um damit ein anderes Dokument, eine Webseite oder eine andere Stelle im gleichen Dokument zu öffnen.

Die verschiedenen Stellen im Dokument werden durch Textmarken definiert. In Word stehen automatisch alle Überschriften als Linkziel zur Verfügung und Sie können für andere Bereiche neue Textmarken definieren. In Excel stehen automatisch die Namen der Arbeitsblätter zur Verfügung; weitere Textmarken definieren Sie, indem Sie für Bereiche Namen vergehen (siehe hierzu auch den Abschnitt »Namen für Zellen/Zellbereiche verwenden« in Kapitel 20). In PowerPoint können Sie als Linkziel die verschiedenen Folien verwenden; das Erstellen von benutzerdefinierten Textmarken ist in PowerPoint nicht möglich.

In Word können Sie Textmarken noch für weitere Zwecke verwenden, und zwar für das Erstellen von Querverweisen. Der einfachste Fall ist sicherlich der Verweis auf eine Seite, die eine Textstelle oder eine Abbildung enthält, auf die Sie den Leser aufmerksam machen möchten. Natürlich können Sie die Seitenzahl einfach als normalen Text eingeben, doch dann laufen Sie Gefahr, dass der Verweis nicht mehr stimmt, sobald Sie Ihren Text weiter bearbeiten. Fügen Sie die Seitenzahl hingegen als Querverweis ein, ist ihre dauerhafte Aktualität gesichert.

Links verwenden

In diesem Abschnitt lernen Sie die Schritte kennen, mit denen Sie in Word, Excel und PowerPoint Links zu einer Datei, zu einer Stelle im aktuellen Dokument und zu einer Webseite erstellen, bearbeiten und löschen.

Link zu einer Datei einfügen

Mit den folgenden Schritten erstellen Sie einen neuen Hyperlink zu einer Datei:

1. Legen Sie zuerst die Stelle fest, an der der Link eingefügt werden soll. Führen Sie dazu je nach Office-Programm eine der folgenden Aktionen durch:
   - **Word** Markieren Sie die Textstelle, die als Link dienen soll. Wenn Sie keinen Text markieren, können Sie den Text später noch definieren.
   - **Excel** Markieren Sie die Zelle, die als Link dienen soll. Sie können auch mehrere Zellen markieren, wenn alle markierten Zellen als Link funktionieren sollen. Die markieren Zellen müssen neben oder untereinander stehen. Die Mehrfachauswahl von Zellen an verschiedenen Stellen des Arbeitsblatts ist beim Einfügen von Links nicht möglich.
   - **PowerPoint** Markieren Sie den Text, der als Link dienen soll. Wenn Sie keinen Text markieren und kein anderes Element auf der Folie markiert ist, können Sie den im Link anzuzeigenden Text später festlegen.
   - **Word, Excel, PowerPoint** Sie können in allen drei Programmen auch andere Elemente als Link verwenden, z. B. Formen, Diagramme, Abbildungen usw.; markieren Sie hierzu das gewünschte Element.

2. Öffnen Sie die Registerkarte *EINFÜGEN* und klicken Sie in der Gruppe *Link* auf *Link*. Das Dialogfeld *Link einfügen* wird geöffnet. Wenn die Schaltfläche *Link* nicht aktiv ist, haben Sie im Dokument ein Element markiert, das nicht als Link verwendet werden kann.

Bild 38.1 Das Dialogfeld *Link einfügen*

3. Geben Sie in das Feld *Anzuzeigender Text* den Text ein, der in Ihrem Dokument als Link dienen soll.
   - Wenn Sie vor dem Öffnen des Dialogfeldes bereits Text markiert haben, wird dieser hier angezeigt.
   - Wenn Sie vor dem Öffnen des Dialogfeldes ein anderes Element, wie eine Form oder eine Grafik, markiert haben, wird im Feld *Anzuzeigender Text* die Angabe *<<Auswahl im Dokument>>* angezeigt. Sie können den Text dann nicht ändern.
   - Wenn Sie vor dem Öffnen des Dialogfeldes keinen Text markiert oder in Excel eine leere Tabellenzelle markiert haben, ist das Feld *Anzuzeigender Text* leer.
4. Achten Sie darauf, dass in der Leiste *Link zu* der Eintrag *Datei oder Webseite* aktiviert ist.
5. Verwenden Sie das Dropdownlistenfeld *Suchen in,* um zu dem Ordner zu wechseln, in dem sich die Datei befindet, auf die Sie verlinken wollen.

Bild 38.2 Das Linkziel wurde ausgewählt

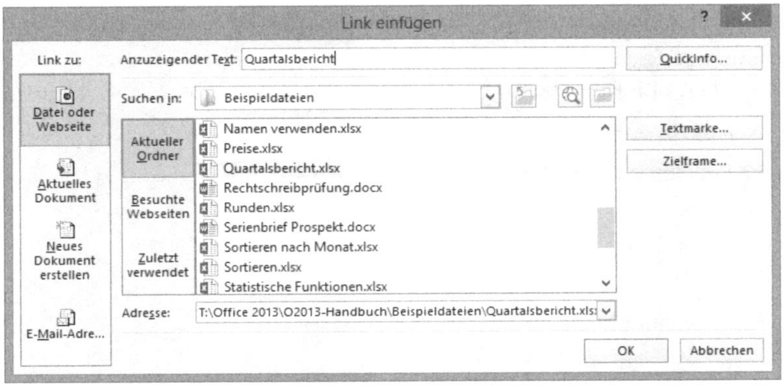

6. Markieren Sie die gewünschte Datei. Der Speicherort der Datei wird im Feld *Adresse* eingetragen.

7. Klicken Sie (optional) auf *Quickinfo*. Das Fenster *Hyperlink-Quickinfo festlegen* wird angezeigt. Geben Sie hier den Text ein, der angezeigt werden soll, wenn sich der Mauszeiger über dem Link befindet.

Bild 38.3 Legen Sie hier den optionalen Quickinfo-Text fest

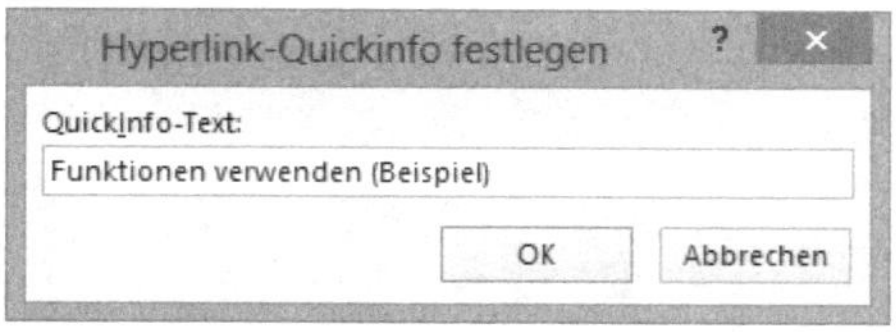

HINWEIS Damit in Word der Quickinfo-Text für Links angezeigt wird, muss das Kontrollkästchen *Dokument-Quickinfos beim Daraufzeigen anzeigen* eingeschaltet sein. Sie finden diese Einstellung im Dialogfeld *Word-Optionen*, Kategorie *Anzeige*, Abschnitt *Optionen für die Seitenanzeige*.

8. Klicken Sie auf *OK*.

   Der Link wird in das Dokument eingefügt; in Word sieht er beispielsweise so aus:

Bild 38.4 Der eingefügte Link in Word

Link zu einer Webseite einfügen

Mit den folgenden Schritten erstellen Sie einen neuen Link zu einer Webseite:

1. Führen Sie die Schritte 1 bis 3 durch, die im vorhergehenden Abschnitt »Link zu einer Datei einfügen« ab Seite 744 beschrieben sind.

2. Achten Sie darauf, dass in der Leiste *Link zu* der Eintrag *Datei oder Webseite* aktiviert ist.

3. Klicken Sie in der Leiste *Suchen in* auf *Besuchte Webseiten*.

   Im Listenfeld sehen Sie dann eine Liste mit den Webseiten, die Sie zuletzt besucht haben.

Bild 38.5 Das Linkziel wurde ausgewählt

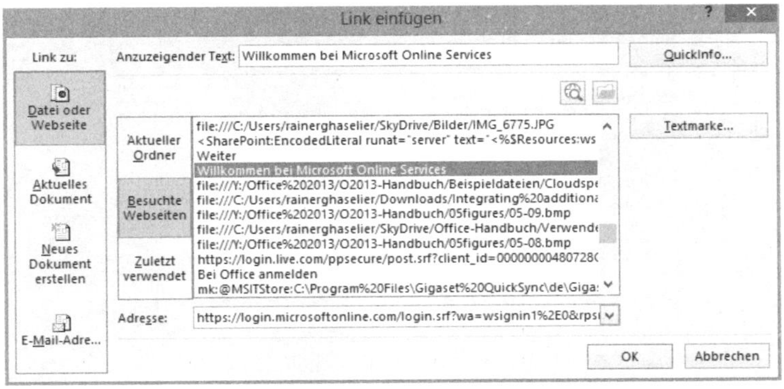

4. Führen Sie eine der folgenden Aktionen durch:
   - Wenn die gewünschte Webseite in der Liste angezeigt wird, klicken Sie den betreffenden Eintrag an. Die Adresse wird in das Feld *Adresse* übernommen.
   - Wenn die gewünschte Webseite nicht in der Liste angezeigt wird, löschen Sie den Inhalt des Feldes *Adresse* und geben dort die Adresse ein. Bitte achten Sie darauf, dass die Webseitenadresse mit **http://** bzw. mit **https://** beginnt.
5. Klicken Sie (optional) auf *Quickinfo*. Das Fenster *Hyperlink-Quickinfo festlegen* wird angezeigt. Geben Sie hier den Text ein, der angezeigt werden soll, wenn sich der Mauszeiger über dem Link befindet.
6. Klicken Sie auf *OK*.

   Der Link wird in das Dokument eingefügt; in Excel sieht er beispielsweise wie in der folgenden Abbildung gezeigt aus, wenn kein Quickinfo-Text festgelegt wurde. Excel zeigt dann die Adresse des Links an.

Bild 38.6 Der eingefügte Link in Excel

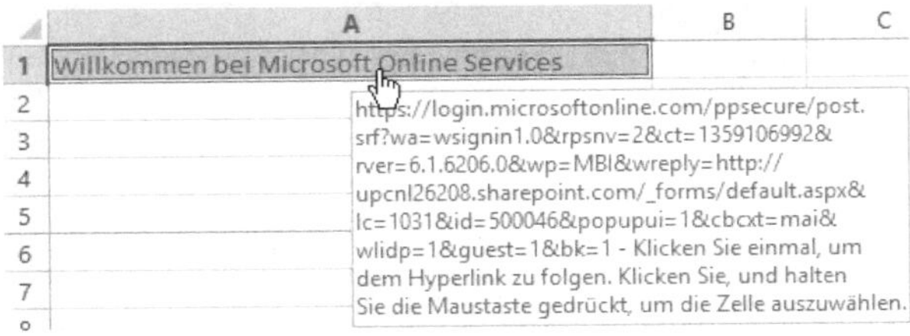

Link zu einer Stelle in der aktuellen Datei einfügen

Mit den folgenden Schritten erstellen Sie einen neuen Link zu einer Webseite:

1. Führen Sie die Schritte 1 bis 3 durch, die im Abschnitt »Link zu einer Datei einfügen« ab Seite 744 beschrieben sind.
2. Klicken Sie im Dialogfeld *Link einfügen* in der Leiste *Link zu* auf *Aktuelles Dokument*.

Bild 38.7 Beim Einfügen eines Links zum aktuellen Dokument ist die Auswahl des Linkziels bei den Programmen leicht unterschiedlich

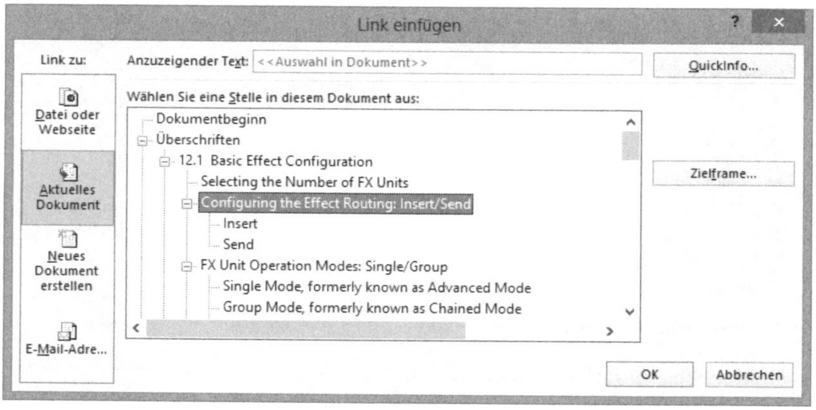

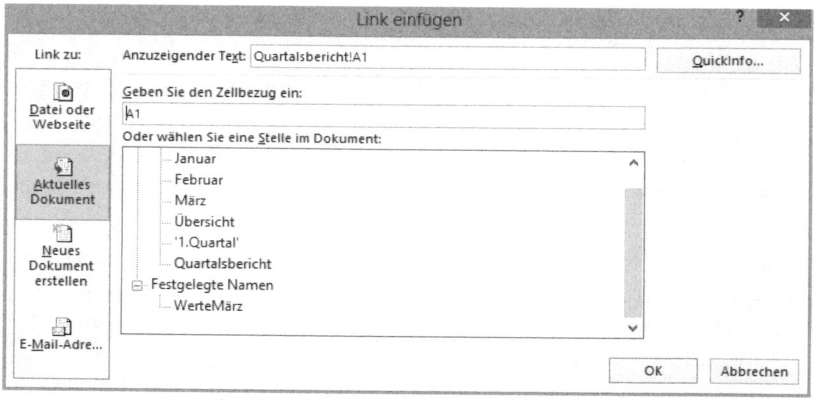

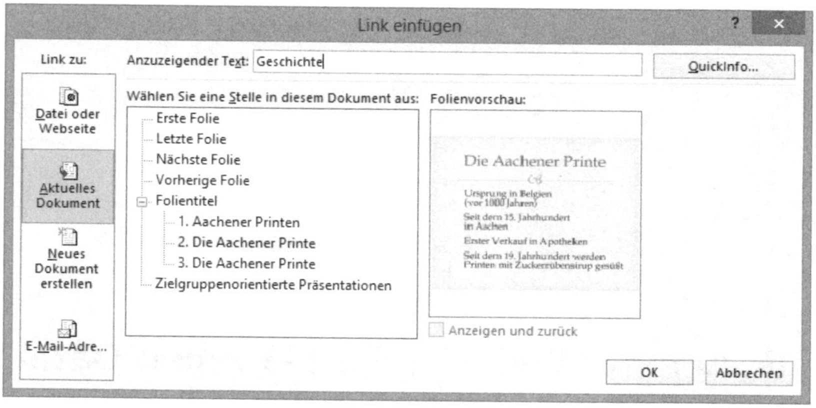

3. Führen Sie je nach Programm, das Sie verwenden, eine der folgenden Aktionen durch:

- **Word** In Word wird automatisch eine Liste mit allen Überschriften des Dokuments angezeigt, vorausgesetzt, Sie haben die Überschriften mit den Formatvorlagen für Überschriften formatiert. Wenn Sie in der Liste weiter nach unten scrollen, sehen Sie außerdem eine Liste aller Textmarken, die Sie in das Dokument eingefügt haben (mehr zu Textmarken finden Sie im Abschnitt ab Seite 751). Klicken Sie in der Liste die Überschrift bzw. die Textmarke an, die als Linkziel dienen soll.

- **Excel** In Excel sehen Sie eine Liste mit den Namen der Arbeitsblätter in der aktuellen Arbeitsmappe. Falls Sie benannte Bereiche verwenden, werden deren Namen ebenfalls in der Liste *Oder wählen Sie eine Stelle im Dokument* aufgeführt. Wählen Sie einen der Listeneinträge aus oder geben Sie in das Feld *Geben Sie den Zellbezug ein* entweder den Bezug auf eine Zelle oder einen Zellbereich ein.
- **PowerPoint** In PowerPoint sehen Sie im oberen Bereich der Liste Textmarken, die Sie verwenden können, um vor- und rückwärts durch die einzelnen Folien zu blättern. Darunter sehen Sie Einträge für die einzelnen Folien der Präsentation. Klicken Sie den gewünschten Eintrag an.

4. Klicken Sie (optional) auf *Quickinfo*. Das Fenster *Hyperlink-Quickinfo festlegen* wird angezeigt. Geben Sie hier den Text ein, der angezeigt werden soll, wenn sich der Mauszeiger über dem Link befindet.
5. Klicken Sie auf *OK*.

E-Mail-Link einfügen

Das Einfügen eines E-Mail-Links ist z. B. nützlich, wenn Sie aus einem Office-Dokument eine PDF-Datei erstellen und Sie den Empfängern der Datei ermöglichen möchten, direkt mit Ihnen per Mail Kontakt aufzunehmen.

Führen Sie folgende Schritte durch, um einen E-Mail-Link zu erstellen:

1. Führen Sie die Schritte 1 bis 3 durch, die im Abschnitt »Link zu einer Datei einfügen« ab Seite 744 beschrieben sind.
2. Klicken Sie im Dialogfeld *Link einfügen* in der Leiste *Link zu* auf *E-Mail-Adresse*.

Bild 38.8 So fügen Sie einen E-Mail-Link in ein Office-Dokument ein

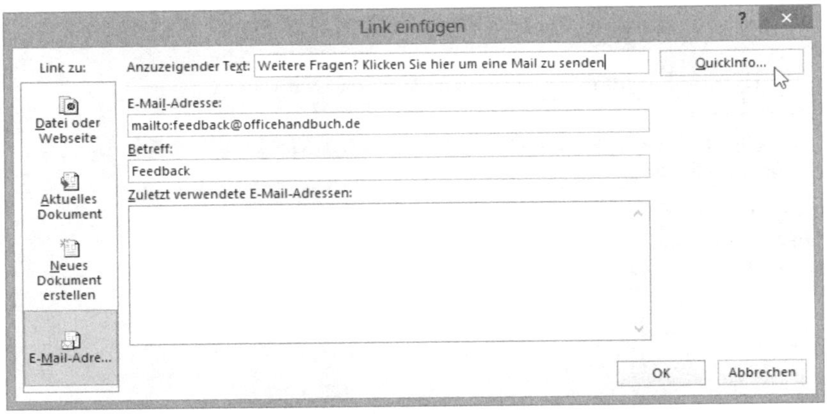

3. Geben Sie in das Feld *Anzuzeigender Text* den Text ein, der als Link verwendet werden soll.
4. Geben Sie in das Feld *E-Mail-Adresse* die Empfängeradresse der E-Mail ein.
5. Geben Sie in das Feld *Betreff* den Betreff der E-Mail ein.
6. Klicken Sie auf *OK*.

   Der Link wird in das Dokument eingefügt. Auf einer PowerPoint-Folie sieht der Link beispielsweise so aus, wie es die folgende Abbildung zeigt.

Bild 38.9 So sieht der E-Mail-Link beispielsweise auf einer PowerPoint-Folie aus

Link bearbeiten und entfernen

Wenn Sie einen Link bearbeiten wollen, klicken Sie ihn mit der rechten Maustaste an und wählen im Kontextmenü den Befehl *Hyperlink bearbeiten*. Sie sehen dann das Dialogfeld *Hyperlink bearbeiten*, das so aufgebaut ist wie das Dialogfeld *Link einfügen*. Nehmen Sie dort die gewünschten Änderungen vor und klicken Sie auf *OK*.

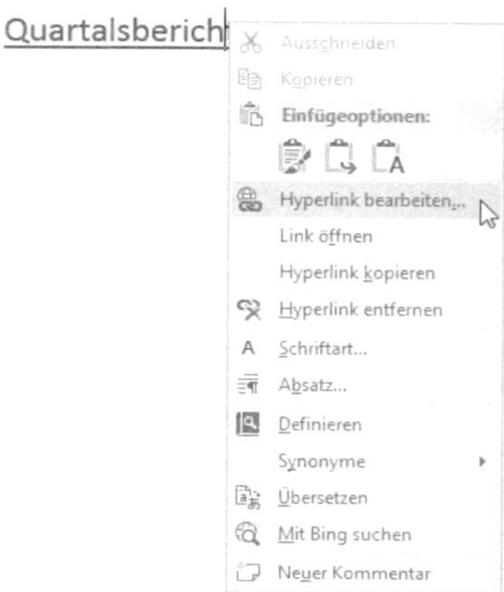

Um den Link zu löschen, klicken Sie ihn mit der rechten Maustaste an und wählen Sie im Kontextmenü den Befehl *Hyperlink entfernen*.

Textmarken erstellen und ansteuern

In Word ist eine Textmarke ein Name, den Sie einer markierten Textstelle zuweisen. Die Passage, die als Textmarke formatiert werden soll, kann ein einzelnes Zeichen, eine Grafik, eine Zeile oder auch ein umfangreicher Text sein. Textmarken können Sie beim Einfügen von Links verwenden (weiter vorn in diesem Kapitel beschrieben) und Sie können sie verwenden, wenn Sie z. B. Seitenverweise in ein Word-Dokument einfügen.

Textmarken erstellen

Bevor Sie die Möglichkeiten von Textmarken nutzen können, müssen Sie zuerst Textmarken erstellen. Und das geschieht mit den folgenden Schritten:

1. Markieren Sie den Textabschnitt, dem ein Textmarkenname zugewiesen werden soll. Es kann sich hierbei um ein einzelnes oder um mehrere Zeichen, eine Zeile, einen Absatz oder eine größere Textpassage handeln.

Textmarke

2. Wechseln Sie zur Registerkarte *EINFÜGEN* und klicken Sie in der Gruppe *Link* auf *Textmarke*. Das Dialogfeld *Textmarke* wird angezeigt.

3. Geben Sie im Textfeld des Dialogfeldes den Namen für die Textmarke ein. Wenn sich in Ihrem Dokument bereits Textmarken befinden, enthält das Textfeld des Dialogfeldes eine der vorhandenen Textmarken. Überschreiben Sie den Eintrag dann einfach mit dem Namen der neuen Textmarke.

Bild 38.10 Dialogfeld zum Erstellen von Textmarken

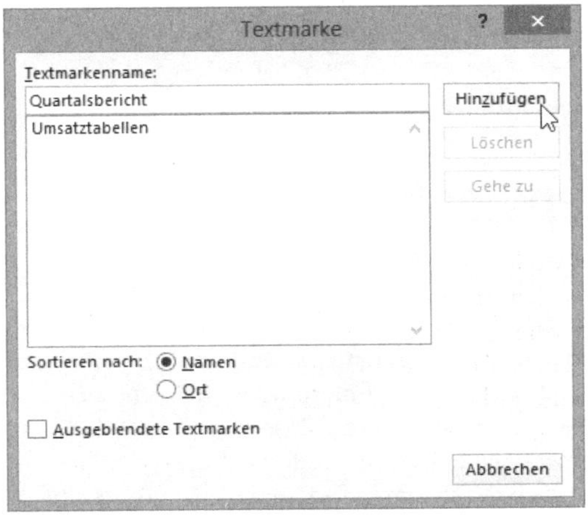

4. Klicken Sie auf *Hinzufügen*, um die Textmarke zu erstellen. Das Dialogfeld verschwindet dadurch vom Bildschirm.

5. Klicken Sie ein weiteres Mal auf der Registerkarte *EINFÜGEN* in der Gruppe *Link* auf *Textmarke* und überprüfen Sie, ob die neue Textmarke jetzt in der Liste des Dialogfeldes aufgeführt wird.

HINWEIS Der Name einer Textmarke kann zwischen 1 und 40 Zeichen lang sein und darf nur aus Buchstaben und Zahlen bestehen. Das erste Zeichen muss immer ein Buchstabe sein. Zur Trennung einzelner Wörter in den Namen der Textmarken können Sie den Unterstrich (_) verwenden; Punkte und Bindestriche im Namen sind nicht erlaubt. Wenn Sie einen ungültigen Namen eingeben, wird die Beschriftung der Schaltfläche *Hinzufügen* in grauer Schrift dargestellt.

Textmarken hervorheben

Normalerweise sind auf dem Bildschirm die Stellen, denen eine Textmarke zugewiesen wurde, nicht sichtbar. So kann es schnell passieren, dass eine Textmarke aus Versehen gelöscht wurde. Sie können sich jedoch die Textmarken Ihrer Dokumente auf dem Bildschirm besonders kennzeichnen lassen:

1. Klicken Sie auf die Registerkarte *DATEI* und dann auf *Optionen.*
2. Lassen Sie die Kategorie *Erweitert* anzeigen und scrollen Sie bis zum Abschnitt *Dokumentinhalt anzeigen.*
3. Schalten Sie das Kontrollkästchen *Textmarken anzeigen* ein.

Bild 38.11 Hiermit können Sie die mit einer Textmarke versehenen Stellen sichtbar machen

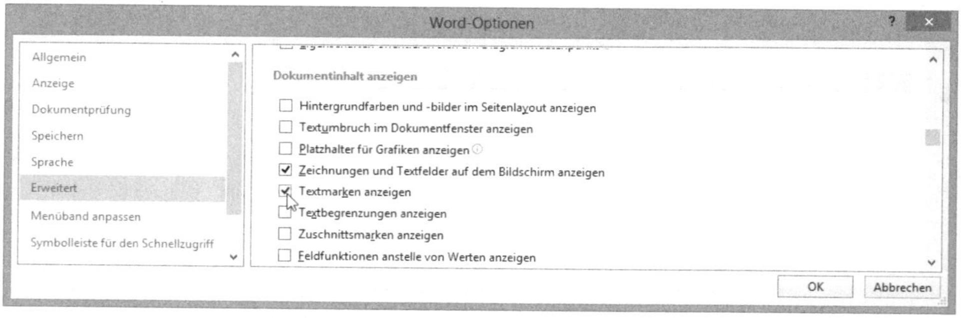

Word fasst Ihre Textmarken dann in zwei graue eckige Klammern ein. Ist einer Textmarke kein Text zugeordnet, erscheint an ihrer Position ein graues »I«.

Doch wie heißt es so schön: Kein Licht ohne Schatten. Die Kennzeichnung der Textmarken hat auch ihre Tücken. Haben Sie zwei Textmarken definiert, deren Bereiche sich überschneiden, können die Klammern auch irreführend sein. In diesem Fall sollten Sie auf der Registerkarte *EINFÜGEN* in der Gruppe *Link* auf *Textmarke* klicken, im Dialogfeld die Textmarke markieren und auf *Gehe zu* klicken. Word springt dann zu der unklaren Textmarke, die vollständig markiert wird.

Textmarken löschen

Wenn Sie eine Textmarke nicht mehr benötigen, können Sie sie wieder löschen:

1. Wechseln Sie zur Registerkarte *EINFÜGEN* und klicken Sie in der Gruppe *Link* auf *Textmarke*. Das Dialogfeld *Textmarke* wird angezeigt.
2. Geben Sie im Textfeld den Namen der Textmarke ein oder wählen Sie ihn in der Liste aus.
3. Klicken Sie auf die Schaltfläche *Löschen*, um die Textmarke zu entfernen.

Wenn Sie den mit der Textmarke verbundenen Text aus Ihrem Dokument löschen, ist die Textmarke natürlich ebenfalls verschwunden.

Textmarken als Sprungziel verwenden

Nachdem Sie Textmarken festgelegt haben, können Sie diese als Ziel beim Einfügen von Links und in den Dialogfeldern *Suchen und Ersetzen/Gehe zu* und *Textmarke* als Navigationsziel verwenden. Das Prinzip ist bei beiden Befehlen das gleiche.

Der Befehl *Gehe zu* hat den Vorteil, dass Sie ihn auch über einen Doppelklick auf die Seitenzahl in der Statusleiste aufrufen können. Dafür ist die Bedienung des Dialogfeldes etwas aufwendiger.

1. Klicken Sie auf der Registerkarte *START* in der Gruppe *Bearbeiten* auf *Suchen* und dann auf *Gehe zu*.

Bild 38.12 Der Befehl *Gehe zu* ist ein wenig versteckt ...

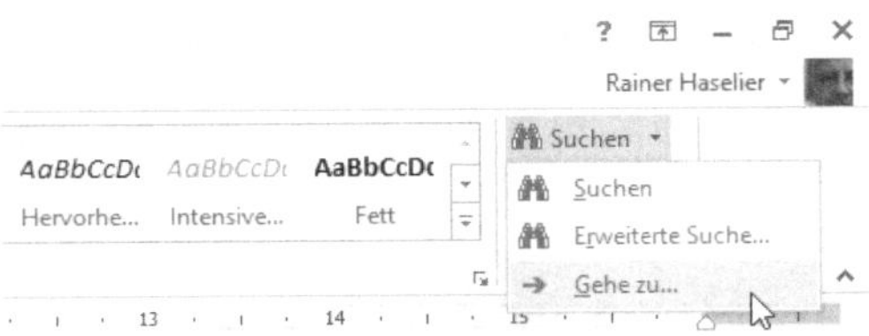

2. Wählen Sie im linken Listenfeld den Eintrag *Textmarke.*
3. Klappen Sie dann das rechts daneben erschienene Dropdownlistenfeld *Textmarkennamen eingeben* auf und wählen Sie die gewünschte Textmarke aus.

Bild 38.13 Über die Registerkarte *Gehe zu* können Sie zu Textmarken springen

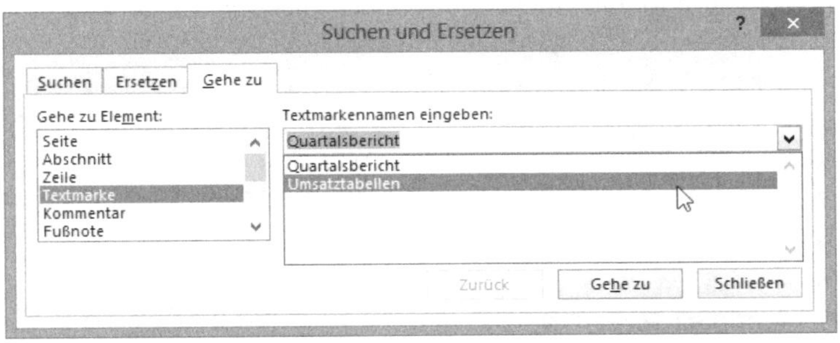

4. Klicken Sie auf *Gehe zu,* damit Word die zugehörige Textstelle anzeigt.
5. Springen Sie zu einer weiteren Textmarke oder schließen Sie das Dialogfeld direkt mit *Schließen.*

Mit dem Dialogfeld *Textmarke* ist das Ansteuern von Textmarken deutlich einfacher, schließlich ist dieses Dialogfeld auf diese Aufgabe spezialisiert.

1. Klicken Sie auf der Registerkarte *EINFÜGEN* in der Gruppe *Link* auf *Textmarke.*
2. Legen Sie mit den Optionsfeldern *Namen* und *Ort* fest, ob die Textmarken alphabetisch sortiert oder in der Reihenfolge ihres Auftretens im Dokument angezeigt werden.
3. Markieren Sie die gewünschte Textmarke und klicken Sie auf *Gehe zu.* Alternativ können Sie auch auf den Namen doppelklicken.
4. Lassen Sie sich weitere Textmarken anzeigen oder schließen Sie das Dialogfeld direkt mit *Schließen.*

Der Einsatz als Lesezeichen ist jedoch nur eine der Verwendungsmöglichkeiten von Textmarken. Weitaus spannender wird es, wenn Sie sie zum automatischen Erstellen von Querverweisen einsetzen.

Querverweise erzeugen

Unter Querverweisen versteht man in Word die automatisierte Bezugnahme auf Textstellen. Der einfachste Fall ist sicherlich der Verweis auf eine Seite, die eine Textstelle oder eine Abbildung enthält, auf die Sie den Leser aufmerksam machen möchten. Natürlich können Sie die Seitenzahl einfach als normalen Text eingeben, doch dann laufen Sie Gefahr, dass der Verweis nicht mehr stimmt, sobald Sie Ihren Text weiter bearbeiten. Fügen Sie die Seitenzahl hingegen als Querverweis ein, ist ihre dauerhafte Aktualität gesichert.

Beispiel: Auf Textmarken verweisen

Am Beispiel der Textmarken wollen wir Ihnen zeigen, wie Sie auf andere Textstellen verweisen. Da das Prinzip bei allen Verweistypen gleich ist, können Sie es leicht auf andere Typen wie Bildunterschriften, Fußnoten, Überschriften usw. übertragen.

1. Öffnen Sie ein Dokument, in dem sich einige Textmarken befinden.
2. Setzen Sie die Einfügemarke an die Stelle, an der Sie einen Verweis einfügen möchten.
3. Wechseln Sie zur Registerkarte *EINFÜGEN* und klicken Sie in der Gruppe *Link* auf *Querverweis;* das gleichnamige Dialogfeld wird angezeigt.

   Das Dialogfeld enthält drei Listenfelder, mit denen Sie Ihre Querverweise »komponieren« können. Im Dropdownlistenfeld *Verweistyp* sehen Sie, dass Sie nicht nur auf Textmarken, sondern auch auf viele andere Textelemente verweisen können. Um auf fortlaufend nummerierte Elemente wie Abbildungen oder Tabellen verweisen zu können, müssen Sie sie zuvor mit der Schaltfläche *Beschriftung einfügen* gekennzeichnet haben.

Bild 38.14 Einfügen von Querverweisen

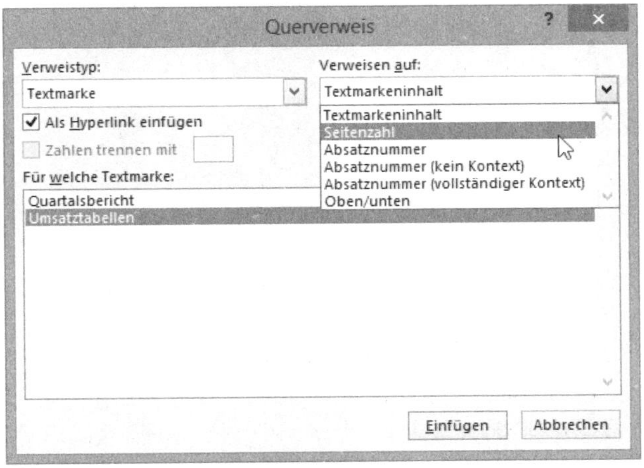

4. Da wir in diesem Beispiel auf eine Textmarke verweisen wollen, markieren Sie im Dropdownlistenfeld *Verweistyp* den Eintrag *Textmarke.*
5. Anschließend können Sie im Dropdownlistenfeld *Verweisen auf* festlegen, ob Sie auf den Textmarkeninhalt (also den Text, dem Sie die Textmarke zugewiesen haben), auf die Seitenzahl der Textmarke oder auf ihre Absatznummer verweisen wollen. Die letzte Wahlmöglichkeit ist nur von Interesse, wenn sich die Textmarke in einem Absatz befindet, der von Word automatisch nummeriert wurde.
6. Im letzten Listenfeld wählen Sie die Textmarke, auf die Sie sich beziehen wollen.
7. Wenn Sie Ihre Wahl getroffen haben, können Sie den fertigen Querverweis mit einem Klick auf die Schaltfläche *Einfügen* in Ihr Dokument aufnehmen und das Dialogfeld mit *Schließen* verlassen.

Sie sehen nun, dass der Inhalt der gewählten Textmarke an der aktuellen Position der Einfügemarke steht. Erscheint statt des Textes eine Feldfunktion, wie z.B. *{REF Textmarke * MERGEFORMAT}* oder *{PAGEREF Textmarke}*, drücken Sie Alt+F9, um zur Anzeige der Feldergebnisse umzuschalten.

Kapitel 39

Dokumente im Team bearbeiten

In diesem Kapitel:

Office 2013 stellt Ihnen in Kombination mit SkyDrive und den verschiedenen Web Apps verschiedene Features zur Verfügung, die die Dokumentbearbeitung im Team unterstützen. Auch wenn sich die Features sehr ähneln, gibt es doch erhebliche Unterschiede darin, wie sie von Word, Excel und PowerPoint und den jeweiligen Web Apps angeboten werden. Dieses Kapitel beleuchtet die Gemeinsamkeiten und die Unterschiede und Sie finden daher sowohl Abschnitte, in denen die Vorgehensweisen für alle drei Anwendungen beschrieben sind, als auch solche, in der die Besonderheiten einer Anwendung erläutert werden. Hier ein kurzer Überblick über die zentralen Inhalte dieses Kapitels:

- **Freigeben** Wenn Sie gemeinsam mit mehreren Personen an einem Dokument, einer Arbeitsmappe oder einer Präsentation arbeiten möchten, sollten Sie die Datei auf SkyDrive speichern und dann freigeben. Das Speichern auf SkyDrive ist ausführlich in Kapitel 5 dieses Buches beschrieben. Die Schritte zum Freigeben erläutert der erste Abschnitt dieses Kapitels.
- **Hervorhebungen** Eine sehr einfache Möglichkeit, um in Word auf bestimmte Textstellen in einem Dokument aufmerksam zu machen, ist die farbliche Hervorhebung im Stil eines Textmarkers. Mit diesem Word-Werkzeug können Sie sehr schnell bestimmte Textpassagen kennzeichnen, auf die Sie den Autor oder einen anderen Leser hinweisen möchten.
- **Kommentare** Wenn Sie ein Dokument mit einer Bemerkung versehen wollen, ohne dabei den eigentlichen Text zu verändern, können Sie einen sogenannten *Kommentar* einfügen. Dabei handelt es sich um eine Art Sprechblase, die neben dem eigentlichen Kommentar auch Ihren enthält.
- **Bearbeitungsverlauf** Beim gemeinsamen Arbeiten an einem Dokument ist es oft nützlich, nachvollziehen zu können, wer welche Überarbeitung vorgenommen hat. Dieses Feature wird in Office *Änderungen nachverfolgen* genannt. In Word ist der Funktionsumfang dieses Features am größten, da Word sowohl den Verlauf der Textänderungen als auch Änderungen an der Formatierung protokolliert. In Excel hingegen werden nur Änderungen an den Zellinhalten protokolliert und in PowerPoint findet sich dieses Feature nur in einer reduzierten Form wieder: Sie können zwei Präsentationen von PowerPoint vergleichen und sich dann die Unterschiede zwischen den Versionen anzeigen lassen.
- **Bearbeitungsmöglichkeiten einschränken** Wenn Sie ein Dokument zum Lesen oder zur Bearbeitung freigeben, können die anderen Personen standardmäßig das gesamte Dokument sehen. Word und Excel ermöglichen es, die Art der Bearbeitung einzuschränken und/oder Abschnitte/Bereiche von der Bearbeitung auszunehmen. Dies hat jedoch zur Folge, dass die Dokumente dann nicht mehr in der Web App geöffnet werden können.
- **Gleichzeitige Bearbeitung** Ob Sie ein Office-Dokument gleichzeitig mit mehreren Personen bearbeiten können, hängt vom Dokumenttyp (Word-Dokument, Excel-Arbeitsmappe, PowerPoint-Präsentation) und davon ab, ob es mit der Desktopanwendung (entweder Office 2013 oder Office für Mac 2011) oder mit der betreffenden Web App bearbeitet wird. Wie beim Bearbeitungsverlauf hat auch bei der gleichzeitigen Bearbeitung Word die Nase vorn, da ein Word-Dokument gleichzeitig wahlweise mit Word 2013, Word für Mac 2011 oder Word Web App bearbeiten werden kann. Außerdem werden Sie von Word automatisch darüber informiert, wenn eine Aktualisierung vorliegt, und Sie können diese dann in Ihre Version des Dokuments integrieren. Eine Excel-Arbeitsmappe hingegen kann nur dann gleichzeitig von mehreren Personen bearbeitet werden, wenn alle Excel Web App verwenden. Alle Details zum gleichzeitigen Bearbeiten von Dateien finden Sie gegen Ende des Kapitels.

Dokumente freigeben

Der erste Schritt beim gemeinsamen Arbeiten an einem Dokument besteht darin, dass der Ersteller bzw. Besitzer des Dokuments dieses auf SkyDrive speichert und dann freigibt. Da das Speichern auf SkyDrive und die Verwendung und Einrichtung eines Microsoft-Kontos ausführlich in Kapitel 5 beschrieben sind, gehen wir im Folgenden davon aus, dass das Dokument bereits auf SkyDrive liegt.

Sie können ein Dokument sowohl in der Desktopanwendung als auch über SkyDrive freigeben. Bei der Freigabe eines Dokuments wird ein Link erzeugt, den die eingeladenen Personen verwenden, um das Dokument zu öffnen. Sie können beim Freigeben festlegen,

- ob es sich um einen Anzeigelink oder einen Bearbeitungslink handelt. Mit einem Anzeigelink kann das Dokument nur gelesen und mit einem Bearbeitungslink auch bearbeitet werden.
- ob die eingeladenen Personen das freigegebene Dokument anzeigen/bearbeiten können, ohne sich hierfür mit ihrem Microsoft-Konto anzumelden, oder ob eine vorherige Anmeldung erforderlich ist.

Führen Sie folgende Schritte durch, Sie um ein Dokument mit Word, Excel, PowerPoint oder der betreffenden Web App freizugeben.

1. Klicken Sie auf die Registerkarte *DATEI* und dann auf *Freigeben.*

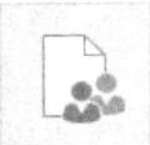

2. Wenn Sie eine der Web Apps verwenden, klicken Sie auf *Für andere Personen freigeben.*

   In den Desktopanwendungen sehen Sie nun die Backstage-Ansicht *Freigeben* (siehe Bild 39.1) und in den Web Apps die Backstage-Ansicht *Teilen* (siehe Bild 39.2 auf der folgenden Seite).

Bild 39.1 Die Backstage-Ansicht *Freigeben*, hier exemplarisch Word 2013. Mit dem Bereich *Personen einladen* können Sie anderen Zugriff auf eines Ihrer Dokumente einräumen.

Bild 39.2 Die Web App Backstage-Ansicht *Teilen*, hier exemplarisch Word Web App. Über den Bereich *E-Mail senden* laden Sie andere ein, ein von Ihnen erstelltes Dokument anzusehen bzw. zu bearbeiten.

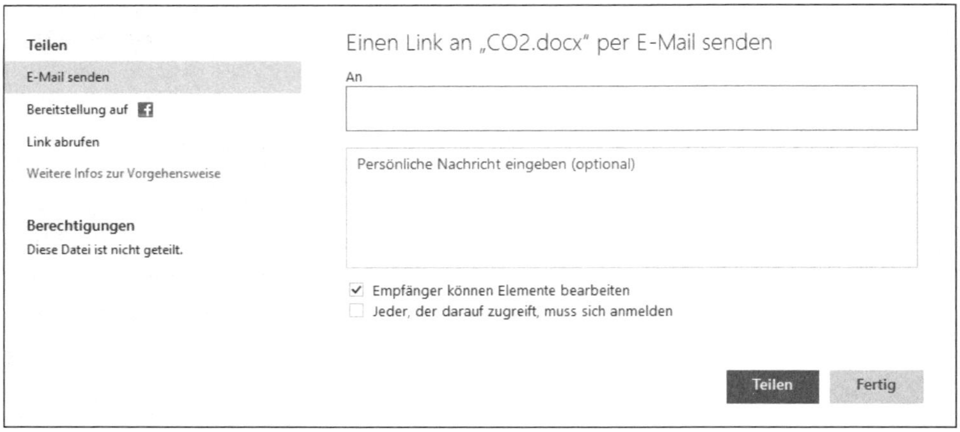

Mit den Optionen in den Bereichen *Personen einladen* und *E-Mail senden* können Sie anderen Personen per E-Mail einen Link zu der freigegebenen Datei senden und verschiedene Zugriffsberechtigungen festlegen.

3. Wenn Sie lediglich einen Anzeigelink oder einen Bearbeitungslink erzeugen lassen wollen und diesen auf andere Weise, z. B. in einer Chatnachricht, weiterreichen wollen, lesen Sie im Abschnitt »Freigabelinks anfordern« ab Seite 762 weiter. Anderenfalls machen Sie bei Schritt 4 weiter.

4. Geben Sie in das Feld für die E-Mail-Adresse bzw. das Feld *An* die Namen bzw. E-Mail-Adressen der Personen ein, die Sie einladen wollen.

   In der Backstage-Ansicht *Freigeben* können Sie optional die Schaltfläche *Adressbuch* anklicken, wenn Sie die Personen in Ihrem Adressbuch suchen wollen.

5. Geben Sie in das große Textfeld die Nachricht an, die in der E-Mail an die eingeladenen Personen enthalten sein soll.

6. Legen Sie fest, ob die Personen das Dokument nur anzeigen oder auch bearbeiten dürfen. Führen Sie dazu eine der folgenden Aktionen durch:

   - **Desktopanwendung** Öffnen Sie das Listenfeld rechts vom Namensfeld. Wählen Sie *Kann anzeigen,* wenn die Personen d as Dokument nur lesen dürfen. Wählen Sie *Kann bearbeiten,* wenn die Personen das Dokument lesen und ändern dürfen.
   - **Web App** Lassen Sie das Kontrollkästchen *Empfänger können Elemente bearbeiten* eingeschaltet, wenn die Empfänger einen Bearbeitungslink erhalten sollen. Wenn die Empfänger das Dokument nur anzeigen dürfen, schalten Sie das Kontrollkästchen *Empfänger können Elemente bearbeiten* aus.

7. Legen Sie fest, ob sich die Empfänger vor dem Öffnen des freigegebenen Dokuments mit ihrem Microsoft-Konto anmelden müssen. Führen Sie dazu eine der folgenden Aktionen durch:

   - **Desktopanwendung** Schalten Sie das Kontrollkästchen *Vor dem Zugriff auf das Dokument Anmeldung anfordern* ein, wenn sich die eingeladenen Personen mit ihrem Microsoft-Konto anmelden müssen, um Zugriff auf das Dokument zu erhalten.

- **Web App** Schalten Sie das Kontrollkästchen *Jeder, der darauf zugreift, muss sich anmelden* ein, wenn sich die eingeladenen Personen mit ihrem Microsoft-Konto anmelden müssen, um Zugriff auf das freigegebene Dokument zu erhalten.

Bild 39.3 Beispiel für einen ausgefüllten Bereich *Personen einladen*

Bild 39.4 Beispiel für einen ausgefüllten Bereich *E-Mail Senden* der Backstage-Ansicht *Teilen* der Word Web App

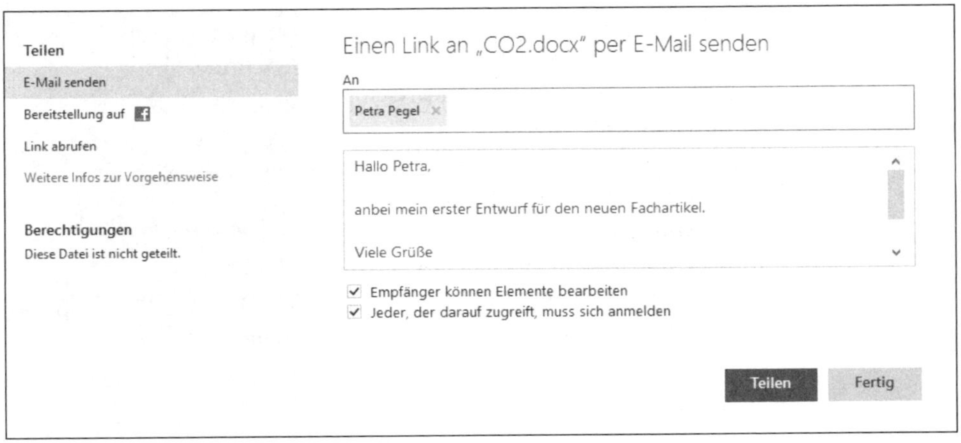

8. Führen Sie eine der folgenden Aktionen durch:
   - **Desktopanwendung** Klicken Sie auf *Freigeben.*
   - **Web App** Klicken Sie auf *Teilen.*

Die Personen, für die Sie das Dokument freigegeben haben, erhalten nun eine E-Mail-Nachricht ähnlich wie die, die Sie in Bild 39.5 sehen. Die Mail enthält einen Link zu dem freigegebenen Dokument. Die Empfänger können diesen Link anklicken, um das Dokument in Word Web App, Excel Web App bzw. PowerPoint Web App zu öffnen. Von dort aus ist es dann möglich, das Dokument in der betreffenden Desktopanwendung zu öffnen und/oder zu bearbeiten.

Alternativ können die eingeladenen Personen ihre SkyDrive-Website öffnen und dort links auf der Webseite auf *Geteilt* klicken. SkyDrive öffnet dann eine Seite, auf der alle Dokumente aufgeführt sind, die mit dieser Person geteilt werden.

Bild 39.5 Die eingeladenen Personen erhalten eine E-Mail ähnlich wie die hier gezeigte

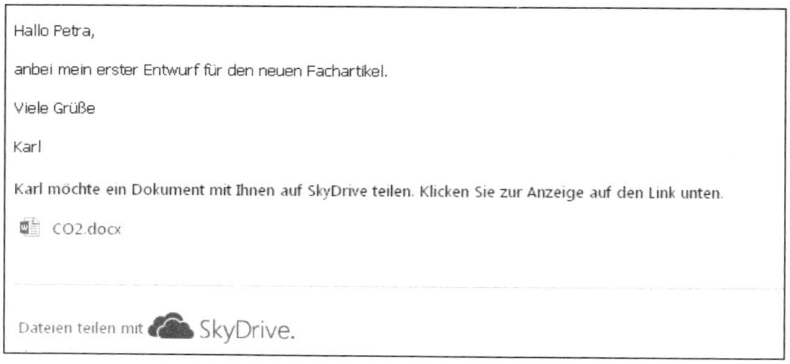

Freigabelinks anfordern

Mit den Schritten, die im vorigen Abschnitt beschrieben sind, erhalten zwar die Empfänger der E-Mail-Nachricht einen Link zu dem freigegebenen Dokument, Sie selbst kennen den Link aber nicht. Falls Sie den Link zum freigegebenen Dokument z. B. in einer Chatnachricht oder auf Ihrer persönlichen Website im firmeneigenen Intranet veröffentlichen wollen, können Sie bei SkyDrive einen Freigabelink anfordern. Führen Sie dazu folgende Schritte durch:

1. Klicken Sie auf die Registerkarte *DATEI* und dann auf *Freigeben*.

2. Wenn Sie eine der Web Apps verwenden, klicken Sie auf *Für andere Personen freigeben*.
3. Führen Sie einen der folgenden Schritte durch:
   - **Desktopanwendung** Klicken Sie auf *Freigabelink abrufen*.
   - **Web App** Klicken Sie auf *Link abrufen*.

   Sie sehen dann in der Backstage-Ansicht den Bereich *Einen Freigabelink abrufen* (Desktopanwendung) bzw. *Einen Link zu <Dateiname>* abrufen.

   Sowohl in der Desktopanwendung als auch in der Web App können Sie einen Anzeigelink, einen Bearbeitungslink oder beide anfordern.

Bild 39.6 Im Bereich *Einen Freigabelink abrufen* können Sie von SkyDrive Links erzeugen lassen, mit denen andere Personen das Dokument entweder nur lesen oder auch bearbeiten können

Bild 39.7 In den Web Apps finden Sie auf der Seite *Link abrufen* zusätzlich noch den Abschnitt *Öffentlich*. Wenn Sie dort auf *Veröffentlichen* klicken, kann das freigegebene Dokument auch von Suchmaschinen gefunden werden.

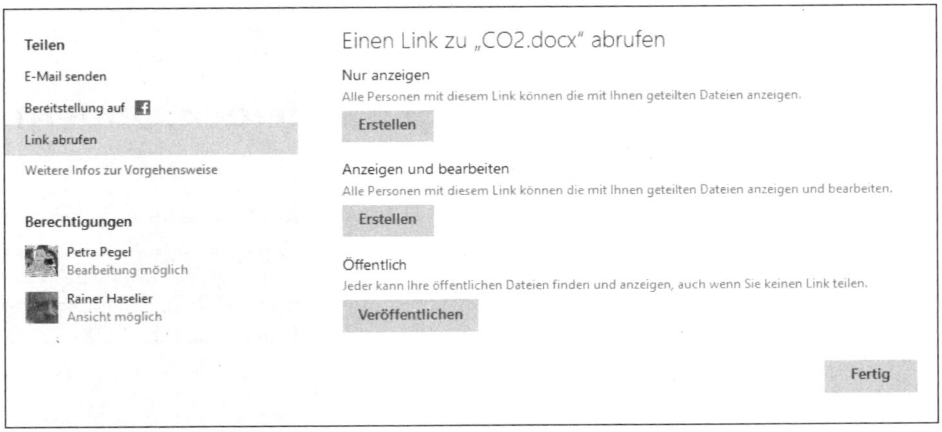

4. Führen Sie eine oder mehrere der folgenden Aktionen durch:

   - **Anzeigelink anfordern** Klicken Sie in der Desktopanwendung im Bereich *Link anzeigen* auf *Link erstellen*. Klicken Sie in der Web App im Bereich *Nur anzeigen* auf *Erstellen*.
   - **Bearbeitungslink anfordern** Klicken Sie in der Desktopanwendung im Bereich *Link bearbeiten* auf *Link erstellen*. Klicken Sie in der Web App im Bereich *Anzeigen und bearbeiten* auf *Erstellen*.

Bild 39.8 In der Desktopanwendung wurde sowohl ein Anzeige- als auch ein Bearbeitungslink angefordert

5. In den Web Apps können Sie den Freigabelink noch einkürzen lassen. Klicken Sie dazu neben dem Textfeld mit dem Link auf *Kürzen*. SkyDrive erzeugt dann eine Kurzform des Freigabelinks (siehe untere Abbildung in Bild 39.9).
6. Markieren Sie den Freigabelink, kopieren Sie ihn mit Strg+C in die Zwischenablage und verteilen Sie ihn.

Zugriffsberechtigungen anzeigen, ändern und entfernen

Wenn Sie ,überprüfen möchten, in welcher Form Sie ein Dokument freigegeben haben, öffnen Sie in der Desktopanwendung die Backstage-Ansicht *Freigeben* und in der Web App die Backstage-Ansicht *Teilen*. In den Desktopanwendungen werden alle vorgenommenen Freigaben im Bereich *Freigegeben für* angezeigt (siehe Bild oben auf dieser Seite) und in den Web Apps auf der linken Seite der Backstage-Ansicht im Bereich *Berechtigungen* (siehe Bild auf der folgenden Seite).

Wenn Sie in den Desktopanwendungen eine personenbezogene Freigabe entfernen oder die Zugriffsberechtigung ändern möchten, klicken Sie den Namen der betreffenden Person mit der rechten Maustaste an und wählen im Menü den Befehl *Benutzer entfernen* oder *Berechtigung ändern in* (siehe Bild 39.10).

In den Web Apps markieren Sie im Bereich *Berechtigungen* den Namen der Person, deren Freigabeeinstellung Sie ändern möchten. Klicken Sie auf *Berechtigungen entfernen*, um die Freigabe zu entfernen. Falls das Dokument derzeit bearbeitet werden kann und Sie die Berechtigung in Nur-Lesen ändern wollen, schalten Sie das Kontrollkästchen *Bearbeitung möglich* aus und klicken dann auf *Fertig* (siehe Bild 39.11).

Bild 39.9 In der Web App wurde ein Bearbeitungslink angefordert (oben). Um eine kürzere URL zu erhalten, können Sie neben dem Textfeld mit dem Link auf *Kürzen* klicken. SkyDrive erzeugt dann eine Kurzform der URL (unten).

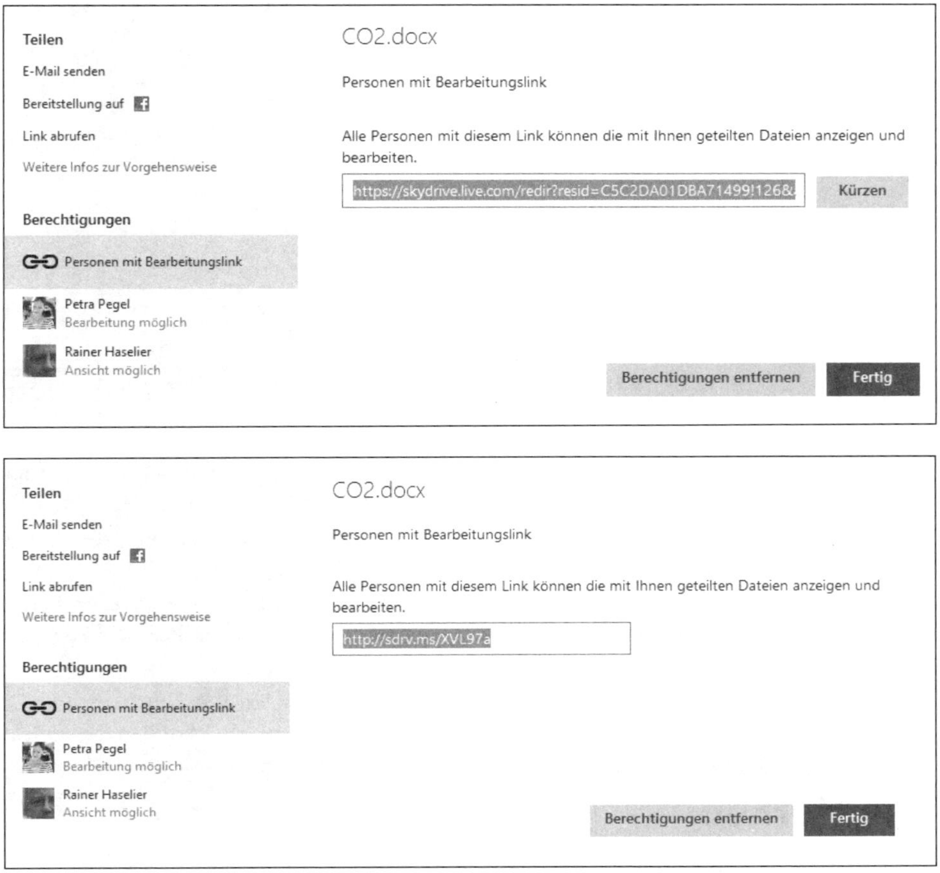

Bild 39.10 Im Bereich *Freigegeben für* der Backstage-Ansicht *Freigeben* der Desktopanwendungen können Sie die Freigabe entfernen und/oder die Art der Zugriffsberechtigung ändern

Bild 39.11 Auch in den Web Apps können Sie jederzeit sehen, wer Zugriff auf ein von Ihnen freigegebenes Dokument hat. Außerdem können Sie den Zugriff entfernen und die Art der Zugriffsberechtigung ändern.

Sie können auch die von SkyDrive erzeugten Freigabelinks entfernen und damit deaktivieren lassen. Die Links werden hierdurch unbrauchbar. In den Desktopanwendungen öffnen Sie die Backstage-Ansicht *Freigeben* und lassen die Seite *Freigabelink abrufen* anzeigen. Klicken Sie dann neben dem Link, den Sie löschen wollen, auf *Link deaktivieren.*

In den Web Apps öffnen Sie die Backstage-Ansicht *Teilen.* Klicken Sie dann im Bereich *Berechtigungen* den Freigabelink an, den Sie löschen möchten, und klicken Sie abschließend auf *Berechtigungen entfernen.*

Nachdem Sie nun wissen, wie Sie ein Word-Dokument, eine Excel-Arbeitsmappe und eine PowerPoint-Präsentation freigeben, damit Sie mit anderen daran arbeiten können, stellen Ihnen die folgenden Abschnitte dieses Kapitels weitere Office 2013-Features vor, die die Dokumentbearbeitung im Team unterstützen.

Textstellen hervorheben

Eine sehr einfache Möglichkeit, um in einem Word-Dokument auf bestimmte Textstellen aufmerksam zu machen, ist die farbige Hervorhebung im Stil eines Textmarkers. Mit diesem Werkzeug können Sie sehr schnell bestimmte Textpassagen kennzeichnen, auf die Sie den Autor oder einen anderen Leser hinweisen möchten.

HINWEIS Das Feature Texthervorhebung steht Ihnen nur in Word 2013 und nicht in Word Web App zur Verfügung. Word Web App kann den hervorgehobenen Text jedoch anzeigen.

Damit lassen sich Änderungsvorschläge gewichten. Beispielsweise nach Dringlichkeit: Rot muss geändert werden, gelb sollte geändert werden und grün braucht nur geändert zu werden, wenn es der Zeitrahmen zulässt. Oder nach Fehlerklassen: Rot ist sachlich falsch, gelb ist unverständlich, aber trotzdem richtig, grün ist sprachlich unsauber.

Natürlich können Sie die Markierungen auch als Gedächtnisstütze dafür verwenden, dass Sie die entsprechenden Stellen noch bearbeiten bzw. vervollständigen müssen.

Um eine oder mehrere Textstellen im Dokument hervorzuheben, gehen Sie so vor:

1. Wechseln Sie zur Registerkarte *START* und öffnen Sie in der Gruppe *Schriftart* das Ausklappmenü der Schaltfläche *Texthervorhebungsfarbe*.

Bild 39.12 Die Farbpalette für Texthervorhebungen

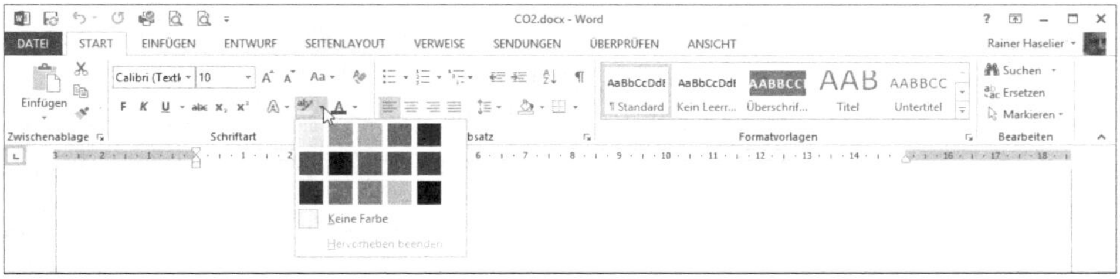

2. Wählen Sie eine Farbe aus. Die Farbe wird auf der Schaltfläche angezeigt, damit Sie sie beim nächsten Mal direkt durch Anklicken der Schaltfläche anwählen können und nicht wieder den Umweg über die Farbpalette nehmen müssen.

3. Der Mauszeiger befindet sich jetzt im *Textmarkermodus*. Kennzeichnen Sie die gewünschte(n) Textstelle(n), indem Sie mit gedrückter Maustaste darüberfahren. Überflüssige oder falsche Markierungen können Sie entfernen, indem Sie noch einmal mit dem Stift darüberfahren. Das funktioniert jedoch nur, wenn Sie dabei nicht über einen bisher noch nicht hervorgehobenen Text streichen.

4. Wenn Sie den Modus wieder beenden wollen, klicken Sie entweder die Schaltfläche *Texthervorhebungsfarbe* erneut an oder Sie drücken die Taste [Esc].

HINWEIS **Erst markieren, dann hervorheben** Sie können natürlich auch den umgekehrten Weg gehen, d.h., Sie markieren erst die gewünschte(n) Textstelle(n) mit der Maus und weisen der (Mehrfach-)Markierung anschließend die gewünschte Hervorhebungsfarbe zu.

Zur Erinnerung: Um mehrere, nicht zusammenhängende Textstellen zu markieren, müssen Sie die [Strg]-Taste drücken.

Einzelne Textstelle hervorheben

Wenn Sie nur eine einzelne Textstelle hervorheben wollen, gehen Sie besser etwas anders vor. In diesem Fall empfiehlt sich folgende Variante, bei der Sie mit deutlich kürzeren Mauswegen auskommen:

1. Markieren Sie die gewünschte Textpassage.

2. Bewegen Sie den Mauszeiger nach rechts oben aus der Markierung hinaus. Dadurch zeigt Word die Minisymbolleiste an.

Bild 39.13 Einzelne Textstellen lassen sich bequemer mithilfe der Minisymbolleiste markieren

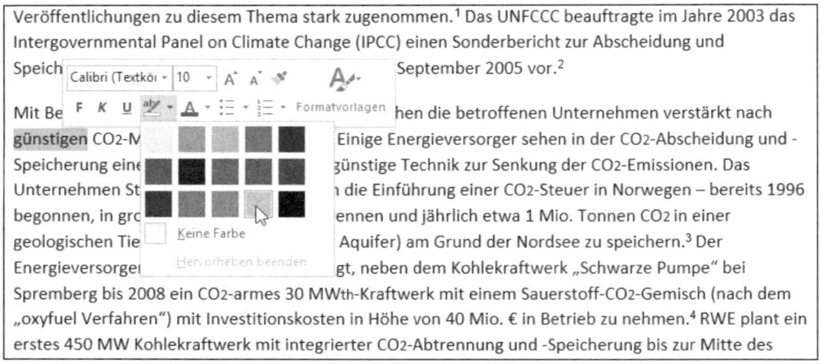

3. Öffnen Sie das Menü der Schaltfläche *Texthervorhebungsfarbe* und wählen Sie in der Palette die gewünschte Markierungsfarbe aus.

Hervorheben im Lesemodus

Sie können die Hervorhebungsfunktion auch im Lesemodus von Word verwenden. Markieren Sie dazu die Textstelle, die Sie hervorheben wollen, und klicken Sie die Markierung mit der rechten Maustaste an. Zeigen Sie im Kontextmenü auf *Hervorheben* und klicken Sie die gewünschte Hervorhebungsfarbe an.

Bild 39.14 Auch im Lesemodus von Word können Sie die Hervorhebungsfunktion verwenden

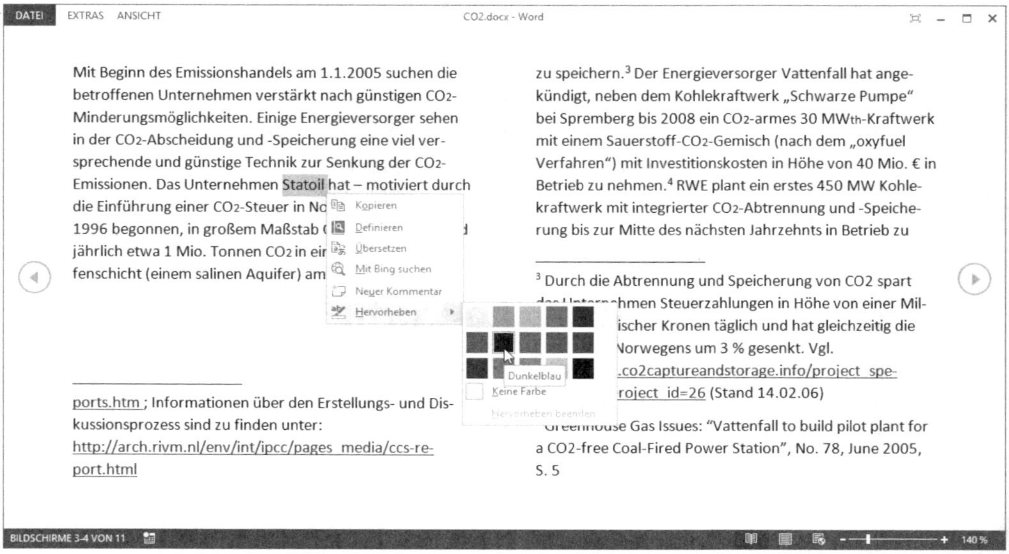

Texthervorhebung löschen

Um eine vorhandene Hervorhebung wieder zu löschen, müssen Sie die Hervorhebungsfarbe *Keine* wählen und mit gedrückter Maustaste über die entsprechende Textpassage streichen. Dabei brauchen Sie in der Regel nicht besonders genau zu zielen und können den umgebenden, nicht hervorgehobenen Text ruhig mit überstreichen.

TIPP **Hervorhebungen lassen sich ausblenden** Wenn Sie sich durch die Hervorhebungen eines Dokuments beim Lesen gestört fühlen oder wenn Sie ein Dokument ohne die vorhandenen Hervorhebungen ausdrucken möchten, können Sie die Markierungen temporär ausblenden.

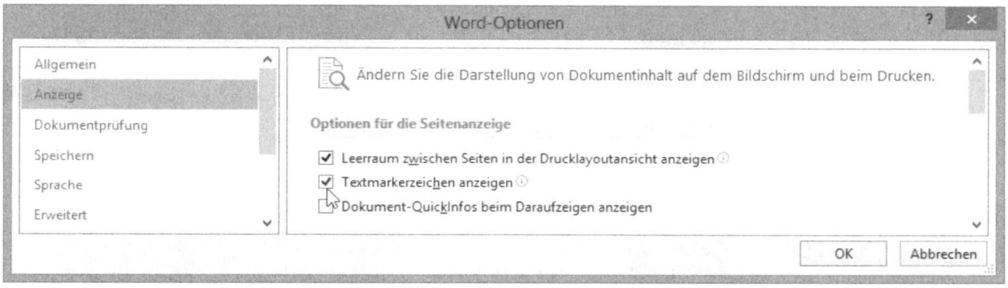

Schalten Sie dazu im Dialogfeld *Word-Optionen* in der Kategorie *Anzeige* die Option *Textmarkerzeichen anzeigen* aus. Sobald Sie eine weitere Hervorhebung in Ihren Text aufnehmen, aktiviert Word die Option wieder und zeigt alle bereits vorhandenen Hervorhebungen auf dem Bildschirm an.

Kommentare verwenden

Wenn Sie ein Dokument mit einer Bemerkung versehen wollen, ohne dabei den eigentlichen Text zu verändern, können Sie einen *Kommentar* einfügen. Ein Kommentar besteht aus einer Markierung, die sich an der Stelle befindet, die Sie kommentiert haben und dem eigentlichen Kommentar, der mit dem Namen der Person versehen wird, die den Kommentar erstellt hat. Außerdem halten Word, PowerPoint und Excel Datum und Uhrzeit der Kommentarerstellung mit.

Kommentare können Sie in Word 2013, Excel 2013, PowerPoint 2013 sowie in Word Web App und PowerPoint Web App erstellen und sehen. In Excel Web App ist das Einfügen neuer Kommentare nicht möglich; Sie können nur sehen, welche Kommentare bereits in der Arbeitsmappe vorhanden sind.

TIPP **In Word-Dokumenten nur das Einfügen von Kommentaren erlauben** Bevor Sie ein Word-Dokument von jemand anders mit Kommentaren versehen lassen, können Sie dieses Word-Dokument so schützen, dass am Text keine Änderungen vorgenommen werden können. Es ist dann lediglich möglich, Kommentare in das Dokument aufzunehmen. Ausführliche Hinweise, wie Sie diesen Dokumentschutz aktivieren können, finden Sie in diesem Kapitel ab Seite 798 im Abschnitt »Die Bearbeitungsmöglichkeiten einschränken«.

Kommentare mit den Desktopanwendungen einfügen

Um in den Desktopversionen der betreffenden Programme einen Kommentar in ein Word-Dokument, eine Excel-Arbeitsmappe oder eine PowerPoint-Präsentation einzufügen, nehmen Sie folgende Schritte vor:

1. Führen Sie je nach Anwendung eine der folgenden Aktionen durch:

   - **Word** Achten Sie darauf, dass die Ansicht *Seitenlayout* aktiviert ist. In dieser Ansicht werden die Kommentare in komfortablen Sprechblasen am rechten Rand der Seiten angezeigt. Markieren Sie die Textstelle bzw. das Objekt im Dokument, die/das Sie kommentieren möchten.
   - **Excel** Markieren Sie die Zelle, für die Sie einen Kommentar erstellen möchten. In Excel sind Kommentare immer genau einer Zelle zugeordnet. Für Diagramme und andere Objekte auf einem Arbeitsblatt können Sie keine Kommentare erstellen.

     Wenn Sie vor dem Einfügen eines Kommentars einen Zellbereich markiert haben, speichert Excel den Kommentar in der Zelle der linken, oberen Ecke der Markierung.
   - **PowerPoint** Setzen Sie die Einfügemarke an die Textstelle, die Sie kommentieren möchten, oder markieren Sie z. B. das Diagramm oder ein anderes Objekt auf der Folie, auf das sich der Kommentar beziehen soll.

2. Öffnen Sie die Registerkarte *ÜBERPRÜFEN* und klicken Sie in der Gruppe *Kommentare* auf *Neuer Kommentar.*

Bild 39.15 Die Kommentarfunktion der drei Anwendungen steuern Sie mit den Schaltflächen der Gruppe *Kommentare* auf der Registerkarte *ÜBERPRÜFEN*

3. Führen Sie je nach Anwendung eine der folgenden Aktionen durch:

   - **Word** Word blendet, sofern er noch nicht sichtbar ist, am rechten Rand der Seite den Kommentarbereich ein. Eine farbige Linie verbindet die kommentierte Stelle, die ebenfalls farbig hervorgehoben wird, mit dem Kommentar im Kommentarbereich. Im Kommentarbereich wird Ihr Name angezeigt. Klicken Sie dorthin und geben Sie Ihren Kommentar ein.

Bild 39.16 In Word werden Kommentare standardmäßig im Kommentarbereich rechts neben der Seite angezeigt

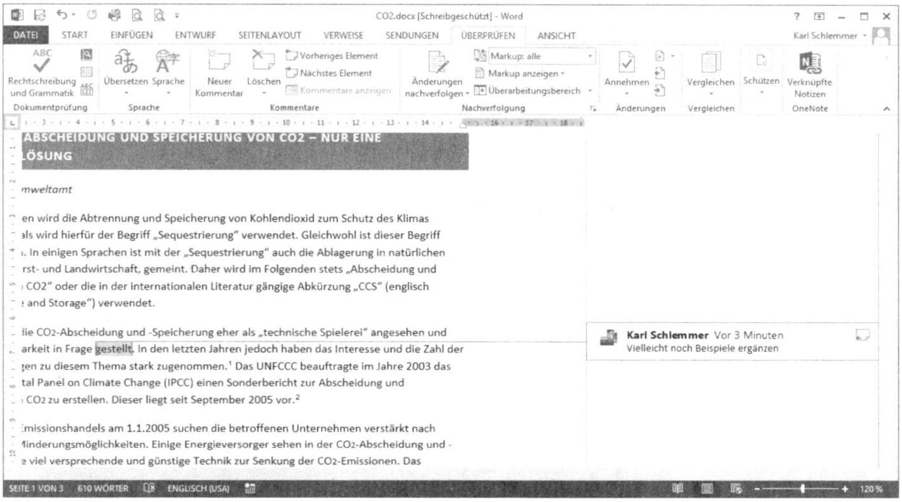

Sie können den Text des Kommentars mit den Schaltflächen der Gruppe *Schriftart* auf der Registerkarte *START* formatieren. Die Formatierungen werden jedoch nicht im Kommentarbereich angezeigt, sondern lediglich im Überabeitungsbereich, den Sie mit der gleichnamigen Schaltfläche in der Gruppe *Nachverfolgung* auf der Registerkarte *ÜBERPRÜFEN* öffnen können.

- **Excel** Excel öffnet ein gelbes Popupfenster, in dem bereits Ihr Name steht. Geben Sie Ihren Kommentar in das Fenster ein. Sie können den Kommentartext mit den Schaltflächen der Gruppe *Schriftart* auf der Registerkarte *START* formatieren.

  Kommentierte Zellen werden in Excel mit einem kleinen Dreieck markiert. So können Sie auch dann, wenn die Kommentarfenster nicht eingeblendet sind, erkennen, dass die Zelle einen Kommentar besitzt.

Bild 39.17 In Excel werden Kommentare in kleinen Popupfenstern angezeigt, die durch eine farbige Linie mit der kommentierten Zelle verbunden sind

Übernachtungen Touristen in den Niederlanden 2011

Zeitraum	Aus den Niederlanden	Aus dem Ausland	Gesamt	Verteilung
Jan 11	1.037.700	589.000	**589.000**	*5,21%*
Feb 11	1.086.900	598.400	**598.400**	*5,30%*
Mrz 11	1.269.100	758.600	**758.600**	*6,71%*
Apr 11	1.646.800	1.231.200	**1.231.200**	*10,90%*
Mai 11	2.016.700	988.800	**988.800**	[illegible]
Jun 11	2.140.800	1.164.500	**1.164.500**	
Jul 11	1.992.100	1.210.200	**1.210.200**	
Aug 11	2.175.200	1.244.000	**1.244.000**	
Sep 11	1.806.400	1.040.500	**1.040.500**	
Okt 11	1.750.200	1.027.700	**1.027.700**	
Nov 11	1.286.900	830.900	**830.900**	*7,35%*
Dez 11	1.158.500	615.500	**615.500**	*5,45%*
Summen	**19.367.300**	**11.299.300**		

- **PowerPoint** PowerPoint markiert die kommentierte Stelle mit einer kleinen Sprechblase und öffnet den Kommentarbereich, der standardmäßig rechts im Fenster angezeigt wird. Der Kommentarbereich listet alle Kommentare der aktuellen Folie auf.

  Klicken Sie in das Feld unterhalb Ihres Namens und geben Sie den Kommentar ein.

Bild 39.18 Bei PowerPoint werden Kommentare im Kommentarbereich bearbeitet, den Sie am rechten Fensterrand sehen

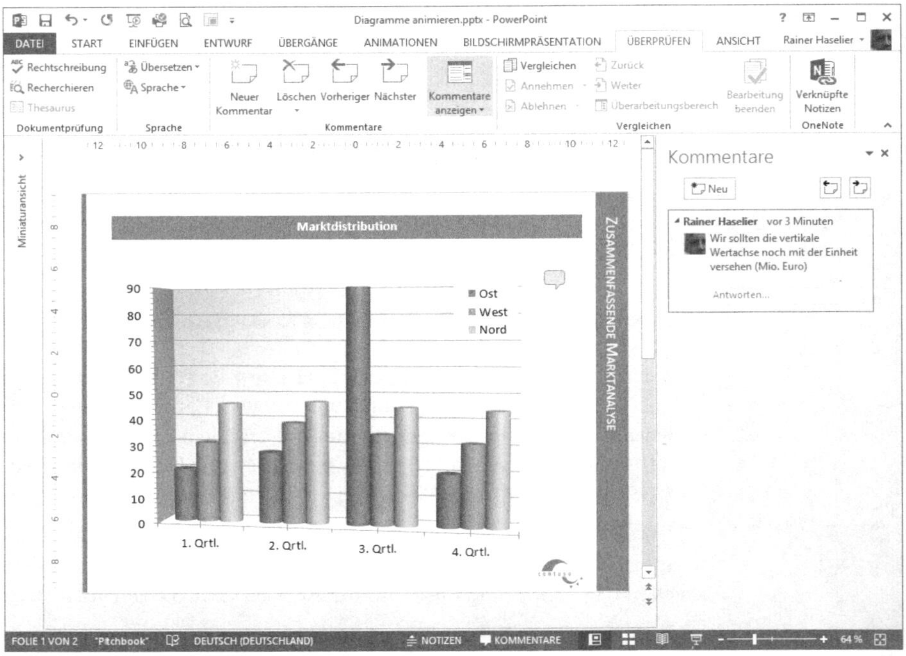

4. Erstellen Sie bei Bedarf weitere Kommentare. Beachten Sie, dass Sie in Word und PowerPoint auf bereits vorhandene Kommentare antworten können. In Word klicken Sie neben einem vorhandenen Kommentar auf die Schaltfläche *Antworten*.

   In PowerPoint ist das Feld für eine Reaktion mit dem Text *Antworten* beschriftet. Klicken Sie in dieses Feld und tippen Sie dort Ihre Antwort ein.

5. Wenn Sie die Kommentare wieder ausblenden wollen, können Sie dies mit weiteren Schaltflächen auf der Registerkarte *ÜBERPRÜFEN* tun (die Sie auch für das Einblenden der Kommentare verwenden können, sollten diese nicht sichtbar sein):

   - **Word** In Word öffnen Sie auf der Registerkarte *ÜBERPRÜFEN* in der Gruppe *Nachverfolgung* die Dropdownliste *Für Überarbeitung anzeigen* und wählen dort die Option *Markup: Keine.* Alternativ schalten Sie im Menü der Schaltfläche *Markup anzeigen* die Option *Kommentare* aus.

   - **Excel** In Excel können Sie den Kommentar der markierten Zelle und auch alle Kommentare des Arbeitsblatts ein- und ausblenden. Verwenden Sie in der Gruppe *Kommentare* die Schaltfläche *Kommentar ein-/ausblenden*, um den Kommentar für die markierte Zelle dauerhaft anzuzeigen. Zwar zeigt Excel das gelbe Popupfenster an, wenn sich der

Mauszeiger auf der Zelle befindet; das Fenster verschwindet jedoch wieder, wenn Sie den Mauszeiger auf eine andere Zelle bewegen. Mit der Schaltfläche *Alle Kommentare anzeigen* erreichen Sie, dass alle Kommentar-Popupfenster eingeblendet werden.

- **PowerPoint** In PowerPoint ist das Einblenden der Kommentare am einfachsten. Im Menü der Schaltfläche *Kommentare anzeigen* finden Sie zwei Befehle: Verwenden Sie den Befehl *Kommentarbereich*, um den Kommentarbereich ein- und auszuschalten. Mit dem Befehl *Markup* erreichen Sie, dass die Sprechblasensymbole, die auf den Folien auf einen Kommentar hinweisen, sichtbar sind oder nicht.

Bild 39.19 Ein- und Ausblenden von Kommentarbereich und Markup in PowerPoint

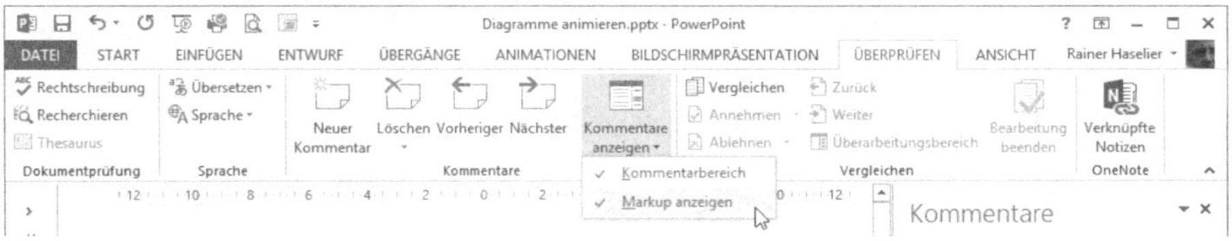

Kommentare im Lesemodus eingeben (Word)

Eine Besonderheit bei den Kommentaren stellt die Ansicht *Lesemodus* von Word zur Verfügung. Dieser Modus ist zum Kommentieren eines umfangreichen Dokuments gut geeignet, da Ihnen dort fast der ganze Bildschirm zur Anzeige des Dokuments zur Verfügung steht. Um die bereits vorhandenen Kommentare zu sehen, klicken Sie auf *ANSICHT* und wählen *Kommentare anzeigen.*

Bild 39.20 Der Lesemodus von Word eignet sich ebenfalls gut zum Kommentieren eines Dokuments

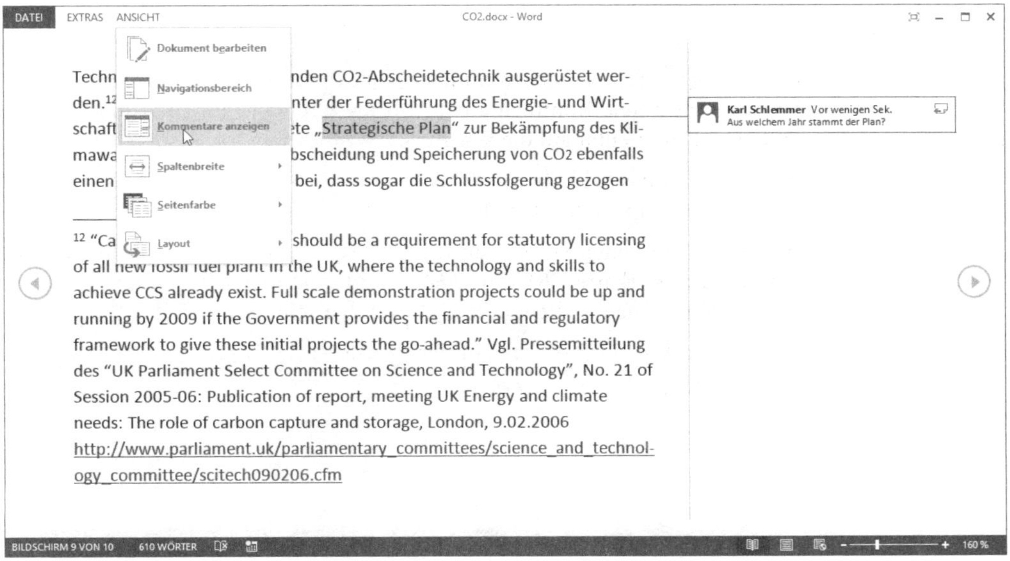

Word blendet dann rechts neben dem Dokument den Kommentarbereich ein. Um einen neuen Kommentar einzugeben, markieren Sie die Textstelle, die Sie kommentieren wollen. Klicken Sie die Markierung mit der rechten Maustaste an, wählen Sie *Neuer Kommentar* und geben Sie Ihren Kommentar im Kommentarbereich ein.

Kommentare bearbeiten

Wenn Sie die Kommentare eines Dokuments noch einmal der Reihe nach prüfen bzw. korrigieren möchten, können Sie systematisch von Kommentar zu Kommentar springen, indem Sie auf der Registerkarte *ÜBERPRÜFEN* in der Gruppe *Kommentare* die Schaltflächen *Vorheriges Element/ Nächstes Element (Word)* bzw. *Vorheriger* und *Nächster Kommentar* (Excel, PowerPoint) klicken (siehe Bild 39.15 auf Seite 770).

Eine Besonderheit weist PowerPoint in diesem Punkt auf: Dort können Sie den vorherigen und nächsten Kommentar auch mit den beiden Schaltflächen oben rechts im Kommentarbereich erreichen (siehe Bild 39.18 auf Seite 772).

Kommentare anderer Benutzer ausblenden (Word)

Wenn sich in einem Word-Dokument bereits Kommentare anderer Benutzer befinden, können Sie diese bei Bedarf ausblenden:

1. Klicken Sie auf der Registerkarte *ÜBERPRÜFEN* in der Gruppe *Nachverfolgung* auf die Schaltfläche *Markup anzeigen* und zeigen Sie in dem Menü der Schaltfläche auf *Bestimmte Personen.*

Bild 39.21 Kommentare anderer Benutzer können ausgeblendet werden

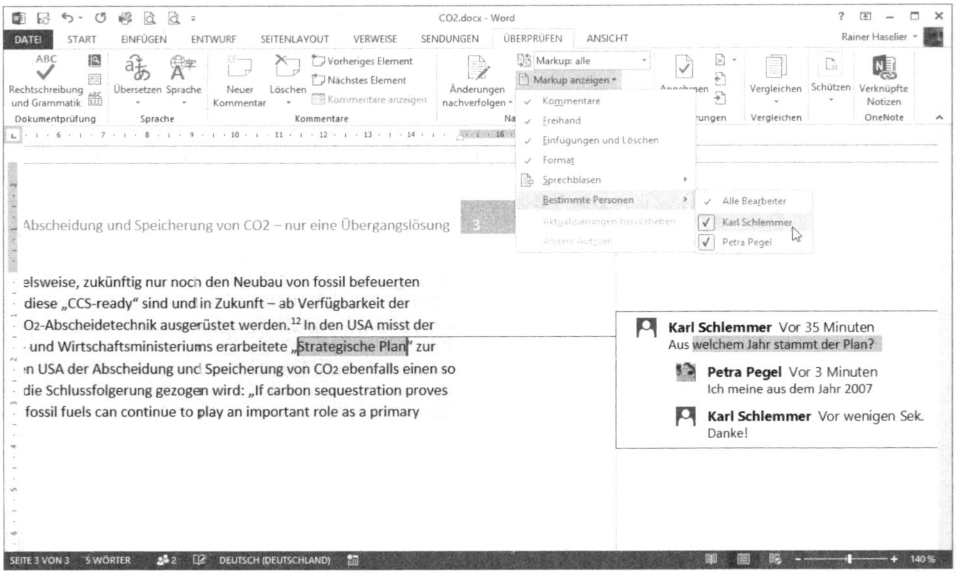

2. Schalten Sie die Häkchen bei den betreffenden Bearbeitern aus.

Kommentare löschen

Um Kommentare aus dem Dokument zu entfernen, können Sie in allen drei Anwendungen den Kommentar bzw. in Excel die Zelle, auf die sich der Kommentar bezieht, markieren, und dann auf der Registerkarte *ÜBERPRÜFEN* in der Gruppe *Kommentare* auf die Schaltfläche *Kommentar löschen* klicken.

In Word stehen Ihnen folgende weitere Möglichkeiten zur Verfügung:

- Sie können den Kommentar mit der rechten Maustaste anklicken und in seinem Kontextmenü den Befehl *Löschen* wählen.
- Um alle eigenen Kommentare zu löschen, blenden Sie erst die Kommentare aller anderen Bearbeiter aus, markieren dann einen beliebigen Kommentar und wählen im Dropdownmenü der Schaltfläche *Kommentar löschen* den Befehl *Alle angezeigten Kommentare löschen.*
- Wollen Sie wirklich sämtliche Kommentare im Dokument löschen, markieren Sie einfach einen beliebigen Kommentar und wählen im Dropdownmenü der Schaltfläche *Kommentar löschen* den Befehl *Alle Kommentare im Dokument löschen.*

Bild 39.22 Das Menü der Schaltfläche *Kommentar löschen* in Word und in PowerPoint

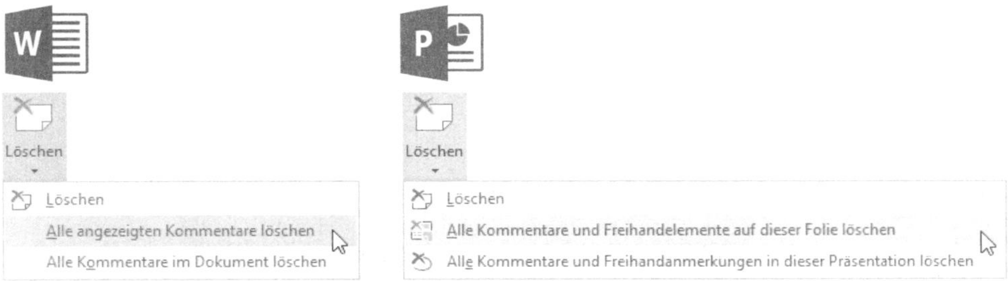

In PowerPoint finden Sie im Menü der Schaltfläche neben dem Befehl *Löschen*, der den aktuellen Kommentar löscht, einen Befehl zum Löschen aller Kommentare auf der aktuellen Folie und einen weiteren, der alle Kommentare in der aktuellen Präsentation löscht.

Kommentare drucken (Word und Excel)

Beim Drucken eines Word-Dokuments und einer Excel-Arbeitsmappe, das/die mit Kommentaren versehen ist, können bzw. müssen Sie beim Ausdrucken entscheiden, ob nur die Kommentare, nur das Dokument oder beide gemeinsam und wo die Kommentare gedruckt werden sollen.

In Word klicken Sie auf *DATEI* und dann auf *Drucken*. Öffnen Sie das Listenfeld *Einstellungen* und schalten Sie bei *Dokumentinformationen* die Option *Markupliste* ein. Hiermit erreichen Sie, dass Word nur eine Liste aller Kommentare und der am Dokument mit der Überarbeitungsfunktion (siehe Abschnitt »In Word Änderungen nachverfolgen ab Seite 780«) vorgenommenen Änderungen ausdruckt.

Wenn Sie im Bereich *Dokument* die Option *Alle Seiten drucken* oder eine der anderen Optionen auswählen, können Sie im Bereich *Dokumentinformationen* die Option *Markup drucken* ein- bzw. ausschalten. Wenn diese Option eingeschaltet ist, druckt Word die Kommentare und die am Dokument mit der Überarbeitungsfunktion vorgenommenen Änderungen in einem Randbereich aus, ähnlich wie Sie es auf dem Bildschirm sehen. Je nach Seitenabmessungen kann dies dazu führen, dass das Dokument verkleinert ausgedruckt wird.

Bild 39.23 Hier legen Sie in Word fest, ob und wie Kommentare gedruckt werden sollen

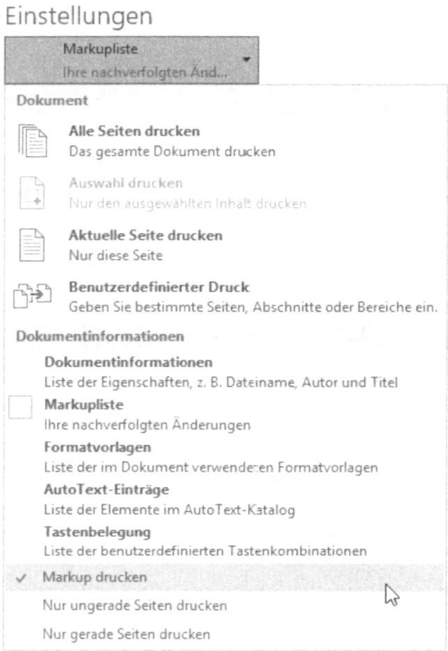

In Excel öffnen Sie mit *DATEI/Drucken* die Backstage-Ansicht *Drucken*. Klicken Sie dort auf *Seite einrichten*, um das gleichnamige Dialogfeld zu öffnen. Wechseln Sie im Dialogfeld zur Registerkarte *Blatt*. Dort finden Sie das Listenfeld *Kommentare* mit drei Optionen.

Bild 39.24 Hier legen Sie in Excel fest, ob und wo die Kommentare gedruckt werden sollen

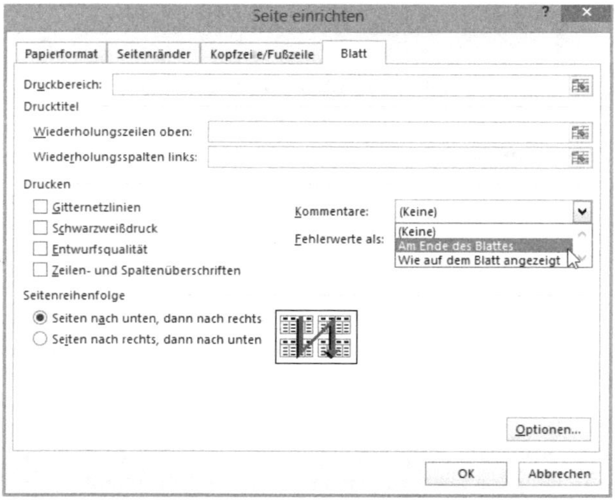

- **(Keine)** Die Kommentare werden nicht gedruckt.
- **Am Ende des Blattes** Excel fügt eine weitere Seite ein, auf der alle Kommentare in Form einer Liste gedruckt werden.
- **Wie auf dem Blatt angezeigt** Wählen Sie diese Option, wenn im Ausdruck die gelben Popupfenster erscheinen sollen. Alle auf dem Blatt sichtbaren Kommentare werden gedruckt. Sie können die Sichtbarkeit der Kommentare mit den Schaltflächen in der Gruppe *Kommentare* steuern (siehe Schritt 5 auf Seite 772).

Kommentare und die Web Apps

Bisher haben wir uns nur mit den Möglichkeiten der Kommentarfunktion beschäftigt, wie sie in den Desktopanwendungen zur Verfügung stehen. Zum Schluss dieses Abschnitts wollen wir noch einen Blick auf die Web Apps werfen.

- **Excel** Den geringsten Featureumfang bei Kommentaren bietet Excel Web App. Dort können Sie Kommentare lediglich einzeln anzeigen lassen, indem Sie auf eine kommentierte Zelle zeigen.
- **Word** In Word Web App können Sie Kommentare anzeigen und Kommentare erstellen. Dies geht jedoch nur in der Leseansicht und nicht in der Bearbeitungsansicht. Wenn derzeit die Bearbeitungsansicht aktiv ist, öffnen Sie die Registerkarte *ANSICHT* und klicken dann in der Gruppe *Dokumentansichten* auf *Leseansicht*.

  Word Web App aktiviert die Leseansicht und Sie finden dann im Menüband den Befehl *KOMMENTARE*. Klicken Sie ihn an, damit Word Web App den Kommentarbereich einblendet. Sie können dort alle Kommentare sehen, neue Kommentare erstellen (die sich dann immer auf den markierten Absatz beziehen) und auf vorhandene Kommentare antworten.

Bild 39.25 Im Kommentarbereich von Word Web App können Sie Kommentare sehen und einfügen

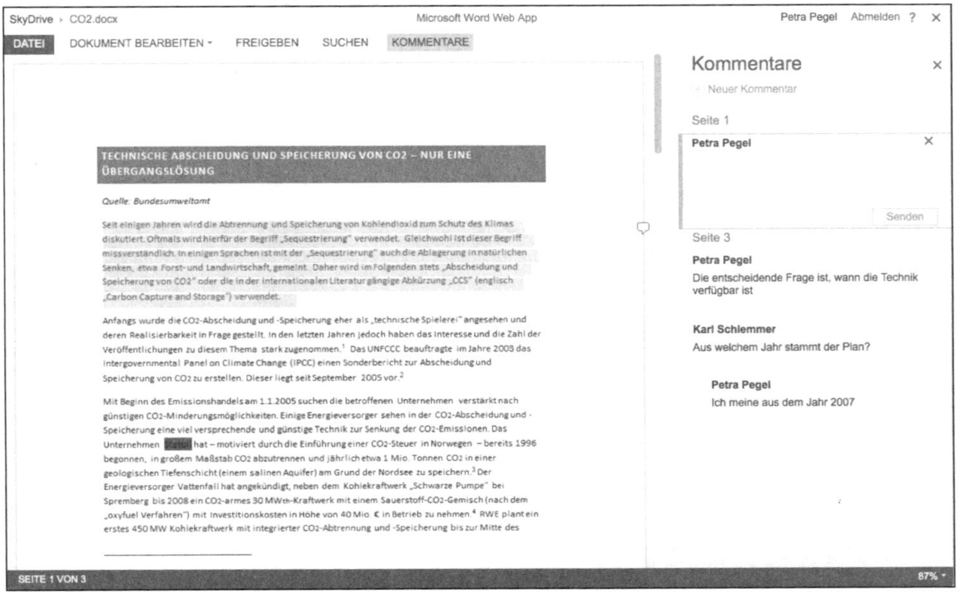

- **PowerPoint** PowerPoint Web App hat in Bezug auf Kommentare eindeutig die Nase vorn, da sich das Handling dort kaum von der Desktopanwendung unterscheidet.

  In der Leseansicht (oben in der folgenden Abbildung) sehen Sie im Menüband hinter *KOMMENTARE* bereits die Anzahl der Kommentare, die die Präsentation enthält. Um den Kommentarbereich anzuzeigen, klicken Sie einfach auf *KOMMENTARE*. Um von der Leseansicht aus weitere Kommentare hinzuzufügen, klicken Sie im Kommentarbereich auf *KOMMENTARE HINZUFÜGEN*. PowerPoint Web App wechselt dann zur Bearbeitungsansicht (sofern Sie dazu berechtigt sind), in der Sie Kommentare einfügen und/oder auf vorhandene Kommentare antworten können (unten in der folgenden Abbildung).

Bild 39.26 Die Kommentarfunktion in PowerPoint Web App lässt keine Wünsche offen

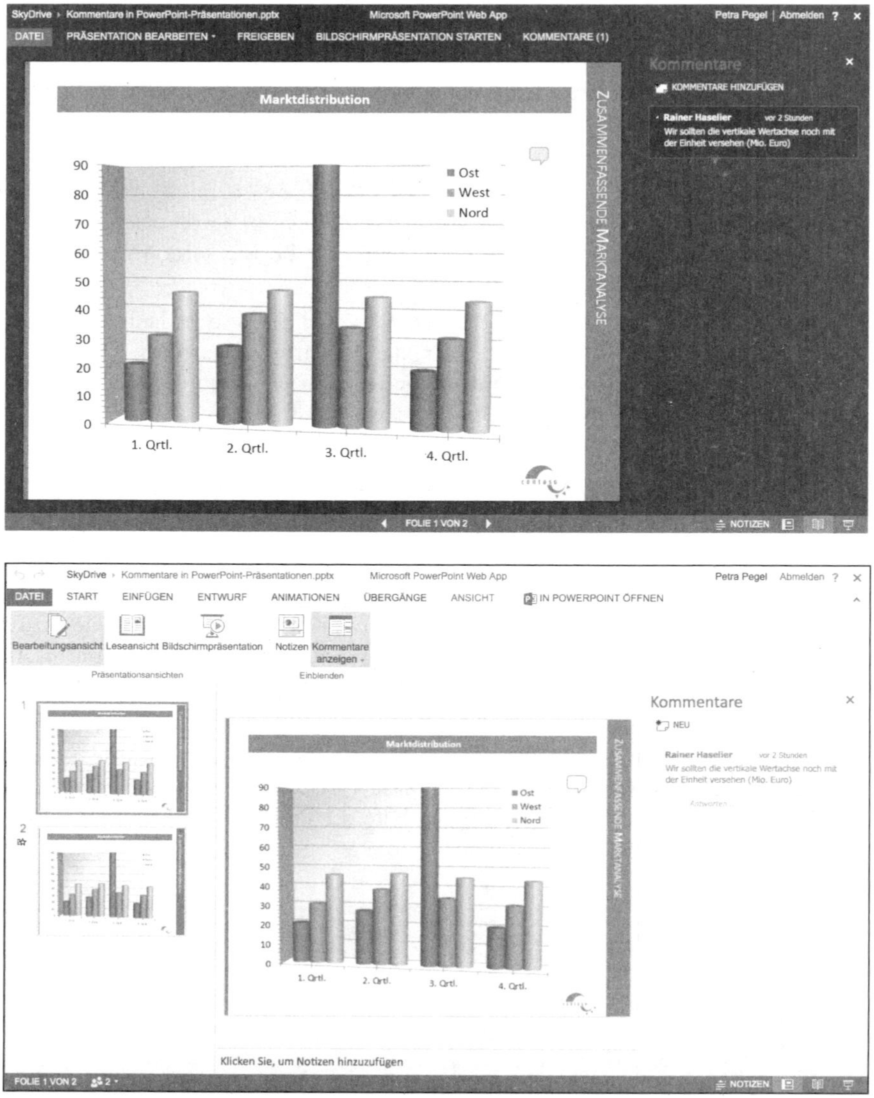

Änderungen nachverfolgen im Überblick

Nachdem Sie in den vorherigen Abschnitten gelernt haben, wie Sie Textstellen hervorheben und mit Kommentaren versehen, wird es jetzt darum gehen, wie Sie die während der Bearbeitung eines Dokuments vorgenommenen Änderungen dokumentieren. In der Office-Terminologie wird dieses Feature *Änderungen nachverfolgen* genannt.

Wenn Sie in Word oder Excel das Feature *Änderungen nachverfolgen* verwenden, um mit mehreren Personen ein Word-Dokument oder eine Excel-Arbeitsmappe zu erstellen, lässt sich dieser Prozess in mehrere Phasen einteilen.

1. Der Autor erstellt ein Word-Dokument oder eine Excel-Arbeitsmappe und leitet das Dokument bzw. die Arbeitsmappe zur Überarbeitung an Kollegen oder an externe Bearbeiter (Korrektorat, Fachlektorat o. Ä.) weiter.
2. Das Dokument bzw. die Arbeitsmappe wird überarbeitet. Dabei werden die vorgenommenen Änderungen protokolliert. Word kann Ergänzungen, Streichungen und Formatierungen protokollieren. Excel protokolliert lediglich Änderungen, die an Zellinhalten vorgenommen wurden; Änderungen an der Formatierung werden nicht protokolliert.

   Zusätzlich werden noch der Name des Benutzers und der Zeitpunkt der einzelnen Änderung gespeichert. Die beiden letzten Angaben werden benötigt, um die Historie der vorgenommenen Änderungen rekonstruieren zu können.

   An diesem Vorgang können auch mehrere Personen beteiligt sein, die das Dokument entweder parallel oder nacheinander bearbeiten. Anschließend kehrt das Dokument zum Autor zurück.
3. Der Autor begutachtet die vorgenommenen Änderungen und entscheidet, welche der Änderung er übernehmen und welche er verwerfen will.

PowerPoint bietet keine Möglichkeit, die an einer Präsentation vorgenommenen Änderungen zu protokollieren. Sie können jedoch einige andere PowerPoint-Features verwenden, um zu einem ähnlichen Ergebnis zu kommen:

- Verwenden Sie die Kommentarfunktion (siehe vorheriger Abschnitt), um in Folien Überarbeitungskommentare einzufügen.
- Fügen Sie einen gesprochenen Kommentar in eine Folie ein. Öffnen Sie dazu die Registerkarte *EINFÜGEN* und klicken Sie in der Gruppe *Medien* auf *Audio* und dann auf *Audioaufnahme.*
- Versenden Sie eine Präsentation zur Überarbeitung, damit andere Personen Kommentare einfügen und an ihren Kopien Änderungen an der Präsentation vornehmen können. Nachdem die Präsentation überarbeitet und an Sie zurückgesendet wurde, können Sie die überarbeiteten Fassungen vergleichen und mit der ursprünglichen Fassung der Präsentation kombinieren. Anschließend können Sie mithilfe der PowerPoint-Überarbeitungstools Änderungen aus der Überarbeitung übernehmen.

Die beiden folgenden Abschnitte beschreiben, wie Sie die Überarbeitungsfunktion und das Änderungsprotokoll in Word und Excel verwenden.

In Word Änderungen nachverfolgen

Der Funktionsumfang beim Nachverfolgen der Änderungen ist in Word am größten. Word kann alle vorgenommenen Änderungen, Ergänzungen, Streichungen und Formatierungen protokollieren. Damit die Änderungen protokolliert werden, müssen Sie vor der Überarbeitung des Dokuments den Überarbeitungsmodus aktivieren.

Wenn Sie ein im Überarbeitungsmodus bearbeitetes Word-Dokument zurückerhalten, können Sie alle durch andere Autoren vorgenommenen Änderungen ansehen und entscheiden, welche Sie in das endgültige Dokument übernehmen möchten und welche nicht.

Word-Überarbeitungsmodus einschalten

Wenn Sie Ihre Änderungen an einem fremden Dokument protokollieren wollen, ist es wichtig, dass Sie den Überarbeitungsmodus auch definitiv eingeschaltet haben, während Sie das Dokument bearbeiten. Deshalb empfehlen wir Ihnen, den Status der Überarbeitungsfunktion in der Word-Statusleiste anzeigen zu lassen. Das hat nicht nur den Vorteil, dass Sie den aktuellen Status der Funktion immer im Blick haben, sondern Sie können die Funktion auch bequem über die Statusleiste ein- und ausschalten.

Klicken Sie dazu die Statusleiste mit der rechten Maustaste an und wählen Sie im Kontextmenü den Befehl *Änderungen nachverfolgen*. In der Statusleiste wird dann entweder *ÄNDERUNGEN NACHVERFOLGEN: EIN* oder *ÄNDERUNGEN NACHVERFOLGEN: AUS* angezeigt.

Bild 39.27 Der Status der Überarbeitungsfunktion kann in der Word-Statusleiste angezeigt werden

Sie können den Überarbeitungsmodus mit folgenden Methoden ein- bzw. ausschalten:

- Klicken Sie in der Statusleiste auf die Statusanzeige der Funktion Änderungen nachverfolgen.
- Drücken Sie die Tastenkombination [⇧]+[Strg]+[E].
- Klicken Sie auf der Registerkarte *ÜBERPRÜFEN* in der Gruppe *Nachverfolgung* auf den oberen Teil der Schaltfläche *Änderungen nachverfolgen*. Wenn die Funktion eingeschaltet ist, bleibt die Schaltfläche hervorgehoben.

Bild 39.28 Im Menüband schalten Sie hier den Überarbeitungsmodus ein

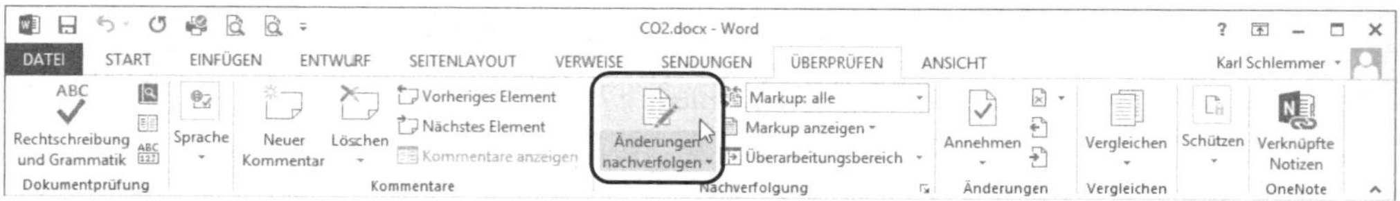

Wenn Sie jetzt das Dokument bearbeiten, speichert Word alle Änderungen und nimmt auf dem Bildschirm eine entsprechende Kennzeichnung vor. Dafür stehen verschiedene Darstellungsvarianten zur Verfügung, auf die wir gleich noch näher eingehen. Dies sind die einzigen Besonderheiten; ansonsten können Sie Ihr Dokument genauso bearbeiten wie gewohnt.

Beim Status des Überarbeitungsmodus handelt es sich übrigens um eine Dokumenteigenschaft. Das heißt, wenn Sie mit mehreren Dokumentfenstern arbeiten, können Sie ein anderes Fenster aktivieren, ohne vorher die Überarbeitungsfunktion ausschalten zu müssen.

Bild 39.29 Word »merkt« sich alle am Dokument vorgenommenen Änderungen

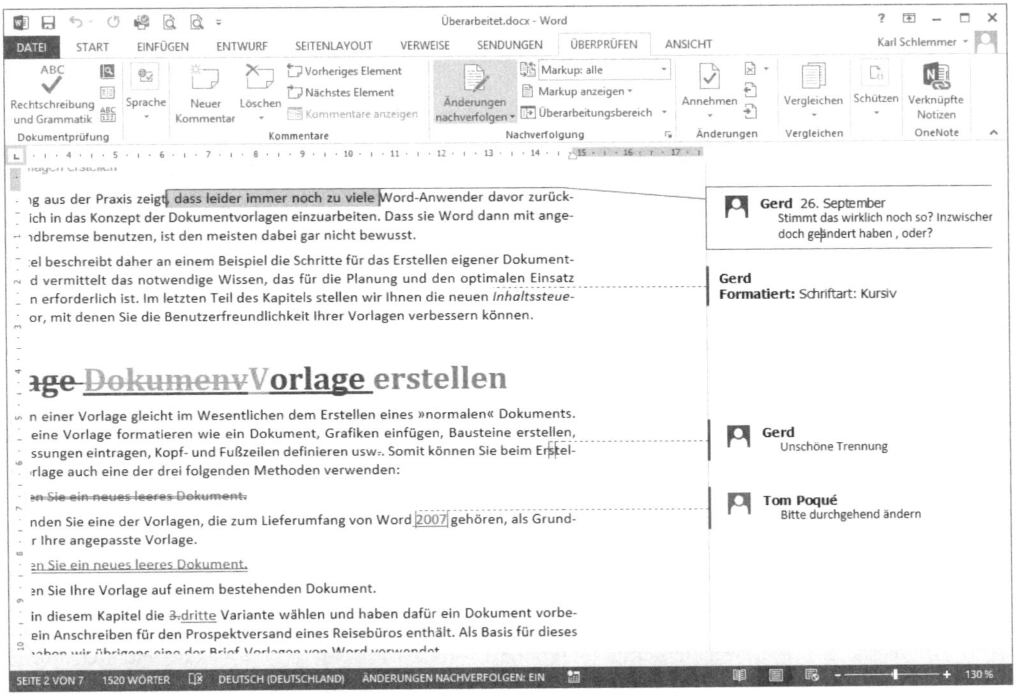

Verhindern, dass der Überarbeitungsmodus ausgeschaltet wird

Wenn Sie ein Dokument an andere Personen zur Überarbeitung senden, können Sie den Überarbeitungsmodus vor dem Versenden einschalten. Word 2013 enthält ein neues Feature, mit dem Sie verhindern können, dass die Bearbeiter den Überarbeitungsmodus deaktivieren. Hierzu wird der aktivierte Überarbeitungsmodus durch ein Kennwort geschützt.

Führen Sie dazu folgende Schritte durch, um das Ausschalten des Überarbeitungsmodus durch ein Kennwort zu schützen.

1. Öffnen Sie die Registerkarte *ÜBERPRÜFEN*.
2. Klicken Sie in der Gruppe *Nachverfolgung* auf den Pfeil der Schaltfläche *Änderungen nachverfolgen* und dann auf *Nachverfolgung sperren*. Word zeigt das gleichnamige Dialogfeld an.

Bild 39.30 Sie können das Deaktivieren der Nachverfolgung von Änderungen mit einem Kennwort schützen

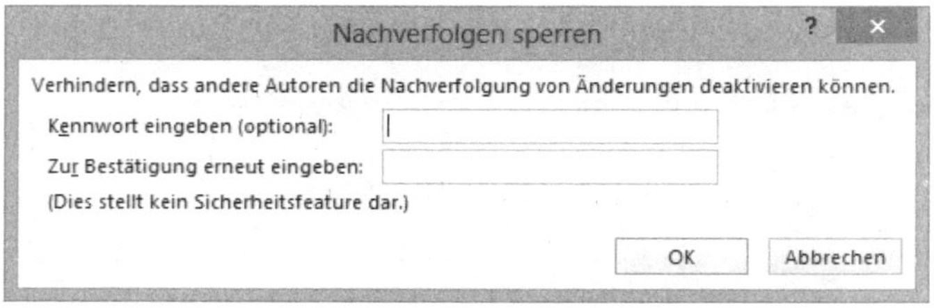

3. Geben Sie ein Kennwort ein, das Sie anschließend im Feld *Zur Bestätigung erneut eingeben* wiederholen. (Merken Sie sich das Kennwort gut, damit Sie zum Annehmen oder Ablehnen der Änderungen die Sperre aufheben können.)
4. Klicken Sie auf *OK*.

Wenn die nachverfolgten Änderungen gesperrt sind, können andere die Nachverfolgung von Änderungen nicht deaktivieren und auch keine Änderungen annehmen oder ablehnen.

Klicken Sie zum Aufheben der Sperre auf den Pfeil neben *Änderungen nachverfolgen* und dann nochmals auf *Nachverfolgung sperren*. Word fordert Sie auf, Ihr Kennwort einzugeben. Klicken Sie nach dem Eingeben des Kennworts auf *OK*. Die Funktion *Änderungen nachverfolgen* ist weiter aktiviert, doch Sie können nun Änderungen annehmen und ablehnen.

Darstellung der Änderungen konfigurieren

Wie Sie in der Abbildung auf der folgenden Seite erkennen können, hat Word einen Teil der Änderungen – und zwar den eingefügten Text – direkt im Dokument gekennzeichnet und den anderen Teil – die Löschungen etc. – in Form von Sprechblasen angezeigt, wie sie auch für Kommentare verwendet werden.

Wenn Ihnen diese Form der Darstellung nicht zusagt, können Sie alternativ auch alle Änderungen einheitlich in Sprechblasen oder innerhalb des Textes anzeigen lassen. Wählen Sie dazu einfach die gewünschte Option im Menü *Sprechblasen* der Schaltfläche *Markup anzeigen* aus.

Bild 39.31 Verwendung der Sprechblasen steuern

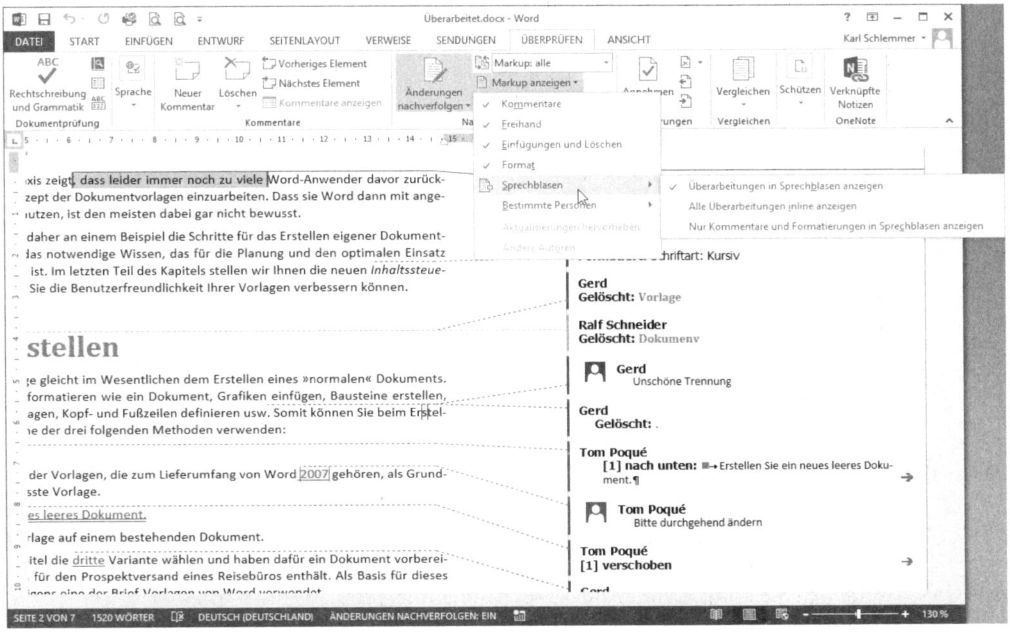

Auswahl der zu kennzeichnenden Änderungen

Wenn ein Dokument sehr intensiv im Überarbeitungsmodus bearbeitet wurde, ist es unter Umständen sinnvoll, einen Teil der Markierungen auszublenden. Klappen Sie dazu das Menü der Schaltfläche *Markup anzeigen* auf und schalten Sie die betreffenden Optionen ein bzw. aus.

Bild 39.32 Auswahl der anzuzeigenden Änderungen nach Art der Änderung (links) und nach Bearbeiter (rechts)

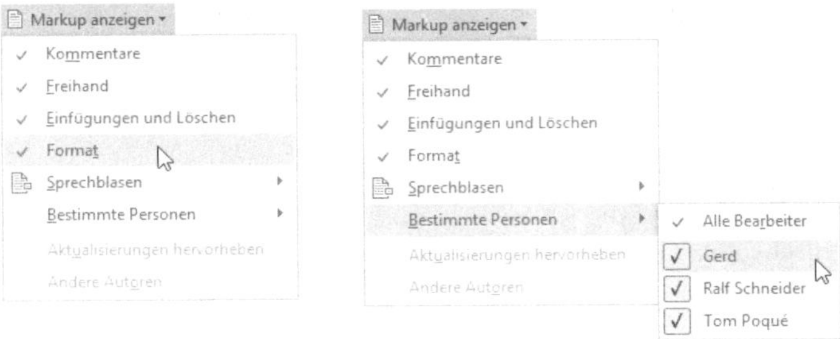

Außerdem können Sie die Änderungen anderer Benutzer ausblenden, indem Sie in dem Menü auf den Eintrag *Bestimmte Personen* zeigen und im Untermenü des Befehls die Häkchen vor den betreffenden Benutzernamen ein- bzw. ausschalten.

Die vier Sichtweisen auf ein geändertes Dokument

Auf der Registerkarte *ÜBERPRÜFEN* befindet sich das Dropwdownlistenfeld *Für Überarbeitung anzeigen*, über das Sie zwischen vier verschiedenen Sichtweisen auf das Dokument umschalten können.

Bild 39.33 Sichtweise auf das Dokument einstellen

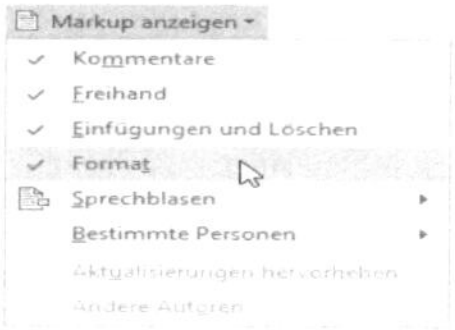

Für die in der folgenden Tabelle abgebildeten Beispiele haben wir das Wort »Prospekt«, das im Originaldokument kursiv gesetzt war, nachträglich in fetter Schrift formatiert.

Tabelle 39.1 Die verschiedenen Optionen, in denen Sie die Überarbeitungen anzeigen lassen können

Option	Beispiel	Beschreibung
Einfaches Markup	***Prospekt***	Das Dokument wird so angezeigt, als ob alle Änderungen übernommen wurden. Geänderte Absätze werden auf der linken Seite des Dokuments durch Linien gekennzeichnet.
Markup: alle	*Prospekt* — **Karl Schlemmer** **Formatiert:** Schriftart: Fett	Das Dokument wird in der Originalversion angezeigt; eingefügte Textpassagen sind im Text gekennzeichnet, Löschungen, Formatierungen etc. werden in Sprechblasen am Seitenrand ausgegeben.
Markup: keine	***Prospekt***	Das Dokument wird so angezeigt, als ob alle Änderungen übernommen worden wären.
Original	*Prospekt*	Das Dokument wird in seiner ursprünglichen Fassung angezeigt.

Im nächsten Abschnitt lernen Sie weitere Optionen zur Nachverfolgung von Änderungen aus der Perspektive eines Autors kennen, der die Korrekturvorschläge und Anmerkungen anderer Benutzer begutachtet und entscheiden muss, ob er sie in die endgültige Fassung des Dokuments übernimmt oder nicht.

Änderungen überprüfen, annehmen und verwerfen

Wenn Sie ein Dokument erhalten, das von anderen Benutzern überarbeitet wurde, können Sie deren Änderungen bzw. Korrekturvorschläge der Reihe nach ansehen und einzeln entscheiden, ob Sie sie annehmen oder ablehnen.

Für diesen Abschnitt haben wir für Sie eine Beispieldatei vorbereitet, die Änderungen und Kommentare von drei verschiedenen Personen enthält.

1. Öffnen Sie das Beispieldokument *Kapitel 17 – überarbeitet* oder ein beliebiges anderes Dokument, das Änderungen und/oder Kommentare von anderen Benutzern enthält.
2. Zeigen Sie die Registerkarte *ÜBERPRÜFEN* an.
3. Falls der Überarbeitungsmodus noch aktiv sein sollte, schalten Sie ihn aus. Klicken Sie dazu in der Gruppe *Nachverfolgung* auf *Änderungen nachverfolgen.*

   Falls das Deaktivieren der Überarbeitungsfunktion gesperrt wurde, klicken Sie in der Gruppe Nachverfolgung auf den Pfeil der Schaltfläche *Änderungen nachverfolgen* und dann auf *Nachverfolgung sperren.* Word zeigt ein Dialogfeld an, in dem Sie das Kennwort eingeben müssen, das beim Sperren der Nachverfolgung eingegeben wurde. Erst nach Eingabe des Kennworts können Sie den Überarbeitungsmodus ausschalten.

Bild 39.34 Wenn die Nachverfolgung gesperrt wurde, müssen Sie ein Kennwort eingeben, um die Sperre aufzuheben

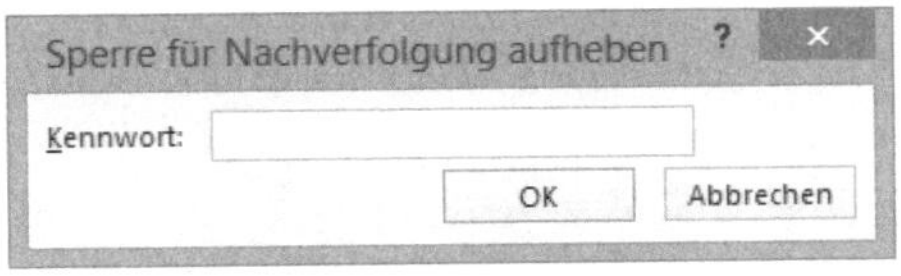

4. Zuerst sollten Sie überprüfen, welche Änderungen an dem Dokument vorgenommen wurden. Wählen Sie dazu im Listenfeld *Für Überarbeitung anzeigen* die Option *Markup: alle* aus.

Bild 39.35 Ein überarbeitetes Dokument kann auf den ersten Blick sehr unübersichtlich wirken

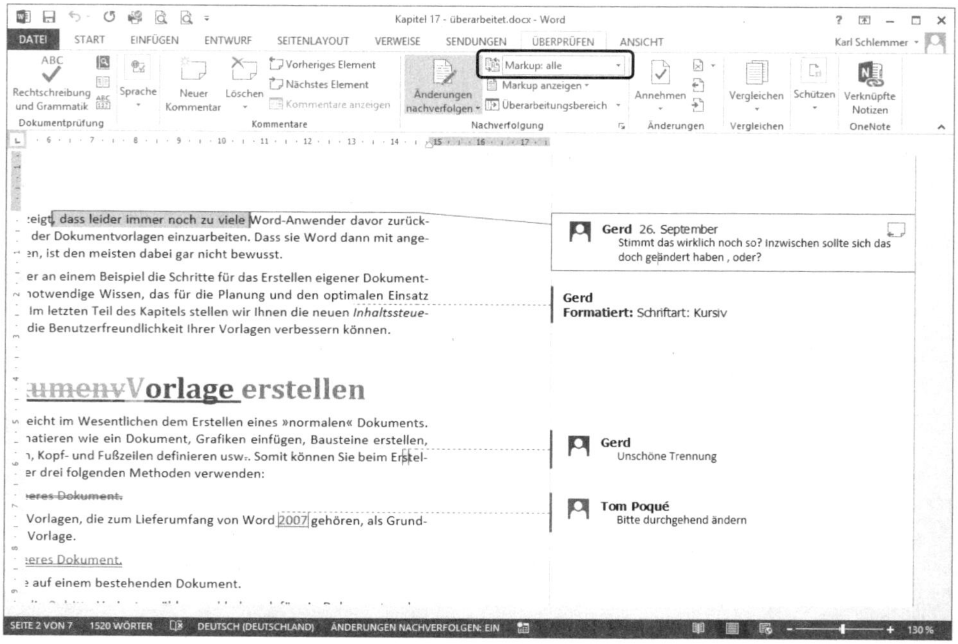

5. Klicken Sie dann noch auf die Schaltfläche *Markup anzeigen* und prüfen Sie, ob in ihrem Ausklappmenü alle Optionen eingeschaltet sind. Zeigen Sie auch auf den Eintrag *Bestimmte Personen* und aktivieren Sie gegebenenfalls im Untermenü die Option *Alle Bearbeiter*, falls das Dokument von mehreren Personen überarbeitet wurde.

6. Analysieren Sie das Dokument und überlegen Sie, wie Sie die Änderungen am besten einarbeiten können. Falls das Dokument von mehreren Personen korrigiert wurde, empfiehlt es sich, die individuellen Änderungen getrennt anzuzeigen.

7. Sehr hilfreich ist auch der Überarbeitungsbereich, in dem alle Änderungen und Kommentare unter Angabe des Bearbeiters und des Änderungsdatums (nur im horizontalen Überarbeitungsbereich) aufgelistet werden. Zum Einschalten des Überarbeitungsbereichs verwenden Sie die gleichnamige Schaltfläche in der Gruppe *Nachverfolgung*.

Bild 39.36 Im Überarbeitungsbereich wird auch die Uhrzeit der Änderung angezeigt

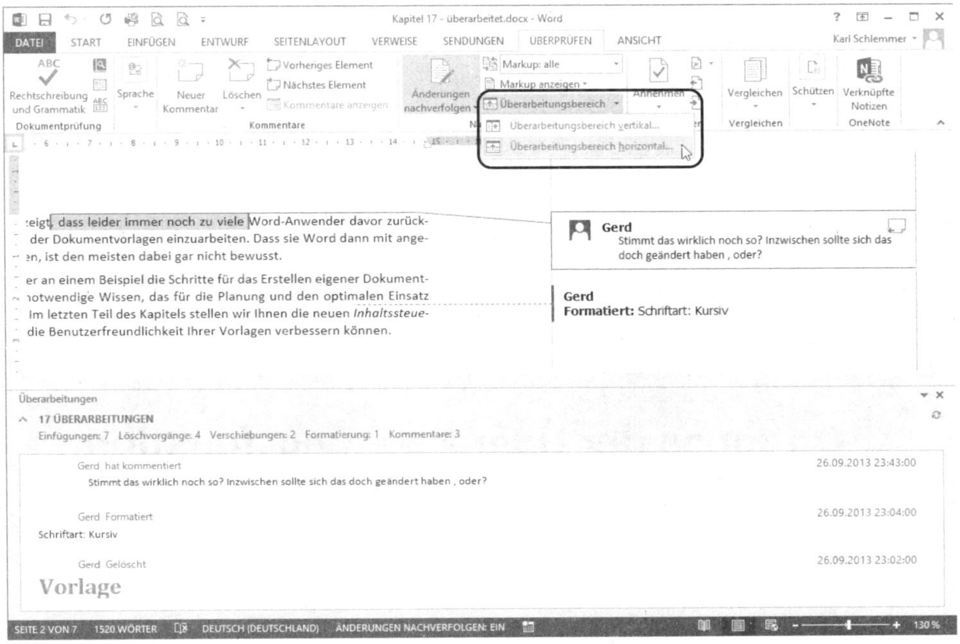

Beachten Sie, dass Word die Änderungen in den verschiedenen Dokumentbereichen getrennt aufführt. Das hat seine Ursache in den sogenannten *Dokumentkomponenten* (StoryRanges), in die Word jedes Dokument unterteilt. So befindet sich z. B. der Text einer Fußzeile in einer anderen Dokumentkomponente als der normale Fließtext des Dokuments.

Änderungen annehmen und verwerfen

Nachdem Sie sich einen Überblick über den Zustand des Dokuments verschafft haben, können Sie damit beginnen, die Änderungsvorschläge zu bearbeiten:

Weiter

1. Klicken Sie auf der Registerkarte *ÜBERPRÜFEN* in der Gruppe *Änderungen* auf *Weiter*. Word markiert die erste Änderung des Dokuments; die betreffende Textstelle und eine eventuell vorhandene Sprechblase werden markiert. Falls Sie den Überarbeitungsbereich geöffnet haben, wird die Liste automatisch mit dem Hauptfenster synchronisiert.
2. Wenn Sie den Mauszeiger auf die Markierung bewegen, werden in einem Tooltipp-Fenster der Name des Überarbeiters, das Datum, die Uhrzeit und die Art der Änderung angezeigt.
3. Bestimmen Sie mit den Schaltflächen *Annehmen* und *Ablehnen* (sie befinden sich ebenfalls in der Gruppe *Änderungen)*, ob Sie die Korrektur in Ihr Dokument übernehmen wollen oder nicht. Word springt anschließend automatisch zur nächsten Änderung.
4. Alternativ können Sie auch mit den Ausklappmenüs der Schaltflächen *Annehmen* und *Ablehnen* alle angezeigten Änderungen oder sogar alle Änderungen des Dokuments auf einen Schlag akzeptieren oder verwerfen.

Bild 39.37 Sie können auch mehrere Änderungen annehmen bzw. ablehnen

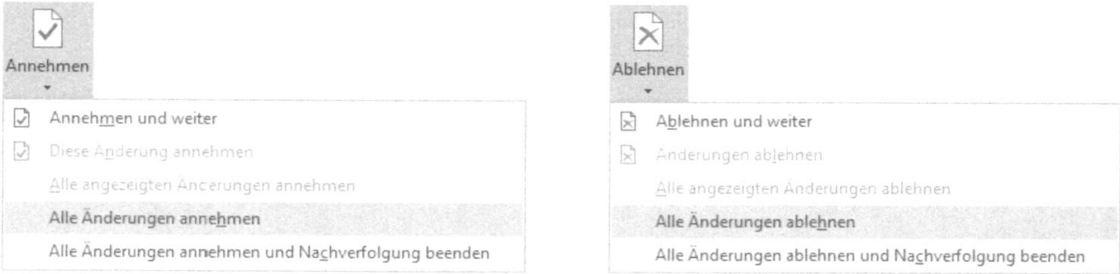

Zurück

5. Wiederholen Sie die obigen Schritte (eventuell in Kombination mit der Schaltfläche *Zurück*, um die vorherige Änderung anzeigen zu lassen), bis alle Änderungen bearbeitet und entweder in das endgültige Dokument integriert oder verworfen wurden.

Optionen der Überarbeitungsfunktion

In den vorherigen Abschnitten haben Sie gesehen, dass Sie die Art und Weise, wie Word die Änderungen der verschiedenen Bearbeiter kennzeichnet, beeinflussen können. Dabei haben wir uns jedoch noch auf das Ein- und Ausblenden der Sprechblasen beschränkt. Jetzt wollen wir Ihnen die verschiedenen Optionen im Detail vorstellen.

Um die Darstellung der Änderungen zu konfigurieren, rufen Sie das Dialogfeld *Erweiterte Optionen zum Nachverfolgen von Änderungen* auf, indem Sie auf der Registerkarte *ÜBERPRÜFEN* in der Gruppe *Nachverfolgung* auf das Startprogramm für ein Dialogfeld klicken. Klicken Sie anschließend im Dialogfeld *Optionen zum Nachverfolgen von Änderungen* auf *Erweitere Optionen.* Wie Sie in der Abbildung auf der nächsten Seite sehen können, hat das Dialogfeld *Erweiterte Optionen zum Nachverfolgen von Änderungen* einiges zu bieten.

Bild 39.38 Das Dialogfeld zum Konfigurieren der Überarbeitungsfunktion

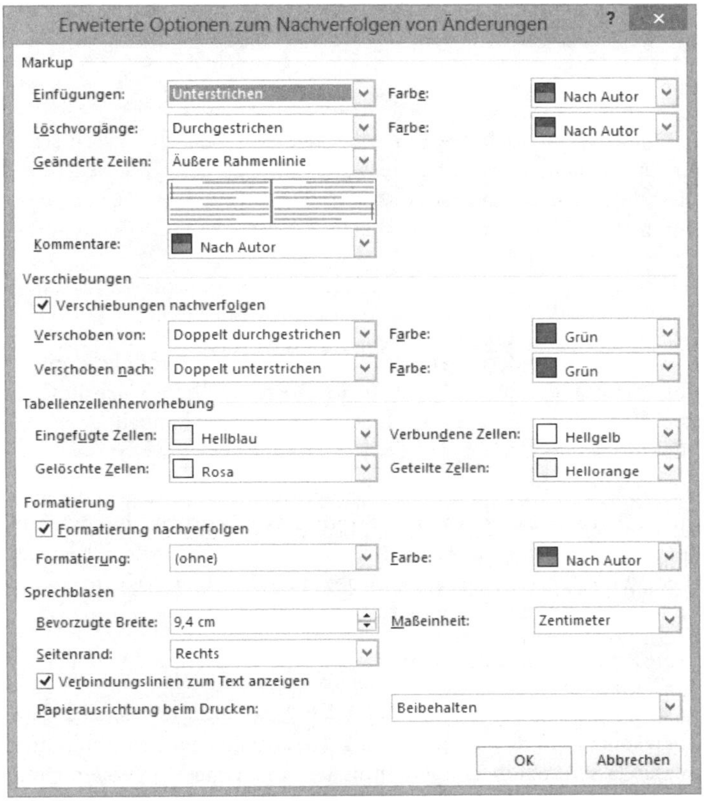

Markup

Mit den ersten beiden Listenfeldern der Gruppe *Markup* können Sie festlegen, ob bzw. wie eingefügter und gelöschter Text innerhalb des Dokuments gekennzeichnet werden soll. Zum Beispiel können Sie einstellen, dass gelöschter Text gar nicht angezeigt wird, wodurch der Text deutlich besser zu lesen ist.

Eine weitere interessante Option ist die Möglichkeit, die betreffenden Textstellen lediglich farbig zu kennzeichnen. In diesem Fall sollten Sie jedoch immer nur die Änderungen eines Bearbeiters anzeigen, da Sie sonst vermutlich mit den Farben durcheinanderkommen.

Apropos Farben: Standardmäßig weist Word jedem Bearbeiter eine eigene Farbe zu. Sie können aber auch feste Farben zuweisen und eingefügten Text z. B. immer grün und gelöschten rot anzeigen lassen.

Mit dem Listenfeld *Geänderte Zeilen* beeinflussen Sie die Darstellung der Korrekturleisten auf dem Bildschirm und beim Ausdruck auf dem Papier. Korrekturleisten werden als vertikale Striche links oder rechts neben dem Text angezeigt. Wollen Sie auf die Korrekturleisten verzichten, wählen Sie die Einstellung *(ohne)*.

Das letzte Listenfeld der Gruppe *Markup, Kommentare,* steuert die Markierungsfarbe für eingefügte Kommentare. Auch hier können Sie sich zwischen einer individuellen Farbe für jeden Bearbeiter und einer fest vorgegebenen Farbe entscheiden.

Verschiebungen
Seit der Version 2010 kann Word auch Textumstellungen erkennen und durch separate Markierungsoptionen kenntlich machen. Wir halten die Voreinstellung der Optionen in dieser Gruppe für recht sinnvoll: Die grüne Farbe signalisiert, dass hier weder Text gelöscht noch eingefügt wurde und die doppelte Durch- bzw. Unterstreichung macht den Sonderstatus dieser Aktion zusätzlich deutlich.

Tabellenzellenhervorhebung
Wie Sie sehen, kann Word sogar Änderungen an Tabellen dokumentieren. Erkannt werden eingefügte, gelöschte, verbundene und geteilte Zellen. In der Voreinstellung wird diesen Aktionen jeweils eine eigene Farbe zugeordnet, wobei es sich hier um Pastelltöne handelt.

Formatierung
Auch Änderungen an der Formatierung des Textes werden von Word akribisch protokolliert, falls Sie das Kontrollkästchen *Formatierung nachverfolgen* eingeschaltet lassen. Zur Kennzeichnung stehen Ihnen die üblichen Varianten zur Verfügung, wobei uns Optionen wie *Kursiv* oder *Fett* wenig sinnvoll erscheinen, da sie ja selbst eine Formatierung darstellen.

Sprechblasen
Mit den Optionen in der Gruppe *Sprechblasen* legen Sie fest, wo und in welcher Breite die Sprechblasen angezeigt werden sollen, mit denen Sie über die Änderungen auf dem Bildschirm informiert werden. Mit Sprechblasen lassen sich die vorgenommenen Änderungen an einem Dokument übersichtlich in der Randspalte darstellen, ohne dass dabei das eigentliche Dokument zu sehr gestört wird. Außerdem können Sie bestimmen, an welchem Seitenrand die Sprechblasen erscheinen sollen und ob zu den Textstellen, auf die sich die Änderungen beziehen, Verbindungslinien gezogen werden sollen.

Papierausrichtung beim Drucken
Die letzte Option steuert die Seitenausrichtung beim Drucken eines Dokuments, das Markups enthält. Normalerweise behält Word die Ausrichtung des Dokuments bei; Sie können aber auch einstellen, dass das Dokument immer im Querformat ausgedruckt wird oder dass Word das geeignete Format selbst auswählen darf.

In Excel Änderungen nachverfolgen

Wie erwähnt, stellt Ihnen auch Excel ein Feature zur Verfügung, mit dem Änderungen an einer Arbeitsmappe protokolliert und in einem weiteren Schritt die Änderungen angenommen oder verworfen werden können.

Anders als bei Word weist die Nachverfolgung in Excel wichtige Einschränkungen auf:

- Excel kann lediglich Änderungen an den Inhalten von Zellen protokollieren und keine Änderungen an der Formatierung.
- Wenn eine Arbeitsmappe eine sogenannte Datentabelle enthält, die mit der Schaltfläche *Als Tabelle formatieren* in der Gruppe *Formatvorlagen* auf der Registerkarte *START* erstellt wurde, kann die Nachverfolgung einer Arbeitsmappe nicht aktiviert werden.

Wie bei Word vollzieht sich der Einsatz der Änderungsnachverfolgung in drei Phasen. Zuerst muss das Nachverfolgen der Änderungen aktiviert werden. Danach wird die Arbeitsmappe bearbeitet und die Änderungen werden in einem Protokoll mitgehalten. Zum guten Schluss kann die Person, die die endgültige Version der Arbeitsmappe erstellt, anhand des Änderungsverlaufs feststellen, welche Änderungen an den Daten in der Arbeitsmappe vorgenommen wurden, und die Änderungen annehmen oder ablehnen.

Änderungsprotokoll für Arbeitsmappe aktivieren

Die Änderungsnachverfolgung ist nur in freigegebenen Arbeitsmappen verfügbar. Wenn Sie die Änderungsnachverfolgung aktivieren, wird die Arbeitsmappe automatisch freigegeben. Eine freigegebene Arbeitsmappe wird zwar i.d.R. an einem Speicherort abgelegt, an dem andere Benutzer auf sie zugreifen können, allerdings können Sie Änderungen auch in einer lokalen Kopie einer freigegebenen Arbeitsmappe nachverfolgen.

Wenn in der freigegebenen Arbeitsmappe Änderungen vorgenommen werden, können Sie den Änderungsverlauf auf einem separaten Arbeitsblatt anzeigen lassen. So können Sie dann an einer Stelle erkennen, wer die Änderung vorgenommen hat, um welchen Typ von Änderung es sich handelt, wann sie vorgenommen wurde, welche Zellen betroffen sind und welche Daten hinzugefügt oder gelöscht wurden.

Führen Sie folgende Schritte durch, um die Änderungsnachverfolgung zu aktivieren:

1. Klicken Sie auf der Registerkarte *ÜBERPRÜFEN* in der Gruppe *Änderungen* auf *Änderungen nachverfolgen* und dann auf *Änderungen hervorheben.*

Bild 39.39 Hier schalten Sie die Änderungsnachverfolgung in Excel ein

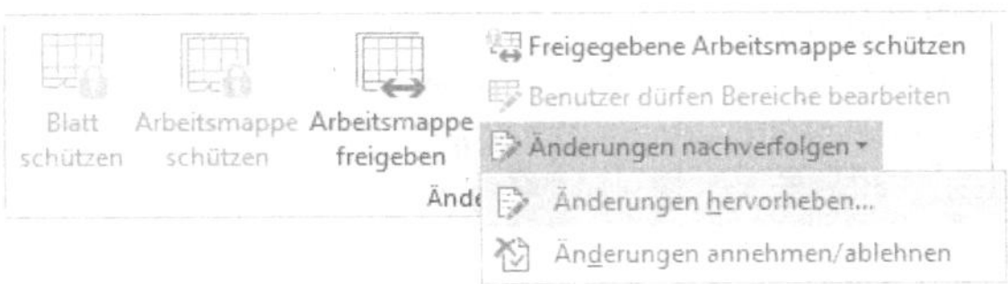

Excel zeigt das Dialogfeld *Änderungen hervorheben* an.

Bild 39.40 Mit den Optionen in diesem Dialogfeld konfigurieren Sie Änderungsnachverfolgung in Excel

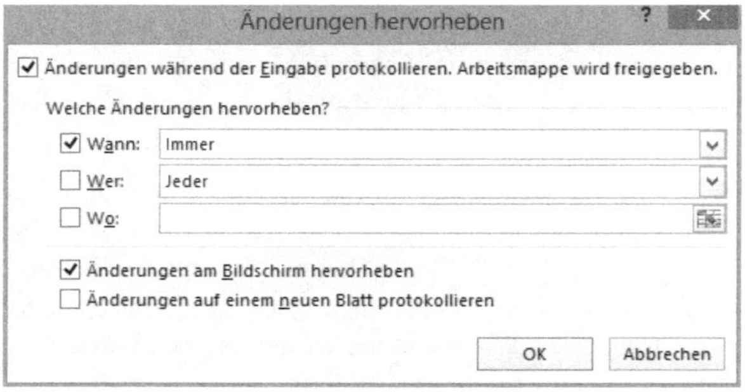

2. Schalten Sie im Dialogfeld *Änderungen hervorheben* das Kontrollkästchen *Änderungen während der Eingabe protokollieren* ein.

   Dadurch wird die Arbeitsmappe freigegeben, und Änderungen an der Arbeitsmappe werden protokolliert.

3. Achten Sie darauf, dass das Kontrollkästchen *Änderungen am Bildschirm hervorheben* aktiviert ist.

4. Klicken Sie auf *OK*. Eventuell fordert Sie Excel auf, die Arbeitsmappe zu speichern. Speichern Sie sie dann.

Excel protokolliert nun die Änderungen an der Arbeitsmappe, solange das Kontrollkästchen *Änderungen während der Eingabe protokollieren* eingeschaltet ist.

Wenn Sie die Änderungen hervorheben lassen, werden geänderte Zellen mit einem Rahmen versehen und in der linken oberen Ecke durch ein kleines Dreieck markiert. Wenn Sie mit dem Mauszeiger auf eine geänderte Zelle zeigen, blendet Excel ein Popupfenster ein, in dem die zuletzt vorgenommene Änderung dokumentiert wird.

Bild 39.41 Excel zeigt an Zellen vorgenommene Änderungen in einem Popupfenster an

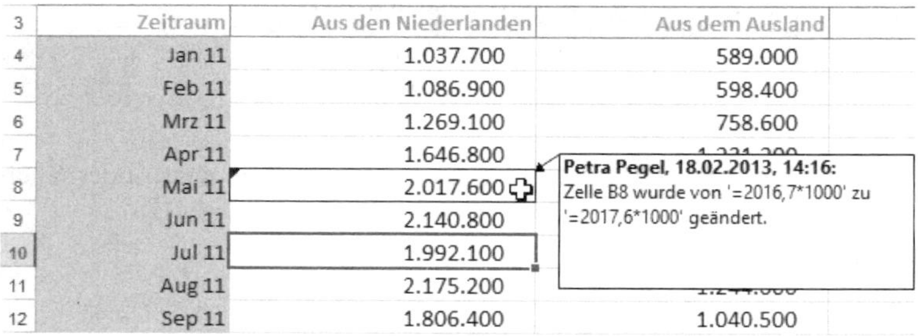

Falls an einer Zelle mehrere Änderungen vorgenommen wurden, sind diese im Popupfenster nicht zu erkennen. Mehrere Änderungen werden jedoch im Änderungsverlauf angezeigt (siehe Abschnitt »Verlaufsblatt anzeigen« ab Seite 794). Außerdem sehen Sie mehrfache Änderungen an einer Zelle auch dann, wenn Sie die Änderungen überprüfen.

Änderungen annehmen oder verwerfen

Nachdem alle Bearbeiter ihre Änderungen in die Arbeitsmappe eingetragen haben, können Sie die vorgenommenen Änderungen überprüfen und entscheiden, welche übernommen und welche verworfen werden sollen. Führen Sie dazu folgende Schritte durch:

1. Klicken Sie auf der Registerkarte *ÜBERPRÜFEN* in der Gruppe *Änderungen* auf *Änderungen nachverfolgen* und dann auf *Änderungen annehmen oder ablehnen*. Eventuell fordert Sie Excel auf, die Arbeitsmappe zu speichern. Speichern Sie sie dann.

   Excel zeigt das Dialogfeld *Änderungen zur Überprüfung auswählen* an.

Bild 39.42 Über dieses Dialogfeld wählen Sie aus, welche Änderungen Sie überprüfen möchten

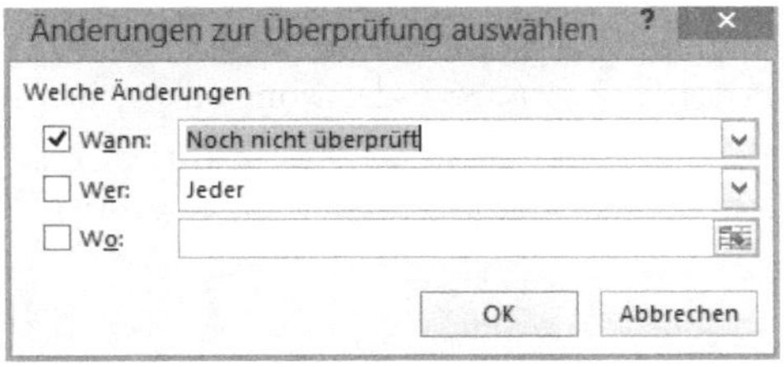

2. Führen Sie im Dialogfeld *Änderungen zur Überprüfung auswählen* eine oder mehrere der folgenden Aktionen durch:

   - Wenn Sie die nach einem bestimmten Datum vorgenommenen Änderungen annehmen oder ablehnen möchten, aktivieren Sie das Kontrollkästchen *Wann*, klicken in der Liste *Wann* auf *Seit* und geben dann das Datum ein, ab dem Sie die Änderungen überprüfen möchten.
   - Wenn Sie Änderungen annehmen oder ablehnen möchten, die von einem bestimmten Benutzer vorgenommen wurden, aktivieren Sie das Kontrollkästchen *Wer* und klicken dann in der Liste *Wer* auf den Benutzer, dessen Änderungen Sie überprüfen möchten.
   - Wenn Sie von allen Benutzern vorgenommene Änderungen annehmen oder ablehnen möchten, deaktivieren Sie das Kontrollkästchen *Wer*.
   - Wenn Sie in einem bestimmten Bereich vorgenommene Änderungen annehmen oder ablehnen möchten, aktivieren Sie das Kontrollkästchen *Wo* und geben dann den Zellbezug des Arbeitsblattbereichs ein.
   - Wenn Sie die an der gesamten Arbeitsmappe vorgenommenen Änderungen annehmen oder ablehnen möchten, deaktivieren Sie das Kontrollkästchen *Wo*.

3. Klicken Sie auf *OK*.

   Excel zeigt nun das Dialogfeld *Änderungen annehmen oder ablehnen* an. Je nachdem, ob an einer Zelle eine oder mehrere Änderungen vorgenommen wurden, sieht das Dialogfeld ein wenig anders aus. In Bild 39.43 sehen Sie oben das Dialogfeld für eine Zelle, in der mehr als eine Änderung vorgenommen wurde. Das untere Dialogfeld wird für Zellen mit einer Änderung angezeigt.

Bild 39.43 In diesem Dialogfeld sehen Sie, welche Änderungen vorgenommen wurden

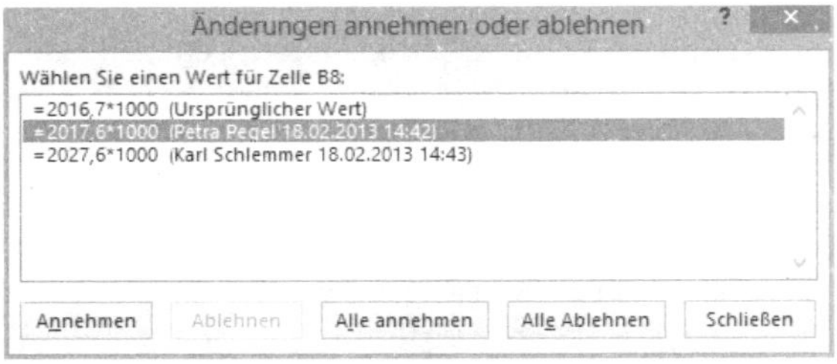

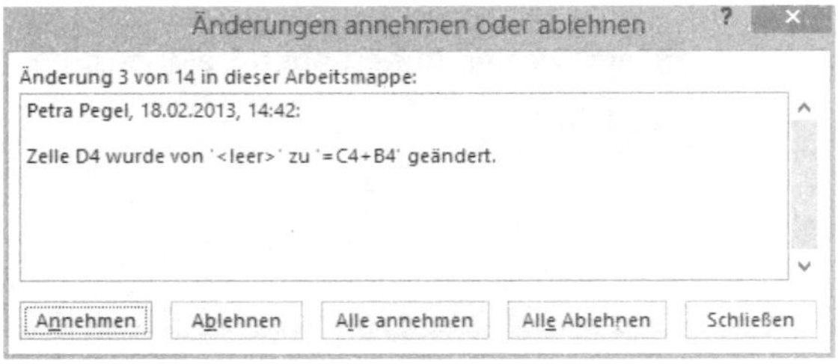

4. Führen Sie im Dialogfeld *Änderungen annehmen oder ablehnen* eine der folgenden Aktionen durch:

   - Wenn Sie bei Zellen, in denen mehrere Änderungen vorgenommen wurden, aufgefordert werden, einen Wert für die Zelle auszuwählen, markieren Sie den Wert im Listenfeld und klicken auf *Annehmen*.
   - Bei Zellen, in denen nur eine Änderung vorgenommen wurde, klicken Sie auf *Annehmen*, um die Änderung zu übernehmen, oder auf *Ablehnen*, um die Änderung zu verwerfen.
   - Falls Sie alle vorgenommenen Änderungen übernehmen wollen, klicken Sie auf *Alle annehmen*.
   - Falls Sie alle vorgenommenen Änderungen verwerfen wollen, klicken Sie auf *Alle ablehnen*.

Bitte beachten Sie, dass Sie anders als in Word zuerst eine Änderung annehmen oder ablehnen müssen, bevor Excel die nächste Änderung anzeigt.

Verlaufsblatt anzeigen

Wenn Sie sich einen Überblick über alle vorgenommenen Änderungen verschaffen wollen, können Sie das Verlaufsblatt anzeigen lassen. Das Verlaufsblatt, auch Änderungsverlauf genannt, enthält alle protokollierten Änderungen, die noch nicht angenommen oder abgelehnt wurden. Führen Sie folgende Schritte durch, um das Verlaufsblatt anzuzeigen:

1. Klicken Sie auf der Registerkarte *ÜBERPRÜFEN* in der Gruppe *Änderungen* auf *Änderungen nachverfolgen* und dann auf *Änderungen hervorheben*.
2. Schalten Sie im Bereich *Welche Änderungen hervorheben?* das Kontrollkästchen *Wann* ein und klicken Sie dann in der Liste *Wann* auf *Immer*.

3. Schalten Sie die Kontrollkästchen *Wer* und *Wo aus.*
4. Schalten Sie das Kontrollkästchen *Änderungen auf einem neuen Blatt protokollieren* ein.
5. Klicken Sie auf *OK*.

   Excel fügt ein neues Arbeitsblatt mit dem Namen *Änderungsverlauf* in die Arbeitsmappe ein.

Bild 39.44 Auf dem Arbeitsblatt *Änderungsverlauf* sehen Sie das Änderungsprotokoll mit allen vorgenommenen Änderungen

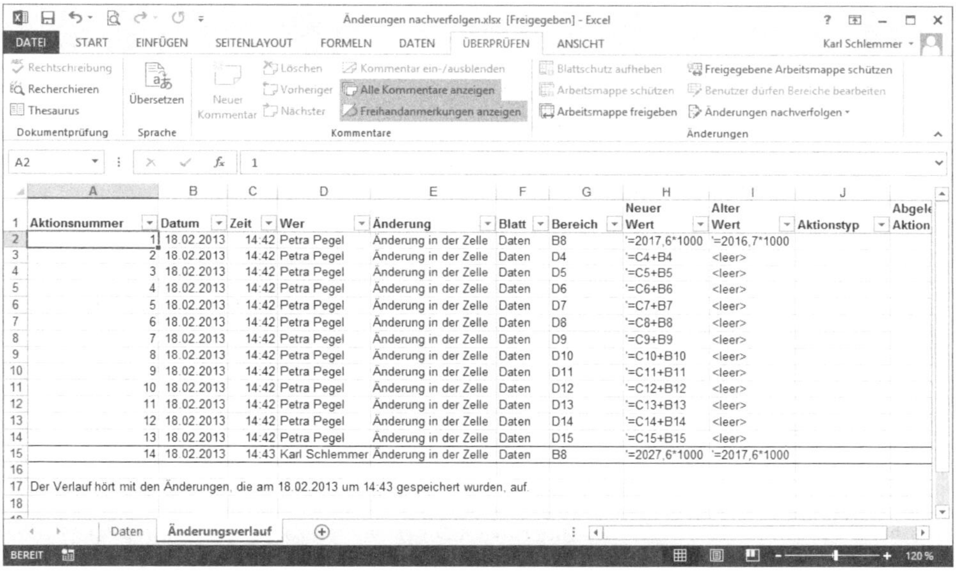

Aktionsnummer	Datum	Zeit	Wer	Änderung	Blatt	Bereich	Neuer Wert	Alter Wert	Aktionstyp	Abgele Aktion
1	18.02.2013	14:42	Petra Pegel	Änderung in der Zelle	Daten	B8	'=2017,6*1000	'=2016,7*1000		
2	18.02.2013	14:42	Petra Pegel	Änderung in der Zelle	Daten	D4	'=C4+B4	<leer>		
3	18.02.2013	14:42	Petra Pegel	Änderung in der Zelle	Daten	D5	'=C5+B5	<leer>		
4	18.02.2013	14:42	Petra Pegel	Änderung in der Zelle	Daten	D6	'=C6+B6	<leer>		
5	18.02.2013	14:42	Petra Pegel	Änderung in der Zelle	Daten	D7	'=C7+B7	<leer>		
6	18.02.2013	14:42	Petra Pegel	Änderung in der Zelle	Daten	D8	'=C8+B8	<leer>		
7	18.02.2013	14:42	Petra Pegel	Änderung in der Zelle	Daten	D9	'=C9+B9	<leer>		
8	18.02.2013	14:42	Petra Pegel	Änderung in der Zelle	Daten	D10	'=C10+B10	<leer>		
9	18.02.2013	14:42	Petra Pegel	Änderung in der Zelle	Daten	D11	'=C11+B11	<leer>		
10	18.02.2013	14:42	Petra Pegel	Änderung in der Zelle	Daten	D12	'=C12+B12	<leer>		
11	18.02.2013	14:42	Petra Pegel	Änderung in der Zelle	Daten	D13	'=C13+B13	<leer>		
12	18.02.2013	14:42	Petra Pegel	Änderung in der Zelle	Daten	D14	'=C14+B14	<leer>		
13	18.02.2013	14:42	Petra Pegel	Änderung in der Zelle	Daten	D15	'=C15+B15	<leer>		
14	18.02.2013	14:43	Karl Schlemmer	Änderung in der Zelle	Daten	B8	'=2027,6*1000	'=2017,6*1000		

Der Verlauf hört mit den Änderungen, die am 18.02.2013 um 14:43 gespeichert wurden, auf.

6. Verwenden Sie die Pfeile neben den Überschriften der Tabelle, wenn Sie die Protokollinformationen filtern wollen.

In Word festlegen, welcher Benutzer welche Bearbeitung vornehmen darf

Wenn Sie ein Word-Dokument zur Bearbeitung versenden oder bereitstellen und das Dokument nicht schützen, haben die Bearbeiter standardmäßig Zugriff auf das gesamte Dokument.

Sie können die Zugriffsberechtigungen jedoch auch feiner einstellen und dabei beispielsweise nur bestimmte Bearbeitungen zulassen, die Verwendung von Formatvorlagen einschränken und dies dann zusätzlich noch für verschiedene Benutzer unterschiedlich konfigurieren.

Die Formatierungsmöglichkeiten einschränken

Gehen Sie folgendermaßen vor, um Formatierungsmöglichkeiten an einem Word-Dokument zu beschränken:

1. Wechseln Sie zur Registerkarte *ÜBERPRÜFEN* und klicken Sie in der Gruppe *Schützen* auf *Bearbeitung einschr.*

   Der Aufgabenbereich *Bearbeitung einschränken* wird angezeigt.

Bild 39.45 Mit diesem Aufgabenbereich konfigurieren Sie den Dokumentschutz

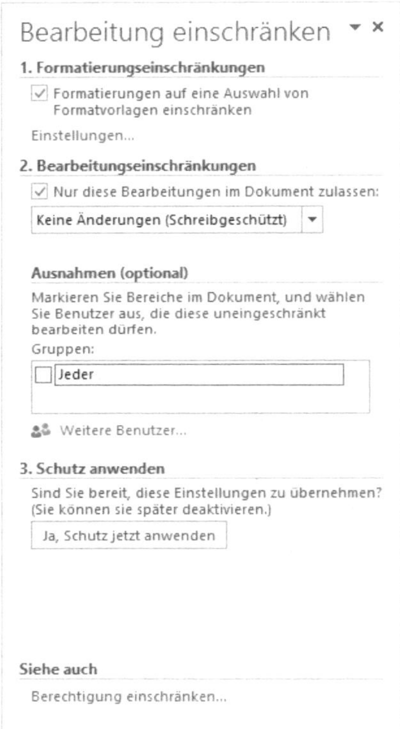

2. Schalten Sie das Kontrollkästchen *Formatierungen auf eine Auswahl von Formatvorlagen einschränken* ein und klicken Sie dann auf *Einstellungen.*

   Das Dialogfeld *Formatierungseinschränkungen* (siehe Abbildung auf der folgenden Seite) wird angezeigt.

3. Schalten Sie das Kontrollkästchen *Formatierungen auf eine Auswahl von Formatvorlagen beschränken* ein.

4. Schalten Sie das Kontrollkästchen vor allen Formatvorlagen ein, die verwendet werden dürfen. Sie können die Schaltflächen *Alle, Empfohlenes Minimum* und *Keine* verwenden, um eine erste Vorauswahl der Formatvorlagen zu treffen.

Bild 39.46 Mit diesem Dialogfeld legen Sie fest, welche Formatierungen vorgenommen werden dürfen

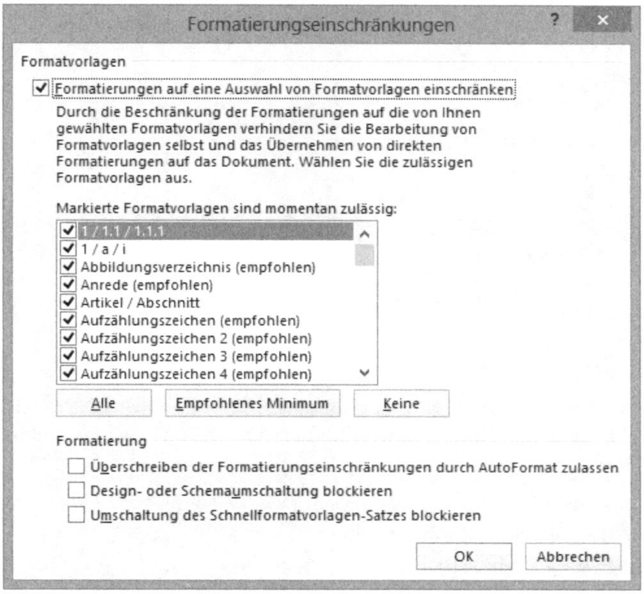

5. Schalten Sie eines oder mehrere der folgenden Kontrollkästchen ein:

   - **Überschreiben der Formatierungseinschränkungen durch AutoFormat zulassen** Wenn Sie dieses Kontrollkästchen einschalten, kann die Funktion AutoFormat weiterhin verwendet werden und es können dem Dokument auch Formatvorlagen zugewiesen werden, die Sie im vorherigen Schritt ausgeschaltet haben.
   - **Design- oder Schemaumschaltung blockieren** Wenn Sie dieses Kontrollkästchen einschalten, ist es nicht mehr möglich, dem Dokument ein anderes Design zuzuweisen.
   - **Umschalten des Schnellformatvorlagen-Satzes blockieren** Wenn Sie dieses Kontrollkästchen einschalten, kann der Befehl *Formatvorlagensatz* der Schaltfläche *Formatvorlage ändern* (Registerkarte *START*, Gruppe *Formatvorlagen)* nicht mehr verwendet werden.

6. Klicken Sie auf *OK*.
7. Klicken Sie im Aufgabenbereich auf die Schaltfläche *Ja, Schutz jetzt anwenden.*

   Word zeigt dann ein Dialogfeld an, in dem Sie ein Kennwort festlegen können, ohne das der Dokumentschutz nicht entfernt werden kann.

Bild 39.47 Vergabe eines Kennworts

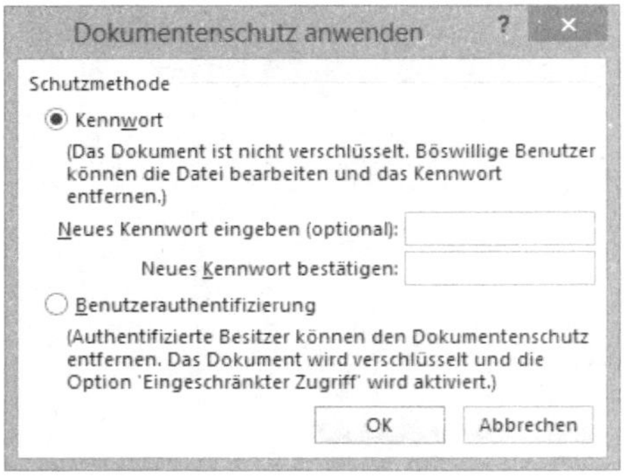

8. Führen Sie eine der folgenden Aktionen durch:
   - Schalten Sie die Option *Kennwort* ein, legen Sie das Kennwort fest, klicken Sie auf *OK* und speichern Sie das Dokument. Mit dieser Option ist das Dokument durch ein Kennwort geschützt.
   - Schalten Sie die Option *Benutzerauthentifizierung* ein. Mit dieser Option müssen sich Personen, die dieses Dokument öffnen wollen, bei einem Server für die Windows-Rechteverwaltung authentifizieren. Sie legen die E-Mail-Adressen der Personen fest, die das Dokument öffnen dürfen.
9. Klicken Sie auf *OK*. Wenn Sie die Option *Benutzerauthentifizierung* ausgewählt haben, muss eventuell noch der Client für die Windows-Rechteverwaltung installiert werden, für den Sie eine Windows Live ID benötigen.

Nachdem Sie das Dokument geschützt haben, wird im Aufgabenbereich *Bearbeitung einschränken* die Schaltfläche *Schutz aufheben* angezeigt. Klicken Sie diese an, um den Dokumentschutz aufzuheben. Wenn Sie beim Schützen des Dokuments ein Kennwort vergeben haben, werden Sie aufgefordert, dieses einzugeben.

Die Bearbeitungsmöglichkeiten einschränken

Alternativ oder auch zusätzlich zu den Formatierungsmöglichkeiten können Sie auch die Art der Bearbeitung, die am Dokument vorgenommen werden kann, beschränken. So können Sie beispielsweise nur das Einfügen von Kommentaren erlauben. Außerdem können Sie diese Beschränkung für einzelne Benutzer auch wieder aufheben.

1. Wechseln Sie zur Registerkarte *ÜBERPRÜFEN* und klicken Sie in der Gruppe *Schützen* auf *Bearbeitungen einschr.*
2. Schalten Sie das Kontrollkästchen *Nur diese Bearbeitungen im Dokument zulassen* ein.
3. Öffnen Sie das Listenfeld unter 2. und legen Sie fest, welche Bearbeitung im Dokument erlaubt sein soll.

Bild 39.48 Mit diesem Listenfeld können Sie die Bearbeitung des Dokuments auf bestimmte Funktionen einschränken

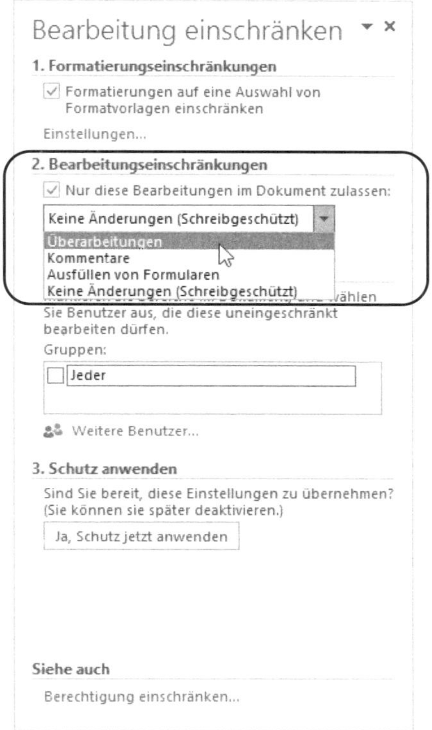

Wenn Sie die Option *Keine Änderungen (Schreibgeschützt)* auswählen, entspricht dies dem Zuweisen eines Schreibschutzkennworts. Sie können im folgenden Schritt für einzelne Benutzer diese Einschränkung wieder aufheben. Diese Benutzer benötigen dann auch kein Kennwort, um die Datei zu öffnen.

4. Klicken Sie im Bereich *Ausnahmen* auf *Weitere Benutzer*, um die Einschränkung für einzelne Benutzer wieder aufzuheben. Das Dialogfeld *Benutzer hinzufügen* wird angezeigt.

Bild 39.49 Legen Sie hier die Benutzer fest, für die die Einschränkung nicht gelten soll

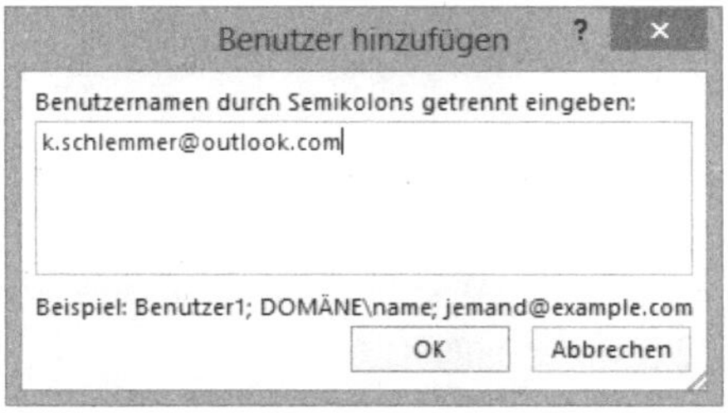

5. Geben Sie in das Textfeld die Namen der Benutzer ein, für die die Einschränkung nicht gelten soll. Sie können hier entweder den Benutzernamen eines lokalen Kontos auf dem Computer

angeben, eine E-Mail-Adresse, wenn Sie das Dokument per E-Mail weiterleiten wollen, oder bei Netzwerkbenutzern das Format *Domänenname\Benutzername* verwenden.

6. Klicken Sie auf *OK*, um zum Aufgabenbereich zurückzukehren.

7. Klicken Sie im Aufgabenbereich auf die Schaltfläche *Ja, Schutz jetzt anwenden.*

   Word zeigt dann ein Dialogfeld an, in dem Sie ein Kennwort festlegen können, ohne das der Dokumentschutz nicht entfernt werden kann.

8. Legen Sie das Kennwort fest, klicken Sie auf *OK* und speichern Sie das Dokument.

Nachdem Sie das Dokument geschützt haben, wird im Aufgabenbereich *Bearbeitung einschränken* die Schaltfläche *Schutz aufheben* angezeigt. Klicken Sie diese an, um den Dokumentschutz wieder aufzuheben. Wenn Sie beim Schützen des Dokuments ein Kennwort vergeben haben, werden Sie aufgefordert, dieses einzugeben.

Dokumente gleichzeitig bearbeiten

Wenn Sie wie im ersten Abschnitt dieses Kapitels beschrieben, ein Dokument auf SkyDrive speichern und es freigeben, können Sie es mit anderen gleichzeitig bearbeiten. (Die gleichzeitige Bearbeitung ist auch möglich, wenn das Dokument auf einem SharePoint-Server gespeichert wurde. Jedoch darf das Dokument dann vor dem Bearbeiten nicht ausgecheckt werden, da der Auscheckvorgang exklusiven Zugriff auf das Dokument ermöglicht.)

Die Möglichkeiten der gemeinsamen Bearbeitung sind je nach Anwendung leicht unterschiedlich:

- **Word/PowerPoint** Sie können zur gleichzeitigen Bearbeitung eines Dokuments die Desktopanwendung oder die betreffende Web App verwenden. Word und PowerPoint zeigen Ihnen in der Statusleiste an, wer sonst noch das Dokument bearbeitet. Absätze bzw. Folien, die derzeit von anderen bearbeitet werden, werden besonders gekennzeichnet.

- **Excel** Zur gleichzeitigen Bearbeitung müssen Sie Excel Web App verwenden. Es ist nicht möglich, hierfür die Desktopvariante zu verwenden, da nur die Person, die die Arbeitsmappe zuerst geöffnet hat, diese speichern kann.

  Falls Sie eine Arbeitsmappe auf SkyDrive öffnen, die von einer anderen Person geöffnet ist, und Sie dann versuchen, die Arbeitsmappe zu speichern, zeigt Excel oberhalb des Arbeitsblatts eine Meldung an, ähnlich wie die, die Sie in der folgenden Abbildung sehen.

Bild 39.50 In der Meldungsleiste oberhalb des Arbeitsblatts sehen Sie, dass die Arbeitsmappe derzeit gesperrt ist

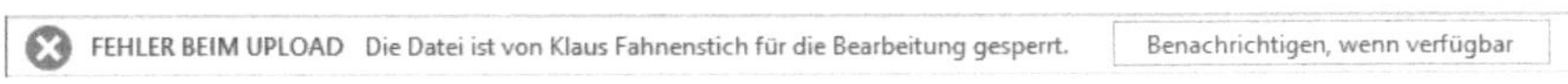

Klicken Sie dort auf *Benachrichtigen, wenn verfügbar*. Excel informiert Sie dann darüber, wenn die Arbeitsmappe nicht mehr gesperrt ist.

Während Sie eine Arbeitsmappe in Excel Web App bearbeiten, sehen Sie in der Statusleiste, wer außer Ihnen derzeit die Arbeitsmappe verwendet.

Sie können während der gleichzeitigen Bearbeitung nicht sehen, welche Stellen genau von einem anderen Bearbeiter geändert werden. Daher ist es sinnvoll, sich hierüber kurz abzusprechen. Auf der anderen Seite werden vorgenommene Änderungen fast in Echtzeit synchronisiert, sodass es bei einem schnellen Internetzugang selten zu Konflikten kommen wird.

Lassen Sie uns ein wenig die Details bei der gemeinsamen Bearbeitung eines Word-Dokuments oder einer PowerPoint-Präsentation anschauen, damit Sie sehen wie sich dieser Vorgang aus der Perspektive der Benutzer darstellt.

Word- oder PowerPoint-Datei gleichzeitig mit mehreren Personen bearbeiten

Dieser Abschnitt beschreibt, was bei der gemeinsamen Bearbeitung eines Word-Dokuments und einer PowerPoint-Präsentation auf dem Bildschirm vor sich geht. In den folgenden Ausführungen tauchen wieder die beiden Benutzer Karl Schlemmer und Petra Pegel auf, die Sie schon von anderen Beispielen und Bildschirmabbildungen kennen. Karl Schlemmer bearbeitet das Word-Dokument und die PowerPoint-Präsentation mit den Desktopanwendungen und Petra Pegel mit den Web Apps. Beide Dateien wurden von Karl Schlemmer auf SkyDrive gespeichert und anschließend mit Bearbeitungsrechten für Petra Pegel freigegeben.

Karl Schlemmer hat das Word-Dokument mit Word 2013 von SkyDrive geöffnet. Etwas später öffnet Petra Pegel das gleiche Dokument. Kurz danach blendet Word 2013 bei Karl Schlemmer ein Popupfenster ein und informiert Karl darüber, dass Petra Pegel ebenfalls das Dokument bearbeitet.

Bild 39.51 Word 2013 zeigt oberhalb der Statusleiste ein Popupfenster an, wenn eine weitere Person das aktuelle Dokument bearbeitet

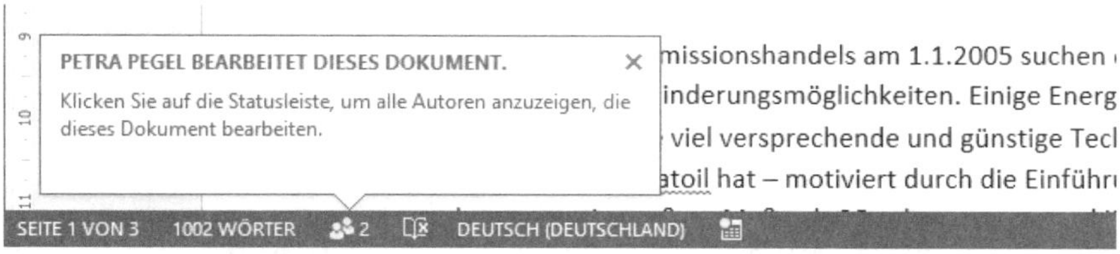

Außerdem zeigt Word 2013 in der Statusleiste die Anzahl der bearbeitenden Autoren an. Diese Information ist in der Statusleiste standardmäßig enthalten. Falls Sie sie nicht sehen, klicken Sie die Statusleiste mit der rechten Maustaste an und wählen *Anzahl der bearbeitenden Personen.* Wenn Sie die Anzahl der bearbeitenden Personen anklicken, sehen Sie, welche Personen dies sind. Falls Sie einen Bearbeitungslink erstellt haben, bei dem keine vorherige Anmeldung mit einem Microsoft-Konto erforderlich ist, wird im Menü mit den bearbeitenden Personen statt des Namens lediglich *Guest* angezeigt.

Bild 39.52 Klicken Sie in der Statusleiste die Anzahl der Bearbeiter an, um die Autoren zu sehen

Word 2013

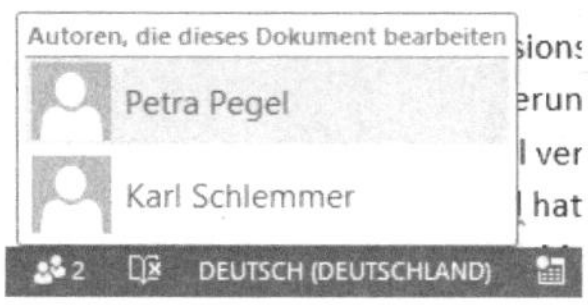

Word Web App

Petra Pegel beginnt mit der Bearbeitung eines Absatzes. Der betreffende Absatz wird daraufhin am linken Rand mit einer gestrichelten Klammer gekennzeichnet. Petra hat jetzt Schreibrechte auf diesen Absatz (rechts in Bild 39.53).

Der gleiche Absatz wird bei Karl mit einem kleinen Namensschild versehen angezeigt, wie Sie es links in Bild 39.53 sehen. Karl kann diesen Bereich nicht mehr bearbeiten. Umgekehrt werden natürlich die von Karl bearbeiteten Bereiche für alle anderen Benutzer gesperrt.

Bild 39.53 Der Absatz, der derzeit von Petra Pegel in Word Web App bearbeitet wird, ist für Karl zur Bearbeitung gesperrt

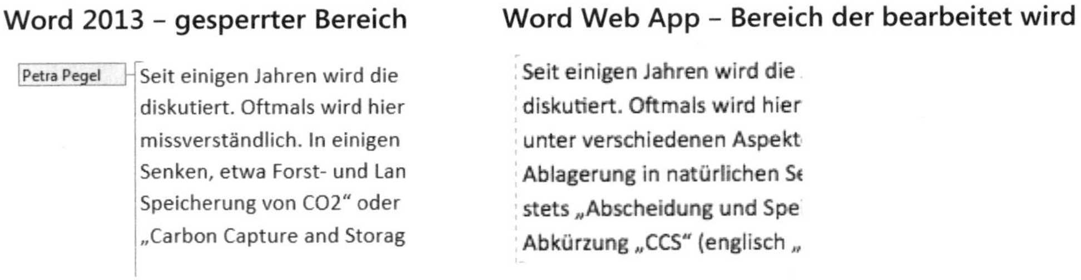

Sobald Petra das Dokument speichert, wird Karl in der Statusleiste darüber informiert, dass für das Dokument Aktualisierungen verfügbar sind.

Bild 39.54 Für das Dokument sind Aktualisierungen verfügbar

Karl klickt auf *VERFÜGBARE AKTUALSIERUNGEN*. Word zeigt das folgende Dialogfeld an. (Karl schaltet das Kontrollkästchen *Diese Meldung nicht mehr anzeigen ein* und klickt auf *OK.)* Word aktualisiert das Dokument mit den Änderungen, die von Petra Pegel vorgenommen wurden (siehe Abbildung auf der folgenden Seite.)

Bild 39.55 Dieses Dialogfeld informiert Karl darüber, dass neue Inhalte an der grünen Unterlegung zu erkennen sind

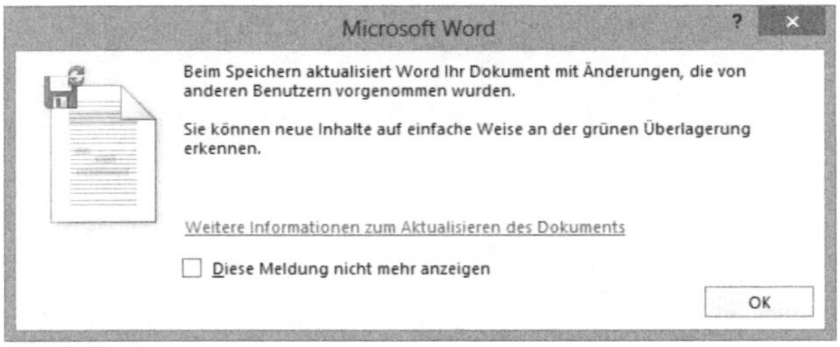

Bild 39.56 Der von Petra bearbeitete Absatz ist jetzt in Word 2013 zu sehen. Geänderte Textstellen lassen sich an der Hervorhebung leicht erkennen.

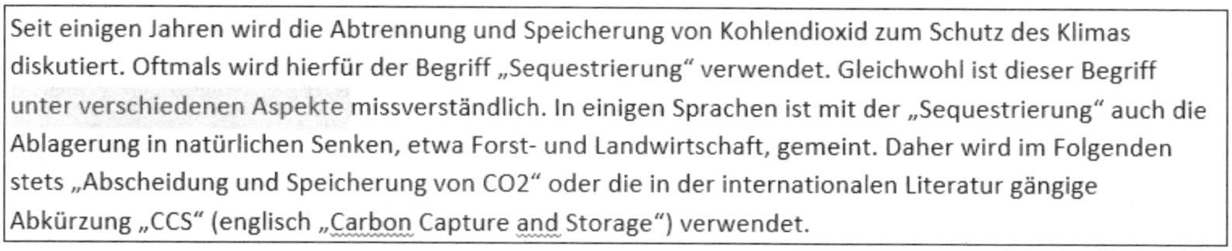
Seit einigen Jahren wird die Abtrennung und Speicherung von Kohlendioxid zum Schutz des Klimas diskutiert. Oftmals wird hierfür der Begriff „Sequestrierung" verwendet. Gleichwohl ist dieser Begriff unter verschiedenen Aspekte missverständlich. In einigen Sprachen ist mit der „Sequestrierung" auch die Ablagerung in natürlichen Senken, etwa Forst- und Landwirtschaft, gemeint. Daher wird im Folgenden stets „Abscheidung und Speicherung von CO2" oder die in der internationalen Literatur gängige Abkürzung „CCS" (englisch „Carbon Capture and Storage") verwendet.

PowerPoint verhält sich bei der gleichzeitigen Bearbeitung einer Präsentation ein wenig anders. PowerPoint Web App aktualisiert die Präsentation automatisch, wenn sie in PowerPoint 2013 gespeichert wurde. Änderungen, die in PowerPoint Web App vorgenommen wurden, werden in PowerPoint 2013 nicht automatisch und in Echtzeit in die Präsentation integriert. Ähnlich wie in Word 2013 sehen Sie auch hier in der Statusleiste, dass Aktualisierungen verfügbar sind.

Bild 39.57 Auch in PowerPoint 2013 werden Sie in der Statusleiste über Aktualisierungen informiert

Wenn Sie in der Statusleiste auf *VERFÜGBARE AKTUALISIERUNGEN* klicken, werden die von den anderen Autoren vorgenommenen Änderungen übernommen. Sie können jedoch auch die Registerkarte *DATEI* öffnen und auf *Informationen* klicken. Klicken Sie dann auf die Schaltfläche *Speichern* und abschließend auf *Speichern und überprüfen.*

Bild 39.58 Über den Befehl *Speichern und überprüfen* der Backstage-Ansicht *Informationen* können Sie die Aktualisierungen anderer Autoren überprüfen und dann annehmen oder ablehnen

PowerPoint führt Ihre Version der Präsentation und die von anderen Autoren vorgenommenen Änderungen zusammen und öffnet die Registerkarte *ZUSAMMENFÜHREN,* über die Sie die vorgenommenen Änderungen überprüfen und dann annehmen oder ablehnen können.

Bild 39.59 Die Registerkarte *ZUSAMMENFÜHREN* zeigt Ihnen die Überarbeitungen der Folien an

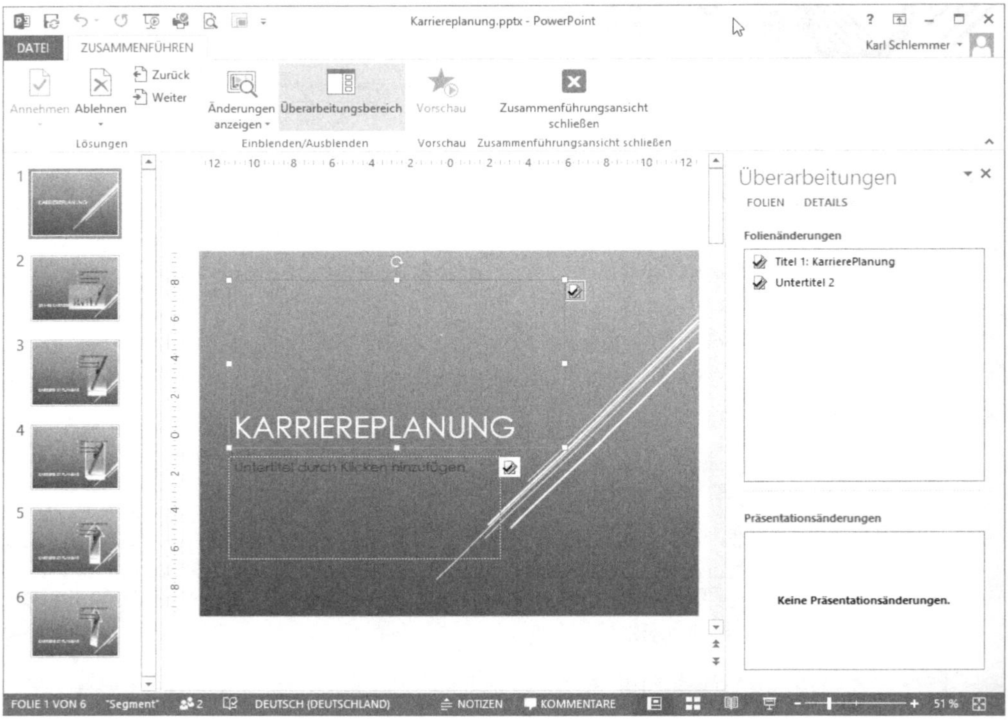

Teil G

Access 2013

In diesem Teil:

Kapitel 40

Erste Schritte mit Access 2013

In diesem Kapitel:

Wenn Sie Office 2013 zum Beispiel im Rahmen von Office 365 Home Premium erworben haben, sind Sie jetzt auch stolzer Besitzer von Access 2013, dem Datenbankprogramm der Office-Familie. Access nimmt in mehrfacher Weise eine Sonderrolle bei Office ein: Zum einen ist es deutlich weniger verbreitet als die anderen Programme des Office-Pakets (wenn man von dem hierzulande noch recht unbekannten OneNote absieht). Zum anderen ist Access im Grunde genommen kein echtes Anwenderprogramm, sondern eher eine Entwicklungsumgebung für Programmierer. Microsoft hat bei der Entwicklung von Access allerdings von Anfang an allergrößten Wert darauf gelegt, dass auch Anwender ohne Programmiererfahrung mit ihm arbeiten können.

Von Datenbankprofis wird Access oft als »Kinderkram« belächelt, was unserer Meinung nach jedoch deutlich überzogen ist. Natürlich können Sie ohne große Vorerfahrung mit Access kein Abrechnungsprogramm für einen mittelständischen Betrieb entwickeln. Aber darum geht es auch nicht. Genau wie nicht jeder Word-Anwender einen professionellen Ausstellungskatalog erstellt, genauso gibt es auch für Access genügend Anwendungsfälle, für die man keinen Datenbankprofi benötigt. Wir würden uns jedenfalls sehr freuen, wenn Sie Ihre Adressdaten zukünftig nicht mehr in Excel oder gar in einer Word-Tabelle verwalten, sondern in einer kleinen Access-Datenbank.

Dazu wollen wir Ihnen Access in den nächsten fünf Kapiteln soweit nahebringen, dass Sie anschließend in der Lage sind, bestehende Beispieldatenbanken nach Ihren Wünschen zu verändern und eigene einfache Datenbanken zu erstellen. In diesem Kapitel beginnen wir zunächst mit der Bedieneroberfläche von Access, die wir Ihnen am Beispiel einer kleinen Datenbank vorstellen.

Neue Datenbank anlegen

In diesem Abschnitt werden Sie zunächst eine Beispieldatenbank erstellen, wie wir sie auch beim Schreiben dieses Kapitels angelegt haben. Auf diese Weise können Sie alle Erläuterungen problemlos nachvollziehen.

1. Starten Sie Access 2013 und geben Sie im Suchfeld das Wort **Schüler** ein. Sie sollten dann genau einen Treffer bekommen. Sollte diese Beispieldatenbank nicht mehr verfügbar sein, wenn Sie dieses Kapitel lesen, weichen Sie einfach auf eine beliebige andere Datenbank aus.

Bild 40.1 Die Beispielvorlage *Schüler*

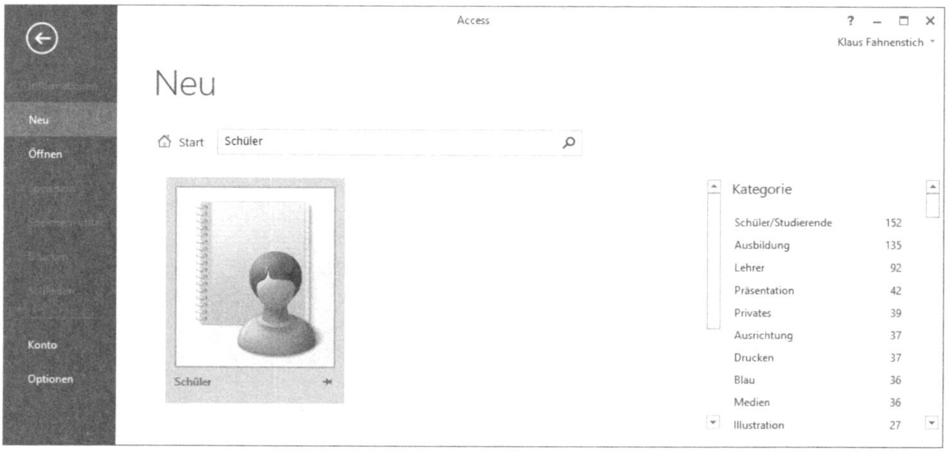

2. Klicken Sie auf das Vorschaubild und geben Sie im nächsten Fenster einen Namen für die neue Datenbank an. Wenn Sie wünschen, können Sie auch den Ordner ändern, in dem Access die Datenbank speichern soll.

Bild 40.2 Neue Datenbanken müssen direkt gespeichert werden

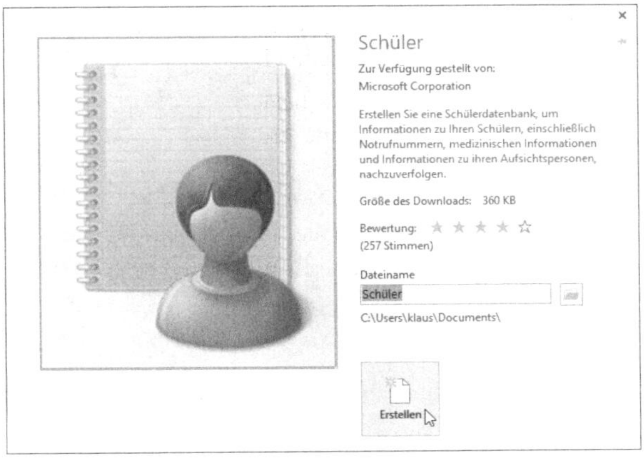

3. Klicken Sie auf *Erstellen*. Access lädt die Vorlage dann herunter und präsentiert Ihnen nach wenigen Sekunden die neu erstellte Datenbank.

Bild 40.3 Access hat Teile der neuen Datenbanken aus Sicherheitsgründen deaktiviert

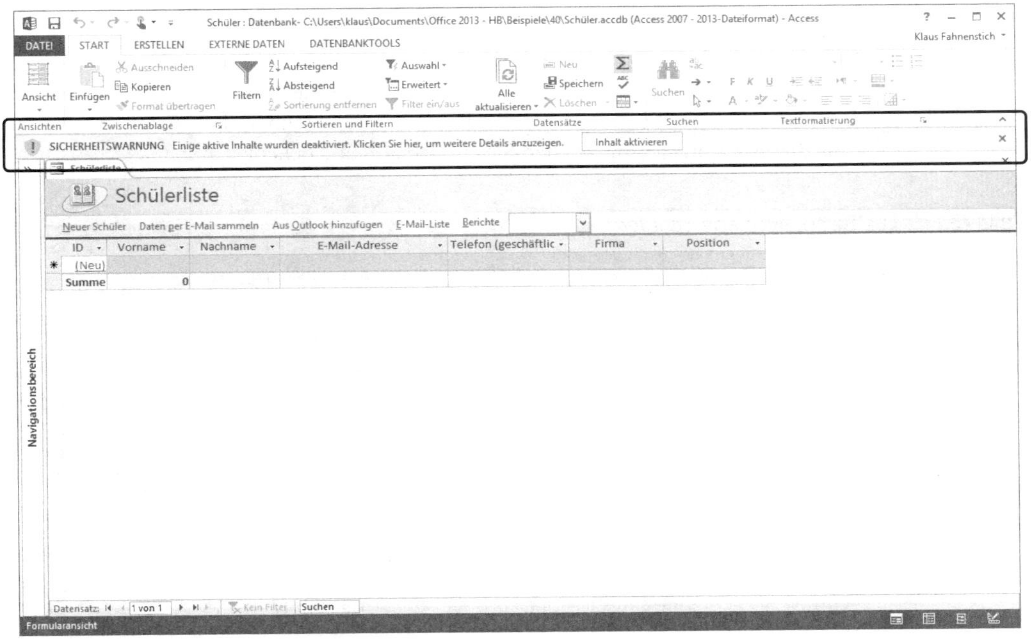

Wie Sie in Bild 40.3 sehen, hat Access bestimmte Inhalte der Datenbank deaktiviert. Bei diesen Inhalten handelt es sich um VBA-Makros, die Programmcode enthalten und damit ein potentielles Sicherheitsrisiko darstellen. Da diese Beispieldatenbank jedoch direkt von Microsoft kommt, können Sie ihren Inhalt gefahrlos aktivieren.

4. Klicken Sie im Feld der Sicherheitswarnung auf *Inhalt aktivieren.* Jetzt ist die neue Datenbank einsatzbereit.

5. Öffnen Sie nun noch den Navigationsbereich, indem Sie am linken Rand des Fensters auf den Doppelpfeil des grauen Rahmens klicken. Das Programmfenster von Access sollte anschließend ungefähr so aussehen, wie im folgenden Bild.

Bild 40.4 Das Programmfenster von Access ist dreigeteilt: Menüband, Navigation und Arbeitsbereich

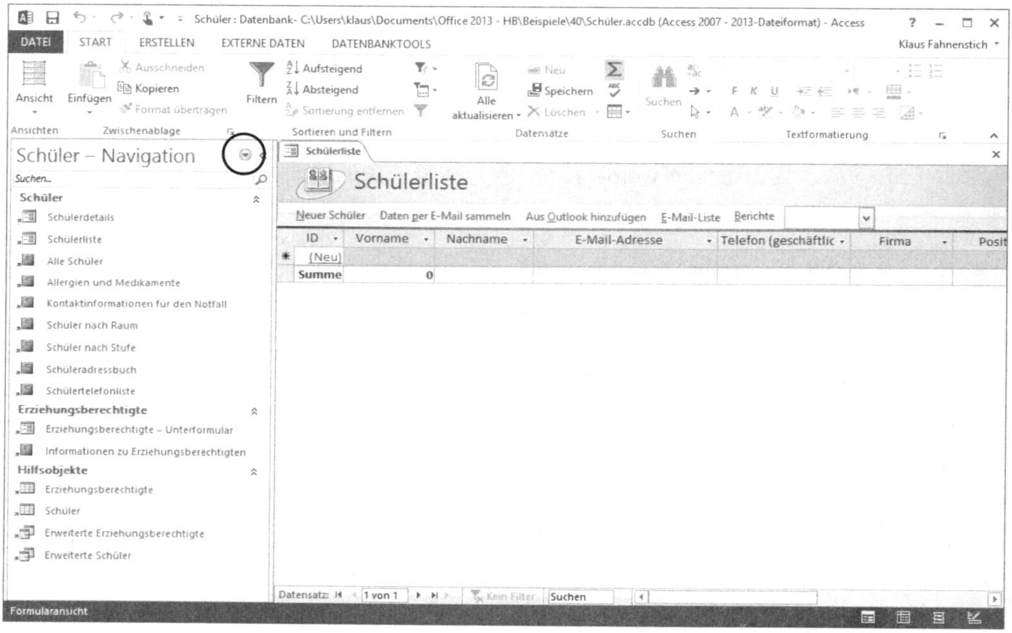

Der Aufbau des Programmfensters ist simpel: Oben das gewohnte Menüband, auf der linken Seite ein Navigationsbereich, wie Sie ihn auch in Word oder PowerPoint vorfinden und rechts der Arbeitsbereich, in dem Sie mit der Datenbank arbeiten können. Natürlich gibt es auch die obligatorische Statusleiste, die jedoch nur mit einigen wenigen Informationen bzw. Funktionen aufwarten kann.

Um die Arbeitsweise einer Accessdatenbank zu verstehen, ist es wichtig zu wissen, aus welchen Bestandteilen eine Datenbank in Access besteht. Dazu werden wir im nächsten Schritt die Darstellung des Navigationsbereichs ändern.

6. Klicken Sie in der Titelzeile des Navigationsbereichs auf die kleine Dreiecksschaltfläche. Dadurch öffnet sich ein kleines Menü, mit dem Sie steuern können, welche Objekte im Navigationsbereich angezeigt werden und wie sie sortiert sind.

Bild 40.5 Anzeigemodus des Navigationsbereichs ändern

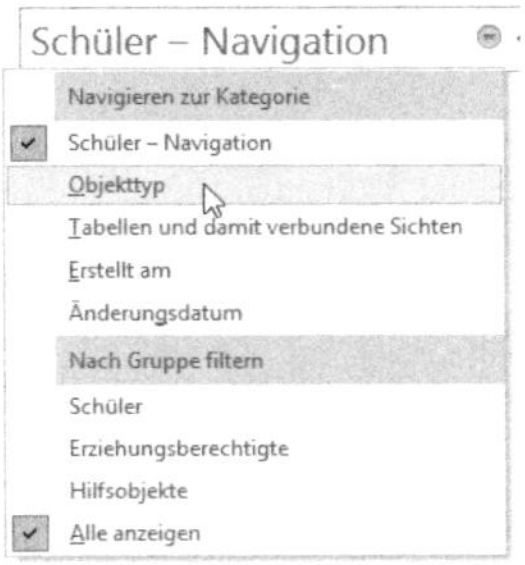

Im aktuellen Modus zeigt Access ein speziell für diese Datenbank erstelltes Navigationsschema an, das für eine einfache Bedienung der fertigen Datenbank geschaffen wurde. Wir wollen jedoch ein Blick hinter die Kulissen werfen und uns die Grundbausteine von Access ansehen.

7. Wählen Sie im Menü des Navigationsbereichs den Befehl *Objekttyp*.

Bild 40.6 Im Navigationsbereich werden jetzt die Objekte angezeigt, aus denen die Datenbank besteht

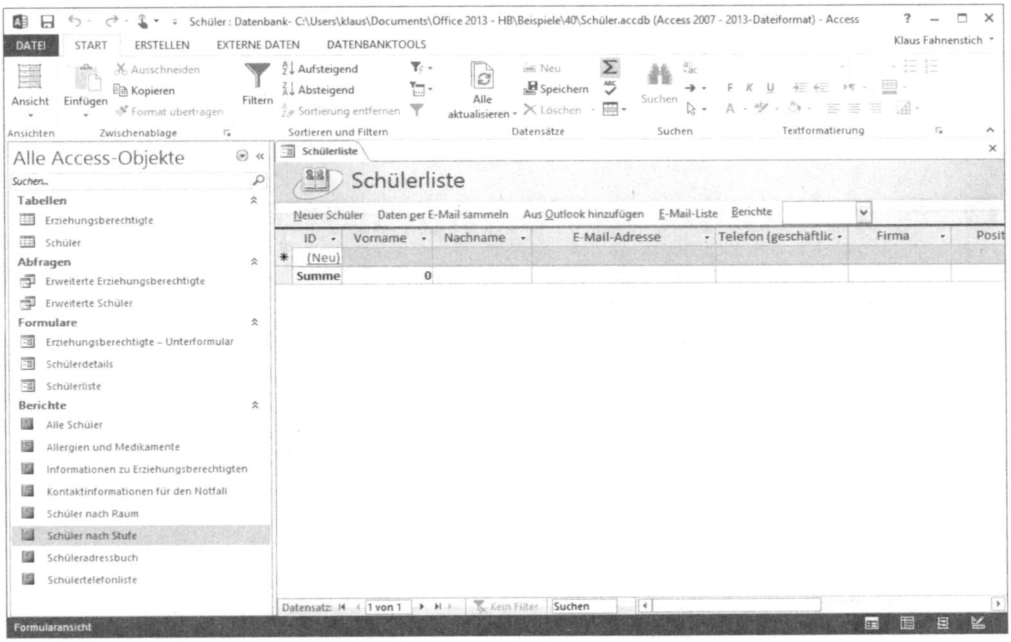

Wie Sie sehen, besteht eine Datenbank aus vier Grundbausteinen: Tabellen, Abfragen, Formulare und Berichte. Das mag jetzt vielleicht etwas sehr vereinfacht klingen, aber genauso ist es. Jedes dieser Objekte kann natürlich recht komplex werden, doch damit wollen wir uns an dieser Stelle noch nicht belasten. Wir werden Ihnen später die einzelnen Objekttypen jeweils in einem eigenen Kapitel ausführlich vorstellen. Hier beschränken wir uns zunächst auf einen kurzen Überblick:

- **Tabellen** Tabellen speichern die eigentlichen Daten. Beim Entwerfen einer Datenbank muss der Planung der benötigten Tabellen sehr viel Aufmerksamkeit gegeben werden, denn ein schlechter Tabellenentwurf kann im Laufe der Datenbankentwicklung schwerwiegende Folgen haben. Wir werden auf dieses wichtige Thema im nächsten Kapitel noch näher eingehen.

- **Abfragen** Abfragen werden auch als Sichten oder Views bezeichnet. Sie dienen dazu, die in den Tabellen gespeicherten Daten nach bestimmten Kriterien zusammenzufassen, zu filtern und zu sortieren. Zum Beispiel könnte eine Abfrage aus der Tabelle *Schüler* alle Schüler ermitteln, die sich in der Oberstufe befinden. Das setzt natürlich voraus, dass in den Tabellen das aktuelle Schuljahr der Schüler gespeichert ist.

- **Formulare** Die Anwender einer Datenbank haben normalerweise keinen Kontakt mit deren Tabellen. Sie benutzen stattdessen sogenannte Formulare, um Daten einzusehen oder zu bearbeiten. Formulare präsentieren die Daten dazu kompakter und inhaltlich sortiert und können auch mit diversen Zusatzfunktionen ausgestattet werden. So könnte man zum Beispiel von einem Kontaktformular einer Adressdatenbank den Versand einer E-Mail auslösen.

- **Berichte** Berichte sind vom Prinzip her Listen, in denen die Daten nach bestimmten Aufgabenstellungen ausgegeben werden. Die hier vorgestellte Datenbank enthält zum Beispiel eine Telefonliste, Raumlisten oder Klassenlisten. Die in einem Bericht angezeigten Daten können im Gegensatz zu Formularen nicht bearbeitet werden.

Aktuell wird im Arbeitsbereich das Formular *Schülerliste* angezeigt. Dieses Formular ist in der Schülerdatenbank als Startformular festgelegt und wird deshalb beim Öffnen der Datenbank automatisch angezeigt.

Dateneingabe in Formularen

Der Aufbau der Schülerdatenbank ist relativ simpel. Wie Sie in Bild 40.6 sehen, besitzt sie nur die beiden Tabellen *Schüler* und *Erziehungsberechtigte*. In diesen Tabellen sind Namen und Kontaktdaten der Schüler gespeichert sowie Angaben zu ihren Erziehungsberechtigten. Außerdem lassen sich noch medizinische Informationen erfassen, wie z. B. Allergien oder benötigte Medikamente. Mit Hilfe dieser Datenbank kann ein Lehrer also im Notfall sofort herausfinden, wer benachrichtigt werden muss, und welche medizinischen Besonderheiten vorliegen. So eine Datenbank eignet sich natürlich auch hervorragend für jede Form von Gruppenreisen.

Daten in Formularen eingeben

Nachdem Sie jetzt ungefähr wissen, welchen Zweck die Datenbank erfüllt, wollen wir Ihnen nun zunächst zeigen, wie Sie eine Access-Datenbank mit Daten füllen. Dazu werden wir das Formular *Schülerliste* verwenden, das beim Start der Datenbank automatisch angezeigt wurde.

1. Wenn Sie einen neuen Schüler einfügen wollen, ist der erste Impuls sicherlich, die Daten einfach in die angezeigte Liste einzugeben. Das würde sogar funktionieren, doch wenn Sie sich das Formular genauer ansehen, werden Sie merken, dass sich der Entwickler die Eingabe eines neuen Schülers anders vorgestellt hat.

Bild 40.7 Wichtige Funktionen der Datenbank können über Schaltflächen angeboten werden

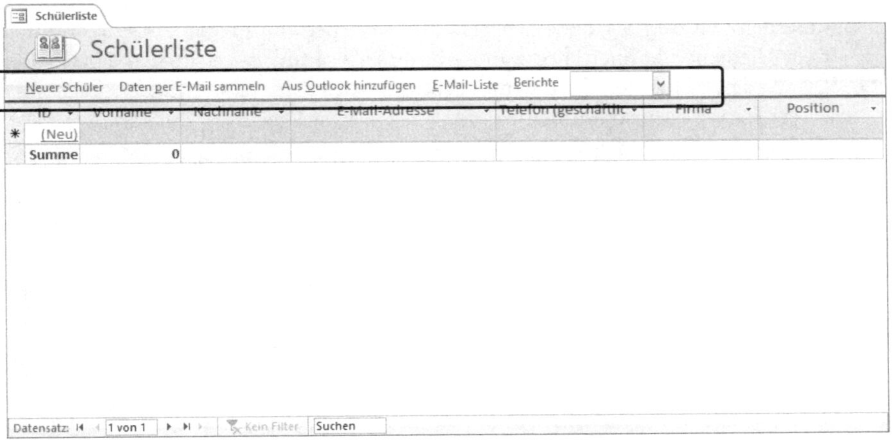

2. Klicken Sie oben im Formular auf die Schaltfläche *Neuer Schüler*. Access zeigt dann das Fenster *Schülerdetails* an. An dem unterstrichenen Buchstaben »N« können Sie übrigens erkennen, dass Sie die Schaltfläche auch über den Shortcut `Alt`+`N` auslösen können.

Bild 40.8 Das Eingabeformular für die Schülerdaten verhält sich wie ein normales Dialogfeld

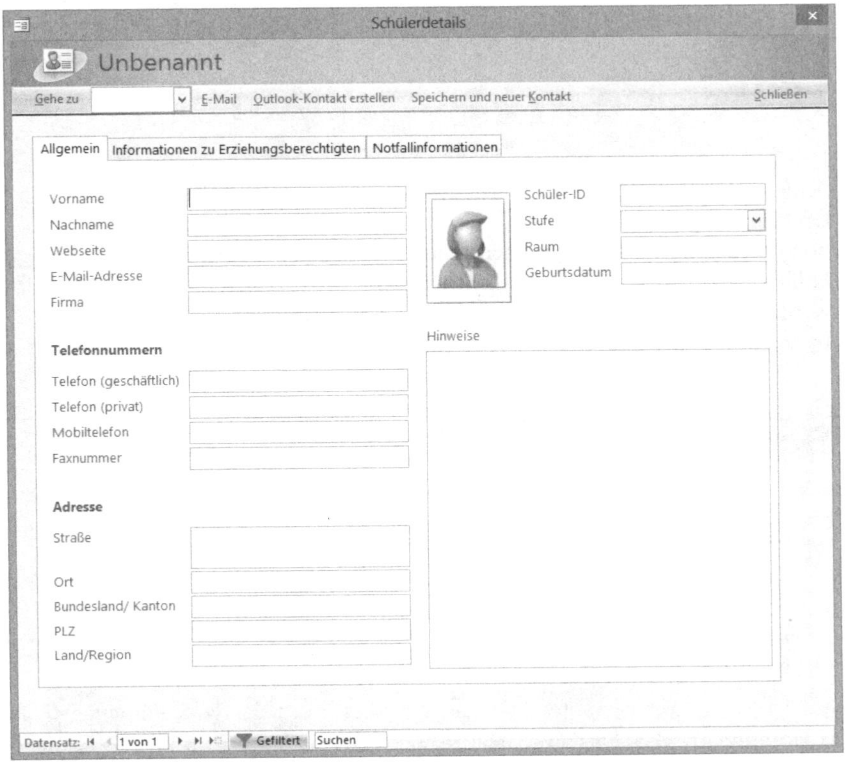

Bei diesem Fenster handelt es sich ebenfalls um ein Formular, das jedoch die Besonderheit besitzt, als eigenständiges Fenster »hochzupoppen« (und deshalb auch Popup-Fenster genannt wird). Außerdem müssen Sie dieses Fenster erst schließen, bevor Sie das Programmfenster von Access wieder bedienen können. Kurz und gut: dieses Formular verhält sich genauso wie ein Dialogfeld. Wir werden in Kapitel 43, in dem wir uns mit dem Thema Formulare beschäftigen, noch auf diesen Fenstertyp zurückkommen.

3. Geben Sie nun den Namen und Vornamen für den ersten Schüler ein und tragen Sie im Feld *Stufe* die zehnte Klasse ein.

4. Klicken Sie jetzt oben rechts im Formular auf die Schließen-Schaltfläche. Was schätzen Sie, wird passieren? Sehen Sie selbst:

Bild 40.9 Ihre Eingabe wurde gespeichert, ohne dass Sie das veranlasst haben

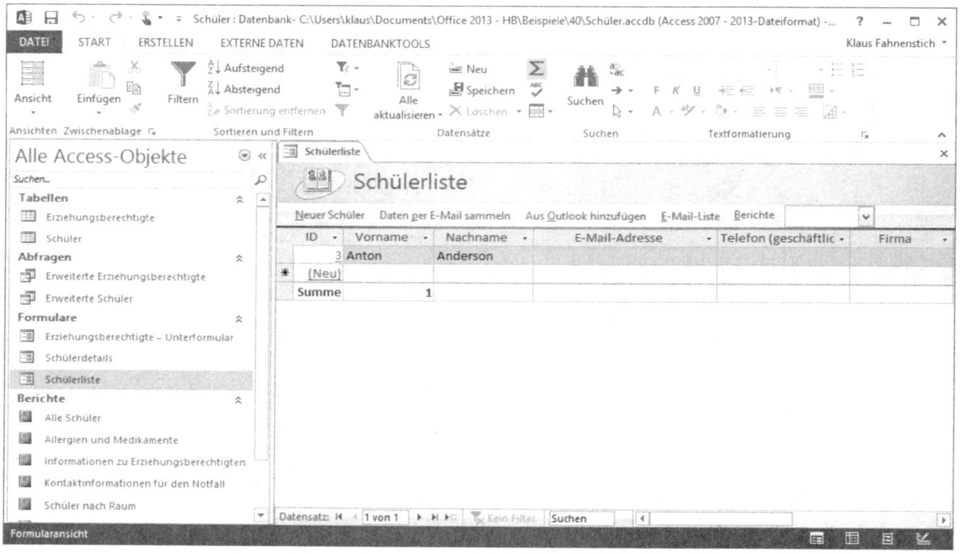

Der neue Schüler wurde also ohne Ihr Zutun in der Datenbank gespeichert. Dieses Verhalten ist etwas gewöhnungsbedürftig, bei Datenbanken jedoch absolut normal. Wir werden auf diese Besonderheit in einem der nächsten Abschnitte noch näher eingehen.

WICHTIG Im Gegensatz zu Programmen wie Word, Excel oder PowerPoint, ist es bei Access unüblich, das Speichern der eingegebenen Daten explizit zu bestätigen. Sobald Sie einen Datensatz verlassen, indem Sie zum Beispiel den nächsten Datensatz anzeigen oder das Eingabeformular schließen, werden Ihre Änderungen automatisch gespeichert!

5. Klicken Sie erneut auf die Schaltfläche *Neuer Schüler* und tragen Sie im Formular den Vor- und Nachnamen für einen weiteren Schüler ein. Drücken Sie dann, bevor Sie das Feld *Nachname* verlassen, die Taste Esc. Dadurch wird der soeben eingetragene Nachname wieder gelöscht.

6. Drücken Sie ein zweites Mal Esc. Jetzt ist auch das Feld *Vorname* wieder leer. Genaugenommen, haben Sie dadurch alle Änderungen auf dem Formular rückgängig gemacht.

WICHTIG Mit [Esc] machen Sie die Änderung des aktuellen Feldes rückgängig. Wenn Sie die Taste ein zweites Mal drücken, werden alle Änderungen des aktuellen Datensatzes entfernt.

7. Geben Sie zwei weitere Schüler ein. Klicken Sie dabei nach der Eingabe des ersten Schülers auf die Schaltfläche *Speichern und neuer Kontakt* und beim zweiten Schüler dann auf *Schließen*. Anschließend sieht das Formular *Schülerliste* etwa so aus, wie im folgenden Bild:

Bild 40.10 Die Datenbank enthält nun die Daten von drei Schülern

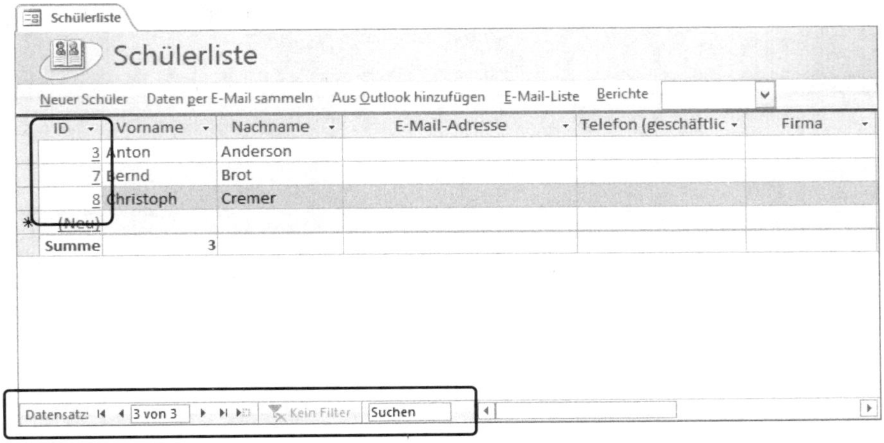

In diesem Bild möchten wir Sie auf zwei Dinge hinweisen. Zum einen auf die erste Spalte der Tabelle, die mit *ID* beschriftet ist und in unserem Beispiel die Zahlen 3, 7 und 8 enthält. Wie Sie an der blauen Textfarbe und der Unterstreichung erkennen können, handelt es sich hier um einen Hyperlink. Wenn Sie diese Zahlen anklicken, zeigt Access das Formular *Schülerdetails* mit den Daten des betreffenden Schülers an. Dieses praktische Feature werden wir später in Kapitel 43 ebenfalls für unsere Datenbank realisieren.

Die ID-Spalte ist aber noch in anderer Hinsicht interessant: Normalerweise würde man erwarten, dass die Schüler in der Datenbank eine fortlaufende Nummerierung erhalten. Hier wurden aber scheinbar einige Zahlen übersprungen. Die Erklärung für diesen Effekt ist folgende: Der Zähler in diesem Feld wird immer dann um 1 erhöht, wenn Sie mit der Eingabe eines neuen Schülers beginnen. Wenn Sie die Eingabe dann abbrechen oder den Schüler später löschen, gilt die Nummer trotzdem als »verbraucht« und wird nicht mehr benutzt.

Das zweite interessante Element befindet sich unten links auf dem Formular:

Bild 40.11 Die Navigationsschaltflächen

Hierbei handelt es sich um Navigationsschaltflächen, mit denen Sie sich innerhalb der vorhandenen Datensätze bewegen können. Die Bedeutung der einzelnen Schaltflächen haben wir in der folgenden Tabelle zusammengefasst.

Tabelle 40.1 Navigationsschaltflächen

Element	Wirkungsweise
	Springt zum ersten Datensatz.
	Springt zum vorigen Datensatz.
2 von 3	Zeigt die laufende (!) Nummer des aktuellen Datensatzes an. Sie können in das Feld auch eine Zahl eingeben, um zu einem gewünschten Datensatz zu springen.
	Springt zum nächsten Datensatz.
	Springt zum letzten Datensatz.
	Erstellt einen neuen Datensatz.
Ungefiltert Gefiltert	Mit dieser Schaltfläche können Sie die Datensätze filtern bzw. einen aktiven Filter aufheben. Das Filtern und Sortieren von Datensätzen werden wir weiter unten im Abschnitt »Daten sortieren und filtern« ab Seite 826 beschreiben.
Suchen	Mit diesem Feld können Sie die angezeigten Datensätze durchsuchen.

Unterformulare

Das Formular *Schülerdetails* sieht zwar auf den ersten Blick recht unspektakulär aus, aber es gibt noch einiges zu entdecken. In diesem Abschnitt wollen wir uns die Registerkarte *Informationen zu Erziehungsberechtigten* ansehen. Auf ihr befindet sich ein sogenanntes Unterformular. Der Sinn solcher Unterformulare besteht darin, dass zu einem Hauptformular mehrere untergeordnete Datensätze angezeigt werden sollen. In diesem Fall sollen zu einem Schüler mehrere Erziehungsberechtigte erfasst werden können. Sehen wir uns das mal in der Praxis an.

1. Zeigen Sie das Formular *Schülerdetails* für den ersten Schüler an.
2. Wechseln Sie auf die Registerkarte *Informationen zu Erziehungsberechtigten*. Es enthält einige Felder, in denen Sie Namen und Kontaktdaten des Erziehungsberechtigten sowie die Beziehung zwischen ihm und dem Schüler eintragen können (siehe Bild 40.12).
3. Beginnen Sie nun mit der Eingabe der Daten. Access wird dann sofort einen neuen Satz Eingabefelder auf dem Formular einblenden, in die Sie dann bei Bedarf einen zweiten Erziehungsberechtigten eintragen können. Auf diese Weise können Sie für einen Schüler gegebenenfalls beliebig viele Personen als Erziehungsberechtigte eingeben.

Dieser Mechanismus wird in Access durch Unterformulare realisiert. Haupt- und Unterformular greifen dabei auf verschiedene Tabellen zurück. Unser Hauptformular verwendet dazu die Tabelle, in der alle Schüler gespeichert sind; das Unterformular die Tabelle der Erziehungsberechtigten. Die beiden Formulare »wissen« dabei, wie ihre Daten miteinander in Beziehung stehen. In dem hier vorliegenden Fall ist das verbindende Element natürlich der Schüler. Das Hauptformular gibt also die Information, welcher Schüler gerade angezeigt wird, an das Unterformular weiter und dieses zeigt dann alle Erziehungsberechtigten an, die es für diesen Schüler in seiner Tabelle findet.

Bild 40.12 So sieht die Registerkarte aus, solange Sie noch keine Eingabe vorgenommen haben

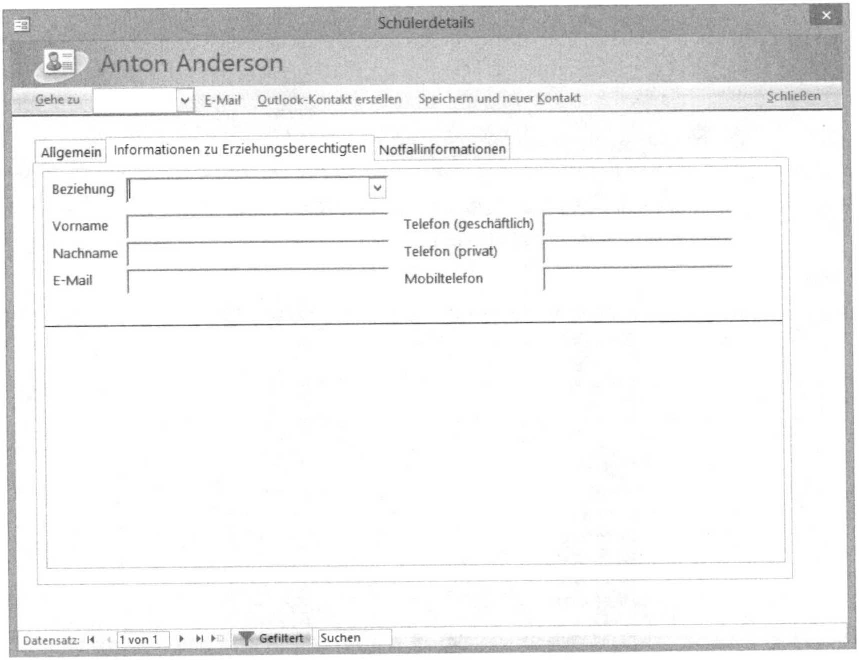

Bild 40.13 Sobald Sie eine Eingabe vornehmen, erscheinen darunter neue leere Eingabefelder

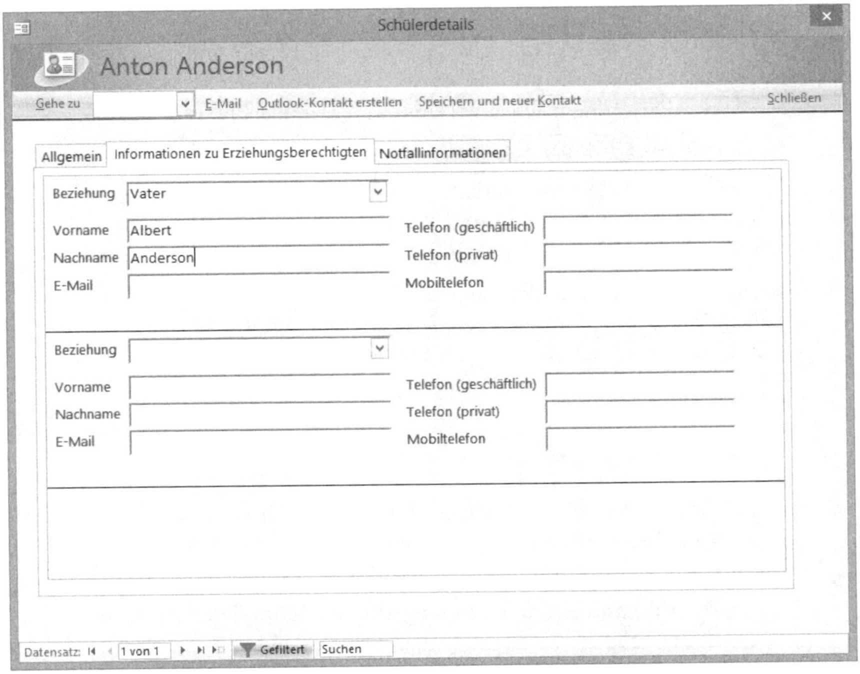

Listenelemente bearbeiten

Eventuell haben Sie beim Benutzen der Auswahllisten bereits bemerkt, dass direkt unter ihnen eine blasse Schaltfläche angezeigt wird. Diese Schaltfläche gibt Ihnen die Möglichkeit, die Auswahlliste individuell zu bearbeiten.

1. Öffnen Sie auf dem Formular *Schülerdetails* die Auswahlliste des Feldes *Beziehung.* Sie finden das Feld auf der Registerkarte *Information zu Erziehungsberechtigten* (Bild 40.13).
2. Zeigen Sie mit der Maus auf die blasse Schaltfläche unterhalb der Liste. Die Schaltfläche wird daraufhin etwas kräftiger dargestellt.

Bild 40.14 Unterhalb der Auswahllisten finden Sie die Schaltfläche zum Bearbeiten der Liste

3. Klicken Sie auf die Schaltfläche *Listenelemente bearbeiten.* Sie sehen dann dieses Dialogfeld:

Bild 40.15 Geben Sie den neuen Eintrag direkt an der gewünschten Position ein

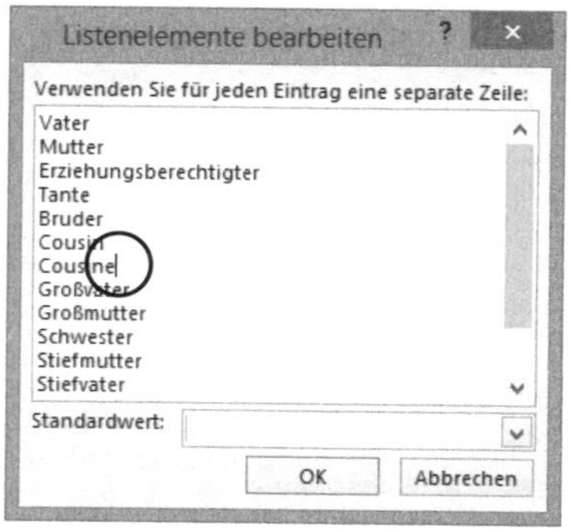

4. Das Dialogfeld funktioniert wie ein kleiner Texteditor. Fügen Sie neue Einträge in die Liste ein oder löschen Sie überflüssige Elemente.
5. Wenn Sie möchten, können Sie auch einen Standardwert für das Listenfeld bestimmen. Dieser Wert wird dann automatisch eingetragen, wenn Sie einen neuen Erziehungsberechtigten eingeben. Im Falle der Schülerdatenbank bietet sich hier wohl als Voreinstellung »Mutter« an.

Bilder einfügen

Bevor wir uns gleich mit dem Eingeben und Ändern von Daten direkt in einer Tabelle beschäftigen, wollen wir Ihnen noch kurz zeigen, wie Sie in einem Formular ein Bild einfügen.

Bevor wir dieses Formular näher in Augenschein nehmen, wollen wir zunächst einige Daten für einen ersten Schüler eintragen.

1. Zeigen Sie das Formular *Schülerdetails* für den ersten Schüler an. Klicken Sie dazu auf seine ID-Nummer.
2. Klicken Sie das Platzhalterbild auf dem Formular an. Dadurch erscheint oberhalb des Bildes ein kleines Fenster mit zwei Pfeilen und einer Büroklammer.

Bild 40.16 Bild einfügen

3. Klicken Sie auf die Büroklammer. Access zeigt dann das Dialogfeld *Anlagen* an. Betätigen Sie dort die Schaltfläche *Hinzufügen* und wählen Sie das gewünschte Bild aus.

TIPP Sie können das Dialogfeld *Anlagen* auch durch einen Doppelklick auf das Bild aufrufen.

Bild 40.17 Sie können auch mehrere Bilder auswählen

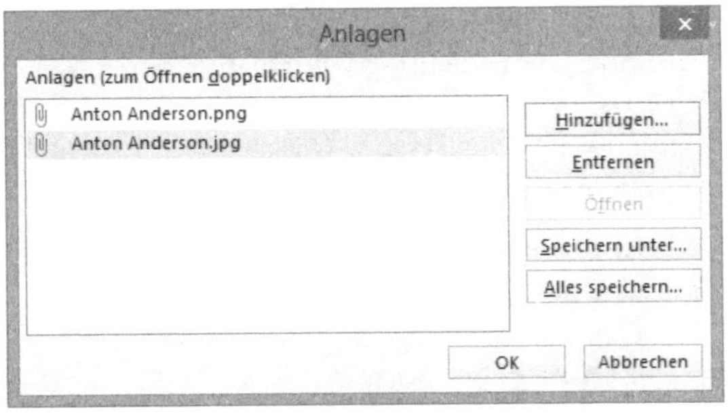

4. Schließen Sie das Dialogfeld *Anlagen* mit *OK*.
5. Falls Sie wie hier mehrere Bilder hinzugefügt haben, können Sie sie der Reihe nach anzeigen, indem Sie das angezeigte Bild anklicken und dann mit den Pfeilschaltflächen, die daraufhin über dem Bild erscheinen, vor- und zurückblättern.

Bild 40.18 Mehrere Anlagen können mit den Pfeilschaltflächen durchgeblättert werden

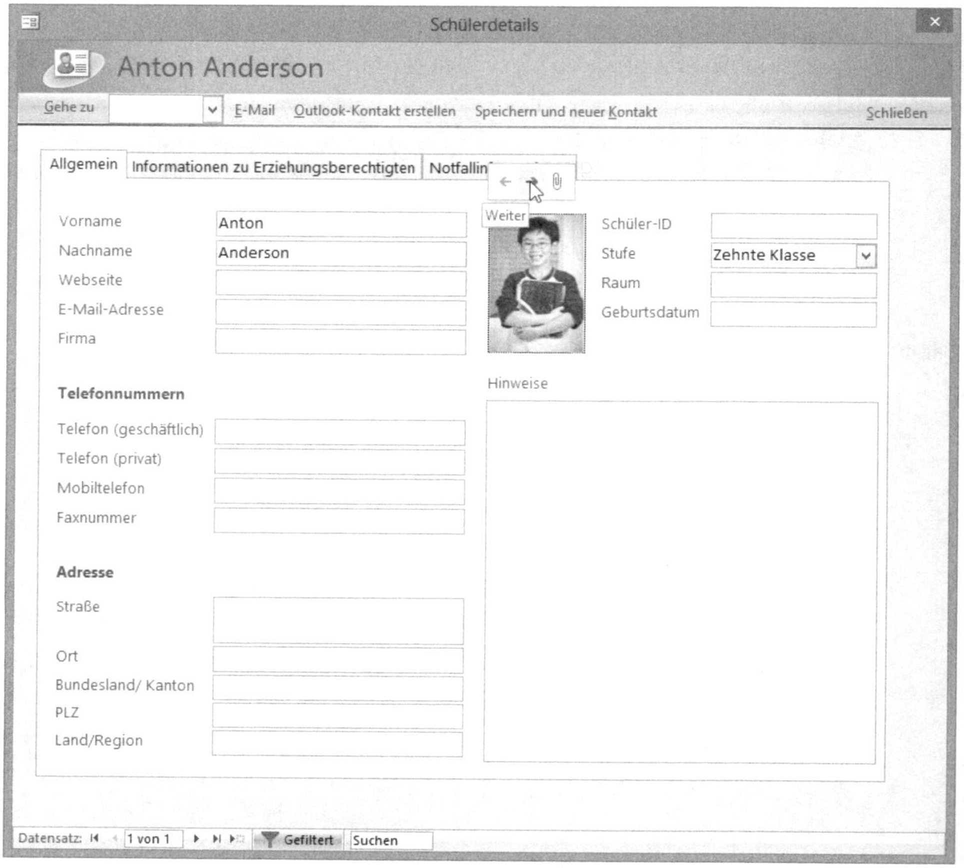

Wir wollen damit unsere Übersicht über die Bedienung von Formularen vorerst beenden und uns den Tabellen zuwenden. Damit verlassen wir die Perspektive des reinen Datenbank-Anwenders und nehmen die Rolle eines Datenbank-Entwicklers ein. Die nächsten Abschnitte sind also etwas technischer gehalten, aber Sie werden neben vielen neuen auch einigen bereits bekannten Dingen begegnen.

Daten in Tabellen eingeben

Normalerweise sollte ein Anwender nur in Ausnahmefällen direkt mit den Tabellen einer Datenbank in Berührung kommen. Die Gefahr, dass er versehentlich unsinnige Daten eingibt oder wichtige Daten löscht bzw. ändert ist dabei einfach zu groß. Das gilt vor allem vor dem Hintergrund, dass es bei einer Datenbank nicht wie in den meisten anderen Programmen eine Rückgängigfunktion gibt, mit der sich beliebig viele Änderungen ungeschehen machen lassen. Eine Datenbank ist in dieser Hinsicht ziemlich gnadenlos und ein unbedachter Anwender kann erheblichen Flurschaden anrichten, wenn er »mal eben« ein paar Daten einer Tabelle ändert.

1. Schließen Sie das Formular *Schülerliste*, indem Sie seine Registerkarte mit der rechten Maustaste anklicken und im Kontextmenü den Befehl *Schließen* wählen. Alternativ nutzen Sie die Schließen-Schaltfläche am rechten Rand der Registerkarte. Der Arbeitsbereich sollte nun komplett leer sein. Dieser Schritt ist natürlich nicht unbedingt notwendig, er dient nur der Übersichtlichkeit.

Bild 40.19 Schließen einer Registerkarte (beachten Sie auch den Befehl *Alle Schließen*)

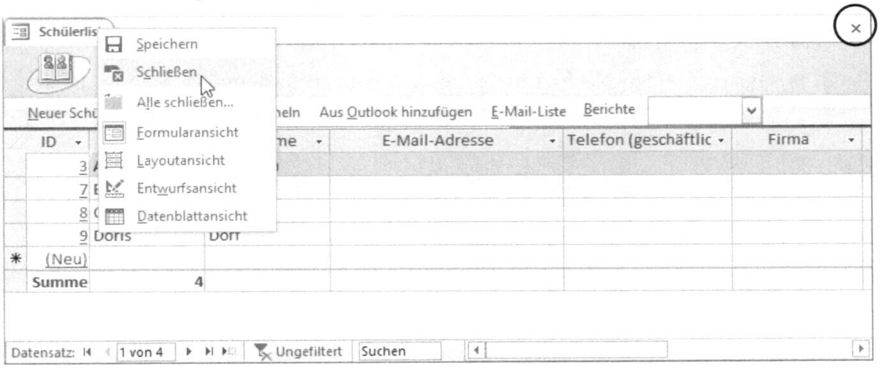

2. Doppelklicken Sie nun links im Navigationsbereich auf die Tabelle *Schüler*. Das Programmfenster von Access sollte anschließend so wie in der folgenden Abbildung aussehen.

Bild 40.20 Die geöffnete Tabelle *Schüler*

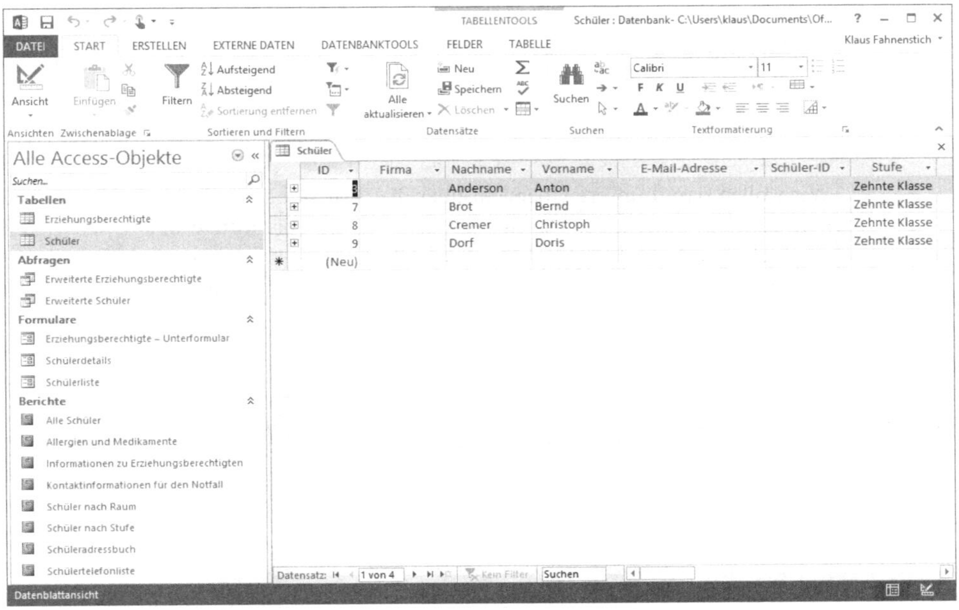

Wie Sie sehen, unterscheidet sich die Tabelle auf den ersten Blick gar nicht so sehr von dem Formular *Schülerliste*, das Sie im letzten Abschnitt kennengelernt haben.

Doch es gibt auch etliche Unterschiede:

- Die Tabelle enthält deutlich mehr Spalten und ist dementsprechend unübersichtlich.
- Einige Daten können in der Tabelle nicht angezeigt werden (z. B. die Bilder).
- Am Anfang jeder Zeile steht ein Plus-Zeichen.
- Die ID-Nummern haben keine Hyperlink-Funktion, das heißt, Sie können mit ihnen nicht das Formular *Schülerdetails* aufrufen.

Lassen Sie uns nun sehen, was passiert, wenn Sie einen der Datensätze ändern.

3. Klicken Sie den Nachnamen eines Schülers an und ändern Sie ihn. Lassen Sie den Cursor in dem Feld stehen. Vor der betreffenden Zeile ist nun ein Stiftsymbol aufgetaucht.

Bild 40.21 Das Feld mit dem Stift-Symbol nennt sich Datensatzmarkierer

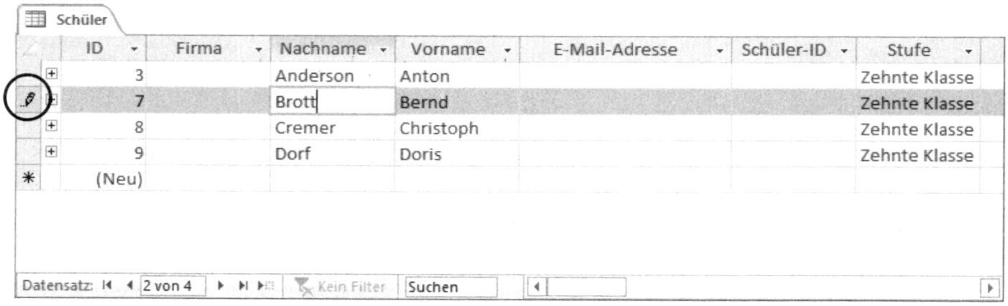

4. Springen Sie mit der Tabulatortaste in die nächste Spalte der Tabelle. Wie Sie sehen, verändert sich das Stift-Symbol nicht. Daran können Sie erkennen, dass der geänderte Datensatz noch nicht gespeichert wurde.
5. Wenn Sie jetzt eine andere Zeile der Tabelle anklicken, verschwindet der Stift – Ihre Änderung wurde in die Datenbank übernommen.
6. Zeigen Sie mit dem Mauszeiger auf den Datensatzmarkierer, also auf das Feld, in dem der Stift angezeigt wurde. Der Mauszeiger verändert sich dort zu einem waagerechten Pfeil, wie Sie ihn z. B. auch von Word-Tabellen kennen. Klicken Sie das Feld an, um den Datensatz zu markieren.

Bild 40.22 Der Datensatz wurde markiert

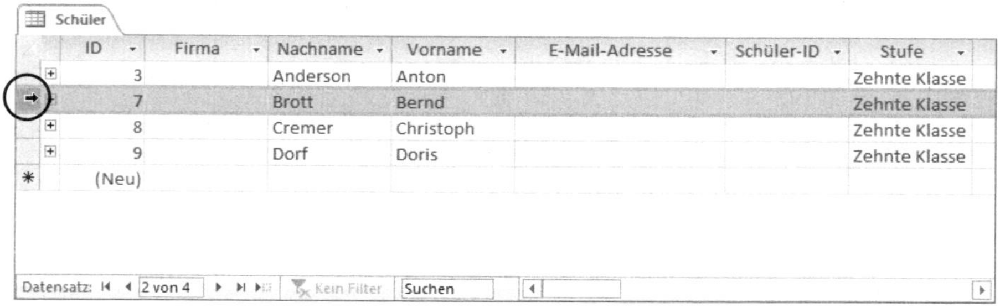

7. Drücken Sie jetzt die Taste [Entf]. Ob der Datensatz jetzt einfach verschwindet?

Bild 40.23 Die Reaktion auf einen Löschversuch kann unterschiedlich sein

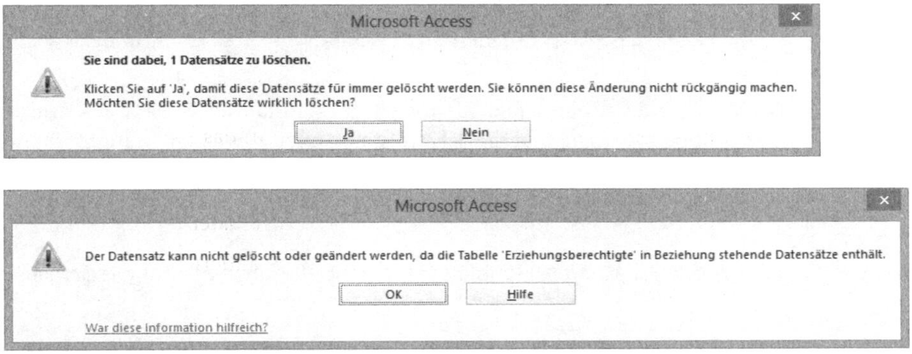

Nein, zum Glück ist Access beim Löschen eines Datensatzes etwas mitteilsamer. Im einfachsten Fall erscheint das obere Dialogfeld aus Bild 40.23, das Sie darauf aufmerksam macht, dass das Löschen eines Datensatzes nicht rückgängig gemacht werden kann. Hier können Sie noch die Notbremse ziehen und den Löschvorgang mit *Nein* abbrechen.

Interessanter ist jedoch das untere Dialogfeld. Hier weigert sich Access, den Datensatz zu löschen und verweist dabei auf die Tabelle *Erziehungsberechtigte.* Diese Renitenz hat folgende Ursache: In der Tabelle *Erziehungsberechtigte* ist bei jeder Person gespeichert, für welchen Schüler die Person verantwortlich ist. Die Datenbank merkt sich dort jedoch nicht den Namen, sondern nur die Nummer, also die ID des Schülers. Wenn Sie den Schüler jetzt löschen würden, würde die Nummer aus der Tabelle *Erziehungsberechtigte* ins Leere zeigen. Aus diesem Grund verhindert die Datenbank den Löschversuch. Falls Sie diesen Schüler wirklich löschen wollten, müssten Sie zunächst alle seine Erziehungsberechtigten aus der Datenbank entfernen.

HINWEIS Der Datenbankentwurf der Beispieldatenbank ist an dieser Stelle nicht besonders gut gelöst. Wir werden auf diese Problematik im nächsten Kapitel noch näher eingehen.

8. Um diesen Zusammenhängen noch etwas näher auf die Spur zu kommen, klicken Sie jetzt bitte links in der Tabelle auf eines der Pluszeichen

Bild 40.24 Über die Pluszeichen können Sie die Unterdatenblätter ein- und ausblenden

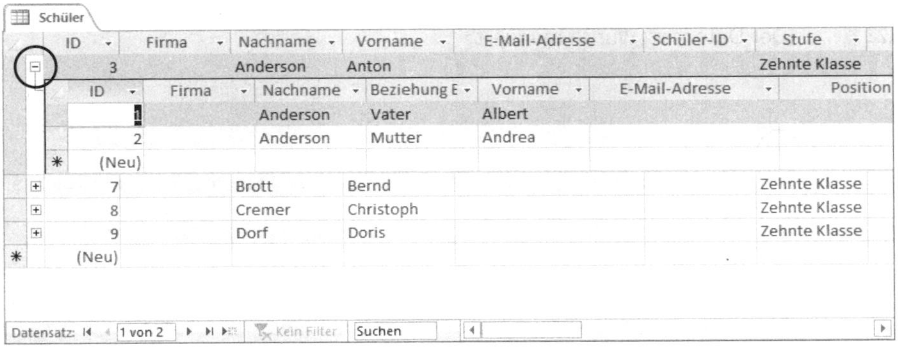

Access blendet nun in einem sogenannten *Unterdatenblatt* alle Datensätze aus der Tabelle *Erziehungsberechtigte* ein, die mit diesem Schüler in Beziehung stehen. In diesem Unterdatenblatt können Sie die Daten genauso bearbeiten und löschen, wie Sie es zuvor in der Tabelle *Schüler* gemacht haben.

9. Klappen Sie das Unterdatenblatt wieder ein und klicken Sie auf der Registerkarte *START* in der Gruppe *Datensätze* auf die Schaltfläche *Weitere Optionen*. In ihrem Menü wählen Sie dann den Befehl *Unterdatenblatt/Alles einblenden*. Jetzt zeigt Access für jeden Datensatz der Tabelle *Schüler* ein Unterdatenblatt an.

Bild 40.25 Hier wurden die Unterdatenblätter für alle Datensätze der Tabelle *Schüler* eingeblendet

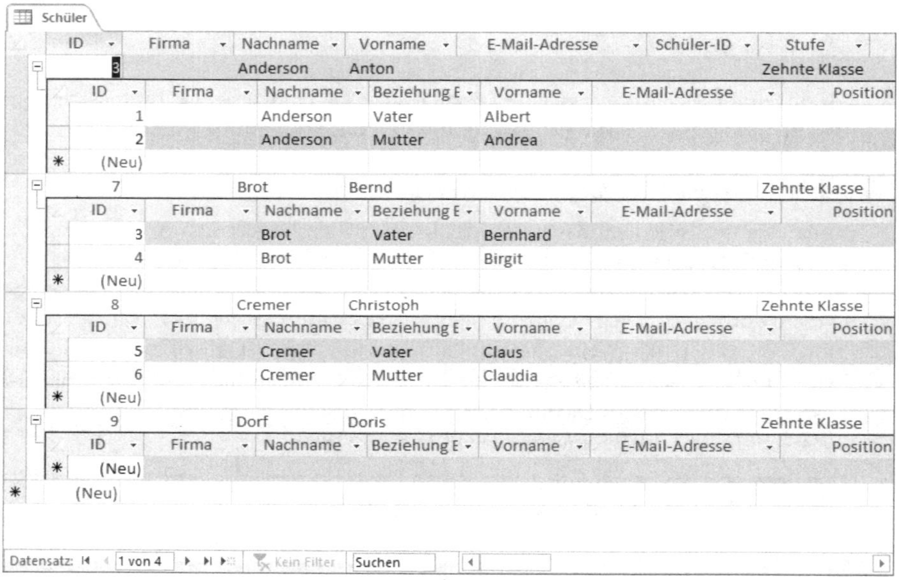

Diesen Zusammenhang zwischen den beiden Tabellen *Schüler* und *Erziehungsberechtigte* wollen wir im nächsten Abschnitt noch genauer darstellen.

Verknüpfte Tabellen

Sie haben im letzten Abschnitt gesehen, dass die Tabellen *Schüler* und *Erziehungsberechtigte* miteinander zusammenhängen. Man spricht in diesem Zusammenhang von *Beziehungen* zwischen Tabellen bzw. von *verknüpften* Tabellen. Dieses Thema wird uns im nächsten Kapitel noch ausführlich beschäftigen. Wir wollen Ihnen an dieser Stelle jedoch schon einen kurzen Eindruck davon geben, wie Access diese Beziehungen verwaltet.

1. Wechseln Sie im Menüband auf die Registerkarte *DATENBANKTOOLS*.
2. Klicken Sie in der Registerkarte auf die Schaltfläche *Beziehungen*. Sie sehen dann das Fenster *Beziehungen*, in dem die beiden Tabellen mit einer Linie verbunden sind.

Bild 40.26 Im Beziehungsfenster können Sie erkennen, wie die Tabellen verknüpft wurden

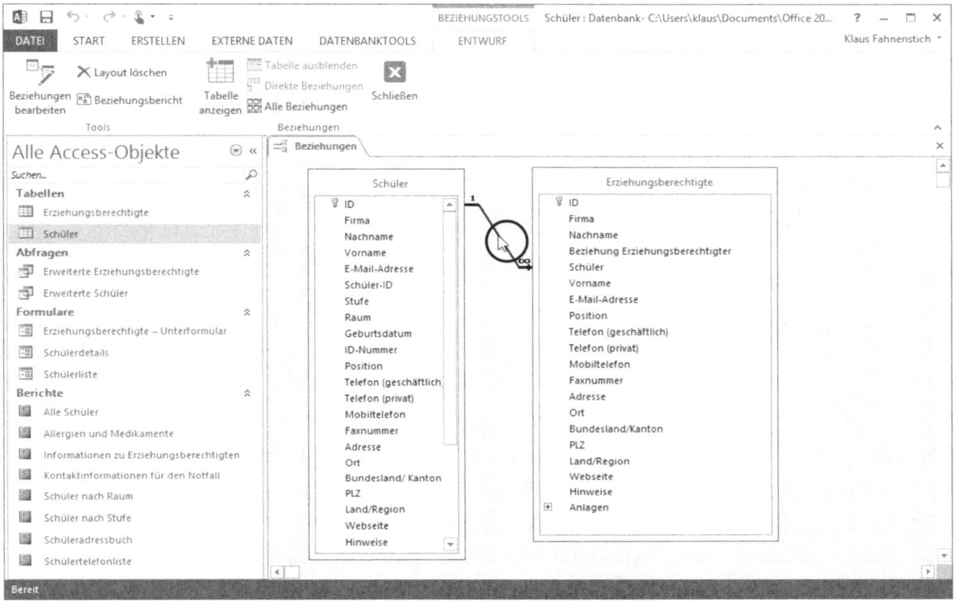

Im Registerblatt *Beziehung* können Sie nun sehr schön erkennen, wie die beiden Tabellen *Schüler* und *Erziehungsberechtigte* zusammenhängen. Wir wollen hier noch nicht näher ins Detail gehen, aber auch ohne großes Datenbank-Knowhow wird deutlich, dass in der Tabelle *Erziehungsberechtigte* die *ID* der Schüler eingetragen wird.

3. Doppelklicken Sie auf der Verbindungslinie. Access zeigt dann das Dialogfeld *Beziehungen bearbeiten* an, mit dem Sie die Eigenschaft der Verknüpfung einstellen können.

Bild 40.27 Hier können die Details einer Beziehung festgelegt werden

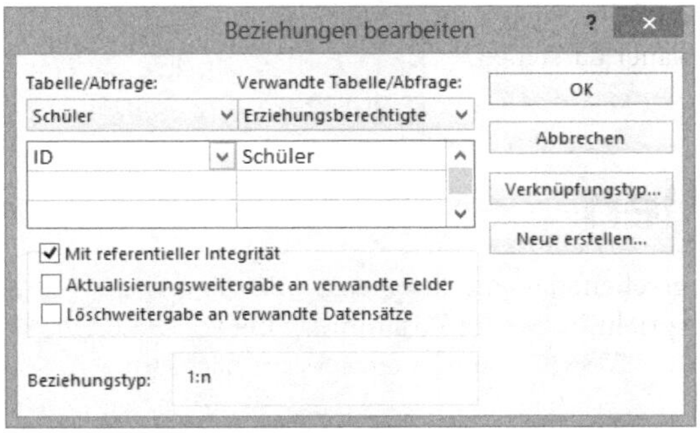

Interessant ist in diesem Zusammenhang die Option *Löschweitergabe an verwandte Datensätze.* Wenn diese Option eingeschaltet wäre, könnten Sie auch Schüler löschen, für die bereits ein Erziehungsberechtigter eingetragen ist. Die Datenbank würde dann nicht nur den Schüler, sondern auch automatisch alle seine Erziehungsberechtigten löschen. So aber erhalten Sie beim Löschversuch die Fehlermeldung aus Bild 40.23 (unteres Dialogfeld).

Daten sortieren und filtern

Nach diesen doch eher technischen Betrachtungen wollen wir uns zur Entspannung einem etwas einfacheren Thema zuwenden: Dem Sortieren und Filtern der Daten. Wenn Sie bereits Erfahrungen mit Microsoft Excel haben, wird Ihnen in diesem Abschnitt vieles bekannt vorkommen.

Die Datensätze einer Tabelle werden in der Datenbank in willkürlicher Reihenfolge abgelegt, die von Ihnen auch nicht beeinflusst werden kann. Wenn wir also gleich eine Tabelle sortieren, betrifft das immer nur die Anzeige. In den Tiefen der Datenbank ändert sich dadurch nichts.

1. Öffnen Sie die Tabelle *Erziehungsberechtigte* und zeigen Sie die Registerkarte *START* an.
2. Setzen Sie den Cursor in die Tabellenspalte *Beziehung Erziehungsberechtigter* und klicken Sie in der Registerkarte auf die Schaltfläche *Aufsteigend.* Access sortiert die Daten der Tabelle und zeigt die Sortierrichtung in der Spaltenbeschriftung durch einen kleinen Pfeil an. Außerdem wird die Schaltfläche *Aufsteigend* farbig hinterlegt.

Bild 40.28 Die Spalte *Beziehung Erziehungsberechtigter* ist jetzt aufsteigend sortiert

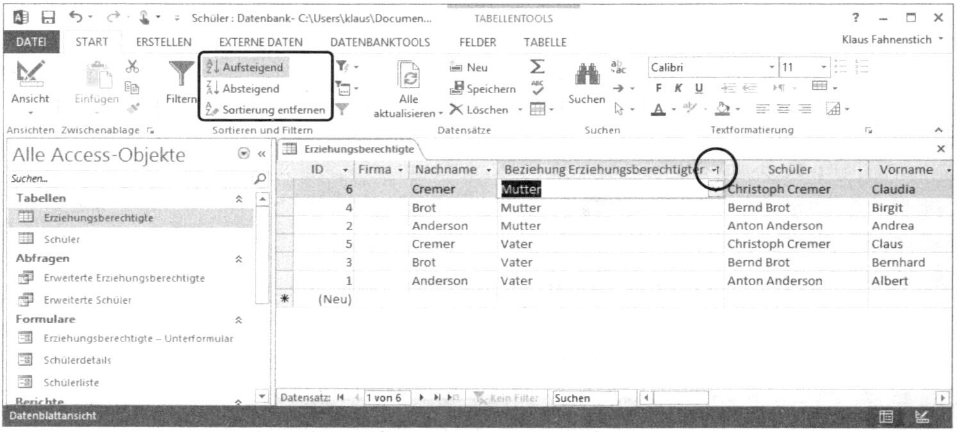

3. Jetzt soll zusätzlich auch die Spalte *Schüler* sortiert werden. Klicken Sie eine beliebige Zeile in dieser Spalte an und betätigen Sie erneut die Schaltfläche *Aufsteigend.*

Bild 40.29 Die Sortierung der Spalte *Beziehung Erziehungsberechtigter* ist verlorengegangen

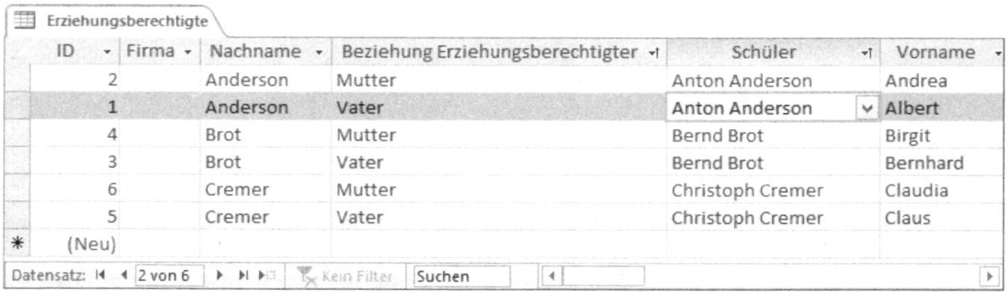

ID	Firma	Nachname	Beziehung Erziehungsberechtigter	Schüler	Vorname
2		Anderson	Mutter	Anton Anderson	Andrea
1		Anderson	Vater	Anton Anderson	Albert
4		Brot	Mutter	Bernd Brot	Birgit
3		Brot	Vater	Bernd Brot	Bernhard
6		Cremer	Mutter	Christoph Cremer	Claudia
5		Cremer	Vater	Christoph Cremer	Claus
(Neu)					

Das ist leider noch nicht das gewünschte Ergebnis, denn die Spalte *Beziehung Erziehungsberechtigter* hat ihre vorherige Sortierung verloren.

4. Klicken Sie auf der Registerkarte *START* auf die Schaltfläche *Sortierung entfernen.*
5. Markieren Sie nun zuerst die beiden Spalten und klicken Sie dann auf *Aufsteigend.* Jetzt werden die Spalten wie gewünscht sortiert.

Bild 40.30 Nun ist die Sortierung korrekt

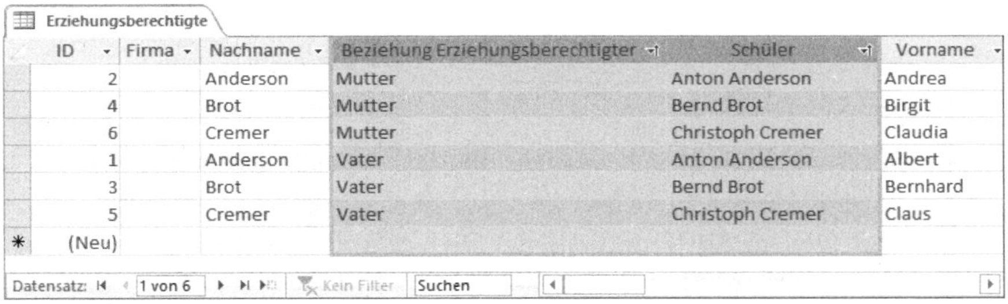

Erziehungsberechtigte

ID	Firma	Nachname	Beziehung Erziehungsberechtigter	Schüler	Vorname
2		Anderson	Mutter	Anton Anderson	Andrea
4		Brot	Mutter	Bernd Brot	Birgit
6		Cremer	Mutter	Christoph Cremer	Claudia
1		Anderson	Vater	Anton Anderson	Albert
3		Brot	Vater	Bernd Brot	Bernhard
5		Cremer	Vater	Christoph Cremer	Claus
(Neu)					

Datensatz: 1 von 6 Kein Filter Suchen

Dieses scheinbar willkürliche Verhalten beim Sortieren hängt damit zusammen, in welcher Reihenfolge Access die Spalten sortiert. Wie Sie in Kapitel 42, in dem wir uns mit Abfragen beschäftigen, noch sehen werden, lässt sich diese Reihenfolge problemlos vorgeben.

Die Befehle zum Sortieren finden Sie auch im Kontextmenü der Spalten und im Menü der Spaltentitel, das wir jetzt im nächsten Abschnitt benutzen werden, um die angezeigten Daten zu filtern.

Daten filtern

Beim Filtern von Daten werden nur diejenigen Datensätze angezeigt, die eine vorgegebene Bedingung erfüllen. Wenn Sie z. B. aus der Tabelle *Erziehungsberechtigte* nur die Mütter ausgeben wollen, können Sie dies folgendermaßen erreichen:

1. Klicken Sie im Kopf der Spalte *Beziehung Erziehungsberechtigter* auf die Pfeilschaltfläche.

Bild 40.31 Mit diesem Menü können Sie die Daten sortieren und filtern

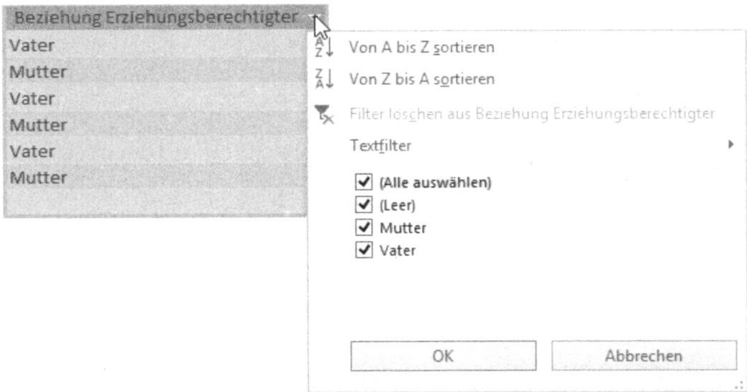

2. Schalten Sie die Option *(Alle auswählen)* aus und dann die Option *Mutter* wieder ein. Bestätigen Sie die Auswahl dann mit *OK.* Sie sehen nun, dass die Tabelle jetzt nur noch Zeilen enthält, deren Spalte *Beziehung Erziehungsberechtiger* den Wert *Mutter* enthält.

Bild 40.32 Jetzt werden nur noch Mütter angezeigt

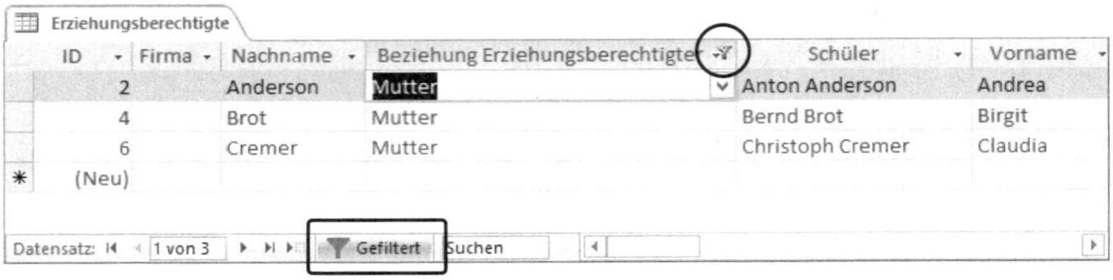

Beachten Sie das Filtersymbol neben der Spaltenbeschriftung und dass unten in der Navigationsleiste das Feld *Gefiltert* hervorgehoben ist, um Sie darauf hinzuweisen, dass Sie nur einen Teil der Tabellendaten sehen.

3. Klicken Sie in der Navigationsleiste auf *Gefiltert.* Dadurch wird die Filterbedingung entfernt und Sie sehen wieder alle Einträge der Tabelle.

Mit Auswahl filtern

Im letzten Beispiel haben wir den gesamten Inhalt des Feldes als Filterbedingung genutzt. Bei vielen Gelegenheiten werden Sie jedoch nur nach einem Teil des Feldes filtern wollen.

1. Markieren Sie in der Spalte *Schüler* einen beliebigen Nachnamen mit der Maus.
2. Wechseln Sie auf die Registerkarte *START* und klicken dort auf die Schaltfläche *Auswahl.* Sie sehen dann ein Menü, wie im folgenden Bild.

Bild 40.33 Die Schaltfläche *Auswahl* bietet Ihnen mehrere Filtervarianten an

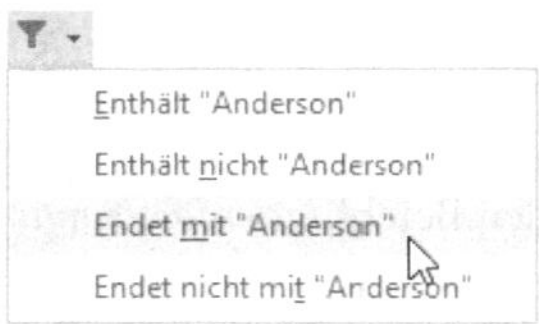

Die Auswahl dieses Menüs hängt von Ihrer aktuellen Auswahl ab. In dem hier abgebildeten Fall haben wir zuvor das Ende eines Feldes markiert. Hätten wir hingegen den Feldbeginn markiert, enthielte das Menü statt der Befehle *Endet...* die Befehle *Beginnt...* Sie werden aber gleich im nächsten Abschnitt einen Weg ohne diese Einschränkungen kennen lernen.

3. Wählen Sie, welche der angebotenen Bedingung die gefilterten Datensätze erfüllen sollen.

Nach beliebigen Ausdrücken filtern

Wenn Sie eine individuellere Filterbedingung benötigen oder den gesuchten Text nicht in der Tabelle markieren können, empfiehlt sich das Menü der Spaltenbeschriftung.

1. Öffnen Sie das Menü der gewünschten Spalte und zeigen Sie mit der Maus auf *Textfilter.* Im Untermenü des Befehls haben Sie nun die Qual der Wahl zwischen acht verschiedenen Filtervarianten.

   Falls Sie eine Spalte verwenden, die Zahlenwerte enthält, lautet der Befehl dementsprechend *Zahlenfilter.* Die Handhabung ist jedoch vom Prinzip her die gleiche wie beim hier beschriebenen Textfilter.

Bild 40.34 Hier ist die Auswahl noch etwas umfangreicher

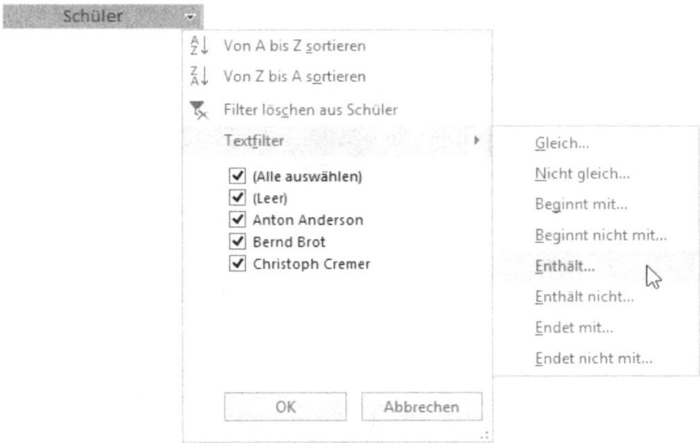

2. Wählen Sie eine der Optionen aus. Access zeigt dann ein kleines Dialogfeld an, in das Sie Ihr Suchkriterium eintragen können.

Bild 40.35 Eingabe des Filterkriteriums

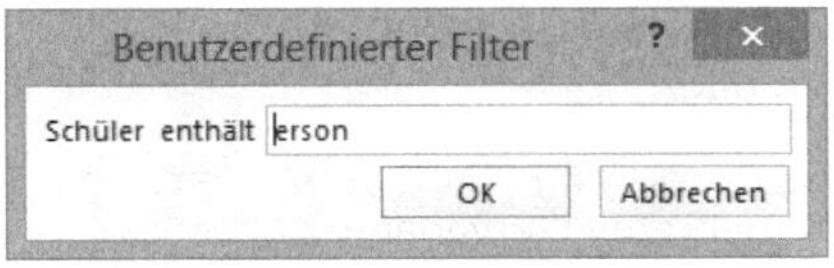

3. Klicken Sie auf *OK*, um den Filter anzuwenden.
4. Um den Filter wieder zu entfernen und alle Daten der Tabelle anzuzeigen, öffnen Sie das Menü der Spaltenbeschriftung erneut und wählen den Befehl *Filter löschen aus …*

Formularbasierte Filter

Am flexibelsten, und unserer Meinung nach auch am komfortabelsten, ist der formularbasierte Filter. Er erfordert zwar etwas mehr Tipparbeit, ist dafür aber deutlich übersichtlicher.

1. Zeigen Sie die Registerkarte *START* an und klicken Sie in der Gruppe *Filtern und Sortieren* auf die Schaltfläche *Erweiterte Filteroptionen.*

2. Wählen Sie im Menü der Schaltfläche den Befehl *Formularbasierter Filter*. Die Registerkarte der Tabelle sieht nun folgendermaßen aus:

Bild 40.36 Formularbasierter Filter für die Tabelle *Erziehungsberechtigte*

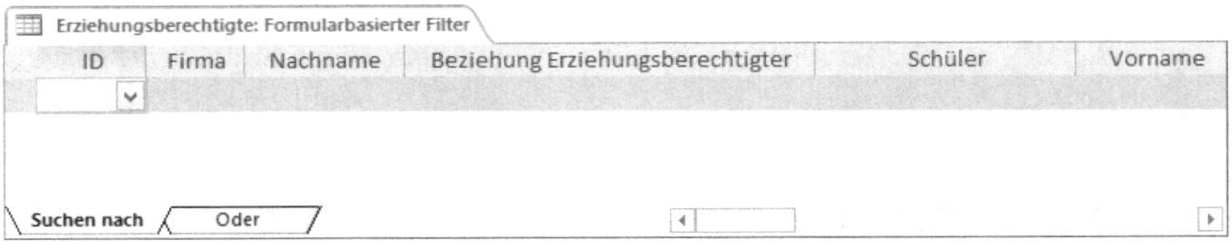

Sie können jetzt für jede Spalte eine Filterbedingung eingeben. Im einfachsten Fall geben Sie lediglich einen Wert ein, Sie können aber auch Ausdrücke der Form **<200** oder **Wie "A*"** verwenden. Im ersten Fall werden alle Datensätze angezeigt, bei denen in der betreffenden Spalte eine Zahl steht, die kleiner als 200 ist. Der zweite Ausdruck liefert alle Datensätze, bei denen der Feldinhalt mit dem Buchstabe A beginnt. Das Sternchen ist ein Platzhalter für beliebig viele Zeichen. Wenn Sie in mehreren Spalten eine Filterbedingung eintragen, müssen alle Bedingungen erfüllt sein, damit ein Datensatz angezeigt wird.

3. Geben Sie in die Spalten *ID* und *Schüler* zwei Filterbedingungen ein und orientieren Sie sich dabei an der folgenden Abbildung.

Bild 40.37 Formularbasierter Filter mit zwei Bedingungen

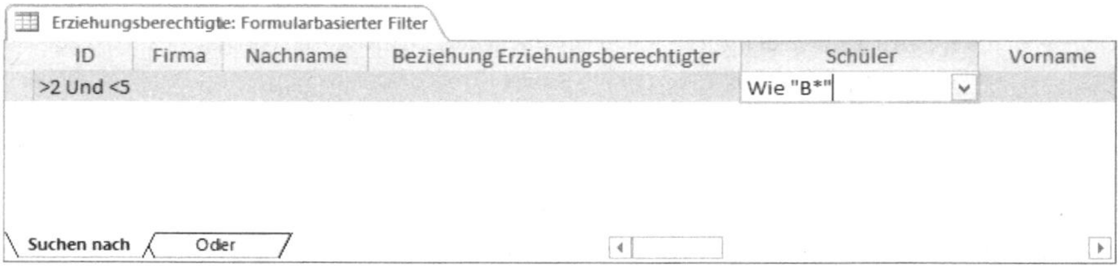

4. Klicken Sie auf der Registerkarte *START* auf die Schaltfläche *Filter anwenden,* damit Access alle Datensätze anzeigt, die Ihre Filterbedingungen erfüllen.

Bild 40.38 Access hat zwei Datensätze gefunden, die die Filterbedingungen erfüllen

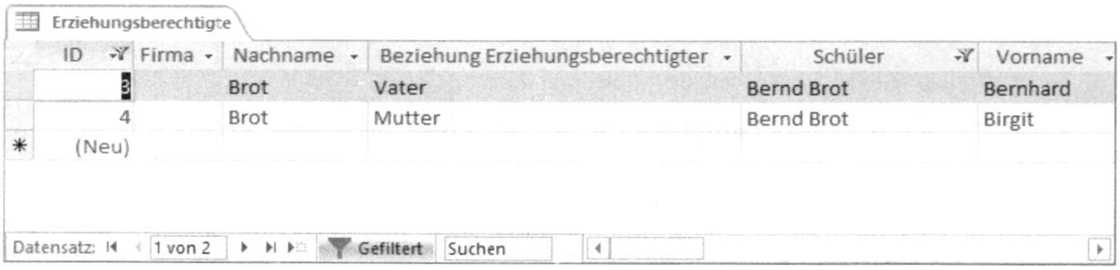

Für ganz komplizierte Fälle, können Sie die Filterbedingung noch erweitern, indem Sie unten im formularbasierten Filter auf den Reiter *Oder* klicken. Sie können dann einen zweiten Satz Bedingung eintragen. Es werden dann alle Datensätze angezeigt, die entweder die erste Bedingung oder die zweite Bedingung erfüllen.

In der Praxis ist dieser Fall jedoch relativ selten. Selbst wenn Sie zum Beispiel alle Schüler suchen wollten, die entweder Anton oder Bernd heißen, könnten Sie dies mit einer einfachen Bedingung erledigen. Tragen Sie dann einfach in die Spalte Vorname **"Anton" oder "Bernd"** ein. Die Anführungszeichen können Sie auch weglassen; sie werden von Access automatisch ergänzt.

5. Wenn Sie Ihre Filterbedingungen wieder löschen wollen, klicken Sie auf der Registerkarte *START* auf die Schaltfläche *Erweiterte Filteroptionen* und wählen in deren Menü den Befehl *Alle Filter löschen.*

Daten suchen und ersetzen

Natürlich ist es mit Access auch möglich, in einer Tabelle nach einem bestimmten Datensatz zu suchen. Und auch auf das automatisierte Ersetzen, wie Sie es z. B. von Word her gewohnt sind, müssen Sie nicht verzichten. Mit der Ersetzen-Funktion sollten Sie allerdings extrem vorsichtig sein – Sie können die Änderungen nicht rückgängig machen!

Um eine Tabelle nach einem bestimmten Wert oder Text zu durchsuchen, gehen Sie so vor:

1. Öffnen Sie die gewünschte Tabelle.
2. Falls Sie wissen, in welchem Feld der gesuchte Wert enthalten ist, wählen Sie die betreffende Spalte in der Tabelle aus.
3. Zeigen Sie die Registerkarte *START* an und klicken Sie in der Gruppe *Suchen* auf die Schaltfläche mit dem Fernglas. Selbstverständlich funktioniert auch der von fast allen Programmen unterstützte Shortcut [Strg]+[F].

Bild 40.39 Der Suchen-Dialog

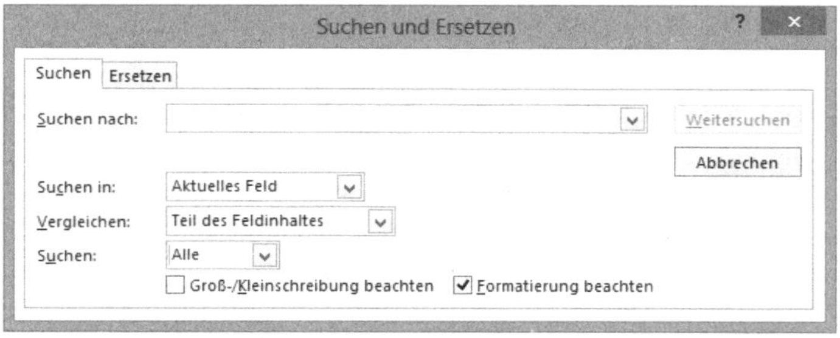

Die Felder dieses Dialogfeldes haben folgende Bedeutung bzw. Wirkung:

- **Suchen nach** Hier geben Sie den Suchbegriff ein
- **Suchen in** Sie können entweder nur das aktuell markierte Feld oder alle Felder der Tabelle durchsuchen.
- **Vergleichen** Geben Sie hier ein, ob Sie nur Datensätze suchen, in denen der Suchbegriff mit dem gesamten Feld identisch ist, oder ob der Suchbegriff am Anfang des Feldes bzw. an beliebiger Stelle des Feldes vorkommen darf.
- **Suchen** Hier legen Sie die Suchrichtung fest

4. Klicken Sie auf *Weitersuchen,* um zum ersten Datensatz zu springen, der Ihre Suchkriterien erfüllt.
5. Um weitere Fundstellen anzuzeigen, klicken Sie entweder erneut auf *Weitersuchen* oder Sie schließen das Dialogfeld und drücken den Shortcut [⇧]+[F4]. Falls Access keinen Datensatz findet, erscheint eine entsprechende Meldung.

Falls Sie einen Ersetzungsvorgang durchführen wollen, wechseln Sie im Dialogfeld *Suchen und Ersetzen* auf die Registerkarte *Ersetzen.* Wenn Sie nach dem Ausfüllen der Eingabefelder auf die Schaltfläche *Ersetzen* oder *Alle ersetzen* klicken, erscheint ein Warnhinweis, dass Sie diese Änderung nicht rückgängig machen können. Auf die Gefahr uns zu wiederholen: Nehmen Sie die Warnung ernst und überprüfen Sie Ihre Eingaben im Dialog sorgfältig.

Berichte anzeigen

Berichte haben die Aufgabe, die Daten einer Datenbank nach bestimmten Gesichtspunkten aufzubereiten und übersichtlich zu präsentieren. Dabei kann es sich um simple Adress- oder Telefonlisten handeln oder auch um einen aufwendigen Jahresbericht, in dem die Umsatzzahlen einer Firma zusammengestellt werden.

Während das Erstellen eines Berichts oft eine ziemliche zeitraubende Prozedur ist, ist deren Handhabung umso einfacher. Um einen Bericht zu öffnen, reicht ein Doppelklick auf seinen Namen im Navigationsbereich. In der folgenden Abbildung sehen Sie zum Beispiel einen Bericht der Beispieldatenbank *Northwind*, die Sie bei Bedarf über *DATEI/Neu* auch selbst erstellen können. Da diese Datenbank umfangreiche Daten enthält, eignet sie sich gut für erste Gehversuche mit Access.

Bild 40.40 Ein Bericht der Beispieldatenbank Northwind

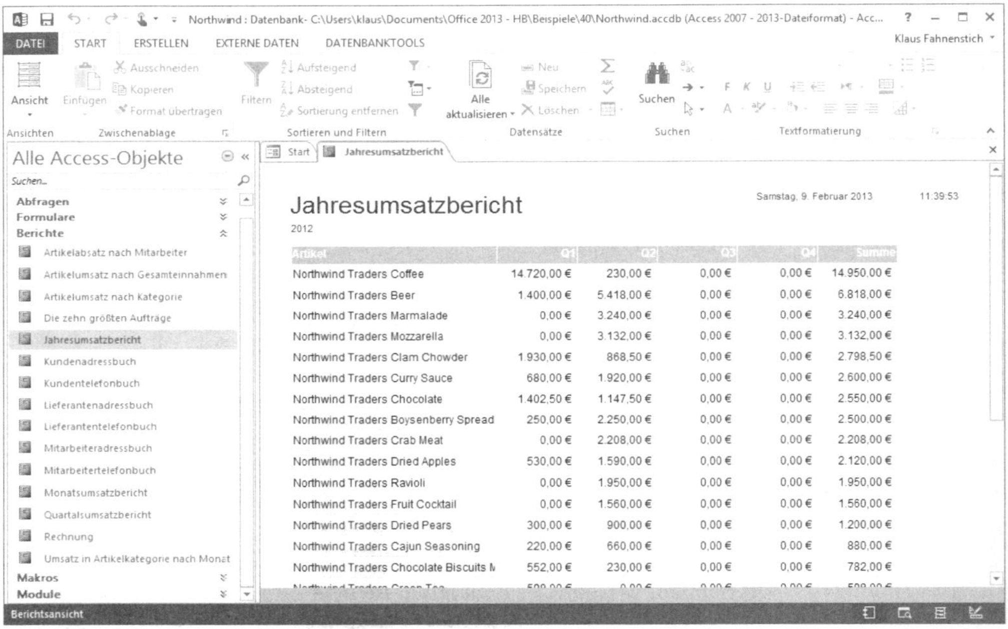

Selbstverständlich können Sie einen Bericht auch ausdrucken. Wechseln Sie dazu – wie Sie es von den anderen Office-Programmen gewohnt sind – mit einem Klick auf *DATEI* in die Backstage-Ansicht und wählen Sie dort den Befehl *Drucken*. Bei Bedarf können Sie auch zuvor in die Seitenansicht wechseln, um den Bericht vor dem Ausdruck noch einmal in Augenschein zu nehmen.

PROFITIPP

Auch Berichte lassen sich filtern

Über die Filterfunktionen von Access können Sie einen Bericht auf die für Sie interessanten Daten beschränken. Klicken Sie dazu im Berichtsfenster die Daten mit der rechten Maustaste an und definieren Sie einen geeigneten Filter.

Kapitel 41

Tabellen erstellen

In diesem Kapitel:

In diesem Kapitel zeigen wir, wie Sie die Tabellen für eine Datenbank anlegen und was Sie dabei beachten müssen. Doch bevor wir zur Tat schreiten können, müssen wir Sie erst noch mit etwas Theorie »behelligen«. Wir haben das Kapitel daher in drei Teile gegliedert:

- Im ersten Teil beschäftigen wir uns, wie angedroht, mit den Grundlagen der Datenbanktheorie. Doch keine Angst, wir werden uns auf das wirklich Wichtige beschränken und dabei anschauliche Beispiele benutzen. Dieser Abschnitt hat vor allem das Ziel, Ihnen die Herangehensweise beim Erstellen einer Datenbank nahezubringen.
- Im zweiten Teil werden wir auf Grundlage der Überlegungen aus Teil 1 den Entwurf unserer Beispieldatenbank planen. Am Ende dieses Abschnitts werden wir alle benötigten Tabellen für die Datenbank festgelegt haben.
- Im dritten Teil werden wir dann die Tabellen für die Beispieldaten tatsächlich erstellen. Darüber hinaus finden Sie hier weitere wichtige Informationen rund um das Thema Tabellen.

Etwas Datenbanktheorie muss sein

Wenn Sie eine umfangreiche Textarbeit verfassen oder eine aufwendige Präsentation erstellen, machen Sie sich natürlich vorher einige Gedanken über deren Aufbau. Sie werden eine grobe Gliederung erstellen und dann mit dem Schreiben beginnen. Wenn Sie im weiteren Verlauf der Arbeit bemerken, dass Ihr erster Gliederungsentwurf noch nicht optimal war, können Sie Ihren Text bzw. Ihre Präsentation in Word oder PowerPoint relativ problemlos umstellen.

Bei einer Datenbank ist das leider nicht so einfach möglich. Wenn Sie hier feststellen, dass Ihr Entwurf konzeptionelle Schwächen hat, ist in der Regel ein Neuanfang fällig. Und dann haben Sie unter Umständen viel Zeit umsonst gearbeitet. Es ist daher in Ihrem eigenen Interesse sehr wichtig, dass Sie den Entwurf Ihrer Datenbank sauber strukturieren und gut durchdenken.

Wichtige Begriffe aus der Datenbankwelt

Im Datenbankumfeld wird ein Fachvokabular benutzt, das den meisten Menschen wenig vertraut ist. Wir haben daher einige Begriffe zusammengetragen, die Ihnen in den Access-Kapiteln dieses Buches regelmäßig begegnen werden.

Datensatz Eine Zeile einer Tabelle wird Datensatz genannt.

Felder Die Spalten einer Tabelle werden als Felder bezeichnet.

Beziehungen Von einer Beziehung zwischen zwei Tabellen spricht man, wenn sich die Daten der einen Tabelle auf eine zweite Tabelle beziehen. Beispiel: Die Datenbank einer Mietwagenfirma enthält die Tabellen *Mietwagen* und *Kunden.* Die einzelnen Mietvorgänge werden in einer dritten Tabelle *Vermietungen* verwaltet. Diese Tabelle enthält neben der Mietdauer und den Mietkonditionen auch je einen Verweis auf die Tabellen *Mietwagen* und *Kunden.* Weitere Informationen finden Sie im Abschnitt »Beziehungen zwischen Tabellen« auf der Seite 836.

Primärschlüssel Um jeden Datensatz in einer Tabelle eindeutig ansprechen zu können, wird oft ein sogenannter Primärschlüssel definiert. Im einfachsten Fall handelt es sich dabei um ein Feld (also eine Spalte) mit einer fortlaufenden Nummerierung. Weitere Informationen über Primärschlüssel finden Sie auf Seite 854.

Fremdschlüssel Gegenstück zum Primärschlüssel. Beispiel: In der Tabelle *Kunden* besitzt jeder Kunde eine eindeutige Kundennummer, die den Primärschlüssel der Tabelle bildet. Wird diese Kundennummer in einer anderen Tabelle benutzt (z. B. wie oben in der Tabelle *Vermietungen*), spricht man von einem Fremdschlüssel.

Index Indizes beschleunigen den Zugriff auf die Daten einer Tabelle und können das Eingeben doppelter Daten verhindern. Dieses Thema werden wir im Rahmen dieses Buches nicht weiter vertiefen.

Normalisieren Wenn die Tabellenstruktur einer Datenbank bestimmte Regeln erfüllt, spricht man von einer normalisierten Datenbank. Die erste Regel fordert etwa, dass alle Felder der Datenbank nur Werte enthalten, die nicht mehr zerlegt werden können. So darf der Name einer Person zum Beispiel nicht zusammen in einem Feld stehen, da er auf zwei separate Felder für den Vor- und den Nachnamen aufgeteilt werden kann. Auch Postleitzahl und Ortsname müssen aus dem gleichen Grund in eigenen Feldern stehen.

Tabellenentwurf

Die erste und zugleich wichtigste Aufgabe, vor der Sie stehen, wenn Sie eine neue Datenbank anlegen wollen, ist die Planung der dazu benötigten Tabellen. Die Zeit, die Sie hier investieren, ist mit Sicherheit gut angelegt. Denn jeder Fehler, den Sie hier machen, wird sich später bitter rächen. Am besten benutzen Sie dazu Papier, Bleistift und ein Radiergummi, damit Sie Ihr Konzept in der Entwurfsphase leicht korrigieren können.

Zunächst müssen Sie sich genau darüber im Klaren sein, was Ihre Datenbank später leisten soll. Das heißt, welche Informationen und Auswertungen werden Sie benötigen? Falls Sie die Datenbank für jemand Dritten entwickeln, setzen Sie sich mit ihm zusammen und lassen Sie sich genau erklären, wie die Arbeitsabläufe aussehen, in denen die Datenbank eingesetzt werden soll. Diese Überlegungen liefern wichtige Ansatzpunkte, welche Daten Sie überhaupt erfassen müssen.

Im zweiten Schritt legen Sie die Namen der Haupttabellen fest. Dabei kommt es darauf an, die Daten thematisch sinnvoll auf Tabellen aufzuteilen. Jede Tabelle sollte in der Datenbank gewissermaßen ein klares Alleinstellungsmerkmal besitzen. Wenn Sie zum Beispiel eine Datenbank für eine Schule entwerfen, stünden Sie schnell vor der Frage, ob Sie für Schüler und Lehrer eigene Tabellen anlegen sollen. Auf den ersten Blick ist das vielleicht sinnvoll, da Schüler und Lehrer sehr unterschiedliche Aufgaben an einer Schule wahrnehmen. Wenn man allerdings eine Abstraktionsstufe tiefer geht, handelt es sich in beiden Fällen um Personen, die sich durch Name, Alter, Adresse usw. beschreiben lassen. Welche Rolle eine Person an der Schule einnimmt, lässt sich dann leicht über ein separates Feld der Personentabelle festlegen. Dieser Ansatz ist zudem deutlich flexibler. In einer Tabelle *Personen* lassen sich auch problemlos Eltern, Ansprechpartner bei Behörden usw. speichern.

Daten atomisieren

Anschließend legen Sie die Datenfelder der Tabellen fest. Das Wichtigste bei diesem Schritt ist die Atomisierung der Daten. Damit ist gemeint, dass Sie die verschiedenen Daten in ihre einzelnen Bestandteile zerlegen. Um zum Beispiel den Namen einer Person zu speichern, benötigen Sie mindestens die Felder *Vorname* und *Nachname*. Sinnvoll wären sicherlich auch noch *Anrede* und *Titel*. Indem Sie die Datenstruktur möglichst fein granulieren, können Sie später Ihre Daten optimal auswerten.

Welche Daten in welcher Tabelle?
Angenommen, Sie haben sich dazu entschieden, eine Tabelle *Personen* anzulegen. Jetzt stehen Sie vor der Frage, welche Daten Sie in dieser Tabelle speichern sollen. Da wären zunächst einmal die elementaren Daten einer Person wie Name, Alter und Adresse. Was aber ist mit den Kontaktdaten? Also Telefon, Fax, E-Mail etc. Natürlich können Sie in einer Personentabelle auch jeweils eine Spalte für diese Angaben vorsehen. Allerdings ist es durchaus üblich, dass Menschen mehrere Telefonnummern und E-Mail-Adressen besitzen. Was dann?

Wenn Sie jetzt vorschlagen, einfach weitere Spalten in die Personentabelle einzufügen, etwa *Mobil1* und *Mobil 2*, ist das vielleicht ein pragmatischer Ansatz. Aber es wäre auch gleichzeitig der Beginn eines verkorksten Datenbankentwurfs. Sie würden nämlich gegen eine wichtige Regel verstoßen: Die Felder einer Tabelle müssen klar von einander abgegrenzte Informationen enthalten.

Die bessere Lösung wäre es in diesem Fall, die Kontaktdaten in einer eigenen Tabelle zu speichern. Sie hätten dann also die Tabelle *Personen,* in der Sie den Namen und die Adressen speichern und die Tabelle *Kontaktdaten,* in der sich nur die Telefon-, Mobil- und Faxnummern sowie die E-Mail-Adressen befinden.

Damit bleibt nur noch die Frage zu klären, wie Sie die Kontaktdaten den richtigen Personen zuordnen können. Dieses Problem werden wir im nächsten Abschnitt angehen.

Beziehungen zwischen Tabellen

Wenn die Daten zweier Tabellen offensichtlich miteinander in Beziehung stehen, müssen Sie zunächst feststellen, wie genau diese Beziehung aussieht. Dabei sind drei Fälle zu unterscheiden:

- **1:1** Jedem Datensatz aus der ersten Tabelle ist genau ein Datensatz aus der zweiten Tabelle zugeordnet. Dieser Fall ist in der Praxis relativ selten. Er bietet sich an, wenn man bestimmte Inhalte der Datenbank schützen will. So würde man zum Beispiel in einer Personaldatenbank die Adressen und die finanziellen Daten der Mitarbeiter in getrennten Tabellen speichern. Durch entsprechende Benutzerrechte kann man dann gewährleisten, dass zwar alle Benutzer auf die Namen und Adressen der Mitarbeiter zugreifen können, die Finanzdaten jedoch nur einem ausgewählten Personenkreis zugänglich sind.

Bild 41.1 1:1-Beziehung

1 — 1

Mitarbeiter	
Nr	Name
1	Müller
2	Meier
...	...

Vertragsdaten		
Mitarbeiter	Grundgehalt	Urlaubstage
1	2.800,00 €	25
2	2.500,00 €	23
...	...	...

In der Tabelle *Vertragsdaten* ist lediglich die Nummer des Mitarbeiters gespeichert. Über diese Nummer lässt sich aber jederzeit der zugehörige Mitarbeiter aus der Tabelle *Mitarbeiter* ermitteln. Da jede Mitarbeiternummer in beiden Tabellen nur einmal vorkommt, spricht man von einer 1:1-Beziehung.

- **1:n** Diese Beziehung trifft man in der Praxis am häufigsten an: Zu einem Datensatz einer Tabelle gehören beliebig viele Datensätze einer zweiten Tabelle. Unser Beispiel mit Kontaktdaten aus dem letzten Abschnitt gehört in diese Kategorie. Zu jeder Person aus der Tabelle *Person* können mehrere Einträge in der Tabelle *Kontaktdaten* gehören.

Bild 41.2 n:1-Beziehung

1 — n

Person	
Nr	**Name**
1	Müller
2	Meier
...	...

Kontaktdaten		
Person	**Typ**	**Kontakt**
1	Tel_Privat	0123 45678
1	Tel_Beruf	0123 87654
2	Tel_Privat	0321 45678
1	Email_Privat	m.mueller@xyz.de
...	...	...

In der Tabelle Kontaktdaten sind z. B. drei Einträge für Herrn Müller enthalten. Um welche Angaben es sich jeweils handelt, verrät die Spalte *Typ*. Soll jetzt noch die E-Mail-Adresse von Herrn Müller erfasst werden, wird die Tabelle *Kontaktdaten* einfach um einen neuen Datensatz erweitert. Eine bestimmte Personalnummer kann also in der Tabelle *Kontaktdaten* mehrmals (n) vorkommen, in der Tabelle *Person* jedoch nur einmal (1).

- **m:n** Es gibt auch Fälle, in denen die Datensätze zweier Tabellen in beliebiger Kombination miteinander in Beziehung stehen. Bei einer Lagerverwaltung könnten Sie zum Beispiel eine Tabelle *Artikel* und eine Tabelle *Regal* anlegen. Da große Artikelmengen unter Umständen mehrere Regale benötigen und umgekehrt in manchen Regalen verschiedene Artikel lagern, entsteht genau diese Beziehung. Um eine m:n-Beziehung zu realisieren, benötigen Sie eine Hilfstabelle, die wir im folgenden Bild *Bestand* genannt haben.

Bild 41.3 m:n-Beziehung

1 — m, n — 1

Artikel	
Nr	**Name**
1	Kekse
2	Chips
...	...

Bestand		
Artikel	**Regal**	**Menge**
1	115	500
1	116	100
2	116	400
...	...	...

Regal	
Nr	**Standort**
115	Halle 1, Gang 1, Regal 5
116	Halle 1, Gang 1, Regal 6
...	...

In der Tabelle *Bestand* wird festgehalten, welche Menge eines Artikels in einem bestimmten Regal gelagert ist. Die Kekse mit der Artikelnummer 1 befinden sich also in den Regalen 115 und 116. Das Regal 116 enthält jedoch nicht nur Kekse, sondern auch 400 Packungen Chips. In der Tabelle *Bestand* kann also sowohl eine Artikelnummer mehrfach vorkommen (m) als auch eine Regalnummer (n).

Damit beenden wir den theoretischen Teil dieses Kapitel und werden nun im nächsten Abschnitt versuchen, einen Datenbankentwurf für unsere Beispieldatenbank zu erstellen.

Entwurf der Beispieldatenbank

Nachdem Sie nun mit dem notwendigen Quentchen Datenbanktheorie ausgestattet sind, wollen wir nun damit beginnen, eine eigene Datenbank zu erstellen. Mit ihr soll es möglich sein, die Spieler des fiktiven Fußballvereins *SV Access* zu verwalten. Dazu werden in der Datenbank nicht nur die Namen und Kontaktdaten der Spieler, Trainer und Betreuer erfasst, sondern auch deren Zugehörigkeit zu den verschiedenen Mannschaften. Außerdem soll es möglich sein, für jede Mannschaft eine Telefonliste auszudrucken, die dann an die Spieler verteilt werden kann.

Auch wenn die Anforderungen an die Datenbank auf den ersten Blick recht bescheiden wirken, besitzen Sie anschließend doch ein stabiles Fundament, auf dem Sie weitere Funktionen aufsetzen können. Denkbar wären zum Beispiel die Speicherung der Spielergebnisse oder die Verwaltung der Mitgliedsbeiträge.

Welche Tabellen werden benötigt?

Beginnen wir zunächst mit den Spielern, Trainern und Betreuern. Wie Sie im ersten Teil gelernt haben, ist es sinnvoll, hier zu abstrahieren und eine neutrale Personentabelle einzuführen. So weit, so gut. Diese Tabelle wird hauptsächlich Felder für den Namen und die Adresse der Personen erhalten. Wir nennen diese Tabelle *Person* und benutzen dabei bewusst die Singularform. Dies ist in Datenbanken bei der Namensgebung von Tabellen üblich und soll beschreiben, welches Objekt in einer Tabelle gespeichert wird.

Für die Kontaktdaten haben wir auch schon eine Lösung: Das ist ein klarer Fall für eine n:1-Beziehung (siehe Bild 41.2 auf Seite 837).

Zum Schluss benötigen wir noch eine Tabelle für die Mannschaften. In dieser Tabelle werden wir u. a die Spielklasse, den Trainer, den Co-Trainer und den Betreuer erfassen. Bleibt nur noch die Frage offen, wie wir uns in der Datenbank merken, welcher Spieler in welcher Mannschaft spielt. Dazu müssen wir prüfen, welche Beziehung zwischen Spielern und Mannschaften besteht. Eine Tatsache ist unbestritten: Eine Mannschaft enthält mehrere Spieler. Aber gilt auch umgekehrt, dass ein Spieler in mehreren Mannschaften spielen kann? Denn das wäre dann eine m:n-Beziehung. Normalerweise kann man jedoch davon ausgehen, dass jeder Spieler nur zu einer Mannschaft gehört. Wir werden diese Bedingung für unseren Beispielverein voraussetzen und haben dann eine klassische n:1-Beziehung zwischen Mannschaft und Spielern (siehe Bild 41.2 auf Seite 837).

Diese Überlegungen wollen wir jetzt zunächst in drei einfachen Tabellen skizzieren.

Tabelle 41.1 Die Felder der Tabelle *Kontaktdaten*

Feld	Beschreibung
Person	ID der Person für diesen Kontakt
Typ	Beschreibt die Art des Kontakts (Telefon, Fax, Mobil, E-Mail etc.)
Kontakt	Die eigentliche Kontaktinformation
Info	Feld für allgemeine Bemerkungen

Tabelle 41.2 Die Felder der Tabelle *Person*

Feld	Beschreibung
ID	Eindeutige Nummer der Person (Primärschlüssel)
Anrede	Anrede (Herr, Frau, Schüler, etc.)
Vorname	Vorname
Nachname	Nachname
Strasse	Straße mit Hausnummer (eigentlich ein Verstoß gegen die Normalisierungsregeln)
PLZ	Postleitzahl
Ort	Ort
Geschlecht	Geschlecht
Geburtsdatum	Geburtsdatum
Mannschaft	Nummer der Mannschaft, in der die Person als Spieler tätig ist
Info	Feld für allgemeine Bemerkungen

Tabelle 41.3 Die Felder der Tabelle *Mannschaft*

Feld	Beschreibung
ID	Eindeutige Nummer der Mannschaft (Primärschlüssel)
Bezeichnung	Name der Mannschaft (A-Jugend, B1-Jugend, etc.)
Spielklasse	Spielklasse (A, B, C, D, E, F, G)
Trainer	Nummer der Person, die als Trainer für die Mannschaft tätig ist
Co-Trainer	Nummer der Person, die als Co-Trainer für die Mannschaft tätig ist
Betreuer	Nummer der Person, die als Betreuer für die Mannschaft tätig ist
Kapitän	Nummer der Person, die der Kapitän der Mannschaft ist
Training	Infos über die Trainingszeiten der Mannschaft
Info	Feld für allgemeine Bemerkungen

Im nächsten Bild haben wir die verschiedenen Beziehungen zwischen den drei Tabellen skizziert. (Access wird diese Beziehungen später etwas anders darstellen.) Auf dieser Basis werden wir im nächsten Abschnitt mit dem Anlegen der Tabellen beginnen.

Wir werden dabei nach der Methode »Learning by Doing« vorgehen. Das heißt, wir versuchen Ihnen die notwendigen Kenntnisse im Laufe des Kapitels Stück für Stück zu vermitteln, während wir beschreiben, wie Sie die Tabellen und ihre Beziehungen untereinander erstellen.

Die Datenbank mit den fertigen Tabellen und einigen Testdaten finden Sie in der Übungsdatei *SV Access, Kapitel 41.*

Bild 41.4 Beziehungen zwischen den Tabellen für die Beispieldatenbank *SV Access*

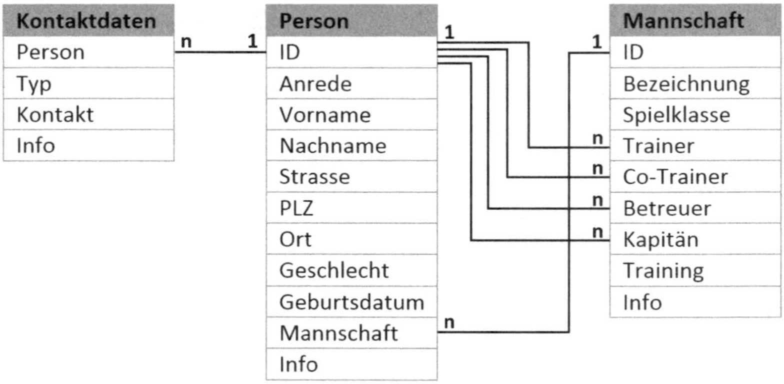

Erstellen der Tabelle »Person«

Nachdem wir uns nun über den Inhalt der benötigten Tabellen und deren Verknüpfungen untereinander im Klaren sind, können wir jetzt damit beginnen, das Konzept in die Praxis umzusetzen. Dabei werden wir in den folgenden Abschnitten auch immer wieder theoretische Erläuterungen einschieben, um wichtige Hintergründe zu erläutern.

1. Starten Sie Access 2013 und wählen Sie auf der Startseite die Vorlage *Leere Desktopdatenbank.*
2. Geben Sie der neuen Datenbank den Namen **SV Access** und wählen Sie das Verzeichnis aus, in dem die Datenbank gespeichert werden soll. Klicken Sie dann auf *Erstellen.* Access legt die neue Datenbank an und präsentiert sich anschließend wie im folgenden Bild.

Bild 41.5 Die neue, noch leere Datenbank für den *SV Access*

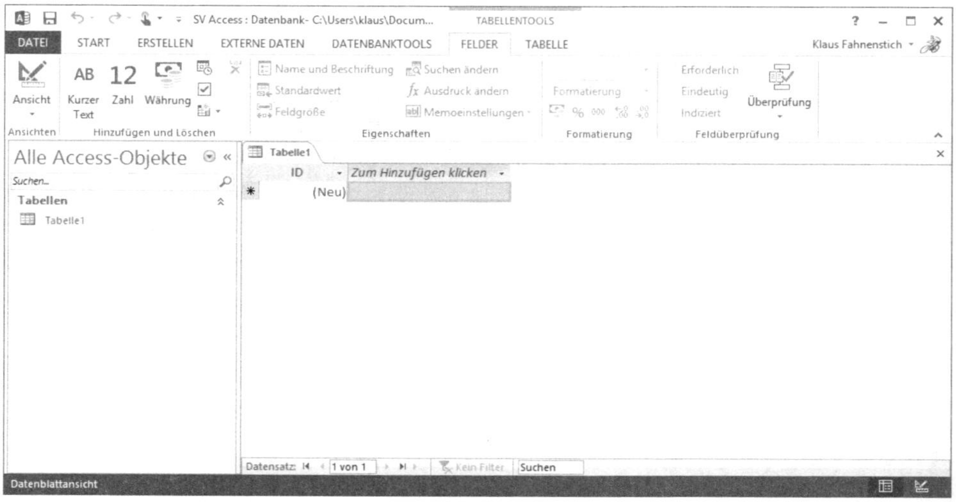

Das sieht noch sehr überschaubar aus. Access hat bereits mit dem Anlegen einer neuen Tabelle begonnen, da dies ohnehin die erste Aktion sein wird, die Sie in einer neuen Datenbank vornehmen werden. Der Weg, den Access hier vorgibt, erlaubt eine relativ intuitive Vorgehensweise beim Erstellen der Tabelle. Wir werden diesem Weg beim Anlegen der ersten Tabelle auch folgen, damit Sie am Anfang nicht sofort mit zuviel Technik konfrontiert werden.

Für das Finetuning der neuen Tabelle werden wir dann in den sogenannten *Entwurfsmodus* umschalten, in dem sich alle Eigenschaften einer Tabelle einsehen und ändern lassen.

3. Klicken Sie zunächst auf die *Speichern*-Schaltfläche und geben Sie der neuen Tabelle den Namen **Person**. Der Name taucht dann links im Navigationsbereich und oben im Reiter der Tabelle auf.

4. Da die Tabelle praktischerweise bereits das Feld *ID* enthält, können wir direkt mit dem zweiten Feld beginnen. Laut Tabelle 41.2 ist dies das Feld *Anrede*. Klicken Sie dazu im Tabellenblatt auf die Spaltenüberschrift *Zum Hinzufügen klicken*. Dadurch klappt ein Menü auf, in dem Sie den Datentyp des neuen Feldes wählen können:

Bild 41.6 Auswahl des Datentyps für das neue Feld

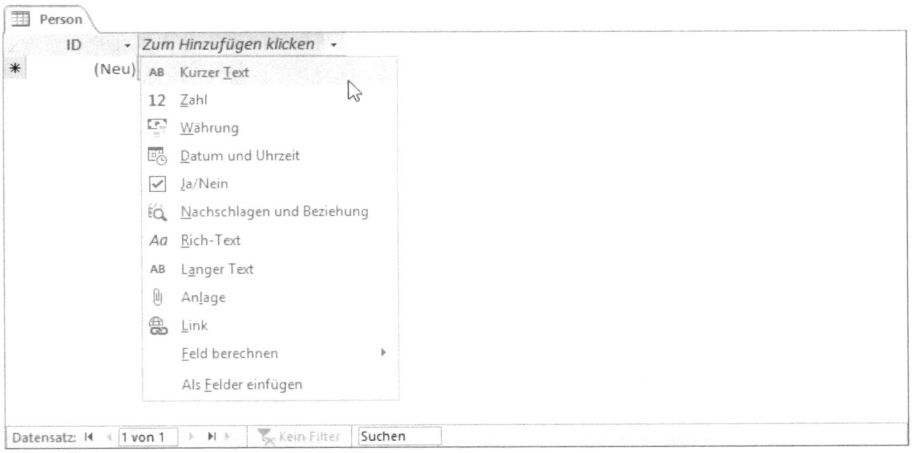

Wie Sie sehen, müssen Sie für die Felder einer Tabelle festlegen, welche Art von Daten dort gespeichert werden soll. Das Feld *Anrede* soll natürlich lediglich einen kurzen Text enthalten, das heißt, in diesem Fall würde sich direkt die erste Option anbieten.

Wir wollen die Datenbank aber auch mit einem gewissen Maß an Komfort ausstatten. Dazu wollen wir dem Anwender für das Feld *Anrede* eine Liste anbieten, aus der er die gewünschte Anredeform auswählen kann. Sie kennen diese Auswahllisten bereits aus Kapitel 40 aus der Beispieldatenbank *Schüler*.

Solche Listenfelder sind nicht nur praktisch für den Anwender, sondern sie kommen auch der Datenbank bzw. der Qualität der in ihr gespeicherten Daten zugute. Der Anwender kommt nämlich so nicht in die Versuchung, unterschiedliche Schreibweisen zu benutzen, die eine spätere Auswertung der Daten unnötig erschweren würde (z. B. »Herr«, »Herrn« und »Hr. «).

5. Wählen Sie also den Befehl *Nachschlagen und Beziehungen*. Access zeigt dann das Dialogfeld aus Bild 41.7 an.

Bild 41.7 Der Nachschlage-Assistent unterstützt Sie beim Erstellen von Auswahllisten

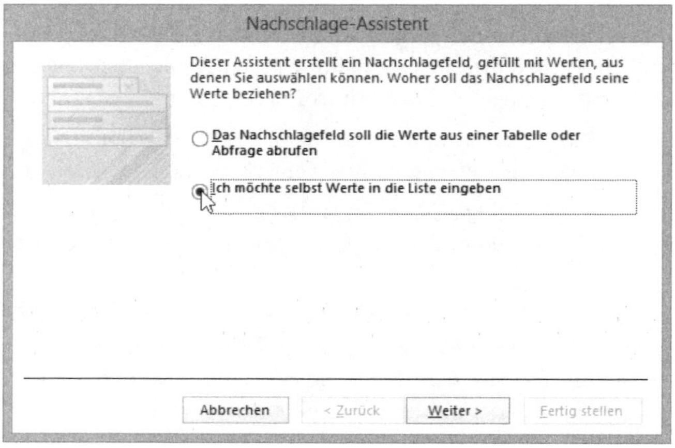

Im ersten Schritt können Sie entscheiden, ob die Einträge des Listenfeldes aus einer Tabelle abgerufen werden sollen oder ob Sie sie jetzt manuell eintragen. Da wir die Liste in unserem Fall nur in der Tabelle *Person* benötigen, werden wir sie selbst eingeben.

6. Schalten Sie die Option *Ich möchte selbst Werte in die Liste eingeben* ein und klicken Sie anschließend auf *Weiter*. Der Nachschlage-Assistent zeigt dann eine kleine Tabelle an, in der Sie die gewünschten Einträge eingeben können.

Bild 41.8 Eigene Listen im Nachschlage-Assistent eingeben

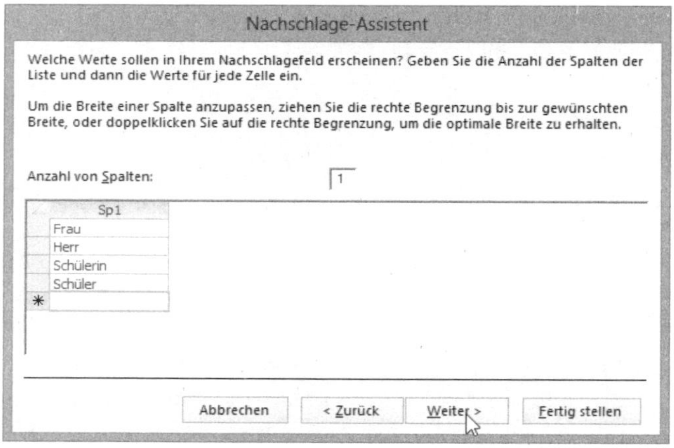

7. Tragen Sie die gewünschten Einträge in die Liste ein. Sortieren Sie die Einträge dabei so, wie sie auch später im Listenfeld angezeigt werden sollen. Anschließend klicken Sie wieder auf *Weiter*, um zum nächsten und letzten Schritt des Assistenten zu gelangen.

Bild 41.9 Der letzte Schritt des Nachschlage-Assistenten

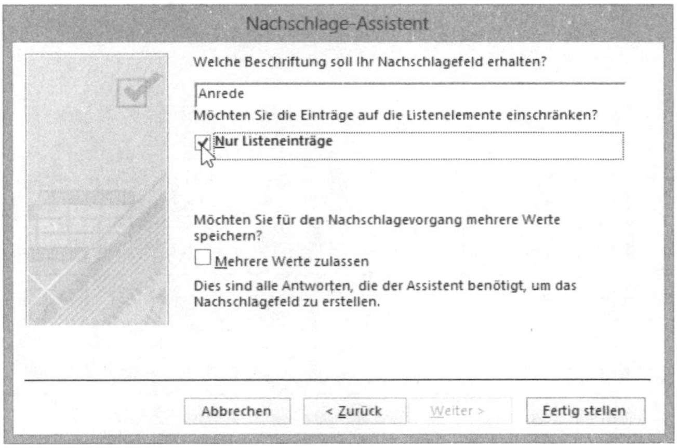

8. Geben Sie den Namen des Feldes ein, in unserem Fall also **Anrede.** Schalten Sie dann die Option *Nur Listeneinträge* ein, damit in diesem Feld keine manuellen Einträge vorgenommen werden können. Unabhängig davon, kann der Anwender die Liste später bei Bedarf erweitern.

   Die Option *Mehrere Werte zulassen* muss ausgeschaltet bleiben. Diese Option ist für den Fall gedacht, dass Sie in einem Auswahlfeld mehrere Einträge markieren wollen. Zum Beispiel könnte man bei einer Lagerverwaltung für eine Boutique ein Feld für die verschiedenen Konfektionsgrößen vorsehen, in denen ein Kleidungsstück lieferbar ist.

   Klicken Sie auf *Fertig stellen,* um den Assistenten zu beenden. Ihr erstes Feld ist damit fertig!

9. Öffnen Sie die Auswahlliste des neuen Feldes, um zu kontrollieren, ob die Liste korrekt angezeigt wird.

Bild 41.10 Das fertige Listenfeld *Anrede*

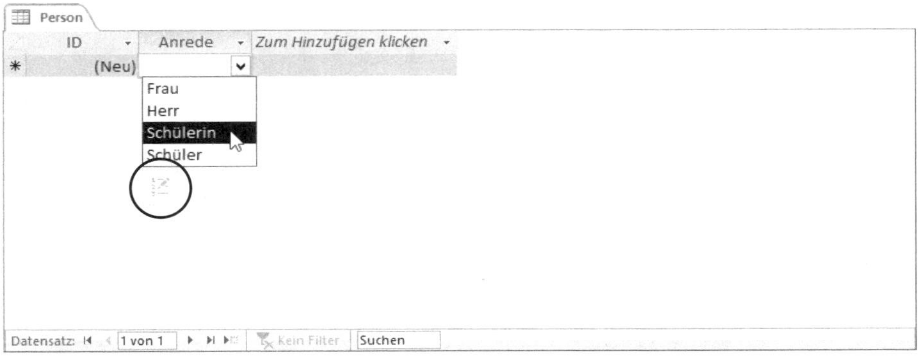

Zum Ändern bzw. Erweitern der Liste klicken Sie bei geöffneter Liste auf die Schaltfläche, die unterhalb der Liste in blassen Farben zu sehen ist. Alternativ klicken Sie das Feld mit der rechten Maustaste an und wählen im Kontextmenü den Befehl *Listenelemente bearbeiten.*

10. Legen Sie nun die weiteren Felder für die Tabelle *Person* an. Orientieren Sie sich bei der Wahl des Datentyps an Tabelle 41.4 und beachten Sie dort auch den Hinweis zum Feld *PLZ.*

Tabelle 41.4 Die Datentypen der Felder für die Tabelle *Person*

Feld	Felddatentyp	Bemerkung
ID	AutoWert	Primärschlüssel
Anrede	Nachschlagefeld	Muss noch nachbearbeitet werden
Vorname	Kurzer Text	Muss noch nachbearbeitet werden
Nachname	Kurzer Text	Muss noch nachbearbeitet werden
Strasse	Kurzer Text	Muss noch nachbearbeitet werden
PLZ	Kurzer Text	Nicht 'Zahl'; vereinfacht Darstellung von Postleitzahlen mit führender Null
Ort	Kurzer Text	Muss noch nachbearbeitet werden
Geschlecht	Kurzer Text	Muss noch nachbearbeitet werden
Geburtsdatum	Datum und Uhrzeit	
Mannschaft	-	Das Feld werden wir erst später erstellen
Info	Langer Text	Alternativ Rich-Text, wenn der Text formatierbar sein soll

HINWEIS Normalerweise sollten Sie bei der Namensgebung von Feldern auf die Verwendung von Umlauten, Leerzeichen und den Buchstaben »ß« verzichten. Access sieht hier zwar keine Einschränkungen vor, aber Sie bekommen eventuell Schwierigkeiten, wenn Sie von anderen Programmen aus auf Ihre Datenbank zugreifen wollen. Außerdem führen gerade Leerzeichen zu unübersichtlichen SQL-Abfragen, da die Feldnamen dann in eckige Klammern eingefasst werden müssen.

Bild 41.11 Die Rohfassung der Tabelle *Person* (Beachten Sie das Feld *Geburtsdatum*)

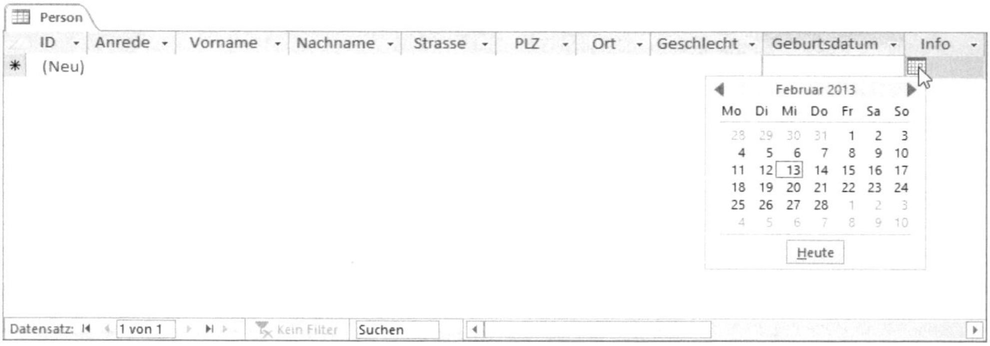

Damit ist die erste Fassung der Tabelle *Person* fertig und wir können uns im nächsten Abschnitt mit der Feinarbeit beschäftigen.

Der Entwurfsmodus für Tabellen

Als wir im letzten Abschnitt die Tabelle *Person* erstellt haben, befand sich die Tabelle währenddessen in der sogenannten *Datenblattansicht*, die eigentlich für die Dateneingabe vorgesehen ist. Dass Access in diesem Modus trotzdem das Hinzufügen von Feldern anbietet, ist eines der Komfortmerkmale dieses Programms, die zugleich Fluch und Segen sind. Fluch deshalb, da dem Anwender damit suggeriert wird, dass alles ganz einfach sei und er sich keine großen Gedanken machen müsse. Das führt natürlich häufig dazu, dass viele Datenbanken entsprechend chaotisch aussehen. Auf der anderen Seite hat diese Bedienerfreundlichkeit aber auch ganz entscheidend zum Erfolg von Access beigetragen.

Wir werden Ihnen jetzt den Entwurfsmodus für Tabellen vorstellen, in dem Sie alle Eigenschaften einer Tabelle und ihrer Felder einsehen und bearbeiten können. Wie Sie gleich sehen werden, sind das eine ganze Menge, wobei wir uns im Rahmen dieses Buches natürlich auf die Wichtigsten von ihnen konzentrieren werden.

1. Klicken Sie ganz vorne auf der Registerkarte *START* auf die Schaltfläche *Ansicht.* Access zeigt die Tabelle *Person* dann in der Entwurfsansicht an.
2. Klappen Sie links den Navigationsbereich zu, indem Sie auf den Doppelpfeil klicken. Das Programmfenster sieht anschließend in etwa so aus, wie in der folgenden Abbildung.

Bild 41.12 Die Tabelle *Person* in der Entwurfsansicht

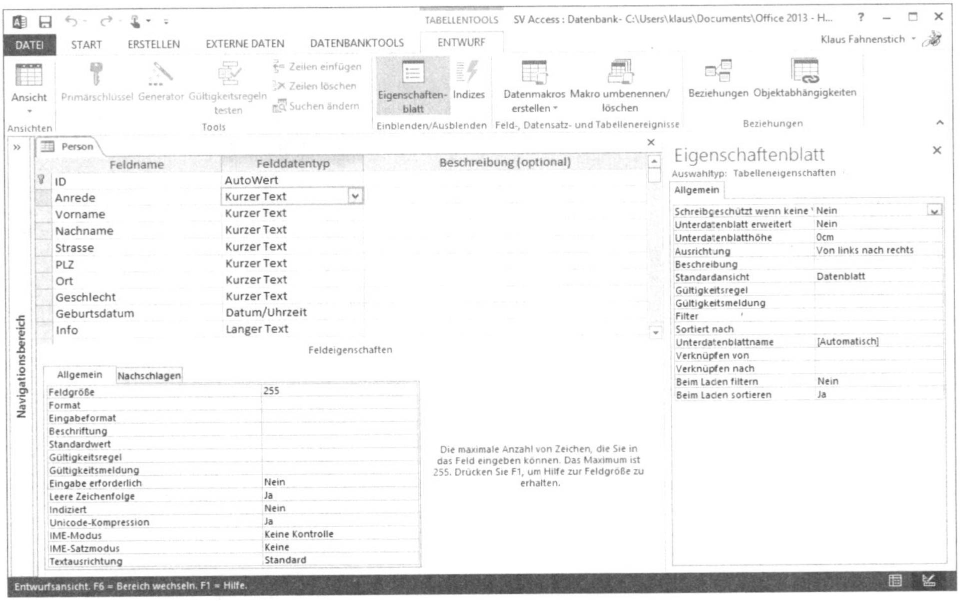

Der Arbeitsbereich von Access ist jetzt dreigeteilt:

- Rechts sehen Sie den Aufgabenbereich *Eigenschaftenblatt.* Hier können Sie Eigenschaften einstellen, die die Tabelle als Ganzes betreffen. Wir werden darauf noch zurückkommen.
- Auf der linken Seite sehen Sie oben die Liste der Tabellenfelder.
- Darunter können Sie dann für das markierte Feld verschiedene Eigenschaften einstellen.

3. Lassen Sie sich nicht schocken und füllen Sie zunächst im oberen Bereich die Spalte *Beschreibung* aus. Die Texte, die Sie hier eingeben, werden später beim Ausfüllen eines Formulars in der Statuszeile angezeigt und können dem Anwender wichtige Hinweise geben. Speichern Sie die Tabelle anschließend.

Feldeigenschaften

Jedes Feld einer Tabelle besitzt verschiedene Eigenschaften, die sein Verhalten bei der Dateneingabe beeinflussen. Einige Feldeigenschaften werden Sie vermutlich nie oder nur sehr selten ändern. Andere sind dafür umso wichtiger, da sie bei jedem Tabellenentwurf berücksichtigt werden müssen. Für diese Eigenschaften finden Sie in der folgenden Tabelle eine kurze Erklärung.

Weitere Hinweise erhalten Sie, wenn Sie die Eigenschaften in der Eigenschaftenliste anklicken. Access zeigt dann rechts neben der Liste einen kurzen Hilfetext an.

Tabelle 41.5 Wichtige Feldeigenschaften und ihre Bedeutung

Feldeigenschaft	Beschreibung
Feldgröße	Legt den Speicherplatzbedarf des Feldes fest. Bei Textfeldern ist das z. B. die maximale Anzahl der Zeichen, bei Zahlenfeldern wird so der Wertebereich der Zahlen festgelegt.
Format	Legt fest, wie der Inhalt des Feldes angezeigt wird. Diese Eigenschaft ist vor allem für Zahlen- und Datumsfelder wichtig.
Eingabeformat	Hier können Sie mit Hilfe eines Assistenten festlegen, wie das Feld bei der Eingabe dargestellt wird. Es können zum Beispiel Platzhalterzeichen angezeigt werden, die dem Anwender signalisieren, wie viel Zeichen er eingeben muss.
Beschriftung	Legt den Namen des Feldes für die Datenblattansicht und auf Formularen fest. Standardmäßig wird dazu der Feldname benutzt. Bei großen Datenbanken ist es jedoch üblich, sich bei der Namensgebung von Feldern an den bei Programmierern üblichen Konventionen zu orientieren (z. B. an die ungarische Notation). Das Feld *Vorname* würde dann z. B. prs_*txtVorname* heißen, um auf die zugehörige Tabelle und seinen Datentyp hinzuweisen.
Standardwert	Wert, mit dem das Feld in einem neuen Datensatz vorbelegt wird. Ob Sie für ein Feld einen Standardwert vergeben, will gut überlegt sein; es besteht das Risiko, dass der Anwender einen unpassenden Vorgabewert nicht korrigiert.
Gültigkeitsregel	Mit dieser Eigenschaft können Sie gewährleisten, dass ein Anwender nur gültige Daten eingibt. Z. B. muss ein Geburtsjahr in der Vergangenheit liegen.
Gültigkeitsmeldung	Meldung die erscheint, wenn die Daten gegen die Gültigkeitsregel verstoßen.
Eingabe erforderlich	Wenn diese Eigenschaft auf *Ja* steht, muss der Anwender eine Eingabe in dem Feld vornehmen, damit der Datensatz abgespeichert werden kann.
Leere Zeichenfolge	Legt fest, ob ein Textfeld eine leere Zeichenfolge enthalten darf. Auch eine leere Zeichenfolge gilt in einer Datenbank als Eingabe. Sie entsteht, wenn Sie einen Text in ein Feld eintippen und ihn dann wieder löschen.
Indiziert	Mit dieser Eigenschaft können Sie u. a. festlegen, ob zwei Datensätze in diesem Feld den gleichen Inhalt haben dürfen oder nicht.

In den folgenden Schritten werden wir nun die Felder der Tabelle *Person* einzeln durchgehen und kleinere Änderungen an deren Eigenschaften vornehmen.

1. Markieren Sie in der Feldliste das Feld *Anrede* und stellen Sie seine Eigenschaft *Feldgröße* auf den Wert 20. Diese Länge sollte für die üblichen Anredeformen ausreichen. Wechseln Sie auch auf die Registerkarte *Nachschlagen* der Feldeigenschaften. Dort werden Sie verschiedene Eigenschaften sehen, die Ihnen bereits beim Erstellen des Nachschlagefeldes im Assistenten begegnet sind.
2. Wechseln Sie nun zum Feld *Vorname* und legen Sie zunächst die *Feldgröße* auf den Wert 40 fest. Zusätzlich stellen Sie die Feldeigenschaft *Eingabe erforderlich* auf *Ja*. Der Anwender soll auf jeden Fall einen Vornamen eintragen, wenn er eine neue Person erfasst. Die Eigenschaft *Leere Zeichenfolge* sollte auf *Nein* stehen, denn mit einem leeren Vornamenfeld ist keinem gedient.
3. Nehmen Sie für das Feld *Nachname* die gleichen Einstellungen vor wie beim Feld *Vorname.*
4. Beim Feld *Strasse* wollen wir etwas großzügiger sein. Stellen Sie dort die Feldgröße auf 60. Alle anderen Einstellungen lassen Sie unverändert.
5. Für das Feld *PLZ* sollten maximal 10 Zeichen ausreichend sein.
6. Der Ortsangabe geben Sie wie dem Feld *Strasse* Platz für 60 Zeichen.
7. Im Feld *Geschlecht* soll der Anwender nur ein »w« oder ein »m« eingeben können. Dazu hinterlegen wir das Feld mit einer Nachschlageliste und schränken die Eingabe auf die Elemente der Liste ein. Wechseln Sie dazu unten auf das Registerblatt *Nachschlagen* und wählen Sie für die Eigenschaft *Steuerelement anzeigen* die Option *Kombinationsfeld.* Dadurch erscheint ein gutes Dutzend weiterer Eigenschaften.
8. In der nun sichtbaren Eigenschaft *Herkunftstyp* geben Sie an, dass die Listeneinträge aus einer *Werteliste* kommen sollen.
9. Wenn Sie dann in die nächste Zeile klicken, um die *Datenherkunft* anzugeben, sehen Sie eine Schaltfläche mit drei Punkten. Über diese Schaltfläche erreichen Sie das Dialogfeld *Listenelemente bearbeiten.*

Bild 41.13 Dialogfeld zum Anlegen einer Nachschlageliste

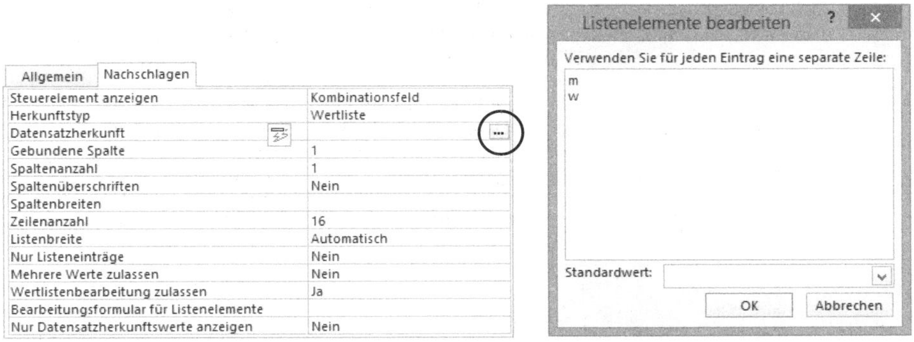

10. Geben Sie die Liste wie in der obigen Abbildung ein und schließen Sie dann das Dialogfeld mit *OK.*

11. Jetzt müssen noch die Eigenschaften *Nur Listeneinträge* und *Wertelistenbearbeitung zulassen* auf *Ja* bzw. *Nein* gestellt werden, damit der Anwender keine Möglichkeit hat, etwas anderes als die vorgegebenen Listenwerte in das Feld einzutragen. Die Eigenschaften für das Feld *Geschlecht* sollten anschließend so wie in der folgenden Abbildung eingestellt sein:

Bild 41.14 Einstellungen für die Nachschlageliste des Feldes *Geschlecht*

12. Stellen Sie nun noch auf der Registerkarte *Allgemein* die *Feldgröße* auf den Wert 1 und tragen Sie den Wert »m« als Standardwert ein. Da es sich bei dem *SV Access* um einen Fußballverein handeln soll, erscheint diese Vorgabe sinnvoll.

Jetzt wollen wir für das Feld *Geburtsdatum* noch eine Gültigkeitsregel definieren, damit in diesem Feld nur Datumswerte eingegeben werden können, die in der Vergangenheit liegen.

13. Markieren Sie in der Feldliste das Feld *Geburtsdatum* und klicken Sie dann unten die Eigenschaft *Gültigkeitsregel* an. Dadurch taucht wieder die Schaltfläche mit den drei Punkten auf, über die Sie den Ausdrucks-Generator aufrufen können.

Bild 41.15 Mit dem Ausdrucks-Generator lassen sich z. B. Gültigkeitsregeln erstellen

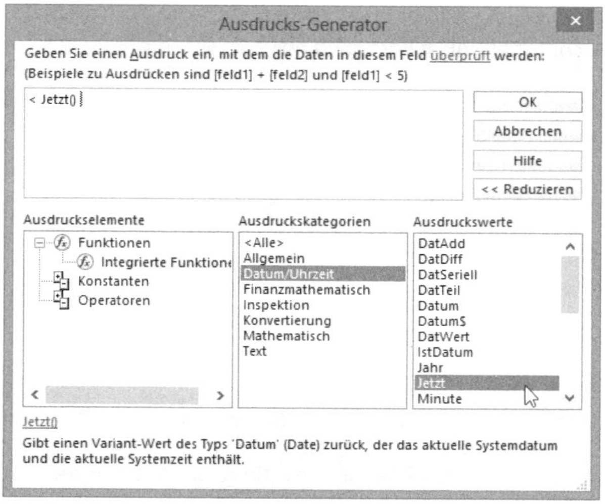

14. Unsere Regel soll später den vom Anwender eingegebenen Wert mit dem aktuellen Datum vergleichen. Die Regel lautet also: »Das eingegebene Datum muss kleiner sein als das aktuelle Datum«. Der benötigte Ausdruck sieht in Access dann so aus: »< Jetzt()«. Wie Sie in Bild 41.15 erkennen können, liefert die Funktion *Jetzt()* das aktuelle Datum zurück. Stöbern Sie ruhig in der Funktionsliste des Audrucks-Generators; Sie werden dabei sicherlich auf die eine oder andere interessante Funktion stoßen. Tippen Sie also oben in das Feld ein Kleiner-Zeichen ein und doppelklicken Sie dann auf den Funktionsnamen. Anschließend können Sie den Ausdrucks-Generator mit *OK* schließen.

15. Geben Sie nun noch im Feld *Gültigkeitsmeldung* eine sinnvolle Fehlermeldung ein. Sie erscheint, wenn der Anwender ein Datum eingibt, das in der Zukunft liegt und daher gegen die gerade erstelle Regel verstößt.

16. Als letzte Maßnahme machen Sie das Feld *Geburtsdatum* jetzt noch zum Pflichtfeld, indem Sie seine Feldeigenschaft *Eingabe erforderlich* auf *Ja* setzen. Schließlich ist die Angabe des Alters für die Einstufung in die richte Spielklasse zwingend erforderlich.

17. Speichern Sie zum Abschluss die Tabelle.

Damit haben Sie die erste Tabelle der neuen Datenbank erstellt. Das Prozedere war vielleicht noch etwas mühselig, aber bei den nächsten beiden Tabellen werden Sie mit Sicherheit schon deutlich schneller sein.

Wirksamkeit der Einstellungen prüfen

Lassen Sie uns nun kontrollieren, ob sich die Felder der Tabelle bei der Dateneingabe auch wie erwartet verhalten. Eventuell müssen Sie dann noch kleinere Korrekturen an Ihren Einstellungen vornehmen.

1. Wechseln Sie zur Datenblattansicht, indem Sie auf der Registerkarte *START* die Schaltfläche *Ansicht* anklicken. Die Tabelle präsentiert sich nun wie in der folgenden Abbildung:

Bild 41.16 In der Datenblattansicht lässt sich bereits erkennen, dass die Vorgabe eines Standardwertes für das Feld *Geschlecht* funktioniert hat

Wie Sie sehen, ist für das Feld *Geschlecht* bereits der Vorgabewert »m« eingetragen.

2. Nehmen Sie im Feld *Vorname* eine Eingabe vor und klicken Sie anschließend auf der Registerkarte *START* in der Gruppe *Datensätze* auf *Speichern* (alternativ drücken Sie [⇧]+[↵]). Wenn Sie die Eigenschaften der Tabellenfelder richtig eingestellt haben, sehen Sie nun das Dialogfeld aus Bild 41.17.

Bild 41.17 Access zeigt eine Fehlermeldung an, da noch eine Eingabe im Feld *Nachname* fehlt

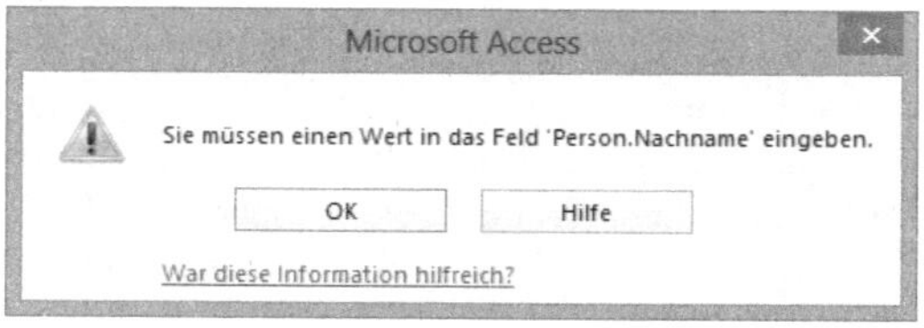

3. Als Nächstes prüfen Sie bitte, ob Sie in das Feld *PLZ* mehr als 10 Zeichen eingeben können. Genau beim elften Zeichen sollte Access mit einem Warnton reagieren.
4. Wandern Sie mit der [Tab]-Taste durch alle Felder der Tabelle und beobachten Sie dabei die Statusleiste. Dort sollten die vorhin in der Feldliste eingegebenen Beschreibungen auftauchen.
5. Zum guten Schluss wollen wir noch die Gültigkeitsregel für das Feld *Geburtsdatum* auf die Probe stellen. Geben Sie dazu ein Datum ein, das in der Zukunft liegt. Sobald Sie versuchen, den Datensatz zu speichern oder das Feld zu verlassen, sollte die Regel aktiv werden und die vorgegebene Warnmeldung anzeigen.

Bild 41.18 Die Gültigkeitsregel hat ein ungültiges Geburtsdatum erkannt

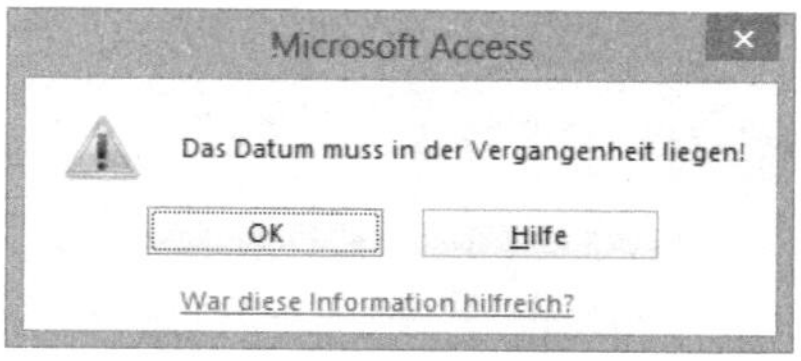

6. Klicken Sie im Dialogfeld spaßeshalber auf den Link *War diese Information hilfreich?* Access gibt Ihnen dann die Gelegenheit, die Qualität der Fehlermeldung zu bewerten.

Bild 41.19 Auch zu eigenen Fehlermeldungen können Sie ein Feedback geben :)

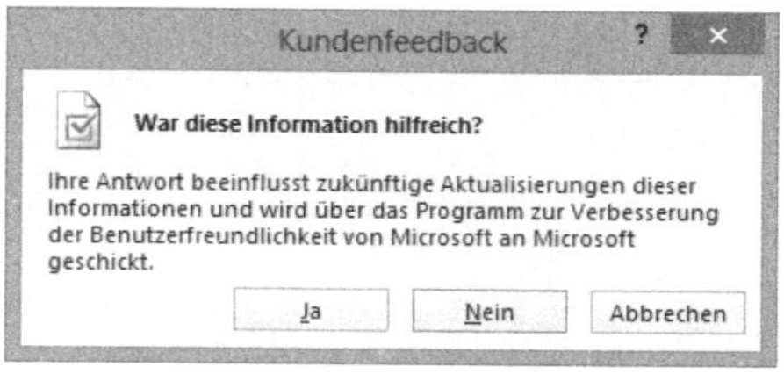

7. Da ein Feedback zu Ihren eigenen Fehlermeldungen kaum sinnvoll ist, klicken Sie in diesem Fall am besten auf *Abbrechen.*

Damit wollen wir die Versuchsreihe beenden und uns wieder neuen Aufgaben zuwenden. Bei einem realen Datenbankprojekt sollten Sie die Testphase übrigens nicht auf die leichte Schulter nehmen. Auch hier gilt, dass sich die Zeit, die Sie hier investieren, immer rentiert. Je früher Sie einen Fehler entdecken, umso leichter lässt er sich korrigieren. Wenn möglich, sollten Sie solche Tests auch von Anwendern durchführen lassen, die nicht in das Projekt eingebunden sind. Ein »unbedarfter« Anwender wird eine Datenbank immer anders bedienen als derjenige, der sie erstellt hat.

Erstellen der Tabelle »Kontaktdaten«

Wir wollen nun die Tabelle *Kontaktdaten* erstellen. Werfen Sie dazu noch einmal kurz ein Blick auf Bild 41.4, in dem wir die Tabellen der Beispieldatenbank und ihre Beziehungen untereinander skizziert haben. Dort sehen Sie, dass die Tabelle *Kontaktdaten* mit der Tabelle *Person* durch eine n:1-Beziehung verknüpft ist. Wie Sie gleich feststellen werden, lässt sich eine solche Beziehung sehr einfach realisieren.

1. Schließen Sie die Tabelle *Person*. Klicken Sie dazu auf ihre *Schließen*-Schaltfläche (das Kreuz). Der Arbeitsbereich des Programmfensters sollte nun leer sein.
2. Wechseln Sie auf die Registerkarte *ERSTELLEN* und klicken Sie in der Gruppe *Tabellen* auf die Schaltfläche *Tabellenentwurf*.
3. Wir beginnen mit dem Feld *Person*. Hier soll ja später ausgewählt werden können, zu welcher Person die jeweiligen Kontaktdaten gehören. Das heißt, wir benötigen ein Nachschlagefeld. Tragen Sie also als Feldname **Person** ein und wählen Sie bei *Felddatentyp* die Option *Nachschlage-Assistent*.
4. Im Gegensatz zum letzten Aufruf des Assistenten, als wir die Liste für das Feld *Anrede* eingerichtet haben, wollen wir jetzt die Werte nicht selbst eingeben, sondern aus der Tabelle *Person* abrufen. Da diese Variante die Voreinstellung des Assistenten ist, können Sie direkt auf *Weiter* klicken. Der Abfrage-Assistent sieht anschließend folgendermaßen aus:

Bild 41.20 Auswahl der Tabelle im Nachschlage-Assistenten

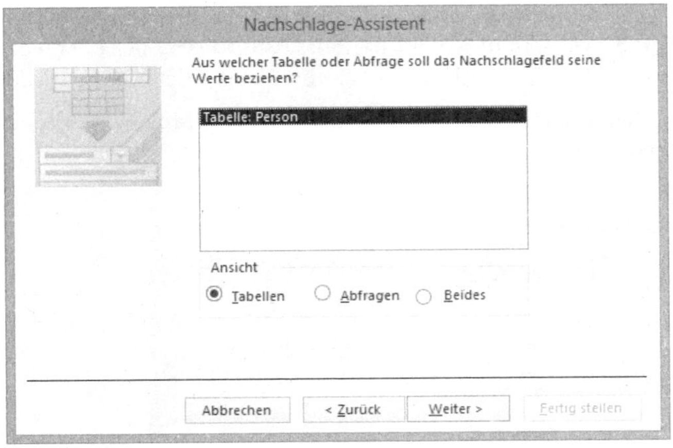

5. Hier fällt die Wahl nicht schwer. Klicken Sie wieder direkt auf *Weiter*.

Im nächsten Schritt des Nachschlage-Assistenten müssen Sie die Felder der Tabelle *Person* wählen, die später in der Auswahlliste angezeigt werden sollen. In unserem Fall sind das sinnvollerweise die Felder *Nachname* und *Vorname*. Der Nachname allein wäre hier nicht ausreichend, da häufig doppelte Nachnahmen vorkommen.

Zusätzlich muss aber auch noch das Feld *ID* mit in die Liste übernommen werden. Denn dies ist das sogenannte Schlüsselfeld, über das die Verknüpfung hergestellt wird. Sie erinnern sich: In der Tabelle *Kontaktdaten* wird nur die ID der Personen gespeichert, nicht deren Name.

Genaugenommen würde Access dieses Feld auch automatisch auswählen, da es der Primärschlüssel der Tabelle *Person* ist; das können Sie in der Entwurfsansicht an dem kleinen Schlüsselsymbol in der Feldliste erkennen (z. B. in Bild 41.12).

6. Stellen Sie die Feldliste nun zusammen, indem Sie im linken Fenster des Assistenten auf folgende Felder doppelklicken (in dieser Reihenfolge): *ID, Nachname, Vorname.*

Bild 41.21 Die Felder lassen sich am schnellsten per Doppelklick übernehmen

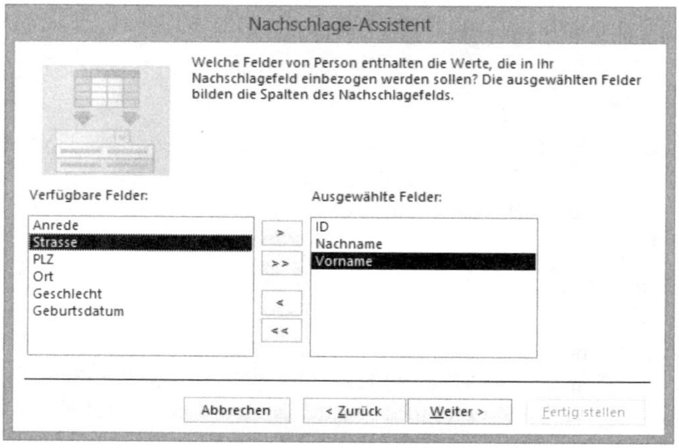

7. Gehen Sie nun mit *Weiter* zum nächsten Schritt des Assistenten. Hier können Sie festlegen, wie die Liste sortiert wird. In unserem Fall ist das relativ klar: Zuerst der Nachname, dann der Vorname. Das Feld *ID* spielt hier keine Rolle. Klicken Sie anschließend wieder auf *Weiter.*
8. Sie können nun die Breite der beiden Spalten festlegen, indem Sie sie im Assistenten mit der Maus auf das gewünschte Maß einstellen.

Bild 41.22 Einstellen der Spaltenbreite

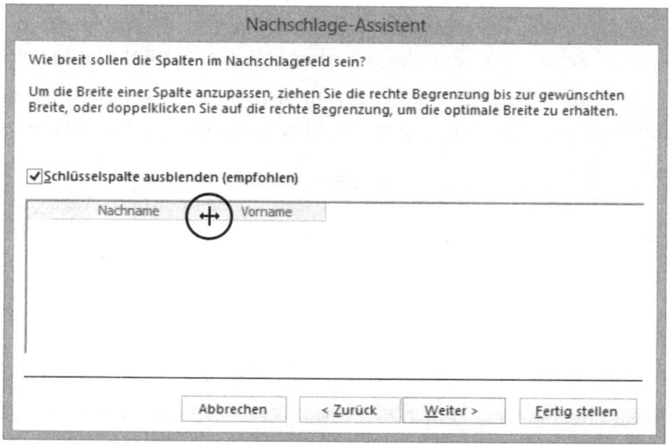

Beachten Sie auch die Option *Schlüsselspalte ausblenden (empfohlen).* Damit ist die Spalte *ID* gemeint, die so vor dem Anwender verborgen wird.

9. Ein erneuter Klick auf *Weiter* führt Sie zum letzten Schritt des Assistenten.

Bild 41.23 Der letzte Schritt des Assistenten

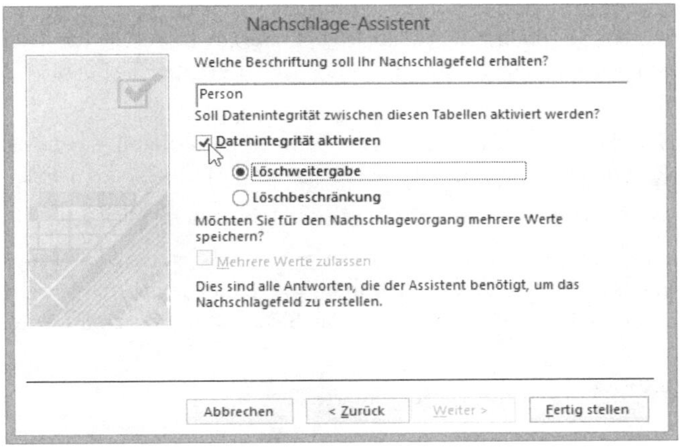

Hier verbirgt sich noch eine ganz entscheidende Option. Über das Kontrollkästchen *Datenintegrität aktivieren* legen Sie fest, ob Access die Verknüpfung der beiden Tabellen »überwacht« oder nicht. Bei eingeschalteter Option sorgt Access dafür, dass Sie in der Tabelle *Kontaktdaten* in das Feld *Person* nur IDs eintragen können, die in der Tabelle *Person* auch tatsächlich existieren. Das ist natürlich absolut sinnvoll, denn Kontaktdaten, die sich keiner Person zuordnen lassen sind völlig wertlos. Die Option muss also auf jeden Fall eingeschaltet werden.

Bei aktivierter Datenintegrität müssen Sie zusätzlich entscheiden, wie die Datenbank reagieren soll, wenn Sie eine Person aus der Datenbank löschen wollen. Access bietet hier zwei Möglichkeiten an:

- **Löschweitergabe** Wenn Sie diese Option einschalten, wird Access beim Löschen einer Person auch alle zugehörigen Kontaktdaten löschen.
- **Löschbeschränkung** Diese Option würde das Löschen einer Person verhindern, falls für die Person Kontaktdaten existieren. Damit soll verhindert werden, dass ein Anwender unbeabsichtigt Daten löscht, über deren Existenz er sich unter Umständen gar nicht im Klaren ist. Zum Löschen einer Person müssten dann vorher erst ihre Kontaktdaten gelöscht werden.

10. In unserer Datenbank trauen wir dem Anwender den nötigen Überblick zu und wählen die Option *Löschweitergabe*, nachdem wir zuvor das Kontrollkästchen *Datenintegrität aktivieren* eingeschaltet haben.
11. Klicken Sie nun auf *Fertig stellen*, um den Assistenten zu beenden. Access wird Sie dann noch auffordern, die Tabelle zu speichern, da sonst die Beziehung zwischen den Tabellen *Person* und *Kontaktdaten* nicht eingerichtet werden kann. Geben Sie also **Kontaktdaten** als Name für die neue Tabelle ein und klicken Sie auf *OK*. Access revanchiert sich mit einem Warnhinweis.

Bild 41.24 Access möchte einen Primärschlüssel anlegen

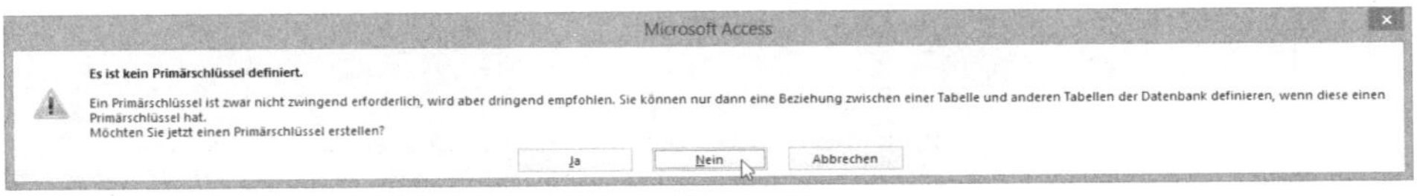

In diesem Dialogfenster werden Sie von Access darauf hingewiesen, dass die Tabelle – gemeint ist die neue Tabelle *Kontaktdaten* – keinen Primärschlüssel besitzt. Gleichzeitig wird die Empfehlung ausgesprochen, einen Primärschlüssel zu erstellen.

Die Meldung ist in dieser Situation etwas verwirrend, da wir doch gerade eine Beziehung zwischen zwei Tabellen einrichten. Sie erklärt sich jedoch ganz einfach dadurch, dass Access den Hinweis immer anzeigt, wenn Sie eine neue Tabelle zum ersten Mal speichern und die Tabelle keinen Primärschlüssel besitzt.

Ein Primärschlüssel wird jedoch nur auf der 1er-Seite einer Beziehung benötigt. Und das ist in unserem Datenbankmodell nur bei den Tabellen *Person* und *Mannschaft* der Fall.

12. Lehnen Sie also das Erstellen eines Primärschlüssels mit einem Klick auf *Nein* ab.
13. Vorsichtig wie wir sind, wollen wir nun noch prüfen, ob jetzt zwischen den Tabellen *Person* und *Kontaktdaten* tatsächlich eine Beziehung eingerichtet wurde. Wechseln Sie dazu auf die Registerkarte *DATENBANKTOOLS* und klicken Sie dort auf die Schaltfläche *Beziehungen*.

Bild 41.25 Access hat die Beziehung wie erwartet eingerichtet

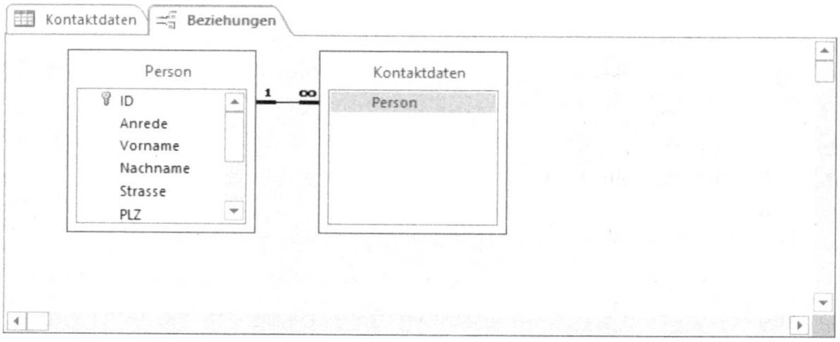

Auf der n-Seite der Beziehung steht hier das mathematische Zeichen für Unendlich. Das weist darauf hin, dass ein Schlüsselwert auf dieser Seite der Beziehung beliebig oft vorkommen darf.

14. Das sieht gut aus. Um ganz sicherzugehen, wollen wir uns die Beziehung noch im Detail ansehen. Doppelklicken Sie dazu auf die Verbindungslinie der Tabellen.

Bild 41.26 So sollte es sein: Referentielle Integrität mit Löschweitergabe

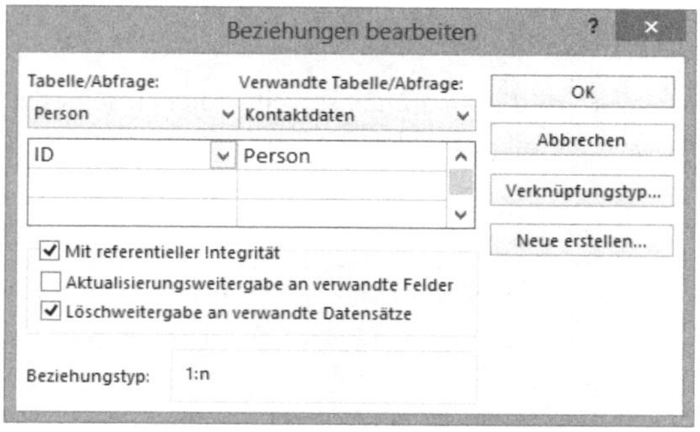

Beachten Sie, dass die Option *Datenintegrität* hier als *Referentielle Integrität* bezeichnet wird.

15. Das Erstellen der Beziehung hat offensichtlich funktioniert. Schließen Sie das Dialogfenster und das Beziehungsfenster, damit wir die noch fehlenden Tabellenfelder ergänzen können.

16. Die verbleibenden Felder *Typ*, *Kontakt* und *Info* stellen keine neuen Anforderungen an Sie. Das Feld *Typ* soll natürlich ein Nachschlagfeld werden, das in diesem Fall auch nachträglich vom Anwender erweitert werden können soll. Legen Sie die drei Felder an und orientieren Sie sich dabei an Tabelle 41.6, in der wir die notwendigen Eckdaten zusammengestellt haben.

Tabelle 41.6 Die Datentypen und Feldeigenschaften für die Tabelle *Kontaktdaten*

Feld	Datentyp	Feldeigenschaften
Person	Zahl (Long Integer)	
Typ	Kurzer Text	Feldgröße: 40, Eingabe erforderlich: Ja; Leere Zeichenfolge: Nein; Nachschlagefeld, Nur Listeneinträge: Ja
Kontakt	Kurzer Text	Feldgröße: 80, Eingabe erforderlich: Ja; Leere Zeichenfolge: Nein;
Info	Kurzer Text	Feldgröße: 255; Eingabe erforderlich: Nein

17. Speichern Sie die Tabelle und wechseln Sie in die Datenblattansicht. Ihre Tabelle sollte dann etwa so aussehen, wie in der folgenden Abbildung.

Bild 41.27 Die (noch leere) Tabelle *Kontaktdaten* in der Datenblattansicht

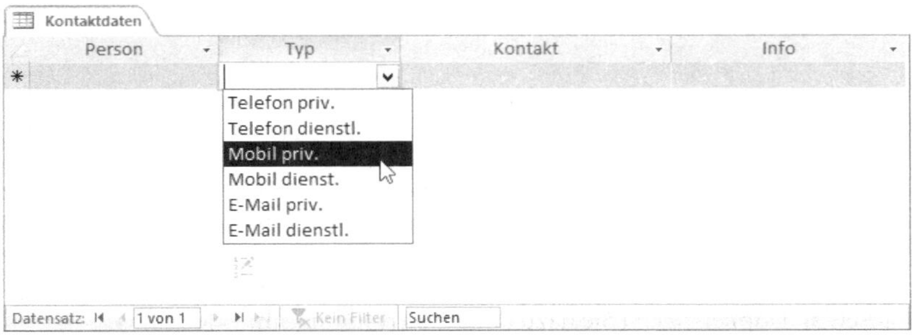

Testdaten eingeben

Jetzt sollten die beiden Tabellen *Person* und *Kontaktdaten* soweit gediehen sein, dass man mit ihnen die ersten Daten erfassen kann. Lassen Sie uns einen letzten Test durchführen, bevor wir die Tabellen als fertig deklarieren.

1. Schließen Sie die Tabelle *Kontaktdaten.*
2. Öffnen Sie die Tabelle *Person* in der Datenblattansicht.
3. Geben Sie einige Personen in die Datenbank ein.
4. Klicken Sie bei einer Person links auf das kleine Pluszeichen, um das Unterdatenblatt für die Kontaktdaten zu öffnen. Erinnern Sie sich? Unterdatenblätter haben Sie bereits in Kapitel 40 kennengelernt (auf der Seite 823). Sie entstehen durch die Beziehung der beiden Tabellen.

5. Geben Sie auch einige Kontaktdaten ein.
6. Öffnen Sie die Tabelle *Kontaktdaten* und überzeugen Sie sich davon, dass die Kontaktdaten korrekt eingetragen wurden. Wenn die beiden Tabellen vom Prinzip her so aussehen, wie in der folgenden Abbildung, haben Sie es geschafft!

Bild 41.28 Die Tabellen *Person* (oben) und *Kontaktdaten* (unten) nach Eingabe einiger Testdaten

Tabelle als Excel-Tabelle exportieren

In Bild 41.28 sehen Sie, dass in der ersten Spalte der Tabelle *Kontaktdaten* der Nachname der Person angezeigt wird. Das wirft zwei Fragen auf:

- Warum steht dort nicht die ID der Person?
- Wo ist der Vorname geblieben, den wir ebenfalls in das Nachschlagefeld aufgenommen hatten?

Lassen Sie uns die letzte Frage zuerst beantworten: Bei mehrspaltigen Nachschlagefeldern zeigt Access immer nur die erste sichtbare Spalte an. Wir werden Ihnen im nächsten Kapitel mit Hilfe einer Abfrage eine Lösung vorstellen, bei der auch der Vorname zu sehen sein wird.

Um die erste Frage zu klären, werden wir uns die Daten der Tabelle *Kontaktdaten* einmal außerhalb von Access ansehen. Dazu exportieren wir die Daten in eine Excel-Tabelle.

1. Öffnen Sie die Tabelle *Kontaktdaten.*
2. Wechseln Sie auf die Registerkarte *EXTERNE DATEN* und klicken Sie dort in der Gruppe *Exportieren* auf die Schaltfläche mit dem Excel-Symbol. Sie sehen das folgende Dialogfenster.

Bild 41.29 Export der Tabelle *Kontaktdaten* nach Excel

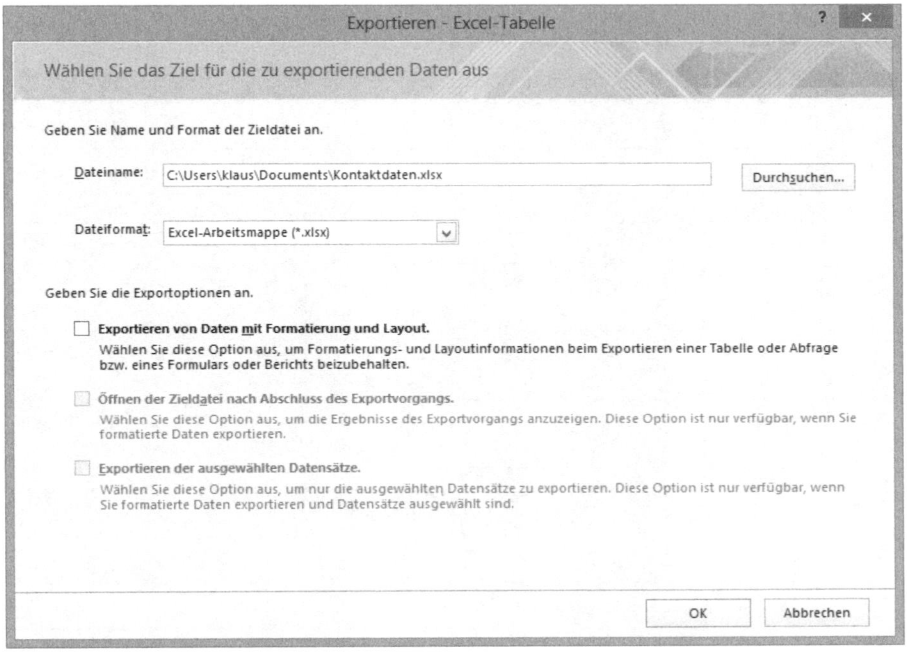

3. Achten Sie darauf, dass die Option *Exportieren von Daten mit Formatierung und Layout* ausgeschaltet ist, starten Sie den Export mit *OK* und klicken Sie im nächsten Schritt auf *Schließen.*
4. Öffnen Sie die erzeugte Datei in Excel.

Bild 41.30 Die aus Access exportierten Daten der Tabelle *Kontaktdaten* in Excel

	A	B	C	D	E
1	Person	Typ	Kontakt	Info	
2	10	Mobil priv.	0173 1234567	auch Sonntags ab 7:30 erreichbar	
3	8	Telefon priv.	0234 45678		
4	8	E-Mail priv.	a.anderson@xyz.de		
5	10	E-Mail priv.	conradc@abc.de		
6	9	Telefon dienstl.	0456 7890123	Mo-Fr 8:00 bis 16:00 Uhr	
7					

Wie Sie sehen, hat Access im Feld *Person* tatsächlich die ID der zugehörigen Person gespeichert. Dass in der Datenblattansicht der Tabelle der Nachname der Person angezeigt wird, ist also ein reines Komfortmerkmal von Access. Die Verknüpfung soll dadurch so weit wie möglich vor dem Anwender verborgen werden.

Erstellen der Tabelle »Mannschaft«

Von unserem Datenbankentwurf aus Bild 41.4 fehlt jetzt nur noch die Tabelle *Mannschaft.* Da Sie mittlerweile mit dem notwendigen Rüstzeug ausgestattet sind, wollen wir uns hier auf die Angabe einiger Eckdaten beschränken.

Tabelle 41.7 Die Felder der Tabelle *Mannschaft*

Feld	Datentyp	Feldeigenschaften
ID	AutoWert	Primärschlüssel (ENTWURF/Tools/Primärschlüssel)
Bezeichnung	Kurzer Text	Feldgröße: 20, Eingabe erforderlich: Ja; Leere Zeichenfolge: Nein
Spielklasse	Kurzer Text	Feldgröße: 1, Eingabe erforderlich: Ja; Leere Zeichenfolge: Nein; Nachschlagefeld ("A", ... "G"); Nur Listeneinträge: Ja
Trainer	Zahl (Long Integer)	Nachschlagfeld (siehe Feld *Person* in der Tabelle *Kontaktdaten);* keine Löschweitergabe
Co-Trainer	Zahl (Long Integer)	Nachschlagfeld (siehe Feld *Person* in der Tabelle *Kontaktdaten)* keine Löschweitergabe
Betreuer	Zahl (Long Integer)	Nachschlagfeld (siehe Feld *Person* in der Tabelle *Kontaktdaten)* keine Löschweitergabe
Kapitän	Zahl (Long Integer)	Nachschlagfeld (siehe Feld *Person* in der Tabelle *Kontaktdaten)* keine Löschweitergabe
Training	Langer Text	-
Info	Langer Text	-

Zusätzlich sollten Sie noch die Anzeige der Unterdatenblätter deaktivieren, da hier aufgrund der vielen Verknüpfungen keine eindeutige Zuordnung mehr möglich ist. Öffnen Sie dazu die Tabelle in der Entwurfsansicht und stellen Sie rechts im Eigenschaftenblatt die Eigenschaft *Unterdatenblattname* auf den Wert *[keines].*

Vervollständigen der Tabelle »Person«

Nachdem Sie die Tabelle *Mannschaft* erstellt haben, können Sie die Tabelle *Person* um das bislang noch fehlende Feld *Mannschaft* erweitern. Dies ist wiederum ein Nachschlagefeld, das seine Werte in diesem Fall aus dem Feld *Mannschaft* abruft.

Die Datenbank mit den fertigen Tabellen und einigen Testdaten finden Sie in der Übungsdatei *SV Access, Kapitel 41.*

Kapitel 42

Abfragen erstellen

In diesem Kapitel:

In diesem Kapitel dreht sich alles um das Thema Abfragen. Sie sind in jeder Datenbank ein wichtiges Bindeglied zwischen den Tabellen auf der einen Seite und den Formularen und Berichten auf der anderen. Es ist sicher nicht übertrieben, wenn wir behaupten, dass eine Datenbank ohne Abfragen so gut wie wertlos ist. Denn ohne ihre Hilfe würden Sie in großen Datenbanken vor lauter Daten nichts mehr finden.

Abfragen erfüllen gleich mehrere wichtige Aufgaben:

- Abfragen sortieren die Daten nach vorgegebenen Kriterien.
- Abfragen selektieren Daten nach bestimmten Filterbedingungen.
- Abfragen kombinieren die Daten aus mehreren Tabellen.

Nach einer kurzen Übersicht über die verschiedenen Abfragetypen werden wir direkt in die Praxis einsteigen und die ersten Abfragen erstellen. Wir steigen dann von Beispiel zu Beispiel immer tiefer in die Materie ein und vermitteln Ihnen so nach und nach die benötigten Techniken für das Erstellen von Abfragen.

Abfragetypen

Access kennt verschiedene Typen von Abfragen, mit denen Sie nicht nur Daten abfragen, sondern auch ändern und sogar erstellen können. Konkret handelt es sich dabei um folgende Typen:

- **Auswahl** Dies ist der klassische Abfragetyp, mit dem Sie Daten nach vorgegebenen Kriterien und Sortiereinstellungen aus der Datenbank abrufen können.
- **Tabelle erstellen** Dieser Typ kann aus den Ergebnissen der Abfrage direkt eine neue Tabelle erstellen. Er eignet sich zum Beispiel dazu, die Daten einer Auswertung zu archivieren.
- **Anfügen** Mit einer Anfügeabfrage lassen sich die gefundenen Datensätze an eine bestehende Tabelle anhängen.
- **Aktualisieren** Dieser Typ dient zum automatisierten Ändern von Daten. Wenn Sie z. B. alle Preisangaben einer Tabelle um drei Prozent erhöhen wollen, können Sie dies sehr komfortabel mit einer Aktualisierungsabfrage erledigen.
- **Kreuztabelle** Mit Kreuztabellenabfragen lassen sich die Daten einer Tabelle aggregieren. Sie kennen das Prinzip eventuell von Pivot-Tabellen aus Excel. Auf diese Weise können z. B. die Einzelposten aus einer Umsatztabelle nach Verkaufsgebieten, Quartalen oder Artikelgruppen addiert werden.

Wir werden uns in diesem Buch auf die Beschreibung von Auswahlabfragen konzentrieren, da die übrigen Abfragetypen erst für größere Datenbankprojekte interessant sind. Nur bei der Kreuztabellenabfrage machen wir noch eine Ausnahme, da sich mit ihr einige Aufgaben sehr elegant lösen lassen.

In den folgenden Beispielen werden wir die Datenbank aus dem letzten Kapitel noch etwas weiterentwickeln und dabei um mehrere Abfragen ergänzen. Die Version, die am Ende des Kapitels entstanden sein wird, finden Sie in der Übungsdatei *SV Access, Kapitel 42.*

Wenn Sie die Beispiele dieses Kapitels am Computer nachvollziehen möchten, öffnen Sie am besten die Übungsdatei aus dem letzten Kapitel und speichern sie unter einem anderen Namen ab. Arbeiten Sie dann mit der Kopie, damit Sie bei Bedarf noch auf das Original zurückgreifen können.

Auswahlabfrage erstellen

Abfrage-Assistent

In unserem ersten Beispiel wollen wir zunächst eine ganz einfache Abfrage erstellen, die uns eine Liste aller Personen ausgibt. Diese Liste soll drei Spalten enthalten: ID, Nachname und Vorname.

1. Starten Sie Access 2013 und öffnen Sie die Beispieldatenbank aus Kapitel 41 bzw. eine Kopie davon.
2. Wechseln Sie auf die Registerkarte *ERSTELLEN* und klicken Sie in der Gruppe *Abfragen* auf die Schaltfläche *Abfrage-Assistent*. Sie sehen das Dialogfeld *Neue Abfrage*, in dem Sie zunächst wählen müssen, welchen Typ von Abfrage Sie erstellen möchten.

Bild 42.1 Auswahl des gewünschten Abfrage-Assistenten

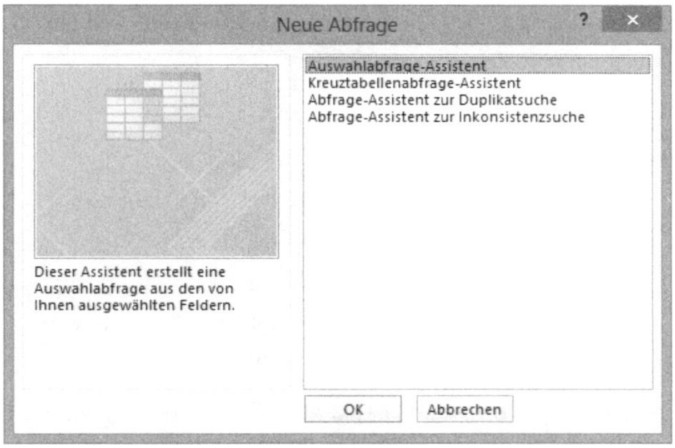

3. Da der Auswahlabfrage-Assistent bereits markiert ist, können Sie ihn direkt mit *OK* starten.

Bild 42.2 Zunächst muss die gewünschte Tabelle ausgewählt werden

4. Im ersten Schritt müssen Sie zunächst die Tabelle wählen, auf deren Daten Sie zugreifen möchten. In diesem Fall ist das die Tabelle *Person*. Der Assistent zeigt dann alle Felder der Tabelle in der linken Liste an.

5. Übernehmen Sie die gewünschten Felder *ID, Nachname, Vorname* in die rechte Liste, indem Sie auf die Feldnamen doppelklicken. Anschließend sollte das Fenster des Assistenten so aussehen, wie in der folgenden Abbildung.

Bild 42.3 Die gewünschten Felder befinden sich nun rechts in der Auswahlliste

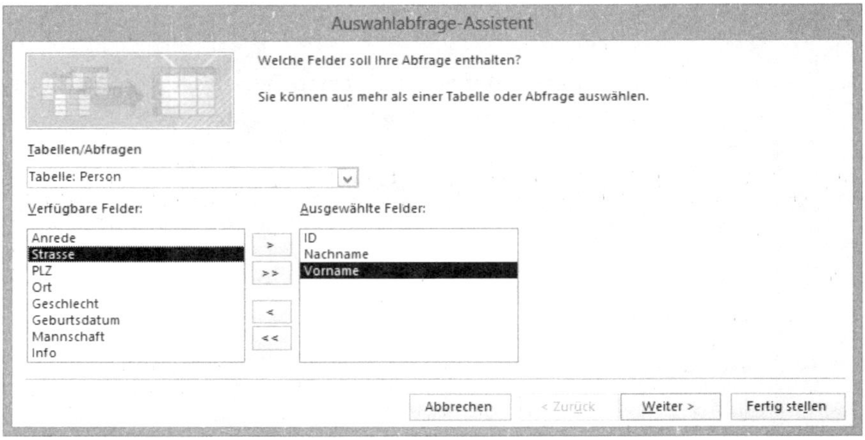

6. Klicken Sie nun auf *Weiter*, um zum nächsten Schritt des Assistenten zu gelangen.

7. Geben Sie hier als Namen der Abfrage **Nachnamen** ein und klicken Sie auf *Fertig stellen*. Access führt die Abfrage dann direkt aus und zeigt das Ergebnis auf dem Bildschirm an.

Bild 42.4 Das Ergebnis der Abfrage

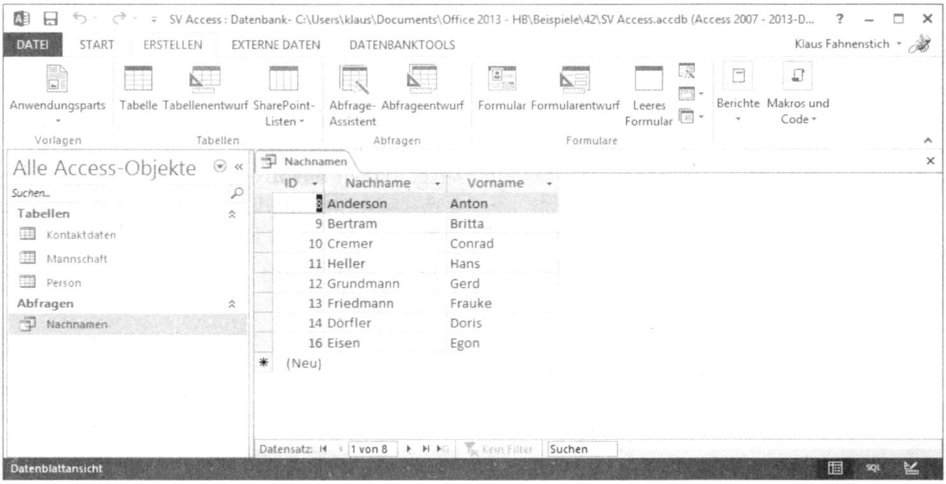

Wie Sie sehen, ist das Ergebnis einer Abfrage auf den ersten Blick nicht von einer Tabelle zu unterscheiden. Lediglich das kleine Symbol vor dem Namen weist darauf hin, dass die angezeigten Daten das Resultat einer Abfrage sind.

8. Ändern Sie bei einem der angezeigten Einträge den Vornamen oder den Nachnamen. Wie Sie sehen, funktioniert das problemlos.

Anscheinend können Sie in einer Abfrage sogar Daten eingeben, denn Access zeigt unterhalb der letzten Datenzeile die gewohnte Eingabezeile für neue Datensätze an.

9. Geben Sie eine weitere Person ein. Sie werden jedoch feststellen, dass Access diesen Versuch mit einer Fehlermeldung quittiert.

Bild 42.5 Das Erstellen einer neuen Person ist an dem fehlenden Geburtsdatum gescheitert

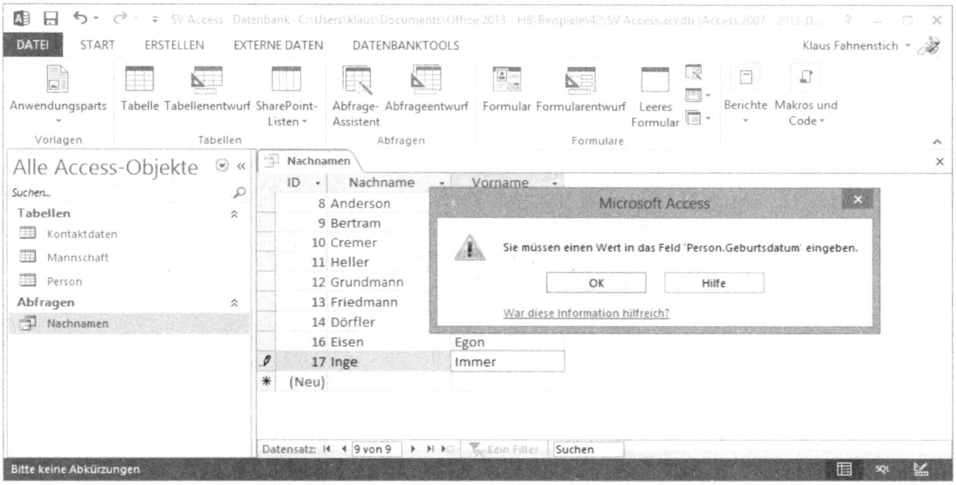

Access handelt in diesem Fall auch absolut korrekt. Wir hatten beim Erstellen der Tabelle *Person* angegeben, dass das Feld *Geburtsdatum* ein Pflichtfeld ist (*Eingabe erforderlich = Ja).* Da wir dieses Feld jedoch nicht in die Abfrage aufgenommen haben, haben Sie in diesem Fall auch keine Chance, hier einen Datensatz einzugeben.

Und wenn wir das Feld in die Abfrage integriert hätten? Dann könnten Sie zwar Daten eingeben, aber Sie hätten ein neues, viel tückischeres Problem: Für das Feld *Geschlecht* der Tabelle *Person* hatten wird den Standardwert »m« festgelegt, da wir davon ausgegangen waren, dass die überwiegende Anzahl der Spieler männlich sein wird. Diese Bequemlichkeit würde dann dazu führen, dass Sie über die Abfrage zwar eine weibliche Person eingeben könnten, indem Sie ihren Namen und ihr Geburtsdatum eintragen, die Datenbank sie jedoch automatisch als männlich einstuft.

Sie sehen, bei der Entwicklung einer Datenbank lauern eine Menge Fallstricke. Es ist daher wirklich empfehlenswert, wenn Sie Ihre Datenbank durch Dritte testen lassen. Sie werden erstaunt sein, auf welche Ideen die Leute kommen.

Nach diesem thematischen Schlenker wollen wir uns wieder mit unsere Abfrage beschäftigen und sie noch etwas verbessern. Denn wie Sie in Bild 42.4 sehen, ist die Personenliste noch unsortiert. Das werden wir im nächsten Schritt ändern.

Ergebnis einer Abfrage sortieren

Wir haben bereits im letzten Kapitel darauf hingewiesen, dass die Daten einer Tabelle nicht sortiert gespeichert werden. Das würde auch wenig Sinn machen, da sich die Anforderungen an die Sortierung von Mal zu Mal ändern. Die Daten werden daher erst in dem Moment sortiert, in dem sie benötigt werden (z. B. um sie auf dem Bildschirm anzuzeigen).

1. Öffnen Sie die soeben erstellte Abfrage in der Entwurfsansicht. Dazu können Sie z. B. ihren Namen mit der rechten Maustaste anklicken und im Kontextmenü den Befehl *Entwurfsansicht* wählen oder – falls die Abfrage bereits in der Datenblattansicht geöffnet ist – klicken Sie unten rechts in der Statusleiste auf das Symbol *Entwurfsansicht.*

Bild 42.6 Die Abfrage *Nachname* in der Entwurfsansicht

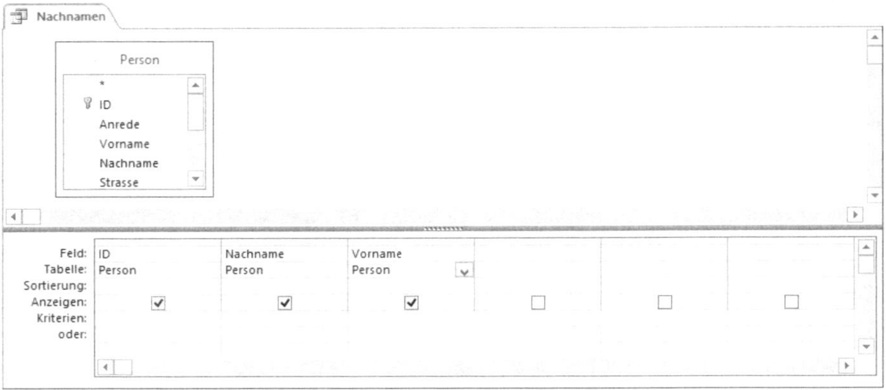

Die Entwurfsansicht für Abfragen ist zweigeteilt: In der oberen Hälfte sehen Sie die Tabellen, die an dieser Abfrage beteiligt sind. In unserem Fall ist das die Tabelle *Person.* Im unteren Bereich wird die eigentliche Abfrage formuliert. Hier stehen Ihnen diverse Möglichkeiten zur Verfügung, die wir in den folgenden Beispielen nach und nach vorstellen werden.

2. Damit unsere Abfrage die Daten sortiert ausgibt, muss offensichtlich in der dritten Zeile der Tabelle eine Einstellung vorgenommen werden. Klicken Sie dazu in den Spalten *Nachname* und *Vorname* in das Feld der Zeile *Sortierung* und wählen Sie im Listenfeld jeweils den Eintrag *Aufsteigend* aus.

Bild 42.7 Festlegen der Sortierung

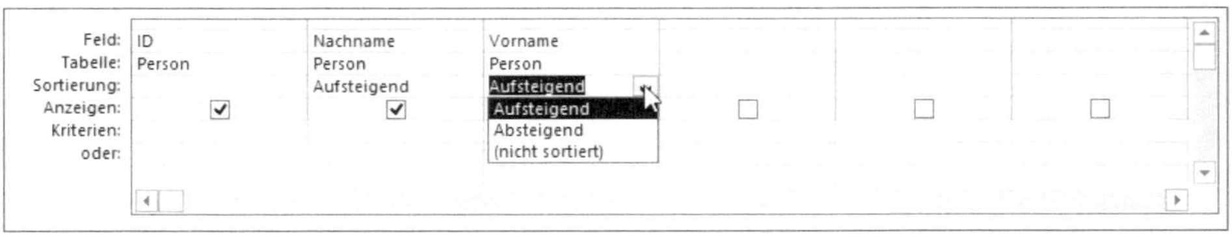

Access berücksichtigt die Felder bei der Sortierung von links nach rechts. Das heißt, in diesem Fall wird erst nach Nachnamen und innerhalb der Nachnamen nach Vornamen sortiert.

3. Klicken Sie auf der Registerkarte ABFRAGETOOLS/ENTWURF in der Gruppe *Ergebnisse* auf die Schaltfläche *Ausführen*. Access zeigt die Liste der Personen jetzt in alphabetischer Reihenfolge an.

Bild 42.8 Die Personenliste ist jetzt nach Nachnamen sortiert

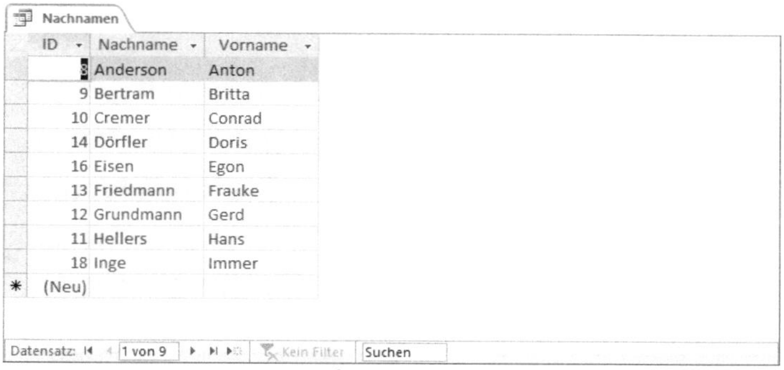

Auswahlkriterien zum Filtern von Daten

Bisher gibt unsere Abfrage sämtliche Einträge der Tabelle *Person* aus. Im nächsten Beispiel wollen wir erreichen, dass nur noch weibliche Personen ausgegeben werden. Dazu werden wir auf das Feld *Geschlecht* zurückgreifen, das uns diese Informationen liefert.

1. Öffnen Sie die Abfrage *Nachname* in der Entwurfsansicht.
2. Scrollen Sie im oberen Bereich die Feldliste der Tabelle *Person* nach unten, bis Sie das Feld *Geschlecht* sehen.
3. Ziehen Sie dann das Feld mit der Maus nach unten in die erste freie Spalte. Der Entwurfsbereich der Abfrage sollte anschließend folgendermaßen aussehen:

Bild 42.9 Der Abfrage wurde ein weiteres Feld hinzugefügt

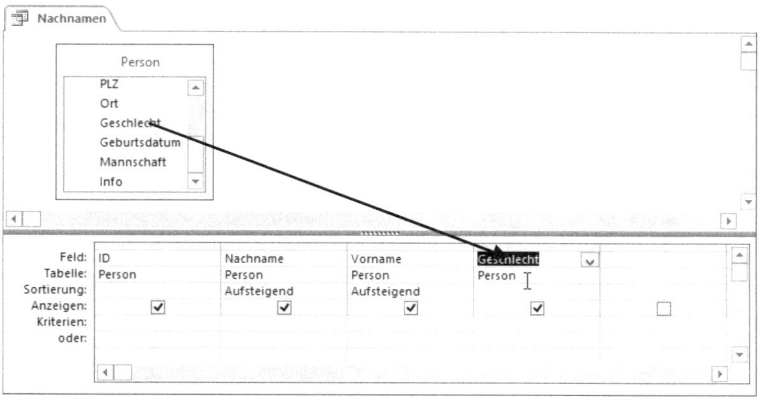

4. Schalten Sie für die Spalte *Geschlecht* das Kontollkästchen der Zeile *Anzeigen* aus. Wir benötigen das Feld lediglich für die Filterbedingung und wollen nicht, dass es angezeigt wird.

5. In der Tabelle *Person* wird das Geschlecht einer Person durch die Kleinbuchstaben »m« und »w« gekennzeichnet. Da unsere Abfrage nur weibliche Personen anzeigen soll, muss in dem Feld *Geschlecht* logischerweise ein »w« stehen. Tippen Sie also in der Zeile *Kriterien* **"w"** ein (inklusive der Anführungszeichen).

Bild 42.10 Der fertige Abfrageentwurf

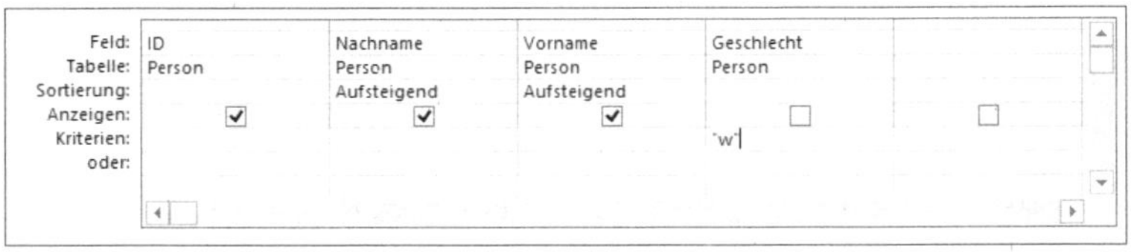

6. Lassen Sie die Abfrage ausführen.

Bild 42.11 Jetzt enthält die Abfrage nur noch weibliche Personen

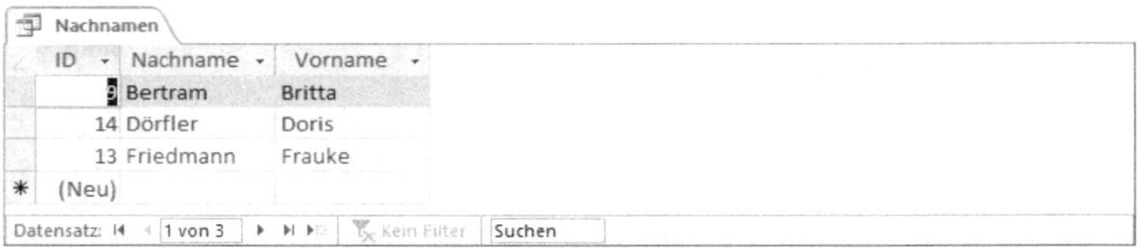

Nach Datumswerten filtern

Die Kriterien einer Abfrage können nahezu beliebig komplex sein. Wir wollen im nächsten Beispiel einen Schritt weitergehen und nur die Personen anzeigen lassen, die in einem bestimmten Jahr geboren wurden. Für diese Aufgabenstellung sind, wie häufig, mehrere Lösungen denkbar, von denen wir Ihnen zwei vorstellen werden.

1. Öffnen Sie die Abfrage *Nachname* in der Entwurfsansicht.

2. Löschen Sie die Spalte für das Feld *Geschlecht,* indem Sie sie erst markieren und dann [Entf] drücken. Zum Markieren bewegen Sie den Mauszeiger oben auf den Rand der Spalte. Sobald er zu einem dicken senkrechten Pfeil wird, können Sie die Spalte durch Anklicken markieren.

3. Ziehen Sie stattdessen das Feld *Geburtsdatum* nach unten. Lassen Sie dieses Mal das Kontrollkästchen in der Zeile *Anzeigen* eingeschaltet, damit wir später prüfen können, ob die Abfrage die richtigen Ergebnisse liefert.

Um nun zum Beispiel alle Personen anzuzeigen, die im Jahr 2000 geboren wurden, benötigen wir eine Filterbedingungen die umgangssprachlich so lauten könnte: »Das Geburtsdatum muss zwischen dem 1.1.2000 und dem 31.12.2000 liegen.«.

4. O.K., dann geben Sie doch mal folgendes ein: **zwischen 1.1.2000 und 31.12.2000.** Lassen Sie sich dabei nicht davon irritieren, dass Access zwischendurch irgendwelche Vorschläge macht. Anschließend sollte Ihr Abfrageentwurf wie im nächsten Bild aussehen.

Bild 42.12 Access hat die Syntax der Bedingung leicht geändert

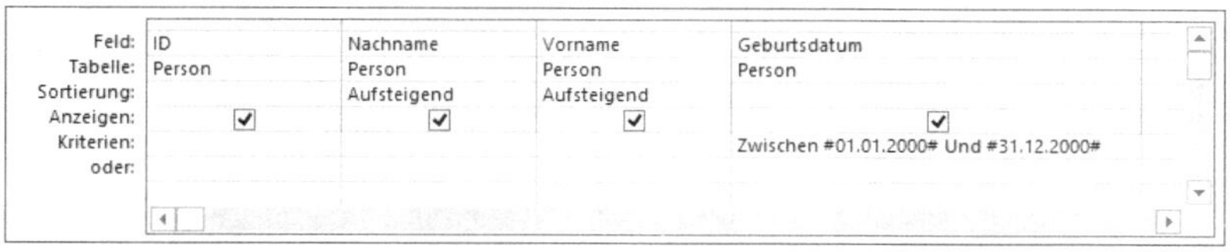

Das sieht gut aus! Daran, dass Access die Syntax Ihrer Eingabe leicht korrigiert hat, können Sie erkennen, dass Sie auf dem richtigen Weg sind. Das Gatter-Zeichen dient offensichtlich zur Kennzeichnung von Datumsangaben.

5. Führen Sie die Abfrage aus. Access liefert daraufhin alle Personen, die im Jahr 2000 geboren wurden.

Bild 42.13 Die Abfrage liefert das gewünschte Resultat

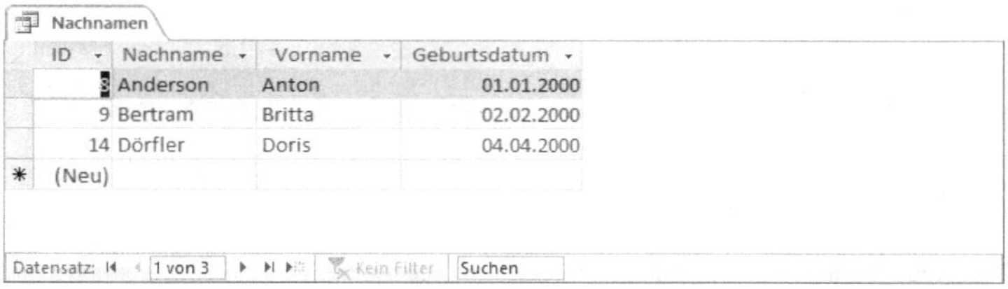

Alternative Lösung mit Datumsfunktionen

Wir wollen Ihnen nun noch einen anderen Lösungsweg zeigen, bei dem wir eine Datumsfunktion einsetzen werden. Diese Technik ist schon relativ anspruchsvoll und öffnet Ihnen eine enorme Bandbreite beim Erstellen von Abfragen.

1. Zeigen Sie die Abfrage *Nachname* in der Entwurfsansicht an und löschen Sie in der Spalte *Geburtsdatum* den Eintrag in der Zeile *Kriterien*.
2. Tippen Sie in die Zelle nun ein J ein. Access macht Ihnen daraufhin zwei Vorschläge:

Bild 42.14 Access stellt zwei Funktionen zur Auswahl

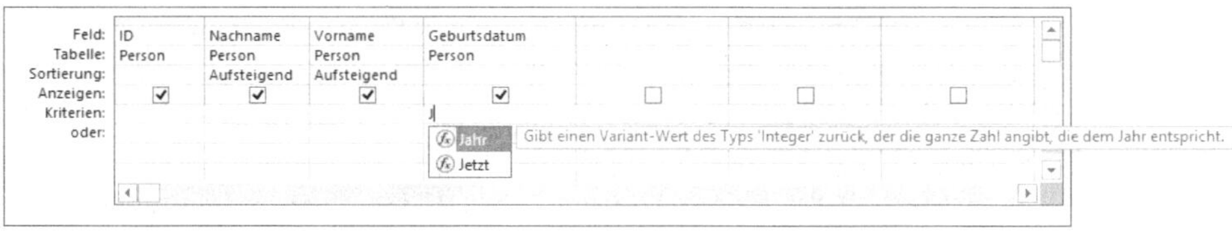

Dem Tooltip können Sie entnehmen, dass die Funktion *Jahr()* die Jahreszahl aus dem übergebenen Datum liefert. Das ist genau das, was wir für unsere Aufgabe benötigen.

3. Drücken Sie [↵], damit Access die Funktion vervollständigt. Im Feld steht nun »Jahr(«.
4. Jetzt müssen Sie den Namen des Tabellenfeldes eingeben, der das zu untersuchende Datum enthält. Das ist in unserem Fall natürlich das Feld *Geburtsdatum*. Geben Sie also die ersten Buchstaben des Feldnamens ein.

Bild 42.15 Access hat den gewünschten Feldnamen nach dem zweiten Zeichen identifiziert

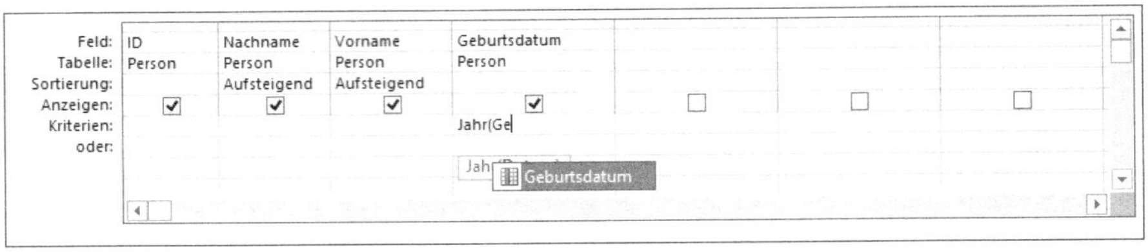

5. Drücken Sie wieder [↵], um den Feldnamen zu übernehmen. Anschließend enthält die Zelle den Eintrag »Jahr([Geburtsdatum]«. Die eckigen Klammern signalisieren, dass Access den Namen als Tabellen- oder Feldnamen identifiziert hat.
6. Vervollständigen Sie die Auswahlbedingung, indem Sie **)=2000** eintippen. Der fertige Eintrag lautet also »Jahr([Geburtsdatum])=2000«. Anschließend können Sie die Abfrage ausführen.

Bild 42.16 Auch diese Abfrage liefert das gewünschte Resultat

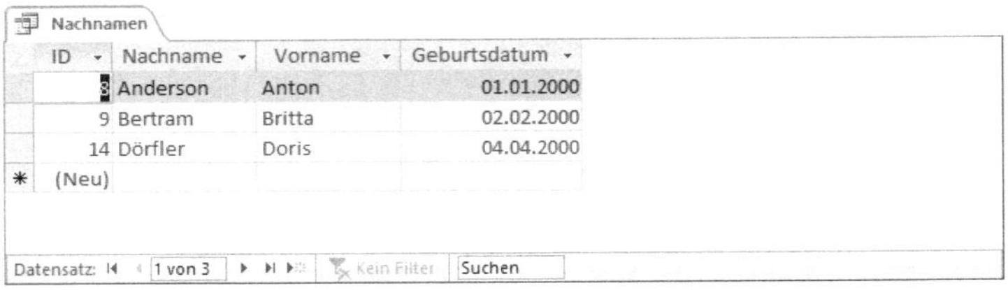

Beachten Sie, dass die von der Funktion *Jahr()* ermittelte Jahreszahl nirgendwo ausgegeben wird. Sie wird lediglich intern benutzt, um zu entscheiden, ob ein Datensatz angezeigt werden soll oder nicht.

Der Ausdrucks-Generator

Access stellt eine Unmenge an Funktionen bereit. Wenn Sie sich einen Überblick verschaffen wollen, können Sie den Ausdrucks-Generator aufrufen, der eine thematisch gruppierte Übersicht der Funktionen liefert. Außerdem finden Sie dort auch kurze Hilfetexte zu den einzelnen Funktionen.

Wir wollen Ihnen dazu noch ein letztes Datums-Beispiel vorstellen. Dazu nehmen wir an, dass der *SV Access* neue Jugendtrainer sucht und deshalb alle Vereinsmitglieder ansprechen möchte, die älter als 16 Jahre sind. Das sollte für eine Datenbank eigentlich kein Problem sein.

1. Zeigen Sie die Abfrage *Nachname* in der Entwurfsansicht an und löschen Sie in der Spalte *Geburtsdatum* den Eintrag in der Zeile *Kriterien*.
2. Klicken Sie die Zelle mit der rechten Maustaste an und wählen Sie dann im Kontextmenü den Befehl *Aufbauen*. Diesen Befehl finden Sie auch auf der Registerkarte *ABFRAGETOOLS/ENTWURF* in der Gruppe *Abfragesetup*. Access zeigt dann den Ausdrucksgenerator an, den wir im letzten Kapitel schon benutzt haben, um die Gültigkeitsregel für das Feld *Geburtsdatum* zu erstellen.
3. Öffnen Sie in der linken Liste des Ausdrucks-Generators den Zweig *Funktionen/Integrierte Funktionen*.

4. Anschließend können Sie in der mittleren Liste die Kategorie *Datum/Uhrzeit* wählen. Jetzt stehen in der rechten Liste alle Funktionen, mit denen Sie Datums- und Uhrzeitberechnungen vornehmen können.
5. Offensichtlich ist die Funktion *DatDiff* für unsere Zwecke besonders interessant. Markieren Sie die Funktion und lesen Sie sich die Kurzbeschreibung durch.

Bild 42.17 Die Funktion *DatDiff* im Ausdrucks-Generator

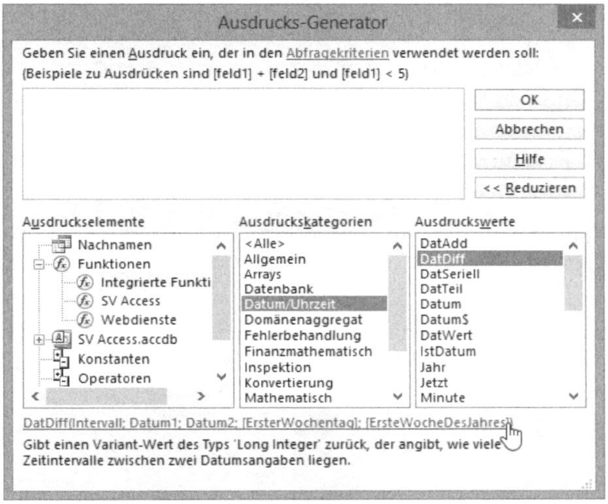

Parameter, die in eckigen Klammern eingefasst sind (wie hier die Parameter *ErsterWochentag* und *ErsteWocheDesJahres*), müssen nicht angegeben werden.

6. Über den Link der Kurzbeschreibung können Sie eine detaillierte Hilfeseite zu dieser Funktion aufrufen, die auf den ersten Blick recht sperrig wirkt.

Die Wirkungsweise der Funktion *DatDiff* ist jedoch relativ einfach:

- Mit dem ersten Parameter geben Sie an, in welcher Einheit das Ergebnis der Funktion geliefert werden soll. Das können zum Beispiel Jahre, Quartale, Monate, aber auch Stunden und Minuten sein. Für jede Einheit existiert ein bestimmtes Kürzel, das Sie auf der Hilfeseite der Funktion finden. Leider sind die Angaben dort nicht immer korrekt übersetzt worden. Das Kürzel für Jahresintervalle lautet zum Beispiel nicht wie angegeben »yyyy« (Year), sondern »jjjj« (Jahr).
- Der zweite und dritte Parameter sind dann die beiden Datumswerte, die voneinander abgezogen werden sollen.
- Die beiden letzten Parameter sind optional und werden hier nicht benötigt.

Für unser Beispiel ergibt sich also folgende Funktion: **DatDiff("jjjj";[Geburtsdatum];Jetzt())>=16**

7. Tragen Sie den Ausdruck in der Spalte *Geburtsdatum* in der Zeile *Kriterien* ein. Achten Sie dabei vor allem auf die richtige Klammersetzung.
8. Wenn Sie die Abfrage nun ausführen, erhalten Sie eine Liste aller Personen, die am heutigen Tag mindestens 16 Jahre alt sind.

Die fertige Abfrage finden Sie in der Beispieldatenbank *SV Access, Kapitel 42.*

Variable Texte vergleichen

Nach den letzten, schon recht kniffligen Beispielen, wird es jetzt wieder deutlich leichter. Im ersten Beispiel (auf der Seite 865) haben Sie bereits gesehen, dass Sie in einer Abfrage auch Textvergleiche vornehmen können. In dem betreffenden Beispiel haben wir alle Datensätze gesucht, die im Feld *Geschlecht* den Buchstaben »w« besitzen.

In der Praxis werden Sie jedoch häufig vor der Situation stehen, dass Sie nur einen Teil des Feldinhalts vergleichen möchten oder zum Beispiel die genaue Schreibweise eines gesuchten Namens nicht kennen.

Nehmen wir einmal an, Sie suchen in der Datenbank nach einer Person, von der Sie die genaue Schreibweise des Nachnamens nicht kennen: »Meier«, »Mayer« oder »Maier«? In diesem Fall können Sie das Jokerzeichen »?« benutzen. Das heißt, Sie suchen einfach nach »M??er«. Natürlich würde dann auch jemand mit dem Namen »Moser« gefunden, aber Sie hätten die Liste der in Frage kommenden Personen auf jeden Fall schon deutlich eingegrenzt.

Die korrekte Syntax für diese Filterbedingung lautet »wie "M??er"«. Mit dem Schlüsselwort »wie« signalisieren Sie Access, dass es einen Ähnlichkeitsvergleich und keinen exakten Vergleich durchführen soll.

Access kennt noch ein zweites Jokerzeichen, das für eine beliebige Anzahl an Zeichen steht. Es ist das Sternchen, das Sie zum Beispiel einsetzen können, wenn Sie alle Namen ausgeben wollen, die mit einem bestimmten Buchstaben beginnen. Um etwa alle Personen zu finden, deren Name mit »W« beginnt, tragen Sie als Filterkriterium den Ausdruck »wie "M*"« ein.

Kriterien miteinander kombinieren

Häufig werden Sie auch mehrere Kriterien kombinieren müssen, um die gesuchten Daten zu finden. Nehmen wir an, Sie wollen eine Liste aller männlichen Personen, die vor dem Jahr 2000 geboren wurden, inklusive aller weiblichen Personen, die vor dem Jahr 2001 geboren wurden.

1. Erstellen Sie eine neue Auswahlabfrage auf Basis der Tabelle *Person,* die die Felder *ID, Nachname, Vorname, Geburtsdatum* und *Geschlecht* enthält. Speichern Sie die Abfrage unter einem beliebigen Namen. Der Abfrageentwurf sollte dann wie folgt aussehen:

Bild 42.18 Ausgangspunkt für eine Abfrage mit kombinierten Kriterien

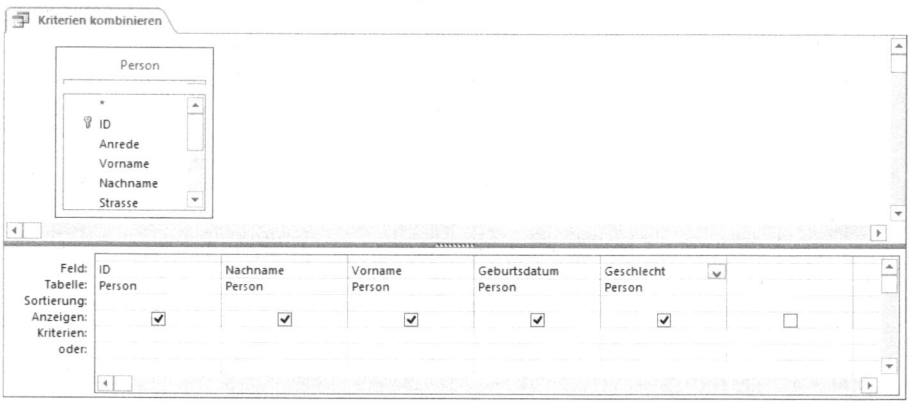

2. Tragen Sie nun in einem ersten Schritt die Filterbedingung für die männlichen Personen ein, die vor dem 1.1.2000 geboren sind. Die einleuchtende Lösung sehen Sie im nächsten Bild.

Bild 42.19 Diese Bedingung findet alle Personen, die männlich sind **und** vor 2000 geboren wurden

Feld:	ID	Nachname	Vorname	Geburtsdatum	Geschlecht	
Tabelle:	Person	Person	Person	Person	Person	
Sortierung:						
Anzeigen:	☑	☑	☑	☑	☑	☐
Kriterien:				<#01.01.2000#	"m"	
oder:						

Bedingungen, die nebeneinander stehen, werden mit »UND« verknüpft.

3. Zusätzlich sollen jetzt noch weibliche Personen in der Ergebnisliste auftauchen, die vor dem 1.1.2001 geboren wurden. Diese Bedingung kann also alternativ erfüllt werden. Schreiben Sie sie daher in die Zeile »oder«.

Bild 42.20 Die angezeigten Personen erfüllen entweder die obere oder die untere Bedingung

Feld:	ID	Nachname	Vorname	Geburtsdatum	Geschlecht	
Tabelle:	Person	Person	Person	Person	Person	
Sortierung:						
Anzeigen:	☑	☑	☑	☑	☑	☐
Kriterien:				<#01.01.2000#	"m"	
oder:				<#01.01.2001#	"w"	

Bei Bedarf können Sie die Abfrage noch um weitere Oder-Bedingungen ergänzen.

4. Führen Sie die Abfrage jetzt aus und prüfen Sie, ob die Ergebnisliste Ihren Erwartungen entspricht.

Bild 42.21 Das Ergebnis der Beispielabfrage ist (natürlich) korrekt

Kriterien kombinieren

ID	Nachname	Vorname	Geburtsdatum	Geschlecht
9	Bertram	Britta	02.02.2000	w
10	Cremer	Conrad	03.03.1980	m
11	Hellers	Hans	08.08.1996	m
12	Grundmann	Gerd	07.07.1997	m
13	Friedmann	Frauke	06.06.1997	w
14	Dörfler	Doris	04.04.2000	w
16	Eisen	Egon	05.05.1955	m
(Neu)				m

Datensatz: 1 von 7 Kein Filter Suchen

Leider ist diese Liste noch unsortiert und das wollen wir jetzt ändern. Damit es aber nicht zu einfach wird, sortieren wir in dieser Reihenfolge: Geschlecht (Ladies first), Geburtsdatum, Nachname, Vorname. In der Ausgabe soll die Spaltenreihenfolge jedoch beibehalten werden.

Schon eine Idee?

Die Lösung ist denkbar einfach:

5. Fügen Sie der Abfrage alle Spalten, die Sie für die Sortierung benötigen, in der gewünschten Reihenfolge hinzu und schalten Sie das Kontrollkästchen für die Anzeige aus.

Bild 42.22 Die vier rechten Spalten dienen allein der Sortierung

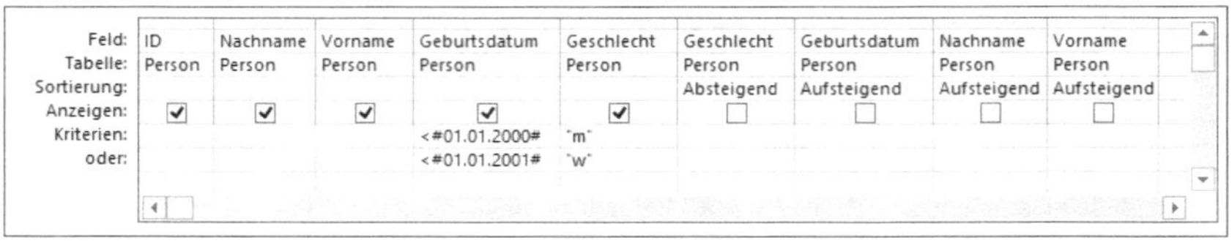

Feld:	ID	Nachname	Vorname	Geburtsdatum	Geschlecht	Geschlecht	Geburtsdatum	Nachname	Vorname
Tabelle:	Person	Person	Person	Person	Person	Person	Person	Person	Person
Sortierung:						Absteigend	Aufsteigend	Aufsteigend	Aufsteigend
Anzeigen:	☑	☑	☑	☑	☑	☐	☐	☐	☐
Kriterien:				<#01.01.2000#	"m"				
oder:				<#01.01.2001#	"w"				

Da die beiden Spalten für das Feld *Geschlecht* direkt nebeneinander stehen, könnte man die rechte von ihnen genau genommen auch löschen und die Sortierfolge in der angezeigten Spalte festlegen. Genau das wird Access beim Speicher der Abfrage auch tun!

6. Wenn Sie die Abfrage jetzt ausführen, sollte das Ergebnis wie im nächsten Bild aussehen.

Bild 42.23 Jetzt ist die Trefferliste auch sortiert

Kriterien kombinieren

ID	Nachname	Vorname	Geburtsdatum	Geschlecht
13	Friedmann	Frauke	06.06.1997	w
9	Bertram	Britta	02.02.2000	w
14	Dörfler	Doris	04.04.2000	w
16	Eisen	Egon	05.05.1955	m
10	Cremer	Conrad	03.03.1980	m
11	Hellers	Hans	08.08.1996	m
12	Grundmann	Gerd	07.07.1997	m
(Neu)				m

Datensatz: 1 von 7 | Kein Filter | Suchen

Sie haben auf den letzten Seiten eine ganze Reihe an Techniken kennengelernt, mit denen Sie Ihrer Datenbank die gewünschten Daten entlocken können. Wir konnten dabei zwar nicht wirklich in die Tiefe gehen, aber Sie besitzen jetzt ein breites Instrumentarium, das Sie im Laufe der Zeit mit Detailwissen unterfüttern können.

Parameterabfragen

Die Auswahlabfragen aus den letzten Beispielen waren zwar zum Teil sehr leistungsfähig, aber auch sehr unflexibel. Nehmen Sie zum Beispiel die Abfrage, die alle Personen ausgegeben hat, die älter als 16 Jahre sind. Wenn Sie stattdessen nur die volljährigen Personen auflisten wollen, müssten Sie die Abfrage entsprechend ändern. Das wäre für Sie natürlich jetzt kein Problem, aber ein normaler Anwender, der später mit Ihrer Datenbank arbeitet, hielte diese Idee sicherlich für unzumutbar. Zum Glück lässt sich diese Situation auch anders lösen.

Es ist nämlich problemlos möglich, in der Abfrage einen Platzhalter einzubauen, der dann beim Ausführen der Abfrage vom Anwender mit einem beliebigen Wert belegt werden kann. Probieren wir das gleich mal aus.

1. Öffnen Sie die Datenbank *SV Access, Kapitel 42* und zeigen Sie die Abfrage *Nachnamen, 16 und älter* im Entwurfsmodus an.
2. Ersetzen Sie in der rechten Spalte die Zahl 16 durch die Eingabe [**Altersgrenze?**]. Der Abfrageentwurf sieht anschließend folgendermaßen aus:

Bild 42.24 Die Jahreszahl wurde durch einen Parameter ersetzt

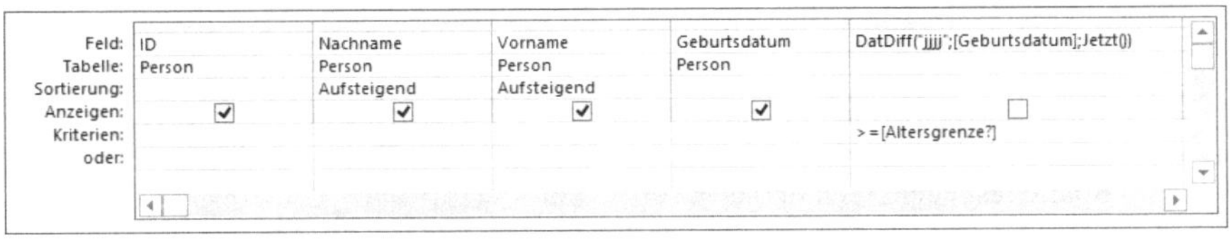

3. Führen Sie die Abfrage aus. Sie sehen dann zunächst ein kleines Dialogfeld.

Bild 42.25 Hier können Sie die gewünschte Altersgrenze angeben

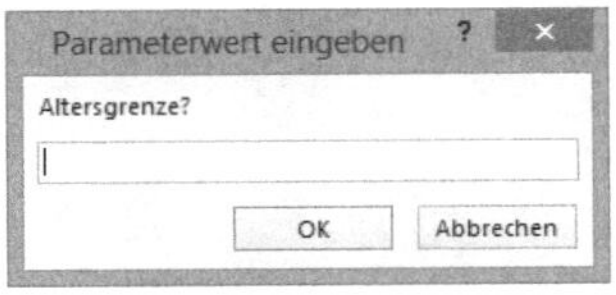

Wie Sie sehen, ist der Name des Parameters gleichzeitig der Hinweistext des Eingabedialogs. Nicht sehr praktisch, aber leider nicht zu ändern. Immerhin können Sie in die eckigen Klammern einen beliebigen Text eintragen. Etwa: »[Geben Sie das gewünschte Mindestalter ein.]«

4. Geben Sie **18** ein und klicken Sie auf *OK*. Das Ergebnis der Abfrage wird angezeigt.

Bild 42.26 Diese Personen sind älter als 18 Jahre

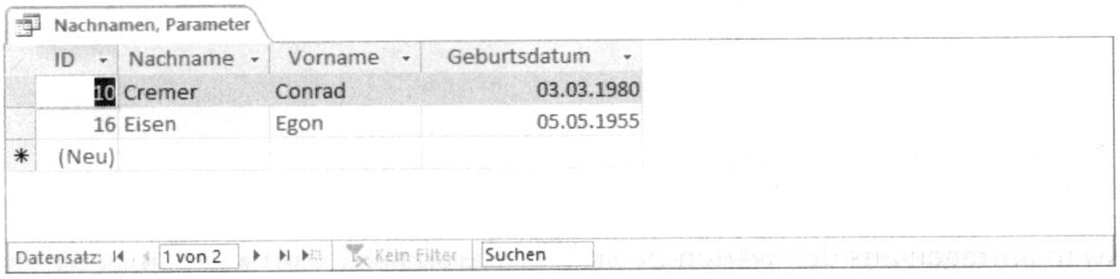

Je nachdem, wie die Bedingungen in Ihren Abfragen aufgebaut sind, kann es wichtig sein, dass der Anwender eine sinnvolle Eingabe für die Parameter macht. Anderenfalls gehen Sie das Risiko ein, dass die Abfrage eine Fehlermeldung anzeigt oder kommentarlos eine leere Trefferliste präsentiert, die dann vom Anwender falsch interpretiert würde. Er würde vermutlich glauben, dass die von ihm gesuchten Daten nicht existieren, ohne zu ahnen, dass seine fehlerhafte Parametereingabe nicht bzw. falsch ausgewertet wurde.

Als präventive Gegenmaßnahme können Sie zwar keine Gültigkeitsregeln definieren, wie wir es beim Feld *Geburtsdatum* gemacht haben, aber immerhin lässt sich der Datentyp vorgeben. Dazu gehen Sie folgendermaßen vor:

1. Zeigen Sie die betreffende Abfrage im Entwurfsmodus an.
2. Wechseln Sie auf die Registerkarte *ABFRAGETOOLS/ENTWURF* und klicken Sie in der Gruppe *Einblenden/Ausblenden* auf die Schaltfläche *Parameter*. Access zeigt dann das Dialogfeld *Abfrageparameter* an.
3. Tragen Sie dort auf der linken Seite die Namen der Parameter (ohne die eckigen Klammern) ein und stellen Sie in der rechten Spalte den gewünschten Datentyp ein. Die Schreibweise des Parameters muss exakt mit der im Abfrageentwurf übereinstimmen.

Bild 42.27 Für Parameter kann zumindest der Datentyp vorgegeben werden

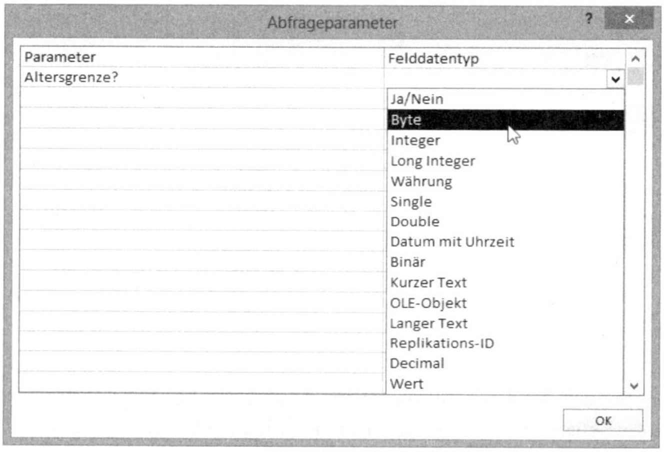

4. Schließen Sie das Dialogfeld und führen Sie die Abfrage erneut aus. Wenn Sie nun im Dialogfeld *Parameter eingeben* eine Eingabe vornehmen, die nicht mit dem eingestellten Datentyp des Parameters kompatibel ist, zeigt Access eine (leider nicht sehr aussagekräftige) Fehlermeldung an.

Bild 42.28 Die Fehlermeldung hätte ruhig etwas informativer ausfallen können

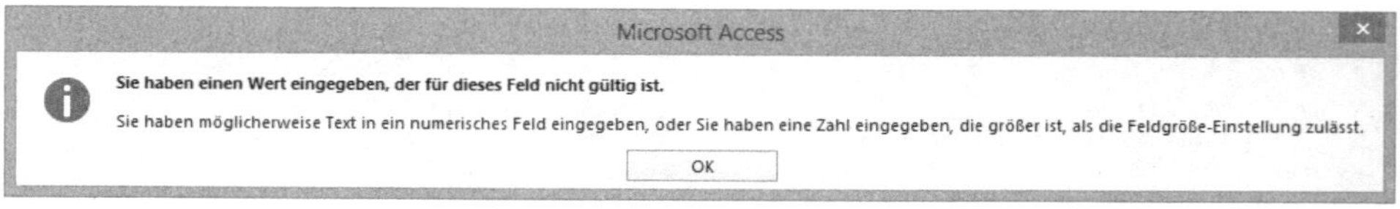

Die fertige Parameterabfrage finden Sie in der Beispieldatenbank *SV Access, Kapitel 42* unter dem Namen *Nachnamen, Parameter*.

Eigene Spalten in Abfragen erstellen

Als wir im letzten Kapitel die Nachschlagefelder zur Auswahl von Personen eingerichtet haben (*Trainer, Co-Trainer, Betreuer* etc.), haben wir schon kurz angesprochen, dass hier noch Verbesserungsbedarf besteht. Das Problem war ja, dass in der Datenblattansicht nur der Nachname einer Person angezeigt wurde. Der Vorname war lediglich bei der Auswahl zu sehen.

Bild 42.29 Im Feld *Person* der Tabelle *Kontaktdaten* wird nur der Nachname angezeigt

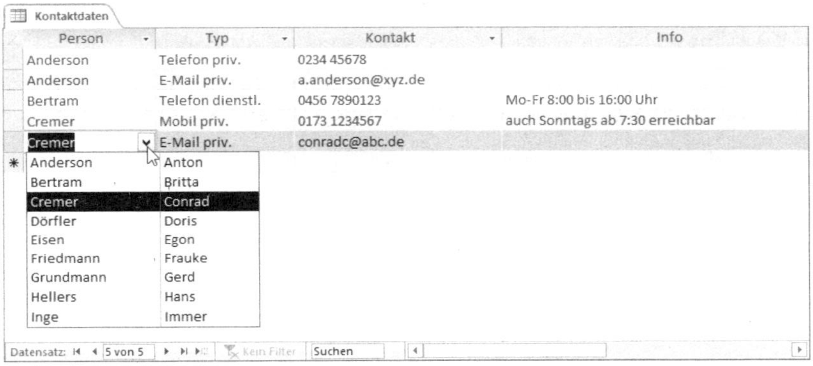

Diesen Schönheitsfehler wollen wir nun beheben. Dazu wollen wir eine Abfrage erstellen, die aus zwei Spalten besteht: Dem Feld *ID* und einem neuen Feld, das den Nachnamen zusammen mit dem Vornamen enthält. Anschließend werden wir die neue Abfrage als Datenquelle für das oben abgebildete Nachschlagefeld einsetzen.

1. Erstellen Sie eine neue Auswahlabfrage. Wechseln Sie dazu auf die Registerkarte *ERSTELLEN* und klicken Sie dort in der Gruppe *Abfragen* auf die Schaltfläche *Abfrageentwurf.* Access zeigt dann folgendes Fenster an, in dem Sie die Tabelle wählen können, aus der die neue Abfrage ihre Daten abrufen soll.

Bild 42.30 Auswahl der Tabelle, aus der die Daten abgerufen werden sollen

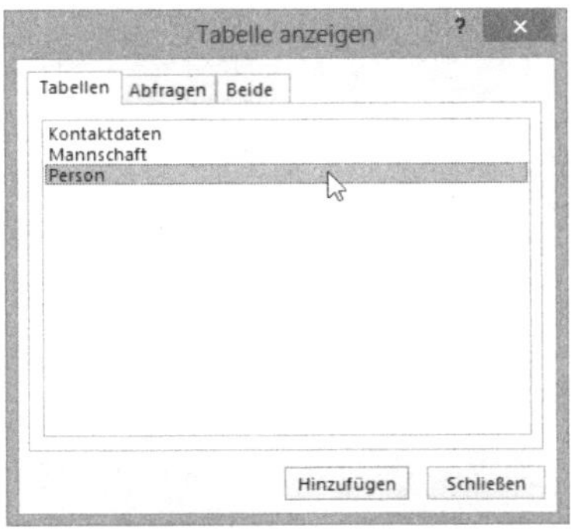

2. Markieren Sie die Tabelle *Person* und klicken Sie auf *Hinzufügen.* Anschließend können Sie das Dialogfeld wieder schließen.
3. Ziehen Sie nun zunächst das Feld *ID* nach unten in die erste Spalte des Abfragebereichs.

In der zweiten Spalte wollen wir nun ein neues Feld schaffen, das den Vor- und Nachnamen miteinander kombiniert. Der Begriff *Feld* ist an dieser Stelle etwas unglücklich gewählt, denn es handelt sich hier genau genommen nur um eine weitere Ausgabespalte für unsere Abfrage.

Die neue Spalte soll *Name* heißen und den Vornamen mit einem Komma an den Nachnamen anhängen (z. B. »Andersen, Anton«). Um diese Spalte einrichten zu können, müssen Sie lediglich zwei Dinge wissen:

- Eine Spalte lässt sich umbenennen, indem Sie den gewünschten Namen in der Zeile *Feld* an den Anfang der Zelle schreiben und durch einen Doppelpunkt abtrennen.
- Zeichenketten werden in Access durch das Zeichen »&« miteinander verkettet.

In unserem Fall sieht das dann so aus: »Name:[Nachname] & ", " & [Vorname]«. Die beiden Tabellenfelder *Nachname* und *Vorname* werden also aneinandergehängt und dabei von einem Komma und einem Leerzeichen getrennt.

4. Geben Sie diesen Ausdruck in die oberste Zelle der zweiten Spalte ein.

Bild 42.31 In der zweiten Spalte sollen Nachname und Vorname aneinandergehängt werden

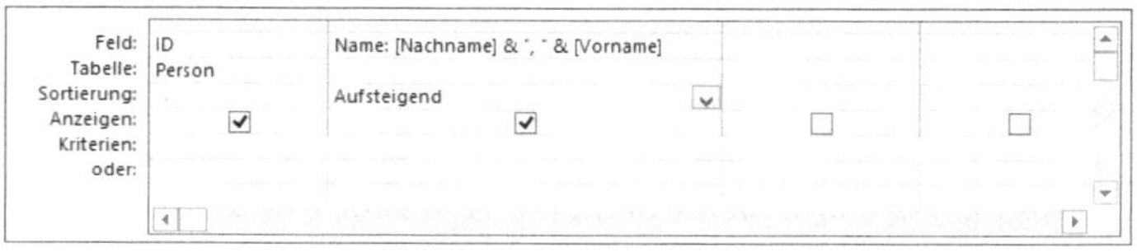

5. Legen Sie eine aufsteigende Sortierung fest und führen Sie die Abfrage aus.

Bild 42.32 Nachname und Vorname stehen nun in einer gemeinsamen Spalte

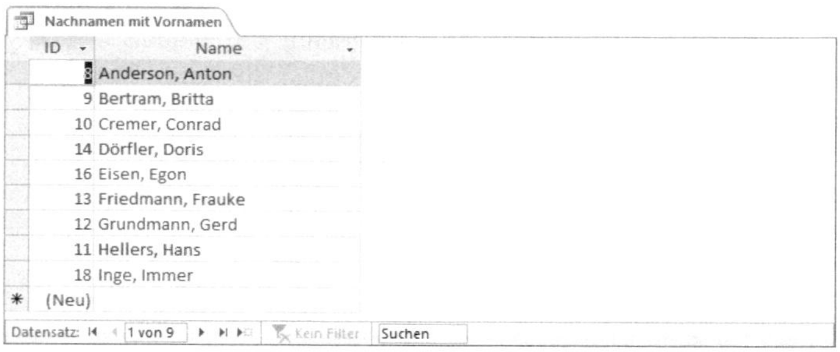

6. Speichern Sie die neue Abfrage unter dem Namen *Nachnamen mit Vornamen.*

Abfragen in Nachschlagfeldern nutzen

Die soeben erstellte Abfrage *Nachname mit Vornamen* wollen wir nun für das Feld *Person* der Tabelle *Kontaktdaten* verwenden, die Sie auf der vorherigen Seite in Bild 42.29 sehen.

1. Öffnen Sie die Tabelle *Kontaktdaten* in der Entwurfsansicht, markieren Sie das Feld *Person* und zeigen Sie dann unten im Entwurfsbereich die Registerkarte *Nachschlagen* an. Sie sehen nun, dass für die Eigenschaft *Datensatzherkunft* ein SQL-Befehl eingetragen ist (»SELECT…«).

2. Klicken Sie in dieses Feld und öffnen Sie dessen Auswahlliste.

Bild 42.33 Die neuen Abfrage soll für die Datensatzherkunft des Feldes *Person* gewählt werden

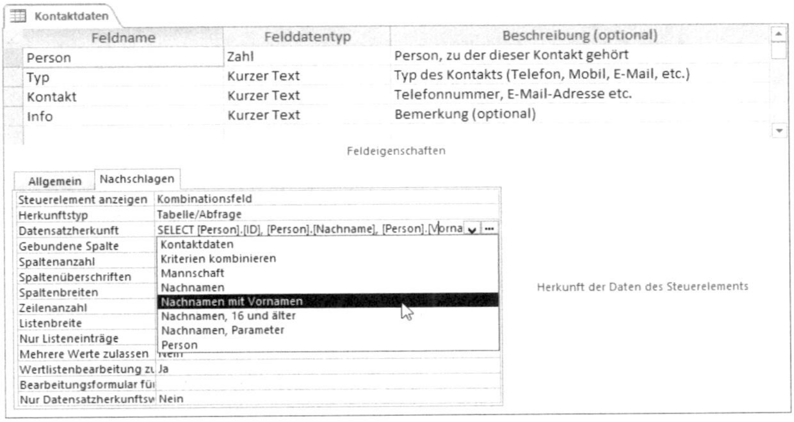

3. Stellen Sie die Abfrage *Nachnamen mit Vornamen* als neue Datensatzherkunft ein.

4. Jetzt müssen Sie noch die Spaltenanzahl anpassen. Die ursprüngliche Liste bestand ja aus drei Spalten (*ID, Nachname, Vorname*), wohingegen die neue Abfrage nur zwei Spalten besitzt (*ID* und *Name*). Geben Sie also bei der Eigenschaft *Spaltenanzahl* eine **2** ein.

5. Zusätzlich müssen Sie nun noch die Angabe zur Spaltenbreite korrigieren. Das Feld *Spaltenbreiten* enthält zurzeit einen Eintrag der Form »0cm;4cm;2cm«. Damit wissen Sie jetzt auch, wie die Spalte ID ausgeblendet wurde: Ihre Breite wurde einfach auf den Wert 0 gestellt. Geben Sie in das Feld als neuen Wert z. B. **0cm;6cm** ein.

6. Zum Schluss stellen Sie auch noch die dazu passende *Listenbreite* ein. Die Feldeigenschaften sollten anschließend so aussehen, wie in der folgenden Abbildung.

Bild 42.34 Die neuen Einstellungen für das Nachschlagefeld

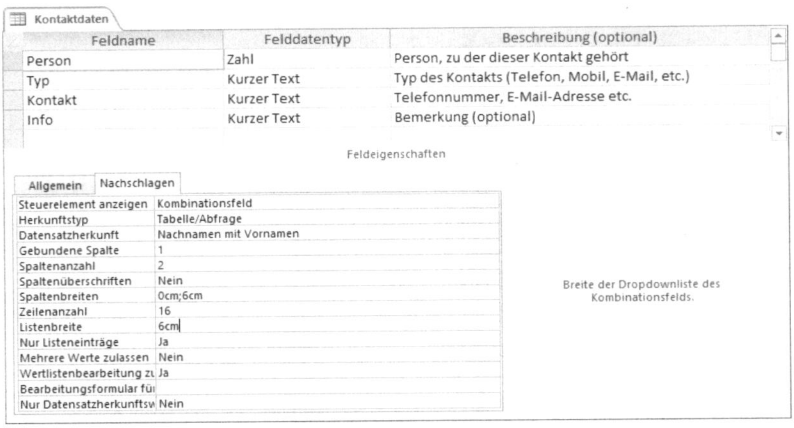

7. Wechseln Sie in die Datenblattansicht, um die Änderungen zu überprüfen.

Bild 42.35 In der Datenblattansicht sind jetzt auch die Vornamen zu sehen

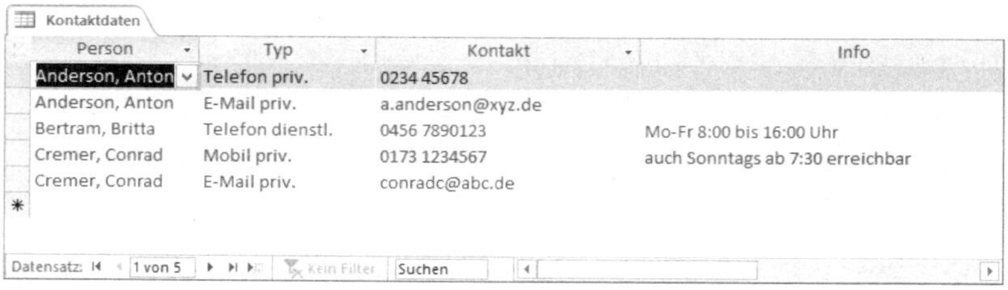

8. Wenn Sie möchten, können Sie auch die Nachschlagfelder der Tabelle *Mannschaft* auf den neuen Stand bringen. Das ist zwar keine besonders spannende Aufgabe, aber dafür eine gute Übung.

Abfragen mit mehreren Tabellen

Bisher haben wir nur Abfragen erstellt, die auf einer einzigen Tabelle basieren. In diesem Abschnitt wollen wir einen Schritt weitergehen und zeigen Ihnen, wie Sie Abfragen erstellen, die Daten aus mehreren Tabellen zusammenfassen. Die dazu passende Aufgabenstellung lautet: Erstellen Sie eine Liste aller Personen, die folgende Spalten enthält: Anrede, Vorname, Nachname und die private E-Mail-Adresse.

Damit ist klar, dass wir die beiden Tabellen *Person* (für die Spalten *Anrede, Vorname und Nachname)* und die Tabelle *Kontaktdaten* (für die E-Mail-Adresse) benötigen.

1. Erstellen Sie eine neue Auswahlabfrage (*ERSTELLEN/Abfragen/Abfrageentwurf)*. Access zeigt das Fenster *Tabelle anzeigen* an (siehe Bild 42.30), in dem Sie die für die Abfrage benötigten Tabellen wählen können.
2. Doppelklicken Sie erst auf die Tabelle *Person* und dann auf die Tabelle *Kontaktdaten*. Anschließend können Sie das Dialogfeld schließen. Der Abfrageentwurf sollte jetzt so aussehen:

Bild 42.36 Abfrage mit zwei Tabellen

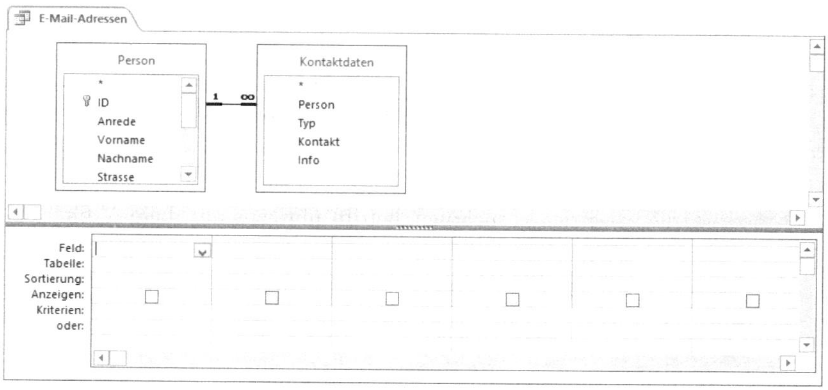

Wie Sie sehen, hat Access die Beziehung, die wir zwischen den beiden Tabellen eingerichtet haben, bereits berücksichtigt.

3. Ziehen Sie aus der Tabelle *Person* die Felder *Anrede, Vorname* und *Nachname* nach unten in den Entwurfsbereich.
4. Die E-Mail-Adressen befinden sich in der Tabelle *Kontaktdaten* in der Spalte *Kontakt*. Dort stehen aber auch alle anderen Informationen wie Telefon- und Mobilnummern. Um wirklich nur die E-Mail-Adressen zu erhalten, müssen wir auch noch das Feld *Typ* auswerten. Dort haben wir ja gespeichert, um welche Art von Kontakt es sich jeweils handelt. Ziehen Sie also aus der Tabelle die beiden Felder *Kontakt* und *Typ* nach unten.
5. Da wir das Feld *Typ* nur zum Filtern der Kontaktdaten benötigen, können Sie seine Anzeige ausschalten. Als Kriterium geben Sie **E-Mail priv.** ein. Anschließend sollte Ihre Abfrage so aussehen wie in der folgenden Abbildung.

Bild 42.37 Die letzte Spalte filtert die gewünschten E-Mail-Adressen aus

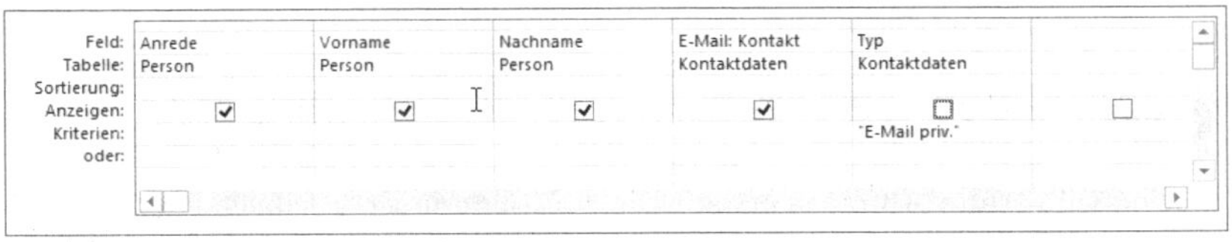

Beachten Sie auch, dass wir der vierten Spalte den neuen Namen *E-Mail* gegeben haben.

6. Führen Sie die Abfrage aus. Sie erhalten dann folgendes Ergebnis:

Bild 42.38 Das sieht nicht schlecht aus, aber wo sind die Personen ohne E-Mail-Adresse?

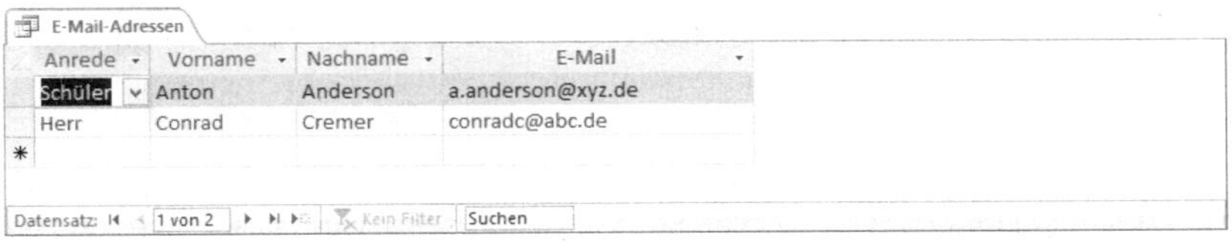

Das Ergebnis kommt unserer Anforderung schon recht nahe. Allerdings gibt es noch ein großes Problem: Auf der Liste fehlen alle Personen, für die noch keine E-Mail-Adresse eingetragen wurde. Woran mag das liegen?

Nun, des Rätsels Lösung verbirgt sich hinter der Verknüpfung, die zwischen den Tabellen eingerichtet ist. Sie sorgt dafür, dass aus der Tabelle *Person* nur die Datensätze angezeigt werden, für die es in der Tabelle *Kontaktdaten* eine Entsprechung gibt. Wir wollen jedoch alle Einträge der Tabelle *Person* ausgeben, unabhängig davon, ob eine passende E-Mail-Adresse existiert oder nicht. Für diese Anforderung müssen wir die Verknüpfung noch etwas modifizieren.

Die Änderung, die wir gleich vornehmen, betrifft übrigens nur diese Abfrage. Die Beziehung der beiden Tabellen innerhalb der restlichen Datenbank bleibt davon unberührt! Welche Verknüpfungen Sie in einer Abfrage einrichten, ist für alle anderen Objekte in der Datenbank ohne Bedeutung.

7. Wechseln Sie wieder in die Entwurfsansicht der Abfrage und doppelklicken Sie auf die Verbindungslinie der beiden Tabellen. Access zeigt dann das Fenster *Verknüpfungseigenschaften* an.

Bild 42.39 Einstellen der Verknüpfungseigenschaften

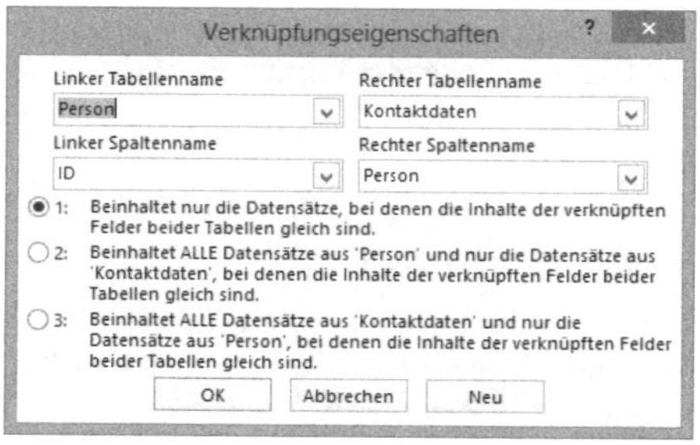

In den vier Listenfeldern lässt sich erkennen, dass die Verknüpfung zwischen den beiden Tabellen *Person* und *Kontaktdaten* besteht und die Felder *ID* und *Person* verbindet. An diesen Einstellungen wollen wir nichts ändern.

Uns interessieren die drei Optionen, die Access für die Verknüpfung anbietet. Wenn Sie sich die Erläuterungen im Fenster durchlesen, wird schnell klar, dass für unseren Fall nur die zweite Option in Frage kommt: »Beinhaltet ALLE Datensätze aus 'Person' und nur die Datensätze aus 'Kontaktdaten', bei denen die Inhalte der verknüpften Felder beider Tabellen gleich sind.«

8. Schalten Sie die Option *2.* ein und schließen Sie das Dialogfeld. Beachten Sie, dass sich die Verbindungslinie zwischen den Tabellen dadurch verändert hat. Sie besitzt an ihrem rechten Ende einen kleinen Pfeil.

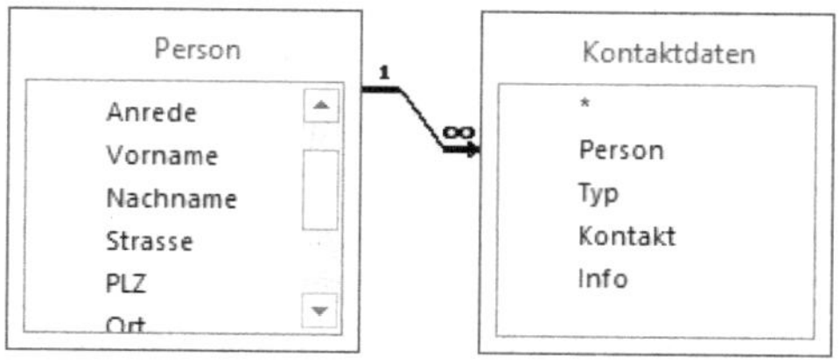

9. Damit unser Plan auch wirklich funktioniert, müssen Sie zusätzlich noch in der Spalte *Typ* das Auswahlkriterium erweitern. Die Abfrage soll ja auch Datensätze anzeigen, für die keine E-Mail-Adresse existiert. Dies erreichen Sie, indem Sie in der Zeile *oder* die Bedingung **Ist Null** eingeben. Mit »Null« ist hier übrigens nicht der Wert 0 gemeint, sondern ein in Datenbanken verwendetes Schlüsselwort, das aussagt, dass ein Feld gar keinen Wert enthält, also weder eine 0 noch eine leere Zeichenkette. Ihr Abfrageentwurf sollte nun so aussehen:

Bild 42.40 Der geänderte Abfrageentwurf, um auch Personen ohne E-Mail-Adresse anzuzeigen

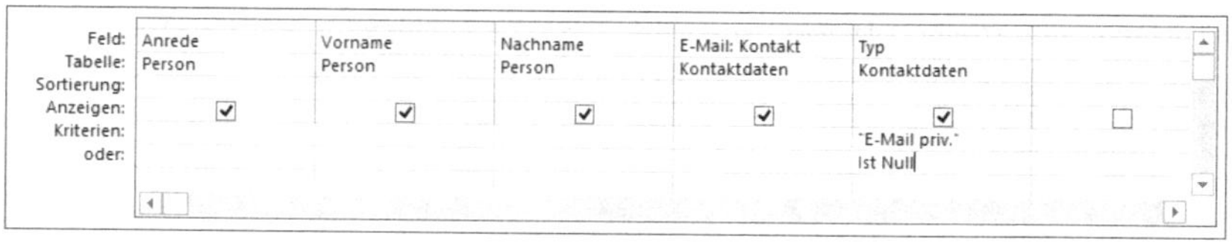

10. Führen Sie die Abfrage jetzt aus. Die Liste enthält nun wie gefordert alle Personen.

Bild 42.41 Die Abfrage liefert nun alle Personen, und zwar unabhängig davon, ob eine E-Mail-Adresse existiert oder nicht

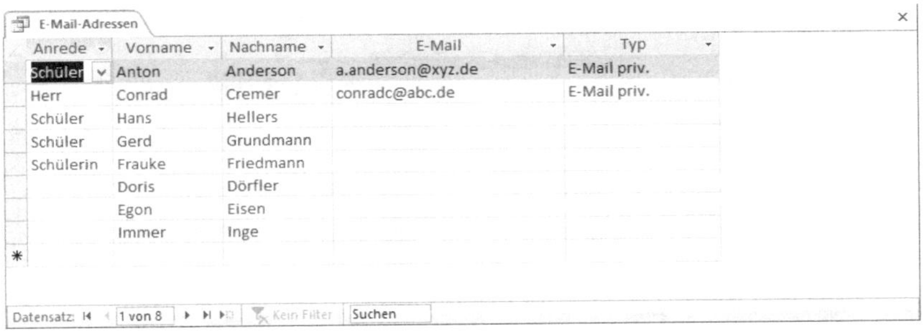

E-Mail-Adressen

Anrede	Vorname	Nachname	E-Mail	Typ
Schüler	Anton	Anderson	a.anderson@xyz.de	E-Mail priv.
Herr	Conrad	Cremer	conradc@abc.de	E-Mail priv.
Schüler	Hans	Hellers		
Schüler	Gerd	Grundmann		
Schülerin	Frauke	Friedmann		
	Doris	Dörfler		
	Egon	Eisen		
	Immer	Inge		

Datensatz: 1 von 8 Kein Filter Suchen

Kreuztabellenabfragen

Im letzten Abschnitt dieses Kapitels wollen wir Ihnen die Leistungsfähigkeit von Kreuztabellenabfragen vorstellen. Wenn Sie sich bereits mit Pivot-Tabellen in Excel beschäftigt haben, werden Sie sich sofort auf vertrautem Boden befinden. Aber auch, wenn Sie bisher noch nie etwas mit Kreuztabellen zu tun hatten, werden Sie dem Beispiel gut folgen können.

Die Aufgabenstellung lautet diesmal: Erstellen Sie eine Personenliste, die alle Personen mit sämtlichen Kontakten enthält. Die verschiedenen Kontakttypen sollen dabei jeweils in eigenen Spalten stehen. Das hört sich auf den ersten Blick ziemlich knifflig und aufwendig an. Sie werden staunen!

Sehen Sie sich zuvor die Tabelle *Kontaktdaten* noch einmal kurz an (z. B. in Bild 42.35). Die eigentlich relevante Information steht dort im Feld *Kontakt*. Die beiden Spalten *Person* und *Kontakttyp* dienen nur der richtigen Zuordnung. Dies lässt sich auch als Matrix darstellen. Die Personen bilden dabei die Zeilen, die Kontakttypen die Spalten. Die einzelnen Kontaktinformationen werden dann einfach in dem Schnittpunkt der zugehörigen Personenzeile mit der betreffenden Kontakttypenspalte eingetragen.

1. Wechseln Sie auf die Registerkarte *ERSTELLEN* und starten Sie den Abfrage-Assistenten.
2. Markieren Sie im ersten Schritt des Assistenten den Eintrag *Kreuztabellenabfrage-Assistent* und klicken Sie auf *Weiter.*
3. Im nächsten Schritt wählen Sie die Tabelle *Kontaktdaten* aus und klicken auf *Weiter.*
4. Jetzt wird es langsam interessant. Der Assistent will wissen, welches Feld für die Zeilen benutzt werden soll. Hier wählen Sie das Feld *Person* und gehen direkt zum nächsten Schritt.
5. Nun sollen Sie folgerichtig das Feld für die Spalten angeben. Markieren Sie also das Feld *Typ* und klicken Sie auf *Weiter.*
6. Hier müssen Sie entscheiden, was an den Kreuzungspunkten der Tabelle geschehen soll. Wie Sie sehen, haben Sie hier die Wahl zwischen verschiedenen Funktionen. Die meisten dieser Funktionen gehen davon aus, dass die Tabelle Zahlen enthält, die in irgendeiner Form ausgewertet werden sollen. In unserem Fall enthält die Tabelle jedoch Textinformationen. Wählen Sie daher die Funktion *ErsterWert.* Falls für eine Person z. B. mehrere private E-Mail-Adressen erfasst wurden, wird dann zwar nur die erste von ihnen angezeigt, aber dieses Manko lässt sich verschmerzen. Der Assistent sollte bei Ihnen jetzt wie im folgenden Bild eingestellt sein:

Bild 42.42 Im Vorschaubild des Assistenten ist die spätere Struktur der Tabelle bereits zu erkennen

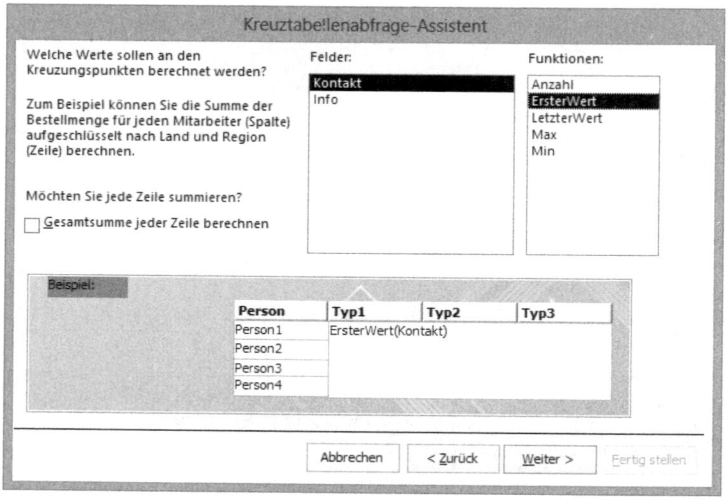

7. Schalten Sie noch die Option *Gesamtsumme jeder Zeile berechnen* aus und gehen Sie mit einem Klick auf *Weiter* zum letzten Schritt des Assistenten.
8. Übernehmen Sie für die Abfrage den vorgeschlagenen Namen und klicken Sie direkt auf *Fertig stellen*, um die Abfrageergebnisse anzuzeigen.

Bild 42.43 So haben Sie alle Kontaktdaten perfekt im Blick

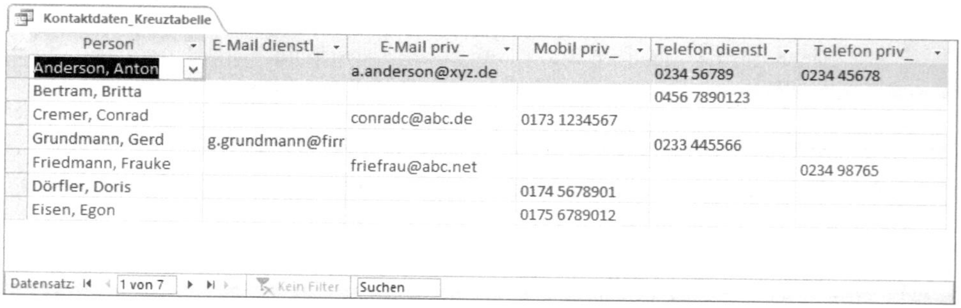

Für die obige Abbildung haben wir übrigens in der Entwurfsansicht der Kreuztabellenabfrage noch eingestellt, dass die Personen und die Kontakttypen alphabetisch sortiert werden sollen.

HINWEIS Die Tabelle *Kontaktdaten* hat vom Prinzip her die gleiche Struktur, die auch eine Umsatztabelle besäße, in der für verschiedene Artikel (= Personen) die Umsätze (= Kontakte) in den einzelnen Quartalen (= Kontakttyp) gespeichert sind. Wenn Sie also einmal eine solche Umsatzliste auswerten wollen, wissen Sie jetzt, wie Sie dabei vorgehen müssen.

Kapitel 43

Formulare erstellen

In diesem Kapitel:

In diesem Kapitel beschäftigen wir uns mit den Formularen von Access. Formulare sind gewissermaßen die Bedieneroberfläche einer Datenbank, mit denen ein Anwender die Daten betrachten, eingeben und ändern kann. Das Thema ist daher bei weitem zu umfangreich, als das wir es im Rahmen dieses Buches auch nur annähernd erschöpfend behandeln können. Wir werden daher beim Erstellen der Formulare auf die tatkräftige Hilfe der Assistenten zurückgreifen und haben unser Hauptaugenmerk darauf gelegt, Ihnen die prinzipiellen Vorgehensweisen zu erklären.

Als Startpunkt werden wir unsere Beispieldatenbank in der abschließenden Fassung aus Kapitel 42 verwenden. Diese Datenbank finden Sie in der Übungsdatei *SV Access, Kapitel 42*. Die Version, die am Ende dieses Kapitels entstanden sein wird, finden Sie in der Übungsdatei *SV Access, Kapitel 43*.

Formulare automatisch erstellen

Das Erstellen eines Standardformulars mit Access ist so unglaublich einfach, dass die Erklärung nur zwei Sätze kostet:

1. Markieren Sie im Navigationsbereich die Tabelle, für die Sie ein Formular erstellen möchten.
2. Wechseln Sie auf die Registerkarte *ERSTELLEN* und klicken Sie in der Gruppe *Formulare* auf die Schaltfläche *Formular*.

Bild 43.1 Schon fertig! Das Formular für die Tabelle *Kontaktdaten*

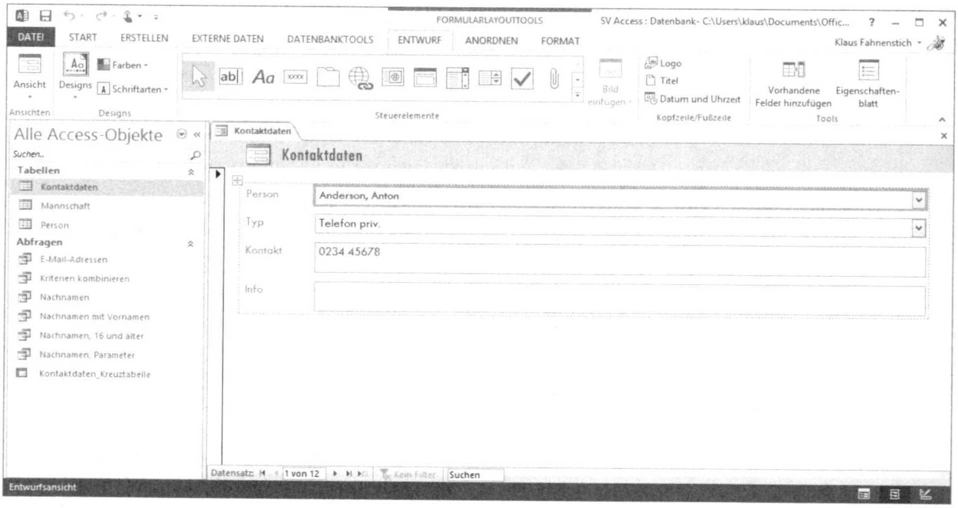

Na, zuviel versprochen? Zugegeben, das Formular hat noch einigen Optimierungsbedarf. Aber es ist voll funktionsfähig und wird uns in den nächsten Abschnitten begleiten. Die Elemente auf einem Formular, die zum Anzeigen der Daten oder für deren Beschriftung benutzt werden, bezeichnet man übrigens ganz allgemein als *Steuerelemente*.

HINWEIS Anstelle einer Tabelle können Sie auch eine Abfrage auswählen. Dies macht aus Sicht von Access absolut keinen Unterschied, da Tabellen und Abfragen ihre Daten auf exakt die gleiche Weise liefern.

Die Formularansichten

Aus den beiden letzten Kapiteln wissen Sie bereits, dass sich Tabellen in einer Entwurfs- und einer Datenblattansicht anzeigen lassen. Dies gilt genauso für Formulare, nur dass es bei ihnen noch ein paar Ansichten mehr sind.

Grundsätzlich lassen sich die Formularansichten in zwei Gruppen unterscheiden, für die es jeweils mehrere Ansichten gibt:

- Ansichten, in denen das Formular bearbeitet werden kann:
  - Layoutansicht
  - Entwurfsansicht
- Ansichten, in denen Daten angezeigt und bearbeitet werden:
  - Formularansicht mit einzelnem Formular
  - Formularansicht mit Endlosformular
  - Datenblattansicht
  - Formularansicht mit geteiltem Formular

Layoutansicht

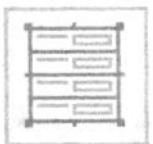

Die Layoutansicht shaben Sie bereits kennengelernt (siehe Bild 43.1). Sie ist eine etwas merkwürdige Mischform. Obwohl diese Ansicht zum Bearbeiten eines Formulars vorgesehen ist, werden dabei auch die Daten der zugrunde liegenden Tabelle angezeigt. Diese Zwitteransicht soll Ihnen als Entwickler die Möglichkeit geben, das Formular optimal an die anzuzeigenden Daten anzupassen. Zum Teil ist das sicher ganz sinnvoll, da man so sehr gut beurteilen kann, ob zum Beispiel ein Auswahlfeld breit genug angelegt wurde, um seine Listeneinträge vollständig anzuzeigen.

Allerdings kommt man im Layoutmodus auch immer wieder in die Situation, dass sich bestimmte Änderungen in dieser Ansicht nicht durchführen lassen. So schaltet man dann regelmäßig zwischen Layout- und Entwurfsansicht hin und her, bis man irgendwann möglichst nur noch in der Entwurfsansicht arbeitet.

Entwurfsansicht

In der Entwurfsansicht haben Sie Zugriff auf alle Eigenschaften eines Formulars. Um in diese Ansicht umzuschalten, können Sie wie gewohnt die Schaltfläche *Ansicht* aus der Registerkarte *START* verwenden oder Sie klicken den Namen des Formulars mit der rechten Maustaste an und wählen dann im Kontextmenü den Befehl *Entwurfsansicht.*

In Bild 43.2 auf der nächsten Seite sehen Sie, dass diese Ansicht deutlich technischer wirkt als die Layoutansicht. Und wenn Sie die vielen Eigenschaften rechts im Eigenschaftenblatt betrachten, werden Sie uns Recht geben, dass Formulare ein recht vielseitiges Thema sind. Und dabei ist dies nur die erste Registerkarte von insgesamt fünf und es sind nur die Eigenschaften des Formulars als Ganzes. Jedes Objekt, das sich auf dem Formular befindet, steuert noch einmal ähnlich viele Eigenschaften bei. Aber jetzt Schluss damit; wir lassen Access für uns arbeiten und begnügen uns mit der Feinarbeit.

Bild 43.2 Das Formular *Kontaktdaten* in der Entwurfsansicht

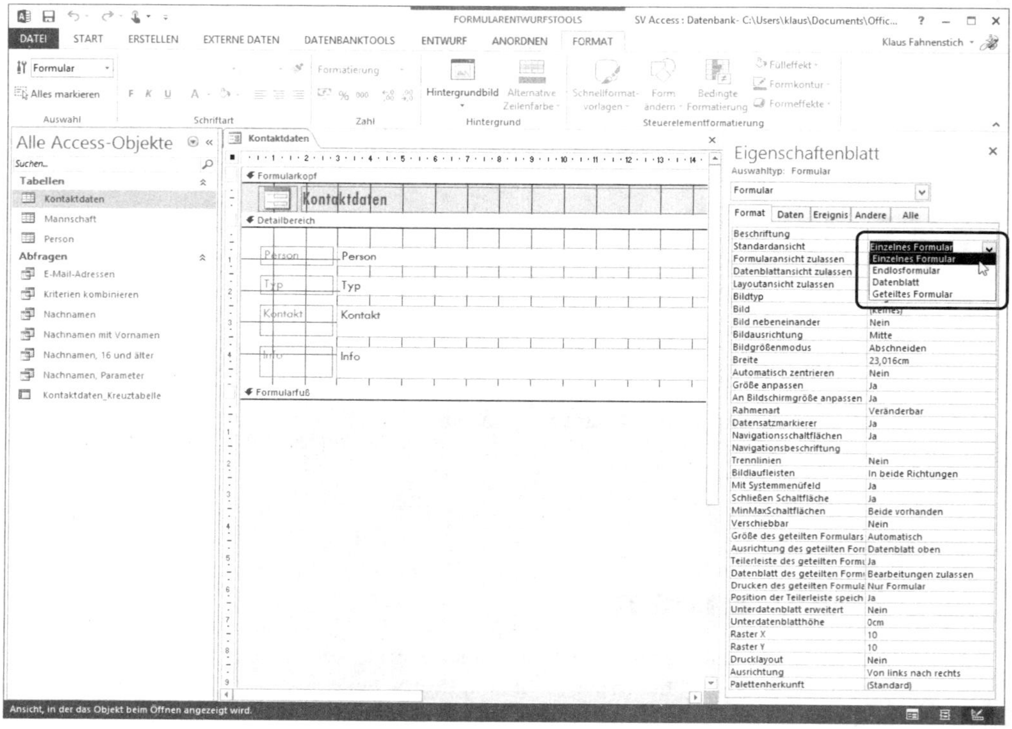

Formularansicht mit einzelnem Formular

Wenn ein Anwender ein Formular aufruft, wird es zunächst in der Einzelformularansicht angezeigt. In dieser Ansicht kann er jeweils einen Datensatz sehen bzw. bearbeiten. Das Blättern, Suchen und Filtern funktioniert vom Prinzip genauso, wie Sie es in Kapitel 41 gelernt haben.

Um das Formular *Kontaktdaten* aus Bild 43.1 in diesen Modus zu schalten, können Sie z. B. den Weg über *START/Ansicht/Formularansicht* gehen.

Bild 43.3 Das Formular *Kontaktdaten* in der Formularansicht »Einzelnes Formular«

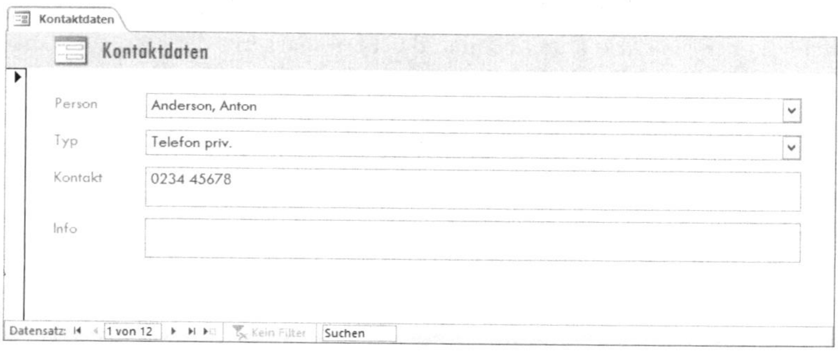

Formularansicht mit Endlosformular

In einigen Anwendungsfällen kann es nützlich sein, nicht nur einen einzelnen Datensatz zu sehen, sondern gleich mehrere, wie es zum Beispiel auch in einer Tabelle möglich ist. Damit sich ein Formular in diesen Modus schalten lässt, muss seine Eigenschaft *Standardansicht* auf den Wert *Einzelnes Formular* gestellt werden. Diese Änderung wollen wir jetzt an dem vorhin erzeugten Formular vornehmen, damit Sie es anschließend als Endlosformular anzeigen können.

1. Zeigen Sie das Formular *Kontaktdaten* im Entwurfsmodus an.
2. Falls das Eigenschaftenblatt nicht sichtbar sein sollte, können Sie es mit F4 einblenden. Die korrespondierende Schaltfläche *Eigenschaftenblatt* finden Sie auf der Registerkarte *FORMULARENTWURFTOOLS/ENTWURF* in der Gruppe *Tools*.
3. Damit im Eigenschaftenblatt auch die richtigen Eigenschaften angezeigt werden, müssen Sie zuerst im darüberstehenden Auswahlfeld den Eintrag *Formular* wählen.

Bild 43.4 Auswahl des Objekts, für das die Eigenschaften angezeigt werden sollen

4. Jetzt können Sie im Eigenschaftenblatt auf der Registerkarte *Format* die Eigenschaft *Standardansicht* auf *Endlosformular* stellen.

Bild 43.5 Wechseln der Standardansicht für das Formular

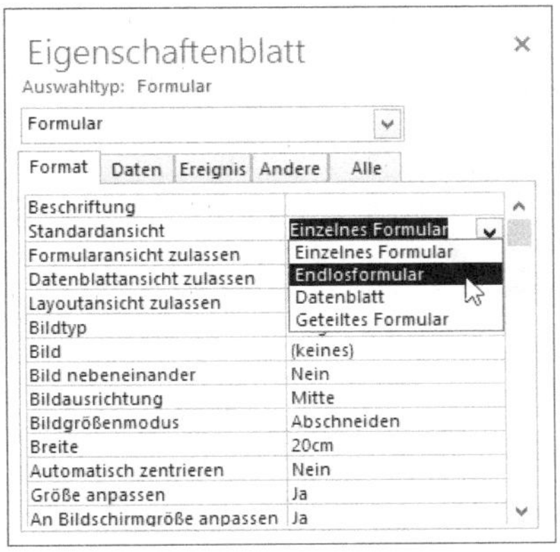

5. Wenn Sie jetzt in die Formularansicht des Formulars wechseln, sehen Sie, dass jeder Datensatz der Tabelle in seinem eigenen Formular angezeigt wird.

Bild 43.6 Das Formular *Kontaktdaten* in der Formularansicht »Endlosformular«

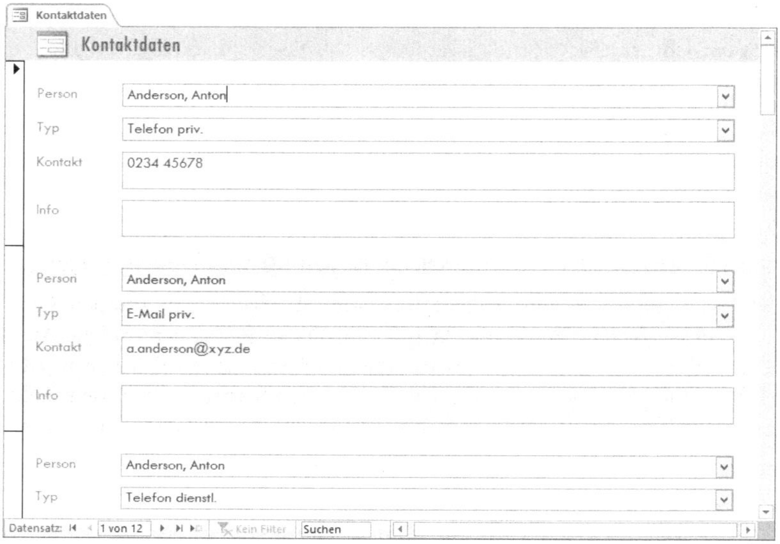

Die Datenblattansicht

Auch die Datenblattansicht lässt sich nur nutzen, wenn sie zuvor explizit freigeschaltet wurde. Die entsprechende Eigenschaft heißt *Datenblattansicht zulassen* und muss auf den Wert – Sie ahnen es sicher bereits – *Ja* gestellt werden. Gehen Sie dazu genauso vor, wie wir es im letzten Abschnitt für die Eigenschaft *Standardansicht* beschrieben haben.

Anschließend lässt sich die Ansicht z. B. über *START/Ansichten/Ansicht/Datenblattansicht* aktivieren.

Bild 43.7 Auf den ersten Blick wenig spektakulär: Das Formular *Kontaktdaten* in der Datenblattansicht

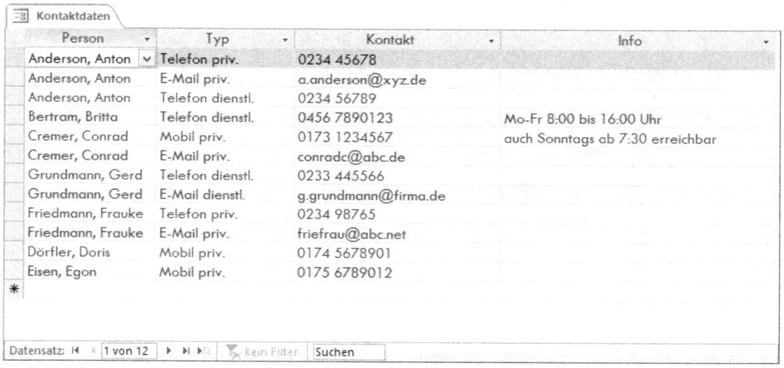

Kontaktdaten

Person	Typ	Kontakt	Info
Anderson, Anton	Telefon priv.	0234 45678	
Anderson, Anton	E-Mail priv.	a.anderson@xyz.de	
Anderson, Anton	Telefon dienstl.	0234 56789	
Bertram, Britta	Telefon dienstl.	0456 7890123	Mo-Fr 8:00 bis 16:00 Uhr
Cremer, Conrad	Mobil priv.	0173 1234567	auch Sonntags ab 7:30 erreichbar
Cremer, Conrad	E-Mail priv.	conradc@abc.de	
Grundmann, Gerd	Telefon dienstl.	0233 445566	
Grundmann, Gerd	E-Mail dienstl.	g.grundmann@firma.de	
Friedmann, Frauke	Telefon priv.	0234 98765	
Friedmann, Frauke	E-Mail priv.	friefrau@abc.net	
Dörfler, Doris	Mobil priv.	0174 5678901	
Eisen, Egon	Mobil priv.	0175 6789012	

Datensatz: 1 von 12 Kein Filter Suchen

Auch wenn die Datenblattansicht vom Prinzip her genauso aussieht wie eine Tabellenansicht, hat sie doch erheblich mehr zu bieten. Zum Beispiel können Sie in dieser Ansicht mit bedingter Formatierung arbeiten, um bestimmte Informationen hervorzuheben.

So etwas kostet Sie nur wenige Mausklicks und das notwendige Wissen haben Sie bereits in den vorhergehenden Kapiteln erworben. Im folgenden Beispiel wollen und werden wir erreichen, dass alle privaten Kontaktinformationen farblich hervorgehoben werden.

1. Zeigen Sie das Formular *Kontaktdaten* im Entwurfsmodus an.
2. Markieren Sie auf dem Formular das Feld *Kontakt* (nicht seine Beschriftung) und klicken Sie auf der Registerkarte *FORMULARENTWURFTOOLS/FORMAT* in der Gruppe *Steuerelementformatierung* auf die Schaltfläche *Bedingte Formatierung*. Sie sehen dann den *Manager für Regeln zur bedingten Formatierung*.
3. Vergewissern Sie sich, dass oben im Fenster das Feld *Kontakt* ausgewählt ist und klicken Sie dann auf *Neue Regel*. Dadurch erscheint das Fenster *Neue Formatierungsregel*.
4. Wählen Sie im linken Auswahlfeld die Option *Ausdruck ist* und tippen Sie in das benachbarte Feld den Ausdruck **[Typ] wie "*priv*"** ein. Erinnern Sie sich? Solche Ausdrücke haben wir bereits in Kapitel 42 benutzt, als wir uns mit Vergleichsausdrücken in Abfragen beschäftigt haben (Seite 870). Mit dem Ausdruck wird also überprüft, ob in dem Feld *Typ* die Zeichen »priv« enthalten sind. Falls diese Bedingung erfüllt ist, wird das Feld *Kontakt* hervorgehoben.
5. Stellen Sie die gewünschte Art der Hervorhebung ein.

Bild 43.8 Zellen, die die Regel erfüllen, werden grün hinterlegt

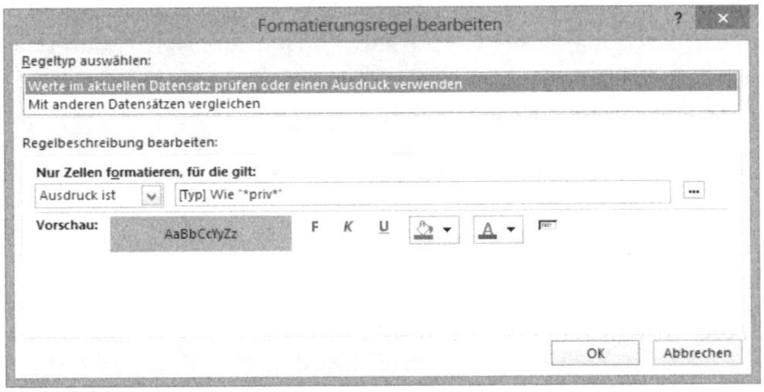

6. Klicken Sie auf *OK*, um die Regel zu speichern. Der Regelmanager sieht nun so aus:

Bild 43.9 Die neue Regel im Regelmanager

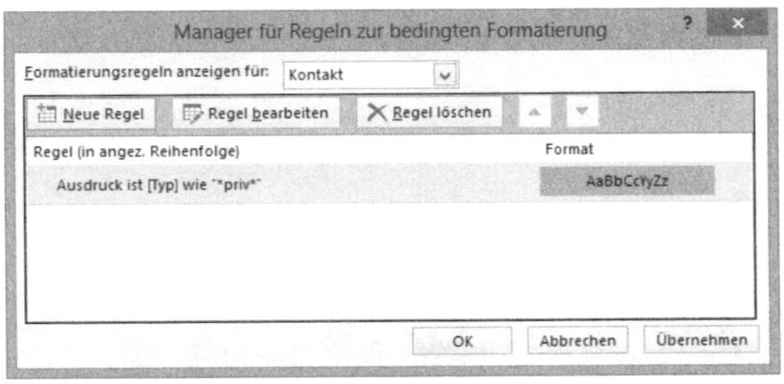

Access 2013

7. Zeigen Sie das Formular wieder in der Datenblattansicht an. Voilà!

Bild 43.10 Private Kontaktdaten lassen sich dank der Hervorhebung sofort als solche erkennen

Formularansicht mit geteiltem Formular

Die letzte Ansicht, in der Sie ein Formular darstellen können, kombiniert die normale Formularansicht mit der Datenblattansicht. Auch hier müssen Sie zuvor die Eigenschaft *Standardansicht* des Formulars ändern. Gehen Sie dazu genauso vor wie im Abschnitt »Formularansicht mit Endlosformular« auf Seite 887 beschrieben und stellen Sie die Eigenschaft auf den Wert *Geteiltes Formular* ein. Wenn Sie dann in die Formularansicht wechseln, präsentiert sich Ihnen das Formular wie in der folgenden Abbildung.

Bild 43.11 Das Formular *Kontaktdaten* in der Formularansicht »Geteiltes Formular«

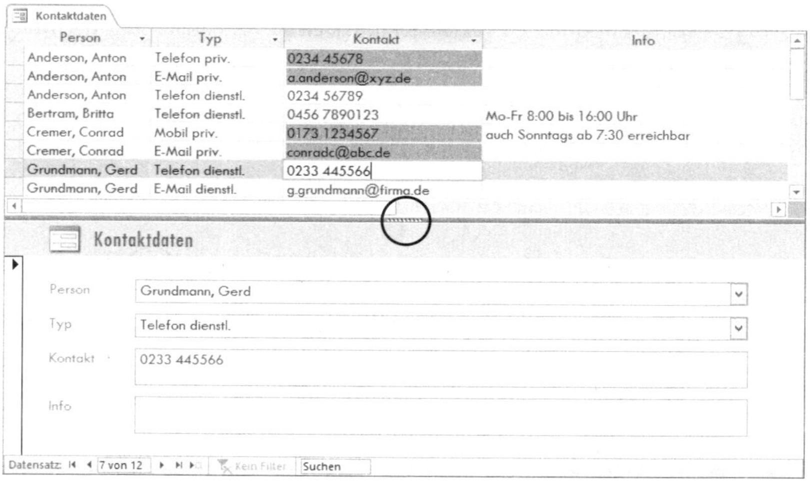

Sie können die Daten sowohl oben in der Datenblattansicht als auch unten auf dem Formular bearbeiten. Access sorgt dafür, dass die beiden Formularbereiche immer synchron bleiben. Die Aufteilung der beiden Bereiche können Sie durch Verschieben der Trennlinie ändern.

Layouts verwenden

In diesem Abschnitt werden wir uns etwas näher mit der Layoutansicht beschäftigen. Dazu wollen wir zunächst klären, was genau Access unter einem Layout versteht. Um diese Frage zu beantworten, sehen wir uns das Formular *Kontaktdaten* in der Layoutansicht noch einmal im Detail an.

Bild 43.12 Das Formular *Kontaktdaten* in der Layoutansicht

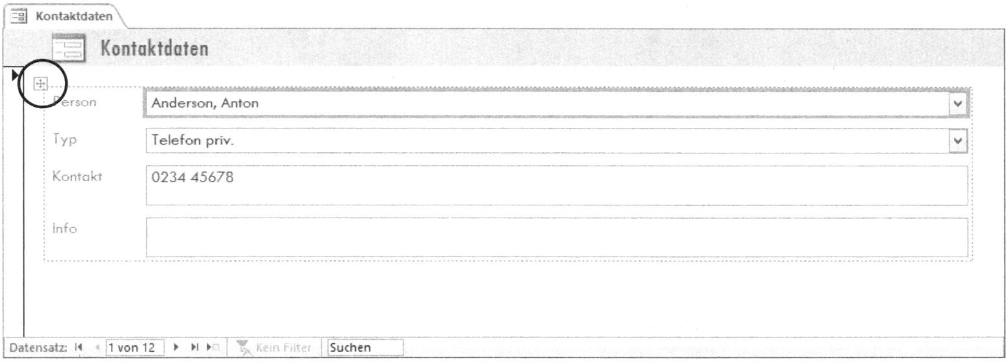

Die Felder auf dem Formular sind von einer dünnen gestrichelten Linie eingerahmt. Das kleine Kästchen an der linken oberen Ecke des Rahmens haben Sie sicher schon einmal bei Word gesehen, wenn Sie eine Tabelle bearbeitet haben. Und genau darum handelt es sich auch hier in Access. Die Felder werden durch die Tabelle zusammen gehalten und automatisch sauber aneinander ausgerichtet. Diese Tabelle wird in Access als Layout bezeichnet. Unserer Meinung nach eine sehr unglückliche Namensgebung.

Die Steuerelemente, die in einem Layout zusammengefasst sind, verhalten sich als eine Einheit. Das können Sie zum Beispiel ausprobieren, indem Sie die Breite eines einzelnen Elements verändern. Um ein Layout auf dem Formular zu verschieben, fassen Sie es einfach mit der Maus an seinem kleinen Kästchen an und ziehen es dann an die gewünschte Position.

Bild 43.13 Eine Größenänderung wirkt sich auf alle Steuerelemente des Layouts aus

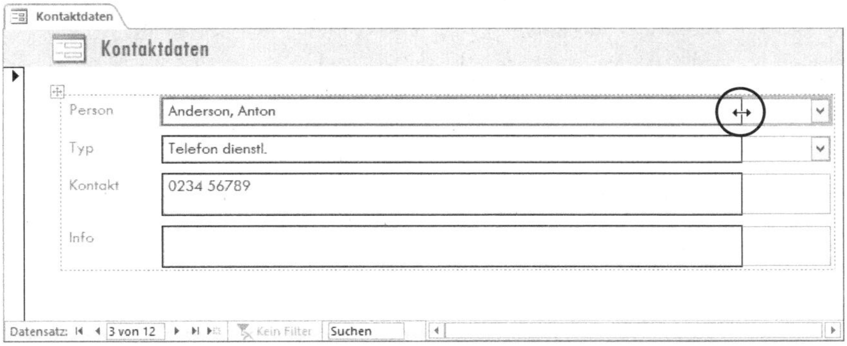

Die notwendigen Befehle für den Umgang mit Layouts finden Sie im Menüband auf der Registerkarte *FORMULARLAYOUTTOOLS/ANORDNEN* und in den Kontextmenüs der einzelnen Steuerelemente.

Bild 43.14 Auf dieser Registerkarte finden Sie die Befehle, die Sie zum Bearbeiten von Layouts benötigen

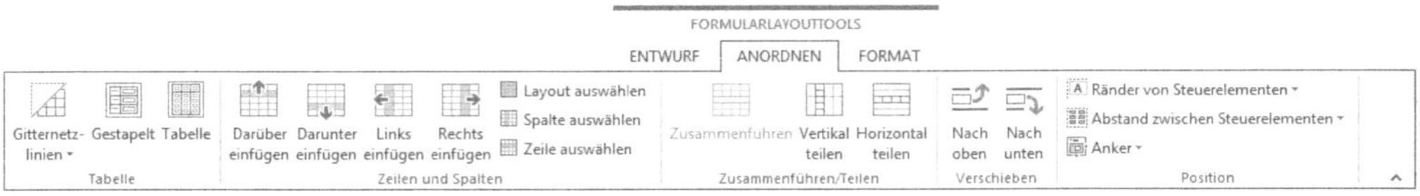

Stapel- vs. Tabellenlayout

Access kennt zwei verschiedene Typen von Layouts: *Gestapelt* und *Tabelle*. Bei der ersten Variante sind die Steuerelemente untereinander angeordnet, wie Sie es in den Bildern auf den vorigen Seiten sehen können. Die Tabelle des Layouts besteht in diesem Fall aus zwei Spalten: Links die Beschriftungen und rechts die zugehörigen Felder. In der anderen Variante stehen alle Felder der Tabelle nebeneinander. Lassen Sie uns das kurz mal ausprobieren.

1. Zeigen Sie das Formular *Kontaktdaten* in der Layoutansicht an.
2. Klicken Sie das Beschriftungsfeld für das Feld *Person* an und stellen Sie die Breite der linken Spalte so schmal wie möglich ein. Anschließend verschmälern Sie auch die rechte Spalte des Layouts. Das Layout sollte anschließend etwa so aussehen:

3. Markieren Sie das Layout, indem Sie oben links auf das kleine Kästchen klicken.
4. Jetzt können Sie den Typ des Layouts wechseln, indem Sie auf der Registerkarte *FORMULARLAYOUTTOOLS/ANORDNEN* in der Gruppe *Tabelle* auf die Schaltfläche *Tabelle* klicken.

Bild 43.15 Die Steuerelemente des Formulars sind jetzt in einem Tabellenlayout angeordnet

Wie Sie sehen, stehen die Steuerelemente nun nebeneinander. Beachten Sie vor allen Dingen, dass die Beschriftungsfelder jetzt oben in dem farblich hinterlegten Bereich des Formulars stehen. Dies ist der sogenannte *Formularkopf* des Formulars.

5. Wechseln Sie testweise in die Formularansicht.

Bild 43.16 So machen die Beschriftungsfelder im Formularkopf noch wenig Sinn

6. Zeigen Sie das Formular in der Entwurfsansicht an und stellen Sie die Eigenschaft *Standardansicht* auf den Wert *Endlosformular*.

Bild 43.17 Im Entwurfsmodus lassen sich die Beschriftungen im Formularkopf gut erkennen

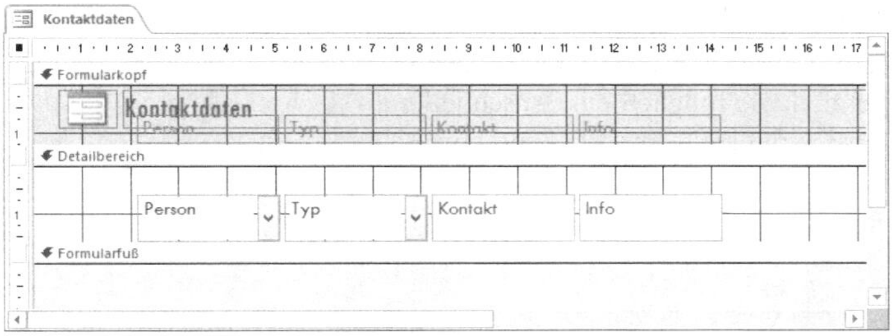

Die Steuerelemente müssten noch vernünftig platziert werden, doch darum kümmern wir uns später. Hier geht es allein um das Prinzip der Layouts.

7. Wechseln Sie jetzt wieder in die Entwurfsansicht des Formulars.

Bild 43.18 Bei einem Endlosformular sind die Beschriftungen im Formularkopf gut aufgehoben

Wie gesagt: Stören Sie sich nicht an der furchtbaren Optik. Wir werden sie noch verbessern.

Markieren von Zeilen und Spalten

Wie Sie ein Layout vollständig markieren, wissen Sie bereits. Natürlich können Sie auch einzelne Zeilen oder Spalten markieren, um sie anschließend in irgendeiner Form bearbeiten zu können. Dazu klicken Sie zunächst ein beliebiges Steuerelement der gewünschten Zeile bzw. Spalte an und erweitern die Markierung dann mit einer der drei folgenden Methoden:

- Mit den Schaltflächen *Spalte auswählen* bzw. *Zeile auswählen,* die Sie im Menüband auf der Registerkarte *FORMULARLAYOUTTOOLS/ANORDNEN* in der Gruppe *Zeilen und Spalten* finden.
- Indem Sie das Kontextmenü des markierten Steuerelements anzeigen und dort den Befehl *Gesamte Zeile auswählen* bzw. *Gesamte Spalte auswählen* aufrufen.
- Viel schneller ist es jedoch, wenn Sie den Mauszeiger auf den linken bzw. den oberen Rand des markierten Steuerelements bewegen und klicken, sobald sich der Mauszeiger zu einem kleinen schwarzen Pfeil verändert.

Bild 43.19 So lassen sich Zeilen und Spalten am schnellsten markieren

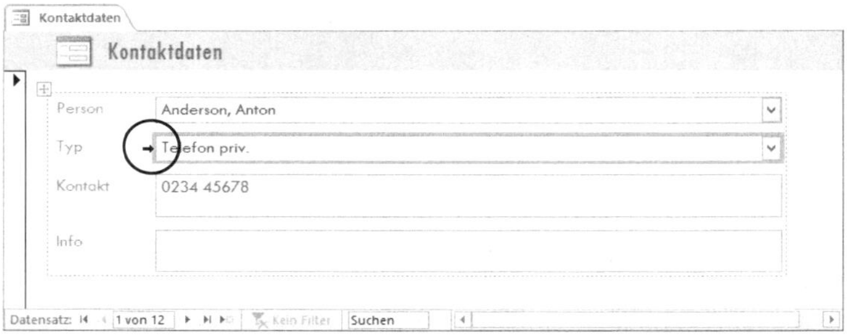

Abstände und Ränder einstellen

Für die Steuerelemente eines Layouts können Sie sehr bequem einstellen, welchen Abstand sie zueinander haben sollen. Zu diesem Zweck finden Sie auf der Registerkarte *FORMULARLAYOUT-TOOLS/ANORDNEN* die Schaltfläche *Abstand zwischen den Steuerelementen,* die Ihnen vier mögliche Varianten anbietet. Ob sich die Änderungen auf alle Steuerelemente des Layouts oder nur auf einen Teil von ihnen auswirken, steuern Sie über das Markieren der gewünschten Elemente.

Im folgenden Beispiel werden wir den Abstand zwischen den Steuerelementen der Felder *Typ* und *Kontakt* entfernen, damit optisch klarer wird, dass die beiden Felder zusammengehören.

1. Zeigen Sie das Formular *Kontaktdaten* in der Layoutansicht an. Eventuell löschen Sie vorher das Formular und erstellen es neu. Das geht schnell und Sie erhalten die gleichen Ergebnisse wie wir.
2. Markieren Sie das Steuerelement, das die Daten für den Kontakttyp enthält (nicht seine Beschriftung).

3. Klicken Sie auf die Schaltfläche *Abstand zwischen Steuerelementen* und wählen Sie die Variante *Kein*. Der Abstand zum nachfolgenden Steuerelement wird entfernt.

Bild 43.20 Der Abstand zwischen den Steuerelementen *Typ* und *Kontakt* wurde entfernt

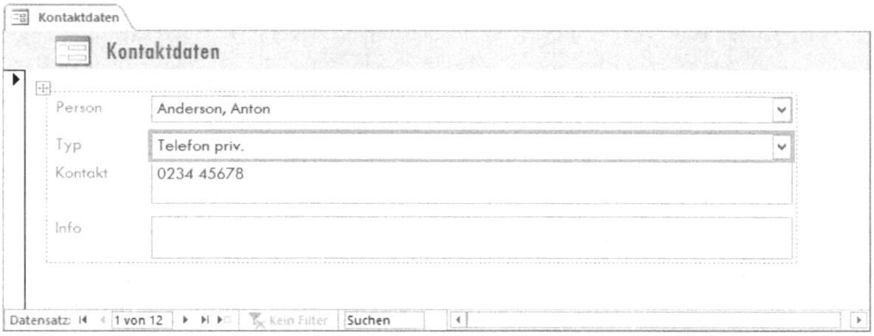

Zusätzlich können Sie noch festlegen, welchen Abstand der Inhalt eines Steuerelements zu seinem Rahmen einhält. Auch hier haben Sie die Wahl zwischen vier Varianten, die Sie über die Schaltfläche *Ränder von Steuerelementen* zuweisen können.

Gitternetzlinien

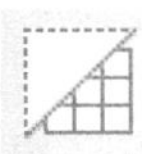

Und wieder eine Begriffswahl, die daneben ging. Sie kennen sicher die Gitternetzlinien aus Word und PowerPoint. Dort handelt es sich dabei um Hilfslinien, die Sie z. B. bei der Positionierung von Grafiken oder Formen unterstützen. Access hingegen versteht unter dem Begriff Gitternetzlinien etwas völlig anderes: Hier werden Gitternetzlinien für Formatierungsaufgaben benutzt; wofür in anderen Programmen der Office-Familie der Begriff »Rahmenlinien« üblich ist.

Wie dem auch sei, die Funktion ist schnell erklärt. Die zugehörige Schaltfläche finden Sie ganz links auf der Registerkarte *FORMULARLAYOUTTOOLS/ANORDNEN*. Mit den Befehlen ihres Menüs können Sie festlegen, welche Seiten der Steuerelemente mit einer Rahmenlinie versehen werden sollen. Außerdem können Sie noch in gewohnter Manier die Farbe, Breite und Strichart der Linien festlegen.

Welche Steuerelemente von den Änderungen betroffen sind, kontrollieren Sie durch das vorherige Markieren der gewünschten Steuerelemente.

Bild 43.21 Das Feld *Info* wurde durch eine rote Linie optisch abgesetzt

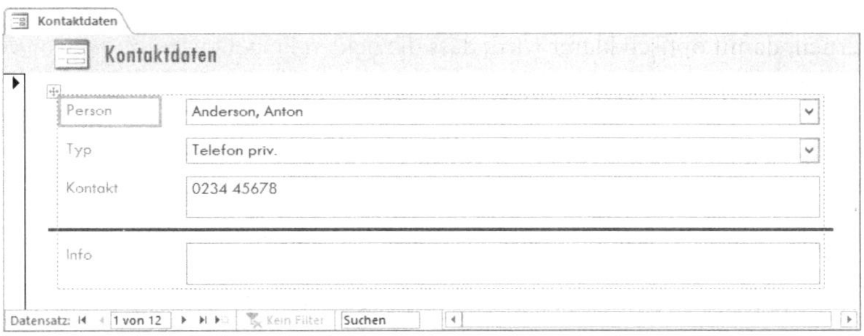

Steuerelemente verschieben

Um ein Steuerelement innerhalb eines Layouts zu verschieben, müssen Sie es zunächst markieren und können es dann mit der Maus an eine neue Position schieben. Access zeigt dabei durch eine rosafarbene Linie die neue Position des Elements an. Wenn Sie ein Steuerelement zusammen mit seinem Beschriftungsfeld verschieben wollen, müssen Sie es vorher ebenfalls markieren (zum Beispiel, indem Sie es bei gedrückter [Strg]-Taste anklicken).

Bild 43.22 Das Feld *Kontakt* soll zusammen mit seinem Beschriftungsfeld verschoben werden

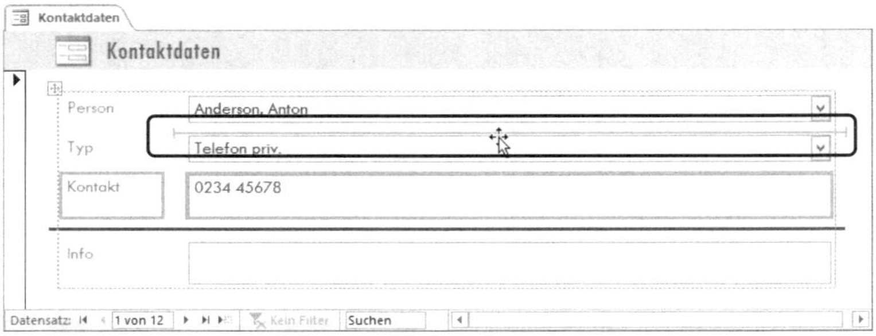

Zellen teilen und zusammenführen

Die Steuerelemente eines Layouts müssen jedoch nicht zwangsläufig in der vorgegebenen Tabellenstruktur angeordnet werden. Die einzelnen Zellen lassen sich auch teilen und zusammenführen, so dass Sie nahezu alle Platzierungswünsche realisieren können.

Im folgenden Beispiel wollen wir auf unserem Kontaktformular die beiden Steuerelemente *Typ* und *Kontakt* nebeneinander stellen. Außerdem soll das Beschriftungsfeld *Typ* gelöscht werden.

1. Beginnen wir mit dem Einfachsten: Markieren Sie das Beschriftungsfeld des Steuerelements *Typ* und löschen Sie es durch Drücken der [Entf]-Taste. Anschließend erinnert nur noch ein punktierter Rahmen daran, dass sich an dieser Stelle eine Zelle des Layouts befindet.

Bild 43.23 Das Beschriftungsfeld *Typ* wurde gelöscht

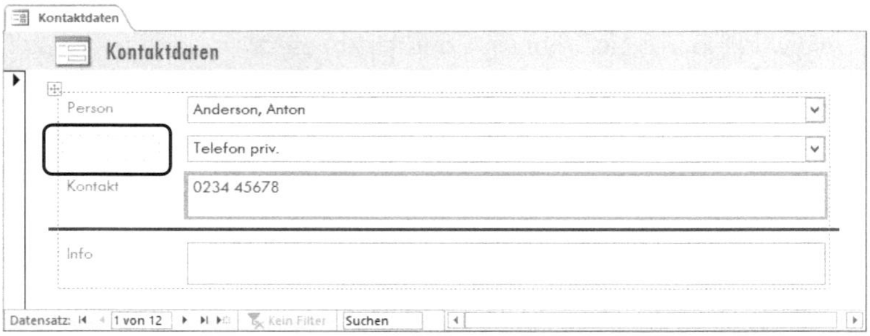

Im nächsten Schritt muss jetzt links neben dem Steuerelement *Kontakt* Platz geschaffen werden, damit wir dort das Steuerelement *Typ* positionieren können. Dazu muss diese Zelle geteilt werden.

2. Markieren Sie dazu das Steuerelement *Kontakt* und klicken Sie dann auf der Registerkarte *FORMULARLAYOUTTOOLS/ANORDNEN* in der Gruppe *Zeilen und Spalten* auf die Schaltfläche *Horizontal teilen.* Das Layout des Formulars hat sich dadurch wie folgt verändert:

Bild 43.24 Das Layout hat eine neue Zelle erhalten

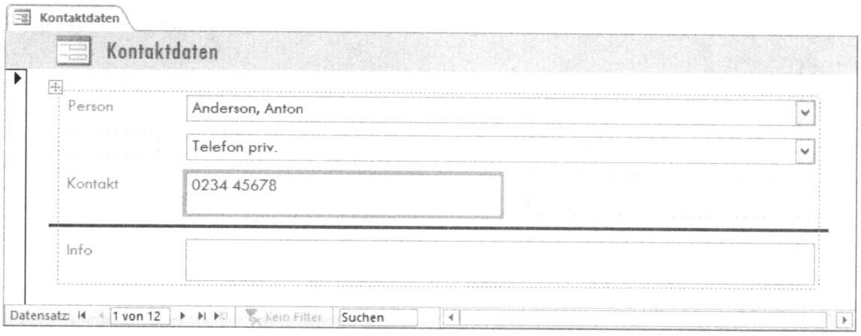

3. Schieben Sie das Steuerelement *Kontakt* nach rechts in die neue Zelle des Layouts.
4. In die dadurch frei gewordene Zelle schieben Sie das Steuerelement *Typ.* Machen Sie es auch etwas schmaler, damit mehr Platz für die eigentlichen Kontaktdaten da ist. Am besten verbreitern Sie dazu das Steuerelement *Kontakt.* Das hat den Vorteil, dass sich dadurch die Gesamtbreite des Layouts nicht ändert. Das Formular sollte anschließend etwa so wie in der nächsten Abbildung aussehen.

Bild 43.25 Die Steuerelemente *Typ* und *Kontakt* stehen nun nebeneinander in einer Zeile des Layouts

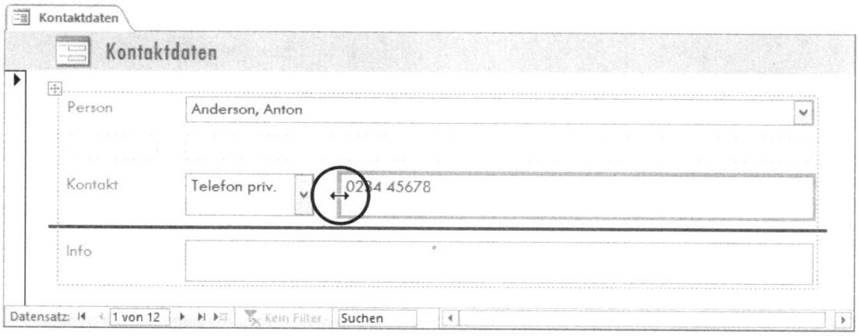

5. Jetzt müssen Sie nur noch die nun leere Zeile löschen. Klicken Sie dazu eine Zelle der Zeile mit der rechten Maustaste an und wählen Sie im Kontextmenü den Befehl *Zeile löschen.*

Bild 43.26 Die überflüssig gewordene Zeile des Layouts ist verschwunden

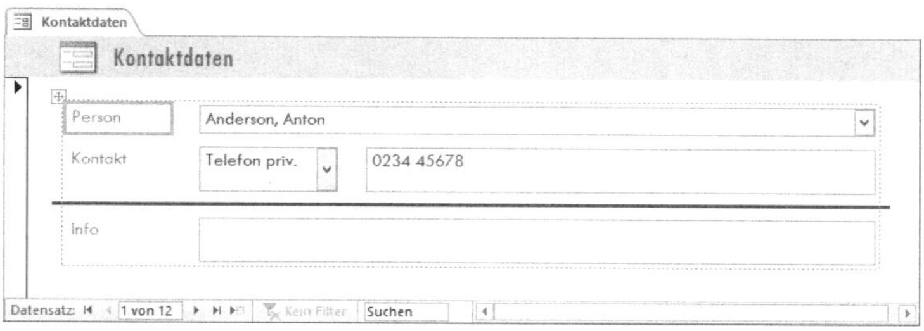

Layout auflösen

So praktisch Layouts auf Formularen auch sein mögen – gelegentlich möchte man sie auch wieder loswerden. Dazu müssen Sie zunächst das Layout markieren (z. B. mit einem Klick auf das kleine Quadrat). Dann klicken Sie eines der betreffenden Steuerelemente mit der rechten Maustaste an und wählen in seinem Kontextmenü den Befehl *Layout/Layout entfernen*. Beachten Sie, dass dadurch viele Formatierungen verloren gehen, die Sie über das Layout vorgenommen haben (z. B. Gitternetzlinien).

Bild 43.27 Das Layout wurde entfernt. Dadurch ist auch die Gitternetzlinie über dem Infofeld verschwunden.

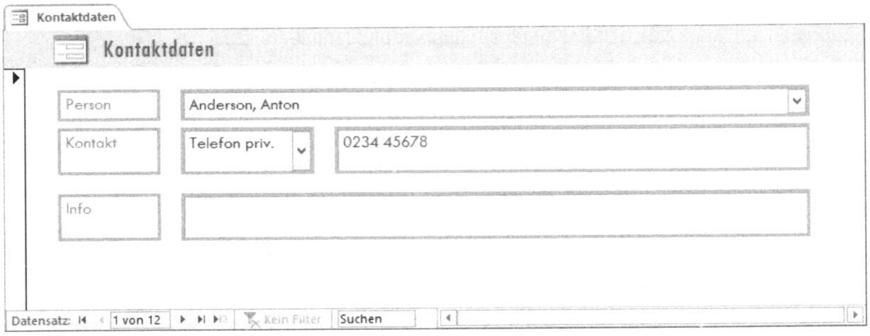

Um einzelne Steuerelemente aus einem Layout zu lösen, gehen Sie analog vor: Sie markieren das gewünschte Element und rufen in seinem Kontextmenü den Befehl *Layout/Layout entfernen* auf. Anschließend können Sie das Steuerelement frei auf dem Formular bewegen.

Formulare manuell erstellen

In diesem Abschnitt wollen wir Ihnen exemplarisch an einem Beispiel zeigen, wie Sie ein Formular auch ohne Hilfe von Access bzw. eines Assistenten erstellen können. Dabei werden Sie alle wichtigen Phasen kennenlernen, die beim Erstellen eines typischen Formulars durchlaufen werden.

Am Schluss werden Sie eine individuelle Version des Kontaktformulars besitzen.

Bild 43.28 Dieses Formular wollen wir ohne Unterstützung von Access erstellen

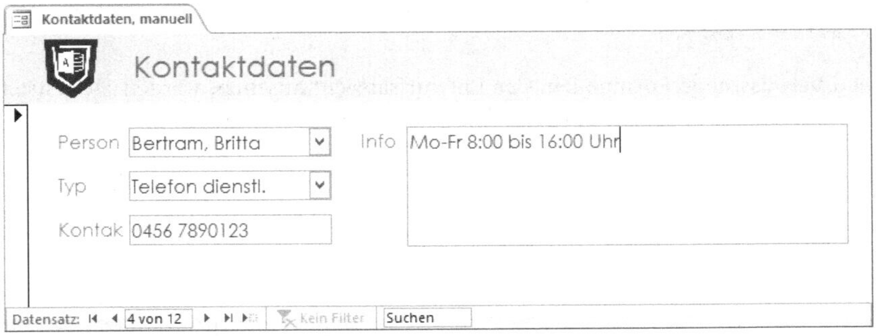

Datensatzquelle festlegen

Da ein Formular die Daten einer Tabelle bzw. Abfrage anzeigen soll, muss man ihm auch mitteilen, wo es die Daten findet. Diese Information wird bei der Eigenschaft *Datensatzquelle* eingetragen.

1. Erstellen Sie ein leeres Formular. Dazu klicken Sie auf der Registerkarte *ERSTELLEN* in der Gruppe *Formulare* auf die Schaltfläche *Leeres Formular*.
2. Zeigen Sie das Eigenschaftenblatt des Formulars an, indem Sie entweder F4 drücken oder auf der Registerkarte *FORMULARLAYOUTTOOLS/ENTWURF* ganz rechts die Schaltfläche *Eigenschaftenblatt* anklicken.
3. Kontrollieren Sie, ob oben im Eigenschaftenblatt der Eintrag *Formular* eingestellt ist.
4. Zeigen Sie im Eigenschaftenblatt die Registerkarte *Daten* an.
5. Klappen Sie die Liste der Eigenschaft *Datensatzquelle* auf und wählen Sie die Tabelle *Kontaktdaten* aus.

Bild 43.29 Einstellen der Datensatzquelle im Eigenschaftenblatt des Formulars

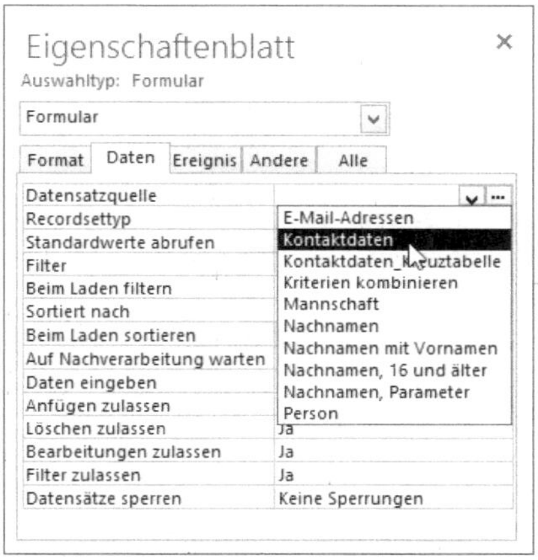

6. Schließen Sie das Eigenschaftenblatt wieder und speichern Sie das Formular unter dem Namen **Kontaktdaten, manuell.**

Formularkopf

Wenn Sie sich das neue Formular in der Entwurfsansicht ansehen, werden Sie feststellen, dass es lediglich aus dem Detailbereich besteht und noch keinen Formularkopf enthält. Wir wollen nun den Formularkopf einschalten und dort den Titel des Formulars eintragen. Anschließend werden wir noch das Wappen des *SV Access* dort platzieren.

1. Zeigen Sie das neue Formular in der Entwurfsansicht an. Das geht am schnellsten über die Schaltfläche unten rechts in der Statusleiste des Programmfensters.
2. Klicken Sie die mit *Detailbereich* beschriftete Leiste mit der rechten Maustaste an und wählen Sie im Kontextmenü den Befehl *Formularkopf/-fuß*. Dadurch wird oben im Formular der Bereich *Formularkopf* eingeblendet (siehe folgende Abbildung).

Bild 43.30 Die Höhe des Formularkopfes lässt sich durch Verschieben des unteren Randes ändern

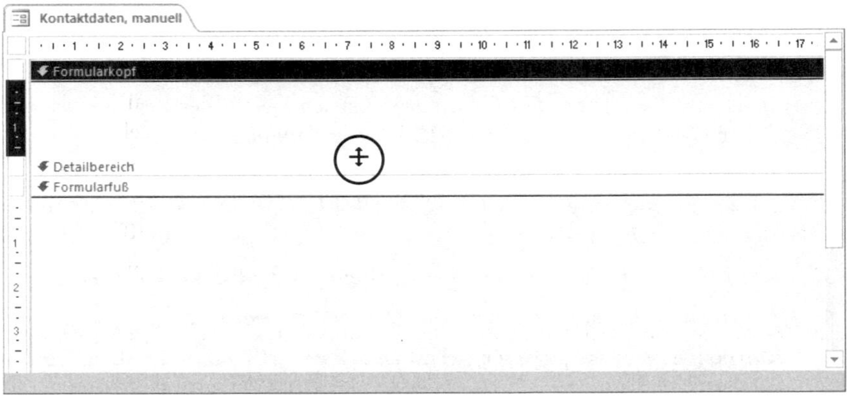

3. Zeigen Sie die Registerkarte *FORMULARENTWURFTOOLS/ENTWURF* an.
4. Klicken Sie in der Gruppe *Kopfzeile/Fußzeile* auf die Schaltfläche *Logo*. Navigieren Sie zu dem Ordner, in dem Sie die Beispieldateien installiert haben, und wählen Sie dort die Grafikdatei *SV Access.png* aus. Access platziert die Grafik links im Formularkopf.
5. Fügen Sie nun den Titel für das Formular ein, indem Sie auf der angezeigten Registerkarte die Schaltfläche *Titel* anklicken.
6. Logo und Titel befinden sich gemeinsam in einem Layout. Lösen Sie dieses Layout auf, damit wir die beiden Elemente unabhängig voneinander positionieren können. Dazu müssen Sie das Layout erst markieren und können dann auf der Registerkarte *FORMULARENTWURF-TOOLS/ANORDNEN* in der Gruppe *Tabelle* auf die Schaltfläche *Layout entfernen* klicken.
7. Stellen Sie die Größe und die Position von Logo und Titel ungefähr so ein, wie in der folgenden Abbildung.

Bild 43.31 Das Formular mit der fertigen Kopfzeile

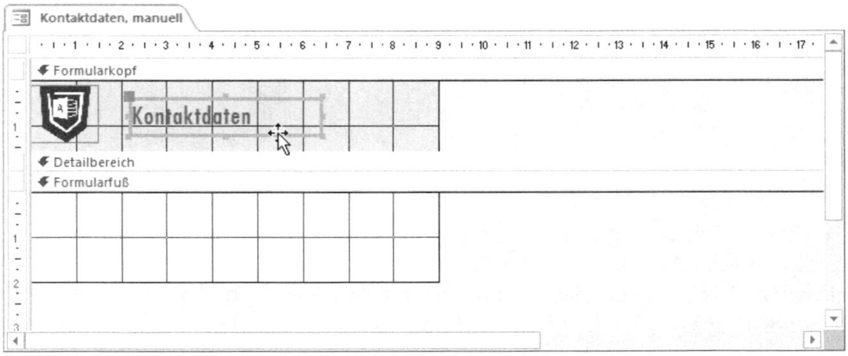

8. Ziehen Sie jetzt noch den unteren Rand des Formularfußes ganz nach oben. Dadurch wird er gewissermaßen ausgeblendet.

Design zuweisen

Sie haben in den ersten Kapiteln dieses Buches bereits viel über den Sinn und Zweck von Designs erfahren und auch das Kapitel 35 befasst sich ausschließlich mit diesem wichtigen Thema. Kurz gesagt sind Designs vorgegebene Zusammenstellungen von zueinander passenden Farben und Schriftarten, die Ihnen in allen Office-Programmen zur Verfügung stehen. Auf diese Weise können Sie Ihren Formularen mit wenig Aufwand das gleiche Erscheinungsbild geben wie Ihren Dokumenten und Präsentationen.

Wir wollen dem neuen Formular nun das Design *Fetzen* zuweisen. (Kleine Randbemerkung: Hätte man die englische Bezeichnung *wisp* korrekt übersetzt, würde der Namen des Designs korrekterweise *Haarsträhne* lauten.)

1. Zeigen Sie das Formular jetzt in der Layoutansicht an und wechseln Sie auf die Registerkarte *FORMULARLAYOUTTOOLS/ENTWURF.*
2. Klicken Sie auf die Schaltfläche *Designs,* um deren Auswahlkatalog zu öffnen. Wandern Sie mit der Maus über die einzelnen Vorschaubilder und beobachten Sie dabei die Wirkung auf dem Formular. Wählen Sie aber noch kein Design aus!
3. Klicken Sie das gewünschte Design jetzt mit der rechten Maustaste an und wählen Sie im Kontextmenü den Befehl *Design nur auf dieses Objekt anwenden.* Sonst würde das Design auf alle Objekte der Datenbank angewendet!

Bild 43.32 Auch in Access können Sie Designs einsetzen

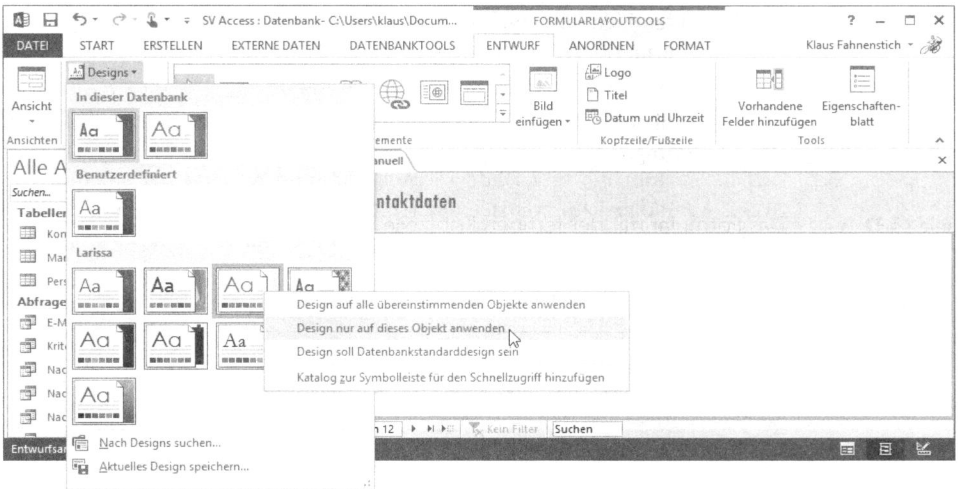

Damit wollen wir die Formatierung des Beispielformulars beenden. Natürlich ließe sich noch einiges zu Farben, Schriftgrößen usw. erzählen, doch das soll hier nicht unser Thema sein.

Im nächsten Abschnitt werden wir uns damit beschäftigen, wie die verschiedenen Steuerelemente auf dem Formular eingefügt werden und welche Möglichkeiten Access für deren Platzierung anbietet.

Steuerelemente einfügen

Sobald Sie die Datensatzquelle eines Formulars festgelegt haben, können Sie die sogenannte Feldliste anzeigen lassen, in der alle Felder der Datenquelle, in unserem Fall also der Tabelle *Kontaktdaten*, aufgeführt werden.

1. Zeigen Sie das Formular in der Layoutansicht an.
2. Wechseln Sie auf die Registerkarte *FORMULARLAYOUTTOOLS/ENTWURF* und klicken Sie dort in der Gruppe *Tools* auf die Schaltfläche *Vorhandene Felder hinzufügen.* Access blendet dann rechts neben dem Formular die Feldliste ein.

Bild 43.33 In der Feldliste sind alle Felder der Datensatzquelle aufgeführt

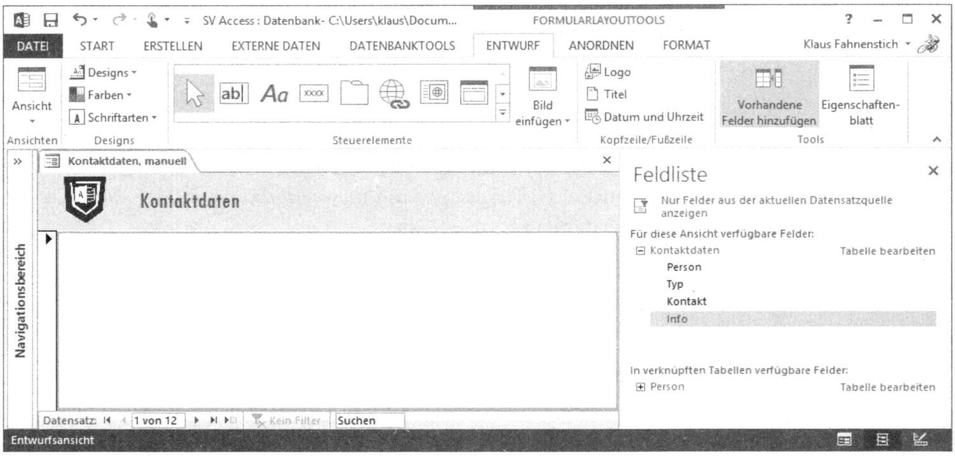

3. Ziehen Sie nun die drei Felder *Person, Typ* und *Kontakt* nacheinander auf das Formular. Access wählt dabei automatisch den richtigen Typ für die Steuerelemente. Für das *Feld* Person wird zum Beispiel kein normales Textfeld benutzt, sondern ein *Kombinationsfeld.*

Bild 43.34 Die Steuerelemente werden direkt in einem Layout zusammengefasst

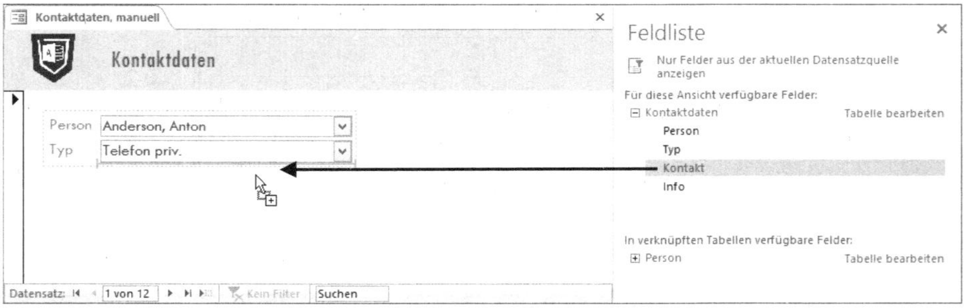

4. Das Feld *Info* wollen wir jedoch nicht mit in das Layout aufnehmen, sondern rechts daneben stellen. Dazu müssen wir jedoch in den Entwurfsmodus wechseln.

Bild 43.35 Im Entwurfsmodus lassen sich die Steuerelemente frei auf dem Formular platzieren

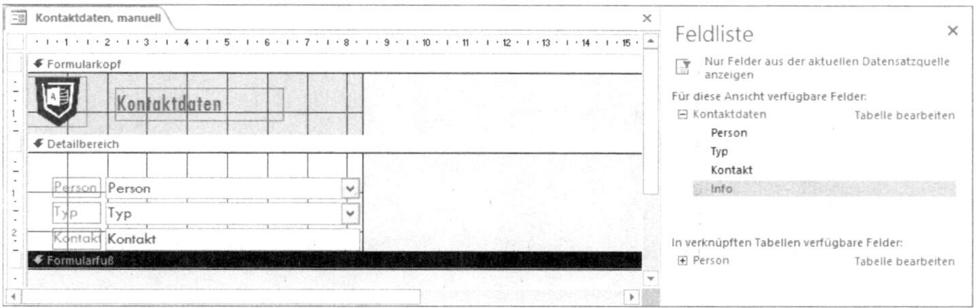

5. Schaffen Sie zunächst etwas Platz auf dem Formular, indem Sie den rechten Rand, wie im nächsten Bild zu sehen, etwas nach rechts ziehen.

Bild 43.36 Zunächst muss etwas Platz für das neue Steuerelement geschaffen werden

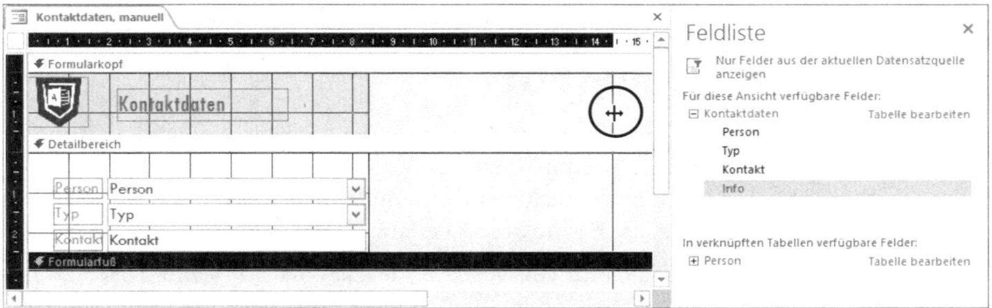

6. Jetzt können Sie auch das Feld *Info* auf das Formular ziehen. Ziehen Sie den Rahmen des Steuerelements anschließend soweit auf, dass er die gleiche Höhe einnimmt wie die drei Steuerelemente auf der linken Seite und rechts zum Rand noch etwas Abstand einhält.

Bild 43.37 Das Steuerelement *Info* wurde außerhalb des Layouts eingefügt

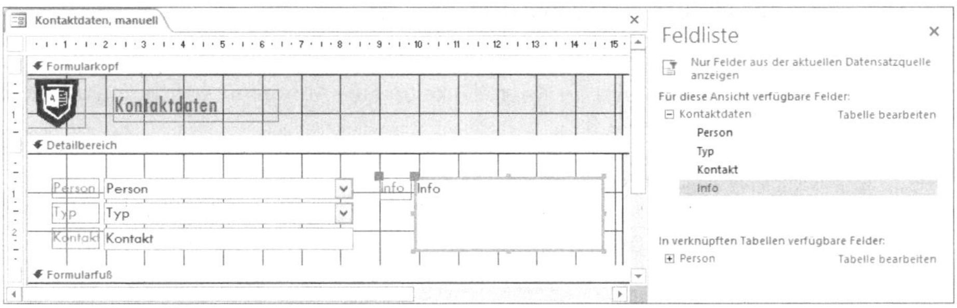

HINWEIS Das Ausrichten von Steuerelementen funktioniert hier genau wie in PowerPoint oder Word. Die benötigten Befehle erreichen Sie am schnellsten über die Kontextmenüs der Steuerelemente. Nähere Informationen finden Sie bei Bedarf in Kapitel 36.

7. Wechseln Sie zum Schluss in die Formularansicht.

Bild 43.38 Das Steuerelement *Info* könnte sich ruhig noch etwas breiter machen

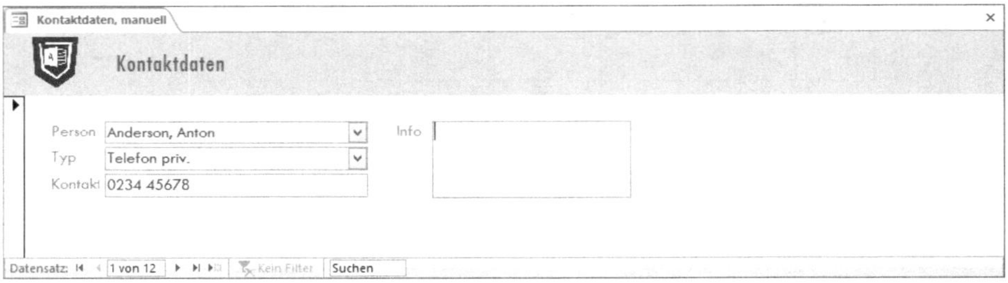

Da wir das Programmfenster von Access etwas größer gezogen haben, ist rechts neben dem Steuerelement *Info* noch viel freier Platz. Den sollten wir unbedingt nutzen. Wie das funktioniert, zeigen wir im nächsten Abschnitt.

Objekte verankern

Während früher die meisten Monitore mehr oder weniger die gleiche Größe hatten, stehen wir heute vor einer gänzlich anderen Situation. Wir nutzen Windows inzwischen auch auf Tablets und auf Smartphones, die eine deutlich niedrigere Bildschirmauflösung besitzen als moderne Monitore. Was lag also näher, als den Formularen zu erlauben, sich dem aktuellen Patzangebot anzupassen?

Zu diesem Zweck lässt sich für ein Objekt festlegen, dass eine seiner Ecken zwar fest auf dem Formular verankert ist, dass es aber seine Breite und seine Höhe bei Bedarf vergrößern kann.

Auf unser Beispiel übertragen heißt das, wir können dem Steuerelement *Info* mitteilen, dass seine linke obere Ecke auf dem Formular fixiert ist, dass es sich jedoch nach rechts ausdehnen darf, falls der entsprechende Platz vorhanden ist.

1. Zeigen Sie das Formular in der Layoutansicht an und markieren Sie das Steuerlement *Info*.
2. Wechseln Sie auf die Registerkarte *FORMULARLAYOUTTOOLS/ANORDNEN*.
3. Öffnen Sie das Menü der Schaltfläche *Anker*.

Bild 43.39 Beim Verankern wird die fixierte Ecke und die Ausdehnungsrichtung angegeben

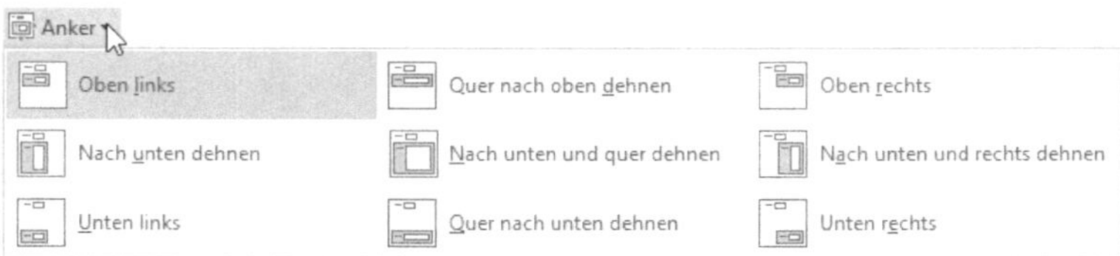

(Auch hier haben sich die Übersetzer ausgetobt: »Quer nach oben dehnen«. Hört sich eher nach einer gewagten Yoga-Übung an.)

4. Achten Sie weniger auf den Text, sondern konzentrieren Sie sich auf die Symbolbilder. In unserem Fall lautet die richtige Wahl *Quer nach oben dehnen*.

Bild 43.40 Jetzt nutzt das Steuerelement *Info* den freien Platz optimal aus

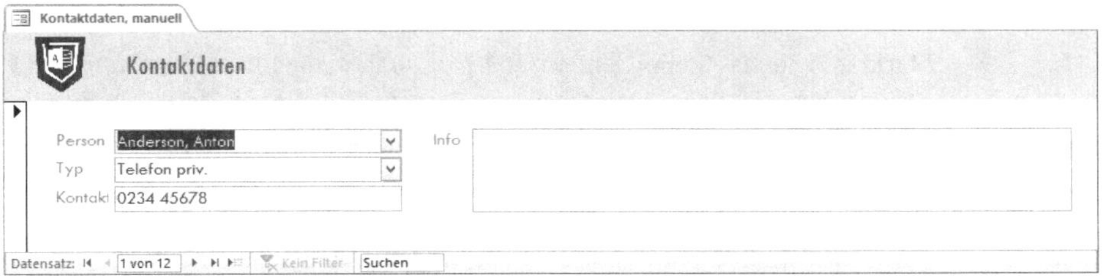

5. Ändern Sie die Breite des Programmfensters. Wie Sie sehen, passt sich das Steuerelement beim Verkleinern solange an, bis es seine von uns vorgegebene Originalgröße erreicht hat.

Geteilte Formulare

Im letzten Abschnitt dieses Kapitels wollen wir Ihnen noch kurz ein Beispiel für eine besonders interessante Formularvariante zeigen: Geteilte Formulare. Diese Formulare funktionieren vom Prinzip her genauso wie Unterdatenblätter, die Sie in Kapitel 41 kennengelernt haben. Das heißt, sie können die Detaildaten aus einer verknüpften Tabelle darstellen.

In unserer Beispieldatenbank für den *SV Access* bietet sich das zum Beispiel für ein Formular an, mit dem Personen eingegeben werden. Es wäre doch wirklich praktisch, wenn auf diesem Formular direkt die Kontaktdaten der angezeigten Person zu sehen wären. Mal sehen, ob wir das hinkriegen.

1. Markieren Sie im Navigationsbereich die Tabelle *Person*.
2. Klicken Sie auf der Registerkarte *ERSTELLEN* in der Gruppe *Formulare* auf *Formular*.
3. Zeigen Sie das neue Formular in der Formularansicht an.

Bild 43.41 Voilà! Personen- und Kontaktdaten auf einem Formular

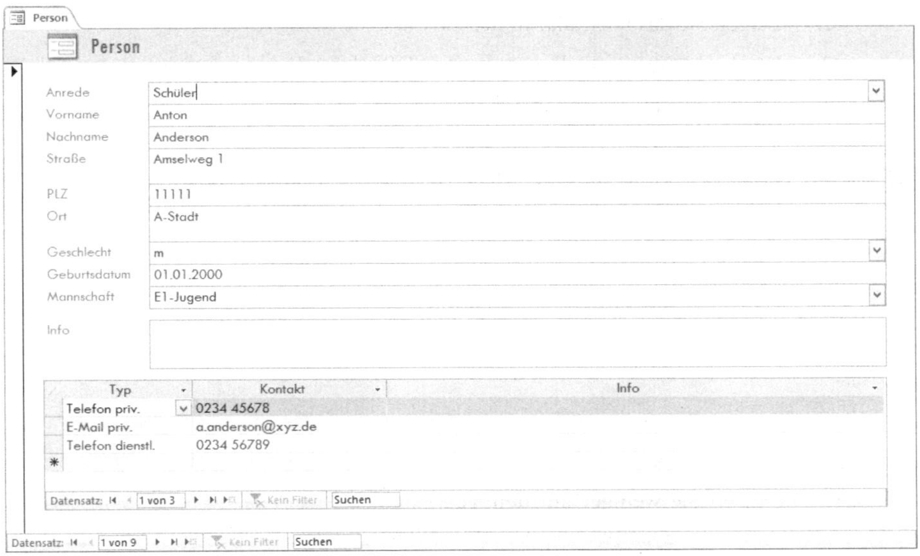

4. Zeigen Sie eine andere Person an. Dabei werden die Kontaktdaten automatisch aktualisiert.
5. Wechseln Sie in den Entwurfsmodus und zeigen Sie sein Eigenschaftenblatt an.
6. Markieren Sie das Steuerelement *Tabelle.Kontaktdaten.* Jetzt können Sie im Eigenschaftenblatt auf der Registerkarte *Daten* erkennen, dass die Tabelle mit den Daten des Formulars über die beiden Felder *ID* (aus der Tabelle *Person*) und *Person* (aus der Tabelle *Kontaktdaten*) verknüpft ist.

Bild 43.42 Hier lässt sich die Verknüpfung von Formular und Tabelle ablesen

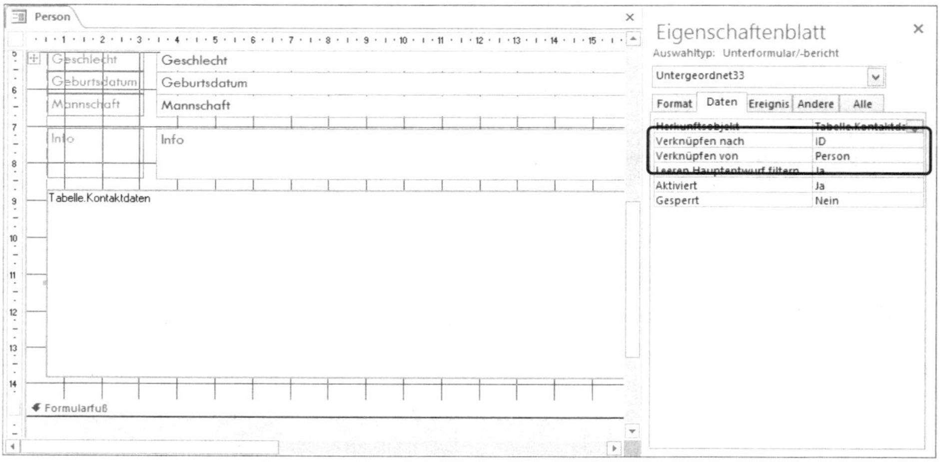

Die Datenbank mit den in diesem Beispiel erstellten Tabellen finden Sie in der Übungsdatei *SV Access, Kapitel 43.*

Kapitel 44

Berichte erstellen

In diesem Kapitel:

Im letzten Kapitel des Access-Teils werden wir uns mit der Berichtsfunktion von Access beschäftigen. Berichte dienen dem Anzeigen und Ausdrucken von Daten und sind daher eng verwandt mit Formularen, so dass Ihnen hier vieles bekannt vorkommen wird. Das Besondere an Berichten ist zum einen, dass die Daten auf ihnen in der Regel kompakter präsentiert werden können, da kein Platz für Bedienelemente benötigt wird. Außerdem lassen sich die Daten in Berichten nach verschiedenen Kriterien gruppieren, um so zum Beispiel Zwischensummen berechnen zu können.

Berichte automatisch erstellen

Genau, wie Sie »mal eben« ein Formular erstellen können, ist auch das Erzeugen eines Berichts mit Access keine große Sache. Allerdings fällt das Ergebnis bei Berichten oft unbefriedigend aus, da der Bericht überflüssige Spalten enthält und auch die Breite der Spalten in den seltensten Fällen gut gewählt ist. Probieren Sie es einfach aus:

1. Markieren Sie im Navigationsbereich die Tabelle *Person.*
2. Wechseln Sie auf die Registerkarte *ERSTELLEN* und klicken Sie dort in der Gruppe *Berichte* auf die Schaltfläche *Bericht.*

Bild 44.1 Der neue Bericht in der Layoutansicht hat große Ähnlichkeit mit einem Formular

Wie Sie sehen, enthält der Bericht nicht nur überflüssige Spalten, wie z. B. die Spalte *ID,* sondern auch die Sortierung ist nicht wirklich sinnvoll. Natürlich könnten wir nun die nicht benötigten Spalten löschen, die Sortierung ändern usw. Aber diese aufwendige Nacharbeit können wir uns auch ersparen.

Abfragen als Grundlage für Berichte

Lassen Sie uns für das nächste Beispiel annehmen, dass wir eine Liste aller Personen erstellen wollen, die folgende Spalten enthält: *Name, Straße, PLZ* und *Ort*. Selbstverständlich soll die Liste alphabetisch sortiert werden. Diese Daten werden wir uns von einer Abfrage maßgeschneidert liefern lassen.

1. Klicken Sie auf der Registerkarte *ERSTELLEN* auf die Schaltfläche *Abfrageentwurf*.
2. Im Dialogfeld *Tabelle anzeigen* doppelklicken Sie auf die Tabelle *Person* und schließen das Dialogfeld.
3. Tippen Sie in der ersten Spalte des Abfrageentwurfs **Name: Nachname & ", " & Vorname** ein. Erinnern Sie sich? Diesen Ausdruck haben wir bereits in Kapitel 42 benutzt, um den Vor- und Nachnamen einer Person in einem Feld zu kombinieren (Seite 876).
4. In die nächste Spalte ziehen Sie das Feld *Strasse*.
5. Fassen Sie nun noch in der dritten Spalte die Postleitzahl und den Ortsnamen mit dem Ausdruck **Stadt: PLZ & " " & Ort** zusammen. Die Abfrage sollte anschließend wie folgt aussehen:

Bild 44.2 Der Abfrageentwurf für die maßgeschneiderte Personenliste

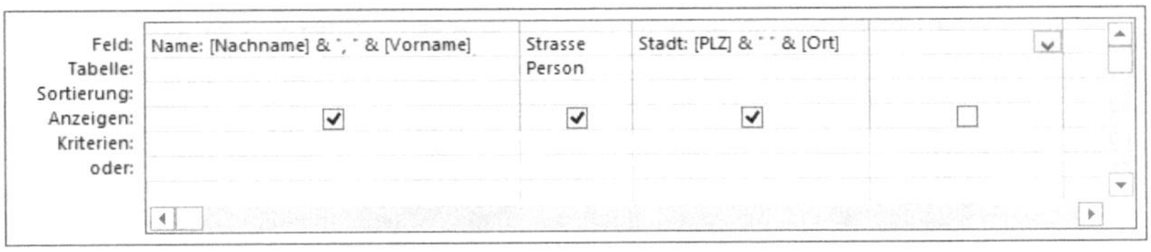

6. Speichern Sie die Abfrage unter dem Namen **Adressenliste** und führen Sie sie dann aus.

Bild 44.3 Die Abfrage präsentiert uns die benötigten Daten auf dem Silbertablett

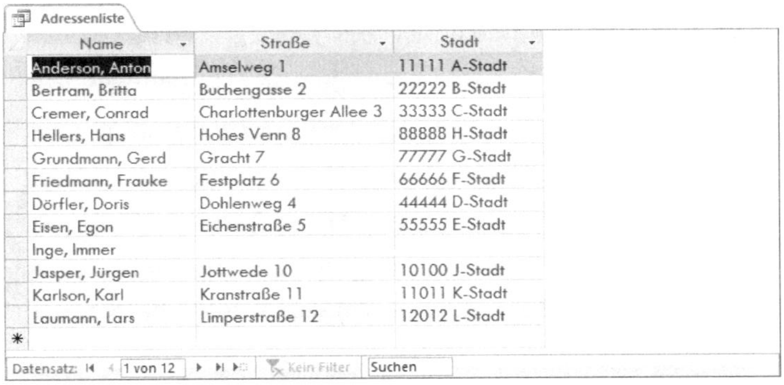

Adressenliste

Name	Straße	Stadt
Anderson, Anton	Amselweg 1	11111 A-Stadt
Bertram, Britta	Buchengasse 2	22222 B-Stadt
Cremer, Conrad	Charlottenburger Allee 3	33333 C-Stadt
Hellers, Hans	Hohes Venn 8	88888 H-Stadt
Grundmann, Gerd	Gracht 7	77777 G-Stadt
Friedmann, Frauke	Festplatz 6	66666 F-Stadt
Dörfler, Doris	Dohlenweg 4	44444 D-Stadt
Eisen, Egon	Eichenstraße 5	55555 E-Stadt
Inge, Immer		
Jasper, Jürgen	Jottwede 10	10100 J-Stadt
Karlson, Karl	Kranstraße 11	11011 K-Stadt
Laumann, Lars	Limperstraße 12	12012 L-Stadt

Datensatz: 1 von 12 · Kein Filter · Suchen

7. Markieren Sie die neue Abfrage im Navigationsbereich und erstellen Sie einen neuen Bericht, indem Sie auf der Registerkarte *Erstellen* auf die Schaltfläche *Bericht* klicken.
8. Klicken Sie unten in der Statusleiste auf die Schaltfläche *Seitenansicht* (das Symbol mit der Lupe), um eine Vorschau auf den Bericht zu erhalten.

Bild 44.4 Noch nicht perfekt, aber schon wesentlich besser

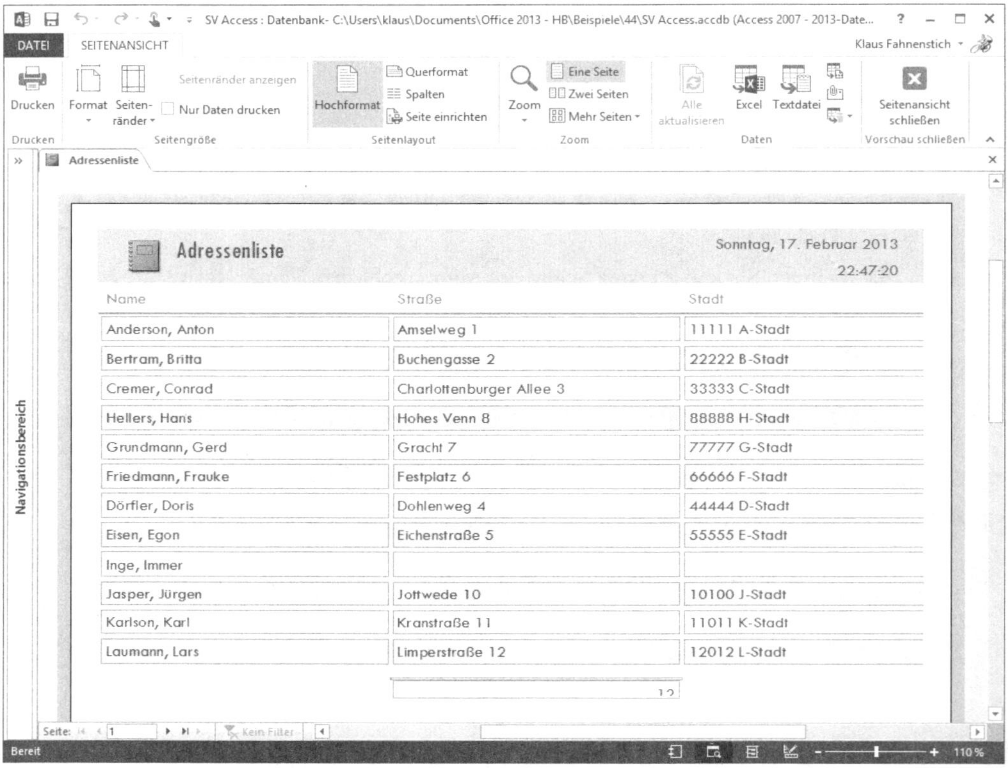

Zwei Schwächen des Berichts fallen sofort ins Auge:

- Er ist nicht nach den Nachnamen sortiert.
- Unten in der Spalte *Straße* wurde scheinbar irgendetwas aufsummiert.

So kurz vor dem Ziel lassen wir uns nicht stoppen und wagen einen dritten Anlauf:

1. Schließen Sie den Bericht und löschen Sie ihn dann. Dazu markieren Sie ihn im Navigationsbereich und drücken dann die Taste [Entf].
2. Klicken Sie auf der Registerkarte *ERSTELLEN* auf die Schaltfläche *Berichts-Assistent*.
3. Wählen Sie im ersten Schritt des *Berichts-Assistenten* die Abfrage *Adressenliste* aus und übernehmen Sie die drei Felder *Name*, *Strasse* und *Stadt* in die rechte Auswahlliste. Da dies alle Felder der Abfrage sind, müssen Sie dazu nur einmal auf die Schaltfläche mit dem Doppelpfeil klicken.
4. Den nächsten Schritt, in dem Sie nach einer Gruppierungsebene gefragt werden, überspringen Sie. Wir kommen auf dieses Thema später noch zurück.
5. Im dritten Schritt geben Sie die Sortierreihenfolge an.
6. Anschließend haben Sie die Wahl zwischen drei Layouttypen. Anhand der Vorschaubilder können Sie recht gut erkennen, wie sich die Varianten unterscheiden. Für unser Beispiel übernehmen Sie die Vorgabe *Tabellarisch* (siehe folgende Abbildung).

Bild 44.5 Der Assistent unterstützt drei verschiedene Layouts für Berichte

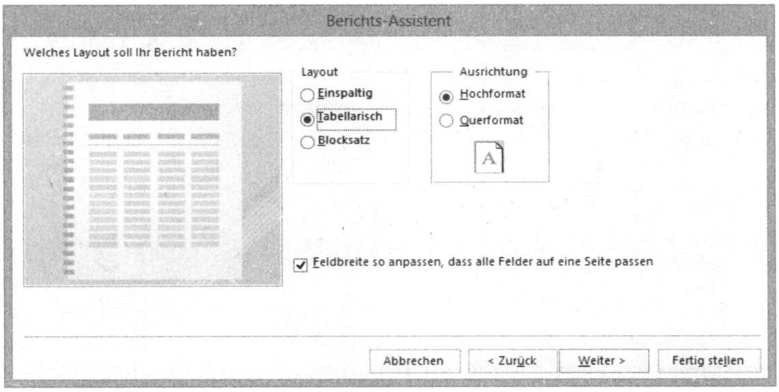

7. Klicken Sie auf *Weiter*, um zum letzten Schritt des Assistenten zu gelangen. Dort können Sie noch einen Namen eingeben und entscheiden, ob Sie direkt eine Vorschau des Berichts sehen wollen oder erst in die Entwurfsansicht gelangen möchten, um noch einige Änderungen vornehmen zu können. Klicken Sie hier einfach auf *Fertig stellen*.

Bild 44.6 Jetzt ist der Bericht so gut wie druckreif

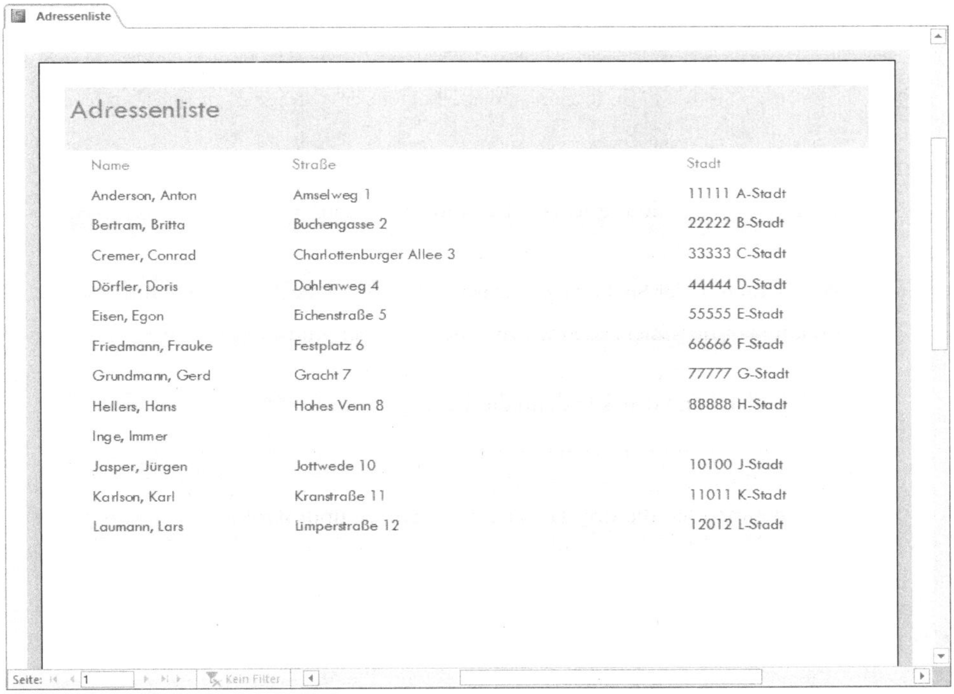

Wir wollen uns an dieser Stelle mit dem erreichten Ergebnis zufrieden geben. Später werden wir den Bericht noch etwas aufpeppen, indem wir das Vereinslogo des *SV Access* in die Kopfzeile einfügen und die Personenliste nach Buchstaben gruppieren.

Gruppierung mit dem Assistent erstellen

Nachdem Sie nun bereits etwas Erfahrung mit Berichten haben, wollen wir Ihnen jetzt zeigen, wie Sie die Daten eines Berichts gruppieren können. Mit Gruppieren ist hier gemeint, dass die Datensätze nach vorgegebenen Kriterien in Gruppen zusammengefasst werden. Die Datensätze dieser Gruppen lassen sich dann bei Bedarf gesondert auswerten, um zum Beispiel Summen zu ermitteln.

Beispiel: Spieler nach Mannschaften gruppieren

Im ersten Beispiel wollen wir für den *SV Access* einen Bericht erstellen, der alle Spieler getrennt nach Mannschaften auflistet. Nach den Erfahrungen aus den ersten Beispielen wollen wir auch hier zunächst eine Abfrage erstellen, die uns die benötigten Daten möglichst passgenau liefert. In diesem Fall sind das folgende Felder: Name der Mannschaft, Name des Spielers, Straße und Stadt.

1. Da die Abfrage *Adressenliste* dieser Vorgabe schon recht nahe kommt, nehmen wie sie als Vorlage. Kopieren Sie die Abfrage unter dem Namen **Spielerliste.** Dazu markieren Sie die Abfrage im Navigationsbereich, drücken erst [Strg]+[C], dann [Strg]+[V].
2. Öffnen Sie die neue Abfrage *Spielerliste* in der Entwurfsansicht.
3. Ziehen Sie aus der Tabelle *Person* das Feld *Mannschaft* auf die erste Spalte des Abfrageentwurfs. Dadurch wird für das Feld eine neue Spalte eingefügt.
4. Mehr ist hier nicht zu tun. Schließen Sie die Abfrage.
5. Starten Sie wieder den Berichts-Assistenten, wählen Sie die neue Abfrage aus und übernehmen Sie wie beim letzten Mal alle Felder der Abfrage. Dann klicken Sie auf *Weiter.*

Bild 44.7 Der Assistent bietet uns auf Anhieb die passende Gruppierung an

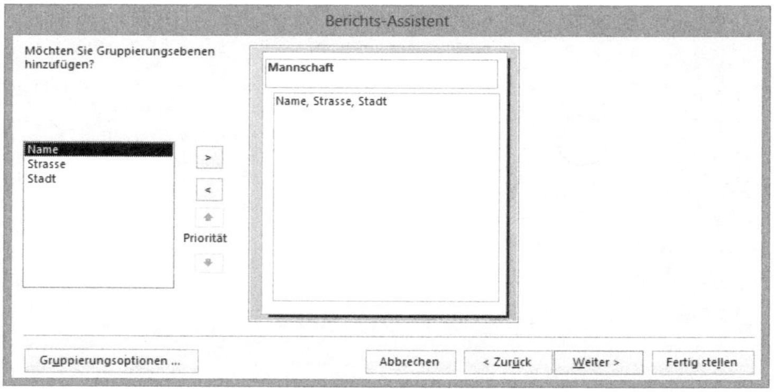

Wie praktisch: Der Assistent schlägt die geplante Gruppierung von sich aus vor. Offensichtlich hat der Assistent die Abfrage ausgeführt und dabei festgestellt, dass die Werte der Spalte *Mannschaft* mehrfach auftreten (jeweils bei allen Spielern einer Mannschaft). Damit ist diese Spalte für eine Gruppierung prädestiniert.

6. Sie können also ohne weitere Aktion zum nächsten Schritt wechseln.
7. Als Sortierreihenfolge bietet sich *Name, Stadt, Strasse* an.

8. Die Frage nach dem Layout erübrigt sich in diesem Fall, da wir lediglich eine Gruppierungsebene vorgesehen haben. Anderenfalls könnten Sie sich jetzt entscheiden, wie die untergeordneten Gruppen auf dem Bericht platziert werden sollen.

Bild 44.8 Auch bei gruppierten Berichten können Sie zwischen mehreren Layouts wählen

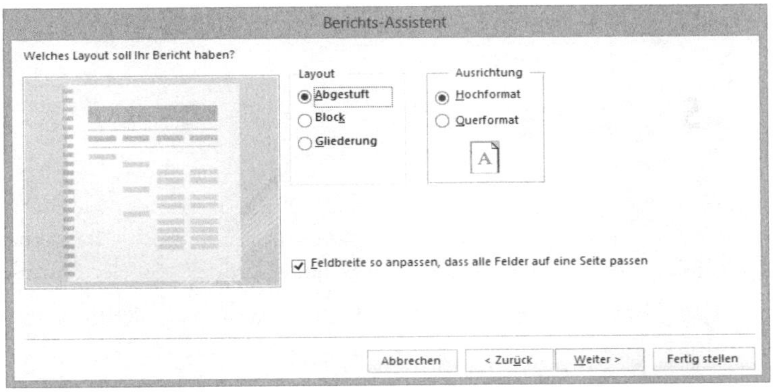

9. Übernehmen Sie im letzten Schritt des Assistenten den Namen **Spielerliste** und zeigen Sie den Bericht in der Seitenansicht an.

Bild 44.9 Hoppla, warum stehen hier nicht die Namen der Mannschaften?

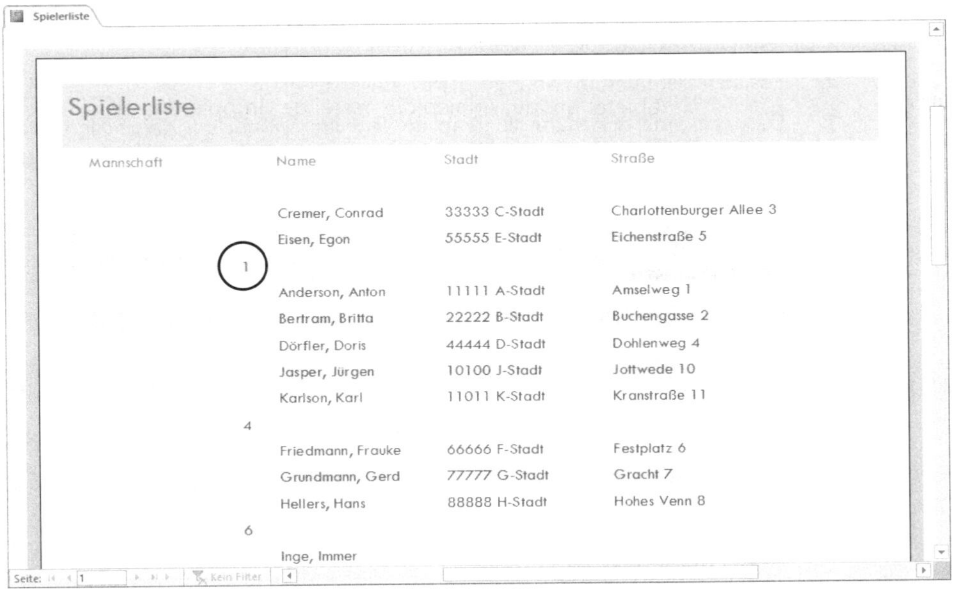

Unsere Abfrage war wohl doch nicht so gut, wie gedacht. Nur wo ist das Problem?

Das Problem tritt u. a. dadurch auf, dass sich ein Bericht in dieser Situation anders verhält als ein Formular. Wenn Sie auf Basis der gleichen Abfrage ein Formular erstellt hätten (siehe Bild 44.10 auf der nächsten Seite), wären Sie nicht über diese Fußangel gestolpert.

Bild 44.10 Formulare erkennen die Verknüpfung und zeigen automatisch ein Nachschlagefeld an

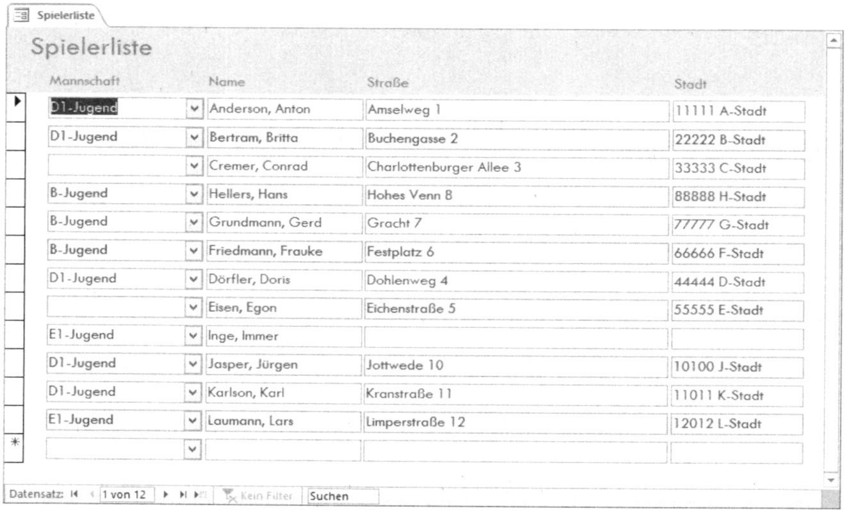

Abfrage nachbearbeiten

In so einer Situation bewahrt uns die Abfrage davor, den gesamten Bericht noch einmal neu zu erstellen. Dadurch, dass wir mit dem Bericht nicht direkt auf die Tabellen der Datenbank zugreifen, haben wir jetzt die Möglichkeit, das Problem durch eine Änderung an der Abfrage zu lösen.

1. Öffnen Sie die Abfrage *Spielerliste* in der Entwurfsansicht.
2. Löschen Sie unten im Abfrageentwurf die erste Spalte.
3. Da der Name der Mannschaft in der Tabelle *Mannschaft* gespeichert ist, müssen Sie diese Tabelle noch in die Abfrage integrieren. Ziehen Sie dazu einfach die Tabelle *Mannschaft* aus dem Navigationsbereich in das Fenster der Abfrage.
4. Wie Sie sehen, bestehen zwischen den beiden Tabellen eine Menge Beziehungen. Wir benötigen jedoch nur die Beziehung zwischen dem Feld *Person.Mannschaft* und *Mannschaft.ID*. Löschen Sie alle anderen Beziehungen, indem Sie sie der Reihe nach anklicken und `Entf` drücken. Anschließend sollte das Abfragefenster folgendermaßen aussehen:

Bild 44.11 Die Abfrage soll sich den Namen der Mannschaft direkt aus der Tabelle *Mannschaft* holen

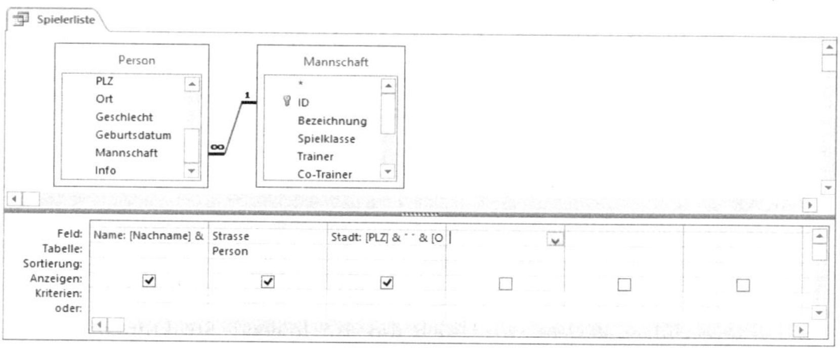

5. Ziehen Sie das Feld *Bezeichnung* aus der Tabelle *Mannschaft* nach unten in die erste Spalte des Abfrageentwurfs.
6. Da der Bericht jedoch ein Feld mit dem Namen *Mannschaft* erwartet, müssen Sie die erste Spalte noch umbenennen. Setzen Sie dazu die Einfügemarke direkt vor den Namen *Bezeichnung* und tippen Sie **Mannschaft:** ein. Die Zelle enthält dann anschließend den Ausdruck »Mannschaft: Bezeichnung«.
7. Schließen Sie die geänderte Abfrage.
8. Wenn Sie jetzt den Bericht *Spielerliste* erneut öffnen, sollten die Namen der Mannschaften zu sehen sein.

Bild 44.12 Jetzt werden die Namen der Mannschaften korrekt im Bericht angezeigt

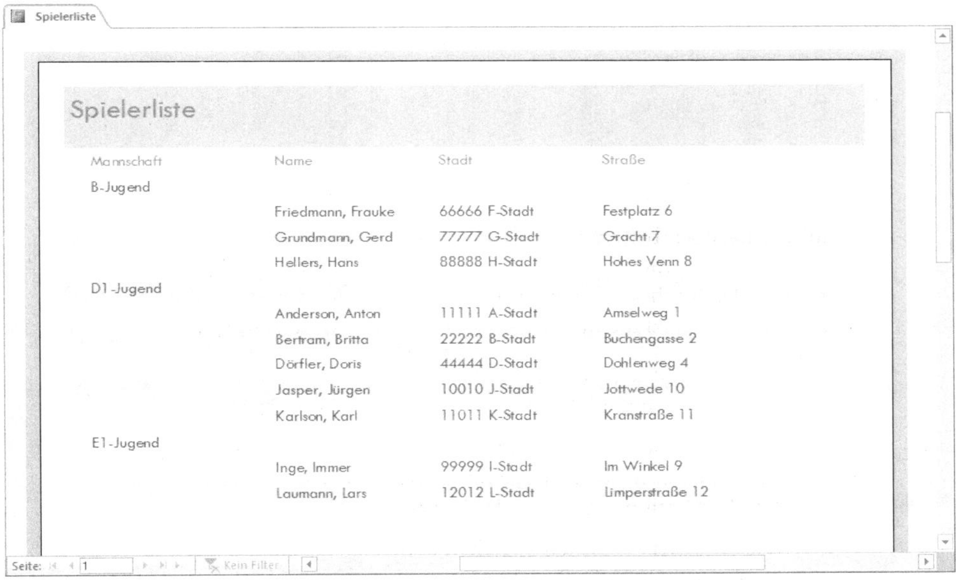

Dafür, dass wir den Bericht nicht ein einziges Mal in der Entwurfs- oder Layoutansicht bearbeitet haben, kann sich das Ergebnis durchaus sehen lassen.

Die Bereiche eines Berichts

Bevor wir gleich im nächsten Beispiel die Gruppierung in einem Bericht manuell erstellen, wollen wir Ihnen zunächst den prinzipiellen Aufbau eines Berichts vorstellen.

Genau wie Formulare bestehen Berichte zunächst einmal aus folgenden Bereichen:

- **Berichtskopf und Berichtsfuß** Wird einmalig am Anfang bzw. Ende des Berichts angezeigt.
- **Seitenkopf und Seitenfuß** Wird oben bzw. unten auf jeder Seite angezeigt.
- **Detailbereich** In diesem Bereich stehen die auszugebenden Daten.

Bei einem zweiseitigen Bericht, würde sich also etwa folgende Struktur ergeben:

Bild 44.13 Abfolge der verschiedenen Bereiche in einem Bericht

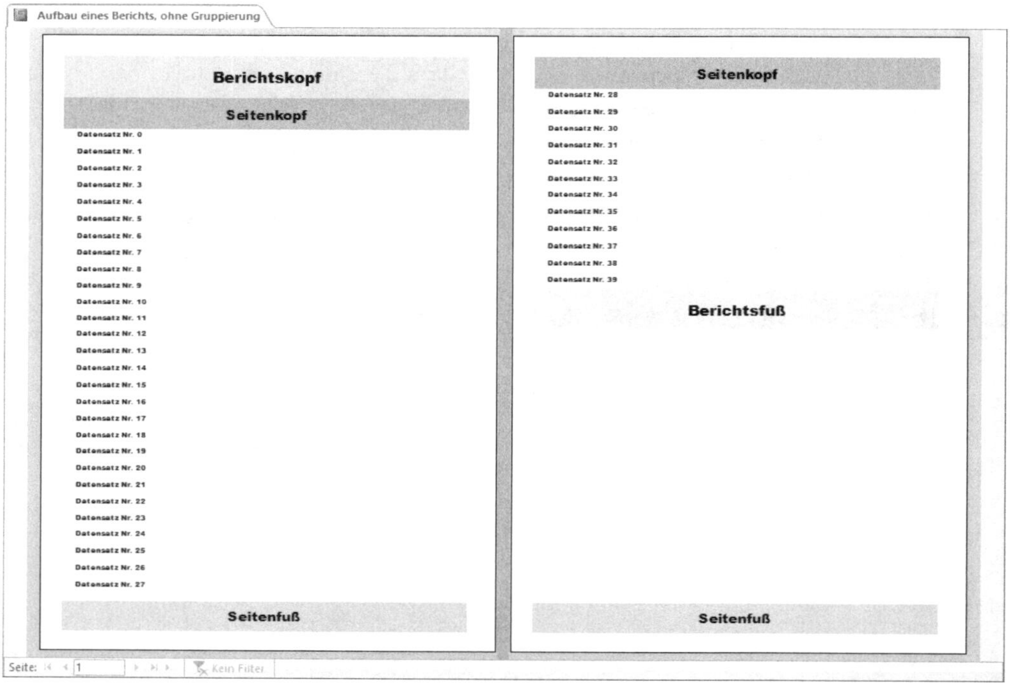

In der Entwurfsansicht eines Berichts sind die jeweiligen Bereiche in der gleichen Reihenfolge angeordnet, in der sie auch normalerweise im fertigen Bericht auftauchen. Bei Berichten, die nur aus einer einzigen Seite bestehen, wird der Berichtsfuß hingegen vor dem Seitenfuß angezeigt.

Bild 44.14 Derselbe Bericht in der Entwurfsansicht

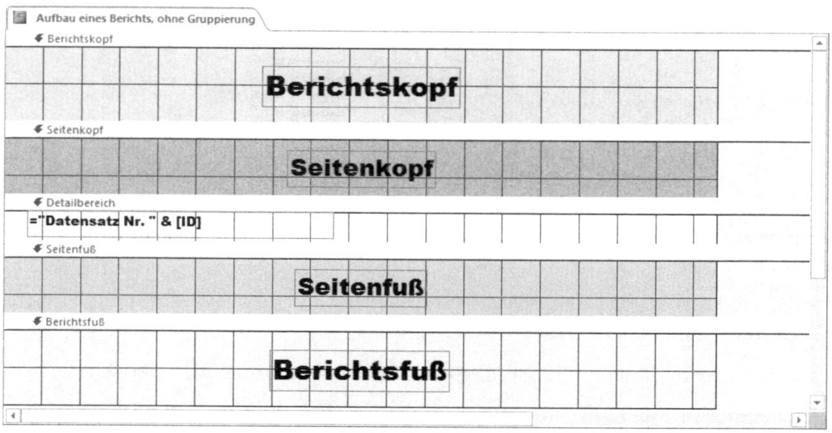

Wenn die Daten des Berichts gruppiert werden, legt sich um den Detailbereich ein weiteres Pärchen aus einem Kopf- und einem Fußbereich. Der auf der nächsten Seite abgebildete Bericht soll dies veranschaulichen. In ihm werden die Nummern der Datensätze in 10er-Päckchen gruppiert.

Bild 44.15 Gruppierte Berichte besitzen für jede Gruppierungsebene eigene Kopf- und Fußbereiche

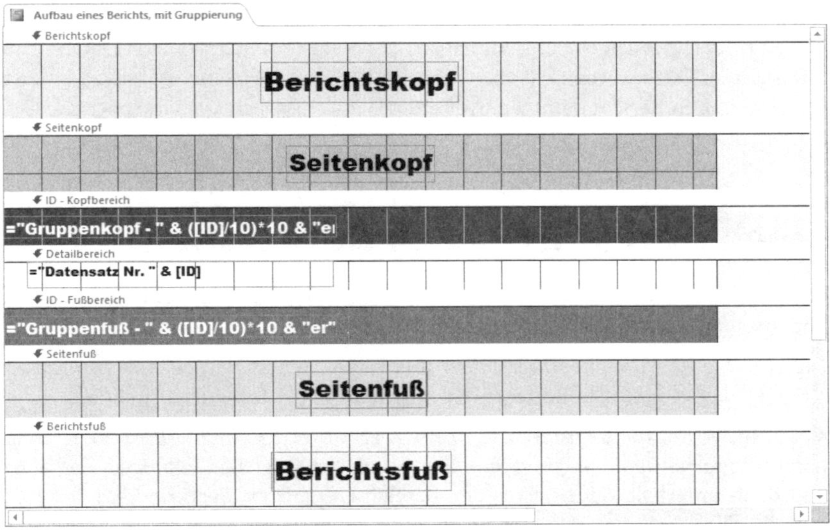

Bild 44.16 Derselbe Bericht in der Seitenansicht

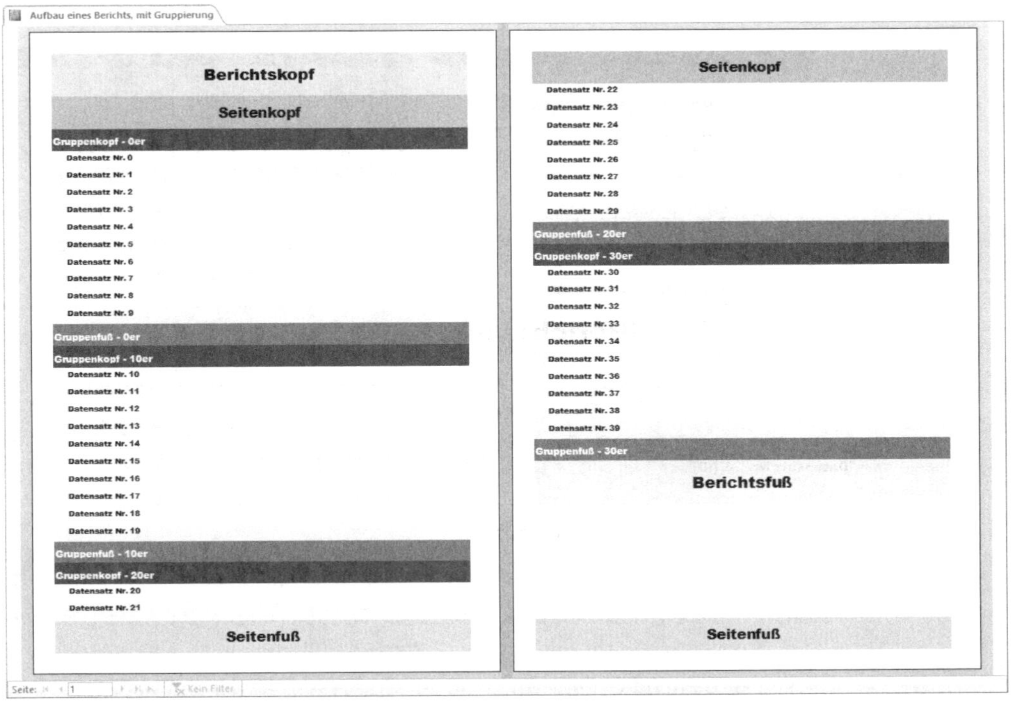

Ob Sie die verschiedenen Kopf- und Fußbereiche in Ihren Berichten benutzen, ist Ihnen freigestellt. Nicht benötigte Bereiche lassen sich entweder ausschalten oder verbergen.

Gruppierung manuell erstellen

Im nächsten Beispiel wollen wir uns einmal aus der Nähe ansehen, wie sich Daten in einem Bericht gruppieren lassen. Dazu werden wir die Gruppierung nicht von einem Assistenten erstellen lassen, sondern selbst in den Bericht einfügen. Auf diese Weise lässt sich auch die optische Gestaltung besser beeinflussen.

Beispiel: Adressliste nach Buchstaben

Der neue Bericht soll die Adressliste aus Bild 44.6 (Seite 911) dahingehend verbessern, dass die einzelnen Buchstabenbereiche klar voneinander abgegrenzt werden.

1. Kopieren Sie den Bericht *Adressenliste* unter dem neuen Namen *Adressenliste, gruppiert* (via Strg+C, Strg+V) und zeigen Sie ihn dann in der Entwurfsansicht an.
2. Wechseln Sie auf die Registerkarte *BERICHTENTWURFTOOLS/ENTWURF* und klicken Sie in der Gruppe *Gruppierung und Summen* auf die Schaltfläche *Gruppieren und Sortieren.* Access zeigt dann unterhalb des Berichts den Bereich *Gruppieren, Sortieren und Summe* an, mit dessen Hilfe wir gleich die Gruppierung erstellen werden.

Bild 44.17 Im Bereich unterhalb des Berichtsentwurfs lassen sich die Gruppierungen konfigurieren

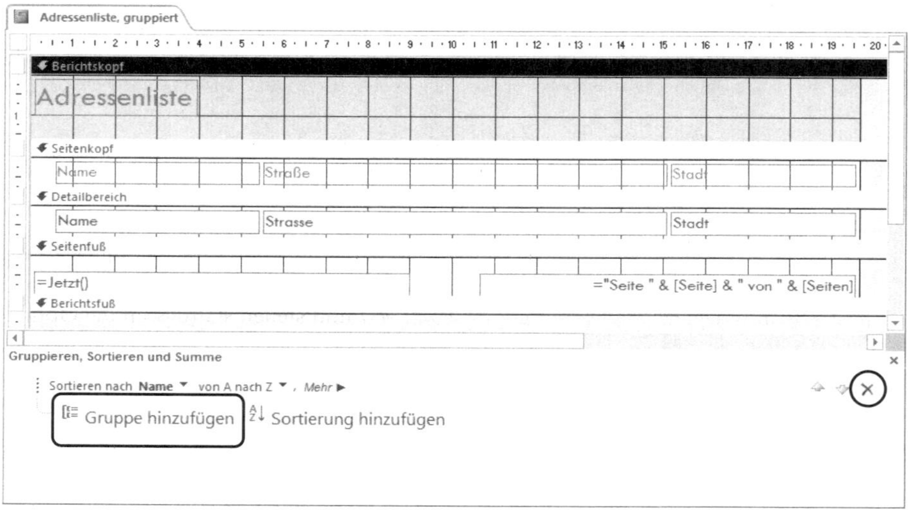

Im Feld *Gruppieren, Sortierung und Summe* wird angezeigt, wie die Daten des Berichts sortiert und gruppiert sind. Momentan werden die Daten lediglich nach dem Namen sortiert.

3. Entfernen Sie die Sortierung, indem Sie im Gruppierungsfeld auf die Löschen-Schaltfläche der entsprechenden Zeile klicken. Sie ist oben im Bild mit einem Kreis markiert.
4. Klicken Sie dann im Gruppierungsfeld auf *Gruppe hinzufügen* und wählen Sie in der angezeigten Liste das Feld *Name* aus. Dadurch taucht oben im Bericht der Kopfbereich für das Feld *Name* auf.

Bild 44.18 Die Sortierung wurde entfernt und durch eine Gruppierung ersetzt

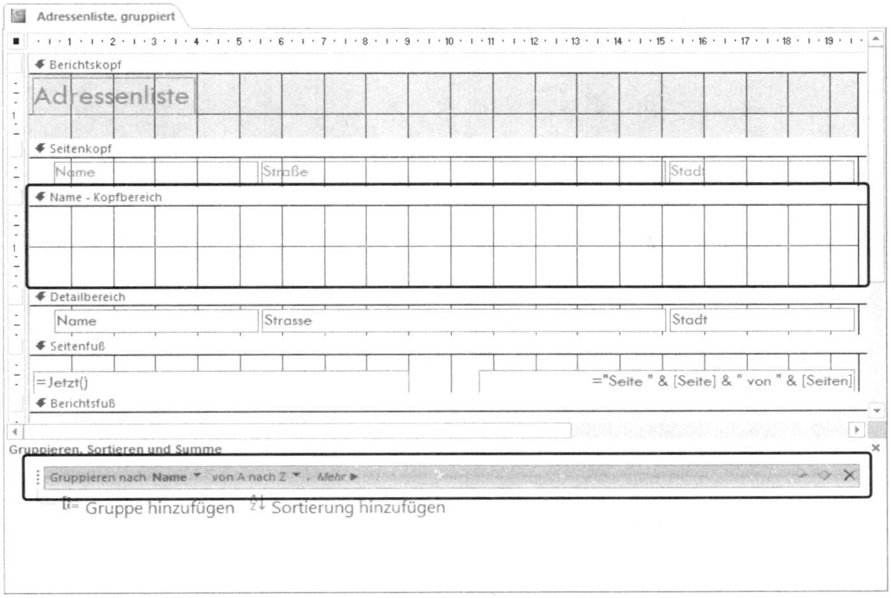

5. Klicken Sie unten im Gruppierungsfeld auf *Mehr*, damit die Gruppierungseinstellungen vollständig angezeigt werden.

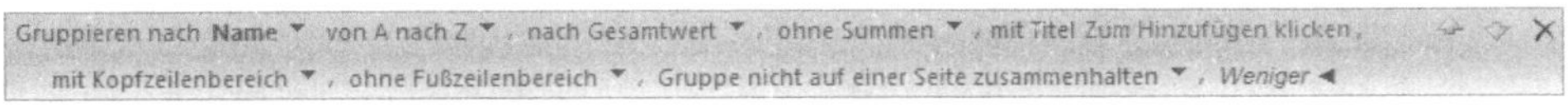

Hier können Sie genau erkennen, nach welchem Feld gruppiert wird, wie die Sortierung eingestellt ist usw.

6. In unserer Adressliste soll immer dann eine neue Gruppe begonnen werden, wenn sich der Anfangsbuchstabe des Nachnamens ändert. Um dies zu erreichen, klicken Sie in dem farbig hinterlegten Bereich auf *nach Gesamtwert* und stellen stattdessen die Option *Nach dem ersten Zeichen* ein.

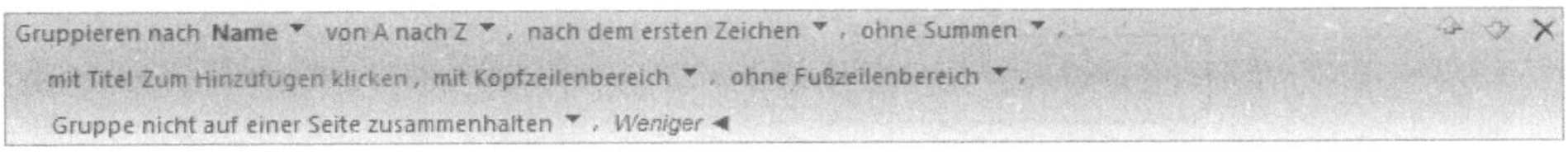

7. Damit ist die Einstellung der Gruppierung schon abgeschlossen. Verkleinern Sie nun noch den Kopfbereich der Gruppierung und füllen Sie den Bereich mit einer Hintergrundfarbe (via *BERICHTENTWURFTOOLS/FORMAT/Steuerelementformatierung/Fülleffekt*). Dazu müssen Sie zuerst die Leiste des Kopfbereichs anklicken, um ihn zu markieren.
8. Anschließend klicken Sie auf der gleichen Registerkarte in der Gruppe *Hintergrund* auf die Schaltfläche *Alternative Zeilenfarbe* und wählen dort die Option *Keine Farbe*. Damit erreichen Sie, dass der Kopfbereich der Gruppierung immer die gleiche Farbe erhält.
9. Wenn Sie jetzt in die Seitenansicht wechseln, sollte sich der Bericht wie in der folgenden Abbildung präsentieren.

Bild 44.19 Die Sortierung wurde entfernt und durch eine Gruppierung ersetzt

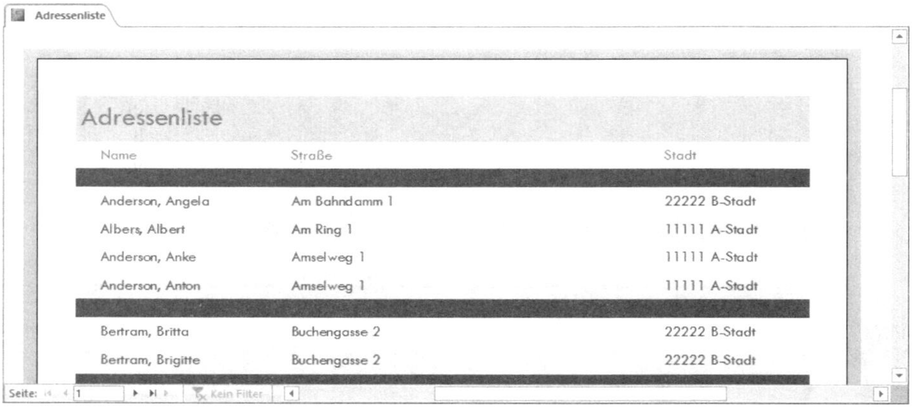

Wunderbar, aber mit einem großen Anfangsbuchstaben in der Kopfzeile wäre es noch besser.

10. Kein Problem. Wechseln Sie noch mal in die Entwurfsansicht und fügen Sie in der Kopfzeile ein Textfeld ein. (*BERICHTENTWURFTOOLS/ENTWURF/Steuerelemente*).
11. Löschen Sie das Beschriftungsfeld des neuen Steuerelements.
12. Geben Sie in das Textfeld folgenden Ausdruck ein: =**Links([Adressenliste.Name];1)**
Die umständliche Schreibweise ist übrigens nur deshalb erforderlich geworden, weil wir unser Feld »Name« genannt haben. Damit kommt Access leider nicht gut zurecht. Ein entsprechender Hinweis des Programms beim Erstellen des Feldes hätte sicher nicht geschadet.
13. Jetzt müssen Sie noch den Rahmen (die Formkontur) des Steuerelements unsichtbar machen und den Fülleffekt auf *Transparent* setzen. Wählen Sie eine geeignete Schrift und stellen Sie eine Textfarbe mit möglichst viel Kontrast zum Hintergrund ein. Diese Einstellungen können Sie alle auf der Registerkarte *BERICHTENTWURFTOOLS/FORMAT* vornehmen.
14. Zeigen Sie den Bericht wieder in der Seitenansicht an.

Bild 44.20 Der fertige Bericht

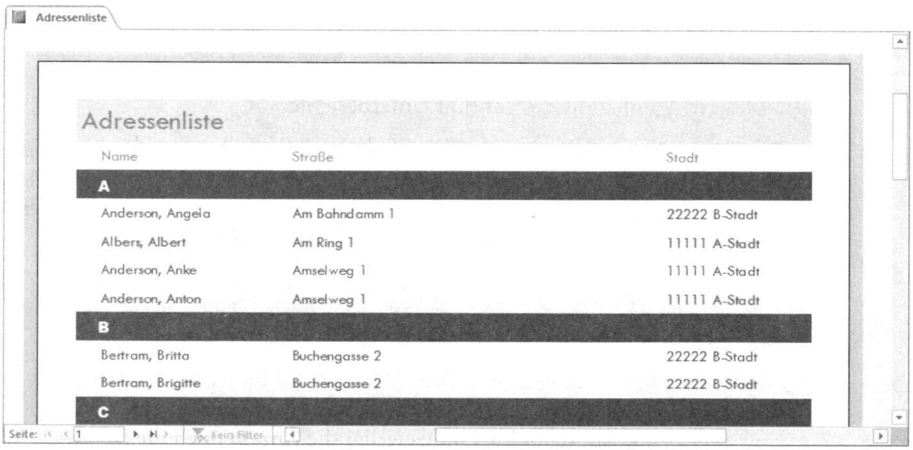

Unterberichte

Genauso, wie Sie bei Formularen mit Unterformularen arbeiten können, lassen sich auf einem Bericht auch untergeordnete Berichte einfügen. Auf diese Weise lassen sich sehr leistungsfähige Auswertungen erstellen. Leider haben wir in diesem Buch das Seitenkontingent des Access-Teils schon ausgeschöpft, so dass wir dieses Thema nicht mehr ausführlich beschreiben können. Sie finden jedoch in der Beispieldatenbank dieses Kapitels den Bericht *Telefonlisten aller Mannschaften,* auf dem sich gleich mehrere Unterformulare befinden. Im Anschluss an die folgende Abbildung geben wir Ihnen noch einige Hinweise und Tipps zu diesem Bericht, damit Sie seine Arbeitsweise nachvollziehen können.

Bild 44.21 Der Bericht *Telefonlisten aller Mannschaften* enthält insgesamt fünf Unterberichte

- Der Bericht enthält insgesamt fünf Unterberichte:
  - Viermal den Unterbericht *Kontaktdaten_UB* zur Anzeige der Kontaktdaten von Trainer, Co-Trainer, Betreuer und Kapitän
  - Den Unterbericht *Spielerliste mit Kontaktdaten_UB*. Er gibt alle Spieler einer Mannschaft inklusive deren Kontaktdaten aus.
- Die Kontaktdaten werden von der Kreuztabellenabfrage *Kontaktdaten_Privat* geliefert. In dieser Abfrage wurden in der Eigenschaft *Fixierte Spaltenüberschriften* die gewünschten Ausgabespalten vorgegeben. Dies ist bei Kreuztabellenabfragen in verknüpften Unterberichten zwingend notwendig, da Access nur so weiß, welche Spalten die Abfrage liefert. Bei normalen Kreuztabellenabfragen entstehen die Spalten ja dynamisch durch die aktuell vorhandenen Daten. Access kennt dann im Voraus weder die Anzahl noch die Namen der Spalten.

- Bei dem verwendeten Logo handelt es sich um eine Grafikdatei im PNG-Format, das Transparenz unterstützt. Damit dies auf dem Bericht funktioniert, müssen Sie für das eingefügte Bild-Objekt die Eigenschaft *Hintergrundart* auf *Transparent* setzen.
- Damit jede Mannschaft auf einer neuen Seite beginnt, wurde für den Detailbereich die Eigenschaft *Neue Seite* auf den Wert *Nach Bereich* gestellt.
- Damit eine waagerechte Linie auch wirklich waagerecht ist, stellen Sie ihre Eigenschaft *Höhe* auf den Wert 0.
- Eventuell sollten Sie die Datenbank auch noch mit einigen Beispieldaten füttern, damit auf den Berichten genügend Daten zu sehen sind.

Bild 44.22 Der Bericht *Telefonlisten aller Mannschaften* in der Entwurfsansicht

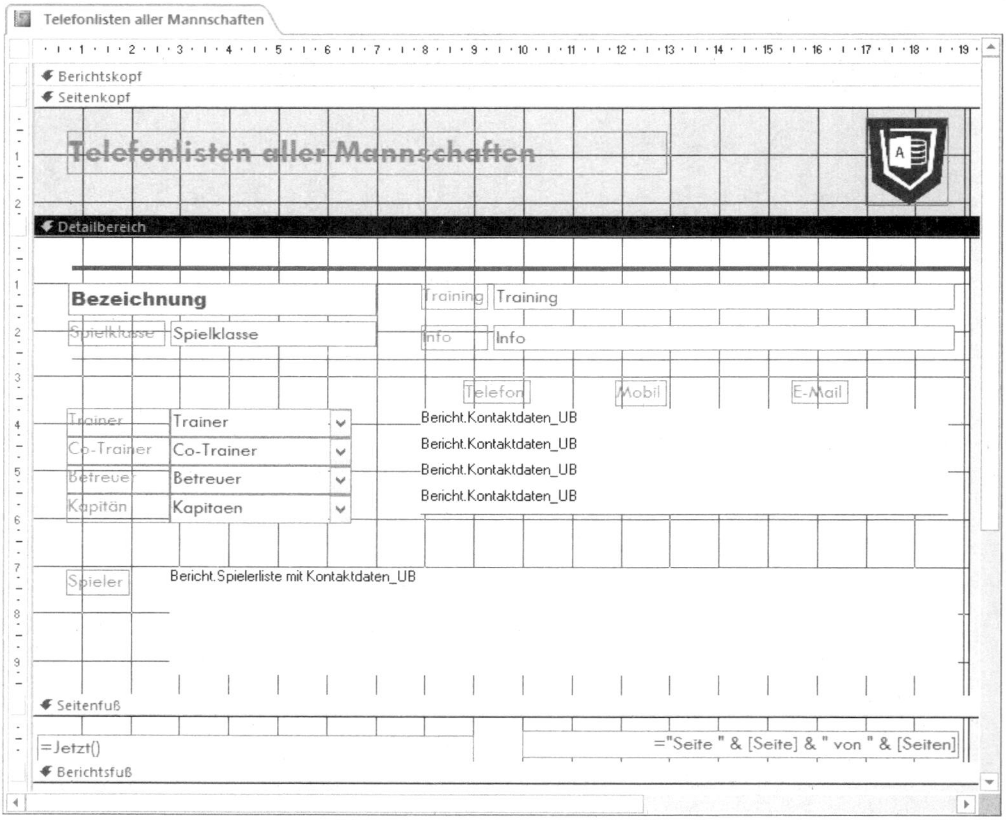

Wenn Sie jetzt auf den Geschmack gekommen sind und sich intensiver mit Access beschäftigen wollen, können wir Ihnen den Titel »Microsoft Access 2013 Das Handbuch« von Lorenz Hölscher (ISBN: 978-3866451575) empfehlen, der ebenfalls bei Microsoft Press erschienen ist. Mit diesem Buch halten Sie ca. 1000 Seiten geballtes Wissen zum Thema Access in den Händen. Das müsste fürs Erste reichen!

Teil H

Outlook 2013

In diesem Teil:

Kapitel 45

Neues in Outlook 2013 – Umsteigen von früheren Versionen

In diesem Kapitel:

Dieses Kapitel gibt Ihnen einen Überblick über wichtige Neuerungen und Änderungen in Outlook 2013. Es richtet sich an Outlook-Benutzer, die von einer der früheren Versionen (2003 bis 2010) auf Outlook 2013 umsteigen, und weist Sie auf die weiteren Kapitel in diesem Buch hin, in denen die einzelnen Features und Programmmerkmale ausführlicher beschrieben werden.

Wenn Sie von Outlook 2003 auf die Version 2013 umsteigen, fällt zuerst die neu gestaltete Oberfläche mit dem Menüband auf, das seit Office 2010 im gesamten Programm verwendet wird. Outlook 2007 benutzte im Unterschied zu den 2007er-Versionen von Word, Excel und PowerPoint noch die althergebrachte Menüleiste. Das Menüband (das damals noch Multifunktionsleiste hieß), war lediglich in einigen der Formulare zu finden. Das Menüband und seine Bedienung sind ausführlich in Kapitel 3 ab Seite 70 beschrieben.

Ordnerbereich und Navigationsleiste

Seit Outlook 2010 lässt sich der Ordnerbereich mit der Navigationsleiste, den Sie an der linken Seite des Outlook-Fensters sehen, bei Bedarf minimieren. Hierzu klicken Sie die kleine Schaltfläche mit dem Pfeil an. Der Ordnerbereich wird dann als schmaler Streifen am Fensterrand dargestellt.

Die Navigationsleiste mit den Schaltflächen zum Wechseln zu einem anderen Outlook-Modul ist weiterhin sichtbar. Mit der Schaltfläche *Alle Ordner,* die im minimierten Ordnerbereich angezeigt wird, blenden Sie die Ordnerliste ein. Nachdem Sie dort Ihre Auswahl getroffen haben, wird der Ordnerbereich wieder als schmaler Streifen angezeigt. Durch die Möglichkeit, den Ordnerbereich zu minimieren, können Sie dem Arbeitsbereich von Outlook mehr Platz zuweisen, gleichzeitig stehen Ihnen die Auswahlmöglichkeiten des Ordnerbereichs schnell zur Verfügung.

Reihenfolge der Ordner ändern

Bis einschließlich Outlook 2010 war die Reihenfolge, in der die einzelnen Ordner im Ordnerbereich angezeigt wurden, fest vorgegeben. In Outlook 2013 können Sie die Reihenfolge an Ihre persönlichen Anforderungen anpassen. Ziehen Sie dazu den Ordner mit gedrückter Maustaste an die gewünschte Position, wie es Bild 45.1 zeigt. Wenn Sie mehrere E-Mail-Konten verwenden, wird für jedes Konto ein eigener Knoten auf der obersten Ebene des Ordnerbereichs angezeigt. Sie können Ordner nur innerhalb des übergeordneten Knotens verschieben.

Navigationsleiste konfigurieren

Die Navigationsleiste, die Sie unterhalb des Ordnerbereichs sehen, wurde in Outlook 2013 neu gestaltet. Statt der Symbolschaltflächen, die Sie zum Wechseln zwischen den verschiedenen Outlook-Modulen verwenden, können Sie in der Navigationsleiste auch Textschaltflächen anzeigen lassen, die Reihenfolge der Schaltflächen verändern und festlegen, wie viele Schaltflächen standardmäßig in der Navigationsleiste sichtbar sind. Die Module, für die keine Schaltflächen sichtbar sind, können Sie über die Schaltfläche mit den drei Punkten erreichen (siehe Bild 45.2).

Weitere Informationen über die Navigationsleiste und deren Konfiguration finden Sie im Abschnitt »Navigation zwischen den Outlook-Modulen« in Kapitel 46.

Bild 45.1 Der Ordnerbereich mit der Navigationsleiste kann seit Outlook 2010 minimiert werden. Seit Outlook 2013 können Sie die Reihenfolge der Ordner im Ordnerbereich beliebig anpassen, indem Sie den betreffenden Ordner mit gedrückter Maustaste an die gewünschte Position ziehen.

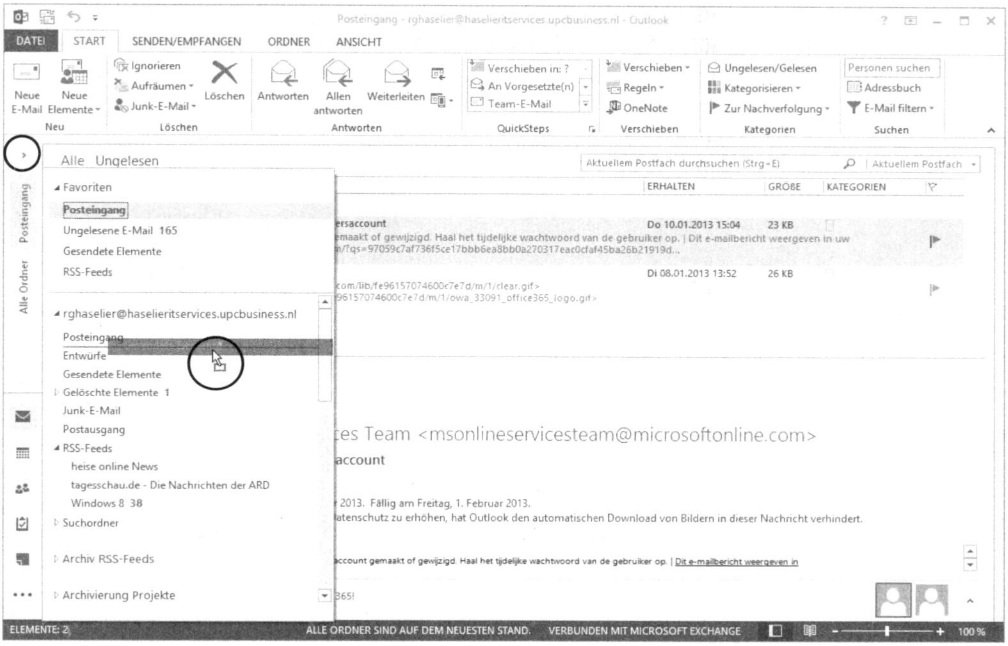

Bild 45.2 Die Navigationsleiste mit Textschaltflächen und dem geöffneten Menü der Schaltfläche mit den drei Punkten

Aufgabenleiste

In Outlook 2007 wurde die sogenannte Aufgabenleiste eingeführt, die standardmäßig sichtbar war und sich am rechten Rand des Fensters befand. Die Aufgabenleiste hilft dabei, den Überblick über Ihre Termine und Aufgaben zu bewahren. Mit dem Datumsnavigator im oberen Bereich können Sie einen bestimmten Tag im Kalender anzeigen lassen und im Bereich darunter sehen Sie die Termine, die für den im Datumsnavigator ausgewählten Tag im Kalender eingetragen sind.

Darunter sehen Sie die *Aufgabenliste*; dort werden zu erledigende Aufgaben und zur Nachverfolgung gekennzeichnete Outlook-Elemente angezeigt. Außerdem können Sie dort weitere Aufgaben erstellen, indem Sie die Beschreibung der Aufgabe in das Feld mit dem Text *Aufgabe hier eingeben* eintragen.

Die Aufgabenleiste ist in Outlook 2013 weiterhin vorhanden, jedoch ist sie nicht mehr standardmäßig sichtbar; sie kann jedoch auf der Registerkarte *ANSICHT* in der Gruppe *Layout* mit den Befehlen des Menüs der Schaltfläche *Aufgabenleiste* eingeschaltet werden. Die Funktionalität der Aufgabenleiste finden Sie in Outlook 2013 jetzt standardmäßig in den Popupfenstern, die geöffnet werden, wenn Sie den Mauszeiger auf eine der Schaltflächen in der Navigationsleiste bewegen.

- Im Popupfenster *Kalender* (siehe Bild 45.3) werden der Datumsnavigator für den aktuellen Monat sowie die Termine für den im Navigator ausgewählten Tag angezeigt.
- Im Popupfenster *Aufgaben* sehen Sie die aktuellen Aufgaben und Nachverfolgungen sowie den Aufgabeneingabebereich, in dem Sie schnell eine neue Aufgabe erstellen können.
- Im Popupfenster *Personen* werden die Personen bzw. Kontakte angezeigt, die Sie in Ihre Favoriten eingefügt haben.

Alle drei Popupfenster enthalten in der oberen rechten Ecke die Schaltfläche *Popup anheften*. Wenn Sie sie anklicken, wird das Popupfenster am rechten Rand des Outlook-Fensters permanent eingeblendet.

Bild 45.3 Das Popupfenster *Kalender* und die Aufgabenleiste von Outlook

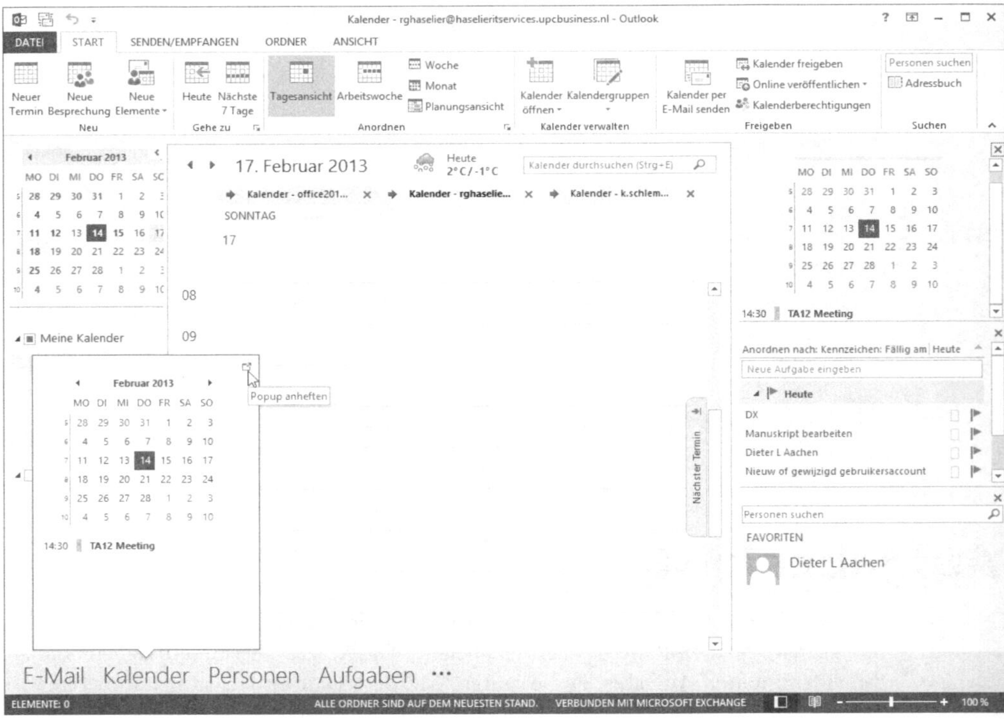

Aufgaben und Nachverfolgung

Vor Outlook 2007 gab es eine strikte Trennung zwischen Aufgaben und den Outlook-Elementen, die Sie zur Nachverfolgung gekennzeichnet hatten. Aufgaben wurden im Aufgabenmodul und bei aktiviertem Kalendermodul unterhalb des Datumswechslers angezeigt, wenn der Aufgabenblock eingeschaltet wurde. Um die Elemente zu sehen, die zur Nachverfolgung gekennzeichnet waren, mussten Sie in der Navigationsleiste die Ordnerliste öffnen und in den Suchordnern den Ordner *Zur Nachverfolgung* auswählen. Diese Trennung machte es nicht einfach, sich einen schnellen Überblick über die anstehenden Aufgaben zu verschaffen.

Diese Trennung zwischen Aufgaben und zur Nachverfolgung gekennzeichneten Elementen besteht seit Outlook 2007 nicht mehr. Wenn Sie beispielsweise eine E-Mail-Nachricht mit einem Nachverfolgungskennzeichen versehen, taucht diese Erinnerung sofort als neuer Eintrag in der Aufgabenleiste auf. Wenn Sie das Modul *Aufgaben* öffnen, können Sie dort im Bereich *Meine Aufgaben* zwischen der Vorgangsliste und den Aufgaben wählen. Bei den Aufgaben handelt es sich um die »klassischen« Aufgaben, wie Sie sie von den Outlook-Versionen vor 2007 her kennen.

Bild 45.4 Outlook 2010 zeigt in der Vorgangsliste sowohl die klassischen Aufgaben an als auch die Elemente, die zur Nachverfolgung gekennzeichnet wurden

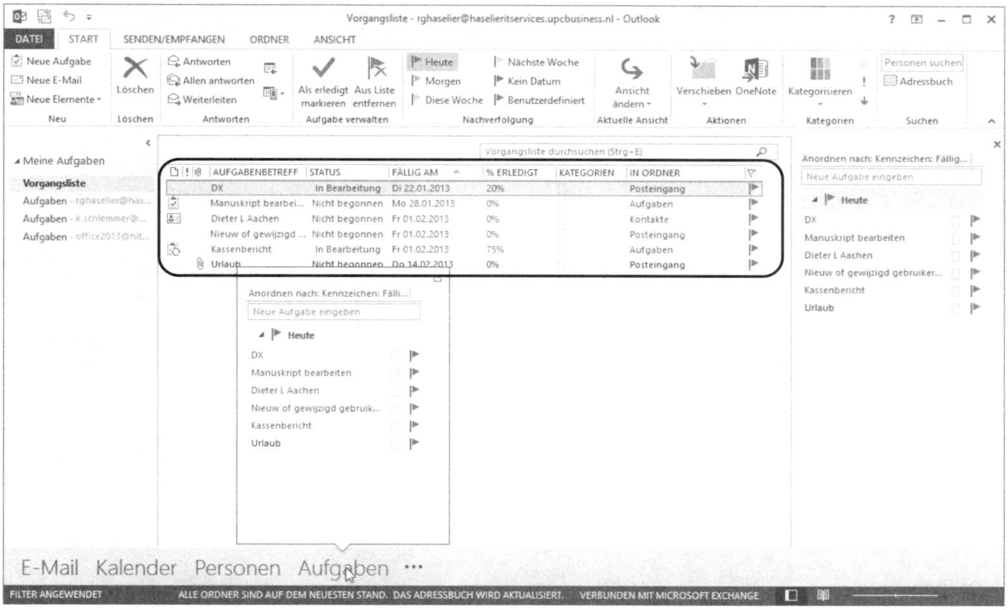

Die Vorgangsliste umfasst sowohl die klassischen Aufgaben als auch die Elemente, die Sie zur Nachverfolgung gekennzeichnet haben. Ein Beispiel hierfür sehen Sie in der obigen Abbildung. Beachten Sie die kleinen Symbole vor den Listeneinträgen im Ansichtsbereich des Outlook-Fensters. An ihnen können Sie erkennen, ob es sich um eine Aufgabe oder um ein zur Nachverfolgung gekennzeichnetes Element handelt. Die Vorgänge, die Sie in der Liste sehen, entsprechen den Einträgen, die Sie auch im Popupfenster der Navigationsschaltfläche *Aufgaben* sehen und die Sie auch in der Aufgabenleiste anheften können.

Ausführliche Informationen zu den Aufgaben und zur Aufgabenleiste finden Sie in Kapitel 53.

Sofortsuche

Seit der Version 2010 verwendet Outlook die gleiche Suchtechnologie, wie sie auch in Windows selbst verwendet wird. Hierbei werden die Outlook-Inhalte von der Windows-Suche in eine Art Suchkatalog aufgenommen, wodurch das Suchen und Finden von Informationen schneller und komfortabler ist, als es in früheren Outlook-Versionen der Fall war.

Bei Outlook 2010 und Windows 7 konnten Sie zur Suche nach Outlook-Elemente auch das Suchenfeld im Startmenü von Windows verwenden. Die Vorgehensweise zum Suchen nach Inhalten in Outlook war somit mit der Suche nach Dateien identisch. Diese Integration zwischen Outlook und der Windows-Suche wurde in Outlook 2013 entfernt. Wenn Sie Inhalte in Outlook suchen, müssen Sie hierfür die Suchfunktionen von Outlook verwenden.

Um die Sofortsuche von Outlook zu verwenden, nutzen Sie das Suchenfeld, das Sie im oberen Bereich des Ansichtsbereichs der verschiedenen Outlook-Module finden. Geben Sie dort die Suchbegriffe ein. Während Sie die Suchabfrage formulieren, sucht Outlook bereits im Hintergrund und zeigt dann nur noch die Elemente an, die mit der Suchabfrage übereinstimmen. Für die folgende Abbildung wurde die Zeichenfolge »ber« eingegeben, damit alle Elemente in der Vorgangsliste gefunden werden, in denen das Wort »Bericht« vorkommt. Outlook hat drei Elemente gefunden, noch bevor der Suchbegriff komplett eingegeben wurde. Die Fundstellen werden in der Liste hervorgehoben dargestellt (standardmäßig gelb unterlegt). Beachten Sie, dass nicht nur der Aufgabenbetreff, sondern auch die Notizen usw. durchsucht werden.

Bild 45.5 Die Sofortsuche zeigt die Ergebnisse bereits an, während Sie die Suchbegriffe eingeben

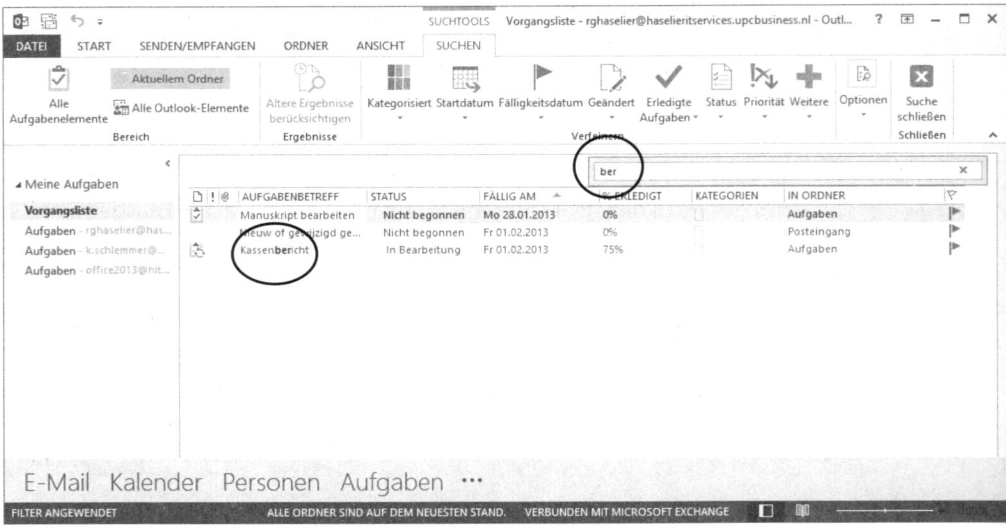

Wenn die einfache Suche nicht ausreichend ist, können Sie die Registerkarte *SUCHTOOLS/SUCHEN* und dort die Schaltflächen der Gruppe *Verfeinern* verwenden. Einige der Schaltflächen funktionieren wie Filter, d.h., es werden beispielsweise nur erledigte oder überfällige Aufgaben angezeigt oder nur E-Mail-Nachrichten, an die eine Datei angehängt wurde. Mit der Schaltfläche *Weitere* und den im Dropdownmenü der Schaltfläche angebotenen Informationsfeldern können Sie Ihr eigenes Suchformular erstellen und so die Felder festlegen, in denen gesucht werden soll, und welche Suchbegriffe in den einzelnen Feldern enthalten sein sollen. Je nachdem, in welchem der Outlook-Module Sie sich gerade befinden, zeigt Outlook daraufhin eine Liste mit weiteren Informationsfeldern an, in denen Sie suchen können. Die folgende Abbildung zeigt exemplarisch die Kriterienauswahlliste des *Aufgaben*-Moduls.

Bild 45.6 Wenn Sie die Suche eingrenzen wollen, können Sie mithilfe der Schaltfläche *Weitere* (*SUCHTOOLS/SUCHEN*, Gruppe *Verfeinern*) weitere Kriterien in das Suchformular einfügen

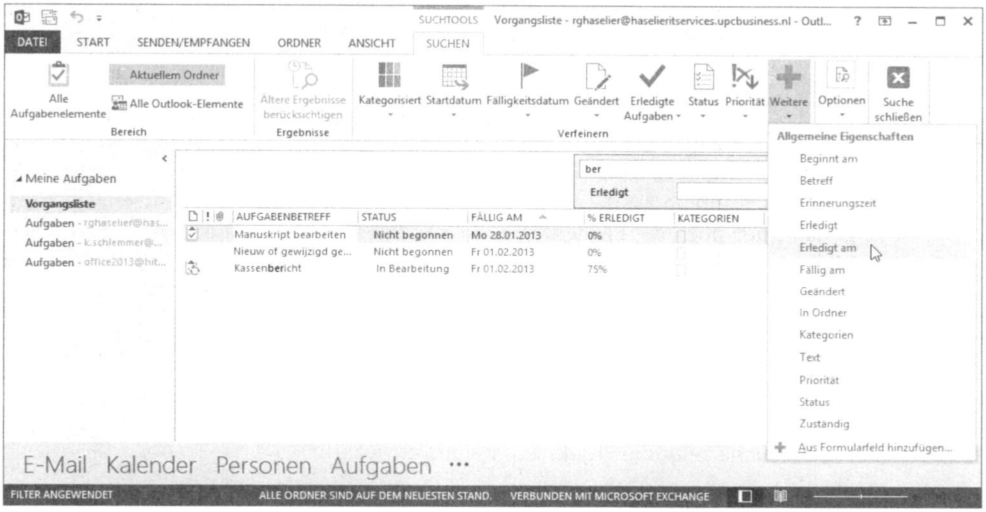

Standardmäßig durchsucht die Sofortsuche nur den jeweils ausgewählten Outlook-Ordner. Diese und andere Einstellungen können Sie jedoch anpassen, indem Sie die Registerkarte *DATEI* öffnen, auf *Optionen* klicken und dann im Dialogfeld *Outlook-Optionen* die Kategorie *Suchen* wählen.

Bild 45.7 In den Suchoptionen können Sie festlegen, dass nicht nur der aktuell ausgewählte, sondern alle Outlook-Ordner bzw. Postfächer durchsucht werden sollen

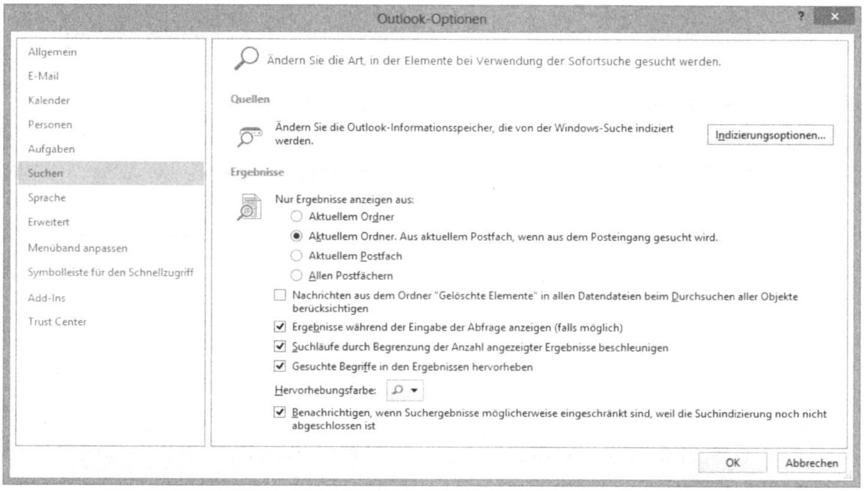

Wenn Sie im Bereich *Ergebnisse* die Option *Allen Postfächern* auswählen, sucht Outlook in allen Postfächern nach dem eingegebenen Begriff. Außerdem können Sie die Suche auf den Ordner *Gelöschte Elemente* erweitern und festlegen, dass Outlook nicht bereits während der Eingabe des Suchbegriffs suchen soll (was sich bei langsameren PCs anbietet), und einstellen, ob und in welcher Farbe die Fundstellen markiert werden sollen.

Bei Outlook 2010 konnten Sie den Suchbereich für eine einzelne Suche mit den Schaltflächen der Gruppe *Bereich* auf der Registerkarte *SUCHTOOLS/SUCHEN* festlegen. Dies geht bei Outlook 2013 weiterhin. Neu ist die Möglichkeit, bei der Sofortsuche im Modul *E-Mail* den Suchbereich direkt mit der Dropdownliste neben dem Suchenfeld einzustellen.

Bild 45.8 Mit der Dropdownliste rechts am Suchenfeld können Sie schnell den Suchbereich einstellen

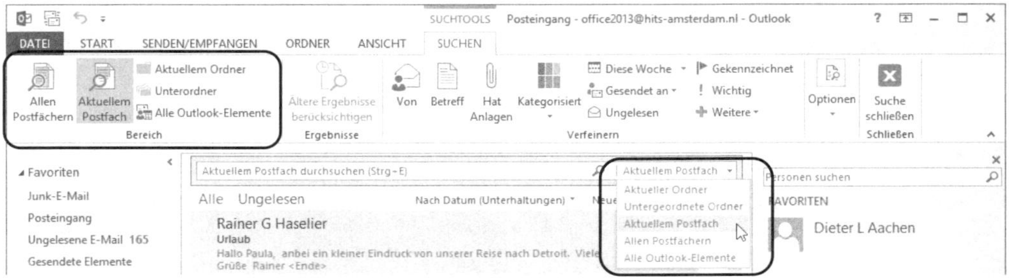

Farbkategorien (seit 2007)

Alle Outlook-Elemente können wie bisher kategorisiert werden. Im Unterschied zu früheren Outlook-Versionen, bei denen Textkategorien verwendet wurden, stehen seit Outlook 2007 Farbkategorien zur Verfügung, mit denen Sie die Outlook-Elemente auf visuellem Wege schnell anpassen und unterscheiden können.

Standardmäßig stellt Ihnen Outlook sechs verschiedene Farbkategorien zur Verfügung, denen jeweils eine Farbe und ein allgemeiner Text *(Rote Kategorie, Blaue Kategorie* usw.) zugeordnet sind.

Wenn Sie ein Outlook-Element anklicken, wird auf der Registerkarte *START* in der Gruppe *Kategorien* die Schaltfläche *Kategorisieren* aktiviert. Wenn Sie diese anklicken, wird ein Menü geöffnet, in dem Sie die Kategorie auswählen können, die Sie dem Element zuweisen wollen.

Der Befehl *Alle Kategorien* in dem Menü öffnet ein Dialogfeld, in dem Sie den markierten Elementen mehrere Farbkategorien zuweisen können, ohne dazu mehrmals das Menü öffnen zu müssen; außerdem können Sie hier weitere Farbkategorien erstellen und den Text der vorhandenen Farbkategorien anpassen.

- Um dem markierten Element mehrere Farbkategorien zuzuweisen, schalten Sie einfach die Kontrollkästchen vor den betreffenden Kategorien ein.
- Um den Namen einer Kategorie zu ändern, markieren Sie sie, klicken auf *Umbenennen* und geben dann den neuen Namen ein.
- Um eine neue Farbkategorie zu erstellen, klicken Sie auf *Neu* und geben dann im Dialogfeld *Neue Kategorie hinzufügen* einen Anzeigenamen ein und wählen eine Farbe aus.

Bild 45.9 Über die Schaltfläche *Kategorisieren* weisen Sie dem markierten Outlook-Element eine Farbkategorie zu

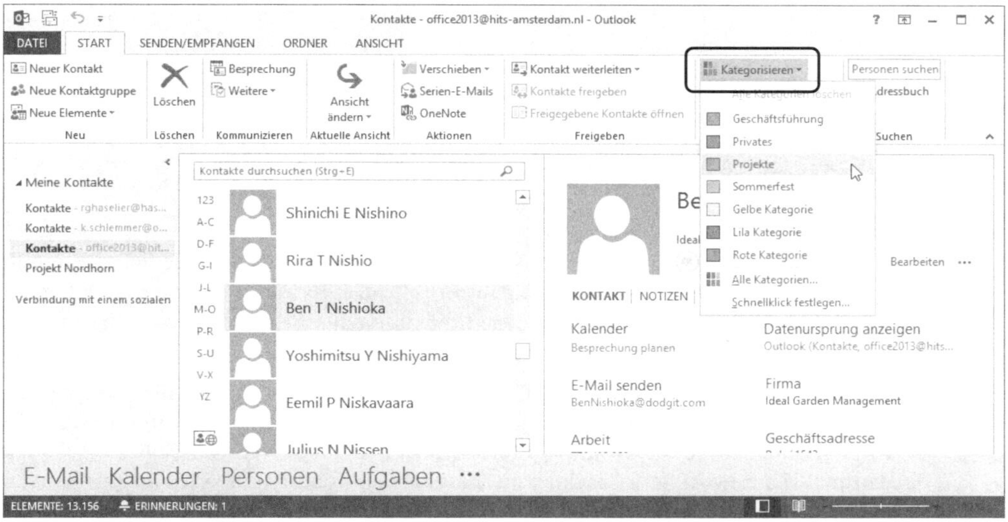

Bild 45.10 Die Farbkategorien verwalten Sie mit diesem Dialogfeld

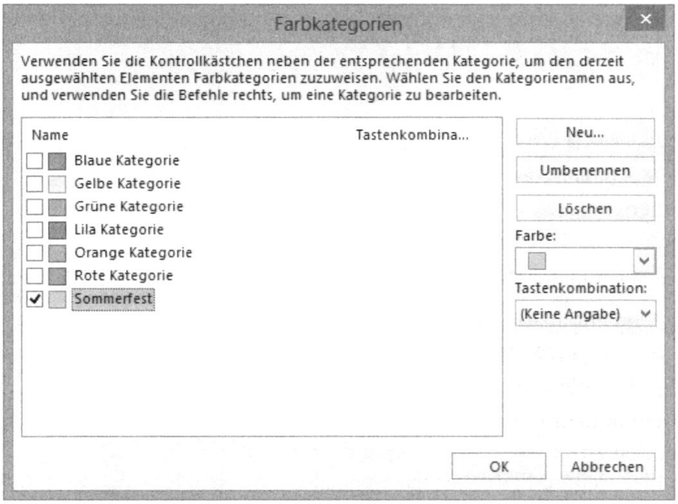

Stellen Sie sich beispielsweise vor, Sie möchten allen zu einem bestimmten Projekt gehörenden Elementen eine bestimmte Farbkategorie zuweisen. Da dieselbe Farbkategorie sowohl E-Mail-, Kalender- und Aufgabenelementen zugewiesen werden kann, sind alle Elemente eines bestimmten Projekts auf einen Blick sofort erkennbar. Sollen die Informationen zu einem späteren Zeitpunkt gefunden werden, kann nach Farbkategorien sortiert und gesucht werden, sodass das Gesuchte schnell visuell erkannt werden kann.

Neue E-Mail-Features

Neben der geänderten Fensteroptik und der neuen Benutzeroberfläche, die Sie beim Erstellen und Beantworten von E-Mail-Nachrichten verwenden, hat sich auch hinsichtlich der Features im Bereich E-Mail bei Outlook 2013 im Vergleich zu den vorherigen Versionen einiges getan.

Automatische Kontoeinrichtung (seit 2010)

Wenn Sie ein neues E-Mail-Konto zu Outlook hinzufügen möchten, werden Sie vom Assistenten zum automatischen Einrichten von Konten unterstützt. Sie brauchen lediglich Ihren Kontonamen bzw. Ihre E-Mail-Adresse und das Kennwort einzugeben; den Rest erledigt Outlook automatisch für Sie. In den seltenen Fällen, in denen die automatische Kontoeinrichtung nicht funktioniert, können Sie wie bisher alle Einstellungen auch manuell eingeben.

Außerdem können seit Outlook 2010 IMAP-Konten leichter eingerichtet werden als in früheren Versionen. Wenn in Outlook ein neues Konto hinzufügt wird, legt die automatische Konfiguration eines Webmailkontos den Kontotyp für IMAP-unterstützte Webmailkonten wie Google Mail standardmäßig auf IMAP fest. Beachten Sie, dass Sie den Kontotyp in POP3 ändern können, indem Sie im Dialogfeld *Konto hinzufügen* die Option *Manuelle Konfiguration oder zusätzliche Servertypen* auswählen.

Außerdem wurden in Outlook 2010 die Lösch- und Sendevorgänge für IMAP-Konten verbessert. IMAP-Konten enthalten nun einen eigenen Ordner *Gelöschte Elemente*. Außerdem wird in Outlook 2010 keine Anforderung nach einem Ordner *Gesendete Elemente* gestellt, wie es in Outlook 2007 der Fall war.

Outlook.com-/Hotmail-Konten (seit 2013)

Outlook 2013 unterstützt von Hause aus Outlook.com- und Hotmail-Konten, ohne dass Sie hierfür irgendwelche Add-Ins installieren müssen. Beide Konten werden über das Exchange ActiveSync-Protokoll (EAS) in Outlook integriert, das derzeit auch nur für diese beiden Kontotypen zur Verfügung steht. EAS ist ein auf XML basierendes Protokoll, das von Microsoft entwickelt wurde und mit dem E-Mail-Nachrichten, Kalendereinträge, Kontakte und andere Daten zwischen Messaging-Servern und mobilen Geräten bzw. Outlook synchronisiert werden können. Beide Kontotypen lassen sich mittels der automatischen Kontoeinrichtung mit wenigen Schritten in Outlook integrieren.

E-Mail-Nachrichten kennzeichnen (seit 2010)

Wie oben im Abschnitt »Aufgaben und Nachverfolgung« beschrieben, ist das Kennzeichnen von E-Mails zur Nachverfolgung nun viel praktischer geworden. Wenn Sie eine E-Mail-Nachricht mit einer Kennzeichnung versehen, weil Sie beispielsweise noch eine Antwort schreiben oder den Inhalt der E-Mail mit einer Kollegin diskutieren wollen, erstellt Outlook automatisch eine Aufgabe, die Sie in der Aufgabenleiste, der Vorgangsliste und im Kalender daran erinnert, dass hier noch etwas zu tun ist. Auch die neuen Farbkategorien können Sie bei den E-Mail-Nachrichten verwenden, um so Outlook-weit beispielsweise alle Elemente, die zu einem bestimmten Projekt gehören, kategorisieren und schnell wiederfinden zu können.

Anlagenvorschau (seit 2010)

Wenn Sie in der vorhergehenden Version von Outlook eine E-Mail erhalten haben, der eine Anlage beigefügt war, öffnete Outlook zur Anzeige der Anlage ein externes Programm. Seit Outlook 2010 können Sie die Anlagen mit nur einem einzigen Klick innerhalb des Lesebereichs anzeigen lassen. Mit den Schaltflächen, wie Sie sie in der folgenden Abbildung sehen, können Sie zeitsparend zwischen den Anlagen und dem Nachrichtentext selbst hin- und herschalten.

Bild 45.11 Anlagen zu einer E-Mail-Nachricht können seit Outlook 2010 im Lesebereich angezeigt werden

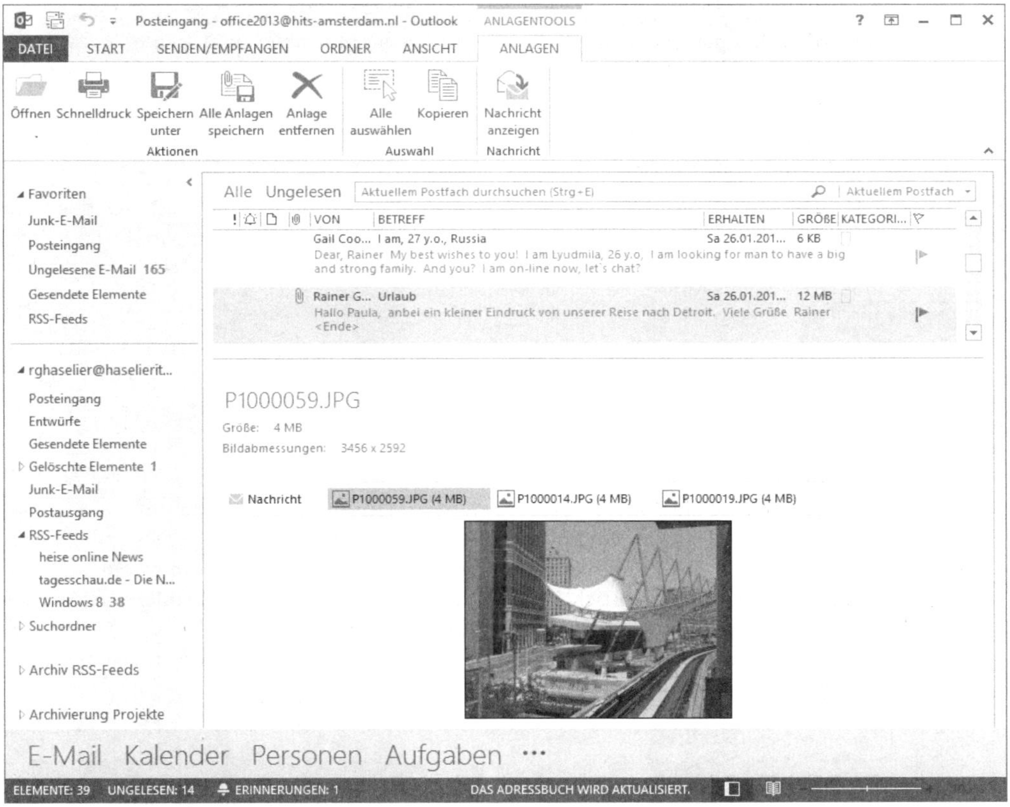

Outlook als RSS-Reader (seit 2010)

Bei der Abkürzung RSS (Really Simple Syndication) handelt es sich um ein Verfahren, mit dem eine Website neue Inhalte (beispielsweise neue Meldungen einer Nachrichtenwebsite oder neue Einträge in einem Weblog) einem interessierten Personenkreis zur Verfügung stellen kann. Der

Übermittlungsmechanismus wird RSS-Feed genannt. Ein RSS-Feed ist quasi eine Liste mit den aktuellsten Infos einer Website. Bisher mussten Sie zum Abonnieren und Lesen von RSS-Feeds ein externes Programm verwenden; ab der Version 2010 fungiert Outlook auch als RSS-Reader. Die RSS-Funktionalität von Outlook arbeitet mit der von Interner Explorer zusammen. Beide Programme verwenden den gleichen Datenspeicher für die RSS-Feeds. Einen Feed, den Sie in Internet Explorer abonniert haben, können Sie auch in Outlook lesen und umgekehrt. Ausführliche Informationen zu RSS finden Sie in Kapitel 54 dieses Buches.

Inlinebearbeitung von E-Mail-Antworten

Um das Beantworten und/oder Weiterleiten von E-Mail-Nachrichten zu vereinfachen und zu beschleunigen finden Sie in Outlook 2013 im oberen Bereich des Lesebereichs drei Schaltflächen, mit denen Sie die sogenannte Inlinebearbeitung starten können. Wenn Sie z. B. auf *Antworten* klicken, öffnet Outlook im Lesebereich ein einfaches Formular, in dem Sie die E-Mail beantworten können. Gleichzeitig wird die kontextbezogene Registerkarte *VERFASSENTOOLS/NACHRICHT* eingeblendet, in der Sie die wichtigsten Werkzeuge für das Bearbeiten von E-Mail-Nachrichten finden. Sie können die Antwort bzw. Weiterleitung in diesem Formular erstellen oder auf *Abdocken* klicken, falls Sie die E-Mail doch lieber im Standardformular bearbeiten wollen.

Bild 45.12 Antworten auf E-Mails lassen sich im Lesebereich erstellen; die kontextbezogene Registerkarte *VERFASSENTOOLS/NACHRICHT* enthält die wichtigsten Werkzeuge zum Erstellen von E-Mails

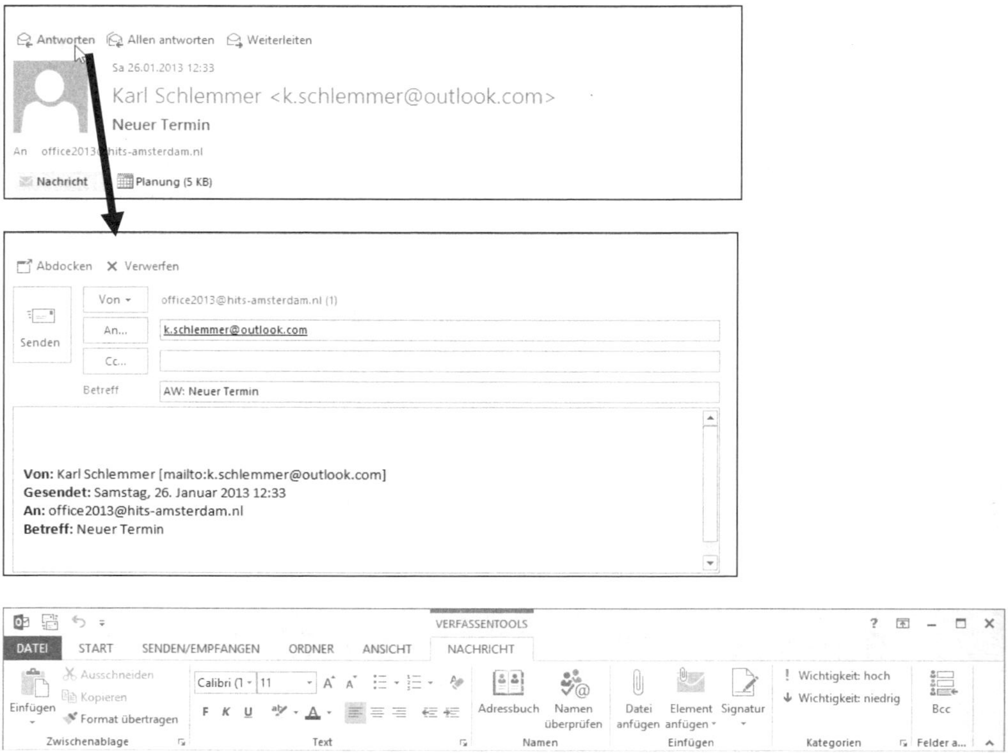

Verbesserte Sicherheit

In Outlook 2010 wurden die Tools zum Schutz von persönlichen und unternehmensinternen Informationen verbessert. Eines der Tools ist das sogenannte E-Mail-Siegel. Bei den E-Mail-Siegeln von Outlook handelt es sich um eine neue Microsoft-Technologie, um Spam-E-Mails zu vermeiden. Bei dieser Technologie wird der Computer des Absenders zum Durchführen einer Berechnung oder zum Lösen eines Rätsels angewiesen. Diese Aufgabe wird der Nachricht anschließend zum Bestätigen der Zulässigkeit zugewiesen. Das Erstellen von E-Mail-Siegeln erschwert Spammern das Versenden von Massen-E-Mails und macht den Vorgang zu einem zeitaufwendigen Unterfangen, während Sie beim Versenden zulässiger E-Mail-Nachrichten keinerlei Unterschied feststellen werden. Beim Empfangen einer mit einem elektronischen Siegel versehenen E-Mail-Nachricht kann von Outlook auf einfache Weise die Gültigkeit der Nachricht festgestellt werden. Handelt es sich um ein gültiges Siegel, ist das ein Beleg dafür, dass der Computer des Absenders für das Senden der Nachricht einen gewissen Aufwand betrieben hat. Aus diesem Grund landen mit elektronischen Siegeln versehene Nachrichten auch im *Posteingang* und nicht im Ordner *Junk-E-Mail.*

Outlook verfügt seit der Version 2010 über einen verbesserten Junk-E-Mail-Filter, durch den noch mehr unerwünschte E-Mail-Nachrichten als zuvor aussortiert werden. Darüber hinaus ist ein neuer Schutz vor Phishing (Verwendung betrügerischer E-Mail-Nachrichten, die zur Weitergabe persönlicher Informationen verleiten sollen) enthalten. Verdächtige E-Mail-Nachrichten werden von Outlook nachverfolgt. Darüber hinaus werden Links in solchen Nachrichten so lange deaktiviert, bis Sie sie ausdrücklich freischalten. Innerhalb der E-Mail-Nachricht wird vor potenziell gefährlichen oder böswilligen Sites gewarnt.

Elektronische Visitenkarten

Für die Outlook-Kontakte können Sie seit Outlook 2010 eine elektronische Visitenkarte erstellen. Wenn Sie für sich selbst eine elektronische Visitenkarte anlegen, können Sie Ihre Karte entweder als Anlage zu einer E-Mail mitschicken oder die Visitenkarte als Teil Ihrer E-Mail-Signatur verwenden. Elektronische Visitenkarten ermöglichen das Anpassen persönlicher Informationen sowie das Hinzufügen von Logos oder Fotos. Elektronische Visitenkarten werden einfach per E-Mail-Nachricht ausgetauscht und können im Ordner *Kontakte* gespeichert werden.

QuickSteps (seit 2010)

Die sogenannten QuickSteps, die in Outlook 2010 eingeführt wurden, sind Schaltflächen, die nach dem Anklicken mehrere Aktionen gleichzeitig ausführen können, und mit denen sich wiederkehrende Aufgaben bei der Verwaltung von E-Mail-Nachrichten automatisieren lassen. Outlook enthält einige vordefinierte QuickSteps, die Sie anpassen können. Außerdem ist es möglich, eigene QuickSteps zu erstellen.

Die QuickSteps stehen Ihnen im Modul *E-Mail* auf der Registerkarte *START* in der Gruppe *QuickSteps* zur Verfügung. Wenn Sie die Schaltfläche *Weitere* anklicken, wird das Dropdownmenü mit allen QuickSteps geöffnet. Außerdem können Sie mit weiteren Befehlen die vorhandenen QuickSteps anpassen und neue erstellen. Die QuickSteps werden in Kapitel 48 beschrieben.

Ansicht »Personen« und soziale Netze

Die Kontaktverwaltung von Outlook, die Sie in Outlook 2013 über die Schaltfläche *Personen* in der Navigationsleiste öffnen, verwendet standardmäßig die neue Ansicht *Personen*. Wenn Sie in der Liste einen Eintrag markieren, werden im Lesebereich weitere Informationen zu diesem Kontakt bzw. zu dieser Person angezeigt.

Bild 45.13 Die neue Standardansicht *Personen* ist die zentrale Stelle, an der Sie Informationen zu Ihren Kontakten finden

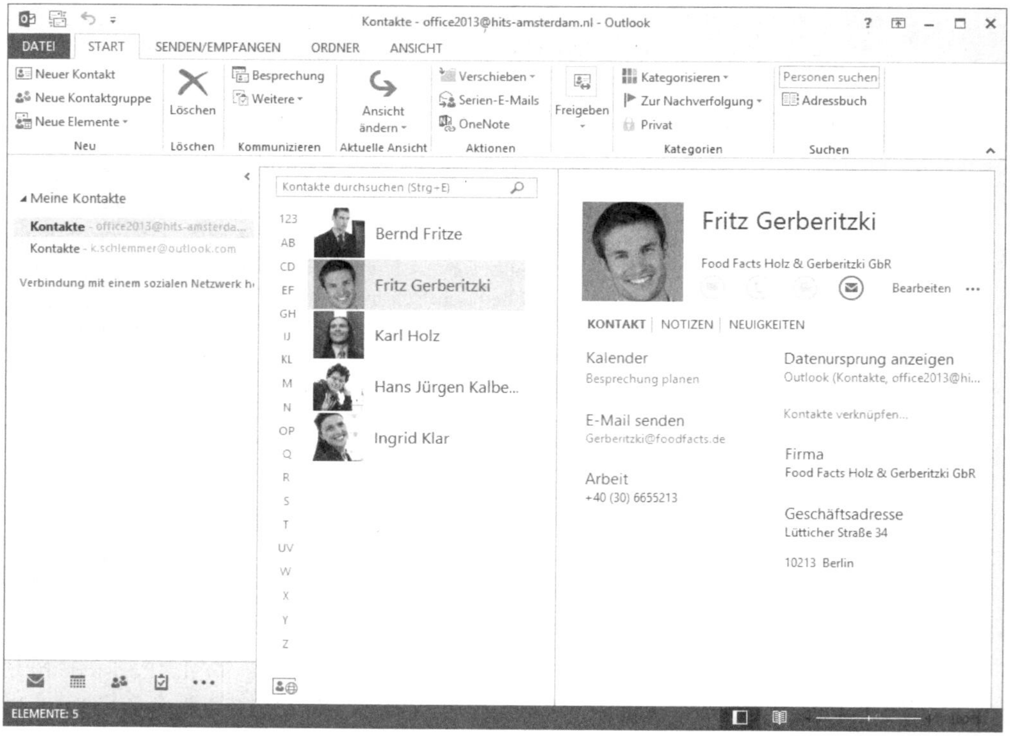

Die Ansicht *Personen* bietet Ihnen an einer zentralen Stelle Zugang zu allen verfügbaren Informationen zu einer Person, die auch aus den Kontakte-Ordnern unterschiedlicher E-Mail-Konten stammen können. Die Herkunft der angezeigten Daten wird in solchen Fällen im Feld *Datenursprung* angezeigt. Darüber hinaus finden Sie auf der *Personen*-Karte die Telefonnummer, E-Mail-Adresse, Anschrift, Unternehmensinformationen, Updates in sozialen Netzwerken und sogar Anwesenheitsinformationen, falls diese verfügbar sind. Von dieser Karte aus können Sie eine Besprechung ansetzen, eine E-Mail-Nachricht senden oder einen Anruf tätigen, wenn die hierfür erforderliche Infrastruktur vorhanden ist. So kann die gesamte Kommunikation von einer Stelle aus erfolgen.

Außerdem können Sie in Outlook 2013 zahlreiche Informationen zu einem Kontakt direkt im Lesebereich bearbeiten. Klicken Sie dazu einfach auf *Bearbeiten*. Diese neue Funktion wird Inlinebearbeitung genannt (ähnlich wie es auch beim Beantworten/Weiterleiten von E-Mail-Nachrichten möglich ist). Aus den Anzeigefeldern werden Textfelder, in denen Sie die gewünschten Änderungen vornehmen können. Über die zahlreichen Schaltflächen mit dem Pluszeichen können Sie weitere Informationen ergänzen. Klicken Sie beispielsweise auf das Pluszeichen vor *Geburtstag*, um für eine Person einen Geburtstag einzugeben.

Falls Sie bei einem der sozialen Netzwerke wie Facebook oder LinkedIn ein Konto besitzen oder in Ihrer Organisation ein SharePoint-Server verwendet wird, können Sie eine Verbindung zwischen Office und dem Netzwerk herstellen. Klicken Sie dazu entweder im Ordnerbereich auf *Verbindung mit sozialem Netzwerk herstellen*, wenn das Modul *Personen* geöffnet ist. Sie sehen dann das folgende Dialogfeld, in dem Sie den gewünschten Dienst auswählen und sich anmelden können:

Bild 45.14 Microsoft Office unterstützt standardmäßig verschiedene soziale Onlinenetzwerke

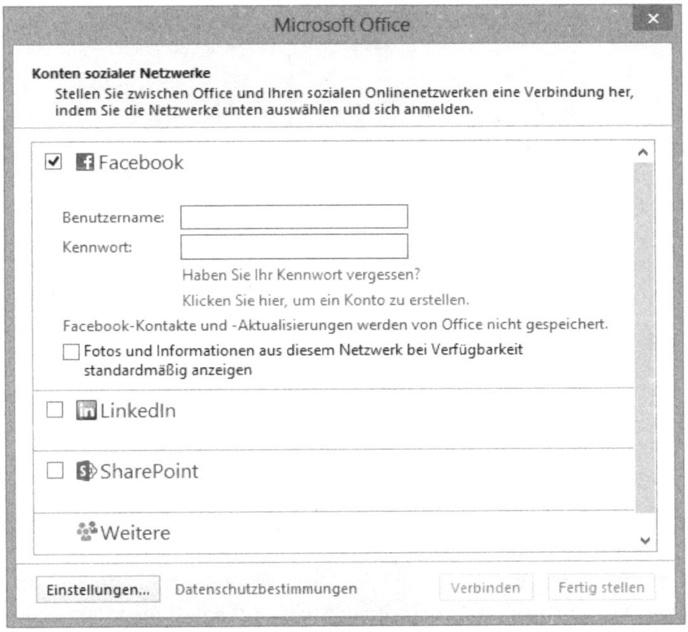

Oder Sie verwenden hierfür die Backstage-Ansicht: Klicken Sie auf die Registerkarte *DATEI* und dann auf *Office-Konto*. Klicken Sie die Schaltfläche *Dienst hinzufügen* an, zeigen Sie auf *Freigeben* und wählen den Dienst aus, den Sie in Office integrieren wollen. Abschließend müssen Sie sich mit Ihrem Benutzernamen und Kennwort bei dem betreffenden Dienst anmelden.

Neue Features im Kalender

Zum Abschluss dieses Kapitels, das Ihnen einen Überblick über die wichtigsten Neuerungen von Outlook gibt, wollen wir noch einen Blick auf den Outlook-Kalender werfen und einige der Neuerungen vorstellen, die Sie dort seit der Version 2010 antreffen.

Kalender per E-Mail versenden

Sie können Ihren Kalender nun an eine beliebige Person per E-Mail versenden. Der Kalender kann dann vom Empfänger entweder in dessen Webbrowser oder in Outlook geöffnet werden. Dieses Feature wird ausführlich in Kapitel 52 vorgestellt.

Bild 45.15 Wenn Sie einen Snapshot Ihres Kalenders per E-Mail versenden, können Sie festlegen, welche Informationen enthalten sein sollen

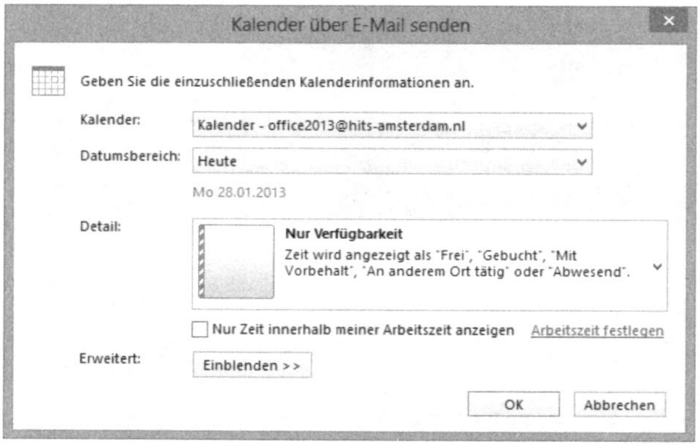

Die Möglichkeit, einen Kalender auf Office Online zu veröffentlichen, die in Outlook 2010 zur Verfügung stand, wurde in Outlook 2013 entfernt.

Anzeige der aktuellen Aufgaben und Vorgänge

Die aktuellen Aufgaben und die Elemente, die Sie zur Nachverfolgung gekennzeichnet haben, tauchen nicht nur in der Aufgabenleiste und der Vorgangsliste auf, sondern sie werden von Outlook seit der Version 2010 in die *Tägliche Aufgabenliste* integriert, sodass die Aufgaben unterhalb der täglichen Termine und Besprechungen angezeigt werden. Falls die tägliche Aufgabenliste nicht sichtbar ist, öffnen Sie die Registerkarte *ANSICHT,* klicken in der Gruppe *Layout* auf *Tägliche Aufgabenliste* und dann auf *Normal,* um die Liste einzublenden.

Ziehen Sie zum Einplanen von Zeit für das Arbeiten mit Aufgaben einfach die Aufgabe auf den Kalender. Wird eine Aufgabe an einem bestimmten Tag erledigt, verbleibt sie an diesem Tag, was Ihnen einen visuellen Überblick über bereits erledigte Arbeiten bietet. Nicht erledigte Aufgaben werden in den nächsten Tag übernommen und so lange gesammelt, bis sie als erledigt gekennzeichnet werden.

Überlagern von Kalendern

Das überlagerte Anzeigen von Kalendern ermöglicht das Navigieren in mehreren übereinander angeordneten Kalendern, was das Vergleichen des eigenen Kalenders mit dem eines Arbeitskollegen oder mit einem Teamkalender und somit das Finden freier Besprechungstermine stark vereinfacht.

Kapitel 46

Erste Schritte mit Outlook 2013

In diesem Kapitel:

Während im ersten Kapitel dieses Teils vor allem Umsteiger von früheren Outlook-Versionen einen Überblick über die Änderungen an dem Programm und über die neuen Features von Outlook 2013 erhalten haben, richtet sich dieses Kapitel vor allem an Einsteiger, die Outlook zum ersten Mal verwenden. Sie werden beim ersten Programmstart von Outlook begleitet und erhalten einen Überblick über das Outlook-Programmfenster und die verschiedenen Module, die Ihnen in Outlook zur Planung und Überwachung Ihrer Termine und Aufgaben und zur Verwaltung Ihrer E-Mail-Nachrichten zur Verfügung stehen.

Outlook beim ersten Programmstart einrichten

Wenn Sie Outlook 2013 neu installieren (also keine Update-Installation vornehmen), wird beim ersten Programmstart der Assistent für die Outlook-Einrichtung gestartet, der in diesem Abschnitt beschrieben wird. Falls Sie Outlook 2013 auf einem Computer installieren, auf dem sich bereits eine ältere Version von Outlook befindet, können Sie diesen Abschnitt überspringen und beim Abschnitt »Das Outlook-Programmfenster« ab Seite 945 weiterlesen.

Bild 46.1 Beim ersten Start von Outlook meldet sich der Assistent für die Outlook-Einrichtung

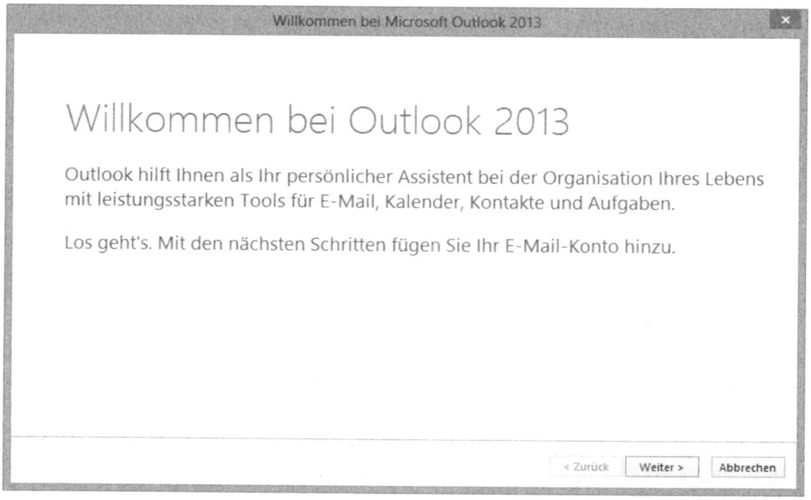

1. Klicken Sie auf *Weiter*. Die Seite *E-Mail-Konto hinzufügen* wird angezeigt.

Bild 46.2 Klicken Sie auf *Ja* und dann auf *Weiter*, um Ihr E-Mail-Konto einzurichten

2. Einer der Haupteinsatzbereiche von Outlook ist die Verwaltung Ihrer E-Mail-Nachrichten. Damit Sie mit Outlook E-Mails senden und empfangen können, müssen Sie ein E-Mail-Konto einrichten. Klicken Sie daher das Optionsfeld *Ja* an und klicken Sie dann auf *Weiter*.

   Outlook zeigt die Seite zum automatischen Einrichten eines E-Mail-Kontos an.

Bild 46.3 Füllen Sie die Felder auf dieser Seite des Assistenten aus, damit Outlook das E-Mail-Konto automatisch konfigurieren kann

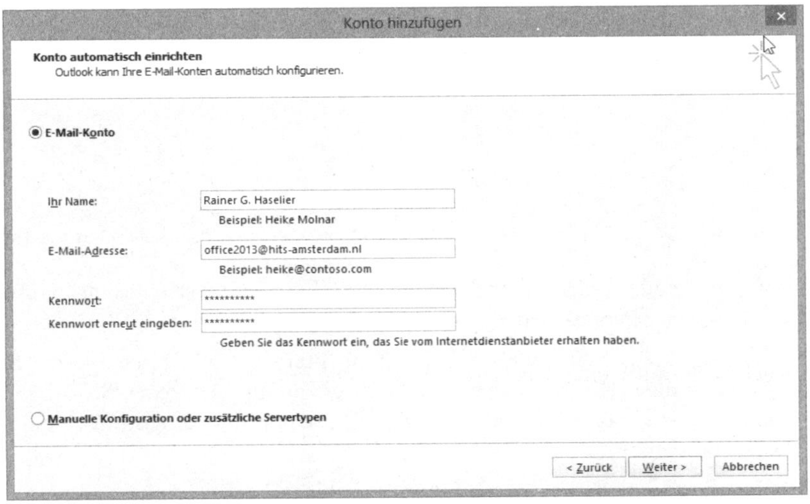

3. Geben Sie in das Feld *Ihr Name* Ihren Namen ein, so wie er im Absenderfeld der E-Mails, die Sie versenden, angezeigt werden soll.
4. Geben Sie in das Feld *E-Mail-Adresse* Ihre E-Mail-Adresse ein.

E-Mail-Adressen bestehen in der Regel aus dem Namen Ihres Postfachs und Ihrem E-Mail-Domainnamen. Beide Elemente werden durch das Zeichen @ miteinander verbunden.

5. Geben Sie in das Feld *Kennwort* das Kennwort ein, das Sie von Ihrem E-Mail-Dienstanbieter erhalten haben. Outlook zeigt für jedes eingegebene Zeichen des Kennworts lediglich ein * an, damit niemand Ihr Kennwort mitlesen kann.

6. Wiederholen Sie Ihr Kennwort im Feld *Kennwort erneut eingeben.*

7. Klicken Sie auf *Weiter.*

   Outlook versucht nun, die E-Mail-Servereinstellungen zu konfigurieren und anhand der von Ihnen gemachten Angaben den Namen des Servers und weitere Einstellungen zu ermitteln. Im ersten Durchlauf versucht Outlook, eine verschlüsselte Verbindung zu Ihrem E-Mail-Server herzustellen (verschlüsselte Verbindung bedeutet, dass die Daten zwischen Outlook und dem E-Mail-Server nicht im Klartext, sondern codiert übertragen werden).

   Sollte das Herstellen einer verschlüsselten Verbindung nicht gelingen, wird die in der folgenden Abbildung wiedergegebene Seite des Kontenassistenten angezeigt:

Bild 46.4 Das Herstellen einer verschlüsselten Verbindung zum E-Mail-Server ist fehlgeschlagen

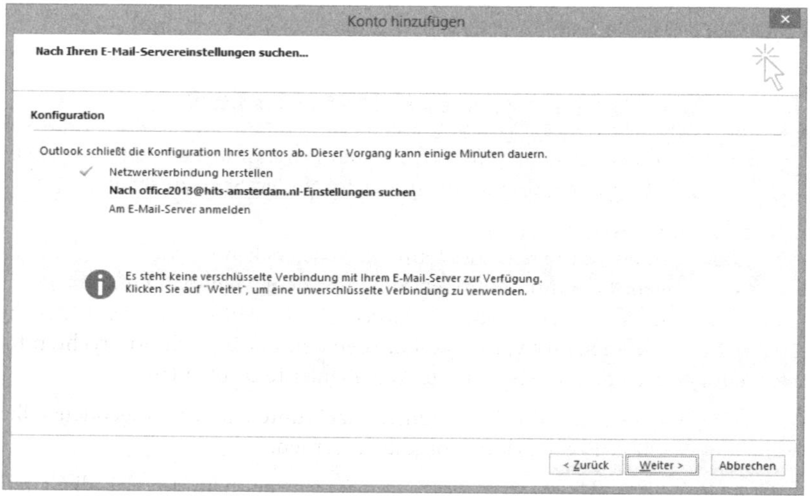

8. Klicken Sie auf *Weiter,* damit Outlook versucht, eine unverschlüsselte Verbindung zu Ihrem E-Mail-Server herzustellen.

   Wenn das Herstellen einer Verbindung zu Ihrem E-Mail-Server und die Konfiguration des E-Mail-Kontos erfolgreich abgeschlossen werden konnten, sehen Sie die Meldung des Assistenten, die die folgende Abbildung zeigt. Klicken Sie auf *Fertig stellen,* um den Assistenten zu beenden.

   Sollte die automatische Konfiguration fehlschlagen, schalten Sie das Kontrollkästchen *Servereinstellungen manuell konfigurieren* ein. Sie müssen dann die Einstellungen von Hand vornehmen. Ausführliche Informationen zur manuellen Konfiguration eines E-Mail-Kontos finden Sie in Kapitel 49 dieses Buches.

Bild 46.5 Das E-Mail-Konto wurde von Outlook erfolgreich konfiguriert

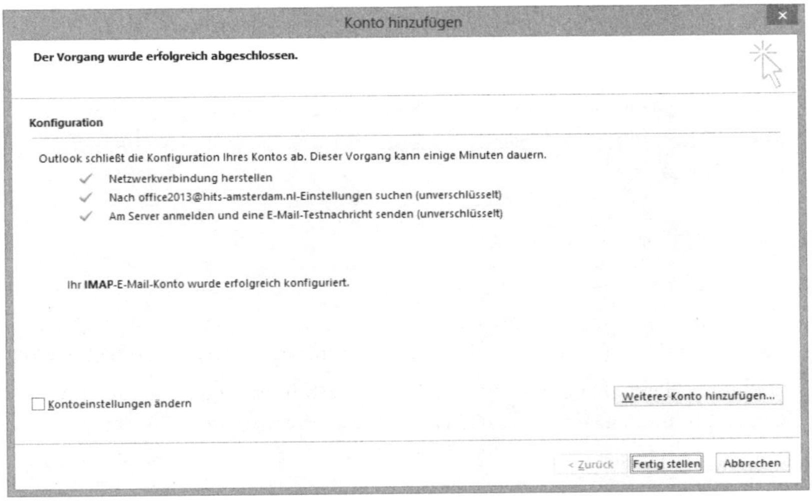

Das Outlook-Programmfenster

Nachdem Sie Outlook gestartet (und beim ersten Programmstart den Start-Assistenten durchlaufen) haben, wird das in der Abbildung auf der folgenden Seite zu sehende Outlook-Fenster geöffnet.

Das Menüband im oberen Bereich des Outlook-Fensters kennen Sie bereits von den anderen Office 2013-Anwendungen. Bei Outlook finden Sie unter dem Menüband auf der linken Seite des Fensters den Ordnerbereich und die Navigationsleiste, in der Mitte den eigentlichen Arbeitsbereich, der auch Ansichtsbereich genannt wird, und daneben den Lesebereich. Am rechten Rand des Outlook-Fensters können Sie noch die sogenannte Aufgabenleiste einblenden.

Die Statusleiste schließt das Programmfenster nach unten ab. Im Folgenden sollen die wichtigsten Elemente des Outlook-Fensters kurz vorgestellt werden.

- **Titelleiste** Am oberen Rand des Outlook-Fensters befindet sich die Titelleiste. Sie enthält links neben dem Namen des Programms *Outlook* die Bezeichnung dessen, was gerade im Ansichtsbereich angezeigt wird. Nach dem Starten ist hier der *Posteingang* eingetragen.
- **Ordnerbereich und Navigationsleiste** Auf der linken Seite des Fensters befinden sich der Ordnerbereich und die Navigationsleiste. Der Ordnerbereich zeigt alle Elemente und Ordner des Outlook-Moduls an, das derzeit geöffnet ist. Wenn beispielsweise das Modul *E-Mail* geöffnet ist, sehen Sie im Ordnerbereich alle vorhandenen E-Mail-Konten und für jedes E-Mail-Konto den Posteingang, den Postausgang, die gelöschten Elemente usw.

  Unterhalb des Ordnerbereichs sehen Sie die Navigationsleiste. Über diese Leiste können Sie die unterschiedlichen Module von Outlook im Ansichtsbereich anzeigen lassen. Um beispielsweise zum Kalender zu wechseln, klicken Sie in der Navigationsleiste auf die Schaltfläche *Kalender*.

Sie können konfigurieren, für welche Outlook-Module in der Navigationsleiste Schaltflächen angezeigt werden und deren Reihenfolge bestimmen; mehr hierzu im Abschnitt »Navigation zwischen den Outlook-Modulen« ab Seite 949.

Bild 46.6 Das Programmfenster von Outlook 2013 mit den sechs Hauptbereichen: Menüband, Ordnerbereich, Navigationsleiste, Ansichtsbereich, Lesebereich und Aufgabenleiste (v.l.n.r.)

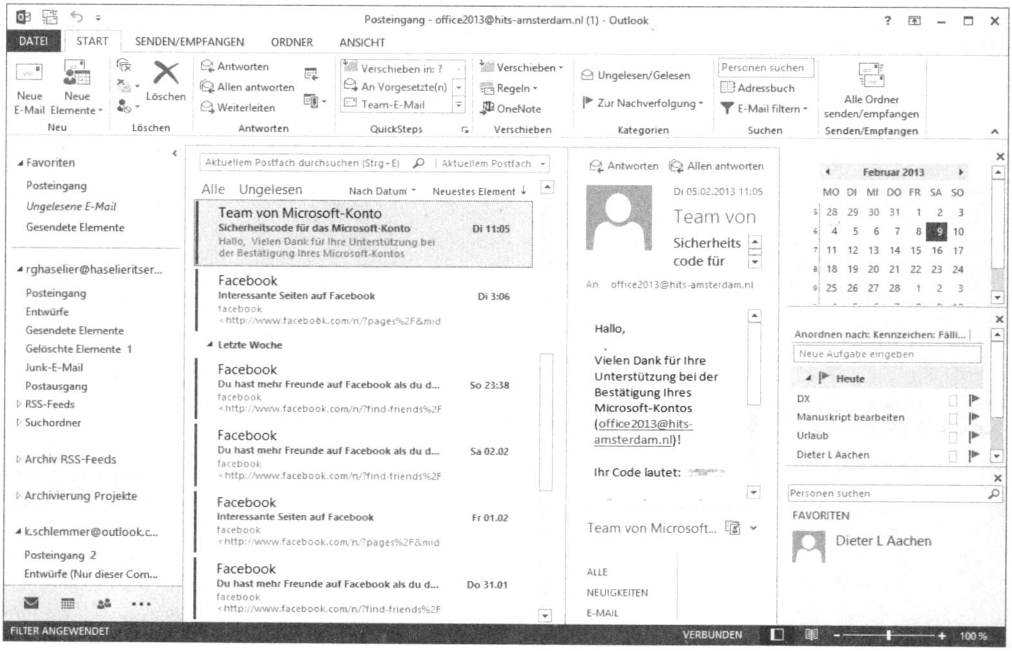

- **Ansichtsbereich** Im Ansichtsbereich werden die Inhalte des derzeit aktiven Moduls angezeigt. Dies kann beispielsweise Ihr Outlook-Kalender oder Ihr Posteingang sein.
- **Lesebereich** Wenn Sie im Ansichtsbereich des Posteingangs auf eine E-Mail klicken, erscheint rechts im Lesebereich eine Vorschau auf den Inhalt dieser E-Mail. Der Lesebereich ist beispielsweise im *Kalender*-Modul standardmäßig ausgeblendet.

  Der Lesebereich lässt sich jedoch einblenden, indem Sie die Registerkarte *ANSICHT* öffnen und in der Gruppe *Layout* auf *Lesebereich* und dann auf *Rechts* klicken. Wenn Sie im Menü der Schaltfläche *Lesebereich* statt auf *Rechts* auf *Unten* klicken, wird der Lesebereich unterhalb des Ansichtsbereichs angezeigt.

Bild 46.7 Für diese Abbildung wurde der Lesebereich unterhalb des Ansichtsbereichs angezeigt und der Ordnerbereich mit der Navigationsleiste wurde minimiert

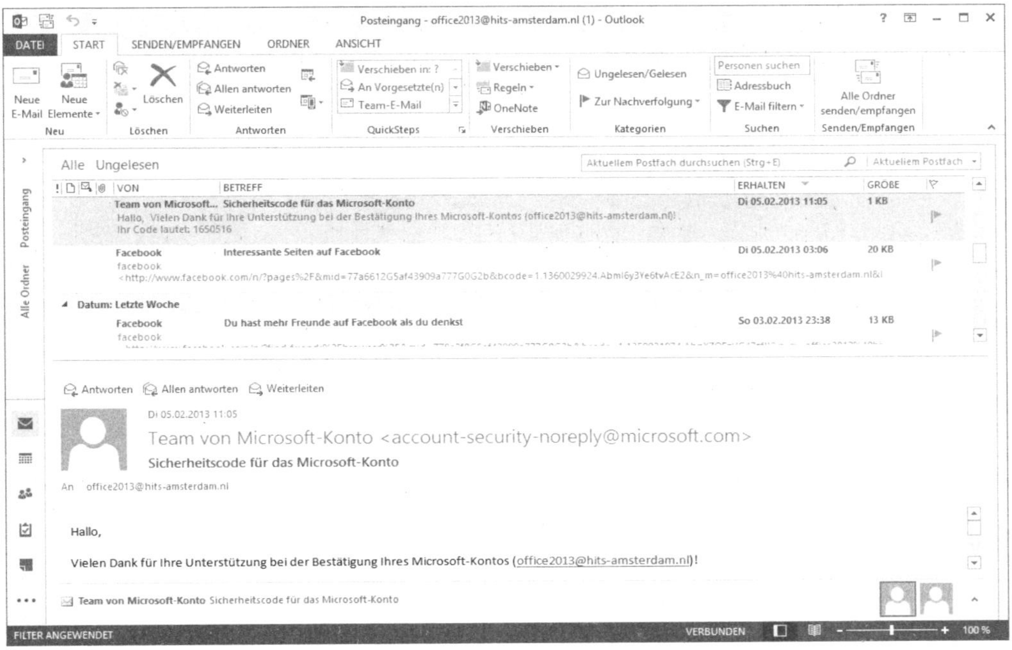

- **Die Aufgabenleiste** Die Aufgabenleiste war ein neues Feature in Outlook 2007. In Outlook 2013 finden Sie die Informationen, die früher in der Aufgabenleiste sichtbar waren, in den Popupmenüs, die Outlook anzeigt, wenn Sie den Mauszeiger auf einer der Schaltflächen in der Navigationsleiste bewegen. Sie können die frühere Aufgabenleiste wieder anzeigen lassen, indem Sie in den Popupmenüs der Schaltflächen der Navigationsleiste auf die Schaltfläche *Popup anheften* klicken. Wenn Sie dies für *Kalender, Personen* und *Aufgaben* machen, sieht die Aufgabenleiste in Outlook 2013 so aus, wie es Bild 46.6 zeigt.

Den Ordnerbereich, den Ansichtsbereich und die Aufgabenleiste können Sie mit den gleichnamigen Schaltflächen in der Gruppe *Layout* auf der Registerkarte *ANSICHT* ein- und ausschalten. Der Ordnerbereich kann minimiert dargestellt werden, um so mehr Platz für den Ansichtsbereich zu schaffen. Klicken Sie hierfür oben im Ordnerbereich auf die Schaltfläche *Ordnerbereich minimieren.*

Mit der Ordnerliste einen Überblick erhalten

In Outlook sind mehrere unterschiedliche Module unter einer einheitlichen Oberfläche zusammengefasst. In der Ordnerliste können Sie sich einen Überblick über die zur Auswahl stehenden Outlook-Module und die Ordner, in denen die Daten des jeweiligen Moduls gespeichert werden, verschaffen.

1. Klicken Sie ganz rechts in der Navigationsleiste auf die Schaltfläche mit den drei Punkten, um das zugehörige Menü zu öffnen.

Bild 46.8 Im Menü der Schaltfläche mit den drei Punkten können Sie die Outlook-Module öffnen, für die derzeit in der Navigationsleiste keine Schaltfläche sichtbar ist

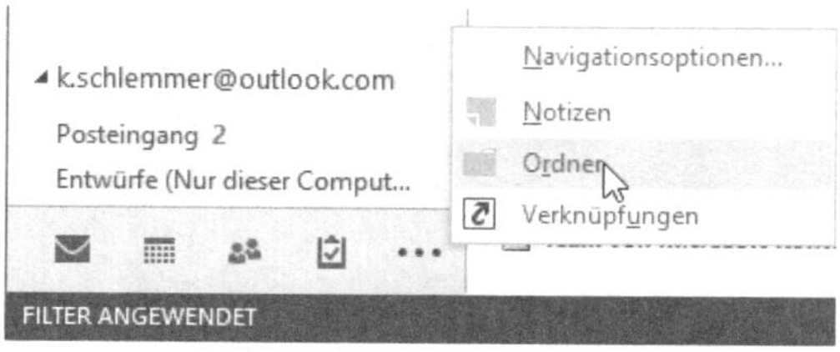

2. Klicken Sie auf *Ordner*.

Bild 46.9 Im Ordnerbereich wird die vollständige Ordnerliste angezeigt

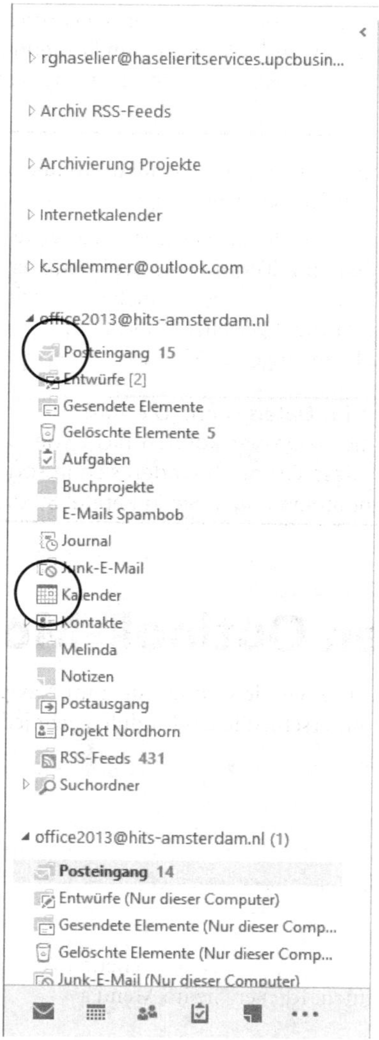

3. Klicken Sie auf einen der aufgeführten Ordner, um die in ihm enthaltenen Elemente im Ansichtsbereich anzeigen zu lassen.

So sehen Sie nach einem Klick auf *Posteingang* die dort enthaltenen E-Mails und nach einem Klick auf *Kalender* die dort eingetragenen Termine. Bei der Anzeige des Kalenders erscheint standardmäßig im Bereich oberhalb der Ordnerliste eine kleine Kalenderübersicht.

Die vollständige Ordnerliste ist eine Gesamtübersicht aller Ordner, die den verschiedenen E-Mail-Konten zugeordnet sind. So sehen Sie, wenn Sie den Knoten mit dem Namen der E-Mail-Konten anklicken und erweitern, sowohl die Kontakte als auch die Kalender usw.

Wenn Sie in der Navigationsleiste auf *Kalender* klicken, filtert Outlook die vollständige Ordnerliste und zeigt nur die Kalender der verschiedenen E-Mail-Konten an. Das Gleiche gilt auch für die anderen Outlook-Module, die Sie über die Navigationsleiste öffnen können.

HINWEIS **Ordnerangebot hängt von der Umgebung ab, in der Sie Outlook einsetzen**
Wenn Sie Outlook zu Hause verwenden, stehen Ihnen die Ordner *Synchronisierungsprobleme* und *Öffentliche Ordner* nicht zur Verfügung. Beim Outlook-Einsatz im Firmennetz mit Exchange Server ermöglichen die öffentlichen Ordner beispielsweise die gemeinsame Nutzung von zentralen Kalendern oder Kontakten.

Die einzelnen Outlook-Ordner enthalten Elemente der entsprechenden Module. In der Statusleiste wird dabei die Anzahl der im Ordner enthaltenen Elemente angezeigt.

So finden sich beispielsweise im Kalender-Ordner für die im Kalender angezeigten Termine einzelne Terminelemente mit den jeweiligen Angaben zum Termin. Im Ansichtsbereich lassen sich die im geöffneten Ordner enthaltenen Elemente dann in unterschiedlichen Ansichten anzeigen. Im Kalender können Sie beispielsweise in der Tagesansicht gezielt nur die Elemente eines Tages anzeigen lassen, in der Monatsansicht hingegen alle Elemente eines Monats.

HINWEIS **Outlook-Ordner finden Sie nicht im Dateisystem** Die Inhalte der Outlook-Ordner lassen sich nur mit Outlook betrachten. Outlook-Ordner können nicht wie Ordner des Dateisystems mit dem Explorer geöffnet werden. Diese Ordner befinden sich in sogenannten Datendateien. Ausführliche Informationen zu Datendateien finden Sie in Kapitel 50 dieses Buches.

Navigation zwischen den Outlook-Modulen

Im vorigen Abschnitt haben wir beschrieben, wie Sie die Ordnerliste zum Navigieren verwenden können. Das schnelle Wechseln zwischen den unterschiedlichen Modulen geht jedoch am einfachsten über die Navigationsleiste.

In der Navigationsleiste sehen Sie in der Standardeinstellung Symbole für *E-Mail*, *Kalender*, *Personen* und *Aufgaben*. Sie können in der Navigationsleiste weitere Schaltflächen und statt der Symbole auf den Schaltflächen den Namen des Moduls anzeigen lassen. Die Navigationsleiste lässt sich mit den folgenden Schritten konfigurieren:

1. Führen Sie eine der folgenden Aktionen durch:
   - Klicken Sie ganz rechts in der Navigationsleiste auf die Schaltfläche mit den drei Punkten, um das zugehörige Menü zu öffnen. Klicken Sie im Menü auf *Navigationsoptionen*.

- Öffnen Sie die Registerkarte *ANSICHT* und klicken Sie in der Gruppe *Layout* auf *Ordnerbereich* und dann auf *Optionen.*

Das Dialogfeld *Navigationsoptionen* wird geöffnet.

Bild 46.10 Im Dialogfeld *Navigationsoptionen* konfigurieren Sie die Navigationsleiste von Outlook

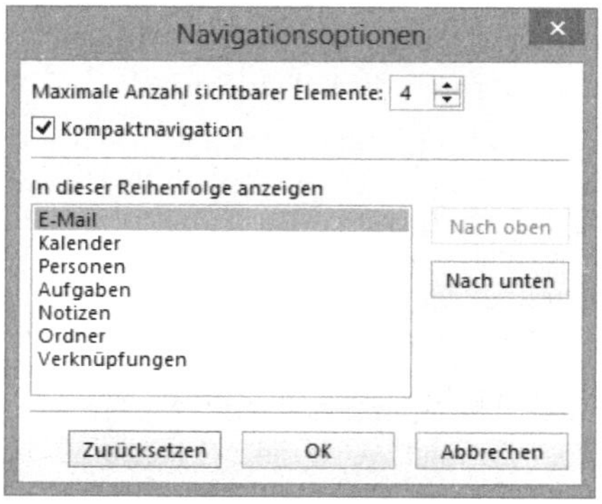

2. Führen Sie eine oder mehrere der folgenden Aktionen durch:
   - Legen Sie bei *Maximale Anzahl sichtbarer Elemente* fest, wie viele Elemente in der Navigationsleiste maximal sichtbar sein sollen. Die anderen Module von Outlook können Sie immer über die Schaltfläche mit den drei Punkten erreichen.
   - Schalten Sie das Kontrollkästchen *Kompaktnavigation* aus, wenn die Schaltflächen in der Navigationsleiste beschriftet sein sollen (siehe folgende Abbildung).

Bild 46.11 Die Kompaktnavigation wurde ausgeschaltet: Statt mit Symbolen sind die Schaltflächen in der Navigationsleiste nun mit Text versehen.

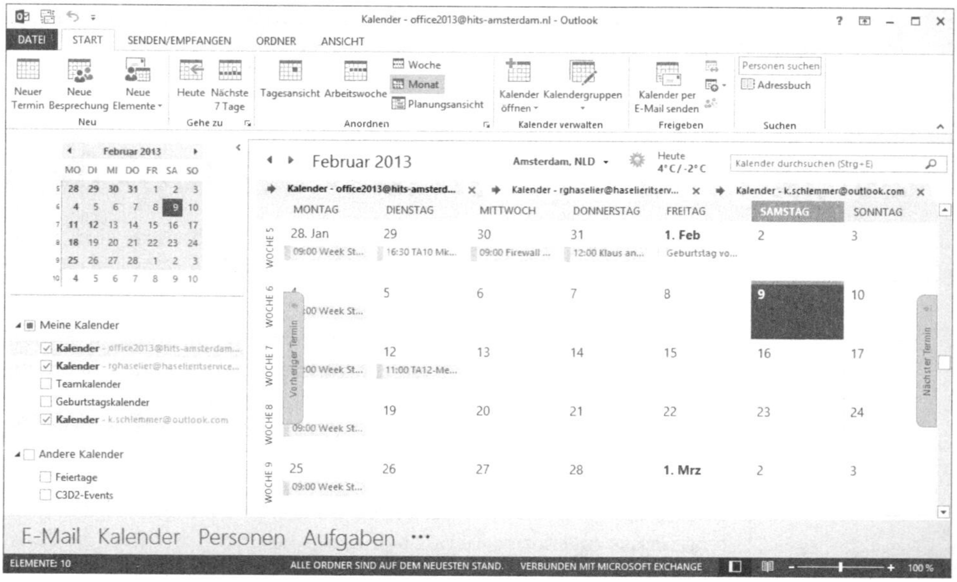

- Verwenden Sie die Einträge im Listenfeld *In dieser Reihenfolge anzeigen* und die beiden Schaltflächen rechts davon, um die Reihenfolge festzulegen, in der die Schaltflächen in der Navigationsleiste angezeigt werden sollen.
- Mit der Schaltfläche *Zurücksetzen* stellen Sie die Standardeinstellungen der Navigationsleiste wieder her.

Navigation mit Tastenkombinationen

Sie können jederzeit auch die vordefinierten Tastenkombinationen verwenden, um ein anderes Modul zu öffnen. Die Tastenkombinationen lassen sich leicht merken, da die Zahl, die Sie gemeinsam mit Strg drücken müssen, der Reihenfolge entspricht, in der die Schaltflächen standardmäßig in der Navigationsleiste angeordnet sind.

Tabelle 46.1 Tastenkombinationen, um zwischen den Outlook-Modulen zu wechseln

Tastenkombination	Wechselt zu
Strg+1	E-Mail
Strg+2	Kalender
Strg+3	Personen/Kontakte
Strg+4	Aufgaben
Strg+5	Notizen
Strg+6	Ordnerliste

Kapitel 47

E-Mail-Grundlagen

In diesem Kapitel:

Vermutlich ist das Modul *E-Mail* die Komponente von Outlook, die Sie am häufigsten verwenden werden. In Kapitel 46 haben Sie bei der Vorstellung des Ordnerbereichs bereits einige der Ordner gesehen, die für E-Mails verwendet werden. Wenn Sie Outlook neu installiert und wie in Kapitel 46 beschrieben, den Assistenten für die Outlook-Einrichtung ausgeführt haben, ist Ihr Outlook bereits mit einem funktionierenden E-Mail-Konto konfiguriert.

Wenn Sie noch kein E-Mail-Konto eingerichtet haben, lesen Sie am besten zuerst Kapitel 49, in dem beschrieben ist, wie Sie in Outlook neue E-Mail-Konten einrichten und konfigurieren.

Der Themenbereich E-Mail wird in diesem Buch in diesem und dem folgenden Kapitel behandelt. Dieses Kapitel stellt Ihnen die Grundfunktionen beim Einsatz von E-Mail vor, wie das Erstellen von neuen Nachrichten, das Empfangen und Lesen, die Konfiguration des Ansichtsbereichs für E-Mails usw. Im folgenden Kapitel lernen Sie dann einige der fortgeschrittenen Einsatzmöglichkeiten kennen.

E-Mails schreiben und senden

Bevor Sie E-Mails verschicken können, muss Outlook entsprechend eingerichtet sein. An Ihrem fertig eingerichteten Outlook-Arbeitsplatz im Büro können Sie im Normalfall sofort mit dem Verschicken von E-Mails loslegen. Nutzen Sie Outlook zu Hause, benötigen Sie einen funktionierenden Internetzugang und müssen zumindest ein E-Mail-Konto in Outlook eingerichtet haben. Wie das geht, ist in Kapitel 49 beschrieben. In Outlook werden E-Mails als Nachrichten bezeichnet. Eine neue E-Mail-Nachricht versenden Sie aus dem E-Mail-Modul heraus.

Die Ordner, in denen E-Mails abgelegt werden

Um das E-Mail-Modul zu öffnen, klicken Sie in der Navigationsleiste auf die Schaltfläche *E-Mail* oder drücken die Tastenkombination Strg+1.

Im Ordnerbereich werden dann die Ordner angezeigt, in denen bei Outlook die E-Mails verwaltet werden. Standardmäßig wird nach dem Öffnen des E-Mail-Moduls der Ordner *Posteingang* angezeigt. Im Ansichtsbereich sehen Sie eine Liste der eingegangenen E-Mails oder die Meldung »Es gibt keine Elemente, die in dieser Ansicht angezeigt werden«, wenn Sie noch keine E-Mail erhalten haben.

Bild 47.1 Wenn Sie das Modul *E-Mail* öffnen, wird standardmäßig der Inhalt des Ordners *Posteingang* angezeigt

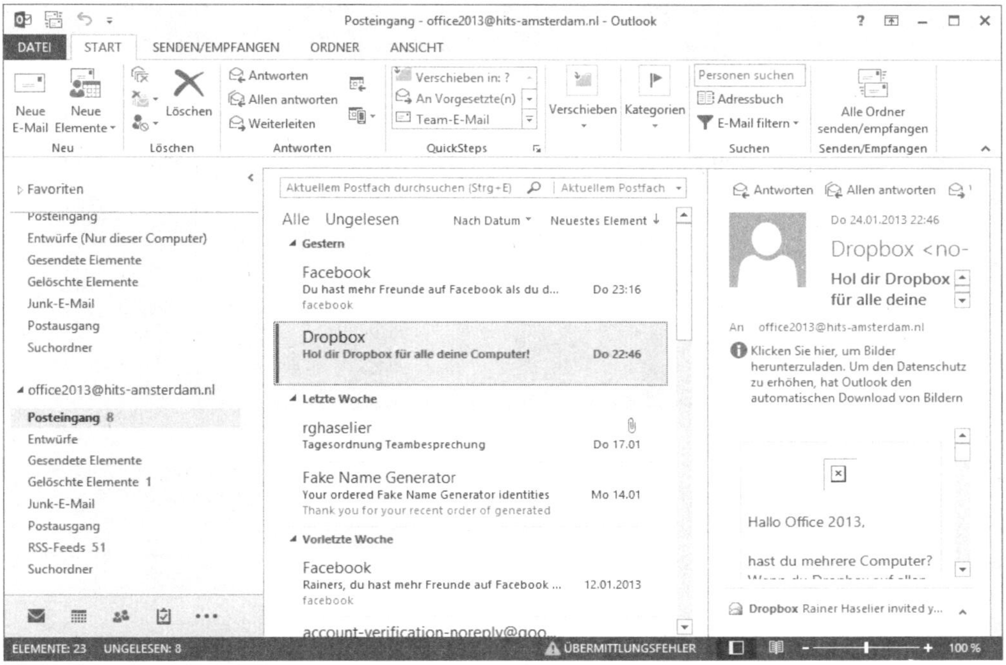

In der Ordnerliste für die E-Mails sehen Sie verschiedene Ordner, deren Bedeutung nachfolgend beschrieben ist:

- **Posteingang** In diesem Ordner befinden sich alle Mails, die Sie erhalten haben.
- **Entwürfe** Im Ordner *Entwürfe* speichert Outlook die E-Mails zwischen, wenn Sie während des Erstellens einer neuen Nachricht in ein anderes Outlook-Modul wechseln.
- **Gesendete Elemente** In diesem Ordner befinden sich alle E-Mail-Nachrichten, die erfolgreich versendet wurden.
- **Junk-E-Mail** In diesem Ordner legt Outlook alle E-Mails ab, die vom integrierten Filter als Spam kategorisiert wurden. Mehr Informationen zu Spam und sicherem Mailen mit Outlook finden Sie in Kapitel 48.
- **Postausgang** Hier werden die von Ihnen erstellten E-Mail-Nachrichten gespeichert, bis sie versendet wurden. Nach dem Versand befinden sich die E-Mails im Ordner *Gesendete Objekte.*
- **RSS-Feeds** Dieser Spezialordner dient dazu, die Meldungen der RSS-Feeds abzuspeichern, die Sie abonniert haben. Ausführliche Informationen zum Thema RSS-Feeds finden Sie in Kapitel 54.

In der Abbildung oben auf dieser Seite können Sie erkennen, dass der Namen des *Ordners* Posteingang in Fettschrift ausgegeben wird. In diesen Ordnern befinden sich Nachrichten, die noch nicht gelesen wurden. Die Anzahl der ungelesenen Nachrichten wird hinter dem Ordnernamen in Klammern angezeigt.

E-Mail erstellen und versenden

Nehmen Sie folgende Schritte vor, um eine neue E-Mail-Nachricht zu erstellen und zu versenden:

1. Klicken Sie in der Navigationsleiste auf die Schaltfläche *E-Mail*, falls das E-Mail-Modul noch nicht geöffnet ist.

2. Öffnen Sie die Registerkarte *START* und klicken Sie in der Gruppe *Neu* auf *Neue E-Mail*.

   Outlook öffnet das Fenster zum Erstellen einer neuen E-Mail-Nachricht, das Sie in der folgenden Abbildung sehen.

Bild 47.2 In diesem Fenster erstellen Sie neue E-Mail-Nachricht

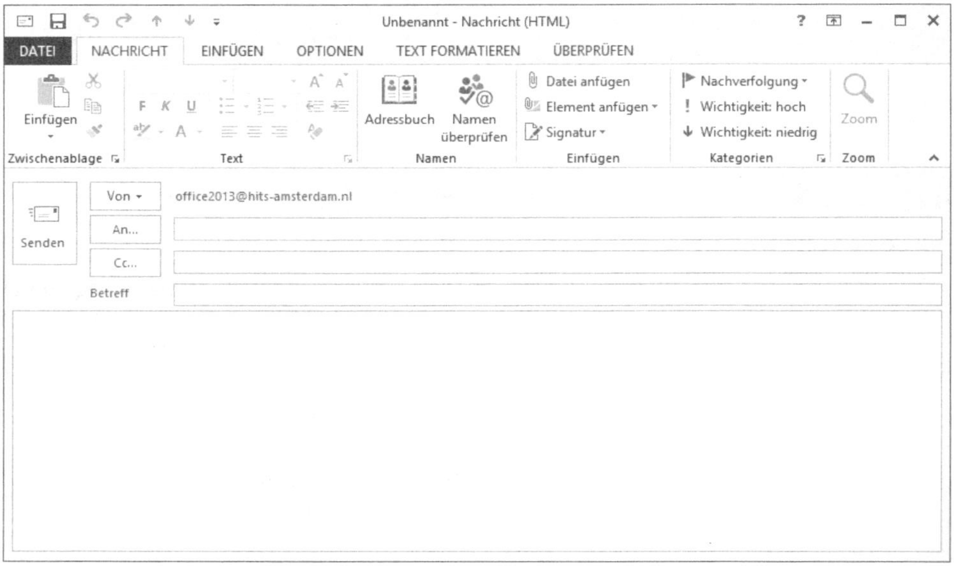

3. Tragen Sie in der *An*-Zeile die E-Mail-Adresse des Empfängers ein (das @-Zeichen geben Sie mit [AltGr]+[Q] ein).

   Zum Ausprobieren können Sie eine E-Mail an folgende E-Mail-Adresse senden: *ersteschritte@officehandbuch.de*, die wir speziell für dieses Buch so eingerichtet haben, dass Sie auch automatisch eine Antwort auf Ihre Mail erhalten.

4. Tragen Sie in die Zeile *Betreff* eine aussagekräftige Überschrift für Ihre Mail ein.

5. Geben Sie im großen Eingabefeld den Text Ihrer Nachricht ein.

6. Klicken Sie oberhalb des Feldes mit dem Nachrichtentext auf die Schaltfläche *Senden*.

Bild 47.3 Die E-Mail-Nachricht ist fertiggestellt. Zum Versenden klicken Sie auf *Senden*.

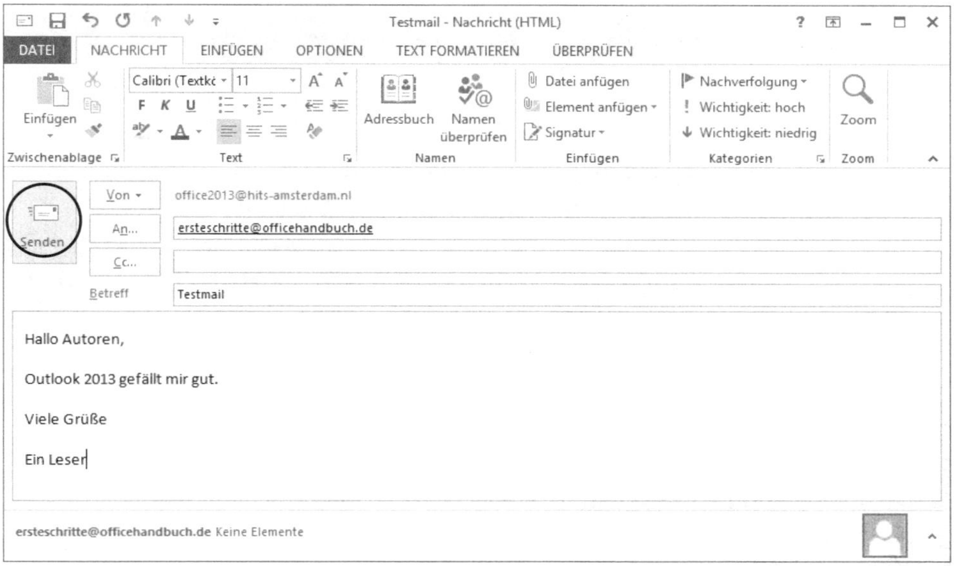

Nach dem Klick auf *Senden* wird standardmäßig eine Kopie der E-Mail im Ordner *Gesendete Elemente* abgelegt, den Sie über den Ordnerbereich anzeigen lassen können. Wenn Sie später nachschauen wollen, was Sie in einer E-Mail geschrieben haben, brauchen Sie also nur den Ordner *Gesendete Elemente* zu öffnen.

Wenn Sie mit Outlook im vernetzten Büro arbeiten, wird die E-Mail nach dem Klick auf *Senden* im Normalfall sofort verschickt. Dabei sorgt beispielsweise der häufig in Kombination mit Outlook eingesetzte Exchange Server für den Austausch von E-Mails zwischen den vernetzten Computern im Unternehmen und stellt die Verbindung zu E-Mail-Empfängern außerhalb des Unternehmens her.

Auch wenn Sie zu Hause im Onlinebetrieb arbeiten, wird die Nachricht jetzt verschickt. Gibt es bereits eine bestehende Internetverbindung, wird diese dabei genutzt. Ansonsten wird versucht, eine neue Internetverbindung aufzubauen, wozu möglicherweise Ihre Bestätigung erforderlich sein kann.

E-Mails empfangen, lesen und beantworten

Ihre E-Mails landen im Posteingang, der standardmäßig direkt nach dem Starten von Outlook angezeigt wird und den Sie in der E-Mail-Komponente auswählen können. Im Ansichtsbereich von Outlook wird standardmäßig sowohl der Inhalt des geöffneten Ordners angezeigt als auch der Inhalt der E-Mail-Nachricht, die in der Nachrichtenliste derzeit markiert ist. Der Nachrichteninhalt wird im sogenannten Lesebereich angezeigt.

Lesebereich konfigurieren

In der Voreinstellung zeigt Outlook den Lesebereich rechts neben der Liste mit den E-Mail-Nachrichten an. Persönlich finde ich diese Einstellung nicht günstig, da hierdurch nur ein Teil der Liste mit den E-Mail-Nachrichten sichtbar ist. Sie können die Position des Lesebereichs ändern.

1. Achten Sie darauf, dass das E-Mail-Modul geöffnet ist; klicken Sie eventuell in der Navigationsleiste auf *E-Mail*, um das Modul zu öffnen.
2. Öffnen Sie die Registerkarte *ANSICHT*.
3. Klicken Sie in der Gruppe *Layout* auf *Lesebereich* und dann auf eine der folgenden Optionen: *Rechts*, *Unten* oder *Aus*.

Bild 47.4 Der Lesebereich wird unterhalb der Nachrichtenliste angezeigt

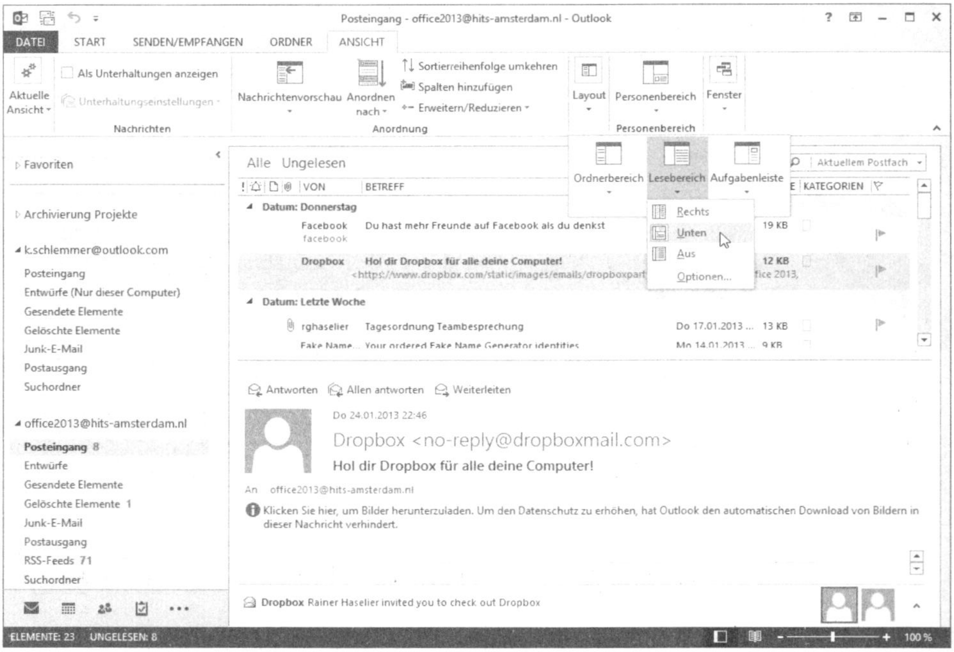

Eingegangene E-Mail-Nachricht öffnen

Dieser Abschnitt beschreibt, wie Sie neue E-Mail-Nachrichten abrufen, eine eingegangene E-Mail-Nachricht öffnen und eine Antwort schreiben und versenden.

1. Lassen Sie im Ansichtsbereich den Posteingang anzeigen (Tastenkombination Strg+1).

2. Klicken Sie in der Symbolleiste für den Schnellzugriff auf *Alle Ordner senden/empfangen* oder drücken Sie F9.

   In der Standardeinstellung ruft Outlook in bestimmten Intervallen Ihre E-Mail-Konten ab und stellt die eingetroffenen E-Mail-Nachrichten im Posteingang bereit. Daher landen die an

Sie gerichteten E-Mails normalerweise automatisch in Ihrem Posteingang, wenn Sie Outlook in einem vernetzten Büro mit Internetzugang oder zu Hause mit einem DSL-Anschluss und einer Flatrate verwenden.

Sollten Sie zu Hause per ISDN und Modem auf das Internet zugreifen, versucht Outlook nach dem Anklicken von *Alle Ordner senden/empfangen*, eine Internetverbindung aufzubauen, was Sie gegebenenfalls bestätigen müssen. Wenn sich in Ihrem Postausgang noch Nachrichten befinden, werden diese nun verschickt. Sofern für Sie neue E-Mails vorhanden sind, werden diese empfangen und im Posteingang abgelegt.

Bild 47.5 Der Ordner *Posteingang* ist geöffnet; es gibt mehrere ungelesene E-Mails. Im Lesebereich können Sie bereits den Inhalt der in der Liste markierten E-Mail einsehen.

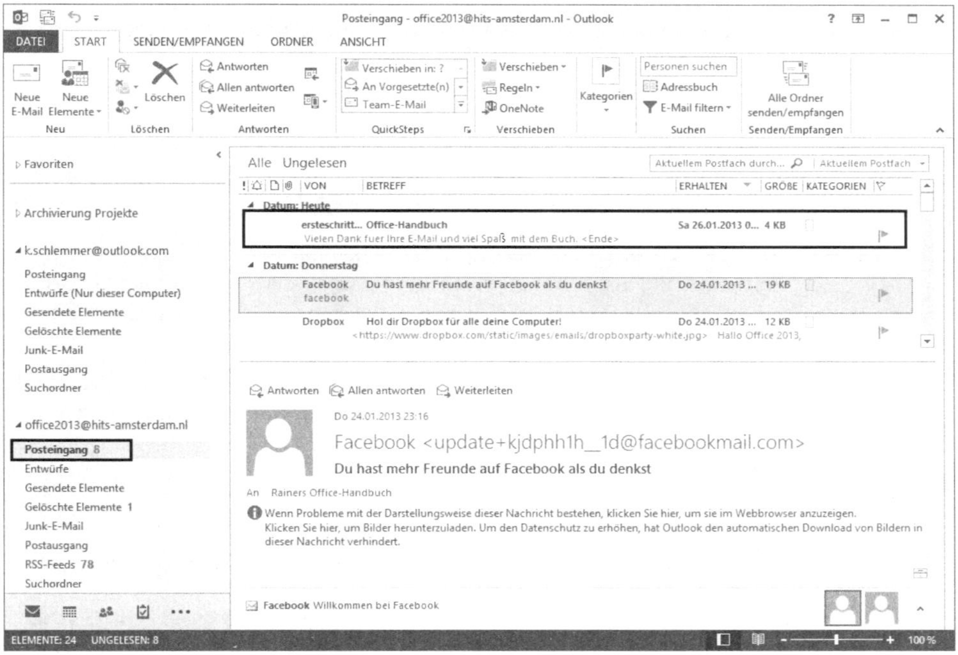

Eine noch ungelesene E-Mail wird in fetter Schrift dargestellt. Im Lesebereich erscheint eine Vorschau auf den Inhalt. (Wenn Sie wie im Abschnitt »E-Mail erstellen und versenden« beschrieben, eine E-Mail-Nachricht an *ersteschritte@officehandbuch.de* gesendet haben, erhalten Sie nach einem kurzen Moment automatisch eine Antwort.)

3. Markieren Sie in der Liste *Posteingang* im Ansichtsbereich die E-Mail, die Sie lesen möchten. Outlook zeigt den Inhalt der E-Mail im sogenannten Lesebereich an.

   Den Lesebereich sehen Sie in der obigen Abbildung unterhalb der Liste mit dem Posteingang. Wenn der Lesebereich bei Ihnen nicht sichtbar ist, wechseln Sie zur Registerkarte *ANSICHT* und klicken in der Gruppe *Layout* auf *Lesebereich*. Wählen Sie anschließend den Befehl *Rechts* oder *Unten* aus, je nachdem, wo der Lesebereich angezeigt werden soll.

4. Doppelklicken Sie in der Liste auf die eingegangene E-Mail-Nachricht, damit sie in einem eigenen Fenster geöffnet wird. In der Titelleiste des neuen Fensters zeigt Outlook neben dem Betreff auch das Format der E-Mail an (siehe hierzu Seite 969).

Bild 47.6 Die E-Mail wurde in einem eigenen Fenster geöffnet; von dort aus können Sie beispielsweise eine Antwort an den Absender erstellen

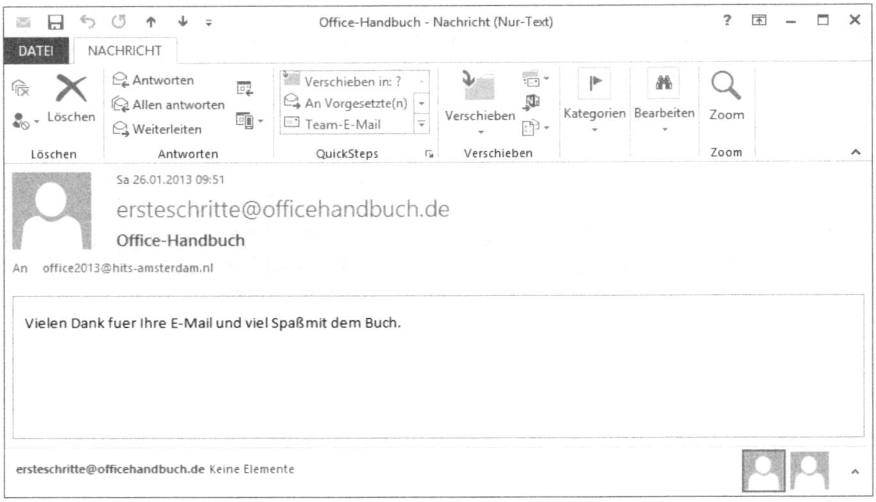

5. Möchten Sie die E-Mail beantworten, klicken Sie in der Gruppe *Antworten* auf *Antworten*. Die Antwortmail wird geöffnet, in der automatisch der Absender der Ursprungsmail als Adressat eingetragen ist. Dem Betreff wurde *AW:* (Antwort) vorangestellt. Der Inhalt der Ursprungsmail wurde im großen Eingabefeld eingefügt.
6. Zum Beantworten einer E-Mail schreiben Sie Ihren Text gleich oberhalb des unten angefügten Ursprungstexts. Es steht Ihnen frei, den Ursprungstext ganz oder teilweise zu löschen.

Bild 47.7 Eine Antwort auf eine E-Mail schreiben

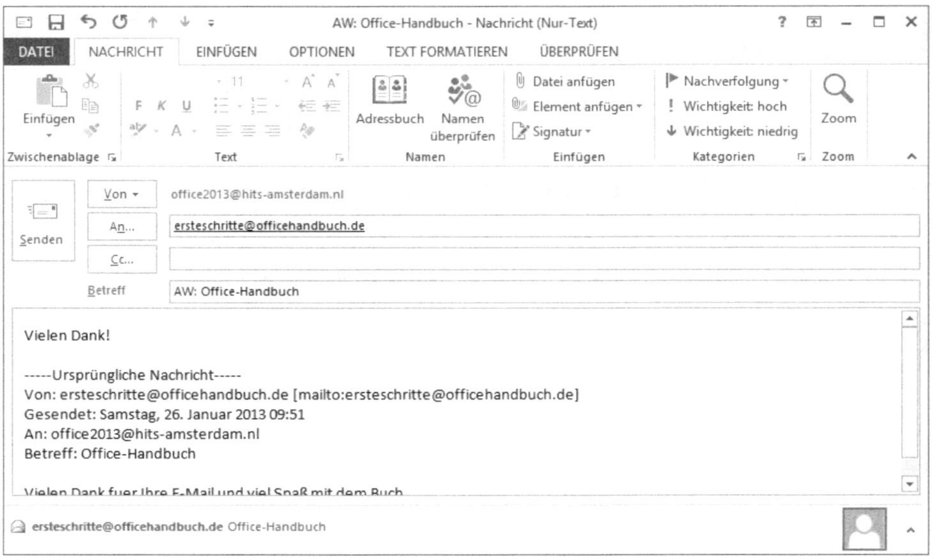

7. Senden Sie die E-Mail, indem Sie auf *Senden* klicken. Im Lesebereich der eingegangenen E-Mail sehen Sie nun ein Infofeld, das Sie darüber informiert, wann Sie auf die E-Mail geantwortet haben.

Bild 47.8 Outlook protokolliert, wann Sie auf eine E-Mail geantwortet haben

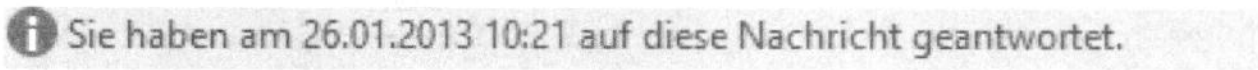

Übermittlungseinstellungen

Weiter vorn haben wir erwähnt, dass Outlook in der Standardeinstellung automatisch in einem bestimmten Intervall neue E-Mail-Nachrichten abruft. Dieses Intervall können Sie einstellen. Falls Sie mehrere E-Mail-Konten verwenden, werden die Übermittlungseinstellungen in sogenannten Senden-Empfangen-Gruppen festgelegt. Auch die Senden-Empfangen-Gruppen lassen sich nach Bedarf konfigurieren.

Führen Sie folgende Schritte durch, um das Intervall zum Abrufen von E-Mail-Nachrichten einzustellen:

1. Lassen Sie im Ansichtsbereich den Posteingang anzeigen (Tastenkombination Strg+1) und öffnen Sie die Registerkarte *SENDEN/EMPFANGEN*.
2. Klicken Sie in der Gruppe *Senden/Empfangen* zuerst auf *Senden-Empfangen-Gruppen* und dann auf *Senden-Empfangen-Gruppen definieren*. Outlook zeigt das Dialogfeld *Senden-Empfangen-Gruppen* an.

Bild 47.9 Einstellen des Intervalls für die automatische Übermittlung von Nachrichten

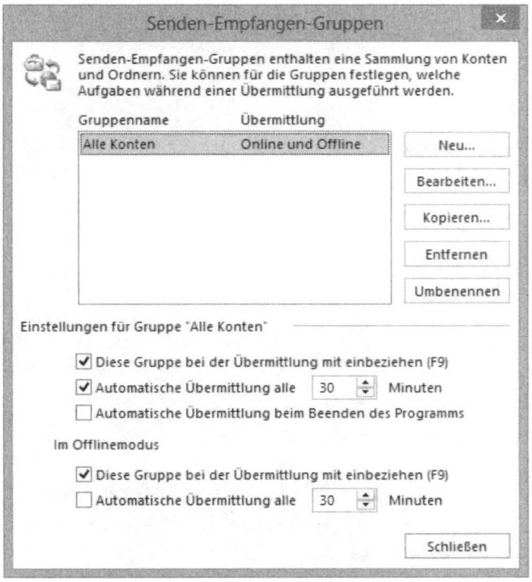

Outlook fasst E-Mail-Konten zu Senden-Empfangen-Gruppen zusammen. Standardmäßig ist immer die Gruppe *Alle Konten* vorhanden, in der alle E-Mail-Konten zusammengefasst sind.

Verwenden Sie den unteren Bereich des Dialogfeldes *Senden-Empfangen-Gruppen*, um die Übermittlungseinstellungen der im oberen Listenfeld markierten Gruppe zu definieren.

3. Achten Sie darauf, dass im Bereich *Einstellungen für Gruppe "Alle Konten"* das Kontrollkästchen *Automatische Übermittlung alle x Minuten* eingeschaltet ist.

4. Legen Sie im Feld vor *Minuten* das Intervall fest und klicken Sie dann auf *Schließen.*

Falls Sie mehrere E-Mail-Konten eingerichtet haben, können Sie für einzelne Konten festlegen, ob nur der Empfang, nur der Versand oder beides automatisch erfolgen soll, und es können einzelne Konten von der automatischen Übermittlung ausgeschlossen werden. Führen Sie dazu folgende Schritte durch:

1. Öffnen Sie die Registerkarte *SENDEN/EMPFANGEN,* klicken Sie in der Gruppe *Senden/Empfangen* zuerst auf *Senden-Empfangen-Gruppen* und dann auf *Senden-Empfangen-Gruppen definieren.*

2. Markieren Sie im Listenfeld oben im Dialogfeld die Senden-Empfangen-Gruppe, deren Einstellungen Sie ändern möchten.

3. Klicken Sie auf *Bearbeiten.* Das Dialogfeld *Übermittlungseinstellungen* wird geöffnet.

Bild 47.10 Übermittlungseinstellungen für einzelne Konten festlegen

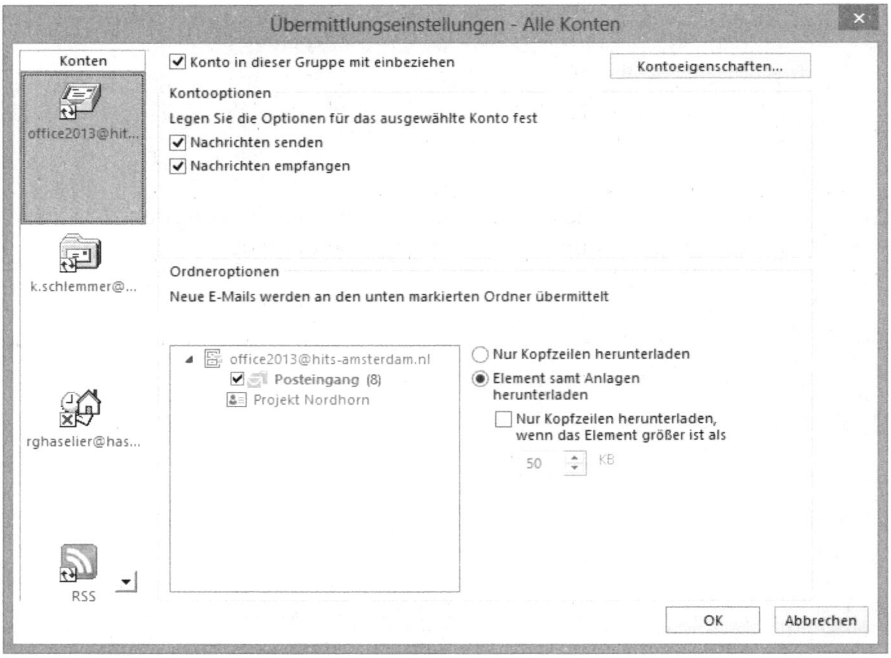

Auf der linken Seite des Dialogfeldes werden alle E-Mail-Konten angezeigt, die zu der Senden-Empfangen-Gruppe gehören. Auf der rechten Seite des Dialogfeldes sehen Sie die Eigenschaften, die Sie für jedes Konto ändern können.

4. Markieren Sie in der Liste *Konten* das Konto, dessen Einstellungen Sie bearbeiten möchten.

5. Führen Sie eine oder mehrere der folgenden Aktionen durch:
   - Schalten Sie das Kontrollkästchen *Konto in dieser Gruppe mit einbeziehen* ein bzw. aus, um festzulegen, ob für das markierte Konto E-Mail-Nachrichten übertragen werden sollen oder nicht, wenn Sie den Befehl *Alle Ordner senden/empfangen* verwenden.
   - Mit den Kontrollkästchen *Nachrichten empfangen* und *Nachrichten senden* legen Sie fest, welche Übermittlung für dieses Konto durchgeführt werden soll.
   - Mit den Optionen im Bereich *Ordneroptionen* können Sie eine Größenbeschränkung für E-Mail-Nachrichten konfigurieren. Schalten Sie dazu die Option *Element samt Anlagen herunterladen* und das Kontrollkästchen *Nur Kopfzeilen herunterladen, wenn das Element größer ist als x KB* ein. Legen Sie anschließend den Schwellenwert fest.
6. Klicken Sie jeweils auf *OK*, um die beiden geöffneten Dialogfelder zu schließen.

Variantenbeim Erstellen von E-Mails

In Outlook gibt es mehrere Möglichkeiten, eine neue E-Mail zu erstellen. Sie können eine E-Mail über die Schaltflächen *Neue E-Mail-Nachricht* und *Neue Elemente* oder per Doppelklick auf eine leere Stelle im Ansichtsbereich erstellen.

Wenn im Ansichtsbereich kein Ordner aus dem E-Mail-Modul geöffnet ist, sondern beispielsweise der Kalender angezeigt wird, können Sie wie folgt vorgehen:

1. Wechseln Sie falls erforderlich zur Registerkarte *START*.
2. Klicken Sie in der Gruppe *Neu* auf *Neue Elemente*. Outlook zeigt das folgende Dropdownmenü an:

Bild 47.11 Über die Schaltfläche *Neue Elemente* können Sie alle Arten von Outlook-Elementen erstellen und zwar unabhängig davon, welches Modul derzeit geöffnet ist

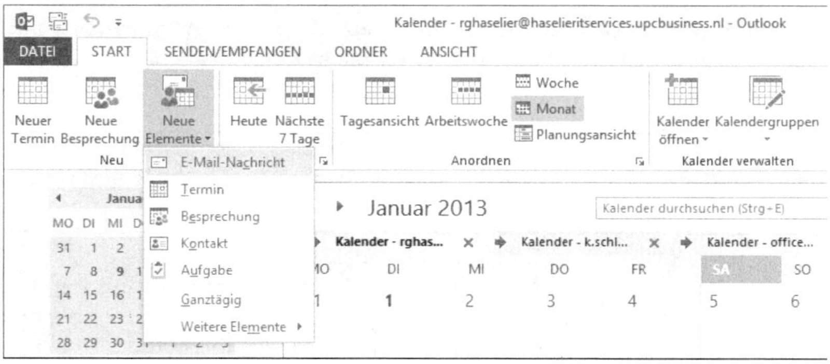

3. Klicken Sie auf *E-Mail-Nachricht*.

AutoVervollständigen der E-Mail-Adresse

Wenn Sie in einem der Adressfelder der E-Mail eine E-Mail-Adresse eintippen, an die Sie bereits vorher einmal eine E-Mail geschickt hatten, erscheint diese Adresse nach der Eingabe der ersten Buchstaben in einer Auswahlliste. Falls Sie noch weitere E-Mail-Adressen eingegeben hatten, die mit denselben Buchstaben beginnen, werden auch diese in der Liste zur Auswahl gestellt.

1. Erstellen Sie eine neue E-Mail.
2. Geben Sie im Feld *An* die ersten drei Buchstaben einer E-Mail-Adresse ein, an die Sie bereits eine E-Mail verschickt haben.

Bild 47.12 Outlook vervollständigt die E-Mail-Adresse oder bietet Ihnen in einer Auswahlliste mehrere Alternativen an

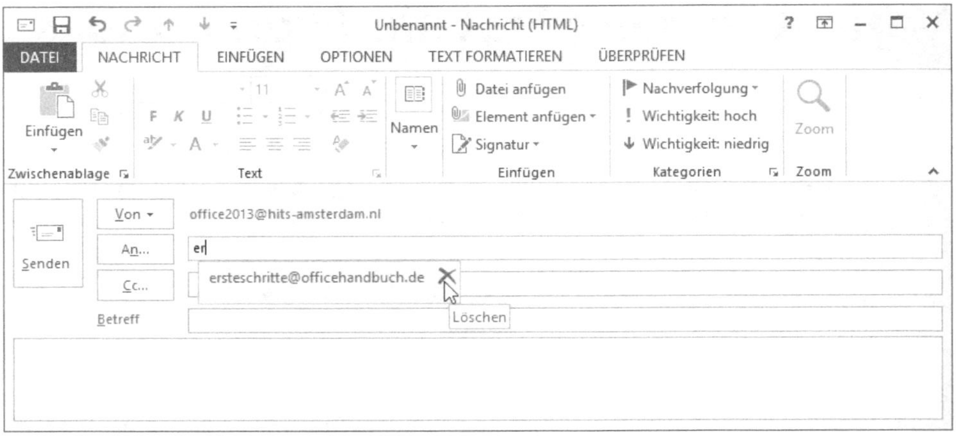

Daraufhin öffnet sich eine Auswahlliste, die die E-Mail-Adressen enthält, an die Sie schon einmal eine E-Mail geschickt haben und die mit den gleichen Buchstaben beginnen. Wurde nur ein Eintrag gefunden, erscheint der Rest der Adresse direkt im Adressfeld.

HINWEIS Haben Sie, wie in den nächsten beiden Abschnitten beschrieben, eine E-Mail-Adresse über das Modul *Personen* eingetragen, erscheint neben der E-Mail-Adresse auch der im Kontaktformular festgelegte Anzeigename.

3. Klicken Sie in der Auswahlliste auf den gewünschten Eintrag, um ihn in das Adressfeld zu übernehmen. (Wurde nur ein Eintrag gefunden, können Sie diesen übernehmen, indem Sie die [Tab]-Taste drücken oder in die nächste Zeile klicken.)

   Damit wird die ausgewählte Adresse in das Adressfeld übernommen.

TIPP Sie können einen Eintrag aus der AutoVervollständigen-Liste entfernen, indem Sie neben dem Eintrag die Schaltfläche *Löschen* anklicken.

Neue E-Mail an einen Kontakt erstellen

Für einen markierten oder geöffneten Kontakt (siehe auch Kapitel 51) können Sie direkt eine an diesen adressierte E-Mail erstellen. Im nächsten Abschnitt ist beschrieben, wie Sie die E-Mail-Adresse des Kontakts direkt in der E-Mail auswählen.

1. Lassen Sie die Outlook-Kontakte im Ansichtsbereich anzeigen (Tastenkombination [Strg]+[3]).
2. Führen Sie eine der folgenden Aktionen durch:

- Wenn Sie im Ansichtsbereich die Ansicht *Personen* verwenden, klicken Sie auf die Schaltfläche mit dem Briefsymbol, die Sie im Lesebereich finden.
- Wenn Sie eine der anderen Ansichten verwenden, klicken Sie mit der rechten (!) Maustaste auf einen Kontakt, für den eine E-Mail-Adresse eingetragen ist. Wählen Sie im Kontextmenü den Befehl *Erstellen/E-Mail.*

Bild 47.13 Über das Kontextmenü können Sie eine neue E-Mail-Nachricht aus den Kontakten heraus erstellen

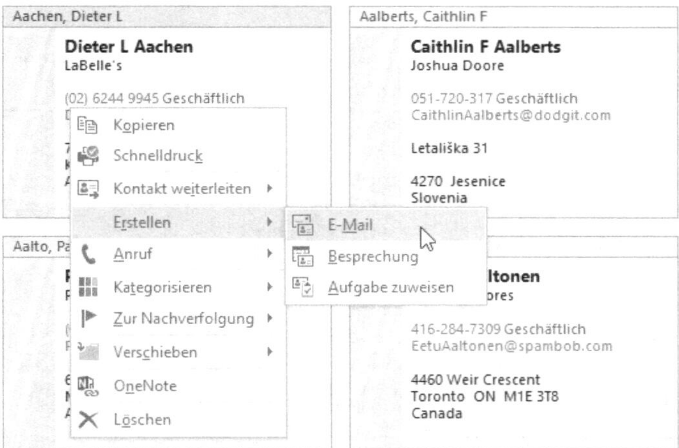

Damit wird eine E-Mail geöffnet, die bereits an den Kontakt adressiert ist.

HINWEIS **Neue E-Mail an einen geöffneten Kontakt erstellen** Falls der Kontakt bereits geöffnet ist, klicken Sie auf der Registerkarte *KONTAKT* in der Gruppe *Kommunizieren* auf *E-Mail.*

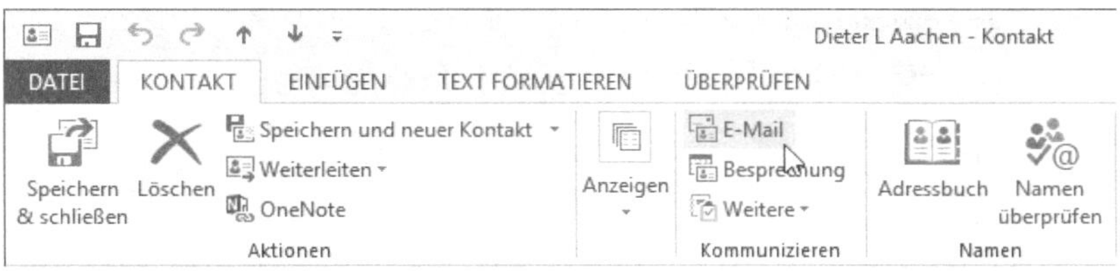

E-Mail an einen Kontakt adressieren

Nachdem Sie im vorigen Abschnitt erfahren haben, wie Sie für einen markierten oder geöffneten Kontakt eine an diesen adressierte E-Mail erstellen, geht es jetzt darum, wie Sie die E-Mail-Adresse des Kontakts direkt in der E-Mail auswählen.

E-Mail-Adresse aus Kontakten auswählen

1. Erstellen Sie eine neue E-Mail-Nachricht.
2. Klicken Sie vor dem Eingabefeld für die E-Mail-Adresse auf die Schaltfläche *An*.

   Das Dialogfeld *Namen auswählen* wird angezeigt. Hier können Sie aus Ihren Outlook-Kontakten und gegebenenfalls aus weiteren Adressbüchern den/die Empfänger für Ihre E-Mail auswählen.

HINWEIS **Statt Kontakte-Adressbuch erscheint die globale Adressliste** Wenn Sie in einem Büro mit Exchange Server arbeiten, werden normalerweise nicht Ihre Outlook-Kontakte angezeigt, sondern es erscheint die globale Adressliste. Hier stehen Ihnen E-Mail-Adressen für die Kommunikation innerhalb des Unternehmens zur Auswahl. Nach einem Klick auf den Pfeil der Liste *Adressbuch* können Sie gegebenenfalls ein anderes Adressbuch anzeigen lassen und statt der globalen Adressliste zu Ihren Outlook-Kontakten wechseln.

Bild 47.14 Wählen Sie in diesem Dialogfeld die Empfänger Ihrer E-Mail aus

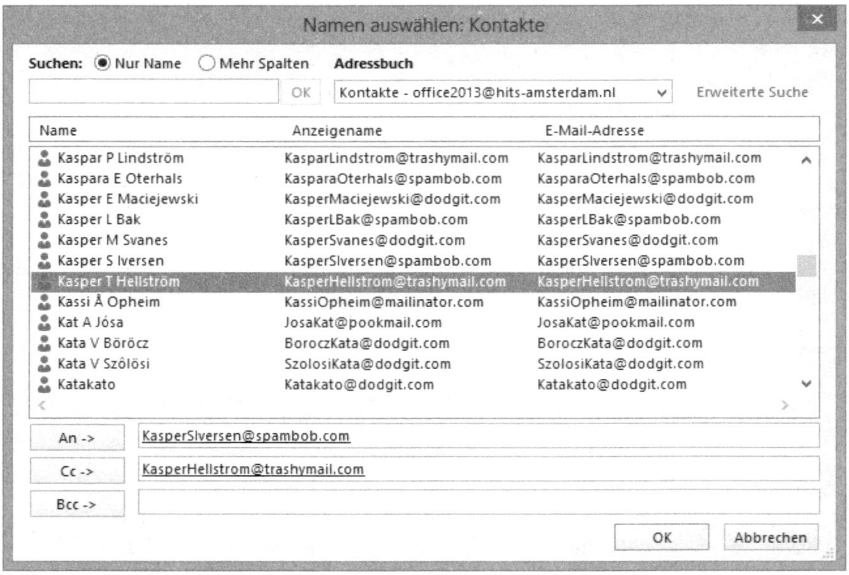

3. Wählen Sie eine Adresse aus. Sind sehr viele Adressen eingetragen, können Sie im Feld *Suchen* den betreffenden Namen eingeben. Mit gedrückter `Strg`-Taste lassen sich mehrere Adressen markieren.

4. Übernehmen Sie die ausgewählte(n) Adresse(n) mit einem Klick auf *An*.

   Auf dieselbe Weise können Sie Adressen in das *Cc*-Feld und das *Bcc*-Feld übernehmen (Informationen zur Verwendung dieser Felder finden Sie im folgenden Abschnitt).

5. Mit einem Klick auf *OK* übernehmen Sie die ausgewählten Adressen in die E-Mail.

Adressierung durch Eingabe des Namens

Als Alternative zum oben beschriebenen Nachschlagen einer für einen Kontakt eingetragenen E-Mail-Adresse können Sie die Adresse auch ganz einfach beim Schreiben der E-Mail von Outlook heraussuchen lassen.

1. Erstellen Sie eine neue E-Mail-Nachricht.
2. Geben Sie im Feld *An* den Namen des Kontakts ein.
3. Klicken Sie in eine andere Zeile (beispielsweise in die Zeile *Betreff*, um dort etwas einzutragen). Standardmäßig überprüft Outlook jetzt alle eingetragenen Kontakte. Wurde ein passender Eintrag gefunden, fügt Outlook die E-Mail-Adresse ein und stellt sie unterstrichen dar.

Bild 47.15 Anhand des Namens des Kontakts hat Outlook die E-Mail-Adresse ermittelt und in das *An*-Feld eingetragen

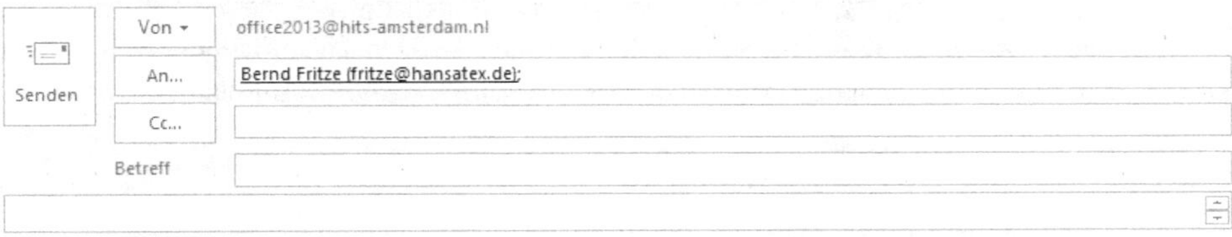

Die Felder An, Cc und Bcc verwenden

Wie Sie aus dem Adressbuch E-Mail-Adressen in die einzelnen Adressfelder übernehmen, wird im vorigen Abschnitt beschrieben. Dieser Abschnitt stellt Ihnen die drei Felder vor, die Sie zur Adressierung der E-Mail-Nachricht verwenden können.

Das An-Feld

Im Normalfall tragen Sie die E-Mail-Adresse des Empfängers in das *An*-Feld der E-Mail ein. Der Empfänger kann in der erhaltenen E-Mail sehen, dass er im *An*-Feld eingetragen ist. Die folgende Abbildung zeigt, wie eine an *k.schlemmer@outlook.com* adressierte E-Mail beim Empfänger ankommt.

Bild 47.16 Eine E-Mail mit einem Empfänger im *An*-Feld

HINWEIS Um Platz zu sparen, haben wir die Höhe des Fensters für die obige Abbildung verkleinert. Outlook blendet das Menüband dann automatisch aus.

Wenn Sie mehrere Adressen in das *An*-Feld aufgenommen haben, kann jeder Empfänger in der E-Mail, die er bekommen hat, alle im *An*-Feld eingetragenen Adressen sehen.

Das Cc-Feld

Auch alle im *Cc*-Feld eingetragenen Adressen sind von allen Empfängern zu sehen. Die in das Feld *Cc* eingetragenen E-Mail-Adressen sind damit als Kopieempfänger gekennzeichnet – *Cc* steht für »carbon copy« (Kohlekopie, Kohledurchschlag). Den eigentlichen Adressaten, den Sie auch im Mailtext ansprechen, tragen Sie im *An*-Feld ein. Die Kopieempfänger stehen im *Cc*-Feld.

Das Bcc-Feld

Bcc steht für »blind carbon copy« (Blindkopie, unsichtbarer Kohledurchschlag). Alle im *Bcc*-Feld eingetragenen Adressen sind für die Empfänger der Mail nicht zu erkennen. Ob und gegebenenfalls was der Absender in das *Bcc*-Feld eingetragen hat, lässt sich in der empfangenen E-Mail nicht anzeigen. Das heißt, wenn Sie selbst eine E-Mail erhalten, bei der Sie im Feld *Bcc* eingetragen waren, erkennen Sie das nur daran, dass Ihre E-Mail-Adresse weder im *An*- noch im *Cc*-Feld auftaucht!

TIPP ***Bcc*-Feld im Bereich mit den Empfängeradressen des Mailformulars einblenden**
Wenn Sie eine E-Mail schreiben, können Sie das *Bcc*-Feld in der geöffneten E-Mail einblenden lassen, indem Sie die Registerkarte *OPTIONEN* öffnen und in der Gruppe *Felder anzeigen* auf *Bcc* klicken (siehe Abbildung auf der nächsten Seite).

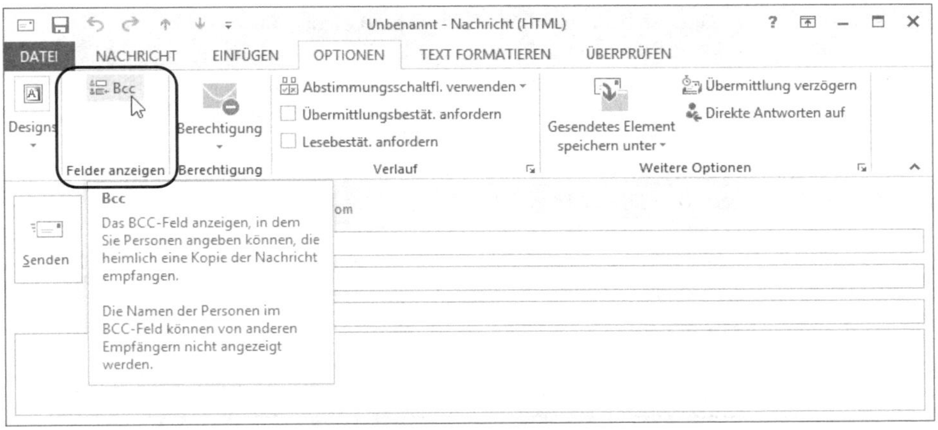

Das E-Mail-Format einstellen

Sie können das Standardformat ändern, in dem E-Mails verschickt werden, und außerdem das Format jeder einzelnen Mail einstellen.

Das Standardformat ändern

In Outlook können Sie ein Standardformat für Ihre E-Mails festlegen. Sie haben dabei die Auswahl zwischen drei Formaten:

- HTML
- Rich-Text
- Nur Text

Für die Nutzung im Firmennetz wird es sicherlich eine Vorgabe für die zu verwendenden Einstellungen geben (meist wird hier HTML oder Outlook Rich-Text verwendet).

Wenn Sie zu Hause einen einzelnen Rechner nutzen und von dort aus E-Mails über das Internet verschicken, ist das Format Outlook Rich-Text uninteressant.

Das HTML-Format bietet viele Gestaltungsmöglichkeiten, aber E-Mails im HTML-Format sind größer als Nur-Text-Mails und können von einigen älteren E-Mail-Programmen nicht richtig angezeigt werden. Außerdem gibt es beim Empfang von HTML-Mails gewisse Sicherheitsrisiken, sodass HTML-Mails von manchen Empfängern nicht gerne gesehen sind.

HINWEIS Im Fenster, in dem Sie eine neue E-Mail erstellen, bieten Ihnen die Registerkarten *Einfügen* und *Text formatieren* sehr viele Gestaltungsmöglichkeiten für Ihre E-Mails, die denen von Word um nichts nachstehen. Wenn Sie bereits mit Word vertraut sind, werden Sie sich auf den beiden Registerkarten schnell zurechtfinden, da sie ähnlich aufgebaut sind. Und es wird Ihnen leichtfallen, auch optisch anspruchsvolle E-Mails zu gestalten.

Als Alternative bietet sich das schlanke Nur-Text-Format an, das von allen E-Mail-Programmen gelesen werden kann. Die Nachrichten haben in diesem Format eine wesentlich geringere Größe. Dafür ist es z.B. nicht möglich, Textpassagen in fetter Schrift hervorzuheben oder andere Formatierungen vorzunehmen. Zum Teil kann es auch bei der Übertragung von Umlauten zu Problemen kommen, sodass Sie »AE« statt »Ä« usw. schreiben müssen, wenn Sie ganz sicher sein wollen, dass Ihre Nachricht beim Empfänger richtig ankommt. Für den puren Informationsaustausch ist das Nur-Text-Format trotzdem erste Wahl.

Um das Standardformat zu ändern, gehen Sie wie folgt vor:

1. Klicken Sie auf die Registerkarte *DATEI* und dann auf *Optionen*. Wechseln Sie im Dialogfeld *Outlook-Optionen* zur Kategorie *E-Mail*.

Bild 47.17 In diesem Dialogfeld legen Sie das Standardformat für E-Mails fest

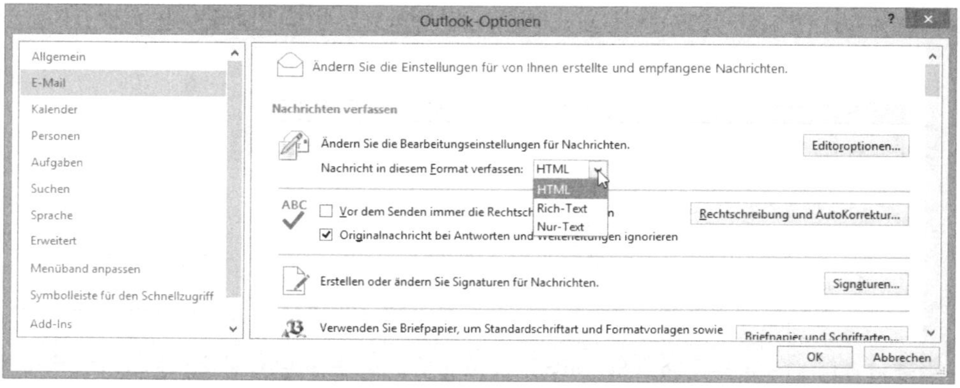

2. Öffnen Sie die Dropdownliste *Nachricht in diesem Format verfassen* und wählen Sie das gewünschte Format aus.
3. Übernehmen Sie die Einstellung mit *OK*.

Das Format einer einzelnen Nachricht ändern

Sie können auch für eine einzelne Nachricht ein von Ihren Standardeinstellungen abweichendes Nachrichtenformat festlegen.

1. Erstellen Sie eine neue E-Mail-Nachricht.
2. Öffnen Sie die Registerkarte *TEXT FORMATIEREN*.
3. Klicken Sie in der Gruppe *Format* auf *HTML*, *Nur Text* oder *Rich-Text*, je nachdem, welches Format Sie einstellen wollen (siehe Abbildung auf der nächsten Seite).

Bild 47.18 In der Befehlsgruppe *Format* legen Sie das Nachrichtenformat für die geöffnete E-Mail-Nachricht fest

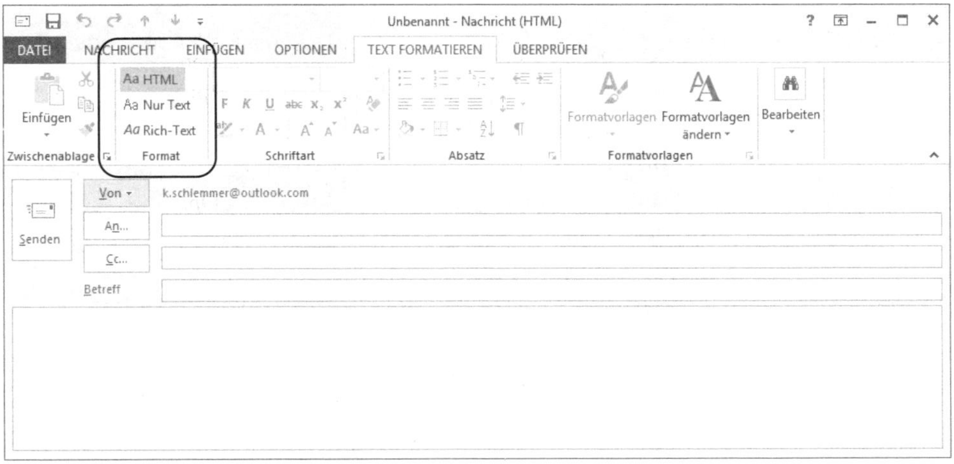

Eine E-Mail weiterleiten

Eine erhaltene E-Mail können Sie an einen anderen Empfänger weiterleiten. Dabei können Sie gegebenenfalls eine eigene Anmerkung hinzufügen.

1. Lassen Sie den Posteingang im Ansichtsbereich anzeigen (Tastenkombination [Strg]+[1]).
2. Doppelklicken Sie in der Liste auf die E-Mail, die Sie weiterleiten möchten, damit das E-Mail-Fenster geöffnet wird.
3. Klicken Sie in der Gruppe *Antworten* auf *Weiterleiten.*

   Es wird eine neue E-Mail geöffnet, in der jetzt dem ursprünglichen Betreff *WG* (für »weitergeleitet«) vorangestellt ist. Der ursprüngliche Text der E-Mail ist wieder im großen Eingabefeld eingefügt.
4. Schreiben Sie gegebenenfalls ein paar einleitende Worte.
5. Tragen Sie einen Adressaten für die E-Mail ein.
6. Versenden Sie die E-Mail.
7. Schließen Sie die Ursprungsmail mit einem Klick auf die *Schließen*-Schaltfläche.

E-Mail-Versand bei mehreren Konten

Haben Sie mehrere E-Mail-Konten eingerichtet, können Sie direkt in der E-Mail einstellen, über welches Konto sie verschickt werden soll.

1. Erstellen Sie eine neue E-Mail-Nachricht.

2. Klicken Sie auf die Schaltfläche *Von* und wählen Sie das gewünschte E-Mail-Konto aus. Wenn Sie hier nichts auswählen, wird das Standardkonto verwendet.

Bild 47.19 Hier können Sie das Konto auswählen, über das die E-Mail versendet werden soll

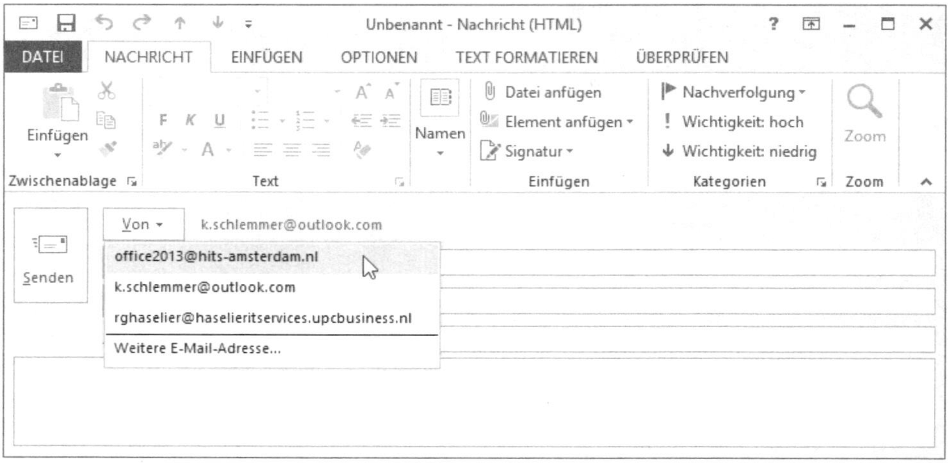

3. Nachdem Sie die E-Mail fertiggestellt haben, können Sie sie wie gewohnt versenden.

HINWEIS **Standard-E-Mail-Konto festlegen** In Kapitel 49, »Profile und E-Mail-Konten« ist beschrieben, wie Sie das Standard-E-Mail-Konto einstellen können.

Dateianlagen verwenden

Neben dem reinen Nachrichtentext werden Sie häufiger eine Datei, beispielsweise ein Word- oder Excel-Dokument, zu einer E-Mail hinzufügen wollen. Oder aber Sie wollen ein anderes Outlook-Element, wie einen bestimmten Termin oder eine Aufgabe, an den Empfänger der E-Mail schicken. In beiden Fällen wird die E-Mail um eine Dateianlage erweitert. Die Schritte, um dies zu tun, sind sehr ähnlich.

Eine Datei oder ein Outlook-Element zu einer E-Mail hinzufügen

Nehmen Sie folgende Schritte vor, um eine E-Mail zu erstellen, die als Anlage eine Datei oder ein Outlook-Element enthält:

1. Erstellen Sie eine neue E-Mail-Nachricht.
2. Führen Sie eine oder beide der folgenden Aktionen durch:

- **Datei anfügen** Klicken Sie auf der Registerkarte *NACHRICHT* in der Gruppe *Einfügen* auf *Datei anfügen*, wenn Sie eine Datei mit der E-Mail versenden wollen. Outlook zeigt das Dialogfeld *Datei einfügen* an.

  Wechseln Sie zu dem Ordner, in dem sich die Datei befindet, die Sie anfügen wollen, markieren Sie sie und klicken Sie dann auf *Einfügen*.

Bild 47.20 In diesem Dialogfeld wählen Sie die Datei aus, die Sie an die E-Mail anhängen wollen

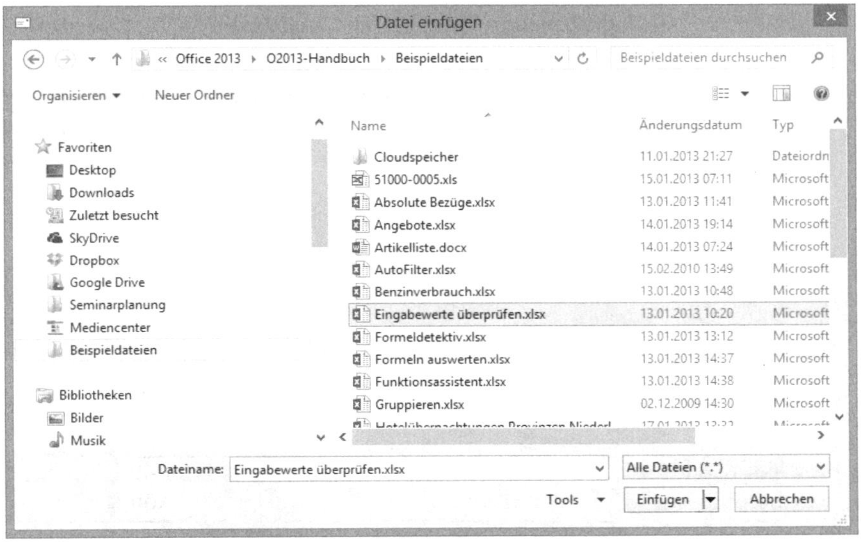

- **Outlook-Element anfügen** Klicken Sie auf der Registerkarte *NACHRICHT* in der Gruppe *Einfügen* auf *Element anfügen*, wenn Sie ein Outlook-Element mit der E-Mail versenden wollen.

Bild 47.21 Festlegen, welches Outlook-Element eingefügt werden soll

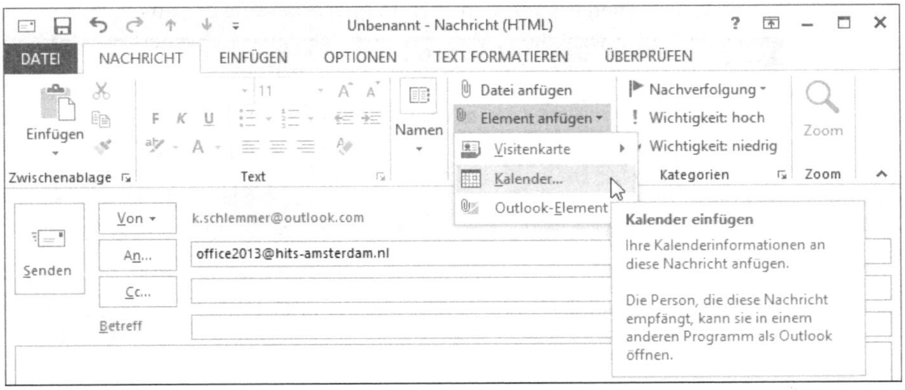

Wenn Sie Ihre Visitenkarte mit versenden wollen, klicken Sie im Dropdownmenü auf *Visitenkarte*. Wenn Sie Ihren Kalender einfügen wollen, klicken Sie auf *Kalender*. Outlook zeigt daraufhin das Dialogfeld *Kalender über E-Mail senden* an, das ausführlich in Kapitel 52 beschrieben ist.

Um ein beliebiges anderes Outlook-Element einzufügen, klicken Sie auf *Outlook-Element*. Outlook zeigt das Dialogfeld *Element einfügen* an. Wählen Sie im Bereich *Suchen in* den Ordner aus, der das Element enthält, das Sie versenden wollen. Die im Ordner vorhandenen Elemente werden in der Liste *Elemente* angezeigt. Markieren Sie das Element, das Sie anfügen wollen, und schließen Sie dann das Dialogfeld mit *OK*.

Bild 47.22 In diesem Dialogfeld wählen Sie das Element aus, das Sie an die E-Mail anhängen wollen. Die Liste *Suchen in* entspricht vom Aufbau her der Ordnerliste, die Sie im Ordnerbereich von Outlook anzeigen lassen können.

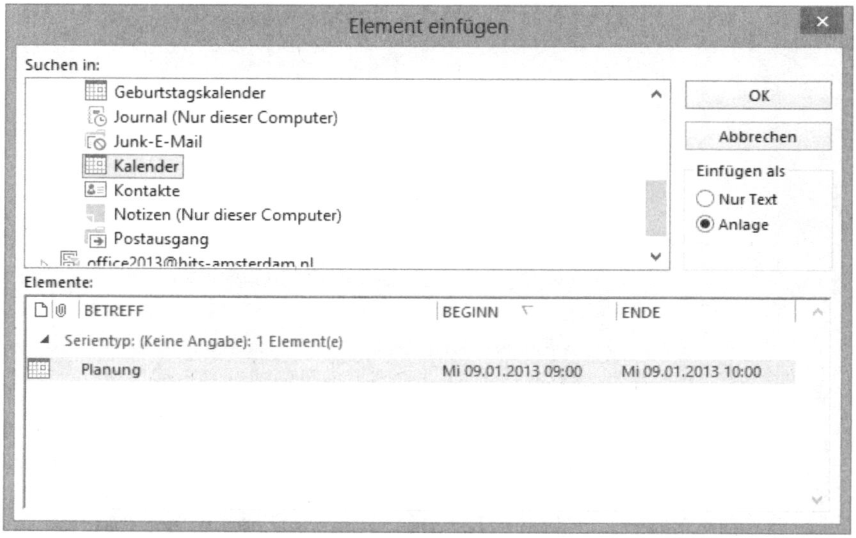

TIPP **Mehrere Dateien/Elemente anhängen** Sie können auch mehrere Dateien oder Outlook-Elemente zum Anhängen auswählen, indem Sie die Strg-Taste gedrückt halten, während Sie in den Dialogfeldern die Dateien/Elemente markieren.

Bild 47.23 Die Elemente, die Sie markiert haben, werden im Feld *Angefügt* des E-Mail-Formulars angezeigt.

3. Fügen Sie die Empfängeradresse(n), den Betreff und den Nachrichtentext wie gewohnt ein.
4. Klicken Sie auf *Senden*, um die E-Mail-Nachricht abzuschicken.

Erhaltene Anlagen ansehen und speichern

Wenn Sie selbst eine E-Mail erhalten, die eine Anlage enthält, können Sie dies bereits im Posteingang erkennen. Die Liste im oberen Bereich des Posteingangs enthält die Spalte *Anlage*, die durch eine Büroklammer symbolisiert wird. Wenn in einer Zeile in dieser Spalte die Büroklammer angezeigt wird, enthält diese E-Mail-Nachricht eine oder mehrere Anlagen (siehe Abbildung auf der folgenden Seite).

Outlook 2013

Bild 47.24 In der Liste des Posteingangs können Sie E-Mail-Nachrichten mit Anlagen an dem Büroklammersymbol erkennen. Im Lesebereich finden Sie Schaltflächen, mit denen Sie eine Vorschau der Anlagen betrachten können.

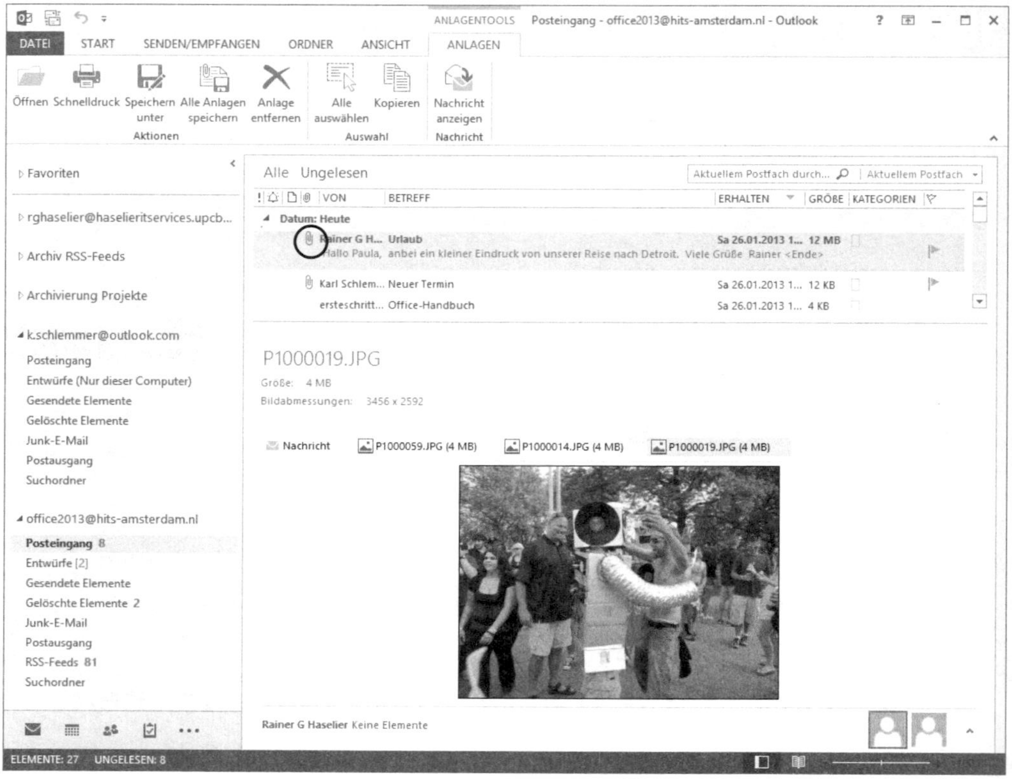

Der Lesebereich der E-Mail enthält bei Nachrichten, die Anlagen enthalten, zwei oder mehr Schaltflächen, mit denen Sie zwischen der Anzeige der Nachricht und der Anzeige einer der Anlagen umschalten können. Für die obige Abbildung haben wir die Schaltfläche für die Bildanlage angeklickt.

Wenn Sie den Mauszeiger einen Moment auf einer der Schaltflächen stehen lassen, zeigt Ihnen Outlook weitere Informationen zu der Anlage an.

Wenn Sie die Schaltfläche einer Anlage anklicken, blendet Outlook die Registerkarte *ANLAGEN* ein.

Mit der Schaltfläche *Speichern unter* in der Gruppe *Aktionen* können Sie die Dateianlage aus der E-Mail-Nachricht extrahieren und in einer eigenen Datei auf Ihrem Computer speichern. Wenn Sie diese Schaltfläche anklicken, wird das Dialogfeld *Anlage speichern* geöffnet. Wechseln Sie dort zu dem Ordner, in dem Sie die Datei abspeichern wollen, und klicken Sie abschließend auf *Speichern.*

Im nächsten Kapitel lernen Sie weitere der Outlook-Features im Bereich E-Mail kennen.

Kapitel 48

E-Mail – fortgeschrittenere Techniken

In diesem Kapitel:

Im vorigen Kapitel haben Sie die grundlegenden Verfahren beim Erstellen, Versenden und Empfangen von E-Mail-Nachrichten kennengelernt. Dieses Kapitel stellt Ihnen einige der fortgeschritteneren Möglichkeiten vor, die Ihnen Outlook 2013 bei der Erstellung und der Verwaltung sowie der Organisation Ihrer E-Mail-Nachrichten zur Verfügung stellt. Sie erfahren, wie Sie die verschiedenen Ansichten im Posteingang nutzen, wie Sie schnell E-Mail-Nachrichten wiederfinden und den Posteingang durch die Erstellung von weiteren Ordnern, mit den Farbkategorien und mithilfe von Regeln übersichtlich organisieren können.

Häufig sind nach dem Erhalt einer E-Mail-Nachricht Aktionen erforderlich. Diese können von einem erforderlichen Anruf, dem Vorbereiten und Erstellen einer Antwort bis zum Einplanen der Informationen aus der E-Mail für ein Meeting reichen. Damit bei der Fülle an E-Mails die zu erledigenden Schritte nicht in Vergessenheit geraten, können Sie eine E-Mail-Nachricht zur Nachverfolgung kennzeichnen, die dann in der Aufgabenliste von Outlook erscheint. Wie Sie hierbei am besten vorgehen, beschreibt dieses Kapitel ebenfalls.

Verschiedene Ansichten für E-Mails nutzen

Wenn Sie den Posteingang öffnen, werden die Nachrichten standardmäßig in der Ansicht *Kompakt* angezeigt. Sie können für eines oder alle E-Mail-Konten auch die sogenannte Unterhaltungsansicht aktivieren. Dann werden die E-Mail-Nachrichten in Form eines Diskussionsfadens dargestellt. Ein Beispiel für diese Ansicht zeigt die folgende Abbildung.

Bild 48.1 Die E-Mail-Nachrichten werden im Posteingang in der Unterhaltungsansicht angezeigt; gleichzeitig ist die Ansicht gruppiert

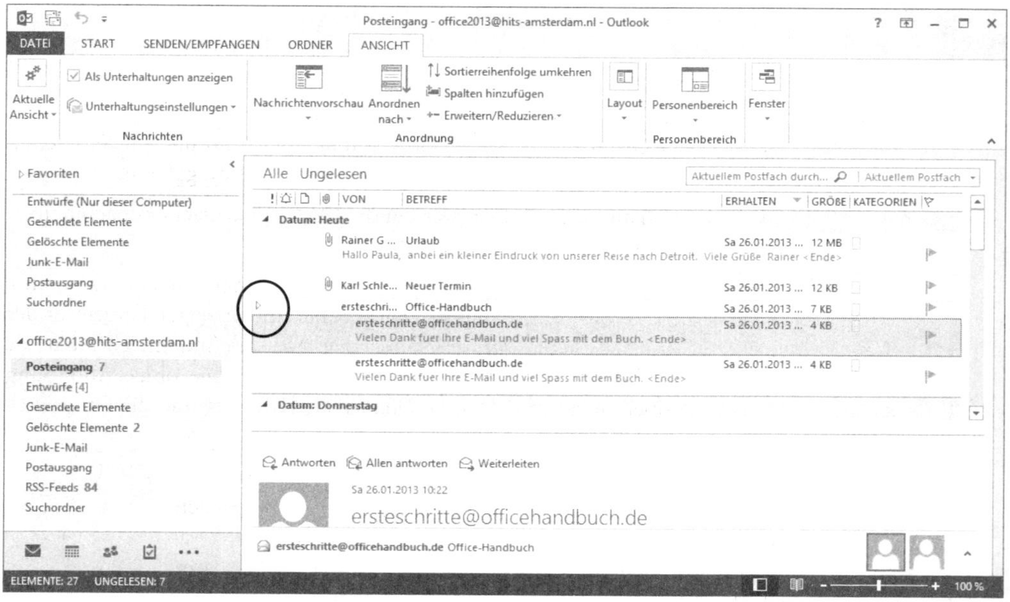

Die Nachrichtenliste in der obigen Abbildung ist nach dem Datum gruppiert. Das Datum stellt hierbei die oberste Ebene dar. Die erste Gruppe zeigt alle E-Mail-Nachrichten an, die »Heute« eingegangen sind und die zweite Gruppe die Nachrichten von »Donnerstag«. Diese beschrifteten Gruppen werden von Outlook automatisch erstellt, wenn die Option *In Gruppen anzeigen aktiviert* ist. Um die Gruppierung zu aktivieren und das Kriterium festzulegen, nach dem gruppiert wird, führen Sie folgende Schritte durch:

1. Wechseln Sie zur Registerkarte *ANSICHT*.
2. Klicken Sie in der Gruppe *Anordnung* auf *Anordnen nach* und wählen Sie im oberen Bereich des Dropdownmenüs aus, nach welchem Kriterium die Gruppierung erfolgen soll.

Bild 48.2 Auswahl des Kriteriums zur Gruppierung und Aktivierung der Gruppierungsfunktion

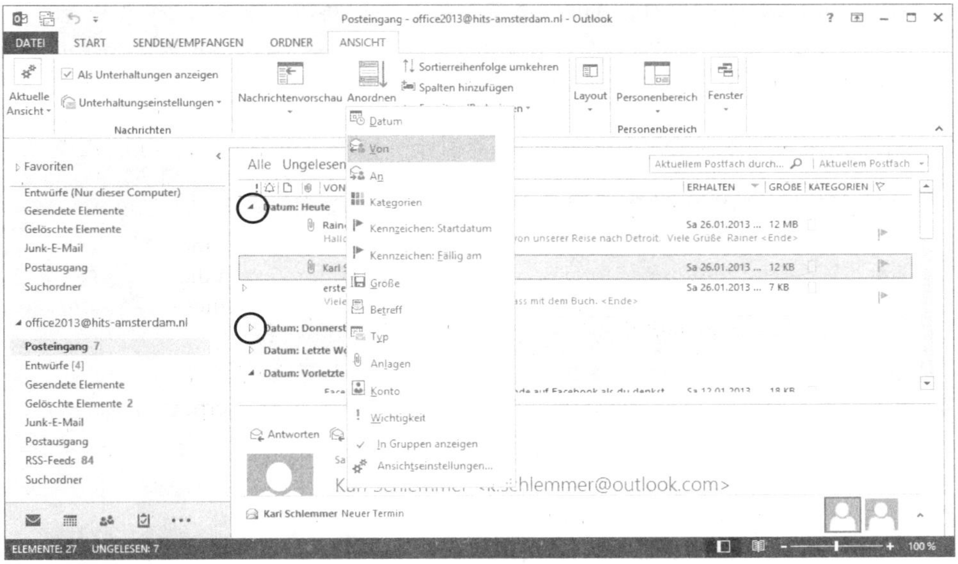

3. Klicken Sie in der Gruppe *Anordnung* auf *Anordnen nach* und überprüfen Sie, ob die Option *In Gruppen anzeigen* eingeschaltet ist; schalten Sie diese Option ggf. ein.

   Wenn diese Option ausgeschaltet ist, werden die E-Mail-Nachrichten nach dem ausgewählten Kriterium sortiert, jedoch nicht gruppiert.

Wenn Sie die Gruppierung einschalten oder das Kriterium ändern, dauert es einen kleinen Moment, bis Outlook die E-Mail-Nachrichten neu sortiert hat und anzeigen kann. Vor den beschrifteten Gruppen (wie *Datum: Gestern, Datum: Donnerstag* usw.), befinden sich kleine Schaltflächen, mit denen Sie die Gruppe erweitern oder reduzieren können. Die obige Abbildung zeigt diese gruppierte Ansicht, wobei die Gruppe *Datum: Donnerstag* reduziert und die Gruppe *Datum: Heute* erweitert dargestellt wird.

Die E-Mail-Nachrichten im Posteingang können schnell sortiert bzw. gruppiert werden, indem Sie in der Liste die Spaltenüberschrift anklicken, nach der sortiert werden soll. Nach dem ersten Klick auf eine der Spaltenüberschriften werden die Nachrichtenelemente aufsteigend sortiert; wenn Sie ein weiteres Mal diese Spaltenüberschrift anklicken, wird die Sortierreihenfolge umgekehrt.

Die AutoVorschau verwenden

Unabhängig davon, nach welchem Kriterium Sie die E-Mail-Nachrichten gruppieren lassen, können Sie für den Posteingang die sogenannte AutoVorschau einschalten. In einer der Standardansichten für das E-Mail-Modul ist die AutoVorschau aktiviert. Führen Sie folgende Schritte durch, um diese Ansicht auszuwählen:

1. Wechseln Sie zur Registerkarte *ANSICHT.*
2. Klicken Sie in der Gruppe *Aktuelle Ansicht* auf *Ansicht ändern* und dann auf *Vorschau.*

Bild 48.3 Auswahl der Ansicht, in der die AutoVorschau aktiviert ist

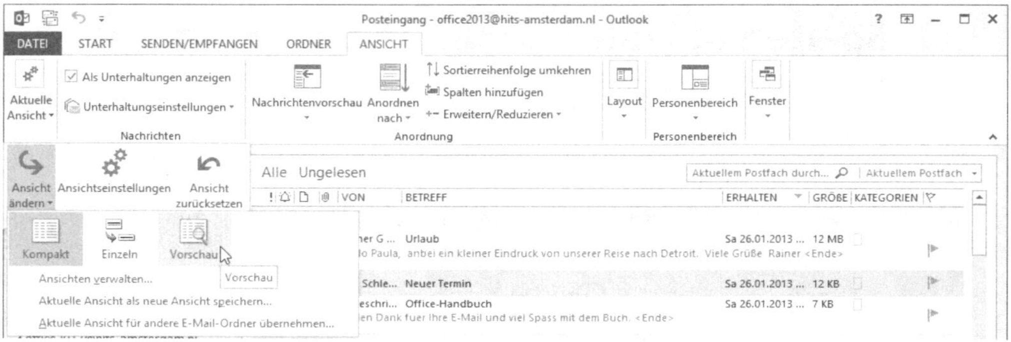

Wenn Sie diese Ansicht aktiviert haben, zeigt Outlook im Posteingang die ersten Zeilen der ungelesenen E-Mail-Nachrichten an, wie Sie es in Abbildung 48.2 auf der vorigen Seite sehen.

Sie können die Vorschau ausschalten oder festlegen, ob ein, zwei oder drei Zeilen der E-Mail in der Vorschau angezeigt werden. Führen Sie dazu folgende Schritte durch:

1. Wechseln Sie zur Registerkarte *ANSICHT.*
2. Klicken Sie in der Gruppe *Anordnung* auf *Nachrichtenvorschau.* Outlook zeigt folgendes Menü an:

Bild 48.4 Legen Sie hier fest, wie viele Zeilen in der Vorschau angezeigt werden sollen

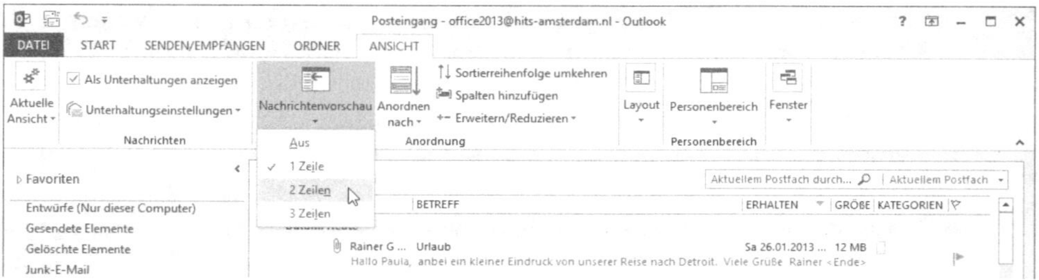

3. Wählen Sie eine der angebotenen Optionen aus, um festzulegen, wie viele Zeilen in der Vorschau angezeigt werden sollen. Klicken Sie auf *Aus,* um die Vorschau zu deaktivieren.

   Outlook zeigt folgende Meldung an:

Bild 48.5 Die Vorschauoption kann für das aktuelle oder alle Postfächer geändert werden

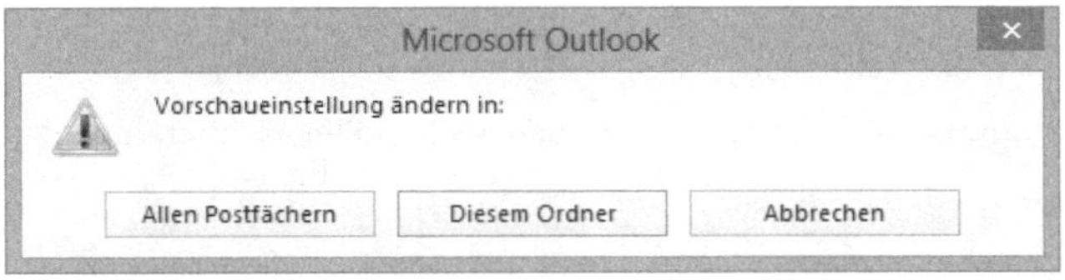

4. Klicken Sie auf *Diesem Ordner,* wenn die Vorschaueinstellung lediglich für das aktuelle Postfach geändert werden soll, oder auf *Allen Postfächern*, wenn sie für alle gelten soll.

Spalten hinzufügen und die Reihenfolge der Spalten ändern

Die Ansichten für den Posteingang sind sehr flexibel und können von Ihnen nach Bedarf angepasst werden. Wenn Sie der Liste eine Spalte hinzufügen wollen, gehen Sie folgendermaßen vor:

1. Klicken Sie eine beliebige Spaltenüberschrift mit der rechten Maustaste an, um das Kontextmenü zu öffnen, und wählen Sie den Befehl *Feldauswahl.* Das Dialogfeld *Feldauswahl* wird angezeigt.
2. Öffnen Sie die Dropdownliste im oberen Bereich des Dialogfeldes, um die Kategorie der Felder auszuwählen, die angezeigt werden sollen.

Bild 48.6 Mit der Maus ziehen Sie eine neue Spalte aus dem Dialogfeld *Feldauswahl* an die gewünschte Position in den Spaltenüberschriften

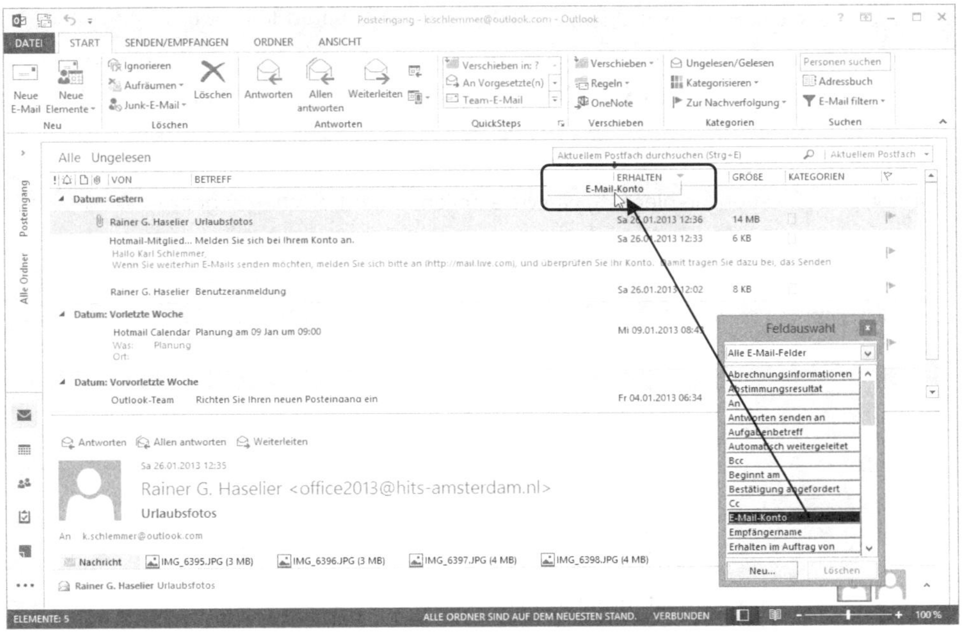

3. Ziehen Sie das Feld, das Sie in die Ansicht einfügen wollen, mit gedrückter Maustaste an die gewünschte Stelle zwischen zwei Spalten. Outlook zeigt die Einfügeposition der neuen Spalte durch ein rotes Dreieck an.
4. Lassen Sie die Maustaste los, um das Feld zu den Spaltenüberschriften hinzuzufügen.
5. Schließen Sie das Dialogfeld *Feldauswahl.*

Sie können die Reihenfolge, in der die Spalten angezeigt werden, verändern, indem Sie eine Spaltenüberschrift mit gedrückter Maustaste an die gewünschte Position ziehen. Auch hierbei markiert Outlook die neue Position durch ein rotes Dreieck. Um eine Spalte aus der Ansicht zu entfernen, ziehen Sie die Spaltenüberschrift mit gedrückter Maustaste nach unten, bis das Symbol mit einem großen X durchgestrichen wird; lassen Sie dann die Maustaste los.

Ordner und Farbkategorien verwenden

Alle eingehenden E-Mail-Nachrichten werden von Outlook standardmäßig im Ordner *Posteingang* abgelegt. Wenn Sie viele E-Mails erhalten, kann der Posteingang sehr voll sein und es kann schwierig werden, den Überblick zu behalten. Im Folgenden stellen wir Ihnen einige der Möglichkeiten von Outlook vor, mit denen Sie Ihre E-Mail-Nachrichten optimal verwalten können.

Weitere Ordner anlegen

Eine Möglichkeit, um die Übersicht über die erhaltenen E-Mails zu behalten, besteht darin, weitere Ordner anzulegen, in denen Sie die E-Mail-Nachrichten beispielsweise nach Projekten oder den Firmen, mit denen Sie geschäftliche Beziehungen unterhalten, ablegen.

Um einen neuen Ordner zu erstellen, gehen Sie folgendermaßen vor:

1. Wechseln Sie zur Registerkarte *ORDNER* und klicken Sie in der Gruppe *Neu* auf *Neuer Ordner.* Das Dialogfeld *Neuen Ordner erstellen* wird angezeigt (siehe Abbildung auf der nächsten Seite).
2. Geben Sie in das Feld *Name* den Namen des neuen Ordners ein.

Bild 48.7 Sie können die Ordnerstruktur von Outlook um beliebige neue Ordner erweitern. Achten Sie darauf, den richtigen Ordnertyp auszuwählen.

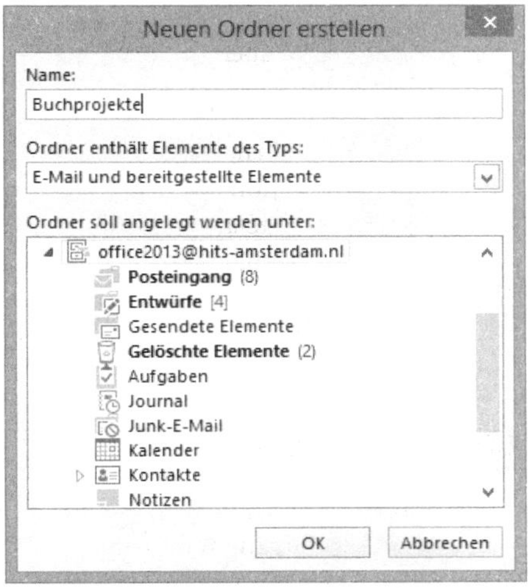

3. Achten Sie darauf, dass in der Liste *Ordner enthält Elemente des Typs* die Option *E-Mail und bereitgestellte Elemente* ausgewählt ist.
4. Markieren Sie in der Liste *Ordner soll angelegt werden unter* den Ordner, unterhalb dessen der neue Ordner erstellt werden soll.
5. Schließen Sie das Dialogfeld mit *OK*. Der neue Ordner wird im Ordnerbereich angezeigt.

Nachrichten in einen anderen Ordner kopieren/verschieben

Um die neuen Ordner zum Organisieren Ihrer E-Mail-Nachrichten zu verwenden, können Sie Nachrichtenelemente in andere Ordner verschieben oder in einem anderen Ordner eine Kopie erstellen. Dies können Sie entweder manuell tun (dies wird in diesem Abschnitt beschrieben) oder automatisch von einer Outlook-Regel erledigen lassen (dies wird ab Seite 991 vorgestellt).

Nachricht per Drag & Drop verschieben bzw. kopieren

Mit der Maus verschieben Sie ein Nachrichtenelement, indem Sie es im Posteingang markieren und dann mit gedrückter Maustaste auf den Zielordner im Ordnerbereich ziehen, wie es die folgende Abbildung zeigt.

Bild 48.8 Ziehen Sie ein Nachrichtenelement aus dem Posteingang auf den gewünschten Ordner im Ordnerbereich, um es dorthin zu verschieben

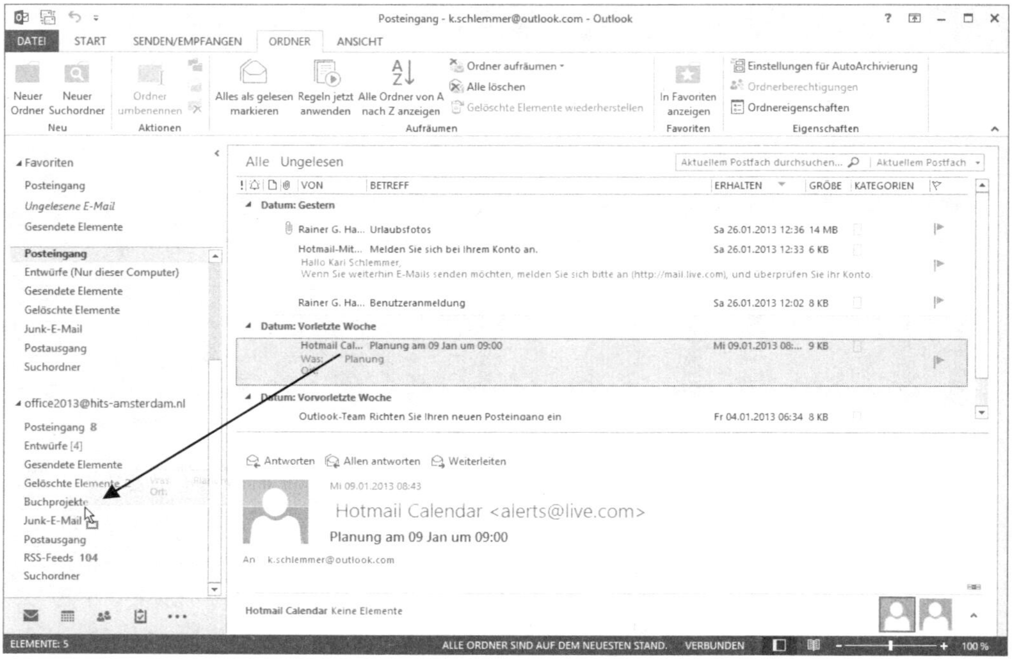

Wenn Sie das Nachrichtenelement kopieren (und nicht verschieben) wollen, halten Sie während des Ziehens die [Strg]-Taste gedrückt.

Nachricht vom E-Mail-Fenster aus verschieben bzw. kopieren

Wenn Sie neu eingetroffene E-Mails im Nachrichtenformular lesen, können Sie die E-Mail-Nachricht auch direkt von dort aus im gewünschten Zielordner ablegen. Klicken Sie dazu auf der Registerkarte *NACHRICHT* in der Gruppe *Verschieben* auf *Verschieben* und wählen Sie einen der im oberen Bereich des Menüs angezeigten Ordner aus (siehe Abbildung auf der nächsten Seite).

Wenn der gewünschte Ordner nicht angezeigt wird, klicken Sie auf *In anderer Ordner* und legen den Zielordner im Dialogfeld *Element verschieben nach* fest.

Bild 48.9 Bereits beim Lesen einer neuen E-Mail-Nachricht können Sie sie in den gewünschten Ordner verschieben

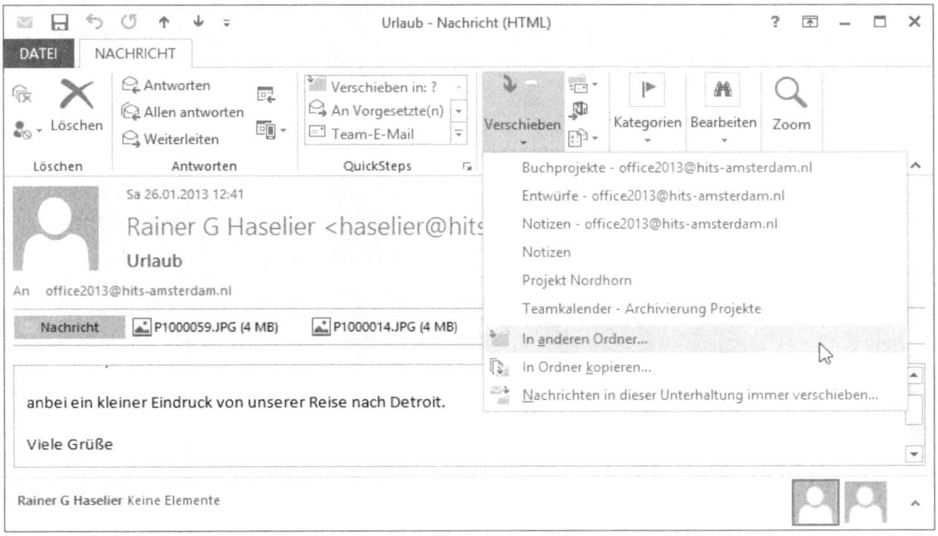

Wenn Sie die E-Mail-Nachricht kopieren wollen, klicken Sie im Dropdownmenü der Schaltfläche *Verschieben* auf *In Ordner kopieren*. Outlook zeigt daraufhin ein Dialogfeld an, in dem Sie den Zielordner auswählen können.

HINWEIS Sie können nicht nur vom Ordner *Posteingang* aus E-Mail-Nachrichten in einen anderen Ordner verschieben oder kopieren. Dies ist ebenfalls aus den Ordnern *Gesendete Elemente, Junk-E-Mail* usw. heraus möglich. Öffnen Sie dazu den Ordner, indem Sie ihn im Ordnerbereich anklicken. Markieren Sie dort die Nachricht, klicken Sie sie mit der rechten Maustaste an, wählen Sie im Kontextmenü den Befehl *In Ordner verschieben* und wählen Sie dann den Zielordner aus.

Farbkategorien zuweisen

Mit dem Erstellen von Ordnern für E-Mail-Nachrichten können Sie diesen Typ von Outlook-Element übersichtlich organisieren. Mit den Farbkategorien steht Ihnen ein Organisationsfeature zur Verfügung, das nicht nur für E-Mail-Nachrichtenelemente verwendet, sondern allen Outlook-Elementen zugewiesen werden kann. Standardmäßig stellt Ihnen Outlook sechs verschiedene Farbkategorien zur Verfügung, denen jeweils eine Farbe und ein allgemeiner Text (*Rote Kategorie, Blaue Kategorie* usw.) zugeordnet ist.

Wenn Sie eine E-Mail-Nachricht anklicken und auf der Registerkarte *START* in der Gruppe *Kategorien* auf *Kategorisieren* klicken, wird ein Menü geöffnet, in dem Sie die Kategorie auswählen können, die Sie der E-Mail-Nachricht zuweisen wollen (siehe Abbildung auf der nächsten Seite).

Bild 48.10 Über die Schaltfläche *Kategorisieren* weisen Sie der markierten E-Mail eine Farbkategorie zu

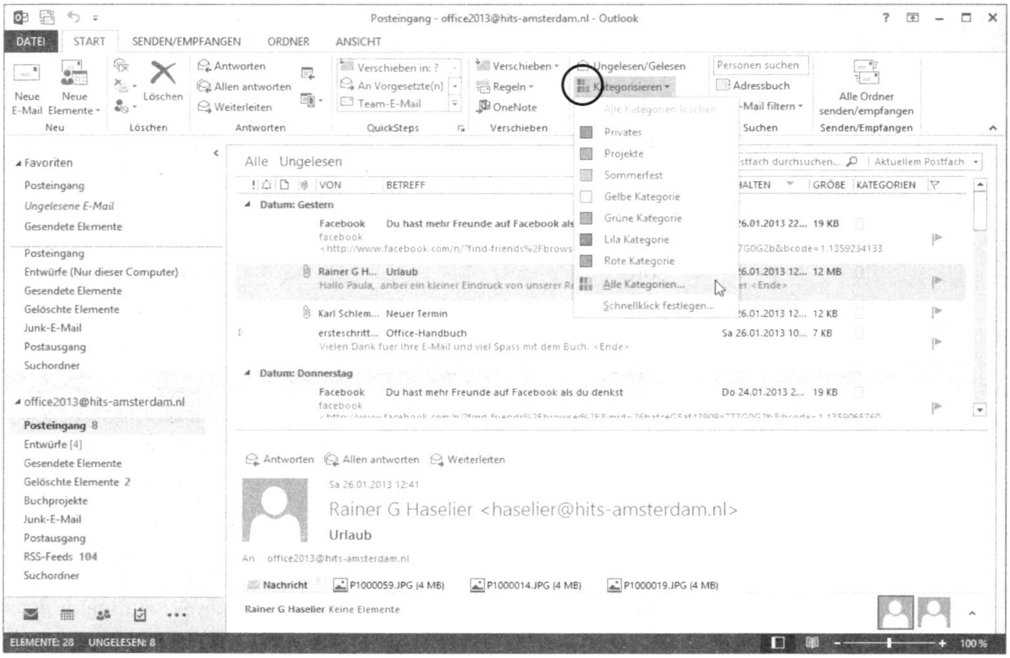

Der Befehl *Alle Kategorien* im Menü der Schaltfläche *Kategorisieren* öffnet ein Dialogfeld, in dem Sie dem/den markierten Element(en) mehrere Farbkategorien zuweisen können, ohne dazu mehrmals das Menü öffnen zu müssen. Hier können Sie auch weitere Farbkategorien erstellen und den Text der vorhandenen Farbkategorien anpassen.

Bild 48.11 Die Farbkategorien verwalten Sie mit diesem Dialogfeld

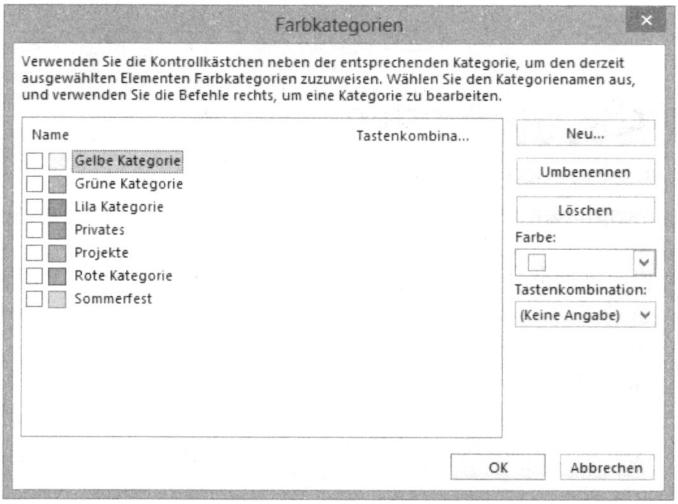

- Um dem/den markierten Element(en) mehrere Farbkategorien zuzuweisen, schalten Sie einfach die Kontrollkästchen vor den gewünschten Kategorien ein.
- Um den Namen einer Kategorie zu ändern, markieren Sie sie, klicken auf *Umbenennen* und geben den neuen Namen ein.
- Um eine neue Farbkategorie zu erstellen, klicken Sie auf *Neu,* geben im Dialogfeld *Neue Kategorie hinzufügen* einen Anzeigenamen ein und wählen eine Farbe aus.

Stellen Sie sich beispielsweise vor, Sie möchten allen zu einem bestimmten Projekt gehörenden Elementen eine Farbkategorie zuweisen. Da dieselbe Farbkategorie sowohl E-Mail- als auch Kalender- und Aufgabenelementen zugewiesen werden kann, sind alle Elemente eines bestimmten Projekts auf einen Blick sofort erkennbar. Sollen die Informationen zu einem späteren Zeitpunkt gefunden werden, können Sie nach Farbkategorien sortieren und suchen und so das Gesuchte schnell erkennen.

PROFITIPP

Schnellklicken!

Wenn Sie eine Kategorie besonders häufig verwenden, können Sie sie als Schnellklickkategorie festlegen. Es reicht dann ein einfacher Klick in die Spalte *Kategorien* im Ansichtsbereich von Outlook, um einem Element diese Kategorie zuzuweisen.

Um das Schnellklicken festzulegen, klicken Sie in der Gruppe *Kategorien* auf die Schaltfläche *Kategorisieren* und wählen dann im Menü den Befehl *Schnellklicken festlegen.* Legen Sie anschließend im Dialogfeld die gewünschte Kategorie fest und klicken Sie auf *OK.*

E-Mail-Nachrichten suchen

E-Mails lassen sich am schnellsten mit der Sofortsuche finden, bei der, sofern möglich, bereits während der Eingabe Ihrer Suchabfrage die gefundenen Übereinstimmungen angezeigt werden. Damit dies funktioniert, werden die Elemente der Outlook-Datendateien im Hintergrund indiziert, und die Sofortsuche greift auf diesen Index zu, um die Suchergebnisse anzuzeigen. Da hierbei nicht wie früher die Nachrichtenelemente selbst durchsucht werden müssen, ist die Suche extrem schnell.

Die Sofortsuche verwenden

Um die Sofortsuche nach E-Mail-Nachrichten zu verwenden, gehen Sie wie folgt vor:

1. Klicken Sie in der Navigationsleiste auf *E-Mail,* damit der Posteingang geöffnet wird.
2. Klicken Sie im oberen Bereich des Posteingangs in das Feld *Aktuellem Postfach durchsuchen* und geben Sie dort die Begriffe ein, nach denen gesucht werden soll. Während Sie die Suchbegriffe eingeben, sucht Outlook im Hintergrund nach Elementen, in denen die Suchbegriffe vorkommen, und zeigt diese an. Die Fundstellen werden farblich hervorgehoben.
3. Doppelklicken Sie auf das Element, das Sie öffnen wollen.
4. Klicken Sie auf die Schaltfläche *Suche schließen* (rechts neben dem Feld für die Eingabe der Suchbegriffe), um das Suchfeld zu leeren und wieder alle Nachrichtenelemente anzeigen zu lassen.

Die Sofortsuche durchsucht standardmäßig das aktuelle Postfach. Sie können den zu durchsuchenden Bereich einschränken bzw. erweitern, indem Sie das Listenfeld an der rechten Seite des Suchenfeldes öffnen und dort den Suchbereich einstellen. Verwenden Sie beispielsweise die Option *Allen Postfächern*, wenn Sie in Outlook mit mehreren E-Mail-Konten arbeiten.

Bild 48.12 Legen Sie hier den zu durchsuchenden Bereich fest

Sofortsuche nach Details

Wenn Sie die Suche verfeinern und festlegen wollen, in welchen Informationselementen der Nachrichtenelemente wonach gesucht werden soll, gehen Sie so vor:

1. Klicken Sie in der Navigationsleiste auf *E-Mail*, damit der Posteingang geöffnet wird.
2. Klicken Sie im oberen Bereich des Posteingangs in das Feld *Alle E-Mail-Elemente durchsuchen.* Outlook blendet die Registerkarte *SUCHTOOLS/SUCHEN* ein.

Bild 48.13 Grenzen Sie die Suche mit den Schaltflächen der Gruppe *Verfeinern* ein

Die Gruppe *Verfeinern* auf der Registerkarte *SUCHTOOLS/SUCHEN* enthält einige Schaltflächen, mit denen Sie ganz gezielt bestimmte Felder der E-Mail-Nachrichten durchsuchen können und um beispielsweise Mails zu finden, die eine Anlage oder eine hohe Priorität besitzen.

3. Führen Sie eine oder mehrere der folgenden Aktionen durch:

   - **Nach Absender suchen** Klicken Sie auf die Schaltfläche *Von*, wenn Sie nach einem bestimmten Absender suchen wollen. Outlook fügt in das Suchfeld den Text *von: (Absendername)* ein. Der Text *Absendername* ist markiert. Geben Sie den gesamten oder einen Teil des Absendernamens ein. Das Suchfeld sieht dann beispielsweise so aus: *von:(Naumann)*.
   - **Nach Betreff suchen** Klicken Sie auf die Schaltfläche *Betreff*, wenn Sie E-Mail-Nachrichten suchen wollen, die einen bestimmten Betreff enthalten. Outlook fügt in das Suchfeld den Text *thema:(Schlüsselwörter)* ein. Der Text *Schlüsselwörter* ist markiert. Geben Sie die gewünschten Suchbegriffe ein. Das Suchfeld sieht dann beispielsweise so aus: *thema:(Word)*.

- **Nach anderen Kriterien suchen** Klicken Sie eine der folgenden Schaltflächen an, um E-Mail-Nachrichten zu suchen, die Anlagen besitzen *(Hat Anlagen)*, die zur Nachverfolgung gekennzeichnet sind *(Gekennzeichnet)*, die eine hohe Priorität besitzen *(Wichtig)* oder die noch nicht gelesen wurden *(Ungelesen)*.

  Mit der Schaltfläche *Kategorisiert* suchen Sie nach bestimmten Kategorien, mit der Schaltfläche *Diese Woche* nach Mails mit einem bestimmten Datum.

- **In anderen Nachrichtenfeldern suchen** Wenn Sie in Nachrichtenfeldern suchen wollen, für die es in der Gruppe *Verfeinern* keine Schaltfläche gibt, klicken Sie auf *Weitere* und dann auf das gewünschte Nachrichtenfeld. Outlook fügt in das Suchformular ein neues Eingabefeld ein, in das Sie das Suchkriterium eingeben oder in einer Liste auswählen können.

Bild 48.14 Beispiel für ein erweitertes Suchformular

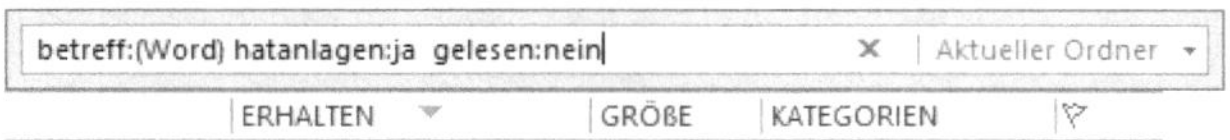

4. Doppelklicken Sie auf die E-Mail-Nachricht, die Sie öffnen wollen.
5. Klicken Sie auf die Schaltfläche *Suche schließen*, um den Posteingang wieder in den ursprünglichen Zustand zu versetzen.

Suchordner verwenden und erstellen

Der Nachteil bei der Sofortsuche besteht darin, dass Sie, wenn Sie regelmäßig nach bestimmten Kriterien suchen, diese immer wieder neu eingeben müssen. Wenn Ihnen das auch etwas umständlich erscheint, können Sie die sogenannten Suchordner verwenden, die Sie sich wie eine gespeicherte Suchabfrage vorstellen können. Sie können recht einfach eigene Suchordner erstellen und dabei selbst die Kriterien festlegen, nach denen gesucht werden soll. So gehen Sie dabei vor:

1. Klicken Sie in der Navigationsleiste auf *E-Mail*, damit der *Posteingang* geöffnet wird.
2. Wechseln Sie zur Registerkarte *ORDNER* und klicken Sie in der Gruppe *Neu* auf *Neuer Suchordner*. Das gleichnamige Dialogfeld wird angezeigt (siehe Abbildung auf der nächsten Seite).

   Die Liste, die Sie im Dialogfeld sehen, enthält bereits weitere vordefinierte Suchordner, die nach Aufgaben sortiert sind und von Ihnen nach Bedarf angepasst werden können.

   In der Gruppe *Nachrichten von Personen und Listen* sehen Sie beispielsweise den Eintrag *Nachricht von oder an bestimmte Personen*. Wenn Sie diesen Eintrag anklicken, können Sie im Bereich *Suchordner anpassen* die Schaltfläche *Auswählen* anklicken und dann die gewünschte Person aus den Outlook-Kontakten auswählen.

Bild 48.15 Wählen Sie einen der Suchordner aus und passen Sie ihn an Ihre Erfordernisse an, indem Sie im Bereich *Suchordner anpassen* die gewünschten Kriterien eingeben

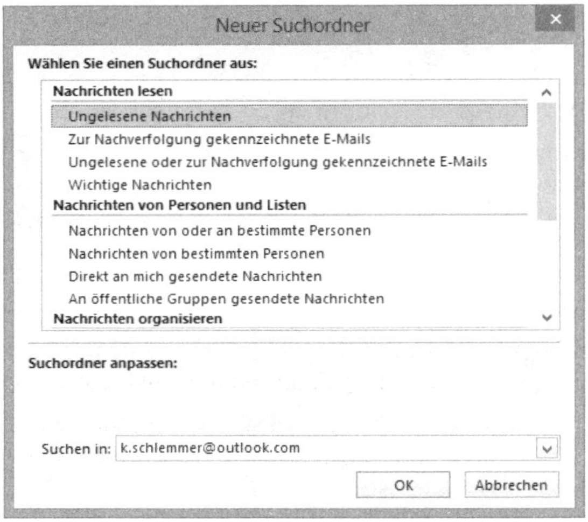

Um beispielsweise alle Nachrichtenelemente zu finden, denen Sie eine bestimmte Farbkategorie zugeordnet haben, führen Sie folgende Schritte durch:

3. Scrollen Sie in der Liste nach unten, bis Sie die Gruppe *Nachrichten organisieren* sehen.
4. Markieren Sie den Eintrag *Kategorisierte E-Mail.*
5. Klicken Sie im Bereich *Suchordner anpassen* auf die Schaltfläche *Auswählen.* Das Dialogfeld *Farbkategorien* wird angezeigt.
6. Schalten Sie die Kontrollkästchen vor den Farbkategorien ein, die diesem Suchordner zugeordnet sein sollen, und klicken Sie abschließend auf *OK.*

   Ihre Auswahl wird im Bereich *Suchordner anpassen* des Dialogfeldes *Neuer Suchordner* angezeigt.
7. Schließen Sie das Dialogfeld *Neuer Suchordner* mit einem Klick auf *OK.*

Der neue Suchordner steht Ihnen sofort zur Verfügung.

Bild 48.16 Der neue Suchordner wird im Ordnerbereich angezeigt

Wenn Sie einen Suchordner nicht mehr benötigen, klicken Sie ihn mit der rechten Maustaste an und wählen im Kontextmenü den Befehl *Ordner löschen.* Bestätigen Sie die Meldung, die Outlook anzeigt, mit einem Klick auf *Ja.*

E-Mail-Regeln erstellen

Etwas weiter vorn in diesem Kapitel haben Sie gesehen, wie Sie neue Ordner erstellen und die Farbkategorien verwenden können, um Ihre E-Mail-Nachrichten besser zu verwalten. Das Verschieben in einen anderen Ordner oder das Zuweisen einer Farbkategorie haben Sie bisher immer manuell gemacht. Sie können diese Aufgabe aber auch automatisieren und von Outlook erledigen lassen. Dazu erstellen Sie eine Regel, in der festgelegt ist, welche Kriterien eine E-Mail erfüllen muss (beispielsweise von einem bestimmten Absender stammen) und was dann mit dieser E-Mail passieren soll (beispielsweise in einen Ordner verschieben oder eine Farbkategorie zuweisen).

Die von Ihnen definierten Regeln werden von Outlook entweder beim Versenden oder beim Empfangen von E-Mails ausgewertet. Treffen die von Ihnen festgelegten Kriterien zu, werden die entsprechenden Aktionen durchgeführt.

Gehen Sie folgendermaßen vor, um eine Regel zu erstellen:

1. Wechseln Sie zur Registerkarte *START* und klicken Sie in der Gruppe *Verschieben* auf *Regeln* und dann auf *Regeln und Benachrichtigungen verwalten.* Das Dialogfeld *Regeln und Benachrichtigungen* wird angezeigt. Wechseln Sie falls erforderlich zur Registerkarte *E-Mail-Regeln.*

Bild 48.17 Auf dieser Registerkarte sehen Sie (falls vorhanden) die bereits erstellten Regeln. Außerdem können Sie hier neue Regeln erstellen und die Reihenfolge festlegen, in der die Regeln angewendet werden.

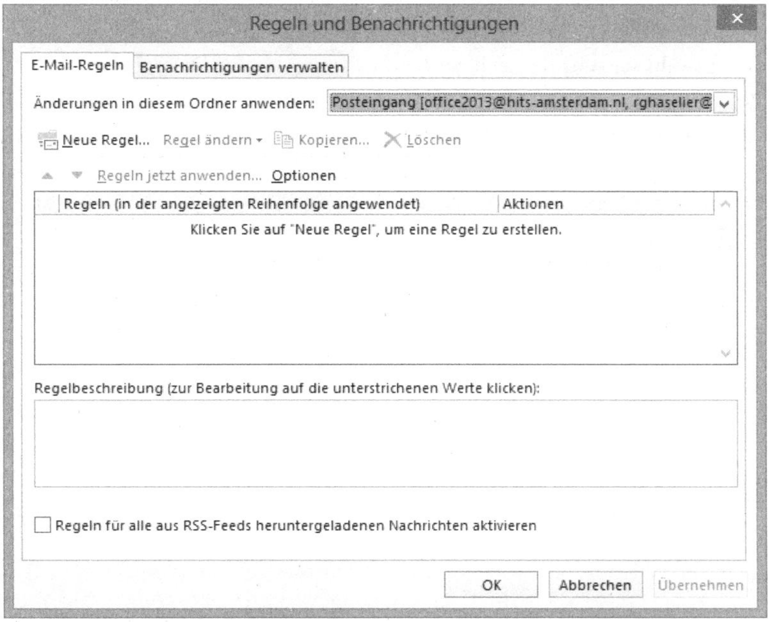

Outlook 2013

TIPP **Mehrere Regeln** Auf der Registerkarte *E-Mail-Regeln* werden alle definierten Regeln angezeigt. Bei Regeln, die aktiviert sind, ist das Kontrollkästchen in der betreffenden Zeile eingeschaltet. Wenn Sie mehrere Regeln definiert haben, werden diese in der Reihenfolge angewendet, in der sie in der Liste aufgeführt sind. Um die Reihenfolge zu ändern, markieren Sie die Regel, die Sie verschieben wollen, und verwenden die beiden Schaltflächen oberhalb der Liste, um die Position der Regel zu verändern.

2. Klicken Sie auf die Schaltfläche *Neue Regel.* Das Dialogfeld *Regel-Assistent* wird angezeigt.

   Das Erstellen einer E-Mail-Regel vollzieht sich in zwei Schritten, die auch im Dialogfeld *Regel-Assistent* abgebildet sind. Im ersten Schritt wählen Sie eine Regelvorlage aus, die allgemein beschreibt, welche Bedingung die Regel überprüft (beispielsweise E-Mail eines bestimmten Absenders) und welche Aktion durchgeführt werden soll (beispielsweise E-Mail in einen bestimmten Ordner verschieben).

Bild 48.18 Der Regel-Assistent hilft Ihnen beim Erstellen von E-Mail-Regeln, die entweder beim Versand oder beim Empfang von E-Mail-Nachrichten ausgeführt werden können

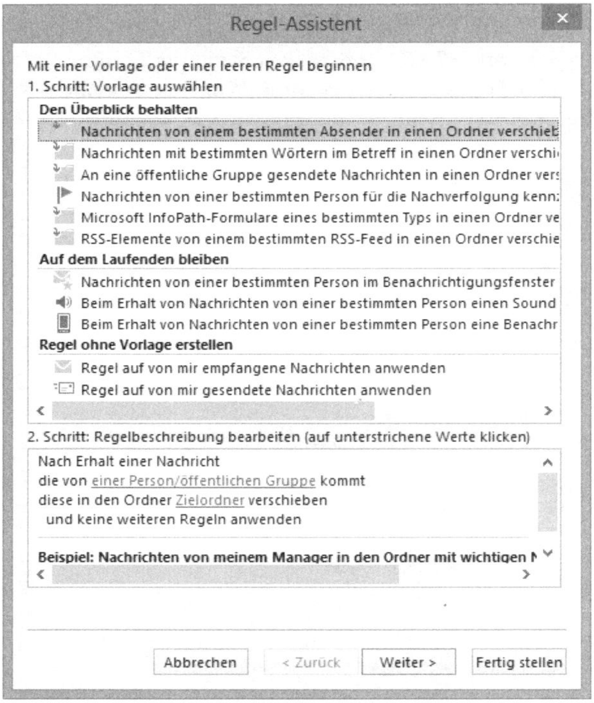

Im zweiten Schritt konkretisieren Sie die allgemeine Regelbeschreibung und legen hierbei dann beispielsweise den gewünschten Absender und bei der Aktion in Ordner verschieben den Zielordner fest.

Wenn Sie in den beiden Kategorien *Den Überblick behalten* und *Auf dem Laufenden* bleiben keine Vorlage finden, die Ihren Anforderungen entspricht, können Sie in der Kategorie *Regel ohne Vorlage erstellen* eine der beiden Optionen auswählen, um so eine Regel völlig neu zu erstellen, die entweder bei der Ankunft oder beim Versenden von E-Mails angewendet werden soll.

Die nachfolgenden Schritte beschreiben exemplarisch das Erstellen einer Regel mit und ohne Vorlage. Die erste Regel soll E-Mails von einem bestimmten Absender in einen Ordner verschieben.

3. Markieren Sie in der Kategorie *Den Überblick behalten* den Eintrag *Nachricht von einem bestimmten Absender in einen Ordner verschieben.*
4. Klicken Sie im Feld *2. Schritt* auf den Link *einer Person/öffentlichen Gruppe.* Das Dialogfeld *Regel-Adressen* wird angezeigt.

Bild 48.19 Wählen Sie in diesem Dialogfeld die Person bzw. die Verteilerliste aus, für die die Regel gelten soll

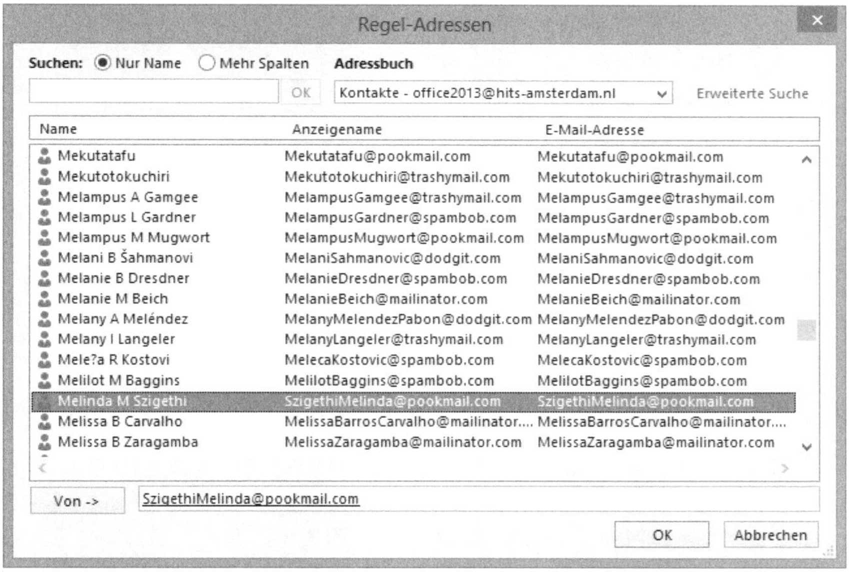

5. Markieren Sie in der Liste den gewünschten Absender, klicken Sie auf *Von* und dann auf *OK.* Der ausgewählte Absender wird im Feld *2. Schritt* angezeigt.
6. Klicken Sie im Feld *2. Schritt* auf den Link *Zielordner.* Das Dialogfeld *Regeln und Benachrichtigungen* wird angezeigt.
7. Markieren Sie in der Liste den gewünschten Ordner und klicken Sie auf *OK.* Der ausgewählte Zielordner wird im Feld *2. Schritt* angezeigt.
8. Klicken Sie auf *Fertig stellen.*

Erstellen Sie nun eine weitere Regel, die alle E-Mails, die Sie an den in Schritt 5 ausgewählten Kontakt schreiben, ebenfalls in den in Schritt 6 festgelegten Zielordner verschiebt. Auf diese Weise landet die gesamte E-Mail-Kommunikation mit dieser Person in ein und demselben Ordner.

1. Klicken Sie auf die Schaltfläche *Neue Regel.*
2. Markieren Sie in der Kategorie *Regel ohne Vorlage erstellen* den Eintrag *Regel auf von mir gesendete Nachrichten anwenden.*

3. Klicken Sie auf *Weiter.*
4. Schalten Sie das Kontrollkästchen *die an eine Person/öffentliche Gruppe gesendet wurde* ein.
5. Klicken Sie im Feld *2. Schritt* auf *eine Person/öffentliche Gruppe.* Das Dialogfeld *Regel-Adressen* wird angezeigt. Wählen Sie dort den gewünschten Kontakt aus.

Bild 48.20 Wenn Sie eine Regel ohne Vorlage erstellen, wählen Sie im ersten Schritt die Bedingung aus, die von der Regel überprüft werden soll

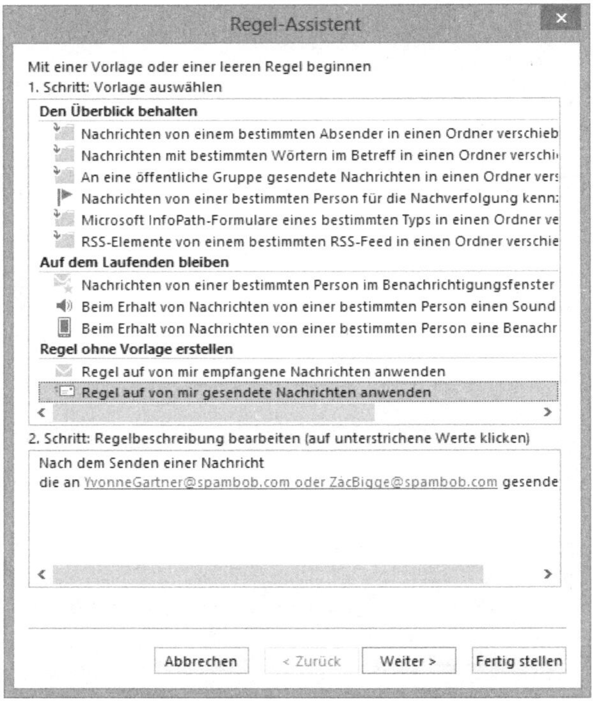

TIPP **Regeln mit mehreren Bedingungen und/oder mehreren Aktionen** Wenn Sie eine Regel ohne Vorlage erstellen, ist es möglich, mehrere Bedingungen festzulegen. Schalten Sie dazu einfach die Kontrollkästchen vor den Bedingungen ein, die Sie auswerten lassen möchten. Damit die zugehörige Aktion durchgeführt wird, müssen alle definierten Bedingungen zutreffen. Sie können auch mehrere Aktionen festlegen, indem Sie bei allen Aktionen, die ausgeführt werden sollen, das Kontrollkästchen einschalten.

6. Klicken Sie auf *Weiter.* Sie können jetzt die Aktion festlegen, die ausgeführt werden soll.
7. Schalten Sie das Kontrollkästchen *eine Kopie davon in den Ordner Zielordner verschieben* ein und klicken Sie anschließend im Feld *2. Schritt* auf *Zielordner* (siehe Abbildung auf der nächsten Seite). Das Dialogfeld *Regel und Benachrichtigungen* wird angezeigt.
8. Markieren Sie in der Liste den Zielordner und klicken Sie dann auf *OK.*
9. Klicken Sie auf *Fertig stellen.* Im Dialogfeld *Regeln und Benachrichtigungen* werden die neu erstellten Regeln angezeigt (siehe Abbildung auf der nächsten Seite).

Bild 48.21 Wenn Sie eine Regel ohne Vorlage erstellen, legen Sie die Aktion fest, die ausgeführt werden soll

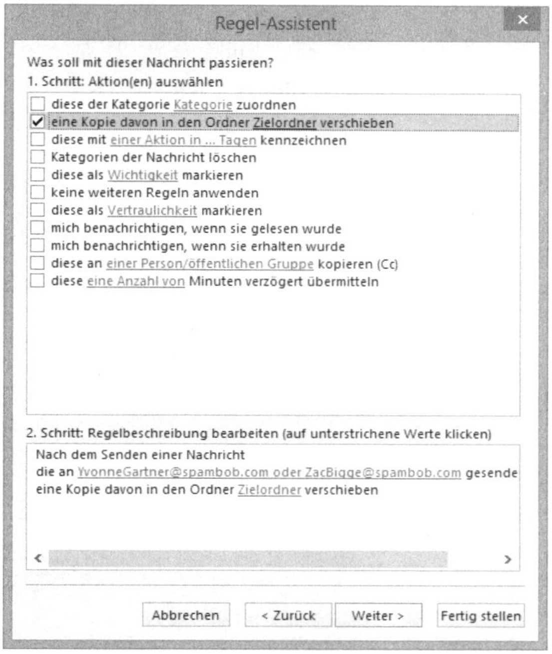

Bild 48.22 Die beiden neuen Regeln werden angezeigt. Die Regelbeschreibung sehen Sie im unteren Bereich des Dialogfeldes. Wenn Sie eine erstellte Regel anpassen wollen, markieren Sie die Regel und klicken auf einen der unterstrichenen Werte.

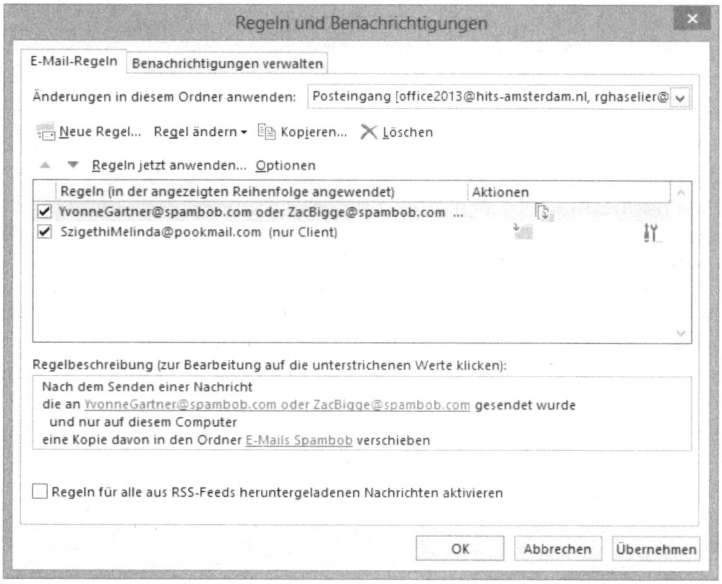

Weitere Optionen für den E-Mail-Versand

In Kapitel 47 haben Sie gesehen, wie Sie E-Mails erstellen und versenden können. Dieser Abschnitt stellt Ihnen überblicksartig drei weitere Optionen vor, die Sie beim Erstellen von E-Mail-Nachrichten verwenden können.

Priorität der E-Mail-Nachricht festlegen

Beim Erstellen einer Nachricht können Sie deren Wichtigkeit festlegen. Neben der Stufe *Standard* stehen Ihnen die Stufen *Hoch* und *Niedrig* zur Verfügung. Um die Priorität festzulegen, klicken Sie auf der Registerkarte *NACHRICHT* in der Gruppe *Kategorien* entweder auf *Wichtigkeit: hoch* oder auf *Wichtigkeit: niedrig.*

Bild 48.23 Mit diesen Schaltflächen legen Sie die Priorität einer Nachricht fest

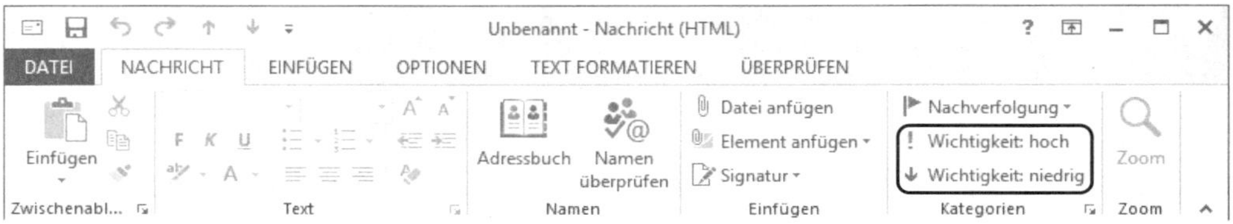

Die Priorität einer Nachricht wird von Outlook im Posteingang in einer eigenen Spalte angezeigt. Die Priorität kann außerdem beim Suchen nach Nachrichten und beim Definieren von Nachrichtenregeln verwendet werden.

Übermittlungs- und Lesebestätigung anfordern

Wenn eine E-Mail-Nachricht in Ihrem Ordner *Gesendete Elemente* liegt, wissen Sie nicht, ob diese auch wirklich an den Empfänger übermittelt oder ob die Nachricht vom Empfänger gelesen wurde. Sie können bei wichtigen Nachrichten zwei Verlaufsoptionen verwenden und sowohl eine Übermittlungs- als auch eine Lesebestätigung anfordern.

Hierzu öffnen Sie beim Erstellen der E-Mail die Registerkarte *OPTIONEN* und schalten in der Gruppe *Verlauf* das Kontrollkästchen *Übermittlungsbest. anfordern* und/oder das Kontrollkästchen *Lesebestät. anfordern* ein.

Bild 48.24 Mit diesen Kontrollkästchen können Sie eine Übermittlungs- und/oder Lesebestätigung für die aktuelle E-Mail-Nachricht anfordern

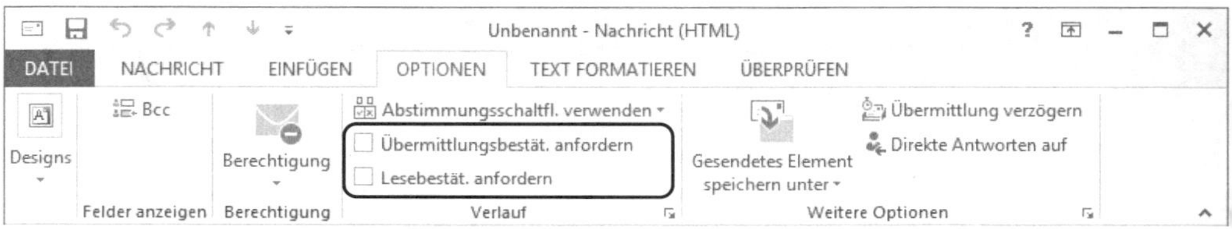

Die Übermittlungsbestätigung informiert Sie lediglich darüber, dass die E-Mail im Postfach des Empfängers abgelegt wurde, aber nicht, dass der Empfänger die Nachricht geöffnet oder gelesen hat. Sie können sich nicht hundertprozentig darauf verlassen, dass Sie immer eine Lesebestätigung erhalten, da bei Microsoft Outlook und auch bei anderen E-Mail-Programmen der Nachrichtenempfänger die Möglichkeit hat, das Senden einer Lesebestätigung abzulehnen.

Verzögerte Übermittlung

Wenn Sie möchten, dass eine Nachricht nicht sofort, sondern zu einem späteren Zeitpunkt versendet wird, können Sie das Feature verzögerte Übermittlung verwenden.

Beachten Sie, dass Outlook gestartet sein muss, damit dieses Feature bei POP3-Konten funktioniert. Bei Verwendung eines Kontos auf einem Exchange Server wird die E-Mail-Nachricht von Exchange zu dem festgelegten Zeitpunkt versendet und Outlook muss daher nicht gestartet bleiben.

1. Erstellen Sie wie in Kapitel 47 beschrieben eine neue E-Mail-Nachricht.
2. Wechseln Sie zur Registerkarte *OPTIONEN* und klicken Sie in der Gruppe *Weitere Optionen* auf *Übermittlung verzögern.* Das Dialogfeld *Eigenschaften* wird angezeigt.
3. Legen Sie für *Übermittlung verzögern bis* das Datum und die Uhrzeit fest, an dem die E-Mail versendet werden soll.
4. Schließen Sie das Dialogfeld mit einem Klick auf *Schließen.*

Bild 48.25 Legen Sie im Dialogfeld *Eigenschaften* das Datum und die Uhrzeit fest, zu der die Nachricht versendet werden soll

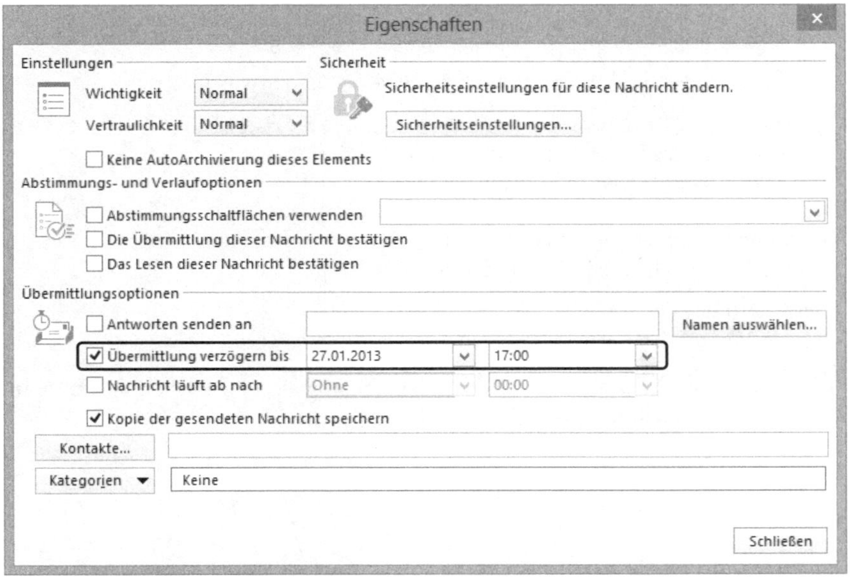

5. Stellen Sie die E-Mail-Nachricht fertig und klicken Sie dann auf *Senden.*

Automatische Signatur einrichten

Sie können mit der sogenannten AutoSignatur-Funktion automatisch am Ende einer Nachricht einen beliebigen Text anhängen. Dieser Text kann beispielsweise einen freundlichen Gruß oder Absenderangaben enthalten.

Führen Sie folgende Schritte durch, um eine Signatur zu erstellen:

1. Wechseln Sie zur Registerkarte *DATEI* und klicken Sie auf *Optionen.*
2. Wechseln Sie zur Kategorie *E-Mail* und klicken Sie auf *Signaturen.*

Bild 48.26 Hierüber öffnen Sie das Dialogfeld, um Signaturen zu erstellen und zu bearbeiten

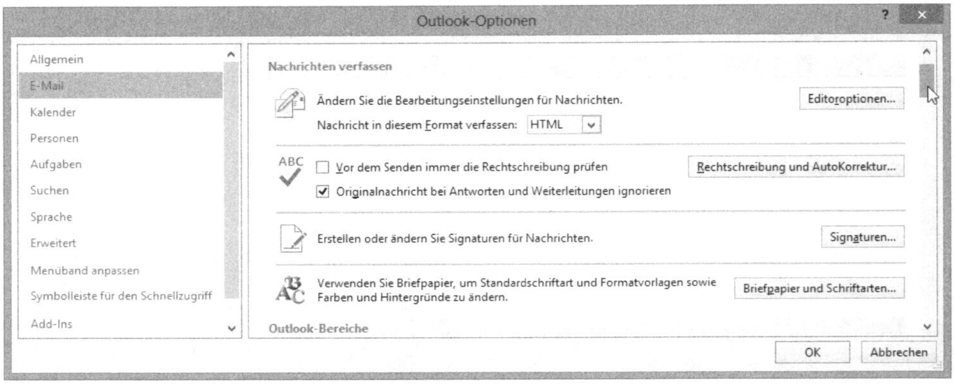

Das Dialogfeld *Signaturen und Briefpapier* wird angezeigt.

3. Klicken Sie auf *Neu.* Das Dialogfeld *Neue Signatur* wird angezeigt.

Bild 48.27 Legen Sie als Erstes den Namen für die Signatur fest

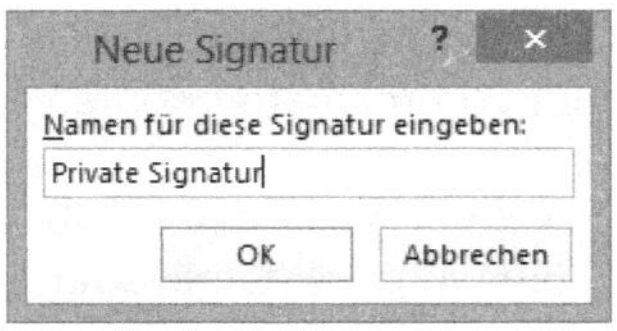

4. Geben Sie einen Namen für die neue Signatur ein und klicken Sie dann auf *OK.* Sie kehren zum Dialogfeld *Signaturen und Briefpapier* zurück.

Bild 48.28 Auf dieser Registerkarte können Sie Ihre Signaturen erstellen und bearbeiten. Außerdem können Sie festlegen, welche Signatur für welches E-Mail-Konto verwendet werden soll und ob die Signatur nur bei neuen Nachrichten oder auch bei Antworten und Weiterleitungen angefügt werden soll.

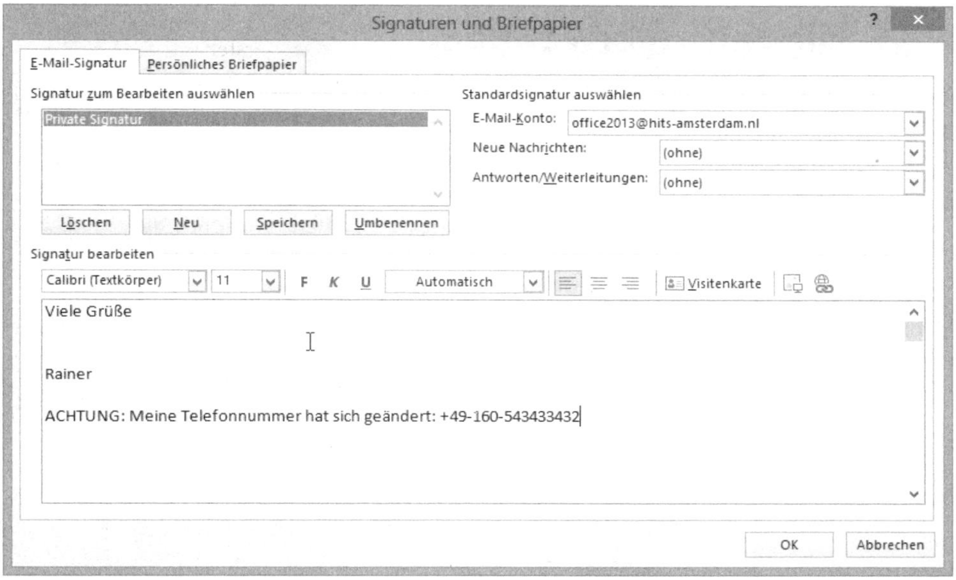

5. Geben Sie in das Feld *Signatur bearbeiten* den Text ein, den Sie als Signatur verwenden wollen. Sie können die verschiedenen Formatierungsschaltflächen benutzen, wenn Sie andere Schriftarten oder Hervorhebungen verwenden wollen.
6. Öffnen Sie die Dropdownliste *E-Mail-Konto* und wählen Sie dort das Konto aus, für das die Signatur verwendet werden soll.

TIPP **Outlook passt Signatur automatisch an das benutzte Konto an** In der neuen Outlook-Version wurde auch der Umgang mit Signaturen und mehreren Konten verbessert. Wenn Sie mehrere Konten eingerichtet und für die Konten unterschiedliche Signaturen angelegt haben, reicht es nun aus, beim Versenden der E-Mail das Konto zu wechseln (siehe hierzu den Abschnitt »E-Mail-Versand bei mehreren Konten« in Kapitel 47), und Outlook ersetzt eine vorhandene Signatur durch die Standardsignatur, die dem betreffenden Konto zugeordnet ist.

7. Wählen Sie dann über die Pfeilschaltfläche neben *Neue Nachrichten* die Signatur aus, die automatisch an Ihre Nachrichten angehängt werden soll. Wollen Sie später nicht mehr, dass eine Signatur eingefügt wird, wählen Sie den Eintrag *(ohne)*.
8. Klicken Sie auf *Speichern* und dann auf *OK*, um die Einstellungen zu übernehmen.

TIPP **Keine Signatur für Antworten und Weiterleitungen** Für Antworten und Weiterleitungen ist es sinnvoll, standardmäßig keine Signatur anzuhängen. Wenn Sie möchten, können Sie aber auch hier eine Ihrer Signaturen auswählen, oder Sie erstellen eine spezielle Signatur für Antworten und Weiterleitungen, die dann knapper gehalten sein sollte.

Wenn Sie eine Signatur zu einem späteren Zeitpunkt bearbeiten wollen, öffnen Sie das Dialogfeld *Signaturen und Briefpapier* und markieren in der Liste *Signatur zum Bearbeiten auswählen* die Signatur, die Sie verändern möchten.

Signatur verwenden

Wenn Sie nun eine neue E-Mail-Nachricht erstellen, erscheint die Signatur für neue Nachrichten sofort im großen Eingabefeld. Bei der Signatur handelt es sich um ganz normalen Text, den Sie einfach ändern oder löschen können.

Auch wenn Sie keine Standardsignatur gewählt haben, können Sie eine Ihrer Signaturen gezielt einfügen, indem Sie auf der Registerkarte *START* in der Gruppe *Einfügen* auf *Signatur* klicken und im Menü die gewünschte Signatur auswählen.

Bild 48.29 Auch beim Verfassen einer E-Mail-Nachricht können Sie eine Signatur auswählen

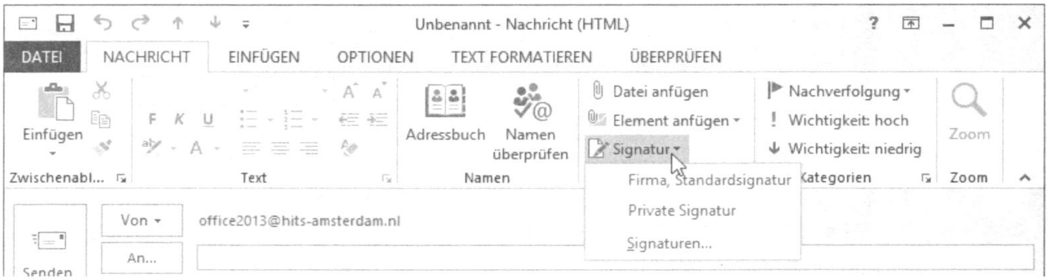

Aus E-Mails werden Aufgaben

Wenn Sie eine E-Mail erhalten, können Sie die Outlook-Kennzeichnungen verwenden, damit Sie nicht vergessen, die Nachricht auf die eine oder andere Weise nachzuverfolgen. Outlook enthält eine Reihe von Standardkennzeichnungen mit Daten (beispielsweise *Heute, Morgen* oder *Nächste Woche).* Sie können den so gekennzeichneten Nachrichten auch benutzerdefinierte Daten oder Erinnerungen zuweisen. Wenn Sie eine E-Mail-Nachricht gekennzeichnet haben, wird dies im Posteingang in einer eigenen Spalte angezeigt.

Eine Nachricht zur Nachverfolgung kennzeichnen

Um eine Nachricht zur Nachverfolgung zu kennzeichnen, gehen Sie folgendermaßen vor:

1. Doppelklicken Sie auf die Nachricht im Posteingang, um das Formular zum Lesen von Nachrichten zu öffnen.
2. Klicken Sie in einer geöffneten Nachricht auf der Registerkarte *NACHRICHT* in der Gruppe *Kategorien* auf *Nachverfolgung* und klicken Sie anschließend auf eine der Kennzeichnungen (siehe Tabelle 48.1).

Bild 48.30 Über die Schaltfläche *Nachverfolgung* können Sie eine E-Mail-Nachricht mit einer Kennzeichnung versehen

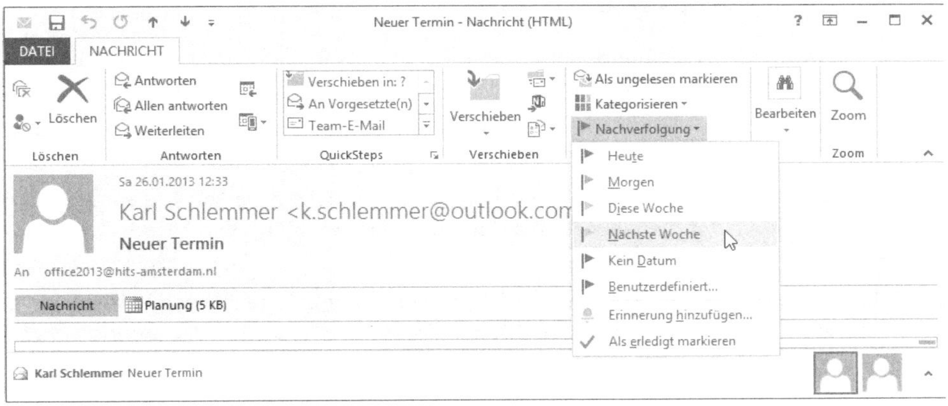

3. Schließen Sie die Nachricht.

Wenn Sie nun zum Kalender wechseln und dort den Zeitraum anzeigen lassen, zu dem die Nachverfolgung beginnen soll, sehen Sie für diese E-Mail-Nachricht in der täglichen Aufgabenliste einen Eintrag. Auch in der Aufgabenliste am unteren Ende der Aufgabenleiste wurde für diese Nachverfolgung ein Eintrag hinzugefügt.

Sie können auch in der Liste des Posteingangs eine Nachricht mit einer Kennzeichnung versehen: Klicken Sie die gewünschte Nachricht mit der rechten Maustaste an, zeigen Sie auf *Zur Nachverfolgung* und wählen Sie eine Kennzeichnung aus. Das Menü, das dort angezeigt wird, entspricht dem, das Sie in der obigen Abbildung sehen.

Tabelle 48.1 Die verschiedenen Kennzeichnungen zur Nachverfolgung

Kennzeichnung	Beginnt am	Fällig am	Erinnerung
Heute	Aktuelles Datum	Aktuelles Datum	Eine Stunde vor Ende des aktuellen Arbeitstags
Morgen	Aktuelles Datum plus ein Tag	Aktuelles Datum plus ein Tag	Startzeit des aktuellen Tages plus ein Arbeitstag
Diese Woche	Aktuelles Datum plus zwei Tage, aber nicht später als der letzte Arbeitstag dieser Woche	Letzter Arbeitstag dieser Woche	Startzeit des aktuellen Tags plus zwei Arbeitstage
Nächste Woche	Erster Arbeitstag der nächsten Woche	Letzter Arbeitstag der nächsten Woche	Startzeit des ersten Arbeitstags der nächsten Woche
Kein Datum	Kein Datum	Kein Datum	Aktuelles Datum
Benutzerdefiniert	Das Dialogfeld *Benutzerdefiniert* wird angezeigt. Dort können Sie das Anfangsdatum und das Enddatum der Aufgabe festlegen sowie den Zeitpunkt der Erinnerung einstellen.		

Kennzeichnung entfernen oder Element als erledigt markieren

Um die Kennzeichnung zu entfernen, können Sie das Element als erledigt markieren oder die Kennzeichnung deaktivieren:

- Um die Kennzeichnung zu löschen, klicken Sie im Posteingang die Spalte *Kennzeichnungsstatus* mit der rechten Maustaste an und wählen den Befehl *Kennzeichnung löschen.*
- Um das Element als erledigt zu markieren, klicken Sie im Posteingang die Spalte *Kennzeichnungsstatus* mit der rechten Maustaste an und wählen den Befehl *Als erledigt markieren.*

Bild 48.31 Das Kontextmenü, das Sie in dieser Abbildung sehen, steht Ihnen immer dann zur Verfügung, wenn Sie an einer beliebigen Stelle in Outlook auf ein Nachverfolgungskennzeichen (die kleine Flagge) klicken

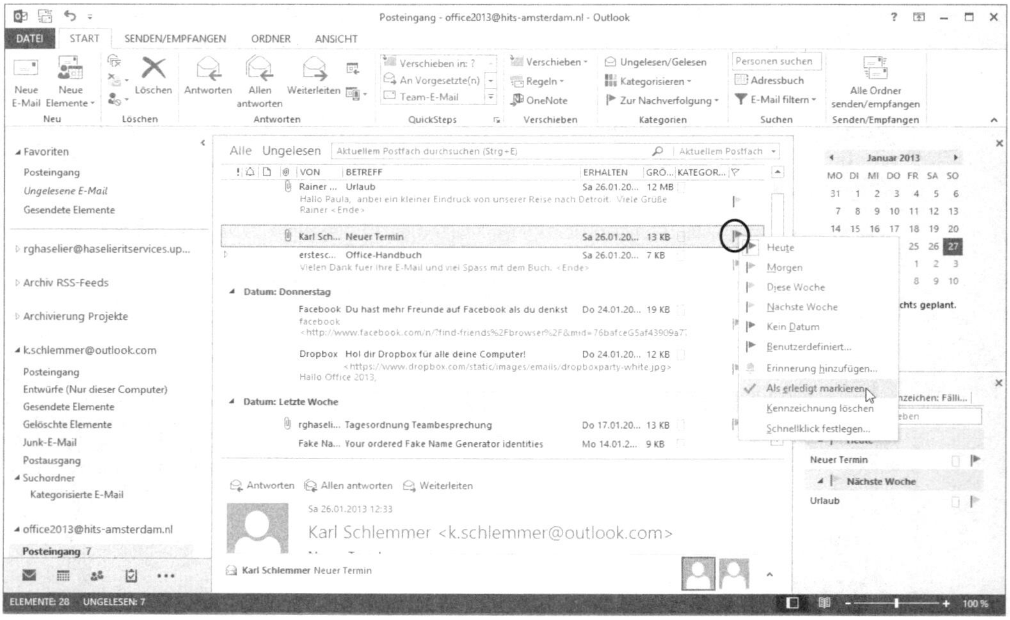

QuickSteps verwenden und anpassen

Ein QuickStep hilft, wiederkehrende Aufgaben bei der Verwaltung des Postfachs zu automatisieren, da in einem QuickStep mehrere Aktionen zusammengefasst werden, die alle durch Anklicken einer einzigen Schaltfläche ausgeführt werden. Outlook enthält einige vordefinierte QuickSteps, die Sie anpassen können. Außerdem ist es möglich, eigene QuickSteps zu erstellen.

Die QuickSteps stehen Ihnen im Modul *E-Mail* auf der Registerkarte *START* in der Gruppe *QuickSteps* zur Verfügung. Wenn Sie die Schaltfläche *Weitere* anklicken, wird das Dropdownmenü mit allen QuickSteps geöffnet. Außerdem können Sie mit weiteren Befehlen des Menüs die vorhandenen QuickSteps anpassen und neue erstellen.

Bild 48.32 Das geöffnete QuickSteps-Dropdownmenü

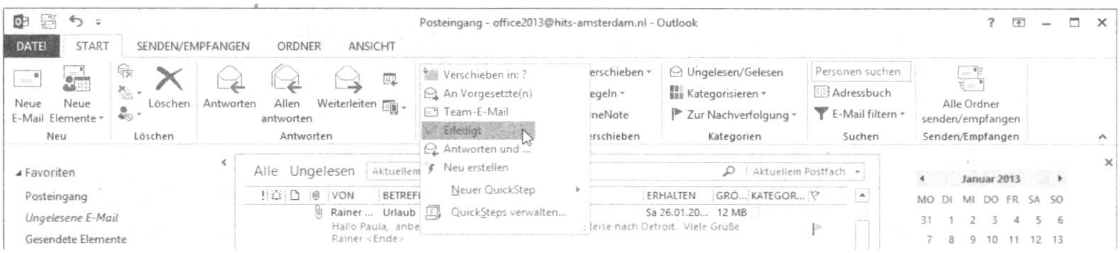

Die folgende Tabelle enthält eine kurze Übersicht zu den vordefinierten QuickSteps.

Tabelle 48.2 Die vordefinierten QuickSteps

Name	Beschreibung, Aktionen
Verschieben in	Verschiebt die ausgewählte Nachricht in einen E-Mail-Ordner; die Nachricht wird als gelesen gekennzeichnet.
An Vorgesetzten	Leitet eine E-Mail-Nachricht an einen oder mehrere Empfänger weiter.
Team-E-Mail	Erstellt eine neue E-Mail-Nachricht an die Mitglieder Ihres Teams. Bei der ersten Verwendung wählen Sie die E-Mail-Empfänger aus.
Erledigt	Verschiebt die ausgewählte Nachricht in einen E-Mail-Ordner; außerdem wird die Nachricht sowohl als gelesen als auch als erledigt gekennzeichnet.
Antworten und löschen	Öffnet ein Antwortformular für die ausgewählte Nachricht; gleichzeitig wird die ursprüngliche Nachricht gelöscht.
Neu erstellen	Öffnet das Dialogfeld *QuickStep bearbeiten*. Dort können Sie einen neuen QuickStep erstellen und die gewünschten Aktionen festlegen.

QuickStep verwenden

Führen Sie folgende Schritte durch, um einen QuickStep zu verwenden. Beachten Sie, dass bei einigen der vordefinierten QuickSteps ein Konfigurationsdialogfeld angezeigt wird, wenn Sie den QuickStep zum ersten Mal verwenden.

1. Wechseln Sie zum Modul *E-Mail* und klicken Sie auf der Registerkarte *START* in der Gruppe *QuickSteps* auf die Schaltfläche *Weitere.*

Das Dropdownmenü für QuickSteps wird geöffnet.

2. Klicken Sie den gewünschten QuickStep an.

Einige der QuickSteps müssen bei der ersten Verwendung konfiguriert werden. Wenn Sie beispielsweise den QuickStep *Erledigt* anklicken, zeigt Outlook das folgende Dialogfeld an:

Bild 48.33 Einrichten des QuickSteps *Erledigt*

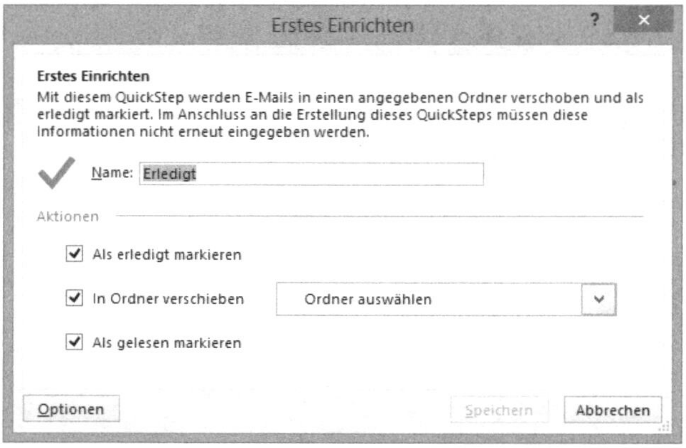

3. Geben Sie in das Feld *Name* einen Namen für den QuickStep ein, wenn Sie den vorgeschlagenen Namen ändern möchten.

   Im Bereich *Aktionen* sind die Aktionen aufgeführt, die der QuickStep ausführt.

4. Öffnen Sie das Dropdownlistenfeld *Ordner auswählen* und wählen Sie den Ordner aus, in den die E-Mail verschoben werden soll.

5. Klicken Sie auf *Speichern.*

   Dieser QuickStep ist nun konfiguriert und Outlook führt die eingestellten Aktionen für die markierte E-Mail-Nachricht durch.

Neuen QuickStep erstellen

Führen Sie folgende Schritte durch, um einen neuen QuickStep zu erstellen:

1. Wechseln Sie zum Modul *E-Mail* und klicken Sie auf der Registerkarte *START* in der Gruppe *QuickSteps* auf die Schaltfläche *Weitere.*

   Das Dropdownmenü für QuickSteps wird geöffnet.

2. Klicken Sie auf *Neuer QuickStep.*

Bild 48.34 Basieren Sie den neuen QuickStep auf einer Standardaktion oder wählen Sie *Benutzerdefiniert*

3. Wenn Sie einen QuickStep mit einer der Standardaktionen erstellen wollen, klicken Sie die gewünschte Aktion an. Anderenfalls klicken Sie auf *Benutzerdefiniert.* In beiden Fällen wird das Dialogfeld *QuickStep bearbeiten* angezeigt, in dem Sie die Aktionen einrichten können.

Bild 48.35 Mit diesem Dialogfeld erstellen und bearbeiten Sie QuickSteps

4. Geben Sie in das Feld *Name* einen Namen für den QuickStep ein.

5. Klicken Sie auf das Bild neben dem Feld *Name* und wählen Sie im Dialogfeld *Symbol auswählen* ein Bild für den QuickStep aus. Dieses Bild wird in der QuickSteps-Liste auf der Registerkarte *START* angezeigt.

6. Öffnen Sie im Bereich *Aktionen* das Dropdownlistenfeld *Aktion auswählen.* In der Liste sind alle Aktionen aufgeführt, die mittels eines QuickSteps automatisiert werden können.

7. Bei zahlreichen Aktionen sind weitere Angaben erforderlich. Für die Aktion *Nachricht kategorisieren* muss beispielsweise noch die Kategorie ausgewählt werden. Öffnen Sie dazu das entsprechende Dropdownlistenfeld und nehmen Sie die weiteren Angaben vor.

8. Wenn Sie durch den QuickStep weitere Aktionen ausführen lassen möchten, klicken Sie auf *Aktion hinzufügen* und wiederholen für die neue Aktion die Schritte 5 bis 7.

9. Um den QuickStep mit einer Tastenkombination aufrufen zu können, öffnen Sie das Dropdownlistenfeld *Tastenkombination* und wählen die gewünschte Tastenkombination aus.

10. Geben Sie in das Feld *QuickInfo-Text* einen kurzen Text ein, der angezeigt werden soll, wenn der Mauszeiger auf dem QuickStep steht.
11. Klicken Sie auf *Fertig stellen.*

QuickSteps bearbeiten

Alle QuickSteps können bearbeitet werden, d.h., Sie können die zugewiesenen Aktionen ändern oder erweitern oder nicht mehr benötigte QuickSteps löschen. Klicken Sie dazu auf der Registerkarte *START* in der Gruppe *QuickSteps* auf die Schaltfläche *Weitere* und dann auf *QuickSteps verwalten.* Outlook zeigt das gleichnamige Dialogfeld an. Führen Sie in dem Dialogfeld eine der folgenden Aktionen durch:

- Um einen QuickStep zu löschen, markieren Sie ihn in der Liste *QuickSteps* und klicken dann auf *Löschen.*
- Um einen QuickStep zu bearbeiten, markieren Sie ihn in der Liste *QuickStep* und klicken dann auf *Bearbeiten.* Outlook zeigt daraufhin das Dialogfeld *QuickStep bearbeiten* an, in dem Sie die Aktionen ändern oder erweitern können.
- Verwenden Sie die Pfeilschaltflächen unterhalb der Liste *QuickStep,* um die Reihenfolge der QuickSteps zu ändern. Hierbei wird immer der markierte QuickStep verschoben. Die QuickSteps werden auf der Registerkarte *START* in der hier festgelegten Reihenfolge angezeigt.

Bild 48.36 Alle Funktionen zur Verwaltung von QuickSteps finden Sie in diesem Dialogfeld

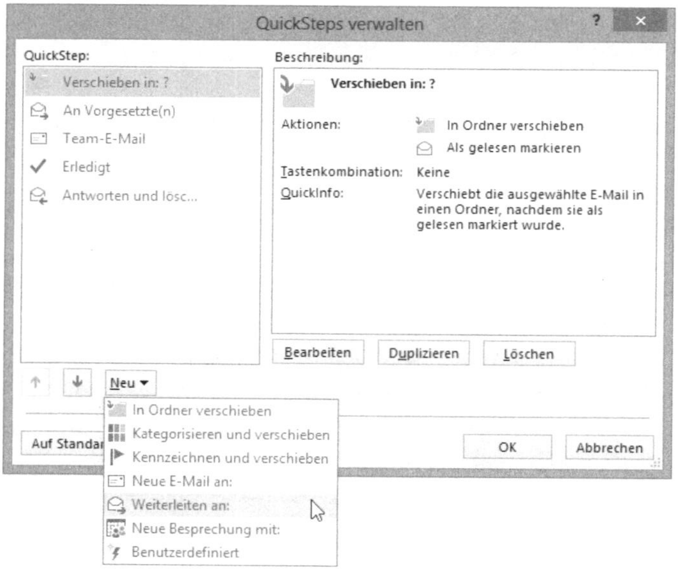

- Klicken Sie auf die Schaltfläche *Neu,* um einen neuen QuickStep zu erstellen. Wenn Sie einen QuickStep mit einer der Standardaktionen erstellen wollen, klicken Sie die gewünschte Aktion an. Anderenfalls klicken Sie auf *Benutzerdefiniert.* In beiden Fällen wird das Dialogfeld *QuickStep bearbeiten* angezeigt, in dem Sie die Aktionen einrichten können.

Unerwünschte Junk-E-Mail filtern

Outlook bietet eine Junk-E-Mail-Funktion, die automatisch E-Mails, bei denen es sich offensichtlich um unerwünschte E-Mails handelt, in den Ordner *Junk-E-Mail* verschiebt. Dieser Filter wertet unterschiedliche Kriterien aus und ist standardmäßig auf die niedrigste Stufe eingestellt, sodass die Gefahr gering ist, dass wichtige E-Mails fälschlicherweise im Ordner *Junk-E-Mail* verschwinden.

Zusätzlich zum automatischen Junk-E-Mail-Filter können Sie

- *Absender zur Liste blockierter Absender hinzufügen*, sodass alle E-Mails, die Sie von diesen Absendern erhalten, im Ordner *Junk-E-Mail* landen,
- *Absender zur Liste sicherer Absender hinzufügen*, deren E-Mails nie als Junk klassifiziert werden, und
- *Absender zur Liste sicherer Empfänger hinzufügen;* wenn Sie mehrere E-Mail-Adressen haben, können Sie eine oder mehrere davon zu den sicheren Empfängern hinzufügen, sodass keine an diese E-Mail-Adresse gerichtete E-Mail in den Ordner *Junk-E-Mail* verschoben wird.

Um eine E-Mail entsprechend zu kennzeichnen, gehen Sie wie folgt vor:

1. Klicken Sie mit der rechten (!) Maustaste auf die E-Mail, zeigen Sie im Kontextmenü auf *Junk-E-Mail* und wählen Sie im Untermenü den gewünschten Eintrag.

Bild 48.37 Über dieses Kontextmenü können Sie einen Absender in die Liste der blockierten oder in die Liste der sicheren Absender aufnehmen

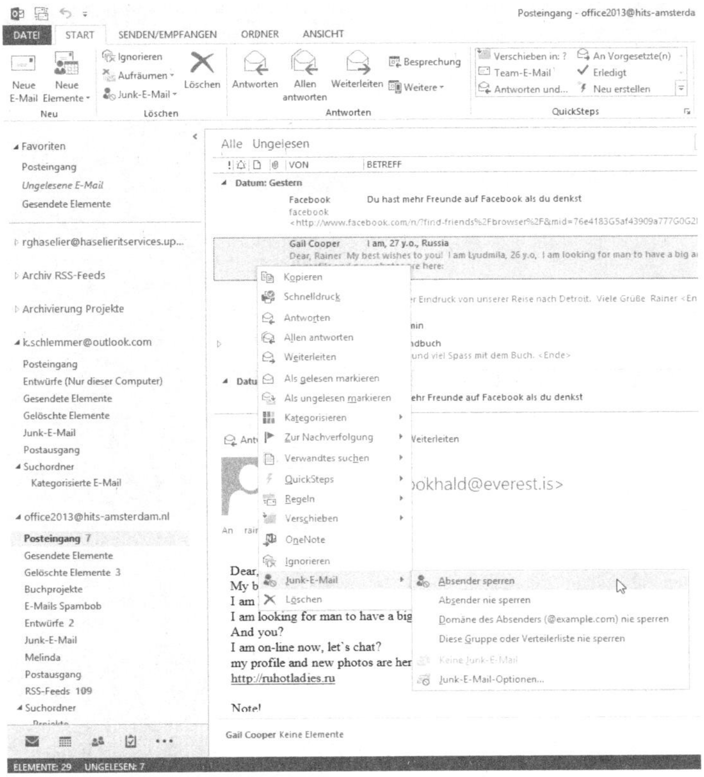

2. Wenn Sie im Untermenü auf *Junk-E-Mail-Optionen* klicken, können Sie die drei oben beschriebenen Listen einsehen und gegebenenfalls ändern und außerdem die Stufe des automatischen Filters anpassen, wobei Sie im Normalfall zunächst keine höhere Stufe einstellen sollten.

Bild 48.38 Auf dieser Registerkarte können Sie die Optionen für Junk-E-Mail einstellen; auf den Registerkarten *Sichere Empfänger, Blockierte Absender* und *Sichere Absender* können Sie die verschiedenen Listen einsehen und bearbeiten

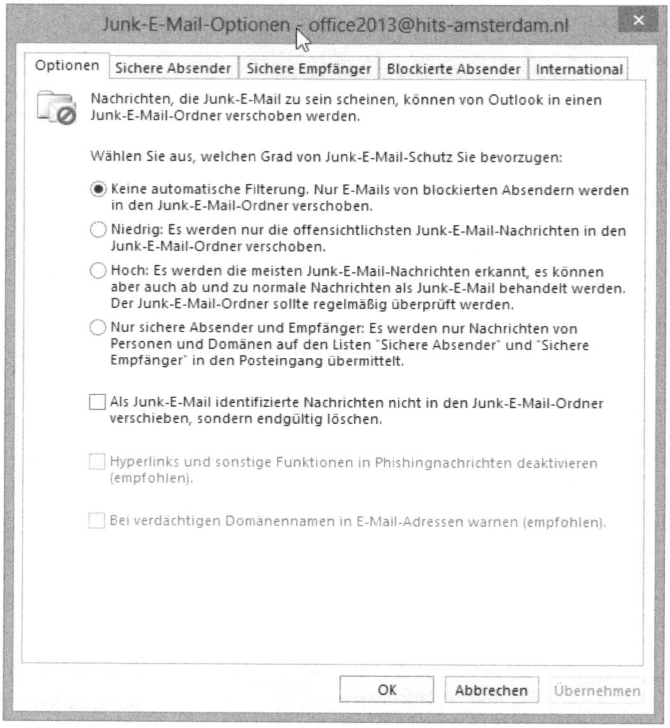

Sicherheit beim Mailen

Der Posteingang kann über das Internet zahlreichen Gefahren ausgesetzt sein, beispielsweise Spam, Viren oder Phishing.

Schutz vor Spam

Fast jeder E-Mail-Nutzer kennt die Flut an Massen-E-Mails, die oftmals den Posteingang überschwemmt. Das meiste davon fällt in die Kategorie Spam. Outlook tritt diesem Spam-Problem mittels des Junk-E-Mail-Filters entgegen, von dem eingehende Nachrichten automatisch bewertet und als Spam eingestufte Nachrichten an den Ordner *Junk-E-Mail* gesendet werden.

Outlook verfügt zudem über ein weiteres Anti-Spam-Feature. In Nachrichten im HTML-Format sind oftmals Bilder oder Sounds von externen Internetquellen enthalten. Diese Technik wird gerne von seriösen Absendern eingesetzt, die das Einbetten umfangreicher Grafiken in die Nachricht vermeiden möchten. Absender von Junk-E-Mails nutzen diese Möglichkeit jedoch oftmals als sogenanntes Webbeacon, um auf diese Weise an Ihre E-Mail-Adresse heranzukommen. Wenn Sie die Nachricht öffnen und der Inhalt automatisch heruntergeladen wird, lassen Sie den Absender unabsichtlich wissen, dass es sich bei der Adresse um eine gültige E-Mail-Adresse handelt. Ihre E-Mail-Adresse kann dann an Spammer verkauft werden, was ein noch höheres Spamaufkommen in Ihrem Postfach zur Folge hat. In Outlook ist das Blockieren des automatischen Herunterladens von Bildern deshalb standardmäßig aktiviert.

Schutz vor Phishing

Beim sogenannten Phishing handelt es sich um eine Vorgehensweise, durch die Sie zum Offenlegen privater Informationen wie Kontonummern oder Kennwörtern verleitet werden sollen. Phishingnachrichten enthalten oftmals irreführende Hyperlinks zu nicht vertrauenswürdigen Websites, auf denen Sie zum Eingeben persönlicher Informationen gedrängt werden. Ihre persönlichen Informationen werden dann von Kriminellen dazu genutzt, Ihre Identität, Ihr Geld oder gar beides zu stehlen. Wenn Sie solch eine E-Mail im Posteingang sehen, wird dort als Absender eine Sparkasse, Bank o.Ä. angezeigt.

Da das Unterscheiden zwischen Phishing-E-Mails und seriösen Nachrichten, wie sie beispielsweise von Ihrer Bank versendet werden, nicht immer einfach ist, werden alle eingehenden Nachrichten vom Junk-E-Mail-Filter ausgewertet, um festzustellen, ob eine Nachricht möglicherweise verdächtig ist, verdächtige Hyperlinks enthält oder von einer unzulässigen E-Mail-Adresse stammt. Wird die Nachricht vom Filter als verdächtig eingestuft, wird sie an den Ordner *Junk-E-Mail* gesendet und die in der Nachricht enthaltenen Hyperlinks werden deaktiviert. Damit Sie nicht versehentlich auf eine Nachricht mit gefälschter E-Mail-Adresse antworten, sind die Funktionen *Antworten* und *Allen antworten* in solchen Nachrichten deaktiviert. Zusätzlich werden alle Anlagen in der verdächtigen Nachricht blockiert.

Wenn eine E-Mail fälschlicherweise als verdächtig eingestuft wurde, können Sie die Warnmeldung mit der rechten Maustaste anklicken und den Befehl *In Posteingang verschieben* auswählen. Sie haben dann wieder den vollen Zugriff auf die Nachricht.

Schutz vor Viren

Makroviren und andere Virentypen werden häufig über Anlagen versendet, die einer E-Mail-Nachricht beigefügt sind. Vor diesen Viren schützen Sie sich am besten, indem Sie eine Anti-Virus-Software installieren und darauf achten, dass Sie diese regelmäßig aktualisieren, damit Sie auch vor neuen Viren geschützt sind.

Es gibt verschiedene Anti-Virus-Software, die sich in den Datenverkehr zwischen Outlook und Ihrem E-Mail-Server einklinken und alle E-Mails bereits auf Viren untersuchen, während diese vom E-Mail-Server abgerufen werden. Viele Programme können dabei dann auch die E-Mail-Anlagen auf Viren untersuchen. Andere Programme wiederum greifen ein, wenn Sie eine E-Mail-Anlage auf Ihrem Computer speichern, da sie alle Schreib- und Lesevorgänge auf die Festplatte(n) Ihres Computers untersuchen.

Sie können auch selbst Ihren Teil dazu beitragen, sich vor Computerviren, die per E-Mail übertragen werden, zu schützen, indem Sie nur Anlagen speichern und öffnen, die von Absendern stammen, die Sie kennen und denen Sie vertrauen. Da häufig auch falsche E-Mail-Adressen als Absender verwendet werden, sollten Sie, wenn ein Rest Unsicherheit bleibt, ob die E-Mail-Nachricht von dem Absender stammt, der in der E-Mail angegeben ist, bei diesem nachfragen, ob die Mail wirklich von ihm stammt.

Kapitel 49

Profile und E-Mail-Konten

Outlook 2013

In diesem Kapitel:

Dieses Kapitel zeigt, wie Sie in Outlook E-Mail-Konten einrichten und wie Sie für vorhandene Konten die Kontoeinstellungen ändern können. Sie werden dabei den Setup-Assistenten für E-Mail-Konten kennenlernen, mit dem in den meisten Fällen das Hinzufügen eines neuen E-Mail-Kontos automatisch vonstatten geht. Für die Fälle, in denen die automatische Kontoeinrichtung nicht funktioniert, zeigt dieses Kapitel außerdem, wie Sie ein neues E-Mail-Konto manuell einrichten können.

Outlook-Profile im Überblick

Outlook 2013 verwendet wie die Vorgängerversionen sogenannte Profile, um Informationen zu den E-Mail-Konten, den Datendateien und dem Speicherort für E-Mails eines Benutzers zu speichern. Die Profile von Outlook 2013 sind mit den Identitäten von Windows Mail vergleichbar.

Folgende Informationen sind Bestandteil eines Outlook-Profils:

- **POP- oder IMAP-Konten (optional)** Sie können einem Outlook-Profil ein oder mehrere E-Mail-Konten des Typs POP oder IMAP zuweisen. Die Kontoinformationen (Anzeigename, Benutzername, Name des E-Mail-Servers und das Kennwort) werden ebenfalls im Outlook-Profil gespeichert.
- **Exchange ActiveSync-Konten (optional)** Sie können einem Outlook-Profil ein oder mehrere E-Mail-Konten des Typs Exchange ActiveSync zuweisen. Sie verwenden automatisch diesen Kontotyp, wenn Sie ein E-Mail-Konto auf Outlook.com oder Hotmail.com verwenden. Für diesen Kontotyp braucht (anders als bei Outlook 2010) kein spezieller Connector mehr installiert zu werden, um das Konto mit Outlook zu synchronisieren.
- **Exchange-Postfach (optional)** Das dem Profil zugeordnete Exchange-Postfach. Ab Outlook 2010 können einem Profil auch mehrere Exchange-Konten zugewiesen werden. Die Exchange-Konten können sich in derselben oder einer anderen Domäne bzw. auf demselben oder einem anderen Server befinden.
- **Exchange-Postfach (optional)** Das dem Profil zugeordnete Exchange-Postfach. Seit Outlook 2010 können einem Profil auch mehrere Exchange-Konten zugewiesen werden. Die Exchange-Konten können sich in derselben oder einer anderen Domäne bzw. auf demselben oder einem anderen Server befinden.
- **Speicherort für E-Mails** Sie können für E-Mail-Konten festlegen, wo die eingehenden E-Mails gespeichert werden. Für Exchange-Postfächer ist dies standardmäßig die Offlineordnerdatei, in der die Daten gespeichert sind, die sich normalerweise auf dem Exchange-Server befinden, damit Sie auf die Daten auch dann zugreifen können, wenn Sie nicht mit dem Exchange-Server verbunden sind. Sie verwenden das Exchange-Postfach dann im Offline-Modus, daher der Name Offlineordnerdatei. Bei den anderen E-Mail-Kontoarten werden die eingehenden E-Mails in einer der persönlichen Datendateien gespeichert. Sie können im Rahmen der Konfiguration der E-Mail-Konten festlegen, in welcher Datendatei die E-Mails eines bestimmten Kontos abgelegt werden sollen. Die Vorgehensweise ist weiter hinten in diesem Kapitel ab Seite 1027 beschrieben.
- **Datendateien (eine obligatorisch, weitere optional)** Jedem Outlook-Profil muss mindestens eine Datendatei zugewiesen sein, da in der Datendatei die Informationen aus allen Outlook-Modulen *(E-Mail, Personen, Aufgaben* usw.) gespeichert werden. Sie können optional für ein

Outlook-Profil weitere Datendateien erstellen; wie das geht, ist in Kapitel 50 dieses Buches beschrieben.

Jedes Outlook-Profil ist einem Windows-Benutzerkonto zugeordnet. Wenn Sie sich bei Windows anmelden und Outlook starten, lädt Outlook das Benutzerprofil, das mit dem Benutzerkonto des angemeldeten Benutzers verknüpft ist. Sie benötigen dann mehrere Outlook-Profile, wenn Sie den gleichen Computer mit mehreren Personen nutzen und jeder Benutzer lediglich auf seine eigenen E-Mails und Konten zugreifen soll. Mögliche Szenarien für die Verwendung von mehreren Outlook-Profilen sind nachstehend beschrieben.

- **Mehrere Benutzer verwenden auf dem gleichen PC das gleiche Windows-Benutzerkonto** Dieses Szenario ist in der nachfolgenden Abbildung dargestellt. Auf dem Windows-PC gibt es nur ein Benutzerkonto, dem wir hier den Namen »Tom« gegeben haben.

  Dieses Windows-Konto wiederum enthält zwei verschiedene Outlook-Profile: eines mit dem Namen »Outlook«, dem ein Google Mail-Konto zugeordnet ist, und ein weiteres Outlook-Profil mit dem Namen »Paulus«, das ein Hotmail-Konto enthält. Die Profileinstellungen von Outlook wurden so konfiguriert, dass beim Starten von Outlook ausgewählt werden kann, welches Outlook-Profil verwendet werden soll. (Wenn Sie bei dieser Konfiguration sicherstellen wollen, dass niemand auf Ihr Outlook-Profil und die darin enthaltenen Daten zugreifen kann, sollten Sie die persönliche Ordnerdatei mit einem Kennwort schützen. Mehr hierzu finden Sie in Kapitel 50.)

Bild 49.1 Dem Windows-Benutzerkonto sind zwei Outlook-Profile zugeordnet. Beim Starten von Outlook wird ausgewählt, welches Profil verwendet werden soll.

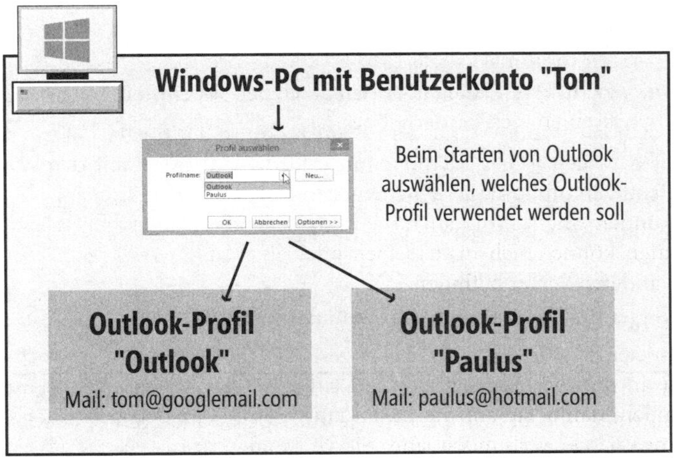

- **Mehrere Benutzer verwenden den gleichen PC und jeder Benutzer hat ein eigenes Windows-Benutzerkonto** Wenn Sie den gleichen Computer zu mehreren Personen verwenden und für jede Person ein Windows-Benutzerkonto eingerichtet haben, benötigen Sie in der Regel nur ein Outlook-Profil pro Benutzer. Dies ist in Abbildung 49.2 dargestellt. Die Informationen zum Outlook-Profil sind Bestandteil des Windows-Benutzerkontos. Nach der Windows-Anmeldung und dem Starten von Outlook wird das entsprechende Profil geladen.

  Wenn sich ein neuer Windows-Benutzer anmeldet und Outlook startet, wird automatisch der Assistent gestartet, der für diesen Benutzer dann ein neues Outlook-Profil einrichtet. Der

Standardname für ein Outlook-Profil lautet *Outlook*; da jedes der Profile einem anderen Windows-Benutzerkonto zugeordnet ist, stellt die Namensgleichheit der Profile kein Problem dar.

Bild 49.2 Jedem Windows-Benutzerkonto ist ein eigenes Outlook-Profil zugeordnet

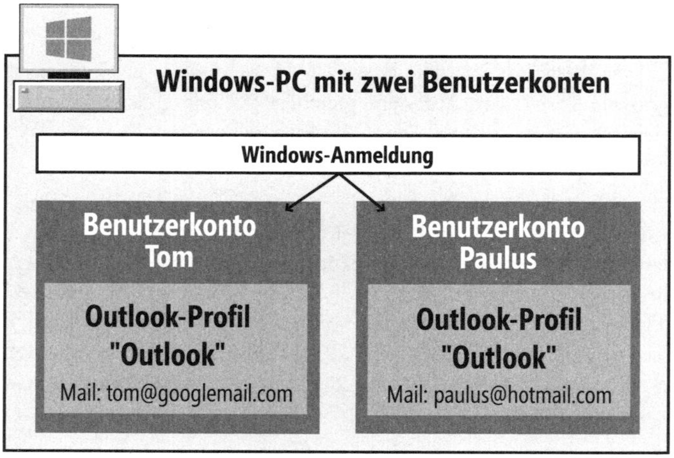

Ein neues Outlook-Profil erstellen

Um ein neues Outlook-Profil zu erstellen, öffnen Sie in der Systemsteuerung das Symbol *E-Mail*.

1. Melden Sie sich bei Windows mit dem Benutzerkonto an, für das Sie ein weiteres Outlook-Profil erstellen wollen. (Dies ist nur dann erforderlich, wenn auf dem Computer mehrere Windows-Benutzerkonten eingerichtet wurden.)
2. Beenden Sie Outlook, falls es derzeit gestartet ist.
3. Starten Sie die Systemsteuerung.
4. Öffnen Sie in der Systemsteuerung das Symbol *E-Mail*.

TIPP **Symbol *E-Mail* ist nicht sichtbar** Falls das Symbol *E-Mail* nicht sichtbar ist, öffnen Sie im Fenster *Systemsteuerung* die Dropdownliste *Anzeige* und klicken entweder auf *Große Symbole* oder auf *Kleine Symbole*.

Das Dialogfeld *Mail-Setup* wird angezeigt.

Bild 49.3 Mit diesem Dialogfeld lassen sich Outlook-Profile, E-Mail-Konten sowie Datendateien erstellen und bearbeiten

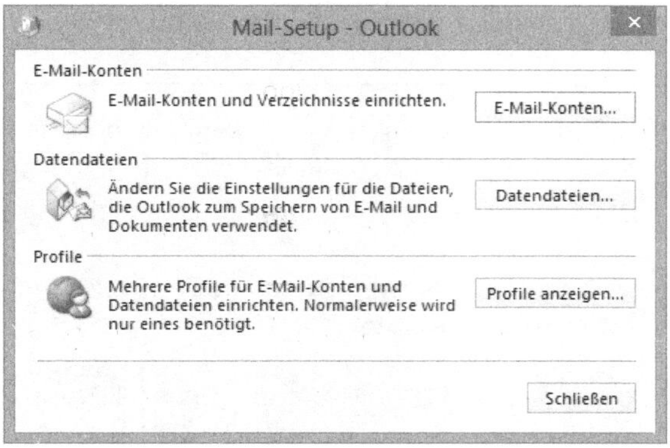

5. Klicken Sie auf die Schaltfläche *Profile anzeigen.* Das Dialogfeld *E-Mail* wird geöffnet.

Bild 49.4 Im Dialogfeld *E-Mail* werden alle für den aktuellen Windows-Benutzer eingerichteten Outlook-Profile angezeigt

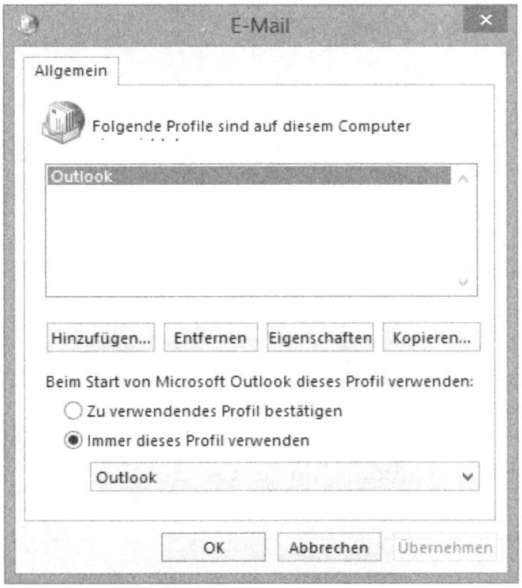

6. Klicken Sie auf die Schaltfläche *Hinzufügen.* Das Dialogfeld *Neues Profil* wird geöffnet.

Bild 49.5 Geben Sie im Dialogfeld *Neues Profil* den Anzeigenamen für das neue Outlook-Profil ein

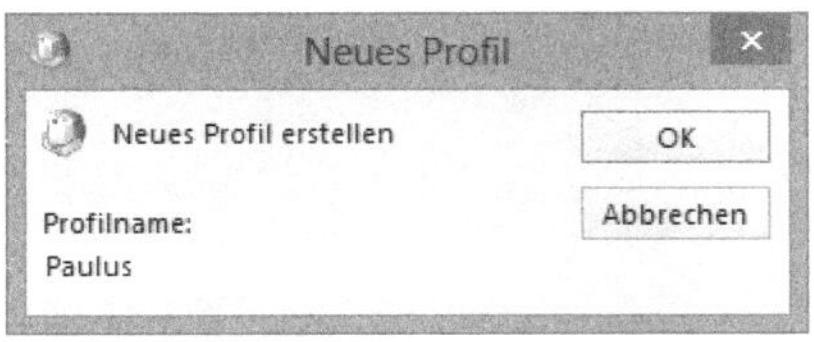

Outlook 2013

7. Geben Sie den Namen für das neue Profil ein und klicken Sie dann auf *OK*.

HINWEIS **Profilname** Bitte beachten Sie, dass Sie den Profilnamen später nicht mehr ändern können.

8. Das Dialogfeld *Konto hinzufügen* wird angezeigt. Geben Sie dort Ihren Namen, Ihre E-Mail-Adresse und das Kennwort ein, das zum Zugriff auf das E-Mail-Konto benötigt wird. Klicken Sie anschließend auf *Weiter*.

Bild 49.6 Beim Erstellen eines neuen Outlook-Profils wird automatisch der Assistent zum Einrichten eines neuen E-Mail-Kontos gestartet

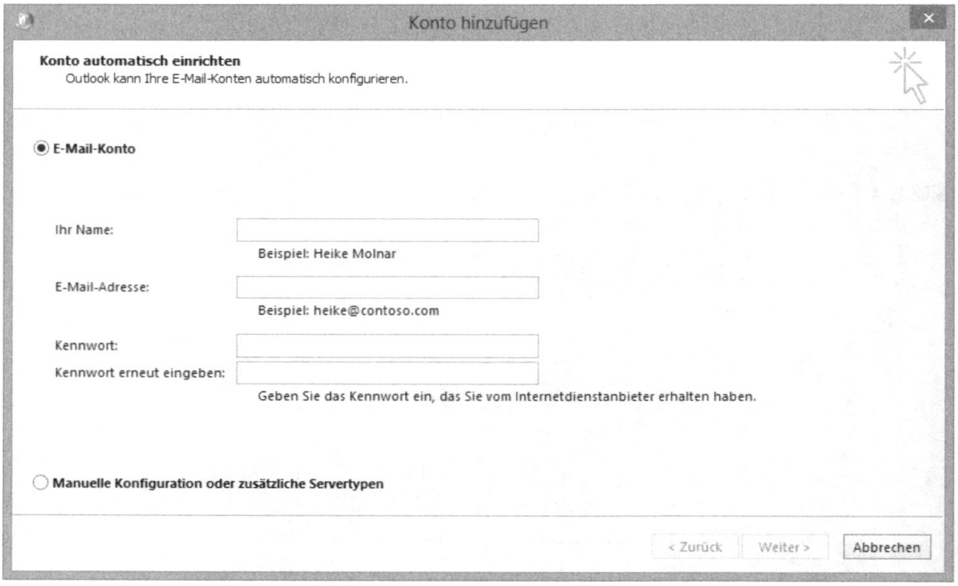

Der Assistent versucht nun, das neue E-Mail-Konto automatisch zu konfigurieren, und verwendet dabei eine verschlüsselte Verbindung zum Server. Sollte das Herstellen einer verschlüsselten Verbindung fehlschlagen, wird eine entsprechende Meldung angezeigt. Klicken Sie danach noch einmal auf *Weiter*. Sollte auch die automatische Konfiguration über eine unverschlüsselte Verbindung nicht gelingen, müssen Sie das Konto manuell konfigurieren. Ausführliche Informationen hierzu finden Sie ab Seite 1018 in diesem Kapitel.

9. Wenn die Einrichtung des E-Mail-Kontos abgeschlossen ist, wird wieder das Dialogfeld *E-Mail* angezeigt. In der Liste sehen Sie nun außer dem Profil mit dem Namen *Outlook*, das bereits vorhanden war, den Namen des gerade erstellten Profils. Wählen Sie im unteren Bereich des Dialogfeldes die Option *Zu verwendendes Profil bestätigen* aus und klicken Sie dann auf *OK*.

Bild 49.7 Das neu eingerichtete Outlook-Profil wird in der Liste aufgeführt. Im unteren Bereich des Dialogfeldes können Sie festlegen, ob Sie beim Starten von Outlook das zu verwendende Profil auswählen möchten oder ob immer ein bestimmtes Profil verwendet werden soll.

Auswahl des Outlook-Profils beim Starten von Outlook

Wenn Sie wie im vorigen Abschnitt beschrieben, im Dialogfeld *E-Mail* bei *Beim Start von Microsoft Outlook dieses Profil verwenden* die Option *Zu verwendendes Profil bestätigen* ausgewählt haben, wird jedes Mal, wenn Sie Outlook starten, das Dialogfeld *Profil auswählen* angezeigt, das Sie in Abbildung 49.8 sehen.

Bild 49.8 In diesem Dialogfeld legen Sie fest, welches Outlook-Profil für die aktuelle Sitzung verwendet werden soll

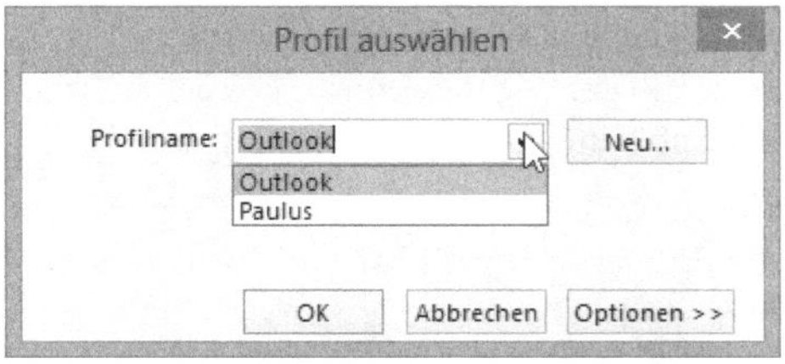

- In der Liste *Profilname* werden die Namen aller Outlook-Profile angezeigt, die für den angemeldeten Windows-Benutzer vorhanden sind. Sie können hier dann das gewünschte Profil auswählen und mit einem Klick auf *OK* Outlook starten.
- Über die Schaltfläche *Neu* gelangen Sie zum Dialogfeld *Neues Profil* (siehe Schritt 6 auf Seite 1015), in dem Sie ein weiteres Outlook-Profil erstellen können.

- Wenn Sie die Schaltfläche *Optionen* anklicken, wird das Kontrollkästchen *Als Standardprofil festlegen* eingeblendet. Wenn Sie es einschalten und dann auf *OK* klicken, wird das in der Liste *Profilname* ausgewählte Profil zum Standardprofil. Sie können diese Einstellung wieder rückgängig machen, indem Sie in der Systemsteuerung das Symbol *E-Mail* verwenden und dann im Dialogfeld *E-Mail* eine andere Einstellung vornehmen.

Die nächsten beiden Abschnitte beschreiben ausführlich, wie Sie einem Outlook-Profil ein weiteres E-Mail-Konto hinzufügen und wie Sie sich helfen können, wenn die automatische Kontoeinrichtung nicht funktioniert.

E-Mail-Konto hinzufügen

Eine Übersicht aller Konten und eine Schaltfläche zum Hinzufügen eines neuen Kontos steht Ihnen im Dialogfeld *Kontoeinstellungen* zur Verfügung. Sie können dieses Dialogfeld folgendermaßen anzeigen lassen:

- Wenn Outlook nicht gestartet ist, öffnen Sie die Systemsteuerung, öffnen dort das Symbol *E-Mail* und klicken dann im Dialogfeld *Mail-Setup* auf die Schaltfläche *E-Mail-Konten.*
- Wenn Outlook gestartet ist, öffnen Sie die Registerkarte *DATEI,* klicken auf *Informationen* und dann zweimal auf *Kontoeinstellungen.*

Bild 49.9 Die Registerkarte *E-Mail* des Dialogfeldes *Kontoeinstellungen* zeigt alle für das aktuelle Outlook-Profil eingerichteten E-Mail-Konten an

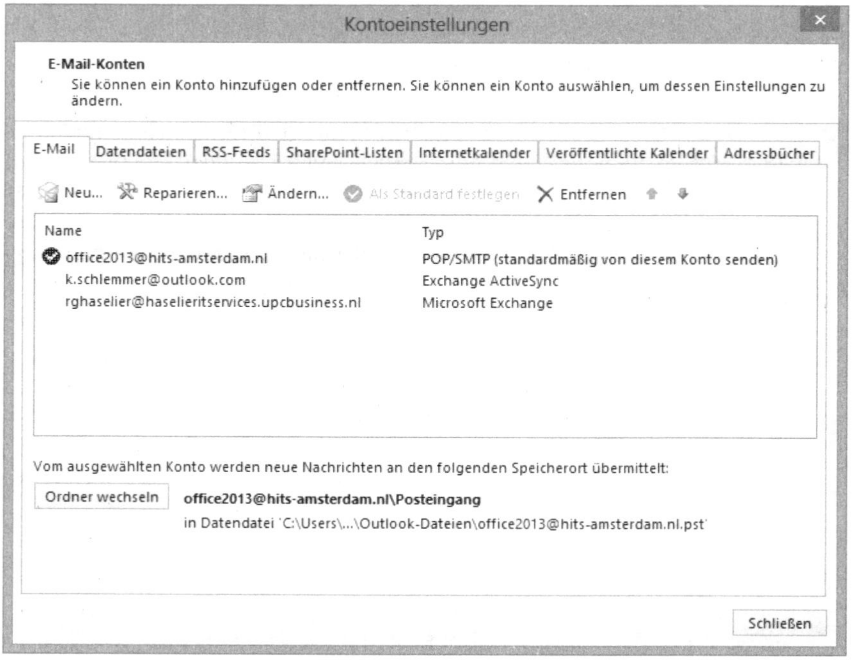

1. Klicken Sie auf der Registerkarte *E-Mail* auf *Neu*. Das Dialogfeld *Konto hinzufügen* wird angezeigt.

Bild 49.10 Geben Sie hier Ihren Namen, die E-Mail-Adresse und das Kennwort des E-Mail-Kontos ein

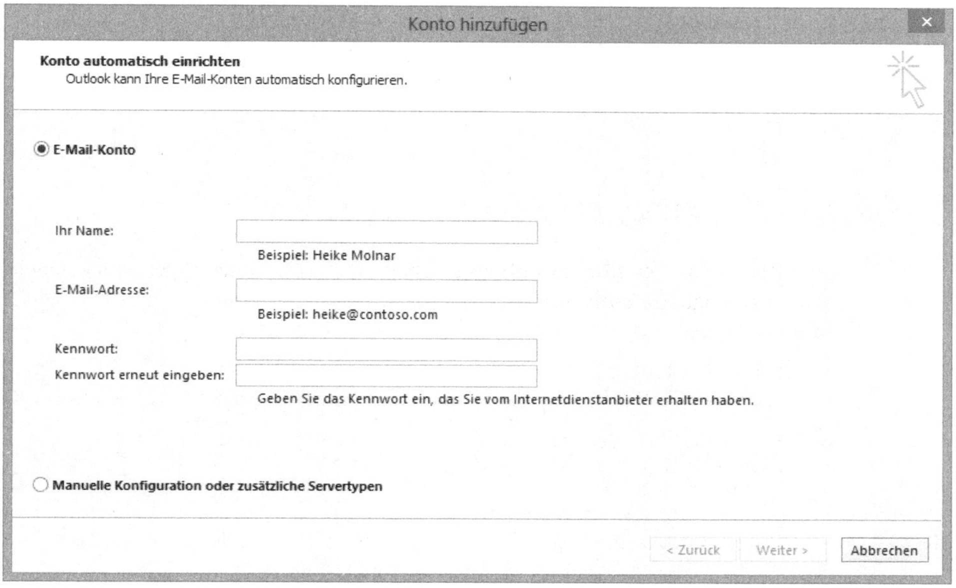

Standardmäßig ist die Option *E-Mail-Konto* aktiviert. Mit dieser Einstellung kann Outlook die meisten Kontotypen automatisch konfigurieren. Am unproblematischsten funktioniert die automatische Kontoeinrichtung bei Exchange- und bei Exchange ActiveSync-Konten.

2. Die beiden Angaben, die Sie vom Dienstanbieter Ihres E-Mail-Kontos für die automatische Konfiguration benötigen, sind die E-Mail-Adresse und das Kennwort für das E-Mail-Konto. Das Feld *Ihr Name* ist lediglich der Anzeigename, wie er den Empfängern Ihrer E-Mails präsentiert wird. Geben Sie diese Informationen ein und achten Sie darauf, in den Feldern *Kennwort* und *Kennwort erneut eingeben* die gleichen Angaben zu machen. Klicken Sie anschließend auf *Weiter*.

   Der Assistent für die automatische Kontokonfiguration versucht nun, eine Verbindung mit dem E-Mail-Server aufzubauen und das Konto automatisch einzurichten. Dies sieht dann so aus, wie es die folgende Abbildung zeigt.

Bild 49.11 Outlook versucht, das neue E-Mail-Konto automatisch zu konfigurieren

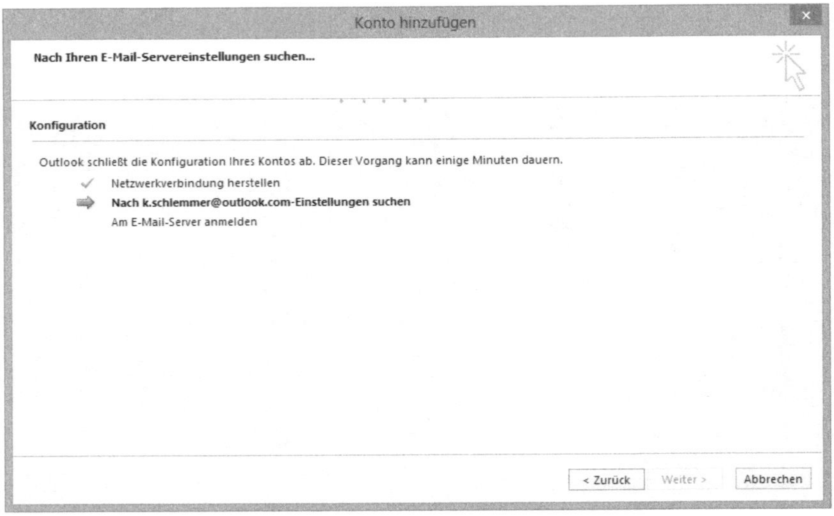

Bei Exchange- und Outlook.com-/Hotmail-Konten funktioniert die automatische Konfiguration in der Regel reibungslos. Outlook zeigt dann eine Erfolgsmeldung ähnlich wie in der folgenden Abbildung gezeigt an.

Bild 49.12 Das Konto wurde erfolgreich eingerichtet

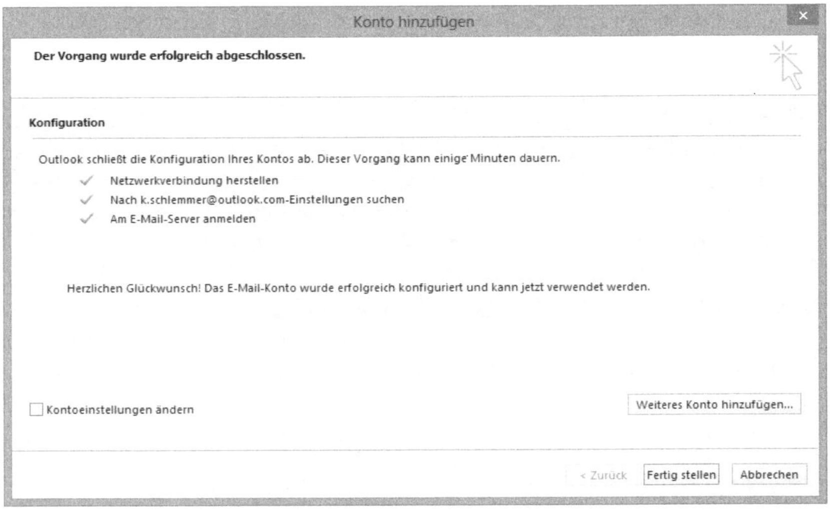

Bei anderen POP- und IMAP-Konten versucht Outlook, eine verschlüsselte Verbindung mit dem Mailserver herzustellen. Sollte dies nicht gelingen, wird die folgende Meldung angezeigt:

Bild 49.13 Mit dem E-Mail-Server konnte keine verschlüsselte Verbindung hergestellt werden

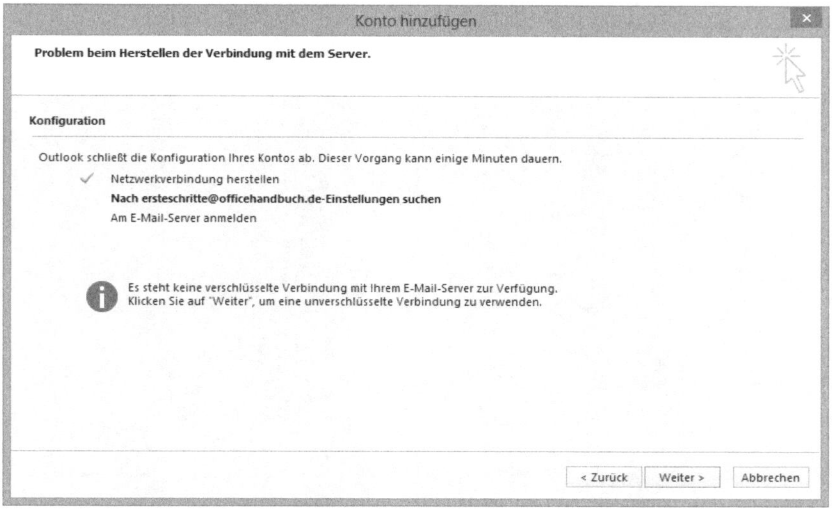

3. Klicken Sie auf *Weiter,* damit der Assistent versucht, eine unverschlüsselte Verbindung mit dem E-Mail-Server herzustellen. Wenn dies klappt, sehen Sie nach kurzer Wartezeit ein Fenster, das Sie über die erfolgreiche Konfiguration informiert.
4. Klicken Sie auf *Fertig stellen,* wenn Sie kein weiteres Konto hinzufügen wollen, oder klicken Sie *Weiteres Konto hinzufügen,* um das Profil um ein weiteres Konto zu ergänzen.

Wenn die automatische Kontoeinrichtung nicht funktioniert hat, müssen Sie das Konto manuell einrichten. Sie sehen dann ein Fenster ähnlich dem in der Abbildung auf der folgenden Seite gezeigten (die genaue Meldung kann bei Ihnen ein wenig anders aussehen und hängt davon ab, an welcher Stelle der Prozess der automatischen Kontoeinrichtung gescheitert ist):

Bild 49.14 Es gab ein Problem beim Einrichten des Kontos

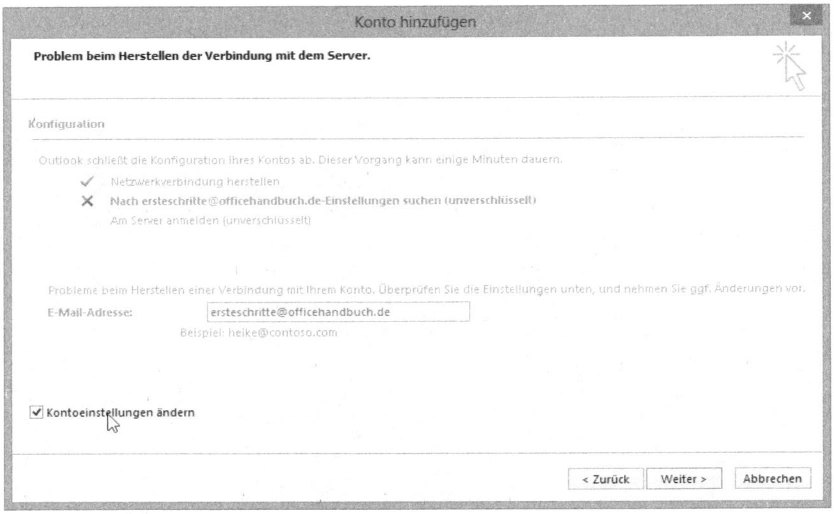

Um das Konto manuell einzurichten, schalten Sie das Kontrollkästchen *Kontoeinstellungen ändern* ein und klicken dann auf *Weiter*. Das manuelle Einrichten des E-Mail-Kontos ist auch nicht sehr schwer, Sie benötigen dafür lediglich Angaben über die Namen der E-Mail-Server und die Information, wie der E-Mail-Server Sie authentifiziert, wenn Sie E-Mails versenden. Mehr Informationen über die manuelle Konfiguration der Servereinstellungen finden Sie im folgenden Abschnitt.

Servereinstellungen manuell konfigurieren

Wenn die automatische Konfiguration der Servereinstellungen nicht funktioniert oder Sie ein E-Mail-Konto verwenden, das besondere Einstellungen erforderlich macht (beispielsweise ein Exchange-Postfach, auf das Sie über das Internet zugreifen), nehmen Sie die Servereinstellungen manuell vor. Schalten Sie dazu das Kontrollkästchen *Manuelle Konfiguration oder zusätzliche Servertypen* ein, das Sie auf der ersten Seite des Assistenten zur Kontoeinrichtung finden, bzw. das Kontrollkästchen *Kontoeinstellungen ändern*, das Sie auf den weiteren Seiten des Assistenten im unteren Bereich des Dialogfeldes sehen.

Klicken Sie danach auf *Weiter*, bis Sie die Seite *POP- und IMAP-Kontoeinstellungen* sehen, die in der folgenden Abbildung dargestellt ist.

Bild 49.15 Die Seite zur manuellen Einrichtung eines E-Mail-Kontos

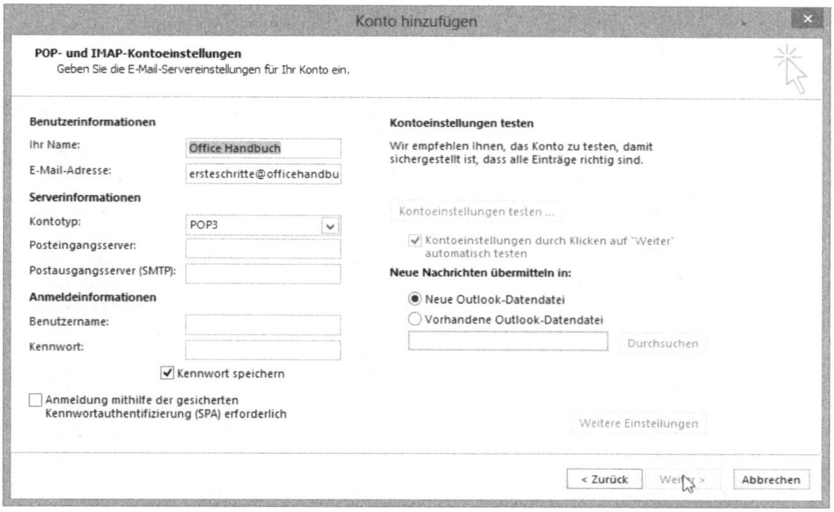

Die Bereiche *Benutzerinformationen* und *Anmeldeinformationen* unterscheiden sich nicht von der Seite, die für die automatische Kontoeinrichtung angezeigt wird. Lediglich der Bereich *Serverinformationen* ist neu; er wird verwendet, um den Kontotyp und die Namen für den Posteingangsserver und den Postausgangsserver festzulegen.

Beim Kontotyp stehen Ihnen die Optionen *POP3* und *IMAP* zur Verfügung. Bei *POP3* und *IMAP* nimmt Outlook direkt mit den E-Mail-Servern Kontakt auf; bei *IMAP* können Sie zusätzlich mit Ordnern für den Posteingang und den Postausgang arbeiten. Wenn Sie den Kontotyp *POP3* oder *IMAP* ausgewählt haben, müssen Sie sowohl in das Feld *Posteingangsserver* als auch in das Feld *Postausgangsserver* den jeweiligen Namen des E-Mail-Servers eintragen.

In den Unterlagen zu Ihrem E-Mail-Konto (oft auch in einer Bestätigungsmail, die Sie nach der Anmeldung erhalten haben) finden Sie in der Regel eine Aufstellung mit den Angaben, die Sie in die betreffenden Felder eintragen müssen. Die folgende Tabelle führt für einige E-Mail-Anbieter die Einstellungen auf, die Sie auf der Seite *POP- und IMAP-Kontoeinstellungen* eintragen müssen. Informationen zum Parameter *Authentifizierung beim Versand* finden Sie nach der Tabelle.

Tabelle 49.1 E-Mail-Einstellungen für einige wichtige E-Mail-Anbieter

E-Mail-Anbieter	Parameter	Einstellung
T-Online	Benutzername	Ihre E-Mail-Adresse ohne @t-online.de
	Posteingangsserver	popmail.t-online.de (für POP3) imap.t-online.de (für IMAP)
	Postausgangsserver	smtpmail.t-online.de
	Kennwort	Geben Sie hier Ihr E-Mail-Passwort ein. Ihr E-Mail-Passwort müssen Sie vorher im Kundencenter selbst vergeben.

Tabelle 49.1 E-Mail-Einstellungen für einige wichtige E-Mail-Anbieter *(Fortsetzung)*

E-Mail-Anbieter	Parameter	Einstellung
T-Online	Authentifizierung beim Versand	Schalten Sie das Kontrollkästchen *Der Postausgangsserver (SMTP) erfordert Authentifizierung* und die Option *Gleiche Einstellungen wie für Posteingangsserver verwenden* ein.
GMX	Benutzername	Ihre komplette E-Mail-Adresse
	Posteingangsserver	pop.gmx.net (für POP3) imap.gmx.net (für IMAP)
	Postausgangsserver	mail.gmx.net
	Authentifizierung beim Versand	Schalten Sie das Kontrollkästchen *Der Postausgangsserver (SMTP) erfordert Authentifizierung* und die Option *Gleiche Einstellungen wie für Posteingangsserver verwenden* ein.
Yahoo Mail	Benutzername	Ihre Yahoo-ID
	Posteingangsserver	pop.mail.yahoo.de
	Postausgangsserver	smtp.mail.yahoo.de
	Authentifizierung beim Versand	Schalten Sie das Kontrollkästchen *Der Postausgangsserver (SMTP) erfordert Authentifizierung* und die Option *Gleiche Einstellungen wie für Posteingangsserver verwenden* ein.
Google Mail/Gmail	Benutzername	Ihre E-Mail-Adresse ohne @gmail.com bzw. ohne googlemail.com
	Posteingangsserver	pop.gmail.com (für POP3) imap.gmail.com (für IMAP)
	Postausgangsserver	smtp.gmail.com
	Authentifizierung beim Versand	Schalten Sie das Kontrollkästchen *Der Postausgangsserver (SMTP) erfordert Authentifizierung* und die Option *Gleiche Einstellungen wie für Posteingangsserver verwenden* ein.
	Serveranschlussnummern	Schalten Sie das Kontrollkästchen *Posteingangsserver erfordert eine verschlüsselte Verbindung* ein.
web.de	Benutzername	Ihre E-Mai-Adresse ohne @web.de
	Posteingangsserver	pop3.web.de (für POP3) imap.web.de (für IMAP)
	Postausgangsserver	smtp.web.de
	Authentifizierung beim Versand	Schalten Sie das Kontrollkästchen *Der Postausgangsserver (SMTP) erfordert Authentifizierung* und die Option *Gleiche Einstellungen wie für Posteingangsserver verwenden* ein.
	Serveranschlussnummern	Schalten Sie das Kontrollkästchen *Posteingangsserver erfordert eine verschlüsselte Verbindung* ein.

Um möglichst zu verhindern, dass jemand anderes über Ihre E-Mail-Adresse Nachrichten versenden kann, ist es bei allen in der Tabelle aufgeführten (und auch fast allen anderen E-Mail-Anbietern) erforderlich, sich auch beim Versenden von Mails anzumelden, zu authentifizieren, und nicht nur dann, wenn Sie E-Mails abrufen. Die Einstellungen hierfür nehmen Sie vor, indem Sie auf der Seite *POP- und IMAP-Kontoeinstellungen* die Schaltfläche *Weitere Einstellungen* anklicken und zur Registerkarte *Postausgangsserver* wechseln. Dort können Sie dann die Einstellungen für die Authentifizierung beim Versand vornehmen, wie sie in Tabelle 49.1 aufgeführt sind bzw. wie Sie sie von Ihrem Dienstanbieter erhalten haben.

Bild 49.16 Auf der Registerkarte *Postausgangsserver* (links) legen Sie fest, ob und wie die Authentifizierung beim Versenden von E-Mail-Nachrichten vorgenommen werden soll. Auf der Registerkarte *Erweitert* (rechts) können Sie einstellen, ob für die Verbindung zum Posteingangs- und Postausgangsserver eine verschlüsselte Verbindung verwendet werden soll.

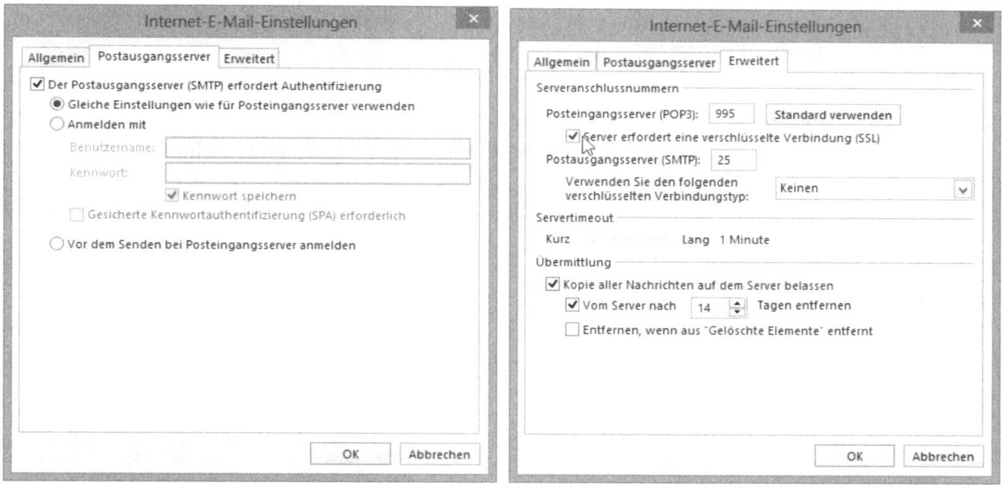

Eine weitere Option, die Sie bei manchen E-Mail-Anbietern einstellen müssen, ist, ob die Verbindung zu dem Server über eine verschlüsselte Verbindung hergestellt werden muss oder nicht. Bei einer verschlüsselten Verbindung werden die Daten, die zwischen Outlook und dem Mailserver ausgetauscht werden, verschlüsselt und können so nicht mitgelesen werden. Standardmäßig werden die Daten im Klartext, also unverschlüsselt übertragen. Um diese Option einzustellen, klicken Sie auf der Seite *POP- und IMAP-Kontoeinstellungen* die Schaltfläche *Weitere Einstellungen* an und wechseln zur Registerkarte *Erweitert.*

Um zum Posteingangsserver eine verschlüsselte Verbindung herzustellen, schalten Sie das Kontrollkästchen *Server erfordert eine verschlüsselte Verbindung (SSL)* ein. Outlook passt dann auch den Wert für die Anschlussnummer an.

Um auch für den Postausgangsserver eine verschlüsselte Verbindung zu verwenden, öffnen Sie die Liste *Verwenden Sie den folgenden verschlüsselten Verbindungstyp* und wählen dort die Art des Verschlüsselungsmechanismus aus. Diese Angabe erhalten Sie von Ihrem Dienstanbieter. Google Mail und Windows Live verwenden beispielsweise den Typ *TLS*, andere Anbieter den Typ *SSL*. Wenn Sie sich nicht sicher sind, können Sie auch die Einstellung *Automatisch* verwenden; sollte diese Einstellung nicht funktionieren, können Sie meist der Fehlermeldung, die Outlook beim Herstellen der Verbindung anzeigt, entnehmen, welchen Verbindungstyp der E-Mail-Server verwendet.

Exchange-Postfach manuell konfigurierenn

Um einem Outlook-Profil ein neues Exchange-Postfach zuzuordnen, müssen Sie Outlook beenden und das Symbol *E-Mail* in der Systemsteuerung verwenden. Exchange-Postfächer können nicht hinzugefügt werden, während Outlook ausgeführt wird.

1. Wenn Outlook gestartet ist, beenden Sie es.
2. Öffnen Sie die Systemsteuerung, öffnen Sie dort das Symbol *E-Mail* und klicken Sie dann im Dialogfeld *Mail-Setup – Outlook* auf die Schaltfläche *E-Mail-Konten.* Das Dialogfeld *Kontoeinstellungen* wird angezeigt.
3. Klicken Sie auf der Registerkarte *E-Mail* auf *Neu.*
4. Schalten Sie die Option *Manuelle Konfiguration oder zusätzliche Servertypen* ein und klicken Sie dann auf *Weiter.*
5. Markieren Sie auf der Seite *Dienst auswählen* die Option *Microsoft Exchange oder kompatibler Dienst* und klicken Sie dann auf *Weiter.*

Bild 49.17 Für einen Exchange-Server, der sich in Ihrem lokalen Netzwerk befindet, reicht es meist aus, den Namen des Exchange-Servers und Ihren Benutzernamen einzutragen

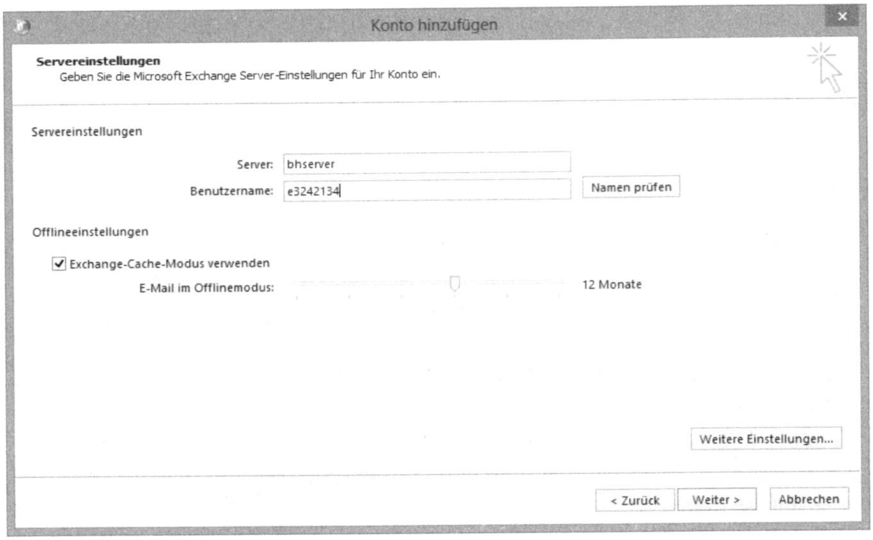

6. Wenn sich der Exchange-Server innerhalb Ihres Netzwerks befindet, reicht es aus, den Namen des Exchange-Servers und den Namen Ihres Exchange-Server-Postfachs anzugeben. In den meisten Fällen ist der Name Ihres Exchange-Postfachs mit dem Namen Ihres Windows-Benutzerkontos identisch. Klicken Sie auf *Weiter.*

   Falls Sie ein Exchange-Postfach auf einem externen Server verwenden oder über das Internet und nicht über das lokale Netzwerk auf Ihren Exchange-Server zugreifen, sind meist noch weitere Einstellungen erforderlich.

Klicken Sie auf *Weitere Einstellungen* und nehmen Sie die Konfiguration so vor, wie Sie es der Dokumentation Ihres Dienstanbieters entnehmen können. Die nächste Abbildung zeigt exemplarisch einen Teil der Verbindungseinstellungen für die Microsoft Online Services und ein Office 365-Konto. Da in diesem Beispiel über das Internet via HTTP auf das Exchange-Postfach zugegriffen wird, muss ein Exchange-Proxyserver und ein Authenfizierungsmodus eingestellt werden.

Bild 49.18 Hier exemplarisch einige Einstellungen, die vorgenommen werden müssen, um über http auf ein Exchange-Server-Postfach zuzugreifen

7. Wenn das Exchange-Konto erfolgreich eingerichtet wurde, können Sie die Systemsteuerung schließen und Outlook starten. Beim ersten Start nach der Einrichtung eines neuen Exchange-Kontos führt Outlook automatisch weitere Schritte durch, die zur Fertigstellung der Kontoeinrichtung erforderlich sind.

Datendateien: Speicherort für E-Mails

Alle Daten, mit denen Sie in Outlook arbeiten, werden in sogenannten Datendateien gespeichert, die, gemeinsam mit den Kontoinformationen, Ihr Outlook-Profil ausmachen. Wie im Abschnitt über Profile beschrieben, kann ein Profil auch mehrere Datendateien beinhalten. (In Kapitel 50 dieses Buches ist beschrieben, wie Sie weitere Datendateien erstellen.)

Wenn Sie die Registerkarte *DATEI* öffnen, dann zuerst auf *Informationen* und danach zweimal auf *Kontoeinstellungen* klicken, werden auf der Registerkarte *E-Mail* alle eingerichteten E-Mail-Konten angezeigt (siehe Abbildung auf der nächsten Seite).

Bild 49.19 In der Liste werden alle eingerichteten E-Mail-Konten angezeigt. Wenn Sie einen Eintrag markieren, sehen Sie im unteren Bereich des Dialogfeldes, welche Datendatei als Speicherort für die E-Mail-Nachrichten dieses Kontos verwendet wird.

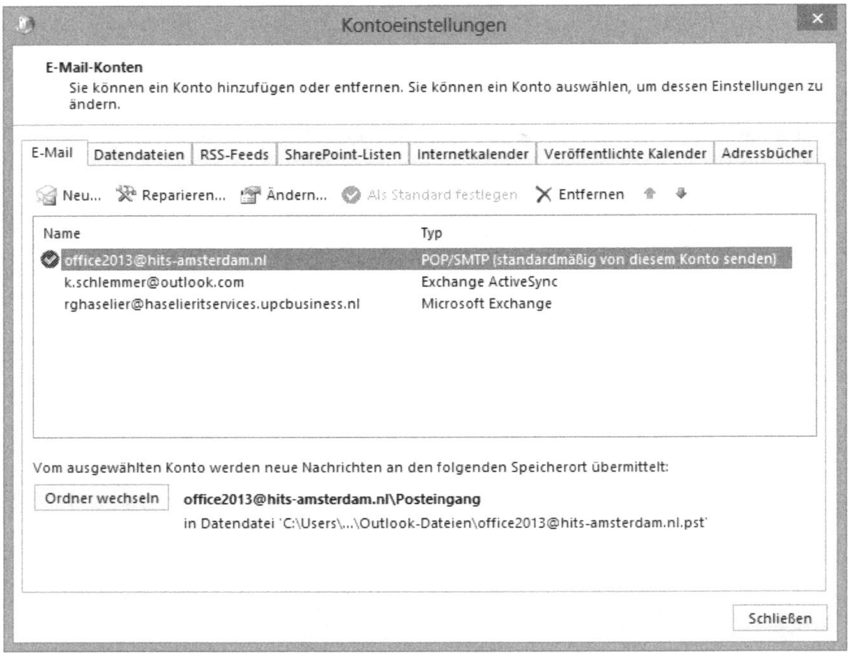

Um bei POP- und IMAP-Konten den Speicherort zu ändern, klicken Sie die Schaltfläche *Ordner wechseln* an und wählen dann im Dialogfeld *Neuer E-Mail-Übermittlungsort* den Ordner und die Datendatei aus, die Sie verwenden möchten.

Weitere Kontoeinstellungen vornehmen

Sie können die Einstellungen für die eingerichteten E-Mail-Konten über das Dialogfeld *Kontoeinstellungen* jederzeit ändern.

Standardkonto festlegen

Wenn Sie mehrere E-Mail-Konten eingerichtet haben, verwendet Outlook eines der Konten als Standardkonto. Wenn Sie eine neue E-Mail verfassen, wird die Mail dann automatisch über das Standardkonto versendet. (Sie können das Konto, über das eine Mail versendet wird, auch während des Erstellens der Nachricht ändern; dies ist in Kapitel 47 beschrieben.)

Um das Standardkonto zu ändern, markieren Sie auf der Registerkarte *E-Mail* das gewünschte Konto und klicken dann auf *Als Standard festlegen* (siehe Abbildung oben auf dieser Seite).

E-Mails auf dem Server belassen

Falls Sie ein POP3-E-Mail-Konto verwenden, auf das Sie auch über eine Website zugreifen können, kann es sinnvoll sein, die E-Mails sowohl mit Outlook abzurufen als auch auf dem Server zu belassen, damit sie auch beim Zugriff über die Website weiter zur Verfügung stehen. Standardmäßig werden die E-Mails nach dem erfolgreichen Abrufen vom E-Mail-Server gelöscht.

Damit die E-Mails auf dem Server vorhanden bleiben, gehen Sie wie folgt vor:

1. Öffnen Sie die Registerkarte *DATEI*, klicken Sie dann zuerst auf *Informationen* und danach zweimal auf *Kontoeinstellungen*. Wechseln Sie zur Registerkarte *E-Mail*.
2. Markieren Sie in der Liste das E-Mail-Konto, dessen Einstellungen Sie ändern möchten.
3. Klicken Sie auf *Ändern* und dann auf die Schaltfläche *Weitere Einstelllungen*.
4. Wechseln Sie zur Registerkarte *Erweitert*.
5. Schalten Sie im Bereich *Übermittlung* das Kontrollkästchen *Kopie aller Nachrichten auf dem Server belassen* ein.

Bild 49.20 Im unteren Bereich des Dialogfeldes legen Sie fest, ob die E-Mails, die Sie mit Outlook abrufen, auf dem Mailserver belassen werden

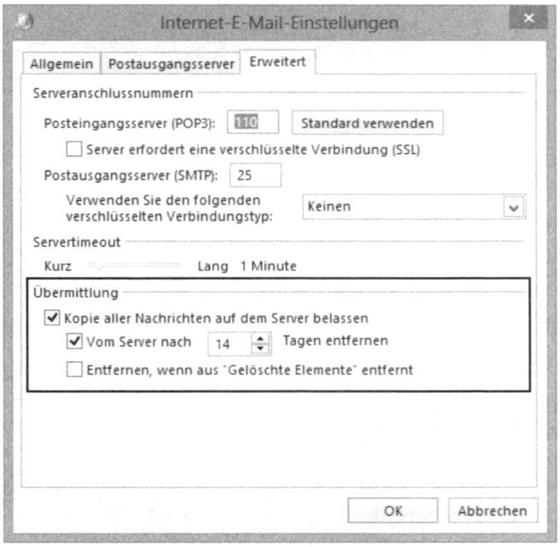

6. Wenn Sie möchten, dass die E-Mails nach einer bestimmten Zeitspanne vom Server entfernt werden, schalten Sie das Kontrollkästchen *Vom Server nach x Tagen entfernen* ein und legen die Zeitspanne fest.
7. Um zu erreichen, dass Elemente, die Sie in Outlook gelöscht und aus dem Ordner *Gelöschte Elemente* entfernt haben, auch vom Server entfernt werden, schalten Sie das Kontrollkästchen *Entfernen, wenn aus "Gelöschte Elemente" entfernt* ein.
8. Klicken Sie auf *OK*, dann auf *Weiter* und abschließend auf *Fertig stellen*.

Antwortadresse und Name der Organisation

Die drei letzten Einstellungen, die wir in diesem Kapitel vorstellen wollen, befinden sich alle auf der Registerkarte *Allgemein* des Dialogfeldes *Internet-E-Mail-Einstellungen.*

Bild 49.21 Auf der Registerkarte *Allgemein* können Sie unter anderem den Anzeigenamen für das E-Mail-Konto einstellen

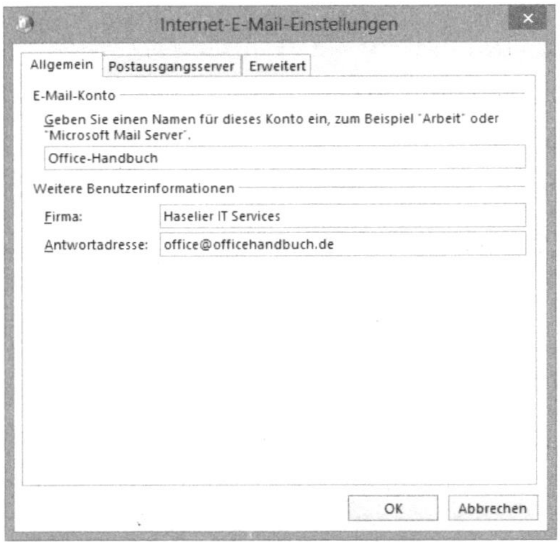

- **E-Mail-Konto** Im Feld *E-Mail-Konto* können Sie einen Anzeigenamen für das E-Mail-Konto eingeben. Der Anzeigename wird Outlook-intern verwendet. Beispielsweise wird der Anzeigename auf der Registerkarte *E-Mails* angezeigt und er wird auch verwendet, um beim Erstellen einer Mail die Auswahlliste mit den Konten zu erstellen, aus der Sie dann das Konto auswählen, über das die E-Mail versendet werden soll.
- **Firma** In das Feld *Firma* können Sie den Namen Ihrer Firma oder Organisation eintragen. Diese Information wird in den Kopfzeilen der E-Mail-Nachricht (einem normalerweise nicht sichtbaren Bereich der E-Mail) an den Empfänger übertragen.
- **Antwortadresse** Wenn die Antwort auf eine E-Mail, die Sie über dieses Konto verschicken, an eine andere E-Mail-Adresse als die Absenderadresse gesendet werden soll, geben Sie diese Adresse in das Feld *Antwortadresse* ein. Wenn der Empfänger der E-Mail auf *Antworten* klickt, wird die Antwort dann an die im Feld *Antwortadresse* eingetragene E-Mail-Adresse gesendet.

Kapitel 50

Outlook-Datendateien

In diesem Kapitel:

Wenn Sie in Outlook einen Termin, eine Aufgabe oder eine E-Mail erstellen, müssen diese Elemente irgendwo aufbewahrt werden, damit sie beim Neustart von Outlook wieder zur Verfügung stehen. Outlook verwendet hierfür einen bestimmten Dateityp, der Datendatei genannt wird. Auch wenn es wegen der vielen Ordnersymbole in der Ordnerliste von Outlook so aussieht, als ob sich diese Ordnerstruktur genauso auf der Festplatte Ihres Computers wiederfinden lässt, ist dies nicht der Fall. All diese Ordner und deren Elemente befinden sich in der Regel in einer Datei, der Datendatei. (Das »in der Regel« bezieht sich auf eine Standardinstallation von Outlook. Sie können auch mehrere Datendateien verwenden, doch dazu mehr etwas später in diesem Kapitel.)

Dieses Kapitel stellt Ihnen diese Datendateien vor, führt einige Gründe an, warum es sinnvoll sein kann, mit mehreren Datendateien zu arbeiten, und liefert Schritt-für-Schritt-Anleitungen für die wichtigsten Verfahren, die Sie bei der Verwendung von Datendateien kennen sollten.

Datendateien im Überblick

Datendateien ist der Oberbegriff für die Dateien, in denen Outlook seine Informationen abspeichert. Bei den Datendateien lassen sich zwei verschiedene Typen unterscheiden:

- **Persönliche Ordnerdatei** Die persönliche Ordnerdatei (Erweiterung *.pst)* wird verwendet, wenn Sie mit Outlook E-Mail-Konten des Typs POP3 oder IMAP benutzen.

  Wenn Sie mehrere POP3- und IMAP-Konten verwenden, erstellt Outlook beim Einrichten der Konten für jedes eine eigene persönliche Ordnerdatei. Sie können Outlook jedoch so konfigurieren, dass alle E-Mails für die verschiedenen POP3- und IMAP-Konten in der gleichen Datendatei landen.

  Der Hauptzweck der Datei ist also die Verwaltung des Posteingangs und des Postausgangs und sie dient damit als Speicherort für Ihren E-Mail-Verkehr. Hierfür befinden sich in der persönlichen Ordnerdatei entsprechende Ordner, in denen Elemente des Typs E-Mail abgelegt werden können. In weiteren Ordnern in dieser Datei werden Kontakte, Termine, Aufgaben usw. gespeichert.

- **Offlineordnerdatei** Wenn Sie in Outlook mit einem Microsoft Exchange-Konto oder einem Exchange ActiveSync-Konto (hierzu gehören die E-Mail-Diente Outlook.com und Hotmail) arbeiten, befinden sich all Ihre Daten (also E-Mails, Kontakte, Termine usw.) standardmäßig auch auf dem Server, und nicht lokal auf Ihrem Computer.

  Damit Sie jedoch auch dann mit diesen Daten arbeiten können, wenn einmal keine Netzwerkverbindung zu Ihrem Server besteht, verwendet Outlook den zweiten Typ von Datendatei, die Offlineordnerdatei (mit der Erweiterung .ost), um alle Daten, die auf dem Server vorgehalten werden, zwischenzuspeichern. Wenn Sie einem Outlook-Profil ein Exchange Server- oder Outlook.com- oder Hotmail-Konto hinzufügen, wird für jedes dieser Konten automatisch eine Offlineordnerdatei erstellt.

Welche Datendateien aktuell in Verwendung sind, können Sie sehen, wenn Sie die Registerkarte *DATEI* öffnen und dann in der Kategorie *Informationen* zweimal auf *Kontoeinstellungen* klicken. Wechseln Sie anschließend im Dialogfeld *Kontoeinstellungen* zur Registerkarte *Datendateien.* Ein Beispiel hierfür zeigt Abbildung 50.1.

Bild 50.1 Die Registerkarte *Datendateien* zeigt alle derzeit verwendeten Datendateien an

In der Spalte *Speicherort* können Sie den Dateinamen und den Ordner sehen, in dem die Datendatei gespeichert ist. In der obigen Abbildung wird eine Offlineordnerdatei verwendet (Endung *.ost),* die einem Outlook.com-Konto zugeordnet ist. Wenn Sie eine Offlineordnerdatei markieren und dann auf *Einstellungen* klicken, erhalten Sie weitere Informationen zur Offlineordnerdatei und, falls es sich bei dem Konto um ein Exchange-Server-Konto handelt, zu dem Exchange-Konto.

Bild 50.2 Diese Dialogfelder zeigen weitere Informationen zur Datendatei eines Exchange-Kontos (links) und eines Exchange ActiveSync-Kontos (rechts) an

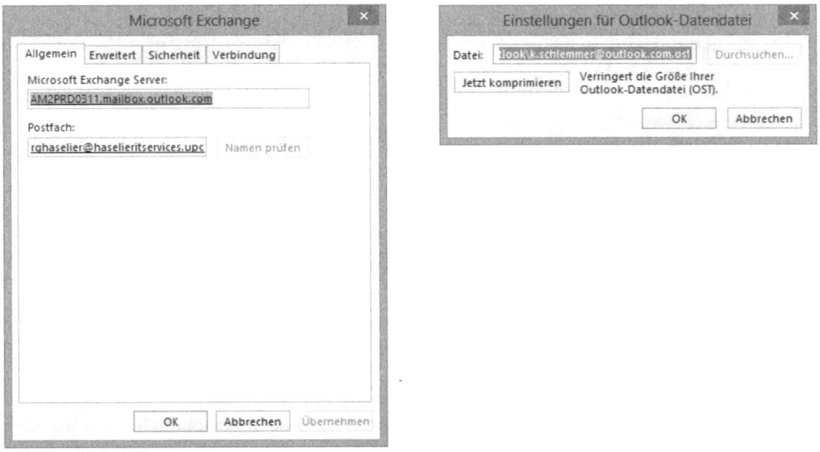

Der markierte Eintrag in der Liste in Abbildung 50.1 zeigt eine persönliche Ordnerdatei, deren Name *(outlook.com.ost)* in der Spalte *Speicherort* zu sehen ist. Wenn Sie einen Eintrag mit einer persönlichen Ordnerdatei markieren und dann auf *Einstellungen* klicken, sehen Sie weitere Informationen zu dieser Datei.

Bild 50.3 In diesem Dialogfeld können Sie den Speicherort, das Format und weitere Informationen zu einer persönlichen Ordnerdatei abrufen

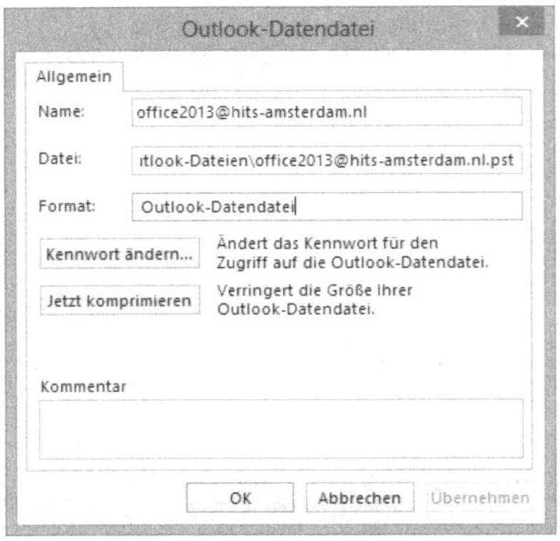

Im Feld *Name* steht der Anzeigename der persönlichen Ordnerdatei, wie er an anderen Stellen innerhalb von Outlook verwendet wird. Im Feld *Datei* sehen Sie den kompletten Pfadnamen der Datei und das Feld *Format* informiert Sie darüber, welches Format die Datei besitzt (mehr über die Formate von persönlichen Ordnerdateien im folgenden Abschnitt).

PROFITIPP

Anzeigename der Datendatei im Ordnerbereich

Der Text, den Sie im Feld *Name* des Dialogfeldes *Outlook-Datendatei* sehen, wird von Outlook als Anzeigename der Datendatei im Ordnerbereich verwendet. Standardmäßig verwendet Outlook die E-Mail-Adresse. Bei Konten des Typs POP3 und IMAP können Sie den Anzeigenamen ändern, indem Sie den Eintrag im Feld *Name* bearbeiten.

Mit den Schaltflächen des Dialogfeldes können Sie das Kennwort für diese Datendatei ändern oder eines vergeben, sofern die Datei noch kein Kennwort besitzt, und die Datei komprimieren, um so Speicherplatz zu sparen oder um die Größe der Datei zu reduzieren, bevor Sie eine Sicherungskopie erstellen. Mehr zu den Themen Kennwörter, Komprimierung und Datensicherungen finden Sie im weiteren Verlauf dieses Kapitels.

Formate der Datendateien

Outlook 2013 unterstützt zwei verschiedene Formate für die persönlichen Datendateien:

- **Outlook-Datendatei** Das Format *Outlook-Datendatei* wurde bei Outlook 2003 eingeführt und ist mit dem Dateiformat, das standardmäßig von Outlook 2013 verwendet wird, identisch. Die maximale Dateigröße beträgt ca. 20 Gigabyte und es werden die Zeichensätze ANSI und Unicode unterstützt, wodurch es möglich ist, auch Elemente in Fremdsprachen, die nicht im Standard-ANSI-Zeichensatz dargestellt werden können (beispielsweise Chinesisch oder Japanisch), in der persönlichen Ordnerdatei abzuspeichern.

- **Outlook 97-2002-Datendatei** Hierbei handelt es sich um das Dateiformat, das von den Outlook-Versionen 97 bis 2002 verwendet wurde. Die maximale Dateigröße beträgt ca. 2 Gigabyte und es wird nur der ANSI-Zeichensatz unterstützt.

Wenn Sie Outlook das erste Mal starten und Ihr Profil einrichten, verwendet Outlook 2013 standardmäßig das neuere Format. Das Format der Datendatei wird festgelegt, wenn eine neue Datendatei erstellt wird; es kann später nicht geändert werden. Welches Format Ihre persönlichen Ordnerdateien besitzen, können Sie im Dialogfeld *Outlook-Datendatei* sehen (siehe Bild 50.3 auf der vorigen Seite).

Wo befinden sich die Datendateien?

Die Datendateien werden unterhalb des Ordners gespeichert, in dem sich die Daten zu Ihrem Windows-Benutzerkonto befinden. Bei Windows 7 und Windows 8 befinden sich die Offlineordnerdateien für die Exchange Server- und die Exchange ActiveSync-Konten standardmäßig im Ordner *C:\Users\[Benutzername]\AppData\Local\Microsoft\Outlook.* Statt *[Benutzername]* müssen Sie Ihren Windows-Anmeldenamen in den Pfad einsetzen. Die persönlichen Ordnerdateien werden standardmäßig im Ordner *C:\Users\[Benutzername]\Dokumente\Outlook-Dateien* gespeichert.

Die genaue Pfadangabe jeder einzelnen persönlichen Ordnerdatei können Sie sich ansehen, wenn Sie auf der Registerkarte *Datendateien* des Dialogfeldes *Kontoeinstellungen* die persönliche Ordnerdatei markieren und dann auf *Einstellungen* klicken. Der komplette Pfadname der Datei wird im Feld *Datei* angezeigt. Wenn Sie in dem Feld ein wenig scrollen, ist der (sehr lange) Pfadname sichtbar.

Wenn Sie den Ordner mit den persönlichen Ordnerdateien schnell öffnen wollen, ohne sich dabei durch die Ordnerstruktur der Festplatte Ihres Computers hangeln zu müssen, können Sie auf der Registerkarte *Datendateien* des Dialogfeldes *Kontoeinstellungen* die Datei markieren, deren Ordner Sie öffnen wollen, und dann auf *Datenspeicherort öffnen* klicken. Outlook öffnet daraufhin den Ordner im Explorer, wie Sie es in der Abbildung auf der nächsten Seite sehen.

Wie Sie in der Abbildung erkennen können, werden in dem Ordner außer der/den persönlichen Ordnerdatei(en) von Outlook zusätzliche Ordner angelegt, die weitere Konfigurationseinstellungen enthalten.

Bild 50.4 Der Ordner mit der Offlineordnerdatei, wie er sich unter Windows 8 präsentiert

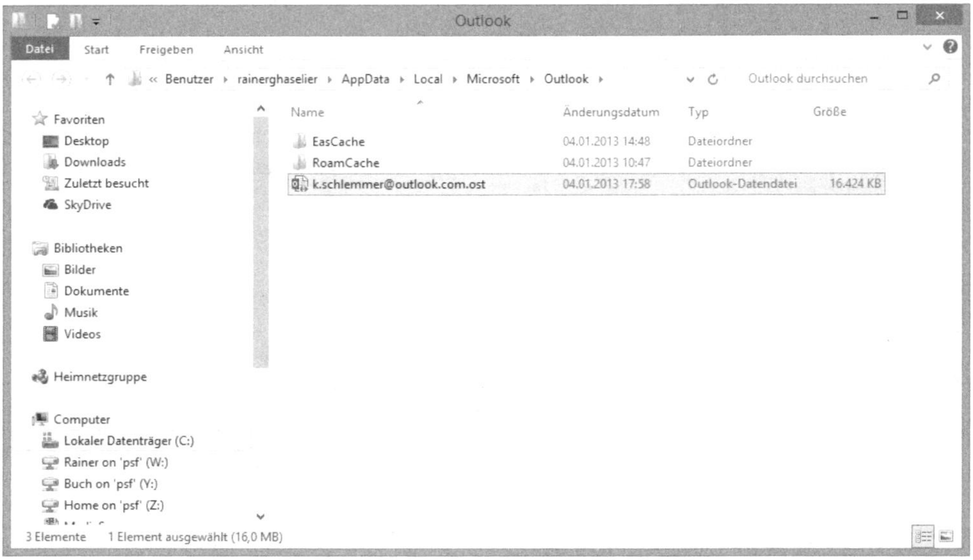

Weitere Datendateien erstellen

Normalerweise reicht es aus, mit einer persönlichen Ordnerdatei zu arbeiten. Es kann jedoch auch bestimmte Einsatzszenarien geben, bei denen es zumindest eine Überlegung wert ist, ob nicht mit mehreren Datendateien gearbeitet werden sollte:

- Sie haben sehr viele RSS-Feeds abonniert, wodurch die Größe der persönlichen Ordnerdatei stark zunimmt. Sie können ältere Nachrichten in einer eigenen Ordnerdatei archivieren.
- Sie nehmen die Datensicherung der persönlichen Ordnerdatei auf einem USB-Stick vor. Die Größe der Ordnerdatei überschreitet die verfügbare Kapazität auf dem USB-Stick. Sie können Elemente, die nicht so wichtig sind (wie ältere Nachrichten oder RSS-Feeds), in einer eigenen Ordnerdatei ablegen, so die Größe der Hauptordnerdatei reduzieren und diese dann wie gewohnt auf Ihrem USB-Stick sichern.
- Sie verwenden mehrere E-Mail-Konten (beispielsweise eines für geschäftliche, ein anderes für private Zwecke) und möchten gern, dass die E-Mail-Nachrichten nach E-Mail-Kontos getrennt in eigenen Ordnerdateien abgelegt werden.
- Sie verwenden Outlook auf mehreren PCs und wollen die Größe der Ordnerdatei, die die Informationen enthält, die Sie auf jedem PC benötigen, verkleinern, um so den Kopiervorgang zwischen den Computern zu beschleunigen.
- Sie wollen bestimmte sensible Daten, die Sie im Modul *Notizen* angelegt haben, in einer eigenen Ordnerdatei ablegen und diese Datei mit einem Kennwort schützen.

Dies sind nur einige der Einsatzbereiche, bei denen es sinnvoll ist, eine weitere persönliche Ordnerdatei zu erstellen. Um dies zu tun, gehen Sie wie folgt vor:

1. Wechseln Sie zur Registerkarte *DATEI*, klicken Sie auf *Informationen* und dann zweimal auf *Kontoeinstellungen*. Das gleichnamige Dialogfeld wird geöffnet.
2. Klicken Sie auf der Registerkarte *Datendateien* auf *Hinzufügen*. Das Dialogfeld *Outlook-Datendatei erstellen oder öffnen* wird angezeigt.
3. Geben Sie in das Feld *Dateiname* einen aussagekräftigen Dateinamen ein, der den Verwendungszweck der neuen Datendatei widerspiegelt. Dieser Name wird an anderen Stellen innerhalb von Outlook verwendet und angezeigt; daher hilft ein sprechender Name später bei der Orientierung.
4. Falls Sie eine Datendatei erstellen wollen, die mit älteren Outlook-Versionen (97 bis 2002) kompatibel sein soll, öffnen Sie das Listenfeld *Dateityp* und wählen *Outlook 97-2002-Datendateien*. Anderenfalls können Sie die Option *Outlook-Datendateien* übernehmen.

Bild 50.5 Legen Sie hier den Namen der neuen Datendatei fest. Verwenden Sie am besten einen Namen, der den Zweck der Datendatei gut beschreibt.

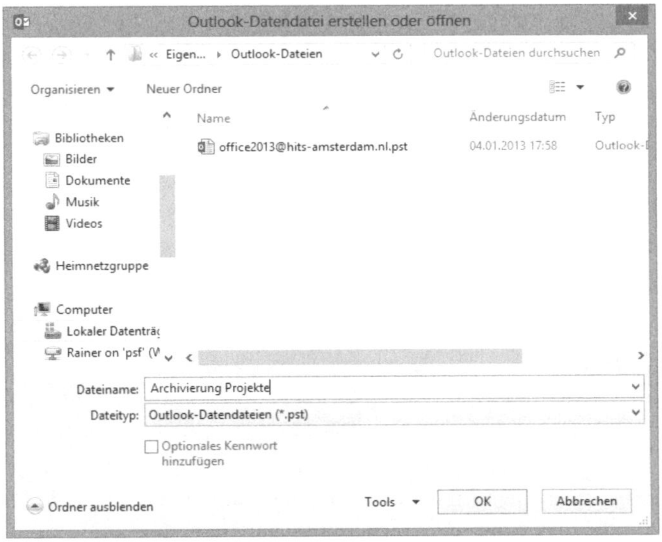

5. Wenn Sie die Datendatei durch ein Kennwort schützen wollen, schalten Sie das Kontrollkästchen *Optionales Kennwort hinzufügen* ein.
6. Klicken Sie auf *OK*.
7. Wenn Sie das Kontrollkästchen *Optionales Kennwort hinzufügen* eingeschaltet haben, wird das Dialogfeld *Outlook-Datendatei erstellen* angezeigt. Geben Sie dort das gewünschte Kennwort in die beiden Kennwortfelder ein. Das Öffnen der persönlichen Ordnerdatei ist danach nur noch durch die Eingabe des Kennworts möglich.

Bild 50.6 In diesem Dialogfeld legen Sie das Kennwort für die Outlook-Datendatei fest

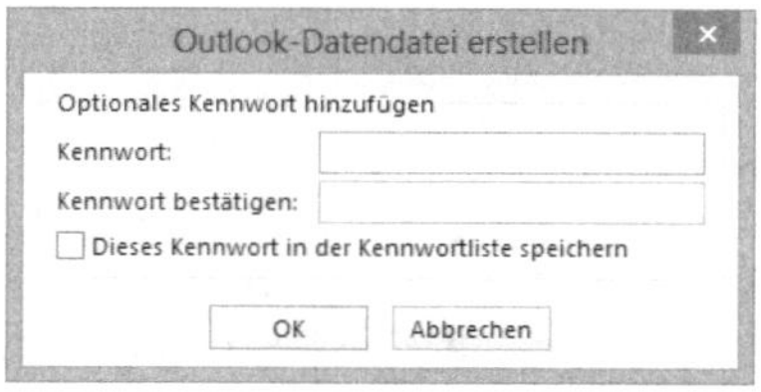

8. Wenn Sie das Kennwort nicht bei jedem Starten von Outlook eingeben wollen, schalten Sie das Kontrollkästchen *Dieses Kennwort in der Kennwortliste speichern* ein. Die Kennwortliste ist ein Teil Ihres Windows-Benutzerkontos, sie wird verschlüsselt in der Windows-Registrierung gespeichert.
9. Klicken Sie auf *OK*, um die Datendatei mit den eingestellten Optionen erstellen zu lassen.

Ordner in der neuen Datendatei erstellen

Nachdem Sie die neue Ordnerdatei erstellt haben, wird sie in der Ordnerliste angezeigt. Klicken Sie in der Navigationsleiste im Ordnerbereich auf die drei Punkte und wählen Sie *Ordner* oder drücken Sie Strg+6. Sie können die neue persönliche Ordnerdatei in der Ordnerliste an dem Anzeigenamen erkennen, den Sie beim Erstellen der Datei festgelegt haben.

Bild 50.7 Eine neue persönliche Ordnerdatei enthält nach dem Erstellen lediglich die Ordner *Gelöschte Elemente* und *Suchordner*

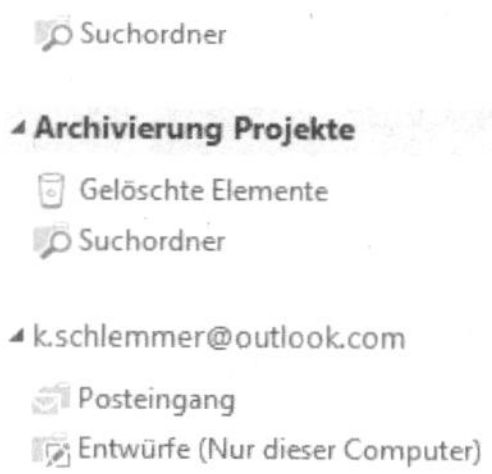

Wenn Sie auf das Dreieck vor dem Namen der persönlichen Ordnerdatei klicken, sehen Sie die Ordner, die in der Datei enthalten sind. Bei einer neu erstellten Datei sind dies lediglich die beiden Ordner *Gelöschte Elemente* und *Suchordner*. Legen Sie nun in der persönlichen Ordnerdatei die Ordner an, die dem Verwendungszweck der Ordnerdatei entsprechen.

1. Klicken Sie in der Ordnerliste den Anzeigenamen der Ordnerdatei mit der rechten Maustaste an und wählen Sie im Kontextmenü den Befehl *Neuer Ordner*. Oder öffnen Sie die Registerkarte *ORDNER* und wählen Sie in der Gruppe *Neu* den Befehl *Neuer Ordner*. Das Dialogfeld *Neuen Ordner erstellen* wird angezeigt.

ACHTUNG **Neuer Ordner bei geöffnetem *E-Mail*-Modul** Bitte beachten Sie, dass der Kontextmenübefehl *Neuer Ordner* einen neuen Ordner des Typs *E-Mail und Bereitstellung* erstellt, wenn Sie den Befehl wählen, während das Modul *E-Mail* aktiv ist. Sie können dann im Ordnerbereich lediglich den Namen eintippen und nicht mehr den Typ festlegen.

2. Geben Sie in das Feld *Name* den Namen ein, den der neue Ordner erhalten soll.
3. Öffnen Sie die Liste *Ordner enthält Elemente des Typs* und legen Sie fest, welche Outlook-Elemente Sie in diesem Ordner ablegen wollen.

Bild 50.8 In diesem Dialogfeld legen Sie den Namen und den Elementtyp fest, der in dem neuen Ordner enthalten sein soll

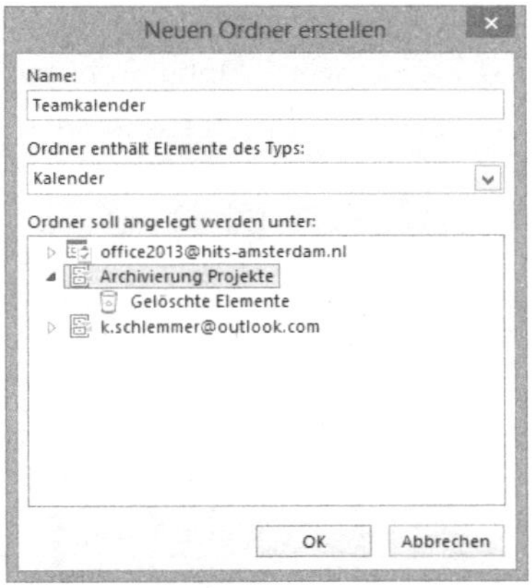

TIPP **Ordner für RSS-Feeds** Wählen Sie den Typ *E-Mail und Bereitstellung,* wenn Sie den neuen Ordner als Speicherort für RSS-Feeds verwenden wollen.

4. Klicken Sie auf *OK,* um den neuen Ordner zu erstellen.
5. Wiederholen Sie die Schritte 1 bis 4 für alle weiteren Ordner, die Sie in der neuen persönlichen Ordnerdatei erstellen wollen.

Speicherort für E-Mail-Nachrichten und RSS-Feeds festlegen

Wenn Sie eine persönliche Ordnerdatei verwenden, um dort beispielsweise alle RSS-Feeds abzulegen oder alle E-Mail-Nachrichten eines bestimmten E-Mail-Kontos aufzubewahren, müssen Sie Outlook noch mitteilen, welche Daten in welchem Speicherort abgelegt werden sollen.

1. Wechseln Sie zur Registerkarte *DATEI,* klicken Sie auf *Informationen* und dann zweimal auf *Kontoeinstellungen.* Das gleichnamige Dialogfeld wird geöffnet.
2. Wechseln Sie zur Registerkarte *E-Mail,* wenn Sie den Speicherort für ein E-Mail-Konto festlegen wollen, oder zur Registerkarte *RSS-Feeds,* um den Speicherort eines RSS-Feeds zu ändern.

3. Markieren Sie in der Liste das E-Mail-Konto bzw. den Feednamen und klicken Sie dann im unteren Bereich auf die Schaltfläche *Ordner wechseln.*

   Das Dialogfeld *Neuer E-Mail-Übermittlungsort* bzw. *Neuer RSS-Feed-Übermittlungsort* wird geöffnet.

Bild 50.9 In diesem Dialogfeld legen Sie den Übermittlungs- und Speicherort des ausgewählten E-Mail-Kontos bzw. RSS-Feeds fest

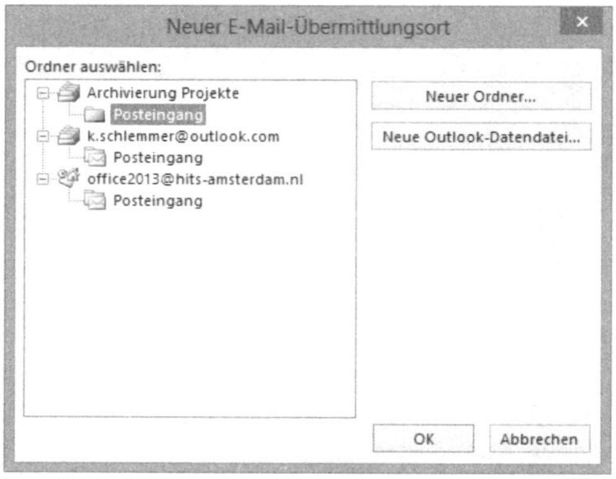

4. Markieren Sie im Feld *Ordner auswählen* den Ordner, der als Speicherort dienen soll, und klicken Sie dann auf *OK.*

TIPP **Ordner *Postausgang, Gesendete Elemente* und *Junk-E-Mail*** Wenn Sie eine persönliche Ordnerdatei für ein bestimmtes E-Mail-Konto erstellen wollen, reicht es aus, den Ordner *Posteingang* anzulegen und diesen als Speicherort einzustellen. Nachdem Sie die erste E-Mail über dieses Konto versendet haben, erstellt Outlook die Ordner *Postausgang, Gesendete Elemente* und *Junk-E-Mail* automatisch und weist diesen auch die Standardordnersymbole zu.

HINWEIS In Outlook 2013 kann bei Exchange Server- und Exchange ActiveSync-Konten der Speicherort nicht mehr geändert werden. In früheren Versionen war es möglich, bei diesen Konten für eingehende Nachrichten eine persönliche Ordnerdatei einzustellen; dies war nie eine empfohlene Vorgehensweise, daher wurde diese Möglichkeit entfernt.

Datendateien mit Kennwort schützen

Beim Erstellen einer neuen persönlichen Ordnerdatei können Sie für die Datei ein Kennwort festlegen. Dieses Kennwort können Sie jederzeit ändern; falls Sie beim Erstellen kein Kennwort vergeben haben, können Sie dies auch noch zu einem späteren Zeitpunkt tun.

1. Wechseln Sie zur Registerkarte *DATEI,* klicken Sie auf *Informationen* und dann zweimal auf *Kontoeinstellungen.* Das gleichnamige Dialogfeld wird geöffnet.
2. Wechseln Sie zur Registerkarte *Datendateien.*

3. Markieren Sie die Datendatei, deren Kennwort Sie ändern/festlegen möchten, und klicken Sie dann auf *Einstellungen.*
4. Klicken Sie im Dialogfeld *Outlook-Datendatei* auf *Kennwort ändern.*

Bild 50.10 In diesem Dialogfeld ändern Sie das Kennwort für eine persönliche Ordnerdatei

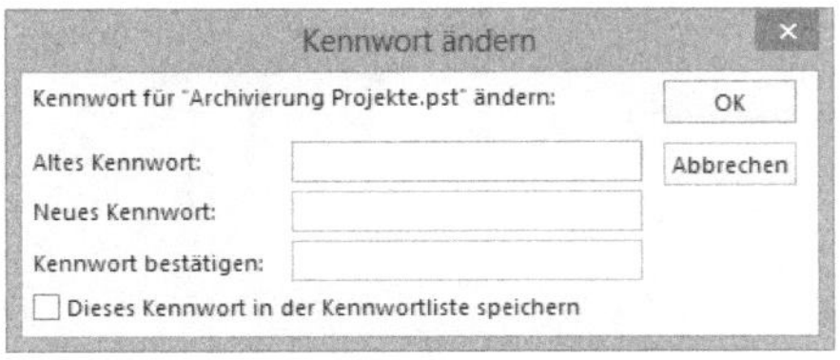

5. Wenn die Datei bereits ein Kennwort besitzt, geben Sie das aktuelle Kennwort in das Feld *Altes Kennwort* ein; ansonsten lassen Sie dieses Feld leer.
6. Geben Sie das gewünschte Kennwort in die Felder *Neues Kennwort* und *Kennwort bestätigen* ein.
7. Schalten Sie das Kontrollkästchen *Dieses Kennwort in der Kennwortliste speichern* ein, wenn Sie nicht bei jedem Öffnen das Kennwort eingeben wollen, sondern das Kennwort in der Kennwortliste Ihres Windows-Benutzerkontos gespeichert werden soll.
8. Klicken Sie auf *OK* und dann auf *OK* und *Schließen,* um alle geöffneten Dialogfelder zu schließen.

RSS-Feeds archivieren

Dieser Abschnitt stellt eine weitere Verwendungsmöglichkeit von mehreren Datendateien vor. Hier wird gezeigt, wie Sie RSS-Feeds von Outlook automatisch archivieren lassen können. Diese Methode bietet sich besonders dann an, wenn Sie lediglich ein Exchange Server-Konto verwenden, jedoch keines der anderen E-Mail-Konten. In diesem Fall verwenden Sie eine Offlineordnerdatei, um auch lokal auf Ihr Exchange-Postfach zugreifen zu können. Das Problem bei einem Exchange-Postfach kann eine Speicherplatzbegrenzung sein, die der Administrator des Exchange Server vorgenommen hat. Wenn Sie viele RSS-Feeds abonniert haben, die auch viele Nachrichten verschicken, kann es passieren, dass Sie das voreingestellte Limit des Postfachs erreichen und in Ihrem Exchange-Postfach keine Informationen mehr speichern können.

Um dieses Problem zu lösen, erstellen Sie eine persönliche Ordnerdatei und lassen RSS-Feeds, die beispielsweise älter sind als drei Wochen, automatisch in dieser Datei archivieren. Gehen Sie dazu wie folgt vor:

1. Erstellen Sie eine neue persönliche Ordnerdatei wie in der Schritt-für-Schritt-Anleitung ab Seite 1037 beschrieben. Nennen Sie diese beispielsweise *RSS-Archiv.*
2. Wechseln Sie in den Ordnerbereich und markieren Sie den Ordner RSS-Feeds.
3. Öffnen Sie die Registerkarte *ORDNER* und wählen Sie in der Gruppe *Eigenschaften* den Befehl *Einstellungen für Autoarchivierung.* Das Dialogfeld *RSS-Feeds: Eigenschaften* wird angezeigt; die Registerkarte *AutoArchivierung* ist geöffnet (siehe Abbildung auf der folgenden Seite).
4. Schalten Sie die Option *Für diesen Ordner folgende Einstellungen verwenden* ein.

5. Wählen Sie bei *Elemente löschen, wenn älter als* einen Zeitraum aus, um festzulegen, wie alt die Elemente sein müssen, damit sie archiviert werden.

Bild 50.11 Legen Sie in diesem Dialogfeld die Optionen für die Archivierung fest

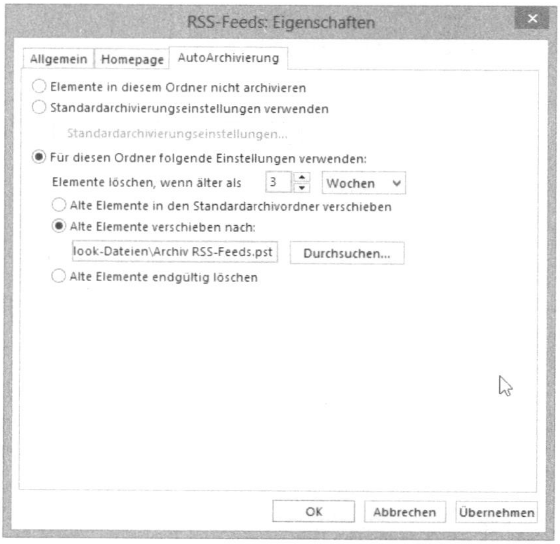

6. Schalten Sie die Option *Alte Elemente verschieben nach* ein. Klicken Sie auf *Durchsuchen* und wählen Sie die persönliche Ordnerdatei aus, die Sie in Schritt 1 erstellt haben.
7. Klicken Sie auf *OK*, um die Archivierung zu starten.

Anschließend werden alle RSS-Feednachrichten, die älter sind als auf der Registerkarte *AutoArchivierung* festgelegt, aus dem Exchange-Postfach entfernt und in die persönliche Ordnerdatei auf Ihrem Computer verschoben. Je nachdem, wie viele RSS-Feednachrichten vorhanden waren, haben Sie so wieder Platz in Ihrem Exchange-Postfach geschaffen. Da sich die RSS-Feeds in der persönlichen Ordnerdatei befinden, können Sie sie weiterhin verwenden und auch die Sofortsuche von Outlook einsetzen, um schnell bestimmte Nachrichten zu finden.

Da Sie für den Ordner *RSS-Feeds* eine automatische Archivierung konfiguriert haben, sorgt Outlook automatisch dafür, dass alte Nachrichten in den Feeds in die Archivdatei verschoben werden.

Datendateien komprimieren

Die Outlook-Datendateien können im Laufe der Zeit sehr groß und Outlook dadurch auch nach und nach etwas langsamer werden. Wenn Sie beispielsweise viele E-Mails mit Dateianhängen versenden oder erhalten, befinden sich die Dateianhänge ebenfalls in der Datendatei. Auch wenn Sie ein Outlook-Element löschen, wird es hierdurch nicht automatisch auch aus der Datendatei entfernt.

Sie können die Größe der Outlook-Datendatei verringern, indem Sie die Datendatei komprimieren. Dies ist kein Vorgang, den Sie täglich ausführen müssen; es ist empfehlenswert, dies ca. alle vier Wochen zu tun. Am besten löschen Sie vorher im Postein- oder Postausgang die großen

E-Mails, die Sie nicht mehr benötigen und löschen danach den Inhalt des Ordners *Gelöschte Elemente.*

Zum Komprimieren der Datendatei gehen Sie wie folgt vor:

1. Wechseln Sie zur Registerkarte *DATEI,* klicken Sie auf *Informationen* und dann zweimal auf *Kontoeinstellungen.*
2. Wechseln Sie zur Registerkarte *Datendateien.*
3. Markieren Sie in der Liste mit den Datendateien die Datei, die Sie komprimieren wollen. (Sie können die Schaltfläche *Ordner öffnen* verwenden, um die aktuelle Größe der Ordnerdatei anzeigen zu lassen.)
4. Klicken Sie auf die Schaltfläche *Einstellungen.* Es wird ein Dialogfeld mit dem Namen der ausgewählten Datendatei angezeigt.
5. Klicken Sie auf *Jetzt komprimieren.* Outlook komprimiert die Datendatei. Dieser Vorgang kann je nach Größe der Datendatei ein wenig dauern. Während des Komprimiervorgangs wird das folgende Dialogfeld angezeigt:

Bild 50.12 Diese Meldung informiert Sie über den Fortschritt der Komprimierung

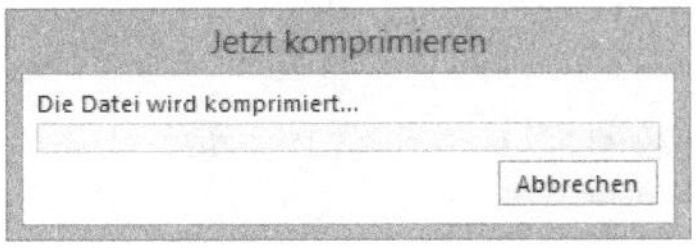

Datendateien reparieren

Wenn Outlook einmal abstürzen sollte und dabei die Datendateien nicht ordnungsgemäß geschlossen werden oder Sie eine Datendatei nicht öffnen können, kann es sein, dass die interne Struktur der Datendatei beschädigt ist. Im Lieferumfang von Outlook befindet sich das Tool ScanPST.exe, das Datendateien prüfen und reparieren kann. Dieses Tool wird standardmäßig im Ordner *C:\Programme\Microsoft Office\Office 15* installiert. So setzen Sie dieses Tool ein:

1. Beenden Sie Outlook, falls es derzeit gestartet ist.
2. Öffnen Sie den Arbeitsplatz, wechseln Sie zum Ordner *C:\Programme\Microsoft Office\Office 15* und suchen Sie nach der Datei *ScanPST.exe.*
3. Doppelklicken Sie auf *ScanPST.exe.* Das folgende Fenster wird angezeigt:

Bild 50.13 Wählen Sie mit einem Klick auf *Durchsuchen* die Datendatei aus, die Sie prüfen und reparieren lassen wollen

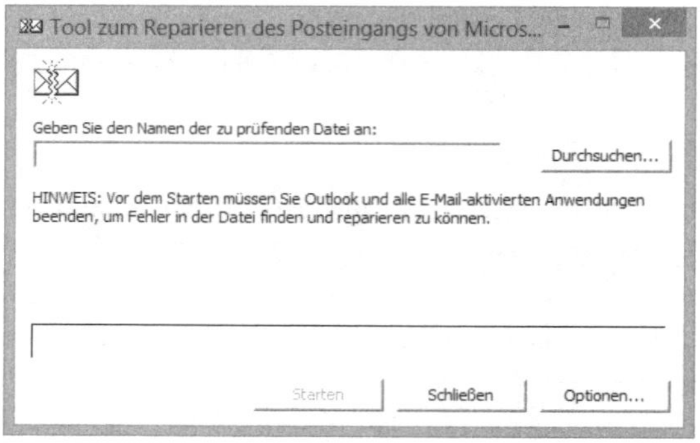

4. Klicken Sie auf *Durchsuchen* und wählen Sie die Datendatei aus, von der Sie vermuten, dass sie beschädigt ist.
5. Klicken Sie auf *Starten*, um den Prüfvorgang zu initialisieren.

   Während der Prüfung werden Sie in dem folgenden Fenster über den Fortgang informiert:

Bild 50.14 Die Statusanzeige im unteren Bereich des Fensters hält Sie über den Prüfvorgang auf dem Laufenden

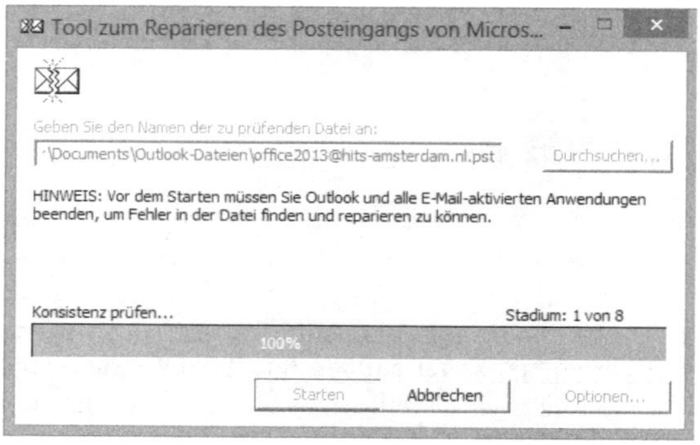

6. Wenn bei der Prüfung Fehler gefunden wurden, werden Sie aufgefordert, den Reparaturvorgang zu starten. Während des Reparaturvorgangs wird eine Sicherheitskopie erstellt, deren Namen Sie im Feld *Name der Sicherungsdatei eingeben* festlegen können.
7. Klicken Sie auf *Reparieren.*
8. Wenn der Reparaturvorgang abgeschlossen ist, starten Sie Outlook und öffnen im Ordnerbereich die Ordnerliste.
9. Suchen Sie nach einem Ordner mit dem Namen *Elemente ohne Zuordnung.* Dieser enthält Outlook-Elemente, die zwar wiederhergestellt, aber keinem der Module zugeordnet werden konnten. Verschieben Sie die Elemente aus dem Ordner *Elemente ohne Zuordnung* in den richtigen Ordner. Anschließend können Sie den Ordner *Elemente ohne Zuordnung* löschen.

Outlook-Daten sichern

Die Datendateien enthalten alle Daten, die Sie in Outlook eingegeben haben. Daher ist es eine gute Idee, diese Datei (oder Dateien, wenn Sie mehrere verwenden) regelmäßig zu sichern, damit bei einem eventuellen Totalabsturz oder bei Festplattenproblemen zumindest Ihre Daten noch vorhanden sind.

Sie können die Sicherung der Datendateien entweder manuell vornehmen, indem Sie die Dateien beispielsweise auf eine weitere Festplatte oder einen USB-Stick kopieren. Den genauen Speicherort der einzelnen Datendateien können Sie mit dem Verfahren ermitteln, das im Abschnitt »Wo befinden sich die Datendateien?« auf Seite 1035 beschrieben ist. Oder Sie verwenden zur Sicherung einen Assistenten; diese Vorgehensweise ist im Folgenden beschrieben.

Komplette Sicherung mit dem Outlook Backup Assistant

Neben den Elementen, die in der persönlichen Ordnerdatei enthalten sind, speichert Outlook in verschiedenen Ordnern, in unterschiedlichen Dateien und in der Windows-Registrierungsdatenbank weitere Einstellungen und vorgenommene Konfigurationen. Zu den Daten, die nicht in der persönlichen Ordnerdatei enthalten sind, gehören

- die Einstellungen für die E-Mail-Konten,
- die erstellten Signaturen, das Briefpapier,
- Änderungen am Menüband und der Symbolleiste für den Schnellzugriff,
- die Druckereinstellungen usw.

Wenn Sie eine vollständige Sicherung von Outlook vornehmen wollen, reicht es also nicht aus, nur die persönliche Ordnerdatei zu sichern. Da das Zusammentragen der Informationen aus den verschiedenen Windows-Ordnern etwas mühsam und für einen Nichtprofi kaum machbar ist, setzen Sie hierzu eines der Tools ein, mit denen die Sicherung aller Outlook-Dateien viel einfacher möglich ist.

Die obere Abbildung auf der folgenden Seite zeigt ein Fenster des Shareware-Tools Outlook Backup Assistant, das alle Outlook-Daten über eine komfortable Benutzeroberfläche sichern und wiederherstellen kann. Eine eingeschränkte Testversion und weitere Informationen zu diesem Tool finden Sie auf der Website *www.outlook-backup.de.*

Nützlich ist, dass Sie mit Outlook Backup Assistant eine Parameterdatei erstellen können, die alle Informationen über die beabsichtigte Sicherung enthält. Innerhalb von Outlook 2013 öffnen Sie dann das Add-In von Outlook Backup Assistant und wählen dort die zuvor erstellte Parameterdatei aus (siehe Bild 50.16). Anschließend legen Sie mit den Optionen im unteren Bereich des Dialogfeldes fest, in welchen Intervallen Outlook Backup Assistant die Outlook-Daten automatisch sichern soll.

Bild 50.15 Outlook Backup Assistant kann mehr als nur die Ordnerdateien sichern

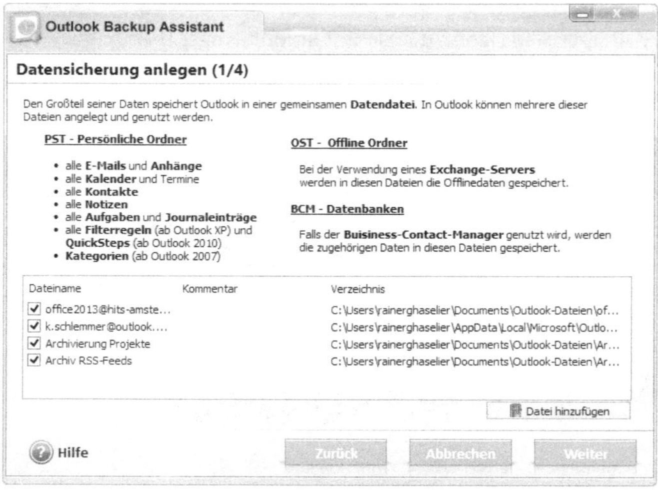

Bild 50.16 Erstellen Sie eine Parameterdatei mit den Informationen darüber, welche Elemente gesichert werden sollen. Verwenden Sie anschließend das Outlook-Add-In, um das Intervall der automatischen Sicherung einzustellen.

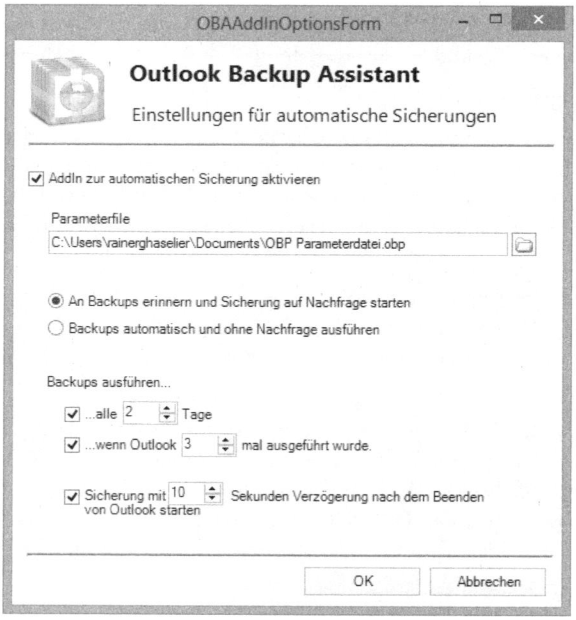

Kapitel 51

Kontakte/Personen

Outlook 2013

In diesem Kapitel:

Hinter den *Personen/Kontakten* verbirgt sich die Adressverwaltung von Outlook 2013. Bei einem Kontakt kann es sich um eine Firma, eine Person oder eine bestimmte Person in einer Firma handeln. Outlook stellt Ihnen für jeden Kontakt zahlreiche Felder zur Verfügung, in denen Sie Name, E-Mail-Adressen, verschiedene Postanschriften, verschiedene Telefonnummern u.v.m. eintragen können.

Ein weiteres Element, das von Outlook im Ordner *Kontakte* verwaltet wird, sind die Kontaktgruppen, die in früheren Outlook-Versionen Verteilerlisten genannt wurden. Wie der Name bereits sagt, ist eine Kontaktgruppe eine Gruppe von Kontakten, die Sie selbst definieren können und die direkt als Empfänger ausgewählt werden kann, anstatt alle E-Mail-Adressen einzeln eingeben zu müssen.

Eine Kontaktadresse anlegen

Ihre Kontaktadressen können Sie im Outlook-Ordner *Kontakte* sammeln und verwalten. Es lassen sich eine Vielzahl von Angaben für einen Kontakt eintragen. Es bietet sich an, für die Erfassung der Daten das Eingabeformular zu nutzen.

1. Lassen Sie die Outlook-Kontakte im Ansichtsbereich anzeigen. Klicken Sie hierfür in der Navigationsleiste auf *Personen* oder drücken Sie die Tastenkombination [Strg]+[3].

   Sofern Sie noch keine Kontakte eingetragen haben, sehen Sie im Ansichtsbereich den Hinweis, dass keine Elemente in dieser Ansicht angezeigt werden können.

2. Führen Sie eine der folgenden Aktionen durch:

   - Doppelklicken Sie in den leeren Bereich der Kontaktansicht. Dies können Sie auch tun, wenn bereits einige Kontakte eingetragen sind. Dabei ist es dann nur wichtig, nicht auf einen der Kontakte, sondern im freien Bereich doppelzuklicken.
   - Klicken Sie auf der Registerkarte *START* in der Gruppe *Neu* auf *Neuer Kontakt.*
   - Klicken Sie auf der Registerkarte *START* in der Gruppe *Neu* auf *Neue Elemente* und dann auf *Kontakt.*

   Damit wird ein Eingabeformular geöffnet, in das Sie die erforderlichen Angaben zur Kontaktadresse eintragen können (siehe Abbildung auf der folgenden Seite).

   - In der Befehlsgruppe *Aktionen* finden Sie die Schaltflächen, um den Kontakt zu speichern und weitere Kontakte zu erstellen.
   - Die Optionen der Befehlsgruppe *Anzeigen* können Sie verwenden, um zwischen den verschiedenen Seiten des Formulars umzuschalten, auf denen Sie die zahlreichen Informationen für den Kontakt eintragen können.
   - Die Schaltflächen in der Befehlsgruppe *Kommunizieren* werden Sie meistens dann verwenden, wenn Sie mit einem bereits vorhandenen Kontakt kommunizieren möchten. Sie können damit eine E-Mail-Nachricht versenden, eine Aufgabe zuweisen, die Website des Kontakts öffnen oder sich eine Karte mit der Adresse des Kontakts anzeigen lassen.
   - Über die Befehlsgruppe *Optionen* können Sie die elektronische Visitenkarte des Kontakts bearbeiten (ein Feature, das es seit der Version 2007 gibt) sowie ein Bild einfügen.
   - Über die Befehlsgruppe *Kategorien* können Sie dem Kontakt eine der Farbkategorien zuweisen, den Kontakt als privat markieren und ihn zur Nachverfolgung kennzeichnen.

Bild 51.1 Das Fenster zum Erstellen eines neuen Kontakts

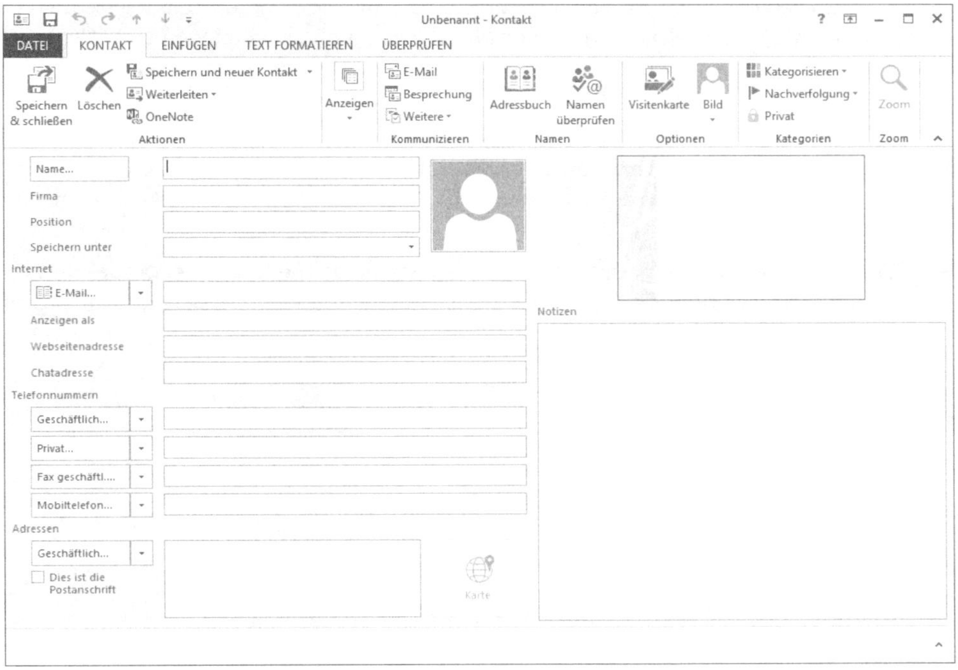

3. Geben Sie den Namen in das Eingabefeld neben *Name* ein. Sie können ganz normal nacheinander Vor- und Nachname schreiben. Beispielsweise *Hanna Krummteich* oder *Hans Jürgen Kalbert-Schreck*.

4. Um zu überprüfen, ob Outlook Vor- und Nachname richtig zuordnet, können Sie auf die Schaltfläche *Name* klicken.

   Das Dialogfeld *Namen überprüfen* wird angezeigt. Hier sehen Sie, wie Vor- und Nachname zugeordnet wurden. Die Zuordnung klappt selbst bei komplizierten Doppelnamen.

Bild 51.2 Das Dialogfeld *Namen überprüfen* hilft Ihnen dabei, die Anrede, die Vornamen und den Nachnamen richtig zuzuordnen

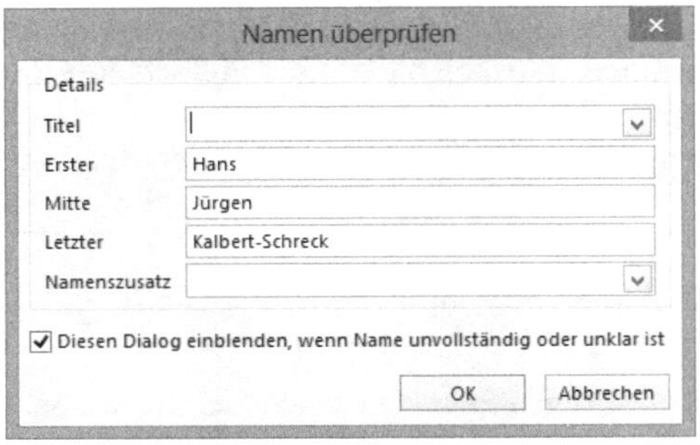

TIPP **Bei Unklarheiten Dialogfeld anzeigen lassen** Wenn das Häkchen vor *Diesen Dialog einblenden, wenn Name unvollständig oder unklar ist* gesetzt ist, meldet sich Outlook automatisch mit dem Dialogfeld *Namen überprüfen,* wenn ein von Ihnen eingetragener Name nicht automatisch in Vor- und Nachname unterteilt werden konnte.

5. Schließen Sie das Dialogfeld *Namen überprüfen* mit einem Klick auf *OK*, sofern Sie dort keine Änderungen vornehmen möchten. Jetzt erscheint im Feld *Speichern unter* der Nachname gefolgt vom Vornamen als Speicherbegriff, unter dem der Kontakt abgelegt wird.

Bild 51.3 Im Feld *Speichern unter* legen Sie fest, wie der neue Kontakt gespeichert wird. Die Option, die Sie hier auswählen oder eintragen, wird bei der Standardsortierung der Kontakte verwendet

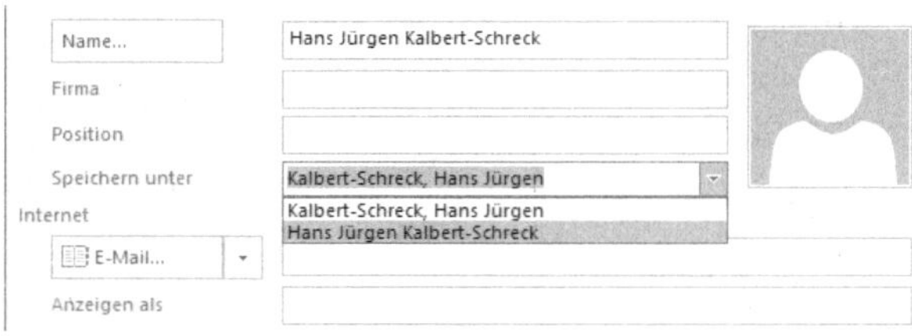

6. Tragen Sie unter *Firma* die entsprechende Firmenbezeichnung für den Kontakt ein. Schließen Sie die Eingabe ab, indem Sie die ↵-Taste oder die ↹-Taste drücken oder in ein anderes Feld klicken.
7. Klicken Sie in das Feld unter *Adressen* und tippen Sie Straße und Hausnummer ein. Wechseln Sie mit der ↵-Taste in die nächste Zeile. Dort schreiben Sie hintereinander Postleitzahl und Ort.

Bild 51.4 Geben Sie hier die Adresse des Kontakts ein

TIPP **Mehrere Adressen eingeben** Im Bereich *Adressen* können Sie eine geschäftliche, eine private und eine weitere Adresse eintragen. Klicken Sie auf die Pfeilschaltfläche, um auszuwählen, welche der drei Adressen derzeit bearbeitet wird. Eine der drei Adressen kann als Postanschrift markiert werden. Die Postanschrift wird unter anderem benutzt, wenn Sie Outlook-Kontakte für ein Seriendruckprojekt mit Word verwenden.

8. Um zu überprüfen, ob Outlook Straße, PLZ und Ort richtig zuordnet, können Sie auf die Schaltfläche *Geschäftlich* klicken.

   Das Dialogfeld *Adresse überprüfen* wird geöffnet. Hier sehen Sie, wie Straße, PLZ und Ort zugeordnet wurden. Wenn das Kontrollkästchen *Diesen Dialog bei unvollständiger oder unklarer Adresse einblenden* eingeschaltet ist, meldet sich Outlook automatisch mit dem Dialogfeld *Ad-*

resse überprüfen, wenn eine von Ihnen eingetragene Adresse nicht automatisch in Straße, PLZ und Ort unterteilt werden konnte.

Bild 51.5 Im Dialogfeld *Adresse überprüfen* können Sie die Zuordnung der verschiedenen Elemente der Anschrift prüfen und ändern

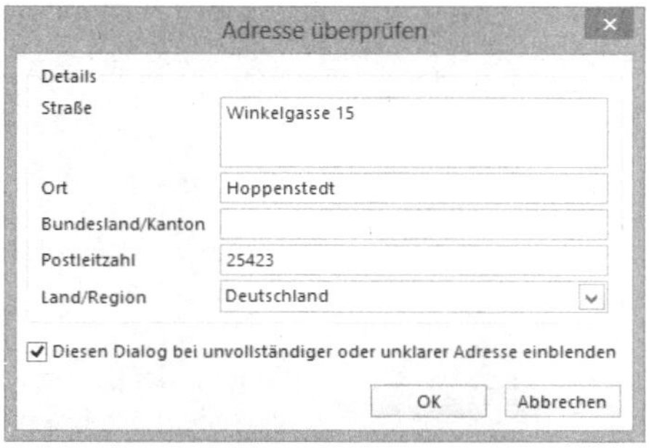

9. Schließen Sie das Dialogfeld *Adresse überprüfen* mit einem Klick auf *OK*, sofern Sie dort keine Änderungen vornehmen möchten.
10. Tragen Sie in die entsprechenden Felder Telefon- und Faxnummern ein.

    Wenn Sie die Telefonnummern einschließlich der internationalen Vorwahl erfassen wollen, geben Sie die Ortsvorwahl ohne die führende Null ein und schließen sie in runde Klammern ein.

    Klicken Sie anschließend auf die Schaltfläche links neben dem Eingabefeld, um das Dialogfeld *Telefonnummer überprüfen* zu öffnen. In der Liste *Land/Region* ist standardmäßig das Land eingetragen, das in der Systemsteuerung als Standort eingetragen ist. In der Liste *Land/Region* können Sie bei Bedarf ein anderes Land einstellen. Im Bereich *Kontaktdetails* des Dialogfeldes *Telefonnummer überprüfen* wird die Landesvorwahl richtig eingetragen und ihr ein Pluszeichen vorangestellt.

TIPP **Notizen zu einer Telefonnummer** Sie können direkt hinter die Telefonnummer eine kurze Anmerkung schreiben. Beispielsweise können Sie sich so daran erinnern, dass die Kontaktperson unter einer bestimmten Nummer immer erst ab einer bestimmten Uhrzeit zu erreichen ist.

Bild 51.6 Im Bereich *Telefonnummern* können Sie verschiedene Telefonnummern für einen Kontakt erfassen

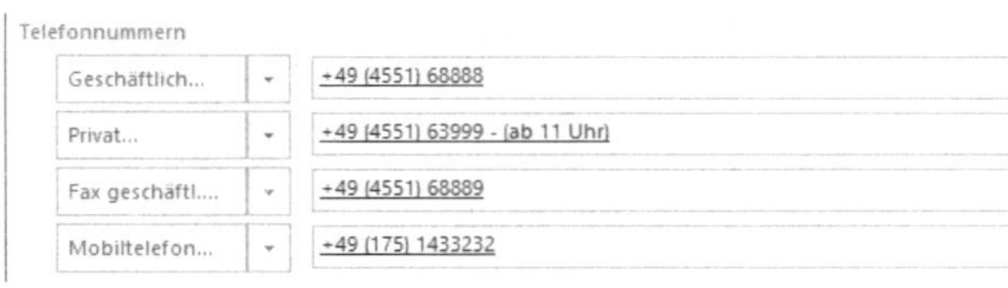

11. Tragen Sie im Feld *E-Mail* die E-Mail-Adresse des Kontakts ein. Schließen Sie die Eingabe ab, indem Sie die [↵]-Taste oder die [↹]-Taste drücken oder in ein anderes Feld klicken.

Jetzt erscheint im Feld *Anzeigen als* ein Standardeintrag, der sich aus dem Namen und der E-Mail-Adresse zusammensetzt. Dieser Eintrag wird später verwendet, wenn Sie an den Kontakt eine E-Mail schreiben. Den vorgegebenen Standardeintrag können Sie gegebenenfalls durch eine für Sie aussagekräftigere Bezeichnung ersetzen.

Bild 51.7 Den Standardeintrag für die Anzeige der E-Mail-Adresse im Feld *Anzeigen als* können Sie bei Bedarf überschreiben

12. Geben Sie in das Feld *Webseitenadresse* die Adresse der Website des Kontakts ein. Sollte der Kontakt auch eine Instant Messaging-Adresse besitzen, tragen Sie diese in das Feld *Chatadresse* ein.

Die meisten der Angaben, die Sie zu dem Kontakt eingegeben haben, werden von Outlook in die Visitenkarte des Kontakts übernommen, die Sie auf der rechten Seite des Fensters sehen. Bei unserem Beispielkontakt sind dies sehr viele Angaben. Daher wirkt die Visitenkarte sehr unübersichtlich (siehe folgende Abbildung). Sie können aber die Visitenkarte jedes Kontakts individuell anpassen.

Bild 51.8 Outlook erstellt anhand der Informationen, die Sie eingegeben haben, die elektronische Visitenkarte für den neuen Kontakt

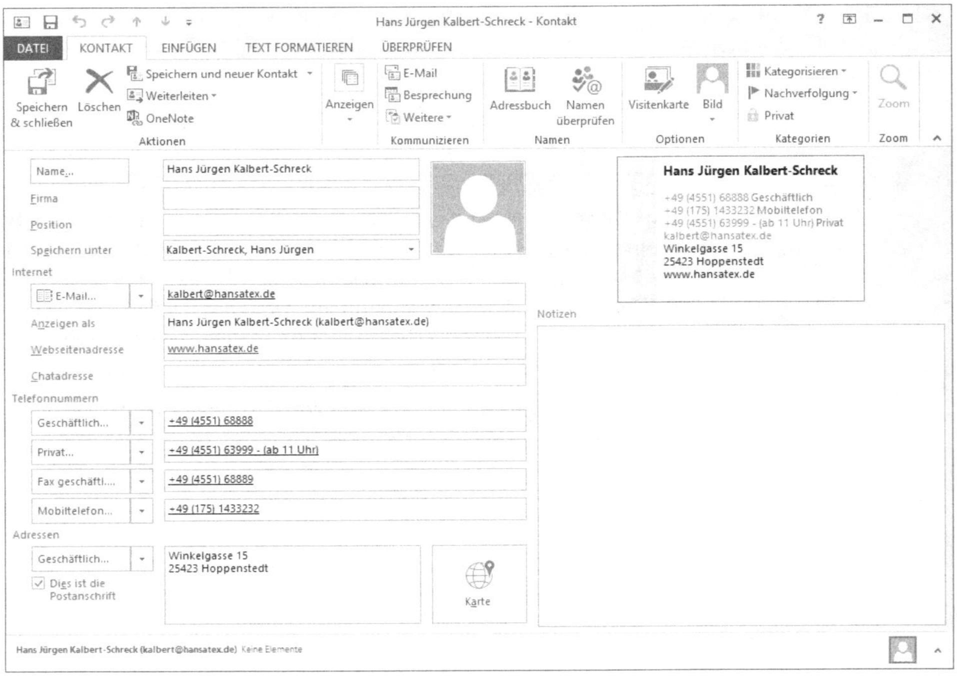

13. Klicken Sie auf der Registerkarte *KONTAKT* in der Gruppe *Optionen* auf *Visitenkarte.* Das Dialogfeld *Visitenkarte bearbeiten* wird angezeigt.

Bild 51.9 Mit diesem Dialogfeld können Sie die Elemente festlegen, die auf der Visitenkarte angezeigt werden sollen, und das Layout der Karte ändern

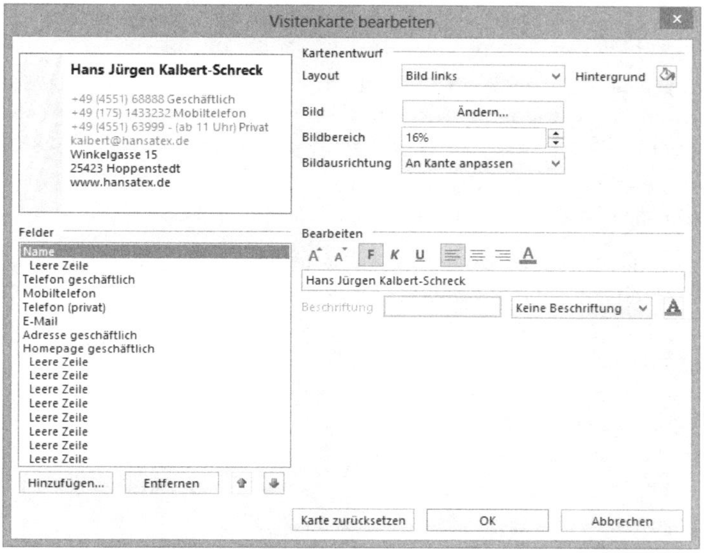

14. Führen Sie eine oder mehrere der folgenden Aktionen durch:

- Im Bereich *Kartenentwurf* können Sie Einstellungen für das Layout der Visitenkarte vornehmen. Klicken Sie auf die Schaltfläche *Ändern,* wenn Sie ein Bild (beispielsweise ein Foto oder das Firmenlogo) in die Visitenkarte einfügen wollen. Outlook verwendet standardmäßig eine einfache Grafik. Öffnen Sie die Liste *Layout,* wenn Sie die Position des Bildes ändern wollen. Im Feld *Bildbereich* legen Sie fest, wie viel Prozent der Gesamtbreite bzw. -höhe der Visitenkarte vom Bildbereich eingenommen werden soll.
- Im Bereich *Felder* können Sie festlegen, welche Informationen auf der Visitenkarte angezeigt werden sollen. Um ein neues Element hinzuzufügen, klicken Sie auf *Hinzufügen* und wählen dann das Informationselement aus. Um ein Feld zu löschen, markieren Sie es in der Liste *Felder* und klicken dann auf die Schaltfläche *Entfernen.* Verwenden Sie die beiden Pfeilschaltflächen unterhalb der Liste *Felder,* um die Reihenfolge der Felder zu ändern.
- Im Bereich *Bearbeiten* können Sie die Formatierung der Felder einzeln festlegen. Markieren Sie dazu in der Liste *Felder* zuerst das Element, das Sie formatieren wollen. Der Text wird in das Feld im Bereich *Bearbeiten* übernommen. Markieren Sie im Textfeld, was Sie formatieren möchten, und verwenden Sie dann die Schaltflächen, um die Formatierungsmerkmale festzulegen.

- Um die Beschriftung eines Informationselements zu ändern, markieren Sie es in der Liste *Felder*. Geben Sie dann im Bereich *Bearbeiten* in das Feld *Beschriftung* den gewünschten Text ein und klicken Sie die Schaltfläche rechts davon an, um die Position der Beschriftung zu ändern.
- Wenn Sie die Visitenkarte wieder auf die Standardwerte zurücksetzen wollen, klicken Sie die Schaltfläche *Karte zurücksetzen* an.

15. Klicken Sie auf *OK*, wenn die Visitenkarte wie gewünscht aussieht.
16. Anmerkungen und Notizen zum Kontakt schreiben Sie unten in das große Feld *Notizen*. Sie können dann die Registerkarte *Text formatieren* im Menüband verwenden, um die Notizen wie gewünscht zu formatieren. Die geöffnete Registerkarte zeigt die folgende Abbildung.
17. Beenden Sie die Eingabe der Angaben zum Kontakt mit einem Klick auf die Schaltfläche *Speichern & schließen* auf der Registerkarte *KONTAKT*.

Bild 51.10 Alle Angaben für den neuen Kontakt sind gemacht

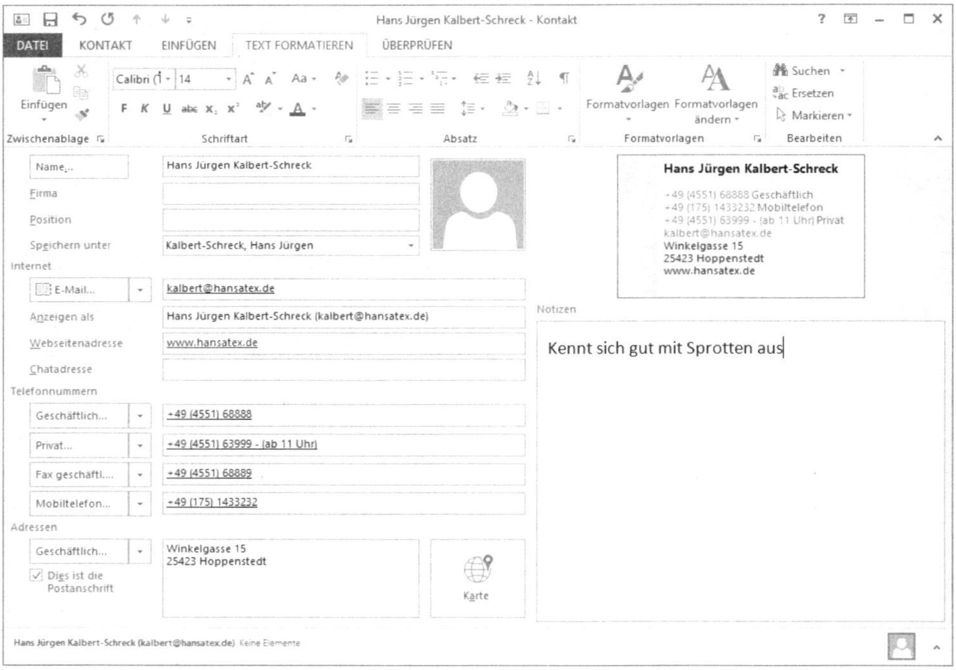

Nach dem Klick auf *Speichern & schließen* wird der Kontakt gespeichert und das Eingabeformular geschlossen.

PROFITIPP

Mehrere Kontaktadressen nacheinander eingeben

Möchten Sie mehrere Kontaktadressen nacheinander eintragen, sollten Sie statt *Speichern & schließen* besser die Schaltfläche *Speichern und neuer Kontakt* verwenden, denn damit steht Ihnen sofort nach dem Speichern und Schließen des aktuellen Kontakts ein neues, leeres Eingabeformular zur Verfügung.

Sollen mehrere Kontakte einer Firma eingetragen werden, können Sie auf der Registerkarte *KONTAKT* auf den Pfeil der Schaltfläche *Speichern und neuer Kontakt* und dann auf *Kontakt in dieser Firma* klicken. Outlook öffnet daraufhin ein neues Kontaktformular, in dem bereits der Name der Firma, die Geschäftsadresse und die geschäftlichen Telefon- und Faxnummern eingetragen sind.

Eine Kontaktadresse finden und öffnen

Wenn Sie Ihre Outlook-Kontakte im Ansichtsbereich anzeigen lassen (Tastenkombination Strg+3), erfolgt dies standardmäßig in der Ansicht *Personen*. In dieser Ansicht werden Ihre Kontakteinträge alphabetisch sortiert.

Bild 51.11 Die Ansicht *Personen* für die Kontakte. Die Karten werden alphabetisch nach dem Text sortiert, den Sie für die Kontakte im Feld *Speichern unter* eingetragen haben.

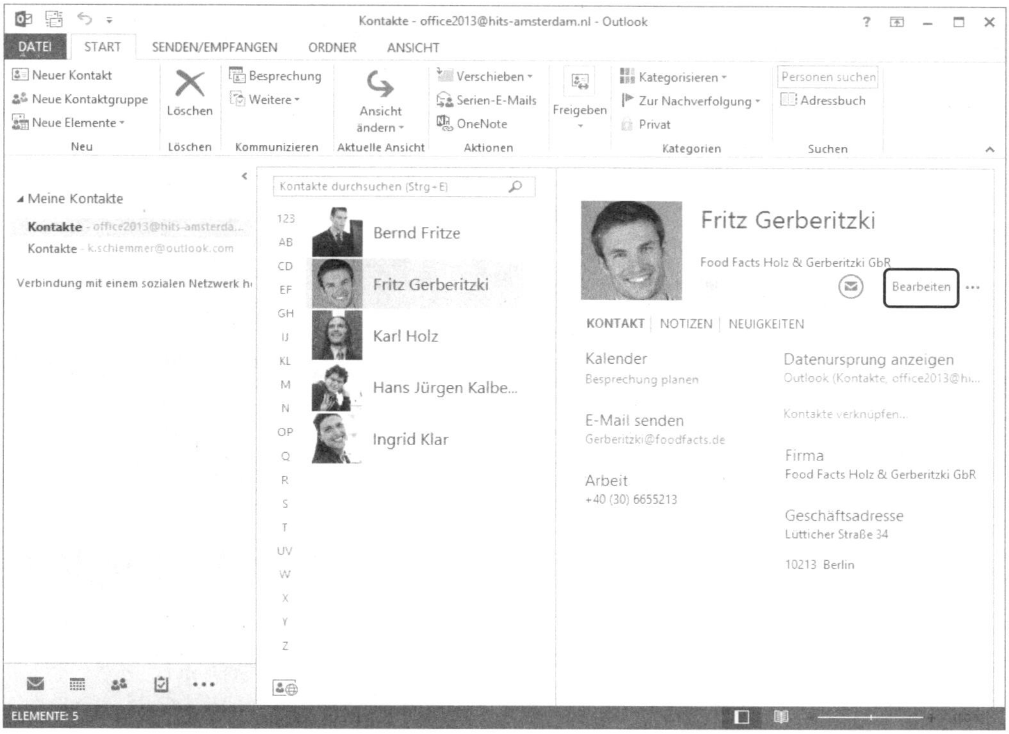

Wenn Sie in der Liste einen Eintrag markieren, werden auf der rechten Seite des Outlook-Fensters im Lesebereich weitere Informationen zu diesem Kontakt angezeigt. Falls Sie den Lesebereich nicht sehen, öffnen Sie die Registerkarte *ANSICHT* und klicken Sie in der Gruppe *Layout* auf *Lesebereich* und dann auf *Rechts*.

In Outlook 2013 können Sie zahlreiche Informationen zu einem Kontakt direkt im Lesebereich bearbeiten. Klicken Sie dazu einfach auf *Bearbeiten*. Diese neue Funktion wird Inlinebearbeitung genannt. Aus den Anzeigefeldern werden Textfelder, in denen Sie die gewünschten Änderungen vornehmen können. Über die zahlreichen Schaltflächen mit dem Pluszeichen können Sie weitere Informationen ergänzen. Klicken Sie beispielsweise auf das Pluszeichen vor *Geburtstag*, um für eine Person einen Geburtstag einzugeben.

Bild 51.12 Inlinebearbeitung eines Kontakts

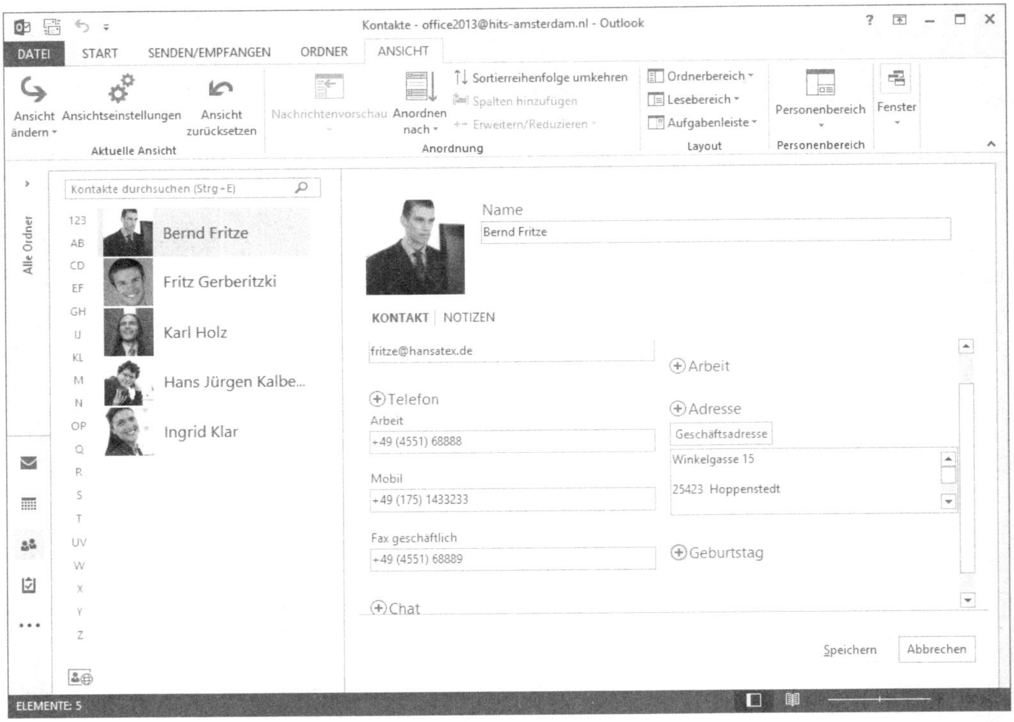

Nachdem Sie die gewünschten Änderungen vorgenommen haben, klicken Sie unten im Lesebereich auf *Speichern*.

Kontaktadresse über das Buchstabenregister finden

Am linken Rand des Ansichtsbereichs finden Sie ein Buchstabenregister.

1. Klicken Sie auf einen Buchstaben des Buchstabenregisters. Der erste Eintrag des ersten unter diesem Anfangsbuchstaben gespeicherten Kontakts wird markiert und angezeigt.
2. Sofern zum gewählten Buchstaben mehrere Kontakte eingetragen sind und der von Ihnen gesuchte Kontakt nicht direkt angezeigt wird, drücken Sie so oft die Taste [↓], bis Sie den richtigen Eintrag markiert haben.

HINWEIS **Wenn kein passender Kontakt gefunden wird** Gibt es zu einem Buchstaben keinen Kontakt, wird der Kontakt markiert, dessen Anfangsbuchstabe im Alphabet am dichtesten auf den gesuchten Buchstaben folgt. Gibt es keinen nachfolgenden Buchstaben, weil beispielsweise nur Kontakte bis »U« eingetragen sind, aber nach »Z« gesucht wird, wird der letzte Kontakt angezeigt.

Kontaktadresse mit der Sofortsuche finden

Am einfachsten finden Sie einen Kontakt mit der Sofortsuche. Sie steht Ihnen über das Suchenfeld im Ansichtsbereich zur Verfügung. Outlook durchsucht standardmäßig alle Informationsfelder der Kontakte und zeigt Ihnen die Suchergebnisse in Echtzeit an, während Sie Ihre Suchabfrage eingeben.

1. Klicken Sie in das Feld *Kontakte durchsuchen* und geben Sie den Suchbegriff ein.

   Outlook zeigt, während Sie den Text eingeben, nur die Visitenkarten an, die zum Suchbegriff passen. Für die folgende Abbildung haben wir lediglich die ersten Buchstaben von »Sprotten« eingegeben und Outlook zeigt sofort den passenden Eintrag an. Beachten Sie hierbei besonders, dass sich der Suchtext in den Notizen zu diesem Kontakt befindet und dennoch von Outlook gefunden wird.

Bild 51.13 Um die Sofortsuche zu verwenden, geben Sie den Suchbegriff in das Feld *Kontakte durchsuchen* ein. Outlook zeigt die Suchergebnisse an, während Sie tippen.

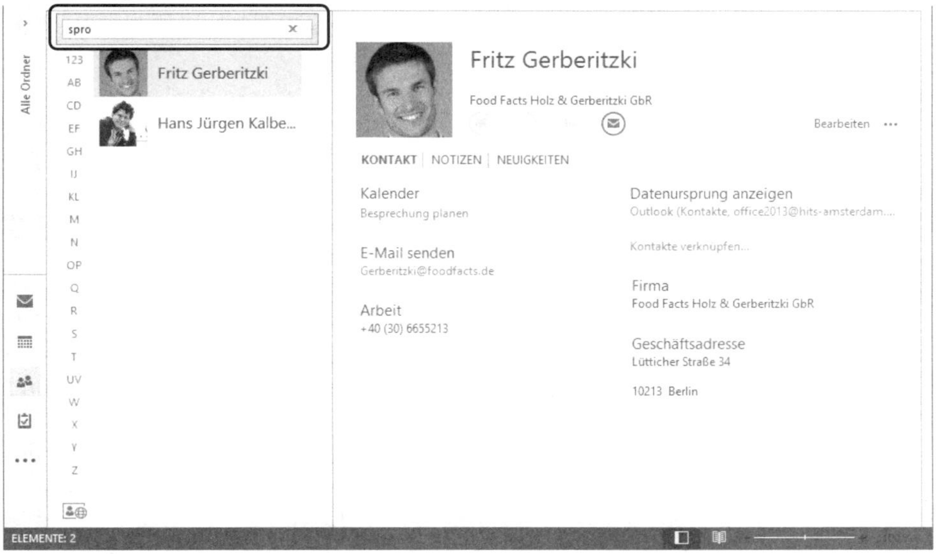

Outlook 2013

2. Klicken in der Ansicht *Personen* den gewünschten Eintrag an und dann im Lesebereich auf *Bearbeiten*. In den anderen Ansichten doppelklicken Sie auf den Kontakt, den Sie bearbeiten wollen.
3. Wenn Sie die Suchabfrage löschen wollen, klicken Sie die Schaltfläche *Suche löschen* an (die mit dem kleinen x) oder klicken Sie auf der Registerkarte *SUCHEN* in der Gruppe *Schließen* auf *Suche schließen*.

Wenn Sie in das Suchenfeld klicken, blendet Outlook im Menüband automatisch die Registerkarte *SUCHTOOLS/SUCHEN* ein. Mit den Schaltflächen in der Gruppe *Verfeinern* können Sie festlegen, in welchen Informationselementen der Kontakte wonach gesucht werden soll.

Bild 51.14 Mit den Schaltflächen der Gruppe *Verfeinern* können Sie weitere Felder in das Suchformular einfügen

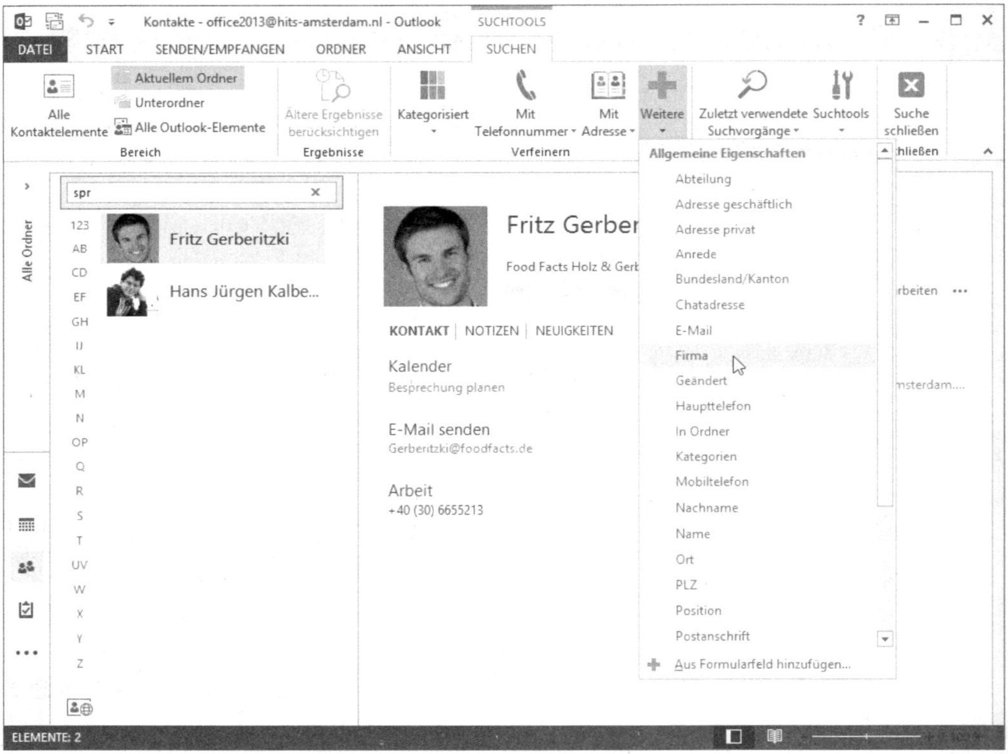

- Hinter der Schaltfläche *Mit Telefonnummer* verbirgt sich ein Filter. Klicken Sie diese Schaltfläche an und wählen Sie *Hat Telefon Büro, Hat Telefon privat* oder *Hat Mobiltelefon,* um nur die Kontakte anzeigen zu lassen, für die die betreffende Telefonnummer eingetragen wurde.
- Die Schaltfläche *Mit Adresse* ist ebenfalls ein Filter. Klicken Sie diese Schaltfläche an und dann auf *Hat E-Mail-Adresse, Hat Chatadresse, Hat Geschäftsadresse* oder *Hat Privatadresse,* um nur die Kontakte anzeigen zu lassen, für die die betreffende Adresse eingetragen wurde.
- Wenn Sie in bestimmen Adressfeldern suchen wollen, klicken Sie auf die Schaltfläche *Weitere* und klicken Sie dann das Adressfeld an, dessen Inhalte durchsucht werden sollen. Für das

ausgewählte Adressfeld wird daraufhin unterhalb der Suchleiste ein Eingabefeld angezeigt. Mit dieser Funktion ist es beispielsweise möglich, alle Adressen aus dem Ort Köln zu suchen.

Sofortsuche im Popupmenü »Personen«

Eine weitere Sofortsuche finden Sie im Popupmenü der Schaltfläche *Personen* in der Navigationsleiste. Im Unterschied zur Sofortsuche im Ansichtsbereich sucht die Sofortsuche im Popupmenü *Personen* in den Namen/Firmennamen, aber nicht in den Adressdaten oder Notizen.

1. Zeigen Sie in der Navigationsleiste mit dem Mauszeiger auf die Schaltfläche *Personen.*
2. Klicken Sie in das Feld *Personen suchen* und geben Sie den Namen der Person ein, nach der Sie suchen.

Bild 51.15 Die Sofortsuche im Popupmenü *Personen*

3. Zeigen Sie auf den Namen der gesuchten Person, um das Menü mit den wichtigsten Aktionen zu öffnen. Klicken Sie dort auf *Visitenkarte öffnen*, um alle Details zu diesem Kontakt zu sehen.

Das Eingabeformular einer Kontaktadresse öffnen

Bei der Inlinebearbeitung im Lesebereich haben Sie keinen Zugriff auf alle Informationen zu einem Kontakt. Beispielsweise ist es nicht möglich, in diesem Bearbeitungsmodus ein Foto zu einer Person zu ergänzen. Möchten Sie alle Angaben zu einem Kontakt einsehen oder Änderungen vornehmen, öffnen Sie dazu den Kontakt im gleichen Eingabeformular, das Sie zum Erstellen des Kontakts verwendet haben. Um das Formular zu öffnen, müssen Sie zuerst die Ansicht *Personen* verlassen.

1. Klicken Sie auf der Registerkarte *START* in der Gruppe *Aktuelle Ansicht* auf *Ansicht ändern.* Wählen Sie eine andere Ansicht als die Ansicht *Personen* aus, beispielsweise die Ansicht *Visitenkarte.*

Bild 51.16 Verwenden Sie die Optionen des Befehls *Ansicht ändern*, um die Standardansicht *Personen* zu verlassen

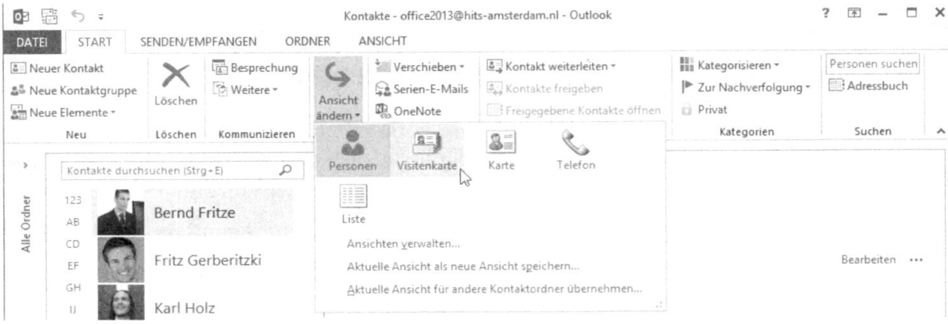

2. Suchen Sie mit einem der oben beschriebenen Verfahren den Kontakt, den Sie bearbeiten wollen.

3. Doppelklicken Sie auf den gewünschten Eintrag. Hierdurch wird der Kontakt im Eingabeformular geöffnet. Falls Sie hier Änderungen vornehmen, müssen Sie diese, wie im vorigen Abschnitt beschrieben, mit einem Klick auf *Speichern & schließen* übernehmen.

Sofern Sie nur wenige Adressen eingetragen haben, reicht es möglicherweise, einfach nur die Bildlaufleiste am rechten Rand so weit zu verschieben, bis Sie die gesuchte Adresse sehen.

Kontakt aus E-Mail heraus erstellen

Sie können den Absender einer E-Mail direkt aus der erhaltenen E-Mail heraus in Ihre Kontakte aufnehmen.

1. Öffnen Sie die E-Mail-Nachricht, deren Absender Sie in die Kontakte aufnehmen wollen.

2. Klicken Sie im Feld *Von*, *An* oder *Cc* den Namen, den Sie in die Kontaktliste aufnehmen wollen, mit der rechten (!) Maustaste an.

3. Klicken Sie auf *Zu Outlook-Kontakten hinzufügen*.

   Das Eingabeformular für einen neuen Kontakt wird geöffnet. Die Felder *Name* und *E-Mail* sind bereits ausgefüllt.

Bild 51.17 Über das Kontextmenü des Absenderfeldes einer erhaltenen E-Mail können Sie einen Kontakt erstellen

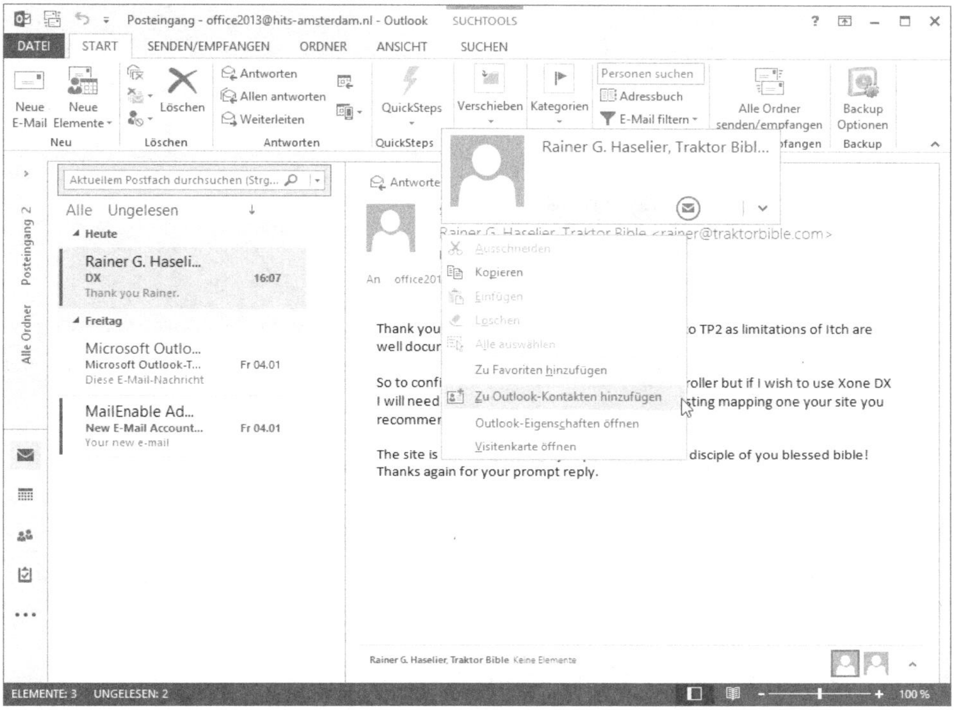

4. Ändern Sie gegebenenfalls den automatisch eingetragenen Namen und ergänzen Sie weitere Informationen.
5. Klicken Sie auf *Speichern & schließen.*

Kontakt als Favorit speichern

Um auf Kontakte, die Sie häufig benötigen, schnell zugreifen zu können, können Sie diese Kontakte in Ihre Favoriten einfügen. Das Hinzufügen zu den Favoriten ist nur in der Ansicht *Personen* möglich.

1. Wechseln Sie zur Ansicht *Personen*, falls diese nicht *aktiv ist (START/Aktuelle Ansicht/Ansicht wechseln/Personen).*
2. Suchen Sie mit einem der oben beschriebenen Verfahren nach dem Kontakt, den Sie zu den Favoriten hinzufügen wollen.
3. Klicken Sie auf die Schaltfläche *Weitere Optionen für die Interaktion mit dieser Person anzeigen* (Sie erkennen diese Schaltfläche an den drei Punkten) und wählen Sie *Zu Favoriten hinzufügen* (siehe Abbildung auf der folgenden Seite).

Bild 51.18 Personen, die Sie zu den Favoriten hinzugefügt haben, werden im Popupmenü der Schaltfläche *Personen* angezeigt

Weitere Ansichten verwenden

Wie in den vorhergehenden Outlook-Versionen stehen Ihnen auch in Outlook 2013 neben der neuen Standardansicht *Personen* weitere Ansichten für Ihre Kontakte zur Verfügung. Wie die Kontakte angezeigt werden, stellen Sie auf der Registerkarte *ANSICHT* ein.

1. Wechseln Sie zur Registerkarte *ANSICHT*.
2. Klicken Sie in der Gruppe *Aktuelle Ansicht* auf *Ansicht ändern*, um das betreffende Dropdownmenü zu öffnen.
3. Klicken Sie den Namen einer der vordefinierten Ansichten an.

   Die Ansicht *Visitenkarte* zeigt für jeden Kontakt eine Visitenkarte der gleichen Größe an; die Ansicht *Karte* zeigt für jeden Kontakt eine Karte an, auf der alle erfassten Informationen angezeigt werden. Die Ansicht *Telefon* zeigt die Kontakte in einer Listenansicht mit den erfassten Telefonnummern an und die Ansicht *Liste* ähnelt der Ansicht *Telefon*, jedoch werden hier auch die E-Mail-Adresse und andere Adressfelder eingeblendet. Außerdem werden die Kontakte nach den Kategorien gruppiert.
4. Klicken Sie den Namen einer der vordefinierten Ansichten an.
5. Klicken Sie in der Gruppe *Anordnung* im Bereich *Anordnen nach* auf *Kategorien*, um die Kontakte nach den Kategorien zu gruppieren. Diese Option steht nur in den Listenansichten zur Verfügung. Mehr zu den Kategorien finden Sie im nächsten Abschnitt.

Kategorien für Kontakte verwenden

Unter den verschiedenen Ansichten, die Sie für die Kontakte nutzen können, bietet vor allem die Ansicht *Nach Kategorien angeordnet* einen großen praktischen Nutzen. Hier können Sie Ihre Kontakte nach unterschiedlichen Kategorien gruppiert anzeigen lassen. Wie in den anderen Outlook-

Modulen werden auch in den Kontakten für die Kategorisierung die sogenannten Farbkategorien verwendet.

Beispiel: Sommerfest organisieren
Wenn Sie beispielsweise gerade dabei sind, ein größeres Sommerfest zu organisieren, können Sie alle Kontaktadressen, die Sie dafür benötigen, unter der Kategorie *Sommerfest* zusammenfassen.

Bild 51.19 Ein Beispiel für die Ansicht *Liste nach Kategorien angeordnet*

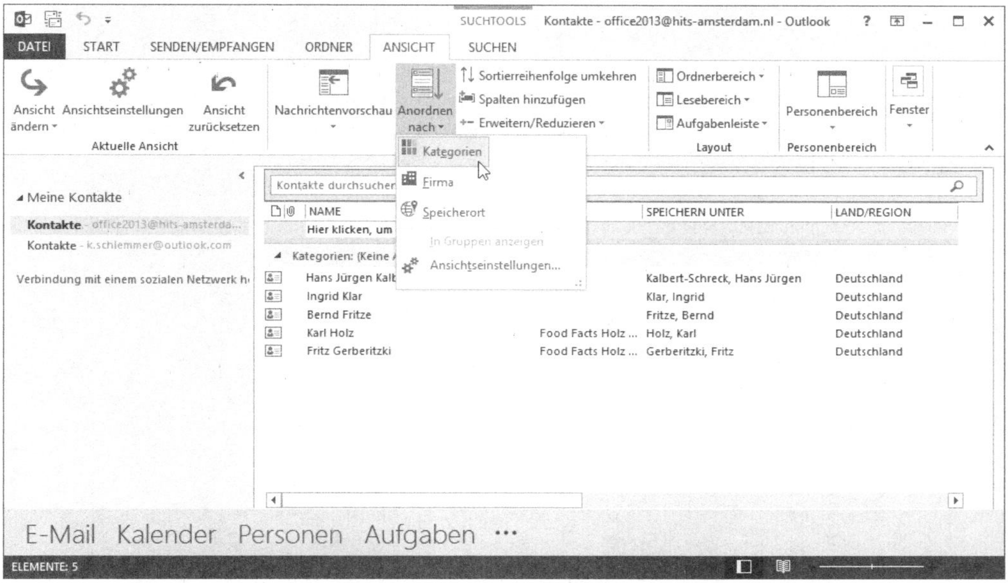

1. Öffnen Sie den *Kontakte*-Ordner (Tastenkombination [Strg]+[3]).
2. Wechseln Sie zur Registerkarte *ANSICHT,* klicken Sie in der Gruppe *Aktuelle Ansicht* auf *Ansicht ändern* und dann auf *Liste.* Klicken Sie anschließend in der Gruppe *Anordnung* auf *Anordnen nach/Kategorien.*

   Jetzt werden Ihre Kontakte nicht mehr wie in der Standardansicht als Visitenkarten angezeigt, sondern nach Kategorien gruppiert. Solange Sie noch keine Kategorien für einzelne Kontakte vergeben haben, wird unter *(Keine Angabe)* nur die Gruppe der Kontakte ohne Kategorie angezeigt.
3. Klicken Sie auf die Schaltfläche vor der Gruppierungsüberschrift der Gruppe *(Keine Angabe).* Damit werden alle in der Gruppe enthaltenen Kontakte aufgelistet.
4. Markieren Sie mit gedrückter [Strg]-Taste beispielsweise alle Kontakte, mit denen Sie wegen des Sommerfests telefonieren wollen.
5. Klicken Sie mit der rechten (!) Maustaste in den markierten Bereich und wählen Sie im Kontextmenü den Eintrag *Kategorisieren/Alle Kategorien.* Das Dialogfeld *Farbkategorien* wird angezeigt.
6. Klicken Sie auf *Neu,* um eine Farbkategorie zu erstellen. Das Dialogfeld *Neue Kategorie hinzufügen* wird angezeigt (siehe Abbildung auf der folgenden Seite).

Bild 51.20 Geben Sie in diesem Dialogfeld den Namen einer neuen Farbkategorie ein und wählen Sie die gewünschte Farbe aus

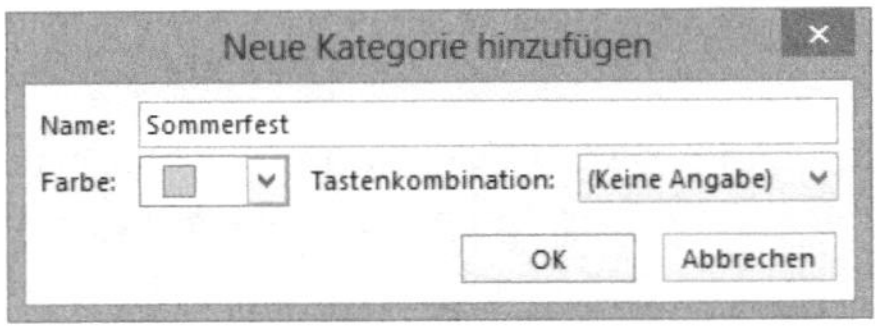

7. Geben Sie in das Feld *Name* einen Namen für die neue Kategorie ein und wählen Sie im Listenfeld *Farbe* einen Eintrag aus. Klicken Sie auf *OK.*

Bild 51.21 Dieses Dialogfeld zeigt alle vorhandenen Farbkategorien

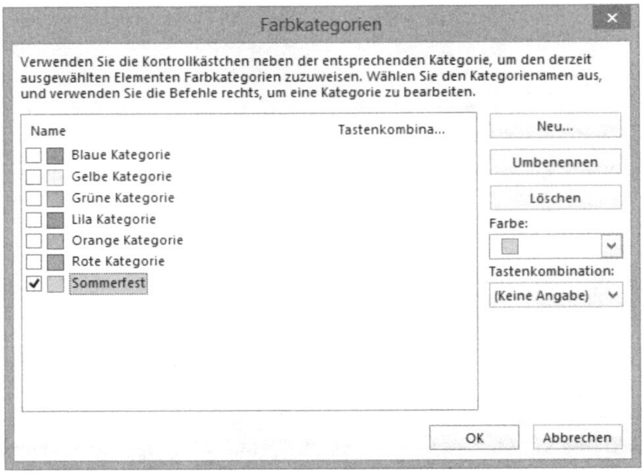

8. Schalten Sie im Dialogfeld *Farbkategorien* vor dem Namen der Kategorie, die Sie den markierten Kontakten zuweisen wollen, das Kontrollkästchen ein. Klicken Sie auf *OK.*

Kontaktgruppe erstellen

Wenn Sie häufig E-Mails an den gleichen Kreis von Empfängern schicken, können Sie dafür in den Kontakten eine Kontaktgruppe anlegen. Dann brauchen Sie in der E-Mail nicht mehr die einzelnen Empfänger, sondern nur noch den Namen der Kontaktgruppe anzugeben.

1. Öffnen Sie das Modul *Personen,* wechseln Sie zur Registerkarte *START* und klicken Sie in der Gruppe *Neu* auf *Neue Kontaktgruppe.* Wenn Sie derzeit ein anderes Modul geöffnet haben, klicken Sie in der Gruppe *Neu* auf *Neue Elemente* und dann auf *Kontaktgruppe.*

   Outlook öffnet das Fenster zum Erstellen und Bearbeiten einer Kontaktgruppe, die in früheren Outlook-Versionen Verteilerliste genannt wurde.

2. Geben Sie im Feld *Name* eine Bezeichnung an, unter der die Kontaktgruppe später im *Kontakte*-Ordner gespeichert werden soll.

Bild 51.22 Geben Sie in das Feld *Name* die Bezeichnung für die neue Kontaktgruppe ein

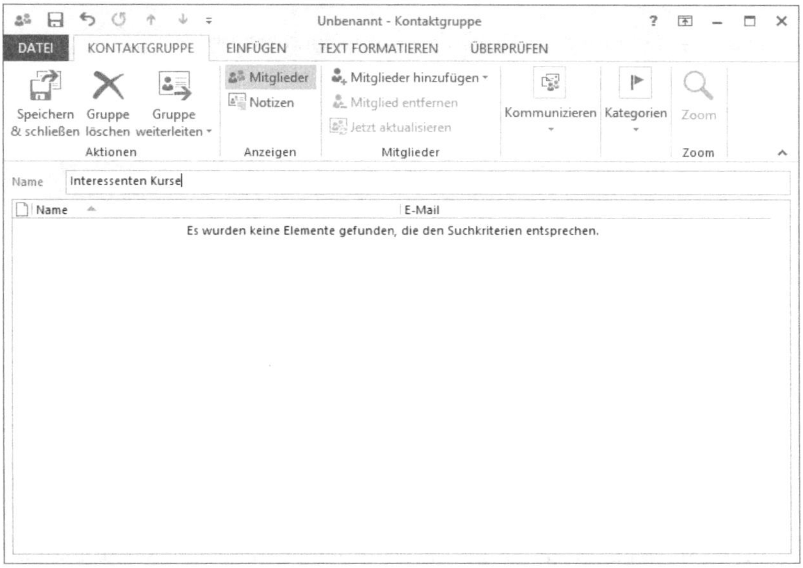

3. Klicken Sie im Menüband in der Befehlsgruppe *Mitglieder* auf *Mitglieder hinzufügen* und dann auf *Aus Outlook-Kontakten*. Das Dialogfeld *Mitglieder auswählen* wird geöffnet.

Bild 51.23 Wählen Sie hier die Mitglieder für die neue Kontaktgruppe aus

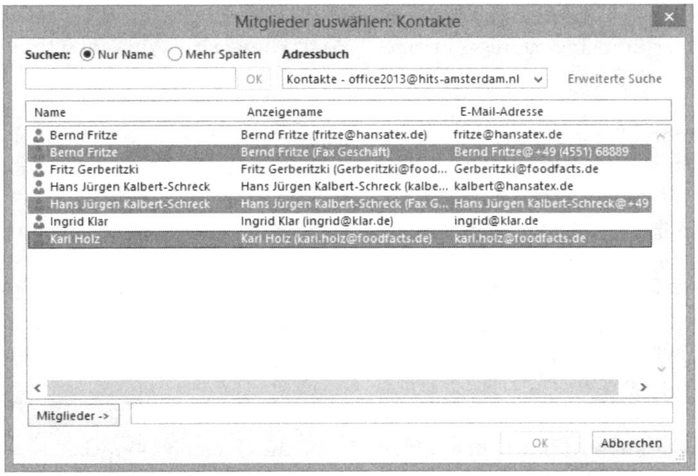

4. In der Liste *Adressbuch* wählen Sie *Kontakte* oder ein anderes Adressbuch mit den E-Mail-Adressen aus, die Sie in die Kontaktgruppe aufnehmen möchten.
5. Markieren Sie oben in der Liste mit gedrückter `Strg`-Taste die gewünschten Kontakte.
6. Klicken Sie zum Übernehmen der markierten Einträge auf die Schaltfläche *Mitglieder*. Hierdurch werden die ausgewählten Kontakte im Textfeld im unteren Bereich angezeigt.

7. Schließen Sie das Dialogfeld *Mitglieder auswählen* mit *OK*.

Bild 51.24 Die ausgewählten Kontakte werden in der Kontaktgruppe angezeigt

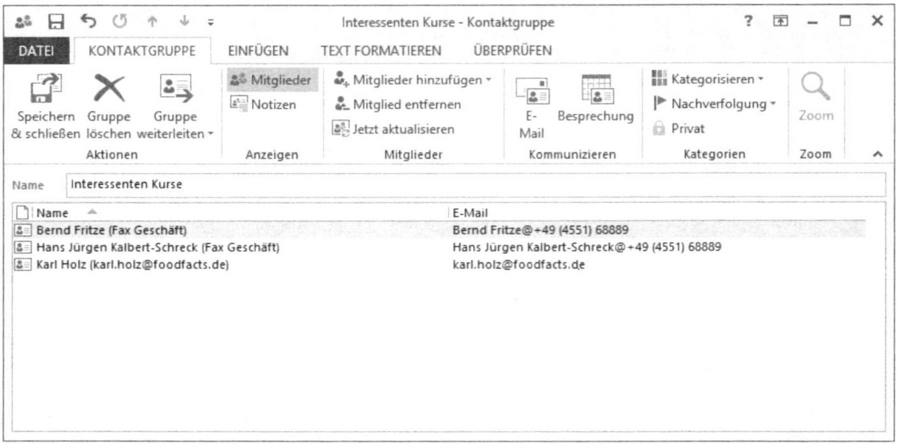

8. Klicken Sie in der Befehlsgruppe *Anzeigen* auf *Notizen,* wenn Sie für die Kontaktgruppe Notizen eingeben wollen. Verwenden Sie gegebenenfalls die Registerkarte *TEXT FORMATIEREN,* wenn Sie Ihre Notizen formatieren wollen, und die Registerkarte *EINFÜGEN,* wenn Sie weitere Elemente, wie Abbildungen, Tabellen etc., in die Notizen einfügen wollen.
9. Klicken Sie auf der Registerkarte *KONTAKTGRUPPE* in der Gruppe *Aktionen* auf *Speichern & schließen.*

Die Kontaktgruppe wird jetzt unter dem angegebenen Namen in Ihren Kontakten aufgeführt. Bei der Eingabe einer Empfängeradresse in einer E-Mail können Sie die Kontaktgruppe wie eine normale Adresse auswählen.

TIPP **AutoVervollständigung für Kontaktgruppen nutzen** Die in Kapitel 47 beschriebene Möglichkeit der automatischen Vervollständigung von E-Mail-Adressen funktioniert auch für die Namen von Kontaktgruppen.

Tragen Sie also in einer E-Mail den Namen der Kontaktgruppe (oder nur die ersten Buchstaben davon) in das *An-*, *Cc-* oder *Bcc*-Feld ein. Wird der Name der Kontaktgruppe unterstrichen dargestellt, nachdem Sie in ein anderes Feld geklickt haben, wurde sie sofort gefunden. Erscheint eine rote Wellenlinie unter dem eingegebenen Namen, können Sie (wie in Kapitel 47 beschrieben) mit der rechten (!) Maustaste auf den Eintrag klicken und die gewünschte Kontaktgruppe im Kontextmenü auswählen.

Um die Kontaktgruppe zu bearbeiten, öffnen Sie sie durch einen Doppelklick im Ansichtsbereich des Ordners *Kontakte.* Sie können einer Kontaktgruppe wie einem Kontakt eine oder mehrere Farbkategorien zuweisen, die Gruppe zur Nachverfolgung kennzeichnen oder als privat markieren.

Um einen Eintrag aus der Kontaktgruppe zu löschen, markieren Sie ihn und klicken dann auf der Registerkarte *KONTAKTGRUPPE* in der Gruppe *Mitglieder* auf *Entfernen.* Verwenden Sie die Schaltfläche *Jetzt aktualisieren,* wenn Sie alle Mitglieder der Kontaktgruppe, die Sie aus dem Adressbuch hinzugefügt haben, mit den derzeitigen Informationen aus dem Adressbuch aktualisieren wollen.

Nachverfolgen

Eines der hilfreichsten und nützlichsten Features, die Outlook seit der Version 2007 anbietet, ist das automatische Erstellen eines Aufgabenelements, wenn ein anderes Element zur Nachverfolgung gekennzeichnet wurde, und die Verbindung zwischen den Aufgaben und dem Kalender.

Diese Funktion können Sie auch bei den Kontakten verwenden und so einen besseren Überblick darüber behalten, wann Sie mit welcher Person Kontakt aufnehmen sollten etc.

So kennzeichnen Sie einen Kontakt für die Nachverfolgung:

1. Markieren Sie im Ansichtsbereich von Outlook den Kontakt, den Sie zur Nachverfolgung kennzeichnen wollen, und wechseln Sie zur Registerkarte *START.*
2. Klicken Sie in der Gruppe *Kategorien* auf *Zur Nachverfolgung.*
3. Führen Sie eine der folgenden Aktionen durch:
   - Wählen Sie im Menü der Schaltfläche den Zeitpunkt aus, für den Sie die Aufgabe erstellen wollen. Outlook bietet die Optionen *Heute, Morgen, Diese Woche* und *Nächste Woche* an.
   - Wenn die Nachverfolgung nicht mit einem bestimmten Datum verbunden sein soll, wählen Sie die Option *Kein Datum* aus.

Bild 51.25 Im Menü *Zur Nachverfolgung* stehen einige Zeitpunkte zur Auswahl, zu denen die Nachverfolgung stattfinden soll

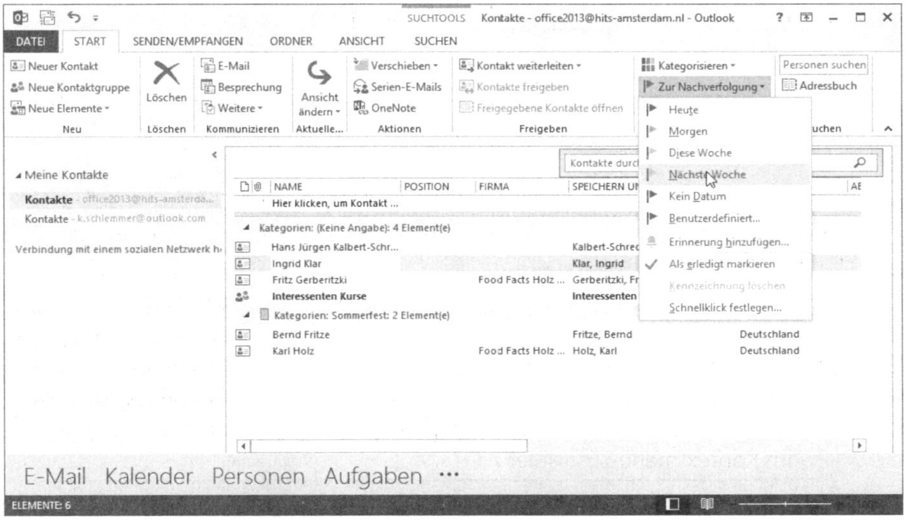

- Wenn Sie den Zeitpunkt und weitere Optionen genauer einstellen wollen, klicken Sie auf *Benutzerdefiniert,* um das gleichnamige Dialogfeld anzeigen zu lassen (siehe Abbildung auf der folgenden Seite).

Bild 51.26 Die Nachverfolgung kann in diesem Dialogfeld individueller konfiguriert werden

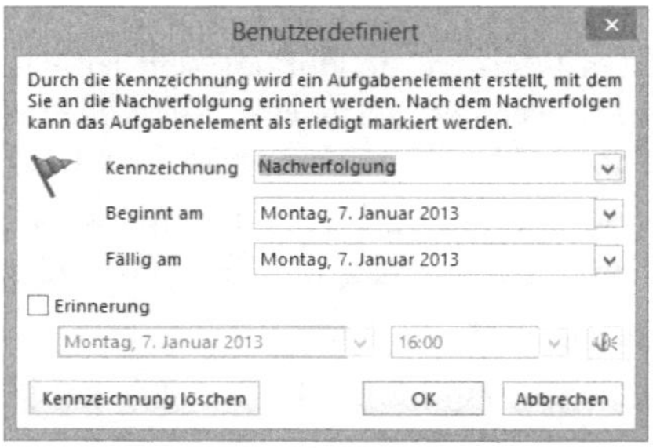

Wählen Sie dann in der Liste *Kennzeichnung* einen der vorhandenen Einträge aus oder geben Sie einen eigenen Kennzeichnungstext ein. Mit den Datumswählern *Beginnt am* und *Fällig am* können Sie das Anfangs- und das Enddatum für die Nachverfolgung einstellen. Wenn Sie zu einem bestimmten Zeitpunkt an diese Aufgabe erinnert werden wollen, wählen Sie den Zeitpunkt im Bereich *Erinnerung* aus. Schließen Sie das Dialogfeld mit *OK*.

Outlook erstellt automatisch ein neues Aufgabenelement, über das die Nachverfolgung verwaltet werden kann. Die neue Aufgabe wird in der Aufgabenleiste angezeigt (siehe folgende Abbildung) und ist auch an den festgelegten Tagen im Aufgabenbereich des Kalenders sichtbar.

Bild 51.27 Zur Verwaltung der Nachverfolgung hat Outlook ein neues Aufgabenelement erstellt

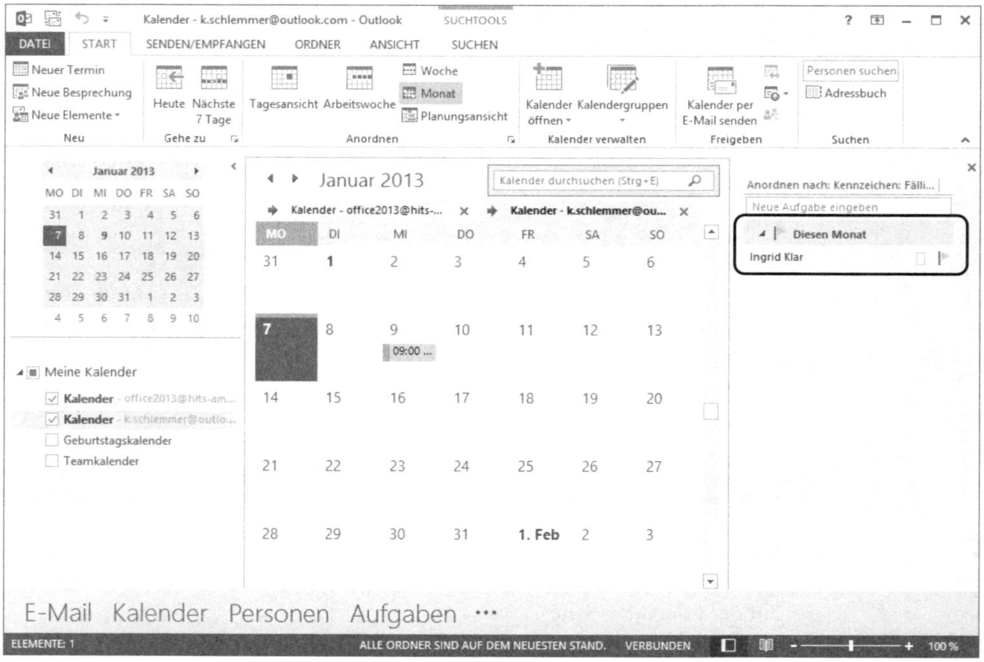

Weitere Informationen zum Kalender und zu Aufgaben finden Sie in den Kapiteln 52 und 53 dieses Buches.

Weitere Kontakte-Ordner verwenden

Standardmäßig steht Ihnen pro E-Mail-Konto, das Sie in Outlook eingerichtet haben, ein Kontakte-Ordner zur Verfügung. Jedem E-Mail-Konto ist eine Datendatei zugeordnet und in jeder dieser Datendateien legt Outlook automatisch den Kontakte-Ordner an. (Mehr Informationen zur Bedeutung der Datendateien finden Sie im vorherigen Kapitel.) Sie können in den Datendateien weitere Kontakte-Ordner erstellen, wenn Sie beispielsweise Adressen nur für ein bestimmtes Projekt benötigen oder wenn Sie private von geschäftlichen Kontakten trennen wollen.

So erstellen Sie einen weiteren Kontakte-Ordner:

1. Wechseln Sie im Menüband zur Registerkarte *ORDNER* und klicken Sie in der Gruppe *Neu* auf *Neuer Ordner*. Das Dialogfeld *Neuen Ordner erstellen* wird angezeigt.
2. Geben Sie in das Feld *Name* die Bezeichnung für den neuen Kontakte-Ordner ein.
3. Öffnen Sie die Liste *Ordner enthält Elemente des Typs* und klicken Sie auf *Kontakt*.

Bild 51.28 Über dieses Dialogfeld können Sie einen weiteren Kontakte-Ordner erstellen und so verschiedene Adressverzeichnisse verwalten

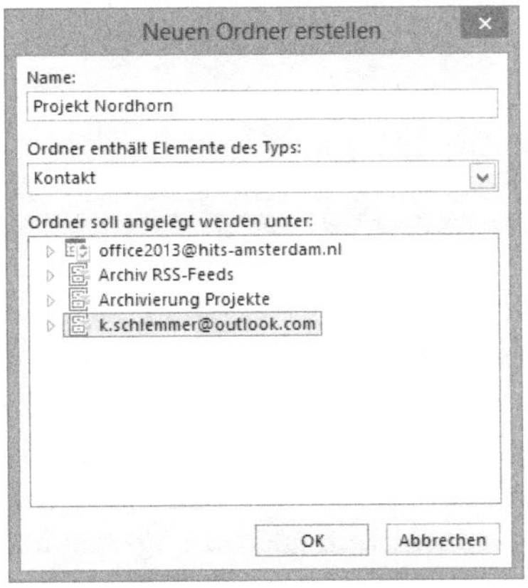

4. Markieren Sie in der Liste *Ordner soll angelegt werden unter* das E-Mail-Konto bzw. den Namen der Datendatei, unter dem der neue Ordner eingeordnet werden soll.
5. Schließen Sie das Dialogfeld mit *OK*.

Der neue Ordner wird erstellt. Sie können neue Kontakte nun gezielt in einem der erstellten Ordner ablegen.

HINWEIS **Weitere Kontakte-Ordner bei Exchange ActiveSync-Konten** Bitte beachten Sie, dass Sie für ein Exchange ActiveSync-Konto (z. B. Hotmail und Outlook.com) immer nur mit einem Kontakte-Ordner arbeiten können. Die Erstellung eines weiteren Kontakte-Ordners ist dann nicht möglich.

Outlook 2013

Bild 51.29 Im Ordnerbereich werden unterhalb von *Meine Kontakte* alle vorhandenen Kontakte-Ordner angezeigt. Klicken Sie den Namen eines Ordners an, um ihn zu öffnen.

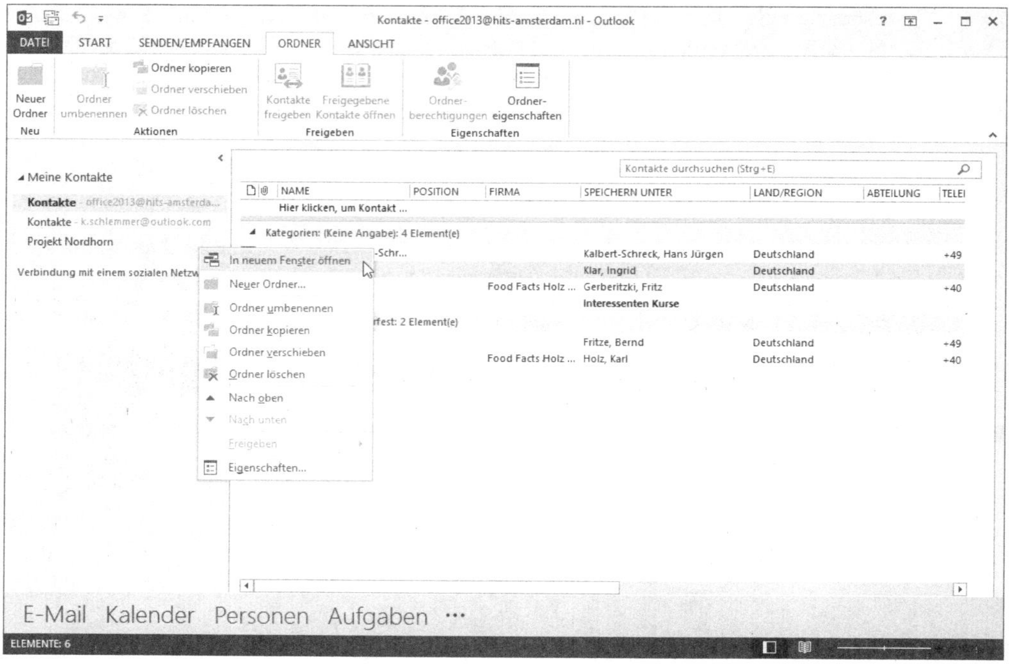

Im Ordnerbereich auf der linken Seite des Outlook-Fensters werden unterhalb von *Meine Kontakte* alle erstellten Ordner angezeigt. Um einen bestimmten Kontakte-Ordner zu öffnen, klicken Sie dessen Namen an.

In dem Kontextmenü, das Sie in der obigen Abbildung sehen, stehen Ihnen Befehle zur Verfügung, um den Ordner zu verschieben, zu kopieren und umzubenennen. Nützlich ist der Befehl *In neuem Fenster öffnen,* da der angeklickte Kontakte-Ordner dann gleichzeitig mit anderen Kontakte-Ordnern auf dem Bildschirm sichtbar sein kann.

Kapitel 52

Terminverwaltung mit dem Kalender

In diesem Kapitel:

Mit dem Outlook-Kalender verwalten Sie Ihre Termine und Ihre Aufgaben. Bei einem Termin kann es sich um ein einmaliges Ereignis handeln oder um eine Terminserie, bei der die Ereignisse in regelmäßigen Intervallen wiederkehren. Außerdem können Sie sich im Kalender an Jahres- oder Geburtstage erinnern lassen, die mit einem bestimmten Eintrag im Ordner *Kontakte* von Outlook verbunden sind.

Microsoft Outlook stellt Ihnen neue Ansichten auf Ihrem Kalender zur Verfügung. Die Tages- und die Wochenansicht, die es auch in vorherigen Outlook-Versionen gab, sind seit der Version 2007 um die tägliche Aufgabenliste erweitert worden, die Sie unterhalb des Kalenders anzeigen lassen können. Dort können Sie alle Aufgaben und auch die zur Nachverfolgung gekennzeichneten Elemente sehen, die für den jeweiligen Tag eingeplant oder zur Bearbeitung vorgesehen waren.

Dieses Kapitel beschreibt die Möglichkeiten, die Ihnen im Outlook-Kalender zur Verfügung stehen. Sie werden lernen, wie Sie die verschiedenen Arten von Terminen und Ereignissen in den Kalender eintragen, wie Sie sich an Termine erinnern lassen können, wie Sie mehrere Kalender verwenden, wie die Aufgaben mit dem Kalender verknüpft sind, wie Sie Ihren Kalender als E-Mail versenden u.v.m.

Einen Termin eintragen

Wenn Sie Ihre Termine in den Outlook-Kalender eintragen, können Sie sich automatisch an sie erinnern lassen.

1. Zeigen Sie den Outlook-Kalender an (Tastenkombination Strg+2).

Bild 52.1 Der Kalender wird standardmäßig in der Tagesansicht angezeigt. Im Ordnerbereich wird der im Kalender sichtbare Bereich grau hinterlegt; der heutige Tag ist dunkel hinterlegt.

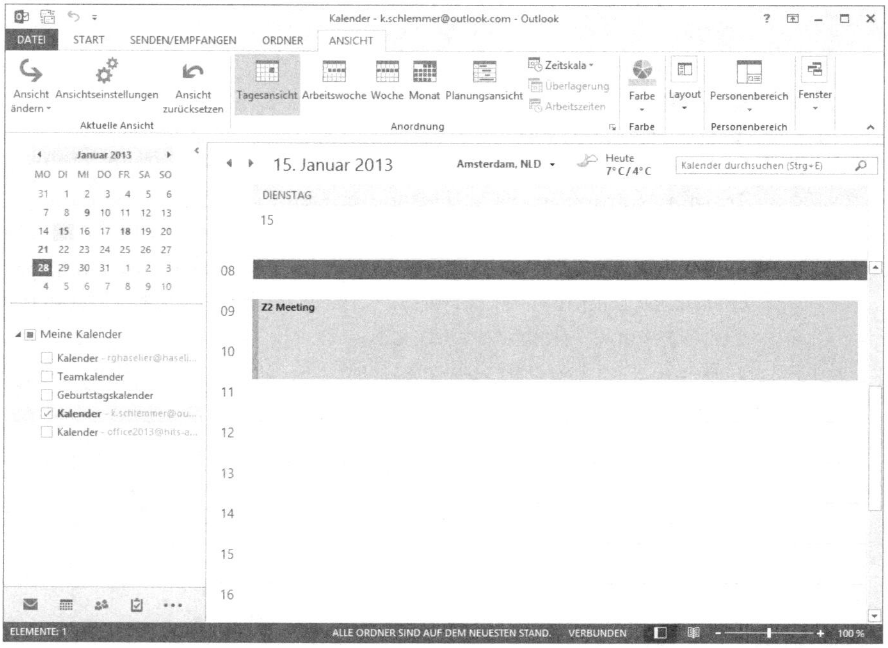

Im Ordnerbereich an der linken Seite des Fensters sehen Sie oben einen Monatskalender. Mit diesem Kalender können Sie zu einem anderen Tag oder einen anderen Monat wechseln.

Darunter sehen Sie den Bereich *Meine Kalender*. Wenn Sie ein E-Mail-Konto verwenden, wird dort der Kalender angezeigt, der diesem E-Mail-Konto zugeordnet ist. Wenn Sie mehrere E-Mail-Konten verwenden, sehen Sie dort mehrere Kalender. Schalten Sie für den Moment dort nur das Kontrollkästchen des Kalenders ein, in dem Sie einen Termin eintragen wollen.

HINWEIS **Ansicht ändern** Wird bei Ihnen statt der Tagesansicht ein Monatskalender oder eine Wochenansicht angezeigt, klicken Sie auf der Registerkarte *START* in der Gruppe *Anordnen* auf *Tagesansicht*.

2. Klicken Sie im Datumswechsler oben im Ordnerbereich auf das Datum, an dem Sie einen Termin eintragen wollen.

   Mit den beiden Pfeilschaltflächen im oberen Bereich des Datumswechslers können Sie zwischen den Monaten blättern. Wenn Sie den Monatsnamen anklicken, wird ein Menü geöffnet, in dem Sie direkt einen anderen Monat auswählen können.

Bild 52.2 Der Datumswechsler

Der gewählte Tag wird dann in der Tagesansicht angezeigt und im Datumswechsler markiert.

3. Verschieben Sie mit der vertikalen Bildlaufleiste den sichtbaren Bereich des Tages so, dass Sie auf der Zeitleiste die Uhrzeit sehen, zu der der Termin beginnen soll.
4. Klicken Sie in die Zeile neben der gewünschten Anfangszeit. Soll ein längerer Termin eingetragen werden, halten Sie die Maustaste gedrückt und ziehen die Markierung nach unten bis zum geplanten Ende des Termins.

Bild 52.3 Die Dauer des Termins wurde im Kalender markiert

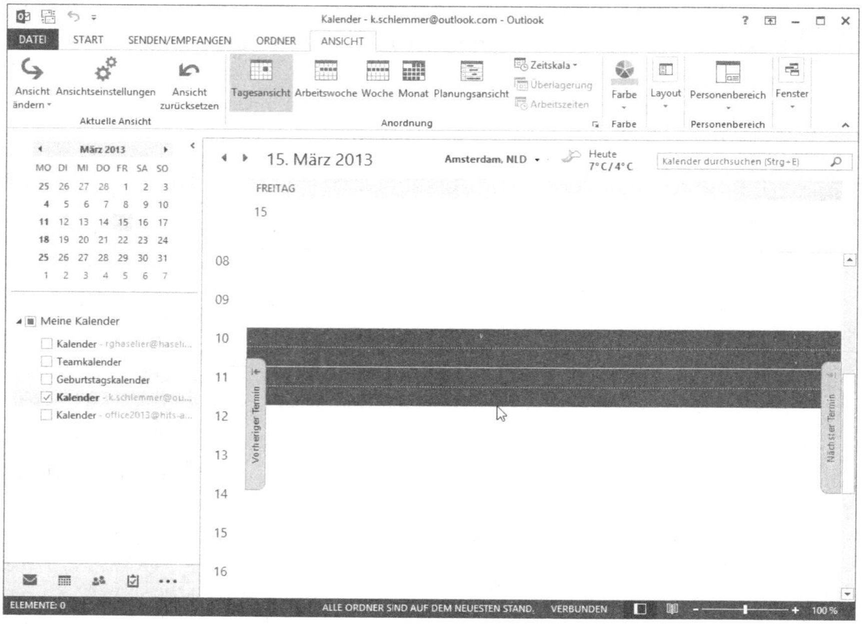

5. Jetzt können Sie direkt den Betreff des Termins eintippen. Damit wird automatisch ein neuer Termin erstellt. An der blinkenden Einfügemarke erkennen Sie, dass Sie schreiben können.

Bild 52.4 Der neue Termin wird eingetragen

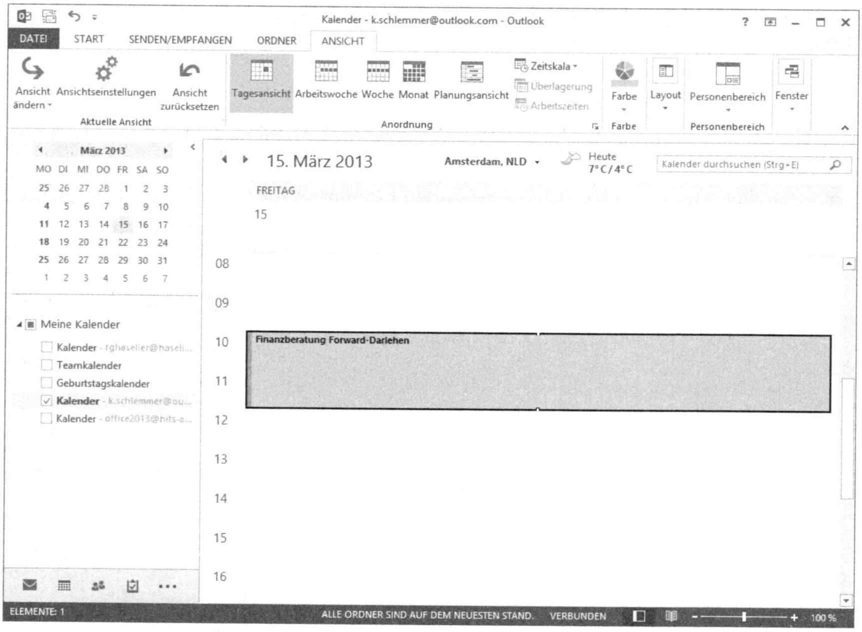

6. Schließen Sie Ihre Eingabe mit der [↵]-Taste ab oder klicken Sie in einen freien Bereich des Kalenders.

Bild 52.5 Der Termin wurde in den Kalender eingetragen. Wenn Sie auf den Termin zeigen, sehen Sie Details zu dem Termin in einem Quickinfo-Fenster.

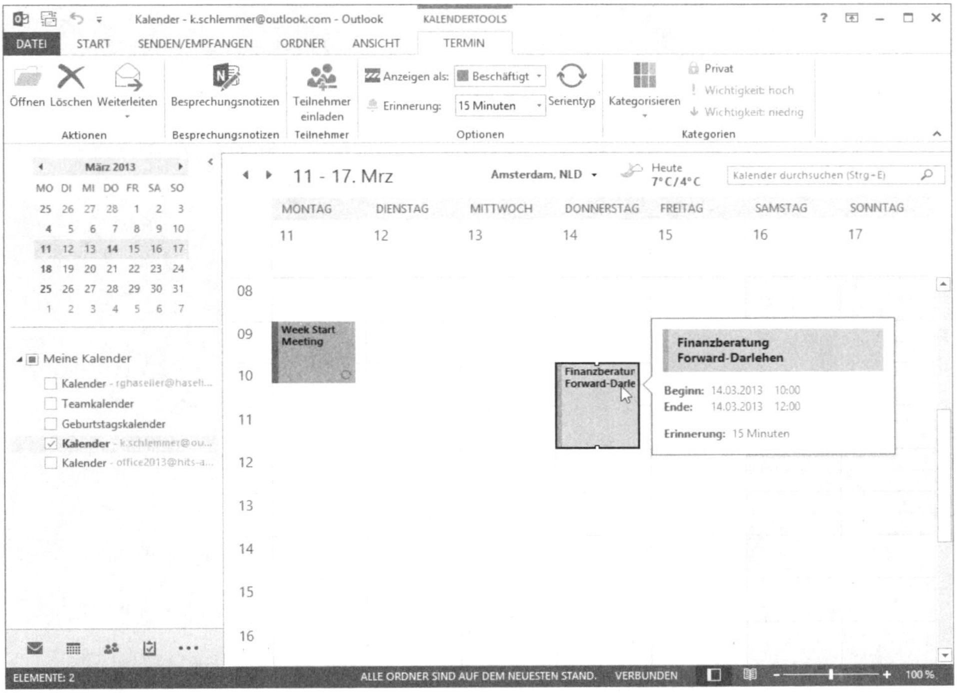

Termine ändern, verschieben oder löschen

Werden Termine abgesagt oder verschoben oder wird die Termindauer verändert, können Sie die betreffenden Termineinträge in Ihrem Outlook-Kalender ganz leicht anpassen.

Termindauer verändern

In der Tagesansicht können Sie für einen eingetragenen Termin direkt die Anfangs- oder Endzeit ändern.

1. Zeigen Sie mit dem Mauszeiger auf die obere bzw. untere Kante des Termineintrags, bis sich der Mauszeiger in einen vertikalen Doppelpfeil verwandelt (siehe Abbildung auf der nächsten Seite).

Bild 52.6 Die Dauer des Termins wird durch Ziehen mit der Maus verändert

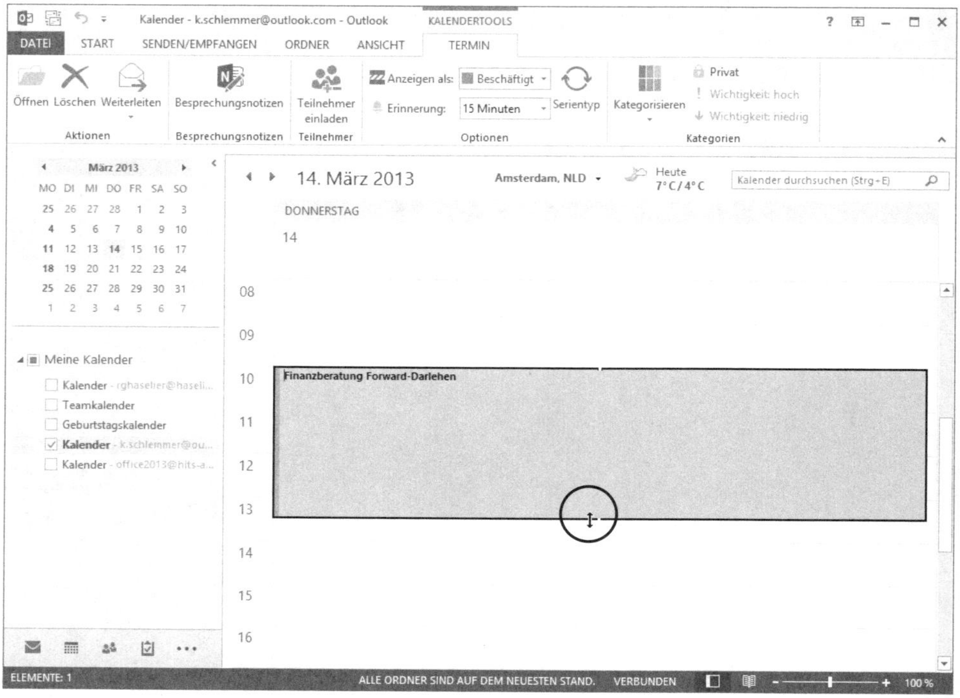

2. Ziehen Sie mit gedrückter Maustaste die Rahmenlinie auf die gewünschte Uhrzeit und lassen Sie dort die Maustaste los.

Termin auf andere Tageszeit verschieben

Einen bereits eingetragenen Termin können Sie ganz einfach mit der Maus auf eine frühere oder spätere Uhrzeit verschieben.

1. Zeigen Sie bei dem Termin, den Sie auf eine andere Uhrzeit verschieben wollen, auf eine beliebige Stelle innerhalb seines Rahmens.

2. Ziehen Sie den Termin nun mit gedrückter Maustaste auf den gewünschten Zeitpunkt.

   Wenn Sie dabei an die Grenzen des angezeigten Tageszeitbereichs kommen, verschiebt sich der angezeigte Zeitraum automatisch.

Bild 52.7 Der Termin kann mit der Maus verschoben werden

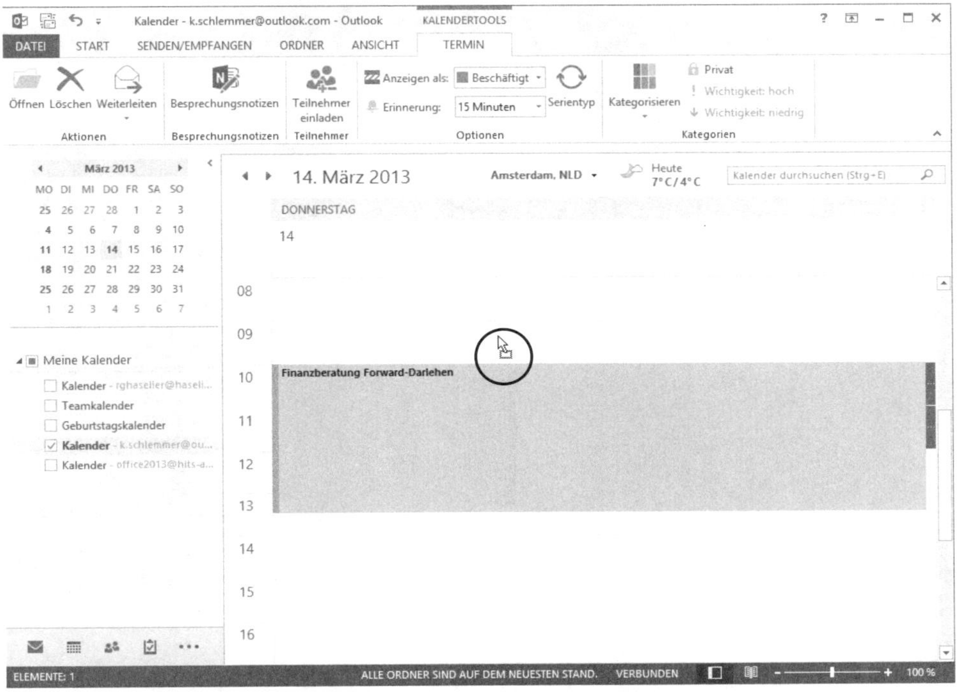

3. Lassen Sie die Maustaste bei der gewünschten Uhrzeit los.

   Damit ist der Termin auf die neue Uhrzeit verschoben. Die Länge des Termins bleibt beim Verschieben erhalten.

HINWEIS **Termin kopieren statt verschieben** Wenn Sie beim Verschieben die Strg-Taste gedrückt halten und dann beim Einfügen zuerst die Maustaste loslassen, wird der Termin nicht verschoben, sondern kopiert.

Termin auf anderen Tag verschieben

Nach demselben Prinzip können Sie einen Termin auch auf einen anderen Tag verschieben.

1. Zeigen Sie bei dem Termin, den Sie auf einen anderen Tag verschieben wollen, auf eine beliebige Stelle innerhalb seines Rahmens.
2. Ziehen Sie den Termin mit gedrückter Maustaste in den Datumswechsler (siehe Abbildung auf der nächsten Seite).
3. Lassen Sie die Maustaste los, sobald Sie sehen, dass das Datum markiert ist, auf das der Termin verschoben werden soll.

   Der Termin ist damit auf den gewählten Tag verschoben. Die Uhrzeiten haben sich dadurch nicht verändert.

Bild 52.8 Um das gewählte Datum wird im Datumswechsler ein Rechteck angezeigt

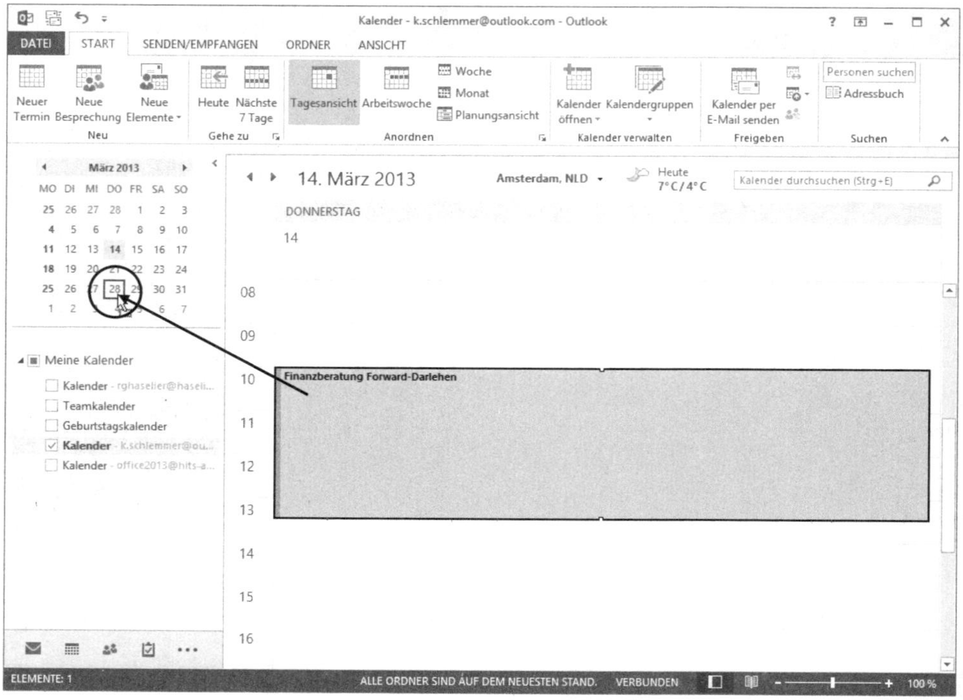

Das Verschieben eines Termins auf einen anderen Tag ist nicht nur in der Tagesansicht des Kalenders möglich, sondern auch in der Wochen- oder Monatsansicht. Verwenden Sie eine der Schaltflächen *Woche, Arbeitswoche* oder *Monat,* die auf der Registerkarte *START* in der Gruppe *Anordnen* angezeigt werden, um die Ansicht zu wechseln.

PROFITIPP

Termin auf einen im Datumsnavigator nicht sichtbaren Tag verschieben

Durch das Ziehen eines Termins in den Datumswechsler lassen sich Termine nur auf einen dort sichtbaren Tag verschieben. Sie können im Datumsnavigator auch mehrere Monate anzeigen, indem Sie die Trennlinie unterhalb des Kalenders mit der Maus nach unten ziehen. Wie viele Monate Sie auf diese Weise sehen können, hängt von dem zur Verfügung stehenden Platz ab.

Alternativ können Sie das Terminelement öffnen, indem Sie im Kalender darauf doppelklicken. Outlook zeigt Ihnen dann das Formular für Termine an, in dem Sie neben anderen Einstellungen auch den Tag des Termins verändern können. Weitere Informationen zum Formular für Termine finden Sie im Abschnitt »Das Formular für Termine verwenden« ab Seite 1079.

Termin löschen

1. Klicken Sie auf den im Kalender eingetragenen Termin, um ihn zu markieren.

2. Drücken Sie die Taste [Entf]. Damit wird der Termin ohne weitere Warnung aus dem Kalender entfernt und in den Papierkorb *Gelöschte Elemente* geschoben.

TIPP **Den aktuellen Tag im Kalender anzeigen lassen** Wenn Sie schnell zum aktuellen Tag zurückkehren und diesen im Kalender anzeigen lassen wollen, klicken Sie auf der Registerkarte *START* in der Gruppe *Gehe zu* auf *Heute*.

Das Formular für Termine verwenden

Wie bei den Kontakten und den Aufgaben können Sie auch einen Termin in einem eigenen Fenster erstellen und bearbeiten, dem sogenannten Formular für Termine, das Sie in der folgenden Abbildung sehen.

Bild 52.9 Auch das Formular für die Termine verwendet die Benutzeroberfläche mit dem Menüband

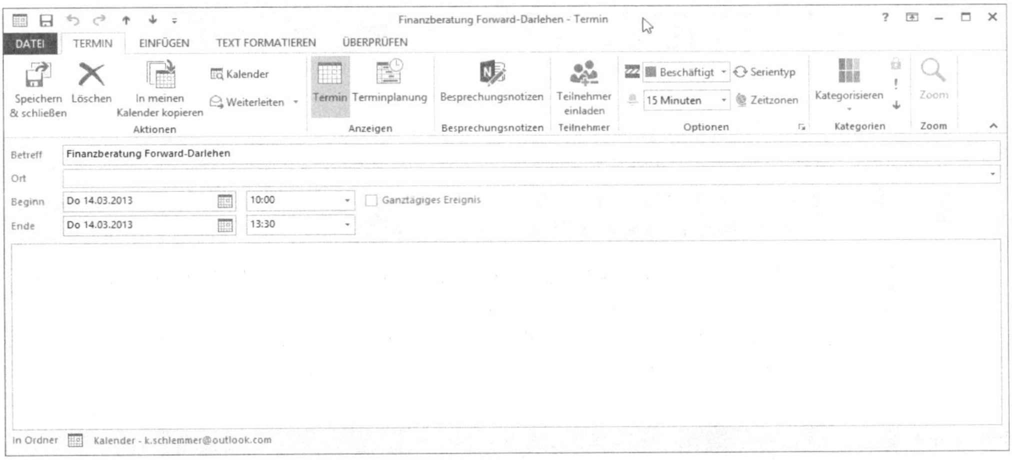

Um das Formular für einen bereits im Kalender eingetragenen Termin zu öffnen, doppelklicken Sie auf den Termin im Kalender. Um einen neuen Termin mithilfe des Formulars zu erstellen, klicken Sie auf der Registerkarte *START* auf die Schaltfläche *Neuer Termin* oder Sie drücken die Tastenkombination [Strg]+[N].

Das Formular für Termine besitzt im Menüband vier verschiedene Registerkarten:

- *TERMIN* In den Befehlsgruppen der Registerkarte *TERMIN* können Sie verschiedene Optionen für den geöffneten Termin festlegen. Hierzu gehört das Zuweisen einer Farbkategorie, das Bearbeiten einer Terminserie, das Festlegen der Erinnerungszeit usw.
- *EINFÜGEN* Im unteren Bereich des Terminformulars sehen Sie einen großen Bereich, in den Sie Notizen zu dem Termin eintragen und bearbeiten können. Neben reinem Text können Sie auch andere Elemente in die Notizen einfügen wie Tabellen, Abbildungen usw. Außerdem können Sie auch Dateien oder eine elektronische Visitenkarten anfügen.

  All diese Elemente können Sie in den Termin einfügen, indem Sie die betreffenden Schaltflächen auf der Registerkarte *EINFÜGEN* anklicken.

Bild 52.10 Mit den Schaltflächen der Registerkarte *EINFÜGEN* können Sie in die Notizen für den Termin Dateien, Tabellen, elektronische Visitenkarten und viele weitere Elemente einfügen

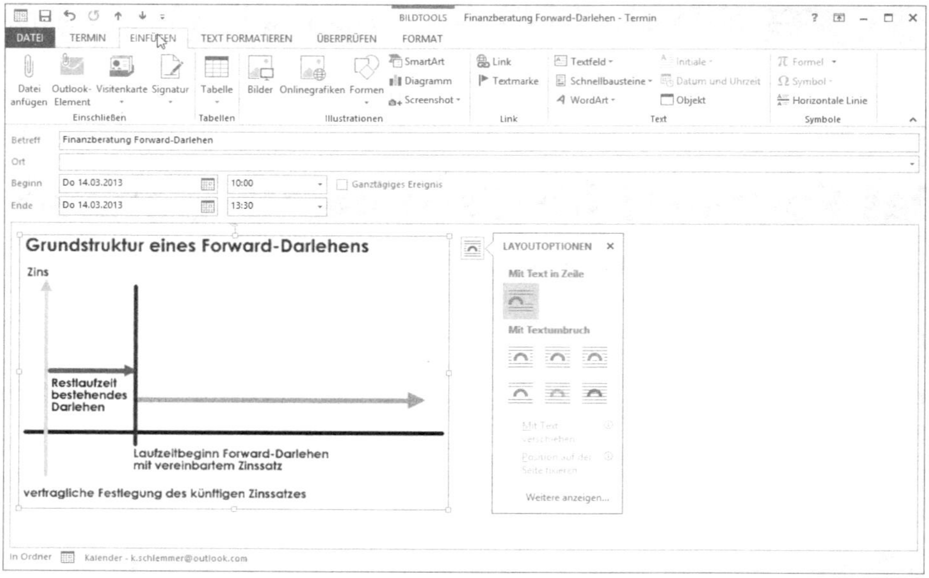

- *TEXT FORMATIEREN* Die Optik und Formatierung des Notizentexts können Sie mit den Schaltflächen der Registerkarte *TEXT FORMATIEREN* ändern. Der Notizbereich des Terminformulars verhält sich so, wie Sie es von Word kennen; Sie können Schriftmerkmale und Absatzformatierungen verändern und zur Formatierung auch Formatvorlagen verwenden.
- *ÜBERPRÜFEN* Auf dieser Registerkarte finden Sie die aus den anderen Office-Programmen bekannten Funktionen zur Dokumentüberprüfung, mit denen Sie u.a. den Text korrigieren und übersetzen können. Auch der Thesaurus und der Aufgabenbereich zum Recherchieren lassen sich über die Schaltflächen dieser Registerkarte erreichen.

Zwischen dem Menüband und dem Notizbereich werden die allgemeinen Merkmale des Termins angezeigt: der Betreff, der Ort, Anfangs- und Endzeit und ob es sich bei dem Termin um ein ganztägiges Ereignis handelt. Die folgenden Abschnitte stellen Ihnen die Verwendungsmöglichkeiten des Formulars für Termine an praktischen Beispielen vor.

Das Erinnerungsfenster verwenden

Wenn Sie in Outlook einen neuen Termin in den Kalender eintragen, wird er standardmäßig mit einer Erinnerung versehen. In der Voreinstellung macht Outlook 2013 Sie dann 15 Minuten vor dem festgelegten Beginn mit einem Erinnerungsfenster und einer kurzen Tonfolge auf den bevorstehenden Termin aufmerksam.

HINWEIS **Erinnerungsfenster manuell öffnen** Sie können das Erinnerungsfenster manuell öffnen, indem Sie ganz rechts auf der Registerkarte *ANSICHT* in der Gruppe *Fenster* auf die Schaltfläche *Erinnerungsfenster* klicken.

Es kann aber auch sein, dass gleichzeitig mehrere Erinnerungen im Erinnerungsfenster angezeigt werden. Wenn Sie beispielsweise morgens um 8:23 Uhr Outlook starten, bekommen Sie nicht nur für den Termin um 8:30 Uhr eine Erinnerung angezeigt, sondern auch für alle an diesem Tag fälligen Aufgaben. Außerdem erscheinen die von Ihnen verschobenen Erinnerungen für bereits überfällige Termine und Aufgaben.

Bild 52.11 Die Erinnerungsfunktion meldet auch überfällige Termine und Aufgaben

1. Markieren Sie im Erinnerungsfenster einen oder mehrere Einträge. Um mehrere Einträge zu markieren, klicken Sie die gewünschten Einträge mit gedrückter Strg-Taste der Reihe nach an. Falls Sie einen zusammenhängenden Block markieren wollen, markieren Sie besser zuerst den obersten Eintrag und klicken dann den untersten Eintrag mit gedrückter ⇧-Taste an.
2. Für die markierten Einträge können Sie dann folgende Aktionen ausführen:
   - Durch einen Klick auf *Erneut erinnern* können Sie die Erinnerung wiederholen lassen. Standardmäßig ist hier ein Zeitraum von 5 Minuten eingestellt, Sie können jedoch auch eine andere Zeitspanne eintragen oder auswählen.
   - Mit *Element öffnen* wird das Eingabeformular des betreffenden Elements geöffnet.
   - Um für die ausgewählten Einträge keine weitere Erinnerung zu erhalten, klicken Sie auf *Schließen*.

HINWEIS **Mit *Alle schließen* werden alle Erinnerungen gelöscht** Wenn Sie im Erinnerungsfenster auf *Alle schließen* klicken, werden alle eingetragenen Erinnerungen gelöscht. Dabei besteht natürlich die Gefahr, versehentlich eine wichtige Erinnerung mit zu löschen.

Erinnerungszeit ändern

Sie können sowohl die Erinnerungszeit für jeden einzelnen Termin als auch die für alle neuen Termine geltende Standarderinnerung ändern.

Outlook 2013

Einzelne Erinnerung ändern

1. Erstellen Sie einen neuen Termin oder öffnen Sie einen vorhandenen Termineintrag.
2. Tragen Sie auf der Registerkarte *TERMIN* im Feld *Erinnerung* eine andere Zeit ein oder wählen Sie die Option *Ohne* aus, wenn Sie nicht an diesen Termin erinnert werden möchten.
3. Klicken Sie auf *Speichern & schließen.*

Bild 52.12 Auf der Registerkarte *TERMIN* können Sie die Erinnerungszeit auswählen

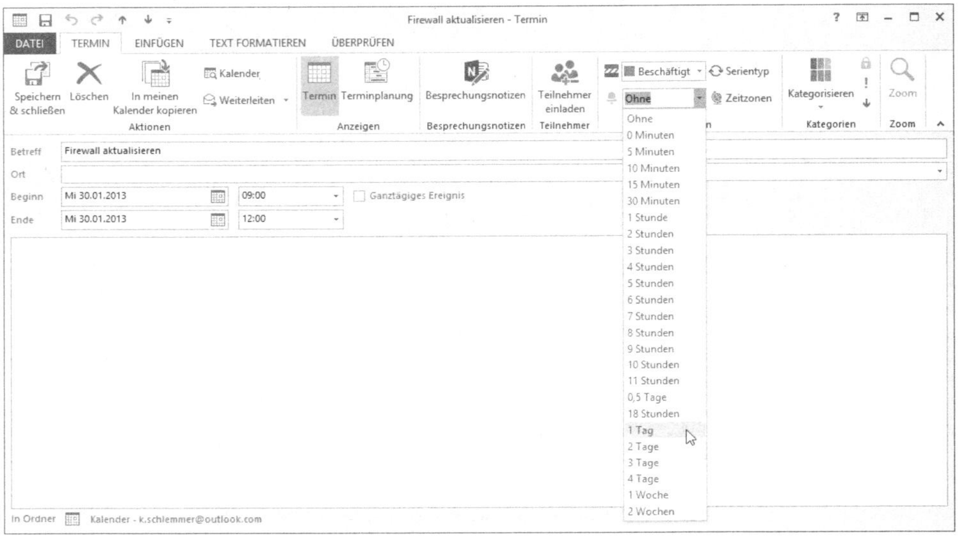

Standarderinnerung ändern

Wenn Sie die Erinnerungsfunktion von Outlook regelmäßig nutzen, die Voreinstellung der Erinnerungszeit auf 15 Minuten jedoch für Sie nicht den optimalen Wert darstellt, können Sie – anstatt die Erinnerungszeit für Terminelemente einzeln zu ändern – auch die Standarderinnerungszeit konfigurieren. Gehen Sie dazu so vor:

1. Wechseln Sie mit einem Klick auf *DATEI* in die Backstage-Ansicht und wählen Sie dort den Befehl *Optionen.*
2. Zeigen Sie die Rubrik *Kalender* an.
3. Nun können Sie in der Gruppe *Kalenderoptionen* die gewünschte Zeitspanne für *Standarderinnerungen* einstellen, die dann für alle neuen Termine gilt.
4. Übernehmen Sie die Änderungen mit einem Klick auf *OK.*

Bild 52.13 Hier können Sie die Standarderinnerung für Terminelemente festlegen

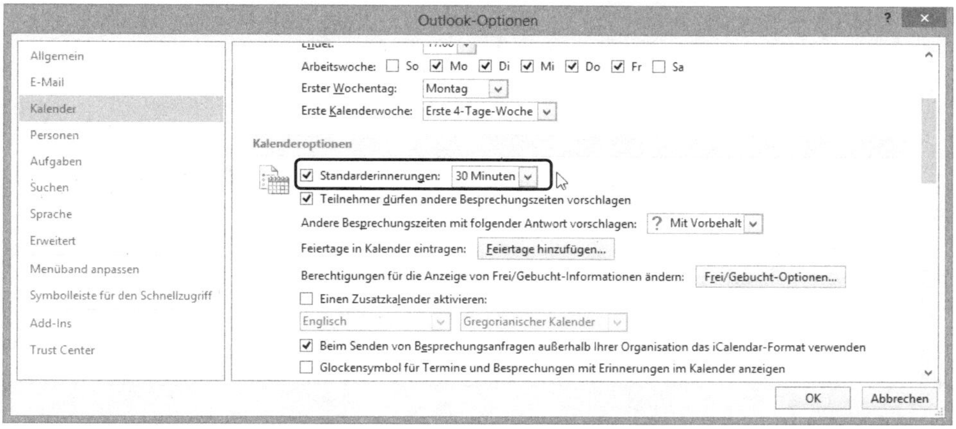

Termine mit Ortsangabe eintragen

Outlook speichert die Ortsangaben der Termine in einem eigenen Feld und stellt sie in der Kalenderansicht in einer eigenen Zeile dar. Um die Ortsangabe eintragen oder ändern zu können, müssen Sie das betreffende Terminelement öffnen.

1. Erstellen Sie einen neuen Termin über das Terminformular oder öffnen Sie einen bereits eingetragenen Termin, indem Sie im Kalender darauf doppelklicken.
2. Ändern Sie den Text im Feld *Ort* oder geben Sie dort eine Ortsangabe ein.
3. Klicken Sie auf der Registerkarte *TERMIN* auf *Speichern & schließen*.

Bild 52.14 Anzeige der Ortsangabe für einen Termin in der Monatsansicht

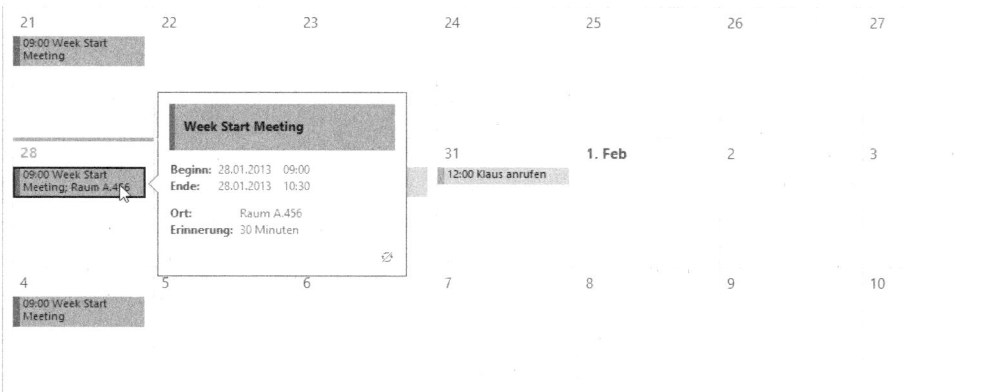

Outlook 2013

Termine mit »krummen« Zeiten eintragen

Um minutengenaue Zeiten für den Beginn und das Ende eines Termins einzutragen, gehen Sie so vor:

1. Erstellen Sie einen neuen Termin oder öffnen Sie einen bereits bestehenden Termineintrag.
2. Klicken Sie in das Uhrzeitfeld neben *Beginnt* und ändern Sie die eingetragene Zeit.
3. Tragen Sie gegebenenfalls auch für das Ende des Termins eine andere Zeit ein.
4. Klicken Sie auf *Speichern & schließen.*

Die genaue Start- und Endzeit eines Termins mit »krummen« Zeiten können Sie sehen, wenn Sie den Mauszeiger auf das Terminelement bewegen und einen kurzen Moment warten, bis das Quickinfo-Fenster angezeigt wird.

Bild 52.15 Anzeige der Start- und Endzeit bei Zeitangaben, die nicht in das Standardraster passen

PROFITIPP

Einteilung der Zeitachse ändern

Das vorgegebene Halbstundenraster können Sie ändern, indem Sie mit der rechten Maustaste auf die Zeitachse klicken und im Kontextmenü eine andere Einteilung wählen.

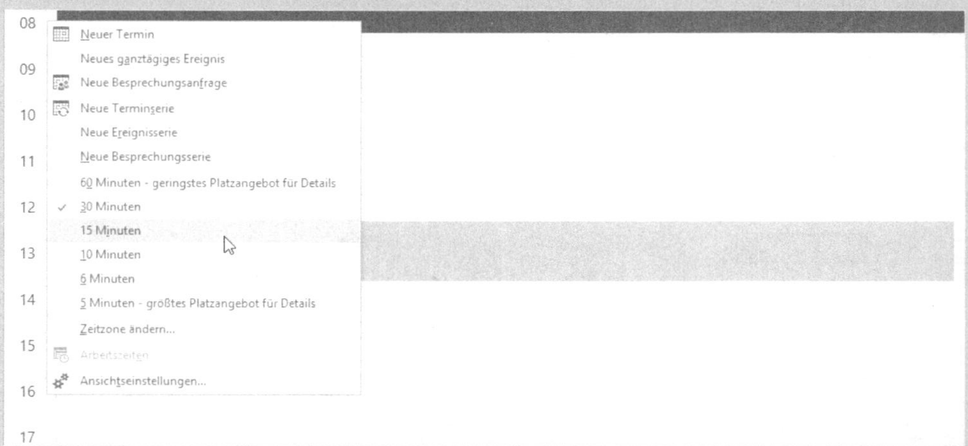

Termine unter Vorbehalt eintragen

Möchten Sie einen Termin eintragen, der noch nicht endgültig feststeht, können Sie ihn mit dem Status *Mit Vorbehalt* versehen. Er wird dann mit einer speziellen Markierung gekennzeichnet.

1. Erstellen Sie ein neues Terminelement.
2. Wählen Sie im Eingabeformular auf der Registerkarte *TERMIN* in der Befehlsgruppe *Optionen* im Feld *Anzeigen als* den Eintrag *Mit Vorbehalt.*

Bild 52.16 Hier legen Sie fest, wie der Termin im Kalender angezeigt werden soll

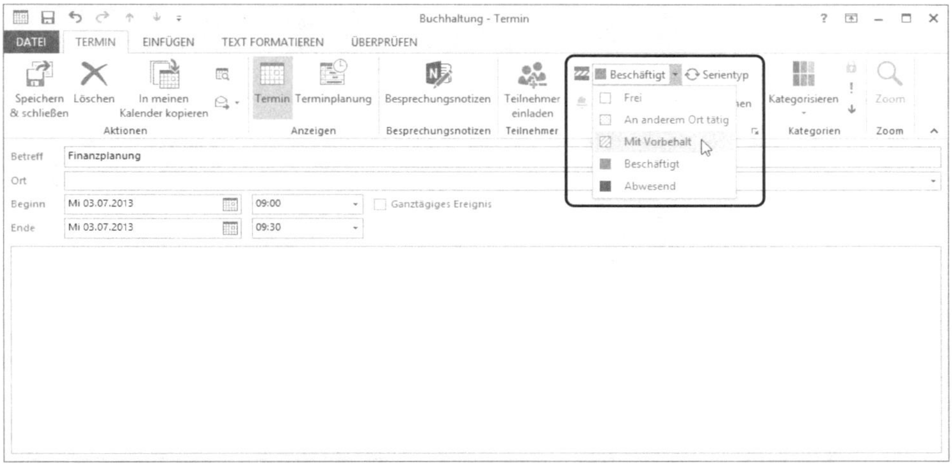

3. Klicken Sie auf *Speichern & schließen.*

   Damit wird der Termin im Kalender mit einem weißblau gestreiften Rand angezeigt.

TIPP **Fett markierte Tage im Datumsnavigator** Wenn Sie für einen Termin im Feld *Anzeigen als* den Eintrag *Beschäftigt, Mit Vorbehalt* oder *Abwesend* wählen, wird der Tag im Datumswechsler fett markiert. Bei als *Frei* gekennzeichneten Terminen ist dies nicht der Fall.

Farbkategorien für Termine verwenden

Um Termine auf den ersten Blick voneinander unterscheiden zu können, ist es in Outlook möglich, ihnen verschiedene Hintergrundfarben zu geben. Auch bei den Terminen werden hierzu die Farbkategorien verwendet, die Ihnen in den anderen Outlook-Modulen zur Verfügung stehen. Haben Sie einen Termin mit dem Status *Mit Vorbehalt* eingetragen, bleibt die Einfärbung des Randes davon unberührt (siehe auch den vorherigen Abschnitt »Termine unter Vorbehalt eintragen«).

1. Erstellen Sie einen neuen Termin oder öffnen Sie einen bereits bestehenden Termineintrag.
2. Klicken Sie auf der Registerkarte *TERMIN* in der Gruppe *Kategorien* auf die Schaltfläche *Kategorisieren.*

3. Wählen Sie eine der angezeigten Farbkategorien aus.

   Die zugewiesenen Kategorien werden im Formular unterhalb des Menübands angezeigt; im Kalender wird der Termin mit der gewählten Hintergrundfarbe eingetragen.

Bild 52.17 Über die Schaltfläche *Kategorisieren* können Sie einem Terminelement eine oder mehrere Farbkategorien zuweisen

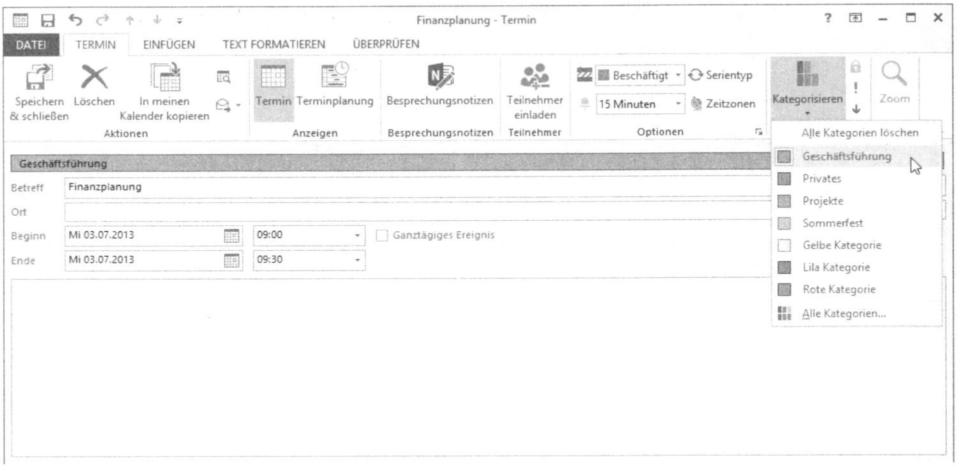

4. Klicken Sie auf *Speichern & schließen.*

TIPP **Beschriftung der Farbkategorien ändern** Wenn Sie eine Farbkategorie zum ersten Mal verwenden, fordert Outlook Sie auf, die Beschriftung der Kategorie zu ändern. Sie können dies aber auch zu einem späteren Zeitpunkt erledigen, indem Sie im Menü der Schaltfläche *Kategorisieren* den Befehl *Alle Kategorien* wählen, damit das Dialogfeld *Farbkategorien* angezeigt wird. Markieren Sie die Kategorie, deren Name Sie ändern möchten, klicken Sie auf *Umbenennen* und geben Sie dann den neuen Namen ein.

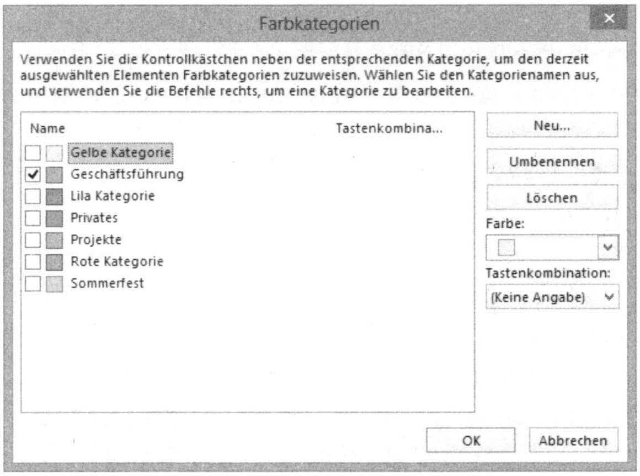

Urlaub eintragen

Sie können auch ganztägige Termine eintragen, die dann als Ereignisse bezeichnet werden.

1. Erstellen Sie ein neues Terminelement.
2. Geben Sie beispielsweise als Betreff **Urlaub** ein.
3. Schalten Sie das Kontrollkästchen *Ganztägiges Ereignis* ein.

Bild 52.18 Ein Ereignis erstellen Sie, indem Sie das Kontrollkästchen *Ganztägiges Ereignis* einschalten

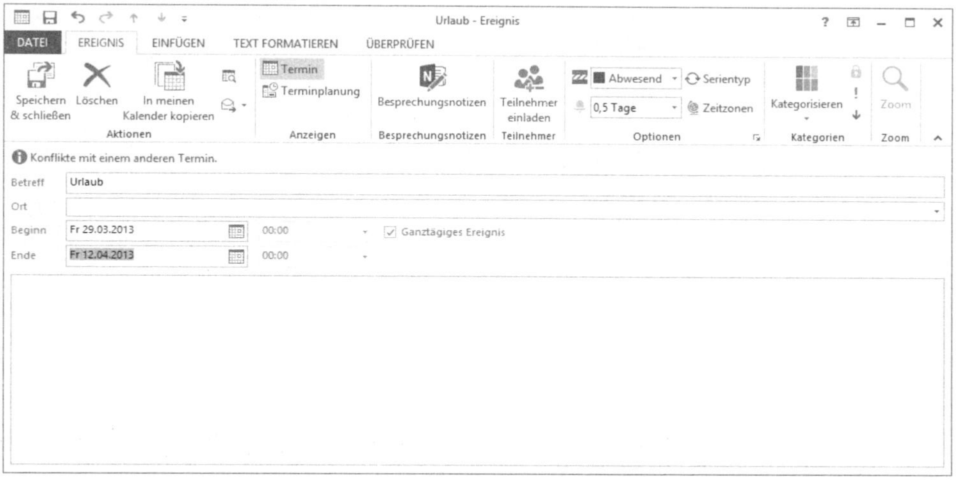

Damit wird dieses Element nicht mehr als Termin, sondern als Ereignis bezeichnet. Die Uhrzeitenfelder neben *Beginnt* und *Endet* werden ausgeblendet. Im Unterschied zu einem Termin besitzt ein Ereignis keine Anfangs- und keine Endzeit, sondern es wird immer für den/die gesamten Tag(e) eingetragen. Im Feld *Anzeigen als* wird jetzt der Eintrag *Frei* angezeigt.

4. Tragen Sie Beginn und Ende des Urlaubs ein.

   Falls sich das neue Ereignis mit andern Terminen überschneidet, weist Outlook Sie mit einer Meldung unterhalb des Menübands darauf hin.

5. Wenn Sie möchten, dass die Urlaubstage in Ihrem Kalender als belegt gekennzeichnet werden, wählen Sie im Feld *Anzeigen als* den Eintrag *Abwesend* oder *Beschäftigt* aus.
6. Klicken Sie auf *Speichern & schließen.*

   Damit wird das Ereignis als farbiger Balken am Kopf der gewählten Urlaubstage eingetragen (siehe Abbildung auf der nächsten Seite).

Bild 52.19 Beispiel für die Anzeige eines Ereignisses, hier in der Monatsansicht des Kalenders

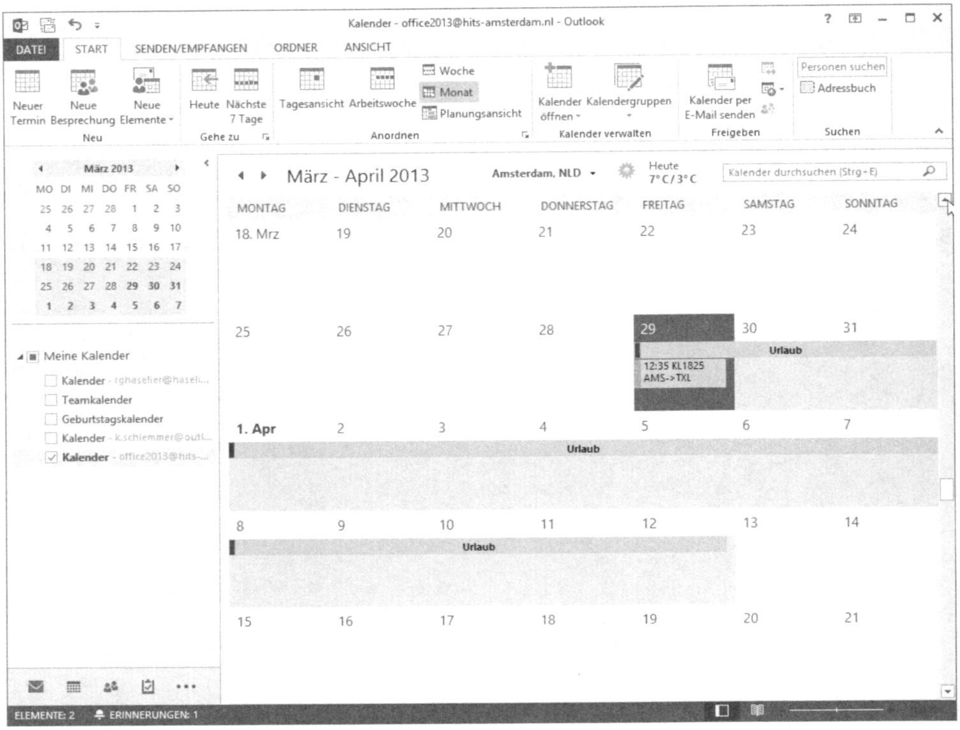

Geburts- und Feiertage eintragen

Das Eintragen von Geburtstagen in den Kalender geht ganz einfach. Hier können Sie sich die Integration der verschiedenen Outlook-Module zunutze machen.

1. Lassen Sie die Kontakte im Ansichtsbereich anzeigen (Tastenkombination Strg+3).
2. Öffnen Sie den Kontakt, für den Sie den Geburtstag eintragen wollen.
3. Klicken Sie auf der Registerkarte *KONTAKT* in der Gruppe *Anzeigen* auf *Details.*
4. Geben Sie in das gleichnamige Feld den Geburtstag ein.
5. Klicken Sie auf *Speichern & schließen.*

Bild 52.20 Auf der Seite *Details* können Sie für einen Kontakt sowohl den *Geburtstag* als auch einen *Jahrestag* eintragen, aus denen Outlook im Kalender automatisch eine Terminserie erstellt

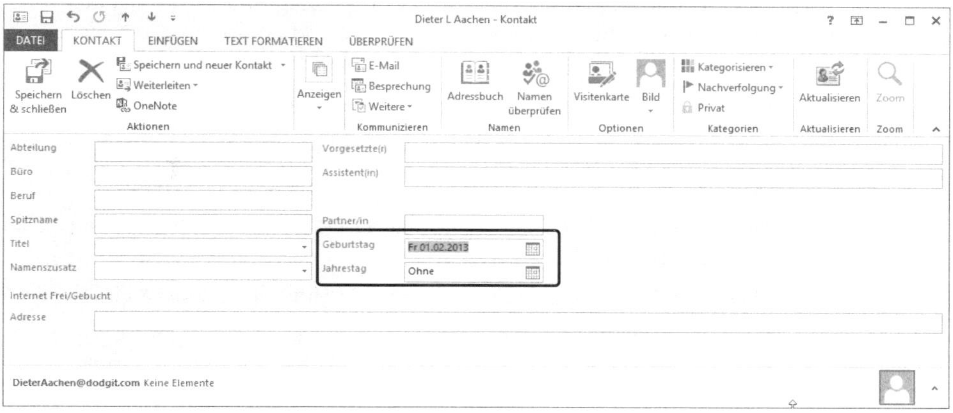

6. Wechseln Sie zum Kalender (Tastenkombination [Strg]+[2]).
7. Wechseln Sie zum Datum des nächsten Geburtstags des Kontakts. Dazu können Sie z.B. auf der Registerkarte *START* in der Gruppe *Gehe zu* auf die kleine Schaltfläche in der rechten unteren Ecke klicken. (Alternativ drücken Sie die Tastenkombination [Strg]+[G].)

Bild 52.21 Im Dialogfeld *Gehe zu Datum* können Sie den anzuzeigenden Tag wählen

8. Tragen Sie das gewünschte Datum ein oder wählen Sie es nach einem Klick auf den Listenpfeil aus dem kleinen Kalender aus. Bestätigen Sie mit *OK*. Damit wechseln Sie zum Datum des nächsten Geburtstags des Kontakts. Hier (und für die folgenden Jahre) ist der Geburtstag am Kopf des Tages als Serienereignis eingetragen.

Bild 52.22 Der Geburtstag wird im Kalender als Terminserie angezeigt

Feiertage eintragen

Bei der Installation von Outlook werden keine Feiertage in den Kalender eingetragen. Dies hat den Hintergrund, dass Office ein internationales Produkt ist und dem Anwender volle Flexibilität bei der Wahl der einzutragenden Feiertage gegeben werden soll.

Das nachträgliche Einfügen der Feiertage in Ihren Kalender ist ein Sache von wenigen Sekunden:

1. Öffnen Sie die Registerkarte *DATEI* und klicken Sie auf *Optionen*.
2. Wechseln Sie zur Kategorie *Kalender*.
3. Klicken Sie unter *Kalenderoptionen* auf *Feiertage hinzufügen*. Das Dialogfeld *Feiertage in Kalender eintragen* wird angezeigt.
4. Schalten Sie das Kontrollkästchen vor dem Land/den Ländern ein, für das/die Sie die Feiertage in den Kalender eintragen lassen wollen.

Bild 52.23 Im Dialogfeld *Feiertage in Kalender eintragen* legen Sie fest, für welche Länder die Feiertage in den Kalender eingetragen werden sollen

5. Klicken Sie auf *OK*. Die Feiertage werden in Ihren Kalender eingetragen.

Bild 52.24 Die Feiertage werden automatisch eingetragen

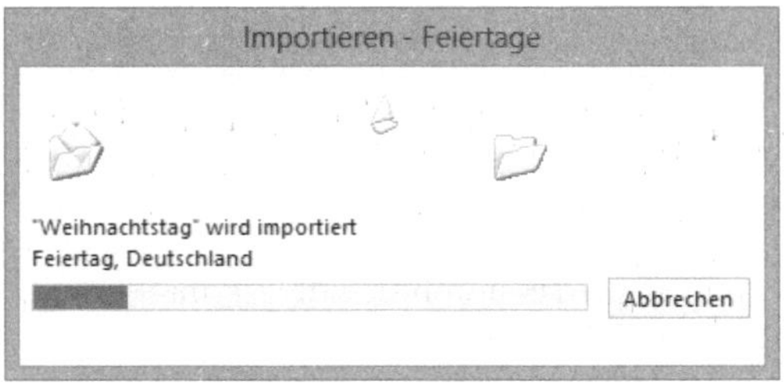

6. Klicken Sie in der anschließenden Bestätigungsmeldung auf *OK* und schließen Sie dann auch das Dialogfeld *Outlook-Optionen*.

Wenn Sie jetzt im Kalender nach den verschiedenen Feiertagen suchen, werden Sie feststellen, dass bestimmte Feiertage lediglich für die nächsten 10 Jahre, andere hingegen für knapp 20 Jahre eingetragen worden sind. Ab einem bestimmten Datum fehlen also einzelne Feiertage im Kalender. Dies betrifft insbesondere die Feiertage, die nicht immer am gleichen Tag stattfinden.

Termin- oder Ereignisserie erstellen

Im Abschnitt auf Seite 1088 haben Sie beim Erstellen eines Eintrags für den Geburtstag eines Kontakts bereits gesehen, dass Outlook neben einmaligen Terminen auch sogenannte Terminserien erstellen und verwalten kann, bei denen sich der gleiche Termin in regelmäßigen Intervallen wiederholt. Um eine Terminserie zu erstellen, gehen Sie so vor:

1. Klicken Sie auf der Registerkarte *START* auf die Schaltfläche *Neuer Termin*. Outlook öffnet das Formular zum Erstellen eines neuen Termins.
2. Geben Sie einen Betreff und einen Ort ein, wie Sie es auch bei einmaligen Terminen machen. Weisen Sie eventuell eine Farbkategorie zu.
3. Schalten Sie das Kontrollkästchen *Ganztägiges Ereignis* ein, wenn sich die Terminserie immer auf einen ganzen Tag bezieht.
4. Klicken Sie auf der Registerkarte *TERMIN* in der Befehlsgruppe *Optionen* auf die Schaltfläche *Serientyp*. Outlook zeigt dann das Dialogfeld *Terminserie* an, in dem Sie die Eigenschaften der Serie festlegen können.

Bild 52.25 Die Einstellmöglichkeiten für die Wiederholung des Termins bzw. Ereignisses ändern sich, wenn Sie im Bereich *Serienmuster* ein anderes Intervall auswählen

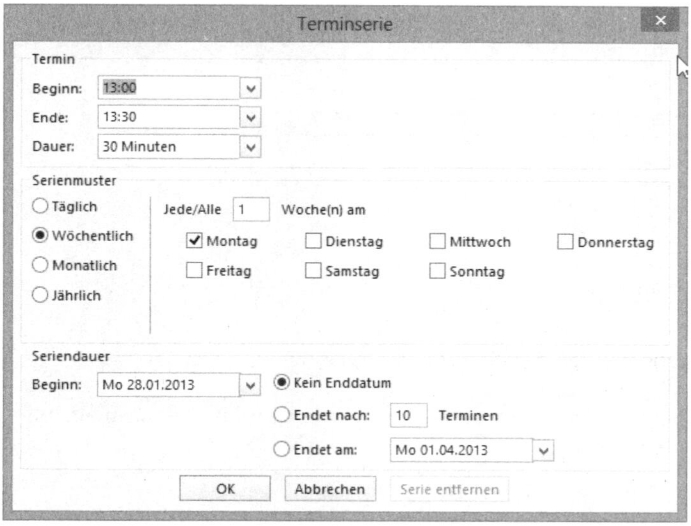

5. Wählen Sie im Bereich *Serienmuster* zuerst aus, ob sich der Termin täglich, wöchentlich, monatlich oder jährlich wiederholen soll. Je nachdem, welches der vier Optionsfelder Sie anklicken, ändern sich die Einstellmöglichkeiten auf der rechten Seite des Bereichs *Serienmuster:*
   - Bei der Option *Täglich* können Sie das Intervall in Tagen einstellen oder festlegen, dass der Termin an jedem Arbeitstag stattfinden soll.
   - Bei der Option *Wöchentlich* können Sie das Intervall in Wochen einstellen und den Wochentag festlegen, an dem der Termin stattfinden soll.

- Bei der Option *Monatlich* können Sie den Tag des Monats einstellen oder festlegen, dass der Termin an einem bestimmen Wochentag in einer bestimmten Woche stattfinden soll.
- Bei der Option *Jährlich* können Sie den Tag und den Monat einstellen oder festlegen, dass die Aufgabe an einem bestimmen Wochentag in einer bestimmten Woche in einem bestimmten Monat fällig sein soll.

6. Im Bereich *Seriendauer* können Sie schließlich noch das Startdatum auswählen, indem Sie im Datumswähler *Beginn* eine Eingabe vornehmen. Außerdem können Sie das Enddatum festlegen, wenn gewünscht, und hierbei die Anzahl der Wiederholungen oder ein festes Enddatum einstellen.
7. Nachdem Sie alle Einstellungen für die Terminserie vorgenommen haben, schließen Sie das Dialogfeld *Terminserie* mit einem Klick auf *OK*.

Bild 52.26 Bei einer Terminserie werden unterhalb des Menübands die aktuellen Einstellungen zur Wiederholung des Termins angezeigt

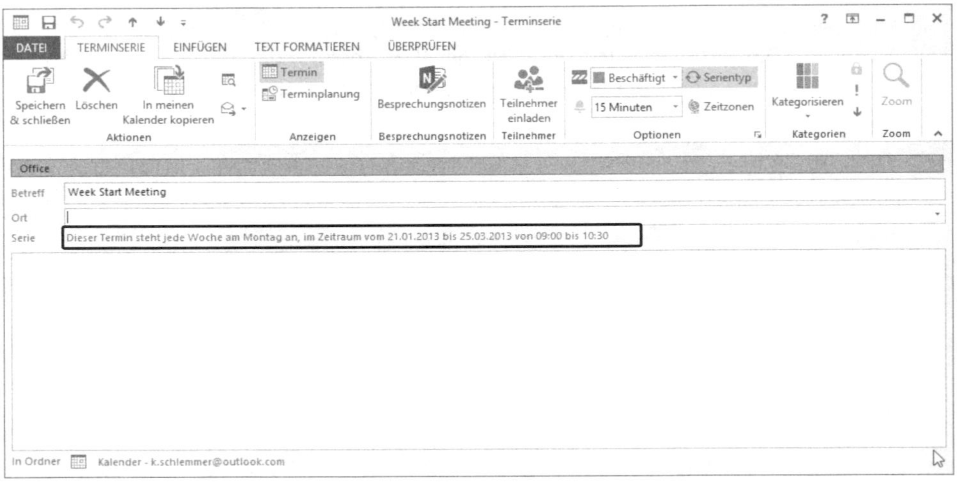

8. Nehmen Sie dann im Terminformular die weiteren Einstellungen vor und speichern Sie die Terminserie mit einem Klick auf *Speichern & schließen.*

Bild 52.27 Im Kalender erkennen Sie Terminserien an einem Symbol aus zwei kreisförmigen Pfeilen

Weitere Kalenderdarstellungen

In der Standardansicht des Kalenders bietet Outlook neben der Tagesansicht noch einige weitere Darstellungen an, die Sie auf der Registerkarte *START* über die Schaltflächen der Gruppe *Anordnen* auswählen können.

HINWEIS **Ansicht vs. Anordnung** In diesem Zusammenhang ist es wichtig, zwischen den Begriffen *Ansicht* und *Anordnung* genau zu unterscheiden. Mit »Ansicht« meint Outlook die grundsätzliche Darstellung der Termine und Aufgaben (z. B. in Form eines Kalenders oder als Liste). Mit »Anordnung« ist hingegen die jeweilige Ausformung einer Ansicht gemeint. Im Falle einer Liste wären dies z. B. die Auswahl der angezeigten Spalten und deren Sortierung.

Wochenkalender

Outlook kennt zwei Wochendarstellungen: die gewohnte kalendarische Woche und die Arbeitswoche. Während die kalendarische Woche wie üblich von Montag bis Sonntag dauert, umfasst die Arbeitswoche standardmäßig die Tage von Montag bis Freitag, wobei der Montag als erster Tag der Woche angezeigt wird.

Bild 52.28 Die Anordnung *Woche* verwendet standardmäßig den Montag als ersten Wochentag. Mit den beiden Schaltflächen im oberen Bereich können Sie wochenweise blättern.

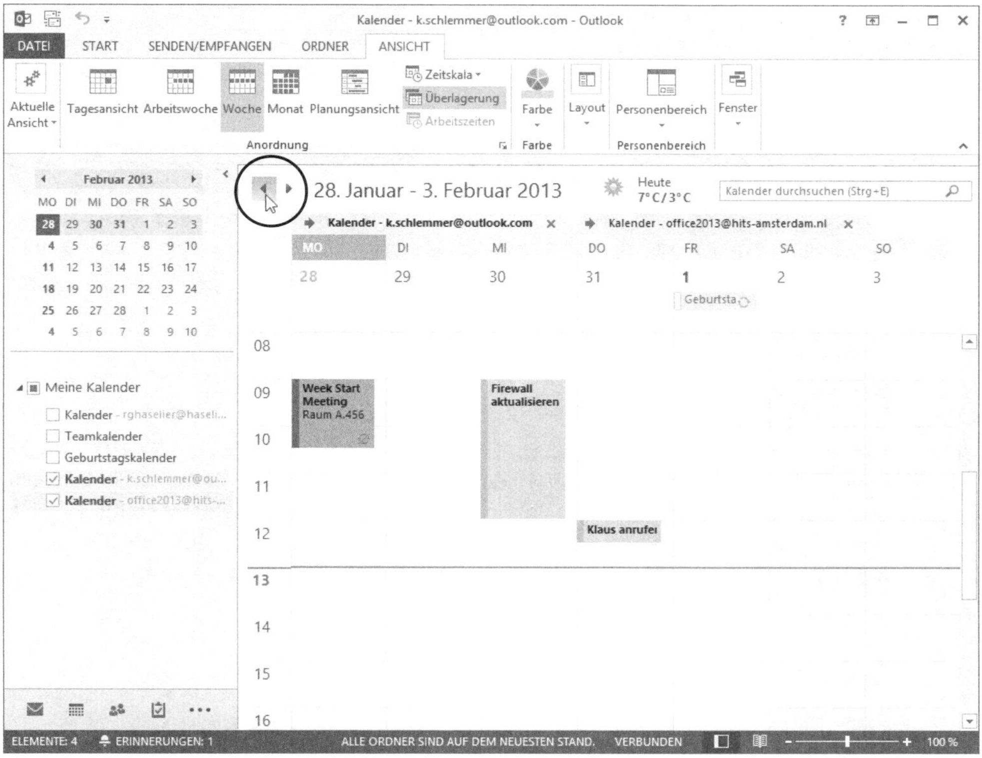

Outlook 2013

Verläuft Ihre Arbeitswoche nicht von Montag bis Freitag oder soll in der Wochenanordnung ein anderer Tag als Montag als Starttag angezeigt werden, klicken Sie auf der Registerkarte *START* auf die kleine Schaltfläche in der rechten unteren Ecke der Gruppe *Anordnen*. (Alternativ wählen Sie den Befehl *DATEI/Optionen* und wechseln im Dialogfeld *Outlook-Optionen* zur Kategorie *Kalender.)*

Schalten Sie dann im Bereich *Arbeitszeit* des Dialogfeldes *Outlook-Optionen* die Kontrollkästchen derjenigen Tage ein, die Ihre Arbeitswoche definieren. Die ausgewählten Tage müssen dabei nicht zusammenhängend sein. Im Listenfeld *Erster Wochentag* können Sie den Wochentag festlegen, der als erster Tag in der Wochenansicht angezeigt werden soll. Den Arbeitstag definieren Sie mit den Listenfeldern *Beginnt* und *Endet*.

Bild 52.29 Im Bereich *Kalender/Arbeitszeit* des Dialogfeldes *Outlook-Optionen* können Sie die Tage definieren, aus denen Ihre Arbeitswoche besteht

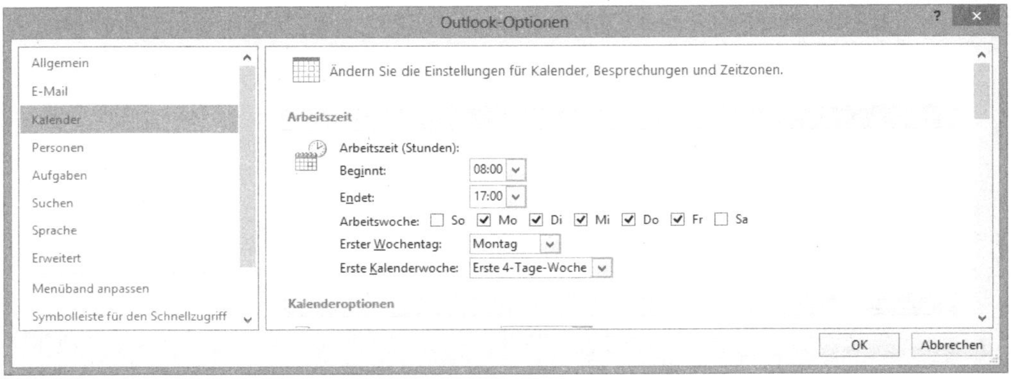

PROFITIPP

Beliebige Tage kombinieren

Mit einem kleinen Trick können Sie auch eine Kombination aus beliebigen Tagen als Kalender darstellen. Wählen Sie dazu einfach die Tagesansicht und klicken Sie die gewünschten Tage mit gedrückter `Strg`-Taste im Datumsnavigator an.

Monatskalender

Um die Monatsansicht zu aktivieren, klicken Sie auf der Registerkarte *START* in der Gruppe *Anordnen* auf die Schaltfläche *Monat*. In der Monatsansicht können Sie an der linken Seite des Kalenders auch die Wochennummern anzeigen lassen, wie es die folgende Abbildung zeigt. Öffnen Sie dazu z.B. mit *START/Optionen* das Dialogfeld *Outlook-Optionen* und schalten Sie in der Rubrik *Kalender* unter *Anzeigeoptionen* die Option *Wochennummern in der Monatsansicht und im Datumsnavigator anzeigen* ein.

Bild 52.30 Der Monatskalender mit angezeigten Kalenderwochen

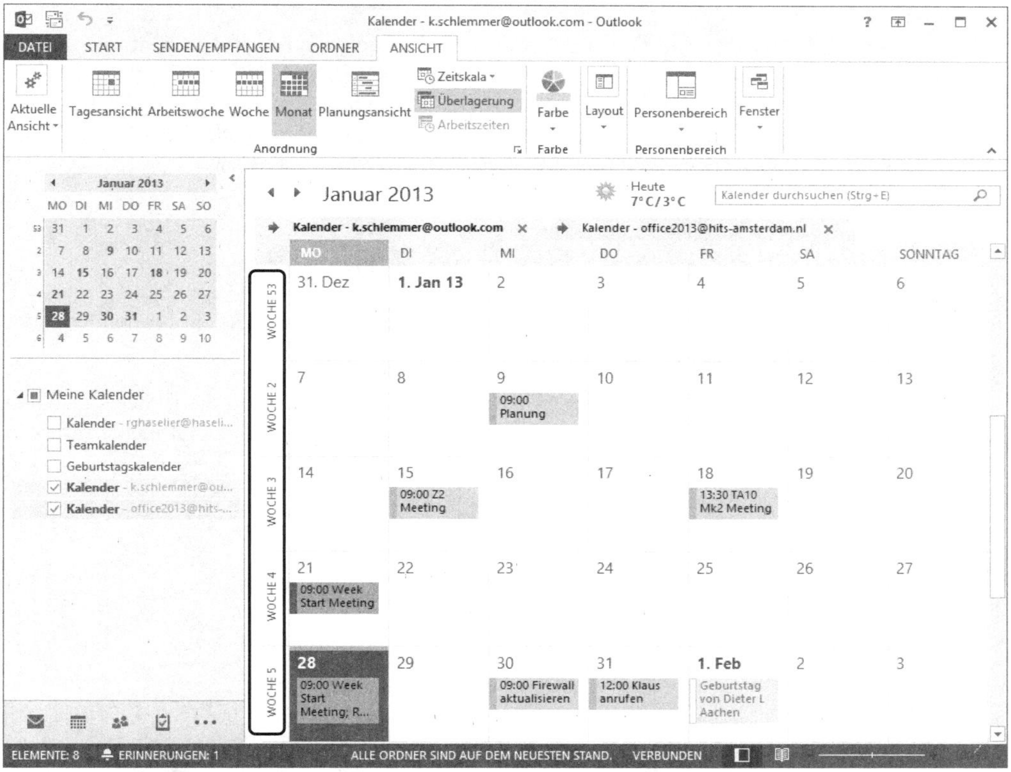

Wenn Sie bei minimierter oder ausgeschalteter Aufgabenleiste eine der Kalenderansichten auswählen, wird der Datumsnavigator automatisch im Ordnerbereich angezeigt; dort sind ebenfalls die Nummern der Kalenderwochen zu sehen.

Möchten Sie Termine verschieben, klicken Sie sie einfach an und ziehen sie mit gedrückter Maustaste auf den gewünschten Tag.

Planungsansicht

Seit Outlook 2010 können Sie den Kalender auch in der sogenannten *Planungsansicht* anzeigen lassen. Sie zeigt die Termine und Ereignisse des Kalenders nebeneinander auf einem Zeitstrahl an. Diese Darstellung eignet sich sehr gut, um die Termine mehrerer Kalender miteinander abzugleichen, z. B. wenn Sie einen freien Termin für ein Meeting suchen. Wir stellen Ihnen die Planungsansicht weiter hinten in diesem Kapitel im Abschnitt »Mehrere Kalender anzeigen« ab Seite 1109 vor.

Kalenderansichten und Layoutvarianten

Wie im letzten Abschnitt erwähnt, verwendet Outlook den Begriff »Ansicht« als Oberbegriff für die Darstellung von Kalenderdaten. Bisher haben Sie lediglich die Kalenderansicht kennengelernt, nun wollen wir Ihnen zusätzlich noch die Listenansicht vorstellen. Anschließend zeigen wir Ihnen dann an einem Beispiel, wie Sie in Outlook eigene Ansichten definieren, mit denen Sie z.B. Ihre Termine nach bestimmten Kriterien filtern können.

Listenansichten für den Kalender

Um die Termine als Liste darzustellen, müssen Sie die aktuelle Ansicht für den Kalender wechseln:

1. Wechseln Sie zur Registerkarte *ANSICHT.*
2. Klappen Sie das Menü der Schaltfläche *Ansicht ändern* auf. Sie finden die Schaltfläche ganz vorn im Menüband in der Gruppe *Aktuelle Ansicht.* Das Menü enthält mehrere Symbole, mit denen Sie die verfügbaren Ansichten aktivieren können.

Bild 52.31 Outlook bietet für den Kalender vier verschiedene Ansichten an

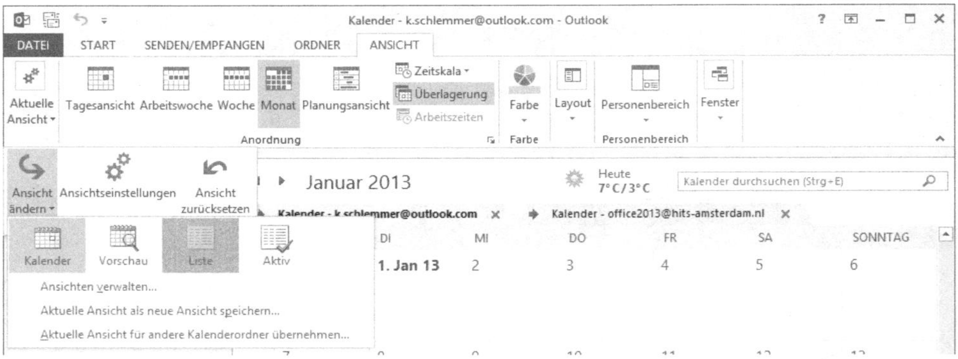

3. Klicken Sie das Symbol *Liste* an.

Bild 52.32 In der Ansicht *Liste* werden alle Termine des ausgewählten Kalenders angezeigt

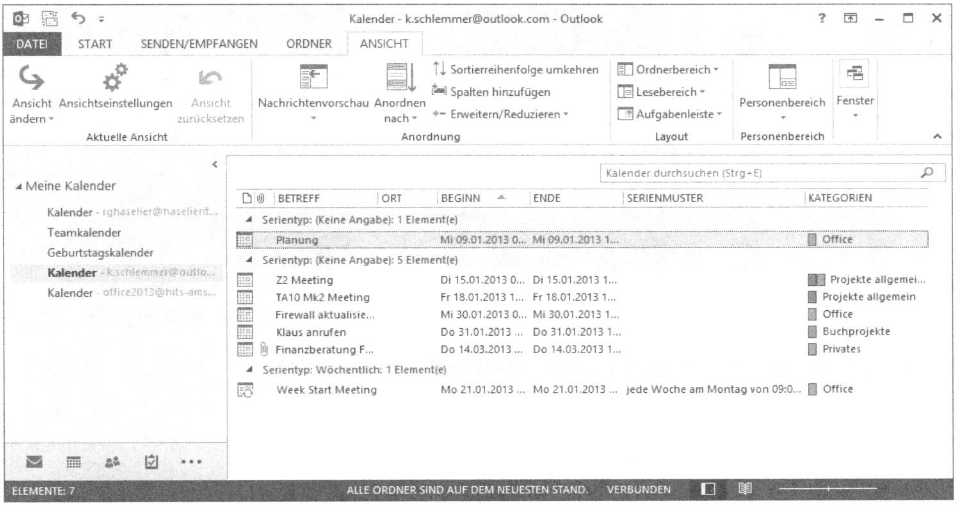

4. Bei Bedarf können Sie die Liste spaltenweise sortieren, indem Sie einfach die entsprechende Spaltenüberschrift mit der Maus anklicken. Outlook zeigt dann durch einen kleinen Pfeil an, ob die Spalte zurzeit aufsteigend oder absteigend sortiert ist.
5. Alternativ können Sie die Termine auch nach Kriterien gruppieren lassen. Die dazu notwendigen Schaltflächen finden Sie auf der Registerkarte *Ansicht* in der Gruppe *Anordnung*.

Bild 52.33 Die Liste ist nun nach Kategorien gruppiert

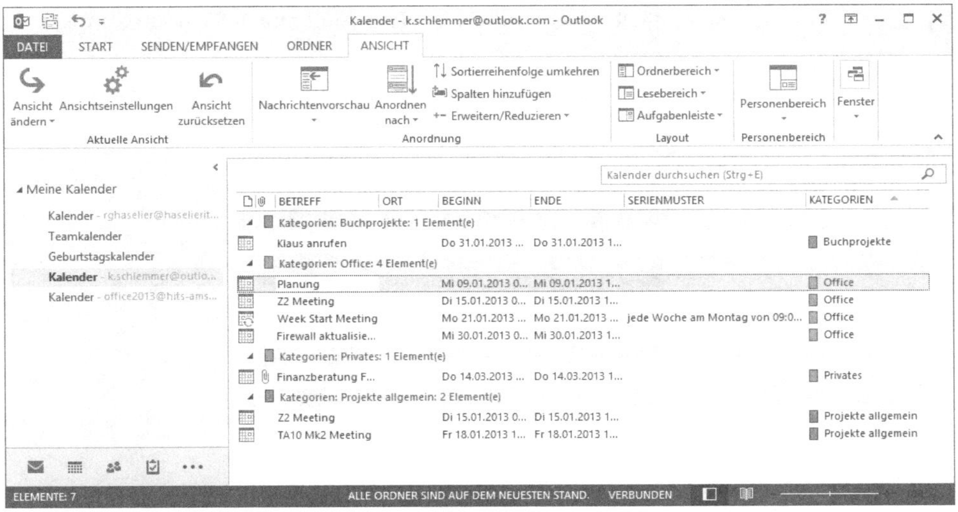

6. Wenn Sie nicht alle, sondern lediglich die aktiven Termine als Liste anzeigen wollen, wählen Sie die Ansicht *Aktiv*. Wie Sie in der Abbildung auf der folgenden Seite sehen, werden dann nur noch Termine angezeigt, deren Datum nicht in der Vergangenheit liegt.

Bild 52.34 In der Ansicht *Aktiv* werden nur noch Termine angezeigt, die noch nicht verstrichen sind

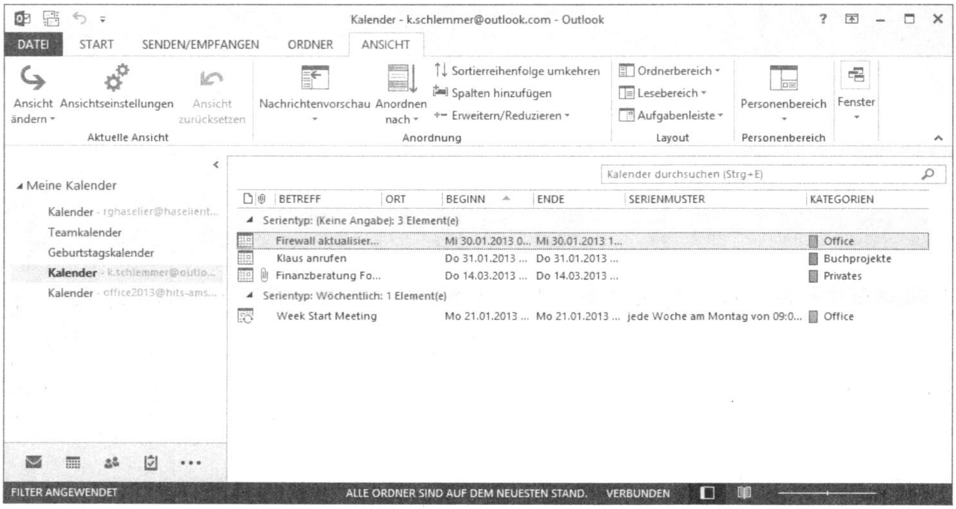

Eigene Ansichten erstellen

Outlook bringt von Haus aus leider nur vier Ansichtsvarianten mit. Sie können jedoch das Portfolio jederzeit um eigene maßgeschneiderte Ansichten ergänzen, mit denen Sie nahezu beliebige Filter, Gruppierungen, Sortierungen und Formatierungen realisieren können. Im folgenden Beispiel erstellen wir eine Ansicht, die alle im Kalender eingetragenen Geburtstage auflistet:

1. Öffnen Sie die Registerkarte *ANSICHT* an und öffnen Sie dort das Ausklappmenü der Schaltfläche *Ansicht ändern.*

2. Wählen Sie den Befehl *Ansichten verwalten.* Outlook zeigt dann das folgende Dialogfeld an:

Bild 52.35 Das zentrale Dialogfeld zum Verwalten der Ansichten

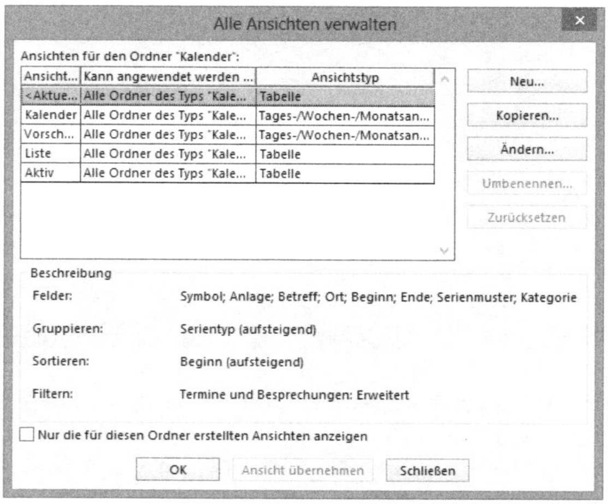

3. Klicken Sie auf *Neu.* Nun müssen Sie zunächst einen Namen für die Ansicht eingeben und entscheiden, in welcher Form die Termine dargestellt werden sollen. Im Falle einer Geburtstagsliste kommt hier eigentlich nur der Typ *Tabelle* (Liste) infrage.

Bild 52.36 Festlegen von Name und Typ

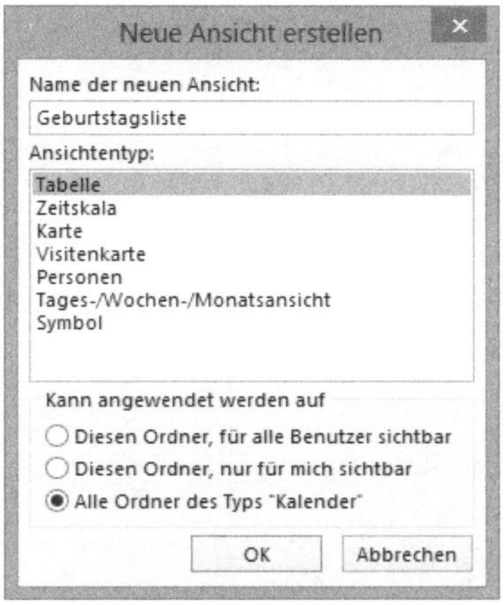

4. Nachdem Sie Ihre Eingabe mit *OK* bestätigt haben, werden Sie mit folgendem Dialogfeld konfrontiert. Von hier aus erreichen Sie die verschiedenen Einstellungsmöglichkeiten für die zu erstellende Ansicht.

Bild 52.37 Zentrales Dialogfeld zur Konfiguration einer Ansicht

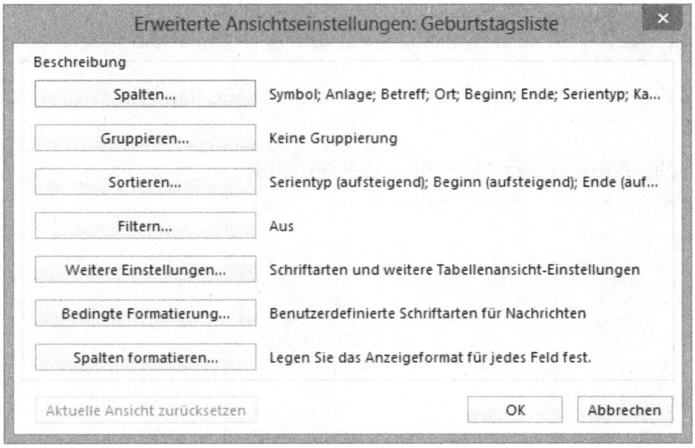

5. Klicken Sie auf die Schaltfläche *Spalten.*

Outlook 2013

Bild 52.38 Auswahl der Spalten

6. Entfernen Sie im Dialogfeld *Spalten anzeigen* alle Felder aus der rechten Liste, mit Ausnahme von *Betreff* und *Beginn,* und schließen Sie das Dialogfeld dann mit *OK.* Sie gelangen dadurch wieder zum Dialogfeld *Erweiterte Ansichtseinstellungen* (siehe Abbildung 52.37).
7. Klicken Sie auf *Sortieren* und wählen Sie im angezeigten Dialogfeld im ersten Feld eine aufsteigende Sortierung für das Feld *Beginn.* Den zweiten Sortierschlüssel stellen Sie auf die Option *(keine Angabe)* ein. Anschließend kehren Sie mit *OK* wieder zum Dialogfeld *Erweiterte Ansichtseinstellungen* zurück.
8. Nun kommen wir zu einem zentralen Punkt beim Erstellen einer Ansicht, und zwar dem Schreiben einer Filterbedingung. In unserem Beispiel sollen ja nur Termine in der Liste auftauchen, die einen Geburtstag anzeigen. Klicken Sie dazu auf die Schaltfläche *Filtern.*

Bild 52.39 Die Filterbedingung

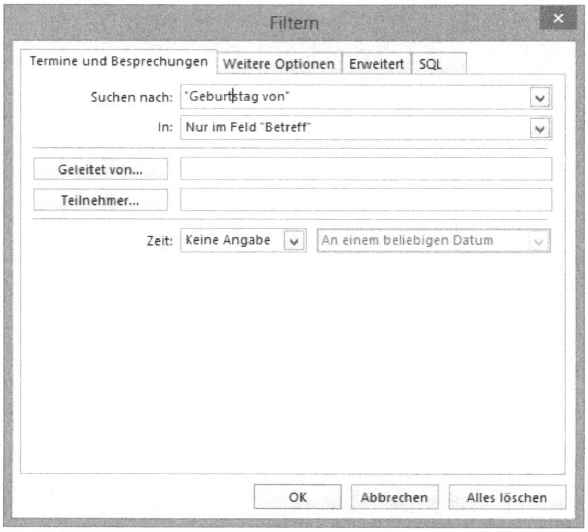

9. Geben Sie im Feld *Suchen nach* den Text "**Geburtstag von**" ein. Dies ist die Formulierung, die Outlook verwendet, wenn es den Geburtstag einer Kontaktperson in den Kalender einträgt. Wie Sie in der vorhergehenden Abbildung sehen, besitzt das Dialogfeld noch weitere Registerkarten, auf denen Sie auch deutlich komplexere Filterbedingungen formulieren können. Interessant ist insbesondere die Registerkarte *Erweitert,* auf der Sie Kriterien für jedes beliebige Feld festlegen können. Schließen Sie nun das Dialogfeld *Filtern* mit *OK.*

10. Im letzten Schritt sollen nun noch einige kleinere Formatierungen vorgenommen werden. Klicken Sie dazu auf *Spalten formatieren.*

Bild 52.40 Formatieren der Spaltenbeschriftungen

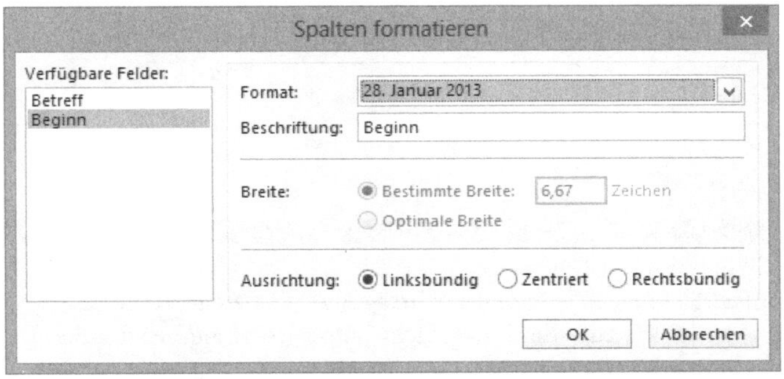

11. Geben Sie den Spalten eine sinnvolle Beschriftung und Formatierung. Für das Datum bietet sich z. B. die zusätzliche Anzeige des Wochentags an. Anschließend kehren Sie wieder mit *OK* zum Dialogfeld *Erweiterte Ansichtseinstellungen* zurück.

12. Damit ist die Konfiguration der neuen Ansicht abgeschlossen. Schließen Sie nun auch das Dialogfeld *Erweiterte Ansichtseinstellungen* mit *OK.* Sie gelangen dann wieder in das Dialogfeld aus Bild 52.35, in dem nun auch die soeben erstellte Ansicht *Geburtstagsliste* aufgeführt wird. Klicken Sie auch hier auf *OK,* um den Vorgang abzuschließen.

13. Für die neue Ansicht taucht nun automatisch ein neues Symbol im Menü der Schaltfläche *Ansicht ändern* auf.

Bild 52.41 Die neue Ansicht erscheint im Auswahlmenü der Schaltfläche *Ansicht ändern*

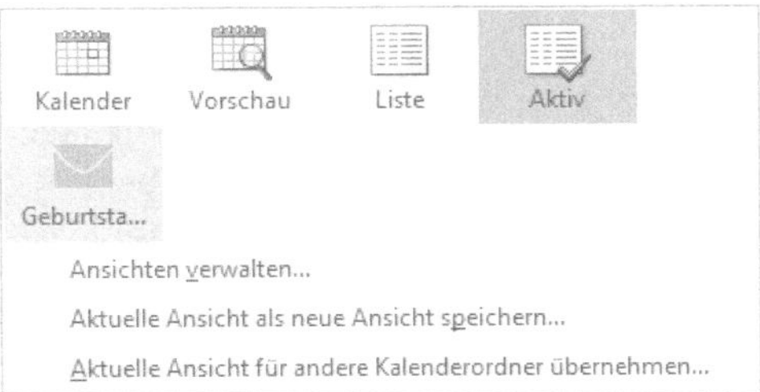

14. Klicken Sie das Symbol der neuen Ansicht an, um sie auf die Kalenderdaten anzuwenden. Das Ergebnis sollte anschließend in etwa so aussehen wie in der Abbildung auf der folgenden Seite.

Outlook 2013

Bild 52.42 Die im Kalender enthaltenen Geburtstage werden als Liste ausgegeben

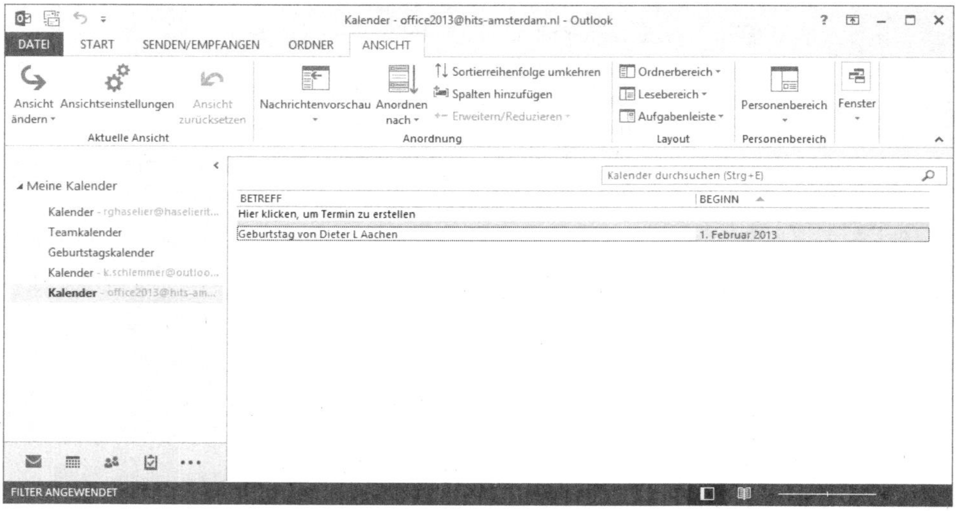

Sie können eine erstellte Ansicht jederzeit nachträglich bearbeiten. Klicken Sie dazu entweder auf der Registerkarte *ANSICHT* auf die Schaltfläche *Ansichtseinstellungen* oder verwenden Sie die Schaltflächen der Gruppe *Anordnung.*

Layoutvarianten des Kalenders

Unter dem Layout des Kalenders versteht Outlook die Sichtbarkeit bzw. die Darstellung von folgenden Komponenten:

- Tägliche Aufgabenliste
- Ordnerbereich
- Lesebereich
- Aufgabenleiste

Zum Ein- und Ausschalten sowie zum Konfigurieren dieser Bereiche dienen die Schaltflächen der Gruppe *Layout,* die Sie auf der Registerkarte *ANSICHT* finden.

Bild 52.43 Konfigurieren des Kalenderlayouts (die Schaltfläche *Tägliche Aufgabenliste* taucht nur auf der Registerkarte auf, wenn Sie zurzeit eine Kalenderansicht ausgewählt haben)

Tägliche Aufgabenliste im Kalender

Eines der unserer Meinung nach besten Features, das mit Outlook 2010 eingeführt wurde, ist die hervorragende Integration von Kalender, Aufgaben und den Elementen, die zur Nachverfolgung gekennzeichnet wurden. In der Tages- und der Wochenansicht des Kalenders wird standardmäßig im unteren Bereich die tägliche Aufgabenliste angezeigt. Sollte die Liste nicht sichtbar sein, zeigen Sie die Registerkarte *ANSICHT* an, klicken auf *Tägliche Aufgabenliste* und legen dann fest, ob die Liste *Normal* oder *Minimiert* angezeigt werden soll (siehe Abbildung 52.43).

Bild 52.44 Die tägliche Aufgabenliste wird unter dem Kalender angezeigt

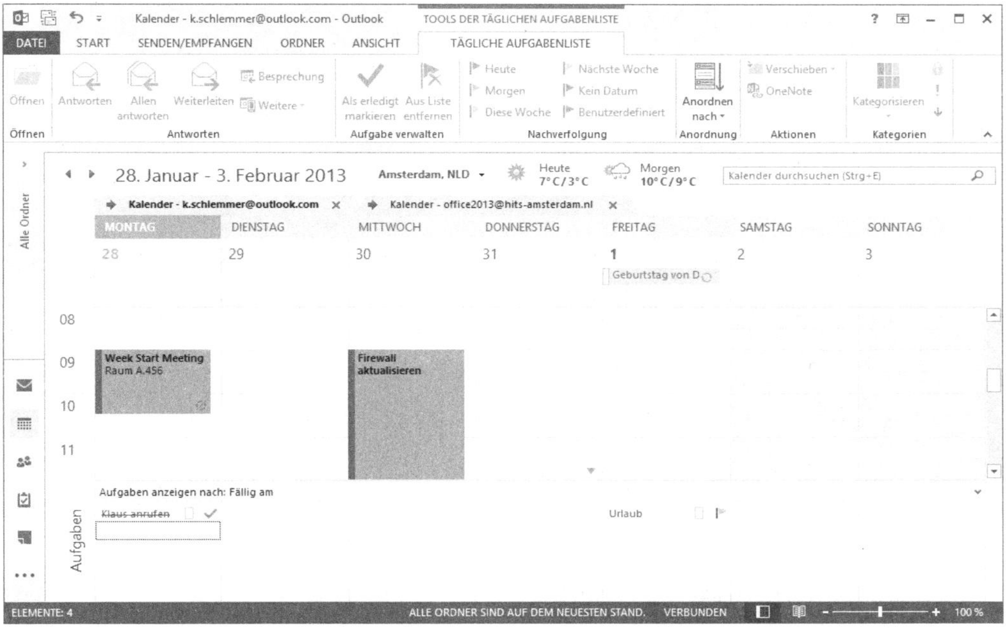

Sie können die kombinierte Ansicht von Kalender und täglicher Aufgabenliste hervorragend verwenden, um Zeit für die Erledigung der Aufgaben einzuplanen: Ziehen Sie eines der Elemente aus der täglichen Aufgabenliste auf den Tag und die Uhrzeit im Kalender, zu der Sie die Aufgabe erledigen wollen. So ist die Gefahr, dass Dinge unerledigt bleiben, deutlich geringer.

Sie können in der täglichen Aufgabenliste auch eine neue Aufgabe erstellen. Klicken Sie unterhalb des Tages, an dem die Aufgabe begonnen oder fällig sein soll, in die tägliche Aufgabenliste und tippen Sie den Betreff der Aufgabe ein. Fertig.

Der Lesebereich

Der Lesebereich bietet eine Vorschaufunktion für das jeweils markierte Element im Kalender. Um diesen Bereich zu aktivieren, wechseln Sie zur Registerkarte *ANSICHT* und schalten ihn über das Menü der Schaltfläche *Layout/Lesebereich* ein. Sie haben dabei die Wahl zwischen den Befehlen *Rechts* und *Unten* und können zusätzlich noch über den Befehl *Optionen* einige Einstellungen vornehmen. Anschließend können Sie den Lesebereich bei Bedarf noch vergrößern bzw. verkleinern, indem Sie seine Trennlinie mit der Maus verschieben.

Wenn Sie nun im Kalender einen Termin markieren, werden im Lesebereich detaillierte Informationen zum ausgewählten Terminelement angezeigt. Ein Beispiel für diese Ansicht zeigt die folgende Abbildung.

Bild 52.45 Wenn Sie den Lesebereich aktiviert haben, zeigt Outlook Detailinformationen zu dem Terminelement an, das Sie im Kalender markiert haben

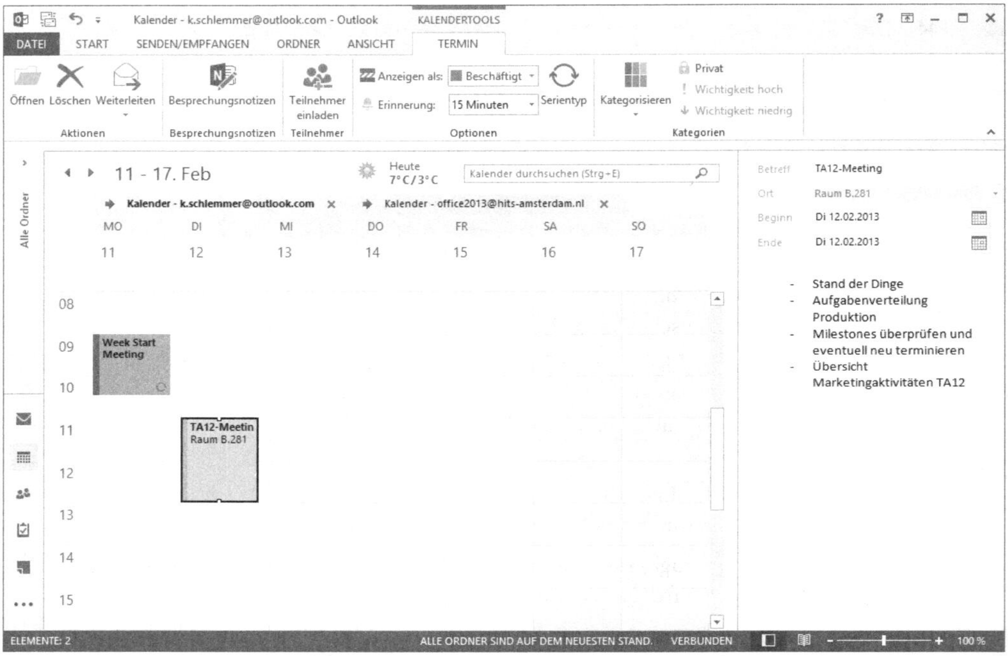

Kalendersnapshot per E-Mail versenden

Outlook stellt Ihnen verschiedene Möglichkeiten zur Verfügung, Ihren Kalender mit anderen zu teilen. Eine Möglichkeit besteht darin, einen Teil Ihres Kalenders per E-Mail zu versenden.

1. Klicken Sie im Ordnerbereich im Abschnitt *Meine Kalender* den gewünschten Kalender mit der rechten Maustaste an und wählen Sie im Kontextmenü den Befehl *Freigeben/Kalender per E-Mail senden*. Das Dialogfeld *Kalender über E-Mail senden* wird angezeigt.

Bild 52.46 In diesem Dialogfeld können Sie den Datumsbereich auswählen, den Sie versenden wollen, und einstellen, wie viele Details der Empfänger sehen darf

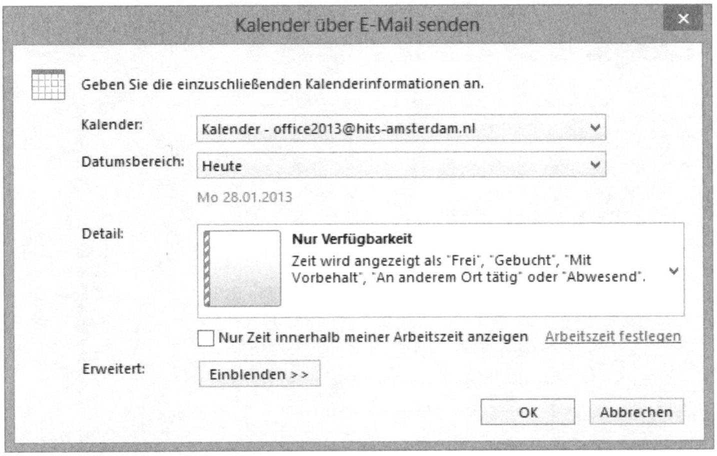

2. Im Listenfeld *Kalender* können Sie den Kalender wechseln, falls Sie im Ordnerbereich versehentlich den falschen angeklickt haben.
3. Öffnen Sie die Liste *Datumsbereich* und legen Sie den Zeitraum fest, den der Kalender enthalten soll. Wenn keine der Vorgaben Ihren Anforderungen entspricht, wählen Sie die Option *Datum angeben* aus. Sie können dann den Beginn und das Ende des Bereichs tagesgenau einstellen.
4. Öffnen Sie die Liste *Detail*, um festzulegen, wie viele Informationen im Kalender enthalten sein sollen. Outlook stellt Ihnen hier drei Optionen zur Verfügung:
   - **Nur Verfügbarkeit** Bei dieser Option enthält der Kalender lediglich die Zeiten, zu denen Sie frei bzw. nicht verfügbar sind.
   - **Eingeschränkte Details** Bei dieser Option werden zusätzlich zu den Zeiten auch die Betreffs der Kalenderelemente eingeschlossen.
   - **Alle Details** Bei dieser Option werden zusätzlich zum Betreff auch die weiteren Details der Kalenderelemente in den Kalender eingefügt.
5. Klicken Sie auf die Schaltfläche *Einblenden*, um die weiteren Optionen zu sehen.

Bild 52.47 Dialog mit eingeblendeten Optionen

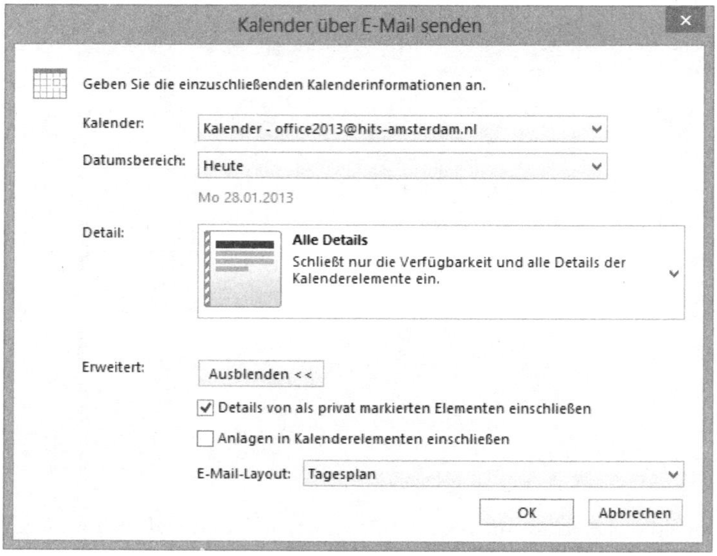

6. Schalten Sie das Kontrollkästchen *Details von als privat markierten Elementen einschließen* ein, wenn auch private Termine und Ereignisse im Kalender enthalten sein sollen. Dieses Kontrollkästchen steht bei der *Detail*-Option *Nur Verfügbarkeit* nicht zur Verfügung.

HINWEIS **Kalenderelement als privat markieren** Sie können ein Kalenderelement als privat markieren, indem Sie das Formular für Termine öffnen und auf der Registerkarte *TERMIN* in der Gruppe *Kategorien* die Schaltfläche *Privat* (durch ein Schloss symbolisiert) einschalten.

7. Schalten Sie das Kontrollkästchen *Anlagen in Kalenderelementen einschließen* ein, wenn die einem Termin/Ereignis zugeordneten Anlagen als Teil der E-Mail versendet werden sollen. Dieses Kontrollkästchen steht nur bei der *Detail*-Option *Alle Details* zur Verfügung.
8. Öffnen Sie die Liste *E-Mail-Layout* und legen Sie fest, ob für jeden Tag ein getrennter Plan erstellt oder lediglich die vorhandenen Termine als Liste in der E-Mail enthalten sein sollen.
9. Klicken Sie auf *OK*. Outlook bereitet nun die Kalenderdaten so auf, dass sie als E-Mail versendet werden können, und öffnet nach Fertigstellung ein Formular für das Versenden einer E-Mail-Nachricht, wie Sie es in der folgenden Abbildung sehen.

Bild 52.48 Outlook hat die ausgewählten Kalenderelemente für den Versand per E-Mail aufbereitet

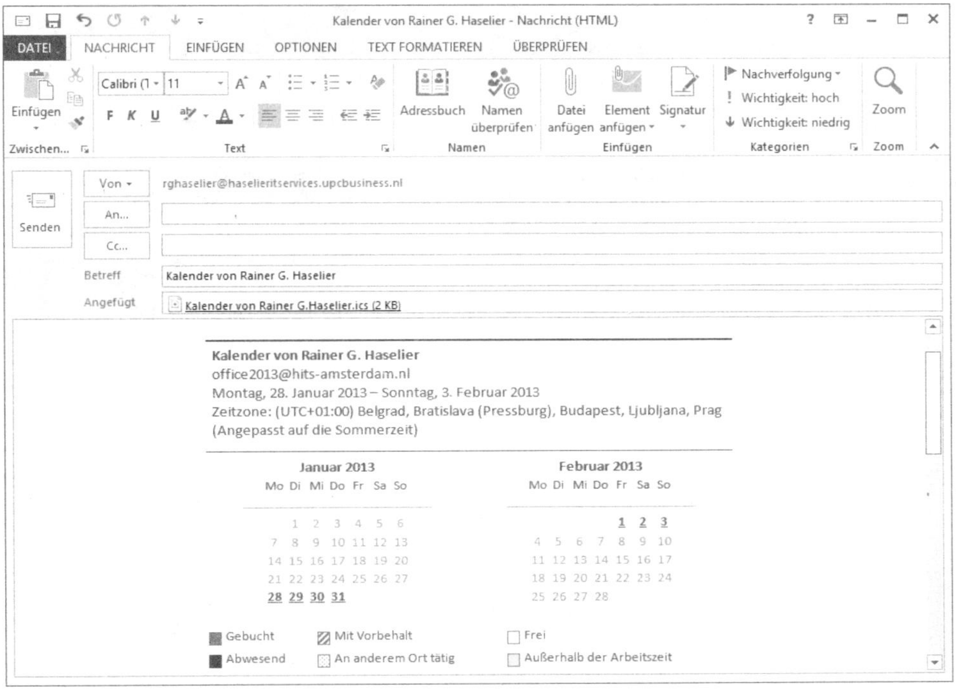

10. Geben Sie in die Felder *An, Cc* bzw. *Bcc* die gewünschten E-Mail-Empfänger ein. Überarbeiten Sie, wenn gewünscht, den Betreff der E-Mail.

11. Klicken Sie auf *Senden.*

Einen Einzeltermin per E-Mail weiterleiten

Wenn Sie nicht den gesamten Kalender, sondern lediglich einen einzelnen Termin per E-Mail weiterleiten möchten, klicken Sie das Kalenderelement mit der rechten Maustaste an und wählen anschließend im Kontextmenü den Befehl *Weiterleiten.* Outlook öffnet das Formular zum Erstellen einer neuen E-Mail-Nachricht; das Kalenderelement ist der E-Mail bereits als Anlage beigefügt. Adressieren Sie die E-Mail und klicken Sie dann auf *Senden,* um sie zu verschicken.

Sie können einen neuen Termin auch direkt bei der Erstellung an einen oder mehrere E-Mail-Adressaten weiterleiten. Klicken Sie dazu im Formular für das Erstellen eines Termins in der Gruppe *Aktionen* auf *Weiterleiten,* um das Formular zum Erstellen einer E-Mail-Nachricht zu öffnen, und gehen Sie dann so vor, wie es oben beschrieben ist.

Der Empfänger der E-Mail kann die Anlage mit dem Kalenderelement öffnen und in der Gruppe *Aktionen* die Schaltfläche *In meinen Kalender kopieren* verwenden, um das Terminelement in den eigenen Kalender aufzunehmen.

Mehrere Kalender anzeigen

Sie können in Outlook gleichzeitig mehrere Kalender einsehen und bearbeiten. Alle Kalender, die Ihnen in Outlook zur Verfügung stehen, sehen Sie im Ordnerbereich in den Bereichen *Meine Kalender* und *Andere Kalender*, wie es in der folgenden Abbildung zu sehen ist.

- Der Bereich *Meine Kalender* enthält in diesem Beispiel drei Kalender, und zwar je einen für jedes E-Mail-Konto, das in Outlook eingerichtet wurde. Daneben sehen Sie noch einen Teamkalender, der als zusätzlicher Kalender erstellt wurde und einen Geburtstagskalender, der aus dem Outlook.com-Account stammt.
- Im Bereich *Andere Kalender* sehen Sie zwei verschiedene Internetkalender, die wir abonniert haben.

Welche Kalender im Ansichtsbereich von Outlook angezeigt werden, steuern Sie, indem Sie die Kontrollkästchen der einzelnen Kalender ein- bzw. ausschalten. (Insgesamt können bis zu 30 Kalender gleichzeitig angezeigt werden.)

Bild 52.49 Die Kalender, die im Ordnerbereich eingeschaltet wurden, werden nebeneinander angezeigt. Mit den Pfeilschaltflächen der Registerkarten können die Kalender überlagert werden.

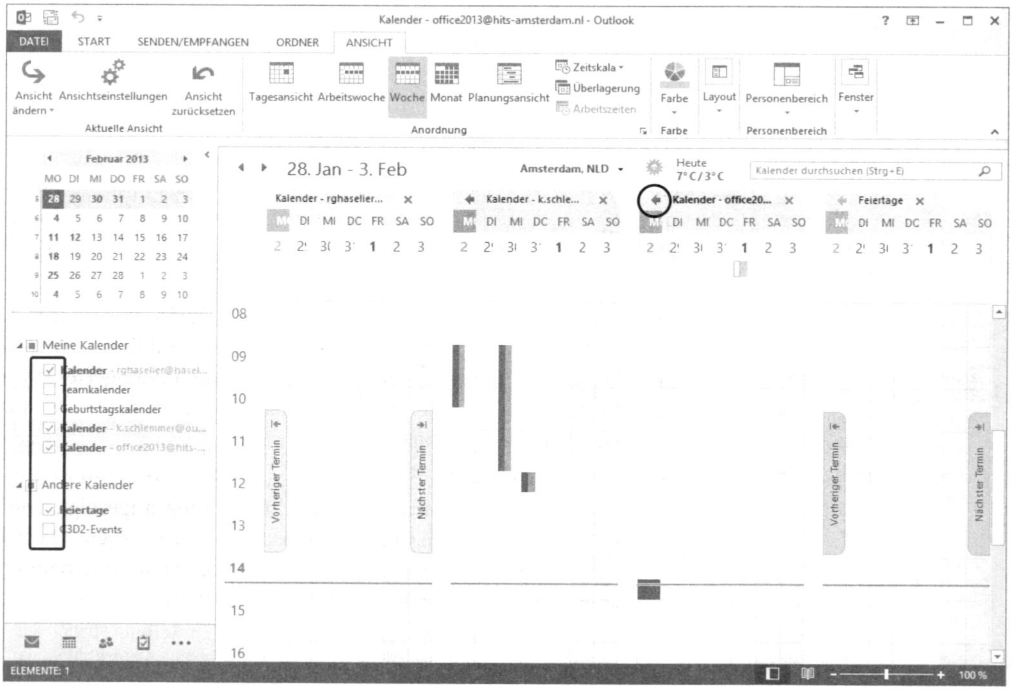

Bild 52.50 Mehrere Kalender werden überlagert angezeigt

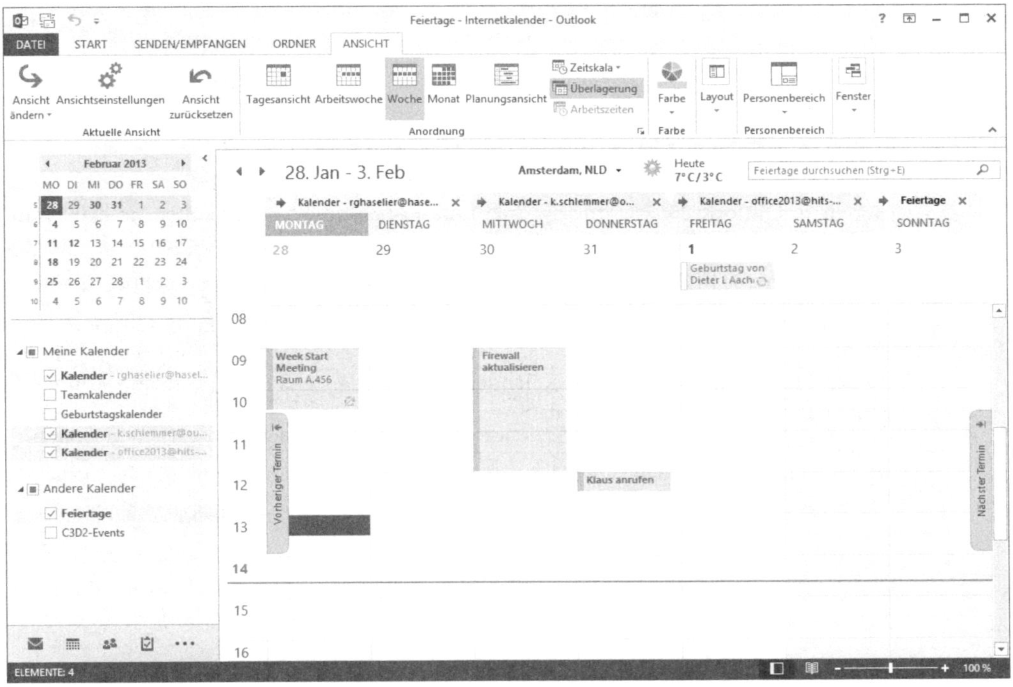

Outlook kann mehrere Kalender unterschiedlich darstellen. Die Ansicht *Nebeneinander* zeigt die Abbildung auf der vorigen Seite. Dies ist die Standardeinstellung von Outlook. Immer, wenn Sie einen weiteren Kalender anzeigen lassen, wird dieser neben dem/den bereits vorhandenen Kalender/n eingeblendet.

Jeder Kalender besitzt eine Registerkarte mit der Schaltfläche *Überlagert anzeigen* (symbolisiert durch einen Pfeil, der nach links zeigt). Wenn Sie diese Schaltfläche anklicken, wird der Kalender mit dem am weitesten links stehenden überlagert angezeigt. Um die überlagerte Anzeige zu beenden, klicken Sie auf der Registerkarte des Kalenders die Schaltfläche *Nebeneinander anzeigen* (symbolisiert durch einen Pfeil, der nach rechts zeigt) an.

Wenn Sie Kalender im Überlagerungsmodus anzeigen, werden die Termine in dem Kalender, der im Überlagerungsstapel oben liegt, in nichttransparenter Darstellung angezeigt. Die Termine in den Kalendern, die im Stapel darunter liegen, werden transparent ausgegeben. Da jeder Kalender eine eigene Farbe besitzt, lassen sich die unterschiedlichen Termine leicht voneinander unterscheiden (was wegen der Schwarz-Weiß-Abbildung leider nicht so gut zu erkennen ist).

Planungsansicht

Seit Outlook 2010 gibt es zusätzlich noch die sogenannte *Planungsansicht*. In diesem Modus werden die Kalender in einem horizontalen Layout übereinander dargestellt. Auf diese Weise lassen sich Überschneidungen bzw. Termine besonders leicht erkennen. Der angezeigte Zeitraum richtet sich nach der zuvor gewählten Ansicht. Um zum Beispiel eine bestimmte Woche in der Planungsansicht anzuzeigen, wählen Sie auf der Registerkarte *START* zuerst die Anordnung *Woche* und klicken dann in der Gruppe *Anordnen* auf die Schaltfläche *Planungsansicht.*

Die Sofortsuche im Kalender

Bereits in Outlook 2007 wurde die Suchfunktion komplett überarbeitet; sie heißt nun Sofortsuche und steht Ihnen über das *Suchenfeld* in der Titelleiste des Ansichtsbereichs zur Verfügung.

1. Klicken Sie in das Feld *Kalender durchsuchen* und geben Sie den Suchbegriff ein.
2. Klicken Sie auf die Schaltfläche *Suchen* (die mit der Lupe), damit Outlook den Suchvorgang startet.

   Outlook zeigt die Suchergebnisse in einer Listendarstellung an.
3. Doppelklicken Sie auf den Listeneintrag des Termins, den Sie bearbeiten wollen.
4. Wenn Sie die Suchabfrage löschen wollen, klicken Sie die Schaltfläche *Suche löschen* an (die mit dem kleinen x).

Kapitel 53

Aufgaben

In diesem Kapitel:

Auch mit den bisherigen Versionen von Outlook konnten Sie Ihre Aufgaben verwalten und andere Outlook-Elemente zur Nachverfolgung kennzeichnen. Problematisch und umständlich war jedoch, einen guten Überblick über die zur Erledigung anstehenden Dinge zu behalten, da es in Outlook keine zentrale Stelle gab, an der alle Aufgaben übersichtlich und zentral zu finden waren. Seit der Version 2010 enthält Outlook zahlreiche Features, die den Umgang mit Aufgaben vereinfachen.

Dieses Kapitel gibt Ihnen einen Überblick darüber, wie und wo in Outlook Vorgänge und Aufgaben erstellt und verwaltet werden können, beschreibt die Funktion der Aufgabenleiste und zeigt, wie sich die Vorgangs- und Aufgabenverwaltung nahtlos in die anderen Outlook-Module *(E-Mail, Personen, Kalender)* integriert.

Die Aufgabenleiste einblenden

Leider ist die sehr nützliche Aufgabenleiste, die Microsoft mit der Version 2010 von Outlook eingeführt hat, in der Benutzeroberfläche von Outlook 2013 standardmäßig ausgeschaltet. Sie lässt sich jedoch schnell einschalten.

1. Öffnen Sie die Registerkarte *ANSICHT*.
2. Klicken Sie in der Gruppe *Layout* auf *Aufgabenleiste*, um das Menü der Schaltfläche zu öffnen.

Bild 53.1 Hierüber können Sie die Aufgabenleiste einschalten und festlegen, welche Elemente angezeigt werden sollen

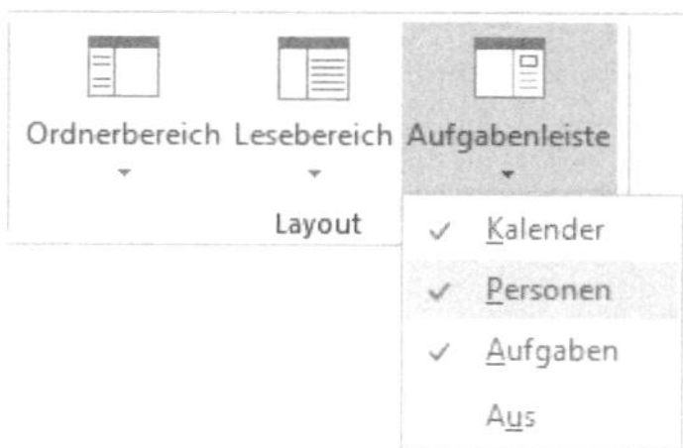

3. Wählen Sie die Elemente aus, die in der Aufgabenleiste angezeigt werden sollen:
   - **Kalender** Mit dieser Option wird im oberen Bereich der Aufgabenleiste der *Datumsnavigator* eingeblendet, den Sie verwenden können, um im Kalender einen bestimmten Tag/eine bestimmte Woche anzeigen zu lassen. Klicken Sie hierzu einfach auf den gewünschten Tag oder verwenden Sie vorher die Pfeilschaltflächen neben der Anzeige von Monat/Jahr, wenn Sie im Datumsnavigator einen anderen Monat anzeigen lassen wollen. Gleichgültig welches Modul im Ansichtsbereich von Outlook geöffnet war, öffnet Outlook nach Anklicken eines Datums immer den Kalender.

     Unterhalb des Datumsnavigators zeigt Outlook immer die *aktuellen Termine* an, wie sie im Kalender eingetragen wurden. Jeder Termin befindet sich in einem abgerundeten Rahmen, die Farbe des Rahmens entspricht der Farbkategorie, die Sie dem Termin zugewiesen haben.

HINWEIS In der Aufgabenleiste werden immer und auch nur die Termine des Kalenders angezeigt, der sich in der Standarddatendatei befindet. Um zu prüfen, welche Datendatei als Standard verwendet wird, klicken Sie auf *DATEI* und öffnen die Backstage-Ansicht *Informationen*. Klicken Sie zweimal auf *Kontoeinstellungen*, um das gleichnamige Dialogfeld zu öffnen. Wechseln Sie zur Registerkarte *Datendateien*. Die Standarddatendatei ist in der Liste mit einem Häkchen markiert. Um eine andere Datendatei als Standarddatendatei festzulegen, markieren Sie sie und klicken auf *Als Standard festlegen*.

- **Aufgaben** Klicken Sie diese Option an, um den *Aufgabeneingabebereich* anzeigen zu lassen. Im Aufgabeneingabebereich können Sie das Textfeld mit der Beschriftung *Neue Aufgabe eingeben* verwenden, um schnell eine neue Aufgabe zu erstellen, ohne dazu das Aufgaben-Modul öffnen oder die Schaltfläche *Neue Elemente* auf der Registerkarte *START* verwenden zu müssen. Es reicht aus, einfach den Text der Aufgabe einzugeben. Wenn Sie detaillierte Informationen zur Aufgabe eintragen wollen, doppelklicken Sie auf den Aufgabeneingabebereich; Outlook zeigt dann das Formularfenster zum Erstellen einer neuen Aufgabe an, wie es auch über die Schaltfläche *Neue Aufgabe* bzw. *Neue Elemente/Aufgabe* erreicht werden kann.

  Unterhalb des Aufgabeneingabebereichs sehen Sie die *Vorgangsliste*. Dort werden alle Aufgabenelemente aufgeführt, die Sie erstellt haben. Hierbei kann es sich sowohl um »normale« Aufgaben handeln, die Sie direkt im Aufgaben-Modul erstellt haben, als auch um Aufgabenelemente, die Outlook automatisch erstellt hat, als Sie beispielsweise eine E-Mail-Nachricht oder einen Kontakt zur Nachverfolgung gekennzeichnet haben.

Bild 53.2 In der Aufgabenleiste werden sowohl Termine als auch Aufgaben und Vorgänge angezeigt

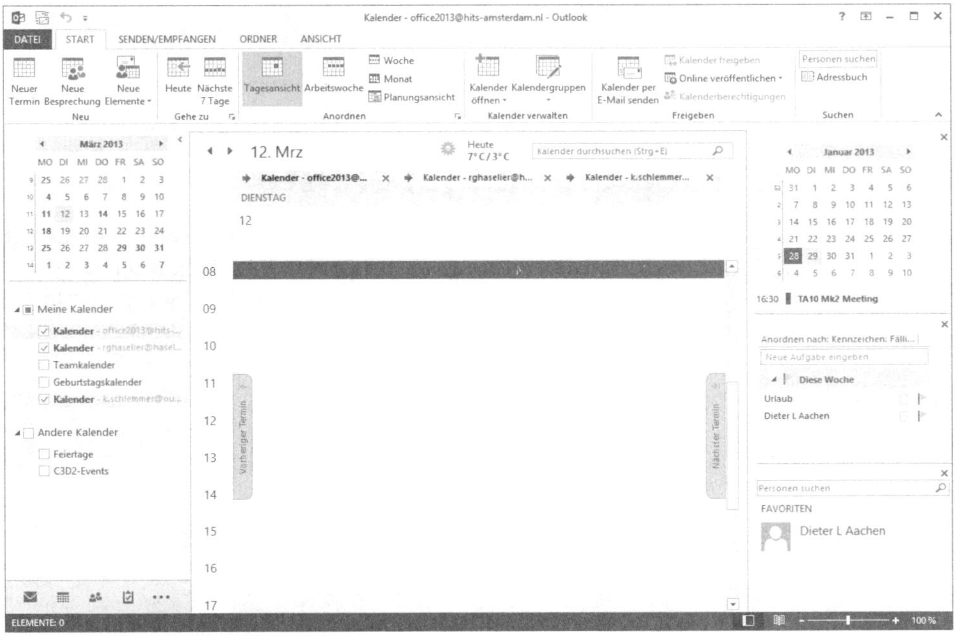

- **Personen** Klicken Sie diese Option an, um den Personenbereich einzublenden. Im Personenbereich werden alle Favoriten angezeigt und Sie finden dort ein Suchenfeld, mit dem Sie nach Personen suchen können.

TIPP Die drei Elemente, die Sie in der Aufgabenleiste einblenden können, werden auch dann angezeigt, wenn Sie den Mauszeiger im Navigationsbereich auf *Kalender*, *Personen* oder *Aufgaben* bewegen. In der rechten oberen Ecke der Popupfenster finden Sie die Schaltfläche *Popup anheften*. Klicken Sie sie an, um das betreffende Element in der Aufgabenleiste anzuheften.

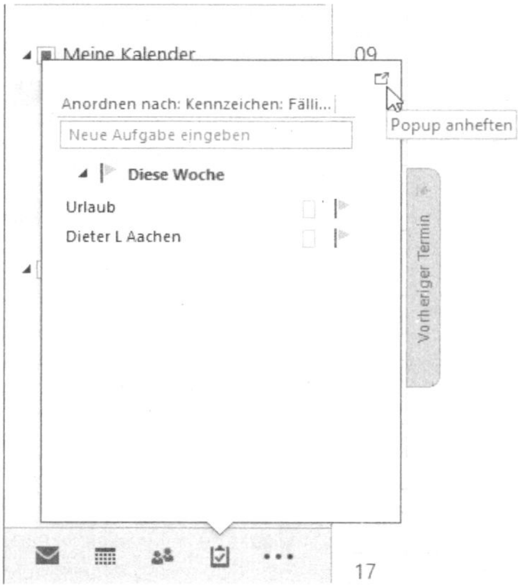

Sortierung der Aufgabenliste

Die Aufgabenliste am unteren Rand der Aufgabenleiste besitzt ein eigenes Kontextmenü, über das Sie die Anordnung der Aufgabenelemente festlegen können (siehe Abbildung auf der nächsten Seite). Standardmäßig werden die Aufgabenelemente nach ihrer Fälligkeit geordnet. Klicken Sie einen der anderen Einträge im Kontextmenü der Aufgabenliste an, um die Reihenfolge zu ändern.

Bild 53.3 Wählen Sie im Kontextmenü der Aufgabenliste aus, wie die Aufgabenelemente sortiert werden sollen

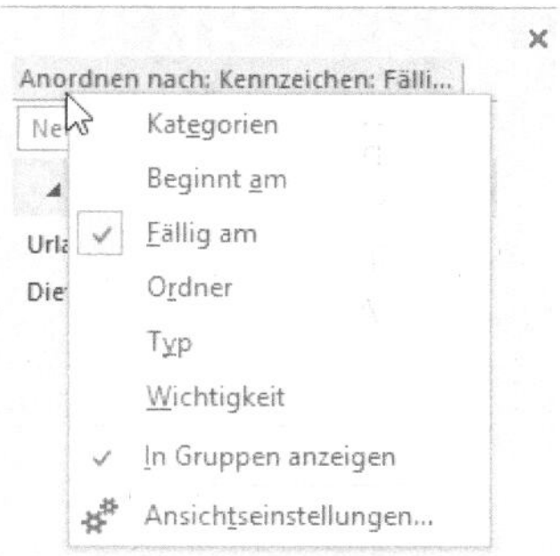

Aufgaben und Aufgabenelemente

Nachdem Sie im vorigen Abschnitt die Aufgabenleiste und das Popupfenster *Aufgaben* kennengelernt haben, werden Sie im weiteren Verlauf des Kapitels erfahren, wie Sie neue Aufgaben und Aufgabenelemente erstellen. Lassen Sie uns zuvor die Begriffe Aufgabe und Aufgabenelement etwas genauer definieren.

Outlook unterscheidet zwischen Aufgaben und Aufgabenelementen, auch wenn diese beiden Begriffe in der Benutzeroberfläche und der Onlinehilfe nicht immer konsistent verwendet werden.

- **Aufgaben** sind Outlook-Elemente, die Sie auf der Registerkarte *START* entweder mit der Schaltfläche *Neue Aufgabe* (aus dem Modul *Aufgaben* heraus) oder mit dem Befehl *Aufgabe* der Schaltfläche *Neue Elemente* (aus allen Modulen heraus) erstellen. Sie verwenden eine Aufgabe, um deren Erledigung nachzuverfolgen. Aufgaben können einen Status, eine bestimmte Priorität und weitere Eigenschaften besitzen.
- **Aufgabenelemente** hingegen sind Outlook-Elemente, die Sie zur Nachverfolgung gekennzeichnet haben. Bei dem so gekennzeichneten Outlook-Element kann es sich wiederum um eine Aufgabe, aber auch um eine E-Mail-Nachricht oder einen Kontakt handeln.

Legt man diese Outlook-eigene Definition zugrunde, müsste der untere Bereich der Aufgabenleiste, der in der Benutzeroberfläche von Outlook Aufgabenliste genannt wird, eigentlich *Liste der Aufgabenelemente* oder auch *Vorgangsliste* heißen, da dort eben nicht nur Aufgaben, sondern alle zur Nachverfolgung gekennzeichneten Aufgabenelemente enthalten sind.

Der Unterschied zwischen Aufgaben und Aufgabenelementen ist bei der Nutzung von Outlook nicht sehr entscheidend. Er ist nur im Hinblick darauf wichtig, wie Sie ein neues Element in die Vorgangsliste eintragen können. Der nächste Abschnitt beschreibt überblicksartig, wie Sie neue Aufgabenelemente aus einem Kontakt oder einer E-Mail-Nachricht heraus erstellen. Im Rest des Kapitels wenden wir uns dann den Aufgaben zu.

Aufgabenelemente aus Kontakteintrag oder E-Mail-Nachricht heraus erstellen

Um aus einer E-Mail-Nachricht oder einem Kontakteintrag ein neues Aufgabenelement zu erstellen, gehen Sie wie folgt vor:

1. Klicken Sie das Element mit der rechten Maustaste an, um das Kontextmenü zu öffnen.
2. Klicken Sie auf *Zur Nachverfolgung*, damit das zugehörige Untermenü angezeigt wird.
3. Wählen Sie im oberen Bereich des Untermenüs das Datum aus, an dem das Aufgabenelement erledigt werden soll.

Bild 53.4 Erstellen Sie ein neues Aufgabenelement, indem Sie im Kontextmenü den Befehl *Zur Nachverfolgung* und dann die gewünschte Fälligkeit auswählen

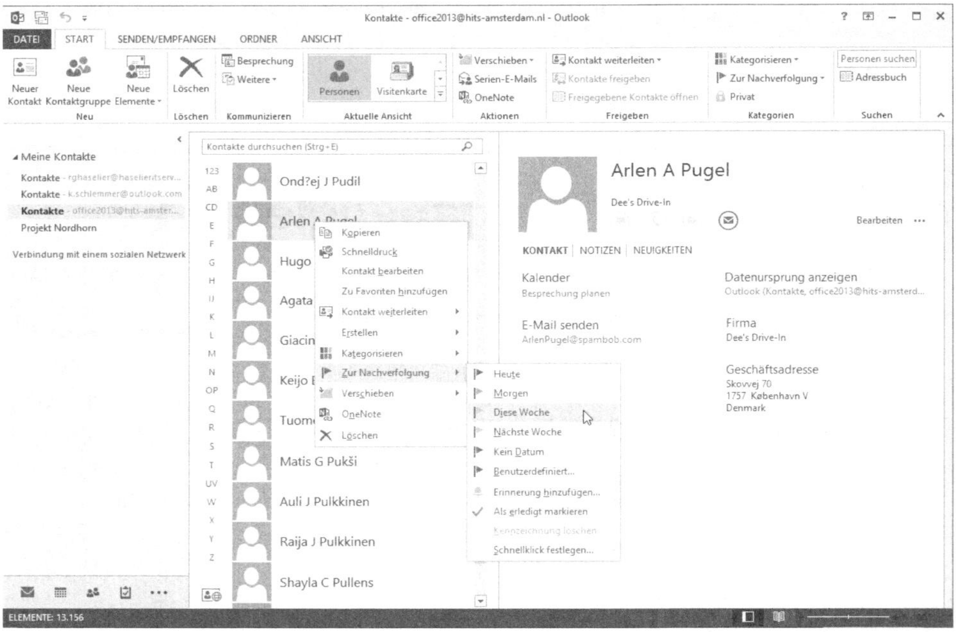

Wenn Sie das Fälligkeitsdatum genauer einstellen wollen, klicken Sie auf *Benutzerdefiniert*, um das gleichnamige Dialogfeld anzeigen zu lassen (siehe Abbildung auf der nächsten Seite).

Bild 53.5 Im Dialogfeld *Benutzerdefiniert* können Sie die Art der Kennzeichnung bestimmen und Anfangs- und Fälligkeitsdatum genauer einstellen

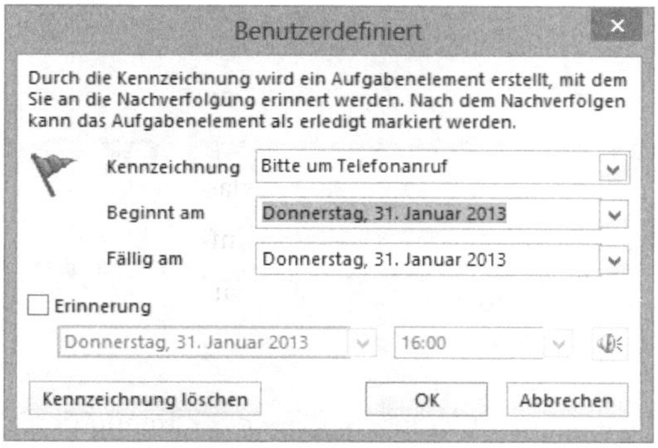

- Wählen Sie in der Liste *Kennzeichnung* einen der vordefinierten Einträge aus oder geben Sie hier einen eigenen Text ein.
- Mit den Datumswählern *Beginnt am* und *Fällig am* stellen Sie das Anfangs- und das Fälligkeitsdatum ein.
- Wenn Sie für dieses Aufgabenelement eine Erinnerung aktivieren wollen, schalten Sie das Kontrollkästchen *Erinnerung* ein und legen dann Datum und Uhrzeit der Erinnerung fest.

4. Schließen Sie das Dialogfeld *Benutzerdefiniert* mit *OK*.

Das neue Aufgabenelement wird nun in der Aufgabenleiste, in der Vorgangsliste des Moduls *Aufgaben* und im Aufgabenbereich des Kalenders angezeigt.

Aufgabenelemente als erledigt kennzeichnen

Überall dort, wo Sie das kleine Flaggensymbol sehen, an dem Sie ein Aufgabenelement erkennen können, können Sie das Aufgabenelement als erledigt markieren. Klicken Sie dazu einfach das Flaggensymbol an.

Bild 53.6 Klicken Sie das Flaggensymbol an, um ein Aufgabenelement als erledigt zu markieren

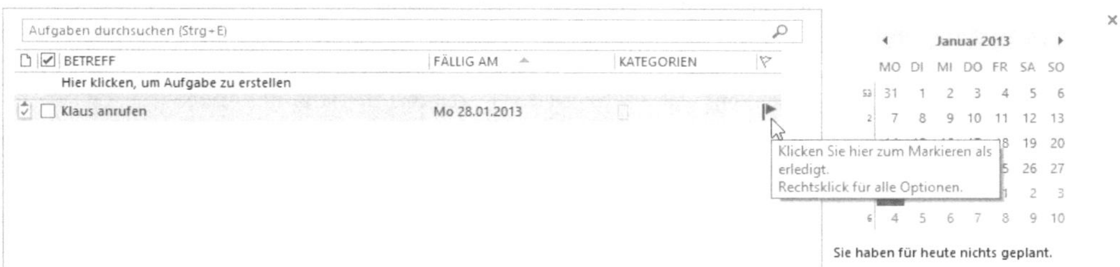

Nachdem Sie ein Aufgabenelement als erledigt markiert haben, wird es nicht mehr in der Aufgabenleiste angezeigt. Das Element ist zwar weiterhin vorhanden, wird jedoch aufgrund des Anzeigefilters der Aufgabenliste ausgeblendet.

Aufgabenelemente ansehen und öffnen

Alle Aufgabenelemente können Sie sehen, wenn Sie das Modul *Aufgaben* öffnen (klicken Sie dazu in der Navigationsleiste auf *Aufgaben* oder drücken Sie [Strg]+[4]), im Ordnerbereich unter *Meine Aufgaben* auf *Vorgangsliste* klicken und beispielsweise die Ansicht *Einfache Liste* auswählen, wie es die folgende Abbildung zeigt.

Bild 53.7 In der Vorgangsliste des Moduls *Aufgaben* werden erledigte Aufgabenelemente durchgestrichen angezeigt

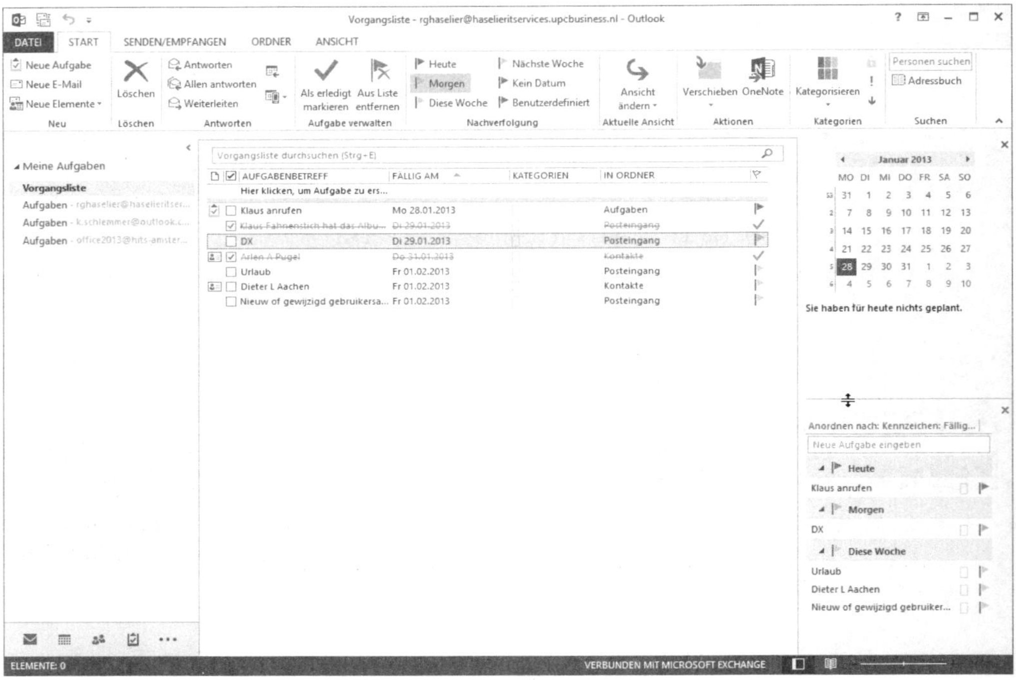

Die Vorgangsliste zeigt alle Aufgabenelemente an, auch diejenigen, die als erledigt markiert wurden. Wenn Sie ein Aufgabenelement wieder als unerledigt kennzeichnen wollen, schalten Sie das Kontrollkästchen in der zweiten Spalte der Liste aus oder verwenden Sie die Schaltfläche *Als erledigt markieren* in der Gruppe *Aufgabe verwalten* der Registerkarte *START*.

Auch erledigte Aufgabenelemente bleiben, wie die anderen Outlook-Elemente, so lange erhalten, bis Sie sie löschen. Um ein Aufgabenelement zu löschen, markieren Sie es, klicken es mit der rechten Maustaste an und wählen im Kontextmenü den Befehl *Löschen*. Alternativ können Sie auch die Schaltfläche *Löschen* auf der Registerkarte *START* verwenden.

Ansicht auswählen und Anordnung festlegen

Outlook stellt Ihnen für die Aufgaben verschiedene Ansichten zur Verfügung. Um eine Ansicht auszuwählen, führen Sie folgende Schritte durch:

1. Wechseln Sie zur Registerkarte *ANSICHT.*
2. Klicken Sie in der Gruppe *Aktuelle Ansicht* auf *Ansicht ändern.*

Bild 53.8 Auswahl der Ansicht für die Aufgaben

Die Ansicht *Aktiv* zeigt beispielsweise alle Aufgaben an, die derzeit fällig sind und erledigt werden müssen. Mit *Heute* sehen Sie alle Aufgaben, die am aktuellen Datum fällig sind, und *Überfällig* zeigt alle Aufgaben an, die aufgrund der Fälligkeit erledigt sein müssten, aber noch nicht als erledigt gekennzeichnet wurden.

3. Klicken Sie im Dropdownmenü das Symbol für die gewünschte Ansicht an.
4. Klicken Sie auf der Registerkarte *ANSICHT* in der Gruppe *Anordnung* auf *Anordnen nach* und dann auf das Kriterium, nach dem die Aufgaben geordnet werden sollen.
5. Klicken Sie auf der Registerkarte *ANSICHT* in der Gruppe *Anordnung* auf *Anordnen nach* und dann auf *In Gruppen anzeigen,* wenn die Aufgabe nach dem ausgewählten Kriterium in Gruppen angezeigt werden sollen.

Aufgabenelement öffnen

Um ein Aufgabenelement zu öffnen, doppelklicken Sie darauf. Dies können Sie in der Aufgabenleiste, im Aufgabenbereich des Kalenders und auch im Ansichtsbereich des Moduls *Aufgaben* machen. Welches Fenster Outlook dann öffnet, hängt von der Art des Aufgabenelements ab. Bei einem Kontakt wird das Kontaktformular geöffnet, bei einer nachverfolgten E-Mail-Nachricht die E-Mail und bei einer Aufgabe das Formular zum Bearbeiten von Aufgaben.

Aufgaben erstellen

Nachdem hier schon so viel von Aufgaben gesprochen wurde, zeigen die letzten Abschnitte dieses Kapitels, wie Sie eine Aufgabe erstellen und verwalten. Das Eintragen einer neuen Aufgabe ist denkbar einfach.

Neue Aufgabe nur mit Betreff erstellen

Wenn Sie eine neue Aufgabe erstellen und keine Fälligkeit oder andere Optionen, sondern lediglich den Betreff eingeben wollen, gehen Sie folgendermaßen vor:

1. Führen Sie eine der folgenden Aktionen durch:
   - Wenn die Aufgabenleiste sichtbar ist, klicken Sie in den Aufgabeneingabebereich, den Sie am Text *Aufgabe hier eingeben* erkennen.
   - Wenn die Aufgabenleiste nicht sichtbar ist, zeigen Sie mit der Maus in der Navigationsleiste auf die Schaltfläche *Aufgaben,* um das Popupfenster anzeigen zu lassen. Klicken Sie in den Aufgabeneingabebereich, den Sie am Text *Aufgabe hier eingeben* erkennen.

Bild 53.9 Am schnellsten erstellen Sie eine Aufgabe über den Aufgabeneingabebereich der Aufgabenleiste oder des Popupfensters der Navigationsschaltfläche *Aufgaben*

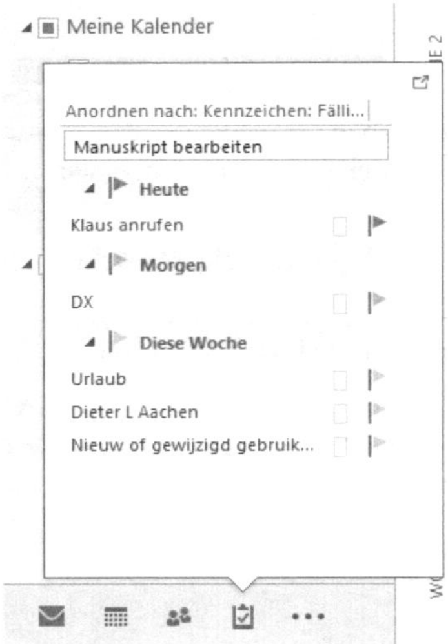

2. Geben Sie den Betreff der Aufgabe ein und drücken Sie anschließend die [↵]-Taste.

HINWEIS Wenn Sie im Ansichtsbereich von Outlook das Modul *Aufgaben* geöffnet haben, sehen Sie am oberen Rand des Bereichs ebenfalls ein Eingabefeld, in das Sie den Betreff einer neuen Aufgabe eingeben können. Je nachdem, welche Ansicht Sie gerade ausgewählt haben, können Sie dort auch weitere Angaben zur Aufgabe eintragen, wie das Fälligkeitsdatum, den Status usw.

Detaillierte neue Aufgabe erstellen

Wenn Sie beim Erstellen einer neuen Aufgabe weitere Optionen und Angaben zur Aufgabe vornehmen wollen, gehen Sie so vor:

1. Wechseln Sie zur Registerkarte *START* und klicken Sie auf *Neue Aufgabe* oder auf *Neue Elemente* und dann auf *Aufgabe.*

Bild 53.10 Mit diesem Formular können Sie Aufgaben erstellen und bearbeiten

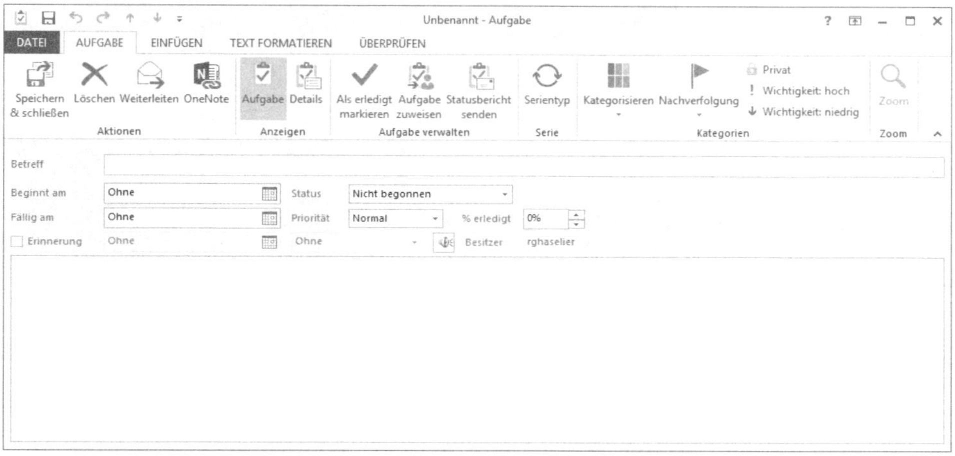

2. Geben Sie in das Feld *Betreff* den Text ein, der die neue Aufgabe beschreibt.
3. Klicken Sie auf das Kalendersymbol bei *Beginnt am,* um das Startdatum festzulegen. Das Startdatum ist der Tag, an dem mit der Erledigung der Aufgabe begonnen werden soll.
4. Klicken Sie auf das Kalendersymbol bei *Fällig am,* um das Fälligkeitsdatum, also den Tag, an dem die Aufgabe abgeschlossen sein soll, einzustellen.
5. Wenn Sie an die Aufgabe zu einem bestimmten Zeitpunkt erinnert werden wollen, schalten Sie das Kontrollkästchen *Erinnerung* ein. Wählen Sie anschließend das Datum und die Uhrzeit aus, zu der Sie an die Aufgabe erinnert werden wollen.
6. Öffnen Sie die Dropdownliste *Priorität,* um die Priorität der Aufgabe festzulegen. Outlook stellt Ihnen hierfür die Optionen *Niedrig, Normal* und *Hoch* zur Verfügung.
7. Wenn die Aufgabe schon begonnen wurde, öffnen Sie die Liste *Status* und wählen eine der vorhandenen Optionen aus. Tragen Sie dann im Feld *% erledigt* ein, zu wie viel Prozent die Aufgabe bereits erledigt ist.
8. Im unteren Bereich des Formulars finden Sie ein großes Feld, in das Sie ausführliche Notizen zu der Aufgabe eintragen können. Verwenden Sie dann die Optionen der Registerkarte *EINFÜGEN,* um weitere Elemente wie Tabellen oder Grafiken in die Notizen einzufügen. Verwenden Sie die Optionen der Registerkarte *TEXT FORMATIEREN,* um die Formatierung des Textes zu ändern.
9. Klicken Sie auf der Registerkarte *AUFGABE* auf *Speichern & schließen.*

Aufgabenserie erstellen

Neben einmal anfallenden Aufgaben können Sie auch sogenannte Aufgabenserien erstellen, bei denen sich die gleiche Aufgabe in regelmäßigen Intervallen wiederholt.

1. Um eine Aufgabenserie zu definieren, gehen Sie zunächst so vor, wie es im vorhergehenden Abschnitt »Detaillierte neue Aufgabe erstellen« beschrieben ist.
2. Klicken Sie zusätzlich auf der Registerkarte *AUFGABE* in der Gruppe *Serie* auf *Serientyp*. Outlook zeigt dann das Dialogfeld *Aufgabenserie* an, in dem Sie die Eigenschaften der Serie festlegen können.

Bild 53.11 Die Einstellmöglichkeiten für die Wiederholung der Aufgabe ändern sich, wenn Sie im Bereich *Serienmuster* ein anderes Intervall auswählen

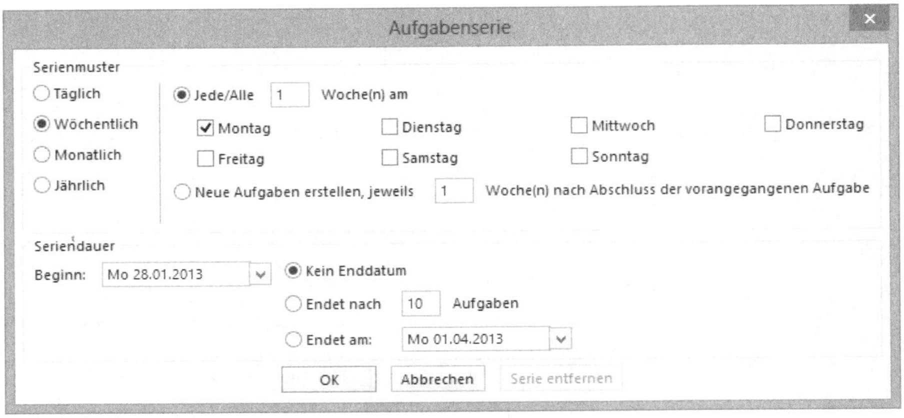

3. Wählen Sie im Bereich *Serienmuster* zuerst aus, ob sich die Aufgabe täglich, wöchentlich, monatlich oder jährlich wiederholen soll. Je nachdem, welches der vier Optionsfelder Sie anklicken, ändern sich die Einstellmöglichkeiten auf der rechten Seite des Bereichs *Serienmuster:*
   - Bei der Option *Täglich* können Sie das Intervall in Tagen einstellen oder festlegen, dass die Aufgabe an jedem Arbeitstag fällig sein soll.
   - Bei der Option *Wöchentlich* können Sie das Intervall in Wochen einstellen und den Wochentag festlegen, an dem die Aufgabe fällig sein soll.
   - Bei der Option *Monatlich* können Sie den Tag des Monats einstellen oder festlegen, dass die Aufgabe an einem bestimmten Wochentag in einer bestimmten Woche fällig sein soll.
   - Bei der Option *Jährlich* können Sie den Tag und den Monat einstellen oder festlegen, dass die Aufgabe an einem bestimmten Wochentag in einer bestimmten Woche in einem bestimmten Monat fällig sein soll.
4. In allen vier Fällen haben Sie zusätzlich die Möglichkeit festzulegen, dass immer dann, wenn die Aufgabe als erledigt gekennzeichnet wurde, automatisch eine neue Aufgabe mit den vorgenommenen Einstellungen erstellt wird.
5. Im Bereich *Seriendauer* können Sie schließlich noch das Startdatum auswählen, indem Sie im Datumswähler *Beginn* eine Eingabe vornehmen. Außerdem können Sie das Enddatum fest-

legen, wenn gewünscht, und hierbei die Anzahl der Wiederholungen oder ein festes Enddatum einstellen.

6. Nachdem Sie alle Einstellungen für die Aufgabenserie vorgenommen haben, schließen Sie das Dialogfeld *Aufgabenserie* mit einem Klick auf *OK.*

Bild 53.12 Bei einer Aufgabenserie werden unterhalb des Menübands die aktuellen Einstellungen zur Wiederholung der Aufgabe angezeigt

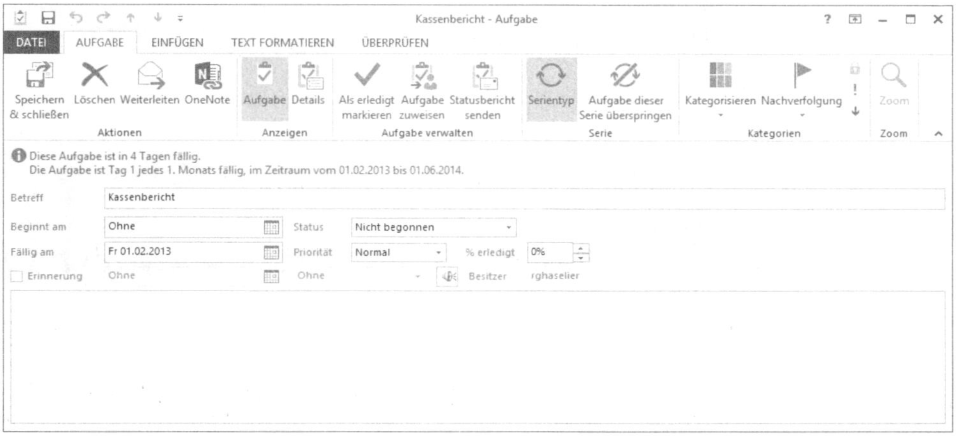

7. Nehmen Sie dann im Aufgabenformular die weiteren Einstellungen vor und speichern Sie die Aufgabenserie mit einem Klick auf *Speichern & schließen.*

Aufgaben verwalten

Um die erstellten Aufgaben zu verwalten und einen Überblick über deren aktuellen Status zu erhalten, verwenden Sie eine der vielen vordefinierten Ansichten, die Ihnen Outlook zur Verfügung stellt.

1. Öffnen Sie das *Aufgaben*-Modul, indem Sie in der Navigationsleiste auf die Schaltfläche *Aufgaben* klicken oder Strg+4 drücken.
2. Klicken Sie im Ordnerbereich unterhalb von *Meine Aufgaben* auf *Aufgaben,* wenn Sie nur die Aufgaben sehen möchten, oder auf *Vorgangsliste,* wenn alle Aufgabenelemente angezeigt werden sollen (zum Unterschied zwischen Aufgaben und Aufgabenelementen siehe Seite 1115).
3. Wechseln Sie zur Registerkarte *ANSICHT,* klicken Sie in der Gruppe *Aktuelle Ansicht* auf *Ansicht ändern* und dann auf eine der Ansichtsoptionen. Hier eine Auswahl der zur Verfügung stehenden Optionen:
   - Die Ansicht *Detailliert* zeigt alle Aufgabenelemente sowie deren Status, die Fälligkeit und den Prozentsatz der Erledigung an.
   - Die Ansicht *Aktiv* zeigt alle Aufgaben an, deren Startdatum bereits erreicht ist.

Bild 53.13 Die Ansicht *Aktiv*. Um einen der angezeigten Werte in der Liste zu ändern, wie den Status oder den Prozentsatz der Erledigung, klicken Sie in das entsprechende Feld und machen dort Ihre Eingabe.

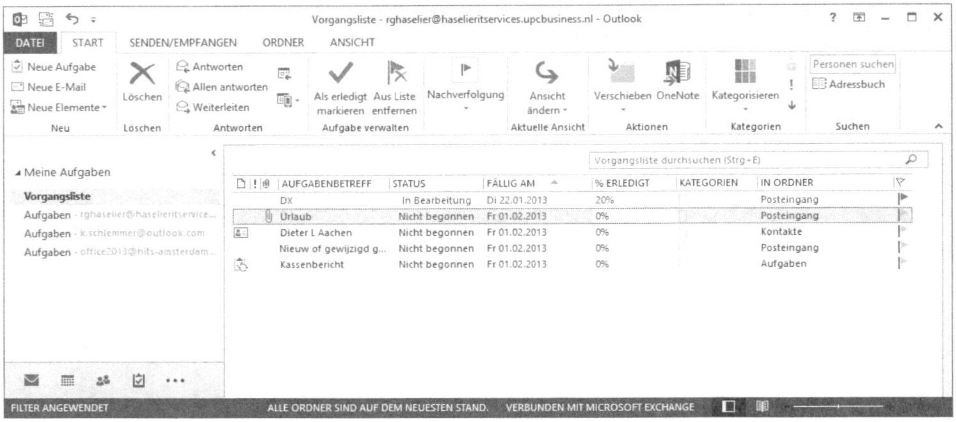

- Die Ansicht *Nächste sieben Tage* zeigt alle Aufgaben an, die innerhalb der nächsten sieben Tage fällig sind.
- Die Ansicht *Überfällig* zeigt die Aufgaben an, deren Fälligkeitsdatum bereits überschritten wurde.

4. Um den Status einer der angezeigten Aufgaben zu ändern, klicken Sie in der Liste in das betreffende Feld und nehmen dort Ihre Eingabe vor.

   Wenn Sie auf einen Listeneintrag doppelklicken, wird das Formular zum Bearbeiten der Aufgabe angezeigt.

Die Filtereinstellungen, die sich hinter den verschiedenen Ansichtsoptionen verbergen, funktionieren nur dann, wenn Sie bei Änderungen der Fälligkeit, des Status oder anderen Eigenschaften der Aufgabe diese auch der Aufgabe zuordnen.

HINWEIS **Überfällige Aufgaben werden in roter Schrift angezeigt** Wenn eine Aufgabe bereits überfällig ist (d.h., dass das Fälligkeitsdatum bereits in der Vergangenheit liegt), wird der Betreff der Aufgabe in roter Schrift angezeigt. Diesen Effekt können Sie ganz schnell überprüfen, indem Sie als Fälligkeitsdatum das Datum des gestrigen Tages eintragen.

Eine Aufgabe als erledigt kennzeichnen

Auch neben den Aufgaben sehen Sie in der Aufgabenleiste und in den verschiedenen Ansichten des *Aufgaben*-Moduls das Flaggensymbol. Wenn Sie es anklicken, wird die Aufgabe als erledigt markiert, wie es auch bei den anderen Aufgabenelementen der Fall ist.

In den Listenansichten des *Aufgaben*-Moduls ist die Spalte *Erledigt* enthalten. Sie können das Kontrollkästchen in dieser Spalte anklicken, um die Aufgabe als erledigt zu kennzeichnen. Sie wird dann durchgestrichen.

Status und Prozentsatz der Erledigung eintragen

Bei Aufgaben, deren Erledigung möglicherweise längere Zeit in Anspruch nimmt (wie beispielsweise das Erstellen eines Geschäftsberichts), können Sie das Feld *% Erledigt* verwenden, um festzuhalten, wie viel Prozent der Gesamtaufgabe bereits erledigt sind. Zusätzlich können Sie der Aufgabe noch einen Status zuweisen.

1. Doppelklicken Sie auf die Aufgabe. Das Formular dieser Aufgabe wird geöffnet.

Bild 53.14 Sie können der Aufgabe einen Status zuweisen

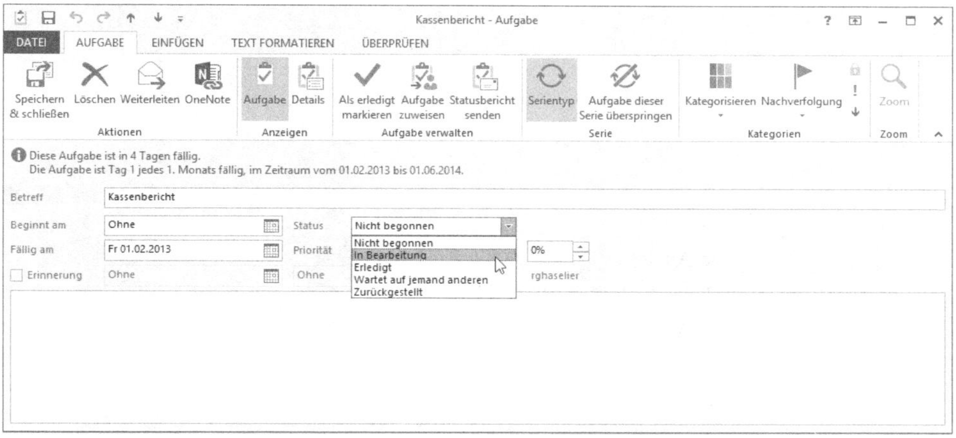

2. Öffnen Sie das Listenfeld *Status* und klicken Sie den Status an, den Sie der Aufgabe zuweisen wollen.
3. Klicken Sie in das Feld *% erledigt* und geben Sie den Prozentsatz ein, zu dem die Aufgabe erledigt ist. Beachten Sie, dass zwischen den Feldern *Status* und *% erledigt* eine Verknüpfung besteht. Wenn Sie den Wert eines Feldes ändern, ändert sich auch der Wert des anderen Feldes. Die genauen Zusammenhänge zwischen den Feldern können Sie unten stehender Tabelle entnehmen.
4. Klicken Sie auf *Speichern & schließen.*

Tabelle 53.1 Mögliche Wert des Feldes *% erledigt* in Abhängigkeit vom Wert des Feldes *Status*

Status	Mögliche Werte für % erledigt
Nicht begonnen	0
In Bearbeitung	1 bis 99
Erledigt	100
Warten auf jemand anderen	0 bis 100
Zurückgestellt	0 bis 100

Bild 53.15 Den aktuellen Status und den Prozentsatz der Erledigung einer Aufgabe können Sie z.B. in der Vorgangsliste ablesen

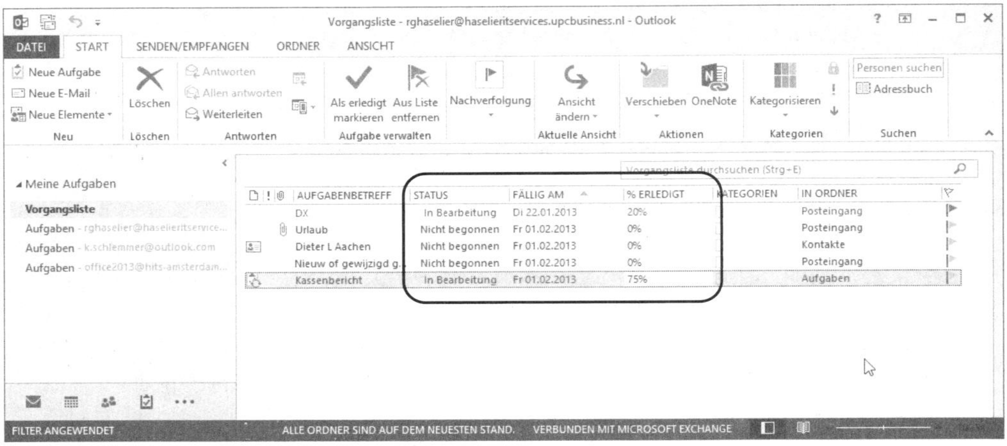

Eine Aufgabe wirklich löschen

Wenn Sie möchten, können Sie eine Aufgabe natürlich auch aus der Aufgabenliste löschen.

1. Öffnen Sie das *Aufgaben*-Modul, indem Sie in der Navigationsleiste auf die Schaltfläche *Aufgaben* klicken oder Strg+4 drücken.
2. Klicken Sie die Aufgabe mit der rechten Maustaste an und wählen Sie im Kontextmenü den Befehl *Löschen.*

Damit wird die Aufgabe ohne weitere Warnung aus der Aufgabenliste entfernt und in den Ordner *Gelöschte Elemente* verschoben.

Aufgaben sortieren

Wenn die Liste mit den Aufgaben länger wird, ist es sinnvoll, die Aufgaben zu sortieren. Lassen Sie dazu im Aufgaben-Modul eine der Listenansichten anzeigen und klicken Sie den Kopf der Spalte an, nach deren Inhalten Sie sortieren möchten. Outlook sortiert die Liste nach dieser Spalte in aufsteigender Reihenfolge. Wenn Sie den Spaltenkopf ein weiteres Mal anklicken, wird die Sortierreihenfolge umgedreht.

Kapitel 54

RSS-Feeds verwenden

In diesem Kapitel:

Seit der Version 2007 unterstützt Outlook RSS-Feeds; dies ermöglicht es, in Outlook RSS-Feeds zu abonnieren, zu lesen und zu verwalten. Die RSS-Feeds-Funktionalität von Outlook 2013 ist eng mit der RSS-Unterstützung von Internet Explorer verbunden: RSS-Feeds, die Sie in einem der beiden Programme abonnieren, stehen Ihnen in beiden Anwendungen zur Verfügung, da beide den gleichen Datenspeicher für die RSS-Feeds verwenden.

Dieses Kapitel führt zuerst in die Begrifflichkeit der RSS-Technologie ein und beschreibt dann in den weiteren Abschnitten, wie Sie RSS-Feeds mit Outlook 2013 und Internet Explorer 10 (der Version, die mit Windows 8 ausgeliefert wird) verwenden.

Was sind RSS-Feeds?

Bei der Abkürzung RSS (Really Simple Syndication) handelt es sich um ein Verfahren, mit dem eine Website neue Inhalte (beispielsweise neue Meldungen einer Nachrichtenwebsite oder neue Einträge in einem Weblog) einem interessierten Personenkreis zur Verfügung stellen kann. Der Übermittlungsmechanismus wird RSS-Feed genannt. Ein RSS-Feed ist quasi eine Liste mit den aktuellsten Infos einer Website. Die meisten RSS-Feeds enthalten Überschriften oder kurze Inhaltszusammenfassungen mit einem Link zur ursprünglichen Quelle. Die Feeds können aber auch den gesamten Inhalt und Anlagen fast jeden Typs enthalten. RSS-Feeds werden auch als »Webfeeds«, »XML-Feeds« oder »RSS-Kanäle« bezeichnet.

Einer der Vorteile beim Abonnieren eines RSS-Feeds im Vergleich zu einem E-Mail-Newsletter oder einer Mailingliste besteht darin, dass Sie bei RSS-Feeds weder Ihren Namen noch Ihre E-Mail-Adresse oder andere persönliche Informationen bereitstellen müssen. Der Herausgeber des Feeds hat außer über den RSS-Feed keine Möglichkeit, Kontakt zu Ihnen aufzunehmen, da er Ihre E-Mail-Adresse nicht kennt. Er kann Ihre Daten auch nicht an andere weitergeben.

Unterstützte Formate

RSS ist die Weiterentwicklung verschiedener ähnlicher Internetstandards für die Inhaltsübermittlung. RSS umfasst verschiedene Standards, wie z. B. Rich Site Summary (RSS 0.91), RDF Site Summary (RSS 0.9, 1.0 und 1.1) und Really Simple Syndication (RSS 2.0). Atom ist ein weiteres XML-Schema, das für die Inhaltsverteilung verwendet wird. Da Outlook alle genannten Typen unterstützt, müssen Sie den Standard eines bestimmten RSS-Feeds nicht kennen.

RSS-Feeds in Outlook 2013 abonnieren

Damit Sie regelmäßig einen bestimmten RSS-Feed erhalten, müssen Sie diesen abonnieren. Wenn Sie die Webadresse des gewünschten RSS-Feeds kennen, können Sie die URL für den RSS-Feed direkt in Outlook eingeben, um den Feed zu abonnieren.

Um beispielsweise den RSS-Feed von *tagesschau.de* hinzuzufügen, gehen Sie wie folgt vor:

1. Öffnen Sie die Registerkarte *DATEI*, klicken Sie auf *Informationen* und dann zweimal auf *Kontoeinstellungen*. Das Dialogfeld *Kontoeinstellungen* wird geöffnet.
2. Wechseln Sie zur Registerkarte *RSS-Feeds*.

3. Klicken Sie auf *Neu*. Das Dialogfeld *Neuer RSS-Feed* wird angezeigt.

Bild 54.1 Hier geben Sie die Webadresse des RSS-Feeds ein, den Sie abonnieren möchten

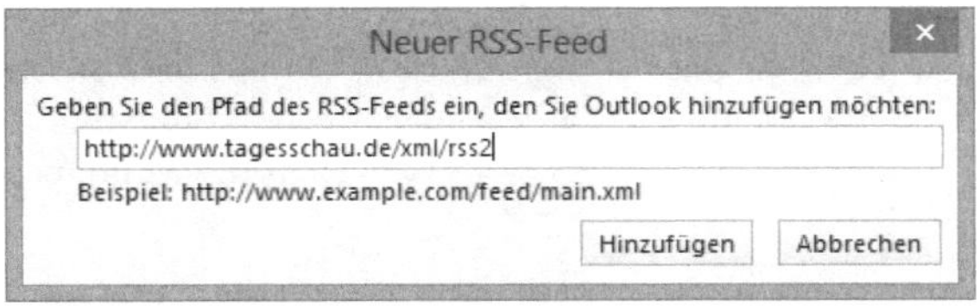

4. Geben Sie in das Textfeld die Webadresse des RSS-Feeds ein, beispielsweise: **http://www.tagesschau.de/xml/rss2**
5. Klicken Sie auf *Hinzufügen*. Das Dialogfeld *RSS-Feedoptionen* wird angezeigt.

Bild 54.2 Beim Hinzufügen eines neuen RSS-Feeds können Sie verschiedene Übermittlungsoptionen konfigurieren

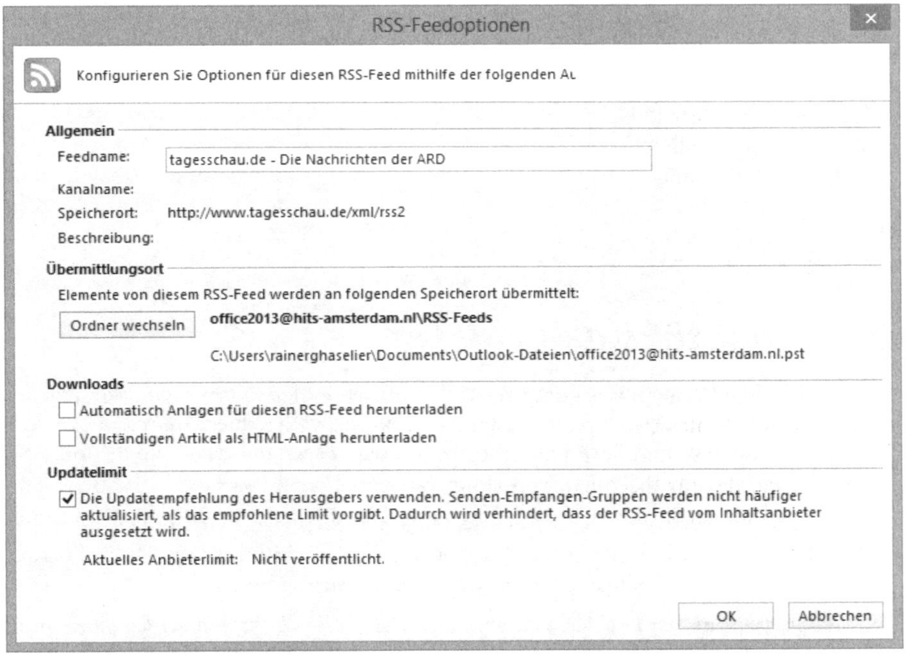

- Im Feld *Feedname* sehen Sie den Anzeigenamen des Feeds, wie er im Ordnerbereich von Outlook angezeigt wird. Diese Angaben werden dem RSS-Feed entnommen; Sie können hier einen anderen Anzeigenamen eingeben.
- Im Bereich *Übermittlungsort* wird die Datendatei angezeigt, die als Übermittlungs- und Speicherort für den RSS-Feed verwendet werden soll. Es kann sich dabei um die Offlineordnerdatei handeln, die für ein Exchange-Postfach verwendet wird, oder um eine persönliche Ordnerdatei bei den anderen E-Mail-Kontenarten. Wenn Sie nur mit einem E-Mail-Konto und einer Datendatei arbeiten, können Sie die Angabe übernehmen; an-

derenfalls klicken Sie auf *Ordner wechseln* und wählen dann die Datendatei und den Ordner aus, der als Übermittlungsort verwendet werden soll.

Bitte beachten Sie, dass Sie Hotmail- und Outlook.com-Konten nicht für RSS-Feeds verwenden können.

- Die drei Kontrollkästchen im unteren Bereich des Dialogfeldes steuern, wie und wie oft der RSS-Feed heruntergeladen wird. Diese Einstellungen können Sie übernehmen. Der Abschnitt »RSS-Feeds konfigurieren« ab Seite 1135 stellt die Konfigurationsmöglichkeiten ausführlich vor.

6. Klicken Sie auf *OK* und dann auf *Schließen*, um zum Hauptfenster von Outlook zurückzukehren.

7. Klicken Sie in der Navigationsleiste auf *E-Mail* und suchen Sie beim E-Mail-Konto, dem Sie den Feed zugeordnet haben, nach dem Ordner mit der Bezeichnung *RSS-Feeds*. Klicken Sie den Namen an, um den Ordner zu öffnen.

Bild 54.3 Die Nachrichten des abonnierten Feeds werden im Ordner *RSS-Feeds* und dessen Unterordnern angezeigt

Alle abonnierten RSS-Feeds werden im Outlook-Ordner *RSS-Feeds* angezeigt. Jeder Feed erhält einen eigenen Unterordner. Der angezeigte Ordnername ist mit dem identisch, den Sie beim Hinzufügen des Feeds in das Textfeld *Feedname* des Dialogfeldes *RSS-Feedoptionen* eingetragen haben.

Genau wie bei den E-Mail-Nachrichten im Posteingang wird der Name des Ordners in fetter Schrift dargestellt, wenn sich im zugehörigen RSS-Feed ungelesene Artikel befinden; deren Anzahl wird wie beim Posteingang hinter dem Feednamen angezeigt.

Wenn Sie mit einem Klick auf die Schaltfläche *Alle Ordner senden/empfangen* in der Symbolleiste für den Schnellzugriff Ihre E-Mails abrufen, prüft Outlook gleichzeitig, ob die abonnierten RSS-Feeds neue Artikel aufweisen, und lädt diese dann herunter.

RSS-Feed-Meldung lesen

Wenn Sie einen Ordner mit einem RSS-Feed öffnen, wird dieser im Ansichtsbereich von Outlook so dargestellt, wie Sie es vom Posteingang her kennen. Der in der Liste markierte Artikel wird im Lesebereich geöffnet, wie es nachfolgende Abbildung zeigt.

Bild 54.4 Der markierte Artikel wird im Lesebereich angezeigt

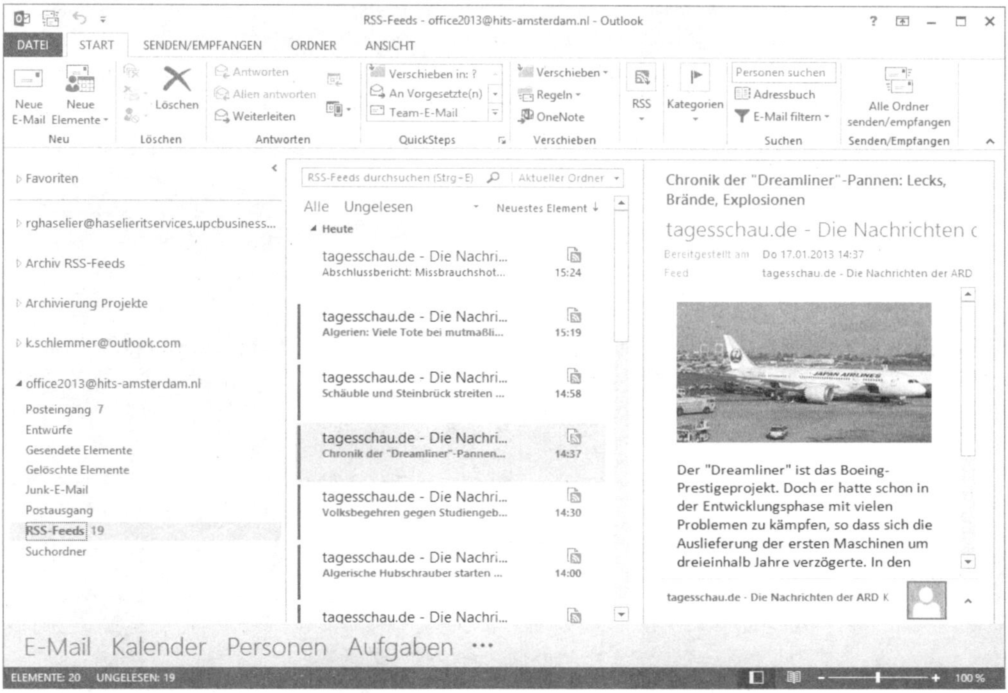

PROFITIPP

RSS-Feeds und Exchange-Postfach

Wenn Sie in Outlook ein Exchange-Postfach verwenden und viele RSS-Feeds abonniert haben, kann dies zu Problemen führen, falls die Größe des Exchange-Postfachs begrenzt ist. Der Abschnitt »RSS-Feeds archivieren« in Kapitel 50, »Outlook-Datendateien« zeigt, wie Sie dieses Problem lösen können.

Mit einem Newsfeed-Artikel können Sie fast alles machen, was Sie auch mit einer E-Mail-Nachricht machen können; lediglich das Antworten auf einen Newsfeed-Artikel ist nicht möglich. Sie können den Artikel aber weiterleiten, in einen anderen Ordner verschieben, die Farbkategorien verwenden usw. Klicken Sie in der Liste mit den Artikeln den gewünschten mit der rechten Maustaste an, um im Kontextmenü zu sehen, welche Befehle zur Verfügung stehen.

RSS-Feeds in Internet Explorer abonnieren

Deutlich einfacher ist das Abonnieren eines RSS-Feeds von Internet Explorer 10 aus, da Sie hierbei die genaue Webadresse des Feeds nicht zu kennen brauchen und ein paar Mausklicks ausreichen, um einen RSS-Feed hinzuzufügen. Da Outlook und Internet Explorer den gleichen Datenspeicher für die RSS-Feeds verwenden, können Sie einen Feed, den Sie in Internet Explorer abonniert haben, in Outlook lesen.

Hier die zum Abonnieren nötigen Schritte am Beispiel von *www.heise.de*, der Website des Zeitschriftenverlags, der unter anderem die Computerzeitschrift c't herausgibt und auf der Sie einen Newsfeed mit aktuellen Meldungen aus der IT-Branche finden.

1. Starten Sie Internet Explorer, achten Sie darauf, dass die Befehlsleite eingeschaltet ist und surfen Sie zu der Website *heise.de*. Nachdem die Seite geladen ist, erkennt Internet Explorer, dass diese Website einen RSS-Feed zur Verfügung stellt. In der Befehlsleiste wird das RSS-Symbol in orange (statt in grau) dargestellt.

2. Klicken Sie den Pfeil neben dem RSS-Symbol an. Internet Explorer zeigt den oder die RSS-Feeds an, die die Website zur Verfügung stellt. Manchmal wird auch der gleiche Feed in verschiedenen Formaten angeboten.

Bild 54.5 Internet Explorer erkennt, ob eine Website RSS-Feeds zur Verfügung stellt

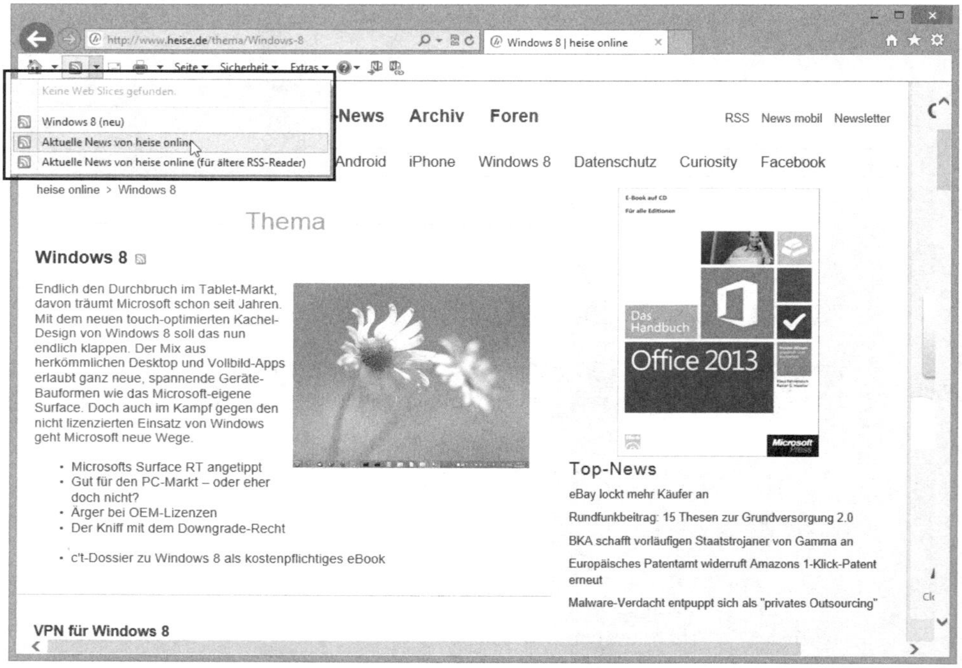

3. Klicken Sie den RSS-Feed an, den Sie abonnieren wollen. Internet Explorer öffnet den Feed und zeigt die folgende Seite an:

Bild 54.6 Auf dieser Seite können Sie den Feed abonnieren

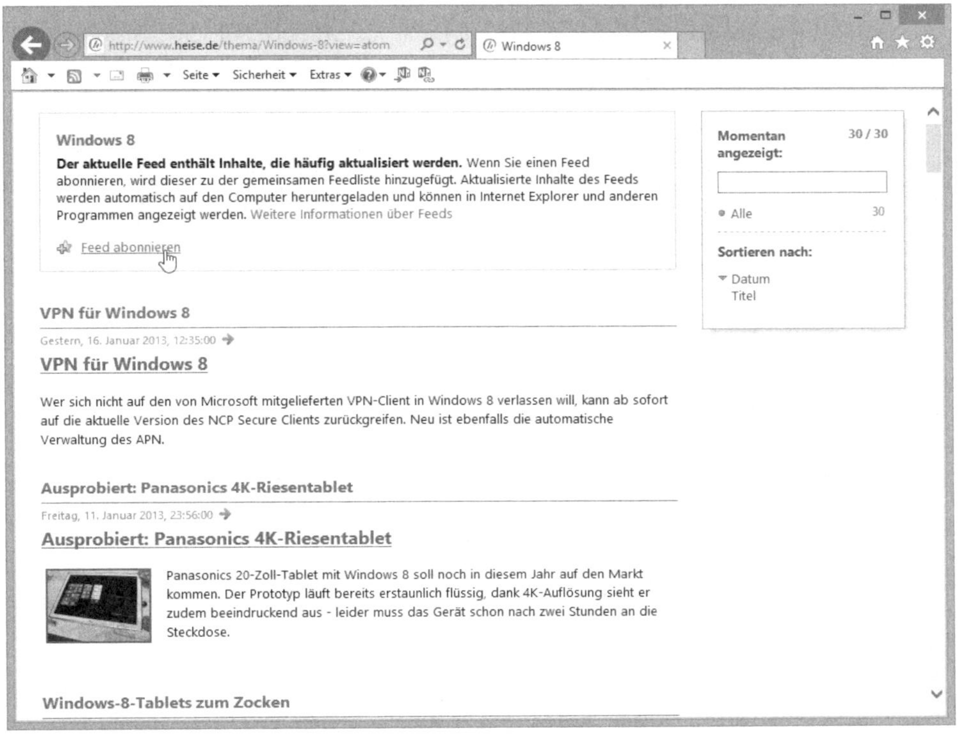

4. Klicken Sie auf *Feed abonnieren.*

Bild 54.7 Hier können Sie den Anzeigenamen des Feeds ändern und den Zielordner festlegen

5. Geben Sie in das Feld *Name* den gewünschten Anzeigenamen für den Feed ein.

6. In der Liste *Erstellen in* können Sie den Ordner auswählen, in dem der Feed abgelegt werden soll. Der Ordner *Feeds* entspricht dem Outlook-Ordner *RSS-Feeds*. Wenn Sie einen weiteren Unterordner erstellen wollen, verwenden Sie die Schaltfläche *Neuer Ordner*.
7. Klicken Sie auf *Abonnieren*.

TIPP **RSS-Feeds in Internet Explorer lesen** In Internet Explorer haben Sie über das Favoritencenter Zugriff auf die abonnierten RSS-Feeds. Klicken Sie in der Symbolleiste auf die Schaltfläche *Favoritencenter (A)* und anschließend auf *Feeds* (B).

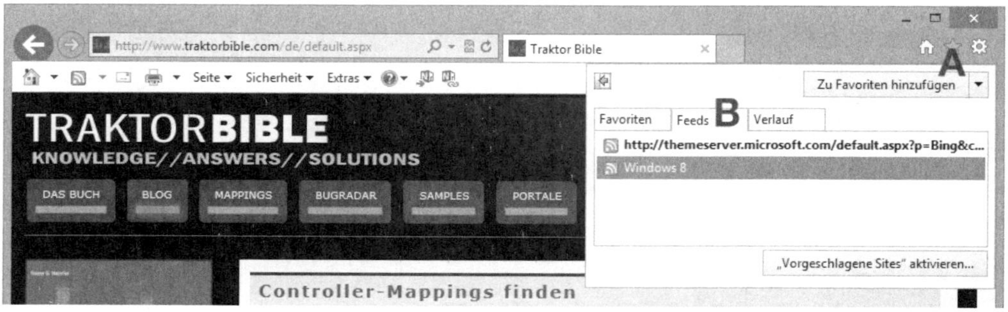

Klicken Sie dann den Feed an, den Sie lesen möchten. Die Liste mit den aktuellen Meldungen des RSS-Feeds wird in Internet Explorer geöffnet. Klicken Sie dort auf die Meldung, die Sie lesen möchten.

Nachfolgend überprüfen Sie eine Einstellung in Outlook 2013, mit der konfiguriert werden kann, dass die Feeds in Outlook mit der Feedliste von Windows synchronisiert werden.

1. Wechseln Sie zu Outlook.
2. Öffnen Sie die Registerkarte *DATEI* und klicken Sie auf *Optionen*. Wechseln Sie zur Kategorie *Erweitert*.

Bild 54.8 Hier können Sie festlegen, dass die Outlook-RSS-Feeds mit der gemeinsamen Feedliste abgeglichen werden sollen

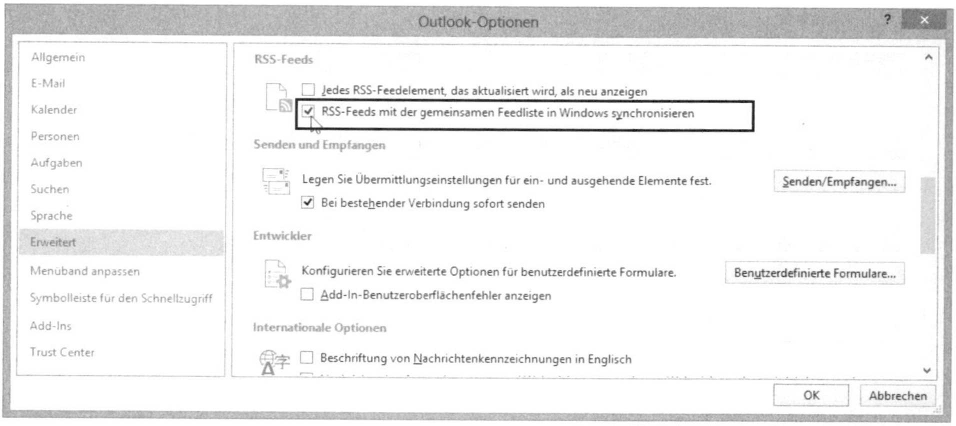

3. Prüfen Sie, ob im Abschnitt *RSS-Feeds* das Kontrollkästchen *RSS-Feeds mit der gemeinsamen Feedliste in Windows synchronisieren* eingeschaltet ist. Falls nicht, schalten Sie es ein.
4. Wechseln Sie nun zur Ordnerliste (Strg+6) und prüfen Sie im Ordner *RSS-Feeds*, ob der in Internet Explorer abonnierte Feed angezeigt wird.
5. Wird der neu abonnierte RSS-Feed nicht angezeigt, beenden Sie Outlook und starten es erneut.

Die oben beschriebenen Schritte brauchen Sie nur einmal vorzunehmen, danach werden die Feeds automatisch synchronisiert.

PROFITIPP

Weitere RSS-Feeds finden

Nachdem Sie nun wissen, *wie* Sie RSS-Feeds in Outlook abonnieren und lesen können, hier noch ein paar Tipps dazu, *wo* Sie RSS-Feeds finden, die Sie interessieren könnten. Im Internet gibt es einige Suchwebsites für RSS-Feeds, von denen wir ein paar für Sie herausgesucht haben:

- *http://www.microsoft.com/germany/rss/* RSS-Verzeichnis von Microsoft. Hier finden Sie Feeds zu Microsoft-Produkten und Technologien.
- *http://www.rss-verzeichnis.de, http://www.rss-verzeichnis.net* Zwei deutschsprachige Übersichtwebsites mit einem breiten Spektrum von RSS-Feeds zu den unterschiedlichsten Themen. Trotz der ähnlichen Namen handelt es sich um zwei unterschiedliche RSS-Verzeichnisse.
- *http://www.search4rss.com, http://www.Syndic8.com* Dies sind zwei englischsprachige RSS-Verzeichnisse; bei *www.Syndic8.com* finden Sie auch zahlreiche nicht englischsprachige RSS-Feeds.

RSS-Feeds konfigurieren

Beim Abonnieren eines neuen RSS-Feeds können Sie verschiedene Konfigurationsoptionen einstellen (siehe Abbildung 54.2 auf Seite 1129), die Sie auch später noch verändern können. Um das Dialogfeld für das Einstellen der RSS-Feedoptionen anzeigen zu lassen, öffnen Sie die Registerkarte *DATEI*, klicken auf *Informationen* und dann zweimal auf *Kontoeinstellungen*. Wechseln Sie im Dialogfeld *Kontoeinstellungen* zur Registerkarte *RSS-Feeds*. Markieren Sie in der Liste den RSS-Feed, den Sie konfigurieren wollen, und klicken Sie dann auf *Ändern*. Die folgende Aufzählung beschreibt die wichtigsten Optionen des Dialogfeldes *RSS-Feedoptionen:*

- **Feedname** Legen Sie hier den Anzeigenamen für diesen RSS-Feed fest. Outlook verwendet den Feednamen, um unterhalb des Ordners *RSS-Feeds* einen Ordner für diesen Feed anzulegen.
- **Übermittlungsort** Hier legen Sie fest, in welcher Datendatei und in welchem Ordner die Artikel des RSS-Feeds gespeichert werden sollen. Outlook arbeitet standardmäßig immer nur mit einer Datendatei. Sie können bei Bedarf jedoch weitere Datendateien hinzufügen. Dies wird in Kapitel 50 beschrieben.

- **Automatisch Anlagen für diesen Feed herunterladen** Manche RSS-Nachrichten können auch Anlagen enthalten, beispielsweise wenn es sich um einen Multimediafeed handelt. Outlook lädt die Anlagen standardmäßig nicht herunter. Wenn die Anlagen eines Feeds automatisch auf Ihren PC heruntergeladen werden sollen, schalten Sie dieses Kontrollkästchen ein.
- **Vollständigen Artikel als HTML-Anlage für jedes Element herunterladen** Wenn Sie diese Option einschalten, lädt Outlook sowohl den Inhalt der Feedliste (also die Übersicht über die neuen Artikel) als auch die vollständigen Artikel herunter. Der vollständige Artikel wird der Kurzmeldung in Form einer Anlage als HTML-Datei beigefügt. Sie können dann die Artikel auch lesen, wenn Sie nicht mit dem Internet verbunden sind.
- **Updatelimit** Viele Herausgeber von RSS-Feeds legen ein Updateintervall fest und bestimmen so, wie oft ein Update des Feeds von ihrer Website heruntergeladen werden kann. Dies wird gemacht, um zu viele Anfragen an die Website zu vermeiden und eine Überlastung zu verhindern.

  Wenn Sie versuchen, den Feed häufiger als durch das angegebene Limit vorgesehen auf Updates zu überprüfen, kann der RSS-Herausgeber Ihren Zugriff temporär anhalten oder das RSS-Feedabonnement stornieren. Daher sollten Sie dieses Kontrollkästchen am besten eingeschaltet lassen.

Die Einstellungen, die Sie hier vornehmen, gelten übrigens immer nur für den jeweils in der Liste markierten Feed. Wenn Sie für mehrere Feeds die gleiche Konfiguration vornehmen wollen, müssen Sie dies für jeden RSS-Feed getrennt tun.

RSS-Feed löschen

Nichts ist einfacher als das Löschen eines RSS-Feeds, was sozusagen der Kündigung des Abos entspricht: Markieren Sie im Ordner *RSS-Feeds* im Ordnerbereich von Outlook den Feed, den Sie löschen möchten, und drücken Sie `Entf`.

Sie können den Feed auch auf der Registerkarte *RSS-Feeds* des Dialogfeldes *Kontoeinstellungen* markieren und dann auf *Entfernen* klicken.

Kapitel 55

Notizen verwenden

In diesem Kapitel:

Auch wenn es ein nützliches Feature ist, scheint die Notizfunktion von Outlook eher selten verwendet zu werden. Daher gibt dieses abschließende Kapitel zu Outlook einen Überblick zu den Notizen. Sie werden erfahren, wie Sie Notizen erstellen, bearbeiten, organisieren, als E-Mail weiterleiten und wie Sie die Suchleiste mit der Sofortsuche verwenden, bei der Sie die Suchergebnisse bereits sehen, während Sie die Suchkriterien eingeben.

Notizen erstellen und bearbeiten

In Outlook stehen Ihnen kleine, standardmäßig gelbe Notizzettel zur Verfügung, die Sie auf dem Bildschirm verteilen können. Sie können das *Notizen*-Modul über die Navigationsleiste öffnen.

1. Klicken Sie in der Navigationsleiste auf die drei Punkte, um das Navigationsmenü zu öffnen, und klicken Sie dann auf *Notizen* oder drücken Sie die Tastenkombination Strg+5, um das Modul *Notizen* im Ansichtsbereich anzuzeigen.

Bild 55.1 Das *Notizen*-Modul können Sie über die Navigationsleiste öffnen

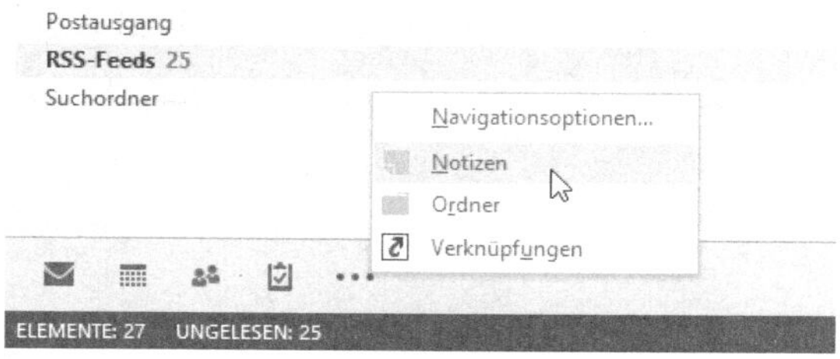

2. Klicken Sie im Bereich *Meine Notizen* das E-Mail-Konto an, dem die Notiz zugeordnet werden soll.

Bild 55.2 Eine leere Notiz ist geöffnet

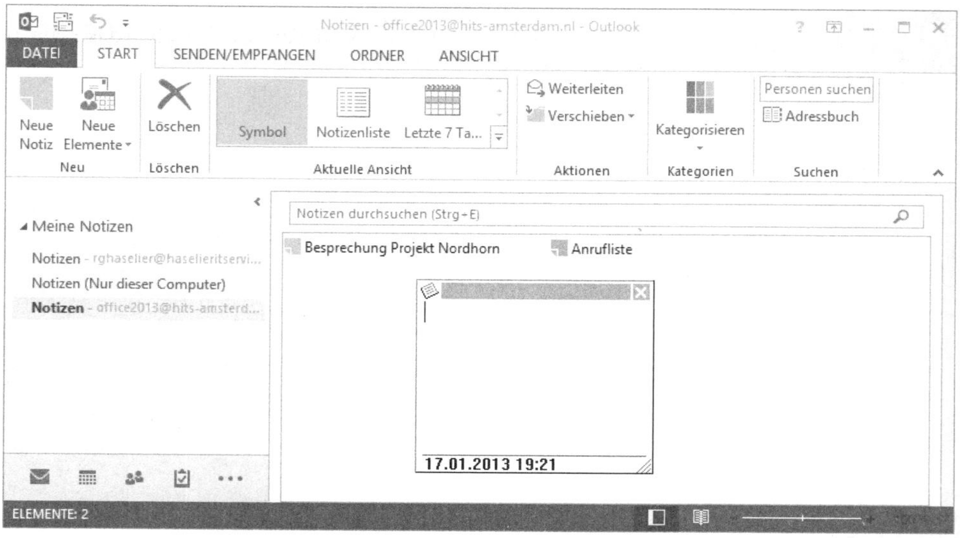

Wenn Sie mehrere Datendateien verwenden, sehen Sie im Ordnerbereich unterhalb von *Meine Notizen* die Namen der E-Mail-Konten. Eine Outlook-Notiz ist immer einem E-Mail-Konto zugeordnet.

Beachten Sie, dass die Notizen, die einem Hotmail- oder Outlook.com-Konto zugeordnet sind, nur auf dem Computer zur Verfügung stehen. Wenn Sie auf das Konto über die betreffende Website oder ein mobiles Gerät zugreifen, stehen Ihnen die Notizen nicht zur Verfügung.

3. Doppelklicken Sie in den leeren Bereich der Notizenansicht. Dies können Sie auch tun, wenn bereits einige Notizen eingetragen sind. Dabei ist es dann nur wichtig, nicht auf eine der Notizen, sondern im freien Bereich doppelzuklicken. Oder klicken Sie auf der Registerkarte *START* in der Gruppe *Neu* auf *Neue Notiz*.

4. Geben Sie Ihre Notiz ein.

TIPP **Die erste Zeile der Notiz wird zum Titel** Die erste Zeile der Notiz sollte aussagekräftig sein, da sie später den Betreff der Notiz bildet. Dabei geht die erste Zeile bis zu der Stelle, an der Sie zum ersten Mal die ↵-Taste drücken (in Abbildung 55.3 wurde erst nach *Teambesprechung* die ↵-Taste gedrückt). In der Standardansicht bildet der Betreff auch die Bezeichnung, unter der die Notiz abgelegt wird. Von einem längeren Betreff wird hierbei gegebenenfalls nur der erste Teil verwendet.

Bild 55.3 Ein ausgefülltes Notizenfenster

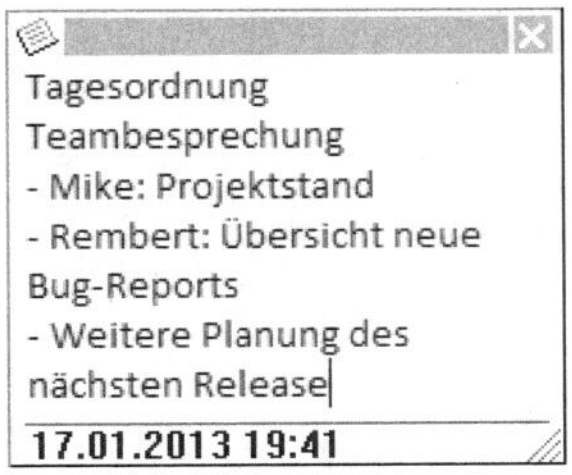

5. Schließen Sie die Notiz mit Klick auf die *Schließen*-Schaltfläche (das x am rechten Rand der Titelleiste des Notizenfensters).

Bild 55.4 Die Notiz wird im Ansichtsbereich abgelegt, wenn Sie das Notizenfenster schließen. Die Abbildung zeigt auch, wie Sie eine Notiz mit gedrückter Maustaste verschieben können

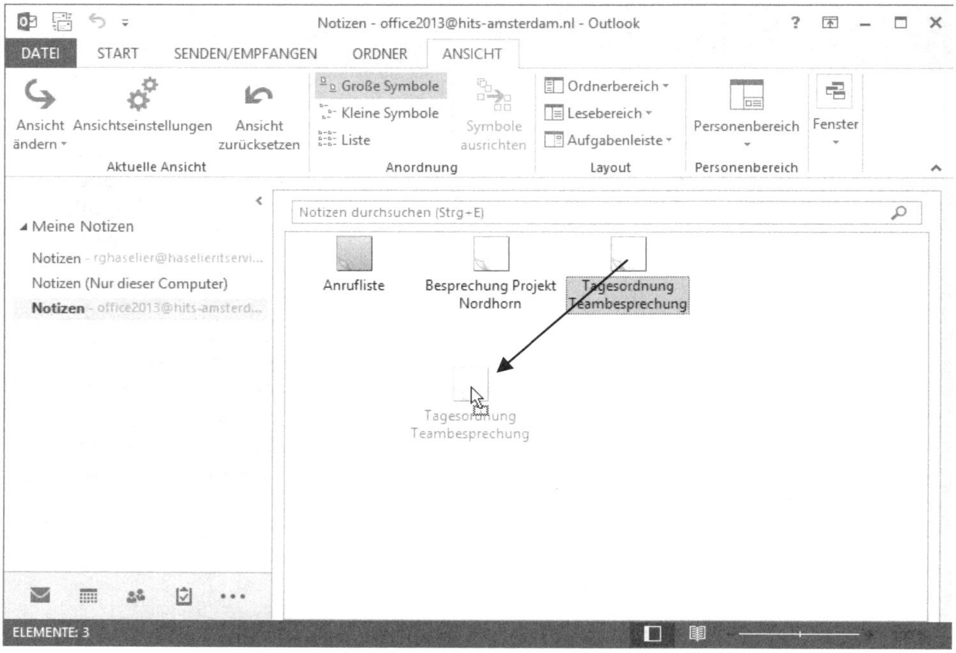

Wenn Sie für den Notizen-Ansichtsbereich die Ansicht *Große Symbole* oder *Kleine Symbole* ausgewählt haben, können Sie die abgelegten Notizen mit gedrückter Maustaste frei verschieben. Mehr Informationen über die Ansichten für Notizen finden Sie ab Seite 1143.

Notiz öffnen, bearbeiten und schließen

Um eine im Notizen-Ansichtsbereich abgelegte Notiz zu öffnen, müssen Sie nur auf die Notiz doppelklicken. Falls Sie an der Notiz Änderungen vorgenommen haben, werden diese beim Schließen der Notiz automatisch gespeichert.

Notiz löschen

Wenn Sie eine Notiz löschen wollen, klicken Sie sie im Ansichtsbereich an, um sie auszuwählen, und klicken dann auf der Registerkarte *START* die Schaltfläche *Löschen* an. Die gelöschte Notiz wird in den Ordner *Gelöschte Elemente* verschoben. Wenn Sie das Kontrollkästchen *Bei Programmbeendigung Ordner "Gelöschte Elemente" leeren* ausgeschaltet haben (Sie finden es über den Befehl *Optionen* der Registerkarte *DATEI* in der Kategorie *Erweitert),* bleibt sie auch nach dem Beenden von Outlook erhalten und zwar so lange, bis Sie den Ordner *Gelöschte Elemente* leeren.

Wollen Sie eine Notiz definitiv löschen, verwenden Sie die Tastenkombination ⇧+Entf, nachdem Sie die zu löschende Notiz markiert haben.

Die Handhabung von Notizen

Mit Notizen können Sie ganz ähnlich umgehen wie mit Windows-Programmen, die auf dem Desktop ausgeführt werden.

- Sie können die Notiz frei positionieren, indem Sie auf die Titelleiste klicken und die Notiz mit gedrückter Maustaste an die gewünschte Position ziehen.
- Wenn Sie außerhalb der Notiz auf das Outlook-Fenster (oder ein anderes Fenster) klicken, verschwindet die Notiz im Hintergrund. Sie bleibt aber geöffnet und ist in der Taskleiste am unteren Bildschirmrand eingetragen. Mit einem Klick auf die Outlook-Schaltfläche in der Taskleiste und einem weiteren Klick auf die Notiz holen Sie sie wieder in den Vordergrund.

Bild 55.5 Über die Taskleiste des Desktops können Sie eine geöffnete Notiz nach vorn holen

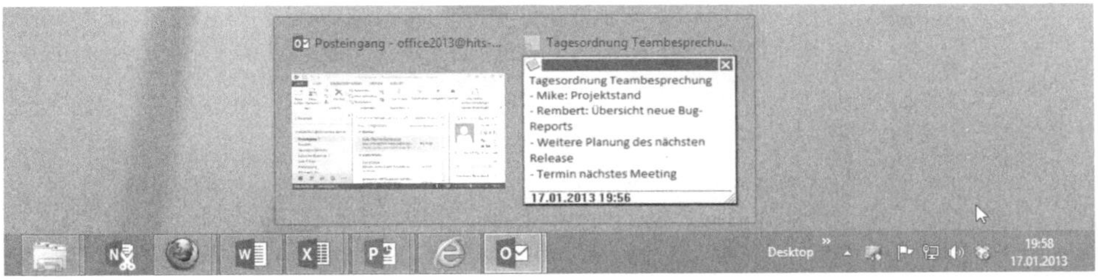

- Zum Ändern der Größe der Notiz klicken Sie auf den Anfasser in der rechten unteren Ecke der Notiz und ziehen ihn mit gedrückter Maustaste, bis die Notiz die gewünschte Größe hat.

Bild 55.6 Die Größe dieses Notizenfensters wurde geändert

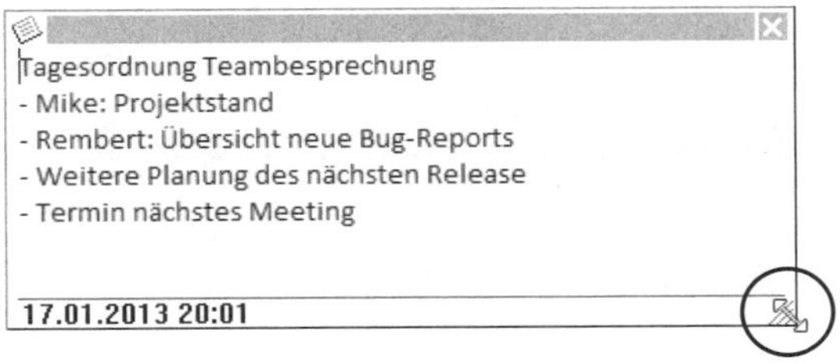

- Mit einem Doppelklick auf die Titelleiste des Notizenfensters vergrößern Sie die Notiz auf Vollbild oder verkleinern sie von der Vollbilddarstellung wieder auf die ursprüngliche Größe.

Eine Notiz als E-Mail weiterleiten

Wenn Sie eine Notiz als E-Mail weiterleiten wollen, klicken Sie die Notiz mit der rechten Maustaste an und wählen im Kontextmenü den Befehl *Weiterleiten*.

Bild 55.7 Das Kontextmenü für Notizen

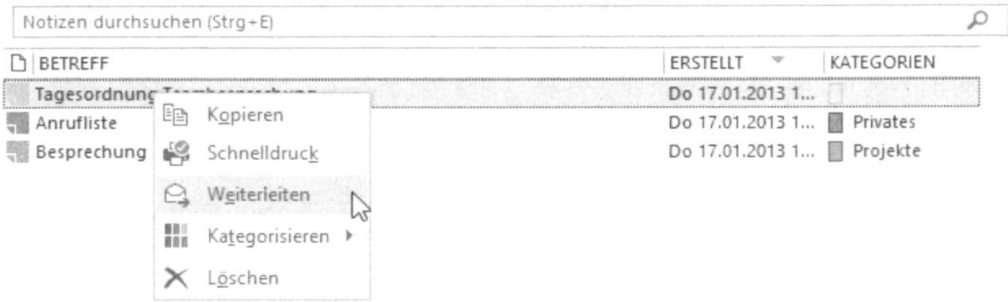

Outlook öffnet dann ein neues Nachrichtenfenster; die aktuelle Notiz wird der E-Mail-Nachricht als Anlage beigefügt. Sie können die neue E-Mail-Nachricht ansonsten wie jede andere E-Mail bearbeiten und formatieren; zum Versenden der Nachricht klicken Sie auf die *Senden*-Schaltfläche.

Wenn Sie selbst eine E-Mail-Nachricht erhalten, die eine Notiz als Anlage enthält, gehen Sie folgendermaßen vor, um die Notiz in Ihrem eigenen *Notizen*-Ordner abzulegen:

1. Öffnen Sie die E-Mail-Nachricht, die die Notiz enthält, indem Sie im Posteingang darauf doppelklicken.
2. Klicken Sie die Notiz im Anlagenfeld an.

Bild 55.8 Speichern einer per E-Mail erhaltenen Notiz

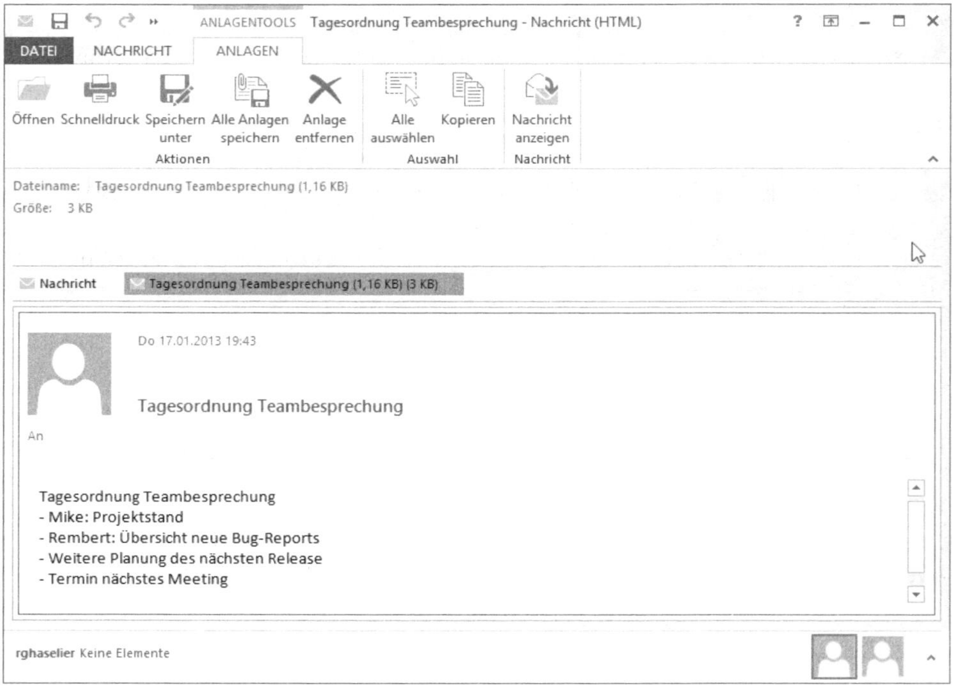

3. Markieren Sie den Text der Notiz, kopieren Sie ihn in die Zwischenblage und fügen Sie ihn dann in eine neue Notiz ein.

Farbkategorie zuweisen

Das Notizen-Modul von Outlook verwendet die gleichen Farbkategorien, wie Sie sie auch in allen anderen Modulen von Outlook verwenden können. Das Zuweisen einer Farbkategorie hilft, Notizen leichter wiederzufinden. Sie können einer Notiz entweder sofort bei ihrer Erstellung eine Kategorie zuweisen, indem Sie das kleine Notizsymbol in der linken oberen Ecke des Notizfensters anklicken und den Befehl *Kategorisieren* verwenden. Oder Sie klicken die Notiz nach der Erstellung an und verwenden die Schaltfläche *Kategorisieren* in der Gruppe *Kategorien* (Registerkarte *START).*

Wenn Sie einer Notiz eine Farbkategorie zuweisen, wird die Farbe der Kategorie als Hintergrundfarbe für die Notiz verwendet und die Standardfarbe der Notiz überschrieben. Sie können einer Notiz auch mehrere Kategorien zuweisen; in diesem Fall wird immer die zuletzt zugewiesene Kategorie als Hintergrundfarbe der Notiz verwendet.

Die Ansichten für Notizen

In der Gruppe *Aktuelle Ansicht* der Registerkarte *START* stehen Ihnen verschiedene vordefinierte Ansichten für Ihre Notizen zur Verfügung:

- **Symbol** Zeigt große oder kleine Symbole oder eine Liste mit Symbolen an. Jedes Symbol steht für eine Notiz, die farblich gekennzeichnet und mit dem Notiztitel versehen ist.
- **Notizenliste** Zeigt eine mit dem Posteingang vergleichbare Liste mit Notizen an. Jedes Element in der Liste umfasst den Notiztitel, das die Notiz darstellende Farbsymbol, Datum und Uhrzeit der Notizerstellung, die ersten Zeilen der Notiz sowie gegebenenfalls die Kategorie, der die Notiz zugeordnet ist.
- **Letzte 7 Tage** Zeigt nur die in den letzten sieben Tagen erstellten Notizen an.

Die Ansicht »Symbol«

Wenn Sie auf der Registerkarte *START* in der Gruppe *Aktuelle Ansicht* die Option *Symbol* auswählen, stehen Ihnen auf der Registerkarte *ANSICHT* in der Gruppe *Anordnung* zusätzlich die Optionen *Große Symbole, Kleine Symbole* und *Liste* zur Verfügung. Dies zeigt die folgende Abbildung.

Bild 55.9 Die Ansicht *Kleine Symbole*. Die Symbole der Notizen können frei verschoben werden.

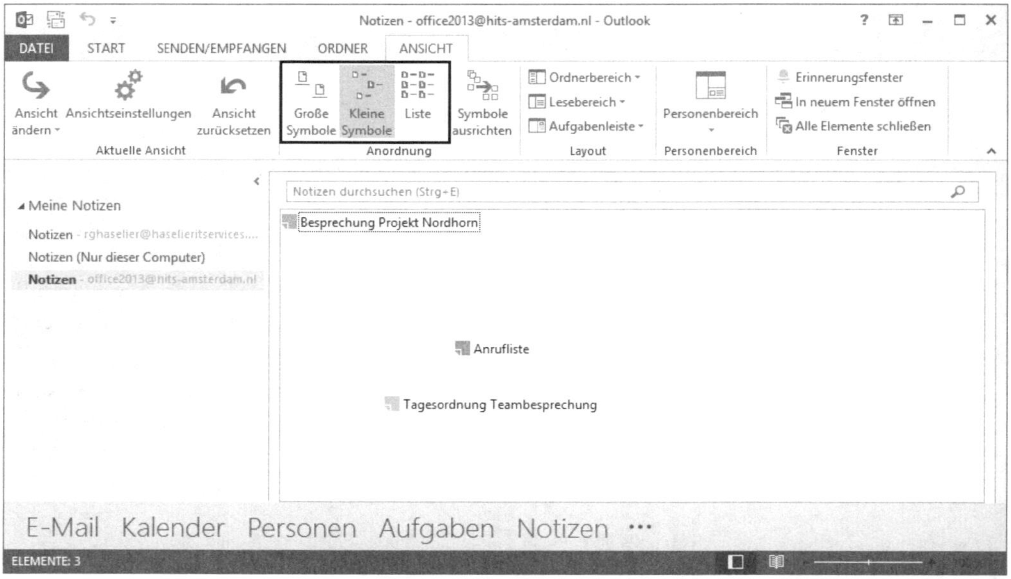

Bei den Symbolansichten können Sie außerdem noch festlegen, ob und wie die Symbole ausgerichtet werden sollen. Um das entsprechende Dialogfeld anzeigen zu lassen, klicken Sie in einer der Symbolansichten mit der rechten Maustaste auf einen freien Bereich des Ansichtsbereichs und wählen im Kontextmenü den Befehl *Andere Einstellungen*. Daraufhin wird das Dialogfeld *Symbolansicht formatieren* angezeigt.

Bild 55.10 Im Dialogfeld *Symbolansicht formatieren* können Sie neben dem Ansichtstyp auch festlegen, ob und wie die Symbole angeordnet bzw. sortiert werden sollen

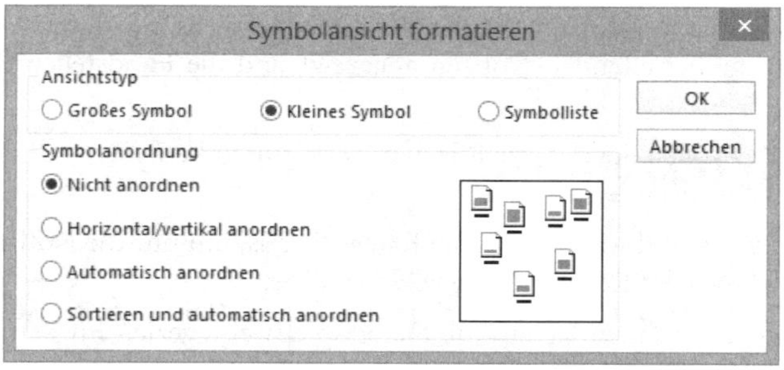

Die drei Optionen im Bereich *Ansichtstyp* entsprechen denen, die Sie auch über die Schaltflächen der Registerkarte *ANSICHT* in der Gruppe *Anordnung* auswählen können. Wenn Sie hier *Großes* bzw. *Kleines Symbol* auswählen, können Sie auch eine der Optionen zur Symbolanordnung auswählen. Wenn Sie eine der Optionen zur Symbolanordnung anklicken, zeigt das kleine Vorschaufenster, wie die Anordnung aussieht. Bei der Option *Horizontal/vertikal anordnen* lassen sich die Symbole innerhalb eines unsichtbaren Rasters auf dem Ansichtsbereich verschieben.

Nach Notizen suchen

Auch für die Notizen steht die Sofortsuche von Outlook zur Verfügung, die Ihnen, während Sie die Suchabfrage eingeben, gleichzeitig die Suchergebnisse anzeigt.

Bild 55.11 Mit der Sofortsuche von Outlook 2013 lassen sich Notizen schnell finden

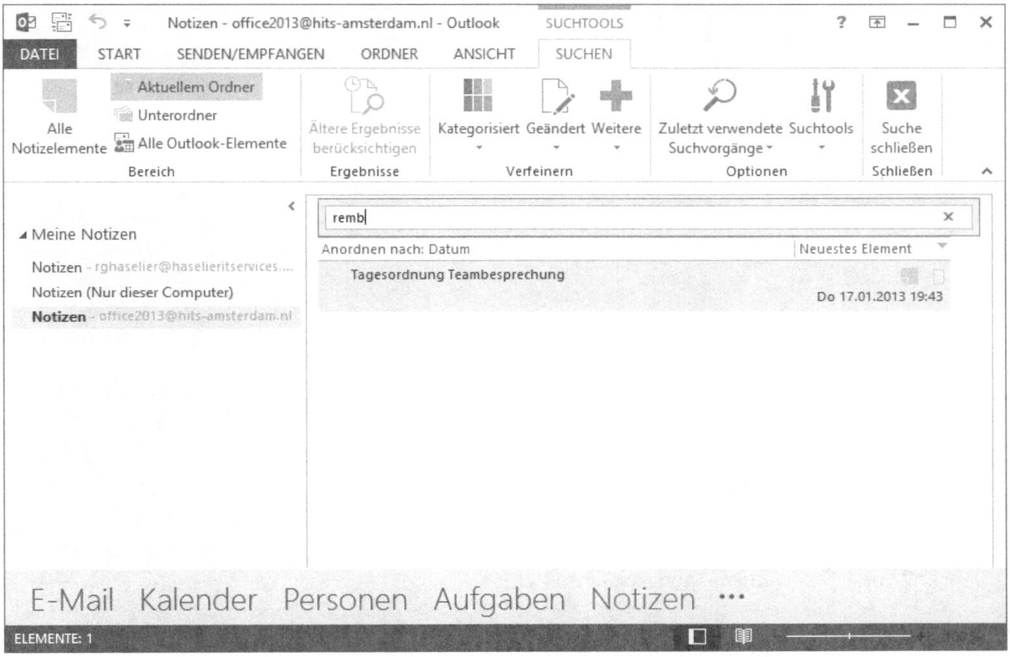

Wenn Sie nach einem bestimmten Wort suchen, das in einer der Notizen vorkommt, geben Sie den Suchbegriff in die Suchleiste am oberen Rand des Ansichtsbereichs ein. Kann Outlook den Suchbegriff finden, werden die betreffenden Notizen angezeigt und die Fundstellen hervorgehoben.

Um die Suche zu verfeinern, können Sie die Schaltflächen der Gruppe *Verfeinern* auf der Registerkarte *SUCHTOOLS/SUCHEN* verwenden.

- Klicken Sie auf *Kategorisiert* und wählen Sie eine Kategorie aus, um nur die Notizen anzeigen zu lassen, denen die ausgewählte Kategorie zugewiesen wurde.
- Klicken Sie auf *Weitere* und wählen Sie aus, ob Sie beispielsweise gezielt im Betreff, im Text oder nach einem bestimmten Erstellungs- oder Änderungsdatum suchen wollen. Das so ausgewählte Feld wird in das Suchformular eingefügt und Sie können dort das Suchkriterium festlegen.

Teil I

OneNote

In diesem Teil:

Kapitel 56

OneNote kennenlernen

OneNote liegt die Idee eines Notizbuchs zugrunde, in dem Sie die verschiedensten Informationen eintragen bzw. sammeln können. Zum Beispiel könnten in einem OneNote-Notizbuch Ihre beruflichen Notizen enthalten sein und in einem weiteren Seiten mit privaten Notizen usw. Natürlich das Ganze noch mit einer bunten Mischung aus Zetteln, Zeitungsausschnitten, Visitenkarten und Fotos garniert.

Und während so einem kreativen Chaos in der Praxis natürliche Grenzen gesetzt sind – da Sie irgendwann einfach zu viel Zeit mit der Suche nach einer benötigten Notiz verschwenden –, kann OneNote mit einer leistungsfähigen Suchfunktion aufwarten, die auch handschriftliche Notizen berücksichtigt. Mögliche Einsatzgebiete für OneNote sind z. B.:

- Notizen, Gedanken und Ideen in Besprechungen, Vorträgen und Vorlesungen aufzeichnen
- Material für Recherchen sammeln (z. B. für eigene Vorträge)
- eigene Vorträge vorbereiten
- Aufgabenlisten anlegen
- Reisenotizen (z. B. Fotos mit kurzen Kommentaren versehen)

Dieses Kapitel beschreibt zuerst, aus welchen Elementen die OneNote-Notizbücher aufgebaut sind und wie sich diese Struktur im Arbeitsbereich des Programms wiederfinden lässt. Außerdem erhalten Sie dabei einen Überblick über die verschiedenen OneNote-Versionen (OneNote 2013, OneNote MX, OneNote Web App und OneNote Mobile für iOS), mit denen Sie die Notizbücher bearbeiten können.

Die Versionen von OneNote

Mit dem Erscheinen von Office 2013 und Windows 8 stehen zum ersten Mal in der Geschichte von OneNote fünf verschiedene Versionen des Programms zur Verfügung, mit denen Sie Ihre Notizbücher bearbeiten können. Die gute Nachricht: Alle Versionen von OneNote verwenden das gleiche Dateiformat. Daher können Sie ein Notizbuch, das Sie in einer Version des Programms erstellen, problemlos in den anderen Versionen bearbeiten. Hier ein kurzer Überblick zu den Versionen bzw. Varianten des Programms.

- **OneNote 2013** OneNote 2013 ist die Version von OneNote, die sich in den unterschiedlichen Suites von Office 2013 (siehe hierzu auch Kapitel 1) befindet und die auch als alleinstehende Anwendung verkauft wird. OneNote 2013 eignet sich besonders für den Einsatz auf einem Standard-Windows-Computer ohne Toucheingabe. OneNote 2013 verwendet die Oberfläche mit dem Menüband, wie sie auch von den anderen Office 2013-Programmen verwendet wird.

  Vergleicht man den Funktionsumfang der verschiedenen Versionen, besitzt OneNote 2013 die umfassendste Funktionalität. In OneNote 2013 können Sie beispielsweise Notizbücher freigeben und drucken (was in OneNote MX und den iOS-Versionen nicht möglich ist). Außerdem können Sie in OneNote 2013 Notizbücher bearbeiten, die lokal auf Ihrem Computer gespeichert sind, und gleichzeitig mit mehreren SkyDrive-Konten auf verschiedene Notizbücher zugreifen.

- **OneNote MX** OneNote MX ist die für Windows-Tablets optimierte Version von OneNote. Genau genommen heißt diese Version nur OneNote. Das Kürzel MX wurde Microsoft-intern während der Entwicklung des Programms verwendet und steht für **M**etro e**X**perience, also eine App, die den neuen Metro-Style von Windows 8 verwendet. Mit der Veröffentlichung der App wurde das MX in OneNote MX wieder gestrichen; wir werden diese Variante im Buch weiter OneNote MX nennen, um sie besser von OneNote 2013 zu unterscheiden. OneNote MX kann kostenlos im Windows Store heruntergeladen werden. Das Programm lässt sich übrigens auch auf Windows 8-Computern installieren, die keine Touch- oder Stifteingabe unterstützen.

OneNote MX wurde speziell für die Stifteingabe konzipiert. Der entscheidende Unterschied zur Benutzeroberfläche von OneNote 2013 besteht darin, dass hier kein Menüband verwendet wird, sondern fast alle Funktionen des Programms über die Befehlsleiste der App am unteren Bildschirmrand (die durch Drücken von `Windows`+`Z` geöffnet wird) und über die Radialmenüs zur Verfügung stehen. Die Radialmenüs sind ähnlich wie die Minisymbolleisten, die kontextbezogenen Registerkarten und die Kontextmenüs in den Office-Programmen kontextabhängig und stellen Ihnen Befehle zur Verfügung, die zu der Stelle passen, an der sich derzeit die Einfügemarke befindet.

- **OneNote Mobile** OneNote Mobile (zum Zeitpunkt der Drucklegung dieses Buches ist die Version 1.3 aktuell) ist die OneNote-Variante für iOS-Geräte. Microsoft stellt zwei verschiedene iOS-Versionen von OneNote Mobile zur Verfügung, die für die unterschiedlichen Bildschirmauflösungen des iPhone und des iPad optimiert sind.

  OneNote Mobile-Notizbücher werden immer auf SkyDrive gespeichert. In der aktuellen kostenlosen Version ist die Anzahl der Notizenseiten auf 500 begrenzt. Wer mehr Notizen speichern möchte, kann weiteren Speicherplatz erwerben.

  Der Funktionsumfang von OneNote Mobile ist eher eingeschränkt. Sie können Textnotizen erstellen, diese aber nur rudimentär formatieren. Textformatierungen sind nicht möglich; Sie kennen lediglich einfache Aufzählungszeichen und Listen mit Häkchen erstellen sowie Fotos in Notizenseiten einfügen.

  HINWEIS Seit einiger Zeit gibt es hartnäckige Gerüchte, dass Microsoft an einer Office-Version für iOS arbeitet. Möglicherweise ist diese, zusammen mit einer aktualisierten und verbesserten Version von OneNote für iOS erschienen, wenn Sie dieses Buch in Händen halten.

- **OneNote Web App** Mit der OneNote Web App können Sie mit jedem Browser auf Ihre eigenen SkyDrive-Notizbücher zugreifen und auch auf Notizbücher, die andere für Sie freigegeben haben. Ähnlich wie in Word Web App stehen Ihnen auf der Registerkarte *START* die grundlegenden Werkzeuge zur Formatierung der Notizen zur Verfügung (siehe Abbildung 56.3). Außerdem können Sie die Notizen mit der Schaltfläche *Tags* kategorisieren, wie Sie es auch in OneNote 2013 und in OneNote MX, jedoch nicht in OneNote Mobile machen können.

  Auf der Registerkarte *EINFÜGEN* finden Sie verschiedene Schaltflächen, mit denen Sie neue Abschnitte und Seiten erstellen und mit denen Sie Ihre Notizen um Tabellen, Grafiken und Links erweitern können.

  Wenn Sie mit mehreren Personen am gleichen Notizbuch arbeiten, ist besonders die Schaltfläche *Autoren anzeigen* (Registerkarte *ANSICHT*, Gruppe *Autoren)* interessant. Wenn Sie diese Schaltfläche anklicken, zeigt OneNote Web App neben den Absätzen an, wer die Notiz wie bearbeitet hat.

Die Struktur von Notizbüchern

Trotz aller Unterschiede im Funktionsumfang der verschiedenen OneNote-Varianten wird für die Notizbücher die gleiche hierarchische Struktur verwendet, die aus Notizbuch, Abschnitten und Seiten besteht.

- **Notizbuch** Auf der obersten Ebene befinden sich die Notizbücher. Diese werden in OneNote 2013 im Notizbuchbereich angezeigt, den Sie durch Anklicken der Pinnnadel anheften können, wie es Abbildung 56.1 zeigt. In OneNote MX werden die Notizbücher ganz links im Navigationsbereich angezeigt (siehe Abbildung 56.2). Bei der iPad-Version (siehe Abbildung 56.4) befinden sich die Notizbücher auf der obersten Ebene links im Navigationsbereich und bei der iPhone-Variante auf einem eigenen Bildschirm (erstes Bild in Abbildung 56.5).

  In OneNote Web App ist in einem Browserfenster immer nur ein Notizbuch geöffnet (siehe Abbildung 56.3).

Bild 56.1 Das Programmfenster von OneNote 2013. Die Notizbücher sehen Sie an der linken Seite des Fensters. Oberhalb der Notiz werden die Registerkarten der verschiedenen Abschnitte angezeigt und an der rechten Seite sehen Sie das Seitenregister mit allen Seiten des derzeit geöffneten Abschnitts.

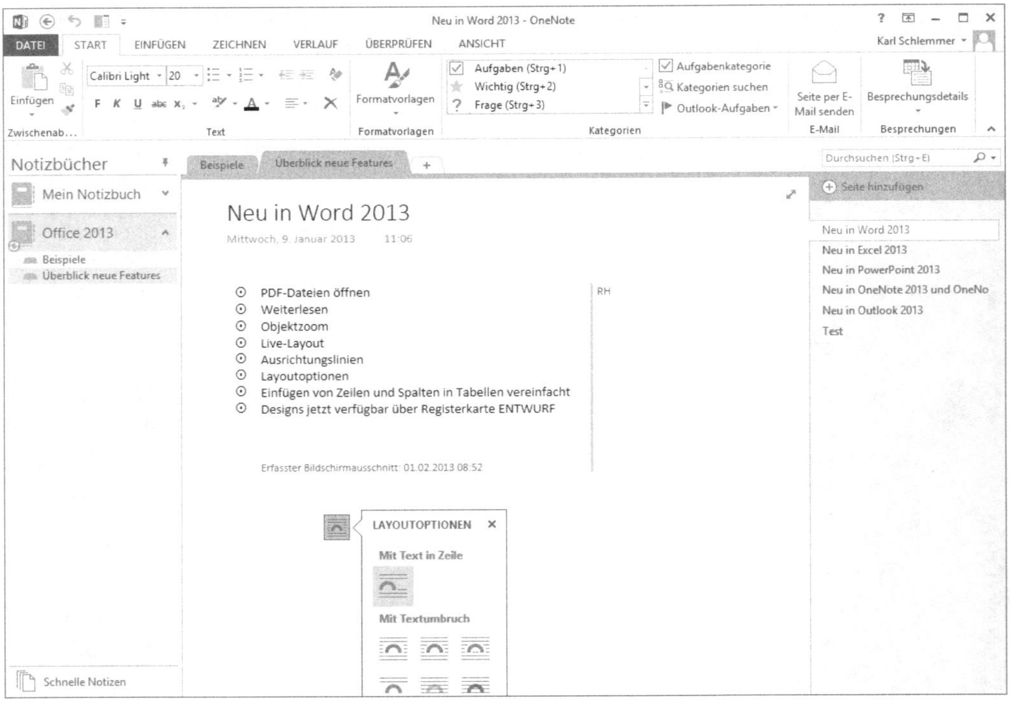

- **Abschnitt** Jedes Notizbuch muss mindestens einen Abschnitt enthalten, da Notizenseiten nur in Abschnitte eingefügt werden können. In OneNote 2013 werden für das derzeit aktive Notizbuch oberhalb der Notizenseite die Abschnittsregisterkarten angezeigt

In OneNote 2013 sind die Abschnitte in der Abschnittsleiste oberhalb der aktuellen Notiz sichtbar und in OneNote MX in der vertikalen Abschnittsleiste. OneNote Web App verwendet einen kombinierten Navigationsbereich, in dem sowohl die Abschnitte als auch die Seiten angezeigt werden.

Durch Anklicken bzw. Antippen eines Abschnittsnamens können Sie zu einem anderen Abschnitt wechseln. Einen neuen Abschnitt erstellen Sie, indem Sie die Schaltfläche bzw. die Registerkarte mit dem Pluszeichen anklicken.

Bild 56.2 Das Programmfenster von OneNote »MX«. Sie können hier gut die Notizbuchstruktur erkennen, die sich aus den Ebenen Notizbuch, Abschnitt und Seite zusammensetzt.

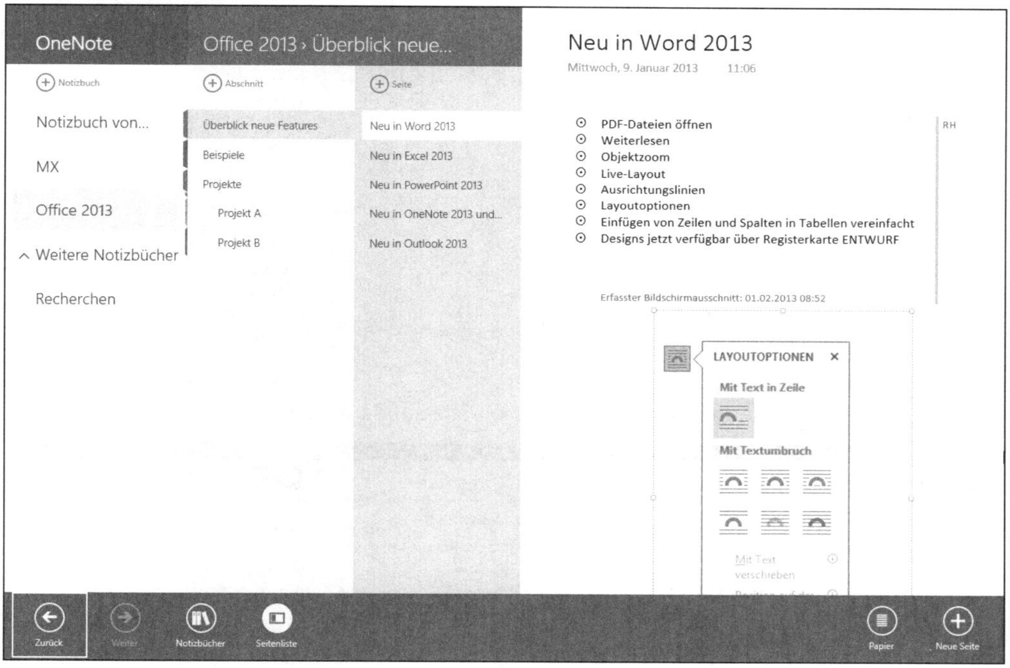

- **Abschnittsgruppe** Mit den Abschnittsgruppen steht Ihnen eine weitere Organisationsebene zur Verfügung. Eine Abschnittsgruppe kann Abschnitte enthalten, jedoch keine Notizenseiten selbst. Nachdem Sie eine neue Abschnittsgruppe erstellt haben, müssen Sie in diese Gruppe einen neuen Abschnitt einfügen, in dem Sie dann die Notizen ablegen.

  Ein Beispiel für eine Abschnittsgruppe sehen Sie in der Abschnittsleiste in Abbildung 56.2. Der Name des Abschnitts lautet *Projekte*; in dieser Abschnittsgruppe sind die beiden Abschnitte *Projekt A* und *Projekt B* enthalten. In Abbildung 56.3 können Sie sehen, wie die Abschnittsgruppe in OneNote Web App dargestellt wird.

- **Seite** Die Seiten sind das Element, in dem Sie in OneNote Ihre Notizen erstellen und bearbeiten. Eine Notizenseite ist immer einem Abschnitt zugeordnet. Zwischen den Seiten eines Abschnitts wechseln Sie am einfachsten über das Seitenregister. Dort befindet sich auch eine Schaltfläche, mit der Sie im aktuellen Abschnitt eine neue Seite einfügen können.

OneNote

Bild 56.3 In OneNote Web App ist in einem Browserfenster immer genau ein Notizbuch geöffnet

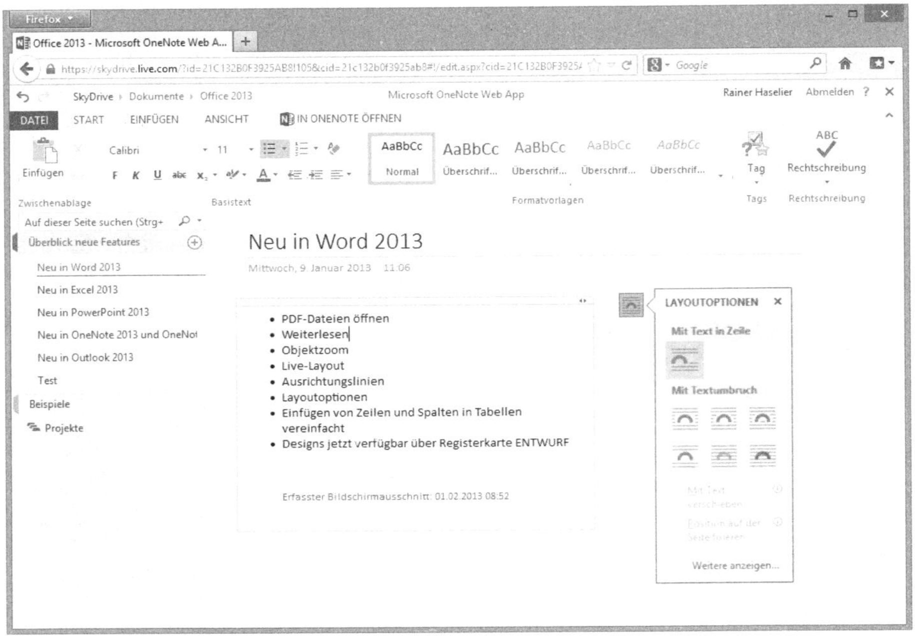

Bild 56.4 Das Programmfenster von OneNote Mobile auf dem iPad

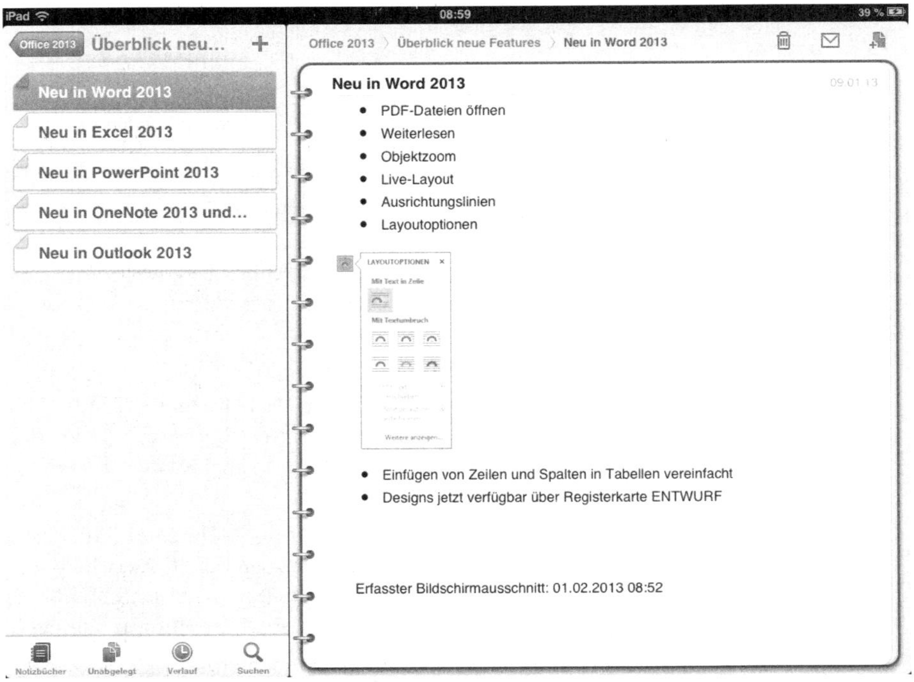

Bild 56.5 Das Programmfenster von OneNote Mobile auf dem iPhone

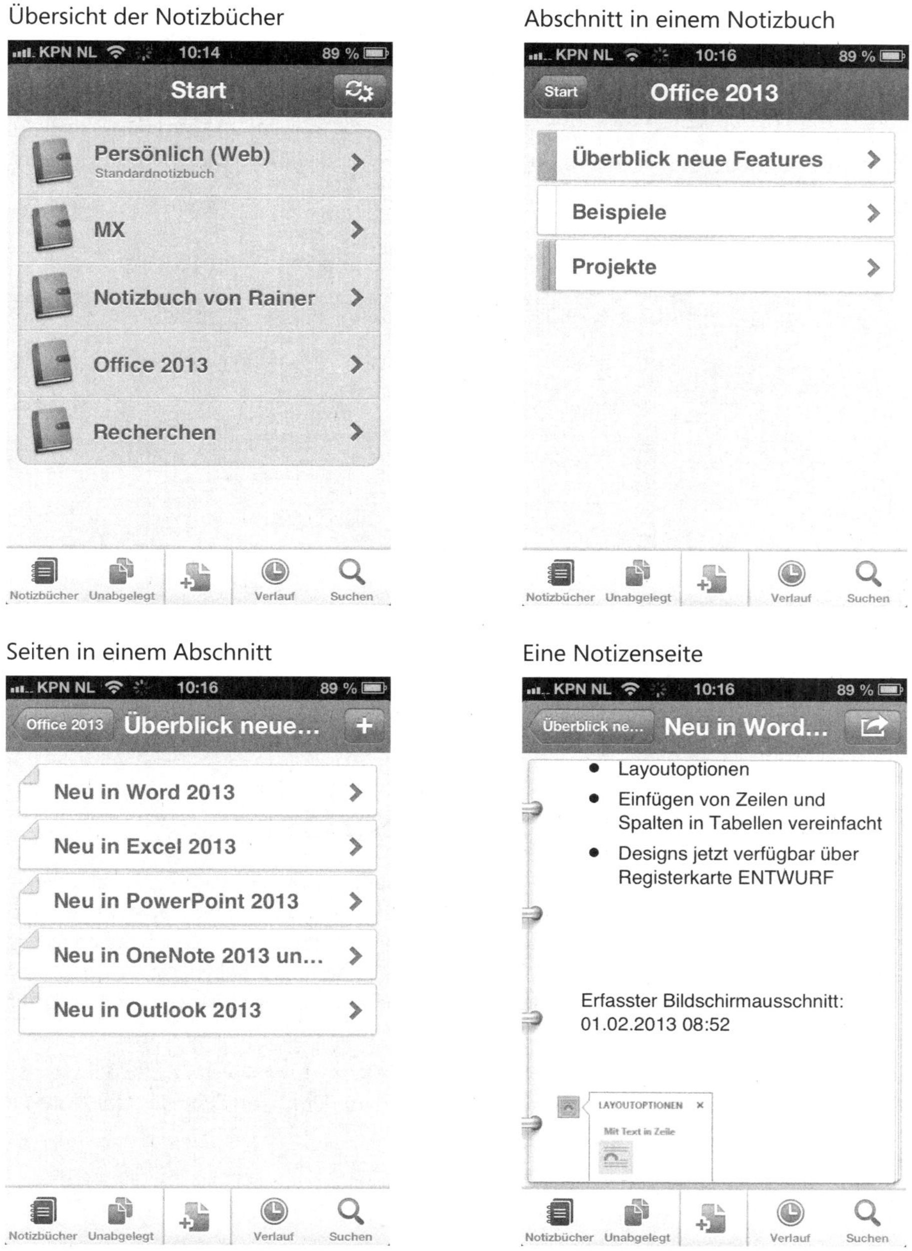

- **Unterseite** Wenn Sie für eine bestimmte Seite weitere Informationen einfügen, aber die ursprüngliche Seite nicht verändern wollen, können Sie eine neue Unterseite einfügen; so erhalten Sie eine Seitengruppe. Unterseiten lassen sich auch gut verwenden, wenn Sie eine sehr lange Notizenseite in mehrere kurze Seiten aufteilen möchten.

Anpassen der Oberfläche von OneNote 2013

Zwei Einstellmöglichkeiten im Dialogfeld *OneNote-Optionen* erlauben es, die Position der Navigationsleiste (also dem Bereich, in dem die Notizbücher angezeigt werden) und die Position des Seitenregisters (also der Leiste, in der die Seiten des derzeit geöffneten Abschnitts angezeigt werden) festzulegen: Beide können entweder an der rechten Seite des OneNote-Fensters (dann müssen die Kontrollkästchen *Seitenregister links* und *Navigationsleiste links* ausgeschaltet sein) oder aber an der linken Seite angezeigt werden.

Bild 56.6 Hier können Sie die Position von Navigationsleiste und Seitenregister einstellen

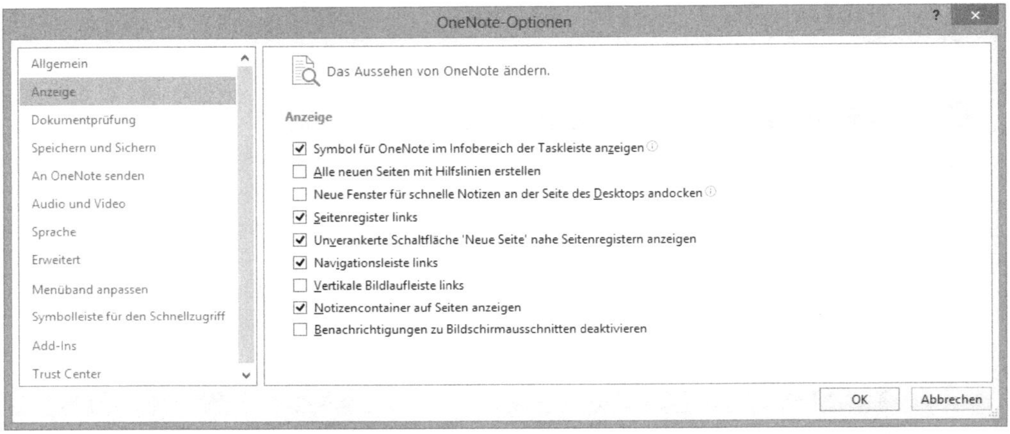

Navigationsleiste anheften/lösen

Sie können die Navigationsleiste seitlich anheften, damit Sie immer alle Notizbücher sehen. Wenn Sie mehr Platz für das Erstellen und Bearbeiten der Notizen benötigen, können Sie die Navigationsleiste lösen: Es wird dann nur noch der Name des aktuellen Notizbuchs angezeigt, was Sie in Bild 56.7 auf der folgenden Seite sehen. Klicken Sie den Pfeil neben dem Namen des Notizbuchs an, um die Navigationsleiste zu öffnen, beispielsweise wenn Sie zu einem anderen Notizbuch wechseln möchten.

Für Bild 56.7 wurde außerdem im Dialogfeld *OneNote-Optionen* das Kontrollkästchen *Seitenregister links* eingeschaltet: das Seitenregister wird dann an der linken Seite des OneNote-Fensters angezeigt.

Bild 56.7 Navigationsleiste und Seitenregister werden an der rechten Seite des OneNote-Fensters dargestellt; außerdem wurde die Navigationsleiste losgelöst und es ist nur noch der Name des aktuellen Notizbuchs zu sehen.

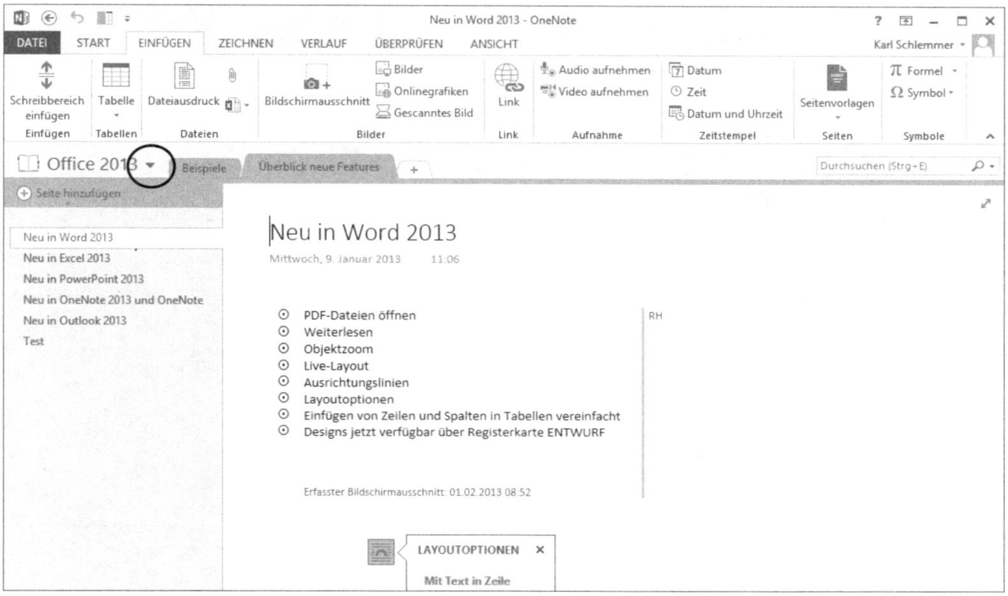

Die Navigationsleiste anpassen

Welche Notizbücher in der Navigationsleiste in welcher Reihenfolge angezeigt werden, lässt sich über das Kontextmenü konfigurieren, das Sie öffnen, indem Sie einen der Notizbuchnamen mit der rechten Maustaste anklicken.

- Verwenden Sie dann im Kontextmenü den Befehl *Nach oben* bzw. *Nach unten,* um die Position des Notizbuchs entsprechend zu ändern.
- Um ein Notizbuch aus der Navigationsleiste zu entfernen, klicken Sie dessen Namen mit der rechten Maustaste an und wählen den Befehl *Dieses Notizbuch schließen.*
- Wenn Sie im Kontextmenü den Befehl *Eigenschaften* anklicken, wird ein Dialogfeld geöffnet, in dem Sie den Anzeigenamen und die Farbe des Notizbuchs ändern können.

Bild 56.8 Das Kontextmenü für ein Notizbuch, das in der Navigationsleiste angezeigt wird

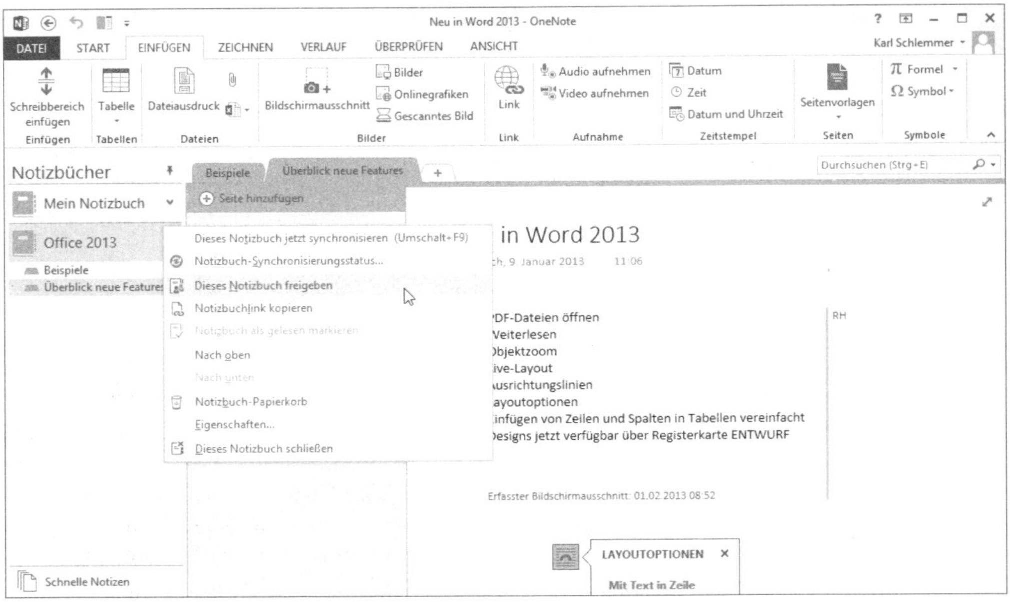

Bild 56.9 Im Dialogfeld *Notizbucheigenschaften* können Sie u.a. den Anzeigenamen und die Farbe eines Notizbuchs ändern

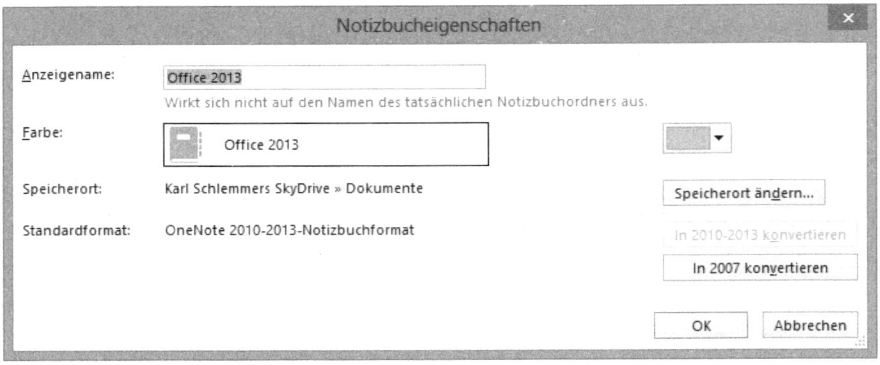

Das OneNote-Tool

Mit der Installation von OneNote 2013 wird automatisch das OneNote-Tool installiert, das standardmäßig gestartet wird, wenn Sie OneNote 2013 starten. Mit dem OneNote-Tool können Sie einfach eine neue schnelle Notiz erstellen, einen Bildschirmausschnitt fotografieren oder ein in einem anderen Office-Programm geöffnetes Dokument an OneNote senden.

Bild 56.10 Das Fenster des OneNote-Tools

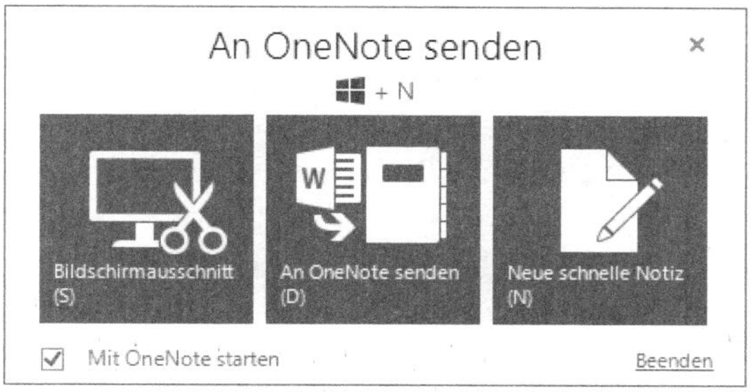

Im Fenster des Tools *An OneNote senden*, das Sie öffnen, indem Sie das betreffende Symbol in der Windows-Taskleiste anklicken, finden Sie drei Schaltflächen, mit denen Sie verschiedene Aktionen auslösen können. Alle drei Aktionen lassen sich auch durch Tastenkombinationen starten.

- **Bildschirmausschnitt** (`Windows`+`S`) Mit diesem Befehl können Sie einen Bildschirmausschnitt fotografieren, indem Sie mit gedrückter Maustaste ein Rechteck aufziehen, um so den gewünschten Bereich festzulegen. Nach dem »Einfangen« des Ausschnitts wird das Dialogfeld *Speicherort in OneNote auswählen* angezeigt, in dem Sie festlegen können, in welchem Notizbuch und in welchem Abschnitt der Bildschirmausschnitt eingefügt werden soll.

  Diese Aktion entspricht der Schaltfläche *Bildschirmausschnitt*, die Sie auf der Registerkarte *EINFÜGEN* in der Gruppe *Bilder* finden (siehe dazu den Abschnitt »Bildschirmausschnitte einfügen« in Kapitel 57). Der große Vorteil bei der Verwendung des Tools *An OneNote senden* besteht darin, dass Sie vorher nicht zu OneNote wechseln und die Schaltfläche anklicken müssen, um einen Bildschirmausschnitt zu fotografieren.

Bild 56.11 In diesem Dialogfeld legen Sie den Abschnitt fest, in dem der Bildschirmausschnitt eingefügt werden soll

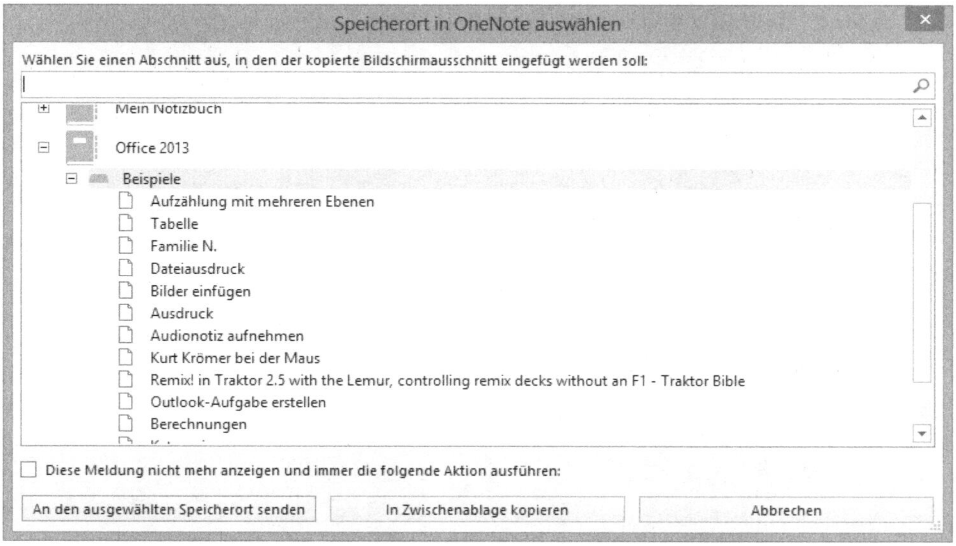

- **An OneNote senden** (Windows+N) Der Befehl *An OneNote senden* erstellt einen Dateiausdruck einer geöffneten Word-, Excel- oder PowerPoint-Datei oder der Seite, die derzeit in Internet Explorer geöffnet ist. Andere Quellen werden von dieser Funktion, die der Schaltfläche *Dateiausdruck* auf der Registerkarte *EINFÜGEN* in der Gruppe *Dateien* entspricht, nicht unterstützt. Sie können jedoch in anderen Programmen den virtuellen Drucker *An OneNote senden* verwenden (siehe hierzu den Abschnitt *Der Drucker »An OneNote 2013 senden«* in Kapitel 57).
- **Neue schnelle Notiz** (Windows+Alt+N) Bei einer schnellen Notiz (die in vorherigen OneNote-Versionen Randnotiz genannt wurde) handelt es sich um ein kleines Fenster, in das Sie Notizen eingeben und einfügen können, ohne dazu OneNote starten zu müssen. Randnotizen werden im Abschnitt *Schnelle Notizen* gespeichert, den Sie über die Navigationsleiste öffnen können. Von dort aus können Sie die Notiz später in den gewünschten Notizbuchabschnitt ziehen.

Bild 56.12 Das Fenster für schnelle Notizen

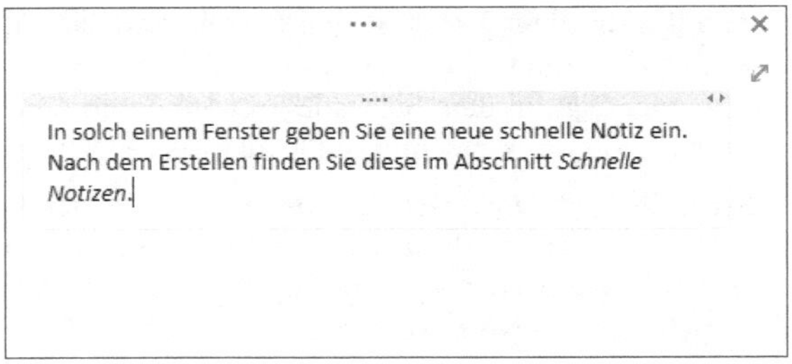

Kapitel 57

Notizen erstellen

In diesem Kapitel:

In diesem Kapitel dreht sich alles um das Erstellen von Notizen. Beim Erstellen Ihrer Notizen gewährt Ihnen OneNote 2013 nahezu vollständige Handlungsfreiheit. Auf den Seiten Ihres OneNote-Notizbuchs können Sie Ihre Notizen wie bei einer Pinnwand beliebig positionieren und anordnen. Die einzelnen Notizen dürfen sich auch überlappen und haben nicht die Tendenz, andere Notizen zu verdrängen.

Um das Speichern Ihrer Notizen müssen Sie sich übrigens nicht selbst kümmern. Das erledigt OneNote automatisch für Sie. Sie können sich also ganz auf Ihre Arbeit konzentrieren.

Einfache Textnotizen erstellen und bearbeiten

Das Erstellen einer Textnotiz ist in OneNote denkbar einfach:

1. Wechseln Sie im Notizbuch zu der Seite, auf der Sie die Notiz eintragen möchten.
2. Klicken Sie auf eine beliebige Stelle der Seite.
3. Geben Sie den gewünschten Text ein.

PROFITIPP

Datum und Uhrzeit eingeben

Wenn Sie OneNote benutzen, um ein Protokoll zu erstellen oder um Notizen über den Verlauf eines Telefongesprächs anzulegen, werden Sie häufig das aktuelle Datum bzw. die aktuelle Uhrzeit eingeben. Hierzu können Sie die Schaltflächen in der Gruppe *Zeitstempel* auf der Registerkarte *EINFÜGEN* verwenden. Schneller geht es mit den folgenden Tastenkombinationen:

- ⇧+Alt+D fügt das aktuelle Datum (date) ein
- ⇧+Alt+T fügt die aktuelle Uhrzeit (time) ein
- ⇧+Alt+F fügt das aktuelle Datum inkl. Uhrzeit ein (full time)

Der eingegebene Text wird von OneNote in einen sogenannten *Notizencontainer* aufgenommen, dessen Größe sich automatisch an die eingegebene Textmenge anpasst. Wenn der rechte Rand des Containers den rechten Seitenrand erreicht, nimmt OneNote automatisch einen Zeilenumbruch vor. OneNote unterstützt dabei allerdings keine Silbentrennung.

Bild 57.1 Eine einfache Textnotiz

Den Container können Sie anschließend an seiner Titelleiste beliebig auf der Seite verschieben. In der Titelleiste befinden sich zudem noch zwei kleine Pfeile, mit denen Sie die Breite des Containers einstellen können, indem Sie die Pfeile oder den rechten Rahmen des Containers nach links oder nach rechts ziehen.

TIPP Wenn Sie die Darstellung der Container als störend empfinden, können Sie deren Anzeige ganz unterdrücken. Klicken Sie dazu auf die Registerkarte *DATEI* und dann auf *Optionen*. Wechseln Sie zur Kategorie *Anzeige* und schalten Sie das Kontrollkästchen *Notizencontainer auf Seite anzeigen* aus. Beachten Sie, dass das Verschieben des Textes deutlich umständlicher wird, wenn Sie die Anzeige der Notizencontainer ausschalten.

Absätze

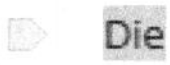

OneNote verwaltet den Text einer Notiz in Absätzen, wie Sie sie auch von Word her kennen. Wenn Sie den Mauszeiger über einen Text bewegen, taucht links neben dem Text ein kleines Symbol auf. Dabei handelt es sich um das sogenannte *Absatzhandle*, mit dem Sie den zugehörigen Absatz z. B. markieren oder verschieben können.

Um einen neuen Absatz zu erstellen, drücken Sie einfach die [↵]-Taste. Wenn Sie lediglich eine neue Zeile beginnen wollen, drücken Sie stattdessen – genau wie in Word – die Tastenkombination [⇧]+[↵].

Text verschieben

Um den Text einer Notiz zu verschieben, stehen Ihnen mehrere Möglichkeiten zur Verfügung:

- Innerhalb eines Notizencontainers können Sie den Text per Drag & Drop verschieben, genau wie Sie es von Word gewohnt sind. Auf den automatischen Leerzeichenausgleich von Word müssen Sie allerdings verzichten.
- Um einen gesamten Absatz zu verschieben, ziehen Sie sein Absatzhandle (den kleinen grauen Pfeil) an die gewünschte neue Position.

Bild 57.2 Verschieben eines Absatzes

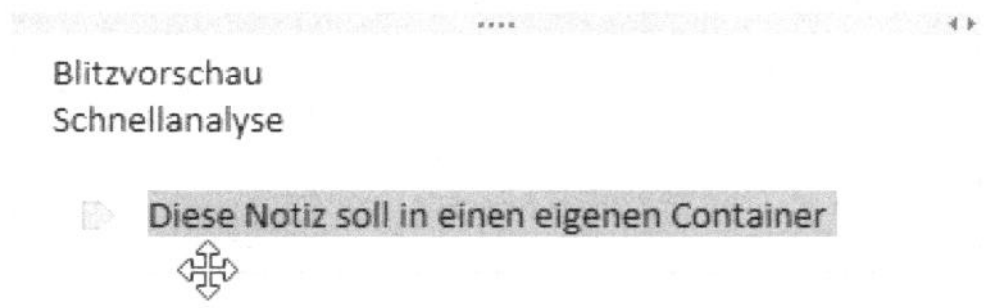

- Wenn Sie einen Text aus einem Notizencontainer herausziehen, entsteht dadurch automatisch ein neuer Container.

Bild 57.3 Absatz aus einem Notizencontainer herausziehen

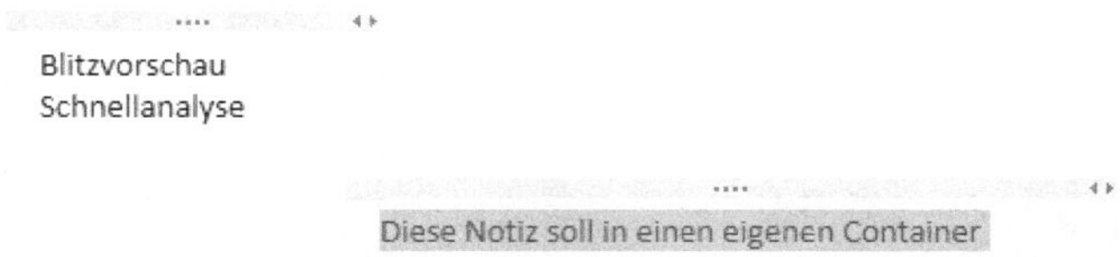

PROFITIPP

Verbinden von Containern verhindern

Wenn Sie einen Text oder einen Notizencontainer auf einen anderen Container schieben, fasst OneNote die beiden Objekte in einen gemeinsamen Container zusammen. Wenn Sie dies verhindern wollen, halten Sie beim Verschieben die [Alt]-Taste gedrückt. Auf diese Weise können Sie Ihre Notizencontainer flexibel positionieren, ohne dass es zu unerwünschten Verschmelzungen kommt.

Text formatieren

Den Text einer Notiz können Sie mit verschiedenen Formatierungsmerkmalen versehen, dazu gehören neben Schriftart und Schriftgrad auch die Schriftfarbe sowie verschiedene Textauszeichnungen wie fett, kursiv und unterstrichen. Die Formatierungen können Sie entweder per Tastenkombinationen, mit der Minisymbolleiste, wie sie auch in den anderen Office-Anwendungen verwendet wird, oder mit den Schaltflächen der Gruppe *Text* auf der Registerkarte *START* zuweisen.

1. Markieren Sie zunächst den Text, den Sie formatieren möchten. Wenn Sie lediglich ein einzelnes Wort formatieren wollen, genügt es, wenn sich die Einfügemarke innerhalb des Wortes befindet.
2. Führen Sie eine der folgenden Aktionen durch:
   - Zeigen Sie mit dem Mauszeiger auf die Markierung und bewegen Sie den Zeiger dann auf die Minisymbolleiste. Nehmen Sie dort die gewünschte Formatierung vor.
   - Klicken Sie auf die Registerkarte *START* und nehmen Sie die gewünschte Formatierung mit den Schaltflächen der Befehlsgruppe *Text* vor.
   - Wenn Sie einen kompletten Absatz formatieren wollen, klicken Sie auf die Registerkarte *START* und wählen in der Gruppe *Formatvorlagen* die gewünschte Formatvorlage aus.
   - Drücken Sie eine der Tastenkombinationen zur Formatierung.

Die von OneNote 2013 verwendeten Tastenkombinationen sind mit den entsprechenden Tastenkombinationen in Word identisch. Bitte beachten Sie, dass nicht alle Zeichenformatierungen aus Word auch in OneNote zur Verfügung stehen.

Bild 57.4 Die Gruppen *Text* und *Formatvorlagen* der Registerkarte *START*

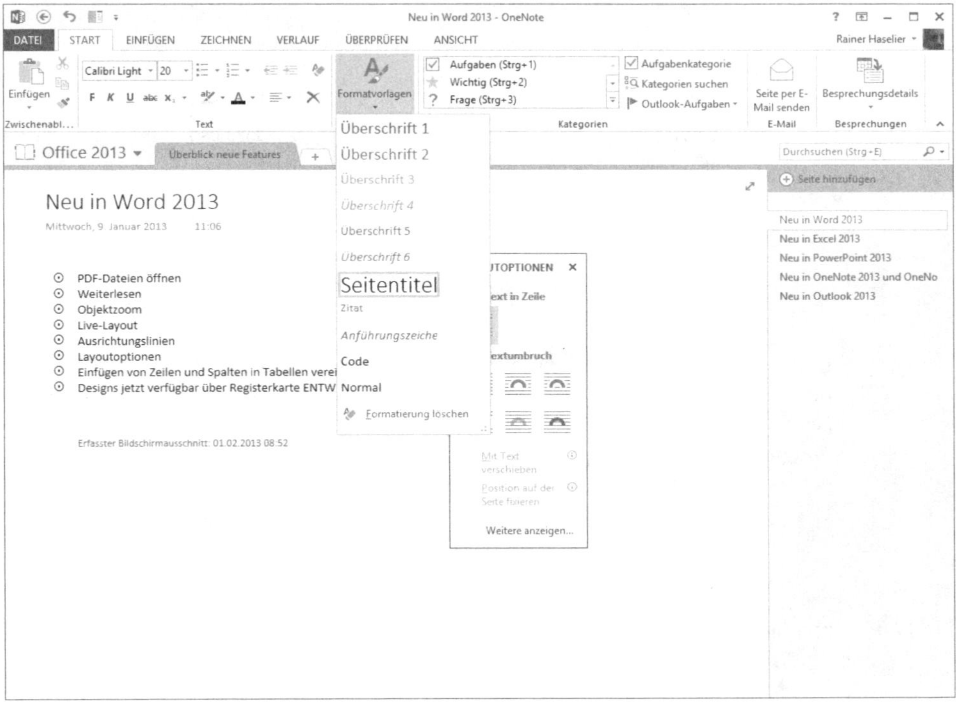

Nummerierte Listen und Aufzählungen

OneNote kennt zwei verschiedene Arten von Listen: Aufzählungen und nummerierte Listen, die beide aus mehreren Ebenen bestehen können.

Zum Erstellen solcher Listen gehen Sie folgendermaßen vor:

1. Geben Sie den ersten Eintrag der Liste ein. Wenn Sie eine nummerierte Liste erstellen wollen, geben Sie zu Beginn **1.** ein, bei einer Aufzählung können Sie ein Minuszeichen oder ein Sternchen verwenden. Drücken Sie anschließend die ⭾-Taste. OneNote weist dann automatisch das entsprechende Listenformat zu.

2. Wenn Sie die von OneNote vorgegebene Nummerierung bzw. das verwendete Aufzählungszeichen ändern möchten, können Sie dazu die Dropdownmenüs der Schaltflächen *Nummerierung* bzw. *Aufzählungszeichen* auf der Registerkarte *START* verwenden.

Bild 57.5 Auswahl der Nummerierungsart und des Aufzählungszeichens

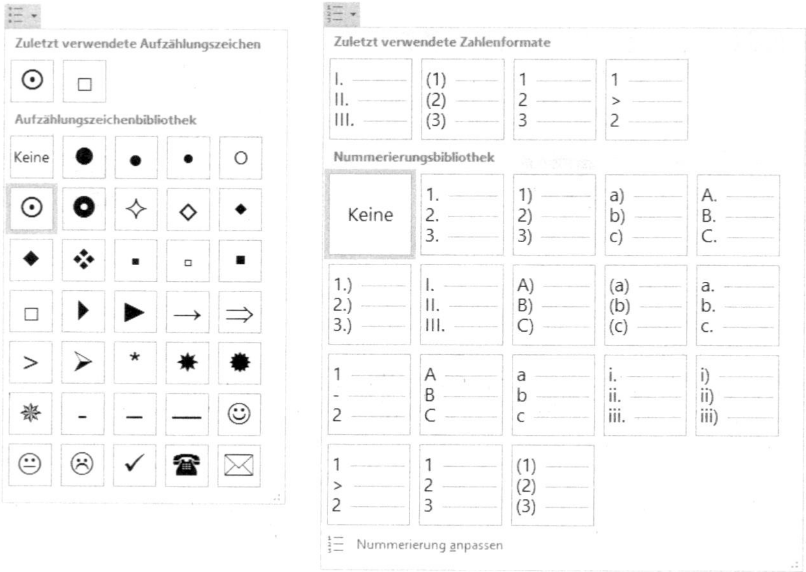

Bild 57.6 Eine Auflistung mit mehreren Ebenen und der Aufgabenbereich *Nummerierung anpassen*

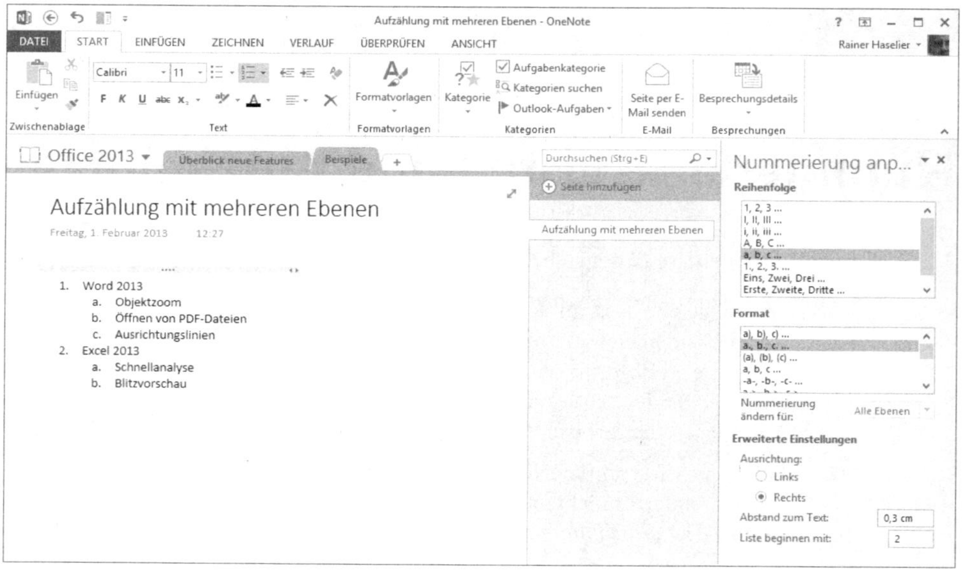

3. Drücken Sie die [↵]-Taste, um den Eintrag abzuschließen.

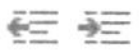

Um einen Listeneintrag eine Ebene einzurücken, drücken Sie die [⇥]-Taste (dazu muss sich die Einfügemarke am Anfang der Zeile befinden). Entsprechend können Sie einen Eintrag mit [⇧]+[⇥] wieder eine Ebene höherstufen. Alternativ verwenden Sie die links abgebildeten Schaltflächen in der Gruppe *Text* der Registerkarte *START*.

4. Geben Sie die weiteren Listeneinträge ein.
5. Wenn Sie noch weitere Formatierungen an einer nummerierten Liste vornehmen wollen, klicken Sie auf den Pfeil der Schaltfläche *Nummerierung* und dann auf *Nummerierung anpassen.* OneNote blendet daraufhin den Aufgabenbereich *Nummerierung anpassen* ein, mit dem Sie die gewünschten Änderungen vornehmen können.

PROFITIPP

Listenebenen ein- und ausblenden

Mit den Tastenkombinationen [⇧]+[Alt]+[1] bis [⇧]+[Alt]+[5] können Sie die Anzahl der sichtbaren Ebenen einer Liste steuern. Um z. B. nur die beiden obersten Ebenen einer Aufzählungsliste anzuzeigen, klicken Sie das erste Aufzählungszeichen an und drücken dann die Tastenkombination [⇧]+[Alt]+[2].

Tabellen erstellen

Häufig lassen sich Informationen viel besser in Tabellen als in normalen Absätzen darstellen. Wenn Sie eine Tabelle bereits in Word oder Excel erstellt haben, können Sie sie dort markieren, in die Zwischenablage kopieren und dann in eine Notizenseite einfügen. Sie können anschließend die eingefügte Tabelle mit den neuen Tabellenwerkzeugen von OneNote weiterbearbeiten.

Wenn Sie eine Tabelle komplett neu erstellen wollen, können Sie dies auch direkt in OneNote selbst erledigen. Gehen Sie dazu wie folgt vor:

1. Öffnen Sie die Seite Ihres Notizbuchs, in die Sie die Tabelle einfügen wollen.
2. Klicken Sie an die Stelle, an der Sie die Tabelle einfügen wollen, um so einen neuen Notizencontainer zu erstellen.
3. Geben Sie den Text ein, der in die erste Zelle der Tabelle soll.
4. Drücken Sie die [⇆]-Taste. Dies ist das Signal für OneNote, dass Sie eine Tabelle erstellen wollen. OneNote fügt den eingegebenen Text in die erste Zelle der Tabelle und daneben eine weitere, leere Zelle ein.
5. Geben Sie den Text für die zweite Zelle der Tabelle ein.
6. Wiederholen Sie die beiden letzten Schritte, bis die erste Tabellenzeile fertig ist. Drücken Sie dann die [↵]-Taste, um eine neue Tabellenzeile einzufügen.

Wenn Sie die Struktur der Tabelle verändern wollen, setzen Sie die Einfügemarke in die gewünschte Zeile bzw. Spalte und verwenden dann die Schaltflächen der Registerkarte *TABELLENTOOLS/LAYOUT,* um Zeilen/Spalten zu löschen oder einzufügen.

Bild 57.7 Der Registerkarte *TABELLENTOOLS/LAYOUT* in OneNote

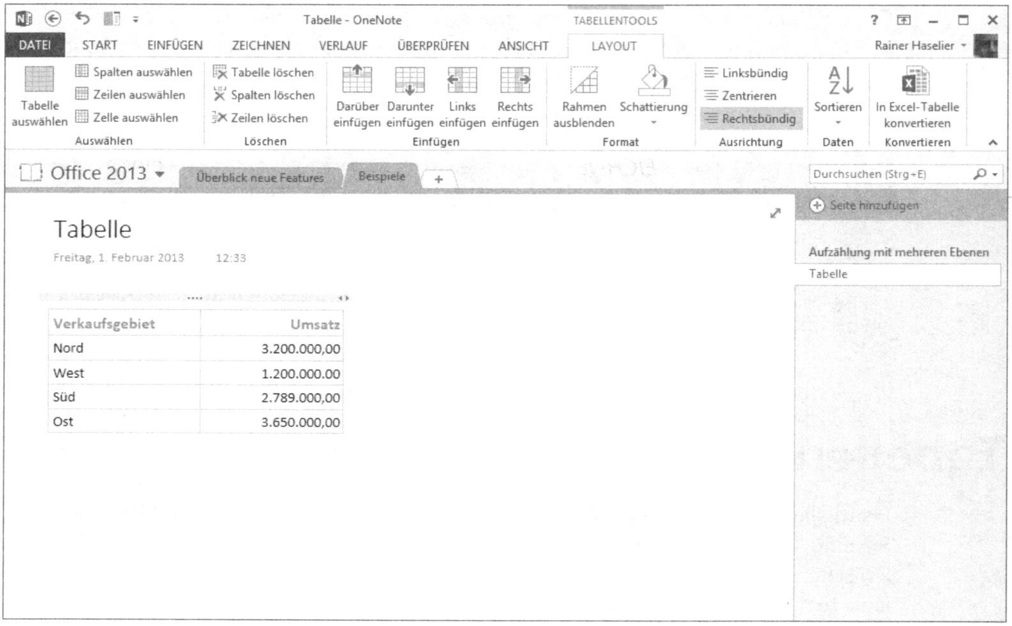

Wenn Sie die Anzahl der Spalten/Zeilen der Tabelle bereits kennen, können Sie alternativ auch folgendermaßen vorgehen:

1. Öffnen Sie die Seite Ihres Notizbuchs, in die Sie die Tabelle einfügen wollen.
2. Klicken Sie auf die Registerkarte *EINFÜGEN* und dann in der Gruppe *Tabellen* auf *Tabelle.*
3. Klicken Sie im Menü in der kleinen Tabelle auf die Stelle, die der Anzahl der Zeilen und Spalten entspricht, die die neue Tabelle haben soll. (Während Sie den Mauszeiger über die kleine Tabelle bewegen, wird im oberen Bereich des Menüs die aktuelle Zeilen- und Spaltenanzahl angezeigt.)

Alle Felder der neuen Tabelle werden von OneNote mit einem einfachen Rahmen versehen. Die Rahmenformatierung kann in OneNote nicht verändert werden. Sie können lediglich die Rahmenlinien ausblenden, indem Sie auf der Registerkarte *TABELLENTOOLS/LAYOUT* in der Gruppe *Format* auf *Rahmen ausblenden* klicken.

Skizzen erstellen

Wenn Sie OneNote auf einem Tablet-PC einsetzen oder wenn Sie ein Digitalisiertablett an Ihren PC angeschlossen haben, können Sie Ihren Notizen auch kleine Zeichnungen hinzufügen. Das können kleine Markierungen oder Pfeile sein, aber auch Formeln, Schaubilder, Pläne oder Diagramme. Sie können natürlich auch mit der Maus zeichnen, was allerdings wesentlich unhandlicher ist und kein sauberes Schriftbild erlaubt.

Stiftauswahl

OneNote bietet Ihnen standardmäßig verschiedene Stifte in mehreren Farben an (dünne und dicke Filzstifte sowie Textmarker). Die Stiftauswahl erfolgt auf der Registerkarte *ZEICHNEN* in der Gruppe *Stifte*.

Bild 57.8 Auf der Registerkarte *ZEICHNEN* können Sie die Stiftfarbe und -stärke einstellen

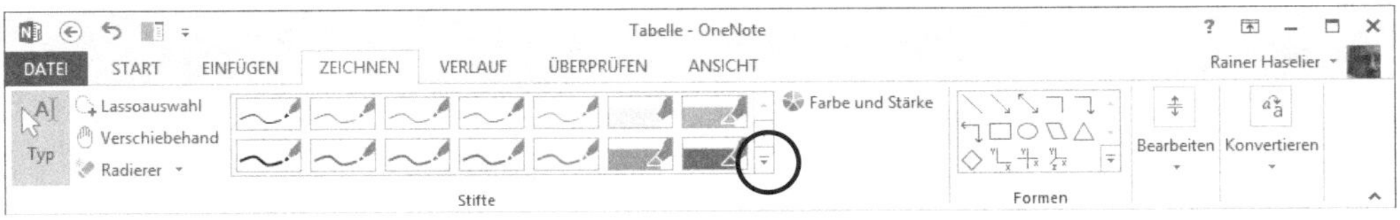

Wenn Ihnen die Strichstärken bzw. Farben dieser Vorauswahl nicht zusagen, können Sie in der Liste zur Stiftauswahl auf die Schaltfläche *Weitere* klicken, um das Dropdownmenü zu öffnen. Dort können Sie aus der Palette weitere Stifte auswählen. Sollte diese Auswahl auch nicht die Stiftart und Stiftfarbe enthalten, die Sie benötigen, klicken Sie in der Gruppe *Stifte* auf *Farbe und Stärke*. OneNote zeigt daraufhin das gleichnamige Dialogfeld an, in dem Sie die Stiftart, die Stiftfarbe und die Stiftstärke anpassen können.

Bild 57.9 Die Stiftpalette stellt weitere Stifte zur Verfügung

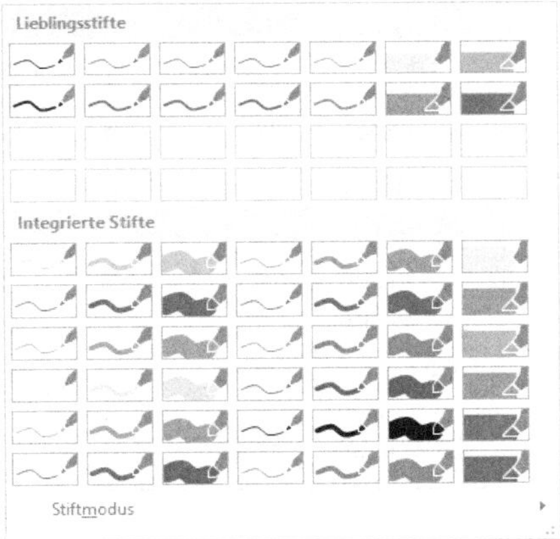

Bild 57.10 Mit diesem Dialogfeld können Sie weitere Stifte definieren

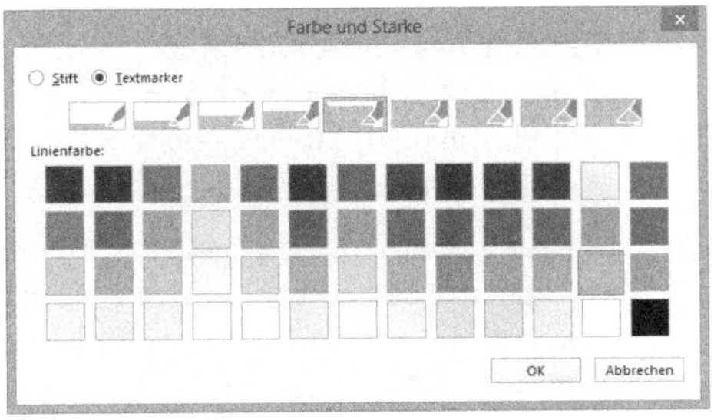

OneNote

Bild 57.11 Eine mit OneNote erstellte Skizze (Genogramm)

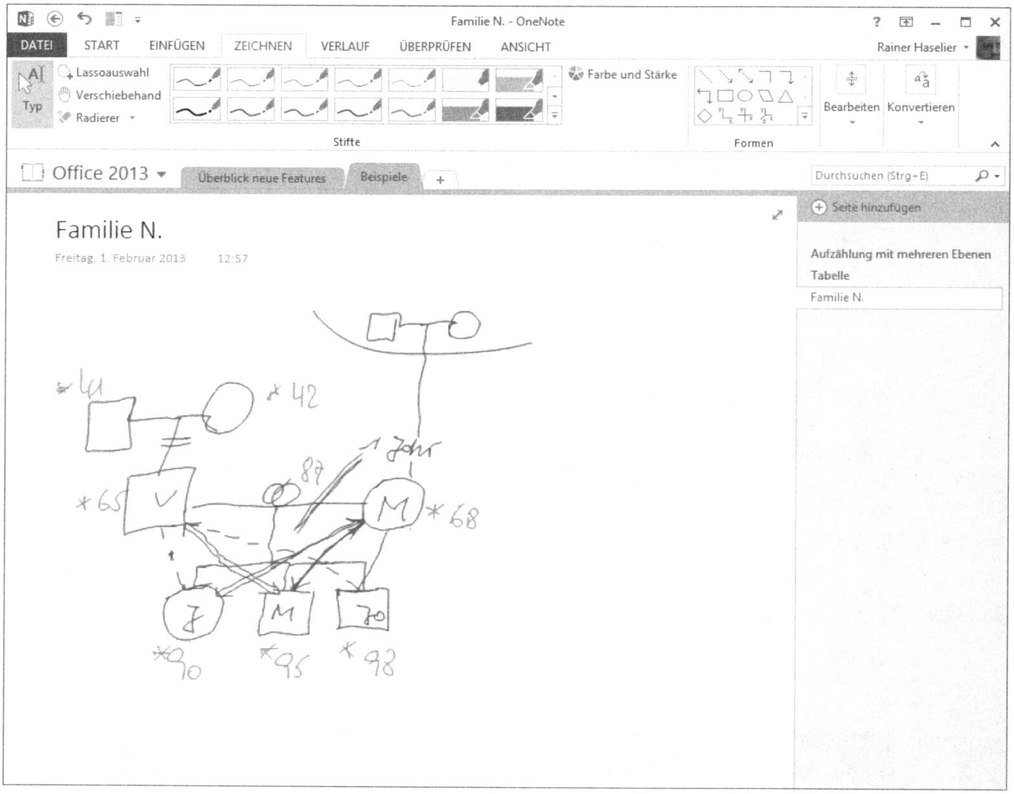

Bildschirmausschnitte einfügen

Mit OneNote können Sie auch einen beliebigen Ausschnitt des Bildschirms »fotografieren« und in Ihre Notizen einfügen. Auf diese Weise können Sie z. B. bestimmte Einstellungen in einem Dialogfeld, die Sie für eine spezielle Aufgabe vornehmen müssen, in Ihrem Notizbuch archivieren und können die Einstellungen dann bei Bedarf leicht rekonstruieren.

Um einen Bildschirmausschnitt einzufügen, führen Sie folgende Schritte durch:

1. Öffnen Sie die Seite Ihres Notizbuchs, in die Sie den Ausschnitt einfügen möchten.
2. Öffnen Sie die Registerkarte *EINFÜGEN* und klicken Sie dann in der Gruppe *Bilder* auf *Bildschirmausschnitt*. OneNote zieht sich nun vom Bildschirm zurück und stellt den Bildschirm mit blassen Farben dar (siehe Bild 57.12).

3. Ziehen Sie jetzt mit gedrückter Maustaste ein Rechteck auf, das den gewünschten Bereich darstellt. Sobald Sie die Maustaste loslassen, wird der markierte Bereich in Ihr Notizbuch eingefügt.

Bild 57.12 »Einfangen« eines Bildschirmausschnitts

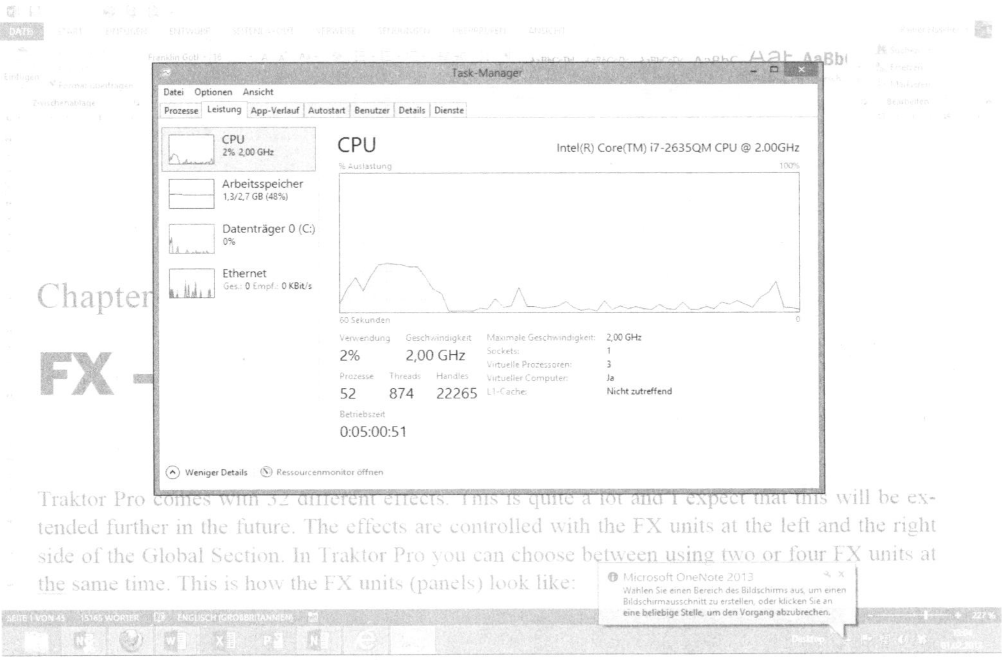

PROFITIPP

Abbildungen von Dialogfeldern und vollständigen Programmfenstern einfügen

Wenn Sie ein ganzes Dialogfeld (z. B. eine Fehlermeldung) oder ein komplettes Programmfenster in Ihr Notizbuch einfügen wollen, gehen Sie am besten so vor:

1. Aktivieren Sie das Fenster, von dem Sie eine Abbildung erstellen wollen.
2. Drücken Sie `Alt`+`Druck`.
3. Wechseln Sie zu OneNote und zeigen Sie die Seite an, auf der Sie die Abbildung einfügen wollen.
4. Drücken Sie `Strg`+`V`.

Wenn OneNote derzeit nicht geöffnet ist, können Sie das OneNote-Symbol im Infobereich der Taskleiste mit der rechten Maustaste anklicken und den Befehl *Bildschirmausschnitt erstellen* auswählen. Ziehen Sie dann mit der Maus das Rechteck auf, das den zu fotografierenden Bereich darstellt. Nachdem Sie die Maustaste losgelassen haben, wird der Ausschnitt in den Abschnitt *Nicht abgelegte Notizen* eingefügt und Sie können ihn in das Notizbuch verschieben, in dem Sie den Bildschirmausschnitt benötigen.

Dokumente als Bild einfügen

Mit OneNote können Sie auch Dokumente in Bilder umwandeln und in Ihr Notizbuch einfügen. Hierzu klicken Sie auf der Registerkarte *EINFÜGEN* in der Gruppe *Dateien* auf *Dateiausdruck* und wählen dann im angezeigten Dialogfeld das gewünschte Dokument aus. OneNote unterstützt dabei die folgenden Dokumenttypen: Word-Dateien, Excel-Dateien, PowerPoint-Dateien sowie die meisten Grafikformate.

OneNote erzeugt für jede Seite des ausgewählten Dokuments ein eigenes Bild und fügt es in Ihr Notizbuch ein. Die Bilder werden zusätzlich mit einem Link auf die Originaldatei versehen, mit dem Sie das betreffende Dokument direkt öffnen können. Jetzt können Sie z. B. die eingefügten Bilder mit Kommentaren versehen, ohne damit das Originaldokument zu verändern.

Bild 57.13 Als Bild eingefügtes Dokument

Bilder einfügen

Bilder selbst lassen sich auch direkt in eine Notizenseite einfügen. Sie können hierbei entweder eine Bilddatei einfügen oder von OneNote aus ein Bild einscannen lassen.

1. Öffnen Sie die Seite Ihres Notizbuchs, in die Sie das Bild einfügen möchten.
2. Klicken Sie auf die Registerkarte *EINFÜGEN*.
3. Führen Sie eine der folgenden Aktionen durch:

- Klicken Sie in der Gruppe *Bilder* auf *Bilder,* wenn das Bild auf Ihrem Computer als Datei vorliegt. Wechseln Sie im Dialogfeld *Grafik einfügen* zu dem Ordner, in dem sich die Datei befindet, markieren Sie sie und klicken auf *Öffnen.*
- Klicken Sie in der Gruppe *Bilder* auf *Onlinegrafiken,* wenn Sie im Web nach Bildern suchen wollen oder wenn das Bild in Ihren SkyDrive-Ordnern vorhanden ist. Suchen Sie dann auf Office.com oder mit Bing nach Bildern oder klicken Sie neben Ihrem SkyDrive-Konto auf *Durchsuchen,* um von dort ein Bild einzufügen.

Bild 57.14 Einfügen von Onlinegrafiken

- Klicken Sie in der Gruppe *Bilder* auf *Gescanntes Bild,* wenn Sie etwas einscannen oder eine Aufnahme mit einer angeschlossenen Kamera machen und einfügen wollen. Wählen Sie dann das Gerät aus, das Sie verwenden wollen, und klicken Sie auf *Einfügen* bzw. *Einfügen anpassen.*

Der Drucker »An OneNote 2013 senden«

Wenn Sie ein Programm verwenden, dessen Daten oder Inhalte sich nicht von OneNote aus in eine Notizenseite einfügen lassen, können Sie den Drucker *An OneNote 2013 senden* verwenden, der während des Office- bzw. OneNote-Setups auf Ihrem Rechner installiert wird. Mit diesem virtuellen Drucker können Sie aus allen Programmen, die den Befehl *Drucken* zur Verfügung stellen, Inhalte in OneNote einfügen. Diese Inhalte stehen Ihnen dann in OneNote als Bild zur Verfügung.

1. Starten Sie das Programm, aus dem Sie Informationen in eine OneNote-Notizenseite einfügen wollen.
2. Wählen Sie den Befehl *Drucken.*
3. Markieren Sie in der Liste *Drucker auswählen* den Drucker *An OneNote 2013 senden.*

Bild 57.15 Den Drucker *An OneNote 2013 senden* können Sie in allen Programmen verwenden

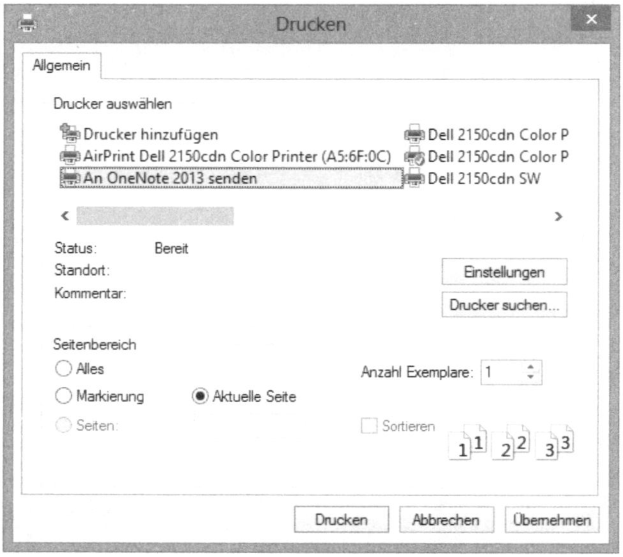

4. Legen Sie eventuell den Seitenbereich fest, der gedruckt werden soll.
5. Klicken Sie auf die Schaltfläche *Einstellungen* und legen Sie die Seitengröße und die Ausrichtung (Hoch-/Querformat) fest. Diese Einstellungen beeinflussen die Größe des durch das Drucken eingefügten Bildes.
6. Klicken Sie auf *Drucken*.

   Nach dem Ende des Druckvorgangs wird das Dialogfeld *Speicherort in OneNote auswählen* angezeigt.

Bild 57.16 In diesem Dialogfeld legen Sie fest, auf welcher Seite oder in welchen Abschnitt die an OneNote gedruckten Daten eingefügt werden sollen

7. Wählen Sie in der Liste *Alle Notizbücher* aus, wo die gedruckten Informationen eingefügt werden sollen.
8. Klicken Sie auf *OK*.

Die Abbildung auf der folgenden Seite zeigt exemplarisch eine Notizenseite, die aus dem Windows-Tool *Systeminformationen* heraus gedruckt wurde.

Bild 57.17 Die aus dem Windows-Programm *Systeminformationen* heraus erstellte Notiz

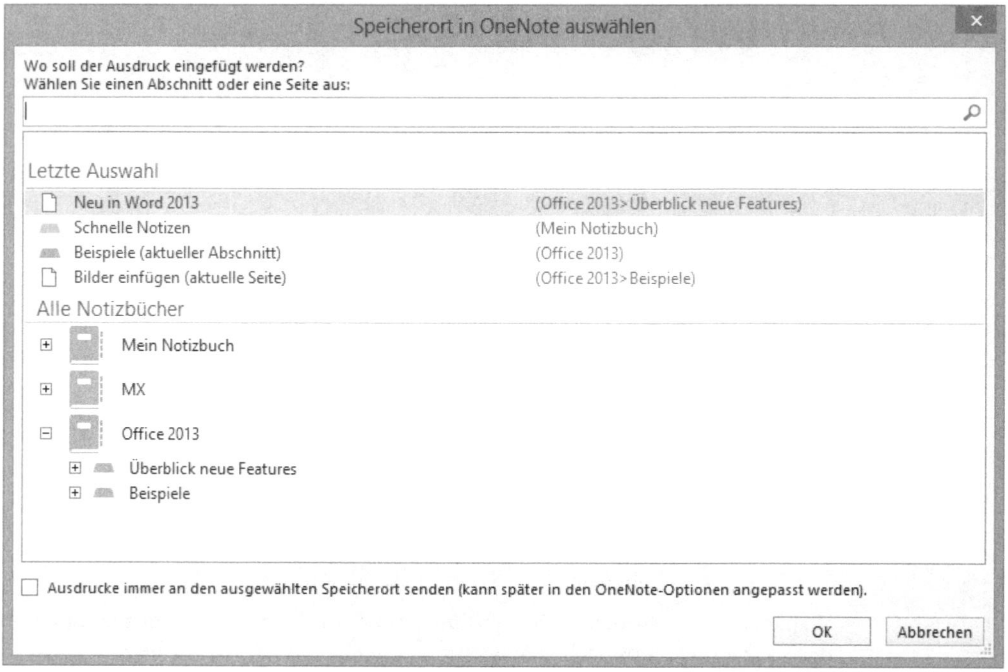

Audio und Video einfügen

Sie können Ihre Notizen auch mit Audioaufnahmen ergänzen, um z. B. wichtige Phasen einer Besprechung oder eines Telefongesprächs zu protokollieren. Gehen Sie dazu wie folgt vor:

1. Starten Sie die Aufzeichnung entweder direkt in OneNote und klicken Sie dazu auf der Registerkarte *EINFÜGEN* in der Gruppe *Aufnahme* auf *Audio aufnehmen.* OneNote blendet daraufhin die Registerkarte *AUDIO UND VIDEO/AUFZEICHNUNG* ein, mit deren Schaltflächen Sie die Aufnahme steuern und in der Sie die Dauer der Aufzeichnung ablesen können. Außerdem wird auf der aktuellen Notizbuchseite ein Zeitstempel eingefügt (siehe Bild 57.18).

Bild 57.18 Die Registerkarte zum Steuern von Audio- und Videoaufnahmen

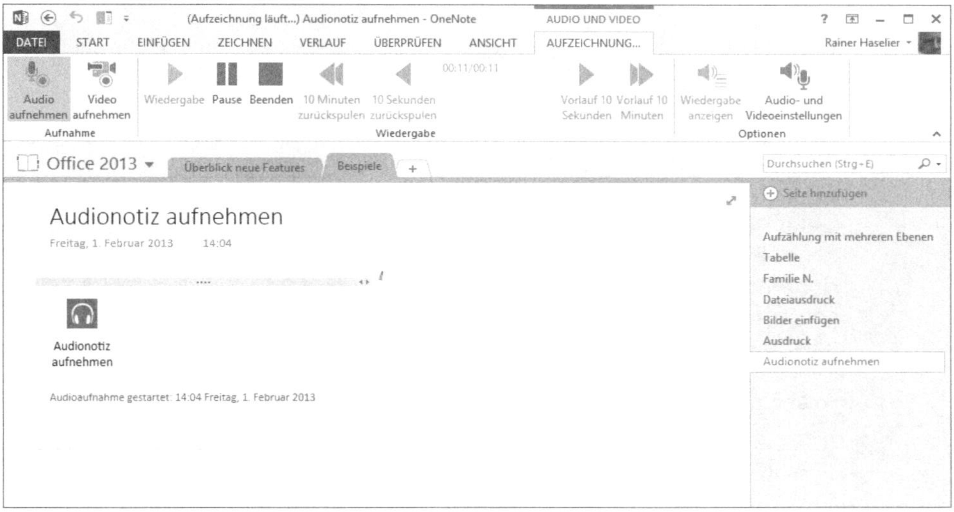

2. Zum Beenden der Aufnahme klicken Sie in der Gruppe *Wiedergabe* auf *Beenden.*
3. Ergänzen Sie die Zeitangabe bei Bedarf um weitere Informationen.

   OneNote verknüpft die Audioaufnahme automatisch mit den eingegebenen Notizen, sodass Sie später problemlos nach der Aufnahme suchen können. Wenn Sie z. B. während eines Vortrags, den Sie aufzeichnen, an wichtigen Stellen Stichwörter *in jeweils eigenen* Notizencontainern eintragen, können Sie später mithilfe der Suchfunktion schnell an die zugehörigen Positionen Ihrer Audioaufzeichnung gelangen.

Audioaufnahme abspielen

Um eine Aufzeichnung abzuspielen, klicken Sie einfach auf die kleine Wiedergabeschaltfläche, die vor dem Containerelement angezeigt wird, wenn Sie den Container anklicken. Falls sich auf einer Seite mehrere Audionotizen befinden, sollten Sie zum Abspielen einer Aufzeichnung besser die *Wiedergabe*-Schaltfläche der Registerkarte *AUDIO UND VIDEO/WIEDERGABE* verwenden.

Videoaufnahmen einfügen

Auf die gleiche Weise können Sie auch Videoaufnahmen in eine Notizenseite einfügen, vorausgesetzt, auf Ihrem Computer ist eine entsprechende Kamera installiert. Klicken Sie zum Erstellen einer Videoaufnahme auf der Registerkarte *EINFÜGEN* in der Gruppe *Aufnahme* auf *Video aufnehmen.*

Webrecherchen protokollieren

Wenn Sie Internet Explorer verwenden und die Ergebnisse einer Webrecherche in eine OneNote-Notizenseite einfügen wollen, können Sie den Befehl *An OneNote senden* verwenden, den Sie im Menü der Schaltfläche *Extras* und – wenn Sie die Standardmenüleiste eingeschaltet haben –, auch im Menü *Extras* finden.

HINWEIS Trotz des fast gleichen Namens mit dem Druckertreiber *An OneNote 2013 senden* (siehe Seite 1173) ist die Wirkung des Befehls An OneNote senden aus dem *Extras*-Menü in Internet Explorer eine andere: Mit dem Drucker *An OneNote 2013 senden* erhalten Sie auf der Notizenseite immer eine *Abbildung* des gedruckten Inhalts. Der Befehl *An OneNote senden* hingegen fügt die Webseiteninhalte als *Text* ein, den Sie dann in OneNote bearbeiten, löschen oder formatieren können.

So übertragen Sie mit Internet Explorer eine Webseite nach OneNote:

1. Lassen Sie in Internet Explorer die Seite anzeigen, aus der Sie Informationen nach OneNote übertragen wollen.
2. Wenn Sie nur einen Teil der Webseite verwenden wollen, verwenden Sie die Maus, um diesen Bereich zu markieren.
3. Klicken Sie auf die Schaltfläche *Extras* und dann auf *An OneNote senden.*

Bild 57.19 Mit Internet Explorer lassen sich die Ergebnisse einer Webrecherche einfach in eine OneNote-Notizenseite übertragen

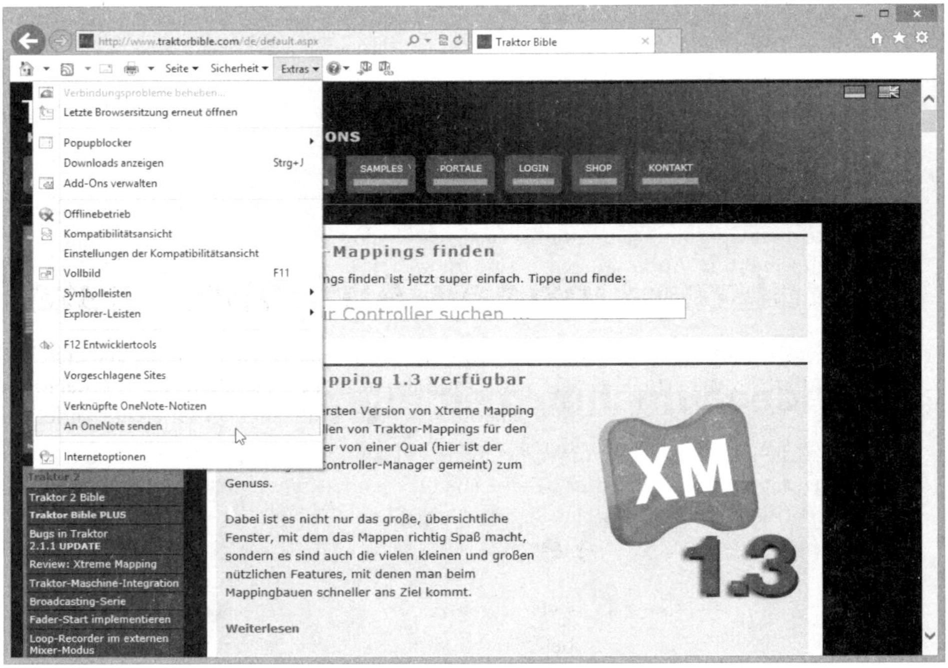

4. Wählen Sie im Dialogfeld *Speicherort in OneNote auswählen* in der Liste *Alle Notizbücher* aus, wo die Informationen eingefügt werden sollen.

   Der Titel der Webseite wird als Titel der Seite übernommen. Außerdem finden Sie im unteren Bereich der Seite die URL, aus der die Informationen eingefügt wurden.

Bild 57.20 Der in Internet Explorer markierte Text wurde in OneNote eingefügt

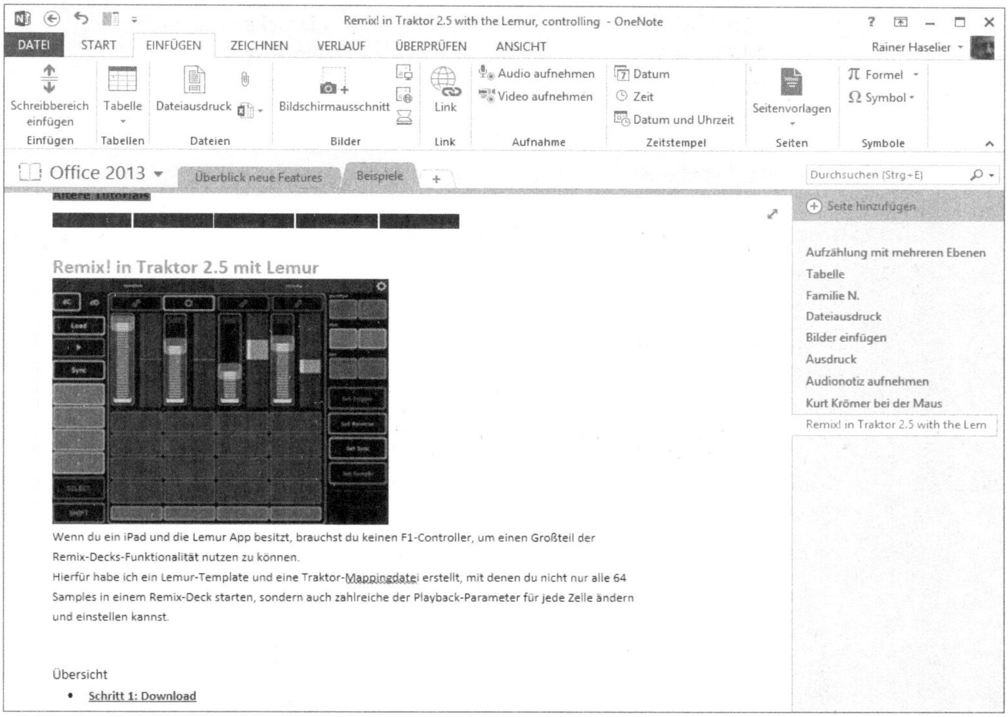

Aus Notizen Outlook-Aufgaben erstellen

Seit OneNote 2007 können Sie in OneNote aus einer Notiz eine Aufgabe erstellen, die dann automatisch in der Aufgabenliste von Outlook erscheint. Nachdem Sie in OneNote eine Aufgabe erstellt haben, können Sie diese sowohl in Outlook als auch in OneNote ändern (Fälligkeitsdatum anpassen, als erledigt markieren).

Eine Aufgabe erstellen

So erstellen Sie in OneNote eine Outlook-Aufgabe:

1. Geben Sie an einer beliebigen Stelle der Seite eine Beschreibung der Aufgabe ein, die Sie erstellen möchten. Wenn sich die Beschreibung bereits auf der Notizenseite befindet, markieren Sie den gewünschten Text.

2. Wechseln Sie zur Registerkarte *START,* klicken Sie in der Gruppe *Kategorien* auf *Outlook-Aufgaben* und wählen Sie eines der vordefinierten Fälligkeitsdaten aus.

Bild 57.21 Erstellen einer Outlook-Aufgabe in OneNote

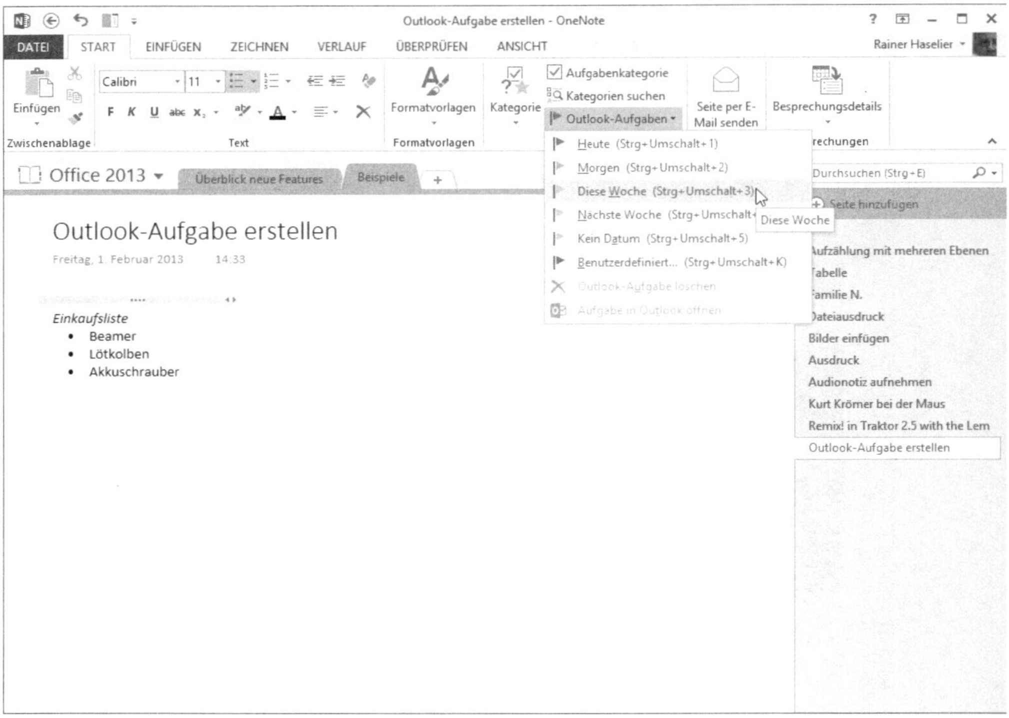

Neben der Beschreibung wird ein Aufgabenkennzeichen eingefügt. Bewegen Sie den Mauszeiger auf das Kennzeichen, um eine QuickInfo mit Detailinformationen anzeigen zu lassen.

Eine Aufgabe ändern

Wenn Sie das Fälligkeitsdatum ändern oder die Aufgabe als erledigt kennzeichnen wollen, können Sie dies sowohl in Outlook als auch in OneNote durchführen.

1. Öffnen Sie die Seite, auf der sich die Aufgabe befindet.
2. Klicken Sie das Aufgabenkennzeichen mit der rechten Maustaste an, um das Kontextmenü zu öffnen.
3. Wählen Sie im Kontextmenü (siehe Abbildung 57.22) einen der folgenden Befehle aus:
   - **Heute, Morgen, Diese Woche, Nächste Woche, Kein Datum** Verwenden Sie einen dieser Befehle, um das Fälligkeitsdatum zu ändern oder ganz zu entfernen.
   - **Benutzerdefiniert, Aufgabe in Outlook öffnen** Klicken Sie einen dieser Befehle an, damit die Aufgabe in Outlook geöffnet wird. Bei beiden Befehlen wird das Outlook-Formular zum Bearbeiten von Aufgaben angezeigt.

- **Als erledigt markieren** Kennzeichnet die Aufgabe als erledigt. Das Aufgabenkennzeichen (Fähnchen) wird entfernt und stattdessen ein Häkchen angezeigt.
- **Outlook-Aufgabe löschen** Entfernt diese Aufgabe.

Bild 57.22 Das Kontextmenü eines Aufgabenkennzeichens

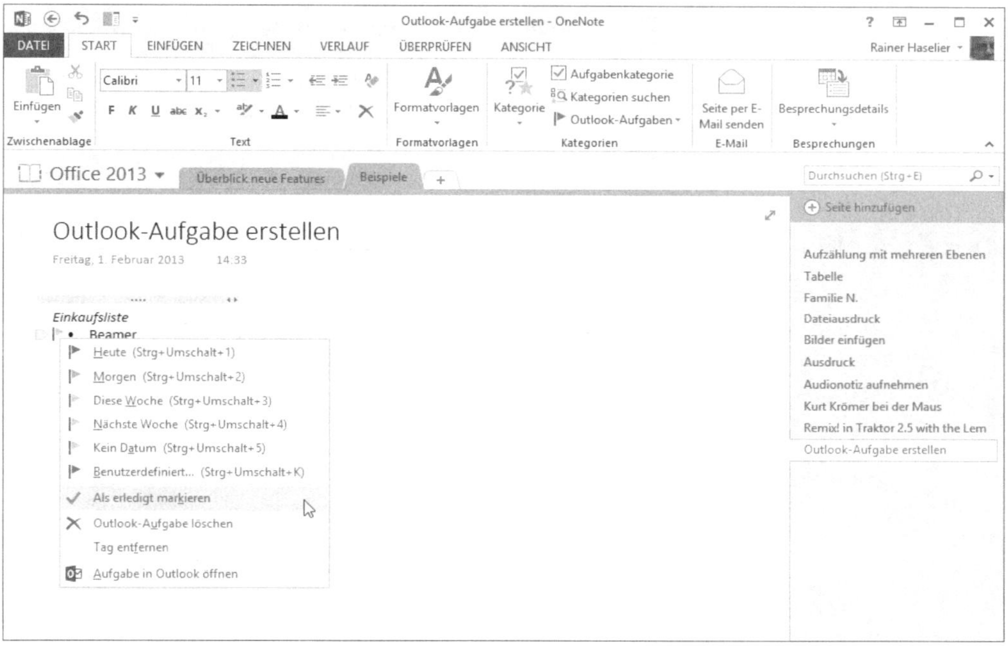

Schnell eine Notiz erstellen

Nach der Installation von OneNote befindet sich im Infobereich der Taskleiste ein OneNote-Symbol, auf das wir im Verlauf des Kapitels und des vorigen Kapitels schon mehrfach hingewiesen haben. Dieses Symbol ist vor allem dafür gedacht, dass Sie »auf die Schnelle« eine Notiz anlegen können, ohne dazu das Programm, mit dem Sie gerade arbeiten, verlassen und OneNote starten zu müssen.

HINWEIS Das hier beschriebene Verfahren funktioniert nur dann, wenn Sie die Option *Neue schnelle Notiz* als Standardaktion für das OneNote-Symbol festgelegt haben. Weitere Informationen hierzu finden Sie im Abschnitt »Das OneNote-Tool« in Kapitel 56.

1. Klicken Sie das OneNote-Symbol im Infobereich der Taskleiste an. Das Fenster zum Erstellen einer Randnotiz wird geöffnet.
2. Geben Sie eine Notiz in das Fenster ein.

Das Fenster ist so konfiguriert, dass es nicht automatisch immer im Vordergrund steht. Dies ist jedoch nützlich, wenn Sie aus anderen Programmen mittels Drag & Drop Texte oder Bilder in das Fenster *Schnelle Notizen* einfügen. Um dieses Verhalten einzuschalten, klicken Sie im Fenster zum Erstellen einer Randnotiz auf die Registerkarte *Ansicht* und in der Gruppe *Fenster* auf *Im Vordergrund.*

3. Öffnen Sie beispielsweise Word, markieren Sie dort etwas Text und ziehen Sie den Text dann mit gedrückter Maustaste in Fenster *Schnelle Notizen.*
4. Schließen Sie das Fenster *Schnelle Notizen* und fahren Sie mit Ihrer Arbeit fort.

Die so erstellten Notizen werden in dem Abschnitt *Schnelle Notizen* auf einer eigenen neuen Seite abgelegt, von wo aus Sie sie dann bei passender Gelegenheit an ihre endgültige Position im Notizbuch verschieben können.

Berechnungen vornehmen

Wenn Sie in Ihren Notizen Berechungen vornehmen, können Sie den in OneNote integrierten Rechner verwenden, der die Grundrechenarten beherrscht und darüber hinaus einige mathematische und trigonometrische Funktionen unterstützt.

So verwenden Sie den integrierten Rechner:

1. Setzen Sie die Einfügemarke an die Stelle, an der das Ergebnis der Berechnung stehen soll.
2. Geben Sie den mathematischen Ausdruck ein, den OneNote berechnen soll. Um beispielsweise die Summe aus 27, 220 und 718 zu berechnen, geben Sie Folgendes ein: **27+220+718**
3. Geben Sie nach dem mathematischen Ausdruck ein Gleichheitszeichen (=) ein und drücken Sie dann die `Leertaste`. OneNote berechnet den Ausdruck und das Ergebnis wird nach dem Gleichheitszeichen eingefügt.

Bild 57.23 Beispiele für die Verwendung des integrierten OneNote-Rechners

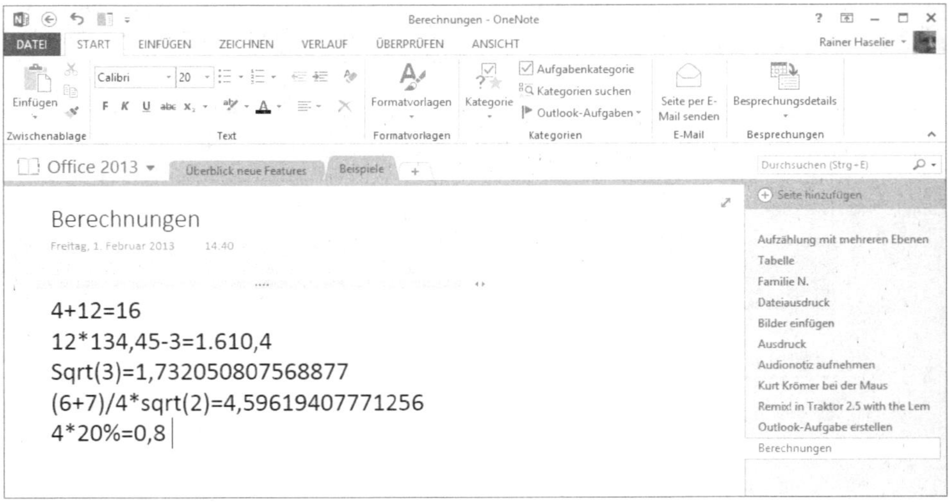

4. Wenn Sie den Ausdruck selbst nicht mehr benötigen, können Sie ihn löschen und lediglich das Ergebnis in den Notizen belassen.

HINWEIS Verwenden Sie in einem mathematischen Ausdruck keine Leerzeichen, sondern geben Sie die Zahlen, Operatoren und Funktionsnamen als durchgängigen Text ein.

Operatoren, die Sie verwenden können

Die folgende Tabelle führt die arithmetischen Operatoren auf, die Sie im OneNote-Rechner verwenden können.

Tabelle 57.1 Die arithmetischen Operatoren des OneNote-Rechners

Operator	Beschreibung	Beispiel
+	Addition	3+5= 8
–	Subtraktion Negation	14–5= 9 -1
/	Division	15/3= 5
*	Multiplikation	15*3= 45
%	Prozent	4*20%= 0,8
^	potenzieren	3^2= 9

Mathematische und trigonometrische Funktionen

Neben den oben aufgeführten Operatoren können Sie in den Berechnungen auch die mathematischen und trigonometrischen Funktionen verwenden, die in der folgenden Tabelle aufgeführt sind. Um diese Funktionen zu verwenden, geben Sie deren Namen ein (die Groß-/Kleinschreibung spielt hierbei keine Rolle) und fassen die Argumente in Klammern ein.

Wenn Sie die Reihenfolge der Auswertung ändern wollen, können Sie auch Klammern verwenden, wie Sie es im vorletzten Beispiel in der Abbildung auf der vorigen Seite sehen.

Tabelle 57.2 Die vom OneNote-Rechner unterstützten Funktionen

Funktion	Beschreibung	Syntax
ABS	bildet den Absolutwert einer Zahl, d.h., diese Funktion macht aus einer negativen eine positive Zahl	ABS(*Zahl*)
ACOS	berechnet den Arkuskosinus einer Zahl im Bereich von 1 bis Pi	ACOS(*Zahl*)
ASIN	berechnet den Arkussinus einer Zahl im Bereich von –Pi/2 bis Pi/2	ASIN(*Zahl*)

OneNote

Tabelle 57.2 Die vom OneNote-Rechner unterstützten Funktionen *(Fortsetzung)*

Funktion	Beschreibung	Syntax
ATAN	berechnet den Arkussinus einer Zahl im Bereich von -pi/2 bis Pi/2	ATAN(*Zahl*)
COS	berechnet den Cosinus eines im Bogenmaß angegebenen Winkels (Bogenmaß: Winkelangabe in Grad mit Pi/180 multiplizieren)	COS(*Zahl*)
DEG	wandelt Bogenmaß (Radiant) in Grad um	*DEG(Winkel)*
LN	gibt den natürlichen Logarithmus einer Zahl zurück	LN(*Zahl*)
LOG	gibt den natürlichen Logarithmus einer Zahl zurück	LOG(*Zahl*)
LOG2	gibt den Logarithmus einer Zahl zur Basis 2 zurück	LOG2(*Zahl*)
LOG10	gibt den Logarithmus einer Zahl zur Basis 10 zurück	LOG10(*Zahl*)
RAD	wandelt Grad in Bogenmaß (Radiant) um	RAD(*Winkel)*)
SIN	berechnet den Sinus eines im Bogenmaß angegebenen Winkels	SIN(*Winkel)*)
SQRT	berechnet die Quadratwurzel einer Zahl; das Argument muss eine positive Zahl sein	SQRT(*Zahl*)
TAN	berechnet den Tangens eines im Bogenmaß angegebenen Winkels	TAN*(Zahl)*

Notizen drucken

Das Drucken mit OneNote funktioniert anders, als Sie es von den anderen Programmen der Office-Familie gewohnt sind. Grundsätzlich ist es empfehlenswert, den Druckvorgang über die *Seitenansicht* zu starten, da Sie so eine gute Übersicht über das spätere Druckbild erhalten.

Zunächst einmal ist es wichtig zu wissen, dass Notizen nur seitenweise ausgedruckt werden können. Im Dialogfeld *Seitenansicht und -einstellungen* können Sie zwischen den Optionen *Seitengruppe, Aktuelle Seite* und *Aktueller Abschnitt* wählen. Es ist aber auch möglich, die zu druckenden Seiten vorher zu markieren. Dazu halten Sie die [Strg]-Taste gedrückt und klicken die gewünschten Seiten im Seitenregister an. Um mehrere zusammenhängende Seiten auszudrucken, drücken Sie [⇧] und klicken anschließend die erste und die letzte dieser Seiten an.

So drucken Sie mit OneNote:

1. Klicken Sie auf die Registerkarte *DATEI* und dann auf *Drucken.*

Bild 57.24 Die minimalistische Backstage-Ansicht *Drucken* von OneNote

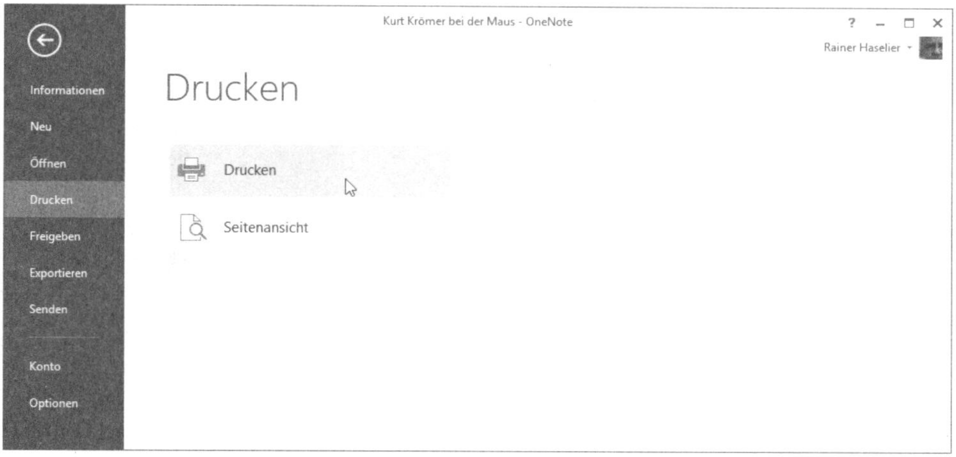

2. Klicken Sie in der Backstage-Ansicht auf *Seitenansicht.*

Bild 57.25 In der Seitenansicht können Sie den Druckbereich und weitere Optionen konfigurieren

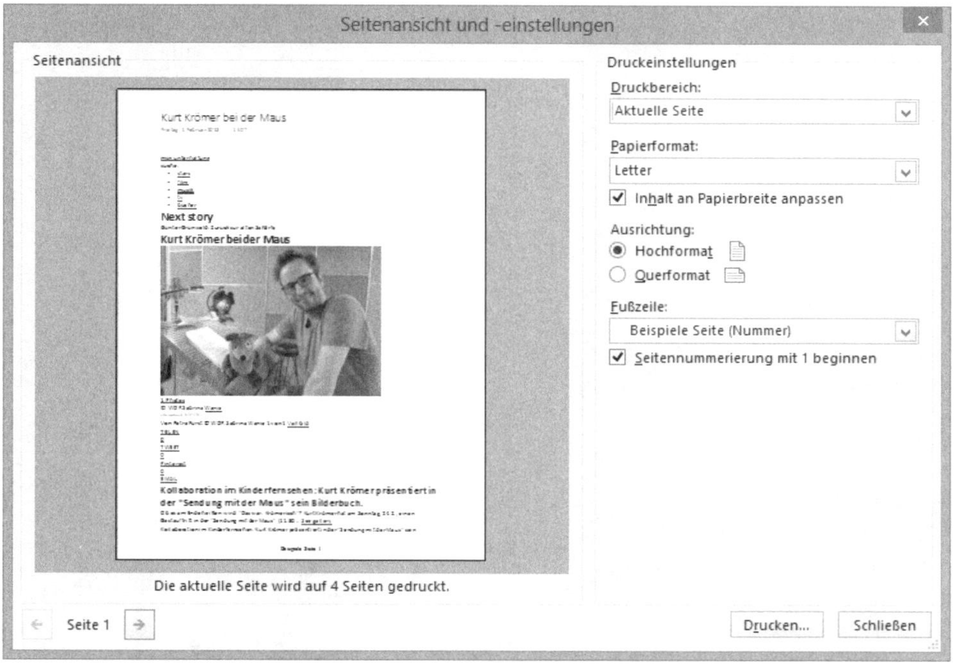

3. Öffnen Sie die Liste *Druckbereich,* wenn Sie noch nicht durch Markieren festgelegt haben, was ausgedruckt werden soll, und treffen Sie Ihre Auswahl.

4. Mit den Optionen *Papierformat* und *Ausrichtung* können Sie die Papiergröße und die Seitenorientierung einstellen.
5. Klicken Sie auf *Drucken.*

Kapitel 58

Notizen organisieren und verwalten

In diesem Kapitel:

In diesem Kapitel lernen Sie die verschiedenen Möglichkeiten kennen, mit denen sich Notizen in OneNote organisieren lassen. Wir zeigen Ihnen zunächst, wie Sie Ihre Notizen durch Kategorien katalogisieren, damit Sie sie später möglichst schnell wiederfinden.

Anschließend erfahren Sie, wie Sie mehrere Notizbücher anlegen und wie Sie diese in Abschnitte bzw. Abschnittsgruppen unterteilen. Zum Schluss des Kapitels zeigen wir Ihnen noch, wie Sie Ihre Notizbücher nach Informationen durchsuchen können und wie Sie ein Inhaltsverzeichnis für ein Notizbuch erstellen.

Kategorien verwenden

In einem echten Terminkalender bzw. Notizbuch werden Sie wichtige Einträge auf irgendeine Weise markieren. Denn ohne solche Kennzeichnungen würde Ihr Notizbuch zu einem großen Informationsgemisch verschwimmen und Sie würden garantiert wichtige Termine verpassen oder in Ihrer täglichen Arbeit falsche Prioritäten setzen.

Auch in OneNote sind Kategorien – sie werden auch als *Tags* oder *Notizmarkierungen* bezeichnet – der Schlüssel zu einer sinnvollen Nutzung Ihrer elektronischen Notizbücher. Erst mit ihrer Hilfe wird es möglich, Notizen so zu strukturieren, dass Sie sich jederzeit einen Überblick über Ihre Notizen verschaffen können.

Um eine Notiz einer Kategorie zuzuordnen, gehen Sie folgendermaßen vor:

1. Markieren Sie die Notiz.
2. Klicken Sie auf der Registerkarte *START* in der Gruppe *Kategorien* auf *Kategorie,* um den Katalog zu öffnen.

Bild 58.1 Das Angebot an Kategorien ist reichlich

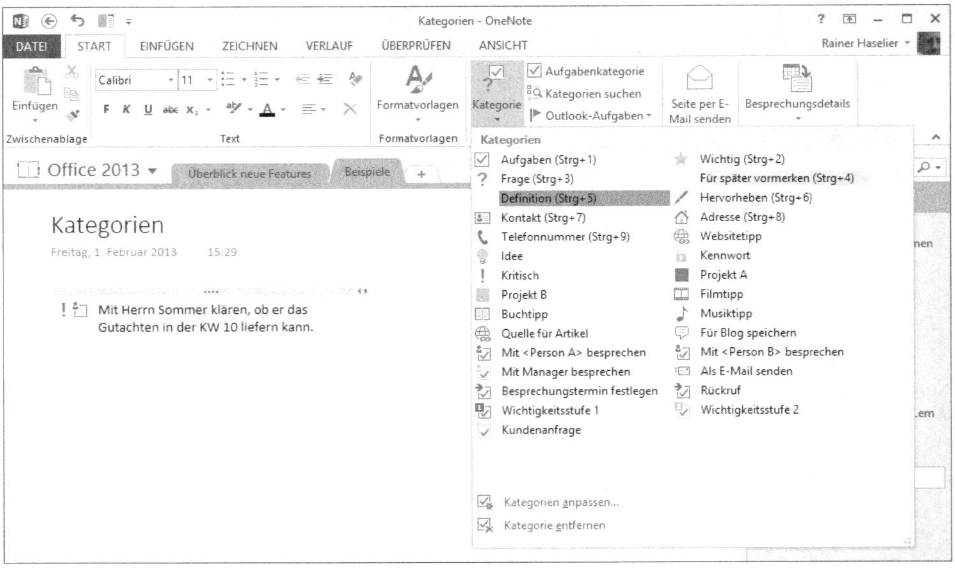

3. Wählen Sie die gewünschte Kategorie aus. (Sie können einer Notiz übrigens auch mehrere Kategorien zuweisen!)

Bild 58.2 Diese Notiz hat zwei Kategorien erhalten

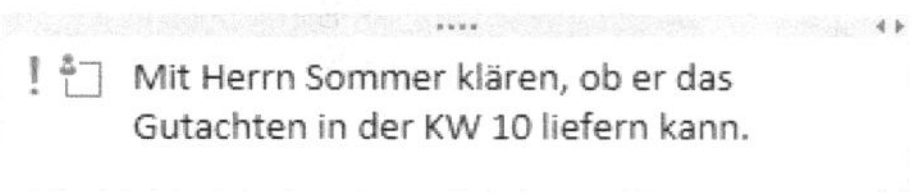

Alternativ können Sie Kategorien auch über das Kontextmenü einer Notiz zuweisen, was in der Regel deutlich schneller geht. Außerdem können Sie mit den Tastenkombinationen [Strg]+[1] bis [Strg]+[9] neun verschiedene Notizkennzeichen per Tastatur ein- bzw. ausschalten.

Tabelle 58.1 Die Standardnotizkennzeichen von OneNote 2013

Symbol	Tastenkombination	Bemerkung
	[Strg]+[1]	Hiermit können Sie Aufgabenlisten erstellen. Das Symbol funktioniert wie ein Kontrollkästchen, d.h., Sie können es ein- und ausschalten.
	[Strg]+[2]	Wichtige Notiz
?	[Strg]+[3]	Frage
vormerken	[Strg]+[4]	Für später vormerken. Durch dieses Notizkennzeichen wird die Notiz gelb hinterlegt.
Definition	[Strg]+[5]	Definition. Durch dieses Notizkennzeichen wird die Notiz grün hinterlegt.
	[Strg]+[6]	Hervorheben
9	[Strg]+[7]	Kontaktdaten
	[Strg]+[8]	Adresse
	[Strg]+[9]	Telefonnummer

Notizkennzeichen entfernen

Notizkennzeichen funktionieren wie ein Schalter, d. h., um sie wieder zu entfernen, rufen Sie den gleichen Befehl einfach noch einmal auf. Sie können auch das betreffende Kennzeichen mit der rechten Maustaste anklicken und im Kontextmenü den Befehl *Tag entfernen* aufrufen. Dieses Verfahren geht in der Regel am schnellsten.

Notizkennzeichen bearbeiten

In OneNote sind neben den in Tabelle 58.1 aufgeführten Notizkennzeichen noch weitere zwanzig Kategorien vordefiniert. Diese Kategorien können Sie bei Bedarf bearbeiten und so z. B. die Reihenfolge oder die Symbole einzelner Kategorien verändern. Außerdem ist es möglich, die Liste um weitere Einträge zu erweitern. Nehmen Sie dazu folgende Schritte vor:

1. Öffnen Sie auf der Registerkarte *START* den Katalog der Schaltfläche *Kategorie* und wählen Sie den Befehl *Kategorien anpassen.* OneNote zeigt dann folgendes Dialogfeld an:

Bild 58.3 Das Dialogfeld *Kategorien anpassen*

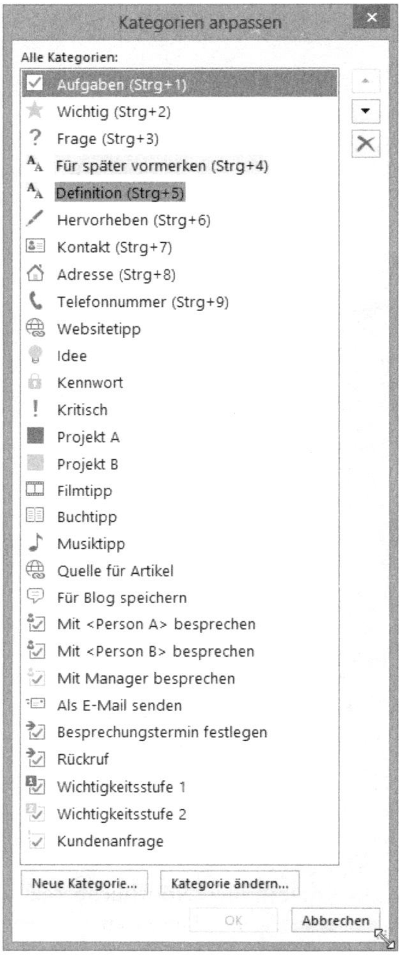

2. Markieren Sie im Dialogfeld die gewünschte Kategorie.

   Jetzt können Sie z. B. mit den beiden Pfeilschaltflächen die Position der Kategorie innerhalb der Liste verändern. Beachten Sie, dass die Tastenkombinationen fest mit den ersten neun Einträgen der Liste verbunden sind. Sie sollten daher Kategorien, die Sie häufig benötigen, möglichst in die »Top Nine« platzieren.

3. Wenn Sie das Symbol einer Kategorie bearbeiten möchten, klicken Sie auf *Kategorie ändern;* um eine neue Kategorie zu erstellen, auf *Neue Kategorie.* In beiden Fällen erscheint das Dialogfeld, das Sie in Bild 58.4 auf der nächsten Seite sehen.

4. Geben Sie einen Namen für das neue Notizkennzeichen ein. Der Name darf noch nicht für ein anderes Notizkennzeichen verwendet worden sein.

5. Wählen Sie das Symbol, die Schriftfarbe und die Markierungsfarbe aus. Im Vorschaubereich des Dialogfeldes können Sie begutachten, wie die gewählten Einstellungen auf dem Bildschirm angezeigt werden.

Bild 58.4 Erstellen einer individuellen Kategorie

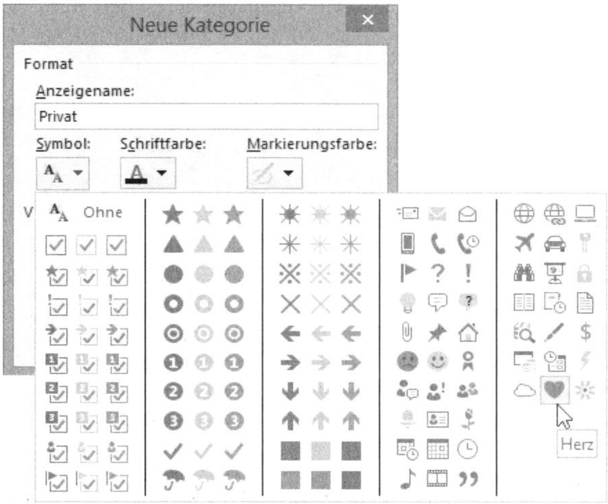

6. Schließen Sie das Dialogfeld mit *OK*.

Kategorienzusammenfassung

Wenn Sie einen schnellen Überblick über Ihre Notizen wünschen, eignet sich dazu am besten die Kategorienzusammenfassung. Mit dieser leistungsfähigen Funktion können Sie

- die Kategorien wahlweise nach ihrem Namen, Abschnitt, Titel, Datum oder Notiztext gruppieren lassen,
- nur unerledigte Notizen anzeigen lassen,
- die Zusammenfassung auf die Notizen eines bestimmten Notizbuchbereichs oder eines Zeitabschnitts *(Heute, Gestern, aktuelle Woche, letzte Woche)* eingrenzen.

Um eine Zusammenfassung Ihrer Kategorien zu erhalten, gehen Sie folgendermaßen vor:

1. Klicken Sie auf der Registerkarte *START* in der Gruppe *Kategorien* auf die Schaltfläche *Kategorien suchen.* OneNote zeigt dann den Aufgabenbereich *Kategorienzusammenfassung* an (siehe Bild 58.5).
2. Legen Sie im Aufgabenbereich fest, wie die Notizkennzeichen gruppiert werden sollen. Zur Auswahl stehen hier die Optionen *Kategoriename, Abschnitt, Titel, Datum* und *Notiztext.*
3. Entscheiden Sie, ob alle Notizen angezeigt werden sollen oder nur die unerledigten.
4. Stellen Sie mit dem Listenfeld *Durchsuchen* den Suchbereich ein. Sie haben hier die Wahl zwischen einer räumlichen Eingrenzung (Seite, Abschnitt, Notizbuch etc.) und einer zeitlichen (Notizen von heute, gestern, dieser Woche etc.).

OneNote aktualisiert die Liste der gefundenen Notizen automatisch nach jeder Änderung, die Sie in dem Aufgabenbereich vornehmen.

5. Wenn Sie sich eine der gefundenen Notizen genauer ansehen wollen, klicken Sie den betreffenden Listeneintrag einfach an. OneNote springt dann direkt zu der entsprechenden Seite.

Bild 58.5 Die Kategorienzusammenfassung liefert den perfekten Überblick

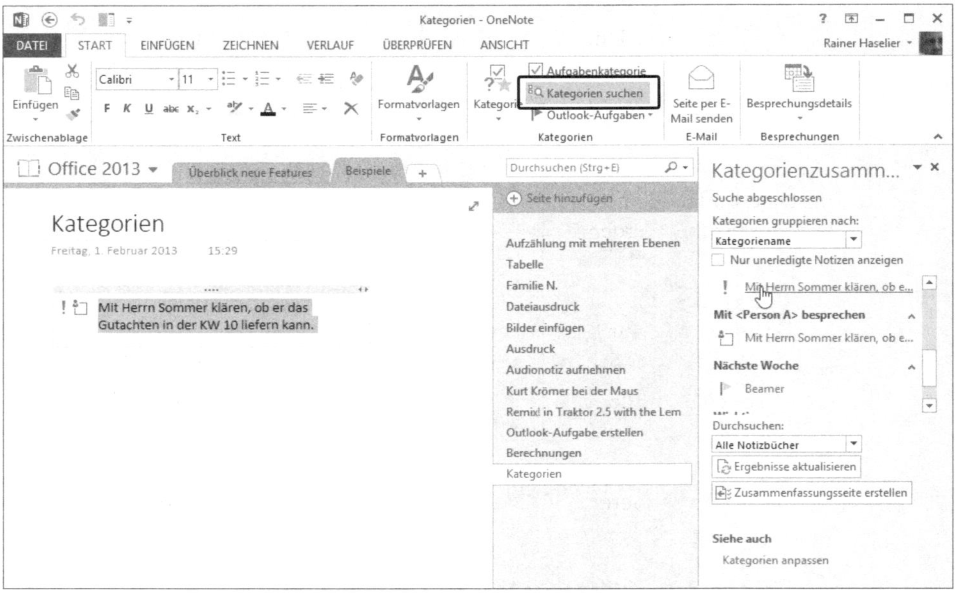

6. Klicken Sie im Aufgabenbereich auf *Zusammenfassungsseite erstellen,* wenn Sie die Trefferliste als eigene Notizseite ablegen möchten.

Seiten, Abschnitt und Abschnittsgruppen

Ab einem gewissen Umfang eines Notizbuchs ist es unerlässlich, dass Sie Ihre Notizen thematisch zusammenfassen. Zu diesem Zweck lassen sich Notizbücher in OneNote folgendermaßen organisieren:

- Jede Seite kann mehrere Unterseiten enthalten. Dadurch entstehen sogenannte *Seitengruppen.* Auf diese Weise lässt sich z. B. eine sehr lange Seite auf mehrere kürzere Seiten aufteilen.
- Die Seiten des Notizbuchs sind in *Abschnitten* organisiert.
- Mehrere Abschnitte lassen sich in *Abschnittsgruppen* zusammenfassen. Dadurch können Abschnitte z. B. projektweise organisiert werden.

Neue Seiten einfügen

Um in einen Abschnitt eine neue leere Seite hinzuzufügen, klicken Sie im Seitenregister auf *Seite hinzufügen.* Die zugehörige Tastenkombination lautet [Strg]+[N]. Wenn Sie die neue Seite direkt zwischen zwei vorhandenen Seiten einfügen möchten, zeigen Sie im Seitenregister einfach auf die gewünschte Einfügeposition und klicken dann auf die mitwandernde Einfügemarkierung am linken Rand des Seitenregisters.

Wenn Sie eine neue Unterseite erstellen möchten, fügen Sie zuerst eine neue Seite ein. Klicken die die Seite dann im Seitenregister mit der rechten Maustaste an und wählen Sie im Kontextmenü *Als Unterseite verwenden.*

Seitenvorlagen verwenden

Im Lieferumfang von OneNote ist aber auch eine Fülle von Vorlagen enthalten, die als *Seitenvorlagen* bezeichnet werden. Dabei handelt es sich um vorgefertigte Notizbuchseiten, die zum Teil lediglich eine ansprechende Hintergrundgrafik besitzen, aber auch fertige Textgerüste für Protokolle oder Aufgabenlisten enthalten können.

1. Wechseln Sie zur Registerkarte *EINFÜGEN* und klicken Sie in der Gruppe *Seiten* auf den oberen Bereich der Schaltfläche *Seitenvorlagen.* OneNote zeigt den Aufgabenbereich *Vorlagen* an.
2. Klicken Sie in der angezeigten Kategorienliste auf eine der Pfeilschaltflächen, um die zugehörigen Vorlagen anzuzeigen.

Bild 58.6 Im Aufgabenbereich *Vorlagen* finden Sie zahlreiche Vorlagen für Ihre Notizseiten

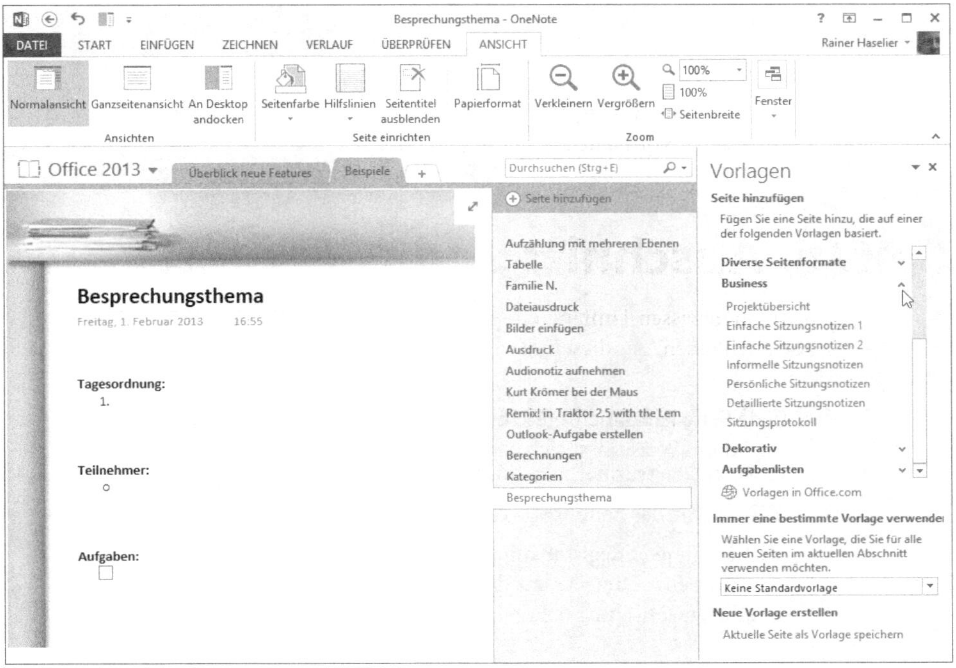

3. Wählen Sie eine der angebotenen Vorlagen aus.

Wenn Sie eine Vorlage regelmäßig verwenden wollen, können Sie sie unten im Aufgabenbereich als Standardvorlage festlegen. Diese Einstellung gilt für den aktuellen Abschnitt, d.h., Sie können für jeden Abschnitt eines Notizbuchs eine andere Standardvorlage wählen.

Ganz unten im Aufgabenbereich *Vorlagen* finden Sie noch den Link *Aktuelle Seite als Vorlage speichern,* mit dem Sie eigene Seitenentwürfe als Vorlage speichern können.

Seiten einrichten

Auf der Registerkarte *ANSICHT* finden Sie in der Gruppe *Seite einrichten* mehrere Befehle, mit denen Sie einige Eigenschaften einer Seite verändern können. Dazu gehören z. B. die Hintergrundfarbe der Seite und die Hilfslinien, die sich besonders dann anbieten, wenn Sie die Seiten für Skizzen oder handschriftliche Eingaben verwenden wollen.

Bild 58.7 Notizseiten lassen sich mit unterschiedlichen Hilfslinien versehen

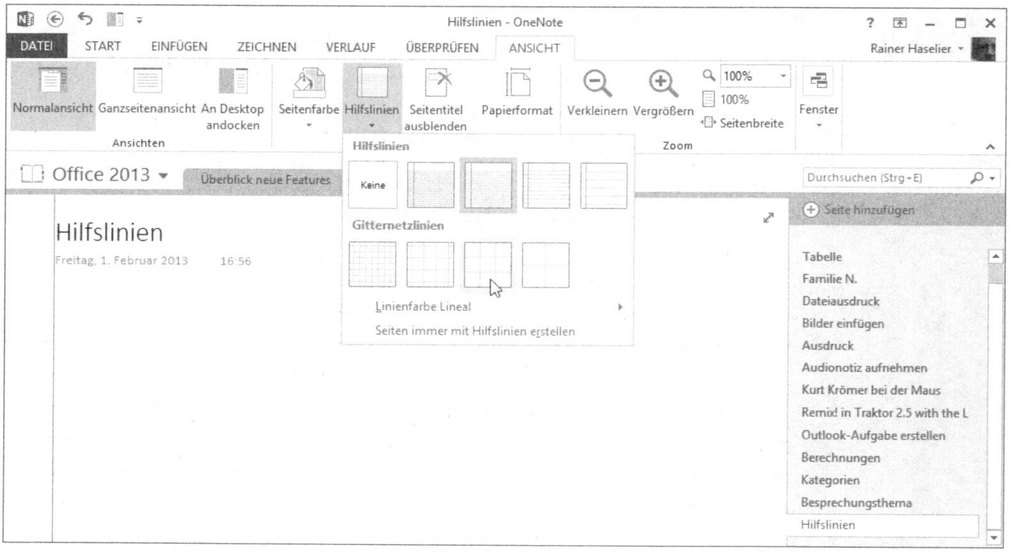

Seiten verschieben

Wenn Sie eine Seite innerhalb eines Abschnitts verschieben wollen, gehen Sie so vor:

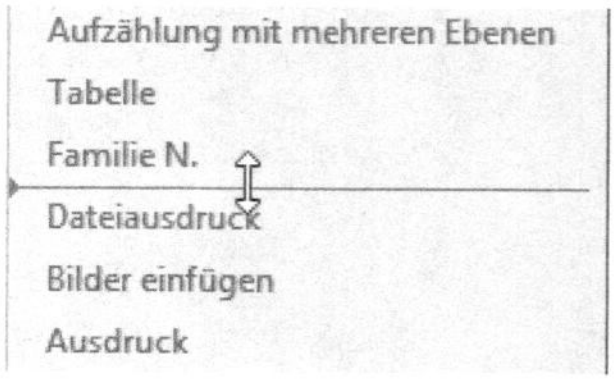

1. Klicken Sie das Seitenregister der Seite an.
2. Ziehen Sie das Register mit der Maus nach oben oder unten, bis das kleine Dreieck, das die neue Position der Seite anzeigt, auf die gewünschte Stelle zeigt.

Seiten in einen anderen Abschnitt verschieben

Sie können eine Seite auch in einen anderen Abschnitt verschieben. Das kann z.B. erforderlich werden, wenn Sie die Organisation Ihres Notizbuchs ändern oder wenn Sie eine Schnellnotiz – die ja automatisch im Abschnitt *Nicht abgelegte Notizen* gespeichert wird – an ihren eigentlichen Bestimmungsort verschieben möchten.

Dazu ziehen Sie das Seitenregister der betreffenden Seite mit der Maus auf die Registerkarte des gewünschten Abschnitts. Der Abschnitt wird dann auf dem Bildschirm angezeigt und Sie können die Seite an der gewünschten Position im Seitenregister platzieren.

Wenn Ihnen dieses Verfahren zu »fummelig« ist, können Sie auch folgendermaßen vorgehen:

1. Klicken Sie das Seitenregister der zu verschiebenden Seite mit der rechten Maustaste an.
2. Wählen Sie im Kontextmenü den Befehl *Verschieben oder kopieren.*

Bild 58.8 Seiten zwischen Abschnitten verschieben

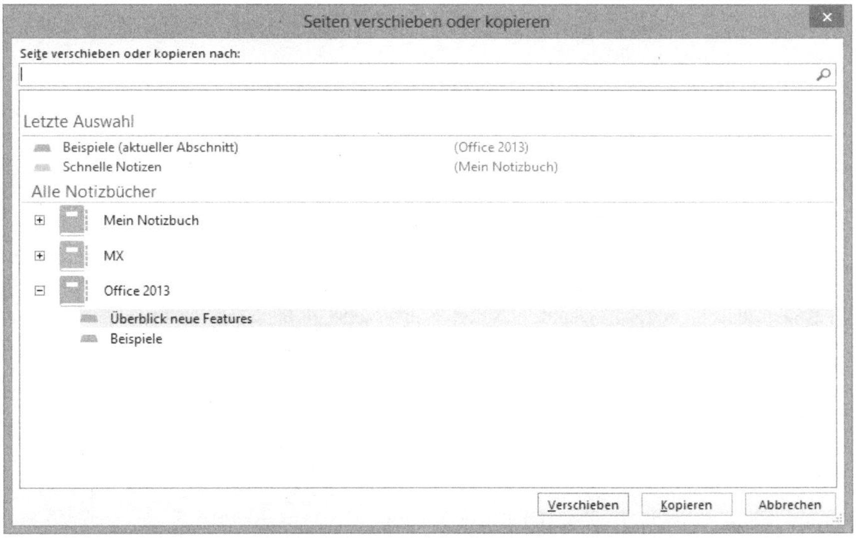

3. Markieren Sie den Abschnitt, in den Sie die Seite verschieben möchten, und klicken Sie dann auf die Schaltfläche *Verschieben.*

Seiten löschen und wiederherstellen

Um eine Seite aus dem Notizbuch zu entfernen, klicken Sie ihr Blattregister mit der rechten Maustaste an und wählen im angezeigten Kontextmenü den Befehl *Löschen.*

Die gelöschten Seiten werden für jedes Notizbuch in einem eigenen Papierkorb gesammelt, in dem sie 60 Tage lang aufbewahrt werden. Um den aktuellen Inhalt des Papierkorbs anzuzeigen, wechseln Sie zur Registerkarte *FREIGEBEN* und klicken dort in der Gruppe *Verlauf* auf die Schaltfläche *Notizbuch-Papierkorb.* Zum Wiederherstellen einer Seite verschieben Sie sie einfach wie im letzten Abschnitt beschrieben in den gewünschten Abschnitt.

Mit Abschnitten arbeiten

In diesem Abschnitt erfahren Sie, wie Sie Ihre Notizbücher um neue Abschnitte erweitern und wie Sie vorhandene Abschnitte verschieben und zu Gruppen zusammenfassen. Diese Arbeiten lassen sich sehr intuitiv erledigen, da die benötigten Befehle alle über das Kontextmenü der Registerkarten erreichbar sind.

Neuen Abschnitt einfügen

Das Einfügen eines neuen Abschnitts ist genauso einfach wie das Hinzufügen einer neuen Seite. Nehmen Sie dazu folgende Schritte vor:

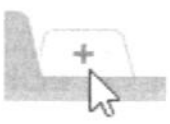

1. Klicken Sie auf die letzte Registerkarte des Notizbuchs – sie enthält ein Pluszeichen. OneNote fügt den neuen Abschnitt am Ende des Notizbuchs ein.
2. Tragen Sie in der neuen Registerkarte den gewünschten Namen des Abschnitts ein.
3. Wenn Ihnen die von OneNote gewählte Farbe des Abschnitts nicht zusagt, können Sie diese ändern, indem Sie die Registerkarte mit der rechten Maustaste anklicken und den Befehl *Abschnittsfarbe* wählen.

Abschnitte verschieben und kopieren

Genauso, wie Sie eine Seite innerhalb des Notizbuchs verschieben können, lässt sich auch die Anordnung der Abschnitte verändern. Ziehen Sie dazu einfach die Registerkarte des Abschnitts mit gedrückter Maustaste an ihre neue Position.

Alternativ können Sie auch das Dialogfeld *Abschnitt verschieben nach* benutzen, dessen Aufbau dem Dialogfeld *Seiten verschieben oder kopieren* entspricht (siehe Bild 58.8 auf der vorherigen Seite). Sie öffnen das Dialogfeld über den Befehl *Verschieben oder kopieren* im Kontextmenü der Abschnittsregisterkarte.

Abschnitte löschen und wiederherstellen

Wenn Sie die Notizen eines Abschnitts nicht mehr benötigen, können Sie ihn aus dem Notizbuch löschen.

1. Klicken Sie die Registerkarte des betreffenden Abschnitts mit der rechten Maustaste an.
2. Wählen Sie den Befehl *Löschen.*
3. Bestätigen Sie die folgende Sicherheitsabfrage mit *Ja.*

Der Abschnitt wird hierbei jedoch nicht tatsächlich gelöscht, sondern lediglich in den Papierkorb des Notizbuchs verschoben. Dort verbleibt er 60 Tage lang und kann in diesem Zeitraum jederzeit wieder aus dem Papierkorb hervorgeholt werden. Zum Öffnen des Papierkorbs wechseln Sie im Menüband zur Registerkarte *FREIGEBEN* und klicken dort auf das Symbol *Notizbuch-Papierkorb.*

Abschnitte in Gruppen zusammenfassen

Sobald Ihr Notizbuch mehr als ein Dutzend Abschnitte enthält, sollten Sie über die Verwendung von *Abschnittsgruppen* nachdenken, die in OneNote 2003 noch als *Ordner* bezeichnet wurden. Die ursprüngliche Namensgebung kam nicht von ungefähr, denn Abschnittsgruppen erfüllen in OneNote die gleiche Aufgabe wie Ordner auf der Festplatte des Computers: Sie helfen beim strukturierten Ablegen der Daten bzw. Informationen.

Um z.B. die beiden Abschnitte *Projekt A* und *Projekt B* in einer Gruppe zusammenzufassen, gehen Sie folgendermaßen vor:

1. Klicken Sie in der Navigationsleiste einen beliebigen Abschnitt mit der rechten Maustaste an und wählen Sie im Kontextmenü den Befehl *Neue Abschnittsgruppe*. OneNote fügt eine neue Abschnittsgruppe in das Notizbuch ein.
2. Sie können die neue Gruppe sofort benennen. Falls der Gruppenname nicht mehr markiert ist, klicken Sie die Gruppe mit der rechten Maustaste an, wählen Sie im Kontextmenü den Befehl *Umbenennen* und geben dann einen Namen ein.

Bild 58.9 Umbenennen der neuen Abschnittsgruppe

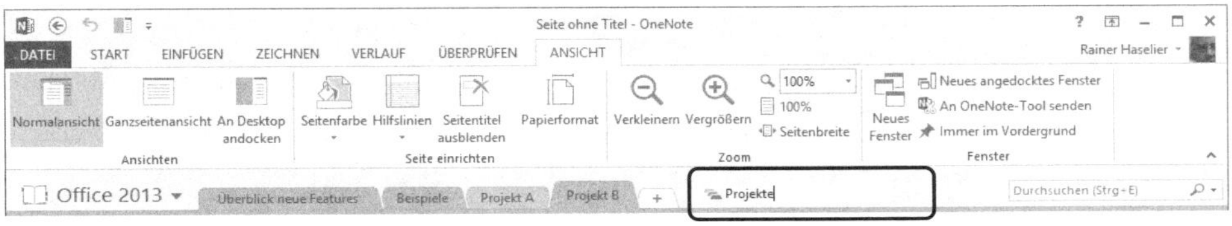

3. Ordnen Sie die gewünschten Abschnitte in die neue Gruppe ein, indem Sie deren Registerkarte auf den Namen der Abschnittsgruppe ziehen.

Bild 58.10 Verschieben des Abschnitts *Projekt A* in die neue Gruppe *Projekte:* während des Ziehens...

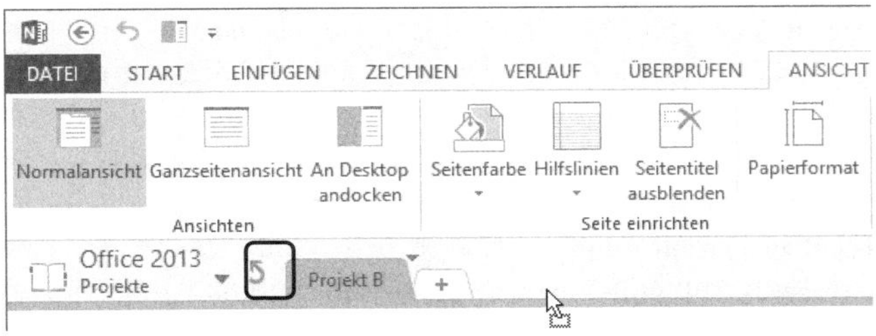

Während des Ziehens öffnet OneNote die Abschnittsgruppe und deren Navigationsleiste wird angezeigt. Lassen Sie dann die Maustaste los. Ziehen Sie die Abschnittsregisterkarten an die betreffende Position, damit die Abschnitte in der gewünschten Reihenfolge angezeigt werden.

Bild 58.11 ... und nach dem Loslassen

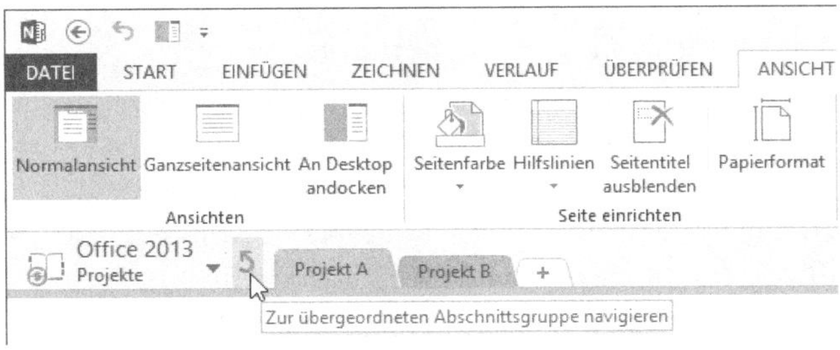

OneNote

Neben den Abschnittsregisterkarten taucht jetzt ein grüner Pfeil auf. Der grüne Pfeil führt Sie wieder zu den übergeordneten Abschnitten zurück.

Bild 58.12 So sehen die Abschnittsgruppen aus, wenn Sie den Notizbuchbereich angeheftet haben

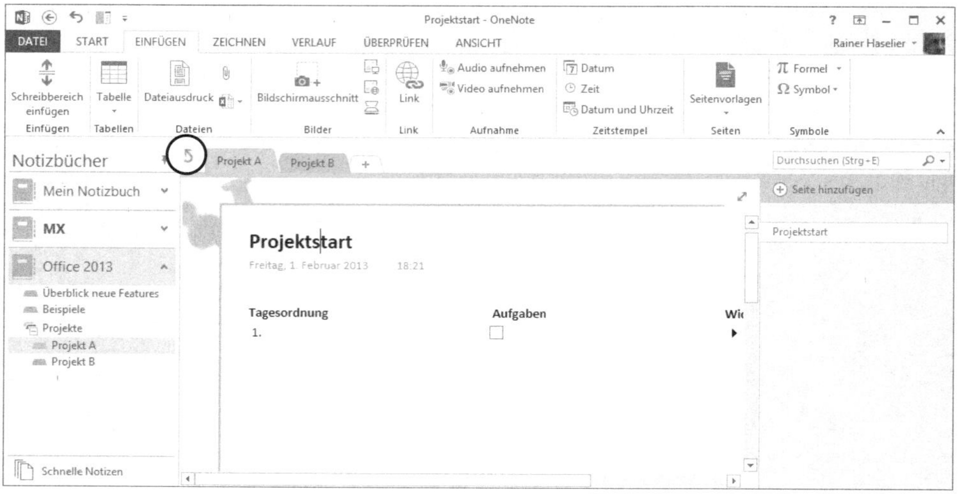

Notizen suchen

Wenn Sie nicht mehr genau wissen, wo Sie eine bestimmte Notiz oder Information in Ihrem Notizbuch abgelegt haben, können Sie die Suchfunktion von OneNote benutzen, um die Notiz aufzuspüren. Es handelt sich dabei um eine Volltextsuche, d.h., der gesamte Text des Notizbuchs (inklusive Seitentitel, Datums- und Zeitangaben) wird bei der Suche berücksichtigt.

OneNote kann sogar Ihre Audio- und Videoaufzeichnungen durchsuchen. Dazu müssen Sie unter *DATEI/Optionen* in der Kategorie *Audio und Video* die Option *Suche nach Wörtern in Audio- und Videoaufzeichnungen aktivieren* einschalten. Die Erfolgsaussichten hängen natürlich stark von der Qualität der Aufnahme ab. Voraussetzung sind ein gutes Mikrofon, das eine rauschfreie Aufnahme erlaubt, und eine deutliche, dialektfreie Aussprache.

Die Analyse der Aufnahmen findet übrigens nur statt, wenn sich der Computer im Leerlauf befindet und – im Falle eines Notebooks – nicht im Batteriemodus betrieben wird.

Um Ihre Notizen zu durchsuchen, gehen Sie folgendermaßen vor:

1. Tragen Sie den Suchbegriff in das Textfeld ein, das sich rechts neben den Abschnittsregisterkarten befindet. OneNote zeigt die Treffer dann direkt unterhalb des Suchfeldes in einer Liste an.
2. Falls Sie die Suche auf die aktuelle Seite des Notizbuchs beschränken wollen, drücken Sie die Tastenkombination [Strg]+[F].
3. Alternativ öffnen Sie das Dropdownmenü des Suchfeldes und stellen dort den gewünschten Suchbereich ein. Standardmäßig werden alle geöffneten Notizbücher durchsucht. Bei vielen

Treffern können Sie die Suche aber auch auf einzelne Notizbücher, Abschnitte oder Seiten beschränken.

Bild 58.13 Einstellen des Suchbereichs

4. Wenn Sie die gesuchte Stelle in der Trefferliste nicht identifizieren können, klicken Sie unten in der Liste auf *Notiz und Audio-Suchergebnisbereich anheften.* OneNote zeigt dann den Aufgabenbereich *Suchergebnisse* an.

Bild 58.14 Anzeige der Suchergebnisse im Aufgabenbereich *Suchergebnisse*

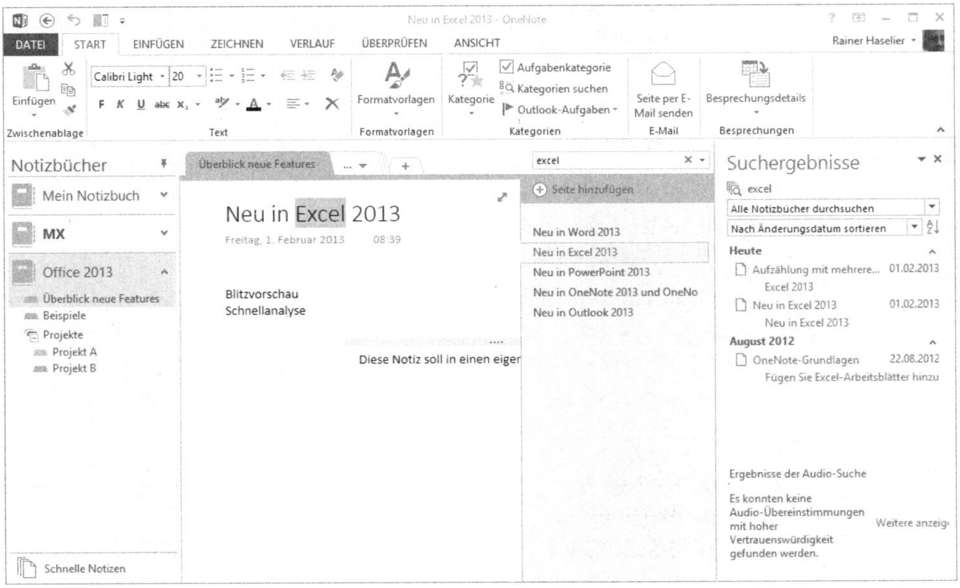

5. Ändern Sie gegebenenfalls die Sortierung der Trefferliste oder schränken Sie den Suchbereich weiter ein, falls die Liste sehr umfangreich sein sollte.

TIPP **Suchbegriffe verknüpfen** Wenn Sie in dem Suchfeld mehrere Wörter eingeben, zeigt OneNote nur diejenigen Seiten als Treffer an, in denen alle Suchbegriffe enthalten sind. Sie können dieses Verhalten ändern, indem Sie die Suchbegriffe mit den Operatoren UND und ODER kombinieren. Wenn Sie z. B. **Zeitplan ODER Abgabetermin** eingeben, listet OneNote alle Seiten auf, in denen mindestens eines der beiden Wörter vorkommt. Damit diese Operatoren funktionieren, müssen Sie sie in Großbuchstaben eintippen!

Inhaltsverzeichnis mit Hyperlinks

Eine weitere Möglichkeit, um ein umfangreiches Notizbuch zu organisieren, ist das Erstellen eines Inhaltsverzeichnisses. Leider hat OneNote nicht wie Word eine Funktion, mit der Sie ein automatisches Verzeichnis erstellen können. Hier müssen Sie selbst aktiv werden und die Einträge des Inhaltsverzeichnisses manuell zusammenstellen.

Man sollte daher auch genau genommen von einer Hyperlinkliste sprechen, von der aus Sie zentral auf wichtige Seiten Ihres Notizbuchs verweisen. Um ein solches Verzeichnis zu erstellen, gehen Sie folgendermaßen vor:

1. Fügen Sie eine neue Seite ein, die das Inhaltsverzeichnis aufnehmen soll.
2. Klicken Sie das Blattregister der Seite, auf die Sie verweisen wollen, mit der rechten Maustaste an und wählen Sie im Kontextmenü den Befehl *Hyperlink zu Seite kopieren*.
3. Zeigen Sie wieder die Seite für das Inhaltsverzeichnis an. Dazu können Sie z. B. die Schaltfläche *Zurück* in der Symbolleiste für den Schnellzugriff nutzen.
4. Klicken Sie die Stelle, an der Sie den Hyperlink einfügen wollen, mit der rechten Maustaste an und wählen Sie im Kontextmenü das erste Symbol in der Gruppe *Einfügeoptionen*. Der eingefügte Hyperlink sollte anschließend so aussehen wie in der folgenden Abbildung.

Bild 58.15 Hyperlink auf eine Seite

5. Wenn Sie den Text des Hyperlinks verändern möchten, klicken Sie ihn mit der rechten Maustaste an und wählen im Kontextmenü den Befehl *Hyperlink bearbeiten*. Nehmen Sie die gewünschte Änderung dann im Textfeld *Anzuzeigender Text* vor.
6. Vervollständigen Sie Ihr Inhaltsverzeichnis, indem Sie weitere Hyperlinks einfügen.

TIPP Sie können übrigens auch auf Abschnitte und sogar auf einzelne Absätze oder Bilder verweisen. Klicken Sie dazu die gewünschten Objekte mit der rechten Maustaste an und rufen Sie den Befehl *Hyperlink zu ... kopieren* auf.

Kapitel 59

Notizbücher gemeinsam verwenden

In diesem Kapitel:

In diesem Kapitel stellen wir die Funktionen von OneNote vor, die das Arbeiten im Team unterstützen. Sie erfahren u.a., wie Sie Ihre Notizen anderen Personen zur Verfügung stellen und wie Sie gemeinsam zu nutzende Notizbücher einrichten.

Speicherorte für die gemeinsame Nutzung

Wenn Sie ein Notizbuch auf mehreren Computern oder mit mehreren Personen nutzen wollen, müssen Sie es an einem Ort speichern, auf den von allen Geräten zugegriffen werden kann bzw. auf den alle Personen, die das Notizbuch nutzen sollen, zugreifen können. Die beiden wichtigsten Speicherorte hierfür sind ein freigegebener Ordner in einem Netzwerk (gleichgültig, ob es sich um ein Heim- oder ein Firmennetzwerk handelt) und der Microsoft Cloudspeicherdienst SkyDrive.

- **Speichern im Netzwerk** Das Speichern von Notizbüchern im Netzwerk eignet sich, wenn Sie selbst von mehreren Computern aus auf Ihre eigenen Notizbücher zugreifen wollen. Angenommen, Sie verwenden OneNote mit einem Desktop-PC und einem Notebook. Wenn Sie vom Notebook aus Änderungen an einer Notizenseite vornehmen, während Sie unterwegs sind, kümmert sich OneNote das nächste Mal, wenn Sie sich mit dem Netzwerk verbinden, automatisch darum, dass Änderungen, die Sie auf den verschiedenen Geräten vorgenommen haben, synchronisiert werden.

  Das zweite Einsatzszenario, bei dem das Speichern im Netzwerke eine gute Wahl darstellt, ist die gemeinsame Nutzung eines Notizbuchs durch mehrere Personen innerhalb einer Firma. Speichern Sie hierfür das Notizbuch in einem freigegebenen Ordner des Netzwerks. Alle Personen, die auf den Ordner zugreifen können, können auch das Notizbuch bearbeiten. Auch in dieser Konfiguration können Änderungen am Notizbuch vorgenommen werden, wenn keine Netzwerkverbindung besteht, da OneNote die offline vorgenommenen Änderungen synchronisiert, wenn der Computer wieder mit dem Netzwerk verbunden ist.

  Wenn Sie ein Notizbuch im Netzwerk speichern, müssen alle Personen, die das Notizbuch verwenden wollen, dies mit der Desktopvariante von OneNote, also OneNote 2013 tun. OneNote MX, die beiden OneNote Mobile-Versionen für iOS und OneNote Web App können lediglich Notizbücher bearbeiten, die auf SkyDrive bzw. SharePoint gespeichert sind.

- **Speichern auf SkyDrive** Speichern Sie Ihre Notizbücher auf SkyDrive, wenn Sie selbst nicht nur von Ihrem Desktop-PC oder nicht nur dann auf die Notizbücher zugreifen wollen, wenn Ihr Computer mit dem Heim- bzw. Firmennetzwerk verbunden ist. Auf Notizbücher, die auf SkyDrive gespeichert sind, können Sie auch unterwegs mit den iOS-Versionen von OneNote oder mit OneNote MX von einem Windows-Tablet aus zugreifen. Einzige Voraussetzung hierfür ist, dass das Gerät mit dem Internet verbunden ist. Falls Sie kein internetfähiges mobiles Gerät einsetzen, können Sie z. B. auch mit jedem Browser von einem Internetcafé aus auf Ihr SkyDrive-Notizbuch zugreifen und Notizen erstellen und bearbeiten.

  Das zweite Einsatzszenario, bei dem Sie die Notizbücher auf SkyDrive speichern sollten, ist die gemeinsame Nutzung durch mehrere Personen, die sich an beliebigen Orten aufhalten können und nicht (wie weiter vorn erläutert) über ein Netzwerk und einen freigegebenen Ordner Zugriff auf das Notizbuch haben.

  Sie können ein Notizbuch direkt in OneNote 2013 freigeben. OneNote MX und OneNote Mobile 1.3 für iOS unterstützen das Freigeben eines Notizbuchs nicht direkt und Sie müssen hier den Umweg über die SkyDrive-Website gehen und das Notizbuch dort freigeben. Die erforderlichen Schritte zum Freigeben beschreibt der folgende Abschnitt.

SkyDrive-Notizbücher freigeben

Damit andere Personen auf eines Ihrer SkyDrive-Notizbücher zugreifen können, müssen Sie es freigeben. Die Freigabe eines Notizbuchs kann entweder von OneNote 2013 oder von der SkyDrive-Website aus erfolgen.

TIPP Wenn ein freigegebenes Notizbuch auch mit OneNote Mobile 1.3 (der iOS-Version von OneNote) bearbeitet werden soll, ist es empfehlenswert, dass die Person, die OneNote Mobile verwendet, das Notizbuch erstellt und es dann über die SkyDrive-Website freigibt. Es ist uns bei der Arbeit an diesem Kapitel leider nicht gelungen, in OneNote Mobile ein Notizbuch zu öffnen, das mit OneNote 2013 freigegeben wurde.

Notizbuch mit OneNote 2013 freigeben

Führen Sie folgende Schritte durch, um ein Notizbuch mit OneNote 2013 freizugeben:

1. Lassen Sie das Notizbuch anzeigen, das Sie freigeben möchten. Falls das Notizbuch bereits geöffnet ist, klicken Sie es im Notizbuchbereich an. Falls es noch nicht geöffnet ist, klicken Sie auf die Registerkarte *DATEI* und wählen *Öffnen*. Wechseln Sie dann zum Speicherort des Notizbuchs und wählen Sie es aus.
2. Klicken Sie auf die Registerkarte *DATEI* und dann auf *Freigeben*.
3. Führen Sie eine der folgenden Aktionen durch:
   - Falls das Notizbuch, das Sie freigeben wollen, auf SkyDrive oder in SharePoint gespeichert ist, machen Sie bei Schritt 7 weiter.
   - Falls das Notizbuch, das Sie freigeben wollen, derzeit auf Ihrem Computer und nicht auf SkyDrive oder in SharePoint gespeichert ist, zeigt OneNote folgende Meldung in der Backstage-Ansicht *Notizbuch freigeben* an:

Bild 59.1 Erstellen eines Notizbuchs, das Sie von mehreren Computern aus bearbeiten können

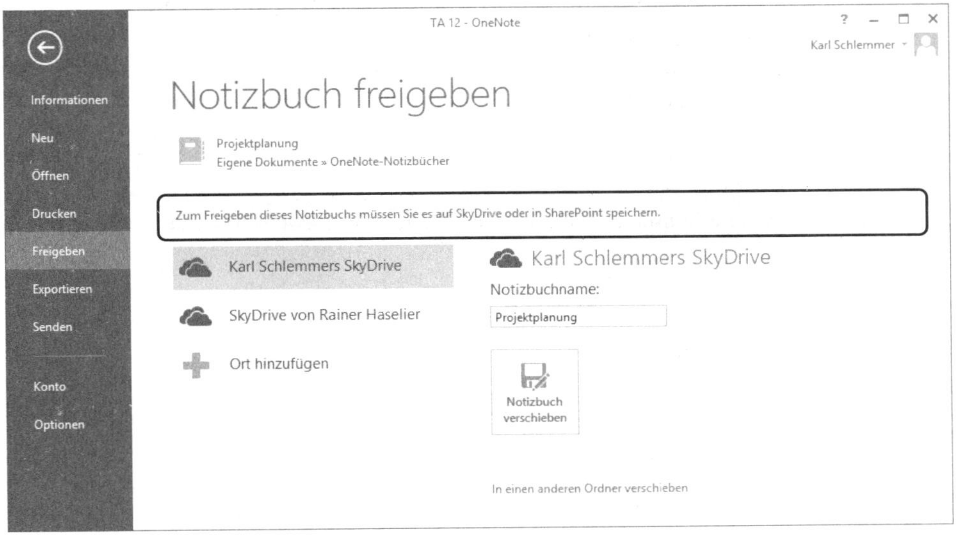

4. Wählen Sie im linken Bereich der Backstage-Ansicht *Notizbuch freigeben* einen SkyDrive- oder SharePoint-Speicherort aus. Im Feld *Notizbuchname* können Sie, falls gewünscht, den Namen des Notizbuchs ändern.
5. Klicken Sie auf *Notizbuch verschieben.*

   OneNote verschiebt Ihr Notizbuch an den angegebenen Speicherort. Wenn dieser Vorgang erfolgreich abgeschlossen wurde, zeigt OneNote folgende Meldung an:

Bild 59.2 Das lokale Notizbuch wurde auf SkyDrive oder in SharePoint verschoben

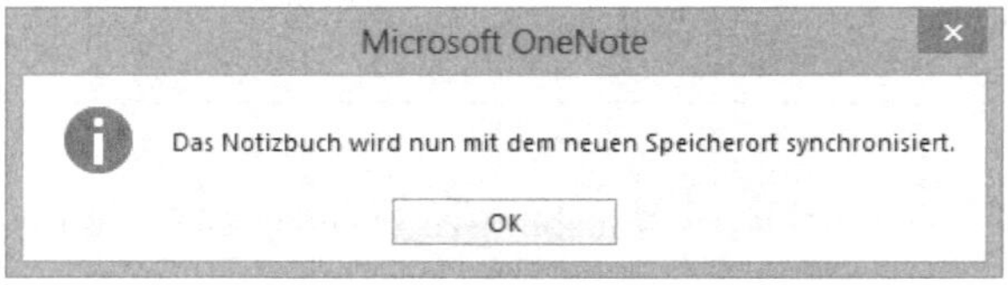

6. Klicken Sie auf *OK*. OneNote zeigt in der Backstage-Ansicht *Notizbuch freigeben* den Bereich *Personen einladen* an.

Bild 59.3 Über den Bereich *Personen einladen* können Sie anderen Zugriff auf eines Ihrer OneNote-Notizbücher gewähren

7. Führen Sie eine der folgenden Aktionen durch:

- Geben Sie in das Feld *Namen oder E-Mail-Adressen eingeben* den/die Namen bzw. die E-Mail-Adresse(n) der Person(en) ein, für die Sie das Notizbuch freigeben wollen. Klicken Sie anschließend auf *Namen überprüfen.*

- Klicken Sie auf die Schaltfläche *Adressbuch,* um das Adressbuch zu öffnen, und wählen Sie die Person(en) dort aus.

8. Öffnen Sie das Listenfeld rechts vom Namensfeld. Wählen Sie *Kann anzeigen,* wenn die Person(en) das Notizbuch nur lesen sollen. Wählen Sie *Kann bearbeiten,* wenn die Person(en) das Notizbuch lesen und ändern dürfen.

9. Geben Sie in das große Textfeld die Nachricht an, die in der E-Mail an die eingeladene(n) Person(en) enthalten sein soll.

10. Schalten Sie das Kontrollkästchen *Vor dem Zugriff auf das Dokument Anmeldung des Benutzers anfordern* ein, wenn sich die eingeladene(n) Person(en) mit ihrem Microsoft-Konto anmelden muss/müssen, um Zugriff auf das Notizbuch zu erhalten. Dies vergrößert die Sicherheit beim Freigeben des Notizbuchs.

In der E-Mail, die OneNote als Einladung verschickt, ist ein Link zu dem Notizbuch enthalten. Wenn Sie das Kontrollkästchen nicht einschalten, kann jeder den Link verwenden, um das Notizbuch zu öffnen.

Bild 59.4 Laden Sie andere zum Zugriff auf eines Ihrer OneNote-Notizbücher ein

11. Klicken Sie auf *Freigeben,* um die Einladung zu verschicken.

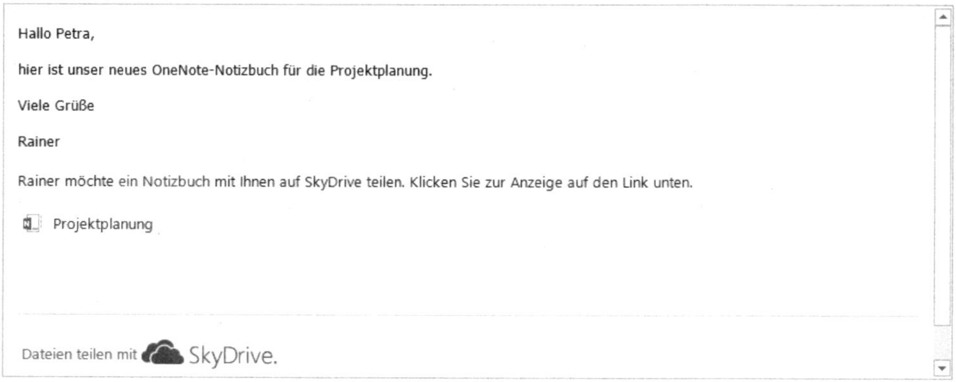

Bild 59.5 Die eingeladenen Personen erhalten eine E-Mail ähnlich wie die hier angezeigte

Die Person(en), für die Sie das Notizbuch freigegeben haben, erhält/erhalten eine E-Mail ähnlich wie die, die Sie in Bild 59.5 sehen. Die Mail enthält einen Link zu dem freigegebenen Notizbuch.

Sie selbst können in der Backstage-Ansicht *Notizbuch freigeben* im Bereich *Freigegeben für* sehen, für wen Sie das Notizbuch freigegeben haben. Wenn Sie die Freigabe entfernen oder die Zugriffsberechtigung ändern möchten, klicken Sie den Namen der betreffenden Person mit der rechten Maustaste an und wählen im Menü den Befehl *Benutzer entfernen* oder *Berechtigung ändern in*.

Bild 59.6 Im Bereich *Freigegeben für* der Backstage-Ansicht *Notizbuch freigeben* können Sie die Freigabe entfernen und/oder die Art der Zugriffsberechtigung ändern

Notizbuch mit OneNote Web App freigeben

Mit den folgenden Schritten geben Sie ein SkyDrive-Notizbuch mit OneNote Web App frei:

1. Melden Sie sich über einen Webbrowser bei SkyDrive an und öffnen Sie das Notizbuch, das Sie freigeben möchten, in OneNote Web App.
2. Klicken Sie auf die Registerkarte *DATEI* und dann auf *Freigeben*.
3. Klicken Sie auf *Für andere Personen freigeben*.

4. Geben Sie in das Feld *An* die E-Mail-Adresse(n) der Person(en) ein, für die Sie das Notizbuch freigeben wollen.
5. Geben Sie in das große Textfeld die Nachricht an, die in der E-Mail an die eingeladene(n) Person(en) enthalten sein soll.

Bild 59.7 Mit dieser Webseite geben Sie in OneNote Web App ein Notizbuch frei

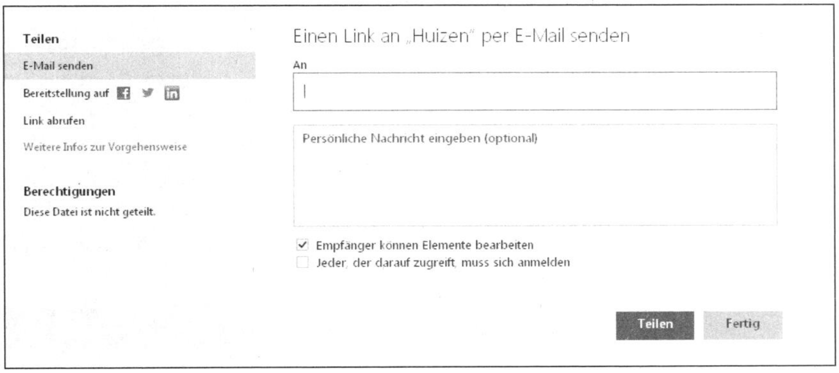

6. Schalten Sie das Kontrollkästchen *Empfänger können Elemente bearbeiten* aus, wenn die eingeladene(n) Person(en) das Notizbuch nur lesen sollen.
7. Schalten Sie das Kontrollkästchen *Jeder, der darauf zugreift, muss sich anmelden* ein, wenn sich die eingeladene(n) Person(en) mit ihrem Microsoft-Konto anmelden muss/müssen, um Zugriff auf das Notizbuch zu erhalten. Dies vergrößert die Sicherheit beim Freigeben des Notizbuchs.
8. Klicken Sie auf *Teilen*. OneNote Web App verschickt die Einladung an die angegebene(n) Person(en).

Wenn Sie überprüfen wollen, für wen Sie ein Notizbuch freigegeben haben, oder wenn Sie die Berechtigung entfernen bzw. die Art des Zugriffs ändern möchten, klicken Sie in OneNote Web App auf *DATEI* und dann auf *Freigeben*. Markieren Sie im Abschnitt *Berechtigungen* den Namen der Person, für die Sie die Berechtigung ändern möchten. Klicken Sie auf *Berechtigungen entfernen*, um die Freigabe aufzuheben. Falls das Notizbuch derzeit bearbeitet werden kann und Sie die Berechtigung in Nur-Lesen ändern wollen, schalten Sie das Kontrollkästchen *Bearbeitung möglich* aus und klicken dann auf *Fertig*.

Bild 59.8 Auch in OneNote Web App können Sie jederzeit sehen, wer Zugriff auf ein von Ihnen freigegebenes Notizbuch hat. Außerdem können Sie die Zugriffsberechtigung aufheben und die Art der Zugriffsberechtigung ändern.

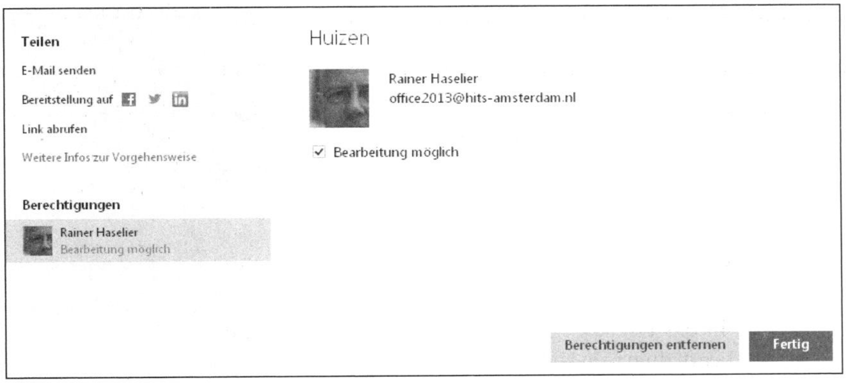

Alle geteilten Dateien in SkyDrive finden

Auch ohne den Link aus der Einladungs-E-Mail können Sie auf ein freigegebenes Notizbuch zugreifen. Melden Sie sich dazu auf der SkyDrive-Website an und klicken Sie im linken Bereich auf *Geteilt*. SkyDrive zeigt dann eine Liste aller Dokumente an, die für Sie freigegeben wurden.

Klicken Sie eines der Notizbücher an, um es in OneNote Web App zu öffnen. Von dort aus können Sie es gegebenenfalls in OneNote öffnen und bearbeiten.

Bild 59.9 Über die SkyDrive-Ansicht *Geteilt* können Sie mit Ihnen geteilte Notizbücher öffnen, auch wenn Sie den genauen Link nicht kennen

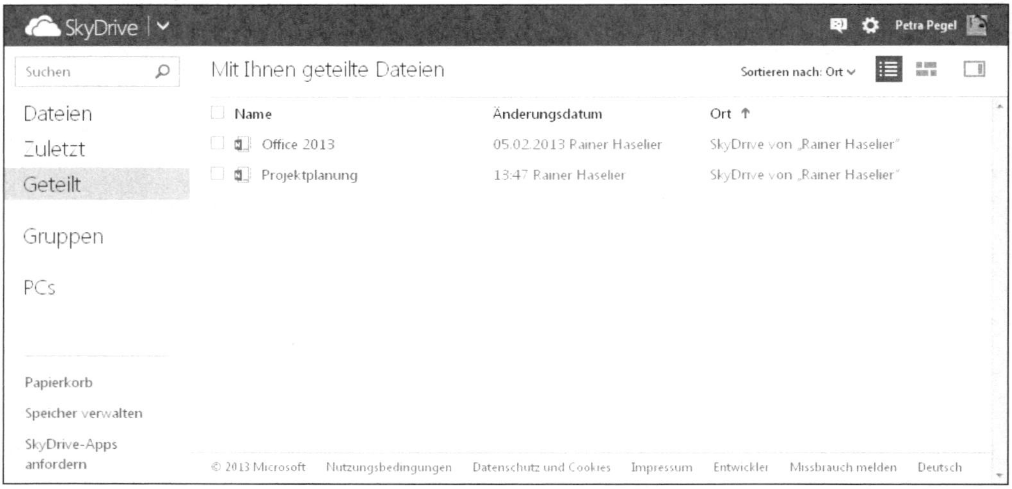

ACHTUNG Dieser Zugang zu den für Sie freigegebenen Dateien ist sehr nützlich, da bei unserer Arbeit an diesem Kapitel die Benachrichtigungsmail mit dem Freigabelink wiederholt nicht an die Person versendet wurde, für die das Notizbuch freigegeben werden sollte. OneNote verwendet zum Versenden der Benachrichtigungsmails den Microsoft-eigenen Mailserver von Hotmail. Dieser verweigerte die Zustellung der E-Mail, da ihm deren Inhalt verdächtig vorkam (siehe folgende Abbildung).

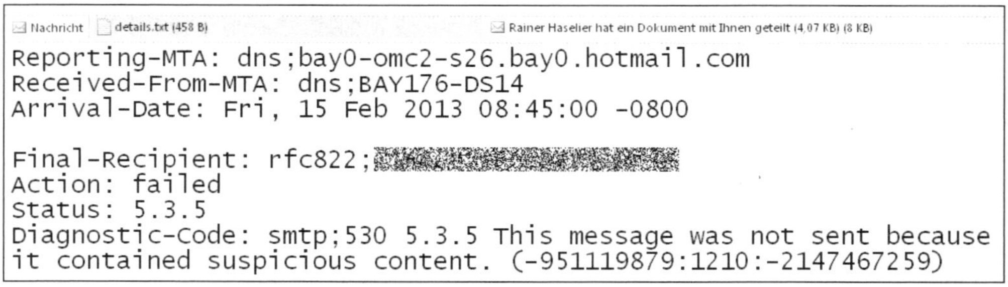


```
Reporting-MTA: dns;bay0-omc2-s26.bay0.hotmail.com
Received-From-MTA: dns;BAY176-DS14
Arrival-Date: Fri, 15 Feb 2013 08:45:00 -0800

Final-Recipient: rfc822;[redacted]
Action: failed
Status: 5.3.5
Diagnostic-Code: smtp;530 5.3.5 This message was not sent because
it contained suspicious content. (-951119879:1210:-2147467259)
```

Kennwortschutz für einzelne Abschnitte

Mit den im vorigen Abschnitt beschriebenen Schritten geben Sie immer das gesamte Notizbuch frei. Es kann aber auch Fälle geben, in denen Sie nur bestimmte Abschnitte des Notizbuchs zugänglich machen wollen. Sie erreichen dies, indem Sie die Abschnitte, die Sie nicht freigeben wollen, mit einem Kennwort schützen. Die so geschützten Abschnitte können dann nur noch eingesehen werden, wenn das richtige Kennwort eingegeben wird.

Um einen Abschnitt Ihres Notizbuchs zu schützen, nehmen Sie folgende Schritte vor:

1. Öffnen Sie den Abschnitt, den Sie durch ein Kennwort schützen wollen.
2. Öffnen Sie die Registerkarte *ÜBERPRÜFEN* und klicken Sie in der Gruppe *Abschnitt* auf *Kennwort*. Oder klicken Sie die Abschnittsregisterkarte mit der rechten Maustaste an und wählen Sie im Kontextmenü den Befehl *Diesen Abschnitt durch ein Kennwort schützen*. Dadurch wird der Aufgabenbereich *Kennwortschutz* angezeigt (siehe Bild 59.10).
3. Klicken Sie im Aufgabenbereich auf die Schaltfläche *Kennwort festlegen* und geben Sie im nächsten Dialogfeld das gewünschte Kennwort ein (zweimal, um Tippfehler auszuschließen).

Bild 59.10 Die Abschnitte eines Notizbuchs lassen sich durch Kennwörter schützen

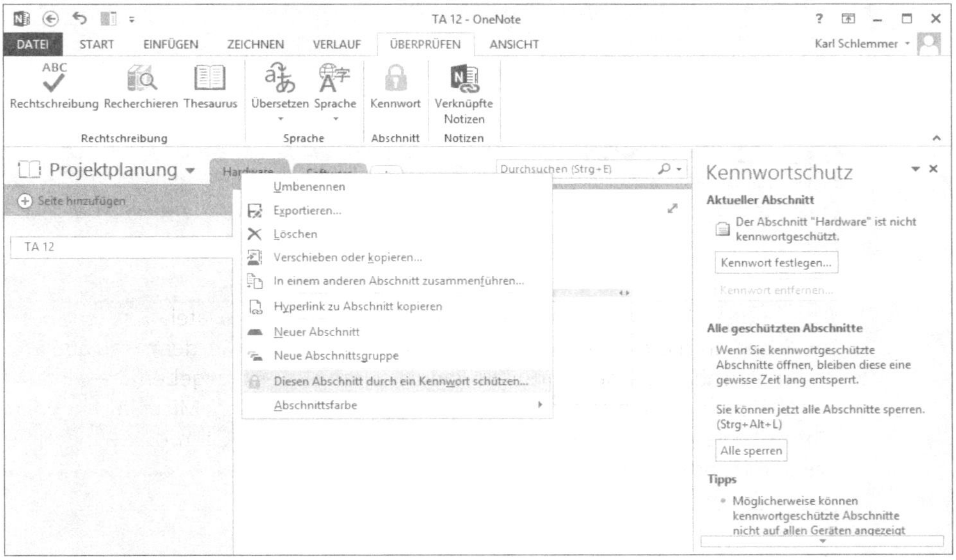

Damit ist der Kennwortschutz des Abschnitts aktiviert. Die automatische Sperre tritt jedoch erst in Kraft, wenn Sie zehn Minuten lang keine Änderung an dem Abschnitt vornehmen.

4. Klicken Sie auf die Schaltfläche *Alle sperren*, um den Abschnitt manuell zu sperren. OneNote blendet dann sämtliche Seiten des Abschnitts aus und zeigt nur noch ein leeres Deckblatt an, wie in Bild 59.11 auf der folgenden Seite zu sehen.

Bild 59.11 Öffnen eines kennwortgeschützten Abschnitts

5. Wenn Sie den Inhalt eines geschützten Abschnitts wieder anzeigen möchten, klicken Sie auf das Deckblatt und geben das korrekte Kennwort ein.

HINWEIS **Kennwortoptionen** Im Dialogfeld *OneNote-Optionen* finden Sie in der Kategorie *Erweitert* in der Gruppe *Kennwörter* mehrere Einstellungen, mit denen Sie das Verhalten von OneNote bei geschützten Abschnitten steuern können. Dort können Sie z. B. die Zeitspanne einstellen, nach der OneNote einen geschützten Abschnitt automatisch sperrt.

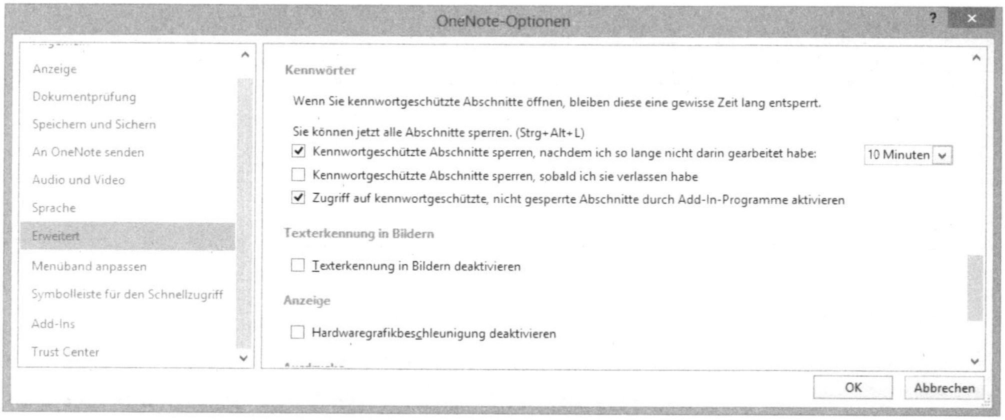

Synchronisieren und Konflikte

Das Synchronisieren der verschiedenen Notizbücher und die Integration der Änderungen, die durch unterschiedliche Bearbeiter vorgenommen wurden, erledigt OneNote ohne Ihr Zutun. Der aktuelle Status der Synchronisation wird durch ein kleines Symbol angezeigt, das sich neben dem Namen des Notizbuchs im Notizbuchbereich befindet. Wenn Sie mit der Maus auf den Namen des Notizbuchs zeigen, erscheint ein kleines Fenster, das weitere Informationen liefert.

Bild 59.12 OneNote synchronisiert derzeit das Notizbuch

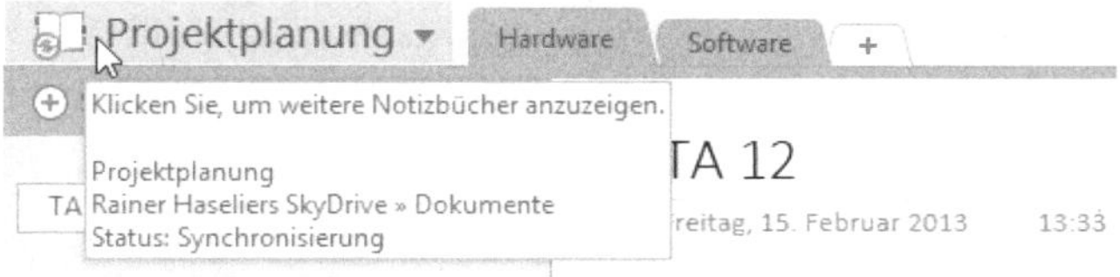

Wenn Sie weitere Informationen über den Stand der Synchronisierung wünschen, klicken Sie das Synchronisierungssymbol an. OneNote zeigt daraufhin folgendes Dialogfeld an, in dem Sie u.a. sehen können, wann das Notizbuch zum letzten Mal erfolgreich synchronisiert wurde und ob dabei Fehler aufgetreten sind. Außerdem finden Sie hier die Schaltflächen *Alle synchronisieren* und *Jetzt synchronisieren*, mit denen Sie einen sofortigen Synchronisierungsversuch auslösen können.

Bild 59.13 Dieses Dialogfeld informiert Sie detailliert über den Synchronisierungsstatus aller geöffneten Notizbücher

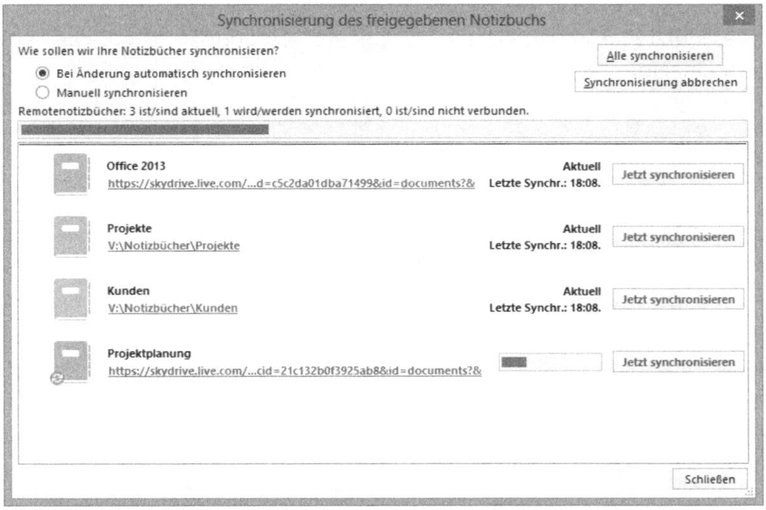

TIPP Sie können dieses Dialogfeld auch öffnen, indem Sie auf die Registerkarte *DATEI* und dann auf *Informationen* klicken. Klicken Sie anschließend im rechten Bereich der Backstage-Ansicht auf *Synchronisierungsstatus anzeigen.*

Konflikte bei der Synchronisierung auflösen

Beim Synchronisieren werden ältere Änderungen nicht automatisch von neueren überschrieben. Angenommen, Sie sind mit Ihrem Notebook unterwegs und ändern eine bereits vorhandene Notiz. Nachdem Sie wieder im Büro sind, bearbeiten Sie die gleiche Notiz an Ihrem Desktoprechner, ohne jedoch zuvor Ihr Notebook ans Netzwerk angeschlossen zu haben. Wenn Sie dann das Notebook mit dem Netzwerk verbinden, erkennt OneNote bei der Synchronisierung den Konflikt.

Solche Konflikte können natürlich auch entstehen, wenn mehrere Personen gleichzeitig am gleichen Notizbuch arbeiten. OneNote identifiziert die Konflikte auf Absatzebene, wie Sie gleich sehen werden. Wird ein Konflikt, d.h. zwei unterschiedliche Änderungen am gleichen Absatz, erkannt, übernimmt OneNote die aktuellere Version des Absatzes und kennzeichnet die Seite mit einem Hinweistext.

Bild 59.14 OneNote hat bei der Synchronisierung einen Konflikt erkannt

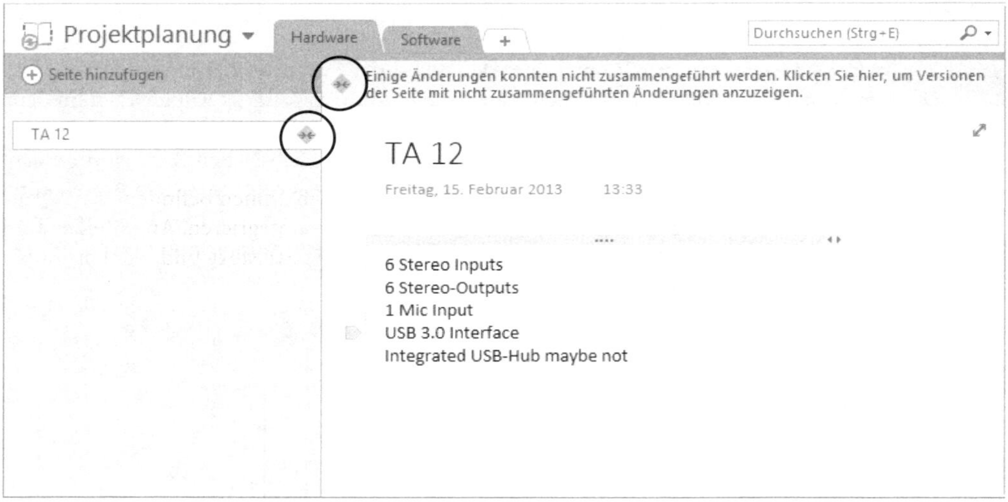

Durch Anklicken des Hinweistextes können Sie die in Konflikt stehenden Seiten einblenden und prüfen, welche Konflikte im Detail vorliegen. Damit Sie die betreffenden Stellen leichter finden, hebt OneNote die widersprüchlichen Änderungen durch rote Markierungen hervor.

Wenn Sie neben dem Absatz mit dem Konflikt keine Initialen sehen und Sie wissen möchten, wer den Absatz ebenfalls geändert hat, wechseln Sie zur Registerkarte *VERLAUF* und klicken in der Gruppe *Autoren* auf *Autoren ausblenden.* OneNote zeigt dann die Initialen der Autoren neben dem Absatz an. Zeigen Sie mit der Maus auf die Initialen, wenn Sie den vollständigen Namen sowie Datum und Uhrzeit der Änderung sehen wollen.

Bild 59.15 Die im Widerspruch stehenden Änderungen werden auf den entsprechenden Seiten rot hervorgehoben. An den Initialen neben den Absätzen können Sie erkennen, wer ebenfalls Änderungen an dem Absatz vorgenommen hat.

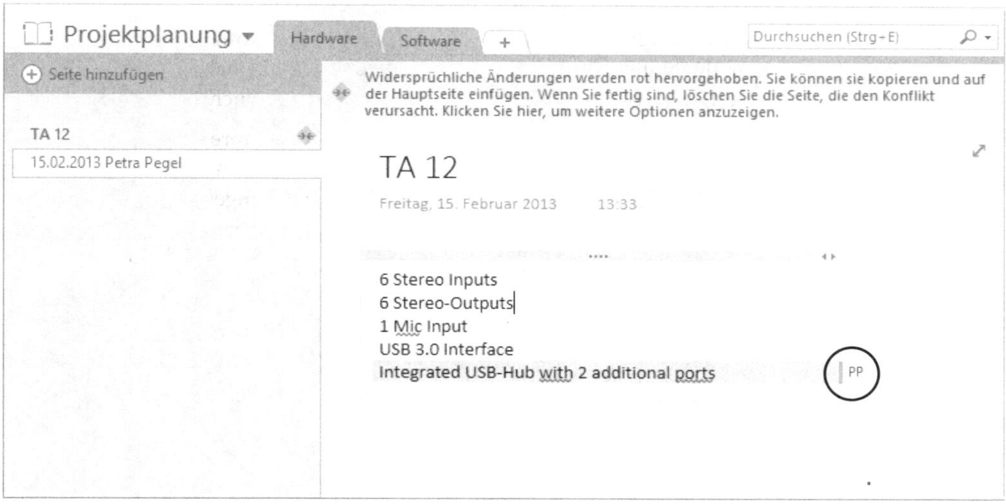

Falls sich auf der (schreibgeschützten) Konfliktseite Informationen befinden, die Sie nicht verlieren wollen, können Sie sie in die primäre Seite des Notizbuchs integrieren. Anschließend sollten Sie die Konfliktseite löschen. Dazu klicken Sie oben auf den Hinweistext und wählen im Kontextmenü den Befehl *Konfliktseite löschen.*

Bild 59.16 Nicht mehr benötigte Konfliktseiten sollten Sie löschen

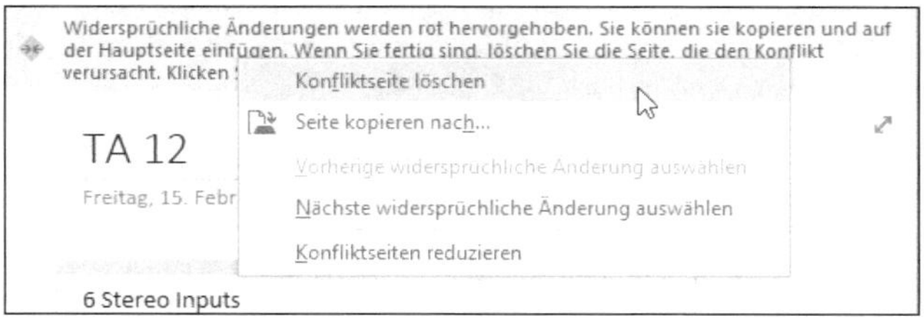

TIPP **Konfliktseiten ein- und ausblenden** Am schnellsten lassen sich Konfliktseiten durch einen Klick auf das gelbe Symbol auf dem Reiter der Seite im Seitenregister ein- und ausblenden.

Seitenversionen verwenden

In OneNote wird der Verlauf von Bearbeitungen, die Sie an OneNote-Notizbüchern vorgenommen haben, standardmäßig gespeichert. Dies ermöglicht es Ihnen, auf vorherige Versionen von Seiten zuzugreifen. Öffnen Sie dazu die Seite, deren Bearbeitungsverlauf Sie sehen möchten. Klicken Sie dann auf der Registerkarte *VERLAUF* in der Gruppe *Verlauf* auf *Seitenversionen.*

Bild 59.17 Mit Seitenversionen arbeiten

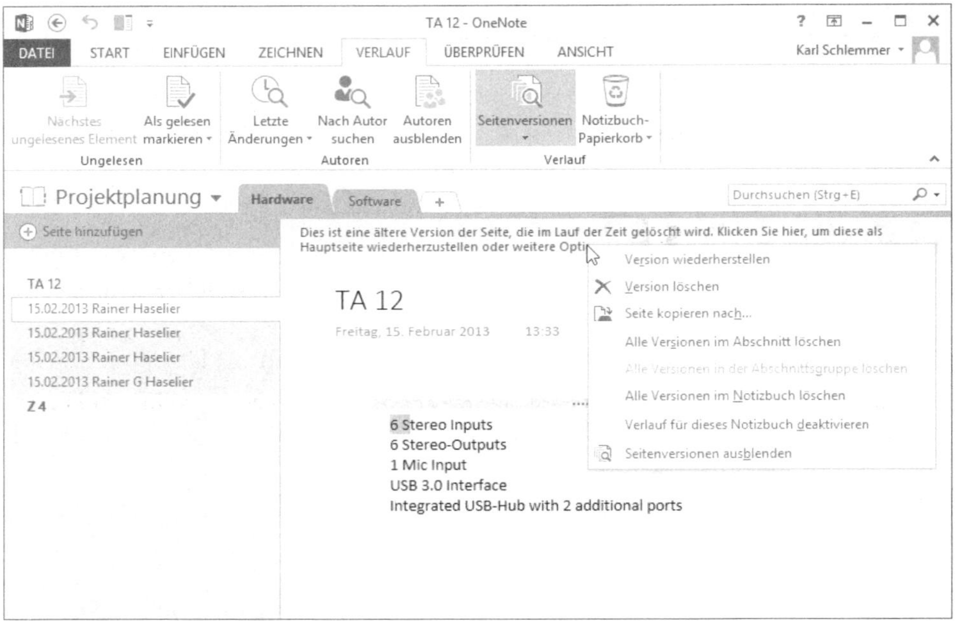

Unterhalb des Namens der aktuellen Seite zeigt OneNote nun die verschiedenen Versionen an, die es von der Seite gespeichert hat. Sie können eine ältere Version anzeigen lassen, indem Sie das betreffende Datum anklicken. OneNote blendet dann oben an der Versionsseite die Versionsleiste ein. Sie können nun folgende Aktionen durchführen:

- Sie können frühere Versionen von Seiten, für die Sie über Schreibzugriff verfügen, löschen, indem Sie mit der rechten Maustaste auf die gelbe Versionsleiste und dann im Kontextmenü auf *Version löschen* klicken. In OneNote werden Versionen im Laufe der Zeit automatisch gelöscht.
- Wenn Sie alle Versionen im aktuellen Abschnitt bzw. im aktuellen Notizbuch entfernen möchten, wählen Sie im Kontextmenü den Befehl *Alle Versionen im Abschnitt löschen* bzw. *Alle Versionen im Notizbuch löschen.*
- Um das Speichern des Bearbeitungsverlaufs für das aktuelle Notizbuch auszuschalten, wählen Sie im Kontextmenü den Befehl *Verlauf für dieses Notizbuch deaktivieren.*
- Wenn Sie die aktuelle Version der Seite durch eine vorherige Seite ersetzen möchten, verwenden Sie den Befehl *Version wiederherstellen.*

In OneNote werden gespeicherte Bearbeitungen regelmäßig aus OneNote-Notizbüchern gelöscht. Sie können in OneNote auch erzwingen, dass gespeicherte Bearbeitungen aus allen geöffneten Notizbüchern gelöscht werden, indem Sie die folgenden Schritte ausführen, die schneller sind, als für jedes Notizbuch das oben beschriebene Kontextmenü zu verwenden:

1. Öffnen Sie die Registerkarte *DATEI* und klicken Sie auf *Optionen.*
2. Öffnen Sie die Kategorie *Speichern und Sichern.*
3. Klicken Sie im Abschnitt *Optimieren von Dateien* auf *Alle Dateien jetzt optimieren.*

Notizen per E-Mail senden und exportieren

Wenn Sie einzelne Seiten Ihres Notizbuchs anderen Personen zur Verfügung stellen wollen, können Sie sie einfach per E-Mail verschicken oder z. B. auf einem Netzlaufwerk speichern. Dabei muss der Empfänger noch nicht einmal über OneNote verfügen, denn die Seiten werden nicht nur im OneNote-Format, sondern auch in verschiedenen anderen Formaten bereitgestellt.

Notizen als E-Mail versenden

Um eine oder mehrere Seiten als E-Mail zu verschicken, gehen Sie folgendermaßen vor:

1. Markieren Sie die gewünschte Seite, indem Sie sie im Seitenregister anklicken. Um mehrere Seiten eines Abschnitts zu markieren, drücken Sie `Strg` und klicken die Seiten einzeln an.
2. Wechseln Sie mit einem Klick auf *DATEI* in die Backstage-Ansicht und klicken Sie dort auf *Senden*.

Bild 59.18 Senden Sie einzelne Notizenseiten per E-Mail

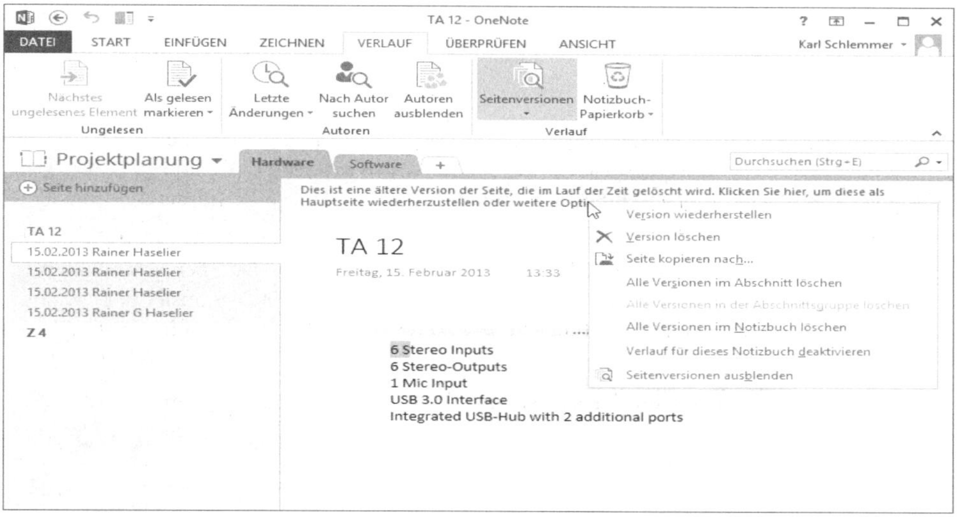

3. Hier können Sie entscheiden, ob Sie die Seite(n) direkt in die E-Mail einfügen oder als Anlage anhängen wollen:
   - **Seite per E-Mail senden** In diesem Fall wird der Inhalt der markierten Seite(n) als Nachrichtentext verwendet. Diese Option ist für den Empfänger am unkompliziertesten, da er nicht erst einen Anhang öffnen muss.
   - **Als Anlage senden** Bei dieser Variante wird die Notizbuchseite der E-Mail sowohl im OneNote-Format als auch als Webseite angehängt.
   - **Als PDF senden** Wenn Sie nicht davon ausgehen können, dass der Empfänger ebenfalls mit OneNote arbeitet, empfiehlt sich das universelle PDF-Format.

- **Als Word senden** Verwenden Sie diese Option, wenn die Inhalte der markierten Seite(n) in ein neues Word-Dokument eingefügt werden sollen. Word wird bei dieser Option von OneNote automatisch gestartet.

4. Wenn Sie eine der ersten drei Optionen ausgewählt haben, öffnet OneNote in Outlook eine neue E-Mail-Nachricht, in der die ausgewählten Seiten im gewünschten Format enthalten sind. Vervollständigen Sie die E-Mail (Empfängerangaben, Betreff etc.) und klicken Sie auf *Senden,* um die E-Mail zu verschicken.

Notizbuch in einem anderen Format exportieren

Eine weitere Möglichkeit, Ihr Notizbuch anderen Benutzern zur Verfügung zu stellen, besteht darin, es in einem anderen Format zu exportieren. Ein möglicher Vorteil dabei ist, dass die Benutzer keinen direkten Zugriff auf Ihr Notizbuch erhalten, sondern nur auf die Kopien der von Ihnen ausgewählten Notizen. OneNote 2013 ist in der Lage, die unterschiedlichsten Formate zu erstellen, sodass auch Benutzer, die selbst nicht mit OneNote arbeiten, auf diese Informationen zugreifen können.

Führen Sie folgende Schritte durch, um Seiten, Abschnitte oder das gesamte Notizbuch zu exportieren:

1. Markieren Sie die gewünschte(n) Seite(n), indem Sie sie im Seitenregister anklicken. Um mehrere Seiten zu markieren, halten Sie dabei die Taste `Strg` gedrückt.
2. Klicken Sie auf die Registerkarte *DATEI* und dann auf *Exportieren.*

Bild 59.19 Die Backstage-Ansicht *Exportieren*

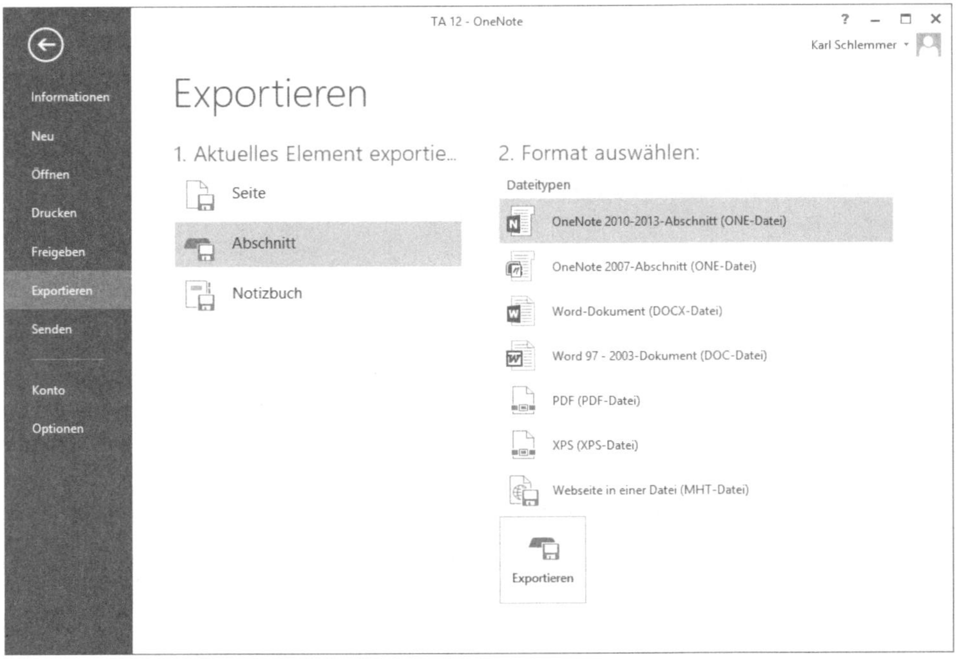

3. Wählen Sie zunächst aus, ob Sie nur eine einzelne Seite, einen Abschnitt oder das gesamte Notizbuch speichern möchten. Je nachdem, für welche Option Sie sich entscheiden, ändert sich die Auswahl der angebotenen Speicherformate.
4. Wählen Sie das gewünschte Format aus. Die folgenden Formate stehen zur Verfügung:
   - **OneNote 2007/2010–2013** Verwenden Sie das Format *OneNote 2007*, wenn Sie die exportierte Datei an Benutzer weiterleiten wollen, die noch OneNote 2007 verwenden. Anderenfalls verwenden Sie das Format *OneNote 2010–2013*.
   - **Word-Dokument** (DOCX) Die Notizen werden als Word-Dokument im neuen Dateiformat von Word gespeichert.
   - **Word 97–2003-Dokument** (DOC) Wenn Sie wissen, dass die Benutzer Ihrer Notizen keine aktuelle Office-Version verwenden, und Sie ihnen die Installation des Konverters ersparen wollen, können Sie Ihre Notizen auch direkt im Dateiformat der älteren Office-Versionen speichern.
   - **PDF** Das wohl bekannteste Dateiformat, das auf nahezu allen Computern – unabhängig vom jeweils verwendeten Betriebssystem – korrekt dargestellt und ausgedruckt werden kann.
   - **XPS** XPS ist genau wie PDF ein portables Dokumentenformat. Es wurde von Microsoft als direktes Konkurrenzprodukt zu Adobes PDF entwickelt, ist allerdings außerhalb der Windows-Welt nicht sehr verbreitet.
   - **Webseite** Die Notizen werden in einer MHT-Datei gespeichert, die mit einem beliebigen Browser geöffnet werden kann.
5. Klicken Sie dann auf *Exportieren*. OneNote zeigt das Dialogfeld *Speichern unter* an.

Bild 59.20 Im Dialogfeld *Speichern unter* können Sie die Auswahl des Seitenbereichs noch ändern

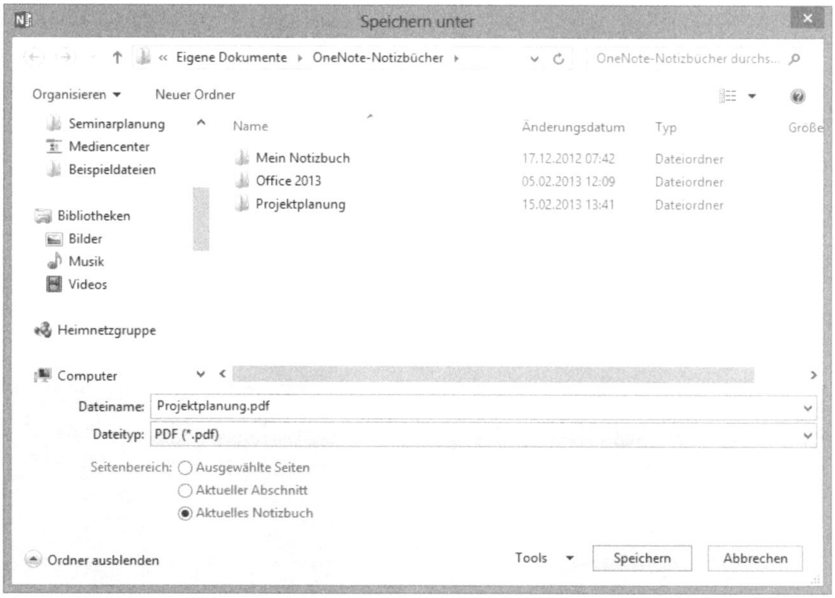

6. Navigieren Sie im Dialogfeld *Speichern unter* zu dem Ordner, in dem Sie eine Kopie der markierten Notizbuchseiten speichern möchten.
7. Geben Sie einen Dateinamen ein. Bei Bedarf können Sie in diesem Dialogfeld auch noch den gewünschten Dateityp (das Format) ändern.
8. Auch die Wahl des Seitenbereichs (Seiten, Abschnitt oder Notizbuch) können Sie hier noch nachträglich korrigieren.
9. Klicken Sie auf *Speichern.*

Teil J

Anhänge

In diesem Teil:

Anhang A

Installation und Aktivierung

In diesem Kapitel:

In diesem Anhang erhalten Sie einige Informationen über die Installation von Office 2013. Außerdem zeigen wir, wie Sie die Beispieldateien der Begleit-CD installieren und stellen Ihnen das E-Book vor, das diesem Buch ebenfalls beiliegt.

Installation und Aktivierung

Erstmalig liegt den im Handel erworbenen Office-Paketen kein Datenträger bei. Sie enthalten lediglich eine Seriennummer, die als Product Key bezeichnet wird. Das Blatt Papier, auf dem diese Nummer aufgedruckt ist, heißt dementsprechend Product Key Card.

Wenn Sie Office 2013 als Download-Version kaufen, erhalten Sie den zur Installation benötigten Product Key ebenfalls direkt beim Kauf.

Haben Sie ein Abonnement von Office 365 erworben, benötigen Sie keinen Product Key. Die Lizenzen werden in diesem Fall direkt über Ihr Microsoft-Konto verwaltet.

Installation von einem Image

Wenn Sie Office 2013 als Image heruntergeladen haben, gehen Sie zum Installieren so vor:

1. Starten Sie das Installationsprogramm:
   - Unter Windows 7 müssen Sie die heruntergeladene Datei zunächst auf eine CD brennen. Anschließend können Sie das Setup-Programm von der CD aus starten.
   - Unter Windows 8 lässt sich die Image-Datei direkt durch einen Doppelklick öffnen. In dem dann angezeigten Ordnerfenster doppelklicken Sie auf der Datei *setup*.
2. Nach dem Start werden Sie zunächst aufgefordert, die Lizenzbestimmungen anzunehmen.
3. Falls das nächste Fenster die Schaltflächen *Upgrade* und *Anpassen* enthält, hat das Installationsprogramm eine alte Version von Office entdeckt. Wenn Sie jetzt auf *Upgrade* klicken, wird diese Version entfernt! Ein Klick auf *Anpassen* bringt Sie zu folgendem Fenster.

Bild A.1 Anpassen der Installation bei einem Upgrade

4. Hier können Sie entscheiden, welche der bereits installierten Office-Programme entfernt(!) werden sollen. Außerdem können Sie auf der Registerkarte *Dateispeicherorte* wählen, in welches Verzeichnis Office 2013 installiert werden soll. Wenn auf dem Laufwerk C: Ihres Rechners nur noch relativ wenig freier Speicherplatz verfügbar ist, können Sie die bis zu 3 GByte großen Programmdaten von Office auch auf einem anderen Laufwerk unterbringen.
5. Klicken Sie dann auf *Upgrade* bzw. auf *Jetzt installieren,* um die eigentliche Installation zu starten. Der Vorgang ist bereits nach wenigen Minuten abgeschlossen.

Office 2013 aktivieren

Damit Sie nach der Installation überhaupt mit Office 2013 arbeiten können, müssen Sie das Programm *aktivieren.* Bei diesem Vorgang, der auch für die Testversionen von Office 2013 erforderlich ist, wird überprüft, ob Sie im Besitz einer gültigen Lizenz sind.

Ohne diese Aktivierung schalten sich die Office-Programme direkt in einen Modus mit eingeschränkter Funktionalität. Sie können dann zwar noch Dokumente betrachten, sie jedoch nicht mehr bearbeiten. Eine Schonfrist von 25 Tagen wie in älteren Office-Versionen gibt es in Office 2013 nicht mehr.

Bild A.2 Ohne Aktivierung können Sie Dokumente zwar öffnen, jedoch nicht bearbeiten

Wie Sie Office 2013 aktivieren, hängt davon ab, ob Sie Ihre Office-Lizenz abonniert oder gekauft haben. Wenn die Lizenz im Rahmen eines Office 365-Pakets erworben wurde, müssen Sie sich für die Aktivierung lediglich an Ihrem Microsoft-Konto anmelden.

Haben Sie die Office-Lizenz gekauft, klicken Sie im Aktivierungsdialogfenster auf den Link *Stattdessen einen Product Key eingeben* und können dann den Key in einem separaten Fenster eingeben.

Testversion in Vollversion umwandeln

Falls Sie momentan noch eine Testversion von Office 2013 installiert haben und diese Version nun in eine Vollversion umwandeln möchten, zeigen Sie in einem der Office-Programme die Backstage-Ansicht an und wechseln auf die Seite *Konto*. Dort finden Sie die Schaltfläche *In Vollversion umwandeln*. Die Schaltfläche zeigt ein Fenster an, über das Sie entweder einen bereits gekauften Product Key eingeben oder die Website von *Office.com* aufrufen können, um Office zu kaufen.

Installation über Office 365

Wenn Sie Office im Rahmen von Office 365 gekauft haben (also als Abonnement), benötigen Sie kein Installationsmedium. In diesem Fall können Sie die Installation direkt aus Ihrem Microsoft-Konto vornehmen.

1. Gehen Sie auf die Website *Office.com* und melden Sie sich bei Ihrem Microsoft-Konto an.
2. Klicken Sie auf den Link *Mein Konto*. Sie gelangen dann auf folgende Seite:

Bild A.3 Installation einer Office-Lizenz von Office 365 Home Premium

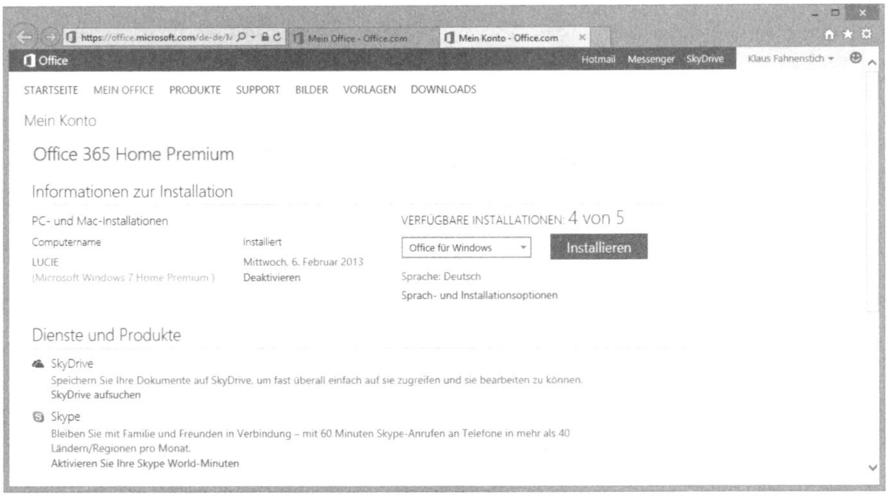

3. Wählen Sie aus, ob Sie Office auf einem Rechner mit Windows oder auf einem Macintosh installieren wollen und klicken Sie dann auf *Installieren*. Dadurch wird zunächst ein kleines, nur ca. 500 KByte großes Installationsprogramm heruntergeladen.

Bild A.4 Das Installationsprogramm kann direkt ausgeführt werden

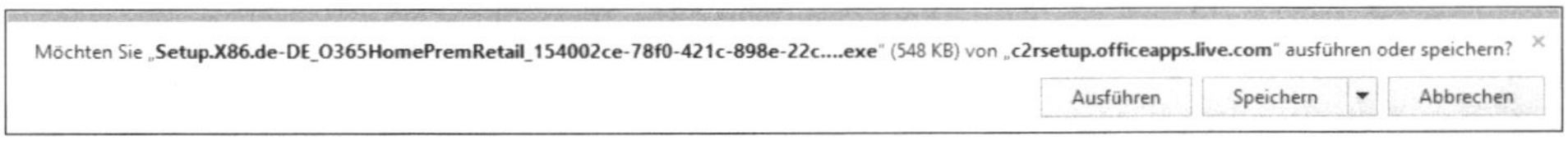

4. Klicken Sie auf *Ausführen*.

Bild A.5 Die Vorbereitungen laufen...

5. Jetzt müssen Sie je nach Geschwindigkeit Ihrer Internetverbindung einige Zeit warten. An dem Fortschrittsbalken können Sie relativ schnell ablesen, ob es sich lohnt, am Rechner zu warten oder ob Sie in der Zwischenzeit etwas anderes erledigen.

Bild A.6 Und jetzt noch etwas Geduld mitbringen ...

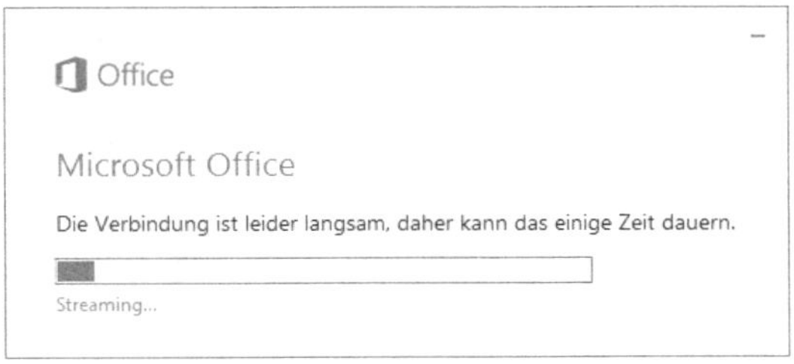

6. Sobald das Herunterladen abgeschlossen ist, sehen Sie die Willkommensmeldung.
7. Bevor es weitergeht, müssen Sie den obligatorischen Lizenzbedingungen zustimmen.
8. Dann können Sie zunächst den Hintergrund für Ihre Office-Programme wählen. Dabei handelt es sich um eine Art Verzierung, mit denen der obere Rand der Programmfenster hinterlegt wird. Unserer Meinung nach nicht wirklich schön, aber die Geschmäcker sind ja bekanntlich verschieden.
9. Im letzten Fenster werden Ihnen noch einige Informationen angeboten, was Sie aber auch mit einem Klick auf *Nein, danke* ablehnen können.
10. Mit einem letzten Klick auf *Alles erledigt* ist die Installation abgeschlossen und Sie können eines der Programme starten.

In Ihrem Microsoft-Konto taucht der Name Ihres Rechners nun in der Liste der bereits zugeteilten Office-Lizenzen auf. Hier können Sie dem Rechner die Lizenz auch wieder entziehen.

Office 2013 erneut aktivieren

Beim Deaktivieren wird Office nicht vom Rechner deinstalliert, sondern lediglich deaktiviert. Das heißt, Sie können Office auf diesem Rechner bei Bedarf ohne Neuinstallation erneut aktivieren. Dazu müssen Sie zunächst den Installationsprozess wie in diesem Abschnitt beschrieben starten, gelangen dann jedoch ohne Download von Office sofort zum Begrüßungsbildschirm.

Office on Demand

Wenn Sie Office 2013 im Rahmen eines Office 365-Abos gekauft haben, können Sie Office auch an Rechnern nutzen, auf denen Office 2013 gar nicht installiert ist. Das hört sich vielleicht unlogisch an, aber es funktioniert hervorragend! Das betreffende Programm wird dabei auf den Rechner »gestreamt«, wie es zum Beispiel auch bei einem Video passiert, das Sie sich auf YouTube ansehen.

Wir haben dieses Feature in der Praxis getestet und waren auf Anhieb begeistert. Bereits nach einer knappen Minute konnten wir mit Office flüssig arbeiten. Nur gelegentlich treten kurze »Hänger« auf, wenn einzelne Funktionen des Programms nachgeladen werden.

Die Vorgehensweise ist denkbar einfach: Melden Sie sich bei Ihrem Microsoft-Konto, über das Sie Office 365 erworben haben, an und klicken Sie im Bereich *Office On Demand* auf das gewünschte Programmsymbol (aktuell stehen Word, Excel, PowerPoint, Access und Publisher zur Auswahl). Sie werden dann zum Ausführen eines AddIns aufgefordert und bereits nach wenigen Sekunden meldet sich das Programm einsatzbereit auf dem Bildschirm.

Installation von Office 2013 anpassen

Wenn Sie bei der Installation von Office 2013 nicht alle Komponenten installiert haben, können Sie dies jederzeit über eine Wartungsinstallation nachholen. Auch der umgekehrte Weg ist möglich, d. h. Sie können bereits installierte Komponenten wieder deinstallieren. Das kann z. B. sinnvoll sein, wenn Sie eine der Anwendungen nicht nutzen und wenig Platz auf Ihrer Festplatte frei ist.

Verwenden Sie dann die Windows Systemsteuerung, um die Installation anzupassen:

1. Starten Sie die Systemsteuerung:
   - **Windows 7** Klicken Sie auf *Start* und dann auf *Systemsteuerung*. Klicken Sie im Fenster *Systemsteuerung* in der Gruppe *Programme* auf den Link *Programme deinstallieren.*
   - **Windows 8** Bewegen Sie den Mauszeiger in die linke untere Ecke des Bildschirms und klicken Sie das Start-Symbol mit der rechten Maustaste an. Im angezeigten Kontextmenü wählen Sie den Befehl *Programme und Features*

Bild A.7 Liste der installierten Programme

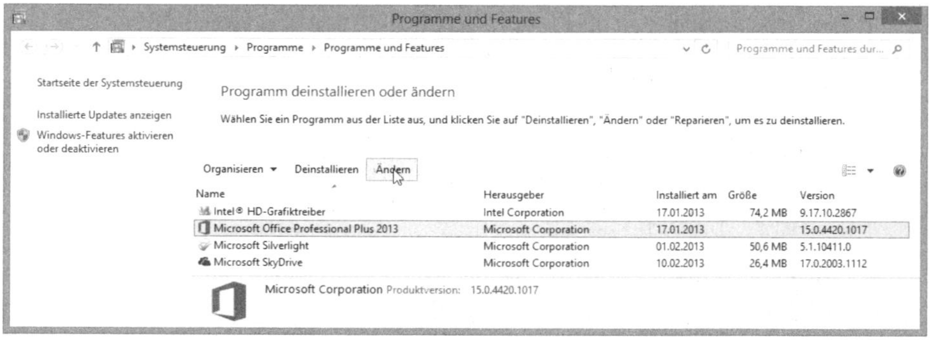

2. Markieren Sie den Eintrag *Microsoft Office ... 2013* und klicken Sie auf die Schaltfläche *Ändern,* um das Setup-Programm zu starten.

3. Im ersten Schritt des Programms haben Sie die Wahl zwischen einer Anpassung oder einer Reparatur Ihrer Office-Installation. Lassen Sie die Option *Features hinzufügen oder entfernen* markiert und klicken Sie auf *Weiter*. Das Setup-Programm zeigt dann eine Liste der Anwendungen an, die in der installierten Edition von Office 2013 enthalten sind.

Bild A.8 Liste der Office-Anwendungen (hier: Microsoft Office Professional Plus)

4. Wenn das Symbol vor einer Option grau eingefärbt ist, ist diese Option aktuell nicht vollständig installiert. Um im Detail zu sehen, welche Features einer Anwendung installiert sind, klicken Sie auf das Pluszeichen vor den Einträgen in der Liste.

Bild A.9 Anzeigen der Features für eine Anwendung

5. Die Symbole neben den einzelnen Einträgen zeigen an, wie die zugehörigen Komponenten installiert sind (bzw. werden). Um die Installationsweise zu ändern, klicken Sie das Symbol an und wählen aus dem dann angezeigten Menü die gewünschte Installationsweise aus.

Bild A.10 Auswahl des Installationsmodus

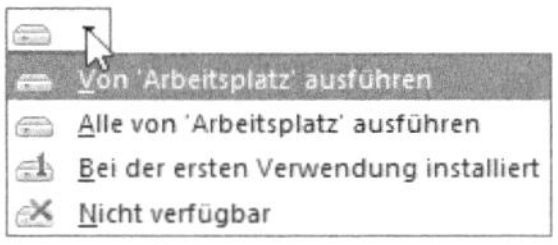

Hier stehen Ihnen folgende Optionen zur Verfügung:

- **Von 'Arbeitsplatz' ausführen** Das Feature wird auf der Festplatte installiert und es steht sofort zur Verfügung.
- **Alle von 'Arbeitsplatz' ausführen** Das Feature und alle zugehörigen Unterfeatures werden auf der Festplatte installiert und stehen sofort zur Verfügung.
- **Bei der ersten Verwendung installiert** Das Feature wird dann auf der Festplatte installiert, wenn Sie es zum ersten Mal verwenden wollen. Zu diesem Zeitpunkt benötigen Sie Zugriff auf das Installationsmedium.
- **Nicht verfügbar** Das Feature wird nicht installiert bzw. wieder entfernt.

6. Treffen Sie die gewünschte Auswahl und klicken Sie auf *Weiter*, um den Vorgang zu starten.

Die Begleit-CD zu diesem Buch

Auf der CD-ROM zu diesem Buch finden Sie u. a.:

- *Übungs- und Beispieldateien*, mit denen Sie das Gelernte ausprobieren können oder Schritte, die in den verschiedenen Kapiteln beschrieben werden, nachvollziehen können
- das komplette Handbuch als *E-Book* im PDF-Format, damit Sie auch unterwegs schnell auf das gesamte Wissen zurückgreifen können.

Dieser Abschnitt zeigt Ihnen Schritt für Schritt, wie Sie die Dateien von der CD-ROM installieren und verwenden. Wenn Sie dieses Buch als E-Book erworben haben, finden Sie die Beispieldateien unter *www.microsoft-press.de/support/9783866451544* oder *msp.oreilly.de/support/2306/778*.

Die Autorun-Funktion der CD-ROM

Die CD-ROM beinhaltet eine Autorun-Funktion, durch die nach dem Einlegen der CD automatisch das Startfenster erscheint, aus dem heraus Sie die verschiedenen Inhalte der CD installieren können.

Gehen Sie dazu wie folgt vor:

1. Nehmen Sie die CD-ROM aus der Verpackung und legen Sie sie in das CD-ROM-Laufwerk Ihres Computers ein.
2. Wenn Sie die Autorun-Funktion von Windows aktiviert haben (dies ist die Standardeinstellung von Windows), startet nach kurzer Zeit automatisch das Startprogramm der CD-ROM.

HINWEIS Was tun, wenn das Startfenster der CD-ROM nicht automatisch erscheint?

1. Öffnen Sie den Windows-Explorer, indem Sie die Windows-Taste festhalten und dann die Taste [E] drücken.
2. Suchen Sie im angezeigten Ordnerfenster nach dem Symbol für das CD-ROM-Laufwerk und doppelklicken Sie darauf. Der Inhalt der CD-ROM wird angezeigt.
3. Sie sehen dann ein Symbol mit der Beschriftung *StartCD*. Doppelklicken Sie auf dieses Symbol, damit das Fenster erscheint.

Bild A.11 Das Startfenster der CD-ROM

3. Klicken Sie im Menü auf der linken Seite des Startfensters das Element an, das Sie installieren möchten. Um das Startfenster zu schließen, klicken Sie im Menü auf *Beenden.*

Installation der Übungen und Beispiele

Dieser Abschnitt beschreibt, wie Sie die Beispiel- und Übungsdateien installieren.

1. Klicken Sie im Startfenster auf *Beispieldateien,* um das Installationsprogramm zu starten.
2. Bestätigen Sie die Willkommensmeldung mit *Weiter.*
3. Im nächsten Dialogfeld können Sie festlegen, ob die Beispiele und Übungen für alle Benutzer des Computers oder nur für Sie installiert werden sollen. Übernehmen Sie die Vorgabe und klicken Sie auf *Weiter.* Das Fenster *Zielordner* wird angezeigt.

In diesem Fenster können Sie den Speicherort auf Ihrer Festplatte angeben, in den die Übungsdateien installiert werden.

Standardmäßig werden die Übungsdateien in einen Unterordner unterhalb Ihres Ordners *Eigene Dokumente* installiert. Wir empfehlen, diese Vorgabe zu übernehmen. (Siehe auch »Die Übungsdateien verwenden« weiter hinten in diesem Abschnitt.)

4. Klicken Sie auf *Weiter.*
5. Klicken Sie im nächsten Fenster auf *Installieren,* damit die eigentliche Installation beginnt.

Nun werden die Dateien auf die Festplatte kopiert. Wenn die Installation beendet ist, werden Sie darüber in einem Dialogfeld informiert.

6. Klicken Sie auf *Fertig stellen.* Sie kehren dann zum Startfenster der CD-ROM zurück.
7. Klicken Sie im linken Bereich des Fensters auf *Beenden.*

Die Übungsdateien verwenden

Um die Übungsdateien zu verwenden, können Sie folgendermaßen vorgehen:

1. Öffnen Sie den Ordner, in den Sie die Beispieldateien installiert haben.
2. Doppelklicken Sie auf die Datei, die Sie öffnen möchten. Die Datei wird in dem Programm geöffnet, in dem Sie sie bearbeiten können.

Sie können die Dokumente auch aus dem jeweiligen Anwendungsprogramm heraus öffnen. Eine Beschreibung dazu finden Sie in Kapitel 5.

Das E-Book verwenden

Das E-Book enthält das vollständige Handbuch im PDF-Format und liegt im Unterordner *eBook* der Begleit-CD. Der Name der Datei lautet *Office2013Handbuch.pdf.* Zum Anzeigen benötigen Sie das Programm *Adobe Reader,* das Sie bei Bedarf kostenlos von *www.adobe.de* herunterladen können.

Anzeigen des E-Books

Zum Anzeigen des *E-Books* doppelklicken Sie auf die Datei *Office2013Handbuch.pdf* oder klicken links im Startfenster auf den Eintrag *E-Book.* Um die Navigation zu erleichtern, enthält das E-Book Lesezeichen, mit denen Sie die einzelnen Kapitel gezielt ansteuern können. Zum Anzeigen der Lesezeichen klicken Sie links im Fenster auf die Registerkarte *Lesezeichen.*

Bild A.12 Das E-Book enthält Lesezeichen, mit denen Sie die einzelnen Kapitel gezielt ansteuern können

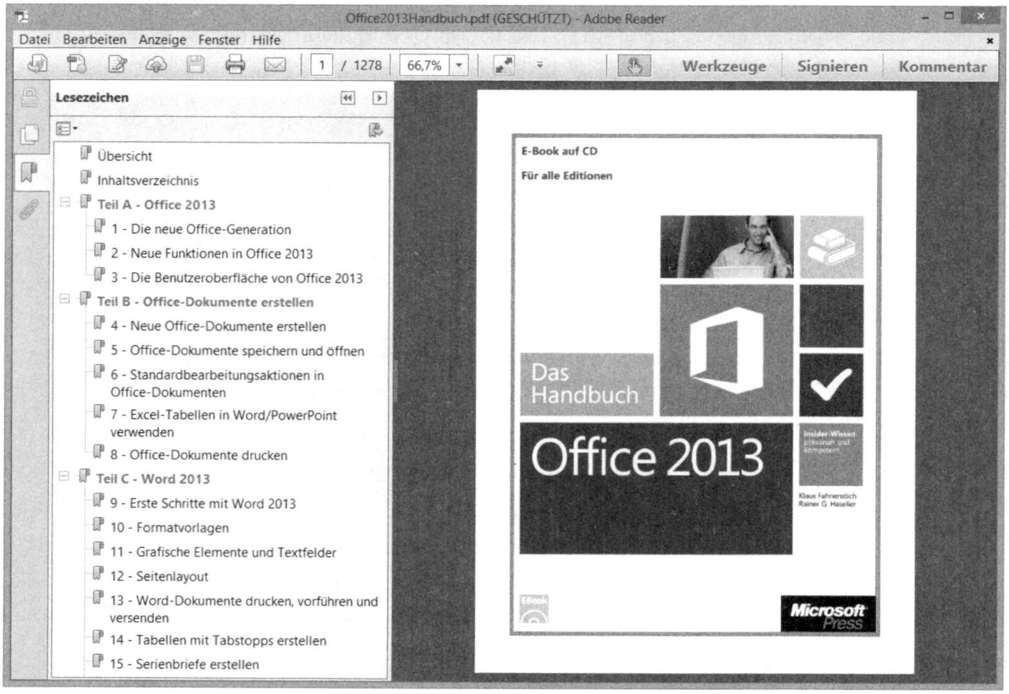

Navigieren im E-Book

Wenn Sie eine bestimmte Seite des E-Books anzeigen möchten, gehen Sie folgendermaßen vor:

1. Tragen Sie die Seitenzahl – die Sie zum Beispiel dem Inhalts- oder dem Stichwortverzeichnis entnommen haben – in der Statusleiste des *Adobe Reader* ein.

2. Drücken Sie die [↵]-Taste, um die gewünschte Seite anzuzeigen.

Sie können die Informationen des E-Books jedoch nicht nur mit Hilfe des Inhalts- und des Stichwortverzeichnisses auffinden. Alternativ können Sie das E-Books auch nach beliebigen Stichwörtern durchsuchen. In der hier abgebildeten Version XI des Adobe Reader erreichen Sie die Volltextsuche über den Befehl *Bearbeiten/Erweiterte Suche* bzw. über den Shortcut [⇧]+[Strg]+[F].

Bild A.13 Die Volltextsuche des E-Books rufen Sie mit *Bearbeiten/Erweiterte Suche* auf

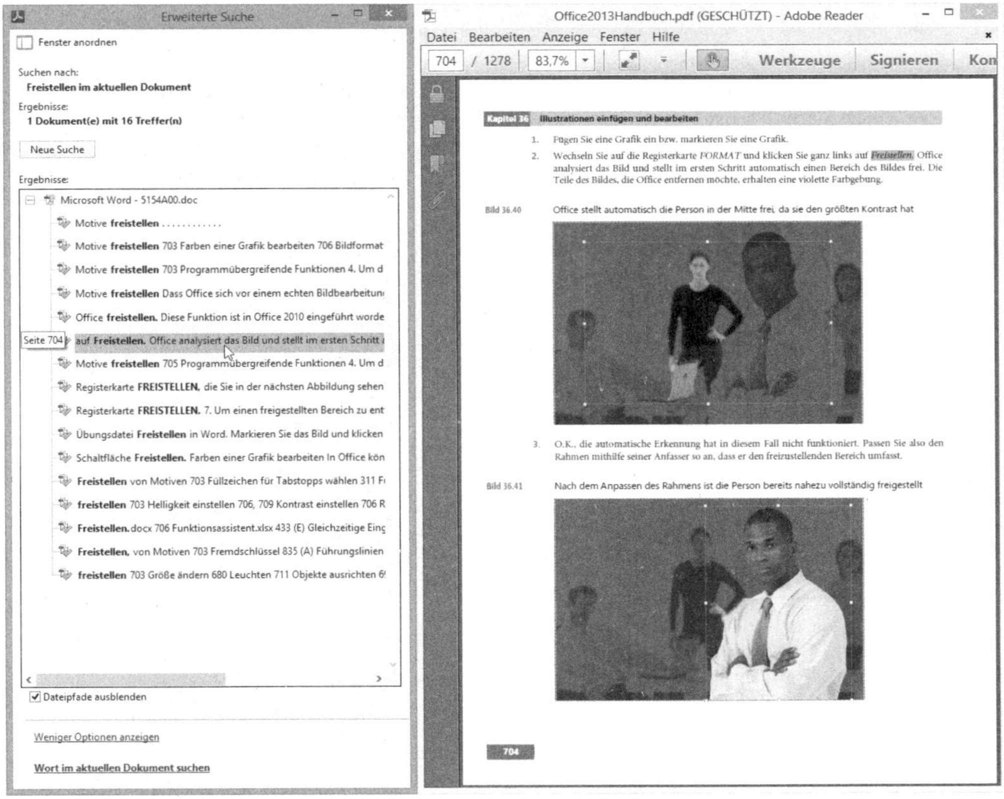

Anhang B

Office Web Apps

In diesem Kapitel:

Office Web Apps sind die browserbasierten Versionen der Office-Programme Word, Excel, PowerPoint und OneNote. In diesem Anhang haben wir die wichtigsten Informationen rund um das Thema Office Web Apps zusammengestellt. Sie lernen die Voraussetzungen für den Einsatz der Web Apps kennen und erfahren, wie Sie mit ihnen Dokumente erstellen und bearbeiten.

Voraussetzungen

Um die Office Web Apps nutzen zu können, benötigen Sie natürlich in erster Linie einen aktuellen Browser. Wenn Sie nicht gerade mit einem sehr exotischen Browser im Internet unterwegs sind, sind von dieser Seite keine Probleme zu erwarten. Bei der Wahl des Betriebssystems sind Sie völlig frei: Auch auf einem Macintosh, einem Linux-Rechner oder einem Smartphone stehen Ihnen die Office Web Apps zur Verfügung.

Um ein Dokument mit den Web Apps anzeigen und bearbeiten zu können, muss es auf SkyDrive gespeichert sein. Falls Sie in einer Organisation arbeiten, die eine entsprechende Infrastruktur vorhält, können die Dokumente auch alternativ im firmeneigenen Intranet abgelegt sein. Da dies aber eher die Ausnahme sein dürfte, gehen wir in diesem Kapitel davon aus, dass Sie SkyDrive nutzen.

Microsoft-Konto anlegen

Falls Sie keinen Zugriff auf SkyDrive haben, müssen Sie zunächst ein Microsoft-Konto anlegen. Die Einrichtung ist kostenlos und schnell erledigt. Sie benötigen dazu lediglich eine E-Mail-Adresse. Die Anmeldeseite erreichen Sie z.B. über den Link auf der Startseite von *www.skydrive.com.*

Bild B.1 Die Anmeldeseite von SkyDrive

Neue Dokumente erstellen

Sobald Sie sich bei SkyDrive angemeldet haben, können Sie direkt im Browser ein Office-Dokument erstellen. Gehen Sie dazu folgendermaßen vor.

1. Melden Sie sich bei SkyDrive mit Ihrem Microsoft-Konto an.
2. Klicken Sie oben in der Leiste auf *Erstellen* und wählen Sie den gewünschten Dokumenttyp.

Bild B.2 Neues Dokument auf SkyDrive erstellen

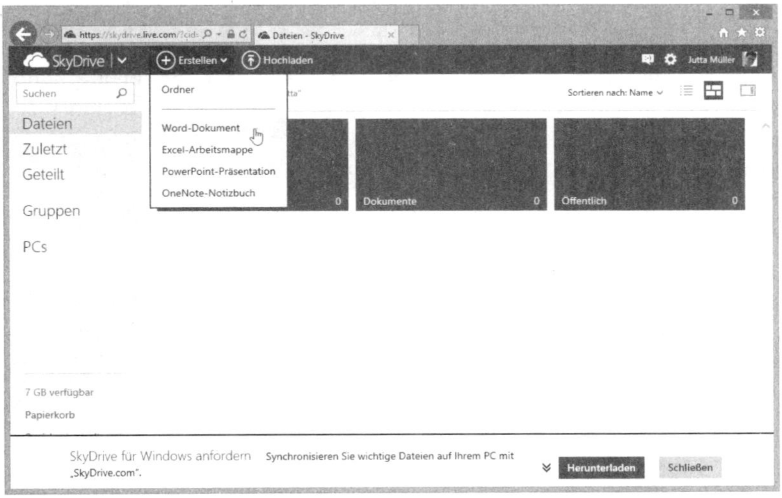

3. Geben Sie einen Namen für das neue Dokument an. Das neue Dokument wird angelegt und Sie können direkt mit dem Eingeben beginnen.

Bild B.3 Formatieren mit Formatvorlagen in Word Web App

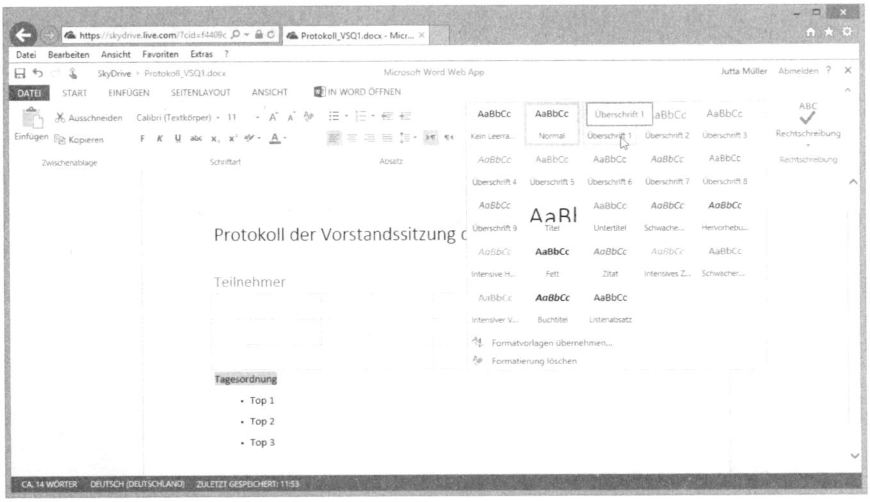

Wie Sie in Bild B3 sehen, ist die Bedieneroberfläche der Web Apps genauso aufgebaut wie bei den Desktop-Anwendungen. An den fehlenden Registerkarten können Sie unschwer erkennen, dass die Web Apps jedoch einen deutlich reduzierten Funktionsumfang besitzen. Letztendlich müssen Sie sich auf die wirklich elementaren Funktionen beschränken. Und auch dann werden Sie noch auf die eine oder andere Ungereimtheit stoßen. So können Sie z.B. im Word Web App keine Tabulatoren eingeben. Immerhin können Sie aber einfache Tabellen und Bilder einfügen. Mittelfristig kann man sicher damit rechnen, dass die Leistungsfähigkeit der Web Apps noch zunehmen wird.

Vorhandene Dokumente bearbeiten

Wenn Sie ein Dokument öffnen, das bereits auf SkyDrive gespeichert ist, wird es zunächst im Lesemodus geöffnet. Um es zu bearbeiten, müssen Sie erst oben im Menüband auf *DOKUMENT BEARBEITEN* klicken. In einem kleinen Auswahlmenü können Sie dann entscheiden, ob Sie das Dokument direkt in der passenden Web App oder in der Desktopversion des Programms bearbeiten möchten.

Mit mehreren Benutzern an einem Dokument arbeiten
Ein bestechender Vorteil von Web Apps ist es, dass Sie auch gemeinsam mit anderen Benutzern an einem Dokument arbeiten können. Allerdings verhalten sich die verschiedenen Web Apps hier im Detail sehr unterschiedlich. Ausführliche Erläuterungen zu diesem Thema finden Sie in Kapitel 39.

Web Apps auf dem Smartphone

Und sollte mal gerade kein Rechner zur Hand sein, können Sie auch Ihr Smartphone zücken, um »mal eben« ein Dokument zu öffnen. Nach der Anmeldung bei SkyDrive sehen Sie direkt Ihre gewohnte Umgebung und können das gewünschte Dokument öffnen.

Bild B.4 SkyDrive auf einem Smartphone mit Android

Wie Sie in der folgenden Abbildung am fehlenden Menüband erkennen können, ist es aktuell leider noch nicht möglich, die Dokumente auch zu bearbeiten.

Bild B.5 Auf einem Smartphone unter Android ist keine Bearbeitung möglich

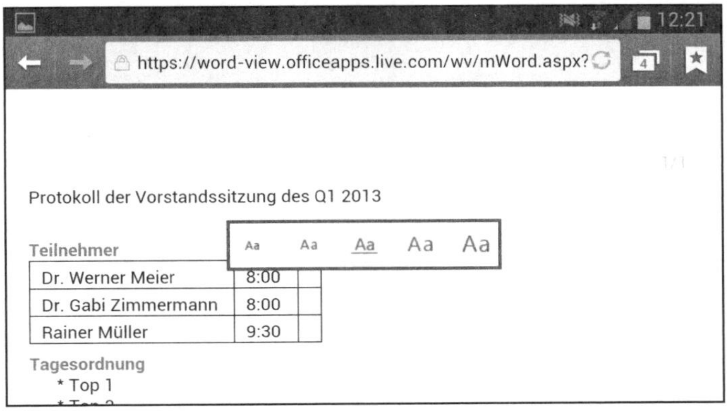

Web Apps unter Linux

Selbstverständlich können Sie auch unter Linux mit den Web Apps von Microsoft Office arbeiten. Die einzige Voraussetzung ist ein Internetzugang und ein Browser, der von den Web Apps unterstützt wird. In der Praxis werden Sie hier keinen Unterschied zur Windows-Welt bemerken.

Bild B.6 Word Web App in Chrome unter Ubuntu

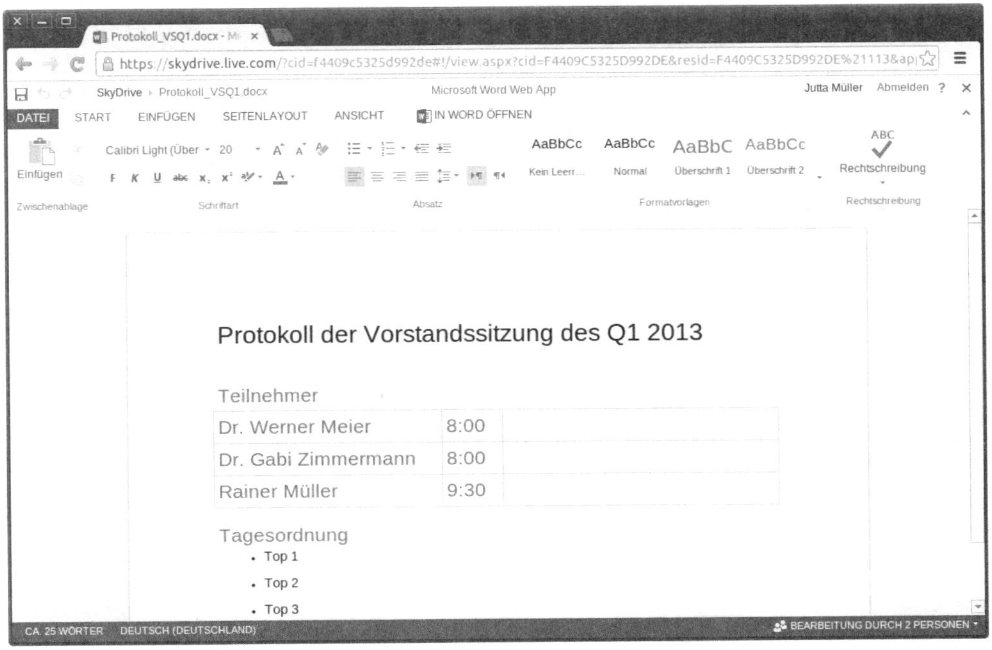

Anhang C

Hilfe für Microsoft Office 2013

In diesem Kapitel:

Neben den umfangreichen Funktionen zum Erstellen von Texten, Arbeitsblättern, Datenbanken und Präsentationen bieten Ihnen alle Office-Programme auch eine Hilfestellung zur Verwendung der einzelnen Programme an, die Sie auf dem Bildschirm lesen können. In diesem Kapitel zeigen wir Ihnen, wie Sie die Hilfe verwenden, schnell und unkompliziert Hilfe zu den Dialogfeldern bekommen und welche Unterstützung Sie – einen Internetzugang vorausgesetzt – von Microsoft Office.com erwarten dürfen.

Wir stellen Ihnen die Verwendung der Hilfe exemplarisch am Beispiel von Word vor. Sie können das Erlernte natürlich eins zu eins auf die anderen Programme der Office-Familie übertragen.

Bild C.1 Die Online-Hilfe von Word 2013

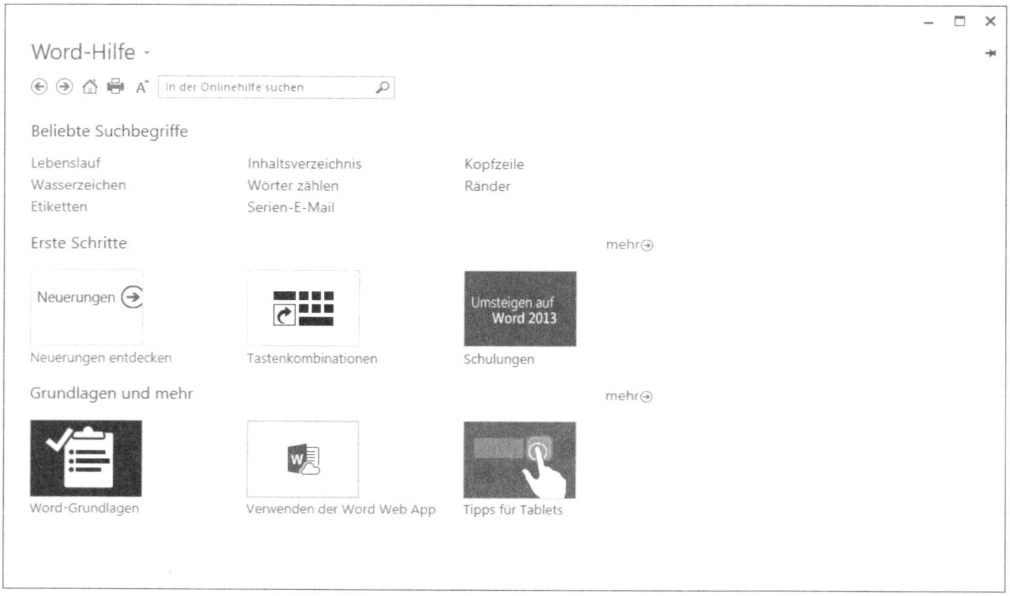

Online vs. Offline

Die Office-Hilfe existiert in zwei Versionen: der Offline- und der Online-Hilfe. Bei der Offline-Hilfe handelt es sich um die Hilfsinformationen, die während der Installation auf Ihren Computer kopiert werden. Die Online-Hilfe meint die Hilfsinformationen, die Sie, einen Internetzugang vorausgesetzt, von der Microsoft Office-Website abrufen können.

Die Online-Hilfe hat den Vorteil, dass sie wesentlich umfangreicher ist und zudem kontinuierlich aktualisiert wird. Da es aber auch Situationen geben wird, in denen Sie ohne Internetzugang arbeiten (z.B. auf Reisen), hat auch die Offline-Hilfe ihre Existenzberechtigung.

Wie Sie gleich im weiteren Verlauf des Kapitels noch sehen werden, können Sie problemlos zwischen den beiden Hilfe-Systemen wechseln.

Die Elemente des Hilfe-Fensters

Wie Sie in Bild C.1 sehen, steht die Hilfe in einem separaten Fenster zur Verfügung. Sie können es entweder über die Fragezeichen-Schaltfläche in der rechten oberen Ecke des Programmfensters oder mit F1 aufrufen. Jedes Office-Programm verfügt dabei über ein eigenes Hilfe-Fenster, dessen Einstellungen (Größe, Position etc.) separat verwaltet werden.

Die Bedienung der Online-Hilfe funktioniert ähnlich wie bei einem Browser, sodass Sie sich ohne große Probleme zurechtfinden werden. In den folgenden Abschnitten gehen wir kurz auf die verschiedenen Elemente des Hilfe-Fensters ein.

Tabelle C.1 Die Schaltflächen auf der Symbolleiste des Hilfe-Fensters

Schaltfläche	Wirkung
	Blättert eine Seite zurück/vor
	Zeigt die Startseite der Hilfe an
	Druckt die angezeigte Seite aus
	Wechselt zwischen zwei Schriftgrößen
	Wenn die Pinn-Nadel senkrecht steht, legt sich das Hilfe-Fenster immer vor das Programmfenster; liegt sie waagerecht, kann sich das Programmfenster über das Hilfe-Fenster legen, d.h. das Hilfe-Fenster kann dann hinter dem Programmfenster verschwinden. Im Gegensatz zu früheren Office-Versionen können die Hilfe-Fenster jetzt auch alle anderen Programmfenster überdecken.

Wechseln zwischen Offline- und Online-Modus

Mit dem kleinen Pfeil, der sich neben dem Titel des Hilfe-Fensters befindet, können Sie zwischen dem Online- und Offline-Modus umschalten. Klappen Sie dazu sein Menü auf und wählen Sie den gewünschten Modus. In welchem Modus sich die Hilfe gerade befindet, erkennen Sie daran, ob neben der Pfeilschaltfläche das Word OFFLINE steht oder nicht.

Bild C.2 Die Hilfe lässt sich zwischen Online- und Offline-Betrieb umschalten

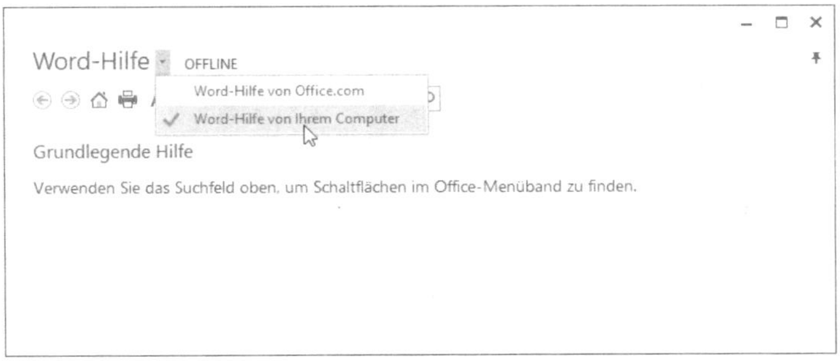

HINWEIS Wenn Sie nicht möchten, dass sich die Office-Programme mit dem Internet verbinden, können Sie im Trust-Center die Option *Office das Herstellen einer Internetverbindung gestatten* ausschalten. Sie finden diese Option über *DATEI/Optionen/Trust Center/Einstellungen für das Trust Center/Datenschutzoptionen*. Die Einstellung, die Sie hier vornehmen, wirkt sich auf alle Office-Programme aus.

Kontextsensitive Hilfe

Als weitere Hilfe stellen Ihnen die Office-Programme auf den meisten Dialogfeldern eine kontextsensitive Hilfe zur Verfügung. Ob die kontextsensitive Hilfe angeboten wird oder nicht, erkennen Sie am Vorhandensein einer kleinen Schaltfläche mit einem Fragezeichen.

Wenn Sie das Fragezeichen anklicken, wird das Hilfe-Fenster geöffnet und Sie sehen auf einen Blick, welche Informationen die Hilfe für das betreffende Dialogfeld zu bieten hat.

Bild C.3 Das Word-Dialogfeld *Absatz* und die zugehörige Seite der Onlinehilfe

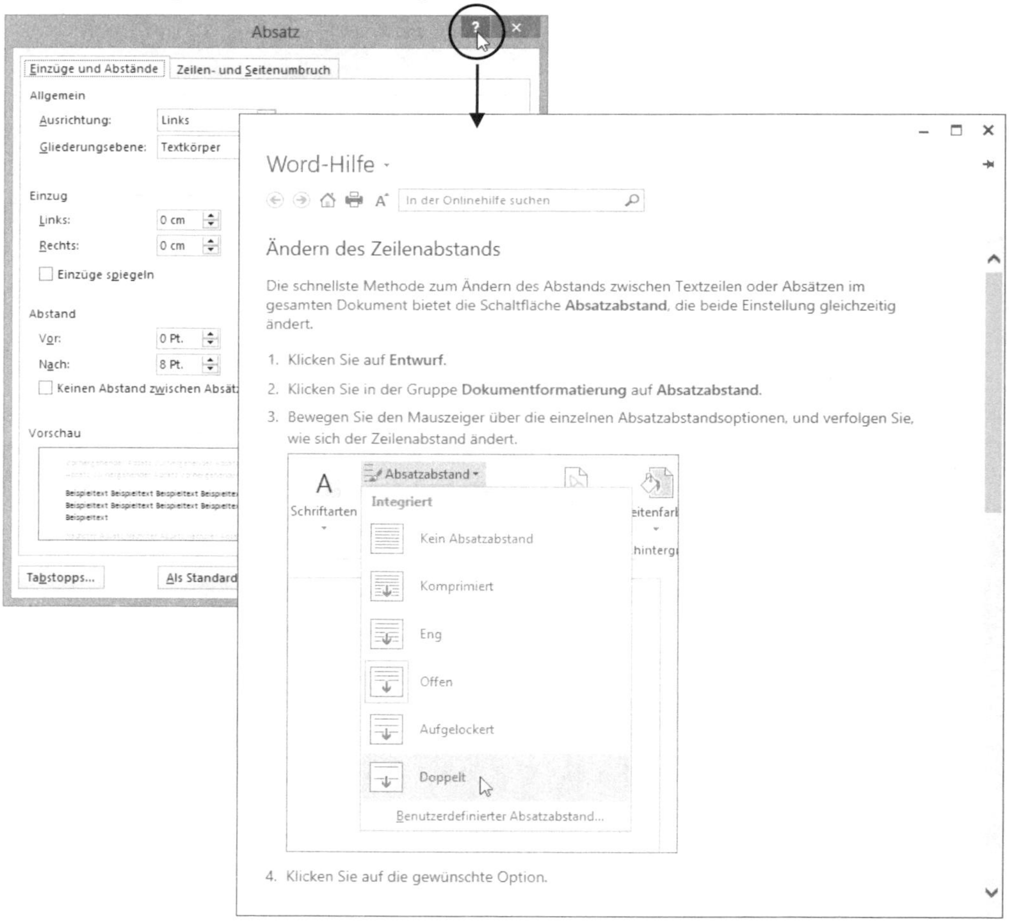

Hilfe zu einzelnen Befehlen anzeigen

Mit Office 2013 ist es auch möglich, gezielt Hilfe zu einzelnen Befehlen aufzurufen. Dazu zeigen Sie mit der Maus auf den Befehl bzw. die gewünschte Schaltfläche und drücken dann [F1]. Wenn dieser »Trick« bei Ihnen nicht funktioniert, müssen Sie noch folgende Vorbereitung treffen:

1. Klicken Sie auf *DATEI,* um in die Backstage-Ansicht zu gelangen und klicken Sie dort unten links im Fenster auf die Schaltfläche *Optionen.*
2. Klicken Sie im angezeigten Dialogfeld auf *Allgemein.*
3. Wählen Sie im Listenfeld *QuickInfo-Format* die Einstellung *Featurebeschreibungen in QuickInfos anzeigen*. Sie finden das Listenfeld in der Gruppe *Benutzeroberflächenoptionen.*
4. Schließen Sie das Dialogfeld mit *OK.*
5. Zeigen Sie im Menüband auf eine Schaltfläche. Wenn im angezeigten QuickInfo der Hinweis »Weitere Infos« auftaucht, existiert zu diesem Element ein eigener Hilfeeintrag.

Bild C.4 Für die Schaltfläche *Formel einfügen* existiert ein eigener Hilfeeintrag

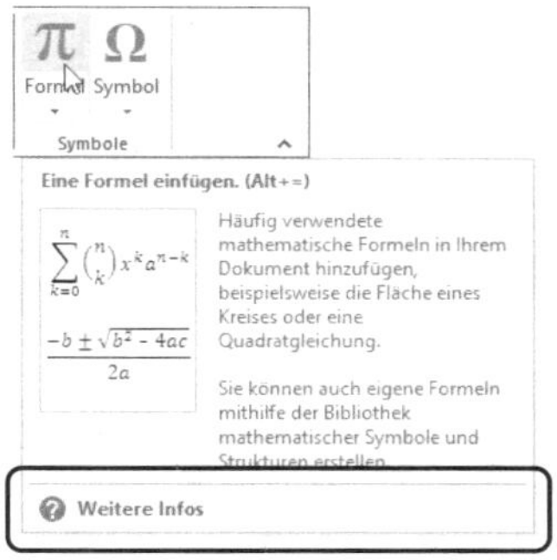

6. Klicken Sie auf den Link oder drücken Sie die Taste [F1], um das Hilfe-Fenster anzuzeigen.

Bild C.5 Im Hilfe-Fenster wird die passende Seite angezeigt

Schulungsvideos

Über die Startseite der Online-Hilfe (siehe Bild C.1) gelangen Sie auch zu einigen Schulungsvideos, die Ihnen zum Beispiel beim Umstieg auf Office 2013 helfen können. Zum Abspielen der Videos benötigen Sie PowerPoint 2013, das auf Ihrem Rechner mit ziemlicher Sicherheit installiert sein wird, wenn Sie mit Office 2013 arbeiten wollen.

Die Präsentationen enthalten in der Regel mehrere Videos, die Sie über die verschiedenen Folien der Präsentation aufrufen können. Um ein Video zu starten, klicken Sie es einfach an.

Bild C.6 Dieses Schulungsvideo richtet sich an Umsteiger auf Word 2013

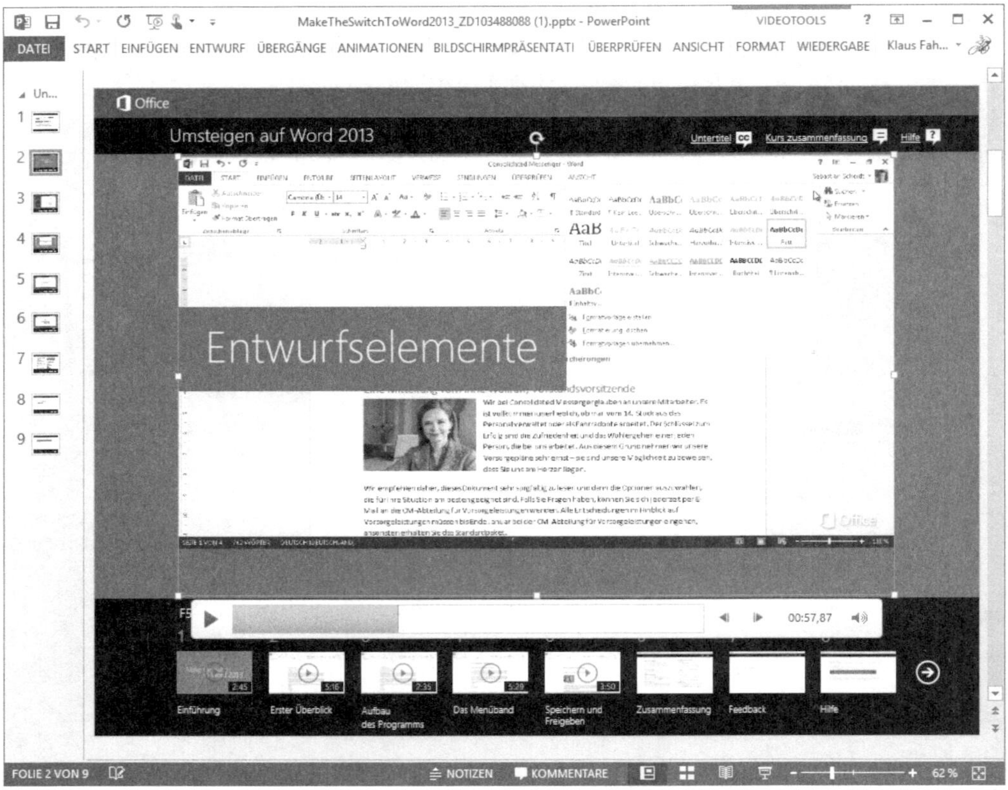

Die Videos geben einen guten Überblick über die verschiedenen Funktionen von Office 2013. Einschränkend muss jedoch gesagt werden, dass die Vertonung zum Teil mehr als bescheiden ist. Warum Microsoft hier keine professionellen Sprecher eingesetzt hat, bleibt uns ein Rätsel. Die bemüht deutliche und langsame Sprechweise ist wirklich kaum zu ertragen und weckt Erinnerungen an Dokumentarsendungen der ersten Stunde.

Direkt auf Office.com suchen

Ein Bereich, der in den letzten Jahren kontinuierlich ausgebaut wurde, ist die Website zu Office, die Sie unter *http://www.office.com* erreichen. Sie haben von allen Office-Programmen aus direkten Zugriff auf die Website. Informationen von der Website können entweder ganz normal im Internet Explorer angezeigt werden oder aber auch in den Listen mit den gefundenen Hilfethemen integriert sein.

Bild C.7 Die Website zu Microsoft Office

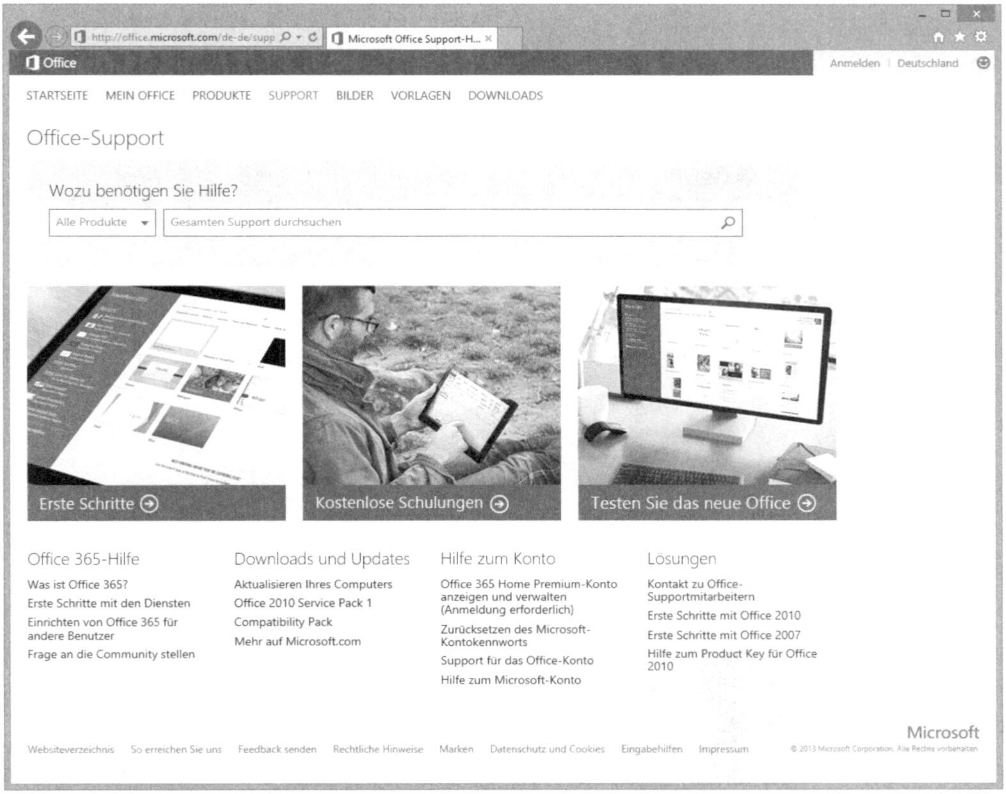

Auf dieser Website finden Sie unter anderem

- zahlreiche Artikel zu Einsatzmöglichkeiten von Office-Anwendungen
- Kurse, die mit kleinen Demos in die Verwendung der Programme einführen
- weitere Vorlagen, die nach dem Veröffentlichen von Office erstellt wurden und die Sie auf Ihren Computer herunterladen können

Stöbern Sie einfach ein wenig dort herum, damit Sie sich mit dem Angebot vertraut machen und so im Bedarfsfall dieses zusätzliche Hilfsangebot nutzen können.

Der Office-Assistent

Wenn Sie bereits mit einer älteren Version von Office gearbeitet haben, kennen Sie sicher den Office-Assistenten, der als Büroklammer oder auch als kleines Hündchen sein Unwesen auf dem Bildschirm trieb. Da dieses Feature von der Mehrheit der Anwender als lästig und störend empfunden wurde, ist es seit Office 2007 nicht mehr enthalten. Wie heißt es doch so schön? Und tschüss!

Praxisindex

Die Einträge im Praxisindex verweisen auf Schritt-für-Schritt-Anleitungen zu spezifischen Arbeitsgängen.

A

F

L

M

N

O

P

T

U

V

W

Z

Stichwortverzeichnis

E

G

L

T

U

V

W

X

Z